A Monsieur Michau Fils
témoignage de reconnaissance
Louis Lazare

DICTIONNAIRE

ADMINISTRATIF ET HISTORIQUE

DES

RUES DE PARIS

ET DE

SES MONUMENTS.

IMPRIMERIE DE VINCHON, RUE J.-J. ROUSSEAU, 8.

DICTIONNAIRE

ADMINISTRATIF ET HISTORIQUE

DES

RUES DE PARIS

ET DE

SES MONUMENTS

Par Félix LAZARE,
SOUS-CHEF, SECRÉTAIRE-RÉDACTEUR DE LA COMMISSION DES ALIGNEMENTS,

Et Louis LAZARE,
ATTACHÉ AUX ARCHIVES DE LA VILLE.

PARIS,
SE TROUVE CHEZ FÉLIX LAZARE, BOULEVART SAINT-MARTIN, 17.

1844.

A

Monsieur le Comte de Rambuteau,

PAIR DE FRANCE, CONSEILLER D'ÉTAT,

MEMBRE DE L'INSTITUT,

𝕻𝖗𝖊́𝖋𝖊𝖙 𝖉𝖚 𝕯𝖊́𝖕𝖆𝖗𝖙𝖊𝖒𝖊𝖓𝖙 𝖉𝖊 𝖑𝖆 𝕾𝖊𝖎𝖓𝖊,

CET OUVRAGE EST DÉDIÉ

Par ses très humbles serviteurs,
Louis et Félix LAZARE.

PRÉFACE.

Employés de la Préfecture de la Seine, placés dans un bureau chargé du travail des alignements et percements des *rues de Paris*, nous sentions la nécessité d'un ouvrage qui résumât les améliorations successives de nos voies publiques.

Les études sérieuses auxquelles on s'est livré, surtout depuis plusieurs années, dans le but d'assainir certains quartiers de la capitale, nous révélaient le besoin d'interroger avant tout le passé.

L'*Administration* avait un puissant intérêt à connaître tous les actes émanés de ses devancières. Chaque fois, en effet, qu'elle a cherché à rattacher le présent et le passé à la même chaîne, elle en a tiré un double bénéfice; d'abord, elle a utilisé à son profit des clauses que la prescription n'avait pu éteindre; ensuite, elle a trouvé des enseignements utiles à l'aide desquels il lui a été facile de réaliser certains projets d'embellissements d'une urgence constatée.

Un ouvrage conçu dans le but de créer pour ainsi dire l'état civil des rues de Paris, devait présenter une utilité également incontestable à tous les propriétaires. Il leur est indispensable de connaître non seulement les actes anciens, tels que les Arrêts du Conseil, les Édits, les Lettres-Patentes, mais encore les actes plus récents, tels que les Décisions Ministérielles, Décrets de l'Empire, Ordonnances Royales, etc.; car chaque jour ils sont exposés à être inquiétés, troublés dans la possession de leurs immeubles.

C'est là une de ces vérités qu'on ne pourrait songer à contredire.

En effet, qu'une voie publique ait été ouverte en vertu de Lettres-Patentes, d'un Décret de l'Empire ou d'une Ordonnance Royale, l'autorisation n'a pu être accordée au propriétaire des terrains sur lesquels la nouvelle rue devait passer, qu'en lui prescrivant certaines obligations. Ces conditions, imposées au propriétaire primitif, engagent ceux qui lui ont succédé, et lieront également les personnes qui voudront acheter des terrains ou bâtir des maisons dans le parcours de cette voie publique.

Ainsi pour les propriétaires, pour ceux qui dans les procès leur servent de guides par leurs conseils ou d'appuis par leur parole; pour les notaires, les avocats, les avoués et les architectes, il y a nécessité de connaître les documents administratifs.

Mais s'il est indispensable de fixer les personnes qui possèdent des immeubles sur leurs droits ou leurs obligations, il n'est pas moins utile de donner à celles qui sont appelées à devenir propriétaires les moyens d'acheter avec sécurité.

Dans l'intérêt de ces dernières surtout, il était convenable de rappeler les dates des Décisions Ministérielles ou des Ordonnances Royales, déterminant la largeur de chaque voie publique; d'indiquer toutes les maisons alignées et la portion de retranchement que doit supporter un grand nombre de propriétés. Pour ces personnes, il fallait aussi mentionner l'époque précise des changements opérés dans les dénominations des voies publiques et dans le numérotage des propriétés, constater le passage des égouts et des conduites d'eau, l'éclairage au gaz avec la désignation des compagnies qui en sont chargées.

Nous n'avions donc pas à faire un livre avec des livres. Nous ne voulions pas nous borner à coudre quelques feuillets nouveaux à d'anciens ouvrages. La mission que nous avions à remplir était, pour nous servir des expressions d'un Membre du Conseil Municipal, *de composer l'histoire, malheureusement peu connue, de la propriété dans Paris*, et de la rendre utile et agréable à toutes les classes de la société, en groupant les faits historiques les plus curieux dans les articles des Rues ou des Monuments qui leur ont servi de théâtres.

Notre tâche, nous le savions, devait être longue et pénible, nous n'hésitâmes pas cependant à nous mettre à l'œuvre. Voici de quelle manière nous avons procédé :

Aux Archives du Royaume, nous avons recueilli les Arrêts du Conseil, les Édits, les Lettres-Patentes, les Délibérations du Bureau de la Ville qui ont rapport aux Rues et Monuments de Paris.

En étudiant tous ces documents nous apprenions à honorer le passé.

Dans les Lettres-Patentes, dans les Édits, dans les Arrêts du Conseil, l'intervention de la royauté est pleine de noblesse et de dignité. Dans l'Édit du 27 avril 1656, concernant l'*Hôpital Général*, Louis XIV s'exprime ainsi : *Considérant les pauvres mendiants comme membres vivants de Jésus-Christ, et non comme membres inutiles de l'État, et agissant en la conduite d'un si grand œuvre, non par ordre de police, mais par le seul motif de la charité, etc.*

Le préambule de l'Édit du Roi, de janvier 1751, portant création de l'École-Militaire, est ainsi conçu: *Après l'expérience que nos prédécesseurs et nous avons faite de ce que peuvent sur la noblesse française les seuls principes de l'honneur, que ne devrions-nous pas attendre, si tous ceux qui la composent y joignaient la lumière acquise par une heureuse éducation? Mais nous n'avons pu envisager sans attendrissement que plusieurs d'entre eux, après avoir consommé leurs biens à la défense de l'État, se trouvassent réduits à laisser sans éducation des enfants qui auraient pu servir d'appuis à leurs familles, et qui éprouvassent le sort de périr et de vieillir dans nos armées avec la douleur de prévoir l'avilissement de leur nom dans une postérité hors d'état d'en soutenir le lustre, etc.*

Les registres du Bureau de la Ville nous ont révélé non seulement les grands talents qui distinguèrent les *prévôts des marchands*, mais encore cet esprit de justice, cet amour de l'équité qui les ennoblirent. Il en est quelquefois des grandes et fortes institutions, comme des beaux monuments, le temps fait de leur vieillesse l'âge de leur beauté; ainsi, la Prévôté qui avait traversé cinq siècles était encore vigoureuse et belle même à ses derniers moments.

Justice rendue à l'ancienne institution municipale, on ne saurait songer ensuite à son rétablissement. Quand une époque est finie, le moule est brisé et ne se refait plus; et puis la révolution qui voulait appliquer son grand système de centralisation, ne pouvait admettre la Prévôté vivant en dehors, avec ses anciennes franchises. Il fallait, pour donner de la sécurité, de la force au Pouvoir Exécutif, qu'il pût pénétrer partout, et sentir sous sa main battre le cœur de la France.

Après avoir réuni les documents relatifs à la formation ou à l'élargissement de nos voies publiques jusqu'en 1789, il importait encore de suivre jusqu'à nos jours leurs améliorations successives et d'indiquer les percements nouveaux.

Le 2 novembre 1789, l'Assemblée Constituante supprimait les ordres monastiques, et déclarait les biens du Clergé propriétés nationales et aliénables. Nous avons donné les dates des ventes de tous les établissements religieux. Ces renseignements s'adressent aux personnes qui désirent connaître les clauses imposées aux acquéreurs d'immeubles domaniaux.

Après la République, nous avons rencontré l'Empire et sa forte organisation administrative. Dans notre ouvrage sont reproduits ces décrets empreints, comme tout ce qui émanait de la toute-puissance impériale, d'un caractère grandiose et unitaire.

L'Industrie et le Commerce prirent d'heureux développements sous la Restauration.

De grands et utiles travaux d'assainissement furent entrepris.

L'administration actuelle nous a fourni une mine plus riche encore à exploiter, surtout depuis l'époque où l'élection a fortifié l'institution municipale et renouvelé sa sève.

La loi de 1834 a produit de grands résultats; que ceux qui doutent lèvent les yeux: Paris est un livre ouvert.

Le quartier de la Cité, avec sa population infime, qui, depuis tant de siècles, naissait, souffrait, mourait sans sortir d'une atmosphère putride, a senti dans son sein pénétrer l'air et la vie. Des rues étroites et fangeuses ont disparu, remplacées par deux larges voies publiques.

Les quartiers Sainte-Avoie, des Lombards et des Marchés, renfermant un peuple d'ouvriers, d'artisans, demeuraient depuis longtemps étrangers à toute espèce d'amélioration, tandis que le luxe, la richesse inondaient certaines parties de la ville, qui n'offraient encore, au commencement de notre siècle, que des terrains en friche. Cette inégalité choquante a provoqué la sollicitude de l'administration qui créa comme par enchantement cette magnifique voie qui rattache ces quartiers au grand centre d'approvisionnement de la capitale. Depuis 1834, près de 25 millions ont été dépensés avec sagesse pour élargir les anciennes rues, et pour créer dans les quarante-huit quartiers de la capitale de nouvelles communications.

Il était également réservé à notre époque de continuer l'œuvre inachevée des siècles précédents et de mettre la dernière main à des monuments vénérables, sans leur ravir le cachet précieux des temps où ils ont été construits.

En se rendant compte de tous les grands et utiles travaux exécutés dans l'espace des dix années qui viennent de s'écouler, on peut dire que l'administration actuelle n'a plus rien à envier à ses devancières.

DICTIONNAIRE

ADMINISTRATIF ET HISTORIQUE

DES

RUES DE PARIS

ET DE

SES MONUMENTS.

A.

ABATTOIR (RUE DE L').

Commence à la rue de La Fayette; finit à la rue du Faubourg-Poissonnière. Pas encore de numéro. Sa longueur est de 552 m. — 3e arrondissement, quartier du Faubourg-Poissonnière.

Une ordonnance royale du 31 janvier 1827 autorisa MM. André et Cottier à ouvrir, sur leurs terrains, treize rues indiquées au plan par des numéros. Cette autorisation fut accordée aux conditions suivantes : — d'abandonner gratuitement le sol des nouvelles rues; de supporter les premiers frais de pavage et d'éclairage, ainsi que ceux des travaux à faire pour l'écoulement souterrain ou à ciel ouvert des eaux pluviales et ménagères; d'établir, de chaque côté, des trottoirs en pierre dure dont les dimensions seront indiquées par l'administration; de tenir fermées de portes, de grilles, ou de toute autre manière, les portions de rues qui ne pourraient quant à présent avoir de débouché, et ce jusqu'à ce que les propriétaires sur les terrains desquels lesdites rues devraient se continuer, eussent librement consenti à livrer passage à ces rues suivant les directions arrêtées par le plan; enfin de se conformer aux lois et réglements sur la voirie de Paris.

Ces divers percements furent immédiatement tracés; et pour les distinguer, MM. André et Cottier leur assignèrent provisoirement les dénominations suivantes : rues de l'*Abattoir*, du *Delta La Fayette*, de la *Barrière-Saint-Denis*, du *Chevet-de-l'Église*, du *Gazomètre*, des *Petits-Hôtels*, des *Jardins*, des *Magasins*, du *Nord*. La rue en prolongement de celle de la Butte-Chaumont en a retenu le nom. Les deux rues latérales à la nouvelle église Saint-Vincent-de-Paul n'ont pas encore de dénomination. Leur largeur, fixée originairement à 14 m., a été portée à 19 m. 20 c., en vertu d'une ordonnance royale du 2 février 1839. Enfin, la voie publique tracée dans la direction de la rue d'Hauteville, et destinée à communiquer entre les rues du Chevet-de-l'Église et de l'Abattoir, n'est pas dénommée.

L'emplacement sur lequel ces rues ont été ouvertes provenait de l'ancien clos Saint-Lazare, vendu par le domaine de l'État.

A l'égard de celle qui fait l'objet du présent article, elle n'est point encore entièrement bordée de constructions. Elle porte le nom de rue de l'Abattoir, parce qu'elle se dirige vers l'abattoir Montmartre. Sa largeur est de 12 m. Cette voie publique se prolonge comme impasse entre les rues de LaFayette et du Faubourg-Saint-Martin, dans une longueur de 219 m.

ABATTOIRS.

La création des abattoirs, comme tout ce qui émanait de la toute-puissance impériale, est empreinte d'un caractère grandiose qui décèle la hardiesse du génie.

Si l'on interroge le passé, les *tueries*, placées dans l'intérieur de la ville, étaient de véritables cloaques qui changeaient en poison l'élément nécessaire à la vie de l'homme.

Mercier, dans son Tableau de Paris, édition de 1783, parle ainsi des boucheries : « Le sang ruisselle dans les rues, il se caille sous vos pieds, et vos souliers en sont rougis. En passant, vous êtes tout-à-coup frappé de mugissements plaintifs. Un jeune bœuf est terrassé, la tête armée est liée avec des cordes contre la terre ; une lourde massue lui brise le crâne, un large couteau lui fait au gosier une plaie profonde ; son sang qui fume coule à gros bouillons avec sa vie. Mais ses douloureux gémissements, ses muscles qui tremblent et s'agitent par de terribles convulsions, ses abois, les derniers efforts qu'il fait pour s'arracher à une mort inévitable ; tout annonce la violence de ses angoisses et les souffrances de son agonie, etc.,...

» Quelquefois le bœuf, étourdi du coup et non terrassé, brise ses liens, et, furieux, s'échappe de l'antre du trépas ; il fuit ses bourreaux, et frappe tous ceux qu'il rencontre, comme les ministres ou les complices de sa mort ; il répand la terreur et l'on fuit devant l'animal qui, la veille, était venu à la boucherie d'un pas docile et lent.

» Des femmes, des enfants qui se trouvent sur son passage, sont blessés ; et les bouchers qui courent après la victime échappée, sont aussi dangereux dans leur course brutale que l'animal que guident la douleur et la rage. »

A différentes époques, surtout sous le règne de Louis XV, des tentatives avaient été faites par la prévôté des marchands, à l'effet de transporter aux extrémités de la ville les boucheries qui, placées dans l'intérieur, compromettaient la santé publique. L'esprit de routine, la pénurie d'argent, firent ajourner tous les projets. La question du déplacement des tueries fut enfin soumise à l'empereur, qui faucha l'ancien abus, et dicta ces décrets qui n'admettaient pas de réplique.

9 février 1810. — « Napoléon, etc. — Article 1er.
» Il sera fondé à Paris cinq tueries ; trois sur la
» rive droite de la Seine, deux sur la rive gauche. —
» Art. 2. Les trois tueries sur la rive droite seront,
» deux de vingt-quatre échaudoirs et une de douze.
» — Art. 3. La première pierre des quatre tueries qui
» sont à construire, sera posée le 25 mars par notre
» ministre de l'intérieur, qui ordonnera les dispositions
» nécessaires. — Art. 4. La corporation des bouchers
» de Paris sera maîtresse de faire construire les cinq
» tueries à ses frais, et elle en aura le privilège exclu-
» sif ; sinon, les travaux seront faits sur les fonds de
» notre domaine extraordinaire et à son profit.

Décret du 19 juillet 1810. — « Article 1er. Le plan
» de l'emplacement des quatre abattoirs, dont nous
» avons ordonné la construction dans notre bonne ville
» de Paris, est approuvé tel qu'il est annexé au présent
» décret. — Art. 2. Notre ministre de l'intérieur est
» chargé de l'exécution du présent décret, etc. »

Décret du 24 février 1811, § 4. Des abattoirs. —
« Art. 39. L'accroissement de 1,500,000 francs de
» revenus, qui résulte pour la ville de Paris du réta-
» blissement de la caisse de Poissy, sera d'abord em-
» ployé à terminer les abattoirs. La construction du
» cinquième abattoir sera commencée cette année ; celle
» des quatre autres sera continuée avec toute l'activité
» possible, et de manière qu'ils soient terminés en 1812.
» Après l'achèvement des abattoirs, les produits de la
» caisse de Poissy augmenteront, dans la caisse de la
» ville, les fonds destinés à de nouveaux travaux. »

Cinq architectes furent chargés de l'exécution des abattoirs. Nous croyons devoir extraire de l'ouvrage que M. le chevalier Bruyère a publié sous le titre d'*Études relatives à l'art des constructions*, 1823, deux volumes in-folio, les passages suivants, concernant ces vastes établissements d'utilité publique. « Les architectes, d'après les ordres du ministre, se réunirent en commission, à la tête de laquelle était le vice-président du conseil des bâtiments civils, et dont le secrétaire du même conseil et le sieur Combault, maître boucher, firent partie. La première chose dont la commission devait s'occuper était d'arrêter un programme, ce qu'elle fit dans sa séance du 14 octobre 1810.

« Ce programme était l'ouvrage du sieur Combault, dont la longue expérience dans la pratique de l'art du boucher pouvait inspirer toute confiance. M. Gauché, l'un des architectes nommés par le ministre, fut chargé d'indiquer les premières dispositions, ainsi que de rédiger les plans généraux, qui devaient être conformes au programme et l'accompagner.

« Il s'en acquitta avec le talent qu'on lui connaît. Ces plans comprenaient tous les édifices qui doivent composer un abattoir général. Leur disposition, dont on s'est peu écarté dans l'exécution, était largement tracée. Tous les édifices étaient isolés et entourés de rues ou de places spacieuses ; et l'on peut dire que sous ce rapport ces établissements ne laissaient rien à désirer. Sous d'autres rapports, il semble que le programme, quoique rédigé par un homme du métier, porte l'empreinte d'une opinion particulière. On pouvait croire qu'il existait une arrière-pensée, et que l'on regardait comme possible qu'une compagnie fût chargée de l'exploitation générale des abattoirs. Cette pensée, si elle a existé, était contraire à la promesse faite aux bouchers de les laisser jouir dans les abattoirs généraux de la même liberté que dans leurs ateliers, et elle a pu influer sur quelques dispositions. D'un autre côté, les bouchers, dont les nouveaux établissements contrariaient les habitudes,

— ABA —

parurent éviter de prendre aucune part aux projets qu'on allait arrêter, espérant que leur exécution, qui exigeait de grandes dépenses, ne serait jamais terminée. Les emplacements furent cependant fixés et les terrains acquis. L'un des abattoirs, celui de Montmartre, était même déjà commencé, lorsqu'en janvier 1811 je fus chargé de la direction des travaux de Paris. Il m'était difficile dans les premiers moments où les affaires exigeaient la plus grande partie de mon temps, et où j'avais à m'occuper à la fois d'un grand nombre d'édifices, de me pénétrer profondément des conditions auxquelles il me fallait satisfaire dans la construction de toutes les parties d'un abattoir général. Ce ne fut qu'après avoir visité les anciens établissements et conféré avec plusieurs maîtres bouchers, que je crus reconnaître quelques vices de dispositions, notamment dans ce qu'on appelle assez improprement les *échaudoirs* (lieu où l'on abat). Il était bien tard, car les constructions étaient déjà avancées, principalement à l'abattoir de Ménilmontant; mais les observations qui m'avaient été faites me parurent importantes, et le succès des abattoirs tellement compromis, surtout avec l'opposition connue des bouchers, que je regardai comme indispensable de changer le premier projet adopté pour les échaudoirs. Suivant ce projet, chaque corps de bâtiment ne contenait que six cases dont une partie était mal éclairée. Trois ou quatre bouchers devaient abattre dans la même case, et les bœufs abattus auraient été suspendus aux mêmes pentes, ce qui aurait donné lieu à des débats multipliés, à cause du mélange des viandes, des langes, des instruments et de l'affluence des garçons bouchers dans un même passage. Dans la nouvelle disposition, seize échaudoirs, ou cases plus petites que celles du projet précédent, sont placés sur une vaste cour de travail, et l'on trouve à l'étage au-dessus des serres fermées par des grillages en fer, dans lesquelles chaque boucher peut déposer son suif en branches et tout ce qu'il juge convenable.

» L'étendue des abattoirs a été proportionnée aux quartiers qu'ils étaient destinés à desservir. Ceux du Roule et de Villejuif, qui sont à peu près semblables, contiennent chacun trente-deux échaudoirs, celui de Grenelle quarante-huit, et ceux de Ménilmontant et de Montmartre, chacun soixante-quatre; au total, deux cent quarante échaudoirs. Ce nombre est encore inférieur à celui des bouchers; mais plusieurs font tuer par leurs confrères et il y a quelques échaudoirs communs à deux bouchers. Les bouveries et bergeries ont la même étendue que les corps d'échaudoirs. On trouve en outre dans chacun des cinq abattoirs, des fondoirs pour le suif, des réservoirs et des conduites en plomb qui fournissent l'eau dans toutes les parties des édifices, des voiries ou cours de vidange, des écuries et remises pour le service particulier des bouchers, des lieux d'aisances publics, des parcs aux bœufs, des logements pour les agents; enfin, un aqueduc voûté conduit toutes les eaux de pluie et de lavage dans les égouts de Paris. On

— ABA —

y a ajouté depuis quelque temps des triperies qu'on avait cru dans l'origine devoir en exclure. »

Après quelques autres détails sur la disposition générale des abattoirs, M. Bruyère continue ainsi :

« On peut seulement regretter que la commission ait été privée des renseignements qu'auraient pu donner les bouchers eux-mêmes, si l'esprit qui les animait leur eût permis d'avoir une opinion unanime sur les perfectionnements dont chaque partie de ces établissements était susceptible. La commission avait éprouvé, et j'ai éprouvé avec elle, combien il est difficile de combattre l'esprit de routine et les intérêts particuliers. »

Les architectes qui ont fait exécuter ces abattoirs sont : MM. Petit-Radel, Leloir, Gisors, Happe et Poidevin. Ils ont eu pour collaborateurs, MM. les inspecteurs Malary, Colson, Menager, Turmeau, Coussin, Altiret, Clochard et Guénepin.

Au mot *Abattoir,* on trouve dans le Dictionnaire de l'Industrie, ouvrage in-octavo, dont le premier volume a été publié en 1833, deux articles très curieux concernant ces établissements en général. Le premier, qui a rapport à l'hygiène, est rédigé par M. Parent-Duchâtelet; le second, qui traite de la construction, est de M. Gourlier, architecte. Nous croyons devoir rapporter ici le paragraphe suivant, qui termine l'article de M. Gourlier.

« La totalité des acquisitions de terrains faites pour l'établissement des abattoirs, a coûté environ. 900,000 et la totalité des constructions, environ . . 17,000,000

Ensemble. . . . 17,900,000

qu'il convient de porter, y compris les intérêts depuis le commencement des travaux jusqu'en 1818, époque de l'entrée en jouissance, à. 20,000,000

» La surface totale renfermée dans l'enceinte des cinq abattoirs est d'environ 156,500 mètres carrés.

» Chaque mètre carré de cette surface revient donc moyennement à . . . . 128 francs, dont on peut compter pour la valeur du terrain. 6 pour la valeur des constructions. . . . . 109 et pour les intérêts pendant l'exécution. . . . 13

Somme égale. . . . 128

» La surface totale des constructions est d'environ 43,100 mètres carrés.

» Chaque mètre carré de ces constructions revient donc pour construction seulement à 395 fr.

» Les cinq abattoirs rapportent année commune, pour droits sur les bestiaux, issues et suif, environ 900,000 sur quoi il faut déduire, d'abord pour frais d'entretien et réparation des bâtiments, machines, etc., environ . . . . 30,000 et pour frais d'exploitation tant en personnel qu'en matériel, environ.. 140,000

Ensemble. . . . 170,000 ci 170,000

ce qui réduit le revenu à 730,000

— ABB —

» Comparativement à la somme totale des dépenses, ce revenu représente un intérêt annuel d'environ trois et deux tiers pour cent, taux qui serait sans doute très faible comme résultat d'une opération purement fiscale, mais qui ne laisse pas d'être satisfaisant, ajouté aux autres avantages que la capitale a recueillis de cette belle création. »

Les cinq abattoirs ont été terminés en 1818; une ordonnance de police du 11 septembre de cette année fixa au 15 de ce mois l'époque où ils seraient livrés aux bouchers de Paris, et ordonna qu'à partir de ce même jour les bestiaux ne pourraient plus être conduits dans l'intérieur de cette ville aux étables et abattoirs particuliers.

En 1839, les cinq abattoirs ont rapporté à la ville de Paris un bénéfice de 1,074,475 fr. 50 c. (voir les articles particuliers pour chaque abattoir).

ABBAYE (PASSAGE DE L').

Commence à la rue Sainte-Marguerite, entre les nos 13 et 15; finit à la rue du Four, no 18. — 10e arrondissement, quartier de la Monnaie.

Il a été formé en 1841 sur la propriété de M. Mathias, et doit son nom à la prison de l'Abbaye, dont il est voisin.

ABBAYE (PRISON DE L').

Située place Sainte-Marguerite, no 10. — 10e arrondissement, quartier de la Monnaie.

Le pilori de l'ancienne Abbaye Saint-Germain-des-Prés existait encore en cet endroit au XVIe siècle.

Il fut remplacé par une prison destinée aux militaires. Le bâtiment, de forme carrée, a trois étages.

Au commencement de la révolution, l'Abbaye devint le théâtre de scènes affreuses et sanglantes. En septembre 1792, un grand nombre de détenus, parmi lesquels on comptait quelques ecclésiastiques, y furent massacrés. Parmi les victimes, se trouvaient le comte de Montmorin de Saint-Hérem, ministre des affaires étrangères sous Louis XVI, et l'abbé l'Enfant, prédicateur de Joseph II.

Mesdemoiselles de Sombreuil et Cazotte, qui nous ont laissé de touchants exemples de piété filiale, furent également enfermées à l'Abbaye.

Le 10 novembre 1794, madame Roland sortit de cette prison pour monter sur l'échafaud.

ABBAYE (RUE DE L').

Commence à la rue de l'Échaudé, nos 16 et 18; finit à la rue Saint-Germain-des-Prés, nos 13 et 15. Le dernier impair est 15; le dernier pair est 18. Sa longueur est de 168 m. — 10e arrondissement, quartier de la Monnaie.

L'Abbaye Saint-Germain-des-Prés, supprimée en 1790, devint propriété nationale. Pour faciliter l'aliénation de ce vaste domaine, les administrateurs des biens nationaux firent dresser un plan sur lequel on traça deux rues.

La 1re, partant de la place Saint-Germain-des-Prés, devait se terminer à la rue des Petits-Augustins;

La 2me, prenant naissance à la rue de l'Échaudé, devait aboutir à la rue Saint-Benoît, en coupant, pour atteindre cette dernière voie publique, une partie des propriétés portant aujourd'hui les nos 9 et 11.

Presque tous les actes de vente renfermèrent l'obligation de livrer sans indemnité le terrain nécessaire aux rues projetées.

La 1re reçut son exécution et fut ouverte telle qu'on l'avait tracée sur les plans annexés aux ventes (c'est aujourd'hui la rue Saint-Germain-des-Prés);

La 2me, celle qui nous occupe, ne fut percée que jusqu'à sa rencontre avec la rue Saint-Germain-des-Prés.

On lui donna d'abord le nom de rue de la *Paix*, puis celui de rue de l'*Abbaye*.

Une décision ministérielle du 9 floréal an IX, signée Chaptal, fixa la largeur de cette voie publique à 9 m. 74 c. Cette largeur a été maintenue par une ordonnance royale du 29 avril 1839, qui autorise le prolongement de la rue de l'Abbaye jusqu'à la rue Saint-Benoît. Toutefois, cette disposition ne peut être exécutée qu'après que la ville de Paris aura été autorisée à acquérir les immeubles ou portions d'immeubles qui ne sont pas grevés de la servitude de livrer sans indemnité le terrain nécessaire à ce prolongement.

Les constructions de la rue de l'Abbaye sont toutes à l'alignement. Il existe sous cette voie publique une conduite des eaux de l'Ourcq (voir *Germain-des-Prés, église Saint*).

ACACIAS (PETITE RUE DES).

Commence au boulevart des Invalides, no 24; finit à la place de Breteuil. Pas de numéro. Sa longueur est de 240 m. — 10e arrondissement, quartier des Invalides.

Ouverte en 1790, elle porta d'abord le nom d'avenue *Montmorin*. M. le comte de Montmorin de Saint-Hérem, ministre des affaires étrangères sous Louis XVI, était propriétaire de terrains situés près de cette communication.

Elle prit ensuite le nom de *Petite-rue-des-Acacias* (voyez l'article suivant).

La largeur de cette voie publique est de 17 m. 55 c. Quelques portions de terrain sont sujettes à retranchement. Il existe sous cette rue une conduite des eaux de l'Ourcq (partie comprise entre le boulevart des Invalides et la rue Masseran.)

ACACIAS (RUE DES).

Commence à la rue Neuve-Plumet, no 5; finit à la rue de Sèvres, nos 112 et 114. Pas de numéro. Sa longueur est de 315 m. — 10e arrondissement, quartier des Invalides.

En vertu des lettres-patentes du 13 septembre 1782, registrées au Parlement le 20 du même mois, les admi-

— ACC —

nistrateurs de l'Hôtel-Royal des Invalides furent autorisés à aliéner, soit à vie, soit à bail emphythéotique, des terrains situés entre cet hôtel, l'École-Militaire et le Gros-Caillou.

Par suite de ces lettres-patentes, un plan fut dressé. Il contenait l'indication de plusieurs percements.

Le sieur Alexandre-Théodose Brongniart, architecte du roi et propriétaire de terrains voisins de ceux qu'on avait aliénés, voulut de son côté coopérer à l'exécution du plan. A cet effet, il demanda une autorisation qui lui fut accordée par arrêt du conseil du 30 juin 1790.

En vertu de cet arrêt, le sieur Brongniart fit ouvrir quatre communications, dont trois furent plantées d'arbres. Ce propriétaire était tenu d'établir à ses frais le premier pavage des nouvelles voies publiques.

La rue qui fait l'objet du présent article, et dont la largeur était fixée à 17 m. 55 c., fut appelée rue des *Acacias*, en raison de la nature des arbres qui bordaient ses deux côtés. Les trois autres voies publiques sont ainsi désignées : *Petite-rue-des-Acacias*, rues *Masseran* et *Neuve-Plumet*.

Une décision ministérielle du 12 décembre 1822 prescrivit la réduction de la largeur de la rue des Acacias à 12 m. En vertu d'une ordonnance royale du 20 septembre 1842, la largeur de cette voie publique est définitivement fixée à 17 m. 50 c.

Les propriétés riveraines sont alignées, à l'exception de celles qui sont situées sur le côté gauche, entre la Petite-rue-des-Acacias et la rue Neuve-Plumet. — Conduite d'eau dans la partie qui s'étend de la Petite-rue-des-Acacias à la rue de Sèvres.

ACCOUCHEMENT (HOSPICE DE L').

Situé rue de la Bourbe, n° 3. — 12º arrondissement, quartier Saint-Jacques.

Cet hospice occupe les bâtiments de l'ancienne abbaye de Port-Royal. Fondée en 1204, par Mathieu de Montmorenci, seigneur de Marly, et par Mathilde Garlande, sa femme, dans le fief de Porrois ou Port-Royal, près de Chevreuse, cette abbaye fut transférée à Paris en 1625, dans la maison de Clagny, située à l'extrémité du faubourg Saint-Jacques. L'église, commencée en 1648, fut terminée la même année. Le pape permit qu'on établit dans ce monastère l'adoration perpétuelle du Saint-Sacrement. On conservait dans l'église une épine de la sainte-couronne. L'abbaye de Port-Royal fut supprimée en 1790.

Pendant le régime de la terreur, cette maison reçut le nom de *Port-Libre*, et fut convertie en prison. Il est assez difficile de comprendre l'espèce de liberté dont jouissaient les prisonniers dans cet établissement. Peu de temps après, on y enferma les militaires.

Arrêté du comité du salut public. — 13 brumaire an IV (Convention Nationale).

« Le comité du salut public voulant prévenir l'exé-
» cution du décret du 10 de ce mois, arrête :

— ACC —

» Article 1ᵉʳ. La commission des secours publics
» fera transférer dans le plus court délai, dans la
» maison de Port-Libre, rue de la Bourbe, les nour-
» rices et les enfants actuellement placés dans celle
» dite du Val-de-Grâce; en conséquence, les prison-
» niers qui se trouvent dans ladite maison seront
» évacués.

« Art. 2. Elle fera également les dispositions né-
» cessaires pour rétablir les femmes en couche dans la
» maison du ci-devant institut de l'Oratoire. L'autorise
» à cet effet à donner congé aux locataires qui l'occu-
» pent; à traiter de gré à gré ou à dire d'experts, des
» indemnités qui pourraient leur être dues, et à leur en
» payer le montant sur les fonds mis à sa disposition.
» Art. 3. Les ouvrages qu'exigera la nouvelle desti-
» nation des maisons ci-dessus, seront exécutés par la
» commission des travaux publics, sur les plans et
» devis qui leur en seront remis par celle des secours.
» Art. 4. Charge ces deux commissions et celle de
» police, chacune en ce qui la concerne, de l'exécution
» du présent arrêté. » (Extrait du *Moniteur*, 13 brumaire an IV.)

Cet établissement porta plus tard, avec la maison de l'Allaitement, le nom d'*Hospice de la Maternité*.

Dans la maison de la Maternité, rue d'Enfer, étaient les élèves de l'école d'accouchement, et dans celle de la Maternité, rue de la Bourbe, logeaient les femmes dont l'accouchement était prochain, ainsi que les enfants nouveaux-nés. On y plaça dans la suite des enfants trouvés. Depuis 1814, cet état de choses a été modifié. Les deux établissements sont distincts et indépendants l'un de l'autre : les femmes enceintes, les femmes en couche et les élèves sages-femmes sont réunies dans l'ancienne maison de Port-Royal, et les enfants nouveaux-nés ont été transférés dans la maison de l'Oratoire, rue d'Enfer, n° 74. Les pauvres femmes accouchaient autrefois à l'Hôtel-Dieu. Il n'y avait pour elles que 106 lits. Les plus grands contenaient souvent quatre femmes en couche.

Occupées à des travaux en rapport avec leur position, ces femmes en reçoivent un salaire. On leur fournit du linge et même des vêtements. Elles doivent sortir de l'hospice huit jours après leur délivrance, à moins d'ordre contraire du médecin.

Cet hospice compte 450 lits environ, et occupe 60 employés.

L'école d'accouchement est comprise dans cet établissement. Les préfets doivent y envoyer chaque année une ou plusieurs élèves, selon les fonds dont ils peuvent disposer. Pour être admises, ces femmes doivent être âgées de 18 à 35 ans au plus. Outre la pension de 600 fr., chaque élève reçoit en arrivant une somme suffisante pour acheter des livres. Elles sont nourries, logées, éclairées et fournies de linge. A la fin de l'année, les élèves subissent un examen devant un jury composé de médecins et de chirurgiens, qui décerne des prix aux plus habiles.

— AFF —

AFFAIRES ÉTRANGÈRES (MINISTÈRE DES).

Situé rue Neuve-des-Capucines, n° 18, à l'angle du boulevart. — 1er arrondissement, quartier de la place Vendôme.

Ce ministère comprend les quatre directions suivantes : politique, commerciale, archives et chancelleries, comptabilité.

Le bureau de la chancellerie est le seul ouvert au public. Il est chargé, sous les ordres du directeur des archives, de la correspondance concernant les réclamations particulières des sujets français contre les étrangers, ainsi que des travaux relatifs aux passeports et légalisations, à l'état civil, aux commissions rogatoires, à la transmission des actes judiciaires, aux significations à l'étranger, etc.

Ce ministère est établi dans l'ancien hôtel Bertin. Connue sous le nom d'hôtel de la Colonnade, cette propriété, construite par un duc et pair, embellie par M. de Reuilly, fermier général, fut quelque temps habitée sous la Convention par le jeune général qui venait de la sauver dans la journée du 13 vendémiaire.

Dans cet hôtel furent déposées les armes enlevées aux sections.

Quelques jours après, un enfant de dix à douze ans se présente à l'hôtel de la Colonnade. Il demande à parler au général Bonaparte.

La douceur de son visage, la distinction de sa personne excitent l'intérêt et la sympathie.

Un aide-de-camp le conduit dans le cabinet de Napoléon.

Le général en chef de l'armée de l'intérieur était entouré d'officiers qui commençaient à adorer cette étoile naissante.

L'enfant, troublé un instant, se recueille et s'avance vers Bonaparte :

« Citoyen général, dit-il, je m'appelle Eugène Beauharnais; mon père était, comme vous, un digne défenseur de la république. Dénoncé au comité du salut public, il est mort sur l'échafaud ! Il est mort, ne laissant pour tout patrimoine à son fils que son épée. Citoyen général, on nous a enlevé cette épée, et je viens, au nom de votre gloire vous la redemander. »

Ces paroles, pleines de noblesse et de fierté, devaient plaire à Napoléon. Sa physionomie, si calme d'ordinaire, respirait un air de satisfaction.

« C'est bien ! jeune homme, c'est très bien ! ce courage et cette tendresse filiale vous honorent. L'épée de votre père vous sera rendue. »

Puis, faisant signe à un aide-de-camp, il lui dit quelques mots à voix basse. L'officier sort et reparait bientôt avec une épée que Bonaparte remet lui-même au jeune Beauharnais. Eugène la saisit avidement, la serre contre son cœur, puis la baise avec respect.

Napoléon, visiblement ému, encourage le jeune Beauharnais à suivre le noble exemple de son père, puis il le congédie en l'invitant à venir le voir.

Ce fut à ce même hôtel de la Colonnade que s'accom-

— ALB —

plit le mariage de la mère d'Eugène avec Bonaparte, le 9 mars 1796. Le jour même, les nouveaux époux allèrent habiter la petite maison de la rue Chantereine, dont Napoléon avait déjà fait l'acquisition.

AGUESSEAU (D'), voyez DAGUESSEAU.

AIGUILLERIE (RUE DE L').

Commence à la rue Saint-Denis, n°s 71 et 75 ; finit à la rue Sainte-Opportune, n°s 2 et 4. Le dernier impair est 7 ; le dernier pair, 10. Sa longueur est de 47 m. — 4e arrondissement, quartier des Marchés.

On la nommait en 1220 rue *Alain de Dampierre*; en 1449, cloître *Sainte-Opportune*. En 1650, elle portait le nom de l'*Esguillerie*, en raison, dit Sauval, des marchands d'esguilles (aiguilles) qui y demeuraient.

Une décision ministérielle du 21 prairial an X, signée Chaptal, fixa la moindre largeur de cette voie publique à 7 m.

Une ordonnance royale du 16 août 1836 a porté cette largeur à 14 m., en prescrivant l'élargissement immédiat de la rue de l'Aiguillerie, au moyen de l'acquisition, pour cause d'utilité publique, des immeubles situés sur le côté gauche. Cette amélioration a été exécutée. Les constructions du côté des numéros impairs ne sont pas soumises à retranchement. La propriété n° 3 devra même, pour exécuter l'alignement, avancer sur ses vestiges actuels de 1 m. 60 c. à 3 m. 50 c. ; sur le côté opposé, la maison n° 10 est alignée. Les autres constructions de ce côté sont assujéties à un retranchement qui varie de 2 m. 90 c. à 3 m. 65 c. — Eclairage au gaz (comp.e Anglaise). — La rue de l'Aiguillerie, avant le percement de la rue Sainte-Opportune, débouchait par un retour d'équerre sur la place du même nom. Ce débouché est confondu aujourd'hui dans la rue Sainte-Opportune.

AIR (AVENUE DU BEL).

Commence à la place du Trône, n°s 12 et 14 ; finit à l'avenue de Saint-Mandé. Le dernier impair est 3 ; le seul pair, 2. Sa longueur est de 234 m. — 8e arrondissement, quartier des Quinze-Vingts.

Cette avenue, tracée sur le plan de Jaillot, n'avait point alors de dénomination. Sa position un peu élevée et découverte lui a fait donner le nom qu'elle porte. Une décision ministérielle à la date du 23 ventôse an X, signée Chaptal, a fixé la largeur de cette voie publique à 39 m. Les constructions riveraines ne sont soumises qu'à un léger redressement.

AIR (COUR DU BEL).

Située dans la rue du Faubourg-Saint-Antoine, n° 58. — 8e arrondissement, quartier des Quinze-Vingts.

Son nom lui vient de l'hôtel du Bel-Air.

ALBOUY (RUE).

Commence à la rue des Marais, n°s 56 et 58 ; finit à la rue des Vinaigriers, n°s 17 et 19. Le dernier impair est 13 ;

— ALG —

le dernier pair, 20. Sa longueur est de 180 m. — 5º arrondissement, quartier de la porte Saint-Martin.

Une ordonnance royale du 31 mars 1824, a autorisé le sieur Albouy à ouvrir sur les terrains dont il était propriétaire, une rue de 10 m. de largeur.

Cette autorisation a été accordée à la charge par l'impétrant de supporter les frais du premier pavage et du premier établissement de l'éclairage de la nouvelle rue, et en outre de se soumettre aux lois et réglements sur la voirie de Paris. Ce percement a été immédiatement exécuté. — Les constructions riveraines sont alignées. — Éclairage au gaz (compᵉ de Belleville).

ALGER (RUE D').

Commence à la rue de Rivoli, nº 30 bis; finit à la rue Saint-Honoré, nᵒˢ 335 et 335 bis. Le dernier impair est 13; le dernier pair, 16. Sa longueur est de 128 m. — 1ᵉʳ arrondissement, quartier des Tuileries.

Les sieurs Périer frères et Chéronnet, propriétaires de l'ancien hôtel de Noailles et de ses dépendances, obtinrent à la date du 20 septembre 1830, une ordonnance royale portant autorisation d'ouvrir sur cet emplacement une rue de 10 m. de largeur. Suivant cette ordonnance, les constructions en bordure ne devaient pas excéder 15 m. de hauteur, sauf les maisons aux encoignures des rues de Rivoli et Saint-Honoré, qui pourraient avoir 18 m. d'élévation dans une profondeur de 15 m.

Ce percement fut immédiatement exécuté; il porta jusqu'en 1832 le nom de rue *Louis-Philippe Iᵉʳ*. A cette époque la rue Lappe, située dans le faubourg Saint-Antoine, ayant pris par une circonstance toute particulière le nom du roi, on donna à la voie publique, faisant l'objet du présent article, la dénomination de rue d'Alger, en mémoire de la prise de cette ville par l'armée française, le 5 juillet 1830. Une ordonnance royale du 16 novembre 1834 porte que la hauteur des maisons riveraines de la rue d'Alger pourra être élevée à 16 m. Toutes les constructions bordant cette voie publique sont à l'alignement. — Éclairage au gaz (compᵉ Anglaise). — Égout et conduite d'eau.

ALIBERT (RUE).

Commence au quai de Jemmapes; finit à la rue Bichat. Pas de numéro. Sa longueur est de 153 m. — 5ᵉ arrondissement, quartier de la Porte-Saint-Martin.

En 1740, c'était la ruelle *Dagouri*, peu de temps après la rue *Notre-Dame*, puis la ruelle des *Postes*, et enfin l'impasse *Saint-Louis*, en raison de sa proximité de l'hôpital de ce nom. Le 28 vendémiaire an XI, une décision ministérielle, signée Chaptal, avait fixé à 10 m. la largeur de cette impasse qui devait être prolongée jusqu'à la rue Saint-Maur.

Une ordonnance royale, à la date du 6 décembre 1827, confirma cette dernière disposition qui n'est pas encore exécutée, et porta la largeur de cette voie pu-

— ALO —

blique à 13 m. La rue Bichat, dont l'ouverture eut lieu en 1824, convertit en rue l'impasse Saint-Louis. En vertu d'une décision du roi, du 19 janvier 1840, cette voie publique reçut la dénomination d'*Alibert*. J.-L. Alibert, célèbre médecin, auteur du Traité des Fièvres intermittentes pernicieuses, fit pendant longtemps à l'hôpital Saint-Louis une excellente clinique sur les maladies cutanées. Il naquit le 12 mai 1766, et mourut le 5 novembre 1837 d'une affection cancéreuse à l'estomac. — Les constructions riveraines sont alignées, à l'exception d'une maison située sur le côté droit près de la rue Bichat.

ALIGRE (PASSAGE DE L'HÔTEL D').

Commence à la rue Bailleul, nº 12; finit à la rue Saint-Honoré, nº 123. — 4ᵉ arrondissement, quartier Saint-Honoré.

Ainsi nommé parce qu'il traverse l'ancien hôtel d'Aligre.
Le grand conseil a tenu longtemps ses séances dans cet hôtel.

ALIGRE (RUE D').

Commence à la rue de Charenton, nᵒˢ 101 et 103; finit à la place du marché Beauveau, nᵒˢ 1 et 2. Le dernier impair est 5; le dernier pair, 12. Sa longueur est de 112 m. — 8ᵉ arrondissement, quartier des Quinze-Vingts.

Cette rue, ouverte en décembre 1778, sur les dépendances de l'abbaye Saint-Antoine-des-Champs, avait été autorisée par des lettres-patentes du 17 février 1777, enregistrées au parlement le 24 août de la même année.

Fixée à 42 pieds de largeur, elle ne fut cependant exécutée qu'à 13 m. 50 c. Cette dimension a été maintenue par une décision ministérielle du 17 brumaire an XII, signée Chaptal. La dénomination affectée à cette voie publique rappelle Étienne-François d'Aligre, né en 1726, et qui fut président à mortier en 1768, et premier président au parlement de Paris. D'Aligre mourut à Brunswick en 1798 (voyez *Beauveau*, marché).

Les constructions riveraines sont alignées. — Conduite d'eau.

ALLÉE (PASSAGE DE LA LONGUE).

Commence à la rue du Ponceau, entre les nᵒˢ 14 et 16; finit à la rue Neuve-Saint-Denis, entre les nᵒˢ 9 et 11. — 6ᵉ arrondissement, quartier de la Porte-Saint-Denis.

Son premier nom fut celui de passage de l'*Égout*. Il a été construit sur les dépendances du couvent des dames Saint-Chaumont.

ALOUETTE (RUE DU CHAMP-DE-L').

Commence à la rue de Lourcine, nᵒˢ 95 et 97; finit au boulevart des Gobelins, nᵒˢ 12 et 14. Pas de numéro im-

— AMA —

pair; e dernier pair est 14. Sa longueur est de 563 m. — 12e arrondissement, quartier Saint-Marcel.

Elle doit son nom à un champ très vaste sur lequel elle fut ouverte. Elle porta d'abord le nom de rue *Saint-Louis*. Une décision ministérielle à la date du 23 ventôse an X, signée Chaptal, a fixé la largeur de cette voie publique à 10 m. Quelques constructions sont alignées.

Conduite d'eau depuis la rue de Lourcine jusqu'à la rue du Petit-Champ.

AMANDIERS (BARRIÈRE DES).

Située à l'extrémité de la rue du même nom.

Cette barrière, qui doit son nom à la rue des Amandiers, n'a qu'un bâtiment rectangulaire surmonté d'un couronnement (voir l'article *Barrières*).

AMANDIERS (CHEMIN DE RONDE DE LA BARRIÈRE DES).

Commence aux rue et barrière des Amandiers; finit aux rue et barrière de Ménilmontant. Pas de numéro. Sa longueur est de 540 m. — 8e arrondissement, quartier Popincourt.

L'alignement de ce chemin de ronde est exécuté dans les deux tiers de son étendue (voyez l'article *Chemins de ronde*).

AMANDIERS-POPINCOURT (RUE DES).

Commence à la rue Popincourt, nos 38 et 40; finit aux chemins de ronde des barrières des Amandiers et d'Aunay. Le dernier impair est 43; le dernier pair, 46. Sa longueur est de 900 m. — 8e arrondissement, quartier Popincourt.

Ce n'était encore qu'un chemin sous le règne de Louis XIII. Il a pris son nom de la quantité d'amandiers qu'on voyait dans le terrain sur lequel elle fut ouverte. Une décision ministérielle du 23 messidor an IX, signée Chaptal, avait fixé la moindre largeur de cette voie publique à 10 m. En vertu d'une ordonnance royale du 6 mai 1827, cette dimension est maintenue pour la partie comprise entre les rues Popincourt et Saint-Maur; le surplus a été porté à 13 m. de largeur. Les maisons portant les numéros ci-après sont alignées: 1, 5, 7, 9, 11, 13, 15, 17, 19, 21, 31, 33, 35 et 37; et le terrain à l'encoignure du chemin de ronde, 2, 8, 10, 30, 32, 34, 36, 40 et 42. — Egout depuis la rue Popincourt jusqu'à l'avenue Parmentier, et conduite d'eau depuis cette avenue jusqu'à la rue Folie-Regnault.

AMANDIERS-SAINTE-GENEVIÈVE (RUE DES).

Commence à la rue de la Montagne-Sainte-Geneviève, nos 82 et 82 bis; finit à la rue des Sept-Voies, nos 17 et 19 Le dernier impair est 19; le dernier pair, 20. Sa longueur est de 95 m. — 12e arrondissement, quartier Saint-Jacques.

On l'appelait en 1300, rue de l'*Aliemandier*; en 1334, des *Amandiers*; en 1386, rue des *Allemandiers*; en 1392 et depuis, la rue des *Amandiers*. Une décision ministérielle du 8 brumaire an X, signée Chaptal, a fixé la

— AMB —

largeur de cette voie publique à 7 m. La maison n° 2 est alignée. Celles nos 16 et 18 ne sont soumises qu'à un très faible retranchement. — Éclairage au gaz (compe Parisienne). — *Le collége des Grassins* était situé dans cette rue, au n° 14. Il fut fondé en 1569, par Pierre Grassin, conseiller au parlement. Ses descendants augmentèrent cet établissement. Devenu propriété nationale, il a été vendu en trois lots le 8 octobre 1833.

AMBIGU-COMIQUE (THÉÂTRE DE L').

Situé boulevart Saint-Martin, à l'angle de la rue de Bondy. — 5e arrondissement, quartier de la Porte-Saint-Martin.

Le sieur Audinot, acteur de la comédie italienne, est le fondateur de l'Ambigu-Comique. Il ouvrit, au mois de février 1759, un théâtre à la foire Saint-Germain; puis, sur le boulevart, un spectacle de marionnettes auxquelles il substitua des enfants. Grâce à la gentillesse et à l'intelligence précoce des jeunes artistes, ce spectacle fit fureur. Audinot donna à son théâtre cette devise, dans laquelle se trouvait son nom : *Sicut infantes audi nos*. Un poète, l'abbé Delille, a peint l'empressement du public dans ce joli vers :

« Chez Audinot, l'enfance attire la vieillesse. »

Tout Paris courut à ce théâtre; l'Opéra resta désert. Les administrateurs du Grand-Théâtre, jaloux des succès d'Audinot, obtinrent, à la fin de l'année 1771, un arrêt du conseil qui réduisit l'Ambigu-Comique à l'état de spectacle de dernière classe. On lui ordonna de supprimer les danses ainsi qu'une grande partie de son orchestre. Cette mesure, regardée comme une injustice, causa alors une grande rumeur. Peu de temps après, le théâtre d'Audinot parvint à recouvrer son ancienne liberté, moyennant une contribution annuelle de 12,000 livres qu'il dut payer à l'Opéra. La comtesse Du Barry, pour égayer le roi Louis XV, fit venir, au mois d'avril 1772, la troupe d'Audinot à Choisy. Un incendie, qui éclata en 1827, dévora complètement les bâtiments de ce théâtre; sa reconstruction ne put avoir lieu sur le boulevart du Temple; l'isolement qui était imposé aurait trop restreint les proportions des bâtiments : on fut donc forcé de rebâtir l'Ambigu-Comique dans un autre endroit; on fit choix de l'emplacement actuel, qui offre toute la sécurité désirable. Les divers planchers de ce théâtre sont construits en fer et maçonnés en poteries; les combles sont également en fer et couverts en ardoises; le mur au droit de l'avant-scène, et séparant le théâtre de la salle, s'élève en gradins au-dessus des combles de ces deux parties; enfin un rideau mobile en treillis de fer a été disposé en cet endroit. L'emplacement occupé par l'Ambigu a été acheté 385,515 fr.; la démolition des anciennes constructions et l'exécution de la totalité des travaux ont eu lieu en moins de dix mois, et ont coûté 1,347,944 fr.; les machines figurent pour 69,000 fr., et la peinture de décor a coûté 17,000 fr. Cette salle, construite de 1827 à 1828, par MM. Hittorf et Lecointe, architectes, peut con-

— AMB —

tenir 2,000 personnes; elle a été livrée au public le 8 juin 1828. Prix des places en 1843 : avant-scène des 1res, 5 fr.; id. des 2es, 2 fr. 50 c.; balcon des 1res, 2 fr.; stalle de balcon, 2 fr.; stalles d'orchestre et de 1re galerie, 2 fr. 50 c.; 1re loge de face, 3 fr. 50 c.; 1re de côté et 2e de face, 2 fr. 50c.; baignoire de face, 2 fr. 50 c.; baignoire de côté, orchestre et 1re galerie, 2 fr.; 2e galerie, 1 fr. 50 c.; parterre, 1 fr. 25 c.

AMBOISE (IMPASSE D').

Située place Maubert, entre les n°s 1 et 3. Le dernier impair est 3; le seul pair, 2. Sa longueur est de 39 m. — 12e arrondissement, quartier Saint-Jacques.

Elle a pris son nom de l'hôtel d'Amboise qui y était situé au XIVe siècle.

Une décision ministérielle du 6 vendémiaire an XIV, signée Champagny, a fixé la largeur de cette voie publique à 7 m.; les constructions riveraines sont soumises à un retranchement qui varie de 1 m. 40 c. à 1 m. 80 c. — *Le collège grec ou de Constantinople* était anciennement dans cette impasse; il fut fondé en 1206, et réuni, en 1420, au collège de la Marche, dont nous parlerons à l'article *Geneviève* (rue de la *Montagne-Sainte-*).

AMBOISE (RUE D').

Commence à la rue de Richelieu, n°s 103 et 105; finit à la rue Favart, n°s 10 et 12. Le dernier impair est 9; le dernier pair, 12. Sa longueur est de 95 m. — 2e arrondissement, quartier Feydeau.

Des lettres-patentes, à la date du 14 octobre 1780, autorisèrent le percement de cette rue sur les terrains appartenant à M. Étienne-François de Choiseul, duc de Choiseul-Amboise, pair de France, marquis de Stainville et de la Bourdaisières, et ministre d'état. Ces lettres-patentes portent que la rue nouvelle sera nommée rue d'*Amboise*; ce percement, dont la largeur était fixée à 25 pieds, a été exécuté en 1781 sur une dimension de 8 m., qui a été maintenue par une décision ministérielle du 3 frimaire an X, signée Chaptal. Toutes les constructions riveraines sont alignées. — Éclairage au gaz (comp^e Anglaise). (Voyez *Opéra-Comique*, théâtre de l').

AMBROISE (ÉGLISE SAINT-).

Située à l'angle des rues Popincourt et Saint-Ambroise. — 8e arrondissement, quartier Popincourt.

Cette église, bâtie en 1659, servait autrefois de chapelle aux religieuses Annonciades du Saint-Esprit. L'ordre des Annonciades fut fondé par Jeanne de France, fille de Louis XI et première femme de Louis XII. Établies d'abord à Bourges, ces religieuses quittèrent cette ville pour venir à Paris, rue de Sèvres, occuper une maison qu'elles cédèrent peu de temps après à l'Abbaye-aux-Bois. Le 12 août 1636, elles s'installèrent à Popincourt, où elles demeurèrent jusqu'en 1780, époque de

— AMÉ —

la suppression de leur communauté. En 1781, deux rues furent tracées sur l'emplacement de cette maison. — La première a pris le nom de rue *Saint-Ambroise* (voir cet article); la deuxième, appelée *de Beauharnais*, a été supprimée par décision ministérielle du 9 octobre 1818. La chapelle, qui était propriété nationale, fut vendue le 2 prairial an V, et devint en 1802 la seconde succursale de la paroisse Sainte-Marguerite.

L'église Saint-Ambroise a été rachetée par la ville de Paris, le 31 août 1811, moyennant 67,500 fr.

Elle a été restaurée et considérablement agrandie par M. Godde, architecte; elle a été bénite le 15 novembre 1818.

AMBROISE (IMPASSE SAINT-).

Située dans la rue de ce nom, n° 10. Pas de numéro impair; le dernier pair est 8. — 8e arrondissement, quartier Popincourt.

Cette impasse, qui est une propriété particulière, a été formée il y a une vingtaine d'années.

AMBROISE (RUE SAINT-).

Commence à la rue Popincourt, n°s 54 et 56; finit à la rue Saint-Maur, n° 3. Le dernier impair est 9; le dernier pair, 12. Sa longueur est de 369 m. — 8e arrondissement, quartier Popincourt.

Elle a été percée, vers 1783, sur l'emplacement du couvent des religieuses Annonciades du Saint-Esprit; sa largeur fut alors fixée à 9 m. 74 c. En 1802, elle reçut la dénomination de rue Saint-Ambroise, en raison de sa proximité de l'église des Annonciades, dédiée à saint Ambroise. Une décision ministérielle du 6 pluviôse an IX, signée Chaptal, a maintenu la largeur de 9 m. 74 c. Les constructions ne sont pas soumises à retranchement. — Conduite d'eau. Éclairage au gaz (comp^e de Belleville). (Voir *Ambroise, Église Saint-*).

AMÉLIE (RUE).

Commence à la rue Saint-Dominique, n°s 165 et 167; finit à la rue de Grenelle, n°s 174 et 176. Pas de numéro impair; le dernier pair est 6. Sa longueur est de 180 m. — 10e arrondissement, quartier des Invalides.

Les sieurs Wauthy et Fabus de Maisoncelle, propriétaires de terrains situés entre les rues Saint-Dominique et de Grenelle, au Gros-Caillou, obtinrent, le 6 septembre 1772, des lettres-patentes qui autorisaient le percement d'une rue de 24 pieds de largeur. Ces deux propriétaires devaient concéder gratuitement, et chacun par moitié, l'emplacement nécessaire à l'exécution du percement. Ces lettres-patentes furent enregistrées au parlement, le 23 août 1774. Un seul propriétaire exécuta cette condition; il en résulta que la rue ne fut ouverte que sur la moitié de la largeur fixée par les lettres-patentes. Cet état de choses durait encore en 1823; à cette époque, M. Pihan de Laforest, propriétaire riverain, et un grand nombre d'habitants, s'adressèrent à

— AME —

l'autorité supérieure, et demandèrent l'exécution complète des lettres-patentes de 1772. Cette demande fut accueillie favorablement, et le ministre de l'intérieur décida, le 12 juin 1824, que la rue, qui jusqu'alors n'était connue sur les plans que sous le nom de *rue projetée*, s'appellerait désormais rue *Amélie*: c'était le nom de baptême de la fille de M. Pihan de Laforest. Enlevée à l'âge de quinze ans, cette jeune personne réunissait toutes les vertus chrétiennes. Mais les clauses insérées dans les lettres-patentes ne furent point exécutées; des contestations s'élevèrent entre la ville de Paris et les propriétaires du terrain qui devait être livré pour l'exécution complète du percement. Un jugement du tribunal de première instance débouta, en 1826, la ville de ses prétentions, et en 1832, un arrêté du préfet de la Seine a prescrit la clôture à ses deux extrémités de la rue Amélie.

AMELOT (RUE).

Commence au quai de Valmy; finit à la rue Saint-Sébastien, n° 2. Pas de numéro impair. Ce côté est bordé, dans la plus grande partie de son étendue, par le mur de soutènement du boulevart Beaumarchais; le dernier pair est 68. Sa longueur est de 654 m. — 8e arrondissement; la partie comprise entre le quai et la rue Daval est du quartier du faubourg Saint-Antoine, le surplus dépend du quartier Popincourt.

Au mois de mai 1777, le roi ordonna, par lettres-patentes, que les fossés de la ville en toute leur étendue, depuis le pont Saint-Antoine jusqu'au grand égout, seraient remplis au moyen des gravois et des décharges publiques, jusqu'à la hauteur du chemin de la Contrescarpe, et à six pieds ou environ plus bas que le sol du rempart. Par ces mêmes lettres-patentes, il fut arrêté que les terrains des fossés seraient divisés en plusieurs rues, dont l'une aurait son ouverture dans la demi-lune à l'entrée du faubourg Saint-Antoine et aboutirait à la rue Saint-Sébastien, serait appelée rue *Amelot*, et aurait 36 pieds de largeur. M. Amelot était en 1777 ministre secrétaire d'état au département de Paris. Ce percement fut effectué en 1781. Une décision ministérielle du 25 messidor an X, signée Chaptal, a maintenu sa largeur primitive. Lors de l'exécution du canal Saint-Martin, la partie de la rue Amelot débouchant sur la place de la Bastille a été supprimée. Toutes les constructions riveraines sont alignées. — Égout depuis la rue du Chemin-Vert jusqu'à la rue Saint-Sébastien. Éclairage au gaz (comp^e Lacarrière).

AMSTERDAM (RUE D').

Commence à la rue Saint-Lazare, n° 120; finit à la rue Neuve-de-Clichy, n° 9. Le dernier impair est 29; le dernier pair, 30. Sa longueur est de 615 m. — 1er arrondissement, quartier du Roule.

En vertu d'une ordonnance royale du 2 février 1826, MM. Jonas Hagerman et Sylvain Mignon furent autorisés à former sur leurs terrains les rues, portions de

— ANA —

rues, de boulevart et place ci-après indiquées : *Amsterdam* (rue d'), *Berlin* (rue de), *Bruxelles* (rue de), *Constantinople* (rue de), *Europe* (place d'), *Florence* (rue de), *Fontaine* (rue), *Gênes* (rue de), *Hambourg* (rue de), *Lisbonne* (rue de), *Londres* (rue de), *Madrid* (rue de), *Malesherbes* (prolongement du boulevart), *Messine* (rue de), *Miroménil* (prolongement de la rue de), *Munich* (rue de), *Naples* (rue de), *Pétersbourg* (rue de Saint-), *Plaisance* (rue de), *Rocher* (prolongement de la rue du), *Rome* (rue de), *Tivoli* (rue de), *Turin* (rue de), *Vienne* (rue de). Ces dénominations furent approuvées par une décision ministérielle du 5 août 1826. L'ordonnance précitée imposa aux impétrants, entre autres conditions, celles de faire établir à leurs frais, de chaque côté des nouvelles voies, des trottoirs en pierre dure, d'une largeur de 2 m. dans les rues de 15 m., et de 1 m. 60 c. dans celles de 12 m.; de supporter les frais d'établissement de pavage et d'éclairage; de fermer par des grilles en fer ou par des portes, l'entrée des rues qui ne pourraient, quant à présent, avoir de débouchés; de se conformer aux lois et règlements sur la voirie de Paris. La rue d'Amsterdam, telle qu'elle avait été autorisée sur les terrains de MM. Hagerman et Mignon, formait deux impasses séparées par le carrefour où viennent aboutir les rues de Londres, de Stockolm et de Tivoli. L'impasse qui prenait naissance à la rue de Tivoli, et dont la longueur était de 141 m., a été prolongée récemment sur les terrains appartenant à divers particuliers, jusqu'à la rue Neuve-de-Clichy. L'autre impasse, qui avait son entrée entre les rues de Londres et de Stockolm, vient d'être continuée jusqu'à la rue Saint-Lazare, en vertu d'une ordonnance royale du 17 juillet 1843, qui a déclaré d'utilité publique l'exécution immédiate de ce percement.

La rue d'Amsterdam doit sa dénomination à la capitale de la Hollande. Sa largeur est fixée à 12 m. Les constructions riveraines sont alignées. La rue de Munich n'a pas été ouverte; celles de Florence, de Gênes, de Naples et de Turin n'avaient été tracées seulement sur le terrain. Leur emplacement est occupé aujourd'hui par une partie du chemin de fer de Paris à Saint-Germain.

ANASTASE (RUE NEUVE-SAINTE-).

Commence à la rue Saint-Paul, n° 33; finit à la rue des Prêtres-Saint-Paul, n°s 6 et 8. Le dernier impair est 3; le dernier pair, 6. Sa longueur est de 39 m. — 9e arrondissement, quartier de l'Arsenal.

Le titre le plus ancien qui constate l'existence de cette rue est un censier de Saint-Éloy, de 1367, qui l'indique sous le nom de ruelle *Saint-Paul*.

Nous la croyons pourtant construite bien avant cette époque; elle doit son nom actuel à une statue de Sainte-Anastase; la qualification de *Neuve* ne saurait lui convenir aujourd'hui, attendu qu'elle est beaucoup plus ancienne que la rue Sainte-Anastase, au Marais.

— ANA —

Une décision ministérielle du 8 prairial an VII, signée François de Neufchâteau, fixa la largeur de cette voie publique à 4 m. En vertu d'une ordonnance royale du 4 août 1838, l'îlot des maisons qui sépare la rue Neuve-Sainte-Anastase de celle des Prêtres-Saint-Paul, doit être démoli pour former sur ce point une petite place. Les constructions du côté droit de cette voie publique ne sont pas soumises à retranchement.—Conduite d'eau depuis la rue des Prêtres-Saint-Paul jusqu'à la borne-fontaine.

ANASTASE (RUE SAINTE-).

Commence à la rue Saint-Louis, n°s 49 et 51; finit aux rues Thorigny, n° 14, et Saint-Gervais, n° 2. Le dernier impair est 11; le dernier pair, 20. Sa longueur est de 112 m. — 8e arrondissement, quartier du Marais.

Ce nom lui vient des religieuses hospitalières de Sainte-Anastase, dites depuis de Saint-Gervais. Un procès-verbal d'alignement constate qu'en 1620, des constructions commencèrent à s'élever sur la culture Saint-Gervais.

Dans cette pièce, qui est datée du 4 juillet de la même année, il est dit : « qu'on a jugé nécessaire d'ouvrir sur » les terrains de cette culture une rue de vingt pieds de » large, qu'on appellera rue *Sainte-Anastase.* »

Une décision ministérielle du 13 fructidor an VII, signée Quinette, fixa la largeur de cette voie publique à 8 m. En vertu d'une ordonnance royale du 31 mars 1835, cette largeur est portée à 10 m.

Les maisons du côté des numéros pairs ne sont soumises qu'à un léger redressement ; celles du côté des numéros impairs devront reculer de 2 m. 10 c. à 2 m. 30 c.

ANCRE (PASSAGE DE L').

Commence à la rue Saint-Martin, n° 171 ; finit à la rue Bourg-l'Abbé, n° 34. — 6e arrondissement, quartier de la Porte-Saint-Denis.

Il doit son nom à une enseigne. De 1792 à 1805, on l'appela passage de l'*Ancre Nationale.*

ANDRÉ-DES-ARTS (PLACE SAINT-).

Située dans la rue de ce nom, entre les n°s 25 et 29. Le dernier numéro est 15. —11e arrondissement, quartier de l'Ecole-de-Médecine.

La nouvelle enceinte de Paris, dont Philippe-Auguste avait ordonné la construction, morcelait les propriétés et les terres seigneuriales. Des contestations s'élevèrent entre l'évêque de Paris et l'abbé de Saint-Germain-des-Prés. Ces différends furent terminés par une sentence arbitrale, rendue au mois de janvier de l'an 1210, par laquelle il fut dit : que la juridiction spirituelle appartiendrait à l'évêque de Paris dans l'étendue du territoire qui venait d'être renfermé dans la nouvelle enceinte, mais que l'abbé de Saint-Germain, par compensation, y pourrait faire bâtir deux églises ; l'une fut celle de Saint-André-des-Arts, et l'autre de Saint-Côme et de Saint-

— AND —

Damien. On choisit, pour élever cette première église, un emplacement où, depuis le VIe siècle, existait un oratoire sous l'invocation de Saint-Andéol, dont on fit Saint-Andeu, Saint-Andri, enfin Saint-André. Cette chapelle se trouvait sur le territoire de Laas ou de Lias, dont le nom par corruption devint Ars, Arcs et en dernier lieu Arts. Au XVIe siècle, une grande partie de cette église et la nef entière furent reconstruites ; la façade principale était un ouvrage du XVIIe siècle. Devenue propriété nationale, cette église fut vendue le 4 fructidor an V (21 août 1797), et abattue quelques années après. Par décision du 15 prairial an XIII, le ministre Champagny prescrivit la formation d'une place. Un arrêté préfectoral du 24 mars 1809 porte ce qui suit : « Le » terrain de l'ancienne église Saint-André-des-Arts, » appartenant à M. Parrein, général de brigade, et aux » héritiers Bouret, est acquis par la ville de Paris pour » être réuni à la voie publique et former la place Saint-» André-des-Arts. Signé Frochot. » Une ordonnance royale du 22 août 1840 a déterminé les alignements de cette voie publique.

Les maisons n°s 1, 3, 5 et 7 sont alignées. Les autres constructions ne sont soumises qu'à un faible retranchement. — Égout et conduite d'eau. Éclairage au gaz (compe Parisienne).

ANDRÉ-DES-ARTS (RUE DU CIMETIÈRE SAINT-).

Commence à la place Saint-André-des-Arts, n°s 13 et 15; finit à la rue de l'Éperon, n°s 3 et 5. Le dernier impair est 15; le dernier pair, 20. Sa longueur est de 133 m. — 11e arrondissement, quartier de l'École-de-Médecine.

Elle fut ouverte en 1179, sur le territoire de Laas. En 1255 on la nommait rue aux *Sachettes*, en raison de certaines religieuses revêtues de robes en forme de sacs, et qui vers cette époque, avaient établi un couvent en cet endroit. Tous les matins, ces sœurs, ainsi que nous le voyons dans *les Criéries de Paris*, parcouraient les rues de cette ville, quêtaient leur nourriture en chantant :

« Ça du pain por Dieu aux sachesses, » Par ces rues sont granz les presses. »

Cette congrégation, n'étant pas légalement autorisée, fut supprimée vers 1350. La rue changea alors sa dénomination, et prit celle de rue des *Deux-Portes*, jusqu'en 1356, époque de la formation du cimetière de la paroisse Saint-André-des-Arts. Une décision ministérielle en date du 15 floréal an V, signée Benezech, fixa la largeur de cette voie publique à 6 m. Cette largeur est portée à 10 m. en vertu d'une ordonnance royale du 22 août 1840. Les maisons n°s 11 et 13 ne sont soumises qu'à un très faible retranchement.—Au n° 3, était situé le *collège de Boissi.* Il fut fondé en 1358 par Étienne Vidé, natif de Boissi-le-Sec, chanoine de l'église de Chartres et clerc du roi. Ce collège a été réuni en 1764 à l'Université.

— AND —

ANDRÉ-DES-ARTS (RUE SAINT-).

Commence à la rue de la Vieille-Boucleric, n° 2, et à la place du Pont-Saint-Michel, n° 52; finit aux rues de l'Ancienne-Comédie, n° 1, et Dauphine, n° 65. Le dernier impair est 79; le dernier pair, 80. Sa longueur est de 422 m. — 11e arrondissement, quartier de l'École-de-Médecine.

Le territoire de Laas, couvert de vignes, fut aliéné en 1179, par Hugues, abbé de Saint-Germain-des-Prés, à la charge d'y construire des maisons. Plusieurs rues furent promptement ouvertes. L'une d'elles, qui touchait à l'oratoire de Saint-Andéol, prit le nom de *Saint-Andéol-de-Laas*, dont on fit bientôt *Saint-André-de-Laas*. — En 1332, cette voie publique s'appelait rue *Saint-Germain-des-Prés*. Depuis, on la nomma rue *Saint-André-des-Arts*.

La partie de cette voie publique comprise entre les rues de la Vieille-Boucleric et Mâcon fut appelée, au XVe siècle, rue de la *Clef, en raison*, dit Sauval, *de Perrinet-le-Clerc, qui jeta les clefs de la ville par dessus la porte Buci, pour favoriser l'entrée des Bourguignons dans Paris*. — Une décision ministérielle du 19 pluviôse an VIII, signée L. Bonaparte, fixa la moindre largeur de cette voie publique à 10 m. — Cette largeur est portée à 12 m. en vertu d'une ordonnance royale du 6 mai 1836. — Une autre ordonnance royale du 21 novembre 1837, a déclaré d'utilité publique l'exécution immédiate de l'alignement de la partie de cette rue comprise entre la place Saint-André-des-Arts et celle du pont Saint-Michel; en conséquence, la ville de Paris a été autorisée à acquérir à l'amiable ou par voie d'expropriation, les maisons du côté gauche de ladite rue, portant les n°s 5, 7, 11, 13, 15, 17, 19, 21, 23, 25 et 27. Cette amélioration a été complètement exécutée en 1841. Outre ces propriétés, celles qui portent les numéros ci-après sont alignées : 71, 73, 75; 2, 18, 20, 22, 24 et 30. — Égout depuis la place du pont Saint-Michel jusqu'à la rue Git-le-Cœur. — Conduite d'eau depuis la place du pont Saint-Michel jusqu'à la rue de l'Éperon. — Éclairage au gaz (compe Parisienne).

La porte *Buci* était située dans la rue Saint-André-des-Arts, près celle Contrescarpe. Sa construction, commencée en 1209, n'était pas encore terminée lorsque Philippe-Auguste la donna à l'abbaye Saint-Germain-des-Prés, en dédommagement des terrains qu'il avait fallu prendre à ces religieux pour la construction de la nouvelle enceinte de Paris. Elle fut appelée porte *Saint-Germain* jusqu'en 1352. A cette époque, Jean, abbé de Saint-Germain-des-Prés, la vendit à Simon de Buci, premier président au Parlement. Elle acquit, au commencement du XVe siècle, une triste célébrité par la trahison de Perrinet-le-Clerc. Quelques Parisiens, excités par la faction de Bourgogne, allèrent secrètement, au nombre de sept ou huit, trouver à Pontoise le seigneur de l'Isle-Adam, gouverneur de

— ANG —

cette ville pour le duc de Bourgogne, et convinrent avec lui du jour, de l'heure et du lieu où ce commandant se présenterait sous les murs de Paris, avec toutes les troupes qu'il pourrait réunir. Dans la nuit du 28 au 29 mai 1418, l'Isle-Adam, suivi de huit cents soldats, arrive sans être aperçu jusqu'à la porte Buci. Perrinet-le-Clerc, qui a dérobé à son père la clef de cette porte, introduit les Bourguignons. Ces derniers, que l'obscurité favorise, s'avancent en silence jusqu'au Châtelet. Là, douze cents Parisiens les rejoignent; alors de concert, ils s'écrient : Nostre-Dame-la-Paix!... Vive le Roi!... Vive le Dauphin! Les séditieux, dont le nombre s'accroît à chaque instant, se portent en fureur à l'hôtel Saint-Paul, en brisent les portes, pénètrent jusqu'au roi. Ce malheureux prince, dont les chagrins avaient augmenté la folie, les regarde d'un air insouciant, et ne sait pas répondre aux questions qui lui sont adressées. Ne pouvant rien en tirer, les conjurés le jettent sur un cheval et vont le montrer au peuple.

A la nouvelle de ce malheur, le connétable d'Armagnac se réfugie rue des Bons-Enfants, chez un maçon qui eut la lâcheté de le livrer. — Tanneguy-Duchâtel, prévôt de Paris, parvient à sauver le Dauphin, le transporte à la bastille Saint-Antoine, puis le conduit à Melun, où il fut en sûreté. Le 12 juin 1418, le connétable d'Armagnac, le chancelier de Marle, l'évêque de Coutances son fils, furent massacrés à la Conciergerie, et leurs corps dépouillés restèrent exposés plusieurs jours aux outrages d'une troupe furieuse. Le nombre des prisonniers qui, par suite de ces événements, perdirent la vie par l'eau, par le fer et par le feu, se monta à quinze cent dix-huit. La porte Buci fut fermée quelque temps après cette catastrophe. François Ier la fit rouvrir; on l'abattit en 1672, en vertu d'un arrêt du 19 août de cette année. — Au n° 30 était situé le *collège d'Autun*. Il fut fondé, en 1341, par le cardinal Bertrand, évêque d'Autun. En 1764, il fut réuni au collège Louis-le-Grand. Ses bâtiments, devenus propriété de l'État, ont été vendus le 28 mars 1807.

ANDRELAS (IMPASSE).

Située dans la rue Mouffetard, entre les n°s 217 et 219. Pas de numéro. Sa longueur est de 16 m. — 12e arrondissement, quartier Saint-Marcel.

Cette impasse, qui n'a jamais été alignée, doit probablement sa dénomination à un propriétaire riverain. Sa largeur actuelle est de 2 m. 50 c.

ANGIVILLER (RUE D').

Commence à la place de l'Oratoire et à la rue des Poulies, n° 1; finit à la rue de l'Oratoire, n°s 4 et 6. Pas de numéro impair; le dernier pair est 18. Sa longueur est de 80 m. — 4e arrondissement, quartier Saint-Honoré.

« Louis, etc..., voulons et nous plait ce qui suit :
» Il sera ouvert, aux frais des sieurs Navau et com-
» pagnie, une rue de 24 pieds de largeur, dont l'ali-

» gnement sera droit et les deux côtés parallèles, sur
» le terrain qui leur appartient, entre la rue des Poulies
» et celle de l'Oratoire, laquelle sera nommée rue
» d'*Angiviller*, et aura son entrée d'un bout au coin
» de ladite rue des Poulies et de la place de la Colon-
» nade-du-Louvre, et de l'autre dans la rue de l'Ora-
» toire, le plus près possible de celle Saint-Honoré, etc.
» Donné à Versailles, le 12ᵉ jour du mois de mai
» de l'an de grâce 1780 et de notre règne le sep-
» tième. Signé Louis. » (Extrait des lettres-patentes.)
Procès-verbal d'alignement de cette rue fut dressé par
le bureau de la ville, le 29 septembre suivant. Une décision ministérielle du 17 brumaire an XI, signée
Chaptal, maintint la largeur primitive, qui a été portée
à 10 m., en vertu d'une ordonnance royale du 23 juillet 1828. Toutes les constructions du côté des numéros
pairs sont alignées. Celles du côté opposé devront
reculer de 2 m. 40 c.

Le comte de la Billardrie d'Angiviller était directeur
et ordonnateur général des bâtiments du roi Louis XVI.

Conduite d'eau depuis la rue des Poulies jusqu'à la
borne-fontaine. Éclairage au gaz (compᵉ Anglaise).

ANGLADE (RUE DE L').

Commence aux rues de l'Évêque, n° 2, et des Frondeurs,
n° 6 ; finit à la rue Traversière, nᵒˢ 7 et 9. Le dernier impair est 5 ; le dernier pair, 4. Sa longueur est de 27 m.
— 2ᵉ arrondissement, quartier du Palais-Royal.

Sa dénomination lui vient d'un propriétaire, fabricant
de cartes, qui acheta, en 1639, un terrain situé rue des
Moulins, sur lequel on forma depuis cette rue. En
1645 on l'appelait rue du *Chemin-Gilbert*. Un censier
de l'archevêché la désigne, en 1663, sous le nom de
rue d'*Anglas*. Depuis, c'est toujours rue de l'Anglade
qu'on la nomme. Une décision ministérielle du 3 nivôse an X, signée Chaptal, fixa la largeur de cette voie
publique à 8 m. Cette largeur est portée à 10 m. en
vertu d'une ordonnance royale du 4 octobre 1826.
Les maisons du côté des numéros impairs sont alignées.
Celles du côté opposé sont soumises à un retranchement de 3 m. 10 c. — Égout et borne-fontaine. Éclairage au gaz (compᵉ Anglaise).

ANGLAIS (IMPASSE DES).

Situé dans la rue Beaubourg, entre les nᵒˢ 47 et 49. Le
dernier impair est 7. Pas de numéro pair. Sa longueur est
de 56 m. — 7ᵉ arrondissement, quartier Sainte-Avoie.

En 1260 on l'appelait le *cul-de-sac Sans-Tête*; en
1370, *petit-cul-de-sac près la poterne*, et *petit-cul-de-
sac près la fausse poterne*, *Nicolas Hydron* ou *Huidelon*;
en 1550, c'était le *cul-de-sac du Tripot-de-Bertaut*, parce
qu'un nommé Bertaut y avait établi un jeu de paume ;
enfin *cul-de-sac des Anglais*, à cause de sa proximité
de la cour du More, dite aussi *cour des Anglais*. Une
décision ministérielle du 18 octobre 1808, signée Cretet,

a fixé sa largeur à 7 m. Les constructions riveraines devront reculer de 2 m. 20 c.

ANGLAIS (RUE DES).

Commence à la rue Galande, nᵒˢ 19 et 23 ; finit à la rue
des Noyers, nᵒˢ 28 et 30. Le dernier impair est 19 ; le dernier pair, 16. Sa longueur est de 97 m. — 12ᵉ arrondissement, quartier Saint-Jacques.

Son nom lui vient des écoliers anglais que la célé-
brité de l'Université de Paris attirait dans cette ville.
La rue des Anglais était en partie construite sous
Philippe-Auguste. Une décision ministérielle du 8 bru-
maire an X, signée Chaptal, a fixé sa largeur à 6 m.
Les maisons nᵒˢ 7, 2, 4 et 8 sont alignées.

ANGLAISES (RUE DES).

Commence à la rue de Lourcine, nᵒˢ 101 et 103 ; finit
à la rue du Petit-Champ. Le dernier impair est 9 ; le
dernier pair, 20. Sa longueur est de 206 m. — 12ᵉ arrondissement, quartier Saint-Marcel.

Elle tire son nom du couvent des Filles-Anglaises.
Une décision ministérielle du 23 ventôse an X, signée
Chaptal, a fixé la largeur de cette voie publique à 10 m.
La maison formant l'encoignure gauche de la rue Der-
villé, celle qui est située à l'angle de la rue du Petit-
Champ et les propriétés nᵒˢ 2 et 4, ne sont pas soumises
à retranchement. — Conduite d'eau depuis la rue du
Petit-Champ jusqu'à la borne-fontaine.

Au n° 20 était située la *maison des Filles-Anglaises*.
Les lettres-patentes pour la confirmation de leur établissement sont du mois de décembre 1677. Connues sous
le nom de Religieuses-Bénédictines-Anglaises, elles dépendaient de l'archevêque de Paris. Par un des articles
de leurs statuts, elles devaient prier pour le rétablissement de la religion catholique en Angleterre. Leur
couvent, qui contenait en superficie 8,790 m., était
circonscrit par les rues des Anglaises, du Petit-Champ
et de la Glacière. Supprimé en 1790, il devint propriété
nationale et fut vendu le 1ᵉʳ brumaire an VIII.

ANGOULÊME (PLACE D').

Située dans la rue des Fossés-du-Temple, entre les
nᵒˢ 22 et 30. — 6ᵉ arrondissement, quartier du Temple.

Des lettres-patentes, à la date du 13 octobre 1781,
avaient autorisé la formation d'une place à la rencontre
des rues d'Angoulême, de Malte et du Grand-Prieuré.
Cette place fut tracée en 1782, mais non construite.
Peu de temps après on vendit le terrain sur lequel on
devait la former, et le ministre Chaptal sanctionna cette
suppression. Suivant ces lettres-patentes, qui avaient
autorisé l'ouverture de la rue d'Angoulême, il devait
être établi, aux encoignures de cette rue et de celle des
Fossés-du-Temple, des tours creuses de 9 toises (17 m.
54 c.) de rayon et dont le centre serait placé à l'intersection des axes de ces deux rues. Cette disposition fut
exécutée en 1783, et le 1ᵉʳ brumaire an XII, elle fut

— ANG —

maintenue par le ministre Chaptal. Quelques années après, cette place reçut le nom d'Angoulême, qu'elle conserve encore aujourd'hui. Les constructions de cette voie publique sont alignées. Voyez *Angoulême-du-Temple* (rue d'). — Conduite d'eau. Éclairage au gaz (comp° Lacarrière).

ANGOULÊME (RUE NEUVE D').

Commence à la rue de Ménilmontant, n°s 27 et 29; finit à la rue d'Angoulême prolongée, n°s 24 et 26. Le dernier impair est 13; le dernier pair, 22. Sa longueur est de 169 m. — 6e arrondissement, quartier du Temple.

Ouverte sans autorisation en 1826, sur les terrains appartenant à M. Martin, elle était connue alors sous le nom de passage du *Bon-Charles X*. En 1830, elle prit la dénomination de *La Fayette*, et peu de temps après, celle de rue Neuve-d'Angoulême. Un arrêté préfectoral du 7 décembre 1840 a prescrit l'établissement de clôtures aux deux extrémités de cette rue, qui n'est point considérée comme voie publique par l'administration.

ANGOULÊME-DU-TEMPLE (RUE D').

Commence au boulevart du Temple, n°s 20 et 22; finit à la rue Folie-Méricourt, n°s 15 et 17. Le dernier impair est 29; le dernier pair, 20. Sa longueur est de 335 m. — 6e arrondissement, quartier du Temple.

« Louis, etc., à nos amés et féaux conseillers les gens
» tenant notre cour de parlement à Paris, salut. Notre
» cher et bien-amé Alexandre-Emmanuel, chevalier de
» Crussol, brigadier de nos armées, chevalier non profès
» de l'ordre de Saint-Jean-de-Jérusalem, chevalier de
» l'ordre royal et militaire de Saint-Louis, capitaine
» des gardes de notre très cher et très amé frère le
» comte d'Artois, et administrateur général du grand-
» prieuré de France pour notre très cher et très amé
» neveu le duc d'Angoulême, grand-prieur de France,
» nous a fait exposer que, depuis que nous avons bien
» voulu lui confier l'administration du grand-prieuré
» de France, par nos lettres-patentes du 13 mars 1777,
» il s'est occupé des différents moyens d'en améliorer
» les revenus et qu'il a particulièrement porté ses vues
» sur les marais du Temple, qui lui ont paru suscep-
» tibles d'une amélioration considérable : que ces ma-
» rais, qui contiennent en superficie plus de vingt-quatre
» mille toises, sont dans la position la plus avanta-
» geuse pour être bâtis; qu'ils sont situés au bas du
» boulevart du Temple, dans la partie la plus fré-
» quentée, bordés, d'un côté, par la rue des Fossés-du-
» Temple, qui est aujourd'hui prolongée jusqu'à la
» porte Saint-Antoine par la rue Amelot, et de l'autre
» par la rue Folie-Moricourt qui, par de nouveaux per-
» cements, peut faire la communication la plus facile
» et la plus commode des faubourgs Saint-Martin et du
» Temple avec celui de Saint-Antoine; que d'un bout
» ils donnent sur la rue du Chemin-de-Ménilmontant,
» dont la partie opposée aux marais est déjà bâtie, et

— ANG —

» qu'enfin l'autre bout tient aux terres de différents
» particuliers; qu'il a obtenu du grand-maître de
» l'ordre de Malthe et de son conseil un bref d'autori-
» sation pour donner les terrains dont il s'agit à bail
» emphytéotique, à la charge d'y bâtir; et que pour par-
» venir à une bâtisse régulière et qui puisse en même
» temps contribuer à l'embellissement de la ville, il a
» fait dresser, par le sieur Perard de Montreuil, archi-
» tecte du grand-prieuré, un plan de tous les terrains
» des marais du Temple, sur lequel sont tracées diffé-
» rentes places et rues qu'il se propose, sous notre
» bon plaisir, de faire ouvrir, etc., autorisons, voulons
» et nous plaît ce qui suit : — Article 1er. Il sera prati-
» qué et ouvert, aux frais du grand-prieuré, sur les
» terrains et marais appartenant audit grand-prieuré,
» appelés les Marais-du-Temple : 1° une place qui sera
» nommée place d'*Angoulême*, dont la dimension sera
» de trente-cinq toises sur vingt-cinq; 2° trois rues
» qui traverseront lesd. marais dans leur largeur de-
» puis la rue des Fossés-du-Temple jusqu'à celle de la
» Folie-Moricourt; la première de ces rues sera nom-
» mée rue de *Latour*; celle du milieu, allant à la place,
» rue d'*Angoulême*, et la troisième, proche l'ancien
» réservoir de la ville, rue de *Crussol*; 3° deux autres
» rues transversales qui prendront de la rue du Chemin-
» de-Ménilmontant jusqu'au terrain des particuliers,
» et même pourront être prolongées au travers des ter-
» rains desd. particuliers jusqu'à la rue du Faubourg-
» du-Temple, lesquelles deux rues porteront la déno-
» mination, savoir : la première, au-dessus du réservoir,
» de rue de *Malthe*, et la deuxième, celle de rue du
» *Grand-Prieuré*; le tout ainsi qu'il est tracé au plan
» ci-dessus énoncé. Lesd. cinq rues auront chacune,
» conformément à notre déclaration du 16 mai 1765,
» cinq toises de large, à l'exception de la rue d'An-
» goulême, qui en aura six, comme étant la principale.
» — Art. 2. Pour faciliter d'autant les issues et débou-
» chés de ces différentes rues, permettons aud. sieur
» chevalier de Crussol d'ouvrir une autre rue ou allée
» également aux frais du grand-prieuré, laquelle des-
» cendra du boulevart sur la rue des Fossés-du-Temple,
» vis-à-vis et dans l'alignement de la nouvelle rue
» d'Angoulême; l'autorisons à cet effet à traiter à
» l'amiable avec les propriétaires du terrain sur lequel
» cette dernière rue ou allée sera ouverte pour les dé-
» dommagements et indemnités qui leur sont dus. —
» Art. 3. Voulons et entendons que toutes les maisons et
» bâtiments à construire sur led. terrain des marais du
» Temple soient exempts du logement des gardes fran-
» çaises et suisses, et autres gens de guerre, jusqu'à la
» première vente, comme aussi que les acquéreurs des
» terrains soient dispensés de tous les droits de police
» et de grande et de petite voiries pour les premières
» constructions qu'ils feront, et ce, pendant l'espace de
» six années seulement, à compter du 1er janvier pro-
» chain. — Art. 4. Le premier pavé tant de la place
» que des différentes rues à ouvrir sur ledit terrain des

— ANG —

» marais du Temple sera fait aux dépens dudit grand-
» prieuré, conformément aux clauses du bail du pavé
» de Paris, et ledit pavé sera ensuite employé dans les
» états d'entretien et renouvellement à notre charge, etc.
» Donné à Versailles, le 13ᵉ jour d'octobre, l'an de
» grâce 1781 et de notre règne le 8ᵉ. Signé Louis, et
» plus bas, par le Roy, Amelot, et scellé. — A côté est
» écrit : Registrées, ce consentant le procureur-général
» du Roy, pour jouir par l'impétrant de leur effet et
» contenu, et être exécutées selon leur forme et teneur
» aux charges et conditions y portées suivant l'arrêt de
» ce jour. A Paris, en parlement, le 26 février 1782,
» signé Isabeau. »

Procès-verbal d'alignement des rues nouvelles fut dressé par le bureau de la ville, le 28 février 1783. — Une décision ministérielle du 1ᵉʳ brumaire an XII, signée Chaptal, a maintenu la largeur primitive de la rue d'Angoulême. La partie comprise entre le boulevart et la rue des Fossés-du-Temple n'a été percée qu'en 1790, ainsi que le constate un procès-verbal émané du département des travaux publics, à la date du 9 septembre de la même année. Depuis 1825, on a prolongé la rue d'Angoulême à partir de la rue Folie-Méricourt. Ce prolongement, dirigé vers la barrière des Trois-Couronnes, ne forme encore aujourd'hui qu'une impasse dont la longueur et de 251 m. environ. — Les constructions riveraines sont alignées, à l'exception des bâtiments situés sur le côté gauche, entre le quai de Jemmapes et la rue Folie-Méricourt et de ceux qui portent le nº 2 ; ces derniers sont soumis à un retranchement de 1 m. 10 c. à 1 m. 60 c. — Louis-Antoine d'Artois, duc d'Angoulême, est né à Versailles le 6 août 1775. Ce prince est en exil depuis 1830. — Conduite d'eau. Eclairage au gaz (compᵉ Lacarrière).

ANGOULÊME-SAINT-HONORÉ (RUE D').

Commence à l'avenue des Champs-Elysées ; finit aux rues du Faubourg-du-Roule, nº 1ᵉʳ, et du Faubourg-Saint-Honoré, nº 127. Le dernier impair est 33 ; le dernier pair, 28. Sa longeur est de 420 m. — 1ᵉʳ arrondissement, quartier des Champs-Elysées.

« Louis, etc.; notre très cher et très amé frère Char-
» les Philippe, fils de France, comte d'Artois, nous a
» fait exposer que, devenu propriétaire du terrain connu
» sous le nom de l'*Ancienne Pépinière*, situé à Paris,
» faubourg Saint-Honoré, il se proposait d'ouvrir une
» rue au lieu appelé l'ancien chemin du Roule, laquelle
» rue porterait à l'avenir le nom d'*Angoulême*, aurait
» 30 pieds de large, et serait d'une ligne droite, etc. ;
» permettons à notredit frère le comte d'Artois de percer
» et ouvrir une rue au lieu connu sous le nom de l'*an-
» cien chemin du Roule*, laquelle rue portera à l'avenir
» le nom d'*Angoulême*, et sera sur une ligne droite de
» 30 pieds de largeur, etc. 29 novembre 1777, signé
» Louis. » — Ces lettres-patentes furent renouvelées le 4 avril 1778 (voyez *Berri*, rue *Neuve-de-*); et procès-ver-

— ANJ —

bal d'alignement fut dressé par le bureau de la ville, le 24 novembre suivant. — Une décision ministérielle, du 6 nivôse an XII, signée Chaptal, a fixé la largeur de cette voie publique à 10 m. — Sous la république et l'empire, elle a porté le nom de rue de l'*Union*. — En 1815, elle reprit sa dénomination primitive. Après la révolution de 1830, on l'a appelée pendant quelque temps rue de la *Charte*. Enfin on lui a rendu le nom d'Angoulême.

Les constructions riveraines sont alignées, à l'exception de celles qui sont situées sur le côté gauche et dans une étendue de 75 m., à partir de l'encoignure de la rue du Faubourg-du-Roule (voyez pour l'étymologie, l'article précédent). — Conduite d'eau, Éclairage au gaz (compᵉ de l'Ouest).

ANJOU (QUAI D').

Commence à la rue Saint-Louis, nº 2, et au pont de Damiette ; finit à la rue des Deux-Ponts, nº 40, et au pont Marie. Le dernier nº est 37. Sa longueur est de 314 m. — 9ᵉ arrondissement, quartier de l'Ile-Saint-Louis.

Ce quai fut commencé, en 1614, par Christophe Marie, entrepreneur général des ponts de France, continué, en 1623, par Lagrange, repris par Marie et ses associés en 1627, il fut enfin achevé en 1647, par Hébert et autres propriétaires de l'île ; on donna alors à sa partie orientale le nom d'*Anjou*, à sa partie occidentale le nom d'*Alençon* ; en 1780, la seule dénomination d'*Anjou* prévalut ; en 1792, il prit le nom de quai de l'*Union*, qu'il changea, en 1805, pour reprendre la dénomination de quai d'*Anjou* qu'il conserve encore aujourd'hui. — Deux décisions ministérielles, l'une du 24 frimaire an XIII, signée Champagny, l'autre du 9 mai 1818, ainsi qu'une ordonnance royale du 9 décembre 1838, ont fixé la moindre largeur de cette voie publique à 7 m. — D'après les alignements arrêtés, les maisons nº 19 bis, 19 ter et 21, sont seules soumises à un faible retranchement.

ANJOU AU MARAIS (RUE D').

Commence aux rues d'Orléans, nº 17, et de Berri, nº 1 ; finit aux rues du Grand-Chantier, nº 18, et des Enfants-Rouges, nº 2. Le dernier impair est 23 ; le dernier pair, 10. Sa longeur est de 133 m. — 7ᵉ arrondissement, quartier du Mont-de-Piété.

Henri IV avait conçu le projet d'ouvrir au Marais une place d'une vaste étendue, qui aurait été appelée place de *France* ; l'an 1608, ce prince en fit tracer le plan en sa présence. Huit rues larges de 10 toises devaient y aboutir ; ces voies publiques, bordées de bâtiments uniformes, devaient porter les noms de nos grandes provinces ; la mort funeste de ce monarque empêcha l'exécution de cet utile projet. — Louis XIII permit plus tard de bâtir sur l'emplacement qui avait été réservé. On changea alors les alignements en conservant néanmoins aux rues qu'on bâtit en 1626, et depuis, les noms d'*Anjou*, de *Bretagne*, de *Normandie*, etc., indiqués sur le travail approuvé par Henri IV. — Une

— ANJ —

décision ministérielle du 13 fructidor an VII, signée Quinette, fixa la largeur de la rue d'Anjou à 10 m. Cette largeur a été portée à 12 m. en vertu d'une ordonnance royale du 31 mars 1835. Les constructions de 1 à 19 devront reculer de 1 m. 20 c. à 1 m. 30 c.; de 21 à la fin, de 1 m. 20 c. à 2 m. 20 c.: les propriétés du côté des numéros pairs sont soumises à un retranchement de 3 m. 20 c. environ. — Éclairage au gaz (comp^e Lacarrière).

ANJOU-DAUPHINE (RUE D').

Commence à la rue Dauphine, n° 28 et 30; finit à l'impasse de Nevers et à la rue du même nom, n° 19. Le dernier impair est 19; le dernier pair, 10. Sa longueur est de 71 m. — 10e arrondissement, quartier de la Monnaie.

L'hôtel ou collège Saint-Denis, qui fut bâti par Mathieu de Vendôme, près de la porte Buci, sur des terres amorties qu'il prit à cens et à rentes en 1263 et 1268, fut vendu par arrêt du parlement du 9 avril 1595 et démoli aussitôt : sur son emplacement on construisit en 1607 plusieurs rues. L'une d'elles reçut le nom d'*Anjou*, en l'honneur de Gaston (Jean-Baptiste), duc d'Anjou, second fils d'Henri IV. — Une décision ministérielle du 14 thermidor an VIII, signée L. Bonaparte, a fixé la largeur de cette voie publique à 8 m. — La maison n° 7 est alignée. Les autres constructions riveraines devront reculer de 1 m. 20 c. environ. — Conduite d'eau. Éclairage au gaz (comp^e Française).

ANJOU-SAINT-HONORÉ (RUE D').

Commence à la rue du Faubourg-Saint-Honoré, n°s 42 et 44; finit à la rue de la Pépinière, n°s 13 et 15. Le dernier impair est 53; le dernier pair, 64. Sa longueur est de 684 m. — 1er arrondissement, quartier du Roule.

Cette voie publique, dans la partie comprise entre la rue du Faubourg-Saint-Honoré et celle de la Ville-l'Évêque, était connue dès la fin du XVIe siècle, sous le nom de rue d'*Anjou*; elle portait aussi la dénomination de rue des *Morfondus*. — Un arrêt du conseil, à la date du 4 décembre 1720, ordonna le prolongement de cette rue jusqu'au canal du grand égout; cette disposition, confirmée par un autre arrêt du 22 juillet 1721, qui fixait la largeur de ce prolongement à 4 toises, ne tarda pas à être exécutée. — En 1778, sur la demande de plusieurs propriétaires, le roi prescrivit la continuation de la rue d'Anjou, depuis le grand égout jusqu'à la rue de la Roche (aujourd'hui rue du Rocher). Il fut décidé que ce percement aurait 30 pieds de largeur et recevrait la dénomination de rue *Quatremère*, en l'honneur de François Bernard Quatremère de l'Epine, qui avait rempli les fonctions d'échevin de la Ville de Paris de 1772 à 1774.

— Ce percement ne fut exécuté que jusqu'à la rue de la Pépinière. — En 1796, la rue qui nous occupe portait dans toute son étendue le nom de rue d'Anjou. — Une décision ministérielle à la date du 22 prairial an V, signée Benezech, fixa, ainsi qu'il suit, la largeur de cette

— ANN —

voie publique : pour la partie comprise entre les rues du Faubourg-Saint-Honoré et de la Ville-l'Évêque, à 8 m. moindre largeur ; depuis la rue de la Ville-l'Évêque jusqu'à celle de la Pépinière, à 8 m. 44 c. — Conformément à une ordonnance royale du 23 septembre 1825, la rue d'Anjou doit être alignée d'après une largeur uniforme de 10 m. — Les constructions ci-après sont alignées : 7, 9, 41 bis; 44, 46, 48, 54, 56, 58, 60 et 64, et les deux maisons aux encoignures de la rue Lavoisier. — Égout et conduite d'eau dans une partie de la rue. — Éclairage au gaz (comp^e Anglaise). — Dans l'hôtel portant le n° 6, le général La Fayette est mort le 20 mai 1834, à l'âge de 77 ans.

ANNE EN LA CITÉ (RUE SAINTE-).

Commence à la rue formant la limite méridionale du Palais de Justice; finit au quai des Orfèvres, n°s 12 et 14. Le dernier impair est 11; le dernier pair, 10. Sa longueur est de 31 m. — 11e arrondissement, quartier du Palais-de-Justice.

Juin 1630, lettres-patentes. « Louis, etc..... ayant
» par brevet du 25 juin 1624, permis à nostre amé et
» féal conseiller en nos conseils, et président en nostre
» parlement de Paris, le sieur Lejay, de faire pour la
» commodité publique, desmolir et abbattre en l'enclos
» de nostre palais, deux maisons prosche la fontaine
» d'icelluy, occupées par Mes Antoine Mareschal et
» Nicolas Formé, chanoines de la Sainte-Chapelle, et
» faire ouverture d'une grande porte et un passage de
» rue pour servir d'entrée et sortie au dit palais, en
» faisant par lui toutes les dépenses à ce nécessaires, à
» l'exécution duquel lesdits Mareschal s'estant opposés
» en nostre chambre des comptes, par arrest du 24
» octobre 1628; nostre chambre auroit ordonné que
» les parties se trouveroient par devers nous pour leur
» estre pourveu. Sur quoy nous estant fait représenter
» les dites causes et moyens d'oppositions, etc.....
» avons dit, déclaré..... voulons et nous plait qu'ouverture soit faite en la cour et murs de nostre dit
» palais pour un passage dans la rue Neuve-Saint-
» Louis, qui sera de la largeur de 3 toises, et que
» pour cet effect les deux maisons affectées aux prébendes dont jouissent les dits sieurs Mareschal et
» Formé, seront desmolies et abbattues et qu'au lieu
» d'icelles sera basty un grand pavillon en forme de
» corps de logis sur la largeur des dites deux maisons
» du costé de la cour du palais, au milieu du quel il y
» aura une voulte et arcade pour servir de passage et
» closture au dit palais, de la hauteur et largeur spécifiées par les dessins et devis faits pour la construction
» d'icelluy, etc.....

» Données à Lyon, au mois de juin, l'an de grâce
» 1630, et de nostre règne le vingtième, signé :
» Louis.

» Registré en parlement le cinquiesme septembre
» 1630, signé : Dutillet. »

— ANN —

Cette rue porte le nom de *Sainte-Anne*, pour faire honneur, dit Sauval, à la reine Anne d'Autriche.

Une décision ministérielle du 31 août 1819 a fixé la largeur de la rue Sainte-Anne à 8 mètres.

Une partie de cette voie publique a été supprimée pour faciliter les abords du Palais-de-Justice.

La maison n° 11 et celles qui forment les encoignures de la rue nouvelle, sont alignées.

ANNE-SAINT-HONORÉ (RUE SAINTE-).

Commence à la rue de l'Anglade, n°s 1 et 3; finit à la rue Neuve-Saint-Augustin, n°s 9 et 11. Le dernier impair est 79; le dernier pair, 68. Sa longueur est de 520 m. — 2e arrondissement. Les numéros impairs et pairs, depuis la rue de l'Anglade jusqu'à la rue Neuve-des-Petits-Champs, sont du quartier du Palais-Royal; le surplus dépend du quartier Feydeau.

Cette voie publique, dans la partie comprise entre les rues de l'Anglade et du Clos-Georgeau, fut percée en 1633, et reçut le nom de Sainte-Anne en l'honneur d'Anne d'Autriche, épouse de Louis XIII. Elle porta aussi la dénomination de rue des *Moulins*, en raison de deux moulins qui étaient situés dans la rue du Clos-Georgeau. La partie qui s'étend de la rue Neuve-des-Petits-Champs à la rue Neuve-Saint-Augustin, s'appelait rue de *Lionne*. Elle devait cette dénomination à sa proximité de l'hôtel de M. de Lionne, secrétaire d'état.

Séance du 20 septembre 1792. — « Le conseil géné-
» ral, le procureur de la commune entendu, arrête :
» que la rue Sainte-Anne, dans laquelle est né le phi-
» losophe Helvétius, portera dorénavant le nom d'*Hel-*
» *vétius.* » — Claude-Adrien Helvétius, auteur du livre intitulé de l'*Esprit*, était né en 1715; il mourut le 26 décembre 1771. — Une décision ministérielle à la date du 18 pluviôse an X, signée Chaptal, fixa la moindre largeur de cette voie publique à 8 m. — Le 27 avril 1814, un arrêté préfectoral rendit à cette rue la dénomination de Sainte-Anne. — En vertu d'une ordonnance royale du 4 octobre 1826, la moindre largeur de cette rue est fixée à 10 m. Les maisons n°s 49, 49 bis, 51, 51 bis ; 2, 20, 22, 24, 26, 28, 30, 32, 34, 36, 38, 40, 42, 44, 46, 48, 50, 52, 54, 56, 58, 60, 62, 64, 66 et 68, sont alignées. Celle n° 1 est soumise à un retranchement qui varie de 1 m. 30 c. à 3 m. 80 c.; de 3 à 19, retranchement 1 m. 20 c. à 1 m. 60 c.; de 21 à 25, retranchement 1 m. 50 c. à 2 m. 20 c.; de 27 à 47, retranchement 2 m. 20 c. à 2 m. 40 c.; de 53 à 79, retranchement 2 m. 10 c. à 2 m. 46 c. Les maisons de 4 à 18 sont assujéties à un redressement qui n'excède pas 30 c. — Égout depuis la rue Neuve-Saint-Augustin jusqu'à la rue Grétry.

Conduite d'eau : 1° depuis la rue de l'Anglade jusqu'à la borne-fontaine placée au-delà de la rue des Orties ; 2° depuis la rue Thérèse jusqu'à la rue Chabanais. — Éclairage au gaz (comp.e Anglaise).

La communauté des *Nouvelles Catholiques* était si-

— ANT —

tuée dans cette rue. Elle fut établie pour la propagation de la religion catholique, par le père Hyacinthe, franciscain, la sœur Garnier et la demoiselle Gaspi. Autorisée en 1634 par l'archevêque de Paris, cette communauté fut placée rue des Fossoyeurs (aujourd'hui rue Servandoni). En 1647, cet établissement était situé dans la rue Pavée, au Marais. Peu de temps après il fut transféré dans la rue Sainte-Avoie. En 1651, il se trouvait dans la rue Neuve-Saint-Eustache. Ces religieuses achetèrent en 1672, un terrain dans la rue Sainte-Anne, où elles firent construire une maison et une chapelle sous le vocable de l'*Exaltation de la Sainte-Croix et de sainte Clotilde*. Cette communauté jouissait du privilège accordé aux maisons de fondations royales. Supprimée en 1790, elle devint propriété nationale et fut vendue le 28 floréal an V. Elle occupait une superficie de 510 m. 68 c. — C'est aujourd'hui une maison particulière portant le n° 63.

ANTIN (ALLÉE D').

Commence au quai de la Conférence ; finit au rond-point des Champs-Élysées. Le dernier impair est 21; pas de numéro pair. Ce côté est bordé par les Champs-Élysées. Sa longueur est de 340 m. — 1er arrondissement, quartier des Champs-Élysées.

Elle a été plantée en 1723, par les ordres du duc d'Antin, surintendant des bâtiments du roi. L'alignement arrêté en vertu d'une décision ministérielle du 14 vendémiaire an XI, signée Chaptal, passe sur le nu des constructions actuelles. — Égout depuis le Cours-la-Reine jusqu'à la rue Jean-Goujon.

ANTIN (CITÉ D').

Commence à la rue de Provence, n°s 59 et 63; finit à la rue de la Chaussée-d'Antin, n° 40. — 2e arrondissement, quartier de la Chaussée-d'Antin.

Elle a été bâtie de 1829 à 1830.

ANTIN (IMPASSE D').

Située dans l'allée d'Antin, entre les n°s 11 et 13. — 1er arrondissement, quartier des Champs-Élysées.

Cette impasse, qui n'est pas reconnue voie publique, a été formée au commencement de ce siècle.

ANTIN (RUE D').

Commence à la rue Neuve-des-Petits-Champs, n°s 60 et 62; finit à la rue du Port-Mahon, n°s 5 et 7. Le dernier impair est 23; le dernier pair, 22. Sa longueur est de 213 m. — 2e arrondissement, quartier Feydeau.

Première partie, comprise entre les rues Neuve-des-Petits-Champs et Neuve-Saint-Augustin. — « Le Roi
» s'étant fait représenter en son conseil le plan du
» quartier de Gaillon, que le Prévôt des Marchands
» et Échevins de Paris en ont fait lever de nouveau
» en conséquence des ordres de Sa Majesté; ouï le rap-

— ANT —

» port du sieur Desmarets, conseiller ordinaire au Con-
» seil royal; Sa Majesté étant en son conseil, a ordonné
» et ordonne que le nouveau plan du quartier de
» Gaillon, attaché à la minute du présent arrêt, sera
» exécuté, et que, suivant icelui, la rue Saint-Augus-
» tin sera continuée de ligne droite de 5 toises de
» large parallèle depuis le carrefour Gaillon, à prendre
» de l'encoignure de la basse-cour de l'ancien hôtel de
» Gaillon, à celle de face du portail du dit hôtel, et en
» retour de pareille largeur, jusqu'à la rencontre de la
» rue Louis-le-Grand, et *d'une autre rue qui sera for-*
» *mée aussi en ligne droite de 5 toises de large en face*
» *du portail du d. hôtel jusqu'à la rue Neuve-des-*
» *Petits-Champs, dont le point milieu sera à 15 pieds*
» *du devant du mur*, etc. Fait au conseil d'État du Roi,
» Sa Majesté y étant, tenu à Versailles, le 14 mars
» 1713. »

Ce percement fut immédiatement exécuté. — Une décision ministérielle du 28 ventôse an IX, signée Chaptal, ainsi qu'une ordonnance royale du 4 octobre 1826, ont maintenu la largeur primitive de cette partie. — Le surplus de cette voie publique a été ouvert, en 1840, sur les terrains appartenant à M. Crapez, et provenant de l'ancien hôtel de Richelieu. L'ordonnance royale qui autorisa ce percement d'après une largeur de 12 m., est à la date du 8 septembre 1839.

Aucune construction riveraine n'est soumise à retranchement. — Éclairage au gaz (comp[e] Anglaise).

ANTIN (RUE DE LA CHAUSSÉE D').

Commence à la rue Basse-du-Rempart, n° 2, et au boulevart des Italiens, n° 28; finit à la rue Saint-Lazare, n°[s] 79 et 81; le dernier impair est 63; le dernier pair, 72. Sa longueur est de 608 m. Les numéros impairs sont du 1er arrondissement, quartier de la Place-Vendôme; les numéros pairs, du 2e, quartier de la Chaussée-d'Antin.

Cette rue, aujourd'hui l'une des plus belles de la capitale, n'était encore, à la fin du XVIIe siècle, qu'un chemin tortueux qui commençait à la porte Gaillon et conduisait aux Porcherons. On l'appelait alors *chemin de l'Égout-de-Gaillon*, *des Porcherons*, *de la Chaussée-de-Gaillon*.

Le Pré-des-Porcherons était pour les roués de la régence ce que le Pré-aux-Clercs avait été pour les raffinés de la ligue, un rendez-vous de débauches et de duels.

Au commencement du XVIIIe siècle, le quartier Gaillon cherchait à s'étendre et brisait la digue que lui opposait le rempart. Un arrêt du conseil, du 31 juillet 1720, ordonna de redresser *le chemin de Gaillon jusqu'à la barrière des Porcherons* (située rue Saint-Lazare), dans la largeur de 10 toises, et de planter ledit chemin d'un rang d'arbres de chaque côté. Mais le bureau de la ville ayant représenté qu'il serait plus convenable et plus utile de faire une rue droite de 8 toises de large, et de redresser l'égout jusqu'à la barrière, une ordonnance du 4 décembre de la même année autorisa ce changement: l'égout fut revêtu de murs et voûté, et la rue percée et alignée d'après le plan présenté.

On la nomma rue de l'*Hôtel-Dieu*, parce qu'elle conduisait à une ferme appartenant à cet hôpital, puis rue de la *Chaussée-d'Antin*, parce qu'elle commençait au rempart en face duquel avait été bâti l'hôtel d'Antin, depuis de Richelieu. Mais cette voie publique n'était pas au bout de ses métamorphoses patronymiques.

Paris, le 5 avril 1791 : « Messieurs, l'Assemblée
» nationale et la ville de Paris ont rendu à M. Mira-
» beau les honneurs funèbres. Sa cendre sera déposée
» dans la basilique destinée aux grands hommes, et
» elle y sera placée la première. Cette reconnaissance
» publique est un devoir de la patrie; elle est en même
» temps la politique d'un pays où l'on veut former les
» hommes. Une des destinations durables et publiques
» que l'on peut rendre à l'homme qui a si bien servi la
» constitution française, serait de donner son nom à
» la rue où il a habité et où nous l'avons perdu. On
» se rappellera toujours qu'il y a vécu. La tradition y
» conservera son nom. Il me paraît honorable pour la
» municipalité de l'y fixer. J'ai en conséquence l'hon-
» neur de proposer au conseil-général d'arrêter que la
» rue de la Chaussée-d'Antin sera désormais appelée
» la rue de *Mirabeau*, et qu'une inscription conforme
» y sera sur-le-champ apposée.

» Je suis avec respect, Messieurs, votre très humble
» et très obéissant serviteur, *Bailly*. » Et plus bas,
MM. du conseil-général de la commune.

« Le conseil-général délibérant sur la proposition de
» M. le maire, y a généralement applaudi, et d'une
» voix unanime a arrêté que la rue de la Chaussée-
» d'Antin sera désormais appelée la rue de *Mirabeau*,
» et qu'il y sera sur-le-champ apposé une inscription
» conforme. Charge le corps municipal de tenir la main
» à l'exécution du présent arrêté, qui sera imprimé,
» affiché et envoyé aux quarante-huit comités des
» sections. Approuvé, Oudet-Dejoly, secrétaire-gref-
» fier. » Peu de temps après, au-dessus de la porte de cet hôtel, qui porte aujourd'hui le n° 42, fut scellée une table de marbre noir sur laquelle on grava en lettres d'or ces deux vers de Chénier:

L'âme de Mirabeau s'exhala dans ces lieux!
Hommes libres, pleurez! Tyrans, baissez les yeux!

Cette inscription fut enlevée en 1793, et la rue porta le nom du *Mont-Blanc*, en mémoire de la réunion de ce département à la France, par décret du 27 novembre 1792.

En 1816, la municipalité parisienne passa l'éponge sur l'inscription révolutionnaire, et cette voie publique reprit sa monarchique appellation.

Une décision ministérielle, du 28 février 1807, signée Champagny, a fixé la moindre largeur de la rue de la

— ANT. —

Chaussée-d'Antin à 13 m. 64 c. La maison n° 66 est seule soumise à un faible retranchement. — Égout; conduite-maîtresse d'eau; éclairage au gaz (comp° Anglaise).

La grande figure de Mirabeau n'est pas la seule illustration que rappelle à notre souvenir la rue de la Chaussée-d'Antin.

Un ministre financier, une danseuse célèbre, un prélat, cardinal par la grâce de son neveu, une séduisante et douce créole, depuis impératrice, un valeureux soldat de l'empire, qui devint sous la restauration l'orateur le plus brillant et le plus populaire, ont successivement habité cette rue.

Le financier s'appelait Necker; son hôtel porte aujourd'hui le n° 7. Ce fut ensuite l'hôtel Récamier.

L'hôtel du n° 9, le palais de la danseuse, était plus somptueux que celui de l'ancien contrôleur général des finances. Mlle Guymard sut gagner, à la pointe de ses pirouettes, sa réputation, sa fortune et le cœur de cet excellent prince de Soubise, qui était plus à son aise aux pieds d'une danseuse, qu'à la bataille de Rosbach, en face du grand Frédéric. Un jour la jeune et belle damnée, en s'éveillant, se dégoûta de sa maison de Pantin qui sentait la roture; elle voulut un hôtel dans cette rue que hantait le beau monde. Ledoux se mit à l'œuvre, et bientôt une fête merveilleuse inaugura le temple de la déesse. Cet hôtel contenait un théâtre assez vaste pour loger cinq cents personnes.

Après le ballet, Mlle Guymard se donnait le délassement de la comédie jouée par l'élite des pensionnaires du roi.

La maison n° 62 a été construite en 1826, sur l'emplacement d'un petit hôtel habité par Joséphine avant son mariage avec Bonaparte.

Dans ce même hôtel mourut, le 26 novembre 1825, l'illustre général Foy, à l'âge de cinquante ans.

Quatre mots suffisent pour rappeler cette noble existence : courage, talent, franchise et loyauté!...

Cette rue, qui commençait à l'hôtel de Montmorency et finissait à celui du cardinal Fesch, compte aujourd'hui soixante-sept propriétés qui rapportent plus au fisc que quatre cent cinquante maisons du quartier Saint-Marcel.

ANTOINE (HÔPITAL SAINT-).

Situé dans la rue du Faubourg-Saint-Antoine, entre les n°s 206 et 208. — 8e arrondissement, quartier des Quinze-Vingts.

Cet hôpital occupe une partie de l'emplacement de l'ancienne abbaye Saint-Antoine-des-Champs, dont nous traçons ici l'origine.

Un pauvre curé de Neuilly-sur-Marne, nommé Foulques, vint à Paris vers 1198. L'éloquence de ses prédications apostoliques étonna tous les habitants. Il prêchait avec tant de véhémence contre les usuriers et les femmes adonnées à la débauche, qu'il fit bientôt de nombreuses conversions. Les filles de mauvaise vie profitaient surtout de ses pieuses instructions; plusieurs abjurèrent la débauche et se coupèrent les cheveux en signe de pénitence. Foulques de Neuilly pourvut à l'entretien de celles qui voulaient se séparer entièrement de la vie mondaine. Pour ces dernières fut construite l'abbaye Saint-Antoine. La première chapelle de ce monastère fut bâtie par Robert de Mauvoisin. La grande église était due à la pieuse munificence de saint Louis. Ce fut vers les fossés de cette abbaye que Louis XI conclut en 1465 une trêve avec les princes qui s'étaient armés contre lui pendant la guerre dite du *bien public*. Le roi prétendit que la trêve avait été violée, et, pour perpétuer le souvenir de cette félonie, fit élever en ce lieu une croix en pierre. En fouillant le sol, on trouva en 1562 cette inscription : « L'an MCCCCLXV fut ici tenu le landit des trahisons et fut par unes tresves qui furent données, maudit soit qui en fut cause. » Ce monument ne fut construit qu'en 1479, comme le prouve le compte du domaine de cette année. On y lit : « A Jean Chevrin, maçon, pour avoir assis par ordonnance du roi une croix et épitaphe dans un lieu appelé le Fossé des Trahisons, derrière Saint-Antoine-des-Champs. » Les bâtiments du monastère et le sanctuaire de son église furent reconstruits vers 1770, sur les dessins de l'architecte Lenoir, surnommé le Romain. L'église était richement décorée; on y voyait plusieurs tombeaux, entre autres ceux de Jeanne et de Bonne de France, filles de Charles V. La chapelle Saint-Pierre, supprimée en 1790, devint propriété nationale et fut vendue le 3 vendémiaire an V. Elle a été démolie. Son emplacement forme aujourd'hui la petite place où se trouve l'entrée de l'hôpital. Tout le vaste terrain connu autrefois sous le nom de Clos-de-l'Abbaye fut aliéné en cinq lots, le 29 messidor an VI.

Un décret de la Convention, du 17 juin 1795, convertit les bâtiments de l'abbaye en hôpital assimilé à celui de l'Hôtel-Dieu. Cet établissement contient deux cent soixante-deux lits. Il est desservi par les sœurs de Sainte-Marthe.

ANTOINE (PASSAGE DU PETIT-SAINT-).

Commence à la rue Saint-Antoine, n° 69; finit à la rue du Roi-de-Sicile, n° 25. — 7e arrondissement, quartier du Marché-Saint-Jean.

Ce passage a été formé vers 1806, sur l'emplacement du couvent du Petit-Saint-Antoine, dont nous rappelons ici la fondation. Les hospitaliers de Saint-Antoine, dont la maison principale était à Vienne en Dauphiné, vers la fin du règne du roi Jean, vinrent fonder un petit hospice à Paris. Charles V, alors régent du royaume, favorisa cet établissement, en lui donnant un manoir nommé la *Saussaie*. Cette propriété, située dans les rues Saint-Antoine et du Roi-de-Sicile, avait été confisquée par le roi sur Drogon-Garrel et sur Jean Devaux, partisans de Charles-le-Mauvais, roi de

Navarre. Cet établissement fut érigé en commanderie en 1365. On y fit entrer quelques religieux qui exercèrent l'hospitalité envers les pauvres attaqués de la maladie appelée *feu sacré* ou *feu Saint-Antoine*. Le roi Charles V fit bâtir l'église qui fut achevée en 1368. En 1615, le titre de la commanderie de Paris fut supprimé, et l'on convertit cette maison en un collège pour l'instruction des jeunes religieux de l'ordre. Dans la suite les biens de la commanderie Saint-Antoine furent réunis à l'ordre de Malte qui accorda des pensions aux religieux Antonins et leur donna le droit de porter la croix de Malte. Cette maison religieuse, supprimée en 1790, devint propriété nationale et fut vendue en deux lots le 7 messidor an VI.

ANTOINE (PLACE DE L'HÔPITAL-SAINT-).

Située dans la rue du Faubourg-Saint-Antoine, entre les nos 206 et 208. — 8e arrondissement; quartier des Quinze-Vingts.

Nous avons parlé à l'article de l'hôpital Saint-Antoine de l'ancienne chapelle Saint-Pierre supprimée vers 1790; elle devint propriété nationale et fut vendue le 3 vendémiaire an V. L'acquéreur était obligé par son contrat de livrer sans indemnité un passage de 48 pieds de large sur toute la profondeur de son terrain. Cette clause fut exécutée peu de temps après. La grande place devant l'abbaye sert aujourd'hui de jardin à l'hôpital et est fermée par une grille. Le passage de 48 pieds de largeur prit le nom de place de l'Hôpital-Saint-Antoine.

Une ordonnance royale, en date du 30 avril 1838, a fixé la largeur de cette place à 16 m. 32 c. Le surplus de l'emplacement de la chapelle Saint-Pierre est occupé aujourd'hui par une maison qui porte le n° 208 sur la rue du Faubourg-Saint-Antoine.

ANTOINE (RUE DU FAUBOURG-SAINT-).

Commence aux rues de la Roquette, n° 2, et de Charenton, n° 1; finit à la place du Trône. Le dernier impair est 337; le dernier pair, 286. Sa longueur est de 1810 m. — 8e arrondissement. Les nos impairs sont du quartier du faubourg Saint-Antoine, les pairs du quartier des Quinze-Vingts.

Cette voie publique doit son nom à l'abbaye Saint-Antoine. En 1633 elle portait encore le nom de *Chaussée-Saint-Antoine* jusqu'à l'abbaye, et de chemin de Vincennes jusqu'à l'endroit où se trouve aujourd'hui la place du Trône. En 1635 on y avait construit 150 maisons. Elle était presqu'achevée en 1637. Une ordonnance royale du 30 avril 1838 a fixé sa moindre largeur à 17 m. Les constructions ci-après sont alignées : de 1 à 35 inclusivement, de 39 à 65 inclusivement, de 181 à 195 inclusivement, 203, 233, 267, 269, 289, 325 327; de 2 à 80 inclusivement, de 86 à 118 inclusivement, de 136 à 152 inclusivement, 162, 164, 204, 206; de 212 à 222 inclusivement, 278, 280 et 282.

Les propriétés de 271 à 289, 82, 84, 166, 168, et de 248 à 276, devront, pour exécuter l'alignement, avancer sur la voie publique.

La partie de la rue du Faubourg-Saint-Antoine comprise entre la rue de Picpus et la place du Trône, a été plantée d'arbres en 1841.

Égout depuis la rue de Charonne jusqu'à celle de Reuilly; conduite d'eau depuis la rue de la Roquette jusqu'à celle de Picpus; éclairage au gaz depuis la rue de la Roquette jusqu'à celle de Reuilly (compe Parisienne).

Le 2 juillet 1652, le vicomte de Turenne, commandant les troupes royales, livra dans ce faubourg un combat sanglant qui faillit anéantir l'armée des princes. Condé s'était emparé de Charenton, de Neuilly et de Saint-Cloud. Après la retraite du duc de Lorraine, Condé avait rassemblé toutes ses forces dans ce dernier village, développant sa position jusqu'à Surènes. Le vicomte de Turenne, renforcé d'un corps de troupes que lui avait amené le maréchal de la Ferté, occupait Chevrette, à une lieue de Saint-Denis. La rivière séparait les deux armées. Toute l'attention de Turenne se portait à placer son adversaire entre l'armée royale et les murs de Paris. Condé comprit tout le péril de sa position, leva son camp et chercha à gagner Charenton, pour se poster sur le terrain près duquel s'opère la jonction de la Seine à la Marne. Turenne, instruit de la marche du prince, avait détaché quelques escadrons pour le harceler dans sa retraite. L'arrière-garde de l'armée de Condé, plusieurs fois chargée et rompue, se rallia avec peine et gagna le faubourg Saint-Antoine.

Le prince, alors convaincu de l'impossibilité de continuer cette retraite, fait replier son avant-garde et son corps de bataille, s'empare de quelques retranchements que les habitants avaient élevés pour se garantir des insultes des troupes lorraines, place son canon et ses soldats à l'entrée des rues du Faubourg-Saint-Antoine, de Charonne et de Charenton, et attend de pied ferme l'armée royale. Turenne arrive jusqu'à l'abbaye Saint-Antoine, fait pointer son canon contre les barricades; les boulets sillonnent une partie de la rue, écrasent les soldats de Condé. Le prince, foudroyé de tous côtés, conserve son sang-froid, fait percer plusieurs maisons, met son avant-garde à l'abri, et l'artillerie du vicomte est inutile. Un instant de répit succède au carnage. Turenne donne l'ordre d'avancer et de franchir les anciennes barricades; alors recommence un combat plus furieux et plus sanglant encore, dans lequel ces deux capitaines épuisent à l'envi toute la science de l'attaque et tout l'art de la défense. Aux soldats de Condé une mauvaise barrière improvisée, des pans de muraille, suffisent pour faire tête aux bataillons ennemis. On perce les maisons, on s'y bat à travers les brèches faites aux cloisons. Le prince est partout; son courage le multiplie; quand ses soldats accablés cèdent le pas, sa voix, son exemple, les rappellent. Il se met à leur tête et d'assiégés ils deviennent assaillants. Malgré ses efforts, Condé voit tomber à ses côtés ses meilleurs officiers. Le vicomte de Turenne s'apprête à porter un coup décisif. Déjà les royalistes défilent à droite et à gauche, par Conflans et Popincourt; en se rapprochant, ils doivent envelopper le faubourg Saint-Antoine. Cette manœuvre est exécutée, les soldats de Condé vont être écrasés. En ce moment on entend le canon de la Bastille, Mademoiselle fait ouvrir la porte Saint-Antoine aux troupes du Prince. « Il y entra des derniers, dit un » acteur de cette terrible scène, comme un dieu Mars, » monté sur un cheval tout couvert d'écume. Fier en- » core de l'action qu'il venait de faire, le grand capi- » taine portait la tête haute et élevée; il tenait son épée » toute ensanglantée à la main, traversant ainsi les rues » de Paris au milieu des acclamations et des louanges » qu'on ne pouvait se dispenser de donner à sa brillante » valeur. » Des mousquetaires placés sur les remparts arrêtèrent les royalistes qui poursuivaient l'arrière-garde du prince, et le canon de la Bastille tonna contre les troupes de Turenne. Au commencement du combat, le cardinal Mazarin était placé avec le roi sur les hauteurs de Ménilmontant. Les regards du ministre embrassaient les mouvements des deux armées. Vers la fin de l'action, un courrier apporta une dépêche du vicomte de Turenne. Le cardinal en prit lecture. Un dernier coup de canon se fit entendre, puis le ministre, se tournant vers un groupe d'officiers généraux, dit en souriant, de ce sourire qui annonçait une vengeance : « Mademoiselle a eu la prétention d'épouser le roi, ce » boulet de canon vient de tuer son mari. »—Une autre scène également déplorable eut lieu au faubourg Saint-Antoine le 27 avril 1789. Un riche fabricant de papiers peints, Réveillon, qui, par son habileté commerciale, fournissait du travail à plus de trois cents ouvriers, fut accusé d'avoir cherché à réduire les salaires à moitié prix. La populace se porta avec fureur à sa maison et la détruisit de fond en comble.

La rue du Faubourg-Saint-Antoine fut longtemps le forum où grondait la colère du peuple.

La maison n° 232 appartenait en 1791 au fameux Santerre, qui s'élança d'une brasserie pour diriger les masses qui attaquèrent, au 10 août, le palais des Tuileries.

Santerre, général, se distingua dans la guerre de la Vendée. Son ancienne profession lui valut cette épitaphe grotesque que l'histoire effacera peut-être :

« Ci-gît le général Santerre
» Qui n'eut de Mars que la bierre. »

Au n° 333, à l'angle de la rue des Boulets, on voit une maison d'assez belle apparence, mais dont les fenêtres sont garnies de barreaux de fer.

Une inscription est placée au-dessus de la porte d'entrée; on y lit ces trois mots : *maison de santé*. En effet, depuis longtemps cette propriété est affectée au traitement des aliénés.

Il y a trente et un ans environ, un général compromis dans un complot républicain, avait été enfermé à la Force; sur sa demande, il fut transféré en 1812 dans la maison de santé du faubourg Saint-Antoine.

Là, sans argent, privé de sa liberté, seul il conçut le projet de renverser le gouvernement impérial.

Ce conspirateur, ce général était Malet.

Il s'ouvrit à un certain abbé Lafon.

Malet était républicain et le prêtre royaliste, mais tous deux abhorraient Napoléon.

Voici quel était le plan du général.

Il supposait l'empereur mort le 8 octobre sous les murs de Moscou; le sénat devait être investi du pouvoir suprême. Ce fut donc par l'organe du sénat qu'il résolut de parler à la nation. Il rédigea pour l'armée une proclamation dans laquelle, tout en déplorant la perte du chef de l'État, il annonçait l'abolition du régime impérial et le rétablissement de la république. Cette proclamation était signée par tous les sénateurs. Un décret nommait le général Malet gouverneur de Paris et commandant de la 1re division militaire. D'autres décrets donnaient des grades, de nouveaux commandements à tous ceux que Malet comptait faire servir à l'exécution de ses desseins.

Les bases ainsi fixées, Malet n'attendit plus qu'une circonstance favorable pour agir.

Le dernier bulletin de l'armée, daté du 27 septembre, avait annoncé en même temps que l'entrée des Français à Moscou, le terrible incendie qui avait détruit cet unique refuge de nos soldats.

Ce triste événement avait produit une profonde sensation dans la capitale.

On était au 15 octobre, et depuis trois semaines le gouvernement n'avait publié aucune nouvelle.

Les fonctionnaires ne cachaient point leurs vives appréhensions.

Tout paraissait favoriser l'exécution du plan de Malet.

Le soir du 22 octobre, ses dispositions sont arrêtées. Vers minuit, à un signal convenu, le jardinier applique une échelle sur le mur de clôture bordant la rue des Boulets.

Malet descend le premier dans la rue, l'abbé Lafon le suit; et tous deux se dirigent vers la place de la Bastille. Ils arrivent bientôt dans la rue Neuve-Saint-Gilles, chez un prêtre nommé Caamagno, où se trouvent le caporal Rateau et le répétiteur Boutreux, fidèles au rendez-vous que le général leur avait assigné la veille.

Rateau livre à Malet les mots d'ordre et de ralliement. Le général annonce la mort de Napoléon et les conséquences qu'elle doit produire. Il nomme Rateau son aide-de-camp et Boutreux commissaire de police. Après avoir endossé les uniformes qui ont été préparés, tous se rendent à la caserne Popincourt, occupée par la 10me cohorte de la garde nationale. Il était deux heures du matin.

Malet se présente au nom du commandant de Paris. Il est introduit sans difficulté. Soulié, le chef de cette cohorte, était retenu au lit par une fièvre ardente; Malet lui apprend la mort de l'empereur et lui ordonne de faire prendre les armes à ses soldats. Soulié obéit, et Malet, suivi d'une partie de la 10ᵐᵉ cohorte, arrive à la Force et oblige le directeur à délivrer les généraux de brigade Lahorie et Guidal.

Le premier est nommé ministre de la police; le second est appelé au commandement de la nouvelle garde du sénat; Boccheampe, autre prisonnier, est désigné pour remplir la fonction de préfet de la Seine. Boutreux doit remplacer le préfet de police Pasquier.

Les rôles ainsi distribués, Lahorie et Guidal, avec un bataillon de la 10ᵐᵉ cohorte, marchent sur l'hôtel du ministère de la police, situé quai Malaquais.

De son côté, Boutreux s'empare de la préfecture de police. M. Pasquier est conduit à la Force.

Au ministère de la police, même succès. Savary est enfermé avec M. Pasquier. Ainsi l'autorité qui répondait de la tranquillité de Paris était anéantie, et pour obtenir cet important résultat quelques heures avaient suffi, et pas une goutte de sang n'avait été versée.

Il fallait ensuite s'emparer de l'autorité militaire. Malet s'était réservé cette opération difficile.

Il se dirige vers la place Vendôme où se trouve l'état-major de la 1ʳᵉ division militaire. Le général Hulin remplaçait alors Junot. Malet, s'adressant au général qui était encore au lit, lui annonce sa destitution et lui demande son épée et le cachet de la 1ʳᵉ division. Hulin, un instant troublé, demande à voir les ordres du gouvernement; alors Malet lui tire à bout portant un coup de pistolet. Au bruit de la détonation, l'épouse du général Hulin jette des cris affreux. Malet l'enferme avec son mari, et se rend aussitôt chez l'adjudant-général Doucet. Cet officier, qui reposait encore, reçoit l'ordre de mettre aux arrêts l'adjudant Laborde, dont l'activité pouvait être nuisible au complot. Ce dernier résiste, une discussion s'engage, il se retire enfin. Au bas de l'escalier, il aperçoit l'inspecteur-général de police Pasques, auquel on refusait l'entrée de l'état-major. Laborde le fait entrer, lui raconte ce qui se passe et le conduit jusqu'à la chambre de Doucet. A peine l'agent Pasques est-il entré, que Malet se trouble. Cependant il saisit son second pistolet, mais Laborde s'élance sur lui et le fait arrêter ainsi que Rateau. Ils sont conduits sous bonne escorte au ministère de la police. Laborde se dirige immédiatement vers l'Hôtel-de-Ville, occupé déjà par Boccheampe, que Malet avait nommé Préfet de la Seine, en remplacement du comte Frochot. Boccheampe est arrêté. On s'empare également de Guidal et de Lahorie. A onze heures du matin les fils de la conspiration étaient rompus. A midi tout rentrait dans l'ordre.

Les prisonniers furent transférés le lendemain à l'Abbaye. Le 28 octobre, les accusés, au nombre de vingt-quatre, comparaissaient devant une commission militaire présidée par le général Dejean, sénateur; grand-officier de l'empire et premier inspecteur du génie. Malet est interrogé. A cette question : « Quels » étaient vos complices? » Il répond : « La France » entière, et vous-même tout le premier, monsieur le » comte, si j'avais réussi. » Les autres accusés sont entendus, presque tous n'ont point de défenseurs.

Le 29, à huit heures du matin, la commission se retire pour délibérer. A quatre heures elle rentre en séance, et le président prononce le jugement qui condamne quatorze accusés à la peine de mort; les dix autres sont acquittés à l'unanimité.

Le même jour, à quatre heures de l'après-midi, de forts détachements de la garnison de Paris sont réunis à la plaine de Grenelle. Au milieu du carré formé par ces troupes, on voit deux pelotons. Le premier est composé de cent vingt hommes, et le second de trente seulement. Ils ont été désignés pour exécuter le jugement.

Les condamnés arrivent; tous, la tête découverte, marchent d'un pas ferme. Ils s'arrêtent! on les place sur un seul rang, adossés au mur d'enceinte qui sépare le boulevart extérieur du chemin de ronde de la barrière de l'École-Militaire.

Malet s'avance et demande à commander le feu : « Peloton, attention, » s'écrie-t-il d'une voix pleine et sonore, « portez armes!... apprêtez... armes!... Cela » ne vaut rien, nous allons recommencer. L'arme au » bras, tout le monde. » Plusieurs vétérans sont troublés, quelques armes vacillent. « Attention, cette fois, » reprend Malet : « Portez armes!... apprêtez armes!... » A la bonne heure, c'est bien. Joue!... feu! » Cent vingt balles criblent à l'instant ces malheureux. Malet seul est resté debout, il n'est que blessé. « Et moi donc, » mes amis, » dit-il aux vétérans, « vous m'avez oublié; » à moi le peloton de réserve! » Les soldats s'avancent. A cette seconde décharge, Malet tombe la face contre terre; il respire encore! on l'achève à bout portant.

Quelques moments après cette horrible exécution, trois charrettes suivaient lentement le chemin qui conduit au cimetière de Clamart!

On a dit que la conspiration Malet ne fut qu'une échauffourée. Napoléon en jugea autrement. Il sentit que le trône impérial avait tremblé sur sa base.

ANTOINE (RUE SAINT-).

Commence à la place Baudoyer, nᵒ 9, et à la rue des Barres, nᵒ 34; finit aux boulevarts Beaumarchais, nᵒ 1, et Bourdon. Le dernier impair est 223; le dernier pair, 234. Sa longueur est de 986 m. — Les nᵒˢ impairs de 1 à 99, 7ᵉ arrondissement, quartier du Marché-Saint-Jean; de 101 à la fin, 8ᵉ arrondissement, quartier du Marais. Les numéros pairs sont du 9ᵉ arrondissement, de 2 à 78, quartier du Marais; de 80 à la fin, quartier de l'Arsenal.

Elle doit son nom à l'abbaye Saint-Antoine, à laquelle elle conduisait. Aux XIIIᵉ et XIVᵉ siècles, la partie qui s'étend de la rue des Barres à celle Culture-

— ANT —

Sainte-Catherine; se nommait rue de la *Porte-Baudet*, parce qu'elle conduisait à cette porte d'enceinte, située en face de la rue Culture-Sainte-Catherine. On l'appelait aussi de l'*Aigle*, d'une maison située au coin de la rue de Jouy. Au milieu du XIV° siècle, de la porte Baudet à la porte Saint-Antoine, on la désignait sous le nom de rue du *Pont-Perrin*, dénomination qu'elle tirait d'un hôtel.

Une ordonnance royale du 4 août 1838 a fixé la moindre largeur de cette voie publique à 12 m. 50 c. Les maisons ci-après sont alignées, 51, 69, 85, 109, 113, 115, 133, 135, de 173 à 183 inclusivement, 203, 205, 209, 219; 22, 42; 56; 58, 132, 134, 136; 138, 170, 172; et de 180 à 208 inclusivement. — Égout depuis la place Baudoyer jusqu'à la rue Tiron, et depuis la rue Fourcy jusqu'à la place de la Bastille. — Conduite d'eau. — Éclairage au gaz (comp° Parisienne).

Dans cette rue, près la première porte ou bastille Saint-Antoine, fut massacré le fameux Étienne Marcel, prévôt des marchands. Le peuple, dont il avait été l'idole, finit par le détester, lorsque ce prévôt donna au roi de Navarre, Charles-le-Mauvais, le titre de gouverneur de Paris. Le Dauphin, depuis Charles V, sut profiter habilement de l'animosité des Parisiens, en leur faisant promettre une amnistie, s'ils lui livraient Marcel et douze de ses complices. Le prévôt, pénétrant ce dessein, se décide à livrer la ville au roi de Navarre et lui promet, en outre, de le faire couronner roi de France, s'il veut le protéger contre les fureurs de ce peuple détrompé. Il prend toutes les mesures nécessaires pour parvenir à son but, et fait avertir Charles-le-Mauvais, qui s'approcha secrètement de Paris, suivi d'un corps de ses meilleures troupes. Dans l'après-midi du dernier jour de juillet 1358, Marcel veut s'assurer des portes de Paris pour en confier la garde à des hommes dévoués. Il se dirige vers la porte ou bastille Saint-Denis, ordonne à ceux qui la gardent d'en remettre les clefs à Joceran de Mascon, trésorier du roi de Navarre. On refuse de lui obéir, une altercation s'élève, le bruit attire le commandant du quartier, c'était Jean Maillard. « Estienne, lui dit-il, que faites-vous ici à cette heure? » Jean, répondit le prévôt, à vous qu'importe de le » savoir; je suis ici pour prendre garde à la ville dont » j'ai le commandement. — Pardieu, reprit Maillard, » il n'en va mie ainsi, ainsi n'êtes ici à cette heure pour » nul bien ; et je vous montrerai, continua-t-il en » s'adressant à ceux qui l'entouraient, comme il tient » les clefs en ses mains pour trahir la ville. — Jean, » vous mentez, s'écria le prévôt. — Mais vous, Estienne, » mentez, s'écria Maillard. » Aussitôt ce dernier monte à cheval, fait flotter la bannière de France, et suivi des siens, parcourt les rues en s'écriant : « *Montjoie, Saint-* » *Denis, au Roi et au Duc!...* » Il annonce sur son chemin que Marcel veut ouvrir les portes aux troupes anglaises et navarraises, et arrive ainsi aux halles où un attroupement se forme. Cependant le prévôt des marchands n'ayant pu obtenir les clefs de la porte

— APP —

Saint-Denis, s'adresse aux autres gardes, il essuie partout les mêmes refus. Sans se décourager, il se rend alors à la porte Saint-Antoine pour renouveler ses instances. Dans le même moment, quelques partisans du Dauphin, profitant de cet événement, avaient pris les armes et marchaient vers l'hôtel de Joceran de Mascon, situé près de Saint-Eustache, dans le dessein de se défaire de ce trésorier ; ne l'y trouvant pas ils vont à l'hôtel Saint-Paul, prennent une bannière de France, et se dirigent ainsi vers la porte Saint-Antoine. Deux gentilshommes étaient à leur tête, Pépin des Essarts et Jean de Charny. Arrivés à cette bastille, ils y trouvent Maillard disposé à leur prêter main-forte. Marcel, tenant en main les clefs de cette porte et monté sur l'escalier, oppose quelque résistance. Bientôt on entend ces cris : « A mort!... à mort!.... Tuez le prévôt des marchands » et ses complices! » Marcel effrayé veut fuir; alors Jean de Charny s'avance, lui porte un coup de hache-d'armes, et le peuple l'achève!... Les compagnons du prévôt, tels que Philippe Guiffard, Jean de Lille, Jean Poiret, Simon le Péronier, éprouvent le même sort. Tous ceux qui, au nombre de cinquante-quatre, accompagnaient Marcel sont massacrés. Leurs corps furent traînés honteusement devant l'église Sainte-Catherine du Val-des-Écoliers et exposés aux mêmes insultes que Marcel et ses complices avaient prodiguées aux cadavres du comte de Clermont et de Jean de Conflans.

Ce fut encore dans la rue Saint-Antoine que le roi Henri II fut blessé à mort par le comte de Montgommery, dans un tournoi dont le spectacle fut offert aux Parisiens le 29 juin 1559. Ce monarque, porté sans connaissance au palais des Tournelles, vécut encore quelques jours, mais dans une léthargie complète ; il mourut enfin le 10 juillet 1559, et laissa son royaume livré à toutes les horreurs de la guerre civile.

APPOLINE (RUE SAINTE-).

Commence à la rue Saint-Martin, n°s 309 et 311 ; finit à la rue Saint-Denis, n°s 396 et 398. Le dernier impair est 35; le dernier pair, 24. Sa longueur est de 211 m. — 6° arrondissement, quartier de la Porte-Saint-Denis.

On la trouve indiquée sous le nom de rue *Sainte-Appoline* ou de *Bourbon*, dans le plan de la Caille. Une décision ministérielle, à la date du 23 brumaire an VIII, signée Quinette, fixa la moindre largeur de cette voie publique à 10 m. En vertu d'une ordonnance royale du 21 juin 1826, cette largeur est portée à 11 m. 40 c. Les maisons n°s 5, 11, 17, 19, 21, 23, 25, 27, 29 et 31 sont alignées. Celles n°s 1 et 3 devront reculer de 2 m. 34 c. à 2 m. 80 c. ; n°s 7 et 9, de 1 m. 91 c. à 2 m. 37 c. ; n°s 13 et 15, de 1 m. 40 c. à 1 m. 83 c. ; n° 33, redressement; n° 2, retranchement, réduit 1 m. ; de 4 à 10, retranchement de 1 m. 20 c. à 1 m. 90 c. ; de 12 à 16 inclusivement, retranchement 1 m. 90 c. à 2 m. 50 c. ; de 18 à 24, retranchement 2 m. 50 c. à 3 m. 50 c. — Conduite d'eau depuis la rue Saint-Martin jusqu'aux deux bornes-fontaines. — Éclairage au gaz (comp° Française).

— ARB —

AQUEDUC (rue de l').

Commence à la rue Fontaine, finit à la rue Blanche. Pas encore de numéro. Sa longueur est de 124 m. — 2ᵉ arrondissement, quartier de la Chaussée-d'Antin.

Cette rue a été ouverte en 1841 sur les terrains appartenants à MM. Riant et Mignon. L'ordonnance royale qui autorisa ce percement est à la date du 22 janvier 1841, et imposa aux impétrants les conditions suivantes : de supporter les premiers frais de nivellement, ceux de pavage en chaussée bombée en pavé neuf d'échantillon dur et de relevée à bout, ainsi que ceux des trottoirs en granit; les premiers frais d'établissement d'éclairage; de se soumettre, pour les constructions, aux réglements de voirie, et d'acquitter les droits auxquels ces réglements donneront lieu; jusqu'à réception définitive de la rue par l'administration, de la tenir fermée à ses extrémités, par des clôtures à demeure. La dénomination provisoire, donnée par les propriétaires, indique la position de cette rue sur l'aqueduc de ceinture.

ARBALÈTE (rue de l').

Commence à la rue Mouffetard, nᵒˢ 122 et 124; finit à la rue des Charbonniers, nᵒˢ 1 et 2. Le dernier impair est 23; le dernier pair, 28. Sa longueur est de 374 m. — 12ᵉ arrondissement, quartier de l'Observatoire.

On la nommait, au XIVᵉ siècle, rue des *Sept-Voies*. Au milieu du XVIᵉ siècle, c'était la rue de l'*Arbalète*, dénomination qu'elle tirait d'une enseigne. Une décision ministérielle du 28 pluviôse an IX, signée Chaptal, a fixé la largeur de cette voie publique à 8 m. Les constructions nᵒˢ 1 et de 13 à la fin ne sont pas soumises à retranchement. — Égout depuis la rue Mouffetard jusqu'à celle des Postes. — Au nᵒ 13 est l'école de Pharmacie. — Aux nᵒˢ 24 et 26 était situé le *couvent des Filles-de-la-Providence*. Sa fondation est due à Marie Lumagne, veuve de François de Pollalion, gentilhomme ordinaire du roi et conseiller d'état. Les lettres-patentes autorisant cet établissement sont du mois de janvier 1643. Cette maison avait été créée dans le but de retirer du libertinage les jeunes filles qui n'avaient pu résister à la séduction ou à la misère. Cette communauté religieuse, supprimée en 1790, devint propriété nationale, et fut vendue le 1ᵉʳ prairial an V.

ARBRE-SEC (rue de l').

Commence à la rue des Prêtres-Saint-Germain-l'Auxerrois, nᵒˢ 16 et 18; finit à la rue Saint-Honoré, nᵒˢ 109 et 111. Le dernier impair est 51; le dernier pair, 68. Sa longueur est de 270 m. — 4ᵉ arrondissement, nᵒˢ 1 à 29 et de 2 à 40, quartier du Louvre; le surplus des impairs est du quartier Saint-Honoré.

Elle doit son nom à une enseigne qu'on voyait encore en 1660 sur une vieille maison près de Saint-Germain-l'Auxerrois. Cette rue était en partie construite vers la fin

— ARB —

du XIIIᵉ siècle. Une décision ministérielle du 13 floréal an IX, signée Chaptal, a fixé la moindre largeur de cette voie publique à 11 m. Une ordonnance royale du 23 juillet 1828 a porté cette moindre largeur à 12 m. Les maisons nᵒˢ 29, 49, 51, 52, 54, 56 et 62 sont alignées. Les propriétés nᵒˢ 25, 48 et 50 devront, pour exécuter l'alignement, avancer sur leurs vestiges actuels. — Égout depuis la rue des Prêtres jusqu'à celle des Fossés-Saint-Germain-l'Auxerrois. — Conduite d'eau dans toute l'étendue de la rue. Éclairage au gaz (compᵉ Anglaise).

A l'extrémité de la rue de l'Arbre-Sec, à l'angle de la rue Saint-Honoré, on remarque une belle fontaine. Elle se trouvait autrefois au milieu de la rue : François Myron la fit transporter, en 1606, à l'endroit où nous la voyons aujourd'hui. — *La Croix du Trahoir*, érigée sur la même place, a quelque célébrité dans les annales des exécutions judiciaires : c'est là qu'étaient mis à mort les condamnés de la juridiction de Saint-Germain-l'Auxerrois. — Dans le commencement de la guerre civile de la Fronde, la rue de l'Arbre-Sec fut le théâtre d'une émeute. Deux conseillers au parlement s'étaient fait remarquer par leur courage à défendre les lois, en résistant aux empiétements du cardinal Mazarin : l'un était René Potier de Blancménil; l'autre, Pierre Broussel, qu'on nomma le père du peuple. Irritée de l'opposition de ces magistrats, dont l'influence entraînait la majorité de leur compagnie, Anne d'Autriche, par les conseils de son ministre, eut l'imprudence de les faire arrêter, le 26 août 1648. Dès que le peuple connut l'emprisonnement des deux conseillers, des attroupements se formèrent. La sévérité dont on usa pour les dissiper, le sang qui fut versé, augmentèrent à tel point l'animosité, qu'on vit alors presque tous les habitants de Paris s'armer pour en tirer vengeance. Dans toutes les rues, des chaînes sont tendues; plus de deux cents barricades, ornées de drapeaux, sont fortifiées aux cris de *vive le Roi! point de Mazarin!* le parlement vint en corps au Palais-Royal demander la liberté des prisonniers. Le premier président Mathieu Molé porta la parole. Il représenta à la régente que cette concession était le seul moyen de calmer le mécontentement général, et dissipant à l'instant le feu de la rébellion. Anne d'Autriche refusa avec beaucoup d'aigreur, en disant : « Que les membres du parlement étaient les vrais auteurs de la sédition par leur désobéissance aux ordres de la cour. » Une seconde tentative de la part du premier président n'eut pas un meilleur résultat. Les membres du parlement, ainsi congédiés, s'en retournent à pied à leur palais. Ils parviennent sans peine jusqu'à la troisième barricade qui se trouvait à la Croix du Trahoir ; là cette compagnie est arrêtée. Un marchand de fer, nommé Raguenet, capitaine de ce quartier, saisit le premier président par le bras, et appuyant un pistolet sur le visage de Mathieu Molé : « Tourne, traître, lui dit-il, si tu ne veux être massa- » cré toi et les tiens ; ramène-nous Broussel, ou le Ma- » zarin et le chancelier en ôtages!.... » Molé, sans se

— ARC —

déconcerter, écarte le pistolet, et, conservant toute la dignité de la magistrature, rallie les membres effrayés de sa compagnie, et retourne au Palais-Royal à petits pas au milieu des injures et des blasphèmes de ce peuple en courroux. Pour la troisième fois, il expose à la régente l'irritation des esprits et la résistance que sa compagnie vient d'épouver dans la rue de l'Arbre-Sec. La reine fait encore des difficultés. Le parlement, pour délibérer sur ce nouveau refus, tint séance dans la galerie du Palais-Royal. Le duc d'Orléans, le cardinal Mazarin assistèrent à cette conférence. Il fut décidé que les conseillers arrêtés seraient rendus à la liberté. La régente y consentit enfin. L'ordre en est expédié sur-le-champ. Cette décision fut aussitôt signifiée au peuple; mais les Parisiens, peu confiants en la sincérité de la cour, déclarèrent qu'ils resteraient armés jusqu'à ce qu'ils vissent Broussel en liberté. Ce conseiller parut le lendemain matin : alors, des salves d'artillerie se firent entendre; la joie publique se manifesta par de bruyantes acclamations. Le peuple porta ce magistrat en triomphe jusqu'à sa maison. Ainsi se termina la fameuse journée du 27 août de l'année 1648, connue dans l'Histoire sous le nom de *journée des Barricades*.

ARCADE (RUE DE L').

Commence au boulevart Malesherbes; finit aux rues de la Pépinière, n° 1, et Saint-Lazare, n° 139. Le dernier impair est 35; le dernier pair, 42. Sa longueur est de 511 m. — 1er arrondissement : les n°s impairs sont du quartier du Roule; les n°s pairs, du quartier de la Place-Vendôme.

Cette rue doit sa dénomination à une *arcade* ou voûte qui servait de communication aux jardins des religieuses de la Ville-l'Évêque. Jaillot l'indique ainsi : rue de l'*Arcade* ou de la *Pologne*. Une décision ministérielle du 21 prairial an X, signée Chaptal, ainsi qu'une ordonnance royale du 25 novembre 1836, ont fixé la moindre largeur de cette voie publique à 10 m. Cette ordonnance approuva le prolongement de cette rue jusqu'au boulevart Malesherbes. Une seconde ordonnance, à la date du 11 février 1840, prescrivit la suppression de la partie de la rue de l'Arcade formant retour sur la rue de la Madeleine. Cette disposition, ainsi que celle ayant rapport au prolongement jusqu'au boulevart Malesherbes, ont été exécutées en 1841.

Le numérotage de cette voie publique étant très irrégulier, nous ne pouvons indiquer d'une manière précise les propriétés qui sont à l'alignement. — Égout depuis la rue Neuve-des-Mathurins jusqu'à celle de la Pépinière. — Conduite d'eau depuis la rue Saint-Nicolas jusqu'à celle de la Pépinière. — Éclairage au gaz (comp° Anglaise).

ARCHE-MARION (RUE DE L').

Commence au quai de la Mégisserie, n°s 66 et 68; finit à la rue Saint-Germain-l'Auxerrois, n°s 77 et 79. Le seul impair est 1; le seul pair, 2. Sa longueur est de 30 m. — 4e arrondissement, quartier du Louvre.

En 1300, elle portait le nom de rue de l'*Abreuvoir-Thibault-aux-Dés*. En 1442, c'était la rue des *Jardins*. A la fin du XV° siècle, elle fut appelée ruelle *qui fut Jean de la Poterne*, du nom d'un particulier qui avait établi des bains. En 1530, on l'appelait ruelle des *Étuves*. Enfin, on la trouve nommée, dans un titre de 1565, rue de l'*Arche-Marion* et de l'*Abreuvoir-Marion*, parce qu'une femme ainsi appelée y tenait alors ces étuves. Une décision ministérielle du 24 frimaire an IX, signée Chaptal, a fixé la largeur de cette voie publique à 6 m. La plus grande partie du côté droit est à l'alignement. Les autres constructions devront reculer de 70 c. à 1 m. — Égout. — Éclairage au gaz (comp° Anglaise).

ARCHE-PÉPIN (RUE DE L').

Commence au quai de la Mégisserie, n°s 18 et 24; finit à la rue Saint-Germain-l'Auxerrois, n°s 27 et 31. Le dernier impair est 3; le seul pair, 2. Sa longueur est de 37 m. — 4e arrondissement, quartier du Louvre.

C'est par altération qu'on l'appelle rue de l'*Arche-Pépin*. Tous les anciens titres la nomment rue de l'*Abreuvoir* ou de l'*Arche-Popin*. Cette dénomination lui vient de la famille des Popin, très connue au XIIIe siècle. Jehan Popin fut prévôt des marchands sous Philippe-le-Bel. Une décision ministérielle du 24 frimaire an XI, signée Chaptal, fixa la largeur de cette voie publique à 7 m. En vertu d'une ordonnance royale du 16 août 1836, cette largeur est portée à 12 m. Cette ordonnance a autorisé l'acquisition de la maison bâtie sur l'Arche-Pépin et dont la démolition était nécessaire pour procurer à la rue qui nous occupe un débouché sur le quai de la Mégisserie. Cette amélioration a été exécutée. Les constructions du côté des numéros impairs sont soumises à un retranchement considérable; celles du côté opposé ne devront reculer que de 20 à 30 c. — Égout. — Éclairage au gaz (comp° Anglaise).

ARCHEVÊCHÉ (PONT DE L').

Situé entre les quais de l'Archevêché et de Montébello.

Une ordonnance royale du 6 décembre 1827 a autorisé la construction de ce pont qui est soumis au péage. Commencé en 1828, il a été livré à la circulation le 4 novembre de la même année. M. Desjardins en a été déclaré concessionnaire pour 45 années qui ont commencé le 1er janvier 1831, et doivent expirer le 1er janvier 1876. Ce pont, construit en maçonnerie, est composé de trois arches en arc de cercle, ayant celle du milieu 17 m. et les deux autres 15 m. d'ouverture. Il doit sa dénomination au quai où il prend naissance. On peut traverser les deux ponts de l'Archevêché et Louis-Philippe en ne donnant qu'une rétribution de 5 c.

ARCHEVÊCHÉ (QUAI DE L')

Commence au pont de la Cité, finit au Pont-au-Double. Pas de numéro. Sa longueur est de 340 m. — 9e arrondissement, quartier de la Cité.

Une partie de ce quai à la pointe de l'île se nommait en 1258 *la Motte aux Papelards*. Un siècle après, ce quai

— ARC —

était réuni à l'emplacement dit le *Terrain* et en portait le nom. Il fut dans la suite enfermé dans le jardin des chanoines de Notre-Dame. Il a été nommé en l'an XII quai *Catinat*. — Nicolas Catinat naquit à Paris en 1637; fut fait lieutenant-général en 1688 et maréchal de France en 1693. Le héros de Stafarde et de la Marsaille mourut à sa terre de Saint-Gratien, en 1712: — Ce quai prit quelque temps après le nom de l'Archevêché.—
« Au palais des Tuileries, le 29 mars 1809. — Napoléon,
» empereur des Français, etc.; sur le rapport de notre
» ministre de l'intérieur, nous avons décrété et décré-
» tons : — Article 1er. Les alignements du quai de l'Ar-
» chevêché et de l'Hôtel-Dieu, entre le pont de la Cité
» et le Petit-Pont, seront exécutés tels qu'ils sont tracés
» sur le plan proposé par l'ingénieur en chef du dépar-
» tement de la Seine, le 21 septembre 1808, approuvé le
» 19 janvier 1809 par le directeur-général des ponts-et-
» chaussées. — Art. 2. Notre ministre de l'intérieur est
» chargé de l'exécution du présent arrêté: Signé Napo-
» léon. » (Extrait du décret): Cette amélioration était exécutée à la fin de 1813.

Nous allons tracer ici l'historique de l'ancien palais de l'Archevêché. — Dans l'origine, la maison de l'évêque était située près de l'église de Saint-Étienne, première cathédrale; sur une partie de l'emplacement occupé par la seconde cour de l'archevêché. Le nom de Port-l'Évêque que portait cet endroit, peut servir à confirmer cette opinion. Nos premiers rois ne faisant que de rares séjours dans la ville de Paris, leur absence fut cause que son siège épiscopal parût trop peu important pour qu'on l'érigeât en métropole. Il resta donc soumis à l'archevêché de Sens. — Paris ne se développa que sous les rois de la troisième race ; lorsque cette ville devint la capitale du royaume, son siège épiscopal acquit bientôt une grande importance; plutôt par son heureuse situation que par l'étendue, la quantité des domaines de l'évêque. Dans un diplôme de Louis VI de l'an 1110, les seigneuries de l'évêque, sans compter son droit de censive dans la Cité, étaient celles de Saint-Germain, de Saint-Éloy, de Saint-Marcel, Saint-Cloud et Saint-Martin. Vers l'an 1161, Maurice de Sully, évêque de Paris, fit bâtir sur une ligne parallèle à la cathédrale, le palais épiscopal et deux chapelles. Dans la chapelle basse étaient des chapelains établis par les évêques. Le Jeudi-Saint on y lavait les pieds des enfants de chœur, et tous les dimanches on célébrait une messe pour les prisonniers de l'évêché. La chapelle supérieure servait aux ordinations, au sacre des évêques et à d'autres assemblées solennelles. Dans ces anciens bâtiments étaient les salles des officialités métropolitaine et diocésaine du bailliage de la duché-pairie de l'archevêque et la bibliothèque des avocats. Dans la première cour du palais de l'évêque, au lieu où se trouvait autrefois le siège de l'officialité, se faisaient au moyen-âge les *monomachies* ou duels judiciaires. — Les droits de l'évêque étaient devenus si grands à la fin du XIe siècle, que la ville de Paris était pour ainsi dire partagée en deux

— ARC —

parties, dont l'une était sous la domination du roi et l'autre sous celle du prélat. Cette juridiction temporelle reçut bientôt de graves atteintes par suite des transactions qui eurent lieu entre nos rois et nos évêques.

Ainsi le territoire de Saint-Germain-l'Auxerrois qui était dans la censive de l'évêque, devint si considérable par son commerce ; que l'évêque Étienne crut devoir, pour en maintenir la prospérité, associer le roi Louis-le-Gros aux deux tiers du profit dans tout le clos fermé de fossés qu'on appelait *Champeaux*. Ce traité, fait du consentement du chapitre, est de l'année 1136. Guillaume de Seignelay, évêque en 1222, conclut un accord avec Philippe-Auguste. Par ce traité, ce prince fut reconnu avoir la justice de rapt et de meurtre dans le bourg Saint-Germain et dans la Culture-l'Évêque. Il pouvait également lever des impôts sur les habitants pour dépenses de guerre et chevauchées, et avait droit de justice sur tout ce qui était relatif aux marchandises. Cette juridiction temporelle fut peu à peu enlevée aux évêques par nos rois, lorsqu'ils la trouvèrent moins nécessaire dans les mains des prélats au maintien de l'ordre et à l'existence de la société. Pierre de Gondy, évêque de Paris en 1558, se trouvant trop mesquinement logé, ajouta à son palais une maison canoniale, située près du jardin des chanoines, et l'augmenta d'un corps de logis qui aboutissait à l'église de Saint-Denis-du-Pas. En 1622, cet évêché soumis à la métropole de Sens, en fut séparé par Grégoire XV et érigé en archevêché. Cette érection fut faite en faveur de Jean-François de Gondy. Il fut peu après nommé commandeur des ordres du roi. Louis XIV accorda une distinction encore plus flatteuse à M. de Harlay de Chanvalon, en érigeant pour lui et les archevêques de Paris, la terre de Saint-Cloud en duché-pairie. Le cardinal de Noailles fit abattre en 1697 les différents bâtiments de l'archevêché, construits par ses prédécesseurs, depuis le chevet de la chapelle, et les remplaça par le palais qu'on voyait encore il y a quelques années. M. de Beaumont, qui occupa le siège de Paris depuis 1746 jusqu'en 1781, voulant que le palais archiépiscopal fût en état de recevoir le roi et les seigneurs de la cour dans les grandes solennités, fit bâtir sur les dessins de Pierre Desmaisons, architecte du roi, le grand escalier à deux rampes qui devint l'objet de l'admiration des connaisseurs. Ce prélat rendit également plus commode la distribution des appartements qui furent décorés et meublés avec magnificence. L'archevêché de Paris se divisait en trois archidiaconés, Paris, Josas et Brie. Ces archidiaconés se divisaient eux-mêmes en sept doyennés : Chelles, Corbeil, Champeaux, Châteaufort, Lagny et Montlhéry, sans y comprendre la ville et la banlieue de Paris. L'archevêque jouissait avant 1789 de 200,000 livres de revenu, et le chapitre, de 180,000 livres, outre les maisons canoniales.

Durant la révolution, le palais archiépiscopal servit aux séances de l'Assemblée Constituante, puis d'habitation au chirurgien en chef de l'Hôtel-Dieu ; la chapelle fut convertie en un amphithéâtre d'anatomie jusqu'en 1802. A cette époque, M. de Belloy, prélat presque cen-

— ARC —

ténaire, vint en prendre possession. Vers 1809 des travaux considérables de restauration et d'embellissement y furent faits sous la conduite du sieur Poyet, architecte. Il fallut encore en 1818 étayer et reprendre plusieurs parties du bâtiment qui fléchissaient. Ce palais, dont l'architecture n'offrait rien de remarquable, était accompagné d'un beau jardin dessiné et planté par Gabriel Thouin. — Le 14 février 1831, le curé de Saint-Germain-l'Auxerrois célébra un service funèbre en commémoration de la mort du duc de Berri. Le buste de ce prince fut promené dans l'église. Cette manifestation, aussi imprudente que coupable, servit de prétexte à quelques agitateurs pour se livrer aux excès les plus révoltants. La croix qui surmontait l'édifice est renversée, l'église dévastée de fond en comble; quand l'émeute n'a plus de belles sculptures à mutiler, de tableaux à déchirer, elle se porte en foule au palais archiépiscopal, en hurlant : « Mort à l'archevêque! » Elle recommence alors les mêmes profanations : les statues, les meubles, les livres sont jetés dans le fleuve. Les appartements dépouillés, elle s'en prend aux pierres ; la démolition commence avec un ensemble, un sang-froid extraordinaires. M. de Quélen fut sauvé par un savant illustre.

Une année après cet odieux attentat, un fléau épouvantable, le choléra, décimait la population parisienne. Aussitôt l'archevêque reparait, non pour demander justice des hommes qui ont dévasté, pillé, détruit son palais; il ne vient pas se venger de ceux qui ont voulu l'assassiner, il vient pour soulager et bénir. C'est à l'Hôtel-Dieu qu'on voit M. de Quélen au milieu des morts et des mourants entassés par la contagion. Il n'est pas encore satisfait des secours abondants que la charité chrétienne lui donne à distribuer, il abandonne son traitement; il veut que sa maison de Conflans devienne une maison de convalescents, et que le séminaire de Saint-Sulpice soit transformé en infirmerie. On le voit transporter des cholériques dans ses bras! L'un d'eux qu'il bénissait lui dit : « Éloignez-vous de moi, je suis un des pillards de » l'archevêché. — Mon frère, répond l'archevêque, » c'est une raison de plus de me réconcilier avec vous » et de vous réconcilier avec Dieu!...» — L'emplacement occupé par l'ancien manoir des archevêques de Paris, a été cédé gratuitement par l'État à la ville de Paris par la loi du 8 juin 1837, à la charge par ladite ville d'y établir une promenade. Cet embellissement est en voie d'exécution.

ARCHIVES DU ROYAUME.

Situées dans les rues de Paradis et du Chaume, n° 12.
— 7° arrondissement; quartier du Mont-de-Piété.

1re PARTIE. — *Hôtel de Soubise.* — L'emplacement occupé aujourd'hui par les Archives du royaume, réunissait dans son enceinte plusieurs hôtels, souvent mentionnés dans l'histoire de Paris. Au coin de la rue des Quatre-Fils et de celle du Chaume, se trouvait une vaste propriété appelée le *grand chantier du Temple*. — Le connétable de Clisson fit construire sur cet emplacement un hôtel qui, après sa mort, fut possédé par le comte de Penthièvre. Ce gentilhomme étant demeuré fidèle à Charles VII, les Anglais, devenus maîtres de Paris, confisquèrent tous ses biens, et louèrent l'hôtel de la rue des Quatre-Fils dix livres parisis. A partir de l'époque de cette confiscation, l'histoire se tait pendant plus d'un siècle. Cette propriété appartenait en 1552 au sieur Babon de la Bourdaisière qui, par contrat du 15 juin 1553, la vendit moyennant 16,000 livres, à Anne d'Est, épouse de François de Lorraine, duc de Guise, qui la donna le 27 octobre 1556 au cardinal de Lorraine. Celui-ci la céda le 4 novembre suivant à Henri de Lorraine, prince de Joinville, son neveu.

L'ambitieuse maison de Guise ne pouvait se contenter du modeste manoir de Clisson.

Du côté de la rue de Paradis, s'élevait l'hôtel des rois de Navarre de la maison d'Évreux. Il devint la propriété du duc de Nemours, comte d'Armagnac. Convaincu du crime de haute trahison, ce seigneur eut la tête tranchée, et l'on confisqua tous ses biens. Cet hôtel passa alors au comte de Laval, qui le vendit en 1545 au sieur Brinon, conseiller au parlement de Paris. Il fut ensuite acquis par Charles de Lorraine. Ce cardinal en fit cession le 11 juin 1556, à François, son frère. En 1557, le même cardinal acquit de Louis Doulcet la moitié d'une maison aboutissant à la rue des Quatre-Fils, et côtoyant l'ancien hôtel de Clisson. En 1561, il fit l'acquisition de l'autre moitié. François de Lorraine avait acheté, le 15 juin 1560, l'hôtel de la Roche-Guyon, qui appartenait alors à Louis de Rohan, comte de Montbazon. Cette propriété se trouvait dans la rue Vieille-du-Temple, en face de celle Barbette; elle communiquait à la maison de Guise. Les princes lorrains ayant réuni tous ces bâtiments à la propriété de Louis Doulcet, composèrent une vaste habitation d'où le chef de cette orgueilleuse famille dictait ses volontés au faible Henri III. — Le fameux duc de Guise était là pendant les barricades. — Le principal corps de logis qui s'étend depuis la rue du Chaume jusqu'à l'endroit où commençait l'ancien jardin, et dont la façade régnait le long du passage qui conduisait à la rue Vieille-du-Temple, avait été construit par Henri, duc de Guise, sur les dessins de Lemaire, célèbre architecte du temps. Nicolo décora la chapelle des peintures à fresque qu'on y voyait encore avant la révolution. Les Guise firent aussi construire la rampe en fer et l'escalier par lequel on montait dans les appartements donnant sur la rue du Chaume ; les croix de Lorraine qui en forment un des ornements, ne laissent aucun doute à cet égard. Les bâtiments qui sont à l'angle de la rue du Chaume et de celle des Quatre-Fils, ont été construits aussi par les princes de cette maison. En 1697, François de Rohan, prince de Soubise, acheta cette propriété des héritiers de la duchesse de Guise. Il prit dès lors le nom d'hôtel de Soubise, qu'il conserva jusqu'à nos jours. Le prince chercha à donner un ensemble régulier aux divers bâtiments de son hôtel. Les travaux commencèrent en 1706. La principale porte qui se présentait en pan coupé sur l'angle de la rue du Chaume et du passage, et qui était flanquée de deux tourelles qui subsistent encore, fut fermée pour en ouvrir une nouvelle dans l'alignement de la rue du Chaume, faisant face à la rue de Braque, et destinée à desservir le passage. La porte principale fut pratiquée dans la rue de Paradis. On la décora de colonnes accouplées, d'ordre composite à l'intérieur et corinthien à l'extérieur, avec couronnement en ressaut, formant sur chaque face un avant-corps dont l'attique était peint aux armes du prince. Les statues d'Hercule et de Pallas, sculptées par Coustou jeune et par Bourdy, figuraient sur l'avant-corps. La façade de l'ancien bâtiment fut décorée au rez-de-chaussée de seize colonnes d'ordre composite, accouplées, dont huit présentent au milieu un avant-corps surmonté d'un second ordre de colonnes corinthiennes que couronne un fronton. Les huit colonnes du rez-de-chaussée supportent quatre statues qui représentent les quatre saisons. Deux autres statues allégoriques dominent le fronton. L'intérieur de l'hôtel fut magnifiquement décoré. La chapelle et ses peintures à fresque furent conservées. Plusieurs artistes célèbres contribuèrent à la décoration et à l'embellissement des appartements. Natoire, Bouchet, Trémollière, Carle-Vanloo, Bertout, etc., en firent un séjour d'une magnificence presque royale. Tel on voyait encore l'hôtel, ou plutôt le palais de Soubise, au moment où la révolution en fit une propriété nationale.

2ᵉ PARTIE. — *Archives du royaume.* — Les renseignements qui suivent ont été extraits en partie d'une brochure publiée par M. Dessalles, employé distingué des archives. — Dans la solitude des cloîtres, qui furent longtemps les seuls foyers de lumières, les moines élaborèrent quelques vastes compositions historiques, pour lesquelles l'existence humaine était souvent insuffisante. — Il était difficile, presque impossible aux hommes de lettres, de rassembler les matériaux nécessaires à composer notre histoire nationale ou administrative.

Cette admirable et précieuse collection de titres et de documents généraux que nous devons à la révolution, était autrefois disséminée dans un grand nombre d'établissements religieux, et enfouie dans plusieurs édifices de nos grandes villes. — Les archives ne furent d'abord que le dépôt des papiers de l'Assemblée Constituante. Par un article de son règlement du 29 juillet 1789, cette assemblée, en créant cet établissement, ordonna qu'on y conserverait les pièces originales qui lui seraient adressées, et l'une des deux minutes du procès-verbal de ses séances. Ce dépôt fut définitivement constitué sous le nom d'*Archives nationales*, par décret du 7 septembre 1789, sanctionné par le roi le 12 du même mois. Tant que la représentation nationale résida à Versailles, les archives furent placées dans une salle voisine de la sienne. Lorsque cette assemblée vint à Paris, les archives furent immédiatement transportées dans la bibliothèque des Feuillants, puis aux Capucins de la rue Saint-Honoré. Le 1ᵉʳ juin 1790, la Constituante ordonna qu'on y déposerait les formes, planches, et tout ce qui avait servi à la confection des assignats de la première émission; enfin, le 27 février 1791, on y transporta les caractères de l'imprimerie du Louvre, les machines de l'Académie des Sciences, et les minutes des greffes des commissions extraordinaires du conseil d'État. Les archives reçurent encore de nouvelles richesses par les offrandes de livres, de médailles, d'estampes et de bustes qui furent faites à l'assemblée. — Ce ne fut qu'à partir de l'année 1793 qu'on songea à faire des archives le centre de tous les dépôts appartenant à l'État.

Le décret dont nous transcrivons les principales dispositions, organisa les archives sur des bases toutes nouvelles.

« 7 messidor an II. La Convention Nationale, après
» avoir entendu le rapport fait au nom de la commis-
» sion des archives et des cinq comités du salut public,
» des domaines et aliénations, de législation, d'instruc-
» tion publique et des finances, décrète :
» Art. 1ᵉʳ. Les archives établies auprès de la repré-
» sentation nationale, sont un dépôt central pour toute
» la république.
» Art. 2. Ce dépôt renferme : 1° la collection des
» travaux préliminaires aux états-généraux de 1789,
» depuis leur convocation jusqu'à leur ouverture. Le
» commissaire des administrations civiles, de police et
» des tribunaux, fera établir aux archives tout ce que le
» département de la justice avait retenu ou distrait de
» cette collection; 2° les travaux des assemblées natio-
» nales et de leurs divers comités; 3° les procès-verbaux
» des corps électoraux; 4° les sceaux de la république;
» 5° les types des monnaies; 6° les étalons des poids et
» mesures; on y déposera 7° les procès-verbaux des
» assemblées chargées d'élire les membres des corps
» législatifs et ceux du conseil exécutif; 8° les traités
» avec les autres nations; 9° le titre général, tant de
» la fortune que de la dette publique. » (Extrait des procès-verbaux de la Convention.)

Un des articles de ce décret ordonnait aussi que les couvents seraient ouverts à une commission créée sous le nom d'*Agence temporaire du triage des titres*. Les archives, ainsi que nous l'avons dit plus haut, suivirent la Constituante lorsque cette assemblée se rendit à Paris; elles furent toujours placées dans les mêmes bâtiments que ceux des grands pouvoirs qui dirigeaient la république. On transporta les archives, après le 10 août, dans une salle des Tuileries, lorsque l'Assemblée Nationale se fut établie dans l'ancienne demeure de nos rois. Le premier consul et son collègue Lebrun, étant venus habiter ce palais, la représentation nationale occupa le palais Bourbon, qui reçut le nom de palais du Corps-Législatif. Les archives y furent encore réunies.

« Napoléon, etc. Art. 3. L'hôtel Soubise et le palais Car-
» dinal seront achetés par notre ministre des finances
» et réunis au domaine, moyennant le paiement d'une

— ARC —

» somme de 690,000 francs, etc. Art. 5. Toutes les
» archives existant à Paris, sous quelque dénomination
» que ce puisse être, seront placées dans celui de ces
» palais qui ne sera pas occupé par l'imprimerie royale,
» etc. Signé Napoléon. » (Extrait du décret du 6 mars
1808).

Les archives furent considérablement augmentées pendant les années 1810, 1811 et 1812. On transporta à l'hôtel de Soubise 102,435 liasses, registres ou volumes d'archives pontificales, 12,049 liasses des archives du Piémont, 35,239 d'archives germaniques, une portion des archives espagnoles et 5,000 cartons du ministère de l'intérieur. Pour classer tant de richesses, il fallut songer à l'agrandissement de l'hôtel de Soubise. On commença d'abord par garnir de rayons les péristyles de la cour. On fut ensuite obligé de construire au milieu de cette cour deux pavillons provisoires. Ces augmentations furent encore insuffisantes. On créa une succursale de l'hôtel de Soubise dans les bâtiments des Minimes de la place Royale, et l'on fut obligé de louer deux maisons dans la rue des Quatre-Fils où l'on plaça quelques bureaux. Toutes ces demi-mesures ne pouvaient convenir à l'empereur dont tous les actes étaient empreints d'un caractère grandiose et surtout unitaire; il rendit le décret suivant:

« Au palais de l'Élysée (le 21 mars 1812), Napoléon,
» empereur des Français, etc., nous avons décrété et
» décrétons ce qui suit:

» Titre 1er. Archives impériales.

» Art. 1er. Il sera construit entre le pont d'Iéna et
» le pont de la Concorde, sur le quai de la rive gauche
» de la Seine, un édifice destiné à recevoir toutes les
» archives de l'empire, et devant contenir un emplace-
» ment de 100,000 m. cubes.

» Art. 2. Les plans seront conçus de manière que le
» quart de cet établissement puisse être utilisé dès que
» la construction en sera achevée, et que l'on puisse
» successivement procéder ainsi à la construction des
» autres quarts. Des espaces seront même réservés en
» forme de jardins, afin que par la suite des temps
» on puisse doubler l'établissement si cela devient
» nécessaire.

» Art. 3. Ces bâtiments seront construits tout en
» pierre et en fer, sans qu'il entre aucun bois dans la
» construction.

» Art. 4. Les plans nous seront soumis avant le 1er
» mai prochain, et le fonds de 200,000 fr. que nous
» avons accordé par notre décret du 6 de ce mois sur
» les fonds spéciaux de Paris, sera affecté aux pré-
» miers travaux de cette construction, etc. Signé
» Napoléon. »

La chute de l'empire fit abandonner l'exécution de ce projet, et les archives restèrent dans l'ancien hôtel de Soubise. Les principales richesses déposées dans cet établissement furent enlevées. Les ennemis de la France ne furent pas les seuls à exiger des restitutions. Tous les accroissements de cette admirable collection, péni-

— ARC —

blement amassée, se fondirent par suite de réclamations toujours écoutées. Les établissements publics eux-mêmes n'eurent pas l'honneur de rester étrangers à ce pillage.

L'Université en 1820 se fit livrer une partie des documents précieux qui composaient une collection ayant pour titre *Instruction publique*. Ce fut également vers cette époque que l'établissement dont nous nous occupons prit le nom d'*Archives du royaume*.

Organisation actuelle des archives du royaume.

L'organisation actuelle des archives du royaume est due aux lumières d'un savant dont on déplore la perte. A M. Daunou appartient seul l'idée d'une classification exacte et commode. Les archives sont divisées en six sections, savoir: 1° la section *législative*; 2° la section *administrative*; 3° la section *historique*; 4° la section *topographique*; 5° la section *domaniale*; 6° la section *judiciaire*. Ces six sections furent en outre subdivisées en vingt-quatre séries désignées par les vingt-quatre lettres de l'alphabet.

Section législative. — Elle se divise en quatre séries représentées par les lettres A B C et D. Le nombre des cartons, registres et volumes s'élève à près de 7,000, contenant huit collections différentes de lois, cinq collections des procès-verbaux des assemblées nationales, des papiers des comités et des députés en mission, ceux de la chambre des députés et de celle des pairs, et le Bulletin des lois.

Section administrative. — Elle est divisée en quatre séries sous les lettres E F G H. La première E, administration générale, gouvernement et maison royale; la deuxième F, s'intitule ministères; la troisième G, a trait aux administrations spéciales, et la quatrième, sous la lettre H, réunit les papiers concernant les administrations locales. Parmi les collections précieuses, il faut distinguer celle des arrêts du conseil depuis 1593 jusqu'en 1791. Cette section renferme 40,000 cartons, registres ou portefeuilles.

Section historique. — Elle se compose également de quatre séries sous les lettres J K L M. Elle forme un total de 1,053 cartons renfermant le Trésor des Chartes et son supplément, 300 registres provenant de la chancellerie du royaume depuis le XIIe siècle jusqu'à Charles IX, 1,555 cartons, registres ou liasses contenant les monuments historiques, les actes des rois de France depuis les Mérovingiens jusqu'à Louis XIV. Le plus ancien de ces actes est à la date de 620; 1,700 autres cartons, registres ou liasses concernant les monuments ecclésiastiques, les mélanges, l'instruction publique, les ordres militaires et religieux et la généalogie, comportent 1,128 cartons et registres. Indépendamment de ces précieuses collections, la section historique possède la fameuse armoire de fer, construite en vertu du décret du 30 novembre 1790, et dans laquelle sont renfermés les sceaux et les bulles d'or, une grande partie des clefs de la Bastille, les clefs en argent remises à Louis XIV lors de la prise de Namur, les fameux livres rouges

— ARC —

trouvés à Versailles, les testaments de Louis XVI et de Marie-Antoinette, le journal de Louis XVI écrit de sa main, les traités avec des boîtes en argent renfermant des sceaux, les médailles concernant la première campagne d'Italie, déposées en vertu d'un décret de l'an VI, la matrice de la médaille du serment du jeu de paume, les étalons du mètre, du gramme et du décagramme en platine, des monnaies d'or et d'argent, et une foule d'autres objets précieux. Une collection de portraits de personnages célèbres orne cette importante et magnifique section.

Section topographique. — Elle est divisée en deux séries sous les lettres N O. La première se compose des cartes géographiques, hydrographiques, astronomiques et historiques; et la seconde, de plans et cartes qui ont rapport à la description de la France et des mémoires de statistique, le tout pouvant représenter 4,616 articles. Cette section a en dépôt un exemplaire de la carte de France exécutée sous les ordres du ministre de la guerre.

Section domaniale. — Les lettres P Q R S T représentent les cinq séries dont elle se compose, réunissant 26,000 cartons, liasses ou registres qui sont : la chambre des comptes, les titres domaniaux distribués par département, les titres spéciaux des domaines des princes, ceux des biens des communautés religieuses, et les papiers du séquestre, confiscations et ventes.

Section judiciaire. — Cette section, dont une partie au Palais-de-Justice, se divise en cinq séries sous les lettres ci-après, savoir: la lettre V contient la grande chancellerie et conseils; la lettre X, parlement de Paris; Y, châtelet; Z, cours et juridictions diverses ; E T C, tribunaux criminels extraordinaires. Elle représente un total de plus de 63,000 cartons, liasses et registres. A ce monument prodigieux d'assemblage est jointe une bibliothèque de 13 à 14,000 volumes ayant trait en partie à l'histoire nationale. — Constructions nouvelles. Architectes, MM. Charles Lelong et Adolphe Gréterin. Les travaux d'agrandissement et d'appropriation spéciale en dépôts d'archives, ont été commencés au mois de septembre 1838. Le million voté pour l'édification de ces bâtiments a été dépensé pendant les exercices 1838, 1839, 1840 et 1841. Un crédit de 800,000 fr. est nécessaire, tant pour parachever les constructions nouvelles et pour l'établissement des casiers, que pour la restauration des anciens bâtiments (hôtel de Soubise), et pour l'acquisition d'une maison contiguë à la cour de cet hôtel, sise rue de Paradis. Cette maison est destinée à recevoir les bureaux des diverses sections, et à loger le garde général des archives. Les nouvelles constructions exécutées occupent une superficie de 1,000 m. carrés. Tous les murs sont en pierre de taille. Des voûtes en poterie et fer portent les planchers. Les combles sont en fer. La couverture est en zinc. Tous les travaux seront terminés en 1845.

— ARC —

ARCIS (RUE DES).

Commence aux rues Saint-Jacques-la-Boucherie, n° 2, et de la Vannerie, n° 50; finit aux rues des Lombards, n° 1, et de la Verrerie, n° 101. Le dernier impair est 39, le dernier pair, 64. Sa longueur est de 175 m. — Les impairs sont du 6e arrondissement, quartier des Lombards; les pairs, du 7e arrondissement, quartier des Arcis.

Cette rue existait déjà en 1130. Son étymologie a soulevé de longues discussions. Nous ne citerons ici que l'opinion de M. Johanneau, censeur royal. Le mot *Arcis*, selon ce célèbre antiquaire, signifie *arc*, *arcade*, d'où viennent arcueil, les grottes d'arcis, l'archet Saint-Merri, etc......

Cette étymologie nous paraît assez vraisemblable. On sait que l'archet Saint-Merri, où se trouvait une porte de Paris, sous les rois de la première race, formait une des arcades qui ont pu donner leur nom à cette voie publique. — Un arrêt du conseil, du 31 décembre 1670, prescrivit l'élargissement de cette rue; cette amélioration ne fut exécutée qu'en 1673. Une décision ministérielle du 28 messidor an V, signée Benezech, fixa la moindre largeur de cette rue à 12 m. Cette largeur a été portée à 14 m., par une ordonnance royale du 22 mai 1837. — Les constructions dépendant du marché Saint-Jacques-la-Boucherie et celles de 11 à 17 inclus sont alignées. Les propriétés de 1 à 7 devront reculer de 2 m. 15 c. à 2 m. 40 c.; de 19 à 29, retranchement 1 m. 60 c. à 2 m. 25 c. ; de 31 à 39, retranchement 1 m. 60 c. à 3 m. ; les maisons du côté des numéros pairs sont soumises à un retranchement qui varie de 4 m. à 6 m. 30 c. environ. — Conduite d'eau depuis la rue de la Vannerie jusqu'aux deux bornes-fontaines. — Éclairage au gaz (comp° Française).

ARCOLE (PONT D')

Situé entre la place de l'Hôtel-de-Ville et le quai Napoléon.

Une ordonnance royale en date du 6 décembre 1827 a autorisé la construction de ce pont. — Commencé en 1828 il a été livré à la circulation le 21 décembre de la même année. M. Desjardins en a obtenu la concession pour 45 années à partir du 1er janvier 1831 jusqu'au 2 janvier 1876. — Ce pont, qui ne sert qu'aux piétons, est suspendu en chaînes de fer et composé de deux demi-travées de 40 m. 17 c. et de 39 m. 75 d'ouverture. Sa largeur entre les garde-corps est de 3 m. 50 c. — Il prit d'abord le nom de pont de la Grève; le 28 juillet 1830, un jeune homme nommé d'Arcole, s'élançant sur ce pont à la tête de plusieurs combattants qui se dirigeaient sur l'Hôtel-de-Ville, tomba mort percé d'une balle. Pour perpétuer ce souvenir, on donna à ce pont le nom d'*Arcole*.

ARCOLE (RUE D').

Commence au quai Napoléon, n°s 21 et 23; finit aux rues du Cloître-Notre-Dame, n° 28, et Saint-Christophe, n° 2.

— ARC —

Le dernier impair est 19; le dernier pair, 24. Sa longueur est de 165 m. — 9ᵉ arrondissement, quartier de la Cité.

Une ordonnance royale du 4 mars 1834 fixa les alignements des rues du Chevet-Saint-Landry et Saint-Pierre-aux-Bœufs, à 12 m. de largeur; d'après cette disposition les deux rues étaient tracées sur une seule ligne droite. — En vertu d'une autre ordonnance royale du 13 mai 1836, l'exécution de ces alignements fut déclarée d'utilité publique. — Le ministre de l'intérieur (Gasparin) décida, le 13 février 1837, que les rues du Chevet-Saint-Landry et Saint-Pierre-aux-Bœufs prendraient la seule dénomination de rue d'Arcole (voyez l'article qui précède).

Les travaux autorisés par l'ordonnance royale de 1837 furent conduits avec la plus grande activité; bientôt une voie publique propre, large et bordée de constructions modernes, remplaça deux ruelles étroites où la circulation était difficile et dangereuse. — La rue du Chevet-Saint-Landry portait déjà ce nom au XIIIᵉ siècle, parce que le fond ou le chevet de l'église Saint-Landry se trouvait dans cette rue.

Dans un bail fait en 1451 par l'abbé de Saint-Victor, elle est appelée rue de la *Couronne*. — La rue Saint-Pierre-aux-Bœufs est connue sous ce nom dès 1206; Guillot l'appelle rue *Saint-Pierre à Beus*. — Les prisons du chapitre de Notre-Dame étaient situées dans cette rue. — L'église qui a donné son nom à la rue Saint-Pierre-aux-Bœufs était un de ces édifices religieux dont l'origine se perd dans la nuit des temps. Plusieurs auteurs (Sainte-Foix entre autres) ont pensé qu'elle avait été autrefois la paroisse des bouchers de la Cité, parce que deux têtes de bœufs étaient sculptées sur son portail. D'autres ont prétendu qu'on y marquait les bœufs avec une clef ardente pour les préserver de certaines maladies. Quelques-uns se sont imaginé qu'elle devait son nom à l'ancienne famille des Lebœuf. — Quoi qu'il en soit, une bulle d'Innocent II, de l'an 1136, l'appelle *Capella Sancti Petri de Bovibus*. Peu de temps après elle fut érigée en paroisse. L'évêque de Paris avait droit de nommer à sa cure. — Cette église fut supprimée en 1790. Devenue propriété nationale, elle fut vendue le 8 fructidor an IV. Aucune clause n'imposa à l'acquéreur l'obligation de conserver le portail de cette église, chef-d'œuvre de goût et d'élégance. — L'administration municipale, jalouse de réparer cette omission, l'acheta en 1837, et le fit transporter à l'église Saint-Séverin, dont il est aujourd'hui un des plus beaux ornements. La maison n° 15 remplace aujourd'hui l'ancienne église Saint-Pierre-aux-Bœufs. — Les propriétés portant les nᵒˢ 6, 10 et 12 sont seules soumises à retranchement. — Conduite d'eau depuis l'impasse Sainte-Marine jusqu'à la rue du Cloître-Notre-Dame. — Éclairage au gaz (compᵉ Parisienne).

ARCUEIL (barrière d').

Située sur le boulevart Saint-Jacques.

Elle tire son nom du beau village d'Arcueil si renom-

— ARG —

mé par la bonté de ses eaux et le grandiose de son aqueduc. Cette barrière consiste en un bâtiment à huit arcades et à deux frontons (voyez l'article *Barrières*.)

ARGENSON (impasse d').

Située rue Vieille-du-Temple, entre les nᵒˢ 22 et 26. Pas de numéro. Sa longueur est de 37 m. — 7ᵉ arrondissement, quartier du Marché-Saint-Jean.

Elle doit sa dénomination à M. d'Argenson qui était garde-des-sceaux en 1722. — Cette impasse conduisait à l'hôtel de ce magistrat. Elle n'a jamais été alignée. — Sa largeur actuelle est de 3 m. 20 c.

ARGENTEUIL (impasse d').

Située entre les rues du Rocher, n° 2, et Saint-Lazare, n° 148. Le dernier impair est 7; le dernier pair, 14. Sa longueur est de 102 m. — 1ᵉʳ arrondissement, quartier du Roule.

Elle est indiquée sur le plan de Jaillot, qui ne donne point de dénomination à cette voie publique. En raison de sa situation dans la rue Saint-Lazare, qui portait autrefois le nom de rue d'Argenteuil, cette impasse prit la dénomination d'*Argenteuil*. — Une décision ministérielle du 2 thermidor an X, signée Chaptal, a fixé la largeur de cette voie publique à 7 m. Les constructions du côté droit sont presque toutes à l'alignement.

ARGENTEUIL (rue d').

Commence à la rue des Frondeurs, nᵒˢ 3 et 5; finit à la rue Neuve-Saint-Roch, nᵒˢ 16 et 18. Le dernier impair est 51; le dernier pair, 62. Sa longueur est de 286 m. — 2ᵉ arrondissement, quartier du Palais-Royal.

Bâtie sur une partie de l'ancien chemin qui conduisait à Argenteuil, elle en retint la dénomination. Ce chemin se trouvait à droite en sortant de l'ancienne porte Saint-Honoré, qui existait encore vers l'année 1500. — Entre cette voie publique et celles des Moineaux et des Orties, était placé au XVIIᵉ siècle le marché aux chevaux, qui resta en cet endroit jusqu'en 1667. — Un acte du 12 mars 1564 désigne cet emplacement sous le nom de *haute voirie Saincte-Honoré*. — Une décision ministérielle à la date du 3 nivôse an X, signée Chaptal, ainsi qu'une ordonnance royale du 4 octobre 1826, ont fixé la moindre largeur de cette voie publique à 10 m. — La maison n° 45, et celles depuis 2 jusqu'à 28 inclusivement, sont alignées. — Conduite d'eau depuis la rue des Orties jusqu'à la rue Neuve-Saint-Roch. — Éclairage au gaz (compᵉ Anglaise).

On a découvert il y a quelques années la maison où mourut le grand Corneille. Elle porte aujourd'hui le n° 18. Le propriétaire a fait placer au fond de la cour de cette maison une inscription gravée sur une table de marbre noir. Elle indique que Pierre Corneille y est mort le 1ᵉʳ octobre 1684, et qu'elle a été érigée en 1826. Un buste du célèbre poète est placé au-dessus de l'inscription de la cour, et sur une couronne de lauriers posée un peu plus haut que ce buste, on lit ces mots : « *Le Cid.* — 1636. » Ce prodigieux génie, qui avait relevé si haut la majesté du cothurne, quelques jours avant sa mort, descendait lentement cette rue et s'arrêtait devant l'échoppe d'un savetier pour faire raccommoder sa chaussure!... — Un courtisan, nommé Dangeau, qui s'était enrichi en fréquentant les brelans, ayant appris la mort de Corneille, tira négligemment son calepin de sa poche, crayonna quelques mots, puis bégaya ainsi l'oraison funèbre du grand poëte : « Le » bonhomme Corneille est mort hier; il était un des » plus habiles de notre temps à faire des comédies. »

ARRAS (RUE D').

Commence à la rue Saint-Victor, n°s 89 et 91; finit à la rue et à l'impasse Clopin. Le dernier impair est 29; le dernier pair, 8. Sa longueur est de 156 m. — 12e arrondissement, quartier du Jardin-du-Roi.

Un des côtés de cette voie publique bordait les murs de l'enceinte de Philippe-Auguste; elle porta, en raison de cette situation, le nom de rue des *Murs*. Le collège d'Arras s'y étant établi en 1332, cette voie publique prit le nom de ce collège. — En 1515, on l'appelait indifféremment rue d'*Arras*, du *Puits* et du *Champ-Gaillard* ; ce dernier nom lui avait été donné parce qu'elle servait de réunion aux femmes débauchées. — Un acte du parlement, du 4 décembre 1555, parle de cette voie publique comme d'une rue affectée à la prostitution. — Une décision ministérielle en date du 3 pluviôse an IX, signée Chaptal, a fixé la largeur de cette voie publique à 6 m. Les maisons portant les n°s 6 et 8, ainsi que les constructions dépendant de l'École-Polytechnique, ne sont pas soumises à retranchement. Les autres propriétés de ce côté devront reculer de 80 c. au plus. Les maisons du côté des numéros impairs sont assujéties à un retranchement qui n'excède pas 40 c. — Au n° 4 était situé le collège d'Arras, fondé en 1330 par Nicolas le Cauderlier, abbé de Saint-Vaast d'Arras, pour quelques pauvres écoliers de cette ville. — Il fut d'abord établi dans la rue Chartière, puis transféré rue d'Arras en 1332. — On le réunit au collège Louis-le-Grand en 1763. — Les bâtiments du collège d'Arras devinrent, en 1790, propriétés nationales, et furent vendus les 9 et 29 germinal an II.

ARSENAL (BIBLIOTHÈQUE DE L').

Située dans la rue de Sully. — 9e arrondissement, quartier de l'Arsenal.

Avant de parler de cette collection intéressante en documents historiques et en littérature étrangère, il n'est pas inutile de tracer ici quelques lignes sur l'ancien Arsenal. — La ville de Paris possédait autrefois un arsenal particulier. On comptait anciennement, outre son hôtel, plusieurs emplacements qui servaient de dépôts d'armes et de munitions de guerre. — Son établissement le plus vaste était situé derrière le couvent des Célestins, dans une partie de terrain connu anciennement sous le nom de *Champ-au-Plâtre*. Le surplus de cet emplacement fut possédé par la ville jusqu'en 1533. A cette époque, François Ier ayant résolu de faire fondre des canons, emprunta une des granges qu'on y avait élevées. — Le roi demanda quelque temps après une seconde grange. — La ville ne la céda cette fois qu'avec répugnance. En effet, François Ier n'accorda aucun dédommagement. — Henri II construisit sur ce terrain plusieurs logements pour les officiers de l'artillerie, sept moulins à poudre, deux grandes halles et plusieurs autres bâtiments. Toutes ces constructions furent ruinées le 28 janvier 1562, par l'explosion de vingt milliers de poudre. — Henri IV ayant fait l'acquisition d'un vaste terrain appartenant aux Célestins, augmenta l'étendue de l'Arsenal, l'embellit d'un jardin, et fit planter le long de la rivière un mail qui fut détruit vers le milieu du siècle dernier.

Louis XIII et Louis XIV ajoutèrent quelques embellissements à l'Arsenal.

En 1713 on détruisit une grande partie des anciens bâtiments. En 1718 on éleva de nouvelles constructions sous la direction de l'architecte Germain Boffrand. — Édit portant suppression de l'Arsenal, de son gouvernement et de sa juridiction. — « Louis, par la grâce de » Dieu, etc.... Le dessein de procurer du soulagement » à nos peuples, en appliquant aux dépenses de l'État » les revenus ou le produit d'anciens établissements » devenus inutiles, nous a déterminé à supprimer l'Ar- » senal de Paris près de notre château de la Bastille, » ainsi que les offices militaires et de justice qui y sont » attachés. Cet établissement, essentiel dans son origine, » a cessé d'être nécessaire au moyen des fonderies, des » forges et des manufactures d'armes et de poudre » établies dans différentes provinces de notre royaume. » — Par la réunion à notre personne de la charge de » grand-maître et capitaine général de l'artillerie, les » fonctions des officiers militaires et de justice sont » restées sans objet ou ne sont plus relatives à l'institu- » tion des offices, etc. — A ces causes, etc. — Art. 1er. » Nous avons supprimé et supprimons dès maintenant » et à toujours les gouverneur et grand-maître de l'Ar- » senal, le gouvernement, la garde ordinaire, etc... — » Art. 5. Il sera incessamment et sans délai, par la » diligence du procureur du roi et de la ville de Paris, » fait un état des terrains, bâtiments et logements » qui sont renfermés dans l'enclos dudit Arsenal, et tous » les terrains et bâtiments et celui des fossés qui le bor- » dent, seront divisés par plusieurs rues de largeur suf- » fisante, formées dans la direction la plus utile et la » plus convenable, conformément aux plans qui nous » seront présentés et qui seront par nous agréés. Donné » à Versailles, l'an de grâce 1788, et de notre règne le » 14e, signé Louis. »(Voir les articles *Greniers de réserve*, *rue de Sully*, etc.)

Bibliothèque de l'Arsenal. — Le marquis de Paulmy d'Argenson, riche et aimant les livres, forma cette biblio-

— ART —

thèque. Pendant ses diverses ambassades il recueillit tout ce qu'il trouva d'intéressant, soit en monuments historiques, soit en littérature étrangère. Le comte d'Artois en fit l'acquisition en 1785 et en réserva l'usufruit au marquis de Paulmy, qui mourut peu de temps après. Cette bibliothèque fut alors déposée dans les bâtiments du grand Arsenal, et prit le nom de *bibliothèque de Monsieur*. En 1787 on joignit à cette collection la seconde partie de la bibliothèque du duc de La Vallière. Après la bibliothèque Royale, celle de l'Arsenal est la plus complète. Elle renferme 200,000 volumes et 10,000 manuscrits.

Ordonnance royale du 23 novembre 1830.

« Louis-Philippe, etc. Sur le compte qui nous a
» été rendu par notre ministre secrétaire d'État de
» l'intérieur;

» Voulant favoriser les recherches scientifiques dans
» les quatre bibliothèques de Paris;

» Nous avons ordonné et ordonnons ce qui suit:

» La bibliothèque du Roi, la bibliothèque Mazarine,
» celles de l'Arsenal et de Sainte-Geneviève, seront ou-
» vertes tous les jours au public (les fêtes exceptées),
» depuis dix heures jusqu'à trois.

» Signé Louis-Philippe. »

ARTS (ÉCOLE DES BEAUX-).

Située dans la rue des Petits-Augustins, entre les n°s 12 et 20. — 10e arrondissement, quartier de la Monnaie.

Le couvent des Petits-Augustins, sur l'emplacement duquel a été établie l'École des Beaux-Arts, fut fondé par Marguerite de Valois, première femme du roi Henri IV. Cette princesse, menacée de mort dans son château d'Usson en Auvergne, fit vœu, si Dieu la délivrait de ce péril, de fonder un monastère. Elle réalisa cette promesse et jeta les yeux sur les Augustins déchaussés, dont la réforme commençait à s'établir en France. Marguerite fit venir les pères François Amet et Mathieu de Sainte-Françoise, et les logea dans son hôtel de la rue de Seine. Dès l'année 1606, elle avait acheté la maison et les jardins qu'occupaient les frères de la Charité, et ce fut sur une partie de cet emplacement qu'elle fit construire la chapelle des Augustins. Mais bientôt la capricieuse Marguerite révoqua la donation qu'elle avait stipulée en faveur de ces pères, auxquels elle substitua, par contrat du 12 avril 1613, les Augustins réformés de la province de Bourges. Anne d'Autriche posa la première pierre de leur église le 15 mai 1617. Peu de temps après, elle fut bénite sous le nom de *Saint-Nicolas-de-Tolentin*. Le 27 juin 1619, Henri d'Amboise, marquis de Bissy, posa la première pierre du cloître et des autres bâtiments de cette communauté. Ce couvent fut supprimé en 1790. On s'occupa quelque temps après de la conservation des monuments dont on avait dépouillé les édifices religieux. Une commission, composée de savants et d'artistes, fut spécialement chargée de ce soin. On choisit les bâtiments des Petits-Augustins

— ART —

pour recevoir les tableaux et les monuments de sculpture. Le 4 janvier 1791, Alexandre Lenoir en fut nommé conservateur. Ce savant, cet homme de bien s'exprime ainsi dans l'avant-propos de la description qu'il fit de ces monuments (7e édition, 1803): « L'on
» parvint, dit-il, à arrêter le bras de la sottise qui abat-
» tait les statues, déchirait les tableaux les plus précieux,
» et fondait les plus beaux bronzes de l'abbaye de Saint-
» Denis, que le feu semble avoir incendiée du sommet
» des voûtes jusqu'au fond des tombeaux. J'ai retiré les
» magnifiques mausolées de Louis XII, de François Ier,
» de Henri II, de Turenne, etc. O malheur! ces chefs-
» d'œuvre de l'art avaient déjà éprouvé la fureur des
» barbares. Une grande partie de ces monuments, qui
» attestaient la gloire de la nation, mutilés et leurs
» ruines éparses dans un cimetière, étaient cachés sous
» l'herbe et recouverts de mousse.

» Ainsi, par un système désorganisateur, on voyait
» le chardon prendre la place du laurier et couronner
» Charlemagne et Duguesclin. J'en ai recueilli les restes
» précieux que je puis restaurer. Déjà les tombeaux
» de François Ier et de Louis XII sont rendus à leur
» splendeur première, heureux si je puis faire oublier à
» la postérité ces destructions de l'ignorance!... Enfin
» à force de soins et de sollicitude, je suis parvenu à
» recueillir plus de quatre cents monuments de la mo-
» narchie française.

» Une masse aussi imposante de monuments de tous
» les siècles, me fit naître l'idée d'en former un musée
» particulier, etc. » — Le Musée des Monuments français fut ouvert au public pour la première fois le 15 fructidor an III (1er septembre 1795).

Quelle reconnaissance ne devons-nous pas au zèle éclairé d'un administrateur qui a préservé de la destruction tant de chefs-d'œuvre destinés à guider encore le génie de nos artistes! — Il faut espérer que l'on pressera les rangs des statues qui doivent orner les quatre côtés de l'Hôtel-de-Ville de Paris, et que parmi ces bienheureux on réservera une place à l'architecte Alexandre Lenoir.
— Par suite du concordat du 9 avril 1802, qui donna une nouvelle organisation au culte catholique, plusieurs monuments de sculpture furent rendus aux églises.

En 1815, la suppression de ce musée fut décidée. Une grande partie de ses richesses fut dispersée; toutes celles qui ornaient autrefois les sépultures des princes et princesses furent transférées, au nombre de cent cinquante, dans l'église de l'abbaye royale de Saint-Denis. — Un décret du 24 février 1811 porte ce qui suit : « On s'occu-
» pera cette année de la construction d'une École des
» Beaux-Arts. Cet édifice devra contenir, d'abord les
» salles communes destinées aux leçons des professeurs
» et aux concours de l'école, et ensuite les beaux ateliers
» que nous nous réservons de distribuer, comme récom-
» penses aux principaux artistes, peintres et statuaires. »

Une ordonnance royale du 24 avril 1816 porte : qu'il sera établi dans l'emplacement du musée des Augustins une École royale des Beaux-Arts; qu'au 15 octobre cette

— ART —

école occupera la totalité des bâtiments du musée; et qu'il sera construit sur la place du jardin un édifice destiné à cette école. — Le 3 mai 1820, le ministre de l'intérieur vint poser en grande pompe la première pierre de ce bâtiment, qui fut construit sur les dessins de M. Debret, architecte.

La disposition de cet édifice fut établie sur un plan beaucoup plus restreint que celui d'après lequel il a été continué depuis sous l'habile et savante direction de M. Duban. — L'École des Beaux-Arts occupe tout l'emplacement de l'ancien couvent des Petits-Augustins. Elle contient une superficie de 14,300 m. Quelques parties de l'ancienne communauté religieuse ont été conservées, notamment l'église, au fond de laquelle on a placé la copie faite par Sigalon, du jugement dernier de Michel-Ange. — La première cour a 35 m. de largeur et 50 m. de profondeur. — Elle est séparée de la seconde ou plutôt de l'enceinte, contenant l'édifice principal, par la façade de l'ancien château de Gaillon.

Cet édifice est rectangulaire. Il a 73 m. de face et 47 de profondeur. Il se compose de quatre corps de bâtiments contigus renfermant une cour pavée en marbre de 42 m. sur 19 m. — Le bâtiment du devant contient un grand vestibule auquel sont adossés les deux principaux escaliers ayant, chacun, deux rampes directes arrivant aux galeries donnant entrée aux pièces du premier étage. — Les bâtiments latéraux contiennent des salles d'exposition, et celui du fond un vaste amphithéâtre précédé de deux grandes pièces. — A gauche de cet édifice est un bâtiment élevé de plusieurs étages, affecté spécialement aux élèves et contenant les loges des peintres, des sculpteurs et des architectes. Ce bâtiment, derrière lequel sont quelques cours de service, a 60 m. de longueur de face et 8 de profondeur.

ARTS (PASSAGE DES BEAUX-).

Commence à la rue de Seine, n°s 12 et 14; finit à la rue des Petits-Augustins, n°s 13 et 15. Le dernier impair est 17; le dernier pair, 14. Sa longueur est de 138 m. — 10e arrondissement, quartier de la Monnaie.

En 1825, M. Detroyes, propriétaire de l'ancien hôtel de Larochefoucauld, conçut le projet d'ouvrir sur cet emplacement une rue de 10 m. de largeur. Ce propriétaire, sans une autorisation préalable de l'administration, exécuta immédiatement son projet, et la rue nouvelle reçut le nom de rue des *Beaux-Arts*, en raison de son débouché en face de l'entrée de l'École des Beaux-Arts. Mais l'autorité supérieure ne voulut point recevoir cette nouvelle communication au nombre des voies publiques de la ville de Paris, attendu que M. Detroyes ne consentait pas à se soumettre aux conditions imposées en pareil cas. En conséquence, une décision ministérielle, à la date de 1826, prescrivit la conversion de cette rue en un passage fermé par des grilles. — Cette prescription fut en partie éludée; des clôtures en planches furent posées, mais presque aussitôt enlevées. — En 1832 intervint une

— ART —

nouvelle décision ministérielle qui a été exécutée en 1839. — Éclairage au gaz (comp° Française).

ARTS (PONT DES).

Situé entre les quais du Louvre et de Conti.

Ce pont, qui a droit de péage, a été construit en vertu d'une loi du 15 mars 1801, par une compagnie anonyme dont la concession ne doit expirer qu'au 30 juin 1897. — Commencé en 1802, il a été terminé en 1803, sous la direction de l'ingénieur Demoutier. Sa largeur est de 10 m. et sa longueur de 130 m. — Ce pont, qui ne sert qu'aux piétons, a neuf arches de fer fondu de 16 m. 80 c. d'ouverture. — Son nom lui vient du Louvre, qui portait le titre de *Palais des Arts* avant qu'on l'eût donné à l'édifice des Quatre-Nations.

ARTS (RUE DES).

Située dans l'enclos de la Trinité. — 6e arrondissement, quartier de la Porte-Saint-Denis.

C'était en 1790 la rue Saint-Michel; depuis 1793 on la nomme rue des Arts (voir l'article *Trinité*, passage de la).

ARTS-ET-MÉTIERS (CONSERVATOIRE DES).

Situé dans la rue Saint-Martin, aux n°s 208 et 210. — 6e arrondissement, quartier Saint-Martin-des-Champs.

Le Conservatoire des Arts-et-Métiers occupant aujourd'hui une partie des bâtiments de Saint-Martin-des-Champs, nous tracerons ici l'origine de ce prieuré célèbre. Le culte de saint Martin fut en honneur dès les premiers temps de la monarchie. On portait sa chape à la tête des armées, et nos rois la regardaient comme l'étendard de la victoire. Ce saint personnage, vers 385, guérit, suivant la tradition, un lépreux dans la campagne près de la ville. Un oratoire construit avec quelques branches d'arbres, consacra le souvenir de ce miracle. Cet oratoire, dont parle Grégoire de Tours en racontant l'incendie qui désola Paris en 586, a été sans doute l'origine du monastère de Saint-Martin-des-Champs. Dagobert, dans un diplôme de l'an 629, accorde une foire à l'abbaye de Saint-Denis, et en fixe le champ dans un lieu nommé le *pas* ou le *pont Saint-Martin*. Dans un autre diplôme de Childebert III, on lit : que ce champ de foire se trouvait entre les basiliques de Saint-Martin et de Saint-Laurent. Cette basilique qui avait succédé à l'oratoire primitif dont nous venons de parler, fut détruite par les Normands, ainsi que le prouve un diplôme de 1060, dans lequel Henri Ier, attestant sa ruine, promet de la rééditier. Ce prince plaça des chanoines séculiers à Saint-Martin-des-Champs. La construction de l'église fut terminée en 1067; cette année fut aussi l'époque de sa dédicace, son nom de Saint-Martin-des-Champs indiquait sa situation hors de la ville. Les maisons des vassaux du monastère peu à peu formèrent un village autour de l'église et de la demeure des chanoines.

— ART —

Philippe Ier, en 1079, substitua aux chanoines les religieux de Cluny. Ce changement fit perdre à cette communauté son titre d'abbaye. Ce ne fut plus alors qu'un prieuré qui resta le second de cet ordre. L'acte de 1079, relatif à ce changement, fut ratifié en 1097 par une bulle du pape Urbain II. Ces religieux étaient seigneurs dans leur enclos; ils y avaient un bailliage et une geôle ou prison. Ce bailliage connaissait de toutes les causes civiles ou criminelles dans l'étendue de son ressort; les appels se relevaient au parlement. Le prieur et les moines de Saint-Martin avaient aussi leur champ-clos situé dans l'emplacement où fut depuis le premier marché Saint-Martin.

La fureur des duels judiciaires devint si grande, que Louis-le-Jeune se vit forcé de prohiber le combat dans les contestations au-dessous de cinq sous. Cette défense n'eut pourtant aucun résultat. Plus tard Saint-Louis essaya de détruire cet usage barbare, en ordonnant que la preuve par témoins serait substituée aux combats judiciaires. Son ordonnance ne fut observée que dans les domaines royaux, mais les seigneurs l'éludèrent dans leurs seigneuries, parce qu'elle les privait des bénéfices qu'ils tiraient de ces luttes. Nous voyons dans Sauval que lorsqu'il y avait gages de bataille, l'amende à payer par le vaincu roturier était de 60 sous, celle du vaincu gentilhomme de 60 livres. Cette coutume a sans doute donné naissance au proverbe *les vaincus paient l'amende*.

Le cloître du prieuré Saint-Martin-des-Champs, commencé en 1702, fut achevé en 1720. Le marché, dont nous avons parlé, qui servit longtemps de champ-clos, et qu'on voyait sur la rue Saint-Martin, fut remplacé en 1765 par un autre qui formait une place où aboutissaient plusieurs rues. Ce prieuré fut supprimé en 1790. Devenu propriété nationale, une partie des bâtiments et des terrains qui le composaient fut vendue les 3, 15 février 1791, 19 août 1796 et 14 mai 1798. Les parties conservées furent plus tard affectées aux bureaux de la mairie du 6e arrondissement, maintenant rue de Vendôme. L'église servit de conservatoire des arts et métiers. En parlant de ce dernier établissement qui occupe aujourd'hui la plus grande partie des bâtiments conservés, nous terminons l'historique du prieuré de Saint-Martin-des-Champs : Grégoire, ancien évêque de Blois, provoqua le premier, au comité d'instruction publique de la Convention Nationale, la formation d'un conservatoire des arts et métiers. Il fit à cette occasion un rapport d'après lequel ce grand pouvoir consentit à cet établissement le 19 vendémiaire an III (10 octobre 1794).

« Conseil des Cinq-Cents, séance du 26 germinal
» an VI. — Article 1er. Les parties de bâtiments de la ci-
» devant abbaye Saint-Martin-des-Champs et de terrains,
» indiquées par une teinte rouge-pâle dans le plan
» annexé à la présente résolution, sont mises à la
» disposition du Directoire exécutif pour placer le Con-
» servatoire des Arts-et-Métiers, etc. »

Ordonnance royale : — « Louis, etc..... Le Conser-
» vatoire des Arts-et-Métiers a rendu depuis son insti-
» tution d'importants services, mais pour atteindre

— ASS —

» complétement le but de sa fondation, il y a manqué
» jusqu'ici une haute école d'application des connais-
» sances scientifiques au commerce et à l'industrie;
» Voulant pourvoir à ces besoins, remplir le vœu des
» hommes éclairés et contribuer de tout notre pouvoir
» aux moyens d'accroître l'industrie nationale;
» Sur le rapport de notre ministre secrétaire d'État
» de l'intérieur;
» Nous avons ordonné et ordonnons ce qui suit :
» Il sera établi au Conservatoire des Arts-et-Métiers
» un enseignement public et gratuit pour l'application
» des sciences aux arts industriels.
» Cet enseignement se composera de trois cours,
» savoir : *un cours de mécanique, un cours de chimie,*
» *appliquées aux arts, et un cours d'économie in-*
» *dustrielle.*
» Donné à Paris, au château des Tuileries le 25 no-
» vembre 1819, et de notre règne le 25me. Signé Louis;
» par le roi le ministre secrétaire d'État de l'intérieur,
» signé, Decazes. »

Ordonnance royale : — « Louis-Philippe, etc... Sur le
» rapport de notre ministre secrétaire d'État du dépar-
» tement du commerce et des travaux publics;
» Vu les ordonnances des 25 novembre 1819, 31 août
» 1828 et 9 novembre 1831, etc. — Article 1er. Il sera
» établi au Conservatoire des Arts-et-Métiers un ensei-
» gnement public et gratuit pour l'agriculture, etc.
» Fait à Neuilly, le 25 août 1836.

» Signé Louis-Philippe. »

ASILE (passage de l').

Commence au passage du Chemin-Vert; finit à la rue Popincourt, n° 41. Pas de numéro. — 8e arrondissement, quartier Popincourt.

Il a été percé en 1834 sur les terrains appartenant à M. Mouffle, ancien maire du 8e arrondissement. Ce passage, qui n'est pas reconnu voie publique par l'administration, doit son nom à une salle d'asile pour les pauvres.

ASSAS (rue d').

Commence à la rue du Cherche-Midi, n°s 25 et 27; finit à la rue de Vaugirard, n°s 72 et 72 bis. Le dernier impair est 11; le dernier pair, 24. Sa longueur est de 308 m. — 11e arrondissement, quartier du Luxembourg.

Les couvents des Carmes et du Cherche-Midi, supprimés en 1790, devinrent propriétés nationales, et furent vendus les 15 brumaire et 21 thermidor an V. Les contrats de vente imposèrent aux acquéreurs l'obligation de livrer gratuitement le terrain nécessaire à deux rues projetées. Une seule fut ouverte en 1806, et reçut la dénomination de rue d'*Assas*, en mémoire de Nicolas, chevalier d'Assas, né au Vigan, capitaine dans le régiment d'Auvergne, mort à Closter-Camp, le 16 octobre 1760, où il commandait une compagnie d'avant-garde. Étant allé au point du jour reconnaître les

— ASS —

postes, ce capitaine tomba dans une colonne ennemie qui s'avançait en silence pour surprendre l'armée française. Aussitôt des grenadiers le saisissent et le menacent de l'égorger s'il dit un seul mot. Il y allait du salut de l'armée française ; d'Assas se recueille un instant, et s'écrie : « A moi, Auvergne! faites feu, ce sont » les ennemis ! » Il tombe aussitôt percé de coups. Ce trait de courage héroïque, longtemps oublié, dut à Voltaire la popularité dont il jouit dans l'histoire moderne. — La largeur de la rue d'Assas est de 12 m. Quelques constructions devront subir un faible retranchement. — Éclairage au gaz (compᵉ Parisienne). (Voir pour le couvent des Carmes la rue de *Vaugirard,* et pour celui du Cherche-Midi, la rue qui rappelle sa dénomination.)

ASSOMPTION (ÉGLISE DE L').

Située dans la rue Saint-Honoré, entre les nᵒˢ 369 et 371. — 1ᵉʳ arrondissement, quartier des Tuileries.

C'était autrefois l'église d'une communauté religieuse établie, en 1632, par le cardinal François de Larochefoucauld. Les religieuses n'eurent d'abord qu'une petite chapelle ; mais bientôt elles achetèrent un hôtel voisin, sur l'emplacement duquel elles firent construire l'église que nous voyons aujourd'hui. L'architecte Charles Érard, directeur de l'Académie Française à Rome, fournit les dessins. Cet édifice fut achevé en 1676. Le 14 août de cette année, la veille de l'Assomption, l'église fut bénite par l'archevêque de Bourges qui, le lendemain, y officia pontificalement. Supprimée en 1790, cette maison religieuse devint propriété nationale. — Un arrêté des consuls, du 1ᵉʳ floréal an X de la république, cité à l'article de la rue de Rivoli, prescrivit la vente de ce domaine, sur l'emplacement duquel une partie des rues Neuve-Luxembourg, du Mont-Thabor et toute la rue de Mondovi furent ouvertes. L'église, conservée, servit pendant la révolution de magasin de décors. Napoléon, qui avait placé son patron à la date du 15 août, jour de la fête de l'Assomption, décida que cette église serait, à l'avenir, la paroisse du 1ᵉʳ arrondissement, et qu'elle remplacerait l'église de la Madeleine de la Ville-l'Évêque, dont elle reçut officiellement la dénomination. L'usage a fait prévaloir le nom de l'*Assomption.*

A côté du maître-autel, sur une table de marbre noir, est gravée l'inscription suivante : « Ici est déposé » le cœur de monseigneur Jean-François-Hyacinthe » Feutrier, évêque de Beauvais, pair de France, minis- » tre des affaires ecclésiastiques, ancien curé de la Ma- » deleine, décédé à Paris, le 26 juin 1830, à l'âge de 45 » ans ; sa mémoire sera toujours en bénédiction. » — Sur une portion de terrain, faisant autrefois partie de la maison de l'Assomption, on construisit une caserne qu'on affecta, sous la restauration, à la garde à pied. Elle est occupée aujourd'hui par un bataillon de la ligne. Depuis l'achèvement de la Madeleine, le culte a été transféré dans cette église. L'Assomption est aujourd'hui fermée.

— AST —

ASTORG (RUE D').

Commence à la rue de la Ville-l'Evêque, nᵒˢ 26 et 28 ; finit à la rue Delaborde, nᵒˢ 13 et 15. Le dernier impair est 55; le dernier pair, 54. Sa longueur est de 303 m. — 1ᵉʳ arrondissement, quartier du Roule.

Première partie, comprise entre les rues de la Ville-l'Évêque et de Roquepine. — « Louis, etc..., Par arrêt » rendu en notre conseil d'État, ce jour d'hui, nous y étant, » sur la requête de nos chers et bien-amés Louis d'As- » torg d'Aubarède, marquis de Roquepine,, lieutenant- » général de nos armées, comme ayant des droits con- » sidérables de propriété sur un grand terrain contigu » aux rues Verte et de la Ville-l'Évêque, appartenant, » pour la majeure partie, aux héritiers Belloy, et se » portant fort pour eux, Louis-Charles Froment et Ma- » rie-Anne-Élisabeth Louvet, sa femme, Charles Le- » maitre, Jean Toray, François Drouet et Marie-Marthe » Louvet, sa femme, et autres copropriétaires de diffé- » rents terrains contigus auxdites rues, et ayant consenti » d'abandonner gratuitement les portions nécessaires à » la formation d'icelles, même de contribuer à la dépense » du premier pavé et des terrasses, par acte passé de- » vant notaire, à Paris, le 4 novembre 1773, etc.;.... » ordonnons que la rue Verte sera prolongée (voyez » rue *Roquepine*). Comme aussi, ordonnons qu'il sera » ouvert, sur le terrain de la succession de Belloy, une » nouvelle rue sous le nom d'*Astorg*, qui commencera » par embranchement à la rue de la Ville-l'Évêque, et » qui finira à la continuation de la rue Verte ; voulons » que la largeur de ladite rue d'Astorg soit fixée à 30 » pieds, etc.... Donné à Versailles, le 4 mars 1774. » (Extrait des lettres-patentes.) — Elles furent registrées en cour de parlement le 6 septembre 1775, et la rue fut ouverte en mai 1776.

Deuxième partie, comprise entre les rues de Roquepine et de la Pépinière. — « Louis, etc..., Nous étant fait » représenter les plans du faubourg Saint-Honoré et » des nouvelle rue d'Astorg et prolongation de la rue » Verte, formées en conséquence des lettres-patentes du » 4 mars 1774, nous aurions reconnu que, pour rendre » ce quartier plus commode, donner les accès et dé- » bouchés qui y sont nécessaires, faciliter à nos gardes » françaises, qui sont casernées rue Neuve-Saint-Charles » (aujourd'hui de la Pépinière) et rue Verte, les » moyens de se rendre aux exercices qui se font » dans les Champs-Élysées et aux lieux où leur service » peut les appeler, en évitant aux soldats l'occasion de » passer et traverser les marais où, malgré toutes leurs » précautions, ils ne peuvent s'empêcher d'occasionner » beaucoup de dégâts; il serait également utile, et dans » l'intention desdites lettres-patentes, que ces deux rues » fussent prolongées, la première pour avoir son ouver- » ture dans la rue Neuve-Saint-Charles, près de ladite » caserne, et la deuxième (voir rue de *Roquepine*), etc.; » ordonnons que la rue d'Astorg sera prolongée et ou- » verte à travers les terrains appartenant aux sieurs

— ATH —

» Louvet et Moreau, et sur celui appartenant à la com-
» pagnie des monnoyeurs et ajusteurs de la Monnaie
» de Paris, etc... Donné à Versailles, le 24 juillet 1778.»
(Extrait des lettres-patentes.)

Ces lettres-patentes, soumises aux trésoriers de France, donnèrent lieu à plusieurs observations consignées dans un rapport du 30 janvier 1779 et qui ne furent point accueillies. — Cette seconde partie de la rue d'Astorg fut pavée en vertu d'un arrêt du conseil d'État du 28 mars 1780. — Une décision ministérielle du 3 thermidor an IX, signée Chaptal, et une ordonnance royale à la date du 27 septembre 1836, ont fixé à 10 m. la largeur des deux parties dont il vient d'être parlé. — Aucune construction riveraine n'est soumise à retranchement; celle n° 2 est seule sujette à un léger redressement.

Troisième partie entre la rue de la Pépinière et celle Delaborde. Elle a été ouverte quelques années après la seconde partie; elle reçut le nom de rue *Maison-Neuve*. — Une décision ministérielle du 3 thermidor an IX, signée Chaptal, a fixé sa largeur à 10 m. — En 1840, elle a pris le nom de rue d'*Astorg*. Les maisons n°s 37 et 48 comprises dans cette partie de rue sont à l'alignement. — Égout et conduite d'eau depuis la rue de Roquepine jusqu'à celle Delaborde. — Éclairage au gaz depuis la rue de la Ville-l'Évèque jusqu'à celle de la Pépinière (comp° Anglaise).

ATHÈNES (passage d').

Commence à la rue Saint-Honoré, n° 178; finit au cloître Saint-Honoré, n° 16. — 4e arrondissement, quartier de la Banque.

Bâti en 1793, ce passage a pris sa dénomination actuelle de l'hôtel d'Athènes.

AUBERT (passage).

Commence à la rue Saint-Denis entre les n°s 355 et 357; finit à la rue Sainte-Foy, n° 14. — 5e arrondissement, quartier Bonne-Nouvelle.

C'était anciennement le passage Sainte-Marguerite. — Il fut reconstruit vers 1813 par M. Aubert qui lui donna son nom.

AUBRY-LE-BOUCHER (rue).

Commence à la rue Saint-Martin, n°s 43 et 47; finit à la rue Saint-Denis, n°s 108 et 110. Le dernier impair est 55; le dernier pair, 38. Sa longueur est de 171 m. — 6e arrondissement, quartier des Lombards.

Dans un acte passé en 1273 entre Philippe-le-Hardi et le chapitre Saint-Merri, elle est appelée *Vicus Alberici carnificis*. — 4 juin 1679. Arrêt du Conseil. — « Sa
» Majesté estant en son conseil a ordonné et ordonne
» que la rue Aubry-Boucher sera incessamment eslar-
» gie, etc. Signé Le Tellier et Colbert. » — Une décision ministérielle en date du 28 brumaire an VI, signée Letourneux, fixa la largeur de cette voie publique à 10 m. En vertu d'une ordonnance royale du 19 juillet 1840, cette largeur est portée à 12 m. — Les maisons n°s 3, 5,

— AUG —

7, 9, 11, 27, 29, 31, 33, 35, 37, 39, 41, 43, 45, 47, 49, 51, 53, 55 et 57 sont alignées. — Conduite d'eau. — Eclairage au gaz (comp° Française). — A l'angle des rues Aubry-le-Boucher et Quincampoix était située l'église Saint-Josse. Chapelle au X° siècle, elle devint église paroissiale en 1260, fut reconstruite en 1679, supprimée en 1790, et vendue comme propriété nationale le 18 octobre 1791.

AUGUSTIN (rue neuve saint-).

Commence à la rue de Richelieu, n°s 85 et 87; finit au boulevart des Capucines, n°s 27 et 29. Le dernier impair est 59; le dernier pair, 56. Sa longueur est de 646 m. Les numéros depuis la rue de Richelieu jusqu'à celle Louis-le-Grand sont du 2e arrondissement, quartier Feydeau. — Le surplus dépend du 1er arrondissement, quartier de la place Vendôme.

Première partie comprise entre la rue de Richelieu et celle Gaillon. Elle fut percée vers 1650 et reçut la dénomination de rue *Neuve-Saint-Augustin*, parce qu'elle avoisinait le couvent des religieux Augustins dits Petits-Pères. — Une décision ministérielle du 21 prairial an X, signée Chaptal, fixa la moindre largeur de cette partie de rue à 8 m. — En vertu d'une ordonnance royale du 4 octobre 1826, cette largeur est portée à 10 m. — Deuxième partie comprise entre les rues Gaillon et Louis-le-Grand. L'ouverture en fut prescrite par un arrêt du conseil, du 22 mars 1701, qui ordonnait aussi le percement de la rue Louis-le-Grand. Cet arrêt fut renouvelé par d'autres arrêts des 3 juillet 1703, 4 octobre 1704, 19 avril 1707, 29 avril 1710 et 14 mars 1713. Cette partie de rue fut complètement ouverte en 1714 sur une largeur de 9 m. 74 c. — Troisième partie comprise entre la rue Louis-le-Grand et le boulevart des Capucines. Un décret impérial du 19 février 1806 contient la disposition suivante : « Il sera
» ouvert de la rue Louis-le-Grand au boulevart du
» Nord, une rue transversale coupant à angle droit la
» nouvelle rue à ouvrir de la rue Neuve-des-Capucines
» au boulevart, sur l'emplacement de l'ancien couvent
» des Capucines; en conséquence, la maison située rue
» Louis-le-Grand et indiquée au plan général n° 1 annexé
» au présent décret, sera achetée au compte du gouver-
» nement, et payée sur le produit de la vente des terrains
» et bâtiments des Capucines. » Voir l'article rue de la *Paix*, où nous donnons l'historique de cet établissement religieux). — Une décision ministérielle du 30 juin suivant a fixé à 10 m. la largeur de cette partie de rue dont l'exécution a été commencée en 1807. — Les maisons portant les numéros ci-après sont à l'alignement : partie des n°s 3, 5, 7 et de 17 à la fin : 6, la maison à l'encoignure gauche de la rue Grammont, 18, et de 22 à la fin ; les propriétés n°s 8, 10, 12, et 20 ne sont soumises qu'à un faible redressement. — Egout entre les rues de Richelieu et Monsigny. — Conduite d'eau depuis la rue Gaillon jusqu'à celle de la Paix. — Éclairage au gaz (comp° Anglaise).

— AUG —

AUGUSTINS (QUAI DES GRANDS-).

Commence à la place du Pont-Saint-Michel; n° 44, et au pont du même nom; finit au Pont-Neuf et à la rue Dauphine; n° 1. Le dernier n° est 63. Sa longueur est de 380 m. — 11e arrondissement; quartier de l'École-de-Médecine.

Ce quai doit son nom aux religieux Augustins, qui vinrent s'y établir. Nous parlerons de cette communauté à l'article du *Marché à la Volaille*. Avant le règne de Philippe-le-Bel, ce n'était qu'un terrain planté de saules et qui servait de promenade aux habitants du voisinage. Les inondations en rendaient l'accès difficile et ruinaient les maisons riveraines. Ces inconvénients devinrent si grands que Philippe-le-Bel ordonna par lettres du 9 juin 1231, au prévôt des marchands, d'y faire construire un quai. On voit également par d'autres lettres du 20 mai de l'année suivante que ce monarque reproche au magistrat sa lenteur à exécuter les ordres qu'il lui avait donnés. Ce quai ne fut achevé que vers l'année 1389; on le nomma alors rue de *Seine par où l'on va aux Augustins*; ensuite, rue du *Pont-Neuf qui va aux Augustins* (le pont Saint-Michel se nommait alors le *Pont-Neuf*). La rue du Hurepoix s'étendait autrefois du pont Saint-Michel à la rue Git-le-Cœur. Le côté droit de cette rue ayant été démoli en 1806, alors le quai commença au pont Saint-Michel. — Une décision ministérielle du 29 nivôse an VIII, signée L. Bonaparte, a fixé la moindre largeur de ce quai à 9 m. 40 c., et sa plus grande à 26 m. Les propriétés n°s 1; 3, 7, le marché à la volaille et la maison n° 55, ne sont pas soumises à retranchement. — Égout et conduite d'eau sous une partie de ce quai. — Éclairage au gaz (comp.e Parisienne).

AUGUSTINS (RUE DES GRANDS-).

Commence au quai des Grands-Augustins, n°s 51 et 53; finit à la rue Saint-André-des-Arts, n°s 60 et 62. Le dernier impair est 29; le dernier pair, 30. Sa longueur est de 213 m. — 11e arrondissement; quartier de l'École-de-Médecine.

On nommait cette voie publique, en 1269, rue à l'*Abbé de Saint-Denis*, des *Écoles* et des *Écoliers-Saint-Denis*, parce que le collège de ces religieux était en partie situé dans cette rue. Au commencement du XIVe siècle, elle prit du couvent des Grands-Augustins la dénomination qu'elle conserve encore aujourd'hui. — Une décision ministérielle du 13 fructidor an VII, signée Quinette, avait fixé à 8 m. la moindre largeur de la rue des Grands-Augustins. Cette largeur a été portée à 10 m. en vertu d'une ordonnance royale du 22 août 1840. Les constructions du marché à la volaille sont alignées. — Conduite d'eau depuis le quai jusqu'à la borne-fontaine placée en face de la rue Christine.

AUGUSTINS (RUE DES PETITS-).

Commence au quai Malaquais, n°s 7 et 9; finit à la rue Jacob, n°s 32 et 34. Le dernier impair est 21; le dernier pair, 31. Sa longueur est de 253 m. — 10e arrondissement, quartier de la Monnaie.

Cette rue fut ouverte au commencement du XVIIe siècle, sur le Petit-Pré-aux-Clercs. Ce pré avait été donné en 1368 à l'Université en échange du terrain que les religieux de Saint-Germain-des-Prés avaient été obligés d'acheter pour faire creuser des fossés autour de leur abbaye. Il était séparé du Grand-Pré-aux-Clercs par un canal de 27 m. de largeur qui aboutissait aux fossés. Ce canal s'appelait la Petite-Seine, et traversait le terrain qui servit depuis de cloître aux Petits-Augustins. Ce nom de *Petite-Seine* fut d'abord donné à la rue dont nous parlons lorsqu'on bâtit sur le Petit-Pré, après avoir comblé le canal. A partir de l'année 1664, cette voie publique fut appelée communément rue des Petits-Augustins, en raison du couvent qui y était situé et dont nous avons parlé à l'article *École des Beaux-Arts*. Une décision ministérielle en date du 2 thermidor an V, signée Benezech, fixa la largeur de cette voie publique à 10 m. Cette largeur est portée à 11 m. en vertu d'une ordonnance royale du 29 avril 1839. Une partie de la maison n° 7, les propriétés n°s 13 et 17, et le mur de clôture de l'école des Beaux-Arts, ne sont pas soumis à retranchement. — Conduite d'eau depuis la rue Jacob jusqu'aux deux bornes-fontaines. — Éclairage au gaz (comp.e Française).

AUGUSTINS (RUE DES VIEUX-).

Commence à la rue Coquillière, n°s 44 et 46; finit à la rue Montmartre, n°s 71 et 73. Le dernier impair est 71; le dernier pair, 66. Sa longueur est de 317 m. — 3e arrondissement, quartier du Mail.

Quelques moines Augustins vinrent d'Italie en France, attirés dans ce pays par la protection que le roi saint Louis accordait à tous les religieux. Ils s'établirent d'abord à Paris au-delà de la porte Saint-Eustache, dans un lieu environné de bois où se trouvait une chapelle dédiée à Sainte-Marie Égyptienne. Joinville parle ainsi de cet établissement : « Le roi pourvut » les frères Augustins et leur acheta la granche à un » bourjois de Paris et toutes les appartenances et leur » fit faire un moustier dehors la porte Montmartre. »

Vers l'année 1285 ces religieux quittèrent cet endroit pour aller s'établir dans le clos du Chardonnet. Peu de temps après le départ de ces religieux, une rue fut ouverte à côté de leur ancienne demeure. On donna à cette voie publique deux dénominations : celle des *Augustins* à la partie comprise entre les rues Montmartre et Pagevin, et au surplus, jusqu'à la rue Coquillière, le nom de *Pagevin*. Ce ne fut qu'au XVIIIe siècle que la communication dont il s'agit s'appela dans toute son étendue rue des Vieux-Augustins. — Une décision ministérielle du 3 thermidor an IX, signée Chaptal, fixa la largeur de cette voie publique à 9 m. En vertu d'une ordonnance royale du 23 juillet 1828, cette largeur a été portée à 10 m. Les maisons n°s 7, 71,

— AUN —

et 22 sont alignées ; les constructions du côté des n°⁸ impairs, depuis la rue du Petit-Reposoir jusqu'à la maison n° 71, ne sont soumises qu'à un retranchement moyen de 25 c.; celles de 2 à 20 devront reculer de 1 m. 20 c. à 1 m. 70 c.; de 24 à la fin, de 1 m. 70 c. à 2 m. 70 c. — Égout et conduite d'eau sous une partie de cette rue. — Éclairage au gaz depuis la rue Coquillière jusqu'à celle du Petit-Reposoir (comp⁰ Anglaise) ; pour le surplus (comp⁰ Française).

AUNAY (BARRIÈRE D').

Située entre les barrières des Rats et de la Roquette.

On la nomma en 1790, barrière *Folie-Regnault*. Elle porta ensuite le nom de *Saint-André*. — Sa dénomination actuelle lui vient de la ferme d'*Aunay*, située à un quart de lieue de Paris. — Cette barrière, qui est fermée, se compose d'un bâtiment avec deux péristyles (voyez l'article *Barrières*).

AUNAY (CHEMIN DE RONDE DE LA BARRIÈRE D').

Commencé à la barrière d'Aunay; finit aux rue et barrière de la Roquette. Pas de numéro. Sa longueur est de 55 m. — 8ᵉ arrondissement, quartier Popincourt.

Les constructions riveraines sont alignées (voir l'article *Chemins de ronde*).

AUSTERLITZ (GRANDE RUE D').

Commence au chemin de ronde de la barrière de la Gare et à la petite rue d'Austerlitz; finit à la rue des Deux-Moulins et au boulevart de l'Hôpital. Le dernier impair est 17; le dernier pair, 32. Sa longueur est de 354 m. — 12ᵉ arrondissement, quartier Saint-Marcel.

L'espace compris aujourd'hui entre l'hôpital de la Salpêtrière, le mur d'enceinte et le boulevart de l'Hôpital, dépendait d'un petit village nommé *Austerlitz*, qui se composait de plusieurs guinguettes. Vers l'année 1818, ce village fut enfermé dans Paris; le mur d'enceinte qui se trouvait alors sur le boulevart de l'Hôpital, fut reporté beaucoup plus loin. Le village d'Austerlitz ne comptait que trois rues. La principale se nommait *grande rue d'Austerlitz*; les deux autres étaient appelées rue du *Chemin-des-Étroites-Ruelles* (voyez l'article qui suit) et rue des *Deux-Moulins*. Deux chemins dépendaient également de ce village. Ils ont été convertis en rues sous les noms de *Bellièvre* et *Bruant*. — Une décision ministérielle, en date du 3 février 1821, a fixé la largeur de la grande rue d'Austerlitz à 10 m. Le numérotage de cette voie publique a été fait pour la première fois en 1825. Il a été rectifié en 1837, par suite des nouvelles constructions qui ont été élevées dans cette rue. Les propriétés n°⁸ 13, 15, 20 et 22, sont seules soumises à retranchement. — Sur l'emplacement du village d'Austerlitz, on a formé les chemins de ronde des barrières de la Gare et d'Ivry, la place de la Barrière-d'Ivry, les rues de la Barrière-des-Gobelins, de

— AUS —

l'Hôpital-Général et de Villejuif; on a construit la barrière d'Ivry et l'abattoir de Villejuif.

AUSTERLITZ (PETITE RUE D').

Commence à la rue de l'Hôpital-Général et à la grande rue d'Austerlitz, n° 1; finit au boulevart de l'Hôpital. Pas de numéro. Sa longueur est de 264 m. — 12ᵉ arrondissement, quartier Saint-Marcel.

C'était une des rues du village d'Austerlitz (voyez l'article qui précède). Elle portait le nom de rue du *Chemin-des-Étroites-Ruelles*. Les plaques l'indiquent encore sous cette dénomination ridicule. Cependant plusieurs pièces authentiques lui donnent le nom de *petite-rue d'Austerlitz*, que nous avons dû conserver. — Une décision ministérielle, du 3 février 1821, a fixé la largeur de cette voie publique à 10 m. — Toutes les propriétés sont à l'alignement.

AUSTERLITZ (PONT D').

Situé entre le quai de la Rapée et la place Valhubert.

« Au nom du peuple français, Bonaparte, premier
» consul, proclame loi de la république le décret
» suivant, rendu par le Corps-Législatif, le 24 ventôse
» an IX, conformément à la proposition faite par le
» gouvernement, le 18 dudit mois, communiquée au
» Tribunat le lendemain. — Article 1ᵉʳ. Il sera établi
» trois ponts à Paris, sur la Seine : le premier, entre le
» Jardin des Plantes et l'Arsenal ; le second, entre les
» îles de la Cité et de la Fraternité ; le troisième, pour
» un passage à pied entre le Louvre et le quai des
» Quatre-Nations, etc... » — Commencé en 1802, celui qui nous occupe fut, le 1ᵉʳ juin 1806, ouvert aux piétons, et le 5 mars 1807, les voitures purent le traverser. On lui donna alors la dénomination d'*Austerlitz*, en mémoire de la célèbre bataille gagnée, le 2 décembre 1805, par les Français sur les Russes et les Autrichiens. Son nom fut changé en 1815 : on l'appela *pont du Jardin-du-Roi*. En 1830, il reprit le nom d'*Austerlitz*. — Il a été construit sous la direction de M. Lamandé, ingénieur en chef des ponts-et-chaussées, d'après les dessins de M. Becquey-Beaupré, aux frais d'une société anonyme, qui en a obtenu la concession jusqu'au 30 juin 1897. — Ce pont, où l'on perçoit un péage, a cinq arches en fer fondu, de 32 m. 36 c. d'ouverture. Sa largeur est de 13 m., et sa longueur totale entre les culées est de 130 m.

AUSTERLITZ (QUAI D').

Commence au chemin de ronde de la barrière de la Gare; finit à la place Valhubert et au pont d'Austerlitz. Le dernier numéro est 39. Sa longueur est de 950 m. — 12ᵉ arrondissement, quartier Saint-Marcel.

Ce quai portait originairement le nom de quai de l'*Hôpital*, en raison de sa proximité de l'hôpital dit la Salpêtrière. Après l'achèvement du pont d'Austerlitz,

— AUS —

il en prit la dénomination (voir l'article qui précède). En 1815, on lui rendit son premier nom. L'alignement de ce quai a été fixé par une décision ministérielle du 30 avril 1819. Les propriétés n°s 13, 23, 25, 27 et 31, devront seules subir un retranchement. Il a repris la dénomination de quai d'Austerlitz en vertu d'une autorisation du ministre du commerce et des travaux publics, à la date du 6 avril 1832.

AUSTERLITZ (RUE D').

Commence au quai d'Orsay; finit à la rue de Grenelle, n° 138. Le dernier impair est 13; pas de numéro pair. Ce côté est bordé par l'esplanade des Invalides. Sa longueur est de 468 m. — 10e arrondissement, quartier des Invalides.

Elle est indiquée sur le plan de Verniquet, mais sans dénomination. En 1806, elle reçut le nom de rue d'*Austerlitz* (voyez l'article *Austerlitz*, pont d'). L'alignement, approuvé par le ministre de l'intérieur Cretet, à la date du 19 septembre 1807, passe sur le nu des constructions actuelles. — Égout. — Éclairage au gaz (comp° Française).

AVAL (RUE D'), *voyez* DAVAL.

AVE-MARIA (CASERNE DE L').

Située dans la rue des Barrés, n° 24. — 9e arrondissement, quartier de l'Arsenal.

C'était autrefois un couvent de Béguines, fondé par saint Louis, vers l'année 1264. Ce prince acheta d'Étienne, abbé de Tiron, une propriété pour les y établir. Dans la vie de ce monarque, par le confesseur de la reine Marguerite, on lit : « De rechief il fonda la » méson des Béguines de Paris delez la porte Bar» beel. » — Ce couvent comptait dans l'origine quatre cents religieuses. Leur nombre diminua bientôt; il ne restait plus que trois personnes dans cette maison, lorsque Louis XI, en 1471, jugea à propos de la donner aux religieuses de la *Tierce-Ordre pénitente et observante de Saint-François*. Il ordonna, en outre, qu'on appelât ce couvent, monastère de l'*Ave - Maria*. On sait que Louis XI institua, le 1er mai 1472, au son de la grosse cloche de la cathédrale, les trois récitations de l'*Ave-Maria*. Mathieu Molé, garde-des-sceaux si distingué par sa fermeté pendant les troubles de la Fronde, fut enterré dans le chapitre de ce couvent, en vertu d'un privilège accordé par le pape. Cette communauté religieuse a été supprimée en 1790. Ses bâtiments ont été affectés peu de temps après à une caserne d'infanterie.

AVEUGLES (INSTITUTION DES JEUNES).

Située dans la rue Saint-Victor, n° 68. — 12e arrondissement, quartier du Jardin-des-Plantes.

Cet établissement occupe aujourd'hui une partie des batiments de l'ancien collège des Bons-Enfants, depuis séminaire de la Mission ou de Saint-Firmin.

Ce collège était regardé comme l'un des plus anciens

— AVE —

de Paris, mais l'absence de documents ne permet pas d'assigner à son origine une époque antérieure au XIIIe siècle.

Dans une bulle d'Innocent IV, donnée à Lyon, le 24 novembre 1248, le souverain pontife permet à Gautier, administrateur de la maison des Bons-Enfants, de construire une chapelle.

Ce collège était presque abandonné, lorsque Vincent-de-Paul en fut nommé principal et chapelain, le 1er mars 1624. C'est là que ce prêtre vénérable jeta les premiers fondements de la Mission à laquelle ce collège fut réuni par décret du 8 juin 1627. Dès lors cette maison fut considérée comme un véritable séminaire. On y formait de jeunes ecclésiastiques qui allaient porter dans les campagnes la parole de Dieu.

Ce changement de collège des Bons-Enfants en séminaire Saint-Firmin, ne fut légalement autorisé qu'en 1707.

Les lettres-patentes du 21 novembre 1763, qui réunissaient à l'Université tous les collèges sans exercice n'avaient pas fait d'exception pour la maison des Bons-Enfants : mais le roi, par de nouvelles lettres du 22 avril 1773, ordonna que la principalité, la chapellenie et les terrains et bâtiments de ce collège resteraient attachés à la congrégation de la Mission, en réunissant néanmoins les autres biens et les bourses du collège à celui de Louis-le-Grand, conformément aux lettres-patentes du 21 novembre 1763, et à l'arrêt du parlement du 8 mai 1769.

Le célèbre réformateur Jean Calvin habita quelque temps ce séminaire, dont la chapelle était dédiée à saint Firmin.

Le séminaire de la Mission fut supprimé en 1790. Il servit de prison pendant la terreur. Des prêtres y furent massacrés dans les journées de septembre.

Nougaret, un des écrivains de l'époque, nous raconte ainsi ces horribles scènes :

« Au séminaire de Saint-Firmin, les bourreaux, las
» de massacrer leurs victimes, se précipitèrent dans l'in» térieur de la maison, qui bientôt ne fut plus qu'une
» vaste boucherie.
» Le sang ruisselait à grands flots sur les lits, dans les
» chambres, dans les escaliers..... Ici, des hommes vi» vants étaient jetés pêle-mêle avec des hommes morts
» ou mourants par les fenêtres, et tombaient sur des
» piques, des baïonnettes, des faulx ou des hallebardes.
» Des prêtres furent massacrés sur l'autel qui leur
» servait d'asyle, au moment où, à genoux, les mains
» placées sur la poitrine, les yeux dirigés vers le ciel, ils
» recevaient la bénédiction du plus ancien d'entre eux
» et demandaient au Dieu de la nature de pardonner à
» leurs assassins....
» Dans le nombre des quatre-vingt-onze prêtres égor» gés à Saint-Firmin, un des plus remarquables est
» Joseph-Marie Gros, curé de Saint-Nicolas-du-Char» donnet, député à l'Assemblée Constituante, pasteur
» qui avait pour ses paroissiens la tendresse d'un père

— AVE —

» pour ses enfants. Parmi ses bourreaux, il reconnut
» un de ses paroissiens, et lui dit : « Mon ami, je te
» reconnais. — Eh oui! lui répondit l'anthropophage,
» et moi aussi, je vous reconnais : je sais que dans
» plusieurs occasions vous m'avez rendu service. —
» Comme tu m'en paies! répliqua le bon curé. — Je ne
» saurais qu'y faire, reprit le bourreau : ce n'est point
» ma faute ; la *nation* le veut ainsi, et la *nation* me
» paie. » Ayant achevé ces mots, le cannibale fit signe
» à ses camarades ; tous ensemble saisirent ce véné-
» rable prêtre et le jetèrent par la fenêtre; sa cervelle
» se répandit sur le pavé, ses membres palpitèrent
» pendant plusieurs minutes. Depuis sa mort on a ouvert
» son testament, on a trouvé qu'il léguait tous ses biens
» aux pauvres de sa paroisse. »

La pièce suivante mérite d'être reproduite.

« *Commune de Paris......*

« M. le trésorier de la commune payera à M. Gilbert
Petit 48 livres pour prix du temps qu'ils ont mis, lui et
trois de ses camarades, à l'expédition des prêtres de
Saint-Firmin pendant deux jours. A la maison commune,
ce 4 septembre l'an IV de la liberté et Ier de l'égalité,
suivant la réquisition qui nous est faite par la section
des sans-culottes qui les a mis en ouvrage. Signé Nicout,
Jérôme Lamark, commissaires de la commune. » (Suit
la légalisation des signatures). Au dos est écrit : « Reçu
la somme de 48 livres ; et au-dessous Gilbert Petit a fait
sa croix. »

Les bâtiments de Saint-Firmin ont été vendus par le
domaine de l'État ainsi qu'il suit : Le premier contrat, à
la date du 17 thermidor an IV, porte dans sa désignation
église et bâtiments du collége Saint-Firmin ; le second
indique ainsi les portions aliénées : *maison dite le collége
des Bons-Enfans, jardin et dépendances.* La vente est
du 29 avril 1808. Les maisons portant les n°s 70, 72 et
74 représentent aujourd'hui les immeubles aliénés en
l'an IV; et les n°s 66 et 68 ceux qui ont été vendus en
1808. Dans ces derniers bâtiments a été placée l'institution des Jeunes-Aveugles dont nous rappelons ici l'origine.

Le fils d'un pauvre paysan de la Picardie, Valentin
Haüy, rendit aux aveugles par d'ingénieux procédés les
mêmes services que l'abbé de l'Épée avait rendus aux
Sourds-Muets.

Ainsi que ce bienfaiteur de l'humanité nous l'apprend
lui-même, un hasard assez singulier amena la fondation
de l'établissement des Jeunes-Aveugles.

En 1783, Mlle Paradis, aveugle, célèbre pianiste de
Vienne, vint donner des concerts à Paris. Avec des
épingles placées en forme de lettres sur de grandes pe-
lotes, elle lisait rapidement, de même qu'elle expliquait
la géographie par le moyen de cartes en relief, dont
l'invention appartient à un aveugle, Weissembourg de
Manheim. Ayant eu l'occasion d'entendre plusieurs fois
Mlle Paradis, Valentin Haüy comprit tout le parti que
l'on pouvait tirer de cette ingénieuse méthode pour l'en-

— AVE —

seignement des infortunés qui sont privés de la vue.
Pénétré de la sainte mission qu'il avait à remplir, il y
consacra tous ses instants. En 1786 Haüy publia une
brochure *sur les moyens d'instruire les aveugles.* Un
jour, à la porte de l'église Saint-Germain-des-Prés, il
rencontra un enfant, un pauvre aveugle qui demandait
l'aumône pour sa vieille mère infirme ; Haüy donna du
pain à la femme et emmena le fils dans sa maison. Là,
tout entier à son œuvre, il s'appliqua à réveiller tous les
instincts, toutes les sensations si vives dans une nature
incomplète ; il chercha les moyens d'éclairer cette jeune
intelligence, il y parvint !... Fier de son élève, Haüy le
présenta bientôt à la société philanthropique qui, satisfaite de ce premier essai, donna des fonds à l'instituteur
et une maison située dans la rue Notre-Dame-des-Victoires, où furent admis douze élèves.

Le succès dépassa toutes les espérances. Haüy et ses
écoliers furent présentés au roi et à la cour. Les résultats
vraiment étonnants de leurs exercices excitèrent un
intérêt général. Haüy reçut de nouveaux encouragements qui lui permirent d'augmenter le nombre de ses
élèves.

L'institution des Jeunes-Aveugles fut soutenue par
l'Assemblée Constituante qui la réunit à l'établissement
des Sourds-Muets. Placés aux Célestins, les Jeunes-
Aveugles furent ensuite transférés à l'hôpital Sainte-
Catherine, situé au coin des rues Saint-Denis et des Lombards. Un arrêté des Consuls, du 26 pluviôse an IX,
prescrivit leur réunion à l'hospice des Quinze-Vingts.

Une ordonnance royale du 24 décembre 1817 autorisa
l'administration de l'Institut royal des Jeunes-Aveugles,
à aliéner aux enchères publiques, sur la mise à prix de
220,000 francs, l'ancien hôpital Sainte-Catherine. La
même ordonnance permettait d'affecter le produit de
cette vente à l'acquisition des bâtiments de l'ancien
collége Saint-Firmin. Une seconde ordonnance du 20 mai
1818 modifia celle qui précède, seulement en ce qui
concernait l'obligation de vendre aux enchères publiques
l'ancienne maison Sainte-Catherine.

En vertu d'une ordonnance royale du 11 août 1838,
l'État s'est rendu acquéreur le 25 septembre suivant d'un
terrain situé rue Masseran, et qui contient en superficie
11,805 m. Des constructions ont été élevées, et bientôt
l'institution des Jeunes-Aveugles y sera transférée. Les
bâtiments ont été exécutés sous la direction et d'après les
dessins de M. Philippon, architecte. La façade principale
donne sur le boulevart des Invalides, celle qui lui est
opposée regarde la rue Masseran, et les deux côtés sont
sur la rue de Sèvres et la Petite-rue-des-Acacias. Le
développement des bâtiments est de 460 m. Le fronton de l'édifice est dû au ciseau de M. Jouffroy, sculpteur. Le sujet choisi par l'artiste est en parfaite harmonie
avec l'établissement : d'un côté, on voit Valentin Haüy
qui instruit ses élèves ; de l'autre, une femme donne des
leçons aux jeunes filles aveugles. Au milieu apparaît la
religion qui les encourage et les protège.

— AVI —

AVIGNON (RUE D').

Commence à la rue Saint-Denis, n° 20; finit à la rue de la Savonnerie, n°ˢ 15 et 17. Le dernier impair est 11; le dernier pair, 8. Sa longueur est de 63 m. — 6ᵉ arrondissement, quartier des Lombards.

Vers l'an 1300, une partie de cette voie publique se nommait rue *Jean-le-Comte* et *Philippe-le-Comte*; une autre partie était indiquée sous la dénomination de la *Bazenherie*. Elle faisait autrefois dans la rue de la Heaumerie un retour d'équerre qui subsiste aujourd'hui sous le nom de rue *Trognon*. — Une décision ministérielle, du 28 brumaire an VI, signée Letourneux, fixa la largeur de la rue d'Avignon à 6 m. Cette largeur a été portée à 10 m. en vertu d'une ordonnance royale du 19 juillet 1840. Les constructions riveraines sont soumises à un retranchement considérable. — Conduite d'eau. — Éclairage au gaz (compᵉ Française).

AVOIE (PASSAGE SAINTE-).

Commence à la rue de Rambuteau, n° 6; finit à la rue Sainte-Avoie, n° 44. Le dernier impair est 11; le dernier pair, 8. — 7ᵉ arrondissement, quartier du Mont-de-Piété.

Il a été formé en 1828, sur l'emplacement des hôtels de Mesmes et Augran-Dalleray, vendus par le domaine de l'État, le 7 mars 1826. L'hôtel de Mesmes avait originairement servi de demeure au connétable de Montmorency. Henri II y venait assez souvent et l'habita même quelque temps; ce qui lui fit donner le nom de *logis du Roi*. Le connétable de Montmorency mourut dans cet hôtel, avec toute la dignité d'un héros chrétien, le 12 novembre 1567, des blessures qu'il avait reçues, deux jours avant, à la bataille de Saint-Denis. Ce vieillard, couvert de sang, ayant son épée brisée, en donna un si furieux coup de pommeau dans le visage de Robert-Stuart, qui lui disait de se rendre, qu'il lui cassa deux dents et le renversa de cheval. Au même instant, un des soldats de Stuart lui tira dans les reins un coup de pistolet chargé de trois balles. — Anne de Montmorency avait servi sous cinq rois, s'était trouvé à près de deux cents combats, à huit batailles rangées, et avait été employé à dix traités de paix.

AVOIE (RUE SAINTE-).

Commence aux rues Neuve-Saint-Merri, n° 2, et Sainte-Croix-de-la-Bretonnerie, n° 60; finit aux rues Michel-le-Comte, n° 1, et des Vieilles-Haudriettes, n° 9. Le dernier impair est 73; le dernier pair, 66. Sa longueur est de 391 m. — 7ᵉ arrondissement; les numéros impairs sont du quartier Sainte-Avoie, et les pairs du quartier du Mont-de-Piété.

On ne la connaissait anciennement que sous le nom de la *grande rue du Temple*. En 1515, on l'appelait indifféremment rue du *Temple* et rue *Sainte-Avoie*. Ce dernier nom lui avait été donné lors de la fondation d'un établissement religieux, dont la chapelle était sous l'invocation de la bienheureuse Avoie ou sainte Hedwige, qui vivait en 1198, et qui fut canonisée en 1266 (voir l'article de la rue de *Rambuteau*, où nous tracerons l'origine de ce couvent). — Une décision ministérielle du 15 floréal an V, signée Benezech, fixa la moindre largeur de la rue Sainte-Avoie à 10 m. En vertu d'une ordonnance royale du 28 juin 1826, cette largeur a été portée à 12 m. Les maisons n°ˢ 2, 22, 40, 41 et 42 sont alignées. — Égout et conduite d'eau. — Éclairage au gaz (compᵉ Lacarrière).

AVOINE (IMPASSE LONGUE-).

Située entre les rues Leclerc et du Faubourg-Saint-Jacques, n° 36. Le dernier impair est 3; le dernier pair, 6. Sa longueur est de 127 m. — 12ᵉ arrondissement, quartier de l'Observatoire.

Jusqu'en 1795, c'était une ruelle qui débouchait dans la rue de l'Observatoire (cette dernière voie publique a été supprimée).

Des accidents graves étant arrivés dans la ruelle Longue-Avoine, la commission des travaux publics arrêta qu'elle serait murée du côté de la rue de l'Observatoire. Cet arrêté fut confirmé par un jugement du tribunal de police correctionnelle du 16 germinal an III, et la ruelle fut réduite à l'état d'impasse.

Par une décision du 8 août 1807, le ministre de l'intérieur Champagny fixa la largeur de cette voie publique à 9 m., et arrêta en principe qu'elle serait prolongée jusqu'à la rue d'Enfer.

En vertu d'une autre décision du 4 octobre 1817, la moindre largeur de l'impasse Longue-Avoine est réduite à 6 m. 66 c. Les constructions riveraines sont alignées, à l'exception de celles qui sont situées à l'extrémité du côté gauche.

Novembre 1843.

B.

BABILLE (RUE).

Commence à la rue des Deux-Écus, n°ˢ 30 et 32; finit à la rue de Viarme, n°ˢ 3 et 5. Le dernier impair est 3; le dernier pair, 6. Sa longueur est de 27 m. — 4ᵉ arrondissement, quartier de la Banque.

Cette rue a été percée en avril 1765, sur l'emplacement de l'hôtel de Soissons. Les lettres-patentes autorisant ce percement sont à la date du 25 novembre 1762, et furent registrées au parlement le 22 décembre suivant. La largeur assignée à cette voie publique fut de 24 pieds. — *D'après les contrats primitifs, les bâtiments en bordure doivent conserver leur décoration symétri-*

= BAB =

que. — Une décision ministérielle du 9 germinal an XIII, signée Champagny, a maintenu la largeur prescrite par les lettres-patentes. — Éclairage au gaz (comp^e Anglaise).

Laurent-Jean Babille, écuyer, avocat au parlement, fut échevin de la ville de Paris, en 1762 et 1763, sous la prévôté de Camus de Pontcarré, seigneur de Viarme (voyez *Blé*, halle au).

BABYLONE (RUE DE).

Commencé à la rue du Bac, n°s 120 et 122; finit au boulevart des Invalides. Le dernier impair est 43; le dernier pair, 38. Sa longueur est de 636 m. — 10e arrondissement, quartier Saint-Thomas-d'Aquin.

Elle s'appela d'abord rue de la *Fresnaie*, ensuite *petite rue de Grenelle* ou de la *Maladrerie* jusqu'en 1669. — En 1673, on la trouve pour la première fois indiquée sous le nom de rue de *Babylone*. Elle doit cette dernière dénomination à Bernard de Sainte-Thérèse, évêque de Babylone, qui possédait plusieurs maisons et jardins sur l'emplacement desquels fut construit le séminaire des Missions-Étrangères. En 1765, elle n'était encore bordée de constructions que dans la partie comprise entre la rue du Bac et celle des Brodeurs. Des lettres-patentes, à la date du 7 novembre 1778, portent : « Art. 2. La » rue de Babylone sera, quand il y aura lieu, mise en » ligne droite sur 30 pieds de largeur jusqu'au rempart, » en formant sur le terrain acquis par M. le comte de » Provence (depuis Louis XVIII) les retranchements né- » cessaires. » — Une décision ministérielle du 3 pluviôse an IX, signée Chaptal, a fixé la largeur de cette voie publique à 10 m. Les propriétés ci-après ne sont pas soumises à retranchement : 9, partie de celle n° 11, 21, 23, 25, 27, 29, 35; 2, 16, 18, 20, 22, 32, partie du n° 36, 38. Celles n°s 17, 19 et 4 ne devront éprouver qu'un faible redressement. — Égout depuis la rue Monsieur jusqu'au boulevart. — Conduite d'eau entre la rue Vanneau et le boulevart. — Éclairage au gaz (comp^e Française).

BAC (PETITE RUE DU).

Commence à la rue de Sèvres, n°s 47 et 49; finit à la rue du Cherche-Midi, n°s 48 et 50. Le dernier impair est 17; le dernier pair, 28. Sa longueur est de 144 m. — 10e arrondissement, quartier Saint-Thomas-d'Aquin.

On a commencé à bâtir dans cette rue au milieu du XVIIe siècle. Peu de temps après, on la nomma *petite rue du Barc* et du *Petit-Bac*. — Sauval dit : « Quelque » nouvelle que soit la petite rue du Bac, elle a changé » de nom et s'appelle la rue du *Baril-Neuf*. » — Sa dénomination lui vient de la rue du Bac, dont elle fait presque la continuation. — Une décision ministérielle du 23 frimaire an IX, signée Chaptal, a maintenu cette voie publique dans sa largeur actuelle, qui est de 8 m. 9 déc. — Éclairage au gaz (comp^e Française).

= BAC =

BAC (RUE DU).

Commence aux quais de Voltaire, n° 27, et d'Orsay, n° 1; finit à la rue de Sèvres, n°s 34 et 36. Le dernier impair est 133; le dernier pair, 140. Sa longueur est de 1,150 m. — 10e arrondissement; les impairs, de 1 à 61, et les pairs, de 2 à 78, sont du quartier du Faubourg-Saint-Germain; le surplus est du quartier Saint-Thomas-d'Aquin.

Son nom lui vient d'un bac qui fut établi, en 1550, en face de cette rue. — Une décision ministérielle en date du 2 thermidor an V, signée Benezech, avait fixé sa moindre largeur à 10 m. Cette largeur a été portée à 13 m., en vertu d'une ordonnance royale du 17 juin 1829.

Voici la situation des propriétés riveraines sous le rapport des alignements arrêtés : De 1 à 11, retranchement 2 m. 80 c.; 11 bis et 13, retranchement 2 m. 30 c. à 2 m. 90 c.; de 15 à 21, retranchement 1 m. 70 c. à 2 m. 20 c.; n° 23, retranchement de 2 m. à 2 m. 50 c.; de 25 à 35, retranchement 2 m. 75 c. à 3 m. 40 c.; 37, retranchement 3 m. 60 c.; de 39 à 61, retranchement 3 m. 80 c. à 4 m. 20 c.; 63, retranchement 3 m. 50 c.; 65, retranchement 2 m. 30 c.; 67, 67 bis, 69, 71, 71 bis, 73 et 75, alignées; 75 bis, retranchement 0 m. 70 c., réduits; 77, alignée; 79, retranchement 2 m.; 81 et 83, pas de retranchement; de 85 à 101, retranchement 3 m. 20 c. à 3 m. 80 c.; 103, retranchement 2 m. 70 c.; 105, retranchement 4 m. 10 c.; 107, 109, 111, 113, 115, 117 et 119, alignées; de 121 à la fin, retranchement 3 m. 50 c. à 4 m.; 2, redressement; 4 et 6, retranchement réduit 40 c.; de 8 à 18, retranchement de 55 c. à 82 c.; 20, alignée; de 22 à 28, retranchement 1 m. à 1 m. 60 c.; 30, alignée; 32 et 34, retranchement 1 m. à 1 m. 50 c.; 36, 36 bis et 38, alignées; de 38 bis à 50, retranchement 30 c. à 65 c.; 52, 54 et 56, retranchement qui n'excède pas 25 c.; de 58 à 80, alignées; 82, retranchement 2 m. 70 c.; 84 et 84 bis, alignées; 86, retranchement 3 m.; 88, alignée; 90, 92, 94, retranchement 1 m. 40 c. à 2 m. 30 c.; 96, retranchement 1 m.; de 98 à 104, alignées; 106, retranchement 40 c.; 110 et 112, alignées; 114, 116 et 118, retranchement qui n'excède pas 30 c.; 120, alignée; 122 et 124, redressement qui n'excède pas 11 c.; 126, alignée; 128, 130 et 132, retranchement, réduit 30 c.; de 134 à la fin, retranchement 40 c. à 70 c. — Égout entre la rue de Lille et celle de Sèvres. — Conduite d'eau dans toute l'étendue. — Éclairage au gaz (comp^e Française).

Au n° 75 se trouvait le monastère royal de l'Immaculée-Conception. — En vertu des lettres-patentes du roi, données à Versailles au mois de mai 1626, ces religieuses s'établirent à Paris vers 1637. Leur maison fut déclarée de fondation royale, en 1664. La construction de leur église date de 1693. Supprimé en 1790, ce couvent devint propriété nationale, et fut vendu les 21 pluviôse, 25 germinal an VI, et 23 nivôse an VIII. — Les maisons n°s 67, 69, 71, 73, 75 et 77 sur la rue

— BAG —

du Bac, et celles 25 et 27 sur la rue de la Planche, proviennent de cette communauté.

Au n° 98 était situé l'hospice des Convalescents. Les lettres-patentes, autorisant la fondation de cet établissement, sont de l'année 1628. Elles furent registrées au parlement en 1631. — Les religieux de la Charité eurent, en 1635, la direction de cet hospice, qui fut supprimé en 1792. — Aujourd'hui l'État loue à divers particuliers les bâtiments qui le composaient.

BAGNEUX (RUE DE).

Commence à la rue du Cherche-Midi, n°s 85 et 87; finit à la rue de Vaugirard, n°s 104 et 106. Le dernier impair est 11; le dernier pair, 16. Sa longueur est de 165 m. — 10e arrondissement, quartier Saint-Thomas-d'Aquin.

Cette rue est désignée sous ce nom sur les plans de Jouvin et de Bullet, publiés en 1676. — Une décision ministérielle du 23 frimaire an IX, signée Chaptal, a maintenu cette voie publique dans sa largeur actuelle, qui est de 7 m. 7 déc. — Égout et conduite d'eau.

BAILLET (RUE).

Commence à la rue de la Monnaie, n°s 13 et 19; finit à la rue de l'Arbre-Sec, n°s 22 et 24. Le dernier impair est 9; le dernier pair, 12. Sa longueur est de 73 m. — 4e arrondissement, quartier du Louvre.

En 1297, elle s'appelait rue *Dame-Gloriette*, et rue *Gloriette* en 1300. Vers 1350, elle prit le nom de *Baillet*, parce que Jean Baillet, trésorier du Dauphin (depuis Charles V), y avait une propriété. — Une décision ministérielle du 13 floréal an IX, signée Chaptal, avait fixé à 7 m. la largeur de cette voie publique. Cette largeur a été portée à 10 m., par une ordonnance royale du 23 juillet 1828. La grande propriété située sur le côté gauche, à l'encoignure de la rue de la Monnaie, est alignée. La maison n° 5 devra reculer de 1 m. réduit; celle n° 7, de 1 m. 70 c. réduit. Les constructions du côté des numéros pairs sont soumises à un retranchement de 3 m. 80 c. à 4 m. 70 c. — Portion d'égout du côté de la rue de l'Arbre-Sec. — Éclairage au gaz (compe Anglaise).

BAILLEUL (RUE).

Commence à la rue de l'Arbre-Sec, n°s 37 et 39; finit à la rue des Poulies, n°s 4 et 6. Le dernier impair est 13; le dernier pair, 16. Sa longueur est de 100 m. — 4e arrondissement, quartier Saint-Honoré.

En 1271, 1300, 1315, et même dans les premières années du siècle suivant, on l'appelait rue d'*Averon*, d'*Avron* et *Daveron*. — En 1423, elle prit le nom de *Bailleul*, en raison de Robert Bailleul, clerc des comptes, qui habitait une maison faisant le coin de cette rue et de celle des Poulies.

Une décision ministérielle du 26 brumaire an XI, signée Chaptal, fixa la largeur de cette voie publique à

— BAL —

7 m. Cette largeur a été portée à 10 m.; en vertu d'une ordonnance royale du 23 juillet 1828. — La maison n° 13 est à l'alignement. — Conduite d'eau. — Éclairage au gaz (compe Anglaise).

BAILLIF (RUE).

Commence aux rues Neuve-des-Bons-Enfants et des Bons-Enfants, n° 36; finit à la rue Croix-des-Petits-Champs, n° 45. Pas de numéro impair: ce côté est bordé par les dépendances de la Banque; le dernier pair est 12. Sa longueur est de 67 m. — 4e arrondissement, quartier de la Banque.

Cette rue a pris son nom de Claude Bailliffre ou Baïf, surintendant de la musique du roi, auquel Henri IV donna un grand terrain situé dans cette rue. Ce Claude Baïf était fils de Jean-Antoine Baïf, poète et musicien célèbre sous les règnes de Charles IX et de Henri III. — Une décision ministérielle du 20 fructidor an XI, signée Chaptal, avait fixé la moindre largeur de cette voie publique à 8 m.; cette moindre largeur a été portée à 10 m., par ordonnance royale du 23 juillet 1828. — La maison n° 2 et les dépendances de la Banque, sont à l'alignement. — Égout, conduite d'eau du côté de la rue Croix-des-Petits-Champs. — Éclairage au gaz (compe Anglaise).

BAILLY (RUE).

Commence à la rue Saint-Paxent, n°s 1 et 2; finit à la rue Henri Ier, n°s 1 et 2. Le dernier impair est 9; le dernier pair, 10. Sa largeur est de 69 m. — 6e arrondissement, quartier Saint-Martin-des-Champs.

Elle a été formée vers 1780, sur les terrains dépendant du prieuré de Saint-Martin-des-Champs. (voyez *Martin*, place de l'Ancien Marché Saint-). — Une décision ministérielle du 3 décembre 1814, signée l'abbé de Montesquiou, fixa la largeur de cette voie publique à 6 m. En vertu d'une ordonnance royale du 14 janvier 1829, cette largeur est portée à 7 m. Les maisons du côté des numéros impairs, et celle qui porte le n° 4, sont alignées; les autres constructions sont soumises à un retranchement qui varie de 1 m. 74 c. à 2 m. — Conduite d'eau depuis la rue Henri Ier jusqu'à la borne-fontaine. — Éclairage au gaz (compe Lacarrière).

BALLETS (RUE DES).

Commence à la rue Saint-Antoine, n°s 91 et 93; finit à la rue du Roi-de-Sicile, n°s 1 et 2. Le dernier impair est 3; le dernier pair, 8. Sa longueur est de 31 m. — 7e arrondissement, quartier du Marché-Saint-Jean.

Guillot et le rôle de taxe de 1313 n'en font pas mention; le censier de l'archevêché de 1495 la désigne sous le nom de rue des *Ballays*. — Une décision ministérielle à la date du 23 prairial an VII, signée François de Neufchâteau, avait fixé la largeur de cette voie publique à 9 m. Cette largeur a été portée à 10 m., en vertu d'une ordonnance royale du 15 octobre 1830. Les maisons

— BAN. —

du côté des numéros impairs sont à l'alignement; celles du côté opposé devront reculer de 1 m. 80 c. à 2 m. — Conduite d'eau. — Éclairage au gaz (comp° Parisienne).

BANQUE (RUE DE LA).

Commence à la rue de Lavrillière, nos 4 et 6; finit à la place des Victoires, nos 1 et 2. Le seul impair est 1 ; le seul pair, 2. Sa longueur est de 29 m. — 4e arrondissement, quartier de la Banque.

La place des Victoires n'avait point dans l'origine d'issue du côté de l'hôtel de Lavrillière. On voyait même anciennement un corps de logis bâti dans la rue de Lavrillière sur la partie du terrain occupée par la rue des Fossés-Montmartre, lorsqu'elle se prolongeait jusqu'à cet endroit. M. Phélipeaux obtint la permission de démolir ce bâtiment, et procura par ce dégagement une vue plus agréable à son hôtel.

Cette nouvelle issue fut d'abord nommée rue *Percée*, puis *petite rue Lavrillière*. — Une décision ministérielle du 1er août 1821, ainsi qu'une ordonnance royale du 23 juillet 1828, ont maintenu cette voie publique suivant sa largeur primitive, qui est de 9 m. 45 c. En vertu d'une décision du ministre de l'intérieur, du 19 novembre 1838, cette voie publique a reçu la dénomination de rue de la *Banque*. Elle est située en face de cet établissement. — Eclairage au gaz (comp° Anglaise).

BANQUE DE FRANCE.

Située dans la rue de Lavrillière, n° 1er. — 4e arrondissement, quartier de la Banque.

L'hôtel occupé depuis 1812 par cet établissement fut bâti en 1620, sur les dessins de François Mansart, pour le secrétaire d'État Raymond Phélipeaux de Lavrillière. En 1701, il fut vendu à M. Rouillé. Le comte de Toulouse l'acheta en 1713. Le duc de Penthièvre, son fils, habitait cet hôtel avec la princesse de Lamballe, avant la révolution. Cet hôtel, devenu propriété nationale, servit à l'imprimerie du gouvernement. — Décret impérial du 6 mars 1808. « La régie de l'enregistrement et » du domaine est autorisée à céder l'hôtel de Toulouse et » ses dépendances à la Banque de France. — Cette ces» sion sera faite moyennant le versement par la Banque » de France à la caisse d'amortissement d'une somme de » 2,000,000 francs, dont le paiement aura lieu, savoir : » un million avant le 1er avril prochain, un million avant » le 1er janvier 1809. » En 1812, la Banque de France abandonna l'hôtel Massiac, situé place des Victoires, au coin de la rue des Fossés-Montmartre, pour venir habiter l'hôtel de Toulouse. — La Banque de France a été constituée par les lois des 24 germinal an XII (14 avril 1803) et 22 avril 1806. Son privilège accordé pour quarante années, à partir du 1er vendémiaire an XII, a été renouvelé en vertu de la loi du 30 juin 1840, jusqu'au 31 décembre 1867. Les opérations de la Banque consistent : 1° à escompter les effets de commerce ; 2° à faire des avances sur les fonds publics en recouvrement

— BAR —

et à époques déterminées ; 3° à tenir une caisse de dépôt pour tous effets, titres, matières d'or et d'argent ; 4° à se charger des recouvrements et paiements pour le compte des particuliers et des administrations. — Les capitalistes, qui ont concouru à l'établissement de la Banque, ont reçu en échange de leurs valeurs des actions qui rapportent un intérêt réglé tous les six mois et basé sur la masse plus ou moins grande des bénéfices. L'administration supérieure de la Banque est confiée à quinze régents, trois censeurs et un gouverneur.

BANQUIER (RUE DU).

Commence à la rue du Marché-aux-Chevaux, n° 26 ; finit à la rue Mouffetard, nos 291 et 293. Le dernier impair est 19 ; le dernier pair, 12. Sa longueur est de 403 m. — 12e arrondissement, quartier Saint-Marcel.

Vers l'an 1650, ce n'était encore qu'un chemin qui conduisait à Villejuif, mais dès 1676, il portait le nom de rue du *Banquier*. — Une décision ministérielle, du 28 prairial an IX, signée Chaptal, et une ordonnance royale du 27 janvier 1837, ont fixé la moindre largeur de cette rue à 10 m. Les propriétés situées sur le côté des numéros pairs, depuis la rue du Marché aux Chevaux jusqu'en face de celle des Vignes, devront pour exécuter l'alignement, avancer sur la voie publique.

BANQUIER (RUE DU PETIT-).

Commence à la rue du Banquier, nos 13 et 15 ; finit au boulevart de l'Hôpital, nos 40 et 42. Le dernier impair est 5 ; le dernier pair, 6. Sa longueur est de 145 m. — 12e arrondissement, quartier Saint-Marcel.

Ce n'était en 1760 qu'une ruelle. En vertu d'une ordonnance du bureau des finances, du 21 juin 1774, elle fut fermée à ses deux extrémités ; rouverte en 1788, elle tire son nom actuel de la rue du *Banquier*, où elle prend naissance. — Une décision ministérielle, à la date du 28 prairial an IX, signée Chaptal, ainsi qu'une ordonnance royale du 27 janvier 1837, ont fixé la moindre largeur de cette voie publique à 10 m. — La plus grande partie du côté des numéros impairs est à l'alignement ; le surplus devra reculer de 50 c. seulement. Une portion de la propriété n° 6 est alignée ; les autres constructions sont assujetties à un retranchement de 1 m. 15 c. au plus.

BARBE (RUE SAINTE-).

Commence à la rue Beauregard, nos 5 et 7 ; finit au boulevart Bonne-Nouvelle, nos 31 et 35. Le dernier impair est 13 ; le dernier pair, 18. Sa longueur est de 111 m. — 5e arrondissement, quartier Bonne-Nouvelle.

Dès 1540, cette rue était connue sous ce nom qu'elle tirait de la chapelle érigée sous l'invocation de saint Louis et de sainte Barbe dont nous parlerons à l'article *Église Notre-Dame-de-Bonne-Nouvelle*. — Une décision ministérielle du 3 vendémiaire an X, signée Chaptal, avait fixé la largeur de cette voie publique à 7 m. ; cette largeur a été portée à 10 m., en vertu d'une ordonnance royale du 21 juin 1826. — Les maisons n°s 13, 16 et 18 sont alignées ; celles qui portent les n°s 1, 3, 5, 7, 9 et 11, devront reculer de 4 m. environ. Les propriétés n°s 2, 4, 6, 8, 10, 12 et 14 sont soumises à un retranchement qui n'excède pas 35 c. — Conduite d'eau depuis la rue de la Lune jusqu'au boulevart. — Éclairage au gaz (comp^e Française).

BARBET DE JOUY (rue).

Commence à la rue de Varennes, n°s 33 et 35; finit à la rue de Babylone, n°s 32 et 36. Le dernier impair est 9 ; le dernier pair, 4. Sa longueur est de 400 m. — 10e arrondissement, quartier Saint-Thomas-d'Aquin.

Cette rue a été ouverte et dénommée en vertu d'une ordonnance royale du 8 mai 1838, qui a imposé au sieur Barbet de Jouy, propriétaire, les conditions suivantes : de céder gratuitement à la ville de Paris le sol de la nouvelle voie publique ; — de supporter les frais de premier établissement de pavage et d'éclairage par le gaz et de trottoirs, y compris les frais de relevé à bout de pavage ; en outre, les frais de premier établissement de deux bornes-fontaines ; — de donner au nivellement une pente d'un centimètre au moins par mètre, et d'exécuter les travaux de pavage en chaussée bombée, ceux des trottoirs et des bornes-fontaines, suivant les plans et sous la surveillance des ingénieurs de la ville de Paris ; — *enfin, de n'élever qu'à une hauteur de 16 m. 50 c. les bâtiments qui seront construits dans la nouvelle rue.* — Conduite d'eau depuis la rue de Varennes jusqu'aux deux bornes-fontaines. — Éclairage au gaz (comp^e Française).

BARBETTE (rue).

Commence à la rue des Trois-Pavillons, n°s 7 et 9 ; finit à la rue Vieille-du-Temple, n°s 82 et 84. Le dernier impair est 11 ; le dernier pair, 14. Sa longueur est de 165 m. — 8e arrondissement, quartier du Marais.

L'hôtel Barbette, qui a donné son nom à cette voie publique, tirait sa dénomination d'Étienne Barbette, maître des monnaies en 1298. Le roi Philippe-le-Bel, conseillé, dit-on, par ce financier, altéra trois fois les monnaies. Le peuple, pour en tirer vengeance, se porta en foule à l'hôtel Barbette, brûla, détruisit cette maison de plaisance, et arracha tous les arbres du jardin. Le roi, pendant cette émeute, s'était réfugié au Temple avec ses barons; une partie des insurgés vint l'y assiéger en proférant ces cris: *A bas Philippe-le-Bel; à bas le faux monnoyeur!...* — La sédition s'étant calmée, le roi fit pendre vingt-huit prisonniers aux quatre entrées de Paris. — Cet hôtel appartint, en 1403, à Jean de Montagu, souverain maître d'hôtel du roi et vidame de Laonois, qui le vendit cette même année à la reine Isabeau de Bavière, femme de Charles VI. — C'est là, dit Sauval, qu'en 1407 elle accoucha d'un enfant mort. En sortant de cet hôtel le 23 novembre 1407,

le duc d'Orléans fut assassiné à la porte Barbette (voir l'article de la rue *Vieille-du-Temple*. L'hôtel Barbette, en changeant de propriétaires, conserva néanmoins son nom primitif. Il passa à Diane de Poitiers, duchesse de Valentinois, maîtresse d'Henri II. Les duchesses d'Aumale et de Bouillon le vendirent en 1561 à plusieurs particuliers, qui couvrirent son emplacement de maisons, et percèrent une rue qui fut achevée en 1563. On lui donna le nom de rue *Neuve - Barbette*, pour la distinguer de la rue Vieille - Barbette (c'était la dénomination affectée alors à une partie de la rue Vieille-du-Temple). — Une décision ministérielle du 13 thermidor an VII, signée Quinette, avait fixé sa largeur à 8 m.; cette largeur a été portée à 10 m. par une ordonnance royale du 12 juillet 1837. Les maisons de cette rue sont soumises à un retranchement de 1 m. 50 c. — Conduite d'eau depuis la rue Vieille-du-Temple jusqu'à la borne-fontaine.

BARILLERIE (rue de la).

Commence aux quais Desaix et de l'Horloge ; finit aux quais du Marché-Neuf, n° 54, et des Orfèvres, n° 2. Le dernier impair est 41 ; le dernier pair, 32. Sa longueur est de 219 m. — Les n°s impairs sont du 9e arrondissement, quartier de la Cité ; le côté opposé dépend du 11e arrondissement, quartier du Palais-de-Justice.

La première partie de cette rue voisine du pont au Change, portait anciennement la dénomination de rue *Saint-Barthélemy*, parce que l'église paroissiale et royale de ce nom y était située (voir article *Flore*, passage de). La deuxième partie, depuis la rue de la Calandre jusqu'au pont Saint-Michel, était appelée, dès l'an 1280, *Barilleria*. Le poète Guillot, à la même époque, la nomme la *Grand'Bariszerie*. Cette qualification de *grande*, lui a été donnée sans doute pour la distinguer d'une ruelle de la Barillerie qui lui était parallèle, et qui allait de la rue de la Calandre à la rivière. Cette même partie se nommait, en 1398, rue du *Pont-Saint-Michel*. Quelques auteurs prétendent que le nom de *Barillerie* lui fut donné parce qu'elle était habitée par des marchands de tonneaux et de barriques. — Arrêt du conseil. Versailles, 25 septembre 1784. — « Le roi étant en son
» conseil, a ordonné et ordonne que sous la conduite
» et la direction des sieurs Desmaisons et Antoine, ar-
» chitectes de sa majesté, etc..., il serait incessamment
» construit dans toute la longueur de la rue de la Baril-
» lerie, à partir de l'un des pavillons formant aujour-
» d'hui l'entrée de la cour du May jusqu'à la rue Saint-
» Louis, et dans la rue Saint-Barthélemy, à partir de
» l'autre pavillon jusqu'à l'autre partie occupée par les
» requêtes de l'hôtel, deux nouveaux corps de bâti-
» ments tels qu'ils sont figurés aux plans et élévations
» qui en ont été dressés par lesdits sieurs Desmaisons
» et Antoine, etc... Veut en conséquence, sa majesté,
» que pour former devant la partie de ces nouveaux
» bâtiments, qui doit régner le long de la rue de la Ba-
» rillerie, à partir de l'entrée de la cour du May jus-

— BAR —

» ques à l'encoignure de la rue Saint-Louis, une rue de
» 36 pieds de largeur, les maisons au nombre de seize,
» situées dans ladite rue de la Barillerie, et faisant face
» aux murs actuels du palais de Paris, à partir de la rue
» de la Calandre jusqu'à celle qui conduit au Marché-
» Neuf, seront incessamment acquises, pour en être les
» emplacements et terrains employés au redressement
» et à l'alignement de ladite rue de la Barillerie, etc.
» Signé Hue de Miroménil et de Calonne. » — Cette
amélioration fut exécutée peu de temps après. — Une
décision ministérielle, en date du 13 brumaire an X,
signée Chaptal, a maintenu la largeur de 36 pieds (11 m.
69 c.). — Égout depuis la rue de la Pelleterie jusqu'à
celle de la Calandre. — Conduite d'eau dans toute
l'étendue. — Éclairage au gaz (comp^e Française).

BARNABITES (PASSAGE DES).

Commence à la place du Palais-de-Justice, n° 1, finit
à la rue de la Calandre, n° 54. — 9° arrondissement,
quartier de la Cité.

Ce passage doit son nom au couvent des Barnabites
qui y était situé. — Saint Éloi, orfèvre, obtint de Dagobert une maison assez vaste, située en face du Palais.
Il établit dans sa propriété une communauté de filles,
sous l'invocation de saint Martial, évêque de Limoges.
L'espace s'étant trouvé trop étroit pour contenir le
grand nombre de prosélytes qu'attirait la célébrité de
cette maison religieuse, le pieux orfèvre eut recours à
la bonté du roi, qui lui donna tout le terrain circonscrit
aujourd'hui par les rues de la Barillerie, de la Calandre, aux Fèves et de la Vieille-Draperie. Cet emplacement fut désigné bientôt dans tous les titres sous le
nom de *ceinture Saint-Éloi.* Ce monastère qui garda
longtemps le nom de *Saint-Martial,* prit ensuite le nom
de son fondateur. Au commencement du XII° siècle,
de graves désordres eurent lieu dans ce monastère; l'évêque de Paris fut obligé d'employer la rigueur pour en
arrêter le scandale. Les religieuses furent dispersées en
divers monastères éloignés. L'abbaye fut donnée à Thibaud, abbé de Saint-Pierre-des-Fossés, sous la condition d'y mettre un prieur et douze religieux de son ordre. Ces changements eurent lieu en 1107. Cet abbé la
remit dix-huit ans après entre les mains de l'évêque de
Paris, Etienne de Senlis, qui la garda neuf ans. Dans
cet intervalle, l'église qui était d'une grande étendue,
et qui tombait en ruine, fut coupée par une rue qui
subsiste encore sous le nom de *Saint-Éloi.* Le chevet
forma une église nouvelle sous le vocable de l'ancien
patron saint Martial, et de la nef on fit une seconde
église sur une partie de laquelle fut bâtie plus tard celle
des Barnabites. En 1134, l'évêque donna de nouveau
ce monastère aux religieux de Saint-Pierre. Jusqu'en
1530, ces moines occupèrent cette communauté. A cette
époque, leur principale abbaye, nommée alors *Saint-Maur-des-Fossés,* fut réunie avec ses dépendances à
l'évêché de Paris. L'office fut célébré par quelques prê-

— BAR —

tres séculiers; enfin, cet édifice tombait en ruine lorsqu'en 1629 M. de Gondi, premier archevêque de Paris,
le destina à la congrégation des clercs réguliers de Saint-
Paul, dits Barnabites, que le roi Henri IV avait appelés en France vers 1608. Ces religieux, qui se consacraient aux missions, firent successivement rebâtir
l'église et la communauté. Le portail de l'église fut élevé
en 1704. Le couvent des Barnabites, supprimé en 1790,
devint propriété nationale. Une partie fut aliénée les
6 prairial, 1er messidor an V, et 11 thermidor an VI.
— L'église sert de dépôt général des comptabilités de
France.

BAROUILLÈRE (RUE DE LA).

Commence à la rue de Sèvres, n°^{s} 117 et 119; finit à la
rue du Cherche-Midi, n°^{s} 106 et 108. Le dernier impair
est 7; le dernier pair, 10. Sa longueur est de 166 m. —
10° arrondissement, quartier Saint-Thomas-d'Aquin.

Quelques plans du XVII° siècle l'indiquent sous le nom
de rue des *Vieilles-Thuileries.* Sur un plan manuscrit
de 1651, elle est désignée simplement sous le nom de
rue projetée Saint-Michel. On ignore à quelle époque elle
prit son dernier nom, mais il est certain qu'elle doit
cette dénomination à Nicolas Richard de la Barouillère,
auquel l'abbé de Saint-Germain-des-Prés céda, en 1644,
un grand terrain en cet endroit, à la charge, entre autres conditions, d'y bâtir des maisons. — Une décision
ministérielle du 23 frimaire an IX, signée Chaptal, a
fixé sa largeur à 8 m. Toutes les constructions du côté
des numéros pairs, et les maisons n°^{s} 1 et 3, sont à
l'alignement.; les propriétés n°^{s} 5 et 7 sont soumises à
un redressement qui n'excède pas 20 c.

BARRE-DU-BEC (RUE).

Commence à la rue de la Verrerie, n°^{s} 42 et 46; finit
aux rues Neuve-Saint-Merri, n° 1, et Sainte-Croix-de-la-
Bretonnerie, n° 53. Le dernier impair est 29; le dernier
pair, 16. Sa longueur et de 118 m. — 7° arrondissement,
les impairs sont du quartier Sainte-Avoie; les pairs, du
quartier du Marché-Saint-Jean.

Elle est ainsi nommée de l'abbé du Bec, qui avait sa
barre ou siège de justice dans cette rue, à l'endroit où
nous voyons aujourd'hui la maison n° 19. — Par arrêt
du conseil, en date du 10 mai 1677, le roi ordonna que
la rue Barre-du-Bec serait élargie. — Une décision
ministérielle du 15 floréal an V, signée Benezech, fixa
la moindre largeur de cette voie publique à 10 m. Cette
moindre largeur a été portée à 13 m. 50 c., par une
ordonnance royale du 28 juin 1826. En vertu d'une autre ordonnance, à la date du 28 mai 1843, l'exécution
immédiate des alignements de la rue Barre-du-Bec, au
droit des maisons n°^{s} 3, 17, 19, 21, 23, 25, 27 et 29,
est déclarée d'utilité publique. En conséquence, le préfet de la Seine est autorisé à acquérir, soit à l'amiable,
soit par voie d'expropriation, les portions de ces propriétés qui doivent être réunies au sol de ladite rue.

Les maisons nos 1, 9, 11, 13, 15 ; 2, 2 bis, et partie de celle n° 4, sont alignées. — Égout et conduite d'eau. — Éclairage au gaz (compe Lacarrière).

BARRES (RUE DES).

Commence au quai de la Grève, n° 22, et à la rue du Pont-Louis-Philippe, n° 1 ; finit à la place Baudoyer, n° 6, et à la rue Saint-Antoine, n° 2. Le dernier impair est 17 ; le dernier pair, 34. Sa longueur est de 156 m. — 9e arrondissement, quartier de l'Hôtel-de-Ville.

En 1250, on l'appelait la *ruelle aux Moulins des Barres*, en raison des moulins situés sur la rivière à l'endroit qu'on appelait les *Barres*. En 1293, on l'appelait *ruelle des Moulins du Temple*, parce qu'alors ces moulins appartenaient aux Templiers. En 1362, on lui donne, dans un titre passé sous le règne de Charles V, la dénomination *de rue qui va de la Seine à la porte Baudet*. En 1386, on la nommait rue du *Chevet-Saint-Gervais*, et parfois rue des *Barres*. Au XVIe siècle, de la rue de la Mortellerie (aujourd'hui de l'Hôtel-de-Ville), à la rivière, c'était la rue *Malivaux* ; ce nom lui venait des moulins de Malivaux, placés sur la rivière, vis-à-vis de cette rue. Enfin, au XVIIe siècle, dans toute sa longueur, c'était la rue des *Barres*. — Une décision ministérielle, en date du 13 thermidor an VI, signée François de Neufchâteau, fixa la largeur de cette voie publique à 8 m. En vertu d'une ordonnance royale du 19 mai 1838, sa moindre largeur est portée à 10 m. Les maisons nos 2, 4, 8, 10, 24, 26, 28, 30, 32 et 34 sont alignées.

L'hôtel des Barres fut bâti vers 1250. En 1362, les moines de Saint-Maur l'achetèrent avec les moulins qui en dépendaient. On l'appela alors l'hôtel Saint-Maur ; cet hôtel fut habité plus tard par Louis de Bourdon, l'un des amants d'Isabeau de Bavière, femme de Charles VI. Allant un jour visiter la reine au château de Vincennes, ce gentilhomme rencontra le roi ; sans descendre de son cheval, sans en arrêter le pas, il se contenta de saluer Charles VI. Ce monarque l'ayant reconnu, ordonna à Tanneguy Duchâtel, prévôt de Paris, de s'emparer de sa personne. La nuit, Louis de Bourdon fut mis à la question, enfermé dans un sac et jeté dans la Seine, avec ces mots sur son linceul : *Laissez passer la justice du roi*. — Cet hôtel devint par la suite une propriété des seigneurs de Charni, qui lui donnèrent leur nom que l'habitude a conservé jusqu'à nos jours. Au XVIIIe siècle, on y avait établi le bureau de l'administration générale des aides. Il servit pendant une partie de la révolution de justice de paix, et devint après une maison particulière portant le n° 4. La plus grande partie de cet hôtel a été démolie pour livrer passage à la rue du Pont-Louis-Philippe.

Le couvent des Filles de la Croix était situé dans cette rue. Ces religieuses, établies en 1664, avaient mission de s'occuper de l'instruction religieuse des jeunes personnes de leur sexe. Cette communauté fut supprimée en 1790. Devenue propriété nationale, elle fut vendue le 16 vendémiaire an IV. Elle porte aujourd'hui le n° 14.

BARRÉS (RUE DES).

Commence à la rue Saint-Paul, nos 3 et 5 ; finit aux rues de l'Etoile, n° 8, et du Fauconnier, n° 2. Le dernier impair est 23 ; le dernier pair, 22. Sa longueur est de 121 m. — 9e arrondissement, quartier de l'Arsenal.

Cette rue doit son nom aux Carmes, qu'on désignait sous le nom de *Barrés*, en raison de leurs manteaux peints de différentes couleurs qui formaient des barres. On sait que ces moines, lors de leur arrivée à Paris, furent établis dans l'endroit occupé depuis par les Célestins. La rue dont nous parlons conduisait alors à leur couvent. On donna quelque temps à la rue des Barrés le nom de rue des *Béguines*, parce que le couvent de ces religieuses, aujourd'hui la caserne de l'*Ave-Maria*, y était situé. Elle reprit sous François Ier son ancienne dénomination de rue des *Barrés*, qu'elle conserve encore aujourd'hui. — Une décision ministérielle à la date du 8 prairial an VII, signée François de Neufchâteau, avait fixé sa moindre largeur à 8 m. En vertu d'une ordonnance royale du 4 août 1838, cette largeur est portée à 12 m. Les bâtiments de la caserne sont à l'alignement. — Conduite d'eau depuis la rue Saint-Paul jusqu'à la borne-fontaine. — Éclairage au gaz (compe Parisienne).

BARRIÈRES.

Avant 1784, la capitale n'avait pour limites que des murailles informes et grossières, et plus souvent encore de faibles cloisons de planches mal jointes.

Les fermiers-généraux, voulant arrêter les progrès toujours croissants de la contrebande, et faire payer les droits d'entrée à un plus grand nombre de consommateurs, obtinrent en 1784, de M. de Calonne, l'autorisation d'enfermer les faubourgs dans un nouveau mur d'enceinte. Les travaux furent commencés au mois de mai de cette même année, seulement alors du côté de l'Hôpital-Général (la Salpêtrière).

En 1786, l'enceinte méridionale était achevée. Les Parisiens commencèrent alors à faire éclater leur mécontentement par des plaisanteries et des jeux de mots, tels que ceux-ci :

« Le mur murant Paris rend Paris murmurant. »

> « Pour augmenter son numéraire
> » Et raccourcir notre horizon,
> » La Ferme a jugé nécessaire
> » De mettre Paris en prison. »

Le Doux, architecte de la Ferme générale, après avoir terminé ce mur d'enceinte, fut chargé de bâtir plus de soixante monuments pour servir d'entrées à la capitale. Cet artiste a montré en plusieurs circonstances une grande habileté.

En 1787, M. de Brienne, archevêque de Toulouse,

— BAR —

effrayé des dépenses énormes qui dépassaient déjà vingt-cinq millions, fit ordonner, par un arrêt du conseil du 7 septembre, la suspension des travaux. Le 8 novembre de la même année, ce ministre, accompagné de plusieurs fonctionnaires, vint visiter ces barrières. Son indignation fut si vive en voyant avec quelle prodigalité les travaux avaient été exécutés, qu'il voulut, dans les premiers moments de sa colère, faire démolir cette muraille et en vendre les matériaux. L'ouvrage était alors trop avancé. L'archevêque de Toulouse dut se borner à faire prendre, le 25 du même mois, un nouvel arrêté qui suspendit les travaux. Avant leur continuation, de nouvelles dispositions furent prescrites.

Le 1er mai 1791, les droits d'entrée furent abolis.

Un décret de la Convention, du 13 messidor an II, contient ce qui suit : « Les bâtiments nationaux, dé-
» signés sous le nom de *Barrières de Paris*, sont érigés
» en monuments publics. Les diverses époques de la
» révolution et les victoires remportées par les armées
» de la république sur les tyrans y seront gravées in-
» cessamment en caractères de bronze. Le comité du
» Salut-Public est autorisé à prendre toutes les mesures
» pour la prompte exécution du présent décret, en in-
» vitant les gens de lettres et les artistes à concourir et
» à former les inscriptions. »

Conseil des Cinq-Cents. Séance du 27 fructidor an VI. — « Le conseil adopte le projet d'Aubert dans
» les termes suivants. Article 1er. Il sera perçu par la
» commune de Paris un octroi municipal et de bien-
» faisance, conformément au tarif annexé à la présente
» loi, spécialement et uniquement destiné à l'acquit de
» ses dépenses locales, et de préférence à celles de ses
» hospices et des secours à domicile, etc.... »

En vertu de la loi du 29 ventôse an XII, proclamée le 9 germinal suivant, le ministre des finances, autorisé à cet effet, a concédé à la ville de Paris les barrières et murs d'enceinte formant la clôture de ladite ville et de ses faubourgs. Sous le règne de Napoléon, on consolida les murailles et l'on perfectionna la perception des droits d'entrée aux barrières de Paris.

BART (RUE JEAN-).

Commence à la rue de Vaugirard, nos 39 et 41; finit à la rue de Fleurus, nos 6 et 8. Le dernier impair est 3; le dernier pair, 4. Sa longueur est de 116 m. — 11e arrondissement, quartier du Luxembourg.

Elle a été tracée vers 1790, sur une partie du jardin du Luxembourg, dont l'aliénation avait été faite à divers particuliers par S. A. R. Monsieur.

En 1801, elle n'était ni pavée ni éclairée. Cette voie publique fut exécutée sur une largeur de 9 m. 74 c. — Une décision ministérielle, à la date du 17 brumaire an XII, signée Chaptal, maintint cette largeur. En vertu d'une ordonnance royale du 12 mai 1841, elle est fixée à 12 m. — Toutes les maisons du côté gauche et celle n° 2 sont alignées. Les autres pro-

— BAS —

priétés devront reculer de 2 m. 20 c. — Jean-Bart, fils d'un simple pêcheur, naquit à Dunkerque en 1651; il devint chef d'escadre, et mourut en 1702.

BARTHÉLEMY (RUE).

Commence à l'avenue de Breteuil; finit au chemin de ronde de la barrière de Sèvres. Pas de numéro. Sa longueur est de 106 m. — 10e arrondissement, quartier des Invalides.

Dans le but de faciliter la circulation aux abords de l'abattoir de Grenelle, l'administration municipale conçut le projet d'ouvrir trois rues de 10 m. de largeur au pourtour de cet établissement. — Par une décision en date du 23 octobre 1817, le ministre de l'intérieur adopta ce projet. Le 26 janvier suivant, il fut arrêté par le même ministre que les trois nouvelles rues recevraient les dénominations de *Barthélemy*, *Bellart* et *Pérignon*, alors membres du conseil-général du département de la Seine. Ces percements ne furent exécutés qu'en 1820, et ils n'ont point encore la largeur assignée par le plan de 1817.

BASFOUR (PASSAGE).

Commence au passage Saint-Denis; finit à la rue Saint-Denis, nos 300 et 302. Le dernier impair est 17; le dernier pair, 14. Sa longueur est de 106 m. — 6e arrondissement, quartier de la Porte-Saint-Denis.

Au milieu du XIVe siècle, on le nommait *ruelle sans chef aboutissant à la Trinité*. Vers la fin du même siècle, on commença à lui donner le nom de *Basfour*, en raison d'un four situé dans ce passage. Sa largeur actuelle varie de 2 m. 60 c. à 5 m. — Éclairage au gaz (compe Française).

BASFROI (RUE).

Commence à la rue de Charonne, n° 63; finit à la rue de la Roquette, nos 82 et 84. Le dernier impair est 47; le dernier pair, 46. Sa longueur est de 389 m. — 8e arrondissement, quartier Popincourt.

Elle doit sa dénomination au terrain sur lequel elle a été bâtie. — Une décision ministérielle du 3 fructidor an IX, signée Chaptal, et une ordonnance royale du 6 mai 1827, ont fixé la largeur de cette voie publique à 10 m. Les maisons nos 21, 41, 43, 45 et 47, sont alignées. Les autres constructions du côté des numéros impairs devront reculer de 1 m. 20 c. à 1 m. 45 c. Celles qui portent les nos 18, 20, 38, 40, 42, 44 et 46, et deux murs de clôture situés près de la rue de Charonne, sont à l'alignement. — Conduite d'eau. — Éclairage au gaz (compe de Belleville).

BASSINS (BARRIÈRE DES).

Située à l'extrémité de la rue du chemin de Versailles.

Cette barrière, aujourd'hui fermée, consiste en un

— BAS —

bâtiment composé de quatre frontons surmontés d'un tambour. Elle a pris son nom des bassins ou réservoirs de la pompe à feu de Chaillot. (Voir l'article *Barrières*.)

BASSINS (CHEMIN DE RONDE DE LA BARRIÈRE DES).

Commence à la rue du chemin de Versailles et à la barrière des Bassins ; finit aux rue et barrière de Longchamp. Pas de numéro. Sa longueur est de 463 m. — 1er arrondissement, quartier des Champs-Élysées.

(Voir l'article *Chemins de ronde*.)

BASSINS (RUE DES).

Commence à la rue Newton ; finit au chemin de ronde de la barrière de l'Étoile. Pas de numéro. Sa longueur est de 276 m. — 1er arrondissement, quartier des Champs-Élysées.

En vertu d'une ordonnance royale du 18 mars 1836, MM. Dumoustier, Laurent et Grassal, ont obtenu l'autorisation d'ouvrir sur leurs terrains trois rues de chacune 12 m. de largeur, et désignées sous les noms de *Pauquet*, *Newton* et des *Bassins*. L'autorisation résultant de cette ordonnance ne leur a été accordée qu'à la charge par eux de livrer sans indemnité à la ville de Paris, le sol qui sera occupé par les nouvelles voies publiques ; de supporter les frais de pavage et d'éclairage desdites rues ; d'y établir des trottoirs en pierre dure, de la forme et de la largeur qui seront déterminées par l'autorité municipale ; de pourvoir à l'écoulement souterrain, ou à ciel ouvert, des eaux pluviales et ménagères ; DE NE POUVOIR ÉLEVER LES CONSTRUCTIONS RIVERAINES AU-DELA DE LA HAUTEUR DE DOUZE MÈTRES. Cette ordonnance royale a été immédiatement exécutée. (Voir l'article de la *barrière des Bassins*.)

BASTILLE (IMPASSE DE LA PETITE-).

Située dans la rue de l'Arbre-Sec, entre les nos 36 et 38. — 4e arrondissement, quartier du Louvre.

En 1499, dans les censiers de l'évêché, c'était la *ruelle sans bout*. En 1540, on la désignait sous le nom de *ruelle Jean-de-Charonne*. Sa dénomination actuelle lui vient d'un cabaret qui se trouvait encore en 1788 dans le fond de cette impasse. — Une décision ministérielle, en date du 13 février 1810, signée Montalivet, a fixé sa largeur à 7 m. 60 c. Les constructions du côté gauche ne sont pas soumises à retranchement.

BASTILLE (PLACE DE LA).

Située à l'extrémité de la rue Saint-Antoine. Le dernier numéro est 9. — 8e arrondissement, quartiers du faubourg Saint-Antoine et du Marais ; 9e arrondissement, quartier de l'Arsenal.

Une colonne triomphale s'élève aujourd'hui sur ce terrain où pesa, durant plus de quatre siècles, un monument redoutable.

— BAS —

Etienne Marcel, prévôt des marchands, avait fait bâtir une porte fortifiée qui défendait la rue Saint-Antoine. Cette porte était flanquée d'une bastille ou petit bastion. Charles V, voulant préserver son hôtel de Saint-Paul d'une attaque subite, ordonna de reconstruire ces fortifications sur un plan beaucoup plus vaste.

Hugues Aubriot, prévôt de Paris, en posa la première pierre le 22 avril 1370.

Cette forteresse n'avait, dans l'origine, que deux tours ; on en ajouta bientôt deux autres. Vers l'année 1383, Charles VI en fit bâtir quatre nouvelles, les réunit par de gros murs et les entoura d'un fossé. Sous Henri II, en 1553, on éleva de nouvelles fortifitions qui furent achevées en 1559. Ces travaux consistaient en une courtine flanquée de bastions, bordée de larges fossés à fond de cuve. Les propriétaires furent taxés pour cette dépense, depuis 4 livres jusqu'à 24, suivant le produit qu'ils tiraient de la location de leurs maisons.

Au mois d'août 1418, les Bourguignons assiégèrent la Bastille pour s'emparer des Armagnacs qui s'y étaient réfugiés ; les portes furent brisées. On voulut transférer les prisonniers au Grand-Châtelet ; l'escorte fut attaquée, et le peuple massacra les malheureux Armagnacs.

Cette bastille, qui avait été construite pour mettre la capitale à l'abri des attaques des Bourguignons et des Anglais, servit de prison d'État lorsque la crainte de ces agressions n'exista plus. De grands noms se rattachent à l'histoire de cette forteresse. Louis de Luxembourg, comte de Saint-Pol, connétable de France sous Louis XI, fut mis à la Bastille, le 27 novembre 1475, pour crime de lèse-majesté. Il eut la tête tranchée en place de Grève, le 19 décembre de la même année.

Jacques d'Armagnac, duc de Nemours et comte de la Marche, y fut également emprisonné pour crime de haute-trahison. Il fut décapité aux halles, le 4 août 1477.

La cruauté du roi Louis XI se montra ingénieuse dans la punition qu'infligea ce prince à Guillaume de Harancourt, évêque de Verdun. On lit dans les *Comptes et ordinaires de la prévôté de Paris* : « Pour
» avoir fait de neuf une grande cage de bois de
» grosses solives, membrures et sablières, contenant
» neuf pieds de long sur huit pieds de lé (large), et de
» hauteur sept pieds entre deux planchers, lissée et
» boujonnée à gros boujons de fer, laquelle a été as-
» sise entre une chambre, étant en l'une des tours de
» la Bastille Saint-Antoine, à Paris, par devers la
» porte dudit Saint-Antoine, en laquelle cage est mis
» et détenu prisonnier, par le commandement du roi,
» notre dit seigneur l'évesque de Verdun. Fut em-
» ployé à ladite cage, quatre-vingt-seize solives de cou-
» che et cinquante-deux solives debout, dix sablières à
» trois toises de long, et furent occupés dix-neuf char-
» pentiers pour équarrir, ouvrer et tailler tout ledit

» bois en la cour de la Bastille pendant vingt jours. Il
» y avoit à cette cage deux cent vingt gros boujons de fer,
» les uns de neuf pieds de long, les autres de huit, et
» les autres moyens, avec les rouelles, les pommelles et
» contrebandes servants auxdits boujons, pesant, tout
» ledit fer, 3,735 livres, outre huit grosses équières
» de fer servant à attacher ladite cage, avec les cram-
» pons et cloux pesants ensemble 218 livres de fer, sans
» compter le fer des treillis des fenestres de la chambre
» où elle fut posée, des barres de fer de la porte de la
» chambre et autres choses, revient à 317 livres 5 sols
» 7 deniers. Et fut payé, outre cela, à un maçon, pour
» le plancher de la chambre où était la cage, 27 li-
» vres 14 sols parisis, parce que le plancher n'eût pu
» porter cette cage à cause de sa pesanteur, et pour
» faire des trous pour poser les grilles des fenestres,
» et à un menuisier la somme de 20 livres 2 sols pa-
» risis pour portes, fenestres, couche, selle percée, et
» autres choses; plus 46 sols 8 deniers parisis à un
» vitrier pour les vitres de ladite chambre. Ainsi,
» monte la dépense, tant de la chambre que de la
» cage, à la somme de 367 livres 8 sols 3 deniers pa-
» risis, etc... » Sauval, tome 3, page 428.

Comme on l'indique, les prisons de la Bastille ne restèrent pas dégarnies sous ce règne ; Louis XI enfonçait aussi bien ses griffes de fer dans les camails soyeux des évêques que dans les manteaux dorés des ducs et pairs. Si quelqu'imprudent avait un instant rêvé un joyau de sa couronne, Louis XI le devinait ; fût-il l'allié, le frère ou l'ami du roi, l'étreinte était cruelle, l'imprudent ne bougeait plus.

Au commencement de l'année 1589, le parlement de Paris fut enfermé à la Bastille ; voici à quelle occasion : Bussi-Leclerc, qui de maître-d'armes était devenu procureur au parlement, fut, après l'évasion de Henri III, élevé par la Ligue à la dignité de gouverneur de la Bastille. Le 16 janvier, Bussi-Leclerc, accompagné de 25 hommes, tous déterminés ligueurs, se transporte au palais, pénétré dans la grand'chambre, le pistolet à la main : « Conformément au décret de la » Sorbonne, » dit-il insolemment, « que tous les Fran- » çais soient déliés du serment de fidélité et d'obéissance » envers le roi, et qu'on ne mette plus son nom dans » les arrêts. » Il se retire alors, rentre peu de temps après suivi de sa troupe, et s'écrie, avec l'accent de la plus vive colère : « Puisque vous délibérez aussi long- » temps sur une requête aussi juste, vous prouvez par » là qu'il existe des traîtres parmi vous. » Alors, tirant un papier de sa poche : « Que ceux dont je vais » appeler les noms me suivent à l'Hôtel-de-Ville, où » le peuple les demande. » Le premier président de Harlay est aussitôt nommé. Alors tous les conseillers se lèvent : « Nous n'avons pas besoin, » disent-ils, « d'une plus longue lecture, nous suivrons tous notre » président. » L'assemblée comptait ce jour-là plus de 60 membres ; Bussi-Leclerc se met à leur tête. Ils traversent le pont au Change, au milieu des flots de la populace qui les accable d'outrages. Ils arrivent enfin sur la place de l'Hôtel-de-Ville, où les clameurs augmentent. Bussi leur fait prendre le chemin de la Bastille. A peine sont-ils arrivés, qu'il intime l'ordre de les enfermer tous. Pour les obliger à se racheter plus tôt, le gouverneur ne leur fit donner que du pain et de l'eau, et le peuple exprima sa satisfaction dans des couplets où Bussi-Leclerc était désigné sous le nom de *grand pénitencier du parlement*.

Charles de Gontaut, duc de Biron, pair et maréchal de France, convaincu d'intelligence avec l'étranger, eut la tête tranchée dans la cour de la Bastille, le 31 juillet 1602.

Il avait été condamné la veille. Dans cet intervalle, ses parents s'étaient adressés au roi pour demander que l'exécution eût lieu à la Bastille, afin d'épargner au maréchal la honte d'un supplice en place de Grève. Henri IV accorda cette triste faveur à Biron. Quand on lut au maréchal ce passage de la sentence : *pour avoir attenté à la personne du roi* : — « Il n'en est rien, s'é- » cria-t-il, cela est faux ! ôtez cela ! » — Il répéta allant au supplice : — « A la vérité, j'ai failli ; mais pour la » personne du roi, jamais ! non, jamais ! » — Quelques moments après, ses gardes consternés viennent lui baiser la main. Il monte sur l'échafaud, regarde autour de lui d'un air inquiet, cherchant la hache du bourreau qu'on cache à ses yeux. Alors un tremblement général le saisit, il tombe à genoux. Au moment où l'on s'approche du maréchal pour lui couper les cheveux, il s'écrie d'une voix tonnante : « Qu'on ne m'approche » pas ! si je me mets en fougue, j'étrangle la moitié des » gens qui sont ici. » — Son œil étincelant, son geste, sa menace glacent d'effroi les plus hardis. Peu à peu il se calme, se remet à genoux, et le bourreau lui abat la tête d'un seul coup.

Le roi ne se montra pas aussi sévère à l'égard des autres coupables.

Charles de Valois, comte d'Auvergne et duc d'Angoulême, un des complices du maréchal, plus coupable que Biron, eut néanmoins la vie sauve. Il était frère utérin d'Henriette d'Entragues, marquise de Verneuil, maîtresse de Henri IV.

Quoique la Bastille fût affectée principalement aux prisonniers d'État, cependant le roi Henri IV y fit garder le trésor royal ; c'est ce que nous apprend le poëte Regnier, dans sa treizième satire :

« Prenez-moi ces abbés, ces fils de financiers,
» Dont depuis cinquante ans les pères usuriers,
» Volant de toutes mains, ont mis en leur famille
» Plus d'argent que le roi n'en a dans la Bastille. »

Sully nous dit dans ses Mémoires : « Vers l'an 1610,
» le roi avoit pour lors quinze millions huit cent soi-
» xante-dix-huit mille livres d'argent comptant dans
» les chambres voûtées, coffres et caques étant en la
» Bastille, outre dix millions qu'on avoit tirés pour
» bailler au trésorier de l'épargne. »

— BAS —

Victime de la haine du cardinal de Richelieu, le célèbre maréchal de Bassompierre fut mis à la Bastille en 1631, et n'en sortit qu'à la mort du ministre. La délivrance du maréchal inspira ces vers à un poète ; c'est Bassompierre qui parle :

« Enfin dans l'arrière-saison,
» La fortune d'Armand s'accorde avec la mienne.
» France, je sors de prison
. . . » Quand son âme sort de la sienne. »

Le roi Louis XIII accueillit favorablement Bassompierre et lui demanda son âge. Le maréchal, qui avait alors soixante ans, dit à sa majesté qu'il n'en avait que cinquante. Cette réponse surprenait le roi. — « Sire, » ajouta l'habile courtisan, « je retranche dix années » passées à la Bastille, parce que je ne les ai pas em- » ployées au service de votre majesté. »

En 1634 on fit quelques réparations à la Bastille tant pour fortifier ce château que pour en agrandir les dépendances. Le 18 juin 1663, Nicolas Fouquet, surintendant-général des finances, accusé de concussion, fut transféré de Vincennes à la Bastille, sur un ordre du roi, contresigné Le Tellier.

La disgrâce de Fouquet nous rappelle Pellisson, dont l'infortune, moins méritée, fut supportée aussi honorablement. Lors de la chute du surintendant, Pellisson, premier commis de Fouquet, resta fidèle au malheur. Il fut mis à la Bastille ; là tous les moyens furent employés pour lui arracher les secrets de son bienfaiteur. On lui offrit sa liberté, de l'or ; Pellisson résista. Dans le même cachot fut enfermé un allemand chargé de rapporter toutes les paroles qui échappent parfois à la captivité trop confiante. Pellisson le devina et bientôt sa résignation, sa bonté gagnèrent le cœur de cet homme, qu'il réhabilita en l'associant à son infortune. A l'aide de cet agent, Pellisson répandit dans le public trois mémoires en faveur de Fouquet. Louis XIV, irrité, donna l'ordre de traiter le prisonnier avec la dernière rigueur ; l'encre et le papier qui lui servaient à défendre son ami lui furent enlevés. On lui laissa seulement quelques ouvrages des Pères de l'Eglise et plusieurs livres de controverse. Un basque grossier et stupide, qui tirait des sons monotones d'une musette, n'offrait au pauvre prisonnier qu'une faible distraction contre la solitude. Pellisson sut bientôt se créer une nouvelle société : dans un soupirail qui reflétait une lumière douteuse sur sa prison, une araignée avait tendu sa toile ; Pellisson résolut d'apprivoiser l'insecte. Au moment où le basque jouait de son instrument, Pellisson plaçait des mouches sur le bord du soupirail, l'araignée peu à peu s'enhardissait, et allait saisir sa proie que le prisonnier éloignait pour familiariser l'insecte. Au bout de quelques mois, l'araignée était habituée au son de la musette, et allait saisir la mouche jusque sur les genoux du prisonnier. D'autres consolations pénétrèrent dans cette triste demeure. Le public applaudissait à la noble conduite de Pellisson et de nombreux amis sollicitaient sa liberté. Louis XIV, revenu de ses préventions, finit par l'accorder. Pellisson consacra le souvenir de sa délivrance en brisant tous les ans à la même époque, les chaînes de quelques prisonniers.

L'homme au masque de fer entra à la Bastille le 18 septembre 1698, à trois heures après midi. Il portait un masque de velours noir, bien attaché sur le visage, et qu'un ressort tenait derrière la tête. Il logeait dans la tour de la Bertaudière. Sa mort arriva presque subitement le 19 novembre 1703. Il fut enseveli dans un linceul de toile neuve et enterré à Saint-Paul le lendemain, à quatre heures, sous le nom de *Marchiali*, en présence de M. Rosarges, major du château, et du sieur Beilh, chirugien-major de la Bastille, qui ont signé sur les registres de Saint-Paul. Son enterrement a coûté 40 livres.

François-Marie-Arouet de Voltaire, âgé de 22 ans, fut mis à la Bastille le 17 mai 1717, pour avoir composé des poésies contre le régent et la duchesse de Berri. L'une de ces pièces avait pour titre : *Puero regnante*. Sorti de prison le 11 avril 1718, il fut mis de nouveau à la Bastille, le 28 mars 1726 ; voici à quelle occasion : Voltaire avait été insulté d'une manière indigne par M. de Rohan-Chabot. Il fut arrêté et conduit dans cette forteresse pour avoir cherché le moyen de se venger. A peine fut-il en prison, qu'il écrivit une lettre au ministre du département de Paris, au sujet de son incarcération. Nous nous bornerons à citer un fragment de cette lettre : « Je remontre très humblement à son excellence » que j'ai été assassiné par le brave chevalier de Rohan, » assisté de six coupe-jarrets, derrière lesquels il était » hardiment posté. J'ai toujours cherché depuis ce » temps l'occasion de réparer, non mon honneur, mais » le sien, ce qui était trop difficile, etc. » Voltaire sortit de prison le 29 avril suivant.

Thomas-Arthur de Lally, âgé de 61 ans, natif de Romans en Dauphiné, grand'croix de l'ordre royal et militaire de Saint-Louis, lieutenant-général des armées du roi, fut arrêté à Fontainebleau par un officier de la prévôté de l'hôtel, et conduit à la Bastille le 1er novembre 1762, en vertu d'un ordre du roi expédié par M. de Choiseul. Il fut accusé d'avoir été la cause de la perte de tous les établissements français dans l'Inde. Le parlement lui fit son procès ; il fut condamné à avoir la tête tranchée en place de Grève, par arrêt du 6 mai 1766. Le jugement fut exécuté le 9 du même mois, à cinq heures du soir. — Nous nous sommes attachés à ne citer que les principaux personnages enfermés dans cette forteresse, pour ne pas sortir des limites que nous nous sommes tracées.

Ce fut sous le règne de Louis XV que M. Phélipeaux de Saint-Florentin fit élever plusieurs bâtiments pour servir de logements aux officiers de l'état-major. La Bastille offrait un vaste édifice dont le plan aurait figuré un parallélogramme régulier, si les deux tours du milieu n'eussent formé une espèce d'avant-corps. On y comptait huit grosses tours.

— BAS —

Du côté de la Ville.

1° La tour du Puits;
2° De la Liberté;
3° De la Bertaudière;
4° De la Bassinière.

Du côté du Faubourg.

1° La tour du Coin;
2° De la Chapelle;
3° Du Trésor;
4° De la Comté.

Le nom de la première tour du côté de la ville lui vint d'un puits qui servait à l'usage des cuisines. On ignore ce qui a pu faire donner à la seconde, dite de la *Liberté*, un nom si peu fait pour elle. La troisième devait sans doute sa dénomination à quelque prisonnier. La quatrième était ainsi appelée, parce que M. de la Bassinière y fut enfermé en 1663. La position de la première tour du côté de la campagne, formant le coin de la forteresse, lui a sans doute fait donner cette dénomination. Le nom de la seconde lui vint de sa proximité de la chapelle, qui se trouvait sous la voûte de l'ancienne porte de ville. Lors de la démolition, on y a trouvé les débris d'un autel. On avait construit une autre chapelle vis-à-vis de l'ancienne, auprès de la tour de la *Liberté*; dans le mur d'un des côtés de cette chapelle, étaient pratiquées six petites niches, dont chacune ne pouvait contenir qu'un seul prisonnier, et ceux à qui l'on permettait d'y entendre la messe, n'avaient là ni air, ni jour; on ouvrait un rideau qui couvrait une étroite lucarne vitrée et grillée, à travers laquelle on entrevoyait, comme avec une lorgnette, le prêtre officiant. Le nom de la troisième tour du même côté lui fut donné sans doute, parce que Henri IV y fit enfermer le trésor royal; celui de la quatrième indique suffisamment son affectation.

Voici la liste des principaux gouverneurs de la Bastille à peu près depuis sa fondation : en 1385, Jean de la Personne, vicomte d'Acy; en 1404, le sire de Saint-Georges; en 1413, Louis de Bavière, oncle du Dauphin; en 1416, Thomas de Beaumont; sous Louis XI, ce poste important fut confié à Philippe l'Huillier; en 1588, le duc de Guise, maître de Paris, nomma Bussi-Leclerc gouverneur de la Bastille; Dubourg en était gouverneur en 1594, lors de l'entrée de Henri IV à Paris; le roi nomma de Vic pour le remplacer; Sully lui succéda en 1601; Marie de Médicis, pendant la régence, y plaça, comme capitaine, M. de Châteauvieux; en 1617, Bassompierre, Vitry et le duc de Luynes, successivement gouverneurs, furent remplacés, d'abord par le duc de Luxembourg, puis par le maréchal de l'Hôpital; Leclerc du Tremblay eut la garde de cette forteresse sous la Fronde; Rouvière, fils du célèbre conseiller Pierre Broussel, lui succéda; Baisemaux occupa ensuite cette place et la conserva jusqu'à sa mort; il fut remplacé par le fameux Cinq-Mars; Bernaville remplissait cette fonction en 1717. Les derniers gouverneurs de la Bastille furent Pierre Baisle, François

— BAS —

d'Abadie, de Jumilhac, et enfin l'infortuné Jourdan de Launay. Le gouverneur de la Bastille recevait une somme proportionnée à la qualité des prisonniers : c'était un écu pour un homme sans état; 5 livres pour un bourgeois, pour un procureur, un avocat; la taxe d'un prêtre, d'un financier et d'un juge ordinaire, était une pistole; d'un conseiller au parlement, 15 liv.; d'un lieutenant-général des armées, 24 liv.; d'un maréchal de France, 36 liv. On allouait au gouverneur dix places qui lui étaient payées, occupées ou non, sur le pied de 10 liv. par jour. Le gouvernement de la Bastille rapportait 60,000 liv. Le lieutenant du roi et tous les officiers de l'état-major avaient, ainsi que le gouverneur, la croix de Saint-Louis. Le lieutenant-général de police était le véritable chef de la Bastille; c'était par lui que passaient tous les ordres. Quand le parlement acceptait des commissions pour juger les prisonniers, il n'était pas permis aux juges d'entrer dans le château; c'était en dehors qu'ils tenaient leurs assises et qu'on leur amenait l'accusé.

Quelques années avant la révolution, l'avocat Linguet fut mis à la Bastille. Là, ce prisonnier s'amusait à écrire des mémoires contre le gouvernement. Un jour un homme pâle, grand et fluet, entra dans son cachot : — « Pourquoi me dérangez-vous ? » dit Linguet, avec l'accent de la colère. — « Monsieur, je suis le barbier » de la Bastille », répondit le Figaro des prisonniers d'état. — « Ceci est différent, mon cher; puisque vous » êtes le barbier de la Bastille, *faites-moi le plaisir de* » *la raser* ». Et Linguet se remit à écrire. Le 14 juillet 1789, le peuple se chargea de cette opération.

Le 14 août suivant, les ouvriers employés à sa démolition trouvèrent, dans la partie de la tour de la Comté, cinq boulets incrustés dans la pierre; on a pensé qu'ils avaient été lancés en cet endroit lors de la bataille Saint-Antoine. Ces boulets ont été offerts par les architectes à M. de La Fayette. Une partie des matériaux qu'on tira de la démolition de cette forteresse servit à construire le pont Louis XVI (aujourd'hui de la Concorde).

Au sud-est de la place de la Bastille, on voit un éléphant colossal auquel se rattachent quelques souvenirs de gloire. Un décret impérial, rendu au palais des Tuileries le 24 février 1811, porte ce qui suit : « L'éléphant destiné à orner la fontaine de la Bastille » sera coulé en bronze. La matière de ce monument ne » sera pas comprise dans la dépense; elle sera fournie » par nos arsenaux, et notre ministre de la guerre affec- » tera à cette destination *les pièces de bronze qui ont été* » *prises dans la campagne de Friedland.* » Ce monument a été exécuté en plâtre. Il y a quelques mois, on avait projeté de nouveau de le couler en bronze et de le transporter à la place du Trône; cet embellissement a été ajourné. — Une ordonnance royale, du 6 juillet 1831, a prescrit l'érection d'un monument funéraire en l'honneur des victimes des trois journées. La première pierre a été posée par le roi, le 27 du même mois. La colonne de juillet est d'ordre corinthien ; des inscriptions, des palmes, des couronnes d'immortelles, des rameaux de chêne, les armes de la Ville, le coq gaulois et le lion, symbole astronomique du mois de juillet, ornent le piédestal. Sur le fût, divisé en trois parties, sont gravés en lettres d'or les noms des victimes. Le chapiteau supporte une statue exécutée par M. Dumont : c'est le génie de la Liberté tenant un flambeau d'une main, des fers brisés dans l'autre, et déployant ses ailes. On monte deux cent quarante marches pour arriver au sommet. Enfin, tout le bronze employé présente une masse effrayante de 179,500 kilogrammes. A partir du sol jusqu'au flambeau que tient la statue, le monument a 50 m. 33 c. de hauteur. Les plans sont de M. Alavoine ; M. Barye a modelé les coqs et le lion du piédestal ; les pièces ornées de la colonne sortent des ateliers de MM. Ingé et Soyer. Le chapiteau seul pèse 12,000 kilogrammes. Les forges de Fourchambault ont fourni les tambours-lisses qui sont fort remarquables par leur précision ; M. Saulnier, mécanicien, en a fait l'ajustage et la pose. Le monument a été terminé au commencement de 1840, et le 29 juillet de la même année les cendres des victimes furent placées sous la colonne, dans les caveaux construits à cet effet.

La seconde porte Saint-Antoine était située au-delà des fossés de la Bastille. On la construisit sous Henri II, afin d'enfermer la forteresse dans Paris. Ce fut également sous ce règne qu'on décora cette porte d'un arc-de-triomphe dont les sculptures étaient du célèbre Jean Goujon. Sous cette porte, le duc d'Anjou, depuis Henri III, fit son entrée triomphale à l'occasion de son élection au trône de Pologne. La porte Saint-Antoine fut restaurée et agrandie dans les années 1670 et 1671, par l'architecte Blondel. Des lettres-patentes du mois de mai 1777 ordonnèrent la démolition de cette porte, qui gênait la circulation dans ce quartier populeux. L'emplacement qu'elle occupait forme également aujourd'hui une partie de la place de la Bastille. — Une ordonnance royale, en date du 24 septembre 1836, a déterminé les alignements de cette voie publique.

BASVILLE (RUE DE).

Commence à la cour Lamoignon, n° 11 ; finit à la cour Harlay, n° 18. Pas de numéro. — 11e arrondissement, quartier du Palais-de-Justice.

Cette rue, ou plutôt ce passage a été ouvert sur l'emplacement de la basse-cour de l'ancien hôtel du bailliage, laquelle était comprise dans la concession faite par le roi à M. de Lamoignon, suivant bail à cens du 26 février 1671, confirmé par lettres-patentes du même mois. Cette concession avait été faite à la charge d'établir diverses cours, galeries, ouvertures, etc.

Dans un procès-verbal d'expertise, dressé le 17 juin 1682 pour la réception des travaux et constructions imposés au concessionnaire, on lit ce qui suit : « Avons » trouvé que ladite tour de la connestablie a esté percée » et ouverte conformément audit contrat, au droit de la » quelle gallerie pour passer en celle du pallais a esté » fait de neuf une grande arcade de pierre de taille entre » la dite tour au-dessus et au travers de la court basse » du dit hostel du bailliage, et au-dessus de laquelle » arcade y a esté fait des petits logements et boutiques » servans de continuation à la dite gallerie jusques à la » dite tour de la connestablie, et la quelle voûte a esté » posée sur un gros mur basty de pierres de taille, sous » la quelle haute gallerie avons aussi trouvé qu'il a esté » observé au rez-de-chaussée de la dite grande court, » deux passages pour la commodité du public, dont l'un » du costé des maisons de la rue du Harlay pour entrer » de la dite grande court dans la rue de La Moignon, et » par l'autre bout vers la court basse du dit hostel du » bailliage, *une petite rue appelée la rue de Basville,* » pour communiquer de la petite place au bout de la » rue de La Moignon, dans ladite grande court, les » quelles rues et petites places sont pavées de gros pavez » de grais, et à cet égard y a esté satisfait. »

La rue de Basville doit son nom à Guillaume de Lamoignon, seigneur de Basville, né en 1617, nommé premier président du parlement en 1658, et mort en 1677.

D'après l'ordonnance royale du 26 mai 1840, qui a déterminé le nouveau périmètre du Palais-de-Justice, la rue de Basville doit être supprimée, et son emplacement sera confondu dans l'enceinte dudit palais. Le passage dans la cour Harlay est déjà intercepté.

BATAILLES (RUE DES).

Commence à la rue Gasté et à celle de Longchamp, n° 1 ; finit au chemin de ronde de la barrière Sainte-Marie. Le dernier impair est 21 ; le dernier pair, 20. Sa longueur est de 635 m. — 1er arrondissement, quartier des Champs-Elysées.

Il est nécessaire, pour bien comprendre l'origine de cette voie publique, de la diviser en deux parties. La première, qui prend naissance à la rue de Longchamp et finit à celle de Magdebourg, n'était anciennement qu'un chemin qui faisait partie du village de Chaillot, dont nous parlerons à la grande voie publique qui en a conservé la dénomination. Un plan moderne indique aussi cette portion de rue sous le nom de *Marle*. — Une décision ministérielle à la date du 3 vendémiaire an X, signée Chaptal, a fixé sa moindre largeur à 12 m. Les maisons n°s 5, 7, 9, 11, partie du n° 17, 21, 23 ; 8, 8 bis, 10, 14, 18 et 20, sont alignées. Les propriétés n°s 1, 12 et 16 devront, pour exécuter l'alignement, avancer sur leurs vestiges actuels. — Conduite d'eau. — Éclairage au gaz (comp.e de l'Ouest).

La deuxième partie, qui n'est pas encore construite, a été tracée, il y a quelques années, sur l'emplacement de la ruelle Sainte-Marie et de la communauté du même nom. Nous donnons ici l'historique de la maison religieuse de la Visitation-de-Sainte-Marie :

— BAT —

Elle fut fondée par Henriette de France, fille de Henri IV et veuve de Charles Ier, roi d'Angleterre. Cette princesse obtint, par lettres-patentes registrées au parlement le 19 janvier 1652, l'autorisation nécessaire pour établir un couvent de la Visitation dans la paroisse de Chaillot. Elle fit en conséquence l'acquisition d'une grande maison bâtie par la reine Catherine de Médicis, et qui avait appartenu, après la mort de la veuve de Henri II, au maréchal de Bassompierre. Ce fut dans cette communauté que Bossuet prononça, le 16 novembre 1669, en présence des principaux seigneurs de la cour, l'oraison funèbre de la reine d'Angleterre. En 1704, Nicolas Frémond, garde du trésor royal, fit rebâtir entièrement l'église. Cette maison religieuse fut supprimée en 1790. Une partie de ses biens fut vendue. On projeta sous l'empire de construire sur l'emplacement de cette ancienne communauté un palais destiné au roi de Rome. Les malheurs de la dynastie impériale empêchèrent l'exécution de ce projet. On a prolongé, comme nous l'avons dit plus haut, la rue des Batailles sur cet emplacement; quelques avenues ont été également tracées; et l'État loue à divers particuliers, les terrains qui les avoisinent.

BATAVE (COUR).

Située rue Saint-Denis, n° 124. — 6° arrondissement, quartier des Lombards.

Elle a été ouverte sur l'emplacement de l'église et dépendances de la confrérie du Saint-Sépulcre, dont nous traçons ici l'origine. Quelques fidèles, de retour d'un pélerinage à Jérusalem, se formèrent en confrérie au commencement du XIV° siècle. Louis de Bourbon, comte de la Marche et de Clermont, leur donna 200 livres parisis au mois de janvier 1325. Le dernier jour d'octobre de la même année, ils achetèrent dans la rue Saint-Denis, de Jean Chaumont, de Garmont de Saint-Quentin et de Jeanne-la-Maupetite, l'emplacement nécessaire pour bâtir une église. La première pierre de cet édifice fut posée le 18 mai 1326, par l'archevêque d'Auch, assisté des évêques d'Amiens, d'Autun, de Tréguier et de Mende. Cette cérémonie eut lieu en présence de Louis de Bourbon, de Clémence, reine de France, d'Isabelle, reine d'Angleterre, et de Blanche de Bretagne, veuve de Philippe d'Artois. Cette confrérie, autorisée en 1329 par lettres du roi Philippe VI, lutta longtemps avec le chapitre de Saint-Merri et celui de Notre-Dame. L'église, dédiée en 1526, ne fut entièrement terminée qu'en 1655. Le portail, *historié* avec goût, était une œuvre remarquable. Les bâtiments de l'ancienne confrérie du Saint-Sépulcre devinrent en 1790 propriétés nationales et furent vendus le 2 juillet 1791. L'acquéreur céda sa propriété à une compagnie hollandaise ou batave, qui fit construire les bâtiments de cette cour et une partie du passage, sous la direction des architectes Sobre et

— BAT —

Happe. Les constructions étaient achevées en 1795. — Éclairage au gaz (comp^e Française).

BATTOIR-SAINT-ANDRÉ (RUE DU).

Commence à la rue Hautefeuille, n°s 10 et 12; finit à la rue de l'Éperon, n° 9. Le dernier impair est 19 ; le dernier pair, 26. Sa longueur est de 152 m. — 11° arrondissement, quartier de l'École-de-Médecine.

Guillot, dans son Dit des rues de Paris, composé vers l'année 1300, la nomme rue de la *Plâtrière*. Dans plusieurs titres de l'abbaye de Saint-Germain-des-Prés, et notamment dans un terrier de 1523, elle est désignée sous le nom de *Haute-Rue*, dite du *Battouer*, autrement la *Vieille-Plâtrière*. Dans les lettres d'amortissement de l'hôtel des religieuses de Vendôme, elle est indiquée sous la même dénomination de *Vicus Altus*. Le nom de rue du *Battoir*, qui lui fut donné peu de temps après, lui vient d'une enseigne. — Une décision ministérielle du 23 prairial an VII, signée François de Neufchâteau, a fixé la largeur de cette voie publique à 7 m. Les maisons n°s 4, 6, 8, 10 et 18 ne sont pas soumises à retranchement. Celles n°s 2 et 12 ne sont assujéties qu'à un faible redressement. — Conduite d'eau depuis la rue Hautefeuille jusqu'à la borne-fontaine.

BATTOIR-SAINT-VICTOR (RUE DU).

Commence à la rue du Puits-l'Hermite, n° 2; finit à la rue Copeau, n°s 1 et 3. Le dernier impair est 13; pas de numéro pair; ce côté est bordé par les bâtiments de la Pitié. — 12° arrondissement, quartier du Jardin-du-Roi.

On ne commença à bâtir sur le clos du Chardonnet que sous le règne de François Ier. L'abbé et les religieux de Sainte-Geneviève donnèrent d'abord une grande partie de ce clos aux sieurs d'Albiac et René d'Ablon. Ce dernier fit ouvrir des rues en 1540 et construire vingt-quatre maisons, puis céda le reste à cens à divers particuliers. Ce territoire reçut d'abord le nom de *Villeneuve-Saint-René*, et depuis on en fit un bourg dans lequel le fief d'Albiac se trouva enclavé. Ce terrain comprenait tout l'espace borné par les rues du Jardin-du-Roi, d'Orléans, Mouffetard et Copeau. Un des chemins qui traversait ce bourg se nommait en 1588 rue *Neuve-Saint-René*. Une enseigne, en 1603, lui fit prendre le nom de rue du *Battoir*. Jusqu'en 1782, la rue du Battoir commençait à la rue Copeau et aboutissait à la rue d'Orléans. En vertu des lettres-patentes du 22 août 1782, registrées au parlement le 3 septembre de la même année, la partie de la rue du Battoir située entre la rue du Puits-l'Hermite et celle d'Orléans, fut supprimée et affectée à l'agrandissement de l'hôpital de la Pitié. — Une décision ministérielle, à la date du 28 ventôse an IX, signée Chaptal, a fixé à 7 m. la largeur de la rue du Battoir. La maison située à l'encoignure de la rue du Puits-l'Hermite et les bâtiments

— BAU —

de la Pitié sont à l'alignement; les autres propriétés devront reculer de 1 m. 06 c. à 1 m. 60 c. — Conduite d'eau.

BAUDOYER (PLACE).

Commence aux rues du Pourtour, n° 1, et de la Tixéranderie, n° 92; finit aux rues des Barres, n° 17, et Saint-Antoine, n° 1. Le dernier impair est 9; le dernier pair, 6. — Les numéros impairs sont du 7ᵉ arrondissement, quartier du Marché-Saint-Jean; et les pairs du 9ᵉ, quartier de l'Hôtel-de-Ville.

Cette place doit son nom à la première porte Baudoyer qui était située dans la rue Saint-Antoine, entre les rues Geoffroy-Lasnier et de Jouy. Une seconde porte du même nom fut construite sous Philippe-Auguste, entre la maison professe des Jésuites et la rue Culture-Sainte-Catherine. — L'abbé Lebœuf pense que la porte Baudoyer tire sa dénomination de *Baudacharius* (défenseur de Paris), officier ou magistrat dont les fonctions étaient très importantes et dont le nom se trouve inscrit dans le testament d'une dame Hermentrude, de l'an 700. Ainsi, de *Baudacharius* on a fait, par contraction, *Baudarius, Baudaire, Baudaier*; de ce dernier nom est venu *Baudoyer*, qu'on lit dans une charte de Charles V, en 1336. — Deux ordonnances royales, en date des 4 mars 1836 et 4 août 1838, ont déterminé les alignements de cette place. Les maisons du côté des numéros impairs sont soumises à un retranchement qui varie de 50 c. à 1 m. 50 c.; celles du côté opposé sont alignées. — Égout et conduite d'eau. — Éclairage au gaz (compᵉ Lacarrière).

BAUDROIRIE (IMPASSE DE LA).

Située dans la rue de la Corroierie, entre les nᵒˢ 3 et 5. Pas de numéro. Sa longueur est de 18 m. — 7ᵉ arrondissement, quartier Sainte-Avoie.

Cette impasse, connue dès l'année 1300, a pris sa dénomination des corroyeurs qui vinrent l'habiter. En effet, le nom de *Baudroyers* était donné aux marchands ou apprêteurs de cuirs. — Une décision ministérielle, à la date du 16 floréal an X, signée Chaptal, a fixé la largeur de cette impasse à 6 m. La maison située sur le côté droit, à l'encoignure de la rue de la Corroierie, est alignée.

BAYARD-CHAMPS-ÉLYSÉES (RUE DE).

Commence au quai de la Conférence; finit à l'allée des Veuves, nᵒˢ 50 et 52. Le dernier impair est 21; le dernier pair, 26. Sa longueur est de 285 m. — 1ᵉʳ arrondissement, quartier des Champs-Elysées.

En vertu d'une ordonnance royale du 23 juillet 1823, une compagnie, représentée par M. Constantin, a été autorisée à ouvrir sur ses terrains : 1° deux rues de chacune 14 m. 60 c. de largeur; 2° une place circulaire de 40 m. 90 c. de diamètre. Cette autorisation a été accordée aux conditions suivantes : de fournir gratuite-

— BEA —

ment le terrain nécessaire auxdites rues et place; de faire les frais du premier pavage et éclairage; de pratiquer, sur les côtés des nouvelles voies ouvertes, des trottoirs en dalles, et en outre de se soumettre aux lois et règlements sur la voirie de Paris, etc. — Cette ordonnance fut immédiatement exécutée : les deux rues ont reçu les noms de *Bayard* et de *Jean-Goujon*; la place celui de *François Iᵉʳ*. — Pierre du Terrail, seigneur de Bayard, né en 1476, au château de Bayard, dans la vallée de Grésivaudan, fut blessé à mort le 30 août 1524, au passage de la Sésia. Ce héros, surnommé à juste titre le *Chevalier sans peur et sans reproche*, fut inhumé à Grenoble, dans l'église des Minimes. — Il existe une conduite d'eau dans la rue de Bayard.

BAYARD-GRENELLE (RUE DE).

Commence à la rue Kléber, finit à la rue Duguesclin. Pas de numéro. Sa longueur est de 116 m. — 10ᵉ arrondissement, quartier des Invalides.

Cette communication existait dès 1789, mais elle n'avait point alors de dénomination. A cette époque elle débouchait sur la place Dupleix. — Cette voie publique n'a été alignée qu'en 1816, par décision ministérielle du 31 août, qui fixe sa largeur à 10 m. Immédiatement après elle a reçu le nom de *Bayard* (voyez l'article précédent). — Les constructions riveraines ne sont soumises qu'à un faible retranchement.

BEAUBOURG (RUE).

Commence aux rues Maubué, n° 2, et Simon-le-Franc, n° 22; finit aux rues Grenier-Saint-Lazare, n° 1, et Michelle-Comte, n° 39. Le dernier impair est 65; le dernier pair, 64. Sa longueur est de 282 m. — 7ᵉ arrondissement, quartier Sainte-Avoie.

Au commencement du XIᵉ siècle, quelques paysans vinrent bâtir en cet endroit plusieurs chaumières, dont le nombre augmenta rapidement. Ces habitations formèrent, vers le milieu du XIIᵉ siècle, un village assez étendu auquel on donna bientôt le nom de *Beau-Bourg*. Ce bourg comprenait l'espace aujourd'hui limité par les rues Maubué, Grenier-Saint-Lazare, Saint-Martin et Sainte-Avoie. Ce territoire fut en partie renfermé dans Paris, sous Philippe-Auguste, par la nouvelle enceinte bâtie de 1190 à 1210. La moitié de cette rue, qui était dans la capitale, se nommait alors rue de la *Poterne*, en raison d'une des portes de la ville qu'on voyait dans cette voie publique, entre les rues Grenier-Saint-Lazare et Michel-le-Comte. L'autre moitié de cette voie publique, qui se trouvait hors Paris, avait la dénomination de rue *outre la poterne Nicolas-Hydron*. — Une décision ministérielle du 18 vendémiaire an VI, signée Letourneux, avait fixé la moindre largeur de la rue Beaubourg à 8 m. Cette largeur a été portée à 10 m., en vertu d'une ordonnance royale du 22 mai 1837. — Les maisons situées aux quatre encoignures de la rue de Rambuteau et la propriété n° 45,

— BEA —

sont à l'alignement. — Conduite d'eau depuis la rue Maubué jusqu'à celle du Maure. — Éclairage au gaz (comp⁰ Lacarrière).

BEAUCE (RUE DE).

Commence à la rue d'Anjou, nos 8 et 10; finit aux rues de la Corderie, n° 18, et de Bretagne, n° 2. Le dernier impair est 9; le dernier pair, 10. Sa longueur est de 135 m. — 7⁰ arrondissement, quartier du Mont-de-Piété.

Cette rue, tracée en 1626, sur la culture du Temple, fut achevée en 1630. Son nom rappelle une des provinces les plus fertiles de la France. Une décision ministérielle du 4 floréal an VIII, signée L. Bonaparte, fixa la largeur de cette voie publique à 6 m. Cette largeur est portée à 10 m., en vertu d'une ordonnance royale du 31 mars 1835. Depuis 1832, elle est fermée par des grilles. Sa largeur actuelle n'est que de 3 m. 50 c. environ. La propriété n° 10 n'est soumise qu'à un retranchement de 30 c. réduits. — Conduite d'eau depuis la rue de Bretagne jusqu'à la borne-fontaine.

BEAUCE (RUE JEAN-DE-).

Commence à la rue de la Petite-Friperie, n° 1; finit à la rue de la Cordonnerie, nos 1 et 3. Le dernier impair est 3; le seul pair, 2. Sa longueur est de 36 m. — 4⁰ arrondissement, quartier des Marchés.

Le premier acte qui constate l'existence de cette rue est de 1320; nous croyons néanmoins sa construction antérieure à cette époque. Son emplacement était occupé par des Juifs durant les premières années du règne de Philippe-Auguste. Elle doit son nom à un boucher, qui y fit construire un étal. Il n'existe pas d'alignement pour cette voie publique, dont la largeur actuelle varie de 4 à 6 m. — Conduite d'eau depuis la rue de la Petite-Friperie jusqu'à la borne-fontaine. — Éclairage au gaz (comp⁰ Française).

BEAUCOURT (IMPASSE).

Située dans la rue du Faubourg-du-Roule, n° 94. Pas de numéro. — 1ᵉʳ arrondissement, quartier du Roule.

Cette impasse a été formée en 1825, sur des terrains appartenant à M. Beaucourt. Elle n'est point reconnue voie publique par l'administration.

BEAUFORT (IMPASSE).

Située dans le passage du même nom, n° 2. Pas de numéro. Sa longueur est de 40 m. — 6⁰ arrondissement, quartier des Lombards.

On la nommait anciennement *ruelle derrière Saint-Leu et Saint-Gilles*. Elle tire son nom actuel de l'hôtel Beaufort, qu'on y voyait en 1575. Cette impasse n'a jamais été alignée; sa largeur est de 3 m. environ. — La prison Saint-Magloire, située à l'angle du passage, a été vendue par le domaine de l'État, le 21 vendémiaire an VI.

BEAUFORT (PASSAGE).

Commence à la rue Quincampoix, n° 63; finit à la rue Salle-au-Comte, entre les nos 8 et 10. — 6⁰ arrondissement, quartier des Lombards.

Même étymologie que l'article qui précède.

BEAUJOLAIS (PASSAGE DE).

Commence à la rue de Beaujolais, n° 48; finit à celle de Richelieu, n° 52. — 2⁰ arrondissement, quartier du Palais-Royal.

Ce passage, construit en 1812, a pris le nom de la rue dans laquelle il débouche.

BEAUJOLAIS AU MARAIS (RUE DE).

Commence à la rue de Bretagne, nos 48 et 50; finit à la place de la Rotonde-du-Temple, n° 1, et à la rue du Forez, n° 1. Le dernier impair est 25; le dernier pair, 20. Sa longueur est de 88 m. — 6⁰ arrondissement, quartier du Temple.

Ouverte en 1626, sur la culture du Temple, elle prit le nom d'une de nos provinces de France. Elle était entièrement construite en 1630. — « Séance du 12 thermidor an VI de la république française, une et indivisible. L'administration centrale du département arrête: que la rue dite de Beaujolais, près celle de Bretagne, 6⁰ arrondissement municipal, prendra le nom de rue des *Alpes*. » Par décision ministérielle du 5 vendémiaire an IX, signée L. Bonaparte, la largeur de cette voie publique fut fixée à 8 m. Un arrêté préfectoral du 27 avril 1814, lui rendit sa première dénomination. En vertu d'une ordonnance royale du 16 mai 1833, sa largeur a été portée à 10 m. Les maisons du côté des numéros pairs sont alignées; celles du côté des numéros impairs devront subir un retranchement de 4 m. 30 c. — Conduite d'eau depuis la rue de Bretagne jusqu'à la borne-fontaine. — Éclairage au gaz (comp⁰ Lacarrière).

BEAUJOLAIS-PALAIS-ROYAL (RUE DE).

Commence à la rue de Valois, nos 43 et 48; finit à la rue de Montpensier, nos 38 et 41. Le dernier impair est 13; le dernier pair, 20. Sa longueur est de 128 m. — 2⁰ arrondissement, quartier du Palais-Royal.

Elle a été ouverte en 1784, sur une partie de l'emplacement du jardin du Palais-Royal. Elle fut exécutée sur une largeur de 8 m. 78 c., et reçut la dénomination de passage *Beaujolais*, en l'honneur du comte de Beaujolais, fils du duc d'Orléans. — « L'administration centrale du département de la Seine, lecture faite des pétitions qui lui ont été adressées, afin de changer la dénomination de certaines rues dans Paris; voulant effacer tout ce qui tend à per-

» pétuer la mémoire des cy-devant princes ; ouï le
» commissaire du Directoire Exécutif ; arrête que la
» rue de Beaujolais, quartier du Palais-Égalité, pren-
» dra le nom de rue d'*Arcole*. Fait au département, le
» 2 thermidor an VI. » Cette dénomination avait pour
but d'éterniser le souvenir de la célèbre bataille d'Arcole, gagnée sur les Autrichiens, le 25 brumaire
an V (15 novembre 1796). — Un arrêté préfectoral,
en date du 27 avril 1814, rendit à cette rue son premier nom. Par une ordonnance royale du 22 août
1840, la largeur de 8 m. 78 c. a été maintenue. —
Égout depuis la rue du Perron jusqu'à celle de Montpensier. — Conduite d'eau dans toute l'étendue. —
Éclairage au gaz (comp° Anglaise).

BEAUJOLAIS-SAINT-HONORÉ (RUE DE).

Commence à la rue de Chartres, n°s 23 et 23 bis ; finit à la rue de Valois, n°s 2 et 4. Le seul impair est 1 ; le dernier pair, 4. Sa longueur est de 37 m. — 1er arrondissement, quartier des Tuileries.

Des lettres-patentes, à la date du 16 décembre 1779, registrées au parlement le 31 du même mois, ordonnèrent de transférer l'hôpital royal des Quinze-Vingts, situé rue Saint-Honoré, dans l'hôtel des mousquetaires noirs de la rue de Charenton. Ces mêmes lettres-patentes autorisèrent le cardinal de Rohan, grand-aumônier de France et supérieur immédiat dudit hôpital, à vendre tous les terrains et bâtiments formant l'enclos de cet établissement. Les acquéreurs des terrains étaient tenus d'ouvrir les rues et passage désignés au plan arrêté par le roi ; ce plan, tracé par M. Lenoir, architecte, indiquait cinq rues sous les dénominations de *Beaujolais*, de *Chartres*, *Montpensier*, *Rohan* et *Valois*, ainsi qu'un passage entre les rues Rohan et Saint-Nicaise. Lors de l'exécution, quelques changements furent faits à ce plan ; le passage dut être supprimé, et l'on forma la rue des Quinze-Vingts. A l'égard de la voie publique qui fait l'objet du présent article, elle fut tracée le 3 juillet 1781, conformément au plan de M. Lenoir, et sur une largeur de 18 pieds. Dans la partie débouchant sur la rue de Valois, elle forme un passage dont la largeur est de 3 m. 60 c.

Le nom de *Beaujolais* lui a été donné en l'honneur du comte de Beaujolais, fils du duc d'Orléans. — En vertu d'un arrêté de l'administration centrale du département de la Seine, à la date du 12 thermidor an VI, elle prit la dénomination de rue *Hoche*, en mémoire du célèbre Lazare Hoche, né à Montreuil, près Versailles, le 24 février 1768, mort le 15 septembre 1797. Son titre le plus glorieux à la reconnaissance de sa patrie est la pacification de la Vendée. — Une décision ministérielle, en date du 3 messidor an IX, signée Chaptal, a porté à 7 m. la largeur de cette voie publique, dans toute son étendue. Conformément à un arrêté préfectoral du 27 avril 1814, elle reprit sa première dénomination. Les maisons n°s 2 et 4 ne sont pas soumises à retranchement. — Conduite d'eau depuis la rue de Chartres jusqu'à la borne-fontaine. — Éclairage au gaz (comp° Anglaise).

BEAUJON (HÔPITAL).

Situé dans la rue du Faubourg-du-Roule, n° 54. — 1er arrondissement, quartier du Roule.

« Louis, etc. Le sr Nicolas Beaujon, notre conseiller
» d'État, trésorier, commandeur de notre ordre militaire
» de Saint-Louis, notre conseiller, secrétaire, maison,
» couronne de France, et de nos finances, receveur-
» général de nos finances de la généralité de Rouen,
» nous a très humblement fait représenter qu'ayant
» formé depuis longtemps le projet d'établir et fonder
» dans la paroisse de Saint-Philippe-du-Roule, dont
» les besoins lui sont connus, un hospice pour y faire
» nourrir et instruire vingt-quatre pauvres enfants,
» orphelins, ou autres, natifs de ladite paroisse, moitié
» garçons et moitié filles, dans lequel hospice, les habi-
» tants de cette même paroisse pourront envoyer
» leurs enfants pour y être instruits gratuitement, et
» trouveront dans la chapelle d'icelui, en cas de né-
» cessité, le secours de messes et offices, lorsqu'ils ne
» pourront se rendre à l'église paroissiale déjà trop
» peu spacieuse ; et désirant former cet utile établis-
» sement d'une manière solide et durable, dont les
» moyens nous ont été présentés dans un projet d'acte
» de fondation, attaché sous le contre-scel des pré-
» sentes ; il nous a fait supplier de l'autoriser à effec-
» tuer ladite fondation, et à donner audit projet la
» forme authentique et stable qu'il ne peut avoir sans
» nos lettres-patentes sur ce nécessaires ; à ces causes
» et autres à ce nous mouvant, vu ledit projet d'acte
» de fondation, attaché sous le contre-scel des pré-
» sentes, et voulant marquer audit sieur Beaujon, dont
» l'attachement et le zèle au bien de notre service nous
» sont connus depuis longtemps, la satisfaction que
» nous avons du noble et pieux dessein qu'il a conçu
» pour un établissement si digne de notre protection,
» nous avons, de notre grâce spéciale, pleine puis-
» sance et autorité royale, dit, statué et ordonné, di-
» sons, statuons et ordonnons, nous plait ce qui suit :
» Art. 1er. Avons permis et permettons, par ces pré-
» sentes, audit sieur Beaujon, d'établir et fonder à
» perpétuité, dans la paroisse de Saint-Philippe-du-
» Roule, de notre bonne ville de Paris, sur le terrain
» où sont établis actuellement les bâtiments et jardins,
» clos de murs, situés dans la grande rue du Fau-
» bourg-du-Roule, un hôpital ou hospice pour entre-
» tenir et faire instruire vingt-quatre pauvres enfants
» de ladite paroisse, dont douze garçons et douze
» filles, choisis par préférence parmi ceux orphe-
» lins, etc..... Art. 3. Autorisons le sieur Beaujon à
» faire devant notaire et tous notaires passer acte, sous
» l'acceptation des administrateurs, contenant dona-
» tion entre-vifs, audit hospice pour l'établissement et

» dotation d'icelui, tant de la chapelle Saint-Nicolas
» que le sieur Beaujon a fait construire au faubourg
» du Roule, vis-à-vis les bâtiments dudit hospice, vases
» et ornements d'icelle, que des bâtiments, jardin et
» terrain, clos de murs, le tout établi sur les terrains
» acquis par ledit sieur Beaujon, du sieur baron
» d'Arcy, par deux contrats des 23 juillet 1783 et
» 1er août 1784, ensemble de 25,000 liv. de rente, au
» principal de 625,000 liv. à prendre dans celle créée
» à 4 pour cent sur nos aides et gabelles, et nos autres
» revenus au profit du sieur Beaujon, etc. — Donné à
» Versailles, au mois de mai de l'an de grâce 1785. —
» Signé Louis. »

Cet hospice fut construit par l'architecte Girardin. — Un décret de la Convention, du 17 janvier 1795, changea la destination de cet hospice; cette maison fut alors désignée sous le titre d'*hôpital du Roule* et affectée aux malades. Le conseil-général des hospices, par un respect fort bien entendu pour la mémoire du fondateur, fit rendre à cet établissement le nom de *Beaujon*. Cet hôpital est desservi depuis 1813 par les sœurs de Sainte-Marthe. La proportion générale de la mortalité qui était dans cet hôpital d'environ 1 sur 6 malades il y a vingt ans, n'a été que de 1 sur 7, 06 en 1833; 1 sur 7 46, en 1834, et 1 sur 8 28, en 1835.

BEAUMARCHAIS (BOULEVART DE).

Commence à la rue Saint-Antoine, n° 223, et au quai de Valmy, n° 1; finit à la rue du Pont-aux-Choux, n° 1. Le dernier impair est 85; le dernier pair, 22. Sa longueur est de 780 m. — 8e arrondissement; les numéros impairs sont du quartier du Marais; les numéros pairs, depuis le quai de Valmy jusqu'à la rue Daval, dépendent du quartier du Faubourg-Saint-Antoine; le surplus est du quartier Popincourt.

La formation de ce boulevart a été ordonnée par un arrêt du conseil en date du 7 juin 1670. On lui donna le nom de boulevart *Saint-Antoine*, parce qu'il commençait à la porte ainsi appelée. « Paris, le 22 jan-
» vier 1831. Monsieur le préfet, par votre lettre du 10
» courant et d'après la demande que vous ont adressée
» plusieurs propriétaires, vous proposez de donner le
» nom de *Beaumarchais* au boulevart Saint-Antoine.
» Il résulte de l'enquête faite à ce sujet, par le maire
» du 8e arrondissement, que cette mesure n'a rencontré aucune opposition. D'après ces considérations, je
» vous autorise à substituer le nom de boulevart *Beaumarchais* à celui de boulevart *Saint-Antoine*. Recevez, etc. Le ministre secrétaire-d'État de l'intérieur, signé Montalivet. » — Pierre-Augustin Caron de Beaumarchais, auteur du *Barbier de Séville*, du *Mariage de Figaro* et de la *Mère coupable*, naquit à Paris, le 24 janvier 1732. Il mourut le 19 mai 1799.

Beaumarchais s'était rendu propriétaire, suivant adjudication faite le 26 juin 1787, par le bureau de la Ville, d'une maison et dépendances contenant 4,000 m. environ de superficie. Cette propriété comprenait tout l'espace alors limité par la rue Daval, le boulevart, la rue Amelot et la place Saint-Antoine. Elle fut rachetée par la Ville, moyennant 508,300 fr., le 28 mai 1818, de M. Delarue, et d'Amélie-Eugénie Caron de Beaumarchais, son épouse, pour faciliter l'ouverture du canal Saint-Martin. Sur le terrain restant, on construisit un grenier à sel qui fut abattu en 1841. La ville de Paris a vendu en six lots, le 1er juillet 1842, les terrains sur lesquels s'élevait cet établissement remplacé aujourd'hui par les maisons portant les n°s 10, 12, 14, 16, 18, 20 et une partie du n° 22. L'emplacement non bâti devra recevoir les n°s 6 et 8. — Une ordonnance royale du 8 juin 1834, a déterminé pour le boulevart Beaumarchais un alignement d'après lequel les maisons n°s 1, 3 et 5 sont soumises à un fort retranchement; les propriétés portant les n°s 27, 31, 33, 37, 43, 47, 49, 51, ne devront subir qu'un léger redressement; le surplus n'est pas soumis à retranchement. — Conduite d'eau. — Éclairage au gaz depuis la rue Saint-Antoine jusqu'à celle du Pas-de-la-Mule (compe Parisienne); pour le surplus (compe Lacarrière).

Au mois d'avril 1843, une enquête a été ouverte à la mairie du 8e arrondissement, sur le projet de suppression et d'aliénation des contr'allées des boulevarts de *Beaumarchais* et des *Filles-du-Calvaire*, depuis la rue Daval jusqu'à celle de Ménilmontant.

BEAUMARCHAIS (THÉÂTRE DE).

Situé boulevart du même nom. — 8e arrondissement, quartier du Marais.

Ce théâtre, construit en quarante-trois jours, a été inauguré le 3 décembre 1835. Il porta d'abord le nom de *théâtre de la Porte-Saint-Antoine*. On y représente des drames et des comédies-vaudevilles.

BEAUNE (RUE DE).

Commence au quai de Voltaire, n°s 23 et 25; finit à la rue de l'Université, n°s 38 et 42. Le dernier impair est 39; le dernier pair, 12. Sa longueur est de 215 m. — 10e arrondissement, quartier du Faubourg-Saint-Germain.

Cette rue a été ouverte sur une largeur de 7 m. 70 c. En 1640, elle s'appelait rue du *Pont*, parce qu'elle aboutissait au pont Barbier, communément appelé *Pont-Rouge*; depuis elle a toujours été nommée rue de *Beaune*. La largeur de 7 m. 70 c. a été maintenue par une décision ministérielle du 28 vendémiaire an X, signée Chaptal. Les maisons n°s 9, 37, 39, celle qui est située sur le côté des numéros pairs, à l'encoignure droite de la rue de Lille, et la propriété n° 10, ont été reconstruites, depuis quelques années, d'après un alignement qui assigne à la rue de Beaune une largeur de 10 m. Les autres constructions de cette voie publique devront, pour exécuter cet alignement, reculer de 1 m. 15 c. — Égout depuis la rue de Lille jusqu'à celle de l'Université. — Conduite d'eau entre la rue de

— BEA —

l'Université et les deux bornes-fontaines. — Éclairage au gaz (comp⁶ Française).

BEAUREGARD-DES-MARTYRS (RUE).

Commence à l'avenue Trudaine; finit au chemin de ronde de la barrière Rochechouart. Pas de numéro. Sa longueur est de 133 m. — 2ᵉ arrondissement, quartier du Faubourg-Montmartre.

Le plan de Verniquet l'indique comme un chemin sans dénomination. Placée sur un des points culminants de la capitale, cette voie publique a reçu le nom de rue *Beauregard*. Une décision ministérielle, à la date du 21 mai 1821, fixa la largeur de cette rue à 10 m. En vertu d'une ordonnance royale du 23 août 1833, cette largeur est portée à 12 m. — Les constructions qui bordent cette voie publique sont à l'alignement.

BEAUREGARD-POISSONNIÈRE (RUE).

Commence à la rue Poissonnière, nᵒˢ 16 et 18; finit au boulevart Bonne-Nouvelle et à la rue de Cléry, nᵒ 97. Le dernier impair est 47; le dernier pair, 62. Sa longueur est de 274 m. — 5ᵉ arrondissement, quartier Bonne-Nouvelle.

On la connaissait sous ce nom dès le XVIᵉ siècle. — Une décision ministérielle du 3 vendémiaire an X, signée Chaptal, avait fixé la moindre largeur de cette voie publique à 8 m. Cette largeur a été portée à 10 m. par une ordonnance royale du 21 juin 1826. Voici la situation des propriétés riveraines par rapport à l'alignement : nᵒ 1, retranchement 30 c.; de 3 à 9, retranchement 26 c.; nᵒˢ 11 et 13, alignés; nᵒ 15, retranchement réduit 30 c.; 17 et 19, retranchement réduit, 80 c.; terrain entre l'église et le nᵒ 25, retranchement réduit, 1 m. 50 c.; nᵒ 25, retranchement réduit 2 m.; nᵒ 27, retranchement réduit 2 m. 20 c.; de 29 à 35, retranchement 1 m. 30 c. à 2 m.; nᵒ 37, retranchement réduit 2 m. 50 c.; nᵒ 39, retranchement réduit 3 m.; de 41 à 45, retranchement 3 m. 25 c. à 4 m. 50 c.; la maison nᵒ 47 doit être supprimée; nᵒ 2, aligné; de 4 à 28, retranchement 1 m. 42 c. à 1 m. 90 c.; de 30 à 42, retranchement 1 m. 80 c. à 2 m.; nᵒ 44, retranchement réduit 1 m. 70 c.; nᵒ 46, retranchement réduit 1 m. 10 c.; 48, retranchement réduit 50 c.; 50 et 52, retranchement réduit 25 c. Une partie de la propriété nᵒ 54 doit être supprimée pour la formation du pan coupé à l'angle des rues Beauregard et de Cléry. L'emplacement actuel des maisons nᵒˢ 56, 58, 60 et 62 sera réuni à la voie publique. — Conduite d'eau depuis la rue Notre-Dame-de-Recouvrance jusqu'à la rue de Cléry. — Éclairage au gaz (comp⁶ Française).

BEAUREPAIRE (RUE).

Commence à la rue des Deux-Portes-Saint-Sauveur, nᵒˢ 9 et 11; finit à la rue Montorgueil, nᵒˢ 88 et 90. Le dernier impair est 33; le dernier pair, 34. Sa longueur est de 118 m. — 5ᵉ arrondissement, quartier Montorgueil.

Cette rue, qui existait déjà en 1255, se trouve indi-

— BEA —

quée dans les cartulaires de l'évêché de cette année sous la dénomination de *Bellus Locus*. On la trouve aussi dans un acte de 1258, sous le nom de *vicus qui dicitur Bellus Reditus*. En 1313 cette rue avait changé son nom latin et pris celui de *Beaurepaire*, qui signifie également *belle demeure, belle retraite*. — Une décision ministérielle du 29 nivôse an VIII, signée L. Bonaparte, et une ordonnance royale du 21 juin 1826, ont fixé la largeur de cette voie publique à 10 m. Les maisons nᵒˢ 5, 7, 9, 2 et 34 sont alignées. — Portion d'égout du côté de la rue Montorgueil. — Conduite d'eau. — Éclairage au gaz (Comp⁶ Française).

BEAUSIRE (IMPASSE JEAN-).

Située dans la rue de ce nom. Les numéros continuent la série de ceux de la rue Jean-Beausire. Le dernier impair est 25; le dernier pair, 20. Sa longueur est de 37 m. — 8ᵉ arrondissement, quartier du Marais.

Sa largeur actuelle est de 7 m. 50 c. (*Voyez* l'article qui suit.)

BEAUSIRE (RUE JEAN-).

Commence à la rue Saint-Antoine, nᵒˢ 217 et 219; finit au boulevart de Beaumarchais, nᵒˢ 15 et 17. Le dernier impair est 17; le dernier pair, 14. Sa longueur est de 130 m. — 8ᵉ arrondissement, quartier du Marais.

Cette voie publique forme retour d'équerre. — Au XIVᵉ siècle elle s'appelait rue *d'Espagne*. Le plan de Boisseau lui donne le nom de rue *du Rempart*. En 1538 on commençait à la désigner sous la dénomination de *Jean-Beausire*. — Deux arrêts du conseil, des 10 avril et 16 août 1672, ordonnèrent que la partie de la rue Jean-Beausire prenant naissance à la rue Saint-Antoine, serait prolongée jusqu'à la rue Saint-Gilles sur une largeur de 4 toises et demie. Ce prolongement fut immédiatement commencé; mais vers 1685 on jugea convenable d'en suspendre l'exécution. Cette partie non achevée a reçu depuis le nom d'*impasse Jean-Beausire*. — Une ordonnance royale, en date du 16 novembre 1836, a fixé la largeur de la rue Jean-Beausire à 10 m. La maison située sur le côté droit, à l'encoignure de la rue Saint-Antoine, et celle qui porte le nᵒ 4, sont alignées. — Portion d'égout du côté de la rue Saint-Antoine.

BEAUTREILLIS (RUE).

Commence à la rue des Lions, nᵒˢ 2 et 4; finit à la rue Saint-Antoine, nᵒˢ 186 et 188. Le dernier impair est 27; le dernier pair, 24. Sa longueur est de 231 m. — 9ᵉ arrondissement, quartier de l'Arsenal.

Les rues Beautreillis et Gérard Beauquet n'ayant plus aujourd'hui qu'une seule et même dénomination, nous allons tracer l'historique de chacune de ces voies publiques, en commençant par la rue Beautreillis. C'est à tort que plusieurs auteurs ont avancé que cette rue fut percée en 1551. Au mois de décembre 1548, le roi Henri II ordonna l'aliénation de l'hôtel Beautreillis,

— BEA —

Le 12 avril de l'année suivante, le parlement jugea qu'il était nécessaire de faire une information préalable à ce sujet. On voit par le procès-verbal dressé le 3 avril 1554 que cet hôtel, construit en 1519 sur l'emplacement d'une partie de la maison royale de Saint-Paul, tombait déjà en ruine, et qu'il était utile qu'une rue fût ouverte sur son jardin. Ce percement fut effectué en 1555, et l'on donna à la nouvelle rue le nom de l'hôtel qu'on avait démoli. Cet hôtel avait lui-même pris sa dénomination d'une belle treille qui faisait le principal ornement du jardin de l'hôtel royal de Saint-Paul. — Une décision ministérielle du 13 ventôse an VII, signée François de Neufchâteau, avait fixé à 8 m. la largeur de cette rue et de celle Gérard-Beauquet. Une ordonnance royale du 10 mars 1836 a porté la largeur de ces deux voies publiques à 10 m. — La rue Gérard-Beauquet n'était pas distincte, dans le principe, de la rue Beautreillis. Elle fut plus tard nommée rue du *Pistolet*, enfin rue *Gérard-Beauquet*. Elle dut sa dernière dénomination à un des acquéreurs des terrains de l'hôtel royal de Saint-Paul. — En vertu d'une décision ministérielle du 6 septembre 1838, signée Molé, chargé par intérim du département de l'intérieur, la rue Gérard-Beauquet a pris le nom de *Beautreillis*. En conséquence de cette décision, un arrêté préfectoral, en date du 5 juillet 1839, a prescrit la régularisation du numérotage de cette voie publique. Les maisons nos 13, 14 et 20 sont alignées. — Conduite d'eau depuis la rue Neuve-Saint-Paul jusqu'à la borne-fontaine.

BEAUVAIS (RUE JEAN DE-).

Commence à la rue des Noyers, nos 19 et 23; finit aux rues Saint-Hilaire, n° 18, et Saint-Jean-de-Latran, n° 2. Le dernier impair est 33; le dernier pair, 40. Sa longueur est de 188 m. — 12e arrondissement, quartier Saint-Jacques.

Ouverte au commencement du XIVe siècle, sur le clos Bruneau, cette voie publique en porta d'abord la dénomination. Elle doit son nom actuel, selon Jaillot, à Jean-de-Beauvais, libraire, qui demeurait au coin de la rue des Noyers. D'autres auteurs ont pensé que le collége de Dormans-Beauvais lui avait donné sa dénomination. — Une décision ministérielle, à la date du 13 fructidor an VIII, signée L. Bonaparte, a fixé la largeur de cette voie publique à 7 m. Une partie de la propriété n° 5 et les maisons nos 2 et 40 sont à l'alignement. — Portion d'égout et de conduite d'eau du côté de la rue des Noyers. — Éclairage au gaz (compe Parisienne).

Aux nos 3, 5, 7, 9 et 11 était situé le collége de Lisieux. Il fut fondé en 1336 par Guy d'Harcourt, évêque de Lisieux, qui laissa par testament la somme de cent livres parisis pour l'enseignement et la nourriture de vingt-quatre pauvres écoliers, et cent livres parisis pour leur logement. Établi d'abord près de Saint-Séverin, dans la rue des Prêtres, ce collége fut transféré ensuite dans la rue Saint-Étienne-des-Grès. En 1764, ses bâtiments devant être démolis pour former une place devant la nouvelle église Sainte-Geneviève, l'institution vint occuper le collége de Dormans, dont les écoliers furent incorporés à Louis-le-Grand. Ce collége sert aujourd'hui de magasin central des hôpitaux militaires.

Au n° 7 était situé le collége de Dormans-Beauvais. Il fut fondé en 1370, par Jean de Dormans, évêque de Beauvais et chancelier, pour douze boursiers nés dans la paroisse de Dormans en Champagne, ou à leur défaut dans le diocèse de Soissons. Charles V posa la première pierre de leur chapelle qui fut construite aux frais de Miles de Dormans, neveu du fondateur, et dédiée en 1380 sous l'invocation de Saint-Jean-l'Évangéliste. Au commencement du XVIe siècle, ce collége devint public. Il fut entièrement reconstruit sous le règne de François Ier, et réuni en 1597 au collége de Presles. Il en fut séparé en 1699 et prit le nom de *Dormans-Beauvais*. Il a été réuni au collége Louis-le-Grand. Ce fut dans la chapelle de ce collége qu'on installa, le 1er septembre 1815, la première école élémentaire d'après la méthode de Lancaster. Cette école existe toujours en cet endroit.

BEAUVEAU (MARCHÉ).

Situé dans la place de ce nom. — 8e arrondissement, quartier des Quinze-Vingts.

« Louis, etc... Nos amées et chères les abbesse, prieure
» et religieuses de l'abbaye royale de Saint-Antoine-
» des-Champs de Paris, nous ont fait représenter que
» le marché public pour la vente des denrées dans
» le faubourg Saint-Antoine de notre bonne ville de
» Paris, auroit été établi dans la grande rue du fau-
» bourg vis-à-vis la d. abbaye, en vertu des lettres-
» patentes du roi Louis XIII du 2 mars 1643, enregis-
» trées au parlement; que ce marché étant absolument
» abandonné depuis un temps immémorial, à cause du
» peu d'étendue de son emplacement, il en résultoit que
» les vendeurs et les acheteurs qui se placent pour le débit
» des denrées, sur le pavé, le long de la grande rue du
» faubourg, embarrassent la voie publique et se trou-
» vent exposés à des dangers tant par le passage conti-
» nuel des voitures que par le séjour de celles qui
» amènent des fourrages pour être vendus sur le car-
» reau; que désirant concourir à l'avantage et à l'utilité
» publics en rétablissant un nouveau marché, elles au-
» roient résolu de destiner à cet objet une portion de
» leur enclos et un marais de dix arpents, dans lequel
» elles se proposent de faire faire l'ouverture des cinq
» rues qui communiqueroient au marché, conformé-
» ment au plan qu'elles nous ont fait représenter; mais
» en même temps les d. impétrantes nous auroient fait
» supplier de ratifier et approuver la vente qu'elles ont
» faite du terrain nécessaire pour faciliter la construc-
» tion du d. marché, sous la réserve d'un cens por-
» tant droits de lods et ventes, ainsi qu'il résulte de

— BEA —

» deux actes notariés, d'indemniser les propriétaires de
» quatre maisons qu'il conviendroit d'acquérir et abattre
» pour l'ouverture des deux rues principales du marché,
» etc... Article 1er. Avons approuvé et autorisé, approu-
» vons et autorisons le contrat de vente fait par les
» abbesse, prieure et religieuses de l'abbaye Saint-An-
» toine-des-Champs, au sieur Chomel-de-Cerville, le
» 27 avril 1776, etc. Art. 2. Les 4,330 toises réservées
» par le d. contrat de vente pour l'établissement du
» d. marché et la surface des cinq rues adjacentes, seront
» employées à leur destination conformément au plan
» que nous avons agréé et que nous avons fait attacher
» sous le contre-scel des présentes, pour être exécuté
» dans le cours de deux années du jour de l'enregistre-
» ment de nos présentes lettres; voulons que le d. mar-
» ché soit à l'avenir public de toutes les denrées et co-
» mestibles et la rue désignée, pour être appelée de
» *Beauveau*, le lieu de la vente du foin et de la paille
» pour le faubourg Saint-Antoine ; faisons défenses à
» toutes personnes de vendre ni étaler aucunes des den-
» rées ci-dessus mentionnées, le long de la grande rue
» du Faubourg-Saint-Antoine, ni dans d'autres rues et
» places du dit faubourg, à peine de saisie et vente des
» d. denrées au profit de la d. communauté, n'enten-
» dant néanmoins comprendre dans la d. défense les
» ventes de comestibles en maison et boutique, qui con-
» tinueront de se faire comme par le passé, etc... —
» Donné à Versailles, le 17e jour de février 1777. Signé
» Louis. » — On commença immédiatement, d'après les
dessins de l'architecte Lenoir, la construction du marché
et de la place. Les alignements des rues, aux abords de
cet établissement, furent tracés sur le terrain le 24 décembre 1778. En vertu d'un arrêt du conseil, du 8 janvier 1780, le marché et la place qui l'entoure devaient
être appelés *marché* et place du *marché de l'abbaye
Saint-Antoine*. Les rues nouvelles étaient désignées
sous les noms de rues d'*Aligre*, *Beauveau*, *Cotte*, *Lenoir*
et *Trouvée*. Cet arrêt n'a pas été suivi en ce qui concerne
les deux premières dénominations. Le nom de *Beauveau*,
assigné aujourd'hui à ce marché, rappelle madame de
Beauveau-Craon, abbesse de Saint-Antoine-des-Champs,
en 1778. Le marché Beauveau a été concédé à la ville
de Paris par décret impérial du 30 janvier 1811 (tit. v,
art. xv).

BEAUVEAU (PLACE).

Située dans la rue du Faubourg-Saint-Honoré, entre les nos 84 et 94. Les numéros de cette place continuent ceux de la rue du Faubourg-Saint-Honoré. — 1er arrondissement, quartier du Roule.

Cette place, dont la forme est demi-circulaire, tire son nom de l'hôtel que *M. le marquis de Beauveau* y fit construire. — Les alignements arrêtés par le ministre de l'intérieur Benezech, le 28 messidor an V, et par une ordonnance royale du 27 septembre 1836, passent sur le nu des constructions actuelles de cette voie publique.

— BEL —

— Égout, conduite d'eau. — Éclairage au gaz (compe Anglaise).

BEAUVEAU (PLACE DU MARCHÉ-).

Commence à la rue d'Aligre; finit à la rue Lenoir. Le dernier impair est 11; le dernier pair, 10. — 8e arrondissement, quartier des Quinze-Vingts.

Cette place a été formée en décembre 1778, sur les dépendances de l'abbaye Saint-Antoine-des-Champs. Les lettres-patentes d'autorisation datées de Versailles, le 17 février 1777, furent registrées au parlement le 27 août de la même année. — Une décision ministérielle du 17 brumaire an XII, signée Chaptal, a maintenu la dimension prescrite par les lettres-patentes précitées. — Conduite d'eau. (Voyez *Beauveau*, marché.)

BEAUVEAU (RUE).

Commence à la rue de Charenton, nos 111 et 111 bis; finit à la place du Marché-Beauveau, nos 4 et 6. Le dernier impair est 7; le dernier pair, 12. Sa longueur est de 264 m. — 8e arrondissement, quartier des Quinze-Vingts.

Cette rue a été percée en décembre 1778, sur les dépendances de l'abbaye Saint-Antoine-des-Champs. Les lettres-patentes d'autorisation qui sont à la date du 17 février 1777, furent registrées au parlement le 27 août de la même année. Fixée à 42 pieds de largeur, cette voie publique ne fut cependant exécutée que sur une largeur de 11 m. 69 c. Cette largeur a été maintenue par une décision ministérielle du 17 brumaire an XII, signée Chaptal. — Conduite d'eau depuis la place du marché jusqu'à la borne-fontaine. (Voyez *Beauveau*, marché.)

BELLART (RUE).

Commence à la rue Pérignon ; finit au chemin de ronde de la barrière de Sèvres. Pas de numéro. Le côté gauche est bordé par l'abattoir de Grenelle. Sa longueur est de 172 m. — 10e arrondissement, quartier des Invalides.

Autorisée par une décision ministérielle en date du 10 novembre 1817, cette rue n'est pas encore bordée de constructions particulières. Sa largeur a été fixée à 10 m. (voyez *Barthélemy*, rue). — Bellart (Nicolas-François) naquit à Paris, le 20 septembre 1761, et mourut le 8 juillet 1826. Il fut successivement procureur-général, membre de la chambre des députés et président du conseil-général du département de la Seine.

BELLECHASSE (PLACE DE).

Commence à la rue Saint-Dominique-Saint-Germain, nos 99 et 101; finit aux rues Las-Cases et Martignac, no 2. Le dernier impair est 5; pas de numéro pair. Sa longueur est de 130 m. — 10e arrondissement, quartier du Faubourg-Saint-Germain.

Cette place, dont la largeur est de 66 m., a été formée

— BEL —

en 1828, sur les dépendances du couvent des religieuses de Bellechasse (*voyez* l'article suivant). — Égout. — Conduite d'eau. — Éclairage au gaz (compe Française).

BELLECHASSE (RUE DE).

Commence au quai d'Orsay; finit à la rue de Grenelle, nos 110 et 112. Le dernier impair est 31 ; le dernier pair, 46. Sa longueur est de 544 m. — 10e arrondissement, quartier du Faubourg-Saint-Germain.

1re partie, comprise entre le quai d'Orsay et la rue Saint-Dominique. — Elle doit sa dénomination au clos de Bellechasse, sur lequel on établit le couvent des religieuses du Saint-Sépulcre, vulgairement appelées *religieuses de Bellechasse*, dont nous parlerons dans le cours du présent article. — Une décision ministérielle, à la date du 19 pluviôse an VIII, signée L. Bonaparte, fixa la largeur de cette voie publique à 10 m. En vertu d'une ordonnance royale du 7 mars 1827, cette largeur a été maintenue pour la partie comprise entre les rues Saint-Dominique et de Lille. La partie qui s'étend de cette dernière rue au quai a été portée à 12 m. de largeur. Les maisons nos 10, 12, 14, 18 et partie du no 21 sont alignées.

2e partie, comprise entre les rues Saint-Dominique et de Grenelle. — Elle a été percée vers 1805, sur l'emplacement des terrains et bâtiments dépendant du couvent des religieuses de Bellechasse et de l'abbaye de Pentemont. Nous donnons ci-après l'historique de ces deux communautés. L'ordre des religieuses chanoinesses du Saint-Sépulcre, vulgairement appelées religieuses de Bellechasse, fut institué en Palestine, vers la fin du XIe siècle, par les rois de Jérusalem. En 1632, la baronne de Planci fit venir à Paris cinq de ces religieuses. Le 16 juillet 1635, elles achetèrent une propriété appelée le *Clos de Bellechasse*. Par lettres-patentes du mois de mai 1637, Louis XIII confirma cet établissement, et les religieuses durent porter le nom de *Chanoinesses régulières de l'ordre du Saint-Sépulcre de Jérusalem*. Cette communauté, supprimée en 1790, devint propriété nationale. Une partie des bâtiments et terrains (2,259 m.) fut vendue par le domaine, les 13 thermidor an VI, 15 brumaire, 29 prairial an XI, et 3 prairial an XII. Les actes de vente prescrivaient aux acquéreurs l'obligation de fournir sans indemnité le terrain nécessaire à l'ouverture d'une rue projetée en prolongement de celle de Bellechasse. — Par une décision en date du 19 pluviôse an VIII, le ministre de l'intérieur L. Bonaparte avait fixé la largeur de ce percement à 10 m. L'État, qui s'était réservé une partie de l'emplacement occupé par cette communauté, y fit établir un dépôt de fourrages. Une loi du 13 mai 1825 ordonna la vente de ces terrains et de ceux qui provenaient du couvent des religieuses Carmélites. Le 5 mai 1826, le ministre de la guerre approuva un plan indiquant le lotissement des terrains à aliéner et le projet de formation de plusieurs rues et place. La vente fut effectuée les 3, 4 et 9 juin 1828. A la fin de la même année les percements furent exécutés.

— BEL —

Trois ont reçu les noms de *Las-Cases*, *Martignac* et *Casimir-Périer*. Un quatrième percement, parallèle à la rue de Grenelle, n'est pas encore dénommé. La place a été appelée *place de Bellechasse*. De tous les terrains qui composaient la communauté des religieuses de Bellechasse, il ne reste plus aujourd'hui qu'une superficie de 3,880 m. Le conseil municipal, dans ses séances des 16 février 1827 et 13 mai 1841, a été d'avis de faire l'acquisition de cet emplacement, sur lequel on devait construire une église.

Abbaye de *Notre-Dame de Pentemont*. — Cette abbaye fut fondée en 1217, par Philippe-de-Dreux, évêque de Beauvais, pour des religieuses bénédictines. Leur couvent était construit sur le versant de la montagne de Saint-Symphorien, près de Beauvais. En raison de cette situation, elles étaient appelées religieuses de *Pente-Mont*. Les débordements de la rivière ayant dégradé leurs bâtiments, ces religieuses furent obligées de se réfugier, en 1646, dans un des faubourgs de Beauvais; des lettres-patentes du mois d'août 1672, leur accordèrent la permission de venir à Paris. Elles achetèrent l'emplacement et le couvent des religieuses du Verbe-Incarné, situé dans la rue de Grenelle, et dont l'établissement avait eu lieu en cet endroit dans le courant de l'année 1644. Ce couvent avait été supprimé en 1671. L'église de l'abbaye de Pentemont fut reconstruite en 1755. Cette abbaye, supprimée en 1790, devint propriété nationale. Une portion des terrains (2,803 m. 52 c.) fut vendue les 29 prairial an XI et 25 frimaire an XII, en imposant aux acquéreurs l'obligation de fournir sans indemnité le terrain nécessaire à l'ouverture d'une rue en prolongement de celle de Bellechasse. Le surplus de ce domaine a été réservé par l'État, qui a établi sur cet emplacement une caserne. L'église subsiste encore et sert de dépôt de fournitures militaires. — Une ordonnance royale du 7 mars 1827 a maintenu la largeur de cette partie de rue à 10 m.

Les constructions de cette deuxième partie de la rue de Bellechasse sont alignées, à l'exception de celles qui sont situées sur le côté gauche et dans une étendue de 42 m. à partir de la rue Saint-Dominique.

Égout depuis le quai d'Orsay jusqu'à la rue Las-Cases. — Éclairage au gaz (compe Française).

BELLEFOND (RUE).

Commence à la rue du Faubourg-Poissonnière, nos 75 et 77; finit à la rue Rochechouart, nos 28 et 30. Le dernier impair est 39; le dernier pair, 32. Sa longueur est de 305 m. — 2e arrondissement, quartier du Faubourg-Montmartre.

Elle doit son nom à madame de Bellefond, abbesse de Montmartre. — Une décision ministérielle à la date du 13 floréal an IX, signée Chaptal, et une ordonnance royale du 23 août 1833, ont fixé la largeur de cette voie publique à 10 m. Les maisons nos 35, 12, 14, 16, 22, 22 *bis*, 24, 26, 28, 30 et 32 sont alignées. Les propriétés nos 13, 15, 17, 19 et 21 ne sont soumises qu'à un léger redressement. — Conduite d'eau. — Éclairage au gaz (compe Anglaise).

BELLEVILLE (BARRIÈRE DE).

Située à l'extrémité de la rue du Faubourg-du-Temple.

Cette barrière tire son nom du village de Belleville, dont le territoire s'étend jusqu'au mur d'enceinte de Paris. Elle est composée de deux bâtiments avec colonnes et arcades ; on l'appelle aussi barrière de la *Courtille*. (Voir l'article *Barrières*.)

BELLEVILLE (CHEMIN DE RONDE DE LA BARRIÈRE DE).

Commence à la rue du Faubourg-du-Temple et à la barrière de Belleville ; finit à la rue du Buisson-Saint-Louis et à la barrière de la Chopinette. Pas de numéro. Sa longueur est de 217 m. — 5e arrondissement, quartier de la Porte-Saint-Martin.

Les constructions qui bordent cette voie publique sont alignées. (Voir l'article *Chemins de ronde*.)

BELLIÈVRE (RUE DE).

Commence au quai d'Austerlitz, finit à la rue Neuve de la Gare. Pas de numéro, sa longueur est de 150 m. — 12e arrondissement, quartier Saint-Marcel.

Indiquée sur le plan de Verniquet, mais sans dénomination, cette rue faisait partie du petit village d'Austerlitz, qui fut compris dans l'enceinte de Paris en 1818. Elle reçut au commencement de l'année 1819 la dénomination de rue de *Bellièvre*. Pompone de Bellièvre fut premier président au parlement de Paris. Ce magistrat contribua puissamment à la fondation de l'hôpital général (la Salpêtrière), et mourut sans postérité en 1657. — Une décision ministérielle du 30 juillet 1819 a fixé la moindre largeur de cette voie publique à 10 m. Dans l'origine, la rue de Bellièvre s'étendait jusqu'à la rue Bruant ; vers 1838, la partie comprise entre cette dernière et la rue Neuve de la Gare, a été supprimée pour livrer passage au chemin de fer de Paris à Orléans. Les constructions du côté droit de la rue de Bellièvre sont à l'alignement.

BENOIT (IMPASSE SAINT-).

Située dans la rue de la Tacherie, entre les nos 12 et 14. Pas de numéro. Sa longueur est de 10 m. 60 c. — 7e arrondissement, quartier des Arcis.

Elle se nommait autrefois ruelle des *Bons-Enfants*, La Caille l'appelle rue de la *Petite-Tacherie*. Elle a pris sa dénomination actuelle d'une enseigne représentant saint Benoit. — Sa largeur n'est que de 2 m. — Elle est fermée par une porte et n'a jamais été alignée.

BENOIT (PLACE DU CLOITRE SAINT-).

Située entre le passage Saint-Benoit et la rue du Cloître-Saint-Benoit. Le côté gauche est bordé par le théâtre du Panthéon. Les numéros du côté droit continuent la série des numéros impairs de la rue du Cloître. Sa longueur est de 25 m. — 11e arrondissement, quartier de la Sorbonne.

Du temps de saint Louis, un marché public existait dans ce cloître. Ce monarque permit aux chanoines de Notre-Dame de percevoir dans ce marché un droit sur le pain et le vin. Le vaste cloître de Saint-Benoit recevait également au moyen-âge, dans ses granges, les redevances en grains et en vins dues aux chanoines. Les propriétés provenant du chapitre Saint-Benoit ont été vendues les 5, 8 octobre 1791 et 9 vendémiaire an VII. — Une décision ministérielle du 29 nivôse an XIII, signée Champagny, a fixé la largeur de la place du Cloître-Saint-Benoit à 14 m. 50 c. Les maisons nos 13, 15 et 17 sont alignées ; celles qui portent les nos 19 et 21 ne devront subir qu'un faible retranchement ; les constructions du théâtre du Panthéon devront reculer de 80 c. environ. — Éclairage au gaz (compe Parisienne).

BENOIT (RUE DU CIMETIÈRE-SAINT-).

Commence à la rue Fromentel ; finit à la rue Saint-Jacques, nos 109 et 115. Pas de numéro. Sa longueur est de 85 m. — 12e arrondissement, quartier Saint-Jacques.

En 1300, c'était la rue de l'*Oseraie* ; plus tard on la nomma rue *Breneuse*, puis rue des *Poirées* ; enfin, en 1615, elle prit, en raison de sa position, le nom de rue du *Cimetière-Saint-Benoit*. — Une décision ministérielle, à la date du 13 fructidor an VII, signée Quinette, fixa la largeur de cette voie publique à 7 m. Une ordonnance royale du 7 octobre 1814 autorisa la ville de Paris à substituer aux rues Fromentel et du Cimetière-Saint-Benoit, une seule rue en ligne droite et de 7 m. de largeur, pour aboutir à la rue Chartière. Cette ordonnance n'a pas été exécutée. La rue du Cimetière-Saint-Benoit a été considérablement élargie en 1820 et 1836. Les constructions du côté gauche, et une partie de celles du côté droit, ne sont pas soumises à retranchement. — Éclairage au gaz (compe Parisienne).

BENOIT (RUE DU CLOITRE-SAINT-).

Commence à la rue des Mathurins, nos 1 et 3 ; finit au passage Sorbonne. Le dernier impair est 11 ; le dernier pair, 26. Sa longueur est de 112 m. — 11e arrondissement, quartier de la Sorbonne.

Dans un acte de donation du mois de novembre 1243, on la nomme rue *André-Machel*, en raison d'un riche propriétaire ainsi appelé, qui y demeurait. Sa dénomination actuelle indique sa direction vers le cloître Saint-Benoit. — Une décision ministérielle, du 29 nivôse an XIII, signée Champagny, a fixé la lar-

— BEN —

geur de cette voie publique à 10 m. Les maisons nos 5 et 10 sont alignées. — Éclairage au gaz (compe Parisienne).

BENOIT-SAINT-GERMAIN (PASSAGE SAINT-).

Commence à la rue Saint-Benoit, n° 15; finit à la place Saint-Germain-des-Prés, n° 10. — 10e arrondissement, quartier de la Monnaie.

Ce passage était, en 1789, une dépendance de l'abbaye Saint-Germain-des-Prés. Il doit son nom à la rue Saint-Benoit, où il prend naissance.

BENOIT-SAINT-GERMAIN (RUE SAINT-).

Commence à la rue Jacob, nos 29 et 31; finit aux rues Sainte-Marguerite, n° 42, et de l'Égout, n° 2. Le dernier impair est 25; le dernier pair, 42. Sa longueur est de 234 m. — 10e arrondissement, quartier de la Monnaie.

Les religieux de Saint-Germain-des-Prés, voulant racheter la baronie de Cordon, qu'ils possédaient autrefois, vendirent, en 1637, avec la permission du roi, un jardin clos de murs contenant trois arpents. Ce terrain était situé dans le voisinage de leur abbaye. L'acquisition en fut faite, moyennant 50,000 livres, par différents particuliers qui y firent bâtir une rue. En 1640, on donna à cette nouvelle voie publique le nom de rue de l'*Égout*, en raison d'un égout qui y passait, et dont la rue qui en fait le prolongement a conservé le nom. En 1740, l'égout ayant été couvert, elle prit le nom de rue des *Fossés-Saint-Germain*. Lorsqu'on aliéna l'année suivante l'hôtel Bourbon, et qu'on ouvrit une porte de l'abbaye en perçant les nouveaux murs de clôture, la rue changea de nom et prit celui de *Saint-Benoit*. Cette dénomination rappelle les religieux de Saint-Germain-des-Prés, qui suivaient la règle de saint Benoit. — Une décision ministérielle, du 14 thermidor an VIII, signée L. Bonaparte, avait fixé la moindre largeur de cette voie publique à 11 m. Cette moindre largeur a été portée à 12 m. par une ordonnance royale du 29 avril 1839. La maison n° 5, partie de celle n° 7, et les propriétés nos 2, 4, 6, 8, 8 bis, 10, 12, 14, 16, 18, 20, 22, 24, 26, 28, 30, 32, 34 et 36, sont alignées.

Dans la partie voisine des rues Sainte-Marguerite et de l'Égout, la rue Saint-Benoit forme un évasement ou petite place. Les constructions du côté gauche sont encore sous l'influence de l'alignement ministériel de l'an VIII. La propriété n° 25 est alignée. Les maisons qui portent les nos 38, 40 et 42 dépendent de l'alignement de la rue de l'Égout, approuvé par l'ordonnance royale du 29 avril 1839, et devront reculer de 3 m. 20 c. à 3 m. 80 c. — Égout. — Éclairage au gaz (compe Française).

BENOIT-SAINT-MARTIN (RUE SAINT-).

Commence à la rue Royale, nos 4 et 6; finit à la rue Conté, n° 1. Le dernier impair est 7; le dernier pair, 8.

— BER —

Sa longueur est de 39 m. — 6e arrondissement, quartier Saint-Martin-des-Champs.

Elle a été construite vers 1780, sur une partie de l'enclos du prieuré Saint-Martin-des-Champs. — Une décision ministérielle du 3 décembre 1814, signée l'abbé de Montesquiou, ainsi qu'une ordonnance royale du 14 janvier 1829, ont fixé la largeur de cette voie publique à 6 m. La rue Saint-Benoit débouche sous une voûte dans la rue Conté. — Conduite d'eau depuis la rue Royale jusqu'à la borne-fontaine. (Voyez *Martin*, place de l'Ancien-Marché-Saint-.)

BENOIT-SORBONNE (PASSAGE SAINT-).

Commence à la rue Saint-Jacques, n° 96; finit à la place du Cloître-Saint-Benoit, n° 21. Pas de numéro. — 11e arrondissement, quartier de la Sorbonne.

Ce passage tire son nom de l'église Saint-Benoit, à laquelle il conduisait.

BERCY (BARRIÈRE DE).

Située à l'extrémité de la rue de Bercy.

Cette barrière, qui doit son nom au village de Bercy, est ornée de deux bâtiments ayant chacun deux péristyles et douze colonnes. (Voir l'article *Barrières*.)

BERCY (CHEMIN DE RONDE DE LA BARRIÈRE DE).

Commence aux rue et barrière de Bercy; finit aux rue et barrière de Charenton. Pas de numéro. Sa longueur est de 770 m. — 8e arrondissement, quartier des Quinze-Vingts.

Plusieurs constructions de cette voie publique sont à l'alignement. (Voir l'article *Chemins de ronde*.)

BERCY-AU-MARAIS (RUE DE).

Commence à la rue Vieille-du-Temple, n° 15; finit à la place du Marché-Saint-Jean, n° 24, et à la rue Bourtibourg, n° 2. Le dernier impair est 13; le dernier pair, 20. Sa longueur est de 70 m. — 7e arrondissement, quartier du Marché-Saint-Jean.

Dès le règne de Louis-le-Jeune, quelques constructions bordaient cette rue. En 1350, on la nommait rue du *Hoqueton* (casaque d'archer). Le plan de Boisseau l'indique sous la dénomination de la *Réale*. Le ministre de l'intérieur (François de Neufchâteau) décida, le 23 prairial an VII, que la rue de Bercy serait supprimée et celle de la Croix-Blanche portée à 8 m. de largeur. Ces dispositions n'ont point été exécutées, et une ordonnance royale du 12 juillet 1837 a autorisé la suppression de l'îlot de maisons qui sépare ces deux voies publiques, afin d'établir une seule et même communication dont la moindre largeur est fixée à 12 m. 50 c. Toutefois cette suppression ne pourra être effectuée qu'après que la ville de Paris aura été autorisée spécialement à acquérir, soit de gré à gré, soit par voie d'expropriation, les immeubles compris dans ledit îlot.

— BER —

Les constructions du côté des numéros impairs de la rue de Bercy ne sont pas soumises à retranchement. — Éclairage au gaz (comp° Lacarrière).

BERCY-FAUBOURG-SAINT-ANTOINE (RUE DE).

Commence à la rue de la Contrescarpe, n°s 32 et 34 ; finit aux chemins de ronde des barrières de Bercy et de la Rapée. Le dernier impair est 59 ; le dernier pair, 72. Sa longueur est de 1,195 m. — 8e arrondissement, quartier des Quinze-Vingts.

Elle doit son nom au village de Bercy, auquel elle conduit. Ce n'était encore qu'un chemin sous le règne de Louis XIII. Quelques plans du siècle dernier la désignent sous la dénomination de rue de la *Rapée*, parce qu'elle est voisine du quai de la Rapée, qui lui est parallèle. — Une décision ministérielle, du 16 ventôse an XII, signée Chaptal, ainsi qu'une ordonnance royale du 1er juin 1828, ont fixé la moindre largeur de cette voie publique à 14 m. Les propriétés portant les numéros ci-après sont alignées : 17, 19, 21, 23, 29, 31, 33, 35, 37, 39, 41, 43, 45, 47, 49, 51, 53, 55, 57, 59, et le grand mur de clôture situé à l'encoignure droite de la rue de Rambouillet ; 8, 10, 12, 14, 16, 18, 20, 22, 24, 26, 28, 30, 32, 34, 36, 38, 40, 42, 44, 46, 50, 50 bis, le magasin à fourrages et la propriété n° 72. Les maisons n°s 1, 2, 4, et partie de celle n° 6, devront être réunies à la voie publique pour faciliter l'exécution de l'alignement de la rue de la Contrescarpe. — Égout entre les rues Lacuée et des Charbonniers. — Conduite d'eau depuis la rue des Charbonniers jusqu'à la barrière.

À l'extrémité de cette rue, en sortant de Paris, était *la Grange aux Merciers,* fameuse par les assemblées qui eurent lieu sous le règne de Louis XI. Les princes révoltés, que l'ambition seule avait armés, donnèrent à leur association, pour en colorer la perfidie, le nom de *Ligue du bien public.*

BERGÈRE (CITÉ).

Commence à la rue du Faubourg-Montmartre, n° 6 ; finit à la rue Bergère, n° 15. — 2e arrondissement, quartier du Faubourg-Montmartre.

Elle a été construite en 1825.

BERGÈRE (GALERIE).

Commence à la rue de la Boule-Rouge, n° 7 ; finit à la rue Geoffroy-Marie, n° 10 bis. — 2e arrondissement, quartier du Faubourg-Montmartre.

Elle a été construite en 1842.

BERGÈRE (RUE).

Commence à la rue du Faubourg-Poissonnière, n°s 9 et 11 ; finit à la rue du Faubourg-Montmartre, n°s 12 et 14. Le dernier impair est 29 ; le dernier pair, 28. Sa longueur est de 342 m. — 2e arrondissement, quartier du Faubourg-Montmartre.

Elle a été tracée sur le clos aux Halliers. En 1734,

on ne comptait que trois maisons dans cette rue, dont l'étymologie nous est inconnue. — Une décision ministérielle du 29 nivôse an XIII, signée Champagny, et une ordonnance royale du 23 août 1833, ont fixé la largeur de cette voie publique à 10 m. Les propriétés n°s 7 bis, 7 ter, 9, 11, 11 bis, 13, 15, 17, 21, 23, 25, 27 et 29, et toutes celles du côté des numéros pairs sont alignées. Les maisons de 1 à 7 devront reculer de 1 m. 70 c. à 2 m. 30 c. Celle qui porte le n° 19 est soumise à un retranchement de 2 m. 20 c. — Portions d'égout du côté des rues du Faubourg-Montmartre et du Faubourg-Poissonnière. — Conduite d'eau du côté de cette dernière rue. — Éclairage au gaz (comp° Anglaise).

BERLIN (RUE DE).

Commence à la rue de Clichy, n°s 37 et 39 ; finit à la place d'Europe. Le dernier impair est 15 ; le dernier pair, 10. Sa longueur est de 362 m. — 1er arrondissement, quartier du Roule.

Cette voie publique, dans la partie qui débouche sur la place d'Europe, a été tracée en 1826, sur les terrains appartenant à MM. Hagerman et Mignon. — L'ordonnance royale d'autorisation est à la date du 2 février de la même année (voyez *Amsterdam*, rue d'). Vers 1830, cette partie qui formait impasse a été prolongée jusqu'à la rue d'Amsterdam, sur les terrains appartenant aux sieurs Mallet, Guichard et Mellier. Ces deux parties sont exécutées sur une largeur de 15 m.

La partie comprise entre les rues d'Amsterdam et de Clichy dépendait du passage Grammont. En vertu d'une ordonnance royale du 21 septembre 1841, MM. Mallet frères et Mme veuve Debelle ont été autorisés à convertir ce passage, qui était leur propriété, en une rue de douze mètres de largeur et aux conditions suivantes : de céder gratuitement à la ville de Paris le sol de la nouvelle voie publique ; de démolir dans un délai de quatre années, à partir de la promulgation de l'ordonnance royale, les bâtiments situés sur le côté droit, à l'encoignure de la rue de Clichy, sans que sous aucun prétexte ce délai puisse être prolongé (ces bâtiments sont en avant de l'alignement arrêté et réduisent à 9 m. 40 c. la largeur de la rue en cet endroit) ; de supporter, conformément aux prescriptions de l'administration, les frais de nivellement, ceux du pavage en chaussée bombée en pavé dur d'échantillon avec sous-pavage sous les ruisseaux, ceux d'établissement des bornes-fontaines et du matériel pour l'éclairage au gaz ; de supporter également la dépense des trottoirs en granit, dont le montant sera versé à la caisse municipale et dont la construction sera ensuite exécutée par les soins de l'administration. — Portion d'égout du côté de la rue de Clichy. — Conduite d'eau entre les rues de Clichy et d'Amsterdam. — Éclairage au gaz (comp° Anglaise).

BERNARD (IMPASSE SAINT-).

Située dans la rue Saint-Bernard, entre les n°s 10 et 12,

Pas de numéro. Sa longueur est de 173 m. — 8ᵉ arrondissement, quartier du Faubourg-Saint-Antoine.

Elle porta d'abord le nom du *Petit-Jardinet*; on la nomma ensuite impasse *Sainte-Marguerite*, en raison de sa proximité de l'église Sainte-Marguerite ; enfin, impasse *Saint-Bernard*, parce qu'elle a son entrée dans cette rue. — Une décision ministérielle du 29 nivôse an XIII, signée Champagny, fixa la largeur de l'impasse Saint-Bernard à 7 m. En vertu d'une ordonnance royale du 6 mai 1827, cette largeur est portée à 10 m. Depuis plusieurs années, il existe une clôture à l'entrée de cette impasse qui n'a encore aujourd'hui que 2 m. environ de largeur.

BERNARD (QUAI SAINT-).

Commence à la rue des Fossés-Saint-Bernard et au quai de la Tournelle; finit au pont d'Austerlitz et à la place Valhubert. Pas de numéro. Ce quai est bordé par la halle au Vin et le jardin des Plantes. Sa longueur est de 810 m. — 12ᵉ arrondissement, quartier du Jardin-du-Roi.

C'était anciennement le *vieux chemin d'Ivry*, parce qu'il conduit au village de ce nom. Sa dénomination actuelle lui vint de sa proximité du couvent des Bernardins. — Lettres-patentes du 22 avril 1769 : « L'ou-
» verture du nouveau boulevart aboutissant à la rivière
» ayant rendu le quai hors Tournelles extrêmement
» fréquenté, et ce quai formant aujourd'hui un des
» débouchés les plus importants de la Ville, le com-
» merce de bois et de vins qui s'y fait étant d'ailleurs
» très actif, ce quai ne se trouve pas avoir une largeur
» suffisante; pourquoi nous ordonnons qu'il sera élargi
» dans toute sa longueur, en prenant sur les maisons
» qui le bordent le terrain nécessaire, de manière
» qu'il ait partout *huit toises* de largeur pour la voie
» publique, et qu'il soit d'un alignement droit depuis
» la rue des Fossés-Saint-Bernard jusqu'à la rue de
» Seine. » (Extrait). — Les alignements de cette voie publique ont été fixés par deux décisions ministérielles; l'une en date du 28 pluviôse an X, signée Chaptal, l'autre du 7 mai 1821. Le quai Saint-Bernard a été complétement élargi en 1839; depuis il a été bordé d'un parapet et planté d'arbres. — Égout entre les rues des Fossés-Saint-Bernard et Cuvier. — Éclairage au gaz (compᵉ Parisienne).

BERNARD (RUE DES FOSSÉS-SAINT-).

Commence aux quais Saint-Bernard et de la Tournelle, n° 1; finit à la rue Saint-Victor, n° 62. Pas de numéro impair; ce côté est bordé par la halle au Vin; le dernier pair est 32. Sa longueur est de 324 m. — 12ᵉ arrondissement, quartier du Jardin-du-Roi.

Construite sur l'emplacement des fossés creusés sous le règne de Charles V et dans le voisinage du couvent des Bernardins, cette voie publique fut nommée rue des *Fossés-Saint-Bernard*. La Caille et quelques autres l'appellent rue *Neuve-des-Fossés-Saint-Bernard*. Gomboust la nomme rue des *Fossés*. Elle fut bordée de maisons du côté de l'abbaye Saint-Victor (aujourd'hui la halle au Vin) sous le règne de Louis XIII, et de l'autre côté, en vertu de lettres-patentes du mois de juin 1660, registrées au parlement le 11 septembre 1672. — Une décision ministérielle du 13 germinal an V, signée Benezech, a fixé la moindre largeur de cette voie publique à 13 m. — Les maisons du côté gauche ont été démolies pour l'agrandissement de la halle au Vin. Les propriétés n°ˢ 16, 18, 20, 22 et 24, et celle qui forme l'encoignure gauche de la rue du Cardinal-Lemoine, ne sont pas soumises à retranchement. — Portion d'égout du côté des quais. — Conduite d'eau dans toute l'étendue. — Éclairage au gaz (compᵉ Parisienne).

BERNARD (RUE SAINT-).

Commence à la rue du Faubourg-Saint-Antoine, n°ˢ 195 et 197; finit à la rue de Charonne, n°ˢ 70 et 72. Le dernier impair est 41; le dernier pair, 34. Sa longueur est de 383 m. — 8ᵉ arrondissement, quartier du Faubourg-Saint-Antoine.

Ce n'était qu'un chemin sous le règne de Louis XIII. Cette rue tire son nom de sa proximité de l'ancienne abbaye Saint-Antoine qui était soumise à la règle de saint Bernard. — Une décision ministérielle à la date du 13 germinal an X, signée Chaptal, avait fixé la moindre largeur de cette voie publique à 10 m. Cette moindre largeur a été portée à 12 m. en vertu d'une ordonnance royale du 6 mai 1827. Les propriétés n°ˢ 1, 7, 19, 28, et le mur de clôture contigu à l'église Sainte-Marguerite, sont à l'alignement. — Portion d'égout du côté de la rue du Faubourg-Saint-Antoine.

Le couvent des *Filles-Sainte-Marguerite* ou de *Notre-Dame-des-Vertus*, était situé dans cette rue, au n° 26.

Vers 1679, quelques religieuses de la maison de Notre-Dame-des-Vertus d'Aubervilliers, attirées par la protection de plusieurs dames pieuses, s'établirent à Paris dans la rue Basfroi. Elles se destinaient à l'éducation des filles pauvres du faubourg Saint-Antoine. En 1681, l'abbé Mazure, curé de Saint-Paul, voulant donner plus d'extension à cet utile établissement, lui fit don d'une propriété qu'il possédait dans la rue Saint-Bernard. Ces religieuses vinrent l'habiter en 1685. Mais à la mort de l'abbé Mazure, ses héritiers attaquèrent la donation. Ils gagnèrent leur procès et firent vendre la maison en 1690. M. Bragelonge, conseiller à la cour des aides, vint au secours de la communauté, et fit l'acquisition de cette propriété qu'il donna aux religieuses ainsi qu'une rente pour l'entretien de sept sœurs.

Supprimé en 1790, ce couvent devint propriété nationale et fut vendu le 21 vendémiaire an V.

BERNARDINS (RUE DES).

Commence au quai de la Tournelle, n°ˢ 3 et 5; finit à la rue Saint-Victor, n°ˢ 108 et 110. Le dernier impair est 21;

— BER —

le dernier pair, 40. Sa longueur est de 242 m. — 12ᵉ arrondissement, quartier du Jardin-du-Roi.

Cette rue a été ouverte en 1246, sur le clos du Chardonnet. A partir de 1427, on la trouve indiquée sous les deux noms de rues des *Bernardins* et de *Saint-Nicolas-du-Chardonnet* (voir pour l'historique du couvent des Bernardins la rue de *Pontoise*). — Une décision ministérielle à la date du 8 nivôse an IX, signée Chaptal, a fixé la largeur de la rue des Bernardins à 8 m. Les constructions portant les nᵒˢ 11, 13; 2, 4, 6, 10, 24, 26, 28, 30, 32, 34 et 36, ne sont pas soumises à retranchement. — Conduite d'eau depuis la rue Saint-Victor jusqu'à la borne-fontaine.

Dans la rue des Bernardins fut jouée une des scènes de la Fronde. Nous lisons dans les Mémoires de Joli (année 1649) : « Le cardinal de Retz et les Frondeurs,
» cherchant à exciter une nouvelle sédition, voulurent
» faire croire que la cour était dans l'intention de faire
» assassiner Joli, conseiller au Châtelet, syndic pour les
» rentes sur la ville et l'un des hommes les plus accrédités
» parmi le peuple. On plaça son pourpoint et son
» manteau sur un morceau de bois, dans une certaine
» attitude ; d'Estainville tira un coup de pistolet, avec
» tant de justesse, sur une des manches qu'on avoit
» remplie de foin, qu'il la perça précisément où il le
» falloit ; après quoi il fut arrêté entre lui et Joli, que
» le véritable coup seroit tiré le lendemain à sept heures
» et demie du matin, dans la rue des *Bernardins*. La
» chose fut faite comme on l'avait projetée. D'Estain-
» ville s'approcha du carrosse, Joli se baissa, le coup
» passa par-dessus sa tête et fut si bien ajusté qu'il se
» rapportoit parfaitement à la situation où il devoit être
» dans le carrosse. Il fut conduit chez un chirurgien
» vis-à-vis Saint-Nicolas-du-Chardonnet, où ayant été
» déshabillé, on lui trouva au bras gauche, à l'endroit
» où les balles devoient avoir passé, une espèce de plaie
» qu'il s'étoit faite lui-même la nuit avec des pierres à
» fusil, de sorte que le chirurgien ne douta pas que ce
» ne fût l'effet du coup, et y mit un appareil dans les
» formes ; tandis que d'Argenteuil disoit et faisoit tout
» ce qu'il pouvoit pour insinuer que cette entreprise
» n'avoit pu venir que de la part de la cour, qui vouloit
» se défaire de celui des syndics qui paraissoit le plus
» ferme et le plus affectionné au bien public. »

BERNARDINS (RUE DU CLOITRE-DES-).

Commence à la rue de Pontoise, nᵒˢ 12 et 16, finit à celle des Bernardins, nᵒ 21. Le dernier impair est 11 ; le dernier pair, 6. Sa longueur est de 122 m. — 12ᵉ arrondissement, quartier du Jardin-du-Roi.

On l'indiquait en 1789 sous le nom de *passage conduisant au cloître des Bernardins*. — C'était encore à cette époque une propriété appartenant à ces religieux. Le ministre de l'intérieur Cretet considéra le passage des Bernardins comme voie publique et approuva, le 3 octobre 1807, l'alignement à 10 m. de largeur, résul-

— BER —

tant d'une proposition faite par le conseil des bâtiments civils, le 21 septembre précédent. Les constructions du côté droit près de la rue de Pontoise sont alignées ; le surplus de ce côté n'est soumis qu'à un faible retranchement. — Égout et conduite d'eau.

BERRI (RUE DE).

Commence aux rues d'Anjou, nᵒ 2, et de Poitou, nᵒ 38 ; finit à la rue de Bretagne, nᵒˢ 37 et 39. Le dernier impair est 19 ; le dernier pair, 30. Sa longueur est de 137 m. — 7ᵉ arrondissement, quartier du Mont-de-Piété.

Ouverte en 1626, elle prit d'une de nos provinces de France le nom de *Berri*. — Une décision ministérielle, du 14 thermidor an VIII, signée L. Bonaparte, avait fixé la largeur de cette voie publique à 8 m. Cette largeur a été portée à 10 m., en vertu d'une ordonnance royale du 6 février 1828. Les constructions du côté gauche devront subir un retranchement de 1 m. 05 c. La maison nᵒ 2 est alignée ; le surplus du côté droit est soumis à un retranchement de 1 m. à 1 m. 35 c. — Portion d'égout du côté de la rue de Bretagne. — Conduite d'eau dans toute l'étendue. — Éclairage au gaz (compᵉ Lacarrière).

BERRI (RUE NEUVE-DE-).

Commence à l'avenue des Champs-Élysées, nᵒˢ 92 et 94 ; finit à la rue du Faubourg-du-Roule, nᵒˢ 23 et 25. Le dernier impair est 13 ; le dernier pair, 18. Sa longueur est de 431 m. — 1ᵉʳ arrondissement, quartier des Champs-Élysées.

C'était anciennement la ruelle de l'Oratoire, parce qu'elle longeait des terrains appartenant aux pères de l'Oratoire.

« Louis, etc... Notre très cher et très amé frère Phi-
» lippe, fils de France, comte d'Artois, nous a fait
» exposer que, devenu propriétaire du terrain connu
» sous le nom de l'ancienne Pépinière, situé à Paris
» faubourg Saint-Honoré, il croyait être du bien et de
» la commodité publique de redresser et élargir les
» voies appelées le chemin du Roule bordant le d. ter-
» rain au levant, et rue de l'Oratoire, qui en fait la
» limite au couchant, etc. — Nous avons permis, et par
» ces présentes signées de notre main permettons et
» autorisons notre frère le comte d'Artois à percer et
» ouvrir deux nouvelles rues transversales sur le ter-
» rain de l'ancienne Pépinière qui lui appartient, paral-
» lèles à l'avenue de Neuilly et à la rue du Faubourg-
» Saint-Honoré, pour diviser en trois parties le d. em-
» placement, lesquelles deux nouvelles rues seront de
» ligne droite et les deux côtés parallèles dans toute leur
» longueur, aboutissant d'un côté dans la rue qui s'est
» appelée jusqu'à présent *ruelle de Chaillot ou de l'Ora-
» toire*, et de l'autre dans le chemin du Roule, le long
» de l'égout ; la largeur desquelles rues sera fixée à
» 30 pieds ; celle des d. rues, la plus voisine de la rue
» du Faubourg-Saint-Honoré, sera nommée rue *Neuve-*

» *de Poitiers*, et l'autre sera nommée rue de *Ponthieu*.
» Voulons et ordonnons que le chemin du Roule, le long
» de l'égout, soit aligné et dressé de ligne droite dans
» toute sa longueur, depuis la d. rue du Faubourg-
» Saint-Honoré jusques à l'extrémité du d. emplace-
» ment de la Pépinière sur l'avenue de Neuilly, et que
» les deux côtés en soient établis parallèlement aussi à
» 30 pieds de distance, pour former à l'avenir une rue
» qui sera nommée rue d'*Angoulême*, et que, pour par-
» venir à diriger la d. rue de ligne droite, il soit retran-
» ché ou ajouté les portions d'emplacements nécessaires
» et convenables au bien public et à celui des proprié-
» taires des terrains bordant ladite rue. Ordonnons pa-
» reillement que la rue de Chaillot ou de l'Oratoire soit
» également établie de ligne droite en poursuivant la
» direction de la partie du mur actuel de la Pépinière,
» depuis le lieu où débouchera la d. rue de Poitiers
» jusques au pavillon nouvellement construit du côté
» de la grille de Chaillot, pour former la continuité de
» la d. rue jusques à celle du Faubourg-Saint-Honoré,
» en retranchant dans les temps et par les moyens con-
» venables sur les terrains et bâtiments existant en cette
» partie dépendant de la d. Pépinière; l'autre côté de la
» quelle rue sera dirigé aussi dans les temps conve-
» nables de ligne droite, parallèle à 30 pieds de dis-
» tance ; la quelle rue sera nommée RUE NEUVE-DE-
» BERRI, etc. Donné à Versailles, le 4e jour d'avril l'an
» de grâce 1778, et de notre règne le 4e, signé Louis.
« Par le roi, signé Amelot. » Ces lettres-patentes furent registrées au parlement le 26 mai suivant, et reçurent immédiatement leur exécution. La voie publique
désignée sous le nom de rue *Neuve-de-Poitiers* s'appelle
aujourd'hui rue des Écuries-d'Artois. A l'égard de celle
qui fait l'objet du présent article, sa moindre largeur a
été fixée à 10 m., par une décision ministérielle du 6 nivôse an XII, signée Chaptal. Cette voie publique doit
sa dénomination à Charles-Ferdinand-d'Artois, duc de
Berri, né à Versailles le 24 janvier 1778, et assassiné
par Louvel le 13 février 1820. Les propriétés du côté
gauche de la rue Neuve-de-Berri sont alignées, à l'exception de celles qui sont situées à l'encoignure de la rue
du Faubourg-du-Roule. Quelques constructions du côté
droit près de la rue de Ponthieu et celles qui bordent
les deux côtés aux encoignures de la rue du Faubourg-
du-Roule, sont soumises à retranchement. Le surplus
est aligné. — Conduite d'eau entre l'avenue des Champs-
Élysées et la rue de Ponthieu, et depuis la rue des
Écuries-d'Artois jusqu'à celle du Faubourg-du-Roule.

BERRYER (CITÉ).

Située dans la rue Royale, n° 23. — 1er arrondissement, quartier de la Place-Vendôme.

C'était autrefois le passage du Marché-d'Aguesseau. Depuis 1837, on l'appelle cité *Berryer*, du nom de l'illustre avocat, représentant de Marseille, l'un des plus grands orateurs de la Chambre des Députés.

BERTHAUD (IMPASSE)

Située dans la rue Beaubourg, n°s 32 et 34. Le dernier numéro est 8. Sa longueur est de 108 m. — 7e arrondissement, quartier Sainte-Avoie.

Cette impasse, qui forme retour d'équerre, était déjà construite en 1273. Sa dénomination lui vient d'un nommé Berthaud, qui dirigeait un jeu de paume dans cette impasse. — Une décision ministérielle du 8 nivôse an XIII, signée Champagny, a fixé la largeur de cette voie publique à 7 m. — Éclairage au gaz (comp^e Lacarrière).

BERTHOUD (RUE FERDINAND-).

Commence à la rue Montgolfier; finit à la rue Vaucanson, n° 4. Pas de numéro impair; ce côté est bordé par le marché Saint-Martin. Le dernier pair est 4. Sa longueur est de 61 m. — 6e arrondissement, quartier Saint-Martin-des-Champs.

Autorisée par une décision ministérielle du 9 octobre 1816, qui fixa sa moindre largeur à 11 m. 50 c., cette rue fut ouverte au commencement de l'année 1817. Sa dénomination lui fut donnée en vertu d'une autorisation du ministre de l'intérieur, du 27 septembre suivant. — Ferdinand Berthoud, mécanicien de la marine et membre de l'Institut, naquit à Plancemont-Couvet, comté de Neufchâtel, en 1727, et mourut à Groslay, en 1807. Berthoud nous a laissé un ouvrage excellent et qui a pour titre : *Essai sur les Horloges*. — Une ordonnance royale du 16 mai 1833 a maintenu la largeur primitive de cette rue. — Conduite d'eau depuis la rue Vaucanson jusqu'à la borne-fontaine. — Éclairage au gaz (comp^e Lacarrière) (voyez *Martin*, marché Saint-).

BERTIN-POIRÉE (PLACE).

Commence au quai de la Mégisserie, n°s 46 et 50; finit à la rue Saint-Germain-l'Auxerrois, n°s 51 et 57. Le dernier impair est 3; le seul pair, 2. Sa longueur est de 35 m. — 4e arrondissement, quartier du Louvre.

La démolition des maisons formant le côté gauche de la rue des Quenouilles, et le côté droit de celle des Fuseaux, laissa un terrain vague qui, le 30 mai 1839, fut nommé place *Bertin-Poirée*. Nous donnons ici une courte analyse de ces deux anciennes rues. Les constructions qui furent élevées successivement sur le quai de la Mégisserie forçaient les teinturiers et corroyers, qui habitaient au XIVe siècle la rue Saint-Germain-l'Auxerrois, à prendre un long détour pour aller laver leurs étoffes et leurs cuirs à la rivière. Pour remédier à cet inconvénient, deux ruelles furent percées vers 1371. On donna à la première le nom de *Simon-Delille*, en raison d'un riche teinturier qui avait contribué à sa formation. Au XVIe siècle, une enseigne lui fit donner le nom de rue des *Trois-Quenouilles*, qui fut abrégé dans la suite. — Par décision ministérielle du

— BER —

24 frimaire an XI, signée Chaptal, la largeur de cette voie publique fut maintenue. Elle n'était alors que de 1 m. 40 c.

La seconde ruelle fut appelée *Jean-du-Mesnil*, du nom d'un autre fabricant par les soins duquel elle fut ouverte. Quelques années après sa formation, elle prit aussi d'une enseigne le nom de rue des *Fuseaux*. — La décision ministérielle précitée fixa la largeur de cette voie publique à 7 m.

La largeur actuelle de la place Bertin-Poirée est de 13 m. environ. — Conduite d'eau. — Éclairage au gaz (compᵉ Anglaise).

BERTIN-POIRÉE (RUE).

Commence à la rue Saint-Germain-l'Auxerrois, nᵒˢ 50 et 54; finit aux rues Thibault-aux-Dez, nᵒ 20, et des Bourdonnais, nᵒ 2. Le dernier impair est 15; le dernier pair, 24. Sa longueur est de 135 m. — 4ᵉ arrondissement, quartier du Louvre.

Cette rue, qui portait déjà le nom de *Bertin-Poirée* en 1240, le tenait d'un bourgeois qui y demeurait. On la nommait, en 1493, rue *Bertin-Poirée*. — Une décision ministérielle, du 12 fructidor an V, signée François de Neufchâteau, avait fixé la largeur de cette voie publique à 7 m. En vertu d'une ordonnance royale du 2 juin 1841, la moindre largeur de la partie comprise entre la rue Saint-Germain-l'Auxerrois et celle des Deux-Boules, est portée à 10 m., le surplus à 12 m. La propriété qui devra prendre le nᵒ 2, et les maisons nᵒˢ 8 et 10, sont alignées; les autres constructions du côté des numéros pairs sont soumises à un fort retranchement; une partie de la propriété nᵒ 5, et celles nᵒˢ 7, 9 et 11, auront à avancer sur la voie publique pour exécuter l'alignement. — Conduite d'eau. — Éclairage au gaz (compᵉ Anglaise).

BÉTHISY (RUE).

Commence aux rues Boucher, nᵒ 11, et des Bourdonnais, nᵒ 1; finit aux rues de la Monnaie, nᵒ 32, et du Roule, nᵒ 2. Le dernier impair est 21; le dernier pair, 20. Sa longueur est de 109 m. — 4ᵉ arrondissement; les impairs sont du quartier du Louvre; les pairs, du quartier Saint-Honoré.

Elle se prolongeait autrefois jusqu'à la rue de l'Arbre-Sec. En 1300, la partie située entre cette voie publique et les rues de la Monnaie et du Roule, se nommait *rue au Comte de Pontis*; le poète Guillot dit en vieux style : *rue au Quens de Pontis*. La deuxième partie, à peu près à la même époque, était désignée sous le nom *de la Charpenterie*. En 1416, ces deux parties réunies avaient la même dénomination de rue Béthisy. Jacques de Béthisy, avocat au parlement de Paris, y possédait alors un hôtel. — Une décision ministérielle du 18 vendémiaire an VI, signée Letourneux, avait fixé la moindre largeur de cette voie publique à 8 m. Cette moindre largeur a été portée à 10 m., en vertu d'une ordonnance royale du 29 avril 1839. Les maisons

— BIB —

nᵒˢ 11 et 21 sont alignées; les propriétés du côté des numéros pairs sont soumises à un retranchement qui varie de 2 m. 20 c. à 3 m. — Conduite d'eau. — Éclairage au gaz (compᵉ Anglaise).

Plusieurs historiens ont prétendu que la maison nᵒ 20 avait remplacé la partie de l'hôtel où l'amiral de Coligny fut assassiné; c'est une erreur que nous constatons ici. Nous parlerons du meurtre de l'amiral à l'article de la rue des Fossés-St-Germain-l'Auxerrois.

BÉTHUNE (QUAI DE).

Commence au pont de Damiette et à la rue Saint-Louis-en-l'Ile, nᵒ 1; finit au pont de la Tournelle et à la rue des Deux-Ponts, nᵒ 2. Le dernier numéro est 28. Sa longueur est de 412 m. — 9ᵉ arrondissement, quartier de l'Ile-Saint-Louis.

Sa construction, commencée en 1614, fut achevée en 1646. Ce quai prit d'abord le nom de *Dauphin* ou des *Balcons*, puis celui de *Béthune*. En 1792, on l'appela quai de la *Liberté*. Le nom de *Béthune* lui a été rendu dès 1806. — Maximilien de Béthune, duc de Sully, le ministre, l'ami de Henri IV, naquit en 1560, au château de Rosny, et mourut le 21 décembre 1641. — Par une décision ministérielle du 24 frimaire an XIII, signée Champagny, la moindre largeur de ce quai fut fixée à 12 m. Par une autre décision du 9 mai 1818, et conformément à une ordonnance royale du 9 décembre 1838, cette dimension est réduite à 7 m. 80 c. Quelques constructions dépendant de la propriété nᵒ 2 sont soumises à un faible retranchement; le surplus du quai est aligné.

BEURRIÈRE (RUE).

Commence à la rue du Four, nᵒˢ 59 et 61; finit à la rue du Vieux-Colombier, nᵒˢ 20 et 22. Le dernier impair est 25; le dernier pair, 8. Sa longueur est de 95 m. — 11ᵉ arrondissement, quartier du Luxembourg.

En 1680 on l'appelait rue de la *Petite-Corne*. Cette qualification de *Petite* lui avait été donnée pour la distinguer d'une autre voie publique qui lui était parallèle, et qu'on nommait alors rue de la *Corne* (aujourd'hui rue Neuve-Guillemin). Au commencement du XVIIIᵉ siècle, elle était généralement connue sous le nom de rue *Beurrière*. — Une décision ministérielle à la date du 23 frimaire an IX, signée Chaptal, a fixé sa moindre largeur à 6 m. Les maisons nᵒˢ 1, 3, 5 et 7 ne sont pas soumises à retranchement. — Conduite d'eau.

BIBLIOTHÈQUE (RUE DE LA).

Commence à la place de l'Oratoire, nᵒ 6; finit à la rue Saint-Honoré, nᵒˢ 187 et 189. Le dernier impair est 25 bis; le dernier pair, 20. Sa longueur est de 91 m. — 4ᵉ arrondissement, quartier Saint-Honoré.

Cette rue, ouverte sur une partie du parc qui dépendait du château du Louvre, servit durant plusieurs siècles de repaire aux femmes de mauvaise vie. Elle porta

— BIB —

d'abord le nom de rue du *Champ-Fleuri*. Un décret du 21 mars 1801 ayant ordonné de placer la bibliothèque nationale dans le palais du Louvre, la rue du Champ-Fleuri fut nommée alors rue de la *Bibliothèque*. Une partie de cette voie publique, du côté méridional, a été abattue pour faciliter la réunion du Louvre au château des Tuileries. — Une décision ministérielle du 2 thermidor an X, signée Chaptal, avait fixé la largeur de la rue de la Bibliothèque à 7 m. En vertu d'une ordonnance royale du 22 août 1840, cette largeur a été portée à 10 m. Les maisons nos 2, 10 et 16 sont alignées ; le retranchement à opérer sur le côté des numéros impairs varie de 4 m. 10 c. à 5 m. 70. c. — Conduite d'eau depuis la place de l'Oratoire jusqu'à la borne-fontaine. — Éclairage au gaz (comp^e Anglaise).

BIBLIOTHÈQUE ROYALE.

Située dans la rue de Richelieu, n° 58. — 2e arrondissement, quartier Feydeau.

Cette admirable collection occupe à juste titre le premier rang parmi les grands dépôts littéraires de l'Europe.

Pour trouver l'origine de la Bibliothèque du Roi, il faut remonter au règne de Charles V. Saint Louis, avant cette époque, avait réuni quelques livres plus ou moins curieux, mais ce prince se plaisait à distribuer ces ouvrages aux seigneurs et aux savants de sa cour.

La bibliothèque du roi Jean ne se composait que de huit ou dix volumes. A la mort de Charles V, on comptait neuf cents manuscrits. Cette augmentation atteste tout l'intérêt que ce prince portait aux lettres. Ces richesses littéraires, confiées à Gilles Mallet, valet de chambre du roi, furent déposées au Louvre, dans une tour qui prit à cette occasion le nom de *tour de la Librairie*. Ces manuscrits occupaient trois salles. Des barreaux de fer protégeaient les fenêtres. Les lambris des murs étaient de bois d'Irlande ; la voûte lambrissée de bois de cyprès, était enrichie de sculptures en bas-reliefs. Ce sanctuaire réservé à la science était éclairé par trente petits chandeliers, au milieu desquels brûlait une lampe d'argent. Cette bibliothèque, dont Gilles Mallet avait dressé l'inventaire, était estimée 2,323 livres 4 sols. Cette collection disparut pendant le séjour des Anglais à Paris. Le duc de Bedfort l'acheta 1,200 livres. Cette somme fut payée à l'entrepreneur du mausolée de Charles VI et d'Isabelle de Bavière.

Charles VII, qui avait un royaume à reconquérir, ne put songer à réparer cette perte. Mais bientôt la découverte de l'imprimerie vint favoriser les développements de la Bibliothèque Royale. Louis XI couvrit de sa protection tous ceux qui cherchaient à répandre dans son royaume les produits de cet art merveilleux ; savant lui-même et bon littérateur, il rassembla tous les volumes qui étaient enfouis dans les maisons royales. L'histoire nous fournit une preuve du désir qu'il avait d'augmenter les richesses littéraires de la France.

Pierre Schæffer, allemand, l'un des inventeurs de l'art typographique, ou du moins l'un de ceux qui le perfectionnèrent, avait envoyé, de concert avec Conrad Hanequis, son associé, un nommé Herman de Stathoen vendre à Paris plusieurs ouvrages. Cet agent mourut peu de temps après son arrivée. Alors les officiers du roi, en vertu du droit d'aubaine, s'emparèrent des biens et de l'argent qu'avait laissés le défunt. Schæffer et son associé protestèrent contre cette spoliation. Louis accueillit favorablement leur réclamation, rendit l'argent et paya les livres qu'il garda pour sa bibliothèque. Dans les lettres-patentes du 21 avril 1475, rendues en faveur des deux associés, le roi s'exprime ainsi :
« Ayant considération de la peine et labeur que les d.
» exposants ont pris pour le d. art et industrie de
» l'impression, et du profit et utilité qui en vient et
» peut en venir à toute la chose publique, tant pour
» l'augmentation de la science que autrement ; etc...,
» nous sommes libéralement condescendus à faire restituer au d. Conrad Hanequis la somme de deux
» mille quatre cent vingt-cinq écus et trois sous tournois, etc..... »

Louis XII fit transporter au château de Blois les volumes que ses prédécesseurs avaient réunis au Louvre.

François Ier, prince élégant et de nobles manières, instruit et bien disant, créa en 1544 une bibliothèque à Fontainebleau, et l'augmenta plus tard de tous les livres que Louis XII avait déposés dans le château de Blois. La bibliothèque de Blois, dont l'inventaire fut fait alors, se composait d'environ 1,890 volumes, dont 109 imprimés et près de 40 manuscrits grecs, apportés de Naples par le célèbre Lascaris. François Ier enrichit encore la bibliothèque de Fontainebleau d'environ 60 manuscrits, que Jérôme Fondul avait achetés dans les pays étrangers. Jean de Pins, Georges d'Armagnac et Guillaume Pellicier, ambassadeurs de France à Rome et à Venise, achetèrent pour le compte du roi tous les livres grecs qu'ils purent trouver. Le catalogue dressé à cet effet constate l'acquisition de 260 volumes. Guillaume Postel, Pierre Gille et Juste Tenelle nous rapportèrent du Levant 400 manuscrits, et 40 environ de l'Orient. Les livres du connétable de Bourbon augmentèrent encore la collection de Fontainebleau.

Jusqu'à cette époque, un simple garde en titre avait été le seul administrateur de la bibliothèque de nos rois. François Ier donna au savant Guillaume Budé la place de bibliothécaire en chef, avec le titre de maître de la Bibliothèque du Roi. Parmi les successeurs de Guillaume Budé, on cite avec éloge Pierre Duchâtel, Mellin de Saint-Gelais et Pierre de Montdoré.

Les principales richesses de la Bibliothèque consistaient alors en manuscrits. Henri II, conseillé par le savant Raoul Spifame, ordonna, vers 1556, à tous les libraires, de fournir à chacune des bibliothèques royales, un exemplaire en vélin et relié de tous les ouvrages imprimés par privilège. Cette ordonnance ne fut pas exécutée rigoureusement.

Sous Henri III, la Bibliothèque fut envahie par les ligueurs. Dans une note que Jean Gosselin, alors gardien de la Bibliothèque, eut la précaution d'écrire sur un manuscrit ayant pour titre : *Marguerite historiale*, par Jean Massüe, on lit : que le président de Nully, fameux ligueur, se saisit, en 1593, de la librairie du roi, en fit rompre les murailles, et la garda jusqu'à la fin de mars 1594; que pendant cet espace de temps, on enleva le premier cahier du manuscrit de Massüe; que Guillaume Rose, évêque de Senlis, et Pigenat, autres furieux ligueurs, firent dans un autre temps plusieurs tentatives pour envahir la Bibliothèque Royale, et qu'ils en furent empêchés par le président Brisson, et par lui Gosselin.

Henri IV, maître de Paris, ordonna par lettres du 14 mai 1594, que la bibliothèque de Fontainebleau serait transférée dans la capitale et déposée dans les bâtiments du collége de Clermont, que les jésuites venaient de quitter. Elle acquit à cette époque de nouvelles richesses. Le maréchal Strozzi avait fait l'acquisition, du cardinal Ridolfi, neveu du pape Léon X, d'une collection de manuscrits hébreux, grecs, latins, arabes, français, italiens, au nombre de plus de 800. A la mort de Strozzi, la reine-mère s'appropria les livres du maréchal, sous le vain prétexte que ces ouvrages provenaient de la bibliothèque des Médicis. Le 4 novembre 1598, Henri IV écrivait à M. de Thou, son bibliothécaire : « Je vous ai ci-devant écrit
» pour retirer des mains du neveu du feu abbé de
» Bellebranche, la librairie de la feue reine, mère du
» roi, mon seigneur; ce que je vous prie et commande
» encore un coup de faire, si jà ne l'avez fait, comme
» chose que je désire et affectionne et veux, afin que
» rien esgare et que vous la fassiez mettre avec la
» mienne. Adieu. »

Deux arrêts du parlement, le premier à la date du 25 janvier, le second au 30 avril 1599, ordonnèrent la remise de ces livres à la Bibliothèque du Roi. Les jésuites, rentrés en France, reprirent possession de leur collége, et la Bibliothèque fut transférée dans une des salles du couvent des Cordeliers. Henri IV cherchait à placer convenablement cette précieuse collection, et voulait supprimer les colléges de Tréguier et de Cambrai pour placer la Bibliothèque dans une partie de leurs bâtiments, lorsque la mort vint le frapper.

Sous le règne suivant, la Bibliothèque fut enrichie des livres de Philippe Hurault, évêque de Chartres. C'est à Louis XIII qu'on doit attribuer l'accroissement rapide de nos richesses littéraires. Ce prince rendit en 1617 une ordonnance qui porte : « Qu'à l'avenir ne
» sera octroyé à quelque personne que ce soit, aucun
» privilége pour faire imprimer ou exposer en vente
» aucun livre, sinon à la charge d'en mettre gratuite-
» ment deux exemplaires en la Bibliothèque du Roi. »
A la fin de ce règne, la Bibliothèque se composait de 16,700 volumes.

Sous Louis XIV, la Bibliothèque fut rendue accessible au public. Depuis longtemps la maison des Cordeliers était trop petite pour contenir cette collection. Colbert la fit placer dans deux propriétés voisines de son hôtel. Ces deux maisons, situées rue Vivienne, avaient été achetées des héritiers Beautra. La translation eut lieu en 1666. La Bibliothèque occupa cet hôtel jusqu'en 1721. A cette époque, on voyait dans la rue de Richelieu un hôtel immense; il renfermait tout l'espace compris entre cette voie publique, les rues Neuve-des-Petits-Champs, Vivienne et Colbert. C'était l'ancienne demeure du cardinal Mazarin. Plus de quatre cents statues ou bustes, chefs-d'œuvre de la Grèce et de Rome, décoraient cette habitation toute royale. On y voyait cinq cents tableaux, ouvrages de cent vingt peintres. Parmi ces tableaux, on en comptait sept de Raphaël, huit du Titien, trois du Corrège et cinq de Paul Véronèse. Après la mort du cardinal-ministre, ce palais fut divisé en deux parties. La première, la plus considérable, conserva le nom de Mazarin. Le roi l'acheta en 1719 et la donna à la compagnie des Indes. En 1724, la Bourse y fut placée. La seconde partie échut par succession au marquis de Mancini, duc de Nevers, neveu du cardinal, et on la nomma *hôtel de Nevers*. Le roi en fit ensuite l'acquisition, y établit la Banque Royale, et en dernier lieu la Bibliothèque.

Pour rester dans les limites que nous nous sommes tracées, nous indiquerons seulement les principales acquisitions, les présents les plus considérables qui vinrent successivement grossir notre dépôt littéraire.

En 1662, le roi acheta du comte de Brienne 360 manuscrits sur l'histoire de France.

Le comte de Béthune, chevalier des ordres de sa majesté, légua en 1665 à la Bibliothèque 1,923 volumes manuscrits. Plus de onze cents renferment des lettres et pièces originales sur l'histoire de France.

Charles d'Hozier, célèbre généalogiste, vendit au roi son cabinet, qui renfermait les ouvrages les plus curieux.

A ces collections, il faut ajouter celles qui provenaient de l'abbé de Louvois, de Colbert, de Dupuy, de Baluze, de Lancelot, de l'église de Paris, de Saint-Martial de Limoges, de Fontanieu, de la Vallière, etc. Le cardinal Fleury et M. de Maurépas envoyèrent en Orient MM. Sévin et Fourmont, qui achetèrent un grand nombre de manuscrits grecs et orientaux.

En 1790, époque de la suppression des maisons religieuses, la Bibliothèque s'accrut d'un grand nombre de livres manuscrits et imprimés provenant de ces établissements.

Avant la révolution, on évaluait le nombre des livres imprimés, en excluant les pièces détachées, à deux cent mille environ. On y compte aujourd'hui plus de sept cent mille volumes imprimés, et pareil nombre de pièces fugitives. La Bibliothèque Royale s'accroit chaque année de neuf mille ouvrages français et de trois mille étrangers.

Dans cinquante ans ce magnifique bazar littéraire aura doublé ses richesses.

— BIB —

Avant 1789, la Bibliothèque se divisait en cinq dépôts : *les livres imprimés, les manuscrits, les médailles et les antiques, les gravures, les titres et généalogies.* Ce dernier dépôt a été supprimé.

La collection des manuscrits occupe cinq pièces, dont l'une est l'ancienne galerie du palais Mazarin. Le plafond, peint à fresque en 1651, est l'ouvrage de Romanelli. Il représente plusieurs sujets de la fable. Les manuscrits sont divisés par fonds, parmi lesquels on distingue ceux de Dupuy, de Béthune, de Brienne, de Gaignières, de Mesmes, de Colbert, de Doat, de Cangé, de Lancelot, de Baluze. Le nombre des manuscrits est évalué à quatre-vingt mille. Les plus curieux sont ceux des VIe et VIIe siècles. Ils sont écrits en or ou sur du vélin pourpre, ou en argent sur parchemin noir. On distingue aussi la Bible dite de Charles-le-Chauve, et les Heures d'Anne de Bretagne.

Le cabinet des médailles et des antiques est également remarquable.

François Ier possédait vingt médailles en or et une centaine en argent. Il les fit enchâsser dans des ouvrages d'orfèvrerie. Henri II joignit aux médailles qui avaient appartenu à François Ier celles qui composaient la riche collection apportée d'Italie par Catherine de Médicis. Charles IX augmenta ces richesses et leur destina un local particulier dans le Louvre. Le premier, il créa une place spéciale pour leur conservation. Pendant les troubles de la Ligue, les médailles furent dispersées. Henri IV et Louis XIII essayèrent de réparer ces pertes. A Louis XIV appartient l'honneur d'avoir rassemblé les collections disséminées dans les résidences royales, et d'avoir créé au Louvre le cabinet des antiques.

Au mois de novembre 1666, l'abbé Bruneau, gardien des médailles, fut assassiné dans le Louvre. Les meurtriers s'emparèrent d'une partie de nos richesses numismatiques. Peu de temps après, la collection fut transportée à la Bibliothèque Royale.

En 1831, le cabinet des médailles éprouva de nouvelles pertes. Une tentative de vol fut accomplie avec une audace étonnante. Des objets rares et précieux furent enlevés. Il résulte d'un état dressé par les conservateurs, que le nombre des médailles dérobées et non recouvrées, s'élève à deux mille sept cent soixante-deux. Cependant cette collection est riche encore aujourd'hui. On compte dans ce cabinet plus de quatre-vingt mille médailles.

On remarque dans une des galeries des imprimés un monument appelé *le Parnasse français*, composé par Titon du Tillet. Ce Parnasse a été érigé à la gloire de Louis XIV et des littérateurs de son siècle. Depuis on y a ajouté les figures de Rousseau, de Crébillon et de Voltaire.

Dans la pièce affectée aux livres de géographie, on voit deux globes immenses. Ils furent commencés à Venise par Marc-Vincent Coronelli, d'après l'ordre du cardinal d'Estrées, qui en fit hommage à Louis XIV.

— BIC —

Sur des lames de cuivre doré, le cardinal d'Estrées fit graver deux inscriptions. Voici celle du globe céleste :

A L'AUGUSTE MAJESTÉ
DE LOUIS-LE-GRAND,
L'INVINCIBLE, L'HEUREUX,
LE SAGE, LE CONQUÉRANT,

César cardinal d'Estrées a consacré ce globe céleste où toutes les étoiles du firmament et les planètes sont placées au lieu même où elles étoient à la naissance de ce fameux monarque, afin de conserver à l'éternité une image fixe de cette heureuse disposition sous laquelle la France a reçu le plus grand présent que le ciel ait jamais fait à la terre. M. DC. LXXXIII.

L'inscription du globe terrestre est ainsi conçue :

A L'AUGUSTE MAJESTÉ
DE LOUIS-LE-GRAND,
L'INVINCIBLE, L'HEUREUX,
LE SAGE, LE CONQUÉRANT,

César cardinal d'Estrées a consacré ce globe terrestre pour rendre un continuel hommage à sa gloire et à ses héroïques vertus, en montrant les pays où mille grandes actions ont été exécutées et par lui-même et par ses ordres à l'étonnement de tant de nations qu'il aurait pu soumettre à son empire, si sa modération n'eût arrêté le cours de ses conquêtes et prescrit des bornes à sa valeur plus encore que sa fortune. M. DC. LXXXIII.

Plusieurs projets relatifs au déplacement de la Bibliothèque ont été successivement présentés. Napoléon, en arrêtant la réunion des palais du Louvre et des Tuileries, avait décidé que ces deux monuments seraient séparés par une ligne transversale de bâtiments qui contiendraient la Bibliothèque nationale. Il est à regretter que ce changement n'ait pas eu lieu ; le local actuel de la Bibliothèque n'est plus en rapport avec les richesses qu'il est appelé à renfermer. — Une ordonnance royale du 14 novembre 1832 confia l'administration de cet établissement aux conservateurs et à leurs adjoints, qui forment un conseil sous la présidence d'un directeur. L'organisation établie par cette ordonnance fut modifiée par une autre ordonnance royale du 22 février 1839, qui nommait un administrateur général de la Bibliothèque. L'ancien état de choses a été rétabli par M. Villemain. La Bibliothèque Royale est ouverte tous les jours de dix heures à trois, les dimanches et fêtes exceptés.

BICHAT (RUE).

Commence à la rue du Faubourg-du-Temple, n°s 43 et 45 ; finit à la rue Grange-aux-Belles, n° 34. Le dernier impair est 19 ; le dernier pair, 24. Sa longueur est de 566 m. — 5e arrondissement, quartier de la Porte-Saint-Martin.

Partie comprise entre les rues du Faubourg-du-Temple et Alibert. — Une ordonnance royale du 30 août 1824, a autorisé M. Davaux à ouvrir sur son terrain une rue de 12 m. de largeur, pour communiquer de la rue du Faubourg-du-Temple à l'impasse Saint-Louis (aujourd'hui rue Alibert). Cette autorisation a été accordée à la charge par ce propriétaire de supporter les frais d'établissement du premier pavage et du premier éclairage de la nouvelle rue, et de se conformer aux lois et règlements sur la voirie de Paris. Cette ordonnance fut immédiatement exécutée, et le nouveau percement reçut le nom de rue *Bichat*, en mémoire de Marie-François-Xavier Bichat, célèbre chirurgien, né à Thoirette (Ain) le 11 novembre 1771, et enlevé prématurément à la science le 22 juillet 1802.

Partie comprise entre la rue Alibert et l'avenue de l'Hôpital-Saint-Louis. -- Elle a été ouverte en 1836, sur les terrains appartenant aux hospices de Paris, et a reçu le nom de rue *Bichat* en mai 1840. Sa largeur est de 15 m.

Partie comprise entre l'avenue de l'Hôpital-Saint-Louis et la rue Grange-aux-Belles. -- Elle provient de la rue Carême-Prenant. Cette voie publique a été supprimée presque entièrement lors de la formation du canal Saint-Martin. Cette partie a reçu la dénomination de rue *Bichat* en mai 1840. Sa largeur varie de 11 à 13 m.

Portion d'égout du côté de la rue Grange-aux-Belles. -- Conduite d'eau entre cette voie publique et la rue Corbeau. -- Éclairage au gaz (comp^e de Belleville).

BICHES (IMPASSE DU PONT-AUX-).

Située entre les rues Neuve-Saint-Martin, n° 2, et Notre-Dame-de-Nazareth, n° 38. Pas de numéro. Sa longueur est de 31 m. -- 6e arrondissement, quartier Saint-Martin-des-Champs.

C'était dans l'origine le *cul-de-sac de la Chiffonnerie*. -- Une sentence de police, du 18 juillet 1727, désigne ainsi cette impasse, qui tire son nom actuel de sa situation en face de la rue du Pont-aux-Biches. Cette impasse est fermée. Sa largeur actuelle est de 5 m. 70 c.

BICHES-SAINT-MARCEL (RUE DU PONT-AUX-).

Commence à la rue Censier, n°s 11 et 13 ; finit à la rue du Fer-à-Moulin, n°s 2 et 4. Pas de numéro impair ; le dernier pair est 8. Sa longueur est de 162 m. -- 12e arrondissement, quartier Saint-Marcel.

Elle tire son nom d'un pont sur la Bièvre qui passait au milieu de cette rue. On lui donna aussi la dénomination de rue de la *Miséricorde*, en raison de l'hôpital de ce nom dit les *Cent-Filles*, qui y fut établi en 1627 (voir la rue *Censier*.) En 1603, elle ne faisait qu'une seule et même voie publique avec la rue qu'on appelle *Vieille-Notre-Dame*. Depuis 1700, elle a toujours été désignée sous le nom de rue du *Pont-aux-Biches*. -- Une décision ministérielle du 7 fructidor an X, signée Chaptal, fixa la largeur de cette voie publique à 7 m. En vertu d'une ordonnance royale du 27 janvier 1837, cette dimension est portée à 10 m. Les constructions du côté gauche sont soumises à un retranchement qui varie de 1 m. 40 c. à 1 m. 80 c. Une partie de la maison n° 4 est alignée ; les autres constructions devront éprouver un retranchement de 1 m. 75 c. à 2 m. 30 c. -- Égout et conduite d'eau.

BICHES-SAINT-MARTIN (RUE DU PONT-AUX-).

Commence aux rues du Vertbois, n° 2, et Neuve-Saint-Laurent, n° 34 ; finit aux rues Neuve-Saint-Martin, n° 1, et Notre-Dame-de-Nazareth, n° 31. Le dernier impair est 5 ; le dernier pair, 4. Sa longueur est de 45 m. -- 6e arrondissement, quartier Saint-Martin-des-Champs.

Elle tire son nom d'un petit pont jeté sur un ancien égout et d'une enseigne des Biches. -- Une décision ministérielle, à la date du 4 floréal an VIII, signée L. Bonaparte, a fixé la largeur de cette voie publique à 9 m. Les constructions du côté des numéros impairs sont soumises à un retranchement qui varie de 1 m. 90 c. à 2 m. 40 c. La plus grande partie du côté droit est alignée ; le surplus ne devra subir qu'un reculement de 22 c. à 55 c. -- Égout. -- Éclairage au gaz (comp^e Lacarrière).

BIENFAISANCE (RUE DE LA).

Commence à la rue du Rocher, n°s 19 et 21 ; finit à la rue de Plaisance. Le dernier impair est 31 ; le dernier pair, 36. Sa longueur est de 635 m. -- 1er arrondissement, quartier du Roule.

Elle est indiquée sur le plan de Verniquet, mais sans dénomination. -- « Séance du 9 février 1793. -- Sur
» le rapport des administrateurs des travaux publics,
» le bureau municipal les autorise à faire exécuter,
» sous la direction de l'inspecteur du pavé de Paris, les
» talus, nivellement et déblais qui restent à faire pour
» rendre la rue de l'Observance, qui aboutit d'un côté
» dans la rue des Rochers et de l'autre dans celle de
» Miroménil, praticable et pour en achever le perce-
» ment jusqu'à la rencontre de celle de Miroménil,
» etc. » (Registre du bureau municipal, tome 51, page 20). Cette voie publique prit le nom de rue de la *Bienfaisance*, en l'honneur de M. Gœtz, médecin, mort en 1813, et connu par ses nombreux actes de bienfaisance. M. Gœtz habitait la maison n° 5. -- Lors de la construction de l'abattoir du Roule, la rue de la Bienfaisance fut prolongée jusqu'à l'avenue latérale à gauche de cet établissement. -- Une décision ministérielle, du 12 juillet 1816, a fixé la largeur de cette voie publique à 10 m. Toutes les constructions du côté des numéros impairs sont alignées ; plusieurs constructions du côté opposé ont été bâties récemment, d'après un alignement qui porte à 12 m. la largeur de la rue de la *Bienfaisance*. -- Portion d'égout du côté de la rue Miroménil. -- Conduite d'eau dans toute l'étendue.

BIÈVRE (RUE DE).

Commence au quai de la Tournelle, n° 11, et à la rue des Grands-Degrés, n° 1 ; finit à la rue Saint-Victor,

— BIL —

n° 130, et à la place Maubert, n° 51. Le dernier impair est 41 ; le dernier pair, 40. Sa longueur est de 197 m. — 12e arrondissement. Les impairs sont du quartier du Jardin-du-Roi ; les pairs, du quartier Saint-Jacques.

La rivière de Bièvre, qui passait autrefois en cet endroit, lui a fait donner le nom de rue de *Bièvre*, qu'elle portait déjà en 1250. — Une décision ministérielle du 3 pluviôse an IX, signée Chaptal, a fixé la moindre largeur de cette voie publique à 8 m. Les maisons n°s 23, 25, 27, 29 et 2 sont alignées ; celles qui portent les n°s 11, 13, 15 et 37 ne sont soumises qu'à un léger redressement. — Conduite d'eau depuis la rue Saint-Victor jusqu'à la borne-fontaine. — Éclairage au gaz (comp° Parisienne).

BILLETTES (RUE DES).

Commence à la rue de la Verrerie, n°s 26 et 28 ; finit à la rue Sainte-Croix-de-la-Bretonnerie, n°s 31 et 33. Le dernier impair est 21 ; le dernier pair, 22. Sa longueur est de 126 m. — 7e arrondissement, quartier du Marché-Saint-Jean.

Dans les lettres de Philippe-Auguste, du mois de décembre 1299, elle est appelée rue des *Jardins* (vicus Jardinorum, ou de Jardinis). Dans plusieurs actes du XVe siècle, on la trouve indiquée sous le nom de rue *où Dieu fut bouilli*, du *Dieu bouliz*. Cette dénomination lui avait été donnée pour rappeler le sacrilège commis par un juif nommé Jonathas, qui plongea dans une chaudière d'eau bouillante une hostie consacrée. Enfin, Corrozet l'indique sous le nom de rue des *Billettes*. Cette rue, selon Sauval, tire sa dénomination d'une espèce de péage qu'on appelait encore de son temps *billettes*, en raison d'un billot de bois qu'on suspendait à la porte de la maison où ce droit devait être payé. Pour appuyer son opinion, il dit que la rue de la Verrerie conduisant à l'ancienne porte Saint-Merri, on acquittait sans doute le péage dans une maison de cette rue située au coin de celle des Jardins ; c'est pour ce motif que cette dernière a reçu le nom de rue des *Billettes*. Jaillot critique cette opinion à peu près en ces termes : Il est vrai qu'on a donné le nom de *billette* à une petite enseigne posée aux endroits où l'on devait le péage ; mais la rue de la Verrerie n'était pas un chemin royal où l'on pût établir un bureau pour la perception d'un droit pareil. Quant aux marchandises qui devaient acquitter les droits avant d'entrer dans Paris, le paiement devait en être effectué d'un côté de la ville à la porte Baudet (Baudoyer), et de l'autre à la porte Saint-Merri. — Il nous semble plus naturel de dire que cette rue doit son nom aux religieux hospitaliers de Notre-Dame, qui précédèrent les Carmes dans la possession du couvent situé dans cette rue. Nous croyons que ces hospitaliers, qui dans l'origine n'étaient ni tout à fait religieux, ni exactement séculiers, portaient des billettes sur leurs habits, comme des signes propres à les faire reconnaître. Ce fut sans doute par ce motif que le peuple leur a donné ce nom. *Billette* est un terme de blason donné autrefois à une petite pièce carrée qu'on mettait sur un écu pour signifier *constance et fermeté*. On donnait aussi le même nom à de petits scapulaires qui avaient une forme toute semblable (*voir* l'article suivant).
— Une décision ministérielle du 28 prairial an IX, signée Chaptal, fixa la largeur de cette voie publique à 7 m. Cette largeur a été portée à 9 m. par une autre décision ministérielle du 18 mai 1818, signée comte Chabrol. — Les maisons n°s 6, 8, 9 et 20 ne sont pas soumises à retranchement. — Conduite d'eau depuis la rue de la Verrerie jusqu'à la borne-fontaine. — Éclairage au gaz (comp° Lacarrière).

BILLETTES (TEMPLE DES).

Situé dans la rue des Billettes, n° 18. — 7e arrondissement, quartier du Marché-Saint-Jean.

C'était autrefois l'église du couvent des Carmes-Billettes. Voici de quelle manière les principaux historiens nous racontent l'origine de cette communauté religieuse : Le 12 avril 1290, un juif nommé Jonathas commit un sacrilège en plongeant, comme nous l'avons dit plus haut, une hostie consacrée dans un vase rempli d'eau bouillante. Le peuple, furieux, se rassembla, pénétra de vive-force dans la maison. Le juif est arrêté, condamné, puis brûlé vif. La propriété de la rue des Jardins et les autres biens de Jonathas furent confisqués au profit du roi Philippe-le-Bel. La maison où le crime avait été commis fut donnée par le roi à Reinier Flaming, bourgeois de Paris, qui fit construire, en 1294, sur son emplacement, une chapelle qu'on nomma la maison des *Miracles*. Cette fondation fut autorisée par une bulle du pape, donnée le 17 juillet 1295. — Guy de Joinville, seigneur de Dongeux ou Dongiers, avait, en 1286, fait bâtir à Boucheraumont, dans le diocèse de Châlons-sur-Marne, un hôpital pour y recevoir les malades et les pauvres passants. Cet hôpital était desservi par une communauté séculière d'hommes et de femmes, sous le titre et la protection de la Sainte-Vierge ; leurs belles attributions leur avaient fait donner le nom d'*Hospitaliers de la Charité-Notre-Dame*. Le succès de cet établissement fit naître au fondateur la pensée d'en former un semblable à Paris ; il jeta les yeux sur la maison des Miracles, que Reinier Flaming consentit à lui céder.

Ces religieux n'appartenaient à aucun ordre connu ; ils portaient sur leurs habits de petits scapulaires ou billettes, et le peuple les désigna bientôt sous le nom de *religieux des Billettes*. Le pape, en 1346, les exempta des censures encourues par l'irrégularité de leur fondation, et leur imposa la règle de saint Augustin. La reine Clémence de Hongrie, épouse de Louis X, enrichit cette communauté qu'on désignait alors sous le nom de *couvent où Dieu fut bouilli*. Le 26 juillet 1631, ces religieux furent remplacés par les Carmes réformés de l'observance de Rennes. — Le cœur d'Eudes Mézerai, historiographe de France, mort le 10 juillet 1683, fut déposé dans leur église. Au-dessus de l'ancienne chapelle des Miracles, on lisait encore en 1685 cette inscription : « *Ci-dessous le juif fit bouillir la sainte hostie.* » L'église fut rebâtie en 1754, sur les dessins d'un religieux dominicain nommé Claude. En 1790, le couvent des Carmes-Billettes fut supprimé et devint propriété nationale. Une partie de ses bâtiments ainsi que son église furent vendues les 17 avril 1793 et 26 ventôse an III. L'église, rachetée par la Ville le 26 novembre 1808, moyennant 73,000 fr., fut affectée en 1812 au culte luthérien. L'acquisition de cette église avait été autorisée par un décret impérial rendu à Bayonne et daté du 28 juillet 1808.

BILLY (QUAI).

Commence à la rue Bizet, n° 1; finit à la barrière de Passy. Le dernier numéro est 50 bis. Sa longueur est de 1,204 m. — 1er arrondissement, quartier des Champs-Elysées.

On commença à le construire en 1572. Il prit le nom de quai des *Bons-Hommes*, en raison de sa proximité du couvent des religieux Minimes dits vulgairement *Bons-Hommes*. On le désigna ensuite sous les dénominations de quai de la *Conférence* et de *Chaillot*. Quelques plans l'indiquent également sous le nom de la *Savonnerie*, en raison d'une manufacture de tapis dits de la *Savonnerie*. — Une décision ministérielle du 13 fructidor an VIII, signée L. Bonaparte, fixa la moindre largeur de ce quai à 17 m. 70 c. A cette époque, il se nommait quai de *Chaillot*, ou *chemin de Paris à Versailles*. — « Au palais de Varsovie, le 13 janvier 1807. » Napoléon, empereur des Français, roi d'Italie, etc. » Nous avons décrété et décrétons ce qui suit : — » Article 1er. Le pont construit sur la Seine, en face le » Champ-de-Mars, s'appellera pont d'*Iéna*. — Art. 2. » Le quai sur lequel il doit s'appuyer du côté de Chaillot, » et qui doit être élargi et refait dans une nouvelle direc- » tion, s'appellera, dans la partie comprise entre la » barrière et la pompe à feu, QUAI DE BILLY, du nom » du général tué dans cette bataille. Signé Napoléon. » Par l'empereur, le secrétaire d'État, signé H.-B. Ma- » ret (Extrait du décret). » — Ce quai reçut alors une largeur depuis longtemps désirée. On porta le mur de terrasse au milieu du cours de la Seine, dont on déploya le lit aux dépens de la rive opposée. Ce mur de terrasse vient se rattacher à la culée du pont d'Iéna, dont il facilite les abords. — Une ordonnance royale à la date du 27 septembre 1826, a fixé la moindre largeur de ce quai à 27 m. Les propriétés n°s 4, 6, 8, 10, 12, 14, 24, 26, 28, 32, 38, 50 et 50 bis ne sont pas soumises à retranchement. — Le grand égout de ceinture vient aboutir à la rivière, vis-à-vis l'hôtel des subsistances militaires. — Éclairage au gaz (comp^e de l'Ouest).

Au n° 4 est une pompe à feu, due à l'habileté de MM. Perrier frères. Par le moyen de tuyaux à embou- chure recourbée, qui se prolongent jusqu'au milieu de la Seine, cette pompe aspire l'eau et la fait monter dans des réservoirs construits sur la hauteur de Chaillot. Cette montagne est élevée de 37 m. environ au-dessus du niveau de la rivière.

Au n° 26 est situé l'hôtel des subsistances militaires, qui a remplacé l'ancienne manufacture royale de la Savonnerie.

BIRON (RUE).

Commence à la rue de la Santé; finit à la rue du Faubourg-Saint-Jacques, n° 57. Pas de numéro. Sa longueur est de 343 m. — 12e arrondissement, quartier de l'Observatoire.

Sur le plan de Jaillot, elle est indiquée comme un chemin sans dénomination. Nous ignorons d'où lui vient le nom de rue *Biron*, qu'elle portait dès l'année 1790. — Une décision ministérielle à la date du 6 pluviôse an XI, signée Chaptal, fixa la moindre largeur de cette voie publique à 10 m. En vertu d'une ordonnance royale du 9 décembre 1838, cette dimension est portée à 12 m. Toutes les constructions du côté gauche sont alignées; celles du côté droit devront subir un retranchement de 2 m. environ.

BIZET (RUE).

Commence au quai Billy, n° 2, et à l'allée des Veuves, n° 1; finit à la rue de Chaillot, n°s 44 et 48. Le dernier impair est 15; le dernier pair, 18. Sa longueur est de 397 m. — 1er arrondissement, quartier des Champs-Élysées.

C'était autrefois la ruelle du *Tourniquet*, puis celle des *Blanchisseuses*. Elle devait sa première dénomination à un tourniquet qui se trouvait à l'entrée de la rue de Chaillot. Des blanchisseuses qui prenaient ce chemin pour aller laver leur linge à la rivière, lui ont fait donner sa seconde dénomination. — Une décision ministérielle du 13 fructidor an VIII, signée L. Bonaparte, fixa la largeur de cette voie publique à 10 m.

Ce n'était encore en 1826 qu'une ruelle étroite et tortueuse. A cette époque M. Bizet, propriétaire des terrains voisins de cette communication, proposa d'en changer la direction. L'autorisation lui fut accordée par une ordonnance royale du 9 août de la même année. Cette ordonnance porte que la nouvelle rue, destinée à remplacer celle des Blanchisseuses, aura 10 m. de largeur, et que le sieur Bizet devra pourvoir aux frais de premier établissement de pavage. Elle prescrit aussi que l'emplacement de la rue des Blanchisseuses, qui rentrera dans la propriété du sieur Bizet, sera concédé à ce propriétaire à titre d'échange contre le terrain qu'il abandonnera à la voie publique et sauf paiement de soulte s'il y a lieu. — Cette ordonnance ayant reçu son exécution, une décision ministérielle signée d'Argout, à la date du 23 janvier 1832, assigna à la voie publique dont il s'agit, le nom de rue *Bizet*. Les con-

— BLA —

structions riveraines ne sont pas soumises à retranchement. — Conduite d'eau depuis la rue Marbeuf jusqu'à celle de Chaillot. — Eclairage au gaz entre le quai Billy et la rue Marbeuf (comp^e de l'Ouest).

BLANCHE (BARRIÈRE.)

Située à l'extrémité de la rue du même nom.

Cette barrière, qui se compose d'un seul bâtiment avec trois arcades au rez-de-chaussée, portait autrefois le nom de la *Croix-Blanche*, dénomination primitive affectée à la rue Blanche. (Voyez l'article *Barrière*.)

BLANCHE (CHEMIN DE RONDE DE LA BARRIÈRE).

Commence aux rue et barrière Blanche; finit aux rue et barrière de Clichy. Pas de numéro. Sa longueur est de 412 m. — 2e arrondissement, quartier de la Chaussée-d'Antin.

Une ordonnance royale à la date du 28 février 1837, a maintenu la largeur de 11 m. 69 c. fixée en 1789 par le bureau des finances. Les constructions qui bordent ce chemin à partir de la place de la barrière Blanche, et dans une étendue de 170 m., sont alignées. (Voir l'article *Chemins de ronde*.)

BLANCHE (PLACE DE LA BARRIÈRE.)

Située à l'extrémité de la rue Blanche. — 2e arrondissement, quartier de la Chaussée-d'Antin.

Dès le 28 vendémiaire an XI, le ministre Chaptal prescrivit la formation de cette place; il ordonna qu'elle serait demi-circulaire, et qu'elle aurait 30 m. de rayon. Elle fut exécutée d'après ces dispositions, qui ont été maintenues par une ordonnance royale du 28 février 1837.

BLANCHE (RUE).

Commence à la rue Saint-Lazare, n°s 68 et 68 bis; finit à la place de la Barrière-Blanche. Le dernier impair est 61; le dernier pair, 44. Sa longueur est de 764 m. — 2e arrondissement, quartier de la Chaussée-d'Antin.

Son premier nom était rue de la *Croix-Blanche*. — Une décision ministérielle, à la date du 28 vendémiaire an XI, signée Chaptal, ainsi qu'une ordonnance royale du 28 février 1837, ont fixé la moindre largeur de cette voie publique à 10 m. Les constructions portant les numéros ci-après ne sont pas soumises à retranchement : partie du n° 3, 13, 15, 17, 19, 21, 23, 25, 27, 29, 31, 33, 35, 37, 39, 43, 43 bis, 45, 47, 49, 51, 53, 61; 2, 4, 6, 8, 10, 12, second n° 10, bâtiment n° 14, 16, 18, 20, 22, 24, 26, 30, 32, 34, 36, 38, 40, 42, 42 bis et 44. — Portion d'égout du côté de la rue Saint-Lazare. — Conduite d'eau entre cette rue et l'aqueduc de ceinture. — Éclairage au gaz (comp^e Anglaise).

— BLÉ —

BLANCHISSEUSES (IMPASSE DES.)

Située dans la rue Bizet. Pas de numéro. Sa longueur est de 110 m. — 1er arrondissement, quartier des Champs-Elysées.

Elle tire cette dénomination de la ruelle des Blanchisseuses, aujourd'hui rue Bizet (*voyez* cet article). Il n'existe point d'alignement pour cette impasse, dont la largeur actuelle est de 4 m.

BLÉ (HALLE AU).

Située rue de Viarmes. — 4e arrondissement, quartier de la Banque.

La Halle au Blé a été construite sur l'emplacement de l'hôtel de Soissons. Cet hôtel n'est pas sans quelque célébrité dans nos annales parisiennes; il occupait tout l'emplacement limité par les rues du Four, des Deux-Écus et de Grenelle; son entrée principale était par la rue du Four. Les cours et les jardins s'étendaient depuis la rue d'Orléans jusqu'à la Croix-Neuve, près de la place Saint-Eustache. Ses dépendances avoisinaient l'église de ce nom et la rue Coquillière.

L'histoire de cette vaste habitation se divise en cinq parties. Elle fut connue successivement sous les noms d'*hôtel de Nesle*, de *Bohême*, d'*Orléans*, de la *Reine* et de *Soissons*.

Jean II, seigneur de Nesle, fit construire, au commencement du XIIIe siècle, une petite habitation sur un terrain planté de vignes. Ce premier hôtel consistait en un simple bâtiment flanqué de quatre tours. En 1232 le seigneur de Nesle en fit présent à saint Louis. Par une charte de la même année, le roi céda cet hôtel à sa mère, Blanche de Castille.

En 1296, Philippe-le-Bel le donna à Charles, comte de Valois, son frère, qui le céda à Philippe, son fils.

Par lettres datées du Louvre-lez-Paris, Philippe, régent du royaume, en fit don à Jean de Luxembourg, roi de Bohême, fils de l'empereur Henri VIII. Ces lettres sont ainsi conçues; « Philippe Quens de Valois et d'An-
» jou, regens les royaumes de France et de Navarre,
» faisons sçavoir à tous présents et à venir, que nous,
» de notre propre libéralité, avons donné et donnons à
» noble prince, notre tres chier et féal Jehan, roi de
» Behaigne, et à ses hoirs nés et à nestre, descendant
» de droite ligne de son propre corps, héréditablement et
» perpétuellement, nostre meson *qui est dicte Néelle*,
» séant à Paris, entre la porte Saint-Honoré et la porte
» de Montmartre, ensemble tous nos jardins et les ap-
» partenances tenant à la dicte meson, sans rien retenir
» à nous en possession ne en propriété, excepté la jus-
» tice de la souveraineté, laquelle nous réservons et re-
» tenons par devers nous, etc....;. »

Cette habitation prit alors le nom d'*hôtel de Bohême*. Le 26 août 1336, Jean de Luxembourg fut tué à la bataille de Crécy. La propriété de l'hôtel de Bohême revint à la couronne par le mariage de Bonne de Luxembourg, fille du roi de Bohême, avec Jean, duc de Normandie.

— BLE —

Devenu roi, Jean habita quelque temps l'hôtel de Bohème ou de Nesle, ainsi que le constatent des lettres-patentes du mois de novembre 1356, données *Parisis. in hospitio nostro de Negella.*

Le 5 février 1355, le roi Jean fit cession au comte de Savoie, Amédée II, de son hôtel de Bohème, qui passa ensuite à Louis, deuxième fils du roi Jean. La veuve de Louis d'Anjou, tante de Charles VI, vendit cette habitation au roi moyennant 1,200 livres. Charles VI la céda à Louis de France, alors duc de Touraine, depuis duc d'Orléans.

L'hôtel de Bohème changea son nom et prit celui d'*Orléans*.

Il appartenait en 1499 au roi Louis XII. L'année suivante le roi donna une partie de son hôtel d'Orléans aux religieuses Pénitentes, et céda l'autre partie à Robert de Framezelles.

Aucun changement n'eut lieu jusqu'au règne de Charles IX.

Les astrologues avaient prédit à Catherine de Médicis qu'elle mourrait près d'un endroit qui porterait le nom de Saint-Germain. Aussitôt la reine-mère voulut quitter les habitations qui rappelaient Saint-Germain. On la vit abandonner successivement le Louvre et les Tuileries, en raison de leur proximité de l'église Saint-Germain-l'Auxerrois.

Catherine de Médicis jeta les yeux alors sur le couvent des Filles-Pénitentes. Le 4 novembre 1572, un contrat d'échange fut passé entre la reine-mère, les religieux de Saint-Magloire qui habitaient la rue Saint-Denis, et les Filles-Pénitentes.

Au mois de décembre suivant, Charles IX ratifia cet échange, par lequel la reine abandonna aux religieux de Saint-Magloire un terrain situé près de l'église Saint-Jacques-du-Haut-Pas. En contre-échange, ces religieux laissèrent aux Filles-Pénitentes leur monastère de la rue Saint-Denis, et la reine prit possession du couvent de la rue du Four. Catherine acheta l'hôtel d'Albret, fit supprimer une partie des rues d'Orléans et des Étuves et prolonger celle des Deux-Écus, depuis la rue d'Orléans jusqu'à la rue de Grenelle. Alors s'éleva un hôtel magnifique, bâti sur les dessins de Jean Bullant et de Salomon de Bresse. L'habitation de Catherine reçut le nom d'*hôtel de la Reine*. « Le bâtiment qu'elle entre-
» prit, dit Sauval, parut si magnifique, que dans tout le
» royaume, alors, il ne le cédait qu'au Louvre et à son
» palais des Tuileries ; elle le rendit si commode qu'on
» y compte cinq appartements des plus grands... On y
» entre par un portail aussi grand que superbe ; quoi-
» qu'imité de celui du palais de Farnèse à Caprarolle,
» il passe néanmoins pour un des chefs-d'œuvre de
» Salomon de Bresse, l'un des meilleurs architectes de
» notre temps, etc.... »

Après la mort de Catherine de Médicis, son hôtel échut par succession à sa petite-fille, Christine de Lorraine, femme de Ferdinand Ier, grand duc de Toscane.

Mais la reine-mère avait laissé des dettes si consi-

— BLE —

dérables, qu'on fut obligé de vendre son hôtel. Catherine de Bourbon, sœur de Henri IV et créancière de la défunte, l'acheta en 1601. Il fut adjugé, par décret du 21 janvier 1606, à Charles de Bourbon, comte de Soissons. Cette résidence, réparée et agrandie, prit le nom d'*hôtel de Soissons*, qui lui est resté jusqu'à l'époque de sa démolition. Au commencement du XVIIIe siècle, il passa au prince de Carignan, et sous la régence, Law en fit la succursale de ses opérations financières. Par suite du discrédit des actions de la banque, le prince de Carignan fut ruiné et son hôtel vendu après sa mort à divers particuliers.

Lettres-patentes du roi en forme de déclaration portant établissement dans la ville de Paris, d'une nouvelle halle aux bleds et d'une gare pour les bateaux. Données à Versailles le 25 novembre 1762.

« Louis, etc... Occupés à l'exemple des rois nos pré-
» décesseurs de tout ce qui peut augmenter la splen-
» deur de la capitale de notre royaume, et procurer à
» ses habitants de nouveaux agréments et de plus gran-
» des commodités, nous avons porté successivement no-
» tre attention sur les différents objets d'utilité et de
» décoration qui peuvent encore rester à désirer parmi
» tant d'édifices et de monuments consacrés à la piété, à
» l'utilité et à la magnificence publique, entrepris ou
» achevés de notre règne. Nous n'avons jamais perdu de
» vue ceux qui peuvent assurer et augmenter l'abon-
» dance des choses nécessaires à la vie des citoyens, et
» qui par l'affection réciproque que nous devons à nos
» peuples tiendront toujours le premier rang dans
» notre cœur; c'est dans cet esprit que pour suppléer au
» peu de commodité des halles actuelles, devenues beau-
» coup trop resserrées par l'agrandissement successif
» de Paris, nous avons dès le mois d'août 1755, par
» lettres-patentes enregistrées au parlement, ordonné à
» nos très chers et bien amés les prévôt des marchands
» et échevins de notre bonne ville de Paris, de faire
» l'acquisition du terrain où était ci-devant l'hôtel de
» Soissons, et de l'employer à la construction d'une nou-
» velle halle, etc. A ces causes, etc. — Article 1er. Les-
» dits prévôt des marchands et échevins feront incessam-
» ment construire une halle pour les grains et farines
» dans l'emplacement de l'hôtel de Soissons, dans un
» espace de 1,800 toises de superficie, conformément au
» plan qui sera par nous adopté, etc... — Art. 14. Or-
» donnons qu'en présence desdits prévôt des marchands
» et échevins, et en celle de M. Deniset, président des
» trésoriers de France, que nous avons commis à cet
» effet, il sera par le maître-général des bâtiments de la
» ville, tracé de nouvelles rues pour les abords et au
» pourtour de ladite halle, ensemble une nouvelle place
» au milieu d'icelle, le tout dans les endroits, longueurs
» et dimensions indiquées par le plan qui sera par nous
» approuvé. Voulons que les acquéreurs des terrains
» dont nous avons ordonné la revente par l'article 4me

— BLE —

» des présentes, soient tenus de prendre pour les mai-
» sons, clôtures et autres bâtiments qu'ils y feront con-
» struire, les alignements qui leur seront donnés et éta-
» blis par M. le maître-général des bâtiments, en pré-
» sence des susdits commissaires, et quant aux pentes
» du pavé desdites nouvelles place et rues, voulons
» qu'elles soient établies et réglées en présence des
» mêmes commissaires par ledit maître-général des bâ-
» timents de la ville, et par l'inspecteur-général du
» pavé d'icelle, etc... Données à Versailles, le 25me jour
» de novembre, l'an de grâce 1762, et de notre règne
» le 48me : signé *Louis*. »

Les nouveaux percements indiqués dans ces lettres-patentes furent exécutés en 1765, et reçurent les noms de *Babille, Devarenne, Mercier, Oblin, Sartines, Vannes* et de *Viarmes*.

La Halle au Blé, commencée en 1763, fut terminée en 1767, sur les dessins et sous la direction de Camus de Mézières. C'est un bâtiment de forme circulaire, ayant 68 m. de diamètre hors œuvre. Il est percé de 25 arcades. On monte par deux escaliers d'une construction remarquable, à une galerie où sont déposés les menus grains dans des corridors voûtés et construits en briques. Pour mettre à l'abri les marchandises déposées dans la cour, on résolut de couvrir cette construction d'une coupole. MM. Legrand et Molinos s'acquittèrent avec talent de ce travail, qui fut terminé en 1783. Cette coupole, construite en bois, fut incendiée en 1802.

Un décret impérial du 4 septembre 1807, porte ce qui suit :

« La Halle aux Bleds de la ville de Paris sera couverte
» au moyen d'une charpente en fer, dont les arcs verti-
» caux seront en fer fondu. Elle sera couverte en plan-
» ches de cuivre étamé. Signé *Napoléon*. »

Cette charpente, exécutée sous la direction de M. Brunet, a été terminée à la fin de 1811. Les 25 fenêtres de l'ancienne coupole ont été remplacées par une lanterne qui éclaire la rotonde.

Un débris curieux de l'ancien hôtel de la Reine est adossé à la Halle au Blé, c'est la colonne dite de *Médicis*. Elle est surmontée d'un chapiteau toscan. Ses cannelures étaient couvertes d'emblèmes sculptés, tels que lacs d'amour, couronnes et fleurs de lys, miroirs brisés, chiffres enlacés (C. H.). Une sphère d'un diamètre considérable dominait la plate-forme à laquelle on montait par un escalier à vis pratiqué dans l'intérieur du fût. Cette colonne, construite par Bullant, servait d'observatoire à la veuve de Henri II, qui s'y livrait à des études astrologiques. — Lors de la démolition de l'hôtel de Soissons, la colonne de Médicis aurait été détruite par le vandalisme, si un amateur éclairé des arts, M. Petit de Bachaumont, n'eût acheté ce reste précieux de l'architecture du XVIe siècle. Cet honorable citoyen en fit hommage à la ville de Paris. Les prévôt des marchands et échevins n'acceptèrent l'offre de M. de Bachaumont

— BOC —

qu'à la condition de lui rembourser le prix de son acquisition qui s'élevait à 1800 livres. C'est sous la prévôté de messire Armand-Jérôme Bignon, que la colonne de Médicis fut adossée à la Halle au Blé.

BLEUE (RUE).

Commence à la rue du Faubourg-Poissonnière, nos 43 et 45; finit à la rue Cadet, nos 34 et 36. Le dernier impair est 35; le dernier pair, 38. Sa longueur est de 306 m. — 2e arrondissement, quartier du Faubourg-Montmartre.

Elle portait originairement le nom de rue d'*Enfer*. Le vacarme occasionné par les soldats qui revenaient à leur caserne de la Nouvelle-France, après avoir fait de copieuses libations dans les guinguettes des Porcherons, lui avait sans doute valu cette dénomination. — Une décision ministérielle à la date du 18 messidor an IX, signée Chaptal, fixa la moindre largeur de cette voie publique à 10 m. En 1802, M. Story fonda une manufacture de houles bleues dans cette rue, qui prit alors le nom de rue *Bleue*. La moindre largeur de 10 m. a été maintenue par une ordonnance royale du 22 août 1833. La propriété no 1 devra reculer de 1 m. 30 c. à 2 m. 20 c.; les maisons nos 11, 13, 15; 18, 20, 22 et 24 sont soumises à un léger redressement. Toutes les autres constructions sont alignées. — Égout entre les rues du Faubourg-Poissonnière et Riboutté. — Portion d'égout du côté de la rue Cadet. — Conduite d'eau depuis la rue de Trévise jusqu'à la rue Cadet. — Éclairage au gaz (compe Anglaise).

BLEUS (COUR DES).

Située dans l'enclos de la Trinité. — 6e arrondissement, quartier de la Porte-Saint-Denis.

Le nom de cette cour rappelle les jeunes pensionnaires de l'hôpital de la Trinité, connus sous le nom d'*enfants bleus*, en raison de la couleur de leurs vêtements. (Voir l'article *Trinité*, passages de la.)

BOCHART DE SARON (RUE).

Commence à l'avenue Trudaine; finit au chemin de ronde de la barrière Rochechouart. Pas de numéro. Le côté droit est bordé par l'abattoir Montmartre. Sa longueur est de 112 m. — 2e arrondissement, quartier du Faubourg-Montmartre.

La formation de cette rue a été prescrite par une décision ministérielle du 29 mai 1821. Sa largeur, fixée alors à 20 m., a été maintenue par une ordonnance royale du 23 août 1833. Le côté gauche de cette voie publique n'est pas encore construit. Jean-Baptiste-Gaspard Bochart-de-Saron, savant mathématicien et premier président au parlement de Paris, naquit dans cette ville le 16 janvier 1730. Il périt sur l'échafaud le 20 avril 1794.

BOEUF (IMPASSE DU).

Située dans la rue Neuve-Saint-Merri, entre les n°s 10 et 12. Pas de numéro. Sa longueur est de 44 m. — 7e arrondissement, quartier Sainte-Avoie.

Elle existait à la fin du XIIIe siècle. C'était en 1305 le *cul-de-sac Bec-Oie*, puis celui de la rue *Neuve-Saint-Merri*. Son nom actuel vient d'une enseigne. — Une ordonnance du bureau des finances, en date du 20 décembre 1774, a prescrit la fermeture de cette impasse, qui n'a jamais été alignée, et dont la largeur actuelle est de 2 m. 50 c.

BOEUFS (IMPASSE DES).

Située dans la rue des Sept-Voies, entre les n°s 1 et 3. Pas de numéro. Sa longueur est de 77 m. — 12e arrondissement, quartier Saint-Jacques.

C'était, au XIVe siècle, une rue qui ne portait pas de nom. Au XVIe siècle, on l'appelait rue aux *Bœufs*. Des étables dans lesquelles étaient renfermés des bœufs lui avaient fait donner cette dénomination. Au XVIIe siècle, c'était la *cour des Bœufs*. — Une décision ministérielle du 13 janvier 1807, signée Champagny, a fixé la largeur de cette impasse à 7 m.

BOIS (ÉGLISE DE L'ABBAYE-AUX-).

Située dans la rue de Sèvres, n° 16. — 10e arrondissement, quartier Saint-Thomas-d'Aquin.

C'était, avant la révolution, l'église d'une communauté religieuse dont nous traçons ici l'origine. Ce monastère avait été fondé en Picardie vers 1202, par Jean, seigneur de Nesle, dans un lieu nommé *Batiz* (au milieu des bois). Les guerres civiles qui désolèrent la régence d'Anne d'Autriche, et le passage très fréquent des gens de guerre, forcèrent ces religieuses à quitter cette maison. En 1650, elles se réfugièrent à Compiègne. Elles achetèrent en 1654, moyennant 50,000 écus, le monastère des Annonciades des Dix-Vertus de Notre-Dame, situé dans la rue de Sèvres. — Les lettres-patentes d'avril 1658 confirmèrent cette acquisition en y joignant même plusieurs privilèges. Malgré ces avantages, plusieurs de ces religieuses, après la publication du traité de paix des Pyrénées, retournèrent dans leur ancienne abbaye; mais un incendie ayant consumé leur église, elles furent forcées de revenir à Paris, et obtinrent en 1667 la translation du titre de leur abbaye à leur maison de la capitale. On sait que ces religieuses suivaient la règle de l'ordre de Cîteaux. Cette communauté religieuse, qui contenait en superficie 4,203 m.; fut supprimée en 1790; devenue propriété nationale, elle fut vendue le 5 frimaire an VI. Depuis 1802 l'église est la première succursale de la paroisse Saint-Thomas-d'Aquin. Le document suivant sert à compléter l'historique de ce couvent. — « Au château » des Tuileries, le 18 novembre 1827. Charles, par la » grâce de Dieu, roi de France, etc.... Vu la loi du » 24 mai 1825; vu la déclaration des religieuses de » Notre-Dame, chanoinesses de Saint-Augustin, éta- » blies dans la maison de l'Abbaye-aux-Bois, rue de » Sèvres, n° 16, à Paris, qu'elles adoptent et s'en- » gagent à suivre les statuts conformes à ceux enregis- » très au conseil d'État, d'après notre ordonnance » royale du 7 mai 1826, pour les sœurs de Notre- » Dame, chanoinesses de Saint-Augustin, existant à » Paris, rue de Sèvres, n. 16; vu la délibération du » conseil général du département de la Seine, faisant » les fonctions de conseil municipal, du 12 octobre 1827, » tendant à ce que cet établissement soit autorisé; vu » le consentement de l'archevêque de Paris du 22 mai » 1827; sur le rapport de notre ministre secrétaire » d'État au département de l'intérieur, nous avons » ordonné et ordonnons ce qui suit : — Article Ier. La » communauté des religieuses de Notre-Dame, chanoi- » nesses de Saint-Augustin, établie dans la maison de » l'Abbaye-aux-Bois, rue de Sèvres, n° 16, à Paris, » gouvernée par une supérieure locale, est définitive- » ment autorisée. Art. 2. Notre ministre secrétaire » d'État au département des affaires ecclésiastiques et » de l'instruction publique, est chargé de l'exécution » de la présente ordonnance, qui sera insérée au *Bulle-* » *tin des Lois*. — Donné en notre château des Tuileries, » le 18e jour du mois de novembre de l'an de grâce » 1827, et de notre règne le 4me. Signé *Charles*. — Par » le roi, le ministre secrétaire d'État au département » des affaires ecclésiastiques et de l'instruction pu- » blique. Signé † D., évêque d'Hermopolis. » — Une partie des anciens bâtiments de l'Abbaye-aux-Bois est aussi habitée par des dames réunies en communauté. Cette maison a acquis de nos jours une grande célébrité par la réunion des personnages qui viennent briller dans les salons de Mme Récamier. Le duc de Doudeauville, Mathieu de Montmorency, Châteaubriand, Ballanche ont fait longtemps partie de ces réunions. « Aujourd'hui, dit Charles Nodier, les saintes filles n'ha- » bitent plus qu'une partie de la sainte maison, mais » la protection divine sous laquelle elles l'avaient » placée ne l'a pas abandonnée; on y entend, comme » autrefois, des voix fortes et solennelles qui attestent » la grandeur de Dieu; celles de Châteaubriand et de » Ballanche! »

BOISSEAU (RUE GUÉRIN-).

Commence à la rue Saint-Martin, n°s 233 et 235; finit à la rue Saint-Denis, n°s 318 et 320. Le dernier impair est 49; le dernier pair, 52. Sa longueur est de 193 m. — 6e arrondissement, quartier de la Porte-Saint-Denis.

Bâtie avant 1250, les actes de cette époque en font mention sous le nom de *Vicus Guerini Bucelli*. Au commencement du siècle suivant, on disait rue *Guérin-Boucel*, et dès 1345, rue *Guérin-Boisseau*. — Une décision ministérielle du 15 floréal an V, signée Benezech, avait fixé la largeur de cette voie publique à 6 m. En vertu d'une ordonnance royale du 21 juin 1826, cette largeur a été portée à 10 m. Les constructions du côté des numéros impairs sont soumises à un retranchement qui varie de 4 à 6 m. 30 c. Les maisons n°s 2, 4, 22, 24 et 26 sont alignées; celles n°s 18 et 20 ne sont assujéties qu'à un faible redressement. — Portion d'égout du côté de la rue Saint-Denis. — Conduite d'eau depuis cette rue jusqu'à la borne-fontaine. — Éclairage au gaz (comp^e Française).

BON (RUE SAINT-).

Commence à la rue Jean-Pain-Mollet, n°s 18 et 20; finit à la rue de la Verrerie, n°s 91 et 93. Le dernier impair est 15; le dernier pair, 16. Sa longueur est de 88 m. — 7e arrondissement, quartier des Arcis.

Cette rue a pris son nom de la chapelle Saint-Bon. Quoique Guillot ne fasse pas mention de cette voie publique dans son ouvrage écrit vers l'an 1280, et intitulé *le Dit des rues de Paris*, il est certain qu'elle existait avant cette époque. — Une décision ministérielle du 15 floréal an V, signée Benezech, avait fixé à 6 m. la largeur de cette voie publique. Cette largeur a été portée à 10 m., en vertu d'une ordonnance royale du 22 mai 1837. Les constructions riveraines sont soumises à un fort retranchement. — Conduite d'eau. — Éclairage au gaz (comp^e Lacarrière).

Dans une bulle du pape Innocent II, de l'année 1136, il est fait mention pour la première fois de la chapelle Saint-Bon appartenant à l'abbaye de Saint-Maur-des-Fossés. Petite, d'une construction très ancienne, son sol était plus bas que le pavé des rues et prouvait l'exhaussement progressif de Paris. On y voyait une tour qui avait été probablement construite vers le XIe siècle. Cette chapelle, démolie en 1792, fut remplacée par un corps-de-garde, puis par une maison particulière qui porte aujourd'hui le n° 8.

BONDY (RUE DE).

Commence au boulevart Saint-Martin et à la rue du Faubourg-du-Temple, n° 1; finit à la rue du Faubourg-Saint-Martin, n° 2. Le dernier impair est 23; le dernier pair, 92. Sa longueur est de 699 m. — 5e arrondissement, quartier de la Porte-Saint-Martin.

Cette voie publique, qui commençait à la rue du Faubourg-Saint-Martin et aboutissait à une voirie, était connue primitivement sous le nom de *chemin de la Voirie*. On la nomma ensuite rue des *Fossés-Saint-Martin*, et depuis elle fut prolongée jusqu'à la barrière du Temple, sous le nom de rue *Basse-Saint-Martin*, parce qu'elle est en effet plus basse que le boulevart le long duquel elle est située. C'est ainsi qu'on la désigne dans un arrêt du conseil du 7 août 1769. En vertu d'un autre arrêt du 17 mars 1770, il fut ordonné qu'elle serait continuée en ligne droite parallèlement à la grande allée du Rempart, jusqu'au faubourg du Temple. Un arrêt du conseil, du mois de décembre 1771, changea la dénomination de rue Basse-Saint-Martin en celle de rue de Bondy. — Une décision ministérielle du 2 thermidor an V, signée Benezech, a fixé la moindre largeur de cette voie publique à 10 m. Les propriétés du côté des numéros impairs sont alignées, à l'exception d'une partie du théâtre de la Porte-Saint-Martin. Les maisons de 4 à 32 inclusivement, 36, 44, 46, 48, et de 64 à 90, ne sont pas soumises à retranchement. — Portion d'égout du côté de la rue Lancry. — Conduite d'eau entre les rues du Faubourg-du-Temple et Lancry. — Éclairage au gaz (comp^e Lacarrière).

BONY (IMPASSE).

Située dans la rue Saint-Lazare, entre les n°s 124 et 126. Le dernier impair est 19; le dernier pair, 18. — 1er arrondissement, quartier du Roule.

Cette impasse, qui n'est pas reconnue voie publique, a été construite de 1826 à 1827, par M. Bony, qui lui a donné son nom.

BORDA (RUE).

Commence à la rue de la Croix, n°s 11 et 13; finit à la rue Montgolfier, n°s 10 et 12. Le dernier impair est 3; le dernier pair, 4. Sa longueur est de 35 m. — 6e arrondissement, quartier Saint-Martin-des-Champs.

Elle a été ouverte en 1817. Sa largeur avait été fixée à 16 m. par une décision ministérielle du 9 octobre 1816. Le nom qu'elle porte lui a été donné par le ministre de l'intérieur, le 27 septembre 1817. — Borda (Jean-Charles), aussi profond mathématicien que physicien habile, naquit à Dax le 4 mai 1733, et mourut le 20 février 1799. — Une ordonnance royale du 14 janvier 1829 a maintenu la largeur de 16 m. Les constructions qui bordent cette voie publique sont alignées, à l'exception de la maison n° 1, à l'encoignure de la rue de la Croix. — Conduite d'eau. — Éclairage au gaz (comp^e Lacarrière.) — (Voyez *Martin*, marché *Saint-*).

BORNES (RUE DES TROIS-).

Commence à la rue Folie-Méricourt, n° 12; finit à la rue Saint-Maur, n°s 25 et 25 bis. Le dernier impair est 39; le dernier pair, 30. Sa longueur est de 348 m. — 6e arrondissement, quartier du Temple.

Elle fut tracée vers la fin du XVIIe siècle. Ce n'était alors qu'un chemin, qui en 1730 prit le nom de rue des *Trois-Bornes*, en raison sans doute de trois bornes qui marquaient la limite de plusieurs propriétés particulières. — Une décision ministérielle du 3 thermidor an IX, signée Chaptal, a fixé la largeur de cette voie publique à 10 m. Les constructions riveraines sont alignées, à l'exception de celles qui portent les n°s 2, 4, 6, 8, 10 et 22, qui devront reculer de 2 m. 20 c. à 2 m. 60 c. — Égout depuis la rue Folie-Méricourt jusqu'à celle d'Angoulême prolongée. — Conduite d'eau dans toute l'étendue.

BOSSUET (rue).

Commence aux quais de l'Archevêché et Napoléon; finit aux rues Chanoinesse et du Cloître-Notre-Dame. Pas de numéro impair. Ce côté est bordé par le jardin de Notre-Dame. Un seul pair qui est 2. Sa longueur est de 56 m. — 9e arrondissement, quartier de la Cité.

Elle a été percée en vertu d'une décision ministérielle du 19 prairial an XII, signée Chaptal, et sa largeur a été fixée à 12 m. — Les constructions riveraines ne sont pas soumises à retranchement. — La dénomination affectée à cette voie publique rappelle le célèbre évêque de Meaux, né à Dijon en 1627, mort en 1704.

BOUCHER (rue).

Commence à la rue de la Monnaie, nos 16 et 18; finit aux rues Béthisy, no 1, et Thibault-aux-Dez, no 23. Le dernier impair est 11; le dernier pair, 16. Sa longueur est de 106 m. — 4e arrondissement, quartier du Louvre.

Les prévôt des marchands et échevins de la ville de Paris ayant acquis, conformément aux lettres-patentes du 16 avril 1768, les maisons enclavées dans l'hôtel de Conti, cédèrent au roi cette propriété et ses dépendances, afin d'y établir le nouvel hôtel des Monnaies. Sa majesté donna en échange aux prévôt des marchands et échevins l'hôtel ancien des Monnaies avec plusieurs maisons qui y attenaient en en dépendaient. Désirant utiliser cet emplacement, ces magistrats sollicitèrent et obtinrent au mois d'août 1776 des lettres-patentes qui portent : — « Article 1er. Permettons aux sieurs prévôt » des marchands et échevins de notre bonne ville de » Paris, d'ouvrir et former une rue de 24 pieds de » largeur, laquelle sera nommée rue *Boucher*, aura » son ouverture rue de la Monnaie et aboutira rue » Bétizy, près le carrefour de la rue des Bourdonnais, » etc. — Art. 2. Il pourra aussi être formé un passage » en partie couvert, pour communiquer de la rue Bétizy dans la d. nouvelle rue, lequel sera nommé passage *Estienne*, aura 12 pieds de largeur, etc. » — Ces lettres-patentes, qui subirent quelques modifications, notamment en ce qui concerne le passage Estienne, furent immédiatement exécutées. Le nom de la rue qui fait l'objet du présent article est celui de Pierre-Richard Boucher, écuyer, conseiller du roi et de la ville, échevin de 1773 à 1775, sous la prévôté de Jean-Baptiste-François Delamichodière. — Une décision ministérielle du 13 floréal an IX, signée Chaptal, conserva la largeur primitive assignée à la rue Boucher. En vertu d'une ordonnance royale du 19 juillet 1840, cette dimension est portée à 12 m. pour la partie comprise entre les rues de la Monnaie et Estienne, et à 10 m. pour le surplus. La maison no 1 est soumise à un retranchement de 3 m. 20 c.; pour les autres maisons de ce côté, le retranchement est de 1 m. 20 c. Toutes les constructions du côté droit devront reculer de 1 m. 20 c. — Conduite d'eau depuis la rue Béthisy jusqu'à la borne-fontaine. — Éclairage au gaz (compe Anglaise).

BOUCHERAT (rue).

Commence aux rues Vieille-du-Temple, no 147, et des Filles-du-Calvaire, no 1; finit à la rue Charlot, no 26. Le dernier impair est 23; le dernier pair, 34. Sa longueur est de 282 m. — 6e arrondissement, quartier du Temple.

Le roi, par son arrêt du conseil du 23 novembre 1694, et par celui du 16 août 1696, avait ordonné que la rue Saint-Louis serait continuée jusqu'au nouveau cours et de là en retour jusqu'à la rue du Temple. La ville fut autorisée l'année suivante à faire quelques modifications à ce plan. La partie de la rue qui devait être continuée jusqu'au rempart, sous la dénomination de rue *Neuve-Saint-Louis*, le fut sous le nom de Boucherat, alors chancelier. Le procès-verbal d'alignement est du 12 août 1697 et l'arrêt confirmatif du 12 juillet 1698. — Une décision ministérielle du 4 floréal an XIII, signée L. Bonaparte, et une ordonnance royale du 8 juin 1834, ont fixé à 15 m. la moindre largeur de cette voie publique. A l'exception d'une partie de la propriété no 1, qui devra subir un léger redressement, les constructions de la rue Boucherat ne sont pas soumises à retranchement. — Égout du côté de la rue des Filles-du-Calvaire. — Conduite d'eau dans toute l'étendue. — Éclairage au gaz (compe Lacarrière).

BOUCHERIE (passage de la petite-).

Commence à la rue de l'Abbaye, nos 1 et 3; finit à la place Sainte-Marguerite, no 6. — 10e arrondissement, quartier de la Monnaie.

Le cardinal de Furstenberg, abbé de Saint-Germain-des-Prés, aliéna en 1699 plusieurs places de l'enclos abbatial, à la charge par les acquéreurs d'y construire trois rues, qu'on a nommées *Abbatiale, Cardinale* et de *Furstenberg*. La première prit plus tard le nom de passage de la *Petite-Boucherie*, en raison d'une boucherie qui y était située.

BOUCHERIE-DES-INVALIDES (rue de la).

Commence au quai d'Orsay, nos 55 et 57; finit à la rue Saint-Dominique, nos 148 et 150. Le dernier impair est 31; le dernier pair, 20. Sa longueur est de 265 m. — 10e arrondissement, quartier des Invalides.

Située en face de la boucherie des Invalides, cette voie publique en a pris la dénomination. — Une décision ministérielle à la date du 1er messidor an XII, signée Chaptal, a fixé la largeur de cette rue à 11 m. 69 c. Toutes les constructions du côté des numéros impairs, ainsi que la plus grande partie de celles du côté opposé, sont alignées. — Égout et conduite d'eau.

BOUCHERIES (rue des).

Commence au carrefour de l'Odéon, no 2, et à la rue de l'Ancienne-Comédie, no 28; finit aux rues Montfaucon, no 1, et de Buci, no 43. Le dernier impair est 65; le dernier pair, 56. Sa longueur est de 226 m. — Les numéros

— BOU —

impairs sont du 11e arrondissement, quartier du Luxembourg; les numéros pairs, du 10e arrondissement, quartier de la Monnaie.

Elle tire son nom des boucheries de Saint-Germain-des-Prés, qui, de temps immémorial, étaient établies en cet endroit. La moitié de cette voie publique a été construite sur un terrain qui faisait partie de la garenne de l'abbaye Saint-Germain-des-Prés. — Une décision ministérielle du 24 messidor an V, signée Benezech, avait fixé la moindre largeur de cette voie publique à 9 m. Cette moindre largeur a été portée à 11 m., en vertu d'une ordonnance royale du 27 mars 1831. Un arrêté préfectoral du 24 avril 1837 a prescrit la régularisation d'une partie du numérotage de cette rue. Les maisons nos 47, 65, 2, 6, 8 et 10, sont alignées; les propriétés nos 61, 63, 12 et 14, ne sont assujéties qu'à un léger redressement. — Conduite d'eau depuis la rue de Seine jusqu'aux deux bornes-fontaines. — Éclairage au gaz: entre les rues de l'Ancienne-Comédie et de Seine (compe Parisienne); pour le surplus (compe Française).

BOUCLERIE (RUE DE LA VIEILLE-).

Commence aux rues de la Huchette, no 39, et Saint-André-des-Arts, no 1er; finit aux rues Saint-Séverin, no 30, et Macon, no 15. Le dernier impair est 23; le dernier pair, 24. Sa longueur est de 76 m. — 11e arrondissement. Les numéros impairs sont du quartier de la Sorbonne; les numéros pairs, quartier de l'Ecole-de-Médecine.

Elle était désignée au XIIIe siècle sous les noms de *Bouclerie*, *Vieille-Bouclerie*, *Vieille-Boucherie* et de l'*Abreuvoir-Macon*. En 1439, on l'appelait rue de la *Porte-Bouclerière*, ou rue *Neuve outre la porte Saint-Michel*. En 1574, c'était la rue de l'*Abreuvoir-Macon*, dite la *Vieille-Boucherie*. — Une décision ministérielle du 3 ventôse an X, signée Chaptal, a fixé la largeur de cette voie publique à 10 m. En vertu d'une ordonnance royale du 22 août 1840, cette dimension a été portée à 13 m. Les maisons, depuis le no 1 jusqu'au no 17, sont soumises à un retranchement qui varie de 2 m. à 3 m.; no 19, retranchement réduit 1 m. 40 c.; nos 21 et 23, fort retranchement; les propriétés du côté des numéros pairs devront reculer de 2 m. 60 c. à 3 m. — Égout. — Conduite d'eau. — Éclairage au gaz (compe Parisienne).

BOUDREAU (RUE).

Commence à la rue Trudon, nos 1 et 2; finit à la rue de Caumartin, nos 28 et 30. Le dernier impair est 3; le dernier pair, 4. Sa longueur est de 59 m. — 1er arrondissement, quartier de la Place-Vendôme.

« Louis, etc. Voulons et nous plaît ce qui suit: —
» Article 1er. Il sera ouvert aux frais des sieurs Delahaye
» et Aubert, sur les terrains à eux appartenant, qui ont
» leur entrée sur le rempart, en face de la rue des Ca-
» pucines et de celle Neuve-du-Luxembourg, trois rues
» de 30 pieds de large, chacune conformément à notre
» déclaration du 16 mai 1765, la première desquelles

— BOU —

» marquée sur le d. plan A, A, sera nommée rue de
» *Caumartin* et donnera d'une part sur le boulevart,
» et de l'autre dans la rue Neuve-des-Mathurins, en
» face de la rue Thiroux; la deuxième, marquée B,
» B, qui sera nommée rue *Boudreau* dans la longueur
» de 82 toises, conduira de la d. rue de Caumartin au
» passage du sieur Sandrier, et sera formée dès à pré-
» sent sur la portion de terrain appartenant au sieur
» Aubert, et par la suite sur le terrain joignant qu'il se
» propose d'acquérir; et la troisième, marquée C, C, et
» qui sera nommée rue *Trudon*, aboutira d'une part à
» la d. rue Neuve-des-Mathurins, et de l'autre à lad. rue
» Boudreau; le tout conformément au plan attaché
» sous le contr'-scel des présentes. — Art. 2. Le premier
» pavé des trois nouvelles rues sera également établi
» aux frais des sieurs Delahaye et Aubert, ou de leur
» ayant-cause, des qualités et conditions portées au bail
» du pavé de Paris, et le d. pavé sera employé dans les
» états d'entretien et renouvellement à notre charge,
» ainsi que le nétoiement et illumination et sûreté des
» d. trois rues, etc. — Donné à Versailles, le 3e jour du
» mois de juillet, l'an de grâce 1779, et de notre règne
» le 6e. Signé Louis. » Ces lettres-patentes furent exécutées en avril 1780. Cette voie publique porte le nom de M. Boudreau, alors greffier de la ville de Paris. Elle n'a pas été exécutée jusqu'au passage Sandrié. — Une décision ministérielle du 26 brumaire an VI, signée Letourneux, a maintenu la largeur de 30 pieds. Toutes les constructions riveraines sont alignées.

BOUFFLERS (IMPASSE).

Située dans la rue Dupetit-Thouars, nos 20 et 21. Le dernier numéro est 8. — 6e arrondissement, quartier du Temple.

Formée en 1841, elle tire son nom de l'hôtel Boufflers. L'entrée est fermée par une grille.

BOULANGERS (RUE DES).

Commence à la rue Saint-Victor, nos 33 et 35; finit à la rue des Fossés-Saint-Victor, nos 19 et 21. Le dernier impair est 25; le dernier pair, 42. Sa longueur est de 244 m. — 12e arrondissement, quartier du Jardin-du-Roi.

Cette rue était presque entièrement construite vers 1350. — Elle était connue alors sous le nom de rue Neuve-Saint-Victor. — Une décision ministérielle du 28 ventôse an IX, signée Chaptal, a fixé la largeur de la rue des Boulangers à 7 m. Les constructions nos 15, 17, 19, 4 et 6, ne sont soumises qu'à un léger redressement.

BOULE-BLANCHE (PASSAGE DE LA).

Commence à la rue de Charenton, no 51; finit à celle du Faubourg-Saint-Antoine, no 52. — 8e arrondissement, quartier des Quinze-Vingts.

« 5 juin 1700. Arrêt du conseil. — Le roi étant en
» son conseil a ordonné et ordonne qu'il sera ouvert

— BOU —

» vis-à-vis la principale entrée de l'hôtel des Mousque-
» taires, rue de Charenton, au faubourg Saint-Antoine,
» une rue de 6 toises de largeur pour se rendre en
» droite ligne dans la grande rue de ce faubourg, laquelle
» sera percée au travers de la MAISON DE LA BOULE BLAN-
» CHE, etc. — Fait au conseil d'État du roi, etc. » —
Peu de temps après ce percement fut exécuté, mais non
sur la largeur indiquée par l'arrêt précité. On lui donna
la dénomination de passage de la *Boule-Blanche.*

BOULE-ROUGE (RUE DE LA).

Commence aux rues Geoffroy-Marie, n° 2, et du Faubourg-Montmartre, n° 18; finit à la rue Richer, n° 13.
Le dernier impair est 17; le dernier pair, 24. Sa longueur
est de 209 m. — 2° arrondissement, quartier du Faubourg-Montmartre.

Cette rue, qui forme retour d'équerre, a été percée
sur les terrains appartenant aux hospices civils de Paris.
Sa dénomination provient d'une enseigne. — Une décision ministérielle en date du 23 janvier 1817, ainsi
qu'une ordonnance royale du 23 août 1833, ont fixé la
moindre largeur de cette voie publique à 10 m. Elle a
été considérablement élargie depuis 1841, et aujourd'hui
presque toutes les propriétés riveraines sont alignées. —
Portions d'égout et de conduite d'eau. — Éclairage au
gaz (comp° Anglaise).

BOULES (PASSAGE DU JEU DE).

Commence à la rue des Fossés-du-Temple, n° 32; finit
à celle de Malte, n°s 29 et 31. Le dernier impair est 15;
le dernier pair, 14. — 6° arrondissement, quartier du
Temple.

Il a été ouvert en 1826, sur les terrains appartenant
à MM. Barat et Mignon. Son nom lui vient d'un jeu de
boules sur l'emplacement duquel il a été formé. —
Eclairage au gaz (comp° Lacarrière).

BOULES (RUE DES DEUX-).

Commence à la rue des Lavandières, n°s 13 et 15; finit
à la rue Bertin-Poirée, n°s 20 et 22. Le dernier impair est 13;
le dernier pair, 14. Sa longueur est de 88 m. — 4° arrondissement, quartier du Louvre.

Le poète Guillot et les Titres du XIII° siècle la désignent sous le nom de *Guillaume-Porée.* Aux XII° et
XIII° siècles, elle se nommait rue *Mauconseil* ou *Maleparole* (Archives Saint-Martin). Dans des actes postérieurs et
en 1546, elle est appelée rue *Guillaume-Porée,* autrement
Maleparole, et *Guillaume-Porée,* dite des *Deux-Boules.*
Cette dernière dénomination venant d'une enseigne a
prévalu. — Une décision ministérielle en date du
12 fructidor an V, signée François de Neufchâteau, avait
fixé à 7 m. la largeur de cette voie publique. Une ordonnance royale du 9 décembre 1838 a porté cette largeur à 10 m. Les propriétés n°s 1, 3, 5 et 7, ne sont
soumises qu'à un léger redressement; celle n° 2 devra
reculer de 5 m. 30 c. à 6 m. 50 c.; les autres construc-

— BOU —

tions de ce côté éprouveront un retranchement qui varie
de 3 m. 80 c. à 5 m. 30 c. — Eclairage au gaz (comp°
Anglaise).

BOULETS (RUE DES).

Commence à la rue de Montreuil, n°s 83 et 85; finit à
la rue de Charonne, n°s 110 et 112. Le dernier impair
est 31; le dernier pair, 42. Sa longueur est de 564 m. —
8° arrondissement, quartier du Faubourg-Saint-Antoine.

Elle doit son nom au territoire sur lequel elle fut tracée. D'anciennes déclarations du XVI° siècle désignent
ainsi ce territoire: *lieu dit les Boulets,* anciennement les
Basses-Vignoles. Ce n'était encore qu'un chemin au
commencement du XVIII° siècle. — En vertu d'une
ordonnance royale du 6 mai 1827, la moindre largeur
de cette voie publique est portée à 13 m. Les maisons
n°s 21, 23; 10 et 12, et plusieurs murs de clôture, sont
à l'alignement. — Conduite d'eau.

BOULOGNE (PASSAGE DU BOIS DE).

Commence au boulevart Saint-Denis, n° 22; finit à la
rue du Faubourg-Saint-Denis, n° 12. — 5° arrondissement, quartier du Faubourg-Saint-Denis.

Ce passage a été construit vers l'année 1785. Il a pris
sa dénomination d'un bal public qui y existait, connu
alors sous le nom de *bal du Bois-de-Boulogne.*

BOULOI (RUE DU).

Commence à la rue Croix-des-Petits-Champs, n°s 14 et
16; finit à la rue Coquillière, n°s 29 et 31. Le dernier impair est 29; le dernier pair, 26. Sa longueur est de 194 m.
— 4° arrondissement, quartier de la Banque.

En 1359, elle est désignée sous le nom de rue aux
Bouliers, dite la *cour Basile.* Au XV° siècle, c'était la
rue de *Baizile.* Au XVI° siècle, on la nommait rue des
Buliers dite la *cour Basile.* Depuis on l'a toujours appelée rue du *Bouloi.* Une décision ministérielle du 20
fructidor an XI, signée Chaptal, a fixé la largeur de
cette voie publique à 7 m. 79 c. Cette largeur est portée
à 10 m., en vertu d'une ordonnance royale du 22 août
1840. Les maisons n°s 9, 11, 13, 15, 17, 19, 21, 23, 25,
27 et 29, et celle n° 2, sont alignées. — Portion d'égout
du côté de la rue Croix-des-Petits-Champs. — Conduite
d'eau entre la rue Coquillière et les deux bornes-fontaines. — Éclairage au gaz (comp° Anglaise).

BOUQUET-DE-LONGCHAMP (RUE DU).

Commence à la rue de Longchamp, n°s 22 et 22 bis;
finit à la rue de la Croix-Boissière. Le dernier impair
est 23; pas de numéro pair. Sa longueur est de 151 m.
— 1er arrondissement, quartier des Champs-Élysées.

C'était une ruelle de l'ancien village de Chaillot. —
Une décision ministérielle du 18 juin 1817 a fixé la
largeur de cette voie publique à 8 m.

— BOU —

BOUQUET-DES-CHAMPS (RUE DU).

Commence à la rue de Longchamp ; finit au chemin de ronde de la barrière des Bassins. Pas de numéro. Sa longueur est de 111 m. — 1er arrondissement, quartier des Champs-Élysées.

Elle faisait partie du territoire de Chaillot. —Une délibération du conseil municipal, en date du 4 mars 1836, porte ce qui suit : — « A l'avenir il ne sera délivré aucun
» alignement dans les rues des Champs, du Bouquet-
» des-Champs et dans l'impasse de la Croix-Boissière à
» Chaillot, et l'administration s'abstiendra de tout acte
» de voirie dans lesdites rues et impasse, etc. »

BOURBE (RUE DE LA).

Commence aux rues Saint-Jacques, n° 360, et du Faubourg-Saint-Jacques, n° 2 ; finit à la rue d'Enfer, n°s 77 et 79. Le dernier impair est 5 ; le dernier pair, 12. Sa longueur est de 159 m. — 12e arrondissement, quartier de l'Observatoire.

Ce n'était qu'un chemin au XVIe siècle. Le plan de Gomboust de 1652 la nomme rue de la *Bourbe*, et dans d'autres titres elle est écrite rue de la *Boue*. Son nom lui vient sans doute de la quantité d'immondices qu'on voyait dans cette rue, qui resta longtemps sans être pavée. Une décision ministérielle, à la date du 2 germinal an XI, signée Chaptal, a fixé la largeur de cette voie publique à 12 m. Les constructions riveraines sont soumises à un fort retranchement, à l'exception de celles qui sont situées sur le côté des numéros pairs, à l'encoignure de la rue d'Enfer, et qui devront avancer sur leurs vestiges actuels.

Les malheureuses qui veulent solliciter un lit de douleur à l'hospice de l'accouchement, sont forcées de demander en rougissant le nom de la rue de la Bourbe. Cette dénomination, qui est une insulte au malheur, pourrait être remplacée par celle de la Maternité.

BOURBON (COLLÉGE ROYAL DE).

Situé dans la rue Sainte-Croix. — 1er arrondissement, quartier de la Place-Vendôme.

Le couvent des Capucins, supprimé en 1790, devint propriété nationale. Les bâtiments furent alors affectés à un hospice, où l'on traita les maladies vénériennes. — En vertu de la loi du 1er mai 1802, on y établit le lycée Bonaparte. Dans les premiers jours d'avril 1814, sa dénomination fut changée en celle de *collège royal de Bourbon*. (Voir l'article *Louis-d'Antin*, église Saint-).

BOURBON (PLACE DU PALAIS DE).

Située rue de l'Université, entre les n°s 79 et 103. Les numéros continuent la série de ceux de la rue de l'Université. — 10e arrondissement ; du n° 81 à 91, quartier du Faubourg-Saint-Germain ; du n° 93 à 101, quartier des Invalides.

Par lettres-patentes données à Fontainebleau en no-

— BOU —

vembre 1775, Louis-Joseph de Bourbon, prince de Condé, fut autorisé : 1° à changer la direction d'une partie de la rue de Bourgogne ; 2° à former une place demi-circulaire au-devant de l'entrée de son palais. Ces lettres-patentes furent registrées au bureau de la Ville le 12 janvier 1776, et au parlement le 28 mars suivant. En 1778, la place reçut un commencement d'exécution ; cependant quelques années après on jugea convenable de substituer à la forme demi-circulaire une place rectiligne formant évasement du côté du palais. Les constructions riveraines furent établies d'après cette nouvelle disposition, qui a été maintenue par une décision ministérielle du 2 thermidor an V, signée Benezech, et par une ordonnance royale du 7 mars 1827. Dans l'origine, cette voie publique porta le nom de *place du Palais-de-Bourbon*. — Par un arrêté du 29 nivôse an VI (18 janvier 1798), le conseil des Cinq-Cents décida qu'elle prendrait le nom de *place du Conseil des Cinq-Cents*. Sous l'empire, on l'appela *place du Palais du Corps-Législatif*. Enfin, un arrêté préfectoral du 27 avril 1814 lui a rendu sa dénomination de *place du Palais-de-Bourbon*. — Égout. — Conduite d'eau. — Éclairage au gaz (compe Française).

BOURBON (QUAI DE).

Commence à la rue des Deux-Ponts, n° 37, et au Pont-Marie ; finit à la rue Saint-Louis, n° 104, et au pont de la Cité. Le dernier numéro est 53. Sa longueur est de 367 m. — 9e arrondissement, quartier de l'Ile-Saint-Louis.

Sa construction, commencée en 1614, fut terminée en 1646. On lui donna d'abord le nom de *Bourbon*. En 1792, c'était le *quai de la République*. Peu de temps après, on l'appela *quai d'Alençon*. — Un arrêté préfectoral du 27 avril 1814, lui rendit sa dénomination de *Bourbon*. Par une décision ministérielle en date du 24 frimaire an XIII, signée Champagny, la moindre largeur de cette voie publique avait été fixée à 12 m. Conformément à une autre décision du ministre de l'intérieur du 9 mai 1818, et en vertu d'une ordonnance royale du 9 décembre 1838, cette largeur est réduite à 8 m. Les maisons portant les n°s 21, 23, 25, 27, 29, 31, 33, 35, 37, 39, 41, 43, 45, 49, 51 et 53 sont alignées.

BOURBON (RUE DU PETIT-).

Commence aux rues de Tournon, n° 2, et de Seine, n° 72 ; finit à la place Saint-Sulpice, n° 2. Le dernier impair est 9 ; le dernier pair, 18. Sa longueur est de 210 m. — 11e arrondissement, quartier du Luxembourg.

Les rues des Aveugles et du Petit-Bourbon formaient, avant 1816, deux rues distinctes.

Dans plusieurs titres de 1636, la première de ces deux voies publiques est nommée rue de l'*Aveugle* ; en 1642, elle s'appelait rue des *Prêtres*. Selon l'auteur du dénombrement des rues de Paris, imprimé chez Valleyre, un cimetière qui longeait cette rue et qui fut béni le 10 juin 1664, lui fit donner le nom de rue du *Cimetière-Saint-Sulpice.* Ce ne fut qu'en 1697 qu'elle prit le nom de rue des *Aveugles.* Vers le milieu du XVIII° siècle, elle se prolongeait jusqu'à la rue des Canettes ; mais à cette époque, M. Lau, curé de Saint-Sulpice, fit abattre quelques maisons pour construire en cet endroit une petite place qui fait maintenant partie de la place Saint-Sulpice.

La rue du Petit-Bourbon a pris vraisemblablement son nom de Louis de Bourbon, duc de Montpensier. Son hôtel occupait l'espace renfermé entre les rues de Tournon et Garancière. — Sauval dit que la duchesse de Montpensier y demeurait en 1588. Lorsqu'elle reçut la nouvelle de la mort des Guise, tués à Blois les 23 et 24 décembre de la même année, elle parcourut la ville en ameutant la populace contre Henri III. En apprenant l'assassinat de ce roi, cette duchesse embrassa avec transport le messager. — « Ah! mon ami, s'écria-t-» elle ; mais est-il bien vrai au moins? ce méchant, ce » perfide, ce tyran est bien mort ! Dieu que vous me » faites aise! Je ne suis marrie que d'une chose, c'est » qu'il n'ait sçu avant de mourir que c'est moi qui » l'ait fait faire. »

Dans un acte de 1779, relatif à l'hôtel de Condé, il est parlé de la rue du Petit-Bourbon, autrefois ruelle de Saint-Sulpice. En 1792, elle prit la même dénomination que la rue du Petit-Lion, dont elle forme le prolongement. En 1793, on la désigna sous le nom de rue du 31 *Mai,* pour rappeler la chute des Girondins. En 1815, elle reprit son premier nom de rue du Petit-Bourbon. — « Nous, conseiller d'État, préfet: vu la » pétition du 17 septembre dernier, par laquelle les » propriétaires des maisons de la rue des Aveugles » demandent la suppression de la dénomination de » cette rue, etc., arrêtons ce qui suit : — Article 1er. » La dénomination de la rue des Aveugles est suppri-» mée, et celle de la rue du Petit-Bourbon sera pro-» longée jusqu'à la place Saint-Sulpice. Paris, le » 19 octobre 1816, signé Chabrol. » — Une décision ministérielle, du 26 thermidor an VIII, signé L. Bonaparte, a fixé la moindre largeur de cette voie publique à 10 m. Les maisons portant les numéros impairs et celles qui sont situées sur le côté opposé, entre la rue Mabillon et la place Saint-Sulpice, sont alignées ; le surplus est soumis à un retranchement considérable. — Égout entre les rues de Seine et Mabillon. — Éclairage au gaz (comp° Française).

BOURBON-LE-CHATEAU (RUE DE).

Commence à la rue de Buci, n°s 32 et 34 ; finit à la rue de l'Échaudé, n°s 15 et 17. Le dernier impair est 3 ; le dernier pair, 6. Sa longueur est de 37 m. — 10° arrondissement, quartier de la Monnaie.

Elle doit ce nom au cardinal de Bourbon, abbé de Saint-Germain-des-Prés, qui fit bâtir en 1586 le palais abbatial. Sur un plan de 1652, cette rue est nommée rue *Bourbon-le-Château.* De 1793 à 1806, elle a porté le nom de rue de la *Chaumière.* — Une décision ministérielle du 8 nivôse an IX, signée Chaptal, fixa la largeur de cette voie publique à 7 m. En 1806, elle reçut la dénomination de rue de l'*Abbaye.* Elle a repris son premier nom en 1814. Une ordonnance royale, à la date du 29 mars 1827 a porté la moindre largeur de cette voie publique à 10 m. — La maison n° 2 est alignée. — Conduite d'eau.

BOURBON-VILLENEUVE (RUE DE).

Commence à la rue des Petits-Carreaux, n°s 42 et 44 ; finit à la rue Saint-Denis, n°s 383 et 387. Le dernier impair est 65 ; le dernier pair, 60. Sa longueur est de 387 m. — 5° arrondissement, quartier Bonne-Nouvelle.

Cette rue portait anciennement le nom de *Saint-Côme du milieu des Fossés;* au commencement du XVII° siècle, celui de *Bourbon*, en l'honneur de Jeanne de Bourbon, abbesse de Fontevrault ; elle prit ensuite la dénomination de *Bourbon-Villeneuve,* parce qu'elle se trouve dans le quartier dit autrefois la *Ville-Neuve.* En 1793, on lui donna le nom de rue *Neuve-Égalité;* en 1807, on la désigna sous la dénomination d'*Aboukir,* en mémoire du célèbre combat livré le 19 juillet 1799. — Un arrêté préfectoral du 27 avril 1814 rendit à cette voie publique sa dénomination de *Bourbon-Villeneuve.* En 1830 on effaça le mot Bourbon ; il a été rétabli en 1837. Une décision ministérielle, à la date du 23 brumaire an VIII, signée Quinette, fixa la largeur de cette voie publique à 10 m. Cette dimension a été portée à 12 m. en vertu d'une ordonnance royale du 21 juin 1826. Les maisons n°s 43, 63 et 65 sont alignées ; les autres constructions de ce côté sont soumises à un retranchement qui varie de 1 m. 30 c. à 1 m. 60 c. Les maisons du côté des numéros pairs devront éprouver un reculement de 1 m. à 1 m. 40 c. — Égout entre les rues Saint-Philippe et Saint-Denis. — Conduite d'eau dans une grande partie. — Éclairage au gaz (comp° Française).

BOURDALOUE (RUE).

Commence à la rue Ollivier, n° 6 bis ; finit à la rue Saint-Lazare, n° 1. Le dernier impair est 7 ; pas de numéro pair. Ce côté est bordé par l'église Notre-Dame-de-Lorette. Sa longueur est de 74 m. — 2° arrondissement, quartier de la Chaussée-d'Antin.

Ouverte en vertu de l'ordonnance royale du 21 juillet 1824, relative aux abords de l'église Notre-Dame-de-Lorette, cette rue porte le nom du célèbre Bourdaloue (Louis), jésuite, né à Bourges en 1632, mort le 13 mai 1704. On appela Bourdaloue le roi des prédicateurs et le prédicateur des rois. — Cette voie publique est entièrement exécutée sur une largeur de 10 m. — Portion d'égout. — Éclairage au gaz (comp° Anglaise).

— BOU —

BOURDIN (IMPASSE).

Située dans l'allée des Veuves, n° 71. — 1er arrondissement, quartier des Champs-Élysées.

Ouverte au commencement de notre siècle, sur le marais des Gourdes ; elle doit son nom à un propriétaire.

BOURDON (BOULEVART).

Commence au quai Morland ; finit à la rue Saint-Antoine, n° 134, et à la place de la Bastille. Le dernier numéro est 12. Sa longueur est de 638 m. — 9e arrondissement, quartier de l'Arsenal.

« Napoléon, etc... Nous avons décrété et décrétons
» ce qui suit : Le boulevart de la porte Saint-Antoine
» sera prolongé jusqu'à la rivière, au travers de l'em-
» placement de la Bastille, dans l'alignement de la cour-
» tine des fossés, sur 28 m. de largeur et 670 m. environ
» de longueur, à partir de la façade extérieure de l'hôtel
» de Montbarey. Ce boulevart sera nommé BOULEVART
» BOURDON, en mémoire du colonel du 11e régiment de
» dragons, tué à la grande armée. Une grande allée et
» deux autres allées formeront ce boulevart ; les plan-
» tations en seront exécutées avant le printemps pro-
» chain. — Au palais des Tuileries, le 14 février 1806,
» Signé Napoléon. — Par l'Empereur : le secrétaire
» d'état, signé H.-B. Maret. » (Extrait du décret.)
— L'alignement, approuvé par le ministre de l'intérieur Montalivet le 23 novembre 1811, est exécuté au droit des propriétés voisines de la place de la Bastille, et dans une étendue de 83 m. Les autres constructions particulières sont soumises à retranchement. — Égout dans toute l'étendue. — Conduite d'eau depuis la rue de la Cerisaie jusqu'à la place de la Bastille.

BOURDONNAIS (IMPASSE DES).

Située dans la rue des Bourdonnais, entre les nos 19 et 21. Le dernier impair est 5 ; le dernier pair, 8. Sa longueur est de 52 m. — 4e arrondissement, quartier Saint-Honoré.

C'était anciennement une rue qui se prolongeait jusqu'à celle Tirechape. La place où cette impasse est située était hors la seconde enceinte et servait de voirie, ce qui a fait donner à tout cet endroit le nom de *Marché aux Pourceaux*, de la *Place aux Chats*, de la *Fosse aux Chiens*. Dès le commencement du XVIe siècle, c'était une impasse. En 1421, on l'appelait rue du *Cul-de-Sac*. En 1423, *ruelle qui aboutit en la rue des Bourdonnais*, et depuis, *Cul-de-Sac de la Fosse-aux-Chiens*. En 1808, plusieurs propriétaires de cette impasse sollicitèrent l'autorisation de changer le nom de la Fosse-aux-Chiens en celui des Bourdonnais. Cette autorisation fut accordée par M. Frochot, préfet, le 1er avril de la même année. Une décision ministérielle du 7 août 1818, signée comte Chabrol, a fixé à 7 m. la largeur de cette impasse. — Conduite d'eau.

— BOU —

BOURDONNAIS (RUE DES).

Commence aux rues Béthisy, n° 2, et Bertin-Poirée, n° 24 ; finit à la rue Saint-Honoré, nos 31 et 33. Le dernier impair est 25 ; le dernier pair, 16. Sa longueur est de 145 m. — 4e arrondissement, quartier Saint-Honoré.

Guillot l'appelle rue de *Bourdonnas* ; Sauval dit qu'en 1297 elle se nommait rue *Adam-Bourdon* et *Sire Guillaume-Bourdon* ; et en 1300, rue des *Bourdonnois*. Depuis cette époque, c'est la rue des Bourdonnais. — Une décision ministérielle, du 12 fructidor an V, signée François de Neufchâteau, avait fixé la largeur de cette voie publique à 8 m. Cette largeur a été portée à 10 m. par une ordonnance royale du 29 avril 1839. — Les maisons nos 19, 6 et 14 sont alignées. — Égout. — Conduite d'eau. — Éclairage au gaz (compe Anglaise).

On vient de démolir, dans la rue des Bourdonnais, la maison dite des *Carnaux*, qui avait pour enseigne une couronne d'or. Paris n'avait point de bâtiment plus remarquable par la grâce et la délicatesse des ornements. On ignore par qui cette propriété avait été bâtie. Ce qui est certain, c'est qu'elle fut habitée en 1380 par Philippe, duc de Touraine, et depuis duc d'Orléans, frère du roi Jean, qui en avait fait l'acquisition le 1er octobre 1363. Ce prince la vendit au fameux Guy de la Trémouille, qui l'occupait en 1398. Elle devint l'hôtel seigneurial de cette illustre famille. L'hôtel de la Trémouille s'étendait alors le long de la rue Béthisy jusqu'à celle Tirechape. Il appartint ensuite au chancelier Dubourg, puis au président de Bellièvre.

BOURDONNAYE (AVENUE DE LA).

Commence au quai d'Orsay, n° 91 ; finit à l'avenue de la Motte-Picquet, n° 18. Le dernier impair est 51 ; pas de numéro pair. Ce côté est bordé par le Champ-de-Mars. Sa longueur est de 982 m. — 10e arrondissement, quartier des Invalides.

Les avenues et places situées aux abords de l'hôtel royal des Invalides ont été presque toutes formées peu de temps après la construction de ce monument, c'est-à-dire vers 1680. Celles qui avoisinent l'École-Militaire ont été tracées vers 1770. — Longtemps elles restèrent sans dénomination. A l'Empire appartient l'honneur d'avoir décoré de noms illustres ces larges et magnifiques avenues, qui répondent dignement à la grandeur du monument de Louis XIV. Toutes ces avenues ne sont pas voies publiques. Nous donnons ci-après le texte de la loi qui en a fait entrer une partie dans le domaine communal. Le surplus est encore la propriété de l'État.
— « Au palais des Tuileries, le 19 mars 1838. — Louis-
» Philippe, roi des Français, à tous présents et à venir,
» salut. Nous avons proposé, les Chambres ont adopté,
» nous avons ordonné et ordonnons ce qui suit : —
» Article 1er. Le ministre des finances est autorisé à
» céder, gratuitement, au nom de l'État, à la ville de
» Paris, les avenues de Saxe, de Tourville, de La Bour-

— BOU —

» donnaie, de Lowendal, de Suffren, de la Mothe-
» Piquet, et la partie de l'avenue de Breteuil, comprise
» entre la place de ce nom et la barrière de Sèvres,
» ainsi que le boulevart de Latour-Maubourg, les places
» de Fontenoy, de Breteuil, et la partie de celle de
» Vauban, traversée par l'avenue de Tourville, dans la
» largeur de cette avenue seulement ; le tout, conformé-
» ment aux indications du plan annexé à la présente
» loi. — Art. 2. Au moyen de cette cession, la ville
» demeure chargée de pourvoir à l'entretien de ces
» emplacements. Elle est tenue, en outre, expressément,
» de leur conserver les formes et dimensions actuelles.
» — La présente loi, discutée, délibérée et adoptée par
» la chambre des pairs et par celle des députés, et sanc-
» tionnée par nous, cejourd'hui, sera exécutée comme
» loi de l'État, etc... Signé Louis-Philippe. — Par le
» roi, le ministre secrétaire d'état au département des
» finances, signé Laplagne. — Le garde des sceaux de
» France, ministre secrétaire d'État au département de
» la justice et des cultes, signé Barthe. » — Les avenues indiquées dans cette loi présentaient, sous le
rapport des lignes, des irrégularités assez choquantes
que l'administration a le projet de faire disparaître.
Afin d'arriver à ce résultat, des alignements ont été tracés pour ces voies publiques ; ils seront prochainement
sanctionnés par ordonnance royale. — L'avenue de La
Bourdonnaye se terminait originairement à celle Lowendal. La partie comprise entre cette avenue et celle
de Tourville fut supprimée et son emplacement servit
à établir un polygone pour les élèves de l'École-Militaire
(voyez l'article ci-après.) Il existe dans l'avenue de la
Bourdonnaye une conduite d'eau entre les rues de l'Université et Saint-Dominique.

Bernard-François Mahé de La Bourdonnaye naquit à
Saint-Malo, en 1699. Il fut successivement capitaine de
vaisseau et gouverneur des îles de France et de Bourbon.
La guerre ayant éclaté, La Bourdonnaye, avec une flotte
de cinq vaisseaux et une frégate, prit la supériorité dans
les mers de l'Inde, et après avoir dispersé les vaisseaux
ennemis, il vint assiéger Madras par terre et par mer.
Cette ville fut obligée de se rendre. La capitulation
portait que Madras serait restituée aux Anglais, moyennant une rançon ; mais le gouvernement de Pondichéri
cassa cette capitulation et conserva Madras. Ce fut la
cause des malheurs de La Bourdonnaye. Ses succès
avaient excité l'envie. De retour en France, il fut accusé
de concussion. Un jugement le déclara innocent. Mais
le coup était porté. La Bourdonnaye mourut de chagrin,
en 1754.

BOURDONNAYE (RUE DE LA).

Commence à l'avenue de Tourville, n° 2; finit à l'avenue Lowendal, n° 10. Pas de numéro. Le côté droit est
bordé par le mur de clôture de l'Ecole-Militaire. Sa
longueur est de 204 m. — 10° arrondissement, quartier
des Invalides.

Cette rue, qui est indiquée sur le plan de Verniquet,

— BOU —

a été formée sur l'emplacement d'une partie du polygone destiné aux élèves de l'Ecole-Militaire. — Une
décision ministérielle, en date du 18 juin 1817, a maintenu cette voie publique suivant sa largeur actuelle, qui
est de 12 m. (Voir l'article précédent.)

BOURGEOIS-AU-MARAIS (RUE DES FRANCS-)

Commence aux rues Pavée, n° 17, et Payenne, n° 1;
finit à la rue Vieille-du-Temple, n°s 66 et 68. Le dernier impair est 25; le dernier pair, 24. Sa longueur est
de 263 m. — Les impairs sont du 7° arrondissement,
quartier du Marché-Saint-Jean ; et les pairs, du 8° arrondissement, quartier du Marais.

Elle était bordée de constructions en 1258 et portait
à cette époque le nom de rue des *Viez-Poulies*. Selon
Sauval, un jeu nommé les *Poulies* était alors en usage,
et l'établissement où se faisait cet exercice produisait
20 sols parisis de rente que Jean Gennis et sa femme
donnèrent aux Templiers en 1271. Cette rue prit plus
tard le nom des *Francs-Bourgeois*, à l'occasion d'un
hôtel qui y fut construit en 1350, par Jean Roussel et
Alix sa femme, dans le but d'y recevoir vingt-quatre
pauvres. En 1415, Pierre-le-Mazurier et sa femme, fille
de Jean Roussel, donnèrent cet hôpital au grand-prieur
de France, avec 70 livres de rente, à condition de loger
deux pauvres dans chaque chambre. Cet asile fit donner
à cette rue le nom des *Francs-Bourgeois*, parce que les
pauvres qui demeuraient dans cet hôpital étaient francs,
exempts par leur misère de toutes taxes et impositions.
— Une décision ministérielle, à la date du 23 ventôse
an X, signée Chaptal, fixa la moindre largeur de cette
voie publique à 9 m. En vertu d'une ordonnance royale
du 27 septembre 1826, cette moindre largeur a été portée à 10 m. Les maisons situées sur le côté des numéros
impairs aux encoignures de la rue des Hospitalières-
Saint-Gervais, et celle n° 8, sont alignées. — Egout entre les rues des Hospitalières-Saint-Gervais et Vieille-
du-Temple. — Conduite d'eau dans toute l'étendue. —
Eclairage au gaz (comp° Lacarrière).

Dans cette rue demeurait Michel Le Tellier, chancelier sous Louis XIV.

BOURGEOIS-SAINT-MARCEL (RUE DES FRANCS-).

Commence à la rue des Fossés-Saint-Marcel, n°s 14 et
16; finit à la place de la Collégiale, n°s 1 et 2. Le dernier
impair est 13; le dernier pair, 18. Sa longueur est de
182 m. — 12° arrondissement, quartier Saint-Marcel.

Un arrêt du parlement de l'année 1296, ayant déclaré que le territoire de Saint-Marcel ne faisait point
partie des faubourgs de Paris, exempta les habitants
de toutes taxes. Un chemin enclavé dans le territoire de Saint-Marcel prit à cette occasion le nom de
rue des *Francs-Bourgeois*. — « Séance du 9 nivôse
» an II. Sur le rapport des administrateurs au dépar-
» tement des travaux publics, relatif aux accidents
» fréquents qui arrivent dans la rue des Francs-Bour-
» geois-Saint-Marcel, à cause de ses largeurs inégales,

— BOU —

» le corps municipal arrête que cette rue sera et de-
» meurera fixée à trente pieds dans sa moindre largeur,
» conformément au plan annexé audit rapport. »
(Registre 41ᵉ du corps municipal, page 7082). Une décision ministérielle du 8 ventôse an IX, signée Chaptal, a porté cette moindre largeur à 10 m.

BOURGEOIS-SAINT-MICHEL (RUE DES FRANCS-).

Commence aux rues Monsieur-le-Prince, n° 55, et de Vaugirard, n° 1ᵉʳ; finit à la place Saint-Michel, n°ˢ 6 et 8. Le dernier impair est 15; le dernier pair, 18. Sa longueur est de 80 m. — 11ᵉ arrondissement. Les numéros impairs sont du quartier de l'Ecole-de-Médecine; les pairs, du quartier de la Sorbonne.

On ne la distinguait point au XVIIᵉ siècle de la rue Monsieur-le-Prince. Elle tire son nom de la confrérie aux bourgeois, qui avait acheté une portion d'un clos sur laquelle elle fut construite. Une décision ministérielle, à la date du 23 frimaire an IX, signée Chaptal, fixa la moindre largeur de cette voie publique à 10 m. En vertu d'une ordonnance royale du 12 mai 1841, cette moindre largeur est portée à 12 m. Les constructions de 1 à 13 devront reculer de 1 m. 30 c. à 2 m. 80 c.; n° 13, retranchement réduit 0 m. 90 c.; n° 15, retranchement 0 m. 40 c. Les maisons du côté opposé sont soumises à un retranchement de 0 m. 80 c. à 1 m. 20 c. — Éclairage au gaz (compᵉ Parisienne).

BOURG-L'ABBÉ (PASSAGE).

Commence à la rue Bourg-l'Abbé, n° 23; finit à la rue Saint-Denis, n°ˢ 238 et 240. — 6ᵉ arrondissement, quartier de la Porte-Saint-Denis.

Bâti en 1828, il doit son nom à la rue Bourg-l'Abbé, où il prend naissance.

BOURG-L'ABBÉ (RUE).

Commence à la rue aux Ours, n°ˢ 32 et 34; finit à la rue Greneta, n°ˢ 43 et 45. Le dernier impair est 43; le dernier pair, 56. Sa longueur est de 207 m. — 6ᵉ arrondissement, quartier de la Porte-Saint-Denis.

Le bourg l'Abbé, ainsi appelé parce qu'il dépendait de l'abbé de Saint-Martin, existait déjà sous les rois de la seconde race. Il fut enfermé dans Paris sous le règne de Philippe-Auguste, et le principal chemin de ce bourg prit, en 1210, le nom de rue *Bourg-l'Abbé*. Cette rue était autrefois affectée à la débauche. A tort ou à raison, ses habitants n'avaient point alors une réputation de chasteté; leur esprit était aussi l'objet d'un doute. Voici de quelle manière on désigna longtemps à Paris les imbéciles et les libertins : « *Ce sont gens de* » *la rue Bourg-l'Abbé; ils ne demandent qu'amour et* » *simplesse.* » — Une décision ministérielle du 28 brumaire an VI, signée Letourneux, avait fixé la largeur de cette voie publique à 8 m. En vertu d'une ordonnance royale du 21 juin 1826, cette largeur a été por-

— BOU —

tée à 10 m. 66 c. La maison n° 13 est alignée. Les propriétés de 1 à 11 devront éprouver un retranchement qui varie de 2 m. 50 c. à 3 m. 93 c.; de 15 à la fin, le reculement varie de 4 m. à 4 m. 50 c.; de 2 à 22, retranchement 1 m. 30 c. à 2 m.; de 26 à 38, retranchement 50 c. à 1 m. 10 c.; n°ˢ 46 et 48, retranchement réduit 40 c.; de 52 à la fin, retranchement 70 c. à 1 m. 10. Les maisons n°ˢ 24 et 50 sont alignées. — Conduite d'eau. — Éclairage au gaz (compᵉ Française).

BOURG-L'ABBÉ (RUE NEUVE-).

Commence à la rue Saint-Martin, n°ˢ 151 et 153; finit à la rue Bourg-l'Abbé, n°ˢ 24 et 28. Le dernier impair est 11; le dernier pair, 18. Sa longueur est de 115 m. — 6ᵉ arrondissement, quartier de la Porte-Saint-Martin.

Elle a été ouverte en 1829, sur les terrains appartenant à M. le marquis de Verac et à M. le comte Dumanoir. L'ordonnance royale d'autorisation est à la date du 28 mai 1829, et porte que la nouvelle rue aura 10 m. de largeur. Cette ordonnance a imposé aux propriétaires les conditions suivantes : de supporter les frais de premier établissement du pavage et de l'éclairage de cette rue; de faire établir de chaque côté des trottoirs en pierre dure, conformément aux indications qui leur seront données par l'administration; *de ne pouvoir élever, eux ou leurs ayant-droit, les maisons à construire le long de ladite rue, au-delà de la hauteur de seize mètres, mesurée à partir du sol jusqu'à l'entablement, y compris attique ou mansarde.* Les contructions riveraines de la rue Neuve-Bourg-l'Abbé sont à l'alignement. — Conduite d'eau depuis la rue Bourg-l'Abbé jusqu'à la borne-fontaine. — Éclairage au gaz (compᵉ Française).

BOURGOGNE (COUR DE).

Commence à la rue du Faubourg-Saint-Antoine, n° 80; finit à celle de Charenton, n° 61. — 8ᵉ arrondissement, quartier des Quinze-Vingts.

C'était autrefois la *Cour des Miracles*. — Elle n'a pris son nom actuel qu'en 1814.

BOURGOGNE (RUE DE).

Commence au quai d'Orsay; finit à la rue de Varennes, n°ˢ 32 et 34. Le dernier impair est 45; le dernier pair, 46. Sa longueur est de 753 m. — 10ᵉ arrondissement. Les numéros impairs sont de 1 à 23 sont du quartier du Faubourg-Saint-Germain; de 23 bis à la fin, quartier Saint-Thomas-d'Aquin; et tous les numéros pairs, quartier des Invalides.

Un arrêt du conseil, en date du 23 août 1707, relatif aux améliorations à exécuter dans le faubourg Saint-Germain, porte ce qui suit : « Ordonne sa majesté que » depuis la rue de Varennes il soit formé une grande » rue de 8 toises de largeur qui sera nommée rue de » *Bourgogne*, se terminera au nouveau quai (d'Orsay), » et aura pour point de vue le nouveau cours près la

— BOU —

» porte Saint-Honoré. » — Cet arrêt fut confirmé les 1er décembre 1715 et 10 janvier 1716. Le 15 mars 1717, un arrêt du conseil réduisit la largeur de la rue de Bourgogne à 5 toises. Procès-verbal des alignements de cette voie publique fut dressé par Jean Beausire, le 20 mars 1719. Un arrêt du conseil, du 13 mars 1720, prescrivit le prolongement de cette rue, depuis la rue de Varennes jusqu'à celle Plumet. En 1723, on abandonna ce projet qui avait déjà reçu un commencement d'exécution. Par lettres-patentes données au mois de novembre 1775, et registrées en parlement le 28 mars 1776, Louis-Joseph de Bourbon, prince de Condé, fut autorisé : 1° à changer la direction de la partie de la rue de Bourgogne comprise entre celles de l'Université et Saint-Dominique ; 2° à former une place demi-circulaire au-devant de l'entrée de son palais. Ces lettres-patentes furent exécutées en 1778. Une décision ministérielle, en date du 2 thermidor an V, signée Benezech, fixa la moindre largeur de la rue de Bourgogne à 10 m. Conformément à un arrêté du conseil des Cinq-Cents, du 29 nivôse an VI, cette voie publique porta le nom de rue du *Conseil-des-Cinq-Cents*; depuis elle a repris sa première dénomination. En vertu d'une ordonnance royale du 7 mars 1827, la largeur de la partie comprise entre le quai et la place est portée à 12 m.; le surplus est maintenu conformément à la décision ministérielle. — Les maisons ci-après sont alignées : 7, 9, 11, 17, 19, 19 bis, 21, 21 bis, 21 ter, 23 et de 23 bis à la fin ; 2, 4, 6, 8, 12, 30 et 38. Les constructions du côté des numéros impairs, entre le quai d'Orsay et la rue de l'Université, sont soumises à un retranchement de 2 m. 40 c. — Égout entre les rues de Lille et Saint-Dominique. — Conduite d'eau. — Éclairage au gaz (compe Française).

BOURGUIGNONS (RUE DES).

Commence à la rue de Lourcine, nos 48 et 52; finit aux rues de la Santé, n° 1, et du Champ-des-Capucins. Le dernier impair est 33; le dernier pair, 28. Sa longueur est de 371 m. — 12e arrondissement, quartier de l'Observatoire.

Gilles Corrozet la nomme rue de *Bourgogne*. Ce n'était encore, à l'époque où vivait ce savant libraire, qu'un chemin bordé de quelques constructions légères. — Une décision ministérielle, à la date du 2 germinal an XI, signée Chaptal, fixa la moindre largeur de cette voie publique à 8 m. En vertu d'une ordonnance royale du 19 juillet 1840, cette moindre largeur est portée à 12 m. Les maisons nos 20, 24 et 24 bis, ainsi que le mur de clôture du Val-de-Grâce, sont à l'alignement. — La maison n° 28 a été habitée par le diacre Pâris, dont nous parlerons à l'article de l'église Saint-Médard. — Une ordonnance royale, à la date du 5 septembre 1843, a déclaré d'utilité publique l'ouverture d'une rue à travers les terrains offerts à cet effet par le sieur Vaillant. Ce percement est destiné à former le prolongement de la rue des *Bourguignons* jusqu'à la rue Pascal, et sa largeur est fixée à 12 m. Toutefois l'alignement ne sera

— BOU —

exécutoire sur le bâtiment formant saillie sur le côté gauche, que dans trois ans, à partir du dernier paiement de l'indemnité due par la ville de Paris au sieur Vaillant.

L'indemnité accordée à ce propriétaire est fixée à 40,000 fr.

Les conditions suivantes ont été imposées au sieur Vaillant : de faire à ses frais, risques et périls, l'acquisition de la propriété dont l'emplacement est nécessaire en partie pour opérer le débouché de la rue projetée sur la rue Pascal; de supporter les frais de pavage et d'éclairage de la nouvelle rue, et ceux de l'établissement des trottoirs de deux mètres sur les deux côtés ; de faire également les frais de relevé-à-bout dudit pavage, lequel devra être fait en chaussée bombée et sera établi, ainsi que les trottoirs, sous la direction des ingénieurs du pavé de Paris et avec les matériaux agréés par eux ; d'établir des égouts dans la nouvelle rue, si cette construction est reconnue nécessaire à l'écoulement des eaux, et d'acquitter les droits de voirie.

Ce prolongement sera prochainement exécuté.

BOURSAULT (RUE).

Commence à la rue Pigalle, nos 17 et 19; finit à la rue Blanche, nos 20 et 22. Pas encore de numéro. Sa longueur est de 174 m. — 2e arrondissement, quartier de la Chaussée-d'Antin.

En vertu d'une ordonnance royale du 25 février 1839, M. Boursault, propriétaire, a été autorisé à ouvrir sur ses terrains une rue destinée à communiquer entre les rues de La Rochefoucauld et Blanche.

Les largeurs de ce percement ont été fixées, savoir : à 10 m. pour la partie qui s'étend de la rue de La Rochefoucauld à la rue Pigalle, et à 12 m. pour le surplus.

La première partie a reçu le nom de rue *La Bruyère* (*voyez* cet article).

Les conditions suivantes furent imposées au sieur Boursault : d'abandonner gratuitement le sol de la nouvelle rue ; de supporter les frais de premier établissement du pavage en pavés durs, y compris ceux de relevé-à-bout et les frais de premier établissement de l'éclairage et des trottoirs, le tout suivant les prescriptions de l'administration ; d'établir à ses frais, s'il est reconnu nécessaire par l'administration, des bornes-fontaines sur les points qui seront désignés ; de donner au nivellement la pente qui sera indiquée et reconnue nécessaire par les ingénieurs du pavé ; d'exécuter les travaux de pavage en chaussée bombée ; d'éclairer la nouvelle rue par des moyens provisoires jusqu'à ce que les conduits principaux de gaz permettent d'employer cet éclairage.

L'ordonnance précitée porte que le retranchement imposé à la maison située rue Blanche, n° 20, pour exécuter l'alignement de la nouvelle rue, ne pourra être exigé avant douze ans.

Ce percement est en cours d'exécution.

BOURSE ET TRIBUNAL DE COMMERCE.

Situés place de la Bourse. — 2° arrondissement, quartier Feydeau.

Ce palais ayant été construit sur la plus grande partie de l'emplacement occupé par le couvent des Filles-de-Saint-Thomas-d'Aquin, nous tracerons ici l'origine de cette communauté religieuse. Ces filles, de l'ordre de Saint-Dominique, furent établies à Paris, par Anne de Caumont, épouse de François d'Orléans, comte de Saint-Pol et duc de Fronsac. Cette dame ayant obtenu du cardinal Barberini, légat du pape Urbain VIII, la permission nécessaire, fit venir de Toulouse sept religieuses qui arrivèrent à Paris le 27 novembre 1626. Elles furent installées dans une maison située dans la rue Neuve-Sainte-Geneviève. Cette propriété portait alors le nom d'*hôtel du Bon-Air*. Ces religieuses y demeurèrent jusqu'en 1632; alors elles s'établirent dans la rue Vieille-du-Temple. Cette maison n'étant pas d'une distribution assez commode pour une communauté, elles firent construire un couvent à l'extrémité de la rue Neuve-Saint-Augustin, depuis nommée, dans cette partie, rue des Filles-Saint-Thomas. Ayant pris possession de leur nouvelle maison le 7 mars 1642, jour que l'Église consacre à la célébration de la fête de saint Thomas, ces religieuses se donnèrent le nom de ce saint docteur. L'église, qui ne fut achevée qu'en 1715, n'offrait de curieux que le tombeau de la comtesse de Saint-Pol. Supprimé en 1790, ce couvent devint propriété nationale. Une partie de son emplacement a été cédé par l'État à la ville de Paris pour construire le monument dont nous allons nous occuper.
— La Bourse de Paris, si magnifiquement logée aujourd'hui, a été longtemps placée de la manière la plus incommode et la moins convenable. On la mit d'abord dans une partie de l'ancien hôtel Mazarin, où l'on a vu le Trésor Royal; puis durant la révolution, dans l'église des Petits-Pères; enfin, pendant la construction de l'édifice actuel, on la relégua dans l'ancien magasin des décors de l'Opéra. Le tribunal de commerce n'était pas logé plus honorablement dans un ancien hôtel, derrière l'église Saint-Merri. — Un décret impérial, du 16 mars 1808, ordonna enfin la construction sur l'emplacement de l'ancien couvent des Filles-de-Saint-Thomas, d'un palais destiné à réunir ces deux importants établissements. La première pierre en fut posée le 24 du même mois, et les travaux commencèrent immédiatement. L'architecte Brongniart avait donné les plans de cet édifice et dirigea les travaux jusqu'en 1813, époque de sa mort. Le 8 juin, le convoi funèbre fit une station devant le monument que Brongniart avait commencé; les ouvriers quittèrent aussitôt leur travail, formèrent la haie; tous, la tête découverte, rendirent hommage, par leur contenance respectueuse, aux qualités de l'artiste qu'ils avaient perdu. Les constructions étaient alors élevées jusqu'à deux ou trois mètres au-dessus du soubassement. Les travaux de construction, poussés avec activité par M. Labarre, furent ralentis à l'époque de nos désastres. Repris depuis avec une nouvelle activité, surtout à partir de l'année 1821, ils ont été achevés en 1827.

L'installation de la Bourse et du Tribunal de Commerce avait eu lieu dans le monument élevé par MM. Brongniart et Labarre, le 3 novembre 1826.

« Charles, etc..... Nous avons proposé, les chambres
» ont adopté.....

LOI.

» Nous avons ordonné et ordonnons ce qui suit : —
» Article unique. Le ministre des finances est autorisé
» à abandonner en toute propriété, au nom de l'État,
» à la ville de Paris, l'emplacement occupé par le pa-
» lais de la Bourse et ses abords, ainsi que les cons-
» tructions élevées aux frais du gouvernement et les
» terrains acquis par l'État pour cette destination, ou
» provenant de l'ancien couvent des Filles-Saint-Tho-
» mas, et qui se trouvent en dehors des alignements,
» soit du palais, soit de la place.
» Au moyen de cet abandon, la ville de Paris devra
» faire terminer à ses frais le palais de la Bourse et ses
» abords, et demeurera seule chargée de son entretien.
» Donné en notre château de Saint-Cloud, le 17° jour
» de juin, l'an de grâce 1829, et de notre règne le 5°.
» Signé Charles. »

Cet édifice, situé au centre d'une belle place, plantée et entourée elle-même de magnifiques maisons, occupe un parallélogramme d'environ 71 m. de longueur, sur 49 m. de largeur, ce qui donne une surface de près de 3,005 m. carrés. Sa hauteur est d'environ 19 m. au-dessus du pavé de la place, mesurés au droit des faces extérieures, et de 30 m. mesurés au sommet du comble. L'ordonnance corinthienne qui préside à la décoration extérieure comportait par elle-même de la richesse et de l'élégance, mais l'architecte a eu le bon esprit de les réduire à l'expression la plus simple et la mieux entendue. On regrette de ne pas voir encore sur les piédestaux qui accompagnent les deux perrons, quatre grandes statues allégoriques en marbre. — Une telle construction devait nécessairement entraîner une dépense considérable; elle a été, indépendamment de la valeur de l'emplacement, dont presque totalité a été concédée à la ville de Paris par l'État, de. 8,149,192

dont le gouvernement a payé.   3,789,386

La ville de Paris.   2,266,180

et le commerce de Paris, principalement au moyen d'un supplément d'impôt sur les patentes pendant plusieurs années. . . . . 2,093,626.

Somme égale. . . . . 8,149,192.

Dans un rapport du préfet au conseil municipal, rapport du 7 décembre 1834, on lit ce qui suit :

Honoraires et appointements des architectes, inspecteurs et autres agents attachés aux travaux pendant leur durée (19 années). . . . . 459,000.

Sommes payées à quatorze artistes, cinq peintres et neuf statuaires. . . . . 186,400.

Les sculptures d'ornements pour les chapiteaux, frises, etc., ont coûté. . . . . 282,600.

L'horloge, ouvrage de Lepaute, 12,000 fr.; les marbres des Pyrénées, pour matière seulement, 79,400 fr.; les glaces employées au vitrage, 87,300 fr.; la couverture en cuivre, pour matière, 77,900 fr.; pour main-d'œuvre, 27,500 fr.; et enfin l'établissement du chauffage à la vapeur, à peu près pour premier établissement, 86,000 fr.; pour améliorations et extensions, 34,000 fr.

BOURSE (PLACE DE LA).

Entourant le palais de ce nom. — 2e arrondissement, quartier Feydeau.

Elle a été formée à la même époque que le palais dont elle tire sa dénomination. — Une décision ministérielle du 15 février 1809, signée Cretet, ainsi qu'une ordonnance royale du 16 juin 1824, ont déterminé les alignements de cette voie publique. Suivant les dispositions arrêtées, le côté faisant face à l'entrée du palais est en prolongement de la rue Vivienne. Les maisons riveraines ne sont point soumises à retranchement. Le côté parallèle à la face latérale à gauche du même édifice, est à 62 m. de distance de l'axe du palais. Cet alignement est exécuté. Le côté opposé au précédent doit être à la même distance de l'axe du palais. Les bâtiments riverains dépendent de la rue des Filles-Saint-Thomas, et sont assujétis à un faible retranchement. Enfin, le quatrième côté fait face à l'entrée du Tribunal de Commerce. Les constructions dépendent de la rue Notre-Dame-des-Victoires (*voir* cet article). — Égout. — Conduite d'eau. — Éclairage au gaz (compe Anglaise).

BOURSE (RUE DE LA).

Commence à la place de la Bourse, nos 29 et 31; finit à la rue de Richelieu, nos 76 et 80. Le dernier impair est 9; le dernier pair, 12. Sa longueur est de 96 m. — 2e arrondissement, quartier Feydeau.

Une ordonnance royale du 16 juin 1824, avait adopté entre autres dispositions, l'ouverture d'une rue qui, tracée dans l'axe du palais de la Bourse, se dirigerait vers la rue Grammont. Une autre ordonnance, en date du 17 janvier 1830, porte que la rue projetée vis-à-vis la façade principale du palais, s'arrêtera à la rue de Richelieu. L'exécution de ce percement, dont la largeur est fixée à 16°m., est déclarée d'utilité publique. En conséquence de cette dernière disposition, cette rue a été exécutée, et en 1833, le 8 juillet, une décision ministérielle, signée Thiers, lui assigna la dénomination de rue de la *Bourse*. — Conduite d'eau. — Éclairage au gaz (compe Anglaise).

BOURTIBOURG (RUE).

Commence aux rues de la Verrerie, n° 2, et de Bercy, n° 20; finit à la rue Sainte-Croix-de-la-Bretonnerie, nos 9 et 11. Le dernier impair est 27; le dernier pair, 30. Sa longueur est de 136 m. — 7e arrondissement, quartier du Marché-Saint-Jean.

Cette rue était complètement bâtie sous le règne de Louis-le-Jeune. Elle doit son nom à un petit bourg, qui tenait lui-même sa dénomination d'un nommé Thiboud ou Thibourg. — Une décision ministérielle, à la date du 13 ventôse an VII, signée François de Neufchâteau, avait fixé la largeur de cette voie publique à 9 m. En vertu d'une ordonnance royale du 28 octobre 1838, cette largeur a été portée à 10 m. La maison n° 14 n'est pas soumise à retranchement; celles n° 4 et 16 ne sont soumises qu'à un faible retranchement. — Éclairage au gaz (compe Lacarrière).

BOUTEBRIE (RUE).

Commence à la rue de la Parcheminerie, nos 16 et 18; finit à la rue du Foin, nos 23 et 25. Le dernier impair est 7; le dernier pair, 20. Sa longueur est de 93 m. — 11e arrondissement, quartier de la Sorbonne.

Cette rue était en partie construite dès 1250. En 1284, elle fut appelée rue *Érembourg-de-Brie*, du nom d'un propriétaire qui l'habitait alors. Dans un compte de recette du domaine de la ville, à la date de 1573, elle est nommée rue des *Enlumineurs*, en raison des enlumineurs jurés de l'Université, qui y avaient fixé leur demeure. Son nom actuel est une altération du premier. D'Érembourg-de-Brie on a fait Boutebrie. — Une décision ministérielle, du 23 prairial an VII, signée François de Neufchâteau, avait fixé la largeur de cette voie publique à 6 m. En vertu d'une ordonnance royale du 22 août 1840, cette largeur a été portée à 10 m. Les constructions du côté gauche sont soumises à un retranchement qui varie de 2 m. 50 c. à 6 m. 50 c. Celles de 2 à 14 devront éprouver un retranchement dont la moyenne est de 1 m.; de 16 à la fin, retranchement 1 m. 50 c. à 4 m.

BOUTEILLE (IMPASSE DE LA).

Située dans la rue Montorgueil, n° 33. Pas de numéro. — 3e arrondissement, quartier Saint-Eustache.

Cette impasse, qui règne le long des anciens murs de l'enceinte de Philippe-Auguste, existait déjà au XVIe siècle. En 1650, on la nommait rue de la *Cueiller*, en raison d'une maison dite de *la cueiller de bois*, qui y était située en 1627. En 1690, c'était la rue *Commune*. Vers 1750, elle prit d'une enseigne le nom

— BOU —

qu'elle porte encore aujourd'hui. — Il n'existe pas d'alignement arrêté pour cette impasse.

BOUVART (IMPASSE).

Située dans la rue Saint-Hilaire, entre les nos 8 et 10. Sa longueur est de 26 m. Pas de numéro. — 12e arrondissement, quartier Saint-Jacques.

Ce n'était dans l'origine qu'un chemin qui descendait jusqu'à la rue des Noyers, et qu'on nommait en 1380 la *Longue-Allée*. Au XVe siècle, c'était la *ruelle Josselin*, *Jousselin* et *Jusseline*; en 1539, la *ruelle Saint-Hilaire*. Elle prit d'un propriétaire le nom qu'elle porte actuellement. — Une décision ministérielle en date du 4 septembre 1818, a fixé la largeur de cette impasse à 6 m. Sa largeur actuelle n'est que de 1 m. 50 c. environ.

BRADY (PASSAGE).

Commence à la rue du Faubourg-Saint-Martin, n° 45; finit à la rue du Faubourg-Saint-Denis, n° 46. — 5e arrondissement, quartier du Faubourg-Saint-Denis.

Ce passage, bâti par M. Brady, a été ouvert le 15 avril 1828.

BRAQUE (RUE DE).

Commence à la rue du Chaume, nos 23 et 25; finit à la rue Sainte-Avoie, nos 50 et 52. Le dernier impair est 11; le dernier pair, 14. Sa longueur est de 118 m. — 7e arrondissement, quartier du Mont-de-Piété.

Son premier nom est *rue des Bouchers*, *des Boucheries-du-Temple*, en raison des boucheries que les chevaliers du Temple y avaient fait construire en 1182; cette voie publique se prolongeait alors jusqu'à la rue Vieille-du-Temple. Elle doit la dénomination qu'elle porte encore aujourd'hui à Arnould de Braque, qui en 1348 y fit bâtir une chapelle et un hôpital. Un Germain de Braque était échevin de la ville de Paris en 1447. — Une décision ministérielle en date du 13 fructidor an VII, signée Quinette, avait fixé la largeur de cette voie publique à 8 m. Cette largeur a été portée à 10 m., en vertu d'une ordonnance royale du 12 juillet 1837. Les constructions du côté des numéros impairs sont soumises à un retranchement qui varie de 2 m. à 2 m. 80 c. Celles nos 2, 4, 6 et 8, ne devront subir qu'un faible redressement; le surplus de ce côté est passible d'un retranchement de 0 m. 50 c. à 1 m. 70 c. — Portion d'égout du côté de la rue Sainte-Avoie. — Éclairage au gaz (compe Lacarrière).

BRASSERIE (IMPASSE DE LA).

Située dans la rue de la Fontaine-Molière, entre les nos 4 et 6. Le dernier impair est 9; le dernier pair, 12. Sa longueur est de 81 m. — 2e arrondissement, quartier du Palais-Royal.

Elle tire son nom de la rue Traversière, aujourd'hui

— BRE —

Fontaine-Molière, qui s'appelait aussi en 1720 rue de la *Brasserie*. Une ordonnance royale du 4 octobre 1826 a fixé la largeur de cette voie publique à 8 m. Les constructions du côté des numéros impairs sont soumises à un retranchement qui varie de 2 m. 80 c. à 3 m. 30 c. Celles du côté opposé ne devront reculer que de 0 m. 40 c. environ.

BREDA (PLACE).

Située à la jonction des rues Breda et Neuve-Breda. — 2e arrondissement, quartier de la Chaussée-d'Antin.

La formation de cette place a été autorisée en 1830 sur les terrains de M. Breda. Elle n'a été dénommée qu'en 1840 (*voyez* l'article suivant). — Éclairage au gaz (compe Anglaise).

BREDA (RUE).

Commence à la rue Notre-Dame-de-Lorette, nos 34 et 36; finit à la rue Laval, n° 19. Le dernier impair est 29; le dernier pair, 26. Sa longueur est de 208 m. — 2e arrondissement, quartier de la Chaussée-d'Antin.

En vertu d'une ordonnance royale du 21 avril 1830, M. Breda a été autorisé à convertir le passage qui portait son nom en deux rues publiques, l'une de 11 m. 69 c.; l'autre de 9 m. 75 c. de largeur, formant à leur jonction une place triangulaire. Les conditions suivantes furent imposées à ce propriétaire : de livrer gratuitement à la ville de Paris le sol des deux rues et de la place triangulaire qui sera formée à leur rencontre; de supporter les premiers frais de pavage, d'éclairage et d'établissement de trottoirs; *de ne pas élever au-delà de seize mètres de hauteur les maisons à construire dans la rue qui débouchera sur la rue des Martyrs, et qui n'aura que 9 m. 75 c. de largeur.* — L'élargissement à 11 m. 69 c. de l'autre rue aura lieu immédiatement sur tous les terrains appartenant actuellement à M. Breda et seulement par mesure de voirie, au-devant des propriétés qui n'appartiennent plus à M. Breda. — La rue qui fait l'objet du présent article est fixée à 11 m. 69 c. de largeur. La propriété n° 18 bis est soumise à retranchement. — Éclairage au gaz (compe Anglaise).

Le passage Breda avait été formé en 1822.

BREDA (RUE NEUVE-).

Commence à la rue des Martyrs, nos 39 et 41; finit aux rue et place Breda. Le dernier impair est 29; le dernier pair, 18. Sa longueur est de 184 m. — 2e arrondissement, quartier de la Chaussée-d'Antin.

Autorisée par l'ordonnance royale que nous avons indiquée à l'article précédent, cette voie publique a 9 m. 75 c. de largeur. Les constructions riveraines ne doivent pas excéder 16 m. de hauteur.

— BRE —

BRETAGNE (COUR DE).

Située dans la rue du Faubourg-du-Temple, n° 95. — 5e arrondissement, quartier de la Porte-Saint-Martin.

Elle portait autrefois le nom de *cour des États-Réunis.* Vers l'année 1829 elle prit la dénomination de *cour de Bretagne.*

BRETAGNE (RUE DE).

Commence à la rue Vieille-du-Temple, n°s 145 et 147; finit aux rues de Beauce, n. 10, et Caffarelli, n. 2. Le dernier impair est 45; le dernier pair, 60. Sa longueur est de 250 m. — Les numéros impairs sont du 7e arrondissement, quartier du Mont-de-Piété; et les pairs du 6e arrondissement, quartier du Temple.

Ouverte en 1626 sur la culture du Temple, elle prit le nom de Bretagne d'une des anciennes provinces de France. — Une décision ministérielle du 26 thermidor an VIII, signée L. Bonaparte, ainsi qu'une ordonnance royale du 16 mai 1833, ont fixé la largeur de cette voie publique à 10 m. Les constructions portant les n°s 39 et 41 sont alignées; les autres constructions devront reculer de 0 m. 50 c. environ. Les maisons n°s 2 et 4 sont alignées. Pour le surplus, le retranchement est de 0 m. 50 c. — Égout entre les rues Vieille-du-Temple et de Berri. — Conduite d'eau dans toute l'étendue. — Éclairage au gaz (comp° Lacarrière).

BRETAGNE (RUE NEUVE-DE-).

Commence aux rues des Filles-du-Calvaire, n° 2, et Saint-Louis, n° 80; finit à la rue Neuve-de-Ménilmontant, n° 3. Un seul numéro pair qui est 2. Sa longueur est de 37 m. — 8e arrondissement, quartier du Marais.

Ouverte sans autorisation, en 1804, sur une partie de l'emplacement de la communauté religieuse des Filles-du-Calvaire, elle prit sa dénomination de la rue de *Bretagne*, dont elle est le prolongement. En vertu d'une décision ministérielle, à la date du 23 août 1806, elle fut classée au nombre des voies publiques de la capitale. Sa largeur fut alors fixée à 10 m. Cette largeur a été maintenue par une autre décision ministérielle du 1er décembre 1821. — Les constructions qui bordent cette voie publique ne sont pas soumises à retranchement.

BRETEUIL (AVENUE DE).

Commence à la place Vauban, n°s 1 et 3; finit à la rue de Sèvres, n°s 128 et 130. Le dernier impair est 23; le dernier pair, 58. Sa longueur est de 848 m. — 10e arrondissement, quartier des Invalides.

Elle a été formée vers 1680. Le plan de Verniquet l'indique sous sa dénomination actuelle, qu'elle doit à Louis-Auguste le Tonnelier, baron de Breteuil, né à Preuilly, en Touraine, en 1723, mort à Paris, le 2 novembre 1807. Le baron de Breteuil remplit les hauts emplois de la diplomatie et fut nommé, en 1783, ministre

— BRE —

de la maison du roi et de Paris, en remplacement d'Amelot. Il eut le mérite de se faire aimer des Parisiens, par plusieurs embellissements dont il orna la capitale; les gens de lettres surtout et les artistes trouvèrent en lui un protecteur éclairé. — En vertu d'une loi du 19 mars 1838, la partie de l'avenue de Breteuil comprise entre la place de ce nom et la rue de Sèvres, a été cédée à la ville de Paris. Le surplus appartient encore à l'État (voyez *Bourdonnaye*, avenue de La). — Égout depuis la rue d'Estrées jusqu'à la place de Breteuil. — Conduite d'eau entre cette place et la rue Neuve-Plumet.

BRETEUIL (PLACE DE).

Située à la jonction des avenues de Breteuil et de Saxe, et de la Petite-rue-des-Acacias. Pas de numéro. — 10e arrondissement, quartier des Invalides.

Cette place, qui est de forme circulaire, a été tracée en 1782 (*voyez* pour l'étymologie l'article précédent). Elle a été cédée par l'État à la ville de Paris, en vertu d'une loi du 19 mars 1838 (voyez *Bourdonnaye*, avenue de La). — Égout et conduite d'eau.

BRETEUIL (RUE DE).

Commence à la rue Royale, n°s 16 et 18; finit aux rues Vaucanson, n° 1, et Conté, n° 3. Le dernier impair est 11; le dernier pair, 6. Sa longueur est de 59 m. — 6e arrondissement, quartier Saint-Martin-des-Champs.

Elle a été ouverte vers 1780, sur les terrains dépendant du prieuré de Saint-Martin-des-Champs. Cette rue doit sa dénomination à M. Élizabeth-Théodore le Tonnelier de Breteuil, prêtre du diocèse de Paris et prieur-commandataire du prieuré de Saint-Martin-des-Champs (voyez *Martin*, place de l'ancien Marché Saint-). — Une décision ministérielle, en date du 3 décembre 1814, signée l'abbé de Montesquiou, fixa la largeur de cette voie publique à 6 m. En vertu d'une ordonnance royale du 14 janvier 1829, la moindre largeur de la rue de Breteuil est portée à 7 m. Par suite de l'alignement arrêté, que l'impasse Saint-Martin sera confondue dans la rue de Breteuil, lors de la démolition de la maison n° 18 de la rue Royale. Les constructions du côté droit de la rue de Breteuil sont presque toutes à l'alignement. — Conduite d'eau. — Éclairage au gaz (comp° Lacarrière).

BRETONVILLIERS (RUE DE).

Commence au quai de Béthune, n°s 2 et 4; finit à la rue Saint-Louis-en-l'Ile, n°s 3 et 5. Le dernier impair est 3; le dernier pair, 6. Sa longueur est de 75 m. — 9e arrondissement, quartier de l'Ile-Saint-Louis.

Commencée en 1614, cette rue ne fut achevée qu'en 1643. Elle porte le nom de M. le Ragois de Bretonvilliers, président de la chambre des comptes, qui y fit bâtir, sur les dessins du célèbre architecte Du Cerceau, un hôtel qui existe encore aujourd'hui et qui porte le n° 2.

— Deux décisions ministérielles, la première en date du 24 frimaire an XIII, signée Champagny; la deuxième, du 9 mai 1818, ainsi qu'une ordonnance royale du 9 décembre 1838, ont fixé à 8 m. 20 c. environ la largeur de cette voie publique. Les maisons riveraines sont alignées, à l'exception de l'arcade dite de *Bretonvilliers*, qui devra être supprimée. — Conduite d'eau depuis la rue Saint-Louis jusqu'à la borne-fontaine.

BRIARE (IMPASSE).

Située dans la rue Rochechouart, n° 9. — 2e arrondissement, quartier du Faubourg-Montmartre.

Construite à la fin du XVIIIe siècle, elle porta d'abord le nom d'*impasse Sifflet*. Elle fut augmentée dans la suite de plusieurs bâtiments, et on lui donna le nom de *Briare*, qui est sans doute celui d'un des propriétaires de cette impasse. — Elle n'est pas reconnue voie publique par l'administration.

BRISE-MICHE (RUE).

Commence à la rue du Cloître-Saint-Merri, n°s 12 et 14; finit à la rue Neuve-Saint-Merri, n°s 31 et 33. Le dernier impair est 5; le dernier pair, 14. Sa longueur est de 78 m. — 7e arrondissement, quartier Sainte-Avoie.

Dans la rue Taille-Pain, appelée en 1207 rue *Baille-Heu*, depuis *Baille-Hoë*, on voyait une impasse qui se trouvait confondue avec cette voie publique. Cette impasse fut prolongée et ouverte au XIVe siècle du côté du cloître Saint-Merri, et l'on commença à donner en 1420, à la partie nouvellement construite, le nom de rue *Brise-Miche*. La distribution des pains ou miches de chapitre, qu'on faisait suivant l'usage aux chanoines de la collégiale de Saint-Merri, lui avait fait donner cette dénomination. Le nom de rue *Baille-Hoë* fut néanmoins conservé à la partie qui venait aboutir à la rue Neuve-Saint-Merri. La rue Brise-Miche a été longtemps affectée à la débauche. — Une décision ministérielle du 13 vendémiaire an X, signée Chaptal, avait fixé la largeur de cette voie publique à 6 m. Cette largeur est portée à 10 m. en vertu d'une ordonnance royale du 22 mai 1837. La maison située sur le côté gauche à l'encoignure de la rue Neuve-Saint-Merri et le bâtiment n° 6, sont alignés; toutes les autres constructions devront subir un retranchement considérable. — Éclairage au gaz (compe Lacarrière).

BRODEURS (RUE DES).

Commence aux rue et impasse Plumet; finit à la rue de Sèvres, n°s 64 et 66. Le dernier impair est 29; le dernier pair, 28. Sa longueur est de 229 m. — 10e arrondissement, quartier Saint-Thomas-d'Aquin.

Dans un titre de l'abbaye Saint-Germain-des-Prés, de 1642, on l'appelle rue de *Brodeval derrière les Incurables*. En 1644, elle est indiquée sous le nom de rue du *Lude*. Peu de temps après, on lui donna la dénomination de rue des *Brodeurs*; elle s'étendait alors jusqu'à la rue de Babylone. Vers 1783, la partie de cette voie publique comprise entre les rues Plumet et de Babylone, reçut le nom de rue *Pochet*. — Une décision ministérielle du 15 floréal an V, signée Benezech, fixa la largeur de la rue des Brodeurs à 8 m. En 1806, la partie qui avait reçu la dénomination de rue *Pochet* fut de nouveau confondue avec la rue des Brodeurs, dont elle reprit le nom. — En vertu d'une décision ministérielle du 14 septembre 1829, cette partie a été désignée sous la dénomination de *Petite-rue-Mademoiselle* (*voyez* cet article). Les maisons n°s 25 et 27 ne sont pas soumises à retranchement. Le surplus, de ce côté, devra reculer de 1 m. 40 c. Les maisons n°s 18, 20, 24, 26 et 28 sont alignées; les autres constructions de ce côté subiront un retranchement de 1 m. 40 c. — Égout et conduite d'eau.

BROSSE (RUE GUY-DE-LA-).

Commence à la rue Jussieu; finit à la rue Saint-Victor, n°s 14 et 16. Le dernier impair est 15; le dernier pair, 14. Sa longueur est de 103 m. — 12e arrondissement, quartier du Jardin-du-Roi.

Une ordonnance royale, à la date du 22 juin 1837, autorisa la ville de Paris à vendre les terrains provenant de l'ancienne abbaye Saint-Victor. Un plan fut dressé, qui contenait l'indication de deux rues à ouvrir. Les terrains furent vendus les 15 mai et 30 octobre 1838, et on commença immédiatement à y bâtir. La voie publique, qui fait l'objet du présent article et dont la largeur est de 13 m., reçut, en vertu d'une décision royale du 29 avril 1839, le nom de rue *Guy-de-la-Brosse*; l'autre rue a pris la dénomination de rue *Jussieu*. — Les constructions riveraines sont à l'alignement. — Conduite d'eau. — Guy de la Brosse, grand'-oncle du célèbre Fagon, naquit à Rouen. Dans l'intention de faciliter l'étude de la botanique, il donna au roi Louis XIII, dont il était le médecin, le terrain où fut établi le jardin des Plantes. Il obtint du cardinal de Richelieu les moyens d'embellir ce nouveau jardin dont la fondation fut autorisée par un édit de janvier 1626. Guy de la Brosse en fut le premier intendant. Toute sa vie fut consacrée à enrichir cet établissement des plantes les plus rares dont il donna une description en 1636. Il mourut en 1641 et fut enterré dans la chapelle de cet établissement.

BROSSE (RUE JACQUES-DE-).

Commence au quai de la Grève, n°s 44 et 52; finit aux rues François-Myron, n° 14, et du Pourtour, n° 2. Le dernier impair est 13; le dernier pair, 8. Sa longueur est de 92 m. — 9e arrondissement, quartier de l'Hôtel-de-Ville.

C'était anciennement la rue aux *Moines-de-Long-Pont*. Ces religieux y avaient établi un hospice. On la nomma ensuite rue de *Long-Pont*. — Une décision

— BRU —

ministérielle à la date du 13 thermidor an VI, signée François de Neufchâteau, fixa la largeur de cette voie publique à 8 m. Cette largeur a été portée à 15 m. en vertu d'une ordonnance royale du 19 mai 1838, qui déclara d'utilité publique l'élargissement de cette rue dans la partie comprise entre le quai de la Grève et la rue de l'Hôtel-de-Ville. Cette dernière disposition a été exécutée en 1840. — « Paris, le 22 décembre 1838. » Monsieur le préfet, sa majesté a approuvé, ainsi que » vous l'aviez proposé, que le nom de rue de *Long-Pont* » fût changé en celui de *Jacques-de-Brosse*, l'archi- » tecte si distingué de l'église Saint-Gervais, etc. » (Extrait de la lettre ministérielle). — Égout et conduite d'eau entre ce quai et la rue de l'Hôtel-de-Ville.

BRUANT (RUE).

Commence au chemin de ronde de la barrière de la Gare; finit à la rue des Deux-Moulins. Pas de numéro. Sa longueur est de 250 m. — 12e arrondissement, quartier Saint-Marcel.

Ce n'était qu'un chemin en 1789. Elle faisait partie du petit village d'Austerlitz qui fut renfermé dans Paris en 1818. Au commencement de l'année 1819, elle reçut la dénomination de rue *Bruant*, en mémoire de Libéral Bruant, architecte, auquel on attribue la construction de l'Hôpital-Général (aujourd'hui la Salpêtrière). — Une décision ministérielle du 30 juillet 1819, a fixé la largeur de cette voie publique à 10 m. Les constructions du côté gauche ne sont soumises qu'à un faible retranchement; celles du côté opposé sont alignées (voyez *Austerlitz*, Grande-rue-d').

BRUNEAU (RUE DU CLOS-).

Commence à la rue de la Montagne-Sainte-Geneviève, nos 36 et 38; finit à la rue des Carmes, nos 17 et 21. Le dernier impair est 19; le dernier pair, 14. Sa longueur est de 85 m. — 12e arrondissement, quartier Saint-Jacques.

Elle a été bâtie sur le clos Bruneau. Les Cartulaires de Sainte-Geneviève de 1243 et 1248, la nomment rue *Judas*; on croit qu'elle était autrefois habitée par des juifs. — Une décision ministérielle, à la date du 8 nivôse an IX, signée Chaptal, fixa la largeur de cette voie publique à 7 m. Conformément à une ordonnance royale du 9 janvier 1828, cette dimension est portée à 10 m. En vertu d'une décision du ministre de l'intérieur du 2 août 1838, la rue qui nous occupe a reçu la dénomination de rue du *Clos-Bruneau*. — Les constructions du côté des numéros impairs sont soumises à un retranchement qui varie de 3 m. 30 c. à 4 m. 60 c. La maison située sur le côté droit à l'encoignure de la rue des Carmes est alignée; le surplus de ce côté devra subir un retranchement de 1 m. 90 c. à 3 m. 85 c. — Conduite d'eau depuis la rue de la Montagne-Sainte-Geneviève jusqu'à la borne-fontaine.

— BUC —

BRUXELLES (RUE DE).

Doit commencer à la rue de Clichy et finir à la rue du Rocher. — 1er arrondissement, quartier du Roule.

Suivant le plan approuvé par l'ordonnance royale du 2 février 1826, l'ouverture de cette voie publique était autorisée sur les terrains de MM. Hagerman et Mignon, savoir : comme rue depuis la rue de Gênes jusqu'à celle de Valois, comme impasse depuis la première de ces rues et dans une longueur de 214 m. Sa largeur a été fixée à 12 m. Il n'existe encore aucune construction dans cette rue qui doit son nom à la capitale du royaume des Belges (voyez *Amsterdam*, rue d').

BUCHERIE (RUE DE LA).

Commence à la place Maubert, n° 4, et à la rue Pavée; finit à la rue du Petit-Pont, n° 13, et à la place du Petit-Pont. Le dernier impair est 43; le dernier pair, 18. Sa longueur est de 238 m. — 12e arrondissement, quartier Saint-Jacques.

Elle était construite à la fin du XIIe siècle. Son nom lui vint du port aux Bûches, qui se trouvait près de cette voie publique. — Deux décisions ministérielles, l'une du 20 fructidor an XI, signée Chaptal, l'autre du 5 octobre 1818, ont fixé la moindre largeur de la rue de la Bûcherie à 8 m. Les maisons nos 15, 17, 35, 37; 2, 4, 6, 8, 10, 12, 14, 18, ainsi que le mur de clôture à l'encoignure gauche de la rue Saint-Julien, sont à l'alignement. — Conduite d'eau. — Éclairage au gaz (compe Parisienne).

L'école de médecine avait été établie en 1472 dans cette rue. L'ancien amphithéâtre subsiste encore au n° 13. Il devint propriété nationale, et fut vendu le 28 décembre 1810.

BUCI (RUE DE).

Commence aux rues de l'Ancienne-Comédie, n° 2, et Mazarine, n° 86; finit à la rue des Boucheries, n° 56, et à la place Sainte-Marguerite, n° 2. Le dernier impair est 45; le dernier pair, 46. Sa longueur est de 200 m. — 10e arrondissement, quartier de la Monnaie.

Sauval s'est trompé en disant que cette rue portait le nom de *Saint-Germain* dès 1209; elle n'existait point encore à cette époque. On commença seulement à bâtir des maisons dans cette rue en 1351. On n'y comptait que dix maisons en 1388, et on l'indiquait alors sous le nom de *rue qui tend du pilori à la porte de Buci*. Ce pilori, dont cette rue avait pris le nom, était situé au carrefour où elle aboutit. Il paraît que ce fut un droit accordé à l'abbaye de Saint-Germain-des-Prés par la charte de Philippe-le-Hardi, du mois d'août 1275, d'avoir un pilori en cet endroit. Dès 1523, on la nommait rue de Buci. En 1555, on commença à la paver. Elle tire sa dénomination de Simon de Buci, qui acheta en 1350 la porte Saint-Germain à laquelle il donna également son nom. — Nous avons préféré tracer l'historique de cette

— BUF —

porte à l'article de la rue Saint-André-des-Arts, parce qu'elle se trouvait plus près de cette voie publique que de la rue de Buci. — Une décision ministérielle, à la date du 8 nivôse an IX, signée Chaptal, ainsi qu'une ordonnance royale du 29 mars 1827, ont fixé à 10 m. la moindre largeur de la rue de Buci. Les maisons n°s 13, 23, 25 et 27 ; 2, 4, 6, 8, 10, 12, 14, 16, 18, 20 et 32, sont alignées ; celles n°s 24, 26, 28 et 30 ne devront éprouver qu'un faible retranchement. — Égout. — Conduite d'eau entre les rues de l'Ancienne-Comédie et de Bourbon-le-Château. — Éclairage au gaz (comp^e Française).

BUFFAULT (RUE).

Commence à la rue du Faubourg-Montmartre, n°s 46 et 48 ; finit à la rue Coquenard, n°s 11 et 13. Le dernier impair est 25 ; le dernier pair, 26. Sa longueur est de 197 m. — 2e arrondissement, quartier du Faubourg-Montmartre.

Lettres-patentes. — « Louis, etc... Nous avons ordonné » ce qui suit : — Article 1er. Il sera ouvert, aux frais » du sieur Lenoir, sur un terrain par lui acquis à titre » de bail emphytéotique des religieuses et administra- » trice de l'hôpital de Sainte-Catherine, une rue de » trente pieds de largeur, laquelle sera nommée rue » *Buffault*, etc. — Art. 2. Ladite rue étant établie aux » frais dudit sieur Lenoir et sur la demande du sieur » Pigeot de Carcy, le pavé d'icelle sera fait pour la » première fois à leurs dépens, etc. Donné à Versailles, » le 4 juillet 1777. Signé Louis. » — Ce percement fut tracé le 30 septembre de la même année. — Une décision ministérielle, du 28 fructidor an X, signée Chaptal, ainsi qu'une ordonnance royale du 23 août 1833, ont maintenu la largeur primitive. — Conduite d'eau. — Éclairage au gaz (comp^e Anglaise).

Jean-Baptiste Buffault, chevalier de l'ordre du roi, son conseiller en l'hôtel-de-ville de Paris, fut trésorier honoraire et échevin de 1787 à 1789.

BUFFON (RUE DE).

Commence au boulevart de l'Hôpital et à la place Valhubert ; finit à la rue du Jardin-du-Roi, n° 16. Le dernier impair est 25 ; pas de numéro pair ; ce côté est bordé par le jardin des Plantes. Sa longueur est de 616 m. — 12e arrondissement. Les impairs sont du quartier Saint-Marcel ; le côté opposé dépend du quartier du Jardin-du-Roi.

Elle a été percée vers 1790. — Une décision ministérielle, du 26 brumaire an XI, signée Chaptal, ainsi qu'une ordonnance royale du 24 avril 1837, ont fixé la moindre largeur de cette voie publique à 10 m. — Les propriétés ci-après sont alignées : n°s 1, 3, 5, 9, 11, 13, 15, 15 bis, 17, 17 bis et 25. — Égout. — Conduite d'eau.

Georges-Louis Leclerc, comte de Buffon, le grand naturaliste, naquit à Montbard, en Bourgogne, le 7 septembre 1707, et mourut à Paris le 16 avril 1788.

— BUT —

BUISSON (IMPASSE DU VERT-).

Située dans la rue de l'Université, n° 199. Sa longueur est de 43 m. — 10e arrondissement, quartier des Invalides.

Cette impasse, qui n'est pas reconnue voie publique, doit son nom à un jardin entouré de buissons. Sa largeur actuelle est de 4 m.

BUISSON-SAINT-LOUIS (RUE DU).

Commence à la rue Saint-Maur, n°s 130 et 132 ; finit à la barrière de la Chopinette. Le dernier impair est 13 ; le dernier pair, 24. Sa longueur est de 302 m. — 5e arrondissement, quartier de la Porte-Saint-Martin.

Le plan de Verniquet l'indique sous cette dénomination, qu'elle doit sans doute à sa situation dans les champs et à sa proximité de l'hôpital Saint-Louis. — Une décision ministérielle, à la date du 16 floréal an X, signée Chaptal, a fixé la largeur de cette voie publique à 10 m. Parties des propriétés n°s 3 et 20 sont à l'alignement.

BUTTE-CHAUMONT (BARRIÈRE DE LA).

Située à l'extrémité de la rue de ce nom.

Cette barrière, qui consiste en un bâtiment, a porté d'abord le nom de la *Boyauderie*, en raison d'une filature de boyaux établie dans la rue de la Butte-Chaumont, nommée également alors de la *Boyauderie*. Son nom actuel lui vient de son voisinage de la Butte-Chaumont (voir l'article *Barrières*).

BUTTE-CHAUMONT (CHEMIN DE RONDE DE LA BARRIÈRE DE LA).

Commence aux rue et barrière de la Butte-Chaumont ; finit à la rue du Chemin-de-Pantin et à la barrière de Pantin. Sa longueur est de 481 m. — 5e arrondissement, quartier de la Porte-Saint-Martin.

Voir l'article *Chemins de ronde*.

BUTTE-CHAUMONT (RUE DE LA).

Commence aux chemins de ronde des barrières du Combat et de la Butte-Chaumont ; finit à la rue de La Fayette. Le dernier impair est 5 ; le dernier pair, 16 bis. Sa longueur est de 628 m. — 5e arrondissement, quartier de la Porte-Saint-Martin.

Le plan de Verniquet l'indique sous le nom de rue de la *Voirie*. A l'extrémité de cette voie publique, du côté de la barrière, on déchargeait les vidanges de Paris. Aux abords de ce dépôt d'immondices, des fabriques de cordes à boyaux furent établies. La rue qui nous occupe reçut alors le nom de rue de la *Boyauterie* ou *Boyauderie*. — Une décision ministérielle, à

— BUT —

la date du 28 fructidor an IX, signée Chaptal, fixa la largeur de cette voie publique à 12 m. Cependant M. Dubois, préfet de police, ayant pris un arrêté qui défendait de travailler les boyaux dans Paris, les propriétaires de cette rue, pour témoigner leur reconnaissance à ce magistrat, enlevèrent les inscriptions de rue de la *Boyauterie*, et les remplacèrent par de nouvelles plaques portant le nom de rue *Dubois*. Cette dénomination resta pendant cinq années. Cette voie publique reprit ensuite le nom de rue de la *Boyauderie*. Elle a reçu la dénomination de rue de la *Butte-Chaumont*, en vertu d'une décision ministérielle du 2 octobre 1821. — Une ordonnance royale du 23 juillet 1828 a porté la largeur de cette voie publique à 13 m. A cette époque, elle s'arrêtait à la rue du Faubourg-Saint-Martin. Elle fut alors prolongée sur les terrains appartenant à MM. André et Cottier. L'ordonnance royale d'autorisation est à la date du 31 janvier 1827 (voyez *Abattoir*, rue de l'). Ce prolongement forme encore une impasse ; il doit être continué jusqu'à la rue de Château-Landon, au moyen de l'acquisition d'un terrain bordant cette voie publique. — Les constructions du côté des numéros pairs de la rue de la Butte-Chaumont sont alignées. Sur le côté opposé, les bâtiment et mur de clôture, situés à l'encoignure du quai de Valmy, sont à l'alignement. Les autres propriétés de ce côté devront reculer de

— BYR —

1 m. 50 c. environ. — Éclairage au gaz (comp° de Belleville.

BUTTES (RUE DES).

Commence à la Grande-rue-de-Reuilly, n°s 91 et 93; finit à la rue de Picpus, n°s 14 et 16. Le dernier impair est 3 ; le seul pair, 2. Sa longueur est de 367 m. — 8e arrondissement, quartier des Quinze-Vingts.

Le plan de Jaillot l'indique sous cette dénomination, qui provient sans doute des inégalités du sol originaire de cette voie publique. — Une décision ministérielle, à la date du 28 fructidor an X, signée Chaptal, a fixé la largeur de cette rue à 8 m. Les constructions riveraines sont soumises à un retranchement de 1 m. 20 c.

BYRON (AVENUE LORD-).

Commence et finit à l'avenue Châteaubriand. — 1er arrondissement, quartier des Champs-Élysées.

Cette avenue a été percée en 1825, ainsi que les avenues Châteaubriand et Fortunée, sur l'emplacement de l'ancien jardin de l'hôtel Beaujon. Elle n'est point reconnue voie publique par l'administration. — Noël Byron, l'un des plus grands génies de l'Angleterre, naquit à l'abbaye de Newsteat, en Écosse, le 2 janvier 1788, et mourut à Missolonghi, le 19 avril 1824.

Décembre 1843.

C.

CADET (RUE).

Commence aux rues du Faubourg-Montmartre, n° 36, et Richer, n° 42 ; finit aux rues Coquenard, n° 1, et Montholon, n° 25. Le dernier impair est 35 ; le dernier pair, 38. Sa longueur est de 296 m. — 2e arrondissement, quartier du Faubourg-Montmartre.

Elle était appelée originairement rue de la *Voirie*, parce qu'elle avait été percée sur l'emplacement d'une voirie. Elle doit à un particulier, propriétaire d'un clos voisin, le nom de rue *Cadet*. — Une décision ministérielle, à la date du 21 prairial an X, signée Chaptal, a fixé la moindre largeur de cette voie publique à 10 m. Les maisons n°s 1, 7, 11, et de 27 à la fin ; 2, 6, 8, et de 30 à la fin, ne sont pas soumises à retranchement. — Égout dans toute l'étendue. — Conduite d'eau entre les rues Bleue et Montholon. — Éclairage au gaz (comp° Anglaise).

CADRAN (RUE DU).

Commence aux rues Montorgueil, n° 77, et des Petits-Carreaux, n° 1 ; finit à la rue Montmartre, n°s 88 bis et 90.

Le dernier impair est 45 ; le dernier pair, 50. Sa longueur est de 205 m. — 3e arrondissement, quartier Montmartre.

Cette rue était presque entièrement bâtie en 1450. On la nommait, en 1489, *ruelle des Aigoux*; en 1564, *rue où soulaient être les égouts de la ville*. On la trouve ensuite désignée sous le nom de rue du *Bout-du-Monde*, qu'elle tirait d'une enseigne. — Une décision ministérielle, du 19 pluviôse an VIII, signée L. Bonaparte, fixa la moindre largeur de cette voie publique à 10 m. En 1807, les propriétaires riverains demandèrent le changement du nom de Bout-du-Monde en celui du Cadran, parce qu'il existait un grand cadran dans cette rue. Le 23 mai de la même année, le ministre de l'intérieur Champagny autorisa ce changement. Le pavé de cette rue fut exhaussé en 1815, pour faciliter la construction d'un égout couvert. Une ordonnance royale du 23 juillet 1828 a maintenu la moindre largeur de 10. m. Les maisons n°s 7, 25, 29, 31 ; 14, 14 bis, 16 et 24, sont à l'alignement. — Égout. — Conduite d'eau depuis la rue Montmartre jusqu'à la borne-fontaine. — Éclairage au gaz (comp° Française).

CAFFARELLI (RUE).

Commence aux rues de la Corderie, n° 2, et de Bretagne, n° 60; finit à la place de la Rotonde-du-Temple. Pas de numéro impair; ce côté est bordé par le mur de clôture du couvent de l'Adoration du Saint-Sacrement. Le dernier pair est 14. Sa longueur est de 88 m. — 6e arrondissement, quartier du Temple.

Ouverte en 1809, sur une partie de l'enclos du Temple, cette voie publique a pris le nom de rue Caffarelli, en vertu d'une décision ministérielle du 9 septembre de la même année. C'est par erreur que les inscriptions placées aux angles de cette voie publique l'indiquent sous le nom de rue de la *Rotonde-du-Temple*. Nous n'avons trouvé aucun acte émanant de l'autorité compétente qui prescrivît ce changement de dénomination. — Une décision ministérielle du 9 septembre 1809, signée Fouché, ainsi qu'une ordonnance royale du 16 mai 1833, ont fixé la largeur de la rue Caffarelli à 10 m. Une partie de la propriété n° 2 est seule soumise à retranchement. — Conduite d'eau. — Éclairage au gaz (comp^e Lacarrière).

Caffarelli (Louis-Marie-Joseph-Maximilien) naquit au Falga, dans le Haut-Languedoc, le 13 février 1756. Il se distingua en 1796 à l'armée du Rhin où un boulet de canon lui brisa la jambe gauche. Il subit l'amputation. Caffarelli fut un des officiers supérieurs que choisit Bonaparte pour l'accompagner en Égypte. Il partit en qualité de commandant du génie. On connaît toutes les privations que nos troupes eurent à supporter en traversant le désert. Au milieu de cette mer de sable sans limite, sous un ciel dévorant, Caffarelli donnait l'exemple du courage et de la résignation.

Les soldats en voulaient surtout à ce général qu'ils croyaient un des auteurs de l'expédition; aussi lorsqu'ils le voyaient passer, traînant sa jambe de bois, ils disaient : « Celui-là se moque bien de ce qui arri- » vera, il est toujours bien sûr d'avoir un pied en » France. » Caffarelli se couvrit de gloire à l'attaque de Saint-Jean-d'Acre. Plusieurs fois renversé et foulé aux pieds, il s'opiniâtrait à commander, lorsqu'une balle vint lui fracasser le coude. Il subit une nouvelle amputation et mourut le 27 avril 1799.

CAILLE (RUE LA).

Commence au boulevart d'Enfer; finit à la rue de ce nom, n°s 92 et 94. Pas de numéro. Sa longueur est de 125 m. — 12e arrondissement, quartier de l'Observatoire.

Tracée sur le plan de Verniquet, cette rue y figure sans dénomination. — Une décision ministérielle du 4 octobre 1817, fixa la largeur de cette voie publique à 8 m. En vertu d'une ordonnance royale du 19 juillet 1840, cette dimension est portée à 10 m. Les constructions riveraines sont soumises à un fort retranchement. Nicolas-Jean-Louis de la Caille, célèbre astronome, naquit le 15 mars 1713, et mourut le 21 mars 1762.

CAIRE (PASSAGES DU).

La grande ligne commence à la rue Saint-Denis, n° 333, la seconde prend naissance à la rue des Filles-Dieu : toutes deux aboutissent à la place du Caire, n° 2; enfin une troisième ligne communique à la rue du Caire. — 5e arrondissement, quartier Bonne-Nouvelle.

Ils ont été construits en 1799 (voir l'article rue du *Caire*).

CAIRE (PLACE DU).

Située à l'extrémité de la rue de ce nom. Un seul numéro qui est 2. — 5e arrondissement, quartier Bonne-Nouvelle.

Elle a été formée également en 1799 (*voir* l'article suivant). — Conduite d'eau — Éclairage au gaz (comp^e Française).

CAIRE (RUE DU).

Commence à la rue Saint-Denis, n°s 325 et 327; finit à la rue des Forges et à la place du Caire, n° 2. Le dernier impair est 35; le dernier pair, 36. Sa longueur est de 219 m. — 5e arrondissement, quartier Bonne-Nouvelle.

Cette rue a été ouverte à la fin de l'année 1799, sur une partie des bâtiments et jardins du couvent des Filles-Dieu. Elle fut exécutée sur une largeur de 9 m. 74 c., et le nom du Caire lui fut donné en mémoire de l'entrée victorieuse des troupes françaises au Caire, le 23 juillet 1798. La largeur de cette voie publique a été maintenue par une décision ministérielle du 2 messidor an VIII, signée L. Bonaparte, et par une ordonnance royale du 21 juin 1826. Les constructions de la rue du Caire sont alignées, à l'exception des propriétés n°s 1 et 2. La première est soumise à un léger redressement; la seconde devra avancer sur ses vestiges actuels. — Eclairage au gaz (comp^e Française).

La rue qui nous occupe ayant pris au couvent des Filles-Dieu la plus grande partie de son emplacement, nous avons jugé convenable de tracer ici l'historique de cette communauté religieuse. — Guillaume III, évêque de Paris, ayant converti plusieurs femmes ou filles débauchées leur fit bâtir une maison hors de Paris, sur un terrain voisin de Saint-Lazare. Cette maison, qui devait servir d'hôpital, était en voie de construction en 1226, lorsque le prieur de Saint-Martin-des-Champs et le curé de Saint-Laurent s'opposèrent à son établissement; mais enfin, entraînés par les prières de plusieurs personnes recommandables, ils donnèrent leur désistement et l'on acheva les bâtiments de cet hôpital, auquel fut d'abord donné le nom d'*hôpital des nouvelles Converties*. Le but de cette fondation était, selon un écrivain du temps, de *retirer des pécheresses qui pendant toute leur vie avaient abusé de*

— CAI —

leur corps et à la fin étaient en mendicité. Ces femmes nouvellement converties prirent plus tard le nom de *Filles-Dieu.* Cette bizarre dénomination excita la verve satirique de l'auteur des *Ordres de Paris.*

Rutebœuf parle ainsi des Filles-Dieu :

> Diex a non de fille avoir,
> Mès je ne pois onques savoir
> Que Diex eust fame en sa vie.

Une cession fut faite en 1232 aux Filles-Dieu, par les frères et prieur de Saint-Lazare, de quatre arpents de terre avec la censive et la justice qu'ils exerçaient, moyennant 12 livres de rente (Dubreuil). Elles achetèrent également en 1253 huit arpents de terre contigus aux précédents, et le roi saint Louis les dota de 400 livres de rente à prendre sur son trésor. Dans l'acte de dotation, le nombre de ces religieuses est fixé à deux cents. Les Filles-Dieu occupèrent ce monastère jusqu'à l'époque où la France perdit la malheureuse bataille de Poitiers. Les Parisiens, épouvantés et croyant déjà voir l'ennemi au pied de leurs murailles, prirent la résolution d'accroître les fortifications de Paris, brûlèrent les faubourgs peu considérables qui se trouvaient autour de l'enceinte méridionale, et réunirent aux fossés et arrière-fossés les faubourgs beaucoup plus étendus qui s'étaient formés au nord de la ville. D'après le plan arrêté, les arrière-fossés devaient traverser l'enclos des Filles-Dieu ; ces religieuses furent donc obligées de quitter leur maison, de la faire démolir et de se retirer dans la ville. Jean de Meulan, alors évêque de Paris, les transféra dans un hôpital situé près de la porte Saint-Denis, et fondé en 1316 par Imbert de Lyons ou de Lyon. Le but qu'on s'était proposé en créant cet ancien hôpital, avait été de procurer l'hospitalité aux femmes mendiantes qui traversaient Paris. Elles devaient être logées une seule nuit et congédiées le lendemain, avec un pain et un denier. L'évêque, en rétablissant les Filles-Dieu dans ce nouvel asile, fonda une chapelle sous le nom de la Madeleine, et ordonna qu'il y serait établi douze lits pour autant de pauvres femmes mendiantes. Les désordres qui peu à peu s'introduisirent dans cette maison, forcèrent d'y appeler des religieuses réformées de Fontevrault qui, au nombre de huit, y furent installées en 1497. Charles VIII posa la première pierre de l'église, qui ne fut achevée qu'en 1508. Le 24 mars 1648, les sieurs de Chamoy et de Saint-Ange, armés et accompagnés d'une nombreuse suite, pénétrèrent dans ce couvent pendant la nuit et violèrent plusieurs religieuses. — A la face extérieure du chevet de l'église des Filles-Dieu, se trouvait un crucifix devant lequel on conduisait autrefois les condamnés qu'on allait exécuter à Montfaucon. Ces malheureux venaient baiser la croix, on leur donnait de l'eau bénite, et les Filles-Dieu leur portaient trois morceaux de pain et une coupe pleine de vin. Ce couvent, supprimé en 1790, devint propriété nationale et fut vendu le 14 vendémiaire an VI. Sur son emplacement, la rue, la place et les passages du Caire furent bâtis comme nous l'avons dit plus haut.

CALANDRE (RUE DE LA).

Commence à la rue de la Cité, nos 50 et 52 ; finit à la rue de la Barillerie, nos 23 et 25. Le dernier impair est 55 ; le dernier pair, 54. Sa longueur est de 171 m. — 9e arrondissement, quartier de la Cité.

En 1250, elle n'était désignée dans toute son étendue que sous cette dénomination : *rue qui va du Petit-Pont à la place Saint-Michel* (c'était la place devant la chapelle Saint-Michel-du-Palais). Elle est nommée en 1300, par le poète Guillot, *rue de Kalendre*. Elle devait sans doute sa dénomination à un des ancêtres de Jean de la Kalendre, dont il est fait mention dans le Censier de saint Éloi, en 1343. D'autres historiens ont pensé qu'elle tirait son nom d'une machine à lustrer le drap et qu'on appelait *calandre*. La première opinion nous paraît plus vraisemblable. — On croit que Saint-Marcel, évêque de Paris, naquit dans une maison de cette rue. Le jour de l'Ascension, le clergé de Notre-Dame y faisait une station. Saint Marcel fut inhumé en 436, dans l'endroit où l'on éleva depuis l'église de ce nom. — Une décision ministérielle, du 13 brumaire an X, signée Chaptal, a fixé la largeur de la rue de la Calandre à 8 m. Les maisons nos 41, 41 bis, 49, 51, 55 et 54, ne sont pas soumises à retranchement. — Conduite d'eau. — Éclairage au gaz (compe Parisienne).

CALVAIRE (BOULEVART DES FILLES DU).

Commence aux rues du Pont-aux-Choux, n° 1, et Saint-Sébastien ; finit à la rue des Filles-du-Calvaire, n° 18, et au boulevart du Temple, n° 2. Le dernier impair est 19 ; pas de numéro pair : ce côté est bordé par une plantation. Sa longueur est de 232 m. — Les numéros impairs sont du 8e arrondissement, quartier du Marais ; le côté droit, depuis la rue Saint-Sébastien jusqu'à celle de Ménilmontant, fait partie du même arrondissement, quartier Popincourt ; le surplus de ce côté dépend du 6e arrondissement, quartier du Temple.

Un arrêt du conseil, à la date du 7 juin 1670, prescrivit la formation de ce boulevart, qui dut son nom à sa proximité du couvent des Filles-du-Calvaire. La largeur de la chaussée est de 20 m. Les constructions qui bordent le côté des numéros impairs sont établies à 2 m. de distance du centre des arbres de la contre-allée. — Une ordonnance royale du 8 juin 1834 a maintenu ces constructions dans leur état actuel. — Conduite d'eau. — Éclairage au gaz (compe Lacarrière).

Au mois d'avril 1843, une enquête a été ouverte, à la mairie du 8e arrondissement, sur le projet de suppression et d'aliénation des contre-allées des boulevarts de Beaumarchais et des Filles-du-Calvaire, depuis la rue Daval jusqu'à celle de Ménilmontant.

— CAL —

CALVAIRE (RUE DES FILLES-DU-).

Commence aux rues Boucherat, n° 2, et Saint-Louis, n° 80; finit aux boulevarts du Temple, n° 1, et des Filles-du-Calvaire, n° 19. Le dernier impair est 29; le dernier pair, 18. Sa longueur est de 167 m. — Les impairs sont du 6e arrondissement, quartier du Temple; les pairs, du 8e arrondissement, quartier du Marais.

L'ouverture en fut ordonnée par arrêt du conseil du 7 août 1696. Son alignement fut confirmé par un autre arrêt du 12 juillet 1698. Elle fut percée sur une moindre largeur de 14 m. environ. On décida que le nom de rue des *Filles-du-Calvaire* lui serait donné, en raison du monastère de ce nom qui y était situé. Nous parlerons de cette communauté religieuse à l'article de la rue Neuve-de-Ménilmontant, qui a été ouverte sur la plus grande partie de son emplacement. — Une décision ministérielle, du 19 germinal an VIII, signée L. Bonaparte, ainsi qu'une ordonnance royale à la date du 8 juin 1834, ont maintenu la largeur primitive. Les constructions riveraines sont alignées, à l'exception de celles n°s 23, 25, 27 et 29, qui devront subir un léger redressement. — Égout. — Conduite d'eau. — Éclairage au gaz (comp° Lacarrière).

CAMBRAY (PLACE).

Commence à la rue Saint-Jean-de-Latran, n°s 8 et 9; finit à la rue Saint-Jacques, n° 87. Pas de numéro impair; ce côté est bordé par le collège de France; le dernier pair est 14. Sa longueur est de 76 m. — 12e arrondissement, quartier Saint-Jacques.

Cette place faisait autrefois partie de la rue Saint-Jean-de-Latran, dont elle portait la dénomination. — Un arrêt du conseil, du 12 février 1715, ordonna son élargissement (voir l'article *Jean-de-Latran*, rue *Saint-*). Cette place doit son nom à la maison de l'évêque de Cambray que remplaça le collège de France. — Une décision ministérielle, à la date du 13 fructidor an VIII, signée L. Bonaparte, a fixé la moindre largeur de cette place à 12 m. La maison n° 6 est alignée; le surplus du côté droit ne devra subir qu'un faible retranchement. — Portion d'égout du côté de la rue Saint-Jacques. — Éclairage au gaz (comp° Parisienne).

CAMPAGNE-PREMIÈRE (RUE).

Commence au boulevart du Mont-Parnasse, n°s 40 et 42; finit au boulevart d'Enfer. Pas de numéro. Sa longueur est de 266 m. — 11e arrondissement, quartier du Luxembourg.

Elle est indiquée sur le plan de Verniquet, mais sans dénomination. Ce n'était encore en 1827 qu'une ruelle de 3 à 4 m. de largeur. — Une ordonnance royale, du 31 septembre de la même année, fixa la largeur de cette ruelle à 12 m. En 1835 et 1836, elle a été considérablement élargie, et elle porte depuis ce temps le nom de rue *Campagne-Première*, dont nous n'avons

— CAN —

pu connaître l'étymologie. Les propriétés du côté droit, et celles qui sont situées sur le côté opposé près du boulevart, sont alignées; le surplus est soumis à un fort retranchement.

CANETTES (RUE DES).

Commence à la rue du Four-Saint-Germain, n°s 29 et 31; finit à la place Saint-Sulpice, n°s 6 et 8. Le dernier impair est 27; le dernier pair, 28. Sa longueur est de 132 m. — 11e arrondissement, quartier du Luxembourg.

Elle portait en 1630 le nom de rue *Saint-Sulpice*. Sur un plan manuscrit de 1651, c'est la rue *Neuve-Saint-Sulpice*. Sa dénomination actuelle lui vient de l'enseigne des Canettes. — Une décision ministérielle, du 15 floréal an V, signée Benezech, avait fixé la moindre largeur de cette voie publique à 8 m. Cette moindre largeur a été portée à 12 m., en vertu d'une ordonnance royale du 27 septembre 1838. Les maisons n°s 7, 9, 27, sont alignées; celles du côté des numéros pairs sont soumises à un retranchement qui commence à 2 m. 60 c. du côté de la rue du Four, et se termine à 6 m. 20 c., à l'encoignure de la place Saint-Sulpice. — Égout. — Conduite d'eau. — Éclairage au gaz (comp° Française).

CANETTES (RUE DES TROIS-).

Commence à la rue Saint-Christophe, n°s 4 et 6; finit à la rue de la Licorne, n°s 9 bis et 11. Le dernier impair est 17; le dernier pair, 6. Sa longueur est de 90 m. — 9e arrondissement, quartier de la Cité.

Guillot la nomme, en 1300, rue de la *Pomme*. En 1480, elle est désignée sous les deux noms de la *Pomme-Rouge* et des *Canettes*. Elle doit sa dénomination à trois maisons dites *les grandes et petite Canettes*. — Une décision ministérielle, à la date du 13 fructidor an VII, signée François de Neufchâteau, a fixé la moindre largeur de cette voie publique à 6 m. La moindre largeur de cette rue est aujourd'hui de 1 m. 20 c.; sa plus grande, de 4 m. Les constructions situées sur le côté droit, et dans une longueur de 14 m. 70 c., à partir de l'encoignure de la rue de la Licorne, sont alignées. — Conduite d'eau depuis la rue de la Licorne jusqu'à la borne-fontaine.

CANIVET (RUE DU).

Commence à la rue Servandoni, n°s 12 et 14; finit à la rue Férou, n°s 9 et 11. Le dernier impair est 3; le dernier pair, 4. Sa longueur est de 45 m. — 11e arrondissement, quartier du Luxembourg.

Elle est indiquée sous cette dénomination sur un plan manuscrit de 1636. Canivet, en vieux langage, signifiait *canif* ou *petit couteau*. — Une décision ministérielle, à la date du 26 thermidor an VIII, signée L. Bonaparte, a fixé la largeur de cette voie publique à 7 m. Cette largeur est portée à 10 m., en vertu d'une ordonnance royale du 3 avril 1843. Les constructions riveraines sont soumises à un retranchement qui varie de 2 m. 00 c. à 2 m. 50 c. — Portion d'égout du côté de la rue Férou.

CAPUCINES (BOULEVART DES).

Commence aux rues Louis-le-Grand, n° 35 bis, et de la Chaussée-d'Antin, n° 1; finit aux rues Neuve-des-Capucines, n° 18, et Caumartin, n° 2. Le dernier impair est 29; pas de numéro pair : ce côté n'est point bordé de constructions. Sa longueur est de 445 m. — 1er arrondissement, quartier de la Place-Vendôme.

Ce boulevart a été formé en vertu des lettres-patentes du mois de juillet 1676. Il doit sa dénomination au couvent des Capucines, qui s'étendait jusqu'à cet endroit. La largeur de la chaussée est de 19 m. — Une ordonnance royale, du 24 août 1833, a déterminé l'alignement du côté gauche de cette voie publique par une parallèle au centre des arbres de la contre-allée, et à 2 m. de distance. Les propriétés n°s 9, 11, 13, 15, 17, 19, 21, 23, 25 et 27, sont alignées. Les autres constructions devront éprouver un retranchement qui n'excède pas 30 m. — Égout entre les rues Louis-le-Grand et de la Paix. — Conduite d'eau dans toute l'étendue. — Éclairage au gaz (compe Anglaise).

En 1839, l'administration municipale a fait exécuter les travaux d'abaissement du sol de ce boulevart.

CAPUCINES (RUE NEUVE-DES-).

Commence à la place Vendôme, n° 25, et à la rue de la Paix, n° 1; finit à la rue Neuve-Luxembourg, n° 28, et au boulevart des Capucines, n° 29. Le dernier impair est 15; le dernier pair, 20. Sa longueur est de 201 m. — 1er arrondissement, quartier de la Place-Vendôme.

Cette rue a été ouverte sur une largeur de 9 m. 74 c., en vertu d'un arrêt du 5 juin 1700, dont nous donnons ici un extrait : — « Ordonne sa majesté, pour faciliter » aux bourgeois et habitants de ces quartiers la com- » munication des cours pour leur servir de promenade » et de commodité par rapport aux issues du cours, » que la rue Neuve-des-Petits-Champs sera continuée » en droite ligne de la même largeur, depuis l'encoi- » gnure du couvent des religieuses Capucines jusqu'à » la rencontre du cours, suivant le plan qui en a été » dressé par les prévôt des marchands et échevins de » la dite ville. Fait au conseil d'État du roi, sa majesté » y étant, à Versailles, le 5e jour de juin 1700. Signé « Phélipeaux. » — Ce prolongement de la rue Neuve-des-Petits-Champs reçut quelque temps après le nom de rue *Neuve-des-Capucines*, en raison du couvent ainsi appelé, dont les bâtiments longeaient une partie du côté droit de cette voie publique. — Une décision ministérielle, à la date du 3 octobre 1809, signée Fouché, ainsi qu'une ordonnance royale du 24 août 1833, ont porté la moindre largeur de cette rue à 12 m.

Suivant les alignements approuvés, les maisons du côté des numéros impairs sont maintenues dans leur état actuel. Les maisons n°s 2, 8 et 12, sont alignées; le surplus de ce côté est soumis à un retranchement de 2 m. 50 c. environ. — Éclairage au gaz (compe Anglaise).

CAPUCINS (RUE DES).

Commence à la rue du Champ-des-Capucins; finit à la rue Saint-Jacques, n° 309, et à celle du Faubourg-Saint-Jacques, n° 1. Pas de numéro. Sa longueur est de 44 m. — 12e arrondissement, quartier de l'Observatoire.

C'était autrefois l'entrée du champ des Capucins. Vers 1800, on lui a donné le nom de rue des *Capucins*, parce qu'elle avoisine l'ancien couvent des Capucins, aujourd'hui l'hôpital du Midi. — Une décision ministérielle, à la date du 28 vendémiaire an XI, signée Chaptal, fixa la largeur de cette voie publique à 9 m. 74 c. En vertu d'une ordonnance royale du 19 juillet 1840, cette dimension est portée à 12 m. Les constructions du côté droit devront avancer sur leurs vestiges actuels.

CAPUCINS (RUE DU CHAMP-DES-).

Commence aux rues de la Santé, n° 2, et des Bourguignons; finit à la rue des Capucins. Les numéros continuent la série de la rue des Bourguignons. Sa longueur est de 147 m. — 12e arrondissement, quartier de l'Observatoire.

Cette rue a été tracée sur l'ancien champ des Capucins, dont elle a retenu le nom. Les constructions un peu importantes élevées dans cette rue datent de 1822 et 1823. En cet endroit, et le long des murs du Val-de-Grâce, on avait projeté et ordonné, en 1704, de faire passer le boulevart qui devait environner la ville dans sa partie méridionale. — Une décision ministérielle, du 2 germinal an XI, signée Chaptal, ainsi qu'une ordonnance royale du 19 juillet 1840, ont fixé la largeur de la rue du Champ-des-Capucins à 50 m. Il existe une plantation d'arbres au milieu de cette voie publique. Les constructions du côté droit, formant retour sur la rue des Capucins, devront éprouver un reculement assez considérable. Le surplus n'est pas soumis à retranchement.

CARDINALE (RUE).

Commence à la rue de Furstenberg, n°s 3 et 5; finit à la rue de l'Abbaye, n°s 2 et 4. Le dernier impair est 7; le dernier pair, 6. Sa longueur est de 61 m. — 10e arrondissement, quartier de la Monnaie.

Le cardinal de Furstenberg, abbé de Saint-Germain-des-Prés, aliéna, en 1699, un terrain vague qui dépendait de son palais abbatial, à la condition d'y bâtir une rue qui fut achevée en 1701, et à laquelle on donna le nom de *Cardinale*. En 1806, elle prit la dénomination de *Guntzbourg*, en mémoire du célèbre

— CAR —

combat livré le 9 octobre 1805. On lui rendit son premier nom en 1814. — Une décision ministérielle, du 21 août 1817, a fixé la largeur de cette voie publique à 7 m. Les constructions du côté des numéros pairs ne sont pas soumises à retranchement. — Conduite d'eau depuis la rue de l'Abbaye jusqu'à la borne-fontaine.

CARGAISONS (RUE DES).

Commence au quai du Marché-Neuf, nos 24 et 26; finit à la rue de la Calandre, nos 21 et 23. Pas de numéro. Sa longueur est de 48 m. — 9e arrondissement, quartier de la Cité.

Le nom de cette rue, dont l'orthographe a souvent varié, dérive probablement du vieux mot français *carguer*, charger. En effet, à l'extrémité de cette rue, du côté du quai, on chargeait des marchandises. Sur un plan terrier de 1700, elle figure sous le titre de rue de la *Femme-Écartelée*. — Une décision ministérielle, à la date du 13 brumaire an X, signée Chaptal, a fixé la largeur de cette voie publique à 10 m. Paris, le 7 juin 1825. — « Nous, conseiller d'État,
» préfet de police, vu la lettre de notre collègue, M. le
» conseiller d'État, préfet de la Seine, en date du 28
» mars 1825, et la décision de son excellence le mi-
» nistre de l'intérieur, du 21 mai suivant, etc.; arrê-
» tons : — Article 1er. Les propriétaires riverains de la
» rue des Cargaisons sont autorisés à fermer cette rue,
» à ses deux extrémités, par des portes ou barrières en
» charpente à hauteur de clôture et de solidité suffi-
» sante, qu'ils feront établir et entretenir à leurs frais.
» Néanmoins, la rue des Cargaisons ne cessera pas
» d'être considérée comme voie publique, et comme
» telle soumise aux alignements arrêtés. En consé-
» quence, il est interdit aux riverains de faire aucune
» reprise, réconfortation, ni construction intérieure,
» dans les parties sujettes à retranchement, et ils se-
» ront tenus de donner en tout temps accès dans ladite
» rue, aux agents de la voirie chargés d'y exercer leur
» surveillance, etc..... Signé G. Delavau. » La largeur actuelle de la rue des Cargaisons varie de 1 m. 10 c. à 1 m. 76 c.

CARMÉLITES (IMPASSE DES).

Située dans la rue Saint-Jacques, entre les nos 284 et 286. Pas de numéro. Sa longueur est de 16 m. — 12e arrondissement, quartier de l'Observatoire.

Cette impasse fut formée en 1604, lorsque Marie de Médicis augmenta les bâtiments des Carmélites. C'était plutôt une ruelle qu'une impasse. Elle aboutissait à la rue d'Enfer, était bornée au nord par le séminaire Saint-Magloire et l'hôtel de Chaulnes, et au midi par la maison des Carmélites, qui lui a donné son nom. Nous parlerons de ce couvent à l'article de la rue du Val-de-Grâce, cette voie publique ayant été ouverte en grande partie sur l'emplacement occupé par la communauté des Carmélites. La largeur actuelle de cette impasse est de 6 m. 50 c.

CARMES (MARCHÉ DES).

Situé dans la rue des Noyers. — 12e arrondissement, quartier Saint-Jacques.

Ce marché a été formé sur l'emplacement du couvent des Carmes.

Six religieux du Mont-Carmel vinrent en France à la suite du roi saint Louis, lors de sa première croisade en 1254; le roi les logea dans une maison du port Saint-Paul, où furent depuis les Célestins. En 1309, l'incommodité de cette maison et son éloignement de l'Université furent les principales causes qui déterminèrent ces religieux à solliciter de Philippe-le-Bel l'autorisation de s'établir dans un endroit plus convenable. Ce monarque accueillit favorablement leur demande. Par lettres du mois d'avril de la même année, il leur donna la maison dite du *Lion*, située dans la rue de la Montagne-Sainte-Geneviève. Le 13 mars 1310, Clément V autorisa ces religieux à bâtir un nouveau monastère. Les libéralités de Philippe permirent d'augmenter l'emplacement de leur maison. La chapelle que les Carmes firent élever peu de temps après devint bientôt trop petite. Jeanne d'Evreux leur fournit les moyens de construire une église spacieuse dont la dédicace eut lieu le 16 mars 1353, sous l'invocation de la Sainte-Vierge. En 1386, les carmes augmentèrent leur couvent par l'acquisition du collège de Dace. Ces religieux, qui jouèrent un grand rôle dans l'histoire de l'Université, furent supprimés en 1790. Leur église, après avoir servi d'atelier pour une manufacture d'armes, a été démolie en 1811. — « Au palais des Tuile-
» ries, le 30 janvier 1811. Napoléon, etc... Nous avons
» décrété et décrétons ce qui suit, etc..... — Art. 5. Le
» marché actuel de la place Maubert sera transféré sur
» l'emplacement de l'ancien couvent des Carmes, près
» de cette place, et dont, à cet effet, nous faisons don à
» notre bonne ville de Paris. — Art. 6. Ce marché sera
» bordé par les rues de la Montagne-Sainte-Geneviève,
» des Noyers, et par une rue à ouvrir entre l'ancien
» collège de Laon, pour communiquer, ladite rue à ou-
» vrir, à celle de la Montagne-Sainte-Geneviève. Pour
» l'exécution de cette disposition, la ville de Paris ac-
» querra les maisons ayant face sur la rue de la Monta-
» gne-Sainte-Geneviève, et qui sont indiquées sur le
» plan annexé au présent décret, etc. » Un autre décret, du 24 février suivant, ordonna que ce marché serait terminé au 1er juin de la même année. Cependant la première pierre ne fut posée que le 15 août 1813. M. Vaudoyer, architecte, fut chargé de la direction des travaux dont l'achèvement eut lieu en 1818. Les constructions qui ressemblent à celles du marché Saint-Germain ont coûté environ 728,000 fr. L'acquisition de diverses propriétés particulières a nécessité une dépense de 200,000 fr. Ce marché a été inauguré le 15 fé-

vrier 1819, en vertu d'une ordonnance de police du 4 du même mois. Il occupe une superficie de 2,842 m.

CARMES (RUE BASSE-DES-).

Commence à la rue de la Montagne-Sainte-Geneviève, n° 20; finit à la rue des Carmes, n° 5. Pas de numéro. Sa longueur est de 70 m. — 12ᵉ arrondissement, quartier Saint-Jacques.

Le décret du 30 janvier 1811, que nous avons cité à l'article précédent, ordonna l'ouverture de cette rue. — Elle fut exécutée vers l'année 1818. Sa largeur varie de 11 m. 70 c. à 12 m. Cette voie publique, ayant été bâtie sur l'emplacement du couvent des Carmes, et sur un terrain plus bas que celui des rues où elle aboutit, a reçu pour ces motifs le nom de rue Basse-des-Carmes. — Portion d'égout du côté de la rue de la Montagne-Sainte-Geneviève.

CARMES (RUE DES).

Commence à la rue des Noyers, n° 9; finit aux rues des Sept-Voies, n° 1, et Saint-Hilaire, n° 2. Le dernier impair est 29; le dernier pair, 38. Sa longueur est de 215 m. — 12ᵉ arrondissement, quartier Saint-Jacques.

Bâtie vers 1250 sur le clos Bruneau, qui faisait partie de la seigneurie de Garlande, dont on a fait Galande, cette voie publique a porté pour cette raison le nom de rue du *Clos-Bruneau*. Dans les lettres-patentes de Philippe-le-Long, du mois de décembre 1317, et dans le Censier de l'archevêché de 1372, elle est indiquée sous la dénomination de rue *Saint-Hilaire*, parce qu'elle aboutissait à l'église ainsi appelée. Elle doit son nom actuel aux religieux carmes, qui vinrent s'y établir en 1318 (voir l'article *Marché des Carmes*). — Une décision ministérielle, à la date du 3 vendémiaire an X, signée Chaptal, a fixé la largeur de cette voie publique à 8 m. — Les propriétés n°ˢ 13, 15 et 17 sont à l'alignement. — Portion d'égout du côté de la rue des Noyers.

Dans cette rue était situé le collége de Dace. Fondé en 1275 par un Danois pour les écoliers du royaume de Dace (Danemarck), il fut vendu en 1384 au collége de Laon. En vertu d'un arrêt du 9 août 1386, les carmes en firent l'acquisition pour l'agrandissement de leur couvent.

Au n° 6 était situé le collége de Presles. Guy, chanoine de Laon, et Raoul de Presles, secrétaire de Philippe-le-Bel, avait fondé en 1314, dans la rue de la Montagne-Sainte-Geneviève, un collége destiné à recevoir les pauvres écoliers des diocèses de Laon et de Soissons. L'imprévoyance des deux fondateurs, amena en 1323 la division de cet établissement en colléges de Laon et de Presles, ou de Soissons. Ce dernier fut transporté alors dans la rue des Carmes, nommée à cette époque rue Saint-Hilaire. Lors du massacre de la Saint-Barthélemi, le célèbre professeur Pierre Ramus ou la Ramée, protestant, se cacha, pour éviter la mort, dans les caves du collége de Presles. Découvert, il voulut racheter sa vie; les assassins touchèrent le prix de sa rançon et le poignardèrent ensuite. Son cadavre fut traîné dans la boue par les écoliers, qui lui firent subir toutes sortes d'outrages. Presque tous les historiens accusent Charpentier d'avoir guidé lui-même les assassins pour se venger de Ramus, qui avait voulu l'éloigner du collége de France, comme incapable de professer. Le collége de Presles, qui contenait en superficie 369 m. 327 mil., fut réuni en 1764 à celui de Louis-le-Grand. Devenu propriété nationale, l'ancien établissement fondé par le secrétaire de Philippe-le-Bel fut vendu le 3 thermidor an IV.

Au n° 23 était situé le collége des Lombards. Il fut fondé en 1334, par André Chini, Florentin, évêque de Tournay, depuis cardinal, auxquels s'adjoignirent trois autres Italiens. Ce collége s'appelait alors *la maison des pauvres Italiens de la charité de la bienheureuse Marie*. Les bâtiments tombaient en ruine, lorsque deux prêtres irlandais conçurent le projet de les faire reconstruire en faveur des prêtres et étudiants de leur nation. Dans le testament d'un nommé Patrice Maginn, du 3 juillet 1683, il est dit : « Conjointement avec le sieur Malachie Kelli, j'ai obtenu des lettres-patentes du roi, des
» mois d'août 1677 et mars 1681, vérifiées en la cour
» les 9 février 1681 et 19 août 1682, pour rebâtir et
» rétablir le collége des Lombards, afin d'y donner
» retraite à ceux de notre pays qui étudieraient en l'Université, et se rendraient capables d'aller porter la foi
» dans ledit pays, etc. » Le collége des Lombards dépend aujourd'hui de la maison des Irlandais, Anglais et Écossais réunis.

CARON (RUE).

Commence à la place du Marché-Sainte-Catherine, n°ˢ 9 et 11; finit à la rue Jarente, n°ˢ 7 et 9. Le seul impair est 1; le seul pair, 2. Sa longueur est de 15 m. — 8ᵉ arrondissement, quartier du Marais.

En 1783, le sieur Marchant-Ducolombier, acquéreur des terrains du prieuré royal de la couture Sainte-Catherine, proposa l'ouverture de cette rue, qui fut autorisée par lettres-patentes données à Versailles, le 15 février de la même année. Ce percement a été effectué en 1784, sur une largeur de 8 m. C'est à tort que plusieurs auteurs, et notamment La Tynna, ont prétendu que cette rue devait sa dénomination à Caron de Beaumarchais. Le nom qu'elle porte est celui de monsieur Caron, maître-général des bâtiments du roi Louis XVI, ainsi que des ponts-et-chaussées de France. M. Caron avait dressé un plan de construction pour le marché Sainte-Catherine, mais ce projet, dont l'exécution devait entraîner des dépenses trop fortes, ne fut point exécuté. — Par décision ministérielle du 22 juillet 1823, la largeur de la rue Caron a été portée à 10 m. Les constructions riveraines sont soumises à un retranchement de 1 m. — Conduite d'eau. — Éclairage au gaz (compᵉ Parisienne).

CARPENTIER (RUE).

Commence à la rue du Gindre, nos 8 et 10; finit à la rue Cassette, nos 9 et 11. Le dernier impair est 9; le dernier pair, 6. Sa longueur est de 78 m. — 11e arrondissement, quartier du Luxembourg.

Un procès-verbal de 1636 la désigne sous le nom de *Charpentier*. Un autre de 1640 l'appelle rue *Charpentière*. Une décision ministérielle, du 26 thermidor an VIII, signée L. Bonaparte, fixa la largeur de cette voie publique à 7 m. Cette largeur est portée à 10 m. en vertu d'une ordonnance royale du 12 mai 1841. La maison n° 4 est alignée; les autres constructions sont soumises à un retranchement de 3 m. 60 c. environ.

CARREAUX (RUE DES PETITS-).

Commence aux rues du Cadran, n° 2, et Saint-Sauveur, n° 38; finit à la rue de Cléry, nos 44 et 46. Le dernier impair est 47; le dernier pair, 50. Sa longueur est de 228 m. Les numéros impairs sont du 3e arrondissement, quartier Montmartre, et les pairs sont du 5e arrondissement : de 2 à 22 inclusivement, quartier Montorgueil; de 24 à la fin, quartier Bonne-Nouvelle.

Les plans de Boisseau, de Gomboust, de 1652, ne la distinguent point de la rue Montorgueil; mais le Censier de l'évêché de 1575 indique une maison située dans la rue Montorgueil, au lieu dit les *Petits-Carreaux*. La partie de cette voie publique qui avoisine la rue Poissonnière, s'appelait, en 1637, rue des *Boucheries*. Son nom actuel lui vient d'une enseigne des Petits-Carreaux, qu'on voyait encore il y a quelques années sur la boutique d'un marchand de vin. Une décision ministérielle à la date du 3 ventôse an X, signée Chaptal, a fixé la moindre largeur de cette voie publique à 11 m. 50 c. Les maisons nos 5, 7, 2 et 12 sont alignées, celles nos 1, 3, 21, 23, 25, 27, 29, 31, 33, 35; 4, 6, 8 et 10 ne sont assujéties qu'à un léger redressement. Les propriétés de 14 à 36, inclusivement, devront, pour exécuter l'alignement, avancer sur leurs vestiges actuels. — Égout entre les rues du Cadran et de Bourbon-Villeneuve. — Conduite d'eau dans toute l'étendue. — Éclairage au gaz (compe Française).

CARROUSEL (PLACE DU).

En face du palais des Tuileries. — 1er arrondissement, quartier des Tuileries.

C'était autrefois un terrain vague qui existait entre les anciens murs de Paris et le palais des Tuileries. On y traça en 1600 un jardin qui plus tard fut nommé le jardin de *Mademoiselle*, parce que mademoiselle de Montpensier habitait le palais des Tuileries et possédait ce jardin, qui fut détruit en 1655. Louis XIV choisit cet emplacement et voulut y donner, les 5 et 6 juin 1622, une fête ou spectacle composé de courses et de ballets. Cette fête, nommée Carrousel, donna son nom à cette place. « Le roi, à la fleur de l'âge (dit Félibien, auquel » nous empruntons ce récit), invita ceux de son sang, » et les premiers officiers de ses troupes, à une course » de bagues et de têtes, organisée suivant le projet ima-» giné par son ingénieur le sieur Vigarani. Les sei-» gneurs de la cour désignés pour entrer en lice, furent » divisés en cinq brigades représentant diverses nations, » dont ils portoient les habits et les armes. Le roy, chef » de la première brigade, étoit vêtu à la romaine, ainsi » que tous les chevaliers de sa suite, au nombre de » dix, sans compter un maréchal-de-champ, plusieurs » trompettes et timbales. Les quatre autres brigades, » sous des habits de Persans, de Turcs, d'Arméniens et » de sauvages, étoient composées d'un pareil nombre » de seigneurs et avoient à leur tête quelqu'un des » princes du sang, avec des devises et des livrées parti-» culières. Le cortège du roy étoit composé de plusieurs » écuyers, vingt-quatre pages, cinquante chevaux de » main, conduits chacun par deux palefreniers portant » des faisceaux d'armes dorées. Monsieur, frère du roy, » avoit à sa suite plusieurs écuyers, dix-huit pages, » vingt chevaux conduits par quarante palefreniers, » et vingt-quatre esclaves avec l'arc et le carquois à la » façon des Perses. Le prince de Condé, le duc d'En-» ghien et le duc de Guise, chefs des trois autres » brigades, étoient dans un équipage convenable à leur » rang, et chaque cavalier étoit escorté de deux pages, » deux chevaux de main et quatre palefreniers, tous » équipés avec tant de magnificence qu'il sembloit » qu'on eût rassemblé tout ce qu'il y avoit au monde » de pierreries et de rubans pour l'ornement de cette » fête. L'or et l'argent étoient employés avec une si » grande profusion sur les habits et les housses des che-» vaux, qu'à peine pouvoit-on discerner le fond de » l'étoffe d'avec la broderie dont elle étoit couverte. Le » roy et les princes brilloient extraordinairement par » la quantité prodigieuse des diamants dont leurs armes » et les harnois de leurs chevaux étoient enrichis. Le » duc de Grammont, qui faisoit l'office de maréchal-de-» camp, marchoit en tête de cette pompeuse cavalcade, » qui, s'étant réunie au marché aux chevaux, derrière » l'hôtel de Vendôme, au bout du faubourg Saint-» Honoré, continua sa marche par la rue de Richelieu, » à l'extrémité de laquelle elle entra dans le champ de » bataille, sur une place située devant le château des » Tuileries et appelée autrefois le jardin de Mademoi-» selle. Les quatre côtés du champ de bataille étoient » environnés d'une galerie de 70 toises de long sur » chaque face, dans laquelle se plaça un nombre infini » de spectateurs. Le roy commença la course avec trois » cavaliers de sa brigade, armés chacun d'une lance » et d'un dard pour emporter et darder les têtes de » Maure et de Méduse, posées sur des bustes de bois » doré. Les autres cavaliers le suivirent quatre à » quatre, et presque tous signalèrent leur adresse aussi » bien du reste que le roy qui en fit paroître beaucoup. » L'honneur de la journée fut cependant déféré au » marquis de Bellefonds, de la brigade de Monsieur,

— CAR —

» frère du roy. Il en reçut le prix des mains de la reine ;
» c'étoit une boîte à portrait, garnie de diamants. La
» fête recommença le lendemain et se termina comme
» le premier jour, par un splendide souper chez la
» reine. » — Le nom de cette place, qui rappelait une
fête d'une somptuosité toute royale, ne pouvait être
conservé par la révolution. — « Séance du 19 janvier
» 1793. Le conseil général, après avoir entendu la lec-
» ture de l'adresse des défenseurs de la république une
» et indivisible, des 84 départements, séant aux Jaco-
» bins, arrête, conformément au vœu qu'ils ont exprimé,
» que l'arbre de la fraternité qui doit être planté sur la
» place du Carrousel sera entouré de quatre-vingt-
» quatre piques formant un faisceau et portant le nom
» de chaque département, et en outre que la place du
» Carrousel sera dorénavant nommée la place de la
» *Fraternité*. » (Registre de la commune, tome XIII,
page 358.) — Cette place, à laquelle on rendit bientôt
la dénomination du Carrousel, a été successivement
agrandie par la démolition d'une partie des maisons de
la rue Saint-Nicaise et de plusieurs hôtels qui encombraient cette voie publique.

« Décret impérial du 26 février 1806. — Art. 5ᵉ.
» Il sera élevé un arc-de-triomphe à la gloire de nos
» armées à la grande entrée de notre palais des Tuile-
» ries sur le Carrousel. — Art. 6ᵉ. Cet arc-de-triomphe
» sera élevé avant le 1ᵉʳ novembre ; les travaux d'arts
» seront commandés et devront être achevés et placés
» avant le 1ᵉʳ janvier 1809. » (Extrait). — Cet arc-de-
triomphe est sans contredit une des plus belles productions de l'architecture française. Cet ouvrage valut à
MM. Percier et Fontaine, le grand prix de première
classe au concours décennal de 1810. Le 7 juillet 1806,
des médailles furent déposées dans une des assises du
soubassement. Le prix de la construction de ce monument n'excéda pas un million ; cette somme provenait
de la conquête de la Hollande. Le plan de cet arc-de-
triomphe présente un parallélogramme ouvert de trois
arcades dans sa longueur, dont une grande au milieu
de 4 m. 55 c., et les deux qui l'accompagnent, de 2 m.
76 c. Cet arc-de-triomphe a cela de différent des arcs
à trois ouvertures des anciens, que ses pieds droits
sont ouverts dans leurs faces latérales, ce qui établit
un passage dans le sens de son épaisseur ; ces arcades
latérales ont comme les autres 2 m. 76 c. de largeur.
Sur les deux faces principales en avant des pieds droits,
sont quatre piédestaux engagés et des colonnes isolées.
La décoration extérieure de ce monument se compose :
1° d'une ordonnance de huit colonnes corinthiennes
(celles déjà mentionnées) dont l'entablement complet
porte au droit des ressauts huit statues des soldats
français de différentes armes ; 2° d'un attique qui reçoit la dédicace et des bas-reliefs allégoriques ; 3° d'un
double socle élevé au-dessus de l'arcade. Les massifs
sont en pierres de liais, les colonnes en marbre rouge
de Languedoc, et leurs bases et chapiteaux en bronze ;
la frise de l'entablement est en griotte d'Italie.

— CAR —

Ce monument présente dans son ensemble les formes
et les proportions de l'arc de Septime-Sévère, dont on
voit les ruines dans le Campo-Vaccino, à Rome. Six
bas-reliefs en marbre blanc décoraient notre arc triomphal. Il était surmonté d'un quadrige qui était lui-
même un trophée. Ce char et ces quatre chevaux
ornaient autrefois le temple du Soleil à Corinthe. Ils
furent transportés à Rome sous le règne de Néron, à
Venise par le doge Dandolo, et à Paris par Napoléon.
— Les revers de 1814 et de 1815 firent disparaître le
char et les bas-reliefs. Ces derniers furent remplacés
en 1825 par d'autres représentant les hauts-faits de la
campagne du duc d'Angoulême en Espagne. En 1830,
ils furent brisés et l'on remit les anciens que nous
voyons encore aujourd'hui. Depuis 1836, le double
socle est surmonté d'un nouveau quadrige que nous
devons à M. Bosio. La hauteur totale du monument est
de 14 m. 60 c., non compris le double socle. Sa longueur est de 17 m. 60 c. et sa profondeur de 10 m.

CARROUSEL (PONT DU).

Situé entre les quais du Louvre et de Voltaire.

Une ordonnance royale du 11 octobre 1831, autorisant la construction de ce pont, en a déclaré concessionnaire le sieur Rangot qui a passé ses droits à
M. Borde. Depuis le 13 mai 1837, il appartient à une
société anonyme. La durée de cette concession a été
fixée à 34 années 10 mois, qui, partant du 1ᵉʳ janvier
1833, doivent expirer au 1ᵉʳ novembre 1867. Ce pont,
commencé en 1832, sous la direction habile de l'ingénieur Polonceau, a été livré à la circulation le 30 octobre 1834. Il est ouvert aux piétons et aux voitures,
qui doivent acquitter un droit. Il est en fer fondu et
composé de trois arches de 47 m. 67 c. d'ouverture ;
ces arches sont formées par des arcs en fonte ayant la
forme de tuyaux courbés à section elliptique. Sa largeur entre les garde-corps est de 11 m. 85 c. Il a
coûté 900,000 fr. Outre cette dépense, la compagnie a
été tenue de verser au trésor une somme de 80,000 fr.
destinée à l'ornement du pont. L'administration doit
faire exécuter elle-même ces travaux d'embellissement.

CARROUSEL (RUE DU).

Commence aux place et rue du Musée ; finit à la place
du Carrousel. — 1ᵉʳ arrondissement, quartier des Tuileries.

« Au palais des Tuileries, le 26 février 1806. — Il sera
» ouvert une rue de la largeur de 17 m. sur la direction
» du milieu du palais des Tuileries et du milieu de
» celui du Louvre. Les maisons qui se trouvent sur
» l'alignement de cette rue seront démolies et la rue
» percée avant le 1ᵉʳ novembre prochain La nouvelle
» rue prendra le nom de rue *Impériale*. Les façades
» de cette rue seront bâties sur un plan régulier qui
» sera proposé par l'architecte de notre palais des

— CAS —

» Tuileries. Signé Napoléon. » (Extrait du décret).
— La rue fut immédiatement percée, mais les dispositions de ce décret en ce qui concernait l'établissement des façades régulières et la largeur de la rue ne reçurent point leur exécution. En 1815, cette communication qui n'est point reconnue voie publique par l'administration municipale, prit le nom de rue du *Carrousel* (voyez l'article de la *place du Carrousel*).

CASSETTE (RUE).

Commence à la rue du Vieux-Colombier, n°s 21 et 23; finit à la rue de Vaugirard, n°s 66 et 68. Le dernier impair est 39; le dernier pair, 38. Sa longueur est de 368 m. — 11e arrondissement, quartier du Luxembourg.

Dès 1546, elle portait le nom de rue de *Cassel*, qu'elle devait à l'hôtel qui y était situé. La dénomination de *Cassette* n'est qu'une altération. La largeur de cette voie publique a été fixée à 6 m. 8 déc., par arrêté de l'administration des travaux publics, et par une décision ministérielle du 2 thermidor an V, signée Benezech. Les maisons portant les n°s 1, 21, 23, 25, 27, 29, 31, 33, 35, 37 et 39; 6 et 12, sont alignées. — Conduite d'eau entre les rues Carpentier et Honoré-Chevalier. — Éclairage au gaz (compe Française).

Les propriétés portant aujourd'hui les n°s 18, 20, 22 et 24 représentent l'emplacement occupé avant 1790 par le couvent des Filles-du-Saint-Sacrement, dont nous traçons ici l'origine. Les religieuses connues sous le nom de *Bénédictines de la Conception de Notre-Dame de Rambervilliers*, quittèrent leur pays dévasté par les gens de guerre. En 1643, elle se retirèrent à Saint-Maur, près Paris. En 1650, elles habitaient une maison de la rue du Bac, qu'elles quittèrent pour aller dans la rue Férou. Les lettres-patentes qui confirmaient leur établissement sont du mois de mai 1653. Le 12 mars 1654, la croix fut posée dans la chapelle de ce couvent, dont la reine Anne d'Autriche s'était déclarée protectrice. Cette reine tenant un cierge à la main vint expier solennellement les outrages faits au Saint-Sacrement pendant la guerre civile. Une de ces religieuses devait répéter chaque jour la même expiation. Elle venait, la corde au cou, portant à la main une torche allumée, se mettre à genoux devant un poteau dressé au milieu du chœur et faisait amende honorable à Dieu des outrages commis contre le Saint-Sacrement. Leur maison de la rue Férou se trouvant trop petite, ces religieuses la quittèrent pour aller en occuper une plus vaste et plus commode dans la rue Cassette. Cette communauté fut supprimée en 1790. Devenue propriété nationale, la plus grande partie de cette maison religieuse fut vendue le 27 prairial an IV.

CASSINI (RUE).

Commence à la rue du Faubourg-Saint-Jacques, n°s 20 et 22; finit à la rue d'Enfer, n° 85. Le seul im-

— CAS —

pair est 1; le seul pair, 2. Sa longueur est de 207 m. — 12e arrondissement, quartier de l'Observatoire.

Jusqu'en 1790 on l'appelait rue des *Deux-Anges* ou *Maillet*.

« Moniteur du 27 juin 1790. — Il y a longtemps que
» l'on a remarqué que les noms des grands hommes
» donnés aux rues de Paris, seraient un monument de
» notre gloire et un objet d'émulation. On a profité des
» nouvelles rues qui avoisinent le théâtre Français et
» le théâtre Italien, pour rendre ce tribut à nos auteurs
» dramatiques, mais on n'a rien fait dans ce genre en
» l'honneur des sciences. M. de La Lande a demandé
» à M. le maire et au bureau de la ville que la rue voi-
» sine de l'Observatoire fût appelée rue de *Cassini*, au
» lieu de rue Maillet. Le nom de Cassini, depuis quatre
» générations, illustre ce quartier et le nom est iden-
» tifié, pour ainsi dire, avec l'astronomie; aussi cette
» motion a-t-elle été accueillie, et l'on a placé de suite
» les nouveaux écriteaux. » — Jean-Dominique Cassini, célèbre astronome, naquit à Périnaldo, dans le comté de Nice, le 8 juin 1625. Il mourut en 1712. — Une décision ministérielle du 26 vendémiaire an XII, signée Chaptal, avait fixé la largeur de cette voie publique à 7 m.; cette largeur a été portée à 12 m. en vertu d'une ordonnance royale du 9 décembre 1838. La maison située sur le côté droit, à l'encoignure de la rue d'Enfer, est alignée. Les constructions situées sur le côté gauche, entre la rue du Faubourg-Saint-Jacques et le carrefour de l'Observatoire sont soumises à un retranchement de 4 m. à 5 m. 70 c.; le surplus de ce côté devra au contraire avancer sur la voie publique.

CASTELLANE (RUE).

Commence à la rue Tronchet; finit à la rue de l'Arcade, n°s 12 et 14. Le dernier impair est 19; le dernier pair, 14. Sa longueur est de 136 m. — 1er arrondissement, quartier de la place Vendôme.

Une ordonnance royale du 24 mars 1825 autorisa les sieurs comte de Castellane et Gouin à ouvrir sur leurs terrains une rue de 12 m. de largeur, pour communiquer de la rue de l'Arcade à la rue Tronchet. Cette autorisation fut accordée, à la charge par les propriétaires de supporter les frais de premier établissement du pavage et de l'éclairage de la nouvelle rue; de faire concorder les moyens d'écoulement d'eau au-dessus et au-dessous du sol dans ladite rue avec le système général des conduites d'eau souterraines adopté par le préfet du département, et sous la direction des architectes de la ville; de se conformer aux lois et règlements sur la voirie de Paris; et d'établir de chaque côté de ladite rue des trottoirs de 1 m. 50 c. de largeur. Ce percement fut immédiatement tracé. — M. le comte de Castellane était alors colonel des hussards de la garde royale. On ne commença à bâtir des maisons dans cette rue qu'en 1834. Aujourd'hui elle est entièrement bordée de constructions qui sont toutes alignées. — Conduite d'eau entre les rues Tronchet et Greffulhe. — Éclairage au gaz (compe Anglaise).

CASTEX (RUE).

Commence à la rue de la Cerisaie, nos 4 et 6 ; finit à la rue Saint-Antoine, no 218. Le dernier impair est 7 ; le dernier pair, 12. Sa longueur est de 158 m. — 9e arrondissement, quartier de l'Arsenal.

Cette rue a été ouverte en 1805, sur l'emplacement de l'ancien couvent de la Visitation des Filles-Sainte-Marie. — « Au palais de Saint-Cloud, le 11 juin 1806.
» Napoléon, empereur des Français, sur le rapport de
» notre ministre de l'intérieur, décrétons ce qui suit :—
» Article 1er. La rue bordant la partie latérale gauche
» de l'ancienne église des Dames-Sainte-Marie, allant
» de la rue Saint-Antoine à celle de la Cerisaie, et
» devant être prolongée jusqu'au quai Morland, pren-
» dra dans toute sa longueur, de la rue Saint-Antoine
» au quai, le nom de rue *Castex*, en mémoire du colo-
» nel du 13e régiment d'infanterie légère, tué à la
» bataille d'Austerlitz. — Art. 2. Notre ministre de
» l'intérieur est chargé de l'exécution du présent décret,
» signé Napoléon. Par l'empereur : le secrétaire d'état,
» signé H.-B. Maret. » — Le prolongement de la rue Castex jusqu'au quai Morland n'a pas été exécuté.—Une décision ministérielle du 15 août 1809, et une ordonnance royale du 4 août 1838, ont maintenu la largeur primitive de la rue Castex qui est de 10 m. Les constructions riveraines ne sont pas soumises à retranchement. — Conduite d'eau depuis la rue de la Cerisaie jusqu'aux deux bornes-fontaines.

CASTIGLIONE (RUE DE).

Commence à la rue de Rivoli, nos 46 et 48 ; finit à la rue Saint-Honoré, nos 349 et 351. Le dernier impair est 9 ; le dernier pair, 12. Sa longueur est de 155 m. — 1er arrondissement, quartier des Tuileries.

« Paris le 17 vendémiaire an X de la république. —
» Les consuls de la république arrêtent : — Arti-
» cle 1er. Il sera percé une rue dans l'alignement de
» celle de la place Vendôme, sur les terrains des Feuil-
» lants et ceux du Manège jusqu'à la terrasse des Tui-
» leries. — Art. 2. Les maisons et terrains environnants,
» mis à la disposition du gouvernement par la loi du
» 3 nivôse an VIII, seront vendus sur adjudication par
» la régie du domaine, avec charge aux acquéreurs de
» bâtir sur les plans et façades donnés par l'architecte
» du gouvernement, etc. — Le premier consul, signé
» Bonaparte. » — (Consulter l'arrêté des consuls du 1er floréal an X et le décret impérial du 11 juin 1811, à l'article de la rue de *Rivoli*). On donna à cette voie publique le nom de *Castiglione*, pour perpétuer le souvenir de cette bataille gagnée le 5 août 1796 par les Français sur les Autrichiens commandés par le feld-maréchal Wurmser. La rue de Castiglione est exécutée sur une largeur de 22 m. 50 c., non compris les portiques. — Une ordonnance royale du 4 octobre 1826 a maintenu la largeur de cette voie publique. — Égout. — Conduite d'eau. — Éclairage au gaz (compe Anglaise).

CATACOMBES (LES).

Principale entrée dans la cour du pavillon ouest de la barrière d'Enfer.

Les catacombes sont d'immenses carrières dans lesquelles sont déposés les ossements extraits des églises et des cimetières détruits depuis plus de quarante années. — Dès le commencement du XIVe siècle, on voulut exploiter les bancs calcaires des carrières trouvées sous le faubourg Saint-Jacques, les territoires de Mont-Souris et de Gentilly. Ces exploitations furent faites sans surveillance et sans méthode. L'Observatoire, le Luxembourg, l'Odéon, le Val-de-Grâce, le Panthéon, l'église Saint-Sulpice et les voies publiques qui serpentent autour de ces monuments, étaient suspendus sur des abymes. Laissons parler M. Héricart-de-Thury : « Les
» souterrains dans lesquels sont établies les catacombes,
» dit ce savant, après avoir fourni les matériaux de
» construction de nos temples, de tous nos édifices,
» ont ensuite servi à recueillir les restes de nos ayeux,
» derniers vestiges de ces générations multipliées, en-
» fouies et ensuite exhumées du sol de notre ville, où
» elles s'étaient succédé pendant un si grand nombre
» de siècles. L'idée de former dans les anciennes car-
» rières de Paris ce monument unique est due à
» M. Le Noir, lieutenant-général de police. Ce fut lui
» qui en provoqua la mesure en demandant la suppres-
» sion de l'église des Innocents, l'exhumation de son
» antique cimetière et sa conversion en voie publique.
» En 1780, la généralité des habitants, effrayée des
» accidents qui eurent lieu dans les caves de plusieurs
» maisons de la rue de la Lingerie, par le voisinage
» d'une fosse commune ouverte vers la fin de 1779 et
» destinée à contenir plus de deux mille corps, s'adressa
» au lieutenant-général de police, en démontrant les
» dangers dont la salubrité publique était menacée par
» ce foyer de corruption, dans lequel, porté la sup-
» plique, *le nombre des corps déposés excédant toute*
» *mesure et ne pouvant se calculer, en avait exhaussé*
» *le sol de plus de huit pieds au dessus des rues et habi-*
» *tations voisines.* » Le cimetière des Innocents a dû, pendant sept siècles, dévorer douze cent mille cadavres. M. de Crosne, successeur de M. Le Noir, fit nommer par la société royale de médecine, une commission chargée de déterminer les moyens de parvenir à supprimer le cimetière des Innocents. On désigna pour recevoir les ossements du charnier des Innocents, les anciennes carrières situées dans la plaine de Mont-Souris, au lieu dit la Tombe-Isoire ou Isoard, ainsi appelée, dit-on, du nom d'un brigand qui exerçait ses rapines aux environs. « M. Guillaumot, premier inspecteur général,

— CAT —

» ajoute M. Héricart-de-Thury, fit exécuter au com-
» mencement de 1786 les travaux nécessaires, pour
» disposer d'une manière convenable le lieu destiné à
» recueillir les ossements exhumés du cimetière des
» Innocents, et successivement ceux qui seraient retirés
» de tous les autres cimetières, charniers et chapelles
» sépulcrales de la ville de Paris. L'état de ces carriè-
» res abandonnées depuis plusieurs siècles, la faiblesse
» des piliers, leur écrasement, l'affaiblissement du ciel
» dans un grand nombre d'endroits, les excavations
» jusqu'alors inconnues des carrières inférieures, les
» dangers qu'elles présentaient, les piliers des ateliers
» supérieurs portant à faux, le plus souvent sur les
» vides des ateliers de dessous, les infiltrations et les
» pertes du grand aqueduc d'Arcueil, etc., furent autant
» de motifs qui déterminèrent l'inspection à apporter
» la plus grande activité dans ses travaux. Après avoir
» fait l'acquisition de la maison connue sous le nom de
» Tombe-Isoire ou Isoard, située dans la plaine de
» Mont-Souris, sur l'ancienne route d'Orléans, dite la
» *Voie-Creuse*, on fit un escalier de soixante-dix-sept
» marches, pour descendre dans les excavations à dix-
» sept mètres environ de profondeur et un puits mu-
» raillé pour la jetée des ossements. Durant ces pre-
» mières dispositions, divers ateliers d'ouvriers étaient
» occupés, les uns à faire des piliers de maçonnerie,
» pour assurer la conservation du ciel des carrières dont
» on redoutait l'affaiblissement; d'autres à faire com-
» muniquer ensemble les excavations supérieures et
» inférieures pour en former deux étages de catacom-
» bes; d'autres enfin à construire les murs d'enceinte,
» destinés à cerner toute l'étendue que devait compren-
» dre le nouvel ossuaire. » Ce grand travail fut achevé
dans les derniers jours de mars 1786. Durant la révolution, les catacombes servirent aussi de sépulture
à un grand nombre de victimes. En 1792, on supprima
plusieurs églises et cimetières; les ossements qu'ils
contenaient furent portés au grand ossuaire des catacombes. En 1804, de nouvelles suppressions d'églises,
en 1808, 1809 et 1811 des constructions faites dans la
rue Saint-Denis, sur la place des Innocents, et sur l'ancien cimetière de l'île Saint-Louis, exigèrent de nouveaux transports. On doit à M. Frochot, préfet de la
Seine, le bienfait d'avoir rendu intéressantes de vastes
et sombres cavernes tapissées de têtes et d'ossements
humains. — Trente à quarante générations sont venues
s'y engloutir, et l'on a estimé que cette population souterraine est huit fois plus nombreuse que celle qui respire
à la surface du sol de Paris. On descend dans les catacombes par trois escaliers différents : le premier est
situé, comme nous l'avons dit, dans la cour du pavillon
occidental de la barrière d'Enfer: le second, à la tombe
Isoard; le troisième, dans la plaine de Mont-Souris. Il
y a trois portes : l'une appelée la porte de l'Ouest;
l'autre à l'est, nommée porte de Port-Mahon; la troisième au sud, sous la Tombe-Isoire. — On trouve aux
catacombes deux collections fort intéressantes : 1° une

— CAT —

collection minéralogique qui offre une série complète
de tous les échantillons des bancs de terre et de pierre
qui constituent le sol des catacombes; 2° une collection
pathologique, où sont classées avec méthode toutes les
espèces d'ossements déformés par quelques maladies.
En parcourant ces souterrains funèbres, on reçoit à
chaque instant des leçons salutaires. Quelle reconnaissance ne devons-nous pas aussi à ces hommes bienfai-
sants, à ces administrateurs dont les travaux ont eu
pour résultat d'assurer la sécurité des habitants de la
rive gauche, menacés à chaque instant d'être engloutis
dans les entrailles de la terre. Ecoutons encore M. Hé-
ricart de Thury. — « Dans nos recherches et nos tra-
» vaux, dit-il, nous nous sommes particulièrement
» attachés à établir le rapport le plus rigoureux, ou, si
» l'on me permet l'emploi de ce mot, la corrélation la plus
» intime et la plus réciproque des détails de la surface
» et de l'état des vides. C'est en suivant ce plan d'une
» manière uniforme, que nous avons tracé, ouvert et
» conservé au-dessous et à l'aplomb de chaque rue, une
» ou deux galeries, suivant la largeur de la voie, de
» manière à diviser respectivement les quartiers, à iso-
» ler les massifs, à préparer la reconnaissance des pro-
» priétés, à déterminer leur étendue, à fixer leurs
» limites au-dessous de celles de la surface; à tracer à
» plus de quatre-vingts pieds de profondeur, le milieu
» des murs mitoyens, sous le milieu même de leur
» épaisseur, à rapporter le numéro de chaque maison
» exactement au-dessous de celui de la propriété; enfin,
» je le répète, à établir un tel rapport entre le dessous
» et le dessus, qu'on peut en voir et en vérifier la
» rigoureuse correspondance sur les plans de l'inspec-
» tion. »

CATHERINE (MARCHÉ SAINTE-).

Situé entre les rues Ducolombier, Dormesson et
Caron. — 8e arrondissement, quartier du Marais.

Ce marché a été ouvert sur une partie de l'emplacement de l'ancien couvent de Sainte-Catherine-du-
Val-des-Écoliers.

L'ordre du Val-des-Écoliers fut fondé vers l'an 1201,
par quatre célèbres professeurs de Paris, dans une
vallée du diocèse de Langres. Ils y bâtirent quelques
maisons, élevèrent un oratoire, et choisirent sainte
Catherine pour patronne. Bientôt cet ordre se répandit
dans plusieurs provinces, et l'ancien prieuré fut transféré, en 1224, dans une vallée de l'autre côté de la
Marne. Ces religieux, désirant avoir un établissement
à Paris, y envoyèrent un de leurs élèves.

Nicolas Gibouin, bourgeois de cette ville, à la prière
du chevalier Jean de Milly, ci-devant trésorier du
Temple, donna à la congrégation du Val-des-Écoliers,
trois arpents de terre qu'il possédait à côté de la porte
Baudeer (Baudoyer).

Dans le même temps, les archers de la garde du roi,
dits *gens d'armes*, trouvèrent dans ce nouvel établisse-

— CAT —

ment, l'occasion de s'acquitter d'un vœu qu'ils avaient fait à la bataille de Bouvines, lorsque, passant sur un pont, et voyant Philippe-Auguste en danger, ils promirent de bâtir une église, si Dieu sauvait le roi.

Les sergents d'armes, après avoir obtenu le consentement de Guillaume, évêque de Paris, bâtirent l'église sur une partie du terrain qui avait été donné aux chanoines du Val-des-Écoliers.

Deux pierres scellées sur le portail, rappelaient la fondation de cette église. D'un côté, on voyait le roi saint Louis, entre deux archers de sa garde, tenant chacun une massue; et de l'autre, un chanoine régulier, revêtu de sa chape, ayant près de lui deux hommes armés de pied en cap.

Les inscriptions portaient :

A la prière des sergents d'armes, monsieur sainct Loys fonda ceste église, et y mist la première pierre. Ce fust pour la joie de la vittoire qui fust au pont de Bovines, l'an 1214. Les sergents d'armes pour le temps gardaient le dit pont, et vouèrent que si Dieu leur donnait vittoire, ils fonderaient une église en l'honneur de madame saincte Katherine; ainsi fust il.

La maison de sainte Catherine fut considérée plus tard comme le collège de tout l'ordre du Val-des-Écoliers. Les jeunes religieux qui l'habitaient furent admis aux degrés de l'Université.

L'église, achevée en 1229, servit aux sergents d'armes et aux chanoines réguliers. Après les funérailles de chaque sergent, son écu et sa masse étaient suspendus à la voûte de l'église. — Le dernier jour de juillet 1358, Étienne Marcel, prévôt des marchands, voulant livrer Paris aux troupes de Charles-le-Mauvais, roi de Navarre, fut tué près de la première porte ou bastille Saint-Antoine d'un coup de hache-d'armes, par Jean de Charny. Le cadavre du prévôt et ceux de ses complices, au nombre de cinquante-quatre, furent exposés devant l'église Sainte-Catherine-du-Val-des-Écoliers. — Le général de cette congrégation introduisit la réforme dans ce prieuré et dans toutes les maisons qui en dépendaient. Le 25 avril 1629, le père Faure, premier supérieur-général, instituteur d'une nouvelle congrégation de chanoines de la réforme de Sainte-Geneviève, passa un contrat avec les religieux de Sainte-Catherine, et prit possession de leur couvent. Cette maison, gouvernée alors par un prieur, servait de noviciat à ceux qui aspiraient au titre de chanoine régulier. Le portail de l'église Sainte-Catherine avait été élevé sur les dessins du père de Creil, chanoine de Sainte-Geneviève, architecte assez célèbre, né en 1633, et mort en 1708. — Par lettres-patentes du 23 mai 1767, le roi ordonna que les religieux de Sainte-Catherine feraient en son nom l'acquisition de l'église, terrain, bâtiments et dépendances, formant ci-devant la maison-professe des jésuites, et qu'ils seraient tenus d'y habiter et demeurer à perpétuité. Sa majesté

— CAT —

décida, en outre, qu'aussitôt cette translation opérée, il serait établi sur l'emplacement du prieuré de la Couture, un marché en remplacement de celui qui se tenait dans la rue Saint-Antoine. Le célèbre architecte Soufflot était chargé de fournir les dessins du nouveau marché. La démolition des bâtiments du prieuré eut lieu de 1773 à 1774. Cependant l'église subsistait encore en 1777, lorsque de nouvelles lettres-patentes, données à Fontainebleau le 18 octobre, ordonnèrent la démolition de cet édifice et la vente aux enchères des terrains du prieuré. Ces mêmes lettres-patentes ordonnèrent également que les deniers provenant de cette aliénation seraient destinés à la construction de la nouvelle église Sainte-Geneviève. Les adjudicataires devaient procéder immédiatement à la construction du nouveau marché et à l'ouverture de plusieurs rues pour en faciliter l'accès, conformément au plan dressé par Soufflot. Les dispositions qui précèdent ne furent point exécutées, et le 6 octobre 1781, sa majesté ordonna l'exécution d'un nouveau plan tracé par le sieur Brébion, architecte. Ce plan fut encore modifié. Enfin des lettres-patentes du 15 février 1783 reçurent leur pleine et entière exécution. Le 20 avril de la même année, M. Dormesson, contrôleur-général des finances, posa la première pierre du marché. Les voies publiques qui furent formées sur l'emplacement du prieuré de Sainte-Catherine sont : la place du *Marché*, les rues *Caron, Dormesson, Ducolombier, Jarente, Necker*, et l'impasse de la *Poissonnerie*.

CATHERINE (PLACE DU MARCHÉ SAINTE-).

Commence à la rue Dormesson, n°s 4 et 8; finit à la rue Caron, n°s 1 et 2. Le dernier impair est 9; le dernier pair, 8. — 8e arrondissement, quartier du Marais.

Formée en vertu des lettres-patentes du 15 avril 1783, cette place a été exécutée en 1784, sur l'emplacement du prieuré royal de la couture Sainte-Catherine. — Une décision ministérielle du 22 juillet 1823 a maintenu cette place dans son état actuel. Sa largeur est de 29 m. — Conduite d'eau. — Éclairage au gaz (comp^e Parisienne). — (*Voyez* l'article précédent.)

CATHERINE (RUE CULTURE-SAINTE-).

Commence à la rue Saint-Antoine, n°s 99 et 101; finit à la rue du Parc-Royal, n° 1. Le dernier impair est 29; le dernier pair, 54. Sa longueur est de 386 m. — Les impairs, de 1 à 23 inclusivement, sont du 7e arrondissement, quartier du Marché-Saint-Jean; de 25 à la fin et tous les pairs, 8e arrondissement, quartier du Marais.

Dans les actes du XIIIe siècle, elle est nommée *Culture* et *Couture-Saincte-Katherine*. De la rue des Francs-Bourgeois à celle du Parc-Royal, elle est indiquée sur quelques plans sous le nom de rue du *Val*. Sa dénomination lui vient des chanoines réguliers de

— CAT —

Sainte-Catherine-du-Val-des-Écoliers (voyez l'article *Catherine*, marché Sainte-). — Une décision ministérielle, du 13 fructidor an VII, signée Quinette, a fixé la moindre largeur de cette voie publique à 10 m. Les maisons nos 1, 3, 5, 7, 9, 21, 21 bis, 23; 8, 10, 12, 38, 40, 42, 44, 46, 48, 50, 52 et 54 sont alignées. — Portion d'égout du côté de la rue Neuve-Sainte-Catherine. — Conduite d'eau entre cette voie publique et la rue Saint-Antoine. — Éclairage au gaz (comp^{es} Parisienne et Lacarrière).

Cette rue fut en 1391 le théâtre d'un assassinat; en voici la cause. Le duc d'Orléans, frère de Charles VI, était amoureux d'une juive qu'il allait souvent visiter secrètement. Pierre de Craon, seigneur de Sablé et de la Ferté-Bernard, son chambellan et son favori, eut l'indiscrétion d'avertir la duchesse de l'infidélité de son mari. Ce seigneur raconta non-seulement toute cette intrigue à la duchesse, mais encore il en amusa tous les courtisans. Le connétable de Clisson qui se trouvait parmi les auditeurs, rapporta de point en point toute la conversation de Craon au duc d'Orléans qui, irrité contre son favori, le chassa honteusement de sa maison. Pierre de Craon résolut de tirer vengeance du tort que le connétable lui avait fait dans l'esprit du duc, son maître. La nuit du 13 au 14 juin 1391, Craon attendit le connétable dans la rue Culture-Sainte-Catherine; le voyant passer suivi de deux domestiques, il fondit sur lui à la tête d'une vingtaine d'assassins. Clisson, qui n'avait pour toute arme qu'un simple coutelas, se défendit néanmoins avec vigueur, mais attaqué de tous côtés, et percé de trois coups d'épée, il tomba de cheval et donna de la tête dans une porte qui s'ouvrit. « *La besogne est faite*, » dit alors Craon, *allons-nous en, le connétable a été* » *frappé de bon bras.* » — Le bruit de cet assassinat parvint aussitôt aux oreilles du roi, qui allait se mettre au lit. *Il se revêtit d'une houpelande; on lui bouta ses souliers ès-pieds, et il courut à l'endroit où on disait que son connétable venait d'être occis.* Charles VI le trouva baigné dans son sang, dans la boutique d'un boulanger. Le roi fit visiter les blessures qui heureusement se trouvèrent peu dangereuses. — « *Connétable*, lui dit-il, » *oncques chose ne fut telle, ni ne sera si fort amendée.* » Trois des meurtriers furent pris et exécutés; mais le plus coupable, Pierre de Craon, parvint à se réfugier auprès du duc de Bretagne. Son hôtel fut démoli et l'emplacement donné pour servir de cimetière à la paroisse Saint-Jean. Ce cimetière a été changé depuis en marché. A la prière du roi d'Angleterre, cet assassin obtint sa grâce en 1395.

Au n° 23 on remarque l'hôtel de Carnavalet. Commencé par Bullant, continué par Du Cerceau, cet hôtel fut achevé par François Mansart. Madame de Sévigné et sa fille l'habitèrent quelque temps. On y admire les statues de la Force et de la Vigilance, dues au ciseau du célèbre Jean Goujon.

Les maisons portant les n°s 25 et 27 ont été bâties sur l'emplacement du *couvent des Annonciades célestes, dites*

— CAT —

Filles-Bleues. Ce couvent fut fondé par la marquise de Verneuil. Le roi autorisa cet établissement par lettres-patentes, enregistrées le 31 août 1623. Ces nouvelles religieuses achetèrent en 1626 l'hôtel de Dainville, moyennant 96,000 livres. Elles portaient un habit blanc, un manteau et un scapulaire bleus, ce qui leur avait fait donner le nom d'*Annonciades célestes*, et vulgairement celui de *Filles-Bleues*. On allait à l'église des Annonciades pour admirer le tableau du maître-autel, représentant une Annonciation peinte par le Poussin. Ce couvent, supprimé en 1790, devint propriété nationale et fut vendu le 29 fructidor an IV.

CATHERINE (RUE NEUVE-SAINTE-).

Commence aux rues du Val-Sainte-Catherine, n° 23, et Saint-Louis, n° 1er; finit aux rues Pavée, n° 24, et Payenne, n° 2. Le dernier impair est 25; le dernier pair, 22. Sa longueur est de 195 m. — Les numéros impairs de 1 à 23 et tous les pairs sont du 8e arrondissement, quartier du Marais; les constructions portant le n° 25 dépendent du 7e arrondissement, quartier du Marché-Saint-Jean.

Elle faisait autrefois partie de la rue des Francs-Bourgeois, dont elle portait le nom. Vers la fin du XVIIIe siècle, elle prit la dénomination qu'elle conserve encore aujourd'hui, parce qu'elle longeait le couvent des chanoines réguliers de Sainte-Catherine-du-Val-des-Écoliers. — Une décision ministérielle, à la date du 23 ventôse an X, signée Chaptal, fixa la moindre largeur de cette voie publique à 9 m. En vertu d'une ordonnance royale du 27 septembre 1826, cette largeur est portée à 10 m. Les constructions n°s 25, 2 et 18 sont alignées. — Égout. — Conduite d'eau. — Éclairage au gaz (comp^e Lacarrière).

CATHERINE (RUE SAINTE-).

Commence à la rue Saint-Thomas, n°s 9 et 11; finit à la rue Saint-Dominique, n°s 14 et 16. Le dernier impair est 1 bis; le dernier pair, 6. Sa longueur est de 68 m. — 11e arrondissement, quartier de la Sorbonne.

L'emplacement occupé aujourd'hui par cette voie publique faisait anciennement partie d'un clos de vignes appartenant aux Dominicains dits depuis Jacobins. Ces religieux obtinrent, le 18 mars 1546, des lettres-patentes de François Ier, qui leur permettaient d'aliéner ce terrain. La vente en fut faite en 1550, et la condition d'ouvrir plusieurs rues fut imposée aux acquéreurs. Celle qui nous occupe ne fut entièrement bordée de constructions qu'en 1588. Elle prit d'une enseigne le nom de *Sainte-Catherine*. — Une décision ministérie à la date du 8 nivôse an XIII, signée Champagny, a fix la largeur de cette voie publique à 7 m. Les maisons situées sur le côté gauche sont alignées. Celles du côté opposé devront subir un retranchement de 1 m. 10 c.

CAUMARTIN (RUE DE).

Commence à la rue Basse-du-Rempart, nos 58 et 60 ; finit à la rue Neuve-des-Mathurins, nos 55 et 57. Le dernier impair est 45 ; le dernier pair, 34. Sa longueur est de 315 m. — 1er arrondissement, quartier de la Place-Vendôme.

Autorisée et dénommée par lettres-patentes du 3 juillet 1779, cette rue a été ouverte en avril 1780, sur les terrains appartenant à MM. Charles-Marin Delahaye, fermier-général, et André Aubert, architecte. La largeur assignée à ce percement était de 30 pieds (voyez *Boudreau*, rue). — La copie de la lettre du roi qui désigna M. de Caumartin à la place de prévôt des marchands mérite d'être rapportée. — « A nos chers et bien
» amés les prévôt des marchands et échevins, conseil-
» lers, quarteniers, dixainiers et cinquanteniers de
» notre bonne ville de Paris. De par le roi, très chers
» et bien amés, voulant pourvoir à ce que la charge de
» prévôt des marchands de notre bonne ville de Paris,
» que notre amé et féal le sieur de La Michodière,
» conseiller ordinaire en notre conseil d'État, exerce
» depuis plus de six ans d'une manière si digne de notre
» confiance, soit remplie par une personne qui puisse
» s'en acquitter avec le même zèle pour notre service,
» maintenir l'ordre et concourir à ce qui peut concerner
» l'avantage de notre ville, nous avons fait choix de
» notre amé et féal le sieur Lefebvre de Caumartin,
» conseiller en tous nos conseils, maître des requêtes
» honoraire de notre hôtel qui, dans toutes les charges
» et emplois dont il a été successivement revêtu et parti-
» culièrement dans les intendances de Metz et de Lille,
» nous a toujours donné des preuves de son zèle inva-
» riable pour notre service et de notre intention sur
» tout ce qui pouvait intéresser le bien public, *nous*
» *désirons* que dans l'assemblée qui doit être tenue au
» mois d'août 1778, pour procéder à l'élection du dit
» prévôt des marchands, *vous ayez à donner vos voix*
» *au dit sieur Lefebvre de Caumartin,* afin que par vos
» suffrages et selon la forme accoutumée, il soit élu en
» la dite charge, si n'y faites faute, car tel est notre
» plaisir. Donné à Versailles, le 16 mai 1778. Signé
» Louis. » — M. de Caumartin remplit l'importante fonction de prévôt des marchands jusqu'en 1784. — Une décision ministérielle du 22 plairial an V, signée Benezech, a maintenu la largeur fixée par les lettres-patentes. — Conduite d'eau depuis la rue Basse-du-Rempart jusqu'aux deux bornes-fontaines. — Éclairage au gaz (compe Anglaise).

CÉLESTINS (CASERNE DES).

Située dans la rue du Petit-Musc, n° 2. — 9e arrondissement, quartier de l'Arsenal.

Cette caserne occupe une partie des anciens bâtiments du couvent des Célestins, dont nous traçons ici l'origine. Saint Louis avait amené de la Palestine six religieux du Mont-Carmel, depuis connus sous le nom de *Carmes* et qu'on appelait alors les *Barrés*, en raison de leurs manteaux rayés de noir et de blanc. Le roi donna d'abord à ces religieux un vaste terrain qui faisait partie du Champ-au-Plâtre. Ces moines ayant abandonné cet endroit pour aller à la place Maubert, vendirent l'emplacement qu'ils venaient de quitter à Jacques Marcel, bourgeois de Paris. Ce nouveau propriétaire fit bâtir sur ce terrain deux chapelles et les dota chacune de 20 livres de rentes amorties. L'acte de fondation fut approuvé le 1er juin 1319 par l'évêque de Paris. Le terrain et les deux chapelles passèrent à Garnier Marcel, fils du précédent, qui les donna aux Célestins par contrat du 10 novembre 1352. Ces moines étaient ainsi nommés parce qu'ils avaient été institués par le pape Célestin V. Touché de leur piété, le roi Charles V ordonna la construction d'une nouvelle église, dont il posa la première pierre, le 24 mars 1367. Guillaume de Melun, archevêque de Sens, qui consacra l'église, donna une image de saint Pierre en argent. Le jour de cette consécration le roi présenta à l'offrande une grande croix d'argent doré, et la reine une image de la Vierge, aussi d'argent doré. Les bienfaits du monarque et de son épouse leur firent donner le titre de fondateurs, et leurs statues, en pierre, ornèrent le portail de cette église. Les secrétaires du roi fondèrent dans cette église une confrérie dont ils étaient tous membres. Les Célestins furent exemptés de toutes contributions publiques, même des taxes que payait ordinairement le clergé. Charles VI, dans des lettres du 26 septembre 1413, en octroyant une certaine quantité de sel, les appelle *nos biens amez chapelains et orateurs en Dieu, les religieux, prieur et couvent de nostre prieuré et monastère de Nostre-Dame des Célestins de Paris*. — Ces religieux avaient en outre la jouissance d'une charge de secrétaire du roi.

Un nombre considérable de princes et de princesses avaient leur sépulture dans cette église. Parmi tous leurs fastueux mausolées, on distinguait une tombe modeste. Au-dessus était une urne toute petite et aussi simple que la tombe. Cette urne renfermait le cœur d'un enfant, duc de Valois, et portait cette épitaphe :

BLANDULUS, EXIMIUS, PULCHER, DULCISSIMUS INFANS,
DELICIÆ MATRIS, DELICIÆQUE PATRIS,
HIC SITUS EST, TENERIS RAPTUS VALESIUS ANNIS,
UT ROSA QUÆ SUBITIS IMBRIBUS ICTA CADIT.

Le cloître des Célestins, construit en 1539, était un des plus beaux de Paris. Le plafond de l'escalier, peint par Bon Boulogne, représentait l'apothéose du fondateur de l'ordre, Pierre Moron, enlevé dans les cieux par un groupe d'anges. Leur jardin spacieux et bien situé régnait le long des murs de l'Arsenal. Les Célestins furent supprimés en 1779. Les Cordeliers vinrent quelque temps les remplacer, mais on permit bientôt aux Célestins de rentrer dans leur couvent. Supprimée en 1790, cette maison devint propriété nationale. Les ouvrages

— CEL —

d'art que renfermait l'église furent transportés au musée des monuments français. Depuis, les bâtiments furent affectés à une caserne.

En vertu d'une ordonnance royale du 5 février 1841, trois immeubles ont été cédés par l'État à la ville de Paris pour la caserne des Célestins :

1° La caserne proprement dite, moyennant le prix de.	1,277,385 fr.	34 c.
2° Un bâtiment contigu dépendant de la bibliothèque de l'Arsenal, moyennant	74,480	95
3° Une maison domaniale sur la rue de Sully, moyennant. . . .	15,774	50
Total. . .	1,367,640	79

Cette caserne est occupée aujourd'hui par la garde municipale.

CÉLESTINS (QUAI DES).

Commence à la rue de Sully et au quai Morland; finit à la rue Saint-Paul, n° 2. Le dernier numéro est 30. Sa longueur est de 170 m. — 9e arrondissement, quartier de l'Arsenal.

Son nom lui vient des religieux Célestins qui s'y établirent en 1352. Ce quai fut refait et pavé en 1705. — Une décision ministérielle du 5 vendémiaire an IX, signée L. Bonaparte, avait déterminé pour cette voie publique un alignement qui faisait subir aux propriétés riveraines un retranchement considérable. Cet alignement a été modifié en vertu d'une ordonnance royale du 4 août 1838, et les constructions ne devront éprouver aucun retranchement. Les maisons nos 16 et 18 sont seules assujéties à un léger redressement. — Égout. — Conduite d'eau depuis la rue Saint-Paul jusqu'à la borne-fontaine.

La principale entrée de l'hôtel de Saint-Paul se trouvant anciennement sur le quai des Célestins; nous allons tracer l'historique de cette maison royale. Son vaste emplacement s'étendait depuis le cours de la Seine jusqu'à la rue Saint-Antoine, et depuis la rue Saint-Paul jusqu'aux fossés de l'Arsenal et de la Bastille. Le dauphin Charles, régent du royaume pendant la captivité du roi Jean, acheta plusieurs hôtels, maisons et jardins, dont il forma un ensemble auquel il donna le nom d'*hôtel de Saint-Paul*, en raison du voisinage de l'église ainsi appelée. Par lettres datées de juillet 1364, Charles V réunit l'hôtel de Saint-Paul au domaine de la couronne, et l'érigea en habitation du roi pour tenir rang après le Palais-Royal (aujourd'hui le Palais-de-Justice). Dans le préambule de l'acte de réunion, on lit : *Considérant que nostre hostel de Paris, l'hostel Saint-Paul, le quel nous avons acheté et fait édifier de nos propres deniers, est l'hostel solemnel des grands esbatements et auquel nous avons eu plusieurs plaisirs, etc.* Le même roi agrandit sa demeure, de l'hôtel des archevêques de Sens, situé sur le quai des Célestins, de celui de l'abbé de Saint-Maur et de celui de Put-y-Musse. Charles son fils occupa l'hôtel de Saint-Maur, situé sur l'emplacement où depuis a été percée la rue Neuve-Saint-Paul. Sur ces vastes terrains, il fit aussi construire l'hôtel de la Reine, les bâtiments dits de Beautreillis, des Lions, de la Pissotte, et l'hôtel neuf du Pont-Perrin. Ces constructions, d'un genre différent, réunies dans une même enceinte et élevées à diverses époques, ne purent jamais former un ensemble régulier. Charles V logeait dans l'hôtel de l'archevêque de Sens, qui se trouvait sur le quai des Célestins. Les historiens nous ont conservé quelques détails assez curieux sur l'appartement du roi. Il consistait d'abord en une vaste antichambre et une chambre de parade appelée la *chambre à parer*. Cette pièce, qui avait 30 m. de longueur sur 12 de largeur, était aussi nommée *chambre de Charlemagne*. A la suite de cette pièce on trouvait successivement celle du gîte du roi, celle des nappes, la chambre d'étude, celle des bains, etc. Les poutres et solives des principaux appartements étaient ornées de fleurs de lys d'étain doré. Il y avait des barreaux de fer à chaque fenêtre, avec un treillage de fil de fer *pour empêcher les oiseaux de venir faire leurs ordures dans les chambres*. Les vitres, peintes de différentes couleurs et chargées d'armoiries, de devises et d'images de saints, étaient semblables aux vitraux de nos anciennes basiliques. On n'y voyait d'autres sièges que des bancs ou des escabelles ; le roi seul avait des chaises à bras garnies de cuir rouge avec franges de soie. Les lits, qu'on nommait couches alors, étaient recouverts d'un drap d'or. Les mémoires du temps nous apprennent que les chenets de fer de la chambre du roi pesaient 180 livres. Dans l'hôtel de Saint-Maur, aussi nommé de la *Conciergerie*, où logeaient le Dauphin Charles et Louis, duc d'Orléans, on remarquait une pièce appelée *le retrait où dit les heures Monsieur Louis de France*. Les jardins n'étaient point plantés d'ifs et de tilleuls, mais de pommiers, de poiriers, de vignes et de cerisiers. On y voyait la lavande, le romarin, des fèves, de longues treilles. On sait que c'est d'une belle treille qui faisait le principal ornement de ces jardins et d'une belle allée plantée de cerisiers, que l'hôtel, la rue Beautreillis et celle de la Cerisaie ont pris leurs noms. Les basses-cours étaient flanquées de colombiers et remplies de volailles que les fermiers des terres et domaines du roi étaient tenus de lui envoyer, et qu'on engraissait pour sa table et pour celle de ses commensaux. On y voyait aussi une volière, une ménagerie pour les grands et petits lions. Cet hôtel, comme toutes les maisons royales de ce temps, était flanqué de grosses tours ; l'on trouvait alors que ces constructions massives donnaient à de tels édifices un caractère de puissance et de majesté. Le roi, la reine, les enfants de France, les princes du sang, les connétables, les chanceliers et les grands en faveur, y avaient d'immenses appartements, accompagnés de chapelles, de jardins, de

— CEN —

préaux, de galeries ; on y comptait plusieurs grandes cours, une entre autres si spacieuse qu'on y faisait les exercices de chevalerie et qu'elle en avait pris le nom de *cour des joûtes*. Dans la suite, l'hôtel de Saint-Paul où l'on respirait un air fétide, produit par le voisinage des égouts et des fossés de la ville, fut abandonné par nos rois, qui préférèrent le palais des Tournelles. L'hôtel de Saint-Paul abandonné tombait en ruine lorsqu'en 1516 François I*er* voulut en vendre une partie à Jacques Genouillac, dit Gaillot, grand-maître de l'artillerie. Sur cet emplacement on établit dans la suite l'Arsenal. Toutes les autres parties de cette habitation furent successivement vendues, et aux XVI*e* et XVII*e* siècles on ouvrit sur leur terrain des rues dont les noms rappellent les principaux ornements du palais de Charles V.

CENDRIER (rue du).

Commence à la rue du Marché-aux-Chevaux n*os* 20 et 22 ; finit à la rue des Fossés-Saint-Marcel, n*os* 25 et 27. Le dernier impair est 3 ; le dernier pair, 2 bis. Sa longueur est de 77 m. — 12*e* arrondissement, quartier Saint-Marcel.

Cette rue a été ouverte sur le clos de la Cendrée. (*locus Cinerum*). Le nom de Cendrier n'est qu'une altération. — Une décision ministérielle à la date du 7 septembre 1818, et une ordonnance royale du 24 avril 1837, ont fixé la largeur de cette voie publique à 12 m. La propriété n° 1 est alignée ; celle n° 3 est soumise à un retranchement de 3 m. 40 c. environ. Les constructions du côté opposé ne devront subir qu'un léger redressement.

CENSIER (rue).

Commence à la rue du Jardin-du-Roi, n*os* 21 et 23 ; finit à la rue Mouffetard, n*os* 175 et 177. Le dernier impair est 45 ; le dernier pair, 20. Sa longueur est de 480 m. — 12*e* arrondissement, quartier Saint-Marcel.

On la nomma d'abord rue *Sans-Chef* (c'était une impasse) ; puis, par corruption, *Sencée*, *Sentier*, et enfin *Censier*. — Une décision ministérielle du 3 pluviôse an IX, signée Chaptal, a fixé à 7 m. la moindre largeur de cette voie publique. Les constructions du côté des numéros impairs sont alignées, sauf redressement qui n'excède pas 40 c. Les maisons n*os* 8, 16, 18 et 20 ne sont pas soumises à retranchement ; le surplus devra reculer de 70 c. à 1 m. — Égout et conduite d'eau.

Au n° 11 était la principale entrée de l'hôpital de la Miséricorde. Une inscription placée dans la chapelle de cet établissement, portait ce qui suit : *Le 17 janvier 1624, M. Antoine Séguier fonda et fit bâtir cet hôpital pour cent pauvres orphelines*. Le roi ordonna par lettres-patentes du 22 avril 1656, que les compagnons d'arts et métiers, qui, après avoir fait leur apprentissage, épouseraient les filles de cette maison, seraient reçus maîtres sans faire de chef-d'œuvre et sans payer aucun

— CHA —

droit de réception. Cette maison fut supprimée pendant la révolution.

CERF (passage de l'ancien grand-).

Commence à la rue Saint-Denis, n° 237 ; finit à la rue des Deux-Portes-Saint-Sauveur, n° 8. — 5*e* arrondissement, quartier Montorgueil.

Ce passage, construit sur l'ancien roulage du Grand-Cerf, qui lui a donné son nom, a été commencé en 1824 et terminé en 1825 par M. Devaux.

CERISAIE (rue de la).

Commence au boulevart Bourdon, n° 12 ; finit à la rue du Petit-Musc, n*os* 8 et 10. Le dernier impair est 37 ; le dernier pair, 16. Sa longueur est de 264 m. — 9*e* arrondissement, quartier de l'Arsenal.

Ouverte en 1516, sur une partie du jardin de l'hôtel royal de Saint-Paul, cette rue a remplacé une belle allée de cerisiers dont elle a retenu le nom. Depuis, elle a été prolongée de la rue de Lesdiguières au boulevart Bourdon. — Une décision ministérielle du 8 nivôse an IX, signée Chaptal, a fixé la moindre largeur de cette voie publique à 10 m. Les maisons n*os* 23, 25, 27, 29, 31, 33, 35 et 37 sont alignées ; le surplus de ce côté n'est soumis qu'à un faible retranchement. Les propriétés du côté des numéros pairs devront reculer de 2 m. environ. — Conduite d'eau.

L'hôtel de Lesdiguières avait son entrée dans cette rue. Il avait été construit par le fameux financier Sébastien Zamet. Ses héritiers le vendirent à François de Bonne, duc de Lesdiguières et connétable de France. Il passa ensuite par succession dans la maison de Villeroy et subit enfin le sort de toutes les grandes propriétés, qui furent morcelées pendant la révolution. Pierre-le-Grand y avait logé en 1717. En 1742, ses magnifiques jardins ne contenaient plus qu'un seul monument : c'était le tombeau d'une chatte qui avait appartenu à Françoise-Marguerite de Gondy, veuve d'Emmanuel de Créqui, duc de Lesdiguières. On y lisait une épitaphe dont le tour élégant révèle un égoïsme bien naïf :

> Cy gist une chatte jolie.
> Sa maîtresse qui n'aima rien
> L'aima jusqu'à la folie.
> Pourquoi le dire ? on le voit bien.

CHABANOIS (rue de).

Commence à la rue Neuve-des-Petits-Champs, n*os* 22 et 24 ; finit aux rues Rameau, n*os* 9 et 11, et Sainte-Anne, n*os* 52 et 54. Le dernier impair est 15 ; le dernier pair, 18. Sa longueur est de 165 m. — 2*e* arrondissement, quartier Feydeau.

« Louis, par la grâce de Dieu, etc... Ordonnons, vou-
» lons et nous plaît ce qui suit : — Article 1*er*. Il sera
» ouvert aux frais du sieur Claude-Théophile-Gilbert

— CHA —

» Colbert, marquis de Chabanois, sur le terrain de
» l'hôtel de Saint-Pouanges à lui appartenant, sis rue
» Neuve-des-Petits-Champs, une nouvelle rue formant
» équerre, donnant d'un bout dans la rue Neuve-des-
» Petits-Champs et de l'autre dans la rue Sainte-Anne,
» et ayant dans toute son étendue vingt-quatre pieds
» de largeur, laquelle portera le nom de *Chabanois*,
» etc. Donné à Versailles, le 10ᵉ jour d'avril, l'an de
» grâce 1773, et de notre règne le 58ᵉ. Signé Louis. »
(Extrait des lettres-patentes.) — M. le marquis de
Chabanois n'ayant pas profité immédiatement de cette
autorisation, de nouvelles lettres-patentes lui furent
accordées le 4 juin 1775. Registrées au parlement le
13 juillet suivant, ces lettres-patentes furent exécutées
en 1776, ainsi que le constate un procès-verbal d'alignement dressé par le bureau de la ville le 21 mai de
cette année. Une ordonnance royale, en date du 4 octobre 1826, a fixé la largeur de cette voie publique à
10 m. Une autre ordonnance du 26 mai 1838 a prescrit
le prolongement en ligne droite jusqu'à la rue Rameau,
de la partie de la rue de Chabanois prenant naissance
à la rue Neuve-des-Petits-Champs. Cette ordonnance a
autorisé le préfet de la Seine à accepter le montant des
souscriptions qui avaient été offertes à la ville par les
propriétaires riverains de la rue de Chabanois, pour
contribuer aux frais du nouveau percement et qui
avaient été versées par eux dans la caisse du receveur
municipal. Ce prolongement a été immédiatement exécuté. La rue de Chabanois forme aujourd'hui deux
parties bien distinctes : il faudrait à chacune un nom
en particulier. Les maisons du côté des numéros pairs sont
alignées ; celles du côté opposé devront subir un retranchement qui varie de 2 m. à 2 m. 30 c. — Conduite
d'eau entre la rue Sainte-Anne et les deux bornes-fontaines. — Éclairage au gaz (compᵉ Anglaise).

CHABROL (rue).

Commence à la rue du Faubourg-Saint-Denis, nᵒˢ 127
et 129 ; finit à la rue de La Fayette, nᵒ 4. Le dernier impair
est 67 ; le dernier pair, 46. Sa longueur est de 460 m. —
3ᵉ arrondissement, quartier du Faubourg-Poissonnière.

Une ordonnance royale à la date du 29 mai 1822, a
autorisé M. le comte Charpentier à ouvrir sur ses terrains une rue de 12 m. de largeur pour communiquer
de la rue du Faubourg-Poissonnière, vis-à-vis la rue
Bellefond, au faubourg Saint-Denis.
Cette ordonnance porte que sur les 12 m. auxquels
la largeur de la rue est fixée, le comte Charpentier
fournira 10 m. sur toute la longueur de sa propriété ;
le surplus lui sera payé à raison de 7 m. 86 c. le mètre
carré.
Toutes les dépenses exigées par l'ouverture de la
rue, telles que déblais, remblais, premier pavage, etc.,
devaient être supportées, savoir : cinq sixièmes par le
comte Charpentier, et un sixième par la ville de Paris.
Cette rue fut immédiatement tracée, et reçut, en

— CHA —

vertu d'une décision ministérielle du 1ᵉʳ juillet suivant,
le nom de rue *Chabrol*. Peu de temps après la révolution de 1830, les habitants du quartier donnèrent à
cette voie publique le nom de M. Delaborde, chargé
provisoirement alors de la préfecture de la Seine. Le
12 août 1835, une décision ministérielle, signée Gasparin, lui a rendu sa première dénomination. En vertu
d'un arrêté préfectoral du 10 octobre suivant, on a
procédé à la régularisation du numérotage de cette rue.
Toutes les constructions riveraines sont alignées. —
Égout entre les rues d'Hauteville et du Faubourg-Poissonnière. — Conduite d'eau depuis cette rue jusqu'à
celle des Magasins. — Éclairage au gaz (compᵉ Française).

Gilbert-Joseph-Gaspard Chabrol-de-Volvic naquit
en Auvergne et fut d'abord élève de l'école polytechnique. Il fit partie de l'expédition d'Égypte comme ingénieur et coopéra au grand ouvrage sur cette contrée.
Le 18 brumaire an VIII, il fut nommé sous-préfet et
en 1806 préfet de Montenotte. Il remplaça en 1812 le
comte Frochot à la préfecture de la Seine, qu'il dirigea
jusqu'en 1830. La ville de Paris doit de nombreuses
améliorations à M. Chabrol, et le regarde à juste titre
comme un de ses meilleurs administrateurs. M. Chabrol est mort à Paris le 30 avril 1843.

CHABROL (rue neuve-).

Commence à la rue du Faubourg-Saint-Martin, nᵒˢ 137
et 139 ; finit à la rue du Faubourg-Saint-Denis, nᵒˢ 122
et 128. Le dernier impair est 15 ; le dernier pair, 8 bis.
Sa longueur est de 228 m. — 5ᵉ arrondissement, quartier
du Faubourg-Saint-Denis.

Elle a été ouverte sans autorisation, en 1826, sur les
terrains appartenant à madame la baronne de Bellecôte
et à MM. Chobert et Philippon. Ces terrains provenaient de l'ancienne foire de Saint-Laurent. — Un arrêté
préfectoral, en date du 7 décembre 1840, a prescrit l'établissement de clôtures aux deux extrémités de cette rue
qui forme le prolongement de la rue Chabrol. — Portion d'égout du côté de la rue du Faubourg-Saint-Martin. — Éclairage au gaz (compᵉ de Belleville).

CHAILLOT (rue de).

Commence à l'impasse de la Croix-Boissière et à la rue
Gasté ; finit à l'avenue des Champs-Élysées, nᵒˢ 105 et
107. Le dernier impair est 107 ; le dernier pair, 78 ter.
Sa longueur est de 896 m. — 1ᵉʳ arrondissement, quartier des Champs-Élysées.

On ne voyait anciennement sur la côte qui s'étend jusqu'au-delà du bois de Boulogne, qu'un seul village qui
au VIIᵉ siècle s'appelait en latin *Nimio*, dont on fit en
français *Nijon*. Dans un testament de Bertram, évêque
du Mans, qui mourut en 623, ce saint homme lègue à
l'évêque de Paris ce village de *Nimio*, dont il était
devenu propriétaire, tant par acquisition que par donation de Clotaire II. Plus tard, les habitants de Nijon

se répandirent sur les deux côtés de la colline ; les uns se dirigèrent vers l'occident, y bâtirent peu à peu un village qui prit le nom d'*Auteuil*; les autres s'établirent un peu plus près de Paris, sur la partie orientale de la côte, dans un endroit où l'on venait d'abattre une partie de la forêt nommée le *Rouvret*. Ce second village prit le nom de *Chail*, que les titres du XIV° siècle traduisent en latin par *destructio arborum*. De *Chail* on a fait *Chaillot*. Ce hameau faisait partie du domaine du roi. Avant l'origine des affranchissements, c'est-à-dire au XII° siècle, il y régnait une coutume, nommée *Béfert* ou *Béfeht*, qui mérite d'être rapportée. La femme et les enfants, contre l'usage ordinaire, suivaient le sort du mari quant à la servitude; par exemple, une femme de Chaillot, serve du roi par naissance, qui épousait un homme serf de Sainte-Geneviève à Auteuil, devenait serve de l'abbaye de Sainte-Geneviève, ainsi que tous les enfants qu'elle mettait au monde ; et réciproquement, si une femme d'Auteuil épousait un homme serf du village de Chaillot, la femme et les enfants devenaient esclaves du roi. En 1659, le village de Chaillot fut déclaré faubourg de Paris, sous le nom de *la Conférence*. Ce faubourg fut enfermé dans la capitale par le mur d'octroi construit sous Louis XVI. La principale rue de cet ancien village conserve encore aujourd'hui le nom de Chaillot. — Une décision ministérielle du 15 vendémiaire an IX, signée L. Bonaparte, a fixé la moindre largeur de cette voie publique à 10 m. Les constructions portant les numéros ci-après ne sont pas soumises à retranchement : 17, 19, 45, 47, 103, 105, 107 ; 2, 4, 6, 8, 10, 22, 24, 28, 46, 78 bis et 78 ter. — Égout entre l'avenue des Champs-Élysées et la rue des Vignes. — Conduite d'eau dans toute l'étendue. — Éclairage au gaz (comp° de l'Ouest).

Au n° 99 est l'institution de Sainte-Périne, dont nous traçons ici l'origine. Des religieuses chanoinesses de l'ordre de Saint-Augustin, établies en 1638 à Nanterre, furent transférées à Chaillot en 1659. Cette translation ne fut autorisée par lettres-patentes qu'au mois de juillet 1671. Cette abbaye de Sainte-Geneviève, longtemps connue sous le nom de *Notre-Damé-de-la-Paix*, prit la dénomination de Sainte-Périne, lorsqu'en 1746, on réunit à cette communauté l'abbaye de Sainte-Périne de La Villette. Cette maison religieuse fut supprimée en 1790. Devenue propriété nationale, elle fut vendue le 11 pluviôse an V. Depuis 1806, c'est un établissement consacré aux personnes des deux sexes, âgées ou infirmes, qui paient une pension ou donnent un capital lors de leur admission dans cette maison.

CHAISE (PASSAGE DE LA PETITE-).

Commence à la rue de la Planche-Mibray, n° 15; finit à la rue Saint-Jacques-de-la-Boucherie, n° 3. — 7° arrondissement, quartier des Arcis.

Il existe depuis 1800 et a pris son nom d'une enseigne.

CHAISE (RUE DE LA).

Commence à la rue de Grenelle-Saint-Germain, n°s 31 et 33; finit à la rue de Sèvres, n° 160. Le dernier impair est 11; le dernier pair, 28. Sa longueur est de 256 m. — 10° arrondissement, quartier Saint-Thomas-d'Aquin.

C'était autrefois le chemin de la *Maladrerie*. On l'appela ensuite rue des *Teigneux*. Elle devait ces deux noms à un hôpital dont l'emplacement est occupé aujourd'hui par l'hospice des Ménages. Son nom actuel lui vient d'une enseigne. — Une décision ministérielle, à la date du 28 ventôse an IX, signée Chaptal, a fixé la moindre largeur de cette voie publique à 8 m. Le mur de clôture de l'Abbaye-aux-Bois est à l'alignement. Les propriétés de 2 à 24 sont alignées sauf redressement. Les autres constructions du côté des numéros pairs devront avancer sur leurs vestiges actuels. — Égout et conduite d'eau. — Éclairage au gaz (comp° Française).

CHAMP (RUE DU PETIT-).

Commence à la rue du Champ-de-l'Alouette, n° 6; finit à la rue de la Glacière, n° 9. Le dernier impair est 3; le dernier pair, 6. Sa longueur est de 210 m. — 12° arrondissement, quartier Saint-Marcel.

Elle porta d'abord le nom de rue *Payen*. Elle tenait cette dénomination du propriétaire d'un clos nommé Payen. Dès 1636, elle est appelée rue de la *Barrière*. Elle doit sans doute son nom actuel au champ sur lequel on l'a bâtie. — Une décision ministérielle du 23 ventôse an X, signée Chaptal, a fixé la largeur de cette voie publique à 10 m. Le côté gauche est presque entièrement aligné. Depuis 1827, on construit sur le côté opposé, d'après un alignement, à 13 m. de largeur. — Conduite d'eau.

CHAMP-DE-MARS (LE).

Situé entre le quai d'Orsay et l'École-Militaire. — 10° arrondissement, quartier des Invalides.

Ce n'était encore en 1770 qu'un terrain occupé par des maraîchers. A cette époque on y traça un immense parallélogramme de 1,000 m. de longueur, sur 500 m. de largeur. Destiné alors aux élèves de l'École-Militaire, on le décora du titre de *Champ-de-Mars*. Le physicien Charles y fit, en 1783, la première expérience aérostatique. Cette immense plaine fut le théâtre d'un grand nombre d'événements importants, parmi lesquels nous retraçons la fameuse fédération du 14 juillet 1790. La municipalité de Paris avait conçu le projet de réunir les députés de tous les corps de l'armée et de toutes les gardes nationales de France, pour cimenter une union qui devait rendre au pays le calme et la prospérité. La Fayette fut chargé de tout le soin de la fête, et nommé chef de la fédération en sa qualité de commandant de la garde parisienne. La cérémonie avait été fixée au 14 juillet, jour anniversaire de la prise de la Bastille. Déjà les fédérés arrivaient de toutes les parties du royaume; on les logeait chez des bourgeois, qui s'empressaient de leur rendre agréable le séjour de la capitale. La fête devait avoir lieu au Champ-de-Mars. On avait projeté de creuser cette plaine et de transporter la terre sur les côtés pour en former un large et magnifique amphithéâtre. Douze mille ouvriers, dépourvus d'autre besogne, y étaient employés; mais ce travail mercenaire n'avançait pas et il était immense. Dans cet embarras, les districts invitent au nom de la patrie les bons citoyens à aider les ouvriers. Cette invitation électrise tous les cœurs; les femmes propagent l'enthousiasme. Aussitôt on voit sortir de tous les quartiers de la grande cité, des citoyens marchant deux à deux. Des séminaristes, des écoliers, des manœuvres, des militaires, des chartreux vieillis dans la solitude, courent au Champ-de-Mars, une pelle sur le dos. Là, tous les citoyens sont mêlés, confondus, et forment un atelier immense, mobile. La courtisane agaçante se trouve à côté de la jeune fille pudibonde qu'elle respecte; le capucin traîne la brouette avec le chevalier de Saint-Louis, le portefaix avec l'élégant du Palais-Royal; la robuste harengère travaille avec la jeune dame délicate et à vapeurs. Des tavernes ambulantes, des boutiques portatives, augmentent la variété du tableau. On entend un bruit confus de cris, de chants, de tambours, auxquels se mêle la voix des travailleurs qui s'appellent ou s'encouragent. L'âme était profondément émue en contemplant un peuple qui semblait revenir aux doux sentiments d'une fraternité primitive! Neuf heures sonnent!..... Les groupes se séparent. Chaque citoyen regagne l'endroit où sa section doit se placer et va se réunir à sa famille. Le 14 arrive enfin. Tous les fédérés, députés des provinces et de l'armée, se rangent sous leurs bannières, et partent de la place de la Bastille pour se rendre aux Tuileries. Les envoyés du Béarn, en passant dans la rue de la Ferronnerie, où le bon Henri avait été assassiné, pleurent d'attendrissement en parlant de ses vertus. Les fédérés, arrivés au jardin des Tuileries, ouvrent leurs rangs et reçoivent la municipalité et l'assemblée. Le chemin qui conduit au Champ-de-Mars était couvert de peuple qui battait des mains. Les hauteurs de Passy présentaient un vaste amphithéâtre rempli de spectateurs. Un pont jeté en quelques jours sur la Seine, aboutissait en face du champ de la Fédération. Le cortège le traverse, et chacun prend place. Un amphithéâtre magnifique, disposé dans le fond, avait été destiné aux autorités nationales. Le roi, la reine et le président étaient assis à côté l'un de l'autre, sur des sièges pareils, semés de fleurs-de-lys d'or. La reine était derrière Louis XVI, sur un balcon qui portait aussi les dames de la cour. Les ministres se trouvaient à quelque distance du roi, et les députés étaient rangés des deux côtés. Quatre cent mille spectateurs remplissaient les amphithéâtres latéraux. Au centre s'élevait le magnifique autel de la patrie. Trois cents prêtres, revêtus d'aubes blanches et d'écharpes tricolores, en couvraient les marches et devaient servir la messe. L'arrivée des fédérés dura trois heures. Le temps était sombre et la pluie tombait par torrents. Enfin la cérémonie commence. Le ciel tout à coup se découvre et illumine de son brillant éclat cette scène imposante. L'évêque d'Autun commence la messe. Les chœurs accompagnent la voix du pontife! Le canon mêle son bruit solennel! Le saint sacrifice s'achève! La Fayette descend alors de cheval et va recevoir les ordres du roi, qui lui donne la formule du serment. Le général la transmet à l'autel. Dans ce moment, toutes les bannières s'agitent, tous les sabres étincellent. Le général, l'armée, le président, les députés crient : *Je le jure!* Le roi, debout, la main élevée sur l'autel, dit : « Moi, » roi des Français, je jure d'employer le pouvoir que » m'a délégué l'acte constitutionnel de l'État, à main» tenir la constitution décrétée par l'Assemblée Natio» nale et acceptée par moi. » Dans ce moment, la reine, entraînée par l'émotion générale, saisit dans ses bras l'auguste enfant, héritier du trône, et, du haut du balcon où elle est placée, le montre à la nation assemblée. Ce mouvement inattendu est payé de mille cris de *Vive le Roi! vive la Reine! vive le Dauphin!...* Les fêtes durèrent plusieurs jours, et l'accord qui régnait dans Paris semblait annoncer que les haines étaient éteintes. Cette joie, ce bonheur furent de courte durée. Les fédérés quittèrent la capitale et la lutte recommença.

Le 17 septembre de la même année eut lieu sur le champ de la Fédération une cérémonie funèbre relative aux massacres de Nancy, où le jeune Désilles perdit la vie. Le 17 juillet 1791, un grand nombre de citoyens se réunirent dans cette plaine pour signer une pétition contre le décret qui, au lieu de juger le roi sur sa fuite, suspendait provisoirement l'exercice de son pouvoir. Une émeute éclata. Le maire de Paris, Bailly, et le général La Fayette firent exécuter la loi martiale. Il y périt un grand nombre de factieux. Cet exemple sévère apaisa pour quelque temps les agitateurs.

Le 30 frimaire an II eut lieu la fête civique en l'honneur de Chalier, qui eut la tête tranchée à Lyon. Le 10 nivôse, on y célébra l'abolition de l'esclavage. Le 1er vendémiaire an VII eut lieu sur cette place la première exposition de l'industrie française. Le 3 novembre 1804, le lendemain du couronnement de Napoléon, l'empereur fit au Champ-de-Mars la distribution de ses aigles. Le 1er mai 1815, on y proclama l'acte additionnel aux constitutions de l'Empire.

Le Champ-de-Mars fut encore, en 1837, le théâtre d'un déplorable événement. A l'occasion de la fête donnée par la ville de Paris, pour célébrer le mariage du duc d'Orléans, cette place fut choisie pour représen-

— CHA —

ter la prise de la citadelle d'Anvers. Des fortifications en terre avaient été préparées dans ce but, et devaient être attaquées dans la soirée du jeudi 15 juin. Des précautions avaient été prises par l'autorité militaire et par la police, afin que les feux n'atteignissent aucun spectateur. Cette petite guerre se termina, en effet, sans accident. Mais bientôt des cris sinistres, partis de différents points, viennent répandre l'effroi dans une foule composée de plus de deux cent mille personnes. Elle s'ébranle, se presse, se heurte dans toutes les directions pour gagner les issues qui sont encombrées. Plusieurs personnes sont étouffées et foulées aux pieds. Ce fut à la grille qui se trouve en face de la rue Saint-Dominique, et surtout à celle qui avoisine l'École-Militaire, qu'on eut à déplorer les plus grands malheurs.

CHAMPS (RUE CROIX-DES-PETITS-).

Commence à la rue Saint-Honoré, n°s 172 et 174; finit à la place des Victoires, n°s 1 et 3. Le dernier impair est 55; le dernier pair, 54. Sa longueur est de 373 m. — Tous les impairs et les pairs de 2 à 48 inclusivement sont du 4e arrondissement, quartier de la Banque; les n°s 50, 52 et 54, 3e arrondissement, quartier du Mail.

La construction d'une partie de cette voie publique remonte aux dernières années du règne de Philippe-Auguste. Elle fut ouverte sur un terrain qui consistait en jardins, en petits champs, dont elle a tiré une partie de son nom. Une croix placée à côté de la seconde maison, après la rue du Pélican, a complété sa dénomination. — Arrêt du conseil. — « Sa majesté estant en
» son conseil a ordonné et ordonne que les maisons
» construites en la dite rue des Petits-Champs, du costé
» de la rue Coquillière, depuis la maison de la dame
» Hotman, seront incessamment retranchées jusques
» à l'extrémité de celle appartenant au sieur Poix, *pour
» donner le point de veue à l'endroit où sera posée dans
» la dite place, la statue de sa majesté*; et qu'à ceste fin
» les propriétaires seront tenus de démolir et faire re-
» trancher leurs bâtimens, suivant les alignemens
» marquez sur le dit plan, etc. Fait au conseil d'État
» du roy, sa majesté y étant, tenu à Versailles, le 22e
» jour de juin 1685, signé Louis. — » (Bureau de la ville, registre H, n° 1830). La partie de cette voie publique qui fait l'objet du présent arrêt porta le nom d'*Aubusson*, en l'honneur du vicomte d'Aubusson, duc de la Feuillade, qui faisait alors bâtir la place des Victoires. Quelque temps après, le nom de rue Croix-des-Petits-Champs prévalut et servit à désigner cette voie publique dans toute son étendue. Une décision ministérielle, en date du 3 germinal an X, signée Chaptal, fixa la moindre largeur de la rue Croix-des-Petits-Champs à 10 m. En vertu d'une ordonnance royale du 2 mai 1837, cette moindre largeur est portée à 12 m. — Cette ordonnance prescrivit l'élargissement de cette rue dans la partie comprise entre la rue

— CHA —

Saint-Honoré et le passage Véro-Dodat, au moyen de l'exécution immédiate de l'alignement. Cette importante amélioration a été immédiatement exécutée. Les maisons ci-après désignées sont à l'alignement : n°s 37, 43, 45 ; 2, 4, 6, 8, 10, 12 et 52. Les propriétés n°s 41, 30, 32, 34, 36, 38, 40, 42, 44, 46 et 48, ne sont soumises qu'à un léger redressement. — Égout entre les rues Saint-Honoré et du Bouloi. — Conduites d'eau entre les rues Saint-Honoré et de Montesquieu, et depuis la borne-fontaine près de la rue Coquillière jusqu'à la place des Victoires. — Éclairage au gaz (compe Anglaise).

CHAMPS (RUE DES).

Commence aux rues de Longchamp, n° 6, et de la Croix-Boissière; finit à la rue de Lubeck, n° 6. Le dernier impair est 9; le dernier pair, 10. Sa longueur est de 156 m. — 1er arrondissement, quartier des Champs-Élysées.

Son premier nom est celui des *Carrières*. — Une décision ministérielle, à la date du 7 août 1818, fixa la largeur de cette rue à 6 m. Le conseil municipal, dans sa séance du 4 mars 1836, a délibéré qu'il ne serait délivré à l'avenir aucun alignement dans cette rue, et que l'administration s'abstiendrait de tout acte de voirie.

CHAMPS (RUE DES PETITS-).

Commence à la rue Beaubourg, n°s 39 et 41; finit à la rue Saint-Martin, n°s 90 et 92. Le dernier impair est 25; le dernier pair, 12. Sa longueur est de 125 m. — 7e arrondissement, quartier Sainte-Avoie.

En 1273, elle est indiquée sous ce nom dans l'Accord de Philippe-le-Hardi avec le chapitre de Saint-Merri (*vicus de Parvis Campis*). — Une décision ministérielle, à la date du 18 pluviôse an X, signée Chaptal, fixa la largeur de cette voie publique à 7 m. En vertu d'une ordonnance royale du 22 mai 1837, cette dimension est portée à 12 m. Les maisons situées sur le côté des numéros impairs sont soumises à un retranchement qui varie de 7 m. 20 c. à 9 m. 50 c. Sur le côté opposé, les maisons n°s 8 et 12 devront seules éprouver un faible reculement. — Conduite d'eau depuis la rue Beaubourg jusqu'à la borne-fontaine. — Éclairage au gaz (compe Lacarrière).

CHAMPS (RUE NEUVE-DES-PETITS-).

Commence à la rue Neuve-des-Bons-Enfants, n° 37, et au passage des Petits-Pères, n° 1 ; finit à la place Vendôme, n° 26, et à la rue de la Paix, n° 2. Le dernier impair est 103; le dernier pair, 84. Sa longueur est de 721 m. — Les impairs sont du 2e arrondissement, quartier du Palais-Royal; les numéros pairs, de 2 à 6 inclusivement, 3e arrondissement, quartier du Mail; de 8 à 72 inclusivement,

— CHA —

2ᵉ arrondissement, quartier Feydeau ; de 74 à la fin, 1ᵉʳ arrondissement, quartier de la Place-Vendôme.

Cette rue a été ouverte en août 1634, sur des marais et jardins potagers, en vertu d'un arrêt du conseil, du 23 novembre 1633, registré au parlement le 5 juillet suivant. On lui donna la qualification de *Neuve* pour la distinguer de la rue des Petits-Champs, depuis Croix-des-Petits-Champs, qui avait été construite avant cette époque. — Une décision ministérielle, en date du 3 octobre 1809, signée Fouché, et une ordonnance royale du 4 octobre 1826, ont fixé la moindre largeur de cette voie publique à 12 m. Les maisons ci-après sont alignées : 27, 29, 31, 33, 35, 37, 39, 41, 43, 45, 55, 57, 59, 103 ; 4, 36, 40, 42, 44, 46, 48 et 62 ; celles qui portent les nᵒˢ 7, 9, 11, 13, 15, 17, 19, 21, 23, 25, 47, 49, 51, 53, 61, 99 et 101, ne sont soumises qu'à un léger redressement. — Égout entre le passage des Petits-Pères et la rue Vivienne, et depuis la rue de Richelieu jusqu'à la rue Gaillon. — Conduite d'eau dans toute l'étendue. — Éclairage au gaz depuis le passage des Petits-Pères jusqu'à la rue Vivienne (compᵉ Française) ; pour le surplus (compᵉ Anglaise).

CHAMPS-ÉLYSÉES (LES).

Sont limités au sud par le quai de la Conférence, au nord par l'avenue Gabriel, à l'est par la place de la Concorde, et à l'ouest par l'allée des Veuves. — 1ᵉʳ arrondissement, quartier des Champs-Elysées.

Le Cours-la-Reine étant confondu aujourd'hui dans les Champs-Élysées, nous allons d'abord dire quelques mots sur son origine. Il commençait autrefois à l'endroit où nous voyons la place de la Concorde, bordait la rivière et se terminait au quai des Bons-Hommes, nommé aujourd'hui quai *Billy*. Marie de Médicis fit tracer et planter ce cours en 1616. Cette promenade était fermée à ses extrémités par des grilles et à ses côtés par des fossés. Les arbres du Cours-la-Reine furent renouvelés en 1724, par le duc d'Antin. — Avant 1670, l'ancien emplacement des Champs-Élysées était encore en culture. On n'y voyait que des maisonnettes et de grands jardins. On commença vers cette époque à y tracer des allées et à planter des arbres. Cette promenade fut d'abord nommée le *Grand-Cours* pour la distinguer du Cours-la-Reine, qui lui était contigu. Dans la suite, les arbres prêtèrent leur ombrage et répandirent de l'agrément en cet endroit, auquel on donna le nom qu'il conserve encore aujourd'hui, par allusion à l'Élysée, aux Champs-Élysées, séjour heureux des ombres vertueuses dans les religions de l'antiquité. En 1770, les plantations de cette promenade furent entièrement renouvelées. Pendant l'hiver de 1818 à 1819, on a exhaussé, affermi et sablé toutes les allées des Champs-Élysées. A l'entrée de cette belle promenade par la place de la Concorde, aux deux côtés de la route, sont élevés sur des piédestaux remarquables par la beauté de leurs proportions, deux groupes en marbre représ-

— CHA —

sentant chacun un cheval fougueux arrêté par un homme. Ces groupes, dont les figures sont colossales, correspondent aux deux chevaux de marbre placés à l'entrée occidentale du jardin des Tuileries. Ils ont été sculptés par Coustou le jeune. Placés en 1745 aux deux côtés de l'abreuvoir de Marly, ils ont été transférés à Paris en 1794. Les Champs-Élysées, avant 1792, faisaient partie du domaine de la couronne ; ils furent réunis au domaine national par la loi du 27 novembre 1792. — « Au château de Saint-Cloud, le 20 août 1828.
» Charles, etc. — Article unique. Sont concédés à la
» ville de Paris, à titre de propriété, la place Louis XVI
» et la promenade dite des Champs-Élysées, telles
» qu'elles sont désignées au plan annexé à la présente
» loi, y compris les constructions dont la propriété
» appartient à l'Etat, et à l'exception des deux fossés de
» la place *Louis XVI* qui bordent le jardin des Tuile-
» ries. Ladite concession est faite à la charge par la ville
» de Paris : 1° de pourvoir aux frais de surveillance
» et d'entretien des lieux ci-dessus désignés ; 2° d'y
» faire dans un délai de cinq ans des travaux d'em-
» bellissement jusques à concurrence d'une somme de
» deux millions deux cent trente mille francs au moins ;
» 3° de conserver leur destination actuelle aux terrains
» concédés, lesquels ne pourront être aliénés en tout ou
» en partie, etc. Signé Charles. » — (Extrait de la loi.)

En 1838 et 1839, la ville a fait établir dans les Champs-Élysées cinq fontaines dont la dépense s'est élevée à 105,932 fr. Des candélabres et des lanternes ont été placés aussi par ses soins et ont coûté 51,169 fr. 29 c. Des bordures en granit longent les deux côtés de l'allée principale. Le milieu des contre-allées est occupé par des trottoirs en bitume. Enfin la ville a concédé à plusieurs particuliers dix emplacements à la charge d'y construire des pavillons d'après les plans fournis par l'administration. Cette concession a été faite pour 36 années ; sept pavillons sont aujourd'hui entièrement terminés. Il existe dans les Champs-Élysées plusieurs égouts et conduites d'eau. — Éclairage au gaz (compᵉ de l'Ouest).

CHAMPS-ÉLYSÉES (AVENUE DES).

Commence à la place de la Concorde ; finit aux chemins de ronde des barrières du Roule et de Neuilly. Le dernier impair est 133 ; le dernier pair, 180. Sa longueur est de 1810 m. — 1ᵉʳ arrondissement, quartier des Champs-Elysées.

Cette avenue, dont l'existence date de la première plantation des Champs-Élysées, portait autrefois le nom d'*allée du Roule*. Elle consiste en quatre rangées d'arbres régulièrement plantés, et formant au milieu de deux grandes allées une vaste chaussée. Cette avenue, qui est dans l'alignement de la principale allée du jardin des Tuileries, forme une perspective magnifique que complète admirablement l'Arc-de-Triomphe. On voyait autrefois dans cette promenade le jardin Beaujon, qui fut ensuite occupé par les montagnes Françaises, et le jardin Marbeuf, qu'on avait disposé en hippodrome et dans lequel on donnait aussi des fêtes publiques. Ces établissements ont été successivement détruits, et sur leur emplacement on a percé les avenues Lord-Byron, Châteaubriand, Fortunée et Marbeuf. L'avenue des Champs-Élysées est toujours animée par le passage des équipages. C'est aussi dans cette promenade que s'arrête et tournoie encore maintenant le pèlerinage un peu négligé de Longchamp. Cette avenue n'est bordée de constructions que depuis le rond-point des Champs-Élysées jusqu'aux chemins de ronde. Les constructions riveraines sont établies à 4 m. de distance du centre des arbres des contre-allées, sauf toutefois dans la partie du côté des numéros pairs, comprise entre la rue de l'Oratoire et le chemin de ronde, où cette distance est portée à 17 et 19 m. 20 c. — Les constructions de l'avenue des Champs-Élysées sont élevées d'après ces alignements, à l'exception de celle qui est située à l'encoignure gauche de la rue Marbeuf — Égout et conduite d'eau dans presque toute l'étendue. — Éclairage au gaz (comp⁰ de l'Ouest).

CHAMPS-ÉLYSÉES (rond-point des).

Où viennent aboutir les allées d'Antin et des Veuves, les avenues des Champs-Elysées et Matignon, et la rue Montaigne. Le dernier impair est 7; le dernier pair, 14. — 1ᵉʳ arrondissement, quartier des Champs-Elysées.

On voyait autrefois en cet endroit un petit pont de pierre dit pont d'Antin, jeté en 1710 sur l'égout qui passait sur cet emplacement. Cette partie des Champs-Élysées, replantée en 1764, n'a point de dénomination sur le plan de Verniquet. — Une ordonnance royale du 22 avril 1828 prescrivit l'érection de la statue équestre de Louis XV au rond-point des Champs-Élysées. Cette statue n'a point été élevée. On a construit depuis une fontaine. — Égout et conduite d'eau. — Éclairage au gaz (compᵉ de l'Ouest).

CHAMPS-ÉLYSÉES (rue des).

Commence à l'avenue Gabriel et à la place de la Concorde, n° 10; finit à la rue du Faubourg-Saint-Honoré, nᵒˢ 15 et 17. Le dernier impair est 9; le dernier pair, 8. Sa longueur est de 171 m. — 1ᵉʳ arrondissement, quartier des Champs-Elysées.

Ce n'était autrefois qu'un chemin nommé de l'*Abreuvoir-l'Évêque*. Au commencement du XVIIIᵉ siècle, il prit le nom de *Bonne-Morue*. En vertu des lettres-patentes du 21 juin 1757, les prévôt des marchands et échevins furent autorisés par le roi à disposer de l'emplacement de la rue de la Bonne-Morue, nécessaire pour les constructions à établir en arrière-corps sur la place Louis XV. L'art. 8 est ainsi conçu : — « Notre intention » étant que les constructions des façades décorées des » bâtiments qui termineront la place, ainsi que celles » des maisons qui seront élevées, tant sur les faces des » arrière-corps que sur celles des nouvelles rues, soient » entièrement conformes aux dessins par nous approu- » vés et cy-attachés sous le contr'scel de notre chancel- » lerie, nous ordonnons aux dits prévôt des marchands » et échevins d'y tenir la main et d'y assujétir les pro- » priétaires particuliers des terrains auxquels ils juge- » ront à propos de permettre de construire eux-mêmes » les façades de leurs maisons, tant sur la place que sur » les rues aboutissantes. » — Suivant le plan annexé à ces lettres-patentes, la rue de la Bonne-Morue devait prendre la dénomination de rue *Dauphine*.

Les dispositions relatives à la symétrie des bâtiments à construire furent modifiées par des lettres-patentes du 30 octobre 1758, qui portent : — « Art. 2. Les » parties des bâtiments qui doivent former la place et » ses abords ne seront sujettes à décoration et unifor- » mité que dans les parties ci-après expliquées et sui- » vant les plans attachés sous le contr'-scel de notre » chancellerie; savoir : les façades des grands bâti- » ments dans toute leur étendue sur la place et leurs » retours sur les rues de la Bonne-Morue et de l'Oran- » gerie, à 20 toises ou environ de largeur à prendre » du devant des murs de face des colonnades. » La rue qui nous occupe reçut, conformément à un arrêt du conseil d'État du roi du 11 mars 1768, le nom de rue *Champs-Élysées*. — Par décision ministérielle du 22 prairial an V, signée Benezech, la largeur de cette voie publique a été fixée à 13 m. Les constructions particulières sont alignées. — Égout. — Éclairage au gaz (compᵉ Anglaise).

CHANDELIERS (rue des trois-).

Commence au quai Saint-Michel, nᵒˢ 9 et 11; finit à la rue de la Huchette, nᵒˢ 18 et 20. Pas de numéro. Sa longueur est de 28 m. — 11ᵉ arrondissement, quartier de la Sorbonne.

Nous n'avons pu trouver aucun acte antérieur à 1350 qui vint constater l'existence de cette rue. C'était autrefois un petit chemin, une descente de la rue de la Huchette à la rivière. Son premier nom fut celui de rue *Berthe*. Dans un compte cité par Sauval, on énonce *la rue et le port des Bouticles*. En 1366, ce dernier nom était affecté à cette ruelle. A son extrémité se trouvaient des boutiques ou bateaux dans lesquels on conservait du poisson. Son nom actuel lui vient d'une enseigne des Trois-Chandeliers. Le 13 août 1611, les prévôt des marchands et échevins autorisèrent la fermeture de cette rue où il arrivait de fréquents accidents. — Une ordonnance des trésoriers de France, à la date du 22 septembre 1654, prescrivit de nouveau la clôture, « *pour éviter*, est-il dit, *aux accidents qui arri-* » *vent journellement par la mort de plusieurs personnes* » *qui y sont tuées de nuit.* » — Par décision ministé- rielle du 29 nivôse an VIII, signée L. Bonaparte, la largeur de cette voie publique a été fixée à 7 m. Les

— CHA —

constructions riveraines sont soumises à un retranchement qui varie de 2 m. à 3 m. 10 c.

CHANDELLES (RUE DES TROIS-).

Commence à la rue Montgallet, n° 4 ; finit à la rue des Quatre-Chemins, n° 1. Pas de numéro. Sa longueur est de 410 m. — 8e arrondissement, quartier des Quinze-Vingts.

Ce n'était encore qu'un petit chemin vers 1815. Quelques légères constructions bordent à peine aujourd'hui cette voie publique, qui a pris son nom d'une enseigne. Il n'existe pas d'alignement pour cette rue, dont la largeur actuelle varie de 2 m. à 3 m.

CHANGE (PONT AU).

Situé entre la place du Châtelet et les quais Desaix et de l'Horloge.

Ce pont, dont l'origine remonte à la domination romaine, n'a pas de nom plus ancien que celui de *Grand-Pont*. Il servait, ainsi que le Petit-Pont, de passage aux habitants de Lutèce pour aller dans la campagne. Louis VII ayant ordonné en 1141 que tous les changeurs y fussent établis, il prit alors le nom de *pont aux Changeurs, au Change* et *de la Marchandise*. La reine Isabeau de Bavière, femme de Charles VI, lors de son entrée à Paris en 1389, passa sur le pont au Change. Au moment où elle arrivait au milieu, un homme tenant un flambeau allumé dans chaque main, descendit sur une corde fixée au sommet d'une des tours de la cathédrale, et vint poser une couronne sur la tête de la nouvelle reine de France. Les fêtes et dimanches les oiseliers venaient y vendre toutes sortes d'oiseaux. Cette permission leur avait été accordée sous la condition d'en lâcher deux cents douzaines au moment où les rois et les reines passeraient sur ce pont, lors de leurs entrées solennelles. Le jour du carnaval on dressait le long du pont au Change des tables sur lesquelles les amateurs venaient jouer aux dés. Cet usage, fort ancien, fut interrompu en mars 1604. L'Estoile dit à ce sujet que ceux dudit pont, étant interrogés sur cette suspension de jeux, répondirent malignement *qu'ils voulaient être sages désormais et bons ménagers puisque le roi (Henri IV) leur en montrait l'exemple*. On sait qu'un des défauts de ce grand roi était de jouer gros jeu. Il serait ici trop long de retracer les diverses chutes et reconstructions de ce pont ; il suffira de dire que le 30 janvier 1616 un affreux débordement l'endommagea considérablement. Ce sinistre fut bientôt réparé. Dans la nuit du 23 au 24 octobre 1621, le feu ayant pris au pont Marchand qui n'en était séparé que par un espace d'environ 15 m., les flammes, poussées par un vent d'ouest, atteignirent aussitôt le pont au Change, et en moins de trois heures il fut réduit en cendres. On ne commença à le reconstruire qu'en 1639 ; il ne fut achevé qu'en 1647. Il était en pierre et bordé de maisons.

Le quai des Morfondus, aujourd'hui de l'Horloge, était autrefois très étroit ; des embarras de voitures

— CHA —

amenaient souvent des accidents très graves. Pour les faire cesser, on acheta en 1738 les quatre dernières maisons du pont au Change ; on les abattit et leur emplacement forma un utile dégagement. Ce pont, à son extrémité septentrionale, avait deux entrées formées par un groupe triangulaire de maisons ; l'une communiquait à la rue et au quai de Gesvres ; l'autre se dirigeait vers le grand Châtelet. La façade de ces maisons, qui correspondait au milieu de la voûte de ce pont, était ornée d'un groupe de trois figures en bronze, sur un fond de marbre noir, représentant Louis XIII, Anne d'Autriche son épouse, et leur fils Louis XIV âgé de dix ans. Il était l'ouvrage de Simon Guillain. Au-dessous de ces figures se trouvait un bas-relief représentant deux esclaves ; cet ouvrage était du plus beau style. — Par un édit du mois de septembre 1786, le roi ordonna la démolition des maisons qui bordaient le pont au Change. Cette disposition fut immédiatement exécutée. Ce pont, composé de sept arches à plein cintre, a 123 m. 75 c. de longueur entre les culées, et 32 m. 60 c. de largeur. Cet édifice est le plus large des ponts de Paris.

CHANOINESSE (RUE).

Commence à la rue du Cloître-Notre-Dame, n° 2 ; finit aux rues des Marmousets, n° 1, et de la Colombe. Le dernier impair est 11 ; le dernier pair, 22. Sa longueur est de 175 m. — 9e arrondissement, quartier de la Cité.

Voisine de la cathédrale, elle a pris son nom des chanoines qui l'habitaient. — Une décision ministérielle du 26 prairial an XI, signée Chaptal, a fixé la moindre largeur de cette voie publique à 7 m. Les maisons n°s 6, 10, 12 et 22 ne sont pas soumises à retranchement.

Au n° 22 était située la chapelle Saint-Agnan. Elle fut fondée vers l'année 1120, par Étienne de Garlande, archidiacre de Paris et doyen de Saint-Agnan d'Orléans. Il donna pour sa dotation la maison qu'il possédait dans le cloître Notre-Dame et trois clos de vignes, dont deux étaient situés au bas de la montagne Sainte-Geneviève, et l'autre à Vitry. Le pavé de cette chapelle offrait un témoignage de l'exhaussement considérable du sol de la Cité. Cette chapelle, supprimée en 1790, devint propriété nationale, fut vendue le 28 septembre 1791, et abattue en 1795. C'est aujourd'hui une propriété particulière. En 1799, dans les fondations d'une maison voisine, on découvrit plusieurs petits pots de terre cuite, tels qu'il s'en trouve dans quelques tombeaux du moyen-âge, ce qui a fait présumer qu'on enterrait autour de cette chapelle.

CHANTIER (COUR DU).

Rue Guérin-Boisseau, n° 21. — 6e arrondissement, quartier de la Porte-Saint-Denis.

Elle a été bâtie vers 1785. Son nom lui vient d'un

— CHA —

chantier, sur l'emplacement duquel cette cour a été construite.

CHANTIER (RUE DU GRAND-).

Commence aux rues des Vieilles-Haudriettes, n° 2, et des Quatre-Fils, n° 22; finit aux rues Pastourelle, n° 1, et d'Anjou, n° 23. Le dernier impair est 9; le dernier pair, 18. Sa longueur est de 182 m. — 7e arrondissement, quartier du Mont-de-Piété.

Un chantier qui se trouvait dans cette rue, et qui appartenait aux chevaliers du Temple, lui fit donner le nom qu'elle porte encore aujourd'hui. Elle se prolongeait anciennement sous cette même dénomination jusqu'aux murs du Temple. — Une décision ministérielle à la date du 23 frimaire an VIII, signée Laplace, avait fixé la largeur de cette voie publique à 8 m. 50 c. Cette largeur a été portée à 11 m., en vertu d'une ordonnance royale du 31 mars 1835. Les maisons du côté gauche sont alignées, sauf redressement; celles du côté opposé sont soumises à un retranchement qui varie de 2 m. 50 c. à 2 m. 70 c. — Égout du côté de la rue des Vieilles-Haudriettes. — Conduite d'eau depuis cette rue jusqu'aux deux bornes-fontaines. — Éclairage au gaz (comp^e Lacarrière).

CHANTRE (RUE DU).

Commence à la place de l'Oratoire; finit à la rue Saint-Honoré, n°s 205 et 207. Le dernier impair est 27; le dernier pair, 30. Sa longueur est de 101 m. — 4e arrondissement, quartier Saint-Honoré.

Elle était entièrement construite en 1250, et portait le nom de rue au *Chantre* en raison d'un chantre de Saint-Honoré qui y demeurait. Sa largeur a été fixée à 8 m., en vertu d'une décision ministérielle du 18 pluviôse an X, signée Chaptal. Une grande partie de cette voie publique a été démolie pour faciliter l'exécution de la grande galerie septentrionale qui réunira le Louvre aux Tuileries. Les constructions riveraines sont soumises à un retranchement de 1 m. 40 c. — Conduite d'eau. — Éclairage au gaz (comp^e Anglaise).

CHANTRES (RUE DES).

Commence à la rue Basse-des-Ursins; finit à la rue Chanoinesse, n°s 6 et 8. Pas de numéro. Sa longueur est de 50 m. — 9e arrondissement, quartier de la Cité.

Un titre de 1540 lui donne cette dénomination qu'elle doit aux chantres de Notre-Dame, qui vinrent l'habiter. — Par décision ministérielle du 10 prairial an XII, signée Chaptal, la largeur de cette voie publique a été fixée à 7 m. — Les constructions du côté gauche devront reculer de 70 c. à 2 m. 10 c.; celles du côté opposé sont soumises à un retranchement qui varie de 2 m. à 4 m. 10 c.

— CHA —

CHANVERRIE (RUE DE LA).

Commence à la rue Saint-Denis, n°s 145 et 147; finit à la rue Mondétour, n°s 6 et 8. Le dernier pair est 28. Sa longueur est de 108 m. — Le côté gauche est du 4e arrondissement, quartier des Marchés; les numéros pairs dépendent du 5e arrondissement, quartier Montorgueil.

Tant d'opinions diverses ont été avancées sur l'étymologie du nom de cette rue, qu'il serait trop long de faire ici l'analyse de chacune d'elles. La plus rationnelle, selon nous, est celle de Jaillot, qui prétend trouver la racine de ce nom dans le mot *Chanvre*. En effet, dans des lettres de Pierre de Nemours, évêque de Paris, du mois de juin 1218, il est fait mention d'une maison *in vico de Canaberia*, *prope Sanctum Maglorium*. Dans un amortissement du mois d'octobre 1295, elle est nommée rue *Canaberie*; et afin qu'on ne la confonde pas avec une autre, elle y est indiquée *in Censiva Morinensi* (dans la Censive de Thérouenne). De plus le poète Guillot écrit vers 1300 :

« Puis alai en la Chanverie
» Assez près trouvai Mondestour. »

Un acte d'amortissement du 12 juin 1252 indique que la rue de la Chanverrie était complètement bordée de constructions à cette époque. Par décision ministérielle du 26 frimaire an IX, signée Chaptal, la largeur de cette rue avait été fixée à 10 m. Cette voie publique sera très prochainement confondue dans la rue de Rambuteau, dont la formation a été autorisée et déclarée d'utilité publique par l'ordonnance royale du 5 mars 1838. Déjà presque toutes les maisons du côté gauche sont démolies. Suivant les alignements arrêtés, les propriétés de 2 à 20 devront avancer sur leurs vestiges actuels. — Conduite d'eau depuis la rue Mondétour jusqu'à la borne-fontaine.

CHAPELLE (RUE DE LA).

Commence à la rue de La Fayette, n° 2, finit au chemin de ronde de la barrière des Vertus. Le dernier impair est 23; le dernier pair, 20. Sa longueur est de 396 m. — 5e arrondissement, quartier du Faubourg-Saint-Denis.

Ce n'était au commencement de notre siècle qu'un chemin où l'on ne voyait que de chétives constructions. Cette voie publique tire sa dénomination de son voisinage du chemin qui mène au village de La Chapelle. — Une décision ministérielle à la date du 13 thermidor an VI, signée François de Neufchâteau, fixa la largeur de cette voie publique à 10 m. En vertu d'une ordonnance royale du 29 novembre 1826, cette dimension est portée à 13 m. Les propriétés n°s 2, 6, 8, et les bâtiments et murs de clôture situés sur le côté gauche à l'encoignure de la rue des Fossés-Saint-Martin, sont à l'alignement.

CHAPELLE EXPIATOIRE.

Située dans la rue de l'Arcade. — 1er arrondissement, quartier du Roule.

« Louis, etc..... Nous avons ordonné et ordonnons
» ce qui suit : — Art. 4. Il sera également élevé un
» monument, au nom et aux frais de la nation, à la
» mémoire de Louis XVI, de la Reine Marie-Antoi-
» nette et de Madame Elisabeth, etc.....
» Donné au château des Tuileries, le 19e jour de
» janvier, l'an de grâce 1816, et de notre règne le 21e.
» Signé Louis. »

La chapelle expiatoire a été construite sur l'emplacement de l'ancien cimetière de la Madeleine, dans lequel avaient été inhumés Louis XVI et Marie-Antoinette. Leurs dépouilles mortelles furent retrouvées à l'endroit occupé maintenant par l'autel placé dans la crypte au-dessous de la chapelle même; elles ont été tranférées dans l'église royale de Saint-Denis. Ce monument a coûté environ deux millions. Les constructions ont été exécutées sous la direction de M. Fontaine, architecte, ayant pour inspecteur M. Lebas. Cette chapelle ne doit pas entrer en parallèle avec les monuments des anciens. L'auteur a tout créé et approprié à son sujet. Le monument est isolé par des allées sur les deux côtés, et par une avenue au devant. Le pourtour est planté de cyprès. On arrive à l'édifice par trois issues : sur la façade par la rue de l'Arcade, sur le côté par la rue de la Madeleine, et derrière par la rue d'Anjou. Au-dessus de la porte d'entrée, on lit cette inscription dédicatoire :

Le roi Louis XVIII a élevé ce monument pour consacrer le lieu où les dépouilles mortelles du roi Louis XVI et de la reine Marie-Antoinette, transférées le 21 janvier 1815 dans la sépulture royale de Saint-Denis, ont reposé pendant 21 ans; il a été achevé la deuxième année du règne du roi Charles X, l'an de grâce 1826.

On ne peut arriver dans l'enceinte sacrée sans éprouver une sensation profonde, un sentiment de respect et de vénération. La situation du lieu, les objets qui l'entourent; enfin, la disposition générale, tout impose et commande le recueillement.

CHAPON (RUE).

Commence à la rue du Temple, nos 27 et 29; finit à la rue Transnonnain, nos 16 et 18. Le dernier impair est 23; le dernier pair, 30. Sa longueur est de 238 m.
— Les numéros pairs sont du 6e arrondissement, quartier Saint-Martin-des-Champs; les impairs, du 7e arrondissement, quartier Sainte-Avoie.

En 1293, c'était la rue *Robert-Bégon*, *Béguon* ou *Capon*. Le continuateur de Dubreuil l'appelle rue du *Coq*. Sous le règne de Philippe-le-Bel, on nommait par dérision une synagogue la maison de la société des Capons. Cette rue a été longtemps affectée à la débauche. — Une décision ministérielle, à la date du 12 fructidor an V, signée François de Neufchâteau, avait fixé la largeur de cette voie publique à 7 m. Cette largeur a été portée à 10 m., en vertu d'une ordonnance royale du 14 janvier 1829. Les maisons nos 2 et 6 sont alignées. — Conduite d'eau. — Éclairage au gaz (compe Lacarrière).

Le second couvent des Carmélites était situé dans cette rue. Autorisées à former un nouvel établissement du même ordre à Paris, les Carmélites de la rue Saint-Jacques réunirent, en 1617, quelques-unes de leurs sœurs dans une maison de la rue Chapon. Aidées par les libéralités de la duchesse de Longueville et du duc son fils, elles firent construire un couvent, puis bâtir une église qui fut dédiée en 1625. Cet établissement fut confirmé par lettres-patentes données à Versailles au mois d'avril 1688. Cette communauté, supprimée en 1790, devint propriété nationale, et fut vendue le 23 prairial an IV. Le couvent des Dames-Carmélites et l'hôtel qui en dépendait, occupaient tout le terrain compris dans le périmètre suivant : sur la rue Chapon, une ligne partant depuis la jambe-étrière, commune aux maisons nos 13 et 15, passant sur les propriétés 15, 17, 19, 21, 23, jusqu'à l'angle formé par cette rue et celle Transnonnain; sur la rue Transnonnain, la partie comprise entre les rues Chapon et Montmorency, dont les maisons portent les nos 12, 14 et 16; enfin, sur la rue Montmorency, la partie occupée aujourd'hui par les maisons 16, 18, 20, 22, 24, 26 et 28. La superficie totale de cette communauté religieuse était de 3,387 m.

CHAPTAL (RUE).

Commence aux rues Pigalle, n° 23, et Fontaine, n° 1; finit à la rue Blanche, nos 34 et 36. Le dernier impair est 19; le dernier pair, 22. Sa longueur est de 249 m.
— 2e arrondissement, quartier de la Chaussée-d'Antin.

En vertu d'une ordonnance royale du 12 janvier 1825, MM. Alexandre Delessert et Lavocat ont été autorisés à ouvrir sur leurs terrains une rue qui communiquerait de la rue Blanche à la rue Pigalle. Cette autorisation leur a été accordée à la charge de border la rue de chaque côté d'un trottoir de 1 m. 60 c. de largeur; de supporter les frais du premier établissement de l'éclairage et du pavage; de se conformer aux lois et règlements sur la voirie de Paris. Cette ordonnance fut immédiatement exécutée, et la rue nouvelle ouverte sur une largeur de 12 m. 60 c., reçut le nom de rue *Chaptal*, parce que M. le vicomte Chaptal était aussi propriétaire des terrains qui furent traversés par ce percement.

CHARBONNIERS-SAINT-ANTOINE (RUE DES).

Commence à la rue de Bercy, nos 47 et 49; finit à la rue de Charenton, n° 114. Le dernier impair est 17; le

— CHA —

dernier pair, 2 bis. Sa longueur est de 460 m. — 8° arrondissement, quartier des Quinze-Vingts.

Les anciens plans la désignent sous les noms de rue du *Port-au-Plâtre* et *Clochepin*. Le plan de Verniquet l'indique sous la dénomination des *Charbonniers*; ce n'était alors qu'un chemin bordé de constructions légères. — Une décision ministérielle, à la date du 16 ventôse an XII, signée Chaptal, fixa la largeur de cette voie publique à 10 m. — En vertu d'une ordonnance royale du 1er juin 1828, cette largeur est portée à 14 m. Quelques constructions sont alignées. — Conduite d'eau.

CHARBONNIERS-SAINT-MARCEL (rue des).

Commence à la rue de l'Arbalète, n°s 23 et 28; finit à la rue des Bourguignons, n°s 20 et 22. Le dernier impair est 15; le dernier pair, 24. Sa longueur est de 162 m. — 12e arrondissement, quartier de l'Observatoire.

En 1540, c'était le *chemin des Charbonniers*, ainsi que nous le voyons dans le Terrier du roi de cette année. Au XVIIe siècle ce chemin fut bordé de constructions, et prit alors le nom de rue des *Charbonniers*. Une décision ministérielle, à la date du 3 pluviôse an IX, signée Chaptal, a fixé la moindre largeur de cette voie publique à 8 m. Les propriétés n°s 1, 3 et 7, sont alignées.

CHARENTON (barrière de).

Située à l'extrémité de la rue de Charenton.

Elle se compose de deux bâtiments ayant chacun deux péristyles de six colonnes. Elle doit son nom au village de Charenton auquel elle conduit. Le premier consul, après la bataille de Marengo, livrée le 14 juin 1800, rentra dans Paris par cette barrière, et le 3 juillet de la même année, elle prit le nom de *Marengo*. — En 1815, on lui rendit sa première dénomination. — (Voir l'article *Barrières*.)

CHARENTON (chemin de ronde de la barrière de).

Commence aux rue et barrière de Charenton; finit aux rue et barrière de Reuilly. Pas de numéro. Sa longueur est de 472 m. — 8e arrondissement, quartier des Quinze-Vingts.

Il est presque entièrement aligné. (Voir l'article *Chemins de Ronde*.)

CHARENTON (rue de).

Commence aux rues du Faubourg-Saint-Antoine, n° 2, et de la Contrescarpe, n°s 72; finit à la place au-devant de la barrière de Charenton. Le dernier impair est 187; le dernier pair, 194. Sa longueur est de 2,080 m. — 8e arrondissement, quartier des Quinze-Vingts.

Son nom lui vient du village de Charenton auquel

— CHA —

elle conduit. De la petite rue de Reuilly à celle Montgallet on la trouve désignée sous le nom *de la Planchette*, et de la rue Montgallet jusqu'à la barrière elle se nommait *de la Vallée de Fécamp*. Cette dernière dénomination lui avait été donnée parce qu'elle avait été bâtie sur un terrain appelé au XVe siècle le Bas-Fécamp. — Une décision ministérielle du 16 ventôse an XII, signée Chaptal, et une ordonnance royale à la date du 1er juin 1828, ont fixé à 12 m. la moindre largeur de la rue de Charenton. Les constructions portant les numéros ci-après ne sont pas soumises à retranchement : 31, 33, 49, 51, 85, 87, 89; de 95 à 113 inclusivement, 123, 125, de 137 à 151 bis inclusivement, 155, 157, 181, 16, 18, 50, 70, 76, 82, 94, 100, 102; de 120 à 134, 140, 142; de 162 à 168, et la propriété à l'encoignure de la place devant la barrière. — Égout entre les rues Moreau et Beauveau. — Conduite d'eau dans presque toute l'étendue. — Éclairage au gaz dans une partie de cette rue (compe Parisienne).

La vallée de Fécamp est devenue tristement célèbre par le massacre des protestants. Le dimanche 26 septembre 1621, ces religionnaires revenaient de leur prêche situé à Charenton. Arrivés au Bas-Fécamp, ils furent assaillis par une troupe de furieux, de vagabonds et de voleurs armés. Ces brigands attaquèrent d'abord ceux qui étaient en carrosse; mais la résistance qu'on leur opposa les contraignit à se retirer. Ils résolurent alors d'aller piller ceux qui se trouvaient sans armes. Sur leur chemin ils arrêtèrent plusieurs bourgeois qui n'étaient pas protestants, et, sous le prétexte de s'assurer s'ils étaient bons catholiques, s'ils portaient des chapelets, ils leur enlevèrent leurs bourses qui pendaient alors à la ceinture. Cependant les protestants, après avoir soutenu le combat de la vallée de Fécamp, se disposaient à rentrer dans Paris par la porte Saint-Antoine lorsqu'ils furent assaillis de nouveau près de cette porte. Le ministre protestant cherche à calmer ces furieux en leur disant : « Ah ! messieurs, faut-il massacrer des hommes !... Le roi l'a-t-il commandé ?.. » Alors ces pages, ces laquais, ces crocheteurs se jettent sur le ministre en criant : « C'est la mort du duc de Mayenne qui est venue jusqu'ici !.. » Avec leurs épées ils lui coupent le nez et les oreilles, le mutilent d'une manière horrible, et vont promener ces glorieux débris dans la capitale.

Au coin de la rue Moreau, n° 10, était situé le couvent des Filles-Anglaises, dont nous traçons ici l'origine. Les désordres de la guerre forcèrent ces religieuses à quitter Nieuport; elles se réfugièrent à Paris en 1658 et logèrent dans une maison du faubourg Saint-Jacques. Deux ans après elles achetèrent rue de Charenton une maison et un jardin, et leur établissement fut confirmé par lettres de 1670. La première pierre de leur église avait été posée le 2 juin 1672. Ce couvent, qui avait reçu le nom de Bethléem, fut supprimé en 1790. Devenu propriété nationale, il fut vendu en trois lots les 7 et 17 vendémiaire an VIII.

CHARITÉ (HÔPITAL DE LA).

Situé dans la rue des Saints-Pères, entre les n⁰ˢ 51 et 53. — 10ᵉ arrondissement, quartier de la Monnaie.

Au XVIᵉ siècle, un Portugais nommé Jean-de-Dieu forma une association dans le but de soigner les pauvres malades. La congrégation de Jean-de-Dieu fit bientôt de rapides progrès. En 1602, Marie de Médicis installa cinq de ces religieux dans la rue où furent depuis les Petits-Augustins. En 1607, les frères de la Charité qui, suivant leurs réglements, devaient être chirurgiens et pharmaciens, furent transférés dans la rue des Saints-Pères, près de la chapelle Saint-Pierre, où ils célébraient l'office divin. Cependant ils firent construire en 1613 une nouvelle église dont la dédicace sous l'invocation de saint Jean-Baptiste n'eut lieu qu'au mois de juillet 1621. Le nombre des frères de la Charité augmenta rapidement. On compta jusqu'à soixante religieux. Les libéralités de plusieurs personnes puissantes leur fournirent les moyens d'agrandir leur hôpital. En 1774, il y avait dans cet établissement 199 lits. Pendant la révolution on lui donna le nom d'*Hospice de l'Unité*. Sous le consulat sa dénomination primitive lui fut rendue. Cet hôpital compte aujourd'hui 350 lits, dont 250 pour les hommes et 100 pour les femmes qui n'y étaient point admises autrefois. En 1841, on a exécuté des travaux de construction nécessités par l'agrandissement de cet établissement.

CHARITÉ (RUE DE LA).

Commence aux rue et place de la Fidélité, n⁰ˢ 6 et 8; finit à la rue Saint-Laurent, n⁰ 13. Pas de numéro impair; le dernier pair, 4. Sa longueur est de 44 m. — 5ᵉ arrondissement, quartier du Faubourg-Saint-Denis.

Le domaine national aliéna, les 4 floréal, 27 messidor an V, et 21 thermidor an VI, trois propriétés provenant de la fabrique Saint-Laurent.

Dans les contrats de vente, l'obligation suivante fut imposée à chaque acquéreur : « Il sera tenu de fournir » quand il en sera requis, et ce, sans indemnité, le ter- » rain nécessaire pour l'ouverture d'une nouvelle rue. »

Le domaine national vendit également le 28 germinal an V, l'église, bâtiments et filature que possédaient les Filles de la Charité. Le contrat d'aliénation renfermait la clause suivante : « L'acquéreur sera tenu de suppor- » ter le percement de la nouvelle rue qui, partant de » celle Saint-Laurent, ira aboutir à la demi-portion » circulaire formant la nouvelle place projetée au-devant » du portail de l'église. » Le plan approuvé par un arrêté du directoire exécutif, du 3 frimaire an VI, fixa la largeur de cette voie publique à 10 m. Sa dénomination rappelle le couvent des Filles de la Charité dont cette rue occupe une petite partie de l'emplacement.

CHARLEMAGNE (COLLÉGE ROYAL).

Situé dans la rue Saint-Antoine, n⁰ 120. — 9ᵉ arrondissement, quartier de l'Arsenal.

Il occupe les bâtiments de l'ancienne maison professe des Jésuites. (Voir l'article *Louis et Saint-Paul*, église Saint-).

C'est un des quatre colléges créés par la loi du 1ᵉʳ mai 1802. Le nom illustre de Charlemagne lui a été donné, pour honorer la mémoire de cet empereur, fondateur en 781 d'une école qui fut le berceau de l'Université de Paris.

Au palais de l'Elysée, le 21 mars 1812. — « Napo- » léon, empereur, etc....., nous avons décrété et dé- » crétons ce qui suit : — Art. 2. Les lycées Char- » lemagne, Impérial et Napoléon sont agrandis, etc... » — Art. 12. Le lycée Charlemagne sera agrandi » de manière à recevoir 400 élèves pensionnaires. — » Art. 13. Les trois propriétés appartenant aux sieurs » Leclerc, Debret et héritiers Legros, et terminées par » les rues des Prêtres-Saint-Paul et Percée, seront réu- » nies à ce lycée et acquises pour cause d'utilité publi- » que, etc. Signé Napoléon. » — Ce décret a été modifié en ce qui concernait les pensionnaires seulement.

Le collége Charlemagne, qui ne reçoit que des externes, compte 830 élèves. Il obtient chaque année au concours les plus brillants succès.

CHARLEMAGNE (PASSAGE).

Commence à la rue des Prêtres-Saint-Paul, n⁰ 18; finit à la rue Saint-Antoine, n⁰ 102. — 9ᵉ arrondissement, quartier de l'Arsenal.

Ce passage, qui tire son nom du collége Charlemagne près duquel il est situé, n'est public que depuis 1825.

CHARLES (CITÉ SAINT-).

Située dans la rue Saint-Dominique-Saint-Germain, n⁰ 115. — 10ᵉ arrondissement, quartier des Invalides.

C'était autrefois une cour des Miracles qui servait de rendez-vous aux gueux de toute espèce. A l'époque de la révolution, on n'y voyait qu'un amas de bicoques où logeaient des conducteurs de voitures et des blanchisseuses. Cette propriété, mise alors en loterie, fut gagnée par un nommé Osmond, porteur de chaises. En 1826, elle prit la dénomination de cité *Saint-Charles*, et fut augmentée vers 1830 d'un grand bâtiment par le propriétaire actuel.

CHARLOT (RUE).

Commence à la rue de Bretagne, n⁰ˢ 36 et 38; finit au boulevart du Temple, n⁰ˢ 25 et 29. Le dernier impair est 47; le dernier pair, 26. Sa longueur est de 322 m. — 6ᵉ arrondissement, quartier du Temple.

Ouverte en 1626 sur la culture du Temple, elle reçut

— CHA —

alors le nom de rue d'*Angoumois*. Sa largeur fut fixée à 7 m. 60 c. — Claude Charlot, qui de pauvre paysan du Languedoc devint riche financier, ayant fait bâtir plusieurs maisons dans cette rue, le peuple lui donna le nom de Charlot. En 1694 cette voie publique fut prolongée depuis les rues Vendôme et Boucherat jusqu'au boulevart; l'administration municipale donna alors à cette nouvelle partie le nom de rue *Bosc*. — Claude Bosc, seigneur d'Ivry-sur-Seine, procureur-général de la cour des aides, fut élu prévôt des marchands le 16 août 1692 et remplit cette importante fonction jusqu'au 16 août 1700. Il fut nommé conseiller d'État. Le nom de Bosc fut bientôt oublié, et le peuple s'obstina à donner à toute cette voie publique la dénomination de rue Charlot que le temps a consacrée. — Une décision ministérielle du 14 thermidor an VIII, signée L. Bonaparte, avait fixé la moindre largeur de cette voie publique à 8 m. Cette moindre largeur a été portée à 10 m. en vertu d'une ordonnance royale du 6 février 1828. Les maisons n°s 4, 45 et 47 ne sont pas soumises à retranchement; le surplus des constructions du côté des n°s impairs devra reculer de 1 m. 10 c. à 1 m. 70 c. La maison n° 2 devra reculer de 1 m. 30 c.; celles de 6 à 24, retranchement de 80 c. à 1 m. 10; c. enfin la propriété n° 26 est assujétie à un reculement de 2 m. 20c. — Conduite d'eau depuis la rue Boucherat jusqu'au boulevart. — Éclairage au gaz (comp^e Lacarrière).

CHARONNE (RUE DE).

Commence à la rue du Faubourg-Saint-Antoine, n°s 65 et 67; finit aux chemins de ronde des barrières de Fontarabie et de Montreuil. Le dernier impair est 203; le dernier pair, 184. Sa longueur est de 1607 m. — 8e arrondissement. Les n°s 1 à 15 et tous les pairs sont du quartier du Faubourg-Saint-Antoine; les n°s 17 jusqu'à 203 font partie du quartier Popincourt.

Ce n'était qu'un chemin sous le règne de Louis XIII. Cette voie publique doit son nom au village de Charonne auquel elle conduit. — Une décision ministérielle du 18 messidor an IX, signée Chaptal, fixa la moindre largeur de cette voie publique à 12 m. Cette moindre largeur est portée à 14 m., en vertu d'une ordonnance royale du 6 mai 1827. Les constructions ci-après ne sont pas soumises à retranchement : 11, 19, 21, 23; les deux encoignures de la rue Neuve-Lappe, 39, 73, 75, 95, 97, 99, 135, 145, 149, 163, 165, de 2 à 18 inclusivement, 40, 58, 92, de 138 à 146, 168, 170, 172 et 174. — Égout depuis la rue du Faubourg-Saint-Antoine jusqu'à la rue Basfroi. — Conduite d'eau dans presque toute l'étendue. — Éclairage au gaz (comp^e de Belleville).

Au n° 86 est située l'entrée de la communauté des Filles de la Croix. Ces religieuses de l'ordre de Saint-Dominique habitèrent d'abord une maison dans le faubourg Saint-Marcel. En 1636 elles s'établirent dans la rue *Plâtrière* (aujourd'hui Jean-Jacques Rousseau), puis dans la rue Matignon du Louvre. Le 21 juin 1639, ces religieuses achetèrent une maison située rue de Charonne, où elles firent construire un monastère qu'elles vinrent occuper au mois d'août 1641. Mademoiselle Ruzé d'Effiat fournit aux frais de ce dernier établissement, dont elle est considérée à juste titre comme fondatrice. Son cœur a été déposé dans le sanctuaire de l'église. Ce couvent, supprimé en 1790, devint propriété nationale, mais ne fut point aliéné.

Le 17 mars 1817, les religieuses de la Croix rentrèrent en possession de leur couvent.

Au n° 88, on voyait l'entrée de la communauté des religieuses de la Madeleine de Trainel. Elle fut fondée en Champagne au lieu dit *de Trainel*, vers le milieu du XIIe siècle. En 1654, elle achetèrent une grande propriété située dans la rue de Charonne et y firent bâtir une chapelle dont la reine Anne d'Autriche posa la première pierre. Ces religieuses étaient soumises à la juridiction de l'archevêque; le garde-des-sceaux d'Argenson fut un de leurs bienfaiteurs. Ce magistrat augmenta les bâtiments et les revenus de ce couvent, fit décorer l'église, et suivant ses dernières volontés son cœur fut déposé dans la chapelle de Saint-René. Dans la suite la duchesse d'Orléans, qui avait fixé son séjour dans cette maison, y fit construire plusieurs vastes bâtiments. Cette communauté, qui contenait en superficie 16,153 m., fut supprimée en 1790, devint propriété nationale, et fut vendue le 5 brumaire an X.

Au n° 95 était situé le prieuré de Notre-Dame de Bon-Secours. Il fut fondé en 1648 par la dame Claude de Bouchavanne, veuve du sieur Vignez, conseiller du roi. Ayant obtenu l'autorisation nécessaire, elle acheta une maison située dans la rue de Charonne et y plaça en qualité de prieure Madeleine-Emmanuelle de Bouchavanne, sa sœur, qui avait été religieuse au monastère de Notre-Dame de Soissons. Cet établissement fut approuvé en juillet 1667, par lettres-patentes enregistrées le 16 mai 1670. L'église et le couvent réparés, agrandis en 1770 et 1780 par l'architecte Louis, furent supprimés en 1790. Devenue propriété nationale, cette maison religieuse qui contenait en superficie 13,502 m., fut vendue en deux lots les 21 floréal an VIII et 5 brumaire an X. — Dans les bâtiments de ce monastère, un des hommes dont l'industrie française doit le plus s'honorer, *Richard-Lenoir* créa un magnifique établissement destiné à la filature du coton, et concourut noblement à affranchir son pays du tribut qu'il payait à la fabrication étrangère. Aussi l'empereur, dans les courts instants qu'il dérobait à sa gloire militaire, voulut-il récompenser dignement l'habile filateur.

Un jour il se rendit, accompagné de sa famille, à une fête magnifique préparée par Richard-Lenoir. Là, l'empereur, après avoir complimenté l'honorable fabricant, lui remit lui-même la décoration de la Légion-d'Honneur, en ajoutant ces paroles flatteuses : « Nous » avons fait l'un et l'autre une rude guerre à l'indus- » trie anglaise, mais jusqu'à présent le fabricant a été » plus heureux que l'empereur. » — Les événements

— CHA —

politiques ont entraîné la ruine de l'établissement de Richard-Lenoir et tranché trop tôt cette honorable existence.

Dans les bâtiments jadis occupés par la belle filature dont nous venons de parler, existe depuis quelques années une institution dont la nature et l'importance ne sont pas sans quelque analogie avec ce qui précédait : nous voulons parler de l'*École des arts industriels et du commerce*, fondée en 1832 par M. Pinel-Grandchamp et dirigée par lui avec un zèle et une habileté qui ont imprimé à cette création un caractère remarquable d'utilité publique. Grâce à l'enseignement de toutes les sciences qui se rattachent à la haute industrie, comme aussi par la force des études, par la distinction des professeurs et la composition du conseil de perfectionnement où figurent les sommités de la science, cette institution a pris rang parmi les établissements qui répondent le mieux aux besoins de l'époque actuelle. — La galerie magnifique où fut donnée la fête impériale a été conservée presque dans son état primitif ; elle forme aujourd'hui une espèce d'académie de dessin. Ce respect, cette religion des souvenirs, honorent le fondateur de cet établissement. Il a senti qu'il existait entre la pratique des arts industriels et leur enseignement des rapports si intimes que la gloire de la première se reflète sur l'autre ; et puis c'est une heureuse manière de stimuler le zèle des élèves que d'honorer la mémoire des hommes qui ont, comme Richard-Lenoir, si noblement concouru aux progrès de notre industrie nationale.

CHARTIÈRE (RUE).

Commence aux rues Saint-Hilaire, n° 11, et Fromentel ; finit à la rue de Reims, n° 8. Le dernier impair est 15 ; le dernier pair, 14. Sa longueur est de 110 m. — 12e arrondissement, quartier Saint-Jacques.

Cette rue était presque entièrement bordée de constructions vers 1260. En 1300 elle s'appelait, selon Sauval, de la *Charretière*. Guillot et le Rôle de 1313 écrivent de la *Chareterie*. Elle est nommée rue de la *Charrière* dans l'acte de fondation du collège de Marmoutiers en 1328, et des *Charettes* par Gilles Corrozet. — Une décision ministérielle du 13 fructidor an VIII, signée L. Bonaparte, a fixé la largeur de cette voie publique à 6 m. Les propriétés situées sur les deux côtés aux encoignures de la rue de Reims, sont à l'alignement.

CHARTRES-DU-ROULE (RUE DE).

Commence aux rues de Monceau, n° 25, et de Valois, n° 1 ; finit au chemin de ronde de la barrière de Courcelles et à la barrière de ce nom. Le dernier impair est 25 ; le dernier pair, 8. Sa longueur est de 439 m. — 1er arrondissement, quartier du Roule.

C'était, avant 1778, le *chemin de Courcelles*. A cette époque, M. le duc d'Orléans fit élargir ce chemin et lui donna le nom de rue de *Chartres*, en l'honneur de son fils aîné. — Un arrêté de l'administration centrale du département de la Seine, en date du 12 thermidor an VI, porte : « *La rue de Chartres située à Monceau prendra le nom de rue de Mantoue.* » Cette dénomination lui fut donnée en mémoire de la reddition de la ville de Mantoue par les Autrichiens à l'armée Française le 14 pluviôse an V. — Une décision ministérielle du 25 messidor an X, signée Chaptal, a fixé la moindre largeur de cette voie publique à 10 m. En vertu d'un arrêté préfectoral du 27 avril 1814, elle a repris sa dénomination primitive. Aucune construction du côté des numéros pairs ne devra subir de retranchement ; le côté opposé est presque entièrement aligné. — Conduite d'eau depuis la rue de Monceau jusqu'aux deux bornes-fontaines. — Éclairage au gaz (compe Anglaise).

Au n° 4 est l'entrée du parc de Monceau que M. le duc d'Orléans fit dessiner en 1778.

CHARTRES-SAINT-HONORÉ (RUE DE).

Commence à la rue Rohan, n° 2, et à la place du Carrousel ; finit à la place du Palais-Royal, n° 237, et à la rue Saint-Thomas du Louvre, n° 19. Le dernier impair est 25 ; le dernier pair, 18. Sa longueur est de 123 m. — 1er arrondissement, quartier des Tuileries.

Elle a été ouverte sur l'emplacement de l'hôpital royal des Quinze-Vingts, en vertu des lettres-patentes du 16 décembre 1779, registrées au parlement le 31 du même mois. Cette rue fut exécutée sur une moindre largeur de 7 m. 80 c., et reçut le nom de *Chartres* (*voyez* l'article précédent). — Par arrêté de l'administration centrale du département de la Seine, en date du 2 thermidor an VI, elle prit le nom de rue de *Malte*, en commémoration de la prise de Malte par les Français le 12 juin 1798, lors de l'expédition d'Egypte. — Un arrêté préfectoral du 27 avril 1814 a rendu à cette voie publique sa dénomination primitive. Il n'existe pas d'alignement arrêté pour cette rue. — Conduite d'eau. — Éclairage au gaz (compe Anglaise).

CHARTREUX (PASSAGE DES).

Commence à la rue de la Tonnellerie, n°s 61 et 63 ; finit à la rue Traînée, n°s 7 et 9. Sa longueur est de 52 m. — 3e arrondissement, quartier Saint-Eustache.

Lettres-patentes. — « Louis..., voulons et nous plaît
» ce qui suit : Il sera ouvert, rue Traînée, vis-à-vis
» la porte latérale de l'église Saint-Eustache, suivant
» la direction indiquée au plan qu'ont fait dresser
» les curé et marguilliers, un passage de dix pieds de
» largeur, lequel sera dirigé dans la longueur de deux
» maisons ; l'une appartenant au sieur Carré, l'autre
» aux chartreux, et débouchera sous les piliers des
» halles, au coude qui se trouve rue de la Tonnellerie.
» Les chartreux pourront faire reconstruire, aux deux
» côtés du passage, un puits et une pompe en rem-

— CHA —

» placement du puits de la pointe Saint-Eustache, etc.
» Donné à Versailles, au mois de juillet de l'an de
» grâce 1779, et de notre règne, le 6e. Signé Louis. »
Ces lettres-patentes reçurent immédiatement leur exécution.

CHASTILLON (RUE).

Commence aux rues Saint-Maur et Grange-aux-Belles, no 40; finit au chemin de ronde de la barrière de la Chopinette. Le dernier impair est 19; le dernier pair, 14. Sa longueur est de 243 m. — 5e arrondissement, quartier de la Porte-Saint-Martin.

Une ordonnance royale, du 8 juin 1825 autorisa MM. Davaux, Bart, Callou et Loire, à ouvrir sur leurs terrains situés entre les rues Saint-Maur, de la Chopinette, de l'Hôpital-Saint-Louis (aujourd'hui rue Grange-aux-Belles) et le chemin de ronde, deux rues de chacune 12 m. de largeur. Les conditions suivantes furent imposées à ces propriétaires : de supporter les frais de premier établissement du pavage et de l'éclairage des nouvelles rues et d'y établir des trottoirs de 1 m. 50 c. de largeur; de faire concorder les moyens d'écoulement d'eau, au-dessus et au-dessous du sol, dans lesdites rues, avec le système général des conduites d'eaux souterraines, adopté par l'administration et sous la direction des architectes de la ville ; de se conformer aux lois et réglements en vigueur sur la voirie de Paris. Ces deux rues furent immédiatement tracées, et on eut l'intention de leur donner les noms des architectes qui avaient fait construire l'hôpital Saint-Louis. On fit, en conséquence, inscrire les noms de *Chatillon* et *Claude Villefosse*. En 1840, lors du renouvellement des plaques de ces deux voies publiques, on a reconnu que l'ortographe de ces noms était vicieuse, et la véritable a été rétablie. Ce fut Claude Chastillon, né à Châlons en Champagne, en 1547, qui donna les dessins pour la construction de l'hôpital Saint-Louis. Cet architecte mourut en 1616. Claude Vellefaux suivit les travaux de construction.

CHAT-BLANC (IMPASSE DU).

Située dans la rue Saint-Jacques-la-Boucherie, entre les nos 42 et 44. Le dernier impair est 3 ; le dernier pair, 6. Sa longueur est de 23 m. — 6e arrondissement, quartier des Lombards.

Elle existait vers l'année 1300 et doit son nom à Gilles Chablanc, qui était boucher à la grande boucherie en 1315. La dénomination actuelle n'est qu'une altération de la première. — En vertu d'une décision ministérielle du 22 avril 1826, et d'un arrêté du préfet de police en date du 12 mai suivant, l'entrée de cette impasse est fermée par une grille. Sa largeur actuelle est de 1 m. 20 c. Elle n'a jamais été alignée.

— CHA —

CHATEAUBRIAND (AVENUE).

Commence à la rue de l'Oratoire ; finit à l'avenue des Champs-Elysées, no 156. Le dernier impair est 21; le dernier pair, 22. Sa longueur est de 460 m. — 1er arrondissement, quartier des Champs-Elysées.

Elle a été ouverte en 1825, sur l'emplacement de l'ancien jardin Beaujon. Sa largeur est de 14 m. C'est une propriété particulière. On lui a donné le nom de l'illustre auteur du *Génie du Christianisme*.

CHATEAU-LANDON (RUE DE).

Commence à la rue du Faubourg-Saint-Martin, nos 287 et 289; finit aux chemins de ronde des barrières des Vertus et de La Villette. Le dernier impair est 21 ; le dernier pair, 24. Sa longueur est de 491 m. — 5e arrondissement, quartier du Faubourg-Saint-Denis.

Le plan de Jaillot l'indique comme un chemin sans dénomination. Verniquet la désigne sous le nom de rue du *Château-Landon*. Cette rue est ainsi appelée parce qu'elle se dirige vers le village de Château-Landon. — Deux décisions ministérielles, l'une à la date du 13 thermidor an VI, l'autre du 6 mars 1820, fixèrent la moindre largeur de cette voie publique à 10 m. En vertu d'une ordonnance royale du 29 novembre 1826, cette moindre largeur est portée à 15 m. Les propriétés nos 2, 6 et 14 sont alignées. — Conduite d'eau dans une partie de cette voie publique.

CHATELET (PLACE DU).

Commence aux quais de la Mégisserie et de Gesvres ; finit aux rues Saint-Denis et de la Vieille-Place-aux-Veaux. Le dernier impair est 3 ; le dernier pair, 6. — Les impairs sont du 4e arrondissement, quartier du Louvre; les pairs, du 7e arrondissement, quartier des Arcis.

Elle a été formée sur l'emplacement du grand Châtelet, démoli en 1802. Nous donnons ici quelques détails sur cet ancien édifice et sur l'origine des rues qui ont été supprimées entièrement ou en partie pour donner à cette place une figure régulière. Nous ne suivrons pas tous les écrivains dans leurs dissertations plus ou moins obscures sur l'origine du Châtelet. Gilles Corrozet a pensé que, si Julien l'Apostat n'en était point le fondateur, ce titre appartenait sans doute à l'un des princes qui lui succédèrent. Malingre et le commissaire Delamare en font remonter l'origine à César. Le nom de *chambre de César* que portait de temps immémorial une des salles de ce monument et l'inscription *Titulum Cæsaris*, gravée sous une arcade et qui subsistait encore à la fin du XVIe siècle, semblaient donner à cette assertion une espèce de vraisemblance, mais ces conjectures n'ont pu paraître suffisantes au savant et judicieux Jaillot. Cet écrivain pense qu'en nommant ainsi cette chambre, et en gravant ces mots sur la porte d'un bureau, on a seulement voulu indiquer le droit du prince auquel le tribut était dû et l'endroit où il se percevait.

— CHA —

Ce tribut des Parisiens devait être acquitté à l'entrée de la ville ou de la cité, sur les marchandises qui arrivaient par eau en cet endroit, « d'où quelques auteurs, ajoute » Jaillot, l'ont appelé, quoique mal à propos, l'*apport* » *de Paris*. Le parloir aux bourgeois, c'est-à-dire la » juridiction de la ville y était située, et ces deux cir- » constances suffisent pour autoriser la dénomination » de *chambre de César* et l'inscription *Titulum Cesa-* » *ris*. » Ce n'est qu'à partir du règne de Louis VII, fils de Louis-le-Gros, qu'on trouve des preuves certaines de l'existence du Châtelet. Dans une charte de ce roi, de l'an 1147, on lit qu'il fit don à l'abbaye de Montmartre de la place des Pêcheurs, sise entre la maison des Bouchers et le Châtelet du roi, *inter domum carnificium et regis castellucium*; ces mots, *châtelet du roi*, qui, dans aucun acte postérieur ne sont plus réunis, semblent indiquer le Châtelet bâti par le roi. Il nous paraît donc probable que Louis-le-Gros, à la place d'une tour en bois qui s'élevait sous la seconde race à l'extrémité septentrionale du Pont-au-Change, fit construire une autre tour ou forteresse beaucoup plus grande. Le Châtelet, siège du prévôt, fut agrandi par suite des acquisitions qui furent faites en 1242, 1257, 1258, 1260 et 1265. Les bâtiments du grand Châtelet tombaient en ruines en 1460, Charles VII transféra sa juridiction au Louvre. Malgré les dons considérables que fit Charles VIII, en 1485, pour subvenir à la dépense qu'occasionnaient les réparations du Châtelet, cet édifice ne se trouva dans une situation convenable qu'en 1507. Louis XII ordonna alors aux officiers du Châtelet d'aller y continuer leurs séances. En 1657, de nouvelles réparations obligèrent d'en faire sortir ce tribunal qui, cette fois, fut établi aux Grands-Augustins. En 1672, le roi manifesta l'intention de faire construire un nouveau Châtelet plus spacieux, plus commode que l'ancien. En 1684, l'exécution de ce projet fut commencée. On acheta trois maisons ainsi que l'église Saint-Leufroy. Les salles furent reconstruites et leur nombre augmenté; il ne resta que plusieurs tours de l'ancien édifice sous lequel était pratiqué un passage étroit, obscur, qu'on était obligé de traverser pour communiquer du Pont-au-Change à la rue Saint-Denis.

Juridiction du Châtelet. — Pour se livrer aux seules fonctions militaires, les comtes abandonnèrent le soin de rendre la justice à des substituts ou lieutenants qui, dans le Languedoc et dans plusieurs autres provinces voisines, étaient appelés *Viguiers*, et partout ailleurs, *Prévôts*. Le comté de Paris fut réuni à la couronne sous Hugues-Capet. On y établit un prévôt, c'est-à-dire un lieutenant préposé par le roi pour rendre la justice au nom du monarque. On ignore l'époque précise de cet établissement à Paris, mais il est certain qu'il subsistait en 1060 et 1067. Deux chartes datées de ces mêmes années, et données en faveur de Saint-Martin-des-Champs par les rois Henri Ier et Philippe Ier, sont souscrites par Etienne, prévôt de Paris, *Præpositus Parisiensis*. L'auteur du Grand-Coutumier, qui écrivait sous

— CHA —

Charles VI, nous apprend que le prévôt de Paris avait trois juridictions, l'une ordinaire qui était la connaissance du siége du Châtelet, et deux déléguées qui étaient la conservation des priviléges royaux, de l'Université et la criée des maisons; c'était la seule juridiction du royaume qui eût le droit d'avoir continuellement un dais au-dessus de son principal siége, comme étant la place du roi. A l'entrée de Charles VII, le 12 novembre 1437, le Châtelet marchait après la ville et avant le parlement; on sait que dans ces sortes de cérémonies le dernier rang était le plus honorable. Le prévôt de Paris était chef de la noblesse et commandait à l'arrière-banc, sans être, comme les baillis et sénéchaux, assujetti aux gouverneurs. Il avait le droit d'assister aux états-généraux, comme premier juge ordinaire et politique de la capitale du royaume. Son habillement était semblable en tout à celui des ducs et pairs. Il portait un bâton de commandement couvert d'une toile d'argent ou de velours blanc. Il avait douze gardes de *toute ancienneté* qui, en vertu d'un arrêt de 1566, portaient hoquetons et hallebardes, le suivaient à l'audience et l'escortaient dans la ville. Le prévôt, gardien des priviléges des bourgeois de Paris, avait seul le droit de faire arrêter leurs débiteurs forains; ce droit lui avait été donné par Louis-le-Gros en 1134. La charge de prévôt était toujours remplie. Dès qu'on apprenait la mort ou la démission du titulaire, elle passait au procureur du parlement. Le roi reprenait le bâton de commandement qu'il remettait lui-même à celui qu'il nommait à cette haute fonction. Le prévôt de Paris était, comme nous l'avons dit, le conservateur des priviléges de l'Université, et c'est pour cette conservation que Philippe-Auguste ordonna par ses lettres de l'an 1200, que le prévôt de Paris prêterait serment à l'avenir entre les mains du recteur de l'Université. Le prévôt de Paris était installé au Châtelet par un président à mortier et par quatre conseillers de la grand'chambre du parlement de Paris. Le président à mortier lui disait alors : « Je » vous installe dans la charge de prévôt de Paris, pour » l'exercer dignement et au contentement du roi et du » public. » — Le roi Henri II, par son édit du mois de mars 1551, établit un présidial au Châtelet. Il était composé de vingt-quatre conseillers. Louis XIV, par édit du mois de février de l'an 1674, supprima presque toutes les justices particulières possédées par divers seigneurs dans la ville, faubourgs et banlieue de Paris, et les incorpora à la justice du Châtelet. Par un autre édit du mois d'août de la même année, sa majesté créa un nouveau présidial, et voulut qu'il eût les mêmes pouvoirs et autant d'officiers que l'ancien Châtelet. Il mit également des bornes au ressort de l'un et de l'autre; mais l'expérience ayant fait connaître les inconvénients de ces deux tribunaux toujours en rivalité, un édit du roi, de septembre 1684, cassa le nouveau Châtelet et le réunit à l'ancien pour exercer désormais la juridiction dans toute l'étendue de la prévôté et vicomté de Paris. La justice était rendue au Châtelet par un lieutenant-général civil, un lieutenant-général de police, un lieutenant-criminel, deux lieutenants particuliers, cinquante-quatre conseillers, dont un d'épée créé en 1691, quatre avocats du roi, un procureur du roi, huit substituts, un greffier en chef, un premier huissier audiencier, plusieurs autres huissiers audienciers, un juge auditeur pour les affaires de 50 livres, un greffier en chef des auditeurs, quarante-huit commissaires, cent treize notaires, deux cent trente-cinq procureurs, trois cent quatre-vingts huissiers à cheval, deux cent quarante huissiers à verge et cent vingt huissiers-priseurs.

Prisons du Châtelet. — Tous les lieux de justice possédaient autrefois leurs prisons ; celles du Châtelet révoltaient la vue et l'odorat. Les prévenus devaient y expier leurs crimes par les tortures de leur emprisonnement préventif. Ces prisons étaient au nombre de huit, selon Sauval ; on les appelait le *Berceau*, le *Paradis*, la *Griéche*, la *Gourdaine*, le *Puits*, les *Chaînes*, la *Boucherie*, les *Oubliettes*. — Dans l'ordonnance que Henri VI, roi de France et d'Angleterre, donna au mois de mai 1425, les prisons du Châtelet se trouvaient en plus grand nombre. On en comptait quinze ; dix d'entre elles devaient être les moins horribles, les lits y étaient payés plus cher, voici leurs noms : les *Chaînes*, *Beauvoir*, la *Motte*, la *Salle*, les *Boucheries*, *Beaumont*, la *Griéche*, *Barbarie*, *Beauvais* et *Gloriette*. — Dans les comptes de la prévôté, on lit cet article : *Poulie de cuivre servant à la prison de la fosse du Châtelet* ; on descendait les prisonniers dans ce cachot, par une ouverture pratiquée à la voûte du souterrain, de la même manière qu'on descend un sceau dans un puits.

Cette fosse du Châtelet était peut-être celle qu'on nommait Chausse-d'Hypocras, où les prisonniers avaient les pieds dans l'eau croupie ; ordinairement, les malheureux qu'on y renfermait mouraient après quinze jours de détention. Un autre cachot avait reçu le nom de Fin-d'Aise ; il était rempli d'ordures et de reptiles. — Une déclaration royale du 23 août 1780, ordonna la destruction de tous les cachots construits sous terre.

Événements historiques. — Après la trahison de Périnet-le-Clerc, qui livra la porte de Buci aux troupes anglaises et bourguignonnes, les prisonniers Armagnacs furent renfermés au Châtelet. Une affreuse disette se faisait alors sentir dans la capitale. Les Parisiens voulurent se venger des Armagnacs du dehors qui ravageaient la campagne, sur les Armagnacs du dedans vaincus et malheureux. Le 21 août 1418, une troupe de furieux, dirigée par plusieurs maitres bouchers, dits *cabochiens*, vint mettre le siège devant le grand Châtelet, dans l'intention d'en égorger les prisonniers. Ces malheureux, instruits du péril qui les menace, soutiennent l'assaut en lançant des tuiles et des pierres sur leurs ennemis ; ces faibles moyens de défense ne font qu'irriter les assaillants, ils égorgent les prisonniers ou les jettent vivants du haut des fenêtres ; leurs corps en tombant sont reçus sur la pointe des piques, ou percés à coups d'épées ou de poignards. Telle fut la principale scène de l'entrée des Anglais et des Bourguignons dans Paris.

Le 14 novembre 1591, le Conseil des Seize fit arrêter et pendre sans autre forme de procès, dans la chambre du grand Châtelet, Brisson, Claude Larcher, conseillers au parlement, et Jean Tardif, conseiller au Châtelet ; ces magistrats étaient soupçonnés de favoriser le parti du roi.

Rues qui sont entrées dans la circonscription de la Place :

1° *La rue de la Joaillerie.* — Une partie de cette voie publique ayant été conservée, nous en tracerons l'origine à son ordre alphabétique.

2° *La rue Saint-Leufroy.* — Elle était située en face du Pont-au-Change. On passait en la traversant sous une voûte du grand Châtelet. En 1313, on la nommait rue *devant le Chastel*. Elle devait son dernier nom à l'église Saint-Leufroy, qui y était située, et qui fut démolie en 1684 pour l'agrandissement du Châtelet. — Le parloir aux bourgeois resta longtemps dans cette rue.

3° *La rue du Pied-de-Bœuf.* — Le premier titre qui mentionne cette voie publique est de 1437. Elle tenait son nom d'une enseigne.

4° *La rue de la Triperie.* — Elle était presque entièrement bâtie à la fin du XIIe siècle. On l'appelait, en 1210, rue des *Bouticles*, en raison des petites boutiques de tripiers qui y existaient. Au XVe siècle, c'était la rue de l'*Araigne* ; c'est ainsi qu'on désignait une espèce de croc de fer à plusieurs branches, dont se servaient les bouchers pour attacher leurs viandes. On la trouve aussi sous la dénomination de rue du *Pied-de-Bœuf*, et en dernier lieu, sous celle de la *Triperie*.

5° *La rue trop va qui dure.* — C'était plutôt un chemin qui régnait le long du grand Châtelet jusqu'à la rue Saint-Leufroy. Nous n'avons pu trouver l'origine de cette dénomination bizarre. Elle n'était connue anciennement que sous le nom général de *chemin ou grand'rue le long de la Seine*. Dans un procès-verbal de 1636, elle est nommée rue de la *Descente de la Vallée de Misère*.

Documents administratifs. — Un plan approuvé par le ministre de l'intérieur Champagny, le 11 octobre 1806, fixa la largeur de la place du Châtelet à 62 m. 50 c. Ces alignements furent modifiés par le ministre, le 21 juin 1817. On reconnut à cette époque que la fontaine du Palmier n'avait pas été construite exactement dans l'axe de la place ; il résulta de cette rectification que la largeur de la place fut réduite à 61 m. 40 c. Cette disposition, qui reçut immédiatement son exécution, a été confirmée par une ordonnance royale du 16 mai 1836. Les maisons riveraines de la place sont toutes à l'alignement. — Égout. — Conduite d'eau. — Éclairage au gaz (comp^e Française).

— CHA —

Fontaine du Palmier. — Elle a été élevée en 1808 sur les dessins de Bralle. Elle est entrecoupée de bracelets sur lesquels sont inscrits les noms des plus glorieuses batailles gagnées sous la république et l'empire. Le chapiteau de la colonne est formé de feuilles de palmier et surmonté d'une boule sur laquelle s'élève une renommée distribuant des couronnes ; cette figure et celles de la base sont de M. Bosio.

CHAT-QUI-PÊCHE (RUE DU).

Commence au quai Saint-Michel, n°s 5 et 7 ; finit à la rue de la Huchette, n°s 14 et 16. Pas de numéro. Sa longueur est de 29 m. — 11e arrondissement, quartier de la Sorbonne.

Le Censier de Sainte-Geneviève, de 1540, la nomme *ruelle des Étuves.* Plus tard on l'appela rue du *Renard.* Sa dénomination actuelle lui vient d'une enseigne. — Une décision ministérielle, du 29 nivôse an VIII, signée L. Bonaparte, a fixé la largeur de cette voie publique à 7 m. Depuis le mois d'avril 1832, cette rue est fermée à ses deux extrémités. La propriété située sur le côté gauche, à l'encoignure du quai, est alignée. Les autres constructions devront reculer de 2 m. 70 c. à 3 m. 50 c.

CHAUCHAT (RUE).

Commence à la rue Pinon, n°s 6 et 8 ; finit à la rue de la Victoire, n°s 5 et 7. Le dernier impair est 7 ; le dernier pair, 10. Sa longueur est de 215 m. — 2e arrondissement, quartier de la Chaussée-d'Antin.

Des lettres-patentes, à la date du 7 mai 1779, registrées au parlement le 29 juillet suivant, autorisèrent Jean-Joseph de La Borde, seigneur de la Ferté, vidame, conseiller, secrétaire, maison, couronne de France et des finances, à ouvrir sur ses terrains une rue de 30 pieds de largeur, qui serait nommée rue *Chauchat,* et communiquerait de la rue Chantereine (aujourd'hui de la Victoire) à celle de Provence. Ce percement fut exécuté en octobre 1779. — Le 29 juillet 1793 (an II de la république), le corps municipal, sur la demande de la citoyenne Boulanger, veuve Pinon, et du citoyen Thévenin, copropriétaires d'un terrain situé entre les rues Pinon et de Provence, leur accorda l'autorisation d'ouvrir une nouvelle communication de 30 pieds de largeur, en prolongement de la rue Chauchat jusqu'à la rue Pinon. Cette autorisation, confirmée par un arrêté du département de Paris, en date du 8 octobre 1793, n'eut point alors de suite. Ce projet, repris en 1821, donna lieu à une décision ministérielle du 27 janvier de cette année, qui fixa la largeur de ce prolongement à 9 m. 75 c. Enfin, une ordonnance royale du 3 octobre suivant autorisa le préfet de la Seine, au nom de la ville de Paris, à acquérir les portions de terrains nécessaires à l'exécution de ce projet. Ces acquisitions furent faites aussitôt. La largeur assignée à cette partie de la rue Chauchat est de

— CHA —

12 m. Les constructions situées sur le côté droit, à l'encoignure de la rue de Provence, devront reculer de 2 m. 40 c. Les autres propriétés ne sont pas soumises à retranchement. — Égout entre les rues Pinon et de Provence. — Éclairage au gaz (comp° Anglaise).

Chauchat (Jacques), écuyer, avocat au parlement, conseiller du roi, quartenier, fut élu échevin le 17 août 1778, sous la prévôté de M. de Caumartin. Il exerça cette importante fonction jusqu'en 1780.

Dans cette rue est située la nouvelle *église évangélique de la Rédemption.* Cette église, qui occupe les anciens bâtiments de la douane, a été inaugurée le 25 juin 1843, jour anniversaire de la présentation de la confession d'Augsbourg à l'empereur Charles-Quint.

CHAUDRON (RUE).

Commence à la rue du Faubourg-Saint-Martin, n°s 239 et 241 ; finit à la rue de Château-Landon, n°s 22 et 24. Le dernier impair est 9 ; le dernier pair, 18. Sa longueur est de 223 m. — 5e arrondissement, quartier du Faubourg-Saint-Denis.

Cette rue, formée au commencement du XVIIIe siècle, doit son nom à Joseph Chaudron, qui fit construire en 1718 la fontaine située à l'encoignure des rues du Chemin-de-Pantin et du Faubourg-Saint-Martin. — Une décision ministérielle, du 11 juin 1812, signée Montalivet, a fixé la largeur de la rue Chaudron à 10 m. Plusieurs constructions riveraines ne sont pas soumises à retranchement.

CHAUME (RUE DU).

Commence à la rue des Blancs-Manteaux, n°s 28 et 30 ; finit aux rues des Vieilles-Haudriettes, n° 1, et des Quatre-Fils, n° 23. Le dernier impair est 25 ; le dernier pair, 12. Sa longueur est de 251 m. — 7e arrondissement, quartier du Mont-de-Piété.

Des actes de 1290 font déjà mention de cette rue. Le mur de l'enceinte de Philippe-Auguste aboutissait dans la rue du Chaume, à l'angle qu'elle forme avec la rue de Paradis. Sous le règne de Philippe-le-Bel, une porte fut pratiquée à peu près en cet endroit. Elle fut appelée indifféremment *Porte de Braque* ou *du Chaume ;* et la rue dans laquelle on la voyait, porta successivement les noms de rue de la *Porte-du-Chaume,* de la *Porte-Neuve* et *Neuve-Poterne.* Sur le plan de Saint-Victor, elle est nommée *Grande rue de Braque,* et dans Corrozet, rue de la *Chapelle-de-Braque.* Lorsqu'elle fut prolongée jusqu'aux murs du Temple, elle prit dans toute son étendue, la dénomination de rue du *Grand-Chantier-du-Temple,* en raison d'un ancien bâtiment que les Templiers avaient fait construire, et dont l'emplacement est aujourd'hui compris dans l'hôtel des Archives du Royaume. Les actes du XVIe siècle donnent ordinairement à cette voie publique le nom de rue du *Chaume.* — Une décision ministérielle du 23 frimaire an VIII, signée Laplace, avait fixé la moindre

— CHA —

largeur de cette voie publique à 8 m. En vertu d'une ordonnance royale du 12 juillet 1837, sa largeur a été portée à 11 m. Les maisons nos 1, 3, 9, 11, 13, 15, et la maison à l'encoignure droite de la rue de Rambuteau, sont alignées; celles nos 2, 4 et 6 devront reculer de 4 m. 50 c. à 5 m. — Égout entre la rue des Blancs-Manteaux et celle de Rambuteau. — Conduite d'eau entre les rues de Paradis et des Vieilles-Haudriettes. — Éclairage au gaz (compe Lacarrière).

Le couvent des religieux de la Merci, ou de Notre-Dame de la Rédemption-des-Captifs, était situé dans cette rue, au coin de celle de Braque. A l'article de cette dernière voie publique, nous avons dit qu'Arnould de Braque y avait fondé une chapelle et un hôpital. On lit dans les registres de la chambre des comptes, que le 7 juillet 1384, Charles VI donna à Nicolas de Braque, fils du précédent, moyennant 12 deniers de cens annuel, les anciens murs avec les tours ou tourelles et les places vagues entre la porte du Chaume et celle du Temple. Nicolas de Braque y fit bâtir un hôtel, et augmenta la chapelle et l'hôpital. Ce dernier établissement était déjà détruit au commencement du XVIIe siècle, mais la chapelle, suffisamment dotée par cette famille, était encore à cette époque desservie par quatre chapelains.

Les historiens ne nous font pas connaître l'époque précise de l'introduction des religieux de la Merci en France, mais on sait d'une manière positive, que dès l'année 1515, ils avaient à Paris une maison et un collége situés dans la rue des Sept-Voies. Ils durent leur second établissement dans la rue du Chaume, à Marie de Médicis, qui leur fit donner les anciens bâtiments possédés par la famille de Braque. Le 4 novembre 1613, l'évêque de Paris approuva ce changement, qui fut autorisé par lettres-patentes du 1er août 1618. A la place des anciennes constructions, on bâtit une église et un monastère. L'ordre de la Merci, qui prit naissance à Barcelone en 1218, n'était dans son origine, qu'une congrégation de gentilshommes qui, pour imiter la charité de saint Pierre Nolasque, leur fondateur, consacrèrent leurs personnes et leurs biens à la délivrance des captifs chrétiens. Cet ordre fut approuvé par Grégoire IX, qui leur fit suivre la règle de saint Augustin.

Dans une pièce de poésie ayant pour titre : *Influence de la civilisation chrétienne en Orient*, M. Alfred des Essarts a consacré quelques beaux vers à la louange des frères de la Merci. Nous les transcrivons ici :

. . . .
. . . .
« Mais si le roi Louis, quittant son héritage,
» Alla chercher la mort aux lieux où fut Carthage;
» Si dans Byzance en feu, le Turc à sa fureur
» Immola sans pitié le dernier empereur;
» Si Rhodes, à son tour, cette île-forteresse,
» D'où sortit tant de fois la foudre vengeresse,
» Perdit ses chevaliers, Spartiates chrétiens;
» La charité du moins put rompre des liens :

— CHA —

» Elle dompta la force et fit tomber les armes
» Devant la croix du prêtre et son tribut de larmes.
» *Frères de la Merci!* Jamais nom respecté
» Ne s'inscrira plus près de la Divinité...
» Relevant par un mot le courage qui ploie,
» Des ongles du lion ils arrachaient la proie,
» Et ramenaient ensuite, heureux et triomphants,
» Aux femmes leurs époux, aux mères leurs enfants.
» Jamais la charité n'eut un plus beau symbole :
» Car ils touchaient les rois par des récits plaintifs,
» Et du pauvre lui-même acceptant une obole,
» Quêtaient par l'univers la rançon des captifs!...
» Leur immense tendresse étonnait l'infidèle;
» Ni les lointaines mers, ni la dure saison
» Ne suspendaient leurs pas ou n'émoussaient leur zèle;
» Et souvent on les vit réclamer la prison
» D'un esclave ignoré que sa longue souffrance
» Avait dépossédé des biens de l'espérance,
» Et qui se demandait en entendant leur voix
» Si Dieu s'était fait homme une seconde fois!... »

Le couvent de la Merci fut supprimé en 1790 et devint propriété nationale. Les bâtiments de cette communauté furent aliénés le 15 brumaire an VI. L'église et ses dépendances furent vendues le 9 ventôse de la même année. La longueur de la façade de cette maison religieuse était de 52 m. 10 c. sur la rue du Chaume, et de 24 m. sur la rue de Braque. Les bâtiments de ce couvent, ainsi que son église, ont été démolis quelques années après leur vente. Un marchand de charbons occupe aujourd'hui une partie de l'emplacement de l'ancienne communauté des religieux de la Merci.

CHAUMIÈRE (rue de la grande-).

Commence à la rue Notre-Dame-des-Champs, nos 38 et 40; finit au boulevart du Mont-Parnasse, nos 51 et 53. Le dernier impair est 9; le dernier pair, 12. Sa longueur est de 137 m. — XIe arrondissement, quartier du Luxembourg.

Ouverte sans autorisation en 1830, sur les terrains appartenant au sieur Chamon aîné elle reçut le nom de ce propriétaire. En 1839 elle prit la dénomination de rue de la *Grande-Chaumière*, en raison de sa proximité d'un bal public ainsi appelé et fréquenté principalement par les étudiants. Cette rue a été classée au nombre des voies publiques de Paris, en vertu d'une ordonnance royale du 14 décembre 1842, qui a imposé à Madame veuve Laplace, substituée aux droits du sieur Chamon, les conditions suivantes : de céder gratuitement à la ville le sol de la rue; de pourvoir aux premiers frais de l'éclairage et du pavage; de faire établir des trottoirs; de substituer la ville aux droits que ladite dame pourrait avoir sur les propriétés dépassant l'alignement de la nouvelle rue dont la largeur est fixée à 10 m. — Cette ordonnance oblige aussi la ville à ne céder des droits de jour et de sortie aux propriétaires dont les constructions forment saillie sur la nouvelle rue, qu'autant qu'ils consentiraient à se retirer à l'alignement.

— CHA —

Ces constructions en saillie sont situées sur le côté gauche et dans une étendue de 60 m. à partir de la rue Notre-Dame-des-Champs : elles devront reculer de 25 à 50 c. Les autres propriétés de la rue de la Grande-Chaumière sont alignées.

CHAUMONT (passage saint-).

Commence à la rue du Ponceau, n° 18; finit à la rue Saint-Denis, n° 374. — 6e arrondissement, quartier de la Porte-Saint-Denis.

Ce passage a été ouvert en 1798, sur une partie de l'emplacement de la maison religieuse des Filles-de-Saint-Chaumont ou de l'Union-Chrétienne. Nous avons dit à l'article de la rue de l'Arbalète, en parlant du couvent de la Providence, que la veuve Pollalion, avait jeté dans cette maison les fondements d'une institution dont l'objet était d'instruire les jeunes filles nouvellement converties au catholicisme, et celles qui se trouvaient sans fortune et sans appui. Anne de Croze voulut suivre le bel exemple qu'avait donné la veuve Pollalion. Elle créa un nouvel établissement dont le but était d'étendre cette bienfaisante institution. Des lettres-patentes de 1673 autorisèrent l'établissement d'une nouvelle communauté. Plusieurs legs considérables permirent à ces religieuses d'acheter l'hôtel de Saint-Chaumont. Une partie de l'emplacement que cette propriété occupait se nommait au commencement du XVIIe siècle cour *Bellot*. — Melchior Mitte, marquis de Saint-Chaumont, l'acheta en 1631, ainsi que dix autres maisons voisines. Ayant fait abattre quelques années après ces anciennes constructions, il fit bâtir un hôtel sur ce vaste terrain. Les sœurs de l'Union-Chrétienne, par contrat du 21 août 1683, en firent l'acquisition moyennant 72,000 livres. Cette maison religieuse fut supprimée en 1790. Devenue propriété nationale, elle fut vendue en trois lots le 8 messidor an III.

CHAUSSON (passage).

Commence à la rue Neuve-Saint-Nicolas, n° 22 bis; finit à la rue des Marais, n° 27. — 5e arrondissement, quartier de la Porte-Saint-Martin.

Ce passage a été construit en 1835 par M. Chausson.

CHAUVEAU-LAGARDE (rue).

Commence à la place de la Madeleine, nos 11 et 13; finit à la rue de l'Arcade, nos 6 et 8. Le dernier impair est 5, le dernier pair, 8. Sa longueur est de 59 m. — 1er arrondissement, quartier de la place Vendôme.

Une ordonnance royale à la date du 2 juin 1824 porte : qu'il sera ouvert du côté septentrional de la place de la Madeleine, à gauche et dans la largeur de 10 m. *une rue sous la dénomination de rue Chauveau-Lagarde*, aboutissant au nouveau boulevart (Malesherbes). Une autre ordonnance à la date du 2 septembre 1829, décida que cette rue s'arrêterait à celle de la Madeleine. Cependant elle n'a été exécutée que

— CHE —

jusqu'à la rue de l'Arcade. Elle a été livrée à la circulation dans le courant de février 1832. Toutes les constructions riveraines sont alignées. — Conduite d'eau. — Éclairage au gaz (compe Anglaise).

Les terrains sur lesquels cette rue a été ouverte provenaient de la maison conventuelle de Notre-Dame-de-Grâce, dite de la *Ville-l'Évêque*, dont la vente, comme propriété nationale, avait eu lieu en l'an VI.

Chauveau-Lagarde, avocat, puis conseiller à la cour de cassation, est mort à Paris le 19 février 1842, à l'âge de 85 ans. Il défendit Marie-Antoinette et Charlotte-Corday, devant le tribunal révolutionnaire.

CHEMINS (rue des quatre-).

Commence au chemin de ronde de la barrière de Charenton; finit à la grande rue de Reuilly. Pas de numéro. Sa longueur est de 428 m. — 8e arrondissement, quartier des Quinze-Vingts.

En 1789 c'était un chemin sans dénomination. Le nom qu'elle porte aujourd'hui lui a été donné en raison des quatre branches du carrefour formé par cette voie publique, les rues des Trois-Chandelles et des Trois-Sabres. On ne voit qu'un petit nombre de constructions dans la rue des Quatre-Chemins. Depuis douze ans, plusieurs clôtures ont été établies d'après un alignement qui assigne à cette voie publique une largeur de 13 m.

CHEMINS DE RONDE.

Nous avons dit à l'article *Barrières*, que les fermiers-généraux commencèrent dès 1784, la formation de la nouvelle enceinte de Paris. Ils firent l'acquisition d'une grande quantité de terrains nécessaires à l'exécution de ce vaste projet. Le premier contrat porte la date du 29 janvier 1787; le dernier est du 21 février 1791. Dans cet intervalle fut rendue l'ordonnance suivante dont nous transcrivons un extrait : « De par le roi, etc. —
» Sur ce qui a été représenté au bureau par le procu-
» reur du roi que sa majesté avoit ordonné qu'il seroit
» fait une nouvelle enceinte de Paris, dont une partie
» étoit déjà circonscrite par des murs et que le surplus
» seroit au plus tôt provisoirement achevé en planches;
» qu'il seroit aussi fait un boulevard de 15 toises de lar-
» geur pour enceindre extérieurement cette clôture et
» qu'il seroit réservé 36 pieds de largeur au long et en
» dedans de la nouvelle enceinte pour former un che-
» min d'isolement qui pût se convertir par la suite en
» une rue et que sa majesté avoit encore ordonné qu'il
» ne seroit point élevé de constructions sur les terrains
» qui resteront hors l'enceinte, qu'à 50 toises de distance
» de la clôture; et dans Paris qu'à 36 pieds de distance
» etc. Sur quoi vu le réquisitoire, la déclaration du roi
» du 10 avril 1783 et autres règlements, et ouï le rap-
» port de maitre Nicolas-Jacques Hébert de Hauteclair,
» trésorier de France, commissaire du conseil pour la
» direction du pavé de la ville, faubourg et banlieue de
» Paris, le bureau fait défenses d'élever ou de réparer

» aucuns murs de clôture et bâtiments hors la nouvelle enceinte de Paris qu'à la distance de 50 toises de la clôture et en dedans de ladite enceinte qu'à 36 pieds d'éloignement de ladite clôture ; en conséquence fait aussi défenses sous les peines portées par la déclaration du roi du 10 avril 1783 à tous propriétaires, entrepreneurs et ouvriers, d'en commencer aucunes fouilles et constructions au dedans et au dehors de ladite nouvelle enceinte sans avoir préalablement pris les permissions et alignements nécessaires. Fait pareillement défenses sous les mêmes peines de continuer aucune construction qui y soit encommencée avant d'avoir pris lesd. permissions et alignements, et ordonne que la présente sera imprimée et affichée partout où besoin sera, notamment sur les nouvelles clôtures de Paris. — Fait au bureau des finances de Paris le 16 janvier 1789. » — Cette ordonnance en ce qui concerne la largeur des chemins de ronde, a été confirmée par une décision ministérielle en date du 18 messidor an IX.

Les fermiers-généraux n'ont acheté que la moitié des terrains nécessaires à la formation des chemins de ronde, c'est-à-dire une zône de 5 m. 84 c. à partir du mur d'enceinte. Il en résulte que la ville a payé et paie les terrains qui sont livrés par les propriétaires pour l'exécution complète de l'alignement.

On compte 46 chemins de ronde dont la longueur totale est de 19,908 m. Il n'en existe pas, d'une part : entre la barrière d'Italie et le poste d'observation de la barrière d'Enfer (Les boulevarts des Gobelins, Saint-Jacques et d'Enfer forment sur ce point la limite de Paris); et d'autre part : entre les barrières de Monceau et de Courcelles, où se trouve le parc de Monceau. Ces terrains occupent une longueur de 3,460 m.

La superficie des terrains à retrancher pour l'entière exécution de l'alignement des chemins de ronde est de 8,000 m. environ.

Les chemins de ronde sur les deux rives, prennent leur dénomination de la barrière la plus rapprochée de l'amont de la Seine. Ainsi, sur la rive droite, le chemin qui s'étend de la barrière de la Rapée à celle de Bercy, s'appelle *chemin de ronde de la barrière de la Rapée....* etc.; sur la rive gauche, le chemin entre les barrières de la Gare et d'Ivry porte le nom de *chemin de ronde de la barrière de la Gare*, etc.

Les chemins de ronde ne sont pas encore pavés.

CHEMIN-VERT (PASSAGE DU).

Commence à la rue de ce nom, n° 29 ; finit au quai de Jemmapes. Le dernier impair est 9 ; le dernier pair, 6. — 8° arrondissement, quartier Popincourt.

Formé en 1834, sur les terrains appartenant à M. Mouffle, ancien maire du 8° arrondissement, ce passage doit sa dénomination à la rue du Chemin-Vert où il prend naissance.

CHEMIN-VERT (RUE DU).

Commence à la rue Amelot, n°s 22 et 24 ; finit à la rue Popincourt, n°s 31 et 33. Le dernier impair est 43 ; le dernier pair, 20. Sa longueur est de 562 m. — 8° arrondissement, quartier Popincourt.

Ce n'était encore qu'un chemin sinueux vers le milieu du XVIII° siècle. Il traversait un marais couvert d'herbages ; de là est venue sa dénomination. En 1777, on l'appelait rue *Verte*. Des lettres-patentes du mois de mai de la même année ordonnèrent que cette rue serait prolongée jusqu'au rempart, que son débouché serait vis-à-vis de la rue du Pas-de-la-Mule et qu'elle prendrait le nom de rue *Levé*. En assignant ce nom à la rue qui nous occupe, on avait l'intention d'honorer Jean-Denis Levé, écuyer, conseiller du roi, alors échevin de la ville de Paris. D'autres lettres-patentes, à la date du 2 mai 1780, changèrent la direction approuvée par les précédentes. Quant à la dénomination de rue Levé, elle ne fut jamais inscrite. — Une décision ministérielle à la date du 23 germinal an XI, signée Chaptal, ainsi qu'une ordonnance royale du 6 mai 1827, ont fixé à 10 m. la largeur de la rue du Chemin-Vert. Les constructions riveraines sont alignées, à l'exception des propriétés n°s 17, 19, 21, 23, et d'une partie du n° 29, qui devront subir un faible retranchement. — Égout dans toute l'étendue. — Conduite d'eau entre la rue Amelot et le quai de Valmy. — Éclairage au gaz dans cette partie (comp° Lacarrière).

CHEMIN VICINAL (RUELLE DU).

Commence à la rue de Picpus, n°s 5 et 7 ; finit à la place du Trône. Pas de numéro. Sa longueur est de 125 m. — 8° arrondissement, quartier des Quinze-Vingts.

Le plan de Verniquet l'indique comme un chemin bordé de vignes. La largeur actuelle de cette voie publique varie de 2 m. à 3 m. 50 c. Il n'existe pas encore d'alignement arrêté pour cette ruelle.

CHENET (RUE DU GROS-).

Commence à la rue de Cléry, n°s 13 et 15 ; finit aux rues des Jeûneurs, n° 1, et Saint-Roch, n° 7. Le dernier impair est 23 ; le dernier pair, 10. Sa longueur est de 156 m. — 3° arrondissement, quartier Montmartre.

D'anciens plans ne la distinguent point de la rue du Sentier, dont elle forme le prolongement. Elle doit son nom à une enseigne que portait autrefois une maison située au coin de la rue Saint-Roch. — Une décision ministérielle, à la date du 8 prairial an VII, signée François de Neufchâteau, fixa la moindre largeur de cette voie publique à 8 m. Cette moindre largeur est portée à 10 m., en vertu d'une ordonnance royale du 4 mai 1826. Les maisons n°s 9, 11, 13, 15, 21, 2 et 2 bis, sont alignées. La propriété n° 17 n'est soumise qu'à un léger redressement. — Conduite d'eau entre la

— CHE —

rue du Croissant et celle des Jeûneurs — Éclairage au gaz (comp⁰ Française).

CHERCHE-MIDI (RUE DU).

Commence aux rues du Vieux-Colombier, n° 33, et de Sèvres, n° 1ᵉʳ ; finit à la rue de Vaugirard, n° 134. Le dernier impair est 119; le dernier pair, 126. Sa longueur est de 1,202 m. — Les impairs de 1 à 37 sont du 11ᵉ arrondissement, quartier du Luxembourg; de 39 à la fin, et tous les numéros pairs sont du 10ᵉ arrondissement, quartier Saint-Thomas-d'Aquin.

Les rues du Cherche-Midi, des Vieilles-Tuileries et du Petit-Vaugirard, formant avant 1832 trois voies publiques distinctes, nous allons tracer un court historique de chacune d'elles : 1° *la rue du Cherche-Midi* doit son nom à un cadran, près duquel on avait peint des gens qui cherchaient midi à quatorze heures ; 2° *la rue des Vieilles-Tuileries* était ainsi nommée en raison de son voisinage de plusieurs tuileries ; 3° *la rue du Petit-Vaugirard* tenait son nom du village de Vaugirard, auquel elle conduit. L'adjectif *petit* servait à la distinguer de la rue de Vaugirard. — Une décision ministérielle du 5 vendémiaire an IX, signée L. Bonaparte, a fixé la moindre largeur de ces trois voies publiques à 10 m. — En vertu d'une autre décision du ministre du commerce et des travaux publics, à la date du 5 juin 1832, et signée d'Argout, elles ont été confondues sous la seule et même dénomination de rue du Cherche-Midi. Par suite de cette décision, le numérotage a été régularisé conformément à un arrêté préfectoral du 29 juin 1833. — Les constructions portant les numéros ci-après ne sont pas soumises à retranchement : de 11 à 21 inclusivement; de 31 à 85 inclusivement; de 93 à 101 inclusivement; 107, 119; de 14 à 34 inclusivement; 66, 76, 86, 100, 104, 106, 110, 112 et 122. — Egout : 1° entre les rues de Sèvres et du Regard ; 2° depuis la rue de Bagneux jusqu'au boulevard du Mont-Parnasse. — Conduite d'eau : 1° entre les rues d'Assas et de la Barouillère ; 2° depuis la rue Mayet jusqu'au boulevard. — Éclairage au gaz (compᵉ Française).

Au n° 23 était situé le prieuré de Notre-Dame de Consolation, dit du Cherche-Midi. Des religieuses Augustines de la congrégation de Notre-Dame, établies à Laon pour l'instruction des jeunes filles, vinrent à Paris en 1633, afin d'y former un couvent. Le 13 mai 1634, elles achetèrent des sieur et dame Barbier un emplacement dans la rue du Cherche-Midi. Autorisées par l'abbé de Saint-Germain et munies de lettres-patentes du roi, elles firent construire un monastère. Leur chapelle fut bénite sous l'invocation de Saint-Joseph, dont elles ajoutèrent le nom à celui de leur Institut. Supprimé en 1790, ce couvent qui contenait en superficie 2,714 m. fut vendu les 9 fructidor an IV, 15 brumaire an V, 24 vendémiaire, 25 pluviôse, 6 germinal, 29 prairial an VI et 8 fructidor an VIII. Dans le contrat de vente du 15 brumaire an V, l'obligation suivante fut imposée à l'acquéreur : Il sera tenu de donner le terrain nécessaire pour l'ouverture des deux rues projetées, ainsi que le tout est indiqué sur le plan, attendu que ce terrain ne fait point partie de la présente vente, etc. Cette clause n'a reçu que la moitié de son exécution. Une seule voie publique, la rue d'Assas fut ouverte sur l'emplacement du couvent du Cherche-Midi, et sur celui des Carmes, vendus l'un et l'autre avec la même obligation de livrer le terrain pour deux rues projetées. Dans les autres actes qui portent les dates des 6 germinal, 29 prairial an VI, et 8 fructidor an VIII, il est dit que l'acquéreur sera tenu de se conformer sans indemnité aux alignements arrêtés, ou qui pourraient l'être dans la suite par la commission des travaux publics.

Au n° 38 était situé le couvent du Bon-Pasteur. Marie-Madeleine de Ciz, veuve du sieur Adrien de Combé, protestante nouvellement convertie au catholicisme, fonda cet établissement en retirant chez elle quelques filles débauchées et repentantes. Louis XIV l'encouragea et l'autorisa en lui donnant une maison confisquée sur un protestant, et une somme de 1,500 livres pour la réparer convenablement. On y construisit une chapelle, et la messe y fut dite pour la première fois le jour de la Pentecôte de l'année 1686. Cet utile établissement fut confirmé par lettres-patentes du mois de juin 1698. Plusieurs personnes, excitées par l'exemple du monarque, ajoutèrent des dons considérables qui fournirent à la vertueuse et bienfaisante fondatrice les moyens d'augmenter les bâtiments et d'y loger jusqu'à 200 filles. La maison du Bon-Pasteur était composée de deux espèces de personnes : de filles qu'on nommait *sœurs*, dont la conduite avait toujours été régulière et qui se consacraient à la conversion des pénitentes, et de personnes qui, revenues des égarements de leur jeunesse, suivaient de leur plein gré les exemples des premières. Ce couvent jouissait d'un revenu de 10,000 liv. Il fut supprimé en 1790. Ses bâtiments sont maintenant occupés par l'entrepôt des subsistances des troupes qui composent la garnison de Paris.

CHEVAL-BLANC (PASSAGE DU).

Commence à la rue du Faubourg-Saint-Antoine, n° 23 ; finit à la rue de la Roquette, nᵒˢ 2 et 4. — 8ᵉ arrondissement, quartier du Faubourg-Saint-Antoine.

Construit de 1824 à 1825, il doit son nom au chantier du Cheval-Blanc, sur lequel il a été bâti.

CHEVALIER-DU-GUET (IMPASSE DU).

Située dans la place de ce nom, entre les nᵒˢ 9 et 8. Pas de numéro. Sa longueur est de 22 m. — 4ᵉ arrondissement, quartier du Louvre.

C'était en 1339 une ruelle qui n'avait alors aucune dénomination. En 1450, elle prit le nom de *ruelle de la Saunerie* ; elle aboutissait vis-à-vis de la rue ainsi appelée. En 1776, elle fut réduite à l'état d'impasse. Elle n'a jamais été alignée; aujourd'hui elle est fermée.

— CHE —

CHEVALIER-DU-GUET (place du).

Située entre les rues du Chevalier-du-Guet, n° 1, et Perrin-Gasselin, n° 7. Le dernier impair est 7; le dernier pair, 10. Sa longueur est de 30 m. — 4e arrondissement, quartier du Louvre.

Elle faisait anciennement partie du territoire dit Perrin-Gasselin. Jusqu'au milieu du XVIe siècle cette place ne fut connue que sous cette dénomination générale, qu'elle quitta alors pour prendre celle du Chevalier-du-Guet. (Voir pour l'étymologie l'article suivant.) — Une décision ministérielle en date du 12 fructidor an V, signée François de Neufchâteau, avait fixé la largeur de cette voie publique à 9 m. 50 c. En vertu d'une ordonnance royale du 19 juillet 1840, cette largeur a été portée à 10 m. Les constructions du côté gauche sont soumises à un retranchement qui varie de 50 c. à 1 m. 10 c. Celles du côté droit devront reculer de 80 c. à 1 m. 60 c. — Éclairage au gaz (compe Anglaise).

CHEVALIER-DU-GUET (rue du).

Commence à la place du même nom, n° 2, et à la rue de la Vieille-Harengerie, n° 1; finit à la rue des Lavandières, nos 16 et 18. Le dernier impair est 7; le dernier pair, 12. Sa longueur est de 47 m. — 4e arrondissement. Les impairs sont du quartier du Louvre; les pairs, du quartier des Marchés.

En 1300 et jusqu'au milieu du XVIe siècle, c'était la rue *Perrin-Gasselin*. Le nom qu'elle porte maintenant lui vient d'une maison que le roi avait acquise pour y loger le commandant ou chevalier du guet. « Il » y a grande apparence, dit Jaillot, que ce fut en con- » séquence de l'ordonnance du roi Jean, du 6 mai 1363, » que cette maison fut achetée et destinée pour les » chefs de cette compagnie. » — La rue du Chevalier-du-Guet n'a été ainsi nommée qu'au commencement du XVIIe siècle. — Une décision ministérielle du 12 fructidor an V, signée François de Neufchâteau, avait fixé la largeur de cette voie publique à 6 m. Cette largeur a été portée à 10 m., en vertu d'une ordonnance royale du 9 décembre 1838. Les maisons nos 4, 8 et 10 sont alignées. — Conduite d'eau. — Éclairage au gaz (compe Anglaise).

Il est parlé du guet de Paris dans les *Olim* du parlement (ce sont les plus anciens registres du royaume). Il y avait le guet assis et le guet royal. Les communautés des marchands et artisans étaient obligées de fournir un certain nombre d'hommes. Le chiffre en était fixé par le prévôt de Paris. Ces soldats, qui devaient se rendre à des corps-de-garde fixes, formaient ce qu'on appelait le guet assis. Le guet royal était ainsi nommé parce qu'il était composé de militaires entretenus aux frais du roi. Il comptait dans l'origine vingt sergents à cheval et vingt-six sergents à pied. Cette compagnie faisait les rondes. Le commandant est nommé *Miles-Gueti*, chevalier du guet, dans une ordonnance de saint Louis,

— CHE —

de l'année 1254. Lorsque Charles VII supprima l'ordre de l'Étoile, sa majesté voulut qu'il fût conservé seulement dans la personne du chevalier du guet. Cette charge donnait de très belles prérogatives. Celui qui en était revêtu, pouvait entrer chez le roi à toute heure, et même en bottes. Il rendait compte directement à sa majesté et prenait ses ordres. Les officiers et archers qui composaient la compagnie avaient aussi beaucoup de priviléges. A la mort du sieur Choppin de Goussangré, dernier chevalier du guet, le roi, par arrêté du 31 mars 1733, ordonna le remboursement de sa charge à ses héritiers, ne jugeant pas à propos de lui donner un successeur. On réunit dans un seul officier le commandement de toutes les compagnies d'ordonnance, tant à pied qu'à cheval. A l'époque de la révolution, le guet de Paris se composait de 69 archers à pied, de 111 à cheval et d'une troupe d'infanterie de 852 hommes.

CHEVAL-ROUGE (passage du).

Commence à la rue Saint-Martin, n° 271; finit à la rue du Ponceau, n° 19. — 6e arrondissement, quartier de la Porte Saint-Denis.

Bâti vers l'année 1800, il a pris son nom d'une enseigne.

CHEVAUX (marché aux).

Commence au boulevart de l'Hôpital, n° 28; finit à la rue du Marché aux Chevaux. Le seul impair est 1; le dernier pair, 16. — 12e arrondissement, quartier Saint-Marcel.

Sous le règne de Henri III, un Marché-aux-Chevaux fut construit sur une partie de l'emplacement de l'hôtel des Tournelles. Cet établissement occupait en 1605 un terrain qui fait aujourd'hui partie du boulevart des Capucines.

Bureau de la ville. — « Veu le placet présenté au » Roi, par François Baraujon son appotiquaire et vallet » de chambre, affin d'avoir permission et pouvoir de » faire construire et restablir le mercredy de chacune » septmaine, un second marché en l'un des fauxbourgs » de ceste ville de Paris, comme Saint-Jacques, Saint- » Victor, ou Saint-Marceau, pour y vendre et exposer » chevaux et autres bestiaux à pied fourché. Veu le » renvoy à nous faict par sa majesté, etc. Sommes d'a- » vis, après avoir faict descente sur les lieux et au » fauxbourg Saint-Victor à son bout près la Croix-de- » Clamart, que le marché que prestend establir le d. » Baraujon, soit faict et construict au dit lieu et au bout » du d. faubourg, prosche la Croix-de-Clamart, etc. » Fait au bureau de la ville le 12e avril 1639. » — Des lettres-patentes de 1659 registrées au parlement l'année suivante confirmèrent cet établissement. En 1760, on fit bâtir à l'une de ses extrémités un pavillon dont nous indiquerons la destination. Le roi voulant que ce marché ne pût être déplacé, ordonna au lieutenant-général de police d'en faire l'acquisition des sieur et dame Guil-

— CHE —

lotte. Le contrat fut dressé le 7 septembre 1787, par Gérard, notaire à Paris. Le Marché-aux-Chevaux était alors planté de quatre rangs d'arbres, formant une allée principale et deux contre-allées. Des poteaux, placés de distance en distance, servaient à attacher un nombre plus ou moins considérable de chevaux dont on ne pouvait approcher sans danger. Les premiers travaux d'amélioration ont été autorisés en 1817, et pendant leur exécution, le marché a été transféré sur le boulevart de l'Hôpital. En 1824, les travaux concernant l'essai des chevaux de trait ont été entrepris; enfin en 1830, on a déblayé un terrain sur lequel on devait faire des constructions. Le Marché-aux-Chevaux se compose de trois parties contiguës: la première, qui comprend le marché proprement dit, a son entrée principale par la rue du Marché-aux-Chevaux et occupe un espace de 55 m. de largeur sur 206 de longueur; la seconde partie, formant hache à droite, est affectée à l'essai des chevaux de trait; elle a son entrée par le marché et occupe un espace de 58 m. de longueur, ayant une largeur réduite de 50 m.; la troisième partie, servant à la vente des voitures, a son entrée principale par le boulevart de l'Hôpital; sa largeur est de 55 m. et sa longueur de 50. La première partie de cet établissement, qui est affectée spécialement à la vente des chevaux, forme une espèce de cirque composé de deux chaussées parallèles, dont la ligne de séparation devait être ornée de trois fontaines; l'une monumentale et les deux autres portant les armatures des réverbères; ces deux dernières sont exécutées et le surplus de la ligne de séparation est indiqué par des barrières et terminé par de fortes bornes. Les chevaux sont attachés à des barrières placées sur quatre rangs qui en contiennent chacun 34 et ensemble 136. Moitié de ces barrières d'attache est à droite et l'autre moitié à gauche des chaussées servant à essayer les chevaux. Presque toutes les barrières contiennent quatre chevaux et elles sont garnies de traverses mobiles et de poteaux pour garantir les passages qui sont réservés entre elles. Enfin cette partie du Marché-aux-Chevaux est plantée de six rangs d'arbres formant une allée principale et deux contre-allées doubles abritant les chevaux. Des retranchements qui sont encore à faire aux propriétés contiguës, ont empêché de placer vingt-et-une barrières faisant partie du second rang. La seconde partie, servant à l'essai des chevaux de trait, présente un plan elliptique, dont le grand axe correspond à une des fontaines ci-dessus décrites, et contient deux rampes en fer-à-cheval. Entre ces rampes est un plateau au fond duquel on a pratiqué, sous l'emplacement où les rampes se joignent, une serre voûtée contenant les voitures et les harnais servant à essayer les chevaux. La troisième partie est affectée, ainsi que nous l'avons dit, à la vente des voitures à l'encan par le ministère des commissaires-priseurs. On peut considérer comme une dépendance de ce vaste établissement le pavillon situé dans la rue du Marché-aux-Chevaux, en face de l'entrée principale; ce pavillon, construit en 1760

— CHE —

et dont il a été parlé au commencement de cet article, est une propriété communale occupée par le commissaire de police. Tous les travaux du Marché-aux-Chevaux ont été dirigés par M. Lahure, architecte.
Cet établissement a été concédé à la ville de Paris, par décret impérial du 30 janvier 1811, titre V, art. 15. — Une ordonnance de police du mois de mars 1830 porte ce qui suit : « A partir du 1er lundi de mars, » il sera ouvert à Paris un marché affecté exclusi- » vement à la vente des chevaux fins ou de luxe. » Ce marché se tiendra, tous les premiers lundis de » chaque mois, dans l'intérieur du Marché-aux-Che- » vaux, situé entre la rue du Marché-aux-Chevaux et le » boulevart du Midi. » Cet établissement avait été affermé, moyennant un loyer annuel de 17,753 fr. suivant adjudication du 24 mars 1832, à partir du 1er avril, pour 3, 6, ou 9 années. Ce bail a été renouvelé le 22 mars 1841, pour le même laps de temps et moyennant 18,525 fr. par an. — Conduite d'eau depuis la rue du marché jusqu'à la fontaine.

CHEVAUX (PASSAGE DU MARCHÉ-AUX-).

Commence à la rue des Fossés-Saint-Marcel, n° 21; finit à la rue du Marché-aux-Chevaux, n°s 16 et 18. — 12e arrondissement, quartier Saint-Marcel.

Le plan de Verniquet l'indique comme une impasse sans dénomination. Elle a été convertie en passage il y a quelques années.

CHEVAUX (RUE DU MARCHÉ-AUX-).

Commence à la rue Poliveau, n°s 29 et 31; finit au boulevart de l'Hôpital, n°s 36 bis et 38. Le dernier impair est 17; le dernier pair, 26. Sa longueur est 431 m. — 12e arrondissement, quartier Saint-Marcel.

La partie de cette voie publique comprise entre la rue Poliveau et le marché fut percée vers 1640 et reçut la dénomination de rue *Maquignonne*. Quelques années après on lui donna le nom de rue du *Marché-aux-Chevaux*. La deuxième partie, celle qui aboutit au boulevart, s'appelait originairement rue du *Chemin de Gentilly*. En 1737, elle fut désignée sous le nom de rue du *Gros-Caillou*. — Une décision ministérielle en date du 28 prairial an IX, signée Chaptal, fixa la moindre largeur de ces deux voies publiques à 10 m. Elles ont été réunies en 1806 sous la seule et même dénomination de rue du *Marché-aux-Chevaux*. Les propriétés n°s 1, 3, 11; partie du n° 18, 20, 22 bis, 24 et 26 ne sont pas soumises à retranchement. — Conduite d'eau entre la rue Poliveau et le marché.

CHEVERT (PETITE-RUE-).

Commence à la rue Chevert, n° 8; finit à l'avenue La Motte-Picquet. Pas de numéro. Sa longueur est de 36 m. — 10e arrondissement, quartier des Invalides.

Une décision ministérielle du 28 vendémiaire an XIII, signée Portalis, a fixé la largeur de cette voie publique

— CHÉ —

à 7 m. Sa largeur actuelle est de 5 m. (Voyez l'article suivant).

CHEVERT (rue).

Commence à l'avenue La Motte-Picquet; finit à l'avenue de Tourville. Le dernier impair est 9; le dernier pair, 8. Sa longueur est de 349 m. — 10e arrondissement, quartier des Invalides.

Le plan de Jaillot et celui de Verniquet l'indiquent comme un chemin sans dénomination. Le nom de *Chevert* lui fut donné vers 1802. François Chevert, lieutenant-général des armées du roi, naquit à Verdun-sur-Meuse, le 2 février 1699; il mourut à Paris le 24 janvier 1769. — Une décision ministérielle à la date du 28 vendémiaire an XIII, signée Portalis, a fixé la largeur de cette voie publique à 10 m. Les constructions situées sur le côté des numéros pairs, entre l'avenue La Motte-Picquet et la Petite-rue-Chevert, sont alignées.

CHEVREUSE (rue de).

Commencé à la rue Notre-Dame-des-Champs, nos 42 et 42 bis; finit au boulevart du Mont-Parnasse, nos 59 et 61. Le dernier impair est 5; le dernier pair, 6. Sa longueur est de 70 m. — 11e arrondissement, quartier du Luxembourg.

Le plan de Verniquet l'indique sous cette dénomination dont l'étymologie nous est inconnue. — Une décision ministérielle à la date du 13 vendémiaire an X, signée Chaptal, a fixé la largeur de cette voie publique à 8 m. La maison située sur le côté des numéros impairs à l'angle du boulevart et toutes les constructions du côté opposé sont alignées. Le surplus devra reculer de 2 m. 20 c.

CHILDEBERT (rue).

Commence à la rue d'Erfurth, nos 2 et 4; finit à la rue Sainte-Marthe, nos 4 et 9. Le dernier impair est 13; le dernier pair, 10. Sa longueur est de 79 m. — 10e arrondissement, quartier de la Monnaie.

Cette rue a été ouverte en 1715 sur l'enclos de l'abbaye, par les soins du cardinal de Bissy, alors abbé de Saint-Germain-des-Prés. Son nom lui fut donné en mémoire de Childebert Ier, roi de France et fondateur de l'abbaye Saint-Germain-des-Prés, où il fut enterré en 558. — Une décision ministérielle du 21 août 1817 a fixé à 10 m. la largeur de cette voie publique. Les constructions riveraines sont alignées. — Conduite d'eau entre la rue d'Erfurth et la place Saint-Germain-des-Prés.

CHILPÉRIC (rue).

Commence à la rue de l'Arbre-Sec, n° 9; finit à la place Saint-Germain-l'Auxerrois, n° 22. Pas de numéro impair. Ce côté est bordé par l'église Saint-Germain-l'Auxerrois. Le dernier pair est 20. Sa longueur est de 82 m. — 4e arrondissement, quartier du Louvre.

Elle faisait anciennement partie du cloître Saint-Germain-l'Auxerrois. Elle porte depuis 1806 le nom de

— CHO —

Chilpéric, roi de Soissons, mort en 584, auquel on attribue la fondation de l'église Saint-Germain-l'Auxerrois. Sa largeur actuelle varie de 4 à 7 m. — Égout du côté de la rue de l'Arbre-Sec. — Conduite d'eau depuis cette rue jusqu'à celle du Demi-Saint. — Éclairage au gaz (compe Anglaise).

CHOISEUL (passage de).

Commence à la rue Neuve-des-Petits-Champs, n° 44; finit à la rue Neuve-Saint-Augustin, n° 19. — 2e arrondissement, quartier Feydeau.

Ce passage, commencé en 1825 sur les terrains appartenant à MM. Mallet frères, a été terminé en 1827. Les travaux ont été dirigés par M. Tavernier, architecte. Ce passage a pris sa dénomination de la rue de Choiseul dont il fait le prolongement.

CHOISEUL (rue de).

Commence à la rue Neuve-Saint-Augustin, nos 14 et 16; finit au boulevart des Italiens, nos 19 et 21. Le dernier impair est 23; le dernier pair, 12. Sa longueur est de 213 m. — 2e arrondissement, quartier Feydeau.

Madame la comtesse de Choiseul, douairière, et M. le comte de Choiseul, son fils, propriétaires d'un hôtel dont le jardin s'étendait jusqu'au rempart, obtinrent, par arrêt du conseil du 26 avril 1776, l'autorisation d'ouvrir un renfoncement ou impasse de 24 pieds de largeur. Cette impasse fut immédiatement construite. Le 19 juin 1779, ils obtinrent des lettres-patentes ainsi conçues : — « Article 1er. Il sera ouvert et formé, en
» continuité du renfoncement dont la permission a été
» accordée à la dame comtesse de Choiseul, douairière,
» et comte de Choiseul-Gouffier, son fils, une nouvelle
» rue sur le terrain des jardins et bâtiments de leur
» hôtel, et à leurs dépens, dont l'une des issues sera sur
» le rempart, et l'autre rue Neuve-Saint-Augustin ; la
» dite rue sera nommée rue de *Choiseul*. Sa largeur sera
» de 24 pieds et son alignement droit et parallèle dans
» toute sa longueur. — Art. 2. Le nouveau pavé de la
» rue sera établi également aux frais des sieur et dame
» de Choiseul, etc. » — Ces lettres-patentes furent exécutées en août 1779.

Marie-Gabriel-Auguste, comte de Choiseul-Gouffier, naquit en 1752. Il fut nommé membre de l'Académie Française en 1784, puis ambassadeur à Constantinople. Pendant la révolution, le comte de Choiseul se réfugia en Russie. Il rentra en France en 1802 et mourut en 1817.

Une décision ministérielle du 23 floréal an X, signée Chaptal, fixa la largeur de la rue de Choiseul à 8 m. En vertu d'une ordonnance royale du 27 mars 1831, cette largeur est portée à 10 m. Les constructions riveraines sont soumises à un retranchement qui varie de 1 m. à 1 m. 30 c. — Conduite d'eau. — Éclairage au gaz (compe Anglaise).

CHOLETS (RUE DES).

Commence à la rue de Reims, n° 7; finit à la rue Saint-Etienne-des-Grès. Le dernier impair est 3; pas de numéro pair. Ce côté est bordé par les dépendances du collége Louis-le-Grand. Sa longueur est de 69 m. — 12e arrondissement, quartier Saint-Jacques.

L'emplacement circonscrit par les rues des Cholets, de Reims, des Sept-Voies et Saint-Étienne-des-Grès, était au XIe siècle un clos planté de vignes. On voyait à son extrémité occidentale une petite chapelle dédiée à saint Symphorien. — A la fin du siècle suivant, un chemin avait été tracé en cet endroit et portait le nom de *Saint-Symphorien*. Vers 1295 ce chemin, bordé de constructions, recevait le nom des *Cholets*, en raison du collége des Cholets dont nous tracerons l'origine. — Une décision ministérielle, à la date du 13 juin 1807, signée Champagny, a fixé la largeur de cette voie publique à 7 m. Les constructions du côté des numéros impairs sont soumises à un retranchement de 2 m. 40 c. environ. Celles du côté opposé ne sont assujéties qu'à un léger redressement.

La chapelle de Saint-Symphorien dont nous avons parlé, remontait à la plus haute antiquité. Aucun historien n'a pu fixer l'époque de sa fondation. Le premier titre qui l'indique d'une manière positive est une charte de Philippe-Auguste, de 1185. Cette chapelle tombait en ruines au milieu du XVIIe siècle et fut vendue au collége de Montaigu, par contrat du 9 septembre 1662.

Le collége des Cholets était situé dans cette rue, au n° 2. Sa fondation est due à Jean Cholet, cardinal et légat du pape en France. Ce prélat, mort le 2 août 1291, avait légué par son testament une somme de 6,000 livres pour fournir aux frais de la croisade publiée contre Pierre d'Aragon. Cette guerre se trouvant terminée à la mort de Jean Cholet, ses exécuteurs testamentaires, Jean de Bulles, archidiacre du Grand-Caux dans l'église de Rouen, et deux chanoines de l'église de Beauvais, résolurent d'affecter cette somme à la fondation d'un collége en faveur des étudiants des diocèses de Beauvais et d'Amiens. En 1504, la chapelle fut construite et dédiée à sainte Cécile. Le collége des Cholets fut réuni à l'Université en exécution des lettres-patentes du 21 novembre 1763. Les bâtiments devinrent propriétés nationales en 1792. Une partie de ce collége, la moins importante, fut vendue. Ce qui en restait fut loué par l'État. L'ordonnance royale qui suit complète l'historique de cet ancien établissement. — « Louis, etc,
» Vu l'article 23 du décret du 17 septembre 1808, portant que les bâtiments des Académies seront entretenus aux frais des villes où ils seront établis; vu le décret du 11 décembre suivant, qui donne à l'Université de France les biens meubles et immeubles ayant appartenu aux anciennes universités, académies et collèges, et celui du 9 avril 1811, qui concède aux départements, arrondissements et communes, les bâtiments occupés pour le service de l'instruction publique, etc., nous avons ordonné et ordonnons ce qui suit : — Article 1er. Les bâtiments de l'ancien collége des Cholets à Paris, sont, conformément au décret du 11 décembre 1808, réunis aux biens composant la dotation de l'Université qui sera mise immédiatement en possession. Les bâtiments seront concédés gratuitement par l'Université à notre bonne ville de Paris, à la charge par la dite ville d'en effectuer la démolition et d'en réunir le terrain au collége royal de Louis-le-Grand, sauf le retranchement nécessaire pour l'élargissement des rues des Cholets et de Saint-Étienne, etc. Donné à Paris, le 26 juin de l'an de grâce 1821 et de notre règne le 27e, signé Louis. — Par le roi : le ministre secrétaire d'État de l'intérieur, signé Siméon. »

CHOPINETTE (BARRIÈRE DE LA).

Située à l'extrémité de la rue du Buisson-Saint-Louis.

Décorée d'un bâtiment avec deux arcades entourées chacune de six colonnes, cette barrière tire son nom des guinguettes situées dans son voisinage, et fréquentées par le peuple qui va, surtout les jours de fêtes, y vider de nombreuses chopines ou chopinettes. (Voir l'article *Barrières*.)

CHOPINETTE (CHEMIN DE RONDE DE LA BARRIÈRE DE LA).

Commence à la rue du Buisson-Saint-Louis et à la barrière de la Chopinette; finit à la rue Grange-aux-Belles et à la barrière du Combat. Pas de numéro. Sa longueur est de 574 m. — 5e arrondissement, quartier de la Porte-Saint-Martin.

Voir l'article *Chemins de ronde*.

CHOPINETTE (RUE DE LA).

Commence à la rue Saint-Maur, finit au chemin de ronde de la barrière de la Chopinette. Le dernier impair est 5; le dernier pair, 16. Sa longueur est de 388 m. — 5e arrondissement, quartier de la Porte-Saint-Martin.

C'était autrefois un chemin. On n'a commencé à y bâtir que vers 1795 (même étymologie que celle de l'article de la *Barrière*). — Une décision ministérielle du 7 fructidor an X, signée Chaptal, a fixé la largeur de cette voie publique à 10 m. D'après les alignements arrêtés, les constructions riveraines ne sont généralement assujéties qu'à un faible retranchement.

CHOUX (RUE DU PONT-AUX-).

Commence aux boulevarts de Beaumarchais, n° 85, et des Filles-du-Calvaire, n° 1; finit à la rue Saint-Louis, nos 74 et 76. Le dernier impair est 25; le dernier pair, 24. Sa longueur est de 171 m. — 8e arrondissement, quartier du Marais.

A la fin du XVIe siècle, ce n'était qu'un chemin qui conduisait à des marais où l'on cultivait des choux et autres légumes. — A l'endroit où cette rue prend naissance était un ponceau ou petit pont qui servait à traverser l'égout que la rue Saint-Louis couvre aujourd'hui. Dans un procès-verbal d'arpentage du 2 janvier 1624, on voit que la rue du Pont-aux-Choux était presque entièrement construite. — Une décision ministérielle à la date du 19 germinal an VIII, signée L. Bonaparte, a fixé la largeur de cette voie publique à 10 m. Les maisons n°s 21, 14 et 20 sont alignées ; le surplus des constructions n'est soumis qu'à un faible retranchement. — Portion d'égout du côté de la rue Saint-Louis. — Eclairage au gaz (comp° Lacarrière).

CHRISTINE (RUE).

Commence à la rue des Grands-Augustins, n°s 12 et 14 ; finit à la rue Dauphine, n°s 35 et 37. Le dernier impair est 11 ; le dernier pair, 12. Sa longueur est de 96 m. — 11e arrondissement, quartier de l'Ecole-de-Médecine.

L'hôtel et collège de Saint-Denis furent vendus en vertu d'un arrêt du parlement du 9 avril 1595. Les bâtiments furent démolis et sur une partie de leur emplacement, on traça deux rues qui furent bordées de constructions vers 1607. On donna à la première le nom de rue Dauphine ; la deuxième, ouverte sur une largeur de 5 m. 84 c., fut appelée rue *Christine* en l'honneur de Christine de France, seconde fille de Henri IV et de Marie-de-Médicis. Christine naquit en 1606, épousa en 1619 Victor-Amédée, duc de Savoie, et mourut en 1663.

Une décision ministérielle à la date du 8 nivôse an IX, signée Chaptal, a fixé la largeur de la rue Christine à 7 m. Les constructions du côté des numéros impairs sont alignées. Celles du côté opposé devront reculer de 1 m. 10 c. — Bassin d'égout. — Conduite d'eau depuis la rue Dauphine jusqu'à la borne-fontaine.

CHRISTOPHE (RUE SAINT-).

Commence au parvis Notre-Dame et à la rue d'Arcole, n° 24 ; finit à la rue de la Cité, n° 51. Le côté gauche est bordé par les bâtiments de l'administration des Hospices. Le dernier pair est 18. Sa longueur est de 87 m. — 9e arrondissement, quartier de la Cité.

C'était en 1218, 1248 et 1265 la *Regraterie*. Guillot, vers l'an 1300, l'appela la *grand'rue Saint-Christofle* : elle tenait cette dénomination de l'église Saint-Christophe. — Une décision ministérielle du 13 ventôse an VII, signée François de Neufchâteau, a fixé la largeur de cette voie publique à 7 m. La maison à l'encoignure de la rue d'Arcole, celles n°s 6, 8, 10, 18, la propriété à l'angle de la rue de la Cité et les bâtiments de l'administration des Hospices, sont alignées. — Conduite d'eau.

La charte de Vandemir de 690 nous apprend qu'à cette époque il existait, à l'endroit où fut depuis l'église Saint-Christophe, une chapelle dont l'abbesse se nommait Landetrude. Ce monastère avait été placé à la proximité de la principale église, afin que les religieuses prissent soin de ses ornements et de sa lingerie, suivant l'usage établi dans plusieurs cathédrales. D'autres femmes ayant été plus tard chargées de cet entretien, le monastère fut destiné par l'évêque de Paris à servir d'hôpital. L'historien Lebeuf pense que ce changement eut lieu immédiatement après le concile d'Aix-la-Chapelle, tenu en 817. Il est certain qu'en 829 les chanoines de la cathédrale étaient dans l'usage de laver les pieds des pauvres, dans ce lieu appelé *Memoria Sancti-Christophi*. La petite église ou chapelle était alors desservie, de semaine en semaine, par deux prêtres nommés par les chanoines de Notre-Dame. Le chapitre possédait la moitié de l'hospice de Saint-Christophe, l'évêque de Paris était propriétaire de l'autre ; mais sous le roi Robert, l'évêque Renaud donna l'établissement en entier à six chanoines, et peu après l'évêque Guillaume leur céda l'église elle-même. Elle fut rebâtie de 1494 à 1510, dans un style assez gracieux. Sauval rapporte : « qu'en 1502, il existait près de Saint-Chris-
» tophe un pilier et carcan où fut attaché Guillaume
» Dubois, valet-boucher, le jour de Pasques, pour blas-
» phèmes de Dieu, par lui faits et commis, et icelui
» gardé pendant qu'on disait la grand'messe, depuis
» huit heures jusqu'à onze. » L'église Saint-Christophe fut démolie en 1747, pour agrandir le parvis Notre-Dame. Une partie de son emplacement servit aussi à la reconstruction de la chapelle des Enfants-Trouvés.

CIRQUE-OLYMPIQUE.

Situé boulevart du Temple, n° 80. — 6e arrondissement, quartier du Temple.

Vers 1780, un anglais nommé Astley établit dans la rue du Faubourg-du-Temple, n° 24, un manège et un spectacle de *voltiges*. Franconi père, chef d'une famille d'écuyers dont la réputation est européenne, le remplaça en 1784 et augmenta l'importance de ce théâtre, qui fut transféré, en 1802, dans le jardin des Capucines, et dans la rue du Mont-Thabor en 1807. Peu de temps après, MM Franconi fils retournèrent au cirque de la rue du Faubourg-du-Temple. Ce théâtre jouissait de la faveur du public, lorsqu'il fut détruit par un incendie dans la nuit du 15 au 16 mai 1826. Une nouvelle salle fut bâtie sur le boulevart du Temple et son ouverture eut lieu le 31 mars 1827. De tous les théâtres du boulevart du Temple, le Cirque-Olympique est sans contredit celui qui exerce l'influence la plus salutaire sur l'esprit de son public. Les pièces qu'on y représente sont tirées de nos annales et rappellent souvent la gloire militaire de la République et de l'Empire. On y joue quelquefois des féeries ; le luxe de leur mise en scène rivalise avec celui que déploient nos grands théâtres.

Le Cirque du boulevart du Temple est fermé pendant l'été ; c'est le moment où les écuyers, les clowns vont faire admirer au théâtre des Champs-Élysées leur force et leur agilité.

Théâtre du Boulevart. — Prix des places en 1843 : Avant-scènes et stalles du 1er rang, 4 fr. ; loges de face,

— CIS —

3 fr. ; stalles du 1er amphithéâtre et loges de côté, 2 fr. 50 c. ; balcons, 2 fr. ; 1re galerie du rez-de-chaussée, 1 fr. 50 c. ; 2e galerie et 2e avant-scènes, 1 fr. 25 c. ; 2e amphithéâtre, 1 fr.

Cirque des Champs-Élysées. — Pourtour, 2 fr. ; amphithéâtre, 1 fr.

CISEAUX (RUE DES).

Commence à la rue Sainte-Marguerite, nos 23 et 25.; finit à la rue du Four, nos 32 et 34. Le dernier impair est 11; le dernier pair, 10. Sa longueur est de 63 m. — 10e arrondissement, quartier de la Monnaie.

Ce nom lui vient d'un hôtel des Ciseaux, dont il est fait mention dans les titres de Saint-Germain-des-Prés. Le procès-verbal de 1636 la nomme rue des *Fossés-Saint-Germain.* Depuis on l'a toujours désignée sous le nom de rue des *Ciseaux.* — Une décision ministérielle du 15 vendémiaire an IX, signée L. Bonaparte, a fixé la largeur de cette voie publique à 7 m. Les constructions du côté des numéros impairs sont soumises à un retranchement de 1 m. 50 c.; celles du côté opposé doivent reculer de 1 m. 10 c. — Égout. — Éclairage au gaz (compe Française).

CITÉ (PASSERELLE DE LA).

Située entre les quais de l'Archevêché et de Bourbon.

Autrefois on voyait près de cet endroit un pont construit en bois et nommé *Pont-Rouge.* Dans les premières années de la révolution, il fut emporté par les eaux. Une loi du 24 ventôse an IX (15 mars 1801), ordonna la construction d'un nouveau pont. Les travaux furent exécutés sous la direction de M. Demoutier, ingénieur, et aux frais d'une société anonyme dont la concession, avec droit de péage, ne doit expirer qu'au 30 juin 1897. Ce pont était composé de deux travées en charpente de 31 m. chacune, sur piles et culées en maçonnerie. Dans le courant de 1842, ce pont tombait en ruine et les concessionnaires ont été autorisés à le convertir en une passerelle suspendue en fil de fer et n'ayant qu'une seule travée. Les travaux ont été achevés au mois de décembre de la même année.

CITÉ (RUE DE LA).

Commence aux rues du Haut-Moulin, n° 13, et de la Pelleterie, n° 1; finit au Petit-Pont. Le dernier impair est 51; le dernier pair, 76. Sa longueur est de 232 m. — 9e arrondissement, quartier de la Cité.

Les rues de la Lanterne, de la Juiverie et du Marché-Palu ayant été confondues sous une seule et même dénomination, nous allons rappeler l'origine de chacune d'elles.

Rue de la Lanterne. — On la désignait anciennement sous les noms de *place Saint-Denis-de-la-Chartre, place devant la croix Saint-Denis,* et place devant l'é-

— CIT —

glise *Saint-Denis-de-la-Chartre.* On la nommait aussi rue de la *Jusrie (Juiverie).* On la désigna également sous la dénomination de rue du *Pont-Notre-Dame,* parce qu'elle conduit directement au pont ainsi appelé. Dès l'année 1326, elle avait pris d'une enseigne le nom de la *Lanterne.* — Au coin septentrional de la rue du Haut-Moulin, étaient situés l'église et prieuré de Saint-Denis-de-la-Chartre. Cette église, voisine d'une prison et dédiée à saint Denis, existait probablement sous la première race de nos rois. Louis-le-Gros et la reine Adélaïde, voulant former un monastère de religieuses de l'ordre de saint Benoît, firent l'acquisition du territoire de Montmartre, des moines de Saint-Martin-des-Champs qui reçurent en dédommagement l'église de Saint-Denis-de-la-Chartre. Elle porta dès lors le titre de prieuré et fut sous la dépendance de Saint-Martin. En 1704, le prieuré de Saint-Denis fut uni à la communauté de Saint-François-de-Sales, établie vers cette époque pour servir de retraite aux prêtres infirmes ; l'église conserva cependant sa destination primitive. L'épitaphe d'un des prieurs de Saint-Denis-de-la-Chartre, prouvait que cette église avait été rebâtie au XIVe siècle. Suivant un usage assez fréquent dans les constructions de cette époque, l'église était double et dans un des côtés de la nef était une paroisse sous le titre de Saint-Gilles et Saint-Leu, dont la cure fut transférée en 1618 dans l'église de Saint-Symphorien de la Cité. En 1665, Anne d'Autriche fit rebâtir l'autel. Au-dessus de la porte on remarquait un bas-relief représentant des personnages chargés de ventres très proéminents ; ces bas-reliefs dataient du règne de Louis XI, temps où les ventres postiches étaient en pleine faveur. Comme toutes les anciennes églises, Saint-Denis-de-la-Chartre avait une crypte ou chapelle souterraine, et l'on croit qu'en 1564 existait dans cette église une confrérie de *drapiers-chaussiers* dite de *Notre-Dame-des-Voûtes,* en raison des voûtes souterraines de la crypte. L'enceinte des maisons qui environnaient cette église et qu'on appelait le *Bas-Saint-Denis,* était un lieu privilégié dépendant du prieuré. Les ouvriers pouvaient y travailler avec sûreté sans avoir besoin d'obtenir la maîtrise. L'église de Saint-Denis-de-la-Chartre qui contenait, avec ses dépendances, une superficie de 1,982 m., fut supprimée en 1790. Devenue propriété nationale, elle fut vendue en deux lots le 29 frimaire an VII et démolie peu de temps après. Une partie de son emplacement est représentée aujourd'hui par une propriété portant, sur le quai Napoléon, le n° 33.

Rue de la Juiverie. — Elle était ainsi nommée parce qu'elle était habitée au XIIe siècle par des Juifs. En horreur au peuple, exposés sans cesse à des avanies, les malheureux Juifs servaient de jouet à l'avarice des princes qui les chassaient de leur territoire pour leur prendre leurs biens et les rappelaient pour les pressurer plus tard. Les plus riches demeuraient dans les rues de la Pelleterie, de la Tixéranderie et surtout dans la rue de la Juiverie. Leurs artisans, leurs fripiers occupaient les halles ou les rues malsaines qui y aboutissaient. Ils avaient leurs écoles dans les rues Saint-Bon et de la Tacherie ; leur synagogue était située dans la rue du Pet-au-Diable. Il ne leur était pas permis de paraître en public sans une marque jaune sur l'estomac. Philippe-le-Hardi les obligea même à porter une corne sur la tête. Défense leur était faite de se baigner dans la Seine, et quand on leur faisait l'honneur de les pendre, c'était toujours entre deux chiens qu'on mettait le patient. Sous le règne de Philippe-le-Bel, leur communauté s'appelait *societas caponum*, d'où provient sans doute l'épithète injurieuse de *capon*. Il y avait dans la rue de la Juiverie un marché au blé qu'on appelait la *Halle de Beauce*. Philippe-Auguste la donna à son échanson, qui la céda à Philippe de Convers, chanoine de Notre-Dame. — Un arrêt du parlement, à la date du 23 juillet 1507, ordonna l'élargissement de la rue de la Juiverie, suivant le second alignement du maître des œuvres de la ville. L'arrêt porte : « qu'à cet effet les » maisons de la dite rue seront retranchées de part et » d'autre jusqu'à la largeur de trois toises deux pieds. » Dans cette rue était située l'église de la Madeleine. (Voir l'article de la rue de *Constantine*.)

Rue du Marché-Palu. — Elle dut ce nom, qu'elle porta dès le XIIIe siècle, au marché qu'on y voyait de temps immémorial ; son surnom de *Palu* lui venait de l'humidité de son emplacement qui resta longtemps sans être pavé.

Une décision ministérielle du 26 prairial an XI, signée Chaptal, fixa la largeur des rues de la Lanterne, de la Juiverie et du Marché-Palu, à 12 m.

Le 13 mai 1834, sur la demande des propriétaires riverains, le ministre de l'intérieur décida que ces trois voies publiques prendraient la seule et même dénomination de rue de la Cité. — Un arrêté préfectoral en date du 12 août suivant a prescrit la régularisation du numérotage.

En vertu d'une ordonnance royale du 21 mai 1843, la largeur de la rue de la Cité est portée à 15 m. pour la partie comprise entre la rue de la Pelleterie et celle du Marché-Neuf. Suivant cette ordonnance, l'exécution immédiate de l'alignement sur le côté des numéros pairs est déclarée d'utilité publique et le préfet de la Seine est autorisé à acquérir, soit à l'amiable, soit par voie d'expropriation, conformément à la loi du 3 mai 1841, les immeubles ou portions d'immeubles qui rentrent dans cet alignement. — D'après le tracé approuvé par cette ordonnance, les bâtiments n°s 19, 23, 25, 27, 41, le mur de clôture de l'administration des hospices, 10, 12, 24, 26, 28, 30, 32, 36, 38, 40, 42, 46, 56, 58 et 60, ne sont pas soumis à retranchement. — Conduite d'eau : 1° entre le quai Napoléon et la rue de la Vieille-Draperie ; 2° depuis la rue de la Calandre jusqu'à la borne-fontaine. — Éclairage au gaz (comp^e Parisienne).

CLAIRVAUX (IMPASSE).

Située dans la rue Saint-Martin entre les n°s 106 et 108. Pas de numéro. Sa longueur est de 27 m. — 7e arrondissement, quartier Sainte-Avoie.

Elle était bâtie en 1330 et formait une ruelle qui aboutissait à la rue Beaubourg. Les papiers-terriers de Saint-Martin, des années 1338 et 1355, en font mention sous le nom de *Ruelle de la Petite-Troussevache*. Les abbés de Clairvaux convertirent cette ruelle en impasse en faisant bâtir du côté de la rue Beaubourg un hôtel dont le nom rappelle ces religieux. Les abbés de Clairvaux cédèrent cette propriété aux moines de Rigny, qui la vendirent, les 19 mars et 12 avril 1788, avec d'autres bâtiments qui en dépendaient, au sieur Hussenot, marchand de dentelles, moyennant une rente foncière et non rachetable de 8,000 livres. Le sieur Hussenot obtint des lettres-patentes le 20 juin 1788, qui confirmèrent la vente faite par les religieux de Rigny. La largeur actuelle de cette impasse est de 2 m. 40 c.

CLAUDE AU MARAIS (IMPASSE SAINT-).

Située dans la rue Saint-Claude, entre les n°s 8 et 10. Le seul impair est 1 ; le dernier pair, 4. Sa longueur est de 46 m. — 8e arrondissement, quartier du Marais.

Mêmes étymologie et origine que celles de la rue Saint-Claude au Marais. — Une décision ministérielle à la date du 7 fructidor an X, signée Chaptal, a fixé la largeur de cette voie publique à 7 m. Les constructions du côté gauche sont alignées ; celles du côté opposé devront, dans la partie voisine de la rue Saint-Claude, subir un retranchement de 50 c. environ. Le surplus de ce côté devra avancer sur le sol de l'impasse.

CLAUDE AU MARAIS (RUE SAINT-).

Commence au boulevart de Beaumarchais, n°s 73 et 75 ; finit à la rue Saint-Louis, n° 52. Le dernier impair est 13 ; le dernier pair, 22. Sa longueur est de 186 m. — 8e arrondissement, quartier du Marais.

Elle a été ouverte en 1640 sur le clos Margot qui appartenait aux Célestins. En 1644, on y comptait plusieurs maisons. Elle doit son nom à une statue de Saint-Claude, qu'on voyait au coin de l'impasse ainsi appelée. — Une décision ministérielle à la date du 7 fructidor an X, signée Chaptal, fixa la largeur de la rue Saint-Claude à 7 m. En vertu d'une ordonnance royale du 8 juin 1834, cette largeur est portée à 10 m. Sur le côté des numéros impairs, les constructions de l'église du Saint-Sacrement sont alignées ; le surplus de ce côté est soumis à un retranchement de 3 m. 30 c. environ. Les maisons du côté des numéros pairs ne devront éprouver qu'un retranchement de 30 c. environ. — Égout entre le boulevart et la rue Harlay. — Conduite d'eau depuis la rue Saint-Louis jusqu'à la borne-fontaine. — Éclairage au gaz (comp^e Lacarrière).

— CLA —

CLAUDE-BONNE-NOUVELLE (RUE SAINT-).

Commence à la rue Sainte-Foy, nos 25 et 27; finit à la rue de Cléry, nos 94 et 96. Le dernier impair est 5; le dernier pair, 8. Sa longueur est de 71 m. — 5e arrondissement, quartier Bonne-Nouvelle.

Ouverte en 1660, elle prit d'abord le nom de rue *Sainte-Anne*. Sa dénomination actuelle lui vient d'une image de Saint-Claude qu'on voyait au coin de la rue de Bourbon-Villeneuve. — Une décision ministérielle à la date du 23 frimaire an VIII, signée Laplace, et une ordonnance royale du 21 juin 1826, ont fixé la largeur de cette voie publique à 10 m. Les propriétés nos 1, 2 et 4 devront reculer de 50 c. à 1 m. La maison n° 6 est alignée; les autres constructions ne sont soumises qu'à un léger redressement. — Conduite d'eau.

CLAUDE-MONTMARTRE (IMPASSE SAINT-).

Située dans la rue Montmartre, entre les nos 77 et 79. Le dernier impair est 7; le dernier pair, 4. Sa longueur est de 41 m. — 3e arrondissement, quartier du Mail.

C'était autrefois la rue *du Rempart*. Elle faisait un retour d'équerre, et aboutissait aux murs d'enceinte que la rue des Fossés-Montmartre a depuis remplacés. On la nomma ensuite rue *du Puits*. En 1641, elle fut convertie en impasse et appelée *cul-de-sac du Bout-du-Monde*, en raison de sa situation en face de la rue du Cadran, qu'on désignait alors sous le nom de rue du *Bout-du-Monde*. Une enseigne de Saint-Claude lui a fait donner sa dénomination actuelle. — Une décision ministérielle du 2 thermidor an X, signée Chaptal, a fixé la largeur de cette voie publique à 7 m.

CLEF (RUE DE LA).

Commence à la rue d'Orléans, nos 18 et 20; finit à la rue Copeau, nos 15 et 17. Le dernier impair est 31; le dernier pair, 14. Sa longueur est de 282 m. — 12e arrondissement. Les nos de 1 à 17 et de 2 à 14, sont du quartier Saint-Marcel; de 19 à la fin, quartier du Jardin-du-Roi.

Elle porta d'abord le nom de rue *Saint-Médard*, parce qu'elle conduit à cette église. Une enseigne lui a fait donner sa dénomination actuelle. — Une décision ministérielle du 7 fructidor an X, signée Chaptal, avait fixé la largeur de cette voie publique à 7 m. Cette largeur a été portée à 10 m., en vertu d'une ordonnance royale du 24 avril 1837. Les constructions du côté des numéros impairs sont soumises à un retranchement qui varie de 1 m. 80 c. à 2 m. 40; celles du côté opposé devront reculer de 1 m. 70 c. à 2 m. 90.

CLÉMENT (RUE).

Commence à la rue de Seine, nos 66 et 68; finit à la rue Mabillon. Le dernier impair est 3; le dernier pair, 12. Sa longueur est de 120 m. — 11e arrondissement, quartier du Luxembourg.

Cette rue a été ouverte, en 1817, sur l'emplacement de l'ancienne foire Saint-Germain-des-Prés. — Clément (François), religieux bénédictin de la congrégation de Saint-Maur, naquit à Bèze, près de Dijon, en 1714. Parmi les ouvrages qui ont illustré ce savant, celui qui a pour titre : *l'Art de vérifier les dates* est placé en première ligne. — Clément mourut le 29 mars 1793. Cette voie publique a été exécutée sur une largeur de 11 m. 50 c., conformément à une décision ministérielle du 12 novembre 1817. Cette dimension est maintenue par une ordonnance royale du 12 mai 1841. — Égout entre les rues de Seine et Montfaucon.

CLÉRY (RUE DE).

Commence à la rue Montmartre, n° 108 et 110; finit à la rue Beauregard, n° 62, et au boulevart Bonne-Nouvelle, n° 5. Le dernier impair est 97; le dernier pair, 100. Sa longueur est de 604 m. — Les impairs de 1 à 29 inclusivement, et les pairs de 2 à 44 inclusivement, sont du 3e arrondissement, quartier Montmartre; le surplus dépend du 5e arrondissement, quartier Bonne-Nouvelle.

Cette rue fut ouverte en août 1634, en vertu d'un arrêt du conseil du 23 novembre 1633, registré au parlement le 5 juillet de l'année suivante. Elle était en partie bordée d'habitations en 1636. Son nom lui vient de l'hôtel de Cléry, dont les dépendances aboutissaient alors aux fossés de la ville. La partie qui de la rue Poissonnière aboutit à la porte Saint-Denis, s'est appelée quelque temps rue *Mouffetard*. — Une décision ministérielle du 3 fructidor an XI, signée Chaptal, avait fixé la moindre largeur de cette voie publique à 10 m. Cette moindre largeur a été portée à 10 m. 70 c., en vertu d'une ordonnance royale du 21 juin 1826. Les maisons nos 15, 19, 21, 23, 25, 27, 29; 12, 14, 16, 18, 20, 22, 62 bis, 98, 100, et la propriété à l'encoignure du boulevart sont alignées. Celles nos 93, 95 et 97 seront supprimées entièrement pour l'exécution d'un pan coupé à l'angle de la rue Beauregard. — Conduite d'eau : 1° entre la rue Poissonnière et celle de Mulhouse; 2° depuis la rue du Gros-Chenet jusqu'à la rue Montmartre. — Éclairage au gaz (compe Française).

CLICHY (BARRIÈRE DE).

Située à l'extrémité de la rue de Clichy.

Elle se compose d'un seul bâtiment avec deux péristyles de six colonnes chaque. En 1814, une partie de la garde nationale parisienne, commandée par l'illustre maréchal Moncey, défendait la capitale de ce côté. Elle combattit avec la plus grande bravoure et ne céda qu'après l'arrivée du message qui annonçait la capitulation de Paris. Le pinceau d'un de nos plus habiles artistes a retracé avec bonheur cette page de notre histoire. (Voir l'article *Barrières*.)

CLICHY (CHEMIN DE RONDE DE LA BARRIÈRE DE).

Commence aux rue et barrière de Clichy ; finit à la rue de Constantinople et à la barrière de Monceau. Pas de

— CLI —

numéro Sa longueur est de 820 m. — 1er arrondissement, quartier du Roule.

Voir l'article *Chemins de ronde*.

CLICHY (RUE DE).

Commence à la rue Saint-Lazare, n° 80; finit aux chemins de ronde des barrières de Clichy et Blanche. Le dernier impair est 67; le dernier pair, 88. Sa longueur est de 807 m. — Les numéros impairs sont du 1er arrondissement, quartier du Roule; les numéros pairs dépendent du 2e arrondissement, quartier de la Chaussée-d'Antin.

C'était originairement le *chemin de Clichy*. Le plan de Jaillot l'indique sous la dénomination de rue du Cocq. Cette voie publique aboutissait à un château ainsi appelé, et dont l'entrée se trouvait dans la rue Saint-Lazare. Le nom de *Clichy* qu'elle porte actuellement lui vient de sa direction vers le village de Clichy. — Une décision ministérielle à la date du 28 fructidor an XII, signée Portalis, ainsi qu'une ordonnance royale du 22 mai 1837, ont fixé la moindre largeur de cette voie publique à 12 m. Les propriétés ci-après sont alignées : 1, 3, 5, 7, 9, 11, 13, 21, 23, 25, 27, 29, 31, 33, 35, 37, 39, 41, 43, 45, 47, 49, 51, 53, 53 bis, 55, 57, 57 bis, 59, 61, 63, 65, 67; 16, 20, 22, 28, 34, 36, 38, 40, 42, 44, 46, 48, 50, 52, 58, 60, 62, 64, 66, 68, 70, 72 et 74. — Égout. — Conduite d'eau. — Éclairage au gaz (compe Anglaise).

Au n° 6 est une caserne d'infanterie. — L'entrée de la prison pour dettes se trouve au n° 68. Le 10 juin 1826, la ville de Paris a fait l'acquisition, du baron Saillard, moyennant la somme de 399,200 fr., de deux hôtels sur l'emplacement desquels cette prison a été établie. — Vergniaud, l'éloquent orateur de la Gironde, demeurait dans cette rue, lorsqu'il fut mis en état d'arrestation, le 17 juin 1793.

CLICHY (RUE NEUVE-DE-).

Commence à la rue de Clichy, nos 53 et 53 bis; finit à la rue d'Amsterdam, nos 29 et 30. Le dernier impair est 9; le dernier pair, 4. Sa longueur est de 91 m. — 1er arrondissement, quartier du Roule.

Cette rue, qui n'est pas reconnue voie publique par l'administration, a été ouverte en 1839, sur les terrains appartenant à MM. Lehr et Singer. Elle a 12 m. de largeur et doit son nom à la rue de Clichy, où elle prend naissance.

CLOCHE-PERCE (RUE).

Commence à la rue Saint-Antoine, nos 27 et 29; finit à la rue du Roi-de-Sicile, nos 43 et 45. Le dernier impair est 15; le dernier pair, 18. Sa longueur est de 85 m. — 7e arrondissement, quartier du Marché-Saint-Jean.

Cette rue était bordée de constructions dès 1250. Guillot et les rôles de taxe de 1300 et 1313 l'indiquent sous le nom de *Renaut-le-Fevre* (Renaut le fabricant). Un pro-

— CLO —

cès-verbal de 1636 lui donne la dénomination de *la Cloche-Percée* dont on a fait *Cloche-Perce* par altération. Elle tirait ce nom d'une enseigne. — Une décision ministérielle du 8 prairial an VII, signée François de Neufchâteau, avait fixé la largeur de cette voie publique à 6 m. En vertu d'une ordonnance royale du 12 juillet 1837, cette largeur a été portée à 10 m. Les maisons riveraines sont soumises à un fort retranchement. — Conduite d'eau depuis la rue Saint-Antoine jusqu'à la borne-fontaine. — Éclairage au gaz (compe Parisienne).

CLOPIN (IMPASSE).

Située dans la rue Descartes, nos 13 et 17. Pas de numéro. Sa longueur est de 19 m. — 12e arrondissement, quartier du Jardin-du-Roi.

« Au palais des Tuileries, le 7 février 1809. Napo-
» léon, etc. Nous avons décrété et décrétons ce qui suit :
» — Article 1er. La Petite-rue-Clopin, qui communique
» de la rue Bordet (aujourd'hui Descartes) à celle des
» Fossés-Saint-Victor, sera supprimée dans toute sa
» partie qui sépare l'ancien collège de Boncourt du ci-
» devant collège de Navarre, depuis la rue Bordet jus-
» qu'à l'angle de la maison n° 6 de la même rue Clopin.
» Le terrain de la rue fera partie de l'enceinte de l'école,
» afin d'opérer la réunion des bâtiments et terrains de
» ces deux collèges maintenant affectés à l'école impé-
» riale Polytechnique, etc. » Ce décret ayant été exécuté, il n'est resté de cette partie de la rue Clopin que deux portions formant impasses. Celle donnant sur la rue Descartes est appelée impasse *Clopin*; l'autre portion est confondue dans la rue Clopin. — Une ordonnance royale, du 2 décembre 1829, a fixé la largeur de l'impasse Clopin à 6 m. Les constructions du côté gauche sont alignées. (*Voyez* l'article qui suit.)

CLOPIN (RUE).

Commence à la rue des Fossés-Saint-Victor, nos 18 et 20; finit à la rue d'Arras, n° 29. Le dernier impair est 5; le seul pair, 2. Sa longueur est de 63 m. — 12e arrondissement, quartier du Jardin-du-Roi.

Cette rue doit son nom à un logis bâti en 1258 et qu'on appelait *la grande maison Clopin*. Plusieurs actes du XIIIe siècle la désignent sous cette dénomination qu'on lui donnait encore dans les deux siècles suivants. Mais dès 1505 on la trouve indiquée sous le nom du *Champ-Gaillard* ou du *Chemin-Gaillard*. On appelait ainsi le chemin qui régnait en cet endroit le long des murs et la place où la rue Clopin aboutissait. Lorsqu'au XVIIe siècle on abattit les murs, les fossés furent également comblés pour y bâtir des maisons, et cette rue fut prolongée jusqu'à celle des Fossés-Saint-Victor et nommée alors rue des *Anglaises*, parce qu'elle aboutissait en face du couvent de ces religieuses. Depuis, elle a repris son premier nom dans toute son étendue. — Une décision ministérielle à la date du 3 vendémiaire an X, signée Chaptal, fixa la moindre largeur de cette

— CLO —

voie publique à 6 m. En 1810, la partie comprise entre la rue d'Arras et celle Descartes, a été presqu'entièrement supprimée. Deux faibles portions ont été cependant conservées; celle qui donne sur la rue Descartes a pris le nom d'*impasse Clopin*. — Une ordonnance royale à la date du 2 décembre 1829, a fixé la largeur de la rue Clopin à 10 m. La maison située sur le côté droit à l'encoignure de la rue des Fossés-Saint-Victor et celle portant le n° 1 bis sont alignées. — Portion d'égout du côté de la rue des Fossés-Saint-Victor.

CLOTAIRE (RUE).

Commence à la place du Panthéon, n° 7; finit à la rue des Fossés-Saint-Jacques, n°s 15 et 17. Pas de numéro. Sa longueur est de 38 m. — 12e arrondissement, quartier Saint-Jacques.

Dès le 30 floréal an XIII, le ministre de l'intérieur Champagny, pour améliorer les abords du Panthéon, prescrivit l'ouverture de cette rue dont la largeur fut fixée à 10 m. — Une autre décision rendue par le même ministre, le 13 juin 1807, confirma ces dispositions. Le procès-verbal d'alignement dressé par le conseil des bâtiments civils indique ce percement sous le nom de rue *Clotaire*. Cependant cette voie publique n'a été ouverte qu'en 1832, par suite des ventes faites par le domaine de l'Etat les 1er mars 1831 et 13 mars 1832.— Clotaire Ier, quatrième fils de Clovis, naquit en 497, et mourut à Compiègne en 558.

CLOTILDE (RUE).

Commence à la rue Clovis; finit à la rue de la Vieille-Estrapade. Pas de numéro. Sa longueur est de 173 m. — 12e arrondissement, quartier Saint-Jacques.

Le projet de ce percement figure sur un plan des abords du Panthéon, approuvé par le ministre de l'intérieur Champagny, le 30 floréal an XIII. Un procès-verbal, dressé par le conseil des bâtiments civils dans sa séance du 4 juin 1807 et approuvé le 13 du même mois par le ministre de l'intérieur, porte ce qui suit : « Il sera ouvert à travers le jardin de la cy-devant » abbaye Sainte-Geneviève, une nouvelle rue, laquelle » sera nommée rue de *Clotilde*, pour correspondre à » celle du Cheval-Vert (aujourd'hui rue des Irlandais). » Cette nouvelle rue aura 10 m. de largeur et sera » comprise entre deux lignes parallèles. » Ce percement n'a été exécuté qu'en 1841; on lui a donné 12 m. de largeur. Les terrains nécessaires à la formation de cette rue ont été cédés gratuitement par le domaine de l'Etat. — Sainte-Clotilde, épouse de Clovis Ier, mourut le 3 juin 543. Elle fut enterrée dans l'église Saint-Pierre et Saint-Paul, nommée depuis Sainte-Geneviève.

CLOVIS (RUE).

Commence à la rue des Fossés-Saint-Victor, n°s 22 et 24; finit à la rue Clotilde et au carré Sainte-Geneviève. Pas de numéro. Sa longueur est de 237 m. — 12e arron-

— CLU —

dissement. La partie qui communique de la rue des Fossés-Saint-Victor à celle Descartes est du quartier du Jardin-du-Roi; l'autre partie dépend du quartier Saint-Jacques.

1re partie comprise entre le carré Sainte-Geneviève et la rue Descartes.

Dès le 30 floréal an XIII, le projet de ce percement fut approuvé par le ministre de l'intérieur Champagny. Conformément au plan approuvé le 13 juin 1807, cette partie de rue a été ouverte dans le courant de la même année sur l'emplacement de l'église et des dépendances de l'abbaye de Sainte-Geneviève (voir l'article du *Collége royal Henri IV*). Ce percement fut exécuté sur une largeur de 10 m.; mais lors de la reconstruction de la façade du collége Henri IV, on reconnut que cette largeur était insuffisante, et les nouveaux bâtiments furent élevés d'après un alignement à 12 m. de largeur. Cette voie publique reçut la dénomination de rue *Clovis*, en mémoire de Clovis, premier roi chrétien et fondateur de l'église Saint-Pierre et Saint-Paul nommée depuis Sainte-Geneviève. Ce monarque y fut enterré avec la reine Clotilde son épouse. Leurs tombeaux furent découverts en 1807, lorsqu'on fit des fouilles pour le percement de cette voie publique.

2e partie comprise entre les rues Descartes et des Fossés-Saint-Victor.

Un décret rendu au palais des Tuileries le 7 février 1809, porte : — « Art. 2°. La nouvelle rue Clovis ou-
» verte sur l'emplacement de l'ancienne église Sainte-
» Geneviève, sera prolongée depuis la rue Descartes
» jusqu'à celle des Fossés-Saint-Victor, en remplace-
» ment de celle Clopin, supprimée par l'art. 1er. En
» conséquence, on prendra la partie nécessaire de la
» maison appartenant au collége des Irlandais, à esti-
» mation, suivant la loi du 16 septembre 1807, etc. »
— Le plan approuvé par le ministre assignait à la nouvelle rue une largeur de 10 m., qui a été maintenue par une décision ministérielle du 23 novembre 1818. Ce percement a été exécuté en partie sur les dépendances du collége de Boncourt.

CLUNY (RUE DE).

Commence à la rue des Poirées et à la place Sorbonne; finit à la rue des Grès, n°s 14 et 16. Le dernier impair est 5; le dernier pair, 8. Sa longueur est de 59 m. — 11e arrondissement, quartier de la Sorbonne.

Yves de Vergy, abbé de Cluny, fonda en 1269 un collége en faveur des religieux de Cluny. La voie publique qui longeait le côté à l'est de cet établissement prit alors le nom de rue de *Cluny*. Guillot l'appelle vers l'année 1300, *rue à l'abbé de Cligny*. — Une décision ministérielle du 8 ventôse an XIII, signée Champagny, a fixé la largeur de cette voie publique à 10 m. En vertu d'une ordonnance royale du 9 août 1826, cette rue devra être continuée depuis la rue des Grès jusqu'au prolongement de la rue Soufflot, sur les terrains provenant de l'ancien couvent des Jacobins. Les

— COC —

constructions du côté des numéros impairs sont soumises à un retranchement qui varie de 3 m. à 4 m. 30 c.; celles du côté opposé sont alignées. — Éclairage au gaz (comp⁰ Parisienne).

COCATRIX (RUE).

Commence à la rue de Constantine; finit à la rue des Trois-Canettes, n° 4. Le dernier impair est 11; le dernier pair, 16. Sa longueur est de 32 m. — 9ᵉ arrondissement, quartier de la Cité.

Cette rue, qui formait un retour d'équerre, tire son nom du fief *Cocatrix*, qui était situé entre la partie méridionale de la rue d'Arcole et la rue des Deux-Ermites. En 1300, un nommé Cocatrix y demeurait. — Une décision ministérielle du 13 ventôse an VII, signée François de Neufchâteau, a fixé la largeur de cette voie publique à 6 m. En 1843, la partie qui formait retour sur la rue d'Arcole a été supprimée. Les propriétés du côté des numéros impairs ont avancé sur l'alignement de la rue de Constantine. La maison n° 7 n'est pas soumise à retranchement.

COCHIN (HOSPICE).

Situé dans la rue du Faubourg-Saint-Jacques, n° 45. — 12ᵉ arrondissement, quartier de l'Observatoire.

En parlant de cet établissement consacré à la bienfaisance publique, c'est un devoir pour nous de rappeler l'existence modeste de son fondateur. Jean-Denis Cochin naquit à Paris le 17 janvier 1726, dans le voisinage de l'église Saint-Jacques-du-Haut-Pas, dont il devait être curé pendant les vingt-sept dernières années de sa vie. Accueilli dans son enfance par le supérieur-général des Chartreux, le jeune Cochin sentit bientôt se révéler en lui une vocation décidée pour l'état ecclésiastique. Il fut élevé au séminaire Saint-Magloire et reçu docteur avec distinction. Bienfaisant par caractère, on le vit bientôt se dévouer à l'instruction des pauvres. Cochin avait à peine trente ans, lorsqu'il eut l'honneur d'être appelé à la cure de Saint-Jacques-du-Haut-Pas. Dix ans après, vers 1765, sévissait à Paris une contagion meurtrière, si heureusement neutralisée depuis par l'inoculation de la vaccine. Ce fut pour le curé Cochin une occasion de déployer le zèle et la charité qui remplissaient son âme. De nombreux amis lui proposèrent de déléguer le soin des malades variolés à ceux de ses vicaires qui déjà avaient subi l'influence de la maladie: « Nullement, répondit » le pasteur; que diriez-vous d'un soldat qui deman» derait son congé en temps de guerre? » — Le dévouement de Cochin pour ses paroissiens, loin de s'affaiblir, devenait chaque jour plus ingénieux et plus actif. Le faubourg Saint-Jacques était habité en grande partie par des ouvriers qui travaillaient aux carrières voisines. Le quartier ne possédait point d'infirmerie, et l'on était obligé de transporter les pauvres blessés à l'Hôtel-Dieu. Souvent les secours étaient

— COL —

donnés trop tard. La sollicitude du bon curé remédia à cet état de choses. Se souvenant de cette parole du Seigneur : « Quiconque ne renonce pas à tout ce qu'il » possède ne peut être mon disciple, » Cochin aliéna sa fortune, c'est-à-dire quinze cents livres de revenu, employa l'argent à l'acquisition d'un terrain sur lequel s'éleva un établissement que le modeste fondateur appelait : *Hospice de la paroisse Saint-Jacques-du-Haut-Pas*. La première pierre fut posée par deux pauvres de la paroisse, élus en assemblée de charité, comme étant les plus dignes d'être distingués par leurs vertus. M. Viel, architecte, ami du fondateur, fit les plans et surveilla gratuitement tous les travaux de l'édifice. Commencé vers 1779, cet hospice fut construit, meublé et doté de quinze mille livres de rente dans l'espace de trois années. Le curé Cochin mourut le 3 juin 1783. Son œuvre devait lui survivre. Vers 1784, on donna à cet établissement le nom de son fondateur. L'hospice Cochin ne renferma d'abord que 38 malades; la Convention Nationale en porta le nombre à 80. Il dépasse aujourd'hui le chiffre de 135. Cet hospice est desservi par les sœurs de Sainte-Marthe.

COEUR-VOLANT (RUE DU).

Commence à la rue des Boucheries, nᵒˢ 25 et 27; finit à la rue des Quatre-Vents, nᵒˢ 18 et 20. Le dernier impair est 11; le dernier pair, 22. Sa longueur est de 99 m. — 11ᵉ arrondissement, quartier du Luxembourg.

Avant le XVIᵉ siècle, elle était indiquée sous les noms de *ruelle de la Voirie*, de la *Boucherie* et de rue de la *Tuerie*. Depuis cette époque, elle porte la dénomination de rue du *Cœur-Volant*, en raison d'une enseigne représentant un cœur ailé ou cœur volant. — Une décision ministérielle, à la date du 8 nivôse an IX, signée Chaptal, fixa la largeur de cette voie publique à 8 m. En vertu d'une ordonnance royale du 12 mai 1841, cette dimension est portée à 10 m. Les constructions riveraines sont soumises à un fort retranchement.

COLBERT (GALERIE).

Commence à la rue Neuve-des-Petits-Champs, n° 6; finit à la rue Vivienne, n° 4. — 3ᵉ arrondissement, quartier du Mail.

Bâtie en 1826, par MM. Adam et compagnie, elle a été ouverte au public dans le courant de septembre 1827.

COLBERT (PASSAGE).

Commence à la rue Neuve-des-Petits-Champs, n° 6; finit à la galerie Colbert. — 3ᵉ arrondissement, quartier du Mail.

Il a été bâti en 1828, par MM. Adam et compagnie.

COLBERT (RUE).

Commence à la rue Vivienne, nᵒˢ 9 et 11; finit à la rue de Richelieu, nᵒˢ 58 et 60. Le dernier impair est 3;

— COL —

le dernier pair, 6. Sa longueur est de 93 m. — 2ᵉ arrondissement, quartier Feydeau.

» Sur la requête à nous présentée par messire Jean-
» Baptiste Colbert, chevalier, marquis de Chasteau-
» Neuf, conseiller ordinaire du roi en tous ses conseils,
» secrétaire et ministre d'Estat, commandeur et grand
» trésorier de ses ordres, controlleur général des finan-
» ces, sur-intendant des bâtiments de sa majesté, arts
» et manufactures de France, etc..... Nous, ayant
» égard à la d. requête, avons au d. sieur Colbert
» permis et permettons de faire faire l'ouverture d'une
» rue sur les d. places à lui appartenantes, la quelle
» sera nommée la rue *Mazarin*, et de 3 toises 1/2 de
» large pour communiquer de la rue Vivien dans
» celle de Richelieu, traversant sous la galerie de
» l'hôtel de Nevers, conformément au rapport du d.
» maître-général des œuvres de maçonnerie; à l'effet
» de quoi ordonnons qu'alignement lui sera donné
» tant pour l'ouverture de la d. rue que pour la cons-
» truction des bâtiments à faire sur les d. places tant
» sur la d. rue Vivien, que sur la d. nouvelle rue, en
» présence des sieurs commissaires assistés du procu-
» reur du roi pour ce commis à l'exercice de la voirie,
» comme pareillement ordonnons qu'icelle rue sera
» pavée en toute son étendue de bon pavé neuf, sable
» nécessaire, et qu'à cette fin alignement sera donné
» comme dessus dit par le maître des œuvres du pavé
» des bâtiments du roi, à la charge de récollement en
» la manière accoutumée les d. ouvrages étant faits.
» Signé Auget, rapporteur; 18 janvier 1683. » (Bureau des finances, année 1683, fᵒ 13). — La rue fut immédiatement percée, mais elle ne porta que peu de temps le nom de *Mazarin*, qui fut remplacé par celui de *Colbert*. Ce grand administrateur naquit à Reims, le 29 août 1619, et mourut en 1683. — Une décision ministérielle du 3 ventôse an X, signée Chaptal, fixa la largeur de cette voie publique à 8 m. En vertu d'une ordonnance royale du 4 mai 1826, cette largeur a été portée à 10 m. Les constructions du côté des numéros impairs sont alignées, sauf redressement; celles du côté opposé devront subir un retranchement de 3 m. 20 c. — Égout. — Conduite d'eau. — Éclairage au gaz (compᵉ Anglaise).

COLBERT (rue de l'hôtel-).

Commence au quai de Montebello, nᵒˢ 25 et 27; finit à la rue Galande, nᵒˢ 28 et 30. Le dernier impair est 17; le dernier pair, 21. Sa longueur est de 118 m. — 12ᵉ arrondissement, quartier Saint-Jacques.

Cette rue a été ouverte en 1202, sur le clos Mauvoisin qui faisait partie de la seigneurie de Garlande (voir l'article de la rue du *Fouarre*). Le poète Guillot la nomme rue d'*Arras*. Dans un censier de Sainte-Geneviève elle est désignée en 1520 sous la dénomination de rue des *Rats*. Vers 1680, la partie de cette voie publique qui commence à la rue de la Bûcherie et aboutit au quai por-

— COL —

tait le nom de rue des *Petits-Dégrés*. En 1829, les propriétaires des maisons situées dans la rue des Rats adressèrent une réclamation à l'autorité, à l'effet de changer la dénomination de cette voie publique. Le 28 décembre 1829, le ministre accueillit leur demande et arrêta que le nom de rue de l'*Hôtel-Colbert* serait substitué à celui de rue des *Rats*. Cette dénomination rappelle le grand Colbert, qui possédait dans cette rue un hôtel qui porte aujourd'hui le nᵒ 20. On y admire plusieurs bas-reliefs d'une excellente composition. — Une décision ministérielle du 3 pluviôse an IX, signée Chaptal, avait fixé la moindre largeur des rues des Rats et des Petits-Dégrés à 7 m. Les propriétés nᵒˢ 1, 15, 2, 4 et 6 sont alignées; celles nᵒˢ 16 et 18 ne sont soumises qu'à un léger redressement. — Conduite d'eau depuis la rue de la Bûcherie jusqu'à la rue Galande.

COLISÉE (rue du).

Commence à la rue du Faubourg-Saint-Honoré, nᵒˢ 109 bis et 111; finit à l'avenue des Champs-Élysées, nᵒˢ 50 et 52. Le dernier impair est 27; le dernier pair, 34. Sa longueur est de 431 m. — 1ᵉʳ arrondissement, quartier des Champs-Elysées.

C'était anciennement le *chemin des Gourdes*. Un arrêt du conseil d'État du roi, du 25 août 1769, porte ce qui suit : « Le chemin ou ruelle dite des *Gourdes*,
» formant aujourd'hui une voie sinueuse entre les ma-
» rais, et qui communique de la rue du Faubourg-
» Saint-Honoré dans la grande allée des Champs-
» Élysées, sera élargie pour former une rue dite du
» *Collisée*, laquelle aura trente pieds de largeur et sera
» dirigée d'une seule ligne droite dans toute sa longueur,
» etc.; veut et entend sa majesté que les particuliers
» propriétaires des terrains le long de la dite nouvelle
» rue ne puissent user de la liberté que sa majesté a
» bien voulu leur accorder d'y bâtir, en dérogeant aux
» lois par lesquelles elle avoit, en d'autres temps, pres-
» crit le contraire, y élever aucun édifice ni clôture
» qu'en se conformant au d. alignement et en fournis-
» sant chacun en droit soi le terrain nécessaire, et sans
» pouvoir répéter rien les uns contre les autres pour le
» plus ou le moins de superficie qui leur aurait été
» pris, sa majesté consentant à cet effet que la dite rue
» passe en entier sur la partie du terrain qui lui appar-
» tient du côté de l'avenue. » — Cet arrêt fut registré au bureau de la ville, le 5 septembre suivant, et la rue fut tracée à la fin de la même année, mais on n'y bâtit des maisons qu'en 1810. Aujourd'hui elle est entièrement bordée de constructions. Par décision ministérielle du 17 brumaire an XII, signée Chaptal, la largeur primitive a été maintenue. Toutes les constructions riveraines sont alignées. Le nom de rue du *Colisée*, donné à cette voie publique, lui vint de sa proximité de l'établissement du Colisée, en construction en 1769 et qui, terminé en 1772, servit à des divertissements de tous genres. Il fut supprimé en 1780. — Éclairage au gaz (compᵉ de l'Ouest).

COLLÉGIALE (PLACE DE LA).

Commence à la rue des Francs-Bourgeois-Saint-Marcel, n°s 13 et 18; finit à la rue Pierre-Lombard, n°s 13 et 12. Le dernier impair est 11; le dernier pair, 10. — 12e arrondissement, quartier Saint-Marcel.

Elle portait autrefois le nom de place *Saint-Marcel*, parce que l'église collégiale de Saint-Marcel y était située. — Une décision ministérielle du 8 ventôse an IX, signée Chaptal, a fixé la largeur de cette voie publique à 47 m. Les maisons n°s 1, 3, 5 et 9 ne sont pas soumises à retranchement. — Conduite d'eau.

Nous ne reproduirons pas ici toutes les opinions de nos écrivains qui semblent, en traçant l'origine de l'église Saint-Marcel, avoir pris à tâche de se contredire. Il est certain cependant que saint Marcellus ou Marcel, évêque de Paris, fut enterré vers l'an 436 dans cet endroit, sur une éminence appelée *Mons Cetardus* (Mont-Cétard), depuis, par altération, Mouffetard. Le tombeau de l'évêque, bientôt illustré par des miracles, attirait un grand concours de fidèles qui construisirent autour du mausolée, des habitations qui peu à peu formèrent un bourg ou village que Grégoire de Tours appelle *vicus Parisiensis civitatis*. Sous nos rois de la première race, la tombe de saint Marcel avait disparu et sur son emplacement s'élevait un oratoire dédié au pieux évêque. Vers cette époque le bourg de Mont-Cétard avait changé de nom et portait celui de *Chambois*. La petite rivière de Bièvre le séparait du bourg de Saint-Médard. Ce village de Chambois, dans les siècles suivants, eut sa juridiction particulière et fut même entouré de fossés. Dès le XIe siècle il portait le nom de Saint-Marcel, et s'accrut tellement par la suite qu'il fut considéré comme une ville. Les lettres-patentes de Charles VI, de l'année 1410, le désignent sous ce titre. Le roi, par ces lettres, confirme *l'octroi par lui fait aux manants et habitants d'icelle ville de Saint-Marcel, d'un marché chaque semaine et de deux foires par an*. Au XVe siècle, la capitale avait déjà absorbé plusieurs villages environnants et atteignait la petite ville de Saint-Marcel. Envahie bientôt par cette marée montante, elle perdit ses privilèges et devint faubourg de Paris. L'église Saint-Marcel avait été détruite par les Normands; elle fut reconstruite au milieu de XIe siècle ainsi que le prouvent certaines parties de l'édifice, notamment les chapiteaux déposés aujourd'hui dans une des cours du palais des Beaux-Arts. On voyait au milieu de cette église le tombeau de Pierre Lombard, surnommé *maître des sentences*. Supprimée en 1790, l'église Saint-Marcel, qui contenait en superficie 590 m. fut abattue vers 1804 et son emplacement vendu le 30 germinal an XIII. La propriété n° 5 a été construite en partie sur le terrain occupé par cet édifice. On recueillit lors de la démolition, outre les chapiteaux dont nous avons parlé, un bloc de pierre de Saint-Leu. Une de ses faces présente, en demi-relief grossièrement sculpté, un taureau couché. Suivant la tradition populaire, on avait placé cette pierre en ce lieu comme un monument de la vertu miraculeuse de saint Marcel. Un bœuf échappé des boucheries répandait dans Paris l'effroi et la mort; les habitants implorèrent l'assistance de saint Marcel. Aussitôt le pieux évêque, revêtu de ses habits pontificaux, se dirige vers l'animal furieux qui soudain s'apaise et se couche aux pieds de saint Marcel.

L'église Saint-Martin était également située sur cette place. Vers 1158, elle avait le titre de chapelle. Elle fut érigée en paroisse vers 1220 et dédiée en 1480. Supprimée en 1790, cette église, qui contenait en superficie 245 m., devint propriété nationale, fut vendue le 8 ventôse an X, et démolie vers 1806. Sur une partie de son emplacement ont été construites les maisons qui portent les n°s 4 et 6.

COLOMBE (RUE DE LA).

Commence au quai Napoléon, n°s 19 et 21; finit aux rues Chanoinesse, n° 22, et des Marmousets, n° 2. Un seul numéro impair, qui est 1; le dernier pair, 10. Sa longueur est de 73 m. — 9e arrondissement, quartier de la Cité.

En 1223 elle portait déjà ce nom qu'elle doit vraisemblablement à une enseigne. — Une décision ministérielle du 26 prairial an XI, signée Chaptal, a fixé la largeur de cette voie publique à 6 m. Les constructions situées sur les deux côtés, entre le quai Napoléon et la rue Basse-des-Ursins, et les maisons sur le côté gauche aux angles de cette dernière voie publique et de la rue Chanoinesse, sont alignées. — Conduite d'eau.

COLOMBIER (CASERNE DE LA RUE DU VIEUX-).

Située au n° 15. — 11e arrondissement, quartier du Luxembourg.

C'était autrefois le couvent des orphelins de Saint-Sulpice ou de la Mère-de-Dieu. Le sieur Ollier, curé de Saint-Sulpice, fonda en 1648 cet établissement pour les orphelins des deux sexes de la paroisse. Après avoir été placé en plusieurs endroits, ce couvent fut définitivement fixé en 1678 dans la rue du Vieux-Colombier. Les enfants étaient sous la direction de huit sœurs. Cette maison, supprimée en 1790, fut occupée vers 1802 par des sœurs de la Charité. En 1813, ces sœurs ayant été transférées dans la rue du Bac, n° 152, les bâtiments ont été convertis en une caserne de Pompiers. La ville de Paris, en vertu d'une ordonnance royale du 5 novembre 1823, a fait l'acquisition des bâtiments de cette caserne, qui appartenaient aux hospices.

COLOMBIER (RUE DU VIEUX-).

Commence à la place Saint-Sulpice; finit aux rues du Cherche-Midi, n° 1, et du Four, n° 81. Le dernier impair est 33; le dernier pair, 36. Sa longueur est de 247 m. — 11e arrondissement, quartier du Luxembourg.

Elle doit son nom à un colombier que les religieux de Saint-Germain-des-Prés avaient fait bâtir au XVe siècle. On la nommait quelquefois rue de *Cassel*, parce qu'elle conduisait à l'hôtel de ce nom. En 1453, on lit : *rue de*

— COL —

Cassel, dite du Colombier. Il est certain, ainsi que le prouvent plusieurs titres, que la partie de cette rue située entre celle Férou et la rue du Pot-de-Fer, se nommait rue du *Puits-Mauconseil*, en raison d'un puits public qu'on voyait en cet endroit. Lorsqu'on creusa des fossés autour de l'abbaye Saint-Germain-des-Prés, on lui donna le nom de rue du *Vieux-Colombier*, pour la distinguer de la nouvelle (aujourd'hui rue Jacob). — Une décision ministérielle à la date du 26 thermidor an VIII, signée L. Bonaparte, avait fixé la moindre largeur de cette voie publique à 10 m. Cette moindre largeur a été portée à 12 m., en vertu d'une ordonnance royale du 7 mai 1828. Les constructions nos 15, 17, 19, 21, 21 bis, la maison située entre les nos 27 et 29, et la propriété no 31, sont alignées. Les constructions du côté des numéros pairs devront subir un fort retranchement. — Conduite d'eau entre la rue Neuve-Guillemin et les deux bornes-fontaines. — Éclairage au gaz (compe Française).

Le couvent *des religieuses de la Miséricorde* était situé dans cette rue sur une partie de l'emplacement de la maison nos 8 et 10. Anne d'Autriche fit venir d'Aix en Provence, vers 1649, quelques religieuses de cet ordre, qui achetèrent en 1651 une grande propriété. Ces religieuses suivaient la règle de saint Augustin. Le but de leur fondation était de procurer un asile et la subsistance à des filles de qualité qui n'avaient pas de ressources suffisantes pour suivre leur vocation et se consacrer à Dieu. Ce couvent, supprimé en 1790, devint propriété nationale et fut vendu le 8 thermidor an IV.

COLONNES (RUE DES).

Commence à la rue des Filles-Saint-Thomas, nos 14 et 16; finit à la rue Feydeau, nos 21 et 23. Le dernier impair est 11 ; le dernier pair, 8. Sa longueur est de 94 m. — 2e arrondissement, quartier Feydeau.

« Séance du 26 vendémiaire an VI. L'administration
» centrale du département de la Seine, lecture faite de
» l'arrêté pris par l'administration le 26 floréal dernier
» portant qu'il n'y a lieu à délibérer sur la pétition du
» citoyen Baudecourt, tendant à faire comprendre au
» nombre des rues de Paris le passage dit *des Colonnes*,
» près le théâtre Feydeau, et qui oblige ce propriétaire
» à faire poser des grilles à chaque extrémité de cette
» communication, sur le fondement qu'elle n'a que
» 24 pieds de largeur, et que suivant la déclaration du
» 10 avril 1783 (vieux style), il ne peut être ouvert
» aucune rue nouvelle dans Paris à moins de 30 pieds ;
» ensemble du rapport qui a précédé cet arrêté ; lecture
» également faite de la nouvelle pétition du citoyen
» Baudecourt, contenant que le passage dont est ques-
» tion a 42 pieds y compris les galeries couvertes, les-
» quelles sont infiniment utiles pour le débouché du
» théâtre Feydeau, à cause de l'abri qu'elles procurent
» au public pour le garantir des voitures, et des facilités
» qu'elles offrent à ceux qui s'en servent, les colonnes

— COM —

» n'empêchant point la libre communication des gale-
» ries couvertes, avec le passage des voitures ; vu aussi
» la soumission faite par le citoyen Baudecourt, le 25 de
» ce mois, d'entretenir à ses frais des réverbères pour
» ces galeries ; vu enfin les deux lettres du ministre de
» l'intérieur des 8 thermidor dernier et 2 de ce mois,
» qui renvoie à l'administration cette pétition pour en
» faire l'objet d'une nouvelle délibération ; considérant :
» 1o que la déclaration du 10 avril 1783 (vieux style)
» n'a pas prévu le cas où il serait établi des galeries en
» forme de trottoir, et que la largeur déterminée par
» cette loi, pour l'ouverture des rues nouvelles, n'est
» que de 30 pieds, tandis que celle dont il s'agit en a 42
» y compris ces galeries ; 2o que l'on doit les considérer
» comme partie intégrante de la rue, au moyen de ce
» qu'elles donnent au public la faculté de circuler, à
» l'abri des voitures et du mauvais temps ; 3o que le
» théâtre Feydeau est très fréquenté et que sous ce rap-
» port, l'administration doit surveiller les accès de ce
» théâtre et favoriser tout ce qui tend à lui procurer
» des débouchés sûrs et commodes ; le commissaire du
» Directoire-Exécutif entendu, arrête ce qui suit : —
» Article 1er. La communication ouverte entre la rue
» des Filles-Thomas et celle Feydeau, est comprise au
» nombre des rues de Paris, aux conditions ci-après. —
» Art. 2. Les galeries qui la bordent feront dorénavant
» partie intégrante de la rue, au moyen de quoi les
» règlements de voirie seront applicables à ces galeries
» de même qu'aux autres murs de face sur rue. —
» Art. 3. Il sera établi et entretenu sous ces galeries,
» aux frais des propriétaires des maisons ou bâtiments
» qui bordent cette communication, suivant les offres
» du citoyen Baudecourt, par l'entrepreneur de l'illu-
» mination de Paris, un nombre suffisant de réverbères
» pour les éclairer convenablement pendant la nuit ;
» chacun des d. propriétaires sera tenu d'y contribuer
» annuellement au prorata des toises de face de leur
» propriété et d'en faire à cet effet leur soumission à
» l'administration du département. — Art. 4. Les
» frais de premier établissement pour le pavé et l'illu-
» mination de la rue seront également à la charge des
» d. propriétaires et la réception en sera faite à la
» manière accoutumée. — Art. 5. Cette rue portera le
» nom de rue *des Colonnes*. Cette inscription sera mise
» aux frais de ses propriétaires, sur chaque encoignure
» de cette rue. Ils feront également inscrire sur les
» autres encoignures les noms des rues auxquelles
» aboutit celle-ci, etc. » — (Registre 16e, page 79.) —
Une ordonnance royale du 4 mai 1826 a maintenu les dimensions actuelles de cette voie publique. — Conduite d'eau dans une partie de cette rue. — Éclairage au gaz (compe Anglaise).

COMBAT (BARRIÈRE DU).

Située à l'extrémité de la rue Grange-aux-Belles.

Cette barrière, qui consiste en un bâtiment surmonté

— COM —

d'un dôme, porta d'abord le nom de *Pantin*. Sa dénomination actuelle lui vient du combat du taureau dont le spectacle se donnait près de cet endroit. (Voir l'article *Barrières*).

COMBAT (CHEMIN DE RONDE DE LA BARRIÈRE DU).

Commence à la rue Grange-aux-Belles et à la barrière du Combat; finit aux rue et barrière de la Butte-Chaumont. Pas de numéro. Sa longueur est de 81 m. — 5e arrondissement, quartier de la Porte-Saint-Martin.

Voir l'article *Chemins de ronde*.

COMÉDIE (RUE DE L'ANCIENNE-).

Commence aux rues Saint-André-des-Arts, n° 79, et de Buci, n° 1; finit aux rues de l'Ecole-de-Médecine, n° 38, et des Boucheries, n° 2. Le dernier impair est 31; le dernier pair, 28. Sa longueur est de 150 m. — Les numéros impairs sont du 11e arrondissement, quartier de l'Ecole-de-Médecine; les numéros pairs, du 10e arrondissement, quartier de la Monnaie.

Cette rue a été formée en 1560, sur l'emplacement du mur d'enceinte construit sous Philippe-Auguste. Dans le procès-verbal d'alignement dressé le 21 janvier de cette année, elle est indiquée sous le nom de rue des *Fossés*. En 1688, les comédiens français ayant acheté le terrain occupé par le jeu de paume de l'Etoile, y firent construire un théâtre et la rue prit plus tard à cette occasion le nom de l'*Ancienne-Comédie*. Cependant des titres des XVIIe et XVIIIe siècles, ainsi que les ventes domaniales, la désignent sous la dénomination de rue des *Fossés-Saint-Germain-des-Prés*. — Une décision ministérielle du 14 thermidor an VIII, signée L. Bonaparte, a fixé la moindre largeur de cette voie publique à 11 m. 69 c. En vertu d'une autre décision ministérielle du 21 mai 1834, signée A. Thiers, elle a repris le nom de rue de l'*Ancienne-Comédie*. Les maisons nos 17, 19, 23, 25, 27, 29, 31; 12, 14, 18 et 26 ne sont pas soumises à retranchement. — Conduite d'eau. — Éclairage au gaz (compe Parisienne).

COMÈTE (RUE DE LA).

Commence à la rue Saint-Dominique, nos 151 et 153; finit à la rue de Grenelle, nos 164 et 166. Le dernier impair est 17; le dernier pair, 14. Sa longueur est de 192 m. — 10e arrondissement, quartier des Invalides.

Versailles, 18 septembre 1769. — « Sur ce qui a été
» représenté au roi étant en son conseil, qu'il n'y a point
» de rue de traverse qui communique de celle de Saint-
» Dominique à celle de Grenelle, dans le quartier du
» Gros-Caillou; qu'il en résulte journellement des re-
» tardements dans l'administration des secours spiri-
» tuels ou temporels qu'il convient de donner aux
» malades et qui demandent souvent la plus grande
» célérité, etc.; que le véritable et unique moyen de
» prévenir les accidents qui pourroient en résulter,
» seroit d'ouvrir une rue dans l'endroit qui seroit jugé
» le plus convenable, entre la rue Saint-Dominique et
» celle de Grenelle, afin que l'on pût facilement com-
» muniquer d'un lieu à l'autre; que c'étoit dans cette
» vue que les desservants et marguilliers de l'église de
» Notre-Dame de Bonne-Délivrance, ayde de la pa-
» roisse de Saint-Sulpice, au Gros-Caillou, ainsi que
» les bourgeois et habitants du d. lieu, s'étoient adressés
» au bureau des trésoriers de France de la généralité
» de Paris, qui par sentence du 11 juillet 1749 auroient
» ordonné qu'avant faire droit, ils se retireroient devers
» sa majesté, afin d'obtenir lettres pour l'ouverture de
» la rue en question, à quoi désirant subvenir; après
» avoir vu la sentence des trésoriers de France, etc., les
» lettres-patentes au sujet du don de l'Ile des Cygnes,
» fait par sa majesté à la ville de Paris, le 27 septembre
» 1723, etc., ensemble l'avis des prévôt des marchands
» et échevins du 18 octobre 1758, et la délibération
» prise le 27 juillet 1769 par les propriétaires des ter-
» rains et emplacements au travers desquels doit passer
» la nouvelle rue, par laquelle ils renoncent à toute
» indemnité et promettent faire faire à leurs dépens le
» premier pavé de la d. rue, etc. Le roi étant en son
» conseil, a ordonné et ordonne qu'il sera ouvert une
» rue, terrain du Gros-Caillou, faubourg Saint-Ger-
» main, sur la masse d'héritages étant entre les rues
» Saint-Dominique et de Grenelle, à prendre en ligne
» droite de la rue Saint-Dominique entre les possessions
» des héritiers Lefranc et Roussin, et celles du nommé
» Godefroi, à la rue de Grenelle, entre les possessions
» du sieur Petit et celles du sieur Housset, et de vingt-
» quatre pieds de largeur, etc., laquelle rue sera nom-
» mée rue de la *Comète*, etc. » — Cet arrêt fut confirmé par lettres-patentes du 25 avril 1770, qui ne reçurent leur exécution qu'au mois de novembre 1775. — Une décision ministérielle du 3 germinal en IX, signée Chaptal, a fixé la largeur de cette voie publique à 8 m. Les constructions du côté des numéros impairs sont alignées, sauf redressement; celles du côté opposé devront subir, dans certaines parties, un retranchement qui n'excède pas 50 c. — Conduite d'eau.

COMMERCE (MINISTÈRE DU).

Situé dans la rue de Varenne, n° 26. — 10e arrondissement, quartier Saint-Thomas-d'Aquin.

Ce ministère comprend les directions du secrétariat général et du commerce extérieur; les divisions de l'agriculture et des haras, du commerce intérieur et des manufactures, de la comptabilité.

COMMERCE (RUE DU).

Située dans l'enclos de la Trinité. — 6e arrondissement, quartier de la Porte-Saint-Denis.

Voir l'article *Trinité* (passages de la).

— COM —

COMMERCE ET DE L'INDUSTRIE (GALERIES DU).

Situées boulevart Bonne-Nouvelle, n° 20. — 3e arrondissement, quartier du Faubourg-Poissonnière.

Ce superbe bazar a été construit en 1837, sur les dessins de MM. Lance, architectes.

COMMERCE SAINT-ANDRÉ-DES-ARTS (COUR DU).

Commence au passage du Commerce; finit à la rue de l'Ancienne-Comédie, n° 21. — 11e arrondissement, quartier de l'Ecole-de-Médecine.

Le mur d'enceinte de Paris construit sous Philippe-Auguste, occupait l'emplacement sur lequel cette cour a été bâtie. Elle fut ouverte en 1776, sur des terrains faisant partie de deux jeux de paume.

COMMERCE SAINT-ANDRÉ-DES-ARTS (PASSAGE DU).

Commence à la rue Saint-André-des-Arts, n° 71; finit à la rue de l'Ecole-de-Médecine, n° 30. — 11e arrondissement, quartier de l'Ecole-de-Médecine.

Il faisait partie de la cour du Commerce. Son débouché dans la rue Saint-André-des-Arts n'a été formé qu'au mois de juin 1823.

COMMERCE-SAINT-MARTIN-DES-CHAMPS (COUR OU PASSAGE DU).

Commence au passage Frépillon et à l'impasse de Rome; finit à la rue Phelipeaux, n° 27. — 6e arrondissement, quartier Saint-Martin-des-Champs.

C'était avant 1806 le passage de la *Marmite*; il devait ce nom à une enseigne.

COMTE (THÉATRE DE M.).

Situé dans le passage Choiseul. — 2e arrondissement, quartier Feydeau.

En 1814, M. Comte, physicien, conçut le projet de former une troupe de jeunes artistes. Peu de temps après, ayant mis ce projet à exécution, il fit représenter quelques intermèdes dans l'hôtel des Fermes, où il donnait alors ses séances. Ce genre de spectacle obtint la faveur du public, et M. Comte se décida, en 1818, à faire construire une salle dans le passage des Panoramas. Des vaudevilles et des pièces féeries composèrent dès ce moment le répertoire de ce théâtre. En 1826, M. Comte fit bâtir une nouvelle salle dans le passage Choiseul. L'inauguration a eu lieu le 23 décembre de la même année.

CONCORDE (PLACE DE LA).

Située entre le jardin des Tuileries, les Champs-Élysées, le pont de la Concorde et la rue Royale. Le dernier numéro est 10. — 1er arrondissement. Le n° 2 est du quartier des Tuileries; les numéros de 4 à 10 dépendent du quartier des Champs-Élysées.

Paris, sous les premiers Valois, refluait vers l'orient de la ville, et le vieux Louvre de Philippe-Auguste était

— CON —

délaissé pour l'hôtel de Saint-Paul. Alors le terrain occupé par cette place, où tant de dorure étincelle aujourd'hui, se trouvait perdu au milieu des bas-fonds marécageux livrés au hasard des débordements du fleuve.

Catherine de Médicis ramena la royauté dans le palais du Louvre, et pour la surveiller plus à son aise, elle bâtit à côté de la demeure de son fils un nouveau palais dont la splendeur rayonna bientôt sur tout ce qui l'entourait.

Déjà, sous Louis XIV, la ville débordait à droite et à gauche, poussant en avant ses quais, ses rues, ses maisons de plaisance. Le flot de cette marée montante atteignait les terrains de la place au moment où le grand siècle venait de finir.

A la mort de Louis XIV, toute l'affection du peuple se porta avec ardeur sur le seul rejeton de la famille royale, échappé comme par miracle au fatal destin des autres héritiers de la couronne.

Louis XV débutait par des triomphes, lorsqu'il fut attaqué à Metz d'une fièvre putride. La douleur du peuple fut vive et sincère : les Parisiens décernèrent à leur roi mourant le surnom de *Bien-Aimé*. Quand il fut rétabli, la joie de la nation parut aussi grande que sa douleur avait été profonde. « Paris, dit un écri- » vain contemporain, n'était qu'une enceinte immense » pleine de fous. » Le roi, vivement ému de ces marques d'affection, dit en versant des larmes : « Qu'ai-je » donc fait pour être aimé ainsi ? » Alors les prévôt des marchands et échevins votèrent une statue équestre en l'honneur du Bien-Aimé, et pour la recevoir le roi fit don à sa bonne ville de Paris d'un vaste emplacement situé à l'extrémité du jardin des Tuileries.

Nous rapportons ici les lettres-patentes relatives à cette donation.

« Louis,. etc..... Ayant agréé la délibération prise
» par nos chers et bien-amés les prévost des mar-
» chands et échevins de notre bonne ville de Paris,
» le 27 juin 1748, tendante à ce qu'il nous plût leur
» permettre de transmettre à la postérité leur zèle
» pour notre gloire, la reconnaissance et l'amour de
» nos sujets, par un monument décoré de notre statue
» équestre, en telle forme et dans tel emplacement
» de cette capitale qu'il nous plairoit d'ordonner, nous
» aurions en conséquence déterminé comme le plus
» convenable à l'embellissement de notre dite ville,
» au bien public et à la commodité de ses habitants,
» l'emplacement qui nous appartient entre le fossé qui
» termine le jardin de notre palais des Tuileries, l'an-
» cienne porte et faubourg Saint-Honoré, les allées de
» l'ancien et nouveau cours et le quai qui borde la ri-
» vière; et permis à cet effet aux dits prévost des mar-
» chands et échevins de faire établir les fondations
» et constructions du piédestal destiné à recevoir
» notre statue équestre dans le point dudit emplace-
» ment, etc....., voulons et nous plaît :

» Article 1er. Que la place destinée à recevoir le

» monument que nous avons bien voulu agréer, con-
» tinuera d'être formée et construite jusqu'à son
» entière perfection dans l'emplacement par nous dési-
» gné, etc., et que tous les ouvrages de constructions et
» décorations nécessaires pour la formation et perfec-
» tion de la dite place, seront faits par les ordres et
» par les soins des prévost des marchands et échevins
» et exécutés par le maître général des bâtiments de
» la ville, sous la conduite et inspection du sieur
» *Gabriel*, notre premier architecte, etc.

» Art. 2. A l'effet de quoi, nous avons par ces pré-
» sentes cédé, abandonné, cédons et abandonnons,
» même faisons tous dons et délaissons aux dits pré-
» vost des marchands et échevins de l'entier terrain à
» nous appartenant dans l'étendue de ladite esplanade
» et contenu dans l'espace de 183 toises de longueur
» ou environ, etc.

» Art. 8. Notre intention étant que les construc-
» tions des façades décorées des bâtiments qui termi-
» neront la place ainsi que celles des maisons qui seront
» élevées, tant sur les faces des arrière-corps que sur
» celles des nouvelles rues, soient entièrement confor-
» mes aux dessins par nous approuvés et ci-attachés
» sous le contre-scel de notre chancellerie, nous ordon-
» nons aux dits prévost des marchands et échevins d'y
» tenir la main, d'y assujettir les propriétaires particu-
» liers des terrains auxquels ils jugeront à propos de
» permettre de construire eux-mêmes les façades de
» leurs maisons, tant sur la place que sur les rues y
» aboutissantes. — Donné à Versailles, le 21ᵉ jour de
» juin, l'an de grâce 1757, et de notre règne le 42ᵉ.
» Signé Louis, etc... »

Le 20 juin 1763, on découvrit la statue équestre de Louis XV, modelée par le célèbre Bouchardon. Elle avait été fondue d'un seul jet par Gor, commissaire des fontes de l'artillerie. Le roi, couronné de lauriers et coiffé à la moderne, portait le vêtement romain. Le cheval seul se distinguait par la beauté et l'élégance de ses formes; Bouchardon était mort avant d'avoir terminé son œuvre. Pigalle, qui lui succéda, fut chargé d'exécuter aux quatre angles du piédestal, des figures en forme de caryatides représentant la Paix, la Prudence, la Force et la Justice.

Cette statue était venue trop tard. A madame de Châteauroux avait succédé la fille du boucher Poisson, la trop célèbre marquise de Pompadour. La luxure royale, en perdant toute pudeur, affligeait les mœurs et l'esprit public. Aussi le peuple, le vrai peuple, resta froid devant tout ce bronze. Les quatre vertus du piédestal attirèrent au roi de malignes allusions.

La plus sanglante est celle-ci :

O la belle statue! ô le beau piédestal!
Les vertus sont à pied, le vice est à cheval.

Après que le burin officiel du graveur-juré de la bonne ville de Paris, eût creusé dans le piédestal cette inscription : *Hoc pietatis publicæ monumentum, præfectus et ædiles decreverunt anno 1748, posuerunt anno* 1763, un individu monta sur le cheval, banda les yeux du monarque, lui attacha au cou une boîte de ferblanc et lui mit sur la poitrine cet écriteau. *N'oubliez pas ce pauvre aveugle, s'il vous plaît!*

Cependant l'architecte Gabriel se mit à l'œuvre pour préparer à la statue son encadrement. L'imagination de l'ordonnateur avait beau jeu; le champ était vaste. Gabriel entoura son plan d'une espèce de fossé de place forte, avec un revêtement en maçonnerie et une balustrade en pierre. Puis, de chacun des angles, il fit partir vers le centre une large bande coupant l'enceinte, qui se trouva fractionnée ainsi en huit petits fossés, terminés chacun par un pavillon. Ce plan, ingénieusement imité de la rose des vents, n'était coquet que sur le papier. Lorsque les travaux furent achevés en 1772, on entrevoyait à peine les fossés et les pavillons. Heureusement Gabriel vint rehausser ces décorations lilliputiennes en élevant au fond de la place deux magnifiques hôtels. Ces constructions d'une rare élégance, reposent agréablement l'œil fatigué du vide.

Les ouvriers étaient encore à l'œuvre quand arriva cette nuit fatale du 30 au 31 mai 1770. La France mariait son dauphin, et la prévôté des marchands, jalouse d'égayer la fête, avait préparé des jeux publics et commandé un magnifique feu d'artifice. La jeune archiduchesse arrivait confiante dans l'avenir, et se demandait, toute joyeuse des applaudissements du peuple, ce qu'elle avait fait pour mériter tant d'amour.

La dernière étincelle venait de s'éteindre dans les airs, lorsqu'une masse composée de plus de deux cent mille personnes, s'ébranla pour faire retraite. Un fossé de la place qu'on n'avait pas comblé, des maisons en construction dans la rue Royale, arrêtaient la foule qui se porta dans cette rue et s'y entassa. L'encombrement devint affreux. Un flot de curieux, qui arrivait des boulevarts, pour avoir sa part des débris de la fête, vint tout à coup barrer le passage. La mêlée devint horrible. Quiconque trébuchait était mort. On vit des furieux, l'épée à la main, frapper devant eux pour se faire jour. Le lendemain, cent trente-trois cadavres étaient étendus sur la place. « J'ai vu, dit Mercier (l'auteur du *Tableau*
» *de Paris*), plusieurs personnes languir pendant trente
» mois des suites de cette presse épouvantable, et
» sur leurs corps l'empreinte forte des objets qui les
» avaient comprimés. D'autres ont achevé de mourir
» au bout de dix années. Cette presse coûta la vie à
» plus de douze cents infortunés, et je n'exagère point.
» Une famille entière disparut. Point de maison qui
» n'eût à pleurer un parent, un ami. »

Les morts enterrés, la scène change. La place Louis XV se peuple de danseurs de corde, d'avaleurs de sabres, de mangeurs de serpents, de marchands de pain d'épices, de pantins; nous sommes à la foire Saint-Ovide. Les cris des saltimbanques étourdissent les nobles propriétaires des hôtels voisins qui adressent leurs plaintes à l'autorité. Il était question de débarrasser la place Louis XV de ces hôtes incommodes lorsque,

— CON —

dans la nuit du 22 au 23 septembre 1777, le feu se mit aux baraques. Le lendemain la place était nette.

Quinze années se sont écoulées. Nous sommes sur la *place de la Révolution*. Le peuple est en train d'abattre la statue du *roi bien-aimé*. Un des pieds du cheval résiste à la destruction et fait dire à un plaisant : *la royauté a encore un pied dans l'étrier*. La place a pris un aspect sombre et terrible. Le temps où l'on voyait la foire Saint-Ovide est bien loin : plus de danseurs, plus de pantins, mais une liberté assise appuyée sur une haste antique et le bonnet phrygien sur le front. Devant elle, la guillotine et maître Sanson, le bourreau, qui exécute cet arrêté de la commune :

« *Séance du 23 août 1792.* — Le procureur de la

— CON —

» commune entendu, le conseil général arrête que la
» guillotine restera dressée jusqu'à ce qu'il en ait été
» autrement ordonné, à l'exception néanmoins du cou-
» telas que l'exécuteur des hautes-œuvres sera autorisé
» d'enlever après chaque exécution. (*Registre de la*
» *commune*, t. 9, p. 350.) »

Que de force, de courage, de beauté, de génie même cette place a dévorés ! L'impulsion était donnée ; on administrait, on tuait avec un ensemble effrayant, et le soir la commune réglait ses comptes avec l'exécuteur. Celui-ci présentait aux magistrats ses états de services. On le payait sur le vu des ordres semblables à celui que nous reproduisons.

EXÉCUTEUR
DES JUGEMENS
Criminels.

TRIBUNAL
RÉVOLUTIONNAIRE

L'EXÉCUTEUR des Jugemens Criminels ne fera faute de se rendre *sur le champ*

à la maison de Justice de la Conciergerie, pour y mettre à exécution le Jugement qui condamne *Laurent Migot ci-devant comte, et autres* à la peine de mort. L'exécution aura lieu *cejourd'hui à trois heures de relevée* sur la place de *La Révolution* de cette ville.

L'ACCUSATEUR PUBLIC.
A. Q. Fouquier

Fait au Tribunal, le *Cinq pluviose*
l'an second de la République Française.

— CON —

Cette place n'était pas au bout de ses métamorphoses patronymiques; chaque révolution, chaque déplacement de pouvoir lui apportait un nouveau baptême. Une loi du 26 octobre 1795 lui donna le nom de *place de la Concorde*. Quelques jours après, des ouvriers, en restaurant la statue de la Liberté, trouvèrent dans le globe qui tenait la déesse, un nid de tourterelles. L'augure parut favorable et confirma cette dénomination.

Le 9 thermidor avait annoncé à la France une ère nouvelle. La révolution terminait sa marche ascendante, le Directoire devait être après la Convention ce que la régence avait été après Louis XIV. Le nouveau pouvoir, par ses débauches fastueuses et ses vices trop connus, ménageait une transition facile de la terreur au Consulat, d'une tyrannie de fait au despotisme organisé. Tous les chefs de parti avaient disparu emportés par la tourmente, un soldat resta seul sur la brèche. Il commença par chasser la statue de la Liberté qui n'avait plus de sens, et le ministre de l'intérieur fut chargé de poser sur la place de la Concorde la première pierre d'une colonne triomphale. Cependant le consulat même à vie ne suffisait plus au vainqueur de Marengo, il pose lui-même sur son front la couronne impériale et bientôt Paris s'apprête à recevoir dignement une nouvelle impératrice. Déjà la blonde Autrichienne fait rouler son carrosse doré sur ces mêmes pavés qui ont reçu la tête de sa tante. Rien ne manque à la fête officielle, hors les sympathies du peuple, dont les regrets accompagnent la femme, qui va dans l'exil, à la Malmaison, expier son impériale stérilité. Mais d'autres fêtes s'apprêtent, l'homme qui avait nivelé les Alpes comme Charlemagne, effacé les Pyrénées comme Louis XIV, qui chaque année avait reculé les frontières de son empire bien au-delà des limites naturelles que Dieu a données à la France, ce colosse, à l'étroit dans un monde, vient d'être perfidement jeté sur une île de la Méditerranée. Son empire est morcelé, sa capitale violée. Sur un autel dressé au milieu de la place de la Concorde, des prêtres chantent un *Te Deum* dans un rite étranger. Les armées russe, prussienne et autrichienne défilent en poussant des hourra sauvages. Quelques jours après l'inscription républicaine a disparu et le nom de Louis XV est rendu à cette place. — Il nous reste encore d'autres changements à enregistrer : le 27 avril 1826, le roi Charles X rendait une ordonnance ainsi conçue :

« Charles, etc..., vu l'article 3e de la loi du 19 janvier 1816, sur le rapport de notre ministre secrétaire d'État au département de l'intérieur ;

» Nous avons ordonné et ordonnons ce qui suit :

» Il sera élevé un monument à la mémoire de Louis XVI, au centre de la place située entre les Tuileries et les Champs-Élysées, laquelle prendra le nom de *place Louis XVI*. La première pierre de ce monument sera posée le 3 mai prochain, etc....

» Donné au château des Tuileries, le 27 avril, l'an de grâce 1826, et de notre règne le 2e. Signé Charles. »

Cette ordonnance n'a pas été exécutée.

— CON —

Enfin la propriété de cette place et des Champs-Élysées qui avait été réunie au domaine national par la loi du 27 novembre 1793, a été concédée à la ville de Paris à la charge de divers travaux et constructions, par la loi dont nous rapportons le texte :

» Au château de Saint-Cloud, le 20 août 1828.

» Charles, etc... — Article unique. Sont concédées à
» la ville de Paris, à titre de propriété, la *place Louis XV*,
» la promenade dite des *Champs-Élysées* telles qu'elles
» sont désignées au plan annexé à la présente loi, y
» compris les constructions dont la propriété appar-
» tient à l'État, et à l'exception des deux fossés de la
» place Louis XV, qui bordent le jardin des Tuile-
» ries. Ladite concession est faite à la charge par la
» ville de Paris : 1o de fournir aux frais de surveillance
» et d'entretien des lieux ci-dessus désignés ; 2o d'y
» faire dans un délai de cinq ans des travaux d'embel-
» lissement jusques à la concurrence de deux millions
» deux cent trente mille francs au moins ; 3o de conser-
» ver leur destination actuelle aux terrains concédés,
» lesquels ne pourront être aliénés en tout ou en par-
» tie, etc. Signé Charles. »

La révolution de 1830 a d'abord rétabli le nom de place de la *Concorde*. On allait se mettre à l'œuvre et commencer les embellissements, lorsque l'invasion du choléra vint retarder les travaux. Les dépenses qui furent faites pour combattre le fléau dépassèrent le chiffre d'un million. Les sacrifices que la ville s'imposait alors si noblement ne lui permirent pas de consacrer plus tard à l'embellissement de la place de la Concorde la somme fixée par la loi de 1828. En 1834 fut promulguée une nouvelle loi qui réduisait la dépense. Voici un extrait de cette loi :

« Au palais des Tuileries, le 31 mai 1834. Louis-Phi-
» lippe, etc... — Article 1er. Il est accordé à la ville de
» Paris un délai de cinq ans, à partir du 20 août 1833,
» pour l'exécution des travaux d'embellissement qu'elle
» doit faire aux Champs-Élysées et à la place de la
» Concorde, conformément à la loi du 20 août 1828.

» Art. 2. La somme de deux millions deux cent
» trente mille francs que la ville devait employer à ces
» travaux, est réduite à quinze cent mille francs.

» Art. 3. Les travaux devront être exécutés annuel-
» lement par cinquième, et il devra être employé
» annuellement trois cent mille francs, etc., etc.....
» Signé Louis-Philippe. »

Au milieu de la place de la Concorde s'élève l'obélisque de Louqsor, présent du pacha d'Égypte. Au mois d'avril 1831, un bâtiment fut envoyé à Alexandrie, sous le commandement de M. Verninhac-Saint-Maur, pour amener en France le monolithe égyptien. M. Lebas, ingénieur de la marine, fut chargé des opérations d'abattage et d'embarquement. Après des travaux et des difficultés sans nombre, on parvint à embarquer le monolithe qui arriva à Paris le 23 décembre 1833. Trois années s'écoulèrent avant que l'obélisque fût dressé. On construisit dans l'intervalle les fondations et l'on prépara le

— CON —

piédestal qui est formé d'un seul bloc de granit ayant 5 mètres de hauteur sur 3 de largeur et pesant cent mille kilogrammes. Le 25 décembre 1836, au milieu d'un immense concours de spectateurs, en présence de la famille royale, M. Lebas procéda à l'érection de l'obélisque. Cette opération, conçue avec toute l'habileté qu'on devait attendre du savant ingénieur, fut exécutée avec une merveilleuse précision. — L'obélisque décorait à Thèbes le palais de Louqsor. Il a 23 mètres de hauteur et pèse à peu près 250,000 kilogrammes. Trois rangées verticales d'hiéroglyphes couvrent ses faces. La rangée du milieu est creusée à la profondeur de 15 c.; les deux autres sont à peine taillées. Les cartouches multipliées sur les quatre faces présentent toutes le nom et le prénom de Rhamessès ou Sésostris, premier roi de la 19ᵉ dynastie de Manéthon, et contiennent les louanges et le récit de ses travaux.

Avant de juger l'ensemble des décorations de cette place, nous allons donner l'état des dépenses en y joignant celles qui ont rapport aux Champs-Élysées.

Les travaux d'embellissement, commencés en 1836, ont été terminés en 1840. Ils ont été ainsi classés dans l'ouvrage de M. Saint-Léon.

	fr. c.
Projets et études.	3,350. 77
Service des ingénieurs.	
Égouts et décharges d'eau.	147,032. 25
Conduites et travaux hydrauliques.	268,725. 66
Plantations dans les Champs-Élysées.	4,507. »
Travaux d'assainissement dans les Champs-Élysées.	2,806. 07
Service des architectes.	
Travaux à l'occasion de l'obélisque.	8,559. »
Trottoirs en asphalte et granit.	245,022. 46
Fontaines monumentales.	367,630. »
Colonnes rostrales et candélabres.	121,749. 92
Restauration des huit pavillons.	13,850. »
Huit statues pour les pavillons.	64,000. »
Marbrerie.	3,500. »
Jardinage dans les fossés.	6,481. »
Corps-de-garde.	11,788. »
Terrasses et travaux divers.	153,283. 63
Candélabres aux Champs-Élysées.	33,512. »
Frais d'agence.	60,259. 77
Total.	1,516,057. 53

En 1843 il restait encore dû environ 160,000 fr. pour lesquels il y a contestation avec les entrepreneurs.

Nous n'avons plus à faire maintenant qu'une appréciation succincte des travaux d'embellissement sous le rapport de l'art, et d'abord nous croyons devoir rappeler les principales dispositions du plan primitif présenté par l'administration et adopté par le conseil municipal dans sa délibération du 24 avril 1835. Il nous a paru regrettable qu'on ait abandonné ce plan dans quelques-

— CON —

unes de ses parties. — « Article 5. Vu les nouveaux plans
» présentés par M. le préfet, desquels il résulte, entr'au-
» tres dispositions, que la place serait maintenue dans sa
» forme octogone avec les fossés qui l'entourent, dont le
» fond nivelé serait converti en compartiments de gazons
» avec plate-bandes de fleurs ; que les entrées diago-
» nales seraient complétées au moyen de terre-pleins
» soutenus par des murs pareils à ceux des fossés cou-
» ronnés de balustrades avec galerie souterraine pour
» la communication des fossés ; que les huit pavillons
» accusant les pans coupés de la place seraient res-
» taurés et surmontés de statues assises qui par leurs
» attributs représenteraient huit des principales villes
» de France ; que les entrées de la place du côté de la
» rue Royale et du côté du pont Louis XVI seraient
» décorées de statues couchées, coulées en bronze et
» représentant les quatre principaux fleuves de France ;
» celles perpendiculaires, de sphinx sculptés en granit
» de Brest, pareil au piédestal de l'obélisque ; et celles
» diagonales, de lions couchés ; que deux fontaines mo-
» numentales seraient érigées sur le grand axe de la
» place aux points d'intersection, donnés par les en-
» trées diagonales ; que des trottoirs construits en gra-
» nit de Brest et pierres de Volvic, produisant l'effet
» d'une mosaïque, comprendraient dans une même
» figure l'obélisque et les deux fontaines, et formeraient
» le pourtour intérieur de la place et la bordure des
» huit compartiments que dessinent les entrées per-
» pendiculaires et diagonales, etc... »

En comparant l'état présent de la place avec le projet de 1835, la supériorité appartient sans conteste au premier plan adopté par le conseil municipal. Ces compartiments de gazons avec plate-bande de fleurs, en reposant les regards, eussent répandu quelque fraîcheur et brisé heureusement l'uniformité de la place. Des statues de bronze, représentant les quatre principaux fleuves qui arrosent la France, des lions couchés, des sphinx sculptés en granit de Brest, eussent donné à la place un peu de cette grandeur sévère qui lui manque aujourd'hui. En regardant la décoration actuelle, on éprouve d'abord une espèce d'éblouissement qui bientôt amène la fatigue. On sent que toutes ces richesses, toutes ces dorures perdues dans le vide semblent jetées à profusion pour masquer l'impuissance de l'artiste.

Ces candélabres étincelants et rangés avec symétrie ressemblent à des échecs sur un damier. L'obélisque, qui eût été si bien placé dans la cour du Louvre, semble perdu dans l'immensité. Pourquoi ne lui avoir pas au moins donné les quatre sphinx ses gardiens naturels, ses compatriotes pour ainsi dire? Ces fontaines, dont les panaches seuls offrent de l'élégance, n'ont rien de monumental. L'exiguïté des bassins est telle qu'au moindre vent les gerbes inondent les promeneurs.

L'architecte, qui s'est inspiré sans nul doute de la cour qui précède Saint-Pierre de Rome pour asseoir ces fontaines, ne s'est pas assez souvenu que cette cour

— CON —

est entourée d'une galerie ouverte, et qu'il fallait avant tout isoler et fermer la place, sous peine *de produire une œuvre* tout-à-fait choquante.

Quant aux huit statues placées sur les pavillons de Gabriel, deux d'entr'elles méritent d'être distinguées; nous voulons parler des statues de Strasbourg et Lille, dues au ciseau exercé de M. Pradier. — Pourquoi l'artiste chargé de la décoration a-t-il dédaigné d'interroger l'histoire de la place ? Pourquoi ne s'est-il pas inspiré de la beauté mâle et sévère de son entourage; il eût senti alors combien toute cette richesse de parvenu, toutes ces lanternes de bronze et d'or devaient blesser le goût et le véritable sentiment de l'art?

Quant à nous, nos yeux bientôt fatigués sentent le besoin de quitter toutes ces petitesses de l'œuvre moderne pour se reposer en contemplant les grandeurs du passé. Alors nos âmes s'élèvent émues par la pompe du spectacle. Au midi la chambre des députés, au nord deux palais jumeaux, puis la Madeleine, avec sa voie romaine; à l'est, les arbres centenaires du jardin tracé par Lenôtre, puis au fond le palais des Tuileries sur lequel le temps a répandu cette teinte sombre et sévère qui fait de la vieillesse des monuments l'âge de leur beauté; enfin, à l'ouest, cette magnifique avenue si heureusement complétée par l'arc-de-triomphe. En contemplant tant de merveilles, on sent qu'une nation qui élève de tels édifices a reçu de Dieu la puissance du glaive ainsi que le sceptre des arts.

CONCORDE (PONT DE LA).

Situé entre les quais des Tuileries et d'Orsay.

La ville de Paris, dès l'année 1722, avait été autorisée par lettres-patentes à contracter un emprunt pour l'établissement d'un pont en cet endroit. Ce projet n'eut pas de suite. — Un édit du mois de septembre 1786, rappelant plusieurs dispositions des anciennes lettres-patentes, ordonna un second emprunt de trente millions dont une partie devait servir aux embellissements de Paris. Douze cent mille francs furent affectés à la construction de ce pont. M. Perronnet, ingénieur, fournit les dessins. On commença le 10 juin 1787 à battre les pieux des pilotis; les travaux furent achevés à la fin de l'année 1790. Alors on lui donna le nom de *pont Louis XVI*. En 1792, il prit la dénomination de *pont de la Révolution*. Une loi du 26 octobre 1795 ayant ordonné sur la place de la Révolution porterait désormais le nom de *place de la Concorde*, la même dénomination fut donnée au pont. — « Au palais des Tuileries, » le 1er janvier 1810. Napoléon, etc., nous avons décrété » et décrétons ce qui suit : Les statues des généraux » Saint-Hilaire, Espagne, Lasalle, Lapisse, Cervoni, » Colbert, Lacour, Hervo, morts au champ d'honneur, » seront placées sur le pont de la Concorde, conformé- » ment au projet qui nous a été présenté par notre mi- » nistre de l'intérieur. Signé Napoléon. » — Dans les premiers jours d'avril 1814, le pont de la Concorde

— CON —

reprit son ancien nom de pont Louis XVI. En vertu des ordonnances royales des 19 janvier et 14 février 1816, il fut arrêté qu'on y élèverait douze statues en l'honneur des hommes les plus illustres de la France. Ces ordonnances ne reçurent leur exécution qu'en 1828. Les statues qui représentaient Sully, l'abbé Suger, Duguesclin, Colbert, Turenne, Duguay-Trouin, Suffren, Bayard, Condé, Duquesne, Tourville et Richelieu, sont dues aux ciseaux de MM. Espercieux, Stouf, Briant fils, Milhomme, Gois, Dupasquier, Lesueur, Montoni, David, Roquier, Marin et Ramey. Ces statues dont les dimensions colossales écrasaient le pont, furent, en 1837, descendues de leurs piédestaux, puis transportées à Versailles dans la cour d'honneur du palais.

On employa pour la construction de ce pont une partie des matériaux provenant de la démolition de la Bastille. Il est fondé sur pilotis et grillage, il a cinq arches surbaissées qui offrent une portion de cercle. L'arche du milieu a 31 m. d'ouverture, les arches latérales ont 27 m. et les deux autres attenantes aux culées ont chacune 26 m. La longueur totale entre les culées est de 150 m. Chaque pile a 3 m. d'épaisseur; leurs avant-becs et arrière-becs présentent des colonnes engagées qui contiennent une corniche couronnée par une balustrade qui sert de parapet aux trottoirs. — Depuis 1830, il a repris sa dénomination de *pont de la Concorde*.

CONDAMNÉS (DÉPÔT DES).

Situé dans la rue de la Roquette. — 8e arrondissement, quartier Popincourt.

Cette prison, construite sous la direction de M. Gau, architecte, a coûté plus d'un million. Elle remplace le dépôt de Bicêtre, dont les bâtiments ont été rendus à l'hospice de la Vieillesse (hommes) et des aliénés. On y renferme provisoirement les condamnés jusqu'à ce qu'ils soient envoyés aux bagnes ou dans les maisons centrales de réclusion. Cette prison est composée d'un bâtiment carré à quatre étages. Au centre est un vaste préau. Les malades sont traités dans une infirmerie placée à la suite du bâtiment principal et séparée de ce bâtiment par la chapelle.

CONDÉ (RUE DE).

Commence au carrefour de l'Odéon et à la rue des Quatre-vents, no 1; finit à la rue de Vaugirard, nos 22 et 22 bis. Le dernier impair est 19; le dernier pair, 31. Sa longueur est de 267 m. — 11e arrondissement. Les impairs sont du quartier de l'Ecole-de-Médecine; les pairs du quartier du Luxembourg.

Formée vers l'année 1500, sur le Clos-Bruneau, elle en reçut la dénomination. En 1510, on l'appelait rue *Neuve-de-la-Foire*. Quelques années après, elle prit le nom de rue *Neuve-Saint-Lambert*. En 1612, Henri de Bourbon, prince de Condé, ayant acheté l'hôtel bâti originairement pour Antoine de Corbie et occupé ensuite par le duc de Retz, maréchal de France, la rue qui nous occupe, reçut le nom de rue de *Condé*. (Voir l'article du *Théâtre de l'Odéon*.) En 1792, cette voie publique fut appelée rue de l'*Égalité*. Dès 1801, elle avait quitté ce nom pour reprendre celui de *Condé*. — Une décision ministérielle, à la date du 4 nivôse an IX, signée Chaptal, et une ordonnance royale du 12 mai 1841, ont fixé la moindre largeur de cette rue à 10 m. Les maisons nos 1, 3, 17, 19; 2, et de 14 à la fin sont alignées. — Égout depuis la rue des Quatre-Vents jusqu'à la rue Regnard. — Éclairage au gaz (compe Parisienne).

CONFÉRENCE (QUAI DE LA).

Commence au pont de la Concorde et à la place du même nom; finit à la rue Jean-Goujon et au quai Billy. Pas de numéro. Sa longueur est de 1360 m. — 1er arrondissement, quartier des Champs-Élysées.

Lettres-patentes. 22 avril 1769. — « Louis, etc... Il » sera construit un quai au devant de la place que nous » avons agréée par nos lettres-patentes du 21 janvier » 1757, à l'effet de répondre à la décoration de la dite » place et contribuer à la sûreté de la route de Ver» sailles, etc. » Son mur de terrasse, entrepris sous le Directoire, ne fut achevé que sous l'empire. Ce quai doit son nom à la porte de la Conférence, construite en 1633, à l'ouest de la terrasse des Tuileries, sur la place Louis XV (aujourd'hui de la Concorde). Cette porte a été démolie vers 1730. — Le côté opposé à la rivière est bordé par les Champs-Élysées.

CONSEIL D'ÉTAT ET DE LA COUR DES COMPTES (PALAIS DU).

Situé entre les rues de Poitiers, de Belle-Chasse, de Lille et le quai d'Orsay. — 10e arrondissement, quartier du Faubourg-Saint-Germain.

Ce palais, destiné au ministère des affaires étrangères, a été commencé en 1810. Les travaux furent payés jusqu'en 1820, sur les crédits ouverts à ce département. Les dépenses s'élevaient, à cette dernière époque, y compris l'acquisition de terrains, à la somme de 5,354,101 fr. En vertu d'une loi du 19 juillet 1820, la direction des travaux de ce bâtiment fut mise dans les attributions du ministère de l'intérieur. Le projet d'établir dans ce palais le ministère des affaires étrangères fut abandonné en 1821. Depuis et jusqu'à l'année 1833, une somme de 316,379 fr. y fut employée. En 1833, une nouvelle destination fut proposée, de nouveaux fonds furent demandés pour terminer l'édifice et pour loger dans ce palais le ministère du commerce et des travaux publics, l'école des mines, les ponts-et-chaussées, etc. Un crédit de 3,600,000 fr., ouvert à cet effet, devint insuffisant, et une loi de 1836 alloua une nouvelle somme de 607,000 fr. En additionnant toutes ces sommes on voit que ce palais a coûté 9,877,480 fr. Une ordonnance royale du 5 mars 1842, porte ce qui suit : — « Article 1er. A partir du quinze avril prochain, » la Cour des Comptes tiendra ses séances dans le palais » du quai d'Orsay. — Art. 2. Les papiers contenus » dans les dépôts et archives de la cour, seront trans» portés dans les galeries de ce palais, destinées à leur » conservation. La translation s'opérera sous la sur» veillance du greffier en chef et sous l'autorité du pre» mier président, etc. » Le conseil d'État tient également ses séances dans ce palais. — Les travaux de construction, commencés sous la direction de M. Bonard, architecte, ont été terminés par M. Lacornée, son élève.

CONSTANTINE (PASSERELLE DE).

Située entre les quais de Béthune et Saint-Bernard.

Par acte du 18 janvier 1836, M. de Beaumont s'est rendu concessionnaire de deux passerelles à établir entre les quais des Célestins et Saint-Bernard. Celle dont nous parlons ici fut commencée en 1836, sous la direction de l'ingénieur Surville, et livrée à la circulation dans le courant de janvier 1838. Cette passerelle, suspendue en fil de fer, est composée d'une travée de 102 m. et de deux demi-travées de 23 m. On lui donna le nom de Constantine pour consacrer le souvenir du glorieux fait d'armes de la prise de Constantine par l'armée française, le 13 octobre 1837. La dépense des deux passerelles de Constantine et de Damiette est évaluée à 380,000 fr.

CONSTANTINE (RUE DE).

Commence à la rue d'Arcole, doit finir à la place du Palais-de-Justice. Pas encore de numéro. — 9e arrondissement, quartier de la Cité.

La Cité, qui fut longtemps tout Paris, ne suffisait plus à ses habitants sous le règne de Philippe-Auguste. Le vase trop plein commençait à déborder. Les communautés religieuses, trop exposées au bruit, abandonnèrent cet endroit pour aller former de nouveaux établissements du côté de la montagne Sainte-Geneviève. Le commerce et l'industrie traversèrent le fleuve, puis s'arrêtèrent au chemin qui conduisait à l'abbaye de Saint-Denis. Ce chemin bientôt devint la grande artère qui porta la richesse au nord de la ville. Il ne resta plus à la Cité qu'une population composée de bateliers, d'artisans et de prostituées, qui naissait, vivait et mourait sans sortir de cette atmosphère putride.

Toute tentative d'amélioration avortait devant l'insouciance, le mauvais vouloir ou la pauvreté des propriétaires. Cependant en 1784, M. de Caumartin, prévôt des marchands, voulut faire pénétrer un peu d'air dans ce cloaque. L'honorable magistrat s'adressa au roi Louis XVI, qui s'empressa d'accueillir sa juste demande.

« Versailles, 3 juin 1787. — Le roy étant en son con» seil a ordonné et ordonne qu'en conformité du plan » dressé par le sieur Desmaisons, l'un des architectes » de son académie, lequel sa majesté a approuvé et » approuve, il sera incessamment formé en face de la

» grille de la cour du May et servant d'entrée principale
» au palais de Paris, une place demi-circulaire ayant
» 19 toises, etc.... au milieu de laquelle place *il sera*
» *ouvert une rue de quarante-deux pieds de largeur*
» *qui sera substituée à celle dite de la Vieille-Draperie*
» *et sera prolongée jusqu'à la rue de la Juiverie* (au-
» jourd'hui de la Cité). Veut sa majesté en conséquence
» que les maisons dont les emplacements sont nécessai-
» res à la formation de la d. place et à l'ouverture de
» la nouvelle rue, soient acquises au nom de sa majesté
» pour en être les terrains employés jusqu'à concur-
» rence de l'exécution du projet ordonné par le pré-
» sent arrêt, etc. »

Ce percement ou plutôt cet élargissement ne fut exécuté que jusqu'à la rue Saint-Eloi, et conserva le nom de rue de la *Vieille-Draperie*. Sous la république, on projeta de continuer cette rue jusqu'au pont de la Cité. Une décision ministérielle du 13 brumaire an X, signée Chaptal, approuva cette disposition, qui néanmoins ne fut point exécutée. — En vertu d'une ordonnance royale du 15 juin 1838, le préfet de la Seine a été autorisé, au nom de la ville de Paris, à acquérir, soit par voie d'expropriation pour cause d'utilité publique, soit de gré à gré, les immeubles ou portions d'immeubles dont l'occupation serait nécessaire pour *l'ouverture d'une nouvelle rue dans l'axe du Palais-de-Justice,* pour communiquer à la rue d'Arcole. — Ce percement sera prochainement achevé. Les expropriations atteignent aujourd'hui les immeubles situés entre la rue de la Cité et la rue commencée sous Louis XVI. — L'ouverture de la rue de Constantine et la formation de la rue d'Arcole ont changé l'aspect du vieux quartier de la Cité, qui était resté jusqu'alors étranger aux améliorations exécutées dans les autres parties de la capitale. Ces travaux importants font le plus grand honneur à l'administration actuelle.

Le passage de la *Madeleine,* formé vers 1794, sur l'emplacement de l'église du même nom, et qui communiquait à la rue de la Cité entre les n°s 19 et 21, a été confondu dans la rue de Constantine.

L'église de la Madeleine avait remplacé une synagogue, ainsi que le constatent les lettres d'Eudes de Sully, évêque de Paris en 1205. Elle jouissait du titre d'église archi-presbytérale. Supprimée en 1790, elle devint propriété nationale et fut vendue le 21 août 1793.

CONSTANTINOPLE (RUE DE).

Commence à la place d'Europe; finit à la place au-devant de la barrière de Monceau. Pas de numéro. Sa longueur est de 441 m. — 1er arrondissement, quartier du Roule.

Cette rue, tracée en 1826 sur les terrains appartenant à MM. Jonas Hagerman et Sylvain Mignon, a été autorisée par une ordonnance royale du 2 février de la même année. On n'a commencé à y bâtir qu'en 1838. Sa largeur est de 15 m. Elle porte le nom de la capitale de l'empire Ottoman. (Voyez rue d'*Amsterdam*.)

CONTÉ (RUE).

Commence à la rue Montgolfier et à la place de l'ancien marché Saint-Martin, n° 12; finit aux rues de Breteuil et Vaucanson. Le dernier impair est 3; pas de numéro pair; ce côté est bordé par le marché Saint-Martin. Sa longueur est de 61 m. — 6e arrondissement, quartier Saint-Martin-des-Champs.

Elle a été ouverte en 1817. Sa moindre largeur avait été fixée à 15 m. par le ministre de l'intérieur le 9 octobre 1816. Sa dénomination lui a été donnée en vertu d'une décision ministérielle du 27 septembre 1817. Conté (Nicolas-Jacques), peintre, chimiste et mécanicien, naquit en Normandie en 1755. Il fit partie de la commission des sciences et arts attachée à l'expédition d'Egypte, et mourut en 1805. — Une ordonnance royale du 14 janvier 1829 a porté la largeur de la rue Conté à 29 m. Les constructions situées sur le côté des numéros impairs ne sont pas alignées. — Éclairage au gaz (comp° Lacarrière).

CONTI (IMPASSE DE).

Située sur le quai de Conti, n° 13. Le dernier numéro est 3. Sa longueur est de 45 m. — 10e arrondissement, quartier de la Monnaie.

Elle a été formée en 1771, lors de la construction de l'hôtel des Monnaies. On la nomme également *impasse de la Monnaie.* — Une décision ministérielle du 7 juillet 1817 a fixé la moindre largeur de cette impasse à 7 m. 70 c.

CONTI (QUAI DE).

Commence à la rue Dauphine et au Pont-Neuf; finit au pont des Arts et à l'Institut de France. Le dernier numéro est 19. Sa longueur est de 228 m. — 10e arrondissement, quartier de la Monnaie.

« Bureau de la ville. — Nous, ce jour, estant allez vi-
» siter ce qu'il est nécessaire de faire pour l'embellis-
» sement et décoration de la ville, le quay de la rivière,
» despuis le bout du Pont-Neuf jusques à la porte de
» Nesle, suivant les résolutions pour ce prises au bu-
» reau de la ville, à la prière et requeste de M. du
» Plessis de Guénégaud, secrétaire d'Estat; et consi-
» déré que la maison appellée le *Château-Gaillard*
» empeschait en quelque façon l'ornement du dit quay
» qui ne sert d'ailleurs qu'à des divertissements pu-
» bliques parmy lesquels il s'y trouve tousjours quel-
» ques désordres, joinct que la ville qui en a faict con-
» cession n'en retire pas grande utilité; nous avons, en
» conséquence d'autres précédentes délibérations, ré-
» solu de la faire abbattre et de se servir des démoli-
» sions qui en proviendront pour l'establissement *d'un*
» *quay qui prendra despuis le dict lieu jusques à la porte*
» *de Nesle,* en desdommageant les particuliers qui ont
» basty par la permission de la ville; et vû la nécessité
» qu'il y avait de faire promptement travailler au dit

— CON —

» quay et soustenir les terres qui y ont esté apportées,
» ce qui pourrait gaster la rivière, avons ordonné qu'il
» soit procédé au plustot à la construction du dit quay.
» Fait au bureau de la ville, le 5 novembre 1655. »
« Bureau de la ville. — Nous estant ce jour assemblés
» au bureau de la ville pour donner notre advis sur les
» propositions et dessins qui nous ont esté présentés
» pour la construction de certains bastiments sur et le
» long du quay Malaquais, joignant la porte de Nesle,
» depuis icelle jusques à l'entrée de la rue de Seine,
» etc., sommes d'avis que l'on doit continuer le quay
» encommancé du costé du Pont-Neuf jusques à la tour
» de Nesle, et despuis ycelle le conduire aussi en ligne
» droite jusques à la rue des Petits-Augustins, laissant
» au-devant de la rue un quay de la largeur de 10 à
» 12 thoises, conformément aux dessins ci-devant ar-
» restez, et les alignements donnés en conséquence aux
» propriétaires des maisons sur le dit quay. Fait au bu-
» reau de la ville, le 10 juillet 1662. »

Ce quai d'abord nommé *de Nesle*, en raison de l'hôtel de Nesle qui en occupait toute la longueur, prit au XVIIe siècle le nom de *Guénégaud*. On le désigna enfin sous celui de *Conti*, parce que l'hôtel de ce nom y avait sa principale entrée.

« 22 avril 1769. — Le quai Conti sera élargi depuis
» l'entrée de la rue Dauphine jusqu'à la rue Guéné-
» gaud, pour suivre l'alignement du nouvel hôtel des
» Monnaies, qui se construit actuellement sur l'empla-
» cement de l'ancien hôtel de Conti, en exécution de
» nos lettres-patentes du mois d'avril 1768, et il sera
» fait au mur du dit quai les changements et rectifica-
» tions convenables et relatifs à la disposition de la
» façade du dit hôtel des Monnaies ; et il sera alors fait
» un pan coupé des deux côtés de la rue Dauphine, en
» face du Pont-Neuf. Ce même quai sera aussi élargi
» suivant l'alignement du nouvel hôtel des Monnaies
» par la suppression des deux bâtiments qui bordent
» les deux côtés de la place du collège Mazarin, au
» moyen de quoi il sera pratiqué une sortie directe de
» la rue de Seine sur le quai en face du Louvre,
» nous réservant d'ordonner par la suite une commu-
» nication de la rue de Seine avec la rue de Tournon,
» qui se trouvent l'une et l'autre dans la même direc-
» tion vers notre palais dit *Luxembourg*. Signé Louis. »
(Extrait des lettres-patentes). Il est à regretter que des dispositions aussi utiles n'aient pas été exécutées. — Administration centrale. Séance du 14 fructidor an VI.
« L'administration centrale du département. Vu la
» lettre du commissaire du Directoire Exécutif près
» l'administration municipale du 10e arrondissement,
» qui propose de changer la dénomination du quai de
» Conti ; le commissaire du Directoire Exécutif en-
» tendu, arrête : que ce quai prendra le nom de quai
» de la Monnaie. Le citoyen Molinos demeure chargé
» de l'exécution du présent arrêté. » (Registre 27,
page 33.) — Deux décisions ministérielles, l'une en date du 13 février 1810, signée Montalivet ; l'autre en date

— CON —

du 7 juillet 1817, ont déterminé l'alignement de ce quai. L'hôtel des Monnaies et les constructions situées entre l'impasse de Nevers et l'Institut sont alignées ; le surplus est soumis à un retranchement considérable. — Un arrêté préfectoral, du 27 avril 1814, rendit à cette voie publique le nom de quai de Conti. — Conduite d'eau. — Éclairage au gaz (compe Française).

L'hôtel de Nesle, dont cette voie publique a longtemps porté le nom, était l'un des plus vastes parmi ceux qui faisaient l'ornement du vieux Paris. Les rues de Nevers, d'Anjou et de Guénégaud ont été en partie percées et bâties sur son emplacement. Il se prolongeait le long de la rivière jusqu'à la porte et la tour nommées *Philippe Hamelin*, dites depuis de *Nesle*, et à la place desquelles on a bâti le pavillon à gauche du collège Mazarin. Brantôme nous parle d'une reine « qui se tenait
» à l'hôtel de Nesle, laquelle faisait le guet aux passants,
» et ceux qui lui plaisaient et agréaient le plus, de quel-
» que sorte de gens que ce fussent, les faisait appeler
» et venir à elle, et après en avoir tiré ce qu'elle en
» voulait, les faisait précipiter de la tour en bas dans
» l'eau. Je ne peux pas dire, ajoute-t-il, que cela soit
» vrai ; mais la plupart de Paris l'affirme, et il n'y a
» personne qui ne le dise en montrant la Tour. » Le poëte Villon, dans sa ballade aux dames, composée en 1441, en parle ainsi :

Où est la reine,
Qui commanda que Buridan
Fût jeté en un sac en Seine ?

Si ce fait est exact, la messaline dont il est ici question, est Jeanne, comtesse de Bourgogne et d'Artois, reine de France. Elle habita l'hôtel de Nesle après la mort de Philippe-le-Long, son mari, et y mourut en 1329. Jean Buridan, de Béthune en Artois, était un des meilleurs élèves de l'Université de Paris. S'il fut jeté dans le fleuve il parvint à se sauver, car il en est parlé en 1348. — Ce fut aussi à l'hôtel de Nesle, qu'Henriette de Clèves, femme de Louis de Gonzague, duc de Nevers, apporta la tête de Coconas, son amant, qu'on avait exposée sur un poteau, dans la place de Grève. La femme adultère alla seule pendant la nuit enlever cette tête qu'elle fit embaumer. Longtemps elle la garda dans l'armoire d'un cabinet, derrière son lit. Cette même chambre fut arrosée des larmes de sa petite-fille, Marie-Louise de Gonzague de Clèves, dont l'amant, Cinq-Mars, fut décapité en 1642. — Au quai de Conti se rattachent encore d'autres souvenirs.

La maison n° 5, à l'angle de la rue de Nevers, fut quelque temps habitée par Bonaparte. Dans une mansarde éclairée par une fenêtre faisant saillie sur le toit, Napoléon, cadet gentilhomme à l'école militaire en 1785, venait méditer et se reposer de ses études.

CONTRAT-SOCIAL (RUE DU).

Commence à la rue de la Tonnellerie, nos 23 et 25 ; finit à la rue des Prouvaires, nos 12 et 14. Le dernier im-

— CON —

pair est 7; le dernier pair, 8. Sa longueur est de 58 m. — 3ᵉ arrondissement, quartier Saint-Eustache.

Cette voie publique fut percée vers 1786, et devait avoir 9 m. 75 c. de largeur; mais elle ne fut point exécutée d'après cette dimension. Cette rue porta d'abord le nom de *Calonne*. M. de Calonne était alors ministre des finances. En 1790, on lui donna le nom de *La Fayette*. En 1792 elle prit celui de rue du *Contrat-Social*, qui rappelle un des ouvrages de Jean-Jacques Rousseau. Il n'existe pas d'alignement arrêté pour la rue du Contrat-Social. — Égout. — Éclairage au gaz (compᵉ Anglaise).

CONTRESCARPE–SAINT-ANDRÉ (RUE DE LA).

Commence à la rue Dauphine, nᵒˢ 49 et 51; finit à la rue Saint-André-des-Arts, nᵒˢ 72 et 74. Le dernier impair est 9; le dernier pair, 14. Sa longueur est de 68 m. — 11ᵉ arrondissement, quartier de l'Ecole-de-Médecine.

Elle doit son nom à son ancienne situation le long des murs de l'enceinte de Philippe-Auguste, près de la contrescarpe. Dans un procès-verbal de 1636, on l'appelle rue de la *Basoche*. — Une décision ministérielle à la date du 14 thermidor an VIII, signée L. Bonaparte, a fixé la largeur de cette voie publique à 9 m. — Éclairage au gaz (compᵉ Parisienne).

CONTRESCARPE–SAINT-ANTOINE (RUE DE LA).

Commence au quai de la Rapée; finit à la rue de Charenton, nᵒ 2. Pas de numéro impair; ce côté est bordé par la gare de l'Arsenal. Le dernier pair est 72. Sa longueur est de 710 m. — De 2 à 70, 9ᵉ arrondissement, quartier de l'Arsenal; le nᵒ 72, 8ᵉ arrondissement, quartier des Quinze-Vingts.

Lettre du ministre de la guerre au prévôt des marchands. « Versailles le 4 juin 1781. — J'ai reçu, mon-
» sieur, la lettre que vous m'avez fait l'honneur de
» m'écrire le 8 mai dernier, par laquelle vous m'infor-
» mez que le bureau de la ville désire l'approbation du
» roi pour prolonger jusqu'à la chaussée de Bercy, la
» nouvelle rue du Faubourg-Saint-Antoine, en rétré-
» cissant le fossé de la Bastille. Je me suis fait rendre
» compte de ce local, par M. Larcher Daubancourt,
» lieutenant-colonel au corps royal du génie, qui m'a
» fait observer qu'il n'y aurait aucun inconvénient
» pour le service à ce rétrécissement du fossé. M. De-
» launay m'assura aussi que les officiers de l'état-ma-
» jor de la Bastille n'auront aucune représentation à
» faire sur l'indemnité que le bureau de la ville se porte
» à leur procurer pour la destruction de quelques murs
» de leurs échoppes actuelles. Sur le compte que j'en
» ai rendu au roi, sa majesté veut bien permettre au
» bureau de la ville DE PROLONGER L'ALIGNEMENT DE LA
» RUE AMELOT JUSQU'A LA CHAUSSÉE DE BERCY EN recu-
» lant dans le fossé la contrescarpe du bastion détaché
» de la demi-lune de la Bastille, autant qu'il sera néces-
» saire pour que les échoppes à construire sur le bord
» de ce fossé, et qui auront 12 pieds de profondeur

— COP —

» prise sur la largeur du fossé, ayant leur face du
» dehors dans l'alignement de la rue Amelot, etc. »
— Vers 1790, cette partie prit le nom de rue de la *Contrescarpe*. Cette dénomination rappelle l'emplacement sur lequel elle fut ouverte. — Conformément aux décrets des 14 février 1806 et 24 février 1811, le ministre de l'intérieur Montalivet approuva, le 22 novembre 1811, un alignement tracé à 74 m. de distance de l'axe de la gare de l'Arsenal. Les propriétés de 2 à 6 inclus, de 38 à 48 inclus, et de 52 à la fin sont alignées. — Conduite d'eau.

Un arrêté préfectoral du 14 septembre 1843 a prescrit la publication du plan indiquant le projet d'achèvement de la rue de la Contrescarpe, au moyen de l'exécution immédiate de l'alignement au droit des immeubles en saillie. Cette importante amélioration devra être effectuée par mesure d'expropriation pour cause d'utilité publique.

CONTRESCARPE–SAINT-MARCEL (RUE DE LA).

Commence à la rue des Fossés-Saint-Victor, nᵒˢ 37 et 39; finit aux rues Neuve–Sainte–Geneviève, nᵒ 1, et Fourcy. Le dernier impair est 25; le dernier pair, 14. Sa longueur est de 157 m. — 12ᵉ arrondissement; de 1 à 13 et de 2 à 6, quartier du Jardin-du-Roi; de 15 à la fin, quartier de l'Observatoire; de 8 à la fin, quartier Saint-Jacques.

Cette rue doit son nom à sa situation sur les fossés de l'Estrapade. Avant que ces fossés, creusés entre les portes Saint-Victor et Saint-Jacques, fussent comblés et couverts de maisons, ce terrain, extrêmement élevé, formait un chemin difficile à monter. M. de Fourcy, prévôt des marchands, ayant conçu le projet de lui donner une pente plus douce, obtint en 1685 un arrêt du conseil, confirmé par lettres-patentes registrées en 1686. Cet arrêt autorisait la démolition de la porte Saint-Marcel, et ordonnait de reprendre à 15 pieds sous œuvre les maisons de la rue de la Contrescarpe, en indemnisant les propriétaires. Cette amélioration fut exécutée peu de temps après. Une décision ministérielle, à la date du 2 thermidor an X, signée Chaptal, a fixé la moindre largeur de cette voie publique à 8 m. Sur le côté gauche, la maison à l'encoignure droite de la rue Neuve-Sainte-Etienne, et celle à l'encoignure de la rue Neuve-Sainte-Geneviève, sont alignées. Sur le côté droit, les maisons nᵒˢ 2, 4 et 6 ne sont pas soumises à retranchement. — Éclairage au gaz (compᵉ Parisienne).

COPEAU (RUE).

Commence aux rues du Jardin-du-Roi et Saint-Victor, nᵒ 1; finit à la rue Mouffetard, nᵒˢ 17 et 19. Le dernier impair est 57; le dernier pair, 38. Sa longueur est de 416 m. — 12ᵉ arrondissement. La Pitié dépend du quartier Saint-Marcel; le surplus est du quartier du Jardin-du-Roi.

Son nom lui vient d'un moulin qui était sur la petite

— COQ —

rivière de Bièvre, et qu'on nommait au XIIe siècle *Moulin de Cupels*; on donna son nom au chemin qui y conduisait. Plus tard, cette dénomination fut changée en celle de *Coupols, Coupeaulx, Coippeaulx*, et en dernier lieu *Copeau*. — Une décision ministérielle, à la date du 13 germinal an X, signée Chaptal, a fixé la moindre largeur de cette voie publique à 8 m. Les constructions ci-après ne sont pas soumises à retranchement : n°s 21, 23, 25, 27, 29, et le bâtiment qui porte le n° 30. — Conduite d'eau entre les rues du Jardin-du-Roi et du Battoir.

COQ-HÉRON (RUE).

Commence à la rue Coquillière, n°s 28 et 30; finit aux rues Pagevin, n° 1, et Verdelet. Le dernier impair est 11; le dernier pair, 12. Sa longueur est de 138 m. — 3e arrondissement. Les impairs sont du quartier du Mail, et les pairs, du quartier Saint-Eustache.

Ce n'était en 1298 qu'une impasse nommée *Coq-Héron*. François Ier, par lettres-patentes du mois de septembre 1543, ordonna que l'hôtel de Flandres serait démoli, et son terrain divisé en plusieurs lots que l'on vendrait à divers particuliers. Sur une partie de cet emplacement, l'impasse Coq-Héron fut convertie en rue sur une largeur de 8 m. En 1546, cette voie publique était presqu'entièrement bordée de constructions. — Une décision ministérielle du 20 fructidor an XI, signée Chaptal, avait fixé la largeur de cette rue à 8 m. En vertu d'une ordonnance royale du 22 août 1840, cette largeur a été portée à 10 m. Les maisons n°s 1 bis, 1 et 3 bis sont alignées ; les autres constructions de ce côté devront subir un retranchement qui n'excède pas 70 c. La propriété n° 10 est à l'alignement ; le surplus est soumis à un retranchement de 2 m. environ.—Égout.— Éclairage au gaz (comp^e Anglaise).

COQ-SAINT-HONORÉ (RUE DU).

Commence à la place de l'Oratoire, n°s 2 et 4; finit à la rue Saint-Honoré, n°s 165 et 173. Le dernier impair est 15; le dernier pair, 10. Sa longueur est de 88 m. — 4e arrondissement, quartier Saint-Honoré.

C'était une impasse connue en 1271 sous le nom de *Richebourg*. En 1376, une adjudication par décret, faite au Châtelet, indique une maison sise rue du Coq ou de Richebourg. Elle doit ces deux noms à deux familles qui y ont demeuré. Dès l'année 1372, Jean-le-Coq avait maison au coin de cette rue, et Rogier-le-Coq une autre au coin opposé. Des lettres-patentes, du 12 mai 1767, ordonnèrent *l'élargissement de la rue dite cul-de-sac du Coq, en seize pieds six pouces de largeur de chaque côté de la ligne capitale du milieu du Louvre.* Cet élargissement ne fut effectué qu'en 1780. Les deux côtés de cette voie publique ne sont pas tout-à-fait parallèles. La moindre largeur est de 10 m. 25 c.; la plus grande est de 10 m. 70 c. — Une ordonnance royale du 22 août 1840 a maintenu ces dimensions. Les propriétés riveraines sont alignées. — Conduite d'eau depuis la place de l'Oratoire jusqu'aux deux bornes-fontaines. — Éclairage au gaz (comp^e Anglaise).

COQ-SAINT-JEAN (RUE DU).

Commence à la rue de la Tixéranderie, n°s 29 et 31 ; finit à la rue de la Verrerie, n°s 41 et 43. Le dernier impair est 7; le dernier pair, 12. Sa longueur est de 80 m. — 7e arrondissement. Les impairs sont du quartier des Arcis, et les pairs du quartier du Marché-Saint-Jean.

Quelques constructions bordaient déjà cette rue sous le règne de Louis-le-Jeune. Son premier nom est celui d'*André-Malet* ; elle est ainsi désignée dans un acte de 1243. On voit dans l'Accord de Philippe-le-Hardi avec le chapitre de Saint-Merri, en 1273, que cette rue est énoncée sous le nom de *Lambert-de-Râle* ou *André-Malet*. Guillot lui donne cette dernière dénomination. Dès 1416, elle prit d'une enseigne le nom de rue du *Coq*. — Une décision ministérielle, à la date du 28 brumaire an VI, signée Letourneux, avait fixé la largeur de cette voie publique à 7 m. Cette largeur est portée à 10 m., en vertu d'une ordonnance royale du 12 juillet 1837. Les constructions riveraines sont soumises à un fort retranchement. — Conduite d'eau depuis la rue de la Verrerie jusqu'à la borne-fontaine. — Éclairage au gaz (comp^e Lacarrière).

COQUENARD (IMPASSE).

Située dans la rue Neuve-Coquenard, entre les n°s 20 et 22. — 2e arrondissement, quartier du Faubourg-Montmartre.

Elle fut construite de 1812 à 1813, par MM. Dié et Saulnier. Elle dut sa dénomination à sa proximité de la rue Coquenard.

COQUENARD (RUE).

Commence aux rues Cadet, n° 35, et Rochechouart, n° 1 ; finit aux rues du Faubourg-Montmartre, n° 80, et des Martyrs, n° 2. Le dernier impair est 43; le dernier pair, 64. Sa longueur est de 341 m. — 2e arrondissement, quartier du Faubourg-Montmartre.

Ouverte sur un territoire appelé Coquenard, elle en reçut la dénomination. Au milieu du XVIIe siècle, elle prit le nom de rue *Notre-Dame-de-Lorette*, qu'elle dut à une chapelle placée sous ce vocable et dont nous parlerons à la fin du présent article. Vers 1792, on lui rendit sa première dénomination. — Une décision ministérielle, à la date du 12 fructidor an V, signée François de Neufchâteau, et une ordonnance royale du 23 août 1833, ont fixé la moindre largeur de cette voie publique à 10 m. Les maisons n°s 5, 7, 9, de 13 à 37 inclusivement ; 6, 8, de 12 à 22 inclusivement, 28, 46, 54, 56 et 64, ne sont pas soumises à retranchement. — Égout entre les rues Neuve-Coquenard et du Fau-

— COQ —

bourg-Montmartre. — Conduite d'eau depuis la rue Cadet jusqu'à la rue Neuve-Coquenard. — Éclairage au gaz (comp^e Anglaise).

La chapelle Notre-Dame-de-Lorette était située dans cette rue. On ignore et le nom de son fondateur et la date précise de sa construction. Cependant elle était bâtie en 1646, car le 13 juillet de la même année l'archevêque de Paris permit aux habitants des Porcherons et des paroisses de Saint-Eustache d'y établir une confrérie sous le titre de *Notre-Dame-de-Lorette*. Cette chapelle fut supprimée en 1790 et devint propriété nationale. Les bâtiments de cette chapelle, ainsi que le presbytère et ses dépendances qui contenaient ensemble une superficie de 595 m. 41 c., furent vendus le 3 messidor an IV, par le domaine de l'État. La maison portant aujourd'hui le n° 54 a été construite, en 1822, sur le terrain qui servait d'entrée à cette chapelle.

COQUENARD (RUE NEUVE-).

Commence à la rue Coquenard, n°s 26 et 28 ; finit à la rue de la Tour-d'Auvergne, n° 21. Le dernier impair est 25 bis ; le dernier pair, 34. Sa longueur est de 305 m. — 2e arrondissement, quartier du Faubourg-Montmartre.

Vers l'année 1790, c'était une impasse ayant son entrée dans la rue Coquenard. Sous la république, on la nomma *impasse Brutus*. Elle fut comprise au nombre des voies publiques de Paris, en vertu d'une décision ministérielle du 6 vendémiaire an XIV, signée Champagny, qui fixa sa largeur à 7 m. — En 1819, le sieur Digeon, propriétaire de terrains situés entre le fond de l'impasse et la rue de la Tour-d'Auvergne, conçut le projet de prolonger l'impasse sur cet emplacement. Sans réclamer l'autorisation nécessaire, il mit ce projet à exécution et ne donna que 8 m. de largeur au prolongement dont la direction fut un peu biaisée à droite. L'administration n'a pas encore reçu ce prolongement au nombre des voies communales, et un arrêté préfectoral du 7 décembre 1840, a prescrit la fermeture de ce percement. A l'égard de la partie formant autrefois impasse, les constructions riveraines sont alignées. — Conduite d'eau depuis la rue Coquenard jusqu'à la borne-fontaine. — Éclairage au gaz (comp^e Anglaise).

COQUERELLE (IMPASSE).

Située entre les rues des Juifs, n° 26, et des Rosiers, n° 2. Le dernier impair est 5 ; le dernier pair, 12. Sa longueur est de 47 m. — 7e arrondissement, quartier du Marché-Saint-Jean.

En 1400, c'était la rue de la *Lamproie* ; en 1415, la rue de la *Coquerée* (Archives du Temple). Elle aboutissait alors dans la rue Culture-Sainte-Catherine. Dans le Terrier du roi de 1540, elle est nommée rue de la *Coquerie*. Elle fut convertie en impasse en 1604. — Une ordonnance royale du 15 octobre 1830 a fixé la largeur de cette voie publique à 11 m. — Les cons-

— COQ —

tructions riveraines sont soumises à un retranchement considérable.

COQUILLES (RUE DES).

Commence à la rue de la Tixéranderie, n°s 17 et 21 ; finit à la rue de la Verrerie, n°s 57 et 59. — Le dernier impair est 9 ; le dernier pair, 4. Sa longueur est de 70 m. — 7e arrondissement, quartier des Arcis.

Sous le règne de Philippe-Auguste, elle était déjà bordée de constructions. Les actes du XIVe siècle lui donnent le nom de *ruelle Gentien*. Le Cartulaire de Saint-Maur fait mention de Pierre Gentien, dont la maison, située dans la rue de la Tixéranderie, vis-à-vis celle des Coquilles, était occupée par des Lombards (usuriers). On l'a depuis nommée *ruelle Jean-Gentien*, et *Jacques-Gentien*. Elle tient sa dénomination actuelle des Coquilles qui ornent la porte et les fenêtres d'un hôtel situé au coin de la rue de la Tixéranderie. — Une décision ministérielle, à la date du 25 octobre 1814, signée l'abbé de Montesquiou, fixa la largeur de cette voie publique à 10 m. A cette époque elle n'avait que 3 m. de largeur. De 1815 à 1821, les maisons qui bordaient cette rue furent presque toutes reconstruites à l'alignement approuvé par le ministre. — Une ordonnance royale, à la date du 6 mai 1836, a maintenu la largeur de 10 m. Toutes les constructions du côté des numéros impairs, et une partie de celles du côté opposé, sont alignées ; la maison n° 4 devra subir un faible retranchement. — Égout. — Conduite d'eau. — Éclairage au gaz (comp^e Lacarrière).

COQUILLIÈRE (RUE).

Commence aux rues du Four, n° 49, et du Jour, n° 1 ; finit à la rue Croix-des-Petits-Champs, n°s 48 et 50. Le dernier impair est 47 ; le dernier pair, 48. Sa longueur est de 295 m. Les impairs sont du 4e arrondissement, quartier de la Banque, et les pairs, du 3e arrondissement ; de 2 à 28, quartier Saint-Eustache, et de 30 à la fin, quartier du Mail.

Le mur d'enceinte de Paris, construit sous Philippe-Auguste, s'étendait entre les rues de Grenelle et d'Orléans-Saint-Honoré, plus près de la première que de la seconde jusqu'au carrefour où aboutissent les rues de Grenelle, Sartine, Jean-Jacques Rousseau et Coquillière. Là était une porte de la ville appelée *Coquillier* ou *Coquillière*. Elle devait ce nom, ainsi que la rue, à la famille Coquillier. Cette rue, ou plutôt ce chemin, qui conduisait sous Philippe-Auguste à la ville, ne fût entièrement bordé de constructions qu'en 1292. Nous en avons la preuve dans un acte de cette année, par lequel Pierre Coquillier vend à Gui de Dampierre une maison qu'il avait fait bâtir dans cette rue alors *edifiée*. — Une décision ministérielle du 8 septembre 1821 avait fixé la largeur de cette voie publique à 10 m. D'après un projet publié en vertu d'un arrêté préfectoral du 10 août 1843, la largeur de la rue Coquillière doit être portée à 13 m. Suivant cet alignement, les propriétés n°s 5 et 12 ne sont pas soumises à retranchement. — Égout. — Conduite d'eau. — Éclairage au gaz (comp^e Anglaise).

CORBEAU (RUE).

Commence à la rue Bichat, n°s 18 et 20; finit à la rue Saint-Maur, n° 69. Le dernier impair est 15; le dernier pair, 32. Sa longueur est de 262 m. — 5e arrondissement, quartier de la Porte-Saint-Martin.

Une ordonnance royale du 27 septembre 1826 a autorisé l'administration des hospices et M. Corbeau, propriétaire, à ouvrir sur leurs terrains une rue de 13 m. de largeur destinée à communiquer entre les rues Bichat et Saint-Maur. Cette autorisation a été accordée à la charge par les impétrants : — de livrer gratuitement à la voie publique, le terrain nécessaire à ce percement ; d'établir de chaque côté de la nouvelle rue des trottoirs en pierre dure de 2 m. de largeur ; de supporter les frais de premier établissement du pavage et de l'éclairage, ainsi que ceux des travaux à faire pour l'écoulement souterrain, ou à ciel ouvert, des eaux pluviales et ménagères ; enfin de se conformer aux lois et règlements sur la voirie de Paris. — Ce percement fut immédiatement exécuté ; il reçut en 1830 le nom de rue *Corbeau*. Toutes les constructions riveraines sont alignées. — Conduite d'eau.

CORBY (PASSAGE).

Commence à la rue Montpensier-Palais-Royal, n° 7; finit à la rue de Richelieu, n° 10. — 2e arrondissement, quartier du Palais-Royal.

Ce passage a été construit en 1720. Il a pris sa dénomination actuelle d'un propriétaire.

CORDELIÈRES (RUE DES).

Commence à la rue Pascal, n° 37 ; finit à la rue du Champ-de-l'Alouette. Le dernier impair est 21 ; le dernier pair, 32. Sa longueur est de 400 m. — 12e arrondissement, quartier Saint-Marcel.

Elle a été percée, en 1825, sur les terrains appartenant à MM. Marcellot et Salleron et provenant de l'ancien couvent des Cordelières. Cette rue, qui n'est pas encore reconnue comme voie publique par l'administration municipale, a 12 m. environ de largeur et sa forme est presque circulaire (*voir* pour l'historique du couvent des Cordelières, l'article de la rue *Pascal*).

CORDERIE (PLACE DE LA).

Commence à la rue Dupetit-Thouars, n°s 23 et 27; finit à la rue de la Petite-Corderie, n°s 1 et 3. Sa longueur est de 44 m. — 6e arrondissement, quartier du Temple.

Cette place était depuis un temps immémorial habitée par des Cordiers. Elle faisait partie de l'enclos du Temple. Sa forme est irrégulière. — Une décision ministérielle du 9 septembre 1800, signée Fouché, et une ordonnance royale du 16 novembre 1834, ont fixé la moindre largeur de cette voie publique à 7 m. Le bâtiment situé à droite en entrant par la rue Dupetit-Thouars, est seul soumis à retranchement.

CORDERIE (PETITE RUE DE LA).

Commence à la place de la Rotonde-du-Temple, n°s 38 et 90; finit à la place de la Corderie. Le dernier numéro est 4. Sa longueur est de 58 m. — 6e arrondissement, quartier du Temple.

Elle a été percée en 1809, sur une partie de l'enclos du Temple (voyez *Linge, halle au vieux*). Son voisinage de la place de la Corderie lui a fait donner le nom qu'elle porte. — Une décision ministérielle en date du 7 septembre 1809, signée Fouché, et une ordonnance royale du 16 novembre 1834, ont fixé la largeur de cette voie publique à 7 m. 10 c. Les constructions du côté gauche devront subir un léger redressement ; celles du côté opposé sont à l'alignement. — Conduite d'eau depuis la rue Dupuis jusqu'à la borne-fontaine.

CORDERIE-AU-MARAIS (RUE DE LA).

Commence aux rues de Beauce, n° 9, et Caffarelli; finit à la rue du Temple, n° 78. Le dernier impair est 23 ; pas de numéro pair, ce côté est bordé par le mur de clôture du couvent du Saint-Sacrement. Sa longueur est de 203 m. — Les numéros impairs sont du 7e arrondissement, quartier du Mont-de-Piété ; le côté opposé est du 6e arrondissement, quartier du Temple.

Elle doit cette dénomination aux cordiers qui travaillaient le long des murs du Temple. — Une décision ministérielle à la date du 26 thermidor an VIII, signée L. Bonaparte, fixa la moindre largeur de cette voie publique à 9 m. En vertu d'une ordonnance royale du 16 mai 1833, cette moindre largeur est portée à 10 m. Toutes les constructions riveraines sont alignées. — Conduite d'eau. — Éclairage au gaz (comp^e Lacarrière).

CORDERIE-SAINT-HONORÉ (IMPASSE DE LA).

Située dans la place du Marché-Saint-Honoré. Les numéros continuent la série de la rue du Marché-Saint-Honoré. Sa longueur est de 27 m. — 2e arrondissement, quartier du Palais-Royal.

C'est la partie qui provenait de l'ancien cul-de-sac de la Corderie ou Péronelle (voyez l'article suivant). — Une ordonnance royale du 4 octobre 1826 a fixé la largeur de cette voie publique à 10 m. Elle a été élargie en 1829, et les maisons riveraines ne sont aujourd'hui soumises à aucun retranchement. — Éclairage au gaz (comp^e Anglaise).

CORDERIE-SAINT-HONORÉ (RUE DE LA).

Commence à la rue Neuve-Saint-Roch, n°s 45 et 47; finit à la place du Marché-Saint-Honoré, n°s 40 et 42. Le dernier impair est 5; le dernier pair, 10. Sa longueur

— COR —

est de 67 m. — 2ᵉ arrondissement, quartier du Palais-Royal.

C'était anciennement le cul-de-sac de la *Corderie*, on l'appelait aussi *cul-de-sac Péronelle*. — Un arrêt du conseil du 22 avril 1679, prescrivit l'élargissement de la partie comprise entre la rue Neuve-Saint-Roch et celle de la Sourdière. Par suite de l'établissement du marché et de la place qui l'entoure, ce cul-de-sac fut divisé en deux parties, dont l'une prit le nom de rue de la *Corderie*, et l'autre conserva le nom primitif. — Une ordonnance royale, à la date du 4 octobre 1826, a fixé la largeur de la rue de la Corderie à 10 m. La maison n° 1 est seule soumise à retranchement. — Bassin d'égout. — Éclairage au gaz (compᵉ Anglaise).

CORDIERS (RUE DES).

Commence à la rue Saint-Jacques, nᵒˢ 144 et 146; finit à la rue de Cluny, nᵒˢ 3 et 5. Le dernier impair est 23; le dernier pair, 14. Sa longueur est de 105 m. — 11ᵉ arrondissement, quartier de la Sorbonne.

Cette rue était bâtie presque entièrement en 1250. Le poète Guillot l'appelle rue des *Cordiers*. Elle doit sans doute cette dénomination à des cordiers qui vinrent l'habiter. — Une décision ministérielle à la date du 8 nivôse an XIII, signée Champagny, a fixé la largeur de cette voie publique à 7 m. Les maisons nᵒˢ 9 et 11 ne sont pas soumises à retranchement. — Portion d'égout du côté de la rue Saint-Jacques.

CORDONNERIE (RUE DE LA).

Commence à la rue du Marché-aux-Poirées, nᵒˢ 1 et 3; finit à la rue de la Tonnellerie, nᵒˢ 22 et 24. Le dernier impair est 23; le dernier pair, 34. Sa longueur est de 107 m. — 4ᵉ arrondissement, quartier des Marchés.

Les cordonniers habitaient au XIIIᵉ siècle la rue des Fourreurs, dite alors de la *Cordouannerie*. Vers 1295, les cordonniers cédèrent aux pelletiers la place qu'ils occupaient, pour venir prendre les environs de la halle, qui devenait alors le centre du commerce parisien. Le commissaire Delamare s'est trompé en fixant la construction de cette rue au XIIᵉ siècle. Son origine ne remonte qu'à la fin du XIIIᵉ. Le premier titre qui en fasse mention est tiré du Cartulaire de Saint-Magloire, et indique à l'année 1295 une maison sise en la rue Neuve-de-la-Cordouannerie. C'est par altération qu'on écrit aujourd'hui *Cordonnerie*; le véritable nom est *Cordouannerie*, ainsi qu'on le disait autrefois; parce que les premiers cuirs qu'on employa à la confection des chaussures étaient tirés de Cordoue et s'appelaient du *Cordouan*. Les statuts que les maîtres de la communauté des cordonniers présentèrent aux États-Généraux sous Charles IX, furent approuvés et confirmés par lettres-patentes données à Fontainebleau en 1573, registrées au parlement l'année suivante. Tous les maîtres, même les privilégiés qui vendaient leurs ouvrages aux halliers, étaient tenus de les marquer des deux premières lettres de leurs noms. Ils avaient la jouissance de dix-sept piliers, rue de la Tonnellerie, pour y vendre des souliers, seulement les jours de marché. Chaque maître ne pouvait avoir qu'une boutique, mais autant de compagnons que bon lui semblait. Les apprentis de Paris devaient être préférés aux étrangers. Tous les compagnons qui avaient été trois jours sans travailler étaient conduits dans les prisons du Châtelet. Celui qui quittait son maître pour s'établir ne pouvait prendre une boutique dans le même quartier. L'apprentissage était de quatre années, le brevet coûtait 30 livres et la maîtrise 578 livres. — Une décision ministérielle à la date du 25 messidor an X, signée Chaptal, a fixé la largeur de la rue de la Cordonnerie à 8 m. Les constructions du côté des numéros impairs devront reculer de 1 m. 70 c.; celles du côté opposé ne sont pas soumises à retranchement. — Conduite d'eau. — Éclairage au gaz (compᵉ Française).

CORNEILLE (RUE).

Commence à la place de l'Odéon, n° 5; finit à la rue de Vaugirard, n° 16. Le dernier impair est 7; pas de numéro pair; ce côté est bordé par le théâtre de l'Odéon. Sa longueur est de 55 m. — 11ᵉ arrondissement, quartier de l'École-de-Médecine.

L'ouverture de cette rue sur l'emplacement de l'hôtel de Condé, a été autorisée par lettres-patentes du 10 août 1779, registrées au parlement le 7 septembre suivant, et sa largeur fixée à 30 pieds. Cependant elle ne fut exécutée que sur une largeur de 9 m. 70 c. Sa dénomination rappelle Pierre Corneille, né à Rouen le 6 juin 1606, mort doyen de l'Académie Française le 1ᵉʳ octobre 1684. Il est regardé comme le créateur de l'art dramatique en France. — Une décision ministérielle du 4 nivôse an IX, signée Chaptal, et une ordonnance royale à la date du 12 mai 1841, ont maintenu la largeur primitive de la rue Corneille. — Conduite d'eau. — Éclairage au gaz (compᵉ Parisienne). (Voyez *Odéon*, théâtre de l').

CORNES (RUE DES).

Commence à la rue du Banquier, n° 2; finit à la rue des Fossés-Saint-Marcel, nᵒˢ 33 et 35. Pas de numéro. Sa longueur est de 204 m. — 12ᵉ arrondissement, quartier Saint-Marcel.

En 1789, c'était la rue de la *Voie-Creuse* ou des *Cornes*; cette dernière dénomination avait été donnée à cette rue parce qu'elle était bordée par des murs de clôture faits avec des cornes de bœufs. Une décision ministérielle à la date du 23 germinal an IX, signée Chaptal, et une ordonnance royale à la date du 27 janvier 1837, ont fixé la largeur de cette voie publique à 10 m. Plusieurs constructions sont alignées.

CORROIERIE (RUE DE LA).

Commence à la rue Beaubourg, nᵒˢ 7 et 9; finit à la rue Saint-Martin, nᵒˢ 60 et 62. Le dernier impair est 17;

— COS —

le dernier pair, 26. Sa longueur est de 104 m. — 7e arrondissement, quartier Sainte-Avoie.

Elle était entièrement bordée de constructions vers l'année 1280. En 1300, on la nommait la *Plâtrière*. Elle tire sa dénomination actuelle des corroyeurs qui vinrent l'habiter au commencement du XIVe siècle. — Une décision ministérielle du 2 thermidor an V, signée Benezech, a fixé la largeur de cette voie publique à 6 m. Les maisons nos 9 et 11 sont alignées; le surplus de ce côté est soumis à un retranchement qui varie de 1 m. 30 c. à 2 m. 50 c. Les constructions du côté opposé devront reculer de 1 m. 30 c. à 2 m. — Conduite d'eau depuis la rue Beaubourg jusqu'à la borne-fontaine. — Éclairage au gaz (compe Lacarrière).

COSSONNERIE (RUE DE LA).

Commence à la rue Saint-Denis, nos 113 et 115; finit aux rues du Marché-aux-Poirées, no 24, et des Piliers-aux-Potiers-d'Etain, no 2. Le dernier impair est 39; le dernier pair, 44. Sa longueur est de 138 m. — 4e arrondissement, quartier des Marchés.

Déjà construite en 1183, cette rue s'appelait alors *via Cochonneria*. En 1300, c'était la rue de la *Coçonnerie*. — « Anciennement, dit Sauval, cossonniers et
» cossonnerie voulaient dire la même chose que poulail-
» lers et poullaillerie, j'apprends même de quelques
» veillards, qu'à certains jours de la semaine, on y te-
» nait un marché de cochons et de volailles, et de plus
» ils m'ont assuré qu'étant jeunes, ils y ont vu étaler
» dans des paniers et sur le pavé des poulets, des cha-
» pons et tout le reste que les poulaillers d'aujourd'hui
» ont étalé sur le pavé et dans leurs paniers à la Vallée-
» de-Misère, et depuis, le long du quai des Augustins.
» Enfin j'ai lu dans le *livre rouge neuf* du procureur du
» roi, une ordonnance qui défend, tant aux rôtisseurs
» qu'aux autres marchands qui venoient étaler à la rue
» de la Cossonnerie, d'aller avant l'heure au devant des
» marchandises. » — Une décision ministérielle à la date du 2 germinal an XI, signée Chaptal, a fixé la largeur de cette voie publique à 10 m. Les maisons nos 1, 21 et 10 sont alignées. — Éclairage au gaz (compe Française).

COTTE (RUE).

Commence à la rue Trouvée, no 9, et à la place du Marché-Beauveau, no 9; finit à la rue du Faubourg-Saint-Antoine, nos 140 et 142. Le dernier impair est 23; le dernier pair, 16. Sa longueur est de 157 m. — 8e arrondissement, quartier des Quinze-Vingts.

Elle a été ouverte en décembre 1778, sur les dépendances de l'abbaye Saint-Antoine-des-Champs. Les lettres-patentes qui autorisèrent ce percement sont datées de Versailles, le 17 février 1777. Elles furent registrées au parlement le 24 août de la même année. La largeur assignée à cette voie publique fut de 30 pieds. Cette dimension a été maintenue par une déci-

— COU —

sion ministérielle du 17 brumaire an XII, signée Chaptal. — Portion d'égout du côté de la rue du Faubourg-Saint-Antoine. — Conduite d'eau.

Jules-François de Cotte était président au grand-conseil sous le règne de Louis XVI (voyez *Marché Beauveau*).

COURBATON (IMPASSE).

Située dans la rue de l'Arbre-Sec, entre les nos 23 et 25. Pas de numéro. Sa longueur est de 11 m. 50 c. — 4e arrondissement, quartier du Louvre.

Elle formait autrefois avec l'impasse Sourdis, une rue qui aboutissait à celle de l'Arbre-Sec. Au XVIe siècle, c'était l'impasse Courbaton. Par brevet du mois de mai 1608, Henri IV, voulant récompenser les services du marquis de Sourdis, donna à sa veuve la totalité du cul-de-sac Courbaton, qui formait une petite ruelle. Ce brevet fut confirmé par Louis XIII le 31 mai 1621, et par Louis XIV en octobre 1657. — Un arrêt du conseil à la date du 3 juillet 1781, sans s'arrêter aux brevets dont il vient d'être parlé, ordonna que la portion du cul-de-sac Courbaton, qui se trouvait alors libre, serait réunie au domaine de sa majesté. Cette impasse n'a jamais été alignée.

COURCELLES (BARRIÈRE DE).

Située à l'extrémité de la rue de Chartres-du-Roule.

Cette barrière, qui est décorée d'un bâtiment dont le pourtour est orné de 24 colonnes, doit son nom au village de Courcelles, vers lequel on se dirige en la traversant. (Voyez l'article *Barrières*.)

COURCELLES (CHEMIN DE RONDE DE LA BARRIÈRE DE).

Commence à la rue de Chartres et à la barrière de Courcelles; finit à la rue du Faubourg-du-Roule et à la barrière du Roule. Pas de numéro. Sa longueur est de 369 m. — 1er arrondissement, quartier du Roule.

Voir l'article *Chemins de ronde*.

COURCELLES (RUE DE).

Commence à la rue de la Pépinière, nos 78 et 80; finit aux rues de Monceau, no 10, et de Valois, no 2. Le dernier impair est 67; le dernier pair, 58. Sa longueur est de 439 m. — 1er arrondissement, quartier du Roule.

C'était originairement le chemin de Villiers. Vers 1730, on lui donna le nom de rue de *Courcelles*. Elle se dirige vers le village ainsi appelé. — Une décision ministérielle à la date du 25 messidor an X, signée Chaptal, a fixé la moindre largeur de cette voie publique à 10 m. Les propriétés ci-après désignées sont à l'alignement : nos 1, 3, 5, 19, 21, 23, 25, 27, 29, 31, 37; 2, 4, 6, 8, 10, 12, 14, 16, 22, 30, 32, 36, 38, 40, 44, 48 et 52. — Égout depuis la rue de la Pépinière jusqu'à la fontaine. — Conduite d'eau. — Éclairage au gaz (compe Anglaise).

COURONNES (BARRIÈRE DES TROIS-).

Située à l'extrémité de la rue du même nom.

Cette barrière qui tire son nom de l'enseigne d'un cabaret voisin, consiste en un bâtiment avec arcades et colonnes. — (Voyez l'article *Barrières*).

COURONNES (CHEMIN DE RONDE DE LA BARRIÈRE DES TROIS-).

Commence aux rues et barrière des Trois-Couronnes; finit à la rue de l'Orillon et à la barrière Ramponeau. Pas de numéro. Sa longueur est de 263 m. — 6e arrondissement, quartier du Temple.

Voir l'article *Chemins de ronde*.

COURONNES-FAUBOURG-DU-TEMPLE (RUE DES TROIS-).

Commence à la rue Saint-Maur, nos 58 et 60; finit aux chemins de ronde des barrières des Trois-Couronnes et de Ménilmontant. Le dernier impair est 41; le dernier pair, 42. Sa longueur est de 373 m. — 6e arrondissement, quartier du Temple.

Cet emplacement était autrefois occupé par des carrières et fours à plâtre. Le plan de Jaillot l'indique comme un chemin sans dénomination. Le nom des Trois-Couronnes lui vient de l'enseigne d'un cabaret. La moindre largeur de cette voie publique a été fixée à 10 m., par une décision ministérielle en date du 23 germinal an IX, signée Chaptal. Les maisons de 9 à 41, 4, 4 bis, 4 ter, 10, 12, 14, 24, 26, 28, et partie de la propriété n° 42, ne sont pas soumises à retranchement. — Conduite d'eau depuis la rue Saint-Maur jusqu'à la borne-fontaine.

COURONNES-SAINT-MARCEL (RUE DES TROIS-).

Commence à la rue Mouffetard, nos 226 et 228; finit aux rues Saint-Hippolyte, n° 2, et Pierre-Assis, n° 2. Le dernier impair est 7; le dernier pair, 8. Sa longueur est de 52 m. — 12e arrondissement, quartier Saint-Marcel.

Au XVIIe siècle, elle était encore comprise dans la rue Saint-Hippolyte. Son nom actuel lui vient d'une enseigne. — Une décision ministérielle à la date du 8 ventôse an IX, signée Chaptal, avait fixé à 10 m. la largeur de cette voie publique. Cette largeur a été portée à 12 m. en vertu d'une ordonnance royale du 27 janvier 1837. Les constructions du côté des numéros impairs sont soumises à un retranchement qui varie de 3 m. 70 c. à 5 m.; celles du côté opposé devront reculer de 3 m. 40 c. à 4 m. 70 c. — Conduite d'eau.

COURTALON (RUE).

Commence à la rue Saint-Denis, nos 65 et 67; finit à la place Sainte-Opportune, nos 6 et 8. Le dernier impair est 3; le seul pair, 2. Sa longueur est de 32 m. — 4e arrondissement, quartier des Marchés.

Elle était entièrement bordée de constructions en 1284. Guillot la nomme en 1300 rue *à petits Souliers de Bazenne*. Elle prit au milieu du XVIe siècle le nom de *Courtalon*, en raison de Guillaume Courtalon, qui possédait deux maisons au coin de la rue des Lavandières. — Une décision ministérielle du 21 prairial an X, signée Chaptal, a fixé la largeur de cette voie publique à 7 m. Les propriétés du côté des numéros impairs sont soumises à un retranchement qui varie de 2 m. 80 c. à 4 m. 20 c.; celles du côté opposé devront reculer de 1 m. 10 c. au plus. — Conduite d'eau.

COURTY (RUE).

Commence à la rue de Lille, nos 97 et 99; finit à la rue de l'Université, nos 108 et 110. Le dernier impair est 7; le dernier pair, 8. Sa longueur est de 68 m. — 10e arrondissement, quartier du Faubourg-Saint-Germain.

Lettres patentes. — « Louis, etc.... De l'avis de notre
» conseil, nous avons ordonné et ordonnons que le pas-
» sage de 21 à 22 pieds de largeur dans toute sa lon-
» gueur, et tel qu'il a été ouvert en vertu de notre per-
» mission (en 1777), sur un terrain acquis par le sieur
» de Courty de Romange et compe, faubourg Saint-
» Germain, où était ci-devant *le petit hôtel du Maine*;
» lequel passage, conformément au plan qui nous a
» été représenté, débouche de la rue de Bourbon à
» celle de l'Université, sera à l'avenir au rang des rues
» de notre capitale et sera nommé rue de *Courty* ; en
» conséquence dispensons les d. sieur de Courty et
» compe d'y placer des portes ou grilles. Ordonnons
» qu'ils seront tenus de faire la première dépense du
» pavé de lad. rue, lequel sera ensuite entretenu à nos
» frais et porté à cet effet sur l'état du pavé de Paris.
» Sera au surplus lad. rue éclairée et nétoyée comme
» toutes les autres de notre capitale, et seront les pro-
» priétaires, locataires et habitants d'icelle, soumis au
» rachat de l'imposition des boues et lanternes, etc....
» Donné à Versailles le 29e jour du mois de septembre
» l'an de grâce 1780 et de notre règne le 7e. Signé
» Louis. » — Le 18 messidor an IX, une décision ministérielle, signée Chaptal, fixa la largeur de cette voie publique à 8 m. Une ordonnance royale du 7 mars 1827 a porté sa moindre largeur à 10 m. Les constructions du côté des numéros pairs sont alignées; celles du côté opposé sont soumises à un fort retranchement. — Conduite d'eau depuis la rue de Lille jusqu'à la borne-fontaine. — Éclairage au gaz (compe Française).

COUTELLERIE (RUE DE LA).

Commence aux rues Jean-de-l'Epine, nos 23, et Jean-Pain-Mollet, n° 1; finit à la rue de la Vannerie, nos 38 et 40. Le dernier impair est 29; le dernier pair, 26. Sa longueur est de 98 m. — 7e arrondissement, quartier des Arcis.

Cette rue était en partie construite sous le règne de Louis-le-Jeune. Elle fut désignée au XIIIe siècle sous le nom de *Vieille-Oreille* et par corruption *Guignoreille*.

— CRE —

Vers l'an 1300 c'était la rue des *Commanderesses*. Des couteliers qui vinrent s'y établir sous le règne de Henri II, lui firent donner le nom qu'elle porte encore aujourd'hui. Elle fut élargie en 1564. — Une décision ministérielle à la date du 13 thermidor an VI, signée François de Neufchâteau, avait fixé la largeur de cette voie publique à 8 m. En vertu d'une ordonnance royale du 31 décembre 1832, cette largeur a été portée à 12 m. La maison n° 2 est alignée. Les autres constructions de ce côté devront subir un retranchement qui varie de 3 m. 10 c. à 5 m.; de 1 à 19 inclus. ret. 2 m. 80 c. à 4 m. 20 c.; de 21 à 27 ret. 2 m. 20 c. à 2 m. 80 c. — Conduite d'eau. — Éclairage au gaz (comp^e Lacarrière).

CRÉBILLON (RUE DE).

Commence à la rue de Condé, n°s 15 et 15 bis; finit à la place de l'Odéon, n°s 2 et 4. Le dernier impair est 7; le dernier pair, 6. Sa longueur est de 62 m. — 11° arrondissement, quartier de l'École-de-Médecine.

Cette rue a été ouverte sur l'emplacement de l'hôtel de Condé, en vertu des lettres-patentes du 10 août 1779, registrées au parlement le 7 septembre suivant. Elle fut exécutée sur une largeur de 30 pieds. Cette dimension a été maintenue par une décision ministérielle du 4 nivôse an IX, signée Chaptal, et par une ordonnance royale du 12 mai 1841. (Voyez l'article *Odéon*, théâtre de l'.) — Éclairage au gaz (comp^e Parisienne).

Prosper Jolyot de Crébillon, célèbre auteur tragique, naquit à Dijon, le 15 février 1674, et mourut à Paris, le 17 juin 1762.

CRETET (RUE).

Commence à la rue Bochart-de-Saron; finit à la rue Beauregard-des-Martyrs. Pas de numéro. Sa longueur est de 44 m. — 2° arrondissement, quartier du Faubourg-Montmartre.

Une décision ministérielle à la date du 29 mai 1821, a prescrit l'ouverture de cette rue sur une largeur de 12 m. Cette disposition a été confirmée par une ordonnance royale du 23 août 1833. Toutefois, il n'existe pas encore de constructions dans cette rue.

Emmanuel Cretet, comte de l'empire et ministre de l'intérieur sous Napoléon, est connu par de longs et utiles travaux administratifs. Il fut spécialement chargé, par un décret du 9 février 1809, de diriger la construction de l'abattoir Montmartre, dont il posa la première pierre.

CROISSANT (RUE DU).

Commence à la rue du Gros-Chenet, n°s 13 et 15; finit à la rue Montmartre, n°s 146 et 148. Le dernier impair est 13; le dernier pair, 24. Sa longueur est de 177 m. — 3° arrondissement, quartier Montmartre.

Cette rue a pris d'une enseigne le nom du croissant qu'elle porte depuis 1612. — Une décision ministérielle du 28 brumaire an VI, signée Letourneux, avait

— CRO —

fixé la largeur de cette voie publique à 6 m. — Cette largeur a été portée à 10 m., en vertu d'une ordonnance royale du 4 mai 1826. Les maisons n°s 7, 9, 11 et 22 sont alignées. — Égout du côté de la rue Montmartre. — Éclairage au gaz (comp^e Française).

CROIX (RUE DE LA).

Commence à la rue Phélipeaux, n°s 40 et 44; finit aux rues du Vertbois, n° 1, et Neuve-Saint-Laurent, n° 33. Le dernier impair est 29; le dernier pair, 20. Sa longueur est de 183 m. — 6° arrondissement, quartier Saint-Martin-des-Champs.

Elle fut ouverte au XIV° siècle sur un canton de la Courtille Saint-Martin, nommé la *Croix-Neuve*, et situé hors des murs de la ville. — Une décision ministérielle à la date du 4 floréal an VIII, signée L. Bonaparte, a fixé la largeur de cette voie publique à 7 m. Les maisons n°s 6, 6 bis, 18 et 20 ne sont pas soumises à retranchement. — Portion d'égout du côté de la rue du Vertbois. — Conduite d'eau dans une partie. — Éclairage au gaz (comp^e Lacarrière).

CROIX-BLANCHE (RUE DE LA).

Commence à la rue Vieille-du-Temple, n°s 17 et 19; finit à la rue Bourtibourg, n°s 2 et 4. Pas de numéro. Sa longueur est de 81 m. — 7° arrondissement, quartier du Marché-Saint-Jean.

A la fin du XIII° siècle, elle était connue sous le nom d'*Augustin-le-Faucheur*. Elle est ainsi désignée dans les lettres de Philippe-le-Hardi du mois d'août 1280. Dans un bail du 8 juillet 1448 et dans une sentence de licitation du 27 août 1639, elle est appelée rue de la *Croix-Blanche*. Suivant une décision ministérielle du 23 prairial an VII, signée François de Neufchâteau, la rue de Bercy devait être supprimée et la rue de la Croix-Blanche conservée et portée à 8 m. de largeur. En vertu d'une ordonnance royale du 12 juillet 1837, l'îlot de maisons qui sépare ces deux rues doit être supprimé pour ne faire qu'une seule communication de 12 m. 50 c. dans sa moindre largeur. (Voyez *Bercy-au-Marais*, rue de.) — La rue de la Croix-Blanche, dont la largeur n'est que de 2 m. environ, est aujourd'hui fermée à ses deux extrémités. Les constructions du côté droit devront subir un retranchement de 1 m. 70 c. au plus. — Conduite d'eau depuis la rue Bourtibourg jusqu'à la borne-fontaine.

CROIX-BOISSIÈRE (IMPASSE DE LA).

Située dans la rue de Longchamp, n° 2. Le seul impair est 1; le dernier pair, 4. Sa longueur est de 49 m. — 1er arrondissement, quartier des Champs-Elysées.

Elle faisait partie du village de Chaillot (*voir* l'article suivant). — Une décision ministérielle du 7 août 1818 avait fixé la largeur de cette impasse à 7 m. Le conseil municipal, dans sa séance du 4 mars 1836, a délibéré que l'impasse de la Croix-Boissière ne serait pas consi-

— CRO —

dérée comme voie publique, et qu'il ne serait délivré à l'avenir aucun alignement dans cette localité. La largeur actuelle de cette impasse est de 4 m.

CROIX-BOISSIÈRE (RUE DE LA).

Commence à la rue de Longchamp, n° 4; finit au chemin de ronde de la barrière des Bassins. Le dernier impair est 11; le dernier pair, 4. Sa longueur est de 356 m. — 1er arrondissement, quartier des Champs-Elysées.

Elle a été tracée vers 1780. Elle se terminait alors dans les champs. Son nom lui vient d'une croix boissière plantée sur le terrain où elle a été construite. On voit encore cette croix figurer sur les plans qui représentent Paris à la fin du XVIIIe siècle. On donnait le nom de *boissière* aux croix auxquelles on allait attacher du buis le jour des Rameaux. — Une décision ministérielle à la date du 7 août 1818, a fixé à 7 m. la largeur de cette voie publique dans la partie comprise entre les rues de Longchamp et de Lubeck.

CROIX-D'ANTIN (RUE SAINTE-), *voyez* SAINTE-CROIX.

CROIX - DE - LA - BRETONNERIE (PASSAGE SAINTE-).

Commence à la rue des Billettes, nos 13 et 15; finit à la rue Sainte-Croix-de-la-Bretonnerie, nos 39 et 41. Le dernier impair est 13; le dernier pair, 10. — 7e arrondissement, quartier du Marché-Saint-Jean.

Ce passage a été construit, vers 1810, sur l'emplacement du couvent des chanoines de Sainte-Croix-de-la-Bretonnerie. Voici en quels termes le sire de Joinville rapporte la fondation de cette maison religieuse : « Revint une autre manière de frères qui se fesoient » appeler *frères de Sainte-Croix*, et portoient la croix » devant leur piz (poitrine), et requistrent que le roy » leur aidaast. Le roi le fit volontiers et les héberga en » une rue appelée le quarrefour du Temple qui ore est » appelée *Sainte-Croix*. »

L'église bâtie par le célèbre Eudes de Montreuil avait son entrée principale dans la rue Sainte-Croix-de-la-Bretonnerie. Sur la grande porte, on lisait cette inscription : *Hic est domus Domini*, 1689. Dans cette église avait été inhumé Barnabé Brisson, second président au parlement de Paris et l'un des quatre magistrats qui furent pendus le 15 novembre 1591, par ordre des Seize, à une poutre de la grand'chambre du Châtelet.

Supprimé en 1790, le couvent de Sainte-Croix-de-la-Bretonnerie devint propriété nationale et fut vendu le 19 avril 1793. Les constructions établies sur l'emplacement de ce couvent ont formé un passage au moyen de la communication avec le renfoncement ou espèce d'impasse ayant son entrée dans la rue des Billettes.

CROIX-DE-LA-BRETONNERIE (RUE SAINTE-).

Commence à la rue Vieille-du-Temple, nos 35 et 37; finit aux rues Barre-du-Bec, n° 16, et Sainte-Avoie,

— CRO —

n° 2. Le dernier impair est 53; le dernier pair, 60. Sa longueur est de 371 m. — 7e arrondissement. Les numéros impairs sont du quartier du Marché-Saint-Jean; les pairs, du quartier du Mont-de-Piété.

Elle était construite en 1230 et se nommait rue de *Lagny*, dite la *Grande-Bretonnerie*, parce qu'elle était située sur le fief de Saint-Pierre-de-Lagny et sur le territoire dit le Champ-aux-Bretons. — Les chanoines de Sainte-Croix étant venus former un établissement dans cette rue, vers 1258, elle prit en 1314 la dénomination de rue *Sainte-Croix*, puis celle de rue *Sainte-Croix-de-la-Bretonnerie*. — Une décision ministérielle du 3 prairial an IX, signée Chaptal, avait fixé la largeur de cette voie publique à 9 m. Une ordonnance royale du 12 juillet 1837 en a porté la moindre largeur à 12 m. Les maisons nos 54, 58 et 60 sont alignées. — Portions d'égout du côté des rues Vieille-du-Temple et Barre-du-Bec. — Conduite d'eau entre les rues des Singes et de l'Homme-Armé. — Éclairage au gaz (compe Lacarrière).

CROIX-DU-ROULE (RUE DE LA).

Commence à la rue du Faubourg-du-Roule, nos 98 et 100; finit à la rue de Chartres, n° 21. Le dernier impair est 17; le dernier pair, 4. Sa longueur est de 269 m. — 1er arrondissement, quartier du Roule.

Ouverte à la fin du XVIIIe siècle, elle porta le nom de rue de la *Croix*. En 1796, on lui donna la dénomination de rue de *Milan*, en mémoire de la prise de cette ville par l'armée française, le 14 mai de la même année. En 1815, elle reprit le nom de rue de la *Croix*. — Une décision ministérielle du 4 mai 1816, signée Vaublanc, a fixé la largeur de cette voie publique à 10 m. Les constructions riveraines ne sont pas soumises à retranchement.

CROIX-EN-LA-CITÉ (RUE SAINTE-).

Commence à la rue Gervais-Laurent, nos 1 et 3; finit à la rue de la Vieille-Draperie, nos 4 et 6. Le dernier impair est 3; le dernier pair, 8. Sa longueur est de 37 m. — 9e arrondissement, quartier de la Cité.

Bâtie au XIIe siècle, elle portait le nom de rue *Sainte-Croix*, en raison de l'église ainsi appelée qu'on voyait encore au commencement de la révolution à l'est de cette rue. — Une décision ministérielle du 13 brumaire an X, signée Chaptal, a fixé la largeur de cette voie publique à 8 m. La largeur actuelle de la rue Sainte-Croix varie de 1 m. 70 c. à 2 m. — Conduite d'eau.

Une bulle d'Innocent II, de l'année 1136, mentionne pour la première fois l'église Sainte-Croix. Érigée en paroisse au XVe siècle, elle fut reconstruite en 1529. En 1790, on la supprima, et le 2 mars 1792, elle fut vendue comme propriété nationale. Les murs de cette église existent encore en partie du côté de la rue Sainte-Croix. La maison n° 4, dans la rue de la Vieille-Draperie, a été bâtie sur son emplacement.

CROIX-ROUGE (CARREFOUR DE LA).

Situé à la jonction des rues du Four, du Dragon, de Grenelle, de Sèvres, du Cherche-Midi et du Vieux-Colombier. — 10e arrondissement, quartiers de la Monnaie et Saint-Thomas-d'Aquin; 11e arrondissement, quartier du Luxembourg.

C'était au XVe siècle le *carrefour de la Maladrerie*, en raison de plusieurs granges bâties au coin de la rue du Four pour loger les pauvres atteints du mal de Naples. Sa dénomination actuelle lui vient d'une *croix peinte en rouge* qu'on avait élevée sur ce carrefour. En 1793, c'était le *carrefour du Bonnet-Rouge*. — Une décision ministérielle du 23 frimaire an IX, signée Chaptal, a déterminé pour cette voie publique un alignement qui soumet à un fort retranchement les propriétés situées aux encoignures des rues du Four et du Vieux-Colombier, de Sèvres et de Grenelle. — Égout. — Éclairage au gaz (compe Française).

CROULEBARBE (BARRIÈRE).

Située sur le boulevart des Gobelins, n° 5.

Aucun bâtiment ne décore cette barrière, qui doit son nom à la rue Croulebarbe.

CROULEBARBE (RUE).

Commence à la rue Mouffetard, nos 270 et 272; finit à la rue du Champ-de-l'Alouette. Le dernier impair est 19; le seul pair, 2; ce côté est bordé, en partie, par la manufacture des Gobelins et la rivière de Bièvre. Sa longueur est de 550 m. — 12e arrondissement, quartier Saint-Marcel.

Plusieurs titres de 1214 font mention du *moulin de Croulebarbe* sur la rivière de Bièvre; d'autres, en 1243, parlent des vignes de Croulebarbe. Ce moulin, qui existait encore en 1840, servait à faire mouvoir des mécaniques. — Une décision ministérielle, à la date du 10 juin 1819, a fixé la largeur de cette voie publique à 10 m. Plusieurs propriétés sont alignées.

CRUCIFIX (RUE DU PETIT-).

Commence à la rue Saint-Jacques-la-Boucherie, nos 18 et 22; finit à la place Saint-Jacques-la-Boucherie. Le dernier impair est 7; pas de numéro pair. Sa longueur est de 53 m. — 6e arrondissement, quartier des Lombards.

Plusieurs actes prouvent que cette rue était entièrement bâtie vers 1250. Elle tire son nom du fief du Crucifix, dont la principale maison, qui avait un crucifix pour enseigne, était située au coin de la rue Saint-Jacques-la-Boucherie. En 1270, elle était désignée sous le nom de *petite rue en face le portail de l'église Saint-Jacques*. On la nomma également rue du *Porce* et *Porche Saint-Jacques*. Elle fut élargie en 1564. — Une décision ministérielle à la date du 18 vendémiaire an VI, signée Letourneux, avait fixé la largeur de cette voie publique à 6 m. En vertu d'une ordonnance royale du 9 décembre 1838, sa moindre largeur a été portée à 10 m. Les constructions du côté des numéros impairs sont soumises à un fort retranchement; celles du côté opposé sont alignées. — Conduite d'eau. — Éclairage au gaz (compe Française).

CRUSSOL (PASSAGE).

Commence à la rue de Ménilmontant, n° 5; finit à la rue Crussol, n° 8. — 6e arrondissement, quartier du Temple.

Bâti en 1827, sur l'emplacement d'une ancienne fabrique de porcelaine, il prit le nom de *passage Biette*, du propriétaire qui l'avait fait construire. Dès 1829, on commença à le désigner sous le nom de *passage Crussol*. (*Voir* pour l'étymologie l'article suivant).

CRUSSOL (RUE).

Commence à la rue des Fossés-du-Temple, n° 12; finit à la rue Folie-Méricourt, nos 5 et 7. Le dernier impair est 27; le dernier pair, 22. Sa longueur est de 314 m. — 6e arrondissement, quartier du Temple.

Autorisée et dénommée par lettres-patentes du 13 octobre 1781, registrées au parlement le 26 février suivant, cette rue fut ouverte en 1783, sur les marais du Temple, appartenant au GRAND PRIEURÉ DE FRANCE. Sa largeur était fixée à 5 toises (9 m. 74 c.) — Le nom donné à cette voie publique est celui de M. Alexandre-Emmanuel Chevalier de Crussol, brigadier des armées de France, chevalier non-profès de l'ordre de Saint-Jean-de-Jérusalem, capitaine des gardes du comte d'Artois et administrateur-général du grand-prieuré de France. Il avait été nommé à ce dernier emploi par lettres-patentes du 13 mars 1777. (Voyez l'article de la rue d'*Angoulême-du-Temple*.) — Une décision ministérielle du 28 fructidor an X, signée Chaptal, fixa la largeur de la rue Crussol à 10 m. — Cette décision porte ce qui suit : « D'après la demande des propriétaires de
» la rue de Crussol et autres riverains, cette rue doit
» être prolongée jusqu'à la contre-allée du boulevart.
» Ce prolongement qui aura 11 m. 69 c. de large, suivra
» la même direction que cette rue; et attendu l'avantage
» qui en résultera pour eux, il a été proposé de les
» charger de l'acquittement des indemnités à payer au
» propriétaire d'une maison et terrain particuliers qu'il
» faudra traverser. » — En vertu d'une autre décision ministérielle du 16 frimaire an XIV, la largeur de 9 m. 74 c., fixée par les lettres-patentes pour la rue Crussol, a été maintenue. Les constructions riveraines sont alignées. — Portion d'égout du côté de la rue des Fossés-du-Temple. — Conduite d'eau depuis la rue de Malte jusqu'à la borne-fontaine. — Éclairage au gaz (compe Lacarrière).

Le plan indiquant le projet de prolongement de la rue Crussol jusqu'au boulevart du Temple et d'établissement de constructions sur une partie de la contre-allée, a été déposé à la mairie du 6e arrondissement, conformément à un arrêté préfectoral du 22 août 1842. Ce prolongement aura 12 m. de largeur.

— CUI —

CUIRS (HALLE AUX).

Située dans les rues Françoise, n° 3, et Mauconseil, n° 34. — 5ᵉ arrondissement, quartier Montorgueil.

Elle a été bâtie en 1784, sur l'emplacement de l'ancien hôtel de Bourgogne et du théâtre des Italiens. Elle était située précédemment dans la rue de la Lingerie. — « Ordonnance de police du 27 frimaire an XIV. Le » préfet de police, vu les articles 2 et 32 de l'arrêté du » gouvernement du 12 messidor an VIII, ordonne ce » qui suit : — Article 1ᵉʳ. Les cuirs et peaux continue-» ront d'être vendus à la halle située rue et division de » Bon-Conseil. — Art. 2ᵉ. La halle sera ouverte pour » la réception des marchandises, tous les jours, depuis » le lever jusqu'au coucher du soleil. — Art. 3ᵉ. La » vente aura lieu tous les jours, excepté les dimanches » et fêtes, depuis 10 heures du matin jusqu'à 3 heures » de relevée, etc. » (Extrait.) *Moniteur* du 1ᵉʳ nivôse an XIV (1805).

CUNETTE (BARRIÈRE DE LA).

Située à l'extrémité du quai d'Orsay.

Elle se compose d'un bâtiment à deux arcades, colonnes et frontons. Une cunette établie en cet endroit lui a donné son nom. On appelle *cunette* un fossé de 6 m. de large pratiqué dans le milieu du fossé sec d'une place. — (Voir l'article *Barrières*).

CUVIER (RUE).

Commence au quai Saint-Bernard ; finit aux rues du Jardin-du-Roi et Saint-Victor. Le dernier impair est 41 ; le dernier pair, 10. Sa longueur est de 531 m. — 12ᵉ arrondissement, quartier du Jardin-du-Roi.

On ne l'appelait anciennement que *rue ou chemin devers Seine*. En 1552, on disait simplement *rue derrière les murs de Saint-Victor*. Ensuite on la nomma rue du *Ponceau*, en raison d'un petit pont qu'on avait jeté vers le milieu de cette rue, sur la petite rivière de Bièvre, lorsqu'elle traversait l'enclos Saint-Victor. — Une décision ministérielle à la date du 2 septembre 1818, a fixé la largeur de cette voie publique à 10 m. En vertu d'une ordonnance royale du 22 juin 1837, la partie comprise entre les rues Jussieu et Saint-Victor, doit avoir 12 m. de largeur. La rue qui nous occupe a reçu, en vertu d'une décision du roi, du 8 novembre 1838, le nom de rue *Cuvier*. Georges-Léopold-Frédéric-Chrétien-Dagobert Cuvier naquit à Montbéliard le 23

— CYG —

août 1769, la même année que Canning, Humboldt, Walter Scott et Napoléon, et mourut à 63 ans comme Aristote. — Les constructions riveraines sont presque toutes à l'alignement. — Égout du côté du quai.

La fontaine *Cuvier*, située à l'angle de la rue Saint-Victor, a été construite en 1840, par M. Lemaire. La statue qui décore ce petit monument a coûté 2,500 fr.

Dans cette rue était le couvent des Nouveaux-Convertis. — Le père Hyacinthe de Paris, capucin très zélé pour la conversion des protestants, forma en 1632 une société qu'il enflamma de son zèle. L'archevêque de Paris, Jean-François de Gondy, autorisa le 6 mai 1634 cette association, à laquelle il donna le titre de *Congrégation de la propagation de la foi* et le vocable de *l'exaltation de la croix*. Le pape, par une bulle du 3 juin de la même année et le roi par lettres-patentes de 1635 autorisèrent cet établissement. Les protestants, disposés à se convertir, furent d'abord réunis dans une maison située dans la cité, puis transférés dans la rue de Seine-Saint-Victor. Ce couvent, devenu propriété nationale, fut vendu le 30 mars 1793. Une partie de son emplacement a servi à l'agrandissement du Jardin-des-Plantes.

CYGNE (RUE DU).

Commence à la rue Saint-Denis, nᵒˢ 179 et 183 ; finit à la rue Mondétour, nᵒˢ 26 et 28. Le dernier impair est 25 ; le dernier pair, 26. Sa longueur est de 102 m. — 5ᵉ arrondissement, quartier Montorgueil.

Plusieurs titres consignés dans le Cartulaire de Saint-Magloire, nous permettent d'affirmer que cette rue n'a été entièrement construite qu'en 1280. Sauval s'est trompé en disant qu'elle n'a porté le nom de *Cygne* qu'à partir du XVIᵉ siècle ; dès la fin du XIIIᵉ on connaissait la maison *o cingne*. Le poète Guillot, vers l'année 1300, en parle ainsi :

> La rue o Cingne, ce me samble,
> Encontre Mondestour assamble.

De plus, le rôle de 1313 indique la rue au *Cygne*. — Une décision ministérielle à la date du 13 vendémiaire an X, signée Chaptal, avait fixé la largeur de cette voie publique à 7 m. Cette largeur a été portée à 10 m., en vertu d'une ordonnance royale du 16 mai 1836. Les maisons nᵒˢ 2, 4, 8, 10 ; 11, 13 ; celle sur le côté gauche à l'encoignure droite de la rue Saint-Jacques-l'Hôpital et la propriété située sur le côté droit à l'encoignure gauche de cette rue sont alignées. — Éclairage au gaz (compᵉ Française).

Janvier 1844.

D.

DAGUESSEAU (MARCHÉ).

Situé dans la cité Berryer. — 1ᵉʳ arrondissement, quartier de la place Vendôme.

« Louis, etc...,. Par nos lettres-patentes du 6 fé-» vrier 1723, nous aurions accordé à notre amé et féal » Joseph-Antoine Daguesseau, conseiller-honoraire en » notre cour de parlement, à notre amé et féal Gilles » Coste de Champeron, aussi conseiller en notre dite

— DAG —

» cour, et notre amée Hélène-Geneviève de Noël, sa
» femme, et à notre amée Elisabeth Billet, épouse
» séparée quant aux biens de Pierre Lavergne, notre
» conseiller au Châtelet, la permission d'établir un
» marché public dans un terrain à eux appartenant au
» Faubourg-Saint-Honoré, pour l'avantage des habi-
» tants dudit quartier, et à la décoration et commodité
» de notre bonne ville de Paris, mais le d. établisse-
» ment n'ayant pu être conduit à sa perfection à cause
» des défenses de bâtir dans les faubourgs, survenues
» l'année dernière, qui empêchèrent que les environs
» du d. marché fussent remplis de bâtiments, soit
» parce que le terrain où il était placé se trouvait trop
» éloigné de la partie la plus habitée du d. quartier:
» notre très cher et féal le sieur Daguesseau, chevalier,
» chancelier de France, commandeur de nos ordres,
» donataire entre-vifs et héritier sous bénéfice d'inven-
» taire du d. sieur Joseph-Antoine Daguesseau, son
» frère, et les autres propriétaires du d. marché dans
» le dessein d'achever un établissement si utile au pu-
» blic, se seraient déterminés à acquérir une place
» située à l'entrée du d. quartier et appartenant à
» André Mol de Qurieux, notre conseiller, secrétaire,
» maison et couronne de France et de nos finances, et
» avocat en nos conseils, et à Marie-Catherine Paulmier
» sa femme, lesquels, la leur auraient cédée moyennant
» entr'autres choses, l'abandon que les d. propriétaires
» leur auraient fait du quart dans le privilège porté par
» les d. lettres-patentes; au moyen de quoi ils nous ont,
» conjointement avec les d. sieur Mol et sa femme, très
» humblement supplié de transférer le d. privilège sur
» la d. nouvelle place, etc. A ces causes avons permis et
» permettons de faire construire dans le d. terrain six
» étaux de boucheries et toutes échoppes, baraques ou
» étalages convenables pour les boulangers, poisson-
» niers, fruitiers et autres, et en général pour le débit
» des denrées et autres marchandises qui pourront être
» portées dans le d. marché; pour en jouir par notre très
» féal chancelier de France le sieur Daguesseau, notre
» amé et féal conseiller en notre parlement le sieur
» Coste de Champeron, et sa femme, notre amée Eli-
» sabeth-Billet, veuve de Pierre Lavergne, et notre
» amé sieur Mol de Qurieux et sa femme, chacun pour
» un quart, à l'instar des autres marchés et étaux de
» notre bonne ville de Paris, etc. Donné au camp
» d'Alost, le 16 août 1745 : signé Louis. » — (Archives
du royaume, section administrative, reg. E, n° 3431).
Ces lettres-patentes furent registrées au parlement le
6 septembre suivant et le nouveau marché fut inauguré
le 2 juillet 1746.

DAGUESSEAU (RUE).

Commence à la rue du Faubourg-Saint-Honoré, n°s 58 et 60; finit à la rue de Surène, n°s 31 et 33. Le dernier impair est 15; le dernier pair, 22. Sa longueur est de 175 m. — 1er arrondissement, quartier du Roule.

Elle a été ouverte en 1723, sur les terrains apparte-

— DAL —

nant à Joseph-Antoine Daguesseau, conseiller honoraire au parlement. (*Voyez* l'article qui précède.) La largeur assignée à ce percement fut de 7 m. 80 c. Cette dimension a été maintenue par une décision ministérielle du 28 brumaire an VI, signée Letourneux. En vertu d'une ordonnance royale du 25 novembre 1836, la moindre largeur de cette voie publique est fixée à 10 m. Les maisons, n°s 1, 3, 5, 7 et 9 sont alignées; le surplus de ce côté est soumis à un retranchement qui varie de 20 c. à 1 m. 20 c. Les constructions du côté opposé devront reculer de 1 m. 10 c. à 2 m. 40 c. — Conduite d'eau. — La superbe chapelle de l'église royale épiscopale d'Angleterre est située dans cette rue, au n° 5.

DAGUESSEAU (RUE DU MARCHÉ-).

Commence à la rue Daguesseau, n°s 13 et 15; finit à la rue des Saussaies, n°s 10 et 12. Le dernier impair est 17; le dernier pair, 18. Sa longueur est de 153 m. — 1er arrondissement, quartier du Roule.

Elle fut ouverte en 1723, et reçut le nom de rue du *Marché-Daguesseau*, parce qu'elle conduisait au marché ainsi appelé, dont la formation avait été autorisée par lettres-patentes du 6 février 1723. En 1746, cet établissement ayant été transféré dans l'endroit où nous le voyons aujourd'hui, la rue qui nous occupe fut prolongée jusqu'à la rue des Saussaies, sur l'emplacement de l'ancien marché. La largeur assignée à cette voie publique fut de 7 m. 80 c. Une décision ministérielle, à la date du 29 thermidor an XI, signée Chaptal, maintint cette largeur, qui a été portée à 10 m. en vertu d'une ordonnance royale du 25 novembre 1836. Toutes les constructions du côté des numéros impairs et celles n°s 2, 4, 6, 8, 10 et 12, sont alignées. Le surplus est soumis à un retranchement qui varie de 2 m. 15 à 2 m. 40 c. — Égout du côté de la rue des Saussaies. — Conduite d'eau entre les rues Daguesseau et de Duras.

DALAYRAC (RUE).

Commence à la rue Méhul, n° 4; finit à la rue Monsigny, n° 2. Pas de numéro impair, ce côté est bordé par le théâtre des Italiens. Le dernier pair est 50. Sa longueur est de 100 m. — 2e arrondissement, quartier Feydeau.

Une ordonnance royale, à la date du 26 janvier 1825, avait autorisé les sieurs Mallet frères et Lemercier de Nerville à ouvrir une rue de 12 m. de largeur sur les terrains des anciens hôtels des Finances, de la Loterie et de Radepont, pour communiquer de la rue Neuve-des-Petits-Champs à la rue Neuve-Saint-Augustin. Ce percement ayant été ajourné, une autre ordonnance royale fut rendue à la date du 8 octobre 1826; elle renferme les dispositions suivantes : La nouvelle salle de l'Opéra Comique sera placée dans l'axe de la rue Ventadour, à quarante mètres environ de la rue Neuve-des-Petits-Champs, et sera isolée au-devant par une place d'environ dix-huit mètres de largeur; à droite, derrière et à gauche, par des rues larges, environ les deux premières

— DAM —

de douze mètres, et la dernière de onze mètres. La délibération prise par le conseil municipal à l'effet de contribuer pour une somme de cinq cent mille francs aux dépenses des abords de la nouvelle salle, est approuvée. Cette ordonnance reçut immédiatement son exécution. On construisit en conséquence le théâtre qui est aujourd'hui occupé par les artistes italiens. Les rues aux abords furent tracées aussitôt. Elles reçurent en 1829 les dénominations de *Dalayrac, Marsollier, Méhul* et *Monsigny*. La voie publique qui fait l'objet du présent article a 10 m. dans sa moindre largeur. — Égout et conduite d'eau du côté de la rue Méhul. —(Éclairage au gaz (comp^e Anglaise). — *Dalayrac* (Nicolas), célèbre compositeur de musique, né à Muret en Cominge, le 13 juin 1753, mourut à Paris le 27 novembre 1809.

DAMES DE LA VISITATION SAINTE-MARIE (RUE DES).

Commence au passage Sainte-Marie, n°s 9 et 11 ; finit à la rue de Grenelle, n°s 92 et 94. Le dernier impair est 15 ; le dernier pair, 16. Sa longueur est de 88 m. — 10e arrondissement, quartier du Faubourg-Saint-Germain.

Une ordonnance royale du 19 mars 1823 porte qu'il sera ouvert une rue de 9 m. 75 c. de largeur sur l'emplacement de la *Communauté des dames de la visitation Sainte-Marie*, laquelle voie publique communiquera de la rue Saint-Dominique à celle de Grenelle. Par la même ordonnance, le préfet est autorisé à traiter pour l'acquisition des terrains nécessaires à l'exécution de cette rue, outre ceux que les possesseurs actuels du domaine sont tenus de fournir gratuitement aux termes du contrat primitif. Cette ordonnance a reçu son exécution seulement en ce qui concerne la partie comprise entre la rue de Grenelle et le passage Sainte-Marie. — Conduite d'eau du côté de la rue de Grenelle.

DAMIETTE (PASSERELLE DE).

Située entre les quais des Célestins et d'Anjou.

Par acte du 18 juin 1836, M. de Beaumont a été déclaré concessionnaire de deux passerelles à établir entre les quais des Célestins et Saint-Bernard. Commencée en 1836 sous la direction de M. Surville, ingénieur, celle dont nous nous occupons a été livrée à la circulation en janvier 1838. Cette passerelle suspendue en fil de fer, est composée de deux travées, l'une de 76 m. 66 c. ; l'autre de 58 m. Cette dernière du côté du quai des Célestins. Sa largeur entre les garde-corps est de 3 m. Sa dénomination rappelle la prise de Damiette par les Français sous les ordres du général en chef Bonaparte. La dépense des deux passerelles de Constantine et de Damiette est évaluée à 380,000 fr.

DAMIETTE (RUE DE).

Commence à la cour des Miracles, n° 11, et à la rue des Forges; finit à la rue de Bourbon-Villeneuve, n° 18, et à la rue du Caire, n° 35. Le dernier impair est 7 ; le dernier pair, 4. Sa longueur est de 56 m. — 5e arrondissement, quartier Bonne-Nouvelle.

Des lettres-patentes du 21 août 1784, ordonnèrent la construction « d'une nouvelle halle à la marée et à la saline sur le terrain appelé la *cour des Miracles*. » Cette halle est indiquée sur le plan de Verniquet. Nous lisons ce qui suit dans un rapport dressé le 8 prairial an VIII : « Le conseil des bâtiments civils consulté de nouveau sur
» les alignements à suivre pour former le dégagement de
» l'emplacement sur lequel on avait établi le *marché du*
» *Petit-Carreau*, pense : qu'au moyen de la suppres-
» sion du corps-de-garde et de sa translation dans un
» autre local, toute la partie du terrain qu'il occupait,
» doit rester libre pour la circulation publique ; que la
» façade de ce carrefour, du côté de l'ancien marché,
» doit suivre le même alignement que le côté septen-
» trional de la rue du Caire ; *que la rue qui circulera*
» *au pourtour du reste de l'emplacement du marché,*
» *doit avoir 7 m. de largeur parallèle*, etc..... » Ces dispositions furent approuvées par le ministre de l'intérieur, L. Bonaparte, le 2 messidor an VIII. En 1808, la communication dont il vient d'être parlé et qui se trouve divisée en deux parties par la cour des Miracles, reçut les dénominations de rues de *Damiette* et des *Forges*. Les constructions de la rue de Damiette sont alignées, à l'exception de la maison n° 3. (Voyez, pour l'étymologie, l'article précédent). — Conduite d'eau. — Éclairage au gaz (comp^e Française).

DAMOIS (PASSAGE).

Commence à la place de la Bastille, n° 5 ; finit à la rue Daval, n° 7. — 8e arrondissement, quartier du Faubourg-Saint-Antoine.

Il a été bâti par M. Damois vers 1770.

DANY (IMPASSE).

Située dans la rue du Rocher, n°s 42 et 44. Le dernier impair est 15 ; le dernier pair, 16. — 1er arrondissement, quartier du Roule.

Cette impasse qui n'est pas voie publique, a été formée vers 1821 sur les terrains appartenant à M. Dany.

DAUPHIN (RUE DU).

Commence à la rue de Rivoli, n°s 18 et 22 ; finit à la rue Saint-Honoré, n°s 307 et 311. Le dernier impair est 11 ; le dernier pair, 16. Sa longueur est de 94 m. — 1er arrondissement, quartier des Tuileries.

Cette rue, dont l'existence ne date que du XVIIe siècle, a subi cependant plusieurs métamorphoses. En 1675, on la nommait rue *Saint-Vincent*. Elle conserva cette dénomination jusqu'au mois de novembre 1744. Vers cette époque le Dauphin avait pris l'habitude de traverser la rue Saint-Vincent, lorsqu'il allait entendre la messe à Saint-Roch. Un jour qu'il se rendait à cette église, le peuple profita des instants que le prince employait à la prière pour enlever l'inscription de

— DAU —

rue Saint-Vincent, et lui substituer celle de rue du *Dauphin*.

Cette voie publique fut calme et silencieuse jusqu'à l'année 1795. La rue du Dauphin alors figura sur le plan de défense que le jeune Bonaparte improvisa pour sauver la Convention dans la journée du 13 vendémiaire.

Le parti royaliste après la mort de Robespierre avait repris courage. Il se réorganisa bientôt et acquit une telle puissance, que la Convention en dut être effrayée. La constitution de l'an III, soumise à la sanction du peuple, excita dans la capitale un grand tumulte. La section Le Peletier (autrefois des Filles-Saint-Thomas), se mit à la tête du mouvement, se déclara en permanence, puis appela aux armes tous les bourgeois de Paris. Pour augmenter le nombre de ses partisans, elle annonça dans ses proclamations que le pouvoir devait armer les terroristes pour rétablir le régime de Robespierre. La Convention menacée fit choix pour sa défense du général Menou, qui reçut l'ordre d'employer la force pour dissiper les attroupements. Ce général n'obéit qu'avec répugnance et pactisa même avec la révolte. Cette faiblesse accrut l'audace des insurgés qui fermèrent les barrières et s'emparèrent de la trésorerie nationale. La situation devenait critique ; l'assemblée délibérait en tumulte sans prendre un parti. Enfin, à quatre heures et demie du matin, le nom de Barras est prononcé par plusieurs représentants. On lui offre le commandement des troupes dont la Convention peut disposer. Barras accepte et demande pour second le général Bonaparte. Le jeune Napoléon est chargé du soin de la défense. Il expédie en toute hâte le chef d'escadron Murat avec trois cents chevaux à la plaine des Sablons pour en ramener quarante pièces d'artillerie.

L'armée conventionnelle ne se composait que de cinq mille hommes. Bonaparte les renforce de quinze cents volontaires organisés en trois bataillons, puis il fait porter des fusils dans le palais des Tuileries pour armer en cas de besoin les représentants eux-mêmes.

A deux heures après midi, les insurgés commandés par le comte de Maulevrier, un jeune émigré nommé Lafond et les généraux Danican et Duhoux, commencent les hostilités. Ils forcent les troupes de la Convention, qui occupent le Pont-Neuf, à se replier sur le Louvre. En ce moment Danican somme la Convention de céder aux sectionnaires. Plusieurs députés proposent des mesures de conciliation. Aussitôt Marie-Joseph Chénier, frère de l'illustre poète, s'élance à la tribune : « Point de transaction, s'écrie le courageux représentant, la Convention nationale doit vaincre ou mourir. »

Il était quatre heures et demie. Les insurgés commencent une nouvelle attaque du côté de la rue Saint-Honoré. Un de leurs bataillons, placé sur les degrés de l'église Saint-Roch, engage une vive fusillade. Bonaparte, sans s'inquiéter du feu des révoltés, fait avancer des pièces de canon *dans la rue du Dauphin,* et couvre les insurgés de mitraille ; puis, sans leur donner le temps

— DAU —

de se reconnaître, il débouche dans la rue Saint-Honoré et les disperse. A sept heures du soir le calme était rétabli. Vingt-et-un jours après le triomphe de la Convention, les représentants étaient réunis en séance extraordinaire ; à deux heures et demie, le président se lève et prononce au milieu du calme de l'assemblée la formule suivante : « La Convention nationale déclare que sa mission est remplie et que la session est terminée. »

Peu de temps après le 13 vendémiaire, la rue du Dauphin recevait le nom de rue de la *Convention*. — Une décision ministérielle du 7 mars 1807, signée Champagny, fixa la moindre largeur de cette voie publique à 10 m. Cette moindre largeur fut réduite à 8 m. par une autre décision du 18 décembre 1808, signée Cretet. En vertu d'un arrêté préfectoral du 27 avril 1814, cette voie publique reprit le nom de rue du Dauphin. Une ordonnance royale du 22 juin 1825 porte que la rue du Dauphin prendra à l'avenir le nom de *Trocadéro ;* que cette voie publique sera élargie au moyen de l'acquisition et de la démolition des propriétés situées sur le côté gauche de ladite rue dont la dimension est fixée à 11 m. 57 c. A la fin de l'année 1830, cette voie publique reprit le nom de rue du Dauphin. L'ordonnance royale précitée n'a reçu son exécution qu'en 1841. Les propriétés riveraines sont alignées, à l'exception des maisons n°s 6, 8 et 10, qui devront subir un léger redressement. — Égout. — Conduite d'eau depuis la rue Saint-Honoré jusqu'aux deux bornes-fontaines. — Éclairage au gaz (comp^e Anglaise).

DAUPHINE (passage).

Commence à la rue Dauphine, n° 36 ; finit à la rue Mazarine, n° 29. — 10e arrondissement, quartier de la Monnaie.

Il a été ouvert en 1825. — Éclairage au gaz (comp^e Française).

DAUPHINE (place).

Commence à la rue Harlay, n°s 10 et 12 ; finit à la place du Pont-neuf, n°s 13 et 15. Le dernier impair est 31 ; le dernier pair 26. Sa longueur est de 121 m. — 11e arrondissement, quartier du Palais-de-Justice.

Sur le terrain occupé par cette place, on voyait autrefois deux îles ; la plus grande s'appelait l'*île au Bureau*. Elle tirait sa dénomination de Hugues Bureau qui, le 6 février 1462, acheta cet emplacement moyennant 12 deniers de cens et 10 sols de rente annuelle. L'île voisine était moins large, mais plus longue, son nom d'*île à la Gourdaine* lui venait du moulin dit de la Gourdaine.

« L'an mil six cent sept, Henry, par la grâce de Dieu,
» etc... Veu le contract cy attaché soub le contr'scel
» de nostre chancellerie, fait et passé entre les sieurs
» de Bellièvre, chevallier, chancellier de France, et de
» Sully, pair de France, et Isaac Arnaud nostre conseil-
» ler, pour nous et en nostre nom... d'une part et nostre

» amé et féal conseiller en nos conseils et premier
» président en nostre cour de parlement, messire Achille
» de Harlay... d'autre part; pour raison de touttes et
» chacunes les places contenues entre les deux rivières
» de l'isle du palais de cette ville de Paris à nous appar-
» tenant, commençant depuis le bas du jardin du bail-
» lage jusques au Pont-Neuf et le long des deux quais
» qui environnent la d. isle de part et d'autre; touttes
» les d. places contenant ensemble 3,120 toises 1/2,
» pour en jouïr par le d. premier président, ses hoirs
» et ayans causes aux charges et conditions exprimées
» au d. contract d'adjudication du 10 mars 1607 par
» M^{rs} les commissaires du roi; avons y celui loué, gréé
» et ratifié; louons, gréons et ratifions par ces présen-
» tes, voulons et nous plait qu'il soit exécuté selon sa
» forme et teneur, et en ce fesant que mondit sieur pre-
» mier président, ses hoirs, successeurs et ayans causes
» jouissent perpétuellement et à tousjours des d. places
» en plaine propriété avec pouvoir d'en disposer
» comme de choses à lui appartenantes, en payant à
» la recette de notre domaine, au jour de la Saint-
» Jean-Baptiste d'un sol par chacune toise cy dessus
» de cens et rente foncière annuelle et perpétuelle,
» iceulx cens et rente portant lods et vente, et en ou-
» tre à la charge par le d. premier président de faire
» bastir les d. places cy dessus, suivant le plan et de-
» vis qui en a esté dressé, le tout conformément au d.
» contract. Données à Paris, le 28 mai, l'an de grâce
» 1607, et de nostre règne le 18°, signé Henry. Regis-
» trées en la cour de parlement le 15 novembre 1607.»
— Suivant les plans annexés à ces lettres-patentes, les
constructions de la place furent exécutées en pierres
et briques, et de même symétrie. Cette voie publique
fut appelée *Place Dauphine*, en l'honneur du dauphin,
depuis Louis XIII. En 1792 c'était la *Place de Thionville* (voir l'article suivant). En 1814 elle reprit sa première dénomination.

La fontaine située au centre de cette voie publique,
a été élevée en 1802 sur les dessins de MM. Percier et
Fontaine, à la mémoire du général Desaix, tué à Marengo. — Deux décisions ministérielles, l'une du 14
floréal an XI, l'autre du 31 août 1819, ont maintenu
les dimensions de cette place. Cette voie publique a
68 m. dans sa plus grande largeur. — Égout. — Conduite d'eau. — Éclairage au gaz (comp^e Française).

DAUPHINE (RUE).

Commence aux quais des Augustins, n°s 63, et de
Conti, n° 1; finit aux rues Saint-André-des-Arts, n° 80,
et Mazarine, n° 57. Le dernier impair est 65 bis; le dernier pair, 58. Sa longueur est de 293 m. — Les impairs
sont du 11e arrondissement, quartier de l'École-de-Médecine. Les pairs, du 10e arrondissement, quartier de la
Monnaie.

Protégée par Henri IV, une compagnie, dont Nicolas
Carrel était le chef, se chargea d'ouvrir une nouvelle
rue dans la direction du Pont-Neuf; en conséquence,
elle acheta, en 1606, l'hôtel ou collège de l'abbé de
Saint-Denis, une ruelle qui touchait à l'hôtel de Nevers
et la maison de Chappes, le tout moyennant 76,500 livres. On prit du jardin des Augustins, 58 m. 50 c. en
longueur, sur 10 m. 75 c. de largeur. Pour estimer ce
terrain, on nomma des experts qui allouèrent 30,000 livres tournois à ces religieux. Cette estimation fut faite
aux conditions suivantes (dit l'Estoile) : « Que les ma-
» tériaux provenant des démolitions resteraient aux
» Augustins; que les murs de clôture des deux côtés
» de la dite rue, seraient élevés de 3 toises, aux dépens
» de sa majesté, et qu'il serait fait deux voûtes sous la
» dite rue, pour communiquer aisément avec les mai-
» sons des dits religieux qui sont auprès de l'hôtel de
» Nevers, toujours aux frais de sa majesté, etc. » — Ces
religieux allèrent néanmoins trouver le roi et lui dirent
que, par suite de ce projet, ils seraient privés de leur
jardin. « Ventre-Saint-Gris, mes pères, répliqua
» Henri IV en colère, les maisons que vous bâtirez, sur
» la nouvelle rue, vaudront mieux que le produit de
» vos choux. » — Le traité avec les Augustins ne fut
conclu que le 6 février 1607. La rue fut ouverte immédiatement; elle avait alors 9 m. 74 c. de largeur
— En vertu d'un arrêt du conseil du 24 septembre de
la même année, le nom de *Dauphine* lui fut donné en
l'honneur du Dauphin, depuis Louis XIII. — Mais la
révolution ne pouvait adopter cette monarchique dénomination.

« Le samedi soir, 27 octobre 1792 (1er de la répu-
» blique française), le conseil général assemblé en la
» forme ordinaire et présidé par le citoyen Darnau-
» dery, a ouvert sa séance à 6 heures du soir. Le
» conseil général, jaloux de prouver aux départements
» le désir qu'il a d'assurer par toutes les marques de
» fraternité, l'unité de la république, dont toute la
» force est dans l'union; le procureur de la commune
» entendu, arrête que sous huit jours, le ministère
» public lui présentera quatre-vingt-deux rues qui,
» choisies dans les sections, porteront le nom des
» quatre-vingt-deux départements; et voulant encore
» donner un témoignage éternel de sa reconnaissance
» aux villes qui ont été les boulevarts de la liberté»
» arrête en outre que la rue Bourbon s'appellera la
» rue de *Lille*, et la rue Dauphine, la rue de *Thion-
» ville*. » (Extrait du registre du conseil général de la
commune.) — Une décision ministérielle en date du
29 nivôse an VIII, signée L. Bonaparte, fixa la largeur
de cette voie publique à 12 m. En vertu d'un arrêté
préfectoral du 27 avril 1814, elle reprit sa dénomination de rue *Dauphine*. — Une ordonnance royale du
25 octobre 1829, a porté sa largeur à 14 m. Les maisons
n°s 17 et 19 sont alignées. Les autres constructions de
ce côté devront reculer de 1 m. à 1 m. 20 c. Les propriétés du côté des numéros pairs sont soumises à un
retranchement de 3 m. 40 c. — Bassin d'égout entre
le quai et la rue Christine. — Conduite d'eau dans
toute l'étendue. — Éclairage au gaz (comp^e Française).

DAVAL (RUE).

Commence aux rues Saint-Sabin, n° 1, et de la Roquette, n° 15; finit à la rue Amelot, n°s 14 et 16. Le dernier impair est 25; le dernier pair, 22. Sa longueur est de 226 m. — 8e arrondissement. Les numéros impairs sont du quartier du Faubourg-Saint-Antoine; les pairs, du quartier Popincourt.

« Louis, etc..... Ordonnons, voulons et nous plaît ce » qui suit : Il sera ouvert une nouvelle rue de trente pieds » de largeur sur l'emplacement des fossés de la ville, porte » Saint-Antoine, dont le comblement a été ordonné » par nos lettres-patentes du mois de mai 1777; laquelle » rue sera nommée rue *Daval.* Donné à Versailles, le » 2e jour du mois de septembre, l'an de grâce 1780, et » de notre règne le 7e. Signé Louis. » (Extrait.) — Ce percement fut immédiatement exécuté. — Une décision ministérielle du 3 pluviôse an IX, signée Chaptal, a maintenu sa largeur primitive. — Égout entre la rue Saint-Sabin et le quai de Jemmapes. — Conduite d'eau entre ce quai et les deux bornes-fontaines. — Éclairage au gaz entre le quai de Valmy et la rue Amelot (compe Lacarrière).

Antoine-François Daval, écuyer, avocat en parlement, conseiller du roi et de la ville, fut échevin de 1777 à 1779, sous la prévôté de Jean-Baptiste-François Delamichodière.

DÉCHARGEURS (RUE DES).

Commence à la rue des Mauvaises-Paroles, n°s 16 et 18; finit aux rues Saint-Honoré, n° 1, et de la Ferronnerie, n° 39. Le dernier impair est 19; le dernier pair, 20. Sa longueur est de 106 m. — 4e arrondissement. Tous les numéros impairs et les pairs de 2 à 12 inclusivement sont du quartier Saint-Honoré; le surplus dépend du quartier des Marchés.

En 1300 et 1313 on la nommait le *siége aux Déchargeurs,* et depuis rue du *Siége* et du *Viel aux Déchargeurs.* Enfin simplement rue des *Déchargeurs.* Dans la partie comprise entre la rue de la Ferronnerie et l'impasse des Bourdonnais, était une place appelée anciennement *place aux Pourciaux,* et ensuite, *place aux Chats.* — Une décision ministérielle à la date du 12 fructidor an V, signée François de Neufchâteau, avait fixé la largeur de cette voie publique à 8 m. Cette largeur a été portée à 10 m. en vertu d'une ordonnance royale du 9 décembre 1838. — Éclairage au gaz (compe Anglaise).

Le corps des drapiers avait son bureau dans la rue des Déchargeurs, au n° 11. C'était un monument remarquable par la richesse de son frontispice. Il avait été construit vers le milieu du XVIIe siècle, sur les dessins de Libéral Bruant, architecte.

DEGRÉS (RUE DES).

Commence à la rue Beauregard, n°s 52 et 54; finit à la rue de Cléry, n°s 87 et 89. Pas de numéro. Sa longueur est de 7 m. — 5e arrondissement, quartier Bonne-Nouvelle.

Elle est indiquée sur le plan de Jaillot, mais sans dénomination. Le nom qu'elle a reçu depuis lui vient des degrés ou marches qu'on a construits pour adoucir la pente qui existe entre les rues Beauregard et de Cléry. — Il n'existe pas d'alignement pour la rue des Degrés dont la largeur actuelle est de 3 m. 30 c.

DEGRÉS (RUE DES GRANDS-).

Commence à la rue de Bièvre, n° 2, et au quai de Montebello, n° 13; finit à la rue Pavée, n° 5, et à la place Maubert, n° 1. Le dernier impair est 17; le dernier pair, 24. Sa longueur est de 201 m. — 12e arrondissement, quartier Saint-Jacques.

Au XIVe siècle, on la nommait rue *Saint-Bernard,* en raison de sa proximité du couvent des Bernardins; ensuite on l'appela rue *Pavée.* Au commencement du XVIIIe siècle, elle prit la dénomination qu'elle porte des degrés d'un escalier en pierre conduisant à la Seine. — Deux décisions ministérielles, l'une du 20 fructidor an XI, signée Chaptal, l'autre du 5 octobre 1818, ont fixé la largeur de cette rue à 10 m. — Une ordonnance royale du 29 avril 1839 a déclaré d'utilité publique, l'exécution du prolongement du quai de Montebello sur l'emplacement occupé par les maisons n°s 2, 4, 6, 8, 10, 12 et 14 de la rue des Grands-Degrés. Cette amélioration a été exécutée en 1842. Les maisons n°s 22 et 24 sont alignées. — Conduite d'eau. — Éclairage au gaz (compe Parisienne).

DELABORDE (PLACE).

Située entre la rue du même nom et la petite rue de la Voirie. Le dernier numéro est 20. — 1er arrondissement, quartier du Roule.

Le sol de cette place était occupé autrefois par la *voirie dite des Grésillons.* — Une décision ministérielle en date du 12 juillet 1816, a déterminé l'alignement de cette voie publique. Toutes les constructions de cette place sont alignées. — Conduite d'eau.

En vertu d'une décision ministérielle du 10 janvier 1837, elle reçut le nom de *place Delaborde,* en l'honneur de M. Alexandre Delaborde qui avait été préfet de la Seine en 1830. M. Delaborde est mort en 1843.

DELABORDE (RUE).

Commence à la rue du Rocher, n°s 13 et 13 bis; finit à la rue de Miromesnil, n°s 40 et 42. Le dernier impair est 29; le dernier pair, 32. Sa longueur est de 518 m. — 1er arrondissement, quartier du Roule.

Ouverte en 1788, elle reçut la dénomination de rue des *Grésillons,* parce qu'elle longeait la voirie dite des *Grésillons.* — Une décision ministérielle en date du 2 thermidor an X, signée Chaptal, a fixé la moindre largeur de cette voie publique à 10 m. Les constructions situées vis-à-vis de la place, sont soumises à un faible retranchement; le surplus est aligné. En 1837, cette voie publique a pris le nom de rue *Delaborde* (voyez l'article précédent). — Conduite d'eau entre la rue d'Astorg et la borne-fontaine.

— DEL —

DELAMICHODIÈRE (RUE).

Commence à la rue Neuve-Saint-Augustin, n° 26 ; finit au boulevart des Italiens, n°s 25 et 27. Le dernier impair est 29 ; le dernier pair, 24. Sa longueur est de 217 m. — 2e arrondissement, quartier Feydeau.

« Louis etc... Ordonnons ce qui suit : — Article 1er.
» Il sera ouvert et formé une nouvelle rue sous le nom
» de rue *Delamichodière*, sur l'emplacement des bâti-
» ments, cours et jardins de l'hôtel de Deux-Ponts,
» dont un côté aboutira rue Neuve-Saint-Augustin
» en face de la rue de Gaillon, et l'autre sur le rempart
» de la ville, près la Chaussée-d'Antin ; la dite nouvelle
» rue sera alignée dans la direction de celle de Gaillon,
» dans la moitié environ de sa longueur où elle formera
» coude et sera continuée jusqu'au rempart dans une
» direction parallèle au mur qui sépare actuellement
» le d. hôtel de Deux-Ponts de l'hôtel de Richelieu,
» sans aucun pli ni coude, sa largeur sera de vingt-
» quatre pieds, etc. — Art. 3e. Le premier pavé de
» la d. rue étant fait aux dépens des propriétaires
» actuels (les héritiers de Christian IV, duc de Deux-
» Ponts), ou de ceux qui acquerront les emplacements
» le long de la d. rue, et suivant les conditions du bail
» du pavé de Paris, sera à l'avenir, pour son entretien
» et renouvellement, compris en l'état du pavé à notre
» charge, etc. Donné à Versailles le 8e jour d'avril,
» l'an de grâce 1778, signé Louis ; et plus bas, par le
» roi, signé Amelot. » — Ces lettres-patentes furent registrées au parlement le 17 juin suivant, et la rue fut ouverte au mois d'août de la même année. — Messire Jean-Baptiste Delamichodière, chevalier, comte d'Hauteville, etc..., conseiller d'état, exerça les fonctions de prévôt des marchands de 1772 à 1778. — Une décision ministérielle du 28 ventôse an IX, signée Chaptal, a fixé la largeur de cette voie publique à 10 m. Les maisons n°s 1, 3 et 23 sont alignées ; celle n° 10 n'est soumise qu'à un faible retranchement. — Conduite d'eau. — Éclairage au gaz (compe Anglaise).

DÉLASSEMENTS-COMIQUES (THÉÂTRE DES).

Situé boulevart du Temple, n° 60. — 6e arrondissement, quartier du Temple.

En 1768, un théâtre fut ouvert en cet endroit, sous le titre de *théâtre des Associés*. — Un sieur Beauvisage, qui desservait la foire Saint-Germain et le boulevart, faisait représenter sur cette salle des parades, des comédies et des tragédies. L'arlequin Sallé, qui fut le successeur de Beauvisage, désigna son spectacle sous le nom de *théâtre patriotique du sieur Sallé*. — En 1795, *Prévot*, comédien de province, avait la direction de cette entreprise connue alors sous le nom de *Théâtre-sans-Prétention*. — Le décret impérial de 1807 ordonna la fermeture de ce théâtre qui fut remplacé par le café d'Apollon. — En 1815, Mme Saqui obtint le droit d'y établir une salle de spectacle acrobate et de pantomimes-arlequinades. Vers 1830, les danses et voltiges sur la

— DEL —

corde furent remplacées par des vaudevilles et des drames. Ce théâtre fut démoli en 1841. Reconstruite dans l'espace de trois mois, la nouvelle salle a été inaugurée sous le titre de *théâtre des Délassements-Comiques*. On y représente des comédies-vaudevilles. Il contient 1,270 places.

DELATOUR (RUE).

Commence à la rue des Fossés-du-Temple, n°s 38 et 40 ; finit à la rue Folie-Méricourt, n°s 25 et 27. Le dernier impair est 15 ; le dernier pair, 20. Sa longueur est de 257 m. — 6e arrondissement, quartier du Temple.

Cette rue a été ouverte en 1783 sur les marais du Temple appartenant au grand prieuré de France. Les lettres-patentes qui autorisent et dénomment cette voie publique sont à la date du 13 octobre 1781 ; elles furent registrées au parlement le 26 février suivant, et fixèrent à 5 toises (9 m. 74 c.) la largeur de la nouvelle rue. Sa dénomination est celle de M. Roëttiers Delatour (Jacques-Nicolas), qui fut échevin de la ville de Paris de 1775 à 1777, sous la prévôté de M. Delamichodière. — Une décision ministérielle du 28 fructidor an X, signée Chaptal, fixa la largeur de cette voie publique à 10 m. Cette dimension a été réduite à 9 m. 82 c. par une autre décision du 5 août 1823. Les constructions riveraines sont alignées sauf redressement. — Conduite d'eau entre les rues des Fossés-du-Temple et de Malte. — Éclairage au gaz (compe Lacarrière). — (Voyez *Angoulême-du-Temple*, rue d').

DELAUNAY (IMPASSE).

Située dans la rue de Charonne entre les n°s 121 et 123. Le dernier impair est 15 ; le dernier pair, 6. Sa longueur est de 69 m. — 8e arrondissement, quartier Popincourt.

Elle s'appelait originairement *impasse de la Croix-Faubin*. Elle devait cette dénomination à un petit hameau qui a été réuni au faubourg Saint-Antoine. Son nom actuel lui vient de M. Mordant Delaunay, l'un des propriétaires riverains. — Une décision ministérielle à la date du 8 mai 1811, signée Montalivet, fixa la largeur de cette voie publique à 7 m. En vertu d'une ordonnance royale du 6 mai 1827, cette dimension est portée à 8 m. Les maisons n°s 11 et 2 sont alignées.

DELORME (GALERIE).

Commence à la rue de Rivoli, n° 12 ; finit à la rue Saint-Honoré, n° 287. — 1er arrondissement, quartier des Tuileries.

Elle a été construite en 1808 par M. Delorme.

DELTA (RUE DU).

Commence à la rue du Faubourg-Poissonnière, n°s 109 et 109 bis ; finit à la rue Rochechouart, n°s 60 et 62. Le dernier impair est 19 ; le dernier pair, 22. Sa longueur est de 203 m. — 2e arrondissement, quartier du Faubourg-Montmartre.

Cette rue a été ouverte sur les terrains appartenant

— DEL —

à MM. Lambin et Louis Guillaume. Sa largeur est de 12 m. L'ordonnance royale d'autorisation est du 2 février 1825, et a imposé à ces propriétaires les conditions suivantes : de supporter les frais de premier établissement du pavage et de l'éclairage de la nouvelle rue; — d'établir de chaque côté des trottoirs de 1 m. 50 c. de largeur, ce qui laissera une largeur de 9 m. à la chaussée réservée aux voitures; — de se conformer aux lois et règlements sur la voirie de Paris, etc..... — Cette ordonnance fut immédiatement exécutée, et la rue nouvelle reçut, en vertu d'une décision ministérielle du 16 août 1825, la dénomination de rue du *Delta*, afin de rappeler l'emplacement sur lequel ce percement a été effectué. (Le jardin du Delta était un établissement où l'on donnait des fêtes dans le genre de celles qui eurent tant de vogue au jardin de Tivoli.)

DELTA (RUE NEUVE DU).

Commence à la rue du Faubourg-Poissonnnière, n°s 103 et 135; finit à la rue Rochechouart, n°s 56 bis et 58. Le dernier impair est 19; le dernier pair, 18. — 2e arrondissement, quartier du Faubourg-Montmartre.

Cette rue, qui n'est pas reconnue voie publique, a été ouverte en 1839 sur des terrains appartenant au sieur Poirier.

DELTA-LA-FAYETTE (RUE DU).

Commence à la rue des Magasins, n° 17; finit à la rue du Nord. Le dernier impair est 5; le dernier pair, 6. Sa longueur est de 113 m. — 3e arrondissement, quartier du Faubourg-Poissonnière.

Cette voie publique a été ouverte en 1827, sur les terrains appartenant à MM. André et Cottier. L'ordonnance royale qui autorise ce percement est à la date du 31 janvier 1827. (Voyez *Abattoir, rue de l'*). Sa largeur est de 12 m. Elle se prolonge comme impasse dans la rue des Magasins, sur une longueur de 26 m. On a donné à cette rue le nom du *Delta*, parce qu'il existe à son débouché, dans la rue du Nord, une petite place ayant la forme d'un ∆ (*delta*). — Éclairage au gaz (comp° Française).

DENIS (BARRIÈRE SAINT-).

Située à l'extrémité de la rue du Faubourg-Saint-Denis.

Elle est décorée d'un bâtiment à quatre façades, d'un attique et d'un couronnement. (Voir l'article *Barrières*).

DENIS (BOULEVART SAINT-).

Commence aux rues Saint-Martin, n° 315, et du Faubourg-Saint-Martin, n° 1; finit aux rues Saint-Denis, n° 402, et du Faubourg-Saint-Denis, n° 2. Le dernier impair est 19; le dernier pair, 32. Sa longueur est de 210 m. — Les numéros impairs sont du 6e arrondissement, quartier de la Porte-Saint-Denis. Les numéros pairs dé-

— DEN —

pendent du 5e arrondissement, quartier du Faubourg-Saint-Denis.

L'établissement et la plantation de ce boulevart ont été ordonnés par lettres-patentes du mois de juillet 1676. — Une décision ministérielle, du 28 messidor an X, signée Chaptal, détermina l'alignement de ce boulevart. La largeur de la chaussée est de 18 m. — En 1826 on a exécuté de grands travaux de nivellement. — Une ordonnance royale du 6 mai 1836 a fixé définitivement pour cette voie publique un nouvel alignement d'après lequel les constructions du côté gauche sont alignées, à l'exception de celle qui forme l'encoignure de la rue Saint-Martin. Les maisons situées sur le côté opposé sont soumises à un retranchement considérable. Elles dépendaient de la rue Neuve-d'Orléans qui, plus basse que le boulevart, en était séparé par un mur de soutènement. Cette rue existait dès le XVIe siècle. Lors du nivellement le mur fut détruit, et l'on réunit la rue Neuve-d'Orléans au boulevart Saint-Denis. — Conduite d'eau. — Éclairage au gaz (comp° Française).

DENIS (CHEMIN DE RONDE DE LA BARRIÈRE SAINT-).

Commence à la rue du Faubourg-Saint-Denis et à la barrière Saint-Denis; finit à la rue du Faubourg-Poissonnière et à la barrière Poissonnière. Pas de numéro. Sa longueur est de 715 m. — 3e arrondissement, quartier du Faubourg-Poissonnière.

Voir l'article *Chemins de ronde*.

DENIS (PASSAGE SAINT-).

Commence à la rue Greneta, n° 2; finit au passage Basfour, n° 17. — 6e arrondissement, quartier de la Porte-Saint-Denis.

Ce passage n'est point tracé sur le plan de Verniquet. Il doit sa dénomination à la rue Saint-Denis, dont il est voisin.

DENIS (PORTE SAINT-).

Située à la jonction des boulevarts Bonne-Nouvelle et Saint-Denis. — 6e arrondissement.

Sous le règne de Louis XIV, la France offrait un magnifique spectacle : ses poètes, ses artistes, ses généraux remplissaient l'Europe. A ces époques de grandeur où la sève est si puissante, parfois il arrive qu'un double génie rayonne au front de quelques privilégiés qui tracent pour l'honneur de leur patrie un double sillon de gloire. François Blondel fut un de ces élus. Sa bravoure chevaleresque, ses talents militaires l'élevèrent au rang de maréchal des camps et armées du roi; son chef-d'œuvre de la porte Saint-Denis l'a placé parmi les plus grands artistes.

Nous parlerons à l'article de la rue Saint-Denis des portes qui furent successivement construites dans cette voie publique. En 1671, les prévôt des marchands et échevins décidèrent qu'on érigerait un arc de triomphe en mémoire des glorieux exploits de Louis XIV, dans

la Flandre et la Franche-Comté. François Blondel s'exprime ainsi dans son Cours d'architecture publié en 1698 : « Dans la construction de la porte Saint-Denis,
» qui est peut-être un des plus grands ouvrages qui
» soient de cette nature au reste du monde, sa masse
» ayant plus de 23 m. 40 c. de hauteur et autant de
» largeur, avec une ouverture de plus de 7 m. 80 c.
» dans le milieu, je me suis principalement appliqué à
» la rendre plus considérable par la justesse des pro-
» portions, qu'elle a, du tout à ses parties et de ses
» parties entr'elles, que par la quantité d'ornements
» dont elle aurait pu être chargée. J'ai même recherché
» avec soin que le peu d'ornements dont elle est parée
» fût extraordinaire et choisi parmi ceux qui ont eu et
» ont encore le plus de réputation dans les ouvrages des
» anciens. Et comme tout le monde tombe d'accord
» qu'il n'y a rien de plus beau parmi les restes de l'an-
» tique que la colonne Trajane, que les obélisques qui
» ont été transférés d'Egypte en la ville de Rome, et ce
» reste de la colonne rostrale que l'on voit encore au
» Capitole, j'ai voulu que l'ornement de la porte Saint-
» Saint-Denis fût composé de parties copiées sur ces
» beaux originaux. Pour cet effet j'ai placé deux pyra-
» mides aux côtés de l'ouverture de la porte, que j'ai
» engagées suffisamment dans le mur du massif et qui,
» posées sur des piédestaux semblables à celui de la
» colonne Trajane, s'étendent avec leur amortissement
» jusqu'au-dessous de l'architrave du grand entable-
» ment, et tiennent pour ainsi dire la place des co-
» lonnes, sans être néanmoins obligées de rien porter,
» parce que l'entablement n'a de saillie que ce qui
» lui en faut pour être distingué du massif sur lequel
» il est entièrement assis. Pour donner plus de grâce
» aux pyramides, je les avais fait accompagner de trois
» rangs de rostres, c'est-à-dire de proues ou de pouppes
» de galères antiques semblables à celle de la colonne
» rostrale, et faisant face de trois côtés dans chaque
» rang, c'est-à-dire sur le devant de la pyramide...
» Mais la rapidité des conquêtes du roi dans son
» voyage de Hollande, et ce fameux passage du Rhin à
» Tholus, qui arriva dans l'année que la porte Saint-
» Denis fut commencée, nous obligea de prendre d'au-
» tres mesures. Messieurs les prévôt des marchands et
» échevins crurent que l'on ne pouvait point accom-
» pagner la porte Saint-Denis d'autres ornements, ni
» plus heureux, ni plus magnifiques que de ceux qui
» pourraient servir de marques de ces grandes actions
» et de ces victoires. J'ai cru que je ne pouvais mieux
» faire que d'attacher sur les pyramides et aux dis-
» tances où j'avais voulu placer les rostres des galères,
» des masses de trophées antiques, pendues à des cor-
» dons noués à leur sommet, entremêlés de boucliers
» chargés des armes des provinces et des villes principa-
» les que le roi avait subjuguées. J'ai même fait asseoir
» des figures colossales au bas des mêmes pyramides, à
» l'exemple des excellents revers de médailles que nous
» avons d'Auguste et de Titus, où l'on voit des figures
» de femmes assises aux pieds des trophées ou des pal-
» miers, et qui marquent ou la conquête de l'Égypte
» par Auguste ou celle de la Judée par Titus. C'est
» ainsi que d'un côté j'ai fait mettre une statue de
» femme affligée assise sur un lion demi-mort qui
» d'une de ses pattes tient une épée rompue et de
» l'autre un trousseau de flèches brisées et en partie
» renversées, et de l'autre la figure d'un fleuve étonné.
» Et dans l'espace qui se trouve entre le haut de l'arc
» de la porte et l'entablement, j'ai trouvé place pour
» un grand cadre de bas-relief où j'ai fait tracer
» cette action si surprenante du passage du Rhin à
» Tholus. »

La ville de Paris fit les frais de cette construction. Ils s'élèvent à 500,122 fr. Les sculptures, commencées par Girardon et d'après les dessins donnés par François Blondel, furent achevées par Michel Anguier. Cet arc de triomphe a été restauré en 1807 par M. Cellerier.

DENIS (RUE DE LA BARRIÈRE SAINT-).

Commence à la rue de La Fayette ; finit à la rue de l'Abattoir. Pas de numéro. Sa longueur est de 192 m. — 3e arrondissement, quartier du Faubourg-Poissonnière.

Elle a été ouverte en 1827 sur les terrains appartenant à MM. André et Cottier. L'ordonnance royale qui autorise ce percement est à la date du 31 janvier 1827 (voyez *Abattoir*, rue de l'). Sa largeur est fixée à 15 m. Elle se prolonge comme impasse dans la rue de l'Abattoir sur une longueur de 28 m. Cette voie publique a reçu la dénomination de rue de la *Barrière-Saint-Denis*, parce qu'elle se dirige vers cette barrière. — Portion d'égout du côté de la rue de La Fayette.

DENIS (RUE DU FAUBOURG-SAINT-).

Commence aux boulevarts Bonne-Nouvelle, n° 2, et Saint-Denis, n° 32 ; finit aux chemins de ronde des barrières Saint-Denis et des Vertus. Le dernier impair est 193 bis ; le dernier pair, 224. Sa longueur est de 1,672 m. — Les numéros impairs sont du 3e arrondissement, quartier du Faubourg-Poissonnière ; les numéros pairs, du 5e arrondissement, quartier du Faubourg-Saint-Denis.

On ne peut préciser l'époque de la construction de cette rue. Ce n'était dans l'origine qu'un chemin qui conduisait à la ville de Saint-Denis. Presque toutes les grandes communications des faubourgs de Paris doivent leur origine à des abbayes célèbres. De la maison Saint-Lazare à la barrière, cette voie publique porta les noms de *rue du Faubourg-Saint-Lazare* et *du Faubourg-de-Gloire*. En 1793, on la nomma *Franciade*, ainsi que la ville de Saint-Denis. — Une décision ministérielle, à la date du 26 brumaire an XI, signée Chaptal, et une ordonnance royale du 22 août 1837, ont fixé la moindre largeur de la rue du Faubourg-Saint-Denis à 14 m. 60 c. Les maisons ci-après ne sont pas soumises à retranchement : 37, 39, 41, 43, 49, 79, 101,

— DEN —

113, 127, 133, de 143 à 191 inclusivement, et 193; 24, 46, 48, 62, 70, 76, 78, 80, 84, 92, 94, 96, 100, 102, 104 bis, 106, 108, 110, 112, 122, de 142 à 158 inclusivement, et de 162 à la fin. — Égout entre les boulevarts et la rue de Paradis. — Conduite d'eau depuis les boulevarts jusqu'à la rue Saint-Laurent. — Éclairage au gaz (comp^e de Belleville).

Au n° 112 est situé l'hospice Dubois. Cet établissement a été construit sur une partie de l'emplacement de la communauté des filles de la Charité. Supprimée en 1792, cette maison religieuse devint propriété nationale et fut vendue en plusieurs lots. Nous en tracerons l'historique à la rue de la Fidélité, cette voie publique ayant été ouverte sur la plus grande partie des terrains dépendant de cette communauté.

DENIS (RUE NEUVE-SAINT-).

Commence à la rue Saint-Martin, n°s 303 et 305; finit à la rue Saint-Denis, n°s 386 et 388. Le dernier impair est 29; le dernier pair, 42. Sa longueur est de 215 m. — 6e arrondissement, quartier de la Porte-Saint-Denis.

Un plan de 1560 indique six maisons dans cette rue. Elle prit le nom des *Deux-Portes* sous Charles IX, en raison des portes Saint-Denis et Saint-Martin qui furent placées à cette époque aux deux extrémités de cette voie publique. Ces portes ayant été reculées au milieu du XVIIe siècle, la rue quitta cette dénomination pour prendre celle de rue *Neuve-Saint-Denis*. — Une décision ministérielle du 23 prairial an VII, signée François de Neufchâteau, et une ordonnance royale du 21 juin 1826, ont fixé la largeur de cette voie publique à 8 m. Les maisons n°s 3, 5, 7, 9, 21, 25; 12, 12 bis, 18, 20 et 40, ne sont pas soumises à retranchement. — Éclairage au gaz (comp^e Française).

DENIS (RUE SAINT-).

Commence à la rue Pierre-à-Poisson, n° 2, et à la place du Châtelet, n° 3; finit aux boulevarts Bonne-Nouvelle, n° 1, et Saint-Denis, n° 19. Le dernier impair est 393; le dernier pair, 402. Sa longueur est de 1,349 m. — Du n° 1 à 23, 4e arrondissement, quartier du Louvre; de 25 à 145, 4e arrondissement, quartier des Marchés; de 147 à 295, 4e arrondissement, quartier Montorgueil; de 297 à la fin, 5e arrondissement, quartier Bonne-Nouvelle; le n° 2 est du 4e arrondissement, quartier du Louvre; de 6 à 202, 6e arrondissement, quartier des Lombards; de 204 à la fin, 6e arrondissement, quartier de la Porte-Saint-Denis.

L'ancien village nommé *Catalocum* prit la dénomination de *Saint-Denis*, lorsque le saint martyr qui avait prêché la foi chrétienne dans les Gaules y fut inhumé. Son tombeau vénéré attira bientôt un immense concours de fidèles. Le chemin qui conduisait à ce mausolée se couvrit bientôt d'habitations. Dès 1134 une rue remplaçait le chemin, elle aboutissait à la rue d'Avignon; en cet endroit on voyait une porte de ville qui faisait partie de la deuxième enceinte de Paris. Vers 1197, la rue Saint-Denis atteignait la rue Mauconseil où se trouvait une porte de la troisième enceinte de Paris, commencée en 1188, par ordre de Philippe-Auguste. En 1418, cette voie publique était presqu'entièrement bordée de constructions jusqu'à la rue des Deux-Portes, aujourd'hui Neuve-Saint-Denis; là, s'élevait une porte qui faisait partie de la quatrième enceinte construite sous les rois Charles V et Charles VI; enfin, sous Louis XIV, la rue Saint-Denis était bâtie dans toute l'étendue qu'elle occupe encore aujourd'hui. Quant aux dénominations qu'elle a successivement portées, des actes nous apprennent que la partie située entre la place du Châtelet et la rue de la Ferronnerie, s'appelait en 1284 la *Sellerie de Paris*; en 1393, la *Sellerie de la Grand'rue*; en 1311, la *Grand'rue des Saints-Innocents*; elle prit ensuite dans toute son étendue le nom de la *Grant-chaussée de Monsieur Saint-Denis*, puis celui de *Grant-rue Saint-Denis*, et enfin simplement la dénomination de rue *Saint-Denis*. — Une décision ministérielle du 22 prairial an V, signée Benezech, et une ordonnance royale du 31 janvier 1837, ont fixé la moindre largeur de cette voie publique à 13 m. Les maisons ci-après ne sont pas soumises à retranchement : n°s 1, 67, 75, 77, 105, 107, 109, 111, 177, 183, 193, 199, 201, 203, 205, 207, 225, 227, 229, 237, 245, 247, 263, 271, 273, 275, 277, 279, 281, 283, 285, 293, 297, 299, 301, 303, 313, 331, 337, 339, 341, 343, 355, 379, 393; 2, 22, 122, 124, 126, 128, 130, 136, 148, les deux propriétés à l'encoignure gauche de la rue de Rambuteau, 158, 164, 192, 224, 226, 240, 242, 244, 264, 266, 268, 270, 272, 320, 322, 342, 344, 356, 358, 360, 384, 400 et 402. — Égout, 1° entre la place du Châtelet et la rue du Caire; 2° depuis la rue Sainte-Foy jusqu'aux boulevarts. — Conduite d'eau entre la place du Châtelet et la rue des Filles-Dieu. — Éclairage au gaz (comp^e Française).

C'était par la rue Saint-Denis que les rois et les reines entraient solennellement dans Paris. Toutes les rues, sur leur passage, jusqu'à la cathédrale, étaient tapissées d'étoffes de soie et de draps camelotés. Des jets d'eau de senteur embaumaient l'atmosphère; le vin, l'hypocras et le lait coulaient de toutes les fontaines. Les députés des six corps de marchands portaient le dais royal; les corps de métiers suivaient, représentant en habits de caractère, les sept Péchés mortels, les sept Vertus et la Mort, le Purgatoire, l'Enfer et le Paradis. Des théâtres étaient dressés de distance en distance; on y jouait des scènes tirées de l'ancien et du nouveau Testament. Des chœurs de musique se faisaient entendre dans les intermèdes. — Froissard nous apprend qu'à l'entrée d'Isabelle de Bavière, il y avait à la Porte-aux-Peintres rue Saint-Denis, « un ciel nué et étoilé très
» richement, et Dieu par figure séant en sa majesté le
» Père, le Fils et le Saint-Esprit, et dans ce ciel, petits
» enfants de chœur chantoient moult doucement en
» forme d'anges; et lorsque la reine passa dans sa
» litière découverte, sous la porte de ce paradis, deux

— DEN —

» anges descendirent d'en haut, tenant en leur main
» une très riche couronne d'or, garnie de pierres pré-
» cieuses, et la mirent moult doucement sur le chef de
» la reine en chantant ces vers :

» Dame enclose entre fleurs de lys,
» Reine êtes-vous de Paradis ?
» De France et de tout le pays,
» Nous remontons en Paradis. »

A l'angle méridional formé par les rues Saint-Denis et des Lombards, était située la principale entrée de l'hôpital Sainte-Catherine. L'époque exacte de sa fondation est inconnue. Les premiers documents qui mentionnent cet établissement sont deux lettres de Maurice de Sully, écrite en 1188. Le pape Honoré III voulut placer en 1222 cet hôpital sous la protection spéciale du saint-siège. Cette maison porta d'abord le titre d'*hôpital des pauvres de Sainte-Opportune*, puis le nom de *Sainte-Catherine*. Administré en premier lieu par des religieux et des sœurs, cet établissement, à partir du XVIe siècle, ne fut confié qu'à des religieuses de l'ordre de saint Augustin, sous l'autorité d'un supérieur ecclésiastique nommé par l'évêque. Des lettres-patentes données à Versailles au mois de mars 1688, confirmèrent l'établissement de ces religieuses; leurs principales fonctions consistaient à loger, à nourrir les femmes qui cherchaient à entrer en condition, à faire enterrer au cimetière des Saint-Innocents les personnes tuées par accident dans les rues de Paris. La porte de cet hôpital était décorée d'une statue de sainte Catherine, sculptée en 1704 par Thomas Renaudin; le peuple aimait beaucoup ces religieuses et les appelait ses *Catherinettes*. Cet hôpital fut supprimé au commencement de la révolution.

Une loi du 10 thermidor an III porte : — « Arti-
» cle 14. Le local occupé par les ci-devant Cathe-
» rinettes, section des Lombards, où se trouvent actuel-
» lement les aveugles-travailleurs, est définitivement
» affecté à cet institut, à la réserve des grands corps
» de logis qui règnent le long des rues des Lombards
» et Saint-Denis, et de ce qui, dans l'intérieur, serait
» inutile à leurs logements et ateliers. » Ces bâtiments furent vendus les 24 avril, 15 mai et 3 juillet 1812, par l'administration des hospices; leur emplacement est représenté aujourd'hui par les nos 39, 41, 43, 45, 47 et 49 de la rue des Lombards. — Une ordonnance royale du 24 décembre 1817, autorisa l'administration de l'institut des Jeunes-Aveugles à aliéner ce qui restait de l'ancienne maison de Sainte-Catherine, pour en affecter le produit à l'achat de l'ancien collège Saint-Firmin. Cette vente fut effectuée le 6 août 1818, moyennant la somme de 193,000 francs.

La maison n° 277 a été construite sur l'emplacement de l'église Saint-Sauveur, dont nous traçons ici l'origine. C'était, dans le principe, un oratoire connu sous le nom de *Chapelle de la Tour*, en raison d'une tour carrée qui y était contiguë, et qui ne fut démolie qu'en 1778. Dès le commencement du XIIIe siècle,

— DEP —

cette chapelle était une succursale de Saint-Germain-l'Auxerrois. Il est présumable qu'elle fut érigée en paroisse vers 1250. Les bâtiments de cette église, en partie reconstruits sous le règne de François Ier, ne furent jamais achevés. L'église Saint-Sauveur renfermait les sépultures de plusieurs comédiens célèbres, tels que Turlupin, Gaultier-Garguille, Gros-Guillaume, Guillot-Gorju et Raimond-Poisson. Cette église ayant été ébranlée, lors de la démolition de la tour dont nous avons parlé, on fut obligé de l'abattre en 1787. On la reconstruisait sur les dessins de M. Poyet, architecte, lorsque la révolution ordonna la suspension des travaux. Devenue alors propriété nationale, elle fut vendue le 13 pluviôse an VIII.

DENIS-DU-SAINT-SACREMENT (église saint-).

Située dans la rue Saint-Louis, entre les nos 48 et 50. — 8e arrondissement, quartier du Marais.

Sur l'emplacement occupé par cette église, s'élevait autrefois l'hôtel du vicomte de Turenne.

Le cardinal de Bouillon, neveu et héritier du vicomte, céda cette propriété à la duchesse d'Aiguillon qui, réunie à d'autres personnes pieuses, établit en cet endroit, vers 1684, les *religieuses Bénédictines du Saint-Sacrement*. Leur couvent, supprimé en 1790, devint propriété nationale. — En vertu d'une ordonnance royale du 29 mai 1822, la ville de Paris fit l'acquisition du domaine de l'État, des bâtiments de cette communauté, moyennant 115,000 francs. Le contrat est à la date du 21 mai 1823. Les anciennes constructions furent abattues vers 1826. Alors, sur ce terrain, M. Godde, architecte, fut chargé de construire une église qui a été livrée au culte le jour de Pâques 1835, sous le vocable de *Saint-Denis-du-Saint-Sacrement*.

Cette église a coûté 1,347,380 fr. 93 c.

DENIS-FAUBOURG-SAINT-ANTOINE (rue saint-).

Commence à la rue du Faubourg-Saint-Antoine, nos 331 et 333; finit à la rue de Montreuil, nos 60 et 62. Pas de numéro. Sa longueur est de 170 m. — 8e arrondissement, quartier du Faubourg-Saint-Antoine.

Ce n'était qu'un chemin au milieu du XVIIIe siècle. On le désignait alors sous le nom de rue du *Trône*. Vers la fin du même siècle, on lui donna le nom de rue *Saint-Denis*. — Une ordonnance royale du 6 mai 1827 a fixé la largeur de cette voie publique à 13 m. La plus grande partie du côté gauche en entrant par la rue du Faubourg-Saint-Antoine, est à l'alignement. Les constructions du côté opposé sont soumises à un retranchement de 3 m. environ. — Conduite d'eau.

DÉPUTÉS (palais des).

Situé quai d'Orsay, en face du pont de la Concorde. — 10e arrondissement, quartier des Invalides.

Ce palais a été commencé vers 1722, par Girardini,

— DEP —

architecte italien, pour la duchesse de Bourbon. Il fut continué par Lassurance, et successivement augmenté par Gabriel Barreau, Charpentier et Bélisart. Aux constructions nouvelles, on réunit l'hôtel de Lassai, de manière à ne former qu'un ensemble de bâtiments dans lesquels les princes de la maison de Condé rassemblèrent ce que le luxe produisait de plus somptueux et de plus élégant. Malheureusement, l'extérieur de cette habitation ne répondait pas à la richesse des appartements. La façade qui regarde la Seine se composait de deux pavillons en longueur, symétriques par la dimension seulement, et formés chacun d'un simple rez-de-chaussée. Cette composition était sans grandeur, et devint plus mesquine encore, lorsque Louis XVI eut fait bâtir le pont qui porte aujourd'hui le nom de la Concorde. On avait été obligé d'exhausser le terrain, et la façade entière du palais se trouva masquée dans son soubassement et parut de loin comme enterrée. Le prince de Condé se proposait de faire disparaître ces défauts, lorsque la révolution mit la main sur son palais. — « *Convention Nationale*. Séance du 27 ventôse an II. — La Convention Nationale, après avoir entendu le rapport du comité de salut public, décrète : — Article 1er. Les citoyens Fleuriot-Lescaut, Dejean et Le Camus sont nommés pour remplir les fonctions de commissaires des travaux publics. — Art. 2. Le palais ci-devant de Bourbon, appelé *Maison de la Révolution*, est consacré à la commission des travaux publics. »

Ce palais devait subir de nouvelles transformations. Un Directoire exécutif, deux conseils, l'un des Anciens, l'autre des Cinq-Cents, avaient été créés par la constitution de l'an III. Le Directoire exécutif occupa l'hôtel du Petit-Luxembourg, le conseil des Anciens s'établit aux Tuileries dans la pièce où la Convention avait siégé, et le conseil des Cinq-Cents pris possession de la salle dite du *Manège*. Les Cinq-Cents quittèrent bientôt ce local et vinrent habiter le palais de Bourbon. La salle d'assemblée avait été construite par MM. Gisors et Lecomte. En 1807, on éleva sur les dessins de M. Poyet, le magnifique péristyle que nous voyons encore aujourd'hui.

Après 1814, le prince de Condé rentrait en possession de ses biens. Vers 1827, il vendit à l'État une partie de sa propriété du quai d'Orsay. En 1828, on commença la reconstruction de ce palais. Presque tous les planchers des voûtes, et principalement la coupole de la salle des séances, ont été établis en fer et en poteries creuses. Les couvertures sont en cuivre. Ces travaux ont occasioné une dépense de 4,420,000 fr. Enfin, une loi du 30 juin 1843 approuva la vente faite par S. A. R. le duc d'Aumale au profit de l'État, moyennant le prix de 5,047,475 fr., de toutes les portions de l'ancien palais de Bourbon, appartenant au prince comme héritier du dernier des Condé. Il a été pourvu à cette dépense au moyen du prélèvement d'une somme égale, due au domaine de l'État par le

— DES —

duc d'Aumale, comme engagiste des forêts du Clermontois.

DERVILLIERS (RUE).

Commence à la rue du Champ-de-l'Alouette, n° 2; finit à la rue des Anglaises, n°s 1 bis et 3. Pas de numéro. Sa longueur est de 39 m. 50 c. — 12e arrondissement, quartier Saint-Marcel.

Quelques actes la désignent sous les dénominations de *ruelle* ou *petite rue des Filles-Anglaises* et de *petite rue Saint-Jean-de-Latran*. Elle a pris son nom actuel d'un propriétaire qui l'habitait en 1780. — Une décision ministérielle, à la date du 23 ventôse an X, signée Chaptal, a fixé la largeur de cette voie publique à 7 m. Les constructions du côté droit, en entrant par la rue du Champ-de-l'Alouette, sont alignées ; celles du côté opposé sont soumises à un retranchement de 2 m. 60 c. — Conduite d'eau.

DESAIX (QUAI).

Commence au pont Notre-Dame, finit au Pont-au-Change. Pas de construction. Sa longueur est de 137 m. — 9e arrondissement, quartier de la Cité.

Le premier document qui se rattache à cette voie publique se trouve dans le testament du président Turgot. Nous rapportons un extrait de cette pièce. — « 22 avril 1763. Je donne et lègue la somme de cent mille livres une fois payée à l'hôtel-de-ville de Paris, et je prie MM. les prévôt des marchands et échevins de l'employer à la construction du quai projeté par mon père, qui doit prendre au bout du quai de l'Horloge et aboutir au pont Notre-Dame, vis-à-vis Saint-Denis de la Chartre. Signé le président Turgot. » (Extrait du testament olographe). — Dans sa séance du 4 mars 1774, le bureau de la ville délibérant sur le legs fait par M. le président Turgot, fut d'avis de ne point l'accepter, « attendu qu'il paraissait peu convenable à la dignité du corps de ville de la capitale du royaume, d'accepter le d. legs sans l'employer sur-le-champ à l'objet désigné ; que le bureau ne pouvait se dissimuler qu'il lui serait impossible, d'ici à un très grand nombre d'années, de s'occuper de la construction du quai projeté par M. Turgot, lorsqu'il était prévôt des marchands, attendu que cette construction exigeait une dépense très considérable, non seulement pour les ouvrages de construction, mais encore pour les acquisitions de terrains et des maisons nécessaires à la formation de ce quai ; que les affaires de la ville ne lui permettaient pas d'ici à très longtemps de faire une pareille dépense, et que d'ailleurs, lorsque les dettes exigibles seraient payées, il était d'une bonne administration de mettre à fin les ouvrages entrepris pour la décoration et la commodité de ses habitants, etc. »

« Septembre 1786. — Article 3e. Il sera procédé à la démolition des maisons de la rue de la Pelleterie, sur le bord de la rivière, à la place desquelles maisons il sera édifié un nouveau quai avec un parapet

— DES —

» d'alignement à celui du quai de l'Horloge. » (Extrait de l'édit du roi.)

« 18 avril 1788. — Article 1er. La rue de la Pelle-
» terie sera supprimée jusques près de l'angle de l'é-
» glise Saint-Barthélemy, ainsi qu'il est indiqué sur le
» plan coté A, joint à la délibération des prévôt des
» marchands et échevins, et qui sera annexé à la mi-
» nute du présent arrêt. La partie réservée de la d. rue
» sera nommée *cul-de-sac Saint-Barthélemy*. — Art. 2.
» Pour remplacer la d. rue de la Pelleterie, il sera établi
» un passage de vingt pieds de largeur dont l'aligne-
» ment sera tiré sur une ligne droite de la rue Saint-
» Barthélemy à la rue de la Lanterne, etc. — Art. 9.
» Conformément à ce qui a été ordonné par l'art. 3
» de l'édit du mois de septembre 1786, sur l'emplace-
» ment des maisons de la rue de la Pelleterie, du côté
» de la rivière, il sera établi un nouveau quai avec un
» parapet d'alignement à celui du quai de l'Horloge. —
» Art. 10. Le d. nouveau quai aura 44 pieds de largeur :
» l'architecture et la façade seront conformes au plan
» d'élévation du d. quai, qui sera pareillement annexé
» à la minute du présent arrêt, et il sera nommé *quai
» de Breteuil*. » (Extrait de l'arrêt du Conseil.) Cet arrêt ne fut point encore exécuté.

« 24 messidor an VIII. Le quai de la Pelleterie, dont
» la première pierre a été posée aujourd'hui par le mi-
» nistre de l'intérieur, portera le nom de quai *Desaix*. »
(Extrait du *Moniteur* du 25 messidor.) — Une décision ministérielle, du 13 brumaire an X, signée Chaptal, fixa la largeur de ce quai à 15 m. Cette voie publique fut exécutée lors de la formation du marché aux Fleurs. Le général Desaix de Voycoux (Louis-Charles-Antoine) naquit en 1768, à Saint-Hilaire d'Ayat, en Auvergne, et fut tué à la bataille de Marengo, le 14 juin 1800.

DESAIX (RUE).

Commence à l'avenue de Suffren ; finit au chemin de ronde de la barrière de Grenelle. Le dernier impair est 7 ; le dernier pair, 18. Sa longueur est de 402 m. — 10e arrondissement, quartier des Invalides.

Elle est indiquée sur le plan de Verniquet comme une ruelle sans dénomination. — Une décision ministérielle, à la date du 7 fructidor an X, signée Chaptal, a fixé la largeur de cette voie publique à 12 m. En vertu d'une autre décision du 14 du même mois, elle a reçu le nom de rue *Desaix* (voyez l'article qui précède). Les propriétés du côté droit devront, presque toutes, avancer sur leurs vestiges actuels.

DESCARTES (RUE).

Commence à la rue de la Montagne-Sainte-Geneviève ; finit aux rues des Fossés-Saint-Victor, n° 38, et Fourcy, n° 2. Le dernier impair est 53 ; le dernier pair, 52. Sa longueur est de 260 m. — 12e arrondissement. Les numéros impairs sont du quartier du Jardin-du-Roi ; les pairs, du quartier Saint-Jacques.

Cette voie publique, dont il est fait mention dès le milieu du XIIIe siècle, porta le nom de rue *Bordet* ou *Bordeille*, qu'elle devait à un propriétaire qui y demeurait. — Une décision ministérielle à la date du 8 nivôse an X, signée Laplace, fixa la moindre largeur de cette voie publique à 10 m. — « Au palais des Tuileries le
» 7 février 1809, Napoléon, empereur, etc. La rue
» Bordet portera désormais le nom de rue *Descartes*.
» Signé Napoléon. » (Extrait.) Une ordonnance royale du 2 décembre 1829, a fixé la moindre largeur de la rue Descartes à 12 m. Les constructions depuis la rue de la Montagne-Sainte-Geneviève jusqu'à l'impasse Clopin, ne sont pas soumises à retranchement. Les propriétés n°s 21, 39, 41, 43 ; 34, 50 et 52 sont alignées. — Éclairage au gaz (comp^e Parisienne).

Réné Descartes, naquit le 31 mars 1596 à La Haye en Touraine, et mourut en Suède le 11 février 1650. Le chevalier de Terlon, ambassadeur de Louis XIV, fit exhumer le corps de Descartes qu'on avait déposé dans le cimetière du Nord-Malme à Stockholm. Les dépouilles mortelles du philosophe furent transportées en France, au commencement de janvier 1667, et déposées dans l'ancienne église Sainte-Geneviève. — « 2 octobre 1793.
» La Convention Nationale, après avoir entendu son
» comité d'instruction publique, décrète. — Arti-
» cle 1er. Réné Descartes a mérité les honneurs dus aux
» grands hommes. — Art. 2. Le corps de ce philosophe
» sera transféré au Panthéon français. — Art. 3. Sur
» le tombeau de Descartes seront gravés ces mots : *Au
» nom du peuple français la Convention Nationale à
» Réné Descartes, l'an II de la république.* » Le 3 vendémiaire an VIII les restes de Descartes furent portés au Musée des Monuments français. Une troisième exhumation eut lieu et les cendres du philosophe furent déposées en grande pompe, le 26 février 1819, dans l'église Saint-Germain-des-Prés.

La porte Bordet était située à l'extrémité de la rue de ce nom, près de l'endroit où la rue Descartes débouche dans la rue des Fossés-Saint-Victor. Cette porte se composait d'un édifice flanqué de tours. On y arrivait par un pont de bois et un pont-levis. Elle fut démolie en 1683.

Le collège de Boncourt était situé dans la rue Bordet. Il fut fondé en 1353 par Pierre Becoud, seigneur de Fléchinel, qui donna, avec quelques revenus, la maison qu'il possédait, pour l'entretien et l'enseignement de huit écoliers du diocèse de Thérouenne. Le nom de ce fondateur fut altéré, de Becoud on fit Beaucourt puis Boncourt. Au XVIe siècle on représenta dans ce collège des comédies et des tragédies. Etienne Jodelle, poète, après avoir fait jouer sa tragédie de Cléopâtre à l'hôtel de Reims, la fit représenter également au collège de Boncourt. En 1668 il reçut de nouveaux règlements. Pierre Galand en fit continuer les bâtiments où sont établis aujourd'hui les bureaux de l'École Polytechnique.

Le collège de Tournay, situé également dans la rue Bordet, était contigu au collège de Boncourt. Fondé en 1353 par un évêque de Tournay qui donna une maison

— DES —

pour cet établissement, ce collège fut réuni plus tard à celui de Navarre. Aujourd'hui les bâtiments de ces deux collèges dépendent de l'Ecole Polytechnique.

DESÈZE (RUE).

Commence au boulevart de la Madeleine, n°s 64 et 66; finit à la place de la Madeleine, n°s 22 et 24. Le dernier impair est 3; le dernier pair, 6. Sa longueur est de 135 m.— 1er arrondissement, quartier de la Place-Vendôme.

Une ordonnance royale du 2 juin 1824 relative à la formation des abords de l'église de la Madeleine, porte : qu'il sera ouvert dans le prolongement du côté septentrional de la place de la Madeleine et à droite, *une rue qui portera le nom de rue Desèze* et se terminera au boulevart à l'extrémité de la rue de Caumartin. En vertu d'une autre ordonnance du 6 septembre 1826, l'exécution de ce percement a été déclarée d'utilité publique. La nouvelle rue ne fut cependant pas formée jusqu'au boulevart ; elle débouche encore dans cette voie publique par un passage provisoire.

Un arrêté préfectoral du 24 mai 1843 a prescrit la publication du plan parcellaire des immeubles à exproprier pour compléter le percement de la rue Desèze.

Cette opération sera prochainement exécutée. — Conduite d'eau entre la rue Godot-de-Mauroy et la place. — Éclairage au gaz (comp^e Anglaise).

Romain ou Raymond, comte Desèze, naquit à Bordeaux en 1750, fut premier président de la Cour de cassation, membre de l'Académie Française et de la Chambre des Pairs. Desèze eut l'insigne honneur de défendre Louis XVI devant la Convention. Il mourut à Paris le 2 mai 1828.

DESIR (PASSAGE DU).

Commence à la rue du Faubourg-Saint-Martin, n° 89; finit à la rue du Faubourg-Saint-Denis, n° 88. Le dernier impair est 13; le dernier pair, 14. — 5e arrondissement, quartier du Faubourg-Saint-Denis.

C'était autrefois le *passage du Puits*, en raison d'un puits public qui s'y trouvait. Il fut élargi en 1826. Ce passage est traversé par la rue Neuve-de-la-Fidélité.

DÉTENUS (PÉNITENCIER DES JEUNES).

Situé rue de la Roquette, à gauche, près de la rue Saint-Maur. — 8e arrondissement, quartier Popincourt.

Le couvent des hospitalières de la Roquette, supprimé vers 1790, devint propriété nationale. Il fit partie des biens qui furent donnés à l'administration des hospices par la loi du 16 vendémiaire an V (7 octobre 1796), et par l'arrêté du gouvernement du 27 prairial an IX (16 juin 1801).

Aux termes de deux actes des 10 novembre 1829 et 30 avril 1831, approuvés par ordonnances royales les 14 juillet 1830 et 1er août 1831, le département de la Seine a cédé, à titre d'échange, à l'administration des hospices, les terrains et bâtiments composant la prison de Bicêtre, moyennant le prix d'un million de francs.

— DEV —

En contre-échange, l'administration des hospices a cédé au département de la Seine : 1° un terrain de 34,830 m. de superficie, situé à Paris, à gauche de la rue de la Roquette en montant à la barrière, pour l'établissement d'une maison de correction de femmes, et pour l'ouverture d'une place au pourtour et des rues qui doivent l'enceindre en trois sens, moyennant le prix principal de . . . . 450,000 fr.

2° Une maison située à Paris, rue du Faubourg-Saint-Denis, n° 113, pour l'agrandissement de la prison de femmes, dite de Saint-Lazare, moyennant le prix principal de . . . . 40,000.

Ensemble. . . . 490,000.

La construction de la prison de la rue de la Roquette fut aussitôt commencée sous la direction de M. H. Lebas.

Cet établissement occupe une largeur de 136 mètres sur une longueur de 182. Sa figure est hexagone. A chacun des angles s'élève une tourelle. Au centre se trouve une rotonde sous laquelle la chapelle est placée. Aujourd'hui on enferme dans cette prison les jeunes garçons qui se sont rendus coupables de crimes ou délits.

Le conseil général du département de la Seine, dans sa séance du 27 octobre 1843, a délibéré :—« Article 1er.
» Il y a lieu de céder à l'État l'établissement connu
» sous le nom de *Pénitencier des jeunes Détenus*. —
» Art. 2. La vente de cet immeuble d'une contenance
» primitive de 34,830 m., et réduit aujourd'hui à
» 31,590 m. par suite de l'affectation de 3,240 m. à
» l'élargissement de la rue de la Roquette, sera faite
» moyennant le prix principal de 1,685,670 fr., dont
» 1,275,000 pour les constructions, et 410,670 pour
» le terrain. »

En face de cet établissement, on voit une autre prison construite aussi sur un terrain provenant des religieuses de la Roquette. L'administration des hospices, propriétaire de cet emplacement, qui contenait 20,691 m. de superficie, le céda au département de la Seine, par acte du 14 août 1834, moyennant la somme de 125,000 fr., qui vint en déduction de celle de 510,000 fr. dont cette administration était restée débitrice. Voir l'article *Condamnés* (dépôt des).

DEVARENNE (RUE).

Commence à la rue des Deux-Écus, n°s 22 et 24; finit à la rue de Viarme, n°s 1 et 2. Le seul impair est 1; le seul pair, 2. Sa longueur est de 15 m. — 4e arrondissement, quartier de la Banque.

Ouverte en avril 1765, sur l'emplacement de l'hôtel de Soissons, cette rue avait été autorisée par lettres-patentes du 25 novembre 1762, registrées au parlement le 22 décembre suivant; sa largeur, fixée a 24 pieds, a été maintenue par une décision ministérielle du 9 germinal an XIII, signée Champagny. — Éclairage au gaz (comp^e Anglaise).

Pierre Devarenne, écuyer, avocat au parlement,

conseiller du roi, quartenier, fut échevin de la ville de Paris en 1762 et 1763, sous la prévôté de Camus de Pontcarré, seigneur de Viarme (voyez l'article de la *Halle au Blé*).

DIAMANTS (RUE DES CINQ-).

Commence à la rue des Lombards, n°s 16 et 18; finit à la rue Aubry-le-Boucher, n°s 15 et 17. Le dernier impair est 29; le dernier pair, 28. Sa longueur est de 123 m. — 6e arrondissement, quartier des Lombards.

On la connaissait anciennement sous le nom de *Courroierie*, de la *vieille Courroierie*, en raison des corroyeurs qui l'habitaient. Depuis le XVIe siècle elle porte le nom des *Cinq-Diamants*, qu'elle doit à une enseigne. — Une décision ministérielle à la date du 21 prairial an X, signée Chaptal, avait fixé la largeur de cette voie publique à 7 m. Cette largeur a été portée à 10 m., en vertu d'une ordonnance royale du 19 juillet 1840. Les constructions riveraines sont soumises à un fort retranchement. — Conduite d'eau entre les rues des Lombards et Ogniard. — Éclairage au gaz (compe Française).

DOMINIQUE (IMPASSE SAINT-).

Située dans la rue de ce nom, entre les n°s 15 et 17. Le dernier numéro est 6. Sa longueur est de 84 m. — 12e arrondissement, quartier de l'Observatoire.

Cette impasse existait en 1590. Elle porta d'abord le nom de *cul-de-sac de la Madeleine*, puis celui de *Sainte-Catherine*, dénomination également affectée à la rue qu'elle prolonge. Sa situation dans la rue Saint-Dominique lui a donné son nom actuel (*voir* l'article suivant).— Une décision ministérielle du 8 nivôse an XIII, signée Champagny, a fixé la largeur de cette voie publique à 7 m. Les constructions du côté gauche sont alignées; celles du côté opposé sont soumises à un retranchement de 1 m. environ.

DOMINIQUE-D'ENFER (RUE SAINT-).

Commence à la rue Saint-Jacques, n°s 202 et 204; finit à la rue d'Enfer, n°s 13 et 15. Le dernier impair est 23; le dernier pair, 22. Sa longueur est de 186 m. — Les numéros impairs sont du 12e arrondissement, quartier de l'Observatoire; les numéros pairs, du 11e arrondissement, quartier de la Sorbonne.

Cette rue a été bâtie sur un clos de vignes appartenant aux DOMINICAINS dits Jacobins. Ces religieux avaient obtenu, le 18 mars 1546, des lettres-patentes de François Ier, qui leur permettaient d'aliéner ce terrain à la charge d'y bâtir. La rue qui nous occupe, commencée en 1550, ne fut entièrement construite qu'en 1586. — Une décision ministérielle du 8 nivôse an XIII, signée Champagny, a fixé la largeur de cette voie publique à 8 m. La maison n° 5 est alignée.

DOMINIQUE-SAINT-GERMAIN (RUE SAINT-).

Commence à la rue Saint-Dominique, n°s 42 et 44; finit à l'avenue de La Bourdonnaye. Le dernier impair est 231; le dernier pair, 222. Sa longueur est de 2,429 m. — 10e arrondissement : de 1 à 103, et de 2 à 92 quartier du Faubourg-Saint-Germain; le surplus est du quartier des Invalides.

Ce n'était au commencement du XVIe siècle qu'un chemin nommé vers 1542 *chemin aux Vaches*; plus tard il prit le nom de *chemin de la Justice*, parce que le siège de la juridiction de l'abbaye Saint-Germain-des-Prés était établi à l'extrémité de ce chemin. En 1631, les Jacobins de l'ordre de SAINT-DOMINIQUE se fixèrent en cet endroit; ces religieux obtinrent la permission de l'abbé de Saint-Germain-des-Prés, de faire sceller aux deux extrémités de cette rue deux tables de marbre, sur lesquelles on sculpta en gros caractères l'inscription suivante : *rue Saint-Dominique jadis des Vaches*.

Jusqu'en 1838, la communication qui nous occupe était divisée en deux parties séparées par l'esplanade des Invalides; la première appelée rue *Saint-Dominique-Saint-Germain*, la seconde nommée rue *Saint-Dominique au Gros-Caillou*; chaque portion de rue avait un numérotage particulier. En vertu d'un arrêté préfectoral du 31 août de cette année, ces deux parties ont été réunies. — Une décision ministérielle du 15 vendémiaire an IX, signée L. Bonaparte, et une ordonnance royale du 7 mars 1827, ont fixé à 10 m. la moindre largeur de la rue Saint-Dominique, depuis la rue des Saints-Pères jusqu'à l'esplanade des Invalides. Cette même largeur a été assignée au surplus de cette communication, par une décision ministérielle du 3 germinal an IX, signée Chaptal, et par ordonnance royale du 25 mai 1828. Les maisons ci-après ne sont pas soumises à retranchement : 13, 35, 37, 79, 85, 87, 89, 91, 93, 95, 97, 99, 109, 111, 121, 123, 149, 151, 167, 169, 171, 173, 175, 177, 179, 181, 185, 187, 189, 191, 193, 195, 197, 199, 211, 213, 215, 217, 219, 221, 223, 225, 227, 229, 231; 2, 4, 26, 42, 58, 60, 62, encoignure droite de la rue de Bellechasse, 74, 76, 78, 80, 82, 84, 86, 88, 96, 98, 132, 134, 136, 138, 140; 142, 144, 146, 148, 154, 168, 176, 184, 186, 194, 218, et la propriété à l'encoignure de l'avenue de La Bourdonnaye. — Égout entre la place de Bellechasse et la rue de Bourgogne. — Conduite d'eau dans toute l'étendue. — Éclairage au gaz (compe Française).

Aux n°s 82, 84 et 86, était situé le couvent *des Filles de Saint-Joseph* ou *de la Providence*. Cette communauté de filles séculières devait son origine à Marie Delpech, connue sous le nom de mademoiselle de Létan; leur établissement dans la rue Saint-Dominique date du 3 février 1640. Les Filles de la Providence instruisaient les pauvres orphelines, qui étaient reçues dans leur établissement dès l'âge de neuf ans. Supprimée en 1790, cette maison devint propriété nationale. Une partie fut vendue le 8 novembre 1806, à la mère de l'empereur Napoléon; aujourd'hui les bureaux du ministère de la guerre occupent la totalité des anciens bâtiments des Filles de Saint-Joseph.

DORMESSON (RUE).

Commence à la rue du Val-Sainte-Catherine, n° 3 ; finit à la rue Culture-Sainte-Catherine, n°s 2 et 6. Le dernier impair est 19 ; le dernier pair, 10. Sa longueur est de 95 m. — 8e arrondissement, quartier du Marais.

L'ouverture de cette voie publique fut définitivement autorisée par lettres-patentes du 15 février 1783, qui approuvèrent le plan du marché Sainte-Catherine. Formée en 1784, sur l'emplacement du prieuré royal de la Couture Sainte-Catherine, elle fut exécutée sur une largeur de 6 m. 80 c. environ. On lui donna la dénomination de rue *Dormesson*, en l'honneur de Louis-François-de-Paule Lefebvre Dormesson, alors contrôleur-général, qui, le 20 août 1783, avait posé la première pierre du marché Sainte-Catherine. — Dormesson naquit à Paris le 7 mai 1712, devint premier président du parlement en 1788, et mourut le 2 février 1789. — Une décision ministérielle du 22 juillet 1823, a fixé la largeur de la rue Dormesson à 10 m. Les constructions du côté des numéros impairs sont alignées ; celles du côté opposé devront subir un léger redressement, à l'exception de la propriété à l'angle de la rue Culture-Sainte-Catherine, dont le retranchement est de 2 m. 50 c. environ. — Conduite d'eau. — Éclairage au gaz (compe Parisienne).

DOUBLE (PONT AU).

Situé entre les quais de l'Archevêché et de Montebello.

Il a été construit en 1634. Des lettres-patentes du roi, datées de Fontainebleau au mois de mai de la même année, ordonnent : « Que les gens de pied qui » traverseraient ce pont, devront donner *un double* » *tournois.* » — En 1835, les bâtiments qu'on voyait sur ce pont furent abattus.

DOYENNÉ (IMPASSE DU).

Située dans la rue de ce nom, n° 8. Le dernier impair est 5 ; le dernier pair, 8. — 1er arrondissement, quartier des Tuileries.

C'était autrefois la rue du *Doyenné*. Elle avait été percée sur l'emplacement de la maison du DOYEN de Saint-Thomas. — Cette impasse, qui n'est pas reconnue voie publique, sera confondue dans la place du Carrousel.

DOYENNÉ (RUE DU).

Commence à l'impasse du Doyenné ; finit à la rue du Carrousel. Le dernier impair est 3 ; le dernier pair, 12. — 1er arrondissement, quartier des Tuileries.

C'était anciennement le *cul-de-sac Saint-Thomas*, ainsi nommé en raison de sa proximité de l'église Saint-Thomas, appelée depuis Saint-Louis. Par suite de la formation de la rue du Carrousel, ce cul-de-sac fut converti en une rue à laquelle on donna la dénomination du *Doyenné*. Cette rue, qui n'est pas reconnue voie publique, doit être supprimée et le terrain réuni à la place du Carrousel.

DRAGON (COUR DU).

Commence aux rues de l'Égout, n° 2, et Saint-Benoît, n° 42 ; finit à la rue du Dragon, n° 7. Le dernier impair est 15 ; le dernier pair, 10. — 10e arrondissement, quartier de la Monnaie.

Cette cour, qui est propriété particulière, doit son nom à un dragon sculpté sur l'une de ses portes.

DRAGON (RUE DU).

Commence à la grande rue Taranne, n°s 15 et 17 ; finit aux rues du Four, n° 90, et de Grenelle, n° 2. Le dernier impair est 37 ; le dernier pair, 44. Sa longueur est de 215 m. — 10e arrondissement, quartier de la Monnaie.

Elle porta d'abord le nom de rue du *Sépulcre*, en raison d'une propriété habitée au commencement du XVe siècle, par des chanoines du *Saint-Sépulcre*. — Une décision ministérielle du 23 frimaire an IX, signée Chaptal, fixa la moindre largeur de cette voie publique à 10 m. En 1808, les propriétaires riverains demandèrent le changement du nom de cette rue. L'autorité compétente accueillit cette réclamation, et la dénomination de rue du *Sépulcre* fut remplacée par celle de rue du *Dragon* (pour l'étymologie, *voyez* l'article qui précède). La largeur de cette voie publique a été fixée à 12 m. en vertu d'une ordonnance royale du 29 avril 1839. Les maisons n°s 9 et 42 sont alignées ; celles n°s 11, 13, 15, 17, et partie du n° 19, devront avancer sur leurs vestiges actuels. Les propriétés n°s 5, 7, 36 et 38 ne sont soumises qu'à un léger redressement. — Éclairage au gaz (compe Française).

DRAPERIE (RUE DE LA VIEILLE-).

Commence à la rue de la Cité, n°s 14 et 16 ; finit à la place du Palais-de-Justice, n°s 1 et 2. Le dernier impair est 33 ; le dernier pair, 32. Sa longueur est de 127 m. — 9e arrondissement, quartier de la Cité.

Cette rue doit sa dénomination aux *drapiers* qui vinrent s'y établir vers l'an 1183. Elle fut élargie en vertu des arrêts du conseil, en date des 2 octobre 1672 et 23 juillet 1693. La partie comprise entre la rue Saint-Éloi et la place du Palais-de-Justice, a été formée suivant arrêt du conseil du 3 juin 1787. Elle prendra prochainement le nom de rue de *Constantine*. (*Voyez* cet article.) — Égout. — Conduite d'eau. — Éclairage au gaz (compe Parisienne).

DRAPS ET TOILES (HALLE AUX).

Située dans la rue de la Poterie-des-Halles. — 4e arrondissement, quartier des Marchés.

Avant de nous occuper de la construction de cette halle, il nous parait utile d'écrire quelques lignes sur la corporation des drapiers et sur les marchands de toiles.

La communauté des drapiers était la première des

— DRA —

six corps marchands de Paris. Philippe-Auguste, en 1183, céda aux drapiers, moyennant 100 livres parisis de cens, vingt-quatre maisons confisquées sur des juifs. Ce prince leur donna en outre la Halle aux Draps. Ils en nommaient le garde, ainsi que les vingt-quatre courtiers et auneurs de Paris. Le corps de la draperie était composé autrefois de deux communautés distinctes, l'une des drapiers proprement dits, l'autre des *drapiers-chaussetiers*. La vanité et l'intérêt firent naître de longues querelles entre ces deux corporations qui se réconcilièrent en 1633. Les deux confréries, qui jusqu'alors avaient été séparées, se réunirent dans l'église de Sainte-Marie-Égyptienne. Le bureau de la draperie était situé dans la rue des Déchargeurs. Suivant la concession de messire Christophe Sanguin, prévôt des marchands, en date du 27 juin 1629, la draperie avait pour armoirie un navire d'argent à la bannière de France, en champ d'azur, un œil en chef, avec cette légende non spécifiée dans la concession : *ut cœteros dirigat*, pour donner à entendre que ce corps avait le pas sur tous les autres. On n'était admis dans le corps des drapiers qu'après avoir fait un apprentissage de trois ans et servi pendant deux années comme garçon. Le brevet coûtait 300 livres ; la maîtrise 2,500 livres.

Les marchands de toiles, appelés autrefois tisserands, faisaient partie du corps des merciers. Leurs premiers statuts datent de 1586 sous Henri III. Ils ont été confirmés sous Henri IV et Louis XIII. Dans l'acte constitutif ils sont qualifiés *maîtres tisserands en toiles, canevas, linge, etc.*..... Les maîtres qui n'avaient pas atteint 50 ans, ne pouvaient avoir que deux apprentis ; ceux qui avaient passé cet âge pouvaient en prendre trois. L'apprentissage était de quatre ans ainsi que le compagnonnage. Le brevet coûtait 30 livres ; la maîtrise, 300.

Le vaste bâtiment de la halle aux draps et toiles, d'après ce qui subsiste encore de son ancienne construction, paraît remonter à une époque très reculée et avoir été affecté à un autre usage. Cette halle a 122 m. de longueur sur 17 de largeur. Elle contenait dans le principe un rez-de-chaussée et un grenier au-dessus. Ce rez-de-chaussée était divisé en deux nefs par un rang de piliers formant des travées de planchers supportés par des poutres, le tout couvert à pan droit très élevé avec pignon en pointe aux deux extrémités. Vers l'année 1780, la halle dont il est question fut restaurée ; MM. Legrand et Molinos, architectes distingués, ont donné à cet ancien bâtiment un caractère monumental, en conservant toutefois son ancienne disposition, c'est-à-dire les murs de face et les piliers soulageant la portée des poutres. Le comble a été entièrement détruit et remplacé par un comble cintré construit en planches, selon le système de Philibert Delorme. Des travaux de consolidation et d'amélioration ont été exécutés de 1837 à 1838 sous la direction de M. Lahure, architecte.

— DRO —

DROIT (ÉCOLE DE).

Située place du Panthéon, n° 8. — 12e arrondissement, quartier Saint-Jacques.

Depuis longtemps la science du droit ecclésiastique et du droit canon était enseignée dans la capitale, lorsque deux savants, Gilbert et Philippe Ponce, obtinrent, en 1384, l'autorisation de créer pour cet enseignement une école spéciale qu'ils placèrent dans une maison de la rue Saint-Jean-de-Beauvais, où depuis le célèbre imprimeur Robert Estienne établit ses ateliers.

Cette première école était uniquement destinée à des cours de droit-canon. Le pape Honorius, dans une bulle de 1216, avait défendu, sous les peines les plus sévères, l'étude du droit civil. Au XIVe siècle, cette prohibition était encore en vigueur, et les écoliers, pour étudier le droit civil, étaient obligés d'aller en province. Cependant, vers 1563 et 1565, le parlement permit à plusieurs légistes de professer à Paris le droit civil ; mais cette autorisation dut expirer à l'année 1572. Alors la défense fut maintenue avec une nouvelle rigueur. L'article 59 de l'ordonnance rendue à Blois en 1576, « fait défense à ceux de l'Université d'élire » ou graduer en droit civil. »

De nouveaux statuts pour la faculté du droit canon furent publiés en 1600, sous Henri IV. On comptait six professeurs. Les articles 34 et 35 de ces statuts réglaient le cérémonial et la réception des docteurs. Le candidat était revêtu d'une longue robe d'écarlate, qu'on disait avoir servi au fameux *Cujas*. On lui présentait ensuite un livre fermé que l'on ouvrait aussitôt : par là, on indiquait que le candidat par l'assiduité de son travail, avait acquis la connaissance des canons. Après quoi le bonnet de docteur était placé sur sa tête. On lui passait au doigt un anneau d'or, puis les docteurs venaient l'embrasser.

Louis XIV ordonna, en 1679, le rétablissement de la chaire de droit romain, et vers 1680, il plaça un professeur de droit français dans chaque université. Ce professeur était nommé par le chancelier et portait le titre de *professeur royal*. Les autres chaires de la Faculté se donnaient au concours. Outre le professeur de droit français, il y en avait deux pour l'explication des *Institutes* de Justinien, un pour les *Décrétales* de Grégoire IX, un pour le décret de Gratien et deux autres pour le *Digeste*.

L'étude du droit durait trois années et se comptait par douze trimestres. Au commencement de chaque trimestre, les étudiants devaient se faire inscrire sur les registres de la Faculté et payer chaque inscription. Ceux de la première année étaient admis à subir un examen dit de *baccalauréat* au commencement d'août. Dans l'intervalle du baccalauréat à la licence, ils étaient forcés d'assister aux thèses et d'y soutenir des discussions. On obtenait le grade de docteur une année après celui de licencié.

Pendant la révolution les écoles de droit furent sus-

— DUC —

pendues ; cependant deux écoles particulières s'établirent, l'une dans la rue Vendôme, l'autre dans les bâtiments du collége d'Harcourt, rue de la Harpe. La première avait le titre d'*Académie de Législation*, la seconde portait le nom d'*Université de Jurisprudence*. Un décret du 22 ventôse an XII (13 mars 1804), réorganisa l'école de droit. Depuis cette époque les études sont devenues plus vastes. L'enseignement comprenait, d'après le décret de 1804, le *droit romain*, le *droit civil français*, le *droit commercial*, la *procédure* et le *droit criminel*. En 1820, conformément au vœu exprimé par le décret du 22 ventôse an XII, on y ajouta des cours de *droit naturel* et des *gens* et de *droit administratif*. En 1834 fut créée une chaire d'*Histoire du droit constitutionnel des Français*; enfin, une ordonnance du 22 mars 1840 autorisa les professeurs agrégés de la Faculté à ouvrir des cours supplémentaires non obligatoires pour les étudiants. — Les bâtiments de l'École de Droit n'ont rien de remarquable, quoiqu'ils soient l'ouvrage de Soufflot. En 1820, ils ne pouvaient plus contenir le nombre toujours croissant des élèves; alors on transféra plusieurs cours à la Sorbonne, puis au collége du Plessis; enfin, vers 1830, on augmenta l'Ecole d'un vaste amphithéâtre, où se tiennent, outre les cours, les assemblées municipales du 12e arrondissement.

DUCOLOMBIER (RUE).

Commence à la rue Saint-Antoine, nos 113 et 115; finit à la rue Dormesson, nos 9 et 11. Le dernier impair est 5; le dernier pair, 6. Sa longueur est de 41 m. — 8e arrondissement, quartier du Marais.

Autorisée par lettres-patentes du 15 février 1783, cette rue a été ouverte en 1784 sur l'emplacement du prieuré royal de la Couture-Sainte-Catherine, et d'après une largeur de 7 m. 80 c. On lui donna le nom de rue *Ducolombier*, en l'honneur de Marchand Ducolombier, avocat, conseiller du roi et assesseur de l'hôtel-de-ville d'Arras, qui avait fait l'acquisition d'une grande partie des terrains du prieuré de Sainte-Catherine. Les plaques portent par erreur rue *Neuve-du-Colombier*. — Une décision ministérielle du 22 juillet 1823 a fixé la largeur de cette voie publique à 10 m.

Les constructions riveraines sont soumises à un retranchement de 1 m. 10 c. — Portion d'égout du côté de la rue Saint-Antoine. — Eclairage au gaz (compe Parisienne). — Voyez l'article du *Marché Sainte-Catherine*.

DUGUAY-TROUIN (RUE).

Commence à la rue de l'Ouest, nos 8 et 10; finit à la rue de Fleurus. Le dernier impair est 3; le dernier pair, 6. Sa longueur est de 150 m. — 11e arrondissement, quartier du Luxembourg.

Cette rue a été ouverte en 1790, sur une partie du jardin du Luxembourg, dont la vente avait été faite par S. A. R. Monsieur (depuis Louis XVIII).—Une déci-

— DUG —

sion ministérielle du 12 juin 1818 a fixé la largeur de cette voie publique à 9 m. 74 c.

Les constructions du côté des numéros pairs sont alignées; celles du côté opposé sont soumises à un léger redressement. — Conduite d'eau depuis la rue de l'Ouest jusqu'à la borne-fontaine.

Duguay-Trouin (Réné), dont le nom est si justement célèbre dans les fastes de la marine française, naquit à Saint-Malo le 10 juin 1673. A l'âge de vingt-et-un ans, il prit le commandement d'un vaisseau du roi, alla croiser sur les côtes d'Angleterre et d'Irlande, et s'empara de six bâtiments. Peu de temps après, Duguay-Trouin rencontrait une flotte marchande escortée par deux vaisseaux de guerre; sans s'inquiéter de la supériorité de l'ennemi, l'intrépide marin attaque les deux vaisseaux et s'en rend maître.

Duguay-Trouin se distingua dans la guerre de la succession d'Espagne. En 1707, il fut nommé chevalier de Saint-Louis et reçut en 1709 des lettres de noblesse. Le roi lui permit d'ajouter à ses armes deux fleurs-de-lys d'or, et d'y mettre au cimier pour devise :

DEDIT HÆC INSIGNIA VIRTUS.

Louis XIV aimait à entendre de la bouche de ses officiers le récit de leurs actions militaires. Un jour que Duguay-Trouin racontait un combat où se trouvait un vaisseau nommé *la Gloire* : «J'ordonnai, dit-il, à *la Gloire* de me suivre. — Elle vous fut fidèle, reprit le roi. »

L'expédition la plus brillante de Duguay-Trouin fut celle de Rio-Janciro qui coûta aux Portugais plus de vingt-cinq millions.

Nommé le 1er mars 1728 commandeur de l'ordre de Saint-Louis, et le 27 du même mois lieutenant-général, Duguay-Trouin mourut le 27 septembre 1736.

DUGUESCLIN (RUE).

Commence à la rue de Bayard; finit à la rue Duplcix. Pas de numéro. Sa longueur est de 69 m. — 10e arrondissement, quartier des Invalides.

Cette communication existait dès 1789, mais elle n'était pas alors dénommée. — Une décision ministérielle du 31 août 1816 a fixé sa largeur à 10 m. et lui a donné le nom qu'elle porte. Les constructions du côté droit sont alignées ; les propriétés du côté opposé devront reculer de 3 m. environ.

Bertrand Duguesclin ou plutôt Du Guesclin, connétable de France et de Castille, naquit en Bretagne en 1311 et mourut devant Châteauneuf-de-Randon en 1380. « Ce grand capitaine (dit un historien du temps),
» avait une âme forte, nourrie dans le fer, pétrie sous
» des palmes, dans laquelle Mars fit école longtemps.
» La Bretagne en fut l'essai, l'Anglois son boute-hors,
» la Castille son chef-d'œuvre, dont les actions n'étoient
» que hérauts de sa gloire ; les défaveurs, théâtres élevés à sa constance, le cercueil, embrassement d'un
» immortel trophée. »

DUPETIT-THOUARS (rue).

Commence à la place de la Rotonde-du-Temple; finit à la rue du Temple, n°s 86 et 88. La série des numéros dont le dernier est 39, commence par erreur à la rue du Temple. Sa longueur est de 184 m. — 6e arrondissement, quartier du Temple.

Cette rue qui longe un des côtés de la halle au vieux linge, a été ouverte en 1809 sur une partie de l'enclos du Temple. (Voyez l'article de la *Halle au vieux linge*). — Une décision ministérielle du 9 septembre 1809, signée Fouché, avait fixé la largeur de cette voie publique à 9 m. En vertu d'une ordonnance royale du 16 mai 1833, cette largeur est portée à 13 m. en prenant l'élargissement sur le marché. La maison située sur le côté droit à l'angle de la rue du Temple est seule soumise à retranchement. — Éclairage au gaz (comp° Lacarrière.

Aristide Dupetit-Thouars, capitaine de vaisseau, s'embarqua à Brest en 1792, pour aller à la recherche de Lapérouse ses efforts furent sans résultat. Plus tard il fit partie de l'expédition d'Egypte. Au combat naval d'Aboukir où la France perdit du sang, non de la gloire, Dupetit-Thouars commandait le vaisseau *le Tonnant* et reçut une mort sublime. Criblé de blessures, cet intrépide marin continue de son poste à diriger le combat. Au milieu de l'ouragan de fer qui foudroie son équipage, il reste calme et inébranlable : tout son corps est mutilé, ses deux bras sont coupés par les boulets, ses cuisses sont elles-mêmes emportées, et cet énergique capitaine semble survivre à lui-même pour veiller sur l'honneur de son vaisseau. Placé dans un baril de son, il parvient ainsi, en arrêtant la fuite de son sang, à prolonger de quelques instants sa vie. De cette couche héroïque, il fait promettre à son état-major de ne point rendre son vaisseau : « Et si l'ennemi, ajoute-t-il, tente enfin de l'enlever à l'abordage, jurez-moi, mes amis, de jeter à la mer notre pavillon et mon cadavre. » Ceux-ci ont juré, il expire !

DUPHOT (rue).

Commence à la rue Saint-Honoré, n°s 382 et 384; finit au boulevart de la Madeleine, n°s 11 et 13. Le dernier impair est 23; le dernier pair, 24. Sa longueur est de 190 m. — 1er arrond., quartier de la place Vendôme.

Cette rue ayant été ouverte sur l'emplacement du couvent de la *Conception*, nous donnons ici l'historique de cette communauté religieuse. Le tiers-ordre de Saint-François avait formé plusieurs établissements en France. En 1635, madame Anne Petau, veuve du sieur Regnaut de Traversé, conseiller au parlement, donna au couvent de Toulouse une somme de 40,000 livres pour en obtenir treize religieuses du tiers-ordre. Au mois de septembre de la même année, ces religieuses furent installées dans l'hôtel de Nesmond; elles firent bientôt construire une église et des bâtiments convenables. Ces dépenses inévitables, mais qui n'étaient point en rapport avec les revenus, devaient infailliblement entraîner la ruine des Filles de la Conception, si M. d'Argenson ne fût venu à leur secours. Sur sa demande, sa majesté accorda une loterie de 1,080,000 livres, dont le bénéfice servit à consolider cet établissement et à le maintenir dans un état prospère. Cette communauté fut supprimée en 1790. Les bâtiments et terrains qui la composaient devinrent propriétés nationales et furent vendus le 5 fructidor an IV. Ils contenaient en superficie 3,491 m. Une des clauses du contrat de vente est ainsi conçue : « L'acquéreur sera tenu
» de fournir les terrains nécessaires pour l'ouverture
» des deux nouvelles rues et ce sans prétendre d'indem-
» nité de la république. » Au mois de prairial an VIII, le ministre de l'intérieur L. Bonaparte approuva le plan des percements à former sur cet emplacement : quatre rues devaient être ouvertes. — « Paris, 3 frimaire
» an XI. Le ministre de l'intérieur arrête ce qui suit :
» — Article 1er. Les deux rues à percer sur les terrains
» du ci-devant couvent de la Conception, et qui sont
» obligatoires aux termes du contrat d'acquisition du
» citoyen Dewinck, recevront leur exécution; la pre-
» mière, sur la direction et la largeur de la rue Saint-
» Florentin, allant aboutir au boulevart; la seconde, en
» ligne droite jusqu'au même boulevart, en suivant la
» direction du petit axe de la place Vendôme. —
» Art. 2. Il sera substitué aux deux autres rues qui
» n'étaient devenues obligatoires que par l'approba-
» tion donnée au plan, une seule rue diagonale qui
» prendra de la rue Saint-Honoré près de celle de
» Luxembourg, et aboutira perpendiculairement sur le
» boulevart de la Madeleine, etc..... Signé Chaptal. »
Dans sa séance du 11 du même mois, le conseil des bâtiments civils détermina les alignements et les dénominations de ces trois voies publiques. La largeur de la rue Duphot fut fixée à 10 m. La largeur de la rue Richepance à 12 m. Enfin la dimension de la troisième qui devait être ouverte dans le prolongement du petit axe de la place Vendôme, était approuvée à 12 m. Ce percement, qui n'a point été exécuté, aurait pris la dénomination de rue *Championnet*. Le 19 septembre 1807, ces dispositions reçurent l'assentiment du ministre de l'intérieur, et les rues Duphot et Richepance furent immédiatement ouvertes. La rue Duphot est exécutée sur deux largeurs différentes. Depuis la rue Saint-Honoré jusqu'à celle Richepance, elle a 10 m. de largeur, et dans le surplus 12 m. 90 c. — Une ordonnance royale du 24 août 1833 a maintenu les constructions actuelles qui sont établies d'après ces dimensions. — Conduite d'eau. — Éclairage au gaz (comp° Anglaise).

Le général Duphot naquit à Lyon. Il fut assassiné à Rome, dans une émeute, le 28 décembre 1797.

DUPLEIX (place).

Située dans la rue de ce nom. Le dernier impair est 9; le dernier pair, 8. Sa longueur est de 121 m. — 10e arrondissement, quartier des Invalides.

C'était autrefois là place de *Grenelle*. Cette déno-

— DUP —

mination lui venait du château de Grenelle qu'on voyait en cet endroit. Vers 1815, cette voie publique reçut le nom de place *Dupleix* (voyez pour l'étymologie l'article suivant). — Une décision ministérielle du 31 août 1816 a fixé la largeur de cette place à 74 m. Les constructions riveraines sont alignées.

DUPLEIX (RUE.)

Commence à la rue Kléber; finit aux chemins de ronde des barrières de l'École-Militaire et de Grenelle. Le dernier impair est 5; le dernier pair, 8. Sa longueur est de 481 m. — 10e arrondissement, quartier des Invalides.

Elle est indiquée sur le plan de Verniquet, mais sans dénomination. Vers 1815, elle reçut le nom de rue *Dupleix*. — Une décision ministérielle en date du 31 août 1816, fixa la moindre largeur de cette voie publique à 10 m. — Conduite d'eau depuis la rue Kléber jusqu'aux deux bornes-fontaines.

Joseph-François Dupleix, gouverneur-général des établissements français dans l'Inde, fut nommé, en 1720, premier conseiller au conseil supérieur de Pondichéry et commissaire des guerres. En 1731, il obtint le titre de commandant à Chandernagor. En 1742, Dupleix fut nommé gouverneur de Pondichéry. Sa première pensée fut d'en rétablir les fortifications, mais il reçut l'ordre de suspendre les travaux. Dupleix désobéit, car il avait pressenti une prochaine collision entre la France et l'Angleterre. En effet, les hostilités commencèrent bientôt. La prise de Madras fut un des plus beaux faits d'armes de l'époque. Les Anglais voulurent se venger en s'emparant de Pondichéry, mais le léopard britannique fut obligé de fuir après une attaque sans succès. Convaincu par l'expérience que sans possessions dans l'Inde le commerce anglais se trouverait réduit à une complète nullité, Dupleix ménageait adroitement des alliances avec les princes indiens et en obtenait la cession de plusieurs provinces. Des succès aussi brillants portèrent ombrage à la compagnie anglaise, qui demanda et obtint le rappel de Dupleix. Cette honteuse faiblesse du gouvernement français, qui voulait la paix à tout prix, ruina notre crédit dans l'Inde. A son retour en France, Dupleix se vit en butte à mille tracasseries. On lui reprocha une fortune honorablement acquise. Il mourut de chagrin en 1763, avant d'avoir obtenu justice et dans un état voisin de la misère.

DUPLEIX (RUELLE.)

Commence à l'avenue de La Motte-Picquet, n° 30; finit à la place Dupleix. Pas de numéro. — 10e arrondissement, quartier des Invalides.

Elle a été formée, il y a quelques années, sur des ter-

— DUR —

rains appartenant à divers particuliers, et n'est point reconnue voie publique.

DUPONT (RUE.)

Commence à la rue Basse-Saint-Pierre; finit à la rue de Chaillot, n°s 10 et 12. Pas de numéro. Sa longueur est de 40 m. — 1er arrondissement, quartier des Champs-Élysées.

Le plan de Verniquet l'indique sous cette dénomination qu'elle doit sans doute à un propriétaire riverain. — Une décision ministérielle en date du 15 vendémiaire an IX, signée L. Bonaparte, a fixé la largeur de cette voie publique à 6 m. Les constructions riveraines sont soumises à un retranchement de 1 m. 30 c.

DUPUIS (RUE).

Commence à la rue Dupetit-Thouars, n°s 37 et 38; finit à la rue Vendôme, n°s 9 et 11. Le dernier impair est 9; le dernier pair, 6. Sa longueur est de 110 m. — 6e arrondissement, quartier du Temple.

Elle a été percée en 1809, sur une partie de l'enclos du Temple (voir l'article de la *Halle au vieux linge*). — Une décision ministérielle du 9 septembre 1809, signée Fouché, et une ordonnance royale du 16 mai 1833, ont fixé à 10 m. la largeur de cette rue qui est exécutée d'après cette dimension. — Conduite d'eau depuis la rue de la Petite-Corderie jusqu'à la rue Vendôme. — Éclairage au gaz (comp^e Lacarrière).

Charles-François Dupuis, membre de l'Institut, naquit le 26 octobre 1742. Il fut élu membre du conseil des Cinq-Cents, en l'an IV, et envoyé par le département de Seine-et-Oise au Corps Législatif, dont il devint président. Dupuis mourut le 29 septembre 1809.

DURAS (RUE DE).

Commence à la rue du Faubourg-Saint-Honoré, n°s 72 et 74; finit à la rue du Marché-Daguesseau, n°s 13 et 15. Le dernier impair est 9; le dernier pair, 10. Sa longueur est de 84 m. — 1er arrondissement, quartier du Roule.

Elle a été ouverte en 1723 sur une partie de l'emplacement de l'hôtel de Duras. Ce percement fut effectué dans le but de faciliter les abords du marché Daguesseau, dont la formation en cet endroit avait été autorisée par lettres-patentes du 6 février 1723. — Une décision ministérielle du 29 thermidor an XI, signée Chaptal, maintint la largeur de 7 m. 80 c.; dimension qui avait été donnée à cette rue, lors de son ouverture. Une ordonnance royale du 27 septembre 1836, a porté cette largeur à 10 m. Toutes les constructions du côté des numéros pairs sont alignées; celles du côté opposé devront subir un retranchement de 2 m. 20 c. environ. — Conduite d'eau.

Janvier 1844.

E.

ÉCHARPE (rue de l').

Commence à la place Royale, n⁰ˢ 19 et 24; finit aux rues du Val-Sainte-Catherine, n° 18, et Saint-Louis, n° 2. Le seul impair est 1; le seul pair, 2. Sa longueur est de 32 m. — 8ᵉ arrondissement, quartier du Marais.

Tracée en 1606 sur l'emplacement de l'ancien palais des Tournelles, elle fut d'abord appelée rue *Henri IV*. Une enseigne lui fit donner, en 1636, le nom de l'*Écharpe-Blanche* qu'on abrégea depuis. — Une décision ministérielle du 23 ventôse an X, signée Chaptal, fixa la moindre largeur de cette voie publique à 10 m. En vertu d'une ordonnance royale du 8 juin 1834, cette largeur a été réduite à 9 m. 74 c. La maison n° 1 devra reculer de 50 c. réduits; celle n° 2 est alignée. — Égout. — Conduite d'eau. — Éclairage au gaz (compᵉ Lacarrière).

ÉCHAUDÉ-AU-MARAIS (rue de l').

Commence à la rue Vieille-du-Temple, n⁰ˢ 131 et 133; finit à la rue de Poitou, n⁰ˢ 1 et 3. Le dernier impair est 3; le dernier pair, 4. Sa longueur est de 21 m. — 7ᵉ arrondissement, quartier du Mont-de-Piété.

Elle a été ouverte en 1626 sur la culture du Temple. Jaillot nomme ÉCHAUDÉ un îlot de maisons qui forme un triangle. En effet, cette voie publique figure un triangle avec les rues de Poitou et Vieille-du-Temple. — Une décision ministérielle du 19 germinal an VIII, signée L. Bonaparte, fixa la largeur de cette voie publique à 8 m. En vertu d'une ordonnance royale du 31 mars 1835, cette dimension est portée à 10 m. Les constructions du côté gauche sont soumises à un retranchement qui varie de 1 m. 80 c. à 2 m. 50 c.; celles du côté opposé devront reculer de 50 c. environ. — Conduite d'eau.

ECHAUDÉ-SAINT-GERMAIN (rue de l').

Commence à la rue de Seine, n⁰ˢ 36 et 38; finit à la place Sainte-Marguerite, n⁰ˢ 2 et 6. Le dernier impair est 29; le dernier pair, 26. Sa longueur est de 205 m. — 10ᵉ arrondissement, quartier de la Monnaie.

En 1551, c'était une ruelle qui allait du guichet de l'abbaye à la rue de Seine. On la nomma ensuite *cul-de-sac du Guichet*. Vers 1669 cette impasse, par suite de l'ouverture de la rue de Bourbon-le-Château, fut séparée en deux parties. La première, comprise entre la rue de Seine et celle de Bourbon-le-Château, fut nommée de l'*Echaudé* (voir pour l'étymologie l'article qui précède). La deuxième partie resta dans son état d'impasse et porta les noms de *cul-de-sac du Guichet* et de l'*Echaudé*. En 1790, l'abbaye Saint-Germain-des-Prés devint propriété nationale; la maison qui terminait l'impasse, et qui dépendait de cette abbaye, fut aliénée par l'État, le 14 thermidor an V. Une clause ainsi conçue fut insérée dans l'acte : « L'acquéreur sera tenu de fournir le » terrain nécessaire pour le débouché du cul-de-sac » de l'Echaudé, et ce sans aucun recours en in- » demnité. » Cette condition fut exécutée, et l'ancienne impasse fait aujourd'hui partie de la rue de l'Echaudé. — Une décision ministérielle du 8 nivôse an IX, signée Chaptal, a fixé la largeur de cette voie publique à 8 m. En 1806, la rue de l'Echaudé prit la dénomination de rue de *Durnstein*, pour rappeler la victoire de Durnstein, gagnée par les Français sur les Autrichiens le 11 novembre 1805. Depuis 1814, elle a repris son nom de l'*Échaudé*. — Conformément à un projet publié en vertu d'un arrêté préfectoral du 29 avril 1843, la moindre largeur de cette voie publique serait fixée à 12 m. et on supprimerait : 1° l'îlot situé entre cette rue et celles de Seine et Jacob ; 2° les deux îlots séparant la rue de l'Échaudé de la rue Cardinale et du passage de la Petite-Boucherie. Les propriétés n⁰ˢ 9, 11, 11 bis, 15, 17, 19 et 6 ne sont pas soumises à retranchement, d'après ce projet. — Conduite d'eau depuis la rue Jacob jusqu'à la place.

ECHELLE (rue de l').

Commence à la rue de Rivoli, n⁰ˢ 8 et 10; finit à la rue Saint-Honoré, n⁰ˢ 277 et 279. Le dernier impair est 13; le dernier pair, 8. Sa longueur est de 67 m. — 1ᵉʳ arrondissement, quartier des Tuileries.

Cette rue, tracée sur le plan de Gomboust en 1652, ne porte aucune dénomination. Le Censier de l'archevêché de 1663 est le premier document qui la désigne sous le nom de l'*Echelle*. Autrefois les évêques de Paris avaient une *échelle patibulaire* dans cette rue. — Une décision ministérielle du 18 thermidor an IX, signée Chaptal, et une ordonnance royale du 4 octobre 1826, ont fixé la largeur de cette voie publique à 13 m. Les maisons n⁰ˢ 1, 3; 2, 4 et 6 ne sont pas soumises à retranchement; celle n° 8 devra reculer de 3 m. 30 c. — Bassin d'égout. — Conduite d'eau depuis la rue Rivoli jusqu'aux deux bornes-fontaines. — Éclairage au gaz (compᵉ Anglaise).

ÉCHIQUIER (impasse de l').

Située dans la rue du Temple, entre les n⁰ˢ 24 et 26. Le dernier impair est 3; le dernier pair, 4 bis. Sa longueur est de 42 m. — 7ᵉ arrondissement, quartier du Mont-de-Piété.

Des titres constatent son existence dès 1305. Elle doit son nom à une enseigne. Il n'existe pas d'alignement pour cette impasse dont la largeur actuelle est de 5 m. 60 c.

ÉCHIQUIER (rue de l').

Commence à la rue du Faubourg-Saint-Denis, n⁰ˢ 37 et 39; finit à la rue du Faubourg-Poissonnière, n⁰ˢ 16 et 18. Le dernier impair est 41; le dernier pair, 42. Sa lon-

— ECH —

gueur est de 396 m. — 3e arrondissement, quartier du Faubourg-Poissonnière.

Un arrêt du conseil d'état du roi, à la date du 15 août 1772, autorisa *les prieure et religieuses du prieuré royal des Filles-Dieu* et Claude-Martin Goupy, entrepreneur des bâtiments de sa majesté, à ouvrir sur leurs terrains deux rues de 30 pieds de largeur au moins, l'une qui, formant le prolongement de la rue Bergère, traverserait la maison dite de l'*Échiquier*, et aboutirait à la rue du Faubourg-Saint-Denis; la seconde, qui commencerait à la rue Basse-Saint-Denis et se terminerait à la rue de Paradis. Cet arrêt fut suivi de lettres-patentes, données à Fontainebleau le 14 octobre de la même année. Il est dit dans ces lettres-patentes, que la rue nouvelle formant le prolongement de la rue Bergère prendrait le nom de rue d'*Enghien*, et que l'autre voie publique s'appellerait rue *Delamichodière*. Registrées au parlement le 23 juillet 1773, ces lettres-patentes ne reçurent pas alors d'exécution. Par d'autres lettres-patentes données au mois d'août 1779, les religieuses Filles-Dieu furent autorisées à vendre tous leurs terrains. En 1783, ces religieuses ayant reconnu que les deux rues dont il vient d'être parlé n'étaient point suffisantes pour donner au quartier les débouchés nécessaires et leur fournir les moyens de tirer un parti avantageux des terrains qui leur restaient, demandèrent à sa majesté l'autorisation d'ouvrir une troisième rue depuis la rue du Faubourg-Poissonnière jusqu'à celle du Faubourg-Saint-Denis; ces religieuses pensaient que l'ouverture de cette troisième rue serait d'autant plus aisée à faire qu'elle serait entièrement prise sur leurs terrains. Elles demandèrent, en outre, que cette nouvelle voie portât le nom de rue d'*Enghien*, et que celle déjà appelée rue d'Enghien prît le nom de rue de l'*Échiquier*, afin de conserver le souvenir DE LA MAISON DE L'ÉCHIQUIER, qui avait toujours été le chef-lieu du fief de leur communauté. D'un autre côté, les prévôt des marchands et échevins remontrèrent au roi que la dénomination de *rue Delamichodière*, donnée à l'une des rues autorisées par les lettres-patentes du 14 octobre 1772, ne pourrait subsister sans inconvénient, une autre rue du même nom ayant été ouverte dans le quartier de Louis-le-Grand, ce qui produirait des méprises et de la confusion, tant sur les possessions que sur la demeure des citoyens, dans l'une ou l'autre de ces rues dont la situation est presque dans le même quartier. Sur cette demande, des lettres-patentes furent rendues à Versailles le 8 août 1783. En voici un extrait : — « Autorisons et confirmons l'ouverture et la formation de
» la rue ci-devant permise, en prolongation de la rue
» Bergère, à prendre depuis la rue du Faubourg-Pois-
» sonnière jusqu'à la rue du Faubourg-Saint-Denis, en
» passant par la maison de l'Échiquier, et d'une autre
» rue à prendre depuis la rue Basse-Saint-Denis jus-
» qu'à celle de Paradis, dans la forme et ainsi qu'il est
» prescrit par les lettres-patentes du 14 octobre 1772,

— ECO —

» à l'exception de la dénomination des d. deux rues,
» dont les circonstances nous ont déterminé à ordonner
» le changement, et que nous voulons être nommées,
» la rue d'Enghien rue de l'*Échiquier*, et la rue Dela-
» michodière rue d'*Hauteville*, etc. — Art. 3. Inter-
» prétant et étendant en tant que de besoin le contenu
» aux d. lettres-patentes du 14 octobre 1772, autori-
» sons les d. prieure, sous-prieure et religieuses à
» ouvrir une troisième rue parallèle à la rue de l'Échi-
» quier, dans les terrains qui leur appartiennent; la
» quelle rue aura l'un de ses débouchés dans la rue du
» Faubourg-Poissonnière, à 21 toises ou environ de
» la rue Bergère, la quelle nouvelle rue aura trente
» pieds de largeur et sera nommée rue d'*Enghien*,
» etc. » — Ces lettres-patentes, en ce qui touche cette dernière rue, ne furent point immédiatement exécutées ainsi que nous le voyons dans un arrêté du bureau de féodalité en date du 9 septembre 1791, qui prescrit l'ouverture de cette rue et l'achèvement de celle d'Hauteville. A l'égard de la rue de l'Échiquier, elle était entièrement ouverte à cette époque. — Une décision ministérielle du 28 juillet 1821, a maintenu la largeur de 30 pieds, assignée à cette voie publique. Toutes les constructions riveraines sont alignées. — Égout depuis la rue du Faubourg-Saint-Denis jusqu'à la rue de Mazagran. — Conduite d'eau. — Éclairage au gaz (compe Française).

ÉCOLE (IMPASSE DE L').

Située dans la rue Neuve-Coquenard, n° 17. — 2e arrondissement, quartier du Faubourg-Montmartre.

Elle a été formée en 1820. On y construisit en 1831 une école, et l'année suivante, elle prit le nom d'impasse de l'*École*. Cette impasse n'est pas reconnue voie publique.

ÉCOLE (PLACE DE L').

Commence au quai de l'École, nos 12 et 14; finit à la rue des Prêtres-Saint-Germain-l'Auxerrois, nos 9 et 11. Le dernier impair est 5; le dernier pair, 8. Sa longueur est de 31 m. — 4e arrondissement, quartier du Louvre.

C'était en 1510 la place aux *Marchands*. Elle tire sa dénomination actuelle de l'école de Saint-Germain-l'Auxerrois. Cet établissement a donné aussi son nom au quai sur lequel il était situé. — Une décision ministérielle à la date du 13 floréal an IX, signée Chaptal, fixa la largeur de cette voie publique à 22 m. En vertu d'une ordonnance royale du 3 novembre 1835, cette largeur a été réduite à 19 m. Les maisons nos 1, 6 et 8 devront avancer sur leurs vestiges actuels. — Égout. — Conduite d'eau. — Éclairage au gaz (compe Anglaise).

On remarque au milieu de cette place une fontaine monumentale construite en 1806, sur les dessins de M. Bralle.

— ECO —

ECOLE (QUAI DE L').

Commence au Pont-Neuf et à la place des Trois-Maries, n° 1; finit aux quai et place du Louvre, n° 2. Le dernier numéro est 34. Sa longueur est de 190 m. — 4e arrondissement, quartier du Louvre.

C'était en 1290 la grande rue de l'*École-Saint-Germain*. Guillot, vers l'an 1300, l'appelle l'*Escole*; ce quai a été redressé et élargi sous le règne de François Ier. Il fut restauré en vertu des lettres-patentes du 25 mars 1719. — Une décision ministérielle du 11 mai 1815, signée Carnot, fixa la moindre largeur de cette voie publique à 17 m. En 1836, 37 et 38, l'administration a fait construire un nouveau parapet, niveler et planter ce quai, dont la moindre largeur a été portée à 27 m., en vertu d'une ordonnance royale du 22 août 1840. — Les constructions de 2 à 12 sont soumises à un retranchement qui varie de 2 m. 10 c. à 3 m. 50 c.; la maison n° 14 doit avancer sur ses vestiges actuels, celle n° 30 est alignée. Les nos 32 et 34 subiront un léger redressement. — Conduite d'eau entre les places des Trois-Maries et de l'Ecole. — Eclairage au gaz (compe Anglaise).

ECOSSE (RUE D').

Commence à la rue Saint-Hilaire, nos 3 et 5; finit à la rue du Four, nos 1 et 8. Le dernier impair est 9; le dernier pair, 10. Sa longueur est de 55 m. — 12e arrondissement, quartier Saint-Jacques.

Elle existait dès 1290. Au commencement du XIVe siècle on la nommait rue du *Chaudron*. Elle doit sa dénomination actuelle aux écoliers *Écossais* qui vinrent l'habiter, en raison de sa proximité de leur collège situé rue des Amandiers. — Une décision ministérielle du 13 juin 1807, signée Champagny, a fixé à 7 m. la largeur de cette voie publique. Les constructions riveraines sont soumises à un retranchement de 1 m. 70 c.

ÉCOUFFES (RUE DES).

Commence à la rue du Roi-de-Sicile, nos 36 et 40; finit à la rue des Rosiers, nos 15 et 17. Le dernier impair est 29; le dernier pair, 28. Sa longueur est 130 m. — 7e arrondissement, quartier du Marché-Saint-Jean.

Cette rue était presqu'entièrement bâtie vers l'année 1200. En 1233, on l'appelait de l'*Écofle*; au XIVe siècle, de l'*Escoufle*, des *Escoufles*; au XVIe siècle, des *Escofles*, et depuis des *Écouffes*. Nous pensons que cette voie publique doit son nom à l'enseigne d'un Milan, qu'on appelait autrefois Escofles. — Une décision ministérielle du 8 prairial an VII, signée François de Neufchâteau, avait fixé la largeur de cette rue à 7 m. Cette largeur a été portée à 10 m., en vertu d'une ordonnance royale du 16 août 1836. La maison n° 1 est alignée; les autres constructions du côté des numéros impairs sont soumises à un retranchement qui varie de 2 m. 50 c. à 3 m. 20 c. Les maisons nos 8 et 10 sont alignées; le surplus de ce côté devra reculer de 1 m. 40 c. à 2 m. 30 c. — Eclairage au gaz (compe Lacarrière).

— ECU —

ÉCRIVAINS (RUE DES).

Commence à la rue des Arcis, nos 9 et 11; finit aux rues de la Savonnerie, n° 18, et de la Vieille-Monnaie, n° 2. Le dernier impair est 7; le dernier pair, 30. Sa longueur est de 95 m. — 6e arrondissement, quartier des Lombards.

L'emplacement occupé par cette rue s'appelait la *Pierre-au-Lait* en 1254. En 1439 on la trouve indiquée sous le nom de rue de la *Pierre-au-Lait*, dite *des Écrivains*. Ce dernier nom lui vient des écrivains qui s'établirent dans de petites échoppes, près de l'église Saint-Jacques-la-Boucherie. — Une décision ministérielle en date du 18 vendémiaire an VI, signée Letourneux, a fixé la moindre largeur de cette voie publique à 6 m. Les constructions du côté des numéros impairs ne sont pas soumises à retranchement. — Conduite d'eau entre les rues Marivaux et de la Vieille-Monnaie. — Éclairage au gaz (compe Française).

ÉCURIES (COUR ET PASSAGE DES PETITES-).

Commencent à la rue du Faubourg-Saint-Denis, n° 67; finissent aux rues des Petites-Ecuries, n° 17, et d'Enghien, n° 18. — 3e arrondissement, quartier du Faubourg-Poissonnière.

Ils ont pris leur nom de la rue des Petites-Ecuries (*voir* l'article suivant). Dans le principe on avait, en cet endroit, établi des ateliers pour la confection des carrosses et harnais à l'usage de la maison du roi Louis XVI. Cette cour n'avait alors que deux issues; depuis 1819 il en existe une troisième dans la rue d'Enghien.

ÉCURIES (RUE DES PETITES-).

Commence à la rue du Faubourg-Saint-Denis, nos 77 et 79; finit à la rue du Faubourg-Poissonnière, nos 42 et 44. Le dernier impair est 53; le dernier pair, 52. Sa longueur est de 486 m. — 3e arrondissement, quartier du Faubourg-Poissonnière.

Ouverte en 1780, elle reçut la dénomination de rue des *Petites-Écuries*, parce qu'elle longeait les bâtiments des petites écuries du roi. — Une décision ministérielle du 18 thermidor an IX, signée Chaptal, a fixé la moindre largeur de cette voie publique à 10 m. Les propriétés ci-après sont alignées; partie du n° 3, 11 bis, 21, 29, 39, 41, 41 bis, 41 ter, 47, 49, 51; de 2 à 32 inclusivement, 38 et 38 bis. — Egout. — Conduite d'eau. — Eclairage au gaz (compe Française).

ÉCURIES-D'ARTOIS (RUE DES).

Commence à la rue d'Angoulême-Saint-Honoré, n° 25 et 27; finit à la rue de l'Oratoire, nos 62 et 66. Le dernier impair est 33; le dernier pair, 34. Sa longueur est de 380 m. — 1er arrondissement, quartier des Champs-Elysées.

Partie comprise entre les rues d'Angoulême et Neuve-de-Berri. — En vertu des lettres-patentes du 4 avril 1778, S. A. R. Charles-Philippe, fils de France, comte d'Artois, avait été autorisé à ouvrir sur les terrains de

— ÉCU —

l'ancienne Pépinière plusieurs rues, dont une de 30 pieds de large, qui communiquerait de la rue d'Angoulême à la rue Neuve-de-Berri, et serait nommée rue *Neuve-de-Poitiers* (voyez *Berri*, rue Neuve-de-). Le prince n'usa pas alors de cette autorisation. En 1793, le fief de la Pépinière ayant été déclaré domaine national, fut vendu les 21 prairial et 17 messidor an IV, à la charge par les acquéreurs de fournir le terrain nécessaire à l'ouverture de la rue autorisée par les lettres-patentes précitées.

Cette nouvelle rue fut approuvée le 6 nivôse an XII par le ministre de l'intérieur Chaptal. Diverses circonstances vinrent mettre obstacle à l'exécution de ce projet qui ne fut repris qu'en 1821. Par une décision ministérielle du 11 mai 1822, la largeur de la rue Neuve-de-Poitiers fut fixée à 13 m. Enfin, une ordonnance royale à la date du 8 janvier 1823 porte ce qui suit : — « Article 1er. L'élargissement de la rue Neuve-de-Poi- » tiers est déclaré d'utilité publique. — Art. 2. Cette » rue prendra le nom de rue des *Écuries-d'Artois*, et » sa largeur sera fixée à 13 mètres. L'excédant de » 10 pieds environ qu'offre cette dernière largeur sur » celle fixée par les lettres-patentes du 4 avril 1778, » sera pris sur les propriétés qui bordent la rue du » côté du midi, à charge par la Ville de payer aux » riverains des indemnités, tant pour le terrain que » pour le déplacement des murs, qui seront réglées con- » formément aux lois. » Ces dispositions furent immédiatement exécutées.

Partie comprise entre les rues Neuve-de-Berri et de l'Oratoire. — Elle est indiquée sur le plan de Verniquet et a été formée à la fin du siècle dernier sur des terrains appartenant aux religieux de l'Oratoire. Les constructions riveraines sont alignées, à l'exception de celles qui bordent le côté droit entre les rues Neuve-de-Berri et de l'Oratoire. Ces propriétés sont soumises à un faible retranchement — Égout et conduite d'eau entre les rues d'Angoulême et Fortin.

ÉCUS (RUE DES DEUX-).

Commence à la rue des Prouvaires, n° 19; finit aux rues de Grenelle, n° 24, et Mercier, n° 15. Le dernier impair est 35; le dernier pair, 48. Sa longueur est de 245 m. — Les nos de 1 à 11, 3e arrondissement, quartier Saint-Eustache ; le surplus dépend du 4e arrondissement, quartier de la Banque.

Vers l'année 1300, le poète Guillot l'appelle rue des *Escus*. Au XVe siècle elle portait le nom de *Traversaine* ou *Traversine*, et de la rue des Étuves à celle d'Orléans, celui de la *Hache* ou des *Deux-Haches*. Quant à la partie qui s'étend de la rue d'Orléans à celle de Grenelle, elle a été ouverte en 1577 sur l'emplacement du *monastère des Filles-Pénitentes*. Voici la lettre adressée à ce sujet par Catherine de Médicis au prévôt des marchands : — « Monsieur le prevost, pour ce que je désire faire » fermer la rue qui est près ma petite maison et au » mesme instant faire ouvrir celle que j'ay ordonné

— ÉGL —

» estre faicte où estoit la porte de l'hostel des Pénitan- » tes, qui passera entre la rue de Grenelles ; j'ai donné » charge à Marcel, mon receveur-général, de vous aller » trouver et vous bailler la présente que je vous faict » à ceste fin en vous priant de ma part comme je fais » par ycelle de bailler incontinent la permission néces- » saire pour fermer la dicte rue et ouvrir l'austre, et » pour que vous entendiez par eun bien au long mon » intention la dessus, je ne vous ferez la présente plus » longue que pour prier Dieu, monsieur le prevost, » vous tenir en sa saincte et digne garde : ce faict à » Poictiers le 6je jour de septembre 1577. Signé Cathe- » rine. » Conformément aux ordres donnés par la reine-mère, on supprima la partie de la rue des Vieilles-Étuves comprise entre les rues des Deux-Écus et d'Orléans, et l'on prolongea la rue des Deux-Écus jusqu'à celle de Grenelle. — Une décision ministérielle à la date du 9 germinal an XIII, signée Champagny, a fixé la moindre largeur de la rue des Deux-Écus à 9 m. Les propriétés situées sur le côté gauche, entre les rues des Prouvaires et du Four, sont soumises à un retranchement réduit de 2 m. 40 c. Depuis la rue du Four jusqu'à celle des Vieilles-Étuves, retranchement 2 m. à 3 m. 20 c. ; de la rue des Vieilles-Étuves à celle d'Orléans, retranchement 1 m. 50 c. à 2 m. 10 c. ; depuis la rue d'Orléans jusqu'à celle de Grenelle, retranchement réduit 1 m. 70 c. ; sur le côté droit, entre les rues du Four et Babille, retranchement 30 c. à 1 m. 50 c., et de la rue Babille à la rue Mercier, retranchement réduit 1 m. 50 c. — Égout. — Conduite d'eau du côté de la rue de Grenelle. — Éclairage au gaz (compe Anglaise).

ÉGLISE (RUE DE L').

Commence à la rue Saint-Dominique, nos 191 et 193 ; finit à l'avenue La Motte-Picquet, n° 8. Le dernier impair est 33 ; le dernier pair, 38. Sa longueur est de 431 m. — 10e arrondissement, quartier des Invalides.

Partie comprise entre les rues Saint-Dominique et de Grenelle. — Formée vers 1738, elle reçut d'abord le nom de rue *Neuve*, puis celui de l'*Église*, parce qu'elle conduit à l'église Saint-Pierre-Gros-Caillou. — Une décision ministérielle du 15 vendémiaire an IX, signée Chaptal, fixa la largeur de cette voie publique à 10 m. Une partie de la propriété n° 1 est alignée, le surplus de ce côté est soumis à un retranchement de 1 m. 10 c. Les constructions du côté opposé devront reculer de 1 m. 20 c. — Partie comprise entre la rue de Grenelle et l'avenue La Motte-Picquet. — Elle a été ouverte sur les terrains appartenant à M. Lutherott. Sa largeur est de 13 m. L'ordonnance royale d'autorisation, rendue le 9 août 1826, a imposé à l'impétrant les conditions suivantes : d'établir de chaque côté de la nouvelle rue des trottoirs en pierre dure dont les dimensions lui seront ultérieurement indiquées ; de pourvoir aux frais de premier établissement du pavage et de l'éclairage, et à ceux que pourront exiger les travaux à faire pour faciliter l'écoulement souterrain des eaux pluviales et

— ÉGL —

ménagères; de se conformer aux lois et réglements sur la voirie de Paris. Ce percement a été immédiatement exécuté. — Conduite d'eau.

ÉGLISE (RUE DU CHEVET DE L').

Commence à la rue du Nord; finit à la rue des Jardins. Pas de numéro. Sa longueur est de 192 m. — 3e arrondissement, quartier du Faubourg-Poissonnière.

Elle a été ouverte en 1827, sur les terrains appartenant à MM. André et Cottier; cependant on n'a commencé à bâtir dans cette rue qu'en 1837. L'ordonnance royale qui a autorisé ce percement est à la date du 31 janvier 1827. Cette voie publique longe le chevet de la nouvelle église Saint-Vincent-de-Paul. Sa largeur est de 12 m. Cette rue se prolonge comme impasse dans une longueur de 31 m. — Les constructions riveraines sont alignées. — Égout. (Voyez *Abattoir*, rue de l'.)

ÉGLISES (RUE DES DEUX-).

Commence à la rue Saint-Jacques, nos 252 et 254; finit à la rue d'Enfer, nos 55 et 57. Pas de numéro impair; le dernier pair est 10. Sa longueur est de 161 m. — 12e arrondissement, quartier de l'Observatoire.

Ouverte en 1567, on la nomma d'abord *ruelle Saint-Jacques-du-Haut-Pas*, parce qu'elle longeait un des côtés de l'église ainsi appelée. On la désigna également sous le nom de *ruelle du Cimetière*, parce qu'elle conduisait à un cimetière qui était situé sur l'emplacement occupé depuis par le jardin du séminaire Saint-Magloire. Sa dénomination dernière lui fut donnée en raison de sa situation entre les deux églises Saint-Jacques-du-Haut-Pas et Saint-Magloire. — Une décision ministérielle du 18 brumaire an XIV, signée Champagny, a fixé la largeur de cette voie publique à 8 m. Les bâtiments de l'institution des Sourds-Muets, l'église Saint-Jacques-du-Haut-Pas et les propriétés nos 4, 6 et 8, ne sont pas soumis à retranchement.

ÉGOUT (IMPASSE DE L').

Située dans la rue du Faubourg-Saint-Martin, entre les nos 21 et 23. Le seul impair est 1; le dernier pair, 6. Sa longueur est de 78 m. — 5e arrondissement, quartier du Faubourg-Saint-Denis.

Elle est ainsi nommée en raison du voisinage d'une branche du grand égout. — Une décision ministérielle en date du 16 floréal an X, signée Chaptal, a fixé la largeur de cette voie publique à 7 m. Les constructions riveraines sont soumises à un fort retranchement.

ÉGOUT (RUE DE L').

Commence aux rues Sainte-Marguerite, n° 43, et Saint-Benoît, n° 42; finit à la rue du Four, nos 52 et 54. Le dernier impair est 11; le dernier pair, 10. Sa longueur est de 99 m. — 10e arrondissement, quartier de la Monnaie.

Son premier nom est rue *Forestier*. On l'appela en-

— ÉLI —

suite rue de la *Courtille*, parce qu'elle conduisait à la courtille de l'abbaye Saint-Germain-des-Prés. Au XVe siècle, c'était la rue de *Tarennes*, en raison de sa direction vers une grande maison dite l'hôtel de *Tarennes*, qui a donné depuis son nom à deux rues voisines (les grande et petite rues Taranne). Dès le commencement du XVIIe siècle, c'était la rue de l'*Égout*. — Une décision ministérielle du 14 thermidor an VIII, signée L. Bonaparte, avait fixé à 8 m. la moindre largeur de cette voie publique. Cette largeur a été portée à 10 m., en vertu d'une ordonnance royale du 29 avril 1839. La maison située sur le côté gauche, à l'encoignure de la rue Sainte-Marguerite, et la propriété n° 10 sont à l'alignement. — Égout. — Conduite d'eau.

ÉLISABETH (ÉGLISE SAINTE-).

Située dans la rue du Temple, entre les nos 107 et 109. — 6e arrondissement, quartier du Temple.

C'était autrefois l'église du couvent de *Sainte-Élisabeth* ou du *Tiers-Ordre de Saint-François*. Le père Vincent Mussart, qui rétablit en France la réforme du tiers-ordre de Saint-François, étendit également son zèle sur les monastères de femmes. Le premier couvent de la réforme fut fondé en 1604, à Verceil, près de Besançon, puis transféré à Salins en 1608. Les religieuses qui avaient suivi cette réforme mirent leur couvent sous le vocable de sainte Élisabeth, reine de Hongrie. Revenu à Paris, le père Mussart reçut plusieurs contrats de donation pour établir un couvent dans la capitale. Ayant obtenu en 1614 des lettres-patentes de Louis XIII, ce zélé religieux acheta une maison dans la rue Neuve-Saint-Laurent, afin d'y établir douze novices, à la tête desquelles il plaça la mère Marguerite Borrei; ces religieuses augmentèrent ce nouvel emplacement, firent construire le monastère et l'église de Sainte-Élisabeth. Marie-de-Médicis, qui s'était déclarée, en 1614, fondatrice de cette communauté, posa la première pierre de l'église et du monastère le 14 avril 1628, qui furent achevés en 1630. L'église fut dédiée le 14 juillet 1646, par le coadjuteur Jean-François-Paul de Gondi, sous les titre et invocation de *Notre-Dame-de-Pitié* et de *Sainte-Élisabeth de Hongrie*. — Ce couvent, supprimé en 1790, devint la propriété de l'État qui, sur une partie de son emplacement, fit ouvrir la rue Sainte-Élisabeth. L'église servit longtemps de magasin de farine. C'est aujourd'hui la seconde succursale de la paroisse Saint-Nicolas-des-Champs. — La ville de Paris a dépensé en 1831 et 1835, pour augmenter et embellir l'église Sainte-Élisabeth, 71,719 fr. 55 c.

ÉLISABETH (RUE SAINTE-).

Commence à la rue des Fontaines, nos 8 et 10; finit à la rue Neuve-Saint-Laurent, nos 7 et 9. Le dernier impair est 9; le dernier pair, 10. Sa longueur est de 113 m. — 6e arrondissement, quartier Saint-Martin-des-Champs.

Le couvent de Sainte-Élisabeth, supprimé en 1790,

— ÉLO —

devint propriété nationale. Par suite d'une expertise, faite le 14 décembre 1792, l'État conçut le projet de percer une rue qui, partant de celle des Fontaines, passerait par la rue Neuve-Saint-Laurent, et de là, traversant le couvent des pères de Nazareth, irait aboutir à la rue Notre-Dame-de-Nazareth. Ce percement ne fut effectué que jusqu'à la rue Neuve-Saint-Laurent. Son ouverture et sa dénomination furent autorisées par une décision ministérielle du 25 avril 1807, signée Champagny. Sa largeur fut fixée à 10 m. Cette largeur a été maintenue par une ordonnance royale du 14 janvier 1829. Toutes les constructions riveraines sont alignées. — Conduite d'eau. — Éclairage au gaz (comp^e Lacarrière).

ÉLOI (RUE SAINT-).

Commence à la rue de la Vieille-Draperie, n°s 23 et 25; finit à la rue de la Calandre, n°s 20 et 22. Le dernier impair est 29; le dernier pair, 28. Sa longueur est de 110 m. — 9e arrondissement, quartier de la Cité.

Cette rue a été ouverte sur une partie de l'église et du monastère bâtis par saint Éloi, orfèvre et trésorier du roi Dagobert. — Suivant un concordat passé entre Philippe-le-Hardi et l'abbaye de Saint-Maur-des-Fossés en 1280, cette rue s'appelait alors *Savateria*. Un plan de 1738 l'indique encore sous le nom de la *Savaterie*, auquel on a substitué celui de *Saint-Éloi*. — Une décision ministérielle à la date du 13 brumaire an X, signée Chaptal, a fixé la moindre largeur de cette voie publique à 7 m. Les maisons n°s 2, 4 et 6 devront avancer sur la voie publique. La propriété située entre les n°s 6 et 16 et la maison n° 24 sont alignées. — Conduite d'eau.

Dans cette rue était située l'église Saint-Martial. Elle fut bâtie sous le règne de Dagobert, devint paroisse en 1107 et fut démolie en 1722.

ÉLYSÉE (PALAIS DE L').

Situé dans la rue du Faubourg-Saint-Honoré, n° 59. — 1er arrondissement, quartier des Champs-Élysées.

Ce palais fut bâti par le comte d'Évreux, en 1718, sur les dessins de l'architecte Molet. Madame de Pompadour en étant devenue propriétaire, l'augmenta, l'embellit et l'occupa jusqu'à sa mort. Louis XV l'acheta du marquis de Marigny, pour en faire l'hôtel des ambassadeurs extraordinaires. On changea ensuite sa destination, et cet hôtel servit de garde-meuble de la couronne, en attendant qu'on eût achevé le bâtiment de la place Louis XV (aujourd'hui de la Concorde). Enfin, en 1773, il eut pour propriétaire M. de Beaujon, qui en fit son séjour ordinaire et y réunit tout ce que les arts et le luxe pouvaient produire de plus exquis. Nicolas Beaujon le vendit, le 12 août 1786, au sieur Joseph Durney, qui l'acheta pour le compte de sa majesté. Il est dit dans l'arrêt du 3 novembre de la même année; « que le roi destine ce palais pour loger les » princes et princesses que leurs voyages amèneront à

— ENF —

» Paris, ainsi que les ambassadeurs extraordinaires. » — Au commencement de la révolution, ce palais devint propriété nationale et fut vendu le 25 ventôse an VI. — Napoléon Bonaparte et plusieurs membres de sa famille ont successivement habité cet hôtel. L'empereur de Russie y logea en 1815, et le duc de Berri au commencement de la restauration. — Le palais de l'Élysée appartient à la liste civile.

EMPEREUR (PASSAGE DE L').

Commence à la rue Saint-Denis, n° 41; finit à la rue de la Vieille-Harengerie, n° 2. — 4e arrondissement, quartier des Marchés.

Dès l'année 1372 il est fait mention de ce passage qui doit son nom à une enseigne.

ENFANT-JÉSUS (IMPASSE DE L').

Située dans la rue de Vaugirard, entre les n°s 134 et 136. Le seul impair est 1; le seul pair, 2. Sa longueur est de 137 m. — 10e arrondissement, quartier Saint-Thomas-d'Aquin.

Elle est indiquée sur le plan de Verniquet, mais sans dénomination. Celle de l'*Enfant-Jésus* lui a été donnée en raison de sa proximité de l'hôpital des Enfants-Malades, nommé autrefois de l'Enfant-Jésus. — Une décision ministérielle du 26 avril 1808, signée Cretet, a fixé la largeur de cette impasse à 8 m.

ENFANTS (RUE DES BONS-).

Commence à la rue Saint-Honoré, n°s 192 et 194; finit aux rues Neuve-des-Bons-Enfants, n° 1, et Baillif, n° 2. Le dernier impair est 33; le dernier pair, 36. Sa longueur est de 242 m. — Les numéros impairs sont du 2e arrondissement, quartier du Palais-Royal; les numéros pairs, du 4e arrondissement, quartier de la Banque.

Au XIIe siècle on la nommait *chemin qui va à Clichy*. Au commencement du XIIIe, elle portait la dénomination de *ruelle par où l'on va au collége des Bons-Enfants*. Au XIVe siècle c'était la *rue aux Écoliers-Saint-Honoré*, et en dernier lieu, la *rue des Bons-Enfants*. — « Arrêt du conseil d'état du roi (8 janvier 1680). Sa » majesté estant en son conseil, a ordonné et ordonne » que les propriétaires de la rue des Bons-Enfants, » des deux côtés d'ycelle, seront tenus de faire retrancher leurs bastimens suivant les alignemens marquez » au plan, et les propriétaires rembourzez à cause du » retranchement. Ordonne en outre sa majesté, que le » bastiment dépendant du Palais-Royal et faisant enclave sur la d. rue, sera desmoly et retranché dans » toute l'étendue de la place nécessaire pour l'élargissement de la d. rue des Bons-Enfants, suivant le d. » plan, et que les propriétaires des maisons de la d. rue » et celles des rues Neuve-des-Bons-Enfants et Saint-» Honoré, qui sont à l'opposite des deux bouts de la » d. rue, *seront tenus de contribuer suivant les advantages qu'ils en retireront*. Fait au conseil d'état du » roi, sa majesté y étant, tenu à Saint-Germain-en-

» Laye, le 8 janvier 1680. » (Extrait). — Une décision ministérielle du 20 fructidor an XI, signée Chaptal, avait fixé la largeur de la rue des Bons-Enfants à 8 m. En vertu d'une ordonnnance royale du 23 juillet 1828, cette largeur est portée à 10 m. Les maisons n°s 28, 34 et 36 ne sont pas soumises à retranchement. — Égout entre les rues Saint-Honoré et de Montesquieu. — Éclairage au gaz (comp° Anglaise).

Périnet-le-Clerc ayant livré dans la nuit du 28 au 29 mai 1418, la porte de Buci aux troupes Bourguignonnes, le connétable Bernard d'Armagnac, chef du parti opposé à Jean-Sans-Peur, se sauva déguisé dans la maison d'un maçon de la rue des Bons-Enfants. Trahi par ce misérable, d'Armagnac fut pris et enfermé à la Conciergerie. Le 12 juin, la populace força cette prison, se rua sur le connétable et le perça de mille coups ; son cadavre, traîné dans les rues de Paris, fut ensuite jeté à la voirie. Telle fut la fin d'un des descendants de Clovis par Charibert, frère de Dagobert.

Le collège des Bons-Enfants était dans cette rue. En 1208, à l'époque où l'on achevait l'église Saint-Honoré, fondée par Renold Chereins, un bourgeois de Paris, nommé Belot, et Ada, sa femme, résolurent de former un collège à côté de cette église. Ils firent construire en conséquence une maison pour servir à treize pauvres étudiants de Paris, qu'ils confièrent à un chanoine de Saint-Honoré. Ce collège reçut d'abord la dénomination d'*Hôpital des pauvres Écoliers*; ce nom indiquait la triste situation de ces élèves qui allaient quêter leur nourriture dans les rues de la capitale. La pièce intitulée les *Crieries de Paris* nous en fournit ainsi la preuve :

« Les bons enfants orrer crier,
» Du pain nes veuil pas oublier. »

L'établissement des Bons-Enfants acquit peu-à-peu une aisance suffisante, grâce aux libéralités de plusieurs personnes, entr'autres de Jacques-Cœur, l'argentier de Charles VII. Ce collège fut réuni, en 1602, à l'église Saint-Honoré. On voyait près de la maison des Bons-Enfants une chapelle qui en dépendait et dont on attribue l'érection à Jacques-Cœur. Elle fut d'abord placée sous l'invocation de la Vierge, mais une confrérie qui s'y établit le 29 octobre 1486, choisit *Sainte-Claire* pour patronne. Supprimée en 1790, cette chapelle, qui contenait en superficie 89 m. 34 c., devint propriété nationale, et fut vendue le 17 avril 1792.

ENFANTS (RUE NEUVE-DES-BONS-).

Commence aux rues des Bons-Enfants, n° 31, et Baillif; finit aux rues Neuve-des-Petits-Champs, n° 1, et de Lavrillière, n° 3. Le dernier impair est 37 ; le seul pair, 2 ; ce côté est bordé par les dépendances de la Banque. Sa longueur est de 183 m. — Les numéros impairs sont du 2° arrondissement, quartier du Palais-Royal ; le côté opposé dépend du 4° arrondissement, quartier de la Banque.

Elle a été ouverte en 1640, sur un terrain de 1,422 m. de superficie, que le cardinal de Richelieu avait acheté en 1634, et qu'il céda en 1638 au sieur Barbier. La qualification de *Neuve* lui a été donnée pour la distinguer de la rue des Bons-Enfants, beaucoup plus ancienne.
— Une décision ministérielle du 20 fructidor an XI, signée Chaptal, fixa la largeur de cette voie publique à 8 m. En vertu d'une ordonnance royale du 22 août 1840, sa moindre largeur est portée à 10 m. Toutes les constructions du côté des numéros impairs sont alignées ; celles du côté opposé sont soumises à un retranchement qui varie de 2 m. 30 c. à 3 m. — Conduite d'eau entre la rue Neuve-des-Petits-Champs et les deux bornes-fontaines. — Éclairage au gaz (comp° Anglaise).

ENFANTS-MALADES (HÔPITAL DES).

Situé dans la rue de Sèvres. — 10° arrondissement, quartier Saint-Thomas-d'Aquin.

C'était autrefois la communauté des *Filles de l'Enfant-Jésus*. — « Bureau de la ville (19 mai 1752). Veu
» au bureau de la ville les lettres-patentes du roy
» données à Versailles au mois de décembre dernier
» (1751), signées Louis, obtenues par Jean-Joseph
» Languet, archevêque de Sens, portant confirmation
» de l'établissement de la maison de l'*Enfant-Jésus*
» en cette ville, ainsi qu'il est plus au long porté aux
» dites lettres-patentes ; l'arrêt du dit présent mois,
» par lequel la cour a ordonné que les lettres-patentes
» nous seroient communiquées pour donner notre avis
» sur le contenu en icelles. Veu aussi la requeste à nous
» présentée à cet effet. Nous croyons avoir lieu de
» penser que la cour sera très satisfaite de l'établissement qui lui est proposé. Il présente deux objets
» prétieux qui sont les seuls qui soient à désirer ; d'une
» part, la subsistance et l'éducation d'un nombre considérable de personnes du sexe que la misère et le
» défaut d'occupations pourroient plonger dans le désordre, et d'autre, l'éducation d'un nombre de seize
» demoiselles d'extraction noble, auxquelles leurs parents ne pourroient en procurer une convenable à
» leur naissance, sans que les unes et les autres soient
» attachées à la maison par aucun vœu ou autre lien
» quelconque. C'est ainsi que, bien loin de présumer
» qu'il en puisse résulter aucun inconvénient, il nous
» paroit au contraire du bien de la religion et de celui
» de l'État, que cet établissement soit rendu stable. La
» seule observation que nous nous sentions obligés de
» faire à la cour sur ce point de stabilité et en ce qui
» concerne la seconde vue de cet établissement, est l'obstacle que la succession des temps nous semble pouvoir
» apporter à l'admission des demoiselles dans cette
» maison ; elles y seront reçues aujourd'hui en prouvant deux cents ans de noblesse ; mais si dans un ou
» deux siècles, il étoit exigé des preuves de trois ou
» quatre cents ans, il pourroit être alors à craindre de
» voir dégénérer un établissement aussi utile ; du
» moins est-ce l'idée que nous a paru offrir l'époque de
» 1550, déterminément fixée par l'art. 5° des lettres-
» patentes. Nous devons toutes fois soumettre cette
» simple réflexion aux lumières de la cour. Sous ces

» observations, nous estimons, sous le bon plaisir de
» la cour, que les lettres-patentes portant confirmation
» de l'établissement de la maison de l'Enfant-Jésus en
» cette ville, peuvent être registrées pour être exécu-
» tées selon leur forme et teneur. Signé de Bernage,
» Gillet et Moriau. » — Cette maison fut dans la suite
convertie en hospice d'orphelins. — Au mois de juin
1802, le conseil général des hospices destina cette maison à des enfants malades. On ne put d'abord y admettre que ceux qui étaient atteints de maladies aiguës, et
300 lits furent établis pour eux. Le nombre des lits
s'accrut rapidement jusqu'à près de 600. Les enfants
attaqués de maladies qui paraissent contagieuses, sont
renfermés dans des bâtiments isolés et séparés de
l'hôpital par de grands jardins. Il y a 212 lits pour
ceux qui sont atteints de maladies aiguës, 129 pour les
garçons et 83 pour les filles. Pour les maladies qui ré-
clament les secours de la chirurgie, il y a 70 lits, dont
40 pour les garçons, et le reste pour les maladies chro-
niques, la teigne et les scrofules. En 1834 la mortalité
a été de 1 sur 6-18, en 1842 de 1 sur 6-29.

ENFANTS-ROUGES (MARCHÉ DES).

Situé dans la rue de Bretagne, n° 39. — 7e arrondissement, quartier du Mont-de-Piété.

Il a été établi en 1628. Dans les lettres de permission
du roi il est dit : « Que ce marché sera construit sur
» une place contenant 263 toises ou environ, tenant
» d'un côté à la maison de *M. Claude Charlot,* rue de
» Bretagne, et de l'autre à la grande rue de Berri. » Il
prit d'abord le nom de *petit marché du Marais.* Son
nom actuel lui vient de sa proximité de l'hôpital des
Enfants-Rouges. C'est encore une propriété particulière.

ENFANTS-ROUGES (RUE DES).

Commence aux rues Pastourelle, n° 2, et d'Anjou, n° 10;
finit aux rues Portefoin, n° 1, et Molay, n° 2. Le dernier
impair est 13 bis; le dernier pair, 10 bis. Sa longueur
est de 92 m. — 7e arrondissement, quartier du Mont-de-
Piété.

Elle faisait anciennement partie de la rue du Chantier-
du-Temple. En 1536 elle prit le nom de rue des *Enfants-
Rouges,* en raison de la fondation de cet hôpital, situé
rue Portefoin. Cet établissement ayant été réuni en
1772 à l'hospice des Enfants-Trouvés, cette rue reprit
sa première dénomination de rue du *Grand-Chantier,*
sous laquelle le plan de Verniquet l'indique encore.
Vers 1805, on la trouve désignée de nouveau sous le
nom de rue des *Enfants-Rouges.* — Une décision ministérielle du 23 frimaire an VIII, signée Laplace, avait
fixé la largeur de cette voie publique à 8 m. 50 c. Cette
largeur a été portée à 11 m., en vertu d'une ordonnance royale du 31 mars 1835. La maison n° 4 est alignée. — Conduite d'eau depuis la rue Portefoin jusqu'à
la borne-fontaine. — Éclairage au gaz (comp° Lacarrière).

ENFANTS-TROUVÉS (HOSPICE DES).

Situé dans la rue d'Enfer, n° 74. — 12e arrondissement,
quartier de l'Observatoire.

L'établissement des Enfants-Trouvés est un bienfait
dont l'honneur appartient à la charité chrétienne. « Dans
» cette Rome payenne (dit Saint-Victor), dans cette
» Rome si fière de sa police et de ses lois, des pères
» dénaturés exposaient leurs enfants, et un gouverne-
» ment non moins barbare les laissait impitoyable-
» ment périr. Des hommes qui exerçaient un infâme
» métier allaient quelquefois recueillir ces innocentes
» victimes, et les élevaient pour les prostituer. »

L'évêque de Paris et le chapitre de Notre-Dame pour-
vurent les premiers à l'établissement d'un hospice pour
les enfants trouvés. Ils donnèrent pour cet usage un
bâtiment situé au Port-l'Evêque, qu'on appela *maison
de la Crèche.* On plaça dans la cathédrale un vaste berceau dans lequel on mettait ces enfants pour faire un
appel à la pieuse libéralité des fidèles. Ce dernier asile
fit appeler ces innocentes créatures *les pauvres enfants
trouvés de Notre-Dame.* Isabelle de Bavière, femme de
Charles VI, leur fit un legs de huit francs par son testament du 2 septembre 1431. Suivant un ancien usage,
les seigneurs hauts-justiciers devaient contribuer à l'entretien des enfants trouvés; mais plus tard, on les vit
refuser leur cotisation, en donnant pour excuse que
cette charge devait être supportée par l'archevêque et
le chapitre de Notre-Dame.

Un arrêt du parlement, en date du 13 août 1552, ordonna que les enfants trouvés seraient mis à l'hôpital
de la Trinité, et que les seigneurs donneraient une
somme de 960 livres par an, répartie entre eux d'après
l'étendue de leur territoire. Toutefois on dut conserver à
Notre-Dame le bureau établi pour recevoir ces enfants
et les aumônes qu'on leur faisait. En 1570, ils furent
transférés dans deux maisons situées au port Saint-
Landry, et qui appartenaient au chapitre de Notre-Dame; mais le sort de ces infortunés ne fut guère amélioré. Les servantes chargées de veiller sur eux se
fatiguaient de leur donner des soins. Tantôt, elles les
vendaient à des femmes qui avaient besoin de se faire
sucer un lait corrompu, souvent elles en tiraient profit
en les remettant à des nourrices qui voulaient remplacer
les enfants qu'elles avaient laissé mourir par leur négligence. Ce trafic infâme ne s'arrêtait pas là; ces femmes
vendaient également ces pauvres enfants à des bateleurs,
à des mendiants qui, pour exciter la charité publique,
mutilaient ces innocentes créatures; enfin, dans les maisons du port Saint-Landry, le *prix courant des enfants
trouvés était de* 20 sols. Le petit nombre de ceux qui
survivaient dans cet établissement, garçons ou filles,
allaient grossir la multitude des mendiants, des voleurs
et des femmes perdues qui infestaient la capitale : en
sorte que l'on pouvait dire que la misère et le vice se
perpétuaient ainsi par leurs propres œuvres.

Le fils d'un pauvre paysan des Landes, Vincent-de-

Paul, vint mettre un terme à ces scandaleux désordres. Plusieurs dames pieuses, touchées des vertus du saint homme, voulurent s'associer à son œuvre de charité. Vincent-de-Paul les rassembla dans l'église Notre-Dame, où se trouvaient exposés ces enfants abandonnés. Après avoir fait une peinture énergique des vices de la société : « Or sus, mesdames, s'écria-t-il, voyez si vous voulez dé-» laisser à votre tour ces petits innocents dont vous êtes » devenues les mères selon la grâce, après qu'ils ont » été abandonnés par leurs mères selon la nature. » Saint Vincent-de-Paul fonda, en 1638, un nouvel hospice près de la porte Saint-Victor, pour les enfants trouvés, et mit à la tête de cet établissement les Dames de la Charité; mais les ressources étaient encore insuffisantes, et les administrateurs prirent le parti de tirer au sort les enfants qui devaient être nourris, *les autres* (dit l'historien de saint Vincent-de-Paul) *étaient abandonnés*, c'est-à-dire qu'on les laissait mourir faute de nourriture. Vincent-de-Paul, à force de zèle et de patience, parvint à assurer le sort de ces pauvres enfants. En 1641, le roi leur donna 4,000 livres de rente; trois ans après, cet établissement reçut une nouvelle rente de 8,000 livres, et en 1648 le château de Bicêtre fut affecté au logement des enfants trouvés. L'air trop vif étant nuisible à leur santé, ils furent transférés dans une maison près de Saint-Lazare, et placés sous la direction des sœurs de la Charité. — Un arrêt du parlement du 3 mai 1667 ordonna que les seigneurs hauts-justiciers seraient obligés de payer annuellement pour l'entretien des enfants trouvés la somme de 15,000 livres; cet arrêt fut confirmé par le conseil d'état le 20 novembre 1668. On acheta enfin l'année suivante une maison et un vaste terrain situés dans la rue du Faubourg-Saint-Antoine, où l'on plaça l'établissement des Enfants-Trouvés.

Lettres-patentes en forme d'édit, portant établissement de l'hôpital des Enfants-Trouvés, et union d'icelui à l'hôpital général. — « (Juin 1670). Louis, etc...., » comme il n'y a pas de devoir plus naturel, ni plus » conforme à la piété chrétienne, que d'avoir soin des » pauvres enfants exposés que la faiblesse et leur infor-» tune rendent également dignes de compassion, les » rois nos prédécesseurs ont pourvu à l'établissement » et à la fondation de certaines maisons et hôpitaux, » où ils pussent être reçus pour y être élevés avec » piété; en quoi, leurs bonnes intentions ont été sui-» vies par notre cour de parlement de Paris, qui, con-» formément aux anciennes coutumes de notre royau-» me, auroit ordonné par son arrêt du 13 août 1552, » que les seigneurs hauts-justiciers, dans l'étendue de » notre bonne ville de Paris et ses faubourgs, contri-» bueroient chacun de quelque somme, aux frais néces-» saires pour l'entretien, subsistance et éducation des » enfants exposés dans l'étendue de leur haute justice; » et depuis, le feu roi notre très honoré seigneur et » père, voyant combien il étoit important de conserver » la vie de ces malheureux destitués des secours des » personnes mêmes desquelles ils l'auroient reçue, leur » auroit donné la somme de 3,000 livres et 1,000 livres » aux sœurs de la Charité qui les servent, à prendre » chaque année par forme de fief et aumône sur le do-» maine de Gonesse; et considérant combien leur con-» servation étoit avantageuse, puisque les uns pouvoient » devenir soldats et servir dans nos troupes, les autres, » ouvriers et habitans des colonies que nous établissons » pour le bien de notre royaume, nous leur aurions » encore donné par nos lettres-patentes du mois de » juin 1644, 8,000 livres à prendre chacun an sur nos » cinq grosses fermes, etc.... Mais comme l'établisse-» ment de cette maison n'a point été spécialement au-» torisé par nos lettres-patentes, quoique nous l'ayons » approuvé par les dons que nous y avons faits, étant » bien aise de maintenir et confirmer une si bonne œuvre, » et de l'établir le plus solidement qu'il nous sera pos-» sible; à ces causes et autres bonnes considérations, à » ce nous mouvant, nous avons par ces présentes si-» gnées de notre main, dit, déclaré, statué et ordonné, » disons, déclarons, statuons et ordonnons : l'hôpital des » *Enfants-Trouvés*, l'un des hôpitaux de notre bonne » ville de Paris, pourra agir, contracter, vendre, aliéner, » acheter, acquérir, comparoir en jugement et pro-» céder, recevoir toutes donations et legs universels, » particuliers, et généralement faire tous autres actes » dont les hôpitaux de notre ville et faubourgs de Pa-» ris sont capables, confirmons, etc.... Ordonnons que » la direction du d. hôpital des Enfants-Trouvés sera » faite par les directeurs de l'hôpital général auquel » nous l'avons uni, etc.... Voulons que notre premier » président et notre procureur général en notre parle-» ment de Paris, en prennent soin avec quatre direc-» teurs du d. hôpital général qui seront nommés au » bureau d'icelui, ainsi que les commissaires des autres » maisons du d. hôpital général, et y serviront pendant » trois ans, etc... ; et comme plusieurs dames de piété » ont pris très grand soin jusqu'à présent des d. enfants » trouvés, et contribué notablement à leur nourriture » et éducation, nous les exhortons, autant qu'il nous est » possible, de continuer leur zèle et charités et soins » envers les d. enfants trouvés, pour avoir part à la d. » administration suivant les articles de règlement ci-» attaché sous le contr'scel de notre chancellerie, que » nous voulons être exécutés selon leur forme et te-» neur. Donné à Saint-Germain-en-Laye, au mois de » juin 1670. » — On construisit dans le faubourg Saint-Antoine pour les enfants trouvés, un vaste bâtiment et une église dont la reine Marie-Thérèse d'Autriche posa la première pierre en 1676. Étienne d'Aligre, chancelier de France, Élisabeth Luillier, sa femme, et le président de Bercy, enrichirent cette maison. — Le gouvernement républicain voulut aussi pourvoir aux besoins de ces infortunés.

Loi du 27 frimaire an V, relative aux enfants abandonnés. — « Le conseil des Cinq-Cents, après avoir en-» tendu dans ses séances des 13 messidor, 2 thermidor

» ét 11 fructidor, les trois lectures d'un projet de réso-
» lution présenté par la commission de l'organisation
» des secours, déclare qu'il n'y a pas lieu à l'ajour-
» nement, et prend la résolution suivante : — Arti-
» cle 1er. Les enfants abandonnés nouvellement nés
» seront reçus gratuitement dans les hospices civils de
» la république. — Art. 2e. Le trésor national fournira
» à la dépense de ceux qui seront portés dans les hos-
» pices qui n'ont pas de fonds affectés à ce sujet. —
» Art. 3e. Le Directoire est chargé de faire un règle-
» ment sur la manière dont les enfants abandonnés se-
» ront élevés et instruits. — Art. 4e. Les enfants aban-
» donnés seront jusqu'à majorité ou émancipation sous
» la tutelle du président de l'administration municipale,
» dans l'arrondissement de laquelle sera l'hospice où
» ils auront été portés. Les membres de l'administration
» seront les conseils de la tutelle. — Art. 5e. Celui qui
» portera un enfant abandonné ailleurs qu'à l'hospice
» civil le plus voisin, sera puni d'une détention de trois
» décades, par voie de police correctionnelle ; celui qui
» l'en aura chargé sera puni de la même peine. —
» Art. 6e. La présente résolution sera imprimée, etc... »

30 ventôse an V, Arrêté du Directoire exécutif concernant la manière d'élever et d'instruire les enfants abandonnés. — « Le Directoire exécutif, considérant que
» par la loi du 27 frimaire dernier, il est chargé de dé-
» terminer par un règlement la manière dont seront
» élevés et instruits les enfants abandonnés; considérant
» également combien il importe de fixer promptement
» la marche des autorités constituées sur cette partie
» de l'administration générale de l'état; arrête ce qui
» suit : — Article 1er. Les enfants abandonnés et dé-
» signés par la loi du 27 frimaire an V, ne seront point
» conservés dans les hospices où ils auront été déposés,
» excepté le cas de maladies ou d'accidents graves qui
» en empêchent le transport ; ce premier asile ne de-
» vant être considéré que comme un dépôt en atten-
» dant que ces enfants puissent être placés, suivant
» leur âge, chez des nourrices, ou mis en pension chez
» des particuliers. — Art. 2e. Les commissions adminis-
» tratives des hospices civils, dans lesquels seront con-
» duits des enfants abandonnés, sont spécialement char-
» gées de les placer chez des nourrices ou autres ha-
» bitants des campagnes et de pourvoir, en attendant,
» à tous leurs besoins sous la surveillance des autorités
» dont elles dépendent. — Art. 3°. Les nourrices ou
» autres habitants chargés d'enfants abandonnés, seront
» tenus de représenter tous les trois mois les enfants qui
» leur auront été confiés, à l'agent de leur commune,
» qui certifiera que ces enfants ont été traités avec hu-
» manité, et qu'ils sont instruits et élevés conformément
» aux dispositions du présent règlement ; ils seront en
» outre tenus de les représenter à la première réquisi-
» tion du commissaire du Directoire exécutif, près l'ad-
» ministration municipale du canton ou des autorités
» auxquelles leur tutelle est déléguée par la loi. —
» Art. 4°. Les nourrices et autres personnes qui repré-
» teront les certificats mentionnés dans l'article précé-
» dent, recevront, outre le prix des mois de nourrice,
» une indemnité de 18 francs, payable par tiers de trois
» mois en trois mois. Ceux qui auront conservé des
» enfants jusqu'à l'âge de douze ans et qui les auront
» préservés jusqu'à cet âge d'accidents provenant de dé-
» faut de soins, recevront à cette époque une autre in-
» demnité de 50 francs, à la charge par eux de rapporter
» un certificat ainsi qu'il est dit en l'article précédent.
» — Art. 5e. Les commissions des hospices civils pour-
» voiront pour des enfants confiés à des nourrices ou
» à d'autres habitants des campagnes, au paiement des
» prix déterminés par la fixation approuvée pour les
» départements dans l'arrondissement desquels ces en-
» fants seront placés, etc.... » (Extrait du Bulletin des Lois). — Depuis 1800, l'hospice des Enfants-Trouvés a été transféré rue d'Enfer, dans les bâtiments construits de 1650 à 1657, et primitivement occupés par l'institution de l'Oratoire, qui servait de noviciat aux personnes qui se destinaient à cette congrégation.

La dépense des Enfants-Trouvés est à la charge des fonds départementaux ; néanmoins les communes doivent contribuer pour un cinquième de cette dépense. Les Enfants-Trouvés figurent par an au budget de la Ville, pour une somme de. . . . . 200,000 fr.

Les fonds départementaux fournissent
de leur côté. 400,000

Enfin le revenu des biens provenant de
fondations en faveur des Enfants-Trouvés
et celui des amendes qui leur sont attri-
buées, s'élèvent à. 260,000

Total des fonds spéciaux. 860,000

Mais cette somme ne pouvant suffire à la dépense qui excède 1,800,000 fr., le surplus est pris sur les fonds généraux.

Le nombre toujours croissant des enfants trouvés, des enfants abandonnés et des orphelins, dont l'administration devrait prendre soin, allait annuellement au-delà de 6,000. Dans le but de diminuer ce chiffre, le conseil général prit, le 25 janvier 1837, un arrêté qui fut approuvé par le ministre de l'intérieur. Cet arrêté, qui rappelle dans ses dispositions plusieurs lois et décrets antérieurs, porte : qu'aucun enfant ne pourra être admis à l'hospice que sur un procès-verbal d'un commissaire de police, constatant les circonstances de son exposition ou de son abandon. Ce même arrêté oblige les femmes qui accouchent dans les hôpitaux à nourrir leurs nouveau-nés, à moins d'impossibilité reconnue par les médecins.

Le conseil-général, en prenant cet arrêté, avait l'espoir de réduire de moitié, le nombre de ces enfants mis à la charge de l'administration. Les mesures prescrites ont été rigoureusement observées, et cependant le nombre des abandonnés dépasse déjà 4,000. On attribue avec raison une partie de cet accrois-

— ENF —

sement. au grand nombre d'ouvriers employés aux travaux des fortifications et des chemins de fer, ainsi qu'à l'augmentation de la troupe qui compose la garnison de Paris.

Le nombre des enfants trouvés en 1842 a été de 4,095, savoir :

Enfants provenant de la maison d'accouchement.	1,333
— de la préfecture de police. . .	134
— des hôpitaux de Paris. . . .	342
Nés à Paris avec leur acte de naissance.	1,967
— sans acte de naissance.	» »
Nés hors de Paris et déposés avec leur acte de naissance.	221
Nés hors de Paris et déposés sans acte de naissance.	» »
Déposés sans renseignements.	98
	4,095

Sur ce nombre de 4,095 enfants, 199 sont présumés *légitimes* et 3,896 sont supposés *naturels*.

La mortalité en 1842 a été de 1 sur 4-17.

ENFER (BARRIÈRE D').

Située à l'extrémité de la rue d'Enfer.

Elle se compose de deux pavillons (voyez l'article *Barrières*).

ENFER (BOULEVART D').

Commence au boulevart du Mont-Parnasse, n° 28 ; finit aux rue et barrière d'Enfer. Le dernier impair est 7 ; le dernier pair, 12. Sa longueur est de 850 m. — De 1 à 7 et de 2 à 12, 11e arrondissement, quartier du Luxembourg ; le surplus dépend du 12e arrondissement, quartier de l'Observatoire.

Dès l'année 1707 on s'occupa de l'établissement des boulevarts du midi. Cette grande opération, ajournée durant plus de 50 années, fut reprise en vertu des lettres-patentes ci-après : — « Louis, etc..... Par arrêt ce-
» jourd'hui rendu en notre conseil d'état, nous y étant,
» nous avons ordonné l'établissement et la construc-
» tion d'un nouveau rempart au midi de notre bonne
» ville de Paris, pour la commodité des abords et l'em-
» bélissement de cette partie de la capitale de notre
» royaume, et pour cet effet, après avoir donné nos
» ordres aux prévôt des marchands et échevins de la d.
» ville, en exécution desquels ils nous ont fait remettre
» le plan qu'ils ont fait dresser, des alignements à
» donner au d. nouveau rempart, relativement à la
» situation actuelle des rues et bâtiments de la partie
» méridionale de la d. ville, ensemble le devis de diffé-
» rents ouvrages d'art, de terrasse, plantation d'arbres
» et autres à y. faire ; au bas duquel devis est la soumis-
» sion du sieur Outrequin, en date du 15 avril, acceptée
» par délibération du bureau de la Ville du 22 juil-
» let 1760 ; nous avons pourvu à tout ce qui concerne
» l'exécution des d. plan et devis et au paiement des
» indemnités qui seront dues aux propriétaires des
» différentes parties de terrains sur lesquelles passera

— ENF —

» le d. rempart, et des murs, bâtiments, édifices qui se
» trouveront dans son alignement, et qu'il sera néces-
» saire d'abattre ; et voulant que le d. arrêt ait sa pleine
» et entière exécution, nous avons dit, déclaré et
» ordonné, et par ces présentes signées de notre main,
» disons, déclarons et ordonnons et nous plait ce qui
» suit : — Article 1er. Il sera incessamment ouvert et
» construit un nouveau rempart au midi de Paris, sui-
» vant les plan et devis par nous approuvés, et ce sous
» les ordres du prévôt des marchands et échevins de
» notre d. ville, et par le sieur Outrequin dont nous
» avons agréé et agréons la soumission. — Article 2.
» *Le dit rempart commencera à la barrière de la rue*
» *de Varennes, du côté des Invalides, et finira au bord*
» *de la rivière de Seine sur le port hors tournelle*, en
» suivant les alignements et dimensions tracés au d.
» plan. — Art. 3. Conformément aux d. alignements, la
» partie du d. rempart, depuis la rue de Varennes jusqu'à
» la rue d'Enfer, sera plantée de quatre rangées d'arbres
» et le surplus, à commencer de l'embranchement qui
» sera pris sur le d. rempart à l'endroit appelé *la butte*
» *du Mont-Parnasse*, en continuant jusqu'au bord de la
» rivière sur le port hors tournelle, sera seulement plan-
» tée de deux rangées d'arbres, et ce par provision jus-
» qu'à ce qu'il en ait été par nous autrement ordonné.
» — Art. 4. Les propriétaires des terrains sur lesquels
» sera construit le d. rempart, ensemble des murs de
» clôture, bâtiments et autres édifices qui se trouveront
» sur la ligne d'icelui et qu'il sera nécessaire d'abattre,
» seront indemnisés par les d. prévôt des marchands et
» échevins, suivant l'estimation de leurs propriétés
» portées au d. devis, et en cas de contestations de leur
» part, suivant la nouvelle estimation qui en sera faite
» par l'un de nos architectes, conjointement avec le
» maître général des bâtiments de la Ville. — Art. 5.
» Ordonnons que l'alignement du d. nouveau rempart
» formera à l'avenir l'enceinte et les limites de la ville
» de Paris, dans la partie depuis la rue de Varennes
» jusqu'à la rue d'Enfer, etc... Données à Versailles
» le 9e jour d'août l'an de grâce 1760 et de notre règne
» le 45e. Signé Louis. »

« Le roi étant informé que l'établissement du rem-
» part entrepris par les prévôt des marchands et éche-
» vins de sa bonne ville de Paris, au midi de la d. ville,
» conformément aux arrêt du conseil et lettres-patentes
» du 9 août 1760, ayant eu l'exécution la plus conforme
» aux vues de commodité et de décoration publiques,
» et par les quelles sa majesté s'est déterminée à favo-
» riser cette entreprise ; les habitants de la capitale de
» son royaume, et les étrangers qui y arrivent fréquem-
» ment de ce côté, commenceraient à jouir des avanta-
» ges et du progrès des plantations et de la disposition
» de ce rempart, si les particuliers dont les terrains y
» ont face, en établissant des clôtures et édifices de l'un
» et de l'autre côtés, n'en resserraient trop la largeur,
» et si par l'élévation, la forme et l'étendue de ces cons-
» tructions, l'aspect de la campagne se trouvait borné

» et les arbres trop gênés pour parvenir à l'effet qu'on
» en peut attendre; connaissant aussi que pour l'achè-
» vement entier et la plus grande perfection de ce rem-
» part, il conviendrait que dans toute son étendue il
» fût planté de quatre rangs d'arbres, comme il l'est
» en partie; et sur ce qui a été représenté à sa majesté
» par les prévôt des marchands et échevins, qu'ils ne
» se croyaient pas suffisamment autorisés par les d.
» arrêt et lettres-patentes, pour s'opposer à ces entre-
» prises dont la continuation préjudicierait essentielle-
» ment à un établissement si utile et si agréable, et
» pour procurer au rempart la perfection qui y semble
» nécessaire; à quoi voulant pourvoir, sa majesté étant
» en son conseil a ordonné et ordonne : — Article 1er.
» Que les alignements des bâtiments qui pourront être
» élevés le long du d. rempart, du côté de la ville,
» dans la partie plantée de quatre rangs d'arbres,
» depuis la rue de Grenelle jusqu'à la rue d'Enfer,
» conformément à l'art. 5 des lettres-patentes du
» 9 août 1760, et les clôtures en cette partie du côté de
» la campagne seront fixées à 10 pieds 1/2 de distance
» du point milieu du rang d'arbres extérieur des con-
» tr'allées. — Art. 2. Veut et entend sa majesté que la
» partie du d. rempart, depuis le lieu dit le Mont-Par-
» nasse jusqu'à la rivière, qui n'est aujourd'hui plantée
» que de deux rangs d'arbres, le soit à l'avenir de
» quatre rangs, dans les mêmes distances et dispositions
» qui ont été suivies pour la première partie, à l'effet
» de quoi les particuliers sur les terrains desquels il
» serait nécessaire de prendre du terrain, et qui jouis-
» sent de l'avantage de cet établissement, seront tenus
» de les fournir sans pouvoir prétendre aucun paiement,
» ni indemnité pour raison de la d. superficie, etc.. Fait au
» conseil d'état du roi, sa majesté y étant, tenu à Marly
» le 19 mai 1767. Signé Louis. » (Extrait).

Le côté droit du boulevart d'Enfer est bordé en grande partie par le mur d'enceinte. Les propriétés particulières sont presque toutes à l'alignement.

ENFER (CHEMIN DE RONDE DU POSTE D'OBSERVATION DE LA BARRIÈRE D').

Commence au boulevart d'Enfer; finit aux rue et barrière du Mont-Parnasse. Pas de numéro. Sa longueur est de 436 m. — 11e arrondissement, quartier du Luxembourg.

Voir l'article *Chemins de ronde*.

ENFER (PLACE DE LA BARRIÈRE D').

Située à l'extrémité de la rue d'Enfer. — 12e arrondissement, quartier de l'Observatoire.

Elle a été établie lors de la construction du mur d'enceinte. — Une ordonnance royale du 19 juillet 1840 a maintenu les formes et dimensions actuelles de cette voie publique.

ENFER (RUE D').

Commence aux rues Saint-Hyacinthe, n° 2, et des Francs-Bourgeois, n° 16; finit aux boulevarts Saint-Jacques, n° 16, et d'Enfer. Le dernier impair est 109; le dernier pair, 102. Sa longueur est de 1,608 m. — Les n°s de 1 à 15 et de 2 à 30 sont du 11e arrondissement, quartier de la Sorbonne ; les autres numéros dépendent du 12e arrondissement, quartier de l'Observatoire.

Ce n'était au XIIIe siècle qu'un chemin nommé de *Vanves* et d'*Issy*, parce qu'il conduisait à ces deux villages. Plus tard on le désigna sous la dénomination de *Vauvert*, parce qu'il se dirigeait vers le château sur l'emplacement duquel les Chartreux bâtirent leur couvent. Cette voie publique fut ensuite connue sous les noms de rue de la *Porte-Gibard*, de rue *Saint-Michel* et du *Faubourg-Saint-Michel*. Plusieurs opinions ont été émises sur l'étymologie de cette rue. Nous ne citerons que celles qui ne choquent pas la vraisemblance. Huet, évêque d'Avranches, prétend qu'elle a été ainsi dénommée parce qu'elle fut longtemps un lieu de débauches et de voleries. La seconde opinion, qui nous paraît plus sérieuse, est celle-ci : On sait que la rue Saint-Jacques parallèle à celle d'Enfer, s'est nommée *via superior* ; cette dernière, par opposition, fut désignée sous le nom de *via inferior, via infera*, dont la dénomination actuelle peut bien n'être qu'une altération. — Une décision ministérielle en date du 3 germinal an X, signée Chaptal, a fixé la moindre largeur de cette voie publique à 12 m. Les constructions portant les numéros ci-après ne sont pas soumises à retranchement : 5, 63, 65, 67, 69, 71, 73, 75, 77, 79, 81, 83, 85, l'École des Mines; 30, 48, 50, 52, 54, 56, 58, 60, 62, 64, 66, 68, 70, 74, 76, 80, 80 bis, 82, 84, 86, 92, 94, 96, 98, 100 et 102. — Égout dans une partie de cette rue. — Éclairage au gaz entre la place Saint-Michel et la rue Saint-Dominique (compe Parisienne).

Au n° 2 était situé le collège du Mans. Il fut fondé dans la rue de Reims en exécution du testament du cardinal Philippe de Luxembourg, évêque du Mans, en date de 1519. Il fut transféré dans la rue d'Enfer en 1683, et occupa l'emplacement de l'hôtel de Marillac. On le réunit à l'Université en 1764.

Au n° 8 était situé le séminaire Saint-Pierre et Saint-Louis. Il doit sa fondation à François de Chansiergues, diacre. Il fut d'abord installé dans une maison de la rue du Pot-de-Fer, puis en 1687 dans une propriété de la rue d'Enfer. Cet établissement fut confirmé par lettres-patentes du mois de décembre 1696, registrées le 28 février suivant. Ce séminaire fut supprimé en 1790. Les bâtiments qui sont encore aujourd'hui propriétés de l'État ont été affectés à une caserne.

Au n° 45 était situé le couvent des Feuillants, c'était le second établissement de cet ordre à Paris. Autorisés par l'archevêque, ces religieux achetèrent en 1630 un emplacement situé dans la rue d'Enfer, sur lequel ils firent construire un monastère dont la première pierre fut posée le 21 juin 1633. D'abord instituée pour servir de noviciat aux Feuillants de la rue Saint-Honoré, cette maison cessa bientôt d'avoir cette destination. Le 18 juin 1659, la première pierre de

— ENG —

leur église fut posée; elle n'offrait rien de remarquable. Supprimé en 1790, ce couvent, qui contenait en superficie 2,015 m., devint propriété nationale et fut vendu le 21 thermidor an IV.

ENGHIEN (RUE D').

Commence à la rue du Faubourg-Saint-Denis, n°s 49 et 51; finit à la rue du Faubourg-Poissonnière, n°s 20 et 22. Le dernier impair est 41; le dernier pair, 40. Sa longueur est de 414 m. — 3e arrondissement, quartier du Faubourg-Poissonnière.

Autorisée et dénommée par lettres-patentes du 8 août 1783, cette rue n'était point encore ouverte en 1791; elle le fut en 1792 sur une largeur de 9 m. 74 c. (voyez l'article de la rue de l'*Échiquier*). A cette époque on lui donna le nom de rue de *Mably*, en mémoire de Gabriel Bonnot de Mably, ancien chanoine de l'église abbatiale de l'île Barbe, né à Grenoble le 14 mars 1709, mort à Paris le 23 avril 1785. En vertu d'un arrêté préfectoral du 27 avril 1814, elle reprit la dénomination de rue d'*Enghien*. Louis-Antoine-Henri de Bourbon, duc d'Enghien, fils de Louis-Henri-Joseph de Bourbon et de Louise-Thérèse-Mathilde d'Orléans, naquit à Chantilly le 2 août 1772; condamné à mort, il périt fusillé dans les fossés du château de Vincennes. — Une décision ministérielle à la date du 8 juillet 1821, a maintenu la largeur primitive de la rue d'Enghien. Les constructions riveraines sont alignées, à l'exception de celle qui porte le n° 2. — Égout du côté des rues d'Hauteville et du Faubourg-Poissonnière. — Conduite d'eau entre le passage des Petites-Écuries et la rue d'Hauteville. — Éclairage au gaz (comp° Française).

ENTREPOT (RUE DE L').

Commence à la rue Neuve-Sanson, n° 3; finit à la rue Lacasse, n° 1. Le dernier impair est 27; le dernier pair, 10; ce côté est bordé par les bâtiments de la Douane et de l'Entrepôt. Sa longueur est de 251 m. — 5e arrondissement, quartier de la porte Saint-Martin.

Une ordonnance royale du 20 février 1825, relative aux abords du canal Saint-Martin, prescrivit l'ouverture de cette voie publique dont la largeur fut fixée à 12 m. On a commencé à bâtir dans cette rue en 1828. Les constructions riveraines sont établies d'après un alignement à 15 m. de largeur. Cette rue a été dénommée en 1840. — Conduite d'eau depuis la rue Neuve-Sanson jusqu'aux deux bornes-fontaines. — Éclairage au gaz (comp° de Belleville).

ÉPÉE-DE-BOIS (RUE DE L').

Commence à la rue Gracieuse; finit à la rue Mouffetard, n°s 89 et 91. Le dernier impair est 11; le dernier pair, 6. Sa longueur est de 141 m. — 12e arrondissement. Les impairs sont du quartier Saint-Marcel; les pairs, du quartier du Jardin-du-Roi.

Cette rue, qui aboutissait au champ d'Albiac, a porté le nom de rue du *Petit-Champ*. Sa dénomination actuelle lui vient d'une enseigne. — Une décision minis-

— ERF —

térielle à la date du 28 ventôse an IX, signée Chaptal, a fixé la largeur de cette voie publique à 7 m. En vertu d'une autre décision ministérielle du 2 germinal an XIII, signée Champagny, la place dite du *Petit-Champ-d'Albiac*, située sur le côté gauche de la rue de l'Epée-de-Bois à l'angle de celle du Noir (aujourd'hui Gracieuse), a été supprimée. Une partie de la propriété n° 4 est alignée.

ÉPERON (RUE DE L').

Commence à la rue Saint-André-des-Arts, n°s 51 et 53; finit à l'impasse de la cour de Rouen et à la rue du Jardinet, n° 12. Le dernier impair est 11; le dernier pair, 10 bis. Sa longueur est de 109 m. — 11e arrondissement, quartier de l'École-de-Médecine.

Elle est désignée en 1269 sous le nom de *Gaugain*. En 1636 elle prit le nom de rue de l'*Éperon* qu'elle doit à une enseigne. — Une décision ministérielle à la date du 15 floréal an V, signée Benezech, a fixé la moindre largeur de cette voie publique à 6 m. Les constructions riveraines sont alignées, à l'exception de celles n°s 3, 4 et 6. — Conduite d'eau entre la rue Saint-André-des-Arts et celle du Cimetière.

ÉPINE (RUE JEAN-DE-L').

Commence à la rue de la Vannerie, n° 4, et à la place de l'Hôtel-de-Ville, n° 19; finit aux rues de la Coutellerie, n° 1, et de la Tixéranderie, n° 2. Le dernier impair est 23; le dernier pair, 24. Sa longueur est de 74 m. — 7e arrondissement, quartier des Arcis.

Dès 1280, elle portait ce nom qu'elle doit à Jean de l'Épine, bourgeois de Paris, dont la maison, suivant un cartulaire de Saint-Maur, avait une sortie sur la place de Grève (aujourd'hui de l'Hôtel-de-ville). Au XVe siècle c'était la rue *Philippe-de-l'Épine*. — Une décision ministérielle en date du 14 juillet 1816, avait fixé la largeur de cette voie publique à 7 m. Cette largeur a été portée à 10 m. en vertu d'une ordonnance royale du 6 mai 1836. Les constructions du côté des numéros impairs sont soumises à un retranchement qui varie de 3 m. 20 c. à 6. m.; la maison n° 20 est alignée, le surplus de ce côté devra subir un retranchement qui n'excède pas 70 c. — Conduite d'eau. — Éclairage au gaz (comp° Lacarrière).

ERFURTH (RUE D').

Commence à l'église Saint-Germain-des-Prés; finit à la rue Sainte-Marguerite, n°s 24 et 26. Le seul impair est 1; le dernier pair, 6. Sa longueur est de 52 m. — 10e arrondissement, quartier de la Monnaie.

Le cardinal de Bissy, abbé de Saint-Germain-des-Prés, fit ouvrir cette rue en 1715. On lui donna le nom de *Petite rue Sainte-Marguerite*, qu'on changea en 1807 en celui d'*Erfurth*, afin de rappeler la célèbre capitulation conclue le 16 octobre 1806. — Une décision ministérielle du 21 août 1817 et une ordonnance royale du 29 avril 1839 ont fixé la largeur de cette rue à 10 m. En vertu d'une autre ordonnance du 13 mai 1841, l'élargissement de la rue d'Erfurth, au moyen de la démolition

— ERM —

des échoppes situées sur le côté des numéros impairs, a été déclaré d'utilité publique. Cette amélioration a été exécutée en 1842. Les constructions qui bordent le côté droit à l'encoignure de la rue Sainte-Marguerite sont seules soumises à un retranchement. — Égout et conduite d'eau.

ERMITES (RUE DES DEUX-).

Commence à la rue des Marmousets, nos 13 et 15; finit à la rue de Constantine. Pas de numéro. Sa longueur est de 13 m. — 9e arrondissement, quartier de la Cité.

Cette voie publique était construite au XIIe siècle. En 1300 on l'appelait rue de la *Confrérie-Notre-Dame*. En 1640 elle est indiquée dans les rôles des commissaires de ce quartier, sous la dénomination des *Deux-Serviteurs*. Les serfs ou serviteurs de la Vierge-Marie étaient sans doute de cette confrérie. Le nom de rue des *Deux-Ermites* lui vient d'une enseigne. — Une décision ministérielle du 13 ventôse an VII, signée François de Neufchâteau, a fixé la largeur de cette voie publique à 6 m. Les constructions du côté des numéros impairs sont alignées. Une grande partie de cette voie publique a été supprimée pour le percement de la rue de Constantine. — Conduite d'eau.

ESSAI (RUE DE L').

Commence à la rue Poliveau, nos 23 et 25; finit au Marché-aux-Chevaux. Le seul impair est 1; le dernier pair, 4. Sa longueur est de 87 m. — 12e arrondissement, quartier Saint-Marcel.

Percée au XVIIe siècle, elle prit le nom de rue *Maquignonne*, en raison de sa proximité du Marché-aux-Chevaux. Depuis 1806 elle est appelée rue de l'*Essai*, parce qu'elle est voisine de l'endroit où l'on essaie les chevaux. — Une décision ministérielle du 18 octobre 1808, signée Cretet, a fixé la largeur de cette voie publique à 7 m. Les constructions du côté gauche sont soumises à un retranchement qui n'excède pas 40 c.; celles du côté opposé sont alignées.

EST (RUE DE L').

Commence à la rue d'Enfer, nos 46 et 48; finit au carrefour de l'Observatoire. Le dernier impair est 33. Pas de numéro pair; ce côté est bordé par le mur du jardin du Luxembourg. Sa longueur est de 352 m. — Les impairs sont du 12e arrondissement, quartier de l'Observatoire; le côté opposé dépend du 11e arrondissement, quartier du Luxembourg.

Cette rue a été ouverte sur une partie de l'emplacement du couvent des chartreux.

Le fondateur de cet ordre célèbre, saint Bruno, naquit à Cologne vers 1060. Il fit ses premières études à Paris, fut nommé chanoine à Cologne, puis à Reims. Bientôt on le jugea digne d'occuper les fonctions de chancelier de cette dernière église. L'archevêque Mannassès, qui la gouvernait en tyran, força l'illustre chanoine à se démettre de son emploi. Dès lors, saint

— EST —

Bruno prit la résolution de quitter le monde. La première solitude qu'il vint habiter fut Saisse-Fontaine, dans le diocèse de Langres. Il quitta cet endroit, vers l'an 1084, pour aller se réfugier dans le désert de la Chartreuse, près de Grenoble. Saint Bruno ne fit point de règles particulières pour ses disciples, mais il leur donna celle de saint Benoît, qu'ils observèrent dans toute sa rigueur. Les Chartreux ont donné au monde l'unique exemple d'une congrégation qui a duré sept siècles, sans avoir besoin de réforme.

On sait que le roi saint Louis signala sa piété par la fondation d'un grand nombre d'établissements religieux. Le récit de la vie pénitente et solitaire des disciples de saint Bruno fit une impression si vive sur l'esprit du roi, qu'en 1257 il demanda à dom Bernard de La Tour, prieur de la grande Chartreuse, quelques-uns de ses frères pour les établir près de Paris. Le prieur envoya cinq religieux qui vinrent occuper une propriété sise à Gentilly. Un an après, les chartreux prièrent Louis IX de leur céder un vaste château appelé *Vauvert* ou *Valvert*, en raison des prairies verdoyantes qui l'entouraient. Cette habitation avait été construite au commencement du XIe siècle pour le prince Robert, fils de Hugues Capet. Des diables, assurait-on, avaient établi leur séjour dans le château. En effet, depuis l'arrivée des religieux on entendait tous les soirs d'affreux hurlements. On y voyait des spectres épouvantables qui traînaient des chaînes, et qui paraissaient obéir à un monstre *vert*, dont le corps hideux se terminait en queue de serpent. Les villageois ne passaient qu'en tremblant près des hautes murailles de ce château redoutable, et le souvenir de la terreur qu'il inspirait se conserva dans un proverbe: ainsi, lorsqu'on voulait se débarrasser d'une personne qui fatiguait, on se servait de ces mots: *Allez au diable Vauvert*, comme on dit aujourd'hui, par altération, *allez au diable Auvert*.

Les chartreux, en possession du château de Vauvert, bâtirent à la hâte quelques cellules. La chapelle, qui tombait en ruine, ne pouvait servir longtemps à leurs pieux exercices. Saint Louis alors posa la première pierre d'un nouveau temple. Les constructions furent faites sur les dessins du célèbre Eudes de Montreuil. Cette église, achevée en 1324, fut dédiée l'année suivante, sous l'invocation de *saint Jean-Baptiste* et de la *Sainte-Vierge*. L'ancienne chapelle de Vauvert servit depuis de réfectoire: les religieux y mangeaient ensemble les dimanches, les fêtes et les jeudis; les autres jours, chacun prenait ses repas en particulier dans sa cellule. Le grand portail de l'église était situé dans la rue d'Enfer. Une avenue conduisait à la porte intérieure de la maison. On entrait alors dans la première cour où l'on remarquait à gauche une chapelle assez vaste, qu'on nommait la *Chapelle des femmes*, parce que c'était le seul endroit du couvent où il leur fût permis de pénétrer. Sur la porte de la seconde cour, on avait sculpté un bas-relief, dont le fond était orné de fleurs-de-lis ; il représentait saint Jean-Baptiste et l'agneau, saint Hugues et le cygne, saint Antoine et le porc. On y voyait aussi le roi Louis XI offrant six chartreux à la Vierge. Les fameux tableaux sur bois de Lesueur, représentant la vie de saint Bruno, étaient encastrés dans les arcs du petit cloître, qui était orné de pilastres d'ordre dorique. En 1648, Lesueur exécuta ses vingt-cinq tableaux sur bois qui furent donnés au roi par les chartreux. On les plaça d'abord dans la galerie du Luxembourg, puis au Louvre où ils sont aujourd'hui. Vers 1750, on comptait en France soixante dix-sept couvents de chartreux. Cet ordre religieux fut supprimé en 1790. Les biens qui lui appartenaient devinrent propriétés nationales et furent successivement vendus pendant la révolution.

Loi du 27 germinal, l'an VI de la république française une et indivisible. — « Le conseil des Anciens, » adoptant les motifs de la déclaration d'urgence qui » précède la résolution ci-après, approuve l'acte d'ur» gence. Suit la teneur de la déclaration d'urgence et » de la résolution : — Du 23 frimaire an VI. Le con» seil des Cinq-Cents adoptant, après avoir entendu le » rapport d'une commission spéciale chargée d'exa» miner le message du Directoire exécutif du 29 ger» minal an V, sur la distribution et l'emploi de l'enclos » des ci-devant chartreux de Paris, et relatif à plusieurs » soumissions faites de partie de ce terrain. Considé» rant que la vente des portions de ce domaine non » utiles au service public étant suspendue, jusqu'à ce » qu'il soit statué sur le plan général proposé pour la » distribution et percement de cet enclos, et les com» munications plus commodes qu'ils procureront entre » la route d'Orléans et le faubourg Saint-Germain, » sans dépense notable, et même avec avantage, par » l'augmentation du produit des ventes des différents » domaines nationaux situés dans la partie méridionale » de Paris; déclare qu'il y a urgence et prend la ré» solution suivante : — Article 1er. Conformément au » plan annexé à la présente, il sera formé une place » circulaire au pourtour de l'Observatoire de Paris. — » Art. 2. L'avenue du palais directorial, du côté du » jardin, sera prolongée jusqu'à la place de l'Observa» toire, et passera à travers les boulevards dits du » Mont-Parnasse. — Art. 3. En deçà des boulevards, » il sera établi une place triangulaire au point marqué » sur le même plan. Une rue parallèle à celle dite » d'Enfer sera ouverte dans la même direction, et » communiquera de la place triangulaire à celle dite » Saint-Michel. Une autre rue partant de la même » place, et dans la direction de celle de Notre-Dame» des-Champs, communiquera à la rue de Vaugirard. » — Art. 4. Le terrain qui se trouve entre les deux » rues neuves et le jardin du palais directorial, ne sera » point vendu, il sera conservé pour être employé à » des pépinières ou autres établissements pour l'ins» truction des citoyens, l'amélioration ou l'encourage» ment de l'agriculture, etc... Après une seconde lec» ture, le conseil des Anciens approuve la résolution » ci-dessus. Le 27 germinal an VI de la république » française. Signé Mollevaud, président, J.-H. Ar» tauld, Mailly, Havin, secrétaires. — Le Directoire » exécutif ordonne que la loi ci-dessus sera publiée, » exécutée et qu'elle sera munie du sceau de la républi» que. Fait au palais national du Directoire exécutif, le » 28 germinal an VI de la république française une et » indivisible. Pour expédition conforme, le président » du Directoire exécutif : signé Merlin. » — En vertu de cette loi, on a percé les rues de l'*Est* et de l'*Ouest*, qui doivent ces dénominations à leur situation, par rapport au jardin du Luxembourg. L'avenue de l'Observatoire a été également formée, mais la place circulaire n'a pas été exécutée. La place triangulaire porte aujourd'hui le nom de *carrefour de l'Observatoire*. Les autres terrains provenant des chartreux ont été réunis au jardin du Luxembourg. La rue de l'Est a été exécutée sur une largeur de 14 m.; cette largeur a été maintenue par une décision ministérielle du 3 décembre 1817.

ESTIENNE (RUE).

Commence à la rue Boucher, nos 1 bis et 3; finit à la rue Béthisy, nos 11 et 13. Le dernier impair est 9; le dernier pair, 6. Sa longueur est de 52 m. — 4e arrondissement, quartier du Louvre.

Elle a été ouverte sur l'emplacement de l'ancien hôtel des Monnaies, en vertu des lettres-patentes du mois d'août 1776, que nous citons à l'article de la rue Boucher. — Une décision ministérielle du 13 floréal an IX, signée Chaptal, fixa la largeur de cette voie publique à 6 m. En vertu d'une ordonnance royale du 19 juillet 1840, cette largeur est portée à 12 m. Les constructions du côté gauche sont soumises à un retranchement de 5 m.; celles du côté droit devront reculer de 2 m. — Conduite d'eau depuis la rue Béthisy jusqu'à la borne-fontaine. — Éclairage au gaz (compe Anglaise).

Henry-Isaac Estienne, écuyer, ancien bâtonnier de l'ordre des avocats au parlement de Paris, fut échevin de 1773 à 1775.

ESTRAPADE (RUE DE LA VIEILLE-).

Commence aux rues Neuve-Sainte-Geneviève, n° 2 et Fourcy; finit aux rues des Postes, n° 1, et des Fossés-Saint-Jacques, n° 19. Le dernier impair est 29. Pas de numéro pair; ce côté est bordé par des murs de clôture. Sa longueur est de 204 m. — 12e arrondissement. Les numéros impairs sont du quartier de l'Observatoire; le côté opposé dépend du quartier Saint-Jacques.

Bâtie sur l'emplacement du mur d'enceinte de Philippe-Auguste, elle prit d'abord le nom de rue des *Fossés-Saint-Marcel*. On la désigna ensuite sous le nom de rue de l'*Estrapade*, en raison du supplice barbare de l'estrapade qu'on y infligeait autrefois aux soldats. Ce supplice consistait à lier les mains du condamné derrière le dos et à l'élever à une certaine hauteur d'où on le laissait

— EST —

tomber violemment près de la terre; cette secousse lui disloquait les bras. — Une décision ministérielle du 25 messidor an X, signée Chaptal, a fixé la moindre largeur de la rue de la Vieille-Estrapade à 9 m. 60 c. Les constructions riveraines ne sont pas soumises à retranchement.

Diderot a demeuré dans cette rue. Son modeste logement fut ensuite occupé par l'ingénieuse *Biheron* qui, sans maître, était parvenue à créer avec une pâte de sa composition toutes les pièces d'un système complet d'anatomie.

La *porte Papale* était située à la jonction des rues des Fossés-Saint-Jacques, des Postes et de la Vieille-Estrapade. Elle faisait partie de l'enceinte de Philippe-Auguste. Au commencement du XVIIe siècle elle fut démolie.

ESTRÉES (RUE D').

Commence au boulevart des Invalides, nos 6 et 8; finit à la place de Fontenoy, nos 1 et 3. Le dernier impair est 27; le dernier pair, 20. Sa longueur est de 521 m. — 10e arrondissement, quartier des Invalides.

La partie comprise entre la place de Fontenoy et l'avenue de Breteuil est indiquée sur le plan de Verniquet, mais sans dénomination. Dès l'année 1800, elle prit le nom de rue *Neuve-de-Babylone*, parce qu'elle prolonge la rue de Babylone. — Une décision ministérielle du 3 pluviôse an IX, signée Chaptal, fixa la largeur de cette voie publique à 10 m., et prescrivit sa continuation depuis l'avenue de Breteuil jusqu'au boulevart des Invalides. Ce percement a été effectué en 1817 sur les terrains appartenant à l'État et au sieur Juliot. En 1819, cette voie publique a reçu dans toute son étendue la dénomination de rue d'*Estrées*. Les constructions riveraines ne sont pas soumises à retranchement. — Égout entre le boulevart des Invalides et l'avenue de Breteuil. — Conduite d'eau depuis le boulevart jusqu'à l'avenue de Villars.

Jean d'Estrées, duc et pair, maréchal de France, vice-amiral et vice-roi d'Amérique, naquit en 1624, et mourut le 19 mai 1707.

ÉTIENNE-BONNE-NOUVELLE (RUE NEUVE-SAINT-).

Commence à la rue Beauregard, nos 5 et 7; finit au boulevart Bonne-Nouvelle, nos 31 et 35. Le dernier impair est 17; le dernier pair, 16. Sa longueur est de 123 m. — 5e arrondissement, quartier Bonne-Nouvelle.

Cette rue était bâtie au milieu du XVIe siècle. Ses maisons furent abattues en 1594, lorsque le roi Henri IV vint assiéger Paris. Rebâtie en 1630, cette voie publique prit d'une enseigne le nom de *Saint-Étienne*. — Le corps municipal, dans sa séance du 11 juillet 1793, arrêta que la rue Neuve-Saint-Étienne aurait 6 m. de largeur. — Une décision ministérielle du 2 thermidor an V, signée Benezech, confirma cet arrêté. — En vertu d'une ordonnance royale du 21 juin 1826, cette dimension

— ETI —

est portée à 8 m. Les constructions du côté des numéros impairs devront éprouver un retranchement qui varie de 2 m. à 2 m. 50 c. Les maisons nos 2, 4, 6, 8, 14 et 16 sont alignées; les autres constructions ne sont soumises qu'à un léger redressement. — Conduite d'eau. — Éclairage au (gaz, compe Française).

ÉTIENNE-DES-GRÉS (RUE SAINT-).

Commence à la place du Panthéon, nos 6 et 8; finit à la rue Saint-Jacques, nos 141 et 143. Le dernier impair est 13; le dernier pair, 18. Sa longueur est de 99 m. — 12e arrondissement, quartier Saint-Jacques.

Elle est désignée en 1230 sous le nom de *rue par où l'on va de l'église Sainte-Geneviève à celle Saint-Étienne*. En 1243, c'était la rue *des Grés*, en raison de l'ancienne église Saint-Étienne-des-Grés dont nous traçons ici l'origine. — Le titre le plus ancien qui atteste l'existence de cet édifice est un acte de donation plusieurs fois mentionné, par lequel Henri Ier accorde en 1031 à l'évêque de Paris plusieurs églises abandonnées, parmi lesquelles il comprend Saint-Étienne. Il paraît que des degrés qui de la rue Saint-Jacques conduisaient à cette église, lui ont fait donner ce surnom de *Saint-Étienne-des-Grés*. Elle devint collégiale au XIe siècle. En 1300, elle était entourée de vignes, et près de son bâtiment on voyait le pressoir du roi où l'on vendait les vendanges recueillies dans le Clos-le-Roi et le Clos-Mureaux. Cette église, qui n'offrait rien de remarquable, fut supprimée en 1790. Devenue propriété nationale, elle fut vendue en deux lots les 16 et 17 avril 1792 et abattue peu de temps après. La maison qui porte aujourd'hui le no 9 a été bâtie sur son emplacement. — Une partie du côté gauche de la rue Saint-Étienne-du-Grés a été démolie pour l'agrandissement de la place du Panthéon. — Une décision ministérielle du 13 juin 1807, signée Champagny, fixa la moindre largeur de cette voie publique à 10 m. Sur le côté des numéros impairs, les dépendances de l'École-de-Droit et la maison no 9 sont alignées; le surplus devra reculer de 1 m. environ. Sur le côté opposé, les constructions situées à l'encoignure gauche de la rue des Cholets sont alignées; le surplus est soumis à un retranchement de 3 m. à 5 m. 30 c.

ÉTIENNE-DU-MONT (ÉGLISE SAINT-).

Située carré Sainte-Geneviève. — 12e arrondissement, quartier Saint-Jacques.

Avant la construction de l'enceinte de Paris, sous Philippe-Auguste, cet emplacement était couvert de vignes. La crypte ou église inférieure de Sainte-Geneviève suffisait alors aux besoins religieux. Mais après l'achèvement de la nouvelle clôture, les Parisiens bâtirent en cet endroit un grand nombre d'habitations, et bientôt on sentit la nécessité de construire une nouvelle église paroissiale. A cet effet les chanoines de Sainte-Geneviève cédèrent un terrain contigu à leur église, sur lequel on éleva une chapelle pour servir de paroisse. Cette chapelle était dédiée à Saint-Étienne en 1221, ainsi que nous l'apprend Guillaume-le-Breton. L'historien de Philippe-Auguste en parle ainsi : « La foudre tomba » en 1221 sur une maison de charité située devant l'é- » glise Saint-Étienne-du-Mont. »

Cette paroisse resta longtemps sous la dépendance de Sainte-Geneviève. Il fallait traverser un passage pratiqué dans cette église pour entrer dans Saint-Étienne-du-Mont dont les fonts baptismaux existèrent pendant quatre siècles dans Sainte-Geneviève.

La reconstruction de la chapelle Saint-Étienne-du-Mont date de François Ier, vers 1517. On éleva d'abord les parties orientales ; en 1588 on bâtit l'aile et les chapelles méridionales ; enfin, sous les règnes de Henri II et Charles IX, on construisit les parties occidentales de l'édifice ; mais l'architecte, gêné par le portail de Sainte-Geneviève, fut forcé de donner à la nef de l'église Saint-Étienne un axe différent de celui du chœur. La chapelle de la communion et les charniers sont de l'année 1606 ; et ce fut Marguerite de Valois, première femme de Henri IV, qui posa vers 1610 la première pierre du portail.

Cette église est un des plus curieux monuments de Paris, il offre un mélange heureux des deux styles gothique et de la renaissance. Les voûtes en ogive de la nef et les bas-côtés sont pleins de hardiesse et d'élégance. Le magnifique jubé sert de modèle à nos artistes. On remarque aussi les deux beaux escaliers qui se roulent en spirale autour du fût de deux colonnes, et qui conduisent aux galeries et au sommet du jubé. Le crucifix qui décore le jubé était attribué à Jean Goujon : on a reconnu qu'il était l'ouvrage de Biart père. La chaire, l'une des plus belles que nous ayons, a été sculptée par Claude Lestocard d'Arras, sur les dessins de Laurent de la Hire.

Des vitraux, d'un coloris remarquable, décorent également Saint-Étienne-du-Mont. Les plus beaux sont dus à Nicolas Pinaigrier, verrier du XVIe siècle. Ils représentent le jugement dernier ; enfin, parmi les tableaux qui ornent cette église, nous citerons celui de de Troy, un tableau de Largillière, et un Saint-Étienne prêchant l'Évangile dû au pinceau de M. Abel de Pujol.

Dans cette église avaient été inhumés Eustache Lesueur, l'un des plus grands peintres de l'école française, mort en 1655 ; Blaise Pascal, mort en 1662 ; Jean Racine, mort en 1699, et Joseph Pitton de Tournefort, célèbre botaniste décédé en 1708.

La nouvelle église de Sainte-Geneviève (aujourd'hui le Panthéon) était depuis 1822 la paroisse du 12e arrondissement ; mais en 1830 le Panthéon cessa d'être consacré au culte. L'église Saint-Étienne-du-Mont sert aujourd'hui de paroisse à cet arrondissement.

ÉTIENNE-DU-MONT (IMPASSE SAINT-).

Située dans la rue de la Montagne-Sainte-Geneviève entre les n°s 84 et 86. Le seul impair est 1 ; le dernier pair, 4. Sa longueur est de 13 m. — 12e arrondissement, quartier Saint-Jacques.

Elle tire son nom de sa proximité de l'église Saint-Étienne-du-Mont. Sa largeur est de 7 m. 80 c. Cette impasse devra être supprimée lors de l'exécution des alignements de la rue de la Montagne-Sainte-Geneviève et du carré Sainte-Geneviève.

ÉTIENNE-DU-MONT (RUE DES PRÊTRES SAINT-).

Commence à la rue Descartes, n°s 24 et 26 ; finit à la rue de la Montagne-Sainte-Geneviève, n° 85. Le seul impair est 1, ce côté est bordé presqu'entièrement par le mur de l'église ; le dernier pair, 10. Sa longueur est de 76 m. — 12e arrondissement, quartier Saint-Jacques.

En 1248 c'était la rue du *Moutier* (monastère). En 1267 on la désignait sous le nom de *ruelle Sainte-Geneviève*. Sa dénomination actuelle lui vient des prêtres de l'église Saint-Étienne-du-Mont qui y demeuraient autrefois. — Une décision ministérielle à la date du 8 brumaire an X, signée Chaptal, a fixé la largeur de cette voie publique à 7 m. Sur le côté gauche la maison n° 1 est seule soumise à retranchement. Les constructions du côté des numéros pairs devront reculer de 3 m. environ.

ÉTIENNE-DU-MONT (RUE NEUVE-SAINT-).

Commence à la rue Copeau, n°s 8 et 10 ; finit à la rue de la Contrescarpe, n°s 5 et 7. Le dernier impair est 35 ; le dernier pair, 20. Sa longueur est de 358 m. — 12e arrondissement, quartier du Jardin-du-Roi.

On la désignait autrefois sous les noms de *chemin du moulin à vent*, parce qu'elle conduisait à un moulin ; de rue du *Puits-de-Fer,* en raison d'un puits public qu'on voyait en 1539. Son nom actuel lui vient de l'église Saint-Étienne-du-Mont située près de cette rue. — Une décision ministérielle du 28 ventôse an IX, signée Chaptal, a fixé la moindre largeur de cette voie publique à 7 m. Les maisons n°s 18 et 20 sont à l'alignement ; celles n°s 8, 10, 12, 14 et 16 ne sont soumises qu'à un très faible retranchement.

Au n° 6 était située la maison des filles de la congrégation de Notre-Dame. — Bureau de la Ville. — « Veu
» les lettres-patentes obtenues au mois de janvier 1645
» par les religieuses de la Congrégation de Notre-
» Dame, par les quelles sa majesté auroit permis aux
» dites religieuses de s'establir en cette ville de Paris,
» et d'y construire un monastère suivant les conditions
» et consentement donnez par l'archevesque de Paris ;
» les lettres de surannation d'icelle du 2 août 1664 et
» les contrats de donation et fondation du d. monas-
» tère. Veu l'arrest de la cour du parlement du
» 3 mars 1667, par lequel la cour, avant de procéder à
» l'enregistrement des d. lettres-patentes, a ordonné
» qu'elles nous seraient communiquées pour donner
» notre advis, et la requeste à nous présentée par les
» dites religieuses aux fins du d. advis. Sommes d'advis,
» sous le bon plaisir de la cour, qu'il y a lieu d'accorder

» aux dites religieuses l'enregistrement des d. lettres-
» patentes, leur establissement estant assez ancien,
» puis ce qu'il paroist qu'elles se sont establies en cette
» ville depuis plus de 22 ans, joint à ce que le public
» en reçoit quelqu'utilité pour l'instruction qu'elles
» donnent gratuitement aux jeunes filles et qu'elles
» sont obligées de continuer par leurs vœux et institut.
» Fait au bureau de la Ville le 7 décembre 1667. » Ce
couvent, supprimé en 1790, devint propriété nationale,
et fut vendu le 12 messidor an IV.

La maison n° 14 a été longtemps habitée par Rollin.
On lit encore au-dessus d'une porte intérieure ce distique qu'il avait fait placer :

Ante alias dilecta domus quâ ruris et urbis
Incola tranquillus meque Deoque fruor.

Rollin nous a donné la description de cette demeure qu'il occupa pendant près d'un demi-siècle. Il écrivait en 1697 à M. Le Pelletier, le protecteur de sa jeunesse, devenu son ami. « Je commence à sentir et à aimer
» plus que jamais la douceur de la vie rustique, depuis
» que j'ai un petit jardin qui me tient lieu de maison
» de campagne. Je n'ai point de longues allées à perte
» de vue, mais deux petites seulement, dont l'une me
» donne de l'ombre sous un berceau assez propre, et
» l'autre, exposée au midi, me fournit du soleil pendant
» une bonne partie de la journée. Un petit espalier
» couvert de cinq abricotiers et de dix pêchers, fait
» tout mon fruitier. Je n'ai point de ruches à miel,
» mais j'ai le plaisir tous les jours de voir les abeilles
» voltiger sur les fleurs de mes arbres, et attachées à
» leur proie, s'enrichir du suc qu'elles en tirent sans
» me faire aucun tort. Ma joie n'est pourtant pas sans
» inquiétude, et la tendresse que j'ai pour mon petit
» espalier et pour mes œillets, me fait craindre pour
» eux le froid de la nuit que je ne sentirais pas sans
» cela. »

Nous avons visité la maison de Rollin. Maintenant le petit jardin est inculte et la propriété, mal tenue, est occupée par un nourrisseur de bestiaux.

ÉTOILE (BARRIÈRE DE L').

Située à l'extrémité de l'avenue des Champs-Élysées.

Elle a été construite en 1787 sur les dessins de Ledoux. Elle est décorée de deux bâtiments ornés chacun dans leur pourtour de vingt colonnes. Un couronnement circulaire termine ces édifices. Cette barrière porte le nom de l'*Étoile*, parce qu'elle est située à l'entrée d'une grande place coupée en forme d'étoile par plusieurs avenues et boulevarts. On l'appelle aussi *barrière de Neuilly*. (Voir l'article *Barrières*.)

Au milieu de la place de l'Étoile s'élève avec majesté l'un des plus beaux monuments dont la France puisse s'enorgueillir. — Un décret impérial du 18 février 1806 ordonna la construction de cet édifice destiné à perpétuer le souvenir des victoires des armées françaises. Le ministre de l'intérieur confia à MM. Raymond et Chalgrin les travaux de l'Arc-de-Triomphe de l'Étoile. Ces artistes distingués présentèrent chacun un projet; celui de M. Raymond obtint la préférence. Mais le système de concurrence et d'association devait amener des différences d'opinions entre les deux architectes. Cette espèce de lutte et les variations d'idées qui en furent la suite affectèrent vivement M. Raymond, dont l'opinion, comme artiste, était fixée. Il ne se plaignit pas, mais il donna en cette occasion une nouvelle preuve de son désintéressement et de l'amour qu'il avait pour son art. Au commencement de 1810, il se démit du titre d'architecte de l'Arc-de-Triomphe de l'Étoile. Par suite de cette démission, M. Chalgrin dirigea seul les travaux qui furent interrompus en 1814. Ils ne furent repris qu'en vertu d'une ordonnance royale du 9 octobre 1823. Alors on décida que cet arc triomphal consacrerait la mémoire de l'expédition d'Espagne. MM. Huyot et Goust devaient diriger les nouveaux ouvrages, mais M. Huyot ayant présenté un projet qui s'écartait du plan primitif, M. Goust fut chargé de la direction sous la surveillance d'une commission composée de MM. Fontaine, Debret, Gisors et Labarre. L'Arc-de-Triomphe fut élevé alors jusqu'à la première assise de l'architrave de l'entablement. L'édifice ne se poursuivait qu'avec lenteur, lorsque la révolution de juillet éclata. Le nouveau gouvernement le rendit à sa destination première. M. Blouet, architecte, fut chargé de la direction des travaux. L'Arc-de-Triomphe fut inauguré le 29 juillet 1836. Tous les frais depuis sa fondation se sont élevés à près de dix millions. Les proportions colossales de ce monument surpassent de beaucoup celles de tous les arcs connus. Sa hauteur est de 49 m., sa largeur de 45 m., les faces latérales ont 22 m. Le grand arc, qui s'élève sur l'axe de la route de Neuilly, a 29 m. de hauteur sur 14 m. 50 c. de largeur. Les arcs latéraux ont 28 m. 50 c. de hauteur sur 8 m. 50 c. Les fondations ont 8 m. de profondeur au-dessous du sol sur 35 m. de longueur et 38 m. de largeur. Parmi les bas-reliefs qui ornent cet édifice on distingue celui qui rappelle le départ des volontaires en 1792. L'Arc-de-Triomphe doit être entouré de statues représentant les principales illustrations militaires de la république et de l'empire.

ÉTOILE (CHEMIN DE RONDE DE LA BARRIÈRE DE L').

Commence à l'avenue des Champs-Élysées et à la barrière de l'Étoile; finit à la barrière des Bassins et au chemin de ronde de cette barrière. Sa longueur est de 630 m. — 1er arrondissement, quartier des Champs-Élysées.

Voir l'article *Chemins de ronde*.

ÉTOILE (RUE DE L').

Commence aux quais des Ormes, n° 2, et Saint-Paul, n° 22; finit aux rues de l'Hôtel-de-Ville, n° 1, et des Barrés, n° 23. Le dernier impair est 3; le dernier pair, 8.

— ETO —

Sa longueur est de 43 m. — 9ᵉ arrondissement, quartier de l'Arsenal.

On la trouve désignée sous ces différents noms : des *Barrés*, parce qu'elle fait la continuation de cette rue ; des *Barrières*, dénomination affectée également à la rue des Barrés ; de *Petite ruelle descendant au Chantier du Roi*, de l'*Arche-Doré* et de l'*Arche-Beaufils*. Elle tient sa dénomination actuelle d'une maison nommée le *Château de l'Étoile*, qui y était située. — Une décision ministérielle du 13 thermidor an VI, signée François de Neufchâteau, avait fixé la largeur de cette voie publique à 8 m. Cette largeur a été portée à 12 m. en vertu d'une ordonnance royale en date du 4 août 1838. Les constructions du côté des numéros impairs sont alignées ; toutefois la maison n° 3 devra subir un fort retranchement pour l'exécution de l'alignement de la rue de l'Hôtel-de-Ville. Les maisons du côté opposé sont soumises à un retranchement de 5 m. 30 c. — Égout. — Éclairage au gaz (compᵉ Parisienne).

ÉTOILE-BONNE-NOUVELLE (IMPASSE DE L').

Située dans la rue Thévenot entre les nᵒˢ 26 et 28. Le dernier impair est 7 ; le seul pair, 2. Sa longueur est de 77 m. — 5ᵉ arrondissement, quartier Bonne-Nouvelle.

C'était en 1372 le cul de sac des *Cordiers*, de la *Corderie*. La rue Thévenot fut ouverte en 1676 sur une partie de cette impasse. La portion qui resta prit le nom de l'*Étoile* qu'elle doit à une enseigne. — Arrêt du conseil. « Le roy ayant esté informé que le cul-de-sac
» de l'Étoile, au quartier Montorgueil près la Ville-
» Neuve, servoit de retraite presque toutes les nuits à
» toutes sortes de gens de mauvaise vie, et qu'il s'y
» commettoit quantité de désordres au préjudice de la
» sûreté publique et des bourgeois qui y ont leurs
» entrées et issues, et qu'il seroit très facile d'y remé-
» dier en l'élargissant pour y mettre une porte de fer
» à son entrée, dont les propriétaires qui y ont des
» maisons, auroient chacun une clef ; à quoy voulant
» remédier. Le roy étant en son conseil, de l'avis du
» duc d'Orléans, régent, a ordonné et ordonne que par
» les prévôt des marchands et échevins, il sera donné
» avis à sa majesté de la commodité ou incommodité de
» l'élargissement et de la fermeture par une porte de
» fer du dit cul-de-sac de l'Étoile, proposez par les
» habitants du quartier Montorgueil ; pour le d. avis
» être veu et rapporté à sa majesté et être par elle
» ordonné ce qu'il appartiendra. Fait au conseil d'État,
» sa majesté y estant, tenu à Versailles le 11ᵉ jour de
» may 1716. Signé Louis. » (Bureau de la Ville, registre H, n° 1846.) Cette impasse n'a jamais été alignée. Sa largeur actuelle est de 4 m. environ.

ÉTUVES (IMPASSE DES).

Située dans la rue Marivaux, entre les nᵒˢ 23 et 25. Pas de numéro. Sa longueur est de 20 m. — 6ᵉ arrondissement, quartier des Lombards.

Au XVᵉ siècle, c'était une rue qui aboutissait à celle de la Vieille-Monnaie. Elle doit son nom à des *étuves*, ou bains qu'on y voyait alors. — Une décision ministérielle du 23 floréal an X, signée Chaptal, a fixé la largeur de cette impasse à 6 m. Les constructions riveraines sont soumises à un retranchement de 2 m. 30 c. environ.

ÉTUVES-SAINT-HONORÉ (RUE DES VIEILLES-).

Commence à la rue Saint-Honoré, nᵒˢ 96 et 98 ; finit à la rue des Deux-Écus, nᵒˢ 23 et 25. Le dernier impair est 13 ; le dernier pair, 16. Sa longueur est 79 m. — 4ᵒ arrondissement, quartier de la Banque.

Cette rue, construite au milieu du XIIIᵉ siècle, doit son nom à des étuves ou bains établis en cet endroit. En 1350, on l'appelait rue des *Vieilles-Estuves*.

Cette voie publique aboutissait anciennement à la rue d'Orléans (nommée de *Nesle*). La partie de la rue des Vieilles-Étuves, comprise entre la rue d'Orléans et celle des Deux-Écus, fut supprimée vers 1577, pour agrandir l'hôtel de Catherine de Médicis (voir les articles de la *Halle-au-Blé* et de la rue des *Deux-Écus*). — Une décision ministérielle du 3 germinal an X, signée Chaptal, a fixé la largeur de la rue des Vieilles-Étuves à 8 m. Les constructions du côté des numéros impairs sont alignées ; celles du côté opposé devront reculer de 2 m. 60 c. environ, sauf la maison n° 2, qui n'est assujétie qu'à un léger redressement. — Conduite d'eau depuis la rue Saint-Honoré jusqu'à la borne-fontaine. — Éclairage au gaz (compᵉ Anglaise).

Paris a subi de si nombreuses transformations, qu'il devient difficile aujourd'hui d'esquisser son ancienne physionomie : chaque jour une nouvelle couche efface le Paris du moyen-âge ; heureux encore lorsqu'il reste un nom à l'aide duquel on évoque des souvenirs !

En sortant de la rue du *Chastiau-Fétu* (nom que portait la partie de la rue Saint-Honoré située entre la rue Tirechape et celle de l'Arbre-Sec), en quittant ses hautes maisons à pignons historiés, aux façades couvertes de gracieuses figurines, on entrait, en tournant à droite, dans la rue des *Vieilles-Estuves*. Le matin, une heure après l'ouverture des boutiques, on entendait le barbier étuviste qui vous criait :

> Seignor, quar vous allez baingner ;
> Et eztuver sanz délayer,
> Li bains sont chaut, c'est sans mentir.

En ce moment, de joyeux étudiants, couverts de capes ou de mantes déchirées, entraient dans ces étuves en fredonnant l'acrostiche suivant, composé sous le règne de Louis XII, pour le blason de la ville de Paris :

> Paisible domaine,
> Amoureux vergier,
> Repos sans dangier,
> Iustice certaine,
> Science hautaine,
> C'est Paris entier.

D'autres clercs s'arrêtaient devant un homme portant un broc d'une main et tenant de l'autre un panier rempli de cornes semblables à celles des moissonneurs. Le marchand hurlait à tue-tête :

> Bon vin à bouche bien espicé.

Puis des femmes de la halle, aux larges épaules, aux manches retroussées, criaient de toute la force de leurs poumons :

> J'ai chastaignes de Lumbardie.
> J'ai roisin d'oustremer — roisin !
> J'ai porées et j'ai naviaux,
> J'ai pois en cosse tous noviaux.

Plus loin on voyait une grosse et joyeuse commère qui portait sur le ventre tout l'attirail d'un restaurateur. Elle arrêtait les passants, en leur débitant cette petite chanson :

> Chaudes oublées renforcies,
> Galètes chaudes, eschaudez,
> Roinssolles, ça denrée aux dez.

Parfois de jeunes et jolies filles de la campagne venaient offrir les plus belles fleurs et les meilleurs fruits de la saison, en murmurant d'une voix douce :

> Aiglantier.....
> Verjux de grain à fère aillie.
> Alies i a d'alisier.

Souvent on voyait quelques fripiers échappés de la rue Tirechape qui arrêtaient les clercs aux mantes râpées, en leur disant :

> Cote et surcot rafeteroie (je raccommode).

Et comme ces écoliers avaient plus de trous aux genoux et aux coudes que de *blancs d'Angelots* ou de *sols Parisis* dans leurs surcots, ils s'esquivaient tout honteux pour se soustraire à l'importunité de ces chevaliers de l'aiguille.

Telle était, aux XIV° et XV° siècles, la physionomie de la rue des Vieilles-Étuves.

Le droit de tenir des bains appartenait à la communauté des maîtres barbiers et perruquiers. On lisait sur leur enseigne : *Céans, on fait le poil proprement et l'on tient bains et estuves.*

Dans la haute société, les personnes que l'on priait à dîner ou à souper étaient en même temps invitées à se baigner. « Le roi et la reine (dit la Chronique de
» Louis XI) firent de grandes chères dans plusieurs hô-
» tels de leurs serviteurs et officiers de Paris, entr'autres
» le dixième de septembre 1467, la reine, accom-
» pagnée de Madame de Bourbon, de Mademoiselle
» Bonne de Savoie, sa sœur, et de plusieurs autres
» Dames, soupa en l'hôtel de maître Jean Dauvet, pre-
» mier président au parlement, où elles furent reçues
» et festoyées très noblement, et on y fit quatre beaux
» bains richement ornés, croyant que la reine s'y bai-
» gnerait, ce qu'elle ne fit pas, se sentant un peu mal à
» l'aise et aussi parce que le temps était dangereux, et
» en l'un des dits bains se baignèrent Madame de Bour-
» bon et Mademoiselle de Savoie, et dans l'autre bain,
» à côté, se baignèrent Madame de Monglat et Perrette
» de Châlons, bourgeoises de Paris . . . .
» Le mois suivant, le roi soupa à l'hôtel de sire Denis
» Hesselin, son panetier, où il fit grande chère et
» trouva trois beaux bains richement tendus pour y
» prendre son plaisir de se baigner, ce qu'il ne fit pas
» parce qu'il était enrhumé et qu'aussi le temps était
» dangereux. »

La cérémonie du bain était une de celles qu'on observait le plus exactement à la réception d'un chevalier. Charles VI voulant faire chevaliers Louis et Charles d'Anjou, « ces deux princes (dit la Chronique) paru-
» rent d'abord comme de simples écuyers, n'étant
» vêtus que d'une longue tunique de drap gris-brun
» sans aucun ornement. On les mena dans leur chambre
» où leurs bains étaient préparés ; ils s'y plongèrent.
» On leur donna ensuite l'habit de chevalier, de soie
» vermeille (cramoisie), fourré de menu-vair (petit-gris) ;
» la robe traînante avec le manteau fait en manière de
» chappe. Après le souper, on les conduisait à l'église
» pour y passer la nuit en prières, selon la coutume.
» Le lendemain matin, le roi revêtu du manteau royal
» entra dans l'église, précédé de deux écuyers qui por-
» taient deux épées nues, la garde en haut et d'où pen-
» daient deux paires d'éperons d'or ; il leur donna l'ac-
» colade et leur ceignit le baudrier de chevalerie. Le
» sire de Chauvigni leur chaussa les éperons et l'évêque
» leur donna la bénédiction. »

« Pendant le repas (dit une ancienne ordonnance),
» le nouveau chevalier ne mangera, ni ne boira, ni ne
» se remuera, ni ne regardera çà et là, non plus qu'une
» nouvelle mariée. »

Les étuves ou bains publics servaient de rendez-vous, et les femmes galantes venaient y cacher leurs dérèglements. On aurait pu donner à ces lieux de plaisir et de prostitution un nom moins honnête. Maillard, dans un sermon remarquable par une énergique crudité d'expressions, s'éleva contre ces désordres. « Mesdames
» (dit-il), n'allez-vous pas aux estuves et n'y faites-vous
» pas ce que vous savez. »

Les bains se maintinrent longtemps. On cessa cependant d'y aller vers la fin du XVII° siècle ; et *auparavant les estuves étaient si communes* (dit Sauval), *qu'on ne pouvait faire un pas sans en trouver.*

ÉTUVES-SAINT-MARTIN (RUE DES VIEILLES-).

Commence à la rue Beaubourg, nos 11 et 13 ; finit à la rue Saint-Martin, nos 64 et 66. Le dernier impair est 19 ; le dernier pair, 16. Sa longueur est de 110 m. — 7° arrondissement, quartier Sainte-Avoie.

Cette rue était déjà construite en 1280. Son nom lui vient *des estuves aux femmes*, qu'on voyait au coin de la rue Beaubourg. Ces bains, dont il est fait mention dans des lettres de Philippe-le-Bel en 1313, avaient pour enseigne le *Lion d'Argent*. En 1350 c'était la rue *Geoffroy-des-Bains* ou des *Estuves*. On voyait autrefois dans cette rue une petite maison vieille et sans appa-

— EUR —

rence. Sur la porte était scellée une table de marbre noir portant cette inscription :

> Dieu tient le cœur des rois en ses mains de clémence,
> Soit chrétien, soit payen, leur pouvoir vient d'en haut,
> Et nul mortel ne peut (c'est un faire le faut)
> Dispenser leurs sujets du joug d'obéissance.

D'après une tradition populaire, cette maison avait été bâtie par un architecte de Henri IV. — Une décision ministérielle du 15 messidor an XII, signée Chaptal, a fixé à 7 m. la largeur de la rue des Vieilles-Étuves. Les maisons du côté des numéros impairs sont soumises à un retranchement qui varie de 1 m. 70 c. à 2 m. 80 c. Celles du côté opposé devront reculer de 90 c. à 2 m. — Conduite d'eau. — Éclairage au gaz (comp^e Lacarrière).

EUROPE (PLACE D').

Située à la jonction des rues de Berlin, de Constantinople, de Londres, de Madrid, de Rome, de Saint-Pétersbourg et de Vienne. Pas de numéro. — 1er arrondissement, quartier du Roule.

La formation de cette place, sur les terrains de MM. Jonas Hagerman et Sylvain Mignon, a été autorisée par une ordonnance royale du 2 février 1826. Elle est octogone et a 130 m. de diamètre. On lui a donné la dénomination de place d'*Europe*, parce que plusieurs rues portant les noms des capitales de cette partie du monde viennent y aboutir. Parmi les conditions imposées par l'ordonnance royale, il en est une qui oblige MM. Hagerman et Mignon à établir sur le terrain réservé au milieu de la place un jardin entouré de grilles, dont lesdits entrepreneurs conserveront la propriété, si mieux n'aime le conseil municipal de la ville de Paris se faire concéder ledit terrain, en se chargeant de la dépense d'établissement et d'entretien. Dans le premier cas, il est entendu que les entrepreneurs ne pourront jamais changer la destination dudit jardin. Cette condition n'est pas encore exécutée ; l'espace réservé pour le jardin est entouré par un mur de clôture. (Voyez *Amsterdam*, rue d'.)

EUSTACHE (ÉGLISE PAROISSIALE DE SAINT-).

Située dans les rues Traînée et du Jour. — 3e arrondissement, quartier Saint-Eustache.

Plus les âges qui ont élevé nos églises ont eu de piété, plus ces monuments ont été frappants par la grandeur et la noblesse de leur caractère. On a beau construire aujourd'hui des temples grecs, superbes au dehors, bien dorés au dedans, le peuple préférera toujours ces basiliques moussues, toutes remplies des générations des décédés et des âmes de ses pères.

En pénétrant dans cette sombre et vaste église dont nous allons tracer l'histoire, on éprouve une sorte de frémissement, un sentiment vague de la Divinité.

Au commencement du XIIIe siècle, s'élevait en cet endroit une petite chapelle dédiée à Sainte-Agnès. En

— EUS —

février 1214, une sentence arbitrale rendue par l'abbé de Sainte-Geneviève et le doyen de Chartres, la qualifie de *chapelle neuve de Sainte-Agnès*. Elle était alors sous la dépendance des chanoines de Saint-Germain-l'Auxerrois. Dès 1223 cette chapelle était remplacée par une église sous le vocable de Saint-Eustache, « apparem» ment (dit Jaillot) à l'occasion de quelques reliques » de Saint-Eustache qu'elle obtint de l'abbaye de » Saint-Denis, où le corps du martyr avait été déposé. »

Vers cette époque, le prêtre qui desservait cette chapelle, voulut prendre le titre de curé. Cette qualité lui fut vivement contestée par le doyen de Saint-Germain-l'Auxerrois. Alors les prérogatives dont jouissait l'église Saint-Eustache, disparurent une à une, et son état de sujétion donna naissance à ce proverbe longtemps en usage : « Il faut être fou pour être curé de Saint-Eus» tache. »

Dans cette église fut jouée une des scènes de la fameuse croisade des *Pastoureaux*. Cet étonnant épisode de l'histoire du moyen-âge mérite d'être ici raconté. On appelait Pastoureaux les hommes possédés d'un enthousiasme fanatique ; les gens simples de la campagne, les petits cultivateurs et surtout les bergers éprouvèrent les effets de cette contagion. Louis IX avait quitté son royaume pour aller conquérir la Palestine, la France était alors dégarnie de troupes. L'association de ces paysans fut la suite des exhortations d'un moine appelé Jacob, échappé des cloîtres de Citeaux. Le visage décharné de cet homme paraissait inspiré, son éloquence mâle et sauvage lui gagna la multitude. « Je » suis l'homme de Dieu, disait-il, je suis le maître de » Hongrie ; j'ai vu les anges, la Vierge Marie, ils m'ont » ordonné de prêcher une croisade ! Je ne veux pas de » gentilshommes ; Dieu méprise leur orgueil ! Aux pau» vres et aux petits est réservé l'honneur de délivrer le » roi et les Lieux-Saints. » Ce nouveau prophète, environné de disciples, traîna bientôt à sa suite plus de cent mille hommes. Il leur distribua des drapeaux chargés de devises, leur donna des chefs, tous exaltés comme lui. Jacob alla prêcher à Orléans. Un clerc ayant eu la hardiesse de vouloir réfuter le maître de Hongrie, un des satellites du moine fendit d'un coup de hache la tête de l'imprudent. La régente toléra d'abord le rassemblement de ces nouveaux croisés, elle espérait en tirer de prompts secours pour son fils. Mais les disciples de ce moine se donnèrent bientôt comme lui la licence d'exercer, quoique laïcs, des fonctions sacerdotales. Ils confessèrent, *dépêcairent* les mariages, et accommodèrent la morale chrétienne à leurs idées et à leurs intérêts. Jacob, à la tête de sa troupe, vint à Paris, puis se rendit dans l'église Saint-Eustache ; là, il fit poignarder plusieurs prêtres et chasser ceux qu'il ne craignait pas. Certain alors de trouver dans la multitude une obéissance aveugle, son langage devint plus terrible. « Votre riche clergé, disait-il, est semblable à » une brebis galeuse. Vos prêtres, ces papelards qui » ne sont bons qu'à boire du vin de Pierrefitte, com-

» muniquent à toute la France la contagion de leurs
» exemples pernicieux. Ils corrompent les habitants,
» les dévorent et les entraînent dans l'abîme! tuez-
» les!...» Puis en parlant des nobles : « Avez-vous une
» maison? les nobles vous la prennent! Avez-vous une
» fille? malheur si elle est belle; un noble la souillera.
» Ce champ cultivé par vous, que vos sueurs vont fé-
» conder, qui viendra recueillir ses produits? un noble,
» toujours un noble! Et pourtant combien faut-il au
» bûcheron de coups de cognée pour abattre le chêne
» le plus fort! dix au moins! Enfants, il n'en faut
» qu'un pour trancher la tête d'un seigneur. » Ces recommandations furent malheureusement suivies. Nobles et manants se firent une guerre acharnée, des flots de sang furent répandus. Ces excès réveillèrent enfin la régente qui s'empara des chefs de la croisade, et les fit exécuter. Blanche en même temps donna des ordres pour laisser passer ceux qui voulaient quitter le royaume.

Après la mort de leurs chefs, les bergers et les paysans se dispersèrent, et bientôt s'écoula ce torrent qui menaçait de tout envahir.

Cent soixante-huit ans après la révolte des Pastoureaux, Paris assistait à un drame lugubre. Les Anglais et les Bourguignons étaient maîtres de la capitale. Les agents du duc de Bourgogne, dans le but de diriger plus facilement les Parisiens, voulurent les réunir sous une même bannière. Dans l'église Saint-Eustache fut instituée une confrérie de Saint-André; chaque associé devait orner sa tête d'une couronne de roses; on en fabriqua soixante douzaines dans l'espace d'une heure; ce nombre était trop petit pour satisfaire le zèle des associés; néanmoins ces fleurs furent assez abondantes pour parfumer l'église. La tête couverte de ces roses printanières, les bouchers de Paris, qui formaient le noyau de cette confrérie redoutable, coururent égorger les prisonniers Armagnacs.

Mais quittons cette funeste époque, pour nous occuper un moment de l'architecture de cet édifice. A différentes époques, cette église avait été agrandie et réparée. Au commencement du XVIe siècle, elle ne pouvait contenir le nombre toujours croissant de ses paroissiens. On résolut alors de la reconstruire sur un plan beaucoup plus vaste. La première pierre de l'église que nous voyons aujourd'hui fut posée le 19 août 1532 par Jean de la Barre, comte d'Etampes, prévôt de Paris. On ne conserva de l'ancien monument qu'une partie du pilastre de la tour qui était surmontée d'une pyramide. Ce débris existe encore sur le côté du portail méridional de la croisée. Grâce à la libéralité du surintendant Bullion et du chancelier Séguier, l'édifice était achevé vers 1642, à l'exception du portail actuel dont nous parlerons bientôt.

Après la cathédrale, Saint-Eustache est l'église la plus vaste de Paris; mais placée au centre d'un quartier populeux, elle perd de sa grandeur et de sa beauté. Cependant on admire les grandes roses des deux portails de la croisée, les tourelles de l'escalier et les ornements pleins d'élégance qui décorent le portail méridional.

Le portail actuel, commencé en 1752, sur les dessins de Mansart de Jouy, fut repris en 1772 et continué jusqu'en 1788 par Moreau. La tour du nord est complètement achevée, mais celle du midi est encore à construire.

Un auteur moderne a jugé de la manière suivante le portail de Saint-Eustache : « Cette composition n'a
» pour tout mérite que d'être exécutée sur une grande
» échelle; la largeur beaucoup trop grande de ses
» entre-colonnements, surtout au second ordre, en-
» traînera sa destruction; et déjà le poids énorme de
» la plate-bande qui supporte le fronton la fait se rom-
» pre, et semble écraser les maigres colonnes qui la
» soutiennent. Le genre de cette architecture massive,
» qui n'est ni antique ni moderne, n'a aucune espèce
» de rapport avec le reste de l'édifice, etc. »

Mais lorsqu'on entre dans l'église Saint-Eustache, la critique se tait et l'émotion vous gagne en présence de cette large nef, de ces nombreux piliers qui supportent une voûte pleine de hardiesse et de grandeur; puis, si la pensée descend aux détails, on admire ces sculptures élégantes et capricieuses qui grimpent, se poursuivent, se perdent en jouant sur les piliers.

Le *chœur* surtout est merveilleusement orné. Un pendentif splendide, supporté par des anges, décore le sanctuaire. Les vitraux des fenêtres représentent les douze apôtres. La *chaire* a été construite sur les dessins de Lebrun, et l'*œuvre* a été exécutée par Le Pautre, d'après Cartaud. Le *maître-autel* est orné d'un corps d'architecture supporté par quatre colonnes de marbre d'ordre corinthien. Les dix statues groupées autour de l'autel sont de Jacques Sarrazin. Cet artiste a représenté saint Louis sous les traits de Louis XIII, la Vierge sous la figure d'Anne d'Autriche, et le petit Jésus, qu'elle porte dans ses bras, rappelle le jeune Louis XIV; plus haut, on aperçoit les statues de saint Eustache et de sainte Agnès; enfin, sur le dernier plan, ont été placés deux anges en adoration.

La chapelle de la Vierge, reconstruite au commencement de notre siècle, a été consacrée par le pape Pie VII, le 28 décembre 1804. Elle est décorée de plusieurs tableaux représentant le martyre de sainte Agnès; le baptême de Jésus-Christ; par Stella; Moïse dans le désert, par Lagrenée; la guérison des lépreux, par Vanloo; enfin, une statue en marbre de la Vierge, par Pigalle, complète les ornements de cette chapelle.

En 1834, on a placé à l'entrée du portail au nord de l'église, un bénitier qui représente le pape Alexandre II, distribuant l'eau bénite. Deux anges soutiennent le pontife, qui foule aux pieds le démon exorcisé. Ce morceau de sculpture est dû au ciseau de M. Eugène Bion.

Saint-Eustache est sans contredit la plus riche église de Paris, en œuvres des grands-maîtres. Mais nous

— EUS —

sortirions des limites que nous nous sommes tracées, en analysant ici tant de productions remarquables.

D'illustres personnages ont leurs monuments funèbres dans cette église ou y furent inhumés. Nous devons citer : *Anne-Hilarion de Cotentin, comte de Tourville*, vice-amiral et maréchal de France, mort en 1701, à l'âge de 59 ans.

Dans le mur de la façade intérieure à droite, on voit le tombeau et le buste de *Chevert*. Son épitaphe, composée par d'Alembert, mérite d'être rapportée : — « Ci-gît François Chevert, commandeur, grand'-
» croix de l'ordre de Saint-Louis, chevalier de l'Aigle-
» Blanc de Pologne, gouverneur de Givet et de Char-
» lemont, lieutenant-général des armées du roi.
» Sans aïeux, sans fortune, sans appui, orphelin dès
» l'enfance, il entra au service à l'âge de onze ans; il
» s'éleva malgré l'envie, à force de mérite, et chaque
» grade fut le prix d'une action d'éclat. Le seul titre de
» maréchal de France a manqué, non pas à sa gloire,
» mais à l'exemple de ceux qui le prendront pour mo-
» dèle. — Il était né à Verdun-sur-Meuse, le 2 février
» 1699. Il mourut à Paris, le 24 janvier 1769. »

Un autre monument plus somptueux, et qui porte aussi le nom d'un grand homme, décore la chapelle de la Vierge. C'est le mausolée de *Colbert*, exécuté par Baptiste Tuby et Antoine Coysevox, sur les dessins de Lebrun. — En face de la tombe du grand ministre, on voyait un petit monument bien simple ; c'était celui de Marin Cureau de La Chambre, médecin ordinaire de Louis XIV. Les traits du savant docteur étaient reproduits dans un médaillon que portait le génie de l'immortalité. On lisait dans un cartouche cette inscription :

Spes illorum immortalitate plena est.

et plus bas :

Marinus de La Chambre, obiit 1669, œtatis 75.

Le roi consultait toujours son médecin sur le choix de ses ministres. Il existait entre Louis XIV et Cureau de La Chambre une correspondance secrète sur cet objet. On y lisait cette phrase du docteur : « Si je meurs
» avant sa majesté, elle court grand risque de faire à
» l'avenir de mauvais choix. »

Saint-Eustache compte plusieurs curés célèbres parmi lesquels on cite le fameux René Benoit, que ses paroissiens appelaient le *pape des halles*; le savant jurisconsulte Cosme Guymier et Jean Balue, parent du cardinal de ce nom.

L'attachement des habitants de cette paroisse pour leurs pasteurs était si grand, qu'il était souvent impossible de les changer de cure. L'histoire nous fournit un exemple de cette tendresse. Vers le milieu du XVIIe siècle, le curé de Saint-Eustache, appelé Merlin, tomba malade et mourut. L'archevêque de Paris nomma bientôt un successeur, qui vint pour prendre possession de sa cure. Le neveu de Merlin, simple prêtre, crut devoir s'y opposer, et donna pour raison

— EUS —

que cette cure lui appartenait en vertu d'une résignation que son oncle lui avait faite.

Cet argument n'était pas des meilleurs; cependant fortifié par la bienveillance des dames de la halle, comptant sur l'appui des paroissiens, le neveu de Merlin persista. Bientôt toute la population du quartier s'assemble en tumulte pour le protéger, met en fuite les soldats, puis installe le neveu de l'ancien curé.

Ce désordre dura trois jours. Enfin, les dames de la halle envoyèrent une députation à la reine.

L'orateur en jupons, après avoir expliqué les causes de l'émeute, résuma ainsi son discours : « Le bon curé
» Merlin a reconnu son neveu pour successeur; d'ail-
» leurs, les Merlin ont toujours été curés de Saint-
» Eustache, *de père en fils*, et les paroissiens n'en
» souffriront pas d'autres. »

La reine ne put leur promettre une entière satisfaction. Alors l'émeute devint sérieuse. Déjà les bourgeois commençaient à barricader les rues, lorsqu'on apprit que l'archevêque venait de céder.

Merlin remplaça son oncle et le calme se rétablit. Le lendemain, quelques plaisants firent placarder sur l'église une affiche ainsi conçue :

AVIS.

La cure de Saint-Eustache est à la nomination des dames de la halle.

EUSTACHE (IMPASSE SAINT-).

Située dans la rue Montmartre entre les n°s 1 et 3. Pas de numéro. Sa longueur est de 37 m. — 3e arrondissement, quartier Saint-Eustache.

Elle a été formée vers 1642 et doit son nom à l'église Saint-Eustache. Sa largeur actuelle est de 5 m. Il n'existe pas d'alignement pour cette impasse.

EUSTACHE (PLACE DE LA POINTE-SAINT-).

Commence à la rue de la Tonnellerie, n°s 79 et 81; finit aux rues Trainée, n° 1 et Montorgueil, n° 8. Le dernier impair est 15; le dernier pair, 6. Sa longueur est de 48 m. — Les numéros impairs sont du 3e arrondissement, quartier Saint-Eustache. Les pairs du 5e arrondissement, quartier Montorgueil.

Son nom lui vient du clocher de l'église Saint-Eustache qui est bâti en pointe ou pyramide. Le poète Guillot, en 1300, parle ainsi de ce carrefour :

Ving à la pointe Saint-Huitasse
Droit et avant sui ma trace.

Cette place a été élargie en vertu de lettres-patentes du mois de juillet 1779. — Une décision ministérielle du 23 brumaire an VIII, signée Quinette, a fixé la moindre largeur de cette voie publique à 22 m. Les maisons, n°s 2, 4 et 6 sont alignées. Celles du côté opposé sont soumises à un fort retranchement. — Égout. — Conduite d'eau. — Éclairage au gaz (comp[e] Française).

— EUS —

EUSTACHE (rue neuve-saint-).

Commence à la rue Montmartre, nos 92 et 96 ; finit à la rue des Petits-Carreaux, nos 41 et 43. Le dernier impair est 45 ; le dernier pair, 56. Sa longueur est de 248 m. — 3e arrondissement, quartier Montmartre.

Cette rue fut ouverte au mois d'août 1634, en vertu d'un arrêt du conseil du 23 novembre 1633, registré au parlement le 5 juillet de l'année suivante. Elle fut bâtie sur l'emplacement des fossés de l'enceinte de Paris, construite sous les rois Charles V et Charles VI. En 1636 cette rue était presqu'entièrement bâtie. En 1641 elle prit le nom de rue Neuve-Saint-Eustache en raison de sa proximité du *Petit-Saint-Eustache* appelé depuis chapelle Saint-Joseph. — Une décision ministérielle du 23 brumaire an VIII, signée Quinette, avait fixé la largeur de cette voie publique à 10 m. Cette largeur a été portée à 12 m. en vertu d'une ordonnance royale du 4 mai 1826. La maison n° 5 est alignée. Les autres propriétés de ce côté devront subir un retranchement qui varie de 1 m. à 1 m. 50 c. Les

— ÉVÊ —

constructions du côté des numéros pairs devront reculer de 1 m. 20 c. à 1 m. 80 c. — Conduite d'eau. — Éclairage au gaz (compe Française).

ÉVÊQUE (rue de l')

Commence aux rues des Frondeurs, n° 5, et de l'Anglade, n° 1 ; finit à la rue des Orties, nos 4 et 6. Le dernier impair est 21 ; le dernier pair, 20. Sa longueur est de 120 m. — 2e arrondissement, quartier du Palais-Royal.

Plusieurs titres provenant des archives de l'archevêché, constatent que cette rue était en partie construite au commencement du règne de Louis XIII. Elle était alors désignée sous le nom de *Culloir*. Celui de l'Évêque lui a été donné, parce qu'elle fut ouverte sur la haute voirie qui appartenait à l'évêque de Paris. — Une décision ministérielle, à la date du 18 fructidor an IX, signée Chaptal, avait fixé la largeur de cette voie publique à 8 m. En vertu d'une ordonnance royale du 4 octobre 1826, cette largeur a été portée à 9 m. La maison n° 4 est alignée. — Éclairage au gaz (compe Anglaise).

Février 1844.

F.

FARON (impasse saint-).

Située dans la rue de la Tixéranderie, n° 49. Les premiers numéros commencent au fond de l'impasse. Le dernier impair est 7 ; le dernier pair, 4. Sa longueur est de 51 m. — 7e arrondissement, quartier du Marché-Saint-Jean.

En 1295 c'était la rue de l'*Esguillerie* (des marchands d'aiguilles). En 1313 on la nommait rue de la *Violette*, puis *Cul-de-Sac* et rue des *Juifs*, ruelle *Barentin* ; en dernier lieu impasse *Saint-Faron*, en raison de l'hôtel des abbés de Saint-Faron qui y était situé. Il n'existe pas d'alignement arrêté pour cette voie publique.

FAUCONNIER (rue du).

Commence aux rues du Figuier, n° 2, et des Barrés ; finit à la rue des Prêtres-Saint-Paul, nos 13 et 15. Le dernier impair est 9 ; pas de numéro pair ; ce côté est bordé par la caserne de l'Ave-Maria. Sa longueur est de 108 m. — 9e arrondissement, quartier de l'Arsenal.

Au mois d'avril 1265, les béguines acquirent une maison en la censive de Tiron, rue aux *Fauconniers*. Guillot la met au nombre des rues habitées, en 1300, par des filles publiques. — Une décision ministérielle à la date du 13 thermidor an VI, signée François de Neufchâteau, avait fixé la largeur de cette rue à 7 m. Cette largeur a été portée à 10 m. par une ordonnance royale du 4 août 1838. Les constructions riveraines sont soumises à un fort retranchement. — Portion d'égout du côté de la rue du Figuier.

FAVART (rue).

Commence à la rue Grétry, nos 1 et 2 ; finit au boulevart des Italiens, nos 9 et 11. Le seul impair est 1 ; ce côté est bordé, en grande partie, par le théâtre de l'Opéra-Comique ; le dernier pair, 12. Sa longueur est de 147 m. — 2e arrondissement, quartier Feydeau.

Des lettres-patentes, en date du 14 octobre 1780, autorisèrent et dénommèrent ce percement qui fut exécuté en 1781, sur les terrains appartenant à Etienne-François de Choiseul-Amboise, marquis de Stainville et de la Bourdaisière (voyez *Opéra-Comique*, théâtre de l'). La largeur de la rue Favart fut fixée à 30 pieds. Les constructions riveraines sont établies d'après cette dimension. — Portion d'égout du côté de la rue Neuve-Saint-Marc. — Conduite d'eau dans toute l'étendue. — Éclairage au gaz (compe Anglaise).

Favart (Charles-Simon), poète dramatique, naquit le 13 novembre 1710, et mourut le 18 mai 1792.

FÉLIBIEN (rue).

Commence à la rue Clément, n° 1 ; finit à la rue Lobineau, n° 2. Le dernier impair est 3. Pas de numéro pair ; ce côté est bordé par le marché Saint-Germain. Sa longueur est de 74 m. — 11e arrondissement, quartier du Luxembourg.

Cette rue a été ouverte en 1817, sur l'emplacement de l'ancienne foire Saint-Germain-des-Prés. — Conformément à une décision ministérielle du 12 novembre 1817, la rue Félibien a été exécutée sur une largeur

— FEM —

de 11 m. 50 c. qui a été maintenue par une ordonnance royale du 12 mai 1841. — Portion d'égout.

Félibien (Michel), religieux bénédictin de la congrégation de Saint-Maur, était né à Chartres le 14 septembre 1666. Les échevins de Paris, informés de son mérite, le choisirent pour écrire l'histoire de cette ville. Félibien mourut à l'abbaye Saint-Germain-des-Prés, le 25 septembre 1719.

FEMME-SANS-TÊTE (RUE DE LA).

Commence à la rue Saint-Louis, n°s 78 et 80; finit au quai de Bourbon, n°s 19 bis et 21. Le dernier impair est 3; le dernier pair, 8. Sa longueur est de 63 m. — 9e arrondissement, quartier de l'Ile-Saint-Louis.

Construite de 1614 à 1646, on ne la distinguait point alors de la rue Regrattier. Sa dénomination actuelle lui vient d'une enseigne représentant une femme sans tête et tenant un verre à la main. Au-dessous on avait écrit ces mots : *Tout en est bon*. — Une décision ministérielle du 24 frimaire an XIII, signée Champagny, fixa la largeur de cette voie publique à 8 m. Cette dimension fut réduite à 7 m. par une autre décision ministérielle du 9 mai 1818. Enfin une ordonnance royale du 9 décembre 1838 a maintenu cette rue dans son état actuel. Sa moindre largeur est de 6 m. 80 c. — Conduite d'eau depuis la rue Saint-Louis jusqu'à la borne-fontaine.

FER (GALERIES DE).

Commencent à la rue de Choiseul, n° 12; finissent au boulevart des Italiens, n° 19. — 2e arrondissement, quartier Feydeau.

C'était autrefois le passage Boufflers, en raison de l'hôtel Boufflers, sur les dépendances duquel il avait été bâti. Incendié en 1828, il fut reconstruit en fer en 1829, par M. Lainé, entrepreneur. Depuis cette époque il porte la dénomination de *Galeries de Fer*.

FER-A-MOULIN (RUE DU).

Commence aux rues du Jardin-du-Roi, n° 1, et des Fossés-Saint-Marcel, n° 2; finit à la rue Mouffetard, n°s 189 et 191. Le dernier impair est 5; le dernier pair, 38. Sa longueur est de 423 m. — 12e arrondissement, quartier Saint-Marcel.

Cette rue, qui faisait partie du bourg Saint-Marcel, fut construite au XIIe siècle. Elle porta quelque temps après le nom de rue au *Comte-de-Boulogne*, en raison des seigneurs de Boulogne qui possédaient un hôtel en cet endroit. Selon Sauval, elle a pris aussi la dénomination de rue de *Richebourg*, qu'elle a communiquée à un petit pont sur la Bièvre, nommé depuis pont aux *Tripes*. En 1713, cette rue divisée en deux parties avait deux dénominations : la première partie comprise entre la rue du Jardin-du-Roi et celle du Pont-aux-Biches, se nommait rue des *Morts*, parce qu'elle longeait le cimetière de Clamart ; la deuxième partie s'appelait rue *Permoulin* ; nous croyons que ce nom lui venait d'un propriétaire. En 1780, le nom de rue des Morts fut

— FER —

changé en celui de rue *Muette* ou *de la Muette*, et la dénomination de Permoulin fut remplacée par celle de *Fer-à-Moulin*. A cette époque les marchandises destinées à l'hôpital général, arrivant ordinairement par eau, étaient déchargées sur un port situé près de la Gare. Pour les transporter à la maison Scipion, qui servait d'entrepôt à cet hôpital, on était obligé de prendre par la barrière Saint-Victor et de remonter ensuite plusieurs rues tortueuses du faubourg Saint-Marcel. Pour abréger la longueur du chemin, les administrateurs résolurent d'élargir la *rue de la Muette*, qui alors ne pouvait servir qu'aux piétons. A cet effet, ils proposèrent à l'administration de l'Hôtel-Dieu de leur laisser prendre sur le cimetière de Clamart autant de terrain qu'il leur serait nécessaire, pour donner à ladite ruelle 24 pieds de largeur, leur offrant en échange la même contenance à prendre sur l'emplacement qui leur appartenait, et qui était situé en face de la maison Scipion. Des lettres-patentes autorisèrent ainsi cet échange ; — « Louis, etc...
» — Article 1er. Approuvons et autorisons l'échange
» des terrains convenu entre les administrateurs de
» l'hôpital général de Paris, et les administrateurs de
» l'Hôtel-Dieu de la même ville, pour être exécuté aux
» clauses, charges et conditions portées en leurs délibérations des 30 août, 5 septembre 1781 et 12 juin
» 1782. — Art. 2e. Il sera formé au lieu de la ruelle dite
» de la Muette, *une nouvelle rue de même nom*, pour
» l'établissement de laquelle il sera ajouté à l'emplacement et largeur actuelle de la d. ruelle, une lisière à
» prendre sur le terrain du cimetière de Clamart et sur
» celui appartenant à l'hôpital général, telle et ainsi
» qu'il est figuré au plan attaché sous le contr'scel des
» présentes, pour donner à la d. rue de ce côté, un alignement droit dans toute sa longueur, depuis la rue
» Saint-Victor (aujourd'hui du Jardin-du-Roi) jusqu'à
» la rue devant Scipion, et 24 pieds de large du côté.
» Donné à Versailles, le 14e jour de mars de l'an de
» grâce 1783, et de notre règne le 9e. Signé Louis. »
— Une décision ministérielle du 8 nivôse an IX, signée Chaptal, a fixé la largeur de ces deux voies publiques à 10 m. En 1806, lors du nouveau numérotage de Paris, elles furent réunies sous la seule et même dénomination de rue du *Fer-à-Moulin*. Une partie de la propriété n° 5, la maison n° 6 et le mur de clôture du cimetière de Clamart sont à l'alignement. — Égout entre les rues du Pont-aux-Biches et Mouffetard. — Conduite d'eau.

FERDINAND (RUE).

Commence à la rue des Trois-Couronnes, n°s 15 et 17; finit à la rue de l'Orillon, n°s 6 bis et 8. Le dernier impair est 25; le dernier pair, 12. Sa longueur est de 252 m. — 6e arrondissement, quartier du Temple.

C'était en 1789 une ruelle sans dénomination. En 1809, elle portait le nom de rue *Ferdinand*, qu'elle devait sans doute à un propriétaire riverain. — Une décision ministérielle du 18 avril de la même année, signée Cretet, a fixé à 10 m. la largeur de cette voie publique,

— FER —

dont l'alignement est tracé en une seule ligne droite pour chaque côté. Depuis cette époque elle a été considérablement élargie. Les propriétés nos 5, 9, 11, 21, 21 bis, 23, et de 4 à la fin, sont alignées. Pour procurer à la rue Ferdinand un débouché direct dans la rue des Trois-Couronnes, il faudrait traverser la propriété portant le n° 17 sur cette voie publique.

FERMES (PASSAGE DE L'HÔTEL-DES-).

Commence à la rue de Grenelle-Saint-Honoré, n° 51; finit à la rue du Bouloi, n° 24. — 4e arrondissement, quartier de la Banque.

Ce passage a été construit sur l'emplacement de l'ancien hôtel des Fermes. On lit dans Sauval, qu'Isabelle Gaillard, femme du président Baillet, vendit deux maisons rue de Grenelle, à Françoise d'Orléans, veuve de Louis de Bourbon, premier prince de Condé. Cette vente fut faite en 1573. Cet hôtel passa ensuite à Charles de Soissons. L'amoureux gentilhomme se plaisait à répandre de tous côtés, sur les vitres, les plafonds et les lambris, d'ingénieux emblèmes, de galantes devises et ses chiffres enlacés avec ceux de Catherine de Navarre, sœur de Henri IV. En 1605, cette propriété fut vendue à Henri de Bourbon, duc de Montpensier. Henriette de Joyeuse, sa veuve, s'étant remariée au duc de Guise, la revendit en 1612 à Roger de Saint-Larri, duc de Bellegarde, grand écuyer de France, ce courtisan si aimable, si poli, cet amant chéri de Gabrielle d'Estrées, de mademoiselle de Guise et de tant d'autres. Le chancelier Séguier fit, en 1633, l'acquisition de cette superbe demeure qui devint, après la mort du Cardinal de Richelieu, l'asile des muses. Là, s'assemblèrent, les Racan, les Sarrazin et tous les beaux-esprits de l'époque. Le duc de Bellegarde avait fait agrandir cette résidence par le célèbre architecte Androuet du Cerceau; Séguier l'embellit encore. Ce magistrat eut plusieurs fois l'honneur d'y recevoir Louis XIV et la famille royale. Cet hôtel fut ensuite occupé par la ferme générale. « Je ne
» passe jamais devant l'hôtel des Fermes, disait Mer-
» cier, l'auteur du Tableau de Paris, sans pousser un
» profond soupir. Je me dis : Là, s'engouffre l'argent
» arraché avec violence de toutes les parties du royaume
» pour qu'après le long et pénible voyage, il rentre al-
» téré dans les coffres du roi. Quel marché ruineux!
» quel contrat funeste et illusoire a signé le souverain!
» Il a consenti à la misère publique, pour être moins
» riche lui-même. Je voudrais pouvoir renverser cette
» immense et infernale machine qui saisit à la gorge
» chaque citoyen, pompe son sang, sans qu'il puisse
» résister, et le dispense à deux ou trois cents particu-
» liers qui possèdent la masse entière des richesses. Cha-
» que plume de commis est un tube meurtrier qui écrase
» le commerce, l'activité, l'industrie. La Ferme est
» l'épouvantail qui comprime tous les desseins hardis
» et généreux. On ne songe plus dans cette anarchie
» qu'à se jeter dans le parti des voleurs; et l'horrible
» finance se soutient par ses déprédations mêmes!... Là,

— FÉR —

» enfin on tient école de pillages raffinés! Là, on offre
» des plans plus oppressifs les uns que les autres. La
» finance est le ver solitaire qui énerve le corps politi-
» que. Ce ver absorbe les principaux sucs, fait naître
» de fausses faims et tue enfin le sein qui le renferme! »
— L'hôtel des Fermes devint propriété nationale et fut vendu le 19 fructidor an IV. Il est occupé maintenant par des messageries, par une imprimerie, et les bureaux du journal *le Courrier Français*.

FÉROU (IMPASSE).

Située dans la rue Férou, n° 24. Sa longueur est de 69 m. — 11e arrondissement, quartier du Luxembourg.

C'était anciennement la rue *Saint-Pierre*, parce qu'elle conduisait à une chapelle de ce nom. En 1680, elle fut convertie en impasse. Sa dénomination actuelle lui vient de la rue Férou. — Une décision ministérielle du 16 octobre 1817, a fixé la largeur de cette impasse à 7 m. Elle est aujourd'hui fermée par une grille.

FÉROU (RUE).

Commence à la place Saint-Sulpice, n° 3; finit à la rue de Vaugirard, nos 48 et 50. Le dernier impair est 19; le dernier pair, 30. Sa longueur est de 144 m. — 11e arrondissement, quartier du Luxembourg.

Jusqu'en 1500, le bourg de Saint-Germain, du côté méridional, était limité par l'église Saint-Sulpice. Les vastes emplacements qui avoisinaient cet édifice consistaient alors en terres labourables, clos et jardins enfermés par des murs ou des haies. L'un de ces clos, qui se trouve aujourd'hui circonscrit par les rues Férou, de Vaugirard, du Pot-de-Fer et la place Saint-Sulpice, appartenait depuis longtemps à la famille *Férou*. En 1500, maître Étienne Férou, procureur, était encore propriétaire d'une grande partie de ce clos, sur lequel on forma peu de temps après la rue qui porte son nom. — Une décision ministérielle du 26 thermidor an VIII, signée L. Bonaparte, fixa à 8 m., la largeur de cette rue, dont une assez grande partie a été supprimée pour l'agrandissement de la place Saint-Sulpice. En vertu d'une ordonnance royale du 12 mai 1841, la largeur de la rue Férou est portée à 12 m. Une partie de la propriété n° 9 devra avancer sur ses vestiges actuels; la maison n° 11 devra reculer de 3 m. 20 c. environ. Les autres constructions de ce côté sont soumises à un retranchement qui varie de 4 m. 20 c. à 7 m. 20 c. Sur le côté opposé, le séminaire est aligné, et le plus fort retranchement à opérer sur les autres propriétés n'excède pas 2 m. — Égout. — Éclairage au gaz (compe Française).

FERRONNERIE (RUE DE LA).

Commence à la rue Saint-Denis, n° 87; finit aux rues des Déchargeurs, n° 20, et de la Lingerie, n° 2. Le dernier impair est 39; le dernier pair, 14. Sa longueur est de 120 m. — 4e arrondissement, quartier des Marchés.

Avant saint Louis, c'était la rue de la *Charonnerie*

— FER —

(*vicus Karonnorum*). Ce roi ayant permis à de pauvres *ferrons* (marchands de fers) d'occuper les places qui régnaient le long des Charniers, la rue prit à cette occasion le nom de la *Ferronnerie*. Un titre de l'abbaye Saint-Antoine-des-Champs, de 1229, constate cette dénomination. Ces ferrons bâtirent quelque temps après des boutiques en bois. En 1474, Louis XI accorda ce même emplacement aux marguilliers des Saints-Innocents, et leur permit d'y faire construire plusieurs petits bâtiments en bois, ayant la même largeur que les auvents qu'ils devaient remplacer. A ces constructions légères succédèrent bientôt de véritables maisons qui obstruèrent tellement cette rue, que le roi Henri II voulut y remédier par son édit du 14 mai 1554. La négligence des prévôt des marchands et échevins causa plus tard un grand malheur. Le vendredi 14 mai 1610, à quatre heures après midi, le roi Henri IV se rendait du Louvre à l'Arsenal, et passait par la rue de la Ferronnerie. Un embarras de voitures ayant arrêté son carrosse, ses valets de pied quittèrent la rue et passèrent par une des galeries du charnier des Innocents. Dans ce moment, le roi se penchait pour causer avec le duc d'Épernon; alors un homme s'avance, monte sur les roues de la voiture, porte au roi, à l'endroit du cœur, un coup de couteau qui lui arrache ces mots, les derniers qu'il ait prononcés : « Je suis blessé! » Sans se déconcerter, l'assassin donne un second coup; le premier était mortel, le second ne l'était pas; un troisième est encore porté, mais le roi parvint à l'esquiver. — « Chose surprenante (dit l'Estoile), nul des seigneurs » qui étaient dans le carrosse n'a vu frapper le roi, et » si ce monstre d'enfer eût jeté son couteau, on n'au- » rait su à qui s'en prendre, mais il s'est tenu là pour » se faire voir et pour se glorifier du plus grand des » assassinats. » — Par une coïncidence bizarre, l'édit de Henri II, qui prescrivait l'élargissement de la rue de la Ferronnerie, avait été rendu le 14 mai 1554, et Henri IV fut assassiné le 14 mai 1610. Cette perte cruelle ne servit pourtant pas de leçon, et la rue ne fut élargie qu'en 1671, conformément à l'arrêt du conseil dont nous transcrivons un extrait :

« Le roi ayant aucunement esgard aux requestes » qui luy ont esté présentées par les doyens, chanoi- » nes et chappitre de Saint-Germain-l'Auxerrois, a » ordonné et ordonne que suivant leurs offres, ils feront » travailler incessamment à leurs dépens, à l'ouver- » ture et eslargissement de la rue de la Ferronnerie en » toute sa longueur, et à la construction des maisons » qui termineront lad. rue du costé du cimetière des » Saincts-Innocents, et pour cet effet, ordonne sad. » Majesté, que lad. rue sera eslargie et conduitte en » droitte allignement, depuis l'extrémité et encoi- » gneure de lad. rue de la Lingerie jusqu'à l'autre » extrémité du costé de la rue Saint-Denis, à chacune » desquelles extrémitez aura lad. rue trente pieds de » largeur, et pour ce faire seront démolies les petites » maisons, boutiques et échoppes qui sont en lad. rue

— FER —

» de la Ferronnerie, adossées contre les murs du char- » nier dud. cimetière, etc., et pour terminer lad. rue » de la Ferronnerie, du costé dud. cimetière, sera faitte » une fassade de bastiment de pierre de taille de douze » corps de logis double, outre un demy qui sera à » chaque bout, lesquels corps de logis seront de trente » trois pieds de profondeur chacun hors d'œuvre par » bas, et outre ce auront trois pieds de saillie au- » dedans dud. cimetière et au-dessus du charnier, des- » quels corps de logis la face du costé de la rue de la » Ferronnerie sera accompagnée d'ornement d'archi- » tecture, conformément au plan et dessein qui sera » paraphé, etc. Ordonne sad. majesté qu'au lieu des » charniers qui sont présentement, en seront bastis » d'autres au-dessous desd. corps de logis, etc. Fait au » conseil d'État du roy, le 18e octobre 1669. Signé Pus- » sort, Séguier, Colbert. »

Avant la révolution, près de l'endroit où l'assassinat de Henri IV fut commis, dans la rue Saint-Honoré, un propriétaire plaça sur sa maison, qui porte le n° 3, le buste du Béarnais, au bas duquel il fit graver l'inscription suivante :

Henrici-Magni recreat presentia cives,
Quos illi œterno fœdere junxit amor.

Enlevée pendant la révolution, elle fut replacée vers 1816. — Une décision ministérielle du 28 messidor an V, signée Benezech, avait fixé à 12 m. la moindre largeur de la rue de la Ferronnerie. En vertu d'une ordonnance royale du 9 décembre 1838, cette moindre largeur est portée à 16 m. 60 c. Les maisons de 1 à 15 devront reculer de 4 m. 10 c. à 6 m. 60 c.; celles nos 17, la maison à l'encoignure gauche de la rue Sainte-Opportune et les propriétés 27, 33 et 35 ne sont pas soumises à retranchement. Toutes les constructions du côté des numéros pairs, exécutées suivant l'arrêt du 18 octobre 1669, sont alignées. — Égout. — Conduite d'eau. — Éclairage au gaz (compe Anglaise).

FERS (RUE AUX).

Commence à la rue Saint-Denis, n° 89; finit aux rues de la Lingerie et du Marché-aux-Poirées, n° 2. Pas de numéro impair; ce côté est bordé par le marché des Innocents; le dernier pair est 50. Sa longueur est de 118 m. — 4e arrondissement, quartier des Marchés.

Cette rue comptait déjà quelques habitations en 1250. Plusieurs opinions ont été avancées sur son étymologie. Jaillot prétend que son véritable nom est celui de rue au *Fèvre*, qu'on écrivait rue au *Feure*; la consonne *v* ne se distinguait point alors de la voyelle *u*; dans ce sens, le mot *fèvre* signifiait un artisan, un fabricant, en latin *faber*. Un autre savant, Saint-Victor, a pensé que le mot *feurre* signifiait *paille*. Nous croyons devoir adopter cette seconde opinion; en voici le motif : Lorsque Philippe-Auguste eut terminé la construction des halles sur le territoire de Champeaux, ces nouveaux marchés centralisèrent de ce côté tout le commerce parisien. D'anciennes rues ou plutôt

— FEU —

d'anciens chemins où l'on ne voyait çà et là que de chétives habitations où se cachaient des Juifs, se peuplèrent tout à coup. De nouvelles rues furent bâties, et chacune d'elles, habitée par un corps, par une seule espèce de marchands, prit le nom de la marchandise qu'on y débitait; de là, les dénominations de la Chanvrerie, de la Cordonnerie, de la Poterie, de la Fromagerie, de la Tonnellerie, etc..... Nous croyons que la rue qui nous occupé, bâtie à peu près à la même époque que les précédentes, tira comme elles sa dénomination du genre de commerce qu'on y exploitait. On l'appela donc rue au *Feurre* ou *Feure*, parce qu'on y vendait alors du foin, de l'avoine et de la paille. — Une décision ministérielle du 5 mai 1812, signée Montalivet, a fixé la largeur de cette voie publique à 12 m. Les propriétés de la rue aux Fers sont soumises à un retranchement qui varie de 2 m. 30 c. à 3 m. 50 c. — Portion d'égout. — Conduite d'eau. — Éclairage au gaz (comp^e Française).

FEUILLADE (RUE DE LA).

Commence à la place des Victoires, n°s 4 et 6; finit aux rues de Lavrillière, n° 10, et des Petits-Pères, n° 2. Le dernier impair est 5; le dernier pair, 8. Sa longueur est de 55 m. — Les impairs sont du 4e arrondissement, quartier de la Banque. Les pairs du 3e arrondissement, quartier du Mail.

On la nomma d'abord rue des *Jardins*. On lui donna, en 1685, le nom de la *Feuillade*, en l'honneur de François, vicomte d'Aubusson, duc de la Feuillade, pair et maréchal de France, auquel nous devons la construction de la place des Victoires. — Une décision ministérielle à la date du 3 fructidor an IX, signée Chaptal, et une ordonnance royale du 23 juillet 1828, ont fixé la largeur de cette voie publique à 11 m. La maison n° 5 est alignée. Les autres constructions de ce côté ne sont soumises qu'à un faible retranchement. Les propriétés du côté des numéros pairs devront reculer de 1 m. 20 c. environ. — Conduite d'eau depuis le passage des Petits-Pères jusqu'aux deux bornes-fontaines. — Éclairage au gaz (comp^{es} Française et Anglaise).

FEUILLANTINES (IMPASSE DES).

Située dans la rue Saint-Jacques, entre les n°s 261 et 263. Le dernier impair est 7; le dernier pair, 14. Sa longueur est de 143 m. — 12e arrondissement, quartier de l'Observatoire.

Elle tire son nom des religieuses Feuillantines qui avaient leur couvent dans cette impasse, au n° 12. Le 30 frimaire an XIV, le ministre Champagny a décidé que cette impasse serait convertie en une rue de 10 m. de largeur, qui déboucherait dans la rue à ouvrir en prolongement du petit axe du Panthéon (voyez l'article de la rue d'*Ulm*). — Cette disposition, confirmée par une décision ministérielle du 17 novembre 1818, n'est pas encore exécutée. Tout le côté droit et une partie du côté gauche sont à l'alignement.

— FÉV —

Le couvent des Feuillantines fut fondé vers 1622. Anne Gobelin, veuve du sieur d'Estourmel de Plainville, capitaine des gardes du roi, forma le projet d'attirer des Feuillantines à Paris. Prévoyant les difficultés qu'elle éprouverait de la part des Feuillants, elle détermina la reine Anne d'Autriche à écrire à ces religieux. Cette lettre eut un plein succès. Le 30 juillet de cette année, les supérieurs firent partir de Toulouse six religieuses, qui arrivèrent à Paris au mois de novembre suivant. Elles descendirent chez les Carmélites, d'où elles furent conduites en grande pompe par trente religieux Feuillants à la maison qui leur était destinée. Madame d'Estourmel acheva de consolider cet établissement par un don de 27,000 livres et une rente de 2,000 livres qu'elle leur assura. L'église fut bâtie et dédiée en 1719 et la dépense couverte au moyen d'une loterie accordée par arrêt du conseil du 29 mars 1713. Ce couvent, supprimé en 1790, devint propriété nationale. Une partie du jardin des Feuillantines a été vendue, le 2 fructidor an IV, par le domaine de l'État. Les bâtiments furent cédés, sous le directoire, en échange de l'hôtel de Castries.

FEUILLET (PASSAGES).

Le premier commence à la rue des Ecluses-Saint-Martin, n°s 22 et 24; finit à la rue du Canal-Saint-Martin, n°s 7 et 9. Le dernier impair est 11; le dernier pair, 6. Le deuxième commence au quai de Jemmapes, n° 175; finit au premier passage. Un seul impair, qui est 1; pas de numéro pair. — 5e arrondissement, quartier de la Porte-Saint-Martin.

Vers 1830, M. Alexandre Delessert fit ouvrir sur ses terrains deux rues de chacune 12 m. de largeur. Ce propriétaire n'ayant pas exécuté les conditions imposées par l'administration municipale, les deux percements ont été fermés par des grilles. Ils ne sont pas reçus au nombre des voies publiques de Paris, et doivent leur dénomination actuelle à un propriétaire riverain.

FÈVES (RUE AUX).

Commence à la rue de la Vieille-Draperie, n°s 5 et 7; finit à la rue de la Calandre, n°s 14 et 16. Le dernier impair est 23; le dernier pair, 20. Sa longueur est de 93 m. — 9e arrondissement, quartier de la Cité.

Les plus anciens titres qui mentionnent cette voie publique sont des lettres de Saint-Louis, datées de 1260, par lesquelles il cède 30 sols de cens sur une maison rue aux *Febvres* près de Saint-Martial. En effet, cette voie publique était alors habitée par des marchands ou fabricants de draps, qu'on nommait les Febvres. C'est par corruption qu'elle porte aujourd'hui le nom de rue aux Fèves. — Une décision ministérielle à la date du 13 brumaire an X, signée Chaptal, a fixé la largeur de cette voie publique à 8 m. La propriété située sur le côté des numéros impairs, à l'encoignure droite de la rue de Constantine, et la maison n° 9 ne sont pas soumises à retranchement. Celle n° 11 ne devra subir qu'un

— FEY —

léger redressement. — Conduite d'eau depuis la rue de la Vieille-Draperie jusqu'aux deux bornes-fontaines.

FEYDEAU (RUE).

Commence aux rues Montmartre, n° 153, et Saint-Marc, n° 1; finit à la rue de Richelieu, n°s 80 et 82. Le dernier impair est 25; le dernier pair, 34. Sa longueur est de 241 m. — 2e arrondissement, quartier Feydeau.

En 1675, elle portait le nom de rue *Neuve-des-Fossés-Montmartre*. Quelques années après elle prit la dénomination de rue *Feydeau*, qu'elle doit à une famille célèbre dont plusieurs membres ont occupé les premières charges de la magistrature. — Une décision ministérielle à la date du 5 germinal an VI, signée Letourneux, et une ordonnance royale du 4 mai 1826, ont fixé la moindre largeur de cette voie publique à 8 m. Les propriétés n°s 1, 30, 32 et 34, sont seules soumises à retranchement. — Égout. — Conduite d'eau. — Éclairage au gaz (compe Anglaise).

FIACRE (IMPASSE SAINT-).

Située dans la rue Saint-Martin, entre les n°s 23 et 25. Pas de numéro. Sa longueur est de 20 m. — 6e arrondissement, quartier des Lombards.

Dans le censier de Saint-Merri, à l'année 1412, on lui donne le nom de ruelle *Saint-Fiacre*; elle aboutissait alors à la rue de la Vieille-Courroirie, (aujourd'hui des Cinq-Diamants). Elle a été convertie en impasse en 1648. Il n'existe pas d'alignement pour cette voie publique, dont la largeur actuelle varie de 1 m. 70 c. à 2 m. Elle a été fermée par une grille, en vertu d'une décision ministérielle du 8 décembre 1843.

FIACRE (RUE SAINT-).

Commence à la rue des Jeûneurs, n°s 4 et 6; finit au boulevart Poissonnière, n°s 9 et 11. Le dernier impair est 13; le dernier pair, 20. Sa longueur est de 171 m. — 3e arrondissement, quartier Montmartre.

Elle doit son nom au *fief Saint-Fiacre*, sur lequel elle a été bâtie. Déjà connue en 1630, on l'appelait quelquefois alors rue du *Figuier*. Nous rapportons ici le dispositif d'une permission accordée par les trésoriers de France, le 3 septembre 1699, relativement à la fermeture de cette voie publique. — « Nous, attendu qu'il
» nous appert que la rue Saint-Fiacre est peu pratica-
» ble, qu'elle est remplie d'immondices et sert de
» retraite aux vagabonds, avons permis et permettons
» de la faire fermer par deux portes ou grilles de fer,
» l'une du costé du cours et l'autre environ à 12 toises
» de long de la d. rue où finit le pavé d'icelle, par la
» rue des Jeux-Neufs; lesquelles portes ou grilles seront
» ouvertes pendant le jour et fermées tous les soirs, etc.
» Signé Rabouin. » Trois arrêts du conseil d'État, des 24 août 1715, 20 juin et 3 août 1716, prescrivirent de nouveau la fermeture de cette ruelle. Une délibération du bureau de la Ville, du 7 juin 1749, maintint cette disposition, et les grilles ne furent enlevées qu'à

— FID —

la fin du siècle dernier. — Une décision ministérielle du 28 brumaire an VI, signée Letourneux, fixa la largeur de cette voie publique à 6 m. Cette largeur a été portée à 10 m. en vertu d'une ordonnance royale du 4 mai 1826. Depuis cette année jusqu'en 1835, la rue Saint-Fiacre a été considérablement élargie. Les maisons n°s 1, 3, 5, 7, 9, 16, 18 et 20 sont alignées. — Portion d'égout du côté de la rue des Jeûneurs. — Éclairage au gaz (compe Française).

FIDÉLITÉ (PLACE DE LA).

Située en face de l'église Saint-Laurent. Le dernier impair est 5; le dernier pair, 10. — 5e arrondissement, quartier du Faubourg-Saint-Denis.

Un arrêté du Directoire exécutif, du 3 frimaire an VI, approuva la formation de cette place. Le 25 du même mois, le domaine de l'État aliéna un terrain faisant partie du cimetière Saint-Laurent. Dans le contrat de vente il est dit : « Que l'acquéreur sera tenu de se con-
» former aux alignements arrêtés par la commission
» des travaux publics, lorsqu'il en sera requis et ce sans
» indemnité. » Un deuxième contrat du 7 messidor an VI, pour la vente d'un terrain provenant de la cure Saint-Laurent, porte l'obligation suivante : « Par suite du
» percement de la nouvelle rue dans le terrain des ci-
» devant sœurs-grises et du projet de la place demi-cir-
» culaire, l'acquéreur sera tenu de fournir le terrain tel
» qu'il est déterminé sur le plan, etc.... » — Cette voie publique a reçu le nom de place de la Fidélité, en vertu d'un arrêté de l'administration centrale du département de la Seine, en date du 4 nivôse an VII. — Conduite d'eau. — Éclairage au gaz (compe de Belleville).

FIDÉLITÉ (RUE DE LA).

Commence à la rue du Faubourg-Saint-Martin, n°s 125 et 127; finit à la rue du Faubourg-Saint-Denis, n°s 100 et 102. Le dernier impair est 23; le dernier pair, 32. Sa longueur est de 261 m. — 5e arrondissement, quartier du Faubourg-Saint-Denis.

1re partie comprise entre la place de la Fidélité et la rue du Faubourg-Saint-Denis. — Elle a été ouverte sur les terrains et bâtiments formant autrefois la communauté des Filles de la Charité. Vincent de Paul et Louise de Marillac fondèrent cet établissement dans une maison située près de Saint-Nicolas-du-Chardonnet; cette communauté fut transférée à la Villette au mois d'avril 1636. Louise de Marillac désirant se rapprocher de la maison de Saint-Lazare, acheta, le 1er avril 1653, des supérieurs de cette congrégation, plusieurs propriétés situées dans la rue du Faubourg-Saint-Denis. Des lettres-patentes du 14 novembre 1757, registrées au parlement le 16 décembre 1758, confirmèrent cet établissement auquel l'humanité souffrante devait déjà de si grands soulagements. Ces religieuses, nommées vulgairement sœurs-grises, se consacraient au service des pauvres. Elles avaient établi dans un de leurs bâtiments

— FID —

une pharmacie où l'on pansait tous les blessés, et deux écoles pour les enfants de la paroisse. Ces saintes filles distribuaient aussi chaque semaine 1,200 livres de pain aux pauvres de tous les quartiers de Paris. Enfin leur maison servait de retraite aux sœurs que leur âge ou des infirmités rendaient incapables de continuer plus longtemps leurs pénibles travaux. Cette admirable institution fut supprimée en 1792. Malgré les efforts du bureau général de bienfaisance de la commune de Paris, qui désirait faire rentrer cette maison dans le domaine des pauvres, les bâtiments et dépendances, devenus propriétés nationales, furent mis en vente. Les actes d'aliénation des 27 brumaire et 4 frimaire an V, les procès-verbaux de mise en possession des 28 et 29 vendémiaire de la même année, imposèrent aux acquéreurs l'obligation de livrer sans indemnité le terrain nécessaire pour l'ouverture d'une rue projetée. Le plan fut définitivement approuvé par un arrêté du directoire exécutif du 3 frimaire an VI, qui fixa la largeur de cette portion de rue à 9 m. 75 c.

2ᵉ partie comprise entre la rue du Faubourg-Saint-Martin et la place de la Fidélité. — Elle a été formée sur l'emplacement de deux propriétés nationales provenant de la fabrique Saint-Laurent. Les actes de vente, qui portent les dates des 4 messidor an V et 7 messidor an VI, obligeaient les acquéreurs à livrer sans indemnité le terrain nécessaire au percement de cette partie de rue. En vertu d'un arrêté de l'administration centrale du département de la Seine, en date du 4 nivôse an VII, cette voie publique reçut la dénomination de rue de la *Fidélité*, en raison de sa proximité de l'église Saint-Laurent, appelée alors temple de l'Hymen et de la Fidélité. En 1803, cette voie publique ne débouchait pas encore dans la rue du Faubourg-Saint-Martin, et le percement ne fut complété qu'en 1806. — Conduite d'eau depuis la place jusqu'à la borne-fontaine. — Éclairage au gaz (compᵉ de Belleville).

Il nous reste à dire quelques mots sur les sœurs de la Charité. Une maison, chef-lieu de leur ordre, fut dans la suite rétablie dans la rue du Vieux-Colombier, n° 15, et en 1813, dans la rue du Bac, n° 132, à l'ancien hôtel de la Vallière. On compte aujourd'hui 2,500 sœurs de la Charité. Elles sont distribuées dans les paroisses où elles dirigent gratuitement les écoles des jeunes filles, soignent les malades et portent des secours à domicile. Elles desservent aussi presque tous les hôpitaux de Paris.

FIDÉLITÉ (RUE NEUVE-DE-LA).

Commence à la rue Neuve-Saint-Jean, nᵒˢ 14 et 16; finit à la rue de la Fidélité, nᵒˢ 7 et 9. Le dernier impair est 25; le dernier pair, 28. Sa longueur est de 268 m. — 5ᵉ arrondissement, quartier du Faubourg-Saint-Denis.

Lorsque la ville de Paris fit construire l'aqueduc Saint-Laurent, elle fut obligée de traiter avec plusieurs propriétaires, de l'acquisition des terrains que cet aqueduc devait traverser. Les constructions terminées,

— FIG —

l'administration vendit les emplacements qu'elle n'avait point utilisés. Les acquéreurs des terrains compris entre la rue de la Fidélité et le passage du Désir, se hâtèrent de construire les maisons qui formèrent l'impasse de la Fidélité; mais ces nouveaux propriétaires ne s'étaient point occupés de l'écoulement des eaux, et cette négligence compromettait la santé publique. L'administration alors forma le projet de convertir cette impasse en une rue, au moyen de son prolongement jusqu'à la rue Neuve-Saint-Jean. L'ordonnance royale qui autorisa cette amélioration est à la date du 2 décembre 1829 et renferme les dispositions suivantes : L'impasse de la Fidélité sera convertie en une rue de 10 m. de largeur, au moyen du prolongement de ladite impasse jusqu'à la rue Neuve-Saint-Jean. Le préfet du département est autorisé à accepter, au nom de la Ville, les offres faites par les propriétaires riverains et voisins de l'impasse, suivant les deux soumissions qu'ils ont souscrites : 1° de concourir pour une somme de dix-huit mille francs aux dépenses que l'exécution de ce projet exigera ; 2° à acquérir des sieurs Grouvelle, Margarittis, Julmasse, Ollive et Chevalier, aux prix portés dans leurs offres, les portions de terrains nécessaires à la prolongation de l'impasse. Le surplus de la dépense, évalué à la somme de cinquante-trois mille francs, sera supporté par la Ville, aux frais de laquelle sera construite en outre une portion d'égout, pour dessécher le puisard établi dans la propriété des sieurs Margarittis et Julmasse et en conduire les eaux jusqu'à l'aqueduc Saint-Laurent. Les propriétaires riverains, tant de l'impasse que de son prolongement, seront tenus de supporter, chacun devant sa propriété et en raison de l'étendue de sa façade, les frais des travaux de nivellement du sol et du premier établissement du pavage, etc..... Ce prolongement fut immédiatement exécuté, et la nouvelle communication reçut, en vertu d'une décision ministérielle du 11 novembre 1833, le nom de rue Neuve-de-la-Fidélité. Les propriétés riveraines sont alignées, à l'exception de celle n° 19 qui devra subir un faible retranchement. — Égout. — Conduite d'eau.

FIGUIER (RUE DU).

Commence aux rues de l'Hôtel-de-Ville, n° 2, et du Fauconnier, n° 1; finit à la rue des Prêtres-Saint-Paul, nᵒˢ 21 et 23. Le dernier impair est 17; le dernier pair, 26. Sa longueur est de 110 m. — 9ᵉ arrondissement, quartier de l'Arsenal.

Dès l'année 1300, cette rue était construite et habitée. Elle portait le nom de rue du *Figuier*, qu'elle conserve encore aujourd'hui. — Une décision ministérielle du 13 thermidor an VI, signée François de Neufchâteau, avait fixé la moindre largeur de cette voie publique à 7 m. Cette moindre largeur a été portée à 11 m., en vertu d'une ordonnance royale du 4 août 1838. L'hôtel de Sens est maintenu sur ses vestiges. Toutes les autres constructions devront subir un retranchement considérable.

— FIG —

On remarque au n° 1 l'ancien hôtel de Sens. Le siège ecclésiastique de Paris n'était qu'un évêché dépendant de l'archevêché métropolitain de Sens; les communications entre le haut clergé de cette ville et celui de la capitale durent être, pour ainsi dire, journalières. Étienne Bécard, archevêque de Sens, acheta, au commencement du XIVe siècle une maison sur le quai des Célestins et la légua par testament à ses successeurs. Cette maison, dans la suite, fut cédée à Charles V et servit, ainsi que plusieurs autres habitations, à former son hôtel royal de Saint-Paul. En échange de la maison abandonnée par l'archevêque, le roi donna à ce prélat l'hôtel d'Hestoménil, situé au coin de la rue du Figuier. Cet hôtel prit alors le nom d'*hôtel de Sens*, qu'il conserve encore aujourd'hui. Ce vieux manoir fut reconstruit au commencement du XVIe siècle, par l'archevêque Tristan de Salazar. Il servit dans la suite d'habitation à plusieurs prélats illustres, tels que l'archevêque Duprat, chancelier et premier ministre; Louis de Bourbon, prince de la famille royale; Louis de Guise, cardinal de Lorraine; Jean Bertrandi, garde-des-sceaux, etc. Marguerite de Valois, première femme de Henri IV, y résida plusieurs années. Les échos qui longtemps avaient répété les pieux cantiques des anciens archevêques, redisaient aux passants les refrains joyeux improvisés par la spirituelle Marguerite pour plaire à ses nombreux amants. Le jésuite Le Moine a composé l'épitaphe de cette princesse. Nous rapportons ici cette pièce de poésie qui nous a paru empreinte de grandeur et d'élégance.

« Cette brillante fleur de l'arbre des Valois
» En qui mourut le nom de tant de puissants rois,
» Marguerite, pour qui tant de lauriers fleurirent,
» Pour qui tant de bouquets chez les Muses se firent,
» Vit bouquets et lauriers sur sa tête sécher!
» Vit par un coup fatal, les lys s'en détacher
» Et le cercle royal dont l'avait couronnée
» En tumulte et sans ordre un trop prompt hyménée
» Rompu du même coup devant ses pieds tombant,
» La laissa comme un tronc dégradé par le vent.
» Épouse sans époux et reine sans royaume,
» Vaine ombre du passé, grand et noble fantôme,
» Elle traîna depuis les restes de son sort
» Et vit jusqu'à son nom mourir avant sa mort. »

L'hôtel de Sens perdit plus tard de sa splendeur. En 1622, l'évêché de Paris fut érigé en archevêché, en faveur de Jean-François de Gondy. Alors les archevêques de Sens, dépouillés de leur autorité sur le clergé parisien, cessèrent peu à peu de résider dans la capitale. Leur hôtel fut alors aliéné. Il appartenait avant la révolution à l'archevêché de Paris. Devenu, en 1790, propriété nationale, il fut vendu le 1er ventôse an V.

En 1842, on a construit une maison sur les dépendances de cet hôtel. La façade, curieux débris de l'architecture du XVIe siècle, vient d'être dégradée par la brosse du badigeonneur, et sur la porte d'entrée de l'antique manoir des archevêques de Sens, on lit ces deux mots : *Roulage général*.

— FIL —

FILLES-DIEU (IMPASSE DES).

Située boulevart Bonne-Nouvelle, entre les nos 20 et 21. Le dernier impair est 5; pas de numéro pair. Sa longueur est de 63 m. — 3e arrondissement, quartier du Faubourg-Poissonnière.

Elle a été formée vers 1650, sur l'emplacement qui faisait anciennement partie du faubourg dit la Ville-Neuve. Ce faubourg avait été détruit par ordre du duc de Mayenne, lors du siège de Paris par Henri IV. Cette impasse a porté le nom de *ruelle Couvreuse*. Sa dénomination actuelle nous rappelle l'ancien enclos du couvent des *Filles-Dieu*, que ces religieuses abandonnèrent pour se mettre à l'abri dans la capitale, lorsque le régent, depuis Charles V, commença les fortifications de Paris, après la malheureuse bataille de Poitiers. — Une décision ministérielle du 1er avril 1808, signée Cretet, fixa la largeur de cette impasse à 7 m. Cette dimension a été portée à 8 m. en vertu d'une ordonnance royale du 15 mai 1832. Depuis cette époque jusqu'en 1836, l'impasse des Filles-Dieu a été complètement élargie, et les constructions riveraines sont toutes à l'alignement. — Éclairage au gaz (compe Française).

FILLES-DIEU (RUE DES).

Commence à la rue Saint-Denis, nos 337 et 339; finit à la rue de Bourbon-Villeneuve, nos 26 et 28. Le dernier impair est 37; le dernier pair, 22. Sa longueur est de 170 m. — 5e arrondissement, quartier Bonne-Nouvelle.

En 1520, le côté méridional de cette rue était bâti. Le censier de l'archevêché, de 1530, la nomme rue *Neuve-de-l'Ursine* ou *des Filles-Dieu*. Elle tirait cette dernière dénomination de sa proximité du couvent des religieuses Filles-Dieu. — Une décision ministérielle à la date du 23 brumaire an VIII, signée Quinette, fixa la moindre largeur de cette voie publique à 7 m. En vertu d'une ordonnance royale du 21 juin 1826, cette largeur est portée à 10 m. Les constructions riveraines sont soumises à un fort retranchement. — Conduite d'eau depuis la rue Saint-Denis jusqu'à la borne-fontaine. — Éclairage au gaz (compe Française).

FILS (RUE DES QUATRE-).

Commence à la rue Vieille-du-Temple, nos 91 et 93; finit aux rues du Chaume, n° 12, et du Grand-Chantier, n° 2. Le dernier impair est 25; le dernier pair, 24. Sa longueur est de 224 m. — 7e arrondissement, quartier du Mont-de-Piété.

Elle est nommée dans les anciens actes rue de *l'Échelle-du-Temple* (c'était aussi la dénomination affectée à la rue des Vieilles-Haudriettes dont elle fait le prolongement). En 1358, c'était la rue des *Deux-Portes*. Peu de temps après, une enseigne des Quatre-Fils-Aymon lui fit donner ce nom, qui fut abrégé dans la suite. Le ministre de l'intérieur, Laplace, approuva le 23 frimaire an VIII un alignement qui fixait à 10 m. la moindre largeur de cette voie publique. Une ordonnance royale du 12 juillet 1837 a porté sa largeur à

— FIN —

12 m. Les maisons n°s 2, 4 et 14 sont alignées ; le surplus de ce côté n'est soumis qu'à un très faible retranchement ; les constructions du côté des numéros impairs devront reculer de 3 m. 40 c. à 4 m. — Conduite d'eau depuis la rue du Chaume jusqu'aux deux bornes-fontaines. — Éclairage au gaz (comp^e Lacarrière).

FINANCES (MINISTÈRE DES).

Situé dans la rue de Rivoli. — 1er arrondissement, quartier des Tuileries.

« Au palais de Trianon, le 26 août 1811. — Napoléon empereur, etc... Nous avons décrété et décrétons ce qui suit : — Article 1er. Il sera construit un *nouvel hôtel des Postes* sur le terrain situé entre les rues de Rivoli, Neuve-du-Luxembourg, du Mont-Thabor et de Castiglione. — Art. 2e. Les dispositions générales du projet de l'hôtel des Postes, indiquées dans les plans annexés au présent décret, sont approuvées. — Art. 3e. Les plans détaillés et les devis estimatifs seront soumis à notre ministre de l'intérieur, avant le 1er octobre prochain. Les portions de terrains qui ont pu être aliénées sur l'emplacement affecté au nouvel hôtel des Postes, seront acquises pour cause d'utilité publique. — Art. 4e. Le dit hôtel sera construit en trois ans, etc. Signé Napoléon. » Les constructions furent commencées en 1811, sous la direction de M. Bénard, architecte. En 1822, le projet d'établir la poste en cet endroit fut abandonné ; on résolut alors d'y transférer le ministère des finances et le trésor royal, qui occupaient deux vastes hôtels dans la rue Vivienne. Les constructions ont coûté environ 10,400,000 francs. — Les principales attributions du ministère des finances sont : l'administration des revenus publics, de la dette inscrite et des monnaies, la comptabilité des finances et de l'État, le règlement du budget général de chaque exercice, la présentation au roi et aux chambres de tous les projets de loi sur les finances, l'assiette, répartition et perception des impôts directs et indirects, l'exploitation des domaines et des bois, des postes et des tabacs, etc. ; la vérification de la fabrication et du titre des monnaies, les inscriptions de rentes, pensions et cautionnements, etc.

FLÉCHIER (RUE).

Commence à la rue Ollivier, n° 6 ; finit à la rue du Faubourg-Montmartre, n° 77. Pas de numéro impair ; ce côté est bordé par l'église Notre-Dame-de-Lorette. Le dernier pair est 4. Sa longueur est de 68 m. — 2e arrondissement, quartier de la Chaussée-d'Antin.

Cette rue a été ouverte conformément à l'ordonnance royale du 21 juillet 1824, relative aux abords de l'église Notre-Dame-de-Lorette. Sa largeur est de 10 m. ; toutes les constructions riveraines sont alignées. — Égout. — Conduite d'eau. — Éclairage au gaz (comp^e Anglaise).

Fléchier (Esprit), naquit le 10 juin 1632, à Pernes, petite ville du diocèse de Carpentras. Il fut successivement évêque de Lavaur et de Nîmes, et mourut à Montpellier le 16 février 1710.

FLEURS (RUE DU MARCHÉ-AUX-).

Commence à la rue de la Pelleterie, n°s 13 et 15 ; finit à la rue de la Vieille-Draperie, n°s 20 et 26. Le dernier impair est 5 ; le dernier pair, 6. Sa longueur est de 47 m. — 9e arrondissement, quartier de la Cité.

Cette rue a été ouverte sur une partie de l'emplacement de l'église Saint-Pierre-des-Arcis, dont nous traçons ici l'origine. Elle fut fondée en 926, par Theudon, vicomte de Paris, sur le terrain d'une chapelle ruinée, qui portait aussi le nom de Saint-Pierre. L'origine de cette église est très peu connue, son surnom a exercé sans succès la sagacité des savants. Une bulle d'Innocent II la désigne ainsi : *Ecclesia Sancti Petri de Arsionibus*. Elle fut érigée en paroisse en 1130. On reconstruisit son bâtiment en 1424, et son portail en 1711, sur les dessins de Lachenu. Supprimée en 1790, l'église Saint-Pierre-des-Arcis devint propriété nationale, et servit quelque temps de dépôt de cloches destinées à la fabrication de la monnaie de cuivre. Les bâtiments furent vendus par l'État, le 13 ventôse an V, à la charge par l'acquéreur *de démolir et de donner passage à la rue projetée à la première réquisition de l'administration qui en sera chargée, le tout sans indemnité*. — En vertu d'une décision ministérielle du 13 brumaire an X, signée Chaptal, la largeur de ce percement fut fixée à 10 m. Exécutée en 1812, cette voie publique a reçu le nom de rue du *Marché-aux-Fleurs*. Toutes les constructions riveraines sont alignées. — Conduite d'eau.

FLEURS EN LA CITÉ (MARCHÉ-AUX-).

Situé entre le quai Desaix et la rue de la Pelleterie. — 9e arrondissement, quartier de la Cité.

« Au palais impérial des Tuileries, le 21 janvier 1808. — Napoléon, etc... Nous avons décrété et décrétons ce qui suit : — Article 1er. L'arrêté du gouvernement du 29 vendémiaire an XII, portant que le terrain vague bordant le nouveau quai Desaix sera vendu, à la charge d'y élever des constructions, est rapporté. — Art. 2e. Le terrain est cédé et abandonné à la ville de Paris, pour y transférer *le marché aux fleurs et arbustes* qui se tient maintenant sur le quai de la Mégisserie, à la charge par elle d'indemniser, s'il y a lieu et à dire d'experts, les sieurs Phalary et Balzac des portions du d. terrain dont ils se prétendent propriétaires, et en outre d'exécuter à ses frais toutes les dispositions nécessaires pour l'établissement du marché, lequel sera tenu à ciel découvert. — Art. 3e. L'ensemble du terrain énoncé aux articles précédents, se trouvera divisé en deux parties perpendiculairement au quai Desaix par la nouvelle rue projetée et déjà commencée à l'extrémité de l'ancien théâtre de la Cité, et devant déboucher au Marché-Neuf. Le Marché-aux-Fleurs sera circonscrit par des bornes isolées qui le sépareront tant du d.

» quai Desaix et de la rue de la Pelleterie que des rues
» de la Juiverie et de la Barillerie. Il sera planté des
» arbres, le tout suivant le plan qui sera arrêté par le
» ministre de l'intérieur. Signé Napoléon. » Ce marché a été inauguré le mercredi 16 août 1809, conformément à une ordonnance de police du 5 du même mois. Il tient les mercredi et samedi de chaque semaine. Deux bassins ornent ce marché dont l'emplacement occupe une superficie de 2,571 m.

En 1840, 41, 42 et 43, l'administration a fait reconstruire les deux bassins avec branchement d'égout, poser des bordures en granit autour du marché, un dallage en bitume, etc. La dépense occasionnée par ces améliorations s'est élevée à 66,023 fr. 89 c.

En 1842, le Marché-aux-Fleurs a produit à la ville 12,912 fr. 80.

Une délibération du conseil municipal du 29 janvier 1836, approuvée par le ministre de l'intérieur, le 28 mars suivant, a autorisé le stationnement des pépiniéristes et maraîchers sur le quai Napoléon.

FLEURS (MADELEINE) (MARCHÉ-AUX-).

Situé sur la place de la Madeleine. — 1er arrondissement, quartier de la place Vendôme.

Ce marché n'est décoré d'aucune construction. Il a été créé en vertu d'une décision du ministre du commerce et des travaux publics, à la date du 28 août 1832. Son inauguration a eu lieu le 2 mai 1834, conformément à une ordonnance de police du 24 avril précédent. Il tient les mardi et vendredi.

FLEURS SAINT-MARTIN (MARCHÉ-AUX-).

Situé sur le boulevard Saint-Martin, près du Château-d'Eau. — 5e arrondissement, quartier de la Porte-Saint-Martin.

Ce marché, qui n'est décoré d'aucune construction, a été créé par une décision du ministre du commerce et des travaux publics, en date du 30 juin 1835. Il a été ouvert le 14 avril 1836, en vertu d'une ordonnance de police du 7 du même mois. Il ne tenait que le jeudi de chaque semaine, mais sur la réclamation du commerce, le ministre a décidé, le 15 juillet 1836, que la vente des fleurs aurait également lieu tous les lundis.

FLEURUS (RUE DE).

Commence à l'une des grilles du jardin du Luxembourg; finit à la rue Notre-Dame-des-Champs, nos 3 et 5. Le dernier impair est 19; le dernier pair, 22. Sa longueur est de 374 m. — 11e arrondissement, quartier du Luxembourg.

Il existait autrefois dans la rue Notre-Dame-des-Champs une impasse portant le même nom que cette voie publique. Elle occupait une étendue de 104 m. Vers 1780, cette impasse fut prolongée sur les terrains dépendant du jardin du Luxembourg et appartenant alors à S. A. R. Monsieur. En 1797, on y construisit des maisons. A l'occasion de ce prolongement l'administration municipale du 11e arrondissement présenta une pétition aux administrateurs du département, au sujet de la dénomination de la nouvelle voie publique. Cette pièce est ainsi conçue : — « 8 ventôse an VI de la république.
» Citoyens, il y avait près de la rue Notre-Dame-des-
» Champs, division du Luxembourg, un cul-de-sac qui
» portait le nom de cette rue. Ce cul-de-sac prétendu
» vient d'être ouvert, ainsi il a été transformé en rue,
» il ne peut plus porter le nom de cul-de-sac. Beaucoup
» d'autres raisons militent pour le débaptiser, indépendamment de celles qu'alléguait Voltaire contre les
» culs-de-sac en général, lorsqu'il disait que dans les
» culs-de-sac il n'y avait ni cul ni sac et qu'il fallait
» les appeler impasses. Il est certain que la dénomination du cul-de-sac Notre-Dame-des-Champs est
» extrêmement longue puisqu'elle renferme sept mots
» et qu'il faut, autant qu'on peut, ne pas multiplier les
» êtres sans nécessité et simplifier même les noms de
» rues pour faciliter aux étrangers et même aux citoyens les moyens de retenir les adresses, parce
» qu'il vaut mieux dire beaucoup en peu de mots que
» de dire peu en beaucoup de paroles. Nous avons
» appris, citoyens, que feu *Loustalot* avait longtemps
» habité dans le prétendu cul-de-sac Notre-Dame-des-
» Champs. Loustalot joignait les lumières au patriotisme; il est mort martyr de son zèle pour la liberté.
» Ne croyez-vous pas, citoyens administrateurs, que
» pour venger et honorer en même temps la mémoire de
» Loustalot, on pourrait donner son nom au cul-de-sac
» Notre-Dame-des-Champs; c'est le vœu des habitans
» de ce cul-de-sac et de ceux même de toute la division
» et des divisions voisines; en supprimant d'ailleurs le
» nom de Notre-Dame, vous détruisez une dénomination féodale, religieuse, qui ne doit plus exister parmi
» les républicains, et vous éclairciriez bien des malentendus qui naissent d'une dénomination trop longue et trop embrouillée. Si le nom de Loustalot ne
» vous convenait pas, citoyens, quoique le nom *soit
» harmonieux et sonore*, il est tant d'autres martyrs de
» la liberté, qui ne sont plus et qui ont des droits à
» notre reconnaissance et à nos hommages!... Choisissez celui qui vous plaira le plus, mais au moins débaptisez notre cul-de-sac qui n'est plus un cul-de-sac.
» *Votre amour pour la vérité et votre patriotisme l'exigent*; ils nous sont de surs garants que vous ne rejetterez point notre demande. Salut et fraternité. »
Suivent les signatures. Malgré toute son *harmonie*, le nom de Loustalot ne fût pas accepté. — « Administration centrale, séance du 12 floréal an VI. L'administration centrale du département, lecture faite de la
» lettre de l'administration municipale du 11e arrondissement de Paris, en date du 8 ventôse dernier et
» du rapport de l'inspecteur général de la voirie, relativement à la dénomination d'un cul-de-sac situé près
» la rue Notre-Dame-des-Champs, qui portait le nom
» de cette rue et qui vient d'être ouvert, en sorte qu'il
» y aurait deux rues du même nom dans un même quartier, si l'on n'en changeait la dénomination. Ouï la

» le commissaire du directoire exécutif. — Arrête que
» la rue nouvellement ouverte en prolongement du ci-
» devant cul-de-sac Notre-Dame-des-Champs, pren-
» dra le nom de rue de *Fleurus*. » Cette dénomination
rappelle la célèbre bataille gagnée par le général Jourdan le 26 juin 1794. — Une décision ministérielle du 13 brumaire an X, signée Chaptal, et une ordonnance royale du 21 juillet 1843, ont fixé à 13 m. la largeur de la rue de Fleurus, pour la partie comprise entre le Luxembourg et la rue de l'Ouest, et à 10 m. pour le surplus. Les constructions de 1 à 11 inclusivement, 2, 4, 6, 8, 10, 12, 14, et second n° 12, sont alignées. La propriété n° 12 bis n'est soumise qu'à un léger redressement; les autres immeubles devront subir un retranchement de 2 m. 10 c. environ. — Conduite d'eau.

FLORE (PASSAGE DE).

Commence à la rue de la Pelleterie, n° 19; finit à la rue de la Vieille-Draperie, n° 30. — 9e arrondissement, quartier de la Cité.

La propriété que traverse ce passage, a été bâtie sur une partie de l'emplacement de l'*église royale et paroissiale de Saint-Barthélemy*. Une chapelle était déjà bâtie en cet endroit à la fin du V° siècle, et portait le nom de Saint-Barthélemy. Vers 965 Hugues-Capet fit agrandir cette chapelle, qui devint en 1138 paroisse royale. Les bâtiments de cette église furent restaurés en 1730 et 1736; malgré ces réparations, le roi en 1772 ordonna qu'elle serait entièrement reconstruite. Le portail était déjà terminé, lorsque la révolution vint en arrêter les travaux. Devenue propriété nationale, elle fut vendue le 12 novembre 1791. Sur son emplacement on établit peu de temps après le théâtre de la Cité, et l'on forma deux passages dont l'un prit la dénomination de passage de *Flore*. Au théâtre de la Cité succéda la salle *dite des Veillées*, puis des *Francs-Maçons* s'y réunirent. Maintenant elle est occupée par un bal public connu sous le nom du *Prado*.

FLORENTIN (RUE DE SAINT-).

Commence à la place de la Concorde, n° 2, et à la rue de Rivoli, n° 58; finit à la rue Saint-Honoré, n°s 377 et 379. Le dernier impair est 17; le dernier pair, 16. Sa longueur est de 165 m. — 1er arrondissement, quartier des Tuileries.

A l'endroit où s'élèvent aujourd'hui les magnifiques hôtels de la rue Saint-Florentin, on voyait en 1640 une misérable impasse dont les chétives maisons servaient d'abris aux orangers du jardin des Tuileries.

Une partie de cette impasse, nommée cul-de-sac de l'*Orangerie*, appartenait en 1730 au roi Louis XV, l'autre portion était la propriété de Samuel Bernard, de ce riche banquier qui avait vu tous les grands de la cour défiler dans ses antichambres, et ramasser les pièces d'or qui tombaient de sa corne d'abondance. Un beau matin, Samuel Bernard se réveilla chevalier de l'ordre de Saint-Michel, comte de Coubert, seigneur de Vitry, Cuignes et autres lieux, conseiller, secrétaire du roi et de ses finances.

Le gentilhomme de fraîche date mourait à Paris le 18 janvier 1739 à l'âge de 88 ans, et laissait une fortune qui dépassait quarante millions.

Le lendemain, le premier ministre du roi, le cardinal de Fleury, écrivait la lettre suivante aux deux fils de Samuel Bernard.

« Quoique l'on dût s'attendre, Messieurs, à la perte
» que vous venez de faire, je ne laisse pas d'en être
» fort touché, et de partager bien sincèrement votre
» douleur. Vous connaissez l'estime particulière que
» je faisais de M. Bernard, votre père, et la justice que
» je lui ai toujours rendue auprès du roi sur son atta-
» chement pour l'État. Je ne puis que vous exhorter
» à honorer sa mémoire par les mêmes sentiments.
» Vous ne pouvez en donner une meilleure marque
» qu'en suivant son exemple, et en conservant entre
» vous la plus parfaite union. Je serai fort aise d'avoir
» des occasions de vous témoigner l'intérêt que je
» prends à tout ce qui regarde sa famille, et à vous
» donner des preuves, Messieurs, de la considération
» particulière que je conserve pour tous ceux qui la
» composent. »

Voyez la *considération* que donne la fortune, puisqu'un premier ministre a fait une pareille lettre.

Nous rencontrerons bientôt, en traversant ce terrain, des illustrations d'un autre genre, et peut-être regretterons-nous le financier Samuel Bernard; mais avant il nous faut enregistrer la transformation que subit l'impasse de l'Orangerie.

Par lettres-patentes du 21 juin 1757, le roi fit don aux prévôt des marchands et échevins de la partie de l'impasse de l'Orangerie qui lui appartenait, afin d'y établir les bâtiments en arrière-corps sur la place Louis XV, dont la formation était prescrite par les mêmes lettres-patentes. D'après le plan approuvé, le cul-de-sac de l'Orangerie devait être converti en une rue, et prendre le nom de *Bourgogne*. Il fut également ordonné que les constructions auraient des façades symétriques dans toute la longueur de la rue. Cette dernière disposition fut annulée par de nouvelles lettres-patentes du 30 octobre 1758, et cette voie publique reçut en vertu d'un arrêt du conseil d'État du roi, en date du 11 mars 1768, le nom de rue de Saint-Florentin.

Elle devait ce nouveau baptême à son excellence le ministre Phélypeaux, duc de Lavrillière et comte de Saint-Florentin, qui avait fait construire un magnifique hôtel dans cette rue. Un plaisant interprète des sentiments du peuple composa, du vivant du noble duc, cette épitaphe:

Ci-gît un petit homme, à l'air assez commun,
Ayant porté trois noms et n'en laissant aucun.

Cette habitation a changé de maître. Elle abrite un grand d'Espagne de première classe, le duc de

— FOI —

l'Infantado. Avec quelle noblesse indolente il descend les degrés de son hôtel. Son front semble porter la trace de toutes les douleurs humaines. Le noble castillan va quitter la France, car la république a déclaré la guerre à l'Espagne. La révolution ne perd pas de temps. Pour tenir tête à l'Europe, il lui faut de l'argent, de la poudre et du fer. L'hôtel de l'Infantado lui convient, elle le prend et le transforme en magasin de salpêtre.

Vingt et un ans après nous retrouvons cette habitation bien restaurée, bien parfumée. Au dessus de la porte, sont gravés ces mots : *hôtel de Talleyrand-Périgord.*

Dans ses salons dorés, on aperçoit des empereurs, des rois, des princes, des espions et des traîtres qui cherchent à se tailler des habits d'emprunt dans l'immense et magnifique pourpre impériale. L'aigle de la France va mourir, et chaque personnage se presse, se heurte pour arracher plus vite une plume à l'oiseau des batailles. Sur le premier plan on voit un diplomate français qui s'apprête en souriant à lui porter le coup de grâce. La figure de cet homme semble avoir emprunté aux traditions du paganisme les deux faces symboliques de Janus, l'une pour regarder le passé, l'autre pour considérer l'avenir. Il boite comme le spirituel démon de Lesage, et cependant il reste debout après tous les désastres. Sur son manteau d'arlequin on lit ces mots : *évêque-législateur, royaliste-révolutionnaire, républicain-émigré, ministre-impérial.* Mêlé à de grands événements, ce diplomate avec tout son esprit ne pouvait faire que des choses petites et misérables ; le citoyen s'était évanoui......

Mais hâtons-nous d'indiquer l'état présent de la rue de Saint-Florentin, rien ne lui manque aujourd'hui. Elle est éclairée au gaz. Ses propriétés sont alignées en vertu d'une décision ministérielle du 22 prairial an V et d'une ordonnance royale du 24 août 1833, qui avaient fixé sa moindre largeur à 12 m. 40 c.

FOIN-AU-MARAIS (RUE DU).

Commence à la rue de la Chaussée-des-Minimes, nos 1 et 3 ; finit à la rue Saint-Louis, nos 8 et 8 bis. Le dernier impair est 5 ; le dernier pair, 8. Sa longueur est de 101 m. — 8e arrondissement, quartier du Marais.

Cette rue a été ouverte en 1597, sur *un terrain en pâturages* qui faisait autrefois partie du parc des Tournelles. Exécutée sur une largeur de 7 m., elle se prolongeait jusqu'au couvent des Hospitalières. Cette partie a pris le nom d'impasse des Hospitalières. — Une décision ministérielle du 3 thermidor an IX, signée Chaptal, maintint la largeur primitive qui a été portée à 10 m. en vertu d'une ordonnance royale du 8 juin 1834. Une partie de la propriété n° 3 est alignée. Toutes les autres constructions devront reculer de 1 m. 50 c. — Égout du côté de la rue Saint-Louis — Éclairage au gaz (compe Lacarrière).

— FOI —

FOIN-SAINT-JACQUES (CASERNE DE LA RUE DU).

Située au n° 14. — 11e arrondissement, quartier de la Sorbonne.

C'était autrefois le *collège de maître Gervais*, dit aussi de Notre-Dame de Bayeux. Il fut fondé en 1370, par maître Gervais-Chrétien, *souverain médecin et astrologien du roi Charles V,* dit Simon de Phares, dans son catalogue des principaux astrologues de France. Le roi fit bâtir ce collège à ses frais, le dota et voulut, par respect pour son médecin, qu'il portât le nom de maître Gervais. Le pape Urbain V confirma cette fondation. Les boursiers de ce collège étaient qualifiés de boursiers du roi. En 1545, Jacques Tournebu, principal, fut assassiné par Raoul Lequin d'Archerie, greffier de la prévôté de Saint-Quentin. Le 19 novembre de cette année, le parlement rendit une sentence portant que le coupable aurait le poing coupé et serait pendu à la place Maubert. En 1699, deux docteurs de la Sorbonne vinrent diriger ce collège qui, en 1763, fut réuni à l'Université. — Un décret impérial du 3 thermidor an XIII affecta les anciens bâtiments du collège de maître Gervais à une caserne d'infanterie.

FOIN-SAINT-JACQUES (RUE DU).

Commence à la rue Saint-Jacques, nos 48 et 52 ; finit à la rue de la Harpe, nos 53 et 55. Le dernier impair est 27 ; le dernier pair, 30. Sa longueur est de 171 m. — 11e arrondissement, quartier de la Sorbonne.

Guillot, dans son dit des rues de Paris, la désigne sous le nom de rue *O Fain.* En 1332 on la nommait de la *Fennerie*, à la fin du XIVe siècle c'était la rue aux *moines de Cernay.* — Une décision ministérielle du 23 prairial an VII, signée François de Neufchâteau, avait fixé la largeur de cette voie publique à 6 m. Cette dimension a été portée à 10 m. en vertu d'une ordonnance royale du 22 août 1840. La largeur actuelle de la rue du Foin varie de 3 m. à 5 m. Les constructions riveraines sont soumises à un fort retranchement. — Conduite d'eau.

FOLIES-DRAMATIQUES (THÉATRE DES).

Situé boulevart du Temple, n° 72. — 6e arrondissement, quartier du Temple.

Cette salle, construite par M. Allaux, architecte, sur l'emplacement de l'ancien théâtre de l'Ambigu-Comique, a été inaugurée le 22 janvier 1831. On y représente des vaudevilles et des drames. — Prix des places en 1844 : Avant-scène du rez-de-chaussée, avant-scène des 1res, 2 fr. 50 c. ; loges de face des 1res, 2 fr. 25 c. ; stalles des 1res de face, 1 fr. 75 c. ; balcon, baignoires grillées et avant-scène des 2es, 1 fr. 50 c. ; orchestre, avant-scène des 3mes, 1 fr. ; parterre, 1er amphithéâtre, 75 c.

FONTAINE (RUE.)

Commence aux rues Chaptal et Pigalle, n° 25 ; finit à la place de la Barrière-Blanche. Le dernier impair est

43; le dernier pair, 36. Sa longueur est de 368 m. — 2e arrondissement, quartier de la Chaussée-d'Antin.

Cette rue a été ouverte sur les terrains de MM. Jonas Hagerman et Sylvain Mignon en vertu d'une ordonnance royale du 2 février 1826. Sa largeur est fixée à 12 m. Elle porte le nom de M. Fontaine, architecte du roi. — Éclairage au gaz (compe Anglaise). (Voyez *Amsterdam*, rue d'.)

FONTAINE (RUE DE LA).

Commence à la rue d'Orléans, nos 6 et 8; finit à la rue du Puits-l'Ermite, n° 1. Le dernier impair est 7; le seul pair, 2; ce côté est presqu'entièrement bordé par l'hospice de la Pitié. Sa longueur est de 96 m. — 12e arrondissement, quartier Saint-Marcel.

D'après les plans du XVIIe siècle, c'était la rue *Jean Mesnard* et de *Jean Molé*. Dès 1650, elle prit le nom qu'elle porte en raison d'une maison qu'on appelait la *Grande-Fontaine*. — Une décision ministérielle du 8 nivôse an IX, signée Chaptal, avait fixé la largeur de cette voie publique à 6 m. Cette largeur a été portée à 10 m. par une ordonnance royale du 2 mai 1837. Les propriétés du côté des numéros impairs sont alignées. Les bâtiment et mur de clôture situés sur le côté droit, vis-à-vis du n° 3, ne sont pas soumis à retranchement. Le surplus devra reculer de 4 m. 90 c.

FONTAINE-AU-ROI (RUE DE LA).

Commence aux rues du Faubourg-du-Temple, n° 32, et Folie-Méricourt, n° 42; finit à la rue Saint-Maur, nos 29 et 31. Le dernier impair est 53; le dernier pair, 58. Sa longueur est de 514 m. — 6e arrondissement, quartier du Temple.

Ce n'était encore au milieu du XVIIIe siècle qu'un chemin qui conduisait à celui de Ménilmontant, et qu'on nommait, en raison de cette direction, le *Chemin-du-Ménil*. En 1770, il commença à se couvrir d'habitations, et forma une rue qu'on nomma jusqu'en 1792 *Fontaine-au-Roi* ou des *Fontaines-du-Roi*, en raison des tuyaux de fontaines qu'on y établit sous Louis XVI pour y amener les eaux de Belleville. De 1793 à 1806 c'était la rue *Fontaine-Nationale*. — Une décision ministérielle du 26 brumaire an XI, signée Chaptal, fixa la moindre largeur de cette voie publique à 10 m. En vertu d'une ordonnance royale du 16 août 1836, cette moindre largeur a été portée à 12 m. Les propriétés ci-après sont alignées : 1, 13, 37; 2, 4; la maison à l'encoignure gauche de la rue Pierre-Levée, 14, 14 bis, 16, 18, 20, 24 et 38. Celles nos 15 et 17 ne devront subir qu'un faible retranchement. — Conduite d'eau.

FONTAINE-MOLIÈRE (RUE DE LA).

Commence à la rue Saint-Honoré, nos 246 et 248; finit aux rues du Hasard, n° 1, et de Richelieu. Le dernier impair est 43; le dernier pair, 44. Sa longueur est de 253 m. — 2e arrondissement, quartier du Palais-Royal.

Cette rue longeait l'enceinte de Paris, construite sous les règnes de Charles V et Charles VI.

A l'endroit où elle prend naissance, on voyait une porte de ville nommée *porte Saint-Honoré*. Des titres du XVIe siècle désignent cette voie publique sous le nom de rue *Traversière*. En 1625, c'était la rue de la *Brasserie* ou du *Bâton-Royal*. Elle reprit au commencement du XVIIIe siècle la dénomination de rue *Traversière*. — Une décision ministérielle du 3 nivôse an X, signée Chaptal, avait fixé la largeur de cette voie publique à 8 m. Cette largeur a été portée à 10 m., en vertu d'une ordonnance royale du 4 octobre 1826. Conformément à une décision ministérielle du 12 mai 1843, la rue Traversière a dû prendre le nom de rue de la *Fontaine-Molière*. Les maisons nos 35, 37 et 39 sont alignées, les autres constructions de ce côté devront reculer de 2 m. 40 c. à 2 m. 60 c.; les maisons nos 20 et 30 sont alignées, celles nos 2 et 4 devront reculer de 80 c. à 1 m. 40 c., le surplus est soumis à un retranchement qui n'excède pas 70 c. — Portion d'Égout. — Éclairage au gaz (compe Anglaise).

De nobles souvenirs se rattachent à cette voie publique.

Le 8 septembre 1429, Jeanne-d'Arc, à la tête de l'armée royale, vint assiéger Paris du côté de la porte Saint-Honoré. Pour faire comprendre la position occupée par les troupes de Charles VII, il est nécessaire de tracer la ligne que décrivait le rempart dont la construction commencée sous le règne du roi Jean, puis continuée sous Charles V, fut terminée par Charles VI. La partie septentrionale de la ville, depuis l'achèvement des halles sous Philippe-Auguste, prenait chaque jour de nouveaux développements. Bientôt elle brisa la digue que lui opposait l'enceinte construite de 1198 à 1205.

L'accroissement de Paris avait été plus lent au midi de la ville, et de ce côté la population était à l'aise dans l'enceinte de Philippe-Auguste.

Sous le règne du roi Jean, après la malheureuse bataille de Poitiers, Étienne Marcel résolut de mettre Paris à l'abri des attaques des Anglais. A cet effet, le prévôt des marchands fit relever seulement les murailles de la partie méridionale, les flanqua de tours et creusa les fossés des remparts. Mais l'enceinte dut recevoir un accroissement considérable dans sa partie méridionale. Voici la courbe qu'elle traçait à l'époque du siège que nous allons décrire. De l'ancienne *porte Barbelle*, située à l'extrémité orientale du quai des Ormes, partait le nouveau rempart, puis il remontait en côtoyant le fleuve jusqu'à l'endroit où commence aujourd'hui le quai Morland. La muraille prenait alors la direction des fossés de l'Arsenal jusqu'à la rue Saint-Antoine, où fut construite une porte fortifiée qui devint plus tard la Bastille; puis, laissant le boulevart actuel en dehors de la ville, elle prenait la direction de la rue Jean-Beausire, aboutissait à la rue du Temple, où fut bâtie une porte fortifiée nommée *bastille du Temple*. De là cette muraille suivait une ligne parallèle à la rue Meslay jusqu'à la rue Saint-Martin, où l'on construisit une porte, puis elle traversait la rue Sainte-Appoline et s'arrêtait

— FON —

à la rue Saint-Denis. En cet endroit se trouvait une porte fortifiée nommée *bastille Saint-Denis.* De cette bastille, le mur d'enceinte suivait la direction de la rue de Bourbon-Villeneuve, puis celle de la rue Neuve-Saint-Eustache. Sur l'emplacement où cette voie publique aboutit à la rue Montmartre, on voyait une porte fortifiée nommée *porte Montmartre.* Le mur d'enceinte suivait, à partir de cette porte, la ligne de la rue des Fossés-Montmartre, traversait la place des Victoires, coupait l'emplacement de l'hôtel de Toulouse (aujourd'hui la banque de France), celui des rues des Bons-Enfants et de Valois, et passait dans le jardin du Palais-Royal, vers le milieu de sa longueur. La ligne du mur d'enceinte continuait alors à travers la rue de Richelieu jusqu'à la rue du Rempart, qu'elle traversait pour aboutir à la rue Saint-Honoré, vers l'entrée de la rue Traversière où se trouvait la *porte Saint-Honoré.* Enfin de cet endroit le mur se prolongeait sur l'emplacement de la rue Saint-Nicaise, et s'arrêtait à la *Tour de Bois,* au bord de la Seine.

L'armée de Jeanne-d'Arc, composée de douze mille hommes, occupait la butte Saint-Roch, et le terrain entre ce monticule et la bastille Saint-Denis. Vers les onze heures du matin, le boulevart extérieur près de la porte Saint-Honoré fut emporté par les troupes commandées par la Pucelle et le duc d'Alençon. Jeanne voulut passer outre et assaillir le rempart, « mais elle
» n'estoit pas informée de la grande eaue qui estoit ès
» fossés ; et il y en avoit aucuns qui le sçavoient et qui
» eussent bien voulu par envie qu'il lui arrivast malheur. » Jeanne, une lance à la main, monta sur la contrescarpe pour sonder l'eau ; en ce moment, un trait d'arbalète lui perça la jambe, et son porte-étendard fut tué à côté d'elle. « Ce nonobstant elle ne vouloit partir
» de ce lieu, et, couchée sur le bord du fossé, elle continuoit d'exciter l'ardeur des assaillants, et faisoit toute
» diligence de faire apporter et jeter des fagots et du bois
» dans le fossé, espérant pouvoir passer jusqu'au mur ;
» mais la chose n'estoit pas possible, vu la grande eaue
» qui y estoit. »

Jeanne resta en cet endroit jusqu'au soir. Lorsque plusieurs capitaines vinrent pour l'emmener, la physionomie de l'héroïne leur parut empreinte d'un profond chagrin : Jeanne vouloit mourir à son poste. Le duc d'Alençon fut obligé de venir lui-même la chercher.

Martial d'Auvergne, procureur à Paris, qui a composé une chronique rimée et connue sous le nom des *Vigiles de Charles VII,* raconte ainsi la tentative de Jeanne-d'Arc sur Paris.

D'un côté et d'autres, canons
Et coulleuvrines si ruoient,
Et ne voyoit-on qu'empanons
De flèches qui en l'air tiroient.

A doncques Jehanne la Pucelle
Se mist dans l'arrière fossé,
Où fist de besogner mervelle
D'un courage en ardeur dressé.

— FON —

Un vireton que l'on tira
La vint en la jambe asséner,
Et si point ne désempara
Ne s'en voult oncques tourner.

Bois, huis, fagots faisoit géter,
Et ce qu'estoit possible au monde,
Pour cuider sur les murs monter ;
Mais l'eau estoit trop parfonde.

Les seigneurs et gens de façon
Lui mandèrent s'en revenir,
Et y fust le duc d'Alençon
Pour la contraindre à s'en venir.

Après cet échec, Jeanne se rendit à la basilique de Saint-Denis, et à la manière des anciens, elle y appendit les armes dont elle s'était servie, puis elle s'agenouilla devant la châsse vénérée de l'apôtre de la France. Sa mission lui paraissant accomplie, la jeune fille manifesta le désir de retourner à son village ; mais les instances du roi parvinrent à triompher de sa résolution. Charles VII n'ayant pas assez de ressources pour continuer la guerre autour de Paris, repassa bientôt la Loire avec son armée.

Trois grands poètes ont chanté Jeanne, Schakespeare, Voltaire et Schiller. Dans Schakespeare, la Pucelle est une sorcière ; dans Schiller, c'est une femme divine inspirée du ciel. Quant à Voltaire, on sait ce qu'il a fait de l'héroïne de Vaucouleurs. Rendons hommage au temps où nous vivons, ce crime du génie, cette débauche du talent ne serait plus possible aujourd'hui ; Voltaire serait forcé d'être Français par ses sentiments comme par sa gloire. Les grandes insultes à la patrie ne peuvent avoir lieu maintenant, car la liberté est la sauvegarde de ces renommées nationales qui appartiennent à tous les citoyens.

Jeanne-d'Arc n'est pas la seule illustration qui se rattache à la voie publique dont nous esquissons l'histoire. A l'angle de la rue de Richelieu s'élève un monument consacré à Molière. Il y a quelques années, le conseil municipal avait voté la reconstruction d'une fontaine en cet endroit, et personne n'avait songé à l'illustre poète, lorsqu'un artiste dramatique, amoureux de son art comme sont tous les talents supérieurs, écrivit à M. le comte de Rambuteau la lettre que nous reproduisons :

« Monsieur le Préfet,

» Le *Journal des Débats,* dans son numéro du 14 février, annonce la prochaine construction d'une fontaine à l'angle des rues Traversière et Richelieu. Permettez-moi, Monsieur le Préfet, de saisir cette occasion de rappeler à votre souvenir que c'est précisément en face de la fontaine projetée, dans la maison du passage Hulot, rue Richelieu, que Molière a rendu le dernier soupir, et veuillez excuser la liberté que je prends de vous faire remarquer que, si l'on considère cette circonstance et la proximité du Théâtre-Français, il serait impossible de trouver aucun emplacement où il fût plus convenable d'élever à ce grand homme un monument que Paris, sa ville natale, s'étonne encore de ne pas posséder.

» Ne serait-il pas possible de combiner le projet dont l'exécution est confiée au talent de M. Visconti avec celui que j'ai l'honneur de vous soumettre? Quand vos fonctions vous le permettent, vous venez assister à nos représentations, vous applaudissez aux chefs-d'œuvre de notre scène ; le vœu que j'exprime doit être compris par vous, et j'espère que vous l'estimerez digne de votre attention.

» Les modifications que l'on serait obligé de faire subir au projet arrêté entraîneraient indubitablement de nouvelles dépenses, mais cette difficulté serait, je le crois, facilement écartée. N'est-ce pas à l'aide de dons volontaires que la ville de Rouen a élevé une statue de bronze à Corneille? Assurément une souscription destinée à élever la statue de Molière n'aurait pas moins de succès dans Paris ; les corps littéraires et les théâtres s'empresseraient de s'inscrire collectivement ; les auteurs et les acteurs apporteraient leurs offrandes individuelles. Tous ceux qui aiment les arts et qui révèrent la mémoire de Molière accueilleraient cette souscription avec faveur, et s'intéresseraient à ce qu'elle fût rapidement productive. Du moins c'est ma conviction, et je souhaite vivement que vous la partagiez. D'autres que moi, Monsieur le Préfet, auraient sans doute plus de titres pour vous entretenir de ce projet, qui avait déjà préoccupé le célèbre Le Kain, mais si la France entière s'énorgueillit du nom de Molière, il sera toujours plus particulièrement cher aux comédiens. Molière fut, tout à la fois, leur camarade et leur père, et je crois obéir à un sentiment respectueux et presque filial, en vous proposant de réunir au projet de l'administration, celui d'un monument que nous serions si glorieux de voir enfin élever au grand génie qui, depuis près de deux siècles, attend cette justice.

» J'ai l'honneur, etc.

» Signé RÉGNIER,
» Sociétaire du Théâtre-Français. »

Cette lettre rencontra de la sympathie. Une souscription fut ouverte, et le 15 janvier 1844 eut lieu l'inauguration de la fontaine Molière. Sur le soubassement s'élève un ordre corinthien accouplé, au centre duquel est une niche circulaire, ornée, dans sa partie supérieure, d'une clef portant une table de marbre sur laquelle est inscrit le monogramme de 1844. Le monument est terminé par un riche entablement dont la frise est ornée de mascarons et de branches de lauriers. Il est surmonté d'un fronton circulaire au centre duquel est assis un génie qui couronne le poëte.

Les lignes des faces latérales viennent se raccorder à la façade principale, qui forme, pour ainsi dire, le frontispice au devant duquel est placé le piédestal en marbre blanc portant la statue en bronze de Molière. L'illustre poëte est assis et paraît plongé dans une profonde méditation. De chaque côté du piédestal sont deux figures, dont les regards se dirigent vers le poëte ; elles portent une légende où se trouvent inscrites, par ordre chronologique, toutes les pièces de Molière ; ces deux statues représentent, l'une la muse grave, l'autre la muse enjouée, double expression de talent de Molière ; enfin un bassin octogone reçoit l'eau qui jaillit de trois têtes de lion. Ce monument a 16 m. de hauteur sur 6 m. 50 c. de largeur. Il a été composé par M. Visconti, architecte ; la statue de Molière est de M. Seurre aîné et les deux muses de M. Pradier. La dépense s'est élevée pour la

fontaine à. . . . . 200,000 fr. environ.
Celle de l'acquisition de deux
maisons, à. 252,000
                                  ─────────
                    Total. . . . 452,000

sur lesquels la Ville de Paris a fourni 255,000 fr.

On ne saurait trop exalter la noble pensée qui a présidé à l'érection de la fontaine Molière. Il est utile de rappeler les beaux-arts à leur sainte mission. La statuaire devient une école de patriotisme et de sagesse, lorsqu'elle cherche à populariser l'héroïsme, les généreux dévoûments et le culte des grands poëtes ; lorsqu'elle place dans le cœur de tous les images de ces nobles intelligences qui répandent sur le monde des flots d'une lumière si pure.

Puisse le monument consacré à Molière perdre bientôt ce lustre éclatant de jeunesse qui nous rappelle deux siècles d'oubli !

FONTAINES (COUR DES).

Située entre les rues des Bons-Enfants, nos 11 et 13, et de Valois, nos 4 et 6. Le dernier impair est 7 ; le dernier pair, 6. Sa longueur est de 31 m. — 2e arrondissement, quartier du Palais-Royal.

Elle dépendait autrefois du Palais-Royal et renfermait sans doute des réservoirs qui alimentaient les bassins du jardin. — Une ordonnance royale du 22 août 1840 a maintenu les formes et dimensions actuelles de cette cour. — Égout. — Conduite d'eau. — Éclairage au gaz (compe Anglaise).

FONTAINES (RUE DES).

Commence à la rue du Temple, nos 95 et 97 ; finit à la rue de la Croix, nos 4 et 6. Le dernier impair est 29 ; le dernier pair, 18. Sa longueur est de 196 m. — 6e arrondissement, quartier Saint-Martin-des-Champs.

On la trouve indiquée sous ce nom dès le commencement du XVe siècle. Quelques plans l'ont désignée sous la dénomination des *Madelonettes*, parce que les Filles de la Madeleine y avaient leur couvent (voir l'article des *Madelonettes*). — Une décision ministérielle du 19 germinal an VIII, signée L. Bonaparte, a fixé la largeur de cette voie publique à 8 m. La maison no 7 est alignée ; les autres constructions de ce côté sont soumises à un retranchement qui varie de 1 m. 40 c. à 2 m. 60 c. Les maisons nos 4 bis, 6, celle qui form

— FON —

l'encoignure de la rue de la Croix et une partie des constructions des Madelonettes, sont alignées. La propriété n° 2 devra reculer de 1 m. 50 c.; celle n° 4, de 1 m. Les autres immeubles ne sont soumis qu'à un faible retranchement. — Conduite d'eau. — Éclairage au gaz (comp° Lacarrière).

FONTARABIE (BARRIÈRE DE).

Située à l'extrémité de la rue de Charonne.

C'était autrefois la barrière de Charonne. Elle n'a qu'un bâtiment à trois arcades. (Voyez l'article *Barrières*.)

FONTARABIE (CHEMIN DE RONDE DE LA BARRIÈRE DE).

Commence à la rue de Charonne et à la barrière de Fontarabie; finit aux rue et barrière des Rats. Pas de numéro. Sa longueur est de 412 m. — 8° arrondissement, quartier Popincourt.

Voir l'article *Chemins de ronde*.

FONTENOI (PLACE DE).

Située avenue Lowendal, derrière l'École-Militaire. Le dernier numéro est 13. — 10° arrondissement, quartier des Invalides.

Elle a été tracée vers 1770. Sa forme est demi-circulaire. Le nom qu'elle porte lui a été donné en mémoire de la bataille de *Fontenoi*, gagnée par les Français sous les ordres du maréchal de Saxe, le 8 mai 1745. Cette place a été cédée à la ville de Paris en vertu d'une loi du 19 mars 1838. — Conduite d'eau. (Voyez *Bourdonnaye*, avenue de La.)

FORCE (PRISON DE LA).

Située dans la rue du Roi-de-Sicile, n° 2. — 7° arrondissement, quartier du Marché-Saint-Jean.

L'histoire de cet hôtel remonte au XIII° siècle. Il appartenait, en 1265, au frère de saint Louis, Charles-d'Anjou, qui fut depuis roi de Naples et de Sicile. Son fils hérita de cet hôtel, qu'il donna, en 1292, à Charles de Valois et d'Alençon, fils de Philippe-le-Hardi. Les comtes d'Alençon en furent propriétaires jusqu'en 1390. Cette habitation n'était séparée des lices de la culture Sainte-Catherine que par l'enceinte de Philippe-Auguste; Charles VI, passionné pour les exercices de chevalerie, pensa qu'il serait commode pour lui d'avoir une semblable maison pour s'y préparer aux tournois. Il la fit demander en conséquence à Pierre d'Alençon, qui la lui céda le 26 mai 1390. Nous rapportons un extrait de l'acte de cession.

« Nous comte d'Alençon et du Perche, seigneur du
» Fougières et vicomte de Beaumont, savoir faisons à
» tous présents et à venir, que comme naguères pour
» ce que notre très redoutable seigneur le roi avoit
» affection et volonté de avoir en la ville de Paris un
» ostel auquel il se put princièrement ordonner pour les

— FOR —

» joûtes que faire se pourroient en la clousture Sainte-
» Catherine qui est la plus convenable place de Paris
» au plaisir de mon dit seigneur, pour joûter et faire
» telles fêtes; icelui monseigneur nous eut rescript et
» prié par ses lettres closes que nous voulussions lui
» donner nostre ostel étant à Paris appelé l'*ostel de
» Sécile*, afin que par la clousture d'icelui qui est des
» anciens murs de la ville de Paris, il peust lui et ceulx
» que il voudroit être avecques lui entrer sur les rans
» quand joustes se feroient en la dite clousture, etc..
» Nous désirans sur toutes choses accomplir le bon plai-
» sir de mon dit seigneur, à icelui monseigneur à ses
» hoirs, successeurs et aïans cause à toujours, mais
» de notre certaine science et propre mouvement, avons
» donné, transporté, délaissé, donnons, transportons,
» délaissons nostre ostel avec toutes ses appartenances
» quelconques, plainement et absolument à en faire leur
» plaine volonté hault et bas comme de leur propre
» chose, etc. Donné à Argenthen, le 26° jour de may, l'an
» de grâce 1390 (Signé le Comte d'Alençon). Et scellées
» en cire verte, en lacs de soye rouge et verte, etc. »
(Arch. q. 1236). — Cet hôtel appartint depuis aux rois de Navarre et aux comtes de Tancarville. Le cardinal de Meudon en étant devenu propriétaire, le fit rebâtir en 1559, mais il ne fut achevé que par Réné de Biragué, aussi cardinal et chancelier de France. Après sa mort, arrivée en 1583, il fut acquis par Antoine Roquelaure, qui le revendit à François d'Orléans Longueville, comte de Saint-Paul, ce qui lui fit donner alors le nom d'*hôtel de Saint-Paul*, qu'il conserva encore lorsque le seigneur de Chavigni en devint propriétaire. Cette habitation passa ensuite à Henri Jacques Caumont, duc de la Force, par son mariage avec la petite-fille de Chavigni. Cette résidence prit alors le nom d'*hôtel de la Force*. A la fin du règne de Louis XIV, cette demeure fut partagée en deux parties : l'une forma l'*hôtel de Brienne* nommé depuis *hôtel de la petite Force*, et dont l'entrée se trouvait dans la rue Pavée; l'autre partie, située dans la rue du Roi-de-Sicile, fut acquise en 1715, par les frères Pâris, qui y firent de grands embellissements, puis la vendirent à la demoiselle Toupel. Le sieur d'Argenson en fit l'acquisition le 12 septembre 1754 pour le compte du gouvernement, qui avait le dessein d'y établir l'École-Militaire; ce projet n'eut pas de suite. Quelque temps après, le ministre Necker engageait Louis XVI à supprimer les prisons du Fort-l'Évêque et du Petit-Châtelet. — Une ordonnance du 30 août 1780, porte : « Que
» les prisonniers seront conduits dans l'hôtel de la
» Force. » Ils n'y furent transférés qu'au mois de juin 1782.

Avril 1785. Lettres-patentes concernant la suppression de la prison de Saint-Martin et sa réunion à celle de l'hôtel de la Force. — « Louis, etc... Le compte que
» nous nous sommes fait rendre de l'état actuel de la
» prison de Saint-Martin de notre bonne ville de Paris,
» nous ayant fait reconnaître que son défaut d'étendue
» ne permettait pas d'y faire des changements capables

» de procurer plus de commodité et de salubrité, nous
» nous serions déterminé à la supprimer et à la rem-
» placer par un établissement qui serait formé à cet
» effet dans une portion de terrain et bâtiment dépen-
» dant de l'hôtel de Lamoignon, et attenant l'hôtel de
» la Force, auquel cet établissement serait réuni, etc.
» — Article 1er. Nous avons supprimé et supprimons
» la prison de Saint-Martin. Ordonnons qu'il sera in-
» cessamment formé un établissement pour la même
» destination, lequel sera et demeurera réuni à la pri-
» son de l'hôtel de la Force, etc. Données à Versailles,
» au mois d'avril l'an de grâce 1785, signé Louis. »
(Extrait des lettres-patentes). Archives du royaume, section administrative, S. E., n° 3478, f. 19. — Les filles publiques qui étaient enfermées dans la prison de Saint-Martin furent conduites à la Petite-Force.

Pendant la Terreur la jeune et belle princesse de Lamballe fut jetée dans la prison de la Force. Les assassins, après avoir assouvi leur fureur à l'*abbaye,* manquant de victimes, se séparent en plusieurs bandes ; l'une d'elles se rend à la Force. Une espèce de tribunal est improvisé par ces hommes qui ne veulent que du sang. La jeune princesse est aussitôt appelée ; mourante, elle arrive jusqu'au terrible guichet ! « Qui êtes-vous, » demande un de ces bourreaux ? « Louise de Savoie, princesse de Lam-
» balle.—Faites serment d'aimer la liberté, l'égalité.—
» Je le jure, répondit la jeune femme.—Jurez de haïr le
» roi, la reine et la royauté. — Je ne ferai point ce ser-
» ment, il n'est point dans mon cœur. — Emmenez
» madame, dit le chef du guichet. » A peine a-t-elle fait un pas hors de l'enceinte, qu'un premier coup de sabre fait jaillir le sang de sa tête, elle se soutient encore un moment, puis un second coup la fait rouler aux pieds de ses bourreaux !... Son corps est déchiré, on l'outrage, on le mutile, on s'en dispute les lambeaux !... Leur rage n'est point encore assouvie. Sa tête est coupée et mise au bout d'une pique. Ils vont la montrer à la famille royale. Ce sanglant trophée dut annoncer aux malheureux captifs le sort qu'on leur réservait. La mort de la princesse de Lamballe ne fut que le prélude des assassinats dont la prison de la Force devint le théâtre.

Depuis 1830, l'insuffisance et l'état de vétusté des bâtiments de la Force avaient éveillé l'attention de l'autorité, qui d'ailleurs voulait introduire un nouveau système dans le régime intérieur des prisons. La construction d'une maison d'arrêt, destinée à remplacer celle de la Force, fut décidée ; mais le choix de l'emplacement donna lieu à quelques difficultés. Elles furent enfin résolues par l'ordonnance suivante : — « Louis-Philippe, etc...
» Nous avons ordonné et ordonnons ce qui suit : — Ar-
» ticle 1er. Le périmètre d'une prison destinée à rem-
» placer la maison d'arrêt de la Force à Paris, et les
» alignements des rues de Bercy, Traversière, des Char-
» bonniers et du boulevard Mazas, aux abords de ce
» périmètre, sont arrêtés conformément au tracé des
» lignes rouges et noires portées sur le plan ci-annexé.
» — Art. 2e. Sont autorisés l'ouverture de trois rues
» sur une largeur de 12 m., dans tout leur parcours
» suivant le tracé du même plan où elles sont cotées
» A. B. C., et le prolongement du boulevard Mazas,
» ainsi que le tout est indiqué et compris dans le pé-
» rimètre déterminé par l'article 1er ci-dessus. —
» Art. 3e. L'exécution de ce périmètre et des aligne-
» ments présentement arrêtés est déclarée d'utilité
» publique. — Art. 4e. Le préfet de la Seine, agissant
» au nom de ce département, est en conséquence auto-
» risé à acquérir, soit de gré à gré, soit par voie d'expro-
» priation forcée, conformément à la loi du 7 juillet 1833,
» tous les terrains et autres immeubles nécessaires à la
» réalisation de ces projets, etc... Au palais des Tuile-
» ries, le 17 décembre 1840, signé Louis-Philippe. Par
» le roi, le ministre secrétaire d'État au département
» de l'intérieur, signé T. Duchâtel. » — En ce moment les travaux de la nouvelle prison se poursuivent avec la plus grande activité sous la direction de MM. Lecointe et Gilbert aîné, architectes. Les constructions à l'entrée par le boulevart Mazas consisteront en un bâtiment d'administration avec dépendances et cours pour le déplacement des prisonniers. Ce bâtiment contiendra au rez-de-chaussée un portique de communication, la geôle, l'avant-greffe, le greffe, le cabinet du directeur, la salle de réunion de la commission des prisons et les salles de dépôt des prévenus ; au 1er étage, les logements du directeur et du greffier ; au 2e étage, la lingerie et les logements des employés. La prison proprement dite sera entièrement isolée par un chemin de ronde ; elle comportera cinq cours ou préaux, et six corps de bâtiments rayonnant autour d'une grande salle centrale destinée à la surveillance générale. Près de cette salle se trouveront les parloirs, le cabinet du médecin, la pharmacie, etc.; un des six bâtiments contiendra l'infirmerie. Le système de la nouvelle maison d'arrêt étant l'isolement de jour et de nuit, les bâtiments seront disposés de manière à former trois étages de cellules. Chaque bâtiment contiendra 200 prévenus, les six, 1,200. La dépense des constructions est évaluée à 3,389,496 fr. ; l'acquisition des terrains nécessaires à l'emplacement du nouvel édifice et à la formation de ses abords, s'est élevée à 937,000 fr. Les travaux seront terminés à la fin de l'année 1845. A cette époque, l'administration mettra en vente les terrains occupés aujourd'hui par la prison de la Force et dont la valeur est estimée 600,000 fr.

FOREZ (RUE DU).

Commence à la rue Charlot, nos 19 et 21 ; finit à la rue de Beaujolais, n° 20, et à la place de la Rotonde du Temple, n° 2. Le seul impair est 1 ; le dernier pair, 12. Sa longueur est de 43 m. — 6e arrondissement, quartier du Temple.

Ouverte en 1626, sur la culture du Temple, elle prit d'une de nos provinces le nom du *Forez.* — Une décision ministérielle du 5 vendémiaire an IX, signée L. Bonaparte, fixa la largeur de cette voie publique à 8 m. Cette largeur a été portée à 10 m. en vertu d'une ordon-

— FOR —

nance royale du 16 mai 1833. La maison n° 1 est alignée; celle qui forme l'encoignure de la rue Charlot devra reculer de 1 m. 10 c.; la propriété à l'encoignure de la rue de Beaujolais ne devra subir qu'un léger redressement. Les constructions du côté des numéros pairs sont soumises à un retranchement qui varie de 3 m. 40 c. à 4 m. 40 c. — Éclairage au gaz (comp° Lacarrière).

FORGE-ROYALE (IMPASSE DE LA).

Située dans la rue du Faubourg-Saint-Antoine, entre les n°s 177 et 179. Le dernier impair est 5; le dernier pair, 6 bis. Sa longueur est de 38 m. — 8e arrondissement, quartier du Faubourg-Saint-Antoine.

Bâtie vers 1770, elle doit son nom à une enseigne. Il n'existe pas d'alignement pour cette impasse, dont la largeur actuelle est de 6 m.

FORGES (RUE DES).

Commence à la rue de Damiette, n° 2, et à la cour des Miracles; finit à la place du Caire, n° 33, et à la rue du Caire, n° 31. Le dernier impair est 3; le dernier pair, 6. Sa longueur est de 63 m. — 5e arrondissement, quartier Bonne-Nouvelle.

Cette rue, qui forme retour d'équerre, a été ouverte conformément à une décision ministérielle du 2 messidor an VIII, signée L. Bonaparte. Sa largeur est fixée à 7 m. Les constructions du côté des numéros impairs sont alignées. (Voyez *Damiette*, rue de.)

FORTIN (RUE).

Commence à la rue de Ponthieu, n°s 64 et 66; finit à la rue des Écuries-d'Artois, n°s 7 et 9. Pas de numéro. Sa longueur est de 166 m. — 1er arrondissement, quartier des Champs-Élysées.

En vertu d'une ordonnance royale du 4 novembre 1829, M. Jean-Joseph Fortin, avocat, a été autorisé à ouvrir sur ses terrains une rue de 12 m. de largeur pour communiquer de la rue de Ponthieu à celle des Écuries-d'Artois. Cette autorisation a été accordée à la charge par l'impétrant; de livrer gratuitement à la ville le terrain occupé par la nouvelle rue; d'établir de chaque côté des trottoirs en pierre dure, suivant les dimensions qui lui seront indiquées; de supporter les frais de premier établissement du pavage et de l'éclairage, ainsi que des travaux à faire pour l'écoulement souterrain ou à ciel ouvert des eaux pluviales et ménagères; enfin de se soumettre aux lois et règlements sur la grande voirie de Paris, etc. En 1837 seulement on a commencé à construire dans cette rue. — Conduite d'eau. — Éclairage au gaz (comp° de l'Ouest).

FORTUNÉE (AVENUE).

Commence à l'avenue des Champs-Élysées, n° 120; finit à l'avenue Châteaubriand. Le dernier impair est 11; le dernier pair, 8. — 1er arrondissement, quartier des Champs-Élysées.

Elle a été percée, en 1825, sur l'emplacement de l'ancien jardin Beaujon. Plusieurs habitants de cette avenue lui ont donné la dénomination de *Fortunée* qui est le prénom de madame Hamelin, propriétaire. Cette avenue, qui n'est point reconnue voie publique, est fermée par une grille.

FOUARRE (RUE DU).

Commence à la rue de la Bucherie, n°s 21 et 23; finit à la rue Galande, n°s 38 et 40. Le dernier impair est 19; le dernier pair, 18. Sa longueur est de 92 m. — 12e arrondissement, quartier Saint-Jacques.

Dans un cartulaire de Sainte-Geneviève, on lit qu'en 1202 Mathieu de Montmorency, seigneur de Marly, et Mathilde de Garlande, sa femme, donnèrent à cens à plusieurs particuliers leur vigne appelée le *clos Mauvoisin* ou de *Garlande*, à la charge par eux d'y bâtir des maisons. Bientôt furent construites les rues du Fouarre, Galande, des Trois-Portes, Jacinte et des Rats (aujourd'hui de l'Hôtel-Colbert).

En 1260, la première de ces voies publiques s'appelait rue des *Écoliers*; en 1264, rue des *Écoles*. Vers 1300, c'était la rue au *Feurre*. Cette dénomination, qui, en vieux langage signifiait *paille*, avait été donnée à cette rue, en raison des écoliers qui étaient assis sur la paille en prenant leurs leçons. Anciennement, les églises étaient jonchées de paille fraîche et d'herbes odoriférantes, surtout les jours de grandes fêtes. — En 1358, l'Université se plaignit au régent, depuis Charles V, « de ce que, dit Sauval, la rue au Feurre étoit chaque
» nuit encombrée d'immondices et d'ordures fétides
» apportées par des hommes malfaisants; que de plus,
» on enfonçoit les portes de l'école pour y introduire
» des filles publiques qui y passoient la nuit, et souil-
» loient les lieux où se plaçoient les écoliers, ainsi que
» la chaire du professeur. Sur cette plainte, le régent
» ordonna qu'il seroit établi deux portes aux extrémi-
» tés de la rue au Feurre, et que ces portes seroient
» fermées pendant la nuit. » Sous François Ier, cette rue prit la dénomination de rue du *Feurre*, puis par altération, celle de rue du *Fouarre*. — Une décision ministérielle du 3 pluviôse an X, signée Chaptal, a fixé la largeur de cette voie publique à 7 m. Les dépendances de l'Hôtel-Dieu et les maisons n°s 10 et 12 ne sont pas soumises à retranchement. La propriété n° 14 ne devra éprouver qu'un léger redressement. — Conduite d'eau depuis la rue Galande jusqu'à la bornefontaine.

Au n° 17 était situé le *collège de Picardie*. On comptait autrefois dans cette voie publique quatre écoles pour les quatre nations de l'Université. Celle de Picardie fut seule conservée jusqu'à la fin du siècle dernier. En 1487, elle avait obtenu la permission d'y faire construire une chapelle qui fut dédiée, en 1506, sous l'invocation de la Sainte-Vierge, de saint Nicolas et de sainte Catherine. Cette chapelle et ses dépendances devenues propriétés nationales furent vendues le 28 frimaire an IX.

FOUR-SAINT-GERMAIN (RUE DU).

Commence à la place Sainte-Marguerite, n° 1, et la rue des Boucheries, n° 65; finit aux rues du Vieux-Colombier, n° 36, et du Dragon, n° 35. Le dernier impair est 81; le dernier pair, 92. Sa longueur est de 442 m. — Les impairs sont du 11e arrondissement, quartier du Luxembourg; les pairs, du 10e arrondissement, quartier de la Monnaie.

Elle a été ainsi appelée en raison du four banal de l'abbaye Saint-Germain-des-Prés, construit au coin de la rue Neuve-Guillemin. — En 1551, dit Sauval, cette rue n'était pas encore pavée, ainsi que plusieurs autres des environs. Les habitants s'en plaignirent souvent au prévôt de Paris, qui enfin condamna ces religieux à la faire paver à leurs frais. — Une décision ministérielle du 13 fructidor an VIII, signée L. Bonaparte, fixa la moindre largeur de cette voie publique à 10 m. En vertu d'une ordonnance royale du 2 août 1843, cette moindre largeur est portée à 13 m. Les propriétés ci-après ne sont pas soumises à retranchement : 1, 3, 5, 7, 9, 11, 13, 15, 31, 33, 35, 37, 59; 26, 28, 36, 38, 40, 42, 44, 46, 48, 88 bis et 90. — Égout. — Conduite d'eau. — Éclairage au gaz (compe Française).

FOUR-SAINT-HONORÉ (RUE DU).

Commence à la rue Saint-Honoré, n°s 72 et 76; finit aux rues Coquillière, n° 1, et Trainée, n° 17. Le dernier impair est 49; le dernier pair, 22. Sa longueur est de 220 m. — Les numéros impairs sont du 4e arrondissement, quartier de la Banque; les numéros pairs, du 3e arrondissement, quartier Saint-Eustache.

En 1255, elle portait ce nom qu'elle devait au four banal que l'évêque de Paris avait au bout de cette rue, du côté de l'église Saint-Eustache. Cet endroit se nommait l'*hôtel du Four*, contre l'*hôtel du grand pannetier de France*. — Une décision ministérielle du mois de floréal an VII, signée François de Neufchâteau, a fixé la largeur de cette voie publique à 9 m. Les maisons n°s 43, 45 et 47 sont alignées; celles n°s 19, 21 et 23 ne devront subir qu'un léger redressement. Les propriétés n°s 25, 27, 29, 31, 33, 35, 37; 2 et 4, sont soumises à un retranchement qui n'excède pas 40 c. — Portion d'égout du côté de la rue Trainée. — Conduite d'eau dans toute l'étendue. — Éclairage au gaz (compe Anglaise).

FOUR-SAINT-JACQUES (RUE DU).

Commence à la rue des Sept-Voies, n°s 14 et 18; finit à la rue d'Écosse, n°s 8 et 9. Le seul impair est 1; le dernier pair, 8. Sa longueur est de 41 m. — 12e arrondissement, quartier Saint-Jacques.

Le cartulaire de Sainte-Geneviève de 1248 en fait mention sous le nom de *vicus* ou de *ruella Furni*. En 1300, Guillot la nomme du *Petit-Four*, qu'on appelle le *Petit-Four Saint-Ylaire*. On lui avait donné cette dénomination en raison du four banal appartenant à l'église Saint-Hilaire, qu'on voyait en cet endroit. —

Une décision ministérielle, à la date du 13 juin 1807, signée Champagny, a fixé la largeur de la rue du Four à 7 m. Les constructions riveraines sont soumises à un retranchement de 1 m. 20 c.

FOURCY-SAINT-ANTOINE (RUE).

Commence aux rues de Jouy, n° 2, et des Prêtres-Saint-Paul, n° 30; finit à la rue Saint-Antoine, n°s 80 et 82. Le dernier impair est 7; le dernier pair, 18. Sa longueur est de 96 m. — 9e arrondissement; les impairs sont du quartier de l'Hôtel-de-Ville; les pairs, du quartier de l'Arsenal.

« Le roy s'estant faict représenter en son conseil le
» plan que les prévost des marchands et eschevins de
» sa bonne ville de Paris ont faict lever par ses ordres
» pour eslargir la rue des Nonnaindières et donner par
» l'ouverture d'un petit cul-de-sacq, estant entre la
» rue de Jouy et celle de Sainct-Anthoine, un passage
» fort commode et de communiquation du quartier de
» l'isle Nostre-Dame à celui de la d. rue Sainct-An-
» thoine et du Marais; et sa majesté ayant été infor-
» mée par les d. prévost des marchands et eschevins
» que la despence qui étoit à faire pour le d. eslargis-
» sement et ouverture du d. cul-de-sacq, debvant estre
» considérable, etc. Sa majesté en son conseil a or-
» donné et ordonne que la d. rue des Nonnaindières
» sera eslargie, et le d. cul-de-sac ouvert conformé-
» ment au d. plan, et qu'à cet effet, les maisons de la
» d. rue et cul-de-sacq, marquées sur le d. plan, seront
» retranchez et les ouvrages nécessaires faits incessam-
» ment, et que les propriétaires des d. maisons retran-
» chées seront remboursez de ce qui se trouvera leur
» estre deub pour leurs dédommagements, par les d.
» prévost des marchands et eschevins. Ordonne en
» outre sa majesté, que les propriétaires tant des autres
» maisons non retranchées de la d. rue et cul-de-sacq,
» que de celles des rues circonvoisines et des maisons
» de la d. isle Notre-Dame, contribueront les sommes
» pour les quelles ils seront employés dans le rolle qui
» sera arrêté à ceste fin au d. conseil, à proportion de
» l'advantage qu'ils recevront du d. eslargissement et
» de la communication des d. quartiers, etc... A Ver-
» sailles, le 16e décembre 1684. Signé Le Tellier. »
(Extrait de l'arrêt du conseil.)

Cet arrêt fut immédiatement exécuté. On donna à la nouvelle communication, qui fut ouverte sur une largeur de 7 m. 80 c. environ, le nom de rue *Fourcy*, en l'honneur de Henri de Fourcy, chevalier, seigneur de Chessy, ancien président aux enquêtes, alors prévôt des marchands. Il remplit cette dernière fonction depuis le 16 août 1684 jusqu'au 16 août 1692. — Une décision ministérielle à la date du 13 thermidor an VI, signée François de Neufchâteau, fixa la largeur de cette voie publique à 10 m. Enfin une ordonnance royale, à la date du 6 mai 1827, a porté cette largeur à 12 m. Les constructions du côté des numéros impairs sont soumises à un retranchement qui varie de 2 m. à

— FOU —

2 m. 30 c. La maison n° 2 est alignée; le surplus de ce côté devra reculer de 1 m. 95 c. à 2 m. 30 c. — Égout. — Conduite d'eau. — Éclairage au gaz (comp° Parisienne).

FOURCY-SAINTE-GENEVIÈVE (RUE).

Commence aux rues Mouffetard, n° 2, et Descartes, n° 52; finit aux rues de la Contrescarpe et de la Vieille-Estrapade. Le dernier impair est 11; le dernier pair, 4. Sa longueur est de 80 m. — 12e arrondissement, quartier Saint-Jacques.

Bâtie sur les fossés qui furent comblés en exécution d'un arrêt du conseil du 17 avril 1685, elle prit la dénomination de rue *Fourcy* (voir l'article précédent). — Une décision ministérielle à la date du 2 thermidor an X, signée Chaptal, a fixé la largeur de cette voie publique à 11 m. Les constructions riveraines sont soumises à un retranchement qui n'excède pas 40 c.

FOURNEAUX (BARRIÈRE DES).

Située à l'extrémité de la rue du même nom.

Elle a porté la dénomination de *Barrière de la Voirie*, en raison d'une voirie qui se trouvait dans le voisinage. Elle consiste en deux bâtiments avec colonnes surmontées d'un tambour. (Voyez l'article *Barrières*.)

FOURNEAUX (CHEMIN DE RONDE DE LA BARRIÈRE DES).

Commence aux rue et barrière des Fourneaux; finit aux rue et barrière de Vaugirard. Pas de numéro. Sa longueur est de 176 m. — 11e arrondissement, quartier du Luxembourg.

Voyez l'article *Chemins de ronde*.

FOURNEAUX (RUE DES).

Commence à la rue de Vaugirard, n°s 107 et 109; finit aux chemins de ronde des barrières du Maine et des Fourneaux. Le dernier impair est 25; le dernier pair, 20. Sa longueur est de 407 m. — 11e arrondissement, quartier du Luxembourg.

Un plan de 1730 indique en cet endroit une tour dite des Fourneaux. Aux abords de cette tour, il existait plusieurs fabriques de fourneaux. La rue qui fut ouverte à la fin de ce siècle en a retenu la dénomination. — Une décision ministérielle à la date du 28 ventôse an IX, signée Chaptal, a fixé la moindre largeur de cette voie publique à 12 m. Les propriétés n°s 1, 3, 5, 7, 9, 15, 17; 19, 21 et les trois maisons situées en face des n°s 5 et 7, sont alignées.

FOURREURS (RUE DES).

Commence à la rue des Lavandières, n° 41, et à la place Sainte-Opportune, n° 1; finit à la rue des Déchargeurs, n°s 12 et 14. Le dernier impair est 19; le dernier pair, 22. Sa longueur est de 60 m. — 4e arrondissement; les numéros impairs sont du quartier Saint-Honoré; les pairs, du quartier des Marchés.

Elle était presqu'entièrement bordée de constructions vers 1250. On l'appelait alors rue de la Cor-

— FRA —

douannerie. Vers 1295, les cordonniers cédèrent la place aux pelletiers pour aller s'établir plus près de la halle. La voie publique qu'ils avaient abandonnée conserva longtemps encore son ancienne dénomination. Ce ne fut qu'au XVIIe siècle qu'elle prit le nom de rue des *Fourreurs*. — Une décision ministérielle du 12 fructidor an V, signée François de Neufchâteau, fixa la largeur de cette voie publique à 8 m. En vertu d'une ordonnance royale du 9 décembre 1838, cette largeur est portée à 10 m. Les maisons n°s 2, 4 et 6 ont été démolies en 1839 pour l'élargissement de la place Sainte-Opportune. La propriété n° 8 est alignée; celles n°s 16 et 18 ne sont soumises qu'à un léger redressement. Maison n° 10, retranchement 70 c.; n° 12, retranchement 50 c.; n° 14, retranchement 20 c.; n° 20, retranchement 30 c.; n° 22, retranchement réduit 1 m. 10 c. La propriété n° 1 devra subir un fort retranchement sur la rue des Lavandières; n° 3, retranchement réduit 2 m.; de 5 à 19 inclus, retranchement 2 m. 60 c. à 4 m. — Éclairage au gaz (comp° Anglaise).

FOY (RUE SAINTE-).

Commence à la rue des Filles-Dieu, n°s 20 et 22; finit à la rue Saint-Denis, n°s 377 et 379. Le dernier impair est 31; le dernier pair, 30. Sa longueur est de 172 m. — 5e arrondissement, quartier Bonne-Nouvelle.

Cette rue était presqu'entièrement bordée de constructions en 1630 et portait le nom de rue du *Rempart*, en raison de sa proximité du mur d'enceinte construit sous Charles V et son successeur. Elle prit ensuite la dénomination de rue des *Cordiers*. Dès 1664, une enseigne représentant sainte Foy, lui avait fait prendre le nom qu'elle conserve aujourd'hui. — « Séance du » 11 juillet 1793. Sur le rapport des administrateurs » des travaux publics, le corps municipal arrête que » la rue Sainte-Foy sera et demeurera alignée à 18 pieds » de largeur, etc.... » (Registre du corps municipal, vol. 40, page 6663). — Une décision ministérielle à la date du 23 brumaire an VIII, signée Quinette, et une ordonnance royale du 21 juin 1826, ont fixé la moindre largeur de cette voie publique à 7 m. La maison n° 1; retranchement réduit 40 c. Les propriétés n°s 3, 5, 7, 9, 11, 13, 15, 17, 19, 21, 23 et 25 sont alignées; n° 27, retranchement 2 m.; n° 29, retranchement 2 m. 50 c.; n° 31, retranchement qui varie de 2 m. 70 c. à 4 m. 70 c. Les constructions de 2 à 22, retranchement 1 m. 20 c. à 1 m. 80 c.; maison n° 24, retranchement 1 m. 70 c. à 3 m. 70 c. Celles qui portent les n°s 26, 28 et 30 sont alignées. — Conduite d'eau. — Éclairage au gaz (comp° Française).

FRANÇAIS (THÉATRE).

Situé dans la rue de Richelieu, n° 6. — 2e arrondissement, quartier du Palais-Royal.

L'enfance de l'art scénique offre chez tous les peuples anciens et modernes les mêmes traits de ressemblance. Des compositions ridicules et grossières, des

— FRA —

parades obscènes et burlesques, telle fut l'origine des théâtres grec et romain, comme celle du Théâtre Français. Les arènes, les cirques, les amphithéâtres, dont nous possédons encore de précieux débris, nous indiquent que les Romains établirent, surtout dans le midi de la Gaule, les jeux et les spectacles en usage à Rome. Les emplacements réservés pour les luttes de gladiateurs, les jeux et les combats de bêtes féroces, étaient élevés en général par les soldats des légions. Ces jeux disparurent à peu près à la chute de l'empire romain; cependant à l'est de la montagne Sainte-Geneviève, dans l'emplacement limité aujourd'hui par les rues Saint-Victor, Neuve-Saint-Étienne et des Boulangers, existait un terrain nommé *clos des Arènes*. Chilpéric le fit réparer en 577, et Saint-Foix rapporte que Pépin s'y rendait pour voir combattre des taureaux contre des ours. Plus tard des bouffons, des farceurs, des bateleurs, connus sous le nom général d'*histrions*, formèrent en France une espèce de corporation assez dangereuse par les obscénités qu'elle débitait, pour qu'on dût s'occuper de la détruire. Dans un capitulaire de l'an 789, Charlemagne met les histrions au nombre des personnes infâmes dont le témoignage n'est pas admis en justice. Les conciles de Mayence, de Tours, de Reims et de Châlons-sur-Saône, qui furent tenus en 813, défendirent aux évêques, ainsi qu'aux simples prêtres, d'assister à ces spectacles sous peine de suspension. Une ordonnance de Charlemagne de la même année autorisa cette disposition. Il est dit : « que pour
» se conserver l'âme pure de tous vices, il faut éviter
» de voir et d'entendre les insolences des jeux sales et
» honteux des histrions (*histrionum turpium et obcœ-*
» *norum insolentias jocorum*). » Le mépris public fut encore plus funeste pour les histrions dont le nombre diminua insensiblement. On les vit reparaître au milieu du XIIe siècle, mais avec une meilleure réputation. Les uns portaient le nom de *trouvères* ou troubadours, les autres étaient appelés *conteours* ou conteurs, plusieurs étaient connus sous la dénomination de *jongleours* ou jongleurs. Presque tous étaient nés en Provence, sous ce beau ciel dont le spectacle est un poème et la langue une musique. Les trouvères ou troubadours composaient des vers dont les sujets étaient tirés de l'histoire des grands hommes. Ils nommaient ces productions leurs gestes, du latin *gesta*; parfois ils y mêlaient quelques traits satiriques dirigés contre les vices du siècle; souvent aussi leurs compositions respiraient l'éloge de la vertu. Quelques uns récitaient des histoires fabuleuses en forme de dialogues entre amants et maîtresses, qu'ils nommaient TENSONS. Les *conteours* ou conteurs inventaient des historiettes en prose, que Boccace a depuis imitées. Les *jongleours* ou jongleurs jouaient de plusieurs instruments. Pour se rendre plus agréables, souvent ils réunissaient leurs talents qui servaient à divertir les princes et les grands seigneurs qui les récompensaient avec libéralité. Peu à peu les plus habiles d'entre les troubadours disparurent et furent remplacés par de moins capables. Tous ceux de cette profession se séparèrent, puis formèrent deux différentes espèces d'acteurs : les uns, sous l'ancien nom de *jongleurs*, joignirent aux instruments le chant ou le récit des vers; les autres prirent simplement la dénomination de *joueurs* (*joculatores*). C'est ainsi qu'ils sont appelés dans les anciennes ordonnances. Les jeux de ces derniers consistaient en tours de force et d'adresse, qu'ils exécutaient eux-mêmes ou qu'ils faisaient faire par des singes. Les uns et les autres tombèrent dans un tel mépris, que leur profession donna naissance à cette épithète : lorsqu'on voulait parler d'une chose mal faite, mauvaise ou ridicule, on disait : *c'est une jonglerie*. Philippe-Auguste n'imita point l'exemple de ses riches vassaux, qui accueillaient ces acteurs avec munificence. « Donner aux histrions, disait-il, c'est faire sacrifice au diable. » Saint Louis montra la même répugnance pour ces amusements profanes.

Cependant, malgré les excommunications des évêques et les ordonnances sévères des prévôts de Paris, les jongleurs se multiplièrent dans la capitale et se réunirent en confrérie en 1331. Dans une ordonnance du prévôt de Paris du 14 septembre 1395, il leur fut défendu *de rien dire, représenter ou chanter qui pût causer quelque scandale, à peine de deux mois de prison, au pain et à l'eau*. Ces jeux furent plus tard perfectionnés, et une troupe d'acteurs s'établit en 1398 à Saint-Maur-des-Fossés. Le prévôt de Paris voulut s'opposer à cette innovation et rendit le 3 juin de la même année une ordonnance *portant défense à tous les habitants de Paris de représenter aucuns jeux de personnages, soit de vies de saints ou autrement, sans le congié du roy, à peine d'encourir son indignation et de forfaire envers lui*. Ces acteurs s'adressèrent au roi, et pour se le rendre favorable, proposèrent d'ériger leur troupe en confrérie. Le roi approuva leur dessein et autorisa leur établissement par des lettres-patentes, dont nous citons un extrait : —
« Charles, par la grâce de Dieu, roy de France, etc...
» Nous avons reçu l'humble supplication de nos bien-
» amez les maistres, gouverneurs et confrères de la con-
» frairie de la Passion et Résurrection de notre Seigneur,
» fondée en l'église de la Trinité à Paris, contenant que
» comme pour le fait d'aucuns mystères de saints, de
» saintes, et mêmement du mystère de la Passion, qu'ils
» ont commencé dernièrement et sont près de faire en-
» core devant nous, comme autrefois avoient fait, et les-
» quels ils n'ont pu bonnement continuer parce que
» nous n'y avons pu être lors présents, et pour quel
» fait et mystère la dite confrairie a moult frayé et dé-
» pensé du sien, et aussi ont fait les confrères chacun
» d'eux proportionnablement; disans en outre que s'ils
» jouoient publiquement et en commun, que ce seroit
» le proufit de la dite confrairie; ce que faire ils ne
» pouvoient bonnement sans notre congié et licence,
» requérans sur ce notre gracieuse provision. Nous qui
» voulons et désirons le bien, proufit et utilité de la dite
» confrairie et les droits et revenus d'icelle, estre par

» nous accrus et augmentez de grâce et privilèges,
» afin qu'un chacun par dévotion se puisse adjoindre
» et mettre en leur compagnie, à iceux maistres, gouver-
» neurs et confrères d'icelle confrairie de la Passion
» de notre dit Seigneur, avons donné et octroyé de
» grâce spéciale, pleine puissance et autorité royale
» cette fois pour toutes et à toujours perpétuellement
» pour la teneur de ces présentes lettres, autorité, con-
» gié et licence, de faire jouer quelque mystère que ce
» soit, soit de la Passion et Résurrection, ou autre quel-
» conque, tant de saints comme de saintes qu'ils vou-
» dront élire, et mettre sur toutes et quantes fois qu'il
» leur plaira, soit devant nous, nostre commun ou
» ailleurs, tant en recors qu'autrement ainsi par la ma-
» nière que dit est, puissent aller et venir, passer et
» repasser paisiblement, vestus, habillez et ordon-
» nez un chacun d'eux, en tel estat ainsi que le cas le
» désirera, et comme il appartiendra selon l'ordonnance
» du dit mystère, sans détourber ou empêcher et en
» pleine confirmation et seureté, nous iceux confrères,
» gouverneurs et maistres, de notre plus abondante
» grâce, avons mis en notre protection et sauvegarde
» durant le recors de iceux jeux et tant qu'ils joüeront
» seulement, sans pour ce leur méfaire ou à aucuns
» d'eux à cette occasion ne autrement, etc… Ce fut fait
» et donné à Paris, en nostre hostel lès Saint-Pol, au
» mois de décembre l'an de grâce 1402, de nostre règne,
» le 23º. Signé Charles. » Les confrères de la Passion,
dirigés par des maitres ou gouverneurs, donnèrent à la
Trinité un grand nombre de mystères dont les plus célèbres sont le *mystère du viel Testament, celui de la vengeance de la mort de Notre-Seigneur, la destruction de
Jérusalem, la conception, nativité et mariage de la glorieuse Vierge-Marie.* Les confrères de la Passion n'étaient
pas des comédiens proprement dits. Voici de quelle manière on recrutait les acteurs : la représentation des mystères exigeait un grand nombre de personnages, on faisait
alors un *cry et proclamation.* La trompette ordinaire de
la ville et le juré-crieur marchaient en tête, puis venaient les six trompettes aux armes du roi, les sergents
et archers du prévôt de Paris, vêtus de leurs hoquetons
paillez d'agent et armoriez, ensuite on voyait les officiers de ville à robes de couleur avec le navire d'argent
brodé sur leurs habits; puis montés sur deux beaux
chevaux s'avançaient les deux hommes chargés de faire
le cry et proclamation; ils avaient une robe de velours
noir avec des manches tricolores (jaune, gris et bleu).
Les deux directeurs du mystère, *vestus honnestement et
bien montez selon leur estat,* paraissaient ensuite. La
marche était fermée par les quatre entrepreneurs à
pourpoint de velours, les quatre commissaires du châtelet et un grand nombre de bourgeois. A chaque carrefour le cortège faisait une station, les trompettes son-
naient trois fanfares. Au nom du roi et du prévôt, le
crieur réclamait le silence et faisait au peuple l'annonce
du spectacle ; ensuite il invitait ceux qui voulaient jouer
dans la pièce à se rendre à la Trinité ou ailleurs, pour

être choisis par les directeurs qui devaient distribuer les
rôles. Quelques bons bourgeois de Paris, des nobles, des
magistrats, des ecclésiastiques composaient la confrérie
de la Passion. Non seulement l'église protégeait leurs
représentations, mais pour faciliter au peuple les moyens
d'y assister, elle avançait tout exprès les heures du service divin. Ces mystères étaient divisés en plusieurs
journées interrompues elles-mêmes par des épisodes
d'une bouffonnerie souvent obscène. Jésus-Christ y
prononçait quelquefois des sermons, moitié en français,
moitié en latin ; s'il donnait la communion aux apôtres,
c'était avec des hosties. Dans une de ces représentations, sainte Anne et la Vierge-Marie accouchaient dans
une alcôve pratiquée sur le théâtre; on prenait seulement la précaution de tirer les rideaux du lit. Dans une
autre pièce, Judas tuait sans façon le fils du roi de Sca-
rioth à la suite d'une querelle survenue en jouant aux
échecs. Le même Judas assommait ensuite son père et
devenait le mari de sa mère ; cette heureuse conclusion
amenait une reconnaissance et une cinquantaine de vers
boursoufflés. Dans la même pièce, le gouvernement de
Judée vendait les évêchés à l'enchère; Satan priait Lu-
cifer de lui rendre le service de lui donner sa bénédiction. Les bourreaux, les diables, les archers, les voleurs
étaient les personnages qui avaient le privilège d'égayer
le public. La décoration du théâtre restait toujours la
même depuis le commencement jusqu'à la fin du mystère. Tous les acteurs paraissaient en même temps et ne
sortaient plus de la scène qu'ils n'eussent achevé leur
rôle. L'avant-scène était disposée d'une manière semblable à celle de nos théâtres modernes, mais le fond
en était bien différent; il était occupé par des estrades
nommées *établis,* dont l'usage était indiqué par de
grands écriteaux ; le plus élevé était le paradis. Le Père-
Éternel, entouré des saints et des anges, s'y tenait assis;
l'établi qui se trouvait au-dessous était l'endroit le plus
éloigné du lieu où la scène se passait ; le troisième en
descendant représentait la maison de Pilate, etc., suivant la pièce que l'on jouait. Sur les parties latérales étaient élevés des gradins sur lesquels s'asseyaient
les acteurs lorsqu'ils avaient terminé leur scène, ou
qu'ils attendaient leur tour de parler. Un énorme dragon représentait l'enfer; le monstre ouvrait et fermait ses
mâchoires pour laisser entrer et sortir les diables. Que
l'on ajoute à cette description une espèce de niche avec
des rideaux formant une chambre où se passaient les
choses qui ne devaient pas être vues du public, telles
que l'accouchement de sainte Anne et de la Vierge-Marie, et l'on se fera une idée assez complète de l'appareil
théâtral des confrères de la Passion. En 1542, ils
jouèrent à l'hôtel de Flandre le mystère de l'Ancien-
Testament. Le parlement crut devoir en interrompre
les représentations. Les confrères s'adressèrent alors au
roi qui leur donna des lettres-patentes portant autorisation de jouer ce mystère. Le parlement les enregistra,
en imposant néanmoins l'obligation de ne mêler à cette
représentation aucune chose profane, lascive ou ridicule ;

de ne prendre que deux sous par personne, et pour la location de chaque loge, durant ledit mystère, que la somme de trente écus. Le spectacle devait commencer à une heure après midi et finir à cinq; les entrepreneurs étaient en outre tenus de verser une somme de mille livres au profit des pauvres. — François Ier ayant ordonné par lettres-patentes du 20 septembre 1543, la démolition de l'hôtel de Flandre, les confrères de la Passion furent obligés de placer ailleurs leur théâtre. Le 18 juillet 1546, ils achetèrent une partie de l'hôtel de Bourgogne, situé dans la rue Mauconseil, et bâtirent un nouveau théâtre. Ils adressèrent ensuite une requête au parlement à l'effet d'y continuer leurs jeux. La cour rendit le 17 novembre de la même année un arrêt « qui
» inhibe et défend aux sieurs suppliants de jouer les
» mystères de la Passion de Notre-Seigneur, ni autres
» mystères sacrés, sous peine d'amende arbitraire, leur
» permettant néanmoins de pouvoir jouer autres mystè-
» res profanes, honnêtes et licites, sans offenser ni in-
» jurier aucunes personnes, et défend la dite cour, à
» tous autres de jouer ou représenter dorénavant aucuns
» jeux ou mystères, tant en la ville, faubourg que ban-
» lieue de Paris, sinon que sous le nom de la dite con-
» frérie et au profit d'icelle. » Le plus important privilège, celui de jouer des mystères, fut donc enlevé aux confrères de la Passion, qui furent obligés de créer un nouveau répertoire composé seulement de pièces profanes. Ils s'associèrent avec les enfants *sans souci*, ou *principauté de la sottise*, dont le chef était connu sous le nom de *prince des sots*. Cette confrérie, formée sans doute par des comédiens de profession, avait pris naissance peu de temps après celle de la Passion; c'était une troupe nomade qui donnait plusieurs fois dans l'année des représentations à Paris.

Sous le règne de Louis XII, le Mardi-Gras de l'an 1511, ces comédiens représentèrent aux halles une *sotie* ou pièce satirique dirigée contre le pape Jules II. Cette sotie était intitulée: *Le Jeu du Prince des Sots et Mère-Sotte*.

Le pape, sous le personnage de Mère-Sotte, s'exprime ainsi:

Si deussai-je de mort mourir
Ainsi qu'Abiron et Dathan,
Ou damnée être avec Satan,
Si me viendront-ils secourir;
Je ferai chacun accourir
Après moi, et me requérir
Pardon et merci à ma guise,
Le temporel veux acquérir
Et faire mon nom florir,
En bref voilà mon entreprise.

Je me dis, Mère Sainte-Église,
Je veux bien que chacun le note,
Je maudis, j'anathématise;
Mais sous l'habit pour ma devise
Porte l'habit de Mère-Sotte.

Bien sçais qu'on dit que je radotte

Et que suis folle en ma vieillesse,
Mais gruineler veux à ma porte
Mon fils le prince en telle sorte
Qu'il diminue sa noblesse.

Puis le pape ou plutôt Mère-Sotte parle ainsi des prélats de la cour:

Mais dessous les courtines,
Ont créatures féminines,
Tant de prélats irréguliers!
Tant de moines apostats!
Il y a un tas d'asniers
Qui ont bénéfices à tas.

Arrive un personnage nommé *La Commune*, qui représente le peuple français; il s'exprime ainsi:

Les marchands et gens de mestier
N'ont plus rien, tout va à l'église.

Mais bientôt Mère-Sotte cherche à attirer les seigneurs français dans son parti; et voyant qu'elle n'y peut réussir, elle excite les membres du clergé qu'elle a séduits à combattre la royauté, en leur disant:

Prélats, debout, allarme, allarme,
Abandonnez église, autel,
Que chacun de vous soit bien farme,
Que l'assaut aux princes on donne
J'y veux être en propre personne,
. . . .
A l'assaut, prélats, à l'assaut!

Puis Mère-Sotte faisant allusion au roi de France, disait:

….. Je vueil par fas ou néphas
Avoir sur lui l'autorité
De l'espiritualité
Je jouis, ainsi qu'il me semble;
Tous les deux vueil mesler ensemble.

La commune déclare alors que les rois ne veulent plus souffrir que le pape s'empare du temporel. Le pape persiste et répond:

Veuillant on non, ils le feront,
Ou grande guerre à moi auront
. . . .
Du temporel jouir voulons.

Un combat s'engage, Mère-Sotte est vaincue. Le roi de France s'aperçoit alors que le pape n'est pas l'Église, qu'il s'est déguisé et qu'il n'est que Mère-Sotte.

Peut-être que c'est Mère-Sotte,
Qui d'Église a vestu la cotte,
Par quoy il faut qu'on y pourvoie.

LE PRINCE.

Je vous supplie que je la voie.

GAYETÉ.

C'est Mère-Sotte, par ma foy.

Le roi se décide alors à détrôner le pape.

Mère-Sotte, selon la loi,
Sera hors de sa chaire mise.

. . . .
Pugnir la fault de son forfait;
Car elle fut posée de fait
En sa chaire par symonie.

Les comédiens ne se faisaient pas faute de critiquer aussi les actes du gouvernement, de blâmer les profusions, les vices des nobles, et de railler l'ambition du clergé. Louis XII prenait plaisir à leurs représentations. Le roi disait qu'en y assistant il apprenait beaucoup de choses qui étaient faites en son royaume. Quelques courtisans s'étant plaints devant lui de la hardiesse des comédiens qui les jouaient sur leur théâtre, il leur répondit : « Que le théâtre n'était redoutable qu'à ceux » dont la conduite n'était pas réglée ; qu'ils n'avaient » qu'à se bien conduire, et qu'alors ils ne fourniraient » plus matière à la satyre ; que son intention était d'ailleurs que ces gens-là pussent donner carrière à leur » bile satyrique sur toutes sortes de sujets et de personnes, sans excepter la sienne, pourvu qu'il ne passent pas mal de sa femme, car il voulait que l'honneur des dames fût respecté. » — Un édit de décembre 1676, registré au parlement le 4 février 1677, supprima la confrérie de la Passion.

Nous retrouvons au temps de Molière les comédiens français à l'hôtel de Bourgogne, où ils s'étaient vus souvent forcés d'alterner avec les comédiens italiens. Le cardinal de Richelieu, qui ne se contentait pas d'être un grand ministre, et ambitionnait la gloire du poète, établit deux théâtres dans son palais, l'un destiné à une société choisie, l'autre au public. De jeunes acteurs de Paris, à la tête desquels était Molière, formèrent une troupe de comédiens ambulants.

Ils firent bâtir un théâtre dans le jeu de paume de la Croix-Blanche, situé dans la rue de Buci, et lui donnèrent le nom de *Théâtre illustre*. Après y avoir joué pendant trois ans, ils parcoururent la province, et revinrent à Paris en 1658. Molière et sa troupe débutèrent au mois d'octobre de cette année sur un théâtre élevé dans la salle des gardes au Louvre. Louis XIV honora ce théâtre de sa présence. La première représentation fut composée de *Nicomède* et du *Docteur amoureux*. Satisfait des acteurs, le roi leur accorda une partie de l'hôtel du Petit-Bourbon, où ils débutèrent le 3 novembre suivant par l'*Étourdi* et le *Dépit amoureux*. En 1660 l'hôtel du Petit-Bourbon devant être abattu, la troupe de Molière fut logée au Palais-Royal; elle y débuta le 5 novembre. Ce théâtre, déjà illustré par les chefs-d'œuvre de Corneille et de Racine, se maintint avec éclat jusqu'à la mort de Molière. C'est là que fut joué *Tartufe*. Le théâtre du Palais-Royal fut, après la mort de Molière, donné à l'Opéra. La troupe royale, privée de son illustre chef, promena tristement ses pénates dans tout Paris. En juillet 1673, elle jouait dans un local de la rue Mazarine, dans le jeu de paume du Bel-Air, où l'Opéra avait pris naissance. Peu de temps après elle construisit un théâtre dans la rue Guénégaud. Lors de la réunion du collège Mazarin à l'Université, les docteurs de Sorbonne exigèrent, comme condition préliminaire, l'éloignement du théâtre Guénégaud; mais les réclamations des curés empêchant qu'ils ne s'établissent ailleurs, on fut obligé de les tolérer dans ce quartier. Le roi, par lettres-patentes du 22 octobre 1680, réunit à la troupe de la rue Guénégaud celle de l'hôtel de Bourgogne. Trouvant le local trop étroit, les deux troupes achetèrent l'hôtel de Lussan et une maison voisine, dans la rue Neuve-des-Petits-Champs; mais le roi annula cette acquisition, et permit aux comédiens de s'établir dans le jeu de paume de l'Étoile, rue des Fossés-Saint-Germain-des-Prés. Ils occupèrent cette salle sous le titre de *Comédiens ordinaires du roi*, jusqu'à Pâques 1770. A cette époque les bâtiments menaçaient ruine. Ces acteurs allèrent jouer provisoirement sur le théâtre des machines, au palais des Tuileries. Après avoir occupé pendant dix années environ cette salle de spectacle, les comédiens ordinaires du roi s'installèrent dans le théâtre de l'Odéon, construit pour eux. Cette salle ayant été incendiée en 1799, ils prirent possession du théâtre du Palais-Royal, bâti de 1789 à 1790 sur les dessins de Moreau, pour le spectacle des Variétés, qui resta en cet endroit jusqu'au moment de la translation des comédiens français qui l'occupent encore aujourd'hui. — Un décret impérial daté de Moscou, le 15 octobre 1812, donna au Théâtre Français une organisation qui subsiste encore dans presque toutes ses parties. — Prix des places en 1844: balcons, loges de la galerie du rez-de-chaussée, des 1res de face et avant-scène des 1res, 6 fr. 60 c. ; orchestre, 5 fr.; 1res de côté et 1res galeries, 5 fr. ; 2mes loges, 4 fr. ; galeries des 2mes loges, 3 fr. ; 3mes loges et cintre, 2 fr. 75 c. ; parterre, 2 fr. 20 c. ; 2mes galeries, 1 fr. 80 c. ; amphithéâtre, 1 fr. 25 c.

Voici quelques renseignements relatifs à l'impôt perçu dans Paris sur les théâtres au profit des hospices.

Durant trente-cinq années, que nous divisons en périodes quinquennales, l'Opéra a versé pour sa part une somme de 2,573,000 fr. ; le Théâtre-Français 2,214,000 fr. En voici le détail :

1807-11. Opéra 293,000. Français 351,000.
1812-16.   —   305,000.   —   383,000.
1817-21.   —   282,000.   —   344,000.
1822-26.   —   314,000.   —   348,000.
1827-31.   —   309,000.   —   234,000.
1832-36.   —   498,000.   —   251,000.
1837-41.   —   572,000.   —   303,000.

On voit que les recettes de l'Opéra ont à peu près doublé depuis trente ans, tandis que celles des Français sont réduites d'un sixième; encore se sont elles relevées durant ces derniers temps. De 1832 à 1836 elles n'ont pu atteindre que la moitié de celles de l'Académie-Royale-de-Musique.

Si nous passons à d'autres théâtres, nous trouvons les résultats suivants :

— FRA —

1807-11. Opéra-Comique 334,000. Italiens »   »
1812-16.   —   337,000.   —   »   »
1817-21.   —   323,000.   —   113,000.
1822-27.   —   306,000.   —   120,000.
1827-31.   —   243,000.   —   179,000.
1832-36.   —   215,000.   —   224,000.
1837-41.   —   302,000.   —   315,000.

Le Vaudeville, 193,000 fr. de 1837 à 1840 ; —Variétés, 238,000 fr. ; Ambigu-Comique, 162,000 fr.; Gaîté, 201,000 fr. ; Folies-Dramatiques, 124,000 fr. ; il est question ici de la période quinquennale 1837-41.

Le Gymnase paya aux hospices en 1821, première année de son existence, plus de 68,000 fr., ce fut la plus forte recette de tous les théâtres de Paris. Depuis, ce théâtre a perdu de sa vogue ; sa contribution qui avait été de 274,000 fr. en 1821-25, n'a pas dépassé 216,000 fr. en 1837-41.

Le Palais-Royal est en voie de prospérité ; de 1832 à 1836, il a donné 189,000 fr.; de 1837 à 1841, 277,000 fr.

La Porte-Saint-Martin est demeurée à 180,000 fr. en 1837-41 ; elle était allée à 226,000 fr. en 1826-30.

Le Cirque-Olympique avait payé 329,000 fr. en 1827-31 ; 160,000 fr. en 1832-36 ; mais il a d'un élan vigoureux remonté à 356,000 fr. pour les cinq années 1837-41.

En 1842 l'impôt en faveur des indigents a présenté les résultats suivants : Académie-Royale-de-Musique, 113,427 fr. 68 c. ; Français, 52,305 fr. 60 c. ; Opéra-Comique, 66,366 fr. 84 c. ; Italiens, 73,370 fr. 22 c. ; Odéon, 16,599 fr. 27 c.; Gymnase-Dramatique, 44,832 fr. 39 c. ; Vaudeville, 42,141 fr. 19 c. ; Variétés, 41,703 fr. 86 c. ; Palais-Royal, 48,844 fr. 97 c. ; Porte-Saint-Martin, 60,449 fr. 30 c.; Cirque-Olympique (les deux théâtres), 88,743 fr. 55 c. ; Ambigu, 30,885 fr. 86 c. ; Gaîté, 41,185 fr. 19 c.; et Folies-Dramatiques, 25,796 fr. 36 c.

FRANCE (COLLÉGE DE).

Situé dans la place Cambrai, n° 1. — 12° arrondissement, quartier Saint-Jacques.

A François Ier, justement honoré du titre de *Père des lettres*, appartient l'honneur d'avoir fondé ce grand établissement. Il en conçut l'idée dès le commencement de son règne. Son dessein était de placer ce collége à l'hôtel de Nesle et d'y faire bâtir une chapelle qui devait être desservie par quatre chanoines et quatre chapelains. Guillaume Petit, confesseur du roi, Guillaume Budé et plusieurs autres, appuyèrent fortement ce noble projet. François Ier faisait demander, en 1517, au célèbre Érasme de venir enseigner à Paris. Erasme refusa en proposant Henri Glareau dont il fit l'éloge. Mais la conquête de l'Italie qu'ambitionnait le rival de Charles-Quint, suspendit l'exécution de ce projet dont le roi ne put s'occuper qu'après le traité de Cambrai. Nos historiens varient sur l'époque de la fondation de ce collége : les uns la fixent à l'année 1529, les autres pensent qu'elle eut lieu seulement en 1530. Jaillot concilie ces deux opinions en disant que François Ier manifesta son dessein et sa volonté par ses lettres-patentes du 24 mars 1529, et par la commission du 19 décembre suivant pour le paiement des sommes nécessaires à la construction de ce collége, et qu'il fixa en 1530 le nombre et les honoraires des professeurs qu'il nomma et qu'il institua l'année suivante. Le plan de François Ier pour la formation de cet établissement était empreint d'un caractère grandiose et magnifique. Le sciences et les langues devaient être gratuitement enseignées. Il voulait que la dotation de ce collége fût fixée à 50,000 écus de revenu annuel pour la nourriture de 600 écoliers. Les professeurs, au nombre de douze, devaient avoir par année un traitement de 200 écus d'or, avec un logement dans le collége. François Ier ne put donner à ce projet qu'un commencement d'exécution. La commission suivante fut expédiée le 19 décembre 1539 pour le paiement des sommes nécessaires à la construction du collège royal. « Voulant donner toutes
» les commodités nécessaires aux lecteurs et aux pro-
» fesseurs pour vaquer à leurs lectures, avons résolu de
» leur construire en notre logis et place de Nesle à
» Paris, et autres places qui sont à l'entour, un beau
» et grand collége de trois langues (hébraïque, grecque
» et latine), accompagné d'une belle et somptueuse
» église avec autres édifices dont les dessins ont été
» faits. Avons commis Audebert Catin pour tenir le
» compte et faire les paiements de la dépense nécessaire
» pour les susdits bâtiments, voulant que les dits paie-
» ments soient passés et alloués par nos amés et féaux
» les gens tenant nos comptes. » Le cardinal Duprat fit, dit-on, avorter en partie ce grand dessein, et les professeurs royaux créés par François Ier furent longtemps obligés d'enseigner dans les salles du collège de Cambrai et dans d'autres établissements. Les premiers professeurs furent Pierre Danes, Parisien ; Jacques Tussan ou Toussain, né à Troyes, qui enseignait le grec ; Paul Paradis, dit le Canosse, né à Venise ; Agathio Guidacerio, Espagnol ; François Vatable ou Vateblé, de Picardie, ce dernier enseignait la langue hébraïque; Martin Problation, Espagnol, et Oronce Finé, Dauphinois, qui professaient les mathématiques ; Barthélemy Masson, Allemand, qui donnait des leçons d'éloquence ou de langue latine ; il eut pour adjoint Léger Duchesne, de Rouen ; la médecine fut d'abord enseignée par Vidius, Florentin, auquel succéda Jacques Dubois d'Amiens, ou Silvius. François Ier accorda une distinction honorable aux professeurs qu'il avait institués. Il leur donna, par ses lettres-patentes du mois de mars 1545, la qualité de conseillers du roi et le droit *de committimus*. Il les fit mettre en outre sur l'État, comme commensaux de sa maison. C'est à ce titre qu'ils prêtaient serment de fidélité entre les mains du grand aumônier. Après la mort du cardinal Barberini, qui remplissait cette place, Louis XIV donna la direction de ce collège au secrétaire d'État qui avait le département de la maison du roi. Les successeurs de François Ier s'imposèrent la glorieuse obligation d'augmenter l'importance du collége royal.

Henri II créa une chaire de philosophie qui fut occupée par l'italien François Vicomercat, professeur du célèbre et malheureux Ramus. Henri III, en 1587, en créa une pour la langue arabe, qui fut donnée à Arnaud de Lile ou de Lisse, Allemand, et après lui à Étienne Hubert d'Orléans. Henri IV institua un professeur d'anatomie et de botanique. Louis XIII créa une deuxième chaire pour la langue arabe, et une pour le droit canon; Louis XIV, une pour la langue syriaque, une deuxième pour le droit canon et une de droit français. Son successeur apporta dans l'enseignement de ce collège d'importantes modifications. Il ordonna par arrêt du conseil en date du 20 juin 1773, que les fonds de la chaire de langue syriaque seraient appliqués à l'établissement d'une chaire de mécanique; ceux de la chaire de philosophie grecque et latine, aux frais d'une chaire de littérature française; que la deuxième chaire de langue arabe serait convertie en une chaire de langue turque et persane. L'une des deux chaires de médecine pratique devint une chaire d'histoire naturelle, et l'une des deux chaires de droit canon fut changée en une chaire de droit de la nature et des gens. Il y eut donc dix-huit chaires de fondation royale. On comptait en outre une chaire de mathématiques, fondée en 1568 par Ramus. Elle ne rapportait que 500 livres au titulaire qui sortait victorieux de l'épreuve d'un concours. Une chaire de philosophie et une de médecine étant devenues vacantes, Louis XIV ordonna de les mettre au concours. On commença par celle de philosophie. Treize juges furent choisis parmi des savants et des professeurs, et sa majesté donna la chaire à celui qui montra aux yeux de tous le plus de capacité pour la remplir. Cette amélioration ne subsista pas longtemps, et le roi nomma à ces chaires, sur la présentation du gentilhomme qui dirigeait ce collège; il n'y eut plus alors, ajoute un écrivain, de concours que pour la brigue, la protection et la bassesse. Dans l'origine, les professeurs et lecteurs royaux dépendaient de l'Université, ils en furent ensuite séparés. En 1626, le recteur, en vertu d'un arrêt du parlement, enjoignit aux professeurs du collège de France de rentrer dans le sein de l'Université. Le grand aumônier, qui dirigeait alors ce collège, fit casser cet arrêt par le conseil du roi, et l'Université ne renouvela plus ses prétentions. On comptait sous Louis XVI, au collège de France, vingt-un professeurs. Nous avons aujourd'hui vingt-quatre cours, savoir : d'astronomie, de mathématiques, de physique expérimentale, de médecine, d'anatomie, de chimie, d'histoire naturelle, du droit de la nature et des gens, d'histoire et de philosophie morale, de langues hébraïque, chaldaïque et syriaque, de langue arabe, de langue turque, de langue persane, de langue et de littérature chinoises et tartare-mantchou, de langue et de littérature sanscrites, de langue et de littérature grecques, d'éloquence latine, de poésie latine et de littérature française, d'économie politique, d'archéologie, d'histoire des législations comparées et de droit constitutionnel. Les professeurs sont nommés par le roi, sur la présentation du ministre de l'instruction publique. Leur traitement inamovible est fixé à 6,000 fr.

Le grand dessein formé par François Ier pour la reconstruction d'un édifice destiné au collège royal, ne fut exécuté ni par lui ni par ses successeurs. Les professeurs royaux enseignèrent longtemps dans les classes des différents collèges. Vatéblé professait au collège du cardinal Lemoine. Henri II ordonna qu'ils feraient successivement leurs leçons dans les collèges de Tréguier et de Cambrai. Mais en 1609, Henri IV, à la sollicitation du cardinal du Perron, du duc de Sully et du président de Thou, résolut de faire démolir le collège de Tréguier qui menaçait ruine et de faire construire sur son emplacement un bâtiment de 59 m. de longueur sur 39 de largeur. La mort de Henri IV retarda l'exécution de ce projet; mais sa veuve, Marie de Médicis, fit acheter au nom du roi le collège de Tréguier, le 28 juin 1610, et Louis XIII, alors âgé de neuf ans, posa la première pierre du nouveau bâtiment le 28 août de la même année. Une des ailes de l'édifice fut seule bâtie, et les travaux ne furent poursuivis avec célérité qu'en 1774. Le 22 mars de cette année, le duc de Lavrillière posa la première pierre du nouveau bâtiment qui fut construit sur l'emplacement des collèges de Tréguier, de Cambrai, de Kérambert ou de Léon, d'après les dessins de l'architecte Chalgrin. On avait distrait au commencement de la révolution le petit hôtel de Cambrai, qu'on avait rangé dans la classe des domaines à aliéner. — « Au Pont-de-Brique, le 11 thermidor an XII. Napoléon, etc.... Sur le rapport de notre ministre de l'intérieur, décrète : — Article 1er. Le petit hôtel Cambrai qui avait été rangé dans la classe des domaines aliénables, sera mis à la disposition du ministre de l'intérieur, pour être réuni au collège de France dont il faisait anciennement partie, etc.... Signé Napoléon. Par l'empereur, le secrétaire d'État, signé H. B. Maret. » Le 30 avril 1831, le ministre du commerce et des travaux publics approuva un plan pour l'agrandissement du collège de France; une maison située place Cambrai, et trois autres dans la rue Saint-Jacques furent acquises en 1834 par l'État, et après leur démolition, M. Letarouilly, architecte, construisit les nouveaux bâtiments qui font aujourd'hui du collège de France un des monuments les plus remarquables de la capitale.

Collèges dont les emplacements ont servi à la formation du collège de France.

Collège de Tréguier. — Il fut fondé le 20 avril 1325, par le testament de Guillaume de Coatmohan, grand chancelier de l'église de Tréguier, pour huit écoliers de la famille du fondateur ou du diocèse de Tréguier. A cet établissement fut réuni en 1575 le collège de Kérambert ou de Léon, dont on ignore l'époque précise de la fondation. En 1610, on commença à jeter sur l'empla-

— FRA —

cement du collège de Tréguier, les fondements du collége de France.

Collége de Cambrai. — Hugues de Pomare, évêque de Langres, Hugues d'Arci, évêque de Laon, et Guy d'Aussonne, évêque de Cambrai, furent les fondateurs de cet établissement, qui porta d'abord le nom de collége des *Trois-Évêques*. Il prit ensuite celui de *Cambrai*, parce qu'il fut bâti en 1348 sur l'emplacement de la maison de l'évêque de Cambrai, l'un des trois fondateurs. Ce collège était composé d'un maître, d'un chapelain qui faisait l'office de procureur, et de sept boursiers à la nomination du chancelier de l'église de Paris. Le maître ou principal était choisi lui-même par les boursiers. En 1612, le roi fit l'acquisition de ce collége et l'on commença à le démolir, mais ce ne fut qu'en 1776 qu'il fut entièrement abattu pour faire place aux bâtiments du collége de France.

FRANÇOIS (COUR DU ROI).

Située dans la rue Saint-Denis, n° 328. — 6ᵉ arrondissement, quartier de la porte Saint-Denis.

Les écuries de François Iᵉʳ étaient autrefois dans cette cour. Le nom de ce prince lui en est resté.

FRANÇOIS (RUE NEUVE-SAINT-).

Commence à la rue Saint-Louis au Marais, nᵒˢ 67 et 69 ; finit à la rue Vieille-du-Temple, nᵒˢ 126 et 128. Le dernier impair est 11 ; le dernier pair, 18. Sa longueur est de 137 m. — 8ᵉ arrondissement, quartier du Marais.

Cette rue doit le nom qu'elle porte à *François* Lefebvre de Mormans, président des trésoriers de France, qui en donna l'alignement le 4 juillet 1620. — Une décision ministérielle du 4 floréal an VIII, signée L. Bonaparte, avait fixé la largeur de cette voie publique à 8 m. En vertu d'une ordonnance royale du 16 mai 1833, cette largeur a été portée, savoir : depuis la rue Saint-Louis jusqu'à la rue Saint-Gervais à 12 m., et depuis cette dernière jusqu'à la rue Vieille-du-Temple à 10 m. Toutes les constructions du côté des numéros impairs sont alignées ; les maisons nᵒˢ 2 et 4 sont soumises à un retranchement de 5 m. 70 c. ; le surplus de ce côté devra reculer de 2 m. 80 c. — Portion d'égout du côté de la rue Saint-Louis. — Conduite d'eau.

FRANÇOIS-D'ASSISE (ÉGLISE SAINT-).

Située dans la rue du Perché, à l'angle de la rue d'Orléans, au Marais. — 7ᵉ arrondissement, quartier du Mont-de-Piété.

C'était l'église des *Capucins du Marais*. Ce couvent, le troisième de cet ordre à Paris, fut fondé en 1622, sur l'emplacement d'un jeu de paume, par le père Athanase Molé, frère du fameux Mathieu Molé, alors procureur général, et depuis premier président et garde-des-sceaux. Le grand crédit de ce magistrat servit à consolider cet établissement auquel l'archevêque de Paris et

— FRA —

le grand prieur du Temple donnèrent leur consentement en 1623. Ce couvent, supprimé en 1790, devint propriété nationale et fut vendu en quatre lots, le 19 nivôse an VI, à la charge par l'acquéreur de se conformer aux alignements, sans indemnité, etc. En vertu d'un décret impérial du 20 juin 1810, l'église, qui avait été comprise dans la vente, fut rachetée par la ville de Paris, les 24 octobre et 7 décembre 1811, moyennant 61,322 francs. Par suite du concordat de 1802, elle fut érigée en seconde succursale de la paroisse Saint-Merri, sous le vocable de Saint-François-d'Assise.

FRANÇOISE (RUE).

Commence à la rue Mauconseil, nᵒˢ 26 et 28 ; finit à la rue Pavée, nᵒˢ 5 et 7. Le dernier impair est 11 ; le dernier pair, 14. Sa longueur est de 74 m. — 5ᵉ arrondissement, quartier Montorgueil.

Elle a été ouverte en 1543, sur une partie de l'emplacement de l'hôtel de Bourgogne, dont elle porta quelque temps le nom. On l'appela aussi rue *Neuve*, puis rue *Neuve-Saint-François* ; enfin rue *Françoise*, parce qu'elle a été construite sous le règne de François Iᵉʳ. — Une décision ministérielle, à la date du 28 pluviôse an IX, signée Chaptal, avait fixé la largeur de cette voie publique à 8 m. Cette largeur a été portée à 10 m., en vertu d'une ordonnance royale du 21 juin 1826. Les maisons du côté des numéros impairs sont soumises à un retranchement de 1 m. 40 c. ; celles du côté des numéros pairs devront reculer de 80 c. à 1 m. — Conduite d'eau depuis la rue Mauconseil jusqu'à la borne-fontaine. — Éclairage au gaz (compᵉ Française).

FRANÇOIS PREMIER (PLACE).

Située à la jonction des rues de Bayard et Jean-Goujon. Pas de numéro. — 1ᵉʳ arrondissement, quartier des Champs-Élysées.

Cette place, qui est circulaire et dont le diamètre est de 54 m., a été formée sur les terrains de la compagnie Constantin, en vertu de l'ordonnance royale du 23 juillet 1823, que nous avons citée à l'article de la rue de Bayard-Champs-Élysées. — Conduite d'eau.

François Iᵉʳ, roi de France, naquit à Cognac le 12 septembre 1494, et mourut à Rambouillet le 31 mars 1547.

FRANKLIN (BARRIÈRE).

Située entre les Barrières de Passy et Sainte-Marie.

Cette barrière n'a qu'un petit bâtiment. Son nom est un hommage rendu à l'un des fondateurs de la liberté américaine. Benjamin Franklin naquit à Boston le 17 janvier 1706 et mourut le 17 avril 1790. L'Assemblée Constituante, par un décret solennel, ordonna que les Français prendraient le deuil. Ce décret fut rendu par acclamation, sur la proposition de Mirabeau. Franklin demeura quelque temps à Passy, près de cette barrière. (Voyez l'article *Barrières*).

— FRA —

FRANKLIN (CHEMIN DE RONDE DE LA BARRIÈRE).

Commence à la barrière Franklin; finit à la barrière de Passy. Pas de numéro. Sa longueur est de 300 m. — 1er arrondissement, quartier des Champs-Élysées.

Ce chemin de ronde n'est point bordé de constructions particulières. (Voir l'article *Chemins de ronde*.)

FRÉPILLON (PASSAGE).

Commence au passage du Commerce; finit à la rue Frépillon, n° 14. — 6e arrondissement, quartier Saint-Martin-des-Champs.

Il a été ouvert au commencement de ce siècle. (*Voir* pour l'étymologie l'article suivant.)

FRÉPILLON (RUE).

Commence à la rue au Maire, n° 2, et à l'impasse de Rome; finit à la rue Phelipeaux, n°s 44 et 37. Le dernier impair est 19; le dernier pair, 26. Sa longueur est de 94 m. — 6e arrondissement, quartier Saint-Martin-des-Champs.

Cette rue doit son nom à la famille *Ferpillon*, qui y demeurait au XIIIe siècle. Depuis, cette dénomination a été altérée, et l'on a écrit *Ferpeillon, Serpillon* et *Frépillon*. — Une décision ministérielle du 4 floréal an VIII, signée L. Bonaparte, avait fixé la moindre largeur de cette voie publique à 8 m. Une ordonnance royale du 16 mai 1833, a porté cette largeur à 10 m. Les maisons de 6 à 14 inclus devront reculer de 40 c. à 1 m. Les autres constructions riveraines sont généralement soumises à un fort retranchement. — Égout. — Conduite d'eau dans une partie. — Éclairage au gaz (compe Lacarrière).

FRÈRES (RUE DES TROIS-).

Commence à la rue de la Victoire, n°s 40 et 42; finit à la rue Saint-Lazare, n°s 41 et 43. Le dernier impair est 25; le dernier pair, 10. Sa longueur est de 171 m. — 2e arrondissement, quartier de la Chaussée-d'Antin.

« Louis, etc... Notre cher et bien amé le sieur Jean-
» Louis Magny de Maison-Neuve, avocat en parle-
» ment, nous a fait représenter que par arrêt de notre
» conseil d'état du 26 septembre dernier, nous aurions
» ordonné que pour procurer un nouveau débouché
» utile à la circulation du quartier du Faubourg-Mont-
» martre, il serait ouvert une nouvelle rue de 30 pieds
» de largeur pour avoir son débouché, d'un côté dans
» la rue Saint-Lazare, et de l'autre dans la rue Chan-
» tereine, etc... Avons ordonné et ordonnons qu'il sera
» ouvert sur l'emplacement figuré, et coté n° 12 sur le
» plan annexé à la minute du d. arrêt, appartenant à
» l'exposant, une nouvelle rue de 30 pieds de largeur
» dont la direction pourra, dans la suite, être prolon-
» gée jusque dans la rue de Provence, en face de la rue
» Taitbout; voulons et entendons, par ces présentes,
» que la d. rue sera nommée rue des *Trois-Frères*, etc.

— FRI —

» Donné à Fontainebleau, le 25e jour du mois d'octo-
» bre l'an de grâce 1777 et de notre règne le 4e. Signé
» Louis. » — Ces lettres-patentes furent registrées au parlement le 14 avril 1778, et l'alignement de la nouvelle rue fut tracé le 3 septembre suivant. En 1781, cette rue n'était pas encore bordée de constructions. A cette époque, le sieur Duée de La Boulaye, propriétaire de terrains situés vis-à-vis du nouveau percement, conçut le projet de prolonger la rue des Trois-Frères jusqu'à celle de Provence; mais, pour arriver à l'exécution de ce projet, il demanda que la direction de la rue des Trois-Frères fût légèrement modifiée. Des lettres-patentes, à la date du 17 février 1781, autorisèrent le sieur de La Boulaye à ouvrir une rue sous la dénomination de rue du *Houssay*, et prescrivirent en ces termes le changement de direction de la rue des Trois-Frères : « Art. 2. Dérogeant à ce qui est contenu en
» nos lettres-patentes du 25 octobre 1777, nous or-
» donnons que le débouché de la rue des Trois-Frères
» sur la rue Saint-Lazare, demeurera dans le même état
» que celui qui a été fixé, et celui sur la rue Chante-
» reine soit reporté de 30 pieds ou environ du côté du
» couchant, pour arriver en face de la nouvelle rue du
» Houssay. Annullons les procès-verbaux, opérations
» et plans qui ont été faits; en conséquence, il sera
» procédé de nouveau à l'ouverture de la d. rue, sous
» la même autorisation et en conformité de ce qui est
» prescrit au présent article et au plan attaché sous le
» contre-scel de notre chancellerie, etc. » — Conformément à ces nouvelles lettres-patentes, la rue des Trois-Frères fut définitivement ouverte et construite. —Une ordonnance royale, à la date du 16 avril 1831, a maintenu la largeur primitive. Les constructions riveraines sont alignées. — Portion d'égout du côté de la rue de la Victoire. — Conduite d'eau depuis la rue Saint-Lazare jusqu'à la borne-fontaine. — Éclairage au gaz (compe Anglaise).

FRIPERIE (RUE DE LA GRANDE-).

Commence à la rue du Marché-aux-Poirées, n° 1; finit à la rue de la Tonnellerie, n°s 16 et 18. Le dernier impair est 27; le dernier pair, 32. Sa longueur est de 118 m. — 4e arrondissement, quartier des Marchés.

Dans une bulle de Callixte II, de l'année 1119, on voit que les Juifs étaient établis sur le territoire de Champeaux. Ils occupaient le terrain circonscrit aujourd'hui par les rues de la Lingerie, de la Tonnellerie et de la Cordonnerie. L'établissement des halles, terminé vers 1183, attira de ce côté des marchands qui bâtirent plusieurs voies publiques. Celle qui nous occupe, construite vers 1205, fut habitée par des fripiers et prit le nom de rue de la *Grande-Friperie*, qu'elle porte encore aujourd'hui. Il n'existe pas d'alignement pour cette rue, dont la largeur actuelle varie de 8 à 10 m. — Conduite d'eau depuis la rue du Marché-aux-Poirées jusqu'aux deux bornes-fontaines. — Éclairage au gaz (compe Française).

FRIPERIE (RUE DE LA PETITE-).

Commence aux rues de la Lingerie et du Marché-aux-Poirées; finit à la rue de la Tonnellerie, nos 12 et 14. Pas de numéro impair; ce côté est bordé par les bâtiments de la halle aux Draps; le dernier pair est 30. Sa longueur est de 120 m. — 4e arrondissement, quartier des Marchés.

Bâtie quelques années après la rue de la Grande-Friperie, on la qualifia de *Petite*, pour la distinguer de celle qui était déjà construite. — Il n'existe pas d'alignement pour cette rue, dont la largeur actuelle est d'environ 7 m. 80 c. — Conduite d'eau depuis la rue Jean-de-Beauce jusqu'aux deux bornes-fontaines. — Éclairage au gaz (compe Française).

FROCHOT (RUE).

Commence à la rue Laval, n° 17; finit à la place de la barrière Montmartre. Les numéros continuent la série de la rue Bréda. Le dernier impair est 35; le dernier pair, 46. Sa longueur est de 94 m. — 2e arrondissement, quartier de la Chaussée-d'Antin.

En vertu d'une ordonnance royale du 27 septembre 1826, M. Brack a été autorisé à former sur son terrain et sur celui que la ville lui concéderait à titre d'échange, conformément à la délibération du conseil municipal du 1er janvier 1826: 1° une rue de 12 m. de largeur depuis la rue Laval jusqu'à la barrière Montmartre; 2° une place demi-circulaire au-devant de cette barrière. Cette autorisation a été accordée à la charge par l'impétrant — d'établir de chaque côté de la nouvelle rue des trottoirs en pierre dure de 2 m. de largeur, de supporter les frais de premier établissement du pavage et de l'éclairage de la rue, et pour moitié seulement avec la ville, ceux du pavage et de l'éclairage de la place; de pourvoir également pour la rue nouvelle aux frais des travaux à faire pour l'écoulement souterrain ou à ciel ouvert des eaux pluviales ou ménagères; de se soumettre aux lois et règlements de la voirie de Paris, etc. Ce percement a été immédiatement exécuté. Il porta successivement les noms de rue *Brack*, de la *Nouvelle-Athènes*, *Bréda*, et enfin celui de rue *Frochot*. — Éclairage au gaz (compe Anglaise).

Nicolas-Thérèse Benoît comte Frochot, né vers l'an 1760, fut élu en 1799 membre du Corps-Législatif; il donna bientôt sa démission pour diriger la préfecture de la Seine, qu'il occupa pendant douze ans. Destitué en 1812, lors de la conspiration Malet, le comte Frochot mourut près de Chaumont le 30 juillet 1828. Il fut considéré à juste titre comme un excellent administrateur.

FROMENTEL (RUE).

Commence aux rues Chartière, n° 2, et Saint-Jean-de-Latran, n° 1; finit à la rue du Cimetière-Saint-Benoît.

Un seul numéro pair, qui est 2. Sa longueur est de 39 m. — 12e arrondissement, quartier Saint-Jacques.

Cette rue était presqu'entièrement construite en 1230. Le cartulaire de Sainte-Geneviève de 1243 la mentionne ainsi: *Vicus qui dicitur Frigidum Mantellum*. Son nom actuel n'est qu'une altération de celui de Froid-Mantel. — Une décision ministérielle du 13 fructidor an VII, signée Quinette, fixa la largeur de cette voie publique à 7 m. (Voyez *Benoît*, rue du Cimetière-Saint-).

FRONDEURS (RUE DES).

Commence à la rue Saint-Honoré, nos 248 et 250; finit aux rues de l'Évêque, n° 1, et de l'Anglade, n° 2. Le dernier impair est 5; le dernier pair, 6. Sa longueur est de 45 m. — 2e arrondissement, quartier du Palais-Royal.

Construite au XVe siècle, elle a pris son nom des Frondeurs, qui troublèrent le royaume en 1648. — Une décision ministérielle à la date du 3 nivôse an X, signée Chaptal, et une ordonnance royale du 4 octobre 1826 ont fixé la moindre largeur de cette voie publique à 10 m. Les maisons nos 1 et 3 devront reculer de 40 c. environ; celle n° 5, retranchement réduit 3 m. 70 c.; propriétés nos 2 et 4, retranchement 3 m. 20 c.; n° 6, retranchement 3 m. 20 c. à 4 m. 50 c. — Égout. — Conduite d'eau. — Éclairage au gaz (compe Anglaise).

FUNAMBULES (THÉATRE DES).

Situé boulevart du Temple, n° 62. — 6e arrondissement, quartier du Temple.

Anciennement occupé par des danseurs de corde, ce théâtre depuis 1830 offre au public des vaudevilles et des drames; mais les pièces qui attirent la foule sont les pantomimes-arlequinades, dans lesquelles le célèbre Debureau remplit les rôles de Pierrot.

FURSTENBERG (RUE).

Commence à la rue Jacob, nos 3 et 5; finit à la rue de l'Abbaye, nos 4 et 6. Le dernier impair est 11; le dernier pair, 10. Sa longueur est de 82 m. — 10e arrondissement, quartier de la Monnaie.

Cette rue a été bâtie en 1699. On lui donna le nom de *Furstenberg*, en l'honneur du cardinal Furstenberg, alors abbé de Saint-Germain-des-Prés. En 1806, c'était la rue de *Wertingen*, en mémoire du célèbre combat de Wertingen, livré le 8 octobre 1805, où les Français détruisirent un corps considérable d'Autrichiens. En 1815, elle reprit son premier nom. — Une décision ministérielle en date du 21 août 1817 et une ordonnance royale du 29 avril 1839 ont maintenu les dimensions de cette rue ainsi qu'il suit: portion comprise entre la rue Jacob et la partie formant place à 7 m. 80 c. de largeur; la place à 24 m., et le surplus à 11 m. — Bassin d'égout.

Février 1844.

G.

GABRIEL (AVENUE).

Commence à la place de la Concorde et à la rue des Champs-Élysées, n° 1; finit à l'avenue Matignon. Pas de numéro impair; ce côté est bordé par les Champs-Élysées; le dernier pair est 38. Sa longueur est de 695 m. — 1er arrondissement, quartier des Champs-Élysées.

La partie de cette avenue comprise entre la rue des Champs-Élysées et l'avenue Marigny était confondue autrefois dans les Champs-Élysées. Formée en 1818, elle doit son nom à Jacques-Ange Gabriel, célèbre architecte, qui naquit à Paris en 1710 et mourut dans la même ville vers 1782. On sait que la place Louis XV, aujourd'hui de la Concorde, où cette avenue prend naissance, a été tracée en 1763 sur les dessins de Gabriel. Le monument qui fait le plus d'honneur au talent de cet artiste est sans contredit l'École-Militaire, dont il commença la construction en 1751. — Il résulte d'un alignement approuvé le 13 messidor an VII par le ministre de l'intérieur Quinette, que les constructions bordant cette partie d'avenue sont soumises à un retranchement considérable. — Le surplus de l'avenue Gabriel était formé dès 1670. Il n'existe point d'alignement pour cette deuxième partie. — Éclairage au gaz (comp° de l'Ouest).

GAILLARD (PASSAGE).

Commence à l'allée des Veuves; finit à la rue Marbeuf, n° 8. — 1er arrondissement, quartier des Champs-Élysées.

Le terrain sur lequel a été ouvert ce passage était connu en 1789 sous le nom de *Marais des Gourdes*; il appartenait alors aux religieuses de la Visitation-Sainte-Marie de Chaillot. Leur communauté ayant été supprimée en 1790, leurs biens devinrent propriétés nationales. Le terrain dont il s'agit fut vendu en 1792. En 1825 le passage fut formé par M. Gaillard.

GAILLON (RUE).

Commence à la rue Neuve-des-Petits-Champs, n°s 52 et 54; finit à la rue Neuve-Saint-Augustin, n°s 27 et 31. Le dernier impair est 25; le dernier pair, 22. Sa longueur est de 151 m. — 2e arrondissement, quartier Feydeau.

En 1495 c'était la ruelle *Michaut-Riegnaut*; en 1525 la rue *Michaut-Regnaut* en raison d'un voiturier ainsi appelé qui y possédait une grande maison et un jardin. On lui donna en 1578 la dénomination qu'elle conserve encore aujourd'hui, en raison de l'hôtel Gaillon, remplacé depuis par l'église Saint-Roch; elle prenait naissance sous ce nom à la rue Saint-Honoré et aboutissait à la *Porte Gaillon*, près de l'endroit où est maintenant le boulevart, en face de la rue Delamichodière. En 1700, cette porte fut abattue et l'on supprima, en vertu d'un arrêt du conseil du 3 juillet 1703, une partie de la rue Gaillon, qui ne s'étendit plus à partir de cette époque que jusqu'à la rue Neuve-Saint-Augustin. La partie entre la rue Saint-Honoré et la rue Neuve-des-Petits-Champs prit au XVIIe siècle le nom de *Lorges*, en raison de l'hôtel de Lorges qui était situé au coin nord-est de cette rue et de la rue Neuve-Saint-Augustin, et ensuite celui de rue *Neuve-Saint-Roch*, parce que l'église Saint-Roch y est située. — Une décision ministérielle en date du 28 ventôse an IX, signée Chaptal, fixa la largeur de la rue Gaillon à 10 m. En vertu d'une ordonnance royale du 4 octobre 1826, cette dimension est portée à 12 m.: de 1 à 11 inclus, retranchement 1 m. 20 c. à 2 m.; de 13 à 17 inclus, retranchement 70 c. à 1 m. 20 c.; 19, retranchement 60 c.; 21, retranchement 50 c.; 23, retranchement 40 c.; 25, aligné; de 2 à 10, retranchement 2 m. 40 c. à 3 m. 30 c.; de 12 à 20 inclus, retranchement 3 m. 30 c. à 4 m. 25 c.; 22, aligné. — Égout. — Conduite d'eau. — Éclairage au gaz (comp° Anglaise).

GAITÉ (THÉATRE DE LA).

Situé boulevart du Temple, n° 68. — 6e arrondissement, quartier du Temple.

Nicolet, directeur d'une troupe de sauteurs qui desservaient les foires Saint-Germain et Saint-Laurent, vint en 1759 s'établir sur le boulevart. Il y fit construire un théâtre où l'on représentait des pièces grivoises et des pantomimes-arlequinades qui furent accueillies avec la plus grande faveur. Taconnet, le meilleur acteur de cette troupe, composait des pièces qui lui valurent le surnom de *Molière des boulevarts*. Il attirait tout Paris au théâtre de Nicolet lorsqu'il jouait un rôle d'ivrogne ou de savetier. Quand il voulait exprimer le dernier degré de son mépris pour quelqu'un, il disait : Je te méprise comme un verre d'eau. Cet excellent comédien mourut gaîment à l'hospice de la Charité. — En 1769 les directeurs de l'Opéra, jaloux des succès obtenus par Nicolet, firent interdire la parole aux acteurs de ce théâtre. Cet ordre rigoureux ne fut pas longtemps en vigueur. En 1772 la troupe de Nicolet joua quelques représentations devant la cour, réunie alors à Choisy. La favorite Du Barry fut si contente de ce spectacle, qu'elle lui fit donner le titre de *théâtre des Grands Danseurs du Roi*. Nicolet fut le premier qui offrit un exemple honorable. Les flammes ayant dévoré en 1777 toutes les constructions de la foire Saint-Ovide, il donna une représentation au bénéfice des incendiés. Cette générosité trouva dans la suite de nombreux imitateurs. En 1792, le spectacle de Nicolet prit le nom de *théâtre de la Gaîté*. Trois ans après, un comédien nommé Ribié était chargé de la direction de cette

— GAL —

entreprise, qui reçut le titre de *théâtre d'Émulation*. En 1798 la veuve Nicolet lui rendit sa dénomination de *théâtre de la Gaîté*. La féerie du *Pied de Mouton*, représentée en 1806, attira tout Paris. Les dispositions de la salle, bâtie en 1760, n'étant plus en harmonie avec les besoins de l'époque (1808), M. Bourguignon, gendre de la veuve Nicolet, chargea l'architecte Peyre de reconstruire une nouvelle salle. Les travaux en furent promptement terminés. Depuis ce moment jusqu'à l'année 1837, de nombreux succès dus principalement au genre de pièces appelées *mélodrames,* placèrent *la Gaîté* au premier rang des spectacles des boulevarts. Un affreux incendie détruisit ce théâtre le 21 février 1835. Neuf mois après il était rétabli et ouvert au public. Sur la façade de la nouvelle salle, on remarque l'inscription suivante : « Théâtre de la Gaîté fondé en 1760 par J.-B. Nicolet, reconstruit en 1808, incendié le 21 février 1835, réédifié en fer, la même année. Bourlat, architecte. » La dépense s'est élevée à 443,000 fr. On représente toujours sur ce théâtre des vaudevilles, des drames et des pièces féeries. — Prix des places en 1844 : avant-scène des 1res et du rez-de-chaussée, 4 fr. ; 1res loges de face et baignoires fermées, 3 fr. ; 2es loges de face, stalles de balcon et amphithéâtre, 2 fr. 50 c. ; 1res loges découvertes, avant-scène des 2mes, stalles d'orchestre, et orchestre adossé, 2 fr. 25 c. ; 1re galerie de côté, 2 fr. ; orchestre et pourtour, 1 fr. 50 c. ; 2me galerie et avant-scène des 3mes, 1 fr. 25 c.; parterre, 1 fr. ; 3me galerie, 60 c. ; 4e amphithéâtre, 40 c.

GALANDE (RUE).

Commence à la rue des Lavandières, n° 2, et à la place Maubert, n° 16 ; finit aux rues Saint-Jacques, n° 1, et du Petit-Pont, n° 29. Le dernier impair est 79 ; le dernier pair, 58. Sa longueur est de 230 m. — 12e arrondissement, quartier Saint-Jacques.

Cette rue fut percée en 1202 sur le *clos Mauvoisin,* qui faisait partie de la seigneurie de *Garlande*, dont on a fait *Galande* par corruption. (Voir l'article de la rue du *Fouarre.*) Cette famille des Garlande occupait au XIIe siècle les premières charges du royaume. Anzeau de Garlande, qui fut tué au siège du Puiset, en 1118, avait été sénéchal et premier ministre sous les rois Philippe Ier et Louis-le-Gros. Étienne de Garlande, son frère, évêque de Beauvais, fut sénéchal de France, chancelier et premier ministre durant neuf années. Il mourut en 1151. Anselme de Garlande était prévôt de Paris en 1192. — La rue Galande a été élargie en vertu d'un arrêt du conseil d'état, en date du 6 juin 1672. — Une décision ministérielle du 8 nivôse an IX, signée Chaptal, a fixé à 10 m. la moindre largeur de cette voie publique. Les maisons n°s 21, 55, 57, 75, 77, 79 ; 20, 22, 24, 56 et 58, ne sont pas soumises à retranchement ; celles n°s 7, 9, 11, 51, 53 ; 16, 18 et 26, ne devront subir qu'un léger redressement. — Égout entre la rue des Anglais et la place Maubert.

— GAR —

— Conduite d'eau dans toute l'étendue. — Éclairage au gaz (comp^e Parisienne).

GARANCIÈRE (RUE).

Commence à la rue du Petit-Bourbon, n° 9 ; finit à la rue de Vaugirard, n°s 34 et 36. Le dernier impair est 17 ; le dernier pair, 14. Sa longueur est de 220 m. — 11e arrondissement, quartier du Luxembourg.

C'était autrefois la *ruelle de Saint-Sulpice*. Elle doit sa dénomination actuelle à l'hôtel Garancière, construit au XVe siècle, et que l'on trouve indiqué sous les noms de *Garance* et *Garancée*. — Une décision ministérielle du 19 germinal an VIII, signée L. Bonaparte, fixa la largeur de la rue Garancière à 8 m. En vertu d'une ordonnance royale du 3 avril 1843, cette moindre largeur a été portée à 10 m. De 1 à 7 inclus, retranchement 3 m. 40 c. à 3 m. 70 c. ; mur de clôture portant le n° 9, aligné ; de 11 à 17 inclus, retranchement 80 c. à 2 m. 20 c. ; propriété à l'encoignure de la rue de Vaugirard, retranchement réduit 50 c. ; n°s 2 et 4, alignés ; 6, redressement ; 8 et 10, retranchement qui n'excède pas 50 c. ; 12, retranchement réduit 1 m. 10 c. ; 14, retranchement réduit 2 m. 50 c. — Égout entre les rues du Petit-Bourbon et Palatine. — Éclairage au gaz (comp^e Française).

GARÇONS-SAINT-GERMAIN (RUE DES MAUVAIS-).

Commence à la rue de Buci, n°s 7 et 9 ; finit à la rue des Boucheries, n°s 24 et 26. Le dernier impair est 21 ; le dernier pair, 18. Sa longueur est de 110 m. — 10e arrondissement, quartier de la Monnaie.

Au mois de février 1254, l'abbé de Saint-Germain-des-Prés vendit à Raoul d'Aubusson un terrain en face des murs de la ville, moyennant une redevance annuelle de 40 sols parisis. On lit dans cet acte que l'abbé de Saint-Germain se réserva le droit de faire ouvrir derrière ce terrain un chemin de 3 toises de large. En 1265, ce chemin était tracé et fut désigné plus tard sous le nom de la *Folie Reinier*, en raison d'une maison de plaisance appartenant à un nommé Reinier. Cette propriété exista dans cette rue jusqu'en 1399. Vers cette époque, des bouchers étant venus habiter cette voie publique, elle prit alors le nom de l'*Écorcherie*. Ces mêmes bouchers et leurs garçons excitèrent des troubles sous le règne malheureux de Charles VI ; et le peuple donna plus tard à cette rue le nom des *Mauvais-Garçons*. — Une décision ministérielle à la date du 8 nivôse an IX, signée Chaptal, avait fixé la largeur de cette voie publique à 8 m. En vertu d'une ordonnance royale du 12 mai 1841, cette dimension a été portée à 10 m. De 1 à 5 inclus, retranchement 1 m. 85 c. à 2 m. 85 c. ; n° 7, aligné ; 7 bis, 9 et 11, retranchement 1 m. à 1 m. 50 c. ; 13, retranchement 80 c. ; 15, retranchement 50 c. ; 17, redressement ; 19, aligné ; 21, redressement ; 2, retranchement

2 m. 50 c.; de 4 à la fin, retranchement 3 m. à 4 m. 70 c. — Éclairage au gaz (comp° Parisienne).

GARÇONS-SAINT-JEAN (RUE DES MAUVAIS-).

Commence à la rue de la Tixéranderie, n°s 65 et 67; finit à la rue de la Verrerie, n°s 3 et 5. Le dernier impair est 13; le dernier pair, 26. Sa longueur est de 99 m. — 7e arrondissement, quartier du Marché-Saint-Jean.

Quelques habitations bordaient déjà cette rue sous le règne de Louis-le-Jeune. Tous les anciens titres lui donnent le nom de rue Chartron. En 1300, elle était habitée par des filles publiques. En 1537, on la trouve indiquée sous le nom de rue Chartron. Des bandits qui désolèrent Paris, lors de la captivité de François Ier, lui firent donner la dénomination de rue des *Mauvais-Garçons*. — Une décision ministérielle du 28 brumaire an VI, signée Letourneux, fixa la largeur de cette voie publique à 6 m. En vertu d'une ordonnance royale du 28 octobre 1838, cette largeur a été portée à 10 m. Les constructions du côté des numéros impairs devront reculer de 4 à 6 m. La maison située sur le côté des numéros pairs, à l'encoignure de la rue de la Tixéranderie, et celle n° 4 sont alignées. Les propriétés n°s 2 et de 6 à 16 inclus sont soumises à un retranchement qui varie de 80 c. à 1 m. 48 c.; celles de 18 à la fin ne devront subir qu'un léger redressement. — Conduite d'eau depuis la rue de la Tixéranderie jusqu'à la borne-fontaine. — Éclairage au gaz (comp° Lacarrière).

GARE (BARRIÈRE DE LA).

Située à l'extrémité du quai d'Austerlitz.

Jusqu'en 1818, la barrière de la Gare était située à l'extrémité du quai d'Austerlitz, mais sur un emplacement beaucoup plus rapproché du pont. A cette époque le village d'Austerlitz ayant été renfermé dans l'enceinte de Paris, la barrière de la Gare fut reculée. Deux petits pavillons construits en 1832 décorent cette barrière, qui avait tiré son nom d'une gare voisine destinée à mettre les bateaux à l'abri des glaces. Cet utile bassin n'a jamais été terminé.

GARE (CHEMIN DE RONDE DE LA BARRIÈRE DE LA).

Commence à la barrière de la Gare et au quai d'Austerlitz; finit à la barrière d'Ivry et à la Grande-Rue d'Austerlitz. Pas de numéro. Sa longueur est de 980 m. — 12e arrondissement, quartier Saint-Marcel.

Il a été formé en 1818, sur une partie de l'emplacement du village d'Austerlitz (voyez *Austerlitz*, Grande-Rue d').

GARE (RUE NEUVE-DE-LA-).

Commence au chemin de ronde de la barrière de la Gare; finit au boulevart de l'Hôpital. Pas encore de numéro. Sa longueur est de 885 m. — 12e arrondissement, quartier Saint-Marcel.

Une ordonnance royale à la date du 27 avril 1825,

autorisa l'administration des hospices de Paris et les sieurs Bouhin, Godde, Magu et le baron Hély-d'Oissel, à ouvrir sur les terrains du *clos de la Gare et du pré de l'Hôpital*, qui leur appartenaient, cinq rues indiquées sur le plan par les lettres A, B, C, D, E; la première sur 15 m., la dernière sur 12 m., et les trois autres sur 13 m. de largeur. Cette autorisation fut accordée à la charge par les impétrants — de supporter les frais d'établissement du premier pavage et éclairage des rues nouvelles; d'établir dans la rue A, des trottoirs de 2 m. de large, et dans les autres des trottoirs de 1 m. 50 c. de chaque côté desdites rues, au fur et à mesure qu'il s'y construirait des maisons d'habitation. — Une seconde ordonnance du 14 janvier 1829 modifia la précédente, mais seulement en ce qui concernait le nombre des rues. Elles furent réduites à quatre. Ces divers percements furent immédiatement tracés. La principale rue, celle dont la largeur est fixée à 15 m, a reçu la dénomination de rue *Neuve-de-la-Gare*. Les trois autres voies publiques commencent au quai d'Austerlitz et se terminent à la rue Neuve-de-la-Gare. Elles ne sont pas entièrement construites et n'ont pas encore reçu de dénominations officielles. — Égout.

GASTÉ (RUE).

Commence à la rue Basse-Saint-Pierre, n°s 5 et 7; finit aux rues des Batailles, n° 1, et de Chaillot, n° 2. Pas de numéro. Sa longueur est de 56 m. — 1er arrondissement, quartier des Champs-Élysées.

Le plan de Verniquet l'indique sous le nom de *ruelle Montante*. Effectivement sa pente est très rapide. — Une décision ministérielle du 15 vendémiaire an IX, signée L. Bonaparte, a fixé la largeur de cette voie publique à 8 m. En 1806, elle a reçu la dénomination de rue *Gasté*, qu'elle doit sans doute à un propriétaire riverain. Les constructions du côté gauche ne sont pas soumises à retranchement; celles du côté opposé devront reculer de 1 m. à 1 m. 60 c.

GAZOMÈTRE (RUE DU).

Commence à la place de La Fayette, n° 8; finit à la rue des Jardins, n° 2. Le dernier impair est 9; le dernier pair, 4. Sa longueur est de 61 m. — 3e arrondissement, quartier du Faubourg-Poissonnière.

Cette rue a été ouverte sur les terrains appartenant à MM. André et Cottier. L'ordonnance qui autorisa le percement est à la date du 31 janvier 1827; elle fixa la largeur de cette rue à 12 m. On donna à cette voie publique le nom de rue du *Gazomètre*, parce qu'étant prolongée elle déboucherait vis-à-vis du gazomètre de la rue du Faubourg-Poissonnière. — Une ordonnance royale du 2 février 1839 a porté la largeur de la rue du Gazomètre à 15 m. 75 c., depuis la place de La Fayette jusqu'à la rue des Jardins. Le surplus qui forme impasse, dans une longueur de 32 m., a été maintenu à 12 m. de largeur. Toutes les propriétés riveraines sont alignées. (Voyez *Abattoir*, rue de l'.)

GENEVIÈVE (CARRÉ SAINTE-).

Situé entre les rues de la Montagne-Sainte-Geneviève, n° 86, et des Sept-Voies, n° 35. Pas de numéro impair; ce côté est bordé par le Panthéon; le dernier pair est 12. — 12e arrondissement, quartier Saint-Jacques.

On a commencé à bâtir des maisons sur son emplacement vers 1355. Cette place doit son nom à l'ancienne église Sainte-Geneviève, dont nous parlerons à l'article du collège Henri IV. — Une décision ministérielle du 13 juin 1807, signée Champagny, a déterminé l'alignement de cette voie publique. Conformément à une enquête faite en vertu d'un arrêté préfectoral du 17 décembre 1843, cet alignement doit être exécuté par voie d'expropriation, afin de compléter la régularisation des abords du Panthéon.

GENEVIÈVE (RUE DE LA MONTAGNE-SAINTE-).

Commence aux rues des Noyers et Saint-Victor, n° 169; finit à la rue des Prêtres-Saint-Étienne-du-Mont, n° 16, et au carré Sainte-Geneviève, n° 2. Le dernier impair est 85; le dernier pair, 86. Sa longueur est de 347 m. — 12e arrondissement; de 1 à 65 et les dépendances de l'École-Polytechnique, quartier du Jardin-du-Roi; de 77 à la fin et tous les numéros pairs, quartier Saint-Jacques.

Elle est ainsi appelée parce qu'elle conduisait à l'abbaye Sainte-Geneviève située sur une montagne. Elle se nommait anciennement *Sainte-Geneviève*, rue *Sainte-Geneviève-la-Grande*, *Sainte-Geneviève-du-Mont* et des *Boucheries*. Cette dernière dénomination lui avait été donnée en raison de plusieurs étaux qu'on permit d'y établir à la fin du XIIe siècle et au commencement du suivant. De 1793 à 1805, elle porta le nom de rue de la *Montagne*. — Une décision ministérielle du 8 brumaire an X, signée Chaptal, a fixé la moindre largeur de cette rue à 10 m. Une ordonnance royale du 12 janvier 1844 a déclaré d'utilité publique l'acquisition des propriétés n°s 59, 61 et 63, dont l'emplacement devra être réuni à l'École-Polytechnique. Les propriétés n°s 1, 3, 53, 55, 59, 67, 85, 87; 20, 22, 24, 40, 42, 46, 68, 70, 84 et 84 bis, ne sont pas soumises à retranchement. — Égout entre les rues Saint-Victor et Basse-des-Carmes. — Éclairage au gaz (compe Parisienne).

Le collège de Laon avait son entrée dans cette rue. Guy, chanoine de Laon, trésorier de la Sainte-Chapelle de Paris, et Raoul de Presles, clerc du roi, s'unirent en 1314 pour fonder ce collège. Le premier donna mille livres de rente amortie et les maisons qu'il avait dans la rue Saint-Hilaire (aujourd'hui des Carmes), et dans celle du clos Bruneau, appelée maintenant rue Saint-Jean-de-Beauvais. Le second fit don, pour sa part, de deux cents livres de rente. Tous deux se réservèrent la disposition et l'administration de leur collège, qu'ils destinèrent à recevoir les pauvres écoliers des diocèses de Laon et de Soissons. Par l'imprévoyance des fondateurs, de vives querelles s'élevèrent entre les habitants de ce collège; ces contestations amenèrent en 1323 la division de cet établissement en *collège de Laon* et en *collège de Soissons* ou de *Presles*. Le collège de Laon occupa les logements de la rue du Clos-Bruneau (Saint-Jean-de-Beauvais), où fut depuis le collège de Lisieux. Le collège de Soissons ou de Presles fut établi sur le terrain qui donnait sur la rue Saint-Hilaire (des Carmes), à la charge d'une redevance de vingt-quatre livres de rente envers l'autre collège. En 1327, Guy de Laon établit dans le sien un principal, un chapelain et seize boursiers. Douze ans après, en 1339, Gérard de Montaigu, depuis avocat au parlement, légua aux écoliers sa maison appelée l'*hôtel du Lion-d'Or*, rue de la Montagne-Sainte-Geneviève. Ils y furent transférés en 1340, et l'on trouve qu'en 1342, Foulques de Chanac permit d'y célébrer l'office divin. En 1773, ces deux établissements furent réunis au collège de Louis-le-Grand. La partie dite collège de Laon devint propriété de l'État, et fut vendue en deux lots le 30 avril 1822, savoir: le premier lot à un particulier moyennant 97,600 francs; et le deuxième, 37,700 francs à la ville de Paris, qui a fait construire sur cet emplacement une partie du marché des Carmes.

Au n° 37 était situé le *collège de la Marche*. Il fut fondé, en 1420, par Guillaume de la Marche et par Beuve de Vinville, pour six écoliers, quatre de la Marche et deux de Rosières-aux-Salines, de Lorraine. Dans la suite le nombre des boursiers s'éleva jusqu'à vingt-un. Ce collège, qui avait acquis de la célébrité, devint en 1790 propriété nationale. En exécution du décret impérial du 11 décembre 1808, l'Université a été mise en possession des collèges de la Marche et de Bayeux. Aujourd'hui les bâtiments du collège de la Marche sont occupés par une caserne d'infanterie.

Au n° 52 était situé le *séminaire des Trente-Trois*. Claude Bernard, dit le pauvre prêtre, le fonda en 1633. Il y rassembla d'abord cinq écoliers, en l'honneur des cinq plaies de Notre-Seigneur, puis douze en l'honneur des douze apôtres; enfin trente-trois en mémoire du même nombre d'années que vécut Jésus-Christ. La reine Anne d'Autriche donna à ces écoliers 33 livres de pain par jour; ils demeurèrent d'abord dans une salle du collège des Dix-Huit, puis dans six chambres qu'on loua pour eux au collège de Montaigu, enfin le 7 mai 1657, à l'hôtel d'Albiac qu'on avait acheté. Ce séminaire fut supprimé en 1790. Devenu propriété nationale, il fut vendu le 14 vendémiaire an IV.

Au n° 55 était situé le *collège de Navarre*. Nous en parlerons à l'article de l'École-Polytechnique.

Au n° 83 était la principale entrée du *collége de Hubant ou de l'Ave-Maria*. Il fut fondé en 1336, par Jean de Hubant, clerc, conseiller du roi, dans une maison qu'il acheta de sa majesté, au mois d'août 1327, moyennant 180 livres, et dans laquelle il établit quatre pauvres étudiants, un principal et un chapelain. Il donna une de ses propriétés rue des Poirées, et fit l'abandon de la troisième partie du produit des dîmes du territoire de Cormilliers. D'après l'acte de fondation, les bour-

— GEN —

siers devaient être nés au village de Hubant dans le Nivernais. Cet établissement prit ensuite le nom d'*Ave-Maria*, parce que le fondateur fit graver sur la porte de ce collège ces deux mots en lettres d'or : *Ave-Maria*. En 1767, il fut réuni au collège Louis-le-Grand. Devenu propriété de l'État, il fut vendu le 7 septembre 1810.

GENEVIÈVE (RUELLE SAINTE-).

Commence à la rue de Chaillot, nos 89 et 91; finit à la rue du chemin de Versailles. Pas de numéro. Sa longueur est de 240 m. — 1er arrondissement, quartier des Champs-Élysées.

Cette ruelle, percée en 1792, porta d'abord le nom d'*Hébert*, ensuite celui de *Sainte-Périne*, parce qu'elle était située près de l'ancienne abbaye de Sainte-Périne, dont nous avons parlé à l'article de la rue de Chaillot. En 1806, on lui donna le nom de *Sainte-Geneviève*, parce que les bâtiments de cette maison religieuse avaient été occupés par les chanoinesses de Sainte-Geneviève. — Une décision ministérielle du 2 août 1816 a fixé la largeur de cette voie publique à 8 m. Les constructions riveraines sont soumises à un fort retranchement.

GENEVIÈVE (RUE NEUVE-SAINTE-).

Commence aux rues de la Contrescarpe, n° 25, et de la Vieille-Estrapade, n° 1; finit à la rue des Postes, nos 35 et 37. Le dernier impair est 29; le dernier pair, 32. Sa longueur est de 294 m. — 12e arrondissement, quartier de l'Observatoire.

Ouverte sur le *clos de Sainte-Geneviève*, elle en a retenu la dénomination. — Une décision ministérielle du 13 floréal an IX, signée Chaptal, fixa la moindre largeur de cette rue à 7 m. Une ordonnance royale du 23 janvier 1844 a porté cette largeur à 10 m., et déclaré d'utilité publique l'exécution immédiate de l'alignement au droit de la propriété n° 35, sur la rue des Postes, afin d'établir sur ce point une petite place devant l'entrée du collège Rollin, au moyen de la formation d'un pan coupé de 12 m. Cette amélioration sera prochainement effectuée. La propriété n° 1 est soumise à un retranchement réduit de 1 m. Les maisons de 3 à la fin devront reculer de 1 m. 50 c. à 1 m. 90 c. Propriété n° 2, retranchement réduit 3 m.; de 4 à la fin, retranchement qui varie de 1 m. 40 c. à 2 m. 30 c.

La *communauté de Sainte-Aure* était située dans cette rue aux nos 12, 14, 16, 18 et 20. — En 1637, M. Gardeau, curé de Saint-Étienne-du-Mont, voulant retirer du libertinage plusieurs jeunes filles que la misère avait entraînées, acheta dans la rue des Poules une maison, afin d'y loger et nourrir ces malheureuses. Cette réunion prit le titre de *communauté de Sainte-Théodore*. Quelques années après, M. de Harlay, archevêque de Paris, ayant jugé à propos de donner un nouveau directeur à cet établissement, les filles ne voulurent point l'accepter et abandonnèrent leur maison. Cependant

— GEO —

on parvint à en ramener plusieurs qui formèrent la communauté de Sainte-Aure, et furent placées dans la rue Neuve-Sainte-Geneviève. En 1707, elles firent construire une église, et le roi leur accorda des lettres-patentes données à Meudon, au mois de juillet 1723. Vers 1760, elles embrassèrent la règle de saint Augustin, et prirent le titre de religieuses de Sainte-Aure, adoratrices du Sacré-Cœur de Jésus. — Jeanne Vaubernier, comtesse Du Barry et dernière favorite de Louis XV, fut élevée dans ce couvent, dont la suppression eut lieu en 1790. Les bâtiments de cette communauté devinrent propriétés nationales et furent vendus le 15 thermidor an IV.

GENTILLY SAINT-MARCEL (RUE DE).

Commence à la rue Mouffetard, nos 296 et 298; finit à boulevart de l'Hôpital, nos 2 et 4. Le seul impair est 1; le dernier pair, 14. Sa longueur est de 310 m. — 12e arrondissement, quartier Saint-Marcel.

Elle est indiquée sur le plan de Jaillot, qui ne lui donne pas de dénomination. Peu de temps après, c'était la rue du *Chemin allant à Gentilly*; elle se dirige effectivement vers le village de ce nom. — Une décision ministérielle du 15 messidor an XII, signée Chaptal, fixa la largeur de cette voie publique à 10 m. En vertu d'une autre décision du 14 septembre 1829 elle a pris le nom de rue de *Gentilly-Saint-Marcel*. Une ordonnance royale du 2 décembre 1829 a porté à 12 m. la largeur de cette rue. Une grande partie du côté gauche et les constructions nos 10 bis, 12 et 14 sont alignées. Cette voie publique n'est pas encore pavée.

GENTY (PASSAGE).

Commence au quai de la Rapée, nos 21 et 23; finit à la rue de Bercy, n° 48 — 8e arrondissement, quartier des Quinze-Vingts.

Ce passage a été formé vers 1806 par M. Genty. Depuis une raffinerie y a été établie, et on le désigne quelquefois sous la dénomination de *Passage de la Raffinerie*.

GEOFFROY-L'ANGEVIN (RUE).

Commence à la rue Sainte-Avoie, nos 41 et 43; finit à la rue Beaubourg, nos 20 et 22. Le dernier impair est 23; le dernier pair, 32. Sa longueur est de 139 m. — 7e arrondissement, quartier Sainte-Avoie.

En 1278, c'était la rue *Géfroi-l'Angevin*. Guillot l'appelle *Giéfroi-l'Angevin*. — Une décision ministérielle du 3 pluviôse an IX, signée Chaptal, avait fixé la largeur de cette voie publique à 8 m. Cette largeur a été portée à 10 m., en vertu d'une ordonnance royale du 29 mars 1827. Les maisons nos 15, 17; 4, 6, 14, 16, 18 et 24 à 28 inclusivement, sont alignées. — Conduite d'eau. — Éclairage au gaz (compe Lacarrière).

GEOFFROY-L'ASNIER (RUE).

Commence aux quais de la Grève, n° 2, et des Ormes, n° 78; finit à la rue Saint-Antoine, nos 40 et 44. Le dernier impair est 35 ; le dernier pair, 42. Sa longueur est de 190 m. — 9e arrondissement, quartier de l'Hôtel-de-Ville.

Au XIVe siècle on l'appelait rue *Frogier* et *Forgier l'Asnier*. Dès 1445, elle est indiquée sous le nom de *Geoffroy-l'Asnier*, qu'elle devait sans doute à quelqu'un de la famille de l'Asnier, très connue alors. — Une décision ministérielle du 13 thermidor an VI, signée François de Neufchâteau, fixa la moindre largeur de cette voie publique à 8 m. Cette moindre largeur a été portée à 10 m., en vertu d'une ordonnance royale du 4 mars 1836. Les maisons nos 13, 15, l'entrée de la mairie du 9e arrondissement et les propriétés nos 2 et 4, ne sont pas soumises à retranchement ; celles nos 17, 40 et 42, devront subir un léger redressement. — Égout entre le quai de la Grève et la rue de l'Hôtel-de-Ville. — Conduite d'eau depuis la rue Saint-Antoine jusqu'aux deux bornes-fontaines. — Éclairage au gaz (compe Parisienne).

Le connétable de Montmorency a longtemps habité cette rue, dans laquelle il fit bâtir la maison n° 26, qui porte encore les armoiries de cette famille célèbre.

GEOFFROY-MARIE (RUE).

Commence aux rues du Faubourg-Montmartre, n° 22 et de la Boule-Rouge, n° 1 ; finit à la rue Richer, n° 19 bis. Le dernier impair est 15 ; le dernier pair, 10 bis. Sa longueur est de 140 m. — 2e arrondissement, quartier du Faubourg-Montmartre.

Cette rue a été ouverte en 1842 sur une partie des terrains dits de la *Boule-Rouge*, appartenant à l'Hôtel-Dieu en vertu de la donation suivante :

« A tous ceux qui ces présentes lettres verront,
» l'official de la cour de Paris salut en notre seigneur ;
» savoir faisons que pardevant nous ont comparu
» GEOFFROY, couturier de Paris, et MARIE, son épouse :
» lesquels ont déclaré que naguère, ils avaient, tenaient
» et possédaient de leurs conquêts une pièce de terre
» contenant environ huit arpens, sise aux environs de
» la grange qui est appelée *Grange-Bataillère*, hors
» des murs de Paris à la porte Montmartre, en un clos
» dans la censive de l'Hôtel-Dieu de Paris, chargée de
» huit livres parisis de cens accru, payable chaque
» année à jour fixe en quatre termes suivant la cou-
» tume de Paris ; lesquels d. huit arpens de terre,
» chargés comme il vient d'être dit, et de quelques
» droits ou de quelque façon qu'ils puissent l'être
» dorénavant, les d. Geoffroy et Marie, son épouse,
» ont donné en notre présence dès maintenant et à
» toujours et par donation faite entre-vifs, ont concédé
» en notre présence aux pauvres de l'Hôtel-Dieu de
» Paris, pour les tenir et posséder à perpétuité sans
» rien retenir de la d. pièce, ni pour eux, ni pour
» leurs héritiers. . . . . Les d.
» Geoffroy et Marie ont promis volontairement, spon-
» tanément et sans violence, de leur science certaine
» et de bonne foi que pour cause des biens remis en
» notre main et contenus en la donation qui précède,
» aucun trouble ne serait apporté pour cause de dot ou
» de conquêt ou d'autres droits quelconques, soit par
» eux-mêmes, soit par d'autres à l'avenir.

» En récompense de laquelle chose, les frères du d.
» Hôtel-Dieu, ont concédé aux d. Geoffroy et Marie
» et à perpétuité, la participation qu'ils ont eux-mêmes
» aux prières et aux bienfaits qui ont été faits et qui
» se feront à l'avenir au d. Hôtel-Dieu. Ont également
» promis les d. frères de donner et fournir en récom-
» pense de ce qui précède aux d. Geoffroy et Marie,
» pendant leur vie et au survivant d'eux, tout ce qui
» leur sera nécessaire en vêtements et nourritures à
» l'usage des d. frères et sœurs, de la même manière
» et suivant le même régime que les d. frères et sœurs
» ont l'habitude de se vêtir et nourrir. . . . .
» Donné en l'année de notre seigneur 1260 le 1er jour
» du mois d'août. . . . . Signé Durand. » (Traduction de la minute écrite en latin).

Le 30 septembre 1840, une partie de ces terrains fut vendue par l'administration des hospices aux sieurs Pène et Maufra, moyennant 3,075,600 fr., et une ordonnance royale du 10 janvier 1842 autorisa le premier de ces propriétaires à ouvrir sur cet emplacement une rue de 12 m. de largeur. Les conditions suivantes furent imposées à l'impétrant : de supporter, conformément aux prescriptions de l'administration, les frais de nivellement, ceux de pavage en chaussée bombée en pavé dur d'échantillon, avec sous-pavage sous les ruisseaux, ceux d'établissement de bornes-fontaines et du matériel pour l'éclairage au gaz ; de supporter également la dépense des trottoirs en granit, dont le montant devra être versé à la caisse municipale, et dont la construction sera ensuite exécutée par les soins de l'administration ; de faire les frais de construction de bouches et branchements d'égouts nécessaires à l'écoulement des eaux pluviales et ménagères ; enfin de se conformer à tous les règlements de voirie et de se soumettre à la surveillance des agents de l'administration pendant le cours des constructions.

GEORGEAU (RUE DU CLOS).

Commence à la rue de la Fontaine-Molière, nos 21 et 23 ; finit à la rue Sainte-Anne, nos 12 et 14. Le dernier impair est 5 ; le dernier pair, 4. Sa longueur est de 46 m. — 2e arrondissement, quartier du Palais-Royal.

Plusieurs titres, qui proviennent des archives de l'archevêché, mentionnent le clos *Jargeau*, dont on a fait depuis Georgeau. En 1610, Pierre Doria, sieur de Cernay, écuyer, acheta un vaste terrain situé entre ce clos et le Marché-aux-Chevaux. En 1620, la rue qui nous occupe fut ouverte sur cet emplacement. Elle était bordée de constructions en 1647. — Une décision ministérielle à la date du 3 frimaire an X, signée Chaptal, fixa la largeur de cette voie publique à 7 m. En vertu d'une ordonnance royale du 4 octobre 1826, cette largeur a été portée à 10 m. La maison n° 4 est

— GEO —

alignée. Les autres constructions devront reculer de 1 m. 40 c. à 1 m. 65 c. — Conduite d'eau. — Éclairage au gaz (comp° Anglaise).

GEORGES (PLACE SAINT-).

Située à la jonction des rues Neuve-Saint-Georges et Notre-Dame-de-Lorette. Pas de numéro. — 2ᵉ arrondissement, quartier de la Chaussée-d'Antin.

En vertu d'une ordonnance royale du 21 avril 1824, la compagnie Dosne, Loignon, Censier et Constantin fut autorisée à former sur les terrains à elle appartenant : 1° une rue de treize mètres de largeur, aboutissant d'un côté à la rue de La Rochefoucauld et se dirigeant vers la rue du Faubourg-Montmartre, à la jonction de celle-ci avec les rues Saint-Lazare et des Martyrs ; 2° une autre rue de 11 m. 70 c. de largeur partant de la rue Saint-Lazare vis-à-vis de la rue Saint-Georges jusqu'à la rencontre de la première ; 3° une place circulaire de 32 m. 50 c. de diamètre, au point de jonction de ces deux rues ; 4° enfin une troisième rue de 9 m. 75 c. de large, formant embranchement avec la première et aboutissant à la rue de La Rochefoucauld ; cette autorisation fut accordée à la charge par la compagnie de supporter les frais de premier établissement du pavage et d'éclairage des nouvelles voies, d'y établir des trottoirs, et de construire sur le milieu de la place une fontaine dont le plan serait soumis à l'approbation de l'administration, et en outre de se conformer aux lois et règlements sur la voirie de Paris. — Ces percements furent immédiatement exécutés. La rue de 13 m. de largeur a reçu la dénomination de rue *Notre-Dame-de-Lorette*. La rue de 11 m. 70 c. de largeur a été appelée rue *Neuve-Saint-Georges*. La place dont il est question au présent article a pris le nom de place *Saint-Georges*. Enfin on a donné à la rue de 9 m. 75 c. de largeur la dénomination de rue *Labruyère*. — Égout. — Conduite d'eau. — Éclairage au gaz (comp° Anglaise).

GEORGES (RUE NEUVE-SAINT-).

Commence à la rue Saint-Lazare, nᵒˢ 22 et 26 ; finit à la place Saint-Georges. Le dernier impair est 9 ; le dernier pair, 18. Sa longueur est de 163 m. — 2ᵉ arrondissement, quartier de la Chaussée-d'Antin.

Elle a été ouverte en 1824 sur les terrains de la compagnie Dosne, Loignon, Censier et Constantin. (Voyez l'article qui précède.) Sa largeur est de 11 m. 70 c. On lui donna la dénomination de rue *Neuve-Saint-Georges*, parce qu'elle prolonge la rue de ce nom. — Éclairage au gaz (comp° Anglaise).

GEORGES (RUE SAINT-).

Commence à la rue de Provence, nᵒˢ 32 et 34 ; finit à la rue Saint-Lazare, nᵒˢ 15 et 17. Le dernier impair est 33 ; le dernier pair, 36. Sa longueur est de 271 m. — 2ᵉ arrondissement, quartier de la Chaussée-d'Antin.

La partie de cette voie publique, comprise entre les rues de la Victoire et Saint-Lazare, existait en 1734

— GER —

et s'appelait ruelle *Saint-Georges*. Elle devait probablement cette dénomination à une enseigne. Cette ruelle fut élargie en 1778. Des lettres-patentes à la date du 7 mai 1779, registrées au parlement le 11 août suivant, autorisèrent Jean-Joseph De la Borde, conseiller, secrétaire des finances, à ouvrir sur ses terrains une nouvelle rue en prolongement de la ruelle Saint-Georges. Procès-verbal d'alignement de cette nouvelle voie publique, dont la largeur était de 30 pieds, fut dressé par le bureau de la Ville le 15 octobre 1779. Ces deux parties reçurent alors la seule et même dénomination de rue *Saint-Georges*. — Une décision ministérielle du 21 prairial an X, signée Chaptal, et une ordonnance royale du 16 avril 1831, ont fixé la largeur de cette voie publique à 9 m. 74 c. Voici la situation des immeubles par rapport aux alignements. Les propriétés de 1 à 9 inclus sont alignées ; de 11 à 17 inclus, retranchement 1 m. ; 19, alignée ; 21, retranchement 70 c. ; 23, alignée ; 25 et 27, retranchement 1 m. ; 29, 31 et 33, alignées ; de 2 à 18 inclus, alignées ; maison à l'encoignure gauche de la rue de la Victoire, retranchement 1 m. ; 20, alignée ; de 22 à 26 inclus, retranchement 1 m. ; 28, 30, alignées ; 30 bis retranchement 1 m. ; 32, alignée. — Égout. — Éclairage au gaz (comp° Anglaise).

GERMAIN-DES-PRÉS (ÉGLISE SAINT-).

Située sur la place du même nom. — 10ᵉ arrondissement, quartier de la Monnaie.

Il est impossible de tracer l'histoire de cette aïeule de nos églises, sans parler de l'abbaye célèbre, dont l'existence remonte au premier temps de la monarchie chrétienne.

Tous nos historiens conviennent que l'abbaye de Saint-Vincent, depuis Saint-Germain-des-Prés, fut fondée vers 543 par Childebert Iᵉʳ, fils de Clovis. Ce prince, accompagné de Clotaire, était allé en Espagne faire la guerre aux Visigoths. Les deux rois, ayant réuni leurs forces, mirent le siège devant Sarragosse, qu'ils réduisirent à l'extrémité. Les habitants consternés, n'espérant plus aucun secours humain, se couvrirent de cilices, et, chantant des psaumes, portèrent en procession autour des murs de la ville la tunique de saint Vincent. Les deux rois, touchés de compassion, accordèrent la paix, à deux conditions, toutefois : l'une que l'arianisme serait entièrement banni d'Espagne, l'autre qu'on leur donnerait la tunique de saint Vincent. Ces conditions furent acceptées par les vaincus, et Childebert apporta la tunique à Paris en grande solennité.

Quelque temps après, ce roi résolut d'élever une basilique, pour déposer la sainte relique et une croix qu'il apportait de Tolède. Sur l'emplacement que choisit le prince, l'on voyait encore les débris d'un temple consacré à la déesse Isis ; Childebert voulut *faire succéder le culte du Dieu du ciel, à celui des fausses divinités de la terre.*

L'édifice construit en l'honneur de saint Vincent,

martyr, et de la sainte croix, était soutenu par des colonnes de marbre; les murailles étaient ornées de peintures à fond d'or, et le pavé formé de pièces de marquetterie. L'extérieur de l'église répondait à la magnificence de l'intérieur. L'édifice couvert de cuivre doré jetait un si vif éclat qu'on le nomma plus tard *Saint-Germain-le-Doré*.

Cette abbaye fut dédiée par saint Germain le jour même de la mort de Childebert, 23 décembre 558. Dès le 6 du même mois, ce prince avait donné sa charte de fondation. Cet acte consiste principalement dans la donation du fief d'Issy avec ses appartenances et dépendances, du droit de pêche sur la rivière, depuis les ponts de Paris jusqu'au ruisseau de Sèvres, d'un chemin de dix-huit pieds de large des deux côtés du fleuve, et d'une chapelle de Saint-Andéol que remplaça depuis l'église de Saint-André-des-Arts.

Saint Germain fit bâtir au midi de l'édifice consacré à saint Vincent un oratoire sous l'invocation de saint Symphorien, et le monastère fut d'abord occupé par des religieux qui suivaient la règle de saint Basile, de cet homme qui, au moyen d'une haire et d'un sac, était parvenu à rassembler sous ses lois plusieurs milliers de disciples.

Le corps de saint Germain fut inhumé dans la chapelle de saint Symphorien. Bientôt Dieu couvrit la tombe du pieux évêque de miracles éclatants, en proportion des vertus du saint homme ici bas, et la dévotion du peuple fit donner le nom de *Saint-Germain* au monastère et à l'église conjointement avec celui de Saint-Vincent. Dans plusieurs actes des VIIe et VIIIe siècles, on nomme cette abbaye *la basilique de Saint-Germain et de Saint-Vincent*. Le 25 juillet 754, en présence de Pépin et de ses deux fils, Carloman et Charles, le corps de saint Germain, qu'on avait exhumé de la chapelle saint Symphorien, fut déposé dans la grande église au rond-point du sanctuaire.

Cette abbaye éprouva la fureur des Normands. En 845 et 858, ils pillèrent ce monastère, et y mirent le feu en 861. Huit ans après il fut réparé par les soins de l'abbé Gozlin; mais en 885 les Normands ravagèrent encore les environs de Paris et ruinèrent l'abbaye de fond en comble. L'église et le monastère ne furent rebâtis que vers l'an 1000, par l'abbé Morard aidé des libéralités du roi Robert. Le pape Alexandre III fit la dédicace de la nouvelle église le 21 avril 1163. L'abbé Eudes fit bâtir un nouveau cloître vers 1227. Le réfectoire et les murs de l'abbaye furent construits par Simon en 1237. Hugues d'Issy, qui le remplaça, fit bâtir la chapelle de la Vierge, qui était située à côté de l'église.

Après la construction de l'enceinte de Paris sous Philippe-Auguste, l'évêque prétendit à la juridiction spirituelle sur le territoire de l'abbaye Saint-Germain-des-Prés, qui était renfermé dans la ville. L'abbé de Saint-Germain s'adressa au pape Innocent III pour conserver ses droits. Mais avant la décision du souverain pontife, il accepta pour arbitres Geoffroy, évêque de Meaux, Michel, doyen de Saint-Marcel et frère Guérin. L'évêque Pierre Hugues, doyen, tout le chapitre de Notre-Dame, Guillaume, archiprêtre de Saint-Séverin, Raoul, curé de la chapelle Saint-Sulpice, l'abbé et les religieux de Sainte-Geneviève, promirent tous, sous peine de payer deux cents marcs d'argent, de s'en rapporter à la décision qui serait rendue. La sentence arbitrale, dont les détails précieux peuvent indiquer la topographie de Paris à cette époque, exempta de toute juridiction épiscopale le territoire contenu depuis la tournelle de Philippe Hamelin (aujourd'hui le palais de l'Institut) jusqu'à la borne séparant vers Grenelle la terre de Saint-Germain d'avec celle de Sainte-Geneviève, et depuis cette borne jusqu'à une autre, formant la limite des deux mêmes terres près du chemin d'Issy, enfin à partir de cette limite jusqu'à la quatrième, placée par les arbitres contre les murs vers Saint-Étienne-des-Grés.

La sentence décida en même temps que les terres enclavées dans l'enceinte seraient soumises à perpétuité à la juridiction de l'évêque.

Les abbés de Saint-Germain durent se repentir plus tard d'avoir accepté cet arbitrage. Au mois de juin 1211 ces religieux reçurent la réponse du pape, qui adjugeait à l'abbé la juridiction spirituelle sur tout le territoire de Laas, même sur celui qui faisait partie de la ville.

La différence des juridictions donnait quelquefois naissance à de vifs débats. Les anciens registres du parlement attestent un fait étrange. Deux faux-monnayeurs, arrêtés à Villeneuve-Saint-Georges au mois de mai 1256, furent pendus dans la justice de Saint-Germain-des-Prés, puis pendus de nouveau dans celle du roi. Une nouvelle décision fut prise à cet égard lors de l'assemblée du parlement tenu à Melun par Saint-Louis en septembre 1257. Le droit alors mieux éclairci, les deux faux-monnayeurs subirent une troisième exécution.

Les abbés de Saint-Germain-des-Prés jouissaient de plusieurs autres privilèges. Il en est un qui mérite d'être rapporté en raison de sa bizarrerie. Les maréchaux de France en raison de l'*estuage* du port de Milly, recevaient de l'abbé et des religieux, le 28 mai, jour de la fête de Saint-Germain, douze pains, douze setiers de vin et douze sols parisis. De leur côté, les maréchaux de France étaient tenus de marcher devant l'abbé, un bâton blanc à la main, pendant la procession et la messe. Cet usage fut en vigueur jusqu'à la fin du XVe siècle.

Un autre droit que possédait l'abbé de Saint-Germain-des-Prés était celui qu'il avait sur les habitants de Chaillot, qui étaient tenus de lui donner tous les ans, le jour de l'Ascension, deux grands bouquets et six autres petits, un fromage gras fait avec le lait des vaches qu'ils menaient paître dans l'île Maquerelle (des Cygnes), en deçà de la rivière de Seine et un denier parisis pour chaque vache.

Une querelle violente s'éleva en 1278 entre l'Université et l'abbaye de Saint-Germain. Les maîtres et les écoliers de l'Université avaient coutume d'aller prendre leurs divertissements hors de la ville, dans un pré nommé, par cette raison, le *Pré-aux-Clercs*. Le chemin qu'ils traversaient appartenait à l'abbaye de Saint-Germain. Gérard de Moret, alors abbé, fit élever plusieurs maisons qui rétrécirent ce passage. Les écoliers adressèrent de vives réclamations à l'abbé, qui, se trouvant dans son droit, fit continuer les constructions. Le vendredi 12 mai, les clercs arrivent en bandes nombreuses, et tous, mettant la main à l'œuvre, démolissent en peu d'heures les bâtiments. Aussitôt Gérard de Moret fait sonner le tocsin et s'apprête à se défendre. Les vassaux de l'abbaye accourent, se rangent en bataille et fondent sur les écoliers. Plus de soixante étudiants furent tués; on en saisit plusieurs qu'on jeta en prison. Gérard de Dôle, bachelier ès-arts, fut blessé mortellement. Jourdain, fils de Pierre le scelleur, périt sous le bâton, et Adam de Pontoise, frappé d'une masse de fer, perdit un œil.

Le lendemain de cette lutte meurtrière, l'Université présenta une plainte au cardinal de Sainte-Cécile, légat du pape, pour avoir raison de l'outrage. L'Université disait en terminant, que si dans la quinzaine justice n'était pas rendue, elle ferait suspendre tous ses exercices : seul remède que de pauvres étrangers et sans armes, tels qu'ils étaient, pussent opposer à ceux du pays.

Le légat, effrayé de ces menaces, condamna Etienne de Pontoise, prévôt de l'abbaye, comme coupable d'homicide, à être chassé de l'abbaye Saint-Germain. Philippe-le-Bel fit également examiner cette affaire en son conseil. Le roi présent au jugement prononça lui-même la sentence. Les religieux furent condamnés à fonder deux chapellenies de 20 livres parisis de rente chacune, à payer 200 livres pour les réparations de la chapelle Saint-Martin, 200 livres à Pierre le scelleur pour le dédommager de la perte de son fils; 400 livres aux parents de Gérard de Dôle, et 200 au recteur de l'Université pour être distribués au régent et aux pauvres écoliers. Dix des plus coupables d'entre les vassaux de l'abbaye furent chassés du royaume. Les tourelles bâties sur la porte de l'abbaye du côté du pré furent rasées jusqu'à la hauteur des murailles, et le chemin pour lequel on s'était battu fut abandonné à l'Université. — Il ne se passa aucun fait important à l'abbaye Saint-Germain-des-Prés jusqu'au règne de Louis XII.

Le cardinal d'Amboise, légat du pape, après avoir réformé les Jacobins et les Cordeliers établis à Paris, voulut également renouveler la discipline des couvents des Bénédictins. Il confia cette mission à deux religieux de Cluny, qui s'occupèrent d'abord de l'abbaye Saint-Germain-des-Prés. La nouvelle réforme se maintint seulement pendant quelques années. En 1507, Guillaume Briçonnet, évêque de Lodève, introduisait à Saint-Germain-des-Prés la règle de Chézal-Benoit.

La nouvelle discipline était d'une grande sévérité. Elle prescrivait, outre l'abstinence de la viande, une solitude complète et une vie uniquement occupée des exercices de piété.

La construction du palais abbatial date de 1685. Elle fut commencée par les ordres du cardinal de Bourbon, abbé de cette communauté. Dès 1630, la réforme de Chézal-Benoit avait été remplacée par la congrégation de Saint-Maur, autorisée par Grégoire XV. Parmi les hommes recommandables qu'elle a produits, brillent au premier rang Mabillon, Montfaucon, Félibien, Clément et Lobineau.

L'abbaye Saint-Germain-des-Prés fut supprimée en 1790; ses bâtiments devinrent propriétés de l'état. Sur leur emplacement ont été construites les rues de l'Abbaye et Saint-Germain-des-Prés.

Une partie du palais abbatial subsiste encore dans la première de ces voies publiques. La demeure des princes-abbés est aujourd'hui descendue au rang d'une maison bourgeoise, en dépit de sa façade qui proteste contre cet abaissement.

Il nous reste maintenant à parler de l'architecture de l'église Saint-Germain-des-Prés. La tour de la façade est, de l'avis de tous les archéologues, un débris précieux de l'édifice élevé par Childebert. Il est malheureux que cette tour ait été taillée en carré lisse, cette restauration lui a fait perdre son caractère d'antiquité. Les piliers de la nef paraissent appartenir à la même époque. La seconde église bâtie en forme de croix est du XIe siècle. Elle avait autrefois trois clochers, un au-dessus du portail, et les deux autres au-dessus de chacun des côtés de la croisée; ces deux derniers ont été abattus en 1821. La croisée est éclairée aux extrémités par deux grands vitraux qui en occupent toute la largeur. Le chœur placé dans le rond-point est entouré de huit chapelles qui furent dédiées par Hubold d'Hostie en 1163.

Le portail ouvert dans la tour était orné de huit figures qui ont été détruites pendant la révolution. Parmi ces statues, six représentaient des personnages de l'Ancien-Testament, et les deux figures les plus éloignées de la porte étaient celles de Clotaire Ier et de Clodomir.

Au fond du porche et au-dessus de la porte de l'église on voit un bas-relief d'un style fort ancien représentant la Cène. Ce morceau de sculpture est aujourd'hui dans un triste état de dégradation.

Le caractère de l'architecture intérieure est tout-à-fait roman, à l'exception de quelques parties construites au commencement du XIIe siècle, et qui se rapprochent davantage du style gothique.

Des réparations importantes ont été faites à cette église au commencement du XVIIe siècle. On ouvrit alors les deux bas-côtés, on substitua la voûte au lambris doré qui en tenait lieu; et dans chacune des nefs

— GER —

de la croisée furent construites les chapelles qui en occupent tout l'espace. On regrette amèrement que les artistes chargés de ces travaux n'aient pas su respecter le caractère primitif de l'architecture du monument. Dans les chapelles des bas-côtés du chœur ont été déposés en 1821 les cendres de Descartes, celles de Mabillon, de Montfaucon et le cœur de Boileau qu'on avait extrait de la Sainte-Chapelle.

Plusieurs tableaux de Sébastien Le Clerc, de Nicolas Bertin, de Vanloo, ornent cette église, qui est aujourd'hui la première succursale de Saint-Sulpice.

GERMAIN-DES-PRÉS (MARCHÉ SAINT-).

Circonscrit par les rues Clément, Félibien, Lobineau et Mabillon. — 11e arrondissement, quartier du Luxembourg.

Ce marché a été construit sur une partie de l'emplacement de l'ancienne foire Saint-Germain-des-Prés. Le premier titre qui la mentionne est une charte de 1176, par laquelle Hugues, abbé de Saint-Germain-des-Prés, cède au roi Louis-le-Jeune la moitié des revenus qu'elle produisait alors. Toutefois cet acte ne nous dit pas en quel lieu elle se tenait, ni pour quel motif cette cession était faite. On y voit seulement qu'elle commençait quinze jours après pâques et durait trois semaines. Il nous paraît probable qu'une indemnité fut accordée par ce prince, indemnité qui permit à ces religieux d'établir une autre foire. Philippe-Auguste, en 1200, confirmant ce droit, constate qu'il avait été établi par Louis VII. Jaillot croit qu'elle se tenait près du chemin d'Issy, rue d'Enfer.

Les religieux de Saint-Germain-des-Prés, ayant éprouvé de grandes pertes pendant les guerres civiles de Charles VI et Charles VII, demandèrent pour se dédommager, par l'organe de Geoffroi Floreau, leur abbé, le droit d'établir dans le faubourg Saint-Germain une foire franche, semblable à celle de Saint-Denis. Le roi Louis XI accéda à leur demande par lettres-patentes du mois de mars 1482. Cette foire devait commencer le 1er octobre et durer huit jours. Sous les règnes suivants, l'époque et la durée furent changées plusieurs fois. Sous Louis XIV, qui en confirma le privilège en 1711, l'ouverture en fut fixée au 3 février; elle se prolongeait ordinairement jusqu'à la veille du dimanche des Rameaux. — En 1486, les religieux avaient fait construire 340 loges; elles étaient si peu solides qu'en 1511, Guillaume Briçonnet, abbé de Saint-Germain, les fit rebâtir. Henri III prenait souvent plaisir à se promener à la foire Saint-Germain. Le 4 février 1579, les ligueurs, informés que le roi devait aller visiter cet établissement, ameutèrent des écoliers qui mirent autour de leur cou de grandes fraises de papier, semblables à celles que portaient Henri III et ses mignons. Ils se promenèrent en criant : « A la fraise » on reconnaît le veau! » Le roi se contenta de les faire emprisonner. — Cette foire était brillante alors et couverte d'une charpente qui faisait l'admiration des

— GER —

architectes et des nombreux étrangers que cet immense bazar attirait. Ces constructions, justement célèbres, devinrent la proie des flammes pendant la nuit du 16 au 17 mars 1762. L'incendie fut si violent qu'il s'étendit jusqu'à l'église Saint-Sulpice et endommagea la coupole de la chapelle de la Vierge. On commença la reconstruction de cet établissement au mois d'octobre de la même année, mais dans une forme moins belle et surtout moins commode. Cette foire cessa vers 1786; on n'y vit plus alors que des marchands de vieux linge.

Décret impérial relatif aux marchés de Paris.

« Au palais des Tuileries, le 30 janvier 1811. — Napoléon, empereur, etc... — Art. 11e. Le marché Saint-Germain sera établi sur les terrains tant de l'ancienne foire Saint-Germain que du marché actuel, et sa circonscription sera formée suivant les lignes A, B, C, D, E, F, G, H, I, K, L, M, N, O, cotées au plan annexé au présent décret. — Art. 12e. La ville de Paris est autorisée à acquérir pour cause d'utilité publique, et dans les formes prescrites par la loi du 8 mars dernier, 1° le terrain occupé par les anciennes baraques de la foire Saint-Germain, ou compris dans son enclos; 2° ceux nécessaires pour l'ouverture des rues indiquées sur le plan par les lettres P, Q, et pour l'élargissement des autres rues cotées sur le même plan T, V, X, Y, Z, etc... — Art. 13e. La ville de Paris est également autorisée à revendre à son profit, 1° les terrains désignés sur le plan par une teinte rouge et marqués de la lettre A B; 2° les terrains qui proviendront des maisons acquises aux termes du présent décret, et qui n'auront pas été employés à la formation des rues désignées en l'article 12, comme il est dit ci-dessus article 4. — Art. 14e. Le retranchement désigné au plan par un astérisque aura lieu par mesure de grande voirie, etc. » Signé Napoléon. »

La première pierre du marché Saint-Germain fut posée le 15 août 1813. Le sol de cet emplacement se trouvait inférieur de plus de 3 m. à celui des rues environnantes. Les eaux pluviales et les immondices qu'elles entraînaient étaient reçues dans les puisards, devenus des foyers d'infection. Le premier avantage qu'on recueillit des nouvelles constructions a été de faire disparaître ces puisards, en élevant le sol entier au-dessus des voies publiques. Ce marché, ouvert en 1818, a la forme d'un quadrilatère; l'édifice, à la fois noble, simple et commode, est circonscrit par quatre rues. Celles qui bordent les grands côtés sont appelées *Clément* et *Lobineau*, et celles qui longent les petits côtés sont les rues *Félibien* et *Mabillon*. Ces noms nous rappellent quatre savants bénédictins qui ont illustré la congrégation de Saint-Maur. — Le corps des boucheries donne sur la rue Lobineau. Il a 92 m. de longueur sur 14 de profondeur, et contient 34 boutiques. Le marché se compose de quatre grands corps de bâtiments de

— GER —

13 m. de profondeur dans œuvre, plus une cour de 64 m. 90 c. sur 47 m. 90 c.

Au centre est une fontaine qui décorait autrefois la place Saint-Sulpice. Ce marché est percé de 112 arcades et contient 368 places de marchands. Les deux édifices sont couronnés par une belle charpente dont le système réunit la force à la légèreté. Le marché Saint-Germain occupe, y compris les dépendances, une superficie de 8,816 m. Cette construction fait honneur à M. Blondel, architecte. M. Bruyère, directeur-général des travaux de Paris, dont nous aurons souvent l'occasion de rappeler le mérite, a prêté encore en cette circonstance l'appui de son expérience et de ses talents distingués. — Le marché Saint-Germain a rapporté à la ville en 1840 une somme de 78,325 fr.

GERMAIN-DES-PRÉS (PLACE SAINT-).

Située en face de l'église de ce nom. Elle commence à la rue Saint-Germain-des-Prés, nos 15 et 10 ; finit à la rue Childebert, nos 8 et 10. Le dernier impair est 9 ; le dernier pair, 8. Sa longueur est de 38 m. — 10e arrondissement, quartier de la Monnaie.

C'était autrefois la *cour de l'Abbaye* (voir l'article suivant). — Une décision ministérielle du 21 août 1817 et une ordonnance royale du 29 avril 1839 ont maintenu cette voie publique dans son état actuel ; sa plus grande largeur est de 36 m. — Conduite d'eau. — Éclairage au gaz (compe Française).

GERMAIN-DES-PRÉS (RUE SAINT-).

Commence à la rue Jacob, nos 27 et 29 ; finit à la place Saint-Germain-des-Prés. Le dernier impair est 15 ; le dernier pair, 10. Sa longueur est de 142 m. — 10e arrondissement, quartier de la Monnaie.

Tracée en 1804, sur l'emplacement du jardin de l'ancienne abbaye Saint-Germain-des-Prés, on la nomma pendant sa construction *cour des Religieux*. En 1810, c'était la rue *Bonaparte*. En 1815, on lui donna la dénomination de rue de la *Poste-aux-Chevaux*. Depuis 1816, c'est la rue *Saint-Germain-des-Prés*. (Voyez rue de l'*Abbaye*.) — Une décision ministérielle du 21 août 1817 et une ordonnance royale du 29 avril 1839 ont fixé la largeur de cette voie publique à 10 m. Le côté des numéros impairs est entièrement aligné ; les maisons de côté opposé sont soumises à un redressement qui varie de 10 c. à 30 c. —Conduite d'eau. — Éclairage au gaz (compe Française).

GERMAIN-L'AUXERROIS (ÉGLISE SAINT-).

Située dans la place de ce nom, en face de la colonnade du Louvre. — 4e arrondissement, quartier du Louvre.

Cette église paroissiale et royale est une des plus anciennes et des plus remarquables de Paris. Lorsque les églises se multiplièrent autour de la métropole, lorsque la ville se développa au nord et au midi, sur les rives de la Seine, l'église Notre-Dame cessa d'être une paroisse. Elle conserva cependant sa suprématie, et lorsqu'on parlait de l'église de Paris, c'est à la cathédrale qu'on faisait allusion. Mais Notre-Dame n'ayant pas de circonscription particulière, dès lors le premier rang dût appartenir de droit à l'église Saint-Germain-l'Auxerrois, tant par l'ancienneté de son origine que par l'importance et l'étendue de sa circonscription paroissiale. Plusieurs opinions ont été avancées sur l'origine de cette église, mais en les analysant ici, nous dépasserions les limites que nous avons dû nous tracer. Cependant presque tous les historiens s'accordent sur un point : ils pensent que cet édifice fut construit par les ordres de Chilpéric Ier, à l'effet d'y déposer le corps de saint Germain, évêque de Paris. La preuve qu'ils fournissent est tirée d'un testament de Bertram, évêque du Mans, dicté le 24 mars de la 22e année du règne de Clotaire. Dans cet acte le testateur assigne une somme d'argent pour desservir à perpétuité le lieu de la sépulture de saint Germain, dans l'église de Saint-Vincent (depuis l'abbaye Saint-Germain-des-Prés), où son corps était alors déposé, *ensuite dans la basilique nouvelle que le roi Chilpéric venait de faire construire, si plus tard le corps y était transporté*. Cependant cette église porte le nom de *Saint-Germain-l'Auxerrois*. Mais si l'on examine attentivement les traditions qui tendent à établir qu'elle a été bâtie sous le vocable du saint d'Auxerre, on verra qu'elles se réduisent à de simples conjectures ; enfin tous les historiens, tous les diplômes qui ont mentionné cette église, n'y joignent aucun surnom. Elle est simplement appelée *église Saint-Germain*. Ce ne fut qu'à partir du IXe siècle qu'elle prit, en raison de sa forme nouvelle, la dénomination de *Saint-Germain-le-Rond*. Abbon est le premier historien qui la désigne ainsi dans son poëme sur le siège de Paris :

« *Germani Teretis contemnunt littora sancti,*
» *Æqui vocique legunt.* . . . .

Si l'on interroge l'histoire, il ne paraît plus étonnant que la basilique commencée par Chilpéric n'ait pas été terminée par ce prince. Chilpéric ne survécut que huit ans à Saint-Germain. Frédégonde, dont la vie agitée fut remplie de passions et de crimes, ne fit point continuer cet édifice. D'un autre côté les religieux de Saint-Germain-des-Prés, voulant conserver les restes du pieux évêque de Paris, suscitèrent des obstacles à leur translation. La faiblesse honteuse des derniers rois Mérovingiens, les guerres du dehors, les désordres du dedans, l'ambition des maires du palais sans cesse occupés à maintenir un pouvoir usurpé, toutes ces circonstances firent cesser les craintes qui pouvaient rester aux religieux de Saint-Germain-des-Prés. L'avènement de Pépin à la couronne vint bientôt légitimer leur possession. Le 25 juillet 754, ce prince, au milieu de ses fils, des seigneurs de sa cour, et suivi d'un grand cortège, opéra la translation du corps de Saint-Germain, de la chapelle de Saint-Symphorien dans le chœur de la grande église de Saint-Vincent, à laquelle on donna depuis le nom de *Saint-Germain-des-Prés*. L'église bâtie au nord de la ville, pour être distinguée de la première

— GER —

prit alors le nom de *Saint-Germain-le-Rond*. Cette basilique était la première église canoniale et paroissiale qui dût son origine à la cathédrale, et cette dépendance absolue de *l'Église-Mère* semble fournir une dernière preuve aux savants, qui pensent qu'elle avait pour titulaire le saint évêque qui l'avait gouvernée et non celui d'Auxerre.

Les églises de Paris éprouvèrent en général les funestes effets des *pilleries, saccagemens et bruslemens* que les peuples Normands *excitèrent en notre terre françoise*, ainsi que s'expriment les vieux chroniqueurs ; mais celles de Sainte-Geneviève, de Saint-Germain-des-Prés et de Saint-Germain-le-Rond furent les plus maltraitées. Pour la première fois les Normands se montrèrent sur les côtes de France vers l'an 800 et aux embouchures de la Seine en 820 ; à partir de cette époque jusqu'en 890 les environs de Paris furent ravagés par ces peuples. Peu s'en fallut qu'ils ne se rendissent entièrement maîtres de la capitale sous le règne de Charles-le-Gros. Ils y abordèrent avec une armée de trente à quarante mille hommes, commandés par quatre de leurs rois ou généraux. Ils comptaient sept cents barques, avec un nombre immense de bateaux ; tout cet armement couvrait deux lieues du fleuve. Ils établirent leur camp dans le faubourg du côté de Saint-Germain-le-Rond, entourèrent le cloître d'un fossé dont une rue a depuis conservé le nom. Ils firent de ce point le centre de leurs opérations, contre les tours qui défendaient l'approche des deux ponts au moyen desquels on communiquait avec la ville. Les Parisiens, dans cette lutte acharnée, se signalèrent par des prodiges de valeur. La conduite de l'abbé Gozlin et du comte de Paris, Eudes, fut admirable. Le premier exhortait, encourageait, priait Dieu, invoquait les saints patrons de la ville sur la brèche et au milieu des périls ; le second, présent partout, observait, dirigeait, combattait avec intrépidité.

Les Normands, protégés par le jeu simultané d'énormes béliers, tentèrent huit assauts successifs, et furent huit fois repoussés par le valeureux comte de Paris. Découragés par tant d'héroïsme, les Normands levèrent le siège en novembre 886.

Les barbares, en se retirant, ruinèrent de fond en comble l'église de Saint-Germain-le-Rond. Helgand, moine de Fleury, nous apprend que sa reconstruction fut ordonnée par le roi Robert.

Par un hasard presque miraculeux, le tombeau de saint Landry, qui avait été inhumé dans cette église en 657, fut retrouvé intact sous un amas de décombres. L'évêque Maurice de Sully fit mettre en 1171 les reliques du saint dans une châsse de bois doré.

Ces honneurs étaient bien dus au digne prélat parisien qui, lors de la famine de 651, vendit tout ce qu'il possédait, jusqu'à ses meubles, pour en consacrer le produit au soulagement des pauvres de son diocèse, et fonda pour eux l'hôpital qui prit le nom d'*Hôtel-Dieu*.

A partir de l'époque de la reconstruction de l'édifice

— GER —

par le roi Robert, on trouve des actes qui désignent cette église sous le nom de *Saint-Germain-l'Auxerrois*, celui de Saint-Germain-le-Rond ne pouvait plus convenir à la forme nouvelle de l'édifice.

Saint-Germain-l'Auxerrois est, après la cathédrale, la seule parmi les anciennes églises séculières qui ait possédé une école.

L'histoire nous apprend que cette école florissait du temps de Charlemagne. Le nom de cet établissement est resté à une section du territoire capitulaire de Saint-Germain-l'Auxerrois, qui comprenait presque tout le côté occidental de la ville jusqu'au grand Châtelet.

Le portail, élevé par le roi Robert, fut reconstruit sous le règne de Philippe-le-Bel. Le vestibule ou porche qui précède ce portail est du temps de Charles VII. Cette façade de l'édifice n'a jamais été terminée, et il est facile de voir sur l'élévation que toutes les parties supérieures y manquent entièrement. Tel qu'il est, cet avant-portique bâti en 1429 par *Jean Gaurel*, maçon, tailleur de pierres, pour la somme de 960 livres, est une œuvre des plus remarquables.

En regardant l'église Saint-Germain-l'Auxerrois, on s'aperçoit aisément que son architecture est le produit de trois époques différentes. Il est à regretter qu'on n'ait pas cherché, sous Philippe-le-Bel et Charles VII, à rattacher les constructions partielles au style primitif de l'édifice entièrement rebâti par le roi Robert. Mais si toutes les idées profondément religieuses du premier artiste ne nous sont pas révélées d'une manière bien complète, cependant il est facile d'y reconnaître encore la pensée-mère du symbole chrétien.

Vers le milieu du moyen-âge, lorsque l'architecture dite *gothique* ou *ogivale* vint modifier le style lombard, ce symbole reçut de nouveaux développements. L'arc aigu si multiplié, les colonnettes isolées ou en groupes et s'unissant aux piliers, les lignes pyramidales, les flèches aériennes caressant le ciel, les clochers coniques, quadrangulaires, terminés en aiguille, tous ces signes de pierres représentent le sacrifice, les vœux, les prières, qui montent, qui s'élancent vers le créateur. Ces figures bizarres, ces animaux, ces satyres sculptés autour des portes de nos vieilles cathédrales, et qui contrastent avec les statues d'anges et de saints, ont également leur signification symbolique. C'est l'opposition des bons et des mauvais, c'est l'antagonisme qui existe entre le bien et le mal, la vertu et le vice.

De tristes souvenirs se rattachent au monument dont nous esquissons l'histoire. On sait que ce fut la cloche de Saint-Germain-l'Auxerrois qui donna le 24 août 1572 le signal du massacre de la Saint-Barthélemy.

Sous le règne de Louis XIII, la première scène d'un drame lugubre fut jouée dans cette église.

Le 24 avril 1617, à neuf heures du soir, deux hommes portant un fardeau entraient furtivement dans Saint-Germain-l'Auxerrois. Arrivés près des orgues, ils s'arrêtèrent. Une fosse avait été creusée en cet endroit. Ils détachèrent aussitôt les cordes qui comprimaient un mauvais linge tout taché de sang. Alors un cadavre roula sur les dalles de l'église ! Ils le placèrent dans la fosse, qu'ils remplirent de terre, puis la pierre qu'on avait descellée fut remise avec précaution, et les deux hommes sortirent. Le corps qu'on venait d'inhumer était celui de Concini, maréchal d'Ancre, assassiné le matin par ordre de Louis XIII. Le lendemain, à 7 heures, un domestique rôdait, furetait dans l'église. Arrivé près des orgues, il aperçut quelques morceaux de terre. « C'est bien là, » dit-il ; puis on le vit sortir et se diriger vers le cloître, où un attroupement s'était déjà formé. « Mes amis, cria-t-il à plusieurs ouvriers, » ce chien d'Italien a été enterré sous les orgues, lais- » serons-nous son cadavre en terre sainte ? Non, hurla » cette foule, *à la voirie le beau maréchal !* » Ils rentrèrent dans l'église, guidés par le domestique. Le valet commença par gratter avec les ongles, et parvint à trouver les jointures des pierres, qu'il enleva à l'aide de son couteau. Alors il découvrit les pieds du cadavre et tira sans pouvoir amener le reste du corps. « Pre- » nons, dit-il, les cordes des cloches ; » on les lui apporte, plusieurs viennent à son aide, et le corps est déterré, aux cris de vive le roi !... Le grand prévôt arrive enfin, suivi de quelques archers ; aussitôt il est entouré par la multitude qui lui crie qu'on va l'enterrer lui-même s'il approche davantage. Le corps de Concini fut tiré hors de l'église par la grande porte, et traîné dans la boue jusqu'au Pont-Neuf, près d'une potence qui avait été construite un mois auparavant par le commandement dudit maréchal, *contre ceux qui n'estoient pas de son haleine.* Le valet s'adressa de nouveau à la foule. « Mes amis, l'Italien a voulu me faire pendre, » il est bien juste que je lui rende le même service. » Alors il porte lui-même le corps sur la potence, l'attache, et le pend par les pieds ; puis montrant son chapeau, il dit au peuple : « J'espère que vous jetterez » tous quelque chose là-dedans, besogne si utile mérite » récompense. » Cette demande fut trouvée si raisonnable, « que son chapeau fust remply de sols et » de deniers que chacun lui portoit comme à l'offrande; » jusques aux plus pauvres gueux et mendiants, dont » tel n'avoit qu'un denier en son pouvoir, qui ne lais- » soit pas que de lui porter de bon cœur. » Quelques moments après, le peuple se rua de nouveau sur le cadavre de Concini ; les uns lui coupèrent le nez et les oreilles, les autres lui abattirent les bras, « puy luy » coupèrent la teste, et tous ces morceaux estoient » portés et traisnés en divers quartiers de la ville, avec » des cris, acclamations et imprécations horribles dont » le retentissement alloit d'un bout de la ville à l'autre. » La maréchale demanda la cause de ces cris ; ses gardes lui annoncèrent la mort de son mari, « et elle qui » n'avoit pas encore respandu de larmes, monstra s'é- » mouvoir grandement, sans pleurer toutes fois. » Les clameurs du peuple semblaient se rapprocher, le fils de Concini, qui se trouvait au Louvre, s'informa froidement si on en voulait à sa vie. On lui répondit qu'il était en sûreté. « Tant-pis, murmura-t-il tristement, il » vaudrait mieux qu'on me tuât que d'être ainsi misé- » rable le reste de ma vie !... » Alors les archers ouvrirent les fenêtres qui donnaient sur le pont, et lui firent voir le cadavre de son père, qui vacillait sur la potence. « Apprends, dit l'un d'eux, en frappant avec » familiarité sur l'épaule du jeune homme, apprends à » mieux vivre que lui. » La multitude se dirigea vers la rue de l'Arbre-Sec, traînant toujours le cadavre mutilé de Concini. « Alors il y eut un homme vestu » d'écarlate, si enragé, qu'ayant mis sa main dans le » corps ouvert, il en tira sa main toute sanglante, et la » porta dans la bouche pour sucer le sang, et avaler » quelque petit morceau qu'il en avoit arraché, ce qu'il » fist à la veue de plusieurs honnestes gens qui estoient » aux fenestres. Un autre eut moyen de lui arracher le » cœur, et l'aller cuire sur les charbons, et manger publi- » quement avec du vinaigre. Ce peuple impatient et ne » pouvant estre plus longtemps en un lieu, traîna le corps » jusqu'en Grève, où ils le rependirent à une autre » potence, que ledit maréchal y avoit fait planter, et ils » pendirent par mesme moyen une grosse poupée qu'ils » avoient faite avec le linceuil dans lequel il avoit esté » enterré, pour représenter la maréchale en effigie. » Enfin, après avoir assemblé les fragments des potences qu'ils avaient brisées, ils y mirent le feu et jetèrent au milieu les restes de Concini. L'on vit alors quelques forcenés ramasser les cendres qu'ils vendirent le lendemain un quart d'*escu* l'once. — Mais détournons les regards de ce tableau révoltant, et revenons à Saint-Germain-l'Auxerrois.

Dans cette église furent baptisés : en 1316, Jean Ier, fils posthume de Louis-le-Hutin, lequel n'ayant vécu que huit jours, n'a pas été compté parmi nos rois ; en 1389, Isabelle de France, fille de Charles VI ; en 1573, Marie de France, fille de Charles IX.

En 1744, eut lieu la réunion du chapitre de Saint-Germain-l'Auxerrois à celui de la cathédrale. Une année après cette réunion, les marguilliers firent exécuter des travaux considérables. Le chœur, fermé à la hauteur des arcades des bas-côtés, fut entièrement ouvert tel qu'on le voit aujourd'hui. Des colonnes lourdes et de mauvais goût remplacèrent les piliers gothiques ; le jubé, l'un des plus beaux de France après ceux de la Madeleine de Troyes et de Saint-Étienne-du-Mont, disparut à son tour.

Plusieurs personnages célèbres ont été enterrés dans cette église.

Nous devons citer Pomponne de Bellièvre, surnommé le Nestor de son siècle ; il mourut en 1607. — Malherbe, le premier qui ait revêtu notre langue d'ornements gracieux ; il mourut en 1628. A son dernier moment, il reprit sa servante sur un mot qui ne lui semblait pas français, et son confesseur lui représentant qu'en l'état où il était il ne devait pas songer à de pareilles futilités, Malherbe répliqua brusquement :

« Je veux jusqu'à la mort maintenir la pureté de notre langue. »

L'opinion de Malherbe sur Paris mérite d'être rapportée dans un ouvrage qui traite des rues et monuments de la capitale. « Paris a mon cœur dès mon enfance, et m'en est advenu comme des choses excellentes. Plus j'ay veu depuis d'autres villes belles, plus la beauté de cette-cy peut et gaigne sur mon affection. Je l'ayme tendrement jusques à ses verrues et à ses taches. Je ne suis François que par cette grande cité, grande en peuple, grande en félicité de son assiette, mais surtout grande et incomparable en variété et diversité de commodités; la gloire de la France et l'un des plus nobles ornements du monde, Dieu en chasse loin nos divisions. »

Sous le règne de Louis-le-Grand, on avait conçu le projet de faire une grande place devant la colonnade du Louvre, et de percer une large voie qui devait aboutir à la place du Trône. Les dépenses occasionées par la guerre de la succession d'Espagne firent abandonner ce dessein, qui fut repris sous l'empire.

Nous lisons dans l'ouvrage de MM. Percier et Fontaine :

« La salle de l'Opéra, bâtie isolément sur la place du Palais-Royal, et faisant face à l'entrée principale de ce palais, communiquera à l'aile des Fêtes par un arc couvert. Un pavillon pareil à l'entrée de celui du Musée formera de l'autre côté le porche de l'église du Louvre, commencée pour remplacer celle de Saint-Germain-l'Auxerrois, qui sera démolie lorsqu'on exécutera la place et le percement de la rue du Trône. »

Les malheurs de la dynastie impériale empêchèrent la réalisation de ce projet.

Cette église fut en partie dévastée en 1831. Le 14 février, le curé de Saint-Germain-l'Auxerrois célébra un service funèbre en commémoration de la mort du duc de Berri. Le buste de ce prince fut promené dans l'église. Cette manifestation imprudente, coupable même, servit de prétexte à quelques agitateurs pour se porter aux excès les plus révoltants. La croix qui surmontait l'édifice est renversée, les peintures sont effacées, les sculptures mutilées. On vit des hommes entrer dans l'église et la dévaster avec un calme, un sang-froid effrayants. Saint-Germain-l'Auxerrois porta pendant plusieurs années les marques de cet affreux vandalisme. Enfin, une décision ministérielle du 12 mai 1837, approuvée par le roi le même jour, rendit cette église au culte catholique, et la restauration du monument fut confiée à M. Godde, architecte. La dépense s'est élevée, pour 1838, à. . . . . 52,640 fr. »
En 1839, à. . . . . 114,200 »
et en 1840, à. 93,659   25 c.

Ensemble. . . . 260,499 fr. 25 c.

Le portail a été réparé avec le plus grand soin, puis entouré d'une grille de fer. Les grandes roses à compartiments ont été refaites et les vitraux renouvelés suivant les anciens dessins.

M. Godde a été merveilleusement secondé par M. Lassus, qui, en cette circonstance, a su réunir les talents d'un architecte habile à ceux d'un archéologue distingué.

GERMAIN-L'AUXERROIS (PLACE SAINT-).

Située en face du grand portail de l'église du même nom. Les numéros impairs, dont le dernier est 43, continuent la série de la rue des Prêtres; les numéros pairs, dont le dernier est 24, continuent la série de la rue Chilpéric.
— 4e arrondissement, quartier du Louvre.

Cette place faisait anciennement partie du cloître Saint-Germain-l'Auxerrois, et en portait la dénomination. — *Arrêt du conseil.* « Versailles, 13 novembre » 1784. — Le roi étant en son conseil a ordonné et ordonne qu'à compter du 1er juillet 1783, et jusqu'à ce qu'il en ait été autrement ordonné, le chapitre Notre-Dame de Paris sera employé dans l'état du domaine de la généralité de Paris, qui sera arrêté pour la présente année 1784, et dans les suivantes pour une rente de 815 septiers de bled-froment, mesure de Paris, payable néanmoins en argent, d'après les apprécis du marché de la d. ville, pour lui tenir lieu des loyers des onze maisons, ainsi que des places et échoppes dont est question, et *qui doivent entrer dans la formation d'une place, ordonnée être construite devant la colonnade du Louvre,* etc... Ordonne sa majesté, qu'au moyen de l'emploi ci-dessus, le chapitre de Paris sera tenu d'abandonner la libre possession et jouissance des d. maisons, places et échoppes, sauf et sans préjudice à arrangement définitif, à prendre avec lui pour l'acquisition des d. maisons et de la directe qui peut lui appartenir dans le cloître Saint-Germain-l'Auxerrois; et seront sur le présent arrêt toutes lettres-patentes nécessaires expédiées. Signé Hue de Miroménil et de Calonne. » (Archives du royaume). Il n'existe pas d'alignement arrêté pour la place Saint-Germain-l'Auxerrois. — Éclairage au gaz (compe Anglaise).

Les maisons dont il est question dans l'arrêt que nous venons de reproduire en partie, furent bientôt démolies. Elles occupaient l'emplacement d'un vaste hôtel connu sous le nom de *maison du Doyenné.* L'hôtel du Doyenné faisait le coin d'un passage qui conduisait du cloître Saint-Germain-l'Auxerrois à la place du Louvre. Dans cette propriété mourut Gabrielle d'Estrées, duchesse de Beaufort, et maîtresse du roi Henri IV. La duchesse avait passé une partie du carême à Fontainebleau. La politique et la bienséance forcèrent Henri IV à éloigner sa maîtresse pendant les cérémonies de Pâques; il l'avait priée de retourner à Paris, et il la reconduisit lui-même jusqu'à Melun. « Ces deux amants, dit Sully, sembloient avoir un pressentiment qu'ils ne se reverroient plus; ils s'accabloient de caresses, les larmes

» aux yeux, et se parloient comme si c'eût été pour la
» dernière fois. La duchesse recommandoit au roi
» ses enfants et ses domestiques. Ce prince l'écoutoit
» et s'attendrissoit sans pouvoir la rassurer. Ils pre-
» noient congé l'un de l'autre, et aussitôt ils se rappe-
» loient, s'embrassoient et ne pouvoient se séparer. »
Gabrielle vint loger chez Zamet; c'était un Italien fort
riche, qui s'intéressait dans toutes sortes de spéculations. Il s'était qualifié dans le contrat de mariage de
sa fille : *Seigneur suzerain de dix-sept cent mille écus*.
Son caractère plaisant, spirituel et enjoué l'avait rendu
agréable à Henri IV. La duchesse fut accueillie par
son hôte avec toutes sortes d'égards et de prévenan-
ces. Se promenant dans le jardin de ce financier,
après avoir mangé un citron, Gabrielle se sentit tout-
à-coup un feu dans le gosier, et des douleurs si aiguës
dans l'estomac, qu'elle s'écria : « Qu'on m'ôte de cette
» maison, je suis empoisonnée. » On la transporta dans
son hôtel du Doyenné. Son mal redoubla; elle éprouva
des crises, des convulsions si terribles qu'on ne pouvait regarder sans effroi cette tête si belle quelques
heures auparavant. Elle expira la veille de Pâques 1599,
vers les 7 heures du matin. On ouvrit son corps et
l'on trouva son enfant mort. Henri IV fit prendre
le deuil à toute la cour, le porta la première semaine
en violet et la seconde en noir. Zamet fut accusé de la
mort de Gabrielle; il était sujet du duc de Florence, et
l'on avait déjà parlé du mariage de Henri IV avec
Marie de Médicis. « On empoisonna cette favorite, dit
» un écrivain contemporain, parce que le roi étoit dé-
» terminé à l'épouser, et vu les troubles qui en se-
» roient advenus, ce fut un service qu'on rendit à ce
» prince et à l'État. » « Cela peut être, observe
» Saint-Foix, mais on conviendra que de pareils servi-
» ces sont plus infâmes que ceux du bourreau. La plu-
» part des historiens, ajoute le même écrivain, n'attri-
» buent cette mort si frappante qu'aux effets d'une
» grossesse malheureuse. »

GERMAIN-L'AUXERROIS (RUE DES FOSSÉS-SAINT-).

Commence aux rues de la Monnaie, n° 25, et du Roule, n° 1; finit à la place du Louvre, n°ˢ 10 et 12. Le dernier impair est 47; le dernier pair, 44. Sa longueur est de 212 m. — 4ᵉ arrondissement: les impairs sont du quartier du Louvre; les pairs du quartier Saint-Honoré.

Elle a été construite sur une partie de l'emplacement des fossés que creusèrent les Normands vers 886, lorsqu'ils vinrent assiéger Paris. En 1300 le poète Guillot la désigne sous le nom du *Fossé-Saint-Germain*. Au XVᵉ siècle, c'était la rue au *Quens de Pontis* (au comte de Ponthieu), puis celle de *Béthisy*; enfin lorsqu'on ouvrit la rue du Roule, la partie comprise entre cette rue et celle de l'Arbre-Sec prit le nom de rue des *Fossés-Saint-Germain-l'Auxerrois*. — Une décision ministérielle du 13 floréal an IX, signée Chaptal, avait fixé la moindre largeur de cette voie publique à 10 m.

Conformément à une ordonnance royale du 23 juillet 1828, cette moindre largeur est portée à 12 m., et l'alignement nouveau est approuvé, savoir : pour le côté gauche, depuis la rue de la Monnaie jusqu'à la maison n° 35; pour le côté droit jusqu'à la rue Jean Tison; à l'égard du surplus, le tracé ministériel de l'an IX est maintenu. La maison n° 25 est alignée. Celles n°ˢ 41 et 43 ne sont pas soumises à retranchement. Les propriétés n°ˢ 45, 47; 10, 12, 18, 24, 26, 28, 30, 32, 38, 40, 42 et 44, ne devront subir qu'un faible reculement. — Egout. — Conduite d'eau depuis la rue de la Monnaie jusqu'à la borne-fontaine, située près de l'impasse Sourdis. — Éclairage au gaz (compᵉ Anglaise).

La maison n° 14 faisait partie de l'hôtel habité par l'amiral de Coligny. Au temps de la Saint-Barthélemy, cette demeure portait le nom d'*hôtel de Ponthieu* et appartenait à messire Antoine Dubourg, chancelier de France. Cet hôtel fut acheté par le duc de Montbazon en 1617. Sophie Arnould y naquit en 1740, et une lettre de cette femme d'esprit, publiée en 1776, nous apprend qu'elle a reçu le jour dans la chambre à coucher de l'amiral de Coligny, et que souvent elle pensa que cette circonstance était pour elle l'augure d'une certaine renommée.

Elle joignait à une figure gracieuse un son de voix ravissant et une grande sensibilité. Un jeune seigneur, épris de ses charmes, conçut le projet de la soustraire aux rigueurs du cloître auquel ses parents la destinaient. Le comte de Lauraguais, le même qui, sous le titre de duc a siégé à la chambre des pairs sous la Restauration, déguise son rang et sa fortune, et, sous le nom de Dorval, prend un logement dans l'hôtel. Il gagne en peu de temps le cœur de Sophie, qui, par un soir d'hiver, revêt des habits d'homme, à l'aide desquels elle sort de l'hôtel sans être reconnue. — C'est encore qu'habitait en 1747, le célèbre Vanloo, de l'académie royale de peinture. — Cet hôtel a été successivement envahi par les nombreuses industries qui peuplent le quartier, et de son ancienne splendeur il n'a guère conservé que l'appartement de l'amiral, occupé en ce moment par un médecin de l'Hôtel-Dieu.

GERMAIN-L'AUXERROIS (RUE DES PRÊTRES-SAINT-).

Commence à la place des Trois-Maries, n° 9, et à la rue de la Monnaie, n° 1; finit à la place Saint-Germain-l'Auxerrois. Le dernier impair est 27; le dernier pair, 24. Sa longueur est de 150 m. — 4ᵉ arrondissement, quartier du Louvre.

On l'appelait anciennement *rue* ou *ruelle du Cloître* ou *ruelle par laquelle on va à l'église et y aboutissant*. Elle doit sa dénomination actuelle aux prêtres de l'église Saint-Germain-l'Auxerrois qui y demeuraient. En 1702, la partie comprise entre les places des Trois-Maries et de l'École portait le nom de rue *Saint-Germain-l'Auxerrois*; à cette époque cette partie fut réunie

— GER —

à la rue des Prêtres dont elle prit la dénomination. — Une décision ministérielle, du 16 frimaire an XIV, signée Champagny, a fixé la moindre largeur de cette voie publique à 8 m. — « Paris, le 9 février 1815. — » Nous, directeur-général de la police du royaume. Vu » 1° la demande des habitants de la rue des Prêtres-» Saint-Germain-l'Auxerrois, tendant à ce qu'il soit » établi une barrière à chaque extrémité de cette rue, » pour en interdire l'entrée aux voitures, attendu qu'ils » en sont très incommodés et qu'elles exposent sans » cesse les gens de pied à des accidents, etc.; 6° la lettre » de son excellence le ministre de l'intérieur, du 3 du » présent mois de février, contenant approbation de la » mesure projetée; arrêtons. — Article 1er. Les pro-» priétaires riverains, principaux locataires et autres » habitants de la rue des Prêtres-Saint-Germain-» l'Auxerrois sont autorisés à établir à leurs frais, sui-» vant la soumission qu'ils en ont faite, une barrière » ou poteau à chaque extrémité de cette rue pour en » interdire la circulation aux voitures, en ayant soin de » les disposer de manière à ne pas gêner l'arrivage des » approvisionnements de chacun d'eux ni le passage » des gens de pied, etc. Signé Dandré. » Les propriétés nos 21 et 23 sont alignées; celle n° 9 n'est soumise qu'à un léger redressement. — Conduite d'eau depuis la rue de la Monnaie jusqu'à la borne-fontaine. — Éclairage au gaz (compe Anglaise).

GERMAIN-L'AUXERROIS (RUE SAINT-).

Commence à la rue Saint-Denis, nos 3 et 5; finit à la place des Trois-Maries, n° 6, et à la rue de la Monnaie, n° 2. Le dernier impair est 93; le dernier pair, 90. Sa longueur est de 341 m. — 4e arrondissement, quartier du Louvre.

Un diplôme de Louis-le-Débonnaire, de l'an 820, fait mention d'un chemin qui conduisait du Grand-Pont (aujourd'hui le pont au Change) à l'église Saint-Germain; c'est sur ce chemin que cette rue fut construite. Le poète Guillot l'appelle en 1300 rue *Saint-Germain à Courroiers*, en raison des corroyeurs que le voisinage de la rivière avait attirés en cet endroit. On la trouve également indiquée sous les noms de rue *Saint-Germain*, de *Grand'rue Saint-Germain*, auxquels on ajouta vers 1450 le surnom de l'*Auxerrois*. La partie qui débouche dans la rue Saint-Denis s'appelait en 1262, selon Jaillot, rue *Jean-de-Fontenay*. — Une décision ministérielle en date du 15 floréal an V, signée Benezech, fixa la largeur de la rue Saint-Germain-l'Auxerrois à 8 m. Une ordonnance royale du 16 mai 1836 a porté la moindre largeur de cette voie publique à 10 m. Les maisons nos 37, 39, 41, 43 et le terrain n° 52 sont alignés; celles nos 64, 66 et 90 ne devront subir qu'un faible retranchement. Toutes les autres constructions sont soumises à un fort reculement — Portions d'égout. — Conduite d'eau. — Éclairage au gaz (compe Anglaise).

Le For-l'Évêque, *Forum Episcopi*, était situé dans cette rue. La maison n° 65 occupe une partie de son emplacement; c'était le lieu où l'évêque faisait exercer sa justice par un prévôt ou juge nommé par lui. Les peines qu'on infligeait au nom du prélat étaient, suivant la gravité des délits, subies dans des endroits différents. Les criminels qui devaient être brûlés vifs ou pendus étaient conduits hors de la banlieue de Paris. Lorsqu'il ne s'agissait que de couper les oreilles, cette exécution avait lieu sur la place du Trahoir, à l'endroit où la rue de l'Arbre-Sec se confond avec la rue Saint-Honoré. Le For-l'Évêque fut en partie reconstruit en 1652; on le destina alors aux prisonniers pour dettes, aux comédiens réfractaires ou indociles. — La célèbre tragédienne Clairon y fut enfermée en 1765; voici à quelle occasion: un nommé Dubois, comédien d'un talent médiocre, avait refusé de solder un salaire légitimement dû. Excité par la demoiselle Clairon, tout l'aréopage comique en parut violemment indigné. Au mois d'avril, on jouait la tragédie du *siège de Calais*, par Dubelloi; cette pièce, qui obtint une grande faveur, était annoncée par l'affiche. Les principaux acteurs arrivent au théâtre; bientôt on leur apprend que, par ordre du roi, Dubois devait remplir le rôle de Mauni; tous refusent alors de jouer avec lui et font connaître leur résolution aux spectateurs qui déjà remplissaient la salle. Un tumulte effroyable éclate aussitôt; au milieu des cris de : Calais!... Calais!... on distingue ceux de : Frétillon à l'hôpital!... la Clairon au For-l'Évêque!... Il n'y eut point de spectacle, et l'argent fut rendu à la porte. Tout Paris fut ému de cette affaire, plus ému que si l'ennemi eût été à vingt lieues seulement de la capitale. Plusieurs gentilshommes se formèrent en comité chez le lieutenant de police. Après une discussion assez longue dans laquelle la reine tragique trouva de chaleureux défenseurs, il fut décidé néanmoins que les acteurs seraient conduits en prison. Le 7 avril 1765, Brisard, Dauberval, Molé, Lekain, et plusieurs autres furent arrêtés et conduits au For-l'Évêque. Un exempt se présenta au domicile de la demoiselle Clairon et la pria fort poliment de le suivre. Après quelques difficultés, l'actrice se soumit en disant : « Mon honneur reste » intact, le roi lui-même n'y peut rien. — Vous » avez raison, répartit l'exempt, où il n'y a rien, » le roi perd ses droits. » La demoiselle Clairon monta dans la voiture de madame de Sauvigny, épouse de l'intendant de Paris. Pour marquer tout l'intérêt qu'elle prenait au sort de cette pauvre actrice, cette vertueuse dame tint la demoiselle Clairon constamment sur ses genoux et chercha durant le trajet à la consoler par de douces paroles. La reine tragique fut visitée par la cour et la ville. On faisait sortir les prisonniers pour aller jouer leurs rôles; le spectacle terminé, on les reconduisait au For-l'Évêque. Le dénoûment de cette comédie fut joué par l'auteur lui-même. Le poète Dubelloi, pour plaire à mademoiselle Clairon, retira humblement sa tragédie du *siège de Calais*. Le comédien Dubois demanda sa retraite, et les acteurs

— GER —

furent mis en liberté. Bellecour, au nom de tous ses camarades, fit à la Comédie Française un discours rempli d'excuses humiliantes et déplora le malheur d'avoir manqué au public.

En 1780, le ministre Necker engagea Louis XVI à supprimer les prisons du For-l'Évêque et du petit Châtelet. Une ordonnance du roi, du 30 août de la même année, porte que les prisonniers seront transférés dans l'hôtel de la Force, dont le vaste emplacement promettait plus de salubrité aux détenus et facilitait les moyens d'établir entr'eux des séparations et distinctions nécessaires.

GERVAIS (ÉGLISE SAINT-).

 Située rue Jacques-de-Brosse. — 9e arrondissement, quartier de l'Hôtel-de-Ville.

Dès le VIe siècle, une église existait en cet endroit. Fortunat, qui a écrit la vie de saint Germain, nous apprend que le pieux évêque venait quelquefois faire sa prière dans cette église, appelée *Basilica sanctorum Gervasii et Protasii*.

On ignore à quelle époque elle fut érigée en paroisse. Après cette érection, elle obtint sans doute le droit d'avoir une chapelle située dans l'enceinte de Paris.

Au XIe siècle, l'église Saint-Gervais appartenait aux comtes de Meulan, qui en firent don au prieuré de Saint-Nicaise. La charte de donation énonce les églises de Saint-Gervais et de Saint-Jean situées *in vico qui dicitur Greva*.

Les revenus de l'autel appartenaient à plusieurs personnes, et nous lisons que l'archidiacre Guillaume en donna la troisième partie qu'il possédait au chapitre Notre-Dame. Le pouillé parisien du XIIIe siècle nous apprend que la cure de Saint-Gervais était à la nomination du prieur de Saint-Nicaise de Meulan. Cette basilique, qui avait été sans doute dévastée par les Normands, fut réparée et dura jusqu'au temps du roi Robert. L'édifice qui la remplaça fut commencé vers 1212 et terminé en 1420. L'inscription suivante, gravée sur une pierre scellée dans le mur à gauche, rappelle la date de la dédicace.

 « Bonnes gens, plaise vous sçavoir que cette pré-
» sente église de messeigneurs saint Gervais et saint
» Protais, fut dédiée le dimanche devant la fête de
» saint Simon saint Jude, l'an 1420, par le révérend
» père en Dieu, maître Gombault, évêque d'Agrence,
» et sera à toujours la fête de l'annualité de dédicace,
» le dimanche devant la dite fête saint Simon saint
» Jude, s'il vous plait y venir y recommander vos
» maux, et prier pour les bienfaiteurs de cette église,
» et aussi pour les trépassés. *Pater Noster, Ave Ma-*
» *ria.* »

L'ensemble des constructions de l'église Saint-Gervais a toute la délicatesse qui caractérise l'architecture du XVe siècle; cependant quelques parties semblent appartenir à une époque postérieure.

— GER —

Le portail de Saint-Gervais, ouvrage de Jacques de Brosse, est remarquable par sa belle ordonnance. La première pierre en fut posée par Louis XIII, le 24 juillet 1616. Il est composé de trois ordres, disposés suivant l'usage observé par les anciens architectes, c'est-à-dire l'ordre ionique sur le dorique, et le corinthien sur l'ionique. Les deux premiers ordres sont de huit colonnes chacun et le dernier de quatre. Les colonnes de l'ordre dorique sont engagées d'un tiers dans le vif du bâtiment et unies jusqu'à la troisième partie de leur fût, mais le reste est cannelé à côtes. Les colonnes des autres ordres sont isolées. — Le tableau du maître-autel représente les noces de Cana; on ignore le nom du peintre. Les statues de saint Gervais et de saint Protais, placées à droite et à gauche, sont de Bourdin, et les anges, de Guérin. Le crucifix qu'on voit sur la porte du chœur, et au pied duquel sont agenouillés la Vierge et saint Jean, est une œuvre pleine de mérite. Le Christ est de Sarrazin et les deux autres figures de Buiret. Jean Cousin a peint les vitraux du chœur. Ils représentent le martyre de saint Laurent, la samaritaine, le paralytique. Ces vitraux ont été détruits en partie.

Aux deux extrémités de la balustrade qui sépare le chœur de la nef, on voit deux petits tableaux représentant, l'un saint Louis de Gonzague en prières, l'autre saint Gervais et saint Protais apparaissant à saint Ambroise.

Plusieurs chapelles règnent au pourtour des bas-côtés; celle de Saint-Michel se distingue par ses vitraux qui représentent des danses de bergers. Ces peintures, dues à Pinaigrier, sont aussi remarquables par la composition que par la vivacité du coloris.

La chapelle de la Vierge placée au fond de l'édifice est sans contredit le morceau d'architecture du style le plus gracieux. La voûte est ornée d'une couronne de pierre en clef pendante. Cet ouvrage, d'une hardiesse surprenante, passe pour le chef-d'œuvre des frères Jacquets. Cette chapelle est maintenant en réparation; les travaux, exécutés par M. Baltard, seront terminés vers la fin de l'année 1844.

La chapelle de Sainte-Barbe est décorée de vitraux qui représentent une procession, dans laquelle on remarque François Ier, dont la figure est très ressemblante.

Dans une chapelle à gauche est un tableau d'Albert Durer, peint en 1500. Il représente les principales scènes de la Passion de Jésus-Christ. En face de la nef de droite, et dans la chapelle du Saint-Esprit, est un concert d'anges par le Pérugin.

Dans la chapelle Saint-Eutrope est le mausolée du cardinal Le Tellier qui expira, disait l'inscription, à l'âge de 83 ans, le 30 octobre 1685, huit jours après qu'il eût scellé la révocation de l'édit de Nantes, content d'avoir vu consommer ce grand ouvrage. Le chancelier est représenté à demi-couché; un Génie en pleurs est à ses pieds; les figures de la Prudence et de la Justice sont sur l'archivolte; la Religion et la Force sur les

— GER —

bases des pilastres. Mazeline et Hutelle ont élevé ce monument d'après les dessins de Philippe de Champagne.

En face de ce mausolée est une descente de croix exécutée en plâtre par Cortot.

Saint-Gervais possédait encore d'autres richesses qui lui furent enlevées pendant la révolution. En 1793, cette église portait le nom de *Temple de la Jeunesse*. Depuis 1802, Saint-Gervais est la seconde succursale de la paroisse Notre-Dame.

Cette église est un des plus beaux monuments de Paris; mais étouffé par les constructions qui l'environnent, l'édifice perd de sa grandeur et de sa beauté. Voltaire disait, en parlant du portail : « C'est un chef-
» d'œuvre auquel il ne manque qu'une place pour con-
» tenir ses admirateurs. »

L'administration municipale, jalouse d'honorer toutes les gloires de la France, a décoré une rue voisine du nom de l'illustre architecte du portail de Saint-Gervais. Bientôt la rue François-Myron, qui conduit de cet édifice à l'Hôtel-de-Ville, sera complètement alignée sur une largeur de 26 m. Alors l'œuvre de Jacques de Brosse pourra déployer toute sa magnificence.

GERVAIS (PASSAGE SAINT-).

Commence à la rue des Barres, n° 9; finit à la rue Jacques-de-Brosse, n° 8. — 9ᵉ arrondissement, quartier de l'Hôtel-de-Ville.

C'était avant 1790 le passage du *presbytère Saint-Gervais*. Ce presbytère, situé dans la rue de Long-Pont, n° 8 (aujourd'hui Jacques-de-Brosse), devint propriété nationale et fut vendu le 26 fructidor an IV.

GERVAIS (RUE DES COUTURES-SAINT-).

Commence aux rues Thorigny, n° 7, et Saint-Gervais, n° 1; finit à la rue Vieille-du-Temple, n°ˢ 106 et 110. Le dernier impair est 3; le dernier pair, 24. Sa longueur est de 101 m. — 8ᵉ arrondissement, quartier du Marais.

Elle fut ouverte, en 1620, sur les *coutures Saint-Gervais*, qui faisaient autrefois partie du clos de Saint-Ladre et de la courtille Barbette. — Une décision ministérielle, du 23 frimaire an VIII, signée Laplace, avait fixé la largeur de cette voie publique à 7 m. Cette largeur a été portée à 10 m. en vertu d'une ordonnance royale du 31 mars 1835. Les constructions du côté des numéros impairs sont alignées; celles du côté opposé devront reculer de 3 m. 60 c. environ. — Éclairage au gaz (compᵉ Lacarrière).

GERVAIS (RUE DES HOSPITALIÈRES-SAINT-).

Commence à la rue des Rosiers, n°ˢ 38 et 42; finit à la rue des Francs-Bourgeois, n°ˢ 23 et 25. Pas de numéro. Sa longueur est de 92 m. — 7ᵉ arrondissement, quartier du Marché-Saint-Jean.

Une décision ministérielle, du 23 juillet 1817, prescrivit l'ouverture de cette rue, dont la largeur fut fixée à 10 m. Ce percement fut exécuté dans le courant de la même année. Sa dénomination rappelle le couvent des *religieuses hospitalières de Saint-Gervais*, sur l'emplacement duquel cette rue a été ouverte. (Voir pour l'historique de ce couvent l'article du *Marché-des-Blancs-Manteaux*.) — Égout du côté de la rue des Francs-Bourgeois. — Conduite d'eau. — Éclairage au gaz (compᵉ Lacarrière).

GERVAIS (RUE SAINT-).

Commence à la rue des Coutures-Saint-Gervais, n° 2; finit à la rue Neuve-Saint-François, n°ˢ 3 et 5. Le dernier impair est 5; le dernier pair, 8. Sa longueur est de 99 m. — 8ᵉ arrondissement, quartier du Marais.

Ouverte en 1620, sur *les coutures* Saint-Gervais, cette rue en a retenu le nom. Quelques plans la désignent sous la dénomination des *Morins*, parce qu'elle conduisait à des chantiers qui appartenaient à la famille de ce nom. — Une décision ministérielle du 23 frimaire an VIII, signée Laplace, fixa la moindre largeur de cette voie publique à 7 m. En vertu d'une ordonnance royale du 31 mars 1835, cette dimension est portée à 10 m. La propriété n° 1 devra subir un fort retranchement pour exécuter un pan coupé de 12 m. à l'encoignure de la rue des Coutures. Les autres constructions de ce côté sont soumises à un retranchement qui varie de 1 m. 70 c. à 2 m. Le mur de clôture de la propriété n° 6 devra reculer de 1 m.; les autres constructions sont assujetties à un retranchement de 1 m. 80 c. à 2 m. — Conduite d'eau. — Éclairage au gaz (compᵉ Lacarrière).

GERVAIS-LAURENT (RUE).

Commence à la rue de la Cité, n°ˢ 6 et 8; finit à la rue du Marché-aux-Fleurs, n°ˢ 1 et 3. Le dernier impair est 11; le dernier pair, 10. Sa longueur est de 70 m. — 9ᵉ arrondissement, quartier de la Cité.

En 1248 et 1250, c'était la rue *Gervais-Loorant* et *Leorens*, depuis *Gervais-Laurent*. — Une décision ministérielle, du 13 brumaire an X, signée Chaptal, a fixé la largeur de cette voie publique à 7 m. La propriété située sur le côté des numéros impairs, à l'encoignure de la rue du Marché-aux-Fleurs, n'est soumise qu'à un léger redressement. Les maisons qui portent sur la rue de la Pelleterie les n°ˢ 9, 11 et 13, sont alignées.

GESVRES (QUAI DE).

Commence à la rue de la Planche-Mibray, n° 1, et au pont Notre-Dame; finit au Pont-au-Change et à la place du Châtelet, n° 2. Le dernier numéro est 30. Sa longueur est de 106 m. — 7ᵉ arrondissement, quartier des Arcis.

« Louis, etc... Sçavoir faisons que nous, ayant mis
» en considération les signalez et recommandables
» services que le *marquis de Gesvres* nous a rendus
» dès sa tendre jeunesse, tant en nos armées qui ont
» tenu la campagne qu'ez sièges les plus importants
» dans l'Allemagne, Flandre et Espagne, où en di-

— GES —

» vers combats et entreprises il a donné telle preuve
» de son couraige et valleurs, qu'au pris de son sang
» plusieurs blessures qui l'a retenu en une prison de
» neuf mois, il a mérité de nous et du public l'estime et
» les grattifications qui sont deubes à ceulz qui nous
» servent avec tant de cœur et fidellitez. A quoy ayant
» esgard aux grandes et excessives despences qu'il a
» faictes jusques à présent dans nos armées et qu'il est
» encore obligé de continuer à l'advenir, à iceluy; pour
» ces causes et autres à ce nous mouvans de nostre
» grâce spécialle, plaine puissance et authorité royalle,
» avons, suivant et conformément à l'arrest de nostre
» conseil du 15e du présent mois de febvrier, et à l'ad-
» vis des trésoriers de France à Paris, du 3e décembre
» 1641, cy attaché, accordé, donné, octroyé, cedde,
» quitté, transporté et délaissé du tout-à toujours les
» places qui sont entre les ponts Nostre-Dame et
» aux Eschangeurs, du costé de l'Escorcherie, sur la
» largeur qui se rencontrera depuis la culée du d. pont
» Nostre-Dame jusques à la poincte de la première
» pille d'iceluy; pour en quelle place y faire construire
» à ses frais et despens un *quai* porté sur arcades et
» pilliers posés d'allignement, despuis le poinct de la
» dicte première pille du d. pont Nostre-Dame jusques
» à celle du Pont-aux-Changeurs, de présent construit
» de neuf; et quatre rues, l'une de 20 pieds de large
» avec maisons, qui prendera son embouchure sur le
» d. pont Nostre-Dame et se conduira en droicte ligne,
» tant d'un costé que d'aultre, en la longueur de
» 75 thoises, passant sur le d. Pont-aux-Changeurs,
» etc...; à la charge de payer par le d. sieur marquis
» de Gesvres, ou ses ayant-cause par chacun an, à la
» recepte du domaine de Paris, cinq sols de cens et un
» escu d'or pour chacune des maisons qui sera bastie
» sur les d. rues, etc... Donné à Lyon, au mois de feb-
» vrier l'an de grâce 1642, et de nostre règne le 32e.
» Signé Louis. »

Ces lettres-patentes furent registrées au parlement le 28 mars 1643. Le marquis de Gesvres profita immédiatement de cette autorisation. Il fit construire le quai et une rue parallèle qui prirent la dénomination de *quai* et rue de *Gesvres*. Deux autres rues servaient de communication entre les deux premières voies publiques. Des lettres-patentes du 22 avril 1769 portent :
— « Art. 16. Les maisons du quai et de la rue de
» Gesvres, du côté de la rivière, les piles et les arcades
» qui portent les d. maisons, les quelles anticipent sur
» le lit de la rivière, seront démolies et supprimées et
» le d. quai sera retiré à l'alignement du quai Pelletier
» et du quai de la Mégisserie. » — Renouvelée par un édit du mois de septembre 1786, cette disposition fut exécutée peu de temps après, et la rue de Gesvres, dont on démolit un des côtés, fut confondue avec le quai. Toutefois, on plaça des bornes qui séparaient le quai en deux parties. Ces bornes furent supprimées en 1832, lors de l'élargissement du quai Le Peletier. En 1835, l'administration a fait paver le quai de Gesvres, dont

— GIT —

la pente a été considérablement adoucie. Ces travaux ont occasionné une dépense de 28,000 fr. — Une décision ministérielle du 24 frimaire an XI, signée Chaptal, et une ordonnance royale du 29 avril 1839, ont déterminé l'alignement de ce quai dont la moindre largeur est fixée à 25 m. Les maisons de 22 à 30 inclus sont alignées; les autres constructions ne sont soumises qu'à un léger redressement. — Éclairage au gaz (compe Française).

GILLES (RUE NEUVE-SAINT-).

Commence au boulevart de Beaumarchais, nos 49 et 51; finit à la rue Saint-Louis, nos 26 et 28. Le dernier impair est 15; le dernier pair, 20. Sa longueur est de 242 m. — 8e arrondissement, quartier du Marais.

Cette rue, percée en 1640, sur l'emplacement du palais des Tournelles, doit son nom à une statue de saint Gilles placée à l'une de ses extrémités. — Une décision ministérielle du 18 vendémiaire an VI, signée Letourneux, fixa la largeur de cette voie publique à 8 m. 75 c. Cette largeur a été portée à 10 m., en vertu d'une ordonnance royale du 8 juin 1834. Les constructions du côté des numéros impairs, entre le boulevart et la rue des Tournelles, sont soumises à un retranchement qui varie de 2 m. 10 c. à 3 m. Les autres constructions sont alignées. La maison n° 4 est à l'alignement; les autres propriétés devront reculer de 1 m. 20 c. à 1 m. 40 c. environ. — Égout. — Conduite d'eau entre la rue des Tournelles et le boulevart. — Éclairage au gaz (compe Lacarrière).

GINDRE (RUE DU).

Commence à la rue du Vieux-Colombier, nos 9 et 11; finit à la rue Mézières, nos 6 et 8. Le dernier impair est 13; le dernier pair, 16. Sa longueur est de 117 m. — 11e arrondissement, quartier du Luxembourg.

Elle a été formée au commencement du XVIe siècle. D'après l'abbé Lebœuf, *gindre* signifie le maitre-valet ou plutôt le maitre-garçon d'un boulanger. — Une décision ministérielle à la date du 26 thermidor an VIII, signée L. Bonaparte, fixa la largeur de cette voie publique à 7 m. En vertu d'une ordonnance royale du 3 février 1836, cette dimension est portée à 12 m. Sa largeur actuelle varie de 3 à 4 m. Les constructions du côté des numéros impairs devront reculer de 4 m. à 5 m. 10 c. La propriété n° 4 est soumise à un retranchement de 2 m. 10 c.; les autres maisons du côté des numéros pairs subiront un retranchement de 3 m. 60 c. à 4 m. 30 c. — Conduite d'eau depuis la rue Mézières jusqu'à la borne-fontaine.

GIT-LE-COEUR (RUE).

Commence au quai des Grands-Augustins, nos 23 et 25; finit à la rue Saint-André-des-Arts, nos 36 et 38. Le dernier impair est 19; le dernier pair, 16. Sa longueur est de 112 m. — 11e arrondissement, quartier de l'École-de-Médecine.

Des titres de Saint-Germain-des-Prés, du XIVe siècle,

— GLA —

l'appellent rue *Gilles-Queux, Gui-le-Queux*. Le nom de *queux* signifiait en vieux langage cuisinier ; la charge de grand-queux était chez le roi une des premières de la couronne. Les Châtillon se sont fait honneur de la posséder. Un acte de 1397, cité par Sauval, lui donne le nom de *Gui-le-Comte*. Piganiol prétend que sa dénomination actuelle lui vient d'un descendant du fameux Jacques-Cœur. Cette assertion, qu'il n'appuie sur aucun acte, est réfutée par Jaillot. La dénomination actuelle n'est qu'une altération de Gilles-Queux. — Une décision ministérielle à la date du 23 frimaire an IX, signée Chaptal, a fixé la largeur de cette voie publique à 7 m. Les propriétés nos 6 et 8 ne sont pas soumises à retranchement. — Portion d'égout du côté du quai.

« Au bout de la rue Gilles-Cœur (dit Saint-Foix),
» dans l'angle qu'elle forme aujourd'hui avec la rue
» du Hurepoix (cette dernière n'existe plus), Fran-
» çois Ier fit bâtir un petit palais (le palais d'Amour),
» qui communiquait à un hôtel habité par la duchesse
» d'Estampes, dans la rue de l'Hirondelle. Les peintu-
» res à fresque, les tableaux, les tapisseries, les sala-
» mandres (c'était le corps de la devise de François Ier)
» accompagnés d'emblèmes et de tendres et ingénieuses
» devises; tout annonçait dans ce petit palais et cet hôtel
» le dieu et les plaisirs aux quels ils étaient consacrés. »
— « De toutes ces devises (dit Sauval) que j'ai vues, il
» n'y a pas encore longtemps, je n'ai pu me ressouve-
» nir que de celle-ci ; c'était un cœur enflammé, placé
» entre un *alpha* et un *oméga*, pour dire apparemment :
» Il brûlera toujours ! » — « Le cabinet de la duchesse
» d'Estampes (continue Saint-Foix) sert à présent
» d'écurie à une auberge qui a retenu le nom de la Sa-
» lamandre. Un chapelier fait sa cuisine dans la cham-
» bre du lever de François Ier, et la femme d'un libraire
» était en couche dans son petit salon des délices, lors-
» que j'allai pour examiner les restes de ce palais. »

GLACIÈRE (RUE DE LA).

Commence à la rue de Lourcine, nos 105 et 107; finit aux boulevarts des Gobelins et Saint-Jacques. Le dernier impair est 9; le dernier pair, 8. Sa longueur est de 325 m. — 12e arrondissement, quartier Saint-Marcel.

Elle était autrefois comprise dans la rue Payen et en portait le nom. En 1636, c'était la rue de la *Barrière*. Sa dénomination actuelle lui a été donnée parce qu'elle se dirige vers le village de la Glacière. — Une décision ministérielle du 3 ventôse an X, signée Chaptal, a fixé la largeur de cette voie publique à 10 m. Les constructions du côté des numéros impairs sont alignées, à l'exception du bâtiment qui porte le no 7. Sur le côté opposé les propriétés nos 6 et 8 sont seules soumises à retranchement. — Conduite d'eau depuis la rue du Petit-Champ jusqu'à la borne-fontaine.

GLATIGNY (RUE).

Commence au quai Napoléon, no 27; finit à la rue des Marmousets, nos 26 et 28. Le dernier impair est 11;

— GOB —

le dernier pair, 6. Sa longueur est de 73 m. — 9e arrondissement, quartier de la Cité.

On donnait le nom de Glatigny à cette rue et aux environs de Saint-Denis-de-la-Chartre jusqu'à l'hôtel des Ursins. On lit dans plusieurs titres qu'il y avait une maison de Glatigny qui, en 1241, appartenait à Robert et à Guillaume de Glatigny. Dès le XIVe siècle, cette rue était habitée par des filles publiques et se nommait le *Val d'Amour*. En 1380, on l'appelait rue au *Chevet de Saint-Denis-de-la-Chartre*, quoiqu'elle fût connue aussi sous le nom de *Glatigny*. — Une décision ministérielle du 26 prairial an XI, signée Chaptal, a fixé la largeur de cette voie publique à 6 m. Les maisons nos 1 et 3 sont alignées.

GOBELINS (BOULEVART DES).

Commence à la place de la barrière d'Italie; finit à la rue de la Glacière, no 9. Pas de numéro impair ; ce côté est bordé par le mur d'enceinte; le dernier pair est 16. Sa longueur est de 856 m. — 12e arrondissement, quartier Saint-Marcel.

Il a été formé en vertu d'un arrêt du conseil du 9 août 1760. Sa dénomination lui vient du voisinage de la manufacture royale des Gobelins. Dans la partie comprise entre les rues du Champ-de-l'Alouette et de la Glacière, le plan de Verniquet l'indique sous le nom de boulevart de la *Glacière*. L'alignement de cette voie publique est déterminé par une ligne parrallèle au centre des arbres de la contre-allée et à 4 m. de distance. La propriété no 2 et le mur de clôture situé près de la rue de la Glacière ne sont pas soumis à retranchement. (Voyez *Enfer*, boulevard d'.)

GOBELINS (MANUFACTURE ROYALE DES).

Située dans la rue Mouffetard, no 270. — 12e arrondissement, quartier Saint-Marcel.

On voyait dès le XIVe siècle, dans le faubourg Saint-Marcel, près de la rivière de Bièvre, une petite colonie composée de drapiers et de teinturiers en laine. Leur industrie ne tarda pas à s'agrandir. En 1450, parmi ces ouvriers, on remarquait Jean *Gobelin*. Son habileté lui fit acquérir en peu de temps une fortune considérable qu'il employa à faire de grandes acquisitions sur les bords de la Bièvre, dont les eaux étaient très favorables à la teinture. Philibert, son fils, et Denise Lebret, son épouse, continuèrent les travaux de leur père et augmentèrent même la fortune qu'il leur avait laissée. Après leur mort, le partage de leurs richesses, qui consistaient en dix maisons, jardins, prés, terres, etc., fut fait en 1510. Leurs successeurs, travaillant avec le même zèle et la même probité, obtinrent aussi de grands résultats. Le peuple voulut honorer les Gobelin à sa manière. Il donna leur nom au quartier où se trouvait le siège de leur établissement, et même à la rivière de Bièvre qui avait contribué à leur prospérité. Cette famille voulut renoncer plus tard à la teinture pour occuper divers emplois dans la magistrature, dans les finances et dans

— GOB —

l'armée. Ce changement de profession ne leur porta pas bonheur. Antoine Gobelin, marquis de Brinvilliers, épousa, en 1651, Marie-Marguerite d'Aubray, fille du lieutenant-civil de Paris. Cette femme devint fameuse par ses débauches et ses empoisonnements, et fut condamnée le 16 juillet 1676 à être brûlée vive. Le pauvre marquis, le malheureux Gobelin, dut sans doute à son lit de mort regretter de n'avoir pas suivi l'honorable profession de ses pères. Aux Gobelin, qui voulaient devenir marquis, succédèrent les sieurs Canaye qui, ne se bornant pas à teindre les laines en écarlate, commencèrent à fabriquer des tapisseries. Les Canaye furent remplacés, en 1655, par un Hollandais nommé Gluck, et par un ouvrier appelé Jean Liansen; tous deux excellèrent dans cette profession. La beauté des ouvrages qui sortaient de leurs ateliers frappa le grand Colbert, qui les mit sous les yeux du roi. L'hôtel des Gobelins fut acheté, ainsi que plusieurs maisons qui lui étaient contiguës. — Un édit de novembre 1667 établit la manufacture des Gobelins sur des bases solides. Cet acte porte entre autres dispositions : « Que le surintendant des
» bâtiments et le directeur sous ses ordres tiendront
» la manufacture remplie de bons peintres, maîtres-
» tapissiers, orfèvres, fondeurs, sculpteurs, graveurs,
» lapidaires, menuisiers en ébène, teinturiers et autres
» ouvriers en toutes sortes d'arts et métiers, et que les
» jeunes gens, sous ces maîtres, entretenus pendant
» cinq années, pourront après six ans d'apprentissage
» et quatre années de service, lever et tenir boutique
» de marchandises, arts et métiers auxquels ils auront
» été instruits, tant à Paris que dans les autres villes du
» royaume. »

La manufacture des Gobelins est sans rivale dans le monde. La France est redevable à cet établissement des progrès extraordinaires que les arts et les manufactures ont faits dans l'espace d'un siècle. On ne saurait calculer le nombre d'ouvrages parfaits qui sont sortis de cette grande et magnifique école.

GOBELINS (RUE DE LA BARRIÈRE DES).

Commence au boulevart de l'Hôpital; finit au chemin de ronde de la barrière d'Ivry. Pas de numéro. Sa longueur est de 131 m. — 12º arrondissement, quartier Saint-Marcel.

Cette rue, qui longe un des côtés de l'abattoir de Villejuif, a été percée vers 1820 sur une partie de l'ancien village d'Austerlitz. (Voyez *Austerlitz*, grande rue d'.) — Deux décisions ministérielles, la première en date du 7 octobre 1816, signée Lainé, la seconde du 18 octobre 1822, ont fixé la largeur de cette voie publique à 20 m. Nous ne pouvons nous rendre compte de la dénomination assignée à cette rue. Aucune barrière de Paris n'a porté le nom de barrière des Gobelins.

GOBELINS (RUE DES).

Commence à la rue Mouffetard, nos 262 et 264; finit à la petite rivière de Bièvre. Le dernier impair est 19;

— GOD —

le dernier pair, 20. Sa longueur est de 185 m. — 12º arrondissement, quartier Saint-Marcel.

On la nommait anciennement rue de *Bièvre*, parce qu'elle conduit à cette rivière. Depuis 1636 c'est la rue des *Gobelins*, dénomination qui indique son voisinage de cette célèbre manufacture. — Une décision ministérielle de 8 ventôse an IX, signée Chaptal, a fixé la moindre largeur de cette voie publique à 8 m. Les maisons nos 1, 4 et 16 sont alignées. — Conduite d'eau du côté de la rue Mouffetard.

GOBELINS (RUELLE DES).

Commence à la rue des Gobelins; finit à la rue du Champ-de-l'Alouette. Pas de numéro. — 12º arrondissement, quartier Saint-Marcel.

Cette ruelle, qui a la même étymologie que celle de l'article qui précède, suit le cours de la petite rivière de Bièvre. Elle débouchait autrefois dans la rue Saint-Hippolyte. La ruelle des Gobelins n'est pas reconnue voie publique.

GODEFROY (RUE).

Commence à la rue de la barrière des Gobelins; finit à la place de la barrière d'Italie, nº 19. Le dernier impair est 7; le seul pair, 2. Sa longueur est de 146 m. — 12º arrondissement, quartier Saint-Marcel.

Une ordonnance royale du 19 juillet 1826 autorisa MM. Geffroy et Godefroy à ouvrir sur leurs terrains une rue de 13 m. de largeur, pour communiquer du rond-point de la barrière d'Italie à la rue de la barrière des Gobelins. Cette autorisation fut accordée à la charge par les impétrants : — d'établir de chaque côté de la rue des trottoirs en pierre dure, dont les dimensions leur seraient données par l'administration; de supporter les frais de premier établissement du pavage et de l'éclairage, ainsi que ceux des travaux à faire pour l'écoulement souterrain et à ciel ouvert des eaux pluviales et ménagères; de se soumettre aux lois et règlements sur la voirie de Paris, etc. La rue fut immédiatement percée et reçut le nom de rue Godefroy.

GODOT-DE-MAUROY (RUE).

Commence au boulevart de la Madeleine, nos 70 et 72; finit à la rue Neuve-des-Mathurins, nos 59 et 61. Le dernier impair est 47 bis; le dernier pair, 46. Sa longueur est de 356 m. — 1er arrondissement, quartier de la place Vendôme.

Une ordonnance royale du 18 novembre 1818 porte : — Article 1er. Les sieurs *Godot de Mauroy frères* sont autorisés à ouvrir une rue sur le terrain dont ils sont propriétaires rue Basse-du-Rempart, dans notre bonne ville de Paris; laquelle formera le prolongement du cul-de-sac de la Grille et communiquera de la rue Basse-du-Rempart à la rue Neuve-des-Mathurins. Cette autorisation est accordée à la charge par les impétrants de fournir gratuitement le terrain de la rue nouvelle, de se charger des frais de premier établisse-

— GOU —

ment de pavage et d'éclairage, de se conformer aux lois et réglements sur la grande voirie de Paris. Ce percement fut immédiatement exécuté. L'ancienne impasse de la Grille, que nous voyons indiquée sur le plan de Verniquet (1789), mais qui n'avait point alors de dénomination, occupait en 1818 une longueur de 105 m., et sa largeur était de 9 m. 74 c. Son prolongement a été effectué sur la même dimension. — Conduite d'eau depuis le boulevart jusqu'à la borne-fontaine placée après la rue Desèze. — Éclairage au gaz (compe Anglaise).

GOUJON (RUE JEAN-).

Commence à l'allée d'Antin, nos 7 et 7 bis; finit à l'allée des Veuves et au quai de la Conférence. Le dernier impair est 39; le dernier pair, 38. Sa longueur est de 522 m. — 1er arrondissement, quartier des Champs-Élysées.

Cette rue, dont la largeur est de 14 m. 60 c., a été percée en vertu d'une ordonnance royale du 23 juillet 1823, sur les terrains appartenant à la compagnie Constantin. (Voyez l'article de la rue de *Bayard-Champs-Élysées*).

Jean Goujon, célèbre sculpteur et architecte, fut tué d'un coup d'arquebuse le jour de la Saint-Barthélemi (1572), tandis qu'il travaillait sur un échafaud aux décorations du Louvre.

GRACIEUSE (RUE).

Commence à la rue d'Orléans-Saint-Marcel, nos 32 et 34; finit à la rue Copeau, nos 29 et 31. Le dernier impair est 17; le dernier pair, 26. Sa longueur est de 370 m. — 12e arrondissement de 1 à 7, et de 2 à 12 quartier Saint-Marcel; le surplus est du quartier du Jardin-du-Roi.

Cette communication, qui dans toute son étendue porte aujourd'hui le nom de rue *Gracieuse*, avait autrefois deux dénominations. La partie comprise entre les rues d'Orléans et de l'Épée-de-Bois s'appelait rue du *Noir*. Une maison appartenant à Jacques Pays, avocat, et ayant pour enseigne une tête noire, lui avait fait donner cette dénomination qu'elle conservait encore en 1801. Ce n'est que depuis cette époque qu'elle a pris le nom de rue *Gracieuse*, à laquelle elle fait suite. La deuxième partie, qui s'étend de la rue de l'Épée-de-Bois à la rue Copeau, devait sa dénomination à *Jean Gracieuse* qui y possédait une maison en 1243. En 1589 plusieurs titres la désignent sous le nom de rue *Saint-Médard*. — Une décision ministérielle à la date du 28 pluviôse an IX, signée Chaptal, a fixé la moindre largeur de la rue Gracieuse à 7 m. Les constructions nos 7 et 11 ne sont pas soumises à retranchement.

GRAINE (PASSAGE DE LA BONNE-).

Commence à la rue du Faubourg-Saint-Antoine, entre les nos 123 et 125; finit au passage Josset. Le dernier impair est 13; le dernier pair, 20. — 8e arrondissement, quartier du Faubourg-Saint-Antoine.

C'était autrefois une impasse dans laquelle on faisait

— GRA —

le commerce des grains avant l'établissement du marché Beauveau. En 1825, M. Josset, marchand de bois, prolongea cette impasse sur les terrains qui lui appartenaient, et en 1835 il la transforma en passage.

GRAMMONT (RUE).

Commence à la rue Neuve-Saint-Augustin, nos 12 et 14; finit au boulevart des Italiens, nos 15 et 17. Le dernier impair est 27; le dernier pair, 28. Sa longueur est de 264 m. — 2e arrondissement, quartier Feydeau.

En 1726, madame la maréchale, duchesse de Grammont, et le duc de Noailles, agissant comme exécuteurs testamentaires du maréchal de Grammont, exposèrent à sa majesté, qu'étant obligés de vendre les biens provenant de cette succession, dans lesquels se trouvait compris l'hôtel de Grammont, situé rue Neuve-Saint-Augustin, il leur serait facile de trouver des acquéreurs si sa majesté voulait bien leur permettre d'ouvrir deux rues sur l'emplacement dudit hôtel. Des lettres-patentes données à Marly, le 19 février de la même année, autorisèrent : 1° l'ouverture d'une rue de 4 toises de largeur qui serait nommée rue de *Grammont* et dont le tracé serait fait en deux lignes parallèles depuis la rue Neuve-Saint-Augustin jusqu'au nouveau rempart planté d'arbres ; 2° l'ouverture d'une autre rue de 4 toises de largeur, depuis la d. nouvelle rue de Grammont jusqu'à celle de Richelieu, en passant dans un cul-de-sac déjà formé sur le terrain de l'hôtel de Ménars, laquelle prendrait la dénomination de rue de *Ménars*. Il ne fut point alors donné suite à cette autorisation, et les lettres-patentes ne furent registrées au parlement que le 21 août 1763. Le sieur abbé Clément se rendit adjudicataire de l'hôtel et sollicita en 1765 le renouvellement des lettres-patentes de 1726, en demandant toutefois à introduire une légère modification au tracé de la rue projetée sous le nom de rue de *Grammont*. Un arrêt du conseil d'état du roi, à la date du 26 février 1765, accorda cette autorisation, qui fut confirmée par lettres-patentes du 1er juillet suivant, registrées au parlement le 19 du même mois. Procès-verbal d'alignement fut dressé par le bureau de la Ville le 30 septembre de la même année. — Une décision ministérielle à la date du 18 pluviôse an X, signée Chaptal, maintint la largeur primitive de la rue Grammont. Cette largeur a été portée à 10 m. en vertu d'une ordonnance royale du 16 avril 1831. Les constructions des numéros pairs sont alignées. Celles du côté opposé devront reculer de 2 m. 20 c. — Égout entre les rues Neuve-Saint-Augustin et Grétry. — Éclairage au gaz (compe Anglaise).

GRANGE-AUX-BELLES (RUE).

Commence à la rue des Marais, nos 44 bis et 46; finit aux chemins de ronde des barrières du Combat et de la Chopinette. Le dernier impair est 71; le dernier pair, 56. Sa

— GRA —

longueur est de 1,017 m. — 5ᵉ arrondissement, quartier de la porte Saint-Martin.

1ʳᵉ *partie comprise entre la rue des Marais et les rues des Récollets et Bichat.*

« Louis, etc... Nos bien amés les sieurs Cantini,
» Prevot, Castel, de la Noue, Gosset et plusieurs au-
» tres propriétaires de maisons et terrains situés à
» Paris, rue ou *chemin dit de la Grange-aux-Belles*,
» faubourg Saint-Martin, nous ont fait exposer que ce
» chemin aboutit d'un côté à la rue des Marais, en face
» de la rue de Lancry, et de l'autre dans la rue des Ré-
» collets, en face de celle de l'hôpital Saint-Louis ;
» qu'une nouvelle rue est naturellement indiquée par
» ce chemin étroit et sinueux, relevé de six pieds au-
» dessus du sol des Marais et au milieu duquel est une
» rigole dont les eaux stagnantes et bourbeuses exha-
» lent et portent dans le voisinage et même au loin,
» une vapeur infecte qui incommode les habitans et se
» répandant dans les marais voisins, y cause des dégâts
» considérables, etc., et que s'il était formé au lieu du
» dit chemin une rue alignée, etc., les dites eaux
» prendraient leur écoulement par la rue de Lancry,
» dans l'égout qui y est établi, etc... Ordonnons, vou-
» lons et nous plaît ce qui suit : — Article 1ᵉʳ. Il sera
» formé au lieu du chemin dit de la Grange-aux-Belles,
» une nouvelle rue de *même nom*, etc. L'exécution et
» formation de la d. nouvelle rue sera procurée sans
» délai, dans l'espace entre la d. rue des Marais et le
» chemin dit des Vinaigriers, au-devant des emplace-
» mens, bâtimens et marais appartenant aux sieurs
» Cantini, Prevot, Castel, de la Noue, Gosset et au-
» tres, en retranchant ce qui sera nécessaire sur les
» terrains non bâtis, et quand il y aura lieu sur les
» bâtimens et maisons déjà construits, et le surplus sur
» les marais de l'autre côté, pour donner à la d. rue un
» alignement droit dans toute sa longueur, et trente
» pieds de largeur, etc. — Art. 2ᵉ. Le surplus de la
» d. rue depuis la d. rue ou chemin des Vinaigriers
» jusqu'à celle des Récollets, sera et demeurera mar-
» qué et indiqué pour être exécuté quand il y aura
» lieu, en supprimant le petit bureau du commis de
» la ferme générale, auquel il sera suppléé suivant le
» besoin, et en retranchant ce qui sera nécessaire sur
» les marais appartenant aux sieurs Jugier et Roussel
» et sur ceux de l'autre côté, de manière à procurer à
» la d. partie de rue la même largeur ; qu'au surplus
» les d. propriétaires s'arrangeront entr'eux pour s'in-
» demniser respectivement de la valeur seulement des
» terrains, de manière que chacun des deux côtés ait
» à supporter la perte de la moitié du terrain qui se-
» rait nécessaire, pour ajouter à la largeur actuelle du
» chemin celle prescrite pour la d. rue, etc... Donné à
» Versailles, le 21ᵉ jour du mois de juin 1782, et de
» notre règne le 9ᵉ. Signé Louis. » — Procès-verbal d'alignement fut dressé par le bureau de la Ville le 28 mai 1783. — Une décision ministérielle du 23 floréal

— GRA —

an X, signée Chaptal, a porté la largeur de cette voie publique à 10 m. Toutes les constructions du côté des numéros impairs sont alignées ; sur le côté opposé les propriétés nᵒˢ 2, 6, 10, 12, 14 et 20 bis sont seules soumises à un faible retranchement.

2ᵉ *partie comprise entre les rues des Récollets et Bichat et les chemins de ronde.*

C'était autrefois la rue de l'*Hôpital-Saint-Louis*, dénomination qu'elle devait à l'hôpital qui y est situé. — Une décision ministérielle en date du 3 pluviôse an IX, signée Chaptal, a fixé la moindre largeur de cette voie publique à 12 m. 67 c. ; presque toutes les constructions riveraines sont alignées.

En vertu d'une décision du ministre de l'intérieur, en date du 14 mars 1836, ces deux parties ont été réunies sous la seule et même dénomination de rue *Grange-aux-Belles*.

Par suite de cette décision, l'administration a fait procéder à la régularisation du numérotage de cette voie publique. — Égout entre les rues des Marais et des Récollets. — Conduite d'eau : 1ᵒ depuis la rue Lacasse jusqu'au quai de Valmy ; 2ᵒ depuis la rue Saint-Maur jusqu'à la barrière. — Éclairage au gaz entre la rue des Marais et le quai de Valmy (compᵉ de Belleville).

GRANGE-BATELIÈRE (RUE).

Commence aux boulevarts des Italiens, nᵒ 2, et Montmartre, nᵒ 18 ; finit à la rue du Faubourg-Montmartre, nᵒˢ 19 et 21. Le dernier impair est 23 ; le dernier pair, 34. Sa longueur est de 307 m. — 2ᵉ arrondissement, quartier de la Chaussée-d'Antin.

La partie comprise entre la rue du Faubourg-Montmartre et l'hôtel de la Grange-Batelière existait dès la fin du XVIIᵉ siècle et s'appelait rue *Batelier*.

« Le roy étant en son conseil a ordonné et ordonne que
» la rue de Richelieu sera continuée depuis le cours, de
» la même largeur de 6 toises jusqu'à la rencontre d'un
» pan coupé qui sera formé de 8 toises de face jusqu'à la
» distance de 3 toises de la *maison de la Grange-Bate-
» lière*, et qu'il sera formé une rue en retour de 3 toi-
» ses de largeur depuis le d. pan coupé, le long du mur
» de la d. maison jusqu'à la rencontre du chemin des
» Marais, etc., etc. (Voyez rue *Pinon*.) Fait au conseil
» d'état du roi, sa majesté y étant, tenu à Fontaine-
» bleau le 18ᵉ jour d'octobre 1704. Signé Louis. » — Deux décisions ministérielles, l'une du 7 fructidor an X, signée Chaptal ; l'autre du 20 octobre 1821, et enfin une ordonnance royale du 16 avril 1831, ont fixé la largeur de cette voie publique à 11 m. 69 c. Les propriétés riveraines ne sont pas soumises à retranchement. — Conduite d'eau. — Éclairage au gaz (compᵉ Anglaise).

La Grange-Batelière est indiquée, en 1243, sous le nom de *Granchia Batilliaca*. Elle est appelée, en 1260, *Granchia Batalleria*. L'abbé Lebœuf pense que cette dernière dénomination provenait des *joûtes* ou exercices militaires qui se faisaient près de cet emplacement. Dans une déclaration rendue en 1522, les religieuses de l'abbaye Saint-Antoine reconnaissent que le 10 avril 1204 on leur donna un muid de grains à prendre sur la Grange-Batelière. Ce fief était possédé à la fin du XIVe siècle par Guy, comte de Laval. Suivant acte du 11 février 1424, Jean de Malestroit, évêque de Nantes et chancelier de Bretagne, donna l'hôtel, cour, colombier, jardins, etc., de la Grange-Batelière aux prieur et religieux des Blancs-Manteaux. On voit dans ce titre que cette propriété relevait de l'évêque de Paris et qu'elle contenait 120 arpents.

En 1473, elle était possédée par Jean de Bourbon, comte de Vendôme.

L'hôtel de la Grange-Batelière, où sont établis les bureaux de la mairie du 2e arrondissement, appartient à la ville de Paris.

GRAVILLIERS (PASSAGE DES).

Commence à la rue Chapon, n° 6 bis; finit à la rue des Gravilliers, n° 19. — 6e arrondissement, quartier Saint-Martin-des-Champs.

Construit en 1828, il doit son nom à la rue des Gravilliers dans laquelle il débouche.

GRAVILLIERS (RUE DES).

Commence à la rue du Temple, n°s 37 et 39; finit à la rue Transnonnain, n°s 26 et 28. Le dernier impair est 51; le dernier pair, 66. Sa longueur est de 249 m. — 6e arrondissement, quartier Saint-Martin-des-Champs.

Cette rue, presqu'entièrement bâtie en 1250, portait le nom de *Gravelier*. Un rôle de taxe de 1312 indique une maison appartenant à un nommé Gravelier, boucher. Il est possible qu'un des ancêtres de ce marchand ait donné son nom à cette voie publique, qu'on appelle aujourd'hui par altération rue des *Gravilliers*. Quoiqu'il en soit, elle s'étendait anciennement jusqu'à la rue Saint-Martin. Ce ne fut qu'à la fin du XVIIe siècle, que le nom de *Jean-Robert* fut assigné à la partie de cette voie publique comprise entre les rues Transnonnain et Saint-Martin. — Une décision ministérielle du 23 frimaire an VIII, signée Laplace, fixa la largeur de la rue des Gravilliers à 10 m. Cette dimension est portée à 12 m. en vertu d'une ordonnance royale du 16 mai 1833. Les constructions du côté des numéros impairs devront reculer de 2 m. 60 c. à 4 m.; de 2 à 16 inclus, retranchement 2 m. 50 c. à 3 m.; 18, retranchement 1 m. 10 c.; de 20 à 32 inclus, retranchement 1 m. 20 c. à 2 m. 20 c.; de 34 à 38 inclus, retranchement 1 m. 80 c. à 2 m. 30 c.; de 40 à la fin, retranchement 2 m. 30 c. à 3 m. 20 c. — Conduite d'eau depuis la rue Transnonnain jusqu'à la borne-fontaine. — Éclairage au gaz (comp^e Lacarrière).

GREFFULHE (RUE).

Commence à la rue Castellane, n°s 8 et 10; finit à la rue Neuve-des-Mathurins, n°s 75 et 75 bis. Le dernier impair est 11; le dernier pair, 18. Sa longueur est de 93 m. — 1er arrondissement, quartier de la place Vendôme.

Une ordonnance royale du 2 février 1839 a autorisé MM. les comtes de Ségur et Greffulhe à ouvrir sur leurs terrains une rue de 12 m. de large, pour communiquer de la rue Castellane à la rue Neuve-des-Mathurins. Cette autorisation a été accordée à la charge par les impétrants : de livrer gratuitement à la ville le sol de la nouvelle voie publique; de n'élever qu'à une hauteur de 17 m. les bâtiments qui seront construits sur cette rue, sauf une exception pour les maisons qui sont en construction aux deux encoignures de la rue Castellane, lesquelles dans toute la partie en retour sur la rue nouvelle, pourront avoir la hauteur autorisée sur la rue Castellane; de supporter les frais de premier établissement de pavage en pavés durs d'échantillon, y compris ceux de relevé à bout; les frais de premier établissement de trottoirs en granit de la largeur qui sera déterminée par l'administration, ceux de l'éclairage au gaz, de bornes-fontaines et de tuyaux destinés à y amener les eaux de la conduite principale; enfin, les frais d'une galerie d'égout et, s'il y a lieu, des conduites d'eau et de branchements d'égout nécessaires pour recevoir et conduire les eaux des maisons dans ladite galerie, de manière à ce que les eaux ménagères n'aient point d'écoulement sur la voie publique, etc.; de verser dans la caisse municipale le montant des devis estimatifs des divers travaux ci-dessus indiqués, ou de fournir cautionnement équivalent en rentes sur l'État, et généralement de se conformer aux clauses et conditions exprimées dans la délibération du conseil municipal du 3 août 1838.

Ce percement fut immédiatement exécuté et reçut, en vertu d'une décision ministérielle du 14 novembre 1839, la dénomination de rue *Greffulhe*. — Une ordonnance royale du 2 mars 1841 porte : — « Article 1er. » Notre ordonnance du 2 février 1839 est modifiée en » ce sens, que MM. de Ségur et Greffulhe sont autorisés à élever jusqu'à la hauteur de 17 m. 55 c. les » constructions sur la rue ouverte par eux à Paris, en » vertu de la d. ordonnance qui demeure maintenue » dans ses autres dispositions. » — Éclairage au gaz (comp^e Anglaise).

GRENELLE (ABATTOIR DE).

Situé place de Breteuil. — 10e arrondissement, quartier des Invalides.

Cet abattoir, qui occupe un espace irrégulier d'environ 33,000 m. de superficie, a été construit sur les dessins de M. Gisors, architecte. (Voir l'article *Abattoirs*.)

C'est au milieu de l'abattoir de Grenelle que l'administration municipale de Paris a fait creuser un puits artésien de grande dimension, qui fournit constamment un volume considérable d'eau.

Plusieurs puits artésiens creusés avec succès dans le

voisinage de la capitale, à Épinay, à Saint-Ouen, à Saint-Denis, à Villetaneuse, avaient fait concevoir l'espérance que de semblables tentatives pourraient réussir à Paris. Dans cette pensée, l'administration, en 1832, ordonna des sondages au carrefour de Reuilly, près de la barrière de Saint-Mandé, au boulevart extérieur du Combat et à celui de la Cunette. Sur ces trois derniers points le but de la Ville était, à défaut d'eau jaillissante, d'essayer d'absorber dans ces puits les eaux du sol. L'eau ne monta nulle part jusqu'à la surface.

Ces tentatives achevèrent de démontrer par le fait les indications des géologues, qui établissent que les nappes d'eau des bancs de sable supérieur à la craie, étant coupées par la Seine au-dessous de Paris, n'ont plus assez de pression pour jaillir au-dessus du sol dans le voisinage de ce point.

Ce fut dans ces circonstances que l'administration, persuadée par les prévisions de la science qu'il n'y avait à Paris de chance de succès pour les puits artésiens qu'en perçant l'énorme banc de craie sur lequel repose cette ville, conçut le projet d'en faire l'expérience.

Ce banc occupe une grande partie de la France, des Pays-Bas et même de l'Angleterre. Sur les points où son peu de profondeur permet de le percer facilement, en Artois, dans la Touraine, on a toujours trouvé par-dessous des bancs de sables verts contenant des eaux jaillissantes. Sa profondeur et son épaisseur, à Paris, étant considérables, on ne l'avait jamais percé. C'était donc une tentative des plus intéressantes que de vérifier, en perçant ce banc, les formations géologiques qui composent le terrain de Paris, indépendamment de l'intérêt spécial d'obtenir de l'eau.

Dans cette double pensée, l'administration municipale, à la fin de 1833, approuva le projet qui lui fut présenté par M. l'ingénieur en chef Emmery pour le forage d'un puits artésien d'une dimension qui permit le percement de la craie. Ce puits devait être tenté sur la place de la Madeleine. Un semblable travail exigeait des moyens et des appareils extraordinaires ; il présentait de grandes difficultés : aussi un seul entrepreneur, M. Mulot, se présenta-t-il à l'adjudication.

Au moment de commencer l'entreprise, on renonça à l'emplacement que l'on avait d'abord désigné, pour choisir l'abattoir de Grenelle. M. Mulot se mit à l'œuvre au commencement de 1834. Après sept ans d'un travail opiniâtre où l'habileté du sondeur a souvent été mise à l'épreuve par des difficultés et des accidents qui auraient pu décourager d'autres entrepreneurs, il a obtenu le prix de ses efforts. Le 26 février 1841 la sonde atteignit les sables verts, où elle pénétra par son seul poids de plusieurs mètres de profondeur. Aussitôt les eaux montèrent et se répandirent sur le sol de l'abattoir avec une telle abondance, qu'il en résulta une véritable inondation.

La population parisienne gardera longtemps le souvenir de l'intérêt qu'elle prit à ce succès, que plus de trois cent mille personnes vinrent dans les jours qui suivirent constater sur place.

M. Mulot reçut la décoration de la Légion-d'Honneur et la ville de Paris lui constitua une pension viagère de 3,000 francs, reversible par moitié sur la tête de sa femme. Une indemnité honorable fut en outre accordée à M. Louis Mulot fils, qui n'a cessé de diriger le travail sous l'inspiration de son père.

Le tubage du puits à partir des sables était nécessaire pour assurer sa conservation. Ce travail a donné lieu à des difficultés d'un nouveau genre. Tenté d'abord en tubes de cuivre qui n'ont pas présenté une résistance suffisante, on l'a définitivement effectué en tubes de fer forgé de 5 millim. d'épaisseur. Ces tubes ont été élevés à une hauteur de 33 m. 50 c. au-dessus du sol, afin que les eaux pussent de là être conduites sur les quartiers élevés du faubourg Saint-Jacques, sur le plateau de l'Estrapade, où la Ville a fait construire des bassins pour les recevoir et les distribuer.

La profondeur du puits de Grenelle est de 547 m. 60 c.; commencé sur 40 c. de diamètre, il n'en a plus au fond que 16. Le volume des eaux qu'il fournissait à la hauteur du sol de l'abattoir était d'environ 3,000,000 de litres en vingt-quatre heures. Il en fournit aujourd'hui à 33 m. 50 c. de hauteur environ le tiers, ce qui revient à 50 pouces de fontainier.

La dépense de ce travail n'a pas été moindre de 300,000 francs.

GRENELLE (BARRIÈRE DE).

Située à l'extrémité de la rue Dupleix.

Cette barrière, qui doit son nom au territoire de Grenelle sur lequel elle est située, consiste en deux bâtiments avec péristyle à pilastres carrés. Elle se nommait anciennement *barrière des Ministres*. — (Voyez l'article *Barrières*.)

GRENELLE (CHEMIN DE RONDE DE LA BARRIÈRE DE).

Commence à la barrière de Grenelle et à la rue Dupleix ; finit à la barrière de la Cunette et au quai d'Orsay. Pas de numéro. Sa longueur est de 505 m. — 10e arrondissement, quartier des Invalides.

Les propriétés situées près du quai d'Orsay sont à l'alignement. (Voyez l'article *Chemins de ronde*.)

GRENELLE (IMPASSE DE).

Située dans la rue de Grenelle, entre les nos 156 et 158. Le dernier impair est 3 ; le dernier pair, 4. Sa longueur est de 98 m. — 10e arrondissement, quartier des Invalides.

Cette impasse, tracée sur le plan de Verniquet, tire sa dénomination de la rue où elle est située. — Une décision ministérielle en date du 18 fructidor an IX, signée Chaptal, a fixé la largeur de cette impasse à 7 m. Les propriétés riveraines devront reculer de 1 m. 70 c. à 2 m. 30 c.

GRENELLE (RUE DE LA FERME-DE-).

Commence à l'avenue de Suffren; finit à l'avenue de La Motte-Picquet, n° 23. Pas de numéro. Sa longueur est de 210 m. — 10e arrondissement, quartier des Invalides.

Cette rue forme un retour d'équerre. Elle est indiquée sur le plan de Verniquet, mais sans dénomination. Le nom qu'elle porte aujourd'hui lui vient de sa proximité de la ferme du château de Grenelle qui bordait la place Dupleix. Il n'existe pas d'alignement arrêté pour cette rue, dont la largeur actuelle varie de 5 m. à 9 m.

GRENELLE-SAINT-GERMAIN (RUE DE).

Commence au carrefour de la Croix-Rouge et à la rue du Dragon, n° 44; finit à l'avenue de La Bourdonnaye, n° 19. Le dernier impair est 203; le dernier pair, 206. Sa longueur est de 2,251 m. — 10e arrondissement; les impairs de 1 à 111 dépendent du quartier Saint-Thomas-d'Aquin; de 2 à 10, quartier de la Monnaie; de 12 à 132, quartier du Faubourg-Saint-Germain; de 113 à la fin et de 134 à la fin, quartier des Invalides.

Ce nom lui vient d'une *garenne* que possédait anciennement l'abbaye Sainte-Geneviève, et qui était située près de l'emplacement sur lequel on construisit l'École-Militaire. Jusqu'en 1838, la communication qui nous occupe était divisée en deux parties séparées par l'esplanade des Invalides : la première, appelée rue de *Grenelle-Saint-Germain*; la deuxième, nommée rue de *Grenelle-au-Gros-Caillou*. Chacune avait un numérotage particulier. En vertu d'un arrêté préfectoral du 31 août de cette même année, ces deux parties ont été réunies sous la seule et même dénomination de rue de *Grenelle-Saint-Germain*, et leur numérotage a été régularisé. — Une décision ministérielle du 5 vendémiaire an IX, signée L. Bonaparte, et une ordonnance royale du 7 mars 1827, ont fixé à 10 m. la moindre largeur de la partie de cette voie publique comprise entre le carrefour de la Croix-Rouge et la rue d'Austerlitz. — Une décision ministérielle du 3 germinal an IX, signée Chaptal, a fixé la largeur de la deuxième partie à 12 m. Les constructions ci-après ne sont pas soumises à retranchement: partie de la propriété n° 7; nos 11, 13, 39, 41, 43, 45, 57, 59, 63, 67, 69, 71, 89, 91, 95, les bâtiments du ministère de l'intérieur, de 167 à la fin; de 12 à 32 inclusivement, 74, de 78 à 130 inclusivement, 134, 136, 138, 156 et de 170 à la fin. — Égout et conduite d'eau dans presque toute l'étendue. — Éclairage au gaz (compe Française).

Aux nos 57 et 59 est située la fontaine dite de Grenelle. Construite aux frais de la ville, sous la prévôté de Michel-Étienne Turgot, cette fontaine, remarquable par la richesse de sa décoration, fut achevée en 1739. Son plan, demi-circulaire, a 29 m. de largeur et 11 m. 60 c. de hauteur. Sur un socle de glaçons, que soutient l'avant-corps, sont trois statues; celle du centre représente la Ville de Paris; les deux autres, couchées au milieu des roseaux et appuyées sur des urnes, figurent la Seine et la Marne. Cette fontaine a été construite par Bouchardon.

GRENELLE SAINT-HONORÉ (RUE DE).

Commence à la rue Saint-Honoré, n° 158; finit à la rue Coquillière, nos 17 et 19. Le dernier impair est 63; le dernier pair, 50. Sa longueur est de 271 m. — 4e arrondissement, quartier de la Banque.

Après l'achèvement du mur d'enceinte de Paris, sous Philippe-Auguste, le quartier où se trouve aujourd'hui cette rue fut construit rapidement. Un chemin hors de Paris longeait le mur de cette enceinte et portait le nom de *Guernelles*, en raison d'un propriétaire qui y demeurait. A la fin du XIIIe siècle, une rue bordée de constructions avait remplacé l'ancien chemin. Des titres la nomment tantôt rue de *Guarnelle, Guarnales,* et enfin de *Grenelle*. — Une décision ministérielle à la date du 25 ventôse an XIII, signée Champagny, fixa la largeur de cette voie publique à 10 m. En vertu d'une ordonnance royale du 2 février 1843, cette largeur est portée à 12 m. La propriété située sur le côté gauche à l'encoignure de la rue Saint-Honoré est à l'alignement : nos 5 et 7, retranchement 77 c. à 1 m. 10; 9, alignée; 11, retranchement 70 c.; 13, fort retranchement sur la rue du Pélican; de 15 à 21 inclus, retranchement 40 à 50 c.; 29, alignée; de 31 à 37 inclus, retranchement 80 c. à 1 m. 10 c.; de 39 à 49 inclus, retranchement 1 m. 10 c. à 1 m. 70 c.; 51, 55, 57 et 59, alignées; 63, retranchement 2 m. 80 c.; de 2 à 16 inclus, retranchement 3 m. 40 c. à 4 m.; 18, retranchement 1 m. 10 c.; de 20 à 30 inclus, retranchement 2 m. 80 c. à 3 m. 40 c.; de 32 à la fin, retranchement 2 m. à 2 m. 80. — Égout dans toute l'étendue. — Conduite d'eau entre les rues du Pélican et Mercier. — Éclairage au gaz (compe Anglaise).

Sur l'emplacement par la maison qui porte aujourd'hui le n° 49 était un hôtel qui fut habité par Jeanne d'Albret, mère de Henri IV. Cette princesse y mourut le 9 juin 1572. Elle n'avait que 44 ans, et ne fut malade que cinq jours; le bruit courut alors qu'elle avait été empoisonnée par l'odeur d'une paire de gants que lui avait vendue Réné, parfumeur de la cour de Catherine de Médicis. Le corps de Jeanne d'Albret fut ouvert, et les chirurgiens, dit Cayet, rapportèrent qu'ils n'avaient trouvé aucune trace de poison.

GRENETA (IMPASSE).

Située dans la rue du Commerce, n° 4. — 6e arrondissement, quartier de la porte Saint-Denis.

Son voisinage de la rue Greneta lui a fait donner sa dénomination (*voir* l'article suivant). Il n'existe pas d'alignement pour cette impasse.

GRENETA (RUE).

Commence à la rue Saint-Martin, nos 219 et 221; finit à la rue Saint-Denis, nos 262 et 264. Le dernier impair est 61 ; le dernier pair, 52. Sa longueur est de 239 m. — 6ᵉ arrondissement, quartier de la porte Saint-Denis.

Cette rue était presqu'entièrement bordée de constructions en 1230. Dans un acte de donation faite en 1236, par Amauri de Meudon, à l'abbé de Notre-Dame-de-la-Roche, on voit que cette rue s'appelait de la *Trinité*, en raison de la principale entrée de l'hôpital de la Trinité qu'on voyait dans cette voie publique. Dès 1262, cette rue portait le nom d'*Arnetal*, qu'elle devait vraisemblablement à un particulier qui l'habitait ; ce nom s'altéra dans les siècles suivants et se changea en ceux de *Guernetal, Garnetal*, et enfin de *Greneta*. — Une décision ministérielle à la date du 8 prairial an VII, signée François de Neufchâteau, fixa la largeur de cette voie publique à 10 m. En vertu d'une ordonnance royale du 21 juin 1826, sa moindre largeur est portée à 11 m. Les maisons nᵒˢ 29 et 31 sont alignées ; celles nᵒˢ 19, 21, 23, 25, 27 et 33 ne sont soumises qu'à un faible retranchement. — Portion d'égout du côté de la rue Saint-Denis. — Conduite d'eau entre cette rue et les deux bornes-fontaines. — Éclairage au gaz (compᵉ Française).

GRENIERS DE RÉSERVE.

Situés boulevart Bourdon. — 9ᵉ arrondissement, quartier de l'Arsenal.

Un décret impérial, du 12 août 1807, affecta une somme de 400,000 fr. pour commencer les constructions des greniers de réserve, dont le ministre de l'intérieur, Cretet, posa la première pierre le 26 décembre de la même année. Ces greniers sont composés de cinq pavillons formant avant-corps et de quatre arrière-corps ; ils ont 350 m. de longueur totale. Suivant le projet primitif, ils devaient être élevés de six étages, y compris les combles, au-dessus du rez-de-chaussée, et contenir environ 25,000 m. cubes de blé ; approvisionnement qui, réuni à celui des farines à placer au rez-de-chaussée, était considéré comme pouvant suffire à la consommation de Paris pendant deux à trois mois. Des caves ont été pratiquées dans toute l'étendue de l'édifice ; elles sont couvertes par des voûtes d'arêtes supportées par quatre rangs de piliers ; le rez-de-chaussée devait être voûté de la même manière et avoir 6 m. 50 c. de hauteur. Le sol sur lequel on éleva les constructions avait formé autrefois le lit de la Seine, et présentait une résistance inégale. Cet état de choses commandait de grandes précautions, et faute de les avoir prises, l'édifice a éprouvé du côté du quai un mouvement très sensible. On a employé 5 millions pour élever l'édifice au point où on le voit, et la dépense aurait doublé si le projet primitif eût pu recevoir son exécution, puisque la dernière estimation était de 9,600,000 fr. — En 1816, époque de la suspension des travaux, les constructions faites consistaient dans les fondations, les voûtes des caves et une partie des murs du rez-de-chaussée. Les voûtes étaient depuis longtemps exposées aux pluies qui les pénétraient et auraient fini par les détruire ; on sentit alors la nécessité d'établir promptement une couverture pour les abriter ; on arrêta l'édifice à la hauteur actuelle et, les fonds n'étant pas suffisants pour achever assez promptement les murs intérieurs, on établit la couverture sur des points d'appui provisoires, en se réservant les moyens de construire les murs un peu plus tard. M. Delannois, architecte, a dirigé les travaux de construction des greniers de réserve. Cet édifice peut contenir 45,000 sacs de farine, ce qui équivaut à la consommation de cette ville pendant un mois. Dès l'année 1831, il fut question d'abandonner à la ville de Paris les greniers de réserve, dont elle jouissait depuis plusieurs années. En 1832, époque du choléra, les bâtiments furent affectés à un hôpital temporaire. D'après une ordonnance de police du mois de juillet 1836, l'approvisionnement obligé dans les greniers de réserve a été porté, pour les 601 boulangers de Paris, à 77,190 sacs. — Le 24 juillet 1840, le conseil municipal délibéra qu'il y avait lieu, 1º de consentir, de la part de la ville, à l'affectation par ordonnance royale des greniers de réserve et des terrains compris dans leur périmètre au service du département de l'intérieur, à la condition expresse d'en faire la remise à la ville de Paris ; 2º de régler les alignements des rues à ouvrir aux abords de cet établissement ; 3º d'accepter l'offre du domaine d'en livrer gratuitement les terrains, etc. Cette délibération a été homologuée par une ordonnance royale du 21 septembre 1841. Une autre ordonnance rendue le 11 octobre suivant, porte : « Les bâtiments domaniaux, » dits *greniers de réserve*, sont mis à la disposition » du ministre de l'intérieur pour être exclusivement » affectés à l'approvisionnement de la capitale. » Le 25 février 1842, le domaine a fait la remise des greniers de réserve au ministre de l'intérieur qui les a cédés à la ville de Paris, ainsi que le constate un procès-verbal dressé les 1ᵉʳ et 4 mars suivant. Enfin, le 21 avril de la même année, le domaine a fait la remise gratuite de tous les terrains nécessaires à la formation de cinq rues nouvelles, aux abords des greniers de réserve. Ces voies publiques ne sont pas encore dénommées.

GRENIER-SAINT-LAZARE (rue).

Commence aux rues Beaubourg, nº 65, et Transnonnain, nº 1 ; finit à la rue Saint-Martin, nᵒˢ 126 et 130. Le dernier impair est 37 ; le dernier pair, 34. Sa longueur est de 137 m. — 7ᵉ arrondissement, quartier Sainte-Avoie.

Cette rue était en partie construite en 1250 et portait à cette époque le nom de *Garnier-Saint-Lazare*. Depuis elle s'est appelée rue *Grenier-Saint-Ladre*, et enfin *Grenier-Saint-Lazare*. — Une décision ministérielle du 23 frimaire an VIII, signée Laplace, fixa la largeur de cette voie publique à 10 m. En vertu d'une ordonnance royale du 16 mai 1833, cette dimension est portée à 12 m. Les constructions du côté des nᵒˢ impairs sont soumises à un retranchement qui varie de 1 m. 90 c. à 3 m. 30 c. ; celles du côté opposé devront reculer de

2 m. à 4 m. — Égout. — Conduite d'eau entre les rues Transnonnain et les deux bornes-fontaines. — Éclairage au gaz (compᵉ Lacarrière).

GRENIER-SUR-L'EAU (RUE).

Commence à la rue Geoffroy-l'Asnier, nᵒˢ 21 et 23; finit à la rue des Barres, nᵒˢ 14 et 16. Pas de numéro. Sa longueur est de 100 m. — 9ᵉ arrondissement, quartier de l'Hôtel-de-Ville.

Elle doit son nom à un propriétaire appelé *Garnier* ou *Guernier* qui, en 1241, donna aux Templiers quelques maisons près de l'église Saint-Gervais, à l'endroit même où cette rue est située. En 1257, selon Sauval, c'était la rue *André-sur-l'Eau*. Guillot et le rôle de taxe de 1313 lui donnent la dénomination de rue *Garnier-sur-l'Yaüe*. — Une décision ministérielle du 13 thermidor an VI, signée François de Neufchâteau, fixa la largeur de cette voie publique à 6 m. Cette largeur a été portée à 10 m., en vertu d'une ordonnance royale du 4 mars 1836. Les maisons du côté gauche, entre les rues Geoffroy-l'Asnier et du pont Louis-Philippe, sont soumises à un retranchement qui varie de 7 m. 30 c. à 8 m. 20 c., les autres propriétés de ce côté sont alignées; les constructions du côté des numéros pairs, entre les rues Geoffroy-l'Asnier et du pont Louis-Philippe, et la maison située à l'encoignure gauche de cette voie publique, sont à l'alignement; le surplus devra reculer de 6 m. à 7 m. 30 c.

GRÉS (RUE DES).

Commence à la rue Saint-Jacques, nᵒˢ 154 et 156; finit à la rue de la Harpe, nᵒˢ 119 et 121. Le dernier impair est 17; le dernier pair, 22. Sa longueur est de 196 m. — 11ᵉ arrondissement, quartier de la Sorbonne.

C'était anciennement le passage des *Jacobins*. Cette communauté religieuse, dont nous parlerons dans le cours du présent article, avait son entrée dans ce passage. Un procès-verbal dressé par le conseil des bâtiments civils, dans sa séance du 24 thermidor an VII, porte ce qui suit : « Les domaines nationaux qui bor» dent le passage des Jacobins, ayant été vendus à la » charge de fournir le terrain nécessaire pour la for» mation d'une rue à ouvrir sur ce passage, cette rue, » qui aux termes de la déclaration du mois d'avril 1783 » ne pouvait avoir moins de 10 m., a été fixée à cette » largeur, etc. » — Cette disposition fut sanctionnée le 8 frimaire an VIII par le ministre de l'intérieur Laplace, qui décida, le 13 du même mois, que le passage des Jacobins prendrait la dénomination de rue des *Grés*. Cette voie publique tirait ce nom de sa proximité de l'église Saint-Étienne-des-Grés. Les propriétés nᵒˢ 1, 3, 5, 7, 9, 16, 18, 20 et 22 ne sont pas soumises à retranchement. — Éclairage au gaz (compᵉ Parisienne).

Couvent des Jacobins. — Au commencement du XIIᵉ siècle, l'hérésie des Manichéens s'était propagée dans le Languedoc. Les plus fervents apôtres de cette doctrine furent appelés *Albigeois*, parce qu'ils habitaient en grand nombre le diocèse d'Albi. En 1212, une croisade fut prêchée contre ces hérétiques. Les armes temporelles ne suffisant pas pour les soumettre, saint Dominique essaya de les convertir par la parole. Ses efforts furent couronnés d'un si grand succès, qu'il conçut le dessein de former un ordre religieux destiné à la propagation de la foi. Cette fondation fut approuvée en 1216 sous le titre de communauté des *Frères-Prêcheurs*. Les disciples de saint Dominique vinrent à Paris l'année suivante, et s'établirent dans une maison voisine de l'église Notre-Dame; mais en 1218, Jean Barastre, doyen de Saint-Quentin, leur donna une propriété située près des murs de la ville, ainsi qu'une petite chapelle dédiée à saint Jacques et destinée aux pèlerins. Les religieux en ayant pris possession reçurent le nom de *Jacobins*. Ce ne fut qu'en 1220 qu'ils obtinrent du chapitre de Notre-Dame l'autorisation d'avoir une église et un cimetière. Saint Louis les combla de bienfaits, fit terminer leur église et construire un dortoir et des écoles. Ce roi leur donna aussi plusieurs terrains pour agrandir leur établissement et choisit pour confesseur un de ces religieux nommé *Geoffroy de Beaulieu*. Les Jacobins ne dédaignaient pas de recourir à l'aumône. Tous les matins ils parcouraient les rues en criant :

« Aux frères Saint-Jacques, pain,
» Pain, por Dieu aux frères menors. »

Le poëte Rutebœuf, écrivain du XIIIᵉ siècle, nous apprend que cette communauté était alors puissante. Leurs richesses amenèrent bientôt le relâchement de la discipline. En 1502, le désordre était à son comble. Le cardinal d'Amboise résolut de mettre un terme à ce scandale, au moyen d'une réforme qu'il avait projetée et dont le pape avait approuvé les dispositions. Les évêques d'Autun et de Castellamare furent envoyés auprès des Jacobins pour leur faire lecture des lettres du saint père, avec ordre d'obéir sous peine d'excommunication. Les religieux refusèrent de se soumettre. Le lendemain, les deux prélats revinrent à la charge; mais cette fois ils jugèrent convenable de se faire escorter par un certain nombre de gens armés; de leur côté, les religieux appelèrent à leur secours plusieurs écoliers de l'Université. La lutte s'engagea, mais les Jacobins eurent le dessous et prirent la fuite. Aidés par douze cents écoliers dont les excès scandaleux causèrent un grand tumulte, ils rentrèrent bientôt dans leur couvent. Enfin, après avoir soutenu un siège en règle, ils furent contraints d'abandonner leur maison et de se disperser dans les provinces. Le 25 février 1505, le cardinal d'Amboise introduisit dans la capitale les Jacobins de la nouvelle réforme de Hollande. Louis XII fit à ces religieux la cession de l'ancien parloir aux bourgeois et d'une ruelle longeant le mur de la ville. Leur couvent fut alors considérablement augmenté. Par les libéralités d'un riche particulier nommé *Hen-*

— GRÉ —

nequin, les religieux firent reconstruire leur cloître en 1558 et, sept années après, les bâtiments des écoles qui tombaient en ruine. Ces divers bâtiments n'offraient rien de remarquable. En 1780 l'église, qui renfermait les tombeaux de plusieurs rois, tombait de vétusté ; on célébra l'office divin dans la salle des écoles Saint-Thomas. Vers 1790, l'ordre des Jacobins fut supprimé. Les bâtiments et terrains devenus propriétés nationales furent vendus le 7 vendémiaire an VII, à la charge par les acquéreurs, avant d'entrer en jouissance, de se faire donner les alignements des rues nouvelles et de s'y conformer, et ce sans indemnité, ainsi qu'à toutes les obligations imposées par les lois des bâtiments. Cette clause avait pour objet de faciliter le percement de trois rues : la première en prolongement de la rue Soufflot ; la deuxième tracée dans la direction de la rue Neuve-des-Poirées, et devant aboutir de la rue des Grés à celle Soufflot prolongée ; enfin la troisième devait continuer la rue de Cluny jusqu'à la rue Soufflot prolongée. — Une ordonnance royale du 9 août 1826 porte ce qui suit : — Article 1er. Il sera ouvert dans notre bonne ville de Paris trois rues conformément au plan ci-joint, savoir : 1° une rue de 14 m. de largeur en prolongement de la rue Soufflot, dans l'axe de l'église Sainte-Geneviève, depuis la rue Saint-Jacques jusqu'au jardin du Luxembourg. La portion de cette rue, comprise entre la rue d'Enfer et le Luxembourg, sera plantée d'arbres et fermée la nuit par une grille ; 2° une rue de 10 m. de largeur parallèle à la rue Saint-Jacques et qui conduira de la rue Soufflot prolongée à la rue des Jacobins (des Grés) ; 3° une autre rue de 10 m. de largeur et qui se dirigera aussi du prolongement de la rue Soufflot à la rue des Jacobins en face celle de Cluny. Depuis cette ordonnance on n'a ouvert qu'une partie de la rue tracée dans la direction de la rue Neuve-des-Poirées. Ce nouveau percement n'est encore aujourd'hui qu'une impasse. (Voyez l'article de la rue *Neuve-des-Poirées*.) — Un décret du 13 août 1813 porte : — Art. 4. Les bâtiments de l'ancien couvent des Jacobins, rue Saint-Jacques, seront achetés moyennant 133,350 fr. pour le casernement des sapeurs-pompiers, etc... » L'acquisition a été faite par la Ville le 22 septembre 1814. Ces bâtiments servirent de maison de refuge aux jeunes détenus jusqu'à l'époque où ils furent transférés dans l'établissement-modèle situé rue de la Roquette. Maintenant ces anciennes constructions provenant des Jacobins sont affectées à des écoles communales et au casernement d'une partie de la garde municipale.

GRÉTRY (RUE).

Commence à la rue Favart, nos 1 et 2 ; finit à la rue Grammont, nos 18 et 20. Le dernier impair est 5 ; le dernier pair, 4. Sa longueur est de 58 m. — 2e arrondissement, quartier Feydeau.

Cette rue a été ouverte en 1781 sur l'emplacement des dépendances de l'hôtel appartenant à M. le duc de Choiseul-Amboise. Les lettres-patentes qui autorisent et dénomment ce percement sont à la date du 14 octobre 1780. Elles fixent la largeur de la rue à 27 pieds. — Égout entre les rues Grammont et de Marivaux. — Conduite d'eau entre la rue Favart et les deux bornes-fontaines. — Éclairage au gaz (compe Anglaise).

André-Ernest-Modeste Grétry, compositeur de musique, naquit à Liège le 11 février 1741, mourut à Montmorency le 25 septembre 1813. Grétry composa pour l'Opéra-Comique ou pour l'Académie Royale de Musique quarante-quatre pièces parmi lesquelles trente au moins eurent un brillant succès.

GRÈVE (QUAI DE LA).

Commence à la rue Geoffroy-l'Asnier, n° 1, et au quai des Ormes ; finit à la place de l'Hôtel-de-Ville. Le dernier numéro est 68. Sa longueur est de 252 m. — 9e arrondissement, quartier de l'Hôtel-de-Ville.

En 1254, c'était un chemin qui bordait la Seine. Il s'appelait *vicus Merrenarum*, le chemin aux *Merrains*, aux marchands de bois de charpente. A partir du XVe siècle, des actes l'indiquent sous le nom de quai de la *Grève*. — Une décision ministérielle du 5 vendémiaire an IX, signée Chaptal, détermina un alignement pour cette voie publique. Avant 1836, ce quai, confondu avec le port au blé, allait en pente jusqu'à la rivière. Une ordonnance royale du 4 mars 1836 fixa l'alignement de la partie comprise entre les rues Geoffroy-l'Asnier et du Pont-Louis-Philippe. Pour le surplus l'alignement a été déterminé par une ordonnance du 27 septembre suivant. La moindre largeur de ce quai est portée à 24 m. 30 c. En 1837, 38 et 39, l'administration a fait construire le mur de parapet et exécuter des travaux de plantations, d'égout, de nivellement, etc. Ces diverses opérations, en y comprenant les indemnités accordées aux propriétaires riverains, ont occasionné une dépense de 833,600 fr. Les propriétés de 2 à 14 devront reculer de 6 m. 30 c. à 11 m. ; celle n° 24 est assujettie à un léger redressement. Toutes les autres constructions ne subiront pas de retranchement. — Égout. — Éclairage au gaz (compe Parisienne).

GRIL (RUE DU).

Commence à la rue Censier, nos 4 et 6 ; finit à la rue d'Orléans, nos 3 et 5. Pas de numéro. Sa longueur est de 52 m. — 12e arrondissement, quartier Saint-Marcel.

Quelques nomenclateurs la confondent avec la rue du Battoir, dont elle faisait la continuation. Sur le plan de Boisseau, gravé en 1642, elle porte le nom de rue du *Gril-Fleuri*, qui paraît avoir été celui d'une enseigne. — Une décision ministérielle du 28 pluviôse an IX, signée Chaptal, a fixé la largeur de cette voie publique à 7 m. Les constructions riveraines sont soumises à un retranchement de 60 c. environ. — Égout.

GUÉMÉNÉE (IMPASSE).

Située dans la rue Saint-Antoine, entre les nos 183 et 185. Le dernier impair est 7 ; le dernier pair, 10. Sa lon-

— GUÉ —

gueur est de 78 m. — 8e arrondissement, quartier du Marais.

Elle faisait autrefois partie de l'hôtel des Tournelles; on y montrait encore du temps de Sauval la salle où mourut Henri II, d'un coup de lance que lui porta le comte de Montgommery. Cette impasse fut d'abord indiquée sous le nom du *Ha!-Ha!* exclamation qui échappe à celui qui, entrant dans une impasse, se voit forcé de rebrousser chemin. Elle doit son nom actuel à la famille des Rohan-Guéménée, qui fit l'acquisition de l'hôtel de Lavardin touchant à cette voie publique. Des lettres-patentes du 2 août 1782 prescrivirent la formation d'une rue, en débouchant l'impasse Guéménée et retournant en équerre jusque dans la rue des Tournelles. Le terrain devait être fourni gratuitement par le prince Jules-Hercule de Rohan, alors propriétaire. Ce projet ne fut pas exécuté. — Le conseil municipal, dans sa séance du 6 janvier 1832, a délibéré que cette impasse resterait dans son état actuel, c'est-à-dire qu'elle ne serait point sujette à alignement. Sa moindre largeur est de 8 m. 70 c.

Au n° 4 était situé le couvent des Filles-de-la-Croix. Il fut fondé, en 1640, à Brie-Comte-Robert, par Marie l'Huillier, veuve de Claude Marcel. La fondatrice, avec une partie de ses religieuses, vint à Paris et acheta, en 1643, une portion de l'hôtel des Tournelles où elle s'établit. Ces religieuses s'occupaient de l'instruction des jeunes filles. Leur couvent fut supprimé en 1790. Devenu propriété nationale, il a été vendu le 14 pluviôse an V.

GUÉNÉGAUD (RUE).

Commence au quai de Conti, nos 9 et 11; finit à la rue Mazarine, nos 15 et 17. Le dernier impair est 35; le dernier pair, 24. Sa longueur est de 194 m. — 10e arrondissement, quartier de la Monnaie.

Le duc de Nevers ayant fait bâtir un hôtel sur une partie de l'emplacement de celui de Nesle, la princesse Marie de Gonzague de Clèves, sa veuve, obtint, en 1641, des lettres-patentes portant permission de vendre le terrain et les matériaux de cet hôtel à l'effet d'y bâtir des maisons et d'y ouvrir des rues. Henri de Guénégaud, ministre et secrétaire d'état, fut un des acquéreurs et fit construire, sur la partie dont il était devenu propriétaire, l'hôtel qui porta son nom et qui le donna ensuite à la rue pratiquée le long de son jardin. L'emplacement de cette voie publique, vers la rue Mazarine, était traversé anciennement par le mur de l'enceinte de Philippe-Auguste. — Une décision ministérielle en date du 23 frimaire an IX, signée Chaptal, a fixé la largeur de la rue Guénégaud à 10 m. Les propriétés du côté des numéros impairs devront reculer de 50 c. à 80 c. Les maisons du côté opposé sont soumises à un retranchement de 1 m. — Conduite d'eau depuis le quai jusqu'à la borne-fontaine. — Éclairage au gaz (compe Française).

— GUI —

GUÉPINE (IMPASSE).

Située dans la rue de Jouy, entre les nos 23 et 25. Les numéros commencent au fond de l'impasse: le dernier impair est 3; le dernier pair, 6. Sa longueur est de 32 m. — 9e arrondissement, quartier de l'Hôtel-de-Ville.

Un acte du mois de mai 1266 et le rôle de taxe de 1313 la désignent sous le nom de rue à la *Guépine*. En 1423, c'était la rue d'*Aguespine*. — Une décision ministérielle à la date du 30 juin 1810, signée Montalivet, a fixé la largeur de cette impasse à 7 m. La maison n° 2 est alignée.

GUERRE (MINISTÈRE DE LA).

Situé dans la rue Saint-Dominique, n° 86. — 10e arrondissement, quartier du Faubourg-Saint-Germain.

Les bureaux de ce ministère occupent une partie des bâtiments du couvent des Filles de Saint-Joseph, dont nous avons parlé à l'article de la rue Saint-Dominique. — « Arrêté du 17 ventôse an X. — Les consuls de la » république, sur le rapport du ministre de la guerre, » le conseil d'état entendu, arrêtent : à dater du 1er ger- » minal prochain, les attributions du ministre de la » guerre sont : 1° la conscription, le recrutement, l'or- » ganisation, la discipline et la police de l'armée ; » 2° les mouvements militaires, les revues, le paiement » de la solde, des récompenses pour actions d'éclat, » des gratifications de campagnes et pertes d'équipa- » ges; 3° la nomination aux emplois et l'admission aux » Invalides, le solde et les masses de la gendarmerie ; » 4° le personnel et le matériel des armes de l'artille- » rie et du génie; 5° les pensions et soldes de retraite » et traitements de réforme ; 6° les frais de bureaux et » frais extraordinaires des officiers-généraux et états- » majors des divisions et des places; 7° le dépôt et les » archives de la guerre ; 8° la comptabilité de toutes les » parties qui forment ses attributions; 9° les dépenses » extraordinaires et secrètes, etc. » — Depuis cette époque, les attributions du ministère de la guerre n'ont subi que de légères modifications.

GUILLAUME (RUE).

Commence au quai d'Orléans, nos 8 et 10; finit à la rue Saint-Louis, nos 39 et 41. Le dernier impair est 13; le dernier pair, 18. Sa longueur est de 84 m. — 9e arrondissement, quartier de l'Ile-Saint-Louis.

Elle a été construite vers 1630 et doit son nom à *Guillaume* père, l'un des derniers entrepreneurs de l'île Notre-Dame. — Une décision ministérielle à la date du 24 frimaire an XIII, signée Champagny, fixa la largeur de cette voie publique à 7 m. Par une autre décision ministérielle du 9 mai 1818, cette dimension fut réduite à 6 m. En vertu d'une ordonnance royale du 9 décembre 1838, cette rue est maintenue dans son état actuel. Sa largeur est de 5 m. 80 c. — Conduite d'eau depuis le quai jusqu'à la borne-fontaine.

— GUI —

GUILLAUME (COUR SAINT-).

Située dans la rue Neuve-Coquenard, n° 11. Le dernier numéro est 9. — 2° arrondissement, quartier du Faubourg-Montmartre.

Cette cour fut bâtie, en 1820, par M. *Guillaume* Périer, architecte.

GUILLAUME (PASSAGE SAINT-).

Commence à la rue de Richelieu, n° 19; finit à la rue de la Fontaine-Molière, n° 16. Le dernier impair est 13; le dernier pair, 16. — 2° arrondissement, quartier du Palais-Royal.

Construit vers l'année 1780, par M. Bellanger, ce passage, qui est propriété particulière, doit son nom à une enseigne.

GUILLAUME (RUE SAINT-).

Commence à la rue des Saints-Pères, n°s 30 et 32; finit à la rue de Grenelle-Saint-Germain, n°s 32 et 34. Le dernier impair est 29; le dernier pair, 40. Sa longueur est de 316 m. — 10° arrondissement, quartier du Faubourg-Saint-Germain.

Cette rue, qui forme retour d'équerre, se nommait anciennement de la *Butte*, en raison d'un monticule ou butte qu'elle tournait. Sur un plan gravé d'après une ancienne tapisserie, plan qui porte la date de 1540 et qui représente Paris en 1400, on voit cette butte sur laquelle est figuré un moulin à vent. La partie de cette voie publique qui, de la rue Saint-Dominique s'étend à la rue de Grenelle, portait le nom de rue *Neuve-des-Rosiers*, en raison d'une plantation de rosiers sur laquelle elle fut alignée. Le nom actuel donné à cette voie publique dans toute son étendue lui vient d'une enseigne. — Une décision ministérielle du 23 frimaire an IX, signée Chaptal, a fixé la largeur de la rue Saint-Guillaume à 8 m. Les maisons n°s 17, 21 et 23 sont alignées. Toutes les autres constructions de ce côté ne sont soumises qu'à un faible redressement. Les maisons n°s 24, 32, 34, 36, 38 et 40 sont alignées; de 2 à 14, le retranchement est de 1 m. 10 c. — Conduite d'eau. — Éclairage au gaz (comp° Française).

GUILLEMIN (RUE NEUVE-).

Commence à la rue du Four-Saint-Germain, n°s 57 et 59; finit à la rue du Vieux-Colombier, n°s 16 et 18. Le dernier impair est 23; le dernier pair, 28. Sa longueur est de 110 m. — 11° arrondissement, quartier du Luxembourg.

En 1546, c'était la rue de *Cassel*, parce qu'elle conduisait à l'hôtel de ce nom. Elle prit ensuite la dénomination de rue de la *Corne*, en raison d'une enseigne de corne de cerf qu'on voyait au coin de la rue du Four. Son dernier nom de *Guillemin* lui vient d'une famille qui possédait un grand jardin bordant un côté de cette rue. — Une décision ministérielle du 23 frimaire an IX, signée Chaptal, a fixé la largeur de cette voie publique à 7 m. Les maisons n°s 1, 3, 9; 2 et 22 sont alignées;

— GYM —

celles n°s 5, 7 et 28 ne sont soumises qu'à un faible retranchement. — Portion d'égout du côté de la rue du Four.

GUILLEMITES (RUE DES).

Commence à la rue des Blancs-Manteaux, n°s 10 et 12; finit à la rue de Paradis, n°s 5 et 7. Un seul impair est 1; le seul pair, 2. Sa longueur est de 55 m. — 7° arrondissement, quartier du Mont-de-Piété.

Le couvent des Blancs-Manteaux ayant été supprimé en 1790, devint propriété nationale et fut vendu les 12 vendémiaire et 8 prairial an V. La clause suivante fut insérée dans le deuxième contrat qui comprenait le cloître et autres bâtiments: « L'adjudicataire sera tenu » de fournir, et ce sans indemnité, le terrain néces- » saire pour l'ouverture d'une nouvelle rue. » — Une décision ministérielle en date du 28 pluviôse an X, signée Chaptal, autorisa l'ouverture de cette rue et fixa sa largeur à 10 m. Peu de temps après, le percement fut effectué. Une ordonnance royale du 12 juillet 1837 a maintenu sa largeur primitive. — Éclairage au gaz (comp° Lacarrière).

Cette rue a pris son nom des ermites de Saint-Guillaume, appelés également *Guillemites*, qui, en 1297, vinrent habiter ce couvent.

GUISARDE (RUE).

Commence à la rue Mabillon, n°s 8 et 10; finit à la rue des Canettes, n°s 21 et 23. Le dernier impair est 25; le dernier pair, 20. Sa longueur est de 105 m. — 11° arrondissement, quartier du Luxembourg.

Cette rue a été ouverte en 1630, sur une partie de l'emplacement occupé par l'hôtel de Roussillon.

« On lui donna le nom de *Guisarde*, dit un historien » contemporain, pour rappeler l'hôtel du Petit-Bour- » bon, qui du temps de la ligue était habité par la fa- » meuse duchesse de Montpensier, et qui servait alors » de quartier général aux partisans de la faction des » *Guise*. » De 1793 à 1806, cette voie publique porta le nom de rue des *Sans-Culottes*. — Une décision ministérielle du 14 thermidor an VIII, signée L. Bonaparte, avait fixé la largeur de cette voie publique à 6 m. En vertu d'une ordonnance royale du 26 novembre 1830, cette largeur a été portée à 10 m. Les maisons n°s 1 et 19 sont alignées, le surplus de ce côté devra reculer de 2 m. environ; la maison n° 2 est à l'alignement; les autres constructions sont soumises à un retranchement de 2 m. 10 c. — Conduite d'eau. — Éclairage au gaz (comp° Française).

GYMNASE DRAMATIQUE (THÉÂTRE DU).

Situé boulevart Bonne-Nouvelle, entre les n°s 30 et 38. — 3° arrondissement, quartier du Faubourg-Poissonnière.

Ce théâtre a été construit en 1820 sur les dessins de MM. Rougevin et Guerchy, architectes, sur l'emplacement occupé autrefois par le cimetière de Notre-

— HAL —

Dame-de-Bonne-Nouvelle. Il a porté de 1824 à 1830 le nom de *théâtre de Madame*, en l'honneur de Madame la duchesse de Berri, qui se déclara protectrice de cet établissement. Grâce à ce haut patronage et aux agréables compositions de M. Scribe, ce théâtre eut longtemps la vogue. Depuis 1830 il a pris le nom de *Gymnase-Dramatique*. On y représente des comédies et des drames-vaudevilles. Prix des places en 1844 : avant-scène, stalles de balcon, loges d'entresol, 1res loges fermées et stalles d'orchestre 5 fr.; baignoires et orchestre 4 fr.; 1res galeries 2 fr. 75 c.; 1res loges de côté et de face 2 fr. 25 c.; 2mes loges 1 fr. 75 c.; parterre, 3mes loges et 2mes galeries 1 fr. 25 c.

Mars 1844.

H.

HALLES (LES).

Circonscrites par les rues Saint-Denis, de la Cordonnerie et de la Tonnellerie. — 4e arrondissement, quartier des Marchés.

1re PARTIE.

A l'époque où l'île de la Cité était encore tout Paris, on voyait près de *Saint-Germain-le-Viel* un établissement nommé le *marché Palu*. Aussitôt que les Parisiens eurent franchi le fleuve, la ville se développa rapidement du côté septentrional et, bientôt, sur la place de Grève s'éleva un second marché qui subsista jusqu'au règne de Louis VI, dit le Gros. Cette halle d'approvisionnement ne suffisant plus alors à la population parisienne, Louis VI résolut de créer à côté du chemin qui conduisait à l'abbaye de Saint-Denis un établissement beaucoup plus vaste que celui qu'on était forcé d'abandonner. L'emplacement que choisit ce prince faisait partie du territoire nommé les *Champeaux* (les petits champs); ce territoire était la propriété du roi, de l'évêque de Paris, du chapitre Sainte-Opportune, du prieuré de Saint-Martin-des-Champs, de Saint-Denis de la Chartre et de l'évêque de Thérouenne. Dès son avènement à la couronne, Philippe-Auguste s'occupa d'embellir Paris. « Les malades de la prieuré Saint-
» Ladre, dit Gilles Corrozet, avoient dans ce temps et
» d'ancienneté acquis le droict de marché et foire pu-
» blique pour distribuer toutes marchandises, lequel
» marché se tenoit près de leur maison. Mais le roy
» ayant faict fermer sa ville de Paris, achepta le droict
» d'iceux et ordonna qu'il seroit tenu dedans la ville en
» une grande place vague nommée Champeaux, auquel
» lieu furent édifiées maisons, habitations, ouvroirs,
» boutiques et places publiques, pour y vendre toutes
» sortes de marchandises, et les tenir et serrer en seu-
» reté, et fut appelé ce marché les *halles*, ou *alles* de
» Paris, pour ce que *chacun y alloit*. »

Un accord fut passé entre Philippe-Auguste et Guillaume, évêque de Paris, par lequel l'entière propriété des halles fut acquise par le roi, moyennant une redevance annuelle. Les halles reçurent de nouveaux accroissements sous le règne de Saint-Louis. On y compta *trois marchés*; deux étaient affectés aux drapiers; le troisième, placé au milieu, servait aux merciers et aux corroyeurs, qui étaient tenus d'acquitter un loyer de 75 livres. En 1263, le roi leur vendit ce marché pour le prix de 13 deniers parisis de rente et de 12 deniers d'investiture. Les acquéreurs s'obligèrent en même temps à faire toutes les réparations et laissèrent au roi et à ses successeurs la faculté de former à l'endroit qu'ils choisiraient un nouvel établissement pour les corroyeurs et les merciers. Saint-Louis traita aussi favorablement les marchands de friperies et leur reconnut le droit de s'établir aux halles. Dans cette concession respire un véritable esprit de charité. En 1302, la libéralité de Saint-Louis fut confirmée par une ordonnance du prévôt de Paris, qui règle ainsi la manière dont seraient établies aux halles les vendeuses de lingeries, de friperies, de petits souliers et autres menues marchandises. « Come jadiz il eust une place vuide à Paris, tenant
» aux murs du cymetière des Innocents, et en ycelle
» place povres fames lingières, vendeurs de petis sol-
» lers, et povres pitéables persones vendeurs de me-
» nuls ferperies, avons desclairci et desclaircissons que
» les dites persones vendront leurs denrées d'ores en
» avant souz la halle en la fourme qui s'ensuit; c'est
» assavoir que il i aura iij estauz de petis sollers de la
» quantité des estauz des lingières et povres pitéables
» persones par devers champiaus, et non plus, et se-
» ront les estauz des baseniers et autres petis sollers
» par derrière, ateignant du devant du mur, et les es-
» tauz des lingières et povres pitéables persones au
» devant des estauz des baseniers et des vendeurs de
» petis sollers. » Dès la fin du XIIIe siècle, les halles avaient pris un immense développement; elles contenaient à cette époque un marché aux tisserands, deux étaux aux foulons, une halle du lin et des chanvres, une pour les toiles, une pour le blé, une des merciers, une halle des chaudronniers, des étaux aux gantiers, aux pelletiers, aux fripiers, aux chaussetiers, aux drapiers, aux tapissiers, aux cordonniers, aux tanneurs. C'était à cette époque un bazar d'une grande étendue et qui renfermait tout ce que la nature et l'industrie pouvaient alors produire. Non seulement il servait à la vente des marchandises de tous genres, mais encore il était fréquenté par les habitants de la banlieue. Des marchands venus même de très loin y formèrent des établissements fixes; nous mentionnons les halles de

Saint-Denis, de Lagny, de Pontoise, de Chaumont, de Corbie, d'Aumale, d'Amiens, de Douai, d'Avesnes, de Beauvais, de Bruxelles, de Malines et de Louvain. Enfin le chiffre exact du produit du loyer des halles de Paris se montait à la fin du XIII° siècle à 908 livres 10 sous 4 deniers, parisis; ce revenu annuel était considérable pour l'époque où il était perçu. Au milieu du XVI° siècle, cet établissement n'était plus en rapport avec la population parisienne, et l'industrie et le commerce y étouffaient faute d'air. « En 1551, dit Gilles Corrozet » qui vivait à cette époque, les halles de Paris furent » entièrement baillées et rebasties de neuf, et furent » dressez, bastis et continuez excellens édifices, hostels » et maisons somptueuses par les bourgeois preneurs » des vieilles places et ruynes. » En 1553, on élargit les anciennes voies publiques qui se trouvaient aux abords de cet établissement, et l'on perça de nouvelles communications. Chaque corps de métiers eut, pour ainsi dire, sa rue spécialement affectée à son commerce. Telles furent les rues de la *Cordonnerie*, des *Petite et Grande Friperies*, de la *Cossonnerie*, des *Fourreurs*, de la *Heaumerie*, de la *Lingerie*, de la *Chanverrie*, de la *Tonnellerie*, des *Potiers-d'Étain*, etc. Les halles furent presqu'entièrement entourées d'une galerie couverte dont une partie subsiste encore aujourd'hui sous le nom de *Piliers des Halles*. Les sages règlements des prévôts de Paris contribuèrent aussi à la prospérité de cet établissement. On connaît deux ordonnances, la première de 1368, la seconde de 1371, suivant lesquelles les marchands étaient tenus de venir vendre aux halles, le mercredi, le vendredi et le samedi, sous peine de 40 sous d'amende, et de plus, de ne rien vendre ni étaler ailleurs, sous peine de payer 10 livres parisis. Ces ordonnances furent sévèrement exécutées; en effet, nous voyons en 1410 un drapier condamné à 20 sous parisis d'amende pour avoir manqué de venir à la halle un samedi; quelques années après, deux ballots de toiles qui avaient été vendus hors de la halle, furent confisqués et l'acheteur forcé de payer une amende de 40 sous parisis.

Avant 1789, les halles appartenaient généralement aux seigneurs qui jouissaient de ce qu'on appelait alors les droits de *hallage*.

Lors de l'abolition du régime féodal, la loi du 15-28 mars 1790 décida, art. 19 : « Les droits connus sous le nom de coutume, *hallage*.......... et généralement tous ceux qui étaient perçus en nature ou en argent, à raison de l'apport ou du dépôt des grains, viandes, bestiaux, poissons et autres denrées et marchandises dans les foires, marchés, places ou halles, ... sont supprimés sans indemnité ; mais les bâtiments et halles continueront d'appartenir à leurs propriétaires, sauf à eux à s'arranger à l'amiable, soit pour le loyer, soit pour l'aliénation, avec les municipalités des lieux ; et les difficultés qui pourront s'élever à ce sujet seront mises à l'arbitrage des assemblées administratives. »

Un décret du 26 mars 1806, porte : « Article 1er. Les » halles dont la régie des domaines est en possession » seront abandonnées aux communes d'après estima- » tion contradictoire, etc. »

En vertu de ces dispositions, tous les marchés de Paris, sauf quelques rares exceptions, sont la propriété de la ville au profit de laquelle se fait la perception des droits de place.

L'insuffisance de l'emplacement affecté aux halles avait depuis un demi-siècle, provoqué la sollicitude des gouvernements.

Napoléon voulut surtout porter remède à cet état de choses. Il rendit le 24 février 1811 le décret suivant : « Art. 36. Il sera construit une grande halle » qui occupera tout le terrain de la halle actuelle » depuis le marché des Innocents jusqu'à la halle aux » farines. — Art. 37. Afin de ne pas gêner les ventes, » les démolitions et les travaux commenceront par » l'extrémité vers la halle aux farines. — Art. 38. » Les plans et les devis de la grande halle, ainsi que » l'estimation des terrains et maisons à acquérir, nous » seront soumis avant le 1er juin 1811, et les constructions seront terminées à la fin de 1814. »

« Au palais de Rambouillet le 19 mai 1811. — Article 1er. Le projet de l'emplacement destiné à la » grande halle de Paris est approuvé pour être exé- » cuté conformément au plan ci-joint. — Art. 2. L'îlot » des maisons situées entre les rues du Four et des » Prouvaires, faisant partie du projet ci-dessus ap- » prouvé et comprenant les maisons, rue des Prou- » vaires, depuis le n° 21 jusqu'au n° 43 ; rue des Deux- » Écus, depuis le n° 2 jusqu'au n° 10, et rue du Four, » depuis le n° 20 jusqu'au n° 44, sera acquis dans la » présente année par la ville de Paris. »

Cette 2e partie du décret a seule été exécutée, et sur l'emplacement de ces maisons on a construit le marché des *Prouvaires*.

Depuis quelques années surtout l'insuffisance des halles a fixé l'attention des administrateurs, et le projet d'agrandir et d'améliorer ces établissements paraît devoir se réaliser prochainement. Aujourd'hui les approvisionnements occupent aux halles du centre une superficie de 36,225 m. ; encore convient-il d'en déduire 18,680 m. qui sont pris sur les voies publiques, au grand détriment du service d'approvisionnement, de la circulation et des propriétés riveraines ; ce qui réduit la superficie réellement affectée aux halles à 17,545 m. seulement. Un espace de 50,000 m. serait nécessaire pour procurer à cet utile établissement toutes les facilités désirables. Cette opération occasionnerait une dépense de 10,000,000 fr.

Les chiffres suivants donneront une idée de l'importance des ventes qui se font aux grands marchés de Paris.

La vente a produit :

	En 1840.		En 1841.
Marée.	5,098,872	—	5,205,254
Poisson d'eau douce. .	621,039	—	592,874
Beurre.	11,307,598	—	12,285,131
OEufs.	5,316,938	—	5,705,219

— HAL —

Les légumes et fruits occupent environ 800 revendeuses au marché des Innocents. En 1841 ils ont produit 15,190,000 francs.

2ᵐᵉ PARTIE.

La ville de Paris comptait au moyen-âge un grand nombre de monuments patibulaires. L'abbé de Saint-Germain-des-Prés, l'abbé de Sainte-Geneviève, le prieur du Temple, avaient chacun leur pilori. Aux halles se trouvait celui du roi, c'était le plus célèbre; ce pilori était situé sur la place où l'on voit aujourd'hui le marché à la marée. Il se composait d'une tour octogone, surmontée d'une construction en bois très-mobile et tournant sur un pivot; cette machine était percée d'ouvertures circulaires, assez larges pour que le condamné y passât la tête et les mains; il restait dans cette position pendant un temps plus ou moins long, selon la gravité du délit et, par intervalles on tournait le pivot afin que le peuple pût jouir de la vue du patient. Sous le règne de Louis XI, le 4 août 1477, Jacques d'Armagnac eut la tête tranchée aux halles. « Cet infortuné seigneur (dit Sauval) fut conduit de
» la Bastille aux halles, monté sur un cheval caparaçonné de noir. Étant arrivé, il fut mené aux chambres de la halle aux poissons, lesquelles on avait
» exprès tendues en noir; on les avait aussi arrosées
» de vinaigre et parfumées avec deux sommes de cheval de bourrée de genièvre, pour ôter l'odeur de la
» marée, que les dites chambres et greniers sentaient.
» Ce fut là que le duc de Nemours se confessa, et pendant cet acte de religion, on servit une collation composée de douze pintes de vin, de pain blanc, et des
» poires, pour messieurs du parlement et officiers du
» roi. Pour cette collation on donna douze sous parisis
» à celui qui l'avait fournie. Le duc de Nemours, s'étant
» confessé, fut conduit à l'échafaud par une galerie de
» charpente qu'on avait pratiquée depuis les d. chambres et greniers jusqu'à l'échafaud du Pilori, où il fut
» exécuté. Cent cinquante cordeliers, tenant une torche
» à la main, recueillirent les restes sanglants du duc
» de Nemours et s'en retournèrent en chantant des
» *De Profundis*. » — Le 17 octobre 1409, Jean de Montaigu, grand-maître de la maison du roi et surintendant des finances, fut conduit du Petit-Châtelet aux halles « haut assis dans une charette, vêtu de sa livrée, à sçavoir, d'une houpelande mi-partie de
» rouge et de blanc, le chaperon de même, une chausse
» rouge et l'autre blanche, des éperons dorés, les
» mains liées, deux trompettes devant lui, et qu'après
» qu'on lui eût coupé la tête, son corps fut porté au
» gibet de Paris, et y fut pendu au plus haut, en chemise, avec ses chausses et ses éperons dorés. » — En 1515, un autre seigneur, condamné à la peine capitale, fut exécuté au pilori des halles; mais la maladresse du bourreau le fit si longtemps souffrir que la populace, révoltée de ce spectacle, voulut mettre l'exécuteur en pièces. Ne pouvant briser la porte du pilori

— HAL —

elle l'incendia, et le bourreau, qui s'était blotti dans le souterrain de l'édifice, périt étouffé. — Les corps des suppliciés exécutés en place de Grève étaient déposés au pilori des halles, avant d'être transportés aux fourches de Montfaucon. Les halles possédaient encore du temps de Sauval plusieurs curiosités qui charmaient les connaisseurs. « On admire, dit Sauval, un bas-relief, que
» Pierre et François Lheureux ont fait aux piliers, sous
» l'appui de la croisée d'une maison, où ils ont représenté des petits enfants dansant au son de la flûte;
» un bas-relief que Martin le Favre a sculpté dans
» la rue de la Poterie, où il a figuré cinq ou six
» hommes vigoureux déployant leurs forces à ébranler une large colonne, et qui semblent tirés du
» jugement dernier de Michel-Ange; un escalier de
» charpente construit dans une petite maison de la
» rue de la Grande-Friperie, et de telle sorte que
» les deux personnes qui sont logées dans cette maison et qui se servent de ce seul escalier, le montent
» et le descendent sans jamais pouvoir se rencontrer,
» se voir, ni se parler; enfin, sur une maison du marché
» aux Poirées, se trouve une petite sculpture en pierre,
» représentant une truie qui file, fameuse par les folies
» aux quelles les garçons de boutique des environs; les
» apprentis, les servantes et les porte-faix des halles se
» livrent devant elle le jour de la mi-carême, sans doute
» par un reste du paganisme. » — A côté du pilori des halles, on voyait une croix en pierre au pied de laquelle les débiteurs insolvables venaient faire publiquement leur cession de biens et recevoir le bonnet vert des mains du bourreau. Cet usage s'est conservé fort longtemps; on le modifia à la fin du XVIIᵉ siècle; les pauvres seuls durent s'y rendre en personne. Le bourreau avait affermé sa charge pour cette prérogative à un porte-faix de la halle; mais bientôt les insolvables de noble origine envoyaient demander un acte écrit de leur cession, dont souvent même ils préféraient se passer. Au XVIIᵉ siècle, le pilori des halles n'était plus employé aux exécutions; mais le bourreau tirait toujours un bon revenu des boutiques, dont le pilori était environné; le pilori des halles et la croix des insolvables ont disparu en 1786. — Autrefois les halles, immense rendez-vous de marchands, d'artisans de toute espèce, prenaient quelquefois une formidable attitude politique; en tous temps elles étaient envahies par des écoliers débauchés qui volaient tout ce qu'ils trouvaient à leur convenance. Ces pillards sortaient toujours armés et transformaient ce quartier en un champ de bataille; ils faisaient souvent cause commune avec de jeunes nobles, et rançonnaient effrontément les pauvres marchands. Sous la fronde, les habitants des halles exercèrent toute l'influence d'un parti puissant; ils étaient fiers d'avoir à leur tête un petit-fils de Henri IV. La popularité du duc de Beaufort lui avait valu le surnom de *Roi des halles*; l'attachement qu'il s'était concilié parmi les gens du peuple était porté à un si haut point, qu'il avait l'habitude de dire à son

— HAM —

adversaire avant de tirer l'épée : « Allons hors de Paris, » car si j'étais tué vous seriez assommé par mes dames » de la halle. » — Jamais les dames de la halle n'ont pu se soumettre à l'ordonnance du 22 août 1738, qui défend à tous particuliers, hommes ou femmes vendant, étalant dans les halles et marchés, d'injurier ni de maltraiter les personnes qui viendraient acheter leurs marchandises ni de causer aucun scandale, sous peine de cent livres d'amende et la prison. « Sous les » piliers des halles (dit Mercier, l'auteur du *Tableau de* » *Paris*), règne une longue file de boutiques de fri- » piers qui vendent de vieux habits dans des magasins » mal éclairés, et où les taches et les couleurs dispa- » raissent ; quand vous êtes au grand jour, vous croyez » avoir acheté un habit noir, il est vert ou violet, et » votre habillement est marqueté comme la peau d'un » léopard, etc... Les environs des marchés sont im- » praticables, les emplacements sont petits, resserrés » et les voitures menacent de vous écraser. Tandis que » vous faites votre prix avec les paysans, les ruisseaux » qui s'enflent, entraînent quelquefois les fruits qu'ils » ont apportés de la campagne, et l'on voit les pois- » sons de mer qui nagent dans une eau sale et bour- » beuse. Le bruit, le tumulte est si considérable, qu'il » faut une voix plus qu'humaine pour se faire enten- » dre. La tour de Babel n'offrait pas une plus étrange » confusion. Les poissonneries infectent. Les républi- » ques de Grèce, défendirent aux marchands de pois- » sons de s'asseoir en vendant leurs marchandises. La » Grèce avait le dessein de faire manger le poisson » frais et à bon marché. Les poissonnières de Paris ne » vendent le poisson que quand il va se gâter ; elles » tiennent le marché tant qu'elles veulent, il n'y a que » le Parisien au monde pour manger ce qui révolte » l'odorat ; quand on lui en fait le reproche il dit : » — Qu'on ne sait que manger, et qu'il faut qu'il » soupe ; il soupe et avec ce poisson à moitié pourri, » il se rend malade. » Les abus que signalait Mercier ont en partie disparu, mais il reste encore aujourd'hui aux marchandes des halles plusieurs défauts que le temps ne détruira peut-être jamais.

HAMBOURG (RUE DE).

Commence à la rue d'Amsterdam ; finit à la rue de Valois-du-Roule. Pas de numéro. Sa longueur est de 1043 m. — 1er arrondissement, quartier du Roule.

La plus grande partie de cette voie publique a été tracée en 1826, sur les terrains appartenant à MM. Hagerman et Mignon, conformément à une ordonnance royale du 2 février de la même année. (Voyez rue d'*Amsterdam*). La largeur de cette voie publique est fixée à 12 m. Vers 1835, la partie voisine de la rue d'Amsterdam a été ouverte sur les terrains dépendant des propriétés Mallet et Mouthier. La dénomination assignée à la rue qui nous occupe est celle de la capitale de la république de Hambourg. En 1810, la ville de Hambourg avait été réunie à l'empire français et

— HAR —

était devenue le chef-lieu du département des Bouches-de-l'Elbe.

HANOVRE (RUE DE).

Commence à la rue de Choiseul, nos 17 et 19 ; finit aux rues de Port-Mahon, n° 16, et Louis-le-Grand, n° 26. Le dernier impair est 21 ; le dernier pair, 16. Sa longueur est de 142 m. — 2e arrondissement, quartier Feydeau.

La partie comprise entre les rues de Choiseul et Delamichodière a été formée vers l'année 1780. Elle est indiquée sur le plan de Verniquet, mais sans dénomination. En 1795, on la désignait sous le titre de *rue projetée Choiseul.*

« Le citoyen Chéradame est autorisé à ouvrir à ses » frais, sur le terrain dépendant de la maison dite de » Richelieu, deux rues nouvelles. La première, qui for- » mera le prolongement de la rue projetée Choiseul, » n'aura, comme cette dernière, que 24 pieds de lar- » geur, et elle communiquera de la rue Delamichodière » à celle des Piques (Louis-le-Grand). La deuxième, qui » prendra naissance à l'angle de la fontaine dite de Ri- » chelieu, aboutira dans la rue des Piques à l'extrémité » de la rue projetée Choiseul, sera ouverte sur 30 pieds » de largeur, et il sera formé aux frais du citoyen Chéra- » dame, de chaque côté de cette rue, un trottoir de 5 pieds » de large dont l'entretien sera à sa charge. (Voyez rue » de *Port-Mahon*.) A Paris ce 7 vendémiaire an III de la » république française une et indivisible. Les membres » de la commission des travaux publics, signé Rondelet, » Le Camus. » — Les conditions imposées furent immédiatement exécutées. Quant à la rue qui fait l'objet du présent article, elle reçut, ainsi que la partie qui s'étend de la rue de Choiseul à celle Delamichodière, la dénomination de rue de *Hanovre*. Ce nom lui vient du pavillon dit de *Hanovre*, que le maréchal de Richelieu fit construire sur le boulevard, avec le produit des contributions qu'il avait fait lever sur le pays de Hanovre, lors de la guerre de 1756 à 1757. — Une décision ministérielle du 29 janvier 1822 a maintenu la largeur de 24 pieds. — Égout et conduite d'eau entre les rues Delamichodière et Louis-le-Grand. — Éclairage au gaz (compe Anglaise).

HARENGERIE (RUE DE LA VIEILLE-).

Commence aux rues du Chevalier-du-Guet, n° 2 et Perrin-Gasselin, n° 12 ; finit à la rue de la Tabletterie, nos 15 et 17. Le dernier impair est 9 ; le dernier pair, 8. Sa longueur est de 99 m. — 4e arrondissement, quartier des Marchés.

En 1300, le poète Guillot la nomme la *Hérengerie.* Depuis le XVe siècle, elle est toujours appelée rue de la *Vieille-Harengerie*. Cette dénomination lui vient sans doute du commerce de harengs qui s'y faisait autrefois. — Une décision ministérielle du 12 fructidor an V, signée François de Neufchâteau, a fixé la largeur de cette voie publique à 6 m. Les propriétés nos 1 et 7 ne sont pas soumises à retranchement. Cette rue tortueuse n'a encore aujourd'hui que 2 m. à 4 m.

— HAR —

de largeur. — Conduite d'eau depuis la rue du Chevalier-du-Guet jusqu'à la borne-fontaine. — Éclairage au gaz (comp⁰ Anglaise).

HARLAY (COUR).

Située dans la rue du même nom, n° 15. Une seule série de numéros dont le dernier est 22. — 11ᵉ arrondissement, quartier du Palais-de-Justice.

Elle a été construite sur l'emplacement de l'ancien hôtel du bailliage. (Voir l'article de la rue de *Basville*). En 1672 on démolit une maison de la rue Harlay, pour donner une nouvelle entrée à cette cour. Elle n'est point reconnue voie publique et doit être supprimée pour faciliter la formation d'une place au devant de l'une des entrées du Palais-de-Justice. (Voyez pour l'étymologie, l'article *Harlay-au-Palais*, rue).

HARLAY-AU-MARAIS (RUE).

Commence au boulevart de Beaumarchais, n°ˢ 63 et 65; finit à la rue Saint-Claude, n°ˢ 1 et 3. Le dernier impair est 11; le dernier pair, 12. Sa longueur est de 153 m. — 8ᵉ arrondissement, quartier du Marais.

« Louis, etc.... Nostre chère et bien amée Anne-Françoise-Marie-Louise Boucherat, *veuve de Nicolas-Auguste de Harlay*, chevalier, comte de Cély et de Compans, seigneur de Bonneuil et autres lieux, nostre conseiller d'état ordinaire; nous a fait remontrer que le jardin de son hostel Boucherat étant très spacieux, elle a cru devoir en retrancher une partie et écouter les offres qui lui ont esté faites par quelques particuliers d'en achepter une portion du costé des ramparts; pour rendre le quartier plus praticable aux acquéreurs du terrain, elle se seroit engagée d'abandonner gratuitement au public plus de 220 toises de places qui lui appartenoient pour faire une rue de la même largeur, et en continuation du cul-de-sac de la rue Saint-Claude, pour aboutir par un retour sur le rampart, cette rue ainsi ouverte faisant un débouchement pour tous ceux qui ont des maisons dans le d. quartier, de mesme pour le public, etc..... A ces causes voulant favorablement traiter l'exposante, et procurer au public l'avantage qu'il retireroit de l'ouverture de la d. rue; de l'avis de nostre conseil, nous avons autorisé, approuvé et confirmé par ces présentes, les ordonnances et procès-verbaux attachez sous le contr'scel des présentes, ensemble les plans du d. terrain qu'ils ont fait dresser; en conséquence avons permis et permettons à l'exposante, de faire ouvrir la nouvelle rue en continuation du cul-de-sac de la rue Saint-Claude, laquelle sera dénommée la rue de *Harlay*, etc. Donné à Paris le 8ᵉ jour du mois de may, l'an de grâce 1721 et de nostre règne le 6ᵉ. Signé Louis. » — Ces lettres-patentes furent registrées au parlement le 19 du même mois. Elles subirent une modification sous le rapport de la direction de la rue nouvelle du côté de la rue Saint-Claude. — Une décision ministérielle du 7 fructidor an X, signée Chaptal, fixa la largeur de la rue Harlay à 8 m. Cette largeur est portée à 10 m. en vertu d'une ordonnance royale du 8 juin 1834. Les constructions n°ˢ 1, 3, 5, 7 et une partie de la propriété n° 9 sont alignées. Le surplus de ce côté ne devra subir qu'un faible redressement. La maison située sur le côté droit à l'encoignure du boulevart est alignée. Les constructions à la suite jusqu'au retour d'équerre sont soumises à un retranchement de 3 m. 40 c. Les propriétés du n° 2 à la fin devront reculer de 2 m. — Éclairage au gaz (comp⁰ Lacarrière).

HARLAY-AU-PALAIS (RUE).

Commence au quai de l'Horloge, n°ˢ 57 et 59; finit au quai des Orfèvres, n°ˢ 40 et 42. Le dernier impair est 29; le dernier pair, 20. Sa longueur est de 117 m. — 11ᵉ arrondissement, quartier du Palais-de-Justice.

Elle a été formée vers 1607 sur les terrains concédés à messire Achille de Harlay, en vertu des lettres-patentes du 28 mai de la même année. Sa largeur fut fixée à 8 m. 80 c. Cette dimension a été maintenue par une décision ministérielle du 26 juin 1809, signée Cretet. En vertu de l'ordonnance royale du 26 mai 1840 qui a déterminé le nouveau périmètre du Palais-de-Justice, une partie du côté gauche de la rue Harlay doit être démolie pour faciliter la formation d'une place au devant de l'une des façades de ce palais. Les autres constructions ne seront pas soumises à retranchement. — Égout dans toute l'étendue. — Conduite d'eau depuis le quai de l'Horloge jusqu'à la place Dauphine. — Éclairage au gaz (comp⁰ Française).

Harlay naquit à Paris en 1536, fut conseiller au parlement à 22 ans, président à 36 ans, et premier président après la mort de Christophe de Thou, son beau-père.

Pendant les troubles de la Ligue, Achille de Harlay montra une fermeté, une grandeur d'âme qu'on ne sauroit trop exalter. L'ambitieux duc de Guise avait ameuté les Parisiens contre Henri III. Pour se soustraire à la fureur de ses ennemis, le roi fut contraint de quitter sa capitale. Henri de Valois et le duc de Guise avaient été au-dessous de leur position, L'UN AVAIT FAILLI DE COEUR, L'AUTRE DE CRIME. Après le départ du roi, le balafré assembla le peuple, fit nommer de nouveaux officiers de ville et confia à ses affidés les postes les plus importants. Mais pour affermir sa puissance, le duc avait besoin d'un arrêt du parlement. Guise se rendit à l'hôtel du premier président. Achille de Harlay se promenait dans son jardin; le duc va l'y chercher: au détour d'une allée; le magistrat et l'ambitieux se rencontrent: « Monsieur le premier président, dit le duc de Guise, nous vous prions d'assembler le parlement à l'effet de prendre des mesures convenables aux circonstances. — Je ne puis le faire, Monseigneur, répond de Harlay, en regardant le duc d'un air sévère, quand la majesté du prince est violée, le magistrat n'a plus d'autorité. » Le duc irrité fait un pas vers Achille de Harlay : « Vous avez jusqu'à

— HAR —

» demain, mais songez-y bien, Monsieur le président,
» il y va de votre existence. — C'est une honte,
» Monsieur, répliqua de Harlay, c'est une honte, que
» le valet mette le maître hors de la maison. D'ailleurs
» mon âme est à Dieu, mon cœur est au roi, et à l'é-
» gard de mon corps je l'abandonne aux méchants qui
» désolent ce royaume. »

Le duc de Guise se retira. Le lendemain il s'adressa au président Brisson qu'il trouva plus complaisant. Henri IV récompensa plus tard la noble fermeté du premier président Achille de Harlay, et le vertueux magistrat profita de la paix pour rétablir la justice et faire respecter les lois. La mort vint le surprendre; il avait 80 ans, et travaillait encore.

HARPE (RUE DE LA).

Commence aux rues Saint-Séverin, n° 17, et Mâcon, n° 18; finit à la rue Saint-Hyacinthe, n° 1, et à la place Saint-Michel, n° 2. Le dernier impair est 127; le dernier pair, 112. Sa longueur est de 554 m. — 11° arrondissement: les numéros impairs sont du quartier de la Sorbonne; les numéros pairs dépendent du quartier de l'École-de-Médecine.

Cette rue, en partie construite en 1247, doit son nom à une enseigne. De la rue de l'École-de-Médecine à la place Saint-Michel, elle a porté les noms de *Saint-Côme*, en raison de l'église ainsi dénommée, et aux *Hoirs d'Harcourt*, parce que le collège d'Harcourt y était situé. En 1650, elle prit dans toute sa longueur le nom de rue de la *Harpe*. — Une décision ministérielle du 3 germinal an X, signée Chaptal, avait fixé la moindre largeur de cette voie publique à 10 m. Cette moindre largeur a été portée à 13 m. en vertu d'une ordonnance royale du 25 novembre 1836. Une autre ordonnance royale du 12 mai 1841 a déclaré d'utilité publique l'exécution immédiate de l'alignement de la rue de la Harpe, au droit des maisons portant les n°˚ 74, 76, 78 et 80. Cette importante amélioration a été effectuée à la fin de l'année 1842. — Voici la situation des propriétés par rapport à l'alignement : de 1 à 25, retranchement de 2 m. 70 c. à 3 m. 90 c.; de 27 à 33, retranchement de 3 m. à 4 m.; de 35 à 45, retranchement de 4 m. à 4 m. 50 c.; de 47 à 57, retranchement de 4 m. à 6 m.; 59 et 61, retranchement de 5 m. 60 c. à 7 m.; entrée des Thermes, pas de retranchement; de 65 à 75, retranchement de 3 m. à 6 m. 50 c.; de 77 à 113, retranchement de 4 m. 20 c. à 6 m.; 115, 117 et 119, retranchement réduit 2 m. 60 c.; de 121 à la fin, redressement; 2 et 4, retranchement réduit 5 m.; de 6 à 40, retranchement de 3 m. 40 c. à 3 m. 80 c.; 42, aligné; de 44 à 50, retranchement de 1 m. 50 c. à 3 m. 70 c.; 52, 54 et 56, alignés; 58 et 60, retranchement réduit 1 m. 10 c.; 62 et 64, alignés; 66, retranchement 1 m. 20 c.; 68, aligné; 70 et 72, retranchement de 1 m. 80 c. à 2 m. 70 c.; 74, 76, encoignure gauche de la rue Racine, alignés; 82, retranchement 80 c.; 84, aligné; 86, retranchement 60 c.; 88, aligné;

— HAS —

90, retranchement réduit 70 c.; collège Saint-Louis et dépendances, alignés; 100, retranchement réduit 2 m. 10 c.; de 102 à la fin, retranchement 2 m. 60 c. à 4 m. 50 c. — Égout dans toute l'étendue. — Conduite d'eau depuis la rue Mâcon jusqu'à la rue de l'École-de-Médecine. — Éclairage au gaz (comp° Parisienne).

Au n° 85 était situé le *collège de Séez*. Il fut fondé en 1427, par Grégoire Langlois, évêque de Séez, en faveur de huit écoliers dont quatre devaient être du diocèse de Séez et quatre de celui du Mans. On en reconstruisit les bâtiments en 1730 et, en 1763, ce collège fut réuni à l'Université.

Au n° 89 était situé le *collège de Narbonne*. Il fut fondé en 1316, par Bernard de Farges, évêque de Narbonne, pour neuf écoliers boursiers de son diocèse. Pierre Roger, natif de Limoges et devenu pape sous le nom de Clément VI, augmenta les revenus de ce collège dans lequel il avait étudié. En 1599, l'exercice public des basses classes y fut introduit. En 1760, on reconstruisit ce collège dont on réunit les biens à l'Université trois ans après.

Au n° 93 était situé le *collège de Bayeux*. Il fut fondé en 1308, par Guillaume Bonnet, évêque de Bayeux, qui donna sa maison située rue de la Harpe, d'autres propriétés voisines et des biens qu'il possédait à Gentilly. En 1763, ce collège fut réuni à l'Université.

Entre les n°˚ 110 et 123, on voyait encore au milieu du XVII° siècle, la *porte Saint-Michel*. Elle avait été bâtie vers l'an 1200 et faisait partie de l'enceinte de Philippe-Auguste. Jusqu'au XIV° siècle, elle fut désignée sous le nom de *porte Gibart*, c'est ainsi qu'on appelait alors le territoire sur une partie duquel se trouve la place Saint-Michel; néanmoins en 1246 on la nommait *Hostium Ferri*; en 1300, *porta Inferni*, et en 1379, *porta Ferri*. (Voir pour l'étymologie, l'article *Enfer*, rue d'.) A la fin du XIV° siècle, elle prit le nom de *porte Saint-Michel*, parce qu'elle fut réparée en 1394, époque de la naissance de Michelle, fille de Charles VI. Cette porte fut abattue en 1684, pour faire place à une fontaine construite sur les dessins de Bullet et décorée, selon l'usage du temps, d'un distique de Santeuil.

HASARD (RUE DU).

Commence à la rue de la Fontaine-Molière, n°˚ 43 et 45; finit à la rue Sainte-Anne, n°˚ 26 et 28. Le dernier impair est 15; le dernier pair, 8. Sa longueur est de 101 m. — 2° arrondissement, quartier du Palais-Royal.

Le censier de l'archevêché de l'année 1622 l'indique sous le nom de rue du *Hasard*. — Une décision ministérielle du 3 frimaire an X, signée Chaptal, fixa la largeur de cette voie publique à 7 m. En vertu d'une ordonnance royale du 4 octobre 1826, cette dimension est portée à 10 m. Les constructions du côté des numéros impairs sont soumises à un retranchement de 3 m. 40 c.; celles du côté opposé devront reculer de 40 c. à 50 c. — Conduite d'eau depuis la rue Sainte-Anne jusqu'à la borne-fontaine. — Éclairage au gaz (comp° Anglaise).

— HAU —

HAUDRIETTES (RUE DES VIEILLES-).

Commence aux rues du Chaume, n° 25, et du Grand-Chantier, n° 1; finit aux rues Sainte-Avoie, n° 66, et du Temple, n° 2. Le dernier impair est 9; le dernier pair, 14. Sa longueur est de 113 m. — 7e arrondissement, quartier du Mont-de-Piété.

En 1290, c'était la rue *Jehan-l'Huillier*, en raison d'un particulier de ce nom qui y demeurait. Depuis on la nomma des *Haudriettes*, des *Vieilles-Haudriettes*. Les religieuses Hospitalières, qui avaient pour fondateur Étienne Haudri, possédaient alors plusieurs maisons en cet endroit. On lui donna ensuite le nom de rue de l'*Échelle-du-Temple*, en raison d'une échelle patibulaire que le grand-prieur de France y avait fait élever. Des fragments de cette échelle se voyaient encore, en 1789, au coin de cette rue et de celle du Temple. Ces instruments étaient des espèces de piloris ou carcans qui servaient de marques de haute-justice. Pendant les premières années du règne de Louis XIV, ou plutôt à l'époque de la toute-puissance de Mazarin, quelques jeunes seigneurs, excités par de fréquentes libations, se mirent à brûler, en chantant, l'échelle de la justice du Temple. Le cardinal la rétablit sur-le-champ et leur fit ainsi connaître son mécontentement : « Messieurs, si pareil » scandale se renouvelle, vous payerez d'abord les frais » de la reconstruction de l'échelle, et vous l'étrennerez » ensuite. » — L'archevêque de Paris avait deux échelles, l'une dans le parvis Notre-Dame, l'autre au pont Saint-Landry. — En 1636, la rue de l'Échelle-du-Temple portait le nom de la *Fontaine*, en raison d'une fontaine que la ville de Paris y avait fait construire. Enfin, vers 1650, elle reprit la dénomination de rue des *Vieilles-Haudriettes*. — Une décision ministérielle du 23 frimaire an VIII, signée Laplace, fixa la moindre largeur de cette voie publique à 10 m. Une ordonnance royale du 21 novembre 1837 a porté sa largeur à 12 m. Propriétés n°s 1, retranchement 2 m.; 3 et 5, retranchement 3 m. 80 c. à 4 m. 20 c.; 7 et 9, retranchement 3 m. 10 c. à 3 m. 80. Maisons n°s 2, 4 et 6, alignées; 8 et 10, redressement; 12, retranchement réduit 1 m. 50 c. — Égout. — Conduite d'eau. — Éclairage au gaz (comp^e Lacarrière).

HAUTEFEUILLE (RUE).

Commence à la rue Poupée, n° 13, et à la place Saint-André-des-Arts, n° 9; finit à la rue de l'École-de-Médecine, n°s 8 et 10. Le dernier impair est 23; le dernier pair, 30. Sa longueur est de 253 m. — 11e arrondissement, quartier de l'École-de-Médecine.

Elle portait ce nom dès l'année 1252 et se prolongeait alors jusqu'au mur de l'enceinte de Philippe-Auguste. Jaillot pense qu'elle a pris son nom des arbres hauts et touffus qui bordaient cette voie publique; il appuie son opinion sur un article des premiers statuts faits pour les cordeliers, dans lesquels on défend le jeu de paume aux religieux sous la *haute-feuillée*. De la rue Saint-André-des-Arts à celle des Poitevins, on la nommait rue du *Chevet-Saint-André*, parce qu'elle passait derrière l'église de ce nom. Quelques actes tirés des archives de Saint-Germain-des-Prés lui donnent le nom de rue de la *Barre*, qu'elle devait sans doute à Jean de La Barre, avocat, qui demeurait dans le voisinage. La rue Hautefeuille a été élargie en vertu d'un arrêt du conseil du 1er juillet 1679. — Une décision ministérielle du 4 floréal an VIII, signée L. Bonaparte, a fixé la moindre largeur de cette voie publique à 8 m. Les maisons n°s 5, 11, 16, 18, 20 et 26 ne sont pas soumises à retranchement. — Égout depuis la rue Poupée jusqu'à la rue des Deux-Portes. — Conduite d'eau dans toute l'étendue. — Éclairage au gaz (comp^e Parisienne).

Les collège et prieuré des *Prémontrés* étaient situés dans cette rue à l'endroit où nous voyons aujourd'hui la propriété n° 30. Les Prémontrés furent institués par saint Norbert, archevêque de Magdebourg, en 1120, à Prémontré, abbaye située entre Laon et Soissons. Ces religieux étaient des chanoines réguliers de Saint-Augustin. Désirant avoir à Paris un collège pour l'instruction des jeunes religieux de leur ordre, ils achetèrent en 1252 une propriété dite la maison *Pierre-Sarrazin*, située dans la rue Hautefeuille. Leur collège s'agrandit successivement par diverses acquisitions. L'église fut bâtie en 1618. Ces collège et prieuré devinrent propriétés nationales en 1790 et furent vendus le 20 février 1792.

HAUTEFORT (IMPASSE D').

Située dans la rue des Bourguignons, entre les n°s 14 et 16. Pas de numéro. Sa longueur est de 28 m. — 12e arrondissement, quartier de l'Observatoire.

Cette impasse, qui a pris son nom d'un terrain voisin appartenant à la famille d'Hautefort, fut formée vers la fin du XVIIe siècle. On avait projeté de la convertir en une rue qui devait aboutir à la rue des Lyonnais. Ce percement avait été approuvé par une déclaration du roi, à la date du 18 juillet 1724, registrée le 4 août suivant. D'autres projets plus utiles en suspendirent alors l'exécution et cette voie publique est demeurée jusqu'à ce jour dans son état d'impasse. Il n'existe point d'alignement pour cette voie publique dont la largeur actuelle est de 5 m. 50 c.

HAUTEVILLE (RUE D').

Commence au boulevart Bonne-Nouvelle, n°s 30 et 32; finit à la place de La Fayette, n°s 1 et 3. Le dernier impair est 91; le dernier pair, 98. — Sa longueur est de 774 m. — 3e arrondissement, quartier du Faubourg-Poissonnière.

1re *partie* comprise entre la rue Basse-Porte-Saint-Denis (confondue aujourd'hui dans le boulevart Bonne-Nouvelle) et la rue de Paradis. — Des lettres-patentes du 14 octobre 1772 autorisèrent les religieuses Filles-Dieu à exécuter sur leurs terrains ce percement, dont la largeur était fixée à 30 pieds et qui devait prendre la dénomination de rue *Delamichodière*. Cette rue n'était pas encore ouverte en 1783. Des lettres-patentes du 8 août de cette année lui assignèrent le nom de rue d'*Hauteville*. (Voyez *Échiquier*, rue de l'.) En 1791, elle ne débouchait pas encore dans la rue Basse-Porte-Saint-Denis ; nous en trouvons la preuve dans un arrêté du Bureau de féodalité du 9 septembre de la même année. Elle était complètement exécutée en 1792. La largeur primitive a été maintenue par une décision ministérielle du 13 mars 1821 et par une ordonnance royale du 27 septembre 1826. Une autre ordonnance du 15 mai 1832 a sanctionné les dispositions projetées pour l'abaissement transversal du boulevart Bonne-Nouvelle, au moyen de la suppression de la rue Basse-Porte-Saint-Denis, et pour le prolongement de la rue d'Hauteville jusqu'à ce boulevart. Cette opération a été exécutée peu de temps après. Les constructions riveraines sont alignées.

2e *partie* comprise entre la rue de Paradis et celle des Messageries. — Avant 1792, il existait un passage formant retour d'équerre et connu sous le nom de *passage des Messageries*. Il prenait naissance à la rue de Paradis, en face de celle d'Hauteville, et se terminait à la rue du Faubourg-Poissonnière. Par délibération du corps municipal du 18 juin de la même année, les propriétaires riverains furent autorisés à convertir ce passage en une rue de 30 pieds de largeur : — à la charge par eux de livrer gratuitement et en cas de reconstruction, le terrain nécessaire à cet élargissement. (Voyez *Messageries*, rue des.) — En vertu d'une ordonnance royale du 27 septembre 1826, la largeur de cette partie a été fixée à 10 m. Elle a pris le nom de rue d'*Hauteville,* dont elle formait le prolongement. Les propriétaires riverains devront subir sans indemnité l'élargissement prescrit par le corps municipal. Ces immeubles sont soumis aujourd'hui à un retranchement de 1 m. 60 c.

3e *partie* comprise entre la rue des Messageries et la place de La Fayette. — L'ordonnance du 27 septembre 1826 a autorisé ce percement, dont la largeur est fixée à 12 m. Il a été exécuté dans une longueur de 64 m. sur les terrains appartenant à l'administration des messageries. La dépense qu'il a occasionnée à la ville de Paris s'est élevée à la somme de 80,000 fr. Le surplus, jusqu'à la place de La Fayette, a été ouvert sur les terrains que la compagnie André et Cottier était tenue de livrer gratuitement, aux termes d'une ordonnance royale du 27 novembre 1822, relative au percement de la rue Charles X (aujourd'hui rue de La Fayette). — Les propriétés riveraines sont alignées.

4e *partie* comprise entre la rue du Chevet-de-l'Église et le mur séparant les terrains de la compagnie André et Cottier de ceux appartenant à la ville de Paris. — Une ordonnance royale du 31 janvier 1827, dont nous avons donné un extrait à l'article concernant la rue de l'Abattoir, porte : — « Article 3e. Il sera ouvert une rue de » 12 m. de large dans l'axe de l'église (Saint-Vincent-» de-Paul), et qui continuera le prolongement de la » rue Hauteville, etc. » — La longueur de cette partie est de 172 m.

Un arrêté préfectoral du 17 juin 1840 a prescrit la régularisation du numérotage de la rue d'Hauteville. — Égout et conduite d'eau. — Éclairage au gaz (compe Française).

Messire Jean-Baptiste Delamichodière, chevalier, comte d'Hauteville, conseiller-d'état, fut prévôt des marchands depuis le 17 mars 1772 jusqu'au 17 août 1778.

HAVRE (RUE DU).

Doit commencer à la rue Saint-Nicolas-d'Antin, en face de la rue de la Ferme-des-Mathurins, et finir à la rue Saint-Lazare. Sa longueur sera de 134 m. — 1er arrondissement, quartier de la Place-Vendôme.

Une ordonnance royale du 3 septembre 1843 porte : — « Article 1er. Est déclarée d'utilité publique l'exé-» cution immédiate des travaux ci-après, destinés à » faciliter la circulation aux abords de l'embarcadère » des chemins de fer de Saint-Germain, Versailles et » Rouen, savoir : — 1o L'ouverture d'une rue de 20 m. » de largeur, entre les rues Saint-Nicolas-d'Antin, dans » l'axe dud. embarcadère, avec quatre pans coupés, » dont deux de cinq mètres aux angles de la rue Saint-» Nicolas-d'Antin, et deux de trente mètres au débou-» ché sur la rue Saint-Lazare. — . . . . . 3o L'élar-» gissement à 20 m. de la rue Saint-Lazare, au droit » des propriétés nos 115, 117, 119 et 121. — 4o L'élar-» gissement suivant l'alignement ministériel approuvé » le 6 fructidor an XIII, de la rue Saint-Nicolas-d'An-» tin, au droit des propriétés nos 52, 56, 58 et 72. »

Cette ordonnance recevra prochainement son exécution, et la nouvelle voie publique prendra le nom de rue du *Hâvre,* parce qu'elle débouchera vis-à-vis de l'embarcadère du chemin de fer qui doit conduire à cette ville.

HEAUMERIE (IMPASSE DE LA).

Située dans la rue de la Heaumerie, entre les nos 4 et 6. Sa longueur est de 12 m. — 6e arrondissement, quartier des Lombards.

Le poëte Guillot la nomme en 1300 la *Lormerie*. On appelait *lormiers* les ouvriers qui fabriquaient de petits ouvrages en fer ou en cuivre. Ils avaient leur confrérie et s'étaient placés près de ceux qui faisaient les heaumes ou casques, les hauberts ou cottes de mailles, auxquels ils fournissaient les treillis, les chaînes et les anneaux qui entraient dans la composition de ces armures. Sa dénomination actuelle lui vient de la rue dans laquelle elle est située. — Une décision ministérielle du 4 ventôse an XI, signée Chaptal, a fixé la largeur de cette impasse à 6 m. Les constructions riveraines devront reculer de 2 m.

— HEA —

HEAUMERIE (RUE DE LA).

Commence aux rues de la Savonnerie, n° 21, et de la Vieille-Monnaie, n° 1 ; finit à la rue Saint-Denis, n°ˢ 36 et 38. Le dernier impair est 17; le dernier pair, 20. Sa longueur est de 73 m. — 6ᵉ arrondissement, quartier des Lombards.

Désignée en 1300, sous le nom de rue de la *Heaumerie*, elle avait pris cette dénomination des ouvriers qui y fabriquaient des heaumes ou casques. En effet, les registres de Saint-Jacques-la-Boucherie l'ont nommée quelque temps rue des *Armuriers*. — Une décision ministérielle du 18 vendémiaire an VI, signée Letourneux, avait fixé la moindre largeur de cette voie publique à 6 m. Une ordonnance royale à la date du 19 juillet 1840 a porté cette largeur à 10 m.; de 1 à 5, retranchement 3 m. à 4 m. 30 c.; de 7 à 15, retranchement 2 m. 30 c. à 3 m. 10 c.; 17, retranchement 1 m. 40 c. environ; 2, redressement; 4, retranchement 1 m.; de 6 à 14, retranchement 1 m. 30 c. à 2 m. 30 c.; de 16 à la fin, retranchement 2 m. 30 c. à 4 m. 80 c. — Éclairage au gaz (compᵉ Française).

HELDER (RUE DU).

Commence au boulevart des Italiens, n°ˢ 26 et 28; finit à la rue Taitbout, n°ˢ 13 et 15. Le dernier impair est 27; le dernier pair, 20. Sa longueur est de 188 m. — 2ᵉ arrondissement, quartier de la Chaussée-d'Antin.

Une partie de cette rue a été ouverte, en 1775, sur les terrains appartenant à M. Bouret de Vezelais. (Voyez rue *Taitbout*.) En 1792, elle formait encore une impasse connue sous le nom d'impasse *Taitbout*. — « Séance du 17 mai 1792. — Le Directoire a ap-
» prouvé une délibération du corps municipal de Paris
» qui, sur la demande des propriétaires des maisons
» sises cul-de-sac Taitbout, ordonne que ce cul-de-sac
» sera converti en rue, et sera en conséquence pro-
» longé jusqu'au boulevart, et moyennant une juste et
» préalable indemnité réglée pour les terrains néces-
» saires à ce prolongement. » (Administration centrale
du département, registre 2, p. 17.) — « Séance du
» 4 mars 1793. — Sur le rapport des administrateurs
» des travaux publics, et vu le nouveau plan par eux
» présenté pour le percement du cul-de-sac Taitbout,
» pour être converti en une rue à laquelle il serait
» donné une nouvelle dénomination. Le bureau mu-
» nicipal autorise les dits administrateurs à se retirer
» au Directoire du département pour y soumettre le
» plan dont il s'agit, et au cas qu'il soit adopté, à le
» faire exécuter en ce qui concerne l'administration,
» par les propriétaires riverains. » (Bureau municipal,
registre 51, page 31.) — « Séance du 12 brumaire
» an VIII. — Considérant que la partie de rue formant
» autrefois le cul-de-sac Taitbout est impraticable dans
» son état actuel, et que plusieurs voitures y ont déjà
» versé. Ouï le commissaire du Directoire Exécutif;
» arrête : 1° le pavage de la rue; arrête en outre qu'en

— HEN —

» mémoire de l'expulsion des Anglais du territoire ba-
» tave, la d. rue nouvelle sera appelée la rue du *Helder*,
» et l'inscription de cette dénomination sera faite aux
» frais des propriétaires des quatre encoignures, ainsi
» qu'ils y sont obligés par l'arrêté du 5 mai 1792. »
(Administration centrale, registre 39, p. 111.) —
Une décision ministérielle du 10 prairial an XII, signée Chaptal; et une ordonnance royale en date du 16 avril 1831 ont maintenu la largeur primitive qui est de 9 m. 74 c. — Conduite d'eau depuis le boulevart jusqu'aux deux bornes-fontaines. — Éclairage au gaz (compᵉ Anglaise).

HENRI-PREMIER (RUE).

Commence à la rue Bailly, n°ˢ 9 et 10; finit à la rue Royale, n°ˢ 11 et 13. Le dernier impair est 3; le dernier pair, 4. Sa longueur est de 30 m. — 6ᵉ arrondissement, quartier Saint-Martin-des-Champs.

Cette rue, formée vers 1780 sur une partie du prieuré de Saint-Martin-des-Champs, doit son nom à Henri Iᵉʳ, roi de France en 1031, mort le 4 août 1060 à l'âge de 55 ans. Vers l'année 1059, ce monarque avait donné un diplôme pour la reconstruction de l'abbaye Saint-Martin-des-Champs. (Voyez l'article de la place de l'ancien marché *Saint-Martin*). — Une décision ministérielle du 3 décembre 1814, signée l'abbé de Montesquiou, fixa la largeur de cette voie publique à 6 m. En vertu d'une ordonnance royale du 14 janvier 1829, la moindre largeur de la rue Henri Iᵉʳ est portée à 7 m. Le côté des numéros pairs n'est pas soumis à retranchement. Suivant l'alignement arrêté, l'impasse Saint-Nicolas sera confondue dans la rue Henri Iᵉʳ, lors de la démolition de la maison portant sur la rue Royale le n° 13. — Conduite d'eau. — Éclairage au gaz (compᵉ Lacarrière).

HENRI-QUATRE (COLLÉGE ROYAL).

Situé rue Clovis. — 12ᵉ arrondissement, quartier Saint-Jacques.

Ce collége occupant une partie de l'emplacement de l'abbaye royale Sainte-Geneviève, nous nous occuperons d'abord de cette abbaye célèbre. — Sur le sommet de la montagne, où s'élèvent aujourd'hui Saint-Étienne-du-Mont et le Panthéon, existait sous la domination romaine un cimetière que bordaient deux grandes routes qui, partant de Lutèce, conduisaient l'une à Orléans et l'autre à Sens. Ce cimetière servait aux Parisiens et sans doute aux habitants des villages voisins. Clovis, converti à la foi de l'Évangile, fit élever sur cet emplacement, à la prière de Clotilde, une basilique en l'honneur de saint Pierre et des saints apôtres. Grégoire de Tours ne nous fait pas connaître l'année de cette fondation ; il est probable qu'elle eut lieu en 508 ou 509; on sait que ce fut en l'année 507 que Clovis, avant de combattre Alaric, fit vœu d'élever une église. L'édifice n'était pas achevé en 511, à la mort de Clovis. Il fut terminé par Clotilde. Le nom de basilique dont se sert

— HEN —

Grégoire de Tours, en parlant de cette église, a fait penser que dès le principe, elle avait été desservie par une communauté religieuse, mais ces desservants n'étaient dans l'origine que des chanoines séculiers. Clovis, comme fondateur, fut enterré dans la basilique des saints apôtres. Sainte-Geneviève, qui mourut quelques années après, y fut également inhumée avec sainte Alde, une de ses compagnes. En 857, les Normands incendièrent la basilique de Saint-Pierre et des Saints-Apôtres avec toutes les autres églises de la contrée, à l'exception de Saint-Vincent et de l'abbaye de Saint-Denis qui se rachetèrent à prix d'argent. En 1190, l'église Saint-Pierre n'était pas encore rebâtie, mais depuis la fin du 9e siècle elle portait le nom de la douce et miraculeuse patronne de Paris. Les rois de France honorèrent de leur protection les chanoines de Saint-Pierre, nommés depuis de Sainte-Geneviève. Un diplôme du roi Robert, de l'an 997, confirmant les donations qui leur avaient été faites, en ajoute encore de nouvelles, leur donne le droit de nommer leur doyen et de disposer de leurs prébendes. Par une charte donnée en 1035, Henri Ier se déclare le protecteur *de la vénérable congrégation des chanoines de Sainte-Geneviève.* La châsse de la sainte était en grande vénération. Sous le règne de Louis VI, vers l'an 1131, une maladie nommée le *feu sacré,* décimait la population parisienne. Les habitants demandèrent que cette châsse fut solennellement apportée à l'église Notre-Dame. « Pendant la procession, dit Jaillot, tous les malades qu'on nommait *les Ardents* furent guéris, à la réserve de trois qui manquèrent de foi. L'épidémie ayant disparu, la châsse fut rapportée à Sainte-Geneviève et placée derrière l'autel. » En 1148 un changement notable fut opéré dans l'administration de l'église de Sainte-Geneviève. Le pape Eugène, informé des désordres qui s'étaient manifestés dans cette communauté, résolut d'y introduire la réforme. Le souverain-pontife ne put réaliser son projet. Louis-le-Jeune, obligé de partir pour la Terre-Sainte, confia cette mission à l'abbé Suger qui, après de grandes difficultés, parvint à faire entrer dans cette maison douze chanoines de Saint-Victor. Il n'est pas certain que la basilique élevée par Clovis ait subsisté jusqu'au temps des Normands. D'après l'auteur de Sainte-Geneviève, l'ancienne église était ornée d'un triple portique, sur lequel on avait peint l'histoire des patriarches, des prophètes, des martyrs et des confesseurs. Après le départ des Normands, les chanoines de Sainte-Geneviève ne firent à leur église que les réparations urgentes. Ce fut Étienne de Tournai, élu abbé en 1171, qui résolut de restaurer entièrement l'église. Les travaux durèrent quinze années. A la fin du siècle dernier on distinguait les parties réparées au dehors de l'église, au midi et du côté de la nef. On voyait encore au commencement du XVIIIe siècle, vers le haut du pignon de l'église, un anneau de fer d'une grande dimension. Il était scellé dans une pierre qui représentait une tête d'animal. Anciennement, et surtout vers le

— HEN —

IXe siècle, lorsque les criminels venaient réclamer le droit d'asile, la justice s'arrêtait au moment où le condamné saisissait l'anneau de la grande porte afin d'y passer le bras. « Comme on ne peut douter, dit un historien, que la basilique de Sainte-Geneviève n'ait eu à Paris la préférence sur beaucoup d'autres, je pense que ce gros anneau a été attaché à la grande porte ou portique jusqu'à l'époque où les asiles furent supprimés ; mais pour en conserver le souvenir, on éleva ce même anneau à une hauteur à laquelle personne ne put plus atteindre. »

La réforme se soutint parmi les religieux de Sainte-Geneviève jusqu'aux règnes de Charles VI et Charles VII ; les guerres qui désolaient la France à cette époque, jetèrent bientôt le désordre jusque dans les monastères. Ce ne fut que sous Louis XIII qu'on songea à rétablir l'ancienne discipline. En 1624, le cardinal de La Rochefoucauld, pour se conformer aux intentions du roi, fit entrer dans cette abbaye le père Faure avec douze religieux, tirés de la maison de Saint-Vincent-de-Senlis. La réforme de Sainte-Geneviève achevée en 1625, confirmée par lettres-patentes de 1626 et par une bulle d'Urbain VIII, donnée en 1634, fut entièrement consolidée cette même année par l'élection du père Faure comme abbé coadjuteur de cette abbaye et supérieur général de la congrégation. On doit fixer à cette époque la *triennalité* des abbés de Sainte-Geneviève, la *prématie* de cette abbaye, chef de l'ordre, et le titre de chanoines réguliers de la congrégation de France, donné aux membres de cette communauté. La congrégation de Sainte-Geneviève se composait de 900 maisons en France et nommait à plus de 500 cures ; l'abbé était électif avec le titre de général et jouissait du droit de crosse, de mitre et d'anneau. Le cardinal de La Rochefoucauld arrêta dans son règlement, qu'à l'avenir les chanoines auraient le droit de choisir leur abbé dans leur communauté. Ce même prélat fit reconstruire le grand autel, le jubé, le réfectoire, l'hôtel abbatial et la crypte souterraine où l'on conservait le corps de Sainte-Geneviève ; il rétablit encore le tombeau de Clovis élevé au milieu du chœur. En reconnaissance des services signalés que le cardinal rendit à la communauté, on lui éleva, lorsqu'il mourut, un tombeau de marbre noir, qu'on voyait près du grand autel. L'ancien cloître de Sainte-Geneviève qui tombait en ruine, fut reconstruit en 1744. Louis d'Orléans posa la première pierre du nouvel édifice. L'ancienneté de l'église inspirait des craintes pour la sécurité des fidèles ; sa reconstruction fut jugée indispensable (voir l'article *Panthéon Français*). On voyait dans l'abbaye de Sainte-Geneviève une riche bibliothèque ; les bâtiments, qui ont été conservés, ont leur entrée par la rue Clotilde. Cette bibliothèque était remarquable autant par sa construction que par le choix des livres qu'elle renfermait ; le monument a la forme d'une croix ; au milieu est un dôme, dont la coupole a été peinte par Restout père, qui a représenté l'apothéose de saint

— HEN —

Augustin. Le nombre des volumes s'élevait à cent douze mille ; on y comptait près de trois mille manuscrits. La collection d'antiquités et de médailles a été réunie en 1791 au cabinet de la Bibliothèque du roi. Les planchers de la bibliothèque de Sainte-Geneviève, séparant cet établissement des dortoirs du collége Henri IV, ayant besoin d'être refaits, les livres furent transférés provisoirement dans l'ancien collége de Montaigu. Sur cet emplacement on construit aujourd'hui de vastes bâtiments destinés à cette bibliothèque. — L'abbaye Sainte-Geneviève supprimée en 1790 devint propriété nationale. — En vertu d'un décret du 1er mai 1802, concernant le rétablissement des colléges sous le titre de *Lycées*, celui qui portait le nom de *Napoléon* fut placé dans les bâtiments de l'ancienne abbaye Sainte-Geneviève, en ne conservant que la bibliothèque qui en occupait la partie supérieure. Sous la Restauration, cet établissement prit le nom de *collége royal Henri IV*. Alors des constructions importantes ont été projetées par M. Lahure, architecte, et notamment le grand bâtiment donnant sur la rue Clovis, dont l'exécution n'eut lieu qu'en 1824 et 1825. Ce vaste bâtiment, qu'on a été obligé de construire avec une très grande économie, offre cependant une masse assez imposante ; le fronton de la porte principale devait être orné d'une couronne contenant le buste de Henri IV. Le modèle en a été fait par M. Gérard, statuaire, et des pierres ont été placées afin d'y sculpter cet ornement. Elles donnent aujourd'hui à cette porte un caractère de lourdeur qu'on devrait faire disparaitre. — Le nombre des élèves qui suivent en 1844 les cours de ce collége est de 800 environ. L'église dépendant de l'ancienne abbaye Sainte-Geneviève a été démolie vers 1808. La rue Clovis passe sur l'emplacement de cet ancien monument qui était parallèle à l'église Saint-Étienne-du-Mont. La tour a été conservée ; elle fait partie des constructions affectées au collége royal Henri IV.

HENRI-QUATRE (passage).

Commence à la rue des Bons-Enfants, n° 7 ; finit à la cour des Fontaines, n° 4. — 2e arrondissement, quartier du Palais-Royal.

Il a été bâti en 1822.

HILAIRE (rue saint-).

Commence aux rues des Sept-Voies, n° 2, et des Carmes, n° 38 ; finit aux rues Chartière, n° 1, et Saint-Jean-de-Beauvais, n° 31. Le dernier impair est 11 ; le dernier pair, 18. Sa longueur est de 66 m. — 12e arrondissement, quartier Saint-Jacques.

Percée vers 1185, sur le clos Bruneau, elle prit d'abord le nom de *Saint-Hilaire*. Les plans de Gomboust, de Bullet, la désignent sous le nom de rue *Fromentel*, dont elle est le prolongement. En 1558, c'était la rue du *Puits-Certain*, en raison d'un puits public construit aux frais de Robert Certain, curé de Saint-Hilaire, qui dirigea avec tant d'habileté la communauté de Sainte-Barbe. Elle a repris sa première dénomination qu'elle doit à l'église Saint-Hilaire. — Une décision ministérielle du 13 fructidor an VIII, signée L. Bonaparte, a fixé la largeur de cette voie publique à 7 m. Les maisons n°s 1 et 3 devront reculer de 60 c ; celles de 5 à la fin ne sont soumises qu'à un faible redressement ; les constructions du côté opposé sont assujetties à un retranchement de 2 m. environ. — Éclairage au gaz (comp^e Parisienne).

Connue vers le XIIe siècle sous le titre d'*Oratoire*, l'église Saint-Hilaire devint paroisse vers l'année 1200. Supprimée en 1790, elle fut vendue comme propriété nationale le 14 vendémiaire an IV. La maison n° 2 de la rue des Sept-Voies a été bâtie sur son emplacement.

HILLERIN-BERTIN (rue).

Commence à la rue de Grenelle-Saint-Germain, n°s 93 et 95 ; finit à la rue de Varennes, 20 et 22. Le dernier impair est 13 ; le dernier pair, 14. Sa longueur est de 179 m. — 10e arrondissement, quartier Saint-Thomas-d'Aquin.

Un propriétaire nommé Hillerin possédait en cet endroit plusieurs pièces de terre ; il en vendit une partie à sa majesté, lors de la construction de l'hôtel royal des Invalides. Quelque temps après, une rue de 5 m. 30 c. environ de largeur fut ouverte sur l'emplacement de ce terrain. — Une décision ministérielle du 19 pluviôse an VIII, signée L. Bonaparte, et une ordonnance royale du 7 mars 1827, ont fixé la largeur de cette voie publique à 10 m. Les constructions du côté des numéros impairs sont soumises à un retranchement qui varie de 2 m. à 2 m. 60 c. ; les maisons n°s 4, 6 et 8, devront reculer de 2 m. 30 c. ; toutes les autres constructions de ce côté sont à l'alignement. — Égout. — Conduite d'eau. — Éclairage au gaz (comp^e Française).

HIPPOLYTE (rue saint-).

Commence aux rues Pierre-Assis, n° 5, et des Trois-Couronnes, n° 8 ; finit à la rue de Lourcine, n°s 75 et 77. Le dernier impair est 15 bis ; le dernier pair, 20. Sa longueur est de 320 m. — 12e arrondissement, quartier Saint-Marcel.

Elle a pris son nom de l'église Saint-Hippolyte. La partie qui avoisine la rue de Lourcine s'est appelée rue des *Teinturiers*, en raison des teintures qui se faisaient sur la Bièvre. Dans sa partie supérieure elle conservait l'ancien nom de *Saint-Hippolyte*. — Une décision ministérielle du 8 ventôse an IX, signée Chaptal, fixa la largeur de cette voie publique à 10 m. En vertu d'une ordonnance royale du 26 mars 1843, sa moindre largeur est portée à 11 m. 70 c. Les propriétés de 5 à 13 inclus et les constructions situées sur le côté opposé depuis la Bièvre jusqu'au n° 18 inclus sont alignées. — Conduite d'eau depuis la rue des Marmousets jusqu'à la rue de Lourcine.

L'église Saint-Hippolyte était située dans cette rue au n° 5. Elle est mentionnée pour la première fois en 1178 sous le titre de chapelle. Au commencement du

XIII⁰ siècle elle fut érigée en paroisse. Supprimée en 1790, elle devint propriété nationale, fut vendue le 3 août 1793 et démolie en 1807.

HIRONDELLE (RUE DE L')

Commence à la place du Pont-Saint-Michel, n°s 50 et 52; finit à la rue Git-le-Cœur, n°s 11 et 13. Le dernier impair est 33, le dernier pair, 26. Sa longueur est de 170 m. — 11⁰ arrondissement, quartier de l'École-de-Médecine.

Cette rue fut ouverte en 1179 sur le territoire de Laas. Au XIII⁰ siècle on la nommait rue de l'*Arondale en Laas*. Elle doit sans doute son nom à une enseigne de l'hirondelle qu'on appelait en vieux langage *Arondale*. — Une décision ministérielle à la date du 15 vendémiaire an IX, signée L. Bonaparte, avait fixé la largeur de cette voie publique à 6 m. Cette largeur a été portée à 10 m. en vertu d'une ordonnance royale du 22 août 1840. Maisons n°s 1, 3, alignées; 5, retranchement 70 c.; de 7 à 11 inclus, redressement; de 13 à 21, retranchement qui n'excède pas 80 c.; 23 et 25, alignées; 27, retranchement 1 m. 10 c.; de 29 à la fin, retranchement 1 m. 30 c. à 1 m. 80 c.; 4, retranchement 4 m.; de 6 à 20 inclus, retranchement 5 m. à 6 m. 80 c.; de 22 à la fin, retranchement 4 m. 10 c. à 5 m. 30 c. — Conduite d'eau depuis la place Saint-Michel jusqu'à la borne-fontaine.

HOMME-ARMÉ (RUE DE L').

Commence à la rue Sainte-Croix-de-la-Bretonnerie, n°s 30 et 32; finit à la rue des Blancs-Manteaux, n°s 17 et 19. Le dernier impair est 5; le dernier pair, 4. Sa longueur est de 109 m. — 7⁰ arrondissement, quartier du Mont-de-Piété.

Cette rue était bordée de constructions sous le règne de Louis-le-Jeune. Elle doit son nom à une enseigne. — Une décision ministérielle à la date du 23 frimaire an VIII, signée Laplace, avait fixé la largeur de cette voie publique à 8 m. En vertu d'une ordonnance royale du 12 juillet 1837, cette largeur a été portée à 11 m. Les constructions du côté des numéros impairs, entre les rues Sainte-Croix-de-la-Bretonnerie et du Plâtre, sont soumises à un retranchement de 3 m. à 5 m.; le surplus de ce côté devra reculer de 2 m. à 2 m. 60 c. Les propriétés du côté des numéros pairs subiront un retranchement de 3 m. à 4 m. 80 c. Depuis 1827, on a placé dans la rue de l'Homme-Armé un poteau qui intercepte la circulation des voitures, dans la partie comprise entre la rue Sainte-Croix-de-la-Bretonnerie et celle du Plâtre. — Conduite d'eau. — Éclairage au gaz (comp⁰ Lacarrière).

HONORÉ (CLOITRE SAINT-).

Limité par les rues des Bons-Enfants, Croix-des-Petits-Champs, de Montesquieu et Saint-Honoré. Le dernier impair est 17; le dernier pair, 16. — 4⁰ arrondissement, quartier de la Banque.

Ce cloître doit son nom à l'église Saint-Honoré. Vers l'an 1204, Renold Chéreins et sa femme donnèrent neuf arpents de terre, qu'ils possédaient hors des murs de Paris, pour l'entretien d'un prêtre destiné à desservir une petite chapelle qu'ils avaient l'intention de bâtir. Le prieur de Saint-Martin leur céda un arpent de terre sur lequel cette chapelle fut élevée. Les fondateurs y établirent ensuite des chanoines. Cette église voisine de la place aux Pourceaux en porta le nom.

« Et Saint-Honoré aux Porciaux,
» Et Saint-Huistace de Champiaux. »

Elle ne fut comprise dans l'enceinte de Paris que sous le règne de Charles VI. L'église paroissiale Saint-Honoré fut agrandie et réparée en 1579. Dans une chapelle à droite était placé le tombeau du fameux cardinal Dubois. Ce mausolée avait été sculpté par Coustou le jeune. Ce tombeau, qui devait être placé à gauche de l'église, fut mis à droite, de sorte que le cardinal représenté à genoux, au lieu de regarder l'église lui tournait le dos. La situation inconvenante de ce mausolée fut considérée comme le symbole de la conduite peu édifiante du défunt. L'église Saint-Honoré, supprimée en 1790, devint propriété nationale et fut vendue le 8 février 1792. Sur les dépendances du cloître Saint-Honoré a été ouverte la rue de Montesquieu. (Voir cet article).

Il n'existe pas d'alignement arrêté pour le cloître Saint-Honoré. — Éclairage au gaz (comp⁰ Anglaise).

HONORÉ (MARCHÉ SAINT-).

Situé dans la rue du Marché-Saint-Honoré. — 2⁰ arrondissement, quartier du Palais-Royal.

Ce marché a été formé sur l'emplacement du couvent des religieux Jacobins dont nous donnons ci-après l'historique.

A l'article concernant la rue des Grés, nous avons parlé de l'établissement de ces religieux à Paris. Nous avons dit que le désordre s'étant glissé dans cette communauté, on sentit la nécessité d'introduire une réforme qui, n'ayant pas été acceptée par les religieux, donna lieu à leur expulsion de la capitale. Remplacés en 1505 par des Jacobins réformés de Hollande, ceux qui abandonnaient Paris se disséminèrent dans les provinces de France où ils portèrent leurs dérèglements. Sébastien Michaëlis, général des Jacobins, conçut le dessein de faire revivre la ferveur primitive. Dans un chapitre de l'ordre de Saint-Dominique qui se réunit à Paris en 1611, ce révérend père proposa l'établissement d'un second couvent de Jacobins dans cette ville. Après quelques difficultés, la permission en fut accordée par lettres-patentes du mois de septembre de la même année, qui furent registrées au parlement en 1613. Henri de Gondi, évêque de Paris, donna pour cette fondation une somme de 50,000 livres. Avec ce secours et les libéralités de plusieurs particuliers, les religieux achetèrent un enclos de dix arpents et firent construire un couvent et une église. Cette communauté,

— HON —

ayant été supprimée en 1790, devint propriété nationale. L'église fut louée moyennant 1,200 fr. par an, le 1er avril 1791, à la société des amis de la constitution, plus connue dans l'histoire de la république sous le nom de *Jacobins*. Cette société célèbre y tint ses séances jusqu'au 21 brumaire an III (11 novembre 1794). Cependant les bâtiments qui composaient l'ancienne communauté des Jacobins avaient été vendus par le domaine de l'état le 5 mai 1792 moyennant 4,715,000 fr. Parmi les clauses insérées dans le contrat, figurait l'obligation de livrer le terrain nécessaire à l'ouverture d'une rue de 30 pieds de largeur, pour communiquer de la rue Saint-Honoré à la rue Neuve-des-Petits-Champs. L'acquéreur ne s'étant pas libéré fut déchu de son acquisition.

« Loi du 28 floréal an III. La Convention Nationale, » après avoir entendu le rapport de son comité de » sûreté générale ; décrète : — Article 1er. L'emplace- » ment des ci-devant Jacobins, rue Honoré, est con- » sacré à l'établissement d'un marché public ; ce mar- » ché portera le nom de *Neuf-Thermidor*. Il sera établi » conformément au plan annexé au présent décret. — » Art. 2e. Les terrains nécessaires aux constructions » indiquées par ce plan seront vendus en la même » forme que les autres domaines nationaux. L'admi- » nistration des domaines est chargée de faire cette » adjudication dans le plus bref délai ; les bâtiments » seront vendus séparément. — Art. 3e. La maison du » notaire Rouen, étant un objet indispensable d'inté- » rêt public pour effectuer la communication de la rue » Honoré à celle des Petits-Champs, l'administration des » domaines est autorisée à en faire l'acquisition, sous l'in- » demnité et d'après le mode prescrit par la loi, etc. Visé » par le représentant du peuple, inspecteur aux procès- » verbaux, signé S.-E. Mounet. Collationné à l'origi- » nal par nous, président et secrétaires de la Conven- » tion Nationale ; à Paris le 29 floréal an III de la » République Française ; signé Boissy, président, » Mollevaut et Peyre, secrétaires. » — Une décision ministérielle du 18 prairial an VIII, porte : — « Arti- » cle 1er. Le marché public auquel l'emplacement des » ci-devant Jacobins, rue Honoré, est consacré, sera » construit d'après les plans du citoyen Louis, archi- » tecte, qui demeurent approuvés à cet effet. — Art. 2e. » Les maisons qui seront bâties sur cet emplacement » ne pourront avoir plus de quinze mètres de hauteur, » y compris le comble, et les rues moins de 10 m. de » largeur. — Art. 3e. La salubrité exigeant qu'il soit pris » des précautions, il sera établi une fontaine au milieu » du marché, etc. Signé L. Bonaparte. » — Les bâtiments et terrains dépendant de ce couvent furent définitivement adjugés le 29 messidor suivant au citoyen Bodin, pour 300,100 fr. Les principales conditions imposées à l'adjudicataire étaient ainsi conçues : « Conformé- » ment à la décision du ministre de l'intérieur du 18 » prairial an VIII ; 1° il sera établi, sur l'emplacement » du ci-devant couvent des Jacobins, un marché public ;

— HON —

» 2° les maisons qui y seront construites, ne pourront » avoir plus de 15 m. de hauteur, y compris le comble, » et les rues moins de 10 m. de largeur ; 3° il sera éta- » bli une fontaine au milieu du susdit marché ; 4° sur » la superficie totale de l'emplacement, il sera pris une » superficie de 9,822 m. qui sera employée en maisons, » lesquelles seront composées d'un rez-de-chaus- » sée, etc... le tout conformément aux plans, coupes, » élévations et profils, dressés par le citoyen Louis, » architecte, et sous la conduite et direction de l'ar- » chitecte qui sera nommé par le ministre de l'inté- » rieur. Toutes les constructions des bâtiments à faire » sur ce terrain, s'élèveront à la somme de 2,500,000 » francs, non compris dans cette somme le pavement » des places et des rues, lequel néanmoins restera à la » charge de l'adjudicataire, etc... 7° L'adjudicataire ne » pourra exiger des marchands et marchandes qui » apporteront des denrées au marché aucune rétribu- » tion pour raison des emplacements qu'ils occuperont » sur le carreau forain du d. marché, place ou rues » adjacentes, etc. » — Nous lisons dans un décret im- périal du 31 janvier 1806. « 1° Les adjudicataires des » terrains des Jacobins, ou leurs ayant-cause, sont dé- » chus de l'adjudication à eux faite, et *la commune de » Paris* subrogée aux lieu et place desd. adjudicatai- » res........ 5° Les terrains environnant le marché des » Jacobins seront vendus par la ville de Paris, et à son » compte par lots, ainsi qu'il sera réglé par un cahier » de charges, soumis à l'approbation du ministre de » l'intérieur. » Ce cahier des charges imposant sous des conditions onéreuses relativement au mode des constructions, les ventes ne s'effectuèrent qu'avec lenteur. Enfin le 27 avril 1809, le ministre décida *que les acquéreurs auraient la faculté de construire à leur gré* en se conformant toutefois aux règlements de voirie. L'aliénation complète des terrains s'opéra facilement par suite de cette décision. — Sur l'emplacement du couvent des Jacobins, on a formé les rues et place du marché Saint-Honoré. L'impasse Saint-Hyacinthe a été prolongée et convertie en rue. Le marché construit sur les mêmes terrains et d'après les plans de M. Molinos, architecte, a été inauguré en vertu d'une ordonnance de police du 14 novembre 1810. Il se compose de quatre halles très étendues qui servent d'abri, avec plusieurs étaux de bouchers. Deux bornes-fontaines fournissent les eaux nécessaires. Ce marché occupe une superficie de 6,557 m.

HONORÉ (PLACE DU MARCHÉ SAINT-).

Bordant le marché Saint-Honoré. Les numéros continuent la série de la rue du marché Saint-Honoré. — 2e arrondissement, quartier du Palais-Royal.

Elle a été formée en 1807 sur l'emplacement du couvent des Jacobins (*voir* l'article qui précède). — Une décision ministérielle du 31 janvier de la même année, signée Champagny, avait fixé la largeur de cette voie publique à 77 m. Cette disposition a été confirmée par une ordonnance royale du 4 octobre 1826. Toutes les

— HON —

propriétés riveraines sont alignées. — Conduite d'eau. — Éclairage au gaz (compⁿ Anglaise).

HONORÉ (RUE DU FAUBOURG-SAINT-).

Commence à la rue Royale, nᵒˢ 15 et 17; finit aux rues d'Angoulême, nᵒ 28, et de la Pépinière, nᵒ 105. Le dernier impair est 127; le dernier pair, 136. Sa longueur est de 1,015 m. — 1ᵉʳ arrondissement, tous les numéros impairs sont du quartier des Champs-Élysées; les pairs, depuis la rue Royale jusqu'au nᵒ 22 inclus, quartier de la place Vendôme; de 24 à la fin, quartier du Roule.

En 1635, c'était la *chaussée du Roule*. Elle doit sa dénomination actuelle à la rue Saint-Honoré dont elle forme le prolongement. Plusieurs déclarations du roi en date des 18 juillet 1724, 29 janvier 1726, 23 mars et 14 septembre 1728, avaient déterminé les limites de Paris. Dérogeant à ces prescriptions, le roi, par une nouvelle déclaration du 31 juillet 1740, autorisa les propriétaires riverains de la rue du Faubourg-Saint-Honoré, à construire sur leurs terrains, depuis la rue Royale jusqu'à l'hôtel d'Evreux (aujourd'hui palais de l'Élysée) d'un côté, et jusqu'à la rue des Saussaies de l'autre. Cette autorisation fut étendue à toute la rue du Faubourg-Saint-Honoré en vertu d'une autre déclaration du 10 février 1765. La moindre largeur de cette voie publique a été fixée à 14 m. 50 c. par une décision ministérielle du 28 messidor an V, signée Benezech, et par une ordonnance royale en date du 27 septembre 1836. Les maisons ci-après ne sont pas soumises à retranchement. De 1 à 17 inclusivement, 39, le grand hôtel à la suite, 55, 57, 67, 69, 71, 73, 79, 87, 89, 91, de 97 à 127; de 2 à 22 inclusivement, 34, 36, 46, 50, 56 bis, et de 60 à 128 inclusivement. — Égout dans toute l'étendue. — Conduite d'eau entre les rues Daguesseau et de Duras. — Éclairage au gaz (compⁿ Anglaise).

HONORÉ (RUE DU MARCHÉ-SAINT-).

Commence à la rue Saint-Honoré, nᵒˢ 326 et 330; finit à la rue Neuve-des-Petits-Champs, nᵒˢ 83 et 87. Le dernier impair est 35; le dernier pair, 42. Sa longueur est de 268 m. — 2ᵉ arrondissement, quartier du Palais-Royal.

Une décision ministérielle du 31 janvier 1807, signée Champagny, fixa la largeur de cette voie publique à 10 m. Cette rue fut percée dans le courant de la même année sur l'emplacement du couvent des Jacobins. (Voyez pour l'historique de cette communauté religieuse l'article du *Marché-Saint-Honoré*.) Une ordonnance royale du 4 octobre 1826 a maintenu la largeur de 10 m. Les constructions riveraines sont alignées à l'exception de celles qui sont situées sur le côté des numéros pairs à l'encoignure de la rue Neuve-des-Petits-Champs. — Conduite d'eau. — Éclairage au gaz (compⁿ Anglaise).

HONORÉ (RUE SAINT-).

Commence aux rues des Déchargeurs, nᵒ 19, et de la Lingerie, nᵒ 1; finit à la rue Royale, nᵒˢ 12 et 14. Le dernier impair est 389; le dernier pair, 422. Sa longueur est de 2,120 m. — Les numéros de 1 à 231, sont du 4ᵉ arrondissement, quartier Saint-Honoré; de 233 à 389, 1ᵉʳ arrondissement, quartier des Tuileries. Les pairs de 2 à 34, 4ᵉ arrondissement, quartier des Marchés; de 36 à 74, 3ᵉ arrondissement, quartier Saint-Eustache; de 76 à 192, 4ᵉ arrondissement, quartier de la Banque; de 194 à 354, 2ᵉ arrondissement, quartier du Palais-Royal; de 356 à la fin, 1ᵉʳ arrondissement, quartier de la place Vendôme.

Les portes bâties à différentes époques dans cette voie publique indiquent ses agrandissements successifs. La porte Saint-Honoré de l'enceinte de Philippe-Auguste était située à l'endroit où nous voyons aujourd'hui le temple de l'Oratoire. Sous le règne de Charles V, elle était reculée jusqu'à la rue du Rempart et, vers 1631, on la voyait en face de la rue Royale. Cette troisième porte fut démolie en vertu des lettres-patentes du 22 avril 1732.

Cette rue, construite par petites portions à la fois, porta plusieurs noms: vers 1300 et 1313, de la rue Tirechape à celle de l'Arbre-Sec, c'était la rue du *Chastiau-Festu*. La partie comprise entre la rue de la Lingerie et celle de la Tonnellerie porta jusqu'au XVIIᵉ siècle le nom de la *Chausseterie*. De la rue de l'Arbre-Sec à celle du Rempart, elle était désignée aux XIIIᵉ et XIVᵉ siècles sous la dénomination de rue de la *Croix-du-Trahoir*. En 1450, elle prit le nom de rue de la *Chaussée-Saint-Honoré*, puis celui de rue *Saint-Honoré*, en raison de l'église dont nous avons parlé à l'article du cloître Saint-Honoré; enfin de la rue du Rempart jusqu'à l'endroit où finit la rue Royale, elle était désignée vers 1407, sous la dénomination de rue *Neuve-Saint-Louis, hors la porte Saint-Honoré*, et *Grand'rue Saint-Louis*, en raison de l'hôpital des Quinze-Vingts fondé par Louis IX.

La partie de la rue Saint-Honoré, comprise entre la rue des Bourdonnais et celle des Prouvaires, a été élargie en vertu d'un arrêt du conseil du 24 mars 1679. — Une décision ministérielle du 28 messidor an V, signée Benezech, fixa la moindre largeur de la rue Saint-Honoré à 12 m.; cette moindre largeur est portée à 14 m. en vertu d'une ordonnance royale du 25 septembre 1834.

Les maisons ci-après sont alignées, nᵒˢ 81, 83, 91, les deux encoignures de la rue du Coq, de 173 à 191, 287, 293, 295, 297, 301, 303, 307, de 313 à 327, de 333 à 359, 365, 367, 369, 371 et de 379 à la fin; 12, 14, 20, 22, 24, 36, 40, 42, 110, 112, 128, 130, la propriété à l'encoignure gauche de la rue de Grenelle, 202, 210, 212, 214, 216, 218, 222, 244, de 348 bis à 356, et de 408 à la fin. — Égout et conduite d'eau dans plusieurs parties. — Éclairage au gaz (compⁿ Anglaise).

La rue Saint-Honoré possède un vieux droit de bourgeoisie qui remonte aux premiers agrandissements de la ville. Lorsque la population parisienne étouffant dans la cité envahit la rive droite du fleuve, la rue Saint-Honoré, grâce à son voisinage des halles, devint bientôt

— HON —

la grande artère qui répandit la richesse et la fertilité dans la ville. Les marchands de la cité abandonnaient leurs maisons tristes et malsaines pour venir loger près du premier bazar parisien. Les drapiers, les fourreurs, les merciers, les bonnetiers et les orfèvres se bâtirent de vastes habitations derrière les hôtels et les palais des nobles dont ils entretenaient le luxe.

Aux XVe, XVIe et XVIIe siècles, la rue Saint-Honoré semblait fière de ses hautes maisons à pignons historiés, aux façades couvertes de gracieuses figurines qui souriaient aux passants; elle comptait avec satisfaction ses riches et gros marchands posés sous leurs porches comme les obélisques chez les Égyptiens.

Au coin de la rue des Déchargeurs, les bonnetiers étalaient leurs marchandises. Sur la frise de leurs lambris, on voyait des bonnets de différentes formes *et sur les verrières étaient peints des ciseaux ouverts avec quatre chardons au-dessus.*

Un peu plus loin étaient réunis les marchands drapiers orgueilleux de leurs richesses. Au-dessus de leurs magasins se balançait un navire d'argent, à la bannière de France, en champ d'azur, un œil en chef, avec cette légende : *Ut cæteros dirigat.* — En face de la Croix-du-Trahoir se prélassaient les riches merciers-grossiers. Ils comptaient parmi les membres de leur communauté plusieurs échevins. Le chef des merciers avait fait peindre sur son enseigne les armoiries de sa corporation. On voyait un champ d'argent chargé de trois vaisseaux dont deux en chef et un en pointe; ces vaisseaux étaient construits et *mâtés d'or* sur une mer de sinople, le tout surmonté d'un soleil d'or avec cette devise : *Te toto orbe sequemur.*

Après la rue du Coq scintillaient plusieurs boutiques d'orfèvres, devant lesquelles s'arrêtaient extasiés de nouveaux débarqués. On voyait aussi de joyeux étudiants qui regardaient plus volontiers les jeunes femmes que les bijoux. Les armoiries de la corporation qui reconnaissait Saint-Éloi pour patron étaient composées *de gueules à croix d'or dentelée, accompagnées aux premier et quatrième quartiers d'une coupe d'or, et aux deuxième et troisième d'une couronne de même métal semé de fleurs de lis sans nombre, avec cette légende :* IN SACRA INQUE CORONAS, *pour faire entendre que l'orfèvrerie était principalement consacrée à la pompe du culte divin et à l'ornement de la majesté royale.* Cette armoirie donnée par Étienne Boileau était une glorieuse récompense de la probité des orfèvres à garder les meubles et les joyaux de la couronne que Philippe de Valois leur confiait.

Un peu plus loin sur le même côté de la rue, on distinguait les pelletiers-fourreurs, aux têtes d'animaux qui tapissaient les devantures des boutiques. Les pelletiers jalousaient les merciers et les drapiers qui leur avaient enlevé leur antique prééminence. Ils se rappelaient l'honneur dont ils jouissaient lorsqu'ils avaient le privilège de faire la robe du roi. Leurs armoiries étaient un agneau pascal d'argent, avec champ d'azur, à la bannière de France ornée d'une croix d'or; pour

— HON —

supports leurs hermines, et sur leur écu la couronne ducale.

La rue Saint-Honoré dans ses sinueuses profondeurs a vu souvent se dérouler des drames sanglants. Ce fut au coin de cette rue et de celle du Louvre (aujourd'hui de l'Oratoire), que Paul Stuart de Caussade, comte de Saint-Mégrin, sortant du Louvre vers onze heures du soir, fut attaqué le lundi 21 juillet 1578 par une bande d'assassins; il tomba percé de trente-trois coups dont il mourut le lendemain. Henri III le fit enterrer à côté de Quélus et de Maugiron, dans l'église Saint-Paul, qui reçut alors le nom de *Sérail des Mignons.* « De ce
» meurtre, dit l'Étoile, n'en fut faite aucune poursuite,
» sa majesté étant bien avertie que le duc de Guise
» l'avait fait faire, parce que le bruit courait que ce mi-
» gnon était l'amant chéri de sa femme, et que celui qui
» avait fait le coup avait la barbe et la contenance du
» duc de Mayenne. Saint-Mégrin détestait la maison
» de Guise; un jour dans la chambre du roi, devant
» plusieurs seigneurs, *il tira son épée, et bravant de*
» *paroles, il en trancha son gant par le mitan, disant*
» *qu'ainsi il taillerait les petits princes lorrains.* » Une pareille imprudence était seule capable de le perdre.

A l'époque de la régence du duc d'Orléans, la rue Saint-Honoré prenait une physionomie plus agitée. La banque de Law avait abandonné la rue Quincampoix pour venir occuper un hôtel de la place Vendôme. Alors tout le numéraire était sorti de France; les finances de l'État avaient disparu. Presque toutes les familles, autrefois dans l'aisance se virent tout-à-coup plongées dans la misère. Une émeute éclata dans la rue Saint-Honoré le 15 juillet 1720. Law effrayé se réfugia au Palais-Royal où résidait le régent. Le peuple remplissait les cours et demandait à grands cris la mort de l'imposteur qui avait causé sa ruine. Plusieurs personnes périrent étouffées par la foule et trois cadavres furent retirés des cours du Palais-Royal. Des ouvriers voyant passer le carrosse du banquier, croyant que ce financiers s'y trouvait, assaillirent la voiture et la mirent en pièces. Le premier président du parlement pour annoncer cette nouvelle à la cour employa cet impromptu :

Messieurs, messieurs, bonne nouvelle,
Le carrosse de Law est réduit en canelle.

Mais comme le caractère des Français est de rire de leur propre malheur, les Parisiens ruinés se consolèrent bientôt en composant des chansons. Nous citons un couplet sur la conversion du célèbre banquier. Pour réussir à la cour, Law n'avait rien trouvé de mieux que d'abjurer sa religion.

Ce parpaillot, pour attirer
Tout l'argent de la France,
Songea d'abord à s'assurer
De notre confiance.
Il fit son abjuration,
La faridondaine, la faridondon;
Mais le fourbe s'est converti
A la façon de barbari, mon ami.

— HON —

Entre les nos 382 et 384, on voyait encore au commencement de notre siècle une maison qui fut longtemps habitée par Robespierre. Cette propriété a été démolie en 1807, pour livrer passage à la rue Duphot.

La révolution en mêlant les castes, en abolissant les priviléges des corporations marchandes, a fait perdre à la rue Saint-Honoré son ancienne physionomie; aujourd'hui rien ne la distingue des autres voies publiques de la capitale.

HONORÉ-CHEVALIER (RUE).

Commence à la rue du Pot-de-Fer, nos 18 et 20; finit à la rue Cassette, nos 33 et 35. Le dernier impair est 15; le dernier pair, 12. Sa longueur est de 122 m. — 11e arrondissement, quartier du Luxembourg.

Ouverte à la fin du XVIe siècle, cette rue doit son nom à un propriétaire. — Une décision ministérielle du 26 thermidor an VIII, signée L. Bonaparte, fixa la largeur de cette voie publique à 7 m. En vertu d'une ordonnance royale du 12 mai 1841, cette largeur est portée à 10 m. Les maisons situées sur le côté droit entre les rues du Pot-de-Fer et Madame sont alignées. Les autres constructions devront reculer de 3 m. environ. — Égout entre les rues du Pot-de-Fer et Madame. — Conduite d'eau depuis la rue Madame jusqu'à la rue Cassette. — Éclairage au gaz (compe Française).

HOPITAL (BOULEVART DE L').

Commence à la place Valhubert; finit à la place de la barrière d'Italie, n° 19, et à la rue Mouffetard. Le dernier impair est 17; le dernier pair, 52. Sa longueur est de 1,435 m. — 12e arrondissement, quartier Saint-Marcel.

Il a été formé en vertu d'un arrêt du conseil du 9 août 1760. (Voyez l'article du boulevart d'*Enfer*.) Cette voie publique doit son nom à l'*hôpital général*, dit la *Salpêtrière*. — Une ordonnance royale du 27 janvier 1837 a déterminé l'alignement de ce boulevart par une parallèle à une ligne droite passant par le centre des arbres des contre-allées et à 4 m. de distance. En 1842 et 1843, la chaussée a été encaissée dans des bordures en granit; on a comblé les cuvettes, les contre-allées ont été nivelées, agrandies et sablées. — Les propriétés ci-après ne sont pas soumises à retranchement: dépendances du chemin de fer, nos 11, 13, 15, 17; 2, 4, 4 bis, 10, 12, 18, 20, 22, 22 bis, 22 ter, 28, les deux encoignures du Marché-aux-Chevaux et n° 30 bis. — Égout et conduite d'eau. — Éclairage au gaz (compe Parisienne).

HOPITAL (PLACE DE L').

Située boulevart de ce nom, au-devant de l'entrée de l'hôpital de la Salpêtrière. Pas de numéro. — 12e arrondissement, quartier Saint-Marcel.

Un arrêt du conseil du 19 mai 1767 porte ce qui suit: — « Il sera fait aux dépens de la ville, la plan-

— HOR —

» tation de deux rangs d'arbres en forme de demi-
» lune, de 36 toises de diamètre ou environ, pour ser-
» vir d'entrée à l'Hôpital général. » — Une décision ministérielle du 9 septembre 1819 a maintenu les constructions riveraines dans leur état actuel.

HOPITAL-GÉNÉRAL (RUE DE L').

Commence au chemin de ronde de la barrière d'Ivry et à la Petite-rue d'Austerlitz; finit au boulevart de l'Hôpital, n° 9. Un seul numéro impair qui est 1; le dernier pair, 12. Sa longueur est de 222 m. — 12e arrondissement, quartier Saint-Marcel.

Cette voie publique a été tracée vers 1820, sur une partie du village d'Austerlitz. (Voyez *Austerlitz*, grande rue d'.) — Deux décisions ministérielles, la première du 7 octobre 1816, signée Lainé, la deuxième du 18 octobre 1822, ont fixé à 20 m. la largeur de cette rue, qui doit son nom à sa proximité de l'Hôpital Général dit la Salpêtrière. Une partie du côté gauche de cette voie publique longe l'abattoir de Villejuif. — Portion d'égout.

HORLOGE (COUR DE L').

Située dans la rue du Rocher, n° 40. — 1er arrondissement, quartier du Roule.

Cette cour a été construite en 1825. Elle tire son nom d'une horloge que le propriétaire y a fait placer.

HORLOGE (QUAI DE L').

Commence à la rue de la Barillerie, n° 2, et au pont au Change; finit à la place du Pont-Neuf, n° 13, et au Pont-Neuf. Le dernier numéro est 81. Sa longueur est de 352 m. — 11e arrondissement, quartier du Palais-de-Justice.

Ce quai fut commencé en 1580. Les travaux souvent interrompus furent achevés en 1611. Les boutiques qui sont sur ce quai étaient autrefois occupées par des perruquiers. En 1738, Turgot, alors prévôt des marchands en fit élargir les deux extrémités en vertu d'un arrêt du conseil du 26 mars 1737. En 1816, on augmenta encore sa largeur près du Pont-au-Change, par suite de la démolition des échoppes adossées au Palais-de-Justice. Son nom lui vient de l'horloge du Palais, qui était placée sur la tour qui fait face au Pont-au-Change. Cette tour fut probablement bâtie sous Philippe-le-Bel, vers l'année 1310. L'horloge, la première que l'on vit en France, fut construite par Henri de Vic qui vint à Paris en 1370, sous le règne de Charles V. Ce mécanicien allemand fut logé dans cette tour, par ordre du roi, pour avoir soin de l'horloge. Son traitement était de six sols parisis par jour. Ce quai a porté également le nom des *Morfondus*, en raison de sa situation exposée au vent du nord qui glace, qui *morfond* les pauvres piétons qui le traversent pendant l'hiver. On le nomme aussi vulgairement quai des *Lunettes*, en raison d'un grand nombre d'opticiens, de lunetiers qui l'habitent. Il n'existe pas d'alignement arrêté pour cette voie

— HOT —

publique dont la moindre largeur est de 8 m. 50 c. — Portions d'égout et de conduite d'eau. — Éclairage au gaz (comp° Française).

HOSPITALIÈRES (IMPASSE DES).

Située dans la rue de la Chaussée-des-Minimes entre les n°s 2 et 4. Le seul impair est 1; le dernier pair, 4. Sa longueur est de 39 m. — 8e arrondissement, quartier du Marais.

Cette impasse, qui faisait autrefois partie de la rue du Foin au Marais, doit son nom aux religieuses Hospitalières de la Charité Notre-Dame dont nous tracerons ci-après l'origine. La largeur de cette voie publique est de 7 m. Dans sa séance du 6 juin 1832 le conseil municipal a délibéré que cette impasse *resterait dans son état actuel*. — Éclairage au gaz (comp° Lacarrière).

Françoise de la Croix avait conçu en 1623 le projet de fonder un hôpital pour les femmes ou filles malades qui, nées dans une condition honnête, ne pouvaient se procurer, faute d'argent, les secours nécessaires à leur guérison. Madame Dorsay voulant être de moitié dans l'accomplissement de cette belle œuvre, loua en conséquence une vaste maison. M. Faure, maître d'hôtel ordinaire du roi, y plaça douze lits, et soutint par ses libéralités cette communauté dont il est regardé à juste titre comme le véritable fondateur. L'établissement de ces religieuses fut autorisé par lettres-patentes de Louis XIII, du mois de janvier 1625, registrées au parlement le 15 mai 1627. La maison des Hospitalières servit de retraite à Madame de Maintenon avant qu'elle parût à la cour de Louis XIV. Le nombre des lits de cet hôpital s'élevait à 23 au commencement de l'année 1775. Cette maison, supprimée en 1792, fut remplacée par une filature de coton, établie en faveur des indigents.

HOTEL-DE-VILLE.

Situé place du même nom. — 9e arrondissement.

1re PARTIE. — *Nautes Parisiens.* — *Hanse Parisienne.* — *Corps municipal.*

Quand une époque est finie, le moule est brisé et ne se refait plus ; mais des débris restés à terre, il en est quelquefois de magnifiques à contempler ! Parmi les institutions auxquelles se rattachent de glorieux souvenirs, la prévôté des marchands est sans contredit une des plus grandes et des plus belles. Avant d'analyser les services qu'elle a rendus, il est nécessaire de parler des *Nautes Parisiens,* de cette puissante corporation de négociants par eau, qui a produit la *Hanse Parisienne* et le corps municipal de Paris. — L'empire romain comptait un grand nombre de ces compagnies de commerçants par eau. Les dénominations de *Nautes,* de *Naviculaires,* de *Scaphaires,* etc., démontrent que leur profession n'avait rien de servile. C'étaient de riches négociants, parmi lesquels on comptait des Décurions, des Duumvirs, des Chevaliers romains, des Questeurs et même des Sénateurs. Constantin et Julien honorèrent de la dignité de chevaliers ceux qui exerçaient ce commerce. Les seuls officiers du palais de l'empereur ne pouvaient faire partie de cette association. Les Nautes obéissaient à des chefs ou patrons, qui étaient en même temps les curateurs et les directeurs de la compagnie. Ces magistrats n'étaient point inamovibles. Pendant leur administration ils exerçaient le commerce qu'ils dirigeaient. Un chevalier romain, *Sentius Regulianus,* patron des Nautes de la Seine, était Naute lui-même et marchand de vins et d'huiles. Le patron des Nautes de la Durance, *Fronto*, était naviculaire: *Becius*, chevalier romain, se faisait gloire d'être courtier des Gaules. Les Nautes, les Naviculaires, les Scaphaires, les Lenunculaires étaient également nommés marchands, négociants, *mercatores, negociatores*. Ils jouissaient d'un grand nombre de privilèges qui les exemptaient des charges publiques les plus onéreuses et percevaient certains droits sur les marchandises qu'ils transportaient. En matière civile ils ne pouvaient être traduits que devant leurs propres juges. Ils possédaient en commun des biens-fonds inaliénables, dont les revenus servaient aux dépenses communes, donnaient de l'activité au commerce, et de la force à la discipline; enfin les dénominations les plus magnifiques étaient données à ces compagnies. Le corps des Nautes du Rhône et de la Saône était ainsi désigné : *splendissimum corpus Nautarum*. La corporation des Nautes, celle des marchands de l'eau, le corps municipal, sont autant d'anneaux que l'histoire rattache à la même chaîne. La situation de Paris, excellente pour le commerce fluvial, n'offrait pas, surtout au premier âge de cette ville, les mêmes avantages au transport des marchandises par terre ; en effet, Paris, qui se trouvait dans un fond marécageux, était environné de bois très épais et de montagnes très fatigantes à gravir. Arrêtés par ces obstacles, les Parisiens durent préférer le commerce par eau, qui, n'offrant aucune difficulté, se faisait avec plus de promptitude.

Après la chute de l'empire romain; les plus riches habitants qui se livraient au commerce fluvial changèrent le nom de *Nautes* contre celui de *marchands de l'eau* ; mais l'institution resta toujours la même. Comme par le passé, ils se réunirent pour conserver, pour augmenter leurs privilèges, et leur association fut nommée *Hanse Parisienne*. En 1170, le roi Louis-le-Jeune confirma les privilèges de la Hanse de Paris. Cette charte dit expressément que ces privilèges sont anciens : *consuetudines autem eorum tales sunt ab antiquo*. On trouve dans cet acte les détails suivants : «Tout bateau chargé de denrées et marchandises était tenu de s'arrêter au pont de Mantes. Il ne pouvait passer outre ni être déchargé, à moins que l'expéditeur ne fût bourgeois hansé de Paris. S'il était établi ailleurs, il fallait aussitôt son arrivée aux limites du ressort de la marchandise, qu'il fît sa déclaration. Alors le chef des marchands de l'eau lui désignait un compagnon, un marchand de Paris; à ce compagnon imposé par le prévôt, le marchand du dehors devait déclarer le prix réel de la cargaison, et partager le bénéfice avec lui. Si les marchandises ne convenaient pas au compagnon, il donnait son désistement en bonne forme, et le marchand étranger débitait en toute sécurité sa marchandise. Malheur à celui qui cherchait à enfreindre les privilèges de la Hanse; sa cargaison était saisie, puis confisquée au profit du roi et de la marchandise de l'eau. » — Un de ces arrêts de confiscation mérite d'être rapporté. « En l'an de l'Incarnation nostre Seigneur milce » IXViij, la vigile de Pâque flories, orent li marcheant » Hansé de l'Iauc de Paris, sentence contre Jehan » Marcel de Compiègne, d'une navée de buche qui » vint d'Oyse en Seyne contre le pont de Paris et de » Maante, sans compaignon hansé, bourjois de Paris » devant lou Roy de France, pardroit jugement de » l'usage et de la Chartre aux diz marcheants. » — Cette obligation, imposée aux marchands du dehors, d'associer ceux de Paris aux profits des expéditions des marchandises par eau, était un précieux avantage pour les Parisiens. Elle leur permettait de retenir les marchandises qui se trouvaient à leur convenance et qui leur produisaient des bénéfices sans nécessiter aucune avance de fonds. La Hanse-Parisienne chercha à compléter son système de monopole; elle voulut y soumettre également la navigation de la Haute-Seine. Le commerce des vins de Bourgogne était d'autant plus important pour elle que cette province était, pour ainsi dire, la seule qui exportât alors au loin le produit de ses vignobles. La Hanse-Parisienne décida que le marchand qui amènerait du vin à Paris ne pourrait le débarquer s'il n'était bourgeois hansé de Paris. Il pouvait vendre sa cargaison à qui bon lui semblait, mais il fallait qu'il la débitât sur son bateau; aux acquéreurs bourgeois de Paris appartenait seul le droit de la débarquer en grève. Il était permis à un étranger d'acheter du vin dans le port, mais son achat terminé, il fallait que son vin passât du bateau dans une voiture qui le conduisait hors de la banlieue de Paris. Maîtresse de la grande navigation de la Seine, forçant la Bourgogne et la Normandie à devenir ses tributaires, la Hanse-Parisienne dominait toutes les autres villes baignées par la Seine et nivelait toutes les prétentions des seigneurs ayant donjon sur le fleuve. Défense aux Normands d'envoyer directement le sel et la marée dans la Haute-Seine; défense aux Bourguignons d'expédier sans intermédiaire leurs vins et leurs bois dans la Basse-Seine et à la mer; quand les clameurs s'élevaient contre cet utile envahissement, lorsque les réclamants, au nom de l'intérêt général, demandaient l'abolition de ces privilèges, les Parisiens, à leur tour, alléguaient la position toute particulière de Paris; ils disaient : « La capitale du » royaume a besoin d'approvisionnements considéra- » bles, si vous rendez la liberté au commerce sur la » Seine, les meilleures denrées passeront par Paris » sans s'y arrêter; elles seront transportées jusque » chez les ennemis de la France. » La royauté donnait gain de cause à la Hanse-Parisienne qui se fortifiait, se développait, et les bourgeois enrichis par ces privilèges payaient largement la taille et les autres impôts. Le monopole de la Hanse était maintenu avec une sévérité excessive; tout individu qui débarquait des marchandises dans le ressort de la Hanse, sans compagnon hansé, était pris, jugé, condamné. La protection d'un noble, d'un prince même était impuissante pour faire obtenir au coupable la remise de sa peine. Par le fait d'un monopole aussi complet, une contrebande active dut s'organiser. Des contrebandiers trouvaient parfois, dans le corps des marchands de l'eau, des hommes assez complaisants pour être les compagnons légaux des spéculateurs étrangers. La fraude découverte, le prévôt de Paris mettait les coupables « hors » de la marchandise de l'iaue de Paris à touz jors por » ce qu'ils avoient faict fausse avoerie. » Ils tombaient alors dans la classe des manants et ne pouvaient plus participer aux honneurs et avantages attachés à la marchandise. Ces privilèges de la Hanse-Parisienne peuvent paraître aujourd'hui des abus monstrueux; mais, si l'on considère attentivement la situation politique de la France, harcelée sans cesse par les rois d'Angleterre, par les ducs de Bourgogne et de Bretagne, entourée de voisins, de rivaux puissants toujours prêts à la démembrer, on conçoit alors toute l'utilité d'un centre d'approvisionnement, de résistance même; on comprend que la capitale, qui fournissait plus largement qu'aucune autre ville de France de l'or et des défenseurs à la royauté, dut chercher à maintenir, à étendre même des privilèges, qui, dans des moments de crise, devenaient les gages de la sécurité du pays tout entier. Pour être reçu bourgeois hansé de Paris, il fallait prêter serment devant les magistrats chargés des affaires de la ville. Le récipiendaire s'avançait à la barre et disait : « Je jure de me soumettre à tous les règle- » ments de police et de bonne discipline de la Hanse. » Je jure d'exercer loyalement et avec droiture le fait » de la marchandise, d'instruire les magistrats de » toutes les fraudes qui pourraient porter préjudice à » la Hanse et aux autres privilèges de la ville. En cas » de contestation, je jure de me soumettre et sans » appel aux décisions prises par les chefs de la Hanse. » Le commerce fluvial ayant été d'abord la branche la plus importante de tout commerce parisien, par une conséquence toute naturelle, le corps de la marchandise de l'eau absorba petit-à-petit tout ce qui avait rapport à l'administration de la ville, et l'on considéra les chefs de cette marchandise de l'eau comme les prévôts de tout commerce parisien. Ce fut en 1268, pour la première fois, que le directeur de la Hanse-Parisienne, Jehan Augier, fut officiellement nommé prévôt des marchands. Les nombreux privilèges dont jouissait le corps des marchands de l'eau passèrent, avec le temps, au prévôt des marchands, qui acquit successivement l'administration des rentes constituées sur l'Hôtel-de-Ville, l'ordonnance des cérémonies publiques, l'entretien, la construction des rues, ponts, quais et de tous les monuments de la ville ; enfin il commandait la garde bourgeoise avec le prévôt de Paris, présidait le bureau de la ville, composé des quatre échevins, des procureurs du roi, greffier et receveur de Paris, auxquels étaient adjoints vingt-six conseillers qui exécutaient leurs arrêtés. — Au milieu du XIVe siècle le roi Jean, fait prisonnier à la bataille de Poitiers, confia l'administration du royaume au Dauphin, qui fut depuis Charles V. La prévôté des marchands devint un pouvoir formidable entre les mains de l'ambitieux Marcel. Charles V enleva quelques privilèges à cette magistrature populaire. Après la sédition des maillotins, Charles VI la supprima entièrement. Nous citons ici un extrait des lettres en forme d'édit, par lesquelles « le » Roi met en sa main la prévôté des marchands et » l'eschevinage, les privilèges et les revenus de la ville » de Paris, à cause de la sédition des maillotins. »

« Charles, par la grâce de Dieu, roy de France,
» sçavoir faisons à tous présents et à venir, que comme
» assès tost après le trépassement de nostre très cher
» seigneur et père que Dieu absoille, les aydes qui à
» son temps avoient cours en nostre dit royaume pour
» la deffense d'icelui et mesmement en nostre ville de
» Paris, eussent été abbatues de fait et mises au néant
» par certaine commotion de peuple, faite à Paris par
» plusieurs gens de malvoulenté et désordonnée; et les
» boistes de nos fermiers abattues et despéciées; et de-
» puis ce en l'année dernièrement passée, les bour-
» geois, manants et habitants de notre dite ville où
» la plus grant et saine partie eussent accordé avoir
» cours en notre dite ville pour la deffense de notre
» royaume, certaines aydes communes, c'est à savoir,
» l'imposition, la gabelle et autres aydes, par la forme
» et la manière plus à plein déclarée en certaines ins-
» tructions sur ce faites à commencer le premier jour
» de mars dernièrement passé, au quel jour plusieurs
» des manants et habitants de notre dite ville, et au-
» tres gens de malvoulenté qui estoient le dit jour
» en icelle ville, en persévérant de mal en pis, et pour
» empescher le cours des dites aydes, rompu les boistes
» ordonnées pour mettre les deniers d'iceulz, et d'il-
» lecques alez en l'église Saint-Jacques-de-l'Hospital où
» ils trouvèrent ung des fermiers des dites aydes, le
» quel ils boutèrent et menèrent par force hors d'icelle
» église et le tuèrent et meurtrirent. Et après se feus-
» sent transportez en la maison de la ville, et d'icelle
» rompu les portes, huis et coffres et prins grande
» quantité de maillets qui y estoient, les quels Hugues
» Aubriot, jadis prévost de Paris, avait fait faire du
» commandement de nostre très cher seigneur et père
» que Dieu absoille, et aussi eussent tué et meurtri au-
» cuns de nos officiers et autres qui avoient receu les
» impositions et autres aydes, etc... Pourquoy nous
» voulant pourveoir à ce et tenir nos subjectz en bonne
» paix et tranquilité, et les garder de rencheoir en tel-
» les et semblables rebellions, maléfices et désobéis-
» sance par grand et mûre délibération, de nostre grand
» conseil au quel estoient nos très chiers et amez on-
» cles les ducs de Béri, de Bourgongne et de Bourbon ;
» et le sire d'Alebret, le conestable, l'admiral et les ma-
» réchaux de France et plusieurs autres, tant de nostre
» sang et lignage comme prélats et autres, avons or-
» donné et ordonnons par ces présentes les choses qui
» s'ensuivent : 1° nous avons prins et mis, prenons et
» mettons en nostre main, la prévosté des marchands,
» eschevinage et clergie de notre dite ville de Paris
» avecques toute la juridiction, coertion et congnais-
» sance et autres droits quelsconques que avoient et sou-
» loient avoir les prévost des marchands, eschevins et
» clergie d'icelle ville en quelleque manière que ce soit,
» et aussi toutes les rentes et revenus appartenant à
» iceulx prévost, eschevins. Item : voulons et ordon-
» nons que nostre prévost de Paris, ait toute la juridic-
» tion, congnaissance et coertion que les dits prévost,
» eschevins et clercs avoient et pouvoient avoir en
» quelleque manière que ce soit, excepté le fait de la
» recette des rentes et revenus de notre dite ville, tant
» seulement la quelle nous voulons être faite par notre
» receveur ordinaire de Paris, etc...
» Donné à Paris, le 27° jour de janvier, l'an de
» grâce 1382, ainsi signez par le Roy en son conseil au
» quel estoient MM. les ducs de Béri, de Bourgongne
» et de Bourbon, et le sire d'Alebret, le conestable,
» l'admiral et les maréchaux de France, et plusieurs au-
» tres tant du sang et lignage du Roy, comme prélats
» et autres. Signé Louis Blanchet. » (Tiré du livre rouge de l'Hôtel-de-Ville, folio 233 recto, case C, secq.)

L'administration municipale confiée au prévôt de Paris, tout s'arrêta. Les rues remplies d'immondices devinrent de véritables cloaques ; les ponts, les quais n'étaient plus entretenus ; les édifices inachevés se détérioraient. La bourgeoisie humiliée suscitait au gouvernement des embarras en refusant de payer les nouveaux impôts. Le désordre devint si grand que le roi fut obligé de rétablir cette importante magistrature.

27 janvier 1411.

Lettres en forme d'édit par lesquelles Charles VI rend à la ville de Paris la prévôté des marchands, l'échevinage, etc.

« Charles, par la grâce de Dieu, etc... Que, comme
» nostre bonne ville de Paris, et qui est la principale
» ville capitale de nostre royaume, ait esté de toute
» ancienneté décorée de plusieurs grands et notables
» droits, noblesse, prérogatives, prévilleges, libertez,
» franchises, possessions, rentes et revenus, et pour
» le bon gouvernement d'icelle y ait eu de tout temps
» prévost des marchands et eschevins, clergie, maison
» apelée la Maison de Ville, Parlouer aux Bourgeois
» et plusieurs autres officiers pertinents au fait de la
» ditte prévosté et eschevinage, par lesquels nostre

» ditte bonne ville et les manants et habitants d'icelle
» ont été anciennement bien gardez et maintenuz en
» bonne paix et seuretez, et le fait de la marchandise
» d'icelle estre grandement et noblement soustenu.
» Depuis aucun temps, en ça pour aucunes causes à ce
» nous mouvants, nous eussions et ayions pris en nos-
» tre main les dittes prévosté, eschevinage, Maison
» de la Ville et clergie d'icelle prévosté des marchands,
» ensemble la juridiction, coertion, congnaissance,
» rentes, revenus et autres droits quelconques appar-
» tenant à icelle prévosté, etc.
» Nous, les choses dessus considérées pour le bien,
» prouffit et seuretez de nostre ditte ville et pour autres
» causes et considérations à ce nous mouvants, eu sur
» ce, grand et meure délibération de conseil avec plu-
» sieurs de nostre sang et lignage et aultres de nostre
» grand conseil; l'empeschement et main mise ainsi
» que dit est par nous ès dittes prévosté des mar-
» chands, eschevinage, clergie, Maison de la Ville,
» Parlouer aux Bourgeois, jurisdiction, coertion, pré-
» villèges, rentes, revenus et droits appartenans d'an-
» cienneté à icelle prévosté des marchands, eschevi-
» nage et clergie de nostre ditte bonne ville de Paris,
» avons levé et osté, levons et ostons à plein de notre
» certaine science et propre mouvement, et voulons
» que nos dits bourgeois, manants et habitants en icelle
» nostre ditte ville des prévosté des dits marchands
» et eschevinage, clergie, Maison de la ville, Parlouer
» aux Bourgeois, jurisdiction, coertion, congnaissance,
» rentes, revenus, possessions quelconques, droits,
» honneurs, noblesses, prérogatives, franchises, liber-
» tez et prévillèges, joyssent entièrement et paisible-
» ment perpétuellement à tousjours pareillement qu'ils
» faisoient paravant, etc... Donné à Paris, le 27e jour
» de janvier, l'an de grâce 1411, et de nostre règne
» le 32e. Ainsi signé par le roy en son conseil, auquel
» le Roy de Sicile, le duc de Bourgogne et plusieurs
» autres estoient. »

L'élection du prévôt des marchands et des échevins se faisait ordinairement le 16 août, le lendemain de l'Assomption. Les émoluments attachés à la place de prévôt des marchands étaient considérables, mais presque tous les citoyens appelés à l'honneur de remplir cette belle fonction ont consacré, dans l'espace de cinq cents ans, une partie des revenus de leur charge aux améliorations, aux embellissements de la ville.

Il fallait être né à Paris pour être revêtu de la dignité de prévôt des marchands. La même condition était imposée à ceux qui prétendaient à l'honneur de l'échevinage; c'était encore là un trait d'une haute sagesse; en général, les hommes transplantés n'apportent aucun soin aux monuments qui n'ont pas ombragé leur berceau. — Dans les cérémonies extraordinaires, le corps de ville de Paris jouissait des plus honorables prérogatives. Nous donnons ici le programme de la marche du corps de la ville, le jour où il alla au-devant du jeune Louis XIV qui venait de se marier sur la frontière d'Espagne :

« Le colonel des archers de la ville, guidons et lieutenants lestement habillés; les trois cents archers de la ville avec casaques bleues, galons d'argent et les armes de la ville devant et derrière;
Le maître-d'hôtel en robe fourrée;
L'imprimeur vêtu de noir;
Le capitaine d'artillerie,
Le maître de maçonnerie, } tous trois en habits noirs;
Le maître de charpenterie,
Les huissiers en robes de drap mi-partie, la nef d'argent sur l'épaule;
Le greffier venait ensuite revêtu d'une robe mi-partie à manches de velours rouge et tanné et doublé de velours noir;
Le prévôt des marchands en robe de palais mi-partie de velours rouge et tanné, par dessus une soutane de satin rouge cramoisi avec boutons, ceinture et cordons d'or ;
Les échevins en robes de velours mi-partie, à longues manches pendantes ; le chapeau à cordons d'or;
Le procureur du roi en robe de palais de velours rouge;
Le receveur de la ville en manteau à manches de velours tanné;
Les conseillers de ville en robes ou manteaux à manches de satin;
Les quartiniers en manteaux à manches de velours ciselé;
Les gardes de la draperie en robes de velours noir et toques ornées de cordons d'or ;
Les gardes de l'épicerie en robes de velours tanné ;
Les gardes de la mercerie en robes de velours violet;
Les gardes de la pelleterie en robes de velours bleu fourrées de loup-cervier ;
Les gardes de la bonneterie en robes de velours tanné;
Les gardes de l'orfèvrerie en robes de velours rouge cramoisi ;
Les gardes de la marchandise de vins en robe de velours bleu, toques pareilles et galons d'argent;
Les cinquanteniers, dixainiers et autres notables bourgeois en habits ordinaires noirs. »

L'élection du prévôt des marchands était entourée d'une pompe vraiment imposante. Les citoyens, appelés à l'honneur de donner leurs suffrages, appréciaient dignement la haute mission qu'ils avaient à remplir, et le magistrat, nommé pour diriger les importantes affaires de la ville, recherchait les moyens de créer de nouvelles améliorations.

Trois causes ont fait de Paris le plus magnifique bazar du monde ; son heureuse situation d'abord, ensuite les privilèges de la Hanse, puis l'admirable institution de la Prévôté des Marchands. La royauté, si chatouilleuse pourtant en fait de pouvoir, avait compris qu'il fallait laisser toute liberté à cette magistrature qui en faisait un si noble usage; aussi, chose étonnante, le corps municipal était-il plus libre, plus à l'aise sous la monarchie absolue que sous l'empire et la restauration.

— HOT —

Toutes les améliorations utiles, tous les embellissements proposés par le bureau de la Ville, étaient approuvés, encouragés par nos rois; de là ces admirables monuments qu'on rencontre à chaque pas en visitant cette Rome moderne.

Il fallait avoir un grand fonds d'honneur et de probité pour être jugé digne de l'échevinage. Ce n'était qu'après avoir donné des preuves souvent répétées d'un grand talent, qu'on parvenait à la prévôté; aussi cette institution, qui avait traversé cinq siècles, était toujours vigoureuse, même à ses derniers moments; sa vieillesse était encore l'âge de sa beauté.

En parcourant la liste chronologique des prévôts et échevins, on ne rencontre qu'un seul homme accusé d'avoir manqué à ses devoirs. Deshayes, notaire, échevin en 1763, sous la prévôté de Pontcarré, seigneur de Viarme, ayant fait des opérations étrangères à sa profession, tomba par suite dans de mauvaises affaires. Un arrêt du bureau de la Ville du 17 janvier 1764 ordonna sa destitution. Il fut déclaré déchu de noblesse, et son nom, effacé comme indigne de figurer sur les monuments publics.

Quarante prévôts des marchands ont mérité par leurs talents et leurs vertus, l'honneur de la réélection. Parmi ces prévôts réélus, on compte

10 Conseillers d'état.
8 Conseillers du roi.
4 Conseillers au parlement.
4 Présidents aux enquêtes.
2 Présidents en la cour des aydes.
2 Maîtres des requêtes.
1 Audiencier de France.
1 Grand écuyer et panetier de France.
1 Notaire et secrétaire du roi.
1 Procureur général de la cour des aydes.
1 Président de la chambre des requêtes.
3 Seigneurs étrangers jusqu'alors aux fonctions publiques.
2 Dont les professions sont inconnues.

Total. 40

Par édit du Roi du 6 novembre 1706, les échevins furent comptés dans la noblesse : à partir de cette époque, ils eurent le droit d'ajouter à leurs noms le titre d'*écuyer*.

Tous les documents qui peuvent faire apprécier la belle institution de la prévôté des marchands méritent d'être mentionnés. Pour ce motif, nous transcrivons ici une partie du procès-verbal de l'élection de Claude Le Peletier, nommé prévôt des marchands le 16 août 1668.

« En l'assemblée générale du 16ᵉ jour d'aoust 1668,
» tenue en la grande salle de l'Hostel-de-Ville de Paris,
» suivant les mandements envoyés pour procéder à
» l'élection d'un prévôt des marchands et de deux
» eschevins nouveaux au lieu de ceux qui ont faict leur
» temps, sont comparus : messire Daniel Voisin, chevalier, seigneur de Cerisay, conseiller du roy, maître

— HOT —

» des requêtes de son hostel, prévost des marchands;
» M. Lusson, conseiller du roy au siège présidial du
» Châtelet, MM. de Faverolles et Gaillard, tous trois
» eschevins, ainsi que Messieurs les conseillers et
» quartiniers d'ycelle.

» Sur les sept heures du matin, Messieurs les prévost
» des marchands et eschevins, procureur du roy et
» greffier vestus de leurs robbes my party, accompagnés d'aucuns de Messieurs les conseillers de ville et
» quartiniers, sont allez entendre la messe solemnelle
» du Saint-Esprit dans l'église qui lui est dédiez, à
» l'issue de laquelle estant retournez en l'Hostel-de-
» Ville et pris leurs places au grand bureau, l'on a
» procédé à l'ouverture des procès-verbaux des
» assemblées particulières tenues dans chacun quartier
» pour l'élection des quatre personnes notables, dont
» deux doibvent demeurer pour porter leurs suffrages
» en cette assemblée générale; et les noms de ces
» quatre notables ayant été escrits dans quatre billets
» différents et mis dans le chapeau my party, ceux
» dont les noms se sont escrits dans les deux premiers
» billets, et qui ont été tirez du dit chapeau, ont été
» retenus pour l'élection.

» Sur les neuf heures du matin, les quartiniers ayant
» faict sçavoir à Monsieur le prévost des marchands que
» tous les mandez s'estoient rendus en l'Hostel-de-
» Ville, et Messieurs les prévost des marchands et
» eschevins, conseillers et quartiniers ayant pris leurs
» places ordinaires, et les mandez s'estant placez sur
» les bancs qui leur sont destinez, Monsieur le prévost
» des marchands a dit à la compagnie que cette assemblée avait été convoquée pour procéder à l'élection
» d'un prévost des marchands et de deux eschevins,
» que le Roy ayant envoyé une lettre de cachet au sujet
» de cette élection, il avoit esté arrêté dans l'assemblée
» du conseil de ville qu'elle seroit déposée au greffe
» pour estre lue en ce jour, après les ordonnances
» faites sur la forme de proceder à l'élection des prévost des marchands et eschevins.

» Lesdittes ordonnances, lettres de cachet et le
» résultat de la ditte assemblée ayant esté lus par le
» greffier, Monsieur le procureur du roy ayant pris la
» parole, auroit remercié au nom de toute la ville,
» Monsieur le prévost des marchands des soins qu'il
» avoit pris pendant sa magistrature, et s'estant fort
» estendu sur les avantages que la Ville auroit reçus
» par son application et sa fermeté dans les occasions
» qui s'estoient présentées, auroit conclud à ce qu'il
» fust procedé à une nouvelle élection d'un prévost
» des marchands et de deux eschevins en la manière
» accoutumée.

» M. Voisin ayant expliqué les raisons de la conduitte qu'il avoit tenue pendant sa prévosté, et faict
» le récit des affaires principales qui s'estoient passées
» durant sa magistrature, finit son discours par un
» remerciement à la compagnie en des termes très
» obligeants.

» L'on procedda ensuite à l'élection des quatre scrutateurs ; Monsieur le prévost des marchands ayant pris à cette effect le serment de tous les assistants, et par la pluralité des voix qui furent M. Hiérosme Bignon pour les officiers du roy, M. Le Vieux pour les conseillers de ville, le sieur Picquet pour les quartiniers et le sieur Le Brun pour les bourgeois.

» Les quatre scrutateurs ayant faict ensemble le serment entre les mains de Monsieur le prévost des marchands, de proceder en leur conscience au scrutin de l'élection, MM. les prévost des marchands et eschevins seroient sortis de leurs places et passez en un banc au-dessus, et MM. les scrutateurs s'estant assis sur le banc que MM. de la Ville avoient quitté, M. Bignon tenant le tableau sur lequel on fait le serment, M. le Vieux, le chappeau my party pour recevoir les bulletins, le greffier de la Ville auroit appelé. Les élections ayant commencé par MM. les prévost des marchands et eschevins, continué par les conseillers de ville suivant l'ordre du tableau, et finy par les quartiniers et les bourgeois mandez.

» Après que les suffrages ont esté portez par les électeurs, MM. les scrutateurs sont passez dans le petit bureau et ont dressé le scrutin de l'élection, lequel est demeuré entre les mains de M. Bignon, premier scrutateur, pour le présenter à sa majesté.

» M. le prévost des marchands ayant faict sçavoir cette élection à M. de Guénégaud, secrétaire d'estat, et l'ayant prié de luy mander le jour auquel le Roy auroit agréable de recevoir le serment des nouveaux eslus, ayant sceu par sa response que le Roy auroit donné jour pour le lundy 20 aoust à l'issue de son disné, M. le prévost des marchands en auroit faict advertir les nouveaux eslus, les quatre scrutateurs, les officiers de la Ville et toute la compagnie s'estant assemblée en l'Hostel-de-Ville le dit jour, en seroit party en carrosse pour aller prendre M. le duc d'Aumont, gouverneur de Paris, en son hostel.

» L'on arriva à Saint-Germain sur les neuf heures, M. le gouverneur fut au levé du Roy, et M. le prévost des marchands mena cependant MM. les scrutateurs et les nouveaux eslus chez M. le chancelier et MM. les ministres. Sur le midy, M. le gouverneur, MM. les prévost des marchands et eschevins, conseillers et officiers de la Ville, les scrutateurs s'estant rendus en la maison que M. le prévost des marchands avoit fait retenir pour recevoir la Ville, on y servit le disné à l'issue du quel, comme l'heure de l'audience approchoit, on alla au palais dans l'ordre qui suit :

» 1° Marchoient quatre archers de la Ville ayant à leur teste le colonel. Ils estoient suivys de quatre huissiers de la Ville ayant leur robbe de livrée. Le greffier de la Ville seul vestu de sa robbe my party d'escarlatte et de noir, M. le gouverneur, et M. le prévost des marchands vestu de sa robbe de sattin rouge et tanné, MM. les eschevins avecque le procureur du roy, M. le receveur avecque le doyen des conseillers de la Ville, enfin les quatre scrutateurs suivys des nouveaux eslus ; les conseillers et quartiniers qui assistent à cette cérémonie marchoient ensuitte deux à deux. Les archers de la ville estant restez à la porte du chasteau, le reste de la compagnie se rendit à l'appartement de M. de Gesvres, qui leur auroit été marqué pour leur audience, à la quelle ils furent conduits peu de temps après par M. de Sainctot, et présentés à sa majesté par M. Du Plessis, secrétaire d'estat.

» Le Roy estoit assis dans son fauteuil placé au milieu de sa chambre, et après les révérences accoutumées tous ceux qui composoient le corps de ville s'estant mis à genoux, M. Voisin, prévost des marchands dit à sa majesté que l'on avoit procedé à l'élection d'un prévost des marchands et de deux eschevins nouveaux, que M. Bignon estoit chargé du scrutin de la nouvelle élection, et l'apportoit à sa majesté pour luy en demander la confirmation, après quoy M. Bignon s'estant incliné, auroit faict au roy un discours des plus éloquents, et luy ayant présenté le scrutin de la ditte élection, le roy l'auroit donné à M. Du Plessis pour en faire la lecture, après laquelle le greffier de la ville ayant présenté au roy le tableau sur lequel on a coustume de faire le serment, M. Le Peletier élu prévost des marchands et MM. Belin et Picques élus eschevins s'estant approchés et mis la main sur le dit tableau, mon dit sieur Du Plessis fit la lecture du serment qu'ils prêtèrent ; ensuite de quoy le Roy tesmoigna par un discours des plus obligeants son approbation sur la conduitte de MM. les prévost des marchands et eschevins qui sortoient de charge, et dit qu'il espéroit les mêmes services des nouveaux eslus dont les personnes lui estoient très agréables. Le Roy estant passé dans son cabinet, la compagnie alla saluer la reyne, M. le dauphin, Madame et Monsieur le duc d'Anjou, et après les visittes, l'on retourna à Paris et les nouveaux eslus furent installez et mis en possession de leurs charges par M. le premier scrutateur en la manière accoutumée. » (Arch. du royaume, section administrative, reg. H, n° 1821).

Dans un autre mémoire relatif à l'élection du 16 août 1674, on lit ce qui suit : « M. Bezons fit la harangue et présenta le scrutin à sa majesté, qui l'ayant remis entre les mains du secrétaire d'état, lui ordonna d'en faire la lecture. Après la lecture faite du dit scrutin, le greffier de la ville donna le serment au dit secrétaire d'état, et le crucifix ayant été remis entre les mains de sa majesté, les d. prévost des marchands et eschevins à genoux jurèrent dessus, le serment étant lu à haute voix par le secrétaire d'état. »

Il serait impossible de rappeler dans cet article tous les services rendus à la ville par la prévôté des marchands. Les accroissements successifs de la capitale, les établissements utiles créés à chaque époque témoignent assez de leur zèle et de leur intelligence.

Le 14 juillet 1789, jour de la prise de la Bastille, un comité municipal, composé des échevins et des électeurs des députés aux états généraux, était réuni, sous la présidence du prévôt des marchands, dans la grande salle de l'Hôtel-de-Ville. L'émeute grondait dans la rue.

Dans la situation difficile où le plaçait la crise imminente qui se préparait, Jacques de Flesselles avait cru devoir continuer ses fonctions et favorisait secrètement les projets de la cour. Vivement interpellé par un des électeurs sur ses dangereuses relations, le prévôt balbutia, puis quitta la salle pour se rendre au Palais-Royal. Il atteignait à peine le bas de l'escalier de l'Hôtel-de-Ville, lorsqu'un jeune homme lui tira à bout portant un coup de pistolet. Flesselles tombe mortellement blessé, son cadavre est traîné dans la boue et sa tête, séparée du corps, est promenée dans les rues de Paris. Telle fut la fin du dernier prévôt des marchands.

LISTE CHRONOLOGIQUE

DES PRÉVÔTS DES MARCHANDS ET ÉCHEVINS DE LA VILLE DE PARIS
DEPUIS 1268 JUSQU'EN 1789.

PRÉVÔTS.	ÉCHEVINS.	PRÉVÔTS.	ÉCHEVINS.
1268. Jehan AUGIER.		1280. Guillaume BOURDON.	

PRÉVÔTS.	ÉCHEVINS.
1276. Guillaume PISDOÉ.	
	1280. Jehan AUGIER (neveu du prévôt); Jehan BARBETTE; Jehan ARRODE; Jehan BIGUES.
1289. Jehan ARRODE. 1293. Jehan POPIN.	1293. Thomas de SAINT-BENOAST; Estienne BARBETTE; Adam PAON; Guillaume PISDOÉ.
1296. Guillaume BOURDON, réélu.	1296. Adam PAON; Thomas de SAINT-BENOAST; Estienne BARBETTE; Guillaume PISDOÉ.

— HOT —

PRÉVOTS.	ÉCHEVINS.
1298. Estienne BARBETTE. 1304. Guillaume PISDOÉ, réélu. 1314. Estienne BARBETTE. 1321. Jehan GENTIEN. 1355. Jean CULDOÉ. Maitre Estienne MARCEL. 1359. Jean DESMARETS. 1371. Jean FLEURY.	1304. Jehan GENTIEN.

Le 27 janvier 1382, le roi Charles VI, pour punir les Parisiens de la révolte des Maillotins, supprima la prévôté des marchands et en réunit les attributions à la prévôté de Paris, alors confiée à messire *Audouyn Chauveron*, auquel succédèrent en 1388, Messire *Jean de Folleville*; en 1389, *Jean Juvénal des Ursins*; en 1404, *Charles Culdoé*.

Par lettres-patentes en forme d'édit du 27 janvier 1411, Charles VI rendit à la ville de Paris la prévôté des marchands, l'échevinage, etc.

Sire Pierre GENTIEN, fut élu prévôt des marchands.	Maître Jean de Troyes; Jean de Lolive; Denis de Saint-Yon; Robert de Bellon.
1411. (Sire Pierre Gentien quitte sa place de prévôt des marchands.) André d'ESPERNON est élu.	
	1412. Pierre Augier; Guillaume Kiriasse.
1413. Sire Pierre GENTIEN est remis en sa place le 9 septembre.	1413. Guillaume Kiriasse; Jean Marceau.
	1414. André d'Espernon; Pierre de Grandrues.
1415 (10 octobre). Philippe de BRÉBANT.	1415. Jean de Louviers (le Jeune); Regnault Pisdoé.
	1416. Estienne de Bonpuis; Jean du Pré.
1417 (12 septembre). Sire Guillaume KIRIASSE.	1417. Simon de Terrennes; Henri Moloue.

— HOT —

PRÉVOTS.	ÉCHEVINS.
1418 (6 juin) Noel PREVOST. 1419 (26 décembre). Maitre Hugues LE COQ.	1418. Pierre Voyer; Michel Thibert; Marcelet Testart; Jean de Louviers.

	1419. Imbert des Champs; Jean de Saint-Yon.
1420 (12 juillet). Sire Guillaume SANGUIN. 1421. Maitre Hugues RAPIOULT.	1420. Jean de Lolive; Jean de Dammartin.
	1421. Jean de Cerisy; Jean de Compans.
	1422. Garnier de Saint-Yon; Jean de Bellon.
	1423. Raoul Dourdin; Jean de La Poterne. (La suite des échevins manque pendant cinq années.)
	1429. Imbert des Champs; Jean de Dampierre; Raymond Marc; Nicolas de Neufville.
	1430. Marcelet Testart; Guillaume de Troyes.
	1431. Robert Climent; Henri Aufroy.
	1432. Louis Gobert; Jacques de Roye.
	1433. Garnier de Saint-Yon; Jean de La Poterne.
	1434. Louis Gellée; Luques Dupleis.
	1435. (Les noms manquent.)

PRÉVÔTS.	ÉCHEVINS.
La Période de 1422 à 1436, pendant laquelle manquent la suite entière des prévôts des marchands et une partie de celle des échevins, embrasse tout le temps de l'occupation de la capitale par les Anglais. Cette ville ne rentra sous l'obéissance de Charles VII que le mercredi 23 juillet 1436.	
Sire MICHEL LAILLIER, qui contribua à l'expulsion des Anglais, fut élu prévôt des marchands.	Jean de BELLON ; Nicolas de NEUFVILLE ; Pierre des LANDES ; Jean de GRANDRUES.
	1437. Simon du MARTRAY ; Jean LUILLIER.
1438. Sire PIERRE DES LANDES.	1438. Jean de GRANDRUES (continué) ; Jean AUGIER ; Jean THIESSAC ; Jacques de LA FONTAINE.
	1439. Nicolas BAILLY ; Jean de LA PORTE.
1440. PIERRE DES LANDES (continué).	1440. Michel CULDOÉ ; Jean de CALAIS.
	1441. Guillaume NICOLAS ; Jean de LIVRES.
1442. PIERRE DES LANDES (continué).	1442. Nicolas de NEUFVILLE ; Jean de MARLE.
	1443. Jean LUILLIER, réélu ; Jacques de LA FONTAINE réélu.
1444. Maître JEAN BAILLET, conseiller au parlement.	1444. Nicolas de LOUVIERS ; Jean de CHANTEPRIME.
	1445. Jean LUILLIER, réélu ; Jacques de LA FONTAINE réélu.
1446. JEAN BAILLET (continué).	1446. Pierre de VAUDETART ; Jacques de CAMLERS.
	1447. Jean LUILLIER, réélu ; Michel de CAMLERS ; Germain de BRAQUE, élu en remplacement de Jean LUILLIER.
1448. JEAN BAILLET (continué).	1448. Guillaume NICOLAS ; Enguerrand de THUMERY.
	1449. Jean de MARLE ; Nicolas de LOUVIERS.

Le lundi 17 août 1450, les prévôt des marchands, échevins, conseillers, quartiniers et bourgeois de Paris, réunis en assemblée solennelle à l'Hôtel-de-Ville, sous la présidence de M. Arnould de Marle, conseiller du roi et président de la cour du parlement, arrêtent : « Que conformément aux anciens usages et enseignements cités par le procureur du roy et de la ville, et contrairement à l'avis de plusieurs qui soutenoient qu'on pouvoit élire les prévôt et échevins d'une autre nation que Paris, on procéderoit à l'élection d'un prévôt des marchands et de deux échevins le lendemain de l'Assomption de Notre-Dame, 16 d'aoust, qui seroient natifs de Paris et non d'ailleurs ainsi qu'il étoit accoutumé. »

Et furent élus ce jour-là :

PRÉVÔTS.	ÉCHEVINS.
Maître JEAN BURREAU, trésorier de France.	Nicolas BAILLY ; Jean CHESNARD.
	1451. Germain de BRAQUE ; Henri de LA CLOCHE.
1452 (19 août). DREUX-BUDÉ, audiencier de France.	1452. Hugues FERRET ; Jean LE RICHE.
	1453. Henri de LA CLOCHE (continué) ; Arnault de LUILLIER.
1454. DREUX-BUDÉ (continué).	1454. Hugues FERRET (continué) ; de CLERBOURG.
	1455. Pierre GALLIÉ ; Philippe LALLEMENT.
1456 (16 août). Maître JEAN DE NANTERRE, président aux requêtes.	1456. Jacques de HACQUEVILLE ; Michel de LA GRANGE.
	1457. Pierre GALLIÉ ; Michel LAISIÉ.
1458 (16 août). JEAN DE NANTERRE, (continué).	1458. Guillaume LE MAÇON ; Jacques d'ERPY.
	1459. Jean de CLERBOURG ; Pierre MESNARD.
1460. Maître HENRI DE LIVRES.	1460. Jacques de LA FONTAINE ; Antoine de VAUBOULON.
	1461. Hugues FERRET ; HENRY de Paris.
1462. DE LIVRES (continué).	1462. Germain de BRAQUE ; Guillaume de LONGUEJOUE.
	1463. Jean de CLERBOURG ; André d'AZY.
1464. DE LIVRES (continué).	1464. Jean de HARLAY, chevalier du guet ; Denis GILBERT.
	1465. (Pas d'élection à cause des guerres.)

PRÉVOTS.	ÉCHEVINS.	PRÉVOTS.	ÉCHEVINS.
1466. Sire MICHEL DE LA GRANGE, seigneur de TRIANON, maître de la chambre aux deniers du roi, et général des monnaies.	1466. Nicolas POTIER; Gérard de VAUBOULON.	1482. DE LIVRES (continué).	1482. Imbert LUILLIER; Nicolas du HAMEL. 1483. Jean COLLETIER (continué); Simon de NEUFVILLE.
	1467. Pierre GALLIÉ; Jacques de HACQUEVILLE. 1468. Pierre MESNARD; DENIS-LE-BRETON.	1484. Maître GUILLAUME DE LA HAYE conseiller du roi et président des requêtes du palais.	1484. Gancher HÉBERT; Jacques NICOLAS.
1468 (16 août). Sire NICOLAS DE LOUVIERS, seigneur de CANNES, conseiller du roi et maître de ses comptes.			1485. Jean de HARLAY; Jean de RUEL.
1470. Sire DENIS HESSELIN, écuyer, panetier du roi.	1469. Jean de HARLAY, réélu; Arnault de CAMBRAY. 1470. DENIS-LE-BRETON (continué); Simon de GRÉGY.	1486. Maître JEAN DU DRAC, vicomte d'AY et seigneur de MAREUIL.	
	1471. Jean COLLETIER; Jean des PORTES. 1472. Jean de BREBANT; Gancher HEBERT. 1473. Jean COLLETIER (continué); Jacques LE MAIRE.		
1472. HESSELIN (continué).			
1474. Sire GUILLAUME LE COMTE, conseiller du roi et grainetier de Paris.	1474. Germain de MARLE; Guillaume LE JAY.		1486. Guillaume de HACQUEVILLE; Jacques VAULQUIER. 1487. Denis THUMERY; Nicolas FERRET.
1476. Maître HENRI DE LIVRES, conseiller du roi.	1475. Jean COLLETIER (continué); Jean des PORTES. 1476. Germain de MARLE; Jean des VIGNES.	1488. DU DRAC (continué).	1488. Jacques TESTES; Louis de MONTMIRAL. 1489. Gancher HÉBERT; Jacques VAULQUIER.
1478. DE LIVRES (continué).	1477. Jean COLLETIER (continué); Henri LE BRETON. 1478. Germain de MARLE; Jean des VIGNES (continué). 1479. Jean COLLETIER (continué); Simon de NEUFVILLE.	1490. Maître PIERRE POIGNANT, conseiller au parlement.	1490. Simon MALINGRE; Charles LE COQ, général des monnaies. 1491. Pierre de LA POTERNE; Jean LE LIÈVRE.
1480. DE LIVRES (continué).	1480. Jean des VIGNES (continué); Imbert LUILLIER. 1481. Jean COLLETIER (continué); Simon de NEUFVILLE (continué).	1492. Maître JACQUES PIÉDEFER, avocat en parlement.	1492. Jacques VAULQUIER; Raoul de HACQUEVILLE. 1493. Pierre RAOULIN; Jean BRULART.

PRÉVOTS.	ÉCHEVINS.	PRÉVOTS.	ÉCHEVINS.
1494. Nicolas VIOLE, correcteur des comptes.	1494. Pierre de Ruel; Jacques Nicolas. 1495. Jean des Landes; Audry Guyart.	1510. Maitre Robert TURQUANT, conseiller au parlement.	1509. François Chouart; Regnault Anthoulet. 1510. Charles de Montmiral; Jean Croquet.
1496. Maitre JEAN DE MONTMIRAL, avocat en parlement.	1496. Jean Le Jay; Michel Le Riche. 1497. Etienne Boucher; Simon Aimé.	1512. Maitre Roger BARME, avocat général au parlement.	1511. Antoine Disomme; Geoffroy du Souchay. 1512. Nicolas de Crespy; Jean Olivier.
1498. Maitre JACQUES PIÉDEFER, avocat en parlement.	1498. Antoine Malingre; Louis du Harlay. 1499. Pierre Turquant; Bernard Ripault.	1514. Maitre JEAN BOULART, conseiller au parlement.	1513. Guillaume Parent; Robert Le Lieur. 1514. Mery Bureau; Jean Bazanier.
1500. Nicolas POTIER, général des monnaies.	1500. Jean de La Pite; Jean de Marle; Jean Le Lièvre; Jean de Lolive. 1501. (Ces quatre échevins sont continués).	1515. Maitre Pierre CLUTIN, conseiller au parlement, fut élu pour achever le temps de Boulart, décédé. 1516. CLUTIN (continué).	1515. Jacques Le Lièvre; Miles Perrot. 1516. Jean du Bus; Geoffroy du Souchay.
1502. Sire GERMAIN DE MARLE, général des monnaies.	1502. Charles des Moulins; Jean Paillard; Jean Croquet; Nicolas Berthillon. 1503. Henri Le Bègue; Étienne Huré.	1518. Maitre Pierre LESCOT, seigneur de Lyssy, conseiller du roi et procureur général en la cour des aydes.	1517. Claude Olivier; Pierre de Soulfour. 1518. Jean Turquant; Jean Allard.
1504. Maitre EUSTACHE LUILLIER, seigneur de St-Mesmin et maitre des comptes.	1504. Pierre Le Maçon; Jean Hébert. 1505. Pierre Paulmier, conseiller au Châtelet; Jean Le Lièvre.	1520. Messire ANTOINE LE VISTE, conseiller et maitre des requêtes ordinaires de l'hôtel du roi.	1519. Nicolas Le Cointe; Nicolas Charpentier. 1520. Jean Palluau; Jean Bazanier.
1506. Messire DREUX - RAGUIER, escuyer, seigneur de Tummelle, conseiller du roi et maitre de ses eaux et forêts.	1506. Nicolas Séguier; Hugues de Neufville. 1507. Etienne Savin; Étienne Huré.	1522. GUILLAUME BUDÉ, seigneur de Merly-la-Ville, maitre des requêtes ordinaires de l'hôtel du roi, et maitre de sa librairie.	1521. Gaillard Spifame, seigneur de Dissaulx, général de France, outre-Seine; Nicolas Chevalier, bourgeois. 1522. Maitre Jean Morin, lieutenant du bailly du palais. et aussi lieutenant général du grand réformateur des eaux et forêts; Jean Croquet, bourgeois.
1508. Maitre PIERRE LE GENDRE, trésorier de France.	1508. Mery Bureau; Pierre Turquant.		

PRÉVOTS.	ÉCHEVINS.	PRÉVOTS.	ÉCHEVINS.
	1523. Sire Claude SANGUIN, marchand et bourgeois de Paris ; maître Jean LE CLERC, seigneur d'ARMENDIELLE, et auditeur aux comptes.		**1533.** Maître Martin BRAGELONGNE, conseiller du roi au bailliage du palais ; Jean COURTIN, conseiller du roi.
1524. Maître JEAN MORIN, lieutenant aux bailliages de Paris et du palais.	**1524.** Guillaume SÉGUIER ; Claude LE LIÈVRE.	**1534.** Maître JEAN TRONÇON, conseiller du roi.	**1534.** Maître Guillaume QUINOTTE, receveur des généraux des aydes et quartinier ; sire Jean ARROGER, bourgeois.
	1525. Maître Pierre LORMIER, commissaire au Châtelet de Paris ; sire Claude FOUCAULT, seigneur de MONDÉTOUR ; sire Jean TURQUANT, quartinier et bourgeois. (Le premier de ces trois échevins, Pierre LORMIER, fut élu pour un an, afin d'achever le temps de Guillaume SÉGUIER, décédé.)		**1535.** Christophe de THOU, avocat du roi ès-eaux et forêts ; Eustache LE PICARD, notaire et secrétaire du roi.
		1536. TRONÇON (continué).	**1536.** Sire Claude LE LIÈVRE ; Pierre RAOUL.
			1537. Maître Jacques PAILLARD, seigneur de JUMEAUVILLE ; Nicole de HACQUEVILLE, avocat au parlement.
1526. Maître GERMAIN DE MARLE, seigneur de THILLAY, notaire et secrétaire du roi et général des monnaies.	**1526.** Germain LE LIEUR ; Jacques PINET.	**1538.** Maître AUGUSTIN DE THOU, conseiller au parlement.	**1538.** Sire Jean CROCHET ; Guillaume DANES, quartinier.
			1539. Maître Antoine LE COINCTE, conseiller du roi au Châtelet de Paris ; sire Jean PARFAIT.
	1527. Maître Nicole GUESDON, avocat au parlement ; maître François GAYANT, auditeur aux comptes.	**1540.** Maître ÉTIENNE DE MONTMIRAL, conseiller du roi au parlement.	**1540.** Sire Guillaume LE GRAS ; Guichard COURTIN, quartinier.
1528. Maître GAILLARD SPIFAME, seigneur de PISSEAUX, et général de France, outre-Seine.	**1528.** Sire Claude MACIOT, quartinier ; Pierre FOURNIER.		**1541.** Maître Thomas de BRAGELONGNE, conseiller du roi en la conservation des privilèges de l'Université ; sire Nicolas PERROT.
	1529. Maître Regnault PICARD, notaire et secrétaire du roi ; Pierre HENNEQUIN, avocat au parlement.	**1542.** Maître ANDRÉ GUILLARD, conseiller du roi et maître des requêtes ordinaires de son hôtel.	**1542.** Maître Denis PICOT, conseiller du roi ; sire Henri GODEFROY, quartinier.
1530. Maître JEAN LUILLIER, conseiller du roi et maître ordinaire des comptes.	**1530.** Sire Jean de MOUSSY ; maître Simon TESTE, conseiller du roi.		
	1531. Sire Gervais LARCHER ; sire Jacques BOURSIER.		**1543.** Pierre SÉGUIER, lieutenant criminel au Châtelet de Paris ; sire Jean CHOPPIN, marchand et bourgeois.
1532. PIERRE VIOLLE, conseiller du roi au parlement.	**1532.** Maître Claude DANIEL, conseiller du roi ; sire Jean BARTHÉLEMI, quartinier, bourgeois et marchand.	**1544.** Maître JEAN MORIN, lieutenant civil de la prévôté de Paris.	**1544.** Sire Jean de SAINT-GERMAIN ; Jean BARTHÉLEMI.

PRÉVOTS.	ÉCHEVINS.	PRÉVOTS.	ÉCHEVINS.
	1545. Maître Jacques AUBERY; maître Denis TANNEGUY, avocat au parlement.	1560. Maître GUILLAUME DE MARLE, seigneur de VERSIGNY.	1560. Maître Jean SANGUIN, secrétaire du roi ; sire Nicolas HAE.
1546. Maître LOUIS GAYANT, conseiller du roi au parlement.	1546. Sire Denis BARTHÉLEMI, quartinier; sire Fiacre CHARPENTIER.		1561. Maître Christophe LASNIER; sire Henri LADVOCAT.
	1547. Maître Nicole LE CIRIER, avocat en parlement ; maître sieur Michel VIOELART.	1562. DE MARLE (continué).	1562. Maître Jean LESCALOPIER ; maître Mathurin LE CAMUS.
1548. Maître CLAUDE GUYOT, conseiller notaire et secrétaire du roi.	1548. Sire Guillaume POMMEREU; Guichard COURTIN, quartinier.	1564. Maître GUILLAUME GUYOT, seigneur de CHARMAUX.	1563. Sire Jean MERAULT ; sire Jean LE SUEUR.
	1549. Sire Antoine SOLY ; Guillaume CHOART, marchand drapier.		1564. Maître Pierre PRÉVOST, élu de Paris; Jean SANGUIN, secrétaire du roi.
1550. GUYOT (continué).	1550. Sire Jean LE JAY, marchand; sire maître Cosme LUILLIER, bourgeois.	1566. Messire NICOLAS LE GENDRE, seigneur de VILLEROY.	1565. Maître Philippe LE LIÈVRE; sire Pierre de LA COUR.
	1551. Maître Guy LORMIER; sire Robert des PREZ, bourgeois.		1566. Nicolas BOURGEOIS ; Jean de BRAY
1552. Maître CHRISTOPHE DE THOU, notaire et secrétaire du roi, avocat au parlement.	1552. Sire Thomas LE LORRAIN, quartinier; sire Jean de BREDA, marchand.	1568. LE GENDRE (continué).	1567 Maître Jacques SANGUIN, seigneur de LIVRY; sire Claude HERVY.
	1553. Sire Claude LE SUEUR, maître Jean de SOULFOUR.		1568. Jacques KERVER ; maître Hierome de VARADE.
1554. Maître NICOLE DE LIVRES, notaire et secrétaire du roi.	1554. Maître Jean PALLUAU, notaire et secrétaire du roi ; Jean LESCALOPIER, marchand.	1570. CLAUDE MARCEL, général des monnaies.	1569. Sire Pierre POULLIN; maître François DAUVERGNE.
	1555. Sire Germain BOURCIER, marchand; Michel du RU.		1570. Maître Simon BOUQUET; sire Simon de CRESSÉ.
1556. Maître NICOLAS PERROT, conseiller au parlement.	1556. Maître Guillaume de COURLAY; sire Jean MESSIER.		1571. Maître Guillaume LE CLERC; Nicolas LESCALOPIER, conseiller du roi, trésorier général de France en la généralité de CAEN.
	1557. Maître Augustin de THOU, avocat en parlement ; sire Claude MARCEL, marchand bourgeois.		
1558. Maître MARTIN DE BRAGELONGNE, lieutenant particulier civil et criminel.	1558. Pierre PRÉVOST, élu de Paris; sire Guillaume LARCHER.		
	1559. Sire Jean AUBERY; Nicolas GODEFROY.		

1572.
Maître JEAN LE CHARRON, président en la cour des aydes.

PRÉVOTS.	ÉCHEVINS.
	1572. Maître Jean de BRAGELONGNE; Robert DANÈS, greffier des comptes.
	1573. Sire Jean LE JAY, seigneur de DUCY; maître Jacques PERDRIER, secrétaire du roi.
1574. LE CHARRON (continué).	**1574.** Maître Claude DAUBRAY, secrétaire du roi; sire Guillaume PARFAIT.
	1575. Maître Augustin LE PRÉVOST secrétaire du roi; Jean LE GRESLE, seigneur de BEAUPRÉ.
1576. Messire NICOLAS LUILLIER, président aux comptes, seigneur de BOULENCOURT.	**1576.** Sire Guillaume GUERRIER; maître Antoine MESMIN, avocat au parlement.
	1577. Jean BOUÉ, avocat au parlement, procureur du roi au bailliage du palais; sire Louis ABELLY.
1578. Maître CLAUDE DAUBRAY, conseiller notaire et secrétaire du roi.	**1578.** Sire Jean LE COMTE, quartinier; maître Réné BAUDART.
	1579. Jean GEDOIN, sieur de GRAVILLE; Pierre LAISNÉ, conseiller au Châtelet.
1580. Maître AUGUSTIN DE THOU, conseiller du roi en son conseil d'état, et avocat général au parlement.	**1580.** Antoine MESMIN, réélu; Nicolas BOURGEOIS.
	1581. Réné POUSSEPIN, conseiller du roi au Châtelet; Denis MAMYNEAU, conseiller du roi, auditeur aux comptes.
1582. Messire ÉTIENNE DE NEULLY, premier président de la cour des aydes.	**1582.** Maître Jean de LOYNES, avocat au parlement; sire Antoine HUOT.
	1583. Maître Hector GUEDOUIN; Jacques de LA FAU.
1584. DE NEULLY (continué).	**1584.** Pierre LE GOIX; Rémond BOURGEOIS.
	1585. Maître Philippe HOTMAN, conseiller au Châtelet; Jean de LA BARRE, avocat au parlement.
1586. Messire NICOLAS-HECTOR, seigneur DE PÉREUSE ET DE BEAUBOURG, conseiller d'état et maître des requêtes.	**1586.** Maître Louis de SAINT-YON; Pierre LUCOLY, conseiller du roi et lieutenant général en la prévôté de l'Hôtel.
	1587. Jean LE COMTE, vendeur de marée, quartinier; François BONNARD, même profession.

Le 12 mai 1588, après la journée des barricades, messire Nicolas de Péreuse, prévôt des marchands, fut mis à la Bastille, les échevins furent destitués. Vers la fin du même mois, d'après les ordres du duc de Guise, une réunion générale des notables bourgeois de tous les quartiers de Paris eut lieu à l'Hôtel-de-Ville, à l'effet de procéder à l'élection des nouveaux prévôt des marchands et échevins; et pour mettre les électeurs dans l'impossibilité de donner leurs voix à d'autres qu'à des partisans bien connus de la Ligue, il fut arrêté que, contrairement aux principes suivis jusqu'alors, *il ne serait fait usage de billets ni de scrutin*, mais que chacun voterait publiquement et à haute voix. Cette infraction aux anciens réglements fut colorée du prétexte d'urgence. Un sieur de *Marchaumont* réunit le premier jour la majorité des suffrages; mais interrogé par plusieurs membres sur le lieu de sa naissance, il avoua qu'il n'était pas né à Paris. L'élection fut annulée et remise au lendemain; en présence du duc de Guise, de son fils et de plusieurs autres seigneurs, furent élus à la pluralité des voix:

Maître MICHEL MARTEAU, sieur de LA CHAPELLE, conseiller du roi, et maître ordinaire en la chambre des comptes.	Maître Nicolas ROLLAND, sieur du PLESSIS; Jean COMPANS, marchand; François COTTE BLANCHE, marchand; Robert des PRÉS, marchand.

Les nouveaux magistrats prêtèrent serment entre les mains du duc de Guise; toutefois ils déclarèrent qu'ils n'acceptaient leur charge que par provision, attendu l'urgence des affaires de la ville, et jusqu'à ce qu'il en fût autrement ordonné par le roi. Ils demandèrent ensuite qu'on prît acte de cette déclaration dont minute fut dressée, puis signée par eux et déposée au greffe de la ville.

Au mois de juillet, après la publication de l'édit de pacification, les prévôt des marchands et échevins se démirent de leur charge entre les mains de la reine-mère qui, tout en déclarant qu'elle avait pour agréable cet acte de soumission et qu'elle le porterait à la connaissance du roi son fils, leur enjoignit néanmoins, par un mandement signé de sa main, en date du 11 juillet 1588, de continuer l'exercice de leurs fonctions jusqu'à réception de la réponse de sa majesté.

Le 20 du même mois, d'après l'ordre du roi, Catherine de

PRÉVÔTS.	ÉCHEVINS.

Médicis fit venir au palais, maîtres *Marteau, N. Rolland, F. Cotte Blanche et R. des Prés*, et leur annonça : « que sa majesté avait eu aussi pour très agréable leur démission et obéissance, elle voulait qu'ils continuassent leurs charges jusqu'au 16 août 1590. » Ils prêtèrent donc serment de nouveau entre les mains de la reine-mère. Acte de cette prestation fut dressé, signé par eux tous et déposé au greffe de la ville.

Au mois de septembre 1588, maîtres Marteau et Jean Compans furent députés aux états-généraux convoqués à Blois, où le tiers-état choisit le prévôt pour son président.

Le 1er jour du mois d'août de l'année suivante, Henri III fut tué à Saint-Cloud par Jacques Clément.

1590 (18 octobre).	1590.
Maître CHARLES BOUCHER, sieur D'ORSAY, conseiller du roi, président au grand conseil et maître des requêtes ordinaires.	Maître Jacques BRETTE, conseiller notaire et secrétaire du roi; Pierre PONCHER, marchand et bourgeois de Paris; maître Robert des PREZ, avocat au parlement; Martin LANGLOIS, avocat au parlement.

L'absence du duc de Mayenne et des échevins avait nécessité le renvoi au mois d'octobre, de l'élection, qui, selon les anciens usages, devait avoir lieu le 16 août. Afin de rendre à l'avenir les élections conformes à celles d'autrefois, il fut arrêté que des Prez et Langlois, qui avaient obtenu le moins de voix, ne seraient élus que pour un an seulement.

	1591.
	Robert des PREZ (continué); Martin LANGLOIS. (Quelques jours après leur élection, ces deux échevins se démirent de leurs fonctions).
	1591.
	Maître Denis LEMOINE, sieur de VAUX; Antoine HOTMAN. (Ces deux échevins furent élus pour remplacer des Prez et Langlois, mais Hotman ayant accepté les fonctions d'avocat général au parlement de Paris, il fut procédé à une nouvelle élection, et Martin Langlois fut réélu).

1592 (16 août).	1592.

Point d'élection en raison de l'absence du duc de Mayenne, lieutenant-général du royaume.

1592 (9 novembre).	1592.
Maître JEAN LUILLIER, sieur D'ORVILLE ET DE VISSEAU, conseiller du roi et maître ordinaire en la chambre des comptes.	Denis NERET, marchand; maître Jean PICHONNAT, avocat au parlement.
	1593.
	(Point d'élection).

Le 22 mars 1594, Paris ouvrit ses portes à Henri IV. Le prévôt des marchands Luillier, les échevins Langlois et Neret, coopérèrent à la reddition de la capitale. Le 28 du même mois parut *l'édit d'abolition*, qui conserva tous les officiers publics dans leurs fonctions. Les prévôt des marchands et échevins furent maintenus après avoir prêté serment au roi entre les mains de François d'O, chevalier des ordres de sa majesté, gouverneur et lieutenant-général de l'Isle de France.

1594 (16 août).	1594.
Maître MARTIN LANGLOIS, sieur de BEAUREPAIRE, conseiller du roi et maître des requêtes ordinaires de son hôtel.	Jean LE COMTE, quartinier; maître Robert BESLE, conseiller au Châtelet.
	1595.
	Omer TALON, avocat au parlement; Thomas de ROCHEFORT, avocat au parlement.
1596. Maître LANGLOIS, (continué).	1596. Maître André CANAYE, teinturier; Claude JOSSE, receveur des bois.
	1597. Antoine ABELLY, bourgeois; JEAN ROULLIER, bourgeois.
1598. Messire JACQUES DANÈS, seigneur de MARLY, conseiller d'état et président des comptes.	1598. Nicolas BOURLON, bourgeois; Valentin TARGER, bourgeois.
	1599. Maître Guillaume ROBINEAU avocat du roi en l'élection et grenier à sel de Paris; Louis VIVIEN, seigneur de SAINT-MARC.
1600. Messire ANTOINE GUYOT, seigneur de CHARMEAUX, conseiller d'état et président des comptes.	1600. Maître Jean GARNIER, auditeur des comptes; Jacques des JARDINS; sieur des MARCHETS, conseiller au Châtelet.
	1601. Jean Baptiste CHAMPIN, secrétaire du roi; Claude de CHOILLY.
1602. Messire MARTIN DE BRAGELONGNE, sieur de CHARONNE, conseiller-d'état, président aux enquêtes.	1602. Gilles DURANT, avocat du roi ès-eaux et forêts; Nicolas QUETIN, conseiller au Châtelet.
	1603. Maître Louis LE LIÈVRE, substitut du procureur-général; Léon DOLLET, avocat au parlement.

PRÉVÔTS.	ÉCHEVINS.	PRÉVÔTS.	ÉCHEVINS.
1604. Messire François MYRON, chevalier, seigneur du TREMBLAY, etc., conseiller-d'état et lieutenant civil.  **1606.** Maître Jacques SANGUIN, seigneur de LIVRY, conseiller au parlement. **1608.** SANGUIN (continué). La mort de Henri IV, assassiné par Ravaillac le 14 mai 1610, ne permit pas de procéder aux élections. La régente Marie de Médicis envoya ses ordres au bureau de la ville. Les prévôt et échevins furent continués dans leurs charges; Sanguin, prévôt des marchands, Perrot et de La Noue, pour deux années, et Lambert et Thévenot pour un an seulement.	**1604.** Sire Pierre SAINTOT, bourgeois; Jean de LA HAYE. **1605.** Gabriel de FLEXELLES; maître Nicolas BELUT, conseiller au trésor. **1606.** Germain GOUFFÉ, substitut du procureur au Châtelet; Jean de VAILLY, sieur du BREUL-DU-PONT. **1607.** Maître Pierre PARFAIT, greffier de l'élection; Charles de CHARBONNIÈRES, auditeur des comptes. **1608.** Maître Jean LAMBERT, bourgeois; Jean THÉVENOT, conseiller au Châtelet. **1609.** Maître Jean PERROT; Jean de LA NOUE, avocat au parlement. **1611.** Sire Jean FONTAINE, maître juré, charpentier du roi; maître Nicolas POUSSEPIN; sieur de BELAIS, conseiller au Châtelet.	**1612 (16 août).** Maître GASTON DE GRIEU, sieur de SAINT-AUBIN, conseiller du roi en la cour du parlement. **1614.** Messire ROBERT MYRON, seigneur du TREMBLAY, conseiller du roi en ses conseils d'état et privé, conseiller au parlement et président aux enquêtes. **1616.** Maître ANTOINE BOUCHET, seigneur de BOUVILLE, conseiller du roi au parlement. **1618.** Messire HENRI DE MESMES, chevalier seigneur d'IRVAL, conseiller du roi, en ses conseils d'état et privé, lieutenant civil de la ville, prévôté et vicomté de Paris. **1620.** HENRI DE MESMES (continué).	**1612.** Noble homme maître Robert des PREZ, avocat en parlement; Claude MERAULT, conseiller du roi et auditeur aux comptes, seigneur de FOSSÉE. **1613.** Maître Israël DESNEUX, grainetier; Pierre CHAPISSON, conseiller au Châtelet. **1614.** Jacques HUOT, quartinier; Guy PASQUIER, seigneur de BUSSY, conseiller du roi. **1615.** Jacques LE BRET, conseiller au Châtelet; sire François FRÉRON, marchand bourgeois. **1616.** Sire Nicolas de PARIS, bourgeois; noble homme maître Philippe PIETRE, avocat au parlement. **1617.** Noble homme maître Pierre du PLESSIS, seigneur de LA SAUSSAYE, conseiller du roi au Châtelet; sire Jacques de CREIL, bourgeois. **1618.** Maître Jacques de LOYNES, conseiller du roi, et substitut du procureur général au parlement; sire Claude GONYER, bourgeois. **1619.** Noble homme maître Louys DAMOURS, conseiller au Châtelet; sire Pierre BUISSON, bourgeois. **1620.** Noble homme maître Guillaume LAMY, sieur de VILLIERS-ADAM, conseiller et secrétaire du roi, contrôleur de la chancellerie; Pierre GOUYON, bourgeois.

— HOT —

PRÉVOTS.	ÉCHEVINS.
	1621. Noble homme maître Jean LE PRESTRE, auditeur aux comptes; maître Robert DANÈS, secrétaire du roi.
1622. Messire NICOLAS DE BAILLEUL, seigneur de WATRELOS-SUR-MER et de CHOISY-SUR-SEINE, conseiller du roi et lieutenant civil.	1622. Jacques MONTROUGE, vendeur de marée; maître Louis DAVIAU, conseiller au parlement.
	1623. Charles DOLET, avocat au parlement; Simon MARCEZ, marchand et bourgeois.
1624. DE BAILLEUL (continué).	1624. Maître PROSPÈRE DE MOTTE, conseiller au Châtelet; Pierre PERRIER, marchand et bourgeois.
	1625. Maître Jean-Baptiste HAUTIN, conseiller au Châtelet; André LANGLOIS, marchand et bourgeois.
1626. DE BAILLEUL (continué).	1626. Pierre PARFAIT, marchand et bourgeois; maître Denis MAILLET, avocat au parlement.
	1627. Maître Augustin LE ROUX, conseiller au Châtelet; Nicolas de LAISTRE, marchand et bourgeois.
1628. Messire CHRISTOPHE SANGUIN, seigneur de LIVRY, conseiller d'état, président des comptes.	1628. Sire Étienne HEURLOT, bourgeois; noble homme maître Léonard RENARD, conseiller du roi et son procureur au trésor.
	1629. Pamphile de LA COURT, marchand bourgeois, conseiller de la ville; maître ANTOINE DE PARIS, procureur à la chambre des comptes.
1630. SANGUIN (continué).	1630. Noble homme maître Jean PEPIN, conseiller au Châtelet; sire Jean TRONCHOT, marchand bourgeois, conseiller de la ville.
	1631. Philippe LE GANGNEUX, quartinier; sire Nicolas de POIX, marchand et bourgeois; maître Claude

— HOT —

PRÉVOTS.	ÉCHEVINS.
	LE TOURNEAU, conseiller de la ville, élu pour un an en remplacement de Tronchot qui mourut le 16 juin 1631.
1632. Messire MICHEL MAUREAU, conseiller du roi aux conseils d'état et privé, lieutenant civil.	1632. Noble homme Hilaire MARCEZ, conseiller au Châtelet; Jean BAZIN, sieur de CHAMBUISSON, conseiller de la ville.
	1633. Jean GARNIER, bourgeois de Paris; noble homme Jacques DOUJAT, conseiller et secrétaire du roi.
1634. MAUREAU (continué).	1634. Nicolas de CREIL, marchand bourgeois; maître Jean TOUCQUOY, avocat au parlement, conseiller et maître des requêtes de la reine.
	1635. Noble homme Joseph CHARLOT, écuyer; sieur de PINCÉ, conseiller du roi au Châtelet; Jean de BOURGES, bourgeois.
1636. MAUREAU (continué); il mourut en octobre 1637.	1636. Étienne GEOFFROY, bourgeois; maître Claude de BAUSSAY, conseiller du roi et auditeur aux comptes.
1637 (le 28 octobre). OUDARD LE FÉRON, seigneur d'ORVILLE et de LOUVRE-EN-PARISIS, conseiller aux conseils d'état et privé, président aux enquêtes en la cour de parlement.	1637. Maître Germain PIÈTRE, conseiller au Châtelet; Jacques TARTARIN, marchand et bourgeois.
1638. (Oudard LE FÉRON avait été élu tant pour achever le temps de MAUREAU, décédé, que pour deux autres années encore, à partir du 16 août 1638).	1638 (16 août). Noble homme Claude GALLAND, conseiller du roi et auditeur aux comptes; Claude BOÜE, marchand et bourgeois.
	1639. Maître Pierre de LA TOUR, conseiller et secrétaire du roi; maître Jean CHUPPIN, bourgeois de Paris et conseiller de la ville.
	1640. Pierre EUSTACHE; Charles COIFFIER, commissaire au Châtelet.

20

— HOT —

PRÉVOTS.	ÉCHEVINS.
1641 (25 février). Christophe PERROT, seigneur de LA MALMAISON, conseiller de la grand'chambre du parlement.	1641. Sébastien CRAMOISI, imprimeur ordinaire du roi; Jacques de MONHERS.
1641 (22 avril). Macé LE BOULANGER, président aux enquêtes. (Il fut nommé pour achever le temps de MM. LE FÉRON et PERROT, décédés, et pour deux années ensuite.)	1642. Remy TRONCHOT, receveur général des tailles à Paris; Guillaume BAILLON.
	1643. Claude de BOURGES, payeur du bureau des trésoriers de France, à Orléans; Adrien de VINX.
1644. Jean SCARRON, seigneur de MENDINÉ, conseiller de la grand'chambre du parlement.	1444. Gabriel LANGLOIS, conseiller au Châtelet; Martin du FRESNOY.
	1645. Jean de GAIGNY, commissaire au Châtelet et conseiller de la ville; René de la HAYE.
1646 (26 février). Hiérome LE FÉRON, seigneur d'ORVILLE et de LOUVRE-EN-PARISIS, président aux enquêtes. (Il fut nommé pour achever le temps de SCARRON, décédé, et pour deux années ensuite.)	1646. Jean de BOURGES, docteur en médecine; Geoffroy YON, bourgeois.
	1647. Gabriel FOURNIER, président en l'élection de Paris; Pierre HELYOT, conseiller de la ville.
1648. LE FÉRON (continué).	1648. Pierre HACHETTE, conseiller au Châtelet; Raymond LESCOT, conseiller de ville.
	1649. Claude BOUCOT, secrétaire du roi, seigneur du CLOS GAILLARD; Robert de SEQUEVILLE, bourgeois.
1650. Antoine LE FEBVRE, conseiller au parlement.	1650. Michel GUILLOIS, conseiller au Châtelet; Nicolas PHILIPPE.

— HOT —

PRÉVOTS.	ÉCHEVINS.
	1651. André LE VIEUX, conseiller de la ville; Pierre DENISON.

« Le 14 juillet 1652, le prince de Condé et le duc de Beaufort s'étaient rendus à l'Hôtel-de-Ville où les prévôt et échevins étaient réunis en assemblée générale. Plusieurs personnes crièrent : « La salle est pleine de Mazarins ! » Ces mots furent comme des signaux de guerre donnés à la foule des mécontents, des gens sans aveu, des soldats déguisés qui, depuis le matin, s'agitaient sur la place de la Grève. Les invectives commencèrent, puis une grêle de pierres brisa les fenêtres de la maison de ville. Les mutins allèrent prendre du bois sur le port, l'amoncelèrent devant la porte et y mirent le feu. La fumée se répandit dans les salles, et les magistrats qui cherchaient à se sauver furent massacrés.

» Après cet évènement auquel il n'était pas étranger, le prince de Condé fit élire par une assemblée fort peu nombreuse, réunie à l'Hôtel-de-Ville, pour gouverneur de Paris, le duc de Beaufort, pour prévôt des marchands *Pierre Broussel*, et pour échevins, le 16 août suivant, *MM. Gervais* et *Orry*; mais peu de temps après son entrée à Paris, le roi tint un lit de justice où furent annulées les élections faites par le prince. En vertu d'un mandement du roi, furent réélus : »

PRÉVOTS.	ÉCHEVINS.
1652 (le 18 octobre). Messire Antoine LE FEBVRE, conseiller au parlement.	1652. Michel GUILLOIS, conseiller au Châtelet; Nicolas PHILIPPE. (Chacun pour une année seulement).
	1653. Julien GERVAIS, contrôleur des mesures au grenier à sel; Gabriel de MOUCHENY.
1654 (16 août). Alexandre de SÈVE, chevalier, seigneur de CHASTIGNONVILLE, maître des requêtes honoraire.	1654. Vincent HERON, conseiller de ville; Jean ROUSSEAU.
	1655. Antoine de LA PORTE, quartinier; Claude de SANTEUL, ci-devant conseiller de ville.
1656. DE SÈVE (continué).	1656. Philippe GERVAIS, conseiller de ville; Jacques REGNARD, conseiller au Châtelet.
	1657. Jean de FAVEROLLES, intendant de la maison de la Reine; Jacques REGNARD, sieur de la NOUE.

PRÉVOTS.	ÉCHEVINS.	PRÉVOTS.	ÉCHEVINS.
1658. De SÈVE (continué).	**1658.** Jean Le Vieux, quartinier; Nicolas Baudequin, conseiller de ville. **1659.** Claude Prevost; Charles du Jour, conseiller au Châtelet.		**1671.** Louis Pasquier, contrôleur au grenier à sel; Claude Le Gendre, interprète de sa majesté pour les langues orientales.
1660. De SÈVE (continué).	**1660.** Pierre Delamouche, auditeur aux comptes; Jean Hélissant, conseiller de ville. **1661.** Jean de Monhers, avocat; Eustache de Faverolles.	**1672.** LE PELETIER (continué).	**1672.** Pierre Richer, greffier en chef de la chambre des comptes; Martin Bellier, quartinier. **1673.** François Bachelier, conseiller au Châtelet; Charles Clerembault, conseiller de ville.
1662. Daniel VOISIN, chevalier, seigneur de Cerisay, maître des requêtes.	**1662.** Pierre Brigalier, avocat du roi au Châtelet; Jean Gaillard, conseiller de ville. **1663.** Nicolas Souplet, quartinier; Pierre Charlot, secrétaire du roi.	**1674.** LE PELETIER (continué).	**1674.** Pierre Picquet, quartinier; Jacques Trois-Dames. **1675.** Jacques Favier; Estienne Galliot, commissaire au Châtelet.
1664. Daniel VOISIN (continué).	**1664.** Laurent de Faverolles, auditeur des comptes; Jean de La Balle, notaire et conseiller de ville. **1665.** François Le Foing, notaire au Châtelet; Robert Hamonin, contrôleur et garde des registres à la chambre des comptes.	**1676.** Auguste-Robert DE POMMEREU, seigneur de La Bretèche, conseiller d'état.	

1666. VOISIN (continué).	**1666.** Hugues de Santeul, conseiller de ville; Nicolas Lusson, conseiller au Châtelet. **1667.** Guillaume de Faverolles, quartinier; Réné Gaillard sieur de Montmire.		**1676.** Pierre de Beyne, quartinier; Jean de La Porte, conseiller au Châtelet.
1668. Claude LE PELETIER, président aux enquêtes, depuis président à mortier, ministre d'état et contrôleur général.	**1668.** Claude Belin, conseiller au Châtelet; Nicolas Picques, conseiller de ville. **1669.** Henri de Santeul, quartinier; Réné Accard, substitut du procureur général. **1670.** Nicolas Chanlatte, directeur du commerce des Indes; Guillaume Amy, substitut du procureur général.	**1678.** DE POMMEREU (continué).	**1677.** Alexandre de Vinx, conseiller de ville; Antoine Magneux, intendant du duc de La Trémoille. **1678.** Philippe L'Evesque, quartinier; Jacques Pousset de Montauban, avocat. **1679.** Simon Gillot, conseiller de ville; Antoine de Groisy.
1670. LE PELETIER (continué).		**1680.** DE POMMEREU (continué).	**1680.** Jean de Vinx, quartinier; Louis Roberge.

— HOT — — HOT —

PRÉVOTS.	ÉCHEVINS.	PRÉVOTS.	ÉCHEVINS.
	1681. Jean-Baptiste HELISSANT, conseiller de ville; Antoine Robert BAGLAN.		1695. Jean-Baptiste LE TOURNEUR, conseiller de ville; Nicolas de BRUSSEL, conseiller de ville.
1682. DE POMMEREU (continué).	1682. Charles LEBRUN; Michel GAMARE.	1696. BOSC (continué).	1696. Mathurin BARROY, quartinier; Guillaume HESME.
	1683. Michel CHAUVIN, conseiller de ville; Pierre PARQUES, notaire.		1697. Jean-François SAUTREAU, conseiller de ville; Antoine de LA LOIRE, procureur de la chambre des comptes.
1684. HENRI DE FOURCY, chevalier, seigneur de CHESSY, président aux enquêtes.	1684. Denis ROUSSEAU, quartinier, Jean CHUPPIN, notaire au Châtelet.	1698. BOSC (continué).	1698. François REGNAULT, quartinier; François-Jean DIONIS, notaire au Châtelet.
	1685. Mathieu-François GEOFFROY; Jean-Jacques GAYOT, conseiller de ville.		1699. Léonard CHAUVIN, conseiller de ville; Jean HALLÉ.
1686. DE FOURCY (continué).	1686. Nicolas CHUPPIN, quartinier; Jean-Gabriel de SANGUINIÈRE, sieur de CHAVAUSAC, conseiller au Châtelet.	1700. CHARLES BOUCHER, chevalier, seigneur d'ORSAY, conseiller au parlement.	1700. Guillaume-André HÉBERT, quartinier; François CREVON.
	1687. Henri HERLAU, conseiller de ville; Pierre LE NOIR.		1701. Claude de SANTEUL, conseiller de ville; Claude GUILLEBON.
1688. DE FOURCY (continué).	1688. Claude BELLIER, quartinier; Vincent MARESCAL.	1702. BOUCHER (continué).	1702. Michel BOUTET, quartinier; Hugues DESNOTS.
	1689. Pierre PRESTY, conseiller de ville; Toussaint MILLET, conseiller au Châtelet.		1703. Marc-François LAY, quartinier; Denis-François REGNARD, conseiller de ville.
1690. DE FOURCY (continué).	1690. Pierre CHAUVIN, quartinier; Pierre SAVALETTE, notaire au Châtelet.	1704. BOUCHER (continué).	1704. Martin-Joseph BELLIER, quartinier; Antoine BAUDIN.
	1691. Thomas TARDIF, conseiller de ville; Jean de LALEU.		1705. Antoine MELIN, notaire au Châtelet, conseiller de la ville; Henri BOUTET, notaire au Châtelet.
1692. CLAUDE BOSC, seigneur d'IVRY-SUR-SEINE, procureur général de la cour des aydes.	1692. Simon MOUFLE, notaire au Châtelet; Guillaume TARTARIN, avocat.	1706. BOUCHER (continué).	1706. Guillaume SCOURJON, quartinier, écuyer; Nicolas DENIS, huissier ordinaire des conseils du roi.
	1693. Toussaint-Simon BAZIN, conseiller de ville; Claude PUYLON, docteur en médecine.		1707. Étienne PERICHON, notaire au Châtelet, conseiller de ville; Jacques PYART.
1694. BOSC (continué).	1694. Charles SAINFRAY, notaire au Châtelet; Louis BAUDRAN, substitut du procureur général de la cour des aydes.	1708. JÉRÔME BIGNON, conseiller d'état.	1708. René-Michel BLOUIN, quartinier; Philippe REGNAULT.

— HOT — — HOT —

PRÉVOTS.	ÉCHEVINS.	PRÉVOTS.	ÉCHEVINS.
	1709. Pierre CHAUVIN, conseiller de ville; Claude LE ROY, seigneur de CHAMP, greffier, conseiller du roi, notaire au Châtelet.	1720. PIERRE-ANTOINE DE CASTAGNÈRE, chevalier, marquis de CHATEAUNEUF et de MAROLLES, conseiller d'état.	1720. Jean DENIS, quartinier; Charles-Louis CHAUVIN.
1710. BIGNON (continué).	1710. Michel-Louis HAZON, quartinier; Pierre-Jacques BRILLON, avocat au parlement.		1721. Jacques ROUSSEL, conseiller du roi, notaire au Châtelet; Antoine SAUTREAU.
	1711. Nicolas TARDIF, conseiller de ville; Charles BAUDOUIN-PRESTY.	1722. DE CASTAGNÈRE (continué).	1722. Jean DU QUESNOY; Jean SAUVAGE.
			1723. Estienne LAURENT, conseiller de la ville; Mathieu GOUDIN, conseiller du roi, notaire au Châtelet.
1712. BIGNON (continué).	1712. Louis BOISEAU, conseiller, notaire au Châtelet, quartinier; Louis DURANZ, conseiller du roi, notaire au Châtelet.	1724. DE CASTAGNÈRE (continué).	1724. Jean HÉBERT, quartinier; Jean-François BOUQUET.
	1713. Hector-Bernard BONNET, conseiller de ville; René-François COÜET de MONTBAYEUX, avocat au parlement et au conseil du roi.	1725 (lundi 27 août). NICOLAS LAMBERT, président de la 2ᵉ chambre des requêtes.	1725. Jacques CORPS, conseiller de ville; Nicolas MAHEU.
1714. BIGNON (continué).	1714. Jacques de BEYNE, quartinier; Guillaume de LALEU, conseiller, notaire au Châtelet.	(Cette élection fut faite par suite d'une lettre de cachet du roi qui porte: que vu le grand âge de M. de Castagnère, l'intention de sa majesté est qu'il soit procédé à une nouvelle élection.)	1726. Claude SAUVAGE, quartinier; Gilles-François BOULDUC.
	1715. Simon FAYOLLE, conseiller de ville; Charles-Damien FOUCAULT, conseiller du roi, notaire au Châtelet.		1727. Philippe LEGRAS, conseiller de ville; Jean-François MAULTROT.
1716. CHARLES TRUDAINE, conseiller d'état.	1716. Antoine de SERRE, quartinier; Charles-Pierre HÜET.	1728 (16 août). LAMBERT (continué).	1728. Alexandre-Jean REMY, quartinier; Étienne LE ROY.
	1717. Jean GASCHIER, conseiller du roi, de la ville, notaire au Châtelet; Pierre MASSON, avocat au parlement, greffier de la 5ᵉ chambre des enquêtes.	1729 (14 juillet). Messire ÉTIENNE TURGOT, chevalier, marquis de SOUSMONS, seigneur de SAINT-GERMAIN-SUR-EAULNE, VATIERVILLE, etc., conseiller d'état.	1729 (16 août). Gabriel-René MESNIL, conseiller de ville; Nicolas BESNIER.
1718. TRUDAINE (continué).	1718. Henri de ROSNEL, quartinier; Paul BALLIN, conseiller du roi, notaire au Châtelet.	(L'élection eut lieu avant le temps accoutumé, attendu la mort de N. Lambert, survenue le 10 juillet 1729.)	1730. René ROSSIGNOL, quartinier; Léonor LAGNEAU.
	1719. Pierre SAUTREAU, conseiller de ville; Jean-Jacques BELICHON.		1731. Jean-Louis PELET, conseiller de ville; Claude-Joseph GEOFFROY.

— HOT —

PRÉVOTS.	ÉCHEVINS.
1732. TURGOT (continué).	1732. Henri MILLON, quartinier; Philippe LEFORT. 1733. Jean-Claude FAUCONNET-DE-VILDÉ, conseiller de ville; Claude-Augustin JOSSET, avocat en parlement, conseiller du roi.
1734. TURGOT (continué).	1734. Claude PETIT, quartinier; Jean-Baptiste de SANTEUL. 1735. Jean-Baptiste TRIPART, conseiller de ville; François TOUVENOT, notaire.
1736. TURGOT (continué).	1736. Pierre-Jacques COUCICAULT, conseiller du roi, quartinier; Charles LEVESQUE. 1737. Louis-Henri VERON, conseiller de ville; Edme-Louis MENY, avocat au parlement.
1738. TURGOT (continué).	1738. Louis LE ROY-DE-FETEUIL, conseiller du roi, quartinier; Thomas GERMAIN, orfèvre ordinaire du roi. 1739. Jean-Joseph SAINFRAY, notaire, conseiller de ville; Michel LENFANT.
1740. Messire FÉLIX AUBERY, chevalier, marquis de VASTAN, baron de VIEUX-PONT, conseiller du roi, maître des requêtes honoraire de son hôtel.	1740. Thomas-Léonor LAGNEAU, conseiller du roi, quartinier; Étienne-Pierre DARLE. 1741. André GERMAIN, avocat au parlement, huissier honoraire des conseils du roi, conseiller de ville; Pierre-Yves de BOUGAINVILLE, notaire au Châtelet.
1742. AUBERY (continué).	1742. Jean-Baptiste HUREL, quartinier; BELICHON. 1743. Jean-Baptiste-Claude BAIZE, avocat au parlement; conseiller du roi et de la ville; Jean PIERRE; Pierre-Yves de BOUGAINVILLE, notaire au Châtelet.
1743 (26 juillet). Messire LOUIS-BASILE DE BERNAGE, chevalier, seigneur de SAINT-MAURICE, VAUX, etc., conseiller d'état. (Cette élection eut lieu	(Ce dernier échevin fut

— HOT —

PRÉVOTS.	ÉCHEVINS.
par suite de la mort d'Aubery; arrivée le 20 du même mois.)	réélu pour remplacer Belichon, démissionnaire.) 1744. Claude SAUVAGE, quartinier; Jean-Charles HUET. 1745. Pierre-François DUBOC, conseiller du roi et de la ville; François-Marguerin BRION.
1746. DE BERNAGE (continué).	1746. Guillaume-Joseph LHOMME, conseiller du roi, quartinier; Jacques BRICAULT, conseiller du roi, notaire au Châtelet. 1747. Hilaire TRIPERET, avocat au parlement, conseiller du roi et de la ville; Dominique CRESTIENNOT, avocat au parlement, conseiller du roi et de la ville, payeur des rentes.
1748. DE BERNAGE (continué).	1748. André de SANTEUL, conseiller du roi, quartinier; Claude-Denis COCHIN. 1749. Michel RUELLE, conseiller du roi et de la ville; Charles ALLEN, procureur en la chambre des comptes.
1750. DE BERNAGE (continué).	1750. Henri-Maximilien GAUCHEREL, conseiller du roi, quartinier; Jean-Nicolas BONTEMPS; notaire au Châtelet. 1751. Jean-Daniel GILLET, conseiller du roi; Claude-Denis MIREY.
1752. DE BERNAGE (continué).	1752. Claude-Éléonor de LA FRENAYE, conseiller du roi, quartinier; Pierre-Philippe ANDRIEU, seigneur de MAUCREUX, avocat. 1753. Noël-Pierre-Paschalis DESBAUDOTES, conseiller du roi et de la ville; Jean-François CARON, conseiller du roi, notaire au Châtelet.

— HOT —

PRÉVOTS.	ÉCHEVINS.
1754. DE BERNAGE (continué).	1754. Jean STOCART, quartinier; Pierre GILLET, avocat au parlement.
	1755. Jean-François QUESNON, avocat au parlement, conseiller du roi et de la ville, notaire au châtelet; Louis-François METTRA.
1756. DE BERNAGE (continué).	1756. Jean-Denis LEMPEREUR, conseiller du roi, quartinier; Claude TRIBARD, avocat au parlement.
	1757. Jean-François BRALLET, conseiller du roi et de la ville; Jean-Baptiste VERNAY.
1758. Messire JEAN-BAPTISTE-ÉLIE CAMUS DE PONTCARRÉ, chevalier, seigneur de VIARME, etc., conseiller d'état.	1758. Jean-Olivier BOUTRAY, conseiller du roi, quartinier; Jean ANDRÉ, avocat au parlement et aux conseils du roi.
	1759. Pierre LE BLOCTEUR, avocat au parlement, conseiller du roi et de la ville; Louis-Denis CHOMEL, conseiller du roi et de la ville, notaire au Châtelet.
1760. CAMUS DE PONTCARRÉ (continué).	1760. Pierre-Julie DARLU, conseiller du roi, quartinier; Jean BOYER de SAINT-LEU.
	1761. Louis MERCIER, conseiller du roi; Laurent-Jean BABILLE, avocat au parlement.
1762. CAMUS DE PONTCARRÉ (continué).	1762. Pierre DEVARENNE, avocat au parlement, conseiller du roi, quartinier; DESHAYES, notaire.
	1763. Clément-Denis POULTIER, avocat, conseiller de ville; Nicolas-Daniel PHELIPPES de LA MARNIÈRE.
1764. Messire Armand JÉROSME BIGNON, seigneur et patron de la MEAUFLE, SEMILLY, etc., conseiller d'état.	1764. Michel MARTEL, avocat, notaire honoraire, conseiller du roi; Jean-Charles-Alexis GAUTHIER de ROUGEMONT.

PRÉVOTS.	ÉCHEVINS.
	1765. Paul LARSONNYER, avocat, conseiller de la ville; Jacques MERLET, ancien avocat.
1766. BIGNON (continué).	1766. Pierre-Hubert BIGOT, conseiller du roi, quartinier; Guillaume CHARLIER, conseiller du roi, notaire honoraire.
	1767. Olivier-Clément VIEILLARD, conseiller du roi et de la ville; Antoine-Gaspard-Boucher d'ARGIS, avocat, ancien conseiller.
1768. BIGNON (continué).	1768. Jacques-Antoine de LENS, conseiller du roi, quartinier; Louis RAYMOND de la RIVIÈRE.
	1769. Georges-François SARAZIN, conseiller de la ville; Alexis-Claude BASLY, contrôleur général des rentes.
1770. BIGNON (continué).	1770. Hubert-Louis CHEVAL, sieur de SAINT-HUBERT, conseiller du roi, quartinier; Philippes-Nicolas PIAT.
	1771. Thomas BELLET, conseiller du roi et de la ville; Étienne-René VIEL, ancien avocat au parlement.

1772.
Messire JEAN-BAPTISTE DELAMICHODIÈRE, chevalier, comte d'HAUTEVILLE, seigneur de ROMÈNE, etc., conseiller d'état.

PRÉVOTS.	ÉCHEVINS.	PRÉVOTS.	ÉCHEVINS.
	1772. Louis-Dominique SPROLE, conseiller du roi, quartinier; François-Bernard QUATREMÈRE-DE-L'ÉPINE.		saint de LA BORDENAVE, professeur de chirurgie. **1781.** Louis-Cæsar FAMIN, conseiller du roi et de la ville ; Antoine-Édouard MAGIMEL.
	1773. Pierre-Richard BOUCHER, conseiller du roi et de la ville; Henri-Isaac ESTIENNE, ancien bâtonnier de l'ordre des avocats au parlement de Paris.	**1782.** DE CAUMARTIN (continué).	**1782.** Jacques-Philippe DESVAUX, avocat en parlement, quartinier ; Pierre-Jacques PELÉ, avocat en parlement et aux conseils du roi.
1774 (16 août). DELAMICHODIÈRE (continué).	**1774.** Étienne VERNAY-DE-CHEDEVILLE, conseiller du roi, quartinier; Jacques-François TRUDON.		**1783.** Nicolas-Jean MERCIER, conseiller du roi et de la ville; François COSSERON.
	1775. Jacques-Nicolas-Roettiers DELATOUR, conseiller du roi et de la ville; Charles-Pierre ANGELESME de SAINT-SABIN, ancien avocat au parlement.	**1784.** Messire Louis LE PELETIER, chevalier, marquis de MONTMÉLIANT, seigneur de MORTEFONTAINE, etc., conseiller d'état.	**1784.** Pierre-François MITOUART, conseiller du roi, docteur en médecine, quartinier ; Marie-Nicolas PIGEON, avocat en parlement, conseiller du roi.
1776. DELAMICHODIÈRE (continué).	**1776.** Jean-Denis LEVÉ, conseiller du roi, quartinier; Guillaume-Gabriel CHAPUS-DE-MALASSIS.		**1785.** François-Pierre GOBLET, avocat du roi au grenier à sel de Paris, et son conseiller à l'Hôtel-de-Ville; Denis de la VOIEPIERRE.
	1777. Antoine-François DAVAL, avocat en parlement, conseiller du roi et de la ville; Michel-Pierre GUYOT, avocat en parlement, conseiller du roi, commissaire au Châtelet.	**1786.** LE PELETIER (continué).	**1786.** Jean-Baptiste GUYOT, conseiller du roi, quartinier; Jean-Baptiste DORIVAL, conseiller du roi, avocat, commissaire du Châtelet.
1778. Messire ANTOINE-LOUIS LE FEBVRE DE CAUMARTIN, chevalier, marquis de SAINT-ANGE, comte de MORET, seigneur de CAUMARTIN, conseiller du roi.	**1778.** Jacques CHAUCHAT, avocat en parlement, conseiller du roi, quartinier; Balthazar INCELIN, avocat en parlement.		**1787.** Jean-Baptiste BUFFAULT, chevalier de l'ordre du roi, trésorier honoraire de la ville; Charles-Barnabé SAGERET.
	1779. Jean-Baptiste-André POCHET, conseiller du roi et de la ville; Jean-Jacques BLACQUE, conseiller du roi, notaire honoraire.	**1789 (28 avril).** Messire JACQUES DE FLESSELLES, chevalier, conseiller de la grand'chambre, maître honoraire des requêtes, conseiller d'état.	**1788.** Jean-Joseph VERGNE, avocat, conseiller du roi, quartinier ; Denis-André ROUEN, avocat au parlement, notaire.
1780. DE CAUMARTIN (continué).	**1780.** Jean-Charles RICHER, avocat en parlement, conseiller du roi, quartinier; Tous-		

Après la mort de messire de Flesselles, le ministre Necker divisa Paris en soixante districts, pour procéder à la nomination des électeurs qui devaient choisir les quarante députés de la ville aux états-généraux. Le 15 juillet 1789, le lendemain de la prise de la Bastille, quatre cents électeurs se réunirent spontanément à l'Hôtel-de-Ville, et administrèrent la capitale au milieu du désordre qui croissait à chaque instant.

Le 25 du même mois, cette assemblée fut remplacée par une municipalité provisoire composée de cent vingt députés des districts, sous le titre de *Représentants de la Commune*, qui eux-mêmes devaient céder la place à des autorités constituées par la loi; enfin un décret de l'Assemblée Constituante du 14 décembre abolit toutes les municipalités du royaume, et les recomposa sur une base nouvelle.

On avait senti les fâcheux effets de la centralisation des intendances, on tomba dans l'excès contraire en plaçant l'exécution dans les corps délibérants. La capitale eut beaucoup à souffrir de cette mesure. Nous avons dit qu'elle était divisée en soixante districts qui formèrent bientôt autant de petites républiques fédératives. Chaque district avait un conseil, dont il nommait le président et le vice-président. Ce conseil s'occupait de toutes les affaires de police administrative, et le district disposait en outre d'une force militaire composée de cinq compagnies de cent hommes chacune, dont quatre de volontaires et une soldée; les officiers étaient nommés par les districts. Cette multitude d'administrations particulières amenèrent de graves désordres; enfin de tous côtés on réclama la création d'une municipalité définitive à Paris. L'organisation en fut confiée à des hommes recommandables, qui donnèrent un travail qui servit de base à la loi du 21 mai 1790. Aux termes de cette loi, la municipalité parisienne fut composée : d'un maire, de seize administrateurs, de trente-deux conseillers, de quatre-vingt-seize notables et d'un procureur de la commune.

Le maire, les administrateurs, les conseillers, les notables et le procureur de la commune, étaient élus par les citoyens actifs, et ne pouvaient être destitués que pour forfaitures préalablement jugées.

Le maire et les seize administrateurs composant le bureau, les trente-deux conseillers réunis à ce bureau, formaient le conseil municipal. On donnait la dénomination de *Conseil général*, à la réunion du conseil municipal et des quatre-vingt-seize notables.

Le travail était divisé en cinq départements : 1° des subsistances; 2° de la police; 3° des finances; 4° des établissements publics; 5° des travaux publics. Chaque département devait rendre compte de son travail au conseil municipal, et le maire surveillait; enfin la loi créait une force militaire sous le nom de *garde nationale parisienne*, dont elle donnait la direction et le commandement au conseil municipal. Par l'effet de cette organisation, la police passait dans les attributions des magistrats de la ville. Le département dit *de la police* en était chargé, et le maire l'exerçait sous la surveillance du conseil municipal.

Cette forme d'administration vraiment populaire était le produit complet de l'élection; aussi pendant les deux années qu'elle subsista, la ville de Paris fut administrée avec ordre, justice et économie. Au 10 août 1792, les quarante-huit sections qui composaient Paris nommèrent chacune un membre pour remplir les fonctions d'administrateur du département. De cette nomination et de la loi des 30 août et 2 septembre naquit la trop célèbre commune de Paris, devant laquelle se courba la France entière. Après le 9 thermidor, la capitale fut administrée par des commissions nationales nommées par la Convention; il en fut ainsi jusqu'à l'an IV, époque de la création du Directoire. La ville de Paris fut alors divisée en douze municipalités, dont la direction fut confiée au département de la Seine, composé de sept administrateurs, parmi lesquels trois furent spécialement chargés de l'administration de la commune : le premier pour les contributions; le deuxième pour les travaux, les secours publics, l'enseignement public; le troisième pour la police administrative, civile et militaire, et les subsistances.

La loi du 28 pluviôse an VIII renouvela tout le système administratif de la France, et substitua aux anciens magistrats deux préfets, l'un du département, remplissant en partie les fonctions du prévôt des marchands, et l'autre de la police, représentant à peu près l'ancien lieutenant général de police; ces deux fonctions, dépendantes de l'autorité supérieure, firent disparaître les derniers vestiges du régime municipal.

Cette loi renferme à peine quelques articles sur l'organisation de la capitale : elle établit, art. 16 : « A » Paris, dans chacun des arrondissements munici- » paux, un maire et deux adjoints seront chargés de » la partie administrative et des fonctions relatives à » l'état-civil.

» Un préfet de police sera chargé de ce qui concerne » la police, et aura sous ses ordres des commissaires » distribués dans les douze municipalités. — Art. 17. » A Paris, le conseil du département remplira les fonc- » tions de conseil municipal. »

L'article 2 de la même loi qui fixe à 24 le nombre des membres du conseil municipal se trouve contraire à l'art. 15, qui détermine que le conseil municipal des villes au-dessus de cinq mille âmes, est porté à trente membres.

Ces dispositions brièvement énoncées laissèrent un champ libre à l'extension des pouvoirs dans les autorités supérieures. Ainsi les attributions des maires, mal fixées, mal définies, se trouvèrent réduites à peu près aux registres de l'état-civil et à la présidence des bureaux de bienfaisance (décret du 4 juin 1806, ordonnance du 8 août 1821).

Le conseil municipal fut également restreint et dans son nombre et dans ses attributions; il ne fut composé que de vingt-quatre membres présents, et bientôt réduit à seize par l'arrêté du 25 vendémiaire an IX; ses attributions consistaient simplement à délibérer et à voter sur les questions qui lui étaient soumises, sans aucune initiative ni contrôle des actes de l'administration. Les membres de ce conseil, nommés d'ailleurs par le chef de l'État sur la présentation du préfet, se trouvaient entièrement sous sa dépendance; et d'un autre côté, la juridiction de la police tendait à s'accroître indéfiniment par l'importance que l'empereur attachait à cette magistrature et à l'action directe qu'il était bien aise d'exercer par elle.

La Restauration n'apporta aucun changement à l'ancien état de choses, mais elle eut l'honneur de conserver à la tête des affaires de la ville un administrateur d'un grand talent, qui profita de son influence pour doter la capitale d'améliorations utiles.

Après la révolution de juillet, on sentit la nécessité d'une loi, d'une organisation qui ne laissât plus rien au caprice et à l'arbitraire. La loi départementale pour tout le royaume comprit d'abord quelques articles relatifs à Paris, ainsi que l'avait fait la loi de pluviôse an VIII, mais on reconnut bientôt qu'il fallait pour des intérêts si différents une loi spéciale qui répondît à l'importance d'une ville dont la richesse et la prospérité exercent une influence immense sur le pays tout entier.

Loi sur l'organisation du conseil général et des conseils d'arrondissements de la Seine, et l'organisation municipale de la ville de Paris.

« Au palais des Tuileries, le 20 avril 1834. Louis-
» Philippe, etc... Les chambres ont adopté, nous avons
» ordonné et ordonnons ce qui suit :

TITRE PREMIER.
Du conseil général du département de la Seine.

» Article 1er. Le conseil général du département de la Seine se compose de quarante-quatre membres.

» Art. 2. Les douze arrondissements de la ville de Paris nomment chacun trois membres du conseil général du département, et les deux arrondissements de Sceaux et de Saint-Denis chacun quatre. Les membres choisis par les arrondissements de Paris sont pris parmi les éligibles ayant leur domicile réel à Paris.

» Art. 3. Les élections sont faites dans chaque arrondissement par des assemblées électorales convoquées par le préfet de la Seine. Sont appelés à ces assemblées : 1° tous les citoyens portés sur les listes électorales formées en vertu des dispositions de la loi du 19 avril 1831; 2° les électeurs qui, ayant leur domicile réel à Paris, ne sont pas portés sur ces listes, parce qu'ils ont leur domicile politique dans un autre département, où ils exercent et continueront d'exercer tous leurs droits d'électeurs conformément aux lois existantes ; 3° les officiers des armées de terre et de mer en retraite, jouissant d'une pension de retraite de 1,200 fr. au moins, et ayant, depuis cinq ans, leur domicile réel dans le département de la Seine; 4° les membres des cours, ceux des tribunaux de première instance et de commerce siégeant à Paris ; 5° les membres de l'Institut et autres sociétés savantes instituées par une loi; 6° les avocats aux conseils du roi et à la cour de cassation, les notaires et les avoués après trois ans d'exercice de leurs fonctions dans le département de la Seine ; 7° les docteurs et licenciés en droit, inscrits depuis dix années non interrompues sur le tableau des avocats près les cours et tribunaux dans le département de la Seine ; 8° les professeurs au collège de France, au muséum d'histoire naturelle, à l'école polytechnique, et les docteurs et licenciés d'une ou de plusieurs des facultés de droit, de médecine, des sciences et des lettres, titulaires des chaires d'enseignement supérieur ou secondaire dans les écoles de l'état situées dans le département de la Seine; 9° les docteurs en médecine, après un exercice de dix années consécutives dans la ville de Paris, dûment constaté par le paiement ou par l'exemption régulière du droit de patente.

» Art. 4. Sont appliquées à la confection des listes, les dispositions de la loi du 19 avril 1831 qui y sont relatives.

» Art. 5. Aucun scrutin n'est valable si la moitié plus un des électeurs inscrits n'a voté. Nul n'est élu s'il ne réunit la majorité absolue des suffrages exprimés. Lorsqu'il y aura plusieurs membres du conseil général à élire, on procédera par scrutin de liste. Après les deux premiers tours de scrutin, si l'élection n'est point faite, le bureau proclame les noms des candidats qui ont obtenu le plus de suffrages, en nombre double de celui des membres à élire. Au troisième tour de scrutin, les suffrages ne pourront être valablement donnés qu'aux candidats ainsi proclamés. Lorsque l'élection n'a pu être faite faute d'un nombre suffisant d'électeurs ou est déclarée nulle pour quelque cause que ce soit, le préfet du département de la Seine assigne un jour dans la quinzaine suivante, pour procéder de nouveau à l'élection.

» Art. 6. Les collèges électoraux et leurs sections sont présidés par le maire, par ses adjoints, suivant l'ordre de leur nomination, et par les conseillers municipaux de l'arrondissement ou de la commune où l'élection a lieu, suivant l'ordre de leur inscription au tableau. Les quatre scrutateurs sont les deux plus âgés et les deux plus jeunes des électeurs présents ; le bureau ainsi constitué, désigne le secrétaire. L'élection a lieu par un seul collège dans chacun des arrondissements de Sceaux et de Saint-Denis.

» Art. 7. La tenue des assemblées électorales a lieu conformément aux dispositions contenues dans les articles 41, 43, 46, 47, 48, 49, 50, 51, 52, 53, 56 et 58 de la loi du 19 avril 1831, et les articles 50 et 51 de la loi du 21 mars 1831.

TITRE II.
Des conseils d'arrondissement du département de la Seine.

» Art. 8. Les conseillers d'arrondissement sont élus

dans chacun des cantons des arrondissements de Sceaux et de Saint-Denis, par des assemblées électorales composées des électeurs appartenant à chaque canton, et portés sur les listes, conformément aux dispositions des articles 3 et 4 de la présente loi.

» Art. 9. Il n'y aura point de conseil d'arrondissement pour la ville de Paris.

» Art. 10. Toutes les dispositions de la loi du 22 juin 1833, sur l'organisation départementale qui ne sont pas contraires aux dispositions précédentes, sont applicables au conseil général du département de la Seine et aux conseils des arrondissements de Sceaux et de Saint-Denis.

TITRE III.
De l'organisation municipale de la ville de Paris.

» Art. 11. Le corps municipal de Paris se compose du préfet du département de la Seine, du préfet de police, des maires, des adjoints et des conseillers élus par la ville de Paris.

» Art. 12. Il y a un maire et deux adjoints pour chacun des douze arrondissements de Paris. Ils sont choisis par le roi, pour chaque arrondissement, sur une liste de douze candidats nommés par les électeurs de l'arrondissement; ils sont nommés pour trois ans et toujours révocables.

» Art. 13. En exécution de l'article précédent, les électeurs qui ont concouru à Paris à la nomination des membres du conseil général, sont convoqués tous les trois ans pour procéder, par un scrutin de liste, à la désignation de douze citoyens réunissant les conditions d'éligibilité que la loi a déterminées pour les membres du conseil général; ces candidats sont indéfiniment rééligibles. Pour que le scrutin soit valable, la majorité absolue des votes exprimés est nécessaire au premier tour ; la majorité relative suffit au second tour de scrutin.

» Art. 14. Le conseil municipal de la ville de Paris se compose des trente-six membres qui, en exécution des articles 2 et 3, sont élus par les douze arrondissements de Paris pour faire partie du conseil général du département de la Seine.

» Art. 15. Le roi nomme, chaque année, parmi les membres du conseil municipal, le président et le vice-président de ce conseil. Le secrétaire est élu chaque année par les membres du conseil et parmi eux.

» Art. 16. Le préfet de la Seine et le préfet de police peuvent assister aux séances du conseil municipal ; ils y ont voix consultative.

» Art. 17. Le conseil municipal ne s'assemble que sur la convocation du préfet de la Seine. Il ne peut délibérer que sur les questions que lui soumet le préfet, et lorsque la majorité de ses membres assiste à la séance.

» Art. 18. Il y a chaque année une session ordinaire, qui est spécialement consacrée à la présentation et à la discussion du budget. Cette session ne peut durer plus de six semaines. L'époque de la convocation doit être notifiée à chaque membre du conseil un mois au moins à l'avance.

» Art. 19. Lorsqu'un membre du conseil a manqué à une session ordinaire et à trois convocations extraordinaires consécutives sans excuses légitimes ou empêchements admis par le conseil, il est déclaré démissionnaire par un arrêté du préfet, et il sera procédé à une élection nouvelle.

» Art. 20. Les membres du conseil municipal prêtent serment la première fois qu'ils prennent séance, s'ils ne l'ont déjà prêté en qualité de membres du conseil général.

» Art. 21. Les dispositions des articles 5, 6, 18, 19, 20, 21, de la loi du 21 mars 1831, relatifs aux incompatibilités, et l'article 2 de la loi du 22 juin 1833, relatif aux cas de vacance, sont applicables aux maires et adjoints et aux membres du conseil municipal de la ville de Paris. Il en est de même des articles 27, 28, 29 et 30 de la loi du 21 mars 1831, relatifs à l'irrégularité des délibérations des conseils municipaux et à leur dissolution.

» Art. 22. La présente loi sera mise à exécution avant le 1er janvier 1835, etc...

» Signé LOUIS-PHILIPPE. »

La loi du 18 juillet 1836, sur *l'administration municipale*, porte : titre VIII, art. 74. « Il sera statué par » une loi spéciale sur l'administration municipale de la » ville de Paris. »

Voici les noms des administrateurs qui ont rempli les plus hautes fonctions municipales depuis la révolution jusqu'à cette époque :

Jean-Sylvain BAILLY, élu maire de Paris en 1789.
Jérôme PÉTION DE VILLENEUVE, le 17 novembre 1791.
Nicolas CHAMBON, 1792.
J.-N. PACHE, 1793.
Jean-Baptiste-Edmond FLEURIOT-LESCOT, 1794.

Administrateurs du Département.

NICOLEAU, élu en 1795.
DEMEMIÉE, 1797.
JOUBERT, en l'an VII.
LECOULTEULX, an VII.

PRÉFETS :
Sous l'Empire.
Nicolas-Thérèze-Benoît FROCHOT, de 1804 à 1812.

Sous l'Empire et la Restauration.
Gilbert-Joseph-Gaspard CHABROL DE VOLVIC, de 1812 à 1830.

Depuis juillet 1830.
Le comte DELABORDE, du 28 juillet au 23 août 1830.
ODILON BARROT, du 24 août 1830 au 22 février 1831.
Le comte de BONDY, du 23 février 1831 au 25 juin 1833.

— HOT —

Le comte de Rambuteau, nommé le 22 juin 1833, entré en fonctions le 26 du même mois.

De Jussieu, secrétaire-général, nommé le 1er janvier 1831.

Conseillers de Préfecture (1844).

De La Morélie.
Laffon-de-Ladebat.
De Maupas.
Lucas de Montigny.
Molin.

Noms des Membres du Conseil Général du Département de la Seine en 1844.

VILLE DE PARIS.

1er arrondissement.
MM.
Hérard.
Lafaulotte.
Marcellot.

2e arrondissement.
Ganneron.
Sanson-Davillier.
Thayer (Édouard).

3e arrondissement.
Besson.
Boutron.
Ternaux-Mortimer.

4e arrondissement.
Lahure.
Journet.
Legros.

5e arrondissement.
Ferron.
Grillon.
Say (Horace).

6e arrondissement.
Arago.
Aubé.
Husson.

7e arrondissement.
MM.
Jouet.
Michau (David).
Périer.

8e arrondissement.
Bouvattier.
Moreau (Frédéric).
Perret.

9e arrondissement.
Galis.
Lanquetin.
Thierry.

10e arrondissement.
Beau.
Considérant.
Robinet.

11e arrondissement.
Boulay de la Meurthe.
Gillet.
Séguier.

12e arrondissement.
Pellassy de l'Ousle.
Preschez.
Méder.

ARRONDISSEMENTS DE SAINT-DENIS ET DE SCEAUX.

Possoz.
Benoist.
Sommier.
Duc de Trévise.
Libert.
Lejemptel.
Riant.
Bronzac.

Nous ne terminerons pas cette partie concernant l'institution municipale sans rappeler ses époques les plus glorieuses.

Nous avons payé le premier tribut d'éloges aux prévôts des marchands, parce que les hommes des premières luttes sont grands, même parmi les plus grands. Les privilèges qu'ils ont su conquérir à un ont facilité les développements de la capitale en contribuant à la prospérité de la France. De leur vivant on leur a rendu cet éclatant hommage, *qu'il était impossible de trouver ailleurs plus de talents et plus d'honneur.*

Leurs vertus étaient si pures qu'elles commandaient le respect même aux écrivains qui raillaient les plus hautes illustrations. Un historien du XVIe siècle, raconteur cynique, qui moulait les vices des grands comme on prend l'empreinte du visage des morts, s'exprimait ainsi sur ces magistrats : « On espluche avec tant de
» soin la vie de ceux qui aspirent à ces belles dignitez,
» qu'il est impossible, que homme y puisse parvenir,
» qui soit le moins du monde marqué de quelque note
» d'infamie, ressentant denigrement de renommée, ou
» qui pour quelque mesfaict, et fust-il léger, auroit
» esté mis en prison, tant est saincte ceste authorité
» et honneur d'eschevinages, que la seule opinion de
» vice luy peut donner empeschement, etc… »

Ceux qui ont étudié cette institution connaissent le secret de sa durée. Elle a vécu tant de siècles, parce que l'élection était une sève puissante qui répandait dans tout le corps municipal une activité, une force qui se renouvelaient sans cesse. Aussi le jour où le pouvoir a détruit cette prérogative, la prévôté des marchands a perdu son véritable caractère ; cette première pierre détachée a fait crouler tout l'édifice.

Louis XVI écrivait le 16 mai 1778, au bureau de la ville : « *Nous désirons* que dans l'assemblée qui doit
» être tenue au mois d'août prochain, pour procéder
» à l'élection du prévôt, *vous ayez à donner vos voix*
» *au sieur Lefebvre de Caumartin*, car tel est notre
» *plaisir.* »

Le 14 juillet 1789, l'institution n'existait plus, et le dernier prévôt des marchands expirait sur les degrés du palais municipal.

Justice rendue à cette grande institution, on ne saurait songer ensuite à son rétablissement ; tout ce qui la soutenait, tout ce qui la fortifiait, a disparu !… La révolution qui poursuivait son grand système de centralisation, ne pouvait admettre la prévôté vivant en dehors avec ses anciennes franchises. Il fallait, pour donner de la sécurité, de la force au pouvoir exécutif, qu'il pût pénétrer partout, et sentir sous sa main battre le cœur de la France.

Cette nécessité admise, le droit d'initiative accordé au gouvernement dans la loi municipale, il était nécessaire de lui poser des limites et de créer une nouvelle puissance émanant de l'élection pour juger et contrôler les actes du pouvoir. Avant d'obtenir ces précieux avantages, l'institution municipale a dû subir un demi-siècle d'épreuves ; ainsi l'ancienne loi du 21 mai 1790 embarrassait le gouvernement ; celle du 28 pluviôse an VIII n'admettait aucune liberté. Cependant à ces deux époques, on a vu s'élever des hommes remarquables par leur courage, des magistrats distingués par leurs talents ; les premiers, aux prises avec une population affamée, ne pouvaient construire sur un sol qui tremblait, les seconds, placés dans une situation favorable aux développements de leurs projets, ont eu l'honneur d'augmenter la richesse de la capitale.

Mais pour faire durer une institution, les hommes de courage, les magistrats habiles ne suffisent pas ; il faut que les lois pénètrent profondément dans le sol, qu'elles

— HOT —

y prennent racine sans que leur sève absorbe ou détruise tout ce qui a droit de vivre sous le même soleil.

Ces pensées semblent avoir dominé les législateurs auxquels nous devons la nouvelle institution municipale. Aussi la loi de 1834 a-t-elle produit de grands résultats; que ceux qui doutent, lèvent les yeux et regardent : Paris est un livre ouvert.

Le quartier de la Cité, avec sa population infime, qui, depuis tant de siècles, naissait, souffrait, mourait sans sortir d'une atmosphère putride, a senti dans son sein pénétrer l'air et la vie. Des rues étroites et fangeuses ont disparu, remplacées par deux larges voies publiques. D'autres parties de la capitale ont également senti l'heureuse influence d'une législation dont la force se renouvelle chaque jour.

Les quartiers Sainte-Avoie, des Lombards et des Marchés, renfermant un peuple d'ouvriers, d'artisans, demeuraient depuis longtemps étrangers à toute espèce d'amélioration, tandis que le luxe, la richesse inondaient certaines parties de la ville qui n'offraient encore au commencement de notre siècle que des terrains en friche.

Cette inégalité choquante a provoqué la sollicitude de la nouvelle administration, qui sut improviser une communication facile entre ces quartiers et le grand centre d'approvisionnement de la capitale.

La *rue de Rambuteau* a été ouverte, et cette importante voie de circulation, qui rattache le Marais aux Halles et à la Bourse, est devenue la grande artère qui répand l'aisance et la prospérité autour d'elle.

Dans l'espace de dix années, d'autres travaux importants ont été exécutés : nous les mentionnerons après avoir constaté les sacrifices que la Ville s'est glorieusement imposés pour procurer aux voies publiques les améliorations que nécessitaient les besoins toujours croissants de la circulation.

De 1834 à 1843 inclus, la Ville a dépensé, pour les élargissements par mesure ordinaire de voirie, une somme de 5,322,094. 16

Dans la même période, les frais d'expropriations ou d'acquisitions à l'amiable, se sont élevés à. 19,333,269. 38

Total général. . . 24,655,363. 54

(De 1816 à 1830 inclus, les améliorations de la voie publique avaient occasionné une dépense de 10,241,588 fr. 33 c.)

Parmi les percements ou élargissements exécutés par expropriation, il convient de citer les rues Saint-André-des-Arts, de l'Arcade (prolongement), d'Arcole, des Bourguignons (prolongement), Jacques de Brosse, de Chabanois (prolongement), de Constantine, Croix-des-Petits-Champs, d'Erfurth, de la Harpe, Saint-Hippolyte, Jacob, de Lobau, de Mazagran, du Cloître-Saint-Merri, Neuve-Notre-Dame, Sainte-Opportune, Pavée-au-Marais (prolongement), des Prêtres-Saint-Séverin, de Rambuteau, du Renard-Saint-Merri, Tirechape,

— HOT —

quai de Montebello, les trois rues ouvertes aux abords de la nouvelle prison de la Force, etc. Nous devons comprendre aussi les rues Guy-de-la-Brosse, Jussieu et les cinq voies publiques formées aux environs des greniers de réserve.

Après ces grands et utiles travaux, il convient de parler des voies publiques dont l'administration a favorisé l'ouverture en accordant aux propriétaires un concours bienveillant et éclairé.

Dans cette catégorie figurent les rues d'Antin (prolongement), de l'Aqueduc, Barbet de Jouy, des Bassins, de Berlin (prolongement), Boursault, Geoffroy-Marie, Greffulhe, Lavoisier, Mayet, de Milan, de Mulhouse, de Nemours, Newton, Pauquet de Villejust, Rumfort, de Trévise, etc.

Si l'on ajoute à cette nomenclature les travaux d'agrandissement de l'Hôtel-de-Ville, de construction de la nouvelle prison de la Force, ceux de pavage, de conduites d'eau, d'égouts, de nivellement et de plantation des quais, etc.; alors on peut dire que la nouvelle administration a fait plus pour la salubrité, pour la splendeur de la capitale pendant les dix années qui viennent de s'écouler, que l'ancien pouvoir municipal dans l'espace d'un demi-siècle ordinaire de royauté.

2ᵉ Partie. — *Constructions.* — *Documents administratifs.*

La Hanse Parisienne occupait anciennement une maison située à la vallée de Misère, sur le bord de la Seine, à l'ouest du grand Châtelet. Le bâtiment était appelé *Maison de la Marchandise.* Dubreuil pense que les marchands tinrent plus tard leurs assemblées dans une propriété située entre le grand Châtelet et la chapelle Saint-Leufroy ; on appelait dès lors *Parloeur aux Bourgeois* (*locutium civium*), l'ancienne maison de la marchandise, qu'on transféra sous le même nom de Parloeur aux Bourgeois, près de l'enclos des Jacobins, entre la place Saint-Michel et la rue Saint-Jacques, apparemment vers l'endroit où la rue Saint-Hyacinthe aboutit à la place Saint-Michel. Mais cet emplacement ne répondant point à la dignité du premier corps de la ville, on résolut d'en choisir un plus convenable.

« A la place de Grève, dit Félibien, il y avoit autres-
» fois une maison qui en portoit le nom, et que Philippe-
» Auguste acheta de Suger Clayon ou Cluyn, chanoine
» de Paris, vers 1212. L'abbé de Preuilly reconnut que
» le roy y avoit haute, moyenne et basse justice. Cette
» maison fut depuis appellée la *Maison aux Piliers*
» (*domus ad piloria*), parce qu'elle estoit portée par-
» devant sur une suite de gros piliers, etc... Philippe-
» de-Valois donna cette maison, en 1322, à Clémence
» de Hongrie, veuve et seconde femme de Louis-le-
» Hutin; elle ne mourut qu'en 1328, et nonobstant le
» don que Philippe-de-Valois lui avoit fait de la Maison
» aux Piliers, il donna la mesme maison, en 1324, à Gui,
» dauphin de Viennois, et en renouvella le don à
» Humbert en 1355. Ce fut pour cela qu'on appella

— HOT —

» cette maison, la *maison aux Dauphins*, à cause qu'elle
» appartint aux deux derniers princes souverains de
» Dauphiné et à Charles de France, dauphin, duc de
» Normandie et régent du royaume, qui la donna en
» 1356 à Jean d'Auxerre, receveur des gabelles de la
» prévosté et vicomté de Paris, en considération des
» services qu'il lui avoit rendus. »

Cette maison fut vendue à la ville par Jean d'Auxerre et Marie sa femme, par contrat du 7 juillet 1357, moyennant la somme de « deux mille huit cent quatre-vingts
» livres parisis, forte monnoie, payée en deux mille
» quatre cents florins d'or au mouton, par Estienne
» Marcel, prévost des marchands. »

Sauval nous donne ainsi la description de l'hôtel aux Dauphins : « Il y avoit deux cours, un poulailler, des
» cuisines hautes, basses, grandes et petites, des étuves
» accompagnées de chaudières et de baignoires, une
» chambre de parade, une d'audience appelée *plai-*
» *doyer*, une salle couverte d'ardoises, longue de cinq
» toises et large de trois, et plusieurs autres commo-
» dités. »

Au commencement du XVI° siècle ces constructions étaient devenues insuffisantes.

« En l'an 1553, le 15 juillet (dit Dubreuil), fut posée
» la première pierre du nouveau bastiment de l'Hostel-
» de-Ville, par MM. Maistre Pierre Viole, sieur d'A-
» this, conseiller du roy, notre sire en sa cour de
» parlement à Paris, prévost des marchands, et mais-
» tres Gervais Larcher, Jacques Boursier, Claude
» Daniel et Jean Barthélemy, eschevins, lesquels avoient
» chacun une truelle argentée pour prendre du mor-
» tier fait de sable et de chaux. Sur laquelle pierre
» estoit une lame de cuivre, où estoient gravées les
» armes du roy, et aux deux costés les armes de la
» ville avec cet escrit : *Facta fuerunt hæc funda-*
» *menta*, etc.; pendant que l'on faisoit l'assiette de cette
» pierre, sonnoient les fifres, tambourins, trompettes
» et clairons, artillerie, cinquante hacquebutes à croq
» de la ville, avec les hacquebutiers d'icelle ville qui
» sont en grand nombre; et aussi sonnoient à carrillon
» les cloches de Saint-Jean-de-Grève, du Saint-Esprit
» et de Saint-Jacques-de-la-Boucherie. Aussi, au mi-
» lieu de la Grève, il y avait vin défoncé, tables dres-
» sées, pain et vin pour donner à boire à tous venants,
» en criant par le menu peuple à haute voix : Vive le
» roy et messieurs de la ville. »

Le premier et le second étages étaient construits en 1549. L'architecte avait alors 250 livres de gages; Asselin, maître des œuvres de la ville et commis à la surintendance de la charpente, en avait 75; et Chambiche, tailleur de pierres, maçon et conducteur des ouvriers, 25 sols par jour. Un nouveau plan qui modifiait le premier fut présenté à Henri II. Un artiste italien, *Dominique Boccardo* dit *Cortone*, auteur de ce plan, fut chargé de l'exécution, que les guerres civiles des règnes de Charles IX et de Henri III firent suspendre. L'Hôtel-de-Ville fut enfin achevé en 1606,

— HOT —

sous le règne de Henri IV, par les soins de François Myron, et sous la direction d'André du Cerceau, qui fit quelques changements au plan de l'architecte italien. Le vénérable prévôt des marchands donna neuf cents livres de ses propres deniers et plus de vingt-deux mille livres de droits attachés à sa charge pour les derniers travaux de la façade. Il fit faire les ornements, le grand perron, les escaliers, le portique, et plaça sur le cintre qui surmonte la porte d'entrée la statue équestre de Henri IV. Cette statue, ouvrage de Pierre Biard, fut mutilée pendant la révolution.

Un arrêté de la commune, à la date du 22 août 1792, porte ce qui suit :

« Le procureur de la commune propose de remplacer le cheval de bronze qui est sur la porte de la *maison commune*, par une table de marbre sur laquelle sera gravée en lettres d'or cette inscription :

« Obéissez au peuple, écoutez ses décrets,
» Il fut des citoyens avant qu'il fut des maîtres,
» Nous rentrons dans les droits qu'ont perdu nos ancêtres;
» Le peuple par les rois fut longtemps abusé,
» Il s'est lassé du sceptre et le sceptre est brisé. »

La statue de Henri IV fut restaurée en 1815, coulée en bronze, puis rétablie à l'endroit où nous la voyons.

L'ancienne façade de l'Hôtel-de-Ville présente un corps de bâtiment flanqué de deux pavillons, et dont les combles, suivant l'usage du temps, sont d'une grande hauteur. Cette façade, percée de treize fenêtres au premier étage, est surmontée d'une campanille où fut placée vers 1781 une horloge, ouvrage remarquable de Lepaute.

On montait à l'Hôtel-de-Ville par un perron extérieur. Après avoir traversé le vestibule, un second escalier vous conduit à la cour. Entourée de portiques d'un style plein de noblesse, cette cour a la forme d'un trapèze. La frise contenait autrefois trente inscriptions gravées en lettres d'or, et qui rappelaient les principaux événements du règne de Louis XIV. Ces inscriptions étaient dues au savant André Félibien, père de l'historien de ce nom. Sous l'arcade qui fait face à l'entrée de l'Hôtel, entre deux colonnes ioniques de marbre, avec chapiteaux et ornements de bronze, on voit la statue pédestre de Louis XIV, ouvrage d'Antoine Coysevox. Le grand roi, habillé en triomphateur romain, porte l'énorme perruque en usage au XVII° siècle. Il s'appuie d'une main sur un faisceau d'armes qui s'élève au milieu d'un trophée, et de l'autre il semble donner des ordres. Le piédestal est de marbre blanc. Avant la révolution, ses faces étaient chargées de deux bas-reliefs et de deux inscriptions. Le premier bas-relief représentait le roi distribuant du pain aux pauvres. Le second montrait la religion triomphante de l'hérésie qu'elle foudroyait. (Ce dernier morceau de sculpture faisait allusion à la révocation de l'édit de Nantes, en 1685.)

— HOT —

Voici l'inscription qu'on lisait sur le devant de la statue :

LUDOVICO MAGNO,
VICTORI PERPETUO, SEMPER PACIFICO,
ECCLESIÆ ET REGUM DIGNITATIS ASSERTORI,
PRÆFECTUS ET EDILES ÆTERNUM HOC FIDEI OBSEQUENTIÆ,
Pietatis et memores animi, monumentum posuerunt;
anno R. S. H. M. D. C. L. XXXIX.

La statue de Coysevox, mutilée en 1793, resta cachée dans les magasins du Roule. Replacée en 1814, elle a été restaurée par MM. Dupasquier, sculpteur, et Thomire, fondeur.

La cour de l'Hôtel-de-Ville, remarquable par ses fenêtres d'un style gracieux et élégant, était entourée des portraits en médaillons de plusieurs prévôts des marchands. On en voyait encore quelques uns en 1817. Depuis on a eu la maladresse de les faire disparaître à force de reblanchir et de gratter la pierre.

L'Hôtel-de-Ville, enrichi et décoré avec soin sous les successeurs de François Myron, a été dépouillé, pendant la révolution, de presque tous les ouvrages d'art qui rappelaient le gouvernement déchu. L'antichambre *de la salle des gouverneurs* était ornée d'un tableau peint par de Troy, à l'occasion de la naissance du duc de Bourgogne, père de Louis XV. La salle au fond de la cour renfermait les portraits en pied des gouverneurs de Paris, à partir du duc de Bournonville ; sur la cheminée étaient placés le portrait de Louis XV, donné en 1736 par ce roi, et un grand tableau de Carle Vanloo, représentant le même monarque assis sur son trône, recevant les hommages des prévôt et échevins de la ville de Paris, à l'occasion de la paix de 1739. Dans la salle d'*audience* ou du *conseil*, on remarquait l'entrée de Henri IV à Paris.

- Dans la grande salle, nommée *Salle du Trône*, on voyait deux magnifiques tableaux peints par Largillière ; le premier rappelait le festin donné par la ville à Louis XIV, et le second, le mariage du duc de Bourgogne avec Marie-Adélaïde de Savoie. Dans le fond on distinguait de belles peintures de François Porbus, dit le Jeune, représentant des prévôts et des échevins ; ces dernières toiles étaient si remarquables, que les autres tableaux placés à côté de ceux de Porbus *ne paraissoient*, dit Sauval, *que des peintures de village ou du pont Notre-Dame*. Cette magnifique salle du trône est terminée à chaque extrémité, par une vaste cheminée, ornée de persiques, de cariatides bronzées, et de figures allégoriques, couchées sur des plans inclinés ; ces cheminées datent du règne de Henri IV.

Mais si l'hôtel municipal était remarquable par les ouvrages d'art qu'il renfermait, depuis longtemps ses constructions ne répondaient plus à la grandeur de la capitale.

Il avait été question, vers le milieu du siècle dernier, de faire construire un nouvel Hôtel-de-Ville sur le terrain occupé aujourd'hui par les bâtiments de la Monnaie. L'administration fut même autorisée par un arrêt du conseil du 22 août 1750, à faire l'acquisition de l'emplacement moyennant la somme de 160,000 livres. Ce projet fut heureusement abandonné, et l'édifice de Dominique Boccardo resta la *maison communale*.

Un arrêt du conseil, à la date du 11 janvier 1770, prescrivit l'agrandissement de l'Hôtel-de-Ville. Dans cet acte il est dit : « Sur ce que les prévost des marchands
» et échevins de la ville ont représenté que l'hôtel com-
» mun n'est pas d'une étendue proportionnée à la ma-
» gnificence de la capitale, et ses bâtiments se trouvant
» d'ailleurs insuffisants pour les opérations qui s'y font
» journellement, et notamment pour le paiement des
» rentes dues par sa majesté, il doit être, conformément
» au dit plan, construit une nouvelle façade au dit Hô-
» tel-de-Ville en face de la rivière, et ajouté une aile à
» la jonction des rues Jean-de-l'Épine et de la Vanne-
» rie, etc... » La pénurie d'argent fit abandonner ce projet ; et les prévôts des marchands furent obligés de louer plusieurs maisons qui servirent à placer quelques bureaux.

Sous le consulat, le préfet du département de la Seine vint prendre possession de l'ancienne demeure du prévôt des marchands.

Une délibération des consuls, à la date du 5 frimaire an XI, porte ce qui suit : « Article 1er. Les bureaux de
» la préfecture du département de la Seine, ceux de
» la commission des contributions et du conseil de pré-
» fecture, seront transférés à l'Hôtel-de-Ville de Paris,
» et dans les bâtiments du Saint-Esprit avant le 1er
» germinal. — Art. 2e. Les registres et papiers du do-
» maine national seront transférés dans les bâtiments
» de Saint-Jean-en-Grève. Le premier consul, signé
» Bonaparte. » — Dans un décret de l'empire du 24 février 1811, on lit ce qui suit : « § V, art. 40. — Il sera
» fait à l'Hôtel-de-Ville de Paris les augmentations
» convenables pour que dorénavant dans les fêtes mu-
» nicipales, il ne soit plus nécessaire de faire des cons-
» tructions provisoires. Ces travaux seront commen-
» cés cette année. Signé Napoléon. » Des agrandissements furent entrepris à cette époque sous la direction de M. Molinos, architecte. Une distribution nouvelle eut lieu dans les principales parties de l'édifice, ses dépendances furent considérablement augmentées par la réunion des bâtiments de l'hôpital du Saint-Esprit et de Saint-Jean-en-Grève.

On construisit l'hôtel particulier du préfet de la Seine, sur l'emplacement de l'hôpital du Saint-Esprit. On y remarquait trois pièces, qui, décorées d'un style uniforme, et séparées par des cloisons mobiles, ne faisaient à volonté qu'une seule pièce nommée *salle des Fastes*.

La *salle Saint-Jean* (autrefois chapelle de la communion de l'église Saint-Jean) offrait un vaste parallélogramme, éclairé par le haut et décoré de douze colonnes corinthiennes, en arrière desquelles régnait une galerie latérale ; cette salle était destinée aux assemblées publi-

— HOT —

ques et aux séances solennelles de diverses sociétés savantes. Une autre pièce très vaste, pratiquée dans les galeries Saint-Jean, fut affectée en 1817 à la bibliothèque de la ville qui occupait encore ce local en 1837. — La *salle du Zodiaque*, à côté de la grande salle, servait de cabinet au secrétaire général, et le *salon vert* était devenu le cabinet du préfet. Enfin, pour la célébration des fêtes qui furent données par la ville en l'honneur du duc d'Angoulême à son retour d'Espagne, on construisit une vaste salle sous le nom de *salle du Trocadero* ou *d'Angoulême*. Depuis 1830, elle avait pris le nom de *Salon du Jardin* ou de *Grand Salon*.

Tel on voyait l'ancien Hôtel-de-Ville dont les bâtiments occupaient une superficie de 5961 m.

Malgré les travaux entrepris sous l'empire et la restauration, cet édifice ne suffisait point encore à l'accroissement des différents services administratifs. On fut obligé de faire l'acquisition d'une propriété et de louer une maison de la rue de Lobau. Cependant le poids public, les bureaux de l'octroi ne pouvaient trouver place dans l'hôtel, et leur éloignement gênait une administration qui, vivant d'ordre, avait par conséquent besoin de simplicité dans les moyens et d'unité dans l'action.

A cette nécessité de centralisation venait se joindre une question d'économie qu'il était important de résoudre. Les salons étaient trop étroits, insuffisants, et chaque fois qu'on donnait une fête, il fallait improviser des constructions à grands frais; la fête terminée, on démolissait ce qui avait été bâti la veille; aussi dans les dépenses faites à l'occasion des cérémonies qui eurent lieu à l'Hôtel-de-Ville depuis le gouvernement impérial jusqu'à nos jours, et dont nous fournirons ci-après le détail, figure une somme de 4,000,000 fr. pour ces constructions provisoires. Voici la désignation de ces fêtes :

Sacre de Napoléon.	1,745,646. »
Mariage de Marie-Louise.	2,670,932. »
Naissance du roi de Rome.	600,000. »
Baptême du duc de Bordeaux.	668,000. »
Fête du Trocadero.	800,000. »
Sacre de Charles X.	1,164,000. »
Mariage du duc d'Orléans.	878,613. »
Total.	8,527,191. »

Il appartenait à l'administration actuelle de remédier à d'aussi graves inconvénients, de placer sous sa main les nombreux et importants services dont elle est chargée et de mettre enfin les bâtiments nouveaux en harmonie avec la splendeur de la capitale.

Le conseil municipal donna son approbation au projet d'agrandissement de l'Hôtel-de-Ville dont le périmètre fut déterminé par une ordonnance royale du 24 août 1836, et les travaux commencèrent sous la direction de MM. Godde et Lesueur, architectes.

Dans le courant des mois de mai et juin 1837, on démolit les maisons dont l'emplacement était nécessaire aux nouvelles constructions, et le conseil municipal vota, le 9 juin de la même année, une somme de 6,959,818 fr.

Il nous reste maintenant à juger l'Hôtel-de-Ville dans son ensemble; mais avant de commencer cette appréciation et pour la rendre plus équitable, il nous paraît utile d'ajouter quelques lignes à la description que nous avons déjà faite de l'ancien édifice.

Ce fut par l'influence de Catherine de Médicis que Dominique Boccardo fut désigné pour construire l'Hôtel-de-Ville. On a peine à comprendre aujourd'hui la préférence accordée, par l'épouse de Henri II, à l'artiste étranger. Boccardo n'avait produit aucun ouvrage remarquable qui vînt constater sa supériorité sur les architectes français. Il ignorait nos habitudes nos usages, nos lois. Dans les œuvres de nos grands artistes on devine une pensée-mère qui ne se retrouve point dans le monument de l'Hôtel-de-Ville. Le vieux Louvre offre, pour ainsi dire, le caractère de la force, de la majesté royale, comme on aperçoit sur les pierres de l'hôtel des Invalides le symbole de la gloire. L'architecture d'un édifice destiné à la prévôté des marchands, à cette belle et forte institution, devait être avant tout, simple et sévère. Boccardo construisit un hôtel gracieux, élégant, plein de coquetterie, mais dépourvu de grandeur et de majesté. Aussi le corps de la ville fut-il mécontent de cet ouvrage, et maître François Myron, en regardant l'hôtel inachevé de l'Italien, disait avec sa franchise un peu sévère : « A quoi » diable pensait cet étranger, sa construction est faite » à loger des ribaudes et non des magistrats. » Puis il donna l'ordre à Du Cerceau de modifier quelques parties défectueuses de l'édifice.

Le temps, des événements importants ont fait grandir l'œuvre de l'artiste italien, mais si on la dégage de tous ces prestiges, il ne lui reste aucune de ces mâles beautés que le génie improvise avec cette hardiesse qui commande le respect et l'admiration.

Tel qu'il était, le monument élevé par Boccardo méritait cependant d'être conservé par la délicatesse de ses détails, par ses ornements gracieux qui peuvent servir à l'histoire de l'art. Les architectes chargés de son agrandissement ont dû chercher, en se conformant au programme, à rattacher les nouveaux bâtiments aux constructions primitives de manière à donner à l'ensemble un caractère d'unité.

En quittant le quai Le Peletier pour entrer sur la place, l'Hôtel-de-Ville apparaît dans tout le développement de ses deux façades de l'Ouest et du Midi.

L'œuvre en s'augmentant a pris de la majesté, mais les anciennes sculptures semblent avoir perdu de leur élégance. Le joli clocher qui complétait agréablement l'ancien hôtel, n'est plus en rapport avec les constructions nouvelles. En s'approchant on aperçoit seize statues dont les niches sont trop petites pour la façade actuelle. Voici les noms des personnages historiques dont la reconnaissance municipale a fait choix : Saint

— HOT —

Landry, fondateur de l'Hôtel-Dieu; l'évêque Gozlin qui défendit Paris contre les attaques des Normands; le pieux évêque Maurice de Sully; les prévôts de Paris Étienne Boileau et Hugues Aubriot; Jean Juvénal des Ursins, qui remplit les deux fonctions de prévôt de Paris et de prévôt des marchands; de Violc et François Myron, prévôts des marchands; l'immortel sculpteur Jean Goujon; les architectes Pierre Lescot et Philibert Delorme; les peintres Lebrun et Lesueur; l'ingénieur Perronnet; Turgot et Bailly.

On doit ajouter prochainement à ces statues celles de saint Vincent-de-Paul, Robert-Étienne, Guillaume Budé, Michel Laillier, Hardouin Mansart, d'Argenson, Mathieu-Molé, l'abbé de l'Épée, Jean de La Vaquerie et Jean Aubry.

L'Hôtel-de-Ville comprendra dans son ensemble, après l'achèvement de toutes ses parties:

1° Une grande salle destinée aux fêtes données par la ville de Paris. Elle occupera avec ses vestibules, antichambres et salons, tout le premier étage de la façade sur la rue de Lobau;

2° Les salles de lecture et de dépôt pour la bibliothèque, seront situées sur le comble de la salle des fêtes;

3° Les cuisines et dépendances, placées au rez-de-chaussée de la façade sur le quai de la Grève;

4° Au-dessus, les appartements particuliers du préfet;

5° Au deuxième étage, les appartements affectés aux réceptions ordinaires du préfet, repas, soirées et bals;

6° Les salles du conseil municipal et de ses diverses commissions, situées sur la cour d'honneur et occupant les deux façades du midi et du couchant;

7° Enfin les bureaux de la Préfecture de la Seine, placés dans les bâtiments ayant façade sur la rue de la Tixéranderie.

On remarque dans les constructions que nous venons d'énumérer, le grand escalier de la salle des fêtes dont les voûtes reposent sur des colonnes en marbre des Pyrénées, l'escalier d'honneur conduisant aux appartements du préfet, ainsi qu'aux salons de réception, et les peintures exécutées par MM. Hesse, Schopin, Vauchelet, etc.

Enfin tous les détails du monument qui occupe une superficie de 8,850 m., ont été étudiés avec soin, et l'exécution fait le plus grand honneur à MM. Godde et Lesueur, qui ont été secondés avec intelligence par M. Vivenel, entrepreneur.

La dépense pour les nouvelles constructions, en y comprenant les frais d'ameublement, de décorations, de peintures, etc., s'élève à . . . . . 10,850,000. »
Celle qui reste à faire pour rattacher les bâtiments anciens aux nouveaux, doit monter à . . . . 1,150,000. »
On avait employé en acquisition de propriétés 2,863,435. 85

Total. 14,863,435. 85

— HOT —

3ᵉ Partie. — *Établissements religieux et voies publiques dont les emplacements sont compris aujourd'hui dans l'Hôtel-de-Ville.*

Église Saint-Jean-en-Grève. — Cette église n'était dans l'origine que la chapelle baptismale de Saint-Gervais. Après la construction de l'enceinte de Paris, sous Philippe-Auguste, cette chapelle devint église paroissiale. Elle fut reconstruite en 1326 dans des proportions plus vastes. Son architecture était assez remarquable, et les connaisseurs estimaient surtout la tribune de l'orgue, élevée sous la direction de Pasquier de Lille, et exécutée par Dailly.

Cette église fut restaurée en 1724, et sur une partie de son cimetière, on construisit en 1734 la chapelle dite de la communion, qui passait pour un excellent ouvrage de François Blondel.

L'église Saint-Jean-en-Grève fut vendue par le domaine national le 17 nivôse an VIII, et démolie quelque temps après; une partie de son emplacement servit à élargir la rue du Tourniquet-Saint-Jean; le surplus fut réuni à l'Hôtel-de-Ville. La chapelle de la communion, transformée en salle d'assemblée et de concert, a été démolie en 1837 pour faire place aux nouveaux bâtiments de l'Hôtel-de-Ville.

Hôpital du Saint-Esprit. — Cet établissement avait été fondé en 1362; la construction de son église datait de 1406. Quelques personnes charitables, touchées de l'abandon de plusieurs orphelins qui mouraient de faim dans les rues de Paris, achetèrent une maison et une grange à la place de Grève. Le pape Urbain V approuva la fondation de cet hôpital destiné aux orphelins des deux sexes nés de légitime mariage, et dont les père et mère étaient décédés à l'Hôtel-Dieu. Les enfants étaient reçus jusqu'à l'âge de neuf ans, et donnaient en entrant une somme de 150 livres. Cet argent, qui leur était rendu à leur sortie de cet hôpital, les aidait à apprendre un métier. — Par lettres-patentes du 23 mai 1679, cet établissement fut réuni à l'hôpital général. Un décret du 5 avril 1792 supprima les prêtres du Saint-Esprit. L'église et les bâtiments qui en dépendaient ont été démolis en 1798; sur leur emplacement on éleva en 1810 diverses constructions, notamment l'hôtel du préfet de la Seine. Ces nouveaux bâtiments ont été abattus en 1841 pour l'agrandissement de l'Hôtel-de-Ville.

Chapelle et Hôpital des Haudriettes. — Le plus ancien document qui mentionne cet hôpital est une charte de Philippe-le-Bel, donnée à Milly, au mois d'avril 1306. Dans cet acte, ce prince permet à Étienne Haudri, son panetier, de bâtir une chapelle sur la place qu'il a nouvellement acquise à la Grève, *tenant d'un long à l'hôpital des pauvres, qu'il a fondé.* Cet hôpital qui existait avant la chapelle, était destiné à recueillir un certain nombre de femmes pauvres et veuves. Dans une bulle de Clément VII, on voit que cet établisse-

— HOT —

ment contenait trente-deux veuves qui sont qualifiées de *bonnes femmes de la chapelle d'Étienne Haudri.*

Les religieuses hospitalières qui administraient cette maison, furent transférées en 1622 dans le couvent de l'Assomption de la rue Saint-Honoré. L'emplacement de cet hôpital fait partie aujourd'hui de l'Hôtel-de-Ville.

RUE DES HAUDRIETTES. — Elle commençait au quai de la Grève et finissait à la rue de la Mortellerie. Son nom lui avait été donné en raison de l'hôpital dont nous venons de parler. — Une décision ministérielle du 13 thermidor an VI, avait fixé à 6 m. la largeur de cette rue qui a été supprimée en 1837, et dont l'emplacement est confondu dans le jardin de l'Hôtel-de-Ville.

RUE DES VIEILLES-GARNISONS. — Cette voie publique commençait à la rue du Tourniquet-Saint-Jean, formait retour d'équerre et se terminait à la rue de la Tixéranderie. Dès le XIII⁰ siècle, on la désignait sous le nom du *Marteret.* Un compte de la prévôté de 1448, l'appelle rue des *Garnisons.* En 1522, on la nommait rue *du Saint-Esprit,* en raison de sa proximité de l'hôpital du Saint-Esprit. Cette rue dont la largeur fut fixée à 6 m., par décision ministérielle du 28 brumaire an VI, a été supprimée vers 1810. Son emplacement servit à former le jardin de la préfecture qui a été détruit en 1838, pour recevoir les nouvelles constructions de l'Hôtel-de-Ville.

RUE DU MARTROI. — Elle prenait naissance à la rue de la Levrette (confondue aujourd'hui dans la rue de Lobau), et débouchait sous une arcade dans la place de l'Hôtel-de-Ville. — Le censier de l'évêché de 1372 la nomme le *Martelet-Saint-Jean,* on l'appela plus tard rue du *Martroi.* Suivant Jaillot ce nom dérive de Martyrium, qui signifie lieu du supplice. En effet cette voie publique reçut cette dénomination lorsque la place de Grève fut affectée à l'exécution des criminels. — Une décision ministérielle du 13 thermidor an VI, avait fixé à 10 m. la largeur de la rue du Martroi qui a été supprimée en 1837.

RUE DE LA MORTELLERIE. — Vingt-et-une maisons de cette voie publique ont été démolies en 1837, pour faciliter l'agrandissement de l'Hôtel-de-Ville.

RUE DE LA TIXÉRANDERIE. — Trois maisons de cette rue ont dû également disparaître pour le même objet.

HOTEL-DE-VILLE (PLACE DE L').

Située entre les quais Le Peletier et de la Grève, les rues du Mouton et de la Tixéranderie. Le dernier impair est 39; pas de numéro pair, ce côté est bordé par l'Hôtel-de-Ville. — Les numéros impairs sont du 7⁰ arrondissement, quartier des Arcis. L'Hôtel-de-Ville est du 9⁰ arrondissement.

Au commencement du XII⁰ siècle, un marché public existait sur cette place, qui portait, en raison de sa

— HOT —

proximité du fleuve, le nom de place de *Grève.* Une charte de 1141, donnée par Louis-le-Jeune sur la demande des bourgeois de la Grève et du Monceau, supprima ce marché moyennant 70 livres une fois payées au trésor royal. — La place de Grève fut élargie vers 1770, en vertu des lettres-patentes du 22 avril 1769. — Une décision ministérielle du 20 septembre 1817 a fixé la largeur de cette voie publique à 67 m. Pour les propriétés de 1 à 7, le retranchement varie de 1 m. 30 c. à 4 m. 70 c., les autres constructions devront subir un reculement considérable ou être supprimées entièrement. — Égout. — Conduite d'eau. — Éclairage au gaz (comp⁰ˢ Française et Lacarrière).

On ignore à quelle époque la place de Grève servit pour la première fois de lieu patibulaire. Une hérétique appelée Marguerite Porette y fut brûlée en 1310. A cette malheureuse commence la nomenclature des exécutions de la justice.

Chaque année, la veille de la fête de Saint-Jean, une cérémonie bizarre avait lieu sur cette place; les magistrats de la ville faisaient entasser des fagots au milieu desquels était planté un arbre de 30 m. de hauteur, orné de bouquets, de couronnes et de guirlandes de roses. On attachait à l'arbre un panier qui contenait deux douzaines de chats et un renard. Aussitôt que les trompettes annonçaient l'arrivée du roi, le prévôt des marchands et les échevins, portant des torches de cire jaune, s'avançaient vers l'arbre et présentaient au monarque une torche de cire blanche, garnie de deux poignées de velours rouge, et sa majesté venait allumer le feu. Les chats brûlés vifs au milieu des acclamations de la multitude, le roi montait à l'Hôtel-de-Ville où il trouvait une collation composée de dragées musquées, de confitures sèches, de massepins, etc. — Dans un compte de la ville, à la date de 1573, nous lisons à l'article concernant cette cérémonie. « A Lu-
» cas Pommereux, l'un des commissaires des quais
» de la ville, cents sols parisis, pour avoir fourni durant
» trois années tous les chats qu'il falloit au dit feu,
» comme de coutume ; même pour avoir fourni il y a
» un an où le roi assista, un renard pour donner plai-
» sir à sa majesté, et pour avoir fourni un grand sac
» de toile où étoient les dits chats. »

Nous avons rappelé à l'article de l'Hôtel-de-Ville les principaux événements dont cet édifice fut le théâtre. Plusieurs de ces drames lugubres ont commencé dans les salons de l'hôtel; mais la foule qui se trouvait sur la place, intervenait quelquefois au dénouement.

« Là, dit Mercier (l'auteur du *Tableau de Paris),*
» sont venus tous ceux qui se flattaient de l'impunité :
» un Cartouche, un Ravaillac, un Nivet, un Damiens,
» et plus scélérat qu'eux tous un Desrues. Il y montra
» la froide intrépidité et le courage tranquille de l'hy-
» pocrisie; je l'ai vu et entendu au Châtelet, car il se
» trouvait alors dans la même prison avec l'auteur de
» la philosophie de la nature, quand j'allais visiter
» l'écrivain, etc... »

» Nos femmes, dont l'âme est si sensible, le genre
» nerveux si délicat, qui s'évanouissent devant une
» araignée, ont assisté à l'exécution de Damiens, etc...
» Des lunettes d'approche entre leurs mains ame-
» naient, sous leurs regards, les bourreaux et les an-
» goisses du supplicié. Leurs yeux ne se détournèrent
» pas de cet amas de tourments recherchés; la pitié et
» la commisération s'étaient envolées de la place où le
» criminel expiait son forfait par le plus long et le plus
» cruel des supplices. Il fut tel que la postérité fré-
» mira! »

Nous rapportons les détails de cette exécution :
Le supplice commença vers 5 heures. La main droite du patient qui tenait un couteau, fut brûlée lentement; les atteintes de la flamme lui arrachèrent un cri horrible. Dans cet instant le greffier s'approcha du condamné, et le somma de nouveau de désigner ses complices; il protesta qu'il n'en avait pas : « Au même
» instant le dit condamné a été tenaillé aux mamelles,
» bras, cuisses et gras des jambes, et sur les dits en-
» droits a été jeté du plomb fondu, de l'huile bouil-
» lante, de la poix brûlante, de la cire et du soufre
» fondus ensemble, pendant lequel supplice le con-
» damné s'est écrié à plusieurs fois : Mon Dieu, la
» force, la force!... Seigneur mon Dieu, ayez pitié de
» moi!... Seigneur mon Dieu, que je souffre!... Sei-
» gneur mon Dieu, donnez-moi la patience!... A
» chaque tenaillement, on l'entendait crier douloureu-
» sement; mais de même qu'il avait fait lorsque sa
» main avait été brûlée, il regarda chaque plaie, et
» ses cris cessaient aussitôt que le tenaillement était
» fini. Enfin on procéda aux ligatures des bras, des
» jambes et des cuisses pour opérer l'écartèlement.
» Cette préparation fut très longue et très douloureuse.
» Les cordes étroitement liées, portant sur les plaies
» si récentes, cela arracha de nouveaux cris au patient,
» mais ne l'empêcha pas de se considérer avec une
» curiosité singulière. Les chevaux ayant été attachés,
» les tirades furent réitérées longtemps avec des cris
» affreux de la part du supplicié. L'extension des
» membres fut incroyable; mais rien n'annonçait le
» démembrement. Malgré les efforts des chevaux qui
» étaient jeunes, peut-être trop, cette dernière partie
» du supplice durait depuis plus d'une heure sans
» qu'on pût en prévoir la fin. Les médecins et chirur-
» giens attestèrent aux commissaires qu'il était pres-
» qu'impossible d'opérer le démembrement, si l'on ne
» facilitait l'action des chevaux, en coupant les nerfs
» principaux qui pouvaient bien s'allonger prodigieu-
» sement, mais non pas être séparés sans une amputa-
» tion. Sur ce témoignage, les commissaires firent don-
» ner ordre à l'exécuteur de faire cette amputation,
» d'autant plus que la nuit approchait et qu'il leur
» parut convenable que le supplice fut terminé aupa-
» ravant. En conséquence de cet ordre, aux jointures
» des bras et des cuisses, on coupa les nerfs au patient,
» on fit alors tirer les chevaux. Après plusieurs secous-
» ses, on vit se détacher une cuisse et un bras. Le
» supplicié regarda encore cette douloureuse sépara-
» tion; il parut conserver la connaissance après les
» deux cuisses et un bras séparés du tronc, et ce ne fut
» qu'au dernier bras qu'il expira! » — Les membres et le corps furent brûlés sur un bûcher. — Cet épouvantable supplice de Damiens eut lieu sur la place de Grève, le 28 mars 1757. — Le soir, les courtisans racontaient avec complaisance dans les salons de Versailles, tous les détails de cette longue torture. Une jeune duchesse se fit remarquer par la grâce et la vérité avec laquelle elle retraçait les moindres phases de l'agonie de Damiens.

Le 19 février 1789, la foule accourait de nouveau sur la place de l'Hôtel-de-Ville. Cette fois elle était encore plus avide, plus joyeuse qu'au supplice de Damiens, on allait pendre un marquis !

Le condamné descendit du Châtelet et s'avança entre deux haies de soldats. Sa démarche et son maintien témoignaient de la distinction de son rang ; il paraissait âgé de quarante-cinq ans. C'était Thomas Mahi, marquis de Favras, que la chambre du conseil du Châtelet de Paris avait condamné à être amené et conduit dans un tombereau, après amende honorable, à la place de Grève pour y être pendu et étranglé.

Le matin, après la lecture de l'arrêt, le marquis de Favras avait remis lui-même au greffier sa croix de Saint-Louis. La foule, en apercevant le condamné, battit des mains ; ces applaudissements devinrent plus frénétiques lorsque le marquis vint faire amende honorable sur le Parvis-Notre-Dame. Cette joie du peuple ne sembla ni l'affliger ni l'irriter. Le greffier lut alors la sentence. Favras était convaincu : « D'avoir tenté de mettre à exécution un projet de contre-révolution, qui devait avoir lieu en rassemblant les mécontents des différentes provinces, en donnant entrée dans le royaume à des troupes étrangères, en gagnant une partie des ci-devant gardes-françaises, en mettant la division dans la garde nationale, en attentant à la vie de trois des principaux chefs de l'administration, en enlevant le roi et la famille royale pour les mener à Péronne, en dissolvant l'Assemblée Nationale, et en marchant en force vers la ville de Paris, ou en lui coupant les vivres pour la réduire. »

Conduit à la Grève, Favras monta à l'Hôtel-de-Ville, et fit son testament.

« La nuit étant venue, dit un historien contemporain, on a distribué des lampions sur la place de Grève, et on en a mis jusque sur la potence. Il est descendu de l'Hôtel-de-Ville, marchant d'un pas assuré. Au pied du gibet, il a élevé la voix en disant : « *Citoyens, je*
» *meurs innocent, priez Dieu pour moi!* » Vers le second échelon, il a dit d'un ton aussi élevé; « *Citoyens, je vous demande le secours de vos prières,*
» *je meurs innocent!* » Au dernier échelon il a dit:
« *Citoyens, je meurs innocent, priez Dieu pour moi!* »
Puis s'adressant au bourreau : « *Et toi, fais ton devoir.* »

D'autres victimes montèrent bientôt sur l'échafaud, et le marquis de Favras fut oublié. — L'hôtel-de-Ville devint le palais de la révolution. Là trônait la Commune de Paris. Sur la place de Grève, le désordre, le pillage et le meurtre préparaient leurs moyens de destruction.

Un arrêté du conseil général de la commune, à la date du 13 août 1793, porte ce qui suit :

« Il sera brûlé publiquement sur la place de Grève » les drapeaux souillés des signes de la féodalité, les » titres de noblesse, les brevets et décorations des che- » valiers de Saint-Louis. »

Cette voie publique prit une nouvelle physionomie sous l'empire. Lors du sacre de Napoléon, la ville voulut aussi donner sa fête, l'hôtel de la préfecture apparaissait radieux de lumières. Une ligne de feu s'étendait le long des quais jusqu'au palais des Tuileries, et de vastes trépieds antiques supportaient des gerbes de flammes. Tout Paris a gardé la mémoire de ce magnifique feu d'artifice représentant le Mont-Saint-Bernard. Pendant que nos soldats gravissaient ces montagnes étincelantes, on voyait se détacher au sommet une figure bien connue ; sur le fleuve, une flotille pavoisée de reflets lumineux répondait par de continuelles éruptions à la mousqueterie et aux canons qui tonnaient sur la cime. C'était de l'histoire écrite en caractères de flammes.

Vingt-six années se sont écoulées, l'empire n'existe plus et la restauration va finir. Sur la place de Grève se livre un combat terrible, les traces en sont partout. Tant que le drapeau tricolore ne flotta pas sur l'Hôtel-de-Ville, rien ne fut décidé.

Pour les combattants, le palais de la bourgeoisie était plus précieux que les Tuileries et le Louvre.

Après la lutte, on comprit que le sang des criminels ne devait pas souiller plus longtemps les pavés de cette place, et l'on porta au loin l'instrument du supplice.

Aujourd'hui cette voie publique a pris un nouveau nom, mais elle est toujours le vaste caravansérail d'une grande partie de la classe laborieuse. Les ouvriers employés aux constructions s'y réunissent : *faire Grève*, est une expression consacrée pour peindre la situation d'un ouvrier sans travail. Ainsi sur cette même place, où il y vint si vaillamment combattre pour la liberté, le peuple vient encore demander et chercher de l'ouvrage.

HOTEL-DE-VILLE (rue de l').

Commence aux rues de l'Étoile, n° 3, et du Figuier, n° 1 ; finit à la rue de Lobau, n°s 2 et 4. Le dernier impair est 137 ; le dernier pair, 132. Sa longueur est de 526 m. — 9e arrondissement : les numéros de 1 à 21 et de 2 à 6, sont du quartier de l'Arsenal ; le surplus dépend du quartier de l'Hôtel-de-Ville.

Elle portait en 1212 le nom de rue de la *Mortellerie*. Vers l'année 1300, le poète Guillot en parle ainsi :

« Je ving en la Mortelerie,
» Où a mainte tainturerie. »

Quelques auteurs prétendent que cette dénomination lui avait été donnée en raison des meurtres qui s'y commettaient la nuit. Sauval pense qu'elle doit tout naturellement ce nom à un des ancêtres de Richard *le Mortelier*, bourgeois de Paris, qui y demeurait en 1348. Selon Jaillot, mortelier, en vieux langage, signifie maçon, celui qui fait le mortier ; en effet, de temps immémorial, cette rue a été habitée par ces ouvriers dont le bureau était situé au n° 151. — Une décision ministérielle du 13 thermidor an VI, signée François de Neufchâteau, avait fixé la moindre largeur de cette voie publique à 7 m. Cette moindre largeur a été portée à 10 m. en vertu d'une ordonnance royale du 29 mai 1830. Conformément à une décision ministérielle du 16 février 1835, cette voie publique a reçu la dénomination de rue de l'*Hôtel-de-Ville*, parce qu'elle débouche en face de cet édifice. En 1837, vingt-et-une maisons de cette rue ont été démolies pour faciliter l'agrandissement de l'Hôtel-de-Ville et l'ouverture de la rue de Lobau. Les propriétés ci-après ne sont pas soumises à retranchement : 11, 13, 75, 77, 83, 85, encoignure droite de la rue des Barres, 121, 125, 127, encoignure de la rue de Lobau ; partie des n°s 2, 60, 62, 64, 66, 68, encoignure droite de la rue du Pont-Louis-Philippe, 78, 80 et 108. — Portion d'égout. — Conduite d'eau depuis la rue de Lobau jusqu'aux deux bornes-fontaines. — Éclairage au gaz (comp° Parisienne).

Entre les n°s 18 et 20 était située l'*impasse d'Aumont*, qui devait sa dénomination à un hôtel ayant entrée par la rue de Jouy. — Une décision ministérielle du 6 vendémiaire an XIV, signée Champagny, avait fixé à 6 m. la largeur de cette impasse qui a été supprimée en vertu d'une ordonnance royale du 4 février 1843. Le sol de cette voie publique a été cédé à un propriétaire riverain.

En 1832, la population de la rue de la Mortellerie fut décimée par un fléau redoutable qui porta le trouble et la désolation dans Paris. Du mois de mars au mois de septembre (189 jours), le *choléra-morbus* enleva 18,402 habitants à la capitale. Le quartier de l'Hôtel-de-Ville fut un de ceux où cette horrible maladie exerça ses plus cruels ravages. Sur une population de 12,740 personnes, on compta 671 décès (53 sur 1,000). La rue de la Mortellerie seule perdit 304 habitants sur 4,688 (64 par 1,000).

HOTEL-DIEU.

Situé sur le Parvis-Notre-Dame. — 9e arrondissement, quartier de la Cité.

La fondation de l'Hôtel-Dieu remonte à Saint-Landry, huitième évêque de Paris.

Les chanoines de Notre-Dame ne possédaient dans le principe que la moitié de cet établissement, l'autre partie leur fut cédée en 1202 par Renaud, évêque de Paris. L'Hôtel-Dieu n'était pas seulement affecté aux pauvres malades, on y admettait également des pauvres valides. Adam, clerc du roi, fit don à cet hôpital,

— HOT —

à la fin du XII⁰ siècle, de deux maisons dans Paris, avec cette condition qu'on fournirait, au jour de son anniversaire, aux pauvres malades, tous les mets qu'ils pourraient désirer. Philippe-Auguste est le premier de nos rois qui ait fait quelques libéralités à l'Hôtel-Dieu. Dans une de ses lettres on lit : « Nous donnons » à la maison de Dieu de Paris, située devant l'église » de la bienheureuse Marie, pour les pauvres qui s'y » trouvent, toute *la paille de notre chambre et de notre* » *maison de Paris, chaque fois que nous partirons de* » *cette ville pour aller coucher ailleurs.* » — Par un acte capitulaire de l'église de Paris, l'évêque Maurique et son chapitre arrêtèrent d'un commun accord, qu'au décès de l'évêque ou d'un chanoine, leur lit appartiendrait à l'Hôtel-Dieu. Mais l'accroissement de la population rendit bientôt insuffisant le service de cet hôpital. En 1217, le doyen Étienne, conjointement avec le chapitre, chargea par un statut quatre prêtres et quatre clercs des soins spirituels. Trente prêtres et vingt-cinq sœurs, également laïcs, durent pourvoir aux besoins des malades. On exigea d'eux la chasteté, et ils furent soumis à une loi disciplinaire sous la surveillance du chapitre et du *maître de la maison de Dieu*, titre qu'on donnait au membre qui avait la direction de l'établissement. Saint Louis est regardé à juste titre comme le bienfaiteur de cet hôpital qui, d'après son désir, prit le nom d'*Hôtel Notre-Dame* ou de *la bienheureuse Vierge Marie*. Par ses ordres, il fut exempté des droits d'entrée et de toutes impositions, et les bâtiments qu'il augmenta atteignirent le Petit-Pont. En 1531, les administrateurs de l'Hôtel-Dieu achetèrent une maison située sur le Petit-Pont, joignant le nouveau portail. Sur l'emplacement de cette maison qui avait appartenu à la Sainte-Chapelle, le cardinal Antoine Duprat, légat en France, fit bâtir la salle qu'on nommait avant la révolution, *salle du Légat*. En 1606, Henri IV fit reconstruire la salle Saint-Thomas. La même année la salle Saint-Charles, qui donna son nom à un nouveau pont dont les piliers avaient été bâtis sous ce règne, fut achevée par les libéralités de Pomponne de Bellièvre. En 1634 on termina un autre pont qui fut nommé *Pont-au-Double*. Ainsi cet établissement s'agrandissait à mesure que les maux se multipliaient, et la charité croissait à l'égal des douleurs.

Louis XIV voulut aussi favoriser les développements de cet hôpital. — « Don à l'Hôtel-Dieu du Petit-» Châtelet (novembre 1684). — Louis, etc..... Ayant » reconnu par nous-même, il y a quelques années, que » l'Hôtel-Dieu de notre bonne ville de Paris n'avait » point assez d'étendue pour contenir commodément le » grand nombre des pauvres malades qu'on y amène » tous les jours, lesquels y sont reçus et traités jusques » à leur entière convalescence, de quelque pays, nation » et religion qu'ils soient, par le bon ordre et l'écono-» mie qu'entretiennent dans cette maison les personnes » qui en règlent l'administration ; nous aurions dès » lors pensé à chercher les moyens de procurer l'aug-

— HOT —

» mentation des bâtiments du dit Hôtel-Dieu, et ayant » jugé que rien n'était plus avantageux pour exécuter » cette charitable entreprise que de faire don au dit » Hôtel-Dieu du Petit-Châtelet de notre dite ville de » Paris. A ces causes désirant, à l'imitation des rois » nos prédécesseurs, donner au dit Hôtel-Dieu des » marques de notre protection et munificence royale, » en confirmant notre brevet du 18 septembre de la » même année, ci-attaché sous le contr'scel de notre » chancellerie, nous avons par ces présentes, signées » de notre main, accordé et fait don au dit Hôtel-Dieu » du Petit-Châtelet de notre dite ville, appartenances et » dépendances, pour y être construits tels bâtiments » que les administrateurs d'icelui aviseront pour la » commodité des pauvres malades ; voulons et nous » plait que le dit Hôtel-Dieu jouisse pleinement, pai-» siblement et perpétuellement du dit Petit-Châte-» let, etc... Donné à Versailles, au mois de novembre, » l'an de grâce 1684, et de notre règne le 42⁰. Signé » Louis. » (Archives du royaume, section administrative, série E, n⁰ 3,370.) — En 1737 et 1772, deux incendies causèrent de grands ravages à l'Hôtel-Dieu ; le dernier surtout entraîna la mort d'un grand nombre de malades. Vers cette époque, l'encombrement était devenu si grand à l'Hôtel-Dieu, qu'on avait été forcé de faire coucher huit malades dans le même lit, et presque toujours, le lendemain, trois ou quatre avaient cessé de vivre. L'Hôtel-Dieu qui ressemblait à un vaste tombeau, était une cause permanente d'infection pour la Cité.

On résolut à cette époque de supprimer cet établissement et de transporter les malades, partie à l'hôpital Saint-Louis, partie à la maison dite de Santé.

Des lettres-patentes furent rendues à cet effet au mois de mai de l'année 1773. De vives réclamations s'élevèrent contre ce déplacement. Il était à craindre que les blessés, les malades des quartiers du centre, transportés au loin, ne mourussent pendant le trajet. Ces considérations firent abandonner ce projet, et un système d'administration plus juste et plus en rapport avec les besoins des malades fut pratiqué dans cet ancien établissement.

Jusqu'à l'époque de la révolution, l'histoire de cet hôpital ne nous fournit aucun fait qui mérite d'être rapporté.

Mais au commencement de la Terreur, on ordonna la fermeture de nos églises, et tout ce qui rappelait la foi de nos pères fut proscrit.

« Séance du duodi, de la 3⁰ décade de brumaire » an II. — Le procureur de la commune requiert que » l'on change dans les hôpitaux les noms des salles » des malades, et que l'Hôtel-Dieu soit appelé *Mai-» son de l'Humanité*. Arrêté et envoyé aux travaux » publics pour l'exécution. Signé Lubin, vice-prési-» dent ; Dorat-Cubières, secrétaire. » — Le 1ᵉʳ vendémiaire an XII, le ministre de l'intérieur posa la première pierre du portique de l'Hôtel-Dieu, qui fut élevé sur les dessins et sous la direction de M. Clavareau,

— HOT —

architecte de cet hôpital. Ce portique est composé de trois colonnes doriques sans cannelures; elles supportent une frise et un fronton sans ornement. Cette entrée de l'établissement est d'une belle simplicité. La construction de l'hôpital Beaujon, la formation de l'hôpital Saint-Antoine, permirent bientôt de démolir les parties les plus malsaines de l'Hôtel-Dieu, et d'essayer plusieurs systèmes d'assainissement qui ont réduit ses tables de mortalité au chiffre des hôpitaux les plus favorablement situés.

En pénétrant sous le péristyle de l'Hôtel-Dieu, on aperçoit à gauche la statue de saint Vincent-de-Paul, à droite est celle de Monthyon. On voit ensuite un grand vestibule sur lequel ouvrent les bureaux, les salles de garde, les amphithéâtres, deux grandes salles de chirurgie. Le grand escalier est décoré des portraits des médecins et chirurgiens les plus célèbres de cet hôpital. Plusieurs tables d'inscriptions rappellent les diverses ordonnances relatives aux dotations de cet établissement, depuis celle de Philippe-Auguste jusqu'à celles de Louis XVI. — Une dernière inscription reproduit en entier cette ode célèbre que Gilbert composa à l'Hôtel-Dieu :

« Au banquet de la vie infortuné convive,
» J'apparus un jour... et je meurs!...
» Je meurs, et sur ma tombe où lentement j'arrive
» Nul ne viendra verser des pleurs!... »
. . . .

Au dessous est écrit : *Gilbert, 8 jours avant sa mort, 22 ans.*

En 1842, la dépense s'est élevée pour l'Hôtel-Dieu,
à. 462,512. 99
Pour l'annexe, à. 227,546. 19

Ensemble. . . . 690,059. 18

La mortalité dans l'Hôtel-Dieu a été de 1 sur 7/59. Dans l'annexe de 1 sur 11/04.

Voici l'état des dépenses faites pour les hôpitaux et hospices dans le courant des années ci-après, savoir :

1810. . . . .   9,349,163. 41
1820. . . . .   9,405,084. 60
1830. . . . .   10,654,623. 97
1840. . . . .   12,259,976. 92

Pendant ces dernières années, l'administration des hospices a réalisé de grandes améliorations : un établissement annexe de l'Hôtel-Dieu, organisé dans la rue de Charenton, a déjà produit d'heureux résultats. Plusieurs autres travaux importants ont été exécutés. Sur le Pont-au-Double s'élevait un bâtiment contenant des salles de malades. Cette construction malsaine vient d'être détruite. Les deux bâtiments bordant la rivière ont été diminués de longueur pour rendre le Pont-au-Double en entier à la circulation. Les constructions de la rive droite ne communiquaient à la rive opposée qu'au moyen du pont Saint-Charles, sur lequel on avait établi une galerie vitrée; mais depuis longtemps l'ad-

— HOU —

ministration municipale désirait former sur la rive gauche un quai en prolongement de celui de Montebello; l'exécution en avait même été prescrite par une ordonnance royale du 22 mai 1837. Ce projet vient d'être réalisé au moyen du *dédoublement* du bâtiment Saint-Charles, opéré en 1840. Avant de faire ce changement qui devait diminuer de 200 lits environ le nombre nécessaire au service de l'hôpital, on construisit un bâtiment parallèle à celui Saint-Charles et qui aboutit à la rue du Fouarre. Cette création se rattache à un système d'ensemble dont nous allons parler. Il est question de placer en entier l'Hôtel-Dieu sur la rive gauche de la Seine. Ses constructions seraient limitées par les rues du Fouarre, Galande, du Petit-Pont et le quai de Montebello, en supprimant les rues de la Bûcherie et Saint-Julien. On établirait trois autres corps de bâtiments en harmonie avec celui qui vient d'être élevé dans la rue du Fouarre. Les nouveaux bâtiments contiendraient ensemble 360 lits qui, ajoutés aux 264 que renferment les constructions du quai, formeraient un total de 624. Le bâtiment de la rue du Fouarre a été élevé sous la direction de M. Huvé, architecte, auteur du projet que nous venons d'indiquer.

HOTELS (RUE DES PETITS-).

Commence à la rue des Magasins; finit à la place de La Fayette, n° 5. Le dernier impair est 25; le dernier pair, 30. Sa longueur est de 228 m. — 3e arrondissement, quartier du Faubourg-Poissonnière.

Cette rue a été ouverte en 1827, sur les terrains appartenant à MM. André et Cottier. L'ordonnance royale d'autorisation est à la date du 31 janvier 1827. Cette voie publique a pris sa dénomination des petits hôtels qui y furent construits. Sa largeur est de 12 m. — Éclairage au gaz (comp° Française). (Voyez *Abattoir*, rue de l').

HOUSSAY (RUE DU).

Commence à la rue de Provence, n°s 46 et 48; finit à la rue de la Victoire, n°s 27 et 29. Le dernier impair est 7; le dernier pair, 6. Sa longueur est de 99 m. — 2e arrondissement, quartier de la Chaussée-d'Antin.

« Louis, etc... Notre bien aimé Gabriel, Isaac Duée
» de la Boulaye, chevalier, conseiller en nos conseils,
» maître des requêtes ordinaire de notre hôtel, inten-
» dant de justice, police et finances en notre province
» de Béarn, nous ayant fait représenter qu'il est pro-
» priétaire d'un terrain situé rue de Provence et abou-
» tissant rue Chantereine, en face de la rue des Trois-
» Frères, dont l'alignement a été marqué en exécution
» de nos lettres-patentes du 25 octobre 1777; qu'il a
» établi sur le dit terrain dont l'étendue est médiocre,
» un corps d'hôtel pour sa demeure dans les construc-
» tions duquel il n'a pu se conformer entièrement à la
» projection de l'alignement indiqué pour la dite rue
» des Trois-Frères; que connaissant cependant com-
» bien il serait utile et convenable à la commodité de

— HUC —

» ce nouveau quartier que la jonction de la rue Tait-
» bout à la rue des Trois-Frères ne fût point inter-
» ceptée, il offre pour satisfaire à cet objet de donner
» et sacrifier à l'avantage public, autant qu'à son usage
» particulier, une partie de terrain dont il reste pro-
» priétaire pour former une rue sous la dénomination
» de rue du *Houssay*; nous observant cependant que
» par la disposition actuelle du local, la dite nouvelle
» rue ne pourrait arriver en face de la dite rue des
» Trois-Frères, à moins qu'il ne nous plût en déro-
» geant au contenu en nos dites lettres-patentes du 25
» octobre 1777, à l'égard de son débouché dans la rue
» Chantereine, ordonner que l'ouverture de la dite rue
» serait reportée de 30 pieds ou environ du côté du
» couchant pour arriver en face de la d. nouvelle rue
» du Houssay, etc... Nous avons ordonné et ordonnons
» ce qui suit : Il sera ouvert aux frais du sieur de la
» Boulaye, et sur le terrain qui lui appartient au fau-
» bourg Montmartre, entre les rues de Provence et
» Chantereine, une nouvelle rue nommée rue du *Hous-
» say*, laquelle aura 30 pieds de largeur, et sera diri-
» gée pour avoir son ouverture sur la d. rue de Pro-
» vence, en face de la rue Taitbout, et son débouché
» sur la d. rue Chantereine à 30 pieds ou environ du
» côté du couchant de la rue des Trois-Frères, etc...
» Donné à Versailles, le 17e jour de février, l'an de
» grâce 1781 et de notre règne le 7e. Signé Louis. »
Ces lettres-patentes, registrées au parlement le 27
mars suivant, reçurent leur exécution au mois de mai
de la même année. — Une ordonnance royale en date
du 16 avril 1831, a maintenu la largeur primitive de
cette rue qui doit son nom à l'un des membres de la
famille Lepeletier du Houssay. — Égout dans toute
l'étendue. — Conduite d'eau depuis la rue de Provence
jusqu'à la borne-fontaine. — Éclairage au gaz (compe Anglaise).

HUCHETTE (RUE DE LA).

Commence aux place et rue du Petit-Pont, nos 6 et 10; finit à la place du Pont-Saint-Michel, n° 45, et à la rue de la Vieille-Bouclerie, n° 1. Le dernier impair est 39; le dernier pair, 42. Sa longueur est de 150 m. — 11e arrondissement, quartier de la Sorbonne.

Elle faisait anciennement partie du territoire de Laas appartenant à l'abbaye Saint-Germain-des-Prés. Vers 1179, l'abbé Hugues aliéna la plus grande partie de ce territoire à la charge d'y bâtir. Un chemin fut tracé vers 1185; il était déjà bordé de constructions vers 1210, on le désignait à cette époque sous le nom de rue de *Laas*. En 1284, c'était la rue de la *Huchette*; elle devait cette dénomination à l'enseigne d'une maison appartenant au chapitre de Notre-Dame. Au commencement du XVIIe siècle on la nommait quelquefois rue des *Rôtisseurs*, en raison du grand nombre de rôtisseurs qui étaient venus l'habiter. — Sauval nous rapporte que le père Bonaventure Calatagirone, général des cordeliers, l'un des négociateurs de la paix de Vervins,

— HUL —

avait été si frappé de la rôtisserie de la rue de la Huchette, qu'à son retour en Italie, c'était la seule merveille de Paris qu'il se plût à rappeler : « Veramente,
» disait-il, queste rotisserie sono cosa stupenda. » Il paraît que les pensées du bon père s'appliquaient admirablement au solide. — « Les Turcs (dit le spirituel auteur du *Tableau de Paris*), qui vinrent à la suite du dernier ambassadeur Ottoman, ne trouvèrent rien de plus agréable à Paris que la rue de la Huchette, en raison des boutiques de rôtisseurs et de la fumée succulente qui s'en exhale. On dit que les Limousins y viennent manger leur pain à l'odeur du rôt. A toute heure du jour on y trouve des volailles cuites, les broches ne désemparent point le foyer le plus ardent; un tournebroche éternel qui ressemble à la roue d'Ixion, entretient la torréfaction. La fournaise des cheminées ne s'éteint que pendant le carême; si le feu prenait dans cette rue dangereuse par la construction de ses antiques maisons, l'incendie serait inextinguible. »

Une décision ministérielle du 29 nivôse an VIII, signée L. Bonaparte, a fixé la moindre largeur de la rue de la Huchette à 8 m. Les maisons nos 11, 13, l'encoignure droite de la rue Zacharie, 25, 27, 29, 31, 33, 35, 37 ; 4, 40, et celle qui forme l'encoignure de la place Saint-Michel, ne sont pas soumises à retranchement; celles nos 15 et 17 ne devront éprouver qu'un léger redressement. — Conduite d'eau depuis la rue du Petit-Pont jusqu'à la borne-fontaine. — Éclairage au gaz (compe Parisienne).

HUGUES (RUE SAINT-).

Commence à la rue Bailly, nos 6 et 8; finit à la rue Royale, nos 7 et 9. Le dernier impair est 5; le dernier pair, 6. Sa longueur est de 28 m. — 6e arrondissement, quartier Saint-Martin-des-Champs.

Formée vers 1780 sur les terrains dépendant du prieuré Saint-Martin-des-Champs, cette rue doit son nom à *Saint-Hugues* de Cluny, né en 1024, mort en 1109. Saint-Hugues fut chargé en 1079 de substituer aux religieux qui se trouvaient alors dans l'abbaye de Saint-Martin-des-Champs, les moines de l'ordre de Cluny (voyez *Martin*, place de l'ancien marché Saint-). — Une décision ministérielle du 3 décembre 1814, signée l'abbé de Montesquiou, fixa la largeur de cette voie publique à 10 m. Cette largeur est portée à 12 m., en vertu d'une ordonnance royale du 14 janvier 1829. Les maisons du côté des numéros impairs sont soumises à un retranchement de 3 m. 45 c.; celles du côté opposé, de 2 m. 80 c. — Éclairage au gaz (compe Lacarrière).

HULOT (PASSAGE).

Commence à la rue de Montpensier-Palais-Royal, n° 27; finit à la rue de Richelieu, n° 34. — 2e arrondissement, quartier du Palais-Royal.

Ce passage, ouvert en 1787, doit sa dénomination actuelle à M. Hulot. L'inscription suivante a été placée en 1843, sur la façade de la propriété rue de Richelieu, n° 34 :

« Molière est mort dans cette maison le 17 février

— HUR —

» 1673, à l'âge de 51 ans. » (Voir l'article de la rue de la *Fontaine-Molière*).

HURLEUR (RUE DU GRAND-).

Commence à la rue Saint-Martin, nos 183 et 185; finit à la rue Bourg-l'Abbé, nos 42 et 44. Le dernier impair est 33; le dernier pair 26. Sa longueur est de 136 m. — 6e arrondissement, quartier de la porte Saint-Denis.

Elle faisait partie de l'ancien Bourg-l'Abbé qui existait déjà sous nos rois de la seconde race. En 1210 ce bourg était compris dans l'enceinte de Paris. L'étymologie de la rue qui nous occupe a donné lieu à plusieurs interprétations. Un bail à cens du mois de février 1253, la nomme rue de *Heuleu* et *Huleu*. Piganiol prétend, après Adrien le Valois, que le nom de cette rue est altéré et qu'il faut dire *Heu-le*. Selon ces écrivains cette rue était autrefois habitée par des filles publiques et dès que le peuple y voyait entrer un homme, il excitait les enfants à se moquer du nouveau venu en disant : heu-le! (crie après lui, raille-le!). Cette opinion ne nous semble pas vraisemblable; nous ferons observer que l'ordonnance de saint Louis, qui affectait certaines voies publiques aux femmes de mauvaise vie, est datée de 1254, et que cette rue, dès 1253 et même avant, était désignée sous le nom de *Heuleu*. Il est plus naturel de croire que cette rue a dû sa dénomination à un particulier. « Il est certain, dit Jaillot, » qu'anciennement on disait Heu pour Hugues, et Leu » pour Loup. » On trouve un amortissement fait par un chevalier nommé Heu-Loup (Hugo-Lupus), d'un don accordé à l'église Saint-Magloire, au mois de mars 1231. Dans un acte de concession d'un moulin, au profit de l'abbaye d'Hières, vers l'an 1150, on voit que Clémence, abbesse, était sœur de Heu-Leu (Hugonis-Lupi). Par ces motifs nous pensons que l'orthographe usitée du temps de saint Louis est la seule véritable. Dans des actes de 1627 et 1643, on la nomme rue des *Innocents*, autrement dite du *Grand-Heuleu*. Depuis, par altération, c'est la rue du *Grand-Hurleur*. — Une décision ministérielle du 13 thermidor an VI, signée François de Neufchâteau, fixa la largeur de cette voie publique à 6 m. Une ordonnance royale du 21 juin 1826 a porté sa moindre largeur à 10 m. Les constructions du côté des numéros impairs sont soumises à un retranchement considérable; celles nos 2, 4, 6, 12, 24 et 24 bis, sont alignées. — Conduite d'eau dans une partie de la rue. — Éclairage au gaz (compe Française).

HURLEUR (RUE DU PETIT-).

Commence à la rue Bourg-l'Abbé, nos 17 et 19; finit à la rue Saint-Denis, nos 230 et 232. Le dernier impair est 9; le dernier pair, 12. Sa longueur est de 72 m. — 6e arrondissement, quartier de la porte Saint-Denis.

Cette rue faisait également partie de l'ancien Bourg-l'Abbé. Dès 1242 jusqu'en 1540, c'était la rue *Palée* ou *Jean-Palée*. Elle devait son nom à Jean Palée, fondateur de l'hôpital de la Trinité, situé autrefois au coin

— HYA —

des rues Saint-Denis et Greneta; quant à sa dernière dénomination elle provient, sans doute, de sa proximité de la rue du Grand-Hurleur. — Une décision ministérielle du 13 thermidor an VI, signée François de Neufchâteau, fixa la largeur de cette voie publique à 6 m. Cette largeur fut portée à 10 m. en vertu d'une ordonnance royale du 21 juin 1826. Conformément à une ordonnance royale du 12 juillet 1843, la largeur de la rue du Petit-Hurleur est fixée à 11 m., et l'élargissement immédiat de cette rue est déclaré d'utilité publique. Pour exécuter cette opération, la ville de Paris est autorisée à appliquer aux propriétés riveraines et à celles des rues du Petit-Lion et Bourg-l'Abbé qui doivent augmenter de valeur par suite de la réalisation de l'alignement arrêté, les dispositions des articles 30 et 31 de la loi du 16 septembre 1807. — Les propriétés du côté des numéros impairs devront être supprimées entièrement; les maisons nos 2, 4, 6 et 8 sont alignées; n° 10, redressement; n° 12, retranchement réduit 50 c. — Conduite d'eau. — Éclairage au gaz (compe Française).

HYACINTHE-SAINT-HONORÉ (RUE SAINT-).

Commence à la rue de la Sourdière, nos 13 et 15; finit à la rue du Marché-Saint-Honoré, nos 8 et 10. Le dernier impair est 7; le dernier pair, 12. Sa longueur est de 66 m. — 2e arrondissement, quartier du Palais-Royal.

C'était anciennement une impasse au fond de laquelle se trouvait une grille servant d'entrée au couvent des Jacobins. Vers 1807 elle fut prolongée sur l'emplacement d'une partie de cette communauté. Elle doit sa dénomination à *Saint-Hyacinthe*, religieux de l'ordre de Saint-Dominique, et qui fut en grande vénération chez les Jacobins. — Une décision ministérielle du 31 janvier 1807, signée Champagny, et une ordonnance royale du 4 octobre 1826, ont fixé la largeur de cette voie publique à 8 m. Propriété n° 1, retranchement 30 c.; 3, retranchement réduit 1 m.; 5 et 7, alignées; 2 et 4, retranchement 1 m. 50 c. à 1 m. 90 c.; 6 et 8, retranchement 80 c. à 1 m. 30 c.; 10 et 12, alignées. — Conduite d'eau depuis la rue du Marché jusqu'à la borne-fontaine. — Éclairage au gaz (compe Anglaise).

HYACINTHE-SAINT-MICHEL (RUE SAINT-).

Commence aux rues de la Harpe, n° 127, et d'Enfer, n° 1; finit à la rue Saint-Jacques, nos 184 et 186. Le dernier impair est 37; le dernier pair, 34. Sa longueur est de 234 m. — 11e arrondissement, quartier de la Sorbonne.

Elle a été percée vers 1650, sur l'emplacement des fossés de l'enceinte de Philippe-Auguste, dont le roi avait fait don à la ville de Paris par lettres-patentes du 7 juillet 1646. On la désigna d'abord sous le nom de rue sur le *Rempart*; elle fut appelée ensuite rue des *Fossés* et rue des *Fossés-Saint-Michel*. Enfin elle prit la dénomination de rue *Saint-Hyacinthe*, en raison de sa proximité du couvent des Jacobins (voir pour l'étymologie, l'article précédent). — Une décision ministérielle du 28 vendémiaire an VIII, signée Quinette, a fixé la moindre largeur de cette voie publique à 10 m. Les maisons n°s 5, 7, 9, 11, devront avancer sur leurs vestiges actuels, celles n°s 21, 23, 25, 27, 29; 2, 4, 6, 8, partie des n°s 10, 12, 14, 28 et 30, ne sont pas soumises à retranchement.

Avril 1844.

I.

IÉNA (PONT D').

Situé entre les quais Billy et d'Orsay.

« Loi du 27 mars 1806. — Art. 1er. Il sera construit un pont sur la Seine vis-à-vis de l'École-Militaire. — Art. 2. Une taxe semblable à celle statuée par la loi du 24 ventôse an IX sera établie sur ce pont. — Art. 3. La perception de cette taxe pourra être concédée aux particuliers qui fourniraient tout ou partie des fonds nécessaires pour la construction du pont. — Art. 4. Les conditions de la concession et la durée de la perception seront déterminées par un règlement d'administration publique. — Art. 5. Si la construction du pont nécessite des achats, des démolitions de maisons, les propriétaires seront tenus de les céder au prix d'estimation et à la charge du paiement préalable, et en observant les conditions prescrites par les lois pour les cas d'aliénation pour cause d'utilité publique. »

« Au palais de Varsovie, le 13 janvier 1807. Napoléon, etc. Nous avons décrété et décrétons ce qui suit : — Art. 1er. Le pont construit sur la Seine en face le Champ-de-Mars s'appellera *pont d'Iéna*, etc. Signé Napoléon. » La célèbre bataille d'Iéna avait été gagnée le 14 octobre 1806, sur les Prussiens.

« Toulouse, le 27 juillet 1808. Napoléon, etc. Nous avons décrété et décrétons ce qui suit : — Art. 1er. Le pont d'Iéna en cinq arches de pierre, avec piles et culées en maçonnerie, les ouvrages accessoires, quais, chemin de halage et rampes aux abords de ce pont, seront exécutés conformément aux projets rédigés le 18 mars dernier, par le sieur Lamandé, ingénieur en chef des ponts et chaussées, chargé spécialement de cette construction, et aux modifications indiquées par l'avis du conseil général des ponts et chaussées du 15 juin suivant, notamment celle qui substitue des arches en pierre à celles en fer, le tout sauf néanmoins une longueur de 200 m. de quai en aval dont la construction sera ajournée jusqu'à nouvel ordre, etc. Signé Napoléon. » Le devis des travaux de construction fut arrêté en 1809 à la somme de 6,175,128 fr. 75 c. Le pont d'Iéna a été terminé en 1813. Il est formé de cinq arches égales de 28m. d'ouverture, dont la courbe directrice est une portion de cercle de 3 m. 30 c. de flèche. La largeur des piles au niveau des naissances est de 3 m., et l'épaisseur de chaque culée de 15 m. La largeur d'une tête à l'autre est de 14 m. La longueur totale est de 140 m. Les demi-piles projetées d'abord en avant de chaque culée ont été supprimées et remplacées par des corps carrés au-dessus desquels s'élèvent des piédestaux destinés à porter des statues équestres.

En 1814, époque de nos revers, l'armée prussienne voulut détruire ce pont. Des ouvriers commandés par un officier, commencèrent à miner la partie inférieure des piles. Les procédés employés exigèrent heureusement un temps assez long pendant lequel Louis XVIII protesta contre ce vandalisme. Le pont fut sauvé, mais, en vertu d'une ordonnance royale du mois de juillet 1814, il dut prendre la dénomination de *pont des Invalides*. Depuis 1830, on lui a rendu le nom d'*Iéna*.

IÉNA (RUE D').

Commence au quai d'Orsay, n° 41; finit à la rue de Grenelle, n° 150. Pas de numéro impair; ce côté est bordé par l'esplanade des Invalides; le dernier pair est 34. Sa longueur est de 519 m. — 10e arrondissement, quartier des Invalides.

Elle est indiquée sur le plan de Verniquet, mais sans dénomination. En 1806, on lui donna le nom de *rue d'Iéna* (voyez l'article précédent). L'alignement approuvé par le ministre de l'intérieur Cretet, le 19 septembre 1807, ne fait subir qu'un faible retranchement aux maisons n°s 16, 18 et 20. Toutes les autres constructions sont alignées. — Éclairage au gaz (comp^e Française).

IMPRIMERIE ROYALE.

Située dans la rue Vieille-du-Temple, n° 89. — 7e arrondissement, quartier du Mont-de-Piété.

L'origine de l'imprimerie royale ne remonte pas au règne de François Ier, ainsi que l'ont avancé plusieurs historiens. Cette fondation ne date que du ministère du duc de Luynes. Le 2 février 1620, Louis XIII rendit l'ordonnance qui constitua le premier privilège des imprimeurs royaux. On lit dans cet acte que les sieurs Nurel et Mettayer, imprimeurs ordinaires du roi, pourront seuls imprimer les édits, ordonnances, règlements, déclarations, etc. Richelieu, devenu premier ministre en 1621, s'empara de cette belle création et sut lui donner plus tard de grands développements. L'imprimerie royale fut définitivement organisée en 1642. Sur la présentation du cardinal, Sublet des Noyers reçut le titre d'intendant, Trichet-Dufrène fut nommé correcteur, et Sébastien Cramoisy, imprimeur.

— IMP —

On consacra pour ainsi dire ce bel établissement en commençant ses travaux par l'impression de l'*Imitation de Jésus-Christ*. D'abord établie au Louvre, l'imprimerie royale fut transférée à l'hôtel de Toulouse (aujourd'hui la Banque de France). Un décret du 6 mars 1809 affecta à l'imprimerie royale une partie de l'hôtel de Soubise. Cette dépendance était appelée *Palais-Cardinal*, en raison d'Armand Gaston, cardinal de Rohan, qui en avait ordonné la construction en 1712. En fondant l'imprimerie royale, la pensée des rois avait pour but de créer cet établissement dans l'intérêt des lettres, et non pour l'utilité des services publics. Cette imprimerie n'avait alors qu'un petit nombre de travaux pour le compte de l'État, et son directeur n'était qu'une espèce d'entrepreneur à qui on livrait un matériel précieux et unique en lui imposant certaines charges. La famille Anisson Duperron, en possession du privilège depuis 1691, employa tous les moyens pour centraliser dans cet établissement toutes les impressions affectées aux services publics.

Un arrêt du 22 mai 1775 réunit à l'imprimerie royale celle qui avait été formée dès 1683 dans l'Hôtel de la Guerre à Versailles, chargée d'imprimer les différents ouvrages relatifs aux départements de la Guerre et de la Marine. Un autre arrêt du conseil, de 1789, y réunit aussi l'imprimerie dite *du cabinet*, à Versailles. L'Assemblée Constituante conserva l'administration générale de l'imprimerie, mais ne poursuivit pas l'idée d'y réunir toutes les impressions des services publics. La Convention sut réaliser complètement cette idée et constitua, en 1795, l'*imprimerie de la république*, qu'elle destina à tous les besoins du gouvernement. Le 22 mai 1804, l'imprimerie de la république prit le titre d'*imprimerie impériale*. Un décret du 24 mars 1809 modifia son organisation, et lui donna plus d'unité. Cette imprimerie resta exclusivement chargée des impressions du ministère, du service de la maison impériale, de celui du conseil d'état, et de l'impression du Bulletin des lois. La restauration, préférant les idées de l'ancienne monarchie, déclara, dans une ordonnance du 28 décembre 1814, que l'*imprimerie royale* cesserait d'être régie aux frais de l'état. Un directeur dut prendre pour son compte cette administration. Il gardait, en qualité d'usufruitier, les poinçons et tout le matériel de l'administration. Des plaintes nombreuses s'élevèrent contre un pareil état de choses, et une ordonnance royale de 1823 réorganisa l'imprimerie sur le pied où elle est encore aujourd'hui. Après la révolution de juillet, quelques réformateurs imprudents demandèrent la suppression de l'imprimerie, sous prétexte qu'elle était inutile, dispendieuse ou nuisible à l'intérêt privé. Une commission fut nommée; après un examen approfondi, elle fut d'avis de conserver cette belle institution. — L'administration de l'imprimerie royale est confiée à un fonctionnaire qui porte le titre de directeur. Cinq employés supérieurs dirigent sous ses ordres les diverses parties du service. Ce sont les chefs de la typo-

— INC —

graphie, du Bulletin des lois et des travaux accessoires, du service intérieur, de la comptabilité et du contrôle. Ces employés sont désignés par le garde-des-sceaux. Le directeur est nommé par le roi, entre les mains duquel il prête serment. Le budget des dépenses de l'imprimerie royale a été, pour l'exercice de 1837, de 1,971,200 francs. Les recettes effectives sont évaluées à 2,050,000 francs. L'imprimerie royale occupe 125 presses ordinaires et deux presses mécaniques mues par la vapeur. Elle emploie à son exploitation environ 456,000 kilogrammes de caractères, et conserve annuellement dans sa réserve 5 à 6,000 formes composées dans toutes les dimensions, pour les besoins instantanés des administrations financières. Son cabinet de poinçons possède, pour la typographie étrangère : 1° quarante caractères ou alphabets différents, chacun sur plusieurs corps (on en compte 92), et formant ensemble 9,386 poinçons et 13,632 matrices ; 2° deux corps de chinois gravés anciennement et formant 126,590 groupes en bois ; 3° un autre corps de chinois exécuté d'après un nouveau système, au moyen duquel on pourra avec 5 ou 6000 groupes en représenter 60,000 ; chacun de ces groupes étant formé de signes mobiles qui peuvent se décomposer selon les exigences de la langue chinoise. Le nombre des poinçons de ce caractère gravé jusqu'à ce jour, est de 5,547. On grave en ce moment deux nouveaux corps de géorgien, un caractère guzarati et l'on frappe deux nouveaux corps de caractères hébreux. La typographie étrangère vient en outre d'être augmentée de neuf corps, nouvelle gravure, de caractères allemands. La typographie française se compose de cinquante-sept corps de caractères romains, dont seize de nouvelle gravure. Les caractères de l'imprimerie royale ont été en grande partie renouvelés dans ces dernières années. La valeur du matériel de l'imprimerie royale était estimée, au 31 décembre 1836, à 1,544,714 fr. 75 cent., dont environ 280,000 francs pour les poinçons, 200,000 francs pour les papiers en magasin, et 300,000 francs pour le dépôt du Bulletin des lois et autres ouvrages. Les caractères sont évalués seulement à 531,624 francs 67 cent., à raison de 1 fr. 20 cent. le kilogramme, ce qui ne représente que la valeur brute. Quant à l'immeuble affecté au service de l'imprimerie royale, le tableau officiel des propriétés mobilières appartenant à l'État l'évalue à 1,038,000 fr.

INCURABLES-FEMMES (HOSPICE DES).

Situé dans la rue de Sèvres, n° 55. — 10° arrondissement, quartier Saint-Thomas-d'Aquin.

En 1632, Marguerite Rouillé, épouse d'un conseiller au Châtelet, donna à l'Hôtel-Dieu plusieurs terrains et bâtiments situés à Chaillot, sous la condition qu'il y serait fondé un hôpital pour les pauvres gens des deux sexes, atteints de maladies incurables. Cet établissement devait porter le titre de *Pauvres incurables de Sainte-Marguerite*. Vers la même époque, Jean Goullet, prêtre, avait légué une somme considérable pour la création d'un hôpital qui devait avoir une destination à peu près semblable. Le cardinal de La Rochefoucauld résolut de faire exécuter ce legs, en l'augmentant de ses propres deniers. Il acheta de l'Hôtel-Dieu plusieurs terrains d'une grande étendue, et bordant le chemin de Sèvres au-delà des *petites-maisons*. Marguerite Rouillé, sur les instances de ce prélat, consentit à transférer en cet endroit la pieuse fondation qu'elle avait entreprise à Chaillot. Les constructions furent commencées; puis, en 1637, des lettres-patentes confirmèrent cet établissement. L'Hospice des incurables ne contenait alors que 36 lits. Ce nombre s'accrut progressivement. Avant la révolution, il était de 400; en 1790 on en comptait 441. Les incurables-hommes furent transférés en 1802 au faubourg Saint-Martin, dans l'emplacement occupé autrefois par les religieux récollets. Depuis cette époque, l'établissement qui nous occupe est spécialement destiné aux femmes, dont le nombre s'élève aujourd'hui à 500. En 1842, la mortalité a été de 1 sur 8/70; la dépense s'est élevée à 217,580 fr.

INCURABLES–HOMMES (HOSPICE DES).

Situé dans la rue du Faubourg-Saint-Martin, n° 150. — 5° arrondissement, quartier de la Porte-Saint-Martin.

Cet hospice ayant été établi dans les bâtiments occupés par les Récollets, nous donnons ici l'historique de cette communauté religieuse. — La congrégation des Récollets (*Recollecti*, recueillis) fut fondée en Espagne dans le courant de l'année 1496, par un cordelier qui désirait faire revivre l'austérité primitive de la règle de Saint-François. En 1600, plusieurs religieux de cet ordre vinrent à Paris chercher un établissement convenable. Le 4 décembre 1603, les époux Cottard leur donnèrent une vaste maison située au faubourg Saint-Martin. Par lettres-patentes du 6 janvier suivant, Henri IV leur accorda l'autorisation nécessaire, et les religieux firent alors construire une petite chapelle; bientôt Marie de Médicis leur facilita les moyens d'élever une église spacieuse, qui fut dédiée le 30 août 1614, sous le vocable de l'*Annonciation de la Sainte-Vierge*. Plus tard, les bâtiments du monastère furent reconstruits par la munificence du surintendant Bullion et du chancelier Séguier. L'établissement des Récollets, confirmé par lettres-patentes du mois de mars 1688, fut supprimé en 1790. En 1802, on y transféra les Incurables-Hommes, qui occupaient en commun avec les femmes la maison de la rue de Sèvres. Cet établissement renferme 500 vieillards pauvres et indigents atteints de maladies graves ou incurables. En 1842, la mortalité a été de 1 sur 7/97; la dépense, de 195,846 fr. 60 c.

INDUSTRIE (PASSAGE DE L').

Commence à la rue du Faubourg-Saint-Martin, n° 43; finit à la rue du Faubourg-Saint-Denis, n° 42. — 5° arrondissement, quartier du Faubourg-Saint-Denis.

Ce passage a été construit en 1827. — Éclairage au gaz (comp° de Belleville).

INDUSTRIE-FRANÇAISE (BAZAR DE L').

Commencé à la rue Montmartre, n° 180; finit au boulevart Poissonnière, n° 27. — 3° arrondissement, quartier Montmartre.

Commencé en 1827, ce bazar a été inauguré le 15 avril 1829. On y vend de la quincaillerie et des ustensiles de ménage.

INNOCENTS (MARCHÉ DES).

Limité par les rues de la Lingerie, de la Ferronnerie, Saint-Denis et du Charnier-des-Innocents. — 4° arrondissement, quartier des Marchés.

Ce marché a été formé sur l'emplacement de l'église et du cimetière des Saints-Innocents. Plusieurs historiens, parmi lesquels nous citons Dubreuil et Malingre, prétendent que la fondation de cette église est due à Philippe-Auguste, « qui employa pour sa construction » une partie de l'argent qu'il tira de la vente des biens » confisqués sur les Juifs. Le roi voulait y placer le » corps de saint Richard, qui avait souffert le martyre » à Pontoise. » Mais plusieurs diplômes des années 1159 et 1178, mentionnent expressément cette église, cette fondation remonterait au règne de Louis-le-Jeune, qui avait, disent les chroniqueurs, une dévotion particulière pour les Saints-Innocents, ou comme il les désignait, pour les *saints de Bethléem*. Si Philippe-Auguste n'est point le fondateur de cette église, il est certain du moins qu'il la fit rebâtir ou agrandir, et qu'il employa effectivement à cette pieuse destination une partie des biens dont il avait dépouillé les Juifs. Le corps de saint Richard y fut inhumé peu d'années après cette reconstruction. Ces reliques étaient en si grande vénération dans le moyen-âge, que les Anglais, devenus maîtres de Paris, firent exhumer le corps du saint, le transportèrent dans leur île, ne laissant que la tête dans cette église. Les bâtiments furent réparés à diverses époques, comme semblaient l'indiquer les différences très apparentes de ses parties. Ce fut après une de ces réparations, qu'en 1445, Denis Dumoulin, évêque de Paris, en fit la dédicace. L'histoire nous apprend que Louis XI portait un intérêt tout particulier à l'église des Innocents. Il fit don à la fabrique de plusieurs droits de voirie, dont le produit servit à l'entretien de six enfants de chœur. Ce qu'on retira de ces droits, ainsi que de la location de plusieurs échoppes dans la rue de la Ferronnerie, se trouva excéder la somme nécessaire à cette fondation; le surplus fut employé à établir et entretenir une musique qui se fit entendre jusqu'à la démolition de l'église. Louis XI y laissa encore d'autres traces de sa libéralité. Il fit élever à Alix la Burgotte, recluse des Innocents, un tombeau de marbre supporté par quatre lions en cuivre. On lisait l'inscription suivante sur ce mausolée :

En ce lieu gist sœur Alix la Burgotte,
A son vivant recluse très dévotte.
Rendue à Dieu femme de bonne vie
En cet hostel voulut être asservie,

Où a régné humblement et longtemps
Et demeuré bien quarante et six ans,
En servant Dieu augmentée en renom
Le roi Loys, onsièsme de ce nom,
Considérant sa très grande parfecture,
A fait élever icy sa sépulture.
Elle trépassa céans en son séjour,
Le dimanche vingt-neuviesme jour,
Mois de juin mil quatre cent soixante et six,
Le doux Jésus la mette en paradis.

AMEN!

Cette récluse avait pour demeure une espèce de cellule étroite, où le jour et l'air ne pénétraient que par deux meurtrières grillées, dont l'une ouvrait sur la voie publique et servait à la récluse pour recevoir ses aliments, et l'autre, pratiquée dans l'église même, lui permettait de prendre part aux cérémonies religieuses. Il y eut aussi des récluses volontaires ou forcées dans les autres églises de Paris. Parmi ces dernières était Renée de Vendomois, femme noble, adultère, voleuse, qui fit assassiner son mari, Marguerite de Barthélemi, seigneur de Souldai. Le roi, en 1485, lui fit grâce de la vie, et le parlement la condamna *à demourer perpétuellement récluse et emmurée au cymetière des Saints-Innocents à Paris, en une petite maison qui lui sera faicte à ses dépens et des premiers deniers venans de ses biens, joignant l'église, ainsi que anciennement elle estoit.* A côté de cette église, se trouvait un cimetière dont l'origine remonte à la plus haute antiquité. On sait que les premiers chrétiens, à l'exemple des Romains, n'ensevelissaient pas leurs morts dans les villes. Ils élevaient les tombeaux au milieu des champs, ou sur le bord des grandes routes. Les rois, les princes, les grands de l'église, avaient seuls le privilège d'être inhumés dans la crypte des basiliques. Le cimetière des Innocents, réservé ensuite aux seuls paroissiens de Saint-Germain-l'Auxerrois, servit plus tard aux autres paroisses qui furent séparées de cette église. Après l'établissement des halles, ce cimetière fut perpétuellement traversé pendant le jour par une population commerçante. Les animaux séjournaient dans la partie la moins fréquentée et déterraient les cadavres; les voleurs s'y cachaient la nuit et pillaient les imprudents qui s'y risquaient. Philippe-Auguste, en 1186, fit cesser le scandale et entoura le cimetière d'une clôture en pierre. Dans la suite on construisit autour de cette muraille une galerie voûtée appelée les *Charniers*. C'est là qu'on enterrait ceux que la fortune séparait encore du commun des morts. Cette galerie, sombre, humide, malsaine, servait de passage aux piétons; elle était pavée de tombeaux, tapissée de monuments funèbres et bordée d'étroites boutiques de modes, de lingerie, de mercerie et de bureaux d'écrivains publics. Elle avait été construite par le maréchal de Boucicaut et Nicolas Flamel. Cette galerie occupait une partie de la largeur actuelle de la rue de la Ferronnerie, et de ce côté était peinte la fameuse danse Macabre ou danse des morts. Cette danse offrait une série de tableaux représentant la mort qui frappe indifféremment toutes les classes de la société, et qui entraîne avec elle dans son branle terrible tous les âges et toutes les conditions. C'était une consolation bien grande pour l'homme du peuple, accablé de souffrances et de misère, de voir ce grand niveleur jeter au favori de la fortune ces leçons ironiques et de sentir qu'il exposait aux grands de la terre l'avertissement de leur commune destinée. On a dit que ce ne fut point la peinture qui la première conçut la pensée d'une danse bizarre dans laquelle la mort se faisait successivement la partenaire de tout être humain, elle n'aurait fait en cela que reproduire des mascarades en usage au XIVe siècle. Selon d'autres écrivains, la peinture de la danse macabre était une traduction fidèle représentant par des images les poèmes d'un troubadour appelé Macabrus, dont le nom serait ainsi resté à ses inventions fantastiques. L'immense mortalité qui désola les XIVe et XVe siècles développa sans doute cette idée du poète qui fut accueillie par le peuple, dont elle caressait si agréablement les instincts d'égalité absolue. Ces compositions, qui dans le principe n'avaient été destinées qu'à la décoration des lieux funèbres, ne tardèrent point à prendre une telle extension, qu'on les retrouva bientôt dans les marchés, dans tous les lieux publics les plus fréquentés et jusque dans les palais des rois. La miniature les reproduisit sur les marges des heures et des missels, et dans le XVIe siècle, elles ornaient les gardes des épées et les fourreaux des poignards. Sur les tombes qui tapissaient les charniers des Innocents, on lisait plusieurs épitaphes; on remarquait celle-ci:

Cy gist YOLLANDE BAILLY,
Qui trépassa l'an 1514, *la* 82e *année de son âge*
Et la 42e *de son veuvage laquelle a vu ou a pu voir*
Deux cent quatre-vingt-treize enfants issus d'elle.

Parmi les morts illustres enterrés dans le cimetière ou dans ces charniers, on distinguait les tombes de Jean le Boullanger, premier président au parlement; Nicolas le Fèvre, habile critique, et François Eudes de Mézerai, célèbre historiographe de France. Le cimetière des Innocents, situé dans un quartier populeux et au centre de Paris, compromettait depuis longtemps la santé publique.

« Arrêt du conseil, 9 novembre 1785. Le roy s'é-
» tant fait représenter en son conseil le plan des halles
» de la ville de Paris, sa majesté a reconnu que malgré
» les changements et démolitions par elle précédem-
» ment ordonnés, pour en augmenter l'étendue, le
» terrain sur lequel elles sont situées ne présente pas
» encore un espace suffisant pour y placer le marché
» aux herbes et légumes qui se déposent journellement
» dans les rues adjacentes, notamment dans les rues
» Saint-Denis et de la Ferronnerie où elles occasion-
» nent un engagement considérable et quelquefois
» dangereux; sa majesté, toujours attentive à ce qui
» peut être utile aux habitants de sa bonne ville de

» Paris, à déterminé de transférer le marché aux her-
» bes et légumes dans le terrain connu sous le nom de
» cimetière des *Saints-Innocents*, déclaré domanial
» par arrêt du 25 octobre 1785. Ce terrain a paru d'au-
» tant plus convenable à cette destination, que se trou-
» vant à la proximité des halles dont il formera la
» continuation, il procurera aux habitants l'avantage
» de trouver réunies dans un même arrondissement,
» les denrées nécessaires à leur consommation. A quoi
» voulant pourvoir; ouï le rapport. Le roy étant en
» son conseil, a ordonné et ordonne que le marché
» aux herbes et légumes qui se tient actuellement tous
» les matins dans les rues Saint-Denis et de la Féron-
» nerie et autres adjacentes, sera transféré et établi
» sur le terrain qui formait ci-devant le cimetière des
» Saints-Innocents, après néanmoins que toutes les for-
» malités et conditions prescrites par les lois canoni-
» ques et civiles, pour autoriser sa nouvelle destina-
» tion, auront été remplies et que le dit terrain aura
» été disposé conformément aux plans qui ont été
» adoptés pour que le d. marché y soit établi de la
» manière la plus commode pour le public. Signé Hue
» de Miroménil et de Calonne.» (Archives du royaume,
section administrative, registre E, n° 2613). En 1786
l'église et les charniers des Innocents furent démolis;
on enleva les ossements et plusieurs pieds de terrain
de ce cimetière, qu'on transporta hors de la barrière
Saint-Jacques, dans les carrières voisines de la maison
dite de la *Tombe-Isoire*. Toutes les constructions
hideuses disparurent pour faire place à un établissement d'une grande utilité publique, le sol fut renouvelé,
exhaussé, pavé. En 1813, on construisit autour de ce
marché des galeries en bois où les marchands sont
abrités. Le matin on vend en gros les denrées qui sont
débitées en détail dans le cours de la journée.

Le marché des Innocents a été cédé à la ville de
Paris, en vertu d'un décret impérial du 30 janvier 1811.

La perception du prix des places dans cet établissement a produit, en 1840, une somme de 68,320 fr. 80 c.

A l'angle formé par la rencontre des rues aux Fers
et Saint-Denis, on voyait une jolie fontaine adossée à
l'église des Innocents. Cette belle construction était
due aux talents réunis de Pierre Lescot et de Jean
Goujon. Lors de la démolition de l'église, on chercha les moyens de conserver ce précieux monument
de la sculpture du XVIe siècle. Un ingénieur nommé
Six proposa d'ériger une fontaine au centre du marché
des Innocents, et de conserver pour la construction
tous les éléments reproduits dans le gracieux monument de la rue aux Fers. Sa proposition fut heureusement adoptée; on démolit d'abord, ou plutôt on déta-
cha lentement et avec précision toutes les parties qui
formaient la décoration de cette fontaine. Mais les deux
faces de la décoration ancienne étaient insuffisantes
pour orner les quatre côtés de la nouvelle fontaine, il
fallait y suppléer par de nouveaux pilastres, de nouveaux bas-reliefs, ajouter, et c'était là la plus difficile,

aux cinq figures de Naïades exécutées avec tant de
grâce, par Jean Goujon, trois autres Naïades dans le
même style. Voici de quelle manière on opéra : les
pierres des deux faces anciennes furent employées à la
construction des quatre faces, on les mêla alternativement avec des pierres nouvelles et toutes préparées, on
donna aux unes et aux autres une teinte générale qui
détruisit la différence de leur couleur. Par cet amalgame
de pierres, par cette teinte commune qu'elles reçurent, l'ensemble du monument fut en harmonie parfaite
avec ses anciennes parties, et son architecture conserva
son caractère primitif, sans qu'on pût apercevoir aucun
des nouveaux raccords. Les trois Naïades ajoutées
sont dues à M. Sajou. L'artiste n'a pu leur donner cette
beauté pleine de grâces et de naïveté qui distingue
les compositions de Jean Goujon. Les sieurs L'Huillier,
Mézières et Danjon ont exécuté les ornements et bas-
reliefs qui restaient à faire. Cette fontaine est la plus
jolie, la plus coquette de toutes celles qui décorent la
capitale.

INNOCENTS (PASSAGE DU CHARNIER DES).

Commence à la rue Saint-Denis; finit à la rue de la
Lingerie, n° 2. — 4e arrondissement, quartier des Marchés.

La formation de ce passage, qui doit son nom au
Charnier des Innocents, a été autorisée en vertu de
l'arrêt du conseil du 18 octobre 1669, dont nous avons
donné un extrait à l'article de la rue de la *Ferronnerie*. Le grand bâtiment sous lequel se trouve ce passage
appartenait, en 1789, au chapitre de Notre-Dame. Devenu propriété nationale, il fut vendu en 1791 avec
l'obligation suivante commune à tous les acquéreurs :
« L'adjudicataire sera tenu de contribuer pour un septième à l'entretien du grand passage de 4 pieds de largeur, régnant dans toute la longueur de la masse totale
du bâtiment situé le long de la rue de la Ferronnerie
et du marché des Innocents. Il sera aussi tenu de le
laisser libre et ouvert au public tout le temps du jour
qu'il est d'usage et de contribuer également pour un
septième à l'entretien du pavé, dans toute sa longueur, ainsi qu'à celui des quatre grilles qui le ferment
aux deux extrémités et sur le grand passage du milieu
de la masse totale dudit bâtiment. »

INNOCENTS (RUE DU CHARNIER DES).

Commence à la rue Saint-Denis; finit à la rue de la
Lingerie, n° 2. Le dernier impair est 25. Pas de numéro
pair; ce côté est bordé par le marché des Innocents. Sa
longueur est de 120 m. — 4e arrondissement, quartier
des Marchés.

Elle a été livrée à la circulation vers 1786, époque
de la formation du marché des Innocents. Les constructions qui bordent le côté gauche de cette rue ont
été élevées en vertu de l'arrêt du conseil du 18 octobre
1669, que nous avons cité à l'article de la rue de la Ferronnerie. Il n'existe pas d'alignement arrêté pour cette

voie publique. Portions d'égout et de conduite d'eau.
— Éclairage au gaz (comp° Française).

INSTITUT (PLACE DE L').
Située sur le quai de Conti. — 10° arrondissement, quartier de la Monnaie.

Elle a été formée à la même époque que le palais dont elle tire son nom. Un mandement du roi, à la date du 8 août 1662, prescrivit au prévôt des marchands de n'apporter aucun retard à la construction de cette place. Des lettres-patentes du 22 avril 1769, que nous avons rapportées à l'article du quai de Conti, ordonnèrent la démolition des deux pavillons qui bordent cette place. Cette disposition n'a pas été exécutée. — Conformément à une décision ministérielle du 12 février 1810, la première arcade de chacun des pavillons de l'Institut doit être démolie et l'on ouvrira, sous l'arcade contiguë, un passage couvert pour les piétons. — Conduite d'eau. — Éclairage au gaz (comp° Française).

INSTITUT DE FRANCE.
Situé sur le quai de Conti. — 10° arrondissement, quartier de la Monnaie.

1re PARTIE. — *Collége Mazarin.*

Le 6 mars 1661, dans une des salles de l'antique forteresse de Vincennes, le cardinal Mazarin s'apprêtait à mourir. Le ministre fit venir *maîtres Nicolas le Vasseur et François le Fouin, notaires, garde-notes du Chastelet de Paris.* Il déclara qu'il avait depuis longtemps formé le dessein d'employer en œuvres de piété et de charité une somme considérable, des grands biens qu'il tenait de la divine providence et de la bonté du roi. Il ajouta qu'il n'avait trouvé rien de plus utile que la fondation d'un collège et d'une académie pour l'instruction des enfants des gentilshommes ou des principaux bourgeois de Pignerol et de son territoire, d'Alsace et pays d'Allemagne, de l'état ecclésiastique, de Flandre et de Roussillon. Dans l'acte de fondation que le cardinal fit dresser, il est dit : « Que des soixante écoliers qui doivent être
» entretenus et instruits dans le dit collège, il y en ait
» quinze de Pignerol, territoire et vallées y jointes, et
» de l'état ecclésiastique en Italie, préférant ceux de
» Pignerol à tous les autres, les Romains ensuite, et
» au défaut d'eux, ceux des autres provinces de l'état
» ecclésiastique en Italie; quinze du pays d'Alsace et
» autres pays d'Allemagne contigus, vingt du pays de
» Flandres, Artois, Hainaut et Luxembourg, et dix du
» pays de Roussillon, Conflans et Sardaigne. Les
» quinze personnes pour l'académie seront tirées du
» collége sans aucune distinction des dites nations, et
» si le collège n'en peut fournir un si grand nombre,
» le surplus jusqu'au dit nombre de quinze sera pris
» des personnes d'icelles nations, quoiqu'elles n'aient
» pas étudié au dit collége. Les soixante écoliers du
» collége et les quinze personnes de l'académie seront
» logés, nourris et instruits gratuitement, au moyen
» de la présente fondation. Les gentilshommes seront
» toujours préférés aux bourgeois, tant pour le collége
» que pour l'académie, et ceux qui auront le plus long-
» temps étudié au dit collége, préférés à ceux qui auront
» le moins étudié pour être admis à l'académie, pourvu
» que ceux qui auront le plus étudié soient également
» propres pour l'académie. Son éminence se réserve le
» nom et le titre de fondateur du dit collége de l'acadé-
» mie, et à son défaut l'aîné de ceux qui porteront son
» nom et ses armes, aura les mêmes droits avec toutes
» les prérogatives des fondateurs. » — Pour consolider à jamais cette fondation, le cardinal légua deux millions en argent, plus 45,000 livres de rente sur l'Hôtel-de-Ville de Paris. Ce contrat de fondation fut confirmé, loué et approuvé par lettres-patentes du roi, datées de Saint-Germain-en-Laye, au mois de juin 1665. De nouvelles lettres-patentes interprétant les premières furent données en juin 1669. Nous en rapportons un extrait : « Louis, par la grâce de Dieu, etc., à tous présents et
» à venir, salut. Nous avons par nos lettres-patentes du
» mois de juin 1665, registrées en notre cour de parle-
» ment, le 14 août de la même année, confirmé la fon-
» dation faite par feu notre très cher et très amé cousin
» le cardinal Mazarini, duc de Nivernois, etc., d'un
» collége et académie dans notre bonne ville de Paris
» pour y instruire et élever gratuitement aux exercices
» de corps et d'esprit convenables à la noblesse, les
» jeunes gentilshommes qui auraient pris naissance ès
» villes et pays cédés à la couronne par les traités de
» Munster et des Pyrénées; savoir, en la ville de Pi-
» gnerolles, son territoire et vallées y jointes, avec
» l'état ecclésiastique en Italie, et provinces d'Alsace
» et pays d'Allemagne qui y sont contigus, et à partie
» des provinces de Flandre, Artois, Hainaut, Luxem-
» bourg, Roussillon, Conflans et Sardaigne cédés par
» le dit traité; le tout aux clauses du contrat passé par
» devant le Vasseur et le Fouin, notaires au Chastelet,
» le 6 mars 1661, par lequel don est fait au dit collége
» d'une bibliothèque et académie nommées Mazarini,
» et la fondation censée et réputée royale et jouir des
» mêmes avantages, priviléges et prérogatives dont
» jouissent celles qui ont été fondées par les rois nos
» prédécesseurs ou par nous, et d'autant plus que de-
» puis les dites lettres, les bâtiments de l'église, du
» collége et de la bibliothèque sont tellement avancés
» qu'il y a lieu d'espérer que dans peu l'on pourra cé-
» lébrer la sainte messe dans l'église commencée, les
» exercices dans le collége et que tous les livres légués
» et donnés seront placés et rangés dans la nouvelle
» bibliothèque qui doit être publique deux jours de
» chacune semaine, que ces lieux étant situés vis-à-vis
» notre château du Louvre, y apportent un fort bel
» ornement; que le dit établissement sera d'une très
» grande utilité au public, et que nous désirons d'ail-
» leurs donner en toutes choses les marques de l'estime
» que nous conservons pour la mémoire de notre dit
» cousin le cardinal Mazarini, et pour l'affection qu'il
» a témoignée au public par une fondation si illustre

— INS —

» et si peu commune; et vu le contrat de fondation,
» lettres-patentes et autres pièces ci-attachés sous le
» contre-scel de notre chancellerie; à ces causes et
» mettant en considération les services notables que
» nous a rendus notre dit cousin le cardinal Mazarini,
» et de notre grâce spéciale, pleine puissance et auto-
» rité royale, en interprétant et amplifiant nos lettres
» du mois de juin 1665, nous avons ordonné et par ces
» présentes signées de notre main, ordonnons, voulons
» et nous plaît que le dit collége, bibliothèque et aca-
» démie, ensemble les places et maisons y apparte-
» nant, soient sous notre protection, justice, voirie et
» censive, comme faisant partie de l'ancien hôtel de
» Nesle, nonobstant tous actes, contrats, transactions,
» arrêts, jugements, sentences et possessions contraires
» que nous ne voulons nuire, ni préjudicier à la dite
» fondation; ce faisant avons amorti, amortissons à
» perpétuité tous les dits lieux, sans qu'à présent ni à
» l'avenir il puisse être prétendu aucun droit pour le
» dit amortissement, etc... Sera loisible aux libraires et
» imprimeurs d'habiter et s'établir aux maisons et bou-
» tiques qui sont aux deux pavillons et en la grande
» place du dit collége, pour y vendre et débiter des
» livres ainsi qu'ils pourraient faire dans l'étendue de
» l'Université, etc... Accordons au dit collége les droits
» et privilèges dont jouissent les colléges les plus cé-
» lèbres; ce faisant, le déclarons être du corps de l'Uni-
» versité, avec pouvoir d'y admettre toutes sortes de
» pensionnaires et écoliers, et d'y faire tous les actes et
» exercices qui se font aux colléges les plus fameux.
» Accordons pareillement à la dite académie tous les
» droits et privilèges dont jouissent les autres acadé-
» mies de notre royaume; et sera la dite bibliothèque
» publiquement ouverte aux jours et heures qui seront
» marqués en chacune semaine par les exécuteurs de
» la fondation, etc... Donné à Saint-Germain-en-Laye,
» au mois de juin 1669, et de notre règne le 27ᵉ, signé
» Louis... Par le roi, signé Colbert, et scellé du grand
» sceau de cire verte. »

Un plan avait été dressé le 23 juin 1665, par Louis Levau, architecte du roi. Il fut exécuté par Lambert et d'Orbay. La façade principale placée sur le quai est de forme demi-circulaire; elle est composée d'un avant-corps d'ordonnance corinthienne qui en occupe le centre et de deux ailes dont la courbe se termine en avant sur le quai, et ne laisse en cet endroit qu'une route trop étroite. L'avant-corps qui formait le portail de l'église fut couronné d'un fronton et surmonté d'un dôme circulaire qui est terminé par une lanterne. Ce dôme, qui présente à l'extérieur une forme circulaire, a dans l'intérieur une forme elliptique. A droite du sanctuaire on voyait le tombeau du cardinal Mazarin; ce tombeau, un des beaux ouvrages de Coysevox, avait été transféré au musée des monuments français. Ce mausolée fait actuellement partie du musée de Versailles. Le collége Mazarin, auquel on avait aussi donné le nom de *Collége des quatre Na-*

— INS —

tions, pour indiquer les pays auxquels appartenait le bénéfice de cette fondation, ne subit aucun changement jusqu'à l'époque de la révolution.

Bibliothèque Mazarine. — Le cardinal Mazarin posséda successivement deux bibliothèques; l'une et l'autre furent formées par Gabriel Naudé, l'homme de son temps qui se connaissait le mieux en livres. Ce savant parlait de la première collection comme étant la plus curieuse des bibliothèques de l'Europe. Elle était, disait-il, composée de plus de 40,000 volumes. Un arrêt du parlement de Paris, lors des troubles de la Fronde, en ordonna, en 1652 la confiscation et la vente. Le cardinal Mazarin étant rentré dans Paris, plus fort et plus puissant qu'il n'avait jamais été, chargea encore Naudé de rassembler les livres qu'il pourrait retrouver de l'ancienne collection; cet infatigable bibliographe, aidé de Lapoterie, réunit un grand nombre de précieux ouvrages. Ce savant étant mort le 30 juillet 1633, Lapoterie continua son œuvre. « Le syndic de la librairie (dit Guy Patin) s'y em-
» ploya tout de bon. » On acheta pour augmenter cette collection la bibliothèque de Descordes, chanoine de Limoges, moyennant la somme de 19,000 livres. Déjà le cardinal, par les conseils de Lapoterie, avait fait l'acquisition de la bibliothèque de Naudé pour la somme de 20,000 livres. Le même Guy Patin dit « qu'elle était
» très pleine de petits livres bons, rares, curieux qui
» ne se pourraient qu'avec grande peine retrouver ni
» rencontrer ailleurs. » Cette bibliothèque fut confiée à l'administration et à la direction de la société de Sorbonne, le 14 avril 1688, jusqu'au 7 mai 1791. A cette époque Luce-Joseph Hooke en fit la remise à l'occasion de son refus de prêter serment à la constitution civile du clergé.

La bibliothèque Mazarine a reçu depuis la révolution des accroissements considérables. Elle possède aujourd'hui près de cent mille volumes imprimés et quatre mille cinq cents manuscrits. Outre cette bibliothèque, le même édifice en renferme une seconde, c'est celle de l'Institut. Quoique moins nombreuse, elle est précieuse par le nombre des ouvrages modernes qui y sont déposés. Ces deux bibliothèques avaient été réunies par ordonnance du 16 décembre 1819. Elles ont été séparées par une autre ordonnance du 26 décembre 1821, et chacune d'elles est placée sous un régime administratif particulier. Le personnel de la bibliothèque Mazarine se compose d'un bibliothécaire administrateur, de cinq conservateurs et de deux sous-bibliothécaires. Elle est ouverte au public tous les jours, excepté les dimanches et fêtes. Les vacances commencent le 15 août et finissent le 1ᵉʳ octobre.

2ᵉ PARTIE. — *Académie Française.* — *Académie royale des Inscriptions et Belles-Lettres.* — *Académie des Sciences.* — *Académie royale de Peinture et Sculpture.* — *Académie royale d'Architecture.* — *Institut de France.*

Nous allons parler des différentes académies qui,

supprimées au commencement de la révolution, ont été depuis organisées sous la dénomination d'*Institut de France*. Nous nous occuperons d'abord de l'Académie Française. — Un littérateur parisien, Valentin Conrart, conseiller et secrétaire du roi, avait réuni, dès 1632, dans une petite maison de la rue Saint-Denis, une société de gens de lettres. Ces conférences n'avaient pour objet que le mérite des compositions, les délicatesses fleuries du style et les intérêts de la grammaire. Dans cette agréable réunion, on distinguait Godeau, Gombault, Chapelain, Giry, Habert, l'abbé de Cérisy, tous gens instruits et spirituels. Lorsqu'un membre de cette société avait composé un ouvrage, il le communiquait à ses collègues qui lui donnaient librement leurs avis. Les conférences étaient suivies tantôt d'une promenade, tantôt d'une collation. « Ils s'assemblèrent ainsi durant trois ou quatre ans (dit Pellisson, le premier historien de l'Académie Française) et comme j'ai ouï dire à plusieurs d'entr'eux, avec un profit et un plaisir incroyable, de sorte que quand ils parlent aujourd'hui de ce temps-là, ils en parlent comme d'un âge d'or, durant lequel avec toute l'innocence et la liberté des premiers siècles, sans bruit et sans pompe, et sans autres lois que celles de l'amitié, ils goûtaient ensemble tout ce que la société des esprits et la vie raisonnable ont de plus doux et de plus charmant. » Cette agréable réunion devait être bientôt troublée. Un nommé Faret introduisit dans la société Bois-Robert, l'un des poètes aux gages du cardinal de Richelieu. Ce nouveau membre parla bientôt de cette compagnie au ministre. Richelieu engagea Bois-Robert à demander à ces hommes de lettres s'ils voulaient former un corps et s'assembler régulièrement sous la protection de l'autorité. « M. de Bois-Robert, ajoute Pellisson, ayant répondu qu'à son avis cette proposition serait reçue avec joie, il lui demanda de la faire et d'offrir à ces Messieurs sa protection pour leur compagnie qu'il ferait établir par lettres-patentes, et à chacun d'eux en particulier son affection qu'il leur témoignerait en toute rencontre. » On devine tout l'intérêt que le cardinal-ministre attachait au succès de sa proposition. Résister à l'affection calculée de Richelieu, c'était engager la lutte et se perdre. « Cependant, continue Pélisson, à peine y eut-il aucun de ces messieurs qui n'en témoignât du déplaisir et ne regrettât que l'honneur qu'on leur faisait vînt troubler la douceur et la familiarité de leurs conférences. » La proposition du ministre fut discutée dans une réunion solennelle. Plusieurs membres voulaient qu'on refusât l'offre du cardinal. Chapelain prit la parole : « A la vérité, Messieurs, dit-il, nous nous serions bien passés de l'éclat qu'on veut donner à nos conférences, mais dans l'état actuel des choses, voyons si nous sommes libres de suivre le parti qui nous paraît le plus agréable. Nous avons affaire à un homme qui ne veut pas médiocrement ce qu'il a arrêté ; il n'est pas, vous le savez, habitué à la résistance, et ne la souffre pas impunément. Il regardera comme une injure le mépris que vous feriez de sa protection, et chacun de nous pourrait en ressentir les terribles effets. D'après les lois du royaume, toutes les assemblées qui s'organisent en dehors de l'autorité du souverain peuvent être défendues. Il sera fort aisé à monseigneur le cardinal, si l'envie lui en prend, de rompre notre société que chacun de nous en particulier désire être éternelle. » Ces raisons déterminèrent l'assemblée ; M. de Bois-Robert fut prié *de remercier très humblement M. le cardinal de l'honneur qu'il leur faisait, et de l'assurer qu'encore ils n'eussent jamais eu une si haute pensée, et qu'ils fussent fort surpris du dessein de son éminence, ils étaient très résolus de suivre ses volontés.*

Sur le rapport de son premier ministre, Louis XIII donna, au mois de janvier 1635, des lettres-patentes, portant qu'il serait formé une société de gens de lettres, au nombre de quarante, sous le nom d'*Académie française*. Ces lettres ne furent enregistrées que le 10 juillet 1637, après une longue résistance du parlement, qui voulut qu'on insérât cette clause : *Que l'Académie ne pourrait connaître que de la langue française et des livres qu'elle aurait faits ou qu'on exposerait à son jugement.* L'opinion publique ne fut pas entièrement favorable à la nouvelle institution. Les partisans de Richelieu en parlaient avec admiration : c'était une pensée sublime, une émanation du génie. Ses adversaires n'y voyaient qu'un appui redoutable prêté à la dévorante ambition du cardinal. D'autres s'en moquaient comme d'une chose sans portée. Jean Scarron, conseiller de la grand'chambre du parlement, père du poète burlesque, ayant été appelé pour donner son avis sur la vérification des lettres-patentes portant établissement de l'Académie, s'exprima en ces termes : « Cette rencontre me remet en mémoire » ce qu'avait fait autrefois un empereur romain qui, » après avoir ôté au sénat la connaissance des affaires » publiques, l'avait consulté sur la sauce qu'il devait » faire à un grand turbot qu'on lui avait apporté de » bien loin. » Ce rapprochement exprimé avec tant de hardiesse excita la haine du ministre, qui priva le conseiller de sa charge et l'envoya en exil. La faveur publique dédommagea plus tard Jean Scarron, qui fut élevé en 1644 à la haute fonction de prévôt des marchands. L'Académie tint encore ses séances chez un de ses membres, ou chez Richelieu lui-même. Après la mort du cardinal, le chancelier Séguier, qui avait brigué l'honneur d'entrer à l'Académie, leur prêta une salle de son vaste hôtel. Le roi Louis XIV s'étant déclaré protecteur de cette compagnie, le titre d'académicien devint un objet d'envie. Des ministres, des grands seigneurs, des prélats voulurent se mettre sur les rangs. Cette condescendance flatta la vanité des académiciens roturiers, qui ne s'aperçurent pas que l'admission de ces hommes puissants les mettrait sous la dépendance du gouvernement. Patru, l'ami de Racine et de Boileau, leur fit sentir ce danger par un apologue. Il était question de recevoir un gentilhomme dont l'esprit n'était pas très cultivé. « Messieurs, dit Patru, un ancien Grec avait une lyre admirable, une corde se rompit ; au lieu d'en remettre une de boyau, il en prit une d'argent, et la lyre perdit son harmonie. » L'apologue de Patru fit sensation ; cependant la corde d'argent eut la préférence. — En 1673, l'Académie française vint occuper une des salles du Louvre. Cette salle fut ornée des portraits des académiciens, de ceux de Richelieu, de Pierre Séguier, de Christine de Suède, etc. L'Académie française, après avoir jeté un vif éclat durant le règne de Louis XIV, tomba bientôt dans une obscurité qui dura près d'un demi-siècle. Sa régénération commença lorsqu'elle proposa à l'éloquence des éloges tels que ceux de Descartes, de Fénélon, de Catinat et de l'abbé Suger.

Académie royale des Inscriptions et Belles-Lettres. — Louis XIV ayant désiré qu'une société de gens de lettres s'occupât du soin de recueillir des médailles et d'inscrire sur les monuments, sur les tapisseries de ses palais, tout ce qui pouvait immortaliser son règne et la gloire de la nation, Colbert choisit parmi les membres de l'Académie française ceux qu'il crut les plus habiles à ce genre de travail. Chapelain, Charles Perrault, l'abbé Cassagne et l'abbé Bourleix, formèrent une réunion à laquelle on donna le nom de *Petite Académie*. Établie en 1663, elle tint ses séances dans la bibliothèque de Colbert, rue Vivienne. Le nombre des académiciens, d'abord fixé à quatre, fut porté à huit. Un nouveau règlement du 16 mai 1701 fixa le nombre des membres à quarante ; savoir : dix honoraires, dix pensionnaires, dix associés et dix élèves. Des lettres-patentes confirmèrent leur organisation. Le nom de *Petite Académie*, ne pouvant plus convenir, fut changé en celui d'Académie des Sciences et des Médailles, puis en celui d'Académie royale des Inscriptions et Belles-Lettres. Le premier ouvrage publié par cette académie est l'Histoire de la numismatique sous le règne de Louis XIV. La première édition, qui parut en 1703, comprend 286 médailles. La seconde, imprimée vers 1723, renferme la collection entière des médailles qui ont été frappées pour retracer les événements du règne de ce prince ; elle se compose de 318 médailles. Ces travaux importants ne mirent pas néanmoins les académiciens à l'abri des railleries des écrivains. Piron avait commencé l'attaque, en composant cette épitaphe :

> Ci-gît un antiquaire opiniâtre et brusque,
> Il est esprit et corps dans une cruche étrusque.

Cependant l'on ne saurait oublier les services rendus aux sciences historiques par l'ancienne Académie des Inscriptions, où siégeaient encore au moment où elle fut supprimée, l'abbé Barthélemy, Bréquigny, la Porte-Dutheil, Choiseul-Gouffier, de Laverdy, de Paulmy, Bailly, D. Poirier, D. Clément, Dacier, Sylvestre de Sacy.

Académie des Sciences. — Après avoir établi l'Académie des Inscriptions, Colbert, qui savait deviner les grandes idées de Louis XIV, chercha les moyens de donner de nouveaux développements aux sciences. Pour atteindre son but, ce grand ministre se fit faire un rapport sur tous les savants qui s'assemblaient chez M. de Montmort, conseiller d'État, puis demanda Huyghens, Duclos, Bourdelin, Delachambre, Auzout et plusieurs autres, et leur proposa de les réunir en un corps sous la dénomination d'*Académie des Sciences*, en leur disant qu'ils féconderaient par l'association des travaux que l'isolement devait toujours paralyser. Cette Académie devait s'occuper de cinq sciences principales : des mathématiques, de l'astronomie, de la botanique, de la chimie et de l'anatomie. On proposa de joindre à ces sciences celle de la théologie ; les observations de la Sorbonne firent repousser cette proposition. L'Académie des Sciences occupa d'abord une des salles basses de la bibliothèque du roi. Jusqu'en 1699, cette société ne subsista qu'en vertu d'une simple autorisation du roi. A cette époque, elle reçut une existence légale, et on lui donna un appartement au Louvre. Ces avantages furent confirmés par lettres-patentes de février 1713. L'Académie des Sciences comptait à cette époque parmi ses membres, Fontenelle, Tournefort, Mallebranche, Ozanam, Réaumur et plusieurs autres savants distingués. Elle s'était associé Boërhaave, Leibnitz, Maupertuis et les hommes les plus illustres de l'Europe. Dans les dernières années de son existence, son illustration ne s'était point affaiblie ; on citait parmi ses membres, Lalande, Daubenton, Portal, de Jussieu, Darcet, Buffon, Cassini, Monge, Berthollet, Fourcroy, Haüy, etc.

Académie royale de Peinture et de Sculpture. — Il fallait un complément aux corps savants et littéraires. Colbert voulut élever les arts au même rang. Une querelle survenue entre les peintres de cette époque fournit au ministre l'occasion de féconder sa pensée. Ces artistes étaient alors divisés en deux classes. On désignait ceux qui faisaient partie de la première par le nom de *maîtres*. Ceux de la seconde étaient appelés *peintres sans maîtrise* ou *privilégiés*. Lebrun, à la tête des peintres privilégiés, était parvenu, par la protection du chancelier Séguier, à former une société qu'il fit autoriser par un arrêt du conseil privé et confirmer par lettres-patentes. On avait accordé à ces artistes la galerie du collège de France. Colbert, qui venait de créer une école de peinture et de sculpture à Rome pour former des élèves entretenus par le roi, réunit bientôt cette dernière à la compagnie de Lebrun et fonda ainsi l'Académie royale de Peinture et de Sculpture qui occupa six grandes pièces du Louvre. Il lui adjoignit l'ancienne académie de Saint-Luc, et cette réunion éteignit l'ancienne querelle. L'Académie royale de Peinture et de Sculpture se maintint sans éprouver de changement jusqu'à l'époque de la révolution.

Académie royale d'Architecture. — Projetée en 1671 par Colbert, cette Académie se forma avec une simple autorisation jusqu'au mois de février 1717, époque où elle reçut une existence légale. L'Académie royale

— INS —

d'Architecture eut alors, comme l'Académie de Peinture et de Sculpture, ses écoles, ses prix et ses pensionnaires à Rome. Elle tenait aussi ses séances au Louvre et continua de former un corps séparé jusqu'à sa suppression.

Institut de France. — Au commencement de la révolution, les académies délaissées poursuivaient néanmoins leurs travaux. Dès 1791, leurs dépenses furent fixées provisoirement. Grégoire, en 1793, fit prononcer leur suppression et apposer les scellés sur le lieu de leurs séances. Une députation de l'Académie des Sciences, admise à la barre de la Convention, obtint pour elle et pour les autres Académies la faculté de continuer leurs travaux avec des règlements provisoires. La promulgation de la Constitution de l'an III porte, au titre 10 : « il y aura pour toute la République un Institut national chargé de recueillir les découvertes, de perfectionner les arts et les sciences. » Un nouvel ordre de choses commandait la réorganisation des anciennes académies. C'est alors que fut arrêté le projet de l'Institut national, admirable conception qui, en réunissant par un lien commun les diverses parties des connaissances humaines, depuis l'observation matérielle jusqu'aux sublimes émanations du génie, les fortifiait, les attachait l'une à l'autre pour les porter au plus haut point de développement. La loi du 3 brumaire suivant, promulguée le 1er vendémiaire an IV (23 octobre 1795), sur l'instruction publique, donna, dans son titre 4, l'organisation de l'Institut. Il fut divisé en trois classes : la première, sciences physiques et mathématiques; la seconde, sciences morales et politiques; la troisième, littérature et beaux-arts. La première classe, qui comprenait l'ancienne Académie des Sciences, était composée de 60 membres et de 60 associés. La seconde, qui correspondait à l'Académie des Inscriptions et Belles-Lettres, comptait 36 membres et 36 associés. La troisième, qui réunissait l'Académie française et celles de Peinture, de Sculpture et d'Architecture, avait 48 membres et 48 associés. Les voyages à faire pour les progrès des sciences, les encouragements et les concours furent aussi soumis à des règles par cette loi. L'Institut tint ses premières séances au Louvre. En 1803, Bonaparte introduisit quelques changements dans cette organisation. Il divisa l'Institut en quatre classes, en séparant les beaux-arts, la littérature et l'histoire. Par décret impérial du 1er mai 1806, l'Institut fut transféré au collège Mazarin; tous les gouvernements introduisirent ensuite leurs innovations dans cette société de savants et de littérateurs. En 1815, on lui conserva le nom d'Institut, mais on rendit aux quatre classes qui le composaient leurs anciennes dénominations. La première classe fut nommée Académie des Sciences; la deuxième, Académie française; la troisième, Académie des Inscriptions et Belles-Lettres, et la quatrième, Académie de Peinture et Sculpture; enfin, une ordonnance royale du 27 octobre 1833 rétablit l'ancienne Académie des Sciences morales et politiques, et l'Ins-

— INV —

titut se trouva composé de cinq classes. Cet état de choses subsiste encore aujourd'hui.

INSTRUCTION PUBLIQUE (MINISTÈRE DE L').

Situé dans la rue de Grenelle-Saint-Germain, n° 116. — 10e arrondissement, quartier du Faubourg-Saint-Germain.

Voici les plus importantes attributions de ce ministère : enseignements supérieur et secondaire, facultés, colléges, instruction primaire, établissements scientifiques et littéraires, bibliothèques publiques, travaux historiques, comités historiques, écoles des Chartes.

INTÉRIEUR (MINISTÈRE DE L').

Situé dans la rue de Grenelle-Saint-Germain, n° 101. — 10e arrondissement, quartier Saint-Thomas-d'Aquin. Les bureaux de ce ministère sont dans la même rue au n° 103.

Dans les attributions de ce ministère, sont compris : le personnel et la nomination des préfets, sous-préfets, secrétaires généraux, conseillers de préfecture, le travail général relatif aux nominations dans l'ordre royal de la Légion-d'Honneur, les gardes nationales du royaume, leur recensement, leur organisation, la direction de la police générale du royaume, l'administration communale, la voirie urbaine, la direction des Beaux-Arts, l'administration des lignes télégraphiques, les archives du royaume, etc.

INVALIDES (BOULEVART DES).

Commence à la rue de Grenelle-Saint-Germain, n° 121; finit à la rue de Sèvres, n°s 104 et 106. Le dernier impair est 29; le dernier pair, 24. Sa longueur est de 1,250 m. 10e arrondissement; de 1 à 9 inclus et tous les numéros pairs sont du quartier des Invalides; de 11 à la fin, quartier Saint-Thomas-d'Aquin.

Il a été formé, en vertu des lettres-patentes du 9 août 1760, registrées au parlement le 26 novembre suivant (voyez *Enfer*, boulevart d'). Sa dénomination lui vient de sa proximité de l'hôtel royal des Invalides. La largeur de la chaussée est de 19 m. 50 c. — En vertu d'une décision ministérielle du 14 vendémiaire an XI, les constructions riveraines doivent être établies à 4 m. de distance des arbres des contr'allées. Les propriétés bordant le boulevart des Invalides sont presque toutes sur cet alignement. Celles qui portent les numéros de 1 à 9 inclus devront reculer de 1 m. 30 c. à 2 m. 30 c. — Égout entre les rues de Grenelle et Plumet, bassin d'égout dans le surplus. — Conduite d'eau dans une petite partie. — Éclairage au gaz (compe Française).

INVALIDES (HOTEL ROYAL DES).

Circonscrit par la rue de Grenelle, le boulevart des Invalides, l'avenue de Tourville et le boulevart Latour-Maubourg. — 10e arrondissement, quartier des Invalides.

La sollicitude des rois de France cherchait depuis longtemps à améliorer le sort de nos vieux soldats qui,

— INV —

après avoir consumé leurs plus belles années au service de l'État, étaient souvent réduits dans leurs vieux jours à mendier leur pain. Henri IV plaça quelques invalides dans la maison de la Charité, située dans la rue de Lourcine. Animé du même esprit d'équité et de reconnaissance, Louis XIII leur destina le château de Bicêtre. En 1634 on y fit par son ordre des réparations considérables ; on y ajouta de nouveaux bâtiments, et cette maison fut appelée *la commanderie de Saint-Louis*. La mort du fils de Henri IV, les troubles qui survinrent, paralysèrent l'exécution complète de ce dessein ; Louis XIV disposa de la maison de Bicêtre en faveur de l'hôpital-général et résolut de créer un établissement qui répondît à la grandeur de la nation.

Édit du roi du mois d'avril 1674, registré au parlement le 5 juin suivant. «Considérant que rien n'est plus
» capable de détourner ceux qui auraient la volonté de
» porter les armes, d'embrasser cette profession, que
» de voir la méchante position où se trouveraient
» réduits la plupart de ceux qui s'y étaient engagés, et
» n'ayant point de biens, y auraient vieilli ou été estro-
» piés, si l'on n'avait point soin de leur subsistance et
» entretènement ; nous avons pris la résolution d'y
» pourvoir. Nous, de l'avis de notre conseil, avons par
» ce présent édit perpétuel et irrévocable, fondé, éta-
» bli et affecté, fondons, établissons et affectons à per-
» pétuité l'Hôtel Royal, que nous avons qualifié du
» titre des *Invalides*, lequel nous faisons construire au
» bout du faubourg Saint-Germain, pour le logement,
» subsistance et entretènement de tous les pauvres
» officiers et soldats de nos troupes, qui ont été ou
» seront estropiés, ou qui ayant vieilli dans le service
» en icelles, ne seront plus capables de nous en rendre;
» duquel hôtel, comme fondateur, nous voulons être
» aussi le protecteur et conservateur immédiat, sans
» qu'il dépende d'aucun de nos officiers, et soit sujet à
» la visite et juridiction de notre grand-aumônier, ni
» autres ; et afin que le dit hôtel royal soit doté d'un
» revenu suffisant et assuré, qui ne puisse jamais man-
» quer pour la subsistance et entretènement dans icelui
» des dits officiers et soldats invalides, nous y avons
» affecté et affectons à perpétuité, par ce présent édit,
» tous les deniers provenant des pensions, des places,
» des religieux laïcs, des abbayes et prieurés de notre
» royaume, qui en peuvent et doivent porter selon et
» ainsi qu'il a été réglé par nous, tant par notre décla-
» ration du mois de janvier 1670, que par les arrêts de
» notre conseil d'état des 24 janvier 1670 et 27 avril
» 1672, etc. »

Louis XIV sut donner à l'institution dont la pensée appartenait à ses prédécesseurs les développements qu'entraînait l'accroissement des forces militaires de la France. Le roi avait posé, en 1670, la première pierre de l'Hôtel royal des Invalides. Dès l'année 1674, les bâtiments étaient assez avancés pour contenir une certaine quantité d'officiers et de soldats ; mais ce ne fut que trente ans plus tard que ce grand établissement put être

— INV —

achevé dans tout son ensemble, d'après les plans et sous la direction de Jules Hardouin Mansart. La façade qui regarde le septentrion a 390 m. d'étendue. La statue équestre de Louis XIV est placée au-dessus de la porte principale ; on entre ensuite dans la cour royale, qui a 118 m. de longueur sur 62 de largeur. Elle est entourée de quatre corps de logis ayant chacun deux rangs d'arcades l'un sur l'autre formant galerie. Le milieu de chaque face est accompagné d'une espèce de corps avancé avec un fronton. Quel goût dans cette simplicité ! quelle beauté dans cette cour qui n'est pourtant qu'un cloître militaire, où l'art a mêlé les idées guerrières aux souvenirs attendrissants d'un hospice. — Le grand état-major de l'hôtel habite les bâtiments de l'aile droite et de l'aile gauche de la façade. Du côté de la plaine de Grenelle sont disposés des appartements particuliers pour loger les officiers supérieurs et quelques officiers subalternes. Les autres chambres sont là pour la plupart en commun, mais leur arrangement est si bien ordonné que les militaires qui les occupent n'éprouvent aucune gêne. Dans les corps de bâtiments qu'on voit à droite et à gauche de la cour principale se trouvent quatre réfectoires où l'on remarque des peintures à fresque, représentant les sièges et les batailles les plus mémorables du règne de Louis XIV. Des galeries latérales conduisent de la cour principale à six autres cours qui ont toutes leurs destinations particulières. Les sœurs de Saint-Vincent-de-Paul soignent les malades avec un zèle admirable ; ces religieuses, qui sont au nombre de 28, occupent un bâtiment entièrement séparé des autres.

Au fond de la cour royale, on aperçoit l'entrée de l'église ; cet édifice, heureux complément de l'Hôtel royal des Invalides, fut commencé en 1675 ; les travaux durèrent trente ans. Il se compose d'une grande nef et de deux bas-côtés, décorés de pilastres corinthiens ; cette église est surmontée d'un magnifique dôme. Sa forme majestueuse s'élève à 71 m. et domine Paris ; la façade est tournée vers le midi ; cet édifice a 58 m. 50 c. de largeur, et 31 m. 18 c. de hauteur. Il est élevé sur un perron de plusieurs degrés, décoré des ordres dorique et corinthien, couronnés par un fronton triangulaire. Deux niches, placées à l'entrée du portail, sont remplies par les deux statues colossales de Charlemagne et de saint Louis. Un troisième ordre de colonnes corinthiennes règne autour du dôme. Les victoires de la révolution, du consulat et de l'empire, avaient orné la nef de 960 drapeaux et étendards arrachés à l'ennemi ; ces trophées disparurent en 1814. Ne voulant pas supporter l'humiliation de les rendre aux vainqueurs, les invalides les brûlèrent eux-mêmes ; 179 drapeaux ont déjà remplacé les premiers.

Dans cette magnifique église ont été déposés, le 15 décembre 1840, les restes de Napoléon. En ce moment l'art élève sous le dôme, au milieu de ce temple consacré par la religion au Dieu des armées un tombeau digne du nom qui doit y être gravé.

— INV —

Ce monument, dont la construction est confiée à M. Visconti, se distinguera par une beauté simple, par des formes grandes et cet aspect de solidité inébranlable qui semble braver l'action du temps.

Les caveaux renferment les dépouilles mortelles de plusieurs maréchaux de France et officiers généraux morts gouverneurs de l'hôtel. Le nombre des invalides est de trois mille environ dans cet établissement; pour avoir droit d'admission, il faut compter 30 ans de service et soixante ans d'âge, ou avoir perdu un ou plusieurs membres. — Lorsque le roi entrait dans l'hôtel, la garde ordinaire du prince cessait toutes ses fonctions pour être relevée sur-le-champ par une compagnie de ces vieux soldats. Cet usage prit naissance dans les premiers temps que Louis XIV alla visiter cet établissement. Les invalides qui se pressaient autour du roi, se voyant repoussés un peu brutalement par la garde, furent sensibles à cette espèce d'affront. Louis XIV s'en aperçut et, avec cette bienveillance si naturelle à la grandeur, il ordonna qu'on traitât plus doucement ses anciens serviteurs, déclarant qu'il était toujours en sûreté au milieu d'eux. — En 1800, le premier consul fit établir une batterie sur l'esplanade des Invalides. Depuis 1830, cette batterie s'est augmentée des bouches à feu de divers calibres, provenant de la conquête d'Alger. Le canon des Invalides annonce à la grande cité les réjouissances publiques, les victoires remportées par nos armées et la naissance des princes.

Le nombre effectif des anciens militaires entretenus à l'hôtel des Invalides, se compose de : 1 colonel, 1 chef de bataillon, 16 capitaines, 65 lieutenants, 49 sous-lieutenants, 24 chefs de division et adjudants, 12 adjudants sous-officiers, 71 capitaines honoraires, 267 lieutenants honoraires, 51 sergents-majors, 260 sergents, 1603 soldats, 16 tambours; — 17 sont épileptiques, 10 sont privés des deux jambes, 365 sont privés d'une jambe, 5 ont les deux bras coupés, 255 sont privés d'un bras, 180 sont aveugles, 154 sont affligés de blessures diverses réputées équivalentes à la perte d'un membre. Il y a 667 vieillards âgés de plus de 70 ans; les chevaliers de Saint-Louis sont au nombre de 16; les membres de la Légion-d'Honneur sont au nombre de 211.

La rouille des siècles, qui commence à couvrir le monument de Louis XIV, lui donne de nobles rapports avec ces vétérans, ruines animées qui se promènent sous ses vieux portiques. Dans les avant-cours, tout retrace l'idée des combats : fossés, glacis, remparts, canons, tentes, sentinelles. Lorsqu'on pénètre plus avant, le bruit s'affaiblit par degrés et va se perdre à l'église, où règne un profond silence. Ce bâtiment religieux est placé derrière les constructions militaires comme l'image du repos et de l'espérance au fond d'une vie pleine de troubles et de périls.

L'or du commerce anglais a élevé les fastueuses colonnades de l'hôpital de Greenwich; mais il y a quelque chose de plus fier et de plus noble dans la masse des

— ITA —

Invalides. Placée admirablement dans le magnifique panorama de Paris, elle excite profondément l'imagination. C'est un de ces traits imposants qui donnent une physionomie toute particulière à une grande cité; c'est l'accident le plus heureux, le plus pittoresque, le plus caractéristique de l'ensemble de Paris.

INVALIDES (PONT DES).

Situé entre le quai de la Conférence et le quai d'Orsay.

Une ordonnance royale du 6 décembre 1827 a autorisé la construction de ce pont, dont M. Desjardins a été déclaré concessionnaire. La durée de cette concession est fixée à quarante-cinq années qui, partant du 1er janvier 1831, doivent expirer le 2 janvier 1876. Élevé sous la direction de MM. Vergez et Bayard, ce pont, suspendu en chaînes de fer, est composé d'une travée de 67 m. 80 c., et de deux demi-travées ayant, l'une 27 m. 33 c., l'autre 24 m. 70 c. d'ouverture. Sa largeur entre les garde-corps est de 7 m. 95 c. Commencé en 1828, il a été livré à la circulation en 1829. La dépense s'est élevée à plus de 600,000 fr. On lui donne également le nom de pont d'*Antin*.

IRLANDAIS (RUE DES).

Commence à la rue de la Vieille-Estrapade, nos 15 et 17; finit à la rue des Postes, nos 9 et 11. Le dernier impair est 3; le dernier pair, 4. Sa longueur est de 93 m. — 12e arrondissement, quartier de l'Observatoire.

Dans les censiers de sainte Geneviève, à l'année 1602, elle est appelée rue du *Cheval-Vert*. Elle devait ce nom à une enseigne. — Une décision ministérielle du 3 thermidor an IX, signée Chaptal, a fixé la largeur de cette voie publique à 8 m. Par un arrêté préfectoral du 6 février 1807, rendu sur la demande du proviseur du collège des Irlandais, Anglais et Écossais réunis, la rue qui nous occupe dut prendre la dénomination de rue des *Irlandais*. — La propriété n° 3, celle qui est située sur le côté droit à l'angle de la rue de la Vieille-Estrapade et le mur de clôture à l'angle de la rue des Postes, sont à l'alignement.

Le collège des Irlandais, situé au n° 3, a été établi par arrêtés des 19 fructidor an IX, 24 vendémiaire, 3 messidor an XI et 28 floréal an XIII. Il est sous la surveillance de l'Université, en vertu d'une décision du gouvernement en date du 11 décembre 1808.

ITALIE (BARRIÈRE D').

Située à l'extrémité de la rue Mouffetard.

C'était anciennement la barrière *Mouffetard*. Elle fut ensuite appelée barrière de *Fontainebleau*. Son nom actuel, donné depuis 1806, indique sa direction vers l'Italie (voir l'article *Barrières*).

ITALIE (PLACE DE LA BARRIÈRE D').

Située à l'extrémité de la rue Mouffetard. — 12e arrondissement, quartier Saint-Marcel.

Cette place est indiquée sur le plan de Verniquet;

— ITA —

mais sans dénomination. Sa forme est circulaire.— Une ordonnance royale du 27 janvier 1837 a déterminé l'alignement de cette voie publique par une parallèle au centre des arbres des contr'allées et à 4 m. de distance. Les constructions situées entre la barrière d'Italie et le boulevart des Gobelins sont seules soumises à retranchement. — Éclairage au gaz (comp^e Parisienne).

ITALIENS (BOULEVART DES).

Commence aux rues de Richelieu, n° 113, et Grange-Batelière, n° 1; finit aux rues Louis-le-Grand, n° 32, et de la Chaussée-d'Antin, n° 2. Le dernier impair est 29; le dernier pair, 28. Sa longueur est de 425 m. — 2e arrondissement; les numéros impairs sont du quartier Feydeau; les numéros pairs dépendent du quartier de la Chaussée-d'Antin.

Il a été formé en vertu des lettres-patentes du mois de juillet 1676. Il doit sa dénomination au théâtre des Italiens, occupé aujourd'hui par les artistes de l'Opéra-Comique. — Une ordonnance royale du 16 avril 1831 a déterminé l'alignement de ce boulevart, dont la largeur est fixée à 35 m. Les constructions riveraines ne sont pas soumises à retranchement. La largeur de la chaussée est de 19 m. 50 c. — Égout du côté de la rue Louis-le-Grand. — Conduite d'eau. — Éclairage au gaz (comp^e Anglaise).

ITALIENS (PLACE DES).

Située au-devant du théâtre de l'Opéra-Comique. Le dernier numéro est 3 bis. — 2e arrondissement, quartier Feydeau.

Des lettres-patentes, données à Marly le 14 octobre 1780 et registrées au parlement le 24 du même mois, autorisèrent la compagnie Reboul de Villeneuve à faire construire, sur l'emplacement de l'hôtel de Choiseul, une salle de spectacle pour la Comédie-Italienne, et à former au-devant une place de 400 toises de superficie. Ces lettres-patentes reçurent immédiatement leur exécution. Cette voie publique devrait porter le nom de place de l'*Opéra-Comique*, les artistes de ce théâtre ayant remplacé les acteurs italiens. — Égout. — Conduite d'eau. — Éclairage au gaz (comp^e Anglaise).

ITALIENS (THÉATRE DES).

Situé entre les rues Dalayrac et Marsollier. — 2e arrondissement, quartier Feydeau.

Une ordonnance royale du 8 octobre 1826 porte : « Article 1er. La nouvelle salle du théâtre royal de l'Opéra-Comique sera placée dans l'axe de la rue Ventadour, à 40 m. environ de la rue Neuve-des-Petits-Champs, et sera isolée au-devant par une place d'environ 18 m. de largeur; à droite, derrière et à gauche, par des rues larges environ, les deux premières de 12 m. et la dernière de 11 m., le tout conformément au plan ci-annexé. — Art. 2e. La délibération prise par le conseil municipal de notre bonne ville de Paris, à l'effet de contribuer pour une somme de 500,000 fr., aux

— IVR —

dépenses des abords de la nouvelle salle, est approuvée.— Art. 3. Les plans définitifs de la construction de la nouvelle salle seront communiqués à notre ministre de l'intérieur pour être adoptés par lui en tout ce qui peut intéresser la sûreté et la salubrité publiques, etc. »

En vertu de cette ordonnance on a ouvert les rues Dalayrac, Marsollier, Méhul et Monsigny. — La nouvelle salle fut construite sur les dessins de MM. Huvé et Guerchy, architectes. Les acteurs de l'Opéra-Comique y restèrent jusqu'au mois de septembre 1832, puis allèrent occuper le théâtre de la place de la Bourse. En 1833, la salle Ventadour portait le titre de *Théâtre-Nautique*. La nouvelle entreprise eut peu de succès. Cet édifice remarquable ne servit plus qu'à des bals publics ou à de grandes réunions. Après l'incendie de la salle Favart, les artistes italiens y donnèrent des représentations. M. Anténor Joly obtint un privilège qui lui permettait de jouer le drame, l'opéra de genre, la comédie, etc. Après quelques changements intérieurs, la salle fut ouverte de nouveau, le 8 novembre 1838, sous le nom de *Théâtre de la Renaissance*. L'habile direction de M. Anténor Joly lutta vainement contre la mauvaise fortune. Son théâtre fut fermé en 1840. En 1841, une nouvelle tentative eut lieu et n'obtint aucun succès. Enfin au mois d'octobre de la même année, les artistes Italiens sont venus s'installer définitivement dans cette salle qui contient 1,700 personnes. — Prix des places en 1844 : stalles d'orchestre et de balcon, 1res loges, 2me loges de face et rez-de-chaussée de face, 10 fr.; rez-de-chaussée et 2mes de côté, 7 fr. 50 c.; 3mes loges de face, 6 fr.; 3mes loges de côté, 5 fr.; 4mes loges et parterre, 4 fr.

IVRY (BARRIÈRE D').

Située à l'extrémité des rues d'Austerlitz et de l'Hôpital-Général.

Cette barrière qui était autrefois située sur le boulevart de l'Hôpital, a été construite à l'endroit où nous la voyons aujourd'hui, lorsque le village d'Austerlitz a été réuni à la ville de Paris. Elle n'est décorée d'aucune construction monumentale. (Voir l'article de la Grande rue d'*Austerlitz*.)

IVRY (CHEMIN DE RONDE DE LA BARRIÈRE D').

Commence à la barrière d'Ivry et à la rue de l'Hôpital-Général; finit à la barrière d'Italie et à la place de la barrière d'Italie. Pas de numéro. Sa longueur est de 362 m. — 12e arrondissement, quartier Saint-Marcel.

Il a été formé, vers 1818, sur une partie du village d'Austerlitz. Les propriétés particulières sont alignées. (Voyez *Grande rue d'Austerlitz*.)

IVRY (PLACE DE LA BARRIÈRE D').

Pas de numéro. — 12e arrondissement, quartier Saint-Marcel.

Une décision ministérielle du 18 octobre 1822 a pres-

— IVR —

crit la formation de cette place qui est circulaire et dont le rayon est de 32 m. Cette voie publique, nommée aussi place des *Deux-Moulins*, n'est pas entièrement construite. L'emplacement qu'elle occupe dépendait du village d'Austerlitz. (Voyez l'article de la Grande rue d'*Austerlitz*.)

IVRY (RUE D').

Commence à la rue du Banquier, n° 1 ; finit au boulevart de l'Hôpital. Pas de numéro. Sa longueur est de 52 m. — 12° arrondissement, quartier Saint-Marcel.

Construite à la fin du XVIII° siècle, cette rue doit son nom à l'ancienne barrière d'Ivry. — Une décision ministérielle du 28 prairial an IX, signée Chaptal, fixa la largeur de cette voie publique à 8 m. En vertu d'une ordonnance royale du 27 janvier 1837, cette largeur est portée à 10 m. Les propriétés du côté gauche en entrant par la rue du Banquier sont à l'alignement. Celles du côté opposé sont soumises à un retranchement de 2 m. 20 c.

Avril 1844.

J.

JABACK (PASSAGE).

Commence à la rue Neuve-Saint-Merri, n° 46 ; finit à la rue Saint-Martin, n° 36. — 7° arrondissement, quartier Sainte-Avoie.

Il a été formé en 1824 par MM. Rougevin, Mélier et Néron, sur l'emplacement de l'ancien hôtel Jaback.

JACINTHE (RUE).

Commence à la rue des Trois-Portes, nos 9 et 11 ; finit à la rue Galande, nos 18 et 20. Le dernier impair est 3 ; le dernier pair, 4. Sa longueur est de 23 m. — 12° arrondissement, quartier Saint-Jacques.

Cette rue a été tracée en 1202 sur le clos Mauvoisin qui faisait partie de la seigneurie de Garlande (voir l'article de la rue du *Fouarre*). — Une décision ministérielle du 3 pluviôse an IX, signée Chaptal, a fixé la largeur de cette voie publique à 6 m. Les constructions du côté gauche sont soumises à un retranchement qui varie de 1 m. 20 c. à 1 m. 60 c. Celles du côté opposé devront reculer de 1 m. 60 c. à 2 m. 20 c.

JACOB (RUE).

Commence à la rue de Seine, nos 44 et 46 ; finit à la rue des Saints-Pères, nos 27 et 29. Le dernier impair est 51 ; le dernier pair, 60. Sa longueur est de 418 m. — 10° arrondissement, quartier de la Monnaie.

D'après la demande de plusieurs propriétaires riverains, une décision ministérielle du 14 juillet 1836 ayant autorisé la réunion de la rue du Colombier à la rue Jacob, sous la seule dénomination de cette dernière rue, on procéda à la régularisation du numérotage en vertu d'un arrêté préfectoral du 26 août suivant. Une ordonnance royale du 29 avril 1839 a fixé la moindre largeur de cette voie publique à 10 m. 70 c. Propriété n° 1, alignée ; 3 et 5, retranch. réduit, 1 m. 80 c. ; de 7 à 17 inclus, ret. 2 m. à 2 m. 40 c. ; de 21 à 27 inclus, alignées ; 29, ret. 3 m. 20 c. ; de 31 à la fin, alignées. La propriété n° 2 doit être supprimée ; de 4 à 32 inclus, ret. 80 c. à 1 m. ; de 34 à la fin, alignées. — Égout entre les rues Saint-Germain-des-Prés et des Saints-Pères. —Conduite d'eau dans une partie. — Éclairage au gaz (comp° Française).

Dans cette rue, entre le n° 43 et l'hôpital de la Charité, était située *la rue des Deux-Anges* qui se terminait par un retour d'équerre à la rue Saint-Benoît, nos 4 et 6. Cette voie publique devait sa dénomination à deux statues d'anges, placées aux encoignures de la rue Jacob. Elle a été supprimée en vertu d'une ordonnance royale du 5 août 1839, qui a autorisé la ville de Paris à céder le sol de cette rue tant aux propriétaires riverains qu'aux hospices civils.

Nous allons maintenant rappeler l'origine des rues du Colombier et Jacob. — Jaillot prétend avoir vu plusieurs titres qui indiquaient une maison dite *le Colombier*, près les murs de l'abbaye. Sauval affirme, suivant un registre du Trésor des Chartes, qu'il est mention à l'année 1317 d'une maison et dépendances sises à Saint-Germain-des-Prés, au lieu nommé *le Colombier*. Telle est sans doute l'origine de la dénomination affectée à la voie publique qui nous occupe. Cette rue, ou plutôt ce chemin, était, avant cette époque, plus reculé du côté de la rivière. Charles V avait ordonné de creuser des fossés autour de l'abbaye Saint-Germain-des-Prés ; ces fossés devenus plus tard inutiles, les religieux les firent combler, excepté dans une longueur de cent toises qu'ils réservèrent pour faire un vivier. Sur l'emplacement autrefois occupé par ce vivier, le bailli de Saint-Germain fit tracer, en 1585, l'alignement d'un nouveau chemin auquel on donna le nom de Pré-aux-Clercs. Plus tard et à différentes époques, les religieux permirent à des particuliers d'y bâtir ; mais les habitants furent souvent troublés par les écoliers de l'Université. Nous voyons qu'en 1641 le parlement rendit un arrêt qui obligeait les propriétaires à terminer les maisons déjà commencées. Une décision ministérielle du 15 floréal an V, signée Benezech, avait fixé la moindre largeur de cette voie publique à 10 mètres.

La rue *Jacob* doit son nom à l'autel de Jacob que la reine Marguerite de Valois, première femme de Henri IV, avait fait vœu de bâtir. Cette reine accomplit

— JAC —

son vœu par la construction du couvent et de l'église des Petits-Augustins. Ce ne fut qu'en 1640 que cette rue fut bâtie. Une décision ministérielle du 15 floréal an V, signée Benezech, avait fixé à 10 m. la moindre largeur de cette voie publique.

JACQUES (BOULEVART SAINT-).

Commence à la rue de la Glacière et à la barrière de Lourcine; finit aux rue et barrière d'Enfer. Pas de numéro impair; ce côté est bordé par le mur d'enceinte. Le dernier pair est 16. Sa longueur est de 905 m. — 12° arrondissement. Les n°s 2 et 4 sont du quartier Saint-Marcel. Le surplus dépend du quartier de l'Observatoire.

Il a été formé en vertu des lettres-patentes données à Versailles le 9 août 1760 (voyez *Enfer*, boulevart d'). Une ordonnance royale en date du 9 décembre 1838 a déterminé l'alignement de ce boulevart. La propriété à l'encoignure de la rue de la Glacière devra reculer de 7 m. 60. Les bâtiments à la suite, la propriété à l'encoignure gauche de la rue de la Santé, la propriété qui est située entre les n°s 6 bis et 8, les constructions à l'encoignure droite de la rue Leclerc et la maison n° 14, sont à l'alignement. Les autres immeubles ne sont assujettis qu'à un retranchement de 1 m. au plus.

JACQUES (PLACE SAINT-).

Située à l'extrémité de la rue du Faubourg-Saint-Jacques. — 12° arrondissement, quartier de l'Observatoire.

Elle est indiquée sur le plan de Verniquet. Sa forme est demi-circulaire. Une ordonnance royale en date du 9 décembre 1838 a déterminé l'alignement de cette voie publique. Les constructions du côté droit, en entrant par la rue du Faubourg-Saint-Jacques, et celles qui sont situées sur le côté gauche, à l'encoignure de ce faubourg, sont alignées. La propriété à l'angle du boulevart Saint-Jacques est soumise à un retranch. de 1 m. 50 c.

Un arrêté préfectoral du 20 janvier 1832, approuvé par décision ministérielle du 23 du même mois, ordonna que l'exécution des condamnés à la peine capitale aurait lieu sur cette place.

JACQUES (RUE DES FOSSÉS-SAINT-).

Commence à la rue Saint-Jacques, n°s 161 et 163; finit aux rues de la Vieille-Estrapade et des Postes, n° 2. Le dernier impair est 19; le dernier pair, 34. Sa longueur est de 183 m. — 12° arrondissement. Les numéros impairs sont du quartier Saint-Jacques, et les pairs du quartier de l'Observatoire.

Cette rue prend naissance à l'endroit où se trouvait l'ancienne porte Saint-Jacques, qui séparait la ville du faubourg. Cette voie publique fut construite sur les fossés qui entouraient les murs de l'enceinte de Philippe-Auguste. — Une décision ministérielle du 25 messidor an X, signée Chaptal, a fixé la moindre largeur de cette voie publique à 8 m. Les propriétés n°s 1, 11, 11 bis, 13, les deux encoignures de la rue Clotaire, 17,

— JAC —

19 et 20 sont alignées. Les autres constructions ne sont assujetties qu'à un faible retranchement.

JACQUES (RUE DU FAUBOURG-SAINT-).

Commence aux rues des Capucins et de la Bourbe, n° 1; finit à la place Saint-Jacques. Le dernier impair est 59; le dernier pair, 38. Sa longueur est de 602 m. — 12° arrondissement, quartier de l'Observatoire.

Cette voie publique prenait autrefois naissance à la rue Saint-Hyacinthe, où était située la porte Saint-Jacques. Elle n'est plus désignée, depuis 1806, sous le nom de rue du Faubourg-Saint-Jacques, qu'à partir de la rue de la Bourbe et de celle des Capucins (voir l'article suivant). Une décision ministérielle du 5 vendémiaire an IX, signée L. Bonaparte, fixa la moindre largeur de cette voie publique à 10 m. En vertu d'une ordonnance royale du 9 décembre 1838, cette moindre largeur est portée à 12 m. Les constructions ci-après ne sont pas soumises à retranch.: n°s 19, 21, 35, 45, 49, 51, 57 et 59; 12, 30 et 38. Les propriétés n°s 37, 39, 41, 43, 55 et 36 ne devront subir qu'un faible reculement.

JACQUES (RUE SAINT-).

Commence aux rues Galande, n° 79, et Saint-Severin, n° 3; finit aux rues des Capucins et de la Bourbe, n° 2. Le dernier impair est 309; le dernier pair, 358. Sa longueur est de 1562 m. — De 1 à 161, 12° arrondissement, quartier Saint-Jacques; de 163 à la fin, 12° arrondissement, quartier de l'Observatoire; de 2 à 202, 11° arrondissement, quartier de la Sorbonne; de 204 à la fin, 12° arrondissement, quartier de l'Observatoire.

Au XII° siècle c'était la *Grand'rue du Petit-Pont*. Elle prit au XIII° siècle en ses diverses parties les noms de *Grand'rue Saint-Jacques-des-Prêcheurs*, *Grand'rue Saint-Étienne-des-Grès*, *Grand'rue près Saint-Benoit-le-Bestourné*, *Grand'rue près du chevet de l'église Saint-Severin*, *Grand'rue outre Petit-Pont*, *Grand'rue vers Saint-Mathelin*, *Grand'rue Saint-Benoît*, enfin *Grand'rue Saint-Jacques*, en raison de la chapelle Saint-Jacques, où les religieux Dominicains, frères Prêcheurs, dits depuis *Jacobins*, s'établirent en 1218. Depuis 1806, le nom de rue *Saint-Jacques* lui a été donné jusqu'à la rue de la Bourbe; avant cette époque cette voie publique ne portait cette dénomination que jusqu'aux rues Saint-Hyacinthe et des Fossés-Saint-Jacques, où l'on voyait anciennement une porte de l'enceinte construite par Philippe-Auguste. Nous en parlerons dans le cours de cet article. — Une décision ministérielle du 5 vendémiaire an IX, signée L. Bonaparte, avait fixé la moindre largeur de cette voie publique à 10 m. Cette moindre largeur est portée à 12 m., en vertu d'une ordonnance royale du 3 février 1836. Les constructions ci-après ne sont pas soumises à retranchement: encoignure gauche de la rue des Noyers, les dépendances du collège de France, 113, encoignure gauche de la rue Soufflot, 193, 243, le mur de clôture du Val-de-Grâce; 136, 156, 158, 160, 170, 172, 174, 176, 178, 180, 182, 184, 218, 232, dépendances de l'institution des Sourds-Muets, 286, et 318. Les propriétés nos 161, 208, 210, 212, 214, et 316 ne devront subir qu'un faible redressement. — Égout: 1° depuis la rue Galande jusqu'à celle des Grés; 2° au-devant du Val-de-Grâce. — Conduite d'eau entre les rues de la Parcheminerie et du Foin. — Éclairage au gaz (comp° Parisienne).

A l'encoignure gauche de la rue des Noyers était située la *chapelle Saint-Yves*. Elle fut fondée et bâtie en 1348, un an après la canonisation de Saint-Yves, par Clément VI. Des écoliers Bretons, qui étudiaient à Paris, firent les frais de cette fondation. Saint-Yves, dont le nom de famille était Hélor, naquit auprès de Tréguier; son père était seigneur de Kermartin. Saint Yves vint à Paris à l'âge de 14 ans, pour apprendre la philosophie, la théologie et le droit canon; à vingt-quatre ans il alla étudier le droit civil à Orléans; et fut ensuite official de l'évêque de Rennes, puis de celui de Tréguier, et enfin curé de Lohance. Il mourut le 19 mai 1303. Les infortunés ne réclamèrent jamais en vain les conseils et la bienfaisance de Saint-Yves, qui mérita le beau nom d'*Avocat des Pauvres*. Les procureurs et les avocats l'adoptèrent pour patron, mais l'imitèrent rarement. Ils établirent une confrérie dans cette chapelle qui était d'une construction élégante; sur le portail on voyait les statues de Jean VI, duc de Bourgogne, et de Jeanne de France sa femme. En 1790, cette chapelle fut supprimée. Devenue propriété nationale, elle fut vendue le 6 mai 1793, et démolie en 1796; la maison qui porte sur la rue des Noyers le n° 56 a été bâtie sur son emplacement.

La *porte Saint-Jacques* était située vers le milieu de l'espace qui se trouve entre la rue Soufflot et celle des Fossés-Saint-Jacques; on l'appela aussi *porte de Notre-Dame-des-Champs*, parce qu'on y passait pour aller au faubourg et au monastère de ce nom. Elle faisait partie de l'enceinte de Philippe-Auguste. Ce fut par la porte Saint-Jacques que les troupes de Charles VII entrèrent dans Paris, le vendredi 13 avril 1436; cette porte fut abattue en 1684.

Au n° 193 était situé le *couvent des religieuses de la Visitation Sainte-Marie*. A l'article du temple Sainte-Marie, nous parlerons de l'établissement de ces religieuses à Paris, vers 1619. Le nombre s'étant considérablement augmenté, l'archevêque de Paris leur accorda la permission, en 1623, d'établir un nouveau monastère. Elles achetèrent rue Saint-Jacques la maison dite de Saint-André, dans laquelle elles entrèrent le 13 août 1626. Cet établissement fut confirmé en 1660, par lettres-patentes; leur communauté fut supprimée en 1790, et vendue le 4 plairial an V. D'après l'acte d'aliénation, l'acquéreur était tenu de livrer sans indemnité le terrain nécessaire pour les nouveaux percements de rues. — « Au camp impérial de Varsovie, le » 25 janvier 1807. — Napoléon, etc... Nous avons dé-» crété et décrétons ce qui suit : Article 1er. La rue, » qui aux termes du contrat primitif de vente, doit être » formée à travers les bâtiments et terrains de l'ancien » couvent de Sainte-Marie, dit les Visitandines, à l'en-» trée du faubourg Saint-Jacques, n'aura son exécution » qu'autant que les dames du refuge, dites de Saint-» Michel, qui y ont établi depuis peu leur institution, » cesseront d'être propriétaires de cet ancien cou-» vent, etc. » — Ces dames se consacrent à l'éducation de la jeunesse; leur couvent sert aussi de maison de correction pour les jeunes filles repenties, et pour celles qui sont détenues par mesure de police ou par inconduite, à la demande de leurs parents.

Au n° 269 était situé *le couvent des Bénédictins anglais*. Par suite de la persécution que le roi Henri VIII exerça contre les catholiques, les bénédictins anglais, ainsi que tous les autres religieux du culte romain, se virent forcés de se cacher ou d'aller chercher un asile hors de l'Angleterre. Marie de Lorraine, abbesse de Chelles, en fit venir six à Paris, qu'elle établit, en 1615, au collège de Montaigu, puis elle les en tira pour les installer dans une maison du faubourg Saint-Jacques; mais le refus qu'ils firent, en 1618, de se prêter à une nouvelle translation, les brouilla avec leur bienfaitrice et tarit la source de ses libéralités. Dans l'indigence où cet abandon les laissa réduits, ces religieux furent secourus par le père Gabriel Gifford, alors chef de trois congrégations italienne, espagnole et anglaise, qu'il avait réunies, en 1617, sous le nom de *Congrégation Bénédictine anglaise*. Il les logea d'abord dans une maison rue de Vaugirard, puis les transféra rue d'Enfer; ils habitèrent ensuite une propriété que les Feuillantines avaient occupée; enfin le père Gifford, devenu archevêque de Reims, leur acheta, en 1640, trois maisons près du Faubourg-Saint-Jacques où ils purent se fixer définitivement. Ces religieux obtinrent, en 1642, de l'archevêque de Paris, la permission de célébrer l'office divin dans leur chapelle, ce qui leur fut confirmé par des lettres-patentes de Louis XIV. En 1674, ils démolirent l'ancienne maison et la salle qui servait de chapelle; puis construisirent de nouveaux bâtiments et commencèrent l'église. La première pierre en fut posée par mademoiselle Louise d'Orléans, depuis reine d'Espagne, et le roi contribua à la dépense pour une somme de sept mille livres. Cette église fut achevée et bénite le 28 février 1677, sous le titre de *Saint-Edmond*. Elle contenait le corps du malheureux Jacques II, roi de la Grande-Bretagne, mort à Saint-Germain-en-Laye le 6 septembre 1701. Son tombeau ne portait que cette inscription : *Ci-gist Jacques II, roi de la Grande-Bretagne.* — Le couvent des Bénédictins, supprimé en 1790, devint propriété nationale et fut vendu le 13 fructidor an VII. — Un arrêté des Consuls, du 3 pluviôse an X, prononça la déchéance de l'acquéreur et les bénédictins anglais rentrèrent en possession de leur ancien établissement en vertu d'un autre arrêté des Consuls du 3 messidor an XI.

— JAC —

JACQUES-DU-HAUT-PAS (ÉGLISE SAINT-).

Située dans la rue Saint-Jacques, entre les nos 252 et 254. — 12e arrondissement, quartier de l'Observatoire.

Cette église doit son nom à la chapelle Saint-Jacques-du-Haut-Pas dont nous parlerons à l'article de l'institution des Sourds-Muets. — Vers le milieu du XVe siècle, les habitants des faubourgs Saint-Jacques et Saint-Michel, trop éloignés des églises Saint-Médard, Saint-Hippolyte et Saint-Benoît, sollicitèrent l'érection de cette chapelle en succursale. Cette demande leur fut accordée en 1566. La sentence de l'official de Paris est ainsi conçue : « Avons permis et permettons aux ma» nants et habitants des dits faubourgs de la porte » Saint-Jacques et de Notre-Dame-des-Champs, avoir » à leurs dépens autres personnes, qui dient, chantent » et célèbrent à haute voix et avec chants, les dits offices » divins. » — Dès l'époque de l'établissement de cette succursale, le prêtre qui la desservait avait pris le titre de curé. Cette cure était alors à la nomination du trésorier de la Sainte-Chapelle. La population s'étant considérablement augmentée dans le faubourg Saint-Jacques, on résolut, en 1603, de bâtir une église plus vaste. La première pierre ne fut pourtant posée que le 2 septembre 1630, par Monsieur, frère du roi Louis XIII. Ce fut seulement alors que les habitants obtinrent l'érection de leur église en paroisse. Les travaux, commencés d'abord avec beaucoup d'ardeur, furent longtemps suspendus faute de secours. On les reprit en 1675. Le chœur était seulement construit à cette époque. On doit la continuation de cette église à madame Anne-Geneviève de Bourbon, princesse du sang, duchesse douairière de Longueville, qui vint plusieurs fois au secours de la fabrique. Mais la plus grande partie de la dépense fut faite par les paroissiens. Il est peu d'exemples dans notre histoire d'un zèle de piété plus unanime et plus touchant. Les carriers, qui étaient en grand nombre dans ce quartier, fournirent gratuitement toute la pierre dont cet édifice est pavé ; et les ouvriers employés à sa construction travaillèrent chacun un jour par semaine, sans vouloir en recevoir le salaire. Le portail, décoré de quatre colonnes doriques, et la tour, d'une forme carrée, furent construits sur les dessins de l'architecte Guittard, membre de l'Académie. On commença en 1688 la chapelle de la Vierge, située dans le fond du chœur. L'église Saint-Jacques-du-Haut-Pas est aujourd'hui la seconde succursale de la paroisse Saint-Étienne-du-Mont.

JACQUES-LA-BOUCHERIE (MARCHÉ SAINT-).

Situé dans la rue des Arcis. — 6e arrondissement, quartier des Lombards.

Ce marché a été construit sur l'emplacement occupé par l'ancienne église Saint-Jacques-la-Boucherie. Les écrivains qui ont fait de l'histoire de Paris une étude spéciale n'ont pu préciser l'époque de la fondation de cette église. On croit généralement qu'à l'endroit où elle fut construite, se trouvait une chapelle qu'on y voyait vers 954, sous le règne de Lothaire Ier. — Dans une bulle du pape Callixte II, en 1119, il est fait mention pour la première fois de l'église Saint-Jacques-la-Boucherie. Ce nom de la Boucherie lui vient de son voisinage de l'Apport-Paris, où se trouvait la plus ancienne et la plus considérable des boucheries de la ville. Cette église fut érigée en paroisse sous Philippe-Auguste, vers l'an 1200. Ses bâtiments avaient alors peu d'étendue, ils furent agrandis successivement aux XIVe et XVe siècles. Nicolas Flamel fit construire à ses frais le petit portail qu'on voyait dans la rue des Écrivains. L'histoire de cet homme est singulière. Il était né sans biens, de parents obscurs, et sa profession d'écrivain n'avait pu lui donner les moyens d'acquérir de grandes richesses. Cependant on le vit tout-à-coup, par ses libéralités, déceler une fortune immense. On crut à cette époque, en le voyant si riche, qu'il avait découvert la pierre philosophale. Flamel employa d'une manière honorable les biens qu'il possédait : une honnête famille tombée dans la misère, une jeune fille que l'indigence allait peut-être entraîner dans les désordres, le marchand et l'ouvrier chargés d'enfants, la veuve et l'orphelin, voilà sur qui tombèrent les bienfaits de Nicolas Flamel. Il fut enterré le 24 mars 1417, dans l'église Saint-Jacques-la-Boucherie qu'il avait embellie. Cet édifice avait droit d'asile ; en 1405 on y fit même construire une chambre qu'on réserva à ceux qui venaient s'y mettre en franchise. La justice ne respecta pas toujours cet asile. — Voici deux faits historiques qui le prouvent : — Le 14 janvier 1358, Jean Baillet, trésorier général des finances, passant dans la rue Saint-Merri, fut assassiné par un changeur nommé Perrin Macé. Le meurtrier se sauva dans l'église Saint-Jacques-la-Boucherie. Le Dauphin, depuis Charles VI, irrité de cet attentat, envoya Robert de Clermont, maréchal de France, Jean de Châlons et Guillaume Staise, prévôt de Paris, avec l'ordre de s'emparer du coupable. Il fallut l'arracher de l'église ; le lendemain on lui fit couper le poing à l'endroit où il avait commis le crime, puis on le conduisit au gibet où il fut étranglé. Dès que Meulan, évêque de Paris, connut cette violation des priviléges ecclésiastiques, il fit détacher du gibet le corps du supplicié, et ordonna qu'il fut inhumé avec pompe dans l'église Saint-Jacques-la-Boucherie. Le prévôt des marchands et ceux de sa faction assistèrent à cette cérémonie dans le même temps que le dauphin honorait de sa présence les funérailles de Jean Baillet. — En 1406, un autre criminel fut également arraché de cette église ; l'évêque d'Orgemont fit suspendre aussitôt le service divin ; il fallut avant de continuer les cérémonies religieuses, que le parlement condamnât cette violation. — Ce droit d'asile fut introduit en France à cette époque de la conquête où les vaincus n'avaient pas d'autre refuge contre les violences de leurs vainqueurs ; la religion alors pouvait

— JAC —

couvrir les malheureux de sa puissante égide. Le mal n'existant plus, le droit d'asile devait s'éteindre également et cesser d'offrir aux scélérats cette chance d'impunité. Un des caveaux de l'église Saint-Jacques-la-Boucherie renfermait les dépouilles mortelles de l'illustre Jean Fernel, médecin de Henri II et accoucheur de la reine Catherine de Médicis. Cette princesse était si contente de son habileté, qu'elle lui donnait à chaque couche la somme très forte alors, de douze mille écus d'or. — L'église Saint-Jacques-la-Boucherie qui n'avait été achevée que sous le règne de François Ier, fut supprimée en 1790. Devenue propriété nationale, elle fut vendue le 11 floréal an V, et démolie peu de temps après. Sur son emplacement un particulier fit construire, d'après les plans de M. Lelong, architecte, un marché dont l'inauguration eut lieu le 13 octobre 1824. Dans cet établissement, qui occupe une superficie de 1,400 m., l'on vend du linge et des habits.

JACQUES-LA-BOUCHERIE (PLACE SAINT-).

Située à l'angle des rues des Écrivains et du Petit-Crucifix. Les numéros continuent la série de la rue du Petit-Crucifix. — 6e arrondissement, quartier des Lombards.

Cette petite place a été formée en 1497, par suite de la démolition de deux propriétés formant alors le coin des rues des Écrivains et du Petit-Crucifix (voir pour l'étymologie, l'article précédent). — Une décision ministérielle du 18 vendémiaire an VI, signée Letourneux, a fixé la largeur de cette voie publique à 18 m. La propriété à l'angle de la rue du Petit-Crucifix est soumise à un faible retranchement; celle qui fait l'encoignure de la rue des Écrivains, est alignée. — Conduite d'eau. — Éclairage au gaz (comp^e Française).

JACQUES-LA-BOUCHERIE (RUE SAINT-).

Commence aux rues de la Planche-Mibray, n° 21, et des Arcis, n° 1; finit à la rue Saint-Denis, n° 6. Le dernier impair est 33; le dernier pair, 52. Sa longueur est de 153 m. — De 1 à 27, 7e arrondissement, quartier des Arcis; de 29 à la fin, 4e arrondissement, quartier du Louvre. Tous les numéros pairs, 6e arrondissement, quartier des Lombards.

Dès l'année 1300, Guillot en parle ainsi :

> En la rue Saint-Jaque et ou Porée
> M'en ving, n'avoie sac ne poce.

A la fin de ce siècle on la trouve nommée de la *Vannerie*; on ne la distinguait point alors de cette voie publique dont elle fait la continuation. Elle tire son nom actuel de la grande boucherie qui y était située, et de sa proximité de l'église Saint-Jacques. — Une décision ministérielle du 11 octobre 1806, signée Champagny, fixa la moindre largeur de cette voie publique à 8 m. En vertu d'une ordonnance royale du 9 décembre 1838, cette moindre largeur est portée à 10 m. Les maisons n°s 29, 31, 33; 4 et 14 ne sont pas soumises à retranch.; celles n°s 2, 6, 8, 10, 12, 16, 18 et 22 ne devront subir qu'un faible redressement. — Conduite d'eau. — Éclairage au gaz (comp^e Française).

JACQUES-LA-BOUCHERIE (TOUR SAINT-).

Ayant son entrée par la rue du Petit-Crucifix. — 6e arrondissement, quartier des Lombards.

Cette tour, l'une des plus hautes de Paris, rivalise avec celles de l'église de Notre-Dame. Sa construction commencée en 1508, fut achevée en 1522; sa hauteur depuis le sol de la rue jusqu'à la balustrade est de 52 m. Elle est carrée et chacun de ses côtés a hors-d'œuvre 10 m. 40 c. A son sommet on voyait la statue de Saint-Jacques, dessinée par un nommé Raoult, sculpteur d'images. L'église Saint-Jacques-la-Boucherie, ainsi que nous l'avons dit plus haut, supprimée en 1790, devint propriété nationale et fut vendue le 11 floréal an V. La tour avait été comprise dans cette vente, aucune clause n'imposait à l'acquéreur l'obligation de la conserver. La ville de Paris, jalouse de réparer cette omission, l'acheta des héritiers Dubois, le 27 août 1836, moyennant 250,100 fr.

JACQUES-L'HOPITAL (RUE SAINT-).

Commence à la rue de la Grande-Truanderie, n°s 16 et 22; finit à la rue Mauconseil, n°s 1 bis et 3. Le dernier impair est 9; le dernier pair 12. Sa longueur est de 98 m. — 5e arrondissement, quartier Montorgueil.

Cette rue a été percée sur l'emplacement du cloître Saint-Jacques-l'Hôpital, en vertu d'une décision ministérielle du 15 octobre 1814, signée Montesquiou. La largeur assignée à ce percement est de 10 m. La dénomination qui rappelle l'établissement religieux sur lequel elle fut ouverte, a été proposée par le conseil des bâtiments civils, dans sa séance du 23 décembre 1813. Une ordonnance royale du 29 avril 1839 a maintenu la largeur de 10 m. Les constructions riveraines sont alignées. — Conduite d'eau entre la rue de la Grande-Truanderie et les deux bornes-fontaines. — Éclairage au gaz (comp^e Française).

Dès le IXe siècle, les pèlerinages à Saint-Jacques-de-Compostelle devinrent très fréquents. Des bourgeois de Paris se réunirent en confrérie, et achetèrent, en 1319, un emplacement dans la rue Saint-Denis, près de la Porte-aux-Peintres; l'église fut dédiée en 1327, par Jean de Marigny, évêque de Beauvais. La reine Jeanne de Bourgogne fut une des bienfaitrices de cet établissement, et lui donna deux reliques qui furent conservées précieusement. En 1383, les rentes de cet hôpital, s'élevaient à la somme de 474 livres. On y comptait 40 lits; chaque nuit 60 à 80 pauvres y étaient admis, et recevaient le matin en sortant le quart d'un pain, d'un denier, et le tiers d'une chopine de vin. Le défaut de surveillance fit perdre dans la suite à cet établissement, son caractère de maison d'asile pour les voyageurs. La confrérie de Saint-Jacques-l'Hôpital fut supprimée en 1790; le cloître et ses dépendances ont été aliénés par l'administration des hospices

— JAR —

de 1812 à 1817. Sur leur emplacement ont été formées les rues Saint-Jacques-l'Hôpital et des Pèlerins; on a exécuté aussi le prolongement de la rue Mondétour, depuis la rue du Cygne jusqu'à celle Mauconseil.

JARDINET (RUE DU).

Commence à la rue Mignon, nos 7 et 2; finit à l'impasse de la cour de Rouen, et à la rue de l'Éperon, n° 11. Le dernier impair est 13; le dernier pair, 12. Sa longueur est de 97 m. — 11e arrondissement, quartier de l'École-de-Médecine.

Cette rue se prolongeait autrefois jusqu'à la rue Hautefeuille; ce prolongement portait le nom de rue des *Petits-Champs*. Depuis on l'appela rue de l'*Escureul* et des *Escureux*; enfin rue du *Jardinet*, en raison, dit Jaillot, du jardin de l'hôtel et collège de Vendôme, situé entre cette rue et celle du Battoir. Ce collège fut démoli en 1441, aucun titre ne mentionnait l'époque de sa fondation. — Une décision ministérielle du 28 prairial an IX, signée Chaptal, avait fixé la moindre largeur de cette voie publique à 7 m. Une ordonnance royale du 22 août 1840 a porté sa largeur à 10 m. Les maisons nos 9, 11 et 13, sont alignées; celles de 1 à 7 sont soumises à un retranchement qui varie de 1 m. 70 c. à 2 m. 40 c.; les constructions du côté droit devront reculer de 2 m. 20 c. à 3 m. 40 c. — Conduite d'eau entre les rues Mignon et du Paon.

JARDINIERS (IMPASSE DES).

Située dans la rue de Charenton, entre les nos 172 et 174. Le dernier numéro est 15. — 8e arrondissement, quartier des Quinze-Vingts.

Cette impasse existait dès 1760. Elle doit vraisemblablement son nom à des jardiniers qui vinrent l'habiter. Elle n'est point reconnue voie publique.

JARDINS-POISSONNIÈRE (RUE DES).

Commence à la rue du Gazomètre, nos 4 et 9; finit à la rue de l'Abattoir. Le dernier impair est 21; le dernier pair, 22. Sa longueur est de 238 m. — 3e arrondissement, quartier du Faubourg-Poissonnière.

Cette rue a été ouverte en 1827, sur les terrains appartenant à MM. André et Cottier. L'ordonnance royale d'autorisation est à la date du 31 janvier 1827; cependant on n'a commencé à bâtir dans cette rue qu'en 1838. Le nom qui a été donné à cette voie publique rappelle l'emplacement sur lequel elle a été percée. Elle a 12 m. de largeur. (Voyez rue de l'*Abattoir*.)

JARDINS-SAINT-PAUL (RUE DES).

Commence à la rue des Barrés, nos 16 et 18; finit à la rue des Prêtres-Saint-Paul, nos 9 et 11. Le dernier impair est 37; le dernier pair 22. Sa longueur est de 135 m. — 9e arrondissement, quartier de l'Arsenal.

Elle doit son nom à des jardins qui touchaient aux murs d'enceinte de Philippe-Auguste, sur une partie desquels elle fut construite. Deux contrats de vente de 1277 et 1298, lui donnent déjà cette dénomination. Le

— JEA —

bon curé de Meudon, l'illustre Rabelais, a demeuré dans cette rue. Il y mourut le 9 avril 1553. — Une décision ministérielle du 13 thermidor an VI, signée François de Neufchâteau, avait fixé la largeur de cette voie publique à 8 m. Cette largeur a été portée à 10 m. en vertu d'une ordonnance royale du 4 août 1838. De 1 à 5, retranch. 2 m. à 2 m. 80 c.; 7 et 9, ret. 1 m. 50 c.; 11 et 13, ret. 2 m. 70 c. à 3 m. 40; de 15 à la fin, ret. 1 m. 90 c. à 2 m. 70. Les constructions du côté des numéros pairs devront reculer de 1 m. 80 à 3 m. 20.

JARENTE (RUE).

Commence à la rue du Val-Sainte-Catherine, nos 9 et 11; finit à la rue Culture-Sainte-Catherine, nos 12 et 16. Le dernier impair est 9; le dernier pair 12. Sa longueur est de 98 m. — 8e arrondissement, quartier du Marais.

L'abbé de Jarente proposa l'ouverture de cette rue, qui fut autorisée par lettres-patentes du 6 janvier 1781. Elle fut formée en 1784, sur l'emplacement du prieuré royal de la Couture-Sainte-Catherine. On lui donna le nom de Jarente, en l'honneur de Louis-François-Alexandre de Jarente, Senas d'Orgeval, évêque d'Olba, coadjuteur de l'évêché d'Orléans et prieur commandataire du prieuré royal de la couture Sainte-Catherine. Le percement qui nous occupe ne fut point effectué sur une largeur uniforme; il ne débouchait même, dans la rue Culture-Sainte-Catherine, que sous la voûte d'une maison de cette dernière voie publique. On n'obtint la régularisation de ce débouché qu'en 1840, au moyen de la démolition de la maison dont il s'agit. — Une décision ministérielle du 22 juillet 1823 a fixé la largeur de la rue Jarente à 10 m. (voyez *Catherine*, marché *Sainte*-). Les constructions du côté des numéros impairs ne sont pas soumises à retranchement. Celles de 2 à 8 devront reculer de 3 m. 20 c. environ. La maison n°10 est alignée. La propriété à l'angle de la rue Culture-Sainte-Catherine n'est assujettie qu'à un faible retranchement. — Conduite d'eau. — Éclairage au gaz (compe Parisienne).

JEAN (PLACE DU MARCHÉ-SAINT-).

Située entre les rues Renaud-le-Fèvre et celles de la Verrerie et de Bercy. Le dernier impair est 39; le dernier pair, 24. Sa longueur est de 72 m. — 7e arrondissement, quartier du Marché-Saint-Jean.

Sous Philippe-le-Hardi, près de la rue Renaud-le-Fèvre, se trouvait une petite place qui bordait un cimetière; des constructions en diminuaient chaque année l'étendue. En 1280 et 1300 on l'appelait *place du Vieux-Cimetière*. En 1313 elle servait à un marché que le rôle de taxe de cette année appelle le *Marciai Saint Jean*. Les biens de Pierre de Craon, assassin du connétable de Clisson, ayant été confisqués; son hôtel, situé au coin de la rue de la Verrerie, fut abattu en 1392. L'église Saint-Jean parvint à obtenir de Charles VI l'emplacement que la démolition de cet hôtel

— JEA —

laissa vide. Dans les lettres d'amortissement qui furent données à ce sujet le 16 mai 1393, il est dit : « que le » roi a ordonné que cet hôtel fût démoli et que l'empla- » cement en fût donné (excepté les vergers et jardins) » aux marguilliers de Saint-Jean, pour y faire un ci- » metière qui serait appelé le *cimetière neuf de Saint-* » *Jean.* » Ces lettres furent enregistrées à la chambre des comptes, le 21 octobre 1393, et depuis ce temps cet emplacement qui était de 815 mètres, réuni à l'ancien marché, fut destiné à un cimetière que les titres et les plans appelaient le *cimetière Vert.* En 1772, il fut converti en un marché public.— « Séance du primidi, 21 » brumaire an II : La société populaire de la section » des droits de l'homme, chargée par cette section, vient » annoncer au conseil que, suivant le grand exemple » donné par les autorités constituées de Paris, elle ne » reconnaît plus d'autre culte que celui de la liberté et » de la raison. Le conseil reçoit avec plaisir cette dé- » claration, et en arrête mention civique et insertion » aux affiches, et sur l'observation de cette section que » le marché Saint-Jean devrait s'appeler *place des* » *Droits de l'Homme;* le Conseil arrête que le marché » Saint-Jean se nommera désormais *place des Droits* » *de l'Homme.* » (Registre de la commune, page 13304, t. 22.) — Une décision ministérielle à la date du 13 ventôse an VII, signée François de Neufchâteau, et une ordonnance royale du 12 juillet 1837, ont déterminé les alignements de la place du marché Saint-Jean. D'après les dispositions arrêtées, la moindre largeur de cette voie publique est fixée à 44 m. Les maisons n°s 1, 3, 5, 7, 9, 37 et 39 sont alignées; les autres constructions de ce côté sont soumises à un retranchement qui n'excède pas 70 c. Les maisons du côté des numéros pairs devront subir un fort retranchement. — Égout. — Conduite d'eau. — Éclairage au gaz (comp° Lacarrière).

Par décret du 30 janvier 1811, Napoléon avait ordonné la construction de bâtiments destinés à servir à la vente qui se faisait dans cette voie publique. Ce projet fut abandonné en vertu d'un autre décret du 21 mars 1813, qui prescrivit l'établissement du marché des Blancs-Manteaux (*voir* cet article). — Le marché Saint-Jean a été supprimé en 1818.

JEAN (RUE NEUVE-SAINT-).

Commence à la rue du Faubourg-Saint-Martin, n°s 63 et 65; finit à la rue du Faubourg-Saint-Denis, n°s 70 et 74. Le dernier impair est 23; le dernier pair, 22. Sa longueur est de 217 m. — 5° arrondissement, quartier du Faubourg-Saint-Denis.

Elle a été percée, vers 1780, sur une partie du grand égout, et doit sans doute sa dénomination à une enseigne. — Une décision ministérielle du 25 messidor an X, signée Chaptal, fixa la largeur de cette rue à 10 m. En vertu d'une ordonnance royale du 6 mars 1828, cette dimension est portée à 12 m. A cette époque, la largeur de la rue Neuve-Saint-Jean variait de 2 m. 30 c. à 4 m. 50 c. seulement. Une ordonnance

— JEA —

royale du 29 novembre 1840 a déclaré d'utilité publique l'élargissement de cette rue au droit des maisons n°s 2, 4 et 6 et de la propriété n° 65, sur la rue du Faubourg-Saint-Martin. Cette importante amélioration a été complètement exécutée en 1843. La maison située sur le côté des numéros impairs à l'encoignure de la rue du Faubourg-Saint-Martin, devra reculer de 2 m. 40 c. à 2 m. 60 c. Les maisons n°s 3 bis, 5, 7 et 9 sont soumises à un retranchement qui varie de 3 m. à 4 m. Toutes les autres propriétés sont alignées. — Égout. — Conduite d'eau. — Éclairage au gaz (comp° de Belleville).

JEAN (RUE SAINT-).

Commence au quai d'Orsay; finit à la rue Saint-Dominique, n°s 170 et 172. Le dernier impair est 5; le dernier pair, 12. Sa longueur est de 297 m. — 10° arrondissement, quartier des Invalides.

Partie comprise entre les rues de l'Université et Saint-Dominique. Elle se nommait anciennement rue des *Cygnes,* en raison de sa proximité de l'île des Cygnes. Sa dénomination actuelle lui a été donnée en 1738. On voit encore une statue de *saint Jean* à l'angle de la rue Saint-Dominique. — Une décision ministérielle en date du 8 brumaire an X, signée Chaptal, a maintenu la largeur de cette partie de rue, qui est de 11 m. 62 c.

Partie comprise entre le quai d'Orsay et la rue de l'Université. — Un décret impérial du 10 février 1812 porte, entr'autres dispositions : que la rue de la Pompe sera supprimée, et son emplacement réuni à la Manufacture des Tabacs; qu'une voie de 10 m. de largeur sera ouverte en prolongement de la rue Saint-Jean jusqu'au quai d'Orsay. Ce décret ne fut point exécuté. — Une ordonnance royale du 26 juillet 1826 renouvela les dispositions précitées en assignant toutefois une largeur de 13 m. au prolongement de la rue Saint-Jean. Ce percement fut immédiatement effectué. Les constructions riveraines sont alignées. — Conduite d'eau entre la rue Saint-Dominique et celle de la Triperie.

JEAN-BAPTISTE (RUE SAINT-).

Commence à la rue de la Pépinière, n°s 38 et 40; finit à la rue Saint-Michel, n°s 6 et 11. Le dernier impair est 11; le dernier pair, 10. Sa longueur est de 90 m. — 1er arrondissement, quartier du Roule.

Cette rue, ouverte en 1788, doit son nom à une enseigne. — Une décision ministérielle du 3 thermidor an IX, signée Chaptal, a fixé la largeur de cette voie publique à 8 m. Toutes les constructions du côté des numéros impairs et celles n°s 2 et 4 sont alignées. Le surplus n'est soumis qu'à un faible redressement. — Bassin d'égout.

JEANNISSON (RUE).

Commence à la rue Saint-Honoré, n°s 234 et 236; finit à la rue de Richelieu, n°s 13 et 13 bis. Le dernier impair est 19; le dernier pair, 12. Sa longueur est de 97 m. — 2ᵉ arrondissement, quartier du Palais-Royal.

En 1638, elle portait le nom de rue des *Boucheries*, et les registres des ensaisinements de l'archevêché l'indiquent comme étant nouvellement construite. Cette dénomination lui avait été donnée parce qu'elle aboutissait en face des boucheries des Quinze-Vingts, situées dans la rue Saint-Honoré. — Une décision ministérielle du 3 frimaire an X, signée Chaptal, fixa la largeur de cette voie publique à 7 m. En vertu d'une ordonnance royale du 4 octobre 1826, cette largeur est portée à 10 m. Conformément à une décision rendue par le ministre de l'intérieur le 12 février 1831, la rue qui nous occupe a pris le nom de *Jeannisson*, en mémoire de l'un des combattants de Juillet 1830. Après avoir lutté bravement contre les troupes royales, Jeannisson, propriétaire dans le passage Saint-Guillaume, fut blessé mortellement dans la rue de Richelieu, au coin de celle des Boucheries.

La maison n° 5 est alignée. Les autres constructions de ce côté sont soumises à un retranchement qui varie de 1 m. 70 c. à 3 m.; les maisons du côté des numéros pairs devront reculer de 1 m. 70 c. à 2 m. 80 c. — Conduite d'eau depuis la rue de Richelieu jusqu'à la borne-fontaine. — Éclairage au gaz (compᵉ Anglaise).

JEMMAPES (QUAI DE).

Commence à la place de la Bastille; finit à la barrière de Pantin. Pas de numéro impair; ce côté est bordé par le canal Saint-Martin; le dernier pair est 254. Sa longueur est de 3,454 m. — De 2 à 84, 8ᵉ arrondissement, quartier Popincourt; de 86 à 142, 6ᵉ arrondissement, quartier du Temple; de 144 à la fin, 5ᵉ arrondissement, quartier de la Porte-Saint-Martin.

Il a été formé vers 1822, lors de la construction du canal Saint-Martin. — Une lettre ministérielle du 31 décembre 1824 porte ce qui suit : « Le Roi a daigné consentir à ce que la grande rue ouverte sur les terrains des sieurs André et Cottier, pour communiquer du faubourg Saint-Martin au faubourg Poissonnière, reçût le nom de rue *Charles X*; que le même nom fût donné au quai de l'est du canal Saint-Martin, et enfin que le quai de l'ouest du même canal fût nommé *quai Louis XVIII*. » En 1830, le quai Louis XVIII prit la dénomination de *quai de Jemmapes*, en mémoire de la bataille de Jemmapes, gagnée le 6 novembre 1792, par les Français sur les Autrichiens. — L'alignement du quai de Jemmapes est déterminé ainsi qu'il suit, savoir : de la place de la Bastille à la rue de la Butte-Chaumont, par une parallèle à l'axe du canal, et à 30 m. de distance; de la rue de la Butte-Chaumont à la fin, par une parallèle audit axe et à 56 m. 15 c. Les propriétés ci-après ne sont pas soumises à retranchement : de 2 à 28 inclusivement, 34, de 38 à 56 inclus., de 62 à 72 inclus., 84, de 88 à 126 inclus., de 130 à 160 inclus., de 168 à 228 inclus., et de 232 à la fin (*voyez* l'article du Canal Saint-Martin*) — Égout et conduite d'eau depuis la place de la Bastille jusqu'à la rue des Récollets.

JÉROME (RUE SAINT-).

Commence au quai de Gesvres, nᵒˢ 24 et 26; finit à la rue de la Vieille-Lanterne. Un seul impair qui est 1; le dernier pair, 4. Sa longueur est de 22 m. — 7ᵉ arrondissement, quartier des Arcis.

Nous avons dit à l'article du quai de Gesvres que toute cette partie de terrain portait le nom de l'*Écorcherie*, et que M. de Gesvres obtint la permission d'y bâtir. Une de ces voies publiques fut désignée sous le nom de *rue* ou *ruelle de Gesvres*. La malpropreté qui régnait la fit appeler par le peuple rue *Merderet*. Plus tard une statue de Saint-Jérôme, placée à un des angles de l'ancienne rue de Gesvres, lui fit donner le nom qu'elle porte aujourd'hui. — Une décision ministérielle du 11 octobre 1806, signé Champagny, et une ordonnance royale du 9 décembre 1838, ont fixé la largeur de la rue Saint-Jérôme à 6 m. Les maisons riveraines sont bâties d'après cette dimension.

JÉRUSALEM (RUE DE).

Commence au quai des Orfèvres, nᵒˢ 24 et 26; finit à la rue de Nazareth. Le dernier impair est 7; pas de numéro pair. Sa longueur est de 58 m. — 11ᵉ arrondissement, quartier du Palais-de-Justice.

Elle tire sa dénomination des pèlerins qui, à leur retour de *Jérusalem* étaient logés dans cette rue. — « Séance du 22 mai 1793. — Sur le rapport des admi-
» nistrateurs des travaux publics et vu le plan de l'in-
» térieur du Palais-de-Justice, le bureau national
» arrête que la rue de Jérusalem ne sera dorénavant
» considérée que comme un passage public et non
» comme une rue, et que les propriétaires riverains de
» cette rue pourront y disposer de leurs terrains
» comme bon leur semblera, pourvu qu'ils n'anticipent
» pas sur le terrain dudit passage et se conforment aux
» lois des bâtiments. » (Registre du bureau municipal, tome 51, page 76.) — Une décision ministérielle du 31 août 1819 fixa la largeur de cette rue à 10 m. En vertu d'une ordonnance royale du 26 mai 1840, elle doit être supprimée pour faciliter l'agrandissement du Palais-de-Justice et de ses abords. — Égout. — Éclairage au gaz (compᵉ Française).

JEUNEURS (RUE DES).

Commence aux rues du Gros-Chenet, n° 23, et du Sentier, n° 1; finit à la rue Montmartre, nᵒˢ 158 et 160. Le dernier impair est 21; le dernier pair, 20. Sa longueur est de 227 m. — 3ᵉ arrondissement, quartier Montmartre.

Son véritable nom est celui de rue des *Jeux-Neufs*, qu'elle porta dès 1643. Elle fut construite sur l'emplacement de deux jeux de boules. C'est par altération qu'on dit aujourd'hui rue des *Jeûneurs*. — Par décision ministérielle du 18 vendémiaire an VI, signée

— JOA —

Letourneux, la moindre largeur de cette voie publique fut fixée à 8 m. Cette moindre largeur a été portée à 10 m. en vertu d'une ordonnance royale du 4 mai 1826. Les propriétés nos 1, 1 bis, 3, 7, 9, 9 bis, 13, 15 ; 4, 6, 14 et 16 ne sont pas soumises à retranchement. — Égout. — Conduite d'eau. — Éclairage au gaz (compe Française).

JOAILLERIE (RUE DE LA).

Commence à la place du Châtelet et à la rue de la Vieille-Place-aux-Veaux, n° 1 ; finit à la rue Saint-Jacques-la-Boucherie, n° 27. Pas de numéro. Sa longueur est de 15 m. — Le côté gauche est du 4e arrondissement, quartier du Louvre ; le côté opposé est du 7° arrondissement, quartier des Arcis.

Selon Sauval, c'était en 1300 la rue du *Chevet-Saint-Leufroi*, parce qu'elle passait près du chevet de la chapelle de ce nom. En 1313, elle ne s'étendait pas encore jusqu'à la rue Saint-Jacques-la-Boucherie. Le terrain sur lequel on l'a prolongée de ce côté était occupé par un four, indiqué par nos historiens sous les noms de *four d'Enfer* et de *four du Métier*. Il fut détruit sous le règne de Charles V, par Hugues Aubriot, prévôt de Paris. Cette démolition procurant un passage direct au Pont-au-Change, on nomma cette voie publique rue du *Pont-au-Change*. Elle a pris son dernier nom des orfèvres et *joailliers* qui vinrent s'y établir après l'incendie du Pont-au-Change en 1621. Lors de la démolition du grand Châtelet, la plus grande partie de la rue de la Joaillerie fut supprimée. — Une décision ministérielle du 11 octobre 1806, signée Champagny, et une ordonnance royale du 29 avril 1839, ont maintenu cette voie publique suivant sa largeur actuelle qui est de 13 m. — Conduite d'eau. — Éclairage au gaz (compe Française).

JOINVILLE (PASSAGE DE).

Commence à la rue du Faubourg-du-Temple, nos 49 et 53 ; finit à la rue Corbeau, n° 10. Le dernier impair est 3 bis. Pas de numéro pair ; ce côté est bordé par une clôture en planches. — 5e arrondissement, quartier de la Porte-Saint-Martin.

Il a été formé en 1843, sur les terrains appartenant à M. Chaulot. Ce passage qui est éclairé au gaz (compe de Belleville), doit son nom à François-Ferdinand-Philippe-Louis-Marie d'Orléans, prince de Joinville, né à Neuilly le 14 octobre 1818.

JOQUELET (RUE).

Commence à la rue Montmartre, nos 123 et 125 ; finit à la rue Notre-Dame-des-Victoires, nos 28 et 30. Le dernier impair est 13 ; le dernier pair, 14. Sa longueur est de 100 m. — 3e arrondissement, quartier du Mail.

Cette rue doit son nom à un propriétaire qui y fit bâtir plusieurs maisons, au commencement du XVIIe siècle. — Une décision ministérielle du 23 pluviôse an IX, signée Chaptal, fixa la largeur de cette voie publique à 8 m. En 1817, on commença à l'élargir ; elle

— JOS —

n'avait à cette époque que 3 m. environ. En vertu d'une ordonnance royale du 4 mai 1826, sa largeur fut portée à 10 m. Une autre ordonnance du 21 novembre 1837 a déclaré d'utilité publique l'exécution immédiate de l'alignement de la rue Joquelet. Cette importante amélioration a été complètement réalisée en 1841. Aujourd'hui toutes les constructions riveraines sont alignées. — Conduite d'eau. — Éclairage au gaz (compe Anglaise).

JOSEPH (COUR SAINT-).

Située dans la rue de Charonne, n° 7. — 8e arrondissement, quartier du Faubourg-Saint-Antoine.

Elle doit son nom à une enseigne représentant saint Joseph. — Un plan de 1790 l'indique sous la dénomination de *cul-de-sac Saint-Joseph*.

JOSEPH (MARCHÉ SAINT-).

Situé dans la rue Montmartre, n° 144. — 3e arrondissement, quartier Montmartre.

Ce marché a été construit vers 1806, sur l'emplacement de la chapelle Saint-Joseph dont nous traçons ici l'origine. Le cimetière de la paroisse Saint-Eustache se trouvait, en 1625, dans la rue du Bouloi, derrière l'hôtel du chancelier Séguier. Ce terrain, qui contenait environ 600 m. de superficie, était nécessaire à l'agrandissement de la maison de ce magistrat. Le chancelier fit en conséquence un traité avec les marguilliers de Saint-Eustache, par lequel ils lui cédèrent l'emplacement de leur cimetière, à la charge par lui d'en donner un autre dans le faubourg Montmartre et d'y faire construire une chapelle sous l'invocation de Saint-Joseph ; cette convention, quoique ratifiée le 24 août 1625, par l'archevêque de Paris, ne fut exécutée que le 14 juillet 1640. Le chancelier Séguier posa alors la première pierre de la chapelle, qui fut bénite par le curé de Saint-Eustache. Le cimetière de la rue du Bouloi fut en même temps transféré à côté de cette chapelle. Les tombeaux de deux hommes illustres lui donnèrent une grande célébrité. C'est là que furent enterrés Molière et Lafontaine : le premier en 1673, le second en 1695. — « La veuve de Molière (rapporte Titon du
» Tillet) fit porter une grande tombe de pierre qu'on
» plaça au milieu du cimetière de Saint-Joseph, où on
» la voit encore (en 1732). Cette pierre est fendue par
» le milieu ; ce qui fut occasionné par une action très
» belle et très remarquable de cette dame. Deux ou
» trois ans après la mort de Molière, il y eut un hiver
» très froid ; elle fit voiturer cent voies de bois dans le
» dit cimetière, lequel bois fut brûlé sur la tombe de
» son mari, pour chauffer tous les pauvres du quartier.
» La grande chaleur ouvrit cette tombe en deux ; voilà
» ce que j'ai appris, il y a environ vingt ans, d'un
» ancien desservant de la dite chapelle, qui me dit
» avoir assisté à l'enterrement de Molière, et qu'il
» n'était pas inhumé sous cette tombe, mais dans un
» endroit plus éloigné atténant à la maison du chape-

» lain. » —L'enterrement avait eu lieu le 21 février 1673 à 7 heures du soir. — La chapelle Saint-Joseph, supprimée en 1790, devint propriété nationale et fut vendue le 18 floréal an V, ainsi que le cimetière et la petite maison du chapelain, près de laquelle Molière avait été enterré. Cet emplacement contenait en superficie 950 m.; les tombeaux de La Fontaine et de Molière ont été transférés au musée des monuments Français, puis, en 1818, au cimetière du Père-Lachaise.

« Ordonnance de police du 13 frimaire an XIV. —
» Le Préfet de police. Vu les articles 32 et 33 de l'ar-
» rêté du gouvernement du 12 messidor an VIII, or-
» donne ce qui suit: Article 1er. Il sera établi un *Marché*
» pour la vente en détail des beurres, œufs, fromages,
» fruits, légumes, poissons et autres comestibles, sur
» l'emplacement de la cidevant église Saint-Joseph, et
» des terrains et bâtiments en dépendant, situés rue
» Montmartre, entre celles de Saint-Joseph et du Crois-
» sant.— Art. 2°. Il sera ouvert à compter du 1er nivôse
» prochain.—Art. 3°. A compter du dit jour, il ne pourra
» être fait sur la voie publique, dans les rues Montmar-
» tre, faubourg Montmartre et autres adjacentes, aucun
» étalage de comestibles de telle espèce que ce soit. —
» Art. 4°. Le marché Saint-Joseph est assujetti aux dispo-
» sitions des règlements relatifs aux autres marchés, etc. ».
Cet établissement a été restauré à la fin de l'année 1843.

JOSEPH (RUE SAINT-).

Commence à la rue du Gros-Chenet, nos 7 et 9 ; finit à la rue Montmartre, nos 142 et 144. Le dernier impair est 19 ; le dernier pair, 26. Sa longueur est de 161 m. — 3e arrondissement, quartier Montmartre.

Un acte de l'évêché du 15 juin 1595, indique que cette voie publique était presque entièrement bordée de constructions, et qu'elle se nommait rue du *Temps-Perdu*. Un autre contrat du 13 juillet 1646 lui donne le nom de rue *Saint-Joseph*, qu'elle doit à la chapelle de ce nom (*voir* l'article qui précède). — Une décision ministérielle du 28 brumaire an VI, signée Letourneux, avait fixé la largeur de cette voie publique à 6 m. Cette largeur a été portée à 10 m., en vertu d'une ordonnance royale du 6 septembre 1826. De 1 à 9, retranch. 4 m. 80 c. ; 11, aligné ; de 13 à la fin, ret. 4 m. 95 à 5 m. 50 c. ; de 2 à 8, ret. 45 c. à 80 c. ; 10 et 12 alignés ; de 14 à la fin, redressement. — Portion d'égout du côté de la rue Montmartre. — Éclairage au gaz (compe Française).

Madame de Montespan a demeuré dans cette rue ; elle y mourut en 1709.

JOSSET (PASSAGE).

Commence aux passages Saint-Antoine et de la Bonne-Graine ; finit à la rue de Charonne, entre les nos 38 et 40. Pas de numéro. — 8e arrondissement, quartier du Faubourg-Saint-Antoine.

Il a été formé en 1835, sur les terrains appartenant à M. Josset, marchand de bois.

JOUBERT (RUE).

Commence à la rue de la Chaussée-d'Antin, nos 39 et 41, finit à la rue Sainte-Croix, nos 8 et 10. Le dernier impair est 47 ; le dernier pair, 32. Sa longueur est de 288 m. — 1er arrondissement, quartier de la Place-Vendôme.

« Louis, etc... Nous ayant été représenté que par les
» arrêts de notre conseil des 6 août 1779 et 18 février
» 1780, nous aurions commis les sieurs Joly de Fleury
» et Taboureau, conseillers d'état, et le sieur Lenoir,
» aussi conseiller d'état, lieutenant général de police
» de la ville de Paris, pour acquérir en notre nom
» dans le nouveau quartier étant au-delà du rempart
» de la Chaussée-d'Antin, des terrains suffisants à
» l'effet d'y construire une église et un bâtiment pour y
» transférer et loger commodément le même nombre
» de religieux capucins qui se trouvent aujourd'hui
» dans le couvent de la rue Saint-Jacques, etc... Par
» ces présentes, signées de notre main, ordonnons :
» Article 1er. Qu'il sera ouvert sur la direction de la
» rue Thiroux, une nouvelle rue de 5 toises de large,
» qui règnera le long de la face de l'église et bâtiments
» des capucins, et arrivera à la rue Saint-Lazare, à
» travers les terrains du d. sieur de Sainte-Croix, la-
» quelle sera nommée *Sainte-Croix*, comme aussi une
» autre rue en face des d. bâtimens et perpendiculaire
» sur celle de Sainte-Croix, aussi de 5 toises de large,
» qui sortira sur la Chaussée-d'Antin, etc., laquelle
» sera nommée rue *Neuve-des-Capucins*, pareillement
» ouverte sur les terrains du d. sieur de Sainte-Croix
» et de l'Hôtel-Dieu, et ce conformément au plan que
» nous avons vu et signé, lequel demeurera annexé à
» nos présentes lettres. En conséquence, autorisons les
» administrateurs de l'Hôtel-Dieu, à vendre et aliéner
» au d. sieur de Sainte-Croix, sur l'estimation qui en
» sera faite par l'inspecteur des bâtiments du d. Hôtel-
» Dieu, les terrains par eux loués, etc. — Art. 2°.
» Que pour indemniser les propriétaires de la va-
» leur des terrains des deux nouvelles rues à ouvrir,
» dont ils consentent l'abandon gratuitement, faisant
» en superficie 1,350 toises, toutes les premières mai-
» sons à y construire seront jusqu'à la première vente
» qui en sera faite, exemptes du logement des Gardes
» Françaises, Suisses et autres gens de guerre. —
» Art. 3°. Que la dépense du premier pavé des rues
» Sainte-Croix et Neuve-des-Capucins sera payée des
» fonds que nous destinerons à cet effet, et que les d.
» rues seront, pour leur entretien, employées sur les
» états des ponts et chaussées de la ville. — Art. 4°.
» Que pour procurer aux propriétaires des maisons et
» terrains des d. rues, la faculté de faire des bâtiments
» d'une construction agréable, les d. propriétaires se-
» ront dispensés du paiement de tous droits de police
» et de grande et petite voiries pour les premières
» constructions et pendant le cours de six années à
» compter du 1er janvier prochain, etc... Donné à Ver-
» sailles le 9e jour de juin l'an de grâce 1780, et de
» notre règne le 7e. Signé Louis. » — Les deux rues

— JOU —

dont il s'agit furent immédiatement exécutées. — Une décision ministérielle du 22 prairial an V, signée Benezech, fixa la largeur de la rue Neuve-des-Capucins à 10 m. — « Paris 26 brumaire an VIII. — La rue » Neuve-des-Capucins où demeurent la veuve et la » famille Joubert, a pris le nom de ce général. » (*Moniteur* du 27 brumaire.) — Conduite d'eau depuis la rue Sainte-Croix jusqu'aux deux bornes-fontaines. — Éclairage au gaz (comp^e Anglaise).

Barthélemi-Catherine Joubert, naquit à Pont-de-Vaux en 1769 ; il s'enrôla comme volontaire en 1791. Il était lieutenant-général en 1795. Successivement général de division, général en chef des armées de Hollande, de Mayence et d'Italie, Joubert fut blessé mortellement à la bataille de Novi. Il n'avait que 30 ans.

JOUR (RUE DU).

Commence aux rues Coquillière, n° 2, et Traînée ; finit à la rue Montmartre, n°s 9 et 11. Le dernier impair est 31 ; le dernier pair, 10. Sa longueur est de 127 m. — 3e arrondissement, quartier Saint-Eustache.

Cette rue touchait à l'enceinte de Philippe-Auguste. On la nommait en 1250 et 1260 *rue Raoul-Roissolle*, en raison d'un particulier ainsi appelé qui y possédait plusieurs maisons. Le poëte Guillot en parle ainsi vers l'année 1300 :

Par la rue de la Croix-Neuve
Ving en la rue Raoul-Roissolle.

En 1370, Charles V y fit construire, de la rue Montmartre à celle Coquillière, un manège, des écuries et autres bâtiments appelés le séjour du roi ; elle prit à cette occasion le nom de rue du *Séjour*, que le peuple changea plus tard en celui du *Jour* qui lui est resté. — Une décision ministérielle du 6 fructidor an XIII, signée Champagny, a fixé la moindre largeur de cette voie publique à 9 m. Suivant cet alignement, les propriétés de 1 à 15 seraient supprimées afin de former une place devant l'Église Saint-Eustache ; de 17 à la fin, retranch. 2 m. 10 c. à 2 m. 70 ; 2, 4 et 6, redres. ; 8, alignée ; 10, retranch. 70 c. — Portion d'égout du côté de la rue Montmartre. — Conduite d'eau dans toute l'étendue. — Éclairage au gaz (comp^e anglaise).

JOUY (RUE DE).

Commence aux rues des Nonnains-d'Hyères, n° 37, et Fourcy, n° 1 ; finit à la rue Saint-Antoine, n°s 48 et 50. Le dernier impair est 29 ; le dernier pair 18. Sa longueur est de 131 m. — 9e arrondissement, quartier de l'Hôtel-de-Ville.

Elle doit son nom à l'hôtel que *l'abbé de Jouy* possédait dans cette rue, au XIIIe siècle. Cet hôtel fut aliéné en 1658 par Pierre de Bellièvre, abbé commandataire. La rue de Jouy se prolongeait anciennement jusqu'aux murs de l'enceinte de Philippe-Auguste. En 1366, elle avait deux noms ; depuis la rue Saint-Antoine, jusqu'au couvent des Béguines (aujourd'hui caserne de l'Ave-Maria), elle était désignée sous le nom

— JUI —

de rue de *Jouy*, à *l'abbé de Jouy*. La seconde partie, jusqu'à la rue Saint-Paul, était appelée rue de la *Fausse-Poterne-St-Paul*, en raison d'une petite porte de ville construite en cet endroit pour la commodité du quartier. — Une décision ministérielle du 8 prairial an VII, signée François de Neufchâteau, avait fixé la moindre largeur de cette voie publique à 9 m. Cette moindre largeur a été portée à 11 m. en vertu d'une ordonnance royale du 12 juillet 1837. Les maisons de 1 à 7 inclus, 11 et 16 sont alignées. — Bassin et portion d'égout. — Conduite d'eau dans toute l'étendue. — Éclairage au gaz (comp^e parisienne).

JUIFS (RUE DES).

Commence à la rue du Roi-de-Sicile, n°s 26 et 26 bis ; finit à la rue des Rosiers, n° 1, et à l'impasse Coquerelle. Le dernier impair est 21 ; le dernier pair, 26. Sa longueur est de 112 m. — 7e arrondissement, quartier du Marché-Saint-Jean.

Cette rue, qui était presque entièrement bâtie en 1230, était alors confondue avec la rue des Rosiers. Sous le règne de Louis XII on l'appela rue des *Juifs*, en raison des Juifs qui vinrent l'habiter. — Une décision ministérielle du 13 ventôse an VII, signée François de Neufchâteau, avait fixé la moindre largeur de cette voie publique à 8 m. Cette moindre largeur a été portée à 10 m. en vertu d'une ordonnance royale du 12 juillet 1837. Propriété n° 1, redressement ; 3, alignée ; 5 et 7, retranch. 30 c. à 58 c. ; 9 et 11, alignées ; de 13 à 17, ret. 49 c. à 80 c. ; 19, ret. moyen 50 c. ; 21, alignée ; encoignure de la rue des Rosiers, red. ; de 2 à 20 ret. 2 m. 10 c. ; de 22 à la fin, ret. 2 m. 10 c. à 4 m. — Éclairage au gaz (comp^e Lacarrière).

JUILLET (RUE DU 29).

Commence à la rue de Rivoli, n°s 28 et 28 bis ; finit à la rue Saint-Honoré, n°s 327 et 331. Le dernier impair est 11 ; le dernier pair, 10. Sa longueur est de 116 m. — 1er arrondissement, quartier des Tuileries.

Conformément à un arrêté des Consuls du 1er floréal an X, la communication à former sur l'emplacement du couvent des Jacobins, devait être prolongée jusqu'à la rue de Rivoli. Ce projet n'eut point alors de suite, et fut même abandonné par une ordonnance royale du 16 octobre 1822. Repris en 1826, il donna lieu à une ordonnance du 14 mai qui est ainsi conçue : « Il sera ouvert dans notre bonne ville de Paris une nouvelle rue qui formera le prolongement de la rue du Marché-Saint-Honoré jusques à la rue de Rivoli, et qui prendra le nom de rue du *Duc de Bordeaux*. Est approuvée la délibération du conseil municipal, qui destine une somme de 300,000 fr. à l'exécution de ce projet. Le surplus des dépenses de toute nature auxquelles il pourra donner lieu, sera supporté par notre liste civile. » Ce percement fut immédiatement effectué sur une largeur de 10 m. En vertu d'une décision ministérielle du 19 août 1830, signée Guizot, cette voie publique prit le nom de rue du 29 Juillet, pour rappeler une des jour-

— JUI —

nées de la révolution de 1830. Les constructions riveraines sont alignées. — Égout dans toute l'étendue. — Conduite d'eau depuis la rue Saint-Honoré jusqu'aux deux bornes-fontaines. — Éclairage au gaz (comp^e Anglaise).

JUIVERIE (COUR DE LA).

Située dans la rue de la Contrescarpe, entre les n°s 70 et 72. — 8e arrondissement, quartier des Quinze-Vingts.

Construite vers 1632, cette cour doit son nom aux juifs qui vinrent l'habiter.

JULES (RUE SAINT-).

Commence à la rue du Faubourg-Saint-Antoine, n°s 235 et 237 ; finit à la rue de Montreuil, n° 2. Pas de numéro. Sa longueur est de 10 m. — 8e arrondissement, quartier du Faubourg-Saint-Antoine.

Cette rue, qui doit son nom à une enseigne, est formée d'un côté par les bâtiments de l'ancienne boucherie Saint-Antoine, et de l'autre par le pan coupé à l'encoignure des rues du Faubourg-Saint-Antoine et de Montreuil. Sa largeur varie de 11 m. 40 c. à 13 m. 10 c. Les constructions riveraines ne sont pas soumises à retranchement. — Conduite d'eau.

JULIEN (RUE SAINT-).

Commence à la rue de la Bûcherie, n° 37 ; finit à la rue Galande, n°s 54 et 56. Le dernier impair est 13 ; le dernier pair, 16. Sa longueur est de 67 m. — 12e arrondissement, quartier Saint-Jacques.

Elle doit son nom au prieuré Saint-Julien-le-Pauvre dont nous parlerons à l'article suivant. — Une décision ministérielle du 3 pluviôse an IX, signée Chaptal, a fixé la largeur de cette voie publique à 8 m. — « Paris, » le 6 juillet 1824. Monsieur le préfet, je ne vois point » d'inconvénient à ce que, conformément à la propo-» sition contenue dans votre lettre du 1er mai, la rue » Saint-Julien-le-Pauvre soit nommée simplement » rue Saint-Julien. Je vous autorise en conséquence à » faire opérer ce changement. Le ministre, secrétaire » d'état au département de l'intérieur, signé Cor-» bière. » Les constructions n°s 3 et 2 sont alignées. Toutes les autres devront subir un retranchement moyen de 2 m. 20 c. — Conduite d'eau depuis la rue Galande jusqu'à la borne-fontaine.

JULIEN-LE-PAUVRE (ÉGLISE SAINT-).

Située dans la rue Saint-Julien, au fond de la cour de la maison n° 11. — 12e arrondissement, quartier Saint-Jacques.

L'église Saint-Julien-le-Pauvre est encore un monument apporté en dot, par la religion, à notre vieux Paris, et comme partout ce monument est une œuvre de charité ; c'est ainsi que le christianisme s'est annoncé au monde !.... Grégoire de Tours est le premier historien qui parle de cette église ou basilique. Il nous apprend qu'il logeait, lorsqu'il venait à Paris, dans les

— JUL —

bâtiments qui en dépendaient et qu'on affectait au soulagement des pauvres pèlerins. Nous avons plusieurs exemples d'hospices et d'hôtelleries construits à côté des églises dédiées à saint Julien, dont le nom était invoqué par les voyageurs pour obtenir bon gîte. Plusieurs circonstances du récit de l'historien tendent à prouver que cette église existait avant l'année 580. Les Normands ruinèrent les bâtiments de la basilique de Saint-Julien. Ses biens, qui étaient pourtant le patrimoine des pauvres, furent à la fin de la première race, usurpés par les seigneurs laïques. Par une charte de 1031 ou 1032, Henri Ier fit don de cette église à l'évêque de Paris, à condition qu'un clerc nommé Girauld aurait pendant toute sa vie la jouissance de son revenu. Dans le commencement du XIIe siècle, les biens de l'église Saint-Julien étaient possédés par Etienne de Vitry et Hugues de Munteler, qui les cédèrent à l'abbaye de Longpont ; cette église rebâtie alors parait avoir été érigée à cette époque en prieuré. L'Université, dans le siècle suivant, y tint ses séances qu'elle transféra aux Mathurins, puis au collège Louis-le-Grand. En 1655 le prieuré fut réuni à l'Hôtel-Dieu en vertu d'un traité passé entre les administrateurs de cette maison et les religieux de Longpont. Le roi n'accorda néanmoins ses lettres-patentes qu'en 1697. L'église ne fut alors desservie que par un chapelain que la paroisse Saint-Séverin avait seule le droit de nommer. — A côté de Saint-Julien-le-Pauvre était située la chapelle de Saint-Blaise et de Saint-Louis qui en dépendait. Les maçons et les charpentiers y établirent leur confrérie en 1476. Rebâtie en 1684, elle fut démolie à la fin du siècle dernier, et le service en fut transféré dans la chapelle Saint-Yves. L'église Saint-Julien était aussi le lieu de rassemblement des confréries de Notre-Dame-des-Vertus, des couvreurs, des marchands papetiers et des fondeurs ; l'on y faisait les catéchismes et retraite des savoyards, en exécution d'une fondation faite par l'abbé de Pontbriand. La partie du portail de Saint-Julien-le-Pauvre qui existe encore aujourd'hui, parait se rapporter par les caractères de son architecture, à la fin du XIIIe siècle. Cette petite église, du style le plus gracieux et le plus élégant, sert aujourd'hui de chapelle à l'Hôtel-Dieu.

JULIENNE (RUE).

Commence à la rue Pascal ; finit à la rue de Lourcine, n° 93. Pas de numéro impair ; ce côté est bordé par les bâtiments de l'hôpital de Lourcine ; le dernier pair est 6. Sa longueur est de 112 m. — 12e arrondissement, quartier Saint-Marcel.

Elle a été ouverte sur l'emplacement du couvent des Cordelières, en vertu d'une décision ministérielle du 6 pluviôse an XIII, signée Champagny, qui a fixé sa largeur à 10 m. Les constructions du côté gauche et une partie du côté opposé près de la rue de Lourcine, sont alignées ; le surplus devra reculer de 3 m. 60 c. à 6 m. 30 c. Cette voie publique doit sa dénomination

— JUS —

à M. de Julienne, célèbre artiste sous Louis XV, et qui possédait un secret pour la teinture en écarlate et en bleu de roi. Ce secret, malheureusement pour la science, disparut avec M. dé Julienne. On remarquait son tombeau dans l'église Saint-Hippolyte. (Voyez l'article de la rue *Pascal*).

JUSSIENNE (RUE DE LA).

Commence aux rues Pagevin, n° 2, et Verdelet, n° 10 ; finit à la rue Montmartre, n°s 49 et 51. Le dernier impair est 25 ; le dernier pair, 22. Sa longueur est de 113 m. — 3e arrondissement, les numéros impairs, quartier du Mail ; les numéros pairs, quartier Saint-Eustache.

Son vrai nom est rue *Sainte-Marie-l'Égyptienne*, qu'elle dut à la chapelle dédiée à cette Sainte. Le nom de *Jussienne* n'est qu'une altération. — Une décision ministérielle du 20 fructidor an XI, signée Chaptal, avait fixé la largeur de cette voie publique à 8 m. Cette largeur a été portée à 10 m., en vertu d'une ordonnance royale du 22 août 1840. De 1 à 7, redress. ; 9 aligné ; 11 et 13, redress. ; 15 et 17, retranch. qui n'excède pas 45 c. ; de 19 à la fin, alignés ; 2, retranch. 1 m. 90 c. ; 4, aligné ; de 6 à la fin, retranch. 2 m. 20 c. à 2 m. 80 c. — Conduite d'eau. — Éclairage au gaz (compe Française).

La chapelle Sainte-Marie-l'Égyptienne était située au coin de la rue Montmartre. Elle existait déjà du temps de saint Louis, fut reconstruite au XIVe siècle, et servait à la communauté des drapiers de Paris. En 1790 elle devint propriété nationale, fut vendue le 18 décembre 1791, et démolie au mois de juin suivant. Les maisons n°s 23 et 25 ont été bâties sur son emplacement.

JUSSIEU (RUE).

Commence à la rue Cuvier ; finit à la rue Saint-Victor. Le dernier impair est 11. Pas de numéro pair ; ce côté est bordé par la halle au vin. Sa longueur est de 171 m. — 12e arrondissement, quartier du Jardin-du-Roi.

Cette rue a été ouverte en 1838, sur les terrains provenant de l'ancienne abbaye Saint-Victor. Elle a 13 m. de largeur. — Égout. — Conduite d'eau depuis la rue Guy-de-la-Brosse jusqu'à la fontaine-marchande.

Une décision royale, à la date du 8 novembre 1838, a donné à cette voie publique le nom de rue *Jussieu*, en l'honneur d'Antoine-Laurent de Jussieu, membre de l'Académie des Sciences, professeur de botanique au Muséum de Paris, né à Lyon en 1747, mort à Paris le 17 septembre 1836 (voyez rue *Guy de la Brosse*).

JUSTICE (MINISTÈRE DE LA).

Situé place Vendôme. — 1er arrondissement, quartier de la Place-Vendôme.

Personnel de la magistrature et des officiers publics et ministériels. Direction des affaires civiles et du sceau, affaires criminelles, affaires ecclésiastiques : telles sont les principales attributions de ce ministère.

— JUS —

JUSTICE (PALAIS DE).

Situé dans la rue de la Barillerie. — 11e arrondissement.

Il était réservé à notre époque de continuer l'œuvre inachevée des siècles précédents, et de mettre la dernière main à des monuments vénérables sans leur ravir le cachet précieux des temps où ils ont été élevés.

L'État, le département de la Seine et la ville de Paris doivent concourir pour des parts proportionnelles à l'agrandissement et à l'isolement du Palais-de-Justice. Grâce à cet heureux accord, la capitale de la France comptera bientôt un monument complet de plus.

Nous allons jeter un regard rétrospectif sur l'origine et les phases du Palais-de-Justice. Peut-être le moment où l'édifice va changer d'aspect est-il le plus favorable pour écrire son histoire.

Le Palais-de-Justice est presqu'aussi vieux que celui des Thermes. Il était édifice public même avant l'invasion des Francs dans les Gaules. En preuve de cette assertion, nous allons rappeler une circonstance récente.

En 1784, on découvrit à une grande profondeur, dans une fouille qui fut faite sous les bâtiments qui bordent la rue de la Barillerie, en avant de la Sainte-Chapelle, un cippe quadrangulaire haut d'environ trois mètres. Ce monument ne porte aucune inscription et présente sur ses quatre faces, des figures ayant 1 m. 80 c. de hauteur. Sur l'un de ses côtés, on reconnaît facilement le dieu Mercure, qui est représenté avec tous ses attributs. Sur une autre face, on voit une image d'Apollon armé de l'arc et du carquois. Il tient d'une main un poisson, et de l'autre s'appuie sur un gouvernail. Cette réunion d'attributs dans le même personnage a fait penser avec raison que cette figure était l'emblème de la navigation sur la Seine. Le troisième côté du cippe représente une femme qui porte un caducée, attribut qui paraît s'appliquer à Maïa, mère du dieu Mercure. Enfin, sur la dernière face se trouve un jeune homme couvert du *paludamentum*. Il a des ailes et tient de la main droite un globe. Il pose le pied sur un gradin, et semble prêt à s'élancer dans les airs. Nos historiens ont pensé que cette figure était l'emblème du soleil au printemps ; ses ailes indiquent la vélocité de sa course, et le disque la rotondité de l'univers. Ce cippe est d'une pierre commune pareille à celle des sculptures de l'autel des *Nautes Parisiens*, trouvé en 1711 sous le chœur de l'église Notre-Dame. M. Grivaud de la Vincelle, qui a donné la description de ce monument, en fait remonter la construction à l'époque où fut érigé l'autel des *Nautes*, c'est-à-dire sous le règne de Tibère. Ce cippe, transporté à la Bibliothèque royale, est placé au bas de l'escalier qui conduit aux salles de lecture.

— JUS —

Ce curieux débris nous démontre, outre l'ancienneté du palais, que l'importance de Lutèce était tout entière dans son commerce par eau. En effet, sa situation excellente pour le commerce fluvial n'offrait pas, surtout au premier âge de la ville, les mêmes avantages au transport des marchandises par terre ; la Cité, qui se trouvait dans un fond marécageux, était environnée de bois très épais et de montagnes très fatigantes à gravir. Arrêtés par ces obstacles, les Parisiens durent préférer le commerce par eau qui, n'offrant aucune difficulté, se faisait avec plus de promptitude. Il paraît certain que, sous la domination romaine, le palais fut habité par des officiers municipaux connus sous le nom de *défenseurs de la Cité*. Ces magistrats populaires, dont les fonctions étaient mixtes, tenaient lieu de juges ordinaires et de police, et d'officiers de finance sous l'autorité de l'unique magistrat de province, c'est-à-dire du Proconsul romain. Ils étaient toujours nommés de droit par le peuple, et cette élection n'était regardée comme valable que lorsqu'elle était consentie par tous les citoyens. Leurs attributions embrassaient la justice sommaire sur toute espèce de contestations entre les habitants, la justice commerciale, les fonctions municipales et le recouvrement des impôts. Les défenseurs de la Cité étaient élus ordinairement parmi les *Nautes Parisiens*, qui devaient compter dans leur corporation les citoyens les plus notables.

Le palais de la Cité fut réparé, agrandi ou rebâti par les maires qui s'emparèrent du pouvoir sous les rois de la première race. Après son avénement au trône, Hugues Capet abandonna le palais des Thermes pour habiter celui de la Cité.

A dater du règne de Robert-le-Pieux, l'histoire du Palais marche avec plus de sécurité. Ce prince fit construire la chambre de la Conciergerie, qui fut depuis la chambre nuptiale de saint Louis; ensuite la chapelle de la Conciergerie et celle de la Chancellerie. Robert fonda également une autre chapelle dédiée à saint Nicolas. Sur son emplacement, autrefois béni, fut bâtie la salle des Pas-Perdus. La chicane et la controverse aiguisent aujourd'hui leurs armes les plus acérées à l'endroit où jadis on prêchait la paix évangélique et l'oubli des injures.

En 1137, Louis-le-Gros mourut dans le Palais. L'histoire a conservé de lui de nobles paroles prononcées au dernier moment. « Souvenez-vous, disait-il à » son fils, et ayez toujours devant les yeux que la » royauté n'est qu'une fonction publique dont vous » rendrez compte à Dieu. »

Le roi Louis-le-Jeune n'oublia pas les conseils paternels : le choix qu'il fit de l'abbé Suger pour ministre prouve qu'il avait à cœur la félicité de ses peuples. Le fils de Louis-le-Gros mourut au palais en 1180.

Après lui régna Philippe-Auguste, le bienfaiteur de Paris. C'est au palais qu'il épousa en secondes noces Ingelburghe, sœur de Canut, roi de Danemarck.

Mais nous avons hâte d'arriver à Louis IX, à ce roi

— JUS —

qui fut à la fois un saint, un législateur, un héros. Pour recevoir dignement les précieuses reliques apportées d'Orient, la Sainte-Chapelle s'éleva, chef-d'œuvre admirable, où se sont rencontrés fondus d'un seul jet, le génie d'un grand artiste et la piété d'un grand roi. Ce gracieux monument passe pour le type le plus pur de cette architecture dont Philippe-Auguste et saint Louis surprirent le secret chez les Sarrazins. Aux grosses colonnes à chapiteaux, à la colonnette écourtée et sans grâce, avaient succédé les minces et longues colonnes en faisceaux ramifiées à leurs sommets, s'épanouissant en fusées, projetant dans les airs leurs délicates nervures. Au plein-cintre des arches, aux voussures en anse de panier, on substitua les ogives, arceaux en forme d'arête, dont l'origine est peut-être persane, et le patron la feuille du mûrier indien. Le cercle, figure géométrique rigoureuse, ne laissait rien au caprice; le cercle fut remplacé par l'ellipse, courbe flexible qui s'enfle ou se redresse sous la main de l'artiste, faculté qui laisse un jeu immense et permet au génie de rayonner partout. En imitant les constructions sarrasines, les architectes chrétiens les exhaussèrent et les dilatèrent. Ils plantèrent mosquées sur mosquées, colonnes sur colonnes, galeries sur galeries ; ils attachèrent des ailes aux deux côtés du chœur, et des chapelles aux ailes. Partout la ligne spirale remplaça la ligne droite ; au lieu du toit plat, on creusa une voûte fermée en cercueil ou en carène de vaisseau.

L'art architectonique avait, au moyen-âge, une grande puissance. Le génie se développait sans entrave, aussi pas un seul monument ne ressemblait à l'autre, et dans chaque monument aucun détail n'était exactement symétrique. A ces édifices, qui encadraient si bien notre religion et nos mœurs, nous avons substitué, par un déplorable amour de l'architecture bâtarde romaine, des monuments qui ne sont ni en harmonie avec notre ciel, ni appropriés à nos besoins ; froide et servile copie, laquelle a porté le mensonge dans nos arts, comme le calque de la littérature latine a fait disparaître l'originalité du génie Franck.

Les artistes du moyen-âge admiraient aussi les Grecs et les Romains ; ils étudiaient leurs ouvrages, mais au lieu de s'en laisser dominer, ils les maîtrisaient, les façonnaient à leur guise, les rendaient Français en augmentant leur beauté par une métamorphose pleine de création et d'indépendance.

Si l'on daigne regarder un instant une de nos églises modernes, on demande d'abord si le monument qu'on a devant les yeux est un théâtre, une bourse ou une salle de concert, et par curiosité si l'on pénètre dans le sanctuaire, il faut trouver la croix, car si elle ne brillait pas, l'on serait tenté de croire que nous avons renié le Dieu de nos pères. Qu'un homme, étranger à nos habitudes parisiennes, soit placé tout-à-coup devant la Sainte-Chapelle, puis en présence d'une de nos églises modernes si étrangement façonnées, il dira en contemplant la première : ici l'on doit implorer la divinité ; en regardant la seconde, ses premières paroles seront : on danse là dedans.

L'architecte de la Sainte-Chapelle n'a pas demandé seulement à la peinture ses vives couleurs, à l'or ses effets étincelants, parures d'emprunt qui couvrent aujourd'hui l'indigence de nos architectes. Des blocs de pierre ont suffi à Pierre de Montreuil, et son génie a déployé librement ses ailes. Tantôt la pierre se dresse en faisceaux de colonnettes sveltes et minces, puis se projette par une courbe flexible en arceaux à vive-arête ; tantôt elle se divise, se réunit, s'intersecte avec une grâce infinie ; plus loin, on la voit s'épanouir en rosaces brillantes, se posant, se prolongeant, se découpant en élégante balustrade, se transformant en bouquets de sculpture, limite indécise entre l'art du statuaire et celui de l'architecte ; quelquefois elle serpente en festons, s'agence en guirlandes, en couronnes, se couvre comme une étoffe légère, de mille dessins à souhait pour le plaisir des yeux, s'assouplit, s'anime pour reproduire les fantaisies d'une imagination libre et inépuisable.

La première flèche de la Sainte-Chapelle était un modèle de grâce aérienne ; on eût dit de la dentelle de pierre. Sauval l'appelait *une des merveilles du monde* ; elle fut détruite par le feu en 1630.

Dans les jours de grandes solennités religieuses, un ange se détachait de la voûte et faisait tomber de l'eau d'un vase d'or sur les mains du pontife qui officiait dans la haute chapelle.

Le clergé de la Sainte-Chapelle jouissait de nombreuses prérogatives. L'archi-chapelain marchait l'égal des évêques. — Mais bientôt la pensée nous conduit au lutrin chanté par Boileau. La mort eut bien vite fait raison aux chantres et aux chanoines de celui qui avait tant égayé le public à leurs dépens. En 1711, une dépouille mortelle arrivait à leur porte : c'était celle de Boileau. Ils lui donnèrent sous une de leurs dalles l'hospitalité glacée du tombeau.

Après la construction de la Sainte-Chapelle, saint Louis ajouta au palais la *salle*, la *chambre*, les *cuisines* qui portent son nom, et la *grand'chambre* du parlement, plus tard restaurée par Louis XII, et où siège en ce moment la chambre criminelle de la cour de cassation. Derrière le palais se trouvait le jardin des rois, séparé par un ruisseau de deux petites îles qui cherchaient à se confondre. Dans ce jardin saint Louis reçut l'hommage de son grand vassal Henri III d'Angleterre. — « Le bon roi Loys avoit coutume (dit
» Joinville dans ses mémoires), de nous envoyer les
» sieurs de Soissons, de Nesle et moy, ouïr les plaids
» de la porte, et puis il nous envoyoit quérir, et nous
» demandoit comme tout se portoit, et s'il y avoit au-
» cune affaire qu'on ne pût dépêcher sans luy, et plu-
» sieurs fois, selon notre rapport, il envoyoit quérir les
» plaidoyans, les contentoit, et les mettoit en raison
» et droiture. »

Si l'espace nous le permettait, nous pourrions exhumer maint fait vieux, attrayant, et qu'on aimerait à son parfum historique ; mais il nous faut arriver bien vite au règne de Philippe-le-Bel. Enguerrand de Marigny, comte de Longueville, chambellan de France, surintendant des finances et bâtiments du roi, fit en 1298 d'immenses réparations au palais de la Cité. Il ordonna la destruction de presque tous les vieux bâtiments et fit disparaître aussi les tours et tourelles qui flanquaient cette antique demeure de nos rois, des maires du palais et des comtes de Paris. Le logis du roi, situé au fond de la cour, était parallèle à la rue de la Barillerie, appelée alors dans cette partie rue Saint-Barthélemi. Cette habitation, d'un aspect sombre et sévère, était remarquable par ses portes d'airain, ses cinquante-quatre fenêtres sur trois rangs en ogives. Il fallait monter quarante-huit degrés de pierre avant de pénétrer dans cette demeure. A droite s'élevaient, du côté de la Sainte-Chapelle, de vastes constructions qui servaient aux officiers subalternes, aux cuisines et aux écuries.

Le côté gauche du palais était réservé exclusivement à la justice et aux plaideurs. Là se trouvaient réunies les salles de plaidoiries, *de committimus*, *d'attendamus*, la *grand'chambre* d'une richesse si imposante, la *grand'salle* si vénérable et si sombre ; puis en cet endroit prenaient naissance tous ces escaliers noirs, tortueux qui semblaient faits exprès pour le temple de la chicane.

Par les soins d'Enguerrand de Marigny, la grand'-salle fut ornée des statues des rois depuis Pharamond jusqu'à Philippe-le-Bel.

En 1320, Robert, comte de Flandres, vint au palais faire hommage à Philippe-le-Long, et maria son petit fils, Louis de Crécy, à Marguerite, fille du roi.

En 1375, pendant la captivité du roi Jean, le Dauphin Charles, son fils, demeurait au palais, qu'il quitta pour venir habiter son hôtel de Saint-Paul. Lorsque l'empereur Charles IV vint à Paris avec son fils Venceslas, le roi Charles V déploya pour recevoir dignement ses hôtes un luxe inaccoutumé. Dans la salle où se trouvent aujourd'hui les 2ᵉ et 3ᵉ chambres, on voyait une immense table de marbre. Au milieu du repas, glissa tout-à-coup sur la table un vaisseau mû par des ressorts secrets ; bientôt apparut la cité de Jérusalem avec ses tours chargées de Sarrasins. Godefroy de Bouillon descendit du navire à la tête de ses guerriers, des échelles furent appuyées aux murailles, puis un combat furieux s'engagea ; mais bientôt les infidèles renversés et vaincus abandonnèrent les lieux saints aux chevaliers. Le soir, de nouveaux plaisirs se préparaient ; mais l'empereur fatigué sans doute de tant d'honneurs demanda à rentrer dans son appartement.

Quand la haute politique faisait trève de solennités, quand les rois descendaient de la table de marbre, la basoche y montait. Les clercs commencèrent à donner des représentations publiques sous le règne de Louis XI.

— JUS —

Les clercs du parlement jouaient sur la célèbre table de marbre, et ceux du Châtelet élevaient un théâtre devant la porte de ce tribunal. Les pièces représentées étaient à peu près improvisées ; les jeunes comédiens stigmatisaient tous les abus, raillaient tous les ridicules de l'époque avec l'audace et la franchise de leur âge. On lit dans les registres du parlement à la date du 15 mai 1476 : « La cour, par certaines considérations
» à ce mouvans, a deffendu et deffend à tous les
» clercs et serviteurs tant du palais que du chastelet
» de Paris, de quelque estat qu'ils soient, que doresna-
» vant ils ne jouent publicquement au dict palais et
» chastelet, ne ailleurs, ne en lieux publiqs, farces,
» soties, moralitez, ne aultre jeux à convocation de
» peuple, sur peine de bannissement de ce royaume
» et de confiscation de tous leurs biens, et qu'ils ne
» demandent congié de ce faire à la dicte cour ne à
» autre, sur peine d'estre privez à tousjours tant du
» dict palais que du dict Chastelet. »

Ils tentèrent encore sous Charles VIII de donner quelques représentations publiques ; mais leur critique s'étant exercée sur les actes du gouvernement, le roi, par lettres-patentes du 8 mai 1486, fit enfermer dans les prisons du Châtelet et du Palais, cinq acteurs nommés Baude, Regnaux, Savin, Duluc et Dupuis.

Les théâtres de la basoche jouirent d'une entière liberté sous le règne de Louis XII. Les clercs tournèrent en ridicule les vues d'économie du roi. « J'aime beaucoup mieux, disait Louis XII, faire rire ces enfants de mon avarice, que faire pleurer le peuple de mes profusions. »

Sous François I*er*, la cour prit des mesures sévères contre les clercs de la basoche. On lit dans les registres du parlement, à la date du 23 janvier 1538 : « Ce jour
» après avoir veu par la cour le cry ou jeu présenté à
» icelle par les receveurs de la basoche pour jouer
» jeudy prochain ; la dicte cour a permis auxdits rece-
» veurs iceluy cry ou jeu faire jouer à la table de mar-
» bre, en la manière accoustumée, ainsi qu'il est à
» présent, *hormis les choses rayées* ; leur a faict deffen-
» ses sous peine de prison et de punition corporelle de
» faire jouer autre chose que ce qui est, hormis les
» dictes choses rayées. »

Il fallait voir au printemps, les enfants de la basoche, revêtus de leur costume éclatant, et leur roi en tête, partir à cheval pour la forêt de Bondy. Ils y coupaient trois grands arbres, en vendaient deux pour faire face aux dépenses de la compagnie. Quelques vieillards se souviennent avoir vu, en face du siège actuel de la police municipale, le dernier de ces arbres, entre deux cartouches représentant les armes de la basoche qui étaient d'azur, à trois écritoires d'or avec deux anges pour supports.

Parmi les rois curieux d'embellir et d'honorer le palais, Louis XII doit être mis au premier rang. Sa prédilection pour cet édifice et pour l'auguste sénat qui y siégeait allait même si loin, qu'il se faisait un devoir de venir passer des heures entières dans une tribune qu'il avait fait construire au milieu de la grand'chambre. Quand des rois et des princes étrangers le venaient visiter, il les menait d'abord à la salle des plaids, et avait coutume de leur dire, émerveillés qu'il les voyait de la noble attitude des magistrats et de l'éloquence du barreau : « n'est-ce pas, mes frères, qu'on est heureux et fier d'être roi de France !.... »

Cet amour pour le palais alla si loin, que ce roi, dont les courtisans raillaient l'économie, sema avec profusion la richesse dans le sanctuaire de la justice. Louis XII fit peindre en or et en azur la grand'chambre.

Le splendide hôtel de la Cour-des-Comptes fut aussi construit par les ordres de ce prince. Rien ne fut épargné pour donner au bâtiment la majesté et la grandeur que réclamaient son importance et son utilité. De vastes salles, de somptueux appartements ornés de tout ce que le luxe du XVIe siècle pouvait imaginer de plus élégant, témoignaient encore dans ces derniers temps, de la sollicitude du fondateur de la Cour-des-Comptes.

Au dehors, une façade sévère rehaussée par des bas-reliefs et des sculptures d'un grand mérite, arrêtait l'œil du curieux.

Du côté faisant face à la cour, on remarque cinq statues : la première représente la *Tempérance,* qui tient une horloge et des lunettes. Au-dessus est écrit :

TEMPERANTIA,
Mihi spreta voluptas.

La *Prudence,* qui est la seconde figure, tient en ses mains un miroir et un crible, avec cette légende au-dessous :

PRUDENTIA,
Consiliis verum speculor.

La *Justice* est représentée par la troisième figure avec une balance et une épée :

JUSTITIA,
Suæ cuique ministro.

La quatrième figure est la *Force*, qui tient une tour d'une main, et de l'autre étouffe un serpent :

FORTITUDO,
Me dolor atque metus me fugiunt.

La cinquième statue, posée au milieu, représentait Louis XII, le père du peuple, vêtu d'un manteau dont le fond était d'argent avec des fleurs de lys d'or. Il tenait son sceptre et la main de justice avec cette inscription au bas :

LUDOVICUS,
hujus nominis duodecimus, anno ætatis 46.

Un peu plus bas étaient gravés ces deux vers :

Quatuor has comites foveo, celestia dona:
Innocuæ pacis prospera sceptra gerens.

Au-dessus de la première porte de la chambre des Comptes, au haut du grand degré, on voyait un porc-épic qui portait les armes de France, entourées de cerfs-volants. Au bas ces deux vers :

Regia Francorum probitas, Ludovicus honesti
Cultor, et ætheræ religionis apex.

— JUS —

L'hôtel du premier président du parlement touchait presque à celui de la Cour-des-Comptes. C'était, dans l'origine, un manoir enfumé qui servait de résidence au baillif du palais, sous les rois de la seconde race. Cet emplacement fut choisi par Achille de Harlay, qui fit élever les bâtiments destinés à la présidence du parlement. Ils sont occupés aujourd'hui par la Préfecture de police, à laquelle nous consacrerons un article particulier.

Telles étaient encore les principales constructions du Palais-de-Justice au commencement du XVIIe siècle.

Le 7 mars 1618, elles furent en partie détruites par un incendie. « Le feu, dit Félibien, prit d'abord à la charpente de la grand'salle ; et comme il faisoit beaucoup de vent, tout le lambris qui étoit d'un bois sec et vernissé, s'embrasa en peu de temps. Les solives et les poutres qui soustenoient le comble tombèrent par grosses pièces sur les boutiques des marchands, sur les bancs des procureurs et sur la chapelle remplie alors de cierges et de torches qui s'enflammèrent à l'instant et augmentèrent l'incendie.

» Les marchands, accourus au bruit du feu, ne purent presque rien sauver de leurs marchandises. On sauva seulement les registres de quelques greffes qui n'estoient pas dans la grande salle. L'embrasement augmentant par un vent du midi fort violent, consuma en moins d'une demi-heure les requestes de l'hostel, le greffe du trésor, la première chambre des enquêtes et le parquet des huissiers. Le feu prit incontinent à une tourelle près de la Conciergerie et en des greffes dont les papiers furent brûlés. Alors s'éleva une clameur des prisonniers qui crièrent que la fumée les étouffoit. Plusieurs se sauvèrent malgré le geôlier, mais le procureur-général fit conduire les principaux au Chastelet et dans les autres prisons de Paris. Le vent devint si violent, qu'il porta des ardoises jusques vers Saint-Eustache. Lorsque le reste du comble de la grand'-chambre vint à tomber, un brandon enflammé, emporté par le vent, alla mettre le feu à un nid d'oiseau au haut de la tour de l'Horloge, qui eust couru grand risque si on n'eust descouvert la tour pour couper le cours du feu..... »

Le greffier Voisin sauva les registres du parlement. On n'a jamais pu connaître la cause de ce sinistre. Les uns disent que ce fut par la faute d'une servante, les autres l'attribuent à l'imprudence d'un marchand qui avait laissé du feu dans sa boutique ; enfin le bruit courut que les complices de l'assassinat de Henri IV avaient voulu anéantir le greffe et les pièces du procès de Ravaillac, en mettant le feu au palais. Un joyeux compère, *Théophile*, qui ne s'occupait pas de politique et aimait à passer gaiment sa vie, improvisa le quatrain suivant :

Certes, ce fut un triste jeu,
Quand, à Paris, dame Justice
Pour avoir trop mangé d'épice
Se mit le palais tout en feu.

— JUS —

Jacques de Brosse, architecte du palais du Luxembourg, fut chargé de la reconstruction de la *grand'-salle*, qui fut achevée en 1622. Elle se compose de deux grandes nefs séparées par un rang d'arcades appuyées sur des piliers.

En 1683 on fit encore d'autres réparations à cette salle. Outre les six ouvertures qui furent pratiquées à la voûte, on éleva une riche chapelle de menuiserie avec des balustrades de fer doré. Au milieu on voyait un écusson aux armes de M. de Novion, premier président. Une horloge pour régler l'heure des audiences était placée au-dessus de la chapelle. Autour du cadran fut gravé ce vers élégant que Montmort, un des fondateurs de l'Académie, avait composé exprès :

Sacra Themis mores, ut pendula dirigit horas.

La chambre des enquêtes, celle des requêtes de l'hôtel, et le parquet des huissiers furent aussi réparés et rebâtis plus magnifiques qu'auparavant.

Nous allons maintenant donner quelques détails sur les rues comprises dans l'enceinte du palais, et parler ensuite des constructions qui furent ajoutées à l'édifice. — La rue Harlay avait été bâtie en vertu des lettres-patentes du 28 mai 1607. Vers 1631 on ouvrit la rue Sainte-Anne, dont la formation avait été ordonnée par lettres-patentes de juin 1630.

La partie occidentale du palais, c'est-à-dire le portail et l'arcade de la rue Harlay, la cour du même nom, la rue de Basville, la cour Lamoignon et les galeries supérieures furent établies sur l'emplacement du jardin de l'ancien hôtel du baillage ; voici dans quelles circonstances et à quelle époque :

En l'année 1671, M. de Lamoignon, alors premier président, conçut un projet d'agrandissement du palais ; il proposa ses vues, fit dresser un plan pour leur exécution, et le présenta à Louis XIV qui l'agréa.

En conséquence, des commissaires nommés par le roi, et parmi eux Colbert, furent chargés *de céder et transporter à titre de cens et aliénation à perpétuité à M. de Lamoignon, ses hoirs ou ayans cause, 1549 toises 1/2, 15 p. 1/4 en superficie à prendre dans le contour de l'ancien jardin de l'hôtel du bailliage du palais pour jouir de la d. superficie, ensemble des bâtiments qui seroient construits sur icelle, en toute propriété.*

Le contrat de cession fut réalisé le 23 février 1671 devant Gallois et son confrère, notaires au Châtelet, et confirmé par lettres-patentes du même mois.

Le préambule de ces lettres-patentes est trop remarquable, il porte à un trop haut point le cachet de grandeur qui marquait tous les actes publics de ce siècle, pour ne pas être cité.

« Louis, etc., comme rien n'est si digne des grands
» roys et si avantageux pour les peuples qui jouissent
» d'une profonde paix que les ouvrages des bâtiments
» publics, nous croyons aussi qu'il est de notre gloire
» et de la grandeur de notre royaume, d'orner les
» principales villes, de nouveaux édifices et particu-

— JUS —

» lièrement notre bonne ville de Paris, afin de témoi-
» gner l'affection que nous avons pour elle, et d'y
» laisser des monuments éternels de la félicité de notre
» règne, et pour exciter nos sujets à nous servir dans
» ce dessein, nous avons toujours traité favorablement
» ceux qui nous ont proposé les moyens d'augmenter
» la décoration et la commodité publiques. Pour cet
» effet, nous étant fait représenter les diverses propo-
» sitions qu'on nous a fait depuis quelques années, de
» dégager les avenues du palais qui est aujourd'huy le
» centre de la ville et le lieu du plus grand concours
» de ses habitants, en y faisant de nouvelles entrées,
» l'une au bout de la place Dauphine et l'autre sur
» l'un des quays et par l'ancien jardin de notre hôtel
» du bailliage, affecté au logement des premiers prési-
» dents de notre parlement, etc. »

Le contrat imposait au concessionnaire diverses obligations, entre autres celles : 1° de payer à la recette du domaine du roi douze deniers de cens pour chacune toise qui serait bâtie ; 2° de faire pratiquer une ouverture avec grande arcade et portail dans la rue Harlay vis-à-vis de la place Dauphine ; 3° de faire construire autour d'une nouvelle place (c'est la cour Harlay qui fut d'abord appelée cour Neuve), des bâtiments et boutiques pour des marchands.

Les autres clauses prescrivaient l'établissement de la cour Lamoignon ainsi que des galeries supérieures, la construction d'escaliers pour monter à ces galeries et pénétrer au palais ; enfin l'ouverture d'un passage sur le quai de l'Horloge, et d'un aqueduc souterrain pour l'écoulement des eaux dans la rivière.

Toutes ces conditions furent exécutées, ainsi que le constate le procès-verbal de réception des travaux du 17 juin 1682, et il en résulte l'état présent des choses dans cette partie du palais. — L'histoire de cet édifice n'offre aucun fait digne d'être rapporté jusqu'à 1776.

Dans la nuit du 10 au 11 janvier de cette année, le feu prit une seconde fois au Palais-de-Justice. Malgré la promptitude des secours, l'incendie consuma toutes les constructions qui s'étendaient depuis la galerie dite des prisonniers, jusqu'à la Sainte-Chapelle. Les bâtiments incendiés durent être reconstruits sur un nouveau plan. Quatre membres de l'académie d'architecture : Moreau, Desmaisons, Couture et Antoine furent chargés de la direction des travaux.

La nouvelle façade du Palais présente un avant-corps orné de quatre colonnes doriques. Au-dessus de l'entablement règne une balustrade, et quatre piédestaux supportent les statues allégoriques de la *Force*, de l'*Abondance*, de la *Justice* et de la *Prudence*, qui se dessinent sur un fond lisse de maçonnerie supportant un dôme quadrangulaire.

Avant de parler des constructions qui doivent être ajoutées au Palais-de-Justice, nous dirons quelques mots sur la *Conciergerie*.

Cette prison, ainsi que nous l'indique sa dénomination, servait dans l'origine de logement au *concierge*

— JUS —

du palais. Les cuisines se trouvaient également en cet endroit. L'antique demeure de nos rois ayant été abandonnée au tribunal souverain de la justice, la Conciergerie devint une prison. Il en est fait mention pour la première fois dans les registres de la Tournelle, au 23 décembre 1392, à l'occasion de plusieurs habitants de Nevers et de ses environs, qui y furent enfermés pour cause de rébellion envers l'évêque, le doyen et le chapitre de Nevers. Plusieurs actes constatent l'insalubrité de cette prison. Au mois d'août 1548, une contagion décima les prisonniers ; le parlement fut alors obligé d'employer son autorité pour faire assainir les cachots.

Sous Charles VI, la Conciergerie fut envahie par la populace ameutée ; la trahison de Perrinet-le-Clerc, qui livra aux Anglais et aux Bourguignons la clef de la porte de Buci, anéantit le parti des Armagnacs. Le connétable de ce nom, qu'on avait vainement cherché dans sa demeure, fut livré par un traître et conduit prisonnier à la Conciergerie. Le 12 juin 1418, l'horrible milice des bouchers, bannie de la ville par les Armagnacs, rentra triomphante dans Paris. Ces assassins répandent aussitôt des bruits sinistres qui se grossissent en volant de bouche en bouche ; la multitude est bientôt persuadée que son salut dépend de l'entière extermination des Armagnacs. Le peuple se porte en fureur à la Conciergerie, enfonce les portes ! Armagnacs, Bourguignons, criminels, débiteurs, femmes, enfants, tous sont égorgés sans distinction. Le connétable d'Armagnac, le chancelier de Marle, l'évêque de Coutances, six évêques, plusieurs membres du parlement expirent, percés de mille coups ; les cadavres des victimes sont traînés dans les rues fangeuses de Paris. La populace, après avoir joué pendant trois jours avec ces débris humains, alla les jeter à la voirie.

Le sol de la Conciergerie est plus bas que celui de la rivière, cependant les caves et souterrains en pierre pratiqués au-dessous interceptent un peu l'humidité ; les autres cachots construits au pied des tours et au niveau du fleuve étaient très malsains ; ils sont aujourd'hui presque tous hors d'usage. A l'orient de cette prison et au sud d'une cour, sont des cellules pour les femmes qui sont ainsi séparées des hommes. — Sous la porte même de l'entrée de cette prison, à quinze mètres au-dessous du sol, se trouvaient les fameuses *oubliettes du Palais*. Sur le bord de la rivière, on voit encore la grille par laquelle on emportait les corps, soit pour les noyer, soit pour les inhumer. M. Peyre, architecte, a transformé ces oubliettes en un aqueduc.

La Tour de César est à droite en entrant dans la cour ; on la nommait autrefois *tour de Montgommeri*, parce que Gabriel de Lorges, comte de Montgommeri, le même qui avait blessé mortellement le roi Henri II, dans un tournoi, y fut enfermé en 1574, après avoir été défait en Normandie. Cartouche et Damiens furent conduits dans cette tour. En 1794, les cent trente-deux Nantais amenés à Paris y furent enfermés ; le célèbre

Ouvrard y fut incarcéré pour dettes. — A droite en entrant se trouve le guichet extérieur de la prison; un espace d'un mètre environ le sépare d'une grille qui donne accès sur un petit escalier aboutissant à une grande salle noire enfumée, qu'on appelle l'*avant-greffe*, ou le *parloir libre*. A l'angle nord-ouest du préau, on voit la *tour de Bombée*; elle servit de cachot à Ravaillac, alors le jour n'y pénétrait pas. — Louvel y a été enfermé tout le temps qui précéda son jugement. Le rez-de-chaussée du bâtiment au sud se compose de plusieurs cellules à l'est; puis sont deux chambres de surveillants à l'ouest. Au fond d'un corridor où le jour pénètre à peine, de l'autre côté des cellules, se trouve le cachot où fut enfermée Marie Antoinette. Dans la chambre à l'est de ce cachot, se tenaient les soldats chargés de la garde de la reine; enfin se trouve à côté l'affreux réduit où fut enfermée madame Élisabeth.

Pendant la révolution, la Conciergerie a reçu moins de coupables que d'illustres victimes. Bailly, Malesherbes, Mme Roland, Camille Desmoulins, Danton, André Chénier, Fabre d'Églantine ont été enfermés dans cette prison. Les malheureux Girondins, tirés du Luxembourg, avaient été également transférés à la Conciergerie; leur amitié adoucit les approches de la mort; ils se familiarisèrent avec ces idées lugubres, et improvisèrent alors des drames singuliers, terribles, dont leur commune destinée et la révolution formaient les tristes sujets. Chaque prisonnier avait son rôle à remplir et concourait à l'ensemble de cette tragédie; ils représentaient tour à tour les juges et les jurés du sanglant tribunal révolutionnaire, et l'accusateur public lui-même. Deux acteurs entraient en scène, l'un représentait l'accusé, l'autre le défenseur. L'accusé pouvait à peine murmurer quelques paroles; à chaque instant le défenseur était interrompu, et le tribunal se disant suffisamment éclairé, concluait toujours à la peine de mort. Étendu sur une planche de lit qu'on renversait pour cet usage, le patient semblait supporter le supplice dans ses plus petits détails. Venait ensuite le tour de l'accusateur qui subissait lui-même le châtiment réservé à son iniquité, puis au milieu de cris lamentables, on l'entraînait dans l'abîme. Les Girondins étaient au nombre de vingt-et-un, voici leurs noms : Brissot, Boileau, Boyer-Fonfrède, Antiboul, Gardien, Lasource, Vergniaud, Gensonné, Lehardy, Mainvielle, Ducos, Duchastel, Duperré, Carra, Valazé, Lacase, Duprat, Sillery, Fauchet, Lesterpt, Beauvais et Vigée. Ils furent exécutés sur la place de la Révolution, le 31 octobre 1793. — Georges Cadoudal, Bories et les trois autres sergents de la Rochelle, plus récemment Fieschi, Alibaud, Meunier, ont été enfermés dans la Conciergerie.

Agrandissement du Palais-de-Justice.

Depuis longtemps cet édifice ne pouvait contenir tous les nombreux services judiciaires. M. Huyot, architecte, fut chargé, en 1835, d'étudier un projet de construction nouvelle. Le plan qu'il présenta fut adopté par le conseil municipal, et sanctionné par une ordonnance royale que nous rapportons.

« Louis-Philippe, roi des Français, etc… — Article 1er. Le périmètre des constructions, tant anciennes que nouvelles, affectées au Palais-de-Justice de Paris, y compris la préfecture de police et la maison de justice et d'arrêt dite la Conciergerie, est arrêté suivant les lignes A B C D tracées au plan ci-annexé.

« Art. 2. Il sera formé : 1° le long de la façade latérale de l'édifice du midi, une rue d'isolement de 15 m. de largeur; 2° une autre rue également de 15 m. de largeur longeant la façade principale vers l'ouest; 3° une place entre cette nouvelle rue et celle du Harlay, et dont les côtés nord et sud se termineront par deux larges pans coupés vers la première; le tout dans les directions et suivant les alignements indiqués par le plan. — Art. 3. L'exécution de ce projet est déclarée d'utilité publique; en conséquence, le préfet de la Seine est autorisé à acquérir au nom du département, soit à l'amiable, soit par voie d'expropriation forcée, les immeubles ou portions d'immeubles sur lesquels doivent s'étendre les nouvelles constructions, ou qui sont nécessaires à la formation des voies publiques projetées. Le prix de ces acquisitions sera payé au moyen des ressources indiquées dans la délibération du conseil général du département de la Seine, en date du 28 octobre 1838. — Art. 4. La ville de Paris est autorisée à concourir à la dépense : 1° pour un contingent de 100,000 fr. applicables au tribunal de police municipale; 2° pour moitié dans le prix d'acquisition des propriétés particulières sur lesquelles seront ouvertes les deux rues, ainsi qu'il est réglé par les délibérations des 22 février et 26 avril 1839, dont les dispositions sont approuvées, etc. — Neuilly, le 26 mai 1840. Signé Louis-Philippe. »

Après la mort de M. Huyot, la direction des travaux pour l'agrandissement du Palais-de-Justice a été confiée à MM. Duc et Dommey. Les dépenses sont évaluées à 14 millions, savoir : 10 millions pour les constructions et 4 millions pour achat de diverses propriétés. Les bâtiments réservés sont : la cour de cassation, la cour royale et les constructions occupées aujourd'hui par le tribunal de première instance, les bâtiments sur la rue de la Barillerie, la Sainte-Chapelle et une grande partie de la Cour-des-Comptes. Tous les anciens bâtiments respectés se trouveront presque renfermés dans un triangle, formé d'un côté par le quai de l'Horloge, de l'autre par la rue de la Barillerie et fermé par une diagonale partant de l'angle de la nouvelle rue, et aboutissant sur le quai des Orfèvres, près de l'arcade Lamoignon.

Les nouveaux bâtiments consisteront : en deux façades neuves, l'une sur la rue qui vient d'être ouverte au sud du palais, l'autre au couchant, sur les rue et place Harlay. Des restaurations importantes seront faites aux façades du quai de l'Horloge et de la rue de la Barillerie. Le Palais-de-Justice se trouvera complètement

— KLÉ —

isolé. Il renfermera au nord, sur le quai de l'Horloge, la cour de cassation ; au couchant, attenant et sur la nouvelle place Harlay, se trouveront les deux salles d'assises et la cour royale. Au midi, sur le quai des Orfèvres, la préfecture de police ; à la suite, sur la rue nouvelle, les chambres de police correctionnelle ; au levant, rue de la Barillerie, le procureur du roi et les juges d'instruction ; enfin, attenant à la tour de l'Horloge, le tribunal de première instance. De vastes galeries bien éclairées donneront accès à toutes ces divisions, et aboutiront à la grande salle des Pas-Perdus. Deux façades monumentales seront construites, l'une sur le quai des Orfèvres et sur la rue nouvelle, l'autre sur la place Harlay. On regrette que des motifs d'économie aient empêché les architectes de disposer de tout le terrain compris entre la Sainte-Chapelle et le quai des Orfèvres : il serait résulté de cette disposition du plan

— LAB —

assez d'avantages pour compenser ce surcroît de dépense. — La superficie totale du Palais-de-Justice sera de 30,000 m. environ.

JUSTICE (PLACE DU PALAIS-DE-).

Situé en face du Palais-de-Justice. Le dernier impair est 5 ; le dernier pair, 6. — 9e arrondissement, quartier de la Cité.

Elle a été formée en vertu des arrêts du conseil en date des 3 juin 1787, 20 février 1788 et 23 janvier 1791, qui imposèrent aux propriétaires l'obligation de construire des façades symétriques. Cette place est demi-circulaire. — Une décision ministérielle du 13 brumaire an X, signée Chaptal, a maintenu les dispositions prescrites par les arrêts précités. (Voyez rue de *Constantine*.) — Égout. — Conduite d'eau. — Éclairage au gaz (compe Française).

Avril 1844.

K.

KLÉBER (RUE).

Commence au quai d'Orsay, nos 109 ; finit à l'avenue Suffren. Le dernier impair est 9 ; le dernier pair, 18. Sa longueur est de 673 m. — 10e arrondissement, quartier des Invalides.

Elle est indiquée sur le plan de Verniquet, mais sans dénomination. Dans plusieurs contrats domaniaux elle est appelée *ruelle descendant à la rivière*. — Une décision ministérielle du 7 fructidor an X, signée Chaptal, a fixé la largeur de cette rue à 10 m. En vertu d'une autre décision du 14 du même mois, elle a reçu le nom de rue *Kléber*. Presque toutes les propriétés riveraines sont à l'alignement.

Jean-Baptiste Kléber, fils d'un terrassier de la maison de Rohan, naquit à Strasbourg, en 1754, et fut d'abord officier au service de l'Autriche. Ayant donné sa démission, il revint en France et obtint une place d'inspecteur des bâtiments publics. En 1792, Kléber s'engagea comme simple grenadier dans un régiment de volontaires du Haut-Rhin ; grâce à sa brillante valeur, il obtint bientôt le grade de général de division, et s'illustra successivement aux armées du Nord et de Sambre-et-Meuse. Il suivit Bonaparte en Égypte. A son départ pour l'Europe, Bonaparte lui remit le commandement en chef. Kléber fut assassiné au Caire, le 14 juin 1800, par un jeune Turc, nommé Soleiman. — L'empereur, à Sainte-Hélène, s'exprimait ainsi sur ce général : « Kléber, c'était le Dieu Mars en uniforme : courage, conception, il avait tout. J'étais jaloux de me l'attacher ; je lui proposai de faire partie de l'expédition dont nous menacions l'Angleterre. — « Je le voudrais, me dit-il ; mais si je le demande, les » avocats me refuseront. — Je m'en charge, lui ré- » pliquai-je. — Eh bien ! si vous jetez un brûlot sur » la Tamise, mettez Kléber dedans, vous verrez ce qu'il » sait faire. »

Avril 1844.

L.

LA BRUYÈRE (RUE).

Commence à la rue Notre-Dame-de-Lorette, nos 27 et 29 ; finit à la rue Pigalle, nos 18 et 20. Le dernier impair est 23 ; le dernier pair, 24. Sa longueur est de 233 m. — 2e arrondissement, quartier de la Chaussée-d'Antin.

1re PARTIE *comprise entre les rues Notre-Dame-de-Lorette et La Rochefoucauld*. — Elle a été ouverte, en 1824, sur les terrains appartenant à la compagnie Dosne, Loignon, Censier et Constantin. L'ordonnance royale qui autorisa ce percement sur une largeur de 9 m. 75 c., est à la date du 21 avril 1824 (voyez *place Saint-Georges*). Cette voie publique se trouvant à peu de distance de la rue *Fontaine*, la compagnie Dosne avait projeté de lui donner le nom de rue *Percier* ; mais ce célèbre architecte ayant refusé cet honneur, on assigna au percement dont il s'agit la dénomination de rue *La Bruyère*.

— LAC —

2° Partie *comprise entre les rues La Rochefoucauld et Pigalle.* — Elle a été formée sur les terrains de M. Boursault, en vertu d'une ordonnance royale du 25 février 1839. Sa largeur est de 10 m. La hauteur des constructions riveraines ne doit pas excéder *seize mètres cinquante centimètres* (voyez rue *Boursault*). Toutes les propriétés de la rue La Bruyère sont alignées. — Conduite d'eau entre les rues Notre-Dame-de-Lorette et La Rochefoucauld.

Jean de La Bruyère naquit en 1644, aux environs de Dourdan, et mourut en 1696. Son ouvrage le plus remarquable est intitulé : *Caractères de Théophraste.*

LACASSE (rue).

Commence à la rue de l'Entrepôt; finit à la rue Grange-aux-Belles, nos 8 et 10. Le dernier impair est 7; le dernier pair, 6. Sa longueur est de 45 m. — 5e arrondissement, quartier de la Porte-Saint-Martin.

L'ouverture de cette rue a été approuvée par l'ordonnance royale du 20 février 1825, relative au canal Saint-Martin. La largeur fixée pour cette voie publique est de 12 m. Elle porte le nom du propriétaire sur les terrains duquel le percement a été effectué. Les constructions riveraines sont alignées. — Éclairage au gaz (compe de Belleville).

LACUÉE (rue).

Commence au quai de la Rapée, nos 3 et 5; finit à la rue de Bercy, nos 34 et 36. Le dernier impair est 11; le dernier pair, 12. Sa longueur est de 154 m. — 8e arrondissement, quartier des Quinze-Vingts.

« Napoléon, etc... Nous avons décrété et décrétons
» ce qui suit : Il sera ultérieurement ouvert une rue
» de quinze mètres de largeur, en prolongement de
» l'axe du pont d'Austerlitz, jusqu'à la grande rue du
» Faubourg-Saint-Antoine ; cette rue sera appelée rue
» du *colonel Lacuée*, en mémoire du colonel du 59e ré-
» giment de ligne, tué au combat de Guntzbourg. —
» Au palais des Tuileries, le 14 février 1806. Signé
» Napoléon. » — Ce décret ne fut exécuté qu'en partie ; la rue fut ouverte entre le quai et la rue de Bercy, mais non sur une largeur de 15 m. L'impasse Saint-Claude que nous voyons indiquée sur le plan de Verniquet, et qui avait son entrée dans la rue de Bercy, a été confondue dans la rue Lacuée. — Une ordonnance royale, à la date du 1er juin 1828, a maintenu la largeur de 15 m., fixée par le décret précité. La rue Lacuée a été considérablement élargie en 1836, 38 et 40. La propriété n° 11 devra reculer de 1 m 20 c. environ ; celle n° 12 est soumise à un retranch. réduit de 2 m. 30 c. Toutes les autres constructions sont alignées.

LA FAYETTE (place de).

Située à la jonction des rues de La Fayette, du Gazomètre, des Petits-Hôtels et d'Hauteville. Le dernier impair est 5; le dernier pair, 8. — 3e arrondissement, quartier du Faubourg-Poissonnière.

Par une ordonnance royale en date du 27 novem-

— LAF —

bre 1822, MM. André et Cottier furent autorisés à former sur leurs terrains une place circulaire de 30 m. de rayon. En 1825, elle reçut le nom de *place Charles X*. — Une autre ordonnance royale du 31 janvier 1827, relative au percement de plusieurs rues sur les terrains de ces mêmes propriétaires, approuva l'agrandissement de la place dont il s'agit. Après 1830, elle prit le nom de *place de La Fayette*. — Enfin, une troisième ordonnance royale du 2 février 1839 apporta quelques changements dans le tracé de cette voie publique (*voyez* l'article suivant). — Les propriétés riveraines ne sont pas soumises à retranchement. — Égout. — Éclairage au gaz (compe Française).

LA FAYETTE (rue de).

Commence à la rue du Faubourg-Poissonnière, n° 84; finit à la rue du Faubourg-Saint-Martin, nos 223 et 225. Le dernier impair est 79; le dernier pair, 46. Sa longueur est de 1,287 m. — La partie comprise entre la rue du Faubourg-Poissonnière et celle du Faubourg-Saint-Denis, est du 3e arrondissement, quartier du Faubourg-Poissonnière; le surplus dépend du 5e arrondissement, quartier du Faubourg-Saint-Denis.

Une ordonnance royale du 27 novembre 1822 porte : « Article 1er. Les sieurs André et Cottier sont autorisés à ouvrir sur leurs terrains une rue de 20 m. de largeur, qui communiquera de la rue du Faubourg-Poissonnière à celle du Faubourg-Saint-Martin, conformément au plan ci-joint, à charge par eux de livrer gratuitement l'emplacement nécessaire pour prolonger la rue Hauteville jusqu'à la nouvelle rue, et de former au point de jonction une place circulaire de 30 m. au plus de rayon. — Art. 2e. La ville de Paris contribuera aux dépenses de toute nature qu'exigeront les percements dont il s'agit, jusqu'à concurrence d'une somme de cent cinquante mille francs, conformément à la délibération du conseil municipal du 15 septembre 1822. » — Dans une dépêche ministérielle du 31 décembre 1824, nous lisons ce qui suit : « Le roi a daigné consentir, par décision du 19 de ce mois, à ce que la grande rue ouverte sur les terrains des sieurs André et Cottier, pour communiquer du faubourg Saint-Martin au faubourg Poissonnière, reçût le nom de rue *Charles X*, etc... » — Une ordonnance royale du 6 janvier 1825 renferme les dispositions ci-après : « Article 1er. L'exécution de la rue ouverte dans la direction de la rue du Chemin-de-Pantin, depuis la rue du Faubourg-Saint-Martin jusqu'à la rue du Faubourg-Poissonnière, etc., est déclarée d'utilité publique, et le préfet de la Seine est autorisé à y appliquer ou faire appliquer les mesures voulues par la loi du 8 mars 1810. — Art. 2e. La largeur de ladite rue, fixée par l'art. 1er de l'ordonnance du 27 novembre 1822 à 20 m., est réduite à 19 m. 50 c., largeur de la rue du Chemin-de-Pantin, etc... » — Peu de temps après la révolution de 1830, cette voie publique reçut le nom de rue de *La Fayette*, en l'honneur de Gilbert Motier, marquis

— LAF —

de La Fayette, né le 1er septembre 1757, à Chavagnac, près de Brioude (Haute-Loire), mort à Paris le 20 mai 1834.

La rue de La Fayette est bordée de chaque côté par une rangée d'arbres. Les constructions riveraines sont alignées. — Égout et bassin d'égout entre la place et la rue du Faubourg-Saint-Denis. — Éclairage au gaz depuis la rue du Faubourg-Poissonnière jusqu'à celle du Faubourg-Saint-Denis (compe Française).

L'impasse Saint-Lazare qui était située rue du Faubourg-Saint-Denis, au n° 170, a été confondue dans la rue de La Fayette. Elle devait son nom à sa proximité de la *maison Saint-Lazare*.

LAFERRIÈRE (RUE).

Commence à la rue Notre-Dame de Lorette, nos 18 et 20; finit à la rue Breda. Le dernier impair est 13; le dernier pair, 32. — 2e arrondissement, quartier de la Chaussée-d'Antin.

Ouverte sans autorisation en 1832, sur les terrains appartenant à MM. Dosne, Loignon, Censier et Constantin, cette rue a la forme d'un demi-cercle. Elle a reçu la dénomination de rue *Laferrière*, en vertu d'une délibération de l'état-major de la garde nationale du 2e arrondissement. Laferrière, général sous l'empire, est mort à Paris du choléra. — Un arrêté préfectoral du 7 décembre 1840, a prescrit la fermeture de cette rue qui n'est pas reconnue voie publique par l'administration.

LAFFITTE (PASSAGE).

Commence à la rue Le Peletier, n° 11; finit à la rue Laffitte, n° 16. — 2e arrondissement, quartier de la Chaussée-d'Antin.

Bâti vers l'année 1824, il fut nommé *passage d'Artois* (c'était alors la dénomination de la rue Laffitte, dans laquelle il débouche). Depuis 1830, il a pris le nom de *passage Laffitte* (*voir* l'article suivant).

LAFFITTE (RUE).

Commence au boulevart des Italiens, nos 10 et 12; finit à la rue Ollivier, nos 1 et 3. Le dernier impair est 45; le dernier pair, 56. Sa longueur est de 481 m. — 2e arrondissement, quartier de la Chaussée-d'Antin.

1re PARTIE *comprise entre le boulevart et la rue de Provence.* — « Louis, etc… Notre amé et féal secrétaire » Jean-Joseph de Laborde, propriétaire de son chef » de terrains situés en notre bonne ville de Paris, en- » tre la rue Neuve-Grange-Batelière et la Chaussée- » d'Antin, et d'un autre bout sur l'égout d'entre le » faubourg Montmartre et la d. Chaussée-d'Antin, et » comme subrogé aux droits du sieur Douret de Ve- » zelay auquel la ville a concédé la propriété de la » superficie du grand égout en toute sa largeur entre » le ponceau de la Chaussée-d'Antin et la partie déjà » voûtée du faubourg Montmartre, nous auroit fait » exposer que les terrains dont il est propriétaire,

— LAF —

» sont devenus, par l'extension successive de la ville, » propres à former des habitations aussi commodes » qu'agréables et utiles, la proximité du quartier, la » pureté de l'air et la promenade des remparts, y fai- » sant désirer à nombre de citoyens d'y établir leur » demeure; mais que ces terrains n'étant traversés » d'aucune rue et n'y ayant aucun débouché commode » entre le faubourg Montmartre et la Chaussée-d'An- » tin, ils ne pourroient être divisés en portions de » grandeur convenable à ceux qui voudroient en ac- » quérir et y bâtir d'une manière proportionnée à leurs » facultés et à leurs besoins, et qu'en concourrant par le » d. exposant à la décoration de la ville et à la commo- » dité du public, il retireroit un plus grand avantage » de ses terrains s'il nous plaisoit lui permettre d'ou- » vrir deux rues nouvelles, etc…, à ces causes, etc.; » voulons et nous plaît ce qui suit : Article 1er. Il sera » ouvert aux frais du sieur de Laborde deux rues de » 30 pieds de large chacune, conformément à notre dé- » claration du 16 mai 1765, l'une qui sera nommée rue » *d'Artois*, à travers ses terrains à prendre du rempart » de la d. ville, en face de la nouvelle rue de Gram- » mont et qui ira aboutir sur l'égout, et l'autre qui sera » nommée rue de *Provence* sur le terrain du d. égout, à » prendre de la Chaussée-d'Antin au faubourg Mont- » martre, etc. — Art. 2e L'ouverture des dites deux » rues et le pavé d'icelles, pour la première fois étant » établi aux frais du dit sieur de Laborde ou ayans » causes, etc… Donné à Versailles, le 15e jour du mois » de décembre, l'an de grâce 1770, et de notre règne » le 56e. Signé Louis. » Ces lettres-patentes furent registrées au parlement le 6 septembre 1771, et reçurent leur exécution au mois de décembre de la même année. En 1792 la rue d'Artois quitta cette dénomination pour prendre celle de rue *Cérutti*, en mémoire de Joseph-Antoine Cérutti, jésuite, né en Piémont le 13 juin 1738, mort à Paris le 3 février 1792, et qui fut membre de la commune de Paris et député à l'Assemblée législative. Son hôtel était situé dans la rue d'Artois, à l'encoignure du boulevart; il a été démoli en 1839, et remplacé par la *maison dorée*, appelée ainsi en raison des dorures dont elle est ornée. — Une décision ministérielle, en date du 18 vendémiaire an VI, signée Letourneux, a maintenu la largeur assignée à cette voie publique par les lettres-patentes précitées. En vertu d'un arrêté préfectoral du 27 avril 1814, elle reprit la dénomination de rue *d'Artois*.

2e PARTIE *comprise entre les rues de Provence et de la Victoire.* — Une ordonnance royale du 30 juillet 1823, porte : « Article 1er. Le sieur Berchut est autorisé à ouvrir sur les terrains qui lui appartiennent une rue qui formera le prolongement de la rue d'Artois à Paris, sur une même largeur de 9 mètres 74 centimètres (30 pieds), etc. — Art. 2e. Cette autorisation est accordée aux conditions exprimées dans la demande de l'impétrant et, en outre, à la charge par lui de se conformer aux lois et règlements sur la voirie de

— LAG —

Paris, etc. » Cette ordonnance fut immédiatement exécutée. L'emplacement traversé par ce percement était occupé par l'hôtel Thélusson, vendu par le domaine de l'état au sieur Berchut.

3e PARTIE *comprise entre les rues de la Victoire et Ollivier.* — Elle a été formée en vertu d'une ordonnance royale du 21 juillet 1824, relative aux abords de l'église Notre-Dame-de-Lorette. Sa largeur est de 13 m. En 1830, la rue d'Artois prit dans toute son étendue la dénomination de rue *Laffitte*, en l'honneur de Jacques Laffitte, qui contribua si puissamment au succès de la révolution de juillet. M. Laffitte a été ministre des finances; il est aujourd'hui député de la ville de Rouen.

Les constructions riveraines de la rue Laffitte ne sont pas soumises à retranchement. — Égout entre les rues de Provence et Ollivier. — Conduite d'eau dans toute l'étendue. — Éclairage au gaz (comp^e Anglaise).

LAGNY (RUE DU CHEMIN-DE-).

Commence à l'avenue des Ormeaux, n°s 1 et 3; finit à la rue des Ormeaux, n° 2. Pas de numéro. Sa longueur est de 28 m. — 8e arrondissement, quartier du Faubourg-Saint-Antoine.

Tracée à la fin du siècle dernier, cette rue tire son nom de sa proximité d'un chemin ainsi appelé et qui se dirige sur la petite ville de Lagny. — Un décret impérial du 14 mars 1808 autorisa la suppression de cette rue. Ce décret n'a pas été exécuté. Il n'existe pas d'alignement arrêté pour la rue du Chemin-de-Lagny, dont la largeur varie de 7 m. 40 c. à 11 m.

LAITERIE (RUE DE LA).

Située dans l'Enclos de la Trinité. — 6e arrondissement, quartier de la Porte-Saint-Denis.

C'était en 1790 la rue *Saint-Pierre*. Depuis 1793, on la nomme de la *Laiterie*. (Voir l'article *Trinité*, passages de la.)

LAMOIGNON (COUR).

Située entre le quai de l'Horloge, n° 45, et la cour Harlay, n°s 6 et 7. Le dernier numéro est 39. — 11e arrondissement, quartier du Palais-de-Justice.

Cette cour a été formée, en 1671, sur l'emplacement du jardin de l'hôtel du Baillage. Elle est comprise dans l'enceinte du Palais-de-Justice, et doit son nom à Guillaume de Lamoignon, seigneur de Basville, nommé premier président au parlement de Paris en 1658, mort en 1677. Cette cour n'est point reconnue voie publique par l'administration. En vertu d'une ordonnance royale du 26 mai 1840, elle doit être supprimée pour faciliter l'agrandissement du Palais-de-Justice.

LANCRY (RUE).

Commence à la rue de Bondy, n°s 46 et 48; finit à la rue des Marais, n°s 23 et 25. Le dernier impair est 35; le dernier pair, 30. Sa longueur est de 262 m. — 5e arrondissement, quartier de la Porte-Saint-Martin.

« Louis, etc... Nous avons ordonné par ces présentes

— LAN —

» signées de notre main, ordonnons qu'il sera ouvert une rue dans la masse du terrain, appartenant aux sieurs *Lancry* et *Lollot*, enfermée par la rue de Bondi et la ruelle Saint-Nicolas, à commencer du côté du boulevart, vers le milieu de cette masse entre la porte Saint-Martin et la rue du Temple, allant en ligne droite dans la dite ruelle Saint-Nicolas; le tout aux frais des dits sieurs Lancry et Lollot ou de leurs représentans, lesquels seront tenus à cet effet de fournir tout le pavé et terrasse nécessaires; voulons que la nouvelle rue soit fixée à trente pieds, conformément à la déclaration du 16 mai 1765, etc... Donné à Versailles, le 22e jour de novembre, l'an de grâce 1776, et de notre règne le 3e. Signé Louis, et scellées du grand sceau de cire jaune. » — Ces lettres-patentes, registrées au parlement le 12 mars 1777, furent immédiatement exécutées. A la fin de cette année, le sieur Lancry s'étant rendu acquéreur des terrains situés entre la ruelle Saint-Nicolas et la rue des Marais, prolongea sur cet emplacement la nouvelle rue autorisée par les lettres-patentes précitées. — Une décision ministérielle du 23 floréal an X, signée Chaptal, a fixé la largeur de cette voie publique à 10 m. Les propriétés riveraines sont presque toutes à l'alignement. Celles n°s 23 et 25 devront reculer de 30 c. à 46 c.; le surplus n'est soumis qu'à un léger redressement. — Égout entre les rues Neuve-Saint-Nicolas et des Marais. — Conduite d'eau depuis la rue de Bondy jusqu'à la rue Neuve-Saint-Nicolas. — Éclairage au gaz (comp^e Lacarrière).

LANDRY (RUE SAINT-).

Commence au quai Napoléon, n°s 23 et 25; finit à la rue des Marmousets, n°s 16 et 18. Le dernier impair est 9; le dernier pair, 12. Sa longueur est de 80 m. — 9e arrondissement, quartier de la Cité.

Elle était anciennement désignée sous le nom de *Port Notre-Dame* et de *Port Saint-Landry*. En 1267, plusieurs titres la nomment *Terra ad Batellos*. L'extrémité de cette rue vers la rivière s'appelait, en 1248, rue du *Fumer*. Sa dénomination actuelle lui vient de l'église Saint-Landry, dont nous parlerons à la fin du présent article. — Une décision ministérielle, en date du 26 prairial an XI, signée Chaptal, fixa la largeur de cette voie publique à 7 m. Cette dimension est portée à 10 m., en vertu d'une ordonnance royale du 4 mars 1834. Les maisons n°s 1, 3, 4, 6, 8, 10 et 12, sont alignées; n° 5, retranch. réduit, 2 m. 20 c.; n°s 7 et 9, ret. 5 m. 60 c.; propriété sur le côté droit à l'angle du quai, ret. 70 c. — Égout entre le quai Napoléon et la rue Haute-des-Ursins. — Conduite d'eau depuis cette rue jusqu'à celle des Marmousets.

L'*église Saint-Landry*, qui a donné son nom à cette voie publique, exerça longtemps l'imagination des savants. Dulaure croit qu'une chapelle de Saint-Nicolas existait sur son emplacement vers la fin du VIIIe siècle. Dès le commencement du IXe, avant le siège de

Paris par les Normands, les prêtres de Saint-Germain-le-Rond (Saint-Germain-l'Auxerrois), voulant préserver le corps de saint Landry des insultes des barbares, le transportèrent en la Cité, dans la chapelle de Saint-Nicolas, qui prit à cette occasion le nom de Saint-Landry qu'elle a toujours porté depuis. Le plus ancien titre qui fasse mention de cette église, est un acte de l'année 1160; on y trouve que le prêtre de Saint-Landry est appelé Jean. Dans les lettres de l'évêque, Maurice de Sully, de l'an 1171, on lit : « Que Jean, » prêtre de Saint-Landry, vendit une vigne située sur » le territoire de Laas, moyennant 20 livres. » Les reliques de saint Landry étaient perdues ou enlevées, lorsqu'en 1408, Pierre d'Orgemont, évêque de Paris, donna quelques ossements qu'il tira de la châsse de ce Saint, conservée dans l'église Saint-Germain-l'Auxerrois. — Pierre Broussel, conseiller au parlement, fut enterré dans l'église Saint-Landry, dont la suppression eut lieu en 1790. Devenue propriété nationale, elle fut vendue le 24 mai 1792. La maison n° 1 occupe une partie de son emplacement.

LANTERNE (RUE DE LA).

Commence à la rue Saint-Bon, n°s 7 et 9; finit à la rue des Arcis, n°s 44 et 48. Le dernier impair est 9; le dernier pair, 4. Sa longueur est de 38 m. — 7e arrondissement, quartier des Arcis.

Dès 1250 on la connaissait sous le nom de ruelle *Saint-Bon*, en raison de la chapelle Saint-Bon qui se trouvait vis-à-vis de cette ruelle. En 1440, elle prit d'une enseigne la dénomination de rue de la *Lanterne*. — Une décision ministérielle du 1er messidor an XII, signée Chaptal, avait fixé la largeur de cette voie publique à 6 m. Cette largeur a été portée à 8 m. en vertu d'une ordonnance royale du 16 mai 1833. Les constructions riveraines sont soumises à un retranchement qui varie de 2 m. à 2 m. 70 c. — Conduite d'eau. — Éclairage au gaz (compe Lacarrière).

LANTERNE (RUE DE LA VIEILLE-).

Commence à la place du Châtelet, n°s 2 et 4; finit à la rue de la Vieille-Place-aux-Veaux, n°s 20 et 22. Pas de numéro impair; un seul pair qui est 2. Sa longueur est de 36 m. — 7e arrondissement, quartier des Arcis.

Vers l'année 1300, c'était la rue de l'*Escorcherie*. En 1512 c'était la rue des *Lessives* ou de l'*Ecorcherie*. Elle était alors habitée par des bouchers et des blanchisseuses. Sa dénomination actuelle lui vient d'une enseigne. — Deux décisions ministérielles des 11 octobre 1806 et 21 juin 1817, ont fixé la largeur de cette voie publique à 6 m. La maison n° 2 est alignée. — Égout du côté de la rue Saint-Jérôme.

LANTIER (RUE JEAN-).

Commence à la rue des Lavandières-Sainte-Opportune, n°s 13 et 15; finit à la rue Bertin-Poirée, n°s 10 et 14.

Le dernier impair est 5; le dernier pair, 8. Sa longueur est de 80 m. — 4e arrondissement, quartier du Louvre.

Son véritable nom est Jean-Lointier, qu'elle devait à un riche habitant de cette rue. Elle est ainsi indiquée dans les actes des XIIIe et XIVe siècles. C'est la rue Philippe Lointier dans la liste des rues du XVe siècle. Le nom qu'elle porte aujourd'hui n'est qu'une altération du premier. — Une décision ministérielle du 12 fructidor an V, signée François de Neufchâteau, avait fixé à 6 m. la largeur de cette voie publique. Cette largeur a été portée à 10 m. en vertu d'une ordonnance royale du 9 décembre 1838. La maison n° 1 est soumise à un retranchement qui varie de 4 m. 50 c. à 5 m. 30 c.; celle n° 3 devra reculer de 3 m. 50 c.; celle n° 5 est alignée. Sur le côté droit, la maison formant l'encoignure de la rue des Lavandières est alignée; n° 2, retranch. moyen 2 m.; les autres constructions de ce côté devront reculer de 2 m. 40 c. à 3 m. 30 c. — Conduite d'eau entre les rues des Orfèvres et Bertin-Poirée. — Éclairage au gaz (compe Anglaise).

LAPPE (RUE NEUVE-).

Commence à la rue de Charonne, n°s 27 et 29; finit à la rue de la Roquette, n°s 54 et 56. Le dernier impair est 19; le dernier pair, 30. Sa longueur est de 252 m. — 8e arrondissement, quartier Popincourt.

Une ordonnance royale du 15 juillet 1829 contient les dispositions suivantes : — « Article 1er. Les sieurs Roard de Clichy et Duboc Taffinier sont autorisés à ouvrir sur leurs propriétés une rue de 10 m. de largeur, qui portera le nom de rue *Neuve de Lappe*, et servira de communication entre les rues de la Roquette et de Charonne. Cette autorisation est accordée à la charge par les impétrants : 1° *de n'élever (eux ou leurs ayant-droit) les constructions riveraines de la nouvelle rue à plus de quinze mètres de hauteur, mesurées du niveau du pavé, jusqu'à l'entablement y compris attiques ou mansardes*; 2° d'établir à mesure des constructions des trottoirs en pierre dure, conformément aux prescriptions de l'administration ; 3° de supporter les frais de premier établissement du pavage et de l'éclairage, ainsi que ceux des travaux nécessaires pour faire concorder les pentes avec le système général d'écoulement des eaux souterraines. » — Ce percement a été immédiatement exécuté. Le nom de rue Neuve-Lappe lui fut donné en raison de sa proximité de la rue Lappe, qui porte aujourd'hui la dénomination de rue *Louis-Philippe*. (Voyez cet article). — Conduite d'eau.

LARD (IMPASSE AU).

Située dans la rue Lenoir-Saint-Honoré, entre les n°s 1 et 3. Le seul impair est 1, le seul pair, 2. Sa longueur est de 9 m. — 4e arrondissement, quartier des Marchés.

Dans cette impasse, qui fait la continuation de la rue au Lard, était située l'ancienne boucherie de Beauvais. — Une décision ministérielle, à la date du 24 juin 1817, a fixé la largeur de cette impasse à 8 m.

LARD (RUE AU).

Commence à la rue de la Lingerie, nos 13 et 15; finit à la rue Lenoir, nos 2 et 4. Le dernier impair est 7; le dernier pair, 10. Sa longueur est de 42 m. — 4e arrondissement, quartier des Marchés.

Les constructions du côté gauche devront reculer de 3 m. Celles du côté opposé ne sont pas soumises à retranchement.

Elle a été ainsi nommée parce qu'on y vendait du *lard* et de la charcuterie. — Une décision ministérielle du 24 juin 1817 fixa la largeur de cette voie publique à 7 m. Dans sa séance du 10 janvier 1840, le conseil municipal a délibéré que la rue au Lard ne serait soumise à aucun alignement. La largeur actuelle de cette voie publique qui débouche sous une arcade dans la rue de la Lingerie, est de 5 m. à 5 m. 50 c. — Éclairage au gaz (compe Française).

LAS-CASES (RUE).

Commence à la rue de Bellechasse, nos 34 et 36; finit à la rue Casimir-Périer, n° 7, et à la place de Bellechasse. Le dernier impair est 23; le dernier pair, 26. Sa longueur est de 200 m. — 10e arrondissement, quartier du Faubourg-Saint-Germain.

Elle a été ouverte, en 1828, sur une partie des terrains dépendant du couvent des religieuses de Bellechasse, et dont la vente avait été effectuée par le domaine de l'État les 3, 4 et 9 juin de la même année. Cette voie publique est entièrement exécutée sur une largeur de 13 m.; elle se prolonge comme impasse dans la rue Martignac. En 1830, elle a reçu le nom de rue Las-Cases. M. le comte de Las-Cases, dont le dévouement à l'empereur a été si honorable, est mort en 1842. (Voyez l'article de la rue de *Bellechasse*). — Portion d'égout du côté de la rue Casimir-Périer. — Conduite d'eau depuis cette rue jusqu'aux deux bornes-fontaines. — Éclairage au gaz (compe française).

LATOUR-MAUBOURG (BOULEVART).

Commence à l'avenue de Tourville, n° 7; finit à l'avenue La Motte-Piquet, n° 1. Pas de numéro impair; le dernier pair, 4. Sa longueur est de 321 m. — 10e arrondissement, quartier des Invalides.

Une ordonnance royale du 11 juillet 1827 porte ce qui suit : « Vu l'arrêté du gouvernement du 15 avril 1798 (26 germinal an VI), qui ordonne l'ouverture d'un boulevart sur le côté occidental de l'hôtel des militaires-invalides à Paris; vu le décret du 25 mars 1811, qui a modifié les dispositions de cet arrêté, etc.; vu la délibération du conseil municipal de Paris en date du 24 novembre 1826; notre conseil d'état entendu, nous avons ordonné et ordonnons ce qui suit : Article 1er. Il sera ouvert sur le côté occidental de l'Hôtel royal des Invalides, à Paris, un nouveau boulevart, conformément au plan ci-annexé, depuis l'avenue Tourville jusqu'à celle de La Motte-Piquet. — Art. 2. Les frais de pavage et de plantation de ce boulevart seront supportés par la ville de Paris, etc. » — « Séance du 24 novembre 1826. » Le conseil municipal émet le vœu que ce nouveau » boulevart prenne le nom de *Latour-Maubourg*, com- » me un hommage dû au gouverneur actuel de l'hôtel » royal des militaires-invalides ». (Extrait de la délibération). L'ordonnance précitée fut immédiatement exécutée. — En vertu d'une loi du 19 mars 1838, le ministre des finances, au nom de l'État, a été autorisé à céder gratuitement à la ville de Paris le boulevart Latour-Maubourg. La ville est tenue expressément de conserver les formes et dimensions actuelles de cette voie publique, dont la largeur est de 27 m. 50 c. —

LATRAN (ENCLOS ET PASSAGE SAINT-JEAN-DE-).

Situés dans la place Cambray, n° 4, et dans la rue Saint-Jean-de-Beauvais, nos 22 et 34. Le dernier numéro est 23. — 12e arrondissement, quartier Saint-Jacques.

Les croisades ont donné naissance aux hospitaliers de Saint-Jean-de-Jérusalem, ainsi qu'aux frères de la milice du Temple. L'institution de ces deux ordres était cependant différente. Les Templiers, plutôt soldats que religieux, veillaient à la sûreté des chemins, et protégeaient, l'épée à la main, les pèlerins qui allaient visiter les saints lieux. Les hospitaliers de Saint-Jean-de-Jérusalem, depuis nommés chevaliers de Rhodes et enfin chevaliers de Malte, se rapprochaient davantage de l'état religieux; ils s'engageaient, ainsi que leur premier nom nous l'indique, à loger et défrayer les pèlerins. Quelques historiens ont prétendu que la maison des hospitaliers existait à Paris, dans le clos Bruneau, depuis 1130. Les raisonnements qu'ils ont pu fournir ont été combattus victorieusement par Jaillot, qui fixe, ainsi que Sauval, leur premier établissement à l'année 1171. Saint Jean était le patron des hospitaliers, leur chapelle principale ou commanderie en porta également le nom. Vers la fin du XVIe siècle, cet ordre, appelé jusqu'alors Saint-Jean-de-Jérusalem, prit le nom de Saint-Jean-de-Latran. « Ne faudrait-il pas voir dans ce changement de dénomination, dit M. Géraud dans son ouvrage ayant pour titre : *Paris sous Philippe-le-Bel*, un témoignage de reconnaissance pour le dix-neuvième concile de Latran, tenu en 1517, qui, en se séparant, vota une imposition de décimes pour soutenir la guerre que le grand-maître des hospitaliers, Villiers de l'Ile-Adam, faisait aux infidèles. » La commanderie de Saint-Jean-de-Latran occupait un vaste emplacement. Le clos contenait le grand hôtel habité par le commandeur. Il avait été bâti sous le magister de Jacques de Souvré. On y voyait aussi plusieurs maisons mal construites, et qui bordaient une grande cour où logeaient toutes sortes d'artisans qui jouissaient des mêmes droits de franchise que les habitants de l'enclos du temple. Une immense tour carrée, à quatre étages, était destinée aux pèlerins et aux malades qui demandaient l'hospitalité. L'église, desservie par un chapelain de l'ordre de Malte, servait de paroisse à tous les habitants de Saint-Jean-de-Latran. Le commandeur jouissait dans cet enclos de la justice haute,

— LAT —

moyenne et basse. La commanderie rapportait 12,000 livres de rente au titulaire. Le commandeur pourvu de ce bénéfice, avait de plus deux maisons d'agrément : l'une située dans la rue de Lourcine, l'autre dite la Tombe-Isoire, au-dehors de la barrière Saint-Jacques. L'ordre de Saint-Jean-de-Latran fut supprimé en 1790. L'enclos et les maisons qui en dépendaient devinrent propriétés nationales. Une faible partie fut vendue le 11 thermidor an V, et tout l'enclos fut aliéné en 7 lots le 9 pluviôse an VI. L'église a été démolie vers 1824.

LATRAN (RUE SAINT-JEAN-DE-).

Commence aux rues Saint-Jean-de-Beauvais, n° 40, et Fromentel, n° 2 ; finit à la place Cambray, n°s 1 et 2. Le dernier impair est 9; le dernier pair, 8. Sa longueur est de 55 m. — 12e arrondissement, quartier Saint-Jacques.

En 1175, cette voie publique se nommait rue de l'*Hôpital*, en raison des hospitaliers de Saint-Jean-de-Jérusalem, nommés depuis *Saint-Jean-de-Latran*, qui s'y étaient établis vers 1171. En 1370, c'était la rue *Saint-Jean-de-l'Hôpital* ou *Saint-Jean-de-Jérusalem*, et en dernier lieu *Saint-Jean-de-Latran*. Elle se prolongeait anciennement sous cette dénomination jusqu'à la rue Saint-Jacques. — Un arrêt du conseil du 7 septembre 1688 ordonna l'élargissement de la rue Saint-Jean-de-Latran. Cette amélioration ne fut exécutée qu'en 1715, en vertu d'un second arrêt dont nous donnons ici un extrait : « Le roy en son conseil a ordonné
» et ordonne que l'arrêt du conseil du 7 septembre
» 1688, et le contrat fait entre les prévôt des mar-
» chands et échevins et les supérieurs et boursiers du
» collège de Tréguier et de celui de Kérambert, en-
» semble le plan y mentionné seront exécutez selon
» leur forme et teneur, et en conséquence, que par les
» dits prévôt des marchands et les échevins, il sera
» passé contrat de constitution aux supérieur, visi-
» teur, réformateur et correcteur du collège de Tré-
» guier uny au collège royal de France et aux bour-
» siers du dit collège et de celui de Kérambert, de
» 220 livres de rente au denier 25, au principal de
» 5,500 livres sur les droits attribuez des octrois, pour
» le prix de 27 toises. ou environ de place qu'il con-
» vient de retrancher des maisons du dit collège, pour
» l'élargissement de la rue *Saint-Jean-de-Latran*, le-
» quel retranchement sera fait quant à présent par
» une clôture de planches, conformément au dit plan
» et au contrat. Fait au conseil d'état du roy, tenu à
» Versailles, le 2e jour de février 1715. Signé Louis. »
(Bureau de la ville, reg. H, n° 1846, f° 181.) — La partie de la rue Saint-Jean-de-Latran, qui fut élargie en vertu de cet arrêt, est connue aujourd'hui sous le nom de *place Cambray*. Nous n'avons mentionné cet acte que pour indiquer l'état ancien de la rue Saint-Jean-de-Latran. Quant aux collèges de Tréguier et de Kérambert, cités dans le document qui précède, nous en avons tracé l'origine à l'article du collège de France,

— LAU —

qui occupe aujourd'hui la plus grande partie de leur emplacement. — Une décision ministérielle du 13 fructidor an VIII, signée L. Bonaparte, a fixé la moindre largeur de la rue Saint-Jean-de-Latran à 9 m. Les maisons n°s 6 et 8 sont à l'alignement. — Éclairage au gaz (compe Parisienne).

LAURENT (ÉGLISE SAINT-).

Située place de la Fidélité. — 5e arrondissement, quartier du Faubourg-Saint-Denis.

L'origine et la position de cette église ont soulevé de nombreuses discussions. Elle existait au VIe siècle, si l'on admet le témoignage de Grégoire de Tours, lorsqu'il en parle dans le cours d'un récit qu'il nous a laissé, sur un débordement de la Seine et de la Marne, arrivé en 583. On convient assez généralement que l'église Saint-Laurent était située dans le faubourg Saint-Denis, et qu'elle occupait dans les premiers temps l'emplacement actuel de la maison Saint-Lazare. Les historiens affirment également que le cimetière de cette église était situé à droite de la route de Saint-Denis et que, dans la suite, on y éleva une seconde église dédiée aussi à Saint-Laurent. Cette opinion est appuyée par une découverte qui eut lieu au commencement du XVIIIe siècle. Nicolas Gobillon faisant exécuter des réparations derrière la seconde église, les ouvriers déterrèrent plusieurs cercueils dans lesquels on trouva des corps dont les vêtements noirs étaient semblables à ceux des moines ; ces corps tombèrent en poussière dès qu'on les exposa au grand air. On pensa que ces tombeaux pouvaient avoir neuf cents ans d'antiquité. L'église Saint-Laurent, érigée en paroisse vers l'année 1180, fut rebâtie et dédiée le 19 juin 1429, par Jacques de Chastellier, évêque de Paris. On l'augmenta encore en 1548 ; enfin, on la rebâtit presque entièrement, en 1595, au moyen des aumônes et charités des bourgeois de Paris. La construction du grand portail ne date que de 1622. L'église Saint-Laurent, qui portait en 1793 le nom de *Temple de l'Hymen et de la Fidélité,* est maintenant la Paroisse du 5e arrondissement.

LAURENT (MARCHÉ SAINT-).

Situé entre les rues Saint-Laurent et Neuve-Chabrol. — 5e arrondissement, quartier du Faubourg-Saint-Denis.

Il a été construit en 1836, sur une partie de l'ancienne foire Saint-Laurent dont nous rappelons l'origine. — Louis-le-Gros avait accordé à la léproserie de Saint-Lazare le droit de foire. Ce droit fut confirmé par Louis-le-Jeune. En 1181, Philippe-Auguste acheta cette foire et la transféra aux halles, dans le territoire de Champeaux. Ce roi, dans l'acte d'acquisition, accorda à Saint-Lazare un jour de foire dans le local de Saint-Laurent. Dans la suite, la durée de cette dernière foire fut augmentée ; au lieu d'un jour elle en eut huit, puis quinze. Les prêtres de la Mission, qui prirent la place des religieux de Saint-Lazare, obtinrent au mois

— LAU —

d'octobre 1661 des lettres-patentes, qui les confirmèrent dans la possession de cette foire et dans tous les droits et privilèges qui y étaient attachés. Ces religieux consacrèrent à cet objet un emplacement de cinq arpents entourés de murs, où ils firent construire des boutiques et ouvrir des rues bordées d'arbres. Cette foire durait trois mois, depuis le 1er juillet jusqu'au 30 septembre. Abandonnée en 1775, cette foire fut rétablie le 17 août 1778, eut la vogue pendant quelques années, puis fut supprimée vers 1789. Le terrain qu'elle occupait resta vague jusqu'en 1826. A cette époque, madame la baronne de Bellecôte, propriétaire de cet emplacement, fit ouvrir, sans autorisation, deux rues qui portent aujourd'hui les noms de Neuve-Chabrol et du Marché-Saint-Laurent. En 1835, on commença la construction d'un marché de comestibles d'après les dessins de M. Philippon, architecte. Cet établissement, qui se compose d'un corps de halle de 43 m. 35 c. de longueur sur 14 m. 25 c. de largeur, a été inauguré le 9 août 1836.

LAURENT (RUE DU MARCHÉ-SAINT-).

Commence à la rue Saint-Laurent, n° 24; finit à la rue Neuve-Chabrol, n° 11. Le dernier impair est 9; pas de numéro pair : ce côté est bordé par le marché. Sa longueur est de 68 m. — 5e arrondissement, quartier du Faubourg-Saint-Denis.

Formée sans autorisation en 1826 sur les terrains appartenant à Madame la baronne de Bellecôte, et qui provenaient de l'ancienne foire Saint-Laurent, cette rue qui a 12 m. environ de largeur, n'est point reconnue voie publique par l'administration. (*Voyez* l'article qui précède).

LAURENT (RUE NEUVE-SAINT-).

Commence à la rue du Temple, n°s 111 et 113; finit aux rues de la Croix, n° 20, et du Pont-aux-Biches, n° 2. Le dernier impair est 33; le dernier pair, 34. Sa longueur est de 224 m. — 6e arrondissement, quartier Saint-Martin-des-Champs.

Ouverte sur la culture Saint-Martin, elle en portait le nom au commencement du XVe siècle. En 1546 on la nommait rue *Neuve-Saint-Laurent* dite du *Vertbois*; sans doute parce qu'elle fait le prolongement de cette dernière voie publique. — Une décision ministérielle du 19 germinal an VIII, signée L. Bonaparte, avait fixé la largeur de la rue Neuve-Saint-Laurent à 8 m. En vertu d'une ordonnance royale du 23 janvier 1828, cette largeur a été portée, savoir : depuis la rue du Temple jusqu'à la rue Sainte-Elisabeth à 11 m., et depuis cette dernière jusqu'aux rues de la Croix et du Pont-aux-Biches à 10 m. Propriétés de 1 à 7, retranch. 3 m. à 3 m. 80 c.; encoignure gauche de la rue Sainte-Élisabeth, alignée; 11 et 13, ret. 3 m. 20 c. environ; dépendances des Madelonnettes, alignées; le surplus de ce côté ret. 2 m. 30 c. à 2 m. 80 c. De 2 à 6, ret. 90 c. à 2 m. 20 c.; 8, 8 bis et 8 ter, alignées; de 10 à 14, ret. 30 c. au plus; 16, alignée; de 18 à 32, ret. 45 c. à 1 m.

— INN —

35 c.; 34, alignée. Maison à l'encoignure de la rue du Pont-aux-Biches, ret. 1 m. 50 c. — Conduite d'eau entre les rues du Temple et Sainte-Elisabeth. — Éclairage au gaz (compe Lacarrière).

LAURENT (RUE SAINT-).

Commence à la rue du Faubourg-Saint-Martin, n°s 133 et 135; finit à la rue du Faubourg-Saint-Denis, n°s 112 et 114. Le dernier impair est 17; le dernier pair, 32. Sa longueur est de 209 m. — 5e arrondissement, quartier du Faubourg-Saint-Denis.

Ce n'était qu'une ruelle en 1652. Au commencement du XVIIIe siècle, des habitations s'élevèrent dans cette rue qui tire son nom de l'église Saint-Laurent dont elle est voisine. — Une décision ministérielle du 7 juin 1808, signée Cretet, a fixé la largeur de cette voie publique à 10 m. Les propriétés n°s 15, 17, 4 et 10, le marché et la maison n° 32 et celle qui fait l'encoignure de la rue du Faubourg-Saint-Denis, ne sont pas soumis à retranchement. Celles n° 13 et 6 ne devront subir qu'un léger redressement. — Conduite d'eau.

LAURETTE (PASSAGE).

Commence à la rue de l'Ouest, n°s 48 et 50; finit à la rue Notre-Dame-des-Champs, n°s 51 et 53. Le dernier impair est 15; le dernier pair, 6. — 11e arrondissement, quartier du Luxembourg.

Il a été ouvert en 1800 par Me Guerinet, notaire, des terrains qu'il avait acquis de Hus-Lelièvre, apothicaire de Louis XVI. Ce passage doit son nom à *Laurette* Delatte, femme Guerinet. — Un arrêté préfectoral du 7 décembre 1840 a prescrit l'établissement de clôtures aux deux extrémités de ce passage qui a 12 m. de largeur.

LAVAL (RUE).

Commence à la rue des Martyrs, n°s 59 et 61; finit à la rue Pigalle, n°s 26 et 28. Le dernier impair est 33; le dernier pair 26. Sa longueur est de 306 m. — 2e arrondissement, quartier de la Chaussée-d'Antin.

Elle a été ouverte en 1777 sous le nom de *Ferrand*. — Une décision ministérielle du 28 janvier 1817 fixa la largeur de cette voie publique à 9 m. 23 c. En vertu d'une ordonnance royale du 1er juillet 1834, cette dimension est portée à 10 m. Toutes les propriétés du côté des numéros impairs, et celles n°s 16, 18, 22 et 25 sont à l'alignement. — L'aqueduc de ceinture passe sous cette rue. — Éclairage au gaz (compe Anglaise).

LAVANDIÈRES-PLACE-MAUBERT (RUE DES).

Commence à la place Maubert, n° 18, et à la rue Galande, n° 1; finit à la rue des Noyers, n°s 16 et 18. Le dernier impair est 13; le dernier pair, 18. Sa longueur est de 77 m. — 12e arrondissement, quartier Saint-Jacques.

Elle était bordée de constructions vers 1230. Sa dénomination lui vient des *lavandières* ou blanchisseuses, que le voisinage de la rivière avait attirées en cet endroit. — Une décision ministérielle du 8 nivôse an IX,

— LAV —

signée Chaptal, a fixé la largeur de cette voie publique à 7 m. Les maisons n°s 4, 6, 8, 10 et 12 sont alignées. — Conduite d'eau depuis la rue des Noyers jusqu'à la borne-fontaine.

LAVANDIÈRES - SAINTE - OPPORTUNE (RUE DES).

Commence à la rue Saint-Germain-l'Auxerrois, n°s 34 et 36; finit aux rues des Fourreurs, n° 1, et de la Tabletterie, n° 17. Le dernier impair est 41; le dernier pair, 32. Sa longueur est de 187 m. — 4° arrondissement, de 1 à 17 et de 2 à 16, quartier du Louvre ; de 18 à la fin, quartier des Marchés; de 19 à la fin, quartier Saint-Honoré.

Elle était entièrement construite en 1244 (même étymologie que la rue qui précède). — Une décision ministérielle du 12 fructidor an V, signée François de Neufchâteau, avait fixé la largeur de cette voie publique à 7 m. Cette largeur a été portée à 12 m., en vertu d'une ordonnance royale du 16 mai 1836. Les maisons n°s 1 et 15 sont alignées ; celles du côté des numéros pairs devront subir un retranchement considérable. — Égout entre les rues Jean-Lantier et de la Tabletterie. — Conduite d'eau depuis la rue du Chevalier-du-Guet jusqu'à celle du Plat-d'Étain. — Éclairage au gaz (comp° Anglaise).

LAVOISIER (RUE).

Commence à la rue d'Anjou-Saint-Honoré, n°s 39 et 39 bis; finit à la rue d'Astorg, n°s 22 et 28. Le dernier impair est 23; le dernier pair, 22. Sa longueur est de 210 m. — 1er arrondissement, quartier du Roule.

Une ordonnance royale du 22 janvier 1840 porte ce qui suit : « Le sieur Léon de Chazelles est autorisé à ouvrir à ses frais sur des terrains qui lui appartiennent dans la ville de Paris, deux rues destinées à communiquer, l'une de la rue d'Anjou à la rue d'Astorg, l'autre à celle de la Pépinière. Les alignements de ces deux voies publiques sont arrêtés suivant le tracé des lignes noires sur les plans, et conformément aux procès-verbaux des points de repère, d'après lesquels la largeur de l'une est fixée à 12 m., et celle de la seconde à 15 m. chacune dans tout son parcours. — Art. 2°. L'autorisation ci-dessus accordée ne profitera audit sieur de Chazelles qu'à la charge par lui de remplir les clauses et conditions insérées dans la délibération du conseil municipal de Paris du 16 août 1839, entr'autres d'abandonner gratuitement à cette ville la portion de terrain indiquée dans cette délibération, et de plus, à la condition de donner un écoulement souterrain à l'eau des ruisseaux qui seront placés sur les côtés de la chaussée, etc... Donné au palais des Tuileries, le 22 janvier 1840, signé Louis-Philippe. » M. Léon de Chazelles, sans attendre cette autorisation, avait fait percer en 1838 les deux rues dont il s'agit. Celle qui fait l'objet du présent article a reçu, en vertu d'une décision du roi à la date du 29 avril 1840, le nom de rue *Lavoisier*. Antoine-Laurent Lavoisier, célèbre chimiste, naquit à Paris le 16 août 1743. Il avait à peine 23 ans, lorsqu'il remporta le prix proposé par l'académie des sciences, sur le meilleur mode d'éclairage à donner à la ville de Paris. En 1769, Lavoisier obtint la place de fermier-général, et fit paraître en 1789 son *Traité élémentaire de Chimie*. Traduit au tribunal révolutionnaire avec les autres fermiers-généraux, Lavoisier fut condamné à mort. Plus soucieux de la science que de sa vie, il réclama vainement quelques jours de délai pour terminer les expériences qu'il continuait au fond de son cachot. On lui fit réponse que la république pouvait se passer de savants, et le 8 mai 1794, la tête de Lavoisier tomba sur l'échafaud.

Les constructions riveraines de la rue Lavoisier sont alignées. — Portion d'égout. — Conduite d'eau. — Éclairage au gaz (comp° Anglaise).

LAVRILLIÈRE (RUE DE).

Commence à la rue Croix-des-Petits-Champs, n° 53 ; finit aux rues Neuve-des-Bons-Enfants, et de la Feuillade, n° 5. Le dernier impair est 3; le dernier pair, 10. Sa longueur est de 112 m. — 4° arrondissement, quartier de la Banque.

Cette voie publique faisait anciennement partie de la rue Neuve-des-Petits-Champs. Elle doit son nom au secrétaire d'état Phélypeaux de Lavrillière, comte de Saint-Florentin, qui fit bâtir un superbe hôtel occupé aujourd'hui par la Banque de France. — Une décision ministérielle du 1er août 1821, et une ordonnance royale du 23 juillet 1828, ont fixé la largeur de cette voie publique à 10 m. Les constructions du côté des numéros impairs sont alignées ; celles du côté des numéros pairs ne sont soumises qu'à un retranchement de 50 c. — Conduite d'eau depuis l'entrée de la Banque jusqu'à la rue Neuve-des-Bons-Enfants. — Éclairage au gaz (comp° Anglaise).

LAZARE (MAISON SAINT-).

Située dans la rue du Faubourg-Saint-Denis, n° 117. — 3° arrondissement, quartier du Faubourg-Poissonnière.

On ignore l'origine de la maison Saint-Lazare ; le plus ancien titre qui mentionne cet établissement est de l'année 1110. C'était un hôpital de pauvres lépreux, sous l'invocation de Saint-Ladre ou Saint-Lazare. Pour soutenir cette maladrerie, le roi Louis-le-Gros établit en sa faveur une foire dont elle touchait les revenus. Louis VII, avant son départ pour la croisade, visita cette léproserie et y laissa des marques de sa libéralité. La foire Saint-Lazare qui avait été donnée à cet hôpital, durait huit jours et se tenait sur le chemin qui de Saint-Denis conduit à Paris. Philippe-Auguste l'acheta en 1183, et la transféra dans la capitale, au lieu dit les Champeaux. Plusieurs historiens ont pensé que l'abbaye Saint-Laurent ayant été abandonnée, l'évêque de Paris y établit plus tard une léproserie. On sait que, dans le moyen-âge, tous les établissements avaient un caractère religieux ; dans la suite cette léproserie, qui avait une chapelle particulière dédiée à saint Ladre, prit le nom de ce patron. Ainsi que nous l'apprend Jaillot, cette maison n'était point une communauté religieuse. Dans deux arrêts du parlement, le maître de Saint-Lazare n'est appelé *que le prétendu prieur du soit disant prieuré Saint-Lazare*. L'évêque avait seul le droit de nommer le prieur ou plutôt le chef, le régisseur de la maison. Le prélat avait en outre la faculté de le suspendre, de visiter la maison, et d'en modifier les règlements. L'évêque de Paris, vers 1515, introduisit les chanoines réguliers de Saint-Victor dans la maison Saint-Lazare; l'administration de ces chanoines ne fut pas, à ce qu'il paraît, exempte de reproches. Un arrêt du parlement du 9 février 1566, ordonna que le tiers des revenus de Saint-Lazare serait employé *à la nourriture et entretènement* des pauvres lépreux. Les désordres continuèrent dans la gestion de cet établissement. En 1632, Adrien Lebon, principal, offrit sa maison à l'illustre Vincent-de-Paul, instituteur des prêtres de la Mission; ces religieux s'installèrent à Saint-Lazare, en vertu d'un décret d'union donné par l'archevêque de Paris. Le principal emploi de cette congrégation était de travailler à l'instruction des pauvres habitants des campagnes qui n'avaient ni évêché ni présidial. Dans l'enclos Saint-Lazare, le plus vaste qu'il y eût dans Paris, se trouvait un bâtiment appelé le *logis du roi*. Ordinairement les rois et les reines s'y rendaient pour recevoir le serment de fidélité des habitants de Paris avant de faire leur entrée dans cette ville. Les dépouilles mortelles des rois de France étaient déposées pendant quelques heures dans la maison Saint-Lazare, et tous les prélats du royaume allaient jeter de l'eau bénite sur les restes que les caveaux de Saint-Denis devaient renfermer. Vers la fin du XVIIe siècle, cet établissement tombait en ruines; les prêtres de la Mission songèrent à le reconstruire. Ils firent élever, de 1681 à 1684, les vastes bâtiments qui existent encore aujourd'hui; l'église qui avait été réparée au commencement du XVIIe siècle fut conservée. — Le 14 juillet 1789, Saint-Lazare fut pillé, incendié par une troupe de malfaiteurs; la milice parisienne, instituée le même jour, vint heureusement arrêter les progrès de la dévastation. En 1793, cet établissement fut converti en prison, on y renferma plus de douze cents personnes. Nougaret, qui écrivait pendant la révolution, nous donne quelques détails sur cette prison. « Une chose assez comique, dit-il, c'était les écrous. Ici on lisait: Vivian, perruquier, prévenu d'imbécillité et de peu de civisme (ce malheureux est resté un an au secret). Dans les derniers temps Hermeau, président des commissions populaires, venait faire un travail sur les listes qui lui étaient présentées. C'était Verner qui était directeur général des interrogatoires qu'on faisait subir aux prisonniers. On leur demandait : « As-tu voté pour Raffet ou pour Henrion? as-tu dit du mal de Robespierre ou du tribunal révolutionnaire? combien as-tu dénoncé de modérés, de nobles, ou de prêtres dans la section? » Voilà quel était le cercle ordinaire des demandes qui, au surplus, ne se faisaient que pour la forme; car une fois les listes arrêtées, ceux qui y étaient signalés avec la croix fatale étaient bien sûrs d'être égorgés. » — Un des prisonniers qui ont excité le plus d'intérêt est Roucher, l'auteur des *Mois*; il passait le temps à former la jeunesse d'un de ses enfants nommé Emile, et cette occupation charmait les ennuis de sa captivité. Le jour qu'il reçut son acte d'accusation, il prévit bien le triste sort qui l'attendait; il renvoya son fils à qui il donna son portrait pour le remettre à son épouse. Cet envoi était accompagné du quatrain suivant adressé à sa femme et à ses enfants :

« Ne vous étonnez pas, objets charmants et doux,
» Si quelqu'air de tristesse obscurcit mon visage;
» Lorsqu'un savant crayon dessinait cette image,
» On dressait l'échafaud, et je pensais à vous. »

André Chénier fut également enfermé à Saint-Lazare et n'en sortit que pour monter sur l'échafaud.

Cet établissement est aujourd'hui affecté aux femmes prévenues de délits ou de crimes, ainsi qu'aux filles publiques. La population annuelle de cette prison s'élève à huit ou neuf cents. — L'ancienne église Saint-Lazare qui depuis la révolution servait de succursale à la paroisse Saint-Laurent, a été démolie en 1823; on a construit ensuite une chapelle et une infirmerie. Dans ces dernières années, cet établissement a été augmenté au moyen de plusieurs acquisitions, entr'autres d'une propriété portant le n° 113 sur la rue du Faubourg-Saint-Denis et appartenant aux hospices (voir l'article *prison des Jeunes-Détenus*), et de terrains provenant du comte Charpentier. Ordinairement la dépense concernant les prisons est acquittée sur les fonds départementaux, mais ces fonds s'étant trouvés insuffisants, la ville de Paris a contribué aux travaux des bâtiments Saint-Lazare pour une somme de 283,199 fr. 18 c.

LAZARE (RUE SAINT-).

Commence aux rues Bourdaloue, n° 7, et Notre-Dame-de-Lorette, n° 1; finit aux rues de l'Arcade, n° 40, et du Rocher, n° 2. Le dernier impair est 139; le dernier pair, 148. Sa longueur est de 1,080 m. — De 1 à 79 et de 2 à 78, 2e arrondissement, quartier de la Chaussée-d'Antin; de 81 à la fin, 1er arrondissement, quartier de la Place-Vendôme; de 80 à la fin, 1er arrondissement, quartier du Roule.

Vers 1700, on la nommait rue des *Porcherons*. Elle était aussi appelée rue d'*Argenteuil*, parce qu'elle conduisait à ce village. En 1734, cette voie publique n'était encore bordée que de rares constructions. En 1770, elle reçut la dénomination de rue *Saint-Lazare*, en raison de sa direction vers la maison Saint-Lazare. — Une décision ministérielle du 12 fructidor an V, signée François de Neufchâteau, fixa la moindre largeur de cette voie publique à 10 m. Cette moindre largeur est portée à 11 m. en vertu d'une ordonnance royale du 3 août 1838. — Le numérotage de la rue

— LAZ —

Saint-Lazare a été régularisé conformément à un arrêté préfectoral du 29 mars 1841.

Une ordonnance royale du 3 septembre 1843 a déclaré d'utilité publique l'élargissement à 20 m. de la rue Saint-Lazare, au droit des propriétés n°s 115, 117, 119 et 121 (*voyez* l'article de la rue du *Hâvre*). — Cette importante amélioration sera prochainement exécutée. — Les propriétés ci-après ne sont pas soumises à retranchement : n°s 9, 13, 21, de 27 à 37 inclus, encoignure gauche de la rue des Trois-Frères, de 43 à 55 inclus, de 81 à 105 inclus, 109, 113, 129, 131, 133; de 2 à 10 inclus, 22, 54, 56, 58, partie du n° 60, 62, 70, de 80 à 144 inclus et 148. — Égout et conduite d'eau dans une grande partie de la rue. — Éclairage au gaz (comp° Anglaise).

LAZARY (THÉATRE).

Situé sur le boulevart du Temple, n° 58. — 6° arrondissement, quartier du Temple.

C'était autrefois un théâtre de marionnettes. Depuis 1830, on y représente des vaudevilles et des petits drames.

LECLERC (RUE).

Commencé à la rue du Faubourg-Saint-Jacques, n° 38, et à l'impasse Longue-Avoine; finit au boulevart Saint-Jacques, n° 10. Le seul impair est 1; le dernier pair, 4. Sa longueur est de 93 m. — 12° arrondissement, quartier de l'Observatoire.

Tracée à la fin du dernier siècle, cette rue doit vraisemblablement son nom à un propriétaire. — Une décision ministérielle du 6 pluviôse an XI, signée Chaptal, fixa la largeur de cette voie publique à 10 m. En vertu d'une ordonnance royale du 19 juillet 1840, cette largeur est portée à 12 m. Les constructions du côté gauche sont alignées, sauf redressement; celles du côté opposé devront subir un retranchement de 2 m.

LÉGION-D'HONNEUR (PALAIS DE LA).

Situé dans la rue de Lille, n° 70. — 10° arrondissement, quartier du Faubourg-Saint-Germain.

Bâti en 1786, par Rousseau, architecte, pour le prince de Salm, il porta le nom d'*hôtel de Salm*. Napoléon ayant fondé la Légion-d'Honneur, le 29 floréal an X (19 mai 1802), le centre de cette administration fut placé à l'hôtel de Salm, qui prit alors le nom de *Palais de la Légion-d'Honneur*.

D'après l'état des membres de la Légion-d'Honneur, joint au budget de 1844, voici le nombre des personnes décorées à l'époque du 1er janvier 1843 :

Grand'Croix	89	dont 7	sans traitement.
Grands-Officiers	221	— 43	—
Commandeurs	804	— 235	—
Officiers	4,531	— 2,185	—
Chevaliers	44,610	— 25,702	—

50,255 membres de l'Ordre, dont 22,083 sont rétribués, et 28,172 ne le sont pas.

— LEM —

Sur les 82 grand'croix payés, 5 touchent le traitement de 20,000 fr., 1 touche 15,000 fr., 35 reçoivent 5,000 fr., 24 touchent 2,000 fr., 12 touchent 1,000 fr., et 5 touchent 250 fr.; c'est-à-dire que la plupart sont payés comme grands-officiers, commandeurs, officiers et chevaliers seulement.

Des 178 grands-officiers, 64 touchent 5,000 fr. (traitement fixé par les statuts de l'Empire), 80 reçoivent 1,000 fr., et 33 touchent 250 fr.

Des 2,185 officiers payés, 700 touchent 1,000 fr., et le reste 250 fr.

Des 18,908 chevaliers payés, 1 reçoit 1,500 fr., comme le plus ancien chevalier de l'ordre, et tous les autres touchent le traitement constitutif de 250 fr.

Enfin, les légionnaires sont portés au budget de 1844 pour la somme de 7,337,698 fr.

Ce tableau, comparé à la population actuelle de la France, déduction faite des femmes et des enfants, on trouve que les 50,000 légionnaires représentent 1 décoré sur 350 hommes faits ou vieillards.

LEMOINE (PASSAGE).

Commence à la rue Saint-Denis, n° 380; finit au passage de la Longue-Allée, n° 2. — 6° arrondissement, quartier de la Porte-Saint-Denis.

C'était anciennement la rue du Houssaie; elle devait ce nom à Étienne Houssaie, qui y fit, en 1658, l'acquisition d'une maison dite la *Longue-Allée*. Elle prit ensuite le nom de *passage de la Longue-Allée*. M. Lemoine, qui en devint propriétaire, lui donna son nom.

LEMOINE (RUE DU CARDINAL).

Commence à la rue des Fossés-Saint-Bernard; finit à la rue de Poissy. Pas de numéro. Sa longueur est de 179 m. — 12° arrondissement, quartier du Jardin-du-Roi.

« Le roy estant informé par les prevost des mar-
» chands et eschevins de sa bonne ville de Paris, qu'en
» exécution des arrests de son conseil de sa majesté, ils
» faisoient travailler à l'ouverture et élargissement de
» la rue des Nonnaindières et à former le terre-plein
» qui doit estre en face des aisles du Pont-Marie, et
» vers l'hostel de Sens pour la communication de l'île
» Nostre-Dame au quartier Saint-Antoine et Marais-
» du-Temple par la place Royale, et que pour la plus
» grande commodité publique et décoration de la ville,
» *on pourroit faire ouverture d'une rue nouvelle au*
» *bout du pont de la Tournelle sur le quay*, qui com-
» muniquerait à travers les chantiers et anciens ram-
» parts de la ville aux quartiers Saint-Victor et Saint-
» Marceau, par la nouvelle rue des Fossés-des-Anglois-
» ses, qui se rencontrant de droite ligne au dit pont de
» la Tournelle, aligneroit pareillement la rue des
» Nonnaindières jusques à la rue Saint-Antoine, en
» indemnisant les propriétaires des maisons qu'il con-
» viendroit démolir à cet effet, tant des deniers patri-
» moniaux de la ville que de ceux qui proviendroient
» des contributions qui seront faites par les pro-
» priétaires des maisons du quai de la Tournelle, à

» proportion de l'advantage qu'ils recevroient de l'ou-
» verture de cette rue. Sa majesté auroit eu ce dessein
» agréable, et voulant qu'il soit exécuté, sa majesté
» estant en son conseil a ordonné et ordonne que la
» dite rue sera ouverte à travers les héritages, chan-
» tiers et marais estant vis-à-vis le pont de la Tour-
» nelle, et qu'à cet effet les maisons marquées sur le
» plan que les prevost des marchands et eschevins en
» ont fait lever par ses ordres seront démolies, etc...
» Fait au conseil d'état du roy, le 8 novembre 1687. »
— Cet arrêt ne fut pas exécuté.

Une ordonnance royale du 7 juillet 1824 porte ce qui suit : « Vu les plans et procès-verbaux d'alignement des rues à former sur l'emplacement de l'ancien collége du cardinal Lemoine à Paris ; vu les contrats domaniaux des 18 frimaire an V, 9 brumaire an IX et 13 germinal an XIII, portant vente de cet emplacement, à charge par les acquéreurs de fournir le terrain nécessaire à l'ouverture des rues dont il s'agit, etc...; nous avons ordonné et ordonnons ce qui suit : — Article 1er. Les alignements des trois rues à former sur l'emplacement de l'ancien collége du cardinal Lemoine à Paris, sont arrêtés conformément aux lignes noires tracées sur les plans ci-joints, et qui donnent à chacune des deux rues 12 m. de largeur. — Art. 2º. Elles seront ouvertes, quant à présent, sur les terrains qui devront être livrés gratuitement à la ville ; quant à celle de ces trois rues désignée sous le nom de rue du *Cardinal Lemoine*, et qui exigera des acquisitions de propriétés particulières, il sera pourvu à son achèvement, soit par mesure de voirie, soit en traitant de gré à gré avec les propriétaires des bâtiments à acquérir, soit en procédant, s'il y a lieu, à l'expropriation suivant les formes prescrites par la loi du 8 mars 1810. » — Des trois rues dont l'ouverture a été prescrite par cette ordonnance, une seule a été exécutée. Cette rue a 12 m. de largeur, et n'est pas entièrement bordée de constructions. Elle est fermée depuis 1838.

Collége du cardinal Lemoine. — La voie publique dont nous venons de parler ayant été ouverte sur l'emplacement de ce collége, nous allons rappeler ici son origine. Il fut fondé par Jean Lemoine, cardinal, qui vint en France en qualité de légat pour terminer la fameuse querelle qui s'était élevée entre Boniface VIII et Philippe-le-Bel. Le cardinal, pour établir son collége, fit choix de l'emplacement autrefois occupé par les Augustins et donna, dans les années 1302 et 1308, des règlements dans lesquels il désignait ainsi ceux qui habitaient cet établissement : *les pauvres maîtres et écoliers de la maison du Chardonnet*.

Jean Lemoine mourut en 1313; son corps fut transporté dans la chapelle du collége qu'il avait fondé. Les parents du cardinal augmentèrent par de nouveaux bienfaits les revenus et le nombre des boursiers de ce collége. Un des descendants de Jean Lemoine établit, en mémoire du fondateur, une fête annuelle qu'on nomma *la Solennité du cardinal Lemoine.* La cérémonie avait lieu le 13 janvier. Un familier du collége jouait pendant la fête le personnage du cardinal. Revêtu d'habits pontificaux, il le représentait à l'église et à table, et recevait avec gravité les compliments en vers et en prose que lui adressaient humblement les élèves.

Les comédiens de l'hôtel de Bourgogne assistaient à la célébration d'une messe solennelle en exécutant des morceaux de musique et de chant en l'honneur du cardinal. C'était un tribut de reconnaissance que ces artistes acquittaient pour les bienfaits que leur théâtre avait reçus de la famille du prélat, qui possédait dans leur salle une loge longtemps appelée *loge du cardinal Lemoine*. — Trois hommes célèbres, *Turnèbe*, *Buchanan* et *Muret* ont étudié dans ce collége, dont les bâtiments furent réparés vers 1757. Cet établissement, qui occupait une superficie de 4,160 m. environ, fut supprimé en 1790, devint propriété nationale et fut vendu le 21 messidor an V, à la condition suivante : « Que l'adjudicataire serait tenu de subir le retranchement pour le percement et l'alignement des rues projetées, sans avoir à prétendre pour raison de ce aucune indemnité contre la république venderesse. » — Cette clause a été exécutée en partie par suite de l'ouverture de la rue du Cardinal-Lemoine.

LENOIR-SAINT-ANTOINE (rue).

Commence à la place du Marché-Beauveau, nos 10 et 11 ; finit à la rue du Faubourg-Saint-Antoine, nos 152 et 154. Le dernier impair est 19 ; le dernier pair, 20. Sa longueur est de 158 m. — 8e arrondissement, quartier des Quinze-Vingts.

Elle a été ouverte en décembre 1778, sur les dépendances de l'abbaye Saint-Antoine-des-Champs. Les lettres-patentes qui autorisent ce percement sont à la date du 17 février 1777 ; elles furent registrées au parlement le 24 août de la même année. Cette voie publique, dont la largeur avait été fixée à 44 pieds, ne fut exécutée que sur une dimension de 13 m. 50 c., maintenue par une décision ministérielle du 17 brumaire an XII, signée Chaptal. Les constructions riveraines sont alignées. — Conduite d'eau.

Nicolas Lenoir, architecte, surnommé le Romain, naquit en 1726, et mourut le 30 juin 1810. — Le marché Beauveau a été construit sur les dessins de cet artiste.

LENOIR-SAINT-HONORÉ (rue).

Commence à la rue Saint-Honoré, nos 14 et 16 ; finit à la rue de la Poterie, nos 11 et 13. Le dernier impair est 3 ; le dernier pair, 4. Sa longueur est de 38 m. — 4e arrondissement, quartier des Marchés.

Elle a été ouverte en 1787. La partie qui s'étend de la rue au Lard à celle de la Poterie, n'était anciennement qu'un petit passage qu'on nommait de l'*Échaudé*. — Une décision ministérielle du 24 juin 1817 et une ordonnance royale du 29 avril 1839, ont fixé la largeur de cette voie publique à 10 m. Propriété no 1, retranch.

— LEP —

70 c. à 1 m. 50 c.; n° 3, ret. 60 c.; n° 2, alignée; n° 4, ret. 1 m. 30 c. à 2 m. 30 c. — Conduite d'eau. — Éclairage au gaz (comp^e Française).

Jean-Charles-Pierre *Lenoir*, né à Paris en 1732, mort en 1807, fut successivement conseiller au Châtelet, lieutenant-criminel, maître des requêtes, lieutenant-général de police, conseiller d'état, bibliothécaire du roi et président de la commission des finances. Dans toutes ses fonctions et principalement dans celle de lieutenant-général de police, Lenoir montra un désintéressement et un zèle à toute épreuve. Il contribua puissamment à la fondation du Mont-de-Piété.

LE PELETIER (QUAI).

Commence à la place de l'Hôtel-de-Ville, n° 1; finit à la rue de la Planche-Mibray, n° 2. Le dernier numéro est 44. Sa longueur est de 148 m. — 7e arrondissement, quartier des Arcis.

« 15 juillet 1673. — Le roy s'étant fait représenter
» en son conseil l'arrêt rendu en icelui le xviiie mars
» dernier par lequel sa majesté auroit ordonné l'exé-
» cution du plan que les prévost des marchands et
» échevins de sa bonne ville de Paris, avoient fait faire
» pour la construction *d'un nouveau quai commençant
» sur le pont Notre-Dame vis-à-vis de la rue de Gesvres
» et continuant jusqu'à la Grève*; et le résultat du
» conseil de ville assemblé pour l'exécution du dit
» arrêt, et sur les remontrances faites aux d. prevost
» des marchands et échevins par les propriétaires des
» maisons de la rue de la Tannerie, qui doivent être
» retranchées pour former le d. quai; qu'il seroit
» très avantageux que la ville fit travailler successive-
» ment à la construction d'un mur de quai, qu'il faut
» construire de neuf, depuis la culée de la première
» arche du pont Notre-Dame jusqu'aux quais des mai-
» sons de la d. rue de la Tannerie qui se trouvent déjà
» faits, et être dans l'alignement du d. plan, d'autant
» que cet ouvrage étant fait, il faudroit moins de temps
» pour parachever le surplus de la construction du dit
» quai, et qu'ils seroient en état de pouvoir plutôt faire
» rééditier leurs maisons et en jouir des loyers, ce qui
» diminueroit même le dédommagement qui leur pour-
» roit être dû par la d. ville, par le quel il auroit été
» arrêté sous le bon plaisir de sa majesté qu'il seroit
» incessamment mis ouvriers pour la construction du
» mur de quai depuis la d. culée de la première arche
» du pont Notre-Dame jusqu'aux quais étant au der-
» rière des maisons de la d. rue de la Tannerie où
» sont les fossés plains des tanneurs et ouvrages de
» teinturiers; et voulant sa majesté autoriser les d.
» prévost des marchands et échevins pour l'exécution
» d'un dessein qui doit contribuer notablement à la
» salubrité de la d. ville, au dégagement du pont
» Notre-Dame et à la communication du quartier
» Saint-Antoine à son château du Louvre, et faire une
» des plus grandes commodités et beautés de Paris. Sa
» majesté étant en son conseil a ordonné et ordonne

— LEP —

» que le résultat du d. conseil de ville du xxxe juin
» dernier, sera exécuté, et que les prévost des mar-
» chands et échevins feront successivement travailler à
» la fondation et construction du dit mur de quai à
» faire de neuf, depuis la d. culée de la première
» arche du pont Notre-Dame jusqu'aux quais qui se
» trouvent pouvoir subsister au derrière des maisons
» de la d. rue de la Tannerie, et qu'en conséquence les
» propriétaires des maisons de la d. rue seront tenus,
» conformément à l'arrêt de son conseil du d. jour
» xviiie mars dernier, de faire abattre et retirer leurs
» maisons suivant l'alignement du d. plan, en sorte
» que dans le quinze avril prochain, au quel temps *les
» tanneurs et teinturiers doivent être établis au fau-
» bourg Saint-Marcel ou à Chaillot*, suivant l'arrêt de
» son conseil du 24 février dernier, les places néces-
» saires pour la perfection du d. quai, soient entière-
» ment libres. Sera le présent arrêt exécuté, nonobs-
» tant oppositions ou appellations quelconques, etc...
» Signé Colbert, d'Aligre et Poncet. » — Cet arrêt fut immédiatement exécuté. Le quai fut construit sous la direction de Bullet, architecte, et reçut la dénomination de *quai Le Peletier*, en l'honneur de Claude Le Peletier, président aux enquêtes, président à mortier, ministre d'état et contrôleur-général, qui fut prévôt des marchands depuis 1668 jusqu'à 1676. Ce magistrat naquit en 1631, et mourut le 10 août 1711. — Une décision ministérielle du 5 vendémiaire an IX, signée L. Bonaparte, fixa la moindre largeur de ce quai à 11 m. En décembre 1830, on commença les travaux de reconstruction du parapet. Ces travaux durèrent deux ans. Il en résulta pour cette voie publique un élargissement de 11 m. environ qui fut pris entièrement aux dépens de la rivière. Les travaux occasionnèrent une dépense de 678,863 fr. 40 c. Dans le courant de l'année 1835, ce quai a été bordé de trottoirs et d'une plantation. En vertu d'une ordonnance royale du 22 mai 1837, les maisons bordant le quai Le Peletier ne sont point soumises à retranchement. La moindre largeur du quai est aujourd'hui de 20 m. 85 c. — Éclairage au gaz (comp^e Française).

LE PELETIER (RUE).

Commence au boulevart des Italiens, n°s 4 et 6; finit à la rue de Provence, n°s 23 et 25. Le dernier impair est 31; le dernier pair, 20. Sa longueur est de 259 m. — 2e arrondissement, quartier de la Chaussée-d'Antin.

1re PARTIE *comprise entre le boulevart et la rue Pinon.* — « Louis, etc... Notre très cher et bien amé
» Joseph de la Borde, vidame de Chartres, marquis de
» laBorde, baron, vicomte et haut châtelain deMereville,
» seigneur de Saint-Père et autres lieux, nous a fait
» exposer qu'il a fait acquisition d'une portion de ter-
» rain au fond du jardin de l'hôtel de Choiseul, rue
» Grange-Batelière, et traité pour reprendre dès à pré-
» sent une autre partie de terrain joignante dont le
» fond lui appartenait déjà, mais qui avait été par lui

» engagée à vie, que ces deux portions d'emplacements
» ont une façade de 43 toises d'étendue sur le rempart
» entre les rues Grange-Batelière et d'Artois, et abou-
» tissant sur la rue Pinon nouvellement ouverte; que
» leur profondeur réunie est si considérable que l'expo-
» sant n'en pourrait tirer aucun parti s'il n'y était percé
» une nouvelle rue, etc... Permettons et autorisons,
» voulons et nous plaît ce qui suit : Article 1er. Il sera
» par le sieur Jean-Joseph de la Borde et à ses frais,
» ouvert une nouvelle rue en face du bâtiment du
» théâtre Italien, débouchant d'un côté sur la place
» du Rempart, et de l'autre dans la rue Pinon, à travers
» un terrain qui lui appartient entre la rue Grange-
» Batelière et celle d'Artois. — Art. 2°. La d. rue sera
» nommée *Le Peletier*; elle sera d'un droit alignement
» et sur la largeur que nous avons fixée à 36 pieds; il
» sera établi de chaque côté, également aux frais du d.
» sieur de la Borde, des trottoirs à l'usage des gens de
» pied ; ces trottoirs, de 4 pieds de large sur 10 à 12
» pouces au moins de haut avec une bordure de pierre
» propre à les soutenir, seront couverts d'un pavé à
» chaux et ciment et défendus dans toute leur longueur
» par de petites bornes posées à une certaine distance
» les unes des autres, etc... Donné à Versailles, le 8e
» jour du mois d'avril, l'an de grâce 1786, et de notre
» règne le 12e. Signé Louis. » — Ces lettres-patentes
furent immédiatement exécutées.

2° Partie *comprise entre la rue Pinon et celle de Provence.* — « Après avoir entendu le rapport des ad-
» ministrateurs du département des travaux publics et
» ouï sur ce le procureur de la commune, le corps mu-
» nicipal arrête ce qui suit : Article 1er. Il sera ouvert
» aux frais de la citoyenne Boulanger, veuve Pinon, et
» du citoyen Thévenin, sur le terrain dont ils sont pro-
» priétaires en commun, situé entre les rues Pinon et
» de Provence, deux nouvelles rues, suivant le plan par
» eux présenté et qui a été certifié véritable par le ci-
» toyen Thévenin, lequel a été visé par le citoyen
» maire et le secrétaire greffier *ne varietur*. — Art. 2°.
» Chacune des d. rues aura 30 pieds de large; la pre-
» mière, qui sera nommée rue Boulanger, formera le
» prolongement de la rue Le Pelletier, et il sera établi
» aux frais des d. propriétaires des trottoirs de chaque
» côté de cette rue, de la même largeur que ceux qui
» bordent la d. rue Le Pelletier, en observant des pen-
» tes douces au droit des portes cochères pour éviter
» les ressauts. Les d. trottoirs seront également entre-
» tenus aux frais des d. propriétaires, etc... Signé Pa-
» che, maire ; Coulombeau, secrétaire. » — Cette autorisation ayant été confirmée par un arrêté du directoire
du département de Paris, en date du 8 octobre suivant,
ce prolongement fut immédiatement exécuté, mais sur
une largeur de 36 pieds, conformément au plan du sieur
Thévenin, et reçut le nom de rue *Le Peletier*. — Une
décision ministérielle du 8 septembre 1821, et une ordonnance royale du 16 avril 1831, ont maintenu cette
voie publique suivant la largeur de 36 pieds (11 m.

69 c.). Les constructions riveraines de la rue Le Peletier
sont alignées. — Portion d'égout du côté de la rue
Pinon. — Conduite d'eau depuis la rue de Provence
jusqu'aux deux bornes-fontaines. — Éclairage au gaz
(compe Anglaise).

Messire Louis Le Peletier, chevalier, marquis de
Montmèliant, seigneur de Mortefontaine, conseiller
d'état, fut prévôt des marchands de 1784 à 1789.

LESCOT (rue pierre-).

Commence à la place de l'Oratoire; finit à la rue Saint-
Honoré, nos 213 et 215. Le dernier impair est 27; le dernier pair, 24. La longueur du côté gauche est de 93 m.;
celle du côté droit de 52 m. — 4e arrondissement, quartier Saint-Honoré.

Cette rue existait déjà en 1267; elle était alors située
hors des murs de Paris et portait le nom de *Jean-Saint-
Denis,* qu'elle devait sans doute à Jean de Saint-Denis,
chanoine de Saint-Honoré en 1258. Cette rue servit
d'asile aux filles publiques. — Une décision ministérielle du 28 prairial an IX, signée Chaptal, fixa la
largeur de cette rue à 7 m. En 1807, les propriétaires riverains s'adressèrent à l'autorité supérieure
pour obtenir le changement du nom de cette rue;
parce que, disaient-ils, la dénomination de Jean-Saint-
Denis était proscrite dans l'opinion, cette rue ayant
été habitée par des filles publiques. Par décision en
date du 23 mai de la même année, le ministre de l'intérieur Champagny assigna à cette voie publique le
nom de *Pierre-Lescot*, en mémoire du célèbre Pierre
Lescot, seigneur de Clagny et de Clermont, conseiller au parlement et chanoine de Paris, né en 1518 et
mort en 1578. Il fut le premier architecte du Louvre.

La maison n° 27 est alignée, toutes les autres constructions sont soumises à un retranchement de 1 m.
70 c. — Éclairage au gaz (compe Anglaise).

LESDIGUIÈRES (rue de).

Commence à la rue de la Cerisaie, n° 2; finit à la rue
Saint-Antoine, nos 226 et 228. Le dernier impair est 15;
le dernier pair, 18. Sa longueur est de 170 m. — 9e arrondissement, quartier de l'Arsenal.

Ce n'était primitivement qu'un passage ouvert en
1765, et qui fut converti en rue en 1792. Son nom lui
vient de l'hôtel du duc de Lesdiguières, qui était situé
dans la rue de la Cerisaie (*voyez* cet article). — Une
décision ministérielle à la date du 8 nivôse an IX, signée Chaptal, avait fixé la largeur de cette voie publique à 8 m. En vertu d'une ordonnance royale du 16
octobre 1830, cette largeur a été portée à 10 m. Les
constructions du côté des numéros impairs sont soumises à un retranchement qui varie de 2 m. à 2 m. 40 c.;
pour le côté opposé, le retranchement est de 2 m. —
Conduite d'eau depuis la rue de la Cerisaie jusqu'à la
borne-fontaine.

François de Bonne, duc de Lesdiguières, naquit en
1543, à Saint-Bonnet-de-Champsaut, dans le Haut-Dau-
phiné. Sa brillante valeur le fit choisir pour chef par les

— LEU —

Calvinistes, après la mort de Montbrun ; il triompha dans le Dauphiné, et conquit plusieurs places importantes. Henri IV, qui faisait grand cas de son habileté, le nomma lieutenant-général de ses armées de Piémont, de Savoie et de Dauphiné. Lesdiguières battit le duc de Savoie en plusieurs rencontres : aux combats d'Esparron en 1591, de Vigort en 1592, de Gresilane en 1597. Sa réputation devint si grande en Europe que la reine Elisabeth avait coutume de dire : « Si la France possédait deux Lesdiguières, j'en demanderais un à Henri IV. » En 1622, Louis XIII lui envoya l'épée de Connétable. Au siège de Valence, Lesdiguières fut attaqué d'une maladie dont il mourut en 1626.

LEU ET SAINT-GILLES (ÉGLISE SAINT-).

Située dans la rue Saint-Denis, entre les n°s 80 bis et 82 bis. — 6° arrondissement, quartier des Lombards.

Les religieux de Saint-Magloire permirent, en 1235, au curé de Saint-Barthélemy (paroisse de la Cité) d'établir dans la rue Saint-Denis une chapelle succursale. Dédiée à Saint-Leu, elle fut reconstruite en 1320 ; Henri de Gondi, cardinal et évêque de Paris, l'érigea en paroisse en 1617 ; on fit à cette église, en 1727, plusieurs réparations considérables. La charpente du clocher de l'horloge fut transportée la même année, de la tour sur laquelle elle était et qui menaçait ruine, sur une autre tour nouvellement bâtie. Cette opération bien difficile alors fut exécutée avec le plus grand talent par Guillaume Guérin, charpentier. Dans le temps qu'on faisait ces réparations, on détruisit une pierre qui se trouvait au second pilier à droite en entrant dans la nef ; sur cette pierre étaient les armes et l'épitaphe de Jean Louchart et de Marie de Brix, sa femme. Ce Jean Louchart était un des plus fougueux ligueurs ; il dirigea les assassins qui massacrèrent le président Brisson, Claude Larcher et le président Tardif ; il fut aussi l'un des quatre factieux que le duc de Mayenne fit pendre dans la salle basse du Louvre, le 4 décembre 1591. En 1780, de nouvelles réparations furent faites dans le chœur de cette église sous la direction de M. de Wailly. Le sol du sanctuaire fut exhaussé et l'on pratiqua une chapelle souterraine dans laquelle on descend par deux escaliers. Cette église, supprimée vers 1790, devint propriété nationale, et fut vendue le 18 floréal an V. La ville de Paris, en vertu du décret du 20 juin 1810, a été mise en possession de cet édifice, suivant jugement du tribunal civil de la Seine, en date du 19 février 1813, moyennant 209,312 francs.

LICORNE (RUE DE LA).

Commence à la rue des Marmousets, n°s 29 et 31 ; finit à la rue Saint-Christophe, n°s 14 et 16. Le dernier impair est 17 ; le dernier pair, 20. Sa longueur est de 98 m. — 9° arrondissement, quartier de la Cité.

On l'appelait, en 1269, *rue près le chevet de la Madeleine*, parce qu'elle passait derrière l'église de ce nom.

— LIM —

En 1300 et même avant cette époque, elle était désignée sous le nom de rue *As Oubloyers*, en raison des pâtissiers ou faiseurs d'oublies qui y demeuraient alors. Elle prit, en 1397, le nom qu'elle porte encore aujourd'hui, d'une ruelle qui y aboutissait, et dans laquelle pendait une enseigne de la *Licorne*. — Une décision ministérielle du 13 ventôse an VII, signée François de Neufchâteau, a fixé la largeur de cette voie publique à 6 m. Les propriétés situées aux quatre encoignures de la rue de Constantine et les maisons n°s 7, 9 et 9 bis sont alignées. — Conduite d'eau depuis la rue des Marmousets jusqu'à celle des Trois-Canettes.

LILAS (IMPASSE DES).

Située dans la petite rue Saint-Pierre, entre les n°s 6 et 8. Le dernier impair est 9 ; le dernier pair, 10. Sa longueur est de 134 m. — 8° arrondissement ; quartier Popincourt.

Cette impasse est indiquée sur le plan de Verniquet. Elle doit son nom à une plantation de lilas. Elle n'est point reconnue voie publique. Sa largeur actuelle est de 3 m.

LILLE (RUE DE).

Commence à la rue des Saints-Pères, n°s 4 et 6 ; finit à la rue de Bourgogne, n°s 1 et 3. Le dernier impair est 105 ; le dernier pair 100. Sa longueur est de 1,069 m. — 10° arrondissement, quartier du Faubourg-Saint-Germain.

Ouverte en 1640, sur une partie de l'emplacement du grand Pré-aux-Clercs, elle reçut le nom de rue de *Bourbon*, en l'honneur de Henri de Bourbon, abbé de Saint-Germain-des-Prés. — Un arrêt du conseil du 18 octobre 1704, qui prescrivit l'ouverture de la rue de Bourgogne, ordonna également que la rue de Bourbon serait prolongée jusqu'à cette nouvelle voie publique. Dans sa séance du 27 octobre 1792, le conseil général de la commune décida que la rue de Bourbon prendrait le nom de rue de *Lille*. Cette dénomination avait pour but de rappeler la vigoureuse résistance que les braves Lillois opposèrent, en 1792, à l'armée autrichienne. — Une décision ministérielle du 3 pluviôse an IX, signée Chaptal, fixa la largeur de la rue de Lille à 10 m. Une deuxième décision du 17 messidor an XI, réduisit cette largeur à 9 m. 74 c. Un arrêté préfectoral du 27 avril 1814 rendit à cette rue sa dénomination primitive. En vertu d'une ordonnance royale du 7 mars 1827, la largeur de 9 m. 74 c. a été maintenue. Conformément à une décision ministérielle du 1er septembre 1830, cette voie publique a repris le nom de rue de Lille. Toutes les constructions riveraines sont alignées. — Conduite d'eau dans plusieurs parties. — Éclairage au gaz (comp° Française).

LIMACE (RUE DE LA).

Commence à la rue des Déchargeurs, n°s 11 et 13 ; finit à la rue des Bourdonnais, n°s 14 et 16. Le dernier impair est 9 ; le dernier pair, 26. Sa longueur est de 74 m. — 4° arrondissement, quartier Saint-Honoré.

C'est sans doute la rue que Guillot appelle la *Mancherie*.

— LIM —

En 1412, elle portait déjà le nom de la *Limace,* qu'elle devait à une enseigne. Cette rue faisait autrefois partie de la place aux Pourceaux, nommée depuis place aux *Chats;* on la trouve nommée rue aux *Chats,* rue de la *Place-aux-Chats.* En 1575, c'était la place aux *Pourceaux,* autrement dite de la *Limace* et de la *vieille place aux Pourceaux.* — Une décision ministérielle du 12 fructidor an V, signée François de Neufchâteau, avait fixé la largeur de cette rue à 8 m. Cette largeur a été portée à 10 m., en vertu d'une ordonnance royale du 9 décembre 1838. Les constructions du côté des numéros impairs sont soumises à un retranch. qui varie de 1 m. 70 c. à 2 m. 30 c.; de 2 à 20 inclus, ret. 2 m. 60 c. à 3 m. 60 c.; nos 22 et 24, ret. réduit, 1 m. 80 c.; maison n° 26 alignée. — Conduite d'eau depuis la rue des Bourdonnais jusqu'aux deux bornes-fontaines. — Éclairage au gaz (comp° Anglaise).

LIMOGES (RUE DE).

Commence à la rue de Poitou, nos 6 et 8; finit à la rue de Bretagne, nos 11 et 13. Le dernier impair est 11; le dernier pair, 14. Sa longueur est de 79 m. — 7e arrondissement, quartier du Mont-de-Piété.

Cette rue, tracée en 1626 sur la culture du Temple, doit son nom à la capitale d'une de nos anciennes provinces de France. — Une décision ministérielle à la date du 19 germinal an VIII, signée L. Bonaparte, fixa la largeur de cette voie publique à 8 m. En vertu d'une ordonnance royale du 31 mars 1835, cette dimension est portée à 10 m. Les constructions du côté des numéros impairs sont soumises à un retranchement qui varie de 1 m. 10 c. à 1 m. 20 c.; celles du côté opposé devront reculer de 1 m. 30 c. à 1 m. 60 c. — Conduite d'eau depuis la rue de Poitou jusqu'aux deux bornes-fontaines. — Éclairage au gaz (comp° Lacarrière).

LINGE (HALLE AU VIEUX-).

Située dans la rue du Temple, entre celles Perrée et Dupetit-Thouars. — 6e arrondissement, quartier du Temple.

« Saint-Cloud, le 29 vendémiaire an XI de la ré-
» publique une et indivisible. — Les consuls de la
» république, sur le rapport du ministre de l'intérieur,
» arrêtent : Article 1er. L'emplacement situé dans l'en-
» clos du temple, à gauche de la chaussée, et compris
» entre la barraque 6, la maison n° 66, et celles nos 20
» et 22, ainsi qu'il est désigné dans le rapport du citoyen
» Aubert, et dont le plan sera dressé et le bornage fait
» incessamment à la diligence de l'administration du
» domaine et aux frais de la ville de Paris, sera con-
» cédé pour 99 ans, par le préfet à la dite ville de Pa-
» ris, moyennant une redevance annuelle. L'emplace-
» ment ne pourra être consacré à aucun autre usage,
» etc... — Art. 3e. L'étalage des vieux linges, hardes et
» chiffons, provisoirement placé sur le marché des In-
» nocents et sur la place aux Veaux, sera transféré, à
» compter du 1er frimaire prochain, dans l'emplacement

— LIO —

» indiqué par l'article 1er, etc... Le premier consul, si-
» gné Bonaparte. » (Extrait du registre des délibérations des consuls).

« Au camp impérial d'Osterode, le 16 mars 1807. —
» Napoléon, etc... Nous avons décrété et décrétons.
» Article 1er. La portion de l'enclos du Temple à Pa-
» ris, destinée à recevoir les marchés aux vieux linges
» et hardes, etc., aura une étendue superficielle de
» 9036 m. au lieu de celle de 450 m., qui lui a été seu-
» lement donnée par le plan qui a servi de base à l'ar-
» rêté du gouvernement du 29 vendémiaire an XI, etc...
» Signé Napoléon. » — La halle aux vieux linge a été commencée en 1809, et terminée en 1811, sur les dessins de Molinos, architecte. Elle contient 1888 places divisées en deux séries de chacune 944 places. Sa superficie est de 10,920 m.

Voies publiques ouvertes sur l'enclos du Temple. — Dès le 28 prairial an VIII, le conseil des bâtiments civils s'occupa de régulariser les projets de percements à faire sur ces terrains. Le plan approuvé par le ministre de l'intérieur Chaptal, le 8 floréal suivant, contenait l'indication d'une place et de cinq rues. Ces dispositions durent nécessairement subir d'importantes modifications par suite du projet d'établissement d'un marché. Le conseil des bâtiments civils soumit au ministre de l'intérieur, Fouché, un nouveau plan qui fut définitivement arrêté le 9 septembre 1809. Ce plan indique : 1° la formation de la place de la Rotonde du Temple; 2° l'alignement de la place de la Corderie; 3° le percement des rues Caffarelli (nommée depuis par erreur rue de la Rotonde), Dugommier, Dupetit-Thouars, Dupuis, Perrée et de la petite Corderie. Ces divers percements ont été immédiatement exécutés, à l'exception de la rue Dugommier qui devait traverser le jardin du palais du grand prieur (voir l'article de la *Chapelle du Temple,* pour l'historique de l'ordre des Templiers).

LINGERIE (RUE DE LA).

Commence aux rues Saint-Honoré, n° 2, et de la Ferronnerie, n° 14; finit aux rues de la Grande-Friperie, n° 1, et aux Fers, n° 50. Le dernier impair est 17; le seul pair 2. Sa longueur est de 92 m. — 4e arrondissement, quartier des Marchés.

Elle doit son nom aux lingères auxquelles saint Louis permit d'étaler leurs marchandises le long du cimetière des Innocents jusqu'au marché aux Poirées. Les gantiers étaient établis de l'autre côté de cette rue. Les boutiques des lingères subsistèrent en cet endroit jusqu'au règne de Henri II. Ce prince ayant racheté toutes les halles, vendit cet emplacement à plusieurs particuliers à la charge d'y construire des maisons qui ont formé une rue appelée de la *Lingerie.* Il n'existe pas d'alignement pour cette voie publique. — Égout. — Éclairage au gaz (comp° Française).

LION-SAINT-SAUVEUR (RUE DU PETIT-).

Commence à la rue Saint-Denis, nos 223 et 225; finit aux rues Pavée, n° 1, et des Deux-Portes, n° 2. Le dernier

— LIO —

impair est 23; le dernier pair, 28. Sa longueur est de 126 m. — 5ᵉ arrondissement, quartier Montorgueil.

Dans un *amortissement* pour les Célestins, enregistré à la chambre des comptes le 14 septembre 1330, elle est appelée rue du *Lion-d'Or outre la porte Saint-Denis.* Sauval prétend qu'elle se nommait anciennement rue de l'*Arbalète*, parce que les arbalétriers s'exerçaient près de cette rue le long des murs ou dans les fossés d'enceinte de Paris. On voit dans un compte de confiscation de 1421, que les maisons de cette rue aboutissaient par derrière au grand jardin du maître des arbalétriers. En 1474, deux enseignes des grand et petit lions lui firent donner successivement ces deux noms, dont le dernier subsiste encore aujourd'hui. — Une décision ministérielle du 25 ventôse an XIII, signée Champagny, avait fixé la largeur de cette voie publique à 10 m. En vertu d'une ordonnance royale du 21 juin 1826, cette largeur a été portée à 11 m. Propriété nᵒˢ 1 et 3, retranch. réduit 1 m. 50 c.; 5, ret. réduit 2 m. 50 c.; 7, ret. réduit 3 m. 20 c.; de 9 à la fin, ret. 3 m. 50 c. à 4 m. 30 c.; 2, alignée; 6, ret. réduit 2 m.; 8, ret. réduit 1 m. 40 c.; de 12 à 20, ret. 65 c. à 1 m. 10 c.; 22, alignée; de 24 à la fin, redress. — Conduite d'eau depuis la rue Saint-Denis jusqu'à la borne-fontaine. — Éclairage au gaz (compᵉ Française).

LION-SAINT-SULPICE (RUE DU PETIT-).

Commence à la rue de Condé, nᵒˢ 2 et 6; finit aux rues de Seine, nᵒ 101, et de Tournon, nᵒ 1. Le dernier impair est 17; le dernier pair, 18. Sa longueur est de 81 m. — 11ᵉ arrondissement, quartier du Luxembourg.

Anciennement elle était nommée *ruelle descendant à la rue Neuve à la Foire*, et *ruelle allant à la Foire*. Au commencement du XVIIᵉ siècle c'était la rue du *Petit-Lion*, en raison d'une enseigne. — Une décision ministérielle du 26 thermidor an VIII, signée L. Bonaparte, avait fixé la largeur de cette voie publique à 10 m. En vertu d'une ordonnance royale du 26 février 1844, cette dimension est maintenue, mais le tracé de l'alignement est modifié. Les constructions du côté des numéros pairs ne sont pas soumises à retranchement; la propriété à l'encoignure de la rue de Condé devra même avancer de 70 c. sur ses vestiges actuels; les maisons du côté des numéros impairs sont assujetties à un reculement de 1 m. 70 c. — Conduite d'eau depuis la rue de Seine jusqu'aux deux bornes-fontaines. — Éclairage au gaz (compᵉ Parisienne).

LIONS (RUE DES).

Commence à la rue du Petit-Musc, nᵒ 1; finit à la rue Saint-Paul, nᵒˢ 6 et 8. Le dernier impair est 13; le dernier pair, 16. Sa longueur est de 176 m. — 9ᵉ arrondissement, quartier de l'Arsenal.

Cette rue fut tracée en 1551, sur l'emplacement de l'hôtel royal Saint-Paul. Terminée en 1564, elle prit sa dénomination du bâtiment et des cours où étaient renfermés les *grands et petits lions du roi.* — Une

— LOB —

décision ministérielle du 13 ventôse an VII, signée François de Neufchâteau, avait fixé la largeur de la rue des Lions à 9 m. Cette largeur a été portée à 10 m., en vertu d'une ordonnance royale du 20 novembre 1830. La propriété nᵒ 1 est alignée; celles nᵒˢ 8 et 10 ne sont soumises qu'à un léger redressement. — Conduite d'eau depuis la rue Saint-Paul jusqu'à la borne-fontaine.

LISBONNE (RUE DE).

Commence à la rue Malesherbes; finit à la rue de Valois. Le dernier impair est 7; le dernier pair, 10. Sa longueur est de 525 m. — 1ᵉʳ arrondissement, quartier du Roule.

Elle a été tracée en 1826, sur les terrains appartenant à MM. Hagerman et Mignon. L'ordonnance royale d'autorisation est à la date du 2 février 1826 (voyez rue d'*Amsterdam*). Sa largeur est de 15 m. Cette voie publique porte le nom de la capitale du royaume de Portugal.

LOBAU (RUE DE).

Commence au quai de la Grève, nᵒ 68; finit à la rue de la Tixéranderie, nᵒ 56. Pas de numéro impair; ce côté est bordé par la façade orientale de l'Hôtel-de-Ville. Le dernier pair, 6. Sa longueur est de 160 m. — 9ᵉ arrondissement, quartier de l'Hôtel-de-Ville.

Les rues Pernelle, de la Levrette et du Tourniquet-Saint-Jean, ayant été réunies sous la même dénomination de rue de Lobau, nous ne ferons qu'une courte analyse de ces anciennes voies publiques.

Vers l'an 1300, Guillot nommait la rue *Pernelle*, *ruele de Saine.* Cette voie publique commençait au quai de la Grève, et se terminait à la rue de la Mortellerie. On la trouve indiquée dans les siècles suivants sous les dénominations de *ruelle du Port-au-Blé*, de rue *Perronnelle*, *Prunier* et *Pernelle*. Sa largeur fut fixée à 6 m., par une décision ministérielle du 13 thermidor an VI, signée François de Neufchâteau.

La rue de la *Levrette* qui faisait le prolongement de la rue Pernelle jusqu'à celle du Martroi (supprimée pour l'agrandissement de l'Hôtel-de-Ville), s'appelait également, en 1552, rue *Pernelle.* Elle prit sa dernière dénomination d'une enseigne de la *Levrette.* — Une décision ministérielle du 13 thermidor an VI, signée François de Neufchâteau, fixa sa largeur à 6 m.

La rue du *Tourniquet-Saint-Jean* porta d'abord le nom singulier de *Pet-au-Diable.* Sauval prétend que cette dénomination lui a été donnée en raison d'une tour carrée qui se nommait anciennement la *Synagogue*, le *Martelet-Saint-Jean*, le *Vieux-Temple* et l'*hôtel du Pet-au-Diable*, par dérision pour les Juifs qui y avaient une synagogue. D'autres auteurs croient que cette tour et la maison appartenaient à un nommé Pétau, que sa méchanceté avait fait surnommer le Diable. Vers 1300, Guillot la désigne ainsi :

En une ruele tournai
Qui de Saint-Jehan voie à porte.

On la trouve aussi nommée rue au *chevet Saint-Jean*, du *Cloître Saint-Jean*. — Par décision ministérielle du 28 brumaire an VI, signée Letourneux, la moindre largeur de cette voie publique fut fixée à 6 m. — « Paris, le 28 mars 1807. Le ministre de l'intérieur au préfet de la Seine. — Je vois avec plaisir qu'il se présente une occasion de changer le nom trivial et barbare de la rue du Pet-au-Diable, et j'applaudis à l'idée que vous avez eue de lui donner le nom de rue du *Sanhédrin*. Signé Champagny. » Cette dénomination fut affectée à cette voie publique, parce que le premier des tribunaux chez les Juifs (le Sanhédrin) y tenait ses séances. En 1815, elle prit le nom de rue du *Tourniquet*, en raison d'un tourniquet qu'on y voyait au coin de la rue du Martroi.

Une ordonnance royale à la date du 24 août 1836, fixa la largeur des rues Pernelle et de la Levrette à 18 m., et déclara d'utilité publique l'exécution immédiate de l'alignement. Cette amélioration ne tarda pas à être réalisée.

« Paris, le 22 décembre 1838. — Monsieur le préfet, vous avez proposé de profiter du moment où l'on s'occupe de restaurer et d'agrandir l'Hôtel-de-Ville, pour changer les noms bizarres et insignifiants que portent plusieurs des rues qui entourent ce monument et y substituer ceux d'hommes qui ont rendu d'éminents services à la ville, ou contribué à son embellissement, et parmi lesquels vous placez au premier rang l'illustre commandant de la garde nationale, dont Paris et la France entière déplorent si vivement la perte. D'après le compte que j'en ai rendu au roi, sa majesté a décidé, le 14 de ce mois, que le nom de *Lobau* serait donné à la rue bordant la façade orientale de l'Hôtel-de-Ville, et formée des trois rues actuellement dénommées Pernelle, de la Levrette et du Tourniquet. » (Extrait d'une lettre du ministre de l'intérieur).

Une ordonnance royale du 1er mai 1842 porte ce qui suit : « Article 1er. Les alignements de la rue de Lobau pour la partie comprise entre la rue François-Miron et la rue de la Tixéranderie, sont arrêtés suivant les lignes noires du plan ci-joint qui forment un pan coupé sur la rue de la Tixéranderie. — Art. 2e. Est déclarée d'utilité publique l'exécution immédiate des alignements ci-dessus arrêtés. » — Cette ordonnance a été exécutée en 1843. On nivelle en ce moment le sol de la rue de Lobau. — Égout. — Conduite d'eau. — Éclairage au gaz (compe Parisienne).

Georges Mouton, comte de Lobau, maréchal, pair de France, grand'croix de la Légion-d'Honneur, naquit le 21 février 1770, à Phalsbourg. Il se destinait au commerce ; mais dès que la première coalition menaça la France, il se fit soldat. Sa bravoure à l'armée du Rhin lui valut le grade d'officier. A la bataille de Novi, nous le retrouvons aide-de-camp du général Joubert qui tomba mort dans ses bras. Mouton fut nommé colonel en 1800. Le 11 avril, sur la Verreira, à la tête de son régiment, il livre aux Autrichiens un combat long et opiniâtre, renverse tout devant lui, force l'ennemi à abandonner cette position en laissant sur le champ de bataille six drapeaux et 1500 prisonniers. En 1805, l'empereur le prit pour aide-de-camp et le nomma général de brigade. Nous passons plusieurs brillants faits d'armes pour arriver plus vite à l'action qui lui valut le titre de comte de Lobau. En 1809, pendant la campagne d'Autriche, la veille de la bataille d'Eckmühl, le général Hiller manœuvrant pour opérer sa jonction avec le prince Charles, s'était jeté dans Landshut, derrière l'Iser, puis avait fait mettre le feu au pont. Le général Mouton comprenant toute l'importance de ce mouvement, s'élance à la tête du 7e de ligne, passe l'arme au bras sur le pont enflammé, pénètre dans la ville. Par cette attaque si hardie que Napoléon n'avait pas cru devoir l'ordonner, il sépare les deux armées ; les ennemis en déroute s'enfuient du côté d'Octing et abandonnent 25 pièces de canon, et 10,000 hommes hors de combat. Le 22 mai, l'archiduc Charles attaque Essling, qu'il réussit à enlever pour la sixième fois ; si on le laisse maître de ce poste, rien ne saurait l'empêcher de déboucher, et d'acculer au Danube les débris de nos troupes qui se sacrifient avec tant de dévouement. Napoléon lance une dernière fois l'intrépide général Mouton à la tête des fusiliers de la garde et les grenadiers ennemis sont partout culbutés. Malgré tant de brillants combats, notre armée affaiblie est obligée de se renfermer dans l'île de Lobau. Cernée de toutes parts, elle voit ses ponts coupés et reste exposée au feu de deux armées autrichiennes, établies sur les rives du Danube. Le général Mouton, quoique souffrant d'une blessure qu'il vient de recevoir, se distingue encore parmi les plus braves.

Au retour de cette immortelle campagne où il avait fait tant de prodiges de valeur, le général Mouton fut nommé comte de Lobau, « *pour avoir sept fois repoussé l'ennemi et par là assuré la gloire de nos armes.* » Tels sont les termes du décret.

Peu de jours après l'empereur apercevant la comtesse de Lobau s'approcha d'elle et lui dit devant toute la cour : « *Votre mari est brave comme son épée ; et lui aussi méritait d'être prince d'Essling.* »

Après 1830, le comte de Lobau fut appelé au commandement en chef de la garde nationale du département de la Seine. Élevé en 1831 à la dignité de maréchal, et peu de temps après à celle de pair de France, il mourut le 27 novembre 1838.

LOBINEAU (RUE).

Commence à la rue de Seine, nos 70 et 72 ; finit à la rue Mabillon. Le seul impair est 1 ; le seul pair, 2. Cette rue est presqu'entièrement bordée d'un côté par le marché Saint-Germain, et de l'autre par une boucherie dépendant du même marché. Sa longueur est de 116 m. — 11e arrondissement, quartier du Luxembourg.

Elle a été ouverte en 1817, sur une partie de l'emplacement de l'ancienne foire Saint-Germain-des-Prés. — Une décision ministérielle du 12 novembre 1817 a

— LOD —.

largeur a été maintenue par une ordonnance royale du 12 mai 1841. Les constructions riveraines sont alignées. — Égout entre les rues de Seine et Félibien. — Conduite d'eau dans toute l'étendue. — Éclairage au gaz (comp° Française).

Guy Alexis *Lobineau*, religieux bénédictin de la congrégation de Saint-Maur, naquit à Rennes en 1666, et mourut en 1727, à l'abbaye de Saint-Jagut, près de Saint-Malo. Son histoire de Bretagne, ses recherches sur Paris, commencées par Félibien, passent pour ses meilleurs ouvrages.

LODI (RUE DU PONT-DE-).

Commence à la rue des Grands-Augustins, n°s 6 et 8; finit à la rue Dauphine, n°s 19 et 21. Le dernier impair est 9; le dernier pair, 8. Sa longueur est de 101 m. — 11e arrondissement; quartier de l'École-de-Médecine.

Le couvent des Grands-Augustins, devenu propriété nationale, fut vendu en 5 lots le 1er brumaire an VI. Une clause de la vente prescrivit aux acquéreurs l'obligation de livrer gratuitement le terrain nécessaire à l'ouverture d'une rue de 30 pieds de largeur. Cette condition fut exécutée immédiatement, mais la rue ne fut pas entièrement formée, attendu qu'il fallait traverser deux propriétés particulières dont l'acquisition ne put avoir lieu à cette époque. — « Administration centrale. — Séance du 26 prairial an VI. » — L'administration centrale du département de la » Seine, considérant qu'il convient de donner un nom » aux nouvelles rues de Paris; voulant aussi que cette » dénomination rappelle le souvenir de l'une des vic- » toires éclatantes remportées par les armées de la ré- » publique; le commissaire du Directoire Exécutif » entendu, arrête que la rue qui doit être ouverte à » travers le terrain des ci-devant Augustins, pour » communiquer de la rue des Grands-Augustins à » celle de Thionville, prendra le nom de rue du *Pont- » de-Lodi*. Les propriétaires de ce terrain feront met- » tre cette inscription à leurs frais à chaque extrémité » de cette rue. ». (Registre 23, page 150.) — Cette dénomination rappelle la glorieuse bataille du Pont-de-Lodi, gagnée le 10 mai 1796 par les Français sur les Autrichiens. Le 13 brumaire an X, le ministre de l'intérieur, Chaptal, approuva définitivement le plan de cette rue. Peu de temps après elle fut livrée à la circulation. Toutes les constructions riveraines sont alignées. — Conduite d'eau. (Voir l'article du *Marché à la Volaille*.)

LOMBARD (RUE PIERRE-).

Commence à la place de la Collégiale, n° 11; finit à la rue Mouffetard, n°s 233 et 235. Les numéros continuent la série de la place de la Collégiale. Le dernier impair est 13; le dernier pair, 14. Sa longueur est de 39 m. — 12e arrondissement, quartier Saint-Marcel.

Ouverte en 1770, elle prit d'abord le nom de *Petite rue Saint-Martin*, parce qu'elle conduisait à l'église

— LOM —

fixé la largeur de cette voie publique à 10 m. Cette ainsi appelée, qui était située dans le cloître Saint-Marcel. En 1806, on lui donna le nom de *Pierre-Lombard*, en mémoire de l'évêque de Paris, Pierre Lombard, surnommé le maître des sentences. Ce grand théologien mourut en 1164, et fut inhumé dans le chœur de l'église Saint-Marcel. — Une décision ministérielle du 8 ventôse an IX, signée Chaptal, a fixé la largeur de cette voie publique à 10 m. Les constructions du côté droit ne sont pas soumises à retranchement. — Conduite d'eau.

LOMBARDS (RUE DES).

Commence aux rues des Arcis, n° 39, et Saint-Martin, n° 1; finit à la rue Saint-Denis, n°s 70 et 72. Le dernier impair est 51; le dernier pair, 54. Sa longueur est de 171 m. — 6e arrondissement, quartier des Lombards.

Cette rue était complètement bâtie en 1250. En 1300, elle se nommait de la *Buffeterie*. C'était la rue de la *Pourpointerie* en 1612 et 1636. Elle tire sa dernière dénomination des usuriers lombards qui vinrent s'établir à Paris, à la fin du XIIe siècle, et dont une grande partie habita cette rue au commencement du XIVe. — Une décision ministérielle du 18 vendémiaire an VI, signée Letourneux, avait fixé la largeur de cette rue à 10 m. En vertu d'une ordonnance royale du 19 juillet 1840, sa moindre largeur a été portée à 13 m. Les maisons n°s 1, 3, 5 et 7 sont alignées. Les autres propriétés sont généralement soumises à un fort retranchement. — Égout. — Conduite d'eau. Éclairage au gaz (comp° Française).

La maison du poids du Roi existait encore dans cette rue au XVIIe siècle. Jusqu'au règne de Louis VII, nos rois étaient demeurés seuls propriétaires de cet établissement et des priviléges qui y étaient attachés. Ils en cédèrent depuis la propriété qui, passant de main en main, fut définitivement acquise par le chapitre Notre-Dame. Le droit de visiter les poids et balances de tous les artisans appartint aussi au corps des épiciers. Le prévôt de Paris, en 1321, sur l'ordre qu'il en reçut du parlement, fit ajuster les poids à la Monnaie. Il fut fait trois étalons dont l'un fut remis aux épiciers, et les deux autres déposés à la Monnaie et au poids du roi. En 1484, ce droit leur fut conféré par de nouvelles ordonnances; ils l'exerçaient à l'égard de toute espèce de marchands; les orfèvres seuls relevaient directement de la Monnaie. Les épiciers étaient accompagnés, dans leurs visites, d'un juré-balancier nommé par le prévôt de Paris, sur leur présentation. Jusqu'en 1434, les poids dont on se servait n'étaient que des masses de pierre, façonnées et ajustées. Philippe-le-Long, par son règlement de 1321, avait formé le dessein d'établir en France une seule et même mesure. Pour les frais de cette réforme, il proposa un subside; l'impôt ne put se lever, et l'ordonnance tomba dans l'oubli. Louis XI eut plus tard la même pensée; la noblesse s'opposa ainsi que le clergé à cette amélioration;

La Convention, par un décret du 1er août 1793, ordonna cette uniformité, et par son décret du 18 germinal an III (7 avril 1795), fixa l'époque où elle deviendrait obligatoire. — C'est au savant Prieur de la Côte-d'Or qu'est dû ce magnifique travail.

LONDRES (PASSAGE DE).

Commence à la rue Saint-Lazare, entre les nos 96 et 98; finit à la rue de Londres, n° 13. Pas de numéro. — 1er arrondissement, quartier du Roule.

Il a été formé en 1840, par M. Tessier, propriétaire. — Éclairage au gaz (compe Anglaise).

LONDRES (RUE DE).

Commence à la rue de Clichy, nos 1 et 3; finit à la place d'Europe. Le dernier impair est 37; le dernier pair, 52. Sa longueur est de 540 m. — 1er arrondissement, quartier du Roule.

Cette rue, autorisée par une ordonnance royale du 2 février 1826, a été ouverte dans le courant de cette même année, sur les terrains appartenant à MM. Jonas Hagerman et Sylvain Mignon. Sa largeur est de 15 m. Elle porte le nom de la capitale de l'Angleterre. Toutes les constructions riveraines sont alignées. (Voyez rue d'*Amsterdam*.)

LONGCHAMP (BARRIÈRE DE).

Située à l'extrémité de la rue du même nom.

Cette barrière, décorée d'un bâtiment à quatre frontons et quatre arcades, doit son nom à l'abbaye de Longchamp, vers laquelle on se dirige en la traversant. Cette abbaye, fondée en 1261, par Isabelle de France, sœur de saint Louis, était ainsi appelée en raison de sa situation dans une plaine longue et étroite. (Voir l'article *Barrières*.)

LONGCHAMP (CHEMIN DE RONDE DE LA BARRIÈRE DE).

Commence aux rues et barrière de Longchamp; finit à la rue de Lubeck et à la barrière Sainte-Marie. Pas de numéro. Sa longueur est de 400 m. — 1er arrondissement, quartier des Champs-Élysées.

Voyez l'article *Chemins de ronde*.

LONGCHAMP (RUE DE).

Commence à la rue des Batailles, n° 2, et à l'impasse de la Croix-Boissière; finit aux chemins de ronde des barrières de Longchamp et des Bassins. Le dernier impair est 65; le dernier pair, 58. Sa longueur est de 388 m. — 1er arrondissement, quartier des Champs-Élysées.

Cette rue est ainsi nommée parce qu'elle aboutit à la barrière de Longchamp. On ne voyait que de légères constructions dans cette voie publique, à la fin du règne de Louis XV. Ce ne fut que sous Louis XVI, lorsque le village de Chaillot fut renfermé dans la capitale, qu'on y construisit des maisons plus importantes. — Une décision ministérielle à la date du 3 vendémiaire an X, signée Chaptal, a fixé la moindre largeur de cette voie publique à 12 m. Les constructions riveraines sont alignées, à l'exception des propriétés de 6 à 16, qui devront subir un faible retranchement.

LOUIS (AVENUE DE L'HÔPITAL SAINT-).

Commence au quai de Jemmapes; finit à la rue Bichat. Pas de numéro. Sa longueur est de 123 m. — 5e arrondissement, quartier de la Porte-Saint-Martin.

Elle a été formée, en 1836, sur les terrains appartenant aux hospices civils de Paris. Par trois arrêtés des 4 août 1824, 11 août 1830, et 8 juillet 1835, l'administration des hospices avait provoqué l'ouverture de cette avenue dont la largeur a été fixée en dernier lieu à 20 m. Cette voie publique, située en face de l'entrée principale de l'hôpital Saint-Louis, et tracée en prolongement de l'axe de cet établissement, a été dénommée en 1840. — Égout. — Éclairage au gaz (compe de Belleville).

LOUIS (COLLÉGE ROYAL SAINT-).

Situé dans la rue de la Harpe, n° 94. — 11e arrondissement, quartier de l'École-de-Médecine.

Cet établissement occupe une partie de l'emplacement sur lequel on voyait autrefois les colléges d'Harcourt, de Justice, et le jardin des Cordeliers.

Le *collège d'Harcourt* avait été fondé, en 1280, par Raoul d'Harcourt, chanoine de l'église de Paris, pour les pauvres écoliers des diocèses de Coutances, d'Évreux, de Bayeux et de Rouen. Cet établissement figurait parmi les grands colléges de l'Université.

La fondation du *collège de Justice* datait de l'année 1354. Elle avait eu lieu en exécution du testament de Jean de Justice, chanoine de l'église de Paris.

Les colléges d'Harcourt et de Justice, supprimés vers 1790, devinrent propriétés nationales et furent vendus les 3 nivôse an III, 25 thermidor an IV, et 15 thermidor an XIII.

Lycée dans le collège d'Harcourt.

« Au palais de l'Élysée, le 21 mars 1812. — Article 3. Il sera fait aux bâtiments actuels les additions
» et dispositions nécessaires pour contenir 400 élèves.
» — Art. 4. La maison du sieur Leprêtre et l'ancien
» collège de Justice seront réunis aux bâtiments du
» collège d'Harcourt et acquis pour cause d'utilité
» publique. — Art. 5. La portion du jardin ci-
» devant Cordeliers, désignée sur le plan annexé au
» présent décret par les lettres A, B, C, D, E, F, G, H,
» sera remise au Lycée. Signé Napoléon. »

Toutes ces dispositions ne furent point immédiatement exécutées, ainsi que nous le voyons par le décret suivant :

« Au quartier général impérial de Dresde, le 14 mai
» 1813. — Napoléon, etc... Article 1er. Le collège
» d'Harcourt sera disposé dans le courant de cette
» année de manière à recevoir un lycée de 400 élèves. »

Aux termes d'une transaction passée entre l'Université et la ville de Paris, le 1er avril 1838, transaction approuvée par ordonnance royale du 6 novembre 1839, les bâtiments du collége Saint-Louis ont été transférés régulièrement et à titre gratuit à la ville de Paris.

LOUIS (HÔPITAL SAINT-).

Situé dans la rue Bichat. — 5e arrondissement, quartier de la Porte-Saint-Martin.

En 1606 et 1607, la peste se déclara dans la capitale. L'Hôtel-Dieu ne pouvant contenir tous les malheureux atteints par le fléau, Henri IV résolut de faire construire un hôpital pour les pestiférés. Par un édit du mois de mai 1607, il attribua à l'Hôtel-Dieu 10 sols à prendre sur chaque minot de sel qui se vendrait dans tous les greniers à sel de la généralité de Paris, pendant quinze ans, et 5 sols à perpétuité après l'expiration de ce délai. Le roi ne fit ces donations qu'à la charge par l'Hôtel-Dieu de bâtir hors de la ville, entre les portes du Temple et Saint-Martin, *un hôpital de santé*; de payer les gages de tous les employés et de fournir les meubles et ustensiles nécessaires. La première pierre de la chapelle fut posée le 13 juillet de la même année. Chastillon, architecte, fournit les dessins. Les travaux furent exécutés sous la direction de Claude Vellefaux. — Cet établissement reçut le nom d'*hôpital Saint-Louis*, en l'honneur de saint Louis, mort de la peste à Tunis. Depuis 1619, cet hôpital a toujours été en activité. En 1787, il ne renfermait que 300 lits. Pendant la révolution, il porta le nom d'*hospice du Nord*. Il compte aujourd'hui 1,100 lits. Les maladies cutanées y sont spécialement traitées; 700 lits sont affectés aux galeux, 400 pour les hommes, 300 pour les femmes; 200 lits sont destinés aux blessés, aux malades affligés d'ulcères, de dartres et de cancers; enfin, 200 lits sont réservés aux scrofuleux, teigneux et fiévreux. Cet établissement est l'un des hôpitaux les plus importants de la capitale. En 1835, la mortalité a été de 1 sur 17/88; en 1842, de 1 sur 20/55. Ces deux années ont présenté les chiffres suivants sous le rapport de la dépense : 1835, 523,082 fr. 88 c.; 1842, 541,260 fr. 04 c.

LOUIS-DE-L'ARSENAL (PASSAGE SAINT-).

Situé rue Saint-Paul, no 45. — 9e arrondissement, quartier de l'Arsenal.

Formé vers le milieu du XVIIe siècle, il conduit à l'église Saint-Louis et Saint-Paul.

LOUIS-FAUBOURG-SAINT-ANTOINE (PASSAGE SAINT-).

Commence à la rue du Faubourg-Saint-Antoine, no 47; finit à la rue Louis-Philippe, no 34. — 8e arrondissement, quartier du Faubourg-Saint-Antoine.

Des titres de propriété constatent l'existence de cette cour ou passage, dès l'année 1700. Il résulte également de ces actes que sa dénomination lui vient d'une enseigne représentant saint Louis.

LOUIS-AU-MARAIS (RUE SAINT-).

Commence aux rues de l'Écharpe, no 2, et Neuve-Sainte-Catherine, no 2; finit aux rues des Filles-du-Calvaire, no 2, et Vieille-du-Temple, no 144. Le dernier impair est 89; le dernier pair, 80. Sa longueur est de 603 m. — 8e arrondissement, quartier du Marais.

On la nomma d'abord rue de l'*Égout*, puis rue de l'*Égout-Couvert*, ensuite rue *Neuve-Saint-Louis*, et simplement *Saint-Louis*. Procès-verbal d'alignement de cette rue a été dressé par le bureau de la ville au mois d'avril 1616. — « Paris, le 14 vendémiaire
» an IX. — La rue Saint-Louis-au-Marais vient de re-
» cevoir le nom de *Turenne*. — L'hôtel Turenne où
» ce grand homme logeait, dans cette même rue, fut
» vendu, en 1684, par le cardinal de Bouillon à des
» religieuses qui y établirent leur demeure. » (*Moniteur* du 15 vendémiaire.) — (Voir l'article de l'*église Saint-Denis-du-Saint-Sacrement*.) — Un arrêté préfectoral du 27 avril 1814 rendit à cette voie publique la dénomination de rue *Saint-Louis*. — Une décision ministérielle du 4 floréal an VIII, signée L. Bonaparte, et une ordonnance royale du 8 juin 1834, ont fixé la moindre largeur de cette rue à 15 m. Propriétés nos 1 et 3, alignées; 5 et 7, redr.; 9, 11 et 13, alignées; de 15 à 25, retranch. 25 c. à 60 c.; de 27 à 31, alignées; 33, redr.; 35 et 37, alignées; de 39 à 57, retranch. 24 c. à 60 c.; 59, alignée; de 61 à 87, redr.; 89, alignée. Les constructions du côté des numéros pairs sont alignées, à l'exception de celles nos 8, 10 et 12 qui devront subir un léger redressement. — Égout. — Conduite d'eau. — Éclairage au gaz (compe Lacarrière).

LOUIS-D'ANTIN (ÉGLISE SAINT-).

Située dans la rue Sainte-Croix. — 1er arrondissement, quartier de la Place-Vendôme.

L'accroissement de la population dans la Chaussée-d'Antin détermina, vers la fin du XVIIIe siècle, l'administration à bâtir dans ce nouveau quartier une chapelle succursale de Saint-Eustache. On décida en même temps que les capucins du faubourg Saint-Jacques seraient transférés dans un couvent construit à côté de cette chapelle. Voici l'acte relatif à ce changement.
« Louis, etc. Les religieux capucins de la province de
» Paris, nommés et députés par acte du chapitre pro-
» vincial tenu le 7 juillet 1779 pour suivre la délibéra-
» tion capitulaire du dit chapitre, nous ont fait repré-
» senter que par la dite délibération ils auraient consenti
» à ce que leur couvent du faubourg Saint-Jacques de
» la dite ville, fût transféré dans le nouveau quartier
» de la Chaussée-d'Antin où il n'y avait point d'église,
» et à ce que l'emplacement et bâtiments de la rue du
» Faubourg-Saint-Jacques fussent vendus pour le prix
» qui en proviendrait être employé à leur translation,
» aux conditions qu'il nous plairait agréer; que par
» arrêts rendus en notre conseil les 6 août 1779 et 18
» février 1780, nous aurions nommé des commissaires
» pour acquérir en notre nom, dans le dit quartier de

» la Chaussée-d'Antin, des terrains suffisants à l'effet
» d'y faire construire une église et des bâtiments pour
» y loger commodément le même nombre de religieux
» qui se trouveraient dans le couvent du faubourg
» Saint-Jacques, et procurer aux habitants de ce nou-
» veau quartier, qui se peuple de plus en plus, les
» secours spirituels qu'ils ne peuvent avoir que dans
» des églises éloignées ; qu'en exécution des dits arrêts
» les sieurs commissaires ont, par contrat passé le 8
» juin 1780, acquis du sieur de Sainte-Croix, 2,050 toi-
» ses de superficie de terrain pour y placer la dite église,
» bâtiments et dépendances, etc.; que la dite église et
» bâtiments sont entièrement construits et achevés, etc.
» A ces causes, etc., voulons et nous plait que les reli-
» gieux capucins du faubourg Saint-Jacques se retirent
» incessamment dans le couvent qui leur est destiné,
» près la Chaussée-d'Antin, etc. » (Extrait des lettres-patentes de novembre 1782). Le 15 septembre 1783,
les capucins du faubourg Saint-Jacques sortirent de
leur ancien couvent pour venir occuper celui de la
Chaussée-d'Antin. Supprimée vers 1790, cette maison
religieuse devint propriété nationale. Pendant quelques
années, les bâtiments furent affectés à un hospice
où l'on soigna les maladies vénériennes. En vertu de la
loi du 1er mai 1802, on y établit un des quatre lycées de
Paris (voir l'article du *Collége royal de Bourbon*). La
chapelle des Capucins, construite, ainsi que le couvent,
sur les dessins de l'architecte Brongniart, ne manque
point d'élégance. C'est aujourd'hui la première succursale de la Madeleine, sous le titre d'église Saint-Louis.
Suivant la coutume de l'ordre séraphique, cet édifice
n'a qu'un bas-côté, et seulement une corniche d'ordre
dorique avec des traits d'appareils sur les arcades. On
y remarque un tableau de Gassier représentant saint
Louis visitant des soldats malades de la peste. Un cippe
en marbre noir, surmonté d'un vase cinéraire, y conserve le cœur du comte de Choiseul-Gouffier.

LOUIS-EN-L'ILE (ÉGLISE SAINT-).

Située dans la rue Saint-Louis, à l'angle de la rue
Poulletier. — 9e arrondissement, quartier de l'Ile-Saint-
Louis.

A la fin du XVIe siècle, quelques masures côtoyaient
seulement les rives de cette île. Un maître couvreur,
nommé Nicolas, y construisit, en 1616, une petite chapelle. Vers 1622, la population, attirée par les nouvelles
maisons qu'on venait de bâtir, rendit nécessaire l'a-
grandissement de cette chapelle. Le procès-verbal que
fit dresser à ce sujet l'archevêque de Paris, le 3 avril
1623, porte : qu'elle était large de six ou sept toises sur
dix ou douze de longueur, vitrée, couverte en ardoises
et ornée d'un tableau représentant saint Louis et sainte
Cécile. Le 14 juillet de la même année, elle fut érigée
en paroisse sous le titre de *Notre-Dame-de-l'Ile*, dénomination qu'elle quitta vingt ans après pour prendre
celle de *Saint-Louis-en-l'Ile*. Hébert et plusieurs autres
habitants du nouveau quartier qui s'étaient chargés

d'en achever la construction, entreprirent de rebâtir
cette église. On commença par élever le chœur dont la
première pierre fut posée le 1er octobre 1664, par M. de
Péréfixe, archevêque de Paris ; de la chapelle on fit la
nef ; ces deux constructions étaient disparates. La nef,
partie ancienne, tombait en ruines, il fallut la reconstruire. L'architecte Le Veau fournit les dessins ; enfin
l'église, achevée par Leduc, fut bénite le 14 juillet
1726. Le clocher, bâti en pierre, a la forme d'un obélisque percé à jour dans plusieurs parties de sa longueur. L'église Saint-Louis n'offre, du reste, rien de
remarquable. Supprimée pendant la révolution, elle
devint propriété nationale et fut vendue le 13 thermidor
an VI. Elle a été rachetée par la ville le 15 septembre
1817, moyennant 120,000 fr. C'est aujourd'hui la première succursale de la paroisse Notre-Dame.

LOUIS-EN-L'ILE (RUE SAINT-).

Commence aux quais de Béthune, n° 2, et d'Anjou,
n° 1 ; finit aux quais d'Orléans, n° 32, et de Bourbon,
n° 53. Le dernier impair est 79 ; le dernier pair, 104. Sa
longueur est de 551 m. — 9e arrondissement, quartier de
l'Ile-Saint-Louis.

Cette rue a été commencée en 1614, et terminée en
1646. A cette dernière époque on lui donnait deux dénominations. Dans la partie comprise entre le quai de
Béthune et la rue des Deux-Ponts, c'était la rue *Palatine* ; le surplus s'appelait rue *Carelle*. En 1654, elle
portait le nom de rue *Marie*. Quelques années après,
elle reçut la dénomination de rue *Saint-Louis*, en raison de l'église ainsi appelée. En 1793, c'était la rue de
la *Fraternité*. Une décision ministérielle du 24 frimaire
an XIII, signée Champagny, fixa la largeur de cette
voie publique à 10 m. En 1806, elle reçut le nom de rue
Blanche-de-Castille, mère de saint Louis. — Un arrêté
préfectoral du 27 avril 1814, lui rendit sa dénomination
de rue *Saint-Louis*. Deux décisions ministérielles des
5 février 1817 et 9 mai 1818, réduisirent sa largeur à
8 m. Enfin une ordonnance royale du 9 décembre 1838,
a maintenu cette rue dans son état actuel. Sa moindre
largeur est de 7 m. 80 c. Les constructions riveraines
sont alignées. — Portion d'égout du côté du quai de
Bourbon. — Conduite d'eau entre la rue de Bretonvilliers et l'école chrétienne.

Au n° 2 est situé l'hôtel *Lambert*. Cette magnifique
habitation, construite par Louis Le Veau pour le président Lambert de Thorigny, appartient ensuite au fermier
général Dupin et au marquis du Châtelet-Laumont. La
cour est entourée de bâtiments décorés d'ordre dorique.
Un perron, placé en face de la porte, conduit à un
grand pallier où prennent naissance deux escaliers qui
mènent aux appartements. Dans un renfoncement
cintré, on voit une grisaille de *Lesueur* ; elle représente
un fleuve et une Naïade. D'admirables tableaux ornaient cette magnifique résidence. On y admirait le
chef-d'œuvre du Bassan, l'enlèvement des Sabines ;
des paysages d'Herman et de Patel, cinq tableaux de

— LOU —

l'histoire d'Énée, par Romanelli. Ces richesses furent données en partie au roi Louis XVI, pour le musée du Louvre, par la famille de la Haye, propriétaire de l'hôtel.

Les plus belles peintures conservées dans cette habitation se trouvent dans les *salles de l'amour* et dans le *cabinet des bains*. Au premier étage on voit la galerie dite de *Lebrun*. Ce grand artiste a dessiné sur le plafond, avec toute la vigueur de son coloris, neuf travaux d'Hercule. L'hôtel Lambert vient d'être acheté par madame la princesse Txartoryska, qui y fait exécuter en ce moment de grands travaux de restauration.

LOUIS ET SAINT-PAUL (ÉGLISE SAINT-).

Située dans la rue Saint-Antoine, entre les n°s 120 et 122. — 9e arrondissement, quartier de l'Arsenal.

Nous parlerons à l'article du collège royal Louis-le-Grand de l'établissement des Jésuites à Paris. Ces pères, après avoir consolidé leur collège de la rue Saint-Jacques, cherchèrent les moyens de fonder également un couvent, une maison professe. Le 12 janvier 1580, le cardinal de Bourbon leur céda un grand hôtel situé dans la rue Saint-Antoine. Ils construisirent sur-le-champ une petite église qui, dès l'année 1582, avait reçu, ainsi que le couvent, le nom de *Saint-Louis*. Les bienfaits du roi Louis XIII élevèrent cette maison au plus haut degré de prospérité. Il fit construire l'église qui se voit encore aujourd'hui ; la première pierre fut posée en 1627. On grava à cette occasion, sur une médaille de Louis XIII, cette inscription : *Vicit ut David, ædificat ut Salomon!* Richelieu fit élever à ses frais le portail, en 1634. L'église ne fut terminée qu'en 1641. Le 9 mai de cette année, le cardinal y célébra la messe en présence du roi, de la reine et de Gaston d'Orléans. Tous trois reçurent la communion des mains du cardinal-ministre. Le père François Derrand fut l'architecte de cette église, dont la façade se compose de trois ordres d'architecture. Les deux premiers sont corinthiens, l'autre supérieur est composite. L'église est en forme de croix romaine avec un dôme sur pendentifs au milieu de la croisée. Auprès du maître-autel était déposé le cœur de Louis XIII, dans un monument commandé par la reine sa veuve, et pour lequel Sarrazin mit en œuvre tout son génie inventif. Les Jésuites ayant été bannis de France, cette maison fut cédée aux chanoines réguliers de la culture Sainte-Catherine. Nous citons un extrait des lettres-patentes relatives à ce déplacement. « Louis, etc. — Article 1er. L'église,
» terrain, bâtiments, circonstances et dépendances,
» formant ci-devant la maison professe des Jésuites,
» situés dans la rue Saint-Antoine de notre bonne ville
» de Paris, abandonnés aux créanciers de la dite société
» par arrêt de notre cour de parlement du 12 mars 1764,
» seront acquis en notre nom pour les chanoines régu-
» liers du prieuré de Sainte-Catherine de Paris, par
» les commissaires que nous nommerons à cet effet,
» et dans la forme et manière accoutumées pour et

— LOU —

» moyennant le prix et somme de 400,000 livres, paya-
» bles dans les temps qui seront par nous réglés, etc.
» Donné à Marly, le 23 mai 1767, signé Louis. » Les chanoines réguliers de Sainte-Catherine furent supprimés en 1790. Après la démolition de l'ancienne église Saint-Paul qui avait été vendue comme propriété nationale le 6 nivôse an V, le culte fut transféré dans l'église des Jésuites, qui reçut alors le titre d'église *Saint-Louis et Saint-Paul*. C'est aujourd'hui la troisième succursale de Notre-Dame. Dans une partie des bâtiments du couvent fut établi le collège royal Charlemagne. (*Voir* cet article.)

LOUIS-LE-GRAND (COLLÉGE ROYAL).

Situé dans la rue Saint-Jacques, n° 123. — 12e arrondissement, quartier Saint-Jacques.

La société de Jésus fut approuvée en 1540 et 1549 par deux bulles de Paul III. Le fondateur, Ignace de Loyola, envoya sur-le-champ quelques uns de ses disciples à Paris. Plusieurs historiens ont prétendu qu'aussitôt après la publication de la première bulle, ces religieux se logèrent au collège des Trésoriers, puis vers 1542 au collège des Lombards, et en 1550 dans l'hôtel de Clermont qui appartenait au cardinal Duprat. Son éminence qui témoignait à ces pères le plus vif intérêt, leur concilia la protection du cardinal de Lorraine. Ils obtinrent en 1551, par les soins du chef de cette puissante maison, des lettres-patentes qui autorisèrent leur établissement, mais dans Paris seulement. Les oppositions de l'évêque, du parlement et de l'université suspendirent l'effet de cette faveur. Soutenus par les princes Lorrains qui régnaient sous le nom de François II, les Jésuites allaient triompher de tous les obstacles, lorsque la mort du jeune monarque vint leur susciter de nouveaux embarras. Malgré les lettres de jussion, adressées au parlement par Charles IX, les juges hostiles à la nouvelle société décidèrent que le droit d'approuver cette compagnie appartenait seul à l'assemblée générale du clergé, tenue à Poissy et présidée par le cardinal de Lorraine ; le colloque de Poissy admit l'institution des Jésuites en France à titre de société religieuse et de collège. Ce ne fut qu'en 1562 que le parlement consentit à l'enregistrement de cette décision. On doit donc fixer à cette époque l'établissement légal des Jésuites à Paris. Le cardinal Duprat leur avait fait en mourant plusieurs legs considérables pour les aider à fonder un collège. Les Jésuites, jaloux de remplir les dernières intentions de leur bienfaiteur, achetèrent un grand hôtel situé dans la rue Saint-Jacques. Cette maison avait appartenu à Bernard de la Tour, évêque de Langres. Le recteur de l'université accorda aux Jésuites la permission d'enseigner. Ces pères ouvrirent des cours et donnèrent à leur maison le nom de *collège de Clermont de la société de Jésus*. A peine avaient-ils commencé leurs leçons, qu'un nouveau recteur leur défendit l'exercice des classes. Alors s'élevèrent de nouvelles contestations. Heureusement pour eux, la cause fut appointée, et ces pères, en attendant la décision, se crurent autorisés à continuer les leçons publiques qu'ils avaient commencées. Le talent des professeurs qu'ils employaient attirèrent bientôt dans leur collége un si grand nombre d'écoliers, qu'il fallut penser à augmenter les bâtiments de cette maison. Les Jésuites achetèrent à cet effet plusieurs propriétés voisines en 1578 et 1582. Ils firent dans le courant de cette dernière année construire une chapelle dont la première pierre fut posée par Henri III. Tous ces édifices furent reconstruits en 1628.

Les Jésuites suivirent le parti de la ligue, et montrèrent du zèle pour la cause catholique. Tout en paraissant très échauffés, ils firent en sorte cependant de ne point compromettre leurs intérêts de fortune. Le 15 juin 1590, on avait tenu au palais une assemblée où l'on avait arrêté : « que les communautés religieuses seraient obligées de nourrir les pauvres, et qu'il serait fait en conséquence une visite dans les couvents pour constater la quantité de denrées qu'ils renfermaient. » Les Jésuites redoutaient grandement cette visite. Tyrius, recteur du collége de Clermont, accompagné du père Bellarmin, vint supplier le légat d'en exempter leur maison. Le prévôt des marchands, Michel Marteau, sieur de la Chapelle, indigné de cette demande, dit tout haut : « Monsieur le recteur, votre requête n'est civile ni chrétienne. Tous ceux qui avaient du blé ont été forcés de l'exposer en vente pour subvenir aux besoins publics, pourquoi seriez-vous exempts de cette visite ? Votre vie est-elle de plus grand prix que la nôtre ? » La visite eut lieu ! « On y trouva, dit l'Estoile, quantité
» de blé et de biscuit pour les nourrir pendant plus
» d'un an, quantité de chair salée, de légumes, de foin,
» et en plus grande quantité qu'aux quatre meilleures
» maisons de la ville. » Trois mois après, le 10 septembre, les Jésuites se conduisirent plus noblement dans une attaque nocturne dirigée contre la porte Saint-Jacques, par les troupes de Henri IV, qui assiégaient Paris. Les ennemis ayant commencé par donner une fausse alerte, les bourgeois s'étaient retirés. Quelques Jésuites seuls étaient restés sur le rempart. Ils aperçurent dans l'obscurité les assiégeants qui étaient revenus sous les murs, et dressaient plusieurs échelles pour les escalader, quelques uns même étaient déjà dans la ville! Ces pères accoururent, les combattirent vaillamment, les tinrent en échec jusqu'à l'arrivée des troupes de la Ligue. Henri IV étant monté sur le trône, la réaction qui s'opéra contre la Ligue fut également funeste aux Jésuites. Le parlement voulut les faire sortir du royaume. Henri IV suspendit l'arrêt de bannissement. Peu de temps après eut lieu la tentative de meurtre commise par Jean Chastel sur la personne du roi. L'assassin subit le dernier supplice, et par arrêt du 28 décembre 1594, *tous les prestres et escholiers du collége de Clermont et tous autres soy disants de la société de Jésus, furent condamnés comme corrupteurs de la jeunesse, perturbateurs du repos public, ennemis du roi et de l'état,*

à sortir dans trois jours de Paris et dans quinze du royaume. Les Jésuites plièrent devant l'orage, mais ne se découragèrent pas. Ils eurent, suivant leur habitude, recours à l'adresse ; ce genre d'habileté mielleuse leur valut le surnom bien mérité de *Pères de la Ruse*. A force de patience et de persévérance, ils obtinrent de Henri IV la permission de rentrer en France. Après huit années d'exil, ils revinrent le 25 septembre 1603, mais ce ne fut qu'après la mort du roi qu'ils obtinrent la faveur de tenir un collége et d'instruire la jeunesse. Cette permission leur fut accordée vers 1618. La Sorbonne et l'Université leur suscitèrent de nouveaux embarras qu'ils parvinrent à étouffer. Sous le règne de Louis XIV, les Jésuites prirent un immense ascendant. Le roi leur donna 53,000 livres. Cet argent les aida à acquérir plusieurs maisons ainsi que les bâtiments des colléges de Marmoutiers et du Mans. Ces pères invitèrent Louis XIV à assister à une tragédie représentée par leurs élèves. Le roi fut satisfait de la pièce, et dit à un seigneur qui lui parlait du succès de cette représentation : « Faut-il s'en étonner, c'est mon collége ! » Le recteur attentif à ces paroles du monarque saisit avec habileté l'occasion de flatter sa royale vanité. Après le départ de Louis XIV, il fit enlever l'ancienne inscription : *collegium Claramontanum, societatis Jesu*, et pendant toute la nuit, des ouvriers furent employés à graver sur une table de marbre noir, ces mots en grandes lettres d'or : *Collegium Ludovici Magni*. Un élève de ce collége, âgé, dit-on, de seize ans, composa également dans la nuit, pendant que les ouvriers travaillaient, le distique suivant :

Substulit hinc Jesum, posuitque insignia regis,
Impia gens alium nescit habere Deum.

« Tu ôtes le nom de Jésus pour y substituer les ar-
» mes et le nom de Louis : tu ne connais, ô race impie,
» d'autre divinité que ce roi. » — Une traduction en vers courut également dans tout Paris, la voici :

» La croix fait place au lis et Jésus-Christ au roi ;
» Louis, ô race impie, est le seul dieu chez toi.

L'ordre des Jésuites fut supprimé en 1762. Ces pères furent chassés pour la seconde fois de Paris et de la France en 1763; alors on transféra dans leur collége celui de Lisieux. L'université y tint aussi quelque temps ses séances. En 1792, organisé sous une forme nouvelle, il reçut le nom de *Collége de l'Égalité* ; en 1800 celui de *Prytanée*. En 1805 on l'appela *Lycée Impérial*. On lui rendit, en 1814, le nom de *Collége royal Louis-le-Grand*.

LOUIS-LE-GRAND (PLACE DU COLLÉGE).

Située entre la rue Saint-Jacques, nos 130 et 136, et les rues des Poirées et Neuve-des-Poirées. Le dernier impair est 5; le dernier pair, 8. Sa longueur est de 38 m. — 11e arrondissement, quartier de la Sorbonne.

Cette place a été formée en 1839, et substituée à une partie de la rue des Poirées. Elle est située vis-à-vis du collége royal Louis-le-Grand dont elle a reçu la dénomination. Cet établissement a contribué à l'acquisition des bâtiments dont l'emplacement a servi à la formation de cette voie publique. La largeur de cette place est fixée à 21 m. par une délibération du conseil municipal du 3 août 1838. Les maisons du côté des numéros pairs restent sous l'influence de l'alignement approuvé par une ordonnance royale du 29 décembre 1824, pour la rue des Poirées. Les propriétés n°s 4 et 6 sont alignées ; celles n°s 2 et 8 sont soumises à un retranchement qui n'excède pas 40 c. (Voyez *rue des Poirées.*)

LOUIS-LE-GRAND (RUE).

Commence à la rue Neuve-des-Petits-Champs, n°s 72 et 74; finit aux boulevarts des Capucines, n° 1, et des Italiens, n° 29. Le dernier impair est 35; le dernier pair, 32. Sa longueur est de 370 m. — Les numéros impairs sont du 1er arrondissement, quartier de la Place-Vendôme; les n°s pairs, du 2e arrondissement, quartier Feydeau.

« Le roi ayant, par arrêt de son conseil du 22 mars
» 1701, ordonné pour la commodité des habitants des
» quartiers de Saint-Roch et de Saint-Honoré, que la
» rue Neuve-Saint-Augustin seroit continuée depuis la
» rue Neuve-Saint-Roch ou Gaillon, de quatre toises
» et demie de largeur à prendre en ligne droite depuis
» l'encoignure, et suivant l'alignement du devant du
» mur de face de l'hôtel de Lorges jusqu'à la distance
» d'environ onze toises du mur de clôture du couvent
» des Capucines, et que de cet endroit il seroit formé
» *une autre* rue en retour de cinq toises, parallèle, à la
» même distance d'onze toises ou environ du mur de
» l'enclos des Capucines, *laquelle seroit appellée rue de
» Louis-le-Grand*, pour communiquer à la rue Neuve-
» des-Petits-Champs et conduire à la place de Louis-le-
» Grand; et sa majesté étant informée qu'il seroit né-
» cessaire, pour la commodité de ce quartier, de con-
» tinuer la dite rue de Louis-le-Grand sur la même
» largeur de cinq toises jusqu'au boulevard, comme de
» supprimer la dite rue de Gaillon depuis le coin du dit
» hôtel de Lorges jusqu'au rempart par où les eaux des
» rues voisines s'écoulent présentement avec peine, etc.
» A quoi sa majesté voulant pourvoir et vu sur l'avis
» des sieurs prévôt des marchands et échevins de Paris;
» ouï le rapport du sieur Fleuriau d'Armenonville,
» conseiller ordinaire au conseil royal, directeur des
» finances; sa majesté, étant en son conseil, a ordonné
» et ordonne que, conformément au dit arrêt du con-
» seil du 22 mars 1701, la dite rue Neuve-Saint-Au-
» gustin sera continuée depuis la rue Neuve-Saint-
» Roch ou de Gaillon, de quatre toises et demie de lar-
» geur à prendre en ligne droite et suivant l'alignement
» du devant du mur de face de l'hôtel de Lorges, jus-
» qu'à la rencontre de la rue qui doit être appellée *de
» Louis-le-Grand*, laquelle rue sera ouverte de cinq
» toises de largeur à douze toises ou environ du mur
» des Capucines, et continuée depuis la rue Neuve-des-
» Petits-Champs jusqu'au rempart, près la barrière de
» Gaillon, etc. Fait au conseil d'état du roi, sa majesté

» y étant, tenu à Marly le 3 juillet 1703. » La rue Louis-le-Grand fut ouverte conformément à cet arrêt. Le procès-verbal qui constate ce percement est à la date du 8 octobre 1703. Une décision ministérielle du 28 brumaire an VI, signée Letourneux, et une ordonnance royale du 4 octobre 1826, ont maintenu la largeur primitive de cette voie publique. Toutes les constructions riveraines sont alignées. — Égout entre la rue Neuve-Saint-Augustin et le boulevart. — Éclairage au gaz (compe Anglaise).

LOUIS-PHILIPPE (PONT).

Situé entre les quais de la Grève et Napoléon.

Une ordonnance royale du 13 août 1833 a autorisé la construction de ce pont, dont MM. Callou, Collin et Séguin frères ont été déclarés concessionnaires. Commencé en 1833, sous la direction de MM. Séguin frères, il a été inauguré le 26 juillet 1834. Le terme de la concession est de 49 années qui ont commencé au 13 août 1835, et doivent expirer au 13 août 1884. Ce pont, suspendu en fil de fer, est composé de deux travées ; l'une de 71 m. 13 c., l'autre de 72 m. 50 c. Sa largeur, entre les garde-corps est de 8 m.

LOUIS-PHILIPPE (RUE).

Commence à la rue de la Roquette, n°s 32 et 34; finit à la rue de Charonne, n°s 15 et 17. Le dernier impair est 55; le dernier pair, 48. Sa longueur est de 266 m. — 8e arrondissement; les numéros impairs sont du quartier Popincourt; les pairs, quartier du Faubourg-Saint-Antoine.

C'était autrefois la rue *Lappe*. Dans un registre des ensaisinements de Saint-Éloi (archives de l'archevêché) on lit ce qui suit : « Le 22 décembre 1635, les
» chanoinesses régulières de Saint-Augustin (les filles
» Anglaises de Notre-Dame de Sion) achetèrent à Ber-
» trand Ferrier, marchand épicier, cinq arpents de
» terre, hors la porte Saint-Antoine, sur le chemin de
» Charonne, au lieu dit l'*Eau qui dort*, tenant d'une
» part à *Girard Lappe*, maître jardinier, d'autre au
» chemin de Paris, tendant à la Roquette, etc. » — Sur cet emplacement cette rue fut tracée; quelques plans la désignent sous le nom de *Gaillard*, en raison de l'abbé Gaillard qui y avait fondé une communauté où l'on apprenait à lire et à écrire aux pauvres enfants du faubourg Saint-Antoine. Le plan de Verniquet, qui fait autorité, la nomme néanmoins rue Lappe. —
« Séance du 13 avril 1793. Sur le rapport des adminis-
» teurs au département des travaux publics, concernant
» les alignements à suivre pour les reconstructions à faire
» dans la rue de Lappe, faubourg Saint-Antoine, le
» corps municipal ayant reconnu d'après le plan de la d.
» rue qu'elle a dix-huit pieds de largeur, et que sa di-
» rection n'offre ni plis, ni coudes, et considérant que
» cette rue qui ne débouche que vers le bas des rues
» de la Roquette et de Charonne, n'est pas assez fré-
» quentée pour exiger que sa largeur soit portée à
» vingt-quatre pieds ; après avoir entendu sur ce le
» procureur de la commune, a arrêté que la largeur

— LOU —

» de la rue de Lappe sera fixée définitivement à dix-
» huit pieds. » (Registre du corps municipal, t. 39,
pag. 6448). — En vertu d'une décision ministérielle du
3 prairial an IX, signée Chaptal, cette largeur fut portée
à 8 m. Une ordonnance royale du 6 mai 1827 a définitivement fixé la largeur de cette voie publique à 10 m.

Le passage du roi dans la rue Lappe, le 23 décembre 1830, lors de la visite qu'il fit au faubourg
Saint-Antoine, excita chez les habitants de cette rue
un enthousiasme universel, qui se manifesta par des
cris unanimes d'amour et de reconnaissance et ensuite
par une illumination générale et spontanée. Les propriétaires et les habitants de la rue Lappe, désirant
éterniser la mémoire de cette visite bienveillante, résolurent de demander qu'au nom de cette rue fût substitué celui de *Louis-Philippe*. Le roi consulté sur cette
détermination et instruit des circonstances qui l'avaient
amenée, daigna répondre qu'il autoriserait volontiers
cette nouvelle dénomination. — En vertu d'une décision
ministérielle du 27 janvier 1831, le nom de Louis-
Philippe fut définitivement assigné à cette voie publique. — La propriété n° 31 devra reculer de 1 m. 90 c.;
toutes les autres constructions du côté des numéros
impairs sont soumises à un retranchement de 4 m.
Les propriétés du côté opposé sont alignées, à l'exception des maisons portant les n°s de 4 à 24, qui devront
subir un léger redressement. — Conduite d'eau depuis
la rue de la Roquette jusqu'à la borne-fontaine.

LOUIS-PHILIPPE (RUE DU PONT-).

Commence à la rue des Barres et au quai de la Grève,
n° 14; finit à la rue Saint-Antoine, n° 20. Le dernier
impair est 23; le dernier pair, 24. Sa longueur est de
169 m. — 9° arrondissement, quartier de l'Hôtel-de-Ville.

Une ordonnance royale du 13 août 1833 porte ce
qui suit : « Article 1er. L'adjudication passée le 18 juillet 1833, par le préfet de la Seine, *pour l'ouverture d'une
nouvelle rue en prolongement de la rue Vieille-du-Temple
jusqu'au quai de la Grève*, et pour la construction d'un
pont suspendu sur la Seine, depuis ce quai jusqu'au
quai de la Cité, est et demeure approuvée. — Art 2°.
L'ouverture de la nouvelle rue depuis la rue Saint-Antoine jusqu'au quai de la Grève, sera effectuée sur une
largeur de 13 m. Il est déclaré qu'il y a *utilité publique* à la d. rue, etc. »

Cette ordonnance fut immédiatement exécutée et
l'on donna à la nouvelle communication le nom de rue
du *Pont-Louis-Philippe*, parce qu'elle débouche vis-à-
vis du pont ainsi appelé. — Égout. — Éclairage au
gaz (comp° Parisienne).

LOUIS-SAINT-HONORÉ (RUE SAINT-).

Commence à la rue de l'Échelle, n°s 6 et 8; finit à la
rue Saint-Honoré, n°s 271 et 273. Le dernier impair est
9; le dernier pair, 10. Sa longueur est de 42 m. — 1er arrondissement, quartier des Tuileries.

On présume que cette voie publique tire sa dénomi-

— LOU —

nation du voisinage de l'hôpital des Quinze-Vingts,
fondé par saint Louis. Quelques écrivains pensent qu'elle
doit ce nom à la rue Saint-Honoré, qu'on appelait dans
cet endroit *Grand'rue Saint-Louis*. Les plans de Gomboust et de Bullet la nomment rue de l'*Échaudé*. Dans
un censier de l'archevêché de 1663, elle est écrite rue
des *Tuileries*. — Une décision ministérielle en date du
18 thermidor an IX, signée Chaptal, fixa la largeur
de cette voie publique à 7 m. Cette dimension est portée à 10 m., en vertu d'une ordonnance royale du
4 octobre 1826. Les maisons du côté des numéros impairs ne sont pas soumises à retranchement; celles du
côté opposé doivent reculer de 3 m. à 4 m. 20 c. —
Conduite d'eau. — Éclairage au gaz (comp° Anglaise).

LOURCINE (BARRIÈRE DE).

Située entre les boulevarts des Gobelins et Saint-
Jacques.

Elle porta d'abord le nom de la *Glacière*; on traverse
cette barrière pour aller au village de la Glacière. Sa
dénomination actuelle lui vient de sa proximité de la
rue de Lourcine. Cette barrière n'a qu'un seul bâtiment à deux péristyles chacun de trois colonnes. (Voir
l'article *Barrières*.)

LOURCINE (HÔPITAL DE).

Situé dans la rue de Lourcine, n°s 95. — 12° arrondissement, quartier Saint-Marcel.

Il occupe une partie de l'emplacement du couvent
des Cordelières, dont nous parlerons à l'article de la
rue Pascal.

Cet établissement, qui sert d'annexe à l'hôpital du
Midi, est destiné aux femmes atteintes de maladies
vénériennes. Il a été inauguré le 28 janvier 1836, et
contient 300 lits.

En 1842, la mortalité a été de 1 sur 29, 14; la dépense s'est élevée à 156,292 fr. 13 c.

LOURCINE (RUE DE).

Commence à la rue Mouffetard, n°s 154 et 156; finit
à la rue de la Santé, n°s 15 et 17. Le dernier impair est
115; le dernier pair, 122 bis. Sa longueur est de 1,000 m. —
12° arrondissement; les numéros impairs, quartier Saint-
Marcel; les numéros pairs, quartier de l'Observatoire.

Cette rue a été formée sur le territoire appelé, vers
1182, *Laorcine* (de Laorcinis). Selon Sauval on nommait, en 1404, l'endroit où elle est située, *la ville de
Lourcine lès Saint-Marcel*. Ensuite elle fut désignée
sous la dénomination de rue du *Clos-de-Ganay*, en
raison du Chancelier de Ganay qui y possédait une maison de plaisance. Dans plusieurs actes, elle est appelée
rue *Franchise*. Cette voie publique dépendait du fief
de Lourcine, appartenant à la commanderie de Saint-
Jean-de-Latran, et les compagnons artisans avaient
droit de franchise sur ce territoire. Enfin le plan de
Dheulland l'indique sous le titre de rue des *Cordelières*. Le couvent de ces religieuses était situé dans

— LOU —

cette voie publique (voyez rue *Pascal*). — Une décision ministérielle du 6 pluviôse an XI, signée Chaptal, fixa la moindre largeur de la rue de Lourcine à 10 m. Cette moindre largeur est portée à 12 m., en vertu d'une ordonnance royale du 19 juillet 1840. Les constructions ci-après ne sont pas soumises à retranchement : n°s 63, l'hôpital de Lourcine, 6, 8, 12, 14, 24, 26, 32, 34, 40, 46, 46 bis, 52, 54, partie de la caserne, 94, 110, 116, 118, 120, 120 bis et 122. — Egout entre les rues Mouffetard et Saint-Hippolyte. — Conduite d'eau depuis la rue Mouffetard jusqu'à celle des Anglaises.

LOUVIERS (ILE).

Située entre l'île Saint-Louis et le pont d'Austerlitz. — 9e arrondissement, quartier de l'Arsenal.

Les voies publiques qui doivent être établies sur l'emplacement de l'île Louviers, n'étant pas encore tracées, nous avons dû conserver l'ancienne dénomination, afin de rendre les recherches plus faciles.

En 1370, on la nommait l'*île des Javeaux* ; en 1445, l'*île aux meules des Javeaux*, depuis simplement l'*île aux Meules*. Javeau est le nom qu'on donne à une île formée de sable et de limon par un débordement. Vers 1465, elle portait la dénomination de *Louviers*, parce que Nicolas de Louviers, seigneur de Cannes, qui fut prévôt des marchands en 1468, en était alors propriétaire. En 1549, la ville fit élever sur cette île un fort, un pont et une espèce de hâvre pour donner à Henri II et à Catherine de Médicis le spectacle d'un combat naval, et de la prise d'une forteresse. — « Arrêt du
» conseil (2 octobre 1671). — Sur ce qui a esté repré-
» senté au roy en son conseil, par les prévost des
» marchands et eschevins de sa bonne ville de Paris,
» que pour establir une meilleure police sur les ports
» et les débarrasser des marchandises que les mar-
» chands forains font arriver en cette ville pour sa
» provision, qui causoient dans les ports une confusion
» et des embarras, dont le publicq recepvoit un nota-
» ble préjudice, ils auroient pris la cession du bail
» judiciaire de l'isle Louviers, saisie réclement sur les
» héritiers du sieur d'Antragues, dans la quelle isle
» depuis le dit bail, les d. marchands forains auroient
» fait descharger leurs marchandises pour l'enlève-
» ment des quelles ils auroient faict faire un pont de
» batteaux aux frais de la ville, sur le bras d'eau qui
» sépare la d. isle du port Saint-Paul, ce qui auroit
» produit beaucoup d'utilité, mais comme les diffé-
» rents incidents qui se forment pendant les criées, et
» le cours des baux judiciaires pourroient empescher
» que le publicq ne jouist de l'advantage de ce nouvel
» établissement de port, etc...; le roy estant en son
» conseil a ordonné et ordonne aux sieurs prévost des
» marchands et eschevins d'acquérir la dite *isle Lou-
» viers*, etc. Signé Séguier et Colbert. » (Archives du royaume, section administ., série E, n° 1761). — La ville de Paris ne devint propriétaire de l'île Louviers qu'en 1700, moyennant la somme de 61,500 livres.

— LOU —

La loi du 24 août 1793 enleva aux communes la propriété de leurs biens pour les réunir au domaine national (art. 90, 91 et 92), à l'exception des biens communaux dont le partage avait été décrété par la loi du 20 juin précédent, et des objets destinés aux établissements publics. Par une fausse application de cette loi, le domaine s'empara de l'île Louviers, alors affectée à un service d'utilité publique. Cette affaire fut soumise au conseil d'état, dont nous reproduisons l'opinion : « Extrait du registre des délibérations. Séance du 5 avril 1806. — *Avis*. Le conseil d'état, qui d'après le renvoi ordonné par sa majesté l'empereur et roi, a entendu le rapport de la section des finances sur celui du ministre de ce département, relatif à la location de l'île Louviers ; est d'avis, qu'elle doit être considérée comme une place de marché, et abandonnée à la ville de Paris. »

Les terrains de l'île Louviers furent affermés par la ville, aux marchands de bois de Paris, moyennant 40,000 fr. de location annuelle. Le produit de cette location a été abandonné ensuite aux hospices civils de Paris, par arrêté du préfet de la Seine du 10 mai 1813, approuvé par le ministre de l'intérieur le 27 du même mois, et en exécution des décrets des 24 et 27 février 1811, relatifs à l'aliénation des maisons urbaines des hospices, et pour remplacer au profit de cette administration le produit de cette aliénation. — Par ordonnance royale du 10 février 1841, le marché au bois à brûler a été supprimé. Un délai de deux ans à partir de la date de cette ordonnance a été accordé aux marchands de bois pour l'abandon complet des terrains par eux occupés dans l'île Louviers. En 1843, on a comblé le petit bras de rivière et construit un nouveau quai.

Par délibération du 7 juillet de la même année, le conseil municipal a adopté l'ouverture de deux rues sur ces terrains pour communiquer du nouveau quai au boulevart Morland. D'après une autre délibération du 23 février 1844, ces deux rues doivent prendre les noms de *Coligny* et de l'*île Louviers*. Le nouveau quai s'appellera *quai Henri IV*.

LOUVOIS (RUE DE).

Commence aux rues Lulli et de Richelieu, n° 77; finit à la rue Sainte-Anne, n°s 60 et 62. Le dernier impair est 7 ; le dernier pair, 12. La longueur du côté gauche qui est bordé par la place de Richelieu est de 49 m.; celle du côté droit, de 116 m. — 2e arrondissement, quartier Feydeau.

Louis-Sophie Le Tellier, *marquis de Louvois*, brigadier des armées du roi, était, en 1784, propriétaire d'un hôtel ayant son entrée dans la rue de Richelieu et qui s'étendait jusqu'à la rue Sainte-Anne. Il sollicita et obtint de sa majesté l'autorisation d'ouvrir une rue sur l'emplacement de cet hôtel. Les lettres-patentes furent expédiées le 30 avril 1784. Elles portent : « Article 1er. Il sera ouvert aux frais du sieur marquis

— LOU —

» de Louvois, sur le terrain de l'hôtel à lui appar-
» tenant, rue de Richelieu, une nouvelle rue de
» 30 pieds de largeur qui traversera le d. hôtel et
» conduira de la d. rue de Richelieu à la rue Sainte-
» Anne. — Art. 2e. La dite rue sera nommée rue de
» *Louvois*, etc. — Art. 5e. Voulons et entendons
» que les propriétaires des maisons, formant tant à
» droite qu'à gauche la façade de la d. rue, soient
» tenus de *construire un trottoir* le long des dites
» maisons, dont la largeur sera de 4 pieds et la hau-
» teur de 10 à 12 pouces au moins, avec une bordure
» de pierres, propre à soutenir le d. trottoir, lequel
» sera en outre couvert d'un pavé uni et défendu dans
» toute sa longueur de petites bornes qui seront po-
» sées à une certaine distance les unes des autres,
» telle qu'elle sera déterminée, etc. » — Ces lettres-
patentes reçurent leur exécution au mois de novembre
1784. La rue fut ouverte sur une largeur de 9 m. 60 c.,
dimension qui a été maintenue par une ordonnance
royale du 16 avril 1831. Les propriétés riveraines sont
alignées. — Éclairage au gaz (compe Anglaise).

Le théâtre de Louvois était situé dans cette rue, au
n° 6. Il avait été construit, en 1791, sur les dessins de
Brongniart, architecte. Son inauguration eut lieu le
1er juillet 1793. Fermé pendant quelque temps, il fut
rouvert le 7 mai 1801. On y joua jusqu'en 1808. Vers
1820, par suite de l'interdiction de la salle de l'Opéra,
les acteurs de ce théâtre donnèrent quelques représentations sur le théâtre de Louvois, qui a été transformé depuis en maison particulière.

LOUVRE (PALAIS DU).

Entrée principale, place du Louvre. — 4e arrondissement.

En quittant la rive gauche de la Seine au quai d'Orsay, quel imposant tableau attire les regards ! Le palais
du Louvre, celui des Tuileries, l'Arc-de-Triomphe, la
Madeleine, toutes ces richesses si heureusement groupées, forment un ensemble unique dans l'univers entier. — L'histoire du Louvre, c'est l'histoire de la France
tracée sur des murailles. Quand la royauté voulut sortir de tutelle, un château s'éleva, prison toute préparée. Philippe-Auguste montrait aux grands vassaux
révoltés son épée de Bouvines et la tour du Louvre.
Trois siècles sont écoulés : le vieux château-fort de
Philippe-Auguste a passé de mode. François Ier veut
oublier Pavie. S'il n'a pu vaincre Charles-Quint, il
veut être l'émule des Médicis et des Léon X. Il lui faut
de nobles portiques, de précieux bas-reliefs, des frises
élégantes. Un nouveau Louvre s'élève, et chaque
royauté va lui porter son offrande.

L'origine du Louvre se perd dans la nuit des temps.
Les historiens ne sont pas même d'accord sur son étymologie. Les uns font dériver son nom d'un seigneur de
Louvres, sur le terrain duquel le premier château fut
bâti ; les autres, des *loups* qui peuplaient la forêt voisine ;
quelques uns du vieux mot français *ouvre*, de sorte qu'on

— LOU —

aura dit plus tard *l'ouvre* pour *l'œuvre*, l'ouvrage par
excellence ; enfin, il en est un petit nombre, et ceux-là
nous semblent avancer l'opinion la moins invraisem-
blable, qui prétendent trouver la racine de ce nom dans le
mot saxon *lower*, qui signifie château. L'existence du
Louvre remonterait à Dagobert, s'il fallait en croire
une charte de ce roi, citée dans l'histoire de l'Université, par Duboullay ; mais d'autres savants ont contesté
l'authenticité de cette pièce. Plusieurs écrivains ont
attribué la construction de ce château à Childebert Ier ;
enfin Duchesne, dans sa *Géographie manuscrite de
Paris*, prétend que Louis-le-Gros fit entourer le Louvre de murailles, et qu'il y recevait le serment de
fidélité des grands vassaux de la couronne. Il est un
fait constant, c'est que l'existence du Louvre est antérieure au règne de Philippe-Auguste. Les bornes de cet
article ne nous permettent point de faire ici une description de cette forteresse, on peut d'ailleurs s'en
faire une idée en visitant ce qui nous reste du château
de Vincennes. — François Ier résolut de faire abattre
le Louvre et de construire sur son emplacement un
édifice plus élégant. Ce prince en confia l'exécution
à Sébastien Serlio, italien. Cet habile architecte, auquel on avait montré le dessin de Pierre Lescot, seigneur de Clagny, eut la générosité d'avouer au roi
que le projet de l'artiste français était préférable au
sien. Ce fut donc d'après les plans de Pierre Lescot
que fut commencé le palais nommé depuis le *Vieux-
Louvre*, pour le distinguer des bâtiments qui furent
élevés sous les règnes suivants. Cet édifice ne devait
s'étendre, dans le principe, que depuis le pavillon
formant l'angle du côté de la rivière, jusqu'à celui qui
fait aujourd'hui le milieu de la grande cour. Ce palais,
dans lequel on entrait par la salle connue sous le nom
des *Antiques*, devait être composé d'une grande galerie
ayant deux pavillons. Celui du côté de la Seine était
destiné à l'habitation, et celui du côté opposé était
affecté à la chapelle et contenait le grand escalier.
La façade principale, décorée de deux ordres d'architecture et d'un attique au-dessus, indiquait clairement
que le rez-de-chaussée était destiné au service du palais ; le premier étage à l'habitation du souverain, et
l'attique aux logements de sa suite. Henri II fit continuer cet édifice, l'augmenta d'une aile qui s'étendait
au midi, du côté de la rivière. Cette aile devait être
sans doute répétée dans la partie opposée en prolongement du pavillon du côté du nord. L'escalier et la
belle salle nommée aujourd'hui des *Cariatides* ont été
bâtis également sous Henri II. Les sculptures sont
dues au ciseau du célèbre Jean Goujon. Sous le règne
de Charles IX fut construite la portion de bâtiment
en aile qui existe aujourd'hui du côté du jardin de
l'Infante, et en retour sur le bord de la rivière jusqu'au guichet du petit clocher.

M. Quatremère de Quincy s'exprime ainsi sur les
constructions du vieux Louvre : « Il faut rendre à
» Lescot la justice de dire qu'il déploya dans son

» ordonnance, autant de connaissance des principes de
» la belle architecture, qu'aucun de ses plus habiles
» prédécesseurs. Les portiques dont il forma l'étage
» du rez-de-chaussée offrent d'aussi justes propor-
» tions, des rapports aussi heureux, et des détails
» aussi corrects que dans les meilleurs ouvrages con-
» nus. Il y employa l'ordre corinthien dans toute sa
» pureté, les profils sont d'une parfaite régularité.

» On voit que son intention fut de porter dans l'en-
» semble de sa composition la plus grande richesse.
» Ce fut à cet effet qu'il plaça au rez-de-chaussée l'or-
» dre corinthien, se réservant d'enchérir sur le luxe
» de cet étage, selon les idées alors reçues, par l'ordre
» prétendu qu'on appela composite, pour l'étage prin-
» cipal. Effectivement, cet étage l'emporte sur l'infé-
» rieur, par le luxe de ses chambranles, comme par
» l'élégance des festons de sa frise. Qu'il y ait, à vrai
» dire, un peu trop de ressemblance ou d'égalité de
» style et de goût d'ornement, ainsi que de propor-
» tion, entre les deux étages ou les deux ordres, c'est
» bien ce qu'il faut reconnaître; mais chacun pris en
» particulier n'en dénote pas moins un architecte
» nourri des meilleures doctrines, rempli des beautés
» de l'antiquité, et possédant tous les secrets de son art.

» Ce fut par suite de son système de luxe progres-
» sif du bas en haut, que Lescot prodigua dans son
» attique ou étage de nécessité, une telle richesse
» qu'on n'imagine pas qu'il soit possible d'en mettre
» davantage. Cependant un certain genre de conve-
» nance semble prescrire, dans la devanture d'un pa-
» lais, le degré de richesse applicable à l'importance
» de chaque étage; et sans doute Lescot, indépendam-
» ment de quelques autres considérations, força toute
» mesure dans la décoration de son attique. Ceci con-
» duit au second point de vue.

» Il faut se rapporter au siècle de Lescot, où tous
» les arts se trouvaient réunis dans la pratique du
» dessin, par de communes études chez le même
» artiste. Nul doute ainsi que Lescot n'ait été grand
» dessinateur, et comme tel n'ait été singulièrement
» versé dans le genre de la décoration. A part le trop
» d'ornements et l'excès de détails qu'on peut repro-
» cher au petit étage qui couronne son édifice, on est
» tenu de reconnaître qu'il n'y a pas un seul de ses
» détails d'ornement qui ne soit grandement imaginé
» et d'une exécution supérieure, dans sa totalité
» comme dans chacune de ses parties. Disons aussi
» qu'il eut à sa disposition le ciseau des sculpteurs
» les plus habiles, tant pour le grandiose et la har-
» diesse de l'exécution que pour la finesse, l'élégance
» et la pureté du goût. On croit voir qu'il voulut pré-
» parer à ces rares talents des motifs variés et de
» nombreuses occasions de s'exercer et de se produire
» sous des proportions diverses. Qui oserait aujour-
» d'hui se plaindre d'un superflu décoratif, auquel on
» doit de semblables beautés?

» Nous ne devons pas omettre ici la mention de la
» grande salle construite par Pierre Lescot, et qui
» occupe à rez-de-chaussée presque toute la lon-
» gueur de la façade dont on vient de parler. Elle est
» aussi remarquable par sa composition que par les
» objets de sa décoration. L'ordre qui y règne est une
» sorte de dorique composé, dont les colonnes sont
» distribuées et groupées d'une façon assez particu-
» lière. Il faut admirer la manière noble et ingénieuse
» dont se trouvent terminées les deux extrémités de
» cette vaste salle. D'un côté, la sculpture a décoré
» avec une très grande magnificence la cheminée en
» face de la tribune située à l'autre extrémité. Je
» parle de cette belle tribune dont les supports sont
» des cariatides colossales, ouvrages de Jean Goujon,
» qui, associé à Lescot dans les travaux du Louvre, a
» donné tant de prix à son architecture, etc... »

Les bâtiments qui forment l'entrée du Musée furent achevés par Henri IV, qui eut le premier la pensée de réunir le Louvre aux Tuileries. Ce prince ajouta une salle de spectacle dans l'espace occupé aujourd'hui par le grand escalier. Il acheva également la galerie qui borde la rivière. Louis XIII termina le pavillon de l'Horloge et la façade de ce côté. Il entreprit les deux autres corps de bâtiments au nord et au levant, prolongea celui du midi; ainsi le plan carré de la cour du Louvre, telle qu'on la voit aujourd'hui, est l'ouvrage des rois Henri IV et Louis XIII. Le cardinal Mazarin concourut aussi à l'achèvement du Louvre. Ce ministre chargea l'architecte Le Veau d'élever la façade du côté de la Seine. Il ne faut pas confondre ce bâtiment avec celui qui existe aujourd'hui. Ce dernier a été bâti beaucoup plus près de la rivière. Colbert, appelé au ministère et à l'intendance des bâtiments du roi en 1664, n'approuva point les projets de Le Veau pour l'agrandissement du Louvre. Les dessins de cet architecte offraient d'heureux détails, mais l'ensemble était mesquin et peu digne d'un monarque dont la gloire et la magnificence jetaient déjà un si vif éclat. Sans repousser toutefois le plan de cet artiste, Colbert crut devoir ouvrir un concours pour cette grande entreprise. Ce fut pour la première fois qu'on suivit en France une marche aussi solennelle, dans l'érection d'un monument aussi grandiose. Le modèle en bois de Le Veau fut exposé et condamné d'une voix unanime. Parmi les autres projets conçus par les plus habiles architectes, un dessin fut remarqué. Il ne portait pas de nom d'auteur. On sut bientôt qu'il était de Claude Perrault, médecin, qui par goût s'occupait d'architecture. Ce projet, que favorisa tout-à-coup l'opinion générale, avait aussi frappé Colbert. Les autres artistes, jaloux d'un si beau travail, firent entendre au ministre qu'un tel plan n'était qu'un charmant dessin, fait uniquement pour éblouir les yeux, mais qu'au fond il était d'une exécution impossible, et ne supportait point un examen approfondi. Ces observations ébranlèrent le ministre. Pour se tirer d'embarras, Colbert résolut de prendre l'avis des

meilleurs architectes d'Italie. Par une bizarrerie difficile à expliquer, ce fut le dessin de Le Veau qu'on envoya. Les artistes étrangers, au lieu d'examiner l'ouvrage, donnèrent plusieurs plans. Celui de Bernini obtint la préférence, et Louis XIV demanda l'architecte habile dont il avait admiré le travail. Bernini arriva en France. On lui fit une réception magnifique et digne d'un prince du sang. Des officiers envoyés par la cour apprêtaient à manger sur la route. L'artiste était complimenté et recevait des présents dans toutes les villes où il passait. Quand il approcha de Paris, on envoya au-devant de lui M. de Chantelou, maître d'hôtel du roi. Ce seigneur qui savait l'italien, reçut l'ordre d'accompagner Bernini tout le temps que cet artiste daignerait séjourner dans la capitale. Les honneurs prodigieux qu'on rendit à cet étranger excitèrent la jalousie des architectes français. Cette jalousie se changea bientôt en haine, lorsqu'ils entendirent Bernini louer avec emphase les seuls monuments de l'Italie. Voici le portrait qu'un historien contemporain nous a laissé de cet architecte : « Bernini avait une taille au-dessous de la
» moyenne, bonne mine, un air hardi. Son âge avancé
» et sa bonne réputation lui donnaient encore beau-
» coup de confiance. Il avait l'esprit vif, brillant, et un
» grand talent pour se faire valoir. Beau parleur, tout
» plein de sentences, de paraboles, d'historiettes et de
» bons mots dont il assaisonnait la plupart de ses ré-
» ponses. Il ne louait et ne prisait guère que les hom-
» mes et les ouvrages de son pays. Il citait souvent
» Michel-Ange. On l'entendait presque toujours dire:
» *Sicome diceva il Michel-Angelo Buonarotti.* » — Les ennemis de l'Italien surent faire remarquer ses défauts, raillèrent sa personne, l'abreuvèrent de dégoûts, et le forcèrent enfin à demander sa retraite. Après huit mois de séjour en France, Bernini retourna en Italie, comblé d'honneurs et de pensions, mais forcé d'abandonner aux architectes français un champ que sa réputation lui avait acquis et que sa vanité lui avait fait perdre. Colbert favorisa alors ouvertement le projet de Perrault, et le fit approuver par le roi. Mais dans la crainte qu'un médecin ne pût réunir tous les talents nécessaires pour construire un monument aussi important, on lui adjoignit un conseil composé de Le Veau, de Dorbay, architectes, et du peintre Lebrun. Colbert présidait les séances de ce conseil qui se tenait deux fois par semaine. Le génie de Perrault ne put néanmoins s'assujettir aux calculs pécuniaires, aux convenances locales. Il vit et exécuta son sujet en artiste habitué à saisir avant tout le côté poétique. L'idée qu'il s'était faite du palais d'un grand empire était empreinte de ce caractère grandiose et majestueux qui domine le spectateur et lui donne une haute opinion du maître qui l'habite. En vain chercherait-on à critiquer le péristyle du Louvre en disant que les colonnes accouplées le déparent, que le soubassement trop élevé est défectueux ; ce qui constitue les chefs-d'œuvre n'est point l'absence des défauts, mais bien la présence des beautés du premier ordre, placées par la main du génie avec cette hardiesse qui commande l'admiration. Cet artiste éminent a fait revivre avec une grande habileté la justesse et la beauté des proportions antiques. Il a porté le bon goût des ornements, la pureté des formes, le fini d'exécution à ce haut degré qui est peut-être la dernière limite que le génie ne saurait franchir impunément. Perrault érigea également une partie de la façade en retour du côté de la rivière. Mais les dépenses excessives des bâtiments de Versailles, entrepris à la même époque, et surtout les frais occasionnés par les guerres, firent suspendre les travaux du Louvre.

La régence dédaigna de purifier les richesses éphémères créées par le système de Law, en les employant à l'achèvement de nos édifices nationaux. Louis XV résolut de continuer le Louvre ; Gabriel et Soufflot furent chargés successivement d'en diriger les constructions d'après les projets de Perrault. On bâtit alors le troisième ordre de la face intérieure, derrière la colonnade, le fronton dans la cour du midi, celui du nord et le vestibule de la rue du Coq. Mais bientôt le Louvre fut livré à d'obscurs favoris qui s'y formèrent des habitations en rapport avec leur taille, rien ne fut respecté ; on perça les murs principaux pour faire des distributions nouvelles, les poutres des planchers furent coupées pour livrer passage à des tuyaux de cheminées, puis les voûtes, les piliers, soutiens de l'édifice, furent altérés, mutilés ; des maisons particulières obstruèrent aussi la cour, les façades furent couvertes dans le bas par des barraques informes et dégoûtantes ; en un mot, ce superbe monument ressemblait à un géant attaqué par des pygmées. L'infortuné et vertueux Louis XVI doit être mis au nombre des souverains qui se sont imposé la glorieuse obligation de terminer le Louvre ; ce palais commençait à se débarrasser des cahutes qui l'emprisonnaient, lorsque les troubles politiques vinrent encore suspendre les travaux. La république échangea ses richesses contre du fer, et dédaigna de s'occuper de ce palais, après en avoir tué le maître.

Napoléon, qui cherchait à rattacher le présent au passé, résolut de terminer un palais auquel *sept rois ses prédécesseurs* avaient travaillé. L'empereur s'exprimait ainsi devant MM. Percier et Fontaine, sur la destination future du Louvre : « Que la majesté et la gran-
» deur soient le caractère distinctif de ce palais, où le
» souverain ne viendra que passagèrement recevoir les
» hommages et les respects dus à son rang ; car c'est
» dans une demeure d'une proportion moins vaste,
» c'est hors du trône et de la représentation dont il
» ne peut se passer, qu'il ira chercher toutes ses aises
» et le bien-être de la vie privée. » — Napoléon décida qu'on garderait la façade de l'horloge, du côté du couchant, comme modèle de l'ancien Louvre, bien supérieur au Louvre nouveau, et que les trois autres façades au midi, au nord, et au levant, ouvrages du règne de Louis XIV, seraient achevées, améliorées et raccordées à la première. Cette détermination fut exécutée ; trois

— LOU —

façades du Louvre, décorées de trois ordres d'architecture, sont entièrement pareilles; la quatrième avec deux ordres, un attique et un pavillon couronné d'un dôme au milieu de l'aile, a été rétablie d'après les plans de Pierre Lescot.

Réunion des deux palais du Louvre et des Tuileries.

Le Louvre et les Tuileries qui sont destinés à ne former qu'un seul édifice, n'ayant pas été construits par un seul monarque et sur un plan bien arrêté, les architectes auront de la peine à vaincre les difficultés que présentent les dispositions irrégulières de ces deux monuments. — « Le Louvre, qu'il faut considérer » (disent MM. Percier et Fontaine) comme la res» tauration d'un vieux château, avait été élevé à » l'extrémité de la ville, près des bords de la Seine, et » en partie sur des fondations anciennes. Le château » des Tuileries, dont on avait voulu faire une habita» tion de campagne agréable, était bâti isolément hors » de la ville, sans aucun rapport avec la position du » Louvre. Ainsi il est résulté que tout, dans la situa» tion respective de ces deux édifices, est l'effet de plu» sieurs hasards contraires. L'ordonnance, la décora» tion, les hauteurs des façades ne s'accordent sur » aucun plan; les axes du milieu des deux palais ne » se correspondent point, le parallélisme des deux fa» cades est disparate. Le sol même en plusieurs par» tiés varie au point que, des rez-de-chaussée de la » galerie du Musée au niveau de la cour du Louvre, on » trouve près de 3 m. de différence. — L'empereur, » après s'être fait rendre un compte exact de ces deux » palais, décida que le plan général pour la réunion » du Louvre et des Tuileries serait exécuté ainsi que » nous allons l'indiquer. Les deux palais du Louvre et » des Tuileries seront séparés par une ligne transver» sale, qui contiendra au premier la bibliothèque » nationale avec tout ce qui en dépend, et qui au rez» de-chaussée aura un large portique traversant la » place du Carrousel jusqu'au quai. L'aile neuve des » Tuileries, destinée à loger les services administratifs » de la maison, sera continuée jusqu'à la rencontre du » portique de l'aile transversale. Une fontaine publi» que, de forme ronde, placée au point d'intersection » de l'axe des deux palais, entre l'arc de triomphe de » l'entrée de la cour des Tuileries et l'aile de la bibli» othèque, empêchera que d'aucun point on ne puisse » découvrir en même temps les deux milieux et par » conséquent leur irrégularité. Toutes les différences » du parallélisme, de disposition locale et d'ordon» nance, seront ainsi rejetées dans les divisions des » murs et des pièces sur la largeur de l'aile transver» sale. La décoration extérieure des trois ailes au midi, » au nord et au levant du château, sera semblable et » conforme à ce qui est fait dans l'aile du Musée et dans » l'aile neuve, presqu'entièrement bâtie en face. L'aile » du Louvre du côté des Tuileries, autrement dite l'aile

— LOU —

» de l'horloge, sera précédée d'une avant-cour entourée » de portiques et de bâtiments dont le plan et l'ordon» nance sont indiqués par l'état de la décoration des » constructions premières et par la disposition du pa» villon de l'entrée du Musée. Ces bâtiments contien» dront des salles d'assemblées et d'expositions pour » les corps savants, l'Université, l'Institut, les corpo» rations utiles et les établissements qui ont pour ob» jet l'encouragement des arts et de l'industrie; plus » un appartement d'honneur, plusieurs autres appar» tements et logements de suite; les écuries, les remises » et tout ce qui dépend de ce service, occuperont l'étage » bas de la cour, entre l'aile du midi de l'avant-cour » du Louvre et la galerie du Musée. La salle de théâtre » de l'Opéra, bâtie isolément sur la place du Palais» Royal, et faisant face à l'entrée principale de ce pa» lais, communiquera à l'aile des fêtes par un arc » couvert; un pavillon pareil à celui de l'entrée du » Musée, formera de l'autre côté le porche de l'église » du Louvre, commencée pour remplacer celle de » Saint-Germain-l'Auxerrois qui sera démolie lors» qu'on exécutera la place et le percement de la rue » du Trône. » — Tel était le magnifique programme arrêté par Napoléon. Les deux palais du Louvre et des Tuileries, unis, confondus, devaient former un seul monument dont les proportions eussent répondu à la grandeur de la capitale. L'empire a disparu et le Louvre reste inachevé. Il appartient à la royauté nouvelle de terminer cet édifice et d'inscrire glorieusement son nom sur le plus beau monument de la France.

LOUVRE (PLACE DU).

Commence aux quais du Louvre et de l'École, n° 34; finit à la place de l'Oratoire et à la rue des Poulies, n° 2. Pas de numéro impair; ce côté est bordé par la colonnade du Louvre; le dernier pair est 26. Sa longueur est de 205 m. — 4e arrondissement; le côté gauche et les numéros de 2 à 10 sont du quartier du Louvre; les numéros de 12 à 26 dépendent du quartier Saint-Honoré.

En 1300 et 1313, une voie publique nommée Osteriche, depuis Autriche, régnait le long de l'ancien Louvre et aboutissait au quai. Elle prit plus tard la dénomination de rue du Petit-Bourbon, en raison de l'hôtel du Petit-Bourbon, dont nous parlerons dans le cours du présent article. En 1806, on lui donna le nom de place d'Iéna; en 1814, celui du Louvre. — Une décision ministérielle du 17 frimaire an XI, signée Chaptal, a fixé l'alignement de cette voie publique. Propriétés de 2 à 6, retranch. 6 m. à 8 m. 50 c.; maison à l'encoignure gauche de la place Saint-Germain-l'Auxerrois, ret. réduit 2 m. 20 c.; celles de 8 à 18 devront avancer sur leurs vestiges actuels; 20, alignée; 22, redress.; 24, ret. 60 c.; 26, alignée. — Égout entre le quai et la rue des Fossés-Saint-Germain-l'Auxerrois. — Éclairage au gaz (comp° Anglaise).

Dans la rue d'Autriche on voyait l'hôtel du Petit-Bourbon, ainsi dénommé parce qu'il servait de demeure

— LOU —

aux ducs de Bourbon. Cet hôtel avait été bâti peu de temps après que Philippe-Auguste eût fait augmenter le Louvre. Il fut réparé sous les règnes de Charles V et Charles VI. Le connétable de Bourbon ayant été déclaré criminel de lèse-majesté, une partie de la demeure du Petit-Bourbon fut démolie en 1527, et l'on sema du sel sur ce terrain ; la couverture et les moulures de la porte principale furent barbouillées de ce jaune infamant dont le bourreau brossait les maisons des criminels de lèse-majesté. On voyait encore du temps de Sauval des armoiries brisées et à demi-effacées ; une tour en partie rasée se trouvait près de la rivière. Parmi les bâtiments conservés, on remarquait aussi une galerie d'une grande étendue ; on y tint, en 1614 et 1615, l'assemblée des états ; plus tard elle servit de théâtre, et la cour y donnait des fêtes. Plusieurs fois Louis XIV, dans sa jeunesse, vint danser publiquement dans cette salle. Ce théâtre fut accordé, en 1658, à la troupe de Molière. Deux ans après, les comédiens abandonnèrent ce local qui fut détruit ; on plaça dans les autres corps de logis les écuries de la reine et les meubles de la couronne. Louis XIV ordonna, en 1665, la démolition des bâtiments qui restaient de l'ancien hôtel du Petit-Bourbon ; sur ce terrain on construisit la colonnade du Louvre, et on forma aussi la place dont nous nous occupons. — Mercier, l'auteur du *Tableau de Paris*, nous rappelle ainsi le genre de commerce qu'on faisait encore en 1788 sur la place du Louvre. « En face de la superbe colonnade, dit cet écrivain, on voit beaucoup de vieilles hardes, qui suspendues à des ficelles et tournant au vent, forment un étalage hideux. Cette friperie a tout à la fois un air sale et indécent. Là, tous les courtauds de boutiques, les maçons et les portefaix vont se recruter en culottes qui ont manifestement servi ; les neuves y sont de contrebande, il y en a de toutes les formes, de toutes couleurs et de toute vétusté exposées aux chastes regards du soleil et des jolies femmes, soit anglaises, soit italiennes, soit espagnoles, qui ne peuvent admirer le péristyle du Louvre sans voir en même temps ces échoppes si ridiculement ornées. Des parasols chinois en toile cirée, de dix pieds de haut, mais grossièrement travaillés, servent d'abri à cette multitude de fripiers, étalant là des nippes ou plutôt des haillons. Lorsque ces parasols sont baissés la nuit, ils forment dans l'obscurité comme des géants immobiles rangés sur deux files, qu'on dirait garder le Louvre ; quand on n'est pas averti, on recule dans les ténèbres au premier aspect et l'on ne saurait deviner ce que c'est que ces fantômes. » — Cette place a été dégagée des guenilles qui l'obstruaient ; une grille de fer orne la place, au droit du péristyle du Louvre, mais une portion, au côté gauche de l'édifice, n'est encore protégée que par une misérable palissade en bois, appuyée sur des pierres que le temps a disjointes. Un terrain a été ménagé entre cette clôture et le palais ; pendant plusieurs années il fut occupé par les tombeaux des citoyens morts dans les journées de juillet 1830.

— LOW —

Les restes de ces combattants ont été déposés dans les caveaux de la colonne de la Bastille.

LOUVRE (QUAI DU).

Commence à la place du Louvre et au quai de l'École ; finit au quai des Tuileries. Sa longueur est de 264 m. — 4ᵉ arrondissement, quartier du Louvre.

Lettres missives du roi aux prévôt des marchands et échevins.

« (15 mars 1527). — De par le roy.. Très chers et
» bien amez, pour ce que nostre intention est de do-
» resnavant faire la plus part de nostre demeure et
» séjour en nostre bonne ville et cité de Paris, et
» alentour plus qu'en aultre lieu de royaulme, cognais-
» sant nostre chastel du Louvre, estre le lieu plus com-
» mode et à propos pour nous loger, à ceste cause
» avons délibéré, faire réparer et mettre en ordre le
» dit chastel, et faire clore la place estant devant icel-
» luy, pour nous en aider et jouir, nous avons bien
» voulu advertir à ce que avisiez un *chemyn le long*
» *de la tour respondant sur la rivière*, près la fausse
» porte par où l'on a accoustume passer les chevaulz
» tirant les basteaux, afin que trente chevaulz puissent
» doresnavant par le dit chemyn avoir leur pas-
» sage, etc... Donné à Saint-Germain-en-Laye, le 15ᵉ
» jour de mars 1527. Signé François. » — On voit dans les registres de l'Hôtel-de-Ville que les constructions de ce quai avaient déjà occasionné, en 1537, une dépense de 10,000 écus. Les travaux ne pouvaient être achevés qu'en y employant une pareille somme. — En vertu d'une ordonnance du bureau de la ville du 8 août 1622, ce quai fut élargi pour la commodité de la navigation. A la fin du XVIIIᵉ siècle, on le nomma quai du *Muséum* ; depuis on l'appelle quai du *Louvre*, parce qu'il longe la grande galerie de ce palais ; il a été reconstruit depuis 1810. Il n'existe pas d'alignement pour cette voie publique. — Éclairage au gaz (compᵉ Anglaise).

LOWENDAL (AVENUE DE).

Commence à l'avenue de Tourville ; finit aux chemins de ronde des barrières des Paillassons et de l'École-Militaire. Le dernier impair est 27 ; le dernier pair, 10 ; ce côté est en grande partie bordé par les bâtiments de l'École-Militaire. Sa longueur est de 812 m. — 10ᵉ arrondissement, quartier des Invalides.

Cette avenue a été formée vers 1770. Jusqu'en 1838, la partie qui s'étend de l'avenue de Tourville à la place de Fontenoi porta le nom de *Boufflers*, en mémoire de Louis-François duc de Boufflers, pair et maréchal de France, né en 1644, mort à Fontainebleau en 1711. — En vertu de la loi du 19 mars 1838, l'avenue de Lowendal a été cédée par l'État à la ville de Paris. Suivant le plan annexé à cette loi, l'avenue de Boufflers est confondue dans l'avenue de Lowendal. — Conduite d'eau entre la place de Fontenoi et l'avenue Suffren.

Ulric-Frédéric Woldemar de Lowendal naquit à Hambourg en 1700. Son père étant tombé en disgrâce se réfugia en Saxe. Le jeune Lowendal voulut suivre la carrière des armes et se distingua dans les rangs de l'armée impériale. A Peterwaradin, à Belgrade, il attira sur lui les regards du prince Eugène. Après une expédition glorieuse qu'il fit en Sicile, il fut nommé officier général. Le maréchal de Saxe, son ami d'enfance, l'engagea bientôt à venir en France, et lui fit donner le grade de lieutenant-général. A Fontenoi, Lowendal commandait une division, et décida du succès de la bataille en venant tout-à-coup se joindre à la maison du roi, au moment où elle exécutait cette charge si brillante qui fit reculer les ennemis. Lowendal recueillit les fruits de la victoire, en s'emparant des villes d'Oudenarde, d'Ostende et de Nieuport. La campagne qui suivit ne fut pas moins heureuse pour ce général, qui enleva par un coup de main hardi l'importante place de Berg-op-Zoom. Le bâton de maréchal fut la récompense de son courage. Il concourut cette même année à la prise de Maëstricht, et le traité d'Aix-la-Chapelle, conclu en 1748, lui permit de goûter quelques années de repos. Lowendal mourut à Paris le 27 mai 1755.

LUBECK (RUE DE).

Commence à la rue de la Croix-Boissière; finit aux chemins de ronde des barrières Sainte-Marie et de Longchamp. Pas de numéro. Sa longueur est de 592 m. — 1er arrondissement, quartier des Champs-Élysées.

En vertu d'une décision ministérielle du 19 juillet 1806, signée Champagny, la partie de cette rue comprise entre celle de Longchamp et la barrière Sainte-Marie, a été tracée vers 1807, sur les terrains provenant de la communauté des filles de la Visitation Sainte-Marie. Sa largeur a été fixée à 13 m. 64 c. Les constructions riveraines sont alignées. — La deuxième partie qui, de la rue de la Croix-Boissière aboutit à celle de Longchamp, est indiquée sur le plan de Verniquet, mais sans dénomination. Elle a été fixée à 8 m. de largeur par une décision ministérielle du 7 août 1818. Les constructions riveraines de cette partie sont à l'alignement. Cette rue n'est encore ni pavée ni éclairée. Son nom rappelle le glorieux combat de Lubeck des 6 et 7 novembre 1806.

LULLI (RUE).

Commence à la rue Rameau, n° 2; finit à la rue de Louvois, n° 1. Le seul impair est 1; pas de numéro pair; ce côté est bordé par la place de Richelieu. Sa longueur est de 38 m. — 2e arrondissement, quartier Feydeau.

« Administration centrale. — Séance du 29 nivôse
» an V. L'administration centrale du département de
» la Seine, sur le rapport fait, qu'en exécution de l'au-
» torisation donnée au citoyen Cottin, par l'ancienne
» municipalité de Paris, d'ouvrir deux nouvelles rues
» sur un terrain du ci-devant hôtel de Louvois, situé
» entre les rues de Richelieu et Helvétius (Sainte-
» Anne), dont l'une serait parallèle à la rue de Louvois,
» l'autre pour servir de prolongement à la rue de
» Chabanais, le d. citoyen Cottin aurait fait ouvrir ces
» deux rues, mais que l'entrepreneur des bâtiments
» construits sur cette dernière ayant commis une
» erreur dans le percement, il était inévitable d'y remé-
» dier par un biais; que pour être autorisé à cette
» mesure, le d. citoyen Cottin agissant pour les admi-
» nistrateurs de la ci-devant caisse d'escompte, s'était
» pourvu à cet effet auprès de l'ancienne municipalité;
» qu'en conséquence le bureau municipal avait adopté,
» par un arrêté du 30 juillet 1793 (vieux style), la pro-
» position faite par les ci-devant administrateurs de la
» caisse d'escompte, de sauver par un biais l'erreur
» qui s'était glissée lors de la plantation de la conti-
» nuation de la rue de Chabanais, conformément au
» plan annexé à leur demande, etc. Vu aussi la demande
» du citoyen Psalmon, se disant maintenant proprié-
» taire de la portion de terrain située à l'angle de la
» rue projetée, ensemble le rapport de l'inspecteur
» général de la voirie; considérant que le moyen pro-
» posé pour le percement nécessaire au prolongement
» de la rue de Chabanais ne peut être adopté comme ir-
» régulier et incommode au public; ouï le commissaire
» du directoire exécutif; arrête que le percement à
» faire pour le prolongement de la rue de Chabanais
» ne pourra être exécuté par le biais proposé, mais
» par une ligne droite prise de droite et de gauche en
» prolongation et même direction que le nud des
» murs de face des maisons construites rue de Chaba-
» nais, etc. » (registre 13, page 60). Il paraît qu'on ne tint aucun compte de cette défense, car la rue fut maintenue avec le biais signalé dans la pièce qui précède. Sa largeur avait été fixée à 24 pieds. Cette voie publique qui longeait l'ancienne salle de l'Opéra, reçut le nom de Lulli, en mémoire de Jean Lulli, célèbre compositeur de musique, né à Florence en 1633, mort à Paris en 1687. — Une ordonnance royale du 16 avril 1831 a maintenu les constructions de la rue Lulli dans leur état actuel. — Conduite d'eau. — Éclairage au gaz (compe Anglaise).

LUNE (RUE DE LA).

Commence à la rue Beauregard, n° 47, et au boulevart Bonne-Nouvelle, n° 5 bis; finit à la rue Poissonnière, nos 38 et 40. Le dernier impair est 45; le dernier pair, 42. Sa longueur est de 267 m. — 5e arrondissement, quartier Bonne-Nouvelle.

La construction de cette rue, commencée en 1630, fut achevée vers 1648. Elle tire vraisemblablement sa dénomination d'une enseigne. — Une décision ministérielle du 3 vendémiaire an X, signée Chaptal, fixa la largeur de cette voie publique à 8 m. En vertu d'une ordonnance royale du 21 juin 1826, sa moindre largeur a été portée à 10 m. L'église, les maisons nos 32 et 38 sont alignées; les propriétés nos 3, 5, 17, 19, 40 et 42, ne devront subir qu'un léger redressement. — Égout entre les rues Notre-Dame-de-Recouvrance et

— LUX —

Poissonnière. — Conduite d'eau depuis la rue Notre-Dame-de-Bonne-Nouvelle jusqu'à la borne-fontaine. — Éclairage au gaz (comp^e Française).

Dans cette rue, au n° 32, était la principale entrée de la *communauté des Filles de la Petite-Union-Chrétienne*, connue également sous le nom de *Petit-Saint-Chaumont*. Jean-Antoine Le Vacher, prêtre, qui contribua par son zèle à la formation de l'établissement religieux dont nous avons parlé à l'article du *passage Saint-Chaumont*, résolut d'en former un second sur le même modèle. Il sut intéresser plusieurs personnes puissantes à la nouvelle fondation. Louis-Antoine de Noailles, évêque de Châlons, la duchesse sa mère et mademoiselle de Lamoignon, s'en déclarèrent protecteurs. Les membres de cette association jetèrent les yeux sur une maison située rue de la Lune. Cette propriété avait été bâtie par François Berthelot, secrétaire de la dauphine, pour recevoir cinquante soldats blessés dans les dernières campagnes. La construction de l'hôtel royal des Invalides ayant rendu cette maison inutile, elle fut vendue en 1682 aux filles de l'Union-Chrétienne. Sainte Anne était la patronne titulaire de cette communauté, dans laquelle on recevait les jeunes filles nouvellement converties au catholicisme, et qui avaient besoin de conseils et de protection. Les jeunes personnes qui, cherchant à se mettre en condition, manquaient de toutes les ressources nécessaires à la vie, y trouvaient également un asile. Cette communauté, supprimée en 1790, devint propriété nationale et fut vendue le 7 germinal an III. Elle contenait alors une superficie de 638 m. 645 millim. Les bâtiments ont été démolis en 1822 et remplacés par une maison particulière.

LUXEMBOURG (PALAIS DU).

Situé dans la rue de Vaugirard, en face de la rue de Tournon. — 11e arrondissement.

Sur une partie de l'emplacement occupé par le palais du Luxembourg, Robert de Harlay de Sanci fit bâtir, vers le milieu du XVIe siècle, une grande maison accompagnée de jardins. Dans un arrêt de la cour des aides, rendu en 1564, cette propriété est qualifiée d'*Hôtel bâti de neuf*. Le duc de *Pincé-Luxembourg* en fit l'acquisition, et ajouta en 1583 et 1585 plusieurs terrains contigus pour l'agrandissement des jardins. Ce domaine passa ensuite à la reine Marie de Médicis, qui l'acheta le 2 avril 1612 moyennant 90,000 livres. Ce fut sur ce vaste emplacement que la veuve de Henri IV conçut le projet de faire construire une habitation toute royale. Jacques de Brosse fournit les dessins du monument, et dirigea les travaux avec tant d'activité, qu'en peu d'années l'édifice se trouva complètement terminé. Il devait porter le nom de *palais Médicis*, mais la reine l'ayant légué à Gaston de France, duc d'Orléans, son second fils, il prit la dénomination de *palais d'Orléans*, ainsi que le prouvait une inscription qui demeura sur la principale porte jusqu'au commencement

— LUX —

de la révolution, mais l'ancien nom de *Luxembourg* à prévalu et sert encore à désigner ce monument. Après la mort du second fils de Henri IV, ce palais échut par moitié à la duchesse de Montpensier, l'autre partie lui fut abandonnée moyennant la somme de 500,000 livres. Une transaction le fit passer en 1672 à Elisabeth, duchesse d'Orléans et d'Alençon, qui le céda au roi en mai 1694. Ce palais fut depuis occupé par la duchesse de Brunswick, et par Mademoiselle d'Orléans, reine douairière d'Espagne. Il rentra à la mort de cette princesse dans le domaine royal, et Louis XVI le donna, par édit du mois de décembre 1778, à Louis-Stanislas-Xavier, fils de France, *Monsieur*, à titre et par augmentation d'apanage. Le palais du Luxembourg devint au commencement de la révolution propriété nationale. En 1792, il fut converti en prison. Le 4 novembre 1794 le directoire exécutif s'y installa.

« Conseil des Cinq-Cents. Commission législative.
» Séance du 3 nivôse an VIII. Projet de résolution
» adopté. — Article 1er. Le sénat conservateur et les
» consuls entreront en fonctions le 4 nivôse an VIII;
» etc. — Art. 7e. Les édifices nationaux ci-après dési-
» gnés seront affectés aux diverses autorités consti-
» tuées : 1° le palais du Luxembourg, au sénat conser-
» vateur ; 2° le palais des Tuileries, aux consuls ;
» 3° le palais des Cinq-Cents, au Corps-Législatif ;
» 4° le palais Égalité, au Tribunat, etc. » (Extrait du Moniteur du 3 nivôse an VIII.)

Après la chute de l'empire, le palais du Luxembourg reçut une nouvelle destination. — Ordonnance royale du 4 juin 1814. « Louis, etc. Voulant pourvoir à ce que
» la chambre des pairs de France soit environnée dès
» son entrée en fonctions de tout ce qui peut annon-
» cer à nos sujets la hauteur de sa destination, nous
» avons déclaré et déclarons, ordonné et ordonnons
» ce qui suit : — Article 1er. Le palais du Luxem-
» bourg et ses dépendances telles qu'elles seront par
» nous désignées, sont affectés à la Chambre des Pairs,
» tant pour y tenir ses séances, y déposer ses archives,
» que pour le logement des officiers, ainsi que le tout
» sera par nous réglé et établi. — Art. 2e. La garde
» du palais de la Chambre des Pairs, celle de ses
» archives, le service de ses messagers d'état et huis-
» siers, sont sous la direction d'un pair de France,
» choisi par nous, sous la dénomination de Grand-
» Référendaire de la Chambre des Pairs. — Art. 3e. Il
» résidera au palais, et ne pourra s'absenter sans notre
» permission expresse, etc. Signé Louis. »

Ce palais, dont nous venons de tracer rapidement l'origine, est sans contredit un des plus beaux de l'Europe ; et cependant on ignore jusqu'au lieu et jusqu'à la date de la naissance et de la mort de l'illustre architecte qui le construisit.

Marie de Médicis avait habité, à Florence, le palais Pitti, séjour habituel des grands ducs de Toscane. La veuve de Henri IV voulut que le palais de ses pères

— LUX —

servit de type à l'édifice que Jacques de Brosse allait élever. Mais le génie du grand architecte ne put s'assujettir au programme arrêté par la reine.

« Si l'on excepte, en effet, dit M. Quatremère de
» Quincy, ce style de bossages dans lequel l'architecte
» français resta, quant au goût colossal du genre, à un
» degré fort inférieur à ce qui put lui servir de modèle
» chez l'architecte Florentin, on sera obligé de dire
» que les deux édifices ont les plus grandes dissem-
» blances dans le plan général, dans l'ensemble des
» élévations variées, et tant à l'intérieur que dans les
» distributions intérieures. Bernini, qui vit le bâtiment
» terminé lors de son voyage à Paris, convenait qu'il
» n'y avait nulle part de palais, ni mieux bâti, ni plus
» régulier.

» La plus grande dimension du palais du Luxembourg
» est de 180 pieds; la moindre, c'est-à-dire celle de la
» face qui regarde la rue qui y aboutit est de 150 pieds.
» Son plan général forme un carré presque exact, dont
» toutes les parties sont en symétrie les unes avec les
» autres (on parle du plan général avant les modifica-
» tions opérées par les nouvelles destinations). Sa
» simplicité répond à sa régularité. Il consiste en une
» très grande cour, environnée de portiques et flanquée
» dans ses angles de quatre bâtiments carrés qu'on
» appelle pavillons. Les vastes et spacieuses galeries qui
» font au rez-de-chaussée parcourir à couvert toute
» l'étendue du bâtiment, lui donnent un grand air de
» magnificence. La partie la moins heureuse de la dis-
» position générale consiste, sur le jardin, dans la répé-
» tition de deux pavillons qui de ce côté composent la
» façade. Ces deux gros pavillons, trop voisins des
» deux qu'ils semblent doubler, se communiquent dans
» leur aspect une pesanteur réciproque. L'extérieur
» seul s'est conservé intact, et cette partie est celle qui
» constitue plus spécialement l'architecture. On peut
» considérer celle-ci sous deux rapports, savoir : la com-
» position ou l'ensemble des masses et leur décoration.

» Sous le premier point de vue, ce palais mérite les
» plus grands éloges. On ne citerait guère en aucun
» pays un aussi grand ensemble, qui offrit avec autant
» d'unité et de régularité un aspect à la fois plus varié
» et plus pittoresque, surtout dans sa façade d'entrée.
» Cet effet résulte de l'avant-corps du milieu, couronné
» par cette coupole qui se trouve liée fort heureuse-
» ment aux deux pavillons d'angle, et sert ainsi ou de
» motif, ou de raccordement à leur hauteur. De Brosse,
» en entremêlant sa composition de ces énormes
» pavillons, ne fit que suivre une des traditions des
» anciens châteaux forts dont la France était encore
» couverte. Mais ce qui aurait pu n'offrir que des dis-
» parates et des masses décousues, comme on le prati-
» quait autrefois, est devenu, au palais du Luxem-
» bourg, la source même d'une des beautés de sa com-
» position, dans l'ensemble et l'effet de l'élévation.
» Loin donc que l'homme de goût se plaigne de leur
» répétition, il regretterait de ne les y pas trouver, ou

— LUX —

» qu'on les supprimât, tant l'architecte a su les rendre
» nécessaires à l'ordonnance générale.

» Quant à la décoration du palais, même esprit de
» régularité et d'unité. Les mêmes ordres règnent au-
» dehors de l'édifice, et dans toute son étendue, comme
» dans l'intérieur de la cour. Tout le rez-de-chaussée
» est en arcades formées par des pieds droits, ornés de
» pilastres plus ou moins accouplés, selon le plus ou
» moins de largeur du champ qu'ils occupent. L'ordre
» régnant partout au rez-de-chaussée est une sorte
» de prétendu toscan, coupé par des bossages, et de la
» manière la plus uniforme dans tout le développement
» de l'édifice.

» Le second ordre ou celui du premier étage se
» trouve appliqué avec la même uniformité en pilas-
» tres, sur toutes les parties de trumeaux entre les
» fenêtres, et en colonnes adossées dans toutes les
» masses formant avant-corps. Cet ordre est dorique ;
» son entablement est orné de triglyphes et de méto-
» pes, dont la distribution est devenue souvent irrégu-
» lière par l'effet de tous les ressauts partiels, qu'on ne
» pouvait guère éviter dans un ensemble composé de
» tant de masses diverses. Les bossages qui règnent
» dans toute l'ordonnance de cet étage, au lieu d'être
» continus en hauteur, sont à bandes alternatives,
» autant sur les trumeaux que sur les colonnes et les
» pilastres. Partout les bossages ont leurs angles ar-
» rondis. »

Des travaux considérables d'agrandissement ont été commencés en 1837 au Luxembourg, sous la direction de M. de Gisors. Ces travaux, achevés en 1842, ont coûté 300,000 francs pour les constructions, et 800,000 francs pour tous les objets d'art.

La décoration de la nouvelle salle des séances est remarquable. La voûte surtout est d'une grande magnificence. Quatre pendentifs, dans lesquels sont représentées la Sagesse, la Loi, la Justice et la Patrie, ont été exécutés par M. Abel de Pujol. Les trois grands médaillons et les six compartiments des fenêtres où l'on voit la Prudence, la Vérité et la Confiance, et les six plus illustres législateurs de l'antiquité, Moïse, Dracon, Solon, Lycurge, Numa et Justinien, ont été exécutés par M. Vauchelet. De chaque côté de l'hémicycle sont des sujets allégoriques peints par M. Blondel. Près du centre de la voûte, dans six médaillons, ont été placés les portraits couleur de bronze de Charles V, Louis XII, François Ier, Louis XIV, Napoléon et Louis XVIII.

Jardin du Luxembourg. — L'antique destination d'une partie de ce jardin serait demeurée dans l'oubli, si des embellissements exécutés n'eussent occasionné de grands mouvements dans le sol, et exhumé une vérité enfouie depuis des siècles dans le sein de la terre. Sauval nous apprend qu'à l'époque où l'on jeta les fondements du palais du Luxembourg, on découvrit une figure en bronze représentant Mercure. « Quant au Mercure de bronze, dit-il, qu'on rencontra dans les fondations du palais d'Orléans, au commencement de la régence de Marie de Médicis, il n'avait pas plus de cinq à six pouces de haut ; à l'ordinaire il était nud et un pied en l'air ou pour marcher ou pour voler, mais contre la coutume il n'avait point de bonnet ; les ailes lui sortaient de la tête, et sur la paulme de la main droite il portait une bourse toute pleine. » — Dans les fouilles exécutées en 1801, on déterra quelques figurines de divinités, une petite idole de Mercure, une tête de Cybèle, toutes deux en bronze, et quelques instruments sans doute affectés aux sacrifices. Des objets servant à préparer des repas y furent trouvés en abondance. On y déterra un nombre infini d'autres ustensiles plus particulièrement destinés aux militaires et à leur habillement, tels qu'agraphes, boucles de différents genres avec leurs ardillons que les Romains nommaient *fibulæ* ; des boutons, des ornements de ceinturons, des harnais de chevaux et un bout de fourreau d'épée ; toutes ces découvertes semblent indiquer que l'emplacement où nous voyons aujourd'hui le jardin du Luxembourg, était occupé par un camp à l'époque de la domination romaine. Cette opinion se fortifie par suite des découvertes qui furent faites au mois d'octobre 1836. En creusant les fondements de la nouvelle Chambre des Pairs, M. de Gisors, architecte, a trouvé une série de puisards, une masse énorme de tuiles romaines, des débris de vases antiques, plusieurs statuettes en pierre et de nombreux fragments de poterie ; enfin, tout récemment, en fouillant le sol dans la partie du jardin du Luxembourg où l'on construisit l'Orangerie, on a trouvé à une profondeur d'environ 1 m. 50 c., quelques fragments de plâtrages revêtus encore de peintures, ainsi qu'un vase d'argent renfermant un grand nombre de médailles romaines.

Le jardin du Luxembourg est un des plus beaux de l'Europe. Dans les années 1793 et 1794, on se servit pour son agrandissement de l'enclos du couvent des Chartreux, sur lequel on construisit aussi des ateliers d'armes. Après la Terreur, ces ateliers furent abattus ; on conserva pourtant la pépinière des Chartreux, qui devint un des principaux ornements de ce jardin. A la fin de l'année 1795 on traça la magnifique avenue qui rattache le Luxembourg à l'Observatoire. Ce jardin fut aussi amélioré sous l'Empire. Les travaux, dirigés d'abord par Chalgrin, furent continués par Baraguei, architecte du palais des Pairs. Le plan de Jacques de Brosse a été presqu'entièrement modifié. Son ordonnance actuelle se compose d'un parterre entouré de plates-bandes, au milieu desquelles se trouve un grand bassin octogone. Des terrasses bordées de balustrades et recourbées en pente douce, entourent le parterre et le dominent.

PETIT LUXEMBOURG. — Ce petit palais, dont l'entrée est dans la rue de Vaugirard, à l'ouest du Luxembourg, fut construit vers l'année 1629, par ordre du cardinal de Richelieu, qui l'habita pendant qu'on bâtissait le Palais-Cardinal. Cet édifice terminé, son Éminence donna son hôtel de la rue de Vaugirard à la duchesse d'Aiguillon, sa nièce. Cette habitation prit alors le nom d'*hôtel d'Aiguillon*. Il passa plus tard à titre d'hérédité, au prince Henri-Jules de Bourbon-Condé, et reçut à cette occasion le nom d'*hôtel du Petit-Bourbon*. La princesse Anne, palatine de Bavière, veuve de Jules de Bourbon, le choisit pour sa demeure ordinaire. Elle y fit exécuter des réparations et accroissements considérables sous la direction de l'architecte Germain Boffrand, qui construisit le délicieux petit cloître situé entre l'hôtel et l'Orangerie.

La Société des Arts, fondée vers 1730, sous la protection de Louis de Bourbon-Condé, comte de Clermont, tenait ses séances le dimanche et le jeudi de chaque semaine dans cet hôtel.

Le Petit-Luxembourg devint le siège du gouvernement directorial. Quatre des directeurs l'habitaient, le cinquième logeait dans le grand palais. Pendant les dix premiers mois de son consulat, Bonaparte demeura dans cet hôtel qui fut ensuite successivement occupé par son frère Joseph, roi de Naples, et par la reine d'Espagne. Le Petit-Luxembourg est maintenant la résidence du chancelier de France, président de la Chambre des Pairs. En 1812 et 1813, on a démoli les bâtiments qui établissaient une communication entre le grand palais et cet hôtel. — Depuis 1830, il a été restauré de fond en comble, et une communication nouvelle par un jardin dessiné à l'anglaise vient d'être créée entre cet hôtel et le grand palais.

LUXEMBOURG (RUE NEUVE-).

Commence à la rue de Rivoli, n° 50 ; finit au boulevart de la Madeleine, n° 1, et à la rue Neuve-des-Capucines, n° 15. Le dernier impair est 37 ; le dernier pair, 30. Sa longueur est de 459 m. — 1ᵉʳ arrondissement : les numéros de 1 à 5 et de 2 à 12, sont du quartier des Tuileries ; le surplus est du quartier de la Place-Vendôme.

« Louis, etc... Nous estant fait représenter en nos-
» tre conseil le plan général des quartiers appellés la
» place de Louis-le-Grand, porte et rempart de Saint-
» Honoré et des Capucins que les prevost des mar-
» chands et échevins de notre bonne ville de Paris
» ont fait lever par le maitre général de ses bâtiments,
» et estant informé de la difficulté du passage de la
» porte Saint-Honoré qui est très fréquentée et sou-
» vent embarrassée par le grand nombre des voitures,
» et ayant appris que l'emplacement de l'hôtel de
» Luxembourg, qui est entre la place de Louis-le-
» Grand et la porte Saint-Honoré, est vendu et que le
» sieur Leduc, architecte, acquéreur, offre à la ville de
» donner l'ouverture d'une rue à travers le d. empla-
» cément de cinq toises de large, qui communiqueroit
» de la rue Saint-Honoré au rempart, à la rencontre
» de celle des Petits-Champs, ce qui seroit un très
» grand dégagement et commodité pour le quartier de
» Louis-le-Grand, et voulant contribuer à la perfection

» et embellissement de ce quartier, nous avons par
» arrest de notre conseil du 22 aoust dernier ordonné
» que le nouveau plan du quartier de Saint-Honoré et
» de la place de Louis-le-Grand seroit exécuté, et que
» suivant icelui, la rue seroit ouverte de ligne droite
» dans l'emplacement de l'hôtel de Luxembourg, de
» cinq toises de large et nommée de ce nom, depuis la
» rue Saint-Honoré jusqu'au rempart, etc. A ces cau-
» ses, et de l'avis de notre très cher et très amé oncle le
» duc d'Orléans, petit-fils de France, régent de notre
» royaume, de nôtre très cher et très amé oncle le duc
» de Chartres, premier prince de notre sang, de notre
» très cher et très amé cousin le prince de Conty,
» prince de notre sang, de notre très cher et très amé
» oncle le comte de Toulouse, prince légitime, et
» autres pairs de France, grands et notables person-
» nages de notre royaume, qui ouïs, etc... nous avons
» ordonné et ordonnons par ces présentes signées de
» notre main, que le nouveau plan du quartier de
» Saint-Honoré et de la place de Louis-le-Grand sera
» exécuté, et que conformément à icelui, la rue sera
» ouverte de ligne droite dans l'emplacement de l'hôtel
» de Luxembourg, de *cinq toises de large et nommée*
» *de ce nom*, etc... Donné à Paris, le 3e jour de sep-
» tembre de l'an de grâce 1719, et de notre règne
» le 5e. Signé Louis. » — Ces lettres-patentes ne furent
registrées en parlement que le 7 août 1722. Peu de
temps après, on ouvrit cette rue sur une largeur de
9 m. 74 c., qui fut portée à 10 m. par une décision
ministérielle du 3 pluviôse an IX, signée Chaptal. En
vertu d'une ordonnance royale du 4 octobre 1826, la
largeur primitive a été maintenue. — Le prolongement
de cette voie publique, depuis la rue Saint-Honoré
jusqu'à celle de Rivoli, a été formé en vertu de l'arrêté des consuls du 1er floréal an X, sur l'emplacement

du couvent de l'Assomption, dont nous avons tracé
l'origine à l'article de l'église qui en a retenu le
nom. Par l'ordonnance précitée, la largeur de cette
partie de rue a été fixée aussi à 9 m. 74 c. Les maisons
de la rue Neuve-Luxembourg sont alignées. — Égout
entre les rues de Rivoli et du Mont-Thabor. — Éclairage au gaz (compe Anglaise).

LUXEMBOURG (THÉATRE DU).

Situé dans la rue de Fleurus. — 11e arrondissement,
quartier du Luxembourg.

C'était autrefois un spectacle forain, dirigé par un
nommé Bobineau, qui faisait exécuter des pantomi-
mes et des danses sur la corde. Depuis 1830, on y représente des vaudevilles et des drames.

LYCÉE (PASSAGE DU).

Commence à la rue Neuve-des-Bons-Enfants, n° 25;
finit à la rue de Valois-Palais-Royal, entre les nos 14
et 16. — 2e arrondissement, quartier du Palais-Royal.

Il doit son nom à la rue de Valois, qui s'est appelée
rue du Lycée.

LYONNAIS (RUE DES).

Commence à la rue de Lourcine, nos 34 et 36; finit
à la rue des Charbonniers, nos 1 bis et 3. Le dernier
impair est 21; le dernier pair, 34. Sa longueur est de
158 m. — 12e arrondissement, quartier de l'Observatoire.

Elle a été ouverte en 1605. — Une décision ministérielle à la date du 3 pluviôse an IX, signée Chaptal, a
fixé la largeur de cette voie publique à 7 m. Les maisons nos 2, 4, 6, 8, 10, 20, 26, 28 et 30 sont alignées;
celles nos 21 et 12 ne devront subir qu'un léger redressement.

Mai 1844.

M.

MABILLON (RUE).

Commence à la rue du Four, nos 15 et 17; finit à la rue
du Petit-Bourbon, nos 14 et 16. Le dernier impair est 3;
ce côté est en grande partie bordé par le marché Saint-
Germain; le dernier pair, 14. Sa longueur est de 162 m.
— 11e arrondissement, quartier du Luxembourg.

Cette rue a été ouverte, en 1817, sur l'emplacement
de l'ancienne foire Saint-Germain-des-Prés. — Mabillon (Jean), prêtre et religieux bénédictin de la congrégation de Saint-Maur, qui a donné son nom à cette
voie publique, naquit le 23 novembre 1632, à Saint-
Pierre-Mont, diocèse de Reims, et mourut le 27 décembre 1707, à l'abbaye Saint-Germain-des-Prés. Il
fut enterré dans la chapelle Notre-Dame. Cette abbaye
devenue propriété nationale, il fut exhumé le 3 vendémiaire an VIII, et transporté au Musée des monuments
français. Le 26 février 1819, ses cendres, ainsi que
celles de Montfaucon et de Descartes, furent recueillies et déposées en grande pompe dans l'église Saint-
Germain-des-Prés. — Le principal ouvrage de Mabillon est intitulé : *la Diplomatique*. — Une décision
ministérielle en date du 12 novembre 1817, et une
ordonnance royale du 12 mai 1841, ont fixé la largeur
de la rue Mabillon à 11 m. 50 c. Les propriétés n° 1
et 2 sont seules soumises à retranchement. — Portion
d'égout. — Conduite d'eau entre les rues du Four et
Lobineau. — Éclairage au gaz (compe Française).

MACON (RUE).

Commence à la rue Saint-André-des-Arts, nos 17 et
21; finit aux rues de la Vieille-Bouclerie, n° 24, et de la
Harpe, n° 2. Le dernier impair est 15; le dernier pair, 18.

— MAÇ —

Sa longueur est de 95 m. — 11e arrondissement, quartier de l'École-de-Médecine.

Cette rue était presqu'entièrement bâtie à la fin du XIIe siècle. Elle doit son nom aux comtes de Mâcon, dont l'hôtel bordait une partie de cette voie publique. Dans le terrier de l'abbaye Saint-Germain-des-Prés, à l'année 1523, on lit : rue *Vieille-Bouclerie*, dite *Mâcon*, *entre deux portes, maison aboutissant par derrière à celle de la rue de la Harpe*. — Une décision ministérielle du 15 vendémiaire an IX, signée L. Bonaparte, fixa la moindre largeur de cette voie publique à 6 m. En vertu d'une ordonnance royale du 22 août 1840, cette dimension est portée à 10 m. Les maisons nos 5 et 9 sont alignées. La propriété n° 1 ne devra subir qu'un léger redressement. Le surplus de ce côté est soumis à un retranchement qui varie de 1 m. 70 à 3 m. 50 c. Les constructions du côté des numéros pairs devront reculer de 3 m. 60 c. à 5 m.

MAÇONS (RUE DES).

Commence à la rue des Mathurins, nos 17 et 19; finit à la place Sorbonne, n° 4, et à la rue Neuve-de-Richelieu, n° 2. Le dernier impair est 25; le dernier pair, 32. Sa longueur est de 189 m. — 11e arrondissement, quartier de la Sorbonne.

L'emplacement de cette rue se trouvait compris anciennement dans l'enceinte du palais des Thermes. Elle était entièrement construite au commencement du XIIIe siècle. En 1254 et 1263, on l'appelait rue *des Maçons*. Cette rue se prolongeait autrefois jusqu'à celle des Poirées; une partie en a été retranchée pour former la place Sorbonne. — Une décision ministérielle du 8 nivôse an XIII, signée Champagny, a fixé la largeur de cette voie publique à 7 m. Les constructions du côté des numéros impairs sont soumises à un retranchement qui varie de 1 m. 70 c. à 2 m. 80 c. Les maisons nos 6 bis, 8 et 10 sont alignées. Le surplus, de ce côté, devra reculer de 50 c. environ.

MADAME (RUE).

Commence à la rue Mézières, nos 5 et 7; finit à la rue de l'Ouest, nos 9 et 11. Le dernier impair est 47; le dernier pair, 32. Sa longueur est de 477 m. — 11e arrondissement, quartier du Luxembourg.

Partie comprise entre les rues de Vaugirard et de l'Ouest. — Elle a été ouverte, en 1790, sur l'emplacement d'une partie du jardin du Luxembourg, appartenant alors à son *A. R. Monsieur*. Ce prince, qui régna depuis sous le nom de Louis XVIII, appela la nouvelle voie publique rue Madame, en l'honneur de Marie-Joséphine Louise de Savoie, princesse de Sardaigne, *Madame*, son épouse.

En 1793, cette rue, dont la largeur était fixée à 11 m. 69 c., reçut la dénomination de *rue des Citoyennes*. En 1806 elle reprit son premier nom. La largeur de 11 m. 69 c. a été maintenue par une ordonnance royale du 12 mai 1841.

Partie comprise entre la rue Mézières et celle de

— MAD —

Vaugirard. — Une ordonnance royale du 6 octobre 1824 porte ce qui suit : « Vu les contrats de vente des anciens *couvents du Précieux-Sang et du Noviciat des Jésuites à Paris*, en date des 4 et 21 fructidor an V, contenant la condition par les acquéreurs de livrer le terrain nécessaire à la formation d'une nouvelle rue de 30 pieds de large, dans le prolongement de la rue Madame jusqu'à la rue Mézières, vis-à-vis celle du Gindre ; vu le plan de ce prolongement arrêté par le ministre de l'intérieur, le 14 vendémiaire an XIII, et qui en portait la largeur à 10 m.; vu la proposition du préfet de la Seine, de donner à cette nouvelle rue une largeur de 11 m. 69 c. (36 pieds) égale à celle de la rue Madame, etc.; nous avons ordonné et ordonnons ce qui suit : — Article 1er. La rue Madame, à Paris, sera prolongée sur une même largeur de 11 m. 69 c. jusqu'à la rue Mézières. — Art. 2. Les propriétaires riverains qui, aux termes de leurs contrats d'acquisition, sont tenus de fournir le terrain nécessaire à la nouvelle rue sur 30 pieds de largeur, seront indemnisés du surplus à dire d'experts, etc. » — En vertu d'un arrêté préfectoral du 11 septembre 1837, on a procédé à la régularisation du numérotage de la rue Madame. Les constructions riveraines de cette voie publique sont alignées. — Égout entre les rues Honoré-Chevalier et de l'Ouest. — Conduite d'eau depuis la rue Mézières jusqu'à celle de Vaugirard. — Éclairage au gaz (compe Française).

Couvent des religieuses du Précieux-Sang. — La réforme ayant été introduite dans un couvent de l'ordre de Citeaux de la ville de Grenoble, plusieurs religieuses, désirant fonder un établissement à Paris, s'adressèrent à l'abbé de Saint-Germain-des-Prés, afin d'en obtenir l'autorisation. Le 20 décembre 1635, permission leur fut accordée. Elles achetèrent alors une maison située à l'encoignure des rues du Pot-de-Fer et Mézières, et s'y installèrent en 1636 après avoir reçu de la duchesse d'Aiguillon une somme de 8,050 livres. Dans l'espace de vingt années, les religieuses contractèrent des dettes si considérables qu'elles furent obligées d'abandonner leur maison. En 1656, elles prirent à loyer une propriété située dans la rue du Bac. Des personnes charitables vinrent à leur secours et par leurs libéralités fournirent à ces religieuses là facilité d'acquérir, dans la rue de Vaugirard, une maison qu'elles disposèrent suivant leurs besoins. Elles firent construire une chapelle qui fut bénite le 20 février 1659, sous le vocable du précieux sang de Notre Seigneur, et le même jour elles prirent possession de leur nouveau monastère. Cette communauté ayant été supprimée en 1790, devint propriété nationale, et fut vendue en deux lots, le 4 fructidor an V. Elle contenait une superficie de 2,642 m. 84 c.

Noviciat des Jésuites. — Profitant de l'édit de septembre 1603, qui les établissait en France, les Jésuites, qui n'avaient à Paris que deux établissements, le collège et la maison professe, conçurent le projet de fonder un noviciat. Un brevet du roi du 17 mars 1610, leur en accorda l'autorisation. En 1612, madame Luillier, veuve du sieur de Sainte-Beuve, leur donna l'ancien hôtel Mézières où ils vinrent s'installer. François Sublet des Noyers fit élever à ses frais une église dont la première pierre fut posée le 10 avril 1630, par Henri de Bourbon, abbé de Saint-Germain-des-Prés. Cet édifice, construit sous la direction de frère Martel Ange, fut achevé en 1642, et consacré sous l'invocation de saint François-Xavier. Les bâtiments et terrains du noviciat des Jésuites étant devenus propriétés nationales, furent vendus en 4 lots le 21 fructidor an V. Ils contenaient en superficie 3,192 m. 46 c.

MADELEINE (BOULEVART DE LA).

Commencé aux rues Neuve-Luxembourg, n° 35, et de Caumartin; finit à la place de la Madeleine, n° 10. Le dernier impair est 17. Pas de numéro pair ; ce côté dépend de la rue Basse-du-Rempart. Sa longueur est de 250 m. — 1er arrondissement, quartier de la Place-Vendôme.

Il a été formé en vertu des lettres-patentes du mois de juillet 1676. La largeur de la chaussée est de 19 m: Ce boulevart doit sa dénomination à l'église de la Madeleine, à laquelle il aboutit. Une ordonnance royale du 24 août 1833 a fixé pour cette voie publique un alignement parallèle aux arbres de la contr'allée et à 2 m. de distance. Les propriétés n°s 1, 3 et 5, sont soumises à un redressement qui n'excède pas 30 c. ; le surplus est aligné. Le sol de ce boulevart a été nivelé en 1839. — Conduite d'eau. — Éclairage au gaz (compe Anglaise).

MADELEINE (ÉGLISE DE LA).

Située sur la place du même nom. — 1er arrondissement, quartier de la Place-Vendôme.

« Versailles, le 6 février 1763. — Louis, etc... A
» nos amez et féaux conseillers, les gens tenant notre
» cour de parlement et chambre de nos comptes à
» Paris ; salut. La protection singulière que nous avons
» toujours accordée aux établissements destinés pour
» le culte de la religion et l'utilité de nos sujets, nous
» a fait mettre en considération les très humbles re-
» montrances qui nous ont été faites par notre cher et
» bien amé le sieur Cathlin, curé de la paroisse de la
» Madeleine de la Ville-l'Évêque, de notre bonne ville
» de Paris, sur la nécessité de faire reconstruire une
» nouvelle église, pour la dite paroisse qui est une des
» plus considérables de cette ville, soit par le nombre,
» soit par la qualité de ses habitants, celle actuellement
» existante et qui n'a pas plus d'étendue qu'une sim-
» ple chapelle, étant beaucoup trop petite, eu égard au
» nombre des paroissiens ; nous aurions à cet effet fixé
» par nos lettres-patentes du 21 juin 1757, l'emplace-
» ment sur lequel nous avons jugé devoir être cons-
» truite la nouvelle église, à l'extrémité de la rue
» Royale, entre le rempart et la rue de Chevilly, et
» nous aurions destiné des fonds pour cette entre-
» prise, le tout conformément aux plans par nous
» agréés que nous lui avons fait remettre. Mais comme
» les bâtiments et terrains qu'il est nécessaire d'acqué-
» rir pour l'exécution des dits plans, appartiennent en
» partye à gens de main-morte, tels que les religieux
» titulaires dits Mathurins, les religieuses Bénédictines
» de la Ville-l'Évêque, et le domaine de la cure de la
» Ville-l'Évêque, tous les quels ne peuvent vendre
» ni aliéner les dits biens sans y être par nous au-
» thorisés, que même le sieur curé de la Madeleine de
» la Ville-l'Évêque ne peut faire les dites acquisitions
» sans une pareille authorisation de notre part. A ces
» causes, de l'avis de notre conseil et de notre grâce
» spéciale, pleine puissance et autorité royale, nous
» avons par ces présentes signées de notre main, statué
» et ordonné, statuons et ordonnons, voulons et nous
» plaît : Article 1er. Que tous les ouvrages nécessaires
» pour la construction d'une nouvelle église paroissiale
» de la Madeleine de la Ville-l'Évêque, d'un presbytère,
» place et rues adjacentes, soient faits dans le lieu dé-
» signé par nos lettres-patentes du 21 juin 1757, par
» les ordres du sieur curé de la Madeleine de la Ville-
» l'Évêque, et exécutés par les soins du sieur Cathlin,
» avocat au parlement, sous la conduite et inspection
» du sieur Contant d'Ivry, l'un de nos architectes de
» l'académie royale d'architecture, conformément aux
» plans et dessins par nous approuvés et cy-attachés
» sous le contr'scel de notre chancellerie. — Art. 2°. A
» l'effet de quoi, permettons au sieur curé de la Ma-
» deleine de la Ville-l'Évêque, d'acquérir tous les bâ-
» timents et terrains appartenant à des particuliers,
» même aux supérieures, communauté et religieuses
» Bénédictines de la Ville-l'Évêque, qui pourront lui
» être nécessaires pour la construction de la dite église,
» presbytère, place et rues adjacentes, circonstances et
» dépendances, et dans le cas où quelques parties des
» terrains se trouveraient inutiles pour la construction
» des dites église et dépendances, lui permettons de
» les vendre, céder et échanger, et le produit en sera
» par lui employé aux dépenses nécessaires pour la
» dite construction et ses dépendances, etc... Signé
» Louis. » (Archives du royaume, série E, n° 3449).

Louis XV posa la première pierre de l'église de la Madeleine le 3 avril 1764. Contant d'Ivry, architecte, qui avait fourni les plans, fut chargé de la direction des travaux. Cette basilique devait surpasser en grandeur et en majesté toutes les églises ses sœurs. Conçue dans le style du monument de Sainte-Geneviève, elle aurait rappelé aussi, dans quelques unes de ses parties, l'église des Invalides. Au centre d'une croix latine s'élevait un vaste dôme ; à l'abside du monument, deux petites tourelles étaient destinées à servir de clochers ; la façade, la partie importante de l'édifice, était d'un grand et majestueux effet.

La mort de Contant d'Ivry empêcha l'exécution de ce plan magnifique. La continuation des travaux fut accordée par le roi à M. Couture, qui renversa tout ce que son prédécesseur avait fait. La décoration intérieure

— MAD —

de l'église fut entièrement changée, l'extérieur du monument lui-même fut tellement défiguré, que l'œuvre du premier architecte devint méconnaissable.

Les colonnes s'élevaient aux deux tiers de leur hauteur quand la révolution, qui grondait sourdement, éclata tout à coup. La maison de Dieu n'était pas encore sanctifiée, on l'épargna ! Ce ne fut qu'en 1799 que ses ruines si jeunes attirèrent l'attention du gouvernement. Plusieurs projets furent soumis. M. de Gisors proposa de faire de la Madeleine une bibliothèque nationale, et M. Vaudoyer un monument dans le genre du Panthéon de Rome. Les plans des deux architectes furent froidement accueillis. — Le consulat finissait, et l'empire nous arrivait avec toutes ses gloires.

« Au camp impérial de Posen, le 2 décembre 1806.
» — Napoléon, etc., nous avons décrété et décrétons
» ce qui suit : Article 1er. Il sera établi, sur l'emplace-
» ment de la Madeleine de notre bonne ville de Paris,
» aux frais du trésor de notre couronne, un monument
» dédié à la grande armée, portant sur le fronton :
» *L'empereur Napoléon aux soldats de la Grande-Ar-
» mée !* — Art. 2. Dans l'intérieur du monument seront
» inscrits, sur des tables de marbre, les noms de tous
» les hommes, par corps d'armée et par régiment, qui
» ont assisté aux batailles d'Ulm, d'Austerlitz et d'Iéna,
» et sur des tables d'or massif les noms de tous ceux
» qui sont morts sur les champs de bataille ; sur des
» tables d'argent sera gravée la récapitulation, par
» département, des soldats que chaque département a
» fournis à la Grande-Armée. — Art. 3. Autour de la
» salle seront sculptés des bas-reliefs où seront repré-
» sentés les colonels de chacun des régiments de la
» Grande-Armée, avec leurs noms ; ces bas-reliefs se-
» ront faits de manière que les colonels soient groupés
» autour de leurs généraux de division et de brigade,
» par corps d'armée. Les statues, en marbre, des ma-
» réchaux qui ont commandé des corps ou qui ont fait
» partie de la Grande-Armée, seront placées dans l'in-
» térieur de la salle. — Art. 4. Les armures, statues,
» monuments de toute espèce, enlevés par la Grande-
» Armée dans ces deux campagnes les drapeaux, éten-
» dars et tymbales conquis par la Grande-Armée, avec
» les noms des régiments ennemis auxquels ils appar-
» tenaient, seront déposés dans l'intérieur du monu-
» ment. — Art. 5. Tous les ans, aux anniversaires
» des batailles d'Austerlitz et d'Iéna, le monument
» sera illuminé, et il sera donné un concert précédé
» d'un discours sur les vertus nécessaires au soldat, et
» d'un éloge de ceux qui périrent sur le champ de ba-
» taille dans ces journées mémorables. Un mois avant,
» un concours sera ouvert pour recevoir la meilleure
» pièce de musique analogue aux circonstances. Une
» médaille d'or, de 150 doubles Napoléons, sera don-
» née aux auteurs de chacune de ces pièces qui auront
» remporté le prix. Dans les discours et odes, il est
» expressément défendu de faire aucune mention de
» l'empereur. — Art. 6. Notre ministre de l'intérieur

— MAD —

» ouvrira, sans délai, un concours d'architecture, pour
» choisir le meilleur projet pour l'exécution de ce mo-
» nument. Une des conditions du prospectus sera de
» conserver la partie du bâtiment de la Madeleine qui
» existe aujourd'hui, et que la dépense ne dépasse pas
» trois millions. Une commission de la classe des beaux-
» arts de notre Institut sera chargée de faire un rap-
» port à notre ministre de l'intérieur, avant le mois de
» mars 1807, sur les projets soumis au concours. Les
» travaux commenceront le 1er mai et devront être
» achevés avant l'an 1809. Notre ministre de l'intérieur
» sera chargé de tous les détails relatifs à la construc-
» tion du monument, et le directeur de nos musées de
» tous les détails des bas-reliefs, statues et tableaux.
» — Art. 7. Il sera acheté cent mille francs de rente
» en inscriptions sur le grand-livre, pour servir à la
» dotation du monument et à son entretien annuel. —
» Art. 8. Une fois le monument construit, le grand
» conseil de la Légion-d'Honneur sera spécialement
» chargé de sa garde, de sa conservation et de tout ce
» qui est relatif au concours annuel. — Art. 9. Notre
» ministre de l'intérieur et l'intendant des biens de
» notre couronne seront chargés de l'exécution du
» présent décret. Signé, Napoléon. »

Cent vingt-sept concurrents présentèrent à la commission, composée des membres de la quatrième classe de l'Institut, cent vingt-sept plans différents. Le premier prix fut décerné, par l'Académie, à M. de Beaumont, dont le travail paraissait avoir le mieux répondu aux conditions du programme.

Mais l'approbation de l'Empereur était indispensable, et le ministre de l'intérieur dut envoyer à Tilsitt les projets des architectes, accompagnés du jugement de la commission.

Le plan de Pierre Vignon attira de suite l'attention de l'Empereur, qui dicta quelques jours après la dépêche suivante, adressée à M. de Champagny :

« Au quartier-impérial de Finckenstein, le 30 mai
» 1807.

» Monsieur de Champagny, après avoir examiné
» attentivement les différents plans du monument
» dédié à la Grande-Armée, je n'ai pas été un moment
» en doute, celui de M. Vignon est le seul qui remplisse
» mes intentions : c'est un temple que j'avais demandé
» et non une église. Que pouvait-on faire dans le genre
» des églises, qui fût dans le cas de lutter avec Sainte-
» Geneviève, même avec Notre-Dame, et surtout avec
» Saint-Pierre de Rome ? Le projet de M. Vignon
» réunit, à beaucoup d'avantages, celui de s'accorder
» mieux avec le Palais-Législatif et de ne pas écraser
» les Tuileries.

» Lorsque j'ai fixé la dépense à trois millions, j'ai
» entendu que ce temple ne devait pas coûter plus que
» ceux d'Athènes, dont la construction ne s'élevait pas
» à la moitié de cette somme.

» Il m'a paru que l'entrée de la cour devait avoir
» lieu par l'escalier vis-à-vis le trône, de manière qu'il

» n'y eût qu'à descendre et à traverser la salle pour se
» rendre au trône. Il faut que dans les projets défini-
» tifs, M. Vignon s'arrange pour qu'on descende à
» couvert; il faut aussi que l'appartement soit le plus
» beau possible : M. Vignon pourrait peut-être le faire
» double, puisque la salle est déjà trop longue. Il sera
» également facile d'ajouter quelques tribunes.

» Les spectateurs doivent être placés sur des gra-
» dins de marbre formant les amphithéâtres destinés
» au public, et les personnes nécessaires à la cérémo-
» nie seront sur des bancs, de manière que la distinc-
» tion de ces deux sortes de spectateurs soit très sen-
» sible. Les amphithéâtres garnis de femmes feront un
» contraste avec le costume grave et sévère des per-
» sonnes nécessaires à la cérémonie. La tribune de
» l'orateur doit être fixe et d'un beau travail. Rien
» dans ce temple ne doit être mobile et changeant;
» tout, au contraire, doit y être fixe à sa place.

» S'il était possible de placer à l'entrée du temple
» le *Nil* et le *Tibre*, qui ont été apportés de Rome,
» cela serait d'un très bon effet : il faut que M. Vignon
» tâche de les faire entrer dans son projet définitif,
» ainsi que les statues équestres qu'on placerait au-
» dehors, puisque réellement elles seraient mal dans
» l'intérieur. Il faut aussi désigner le lieu où l'on pla-
» cera l'armure de François Ier, prise à Vienne, et le
» quadrige de Berlin.

» Il ne faut pas de bois dans la construction de ce
» temple. Pourquoi n'emploierait-on pas pour la voûte,
» qui a fait un objet de discussion, du fer ou même
» des pots de terre? Ces matières ne seraient-elles pas
» préférables à du bois ? Dans un temple qui est des-
» tiné à durer plusieurs milliers d'années, il faut cher-
» cher la plus grande solidité possible, éviter toute
» construction qui pourrait être mise en problème par
» les gens de l'art, et porter la plus grande attention
» au choix des matériaux : du granit et du fer, tels
» devraient être ceux de ce monument. On objectera
» que les colonnes actuelles ne sont pas de granit;
» mais cette objection ne serait pas bonne, puisque
» avec le temps on peut renouveler ces colonnes sans
» nuire au monument. Cependant, si l'on prouvait
» que le granit entraînât dans une trop grande dé-
» pense et dans de longs délais, il faudrait y renon-
» cer; car la condition principale du programme, c'est
» qu'il soit exécuté en trois ou quatre ans, et au plus,
» en cinq ans. Ce monument tient en quelque chose à
» la politique : il est dès lors du nombre de ceux qui doi-
» vent se faire vite. Il convient néanmoins de s'occuper
» à chercher du granit pour d'autres monuments que
» j'ordonnerai, et qui, par leur nature, peuvent per-
» mettre de donner trente, quarante ou cinquante ans
» à leur construction.

» Je suppose que toutes les sculptures intérieures
» seront en marbre; et qu'on ne me propose pas des
» sculptures propres aux salons et aux salles à manger
» des femmes de banquiers de Paris. Tout ce qui est
» futile n'est pas simple et noble; tout ce qui n'est pas
» de longue durée ne doit pas être employé dans ce
» monument. Il n'y faut aucune espèce de meubles,
» pas même de rideaux.

» Quant au projet qui a obtenu le prix, il n'atteint
» pas mon but, c'est le premier que j'ai écarté. Il est
» vrai que j'ai donné pour base de conserver la partie
» du bâtiment de la Madeleine qui existe aujourd'hui;
» mais cette expression est une ellipse : il était sous-
» entendu que l'on conserverait de ce bâtiment le plus
» possible; autrement il n'y aurait pas eu besoin de
» programme; il n'y avait qu'à se borner à suivre le
» plan primitif. Mon intention était de n'avoir pas
» une église, mais un temple; et je ne voulais ni qu'on
» rasât tout, ni qu'on conservât tout. Si les deux pro-
» positions étaient incompatibles, savoir : celle d'avoir
» un temple et celle de conserver les constructions
» actuelles de la Madeleine, il était simple de s'atta-
» cher à la définition d'un temple; par exemple, j'ai
» entendu un monument tel qu'il y en avait à Athènes,
» et qu'il n'y en a pas à Paris. Il y a beaucoup d'égli-
» ses à Paris; il y en a dans tous les villages : je n'au-
» rais assurément pas trouvé mauvais que les archi-
» tectes eussent observé qu'il y avait une contradiction
» entre l'idée d'avoir un temple, et l'intention de con-
» server les constructions bâties pour une église. La
» première était l'idée principale, la seconde l'idée
» accessoire. M. Vignon a donc deviné ce que je
» voulais.

» Quant à la dépense fixée à trois millions, je n'en
» fais pas une condition absolue. J'ai entendu qu'il ne
» fallait pas faire un autre Panthéon; celui de Sainte-
» Geneviève a déjà coûté plus de quinze millions. Mais
» en disant trois millions, je n'ai pas entendu qu'un ou
» deux millions de plus ou de moins entrassent en
» concurrence avec la convenance d'avoir un monu-
» ment plus ou moins beau. Je pourrai autoriser une
» dépense de cinq ou six millions si elle est nécessaire,
» et c'est ce que le devis définitif me prouvera.

» Vous ne manquerez pas de dire à la quatrième
» classe de l'Institut, que c'est dans son rapport même
» que j'ai trouvé les motifs qui m'ont déterminé. Sur
» ce, je prie Dieu qu'il vous ait en sa sainte garde.
» Signé Napoléon. »

Nous avons cru devoir reproduire cette lettre dans son entier; non seulement elle fait connaître de quelle manière l'empereur concevait et dirigeait les immenses travaux que Paris doit à son règne, mais elle peut répondre encore à plusieurs critiques injustement adressées aux architectes qui succédèrent à Contant d'Ivry.

C'était un temple et non une église que Napoléon voulait; Pierre Vignon dut se conformer au programme, en élevant un monument dans le goût des édifices d'Athènes.

Les constructions étaient déjà bien avancées, lorsque les désastres de 1814 et 1815 arrivèrent. L'ennemi, qui souillait notre capitale, nous enleva les magnifiques trophées destinés à parer le *Temple de la Gloire*, qui redevint par une ordonnance royale du 14 février 1816, *l'église royale de la Madeleine.* Il était question alors d'élever dans cette basilique les monuments expiatoires de Louis XVI, de Marie-Antoinette, de Louis XVII, de Madame Elisabeth et du duc d'Enghien, et l'architecte dut se borner à approprier l'ancien temple à sa nouvelle destination. Vignon continua les travaux jusqu'en 1828, année de sa mort. Depuis cette époque jusqu'à l'achèvement de l'édifice, M. Huvé a dirigé toutes les constructions.

Avant de parler de l'architecture de ce monument, nous allons reproduire les actes qui compléteront la partie administrative.

« Charles, etc... Nous avons proposé, les chambres » ont adopté, nous avons ordonné et ordonnons ce qui » qui suit : — Titre unique. Le ministre des finances » est autorisé à abandonner au nom de l'État, à la ville » de Paris, *les terrains* précédemment acquis par le » gouvernement pour les abords de l'église de la Madeleine, lesquels abords cesseront d'être à la charge » de l'État. La présente loi discutée, délibérée et adoptée par la Chambre des Pairs et celle des Députés, » et sanctionnée par nous aujourd'hui, sera exécutée » comme loi de l'État ; etc... Donné en notre château » de Saint-Cloud, le 27e jour du mois de mai, l'an de » grâce 1827, et de notre règne le 3e. Signé Charles. »

» Au palais des Tuileries, le 23 mars 1842. Louis-» Philippe, etc... Nous avons proposé, les chambres » ont adopté, nous avons ordonné et ordonnons ce qui » suit : Article 1er. Il est fait concession à la ville de » Paris, *à titre de propriété*, de l'église de la Madeleine, » pour être affectée au service de la paroisse principale » du 1er arrondissement. La d. concession est faite à la » charge, par la ville, de pourvoir aux dépenses des » abords de l'édifice et de son appropriation au service » religieux. — Art. 2e. Les travaux restant à faire à » l'église de la Madeleine, aux frais de l'État, sur les » crédits précédemment alloués, et ceux qui sont mis » à la charge de la ville de Paris, continueront à être » exécutés par l'architecte du gouvernement, sous la » surveillance et l'autorité directe du ministre des travaux publics ; et à l'avenir aucune modification ne » pourra être apportée à l'édifice, sans l'approbation » expresse du même ministre, etc. Signé Louis-» Philippe. »

L'extérieur de ce monument a toute la mâle sévérité, toute la noblesse des temples antiques. Il est entouré de colonnes d'ordre corinthien, surmontées de chapiteaux d'une richesse remarquable. L'édifice qui se développe du sud au nord a 79 m. 30 c. de longueur, sa largeur est de 21 m. 40 c., et sa hauteur, mesurée sous les coupoles, est de 30 m. 30 c. Dans les bas-côtés des portiques et des galeries en face des entrecolonnements, ont été taillées des niches qui renferment des statues de saints.

En pénétrant sous le portique principal, c'est-à-dire sous celui du midi, on voit à droite la statue de saint Philippe, par M. Nanteuil, à gauche saint Louis, par le même.

Le portique septentrional est décoré de quatre statues ; à droite : saint Mathieu, par M. Desprez, et saint Marc, par M. Lemaire ; à gauche, saint Jean et saint Luc, par M. Ramey.

La galerie de droite en renferme quatorze : saint Gabriel, par M. Duret ; saint Bernard, par M. Husson ; sainte Thérèse, par M. Feuchère ; saint Hilaire, par M. Huguenin ; sainte Cécile, par M. Dumont ; saint Irénée, par M. Gourdel ; sainte Adélaïde, par M. Bosio neveu ; saint François de Sales, par M. Molchenett ; sainte Hélène, par M. Mercier ; saint Martin de Tours, par M. Grenevich ; sainte Agathe, par M. Dantan jeune ; saint Grégoire, par M. Thérasse ; sainte Agnès, par M. Du Seigneur ; saint Raphaël, par M. Dantan aîné.

Les quatorze statues de la galerie de gauche sont : saint Michel, par M. Raggi ; saint Denis, par M. Debay fils ; sainte Anne, par M. Desbœufs ; saint Charles Borromée, par M. Jouffroy ; sainte Elisabeth, par M. Caillouete ; saint Ferdinand, par M. Jaley ; sainte Christine, par M. Walcher ; saint Jérôme, par M. Lanno ; sainte Jeanne de Valois, par M. A. Guillot ; saint Grégoire de Valois, par M. Maindron ; sainte Geneviève, par M. Debay père ; saint Jean Chrisostôme, par M. Gœcther ; sainte Marguerite d'Écosse, par M. Caunois ; et l'Ange Gardien, par M. Bra.

La frise, qui règne autour de l'édifice, est ornée d'anges, de médaillons, de guirlandes d'un travail remarquable. Un fronton sans sculpture surmonte le portique du nord ; sur le tympan du fronton méridional sont gravés ces mots en lettres d'or :

D. O. M. SUB INVOCATIONE SANCTÆ MAGDALENÆ.
Au Dieu très bon, très grand, sous l'invocation de sainte Madeleine.

Au-dessus se déroule une des plus grandes pages de la statuaire moderne. Cette composition a 38 m. 350 mil. de longueur, sur 7 m. 150 mil. de hauteur à l'angle.

Le Christ debout, ayant à ses pieds la Madeleine repentante, occupe le milieu du fronton ; à droite du Dieu qui pardonne, l'ange des miséricordes et l'Innocence, soutenue par la Foi et l'Espérance, se montrent suivis de la Charité, entourée de deux pauvres enfants qu'elle protège. Dans le coin de l'angle, occupé par un ange qui fait sortir une âme juste du tombeau, et lui dévoile ses félicités éternelles, on lit ces mots : *Ecce dies salutis!* Tous les vices personnifiés, chassés par l'ange des vengeances, occupent la gauche du Christ ; ce côté du bas-relief est terminé par une figure que l'ange des ténèbres précipite dans l'abîme, et sous laquelle on lit : *Væ impio!*

Cette large composition fait le plus grand honneur à M. Lemaire. La tête du Christ, le corps de la Madeleine, la figure de la Charité offrent de grandes beautés. On pénètre dans l'église par une porte ouverte sous le fronton méridional. Cette porte a 10 m. 430 mil. d'élévation, sur 5 m. 40 mil. de largeur; elle est en bronze fondu ciselé, et présente sur ses quatre compartiments des scènes tirées des commandements de Dieu. Cet ouvrage remarquable est de M. Triquetti.

L'intérieur de l'église présente cinq travées, qui toutes, à l'exception de la première, sont surmontées de coupoles entièrement dorées. Les revêtements des murs sont en marbre. Les colonnes qui soutiennent la galerie des tribunes, celles des petites chapelles, sont d'ordre ionique et également revêtues de marbre et d'or. La peinture concourt pour une large part à la décoration intérieure de l'église, mais les travaux confiés à plusieurs artistes manquent d'harmonie. M. Ziegler a peint, sur les murs de l'abside, l'*histoire du Christianisme*. Six grands tableaux complètent la décoration intérieure de l'église. Parmi ces compositions on remarque *la Madeleine dans le désert* de M. Abel de Pujol ; *la Madeleine aux pieds du Christ* de M. Couder, et *la mort de la Madeleine* de M. Signol.

Une place importante a été réservée aussi à la sculpture dans l'intérieur de l'édifice: au premier rang figurent les magnifiques bénitiers de M. Antonin Moine. *Le ravissement de la Madeleine* occupe l'autel principal. La chapelle des mariages renferme un groupe en marbre blanc représentant *le mariage de la Vierge* ; ce travail est de M. Pradier. La chapelle des fonts baptismaux est également ornée d'un groupe en marbre blanc représentant *le baptême de Jésus-Christ*, dû au ciseau de M. Rude.

Les sculptures des trois chapelles de la travée de de droite, sont : *sainte Amélie*, par M. Bra ; la *Sainte-Vierge*, par M. Seurre ; *sainte Clotilde*, par M. Barrye. Celles de la travée de gauche, sont : *saint Vincent-de-Paul*, par M. Raggi ; le *Christ*, par M. Duret, et *saint Augustin*, par M. Etex.

Telles sont les principales compositions qui décorent l'intérieur de cet édifice; malgré toutes ses richesses de marbre et d'or, la volonté humaine devait être impuissante à faire du *Temple de la Gloire*, une église qui fût en harmonie avec notre ciel, avec notre religion ; une église enfin devant laquelle l'artiste s'arrête pour admirer, et le chrétien pour penser à Dieu.

MADELEINE (MARCHÉ DE LA).

Situé place de la Madeleine, n° 17. — 1er arrondissement, quartier de la Place-Vendôme.

Ce marché, construit en 1835 sur les terrains appartenant à la société Chabert, occupe une superficie de 4,130 m. On y vend des comestibles.

MADELEINE (PASSAGE DE LA).

Commence à la place du même nom, n°s 7 et 9; finit à la rue de l'Arcade, n°s 4 et 4 bis. Le dernier impair est 3; le dernier pair, 6. — 1er arrondissement, quartier de la Place-Vendôme.

Formé en 1815, ce passage était alors étroit et sombre. Il a été élargi depuis quelques années, et doit son nom à l'église de la Madeleine. Ce passage n'est point fermé.

MADELEINE (PLACE DE LA).

Située à l'extrémité du boulevart du même nom. Le dernier impair est 23 ; le dernier pair, 28. — 1er arrondissement, quartier de la Place-Vendôme.

Elle a été formée sur une partie de l'emplacement du prieuré de Notre-Dame-de-Grâce, dit de la Ville-l'Évêque. Ce prieuré, fondé le 12 avril 1613, par deux sœurs, Catherine et Marguerite d'Orléans-Longueville, suivait la règle de saint Benoit. Les religieuses portaient le nom de *Bénédictines de la Ville-l'Évêque*. Supprimé en 1790, ce prieuré devint propriété nationale. Les bâtiments furent vendus le 18 floréal an VI. Nous donnons ici un extrait de la clause imposée aux acquéreurs : « Les acquéreurs ou ayant-droits seront expressément tenus, ainsi que lesdits acquéreurs l'ont proposé et consenti, de fournir au gouvernement, à la première réquisition qui leur en sera faite et au même prix de leur acquisition, tout le terrain bâti et non bâti qui sera jugé nécessaire, tant pour l'exécution et l'accomplissement des projets d'embellissements de Paris que pour la place nouvelle que pourra nécessiter le monument de la ci-devant église de la Madeleine, dont les constructions sont restées suspendues. » —

« Au palais impérial de Saint-Cloud, le 10 septembre
» 1808. — Napoléon, empereur, etc... Sur le rapport
» de notre ministre de l'intérieur, nous avons décrété
» et décrétons ce qui suit : Article 1er.
» une place autour du Temple de la Gloire à ériger
» dans l'emplacement de l'église de la Madeleine à
» Paris, et dont le plan a été par nous arrêté. —
» Art. 2. Les côtés de la place seront parallèles à ceux
» du temple, et en seront distants d'une fois sa largeur, prise du dehors de ses péristyles, le fond en
» sera distant d'une fois et demie cette largeur. —
» Art. 3. Il sera ouvert au fond de la place, jusqu'à la
» rue Neuve-des-Mathurins, et dans le prolongement
» de l'axe du temple de la Gloire, une rue égale en
» largeur à la rue de la Concorde. — Art. 4. Il sera
» établi un boulevart se dirigeant vers Monceaux, à
» angle correspondant au boulevart actuel dit de la
» Madeleine. — Art. 5. Il sera statué ultérieurement
» sur la forme à donner à la place, vis-à-vis la face
» méridionale du temple. — Art. 6. Les façades à
» construire sur cette place seront assujéties à la décoration qui sera adoptée par notre ministre de l'intérieur, etc... » — Ce décret ne fut point exécuté.

Une ordonnance royale du 2 juin 1824 porte : « Article 1er. Sont approuvés les alignements tracés par
» des lignes noires sur le plan ci-joint, et dont
» les dispositions consistent : 1° à former autour du

» monument de la Madeleine *une place de forme carrée,*
» et dont les côtés seront parallèles à ceux du tem-
» ple, etc. » — Une autre ordonnance en date du
6 septembre 1826, déclara d'utilité publique l'exécution de ce plan. L'alignement de la place de la Madeleine est entièrement exécuté. — Égout. — Conduite d'eau dans une partie. — Éclairage au gaz (comp^e Anglaise).

MADELEINE (RUE DE LA).

Commence à la rue du Faubourg-Saint-Honoré, n°s 22 et 24; finit à la rue Neuve-des-Mathurins, n°s 110 et 97. Le dernier impair est 59; le dernier pair, 76. Sa longueur est de 519 m. — 1er arrondissement: tous les numéros impairs et les pairs de 24 à 76, quartier du Roule; de 2 à 22, quartier de la Place-Vendôme.

La partie de cette voie publique comprise entre la rue du Faubourg-Saint-Honoré et celles de la Ville-l'Évêque et de l'Arcade, s'appelait anciennement rue l'*Évêque*, parce qu'elle dépendait du territoire dit la *Ville-l'Évêque.* On la trouve aussi indiquée sous le nom de rue de l'*Abreuvoir-l'Évêque.* Elle figure sous ce dernier titre dans plusieurs procès-verbaux de 1637 et 1642. La dénomination de rue de la *Madeleine* lui fut donnée parce qu'elle aboutissait en face de l'ancienne église de ce nom. — Une décision ministérielle du 23 germinal an IX, signée Chaptal, avait fixé la largeur de cette voie publique à 11 m. En vertu d'une ordonnance royale du 5 juin 1839, cette largeur a été portée à 13 m.

Le surplus de la rue de la Madeleine a été ouvert sur les terrains appartenant à M. de Montessuy, et provenant du couvent des religieuses bénédictines de la Ville-l'Évêque. Une délibération du corps municipal en date du 16 février 1792, autorisa l'ouverture de cette rue, dont procès-verbal de réception fut dressé le 29 du même mois. Sa largeur était alors fixée à 9 m. 74 c. Cette largeur, maintenue par une décision ministérielle du 19 juillet 1808, signée Cretet, a été portée à 12 m., en vertu de l'ordonnance royale précitée du 5 juin 1839. Les maisons ci-après sont alignées: 17, 23, 25, 27 et toutes les propriétés du côté des numéros impairs, entre les rues de la Ville-l'Évêque et Neuve-des-Mathurins; sur le côté opposé, les bâtiments qui s'étendent du boulevart de Malesherbes au n° 72 inclus, ne sont pas soumis à retranchement. — Conduite d'eau depuis la rue de la Ville-l'Évêque jusqu'à la borne-fontaine. — Éclairage au gaz (comp^e Anglaise).

A l'angle de la rue de la Ville-l'Évêque et de la deuxième partie de la rue de la Madeleine, était située l'ancienne église de la Madeleine.

Vers la fin du XVe siècle, Charles VIII fit construire sur l'emplacement d'un oratoire, que le temps avait détruit, une chapelle destinée à la confrérie de la Madeleine. Cette chapelle devint église paroissiale en 1639, et fut reconstruite vingt ans après, par les soins de Marie-Louise d'Orléans de Montpensier, et de M. Sevin, coadjuteur de Sarlat, qui en posèrent la première pierre le 8 juillet 1651. Supprimée en 1790, cette église devint propriété nationale et fut vendue le 4 pluviôse an V (voir l'article de l'*église de la Madeleine*).

MADELONNETTES (PRISON DES).

Située dans la rue des Fontaines, n° 14. — 6e arrondissement, quartier Saint-Martin-des-Champs.

C'était autrefois le *couvent des Filles de la Madeleine.* En 1618, Robert Montri, riche marchand de vins, ayant rencontré deux filles publiques qui manifestaient le désir de mener une vie régulière, les reçut dans sa maison, située près du carrefour de la Croix-Rouge. Trois autres personnes bienfaisantes, le curé de Saint-Nicolas-des-Champs, un capucin et un officier des gardes-du-corps, se joignirent à Robert Montri pour créer un établissement de filles repenties. La marquise de Maignelay, sœur du cardinal de Gondy, acheta en 1620, pour les y placer, une maison dans la rue des Fontaines, et leur fit un legs montant à 101,600 livres. Le roi donna d'autres secours, et le 20 juillet 1629, on tira de la Visitation-Saint-Antoine quatre religieuses pour gouverner cette maison qui, dans la suite, fut divisée en trois classes de filles. La première, la plus nombreuse, était celle des filles mises en réclusion pour y faire pénitence; elles conservaient l'habit séculier. La seconde classe était celle des filles éprouvées par la pénitence, et qu'on nommait *la Congrégation*; elles portaient un vêtement gris. La troisième classe comprenait les filles dont la conversion était sincère; elles étaient admises à prononcer des vœux. L'église du monastère bâtie en 1680 et dédiée à la Vierge. Ce couvent, supprimé en 1790, devint propriété nationale et fut converti vers 1793, en prison publique. En 1795, on y renferma les femmes prévenues de délits, et cette destination lui fut conservée jusqu'en 1830. Les Jeunes Détenus vinrent ensuite aux Madelonnettes, et cette prison n'a pas cessé d'être occupée par eux tout le temps de leur prévention. Seulement, vers 1836, alors que la Force regorgeait de prisonniers, on prit le parti de lui adjoindre ce vieux couvent pour succursale et d'y introduire des hommes.

MADEMOISELLE (PETITE RUE).

Commence à la rue de Babylone, n°s 21 et 23; finit aux rue et impasse Plumet. Le dernier impair est 3; le dernier pair, 10. Sa longueur est de 126 m. — 10e arrondissement, quartier Saint-Thomas-d'Aquin.

Elle faisait originairement partie de la rue des Brodeurs dont elle portait le nom (*voyez* cet article). En vertu d'un arrêt du conseil du 1er juillet 1780, elle reçut la dénomination de rue *Pochet*, en l'honneur de Jean-Baptiste-André Pochet, écuyer, conseiller du roi et alors échevin de la ville de Paris. — Une décision

— MAD —

ministérielle du 15 floréal an V, signée Benezech, a maintenu à 7 m. 70 c. la largeur de cette voie publique. — En 1806, elle fut de nouveau confondue avec la rue des Brodeurs. Conformément à une décision ministérielle du 14 septembre 1829, cette voie publique reçut le nom de *Petite-rue-Mademoiselle*, parce qu'elle prolongeait la rue Mademoiselle (appelée aujourd'hui rue Vanneau; *voyez* cet article). Les constructions riveraines sont alignées. — Égout. — Conduite d'eau.

MADRID (RUE DE).

Commence à la place d'Europe. Pas de numéro. Sa longueur est de 98 m. — 1er arrondissement, quartier du Roule.

Cette voie publique, qui n'est encore aujourd'hui qu'à l'état d'impasse, a été tracée, en 1826, sur les terrains appartenant à MM. Hagerman et Mignon. Sa largeur est de 15 m. L'ordonnance royale d'autorisation est à la date du 2 février 1826. Cette voie publique porte le nom de la capitale de l'Espagne, et doit être incessamment prolongée jusqu'à la rue de Malesherbes (voyez rue d'*Amsterdam*).

MAGASINS (RUE DES).

Commence à la rue Chabrol; finit à la rue de La Fayette. Le dernier impair est 17; le dernier pair, 18. Sa longueur est de 249 m. — 3e arrondissement, quartier du Faubourg-Poissonnière.

Elle a été ouverte en 1827, sur les terrains appartenant à MM. André et Cottier. L'ordonnance royale d'autorisation est à la date du 31 janvier de la même année. Cette rue, dont la largeur est de 12 m., doit son nom aux *magasins* et *ateliers* qui y furent construits dans l'origine. — Conduite d'eau entre les rues Chabrol et des Petits-Hôtels. — Éclairage au gaz (compe Française). — (Voyez rue de l'*Abattoir*.)

MAGDEBOURG (RUE DE).

Commence au quai Billy; finit à la rue des Batailles. Pas de numéro. Sa longueur est de 113 m. — 1er arrondissement, quartier des Champs-Élysées.

Le plan de Verniquet l'indique sous la dénomination de *ruelle d'Hérivault*. — Une décision ministérielle du 7 fructidor an XII, signée Portalis, fixa la largeur de cette voie publique à 7 m. En 1806, elle a reçu le nom de rue de *Magdebourg*, en mémoire de la prise de cette ville par les Français, le 8 novembre de la même année. La rue de Magdebourg, dont la pente est extrêmement rapide, n'est ni pavée ni éclairée.

MAGLOIRE (RUE SAINT-).

Commence à la rue Salle-au-Comte, n° 1, finit à la rue Saint-Denis, nos 166 et 168. Le dernier impair est 3 bis; le dernier pair, 6. Sa longueur est de 44 m. — 6e arrondissement, quartier des Lombards.

En 1426, c'était la rue *Saint-Leu*, ensuite *Saint-Gilles*, en raison de sa proximité de l'église Saint-Leu

— MAI —

et Saint-Gilles. En 1585, on la nommait rue *Neuve-Saint-Magloire*. Elle a été élargie en 1737, par suite de la suppression d'une maison qui faisait l'encoignure de la rue Saint-Denis. Son nom actuel lui vient du couvent des Filles-Saint-Magloire, qui longeait un des côtés de cette rue. — Une décision ministérielle à la date du 18 octobre 1808, signée Cretet, avait fixé la largeur de cette voie publique à 8 m. En vertu d'une ordonnance royale du 19 juillet 1840, cette largeur a été portée à 10 m. Propriétés nos 1 et 3, retranch. 2 m. 50 c., surplus de ce côté ret. réduit 60 c.; côté des numéros pairs, ret. 2 m. 20 c. à 3 m. — Éclairage au gaz (compe Française).

Couvent Saint-Magloire. — Dès le IXe siècle, on voyait sur le chemin qui conduit de Paris à Saint-Denis, un oratoire dédié à Saint-Georges, et qui avait été construit au milieu d'un cimetière appartenant à la communauté de Saint-Barthélemi. Salvator, évêque d'Aleth, qui s'était réfugié à Paris avec les reliques de *Saint-Magloire*, fut inhumé dans ce cimetière. Vers 1117, les religieux de Saint-Barthélemi, grâce aux libéralités de Henri le Lorrain, établirent en cet endroit un monastère qu'ils vinrent habiter en 1138, et qui prit le nom de *Saint-Magloire*. Il y restèrent jusqu'en 1572; à cette époque, et d'après les ordres de Catherine de Médicis, ils furent transférés dans un emplacement situé près de l'église Saint-Jacques-du-Haut-Pas. Les Filles-Pénitentes qui habitaient l'hôtel d'Orléans, s'installèrent alors dans le couvent de la rue Saint-Denis. Tous les historiens font honneur de la fondation de la communauté des Filles-Pénitentes à un cordelier appelé Jean Tisserand, prédicateur célèbre, qui parla avec tant d'éloquence contre les excès du libertinage que plusieurs filles de mauvaise vie résolurent de réparer le scandale de leur conduite passée. Le nombre de ces pénitentes augmenta tellement qu'on jugea nécessaire de les réunir dans un seul local. Charles VIII, par lettres-patentes du 14 septembre 1496, autorisa leur établissement, et Louis XII leur céda, en 1500, la moitié de son hôtel. En quittant cette habitation, les Pénitentes prirent le titre de *Filles-de-Saint-Magloire*. Leur communauté, supprimée en 1790, devint propriété nationale, et fut vendue le 6 vendémiaire an V. Sur une partie de cet emplacement, l'acquéreur forma, vers 1807, l'impasse Saint-Magloire qui a été prolongée, en 1843, jusqu'à la rue de Rambuteau.

MAIL (RUE DU).

Commence à la place des Petits-Pères, n° 9, et à la rue Vide-Gousset, n° 4; finit à la rue Montmartre, nos 91 et 93. Le dernier impair est 37; le dernier pair, 38. Sa longueur est de 218 m. — 3e arrondissement, quartier du Mail.

Cette rue a été ouverte en août 1634, conformément à un arrêt du conseil du 23 novembre 1633, sur l'emplacement d'un *mail*, qui s'étendait de la porte Montmartre à la porte Saint-Honoré. — Une décision ministérielle, à la date du 3 fructidor an IX, signée Chaptal, avait

— MAI —

fixé la moindre largeur de cette voie publique à 10 m. Cette moindre largeur a été portée à 12 m., en vertu d'une ordonnance royale du 23 juillet 1828. Propriétés de 1 à 11, retranch. 3 m. à 3 m. 30 c.; 13 et 15, ret. 2 m. 30 c.; de 17 à 25, ret. 3 m. 20 c. à 4 m. 40 c.; 29, ret. réduit 2 m. 20 c.; 31, ret. réduit 80 c.; 33, ret. réduit 40 c.; 35, redress.; 37, alignée; de 2 à 10, alignées; de 12 à 22, redr.; 24 et 26, ret. qui n'excède pas 28 c.; 28 et 30 alignées; 34, 36 et 38, redr. — Égout. — Conduite d'eau. — Éclairage au gaz (comp° Anglaise).

MAIN-D'OR (COUR DE LA).

Commence à la rue du Faubourg-Saint-Antoine, n° 147; finit à la rue de Charonne, n° 52. — 8° arrondissement, quartier du Faubourg-Saint-Antoine.

Son nom lui vient de l'ancienne auberge de la *Main-d'Or*. Elle communique à la rue de Charonne par un chantier découvert.

MAINE (AVENUE DU).

Commence au boulevart du Montparnasse, n°s 8 et 10; finit aux chemins de ronde des barrières du Montparnasse et du Maine. Le dernier impair est 15; le dernier pair, 8. — 11° arrondissement, quartier du Luxembourg.

Cette avenue tracée sur le plan de Verniquet, n'est indiquée que sous le nom de *Route*. Elle doit sa dénomination actuelle à la barrière du Maine à laquelle elle aboutit. — Une décision ministérielle du 15 septembre 1821, a fixé la largeur de cette voie publique à 31 m. Toutes les constructions riveraines sont alignées. — Éclairage au gaz (comp° Française).

MAINE (BARRIÈRE DU).

Située à l'extrémité de l'avenue du même nom.

Cette barrière, qui se compose de deux bâtiments décorés de colonnes et de sculptures, est ainsi nommée parce qu'en la traversant on se dirige vers l'ancienne province du Maine (voir l'article *Barrières*).

MAINE (CHEMIN DE RONDE DE LA BARRIÈRE DU).

Commence aux barrière et avenue du Maine; finit aux barrière et rue des Fourneaux. Pas de numéro. Sa longueur est de 633 m. — 11° arrondissement, quartier du Luxembourg.

(Voyez l'article *Chemins de Ronde*).

MAIRE (PASSAGE AU).

Commence à la rue au Maire, n°s 32; finit à la rue Bailly, n° 5. — 6° arrondissement, quartier Saint-Martin-des-Champs.

Il a été formé en vertu d'un acte passé le 21 mars 1767, par devant Poultier, notaire, entre M. de Sartine, stipulant au nom de sa majesté, et M. Turpin, propriétaire, rue au Maire. Il est dit dans cet acte, que le sieur Turpin « vend le droit de passage à travers sa propriété, et pour les piétons seulement; que le pavé du dit passage sera fait et entretenu aux dépens du roi, etc.» Ce passage tire sa dénomination de la rue au Maire.

— MAL —

MAIRE (RUE AU).

Commence à l'impasse de Rome, et à la rue Frépillon, n° 1; finit à la rue Saint-Martin, n°s 192 et 194. Le dernier impair est 63; le dernier pair, 52. Sa longueur est de 241 m. — 6° arrondissement, quartier Saint-Martin-des-Champs.

Cette rue était presqu'entièrement construite dès 1280. Elle est ainsi appelée, parce que le *maire* ou bailli de Saint-Martin-des-Champs y demeurait et y donnait ses audiences. — Une décision ministérielle en date du 23 frimaire an VIII, signée Laplace, fixa la largeur de cette voie publique à 8 m. Cette dimension est portée à 10 m., en vertu d'une ordonnance royale du 16 mai 1833. La maison située sur le côté des numéros pairs à l'encoignure droite du cloître Saint-Nicolas, est alignée. — Conduite d'eau depuis la rue Transnonnain jusqu'à la borne-fontaine. — Éclairage au gaz (comp° Lacarrière).

MAIRIES DES 12 ARRONDISSEMENTS.

Nous avons rappelé à l'article de l'Hôtel-de-Ville, les diverses phases de l'institution municipale; nous bornerons à indiquer ici la situation du chef-lieu de chaque arrondissement :

1er, rue d'Anjou-Saint-Honoré, n° 9.
2°, rue Pinon, n° 2.
3°, place des Petits-Pères.
4°, place du Chevalier-du-Guet, n° 4.
5°, rue de Bondy, n° 20.
6°, rue de Vendôme, n° 11.
7°, rue Sainte-Croix-de-la-Bretonnerie, n° 20.
8°, Place-Royale, n° 14.
9°, rue Geoffroy-Lasnier, n° 25.
10°, rue de Grenelle-Saint-Germain, n° 7.
11°, rue Garancière, n° 10.
12°, rue Saint-Jacques, n° 262.

MAISONS (PASSAGE DES DOUZE).

Commence à l'allée des Veuves, n° 21; finit à la rue Marbeuf, n° 2. — 1er arrondissement, quartier des Champs-Élysées.

Tout le vaste terrain circonscrit au midi par le quai Billy, au nord par le rond-point des Champs-Élysées, à l'est par l'allée des Veuves, et à l'ouest par la rue Marbeuf, était connu avant la révolution sous le nom de *Marais-des-Gourdes*. Il appartenait encore en 1789 aux dames de la Visitation Sainte-Marie de Chaillot; leur communauté ayant été supprimée en 1790, tous leurs biens devinrent propriétés nationales. Une partie de ce terrain fut vendue le 17 juillet 1792, à Jean Étienne Lesecq, banquier à Paris. Ce financier traça d'abord un chemin sur lequel il construisit douze bâtiments, qui firent donner à cette localité le nom de passage des *Douze-Maisons*.

MALAQUAIS (QUAI).

Commence à la rue de Seine, n° 2, et au quai de Conti; finit à la rue des Saints-Pères, n° 1, et au quai de Voltaire.

— MAL —

Le dernier numéro est 23. Sa longueur est de 235 m. — 10ᵉ arrondissement, quartier de la Monnaie.

Avant la construction de ce quai, le bord de la Seine se nommait en cet endroit le *port Malaquest*, et une partie de l'espace qui forme le quai s'appelait l'*Écorcherie* ou *la Sablonnière*. Des titres qui proviennent des archives de l'abbaye de Saint-Germain-des-Prés, indiquent plusieurs baux de terrains, faits en 1540, à la charge de bâtir le long de la rivière. On appela alors cette communication *quai de la Reine Marguerite*, parce que l'hôtel de cette princesse, première femme de Henri IV, était situé à l'angle de la rue de Seine; ce quai reprit ensuite son premier nom, et fut pavé sous Louis XIV, par arrêt du conseil du 1ᵉʳ juillet 1669. Le 13 février 1810, le ministre de l'intérieur, Montalivet, adopta un alignement d'après lequel la moindre largeur de ce quai est fixée à 24 m. Les propriétés de 9 à 23 inclus, sont alignées. — Égout entre les rues de Seine et des Petits-Augustins. — Conduite d'eau. — Éclairage au gaz (compᵉ Française).

MALAR (RUE).
Commence au quai d'Orsay; finit à la rue Saint-Dominique, nᵒˢ 186 et 188. Le dernier impair est 21; le dernier pair, 20. Sa longueur est de 261 m. — 10ᵉ arrondissement, quartier des Invalides.

Partie comprise entre les rues Saint-Dominique et de l'Université. — Une ordonnance royale du 11 septembre 1816, porte: « Article 1ᵉʳ. La dame Tiby, veuve *Malar*, est autorisée à ouvrir une rue sur le terrain dont elle est propriétaire, et qui est situé entre les rues Saint-Dominique et de l'Université. — Art. 2ᵉ. Cette autorisation n'est accordée qu'à la charge par la dite dame Malar, de donner à la rue à ouvrir une largeur de dix mètres, ainsi qu'il est prescrit par la déclaration du 10 avril 1783, et de se conformer aux autres règlements sur la grande voirie de Paris, etc. » Cette ordonnance reçut immédiatement son exécution. — Le prolongement depuis la rue de l'Université jusqu'à la rue de la Triperie, a été effectué en 1829, sur les terrains provenant de l'île des Cygnes, et appartenant à la ville de Paris. Enfin, le prolongement jusqu'au quai a été ouvert en 1832. Ces deux prolongements ont 15 m. de largeur.

MALESHERBES (BOULEVART DE)..
Commence à la place de la Madeleine; finit aux rues de Surène et de la Madeleine. Pas de numéro impair; un seul pair qui est 2. Sa longueur est de 100 m. — 1ᵉʳ arrondissement, quartiers du Roule et de la Place-Vendôme.

Dès le 19 pluviôse an VIII, Lucien Bonaparte, ministre de l'intérieur, approuva le projet de formation d'un boulevart, depuis la place de la Madeleine jusqu'à la barrière de Monceau. — Un décret impérial rendu à Saint-Cloud, le 10 septembre 1808, porte: « Art. 4ᵉ. Il sera établi un boulevart se dirigeant vers Monceau à angle correspondant au boulevart actuel dit de la Madeleine, etc. » — En vertu d'une décision ministérielle de l'année 1819, ce nouveau boulevart, lors de son exé-

— MAL —

cution, devait prendre le nom de *boulevart de Malesherbes*. — L'article 1ᵉʳ d'une ordonnance royale du 22 juin 1824, est ainsi conçu: « Sont approuvés les alignements tracés par les lignes noires sur le plan ci-joint dont les dispositions consistent.... : 4ᵒ à former jusqu'à la rencontre de la rue d'Anjou un boulevart, sous la dénomination de boulevart *Malesherbes*, à angle correspondant au boulevart de la Madeleine, et sur une largeur de 43 m. pareille à celle de ce dernier boulevart. » L'ordonnance royale en date du 2 février 1826, qui autorisa MM. Hagerman et Mignon à ouvrir plusieurs rues sur leurs terrains (voyez rue d'*Amsterdam*), imposa à ces propriétaires l'obligation suivante: « de céder gratuitement le terrain indiqué au plan comme devant servir à la formation du *prolongement* du boulevart projeté depuis la place de la Madeleine jusqu'à la barrière de Monceau. » — La portion qui devait être concédée par MM. Hagerman et Mignon aurait servi à prolonger le boulevart, depuis la rue de la Bienfaisance jusqu'à la barrière. — Une ordonnance royale du 27 septembre de la même année déclara d'utilité publique l'exécution des dispositions consacrées par l'ordonnance du 2 juin 1824. Enfin, une ordonnance royale du 2 septembre 1829, vint encore modifier le projet primitif; elle porte: « Vu la proposition faite par le conseil municipal, dans ses délibérations des 13 février et 24 avril 1829, tendant à limiter à la rue de la Madeleine le *nouveau boulevart Malesherbes*, qui devait s'étendre jusqu'à la rue d'Anjou, etc... Art. 1ᵉʳ. Le plan d'alignement des abords de la Madeleine à Paris, arrêté par notre ordonnance royale du 2 juin 1824, est rectifié en ce qui concerne le nouveau boulevart Malesherbes et la rue Chauveau-Lagarde, conformément au plan ci-annexé. » — C'est ainsi que de restriction en restriction, un projet grandiose, dont l'exécution aurait été peu onéreuse, alors que la ligne de ce magnifique boulevart ne traversait que des terrains non bâtis, a été complètement défiguré et n'a produit qu'une espèce d'impasse, aussi désagréable à l'œil que peu en harmonie avec le superbe monument de la Madeleine. — Le côté droit de ce boulevart est seul exécuté. — Éclairage au gaz (compᵉ Anglaise).

Chrétien-Guillaume de Lamoignon de Malesherbes, né à Paris, le 16 décembre 1721, fut d'abord substitut du procureur général, puis conseiller au parlement de Paris, enfin premier président de la Cour-des-Aides en 1750. Il fut au nombre des trois défenseurs qui s'efforcèrent, mais en vain, de sauver l'infortuné Louis XVI. Traduit au tribunal révolutionnaire, avec sa fille et sa petite-fille, tous trois furent condamnés à mort; un seul jour devait dévorer trois générations. En sortant de la Conciergerie pour monter sur la fatale charrette, Malesherbes heurta du pied le seuil très élevé d'une porte, et faillit tomber. — « Oh! oh! s'écria-t-il en souriant, » voilà ce qu'on peut appeler un funeste présage. Un » romain à ma place serait rentré chez lui. » Une demi-heure après l'auguste vieillard avait cessé de vivre.

MALESHERBES (RUE DE).

Commence à la rue de la Bienfaisance, n° 14; finit à la rue de Valois. Pas de numéro. Sa longueur est de 442 m. — 1er arrondissement, quartier du Roule.

Cette rue, qui remplace une partie du boulevart de Malesherbes, a été formée, en 1840, sur les terrains appartenant aux héritiers Mignon. Elle n'est pas encore autorisée. Sa largeur est de 15 m. (*Voyez* l'article qui précède).

MALTE (RUE DE).

Commence à la rue de Ménilmontant, nos 13 et 15; finit à la rue Delatour, nos 14 et 16. Le dernier impair est 37; le dernier pair, 36. Sa longueur est de 330 m. — 6e arrondissement, quartier du Temple.

Elle fut ouverte en 1783, sur les terrains des marais du Temple appartenant à *l'ordre de Malte*. Les lettres-patentes qui autorisèrent et dénommèrent cette rue, sont à la date du 13 octobre 1781. Elles furent registrées au parlement le 26 février suivant (voyez rue d'*Angoulême-du-Temple*). — Une décision ministérielle du 28 fructidor an X, signée Chaptal, a fixé sa largeur à 10 m. Les constructions riveraines sont presque toutes alignées; les autres ne devront subir qu'un léger redressement. — Conduite d'eau. — Éclairage au gaz (compe Lacarrière).

MANDAR (RUE).

Commence à la rue Montorgueil, nos 59 et 61; finit à la rue Montmartre, nos 72 et 74. Le dernier impair est 13; le dernier pair, 18. Sa longueur est de 162 m. — 3e arrondissement; les numéros impairs sont du quartier Saint-Eustache; les pairs, du quartier Montmartre.

Cette rue a été ouverte, en 1790, sur les terrains appartenant à M. Lecouteux. Elle a porté d'abord le nom de *cour Mandar*. C'était alors une propriété particulière fermée à ses deux extrémités par des grilles.

Une lettre ministérielle du 3 thermidor an IX porte ce qui suit : « D'après les observations, citoyen préfet, qui m'ont été faites sur l'utilité pour le quartier des halles, de la communication connue sous le nom de cour Mandar, *j'ai décidé qu'elle serait mise au nombre des rues de Paris*, et comme telle, pavée, éclairée et nettoyée aux frais de la commune. Je vous invite, citoyen préfet, à prendre, en ce qui vous concerne, les mesures nécessaires pour l'exécution de cette décision, et notamment pour que les grilles placées aux deux extrémités de la communication dont il s'agit, *qui prendra le nom de rue Mandar*, soient promptement enlevées et pour que le pavé en soit entretenu avec soin, etc. Signé Chaptal. » La largeur de cette rue est de 7 m. 80 c. et les propriétés riveraines ont été établies d'après une décoration symétrique. — Conduite d'eau. — Éclairage au gaz (compe Française).

M. Mandar, architecte et ingénieur habile, qui a construit les maisons de cette voie publique, y demeure au n° 9.

MANDÉ (AVENUE DE SAINT-).

Commence à la rue de Picpus, nos 5 bis et 9; finit aux chemins de ronde des barrières de Saint-Mandé et de Picpus. Le dernier impair est 9 bis; le dernier pair, 16. Sa longueur est de 495 m. — 8e arrondissement, quartier des Quinze-Vingts.

Le plan de Verniquet la désigne sous cette dénomination qu'elle doit à sa proximité du village de Saint-Mandé. — Une décision ministérielle du 19 mai 1821, a fixé la largeur de cette avenue à 39 m. Jusqu'en 1840, elle ne débouchait dans la rue de Picpus que par une ruelle étroite et formant un coude. A cette époque, l'alignement de cette avenue a été exécuté sur les terrains dépendant de l'ancien couvent des chanoinesses de Picpus et a procuré un dégagement convenable. — Les propriétés riveraines de l'avenue de Saint-Mandé ne sont pas soumises à retranchement. — Égout.

MANDÉ (BARRIÈRE DE SAINT-).

Située à l'extrémité de l'avenue du même nom.

Elle est décorée d'un bâtiment avec deux façades (même étymologie que celle de l'article qui précède). (Voir l'article *Barrières*.)

MANDÉ (CHEMIN DE RONDE DE LA BARRIÈRE DE SAINT-).

Commence aux avenue et barrière de Saint-Mandé; finit à la barrière de Vincennes et à la place du Trône. Pas de numéro. Sa longueur est de 433 m. — 8e arrondissement, quartier des Quinze-Vingts.

(Voir l'article *Chemins de Ronde*).

MANTEAUX (ÉGLISE DES BLANCS-).

Située dans la rue du même nom, entre les nos 10 et 12. 7e arrondissement, quartier du Mont-de-Piété.

Des religieux mendiants, qui se donnaient le nom de Serfs de la Vierge-Marie, et suivaient la règle de saint Augustin, vinrent s'établir à Paris en 1258. Ces moines portant alors des *manteaux blancs*, le peuple, pour les distinguer des autres religieux, les appela les *blancs-manteaux*. Saint Louis est regardé comme leur principal fondateur par les grâces qu'il leur accorda. Joinville en parle ainsi : « *Revint une autre manière de frères que l'on appelle l'ordre des Blancs-Manteaux, et requistrent au roy qu'il leur aidast qu'ils peussent demeurer à Paris. Le roy leur acheta une méson et vielz places entour pour eux herberger, de lez la vieix porte du Temple à Paris, assez près des tissarans.* » Leur maison fut bâtie sur un emplacement situé dans Paris, près du mur d'enceinte de la ville. Le roi fut obligé de vaincre les difficultés que les seigneurs ecclésiastiques opposèrent à cet établissement. En 1274, le pape Grégoire X, dans le deuxième concile de Lyon, supprima tous les ordres religieux mendiants, excepté les Carmes, les Cordeliers et les Jacobins. Les Serfs de la Vierge-Marie cessèrent donc d'exister en communauté.

— MAN —

En 1297, d'autres religieux, autorisés par un autre pape, remplacèrent les Serfs de la Vierge-Marie; ils se nommaient Guillemites. Le peuple, sans avoir égard à ce changement, les appela comme leurs prédécesseurs les Blancs-Manteaux. En 1618, les Guillemites furent réformés et réunis aux Bénédictins, suivant la réforme de saint Vannes de Verdun. On lit dans l'ouvrage intitulé : *Gallia Christiana*, que la première église des Blancs-Manteaux fut dédiée le 30 novembre 1397. Cette église s'élevait alors le long de la rue des Blancs-Manteaux, et touchait presqu'à la porte Barbette. L'église et le monastère furent reconstruits en 1685; la première pierre en fut posée par le chancelier Le Tellier, et par Elisabeth Turpin sa femme. La maison des Blancs-Manteaux servit de retraite à plusieurs bénédictins estimés par leurs vertus et leur érudition. C'est là que furent composés les ouvrages ayant pour titres : l'*Art de vérifier les Dates*, la *nouvelle Diplomatique*, et la *Collection des Historiens de France*. Ce monastère, supprimé en 1790, devint propriété nationale et fut aliéné les 12 vendémiaire et 8 prairial an V; l'église fut également comprise dans la vente. Rachetée par la ville le 2 novembre 1807, elle a été érigée en succursale de la paroisse Saint-Merri, sous le titre de Notre-Dame des Blancs-Manteaux.

MANTEAUX (MARCHÉ DES BLANCS-).

Situé dans la rue Vieille-du-Temple. — 7° arrondissement, quartier du Marché-Saint-Jean.

Ce marché a été construit sur l'emplacement de la communauté des Hospitalières de Sainte-Anastase ou de Saint-Gervais dont nous rappelons l'origine. En 1171, un maçon, nommé Garin, et Harcher son gendre, donnèrent une maison qu'ils possédaient au parvis Saint-Gervais, pour loger et soigner les pauvres passants. Cette pieuse fondation fut favorisée par Robert, comte de Dreux. Une bulle du pape Nicolas IV, du 10 septembre 1190, plaça cet hôpital sous la protection du Saint-Siège. L'administration fut confiée à un maitre ou procureur. Au milieu du XIV° siècle, Foulques de Chanac, évêque de Paris, introduisit dans cette maison quatre religieuses avec un maitre et un procureur. En 1608, le cardinal de Gondy supprima ces deux derniers *pour le mauvais gouvernement et consommation des biens qu'ils faisoient, et se réserva le droit de commettre quelqu'un pour recevoir les vœux des religieuses et les comptes qu'elles devoient rendre de leur gestion*. Ces religieuses, qui suivaient la règle de saint Augustin, achetèrent le 7 juillet 1655, moyennant 135,000 livres, l'hôtel d'O, situé dans la rue Vieille-du-Temple, entre celles des Rosiers et des Francs-Bourgeois. Leur communauté fut supprimée par une loi du 18 ventôse an III.

« Au palais de Trianon, le 21 mars 1813. — Napoléon, etc.; nous avons décrété et décrétons... : Article 2°. Le marché qui, aux termes de notre décret du 30 janvier 1811, devait être construit sur la

— MAN —

» place Saint-Jean, sera transféré dans l'emplacement de l'ancien hospice Saint-Gervais, situé rue Vieille-du-Temple, en face de celle des Blancs-Manteaux. Cet emplacement, qui appartient aux hospices, sera acquis par notre bonne ville de Paris, etc. » — En conformité de ce décret et par acte administratif du 19 mai 1813, cet emplacement a été acheté par la ville moyennant 120,000 fr. La première pierre fut posée par le ministre de l'intérieur le 15 août suivant. M. Labarre, chargé dans l'origine de diriger les travaux, fut remplacé par M. Delespine, qui commença et termina ce marché. L'inauguration eut lieu le 24 août 1819, en vertu d'une ordonnance de police du 19 du même mois. Ce marché, construit en pierres de taille, et entièrement couvert, est composé de trois nefs; celle du milieu ayant une fois plus de largeur que les deux autres. Il contient huit rangs de places d'environ 2 m. en carré, desservis par quatre passages longitudinaux et un transversal de 2 m. de largeur, le tout composant 154 places. La disposition de la couverture, dont la partie centrale n'ayant pas été plus élevée que la partie portant sur les murs, a sans doute été la cause des avaries qui se sont manifestées dans la charpente. En 1840, elle a été remplacée par une couverture en fer qui a coûté 82,586 fr. 54 c. On a exécuté en même temps des travaux de dallage dont la dépense s'est élevée à 38,270 fr. 28 c. Ce marché occupe une superficie de 1,247 m. — Pour faciliter les abords de cet établissement, le ministre de l'intérieur avait, le 23 juillet 1817, prescrit la formation de trois nouvelles rues; savoir: une de 10 m. de largeur, pour communiquer de la rue des Rosiers à celle des Francs-Bourgeois, et les deux autres de chacune 7 m. destinées à longer les façades latérales du marché. Ce plan fut immédiatement exécuté. La première de ces nouvelles voies publiques a reçu le nom de rue des *Hospitalières-Saint-Gervais*; les deux autres ne sont point encore dénommées.

La boucherie, qui est séparée du marché par la rue des Hospitalières-Saint-Gervais, est construite en pierres de taille. Elle contient quatorze boutiques. Sa superficie est de 434 m. Le bâtiment est isolé par deux passages latéraux, ayant chacun 6 m. 50 c., moindre largeur, et au fond par une place dont la longueur est de 25 m. 40 c., et la moindre largeur de 22 m. Cette halle a été inaugurée le 5 juin 1823.

MANTEAUX (RUE DES BLANCS-).

Commence à la rue Vieille-du-Temple, n°s 53 et 55; finit à la rue Sainte-Avoie, n° 20 et 22. Le dernier impair est 43; le dernier pair, 46. Sa longueur est de 330 m. — 7° arrondissement, quartier du Mont-de-Piété.

Au XIII° siècle, elle était connue sous les noms de rue de la *Parcheminerie* et de la *Petite-Parcheminerie*. On la désignait sous ces dénominations dès l'année 1268 (Archives du Temple). En 1289, elle prit le nom de rue des *Blancs-Manteaux*. — Une décision

— MAR —

ministérielle du 22 prairial an V, signée Benezech, a fixé la largeur de cette voie publique à 8 m. Les propriétés ci-après sont alignées : l'école des frères, nos 35, 37, 41, 43; 10, 12, 14, 16, 18, 20, 22, 24, 26 et 46. — Égout. — Conduite d'eau. — Éclairage au gaz (comp^e Lacarrière).

MARAIS-DU-TEMPLE (RUE DES).

Commence à la rue du Faubourg-du-Temple, nos 1 et 3; finit à la rue du Faubourg-Saint-Martin, nos 92 et 94. Le dernier impair est 53; le dernier pair, 78 bis. Sa longueur est de 742 m. — 5e arrondissement, quartier de la Porte-Saint-Martin.

Ouverte sur des terrains en nature de *marais*, elle en a retenu le nom. En 1772, elle n'était encore bordée que par un petit nombre de constructions. — Une décision ministérielle à la date du 4 ventôse an XI, signée Chaptal, a fixé la largeur de cette voie publique à 9 m. 74 c. Les constructions riveraines sont alignées, à l'exception de celles qui portent les nos 1, 3, 23, 33, 37, 41, 43, 45, partie du n° 49, la maison à l'encoignure de la rue du Faubourg-Saint-Martin; 2, 4, 6, 12 et 14. — Égout entre les rues Lancry et Albouy. — Conduite d'eau dans une grande partie de la rue. — Éclairage au gaz (comp^e de Belleville).

MARAIS-SAINT-GERMAIN (RUE DES).

Commence à la rue de Seine, nos 20 et 22; finit à la rue des Petits-Augustins, nos 19 et 21. Le dernier impair est 23; le dernier pair, 26. Sa longueur est de 176 m. — 10e arrondissement, quartier de la Monnaie.

Elle a été ouverte, en 1540, sur une partie de l'emplacement du petit Pré-aux-Clercs. Sa dénomination lui vient des *terrains marécageux* qui l'environnaient. — Une décision ministérielle à la date du 15 vendémiaire an IX, signée L. Bonaparte, fixa la largeur de cette voie publique à 7 m. En vertu d'une ordonnance royale du 29 avril 1839, cette dimension est portée à 10 m. La propriété n° 17 bis est alignée. Toutes les autres constructions devront subir un retranchement de 3 m. 10 c. — Conduite d'eau depuis la rue des Petits-Augustins jusqu'à la borne-fontaine.

MARBEUF (PASSAGE).

Commence à la rue Marbeuf, n° 15; finit à l'avenue des Champs-Élysées, nos 67 et 69. Le dernier impair est 29; le dernier pair, 12. — 1er arrondissement, quartier des Champs-Élysées.

Dès 1812, une compagnie ayant acquis la propriété du *jardin Marbeuf*, résolut d'exploiter la partie inférieure de cet immense terrain, en le divisant par lots et en ménageant un passage ou avenue pour créer des façades aux nouvelles constructions. Ce projet fut exécuté et le passage fut ouvert sur une largeur de 8 m. environ. — Un arrêté préfectoral du 7 décembre 1840 a prescrit l'établissement de barrières aux deux extrémités de cette communication qui forme retour d'équerre, et n'est point reconnue voie publique par

— MAR —

l'administration. — Conduite d'eau depuis l'avenue des Champs-Élysées jusqu'aux deux bornes-fontaines.

MARBEUF (RUE).

Commence à la rue Bizet; finit à l'avenue des Champs-Élysées, nos 57 et 59. Le dernier impair est 29; le dernier pair, 26. Sa longueur est de 633 m. — 1er arrondissement, quartier des Champs-Élysées.

Elle a été formée, vers 1798, sur l'emplacement d'un chemin bordant le grand égout. Elle prit la dénomination de rue des *Gourdes*, en raison des gourdes que l'on cultivait en cet endroit. — Une décision ministérielle du 8 frimaire an VIII, signée Laplace, fixa la largeur de cette voie publique à 10 m. Conformément à une autre décision ministérielle du 19 octobre 1829, signée La Bourdonnaye, elle a reçu la dénomination de rue *Marbeuf*, en raison de sa proximité de l'ancien jardin Marbeuf. Depuis 1831, on construit d'après un alignement qui assigne à cette voie publique une largeur de 13 m. Toutes les constructions du côté des numéros impairs et celles du côté opposé, à l'exception des propriétés de 2 à 6 inclus, et du bâtiment qui forme l'encoignure de l'avenue des Champs-Élysées, sont établies d'après ce nouvel alignement. Le retranchement que devront subir ces propriétés varie de 3 à 4 m. — Éclairage au gaz (comp^e de l'Ouest).

MARC (RUE NEUVE-SAINT-).

Commence à la rue de Richelieu, nos 99 et 101; finit à la rue Favart, nos 8 et 10. Le dernier impair est 11; le dernier pair, 12. Sa longueur est de 94 m. — 2e arrondissement, quartier Feydeau.

Des lettres-patentes, à la date du 18 février 1780, portent qu'il sera ouvert aux frais du duc de Choiseul-Amboise et de son épouse, sur le terrain de leur hôtel et jardin, et en continuité de la rue Saint-Marc, une rue de 25 pieds de largeur, qui sera nommée rue *Neuve-Saint-Marc*. Ce percement fut immédiatement exécuté. — Une décision ministérielle du 3 frimaire an X, signée Chaptal, maintint la largeur primitive qui a été portée à 10 m. en vertu d'une ordonnance royale du 16 avril 1831. Les constructions riveraines sont soumises à un retranchement de 1 m. environ. — Conduite d'eau. — Éclairage au gaz (comp^e Anglaise).

MARC (RUE SAINT-).

Commence aux rues Feydeau, n° 2, et Montmartre, n° 157; finit à la rue de Richelieu, nos 94 et 96. Le dernier impair est 33; le dernier pair, 26. Sa longueur est de 214 m. — 2e arrondissement, quartier Feydeau.

Elle a été construite vers 1650, et doit sa dénomination à une enseigne. — Une décision ministérielle à la date du 5 germinal an VI, signée Letourneux, fixa la largeur de cette voie publique à 8 m. En vertu d'une ordonnance royale du 4 mai 1826, cette dimension est portée à 10 m. Toutes les constructions du côté des numéros impairs sont alignées. Propriété n° 2,

— MAR —

retranch. réduit 3 m. 80 c.; 4, ret. 2 m. 40 c.; 6, alignée; 8 et 10, ret. 2 m. à 2 m. 30 c.; maison à l'encoignure gauche de la rue Vivienne, alignée; de 14 à la fin, ret. 2 m. 30 c. — Conduite d'eau. — Éclairage au gaz (comp^e Anglaise).

MARCEL (RUE DES FOSSÉS-SAINT-).

Commence aux rues Poliveau, n° 31, et du Fer-à-Moulin, n° 1; finit à la rue Mouffetard, n°s 291 et 293. Le dernier impair est 53; le dernier pair, 58. Sa longueur est de 591 m. — 12e arrondissement, quartier Saint-Marcel.

Cette rue était autrefois divisée en deux parties. De la rue de la Muette (aujourd'hui rue du Fer-à-Moulin) à celle des Francs-Bourgeois, elle a porté le nom de rue de *Fer*. Le surplus était encore désigné en 1789, sur le plan de Verniquet, sous le nom de rue des *Hauts-Fossés-Saint-Marcel*. Ce dernier nom provenait de ce qu'elle avait été bâtie sur les fossés qui environnaient le territoire de Saint-Marcel. Depuis, on la nomme dans toute sa longueur rue des *Fossés-Saint-Marcel*. — Une décision ministérielle du 24 messidor an V, signée Benezech, a fixé la moindre largeur de cette voie publique à 10 m. Les constructions ci-après ne sont pas soumises à retranchement : de 1 à 19 inclusivement; 23, 25 ; de 33 à 41 inclusivement; de 45 à 51 inclus.; de 2 à 8 inclus.; de 12 à 18 inclus.; 34, 36, 38, 52 et 56. — Conduite d'eau entre la rue du Marché-aux-Chevaux et celle de la Reine-Blanche.

Au milieu du XVIIe siècle, on voyait dans cette rue une riche habitation nommée l'*hôtel de Clamart*. A côté de cette demeure se trouvait un cimetière qu'on fut obligé de fermer en 1793, pour cause d'encombrement. Pour remplacer le cimetière de Clamart, il fallut en ouvrir un nouveau qui prit le nom de *cimetière Sainte-Catherine*. Destiné dans l'origine aux classes pauvres, ce cimetière devint le dernier asile des coupables que la loi retranche de la société. Depuis quelques années il est fermé, et l'on a construit sur une partie de son emplacement des salles de dissection.

Parmi les tombes qui peuplaient ce cimetière, on distinguait celle d'un homme dont la gloire fut longtemps associée à celle des généraux français qui combattirent avec honneur pour la liberté de leur patrie. Voici l'inscription de son tombeau :

« Ici reposent les cendres de Charles Pichegru,
» général en chef des armées françaises, né à Arbois,
» département du Jura, le 14 février 1761, mort à
» Paris, le 5 avril 1804. »

MARCEL (RUE SAINT-).

Commence à la place de la Collégiale, n°s 5 et 9; finit à la rue Mouffetard, n°s 251 bis et 255. Le dernier impair est 7; le dernier pair, 4. Sa longueur est de 38 m. — 12e arrondissement, quartier Saint-Marcel.

Elle doit son nom à l'église Saint-Marcel, à laquelle elle conduisait. — Une décision ministérielle du 8 ventôse an IX, signée Chaptal, avait fixé la largeur de cette voie publique à 8 m. Cette largeur a été portée à 10 m. en vertu d'une ordonnance royale du 24 avril 1837. La propriété n° 7 est seule soumise à retranchement.

MARCEL (THÉATRE SAINT-).

Située dans la rue Pascal, entre les n°s 23 et 25. — 12e arrondissement, quartier Saint-Marcel.

Ce théâtre, construit de 1837 à 1838 sous la direction de M. Allart, architecte, a été inauguré le samedi 22 décembre 1838. On y joue des drames et des comédies-vaudevilles.

MARCHE (RUE DE LA).

Commence à la rue de Poitou, n°s 18 et 20; finit à la rue de Bretagne, n°s 19 et 21. Le dernier impair est 15; le dernier pair, 18. Sa longueur est de 103 m. — 7e arrondissement, quartier du Mont-de-Piété.

Cette rue ouverte en 1626, sur la culture du Temple, prit le nom d'une de nos anciennes provinces de France. — Une décision ministérielle du 19 germinal an VIII, signée L. Bonaparte, avait fixé la largeur de cette voie publique à 8 m. En vertu d'une ordonnance royale du 31 mars 1835, cette largeur a été portée à 10 m. Les constructions du côté des numéros impairs sont soumises à un retranchement qui varie de 1 m. 10 c. à 1 m. 50 c.; celles du côté opposé devront reculer de 1 m. à 1 m. 30 c. — Conduite d'eau depuis la rue de Poitou jusqu'à la borne-fontaine. — Éclairage au gaz (comp^e Lacarrière).

MARCHÉ-NEUF (LE).

Situé sur le quai du même nom. — 9e arrondissement, quartier de la Cité.

Un arrêt du conseil du 4 juin 1568, ordonna aux marchands d'herbes et de poissons, qui se tenaient près du petit Châtelet, d'aller occuper le nouveau marché de la rue de l'Orberie, qui prit à cette occasion le nom de *Marché-Neuf*. — (Registre de la ville). Lettres-patentes (9 septembre 1734). — « Louis, etc.
» Nos très chers et bien amez les prévôts des mar-
» chands et échevins de notre bonne ville de Paris,
» nous ont très humblement fait représenter qu'ayant
» constaté le mauvais état de douze maisons, sises au
» Marché-Neuf, ayant face d'un costé sur le bassin de
» la rivière, entre le Petit-Pont et celui appelé de
» Saint-Michel, et de l'autre sur le dit marché, ils
» auroient pensé qu'il pouvoit estre très avantageux
» aux habitants de ce quartier et aux malades de
» l'Hôtel-Dieu de ne les point reconstruire, etc... A
» ces causes et autres, nous avons, par ces présentes
» signées de notre main, dit et ordonné, disons et
» ordonnons, voulons et nous plait : — Article 1er.
» Qu'incessamment, et dans un mois au plus tard, les
» dites maisons sises au Marché-Neuf de notre bonne
» ville de Paris, soient démolies, et qu'en la place il
» soit fait un mur de parapet depuis le corps de bâtiment

— MAR —

» nouvellement construit, appartenant à la ville,
» à l'encoignure du dit marché jusques à la bou-
» cherie dépendant du domaine, près et joignant le
» pont Saint-Michel. — Art. 2ᵉ. Voulons pareille-
» ment qu'il soit laissé un espace de cinq toises de
» l'alignement des maisons sises au dit marché et pa-
» rallèles à la rivière pour le passage des voitures et la
» plus grande facilité du dégagement du dit mar-
» ché, etc... Donné à Versailles, le 9ᵉ jour de septem-
» bre, l'an de grâce 1734, et de notre règne le 19ᵉ. Signé
» Louis. » — Ces lettres-patentes furent registrées au parlement le 11 septembre suivant. Le Marché-Neuf, qui n'est orné d'aucune construction, a été tarifé au profit de la ville de Paris, à raison de 10 centimes par 4 m. superficiels, et en vertu de deux décisions ministérielles des 2 mars 1840 et 16 septembre 1842. La perception a commencé le 12 juin 1843, conformément à une ordonnance de police du 1ᵉʳ du même mois.

MARCHÉ-NEUF (QUAI DU).

Commence à la rue du Marché-Neuf, nᵒˢ 12 et 13; finit au pont Saint-Michel et à la rue de la Barillerie. Les numéros continuent la série de la rue du Marché-Neuf; le dernier est 56. Sa longueur est de 138 m. — 9ᵉ arrondissement, quartier de la Cité.

On confondait encore avant le mois d'avril 1840, sous la seule dénomination de rue du *Marché-Neuf*, la voie publique ainsi désignée aujourd'hui et le quai lui servant de prolongement. L'emplacement qu'ils occupaient se nommait en 1210 de l'*Orberie* (de l'Herberie). On lui donna en 1568 le nom de rue du *Marché-Neuf*, parce qu'on forma à cette époque un marché que nous voyons sur le quai. — « 22 avril 1769. Louis, etc... Les maisons qui sont à la suite du pont Saint-Michel du côté du Marché-Neuf, seront démolies et supprimées, etc. Il sera aussi fait aux maisons ayant face sur le Marché-Neuf le retranchement nécessaire pour les mettre en ligne droite, depuis l'encoignure de la rue de la Barillerie jusqu'à l'église Saint-Germain-le-Vieil. » Ces lettres-patentes ne furent point exécutées. — « Au camp de Tilsit, le 7 juillet 1807. Napoléon, empereur des Français, roi d'Italie, etc. Sur le rapport de notre ministre de l'intérieur, nous avons décrété et décrétons ce qui suit : — Article 1ᵉʳ. Les maisons domaniales et autres qui couvrent le pont Saint-Michel, etc., ainsi que celles en retour sur le Marché Neuf, seront démolies. — Art. 2. Les démolitions commenceront par les maisons qui couvrent le pont Saint-Michel, le 1ᵉʳ septembre prochain, et pour les autres désignées dans l'article ci-dessus, le 1ᵉʳ janvier 1808. Signé Napoléon. » Cette disposition a été réalisée immédiatement. — Une décision ministérielle du 13 brumaire an X, signée Chaptal, a fixé l'alignement du quai du Marché-Neuf. Les maisons de 52 à 56 devront avancer sur leurs vestiges actuels. Les autres propriétés sont généralement soumises à un fort retranchement. — Conduite d'eau. — Éclairage au gaz (compᵉ Parisienne).

— MAR —

MARCHÉ-NEUF (RUE DU).

Commence à la rue de la Cité, nᵒˢ 58 et 62; finit au quai du Marché-Neuf. Le dernier impair est 13; le dernier pair, 12. Sa longueur est de 64 m. — 9ᵉ arrondissement, quartier de la Cité.

Son origine et son étymologie sont les mêmes que celles de l'article précédent. La partie qui prend naissance à la rue de la Cité, nommée autrefois en cet endroit du marché Palu, formait une impasse qui fut convertie en rue en 1558. Deux propriétés avaient été abattues au commencement de cette année pour opérer cet utile dégagement. — Une décision ministérielle à la date du 13 brumaire an X, signée Chaptal, a fixé la moindre largeur de cette voie publique à 12 m. Les maisons nᵒˢ 2, 4 et 6 sont à l'alignement. — Conduite d'eau. — Éclairage au gaz (compᵉ Parisienne).

Les maisons nᵒˢ 4 et 6 ont été construites sur l'emplacement de l'*église Saint-Germain-le-Vieux* dont nous traçons ici l'origine. Cette église n'était dans le principe qu'une chapelle baptismale sous la dépendance de Notre-Dame. Elle portait le titre de *Saint-Jean-Baptiste*. L'histoire nous fournit des preuves de son existence dès la fin du IXᵉ siècle. Il est certain aussi qu'elle servit d'asile aux religieux de Saint-Germain-des-Prés à l'époque où les incursions des Normands obligèrent ces moines à mettre à l'abri, dans l'île de la Cité, le corps de leur patron. En reconnaissance de l'hospitalité qu'ils reçurent dans cet oratoire, ces religieux laissèrent aux prêtres qui le desservaient un bras de saint Germain. L'explication du titre de cet oratoire est difficile à donner. Dès le XIIᵉ siècle, on trouve des actes qui en font mention sous le nom de Saint-Germain-le-Vieux, *Sanctus-Germanus-Vetus*, mais il n'en est aucun qui indique la cause de ce surnom. Parmi les diverses opinions émises à ce sujet, nous avons fait choix de celle de Jaillot, que nous trouvons au moins vraisemblable. « C'était une
» tradition reçue, dit ce savant, que saint Germain,
» évêque de Paris, s'y était retiré au VIᵉ siècle. C'en
» était assez pour considérer cette chapelle comme la
» plus ancienne, comme antérieure aux deux églises
» connues sous le même nom, et pour lui donner le
» surnom de Vieux, qui d'ailleurs était nécessaire pour
» la distinguer de Saint-Germain-le-Neuf. » En 1368, l'abbaye de Saint-Germain-des-Prés céda à l'Université les droits qu'elle possédait sur cette petite église, et depuis cette époque, le recteur nommait seul à sa cure; l'église fut agrandie en 1458. Le portail et le clocher ne dataient que de 1560. Supprimée en 1790, l'église Saint-Germain-le-Vieux, qui contenait en superficie 563 m. 67 c. en y comprenant la maison curiale et la propriété sur la rue de la Calandre, servant à la communauté des prêtres, fut vendue le 12 fructidor an IV.

MARCOUL. (RUE SAINT-).

Commence à la rue Bailly, nᵒˢ 2 et 4; finit à la rue Royale, nᵒˢ 5 et 7. Le dernier impair est 5; le dernier

— MAR —

pair, 6. Sa longueur est de 27 m. — 6e arrondissement, quartier Saint-Martin-des-Champs.

Construite vers 1780, sur une partie du prieuré de Saint-Martin-des-Champs, cette voie publique doit son nom à saint Marcoul (*Marculphus*), mort en 558. Ce saint était particulièrement honoré à Saint-Martin-des-Champs (voyez *place de l'ancien marché Saint-Martin*). — Une décision ministérielle du 3 décembre 1814, signée l'abbé de Montesquiou, et une ordonnance royale du 14 janvier 1829, ont fixé la largeur de la rue Saint-Marcoul à 6 m. La maison n° 1 est alignée ; les autres constructions devront subir un retranchement de 90 c. — Conduite d'eau. — Éclairage au gaz (compe Lacarrière).

MARGUERITE (ÉGLISE SAINTE-).

Située dans la rue Saint-Bernard, entre les nos 28 et 30. — 8e arrondissement, quartier du Faubourg-Saint-Antoine.

Le curé de Saint-Paul, Antoine Faget, fit bâtir sur ce territoire une chapelle vers l'année 1625 ; elle fut dédiée à *sainte Marguerite*. L'intention du fondateur était qu'elle servît à la sépulture de tous les membres de sa famille. Les habitants de ce quartier, fort éloignés de l'église Saint-Paul, leur paroisse, désirant célébrer l'office divin dans cette chapelle, demandèrent en conséquence à l'archevêque de Paris, qu'elle fût érigée en succursale. Des marguilliers de Saint-Paul formèrent opposition à cette demande. Un arrêt du 26 juillet 1629 ordonna d'abord qu'elle resterait simple chapelle. Un autre arrêt du 6 août 1631 annula le premier ; il portait que cette chapelle serait érigée en succursale. Ce ne fut pourtant qu'en 1634, que toutes les difficultés furent aplanies ; on construisit une église à côté de la chapelle bâtie par Antoine Faget. En 1712, la succursale fut entièrement séparée de Saint-Paul, et forma une cure particulière. L'accroissement de la population de ce quartier devint bientôt si considérable, que le nombre des habitants s'éleva au milieu du XVIIIe siècle, à plus de quarante mille. Le territoire s'étendait d'un côté, depuis la porte Saint-Antoine jusqu'au-delà du couvent de Picpus ; et de l'autre, depuis le petit Bercy jusqu'aux moulins de Ménilmontant. On fut donc obligé de faire à cette église des agrandissements successifs ; les plus importants eurent lieu en 1713 et 1765 ; ces augmentations furent si considérables qu'à cette dernière époque la chapelle primitive ne formait plus que la dixième partie de l'église. On prit également, en 1765, une portion du cimetière contigu, et l'architecte Louis y construisit une chapelle, curieuse par son style qu'on pourrait appeler sépulcral ; éclairée par une seule ouverture pratiquée à la voûte, elle est remplie d'inscriptions. Les murs extérieurs sont décorés de peintures à fresque exécutées par Brunetti. Sur un médaillon ménagé entre les arcades qui forment l'entrée, on a sculpté le portrait de Vaucanson, célèbre mécanicien mort en 1782. Le 11 mai 1792, le vicaire

— MAR —

de Sainte-Marguerite présenta sa femme et son beau père à la barre de l'assemblée législative. Un tonnerre d'applaudissements accueillit alors ce premier exemple d'un prêtre catholique qui repoussait le célibat. — L'église Sainte-Marguerite, qui porta en 1793 le nom de *Temple de la Liberté et de l'Égalité*, est aujourd'hui la paroisse du 8e arrondissement.

MARGUERITE-SAINT-ANTOINE (RUE SAINTE-).

Commence à la rue du Faubourg-Saint-Antoine, nos 155 et 157 ; finit à la rue de Charonne, nos 58 et 60. Le dernier impair est 43 ; le dernier pair, 56. Sa longueur est de 291 m. — 8e arrondissement, quartier du Faubourg-Saint-Antoine.

Ce n'était qu'un chemin à la fin du XVIe siècle. Après la construction de la chapelle Sainte-Marguerite en 1625, il forma une rue à laquelle on donna le nom de *Sainte-Marguerite*. — Une décision ministérielle du 26 brumaire an XI, signée Chaptal, avait fixé la largeur de cette voie publique à 7 m. En vertu d'une ordonnance royale du 6 mai 1827, cette largeur est portée à 10 m. La maison n° 37 est alignée ; les autres constructions du côté des numéros impairs sont soumises à un retranch. de 3 m. 50 c. Les maisons nos 2, 4, 6, 8, 16, 34 et 36, sont alignées ; le surplus de ce côté devra reculer de 50 c. environ. — Conduite d'eau.

MARGUERITE-SAINT-GERMAIN (PLACE SAINTE-).

Commence aux rues du Four, nos 2, et de Buci, n° 46 ; finit à la rue Sainte-Marguerite, nos 11 et 14. Sa longueur est de 40 m. — 10e arrondissement, quartier de la Monnaie.

Sur le plan de Verniquet elle se trouve confondue avec la rue Sainte-Marguerite dont elle portait la dénomination. — Conformément à une décision ministérielle du 2 messidor an VIII, signée L. Bonaparte, la forme de cette place devait être circulaire. Cette disposition a été modifiée par une ordonnance royale du 29 avril 1839, qui assigne à cette voie publique une moindre largeur de 32 m. Les bâtiments de la prison de l'Abbaye sont alignés. — Égout. — Conduite d'eau. — Éclairage au gaz (compe Française).

MARGUERITE-SAINT-GERMAIN (RUE SAINTE-).

Commence à la place Sainte-Marguerite, nos 9 et 12 ; finit aux rues de l'Égout, n° 1, et Saint-Benoît, n° 25. Le dernier impair est 43 ; le dernier pair, 42. Sa longueur est de 224 m. — 10e arrondissement, quartier de la Monnaie.

En 1312, c'était la rue *Madame-la-Valence*. Elle fut supprimée en 1368, et remplacée par un fossé que l'abbé Richard fit creuser pour ceindre l'abbaye Saint-Germain-des-Prés. Le 1er juillet 1635, en vertu d'une transaction passée entre les religieux et leur abbé, il fut stipulé que ce fossé serait comblé et que, sur son emplacement, il serait ouvert une rue de 4 toises de largeur. On assignait à ce percement le nom de rue *Sainte-Marguerite*. Cette transaction ayant été homologuée

— MAR —

par un arrêt du parlement en date du 26 février 1637, la rue fut immédiatement ouverte. Une décision ministérielle à la date du 2 messidor an VIII, signée L. Bonaparte, et une ordonnance royale du 29 avril 1839, ont fixé la largeur de cette voie publique à 10 m. La maison n° 23 et les dépendances de la prison de l'Abbaye sont à l'alignement. — Égout et conduite d'eau dans une partie. — Éclairage au gaz (comp^e Française).

MARIE (AVENUE SAINTE-).

Commence à la rue du Faubourg-du-Roule, n° 73 ter; finit au chemin de ronde de la barrière du Roule. Le dernier impair est 11; le dernier pair, 48. — 1er arrondissement, quartier des Champs-Élysées.

Cette avenue, qui est propriété particulière, fut ouverte en 1822 par M. Estienne, qui lui a donné le nom de sa fille *Marie*. A ses deux extrémités sont des grilles que l'on ferme pendant la nuit.

MARIE (BARRIÈRE SAINTE-).

Située à l'extrémité de la rue de Lubeck.

Elle consiste en deux bâtiments avec façade couronnée d'un cintre et doit son nom à l'ancien *couvent de la Visitation* dit *de Sainte-Marie*. Cette barrière est aujourd'hui fermée. (Voir l'article *Barrières*.)

MARIE (CHEMIN DE RONDE DE LA BARRIÈRE SAINTE-).

Commence à la barrière Sainte-Marie; finit à la barrière Francklin. Pas de numéro. Sa longueur est de 390 m. — 1er arrondissement, quartier des Champs-Élysées.

Une partie de ce chemin de ronde est impraticable en raison de la pente très rapide des hauteurs de Chaillot. (Voir l'article *Chemins de ronde*.)

MARIE (PONT).

Situé entre le quai des Ormes et ceux d'Anjou et de Bourbon.

En 1371, dit Sauval, à peu près en cet endroit se trouvait un pont connu sous le nom de pont de *Fust* (de bois), d'emprès saint Bernard aux Barrés. — «Ordonnance du bureau de la ville, 27 juin 1618. Veu les lettres-patentes du 6 may 1614 pour la construction d'un pont de pierre à travers la rivière de Seyne, en conséquence du contract faict par sa majesté au sieur *Marie* (Christophe). Veu le rapport à nous adressé, avons ordonné qu'iceluy pont sera basty et construict vis-à-vis de la rue des Nonnains-d'Hyerres, pour aller de droict allignement au travers de la rivière sur le quai de la Tournelle, etc. Fait au bureau de la ville les d. jour, mois et an que dessus.» La construction du pont, suspendue et reprise à différentes époques, fut achevée en 1635. Ce pont était bordé de maisons des deux côtés. Le 1er mars 1658, la Seine extraordinairement débordée, détruisit deux arches du côté de l'île. Plusieurs personnes périrent. Il s'y trouvait deux maisons habitées par des notaires, l'une d'elles fut engloutie avec les arches du pont, et le notaire

— MAR —

fut entraîné avec tous ses papiers. — Le roi ordonna la reconstruction de ces deux arches; en attendant que cet ordre fût exécuté, on rétablit à leur place les arches en bois, et sur le pont un péage qui devait se percevoir sur les passants pendant dix ans, et dont le produit devait être employé à la construction des arches abattues. Sa restauration s'exécuta à l'expiration de ces dix années. On rebâtit les arches en pierre sans toutefois élever des maisons dessus, de sorte que depuis 1670 jusqu'à la fin de l'année 1788, ce pont resta en partie couvert de constructions, tandis que le surplus laissait un vide qui faisait désirer la destruction de celles qui existaient encore. Un édit du mois de septembre 1786 porte ce qui suit : « Il sera procédé à la démolition des maisons sur le Pont-Marie et des ailes qui en dépendent. » — Au commencement de l'année 1789 le pont fut entièrement débarrassé de maisons. On les remplaça par des trottoirs commodes, la route fut élargie, la pente adoucie. Le pont Marie est composé de cinq arches en plein cintre de 12 m. 80 c. à 14 m. 20 c. d'ouverture; les piles sont décorées comme celles du pont Saint-Michel. La largeur d'une tête à l'autre est de 23 m. 70 c. Sa longueur entre les culées est de 93 m. 97 c.

MARIE (TEMPLE SAINTE-).

Situé dans la rue Saint-Antoine, entre les n°s 214 et 216. — 9e arrondissement, quartier de l'Arsenal.

C'était autrefois l'église du couvent de la Visitation des Filles-Sainte-Marie. Saint François de Sales, évêque de Genève, fut le fondateur de cette communauté. Ces religieuses s'établirent d'abord dans la petite ville d'Annecí. On leur donna le nom de *Filles de la Visitation*, parce qu'elles visitaient les pauvres malades et leur prodiguaient les soins les plus touchants. Jeanne-Françoise Frémiot, veuve du baron de Chantal, conduisit de Bourges, par ordre de François de Sales, trois religieuses qui, le 6 avril 1619, arrivèrent à Paris. Elles se logèrent d'abord dans le faubourg Saint-Marcel. En 1621, elles vinrent habiter une maison appelée l'*hôtel du Petit-Bourbon*, situé dans les rues du Petit-Musc et de la Cerisaie. Le nombre des prosélytes augmentant chaque jour, ces religieuses furent forcées de changer encore d'habitation. La supérieure Hélène-Angélique l'Huillier acheta, en 1628, pour sa communauté, l'hôtel de Cossé, rue Saint-Antoine. En 1632, on y fit bâtir une église sur le modèle de Notre-Dame-de-la-Rotonde à Rome, et sur les dessins du célèbre François Mansart. Achevée en 1634, on lui donna le nom de *Notre-Dame-des-Anges*. Dans la nef, on voyait le tombeau de Nicolas Fouquet, mort en 1680, dans la citadelle de Pignerol, où il avait été enfermé sans jugement pour avoir abusé des finances de l'État. Ce couvent fut supprimé en 1790. Devenu propriété nationale, il fut vendu à divers particuliers, à l'exception de l'église, les 10 mars 1792, 6 juin, 10, 25 juillet et 28 août 1796. Sur une partie de ces terrains on a ouvert la rue Castex (*voyez* cet article), et un arrêté des consuls du 12 frimaire an XI, a concédé à la ville de Paris l'*église Sainte-Marie*, pour être affectée à l'exercice du culte réformé.

MARIE A CHAILLOT (RUE SAINTE-).

Commence à la rue des Batailles, n° 20; finit à la rue de Lubeck. Pas de numéro. Sa longueur est de 150 m.— 1er arrondissement, quartier des Champs-Élysées.

Cette rue, ou plutôt ce chemin qui conduisait au *couvent de Sainte-Marie* ou de la Visitation, a retenu le nom de cette communauté religieuse supprimée en 1790. — Par décision ministérielle du 23 frimaire an VIII, signée Laplace, la largeur de cette voie publique avait été fixée à 10 m. Une ordonnance royale du 27 septembre 1837 a porté sa moindre largeur à 12 m. La plus grande partie du côté droit est à l'alignement. Le côté opposé est bordé par des terrains en culture. Cette rue n'est ni pavée ni éclairée.

MARIE POPINCOURT (PASSAGE SAINTE-).

Commence à la rue de Charonne, n° 23; finit à la rue Louis-Philippe, n° 37. — 8e arrondissement, quartier Popincourt.

Formé il y a quelques années, ce passage doit son nom à une enseigne.

MARIE-SAINT-GERMAIN (PASSAGE SAINTE-).

Commence à la rue du Bac, n° 51; finit à la rue des Dames-de-la-Visitation-Sainte-Marie. Le dernier impair est 21; le dernier pair, 20. — 10e arrondissement, quartier du Faubourg-Saint-Germain.

Ce passage a été formé à la fin du siècle dernier, sur une partie de l'emplacement du couvent des religieuses de la Visitation ou des *Dames-Sainte-Marie*, dont nous traçons ci-après l'historique. Il fut fondé par Geneviève Derval Pourtel, veuve du comte d'Enfreville Cisé. Pour réaliser le vœu de son mari, cette dame passa le 6 septembre 1657 un contrat avec les religieuses de la Visitation du faubourg Saint-Jacques. Les vicaires-généraux du cardinal de Retz, archevêque de Paris, l'approuvèrent et l'homologuèrent le 24 avril 1658. Les religieuses de ce couvent vinrent en conséquence s'établir en 1660 dans une propriété située rue Montorgueil; s'y trouvant trop à l'étroit, elles l'abandonnèrent en 1673 pour aller rue du Bac, où elles firent construire une chapelle et les bâtiments nécessaires. En 1775, elles élevèrent une nouvelle église dont la reine posa la première pierre le 30 octobre de la même année. Le sieur Hélin en fut l'architecte. Supprimé en 1790, ce couvent devint propriété nationale et fut vendu par le domaine le 5 thermidor an IV, à la charge par l'acquéreur de fournir sur cet emplacement le terrain nécessaire à l'ouverture de deux rues de 30 pieds de largeur. L'une de ces rues devait communiquer de la rue du Bac à celle de Bourgogne; l'autre aurait commencé à la rue de Grenelle et aurait débouché dans la rue Saint-Dominique. L'adjudicataire ne remplit point les conditions qui lui étaient imposées; il exécuta seulement un passage qui, prenant naissance à la rue du Bac, se terminait par un retour d'équerre à la rue de Grenelle. Cette 2e partie est devenue la rue des *Dames de la Visitation-Sainte-Marie* (*voyez* cet article). — Il existe un égout dans le passage Sainte-Marie.

MARIE-SAINT-GERMAIN (RUE SAINTE-).

Commence à la rue de Lille, n°s 15 et 17; finit à la rue de Verneuil, n°s 20 et 22. Pas de numéro impair; le dernier pair est 4. Sa longueur est de 63 m. — 10e arrondissement, quartier du Faubourg-Saint-Germain.

On voyait encore, en 1652, entre la rue de Bourbon (aujourd'hui rue de Lille) et celle de Verneuil, une chapelle en l'honneur de la Sainte-Vierge. Cet oratoire dépendait de l'église Saint-Sulpice. Il fut démoli et l'on perça sur son emplacement une rue qui prit le nom de *Sainte-Marie*. — Une décision ministérielle, en date du 3 thermidor an IX, signée Chaptal, fixa la largeur de cette voie publique à 7 m. En vertu d'une ordonnance royale du 29 avril 1839, cette largeur est portée à 10 m. Les constructions riveraines sont soumises à un retranchement de 3 m. 20 c. — Conduite d'eau.

MARIES (PLACE DES TROIS-).

Commence aux quais de l'École, n° 2, et de la Mégisserie, n° 84; finit aux rues des Prêtres-Saint-Germain-l'Auxerrois, n° 1, et Saint-Germain-l'Auxerrois, n° 93. Le dernier impair est 9; le dernier pair, 6. Sa longueur est de 36 m. — 4e arrondissement, quartier du Louvre.

En 1320, c'était la rue au *Foin*; elle conduisait alors au port au foin, situé sur le quai de l'École. Plusieurs maisons de cette rue ayant été démolies en 1565, laissèrent un emplacement vide qu'on désigna sous le nom de place des *Trois-Maries*, en raison d'une enseigne qu'on voyait à l'une de ses extrémités. — Une décision ministérielle du 20 mai 1817, fixa la largeur de cette voie publique à 17 m. En vertu d'une ordonnance royale du 15 janvier 1844, cette dimension est portée à 19 m. Les constructions du côté des numéros impairs devront reculer de 1 m. 80 c. à 2 m. Maison n° 2, retranch. réduit 2 m. 20 c.; 4, rct. réduit 1 m. 20 c.; 6, ret. réduit 50 c. — Conduite d'eau. — Éclairage au gaz (compe Anglaise).

MARIGNY (AVENUE DE).

Commence à l'avenue Gabriel, finit à la rue du Faubourg-Saint-Honoré, n°s 65 et 67. Le dernier impair est 11. Pas de numéro pair; ce côté est bordé par les dépendances du palais de l'Élysée. Sa longueur est de 240 m. — 1er arrondissement, quartier des Champs-Élysées.

Elle a été formée vers 1767, sur les dépendances de l'hôtel des Ambassadeurs étrangers (aujourd'hui Palais-de-l'Élysée). Elle doit son nom au *marquis de Marigny*, directeur général des bâtiments et jardins de Louis XV. — Une décision ministérielle du 6 nivôse an XII, signée Chaptal, a fixé la largeur de cette voie publique à 36 m. La plus grande partie des constructions du côté des numéros impairs est à l'alignement; celles du côté opposé devront reculer de 3 m. 70 c. à 7 m. — Égout. — Conduite d'eau.

MARINE (IMPASSE SAINTE-).

Située dans la rue d'Arcole, entre les n°s 11 et 13. Le dernier numéro est 6. Sa longueur est de 50 m. — 9e arrondissement, quartier de la Cité.

Aux XIIe, XIIIe et XIVe siècles, c'était la ruelle et la rue *Sainte-Marine*. En 1417, elle fut fermée à une de ses extrémités. Elle tire son nom de la petite église Sainte-Marine, dont nous tracerons ci-après l'origine. — Une décision ministérielle du 13 germinal an V, signée François de Neufchâteau, avait fixé la largeur de cette voie publique à 6 m. Dans sa séance du 18 décembre 1835, le conseil municipal a délibéré ce qui suit : « L'impasse Sainte-Marine ne sera soumise à aucun alignement. » La largeur actuelle de cette impasse varie de 3 m. 20 c. à 7 m. — Conduite d'eau.

Il est fait mention de l'*église Sainte-Marine* pour la première fois, en l'année 1036, dans un acte en vertu duquel Henri Ier fait don de cette église à Imbert, évêque de Paris. Les personnes qui avaient été condamnées à se marier par le tribunal de l'officialité recevaient la bénédiction nuptiale dans cette église. Le pasteur exhortait les époux à vivre en bonne intelligence; il les conjurait de sauver par une conduite plus régulière, l'honneur de leur famille, et il leur passait au doigt un anneau de paille qu'on brisait ensuite; c'était un emblème expressif de la fragilité des liens qu'ils avaient contractés sans l'aveu de la religion et de la société. — Cette église, qui contenait en superficie 62 m. 75 c., fut supprimée en 1790, et vendue comme propriété nationale le 2 mars 1792. L'église Sainte-Marine existe encore en partie et sert d'atelier de teinture. Cette propriété particulière porte aujourd'hui le n° 6.

MARINE (MINISTÈRE DE LA).

Entrée rue Royale, n° 2. — 1er arrondissement, quartier des Tuileries.

Les lettres-patentes du 21 juin 1757, relatives à la formation de la place Louis XV, prescrivirent la constructions d'édifices symétriques, destinés à l'ornement de la nouvelle place et de ses abords. Ces bâtiments remarquables ont été élevés d'après les dessins de Gabriel, premier architecte de sa majesté. Dans l'édifice qui est à droite de la rue Royale, on établit vers 1770 le garde-meuble de la couronne qui, sous l'empire, a été remplacé par le ministère de la marine et des colonies. Ce ministère a pour principales attributions : le personnel et le matériel de la marine royale; l'entretien et le mouvement des forces navales; l'entretien des ports militaires; l'inscription maritime; l'administration et la police des bagnes; l'administration militaire, civile et judiciaire et la défense des colonies.

MARIVAUX (PETITE RUE).

Commence à la rue Marivaux, n°s 15 et 17; finit à la rue de la Vieille-Monnaie, n°s 8 et 10. Pas de numéro impair; le dernier pair est 4. Sa longueur est de 51 m. — 6e arrondissement, quartier des Lombards.

Le terrain sur lequel cette voie publique a été construite s'appelait *Marivas*, en 1254 et 1273. Dès l'année 1300, elle se nommait le *Petit-Marivaux*. — Une décision ministérielle du 28 brumaire an VI, signée Letourneux, avait fixé à 6 m. la largeur de cette rue, qui a été fermée à ses deux extrémités, en vertu d'un arrêté du préfet de police du 25 juin 1812. Une ordonnance royale du 9 décembre 1838 a porté la largeur de cette voie publique à 10 m. Elle n'a encore aujourd'hui que 1 m. 40 c. à 1 m. 80 c. de largeur. Les constructions du côté gauche sont soumises à un retranch. qui varie de 4 m. à 5 m. 30 c.; celles du côté opposé devront reculer de 3 m. 10 c. à 4 m. 50 c.

MARIVAUX-DES-ITALIENS (RUE DE).

Commence à la rue Grétry, n°s 2 et 4; finit au boulevart des Italiens, n°s 11 et 13. Le dernier impair est 13; le seul pair, 2; ce côté est presqu'entièrement bordé par le théâtre de l'Opéra-Comique. Sa longueur est de 119 m. — 2e arrondissement, quartier Feydeau.

Cette rue a été ouverte en 1781, sur les dépendances de l'hôtel de Choiseul-Amboise. Les lettres-patentes autorisant ce percement sont à la date du 14 août 1780. Elles fixent à trente pieds la largeur de la nouvelle rue et lui assignent le nom de *Marivaux*. — Égout entre la rue Grétry et la place des Italiens. — Conduite d'eau depuis le boulevart jusqu'à la borne-fontaine. — Éclairage au gaz (compe Anglaise).

Pierre Carlet de Chamblain *de Marivaux*, poète dramatique, naquit à Paris en 1688 et mourut dans la même ville le 11 février 1763.

Parmi les pièces qu'il a composées, quelques unes sont restées au théâtre; nous citerons : *les Jeux de l'Amour et du Hasard* et *les Fausses Confidences*.

Mademoiselle Guimard, danseuse de l'Opéra, disait à propos des petits chefs-d'œuvre de Marivaux : *c'est le cœur dévoilé par l'esprit.*

MARIVAUX-DES-LOMBARDS (RUE).

Commence à la rue des Écrivains, n°s 14 et 16; finit à la rue des Lombards, n°s 7 et 9. Le dernier impair est 33; le dernier pair, 26. Sa longueur est de 107 m. — 6e arrondissement, quartier des Lombards.

Elle était complètement bâtie en 1280 (même étymologie que celle de la *Petite rue Marivaux*). — Une décision ministérielle du 18 vendémiaire an VI, signée Letourneux, avait fixé la largeur de cette voie publique à 6 m. Cette largeur est portée à 10 m. en vertu d'une ordonnance royale du 19 juillet 1840. Propriétés de 1 à 15, retranch. 6 m. 30 c. à 7 m.; de 17 à 23, ret. 4 m. 40 c. à 4 m. 70 c.; de 25 à la fin, ret. 5 m. à 5 m. 70 c.; 2 et 4, pas de ret.; 6, redress.; 8 et 10, rèt. 40 c.; 12 et 14, ret. réduit 80 c.; 16, ret. réduit 1 m. 40 c.; de 18 à 22, ret. 1 m. 70 c. à 2 m. 33 c. La maison n° 26 et celle qui forme l'encoignure de la rue des Lombards, sont alignées. — Éclairage au gaz (comp° Française).

MARMOUSETS EN LA CITÉ (RUE DES).

Commence aux rues Chanoinesse, n° 11, et de la Colombe, n° 10; finit à la rue de la Cité, n°s 15 et 17. Le dernier impair est 35; le dernier pair, 40. Sa longueur est de 170 m. — 9° arrondissement, quartier de la Cité.

Une maison dite des *Marmousets* existait dans cette rue en 1206. Guillot la nomme du *Marmouzet*; le rôle des taxes de 1313, des *Marmozets*, et la liste des rues du XV° siècle, des *Marmouzettes*. C'est enfin aujourd'hui la rue des Marmousets. — On lit le fait suivant dans le traité de la police : « Ceux d'entre nous, dit le commissaire Delamare, qui ont vu le commencement du règne de sa majesté Louis XIV, se souviennent encore que les rues de Paris étaient si remplies de fange, que la nécessité avait introduit l'usage, de ne sortir qu'en bottes; et quant à l'infection que cela causait dans l'air, le sieur Courtois, médecin, qui demeurait *rue des Marmousets*, a fait cette petite expérience par laquelle on jugera du reste. Il avait dans sa salle sur la rue, de gros chenets à pommes de cuivre, et il a dit plusieurs fois aux magistrats et à ses amis, que tous les matins il les trouvait couverts d'une teinture de vert-de-gris, assez épaisse, qu'il faisait nétoyer pour faire l'expérience le jour suivant, et que depuis l'année 1663 que la police du nétoiement des rues a été établie, ces taches n'avaient plus paru. Il en tirait cette conséquence, que l'air corrompu que nous respirons fait d'autant plus d'impressions malignes sur les poumons et sur les autres viscères, que ces parties sont incomparablement plus délicates que le cuivre, et que c'était la cause immédiate de plusieurs maladies. » — Une décision ministérielle du 13 ventôse an VII, signée François de Neufchâteau, a fixé la largeur de la rue des Marmousets à 7 m. Les constructions ci-après ne sont pas soumises à retranchement : n°s 7, 9, 11, encoignure droite de la rue de Perpignan; sur le côté opposé, l'encoignure droite de la rue d'Arcole, 18, 20, 22, 28, 30 et 32. — Conduite d'eau.

MARMOUSETS-SAINT-MARCEL (RUE DES).

Commence à la rue des Gobelins, n° 20; finit à la rue Saint-Hippolyte, n°s 5 et 7. Le dernier impair est 5; le dernier pair, 4. Sa longueur est de 66 m. — 12° arrondissement, quartier Saint-Marcel.

Dès 1540, elle portait le nom qu'elle doit à une enseigne. On la trouve aussi indiquée anciennement sous le nom des *Marionnettes* et des *Mariettes*. — Une décision ministérielle du 8 ventôse an IX, signée Chaptal, fixa la largeur de cette voie publique à 7 m. En vertu d'une ordonnance royale du 26 mars 1843, cette largeur est portée à 10 m. Les deux maisons situées sur le côté des numéros impairs, l'une à l'angle de la rue des Gobelins, l'autre à l'encoignure de la rue Saint-Hippolyte, sont à l'alignement. — Conduite d'eau depuis la rue Saint-Hippolyte jusqu'à la borne-fontaine.

MARQFOY (RUE).

Commence à la rue du Grand-Saint-Michel, n° 9; finit à la rue des Écluses-Saint-Martin, n°s 11 et 15. Pas de numéro. Sa longueur est de 181 m. — 5° arrondissement, quartier de la Porte-Saint-Martin.

Une ordonnance royale du 22 mai 1825 porte ce qui suit : « Article 1er. Les sieurs Bégé et *Marqfoy* sont autorisés à ouvrir sur leurs terrains, depuis la rue des Morts (aujourd'hui des Écluses-Saint-Martin) jusqu'à la rencontre du prolongement de l'impasse du Grand-Saint-Michel, une rue de douze mètres de largeur, etc. — Art. 2°. Cette autorisation est accordée à la charge par les impétrants : 1° de supporter les frais de premier établissement de pavage et d'éclairage; 2° de se conformer aux règlements sur la voirie de Paris, et sous la réserve de tous les droits résultant du traité fait entre eux et la compagnie du canal, etc. » — Cette ordonnance a été immédiatement exécutée. (Voyez l'article de la rue du *Grand-Saint-Michel*.)

MARSOLLIER (RUE).

Commence à la rue Méhul, n° 1; finit à la rue Monsigny, n° 1. Le dernier impair est 17; pas de numéro pair : ce côté est bordé par le théâtre des Italiens. Sa longueur est de 100 m. — 2° arrondissement, quartier Feydeau.

Cette rue a été ouverte en vertu d'une ordonnance royale du 8 octobre 1826; elle n'a été dénommée qu'en 1829. Sa largeur est de 12 m. Les constructions riveraines sont alignées. — Portion d'égout. — Conduite d'eau depuis la rue Méhul jusqu'à la borne-fontaine. — Éclairage au gaz (comp° Anglaise).

Benoît-Joseph Marsollier des Vivetières, auteur dramatique, naquit à Paris en 1750. Il fit plusieurs pièces qui furent jouées avec succès. En 1786, *Nina ou la folle par Amour*, vint mettre le sceau à sa réputation et le déterminer à se vouer à la carrière théâtrale. En 1789, les *Deux petits Savoyards* furent aussi très bien accueillis. On lui doit *Camille ou le souterrain, Adolphe et Clara*, opéras-comiques qui sont toujours vus avec plaisir. Méhul, Gaveaux et Dalayrac se sont associés comme musiciens aux succès de Marsollier, qui mourut à Versailles le 22 avril 1817.

MARTEL (RUE).

Commence à la rue des Petites-Écuries, n°s 12 et 14; finit à la rue de Paradis, n°s 15 et 17. Le dernier impair est 17; le dernier pair, 16. Sa longueur est de 155 m. — 3° arrondissement, quartier du Faubourg-Poissonnière.

« Louis, etc... Ordonnons qu'il sera ouvert aux frais » des sieurs Lefaivre, Louis et Gandelet, et sur le ter- » rain à eux appartenant, une rue de trente pieds de

— MAR —

» largeur, conformément à la déclaration du 16 mai
» 1765, qui sera nommée rue *Martel*, et aboutira d'un
» bout dans la rue des Petites-Écuries-du-Roi et de
» l'autre dans la rue de Paradis, la quelle sera aussi
» pavée à leurs frais et dans toute son étendue, et en-
» suite entretenue à nos frais, etc... Donné à Versailles
» le 6 septembre, l'an de grâce 1777, et de notre règne
» le 4°. Signé Louis. » — Ces lettres-patentes furent
exécutées au mois de septembre 1778. — Une décision
ministérielle, en date du 28 vendémiaire an X, signée
Chaptal, a maintenu la largeur de 30 pieds. — Conduite d'eau depuis la rue de Paradis jusqu'à la borne-
fontaine.

Michel *Martel*, écuyer, avocat en parlement, notaire
honoraire, conseiller du roi, quartinier, fut échevin de
la ville de Paris de 1764 à 1766.

MARTHE (RUE SAINTE-), *voyez* SAINTE-
MARTHE.

MARTIAL (IMPASSE SAINT-).

Située dans la rue Saint-Éloi, entre les nos 9 et 11. Le
dernier impair est 7 ; le dernier pair, 8. Sa longueur est
de 21 m. — 9e arrondissement, quartier de la Cité.

C'était, en 1398, la *ruelle Saint-Martial*. Elle aboutissait alors à la rue aux Fèves. En 1459, on la nommait
rue *Saint-Martial*. Elle fut convertie en impasse à la
fin du XVIe siècle. Elle tire son nom de l'église Saint-
Martial, située dans la rue Saint-Éloi, à côté de cette
impasse. — Une décision ministérielle du 13 brumaire
an X, signée Chaptal, a fixé la largeur de cette voie
publique à 7 m. Les constructions du côté gauche sont
soumises à un retranchement qui varie de 30 c. à 1 m.
60 c. ; celles du côté opposé devront reculer de 1 m.
50 c. à 1 m. 70 c.

MARTIGNAC (RUE DE).

Commence à la place de Bellechasse ; finit à la rue de
Grenelle-Saint-Germain, nos 128 bis et 130. Le dernier impair est 7 ; le dernier pair, 16. Sa longueur est de 167 m. —
10e arrondissement, quartier du Faubourg-Saint-Germain.

Elle a été ouverte, en 1828, sur les terrains dépendant des couvents de Bellechasse et des Carmélites
(voir pour l'historique du premier de ces deux couvents, l'article de la rue de *Bellechasse* ; nous parlerons
de la maison des Carmélites dans le cours du présent
article). — La voie publique qui nous occupe, entièrement exécutée sur une largeur de 13 m., a reçu, en
vertu d'une décision du roi en date du 15 avril 1839,
le nom de *Martignac*. — Éclairage au gaz (compe
Française).

Jean-Baptiste Silvère Gaye, vicomte de Martignac,
naquit à Bordeaux le 20 juin 1770, et mourut le 3 avril
1832. Il fut successivement secrétaire de l'abbé Sièyes,
procureur-général près la cour de Limoges, député du
Lot-et-Garonne, commissaire civil à l'armée d'Espagne
en 1823, directeur-général de l'enregistrement et des
domaines et ministre de l'intérieur.

— MAR —

Couvent des Carmélites. — Des religieuses carmélites établies dans la rue Notre-Dame-des-Champs, désirant avoir dans l'intérieur de la ville une maison
de refuge, sollicitèrent et obtinrent, en 1656, des lettres-patentes qui leur permirent de fonder un monastère dans la rue du Bouloi. Toutefois, elles ne pouvaient y recevoir que des novices, professes ou religieuses envoyées par le couvent de Notre-Dame-des-
Champs. Ces entraves subsistèrent jusqu'en 1663. A
cette époque, la reine Marie-Thérèse d'Autriche
voulut, en l'honneur de sa patronne, fonder un nouveau couvent des Carmélites. Elle fit expédier en décembre de la même année, des lettres-patentes qui
autorisaient l'établissement d'un second monastère
dans la rue du Bouloi. Cette communauté devait être
tout-à-fait indépendante de celle de Notre-Dame-des-
Champs. La première pierre de l'église de ces nouvelles religieuses fut posée le 20 janvier 1664. Cependant leur habitation étant trop petite, elles demandèrent la permission de s'établir dans la rue de
Grenelle-Saint-Germain. Cette autorisation leur fut
accordée par lettres-patentes données à Compiègne au
mois d'octobre 1688. — La communauté des Carmélites, supprimée en 1790, devint propriété nationale.
Les bâtiments et terrains furent affectés au service du
ministère de la guerre. On y établit la garde des consuls, puis un dépôt de fourrages. Enfin les 3, 4 et 9 juin
1828, ils furent vendus avec ceux qui provenaient du
couvent de Bellechasse. Sur leur emplacement, on a
formé plusieurs rues et une place dont nous avons donné
la désignation à l'article de la rue de Bellechasse.

MARTIN (BOULEVART SAINT-).

Commence aux rues du Temple, n° 139, et de Bondy ;
finit aux rues Saint-Martin, n° 260, et de Bondy, n° 23.
Le dernier impair est 61 ; le dernier pair, 20. Sa longueur est de 601 m. — Les numéros impairs sont du
6e arrondissement, quartier Saint-Martin-des-Champs ;
les numéros pairs dépendent du 5e arrondissement, quartier de la Porte-Saint-Martin.

Un arrêt du conseil du 7 juin 1670 prescrivit la
formation de ce boulevart. Cette voie publique doit
son nom à la porte Saint-Martin. — Une décision
ministérielle du 28 messidor an X, signée Chaptal,
a déterminé l'alignement de ce boulevart par une
parallèle au centre des arbres des contr'allées, et
à 2 m. de distance. Les constructions riveraines, à
l'exception du théâtre de la porte Saint-Martin, ne sont
pas soumises à retranchement. La largeur de la chaussée est de 19 m. En 1841, on a exécuté dans cette voie
publique d'importants travaux de nivellement. —
Conduite d'eau dans une partie. — Éclairage au
gaz (compe Lacarrière).

On remarque sur ce boulevart le Château-d'Eau, alimenté par le bassin de la Villette. Il est composé de
trois socles circulaires au milieu desquels on voit une
double coupe en bronze entourée de quatre têtes de

— MAR —

lions accouplés, qui lancent de l'eau. Cette fontaine a été inaugurée le 15 août 1811.

MARTIN (CANAL SAINT-).

De la place de la Bastille à la barrière de Pantin.

« *Loi du 29 floréal an X.* — Article 1er. Il sera ouvert un *canal* de dérivation de la rivière d'Ourcq, elle sera amenée à Paris dans un bassin près de la Villette. — Article 2e. Il sera ouvert un *canal de navigation qui partira de la Seine au-dessous du bastion de l'Arsenal, se rendra dans les bassins de partage de la Villette* et continuera par Saint-Denis, la vallée de Montmorency et aboutira à la rivière d'Oise près Pontoise, etc. »

« 25 *thermidor an X.* — Les Consuls de la république arrêtent : Article 1er. Les travaux relatifs à la dérivation de la rivière d'Ourcq, ordonnée par la loi du 29 floréal an X, seront commencés le 1er vendémiaire an XI, et dirigés de manière que les eaux soient arrivées à la Villette à la fin de l'an XIII, etc. »

« *Toulouse le 27 juillet* 1808. — Napoléon, etc... Article 1er. Le plan général du canal de navigation depuis le bassin de la Villette jusqu'à la place de la Bastille, annexé au présent décret, est approuvé, etc. »

Un autre décret du 20 février 1810 ordonna que les travaux seraient terminés en 1817.—Toutes les prescriptions que nous venons de rappeler ne furent point exécutées.

« *Loi du 5 août* 1821. — Article 1er. La ville de Paris est autorisée, conformément à la délibération du conseil municipal du 7 juin 1821, à créer 400,000 fr. de rentes et à les négocier avec publicité et concurrence, dans la proportion des besoins, pour acquitter : 1° la valeur des propriétés à acquérir sur la ligne du canal Saint-Martin ; 2° le prix des travaux nécessaires à l'ouverture et à la confection de ce canal, etc... — Art. 3e. Le traité à conclure pour l'exécution des travaux du canal Saint-Martin sera fait sous l'approbation du gouvernement avec publicité et concurrence, et pourra contenir la concession du d. canal pour une durée de 99 ans au plus. — Art. 4e. Le tarif des droits de navigation et de stationnement établis par la loi du 20 mai 1818 sur le canal Saint-Denis, sera applicable au canal Saint-Martin, etc. »

En vertu de cette loi, un traité passé le 1er mars 1822, entre le préfet de la Seine et la compagnie des canaux, fixa la durée de la concession à 99 années à partir du 1er janvier 1823.

La première pierre du canal Saint-Martin fut posée le 3 mai 1822. Les travaux ont été exécutés sous la direction de M. Devilliers, ingénieur en chef, et sous la surveillance de MM. Tarbé et Brémontier. Cent soixante-huit propriétés ont été acquises pour la formation de ce canal, dont l'inauguration a eu lieu le 4 novembre 1825. Il a été livré au commerce le 15 novembre 1826. La longueur du canal Saint-Martin est de 3,200 m. environ ; il est bordé d'un côté par le quai de Valmy, de l'autre par le quai de Jemmapes. Sa largeur entre les murs de ces quais est de 27 m. ; la largeur depuis ces

— MAR —

murs jusqu'aux maisons, est de 16 m. 50 c. de chaque côté. Les arbres qui longent le canal sont à 5 m. de distance des murs des quais. La pente totale du canal est de 25 m. et se trouve répartie entre dix écluses, non compris celle de garde de la gare de l'Arsenal.

Cette gare relie le canal Saint-Martin à la Seine. Elle a été établie en vertu du décret suivant :

« 14 février 1806. — Napoléon, etc... Nous avons
» décrété et décrétons ce qui suit :... Art. 8e. Il sera
» formé une *gare de sûreté* dans les fossés de l'Arse-
» nal ; elle sera alimentée par une dérivation des eaux
» de l'Ourcq, et communiquera à la rivière par des
» écluses. Le ministre de l'intérieur nous soumettra,
» avant le premier septembre prochain, les projets de
» l'établissement de la gare. Les murs actuels d'escarpe
» et de contrescarpe seront conservés, etc..... » —
Cette gare a 586 m. de longueur ; elle ne peut contenir que 70 à 80 bateaux, parce que son milieu doit être laissé libre pour le passage des bateaux.

MARTIN (IMPASSE SAINT-).

Située dans la rue Royale, entre les nos 16 et 18. Le dernier numéro est 3. Sa longueur est de 15 m. — 6e arrondissement, quartier Saint-Martin-des-Champs.

Elle a été formée vers 1780 sur une partie du prieuré de Saint-Martin-des-Champs (voyez *place de l'ancien marché Saint-Martin*). — Une décision ministérielle du 3 décembre 1814, signée l'abbé de Montesquiou, fixa la largeur de cette voie publique à 6 m. Il résulte d'une ordonnance royale du 14 janvier 1829, que l'impasse Saint-Martin sera confondue dans la rue de Breteuil, lors de la démolition de la maison portant sur la rue Royale le n° 18. Les constructions du côté gauche de l'impasse ne sont pas soumises à retranchement.

MARTIN (MARCHÉ SAINT-).

Limité par les rues Conté, Vaucanson, Ferdinand-Berthoud et Montgolfier. — 6e arrondissement, quartier Saint-Martin-des-Champs.

Ce marché a été construit pour remplacer celui qui se tenait dans le voisinage et dont nous parlerons à l'article suivant.

« Au Palais des Tuileries, le 30 janvier 1811. — Napoléon, etc... Nous avons décrété et décrétons ce qui suit : Article 1er. Il sera établi un *marché* pour notre bonne ville de Paris dans le jardin de l'ancienne abbaye Saint-Martin, dont nous faisons don à cet effet à la dite ville. — Art. 2e. Le marché Saint-Martin actuellement existant sera acquis par notre bonne ville de Paris, pour cause d'utilité publique, selon la loi de mars 1810, et en suivant les formes qu'elle a prescrites. — Art. 3e. Le plan du marché dont la construction est ordonnée par l'article 1er, et le devis des dépenses, nous seront incessamment soumis pour y être statué en notre conseil. — Art. 4e. Les marchés qui se sont établis sans autorisation et par usage sur la voie publique dans les rues Saint-Martin et Saint-Denis, seront entièrement

— MAR —

supprimés quand le dit marché sera établi. Signé Napoléon. » — Un autre décret du 24 février suivant ordonna que ce marché serait terminé au 1er juin 1811. Cependant la première pierre ne fut posée que le 15 août de la même année. — « Au palais de Trianon, le 21 mars 1813. — Napoléon, etc... Sur le rapport de notre ministre de l'intérieur, nous avons décrété et décrétons ce qui suit : Article 1er. Il sera ajouté au marché Saint-Martin un corps d'étaux de boucherie, tant dans l'emplacement de l'ancien marché que dans la maison particulière cotée A sur le plan. Il sera ouvert pour les débouchés de ce marché trois nouvelles rues, savoir : une à droite du Conservatoire des Arts et Métiers pour la communication avec la rue du Vertbois; une autre à gauche du Conservatoire, coupant la rue Royale et sur le prolongement de la rue Transnonnain ; et la troisième sur l'axe du marché et du Conservatoire, débouchant sur la rue des Fontaines, et établissant une communication directe avec le quartier du Temple. A cet effet, les bâtiments désignés au plan par la cote A, et par les nos 5, 8, 15 et 19, seront acquis par notre bonne ville de Paris, pour cause d'utilité publique, etc. Signé Napoléon. » — Les travaux de construction du marché Saint-Martin furent dirigés par M. Peyre, architecte, qui les termina en 1816. L'inauguration eut lieu le 20 juillet en vertu d'une ordonnance de police du 12 du même mois. A cette époque, on s'occupa des percements qui devaient faciliter les abords de cet établissement. Le plan décrété par l'empereur fut modifié par celui qui fut approuvé ministériellement le 9 octobre 1816. Suivant ce dernier projet, cinq nouvelles communications durent être ouvertes. En vertu d'une décision du ministre de l'intérieur du 27 septembre 1817, les noms de *Ferdinand-Berthoud, Borda, Conté, Montgolfier et Vaucanson* furent assignés à ces voies publiques. C'était une heureuse idée inspirée par le voisinage du Conservatoire, où les chefs-d'œuvre de ces savants sont conservés avec un soin religieux.

Le marché Saint-Martin est composé de deux corps de bâtiments entièrement isolés, de chacun 22 m. de largeur et de 62 m. de longueur, et séparés par une cour de 58 m. de largeur. Ils sont divisés chacun en trois nefs d'égale largeur et en neuf travées composant 27 espaces carrés formés par les murs de face, percés dans leur pourtour de 60 arcades, les unes servant d'entrées, les autres fermées par des persiennes. Le tout est couvert d'un comble dont la partie, posant sur les murs de face, est en appentis, et dont la partie centrale portant sur seize piliers est à deux égouts. Cette dernière, plus élevée que la première, laisse un espace vide qui éclaire la partie supérieure du bâtiment. La fontaine occupe le centre de la cour. La superficie du marché Saint-Martin est de 6,324 m.

MARTIN (PLACE DE L'ANCIEN MARCHÉ SAINT-).
Située entre les rues du Marché-Saint-Martin, Royale, Conté et Montgolfier. Le dernier impair est 15; le dernier pair, 18. Sa longueur est de 88 m. — 6e arrondissement, quartier Saint-Martin-des-Champs.

« 25 mars 1765. — Louis, etc... Les officiers chargés sous nos ordres de la police de Paris, désiraient » depuis longtemps l'établissement d'un marché dans » le quartier Saint-Martin-des-Champs, où, faute d'un » terrain qui y fût destiné, les vendeurs et les acheteurs » ne pouvant se placer que dans les rues les plus fréquentées, se trouvaient exposés à de grandes incommodités, à de véritables risques, par le passage continuel des voitures, etc. A ces causes: Article 1er. Avons » approuvé et autorisé, approuvons et autorisons le contrat d'échange attaché sous le contr'scel des présentes, » par lequel le sieur abbé de Breteuil, en vue de l'établissement d'un marché dans le quartier Saint-Martin-des-Champs, a cédé aux religieux, moyennant 8,000 » liv. de rente perpétuelle, la totalité de l'emplacement » de son hôtel, au prieuré de Saint-Martin-des-Champs, » bâtiments et jardins en dépendant, ainsi qu'un grand » terrain vague en forme de marais, contigu au d. hôtel » prieural. Voulons que le d. échange sorte son plein et » entier effet, et que nonobstant notre édit du mois d'août » 1749, enregistré au parlement, aux dispositions duquel nous dérogeons pour ce regard en considération » de l'utilité publique, lesd. religieux demeurent propriétaires des terrains et bâtiments à eux cédés, sur » partie de l'emplacement desquels il sera incessamment » établi un *marché* suivant l'offre des d. religieux, etc. »
» — Art. 3e. La principale entrée du dit marché sera » par la porte de l'enclos qui donne sur la rue Saint-» Martin, et il sera ouvert deux autres passages, un » dans la rue Frépillon et l'autre dans la rue Aumaire, » vis-à-vis la rue Transnonnain, à la charge néanmoins que l'estimation des maisons qu'il sera nécessaire d'abattre pour former les d. passages, sera » convenue de gré à gré entre le lieutenant-général de » police et les propriétaires des dites maisons, ou réglée par experts nommés d'office, etc... — Art. 7e. » Permettons aux d. religieux, dans le surplus du terrain à eux concédé, de construire tels bâtiments qu'ils » jugeront à propos, des quels bâtiments qu'ils pourront louer à leur profit, la propriété leur appartiendra incommutablement en vertu des présentes, etc. » (Extrait de la déclaration du roi, Archives du royaume, série E, no 3451, section administrative). — Cette déclaration fut enregistrée au bureau de la ville le 30 avril suivant. On commença immédiatement à construire le marché ainsi que les issues qui devaient y aboutir; ces issues furent d'abord au nombre de trois, savoir : rues Royale, du Marché-Saint-Martin et passage au Maire. Toutefois le marché ayant attiré un surcroît de population dans le quartier, les religieux profitèrent de l'autorisation qui leur avait été accordée par l'article 7e de la déclaration précitée. Vers 1780, ils firent percer sur l'emplacement resté disponible, plusieurs rues, impasses et place dont les dénominations se rattachent presque toutes à l'histoire de l'abbaye de Saint-Martin-des-

Champs. Telles sont : les rues *Bailly, Saint-Benoît, de Breteuil, Henri Ier, Saint-Hugues, Saint-Marcoul, Saint-Maur, Saint-Paxent, Saint-Philippe, Royale, Saint-Vannes*; les impasses *Saint-Martin, Saint-Nicolas,* la *place Saint-Vannes.* (Les rue et place Saint-Vannes ont été supprimées lors de la formation de la rue Conté.)

Un demi-siècle n'était pas écoulé depuis la construction du marché Saint-Martin, lorsqu'on ressentit l'insuffisance de son emplacement. Napoléon ordonna la construction d'un nouvel établissement dans des proportions beaucoup plus vastes. Le marché ouvert en 1765 fut abandonné à la fin de juillet 1816. Les bâtiments qui le composaient furent démolis, et sur le terrain qu'ils laissèrent vide, on forma la place dont nous nous occupons. — Suivant les alignements approuvés par une décision ministérielle du 3 décembre 1814, signée l'abbé de Montesquiou, et par une ordonnance royale du 14 janvier 1829, les constructions riveraines de cette voie publique sont alignées, à l'exception de celles n°s 10 et 12, qui devront subir un faible retranchement. Au milieu de cette place on a planté des arbres. — Conduite d'eau. — Éclairage au gaz (comp^e Lacarrière).

MARTIN (PORTE SAINT-).

Située entre les rues Saint-Martin et du Faubourg-Saint-Martin.

La porte Saint-Martin de la deuxième enceinte de Paris était située dans la rue du même nom, vis-à-vis de la rue Neuve-Saint-Merri, à l'endroit appelé autrefois l'*archet Saint-Merri*. Elle fut donnée par Dagobert à l'abbaye de Saint-Denis. Les droits d'entrée qui s'y percevaient en 1147 montaient à 50 livres; elle ne produisait avant cette époque que 12 livres annuellement. Philippe-Auguste, vers l'an 1200, fit reculer cette porte jusqu'à l'endroit où aboutit, dans la rue Saint-Martin, la rue Grenier-Saint-Lazare. Sous les rois Charles V et Charles VI, elle fut élevée près du coin septentrional de la rue Neuve-Saint-Denis. La porte ou plutôt l'arc de triomphe que nous voyons aujourd'hui fut construit en 1674, sur les dessins de Pierre Bullet, élève de François Blondel, auteur de l'arc de triomphe de la porte Saint-Denis. Ce monument a 18 m. de large sur autant d'élévation, y compris l'attique, dont la hauteur est de 3 m. 70 c. Cette construction est percée de trois arcades; celle du milieu a 4 m. 30 c. de largeur, et 8 m. 60 c. d'élévation. Les arcades latérales ont chacune 2 m. 60 c. de largeur et 5 m. 20 c. de hauteur. Les pieds-droits qui, aux extrémités, s'élèvent jusqu'à l'entablement, et ceux qui supportent l'arcade du milieu, ainsi que le bandeau de cette arcade, ont une largeur semblable, et sont en bossages rustiques vermiculés; ce genre d'ornement simple et noble produit en cette circonstance un fort bon effet; au-dessus est un entablement à grandes consoles, le tout est surmonté d'un attique. Dans les deux espaces qui se trouvent entre les pieds-droits, le bandeau de la grande arcade et l'entablement, sont deux bas-reliefs qui ont rapport aux conquêtes de Louis XIV. Dans un de ces bas-reliefs, du côté de la ville, on voit ce monarque assis sur son trône, ayant à ses pieds une nation à genoux qui l'implore et lui présente avec humilité le traité de la triple alliance. L'autre bas-relief nous montre encore Louis XIV sous les traits d'Hercule. Le demi-dieu tient dans sa main une massue, foule aux pieds des cadavres; la Victoire qui descend du ciel, tenant des palmes une main, pose de l'autre sur la tête du roi une couronne de lauriers; ce bas-relief est une allégorie de la conquête de la Franche-Comté. Du côté du faubourg, les deux bas-reliefs représentent de semblables allégories : la prise de Limbourg et la défaite des Allemands. Ces bas-reliefs sont dus à Desjardins, Marsy, le Hongre et Legros. Entre les consoles de l'entablement, sont divers attributs guerriers, et entre celles du milieu est le soleil, symbole du grand roi. Dans les années 1819 et 1820, on a réparé cet édifice.

MARTIN (RUE DES ÉCLUSES SAINT-).

Commence à la rue Grange-aux-Belles, n°s 61 et 63; finit à la rue du Faubourg-Saint-Martin, n°s 200 et 202. Le dernier impair est 25; le dernier pair, 40. Sa longueur est de 520 m. — 5e arrondissement, quartier de la Porte-Saint-Martin.

Elle faisait autrefois partie de la rue Saint-Maur-Popincourt (*voir* cet article). En 1789, c'était la rue des *Morts*. — Une décision ministérielle du 3 pluviôse an IX, signée Chaptal, a fixé la moindre largeur de cette voie publique à 10 m. En vertu d'une autre décision ministérielle du 28 février 1831, signée Montalivet, elle a reçu la dénomination de rue des *Écluses-Saint-Martin*. Cette voie publique est coupée par le canal Saint-Martin. — Propriétés de 1 à 19 ter inclus, pas de retranch.; 21, 23 et 25, redress.; 2, 2bis, 2 ter, 2 quater, 4, 4 bis, encoignure du quai de Valmy, 16, 20, 22, 28, 30 bis et 34, pas de retranch. Les autres constructions ne devront subir qu'un faible reculement. — Conduite d'eau entre la rue Grange-aux-Belles et le quai de Valmy.

MARTIN (RUE DES FOSSÉS-SAINT-).

Commence à la rue de la Chapelle, n° 13; finit à la rue du Faubourg-Saint-Denis, n° 218. Pas de numéro. Sa longueur est de 161 m. — 5e arrondissement, quartier du Faubourg-Saint-Denis.

Le plan de Verniquet l'indique sous le nom de *Chemin de la Voirie*. Sa dénomination actuelle lui vient de son voisinage des *fossés* dans lesquels on déchargeait autrefois les immondices. — Une décision ministérielle en date du 1er novembre 1808, signée Cretet, a fixé la largeur de cette voie publique à 10 m. Les propriétés riveraines ne sont pas soumises à retranchement.

MARTIN (RUE DU CANAL-SAINT-).

Commence au quai de Valmy, n° 177; finit à la rue du Faubourg-Saint-Martin, n°s 226 et 228. Le dernier

— MAR —

impair est 11;. le dernier pair, 6. Sa longueur est de 200 m. — 5e arrondissement, quartier de la Porte-Saint-Martin.

Une ordonnance royale du 1er mars 1826 porte ce qui suit : « Article 1er. Les sieurs Alexandre Delessert et Paravey sont autorisés à ouvrir sur leurs terrains une rue de treize mètres de largeur, pour communiquer du quai du canal à la rue du Faubourg-Saint-Martin. — Art. 2e. Cette autorisation est accordée à la charge par les impétrants : 1° de border la rue nouvelle de trottoirs en pierre dure d'une largeur qui sera déterminée par l'administration ; 2° de supporter les frais du premier établissement du pavage et de l'éclairage; 3° de supporter également les dépenses des travaux à faire pour l'écoulement souterrain ou à ciel ouvert des eaux pluviales et ménagères ; 4° de se soumettre aux lois et règlements de la voirie de Paris. » — Cette ordonnance reçut immédiatement son exécution, et la rue nouvelle fut appelée rue du *Canal-Saint-Martin*, en raison de sa proximité de ce canal. — Conduite d'eau.

MARTIN (RUE DU FAUBOURG-SAINT-).

Commence au boulevart Saint-Denis, n° 2, et à la rue de Bondy, n° 92; finit aux chemins de ronde des barrières de la Villette et de Pantin. Le dernier impair est 261 ; le dernier pair, 274. Sa longueur est de 1878 m. — 5e arrondissement : les impairs sont du quartier du Faubourg-Saint-Denis; les pairs dépendent du quartier de la Porte-Saint-Martin.

Cette voie publique est ainsi nommée parce qu'elle prolonge la rue Saint-Martin, en traversant le faubourg du même nom. De l'église Saint-Laurent à la barrière, elle était encore indiquée à la fin du siècle dernier sous la dénomination de *Faubourg-Saint-Laurent*. — Une décision ministérielle du 28 messidor an V, signée Benezech, et une ordonnance royale du 4 novembre 1829, ont fixé la moindre largeur de cette voie publique à 18 m. et la plus grande à 36 m. Propriétés de 1 à 5, redress. ; 7 et 9, alignées; 11, retranch. réduit 40 c.; de 13 à 23, alignées; de 25 à 29, redress.; 31, 33, ret. 20 c. à 28 c.; 35, alignée; de 37 à 41, ret. 30 c. à 38 c.; 43, 45, alignées; 47, 49, ret. 30 c. à 37 c.; 51, alignée; de 53 à 57, ret. 35 c.; de 59 à 63, redress. ; encoignure droite de la rue Neuve-Saint-Jean, alignée; de 67 à 73, ret. 30 c. à 70 c.; 75 et 77, ret. 60 c. à 70 c.; 79, ret. réduit 40 c.; 81, 83, alignées; 85, redr.; 87, ret. réduit 50 c.; 89, ret. réduit 1 m.; 91, ret. réduit 1 m. 70 c.; de 93 à 109, ret. 2 m. à 3 m. 20 c.; 111, 113, 115, alignées; 117, ret. réduit 50 c.; de 119 à la fin, alignées. De 2 à 6, ret. réduit 1 m.; de 8 à 12, redr.; 14, 16, ret. réduit 30 c.; 18, 20, ret. réduit 60 c.; de 22 à 38, ret. 80 c. à 1 m. 30 c.; 40, alignée; de 42 à 54, ret. 90 c. à 1 m. 38 c.; 56, alignée; de 58 à 64, ret. 60 à 98 c.; 66, 68, ret. 50 c.; 70, alignée; de 72 à 76, ret. 30 c. environ; de 78 à 92, et l'encoignure gauche de la rue des Marais, alignées;

— MAR —

94, redr.; 96, alignée ; 98, ret. 50 c.; partie du n° 100, alignée : surplus ret. 90 c.; 102, 104, alignées ; de 106 à 114, ret. 1 m. 77 c. à 2 m. 20 c.; 116, ret. 1 m. 50 c.; 118, ret. 2 m. 20 c.; 120, ret. réduit 1 m. 60 c.; 122, 124, alignées; 126, 128, ret. 40 c. environ; de 130 à 136, ret. 90 c. à 1 m. 20 c.; 138, ret. réduit 60 c.; 140, ret. réduit 30 c.; de 142 à 148, alignées ; dépendances des Incurables, alignées en grande partie ; de 152 à 158, red.; de 160 à la fin, alignées. — Égout et conduite d'eau dans plusieurs parties. — Éclairage au gaz (comp° de Belleville).

On exécute en ce moment de grands travaux de pavage, nivellement, remaniement et élargissement de la chaussée. De larges trottoirs avec bordures à *refouillement* dans la partie inférieure, et un dallage en bitume dans la partie supérieure, seront établis dans toute l'étendue de la rue. Depuis les rues de la Fidélité et des Récollets jusqu'à la barrière, une ligne d'arbres sera plantée de chaque côté de la chaussée. Ces travaux importants, votés par le conseil municipal, dans sa séance du 31 mars 1843, et approuvés par le ministre de l'intérieur le 11 juillet suivant, seront prochainement terminés. Cette opération occasionnera une dépense de 440,000 fr., qui sera supportée savoir: par l'État 80,000 fr., par les riverains 100,000 fr., par la ville 260,000 fr.

MARTIN (RUE DU MARCHÉ-SAINT-).

Commence à la rue Frépillon, n°s 11 et 13; finit à la place de l'ancien Marché-Saint-Martin. Le dernier impair est 3; le dernier pair, 6. Sa longueur est de 29 m. — 6e arrondissement, quartier Saint-Martin-des-Champs.

Elle a été ouverte, en 1765, sur une partie de l'emplacement du prieuré de Saint-Martin-des-Champs. (Voyez place de l'ancien *Marché-Saint-Martin*.) — Une décision ministérielle du 3 décembre 1814, signée l'abbé de Montesquiou, et une ordonnance royale du 29 décembre 1824, ont fixé la largeur de cette voie publique à 10 m. Les constructions riveraines sont soumises à un retranchement qui varie de 1 m. 30 c. à 2 m. 10 c. — Égout. — Conduite d'eau. — Éclairage au gaz (comp° Lacarrière).

MARTIN (RUE NEUVE-SAINT-).

Commence aux rue et impasse du Pont-aux-Biches ; finit à la rue Saint-Martin, n°s 240 et 242. Le dernier impair est 33; le dernier pair, 36. Sa longueur est de 251 m. — 6e arrondissement, quartier Saint-Martin-des-Champs.

Elle a été ouverte sur le territoire de la *Pissote Saint-Martin*. Dès 1421, elle portait la dénomination de rue *Neuve-Saint-Martin*, et se prolongeait alors sous ce nom jusqu'à la rue du Temple. Dans un procès-verbal de 1638, elle est appelée rue du *Mûrier* dite *Neuve-Saint-Martin*. — Une décision ministérielle à la date du 4 floréal an VIII, signée L. Bonaparte, et une ordonnance royale du 14 janvier 1829, ont fixé la moindre largeur de cette voie publique à 11 m. Propriétés de 1 à 5 bis inclus, alignées ; 7, redress. ; de 9 à 19, ret. 35 c. à 65 c. ; 21 et partie du n° 23, alignées ; de 23 à 29, ret. 70 c. à 80 c. ; 31 et 33, alignées ; 2 et 4, redress. ; de 6 à 14, rct. 25 c. à 40 c. ; de 16 à 30, ret. 40 c. à 50 c. ; 32, ret. 90 c. ; 34, 34 bis et 36, ret. 1 m. à 2 m. 25 c. — Égout. — Conduite d'eau depuis la rue Saint-Martin jusqu'aux deux bornes-fontaines. — Éclairage au gaz (comp° Lacarrière).

MARTIN (RUE SAINT-).

Commence aux rues des Lombards, n° 2, et de la Verrerie, n° 78 ; finit aux boulevarts Saint-Denis, n° 1, et Saint-Martin, n° 61. Le dernier impair est 315 ; le dernier pair, 260. Sa longueur est de 1,160 m. — De 1 à 135, 6° arrondissement, quartier des Lombards ; de 137 à la fin, 6° arrondissement, quartier de la Porte-Saint-Denis ; de 2 à 160, 7° arrondissement, quartier Saint-Avoie ; de 162 à la fin, 6° arrondissement, quartier Saint-Martin-des-Champs.

Presque toutes les grandes voies publiques de Paris n'étaient, dans le principe, que de simples chemins qui conduisaient à des abbayes célèbres ; ainsi les rues Saint-Martin, Saint-Denis, Saint-Antoine, etc., doivent leur origine ou leur développement aux abbayes de Saint-Martin, de Saint-Denis et de Saint-Antoine. Vers 1147, la rue Saint-Martin, qui commençait à la rivière, était presqu'entièrement bâtie jusqu'à la rue Neuve-Saint-Merri ; en cet endroit était une porte de la seconde enceinte de Paris. La construction des halles, sous Philippe-Auguste, avait attiré une grande partie de la population parisienne sur la rive droite de la Seine, et la rue Saint-Martin, voisine de cet immense bazar, en recueillit aussitôt de précieux avantages. Vers l'année 1200, elle était presque complètement bordée de constructions jusqu'à la rue Grenier-Saint-Lazare ; là, était une porte de ville qui faisait partie de la troisième enceinte de Paris. En 1418, la rue Saint-Martin se prolongeait jusqu'à la rue Neuve-Saint-Denis. Ce fut enfin sous le règne de Louis XIII qu'elle atteignit l'emplacement qui lui sert encore aujourd'hui de limite. — Une décision ministérielle du 28 messidor an V, signée Benezech, avait fixé la moindre largeur de cette voie publique à 12 m. En vertu d'une ordonnance royale du 6 mai 1836, cette moindre largeur a été portée à 14 m. Propriétés de 1 à 31, retranchement 4 m. 40 c. à 5 m. 10 c. ; 33, 35, ret. 3 m. 50 c. à 4 m. 20 c. ; 37, 39 seront supprimées pour exécuter l'alignement de la rue Ogniard ; 41, 43, ret. 2 m. à 2 m. 60 c. ; de 47 à 65, ret. 1 m. 70 c. à 2 m. ; de 67 à 73, ret. 2 m. à 3 m. ; de 75 à 81, ret. 3 m. à 3 m. 50 c. ; 83, alignée ; 85, ret. réduit 2 m. 70 c. ; les deux encoignures de la rue de Rambuteau, alignées ; 95, ret. réduit 50 c. ; 97, 99, ret. 30 c. à 50 c. ; 101, ret. réduit 80 c. ; 103, ret. réduit 1 m. 60 c. ; de 105 à 115, ret. 2 m. à 2 m. 75 c. ; 117, 119, ret. 2 m. 75 c. à 3 m. 50 c. ; de 121 à 133, ret. 3 m. 50 c. à 4 m. 40 c. ; 135, ret. réduit 3 m. 50 c. ; de 137 à 145, ret. 2 m. 57 c. à 2 m. 80 c. ; 147, alignée ; 149, ret. 3 m. 30 c. à 4 m. ; 151, ret. 4 m. à 4 m. 30 c. ; 153, alignée ; de 155 à 161, rct. 3 m. 50 c. à 3 m. 80 c. ; 163, ret. 3 m. 30 c. ; de 165 à 173, ret. 2 m. 30 à 3 m. 10 c. ; 175, 177, alignées ; de 179 à 183, ret. 2 m. 26 c. à 2 m. 40 c. ; 185, alignée ; de 189 à 195, ret. 1 m. 70 c. à 2 m. 05 c. ; 197, 199, ret. 1 m. 20 c. à 1 m. 70 c. ; 201, ret. 1 m. ; 203, ret. réduit 1 m. 10 c. ; 205, ret. réduit 2 m. ; 207, ret. réduit 2 m. 70 c. ; 209, ret. réduit 3 m. 40 c. ; 211, ret. réduit 4 m. 30 c. ; 213, ret. réduit 4 m. 40 c. ; 215, 217, ret. 4 m. 80 c. à 5 m. 80 c. ; 219 doit être supprimée pour l'exécution d'un grand pan coupé à l'encoignure de la rue Greneta ; 221, ret. 1 m. 70 c. ; 223, alignée ; de 225 à 231, ret. 70 c. à 1 m. 50 c. ; 233 doit être supprimée pour l'exécution de l'alignement de la rue Guérin-Boisseau ; 235, ret. réduit 90 c. ; 237, ret. réduit 50 c. ; 239, ret. réduit 25 c. ; 241, ret. 80 c. ; 243, 245, alignées ; 247, ret. réduit 60 c. ; 249, alignée ; 251, ret. 1 m. ; de 253 à 267, alignées ; 269, ret. 30 c. ; 271, alignée ; de 273 à 283, ret. 75 c. à 1 m. 40 c. ; 285, ret. réduit 60 c. ; 287, ret. réduit 25 c. ; 289, alignée ; de 291 à 303, redress. ; 305, 307, ret. réduit 30 c. ; de 309 à la fin, ret. 1 m. à 1 m. 50 c. ; — 2, ret. 2 m. ; 4, ret. 1 m. 20 c. ; 6 doit être supprimée pour l'exécution de l'alignement de la rue du Cloître-Saint-Merri ; de 8 à 26, ret. 75 c. à 1 m. 20 c. ; de 28 à 42, ret. 1 m. 80 c. à 2 m. 30 c. ; de 44 à 64, ret. 2 m. à 2 m. 50 c. ; de 66 à 76, ret. 2 m. 40 c. à 3 m. 10 c. ; 78, 82, alignées ; 84, ret. 2 m. 80 c. ; 86, 88, ret. réduit 2 m. 10 c. ; 90 doit être supprimée pour l'exécution de l'alignement de la rue des Petits-Champs ; 92, ret. 1 m. 20 c. ; 94, alignée ; 96, 98, ret. 90 c. ; 100, 102, alignées ; 104, 106, ret. réduit 30 c. ; 108, 110, redr. ; de 112 à 116, ret. 25 c. ; 118, 120, ret. 40 c. ; 122, redr. ; 124, alignée ; 126, redr. ; de 130 à 144, alignées ; 144 bis et 146, redr. ; 148, ret. 40 c. ; de 150 à 154, ret. 40 c. à 70 c. ; de 156 à 166, ret. 70 c. à 1 m. ; 168, ret. réduit 50 c. ; 170, alignée ; de 172 à 182, ret. 20 c. à 30 c. ; 184, alignée ; de 186 à 192, ret. 30 c. à 50 c. ; de 194 à 198, pas de ret. ; 202, ret. 3 m. 30 c. ; de 208 à 222, ret. 3 m. 40 c. à 4 m. 30 c. ; 222 bis, ret. réduit 2 m. 80 c. ; 224, ret. réduit 2 m. ; 226, ret. réduit 1 m. 30 c. ; 228, ret. réduit 60 c. ; 230, alignée ; 232, ret. réduit 30 c. ; 234, ret. réduit 1 m. 70 c. ; 236, 238, ret. 2 m. 40 c. à 2 m. 80 c. ; 240, alignée ; de 242 à 248, ret. 1 m. 30 c. à 1 m. 50 c. ; de 250 à la fin, alignées. — Égout et conduite d'eau dans une grande partie. — Éclairage au gaz : côté des numéros impairs (comp° Française) ; côté des numéros pairs (comp° Lacarrière).

Au n° 96 on voyait, avant la révolution, l'église Saint-Julien-des-Ménétriers. — « L'an de grâce 1328 » (dit Dubreuil), le mardi devant la Saincte-Croix, en » septembre, il y avait en la rue Saint-Martin-des-» Champs, deux compagnons ménestriers qui s'en-» tr'aymoient parfaictement et estoient toujours en-» semble. L'un estoit de Lombardie et s'appeloit Jac-» ques Graze de Pistoie, autrement dit Lappe ; l'autre

» estoit de Lorraine et avoit nom Huet, la guette du palais du roi. Or advint que le dit jour après disner, ces deux compagnons estant assis sur le siège de la maison du dit Lappe et parlans de leur besongne, virent de l'autre part de la voye, une pauvre femme appelée Fleurie de Chartres, la quelle estoit en une petite charrette, et n'en bougeoit jour et nuict, comme entreprise d'une partie de ses membres, et là, vivoit des aumosnes des bonnes gens. Ces deux, esmeus de pitié, s'enquirent à qui appartenoit la place, désirants l'achepter et y bastir quelque petit hospital. Et après avoir entendu que c'estoit à l'abbesse de Montmartre, ils l'allèrent trouver ; et pour le faire court, elle leur quitta le lieu à perpétuité, à la charge de payer par chacun an *cent sols de rente, et huict livres d'amendement dedans six ans seulement*, et sur ce, leur fit expédier lettres, en octobre, le dimanche devant la Sainct-Denys 1330. Le lendemain, les dits Lappe et Huet prindrent possession du dit lieu, et pour la mémoire et souvenance firent festin à leurs amis. » — Telle fut l'origine de l'église et de l'hôpital de Saint-Julien. Quelques ménétriers se réunirent aux deux fondateurs et firent construire le petit hôpital, dont la pauvre Fleurie occupa jusqu'à sa mort le premier lit. Les ménétriers achetèrent ensuite au prix de *douze livres et douze sols de rente* par an, une maison sise au coin de la rue Palée (aujourd'hui du Maure), et obtinrent la permission de faire bâtir une chapelle. L'hôpital reçut les noms de *Saint-Julien* et *Saint-Genest*, et la chapelle ajouta à ses titres celui de *Saint-Georges*. L'architecture de la petite église de Saint-Julien devait exciter la curiosité des artistes. Sa façade pittoresque était d'une délicatesse remarquable. Elle consistait en une grande arcade accompagnée de quatre niches. La frise de l'arcade était remplie de petits anges qui jouaient de plusieurs instruments, alors en usage, tels que l'orgue, la harpe, le violon, le rebec à trois cordes, la vielle, la mandoline, le psaltérion, la musette, le cor, le hautbois, la flûte de Pan, la flûte à bec, le luth et le tympanon. Dans la niche à gauche était la statue de saint Julien ; à droite, celle du martyr saint Genest, comédien à Rome, sous le règne de Dioclétien. Ce saint, protecteur des musiciens et des histrions, était coiffé d'une espèce de toque et couvert d'un simple manteau. Il tenait à la main un violon. Les ménétriers et les jongleurs demeuraient presque tous dans la rue qui porta leur nom, et qui se trouve aujourd'hui confondue dans la rue de Rambuteau. Réunis en confrérie dès l'année 1331, ils signèrent au nombre de trente-sept, un règlement qui fut enregistré au parlement, le 23 novembre de cette année. Les jongleurs et ménétriers de la corporation de Paris avaient seuls le droit de se présenter aux fêtes qui se célébraient dans cette ville. Les ménétriers étrangers ne pouvaient exercer leur industrie, sous peine d'être bannis de Paris pendant un an et un jour et de payer une amende. Cependant, lorsqu'ils ne faisaient que passer par la ville, ils étaient hébergés aux frais de l'hôpital fondé par Lappe et Huet. La corporation des ménétriers était gouvernée par un roi et par le prévôt de Saint-Julien. Constantin, célèbre violoniste de la cour de Louis XIII, fut élu roi des musiciens de Paris. A sa mort, arrivée en 1657, Dumanoir lui succéda sous le nom de Guillaume Ier ; son fils, Guillaume II, qui le remplaça, abdiqua volontairement en 1685. Le royaume des ménétriers tomba dans l'anarchie jusqu'en 1741. A cette époque, le célèbre Guignon monta sur le trône, mais les vapeurs de la royauté excitèrent son insolent despotisme. Une insurrection générale força l'imprudent monarque à signer son abdication. Le titre de roi des musiciens fut supprimé en 1773. Dès l'année 1744, l'archevêque de Paris avait ordonné aux prêtres de la Doctrine Chrétienne de célébrer le service divin dans la chapelle de Saint-Julien. Le 17 décembre 1789, une députation des confrères de Saint-Julien-des-Ménétriers se présenta à la barre de l'Assemblée Nationale, et lui fit hommage de leur église. Ce curieux monument, qui contenait en superficie 148 m., fut vendu le 25 février 1792 et abattu quelques années après.

MARTIN (THÉATRE DE LA PORTE-SAINT-).

Situé sur le boulevart Saint-Martin, entre les n°s 14 et 16. — 5e arrondissement, quartier de la Porte-Saint-Martin.

Il a été bâti, en 1781, sur les dessins de Lenoir, dit le Romain, pour remplacer la salle de l'Opéra qui venait d'être incendiée : soixante-quinze jours suffirent à l'architecte pour terminer la nouvelle construction. Cette salle fut inaugurée le 27 octobre 1781. Les acteurs de l'Opéra y donnèrent des représentations jusqu'en 1794. A cette époque, ils prirent possession de la salle Montansier, située rue de Richelieu. Le théâtre de la Porte-Saint-Martin fut ouvert le 14 septembre 1808, par le nouveau spectacle des Jeux Gymniques. La direction de ce théâtre, exploitée depuis ce temps par divers particuliers, a subi le sort de toutes les entreprises dramatiques. On y représente aujourd'hui des drames, des comédies-vaudevilles et des ballets. Ce théâtre contient 1,803 places, dont les prix sont ainsi fixés, savoir : avant-scène des 1res, du rez-de-chaussée, des 2mes avec salon, et des 1res loges grillées de face 5 fr. ; 1res découvertes, 2mes grillées de face et stalles de balcon d'avant-scène, 4 fr. ; stalles d'orchestre et stalles de balcon de face, 3 fr. ; orchestre, baignoires, 1res galeries, loges découvertes (2e rang) et avant-scène des 3mes, 2 fr. 50 c. ; 2mes loges et loges du cintre, 2 fr. ; parterre et amphithéâtre, 1 fr. 50 c. ; 2me galerie, 1 fr. ; 2me amphithéâtre, 50 c.

MARTYRS (BARRIÈRE DES).

Située à l'extrémité de la rue du même nom.

Elle a d'abord porté le nom de *Montmartre*. On l'a depuis appelée des *Martyrs*, en mémoire de saint

— MAR —

Denis et de ses compagnons qui, suivant la légende, ont été décapités à Montmartre. Cette barrière consiste en un bâtiment présentant un grand cintre avec pilastre. (Voir l'article *Barrières*.)

MARTYRS (CHEMIN DE RONDE DE LA BARRIÈRE DES).

Commence aux rue et barrière des Martyrs; finit à la rue Pigalle et à la barrière Montmartre. Pas de numéro. Sa longueur est de 159 m. — 2e arrondissement, quartier de la Chaussée-d'Antin.

Une ordonnance royale du 28 janvier 1837 a maintenu la largeur de 11 m. 69 c, fixée par l'ordonnance du bureau des finances du 16 janvier 1789. Les constructions voisines de la barrière Montmartre sont alignées. (Voyez l'article *Chemins de ronde*.)

MARTYRS (RUE DES).

Commence aux rues Notre-Dame-de-Lorette, n° 2, et Coquenard, n° 64; finit aux chemins de ronde des barrières des Martyrs et Poissonnière. Le dernier impair est 69; le dernier pair, 70. Sa longueur est de 580 m. — 2e arrondissement: les numéros impairs sont du quartier de la Chaussée-d'Antin; les numéros pairs dépendent du quartier du Faubourg-Montmartre.

Sur plusieurs plans elle est confondue avec la rue du Faubourg-Montmartre, dont elle forme le prolongement. D'autres lui donnent la dénomination de rue des *Porcherons*. Elle a reçu le nom de rue des *Martyrs,* parce qu'elle se dirige vers le village de Montmartre, où saint Denis et ses compagnons subirent le martyre. — Une décision ministérielle du 23 germinal an IX, signée Chaptal, et une ordonnance royale du 22 août 1837, ont fixé la moindre largeur de cette voie publique à 12 m. Propriétés n°s 1, 3, alignées; de 5 à 13, redress.; de 15 à 41, pas de retranch.; mur de clôture à la suite, redr.; 43 et encoignure droite de la rue de Navarin, alignées; 45, 47, ret. 70 c. à 80 c.; partie de 49, alignée; surplus et 51, ret. 50 c.; partie du n° 53, alignée; 55 et 57, redress.; de 59 à la fin, pas de ret.; — de 2 à 34, alignées; 36, ret. 30 c.; 38, redr.; 40, 42, 44, alignées; 46, 48, ret. moyen 50 c.; 50, 52, 54, alignées; 56, 58, redr.; 60, 62, alignées; 64, 66, ret. 1 m. 40 c. à 2 m. 20 c.; 68, ret. moyen 1 m. 30 c.; 70, ret. 50 c. environ. — Égout entre la rue Coquenard et celle de la Tour-d'Auvergne. — Conduite d'eau dans toute l'étendue. — Éclairage au gaz (compe Anglaise).

MASSERAN (RUE).

Commence à la rue Neuve-Plumet; finit à la rue de Sèvres, n°s 106 et 108. Le dernier impair est 3; un seul pair, qui est 2. Sa longueur est de 303 m. — 10e arrondissement, quartier des Invalides.

Ouverte à 17 m. 55 c. de largeur, en vertu d'un arrêt du conseil du 30 juin 1790, sur les terrains appartenant au sieur Brongniart, architecte du roi et de l'hôtel des Invalides; cette rue doit son nom à M. le

— MAT —

prince Masseran ou Massérano, qui y possédait une propriété à l'angle de la petite rue des Acacias. — Une décision ministérielle du 12 décembre 1822 prescrivit la réduction de cette voie publique à 12 m. de largeur. Une ordonnance royale du 20 septembre 1842 a porté cette dimension à 17 m. 50 c. Toutes les constructions du côté gauche sont alignées; celles du côté opposé devront reculer, savoir : dans la partie comprise entre la rue Neuve-Plumet et la Petite rue des Acacias, de 1 m. 50 c. à 3 m.; dans le surplus, de 5 m. 10 c. à 7 m. 20 c. — Conduite d'eau entre la Petite rue des Acacias et la rue de Sèvres.

MASSILLON (RUE).

Commence à la rue Chanoinesse, n°s 3 et 5; finit aux rues Bossuet, n° 4, et du Cloître-Notre-Dame, n°s 2 et 4. Le dernier impair est 3; le dernier pair, 10. Sa longueur est de 52 m. — 9e arrondissement, quartier de la Cité.

Elle faisait autrefois partie du cloître Notre-Dame. Le plan de Verniquet ne lui donne aucune dénomination. Le nom qu'elle porte aujourd'hui rappelle le célèbre prédicateur Massillon, né à Hyères en Provence, en 1663, et mort à Paris en 1742. Massillon a fait quelques oraisons funèbres; elles passent pour être inférieures à ses autres discours. Son éloge de Louis XIV est remarquable surtout par la première phrase: *Dieu seul est grand, mes frères!* Ces paroles sont superbes, prononcées en regardant le cercueil de celui qui avait pris le soleil pour emblème. — Une décision ministérielle du 26 prairial an XI, signée Chaptal, a fixé la moindre largeur de cette voie publique à 7 m. La plus grande partie des numéros impairs est alignée; le surplus de ce côté devra reculer de 1 m. 20 c. environ; sur le côté droit les constructions sont soumises à un retranchement de 2 m. 60 c. au plus.

MASURE (RUE DE LA).

Commence au quai des Ormes, n°s 34 et 36; finit à la rue de l'Hôtel-de-Ville, n°s 27 et 29. Pas de numéro. Sa longueur est de 21 m. — 9e arrondissement, quartier de l'Hôtel-de-Ville.

Le libraire Gilles Corrozet la désigne sous le nom de *Descente à la rivière*. — Une décision ministérielle à la date du 13 thermidor an VI, signée François de Neufchâteau, a fixé la largeur de cette voie publique à 6 m.

MATHURINS (RUE DE LA FERME-DES-).

Commence à la rue Basse-du-Rempart, n°s 76 et 78; finit à la rue Saint-Nicolas, n°s 59 et 61. Le dernier impair est 45; le dernier pair, 60. Sa longueur est de 491 m. — 1er arrondissement, quartier de la Place-Vendôme.

Partie comprise entre les rues Neuve-des-Mathurins et Saint-Nicolas. — Elle a été ouverte, en 1775, sur un terrain dépendant d'une ferme appartenant aux religieux Mathurins. Ce percement fut exécuté sur une largeur de 9 m. 74 c. — Une décision ministérielle du 28 brumaire an VI, signée Letourneux, maintint cette

— MAT —

largeur qui a été portée à 15 m. par une ordonnance royale du 14 novembre 1839.

Partie comprise entre le boulevart et la rue Neuve-des-Mathurins. — Une ordonnance royale du 5 novembre 1823 porte ce qui suit : « Article 1er. Les sieurs Lafaulotte frères, et Godot-de-Mauroy frères, sont autorisés à ouvrir sur leurs terrains une rue de douze mètres de largeur, pour communiquer de la rue Basse-du-Rempart à l'impasse de la Ferme-des-Mathurins, etc. — Art. 2. Cette autorisation est accordée à la charge, par les impétrants, de supporter les frais de premier pavage et de premier éclairage de la rue, et, en outre, de se conformer aux lois et règlements sur la voirie de Paris. » Cette ordonnance fut immédiatement exécutée. Le nouveau percement reçut d'abord le nom de rue *Neuve-de-la-Ferme-des-Mathurins.* — Les deux parties ont été réunies, il y a quelques années, sous une seule et même dénomination.

Propriétés de 1 à 35, alignées; 37, retranch. 3 m. 07 c.; 37 bis, 39, 39 bis alignées; du second n° 39 à la fin, ret. 4 m. 10 c.; de 2 à 44, pas de ret.; 46, ret. 1 m. 20 c.; de 48 à 58, alignées; 60, ret. 1 m. 20 c. — Égout et conduite d'eau entre les rues Neuve-des-Mathurins et Saint-Nicolas. — Éclairage au gaz (comp^e Anglaise).

MATHURINS (RUE NEUVE-DES-).

Commence à la rue de la Chaussée d'Antin, n°s 15 et 17; finit à la rue de la Madeleine, n°s 59 et 76. Le dernier impair est 97; le dernier pair, 110. Sa longueur est de 711 m. — 1er arrondissement : de 1 à 91 et de 2 à 102, quartier de la Place-Vendôme; le surplus dépend du quartier du Roule.

Le plan de Jaillot l'indique sous le nom de *ruelle des Mathurins*. Elle était ainsi appelée parce qu'elle longeait des terrains appartenant aux religieux Mathurins. La partie de cette voie publique, comprise entre les rues de l'Arcade et de la Madeleine, a été ouverte, en 1792, sur les dépendances du couvent des Bénédictines de la Ville-l'Évêque, et dont M. de Montessuy était alors propriétaire. Ce percement fut autorisé par délibération du corps municipal du 16 février 1792. — Une décision ministérielle du 18 vendémiaire an VI, signée Letourneux, a fixé la largeur de cette voie publique à 9 m. 74 c. Les maisons riveraines ne sont point soumises à retranchement. — Égout et conduite d'eau dans la plus grande partie. — Éclairage au gaz (comp^e anglaise).

MATHURINS-SAINT-JACQUES (RUE DES).

Commence à la rue Saint-Jacques, n°s 62 et 64; finit à la rue de la Harpe, n°s 75 et 77. Le dernier impair est 25; le dernier pair, 26. Sa longueur est de 186 m. — 11e arrondissement, quartier de la Sorbonne.

On la désignait, en 1220, sous le nom de rue du *Palais-des-Thermes*, en raison de la principale entrée de cet édifice qui se trouvait alors dans cette rue. Elle doit son nom actuel au couvent des Mathurins. En vertu des lettres-patentes du 3 décembre 1672, renou-

— MAT —

velées le 29 janvier 1676, cette voie publique a été élargie. — Une décision ministérielle du 24 messidor an V, signée Benezech, a fixé la moindre largeur de la rue des Mathurins à 9 m. Les maisons n°s 11, 2, 4 et 6, sont alignées. — Conduite d'eau depuis la rue de la Harpe jusqu'aux deux bornes-fontaines. — Éclairage au gaz (comp^e Parisienne).

Conformément à un arrêté préfectoral du 20 mai 1844, une enquête est ouverte à la mairie du 11e arrondissement, sur le projet d'alignement de la rue des Mathurins. Ce projet qui serait déclaré d'utilité publique, consiste : 1° à donner 12 m. de largeur à la rue, en prenant tout le retranchement sur le côté des numéros impairs; 2° à exécuter l'alignement par voie d'expropriation dans le délai de six années, à partir de l'ordonnance royale qui approuvera le projet.

Couvent des Mathurins. — Le récit des tortures dont les musulmans accablaient leurs captifs chrétiens pendant les croisades, suggéra à la charité toujours ingénieuse les moyens de procurer la liberté à ces pauvres prisonniers. L'ordre religieux qui eut cette belle mission à remplir avait été fondé par Jean de Matha et Félix de Valois; il fut approuvé, le 18 décembre 1198, par le pape Innocent III. Ces pères, appelés d'abord religieux de la très Sainte-Trinité de la rédemption des captifs, ajoutèrent à leur nom celui de *Mathurins* lorsqu'ils vinrent occuper à Paris les bâtiments d'une aumônerie, dont la chapelle était dédiée à saint Mathurin. Ces moines vivaient d'une manière simple et austère; il leur était défendu de voyager à cheval, et la seule monture qui leur fut permise leur avait fait donner le surnom de *Frères-aux-Anes*. Rutebœuf, dans sa pièce de vers intitulée les *Ordres de Paris*, donne des éloges à ces religieux. L'épitaphe suivante gravée sur une table de bronze, scellée dans le mur du cloître, atteste que ces moines se faisaient honneur des travaux les plus humbles, les plus serviles :

« Ci gist le léal Mathurin,
» Sans reproche bon serviteur,
» Qui céans garda pain et vin,
» Et fut des portes gouverneur.
» Paniers ou hottes, par honneur,
» Au marchié volontier portoit;
» Fort diligent et bon sonneur :
» Dieu pardon à l'âme lui soit!... »

Au bout de ce cloître, on voyait une tombe plate, sur laquelle étaient représentés des hommes enveloppés dans des suaires. Sur une table de bronze fixée dans la muraille, on lisait cette épitaphe :

« Ci-dessous gissent Léger du Moussel et Olivier
» Bourgeois, jadis clercs et escholiers, étudiants en
» l'Université de Paris, furent restituez et amenez au
» parvis de Notre-Dame, et rendus à l'évêque de Paris,
» comme clercs, et au recteur et aux députez de l'Uni-
» versité comme suppôts d'icelle à très grande solem-
» nité, et delà en ce lieu-ci furent amenez pour être mis
» en sépulture, l'an 1408, le 16e jour de may, et furent

— MAT —

» les dits prévost et son lieutenant démis de leurs offices
» à la d. poursuite, comme plus à plein appert par let-
» tres-patentes et instruments sur ce cas. — Priez
» Dieu qu'il leur pardonne leurs péchés. Amen. »

Voici l'explication de cette épitaphe : Deux écoliers avaient volé, assassiné des marchands sur un chemin ; ils furent poursuivis, arrêtés. L'Université les réclama, le prévôt de Paris sans se soucier de la réclamation, fit pendre les deux coupables. Aussitôt l'Université cesse tous ses exercices. Le conseil du roi demeurant inébranlable, le corps Universitaire annonce que si justice est refusée, il abandonnera le royaume, pour aller s'établir dans un pays où l'on saura mieux respecter ses privilèges. Cette menace fit impression, le prévôt de Paris, Guillaume de Tignonville, fut destitué de sa charge; puis condamné à détacher les deux corps du gibet de Montfaucon, à les baiser sur la bouche et à les mettre sur un chariot couvert de drap noir. Ce magistrat fut contraint en outre de les accompagner à la tête de ses sergents et archers jusqu'au parvis Notre-Dame, où il fit amende honorable, puis il les ramena à petits pas aux Mathurins, où le recteur les reçut de ses mains pour les ensevelir honorablement.

Les marbres précieux abondaient dans l'église des Mathurins. Quatre colonnes composites de grandes proportions, en brocatelle antique, décoraient le grand autel. Le tabernacle était orné de dix autres colonnes de marbre de Sicile. Le couvent des Mathurins qui contenait en superficie 3,946 m., fut supprimé en 1790. Devenu propriété nationale, il fut vendu le 27 ventôse an VII. Les maisons qui portent les n°s 2, 4, 6, 8 et 10, occupent une partie de son emplacement.

Au n° 12 est situé l'*hôtel de Cluny* (voir l'art. MUSÉES).

MATIGNON (AVENUE).

Commence au rond-point des Champs-Élysées, n° 2, et à l'avenue Gabriel; finit aux rues Rousselet et Matignon. Le dernier impair est 17; pas de numéro pair. Sa longueur est de 176 m. — 1er arrondissement, quartier des Champs-Élysées.

Elle a été ouverte à la même époque que l'allée des Veuves, dont elle a porté la dénomination jusqu'en 1837. A partir de cette année, elle a pris le nom d'avenue Matignon (*voir* l'article suivant). Les constructions de cette avenue sont établies sur deux lignes droites et parallèles dont la distance est de 40 m. 50 c. Il n'existe pas d'alignement approuvé pour cette avenue. — Conduite d'eau. — Éclairage au gaz (comp° de l'Ouest).

MATIGNON (RUE).

Commence à la rue Rousselet et à l'avenue Matignon; finit à la rue du Faubourg-Saint-Honoré, n°s 91 et 93. Le dernier impair est 3; le dernier pair, 22. Sa longueur est de 173 m. — 1er arrondissement, quartier des Champs-Élysées.

Dès 1774, le sieur Jacques Millet, maître menuisier, fit commencer, sur ses terrains, la construction de cette rue à laquelle il donna 24 pieds de largeur. Trois or-

— MAU —

donnances du bureau des finances, en date des 14 mai 1774, 27 avril 1779 et 5 septembre 1780, défendirent la continuation des ouvrages relatifs à ce percement. Le sieur Millet n'en tint aucun compte. Le bureau de la ville, consulté sur l'ouverture de cette rue, fut d'avis, dans sa séance du 30 mars 1781, qu'il n'y avait pas lieu de la comprendre au nombre des voies publiques de Paris. — « Louis, etc. A nos amés et féaux conseillers
» les gens tenant notre cour de parlement séant à
» Troyes, salut, etc.; ordonnons ce qui suit : Arti-
» cle 1er. Approuvons et autorisons l'ouverture de la
» nouvelle rue faite sur le terrain du sieur Millet, don-
» nant d'un côté sur la rue du Faubourg-Saint-Ho-
» noré, de l'autre sur les Champs-Élysées ; voulons
» toutefois que la largeur de la dite rue soit portée à
» trente pieds, en prenant autant que besoin sera sur
» le côté des terrains qui ne sont pas encore bâtis. —
» Art. 2°. La dite rue sera nommée *rue de Mati-*
» *gnon*, etc. Donné à Versailles le 8° jour de septem-
» bre, l'an de grâce 1787, et de notre règne le 14°.
» Signée, Louis. » — Une décision ministérielle du 2 messidor an VIII, signée L. Bonaparte, a fixé la largeur de cette voie publique à 10 m. La maison située sur le côté gauche, à l'encoignure de la rue Rousselet, est alignée. Le surplus de ce côté devra reculer de 90 c. à 2 m. 60 c. Les constructions du côté des numéros pairs sont alignées, à l'exception de celles qui portent les n°s 16 et 18 soumises à un retranchement qui varie de 59 c. à 98 c.

Matignon (Charles-Augustin de), comte de Gacé, maréchal de France, naquit en 1647 et mourut en 1729.

MAUBERT (PLACE).

Commence aux rues des Grands-Degrés, n° 15, et de la Bûcherie, n° 1; finit aux rues de Bièvre, n° 40, et des Noyers, n° 2. Le dernier impair est 51; le dernier pair, 46. Sa longueur est de 133 m. — 12° arrondissement; quartier Saint-Jacques.

En 1210 on construisit des maisons sur cette place, qui fut appelée *place Aubert*. Elle devait cette dénomination, selon Jaillot, à Aubert, second abbé de Sainte-Geneviève, qui, au XIIe siècle, avait permis de construire des étaux de boucherie sur ce terrain, compris dans la censive de Sainte-Geneviève. Le nom actuel de cette place n'est qu'une altération. — Une décision ministérielle à la date du 8 brumaire an X, signée Chaptal, a fixé la moindre largeur de cette voie publique à 20 m. 50 c. Les maisons n°s 39, 41 et 38 sont alignées. — Égout. — Conduite d'eau. — Éclairage au gaz (comp° Parisienne).

Ce fut à la place Maubert que s'éleva, le 12 mai 1588, la première barricade des Ligueurs. — Avant 1818, cette place servait de marché au pain et à la vente des fruits et légumes. Il a été supprimé lors de l'ouverture du marché des Carmes.

MAUBUÉE (RUE).

Commence aux rues du Poirier, n° 19, et Beaubourg, n° 1; finit à la rue Saint-Martin, n°s 46 et 48. Le

— MAU —

dernier impair est 31; le dernier pair, 30. Sa longueur est de 90 m. — 7e arrondissement, quartier Sainte-Avoie.

Elle était bordée de constructions dès l'année 1300. C'était la rue Maubuée dès 1323. Guillot, qui écrivait en 1300, n'en fait point mention. Nous croyons qu'il a confondu cette voie publique avec celle Simon-le-Franc. En 1357 c'était la *rue de la Fontaine-Maubuée*. De 1398 à 1533, les censiers de Saint-Merri l'indiquent sous le nom *de la Baudroierie*. Son ancien nom a prévalu. Maubué, en vieux langage, signifiait mal-propre. — Une décision ministérielle du 13 vendémiaire an X, signée Chaptal, avait fixé la largeur de cette voie publique à 8 m. En vertu d'une ordonnance royale du 16 mai 1833, cette largeur a été portée à 10 m. Les constructions du côté des numéros impairs sont soumises à un retranchement qui varie de 2 m. 90 c. à 3 m. 70 c. Celles du côté opposé devront reculer de 2 m. 20 c. à 2 m. 80 c. — Conduite d'eau. — Éclairage au gaz (comp^e Lacarrière).

MAUCONSEIL (IMPASSE).

Située dans la rue Saint-Denis, entre les n°s 269 et 271. Le dernier impair est 5; le dernier pair, 6. — 5e arrondissement, quartier Montorgueil.

Elle existait déjà en 1350. En 1391 c'était la *ruelle de l'Empereur*. Elle aboutissait alors à la rue Saint-Sauveur. Des titres du XVIe siècle la nomment *rue des Cordiers* ou *de la Corderie dite de l'Empereur*. En 1657, on construisit une maison rue Saint-Sauveur qui la ferma de ce côté; alors, et pour ce motif, elle prit le nom de *cul-de-sac de l'Empereur*. Depuis 1806, on l'appelle *impasse Mauconseil*. — Une décision ministérielle du 23 germinal an IX, signée Chaptal, fixa la largeur de cette voie publique à 7 m. En vertu d'une ordonnance royale du 21 juin 1826, cette largeur est portée à 8 m. Les constructions riveraines sont soumises à un retranchement qui varie de 2 m. 60 c. à 2 m. 90 c.

MAUCONSEIL (RUE).

Commence à la rue Saint-Denis, n°s 193 et 195; finit à la rue Montorgueil, n°s 38 et 40. Le dernier impair est 39; le dernier pair, 44. Sa longueur est de 247 m. — 5e arrondissement, quartier Montorgueil.

Cette rue, en partie construite dès 1250, portait déjà le nom de rue Mauconseil. Sauval pense que cette dénomination lui vient d'un seigneur de Mauconseil. De 1792 à 1806, elle se nomma *Bonconseil*, ainsi que la section dont elle faisait partie. — Une décision ministérielle du 3 pluviôse an IX, signée Chaptal, fixa la moindre largeur de cette voie publique à 9 m. En vertu d'une ordonnance royale du 21 juin 1826, cette dimension est portée à 10 m. Les maisons n°s 1, 3, 5, second n° 5, 7, 9, 2, 10 et 12 sont à l'alignement. Celles n°s 25 et 27 ne devront subir qu'un léger redressement. — Portion d'égout du côté de la rue Saint-Denis. — Conduite d'eau depuis cette rue jusqu'à la rue Françoise. — Éclairage au gaz (comp^e Française).

— MAU —

MAUR (MARCHÉ SAINT-).

Situé dans la rue Saint-Maur-Popincourt, n° 134. — 5e arrondissement, quartier de la Porte-Saint-Martin.

Une ordonnance royale du 24 janvier 1834 autorisa M. Bessas Lamégie à construire un marché de comestibles. La durée de la concession est de 70 ans. Cet établissement a été ouvert le 16 mai 1837 en vertu d'un arrêté du préfet de police du 15 du même mois. Sa superficie est de 1,380 m. environ.

MAURE (RUE DU).

Commence à la rue Beaubourg, n°s 43 et 45; finit à la rue Saint-Martin, n°s 96 et 98. Le dernier impair est 3; le dernier pair, 10. Sa longueur est de 131 m. — 7e arrondissement, quartier Sainte-Avoie.

Le poète Guillot, qui écrivait en 1300, ne fait pas mention de cette rue. En 1313 c'était la rue *Jehan Palée*, plus tard rue *Palée* simplement, la rue ou ruelle *Saint-Julien*, la rue de la *Poterne* ou *Fausse-Poterne*; cette dernière dénomination lui avait été donnée, parce que cette voie publique se trouvait à peu de distance de la poterne ou fausse porte Nicolas Huidelon. En 1606 on la désignait sous le nom de cour ou rue du *Maure*. En 1640 c'était la cour du *More* dite des *Anglais*, et depuis la rue du *Maure*. Elle doit ce dernier nom à une enseigne. — Une décision ministérielle du 15 messidor an XII, signée Chaptal, fixa la largeur de cette voie publique à 7 m. En vertu d'une ordonnance royale du 16 mai 1833, cette largeur est portée à 9 m. Les constructions du côté des numéros impairs sont soumises à un retranchement qui varie de 2 m. à 5 m. 60 c. Celles du côté opposé devront reculer de 2 m. à 4 m. 60 c. — Conduite d'eau depuis la rue Beaubourg jusqu'à la borne-fontaine. — Éclairage au gaz (comp^e Lacarrière).

MAURES (RUE DES TROIS-).

Commence à la rue des Lombards, n°s 28 et 30; finit à la rue La Reynie, n°s 13 et 15. Le dernier impair est 11; le dernier pair, 12. Sa longueur est de 56 m. — 6e arrondissement, quartier des Lombards.

On la trouve désignée à la fin du XIIIe siècle sous le nom de *Guillaume Josse ou Joce*. En 1300 c'était la rue du *Vin-le-Roi*, en raison de plusieurs caves du roi qui y étaient situées. L'enseigne d'une auberge des Trois-Maures lui a donné ce dernier nom qu'elle porte depuis 1636. — Une décision ministérielle du 18 vendémiaire an VI, signée Letourneux, avait fixé la largeur de cette voie publique à 6 m. Cette largeur a été portée à 10 m. en vertu d'une ordonnance royale du 16 mai 1836. La rue des Trois-Maures n'a encore aujourd'hui que 3 m. 50 c. environ de largeur. Les constructions du côté des numéros impairs devront reculer de 2 m. 40 c. à 3 m. 80 c. Celles du côté opposé sont soumises à un retranchement qui varie de 3 m. à 4 m. 50 c. — Conduite d'eau. — Éclairage au gaz (comp^e Française).

— MAU —

MAURES (RUELLE DES TROIS-).

Commence au quai de la Grève, nos 36 et 38 ; finit à la rue de l'Hôtel-de-Ville, nos 103 et 105. Pas de numéro. Sa longueur est de 15 m. — 9e arrondissement, quartier de l'Hôtel-de-Ville.

Ce n'est qu'une communication étroite entre les gros murs des maisons voisines. Elle doit son nom à une enseigne des Trois-Maures, qu'on voyait dans la rue de la Mortellerie (aujourd'hui de l'Hôtel-de-Ville). — Une décision ministérielle du 13 thermidor an VI, signée François de Neufchâteau, fixa la largeur de cette ruelle à 6 m. Dans sa séance du 26 mai 1837, le conseil municipal a voté la suppression de cette ruelle comme voie publique, sauf à en aliéner le sol au profit des propriétaires riverains. Elle est aujourd'hui fermée à ses deux extrémités. Sa largeur actuelle n'est que de 1 m. 50 c.

MAUR-POPINCOURT (RUE SAINT-).

Commence à la rue de la Roquette ; finit à la rue Grange-aux-Belles, nos 38 et 40. Le dernier impair est 89 ; le dernier pair, 156. Sa longueur est de 2223 m. — De la rue de la Roquette à celle des Amandiers et les numéros de 1 à 17 et de 2 à 38 ter, 8e arrondissement, quartier Popincourt ; du second numéro 17 à 51 et de 42 à 112, 6e arrondissement, quartier du Temple ; le surplus, 5e arrondissement, quartier de la Porte-Saint-Martin.

C'était autrefois un chemin que les actes nommaient chemin de Saint-Denis. La partie qui de la rue des Amandiers aboutit à celle de Ménilmontant, ne fut bâtie que vers la fin du règne de Louis XV. Cette voie publique portait avant la révolution plusieurs dénominations, ainsi que le constate le titre suivant : « 2 thermidor an VI. L'administration centrale » du département de la Seine, Ouï le commissaire du » directoire exécutif, arrête : Que la rue Maur ou des » Morts, conservera le nom de rue Maur dans toute » l'étendue du 5e arrondissement. Celui de rue du » Chemin-Denis demeure aussi conservé dans l'éten- » due de la municipalité du 6e arrondissement, celui » de rue du Bas-Pincourt sera également conservé dans » l'étendue de la municipalité du 8e arrondissement. » — Une décision ministérielle du 3 pluviôse an IX, signée Chaptal, a fixé à 10 m. la moindre largeur de ces trois parties qui ont été réunies en 1806, sous la seule et même dénomination de rue *Saint-Maur*. Les propriétés ci-après ne sont pas soumises à retranchement : de 1 à 9, 15, 17, 17 bis, 17 ter, (17), 19, 25, 25 bis, encoignure gauche de la rue Fontaine-au-Roi, 45, 45 bis, 45 ter, 45 quater, (45), 47, 51, de 53 à 61, de 69 à la fin ; 2, 2 bis, 12, 14, 18, 20, 22, 34, 36, 38, 38 bis, 38 ter, partie du no 42, 44, 54, 56, 58, de 60 à 76, 86, 116, 118, de 134 à la fin.

La partie de la rue Saint-Maur comprise entre la rue de la Roquette et celle des Amandiers, a été ouverte en 1823, sur l'emplacement du couvent des Hospitalières de la Roquette, dont la vente avait été effectuée

— MAY —

par l'administration des hospices en 1817 et 1823 (voir l'article de la rue de la *Roquette*). Cette partie de rue possède un numérotage spécial, dont le dernier impair est 11, et le seul pair 2. Une ordonnance royale du 6 mai 1827 a fixé sa largeur à 13 m. Les propriétés nos 1, 3, 5 et 11, sont alignées ; le côté opposé n'est pas soumis à retranchement. — Conduite d'eau dans toute l'étendue de la rue Saint-Maur.

MAUR-SAINT-GERMAIN (RUE SAINT-).

Commence à la rue de Sèvres, nos 73 et 75 ; finit à la rue du Cherche-Midi, nos 64 et 66. Le dernier impair est 19 ; le dernier pair 12. Sa longueur est de 154 m. —10e arrondissement, quartier Saint-Thomas-d'Aquin.

L'abbé de Saint-Germain-des-Prés donna en 1644, par bail à cens à rente, une assez grande quantité de terrain à un épicier nommé Pierre Le Jai, à la charge d'y bâtir et de percer deux rues qui porteraient les noms de *Saint-Maur* et de *Saint-Placide*, célèbres disciples de Saint-Benoit. Les bénédictins qui vinrent occuper l'abbaye de Saint-Germain-des-Prés étaient de la congrégation de Saint-Maur. — Une décision ministérielle du 2 thermidor an X, signée Chaptal, a fixé la largeur de cette voie publique à 8 m. Toutes les constructions du côté des numéros impairs et la propriété située sur le côté droit à l'encoignure de la rue du Cherche-Midi, sont alignées ; le surplus devra reculer de 80 c.

MAUR-SAINT-MARTIN (RUE SAINT-).

Commence à la rue Royale, nos 2 et 4 ; finit à la rue Conté. Le dernier impair est 9 ; le dernier pair 8. Sa longueur est de 44 m. — 6e arrondissement, quartier Saint-Martin-des-Champs.

Elle a été formée vers 1780 sur les terrains dépendant du prieuré de Saint-Martin-des-Champs (voyez place de l'*ancien marché Saint-Martin*). — Une décision ministérielle du 3 décembre 1814, signée l'abbé de Montesquiou, et une ordonnance royale du 14 janvier 1829, ont fixé la largeur de cette voie publique à 6 m. Les constructions du côté des numéros impairs sont soumises à un retranchement qui varie de 50 c. à 1 m. ; celles du côté opposé sont à l'alignement. — Conduite d'eau depuis la rue Royale jusqu'à la borne-fontaine. — Éclairage au gaz (compe Lacarrière).

Le nom assigné à cette rue est celui de saint Maur, célèbre disciple de saint Benoit, et abbé de Glanfeuil, mort en 584.

MAYET (RUE).

Commence à la rue de Sèvres, nos 131 et 133 ; finit à la du Cherche-Midi, nos 112 et 114. Le dernier impair est 21 ; le dernier pair, 20. Sa longueur est de 188 m. — 10e arrondissement, quartier Saint-Thomas-d'Aquin.

Une ordonnance royale du 8 décembre 1840 porte ce qui suit : « Article 1er. Les sieurs Journault frères et Mayet sont autorisés à ouvrir sur des terrains, dont ils sont propriétaires à Paris, une rue de 11 m. de largeur, devant communiquer de la rue de Sèvres à celle du Cherche-Midi, etc... — Art. 2e. L'autorisation ci-dessus est accordée à la charge par les sieurs Journault frères et Mayet de céder à la ville de Paris, que nous autorisons à cet effet, le sol de la nouvelle voie publique, et de se conformer en outre à toutes les clauses et conditions exprimées dans la délibération du conseil municipal en date du 10 avril 1840, etc. » — Entr'autres conditions imposées à ces propriétaires on remarque celle *de ne pouvoir donner plus de seize mètres cinquante centimètres de hauteur aux bâtiments qui seront élevés* en bordure sur la rue. — Cette communication a été immédiatement exécutée, et a reçu le nom de rue *Mayet*. Elle a été comprise au nombre des voies publiques de Paris, en vertu d'un arrêté préfectoral du 27 septembre 1843, et à partir du 16 août précédent. — Éclairage au gaz (compe Française).

MAZAGRAN (RUE DE).

Commence au boulevart Bonne-Nouvelle, n° 18; finit à la rue de l'Échiquier, nos 7 et 11. Le dernier impair est 17; le dernier pair, 16. Sa longueur est de 129 m. — 3e arrondissement, quartier du Faubourg-Poissonnière.

Une ordonnance royale du 31 décembre 1840 porte ce qui suit : — « Article 1er. L'impasse Saint-Laurent à Paris est supprimée. — Art. 2. Est autorisée *l'ouverture d'une rue de douze mètres de largeur*, destinée à établir une communication entre le boulevart Bonne-Nouvelle et la rue de l'Échiquier, etc. — Art. 3. L'exécution des mesures autorisées par les art. 1 et 2 ci-dessus est déclarée d'utilité publique. — Art. 4. Est approuvé le traité sous signatures privées, passé le 11 mai 1840 entre le préfet de la Seine et le sieur Léonard-François Dufaud, d'après lequel ce dernier a pris l'engagement, moyennant une somme de soixante mille francs et la cession gratuite de tous les droits que la ville aurait sur le sol de l'impasse Saint-Laurent, d'effectuer, à ses risques et périls, l'établissement de la rue dont l'ouverture est présentement autorisée, et de supprimer le puisard qui existe dans la d. impasse, ainsi que le tout est d'ailleurs stipulé dans une délibération du conseil municipal de Paris, en date du 20 mars 1840, et conformément aux clauses et conditions qui s'y trouvent énoncées. — Art. 5. Le dit sieur Dufaud est, en conséquence, substitué, aux termes de l'art. 63 de la loi du 7 juillet 1833, aux lieu et place de la ville de Paris, à tous ses droits pour poursuivre, s'il y a lieu, à ses risques et périls, l'expropriation des maisons et terrains dont l'emplacement serait nécessaire pour parvenir à l'ouverture de la rue nouvelle et à la suppression de l'impasse Saint-Laurent. » — La délibération du conseil municipal en date du 20 mars 1840, porte que ce percement prendra le nom de rue de *Mazagran*. Les constructions riveraines sont alignées. — Conduite d'eau. — Éclairage au gaz (compe Française).

L'*impasse Saint-Laurent*, supprimée en 1841, avait été formée, en 1697, sur des terrains appartenant aux Filles-Dieu.

« *Ordre de l'armée*. — Paris le 12 mars 1840. Les
» acclamations publiques ont déjà fait connaître la
» glorieuse défense de la garnison de Mazagran. 123
» braves de la 10e compagnie du 1er bataillon d'in-
» fanterie légère d'Afrique, à peine couverts par
» une faible muraille en pierres sèches, ébréchée
» par le canon, ont repoussé pendant quatre jours les
» assauts de plusieurs milliers d'arabes. Le roi s'est
» empressé de décerner des récompenses aux militaires
» qui lui ont été signalés comme s'étant plus particu-
» lièrement fait remarquer au milieu de cette poignée
» de soldats intrépides, et pour ajouter encore au prix
» de ces récompenses, sa majesté a voulu qu'elles fus-
» sent mises à l'ordre du jour de l'armée, ainsi que les
» noms des soldats qui ont été cités dans le rapport
» de leur chef. Dans les congés qui leur seront accordés
» lors de leur sortie du service militaire, il sera fait
» mention expresse qu'ils étaient au nombre des
» 123 défenseurs de Mazagran. Le capitaine Lelièvre,
» commandant cette garnison, a été promu chef-de-
» bataillon; le lieutenant Magnien, capitaine ; Durand,
» sous-lieutenant; Villemot, sergent-major, et Giroud,
» sergent, ont été nommés chevaliers de l'ordre royal
» de la légion-d'honneur. Sont cités dans le rapport
» du lieutenant-général Gucheneuc : Taine, fourrier ;
» Muster, caporal ; Leborgne, Courtes, Edet, Gagfer,
» Vomillon, Renaud, Hermel, Marcot, Varent et
» Flarnon, tous de la 10e compagnie du 1er bataillon
» d'infanterie légère d'Afrique. La 10e compagnie est
» autorisée à conserver dans ses rangs le drapeau cri-
» blé de balles qui flottait sur le réduit de Mazagran
» pendant les journées des 3, 4, 5 et 6 février 1840, et
» à chaque anniversaire de cette dernière journée, le
» présent ordre du jour sera lu devant le front du
» bataillon. Ce brillant fait d'armes continue la série
» des belles actions qui, de tout temps, ont honoré
» l'armée française, et lui ont mérité le respect de l'é-
» tranger, et la reconnaissance de la patrie. Le pair
» de France, ministre secrétaire d'état de la guerre,
» signé Cubières. »

MAZARINE (RUE).

Commence à la rue de Seine, nos 3 et 5 ; finit aux rues Dauphine, n° 58, et de Buci, n° 2. Le dernier impair est 57; le dernier pair, 86. Sa longueur est de 414 m. — 10e arrondissement, quartier de la Monnaie.

Elle doit son nom à l'ancien collège Mazarin (aujourd'hui palais de l'Institut), dont les dépendances occupent une partie de cette voie publique. On la nomma d'abord rue du *Fossé*. Presque tous les plans représentant Paris à la fin du XVIIe siècle, la désignent sous cette dénomination. Elle n'a point été bâtie sur le fossé même de l'enceinte de Philippe-Auguste, ainsi que l'ont avancé plusieurs historiens, mais sur le chemin qui bordait le fossé, et qu'on appelait anciennement

— MAZ —

chemin des *Buttes,* en raison des monticules formés en cet endroit, par les débris de plusieurs tuileries voisines. En 1540, le retour d'équerre, du côté de la rue de Seine, portait le nom de rue *Traversine.* Dans le procès-verbal de 1636, il est nommé rue de *Nesle* ou *Petite rue de Nesle,* parce qu'il conduisait directement à la porte de Nesle, qui se trouvait à l'endroit où nous voyons aujourd'hui le pavillon Est du palais de l'Institut. — Une décision ministérielle du 14 thermidor an VIII, signée L. Bonaparte, a fixé la moindre largeur de cette voie publique à 8 m. Les maisons de 1 à 15 inclus, 45, 47 sont alignées. Le surplus de ce côté est soumis à un retranchement qui n'excède pas 40 c. Partie des nos 30, 32, 34, 60, 62, 64, 66, et de 72 à la fin, sont alignées. Celles de 44 à 62 inclus ne sont assujetties qu'à un faible redressement. — Portion d'égout du côté de la rue de Seine. — Conduite d'eau entre les rues Guénégaud et Dauphine. — Éclairage au gaz (comp^e Française).

Le fameux girondin Barbaroux demeurait dans cette rue, au n° 20.

MAZAS (BOULEVART).

Commence au quai de la Rapée; finit à la rue Traversière. Pas de numéro. Sa longueur est de 120 m. — 8e arrondissement, quartier des Quinze-Vingts.

Une ordonnance royale du 15 octobre 1814 porte ce qui suit : — « Article 1er. La promenade publique projetée le long de la place Mazas, en face du pont du Jardin du Roi, dont la formation avait été ordonnée par décret du 24 février 1811, est définitivement supprimée. — Art. 2. La portion de terrain acquise du sieur Sellier pour la formation de la d. promenade supprimée par l'article précédent, sera vendue par adjudication publique, par devant le préfet du département de la Seine, suivant les formes accoutumées, au profit de notre bonne ville de Paris. — Art. 3. *La direction d'un boulevart qui doit joindre les deux places Mazas et du Trône, et dont l'axe unique et rectiligne vient aboutir au centre de cette dernière place, est adoptée,* conformément au projet approuvé par notre directeur des ponts-et-chaussées. Les travaux resteront néanmoins ajournés jusqu'à ce que la ville de Paris, qui doit supporter la dépense à faire pour la formation du boulevart, ait acquitté les indemnités des diverses propriétés à acquérir pour son exécution, au moyen des fonds qui pourront être alloués dans son budget, tant pour les indemnités que pour les travaux. — Art. 4. Toute construction nouvelle sur l'emplacement que doit occuper ce boulevart est interdite à compter de ce jour, mais cette interdiction ne pourra point préjudicier aux propriétaires des terrains situés sur la ligne du projet approuvé, et ceux qui se croiraient lésés auront la faculté de contraindre la ville de Paris à faire l'acquisition de leurs propriétés, d'après une expertise contradictoire, et conformément à la loi du 8 mars 1810, etc. Signé Louis.» — Cette ordonnance n'a encore reçu qu'un

— MÉC —

commencement d'exécution. La largeur du boulevart est fixée à 31 m. 80 c. La prison dite de la nouvelle *Force* est établie sur le côté gauche de cette voie publique entre la rue de Bercy et celle des Charbonniers.

Suivant un projet publié en vertu d'un arrêté préfectoral du 11 mai 1843, et adopté par délibérations du conseil municipal des 16 avril 1841 et 21 janvier 1842, le boulevart Mazas doit être remplacé par une rue de 15 m. de largeur.

MAZAS (PLACE).

Située entre le quai de la Rapée et le pont d'Austerlitz. Pas de numéro. — 8e arrondissement, quartier des Quinze-Vingts.

« Au palais des Tuileries, le 14 février 1806. Napoléon, etc. Nous avons décrété et décrétons ce qui suit : — Article 4, § 1er. Il sera formé vis-à-vis le pont du Jardin-des-Plantes, sur la rive droite, une place terminée en arc de cercle, d'un rayon de 55 m., dont le centre est pris à 29 m. du parement extérieur de la culée. Cette place communiquera provisoirement à la rue de Charenton par le cul-de-sac Saint-Claude. Cette place sera nommée *place du colonel Mazas,* en mémoire du colonel du 14e régiment de ligne, tué à Austerlitz, etc. Signé Napoléon. » Ce décret ne reçut pas son exécution. Il y a quelques années, le terrain compris entre le quai de la Rapée et le pont d'Austerlitz a été nivelé, et planté d'arbres pour servir de promenade. Cet emplacement a pris le nom de place *Mazas.* (*Voyez* l'article précédent.)

MÉCANIQUES (RUE DES).

Située dans l'enclos de la Trinité. — 6e arrondissement, quartier de la Porte-Saint-Denis.

C'était en 1790 la rue *Saint-Jean.* Depuis 1793 on la nomme des *Mécaniques.* (Voyez *passages de la Trinité.*)

MÉCHAIN (RUE).

Commence à la rue de la Santé, nos 10 et 12; finit à la rue du Faubourg-Saint-Jacques, nos 45 et 47. Le seul impair est 1; le seul pair, 2. Sa longueur est de 282 m. — 12e arrondissement, quartier de l'Observatoire.

Le plan de Verniquet l'indique sous le nom de ruelle des *Capucins.* — Une décision ministérielle du 28 vendémiaire an XI, signée Chaptal, fixa la largeur de cette voie publique à 10 m. Vers 1806, elle reçut la dénomination de rue *Méchain,* en l'honneur de Pierre-François-André *Méchain,* célèbre astronome, né à Laon en 1744, mort à Castellon de la Plana, en 1805. — En vertu d'une ordonnance royale du 9 décembre 1838, la largeur de cette rue est portée à 12 m. Les constructions devront subir des retranchements inégaux dont la quotité la plus forte est, pour le côté des numéros impairs, de 2 m. 40 c., et pour le côté opposé, de 6 m. 20 c.

MÉDARD (ÉGLISE SAINT-).

Située dans la rue Mouffetard. — 12e arrondissement, quartier Saint-Marcel.

Ce n'était encore au XIIe siècle qu'une chapelle qui dépendait de l'abbaye de Sainte-Geneviève. Cette chapelle devint par la suite l'église paroissiale d'un bourg ou village appelé Richebourg, village de Saint-Mard ou de Saint-Médard. Ce bourg ne se composait, au XIIe siècle, que d'un petit nombre d'habitations, et ne fut réellement peuplé qu'au XVIe siècle. Les clos du Chardonnet, du Breuil, de Copeau, de Gratard, des Saussayes, de la Cendrée (ou *Locus Cinerum*), étaient compris dans son territoire. Les bâtiments de l'église Saint-Médard réparés, agrandis à différentes époques, présentent plusieurs genres d'architecture. Le grand autel a été entièrement reconstruit en 1655. En 1784, l'architecte Petit-Radel, voulut décorer cet édifice en ajoutant à sa construction primitive des ornements grecs et en transformant ses piliers en colonnes cannelées. — Olivier Patru, célèbre avocat, et Pierre Nicole, connu par des essais de morale, ont été enterrés dans cette église. C'est aujourd'hui la troisième succursale de la paroisse Saint-Étienne-du-Mont.

A côté de l'église Saint-Médard, on remarquait au milieu de son petit cimetière, une tombe modeste; c'était celle de François Pâris. Fils d'un conseiller au parlement, Pâris fit à son frère l'abandon de tout ce qui lui revenait dans la succession paternelle; il était diacre, et, par humilité, il ne voulut jamais prétendre à la prêtrise. Renonçant au monde, Pâris se retira dans une maison du faubourg Saint-Marcel; là, se livrant à la plus austère pénitence, il soulageait les pauvres, instruisait leurs enfants et encourageait les ouvriers en travaillant avec eux. Cet excellent homme mourut le 1er mai 1727, dans un temps où les Jansénistes cherchaient à repousser la bulle *Unigenitus*, gémissaient sous l'oppression la plus rigoureuse. La mémoire du diacre Pâris devint chère à ces hommes persécutés; il avait partagé leurs opinions et leurs maux, il s'était distingué par ses vertus modestes : ils voulurent l'honorer comme un saint. Quand un sentiment généreux au fond devient exagéré, on est sûr que la contagion commence par les femmes. Parmi ces enthousiastes, on voyait quelques jeunes filles qui, fortement émues par la persécution qu'exerçait le gouvernement, ou déjà atteintes de convulsions naturelles à leur âge, en éprouvèrent d'extraordinaires en priant Dieu sur cette tombe. Dans le commencement, le nombre des actrices qui piétinaient sur ce théâtre sépulcral fut peu considérable; il augmenta tellement dans la suite, qu'en 1729 plus de huit cents personnes se dirent atteintes de convulsions sur ce tombeau. A peine les jeunes filles avaient-elles touché la pierre de ce monument qu'elles éprouvaient de violentes agitations, faisaient des mouvements extraordinaires qui nuisaient un peu à l'harmonie de leur costume. Il y avait alors, comme aujourd'hui, des libertins dont les regards profitaient du désordre produit par cette exaltation religieuse. A ces filles qui gambadaient ainsi, on donnait le nom de *Sauteuses*; celles qui hurlaient et poussaient des cris étranges, ou imitaient l'aboiement des chiens, le miaulement des chats, reçurent les qualifications d'*aboyeuses* ou de *miaulantes*. Le remède à un tel mal devait être l'indifférence ou le ridicule.

Voltaire usa de ce dernier moyen et composa ces vers :

« Un grand tombeau, sans ornement, sans art,
» Est élevé non loin de Saint-Médard;
» L'esprit divin, pour éclairer la France,
» Sous cette tombe enferme sa puissance.
» L'aveugle y court, et d'un pas chancelant
» Aux Quinze-Vingts retourne en tâtonnant;
» Le boiteux vient, clopinant sur la tombe,
» Crie: Hozanna!... Saute, gigotte et tombe;
» Le sourd approche, écoute et n'entend rien.
» Tout aussitôt de pauvres gens de bien
» D'aise pâmés, vrais témoins du miracle,
» Du bon Pâris baisent le tabernacle. »

Le quatrain suivant attribué à la spirituelle duchesse du Maine, fut publié sur le même sujet :

« Un décrotteur à la royale,
» Du talon gauche estropié,
» Obtint par grâce spéciale
» D'être boiteux de l'autre pied. »

Le gouvernement, instruit de ces scènes ridicules, employa, à tort, la force pour les faire cesser. Par ordonnance du 27 janvier 1733, il prescrivit la fermeture du cimetière Saint-Médard. Le lendemain on trouva sur la porte du cimetière l'épigramme suivante :

« De par le roi... défense à Dieu
» De faire miracle en ce lieu. »

Les convulsionnaires tombèrent alors dans l'oubli, et l'épigramme y contribua bien plus que l'ordonnance.

MÉDARD (RUE NEUVE-SAINT-).

Commence à la rue Gracieuse, nos 13 et 15; finit à la rue Mouffetard, nos 37 et 39. Le dernier impair est 23; le dernier pair, 24. Sa longueur est de 150 m. — 12e arrondissement, quartier du Jardin-du-Roi.

Cette rue a été percée en 1635 sur le territoire d'Ablon, dont les vignes célèbres au XIIe siècle appartenaient à l'abbaye Sainte-Geneviève. Cette voie publique porta, en raison de sa situation, le nom de rue d'*Ablon*. Elle prit à la fin du XVIe siècle le nom de rue *Neuve-Saint-Médard*, parce qu'elle aboutit à la rue Gracieuse, appelée en 1589, dans plusieurs titres, rue *Saint-Médard*. — Une décision ministérielle à la date du 28 ventôse an IX, signée Chaptal, a fixé la largeur de cette voie publique à 6 m. La propriété située sur le côté des numéros pairs, à l'encoignure de la rue Gracieuse, et celles nos 8 et 20 sont alignées. Les autres constructions, à l'exception des nos 21 et 23, ne sont soumises qu'à un faible retranchement.

MÉDECINE (ÉCOLE DE).

Située dans la rue de l'École-de-Médecine. — 11ᵉ arrondissement.

1ʳᵉ PARTIE. — *Hôtel de Bourgogne.* — *École de Médecine.* — *Documents administratifs.*

L'École de Médecine a été construite sur l'emplacement du collége de Bourgogne, dont nous rappelons l'origine. Jeanne de Bourgogne, reine de France, comtesse d'Artois et de Bourgogne, épouse de Philippe de Valois, donna, par son testament de l'an 1332, son hôtel de Nesle, et voulut que le produit de sa vente fût employé à la fondation d'un collége destiné aux pauvres écoliers séculiers et réguliers du comté de Bourgogne. Les exécuteurs testamentaires firent en conséquence l'acquisition d'une propriété située vis-à-vis du couvent des Cordeliers. On appela cette propriété la *maison des écoliers de madame Jehanne de Bourgogne, reine de France*. Le collége de Bourgogne fut, en 1763, réuni à l'Université.

Arrêt du conseil (7 décembre 1768). — « Vu au
» conseil d'état du roi, sa majesté y étant, le plan levé
» par M. Le Camus de Mézières, architecte de la mai-
» son appelée le collége de Bourgogne, rue des Cordes-
» liers, aboutissant au cul-de-sac du Paon, et de quatre
» maisons y contiguës appartenant au dit collége réuni
» à celui de Louis-le-Grand, par lettres-patentes du
» 21 novembre 1763; desquelles quatre maisons, trois
» ont leur situation rue des Cordeliers, et la quatrième
» a son entrée dans le dit cul-de-sac du Paon. Vu la
» délibération prise le 1ᵉʳ décembre 1768, par laquelle,
» sur la proposition faite de céder au roi, pour l'em-
» placement des écoles de chirurgie, les terrains et
» bâtiments appelés le collége de Bourgogne, et les
» quatre maisons y contiguës, moyennant une rente en
» grains. Le roi étant en son conseil; considérant la
» nécessité qu'il y a de transporter ailleurs les écoles
» de chirurgie placées aujourd'hui dans une rue fort
» resserrée, sur un terrain dont l'étendue n'est pas
» suffisante pour contenir le grand nombre d'étudiants
» que la célébrité de ces écoles y attire de toutes les
» provinces du royaume, et même des pays étrangers ;
» et voulant donner à l'académie royale de chirurgie,
» rétablie par les lettres-patentes du 8 juillet 1748, de
» nouveaux témoignages de sa bienveillance pour les
» services qu'elle rend journellement au public, a or-
» donné et ordonne que sur les terrains de la maison
» du collége de Bourgogne et des quatre maisons y
» contiguës situées sur la rue des Cordeliers et le cul-
» de-sac du Paon, appartenant au dit collége, dont
» l'étendue est déterminée dans le plan qui en a été
» levé, il sera élevé un amphithéâtre pour servir aux
» leçons d'anatomie, et il sera fait toutes les construc-
» tions de bâtiments nécessaires pour la tenue des as-
» semblées de la dite académie royale et pour les écoles
» de chirurgie, et ce suivant les plans qui en seront
» arrêtés et approuvés. Ordonne sa majesté que les
» lods et ventes, droits d'indemnité et tous autres qui
» pourraient être dus par la dite académie, à l'occasion
» de l'établissement et transport du dit chef-lieu et des
» écoles de chirurgie, seront acquittés des deniers
» qu'elle destinera à cet effet. » (Archives du royaume, section administrative, regist. 2445). — L'exécution de ce monument, commencée en 1769, fut confiée à Gondouin, qui s'acquitta de sa tâche en architecte habile. L'édifice se compose de quatre corps de bâtiments, au milieu desquels se trouve une cour de 21 m. de profondeur sur 31 de largeur. La longueur de la façade sur la rue est de 57 m. ; cette façade présente une galerie à quatre rangs de colonnes ioniques, dont l'ordonnance règne sur toute la longueur. Ces colonnes sont en partie isolées, en partie engagées dans les deux massifs qui accompagnent la porte d'entrée, et dans les pieds-droits des trois arcades qui s'ouvrent à chaque extrémité du bâtiment. Sur l'entablement qui couronne cette colonnade, s'élève un étage en manière d'attique de douze fenêtres interrompues au-dessus de la porte par un grand bas-relief. La même ordonnance de colonnes ioniques appuyées sur les pieds-droits des arcades, règne dans l'intérieur de la cour. Elles supportent également un rang de fenêtres, qui n'est interrompu dans la façade du fond de la cour que par le beau frontispice corinthien dont nous allons nous occuper. Cette partie de l'édifice est très remarquable ; elle comprend le grand amphithéâtre qui peut contenir 1200 personnes, et qui reçoit le jour d'en haut ; il est précédé d'un fort beau péristyle de six colonnes corinthiennes. Un magnifique fronton dont la base se trouve au niveau de l'entablement général de la cour, vient couronner noblement ce péristyle. Le tympan du fronton se trouve rempli par un bas-relief d'une exécution pleine de pureté, et le mur du fond du péristyle est orné dans sa partie supérieure de cinq médaillons accompagnés d'un feston continu, qui supportent les portraits de cinq chirurgiens célèbres ; en un mot l'édifice de l'École de Médecine est l'ouvrage le plus classique du XVIIIᵉ siècle.

Décret de la Convention, 12 frimaire an III. — « La
» Convention Nationale, après avoir entendu le rapport
» de ses comités de salut public et d'instruction publi-
» que réunis, décrète ce qui suit : Article 1ᵉʳ. Il sera
» établi une École de Santé à Paris, à Montpellier et à
» Strasbourg. Ces trois écoles seront destinées à for-
» mer des officiers de santé pour les hôpitaux et hos-
» pices, et spécialement des hôpitaux militaires et de
» la marine. — Art. 2ᵉ. Les bâtiments destinés jus-
» qu'ici aux écoles de médecine et de chirurgie dans
» les communes de Montpellier et de Strasbourg,
» seront consacrés à ces écoles. Celles de Paris seront
» placées dans le local de la ci-devant académie de chi-
» rurgie, auquel on réunira le ci-devant couvent des
» Cordeliers, etc. — Art. 7ᵉ. Les écoles de santé de
» Paris, de Montpellier et de Strasbourg, seront ou-
» vertes dans le courant de pluviôse prochain, etc. —
» Art. 8ᵉ. Les écoles de chirurgie situées à Paris, à

» Montpellier et à Strasbourg, seront supprimées et
» refondues avec les nouvelles écoles de santé qui vont
» y être établies d'après notre décret, etc. — Art. 10°.
» Les écoles de santé seront placées sous l'autorité de
» la commission d'instruction publique qui en fera ac-
» quitter les dépenses sur les fonds qui seront mis à sa
» disposition, etc. » (Extrait du *Moniteur* du 6 décembre 1794.)

2° Partie. — *Médecins, chirurgiens et barbiers.*

Dans les premiers temps de la monarchie, tous ceux qui exerçaient la profession de médecins étaient *clercs*, et forcés de garder le célibat. Cet art tomba bientôt en discrédit, et ne fit point partie des sciences libérales. L'église le frappa de ses redoutables censures. En 1131, défense fut faite aux moines d'étudier la médecine. Dans le concile tenu à Tours en 1163, le pape Alexandre III déclara qu'on devait regarder comme excommuniés tous les religieux qui prenaient des leçons de droit et de médecine. De pauvres clercs raillés, bafoués par les poètes satyriques étaient les seuls praticiens. Cependant sous Philippe-Auguste cette faculté faisait partie de l'Université, mais il n'y avait point à cette époque d'établissement affecté aux écoles de médecine. Les professeurs donnaient leurs leçons chez eux. « Le nombre des écoliers s'étant augmenté, dit Jaillot, on loua des maisons particulières pour les y rassembler. J'ai quelque peine à croire qu'on ait enseigné la médecine dans les écoles de la cathédrale, encore moins à l'entrée de l'église. On a pu s'assembler et prendre des décisions près le bénitier, sans conclure qu'on y donnât des leçons. Il en est de même de l'église de Sainte-Geneviève des Ardents, de Saint-Éloi, de Saint-Julien-le-Pauvre, des Bernardins, des Mathurins, de Saint-Yves, etc... Tous ces endroits ne me paraissent pas devoir être considérés comme des écoles, mais comme des lieux d'assemblée de la faculté, où elle se réunissait pour traiter des affaires de son corps, ou pour faire des actes de religion. Jusqu'au milieu du XIII° siècle, toutes les facultés qui composaient l'Université ne formaient qu'un corps dont les membres réunis n'étaient distingués que par la différence des études auxquelles ils s'étaient consacrés. Ce fut alors qu'ils se formèrent en compagnies distinctes et qu'ils eurent des écoles spécialement affectées. La théologie dut les siennes à Robert Sorbon; les professeurs en droit eurent les leurs au Clos-Bruneau (rue Saint-Jean-de-Beauvais). La faculté des arts tint les siennes rue du Fouarre; comme aucun acte ne nous indique où la faculté de médecine eut les siennes, on peut conjecturer qu'étant unie et comprise dans celle des Arts, elle eut aussi ses écoles dans la rue au Feurre, depuis nommée rue du Fouarre. » — Le crédit des médecins augmenta vers le XV° siècle; ils résolurent alors d'avoir des écoles spéciales. Dans une assemblée du 20 mars 1469, ils arrêtèrent l'acquisition d'une vieille maison située dans la rue de la Bûcherie et voisine d'une autre propriété que possédait déjà la faculté. Les Chartreux cédèrent cette maison moyennant 10 livres tournois de rente. De nouvelles constructions, commencées en 1472, furent achevées en 1477; les exercices eurent lieu en 1481; plusieurs acquisitions successives rendirent les logements plus convenables et permirent à la faculté d'avoir un jardin pour les plantes médicinales. — Autorisé par lettres-patentes données par Henri IV, en 1608, Nicolas Jabot, doyen de la faculté, fit l'acquisition d'une maison ayant pour enseigne : l'*Image de Sainte-Catherine*, et qui formait le coin des rues du Fouarre et de la Bûcherie. En 1617, on y construisit un amphithéâtre plus solide et plus spacieux que celui qui avait été bâti en 1604. En 1678, on reconstruisit les bâtiments de cette école, et en 1774, on éleva un nouvel amphithéâtre qui reçut le jour par les fenêtres d'un dôme. Cet amphithéâtre, aliéné par le domaine de l'État en 1810, subsiste encore au n° 13, rue de la Bûcherie. On voit au-dessus de la porte qui donne sur une petite cour, l'inscription suivante en partie cachée par des constructions élevées depuis peu :

*Amphitheatrum.... collapsum ære suo restituerunt
Medici Parisienses... 1774.*
M. Eliacol de Villars, *Decano* (doyen).

L'ancienne porte d'entrée de l'école subsiste encore; sa construction date du XV° siècle. On lit au-dessus en caractères gothiques :

Scholæ Medicorum.

Les bâtiments devenus trop étroits, la faculté transféra, en 1778, sa bibliothèque dans l'ancienne école de droit située alors dans la rue Saint-Jean-de-Beauvais. On fit également plusieurs cours en cet endroit; cependant les professeurs d'anatomie et d'accouchement fréquentèrent, ainsi que leurs élèves, pendant quelques années encore, l'ancien amphithéâtre de la rue de la Bûcherie.

Le plus ancien document qui mentionne les chirurgiens ou *mires*, est un arrêté du prévôt de Paris. Cet acte, qui remonte au XIII° siècle, nous démontre qu'avant cette époque ils n'avaient point de maîtres-jurés. Jean Pitard, chirurgien de saint Louis, obtint du roi la permission d'établir une confrérie de chirurgiens, en les soumettant toutefois à des règlements dont la sévérité devait prévenir les nombreux abus qui s'étaient glissés dans la pratique de cet art. Les confrères étaient tenus de visiter, le premier lundi de chaque mois, tous les pauvres qui se présentaient à l'église de Saint-Côme, où se réunissait leur corporation, et ils juraient de se soumettre aux règles établies par les statuts. Les priviléges de la corporation de Saint-Côme furent confirmés par les successeurs de saint Louis. Philippe-le-Bel défend, au mois de novembre 1311, « à quelque
» homme ou femme que ce soit, d'exercer l'art de chi-
» rurgie en public ou en particulier, s'ils n'ont esté
» auparavant examinez et approuvez par les chirur-
» giens-jurés de Paris, appelez par maître Jean Pitard,
» chirurgien du roy au Chastelet de Paris, ou par ses

— MÉD —

» successeurs dans cet office. » En 1437, les maîtres-chirurgiens furent admis au nombre des écoliers et suppôts de l'Université, pour jouir de ses immunités et privilèges, à condition d'assister, comme les autres écoliers, aux leçons qui se faisaient chaque jour aux écoles de médecine, et de prendre des attestations des professeurs. En 1544, Guillaume Vavasseur, chirurgien ordinaire de François Ier, obtint du roi des lettres-patentes qui unissaient plus intimement la confrérie à l'Université, à condition que personne ne pourrait prendre les degrés de bachelier, de licencié et de maître en chirurgie qu'il ne fût bien instruit des règles de la grammaire et de la langue latine. En participant aux privilèges universitaires, les chirurgiens durent subir des examens plus sévères. Un arrêt du parlement, du 10 février 1552, fit défense aux chirurgiens du roi au Châtelet de Paris, de procéder à la réception et maîtrise de chaque aspirant, sans en avertir au préalable la faculté de médecine, qui choisissait quatre docteurs pour participer à l'examen. Ces privilèges accordés aux médecins les rendirent plus exigeants encore. Les docteurs firent peser un joug de fer sur la chirurgie ; cette branche de l'art de guérir était trop faible pour résister au despotisme des médecins. Enfin apparut un puissant génie qui devait relever la chirurgie et la faire briller d'un vif éclat. Dans un petit hameau nommé le Bourg-Hersent, près de Laval, ville de l'ancienne province du Maine, naquit, au commencement du XVIe siècle, un enfant dont le nom devait passer à la postérité ; cet enfant, c'était Ambroise Paré. L'humanité souffrante fut redevable à ce chirurgien des plus importantes améliorations. A cette époque, presque toutes les opérations étaient plus dignes d'un barbare que d'un chirurgien. Les malades préféraient souvent mourir plutôt que de se soumettre à ces tortures. Paré simplifia le pansement des plaies, bannit de leur traitement les emplâtres, les onguents, les huiles bouillantes, détruisit les erreurs relatives aux plaies d'armes à feu, que l'on croyait généralement empoisonnées et accompagnées de brûlure. On pansait toutes ces plaies avec des huiles de sambuc, des caustiques actifs et d'autres applications irritantes. Les chirurgiens avaient l'habitude, pour prévenir ou arrêter les hémorragies après les amputations, de plonger le membre dans l'huile bouillante pour le cautériser. Paré supprima cette coutume barbare et la remplaça par la ligature des vaisseaux. Le premier il fit l'amputation dans l'articulation de l'épaule. La réduction des luxations était opérée d'une manière cruelle, Ambroise Paré la réforma. Il avait sur les fractures des membres les idées les plus justes, et en cela, comme en beaucoup d'autres choses, il devançait son siècle. Son génie se rehaussait encore par sa modestie. Lorsqu'on félicitait Ambroise Paré d'un pansement difficile, d'une cure merveilleuse, il répondait : « *Je le pansay, Dieu le* » *guarit.* » Ambroise Paré fut chirurgien de Henri II, de François II, de Charles IX, et de Henri III. On sait que Charles IX le sauva pendant l'affreuse nuit

— MÉD —

de la Saint-Barthélemy. « Le roi n'en voulut jamais » sauver aucun, dit Brantôme, sinon maistre Ambroise » Paré, son premier chirurgien et le premier de la » chrétienté, et l'envoya quérir et venir le soir dans sa » chambre et garde-robe, lui commandant de n'en bou- » ger, et disoit qu'il n'estoit raisonnable qu'un qui pou- » voit servir à tout un petit monde fust ainsi massacré. »

Les lettres-patentes accordées par François Ier aux chirurgiens, furent confirmées en 1576 par Henri III, en 1594 par le pape Clément VIII, et en 1611 par Louis XIII. Ce dernier prince, qui était né le jour de la saint Côme et saint Damien, se fit inscrire parmi les membres de la confrérie, et ajouta aux armes de la corporation une fleur *de lys rayonnante*.

Les barbiers, au moyen-âge, étaient presque tous chirurgiens, ce qui souvent fit naître des querelles entre les deux corporations. Les chirurgiens, protégés par le prévôt, firent signer, en 1301, à tous les barbiers, au nombre de vingt-six, la déclaration suivante : « L'an de grâce mil trois cens et un, le lundi » après la mi-août, furent semons tuit li barbier qui » s'entremètent de cirurgie dont les noms sont ci de- » seuz escritz, et leur fust desfendu suz peine de cors et » de avoir, que cil qui se dient cirurgier barbier que » ils ne ouvreront de l'art de cirurgie, devant ce que il » soit examinez des mestres de cirurgie savoir ou non, » se il est souffisant au dit mestier faire ; item que nul » barbier se ce n'est en aucun besoin, d'estancher le » blescié, il ne s'en pourra entremestre du dit mestier, » et si tost que il aura atenchié ou afcté, il le fera à sça- » voir à justice, c'est à sçavoir au prévost de Paris ou » à son lieutenant, sus la peine desus dite. » En 1597, Jean de Pracontal, premier barbier du roi, était leur chef. La faculté de médecine reconnut alors deux espèces de chirurgiens : ceux de robe longue et ceux de robe courte, qui s'étaient enfin réunis, lorsqu'en 1660 un arrêt du parlement défendit aux barbiers-chirurgiens de prendre la qualité de bacheliers, licenciés, docteurs, etc. ; on les autorisa seulement à porter le titre d'aspirants. On lisait autrefois sur les enseignes des barbiers : *Céans on fait le poil proprement et l'on tient bains et étuves.* Le barbier du roi a été longtemps considéré comme son premier chirurgien, et cette place lui donnait la primauté sur tous ceux de sa profession. En 1731, Maréchal, premier chirurgien du roi, et la Peyronie, arrêtèrent le règlement qu'on voulait établir pour la chirurgie. Le 31 décembre eut lieu la première séance académique. On y lut le règlement, ainsi qu'une lettre de M. de Maurepas, qui annonçait l'approbation du roi, puis une déclaration où l'on reconnaît le style et le bon esprit de M. Daguesseau. D'autres édits complétèrent cet utile établissement. La compagnie fut composée d'un directeur et d'un vice-directeur, d'un secrétaire et d'un commissaire pour la correspondance, de huit conseillers-vétérans, de quarante conseillers du comité, de vingt adjoints, de douze associés régnicoles, et de seize associés étrangers. La Peyronie légua un fonds nécessaire pour les jetons de présence de quarante membres et les appointements d'un secrétaire perpétuel. Il fonda en outre sept prix. Houstel, ancien directeur de l'Académie, créa ensuite huit prix pour les jeunes gens de l'école pratique de chirurgie. Quatorze professeurs donnaient des leçons de physiologie, de pathologie, d'hygiène, d'anatomie, de maladie d'yeux et d'accouchement. Louis XVI nomma un professeur pour la chimie.

. *Académie de Médecine.* — C'est une institution fondée le 20 décembre 1820 par le roi Louis XVIII. Cette Académie est spécialement établie pour répondre aux demandes du gouvernement sur tout ce qui peut intéresser la santé publique, et principalement sur les épidémies, les maladies particulières à certaines contrées, les épizooties, les différents cas de médecine légale, la propagation de la vaccine, l'examen des remèdes nouveaux. Elle est en outre chargée de continuer les travaux de la Société royale de Médecine et de l'Académie royale de Chirurgie ; elle s'occupe de tous les objets qui peuvent faciliter les progrès des différentes branches de l'art de guérir. Elle se compose de soixante-quinze académiciens titulaires, soixante honoraires, trente associés libres, et d'environ quatre-vingts associés ordinaires. Elle se divise en trois sections consacrées à la médecine, à la chirurgie, à la pharmacie. Les séances ont lieu le premier mardi de chaque mois.

. *Faculté de Médecine.* — La Faculté de Médecine, constituée au moment de la réorganisation universitaire, avait été supprimée en 1822 par ordonnance du roi. Rétablie quelque temps après, une nouvelle ordonnance royale du 2 février 1823 la réforma. La Faculté de Médecine se compose de vingt-trois professeurs, chargés des diverses parties de l'enseignement, de trente-six agrégés dont un tiers en stage et deux tiers en exercice, et d'un nombre indéterminé d'agrégés libres. Les agrégés en exercice sont appelés à suppléer les professeurs. Le grade d'agrégés n'est conféré qu'à des docteurs en médecine et en chirurgie, âgés de 25 ans au moins. Le doyen est chef de la Faculté. Les chaires de la Faculté sont divisées ainsi qu'il suit : 1° anatomie, 2° physiologie, 3° chimie médicale, 4° physique médicale, 5° histoire naturelle médicale, 6° pharmacologie, 7° hygiène, 8° pathologie médicale, 9° opérations et appareils, 10° thérapeutique et matière médicale, 11° médecine légale, 12° accouchements, maladies des femmes en couche et des enfants nouveau-nés. Deux professeurs sont attachés à la chaire de pathologie chirurgicale, deux à la chaire de pathologie médicale, et un seul à chacune des autres. Indépendamment des cours que nous venons de nommer, quatre professeurs sont chargés de la clinique médicale, et un de la clinique des accouchements.

. *Hôpital et Clinique de la Faculté de Médecine.* — Cet établissement a été formé sur une partie de l'emplacement de l'ancien couvent des Cordeliers. Son entrée, qui a remplacé la fontaine en cascade, se trouve en face du portique de l'École de Médecine. Le péristyle est décoré d'une statue d'Esculape. L'intérieur de cet hôpital présente, au rez-de-chaussée, quatre galeries au milieu desquelles se trouve un jardin. Les salles renferment cent quarante lits ; soixante-dix pour les hommes, autant pour les femmes. Les élèves peuvent acquérir, en fréquentant assidûment cet hôpital, une excellente instruction pratique. Plusieurs pavillons sont affectés aux travaux anatomiques. On a aussi construit plusieurs amphithéâtres pour les cours particuliers.

MÉDECINE (PLACE DE L'ÉCOLE-DE-).

Située au-devant de l'École de Médecine. Le dernier impair est 3 ; le dernier pair, 6. — 11e arrondissement, quartier de l'École-de-Médecine.

Cette place a été formée au commencement de notre siècle, lors de la démolition d'une partie de l'église du couvent des Cordeliers, dont nous traçons ici l'origine. Cet ordre religieux fut institué en 1208, par saint François d'Assise. Ces moines avaient pris d'abord le nom de *Prédicateurs de la Pénitence*, mais leur instituteur voulut, par humilité, qu'ils s'appelassent *Frères mineurs.* Plus tard, on les désigna sous le nom de *Cordeliers,* parce qu'à l'exemple de leur patron, ils portaient une *corde* en guise de ceinture. Ils arrivèrent à Paris en 1217, et parvinrent à obtenir de l'abbaye Saint-Germain-des-Prés un modeste emplacement, sous la condition expresse qu'ils n'auraient ni cloches, ni cimetière, ni autel consacré. Ces religieux passèrent plusieurs années dans cet état assujettissant ; ils s'adressèrent à saint Louis qui détermina l'abbé de Saint-Germain-des-Prés à se montrer moins rigoureux. Louis IX fournit également aux frais de la construction de leur église en leur accordant une partie de l'amende de dix mille livres, à laquelle avait été condamné Enguerrand de Coucy, pour avoir fait pendre, sans autre forme de procès, trois jeunes gens qui avaient chassé sur ses terres. Le pieux monarque leur permit, en outre, de couper dans ses forêts tous les bois nécessaires à la charpente de cette église, qui fut dédiée, en 1262, sous le nom de *Sainte-Madeleine.* En 1580, l'église des Cordeliers devint la proie des flammes. Un novice, étourdi par le vin, s'endormit dans une stalle du chœur, laissant à ses côtés un cierge allumé ; le feu atteignit la boiserie du jubé qui s'enflamma ; en moins de trois heures l'édifice fut réduit en cendres. Le feu calcina les marbres des tombeaux, fondit les bronzes et les cloches. Henri III donna des sommes considérables pour la reconstruction de cette église. L'ordre du Saint-Esprit, nouvellement institué par ce monarque, contribua au rétablissement du reste de l'édifice. Dans la chaleur de la reconnaissance, les Cordeliers firent placer au-dessus du grand hôtel la figure de Henri III. L'ingratitude et la haine étouffèrent bientôt ce noble sentiment. Le 5 juillet 1589, les Cordeliers, enrichis par Henri III, renversèrent sa statue et lui coupèrent la tête !... — L'église avait 97 m. de longueur et 26 m. de largeur. Le chapitre de l'ordre de Saint-Michel se tenait dans une des salles de ce couvent. Dans une autre pièce, qui servait d'école aux jeunes religieux, fut établi au commencement de la révolution, le fameux district des Cordeliers qui balança, pour un temps, le club des Jacobins. Quand les Cordeliers s'élevèrent, les Jacobins étaient déjà puissants par le nombre et l'énergie, aussi leur rivalité fut-elle permanente jusqu'au moment où la métropole étouffa la colonie.

Près du club des Cordeliers, on voyait la demeure du fougueux rédacteur de l'*Ami du Peuple*. Le 13 juillet 1793, à huit heures du soir, une jeune femme, Charlotte Corday, entrait dans cette maison : elle monte au deuxième étage, et demande à parler à Marat, ayant, disait-elle, d'importants secrets à lui révéler. Elle est introduite! Restée seule avec Marat, elle raconte ce qu'elle a vu à Caen. — « Quels sont » les noms des députés présents dans cette ville, » demande aussitôt Marat? » Charlotte Corday les nomme, et lui, prenant un crayon, se met à les écrire en disant froidement : — « Ils iront tous à la » guillotine! » — A la guillotine! répète la jeune fille indignée; alors tirant un couteau de son sein, elle en frappe ce tribun, qui expire presque aussitôt. Le rapport de la Commune sur les honneurs funèbres rendus à Marat, est un document si curieux, qu'il nous a paru convenable de le reproduire en entier.
— Obsèques de Marat. — 16 juillet 1793. — « La » dépouille mortelle de Marat a été portée en » pompe jusque dans la cour des Cordeliers ; mais » cette pompe n'avait rien que de simple et de pa- » triotique ; le peuple, rassemblé sous les bannières » des sections, les suivait paisiblement et avec un dé- » sordre touchant, d'où résultait le tableau le plus » pittoresque. Il n'est rien arrivé dans la marche du » cortège, si ce n'est qu'elle a duré depuis environ six » heures du soir jusqu'à minuit. Cette marche était » composée des citoyens des sections, des membres de » la Convention, de ceux de la Commune, de ceux du » département, des électeurs et des sociétés popu- » laires. Arrivé dans le jardin des Cordeliers, le corps » de Marat a été déposé sous les arbres dont les » feuilles tremblantes réfléchissaient et multipliaient » une douce lumière. Le peuple a environné le sarco- » phage et s'est tenu autour de lui debout en silence » et avec respect. Le président de la Convention a » d'abord fait un discours éloquent, dans lequel il a » annoncé que le temps arriverait bientôt où Marat » serait vengé, mais qu'il ne fallait pas par des démar- » ches hâtives et inconsidérées, s'attirer des reproches » de la part de nos ennemis ; il a dit que la liberté ne » pouvait périr, et que la mort de Marat ne ferait que » la consolider au lieu de la détruire. Dufourmy, » membre du département, après avoir payé à Marat » le tribut de douleur qui lui était dû, après avoir » interprété éloquemment les regrets du peuple, a » demandé que ses œuvres qui avaient été cause de » sa mort, fussent ensevelies avec lui, afin que la pos- » térité pût juger s'il méritait une mort aussi cruelle. » Varlet a parlé ensuite. Son discours qui a été cou- » vert des plus vifs applaudissements, a été terminé de » la manière la plus heureuse et la moins attendue. » Citoyens, dit-il, lorsque Marat, décrété d'accusation, » revenait en triomphe aux Jacobins, après avoir cou- » vert de honte ses calomniateurs, à peine entré dans » la salle, des enfants lui présentèrent des couronnes. » — Elles ne sont faites, dit Marat en les refusant, » que pour les morts illustres et qui ont bien mérité » de la patrie! — Citoyens, a repris Varlet, Marat » n'est plus! Marat a bien mérité de la patrie, et je » dépose la couronne sur le front de Marat!... — Tous » les discours ont été fort applaudis et n'ont été in- » terrompus que par les cris de *vive la République!...* » Le corps de Marat a été enfin déposé dans la fosse, » et des larmes ont coulé de tous les yeux. Le chirur- » gien qui avait embaumé son corps a dit qu'il avait » embaumé son cœur à part, et l'avait confié au ci- » toyen Berger. Deux boîtes étaient à côté du corps » de Marat, et le chirurgien a ajouté : dans l'une de » ces boîtes sont les entrailles de Marat et dans l'autre » ses poumons. Il a dit, et la terre a couvert les restes » de ce grand homme ! Il a été inhumé à l'endroit » même où, rassemblant le peuple autour de lui, il lui » lisait les feuilles, et faisait passer dans tous les cœurs » le patriotisme qui l'enflammait. — Signé Dorat-Cu- » bières et Bernard. » (Registre 31, f° 61.) — Quelques années après cette cérémonie, le corps de Marat fut exhumé, puis jeté dans l'égout de la rue Montmartre.

Il ne reste presque rien aujourd'hui des bâtiments du couvent des Cordeliers. On a utilisé les jardins en y élevant plusieurs pavillons de dissection. Le réfectoire, qui était situé en face de la rue Haute-feuille, a été heureusement transformé en un beau musée médical qui porte le nom de *Musée Dupuytren*. Sur une partie de l'emplacement du cloître, on a établi divers bâtiments : un hôpital où se fait un cours de clinique chirurgicale, un cours de chimie, d'anatomie et de chirurgie. Ces bâtiments ont été réparés et agrandis en 1834. — Une ordonnance royale du 27 septembre 1836, a fixé la moindre largeur de la place de l'École-de-Médecine à 23 m. Les constructions riveraines ne sont pas soumises à retranchement. — Égout. — Conduite d'eau. — Éclairage au gaz (comp° Parisienne).

MÉDECINE (RUE DE L'ÉCOLE-DE-).

Commence aux rues Racine, n° 2, et de la Harpe, n° 78; finit au carrefour de l'Odéon, n° 1, et à la rue de l'Ancienne-Comédie, n° 1. Le dernier impair est 43 ; le dernier pair, 38. Sa longueur est de 342 m. — 11° arrondissement, quartier de l'École-de-Médecine.

C'était, en 1300, la rue des *Cordèles* (Cordeliers). Le couvent de ces religieux était situé dans cette rue. En

1304, c'était la rue *Saint-Côme* et *Saint-Damien*, en raison de l'église ainsi appelée qu'on voyait au coin de la rue de la Harpe. Jusqu'en 1672, on la désigna sous la dénomination de rue *Saint-Germain*; elle conduisait à la porte de ce nom. De 1672 à 1790, c'était la rue des *Cordeliers*. Elle prit alors le nom de rue de l'*École-de-Médecine*, qu'elle conserva jusqu'en 1793.

« Séance du 25 juillet 1793. — Une députation de » la section du théâtre Français (Odéon) demande que » la rue des Cordeliers soit appelée maintenant du nom » de Marat. Elle annonce, en outre, l'offre du citoyen » Palloi de plusieurs pierres de la Bastille pour l'exé- » cution de ce projet. Le conseil adopte à l'unanimité » cette demande, et arrête en conséquence que la rue » nommée des Cordeliers, s'appellera rue *Marat*, et la » rue de l'Observance *place de l'Ami du Peuple*. Signé » Pache et Dorat-Cubières. » (Registre de la Commune, tome 19, page 88.) — Marat demeurait dans cette rue au n° 18. — Depuis le 9 thermidor, époque de la chute de Robespierre jusqu'au 1er floréal an IV, elle prit le nom de rue de l'*École de Santé*. Une lettre émanée du bureau central du canton de Paris, constate néanmoins qu'à cette époque cette rue portait encore le nom de Marat. Elle prit peu de temps après le nom de rue de l'*École-de-Médecine*. — Une décision ministérielle du 24 messidor an V, signée Benezech, fixa la largeur de cette voie publique à 9 m. En vertu d'un arrêté préfectoral du 15 septembre 1836, le numérotage de cette voie publique a été régularisé. Une ordonnance royale du 27 du même mois, a porté la moindre largeur de cette rue à 10 m. Propriété n° 1, alignée; de 3 à 13, retranch. 2 m. 05 c. à 2 m. 80 c.; 15 et 17, alignées; 19, ret. 4 m. 40 c. à 5 m. 50 c.; 21, ret. réduit 4 m.; 23, ret. réduit 3 m. 40 c.; 25, ret. réduit 2 m. 40 c.; 27, 29, 31, alignées; 33, ret. 2 m.; 35 et 37, ret. 1 m. 30 à 1 m. 90 c.; 39, ret. réduit 1 m. 20 c.; 41 et 43 doivent être supprimées pour l'exécution de l'alignement du carrefour de l'Odéon; de 2 à 6, alignées; 8, ret. 2 m.; 10, ret. réduit 1 m. 70 c.; École de Médecine, alignée; 12 et 14, ret. réduit 30 c.; 16, ret. réduit 50 c.; 18, ret. réduit 1 m. 40 c.; 20, ret. 1 m. 90 c. à 2 m. 40 c.; de 22 à 34, ret. 1 m. à 2 m. 20 c.; 36 et 38, ret. 1 m. — Égout entre la place et le carrefour de l'Odéon. — Conduite d'eau depuis la rue Hautefeuille jusqu'à la place. — Éclairage au gaz (comp° Parisienne).

A l'angle de la rue de l'École-de-Médecine et de celle de la Harpe était située l'*église Saint-Côme et Saint-Damien* dont nous rappelons ici l'origine.

La nouvelle enceinte de Paris dont Philippe-Auguste avait ordonné la construction, morcelait les propriétés et les terres seigneuriales. Des différends s'élevèrent entre l'évêque de Paris et l'abbé de Saint-Germain-des-Prés. Ces contestations furent terminées par une sentence arbitrale, rendue au mois de janvier de l'an 1210, par laquelle il fut dit : que la juridiction spirituelle appartiendrait à l'évêque de Paris, dans l'étendue du territoire qui venait d'être compris dans la nouvelle enceinte, mais que l'abbé de Saint-Germain-des-Prés, par compensation, y pourrait faire bâtir deux églises ; l'une fut celle de Saint-André-des-Arts et l'autre devint l'église Saint-Côme et Saint-Damien.

En vertu d'un arrêt du parlement, à l'année 1343, l'Université nommait à la cure de Saint-Côme. Quoique les dépendances de cette église fussent peu étendues, on y voyait cependant un cimetière, des charniers, ainsi qu'un petit bâtiment construit en 1561. Le lundi de chaque semaine, les chirurgiens y venaient visiter les pauvres blessés auxquels ils donnaient des consultations gratuites.

« En 1255 fut érigée, dit Sauval, la confrérie de Saint-Côme et de Saint-Damien, patrons des chirurgiens. » En 1555, Nicolas Langlois, prévôt des chirurgiens, affecta une rente de cinquante livres à cet utile établissement. Un mémorial en caractères gothiques, rappelant cette pieuse fondation, était placé sous les charniers. Ces chirurgiens avaient succédé aux chanoines qui exerçaient cet office charitable à l'entrée de la cathédrale.

Parmi les personnages célèbres enterrés dans cette église, on remarquait le tombeau d'Omer Talon, avocat au parlement, auteur de mémoires très curieux, mort en 1652, et celui de La Peyronie, créateur de l'Académie de chirurgie, mort en 1747. — On voyait aussi dans cette église une épitaphe assez curieuse que nous citons d'après Saint-Foix :

« Dans ce petit endroit, à part,
Gît un très singulier cornard ;
Car il l'étoit sans avoir femme :
Passants, priez Dieu pour son âme !

» Le malheureux que l'on avait ainsi bafoué, ajoute le même historien, était un pauvre diable que les gens du maréchal de Beaumanoir lui avaient amené pendant qu'il chassait dans une forêt du Maine, en 1599. Ils l'avaient rencontré endormi dans un buisson, et trouvant sa figure fort singulière, ils l'avaient conduit au maréchal. En effet, il avait au haut du front deux cornes faites et placées comme celles d'un bélier; il était fort chauve, et avait au bas du menton une barbe rousse et par flocons, comme on peint celle des satyres. Le maréchal le présenta à Henri IV, qui le donna, dit Pierre l'Estoile, à un de ses valets pour en tirer profit. L'infortuné Trouillac, promené de foire en foire, en conçut tant de chagrin, qu'il mourut au bout de trois mois. »

L'église Saint-Côme et Saint-Damien supprimée en 1790, devint propriété nationale, et fut vendue, ainsi que son cimetière, le 12 nivôse an V. La clause suivante est insérée dans l'acte : « L'acquéreur » sera tenu de donner le terrain nécessaire pour l'ou- » verture d'une nouvelle rue projetée, sans pouvoir » exiger aucune indemnité ni diminution sur le prix » de la présente vente. » — Jusqu'en 1836, l'église fut occupée par un atelier de menuiserie. A cette

— MÉG —

époque, on la détruisit pour faciliter le prolongement de la rue Racine. Sur ses dépendances ont été bâties les maisons portant aujourd'hui les n°s 1, 3 et 5 de la rue de l'École-de-Médecine.

Au n° 4 était situé le *collége de Daimville*. Il fut fondé, en 1380, par Michel de Daimville, archidiacre de l'église d'Arras, clerc ou chapelain de Charles V, pour douze écoliers; six du diocèse d'Arras et six de celui de Noyon. En 1762, il fut réuni à l'Université. Devenus propriétés nationales, les bâtiments et dépendances de ce collége furent vendus le 28 prairial an X ; démolis en 1820, ils ont été remplacés par une maison particulière.

La *porte Saint-Germain*, nommée successivement *porte des Cordèles*, *des Frères Mineurs*, était située un peu au-dessus de la rue du Paon ; où se trouve maintenant une fontaine. Cette porte faisait partie de l'enceinte de Philippe-Auguste. On voit dans les registres de la ville qu'en 1586, on ordonna de la fermer, et d'ouvrir celle de Buci. Elle ne fut abattue néanmoins qu'en 1672.

MÉGISSERIE (QUAI DE LA).

Commence à la place du Châtelet, n° 1, et au Pont-au-Change; finit à la place des Trois-Maries, n° 2 et au Pont-Neuf. Le dernier numéro est 84. Sa longueur est de 338 m. — 4° arrondissement, quartier du Louvre.

Ce quai a été construit, en 1369, sous le règne de Charles V. On le nomma d'abord de la *Saunerie*, en raison de sa proximité du grenier à sel. Il fut reconstruit en 1529. On exécuta cette année de grands travaux sur toute cette ligne de quais. — On lit en effet dans Sauval : « Des registres de l'Hôtel-de-Ville, » dressés sous François Ier, on apprend qu'alors le » prévôt des marchands fit faire et paver les quais » larges de cinq toises, qui sont entre le Pont-au-» Change et le pont des Tuileries. » — La partie qui, de la place du Châtelet s'étend à la rue de l'Arche-Pépin, se nommait de la *Vallée de Misère* ou de la *Poulaillerie*. L'autre partie se nommait de la *Mégisserie*, en raison des mégissiers qui étaient venus l'habiter, et qui l'occupèrent jusqu'en 1673, époque où l'on parvint à les reléguer au faubourg Saint-Marceau. Ce quai fut élargi en avril 1769. On le désigna plus tard sous le nom de la *Ferraille*, en raison des marchands de vieux fers qui étalaient leurs marchandises le long du parapet. — Une décision ministérielle en date du 24 frimaire an XI, signée Chaptal, fixa la moindre largeur de ce quai à 9 m. De 1833 à 1835, on a construit un nouveau mur de parapet, qui a procuré à cette voie publique un élargissement convenable. On a exécuté aussi des travaux de nivellement, de trottoirs, de plantation, etc... Ces opérations importantes ont occasionné une dépense de 700,000 fr. En vertu d'une ordonnance royale du 29 avril 1839, la moindre largeur du quai de la Mégisserie est portée à 23 m. 40 c. — Maison n° 2, alignée ; 4 doit être supprimée

— MÉG —

pour l'exécution de l'alignement de la rue de la Saunerie ; de 6 à 18, retranch. 50 c. à 1 m. 34 c.; de 24 à 46, ret. 1 m. 30 c. à 1 m. 44 c.; 52, ret. réduit 1 m. 30 c.; 54, ret. réduit 1 m. 10 c.; 56, ret. réduit 60 c.; de 58 à 66, redress.; 68, ret. réduit 1 m. 10 c.; 70, ret. réduit 1 m. 80 c.; de 72 à 76, ret. 2 m. 05 à 3 m. 75 c.; de 78 à la fin, ret. 3 m. 75 c. à 4 m. 60 c. — Égout et conduite d'eau dans plusieurs parties. — Éclairage au gaz (comp^e Anglaise).

Sous la régence du duc d'Orléans et sous Louis XV, ce quai avait une physionomie toute particulière. Les racoleurs avaient placé en cet endroit le siége de leur commerce. Ils achetaient et revendaient publiquement les hommes vingt ou trente livres la pièce, suivant leur taille ou la force de leurs muscles. Ce trafic, plus infâme encore que grotesque, était autorisé, appuyé par le gouvernement. En usant d'un moyen aussi odieux, on espérait peupler et défendre nos colonies. Le racoleur se promenait fièrement, le chapeau sur le coin de l'oreille, l'épée sur les hanches, et fredonnait une chanson guerrière, avec un accent qui trahissait les bords de la Garonne. Appelant tout haut les jeunes gens qui passaient, il employait, pour les attirer à lui, tout le miel de son éloquence. Quelques racoleurs avaient des boutiques, des cabanes de toile. Au-dessus de la porte flottait un drapeau. Mercier dit avoir vu une de ces boutiques sur laquelle était inscrit ce vers de Voltaire :

« Le premier qui fut roi fut un soldat heureux! »

A toute heure du jour un cercle de curieux entourait le racoleur. Il pérorait perché ordinairement sur un tonneau qui portait cette inscription : *vin d'Arbois*. L'assemblée en plein vent était toujours composée de jeunes gens curieux et ignorants, d'étudiants flâneurs et débauchés, de filles publiques payées par le recruteur, et d'ouvriers trop pauvres pour acheter des maîtrises. Après avoir promené lentement un regard de protection sur son nombreux auditoire, l'orateur commençait ainsi : « Avec l'au-» torisation de sa majesté, je viens vous expliquer » les avantages qu'elle daigne accorder en vous ad-» mettant dans ses colonies. Jeunes gens qui m'en-» tourez, et qui êtes tous lettrés, vous avez entendu » parler du pays de Cocagne; c'est dans l'Inde, mes » amis, que vous trouverez ce fortuné pays ! Souhai-» tez-vous de l'or, des perles, des diamants : les che-» mins en sont pavés, il n'y a qu'à se baisser pour en » prendre ; je me trompe, les sauvages vont les ramas-» ser pour vous !:.. Je ne vous parlerai pas ici des » grenades, des oranges, des ananas, de mille fruits » savoureux qui viennent sans culture dans ce paradis » terrestre ; je laisse tout cela... Je m'adresse à des » hommes. Fils de famille, je connais tous les efforts » que font ordinairement vos parents pour vous dé-» tourner de la voie qui seule peut vous conduire en » peu d'instants à la fortune et surtout à la gloire. Je

— MÉH —

» respecte leur faiblesse, mais soyez plus raisonnables,
» plus forts que les papas et surtout que les mamans !..
» Ils vous diront que les sauvages mangent les Euro-
» péens à la croque-au-sel ! Erreur, erreur complète !..
» Ce sont des balivernes. Tout cela était bon du temps
» de Christophe Colomb ou de Robinson Crusoé !.....
» Aujourd'hui les sauvages sont doux comme des
» agneaux et nous aiment comme des frères !... Je ne
» vous en dirai pas davantage; ceux qui veulent se
» rafraîchir n'ont qu'à parler ! »

MÉHUL (RUE).

Commence à la rue Neuve-des-Petits-Champs, nos 44 et 46; finit aux rues Marsollier, n° 1, et Dalayrac, n° 2. Le seul impair est 1; le dernier pair, 4. Sa longueur est de 20 m. — 2e arrondissement, quartier Feydeau.

Ouverte en 1826, conformément à une ordonnance royale du 8 octobre de la même année, cette voie publique n'a été dénommée qu'en 1829. (Voyez rue *Dalayrac*.) Sa largeur est de 12 m. Les constructions riveraines sont alignées. — Égout. — Conduite d'eau. — Éclairage au gaz (compe Anglaise).

Étienne-Henri Méhul, célèbre compositeur de musique, né à Laval, en 1763, mort à Paris en 1818, était élève de Gluck. Son premier opéra *Euphrosine et Coradin*, représenté en 1790, eut un brillant succès. Ses autres ouvrages ne firent qu'ajouter à sa réputation.

MÉNAGES (HOSPICE DES).

Situé dans la rue de la Chaise, n° 28. — 10e arrondissement, quartier Saint-Thomas-d'Aquin.

Cet emplacement fut occupé, dès le XIe siècle, par l'hôpital connu sous le nom de la *Maladrerie Saint-Germain*. Il était affecté aux lépreux. En 1544, le parlement nomma quatre commissaires pour inspecter les hôpitaux. Ces membres ayant déclaré que cette maladrerie n'avait plus de revenus, la cour ordonna que les bâtiments seraient détruits. En 1557, l'Hôtel-de-Ville racheta les matériaux et l'emplacement, et y fit bâtir la maison que nous voyons aujourd'hui. Elle fut d'abord destinée à renfermer les mendiants incorrigibles, les indigents vieux et infirmes, les femmes sujettes au mal caduc, les teigneux et les fous. Cette dernière destination donna naissance à un proverbe encore en usage; quand on parle d'un extravagant, d'un fou, on dit : « C'est un échappé des Petites-Maisons. » — Jean Luillier de Boulencourt, président de la chambre des comptes, contribua par ses libéralités à soutenir ce pieux et charitable établissement. Non seulement il lui affecta des rentes, lui donna des meubles, mais encore il fit élever à ses frais plusieurs bâtiments. La forme de leur construction les fit nommer les *Petites-Maisons*. La chapelle fut rebâtie en 1615. — Une ordonnance du 10 octobre 1801, décida que cet hospice serait désormais affecté aux ménages. L'année suivante, les malades et les fous furent transférés dans d'autres maisons. — Pour être admis aujourd'hui dans l'Hospice des Ménages, l'un des époux doit avoir au moins 60 ans et l'autre 70. Les veufs et les veuves y sont reçus à l'âge de 60 ans. On leur donne, outre une certaine quantité de pain et de viande crue, trois francs en argent tous les dix jours, deux stères de bois et quatre de charbon tous les ans. L'habillement est à leurs frais. Par un arrêté du 11 avril 1804, cet établissement doit contenir 160 grandes chambres pour des ménages; 100 petites chambres pour les veufs et les veuves, et 250 lits dans les chambres des dortoirs. — En vertu d'une ordonnance royale du mois de mars 1817, la chapelle, qui avait servi d'orangerie pendant la révolution, fut rendue à sa véritable destination. — En 1842, la mortalité dans cet hospice a été de 1 sur 6/86. La dépense s'est élevée à 264,457 fr. 56 c.

MÉNARS (RUE).

Commence à la rue de Richelieu, nos 89 et 91; finit à la rue Grammont, nos 6 et 8. Le dernier impair est 9; le dernier pair, 14. Sa longueur est de 141 m. — 2e arrondissement, quartier Feydeau.

En 1726, c'était une impasse qui avait été formée sur les terrains de l'hôtel du président Ménars. Des lettres-patentes, à la date du 19 février de la même année, ordonnèrent que cette impasse serait prolongée sur l'emplacement de l'hôtel de Grammont; que cette nouvelle rue porterait la dénomination de rue de *Ménars* et aurait une largeur de 4 toises. Cette disposition n'eut point alors de suite, mais renouvelée par lettres-patentes du 1er juillet 1765, elle reçut son exécution le 30 septembre suivant. — Une décision ministérielle du 3 frimaire an X, signée Chaptal, avait maintenu la largeur primitive de cette voie publique. En vertu d'une ordonnance royale du 16 avril 1831, cette largeur a été portée à 10 m. (Voyez rue *Grammont*.) Les constructions du côté des numéros impairs sont alignées; celles du côté opposé sont soumises à un retranchement de 2 m. 50 c. environ. — Conduite d'eau. — Éclairage au gaz (compe Anglaise).

MÉNILMONTANT (BARRIÈRE DE).

Située à l'extrémité de la rue du même nom.

Cette barrière est ornée de deux bâtiments ayant chacun trente-deux colonnes avec arcades. Elle tire son nom du village de Ménilmontant. (Voir l'article *Barrières*.)

MÉNILMONTANT (CHEMIN DE RONDE DE LA BARRIÈRE DE).

Commence aux rue et barrière de Ménilmontant; finit aux rue et barrière des Trois-Couronnes. Pas de numéro. Sa longueur est de 248 m. — 6e arrondissement, quartier du Temple.

(Voir l'article *Chemins de Ronde*.)

MÉNILMONTANT (IMPASSE DE).

Située dans la rue du même nom, n° 100. Le dernier numéro est 15. — 8e arrondissement, quartier Popincourt.

Formée vers 1805, elle tire son nom de la rue où elle est située.

MÉNILMONTANT (RUE DE).

Commence aux rues des Fossés-du-Temple, n° 2, et Saint-Pierre, n° 24; finit aux chemins de ronde des barrières de Ménilmontant et des Amandiers. Le dernier impair est 101; le dernier pair, 128. Sa longueur est de 1,234 m. — Les numéros impairs sont du 6e arrondissement, quartier du Temple; les numéros pairs du 8e arrondissement, quartier Popincourt.

Elle est ainsi nommée parce qu'elle conduit au village de Ménilmontant. *Mesnil* signifiait une habitation, une maison de campagne; on s'est servi souvent du mot latin *masnilium*, pour indiquer un hameau, un petit village. Tous les titres anciens qui indiquent ce hameau, situé au nord-est de Paris, l'appellent le *Mesnil-Maudan*. Il devait sa dénomination à un riche propriétaire, qui possédait sans doute une grande partie de ce territoire. Si l'on a changé son nom primitif en celui de Ménilmontant, cette altération se trouve en quelque sorte justifiée par la position élevée de ce village. Le chemin qui y conduisait était également raide et escarpé; la pente en fut adoucie en 1732. — En vertu d'une ordonnance du bureau de la ville du 30 janvier 1733, il fut redressé et élargi. Avant 1777, le rempart touchait à la naissance de ce chemin; des lettres-patentes, dont nous citons un extrait, constatent l'agrandissement de cette voie par suite du nivellement du rempart. « Le chemin désigné » sous le nom de *chemin de Ménilmontant*, sera con- » tinué sur le rempart, et la dite rue sera nommée » rue *Chapus*, depuis la rue Popincourt jusqu'au rem- » part. » (Mai 1777.) — Guillaume-Gabriel Chapus fut échevin de la ville de Paris de 1776 à 1778. — Le prolongement fut effectué, mais le nom de Chapus ne fut jamais inscrit. A cette époque et jusqu'en 1806, la rue de Ménilmontant avait trois dénominations distinctes. La première partie comprise entre le boulevart et les rues Folie-Méricourt et Popincourt, s'appelait rue du *chemin de Ménilmontant*.— La deuxième partie se terminant à la rue Saint-Maur, où l'on voyait autrefois une barrière, était nommée rue de la *Roulette*. Ce titre lui venait des anciens commis des fermes qui étaient montés sur des roulettes, afin de pouvoir transportés plus rapidement d'un endroit à un autre. — La troisième partie portait le nom de la *Haute-Borne*, qu'elle devait à un lieu dit la *Haute-Borne*, connu par quelques cabarets dans l'un desquels le fameux Cartouche fut pris. Depuis 1806, cette voie publique porte dans toute sa longueur la dénomination de rue de *Ménilmontant*.—Deux décisions ministérielles, signées Chaptal, des 13 germinal et 23 floréal an X, ont fixé la moindre largeur de cette voie publique à 12 m. Les propriétés ci-après ne sont pas soumises à retranchement : de 1 à 17 ter inclus; de 21 à 47 bis; de 53 à 67 inclus; 79, 81, et de 85 à la fin; — de 16 à 32 inclus; 46 bis (46), 48, 50, 56, 58 bis, 62, 64; de 68 à 80 inclus; de 84 à 90 inclus ; tous les n°s 98, 100, 104 et de 108 à la fin. — Égout entre le quai de Jemmapes et la rue Neuve-d'Angoulême. — Conduite d'eau depuis la rue de Malte jusqu'à la barrière. — Éclairage au gaz: de la rue des Fossés-du-Temple au quai de Valmy (comp° Lacarrière) ; le surplus (comp° de Belleville).

MÉNILMONTANT (RUE NEUVE-DE-).

Commence à la rue Saint-Louis-au-Marais, n°s 78 et 80; finit au boulevart des Filles-du-Calvaire, n°s 11 et 13. Le dernier impair est 17; le dernier pair, 16. Sa longueur est de 170 m. — 8e arrondissement, quartier du Marais.

Cette rue a été ouverte sur une partie du couvent des Filles-du-Calvaire, dont nous rappelons l'origine. Nous aurons l'occasion de parler, à l'article de la rue de Vaugirard, de la création du premier couvent de cet ordre, établi à Paris en 1620. Ce fut le père Joseph, ce capucin si fameux par les négociations importantes auxquelles l'employa le cardinal de Richelieu, qui conçut le projet de fonder une seconde maison de cet ordre à Paris. Il choisit, à cet effet, une grande propriété qu'on appelait l'*hôtel d'Ardoise*. Cette demeure, située vers l'extrémité de la rue Vieille-du-Temple, fut achetée 37,000 livres par la congrégation des Bénédictines du Calvaire. L'établissement de ces religieuses, dans cette seconde maison, date de 1633. La première pierre de leur église fut posée en 1635, et douze religieuses, tirées du couvent du Calvaire, vinrent habiter leur nouveau couvent le 10 avril 1637. Cette maison devait porter le nom de *Crucifixion*, pour la distinguer de celle de la rue de Vaugirard; pour cette raison fut placée sur la porte cette inscription:

Jesus amor noster crucifixus est.

Cependant l'église fut consacrée, en 1650, sous le titre de la *Transfiguration*. Supprimé en 1790, ce couvent devint propriété nationale et fut vendu le 8 vendémiaire an V. Deux rues furent percées sans autorisation, en 1804, sur une partie de son emplacement. Le ministre de l'intérieur décida, le 23 août 1806, que ces deux rues seraient considérées comme voies publiques, et auraient une largeur uniforme de 10 m. Celle dont nous nous occupons ne fut exécutée que sur une largeur de 9 m. 70 c., qui a été maintenue par une décision ministérielle du 1er décembre 1821. Cette voie publique reçut le nom de rue *Neuve-de-Ménilmontant*, parce qu'elle débouche vis-à-vis de la rue de Ménilmontant. Elle ne fut entièrement bordée de constructions que vers 1810. — Bassin d'égout. — Éclairage au gaz (comp° Lacarrière).

MERCIER (RUE).

Commence à la rue de Viarme, n°s 11 et 13; finit aux rues des Deux-Écus, n° 48, et de Grenelle, n° 26. Le

— MÉR —

dernier impair est 15; le dernier pair, 14. Sa longueur est de 53 m. — 4e arrondissement, quartier de la Banque.

Elle a été ouverte en avril 1765, sur l'emplacement de l'hôtel de Soissons. Les lettres-patentes autorisant ce percement sont à la date du 25 novembre 1762; elles furent registrées au parlement le 22 décembre suivant. Sa largeur était fixée à 24 pieds. Cette dimension a été maintenue par une décision ministérielle du 9 germinal an XIII, signée Champagny. Les constructions riveraines, qui sont assujetties à une décoration symétrique, sont alignées. — Portion d'égout du côté de la rue des Deux-Écus. — Conduite d'eau. — Éclairage au gaz (compe Anglaise).

Louis *Mercier*, écuyer, conseiller du roi en l'Hôtel-de-Ville, fut échevin de la ville de Paris, pendant les années 1761 et 1762, sous la prévôté de Camus de Pontcarré, seigneur de Viarme. (Voyez *Halle au Blé*.)

MÉRICOURT (RUE DE LA FOLIE-).

Commence à la rue de Ménilmontant, nos 23 et 25; finit aux rues du Faubourg-du-Temple, n° 30, et Fontaine-au-Roi, n° 2. Le dernier impair est 51; le dernier pair, 42. Sa longueur est de 524 m. — 6e arrondissement, quartier du Temple.

Elle tire son nom d'un propriétaire qui possédait en cet endroit une *folie* (maison de campagne). Ce nom a varié; on disait d'abord rue *Folie-Marcaut*, et d'altération en altération, on a fini par écrire rue *Folie-Méricourt*. — Une décision ministérielle du 3 thermidor an IX, signée Chaptal, a fixé la largeur de cette voie publique à 10 m. Les constructions ci-après ne sont pas soumises à retranchement : de 1 à 25 inclus; encoignure droite de la rue Delatour, de 31 à 41 inclus, 51; de 2 à 24 inclus et de 30 à la fin. — Portions d'égout et de conduites d'eau.

MERRI (ÉGLISE SAINT-).

Située dans la rue Saint-Martin, entre les nos 2 et 4. — 7e arrondissement, quartier Sainte-Avoie.

Cette église a été bâtie sur l'emplacement d'une ancienne chapelle dédiée à saint Pierre. On ignore l'origine et le nom du fondateur de cet oratoire. Cependant on lit dans la vie de saint Merri ou Médéric, que ce pieux personnage, après avoir quitté le monastère de Saint-Martin d'Autun, vint habiter, à Paris, avec Frodulfe, son disciple, une cellule construite à côté de la chapelle Saint-Pierre. Saint-Merri demeura pendant trois années en cet endroit, y mourut en odeur de sainteté et fut inhumé dans cette chapelle. Son historien fixant la date de sa mort au 29 août de l'an 700, cette époque établit nécessairement l'existence antérieure de cet oratoire. En 884, ce saint lieu fut doté par un comte nommé Adalard. Cette dotation, confirmée, en 885, par le roi Carloman et, en 936, par Louis d'Outre-Mer, procura bientôt un peu d'aisance aux desservants de cette chapelle, qui fut à peu près en ce même temps érigée en collégiale. L'édifice fut alors reconstruit aux frais d'un nommé Odon-le-Fauconnier, qui y reçut la sépulture. Sous le règne de François Ier, lorsqu'on abattit une partie de ce monument, pour en construire un nouveau sur des proportions plus vastes, on découvrit, en 1520, dans un tombeau de pierre, le corps d'un guerrier dont les jambes étaient recouvertes de bottines de cuir doré. Une inscription qui se trouvait sur ce cercueil était ainsi conçue : *Hic jacet vir bonæ memoriæ Odo Falconarius, fundator hujus ecclesiæ.* On croit que cet Odon ou Eudes-le-Fauconnier était le même guerrier qui, avec Godefroi, défendit, en 886, Paris contre les attaques des Normands.

L'église Saint-Merri fut terminée en 1612.

A l'époque où l'on exécutait la reconstruction de cet édifice, le genre grec commençait à prévaloir en France; cependant le style gothique, si bien en harmonie avec la destination de nos monuments chrétiens, lui fut heureusement préféré.

L'architecture de Saint-Merri est gracieuse, élégante. L'édifice se développe sur cinq nefs en ogives qui viennent aboutir à la croisée. L'hémicycle du chœur est formé de treize ogives. La tour carrée qui s'élève à gauche du portail, construite dans le style de la renaissance, paraît un peu lourde, et les ornements encore inachevés qui la décorent n'ont pas la légèreté de la petite tourelle gothique de droite. Des clochetons, des gorges feuillées qui courent le long du portail à trois portes, complètent la façade du monument. Ce portail, dont l'ensemble est d'un excellent style, était couronné par un grand clocheton qui portait douze statues et deux cordons ogivaux de saints et d'anges, détruits pendant la révolution.

La nef ogivale est formée de grosses colonnes à fûts multiples, mais à angles à vive arête, et à colonnettes concaves et inégales sans chapiteaux; dans le fût viennent se confondre les nervures des voûtes, toutes anguleuses, à vive arête, et ordinairement concaves ainsi que les colonnes, au lieu d'être cylindriques comme les colonnettes et nervures du style catholique du XIe au XIVe siècle. Les clefs, où viennent se rejoindre les nervures des voûtes, sont larges, plates, ornées de feuillages ou d'armoiries sculptées; un pendentif qui descend au centre de la croisée, complète la décoration. Toutes ces compositions semblent appartenir au XVIe siècle. On y cherche vainement la puissance noble et bien posée du XIe et du XIIe siècles, la grâce naïve et élégante des XIIIe et XIVe siècles, la richesse d'ornements et la hardiesse des sculptures du XVe siècle; néanmoins ce style qui, par ses ornements, conserve encore la forme générale chrétienne, est très utile à l'étude de l'art architectonique.

« Devant l'église, il y avoit autrefois, dit Sauval, une espèce de parvis qui ressentoit fort la primitive église; surtout ces deux lions qui en gardoient les deux côtés de l'entrée, étoient une auguste et terrible marque de ce saint lieu, et donnoient une certaine terreur et respect aux passants. »

— MER —

Les fenêtres en ogives, ouvertes sur la nef principale, et qui sont coupées de meneaux entrelacés en lignes ondulées, étaient autrefois ornées de vitraux exécutés par Pinaigrier et Parray. D'autres vitraux, représentant l'histoire de Suzanne, étaient dus à Jean Nogase; mais vers le milieu du siècle dernier, le chapitre eut la maladresse de les remplacer en grande partie par des vitres blanches. Parmi les fragments qui restent, on remarque une vitrière mutilée dans la chapelle de saint Vincent de Paul; elle représente l'ensevelissement de Jésus-Christ. Les figures sont d'une noble et belle expression.

Vers la même époque, les frères Slodtz ont décoré le chœur et construit la chaire. Les travaux ne manquent pas de goût, mais il est à regretter que pour revêtir de stuc les colonnes, il ait fallu briser leurs moulures.

En 1742, le chapitre fit percer le mur de la nef et élever la chapelle de la communion, qui communique avec l'église par deux ogives transformées en plein cintre. Sur les quatre faces de la croisée, on éleva quatre autels dédiés à saint Pierre, à la Sainte-Vierge, à saint Charles et à saint Merri. Ces autels sont surmontés de frontons grecs qui reposent sur des colonnes de marbre; enfin, à l'entrée du chœur, on admire deux tableaux de Carle Vanloo, représentant, le premier, la Vierge et l'Enfant-Jésus; le second, saint Charles Borromée, archevêque de Milan.

L'église saint Merri, qui portait le nom de *Temple du Commerce* en 1793, est aujourd'hui la paroisse du 7º arrondissement.

MERRI (RUE DU CLOITRE-SAINT-).

Commence à la rue du Renard, nºˢ 3 et 5; finit à la rue Saint-Martin, nºˢ 4 et 6. Le dernier impair est 5; le dernier pair, 24. Sa longueur est de 132 m. — 7º arrondissement, quartier Sainte-Avoie.

Le cloître Saint-Merri comprenait autrefois dans son périmètre, les rues Brisemiche et Taillepain. Du côté de la rue Saint-Martin, on voyait une porte ou barrière qui avait fait donner à cet endroit le nom de *la Barre Saint-Merri*. Cette dénomination venait sans doute de la juridiction temporelle que les chanoines de Saint-Merri y faisaient exercer. Les prisons du chapitre étaient situées en cet endroit; on y tenait également les assemblées capitulaires. La partie de cet emplacement qui avoisine la rue Saint-Merri se nommait *rue des Consuls*. La maison affectée à la juridiction consulaire y était située, à l'angle de la rue de la Verrerie; nous en parlerons dans le cours de cet article. — Une décision ministérielle du 13 vendémiaire an X, signée Chaptal, fixa la largeur de cette voie publique à 7 m. En 1837, la partie qui débouche dans la rue Saint-Martin fut prolongée jusqu'à celle du Renard. Un traité passé entre l'administration et le sieur Guelle, propriétaire, a facilité cette amélioration. — Une ordonnance royale du 13 juin 1839, a fixé à 12 m. de largeur la partie comprise entre les rues Saint-Martin et du Renard. Le surplus, qui prend naissance à la rue de la Verrerie, doit former une place pour dégager le chevet de l'église Saint-Merri, et sa largeur est fixée à 14 m. Les constructions du côté droit de cette partie sont alignées. Celles du côté opposé sont soumises à un retranchement qui varie de 9 m. 50 c. à 10 m. 50 c. A l'égard du percement exécuté en 1837, les maisons riveraines sont alignées. Enfin, pour l'ancienne partie débouchant dans la rue Saint-Martin, les constructions du côté des numéros impairs ne sont pas soumises à retranchement. Celles du côté opposé devront reculer de 4 m. 50 c. à 8 m. 80 c. — Conduite d'eau du côté de la rue de la Verrerie. — Éclairage au gaz (compᵉ Lacarrière).

Ainsi que nous l'avons dit plus haut, la maison des consuls était située dans le cloître Saint-Merri. La première juridiction des consuls en France fut établie à Toulouse, par édit du mois de juillet 1549. La ville de Paris n'obtint cet avantage qu'en 1563. Cette justice connaissait de toutes les causes ou procès concernant le commerce et le fait de marchandise. Les appels étaient portés en parlement. La juridiction consulaire fut toujours exercée par cinq marchands; le premier se nommait juge et les autres consuls. Ces fonctions étaient électives et les magistrats renouvelés tous les ans, le 28 janvier. Le juge devait avoir quarante ans, et les consuls vingt-sept.

MERRI (RUE NEUVE-SAINT-).

Commence aux rues Barre-du-Bec, nº 29, et Sainte-Avoie, nº 1; finit à la rue Saint-Martin, nºˢ 26 et 28. Le dernier impair est 55; le dernier pair, 52. Sa longueur est de 231 m. — 7º arrondissement, quartier Sainte-Avoie.

Elle était déjà bâtie en 1210, peu de temps après la nouvelle enceinte dont Philippe-Auguste avait ordonné la construction. On donna à cette voie publique la qualification de *Neuve*, non seulement parce qu'elle était nouvellement bâtie, mais encore pour la distinguer de la rue de la Verrerie qu'on appelait rue Saint-Merri dans sa partie occidentale. Par un arrêt du conseil du 7 janvier 1677, le roi ordonna l'élargissement de la rue Neuve-Saint-Merri, dans la partie comprise entre celles du Renard et Saint-Martin. — Une décision ministérielle du 3 prairial an IX, signée Chaptal, fixa la moindre largeur de cette voie publique à 9 m. Cette largeur a été portée à 12 m. en vertu d'une ordonnance royale du 28 février 1837. Propriétés de 1 à 15, retranchement 2 m. 50 c. à 3 m. 40 c.; 19, alignée; de 21 à 31, ret. 2 m. 60 c. à 3 m.; encoignure droite de la rue Brisemiche et maison nº 37, alignées; de 39 à 43, ret. 3 m. 40 c. à 3 m. 80 c.; 45, ret. réduit 2 m. 70 c.; 47, alignée; 49, ret. réduit 1 m. 50 c.; 51, ret. réduit 1 m. 20 c.; 53, ret. réduit 70 c.; 55, redress.; de 2 à 40, ret. 1 m. 70 c. à 2 m. 20 c.; de 42 à 46, ret. 2 m. à 3 m. 20 c.; de 48 à la fin, ret. 3 m. 20 c. à

— MES —

4 m. 50 c. — Portion d'égout du côté de la rue Barre-du-Bec. — Éclairage au gaz (compⁿ Lacarrière).

MESLAY (RUE DE).

Commence à la rue du Temple, nᵒˢ 123 et 125; finit à la rue Saint-Martin, nᵒˢ 258 et 260. Le dernier impair est 71; le dernier pair, 64. Sa longueur est de 556 m. — 6ᵉ arrondissement, quartier Saint-Martin-des-Champs.

Un arrêt du conseil, en date du 22 décembre 1696, qui prescrivit l'ouverture de la rue Vendôme, porte ce qui suit : « A l'endroit où se terminera cette nouvelle rue, il en sera formé une autre vis-à-vis, de pareille largeur de 6 toises, traversant de la rue du Temple à celle de Saint-Martin, *sur le terrain de la place, d'entre le cours et le derrière des maisons de la rue Neusve-Saint-Martin, à l'effet de quoy seront, les terres de la butte Saint-Martin, transportées sur les lieux qui seront à ce destinez.* » En 1723, cette rue n'était point encore ouverte entièrement, et portait déjà le nom de Meslay qu'elle devait au sieur *Rouillé de Meslay*, l'un des principaux propriétaires riverains. Le 6 mars de la même année, un arrêt du conseil prescrivit l'acquisition de deux maisons, afin de déboucher cette rue du côté de la rue Saint-Martin. Pour couvrir les frais de cette acquisition, un rôle arrêté au conseil royal des finances, détermina une contribution à laquelle dut concourir chaque propriétaire de la rue de Meslay. — Une décision ministérielle du 23 brumaire an VIII, signée Quinette, et une ordonnance royale du 14 janvier 1829, ont fixé la moindre largeur de cette voie publique à 11 m. 50 c. Presque toutes les constructions riveraines sont alignées; la maison nᵒ 71 devra reculer de 1 m. 50 c. Le surplus n'est soumis qu'à un léger redressement. — Portion d'égout du côté de la rue du Temple. — Conduite d'eau depuis la rue Saint-Martin jusqu'aux deux bornes-fontaines. — Éclairage au gaz (compⁿ Lacarrière).

MESSAGERIES (RUE DES).

Commence à la rue d'Hauteville, nᵒˢ 73 et 75; finit à la rue du Faubourg-Poissonnière, nᵒˢ 72 et 74. Le dernier impair est 29; le dernier pair, 28. Sa longueur est de 181 m. — 3ᵉ arrondissement, quartier du Faubourg-Poissonnière.

C'était, en 1792, un passage de 21 pieds de largeur formant retour d'équerre et communiquant de la rue de Paradis à celle du Faubourg-Poissonnière. Il était fermé à ses deux extrémités par des grilles en fer, et portait le nom de *passage des Messageries*. A cette époque les propriétaires riverains sollicitèrent de l'autorité, la conversion de ce passage en rue. Cette autorisation fut accordée par le corps municipal dans sa séance du 18 juin 1792. « Le corps municipal a arrêté : 1ᵒ que
» le passage des Messageries qui communique de la
» rue de Paradis à celle Poissonnière (du faubourg),
» sera converti en rue, et qu'à cet effet, les pavillons

— MES —

» et les grilles qui en ferment les extrémités, seront
» supprimés aux frais des propriétaires; 2ᵒ que la dite
» rue sera portée à trente pieds de largeur, et qu'à
» cet effet les propriétaires sur l'un et l'autre côtés ne
» pourront faire aucunes constructions ou reconstruc-
» tions, ni ouvrages tendant à reconforter le mur
» de face, au préjudice du retranchement de quatre
» pieds et demi que chacun d'eux sera obligé de subir
» *gratuitement*, et à fur et à mesure des dites constructions,
» reconstructions ou confortations pour donner
» trente pieds à la dite communication qui n'en a que
» vingt-un dans l'état actuel. Que le présent arrêté
» sera renvoyé au bureau municipal, pour donner le
» nom à la rue. » — Les conditions résultant de cet arrêté ayant été acceptées par les propriétaires, la conversion du passage en rue fut définitivement accordée, et les grilles furent supprimées. — Une ordonnance royale à la date du 27 septembre 1826, fixa à 10 m. la largeur de cette voie publique. La même ordonnance ayant autorisé le prolongement de la rue d'Hauteville jusqu'à la place de La Fayette, la partie de la rue des Messageries faisant suite à la dite rue d'Hauteville, dut prendre la dénomination de cette dernière voie publique (voyez rue d'*Hauteville*). Les propriétés riveraines de la rue des Messageries devront fournir gratuitement l'élargissement à 30 pieds, prescrit par le corps municipal. Les maisons portant les nᵒˢ 11, 13, 29; 14, 16, 18 et 28, ont été rebâties à l'alignement approuvé par ordonnance royale; les autres constructions devront subir un retranchement qui varie de 1 m. 60 c. à 1 m. 70 c. — Conduite d'eau depuis la rue d'Hauteville jusqu'à la borne-fontaine.

MESSAGERIES-GÉNÉRALES (PASSAGE DES).

Commence à la rue Saint-Honoré, nᵒˢ 128 et 130; finit à la rue de Grenelle, nᵒ 18. — 4ᵉ arrondissement, quartier de la Banque.

Ce passage qui traverse la cour des Messageries-Générales, a été construit ainsi que cet établissement, dans le courant de l'année 1828 (*voir* l'article suivant). — Éclairage au gaz (compⁿ Anglaise).

MESSAGERIES-ROYALES (PASSAGE DES).

Commence à la rue Montmartre, nᵒˢ 107 et 109; finit à la rue Notre-Dame-des-Victoires, nᵒ 22. — 3ᵉ arrondissement, quartier du Mail.

L'Université, lors de sa première institution, avait établi des messagers qui se chargeaient d'aller chercher dans les provinces et de conduire à Paris, les jeunes gens qui désiraient étudier dans la capitale. Il s'établit aussi une correspondance entre les écoliers et leurs familles. Le public prit confiance dans ces messagers, alors l'Université exploita plus en grand cette entreprise, qui lui valut des bénéfices considérables; l'Université a constamment joui du droit des postes et messageries jusqu'en 1719, époque où fut établie l'administration des messageries et postes royales. Pour l'indemniser

— MES —

on accorda à l'Université le 28ᵉ du bail général des postes, qui alors se montait à 120,000 livres. — « Versailles, 27 octobre 1784. — Arrêt du conseil. Sa majesté étant informée que le sieur Ducessois, fermier général des messageries, en se conformant au plan adopté en 1775, a réuni à l'hôtel de Boulainvilliers, rue Notre-Dame-des-Victoires, la totalité des bureaux de messageries, situés précédemment dans différents quartiers de Paris; qu'il résulte de cette réunion un avantage considérable pour cette exploitation, plus de commodité pour le public et beaucoup plus d'exactitude dans le service. Sa majesté désirant consolider cet établissement, et pour éviter à l'avenir des déplacements des bureaux des messageries, toujours gênants pour le public, a jugé convenable d'accepter l'offre que lui a faite le sieur de Boulainvilliers, de vendre le dit hôtel avec les terrains et bâtiments en dépendant pour rester affectés au service des messageries; à quoi sa majesté voulant pourvoir, ouï le rapport du sieur de Calonne, conseiller ordinaire au conseil royal, contrôleur général des finances, le roi étant en son conseil a commis et commet les sieurs Gojart, premier commis des finances, et Gondouin, architecte du roi, auxquels sa majesté a donné pouvoir d'acquérir en son nom du sieur Bernard de Boulainvilliers, prévôt de Paris, les grand et petit hôtels de Boulainvilliers à lui appartenant, sis rue Notre-Dame-des-Victoires et rue Saint-Pierre, avec les circonstances et dépendances, etc..., ce moyennant le prix et somme de 600,000 livres, etc. Signé Hue de Miroménil, et Calonne. » (Archives du royaume, section administ., reg. E, n° 2603.) — Depuis la révolution, l'ancien état de choses a été modifié. Des compagnies particulières autorisées par le gouvernement exploitent concurremment le service des messageries.

MESSINE (RUE DE).

Commence à la rue de Plaisance; finit aux rues de Valois-du-Roule, et de Lisbonne. Pas de numéro. Sa longueur est de 196 m. — 1ᵉʳ arrondissement, quartier du Roule.

Elle a été tracée en 1826, sur les terrains appartenant à MM. Hagerman et Mignon. Sa largeur est fixée à 12 m. L'ordonnance royale d'autorisation est à la date du 2 février 1826 (voyez rue d'*Amsterdam*). — Le nom assigné à cette voie publique est celui d'une des principales villes de la Sicile.

MÉTIERS (RUE DES).

Située dans l'enclos de la Trinité. — 6ᵉ arrondissement, quartier de la Porte-Saint-Denis.

C'était, en 1790, la rue *Saint-Louis*. Depuis 1793, on la nomme des *Métiers*. (Voir l'article *passages de la Trinité*.)

MÉZIÈRES (RUE DE).

Commence à la rue du Pot-de-Fer-Saint-Sulpice, nᵒˢ 10 et 12; finit à la rue Cassette, nᵒˢ 21 et 23. Le dernier impair est 9; le dernier pair, 14. Sa longueur est de 136 m. — 11ᵉ arrondissement, quartier du Luxembourg.

Elle a pris son nom de l'hôtel de Mézières, dont les jardins régnaient le long de cette voie publique. — Une décision ministérielle du 26 thermidor an VIII, signée L. Bonaparte, fixa la largeur de cette voie publique à 6 m. En vertu d'une ordonnance royale du 21 juillet 1843, cette largeur est portée à 12 m. Les propriétés du côté des numéros impairs sont alignées; celles du côté opposé devront reculer de 6 m. 40 c. à 7 m. 60 c. — Égout entre les rues du Pot-de-Fer et Madame.

MICHEL (PLACE DU PONT-SAINT-).

Commence aux quais Saint-Michel, n° 25, et des Grands-Augustins, n° 1; finit aux rues de la Huchette, n° 42, et Saint-André-des-Arts, n° 4. Le dernier impair est 45; le dernier pair, 52. Ces numéros suivent la série de ceux de la rue de la Barillerie. — 11ᵉ arrondissement: les numéros impairs sont du quartier de la Sorbonne; les numéros pairs dépendent du quartier de l'École-de-Médecine

Elle doit son nom à la chapelle Saint-Michel, située dans la rue de la Barillerie. — Une décision ministérielle du 29 nivôse an VIII, signée L. Bonaparte, a fixé la largeur de cette voie publique à 32 m. En 1809 on a commencé à élargir cette place, qui était alors étroite et bordée de misérables constructions. Une ordonnance royale du 22 août 1840, confirmant le plan de l'an VIII, maintint cette place dans son état actuel. — Égout. — Conduite d'eau. — Éclairage au gaz (compᵉ Parisienne).

Les ventes par autorité de justice se faisaient autrefois sur la place du Pont-Saint-Michel. Dans le sol de cette voie publique se trouve confondue une petite ruelle qui descendait à la rivière. On la nommait ruelle du *Cagnard*.

MICHEL (PLACE SAINT-).

Située entre les rues de la Harpe, Saint-Hyacinthe et d'Enfer. Le dernier numéro est 16. — 11ᵉ arrondissement: de 2 à 6, quartier de l'École-de-Médecine; de 8 à 16, quartier de la Sorbonne.

Elle doit son nom à la porte Saint-Michel dont nous avons parlé à l'article de la rue de la Harpe. Les alignements approuvés par le ministre Chaptal, le 23 frimaire an IX, ne font subir que de légers redressements aux propriétés riveraines. — Égout.— Éclairage au gaz (compᵉ Parisienne).

MICHEL (PONT SAINT-).

Situé entre les quais du Marché-Neuf et des Orfèvres, et les quais Saint-Michel et des Grands-Augustins.

« En 1378 (dit Sauval), on proposa de faire le pont Saint-Michel. L'Elu de Sens, et Ferry de Metz, conseillers de la cour, furent nommés commissaires par le roi, pour avoir l'avis là dessus, aussi bien du parlement, du chapitre Notre-Dame, que du prévôt de

» Paris et des bourgeois. On s'assembla au palais où
» se trouvèrent deux présidents, soixante-sept conseil-
» lers, le doyen, le chantre, le pénitencier, avec quatre
» chanoines, et de plus cinq bourgeois. » D'un commun accord il fut décidé qu'il était utile d'entreprendre
ce pont, et sur-le-champ il fut ordonné au prévôt de
Paris d'en commencer les travaux. On y employa les vagabonds, les joueurs et les escrocs. Ce pont, construit en
pierre, ne fut terminé qu'en 1387, sous Charles VI. Il fut
d'abord appelé *Petit-Pont*, ensuite *Petit-Pont-Neuf*, et
simplement *Pont-Neuf*. Cet édifice, mal construit, fut le
31 janvier 1408 entraîné par les glaçons, qu'un hiver
rigoureux avait amoncelés. Les registres du parlement
mentionnent ainsi cet accident : « Iceux glaçons par leur
» impétuosité et heurt ont aujourd'hui rompu et abattu
» les deux petits ponts (le Petit-Pont et le pont Saint-
» Michel). L'un étoit de bois, joignant le petit Chas-
» telet, l'autre de pierre appelé le *Pont-Neuf*, qui avoit
» été fait puis 27 ou 28 ans; et aussi toutes les maisons
» qui estoient dessus, qui estoient plusieurs et belles
» en lesquelles habitoient moult ménagiers de plusieurs
» états et mestiers, comme taincturiers, escrivains, bar-
» biers, cousturiers, esperonniers, fourbisseurs, frip-
» piers, tapissiers, chasubliers, faiseurs de harpes, li-
» braires, chaussetiers et autres. N'y a eu personnes
» de périllées, Dieu merci ! » — Ce pont fut rebâti en
pierre cette même année. En 1424, il prit la dénomination de *pont Saint-Michel*, en raison de sa proximité
de la chapelle de ce nom. En 1547 il fut emporté par
les glaces et rebâti en bois; détruit une troisième fois le
30 janvier 1616, une compagnie se présenta pour le
reconstruire; elle s'engageait à bâtir le pont en pierre, à
faire élever de l'un et de l'autre côté trente-deux maisons, à condition qu'elle jouirait des revenus de ces propriétés pendant 60 années. Cette compagnie promettait
en outre de payer un écu d'or de redevance annuelle. A
l'expiration de cette concession, la propriété devait retourner au roi. En 1657, on modifia les termes de cette
convention. En 1672, le roi abandonna la propriété de
ce pont moyennant une somme de 200,000 livres 12
deniers de cens et 20 sous de rente par chacune des
trente-deux maisons. Un édit du roi, de septembre
1786, rappelant un autre édit de 1769, porte : que les
maisons élevées sur les ponts de Paris, seront abattues.
— « Au camp de Tilsit, le 7 juillet 1807. Napoléon,
» empereur des Français et roi d'Italie. Sur le rapport
» de notre ministre de l'intérieur, nous avons décrété
» et décrétons : Article 1er. Les maisons domaniales et
» autres qui couvrent le pont Saint-Michel, celles qui
» obstruent les abords du petit cours de la Seine, sur
» les rues Saint-Louis, du Hurepoix et de la Huchette,
» ainsi qu'en retour sur le Marché-Neuf, seront démo-
» lies. — Art. 2e. Les démolitions commenceront par
» les maisons qui couvrent le pont Saint-Michel, le
» 1er septembre prochain, et pour les autres maisons
» désignées dans l'article ci-dessus, le 1er janvier 1808.
» Signé Napoléon » — Cette amélioration n'a été exécutée qu'en 1809. Ce pont se compose de quatre arches à plein cintre. Sa longueur entre les culées est de
57 m. 60 c.; sa largeur entre les têtes est de 25 m.
10 c.

MICHEL (QUAI SAINT-).

Commence à la place du Petit-Pont, n° 2; finit à la place du Pont-Saint-Michel, n° 43. Le dernier numéro est 25. Sa longueur est de 162 m. — 11e arrondissement, quartier de la Sorbonne.

« Bureau de la ville, 4 août 1561. Aujourd'huy a
» esté imposé la première pierre du fondement du quai
» Sainct-Michel, en la présence de Monsieur le prévost
» des marchands, de Marle, Messieurs Godefroy et San-
» guin, eschevins, et les entrepreneurs du bâtiment du
» d. quay, et ont mesdicts sieurs magnné la d. première
» pierre avec la truelle et la chaulz, et ont donné aus
» d. entrepreneurs 3 escus pour le vin et 1 petit escu
» pour les peauvres. » Il paraît que la première pierre
fut seule posée, car un arrêt du conseil en date du
25 avril 1767, ordonna la formation de ce quai. Le
bureau de la ville, dans sa séance du 23 juillet suivant,
approuva le devis estimatif de la dépense montant à la
somme de 680,624 livres, et demanda que ce percement
reçut le nom de *quai Bignon*. Des lettres-patentes
furent rendues le 31 du même mois; en voici un extrait :
« Article 1er. Il sera formé *un quai de cinquante pieds de
largeur* entre le Petit-Pont et le pont Saint-Michel, le
quel sera établi de ligne droite, à prendre depuis le
milieu de l'arcade actuelle du petit châtelet au point
marqué A, sur le plan à nous présenté, jusqu'au dehors
de l'angle en saillie près la rue des Trois-Chandeliers
au point marqué B sur le plan ; auquel lieu le mur du
d. quai formera coude et retraite de 8 pieds, et il y sera
établi un escalier pour descendre à la rivière, du quel
point B le d. mur suivra la formation actuelle des maisons qui bordent la rivière jusqu'au *Cagnard* de la Boucherie, etc. — Art. 3. La ruelle des Trois-Canettes sera
supprimée, etc... » — Des lettres-patentes à la date du
22 avril 1769, portent ce qui suit : « Article 18. Le quai
Bignon, parallèle à la rue de la Huchette, dont la formation a été ordonnée par lettres-patentes du 31 juillet 1767, sera exécuté, ainsi que l'égout qui doit être
pratiqué sous la voie publique, et les autres ouvrages
relatifs à la commodité de ce quartier. » — Ces lettres-
patentes ne furent pas encore exécutées.

« Au palais des Tuileries, le 25 mars 1811, Napoléon, etc... — Article 2. Il sera construit un quai en
maçonnerie sur la rive gauche de la Seine, entre le pont
Saint-Michel et le pont de la Tournelle. Ce quai portera
le nom de *Montebello*. » Les travaux de construction
furent commencés en 1812, dans la partie comprise
entre le pont Saint-Michel et le Petit-Pont. — Une décision ministérielle du 22 octobre 1813 fixa la largeur
de ce quai à 15 m. Cette voie publique a été livrée à la
circulation en 1816 (Moniteur du 20 août). Elle reçut
alors le nom de quai *Saint-Michel*, en raison de sa

MICHEL (RUE DU GRAND-SAINT-).

Commence à la rue du Faubourg-Saint-Martin, n°s 178 et 180 ; finit au quai de Valmy. Le dernier impair est 9, le dernier pair, 12 bis. Sa longueur est de 253 m. — 5e arrondissement, quartier de la Porte-Saint-Martin.

C'était dans l'origine une impasse qui avait été formée au commencement du siècle dernier. Elle dut sa dénomination à une enseigne.

Partie comprise entre la rue Marqfoy et le quai de Valmy. — Une ordonnance royale du 22 mai 1825, dont nous avons cité un extrait à la rue Marqfoy, porte : « Article 3. Il sera ouvert aussi, conformément au plan ci-joint, une rue de *douze mètres* de large, depuis l'extrémité de l'impasse du Grand-Saint-Michel jusqu'au canal, sur le terrain appartenant au sieur Marqfoy, sauf toute réserve que de droit pour les décisions à intervenir, soit relativement aux obligations de ce dernier résultant de son contrat d'acquisition du d. terrain, soit relativement aux indemnités qu'il pourrait se croire fondé à réclamer, etc... » — Cette ordonnance fut immédiatement exécutée.

Partie autrefois occupée par l'impasse. — Une ordonnance royale du 16 décembre 1829, renferme les dispositions suivantes : « Article 1er. Les sieurs Lelogeais, Demière, Darsac, Clique, Mirault, Marqfoy, Saulnier, Marchand, Sanejouand et Bégé, tous propriétaires riverains ou voisins de l'impasse du Grand-Saint-Michel, faubourg Saint-Martin, à Paris, sont autorisés à convertir ce passage en une rue de *dix mètres* de largeur, faisant suite à la rue Marqfoy, conformément au plan ci-annexé. — Art. 2. Cette autorisation est accordée, à la charge par les impétrants, 1° d'exécuter sans délai et simultanément le nouvel alignement sur toute son étendue de chaque côté, excepté seulement en ce qui concerne la maison d'encoignure, appartenant au sieur Sanejouand et qui pourra subsister dans son état actuel jusqu'au 15 avril 1832 ; 2° *de ne donner aux maisons à élever sur la nouvelle rue que quinze mètres de hauteur à partir du pavé jusqu'au-dessus de l'entablement, y compris attique ou mansarde*; 3° de supporter la moitié des frais de premier établissement du pavage et de l'éclairage, l'autre moitié, ainsi que l'établissement des trottoirs demeurant à la charge de la ville ; 4° de pourvoir à l'écoulement des eaux pluviales et ménagères, etc.» — Cette ordonnance a reçu sa complète exécution, et les constructions riveraines sont toutes établies à l'alignement.

MICHEL (RUE SAINT-).

Commence à la rue d'Astorg, n°s 49 et 51; finit à la rue Saint-Jean-Baptiste, n°s 10 et 11. Le dernier impair est 11 ; le dernier pair, 8. Sa longueur est de 63 m. — 1er arrondissement, quartier du Roule.

Cette rue, ouverte en 1788, doit son nom à une enseigne. — Une décision ministérielle du 3 thermidor an IX, signée Chaptal, a fixé la largeur de cette voie publique à 8 m. Les constructions du côté des numéros pairs sont alignées. Celles du côté opposé sont soumises à un retranchement qui n'excède pas 50 c. — Conduite d'eau depuis la rue d'Astorg jusqu'à la borne-fontaine.

MICHEL-LE-COMTE (RUE).

Commence aux rues Sainte-Avoie, n° 73, et du Temple, n° 1; finit aux rues Beaubourg, n° 64, et Transnonnain, n° 2. Le dernier impair est 39 ; le dernier pair, 38. Sa longueur est de 204 m. — 7e arrondissement, quartier Sainte-Avoie.

Des actes de 1250 indiquent que cette rue était bordée de constructions à cette époque, et qu'on l'appelait *vicus Micaëlis comitis*. Elle avait été alignée près des fossés de l'enceinte de Philippe-Auguste. De 1793 à 1808, on la nommait *Michel-Lepelletier* en l'honneur de Michel Lepelletier de Saint-Fargeau, assassiné, au commencement de la révolution, par un garde-du-corps appelé Pâris. — Une décision ministérielle du 23 frimaire an VIII, signée Laplace, avait fixé la largeur de cette voie publique à 10 m. En vertu d'une ordonnance royale du 16 mai 1833, cette largeur a été portée à 12 m. Propriétés n°s 1 et 3, retranch. réduit 50 c.; de 5 à 13, alignées; 15 et 17, ret. 2 m. 40 c. à 3 m.; 19 et 21, ret. réduit 3 m. 60 c. ; de 23 à la fin, ret. 2 m. 80 c. à 3 m. 40 c. ; de 2 à 8, ret. 4 m. 40 c. à 5 m. 90 c.; de 10 à 14, ret. 3 m. 30 c. à 4 m. 40 c. ; de 16 à 20, ret. 2 m. 30 c. à 3 m. 30 c.; 22, ret. réduit 2 m.; de 24 à 28, ret. 1 m. 60 c. à 2 m. 20 c.; 30, ret. réduit 1 m. 60 c.; de 34 à la fin, ret. 2 m. 50 c. à 2 m. 80 c. — Égout. — Conduite d'eau depuis la rue Transnonnain jusqu'à la borne-fontaine. — Éclairage au gaz (compe Lacarrière).

MIDI (HOPITAL DU).

Situé rue du Champ-des-Capucins. — 12e arrondissement, quartier de l'Observatoire.

Cet hôpital a été formé sur l'emplacement du *couvent des Capucins*, dont nous donnons ci-après l'historique. François Godefroi, sieur de la Tour, par son testament du 27 avril 1613, légua aux Capucins de la rue Saint-Honoré, une grande maison située au faubourg Saint-Jacques, afin d'y fonder un second établissement. Des lettres-patentes, du mois d'octobre de la même année, autorisèrent ce nouveau couvent. La grange de la maison de Godefroi servit de chapelle jusqu'à ce que le cardinal de Gondi, évêque de Paris, eût fourni les sommes nécessaires à la construction d'un édifice plus convenable. La communauté des Capucins fut confirmée par lettres-patentes du 16 février 1688. Par acte du chapitre provincial, tenu le 7 juillet 1779, ces religieux exprimèrent le désir de transférer leur établissement dans le quartier de la Chaussée-d'Antin. Le roi accueillit favorablement leur demande. Deux arrêts du conseil des 6 août 1779 et 18 février 1780, prescrivirent l'acquisition de terrains considérables situés dans ce nouveau quartier, afin d'y faire construire les bâtiments nécessaires, ainsi qu'une église et deux nouvelles rues. (Voyez rues *Joubert* et *Sainte-Croix*.) En 1782, les constructions étant terminées, des lettres-patentes du mois de novembre de la même année autorisèrent les Capucins à prendre possession de leur nouvel établissement, et prescrivirent la vente des bâtiments qu'ils abandonnaient. Pour faciliter cette aliénation, d'autres lettres-patentes du 7 décembre 1783, confirmées le 23 octobre 1785, ordonnèrent la formation de quatre rues sur cet emplacement. Toutefois, ce projet ne fut pas exécuté; car un édit donné à Versailles au mois de janvier 1785, avait arrêté la disposition suivante : « Voulons qu'il soit incessamment formé dans un des faubourgs de notre bonne ville de Paris, *un établissement gratuit et public, dans lequel seront traités gratuitement les pauvres de tout âge, de l'un et de l'autre sexes, attaqués du mal vénérien*, et qui sont présentement admis et traités tant en la maison de Bicêtre qu'en l'hospice de Vaugirard, et que le dit hospice soit réuni au dit établissement, nous réservant de donner tels règlements que nous estimerons convenables pour le régime et l'administration intérieure du dit hospice, lesquels règlements nous adresserons à notre parlement, etc. » — En 1785, on jeta les yeux sur l'ancien couvent des Capucins, dont les bâtiments furent convenablement disposés pour leur nouvelle destination. Diverses circonstances empêchèrent l'exécution immédiate de ce projet qui fut repris par l'Assemblée Nationale, et les vénériens furent transférés, le 12 mars 1792, dans l'emplacement autrefois occupé par les Capucins. L'hospice du Midi, dont les règlements primitifs ont subi d'importantes modifications, contient 650 lits, et reçoit annuellement près de 4,000 malades. Depuis 1836, il est spécialement affecté aux hommes. En 1842, la mortalité a été de 1 sur 65/38. La dépense s'est élevée à 167,597 fr. 22 c.

Nous ne terminerons pas cet article sans emprunter quelques détails à l'excellent ouvrage de Parent Duchâtelet (de *la Prostitution*, Paris, 1836). — L'existence de la maladie vénérienne fut constatée, à Paris, d'une manière officielle, le 6 mars 1497. On en trouve la preuve dans un arrêt du parlement qui ordonne à tous les étrangers atteints de la grosse v..... de retourner dans leur pays, aux habitants aisés de ne pas sortir de leurs maisons et aux habitants pauvres de se retirer dans les bâtiments qu'on allait construire pour les recevoir. Ceux qui ne se conformèrent pas à cette prescription furent punis de la potence. Cet établissement, fondé dans le faubourg Saint-Germain, devint bientôt insuffisant. En 1498, le prévôt de Paris renouvela l'ordonnance du parlement dont il diminua la sévérité. Il se contenta de menacer les délinquants d'être jetés à la rivière; toutefois on venait de se convaincre que cette maladie se communiquait par un contact immédiat, et non par l'intermédiaire de l'air. On ne commença à sentir la nécessité de soigner les malades que vers l'année 1505. Plusieurs arrêts du parlement rendus ce sujet ne furent point exécutés. En 1535, on nomma des commissaires afin de trouver un local destiné au traitement des hommes attaqués du gros mal. Plusieurs emplacements furent proposés, on choisit un petit hôpital dépendant de la paroisse Saint-Eustache; une gestion inhabile força les malades à quitter cet hôpital; ils s'introduisirent furtivement à l'Hôtel-Dieu. Cet abus toléré pendant quelque temps, excita l'indignation du parlement qui fit assembler les prévôt des marchands et échevins, ainsi que les curés de Paris, afin d'aviser aux moyens de réprimer des inconvénients aussi graves. Il fut alors décidé que tous les malades se rendraient dans une maison de la rue de Lourcine. — Une mesure barbare qui fut en vigueur jusqu'en 1700, était employée à l'égard de ces malheureux; avant et après leur traitement, ils étaient châtiés et fustigés très rigoureusement. A la fin du XVIIe siècle, on relégua dans une partie de l'hôpital de la Salpêtrière, les prostituées atteintes du mal vénérien, et peu de temps après elles furent transférées à Bicêtre. On y admit aussi les hommes. En 1730, on comptait à Bicêtre 400 malades attaqués de syphilis; ils occupaient un local très étroit, peu aéré et sale. Les malades s'y trouvaient dans le plus triste état; ceux qui attendaient leur tour étaient couverts d'ulcères. Maréchal, premier chirurgien de Louis XV, visita Bicêtre et en fit un rapport qui contenait des détails effrayants. Aucun remède ne fut apporté à cette situation. En 1784, M. de Breteuil, ministre de l'intérieur, visita également cet hospice. Il fut indigné de l'état affreux dans lequel se trouvaient les vénériens à Bicêtre. Laissons parler M. Cullerier. « Le nombre des malades, comparé à l'étendue des salles, est à peine croyable. On serait tenté de révoquer en doute la possibilité de vivre avec de l'air en aussi petite quantité et d'une qualité si préjudiciable à la santé, si le fait n'était pas aussi notoire. Dans les salles d'expectants, la moitié des malades se couchaient depuis huit heures du soir jusqu'à une heure après minuit, et les autres depuis ce moment jusqu'à sept heures du matin. Il n'y avait qu'un lit pour huit malades, etc. » — Ce rapport fit une vive impression sur le cœur de Louis XVI, qui s'empressa d'ordonner la fondation d'un hospice spécial. Cette disposition ne fut point immédiatement exécutée; mais dès cette époque on introduisit de sensibles améliorations dans le traitement des malades; aujourd'hui l'on trouve dans l'Hôpital du Midi tous les soulagements que réclame l'humanité souffrante.

MIGNON (rue).

Commence à la rue du Battoir-Saint-André, nos 9 et 11; finit à la rue du Jardinet, nos 1 et 2. Le dernier impair est 7; le seul pair, 2. Sa longueur est de 52 m. — 11e arrondissement, quartier de l'École-de-Médecine.

Ouverte en 1179, elle fut alors nommée rue des *Petits-Champs*. On la désigna ensuite sous le nom de la *Semelle*. Depuis le milieu du XIVe siècle, elle porte le nom de rue *Mignon*, en raison du collège Mignon qui y fut établi. — Une décision ministérielle du 14 thermidor an VIII, signée L. Bonaparte, avait fixé la largeur de cette voie publique à 6 m. Cette largeur a été portée à 10 m. en vertu d'une ordonnance royale du 22 août 1840. Les maisons nos 1 et 3 ne sont soumises qu'à un léger redressement; celles nos 5 et 7 sont alignées. Les constructions du côté opposé devront reculer de 6 m. environ. — Conduite d'eau.

Le *collège Mignon* fut fondé, en 1343, par Jean Mignon, archidiacre de Blois et maître des comptes à Paris, pour douze écoliers de sa famille. La fondation, suspendue par la négligence des exécuteurs testamentaires, n'eut son effet qu'en 1353. Réformé en 1539, cet établissement fut donné, en 1584, sous Henri III, à l'abbé de Grandmont, en échange du prieuré que les religieux de Grandmont possédaient à Vincennes, et qui fut cédé dans la suite aux Minimes. Ce collège, rebâti vers 1747, devint propriété nationale en 1790, servit en 1820 de dépôt aux Archives du trésor royal, et fut vendu par l'État le 12 octobre 1824. C'est aujourd'hui une maison particulière portant le n° 2.

MILAN (rue de).

Commence à la rue de Clichy, nos 31 et 33; finit à la rue d'Amsterdam. Le dernier impair est 13; le dernier pair, 16. Sa longueur est de 179 m. — 1er arrondissement, quartier du Roule.

Cette rue a été percée sans autorisation, en 1831, sur les terrains appartenant à M. Jonas Hagerman. — Une ordonnance royale du 18 mars 1836 porte ce qui suit : — Article 1er. Le sieur Jonas Hagerman est autorisé à ouvrir sur les terrains dont il est propriétaire dans le quartier d'Europe, à Paris, une rue de douze mètres de largeur, pour communiquer de la rue de Clichy à la rue d'Amsterdam; les alignements de la nouvelle rue, dite de Milan sont arrêtés conformément au tracé des lignes noires sur le plan ci-annexé. — Art. 2. L'autorisation résultant de la disposition qui précède n'est accordée au sieur Hagerman qu'à la charge par lui ou ses ayant-cause, 1° de livrer gratuitement à la ville de Paris le sol occupé par la nouvelle voie publique; 2° de supporter les premiers frais de pavage et d'éclairage de cette rue; 3° d'y établir des trottoirs en pierre dure, de la largeur qui sera fixée par l'autorité municipale; 4° de pourvoir à l'écoulement des eaux pluviales et ménagères; le tout conformément à la délibération du conseil municipal de la ville de Paris, du 4 septembre 1835. » Ces conditions furent exécutées. La dénomination affectée à cette voie publique est celle de la capitale du royaume Lombardo-Vénitien. — Conduite d'eau.

MILITAIRE (BARRIÈRE DE L'ÉCOLE-).

Située à l'extrémité de l'avenue de Lowendal.

Voisine de l'Ecole-Militaire, cette barrière consiste en deux bâtiments ayant chacun deux pavillons. (Voir l'article *Barrières*.)

MILITAIRE (CHEMIN DE RONDE DE LA BARRIÈRE DE L'ÉCOLE-).

Commence à l'avenue de Lowendal et à la barrière de l'École-Militaire; finit à la barrière de Grenelle et à la rue Dupleix. Pas de numéro. Sa longueur est de 809 m. — 10e arrondissement, quartier des Invalides.

(Voir l'article *Chemins de ronde*.)

MILITAIRE (ÉCOLE).

Située entre les avenues de Lowendal, de La Bourdonnaye, de Suffren et le Champ-de-Mars. — 10e arrondissement, quartier des Invalides.

Dans les lettres-patentes, dans les édits, dans les arrêts du conseil, l'intervention de la royauté était pleine de noblesse et de dignité. Le préambule de l'édit du roi, de janvier 1751, portant création de l'École-Militaire est ainsi conçu : « Après l'expérience que nos prédécesseurs
» et nous avons faite de ce que peuvent sur la noblesse
» française les seuls principes de l'honneur, que ne
» devrions-nous pas attendre, si tous ceux qui la com-
» posent y joignoient les lumières acquises par une
» heureuse éducation ? Mais nous n'avons pu envisager
» sans attendrissement que plusieurs d'entre eux, après
» avoir consommé leurs biens à la défense de l'État,
» se trouvassent réduits à laisser sans éducation des
» enfants qui auroient pu servir d'appui à leurs fa-
» milles, et qui éprouvassent le sort de périr et de
» vieillir dans nos armées, avec la douleur de prévoir
» l'avilissement de leur nom, dans une postérité hors
» d'état d'en soutenir le lustre, etc... Nous avons résolu
» de fonder une *école militaire*, et d'y faire élever sous
» nos yeux cinq cents gentilshommes, nés sans biens,
» dans le choix desquels nous préférerons ceux qui en
» perdant leurs pères à la guerre sont devenus les en-
» fants de l'État. Nous espérons même que le plan qui
» sera suivi dans l'éducation des cinq cents gentilshom-
» mes que nous adoptons, servira de modèle aux pères
» qui sont en état de la procurer à leurs enfants; en
» sorte que l'ancien préjugé qui a fait croire que la
» valeur seule fait l'homme de guerre, cède insensible-
» ment au goût des études militaires que nous aurons
» introduit. Enfin nous avons considéré que si le feu
» roi a fait construire l'hôtel des Invalides pour être le
» terme honorable où viendroient finir paisiblement
» leurs jours ceux qui auroient vieilli dans la profession
» des armes, nous ne pouvons mieux seconder ses
» vues, qu'en fondant une école où la jeune noblesse,
» qui doit entrer dans cette carrière, puisse apprendre

» les principes de la guerre, etc... C'est sur des mo-
» tifs si puissants que nous nous sommes déterminé
» à faire bâtir auprès de notre bonne ville de Paris et
» sous le titre d'*École Royale Militaire*, un hôtel assez
» grand et assez spacieux pour recevoir non seulement
» les cinq cents gentilshommes nés sans biens pour les-
» quels nous le destinons, mais encore pour loger les
» officiers de nos troupes, auxquels nous en confierons
» le commandement; les maîtres en tous genres qui
» seront préposés aux instructions et exercices, et tous
» ceux qui auront une part nécessaire à l'administra-
» tion spirituelle et temporelle de cette maison. A ces
» causes, etc. Signé Louis. » — Les conditions déterminées par cet édit de création divisaient les aspirants en
huit classes : 1° orphelins dont les pères avaient été
tués au service, ou qui étaient morts de leurs blessures
soit au service, soit après s'en être retirés; 2° orphelins
dont les pères étaient morts au service, d'une mort naturelle, ou qui ne s'en étaient retirés qu'après trente
ans de commission; 3° enfants qui étaient restés à la
charge de leurs mères, leur pères ayant été tués au service, ou étant morts de leurs blessures, soit au service,
soit après s'en être retirés pour cause de blessures ;
4° enfants qui étaient également à la charge de leurs
mères, leur pères étant morts au service, d'une mort
naturelle, ou après s'être retirés du service au bout de
trente ans de commission; 5° enfants dont les pères
étaient morts au service; 6° enfants dont les pères
avaient quitté le service, à raison de leur âge, de leurs
infirmités, ou pour quelque autre cause légitime ;
7° enfants dont les pères n'avaient pas été militaires,
mais dont les ancêtres avaient servi; 8° les enfants
de tous le reste de la noblesse qui, par leur indigence, se trouvaient dans le cas d'avoir besoin des
secours du roi.

Le produit des droits sur les cartes à jouer, le bénéfice d'une loterie et les revenus de l'abbaye de Saint-
Jean-de-Laon, furent les seules ressources financières qui
servirent aux frais de cet établissement. La construction de l'édifice fut commencée en 1752, sous la direction de Gabriel, architecte du roi. L'École-Militaire est
sans contredit un des plus beaux monuments de la capitale. Elle a deux entrées : l'une, au midi, est fermée
par une grille en fer ; l'autre, d'une architecture plus
riche, a été ouverte sur le Champ-de-Mars. On traverse
deux vastes cours avant d'arriver au principal corps de
bâtiment ; le surplus consiste en cours de service, jardins
et constructions d'un goût plus simple. On remarque sur les deux faces des bâtiments en ailes, qui s'avancent jusqu'à la première grille, deux frontons enrichis
de peintures en grisaille à fresque exécutés par Gibelin.
La peinture à droite représente deux athlètes, dont
l'un cherche à dompter un cheval fougueux; la peinture
à gauche est une allégorie de l'étude accompagnée des
sciences et des arts. Le principal corps de bâtiment est
décoré d'un ordre de colonnes doriques, surmonté
d'un ordre ionique; au milieu s'élève avec majesté
un avant-corps d'ordre corinthien dont les colonnes
embrassent les deux étages : il est couronné d'un fronton
et d'un attique, avec un dôme orné de sculptures exécutées par d'Huez. La façade du côté du Champ-de-
Mars ne possède qu'un avant-corps de colonnes corinthiennes semblables au précédent. Au centre est un
vestibule magnifique orné de quatre rangs de colonnes
d'ordre toscan. On y voyait les statues de Turenne,
par l'artiste Pajou ; du grand Condé, par Lecomte;
du maréchal de Luxembourg, par Mouchy; et du maréchal de Saxe, par d'Huez. L'emplacement occupé
par l'École-Militaire forme un parallélogramme de
429 m. de longueur sur 243 de largeur.

L'École-Militaire, dissoute en vertu de la déclaration
du 1er février 1776, fut rétablie et réorganisée l'année
suivante sur un plan plus vaste et mieux entendu.
L'aliénation de l'hôtel et des biens provenant de cette
école, fut ajournée ; mais en 1778 le gouvernement
remplaça son revenu par une dotation de 15 millions.
Enfin un arrêt du conseil du 9 octobre 1787 supprima
définitivement cette école ; les élèves furent placés dans
les régiments ou envoyés dans les douze collèges militaires établis dans les provinces, en vertu du règlement
du 28 mars 1776. En 1788, l'École-Militaire était au
nombre des quatre édifices qu'on destina à remplacer l'Hôtel-Dieu. L'architecte Brongniart fut chargé
d'y exécuter les changements nécessaires. La révolution vint encore modifier ces nouvelles dispositions.
La Convention nationale décréta, le 13 juin 1793, la
vente de tous les biens formant la dotation de l'hôtel,
que l'on transforma en quartier de cavalerie et en
dépôt de farine. Bonaparte en fit son quartier-géné-
ral, et pendant quelques années, on a lu sur la frise
de la façade de l'École-Militaire, du côté du Champ-
de-Mars, ces deux mots : *quartier Napoléon*. Devenu
empereur, il y établit des régiments de sa garde, qui
furent remplacés en 1814 par la garde royale. Aujourd'hui les vastes bâtiments de cet édifice servent de
caserne à différents corps de la garnison de Paris. Il
y a constamment un parc d'artillerie et une ou plusieurs
batteries de cette arme. L'École-Militaire a été le
théâtre de plusieurs événements qui presque tous se
rattachent à l'histoire du Champ-de-Mars. Nous devons cependant rappeler ici, que ce fut dans cette caserne qu'eut lieu, en 1797, l'arrestation des conspira-
teurs royalistes, Duverne de Preslé, Brottier et la
Villeheurnois, au moment où ils développaient leur
plan au chef d'escadron Malo.

MINIMES (CASERNE DES).

<small>Située dans la rue de la Chaussée-des-Minimes, n° 6.
— 8e arrondissement, quartier du Marais.</small>

Cette caserne, affectée à la garde municipale, occupe
les bâtiments de l'ancien couvent des Minimes dont nous
traçons ici l'origine. L'ordre des Minimes fut fondé en
1436, dans la Calabre, par François de Paule. Le pieux

— MIN —

fondateur voulut par humilité que ces religieux s'appelassent Minimes, c'est-à-dire les plus petits, les plus humbles des hommes. Les historiens ne sont pas d'accord sur l'origine de la fondation du couvent des Minimes de Paris. Le plus grand nombre présume qu'Ange de Joyeuse légua, vers 1589, son hôtel de la rue Saint-Honoré à ces religieux, sous la condition de faire bâtir un couvent de leur ordre dans le faubourg, et d'y entretenir un maître d'école pour l'instruction des enfants de ce quartier. Il survint des difficultés qui empêchèrent l'exécution de ce projet. Olivier Chaillou, chanoine de Notre-Dame, et descendant d'une sœur de saint François de Paule, faisait partie de l'ordre des Minimes, il voulut lui léguer tous ses biens. Ces religieux se trouvant en état de fonder un établissement, achetèrent, le 27 octobre 1609, une partie des jardins de l'ancien palais des Tournelles; Henri IV approuva cette acquisition par lettres de janvier 1610. Les Minimes se contentèrent d'abord de quelques bâtiments élevés à la hâte et d'une petite chapelle où la messe fut célébrée pour la première fois le 25 mars 1610, jour de l'Annonciation, ce qui fit désigner quelquefois cette maison sous le nom de l'*Annonciade*. Marie de Médicis voulant se déclarer fondatrice de ce couvent, fit rembourser aux Minimes le montant de leur acquisition. Ses libéralités, jointes à celles de plusieurs autres personnes de distinction, leur permirent de faire construire un grand couvent. La première pierre de l'église fut posée au nom de Marie de Médicis par l'évêque de Grenoble. Les événements politiques qui agitèrent la France suspendirent les travaux. La première pierre du grand autel ne fut posée que le 4 mai 1630, et l'église dédiée seulement le 29 août 1670, sous l'invocation de saint François de Paule, par Bouthillier de Chavigny, évêque de Troyes. Cet édifice était remarquable. son portail avait été élevé par François Mansart. Il était composé de deux ordres d'architecture : le premier, dorique, consistait en huit colonnes ; le second était formé de quatre colonnes composites. Dans le tympan du fronton, on voyait un bas-relief représentant Sixte IV au milieu de ses cardinaux, ordonnant à François de Paule de se rendre auprès de Louis XI. Ce couvent, supprimé en 1790, devint propriété nationale et fut vendu les 16 pluviôse, 11 et 13 thermidor an VI. Les bâtiments furent rachetés par l'État qui résolut d'y établir le collège Charlemagne. Ce projet n'eut pas de suite ; plus tard ils furent affectés à une caserne acquise moyennant 241,700 fr. par la ville de Paris. Cette acquisition a été faite le 30 octobre 1823, en vertu d'une ordonnance royale du 11 décembre 1822. — L'église, qui resta propriété particulière, fut démolie. Sur son emplacement on prolongea, en 1805, la rue de la Chaussée-des-Minimes, dont nous nous occuperons à l'article suivant.

MINIMES (RUE DE LA CHAUSSÉE-DES-).

Commence à la place Royale, n°s 25 et 28 ; finit à la rue Neuve-Saint-Gilles, n° 3. Le dernier impair est 11 ;

— MIR —

le dernier pair, 6. Sa longueur est de 181 m. — 8e arrondissement, quartier du Marais.

La partie de cette voie publique comprise entre la place Royale et la rue des Minimes, a été ouverte en 1607, sur des terrains appartenant aux seigneurs de Vitry, et qui faisaient autrefois partie du parc des Tournelles. Elle prit d'abord le nom du *Parc-Royal*, qui indiquait l'emplacement sur lequel elle avait été ouverte. On lui donna ensuite la dénomination de rue de la *Chaussée-des-Minimes*, parce qu'elle conduisait au couvent des religieux de ce nom. — Une décision ministérielle du 3 thermidor an IX, signée Chaptal, a fixé la largeur de cette partie de rue à 13 m. 75 c.

Le surplus de la rue de la Chaussée-des-Minimes a été percé, en 1805, sur l'emplacement de l'église de ces religieux. Après la suppression de la communauté, cet édifice avait été vendu comme propriété nationale (*voyez* l'article précédent). Cette partie de rue a été fixée aussi à 13 m. 75 c. de largeur par une décision ministérielle du 4 mai 1822. Plusieurs propriétés riveraines sont soumises à un léger redressement. Le surplus est aligné. — Égout entre les rues des Minimes et Neuve-Saint-Gilles. — Conduite d'eau depuis la rue du Foin jusqu'à celle des Minimes. — Éclairage au gaz (comp^e Lacarrière).

MINIMES (RUE DES).

Commence à la rue des Tournelles, n°s 37 et 43 ; finit à la rue Saint-Louis, n°s 12 et 14. Le dernier impair est 9 ; le dernier pair, 14. Sa longueur est de 206 m. — 8e arrondissement, quartier du Marais.

Ouverte en 1607, cette rue tire son nom du couvent des Minimes qui y était situé. — Une décision ministérielle du 3 thermidor an IX, signée Chaptal, et une ordonnance du 8 juin 1834, ont fixé la largeur de cette voie publique à 10 m. Les propriétés n°s 8 et 12 sont alignées. Un bâtiment dépendant de la caserne et une partie de la propriété n° 10 devront reculer de 1 m. Les autres constructions ne sont soumises qu'à un très faible retranchement. — Portion d'égout du côté de la rue Saint-Louis. — Conduite d'eau. — Éclairage au gaz (comp^e Lacarrière).

MIRACLES (COUR DES).

Située entre l'impasse de l'Étoile, les rues de Damiette et des Forges. — 5e arrondissement, quartier Bonne-Nouvelle.

Cette cour existait déjà au XIIIe siècle. Son nom était commun à tous les endroits qui servaient de retraites aux mendiants et vagabonds qui encombraient les rues avant l'établissement des hôpitaux. Les gueux et gens sans aveu contrefaisaient les malades et les estropiés, pour attirer la commisération publique. Rentrés dans leurs repaires, ils opéraient le *miracle* d'une guérison parfaite. Il n'existe pas d'alignement pour cette cour qui n'est pas reconnue voie publique.

— MIR —

MIRACLES (passage de la cour des).

Commence à la rue des Tournelles, n° 26; finit à l'impasse Jean-Beausire, n° 21. — 8e arrondiss., quartier du Marais.

Une cour des miracles, peuplée comme celle du quartier Bonne-Nouvelle, existait en cet endroit dès la fin du XIVe siècle. Ce passage est également connu sous le nom de *Jean-Beausire*.

MIROMÉNIL (rue de).

Commence à la rue du Faubourg-Saint-Honoré, n° 94, et à la place Beauveau, n° 92; finit à la rue de Valois. Le dernier impair est 79; le dernier pair, 68. Sa longueur est de 942 m. — 1er arrondissement, quartier du Roule.

1re Partie *comprise entre la rue du Faubourg-Saint-Honoré et la Grande rue Verte*. — Elle fut percée en vertu des lettres-patentes du 18 juillet 1776, sur les terrains appartenant à M. Camus (Armand-Gaston), avocat en parlement. Ces lettres-patentes ordonnèrent que la nouvelle voie publique prendrait le nom de rue de *Miroménil*, et aurait une largeur de 30 pieds. Ce percement fut immédiatement effectué; toutefois il n'existait, en 1778, qu'une seule maison dans cette rue, dont la direction dut être modifiée, ainsi qu'il sera expliqué ci-après.

2e Partie *comprise entre la Grande-rue-Verte et celle Delaborde (autrefois des Grésillons)*. — Les sieurs de Senneville, fermier-général, Aubert, garde des diamants de la couronne, et de Lettre, entrepreneur de bâtiments, étaient, en 1778, propriétaires de vastes terrains situés entre la rue Verte et le chemin de Monceau. Ces trois personnes exposèrent à sa majesté — « que les terrains dont il s'agit étant devenus, par l'extension successive de la ville, propres à former des habitations aussi commodes qu'agréables, et que la pureté de l'air, la promenade des Champs-Élysées et le nouveau percement de la rue de Miroménil faisant désirer à nombre de citoyens l'ouverture d'une nouvelle rue, en continuité de ladite rue, à travers lesdits terrains, pour y construire de nouveaux hôtels et de nouvelles habitations, ils se seraient volontiers portés à proposer ladite nouvelle rue en face et en continuité de celle de Miroménil, mais que n'étant pas propriétaires d'un terrain et bâtiment qui se trouvent au débouché qui serait nécessaire sur la rue Verte, ils n'ont pu surmonter les difficultés qui leur sont opposées; qu'ils se trouvent forcés de proposer que le débouché de la nouvelle rue soit établi à 35 pieds ou environ de celui de ladite rue de Miroménil, sur ladite rue Verte, du côté du Levant, sauf à rectifier par la suite, si le cas y échet, l'alignement de ladite rue de Miroménil, dans la disposition figurée au plan qu'ils ont fait présenter, ce qu'ils ne peuvent faire sans en avoir obtenu l'autorisation. » — Des lettres-patentes furent rendues à ce sujet. Elles sont datées de Versailles, le 7 novembre 1778, et portent: « Article 1er. Il sera ouvert aux frais des sieurs de Senneville, Aubert et de Lettre, une rue de trente pieds de large, nommée rue *Guyot*, à prendre de la rue Verte, et continuée à travers les terrains qui leur

— MIS —

appartiennent jusqu'au chemin de Mousseaux, en l'étendue de 280 toises ou environ, dont le milieu du débouché sur la rue Verte sera placé à 35 pieds du milieu du débouché de la rue de Miroménil dans la même rue, et dont la direction sera prise de manière que la prolongeant jusqu'à la rue du Faubourg-Saint-Honoré, elle arrive au milieu de l'ouverture de ladite rue de Miroménil. — Art. 2e. Autorisons lesdits sieurs de Senneville, Aubert et de Lettre, à traiter avec les propriétaires des terrains le long de la rue de Miroménil, dans laquelle une seule maison est bâtie, *pour opérer le changement des alignements de la d. rue*, de manière que la dirigeant en continuité de la dite nouvelle rue, elle débouche à la même ouverture sur la rue du Faubourg-Saint-Honoré, etc... » — Les sieurs de Senneville et autres s'entendirent avec les propriétaires de la rue de Miroménil, pour le changement de direction de la partie ouverte en 1776, et procès-verbal des nouveaux alignements fut dressé par le bureau de la ville le 21 juin 1779. Le nom de rue Guyot, affecté à cette deuxième partie, et dont l'inscription ne fut point posée, avait été donné en l'honneur de Michel-Pierre *Guyot*, avocat en parlement, conseiller du roi, commissaire au Châtelet, alors échevin de la ville de Paris. Guyot occupa cette fonction depuis le 16 août 1777 jusqu'au 16 août 1779. — Une décision ministérielle à la date du 15 messidor an XII, signée Chaptal, et une ordonnance royale du 27 septembre 1836, ont maintenu la largeur de 30 pieds assignée à ces deux parties de la rue de Miroménil.

3e Partie *comprise entre les rues Delaborde et de la Bienfaisance*. — Cette partie fut ouverte, en 1813, lors de la construction de l'abattoir du Roule, sur l'emplacement des terrains appartenant à la ville de Paris, et provenant de divers particuliers. La largeur assignée à ce percement est de 20 m.; et il existe sur le côté droit une plantation de deux rangées d'arbres.

4e Partie *comprise entre les rues de la Bienfaisance et de Valois*. — Par une ordonnance royale en date du 2 février 1826, relative aux rues du nouveau quartier d'Europe, MM. Hagerman et Mignon furent autorisés à en ouvrir une de 12 m. de largeur, en prolongement de la rue de Miroménil jusqu'à celle de Valois (voyez rue d'*Amsterdam*). Dans le courant de la même année on a commencé à bâtir dans cette partie de rue.

Les propriétés riveraines de la rue de Miroménil sont alignées, à l'exception de celle n° 2, qui devra subir un retranchement réduit de 70 c. — Égout et conduite d'eau dans toute l'étendue de la rue.

Armand-Thomas Hue de Miroménil naquit en 1723, fut nommé garde-des-sceaux de France le 24 août 1774, et mourut le 6 juillet 1796.

MISSIONS-ÉTRANGÈRES (église des).

Située rue du Bac, n° 134. — 10e arrondissement, quartier Saint-Thomas-d'Aquin.

Bernard de Sainte-Thérèse, évêque de Babylone,

— MOI —

ayant rempli les périlleuses fonctions de missionnaire dans la Perse, résolut d'établir un séminaire où l'on formerait des élèves pour aller porter au loin la foi chez les infidèles. Dans l'acte de donation du 16 mai 1663, il imposa pour conditions que la maison serait nommée *séminaire des Missions-Étrangères*, et que la chapelle prendrait le titre de la *Sainte-Famille*. L'emplacement appartenait à ce même évêque de Babylone, dont une rue voisine porte encore le nom. Cette fondation fut approuvée par lettres-patentes du mois de juillet suivant, enregistrées le 7 septembre de la même année. L'abbé de Saint-Germain-des-Prés y consentit également. Jusqu'en 1683, une salle de cette maison servit de chapelle. A cette époque, on commença la construction d'une église, et le 24 avril de cette même année, l'archevêque de Paris, au nom du roi, en posa la première pierre. Ce séminaire fut supprimé le 5 avril 1792; les bâtiments devinrent propriétés nationales et furent vendus le 25 vendémiaire an V, à la charge par l'acquéreur de livrer sans indemnité le terrain nécessaire au percement d'une rue projetée.

« Paris, le 2 germinal an XIII. — Napoléon, etc... Sur le rapport du ministre des cultes, décrète : — Article 1er. Les établissements des Missions, connues sous les dénominations des *Missions-Étrangères* et du *Saint-Esprit*, sont rétablis. — Art. 2. M. de Billière, supérieur du séminaire dit des Missions-Étrangères, rue du Bac, est autorisé à accepter des tiers acquéreurs, la donation de l'édifice, autrefois consacré à ce séminaire, et les revenus et biens qui y étaient attachés, etc... Signé Napoléon. » — Par suite du concordat du 9 avril 1802, l'église des Missions fut choisie pour être la seconde succursale de Saint-Thomas-d'Aquin.

Parmi les édifices consacrés au culte catholique, il y en a cinq dont la ville n'est pas propriétaire, et qu'elle tient à location, savoir : Saint-Vincent-de-Paul (bientôt remplacée par l'église en construction), les Missions-Étrangères, l'Abbaye-aux-Bois, Sainte-Valère et les Quinze-Vingts. La ville a payé en 1840, pour le loyer de ces cinq églises, la somme de 33,520 fr. 80 c.

MOINE (RUE DU PETIT-).

Commence à la rue Scipion, nos 2 et 4; finit à la rue Mouffetard, nos 201 et 203. Le dernier impair est 17; le dernier pair, 4. Sa longueur est de 202 m. — 12e arrondissement, quartier Saint-Marcel.

Elle est ainsi nommée dès 1540. Une enseigne du *petit Moine* lui a fait donner cette dénomination. — Une décision ministérielle du 18 fructidor an IX, signée Chaptal, fixa la largeur de cette voie publique à 8 m. En vertu d'une ordonnance royale du 24 avril 1837, cette largeur est portée à 10 m. — Conduite d'eau depuis la rue Mouffetard jusqu'à la borne-fontaine.

MOINEAUX (RUE DES).

Commence aux rues des Orties, n° 3, et des Moulins, n° 1; finit à la rue Neuve-Saint-Roch, nos 20 et 22. Le

— MOL —

dernier impair est 33; le dernier pair, 28. Sa longueur est de 177 m. — 2e arrondissement, quartier du Palais-Royal.

Cette rue était presqu'entièrement bâtie en 1560, et portait déjà le nom de rue des *Moineaux*, en raison d'une propriété appelée la *Maison-des-Moineaux*. En 1635, on la trouve nommée rue de *Monceau*, probablement parce qu'elle conduit au Monceau, petit mont où l'on voyait des moulins à vent. Une voie publique de ce quartier a conservé ce nom des Moulins. — Une décision ministérielle du 18 fructidor an IX, signée Chaptal, fixa la largeur de la rue des Moineaux à 8 m. En vertu d'une ordonnance royale du 4 octobre 1826, cette largeur est portée à 10 m. Propriétés nos 1, retranchement 2 m. 10 c. à 2 m. 60 c.; 3, ret. réduit 1 m. 90 c.; 5, ret. réduit 1 m. 70 c.; 7, ret. 90 c.; 9, ret. 1 m.; 11, ret. réduit 60 c.; 13, redress.; 15, 17, 19, alignées; 21, 23, 25, redr.; 27, ret. 25 c.; 29, ret. 40 c.; 31, alignée; second n° 31, ret. 60 c.; 33, ret. 80 c.; — de 2 à 6, ret. 2 m. 10 c. à 2 m. 80 c.; 8, ret. réduit 3 m.; 10, 12, ret. 3 m. 30 c. à 3 m. 80 c.; 14, alignée; de 16 à 20, ret. 2 m. 80 c. à 3 m. 50 c.; 22, ret. réduit 2 m. 50 c.; 24, ret. 2 m.; 26, ret. 2 m. à 2 m. 70 c.; 28, ret. 2 m. 70 c. à 3 m. 60 c. — Éclairage au gaz (compe Anglaise).

MOLAY (RUE).

Commence aux rues Portefoin, n° 2, et des Enfants-Rouges, n° 10; finit à la rue de la Corderie, nos 7 et 9. Le dernier impair est 3; le dernier pair, 10. Sa longueur est de 42 m. — 7e arrondissement, quartier du Mont-de-Piété.

Cette rue a été ouverte sur une partie de l'ancien *hôpital des Enfants-Rouges*, dont nous rappelons l'origine. A la sollicitation de Marguerite de Valois, sa sœur, François Ier consentit à la fondation de cet établissement. Une somme de 3,600 livres fut remise, par ce monarque, à Jean Briçonnet, président de la chambre des comptes, qui chargea Robert de Beauvais d'acheter dans les environs du Temple, une maison avec cour et jardin. Cette acquisition, qui date du 24 juillet 1534, coûta 1,200 livres. Dans les lettres-patentes de janvier 1536, François Ier *se déclare fondateur de cet établissement, spécialement destiné aux orphelins originaires de Paris*. Il est dit aussi : *qu'on y recevra les pauvres petits enfants qui ont été et seront dores en avant trouvés dans l'Hôtel-Dieu, fors et excepté ceux qui sont orphelins natifs et baptisés à Paris et ès faubourgs, que l'hôpital du Saint-Esprit doit prendre selon l'institution et fondation d'icelui et les bâtards que les doyen, chanoines et chapitres de Paris ont à coutume de recevoir et faire nourrir pour l'honneur de Dieu*. Il est ordonné, en outre, par ces mêmes lettres-patentes, que ces pauvres petites créatures, perpétuellement appelées *Enfants-Dieu*, seront vêtues d'*étoffe rouge*, pour marquer qu'elles doivent leur subsistance à la charité. Cet hôpital fut supprimé par lettres-patentes du mois de mai 1772, enregistrées au parlement le 5 juin suivant. Alors on plaça les jeunes pensionnaires à l'hospice dit des Enfants-Trouvés, auquel furent donnés tous les biens de l'ancien établissement. Les prêtres de la Doctrine Chrétienne, autorisés par lettres-patentes de mars 1777, achetèrent de l'hospice des Enfants-Trouvés les anciens bâtiments de l'hôpital des Enfants-Rouges et s'y installèrent aussitôt. Leur communauté, supprimée en 1790, devint propriété nationale; la maison et ses dépendances furent vendues le 25 brumaire an V, avec la condition « de fournir le terrain nécessaire pour le prolongement de la rue du Grand-Chantier (aujourd'hui des Enfants-Rouges) jusqu'à celle de la Corderie. » — Une décision ministérielle du 23 frimaire an VIII, signée Laplace, fixa la largeur de cette rue à 8 m. 30 c. Ce percement, commencé en vertu d'un arrêté du département du mois de brumaire de la même année, fut terminé en l'an IX, et reçut, en raison de sa proximité du Temple, le nom de *Molay*, en l'honneur de Jacques de Molay, dernier grand-maître de l'ordre des Templiers. — Une ordonnance royale, à la date du 31 mars 1835, a porté la largeur de cette voie publique à 11 m. Propriétés n°s 1 et 3, retranch. 2 m. à 2 m. 60 c.; 2 et 4, ret. réduit 80 c.; 6, ret. réduit 50 c.; 8, ret. réduit 30 c.; 10, redress. — Conduite d'eau. — Éclairage au gaz (comp° Lacarrière).

MOLIÈRE (PASSAGE).

Commence à la rue Saint-Martin, n° 107; finit à la rue Quincampoix, n° 60. — 6° arrondissement, quartier des Lombards.

Ce passage doit son nom au théâtre Molière, dont l'ouverture eut lieu le 4 juin 1791, par la représentation du *Misanthrope*. La décoration de cette salle était d'un luxe inconnu jusqu'alors. Le fond des loges était orné de glaces. Ce théâtre changea souvent son répertoire et ses acteurs. En 1793, la salle Molière porta le nom de *théâtre des Sans-Culottes*. Cette dénomination fut également affectée au passage. Ce théâtre a été supprimé en vertu du décret du 8 août 1807. La salle Molière existe encore : on y donne des fêtes et des bals et l'on y joue la comédie bourgeoise.

MOLIÈRE (RUE).

Commence à la place de l'Odéon, n° 6; finit à la rue de Vaugirard, n° 22. Pas de numéro impair; ce côté est bordé par le théâtre de l'Odéon; le dernier pair est 6. Sa longueur est de 52 m. — 11° arrondissement, quartier de l'École-de-Médecine.

Elle a été ouverte sur l'emplacement de l'hôtel de Condé, en vertu des lettres-patentes du 10 août 1779, registrées au parlement le 7 septembre suivant. Sa largeur était fixée à 30 pieds. Cependant elle ne fut exécutée que sur une largeur de 9 m. 70 c. Cette dimension a été maintenue par une décision ministérielle du 4 nivôse an IX, signée Chaptal, et par une ordonnance royale en date du 12 mai 1841. — Conduite d'eau. — Éclairage au gaz (comp° Parisienne).

Jean-Baptiste Poquelin de Molière naquit à Paris, le 15 janvier 1622, et y mourut le 18 février 1673. (Voyez l'article du théâtre de l'*Odéon*.)

MONCEAU (BARRIÈRE DE).

Située à l'extrémité de la rue du Rocher.

Cette barrière, ornée d'un bâtiment à deux péristyles avec colonnes à bossage, tire son nom du village de Monceau, bâti sur une hauteur. (Voir l'article *Barrières*.)

MONCEAU (RUE DE).

Commence à la rue du Faubourg-du-Roule, n°s 46 et 46 bis; finit aux rues de Chartres, n° 1, et de Courcelles, n° 67. Le dernier impair est 25; le dernier pair, 10. Sa longueur est de 215 m. — 1er arrondissement, quartier du Roule.

Ouverte en 1785, cette rue doit sa dénomination au parc de Monceau vers lequel elle se dirige. — Une décision ministérielle du 11 ventôse an XI, signée Chaptal, a fixé la largeur de cette voie publique à 10 m. Propriétés de 1 à 23, alignées; 25, faible retranch.; de 2 à 12, alignées; les autres constructions sans numéro jusqu'à la rue de Courcelles, ret. 1 m. 90 c. à 3 m. 30 c.

MONCEY (RUE).

Commence à la rue Blanche, n°s 35 et 39; finit à la rue de Clichy, n°s 52 et 58. Pas de numéro impair; le dernier pair est 8. Sa longueur est de 158 m. — 2° arrondissement, quartier de la Chaussée-d'Antin.

Une ordonnance royale du 15 novembre 1841 porte ce qui suit : « Article 1er. Est approuvé le projet présenté par la ville de Paris, pour l'*ouverture d'une rue de 12 m. de large,* devant communiquer de la rue Blanche à celle de Clichy. Les alignements de cette rue sont arrêtés conformément aux lignes rouges tracées sur le plan ci-joint, lesquelles déterminent un pan coupé de 15 m. de face au droit de la propriété située à l'angle de la rue Blanche. — Art. 2°. L'exécution immédiate des alignements arrêtés ci-dessus *est déclarée d'utilité publique.* En conséquence, le préfet de la Seine, agissant au nom de la ville de Paris, est autorisé : 1° à acquérir, soit à l'amiable, soit par voie d'expropriation, s'il y a lieu, les immeubles ou portions d'immeubles dont l'occupation sera nécessaire; 2° à accepter les souscriptions offertes par divers propriétaires pour contribuer à la dépense du projet. — Art. 3°. Toutefois il sera procédé à l'égard de l'alignement formant le pan coupé précité, conformément aux lois et règlements en vigueur en tout ce qui pourra concerner, soit les réparations d'entretien, soit la démolition pour cause de vétusté, des bâtiments qui excèdent les alignements ainsi arrêtés, soit les terrains à occuper par la voie publique ou par les particuliers, soit enfin les indemnités qui seront dues de part et d'autre pour la cession de ces terrains. — Art. 4°. Le préfet de la Seine est en outre autorisé à affecter aux frais d'ouverture de la voie nouvelle, les 10,000 fr. qui, en exécution de notre

— MON —

ordonnance du 27 février 1839, ont été soumissionnés et versés par le sieur Boursault, dans le but de contribuer à la dépense devant résulter de l'exécution du d. pan coupé, lequel sera effectué aux frais seuls de la ville de Paris, etc... » — Ce percement fut immédiatement commencé. — L'article 2 d'une délibération du conseil municipal du 3 février 1843 est ainsi conçu : « La rue nouvelle portera le nom de rue *Moncey*, pour rappeler les services rendus par M. le maréchal duc de Conegliano, à la barrière de Clichy. »

Moncey (Rose-Adrien-Jeannot), duc de Conegliano, grand'croix de la Légion-d'Honneur, pair et maréchal de France, gouverneur de l'hôtel royal des Invalides, naquit à Besançon, le 31 juillet 1754. Son père, avocat au parlement, le destinait à la magistrature; mais à l'âge de quinze ans, Moncey quitta le collège et s'engagea dans le régiment de Conti (infanterie). En 1791, il était capitaine de dragons; en 1794, général de brigade; deux mois après, sa fermeté et ses talents lui valaient le grade de général de division. En 1800, Moncey fut chargé du commandement d'un corps de 20,000 hommes, franchit le Saint-Gothard, et s'empara de Plaisance. A Marengo, son nom fut mis à l'ordre du jour de l'armée, et à la paix de Lunéville, il reçut le commandement des départements de l'Oglio et de l'Adda. Le 19 mai 1804, Napoléon comprit ce général dans la première promotion des maréchaux de l'empire, et le 1er février suivant lui donna le grand cordon de la Légion-d'Honneur. En 1808, le maréchal Moncey fut envoyé en Espagne; dans cette lutte meurtrière, il déploya les talents les plus distingués. Nommé en 1814 major-général, commandant en second la garde nationale de Paris, il fit preuve d'une grande fermeté pendant le combat livré sous les murs de cette ville. Le 1er avril, le maréchal Moncey fut nommé membre du conseil d'État provisoire, puis pair de France. En 1823, il commanda le quatrième corps de l'armée d'Espagne. Appelé après 1830 au gouvernement de l'hôtel royal des Invalides, le maréchal termina, le 21 avril 1842, au milieu des vieux soldats dont il avait toujours été le protecteur et l'ami, une vie glorieuse et honorée de tous.

MONDÉTOUR (RUE DE).

Commence à la rue des Prêcheurs, nos 30 et 32; finit à la rue Mauconseil, nos 5 et 7. Le dernier impair est 37; le dernier pair, 32. Sa longueur est de 193 m. — Les numéros de 1 à 17 et de 2 à 6 sont du 4e arrondissement, quartier des Marchés; le surplus dépend du 5e arrondissement, quartier Montorgueil.

La partie de cette voie publique comprise entre la rue des Prêcheurs et celle du Cygne, était complètement bâtie en 1250. Dans un acte de 1205, rapporté par Jaillot, il est dit : que Burchard d'Orsay délaisse à l'évêque de Paris les dîmes d'Orsay et de *Mondétour*. Il est fait mention également dans un acte de vente à la date du 2 juin 1540, d'une maison située rue Pyrouet

— MON —

(Pirouette), aboutissant des deux côtés aux héritiers de Claude Foucault, seigneur de Mondétour. Ce Claude Foucault, seigneur de Mondétour, était échevin de la ville de Paris en 1525, sous la prévôté de maître Jean Morin. — Une décision ministérielle du 13 vendémiaire an X, signée Chaptal, a fixé la largeur de cette voie publique à 7 m.

La partie de la rue de Mondétour qui s'étend de la rue du Cygne à la rue Mauconseil a été percée vers 1815, sur l'emplacement du cloître Saint-Jacques-l'Hôpital; ce prolongement avait été autorisé par une décision ministérielle du 2 novembre 1814, signée l'abbé de Montesquiou, qui fixa la largeur de cette partie de rue à 7 m.

La propriété située sur le côté gauche à l'encoignure droite de la rue de Rambuteau, celles nos 33, 37 et 32 ne sont pas soumises à retranchement. — Conduite d'eau dans une partie. — Éclairage au gaz (compe Française).

MONDOVI (RUE DE).

Commence à la rue de Rivoli, nos 52 et 54; finit à la rue du Mont-Thabor, nos 43 et 58. Le dernier impair est 5; le dernier pair, 6. Sa longueur est de 73 m. — 1er arrondissement, quartier des Tuileries.

Cette voie publique a été ouverte sur l'emplacement du couvent de l'Assomption, en vertu d'un arrêté des consuls du 1er floréal an X, dont nous citons ici un extrait. — « Les Consuls de la république arrêtent :
» Article 1er. Les terrains appartenant à la républi-
» que, situés dans le cul-de-sac du Manège, longeant
» la terrasse des Feuillants, tous les terrains occupés
» par les Feuillants, les Capucins et l'Assomption, se-
» ront mis en vente. — Art. 2°. Le plan annexé au
» présent arrêté sera suivi et exécuté dans toutes ses
» parties et servira de base pour dresser le cahier des
» charges, etc. Le premier consul, signé Bonaparte. »
— D'après le plan dressé le 2 frimaire an XI, par MM. Percier et Fontaine, architectes du palais des Tuileries, la largeur de la rue projetée fut fixée à 10 m. Elle devait aboutir à la rue Saint-Honoré; elle n'a été exécutée que jusqu'à la rue du Mont-Thabor, avec laquelle elle forme équerre. — Une ordonnance royale en date du 24 août 1833, a maintenu la largeur de 10 m. Les propriétés riveraines sont alignées. — Conduite d'eau. — Éclairage au gaz (compe Anglaise).

Le nom assigné à cette voie publique consacre le souvenir du brillant fait d'armes de *Mondovi*, où les Autrichiens furent battus, le 22 avril 1796, par les Français commandés par Bonaparte.

MONNAIE (RUE DE LA).

Commence aux rues des Prêtres-Saint-Germain-l'Auxerrois, n° 2, et Saint-Germain-l'Auxerrois, n° 90; finit aux rues des Fossés-Saint-Germain-l'Auxerrois, n° 1, et Béthisy, n° 21. Le dernier impair est 25; le dernier pair, 32. Sa longueur est de 146 m. — 4e arrondissement, quartier du Louvre.

En 1245, c'était la rue au *Cerf*. En 1387, on la

— MON —

nommait rue de la *Monnaie*, en raison de l'hôtel des Monnaies qui y était situé à l'endroit où fut ouverte la rue Boucher. Un arrêt du conseil de janvier 1689 ordonna l'élargissement de la rue de la Monnaie. Dans un autre arrêt du 24 février 1693, on voit que cet élargissement était alors presqu'entièrement effectué. — Une décision ministérielle du 20 mai 1817 fixa la largeur de cette voie publique à 11 m. En vertu d'une ordonnance royale du 15 janvier 1844, cette largeur est portée à 13 m. Propriétés de 1 à 5, ret. 2 m. 20 c. à 2 m. 30 c.; 7, ret. 1 m. 80 c.; 9, 11, ret. 2 m. 20 c. à 2 m. 32 c.; 13, alignée; pas de numéros 15 et 17; de 19 à 25, ret. 2 m. 40 c.; de 2 à 8, ret. 70 c. à 95 c.; 10, ret. réduit 55 c.; 12, ret. réduit 30 c.; 14, ret. réduit 70 c.; de 16 à 32, alignées. — Égout entre les rues Boucher et Béthisy. — Bassin d'égout dans le surplus. — Conduite d'eau dans toute l'étendue. — Éclairage au gaz (comp^e Anglaise).

MONNAIE (RUE DE LA VIEILLE-).

Commence aux rues de la Heaumerie, n° 2, et des Écrivains, n° 30; finit à la rue des Lombards, n°s 27 et 29. Le dernier impair est 29; le dernier pair, 32. Sa longueur est de 101 m. — 6° arrondissement, quartier des Lombards.

Des actes du XII° siècle indiquent que l'on battait monnaie dans cette rue, qui dès le XIII° siècle portait le nom de *Vieille-Monnaie*. En 1636, on l'appelait également rue *Passementière*. Elle a été élargie en vertu d'un arrêt du conseil du 2 juillet 1686. — Une décision ministérielle à la date du 18 vendémiaire an VI, signée Letourneux, avait fixé la moindre largeur de cette voie publique à 6 m. En vertu d'une ordonnance royale du 9 décembre 1838, sa largeur a été portée à 10 m. Propriétés n°s 1 et 3, ret. réduit 3 m. 60 c.; 5, ret. réduit 1 m. 60 c.; 7, ret. réduit 2 m.; 9, ret. réduit 1 m. 20 c.; 11, ret. réduit 70 c.; 13, 15, ret. 50 c.; 17, ret. réduit 90 c.; de 19 à 23, ret. 1 m. 30 c. à 1 m. 50 c.; 25, alignée; 27, 29, ret. 1 m. 80 c. à 2 m. 40 c.; 2, ret. réduit 2 m. 40 c.; de 4 à 8, ret. 1 m. 70 c. à 2 m. 10 c.; de 10 à 28, ret. 2 m. 30 c. à 2 m. 60 c.; 30 ret. 1 m. 60 c.; 32, ret. 2 m. — Portion d'égout du côté de la rue des Lombards. — Conduite d'eau dans toute l'étendue. — Éclairage au gaz (comp^e Française).

MONNAIES (HÔTEL DES).

Situé sur le quai de Conti, n° 11. — 10° arrondissement, quartier de la Monnaie.

Dans un édit de Charles-le-Chauve, de l'année 864, Paris se trouvait au nombre des villes ayant le droit de fabriquer des monnaies. Le bâtiment affecté à cette fabrication devait faire partie du palais de la Cité. Dès que le faubourg septentrional fut défendu par une enceinte, on y transféra la maison de la monnaie. Dans le quartier des Lombards, on voit encore aujourd'hui une rue nommée de la *Vieille-Monnaie*. Un acte de 1227 indique une de ses maisons sous le nom de *Monetaria* et de *Veteri Moneta*. Quelque temps après, cette fabrication fut transportée dans une maison où s'établirent plus tard les religieux de Sainte-Croix-de-la-Bretonnerie. Dans l'acte de fondation de ce couvent il est dit : « que saint Louis donna aux religieux une propriété appelée de la *Monnaie*. » Au commencement du XIV° siècle, un Hôtel des Monnaies était établi dans la rue qui en porte encore aujourd'hui le nom; les bâtiments y subsistèrent jusqu'à l'entière construction de l'édifice du quai de Conti. L'ancien Hôtel des Monnaies, tombant en ruine, fut alors abattu. En vertu des lettres-patentes du mois d'août 1776, on ouvrit sur son emplacement les rues Boucher et Estienne. — « Louis, etc. Par nos lettres-patentes du 7 janvier
» 1765, nous aurions ordonné, attendu la vétusté de
» notre hôtel actuel des Monnaies à Paris, qu'il en se-
» rait construit un autre sur le terrain vague entre la
» rue Royale et celle des Champs-Élysées (ci-devant
» appelée de la Bonne-Morue), derrière les façades
» qui servent de décoration à la place où est posée
» notre statue équestre; ils nous auraient été représenté
» par nos chers et amés les prévôt des marchands et
» échevins de notre bonne ville de Paris, que l'exécu-
» tion de nos lettres-patentes pourrait ralentir l'acti-
» vité du commerce de l'orfèvrerie, en ce que l'emplace-
» ment destiné pour ce nouvel hôtel des Monnaies se
» trouverait considérablement éloigné du centre de
» notre capitale, et que les orfèvres et autres corres-
» pondants aux monnaies seraient obligés de perdre
» un temps considérable pour y porter leurs ouvrages
» et matières, et comme nous n'avons en vue que le
» plus grand avantage des habitants de notre bonne
» ville de Paris, et la facilité et commodité du commerce,
» nous avons estimé convenable de déférer aux repré-
» sentations qui nous ont été faites à cet égard, en as-
» signant au nouvel hôtel des Monnaies, qu'il est né-
» cessaire de construire, un autre emplacement plus à
» la portée des orfèvres et autres commerçants et trafi-
» quants des matières d'or et d'argent, et en ordonnant
» tous les autres arrangements que ce changement
» exige; nous y avons pourvu par arrêt rendu en notre
» conseil, le 18 septembre dernier, sur lequel nous
» avons jugé nécessaire de faire expédier nos lettres-
» patentes; à ces causes, etc. — Article 1er. Le nouvel
» Hôtel des Monnaies, qui devait être à la place où
» notre statue équestre, sera établi et incessamment
» construit aux *anciens grand et petit hôtels de Conti*,
» appartenant à notre ville de Paris, et qui sont actuelle-
» ment occupés par notre garde-meuble, suivant le plan
» que nous avons agréé; la construction duquel nouvel
» Hôtel des Monnaies fait partie des ouvrages que nous
» avons énoncés par notre édit du mois de juillet der-
» nier, avoir ci-devant ordonné. — Art. 2. Ordonnons
» que l'acquisition des dits *anciens grand et petit
» hôtels de Conti* sera incessamment faite pour nous
» et en notre nom par les commissaires que nous nom-
» merons à cet effet. — Art. 3. Ordonnons pareille-
» ment que les prévôt des marchands et échevins

» acquerront pour nous et en notre nom les maisons
» particulières, situées même quai de Conti, attenantes
» le *petit hôtel de Conti*, jusques et compris celle faisant
» l'encoignure de la rue Guénégaud, dont le terrain
» est nécessaire à la construction du dit nouvel Hôtel
» des Monnaies; les propriétaires desquelles maisons
» ne pourront se dispenser de les vendre, etc... —
» Données à Versailles, le 16e avril l'an de grâce 1768,
» et de notre règne le 53e. Signé Louis. »

Ce monument, remarquable par ses nobles proportions, a été construit sous la direction de Jacques-Denis *Antoine*, architecte. Le principal corps de l'édifice, dont la façade se développe sur le quai de Conti, renferme : un magnifique vestibule orné de vingt-quatre colonnes doriques; un bel escalier que décorent également seize colonnes ioniques; un vaste cabinet de minéralogie richement ordonné; plusieurs pièces où sont placées des machines; des salles pour l'administration, accompagnées de grands logements.

Au fond de la grande cour est située la salle du monnayage. Elle a 20 m. de longueur sur 13 m. environ de largeur. L'architecte a pris soin de l'isoler afin d'éviter aux autres bâtiments les effets de l'ébranlement produit par le jeu des balanciers. Au dessous on trouve la salle des ajusteurs; le surplus des constructions est employé aux fonderies, aux laminoirs, etc...

La décoration de la façade principale, percée de vingt-sept fenêtres, consiste en un avant-corps de six colonnes ioniques, élevées sur un soubassement de cinq arcades, ornées de refends en bossages. Un grand entablement avec consoles et modillons, couronne l'édifice dans toute sa longueur. Au-dessus de l'avant-corps est un attique au-devant duquel ont été placées six statues : la Loi, la Prudence, la Force, le Commerce, l'Abondance et la Paix.

La seconde façade, sur la rue Guénégaud, a son soubassement enrichi de bossages. L'avant-corps du milieu est orné de quatre statues représentant les quatre éléments. La cour principale, entourée d'une galerie, a 36 m. de profondeur sur 30 de largeur. La salle des balanciers s'annonce par un péristyle de quatre colonnes doriques. La voûte intérieure s'appuie sur quatre colonnes dont le style se rapproche de l'ordre toscan. Au fond de celle-ci s'élève une statue de la Fortune.

Le cabinet de minéralogie, qui occupe l'avant-corps du milieu, au premier étage, est décoré de vingt colonnes corinthiennes d'un grand module, qui supportent une tribune régnant au pourtour, dans la hauteur du deuxième étage. Ce cabinet est orné de bas-reliefs et d'arabesques. Les corniches, les chambranles des portes et des croisées sont enrichis d'ornements dorés dont les sculptures sont distribuées avec un goût dont la délicatesse est pleine d'harmonie et de pureté.

On a placé en 1839, sur le palier de l'escalier d'honneur de l'hôtel des Monnaies, le buste en bronze de l'architecte *Antoine*. C'est un juste hommage rendu à la mémoire d'un homme qui de simple maçon, est devenu l'égal des plus grands artistes du XVIIIe siècle.

MONSIEUR (RUE).

Commence à la rue de Babylone, nos 39 et 41; finit à la rue Plumet, nos 12 et 14. Le dernier impair est 17; le dernier pair, 14. Sa longueur est de 204 m. — 10e arrondissement, quartier Saint-Thomas-d'Aquin.

« Notre très cher et très amé frère, Louis-Stanislas-
» Xavier, comte de Provence, *Monsieur*, nous a fait
» exposer qu'ayant acquis un terrain considérable
» situé à Paris, faubourg Saint-Germain, entre les
» rues Plumet et de Babylone, il se proposait d'y faire
» construire les écuries nécessaires pour le service de
» sa personne et de sa maison, mais que ce projet qui
» l'intéresse essentiellement, ne pouvait avoir lieu
» qu'en formant sur ce terrain une nouvelle rue, qui
» communiquerait par un bout à la dite rue Plumet,
» et par l'autre à la d. rue de Babylone; permettons et
» autorisons ce qui suit : Il sera formé et ouvert une
» nouvelle rue sous le nom de *Monsieur*, sur le terrain ci-devant en marais, situé au faubourg Saint-
» Germain à Paris, entre les rues Plumet et de Babylone, aboutissant au rempart, laquelle aura trente
» pieds de largeur. Donné à Versailles, le 7e jour du
» mois de novembre, l'an de grâce 1778, et de notre
» règne le 5e. Signé Louis. » — Ces lettres-patentes furent exécutées en août 1779. Pendant quelques années cette rue porta le nom de *Fréjus*, qui est celui d'un port du département du Var, où Napoléon débarqua le 9 octobre 1799, en revenant d'Égypte. — Une décision ministérielle du 7 août 1810, signée Montalivet, a maintenu la largeur primitive. En vertu d'un arrêté préfectoral du 27 avril 1814, cette voie publique a repris la dénomination de rue Monsieur. Les constructions riveraines sont alignées.

Louis-Stanislas-Xavier, comte de Provence, *Monsieur*, naquit à Versailles le 17 novembre 1755, régna sous le nom de *Louis XVIII*, et mourut le 16 septembre 1824.

MONSIEUR-LE-PRINCE (RUE).

Commence au carrefour de l'Odéon, nos 15 et 17, et à la rue de l'Odéon; finit aux rues des Francs-Bourgeois, no 1, et de Vaugirard, no 2. Le dernier impair est 55; le dernier pair, 36. Sa longueur est de 363 m. — 11e arrondissement, quartier de l'École-de-Médecine.

On commença vers 1315 à bâtir sur cette partie de l'ancien Clos-Bruneau. L'une des voies principales prit le nom des *Fossés*, parce qu'elle fut alignée sur les fossés qu'on venait de combler. On la nomma ensuite des *Fossés-Monsieur-le-Prince*, parce que l'hôtel du *prince de Condé* s'étendait jusqu'à cette voie publique. En 1793, elle reçut le nom de rue de la *Liberté*. Depuis 1806, on la désigne sous la dénomination de rue *Monsieur-le-Prince*. — Une décision ministérielle à la date du 4 nivôse an IX, signée Chaptal, fixa la largeur de cette rue à 10 m. En vertu d'une ordonnance royale du

— MON —

26 février 1844, cette largeur est portée à 12 m. Propriétés de 1 à 7, retranch. 4 m. 50 c. à 5 m. 30 c.; 9, ret. réduit 4 m.; 11, ret. réduit 3 m. 50 c.; 13, ret. réduit 2 m. 80 c.; 15, ret. réduit 2 m. 20 c.; 17, ret. réduit 1 m. 50 c.; 19, ret. réduit 1 m. 10 c.; 21, ret. réduit 1 m.; de 23 à 27, ret. 2 m.; 29 et 29 bis, ret. 50 c.; de 31 à 45, ret. 2 m. 20 c. à 2 m. 40 c.; 45 bis, ret. 1 m. 10 c.; de 47 à la fin, ret. 2 m. 20 c. à 2 m. 50 c.; 2 et 4, alignées; 6, ret. réduit 1 m. 20 c.; de 8 à 12, ret. 2 m. 20 c. à 2 m. 40 c.; 14, ret. 1 m. 30 c.; 16, 18, ret. 2 m. 10 c.; 20, ret. 1 m. 10 c.; de 22 à la fin, ret. 1 m. 80 c. — Conduite d'eau depuis le carrefour de l'Odéon jusqu'à la rue Racine. — Éclairage au gaz (comp° Parisienne).

MONSIGNY (rue).

Commence aux rues Marsollier, n° 17, et Dalayrac, n° 50; finit à la rue Neuve-Saint-Augustin, n°s 19 et 21. Le dernier impair est 9; le dernier pair, 10. Sa longueur est de 72 m. — 2° arrondissement, quartier Feydeau.

Cette rue, ouverte conformément à une ordonnance royale du 8 octobre 1826, a été dénommée en 1829. Sa largeur est de 12 m. Les constructions riveraines sont alignées. — Éclairage au gaz (comp° Anglaise). (Voyez rue *Dalayrac*.)

Pierre-Alexandre de Monsigny, célèbre compositeur de musique, membre de l'Institut, né à Fauquembert, dans l'Artois, le 17 octobre 1729, est mort à Paris le 14 janvier 1817. Il a laissé de nombreux ouvrages dont les principales qualités consistent dans la simplicité, l'expression et la mélodie.

MONTAIGNE (rue de).

Commence au Rond-Point des Champs-Élysées, n° 2; finit à la rue du Faubourg-Saint-Honoré, n°s 109 et 109 bis. Le dernier impair est 9; le dernier pair, 34. Sa longueur est de 306 m. — 1er arrondissement, quartier des Champs-Élysées.

Charles-Philippe d'Artois (depuis Charles X) était, en 1790, propriétaire d'un vaste terrain qui faisait partie de l'ancien Colisée. Ce terrain, devenu propriété nationale, fut vendu en dix lots le 6 thermidor an III. La rue qui nous occupe fut tracée sur une partie de son emplacement. Dès le 6 thermidor an XII, le ministre de l'intérieur en fixa la largeur à 14 m. 40 c., et lui assigna le nom de *Montaigne*. — En vertu d'une décision ministérielle du 18 ventôse an XIII, la largeur de cette voie publique a été réduite à 10 m. 80 c. Les constructions riveraines ne sont pas soumises à retranchement. — Égout entre les rues de Ponthieu et du Faubourg-Saint-Honoré. — Éclairage au gaz (comp° de l'Ouest).

Michel de *Montaigne*, l'un des plus célèbres philosophes de son temps, naquit le 28 février 1533, au château de Montaigne, en Périgord. En 1572, il commença son livre des *Essais*, qui est à la fois l'un des chefs-d'œuvre de la littérature française et de l'esprit philosophique. Cet ouvrage parut en 1580, portant pour épigraphe ces trois mots: *Que sais-je?* Montaigne mourut le 13 septembre 1592.

MONT-DE-PIÉTÉ (le).

Situé dans les rues des Blancs-Manteaux, n° 18, et de Paradis, n° 7. — 7° arrondissement, quartier du Mont-de-Piété.

« Versailles, le 9 décembre 1777. — Louis, etc.....
» Les bons effets qu'ont produits et produisent encore
» les Monts-de-Piété chez différentes nations de l'Europe, et notamment ceux formés en Italie, ainsi que
» ceux érigés dans nos provinces de Flandres, Hainault, Cambrésis et Artois, ne nous permettent pas
» de douter des avantages qui résulteraient en faveur
» de nos peuples, de pareils établissements dans notre
» bonne ville de Paris, et même dans les principales
» villes de notre royaume. Ce moyen nous a paru le
» plus capable de faire cesser les désordres que l'usure
» a introduits, et qui n'ont que trop fréquemment
» entraîné la perte de plusieurs familles. Nous étant
» fait rendre compte du grand nombre de mémoires
» et de projets présentés à cet effet, nous avons cru
» devoir rejeter tous ceux qui n'offraient que des
» spéculations de finance, pour nous arrêter à un plan
» formé uniquement par des vues de bienfaisance,
» digne de fixer la confiance publique, puisqu'il assure
» des secours d'argent peu onéreux aux emprunteurs
» dénués d'autres ressources, et que le bénéfice qui
» résultera de cet établissement sera entièrement appliqué au soulagement des pauvres et à l'amélioration des maisons de charité. A ces causes, etc...
» Ordonnons, voulons et nous plaît ce qui suit : — Article 1er. Il sera incessamment établi dans notre
» ville de Paris un *Mont-de-Piété* ou bureau général
» d'emprunt sur nantissement, tenu sous l'inspection
» et administration du lieutenant-général de police,
» qui en sera le chef, et de quatre administrateurs de
» l'Hôpital-Général, nommés par le bureau d'administration du dit Hôpital-Général, et dont les fonctions seront charitables et entièrement gratuites. —
» Article 2°. Toutes personnes connues et domiciliées
» ou assistées d'un répondant connu et domicilié, seront admises à emprunter les sommes qui seront
» déclarées pouvoir être fournies, d'après l'estimation
» qui sera des effets offerts pour nantissement, et
» ces sommes leur seront prêtées des deniers et fonds
» qui seront mis dans la caisse du dit bureau, savoir :
» pour la vaisselle et les bijoux d'or et d'argent, à
» raison des quatre cinquièmes du prix de la valeur
» au poids, et pour tous les autres effets à raison des
» deux tiers de l'évaluation faite par appréciateurs du
» dit bureau, etc... On percevra des emprunteurs à
» l'instant du prêt, pour droit de prisée, un denier
» pour livre du montant de la somme prêtée. — Article 3°. Permettons aux administrateurs d'établir

» aussi, s'ils le jugent nécessaire, dans notre bonne
» ville de Paris, sous la dénomination de *prêt auxi-*
» *liaire*, différents bureaux particuliers, etc... — Article 4°. Il ne pourra être perçu ou retenu pour frais
» de garde, frais de régie, et pour subvenir à toutes
» les dépenses et frais généralement quelconques re-
» latifs audit établissement, sous quelque prétexte ou
» dénomination que ce puisse être, autres que pour
» les frais de prisée, par nous ci-dessus réglés, et pour
» ceux de vente dont il sera parlé ci-après, au-delà de
» deux deniers pour livre par mois du montant des
» sommes prêtées, et le mois commencé sera payé en
» entier quoique non fini. — Art. 5°. Les effets mis
» en nantissement seront au plus tard, à l'expiration
» de l'année du prêt révolue, retirés par les emprun-
» teurs ou par les porteurs de la reconnaissance qui
» aura été délivrée au d. Mont-de-Piété ; sinon, dans
» le mois qui courra, les dits effets seront vendus par
» ordonnance du lieutenant-général de police, et par
» le ministère d'un des huissiers commissaires-priseurs
» de notre Châtelet de Paris, etc... — Art. 6°. Les de-
» niers qui proviendront de la vente des effets mis en
» nantissement seront remis aux propriétaires après
» le prélèvement fait de la somme empruntée, et des
» deux deniers par livre par chaque mois, échu depuis
» le jour du prêt jusqu'à celui de la vente, etc... Donné
» à Versailles, le 9 décembre, l'an de grâce 1777, et de
» notre règne le 4°. Signé Louis. » (Extrait des lettres-
patentes.) — La construction des bâtiments du Mont-
de-Piété a été achevée en 1786.

La loi du 16 vendémiaire an V avait conféré aux hospices de Paris la propriété du Mont-de-Piété. Le 8 ventôse de la même année, la commission administrative arrêta ainsi son organisation : 1° que le Mont-de-Piété serait administré par la commission des hospices ; 2° que cette commission s'adjoindrait cinq administrateurs faisant chacun cent mille francs de fonds, représentant dix actions ; 3° qu'il serait créé dix mille actions de 10,000 francs chacune, ou cinq mille de 20,000 francs ; 4° que les actions produiraient cinq pour 0/0 d'intérêt, et que les actionnaires jouiraient en outre de la moitié des bénéfices ; 5° que l'autre moitié appartiendrait aux hospices. Ces clauses, approuvées le 3 prairial an V, par le Directoire exécutif, furent converties en acte de société le 2 messidor an V. Il fut alloué à tous les administrateurs un droit de présence de 15 francs par jour. Cette rétribution forma le traitement des administrateurs jusqu'au 1er fructidor an XII.

Par délibération du 12 prairial an VII, il fut décidé que les arrérages de la dette du Mont-de-Piété seraient payés sur les produits de l'établissement, avant aucun partage de bénéfice. L'administration des hospices avait fait déposer à la caisse du Mont-de-Piété presque tous ses revenus, sous la condition d'un intérêt. Un décret du 8 thermidor an XIII ordonna la clôture des maisons de prêt à Paris, et réorganisa l'établissement sur de nouvelles bases. Le règlement porte : 1° que les actions du Mont-de-Piété seront remboursées sans délai ; 2° que le Mont-de-Piété sera administré sous l'autorité du ministre de l'intérieur, et celle du préfet du département de la Seine, par le conseil d'administration établi par le décret du 25 messidor an XII, et conformément au règlement annexé au décret ; 3° que les délibérations du conseil seront soumises au ministre de l'intérieur par le préfet du département.

Il nous reste maintenant à donner quelques détails sur les opérations de cet établissement.

Dans ces dernières années les engagements ont présenté les chiffres ci-après :

	Articles.	Sommes.
1838	1,124,411	17,098,817 fr.
1839	1,175,327	18,254,666
1840	1,220,692	18,576,020
1841	1,109,667	17,587,279
1842	1,183,224	19,451,197

La moyenne des prêts effectifs, qui était en 1840 de 15 fr. 21 c. ; en 1841, de 15 fr. 85 c. ; s'est élevée en 1842 à 16 fr. 44 c.

Il est à remarquer que la classe ouvrière est généralement animée d'un esprit d'ordre et de conservation. Ainsi les jours ordinairement consacrés à la dissipation sont ceux où cette classe intéressante applique ses salaires et ses économies à retirer les effets dont le dépôt au Mont-de-Piété lui a procuré des secours dans ses moments de gêne.

Les dégagements opérés les samedis et les dimanches sont de beaucoup supérieurs aux engagements ; l'excédant sur les autres jours de la semaine a été, en 1842, de 95,264 articles pour une somme de 722,642 fr.

La perception des droits s'est élevée pendant le cours de l'année 1842 :

Par les dégagements, à	717,790 fr. 90 c.
Par les renouvellements, à	593,148 40
Par les ventes, à	145,445 45
Total	1,456,384 fr. 75 c.

Les bénéfices versés dans la caisse des hospices ont produit, savoir :

1838	198,712 fr. 32 c.
1839	195,544 86
1840	334,215 58
1841	429,979 85
1842	334,452 41

MONTEBELLO (QUAI DE).

Commence à la rue des Grands-Degrés, n° 16, et au pont de l'Archevêché ; finit à la place du Petit-Pont et au Petit-Pont. Le dernier numéro est 29. Sa longueur est de 278 m. — 12e arrondissement, quartier Saint-Jacques.

Un procès-verbal dressé par le conseil des bâtiments civils dans sa séance du 13 floréal an VII, porte ce qui

— MON —

suit : « *Nouveau quai à établir depuis l'extrémité de celui de Miramiones jusqu'au Petit-Pont.* — Ce quai aura quinze mètres de largeur à compter du parement extérieur du parapet qui terminera le mur de revêtement ; il sera dirigé sur une seule ligne droite depuis la nouvelle place du Petit-Pont jusqu'en deçà de la rue Perdue, où il se terminera par un pan coupé de 6 m. 33 c. de face formant des angles égaux, etc... En conséquence, le bâtiment de l'hospice d'Humanité (Hôtel-Dieu) qui en occupe l'emplacement, et toutes les maisons qui se trouvent à la suite jusques et compris le bâtiment de la fontaine épuratoire, placée vers l'extrémité du quai des Miramiones, seront démolis tant pour augmenter le port aux tuiles, qui est insuffisant, que pour former le débouché du d. quai, dont la construction fait partie des travaux ordonnés par l'édit de 1786 (V. S.) non abrogé. Il sera formé une ouverture de 62 m. de large vis-à-vis la culée du pont Charles qui pourra être rendu public après la translation de l'hospice dans un autre local. Cette ouverture, qui est commandée par le peu d'espace qui resterait dans cette partie pour bâtir des maisons, entre le quai et la rue de la Bûcherie, formera d'ailleurs un débouché commode pour cette rue, et pourra concourir à l'assainissement de cette partie de la commune de Paris. » — Ces dispositions, approuvées par le ministre de l'intérieur Chaptal, le 20 fructidor an XI, ne furent pas alors exécutées. — « Au palais des Tuileries, le 25 mars 1811. — Napoléon, etc... Nous avons décrété et décrétons ce qui suit : — Article 2°. Il sera construit un quai en maçonnerie sur la rive gauche de la Seine, entre le pont Saint-Michel et le pont de la Tournelle. Ce quai portera le nom de *Montebello*, etc... » — Ce décret ne reçut son exécution que pour la partie comprise entre le pont Saint-Michel et le Petit-Pont. Cette partie a reçu le nom de *quai Saint-Michel* (voyez cet article). Un mur de parapet fut construit, en 1817, depuis la rue des Grands-Degrés jusqu'au Pont-au-Double. — Une décision ministérielle du 5 octobre 1818 modifia les dispositions de l'alignement approuvé en l'an XI, en maintenant toutefois la largeur de 15 m. ; et donna au quai dont il s'agit la dénomination de *quai de la Bûcherie*. Une ordonnance royale du 29 avril 1839 est ainsi conçue : — « Article 1er. Le prolongement du quai de la *Bûcherie*, sur l'emplacement occupé par les maisons portant les nos 2, 4, 6, 8, 10, 12 et 14 sur la rue des Grands-Degrés est déclaré d'utilité publique. » Cette amélioration a été réalisée en 1840. Dans le courant de l'année 1843, l'administration municipale a exécuté le décret de 1811, en restituant à cette voie publique le nom de Montebello.

La partie de ce quai, comprise entre le Pont-au-Double et le Petit-Pont, a été formée en vertu d'une ordonnance royale du 22 mai 1837, qui contient les dispositions suivantes : « Le projet d'un nouveau quai en prolongement du quai de la Bûcherie, *sur l'emplacement des bâtiments de l'Hôtel-Dieu*, est approuvé.

— MON —

L'exécution de ce projet est déclarée d'utilité publique. » — Ce percement a été réalisé en 1840, au moyen du *dédoublement* du bâtiment Saint-Charles.

Les constructions riveraines du quai de Montebello sont alignées, à l'exception de celles nos 15 et 17. — Éclairage au gaz (compe Parisienne).

Jean Lannes, *duc de Montebello*, né à Lectoure le 11 avril 1769, exerçait la profession de teinturier, lorsqu'en 1792 il partit pour l'armée des Pyrénées-Orientales en qualité de sergent-major. Quoique chef de brigade dès 1795, il se rendit comme simple volontaire à l'armée d'Italie, où sa valeur fixa l'attention de Bonaparte. Le grade de général avait récompensé ses faits d'armes quand il alla cueillir de nouveaux lauriers en Égypte. Nommé maréchal d'empire en 1804, Lannes se distingua par son intrépidité dans les campagnes d'Autriche, de Russie et d'Espagne. La bataille d'Essling fut son dernier succès. Blessé mortellement, il vécut jusqu'au 31 mai 1809, dans les douleurs produites par une double amputation. Napoléon fut vivement affecté de cette mort. Il disait en parlant de ce général : « *Je l'ai pris pygmée, je l'ai perdu géant.* »

MONTESQUIEU (PASSAGE DE).

Commence au cloître Saint-Honoré, n° 5 ; finit à la rue de Montesquieu, n° 5. — 2e arrondissement, quartier du Palais-Royal.

Il a été construit de 1810 à 1811.

MONTESQUIEU (RUE DE).

Commence à la rue Croix-des-Petits-Champs, nos 13 et 15 ; finit à la rue des Bons-Enfants, nos 16 et 18. Le dernier impair est 7 ; le dernier pair, 8. Sa longueur est de 76 m. — 4e arrondissement, quartier de la Banque.

Le chapitre Saint-Honoré, supprimé en 1790, devint propriété nationale. Le 27 octobre de la même année, la section de la halle au Blé sollicita l'ouverture d'une rue qui, partant de la rue Croix-des-Petits-Champs, en face de celle du Pélican et traversant l'emplacement du cloître Saint-Honoré, irait aboutir vis-à-vis de l'entrée de la cour des Fontaines. Le département des travaux publics, auquel ce projet fut soumis, donna son assentiment à l'ouverture de cette rue, mais fut d'avis d'en modifier la direction. Le corps municipal, dans sa séance du 13 août 1793, approuva le plan présenté par le département des travaux publics. Les maisons et terrains qui dépendaient du chapitre Saint-Honoré, furent adjugés le 25 messidor an IV. Une clause ainsi conçue fut insérée dans l'acte de vente : « L'acquéreur sera tenu, dans le plus bref délai possible, d'ouvrir une rue depuis celle des Bons-Enfants, en face de la porte de la cour des Fontaines du Palais-Égalité (Royal), jusqu'au carrefour de la rue Croix-des-Petits-Champs, aboutissant à la rue du Bouloi, en se conformant au plan général annexé à la minute de la délibération des commissaires-artistes, pour la division, l'embellissement, l'assainissement de la commune de Paris; desquels délibération et plan il lui a été donné copie, et qui au surplus resteront annexés à la présente minute, et encore, conformément à l'alignement qui lui sera donné par la commission exécutive des travaux publics, sur sa réquisition ; 2° de donner trente pieds de large au moins à cette rue, et de se conformer, pour l'élévation des nouveaux bâtiments, à la hauteur prescrite par les réglements ; 3° d'acquérir, d'après les formes prescrites par les lois existantes et pour son compte, sans aucun recours ni répétition envers le gouvernement, une maison appartenant au citoyen Amelin, sise rue des Bons-Enfants, vis-à-vis l'arcade de la cour des Fontaines du Palais-Égalité, dont partie de ladite maison se trouvera même comprise dans l'emplacement de la nouvelle rue. » — Le 7 prairial an X, le ministre Chaptal fixa définitivement la largeur de cette rue à 9 m. 74 c. et décida qu'elle porterait le nom de *Montesquieu*. Ce percement fut exécuté peu de temps après. Les constructions riveraines sont alignées. — Éclairage au gaz (comp^e Anglaise).

Charles de Secondat, baron de la Brède et de *Montesquieu*, naquit au château de la Brède, près de Bordeaux, le 18 janvier 1689. En 1716, il était président à mortier au parlement de Bordeaux. Le célèbre auteur de l'*Esprit des Lois* et des *Lettres Persanes* mourut le 10 février 1755.

MONTFAUCON (RUE).

Commence à la rue du Four, n°s 1 et 3 ; finit à la rue Clément, n°s 8 et 10. Le dernier impair est 7 ; le dernier pair, 8. Sa longueur est de 56 m. — 11e arrondissement, quartier du Luxembourg.

Cette localité servait autrefois d'entrée à la foire Saint-Germain-des-Prés. C'est ainsi qu'elle est indiquée sur le plan de Verniquet. Elle a été convertie en rue en 1817. — Une décision ministérielle à la date du 12 novembre de cette année, fixa la largeur de cette voie publique à 12 m. 50 c. Cette dimension a été maintenue par une ordonnance royale du 12 mai 1841. Les maisons n°s 1 et 3 devront reculer de 1 m. 30 c. ; celles n°s 5 et 7 sont alignées. La propriété n° 2 devra avancer sur ses vestiges actuels. Les maisons n°s 4 et 6 sont soumises à un retranchement qui n'excède pas 1 m. 70 c. La maison n° 8 est à l'alignement. — Portion d'égout du côté de la rue du Four. — Éclairage au gaz (comp^e Française).

Bernard de *Montfaucon*, prêtre et religieux bénédictin de la congrégation de Saint-Maur, naquit le 17 janvier 1655, au château de Soulange, en Languedoc. Il mourut à l'abbaye Saint-Germain-des-Prés le 21 décembre 1741, et fut enterré dans la chapelle Notre-Dame. Cette abbaye étant devenue propriété nationale, il fut exhumé le 3 vendémiaire an VIII et transporté au Musée des Monuments Français. Le 26 février 1819, ses cendres, ainsi que celles de Mabillon et de Descartes, furent recueillies et déposées en grande pompe dans l'église Saint-Germain-des-Prés. Ses principaux ouvrages sont : la *Collection des Saints Pères* et les *Antiquités expliquées*.

MONTGALLET (RUE).

Commence à la rue de Charenton, n° 111 ; finit à la grande rue de Reuilly, n°s 68 et 70. Le dernier impair est 7. Le dernier pair, 26. Sa longueur est de 343 m. — 8e arrondissement, quartier des Quinze-Vingts.

C'était autrefois la rue du *Bas-Reuilly*. Sa dénomination actuelle lui vient d'un propriétaire riverain. — Une décision ministérielle du 28 pluviôse an X, signée Chaptal, a fixé la largeur de cette voie publique à 8 m. Les constructions du côté des numéros impairs sont alignées sauf redressement. Celles de 2 à 14 ne sont pas soumises à retranchement. Le surplus de ce côté devra reculer de 1 m. 30 c. à 1 m. 70 c. Cette rue n'est pas encore pavée.

MONTGOLFIER (RUE).

Commence à la rue Conté et à la place de l'ancien Marché-Saint-Martin, n° 12 ; finit à la rue du Vertbois, n°s 5 et 9. Pas de numéro impair ; ce côté est bordé en grande partie par le Marché-Saint-Martin. Le dernier pair est 22. Sa longueur est de 154 m. — 6e arrondissement, quartier Saint-Martin-des-Champs.

La partie de cette voie publique comprise entre les rues Conté et Ferdinand-Berthoud, a été ouverte au commencement de l'année 1817, en vertu d'une décision ministérielle du 9 octobre 1816, qui fixa sa largeur à 10 m. Une ordonnance royale du 23 juillet 1817 prescrivit le prolongement de cette rue jusqu'à celle du Vertbois, et autorisa le préfet du département à traiter, soit de gré à gré, soit dans les formes prescrites par la loi du 8 mars 1810, de l'acquisition des bâtiments qui se trouvaient sur ce prolongement. Cette ordonnance reçut immédiatement son exécution. Le ministre de l'intérieur décida, le 27 septembre suivant, que cette voie publique prendrait, dans toute son étendue, le nom de rue *Montgolfier*. — Une ordonnance royale du 14 janvier 1829 a maintenu la largeur de 10 m.; les propriétés riveraines sont alignées. — Éclairage au gaz (comp^e Lacarrière). — (Voyez *Marché-Saint-Martin*).

Joseph-Michel *Montgolfier*, célèbre pour avoir accrédité en France, avec son frère Étienne, les ballons aérostatiques, naquit à Vidalon-lez-Annonay, le 26 août 1740. Il fut l'inventeur du *Bélier hydraulique*, du *Calorimètre*, d'une presse hydraulique et perfectionna la fabrication du papier. Nommé en 1807 membre de l'Institut et conservateur-administrateur de l'établissement des arts et métiers, Montgolfier mourut aux eaux de Balaruc, le 26 juin 1810.

MONTHOLON (RUE).

Commence à la rue du Faubourg-Poissonnière, n°s 57 et 57 bis ; finit aux rues Cadet, n° 35, et Rochechouart, n° 40. Le dernier impair est 27 ; le dernier pair, 32. Sa longueur est de 299 m. — 2e arrondissement, quartier du Faubourg-Montmartre.

« Louis, etc... Permettons, autorisons, voulons et

» nous plaît ce qui suit : — Article 1er. Il sera ouvert aux
» frais des sieurs Lenoir et compe, trois nouvelles rues
» de trente pieds de large chacune, sur le terrain qui leur
» appartient entre les rues Rochouard, d'Enfer, la bar-
» rière Sainte-Anne et la rue Bellefond, la principale
» desquelles rues traversera ledit terrain dans toute sa
» longueur, débouchera d'un côté dans la rue Sainte-
» Anne, et de l'autre dans la rue Rochouard, et sera
» nommée rue de *Montholon*. — Art. 2e. Au milieu de
» ladite rue de Montholon sera formé un carrefour par
» la réunion de deux autres rues, l'une nommée rue
» *Papillon*, qui débouchera au carrefour de ladite rue
» Sainte-Anne et de ladite rue d'Enfer, et l'autre
» nommée rue *Riboutté*, qui débouchera au milieu ou
» environ de ladite rue d'Enfer, etc. Donné à Versailles
» le 2e jour de septembre, l'an de grâce 1780, et de
» notre règne le 7e. Signé Louis. » — Les alignements
de ces trois rues furent tracés le 22 juin 1781. — La
largeur de 30 pieds a été maintenue en vertu d'une décision ministérielle du 21 prairial an X, signée Chaptal,
et d'une ordonnance royale du 23 août 1833. Les constructions riveraines sont alignées. — Portions d'égout
du côté des rues du Faubourg-Poissonnière et Rochechouart. — Conduite d'eau dans toute l'étendue. —
Éclairage au gaz (compe Anglaise).

M. de Montholon qui a donné son nom à cette voie publique, était conseiller d'état en 1780. Son hôtel était situé sur le boulevart Poissonnière.

MONTMARTRE (ABATTOIR).

Situé avenue Trudaine, entre les rues Rochechouart et Bochart-de-Saron. — 2e arrondissement, quartier du Faubourg-Montmartre.

Cet abattoir, dont la première pierre a été posée le 2 décembre 1808, occupe un espace de 34,500 m. superficiels. Sa construction, confiée d'abord à M. Bellanger, puis à M. Poidevin, comme architectes, et à MM. Clochard et Guénepin comme inspecteurs, a été commencée dès 1809 ; c'est à cette circonstance, ainsi qu'à la forme particulière du terrain, qu'est due la différence qu'on remarque dans sa disposition générale et dans quelques-unes de ses dispositions de détail, avec les autres établissements de cette nature. (Voir l'article *Abattoirs*.)

MONTMARTRE (BARRIÈRE).

Située à l'extrémité de la rue Pigalle.

On la nommait autrefois barrière Royale. Cette barrière est décorée d'un bâtiment à quatre façades avec colonnes et massifs vermiculés. (Voir l'article *Barrières*.)

MONTMARTRE (BOULEVART).

Commence aux rues Montmartre, n° 181, et du Faubourg-Montmartre, n° 1 ; finit aux rues de Richelieu, n° 112, et Grange-Batelière, n° 2. Le dernier impair est 23 ; le dernier pair, 18. Sa longueur est de 215 m. — 2e arrondissement : Les numéros impairs sont du quartier Feydeau ; les numéros pairs dépendent du quartier de la Chaussée-d'Antin.

Ce boulevart, formé en vertu des lettres-patentes du mois de juillet 1676, tire son nom de sa proximité de la porte Montmartre. La largeur de la chaussée est de 19 m. Une ordonnance royale en date du 4 mai 1826 a déterminé l'alignement de ce boulevart. Maison à l'encoignure de la rue Montmartre, retranchement réduit, 70 c. Les autres constructions de ce côté sont alignées ; 2, alignée ; 4 et 6, redressement ; surplus, aligné. — Conduite d'eau dans une partie. — Éclairage au gaz (compe Anglaise).

MONTMARTRE (CHEMIN DE RONDE DE LA BARRIÈRE).

Commence à la rue Pigalle et à la barrière Montmartre ; finit à la rue Fontaine et à la barrière Blanche. Pas de numéro. Sa longueur est de 364 m. — 2e arrondissement ; quartier de la Chaussée-d'Antin.

Une ordonnance royale à la date du 28 février 1837, a maintenu la largeur de 11 m. 69 c., d'après laquelle ce chemin de ronde est presqu'entièrement exécuté. (Voyez l'article *Chemins de ronde*.)

MONTMARTRE (PLACE DE LA BARRIÈRE).

Située au débouché des rues Pigalle et Frochot. Pas de numéro. — 2e arrondissement, quartier de la Chaussée-d'Antin.

Cette place, dont la forme est demi-circulaire, a été construite en 1827, sur les terrains appartenant à M. Brack. L'ordonnance royale d'autorisation est à la date du 27 septembre 1826. (Voyez rue *Frochot*.) — Bassin d'égout.

MONTMARTRE (RUE).

Commence aux rues Trainée et Montorgueil, n° 1 ; finit aux boulevarts Montmartre, n° 1, et Poissonnière, n° 31. Le dernier impair est 181 ; le dernier pair, 182. Sa longueur est de 939 m. — De 1 à 49 et de 2 à 72, 3e arrondissement, quartier Saint-Eustache ; de 51 à 141, 3e arrondissement, quartier du Mail ; de 143 à la fin, 2e arrondissement, quartier Feydeau ; de 74 à la fin, 3e arrondissement, quartier Montmartre.

Pour indiquer les agrandissements successifs de cette voie publique, nous dirons que la première porte Montmartre, que l'on nommait également *porte Saint-Eustache*, faisait partie de l'enceinte de Philippe-Auguste. Elle avait été construite en l'an 1200, en face des maisons nos 15 et 32. Vers l'année 1380, Paris s'était alors considérablement agrandi, et le torrent commençait à déborder. L'ancienne porte fut alors démolie et reconstruite dans la même rue, aux coins méridionaux des rues des Fossés-Montmartre et Neuve-Saint-Eustache, en face des maisons nos 81 et 92. Le mur d'enceinte, ou le rempart, passait entre les rues des Fossés-Montmartre et l'impasse Saint-Claude, qui s'appelait alors rue du Rempart. Cette deuxième porte fut abattue en 1633, et vers la fin du règne de Louis XIII, une

— MON —

troisième fut construite entre la fontaine et la rue des Jeûneurs, presqu'en face de la rue Neuve-Saint-Marc. Cette dernière porte fut démolie vers l'année 1700. Au mois de mai 1812, on en découvrit les fondations en face des n°s 153 et 162. — Une décision ministérielle, en date du 23 brumaire an VIII, signée Quinette, a fixé la moindre largeur de cette voie publique à 10 m. Les maisons ci-après sont alignées : 1, 21, 23, 47, 51, 79, 109, 115, 125, 143, 145, 147, 149, 155, 157, 171, 181 ; 22, 38, 40, 74, 76, 80, 94, 96, 98, 100, 102, 104, 106, 108, 112, de 116 à 130, 144, 146, de 166 à la fin. Les propriétés de 31 à 45, 141 ; 72, 110, 114, de 132 à 142, de 148 à 158, ne devront subir qu'un léger redressement. — Égout. — Conduite d'eau. — Éclairage au gaz depuis la rue Traînée jusqu'à celles du Mail et de Cléry (comp° Française); le surplus (comp° Anglaise).

Conformément à un projet publié en vertu d'arrêtés préfectoraux des 4 mai et 17 décembre 1842, la moindre largeur de la rue Montmartre doit être portée à 15 m.

MONTMARTRE (RUE DES FOSSÉS-).

Commence aux rues Vide-Gousset, n° 2, et du Petit-Reposoir, n° 6; finit à la rue Montmartre, n°s 81 et 83. Le dernier impair est 31 ; le dernier pair, 24. Sa longueur est de 209 m. — 3° arrondissement, quartier du Mail.

On la désigna d'abord sous le nom de rue *des Fossés*, puis *des Fossés-Montmartre*, parce qu'elle fut alignée sur l'emplacement des fossés qui régnaient le long des murs de clôture construits sous Charles V et Charles VI. La porte Montmartre, démolie en 1633, était située dans la rue Montmartre, presqu'en face des coins méridionaux des rues Neuve-Saint-Eustache et des Fossés-Montmartre. — Une décision ministérielle du 23 brumaire an VIII, signée Quinette, fixa la largeur de cette voie publique à 10 m. Cette dimension est portée à 12 m. en vertu d'une ordonnance royale du 23 juillet 1828. Propriétés du côté des numéros impairs, retranchement, 1 m. 40 c. à 1 m. 65 c.; maison n° 2, retranchement, 1 m. 45 c. ; second n° 2 et n° 4, alignées; surplus de ce côté, retranchement, 1 m. 45 c. à 1 m. 70 c. — Conduite d'eau depuis la rue Vide-Gousset jusqu'aux deux bornes-fontaines. — Éclairage au gaz (comp° Française).

MONTMARTRE (RUE DU FAUBOURG-).

Commence aux boulevarts Montmartre, n° 2, et Poissonnière, n° 22; finit aux rues Fléchier, n° 4, et Coquenard, n° 43. Le dernier impair est 77; le dernier pair, 80. Sa longueur est de 635 m. — 2° arrondissement : les impairs sont du quartier de la Chaussée-d'Antin; les pairs dépendent du quartier du Faubourg-Montmartre.

Elle est ainsi nommée parce qu'elle fait la continuation de la rue Montmartre. — Une décision ministérielle du 28 messidor an X, signée Chaptal, et une ordonnance royale du 10 mai 1840, ont fixé la moindre largeur de cette voie publique à 15 m. Les maisons portant les numéros ci-après sont alignées : 1, 5, 7, 9, 51; de 2 à 20 inclus, 28, 30, 32, 34, 36, 36 bis, et de 38 à 76 inclus. — Égout. — Conduite d'eau. — Éclairage au gaz (comp° Anglaise).

Entre les n°s 60 et 62 était située la *chapelle Saint-Jean*. Bâtie vers 1760, cette chapelle dépendait du cimetière de la paroisse Saint-Eustache. Elle fut supprimée en 1793, et vendue comme propriété nationale le 14 messidor an V. Rachetée par la ville de Paris, on y transféra, lors de la démolition de la chapelle des Porcherons, le culte de Notre-Dame-de-Lorette.

MONTMORENCY (RUE DE).

Commence à la rue du Temple, n°s 15 et 17; finit à la rue Saint-Martin, n°s 142 et 144. Le dernier impair est 49; le dernier pair, 46. Sa longueur est de 363 m. — 7° arrondissement, quartier Sainte-Avoie.

Cette rue qui existait dès le commencement du XIII° siècle, doit son nom à Mathieu de Montmorency qui y fit construire un hôtel en 1215. On la trouve aussi indiquée sous le nom de rue du *Seigneur-de-Montmorency*. De la rue du Temple à celle Transnonnain, elle s'est nommée *Cour-au-Villain*, dont on a fait par corruption *Courtauvillain*. En 1768, cette partie a pris également le nom de Montmorency. De 1793 à 1806, on l'appela rue de la *Réunion*, dénomination affectée à la section dont cette voie publique faisait partie. En 1806, elle reprit son ancien nom. — Une décision ministérielle du 18 vendémiaire an VI, signée Letourneux, et une ordonnance royale du 14 janvier 1829, ont fixé à 10 m. la largeur de la rue de Montmorency. Les maisons n°s 4 bis, 6, 14, 18, 20, 32, 34, 36, 38 et 38 bis sont alignées. — Conduite d'eau depuis la rue Transnonnain jusqu'aux deux bornes-fontaines. — Éclairage au gaz (comp° Lacarrière).

Montmorency (Mathieu II, duc de), surnommé le *Grand-Connétable*, se distingua dans toutes les guerres de Philippe-Auguste, prit la plus grande part à la conquête de la Normandie sur Jean-sans-Terre (1203), et décida de la célèbre victoire de Bouvines (1214). L'année suivante, Montmorency fit la guerre aux Albigeois et fut nommé connétable en 1218. Sous le règne de Louis VIII, il eut le commandement en second de toutes les armées que le roi conduisait en personne ; à la mort de ce prince, Montmorency prit parti pour Blanche de Castille, lui assura la régence, et mourut le 24 novembre 1230.

MONTMORENCY (RUE NEUVE-DE-).

Commence à la rue Feydeau, n°s 12 et 14 ; finit à la rue Saint-Marc, n°s 9 et 15. Le dernier impair est 3; le seul pair, 2. Sa longueur est de 29 m. — 2° arrondissement, quartier Feydeau.

« Louis, etc. Voulons et nous plait ce qui suit :
» Article 1er. Il sera ouvert aux frais du sieur duc de
» Montmorency, et sur le terrain à lui appartenant,
» une rue de 24 pieds de large au moins, laquelle
» sera nommée rue *Neuve-de-Montmorency*, et com-
» muniquera de la rue Saint-Marc en face de l'hôtel

— MON —

» dudit sieur duc de Montmorency à la rue Fey-
» deau, etc. Donné à la Muette, le 13⁰ jour du mois de
» septembre, l'an de grâce 1782, et de notre règne
» le 9⁰. Signé Louis. » — Ces lettres-patentes reçurent
immédiatement leur exécution, mais la rue ne fut
percée que sur une largeur de 23 pieds. — Une décision ministérielle du 5 germinal an VI, signée Letourneux, et une ordonnance royale du 4 mai 1826,
ont maintenu cette largeur. — Conduite d'eau depuis
la rue Saint-Marc jusqu'aux deux bornes-fontaines. —
Éclairage au gaz (comp⁰ Anglaise).

MONTORGUEIL (rue).

Commence à la rue Montmartre et à la place de la Pointe-
Saint-Eustache; finit aux rues du Cadran, n° 1, et Saint-Sauveur, n° 63. Le dernier impair est 77; le dernier pair, 112.
Sa longueur est de 351 m. — De 1 à 59, 3⁰ arrondissement, quartier Saint-Eustache; de 61 à la fin, 3⁰ arrondissement, quartier Montmartre. Tous les numéros pairs
dépendent du 5⁰ arrondissement, quartier Montorgueil.

La première partie de cette voie publique qui prend
naissance à la Pointe-Saint-Eustache, et se termine à
la rue Mauconseil et à l'impasse de la Bouteille, se
nommait anciennement rue du *Comte-d'Artois, de la
Porte à la Comtesse-d'Artois*; en dernier lieu, simplement *Comtesse-d'Artois*. Elle tirait ces dénominations
de *Robert II, comte d'Artois*, neveu de saint Louis,
qui avait son hôtel entre les rues Pavée et Mauconseil.
A la fin du XIII⁰ siècle fut ouverte une fausse porte
qui prit le nom de *Porte-au-Comte-d'Artois*. On y
voyait également une tour qui gênait le passage conduisant aux halles. Sur la requête des habitants de la
rue Comtesse-d'Artois, et de Nicolas Janvier, marchand de poissons, la Ville ordonna, le 17 décembre
1498, de la démolir. En 1792 la rue Comtesse-d'Artois
fut confondue avec la rue Montorgueil. — Une décision ministérielle du 3 ventôse an X, signée Chaptal,
fixa la moindre largeur de cette voie publique à 10 m.
— Un arrêté préfectoral du 27 avril 1814 lui rendit
son premier nom. Depuis 1830, elle fait partie de la
rue Montorgueil, dont elle porte la dénomination.
Quant à la seconde partie de la rue Montorgueil, qui
finit aux rues du Cadran et Saint-Sauveur, elle se
nommait au XIII⁰ siècle, *Vicus Montis superbi* (rue du
Mont-Orgueilleux). Elle conduisait effectivement à un
monticule ou butte dont la rue Beauregard occupe aujourd'hui le sommet. Cette voie publique s'étendait
autrefois, sous le nom de *Montorgueil*, jusqu'au boulevart. (Voyez rues des *Petits-Carreaux* et *Poissonnière*.) Les maisons ci-après sont alignées : de 1 à 7 inclus, 11, 13, 15, 67, 69, de 20 à 28 inclus, de 40 à
56 inclus, de 72 à 80 inclus, de 100 à 108 inclus. Les
propriétés n⁰⁸ 9, 17, 19, 21, 31, 43, 45, de 60 à 70
inclus, de 82 à 98 inclus, 110 et 112 ne devront subir
qu'un faible redressement.—Égout depuis la rue Mauconseil jusqu'à celle du Cadran.—Conduite d'eau dans
toute l'étendue. — Éclairage au gaz (comp⁰ Française).

— MON —

MONT-PARNASSE (barrière du).

Située à l'extrémité de la rue de ce nom.

Elle consiste en deux bâtiments ayant chacun deux
péristyles avec colonnes. C'était sur un monticule voisin de cette barrière que les écoliers de l'Université
s'assemblaient pour discuter sur la poésie, et pour
lire leurs ouvrages. Cette butte, dont les échos ont
sans doute répété plus de chansons grivoises que de
discours latins, fut décorée par ces joyeux étudiants
du titre pompeux de *Mont-Parnasse*. (Voir l'article
Barrières.)

MONT-PARNASSE (boulévart du).

Commence à la rue de Sèvres, n⁰ˢ 143 et 147; finit
à la rue d'Enfer, n⁰ 60. Le dernier impair est 85; le dernier pair, 50. Sa longueur est de 1733 m. — De 1 à 9
et de 2 à 8, 10⁰ arrondissement, quartier Saint-Thomas-
d'Aquin; de 15 à 85 et de 10 à 50, 11⁰ arrondissement,
quartier du Luxembourg; second n⁰ 40, 12⁰ arrondissement, quartier de l'Observatoire.

Il a été formé ainsi que tous les boulévarts du midi,
en vertu des lettres-patentes du 9 août 1760. (Voyez
boulevart d'*Enfer*.) — D'après une décision ministérielle du 14 vendémiaire an IX, signée Chaptal, les
constructions riveraines doivent être établies à 4 m. de
distance du centre des arbres des contr'allées. Les propriétés ci-après ne sont pas soumises à retranchement :
9, 13, 15, 21, 23, 29, 33, 65, 37, 47, 51, 53, 55, 57,
59, 69, 71, 73; 2, partie du n⁰ 8, 12, 22, 24, 26, 26 bis,
et de 34 à 50 inclus. — Égout entre la rue du Cherche-Midi et l'avenue du Maine. — Conduite d'eau depuis la rue de Sèvres jusqu'à celle de Vaugirard. —
Éclairage au gaz (comp⁰ Française).

En 1839, on a exécuté dans cette voie publique
d'importants travaux de pavage et de trottoirs qui ont
occasionné une dépense de 150,000 fr.

MONT-PARNASSE (chemin de ronde de la barrière du).

Commence aux rue et barrière du Mont-Parnasse;
finit aux avenue et barrière du Maine. Pas de numéro.
Sa longueur est de 327 m. — 11⁰ arrondissement, quartier du Luxembourg.

(Voyez l'article *Chemins de Ronde*.)

MONT-PARNASSE (impasse du).

Située boulevart de ce nom, entre les n⁰ˢ 31 et 33. Pas
de numéro. Sa longueur est de 87 m. — 11⁰ arrondissement, quartier du Luxembourg.

Elle a été formée au commencement de ce siècle. Sa
largeur est fixée à 7 m. par une décision ministérielle
du 3 décembre 1817. Les constructions riveraines devront reculer de 1 m. 20 c.

MONT-PARNASSE (rue du).

Commence à la rue Notre-Dame-des-Champs, n⁰ˢ 18
et 20; finit aux chemins de ronde des barrières d'Enfer

— MON —

et du Mont-Parnasse. Le dernier impair est 23; le dernier pair, 16. Sa longueur est de 501 m. — 11ᵉ arrondissement, quartier du Luxembourg.

1ʳᵉ Partie comprise entre la rue Notre-Dame-des-Champs et le boulevart du Mont-Parnasse.

« Louis, etc... Ordonnons, voulons et nous plaît ce » qui suit : Article 1ᵉʳ. Nous avons autorisé et autori» sons le sieur Roussel, curé de Vaugirard, à passer le » traité avec le sieur Morel, conformément au projet » ci-attaché sous le contre-scel de notre chancellerie, à » faire avec l'Hôtel-Dieu, l'échange de 300 toises de » terrains faisant partie du marais de la cure, situé au » Mont-Parnasse, à prendre derrière le terrain que le » sieur Morel tient à vie de l'Hôtel-Dieu, etc.... — » Art. 4ᵉ. Il sera ouvert aux frais du d. sieur Morel, » une rue de trente pieds de largeur, conformément à » notre déclaration du 16 mai 1769, sous la dénomina» tion de rue du Mont-Parnasse, pour communiquer » de la rue Notre-Dame-des Champs aux nouveaux » boulevarts, laquelle traversera le marais de la rue et » les deux parties de terrain appartenant à l'Hôtel» Dieu; l'ouverture de la d. rue et le pavé d'icelle, » établi pour la première fois aux frais des propriétai» res, conformément aux clauses du pavé de Paris et » aux pentes qu'il conviendra, demeureront déchar» gés pour l'avenir de l'entretien et renouvellement du » pavé de la d. rue, qui seront employés sur l'état du » pavé de la ville, faubourgs et banlieues de Paris, etc. » Donné à Fontainebleau au mois d'octobre 1773, et » de notre règne le 5ᵉ. Signé Louis. » — Ces lettres-patentes furent registrées au parlement le 5 septembre 1775, mais la rue ne fut ouverte que sur une largeur de 9 m. 58 c. Cette dimension a été maintenue par deux décisions ministérielles, la première du 2 thermidor an X; la deuxième du 28 octobre 1817. Les propriétés riveraines sont alignées.

2ᵉ Partie comprise entre le boulevart du Mont-Parnasse et les chemins de ronde.

Elle a été formée vers 1786, sur des terrains appartenant aux hospices civils de Paris. Le plan de Verniquet l'indique, mais sans dénomination. La décision ministérielle précitée du 28 octobre 1817, a fixé la largeur de cette voie publique à 12 m. On n'a commencé à bâtir des maisons dans cette partie de rue qu'en 1822. Les constructions riveraines ne sont pas soumises à retranchement.

MONTPENSIER-PALAIS-ROYAL (rue de).

Commence à la rue de Richelieu, nᵒˢ 6 et 8; finit à la rue de Beaujolais, nᵒˢ 13 et 20. Le dernier impair est 41; le dernier pair, 38. Sa longueur est de 320 m. — 2ᵉ arrondissement, quartier du Palais-Royal.

Ouverte en 1784, sur une partie du jardin du Palais-Royal, elle fut exécutée d'après une moindre largeur de 8 m.; on lui donna d'abord le nom de passage de Montpensier, en l'honneur du duc de Montpensier,

— MON —

second fils du duc d'Orléans. Dans sa séance du 2 thermidor an VI, le conseil général du département de la Seine arrêta que cette communication s'appellerait rue Quiberon. Cette dénomination avait pour but d'éterniser le souvenir du combat de Quiberon, livré par les soldats républicains contre les émigrés, les Chouans et les Vendéens réunis, le 2 thermidor an III (20 juillet 1795). — En vertu d'un arrêté préfectoral du 27 avril 1814, cette rue a repris le nom de rue de Montpensier. — Égout. — Conduite d'eau. — Éclairage au gaz (compᵉ Anglaise).

MONTPENSIER-SAINT-HONORÉ (rue de).

Commence à la rue de Valois, nᵒˢ 1 et 2; finit à la rue de Rohan, nᵒˢ 10 et 12. Le dernier impair est 5; le dernier pair, 4. Sa longueur est de 24 m. — 1ᵉʳ arrondissement, quartier des Tuileries.

Formée sur l'emplacement de l'Hôpital royal des Quinze-Vingts, en vertu des lettres-patentes du 16 décembre 1779, registrées au parlement le 31 du même mois, cette rue prit le nom de rue de Montpensier (voyez l'article précédent et la rue de Beaujolais-Saint-Honoré). — Elle fut exécutée sur une largeur de 7 m. qui a été maintenue par une décision ministérielle du 3 messidor an IX, signée Chaptal. Les constructions riveraines sont alignées. — Éclairage au gaz (compᵉ Anglaise).

MONTREUIL (barrière de).

Située à l'extrémité de la rue de Montreuil.

Elle est décorée d'un bâtiment ayant deux façades de six colonnes à bossages. Cette barrière tire son nom du village de Montreuil qui en est éloigné de 3,000 m. (Voyez l'article Barrières.)

MONTREUIL (chemin de ronde de la barrière de).

Commence aux rue et barrière de Montreuil; finit à la rue de Charonne et à la barrière de Fontarabie. Pas de numéro. Sa longueur est de 636 m. — 8ᵉ arrondissement, quartier du Faubourg-Saint-Antoine.

(Voir l'article Chemins de ronde.)

MONTREUIL (rue de).

Commence aux rues du Faubourg-Saint-Antoine, nᵒ 233, et Saint-Jules; finit aux chemins de ronde des barrières de Montreuil et de Vincennes. Le dernier impair est 149; le dernier pair, 106. Sa longueur est de 1,064 m. — 8ᵉ arrondissement, quartier du Faubourg-Saint-Antoine.

Il est fait mention du village de Montreuil dès le XIIᵉ siècle. Le chemin qui de Paris conduisait à ce hameau, se couvrit d'habitations vers la fin du règne de Louis XIII. Il forma, en 1750, une rue qu'on indiqua sous le nom de Montreuil. — Une décision ministérielle du 27 fructidor an XI, signée Chaptal, et une ordonnance royale du 6 mai 1827, ont fixé la moindre largeur de cette voie publique à 12 m.

— MON —

Les constructions ci-après ne sont pas soumises à retranchement : 1, 27, 41, 81 bis, 101, 107, de 111 à 121 inclus, de 129 à 135 inclus, et la maison à l'encoignure du chemin de ronde; 12, 14, 28, 32, 40, de 44 à 52 inclus, de 66 à 72 inclus, 84, et de 90 à 98 inclus. Les propriétés nos 7, 9, 11, 85, 103, 109, 123, 125, 127, 137, 139; 34, 36, 74, 76, 78, 80, 86, 88, ne devront subir qu'un léger redressement. — Conduite d'eau depuis la rue des Boulets jusqu'aux deux bornes-fontaines.

MONT-THABOR (RUE DU).

Commence à la rue d'Alger, nos 5 et 9; finit à la rue de Mondovi, nos 5 et 6. Le dernier impair est 43; le dernier pair, 58. Sa longueur est de 415 m. — 1er arrondissement, quartier des Tuileries.

Cette rue a été ouverte sur l'emplacement des *couvents de l'Assomption, des Feuillants et des Capucins.* Nous avons parlé du couvent de l'Assomption à l'article de l'église qui en a retenu le nom. La rue de Rivoli ayant été ouverte sur la plus grande partie de l'emplacement autrefois occupé par la maison des Feuillants, nous rapporterons à l'article de cette voie publique tous les faits qui se rattachent à cette communauté religieuse. Nous n'avons plus qu'à tracer ici l'historique du couvent des Capucins. — Le cardinal de Lorraine, à son retour du concile de Trente, amena en France plusieurs religieux de l'ordre des Capucins et les établit dans son parc de Meudon. Après la mort du cardinal, ces moines retournèrent en Italie. En 1574, Pierre Deschamps, cordelier, qui s'était fait capucin, établit cette même année un petit couvent de capucins à Picpus. Quelque temps après le général de l'ordre envoya de Venise le frère Pacifique, commissaire-général, avec douze religieux et deux frères laïques; ils descendirent au couvent de Picpus. Catherine de Médicis réunit tous ces religieux, et les établit dans la rue Saint-Honoré. Henri III, par lettres du mois de juillet 1576, les prit *sous sa protection et sauvegarde spéciales.* Ce couvent était situé dans l'origine sur l'emplacement occupé aujourd'hui par la partie de la rue Saint-Honoré qui se trouve à l'ouest de la place Vendôme. La construction de l'église, commencée en 1601, fut achevée en 1610. Vers 1731, les Capucins firent rebâtir le portail et le mur du cloître du côté de la rue Saint-Honoré. En 1735, le chœur de l'église fut reconstruit. Dans la nef on voyait la tombe du père Ange; ce singulier personnage, qui se nommait Henri de Joyeuse, porta le titre de marquis d'Arques, qu'il quitta pour prendre celui de comte Dubouchage. En 1587, le duc de Joyeuse perdit sa jeune épouse et se fit capucin. Ce fut lui qui dans la fameuse procession de Chartres, représentait le Sauveur montant au Calvaire. Il s'était laissé lier les bras et peindre sur le visage des gouttes de sang qui semblaient découler de sa tête couronnée d'épines; il paraissait ne traîner qu'avec peine une longue croix de carton, et se laissait tomber par intervalles, poussant des gémissements lamentables. En voyant défiler devant la Cour, dans la cathédrale de Chartres, la pieuse mascarade, Crillon, brave guerrier, allié de Joyeuse, s'écria : « Frappez tout de bon; fouettez, c'est un lâche qui a » endossé le froc pour ne plus porter les armes. » Le père Ange ayant perdu successivement ses trois frères, quitta l'habit de capucin, sous prétexte qu'il pouvait rendre des services à la religion pendant la guerre de la Ligue. Redevenu duc de Joyeuse, il vendit sa soumission au roi Henri IV, qui le créa maréchal de France. Ce seigneur était souvent l'objet des plaisanteries du roi, d'humeur un peu caustique. Un jour que le duc de Joyeuse, placé près de Henri IV sur le balcon du Louvre, attirait les regards de plusieurs hommes du peuple, le roi lui dit : « Mon cousin, vous ignorez le motif » de la surprise de ces bonnes gens : c'est de voir en- » semble un rénégat et un apostat. » Ces paroles firent une grande impression sur l'esprit du nouveau maréchal. Joyeuse se retira brusquement aux Capucins, en reprit l'habit, se soumit à leur règle et redevint le père Ange. Dans un accès de dévotion, il lui prit fantaisie de faire un voyage à Rome : il voulut y aller pieds nus; cette folie lui coûta la vie. Il mourut à Rivoli, près de Turin, le 27 septembre 1608. Son corps fut rapporté en France et déposé dans l'église des Capucins. C'est sans doute le caractère inconstant de ce personnage que Boileau a voulu peindre dans ces deux vers :

« Il tourne au moindre vent, il tombe au moindre choc,
» Aujourd'hui dans un casque et demain dans un froc. »

C'est de Joyeuse que Voltaire a dit :

« Il prit, quitta, reprit la cuirasse et la haire. »

Auprès de la tombe du père Ange était celle du terrible père Joseph. Il était fils aîné de Jean Leclerc du Tremblay, ambassadeur à Venise, chancelier du duc d'Alençon et président aux requêtes du parlement de Paris. Le génie de ce capucin, qu'on appelait l'éminence grise, maîtrisa souvent la politique du cardinal de Richelieu. Le père Joseph venait d'être promu au cardinalat lorsqu'il mourut à Ruel, le 18 décembre 1638. Le voisinage du tombeau du père Ange de celui du père Joseph inspira ce distique :

« Passant, n'est-ce pas chose étrange
» De voir un diable auprès d'un ange ? »

Le couvent des Capucins, supprimé en 1790, devint propriété nationale. Par un arrêté du 6 juillet de cette année, l'Assemblée Nationale chargea la municipalité de Paris de rendre libres les bâtiments des Capucins voisins de la salle des séances de cette assemblée; et, par un autre arrêté du 30 du même mois, elle y établit ses bureaux. — « Paris, le 1er floréal, l'an X de la répu- » blique, etc. — Les Consuls de la république arrê- » tent : Article 1er. Les terrains appartenant à la ré- » publique, situés dans le cul-de-sac du Manège, lon- » geant la terrasse des Feuillants; tous les terrains oc- » cupés par les Feuillants, les Capucins et l'Assomption

» seront mis en vente. — Art. 2. Le plan annexé
» au présent arrêté sera suivi et exécuté dans toutes
» ses parties, et servira de base pour dresser le cahier
» des charges. — Art. 7. Tous les fonds provenant des
» ventes ordonnées par le présent arrêté seront versés
» dans la caisse du trésorier du gouvernement, à la
» charge de pourvoir à toutes les dépenses que néces-
» siteront ces travaux. Le ministre des finances et le
» gouverneur du palais sont chargés de l'exécution du
» présent arrêté. Le premier consul, signé Bonaparte. »
— Le plan dressé le 2 frimaire an XI, par MM. Percier
et Fontaine, donnait à la rue projetée une largeur de
10ᵐ. Son nom du Mont-Thabor consacre le souvenir
de la glorieuse bataille gagnée en Syrie, le 16 avril
1799, par les Français sur les Turcs et les Mamelucks.
— Jusqu'en 1832 le prolongement de la rue du Mont-
Thabor formait impasse dans la rue de Castiglione.
Cette impasse a été convertie en rue conformément à
une ordonnance royale du 28 mai 1832 qui porte : « Article 1ᵉʳ. MM. Casimir-Pierre Périer, Louis Barthélemy et Valery Chéronnet, propriétaires des terrains de
l'ancien hôtel de Noailles, à Paris, sont autorisés à
prolonger sur leurs terrains l'impasse Mont-Thabor jusqu'à la rue d'Alger, sur une largeur de 10 mètres,
conformément au plan ci-annexé, à la charge, tant par
ces propriétaires que par les autres propriétaires riverains, de se conformer en tous points aux clauses et
conditions énoncées dans la délibération du conseil municipal de la ville de Paris, du 14 mai 1830, relative à
la rue d'Alger, établie sur le terrain de l'ancien hôtel
de Noailles. » — Ce prolongement a été immédiatement
exécuté. Les constructions de la rue du Mont-Thabor
ne sont point soumises à retranchement. — Conduite
d'eau dans une grande partie. — Éclairage au gaz
(compᵉ Anglaise).

MONTYON (RUE DE).

Commence aux boulevarts d'Enfer et du Mont-Parnasse; finit à la barrière du Mont-Parnasse. Pas de numéro. Sa longueur est de 306 m. — 11ᵉ arrondissement,
quartier du Luxembourg.

Elle a été ouverte en 1839 sur les terrains appartenant aux *Hospices civils de Paris*. Sa largeur est de
13 m. Cette rue, qui n'est pas encore classée parmi
les voies publiques de la capitale, a été dénommée en
vertu d'une délibération du conseil municipal du
22 mai 1840.

Antoine-Jean-Baptiste-Robert *Auget*, baron de
Montyon, naquit à Paris, le 23 décembre 1733. A
vingt-deux ans, il était avocat du roi au Châtelet. Successivement maître des requêtes, conseiller au grand
conseil, intendant d'Auvergne, de Marseille, de la Rochelle; chancelier du comte d'Artois, Montyon émigra
en Suisse, puis en Angleterre. De retour à Paris, en
1814, il s'occupa de plusieurs fondations d'utilité publique. Mais de tous les bienfaits de cette âme charitable,
le plus grand, sans contredit, est l'établissement qu'il
créa en faveur des convalescents des hospices.

Le 29 décembre 1820, la mort vint enlever Montyon
aux malheureux dont il était le père. Son testament
porte à *trois millions huit cent mille francs* ses donations aux hospices, et à *un million deux cent soixante-
quinze mille francs* celles qui doivent servir à tous les
prix qu'il avait fondés et que distribuent, chaque année, l'Académie française et l'Académie des sciences.

MOREAU (RUE).

Commence à la rue de Bercy, nᵒˢ 13 et 15; finit à la
rue de Charenton, nᵒˢ 46 et 48. Le dernier impair est 23;
le dernier pair, 66. Sa longueur est de 494 m. — 8ᵉ arrondissement, quartier des Quinze-Vingts.

Elle doit sans doute cette dénomination à l'un des
propriétaires riverains. On la trouve souvent indiquée
sous le nom de *rue des Filles-Anglaises*, en raison du
couvent ainsi appelé, dont les bâtiments bordaient une
partie de cette voie publique. (Voir l'article de la rue
de *Charenton*.) — Une décision ministérielle du 16 ventôse an XII, signée Chaptal, et une ordonnance royale
du 1ᵉʳ juin 1828 ont fixé la largeur de la rue Moreau
à 12 m. Depuis 1831 cette voie publique a été considérablement élargie. Le numérotage des maisons situées sur le côté gauche est très irrégulier. Les propriétés ci-après sont alignées : nᵒˢ 3, 7, 9, 23, 25, 27,
partie du nᵒ 15, de 4 à 66. — Conduite d'eau depuis la
rue des Terres-Fortes jusqu'à celle de Charenton.

MORGUE (LA).

Située quai du Marché-Neuf. — 9ᵉ arrondissement,
quartier de la Cité.

HISTORIQUE.

S'il faut en croire Vaugelas, cet écrivain d'un
purisme si rigoureux, MORGUE serait un vieux mot
français qui signifiait *visage*. A l'entrée des prisons, on
trouvait autrefois un endroit portant le nom de *Morgue*,
où l'on retenait quelquefois les prisonniers, au moment
où on les écrouait, pour que les gardiens pussent bien
voir leur *morgue* ou *visage*, afin de les reconnaître en
cas de tentative d'évasion. Plus tard, on exposa dans
les Morgues, les cadavres dont la justice s'était saisie et
qu'on voulait faire reconnaître; à cet effet, le public
était admis à venir regarder par un guichet pratiqué
dans la porte. A Paris, les corps inconnus furent exposés, jusqu'en 1804, dans la *Basse-Geôle* ou *Morgue*
dépendant de la prison du grand Châtelet. A cette
époque fut construit le bâtiment qu'on voit aujour-
d'hui à l'extrémité nord-est du pont Saint-Michel.

Ordonnance de Police du 9 floréal an VIII. —
Cet acte intitulé : *Ordonnance concernant la levée
des cadavres*, bien qu'il traite de beaucoup d'autres choses, entr'autres (art. 2 et 3) des secours à procurer aux *cadavres qui donnent des signes de vie*, et
des primes à payer pour les *noyés rappelés à la vie*,

règle le service intérieur de la *Basse-Geôle* à laquelle l'établissement de la Morgue a été substitué par l'ordonnance du 29 thermidor an XII. Plusieurs de ses dispositions sont tombées en désuétude ; voici les plus importantes de celles qui subsistent encore :

« Article 6. Aussitôt la réception du cadavre à la Basse-Geôle, il sera exposé nu aux regards du public, avec les précautions dues à la décence et aux mœurs ; ses vêtements seront suspendus à côté pour aider à la reconnaissance. Cette exposition durera trois jours.

» Art. 8. En cas de reconnaissance du cadavre à la Basse-Geôle, ceux qui le reconnaîtront en feront leur déclaration devant le juge-de-paix ou le commissaire de police le plus voisin, qui leur en délivrera expédition. Sur le vu de cette déclaration, le préfet de police ordonnera la remise du cadavre ; et son inhumation en la manière accoutumée, sous les noms indiqués pour lui appartenir. Les réclamants paieront, *s'ils en ont la faculté*, les frais de repêchage et visite du cadavre, ceux de son transport à la Basse-Geôle et de son inhumation, sinon ils seront acquittés ainsi qu'il est dit en l'art. 13. Les vêtements et autres effets trouvés sur le cadavre leur seront remis.

» Art. 9. Tous les procès-verbaux relatifs aux cadavres envoyés à la Basse-Geôle, ainsi que les ordres d'inhumation, seront inscrits sur un registre tenu à cet effet à la préfecture de police.

» Art. 10. Il sera aussi tenu à la Basse-Geôle un registre où seront inscrits, jour par jour, la date de l'entrée des cadavres, leur signalement et les causes présumées de leur mort, ainsi que la date de leur sortie, soit pour être inhumés, soit pour être remis aux réclamants.

» Art. 12. Lorsqu'il sera repêché dans la rivière des *portions de cadavre*, celui qui les aura repêchées en donnera sur-le-champ avis au commissaire de police le plus voisin, et *il sera procédé de la même manière que pour un cadavre entier.*

» Art. 15. Il est expressément enjoint au greffier de la Basse-Geôle de vérifier, aussitôt l'arrivée d'un cadavre à la Basse-Geôle, si son signalement ne se trouverait pas conforme à l'un de ceux portés aux déclarations mentionnées en l'article précédent, auquel cas il en fera prévenir de suite la personne qui aura fait ladite déclaration, avec invitation de venir reconnaître le cadavre pour être ensuite procédé ainsi qu'il est dit en l'art. 8. »

Ordonnance de police du 29 thermidor an XII. — Cette ordonnance portant affectation spéciale du nouveau bâtiment de la *Morgue*, renferme les dispositions suivantes :

» Article 1er. A compter du 1er fructidor prochain, la Basse-Geôle du ci-devant Châtelet de Paris sera et demeurera supprimée.

» Art. 2. A compter du même jour, les cadavres retirés de la rivière ou trouvés ailleurs, dans le ressort de la préfecture de police, et qui n'auraient pas été réclamés, seront transportés et déposés dans la nouvelle Morgue, établie sur la place du Marché-Neuf (aujourd'hui quai du Marché-Neuf), quartier de la Cité. Ils y resteront déposés pendant trois jours, à moins qu'ils n'aient été reconnus et réclamés dans un moindre délai. Ils ne pourront être inhumés sans un ordre du préfet de police. »

Description du monument. — *Détails sur le service intérieur.*

Le monument de la Morgue, dont les dispositions intérieures ont reçu depuis peu d'années d'importantes améliorations, forme saillie, de toute sa profondeur, sur l'alignement du parapet qui borde le petit bras de la Seine. Une grande porte cochère donne accès à un immense vestibule. A gauche, en entrant, se trouve la *Salle d'Exposition*, que sépare du vestibule, dans toute sa longueur, un vitrage protégé par une barrière et derrière lequel s'étendent deux rangées de tables en marbre noir, inclinées vers les pieds et garnies chacune, vers l'endroit le plus élevé, d'une espèce d'oreiller ou pupitre, recouvert d'une feuille de cuivre qui maintient la tête dans une position convenable pour être bien vue. A droite, est le *bureau* du préposé de l'administration qui, sous le titre de *greffier-concierge*, et sous l'inspection d'un médecin, dirige l'établissement. A côté du bureau se trouve la *salle d'autopsie*, contenant deux tables de dissection, dont la plus neuve, la seule à peu près qui serve pour ces opérations, est garnie d'un appareil désinfectant, qui la met en communication avec un fourneau d'appel de près de 2 m. de haut, qui est placé dans la pièce voisine. Plus loin est la *remise*, qui renferme la voiture, en forme de caisson, dans laquelle on transporte au cimetière, sans pompe et roulés dans une serpillière, les corps qui ne sont pas reconnus ou qui ne sont pas réclamés. Dans une pièce voisine, que nous appellerons *salle de lavage*, et qui est dallée dans toute son étendue, se trouve une espèce de bassin long, en pierre dure et à large margelle, dans lequel on nettoie les effets apportés avec les cadavres. Près de ce bassin est placé un gros robinet, ordinairement garni d'un tuyau de pompe, et qui sert à laver les corps avant de les exposer. Dans une *salle de dégagement*, aussi dallée dans toute son étendue, et qui est située entre la précédente et la salle d'exposition, on dépose provisoirement sur des tables de pierre, et à l'abri des insectes, au moyen de demi-cylindres en toile métallique, les corps dont la reconnaissance a été opérée ou ceux qui sont dans un état de décomposition trop avancé pour être exposés, en un mot tous ceux qui attendent l'inhumation ; enfin, dans les *combles* se trouve un réduit dans lequel doit coucher celui des deux garçons de service qui passe la nuit dans l'établissement pour recevoir à toute heure les cadavres qui peuvent y être apportés.

But de l'institution. — *Améliorations opérées.*

L'établissement de la *Morgue* est spécialement destiné à l'exposition publique des individus sur l'état

— MOR —

civil et le domicile desquels on n'a pu se procurer de renseignements suffisants pour faire dresser leurs actes de décès. — Le but que l'administration s'est proposé d'atteindre par l'institution de la Morgue est évidemment d'arriver à ce que le plus grand nombre possible des corps qu'on y transporte soit reconnu. Une exposition publique prolongée serait sans doute le meilleur moyen d'arriver à ce résultat, mais de puissantes considérations de salubrité ne permettent pas, dans l'état actuel de la science, de s'arrêter sérieusement à ce moyen, et il est aujourd'hui reconnu que les cadavres ne peuvent sans inconvénient séjourner plus de trois jours à la Morgue. C'est donc dans ce délai assez restreint qu'il s'agit d'obtenir les reconnaissances, puisqu'au-delà elles ne pourraient être opérées que sur le vu des effets seulement, et présenteraient dès lors plus de difficultés et surtout moins de certitude.

C'est dans ce sens qu'ont été dirigés jusqu'à présent les efforts de l'administration et, grâce à l'intelligente activité du greffier actuel de la Morgue, grâce à la promptitude des démarches officieuses faites pour faciliter et hâter les reconnaissances, le service de cet établissement a subi depuis quelques années d'importantes améliorations.

Ainsi, en 1830, quatre corps seulement étaient reconnus sur dix qu'on apportait à la Morgue, et aujourd'hui les reconnaissances s'élèvent à près des 9/10es; autrefois les corps séjournaient en moyenne quatre à cinq jours à la Morgue avant d'être inhumés ou reconnus; aujourd'hui la moyenne du séjour qu'ils y font n'est que de vingt-quatre heures environ.

Statistique sur la Morgue. — Développement sur les accidents et les suicides.

Nous allons terminer cette notice par une statistique détaillée qui donnera une idée de l'importance de l'établissement.

La Morgue de Paris reçoit en *moyenne* chaque année:
1° des quarante-huit quartiers de Paris; 2° des soixante-dix-huit communes de la banlieue; 3° des communes de Sèvres, Saint-Cloud et Meudon, comprises dans le ressort de la préfecture de police quoique faisant partie du département de Seine-et-Oise; 4° de quelques autres communes environnantes, telles qu'Argenteuil, Saint-Germain, etc.

1° Portions de cadavres (10 à 12 chaque année). . 11
2° Fœtus. 38
3° Nouveau-nés à terme. 26
4° Cadavres d'adultes { hommes. . 238 } . . . 289
                      { femmes. . 51 }

Ce nombre de 289 adultes se divise en quatre catégories principales:

	Hommes.	Femmes.	TOTAL.
1° Homicides..	3	2	5
2° Morts subites ou par maladie.	34	11	45
3° Blessures accidentelles suivies de mort.	66	4	70
4° Suicides.	134	35	169

— MOR —

Ces deux derniers articles méritent quelques développements que nous allons donner sous forme de tableaux synoptiques et qui, nous l'espérons, n'offriront pas moins d'intérêt au moraliste qu'au simple curieux. Nous devons toutefois faire observer que, malgré l'exactitude presque rigoureuse des documents que nous donnons, on n'aurait qu'une idée imparfaite du nombre des accidents et des suicides dont le département de la Seine est chaque année le théâtre, si nous n'y faisions figurer que le nombre des corps apportés à la Morgue. On le comprendra facilement si l'on veut bien remarquer que les individus blessés, tués ou suicidés dans leur domicile ou dans d'autres endroits où ils sont connus, ne sont presque jamais conduits à la Morgue, puisqu'on possède généralement sur leur état civil les renseignements nécessaires pour faire dresser leur acte de décès; nous avons donc cru indispensable de compléter nos tableaux en y ajoutant le chiffre des victimes d'accidents et de suicides dont les corps ne sont pas transportés à la Morgue.

1er TABLEAU *présentant la moyenne des accidents dont le département de la Seine est chaque année le théâtre.*

CAUSES DE MORT ou D'ACCIDENT.	CADAVRES transportés à la Morgue.			CADAVRES non transportés à la Morgue.	ACCIDENTS non suivis de mort.	TOTAL des accidents suivis ou non de mort.
	Hommes.	Femmes.	TOTAL.			
Submersions. . . .	41	2	43	245	128	416
Chutes d'un lieu élevé.	11	»	11	25	59	95
Voitures et chevaux. .	5	1	6	24	356	386
Écrasements sous des démolitions. . . .	6	»	6	7	8	21
Asphyxie.	2	»	2	8	11	21
Brûlures.	»	1	1	22	9	32
Empoisonnement. . .	1	»	1	2	12	15
Duels.	»	»	»	2	18	20
Autres accidents. .	»	»	»	24	59	83
	66	4	70	359	660	1,089

2° TABLEAU *présentant la moyenne des suicides dont le département de la Seine est chaque année le théâtre.*

CAUSES CONNUES OU PRÉSUMÉES des suicides.	Hommes	Femmes	TOTAL.
Aliénation mentale et fièvre chaude.	22	8	30
Chagrins domestiques.	18	6	24
Ivrognerie.	15	2	17
Misère.	13	4	17
Dégoût de la vie.	11	2	13
Amour contrarié.	10	3	13
Inconduite.	8	2	10
Maladie incurable.	8	1	9
Craintes de poursuites judiciaires.	7	1	8
Pertes de places et mauvaises affaires.	6	1	7
Causes incertaines.	16	5	21
TOTAL pour la Morgue. . . .	134	35	169
Suicidés non transportés à la Morgue.	204	109	313
TOTAL des décès par suite de suicides.	338	144	482
Si l'on ajoute les tentatives de suicides.	110	87	197
on obtient le TOTAL de. . . .	448	231	679

3ᵉ TABLEAU faisant connaître les différents moyens de destruction employés, suivant l'âge et le sexe, par les 169 individus suicidés dont les corps sont apportés chaque année à la Morgue.

AGE DES SUICIDÉS.	SUBMERSION.			SUSPENSION.			ARMES A FEU.			CHUTE d'un lieu élevé.			ASPHYXIE par le charbon.			ARMES BLANCHES.			EMPOISONNEMENT.			TOTAL PAR AGE des divers moyens de suicides.		
	Hom.	Fem.	Total.	Hom.	Fem.	Total.	Hom.	Fem.	Total.	Hom.	Fem.	Total.	Hom.	Fem.	Total.	Hom.	Fem.	Total.	Hom.	Fem.	Total.	Hom.	Fem.	Total.
De 10 à 20 ans..	9	3	12	»	»	»	»	»	»	»	»	»	»	»	»	»	»	»	»	»	»	»	»	15
De 20 à 30...	19	6	25	1	»	1	5	»	5	1	»	1	»	»	»	1	»	1	»	»	»	»	»	34
De 30 à 40...	19	5	24	2	»	2	»	»	»	4	»	4	»	»	»	»	»	»	»	»	»	»	»	35
De 40 à 50...	20	3	23	3	»	3	»	»	»	»	»	»	»	»	»	»	»	»	»	»	»	»	»	31
De 50 à 60...	15	5	20	6	»	6	»	»	»	»	»	»	»	»	»	»	»	»	»	»	»	»	»	30
De 60 à 70...	11	2	13	2	2	3	»	»	»	»	»	»	»	»	»	»	»	»	»	»	»	»	»	17
De 70 à 80...	4	2	6	»	»	»	»	»	»	»	»	»	»	»	»	»	»	»	»	»	»	»	»	7
TOTAUX { Hommes. Femmes.	97	26		16	2		10	»		4	3		»	»	5	3	»	»	»	2	»	34	35	
Des deux sexes			123			18			»			7			5			3			»			169

Les genres de mort suivant l'âge, sont à peu près dans la même proportion pour les corps qui ne sont pas transportés à la *Morgue*.

MORLAND (BOULEVART).

Commence au boulevart Bourdon ; finit à la rue de Sully et au quai des Célestins. Le côté gauche n'est pas encore bordé de constructions ; le seul pair est 2. Sa longueur est de 454 m. — 9ᵉ arrondissement, quartier de l'Arsenal.

On le nommait autrefois *quai du Mail*, en raison d'un mail dont la construction avait été ordonnée par Henri IV, et qui fut supprimé au milieu du XVIIIᵉ siècle. — « Au Palais des Tuileries, le 14 février 1806. Napoléon, etc... Nous avons décrété et décrétons ce qui suit...: Art. 3ᵉ. Le quai du Mail, qui sera appelé le *quai du colonel Morland*, en mémoire du colonel des chasseurs de la garde de ce nom, tué à Austerlitz, sera porté à une largeur de 17 m. 50 c., etc... »

Jusqu'en 1843, cette voie publique longeait le petit bras de la Seine, qui bordait l'île Louviers. Par suite du comblement du bras du Mail et de la construction d'un nouveau quai, celui qui nous occupe a été transformé en boulevart dont la largeur doit être de 20 m. Ce boulevart a été nivelé et planté en 1844. (Voyez l'article de l'île *Louviers*).

MORTAGNE (IMPASSE).

Située dans la rue de Charonne, entre les nᵒˢ 39 et 41. Pas de numéro. Sa longueur est de 47 m. — 8ᵉ arrondissement, quartier Popincourt.

Elle doit son nom à sa proximité de l'hôtel Mortagne, depuis hôtel Vaucanson. Cette impasse a porté aussi la dénomination d'*impasse des Suisses*. Une ordonnance royale à la date du 4 avril 1831, a fixé la largeur de cette voie publique à 10 m. Les constructions du côté gauche sont soumises à un retranchement qui varie de 1 m. 20 c. à 3 m. 10 c.; celles du côté opposé devront reculer de 3 m. 20 c.

MOSCOU (RUE DE).

Commence aux rues de Berlin et d'Amsterdam ; finit au chemin de ronde de la barrière de Clichy. Le dernier impair est 7 ; le dernier pair, 14. Sa longueur est de 475 m. — 1ᵉʳ arrondissement, quartier du Roule.

Elle a été ouverte, en 1840, sur les terrains appartenant à MM. Riant, Mignon et Mallet frères. Sa largeur est de 12 m. Cette rue, qui n'est pas encore autorisée par l'administration, porte le nom de l'ancienne capitale de la Russie.

MOTTE-PICQUET (AVENUE DE LA).

Commence à la rue de Grenelle, nᵒ 151 ; finit au chemin de ronde de la barrière de l'École-Militaire. Le dernier impair est 29 ; le dernier pair, 34. Sa longueur est de 1358 m. — 10ᵉ arrondissement, quartier des Invalides.

La partie comprise entre la rue de Grenelle et les avenues de la Bourdonnaye et de Tourville, fut tracée vers 1680 ; le surplus n'a été formé qu'en 1775. Cette avenue appartient à la ville de Paris en vertu d'une loi du 19 mars 1838. — Conduite d'eau dans une partie. (Voyez avenue de *La Bourdonnaye*.)

Toussaint-Guillaume Picquet de la Motte, connu sous le nom de *La Motte-Picquet*, né à Rennes (Ille et Vilaine) vers 1720, entra au service à l'âge de quinze ans. Il avait déjà fait neuf campagnes, lorsqu'il s'embarqua, en 1745, sur la *Renommée*, commandée par le capitaine Kersaint. L'année suivante, cette frégate qui

— MOT —

avait livré aux Anglais plusieurs combats glorieux, revenait pour la troisième fois du Canada en Europe, lorsqu'elle tomba pendant la nuit au milieu de l'escadre de l'amiral Anson. Le commandant anglais détache aussitôt contre elle une frégate de 36 canons. La *Renommée* la démâte et l'oblige de se retirer. Une deuxième frégate entre aussitôt en lice, elle éprouve le même sort ; l'amiral Anson envoie alors un vaisseau de 70, qui couvre la *Renommée* de mitraille. Le capitaine Kersaint tombe grièvement blessé. Croyant avoir assez combattu pour l'honneur de son pavillon, il fait appeler ses officiers et leur propose de se rendre. « Est-ce pour cela que vous m'avez fait venir ? demande La Motte-Picquet; en ce cas je retourne à mon poste. » Il prend le commandement de la frégate et l'action recommence plus terrible encore. La mitraille lui déchire la joue, un boulet de canon lui enlève son chapeau ; l'intrépide marin conserve son sang-froid au milieu de l'ouragan de fer, et manœuvre avec tant de précision et d'habileté qu'il parvient à gagner le Fort-Louis en tenant tête à l'ennemi.

Au commencement de la guerre d'Amérique, nous retrouvons La Motte-Picquet chef d'escadre. Au combat d'Ouessant, en 1778, il montait le *Saint-Esprit*, et combattit sans désavantage contre des forces supérieures. Ensuite il alla croiser sur les côtes d'Angleterre avec dix vaisseaux; un mois après l'intrépide marin rentrait à Brest conduisant treize prises faites sur l'ennemi. En 1779, La Motte-Picquet rejoignit le comte d'Estaing et contribua par sa valeur à la prise de la *Grenade*, ainsi qu'à la victoire remportée à la fin de juin sur le vice-amiral Byron. L'*Annibal* serre-file de la ligne Française eut beaucoup à souffrir dans ce combat.

La Motte-Picquet fut ensuite chargé d'effectuer avec une escadre de sept vaisseaux le débarquement des troupes qui attaquèrent Savannah. Le siège ayant été levé, il fit voile avec trois vaisseaux seulement pour la Martinique. La Motte-Picquet y faisait réparer ses bâtiments, lorsque le 18 décembre les signaux de la côte annoncèrent qu'un convoi de vingt-six voiles françaises, escorté par une frégate, était poursuivi par une flotte anglaise de quinze vaisseaux. L'officier que La Motte avait envoyé au marquis de Bouillé, gouverneur de la Martinique, pour lui en donner avis, n'eut que le temps de revenir pour s'embarquer. Déjà les voiles de l'*Annibal* était envergées, les câbles coupés, La Motte se porta seul en avant pour attaquer la tête de l'escadre ennemie. Le *Vengeur et le Réfléchi* ayant embarqué avec une promptitude inespérée les munitions dont ils étaient dépourvus, vinrent joindre l'*Annibal* qui se défendait comme un lion. La lutte dura quatre heures ; enfin l'amiral anglais fit signe de ralliement à ses vaisseaux, et La Motte-Picquet rentra au Fort-Royal avec la plus grande partie du convoi. Le lendemain l'amiral anglais Parker écrivit à La Motte-Picquet pour le complimenter sur sa brillante valeur. La Motte-Picquet fut fait cordon rouge en 1780, à l'occasion de

— MOU —

ce brillant combat du Fort-Royal, et lieutenant général en 1782. Nommé grand'croix en 1784, il mourut à Brest le 11 juin 1791.

MOUFFETARD (CASERNE).

Située dans la rue Mouffetard, n° 61. — 12° arrondissement, quartier du Jardin-du-Roi.

Cette caserne a été construite en 1824, sur l'emplacement de l'ancienne communauté des *religieuses hospitalières de la Miséricorde de Jésus, dites de Saint-Julien et de Sainte-Basilisse*. Ce couvent fut fondé d'abord à Gentilly, en 1652, par Jacques le Prévost d'Herbelai, maître des requêtes, qui assura aux Hospitalières, chargées de donner des soins aux filles et femmes malades, une rente de 1,500 livres. Ces religieuses vinrent s'établir, en 1653, dans la rue Mouffetard. La maison qu'elles occupaient fut réparée en 1710. Cette communauté religieuse a été supprimée en 1790. Les bâtiments ont été en grande partie démolis, et de 1824 à 1830, on construisit sur leur emplacement une caserne de gendarmerie, qui fut vendue le 26 mars 1840, par l'administration des hospices à la ville de Paris, moyennant 154,366 francs. Cette caserne est aujourd'hui occupée par un détachement de la garde municipale.

MOUFFETARD (RUE).

Commence aux rues des Fossés-Saint-Victor, n° 41, et Fourcy, n° 1; finit au boulevart de l'Hôpital et à la place de la barrière d'Italie. Le dernier impair est 329; le dernier pair, 304. Sa longueur est de 1,540 m. — 12° arrondissement, de 1 à 89, quartier du Jardin-du-Roi ; de 2 à 14, quartier Saint-Jacques; de 16 à 154, quartier de l'Observatoire; de 91 à la fin et de 156 à la fin, quartier Saint-Marcel.

Ce n'était au XIII° siècle qu'un chemin qui traversait un territoire appelé dans les titres de cette époque, *Mons Cetarius et Mons Cetardus*. L'abbé Lebœuf en a conclu avec raison que le nom de *Mont-Cétard* a été changé en celui de *Mouffetard*. Elle a été aussi nommée au commencement du XVII° siècle rue *Saint-Marcel*, *Grande rue Saint-Marcel* et *Vieille rue Saint-Marcel*. La partie comprise entre la rue Croulebarbe et la barrière, s'appelait au XVIII° siècle rue *Gautier-Renaud*, du nom d'un propriétaire qui y demeurait. — Une décision ministérielle du 15 floréal an V, signée Benezech, fixa la moindre largeur de cette voie publique à 10 m. Cette moindre largeur a été portée à 12 m., en vertu d'une ordonnance royale du 8 juillet 1839. Les constructions ci-après ne sont pas soumises à retranchement : La caserne de la garde municipale, les n°s 65, 177, 179, 255, 307, 309, 315, 321, 323, 325, 327 et 329; 62, 140, encoignure droite de la rue Pascal, 158, 166, 168, 178, 180, 266, 268, l'entrée des Gobelins, 272, 274, 278, 286, 288, 292, et les constructions situées entre la rue du Petit-Gentilly et la place de la barrière d'Italie. — Égout : 1° entre les rues de l'Arbalète et Censier; 2° entre les rues du Fer-à-Moulin et du Petit-

— MOU —

Moine. — Conduite d'eau depuis la rue de l'Arbalète jusqu'à celle des Gobelins. — Éclairage au gaz (comp⁰ Parisienne).

Une ordonnance royale du 15 janvier 1844, a déclaré d'utilité publique la démolition de la maison n° 156, formant l'encoignure de la rue de Lourcine.

MOULIN-DU-TEMPLE (RUE DU HAUT-).

Commence à la rue Delatour, n° 11 ; finit à la rue du Faubourg-du-Temple, nᵒˢ 12 et 14. Pas de numéro impair ; le dernier pair est 6 bis. Sa longueur est de 244 m. — 6ᵉ arrondissement, quartier du Temple.

Ce n'était qu'un chemin au commencement du XVIIIᵉ siècle ; on le nommait alors des *Marais*, parce qu'il avait été tracé sur des terrains en marais. On le désigna ensuite sous la dénomination de *Merderet*, parce qu'on y déposait toutes sortes d'immondices. Son nom actuel lui vient des moulins construits sur une élévation qui se trouvait entre cette voie publique et le boulevart. — Une décision ministérielle à la date du 5 vendémiaire an IX, signée L. Bonaparte, a fixé la largeur de cette rue à 10 m. Les constructions voisines de la rue Delatour, et la propriété située sur le côté gauche vers le milieu de la rue sont alignées ; le surplus est soumis à un fort retranchement. — Éclairage au gaz (compᵉ Lacarrière).

MOULIN-EN-LA-CITÉ (RUE DU HAUT-).

Commence à la rue Glatigny, n° 6 ; finit à la rue de la Cité, n° 1, et au quai Napoléon, n° 33. Le dernier impair est 13 ; le dernier pair, 10. Sa longueur est de 72 m. — 9ᵉ arrondissement, quartier de la Cité.

En 1204, on la nommait rue *Neuve-Saint-Denis*. Guillot l'appelle, vers 1300, rue *Saint-Denis de la Chartre*, parce qu'un des côtés latéraux de l'église Saint-Denis de la Chartre bordait cette voie publique. Au XVIᵉ siècle, une partie se nommait des *Hauts-Moulins*, en raison de quelques moulins construits sur la Seine qui coule près de cette rue ; l'autre partie était désignée sous la dénomination de *Saint-Symphorien*, parce que la chapelle Saint-Symphorien, dite plus tard chapelle Saint-Luc, y était située. — Une décision ministérielle à la date du 26 prairial an XI, signée Chaptal, a fixé la largeur de cette voie publique à 6 m. Les propriétés nᵒˢ 5, 7, 9 et 10, sont alignées ; une partie de la maison n° 11, et celle n° 13, devront avancer sur leurs vestiges actuels. — Conduite d'eau depuis la rue de la Cité jusqu'à la borne-fontaine.

Au n° 11 était située la *chapelle Saint-Luc*. A la place qu'elle occupait, existait autrefois un oratoire sous le titre de *Sainte-Catherine*. Son origine est inconnue. Elle tombait en ruine lorsque Mathieu de Montmorency résolut de faciliter sa reconstruction. Ce seigneur, qui n'avait pas accompli le vœu d'aller en Palestine, voulut expier sa faute en abandonnant à l'évêque Eudes de Sully les droits qu'il avait sur cet oratoire. L'acte relatif à cet abandon est de 1206. Éliénor, comtesse de

— MOU —

Vermandois, et plusieurs autres personnes d'une grande piété, ajoutèrent bientôt de nouvelles dotations qui permirent d'établir dans cette chapelle, restaurée quatre chapelains desservants. Quelques années après elle quitta le nom de Saint-Denis qu'on lui avait donné d'abord pour prendre celui de Saint-Symphorien. Les chapelains obtinrent le titre de chanoines en 1422. Depuis on transféra dans cette église la paroisse Saint-Leu et Saint-Gilles. Cette réunion ne subsista que jusqu'en 1698 ; le chapitre et la paroisse passèrent alors à l'église de la Madeleine de la Cité. Cette chapelle, cédée en 1704, à la communauté des peintres, sculpteurs et graveurs, prit alors le nom de Saint-Luc, leur patron. Devenue propriété nationale en 1790, la chapelle Saint-Luc fut vendue le 4 brumaire an IV.

MOULIN-JOLI (IMPASSE DU).

Située dans la rue des Trois-Couronnes, n° 35. Pas de numéro. — 6ᵉ arrondissement, quartier du Temple.

Le plan de Verniquet l'indique sous le nom de rue du *Moulin-Joli*. Elle aboutissait alors à un chemin qui conduisait au mur d'enceinte. La dénomination de Moulin-Joli lui vient d'un moulin à vent près duquel un sieur Joli avait établi un restaurant. Il n'existe point d'alignement pour cette impasse.

MOULINS BARRIÈRE DE REUILLY (RUE DES DEUX-).

Commence au chemin de ronde de la barrière de Reuilly ; finit à la rue de Picpus, n° 72. Pas de numéro impair ; le dernier pair est 4. Sa longueur est de 234 m. — 8ᵉ arrondissement, quartier des Quinze-Vingts.

Cette rue, tracée à la fin du siècle dernier, tire sa dénomination de son voisinage de quelques moulins à vent. Il n'existe point d'alignement ministériel pour cette voie publique dont la largeur actuelle varie de 7 m. 80 c. à 8 m. 80 c.

MOULINS-SAINT-MARCEL (RUE DES DEUX-).

Commence au chemin de ronde de la barrière de la Gare ; finit à la Grande Rue d'Austerlitz, et au boulevart de l'Hôpital. Pas de numéro. Sa longueur est de 468 m. — 12ᵉ arrondissement, quartier Saint-Marcel.

Elle faisait autrefois partie du village d'Austerlitz et devait sa dénomination à deux moulins qui existaient encore il y a quelques années. Plusieurs constructions ont été élevées dans cette rue d'après un alignement qui lui donne 13 m. de largeur. (Voyez *Grande Rue d'Austerlitz*.)

MOULINS-SAINT-ROCH (RUE DES).

Commence aux rues des Orties, n° 7, et des Moineaux, n° 2 ; finit à la rue Neuve-des-Petits-Champs, nᵒˢ 49 et 51. Le dernier impair est 25 ; le dernier pair, 32. Sa longueur est de 191 m. — 2ᵉ arrondissement, quartier du Palais-Royal.

Un grand nombre de constructions bordait cette voie publique en 1624. On l'a ainsi nommée parce qu'elle

— MOU —

se dirige sur une hauteur où l'on voyait encore des moulins au milieu du XVIIe siècle. De la rue Neuve-des-Petits-Champs à la rue Thérèse on l'appela d'abord rue *Neuve-de-Richelieu*, ensuite rue *Royale*. En 1793 le nom des Moulins lui fut assigné dans toute sa longueur. — Une décision ministérielle à la date du 3 frimaire an X, signée Chaptal, et une ordonnance royale du 4 octobre 1826, ont fixé la largeur de cette voie publique à 9 m. 74 c. Les propriétés du côté des numéros impairs et celles de 2 à 18 inclus sont alignées. Les autres constructions ne devront subir qu'un léger redressement.—Éclairage au gaz (compe Anglaise).

La maison qui porte le n° 14 fut quelque temps habitée par le vénérable *abbé de l'Épée*.

En parcourant aujourd'hui nos rues nouvelles, on cherche en vain le nom de l'instituteur des sourds-muets. C'est un oubli fâcheux que l'administration municipale s'empressera sans doute de réparer.

MOUSSY (RUE DE).

Commence à la rue de la Verrerie, nos 8 et 10; finit à la rue Sainte-Croix-de-la-Bretonnerie, nos 21 et 23. Le dernier impair est 7; le dernier pair, 8. Sa longueur est de 137 m. — 7e arrondissement, quartier du Marché-Saint-Jean.

Sous le règne de Philippe-Auguste cette voie publique était presqu'entièrement bâtie. Au XIIIe siècle on la nommait rue du *Franc-Mourier, Morier* et *Meurier*. Le libraire Corrozet la désigne ainsi : *ruelle descendant à la Verrerie*. Elle doit sa dénomination actuelle, qu'elle porte depuis le commencement du XVIe siècle, à Jean de Moussy, échevin en 1530, sous la prévôté de maître Jean Luillier. — Une décision ministérielle du 28 brumaire an VI, signée Letourneux, fixa la largeur de cette voie publique à 6 m. Par arrêté du préfet de police, du 17 juillet 1819, on a établi des grilles qui interceptent la circulation dans cette rue. En vertu d'une ordonnance royale du 6 décembre 1827, sa largeur est fixée à 10 m. La maison n° 5 est alignée. Toutes les autres constructions devront subir un fort retranchement. — Conduite d'eau depuis la rue de la Verrerie jusqu'à la borne-fontaine.

MOUTON (RUE DU).

Commence à la place de l'Hôtel-de-Ville, n° 39; finit à la rue de la Tixéranderie, n° 22. Le dernier impair est 13. Pas de numéro pair. Sa longueur est de 59 m. — 7e arrondissement, quartier des Arcis.

Dès 1263 une propriété de cette rue était indiquée sous le nom de la *Maison du Mouton*. Un arrêt du conseil du 24 mars 1679, ordonna l'élargissement de cette voie publique. Par décision ministérielle, en date du 20 septembre 1817, la largeur de cette rue devait être de 7 m. 50 c. En vertu d'une ordonnance royale du 6 mai 1836, cette largeur fut fixée à 10 m. Au mois de mai 1844, on a démoli les bâtiments qui bordaient le côté droit, en sorte que la rue du Mouton est confondue aujourd'hui avec la place de l'Hôtel-de-Ville. Les cons-

— MUL —

tructions du côté des numéros impairs devront reculer de 2 m. 60 c. environ. — Égout. — Éclairage au gaz, (compe Lacarrière).

MUETTE (RUE DE LA).

Commence à la rue de Charonne, nos 133 et 135; finit à la rue de la Roquette, nos 104 et 106. Le dernier impair est 35; le dernier pair, 26. Sa longueur est de 443 m. — 8e arrondissement, quartier Popincourt.

Elle doit cette dénomination au territoire sur lequel elle fut construite. Le lieu dit la *Muette* est indiqué dans la déclaration des censitaires du grand chambrier de France, en 1540. Une ordonnance royale du 6 mai 1827 a fixé la largeur de cette voie publique à 13 m. Maison à l'encoignure de la rue de Charonne, retranch. réduit 50 c.; 1, alignée; 3, ret. réduit 1 m. 50 c.; de 5 à 11, ret. 1 m. 90 c à 2 m. 30 c.; 13, en partie alignée, surplus ret. 1 m. 80 c.; de 17 à 27, ret. 2 m. 30 c. à 2 m. 60 c.; 29, alignée; 31, ret. réduit 2 m.; encoignure gauche de la rue des murs de la Roquette, alignée; 33, ret. réduit 50 c.; 35, pas de ret.; encoignure de la rue de la Roquette, ret. 1 m. 10 c. à 2 m. 50 c.; de 2 à 22, ret. 2 m. 80 c. à 4 m.; 24, alignée; 26, ret. 3 m. 70 c. à 5 m. 40 c.; terrain à la suite, ret. 1 m. 60 c. — Conduite d'eau.

La communauté des *Filles-de-Sainte-Marthe* était située dans cette rue, au n° 10. Elle fut instituée en 1713, par madame veuve Théodon, dans le but de procurer une instruction convenable aux jeunes filles du faubourg Saint-Antoine. Le siège de cet établissement fut d'abord placé dans la grande rue de ce faubourg. En 1719 il fut transféré dans la rue de la Muette. Cette communauté a été supprimée en 1790.

MULETS (RUE DES).

Commence à la rue d'Argenteuil, nos 32 et 34; finit à la rue des Moineaux, nos 23 et 25. Pas de numéro. Sa longueur est de 22 m. — 2e arrondissement, quartier du Palais-Royal.

Le premier acte qui la mentionne est de l'année 1663. Elle doit sa dénomination aux *mulets* qui transportaient les sacs de blé aux moulins situés dans le voisinage. — Une décision ministérielle, à la date du 18 fructidor an IX, signée Chaptal, fixa la largeur de cette voie publique à 6 m. En vertu d'une ordonnance royale du 4 octobre 1826, cette dimension est portée à 8 m. La largeur actuelle est de 1 m. 10 c. à 1 m. 30. Cette voie publique est depuis longtemps fermée à ses deux extrémités. Les constructions du côté gauche, en entrant par la rue d'Argenteuil, sont alignées. Celles du côté opposé devront reculer de 6 m. 70 c. à 6 m. 90 c.

MULHOUSE (RUE DE).

Commence à la rue de Cléry, nos 27 et 29; finit à la Petite-rue-Saint-Roch, nos 5 et 9. Le dernier impair est 13; le dernier pair, 8. Sa longueur est de 78 m. — 3e arrondissement, quartier Montmartre.

Une ordonnance royale du 24 janvier 1843, porte : « Article 1er. Les sieurs Périer frères sont autorisés à

— MUR —

ouvrir sur l'emplacement d'un hôtel qui leur appartient à Paris, rue de Cléry, n° 27, et sur les jardins joignant la rue Saint-Roch qui en dépendent, une rue de 12 m. de largeur, destinée à établir une communication de l'une à l'autre de ces voies publiques, etc. — Art. 2°. L'autorisation résultant de l'article précédent est accordée à la charge par les sieurs Périer ou leurs ayant-cause, de céder gratuitement à la ville de Paris le sol de la nouvelle voie publique et de se conformer aux charges, clauses et conditions exprimées dans la délibération du conseil municipal, en date du 8 avril 1842. » Les conditions imposées par le conseil municipal sont celles ci-après : « De faire établir le premier pavage de ladite rue en chaussée bombée et en pavés durs d'échantillon ; de supporter les frais d'établissement des bornes nécessaires au lavage des ruisseaux, même dans le cas où le sommet des pentes exigerait qu'elles fussent posées dans les rues voisines ; de supporter pareillement les frais d'établissement depuis la conduite publique la plus voisine, des tuyaux nécessaires à l'alimentation de ces bornes-fontaines et à la distribution des eaux dans toute la longueur de la rue ; de faire établir dans la rue Saint-Roch l'embranchement et les bouches d'égout indispensables pour l'absorption des eaux de la nouvelle rue. Les divers travaux de pavage, de bornes-fontaines, de tuyaux et d'égouts, seront exécutés sous la direction des ingénieurs, conformément aux plans et dans les dimensions qui seront arrêtés par l'administration ; de supporter les frais d'établissement et de pose du matériel pour l'éclairage au gaz ; de faire établir de chaque côté de la nouvelle rue des trottoirs en granit, avec ruisseaux refouillés dans les bordures, suivant le plan qui en sera arrêté par l'administration ; d'assurer à toujours, par les soins d'un cantonnier, le balayage de la chaussée, des trottoirs et des ruisseaux, aux frais des propriétaires riverains et conformément aux prescriptions de la police ; de se conformer à tous les règlements de voirie, de se soumettre à la surveillance des agents de l'administration pendant le cours des constructions, et d'acquitter les droits de voirie auxquels les nouvelles constructions donneront lieu ; de tenir la nouvelle rue close de barrières à ses points de jonction avec les rues anciennes, jusqu'au jour où elle aura été reçue par l'administration ; de livrer la rue entièrement nivelée, pavée et éclairée avant le 1er juillet 1844. » Ce percement a été immédiatement exécuté. Les constructions riveraines sont alignées. — Conduite d'eau. — Éclairage au gaz (comp° Française).

Mulhouse, l'une des principales villes du département du Haut-Rhin, est renommée par ses draperies, ses mousselines et ses toiles peintes. On a donné son nom à la voie publique dont nous nous occupons, parce qu'elle est située dans un quartier habité par des négociants qui vendent les produits manufacturés à Mulhouse.

MURIER (RUE DU).

Commence à la rue Saint-Victor, n°s 133 et 135 ; finit à la rue Traversine, n°s 9 et 11. Le dernier impair est 13 ;

— MUS —

le dernier pair, 10. Sa longueur est de 83 m. — 12° arrondissement, quartier du Jardin-du-Roi.

Les cartulaires de Sainte-Geneviève, de 1243 à 1249, l'indiquent sous la dénomination de rue *Pavée*. Ce nom se trouve aussi dans tous les terriers postérieurs jusqu'au XVe siècle. Guillot l'avait appelée *Pavée-Goire*. Du temps du libraire Gilles Corrozet, c'était déjà la rue du Murier. — Une décision ministérielle, à la date du 28 pluviôse an IX, signée Chaptal, avait fixé la largeur de cette voie publique à 6 m. Cette largeur a été portée à 10 m. en vertu d'une ordonnance royale du 6 juillet 1831. Les constructions du côté des numéros impairs sont soumises à un retranchement qui varie de 2 m. à 2 m. 60 c. Celles du côté opposé devront reculer de 2 m. 60 c. à 2 m. 90 c.

MUSC (RUE DU PETIT-).

Commence au quai des Célestins, n° 10, et à la rue de Sully ; finit à la rue Saint-Antoine, n°s 210 et 212. Le dernier impair est 21 ; le dernier pair, 16. Sa longueur est de 333 m. — 9° arrondissement, quartier de l'Arsenal.

Cette rue occupe une partie de l'emplacement d'une voirie et de l'ancien champ au plâtre ; située hors de l'enceinte de Philippe-Auguste, on la nomma rue *Put-y-Musse*. Ces mots *Put-y-Musse* signifiaient fille publique ou put.. s'y cache. En effet, cette rue sale et étroite servit longtemps de repaire aux femmes de mauvaise vie. C'est à tort que Germain Brice avance que la rue du Petit-Musc était ainsi appelée du mot latin *petimus*, parce que, dit-il, Charles VI avait fait construire, sur l'emplacement qu'elle occupe, un logement pour le maître des requêtes dont les exploits commençaient toujours, suivant l'usage d'alors, par *petimus*, nous demandons, etc. Cette assertion est inexacte : l'hôtel des maîtres des requêtes était situé dans la rue Saint-Paul. On lui donna plus tard le nom de rue *aux Célestins*, en raison du couvent des ces religieux qui bordait une partie de cette voie publique. — Une décision ministérielle du 8 nivôse an IX, signée Chaptal, avait fixé la largeur de cette rue à 9 m. Cette largeur a été portée à 12 m. en vertu d'une ordonnance royale du 5 décembre 1830. De 1 à 15, retranch. 3 m. 10 c. à 4 m. 50 c. ; 17 et 19, ret. 4 m. 50 c. à 5 m. 10 c. ; 21, ret. réduit 3 m. 80 c. ; la caserne, ret. réduit 3 m. 20 c. ; de 4 à 8, ret. 1 m. 40 c. à 1 m. 70 c. ; encoignure droite de la rue de la Cerisaie, ret. 25 c. ; 10 et 12, ret. réduit 40 c. ; 14 ret. réduit 1 m. 20 c. ; 16, ret. réduit 2 m. 50 c. — Égout depuis le quai des Célestins jusqu'à la rue Neuve-Saint-Paul. — Conduite d'eau depuis cette rue jusqu'à la borne-fontaine.

MUSÉE (PLACE DU).

Située entre le Louvre, les rues du Carrousel et du Musée. — 4° arrondissement, quartier du Louvre.

Elle tire son nom du *Musée*, dont l'entrée est sur cette place. On lui a donné sous l'empire la dénomination d'*Austerlitz*. Il n'existe pas d'alignement arrêté pour cette place. — Égout.

MUSÉE (RUE DU).

Commence à la place du Musée; finit à la place du Palais-Royal, nos 231 et 233. Le dernier impair est 23; le dernier pair, 32. Sa longueur est de 117 m. — Les numéros impairs sont du 1er arrondissement, quartier des Tuileries; les numéros pairs dépendent du 4e arrondissement, quartier Saint-Honoré.

Elle est ainsi désignée en 1290 : *Vicus de Fromentel* et de *Frigido-Mantello*. En 1313 et depuis, elle est appelée indifféremment *Froit-Mantel, Froid-Manteau, Froit-Mantyau*, etc. Cette voie publique a été longtemps habitée par des filles de mauvaise vie. La rue Froidmanteau se prolongeait autrefois jusqu'à la galerie méridionale du Louvre, et débouchait sur le quai par un guichet qui existe encore. — En vertu d'une décision ministérielle du 16 février 1839, signée Montalivet, et rendue sur la demande des propriétaires riverains, cette voie publique a reçu le nom de rue du *Musée*. Il n'existe pas d'alignement arrêté pour cette rue dont la largeur actuelle est de 4 m. 90 c. — Égout. — Éclairage au gaz (compe Anglaise).

MUSÉES (LES).

Parmi les établissements les plus curieux de la capitale, les musées doivent être placés au premier rang. Mais pour analyser les beautés qu'ils renferment, un volume suffirait à peine. Nous nous bornerons à rappeler ici l'époque de leur fondation en indiquant seulement leurs principales richesses.

MUSÉE D'ARTILLERIE.

Situé place Saint-Thomas-d'Aquin. — 10e arrondissement, quartier Saint-Thomas-d'Aquin.

Cet établissement a été fondé par une loi du 24 floréal an II (14 mai 1794). On commença par rassembler les armes rares et curieuses qui avaient été recueillies dans les maisons provenant d'émigrés, et dans quelques dépôts établis pendant la révolution. Ces richesses furent placées jusqu'en 1796, dans le couvent des religieux Feuillants; mais ce musée passa bientôt sous la direction de l'artillerie et les armes furent transportées dans les bâtiments des Jacobins réformés, appartenant au domaine national. Les conquêtes de la France en Italie, en Espagne et en Allemagne, augmentèrent successivement le musée d'artillerie.

Les diverses collections dont se compose ce magnifique établissement, sont distribuées dans cinq grandes galeries. Les anciennes armes défensives, telles que cottes de mailles, cuirasses, casques, boucliers et autres, sont placées dans la pièce la plus vaste, qu'on nomme *galerie des Armures*. Les collections d'armes offensives, les modèles de tous les systèmes d'artillerie, une grande quantité d'autres modèles d'armes de toute espèce, de machines et d'instruments servant à l'artillerie, occupent les quatre autres galeries.

Dans chacune de ces quatre galeries, on a établi, en face des croisées, un râtelier garni d'armes portatives tant anciennes que modernes, depuis l'arquebuse à mèche jusqu'au fusil à platine percutante.

Cette curieuse collection a éprouvé de grandes pertes dans deux circonstances politiques bien différentes, à l'époque de l'invasion étrangère en 1814 et 1815, et dans les journées de juillet 1830.

Les ennemis nous enlevèrent plusieurs caisses énormes d'armes précieuses qui sont restées la proie du vainqueur. En 1830, le peuple prit pour sa défense la plus grande partie des anciennes armes du musée, mais après la lutte presque toutes furent rendues.

MUSÉE DUPUYTREN.

Situé dans la rue de l'École-de-Médecine, en face de la rue Hautefeuille. — 11e arrondissement, quartier de l'École-de-Médecine.

En octobre 1834, M. Orfila, doyen de la faculté de médecine de Paris, fut consulté par Dupuytren sur une clause du testament olographe par lequel ce dernier léguait à la faculté une somme de 200,000 francs, pour fonder une chaire d'anatomie pathologique interne et externe. M. Orfila engagea le célèbre chirurgien à modifier cette clause du testament. « Votre legs, » lui dit-il, sera plus utile à l'enseignement et plus » honorable à votre famille, si vous déclarez que vous » léguez à la faculté les 200,000 fr. pour l'établisse- » ment d'un Muséum d'anatomie pathologique, à la » condition que le ministre et le conseil royal de » l'Université, en acceptant ce legs, consentiront à » créer une chaire pour l'enseignement de cette » science. Ce Muséum portera votre nom, et la postérité la plus reculée ne pourra oublier votre bienfait. »

Dupuytren qui d'abord ne goûta pas cette idée, l'accueillit ensuite avec faveur. « Si je suis assez heu- » reux pour guérir, avant un an vous aurez la chaire » et le Musée; si je ne me rétablis pas, je compte sur » vous, dit-il à l'honorable doyen. » — Le double vœu de Dupuytren a été fidèlement rempli par son digne collègue. La clause n'ayant pas été modifiée, l'Université n'était tenue qu'à créer une chaire. Les 200,000 fr. légués pour cet objet furent versés le 20 juillet 1835, par les héritiers de Dupuytren, sa fille et son gendre (M. et Mme de Beaumont), qui eurent la générosité d'acquitter de leurs propres deniers les droits de mutation, afin que la somme restât complète. Mais en même temps, le ministre et le conseil royal de l'Université, sur la proposition de M. Orfila, donnaient la somme nécessaire pour la création du Muséum.

Le savant Cruveilhier, selon le vœu de son illustre ami, fut appelé à la chaire nouvelle, et le 2 novembre 1835, le docteur Broussais, en séance publique de la Faculté de Médecine, prononça le discours d'inauguration du Musée Dupuytren.

MUSÉES DU LOUVRE.

Par décret du 27 juillet 1793, la Convention ordonna

— MUS —

l'établissement d'un *Musée National*, et fixa son ouverture au 10 août suivant; 537 tableaux des plus grands maîtres furent exposés dans une des galeries du Louvre.

Sous le consulat et l'empire, cette collection précieuse s'augmenta d'un grand nombre d'ouvrages conquis sur l'ennemi et présentait, en 1814, un total de 1224 tableaux.

Les désastres de 1815 nous obligèrent à restituer une partie de ces richesses. Néanmoins cette collection est encore unique dans le monde entier. Le Musée du Louvre ne renferme que les ouvrages des artistes morts.

Dans la grande galerie méridionale de ce palais a lieu tous les ans l'exposition des tableaux. En 1740, le directeur-général des bâtiments reçut du roi l'ordre de faire exposer les ouvrages exécutés dans le courant de l'année par les membres de l'académie de peinture et de sculpture. Ce monopole fut détruit par la révolution. Un décret du 21 août 1791 autorisa tous les artistes français et étrangers à prendre part aux expositions.

Le palais du Louvre contient plusieurs autres musées; celui des *Dessins*, formé en 1797; le Musée des *Antiques* ou des *Sculptures*, ouvert le 9 novembre 1800; le Musée des *Antiquités Egyptiennes et Romaines*, fondé en 1827; le Musée *Naval*; le Musée du *Moyen-âge et de la Renaissance*; enfin le Musée *Espagnol*; ces trois établissements formés depuis 1830, par sa majesté Louis-Philippe.

MUSÉE DU LUXEMBOURG.

Marie de Médicis commença cette précieuse collection qui fut transférée au Louvre en 1780. Napoléon la fit replacer au Luxembourg en 1805, et l'augmenta d'un grand nombre de tableaux. Louis XVIII ordonna qu'on transportât au Louvre les productions de Lesueur, de Vernet et d'autres grands-maîtres, et les fit remplacer par des ouvrages d'artistes vivants.

Ce Musée, qui occupe une partie des deux ailes septentrionales du palais du Luxembourg, a été rendu public en 1818, et il est en général destiné à l'exposition des tableaux des peintres modernes, lorsque ces ouvrages ont été acquis par le gouvernement.

MUSÉE DES THERMES ET DE L'HOTEL DE CLUNY.

Situé dans la rue des Mathurins-Saint-Jacques. — 11e arrondissement, quartier de la Sorbonne.

La dispersion des monuments rassemblés par Alexandre Lenoir dans l'ancien couvent des Petits-Augustins, excitait depuis longtemps de profonds regrets. Les amis de nos antiquités nationales souhaitaient que le gouvernement fît choix d'un local destiné à recueillir toutes les œuvres de sculpture, tous les débris historiques, tous les fragments du moyen-âge que d'heureux hasards pouvaient faire découvrir ou que de pieuses intentions pouvaient léguer aux générations futures.

Ce désir vient d'être exaucé. Le gouvernement a fait l'acquisition de l'hôtel de Cluny, et la ville de Paris abandonne à l'État la propriété du palais des Thermes. Ces deux monuments réunis viennent de recevoir un Musée archéologique, dont le noyau provient de la collection formée par feu Du Sommerard.

Avant de parler des objets curieux que renferme ce Musée, il n'est pas inutile de rappeler l'origine des deux édifices dont le gouvernement vient de faire l'acquisition.

Palais des Thermes.

Ce curieux débris d'un vaste monument élevé pendant la période romaine, conserve encore aujourd'hui le nom de *Palais des Thermes*.

A Rome on donnait cette dénomination à des établissements destinés à des bains chauds; mais par la suite, ces édifices devinrent des palais où séjournaient les empereurs.

On attribue la fondation du palais des Thermes à Constance Chlore, qui durant quatorze années de règne paisible, de 292 à 306, gouverna les Gaules. Les bâtiments et les cours qui dépendaient de cet édifice, se prolongeaient du côté du sud jusqu'à la Sorbonne; au-delà et du même côté, se trouvait la place d'Armes (*campus*), où Julien fut proclamé empereur. En cet endroit passait la voie romaine qui partait d'Orléans; cette voie conduisait à deux points différents: au palais, par les arènes et les cours; à l'île de la Cité en se dirigeant par une route qui existait anciennement entre les églises de la Sorbonne et de Saint-Benoît, et aboutissait au petit Pont; au nord, les bâtiments de ce palais se prolongeaient jusqu'à la rive gauche du petit bras de la Seine.

De tout cet immense édifice il ne reste qu'une salle qui offre dans son plan deux parallélogrammes contigus formant une seule pièce. Le plus grand a 20 m. environ de longueur sur 14 de largeur; le plus petit a 10 m. sur 6 m. Les voûtes sont à arêtes et à plein-cintre et s'élèvent à 14 m. au-dessus du sol.

Ces voûtes ont été si bien construites, qu'elles ont résisté à l'action de quinze siècles. L'architecture de cette salle est simple et majestueuse. Les arêtes des murs en descendant se rapprochent et s'appuient sur une console qui représente la poupe d'un vaisseau. Cette poupe, symbole des eaux, servait à caractériser un édifice destiné à des bains.

La propriété du palais des Thermes appartenait en 1781, à l'ordre de Cluny. Par bail passé devant Mes Bro et Trutat, notaires au Châtelet de Paris, les 27 janvier et 6 mai de la même année, le cardinal de La Rochefoucauld, alors abbé de Cluny, loua pour 99 années à titre d'emphytéose au sieur Jean-Laurent Falaise, maître tonnelier, et à Marguerite Perrel, son épouse, le palais des Thermes et ses dépendances, moyennant 1800 livres tournois de redevance emphytéotique, payables aux quatre termes ordinaires de l'année.

En 1790, cet édifice devint propriété nationale et fut

cédé par l'État à la maison de Charenton, en vertu des décrets des 1er jour complémentaire de l'an XIII, et 9 septembre 1807, pour remplacer au profit de l'administration des hospices, *ceux de ses biens qui avaient été aliénés pendant la révolution.* Suivant acte administratif passé à la préfecture de la Seine, le 1er juillet 1819, en exécution d'une ordonnance royale du 19 mai précédent, le sieur Jean-Laurent Falaise consentit la résiliation et la rétrocession du bail emphytéotique. Les renseignements suivants complètent la partie administrative consacrée à cet édifice.

« Paris, le 15 novembre 1837. — Louis-Philippe, etc... : Article 1er. Le directeur de la maison royale de Charenton est autorisé à vendre à la ville de Paris le *palais des Thermes de Julien*, appartenant à cet hospice, moyennant une rente de 2,340 francs en 3 p. % sur l'État, et le paiement des frais de la vente. »

« Paris, le 27 avril 1844. — Louis-Philippe, etc... : Vu la délibération du conseil municipal de la ville de Paris, en date du 27 janvier 1843..... Vu la loi du 27 juillet 1843, qui ouvre un crédit pour l'acquisition de l'hôtel de Cluny et de la collection Du Sommerard, dans le but de fonder un *Musée d'Antiquités Nationales*, etc... — Article 1er. La ville de Paris est autorisée à céder gratuitement à l'État l'*ancien palais des Thermes de Julien*, contigu à l'hôtel de Cluny et destiné à l'établissement du Musée, aux clauses et conditions indiquées dans la délibération du conseil municipal sus-énoncée, etc. »

Hôtel de Cluny.

Vers le milieu du XIVe siècle, un abbé de l'ordre célèbre de Cluny, Pierre de Chaslus, fit l'acquisition d'une partie de l'ancien palais des Thermes et bâtit sur cet emplacement le premier hôtel de Cluny. Cette demeure était habitée par les abbés de cet ordre, lorsque leurs affaires les attiraient à Paris. Jean de Bourbon voulut entreprendre plus tard la reconstruction de cet hôtel; la mort l'empêcha d'accomplir son dessein. En 1505, Jacques d'Amboise, l'un des neuf frères du vertueux ministre de Louis XII, mit ce projet à exécution. — Ce monument résume en lui trois âges d'architecture; romain par la base; élevé et décoré en partie par les dernières inspirations de l'art gothique, il a été terminé sous la gracieuse influence du style de la renaissance. L'édifice tout entier repose sur des fondements pétris de ce ciment qui a survécu au peuple-roi; c'est sur ce rocher que l'artiste catholique a brodé et découpé tant de capricieuses fantaisies. Tous ceux qu'impressionnent les élégances de l'art architectonique admirent les bandeaux, les dentelures des fenêtres, la tourelle hardie et coquette avec son hélice de pierre.

La chapelle surtout est d'un style admirable quoique dépouillée de ses riches vitraux et des douze statues de saints qui remplissaient les niches de son pourtour si élégamment *historié*. Les armes de Jacques d'Amboise et les attributs de son patron indiqués par des coquilles et des bourdons de pèlerins, sont encore empreints sur les murs de ce charmant édifice qu'on ne saurait louer d'une manière plus exacte et plus poétique qu'en disant comme madame de Staël : *c'est la prière fixée.*

Dans une chambre qui existe encore, François Ier surprit Marie, veuve de Louis XII, en tête à tête avec le duc de Suffolck, et fit légitimer immédiatement leurs amours clandestins, par un cardinal qu'il avait eu la précaution d'amener. — Sous le règne de Henri III, des comédiens s'établirent à l'hôtel de Cluny. Ils formaient une troupe récemment arrivée d'Italie. Leurs représentations attirèrent une telle affluence *que les quatre meilleurs prédicateurs de Paris,* dit l'Estoile, *n'en avoient tous ensemble autant quand ils prêchoient.* Un arrêt du parlement, à la date du 6 octobre 1584, suspendit ces représentations. Les nonces du pape habitèrent ensuite l'hôtel de Cluny. Cette demeure leur était très commode en raison de la proximité de la Sorbonne où se tenaient les assemblées de la faculté de théologie.

Les religieuses de Port-Royal, ces pieuses femmes qui eurent l'honneur d'avoir Racine pour historien, habitaient l'hôtel de Cluny en 1625 ; elles restèrent en cet endroit jusqu'à l'achèvement de la maison qu'on a fait bâtir dans la rue de la Bourbe.

La tourelle servit aux observations astronomiques de Delisle, de Lalande et de Meslier que Louis XV nommait le *Furet des Comètes*. Néanmoins l'hôtel de Cluny fut toujours possédé par les abbés de cet ordre.

En 1790, ce charmant édifice devint propriété nationale. L'État, peu soucieux alors de la conservation de nos monuments historiques, vendit l'hôtel de Cluny le 23 pluviôse an VIII, avec la clause suivante : « En cas de nouvelles constructions des faces sur la rue, ou si le gouvernement ordonnait le redressement de la dite rue, l'adjudicataire sera tenu de se conformer aux alignements qui en seront donnés, et de fournir sans indemnité le terrain nécessaire pour cet effet. » — Le gouvernement actuel, en rachetant cet édifice, l'a préservé sans aucun doute d'une ruine prochaine.

Les appartements du premier et du second étages ont été successivement occupés par les grands établissements typographiques de MM. Moutard, Vincent Fusch, Leprieur. Ainsi la politique, la religion, l'art dramatique, les sciences, l'imprimerie revendiquent une part dans les annales de l'hôtel de Cluny.

De tous les habitants de ce manoir vénérable, feu Du Sommerard est celui qui a fait le plus pour en assurer la conservation, en indiquant le parti que la science en pouvait tirer. Conseiller-maître à la cour des comptes, il employa durant trente années tous les loisirs que lui laissaient ses fonctions à recueillir des objets d'art. Après la mort de ce savant et laborieux archéologue, le gouvernement s'empressa d'acheter cette précieuse collection qui fut rendue publique le 17 mai 1844.

Indépendamment de la chapelle, ce musée occupe huit ou dix salles du rez-de-chaussée et du premier étage de l'hôtel de Cluny. On y entre par cette merveilleuse porte qui donne sur la rue des Mathurins. Il faudrait un volume, un gros in-folio pour énumérer les richesses que renferme cet établissement. — Nous parlerons d'abord des étriers que portait François Ier à la bataille de Pavie. Conservés comme un trophée par le comte de Lannoy, qui fit prisonnier le roi de France, ils ont été achetés à sa famille par M. Du Sommerard. Ils sont en cuivre doré, maintenus par des barres d'acier, et représentent sur la face les lettres *F Rex*, et sur les tranches la couronne de France, avec les salamandres des Valois. Au bas, dans un lambrequin, on lit cette devise : *Nutrisco et extinguo*.

Nous recommandons aux disciples de Philidor l'échiquier du roi saint Louis, dont les cases et les pièces sont en cristal de roche et montées en argent doré. La bordure d'encadrement est creuse et renferme des figurines en bois sculpté représentant des tournois. Cet échiquier précieux a été apporté aux Tuileries sous la Restauration; et Louis XVIII en fit don à son valet-de-chambre le baron de Ville-d'Avray, qui le vendit 1,200 fr. à M. Du Sommerard.

On admire aussi dans ce musée les belles faïences de Flandre et d'Italie, et plusieurs magnifiques plats ronds représentant des sujets mythologiques, ou peuplés en relief d'écrevisses, de coquillages, de poissons et d'herbes marines. Ces poteries sont de Bernard Palizzi, de ce grand artiste dont le génie persévérant lutta contre la matière rebelle jusqu'au jour où, pour sa dernière expérience, il fut réduit à chauffer son four avec son dernier meuble.

Le gouvernement recueillera bientôt le fruit de son patriotique sacrifice. L'on adoptera sans doute les plans de M. Albert Lenoir, couronnés par l'Institut en 1833. Une galerie intermédiaire unira les Thermes à l'hôtel de Cluny. Alors ces deux édifices seront débarrassés des vieilles maisons qui leur disputent l'air et le soleil, et la collection Du Sommerard, convenablement classée, augmentée par de nouvelles acquisitions, deviendra le plus beau musée archéologique de l'Europe.

MUSIQUE (ACADÉMIE ROYALE DE).

Située rue Le Peletier. — 2e arrondissement, quartier de la Chaussée-d'Antin.

Au commencement du XVIe siècle, deux Florentins, *Ottavio Rinucci*, poète, et *Giacomo Corsi*, gentilhomme et très bon musicien, firent représenter avec un immense succès, sur le théâtre de la cour du grand duc de Toscane, une pièce lyrique à grand spectacle, intitulée *les Amours d'Apollon et de Circée*.

En France, le poète Baïf forma, sous le règne de Charles IX, dans une maison de la rue des Fossés-Saint-Victor, une société de musiciens dont le roi se déclara le protecteur. Jacques Mauduit, greffier des requêtes et virtuose distingué, fut le successeur de Baïf. Son établissement reçut le nom de *Société et Académie de Cécile*. Ces artistes s'occupaient spécialement de Sainte-musique religieuse. L'opéra ne fut réellement introduit en France que sous le ministère du cardinal Mazarin, mais alors avec de la musique et des paroles italiennes. L'abbé Perrin hasarda le premier des vers d'opéra en français; il débuta par *une Pastorale*, en cinq actes, qui fut représentée à Vincennes, puis à l'hôtel de Nevers en 1659. La musique était de la composition de Gambert, organiste de Saint-Honoré et surintendant de la musique de la reine-mère. Le 26 juin 1669, l'abbé Perrin obtint des lettres-patentes qui lui permettaient « d'établir en la ville de Paris et autres du royaume des académies de musique pour chanter en public, pendant douze années, des pièces de théâtre, comme il se pratique en Italie, en Allemagne et en Angleterre. » — Les premiers musiciens et les meilleurs chanteurs du grand Opéra français furent tirés principalement des églises de la Provence ; ainsi ce spectacle, éminemment profane, qu'on a regardé depuis comme un lieu de perdition, fut inauguré par un abbé et par des chantres de lutrin. Au mois de mars 1671, l'abbé Perrin ouvrit une salle dans le jeu de paume de la rue Mazarine; on y représenta l'opéra de *Pomone;* mais la nouvelle entreprise se vit, au bout de quelques mois, menacée d'une chute complète : un certain marquis de Sourdéac, mécanicien ou plutôt chevalier d'industrie, participait à la direction de ce théâtre. Sous le prétexte de se rembourser des avances qu'il avait faites, il mit la main sur la caisse et l'emporta. — Louis XIV ne pouvait rester indifférent à la ruine d'une entreprise qui, bien conduite, lui paraissait utile aux progrès de la musique. Au mois de mars 1682, le grand Roi donna des lettres-patentes qu'on peut regarder en quelque sorte comme l'état civil de l'Opéra. Ces lettres sont trop remarquables, elles portent à un trop haut point le cachet de splendeur qui marquait tous les actes de ce règne glorieux pour ne pas être reproduites.

« Louis, etc...... Les sciences et les arts étant les
» ornements les plus considérables des États, nous
» n'avons point eu de plus agréables divertissements
» depuis que nous avons donné la paix à nos peuples,
» que de les faire revivre en appelant près de nous
» tous ceux qui se sont acquis la réputation d'y excel-
» ler, non seulement dans l'étendue de notre royaume,
» mais aussi dans les pays étrangers, et pour les y
» obliger davantage à s'y perfectionner, nous les
» avons honorés de notre bienveillance et de notre
» estime, et comme entre les arts libéraux la musique
» y tient un des premiers rangs, nous aurions, dans
» le dessein de la faire réussir avec tous ses avantages,
» par nos lettres-patentes du 26 juin 1669, accordé au
» sieur Perrin une permission d'établir en notre bonne
» ville de Paris et autres de notre royaume, des acadé-
» mies de musique pour chanter en public des pièces de
» théâtre, comme il se pratique en Italie, en Allema-
» gne et en Angleterre, pendant l'espace de douze an-
» nées ; mais ayant été depuis informé que les peines
» et les soins que le sieur Perrin a pris pour ces

» établissements n'ont pu seconder pleinement notre
» intention et élever la musique au point que nous
» nous l'étions promis, nous avons cru, pour y mieux
» réussir, qu'il était à propos d'en donner la conduite
» à une personne dont l'expérience et la capacité nous
» fussent connues, et qui eût assez de suffisance pour
» former des élèves, tant pour bien chanter et action-
» ner sur le théâtre qu'à dresser des bandes de vio-
» lons, flûtes et autres instruments. A ces causes,
» bien informé de l'intelligence et grande connaissance
» que s'est acquis notre très cher et bien-amé Jean-
» Baptiste Lully, au fait de la musique dont il nous a
» donné et donne journellement de très agréables
» preuves depuis plusieurs années qu'il s'est attaché à
» notre service, qui nous ont convié de l'honorer de la
» charge de surintendant et compositeur de la musi-
» que de notre chambre, nous avons audit sieur Lully
» permis et accordé, permettons et accordons par ces
» présentes d'établir une *Académie royale de musique*
» dans notre bonne ville de Paris qui sera composée
» de tel nombre et qualité de personnes qu'il avisera
» bon être, que nous choisirons et arrêterons sur le rap-
» port qui nous en sera fait, pour faire des représen-
» tations par-devant nous, quand il nous plaira, des
» pièces de musique qui seront composées tant en
» vers français qu'autres langues étrangères, pareille
» et semblable aux académies d'Italie, pour en jouir
» sa vie durant, et après lui celui de ses enfants qui
» sera pourvu et reçu en survivance de ladite charge
» de surintendant de la musique de notre chambre,
» avec pouvoir d'associer avec lui qui bon lui sem-
» blera, pour l'établissement de ladite académie, et
» pour le dédommager des grands frais qu'il convien-
» dra faire pour lesdites représentations, tant à cause
» des théâtres, machines, décorations, habits, qu'au-
» tres choses nécessaires, lui permettons de donner en
» public toutes les pièces qu'il aura composées, même
» celles qui auront été représentées devant nous, sans
» néanmoins qu'il puisse se servir pour l'exécution
» desdites pièces des musiciens qui sont à nos gages,
» comme aussi de prendre telles sommes qu'il jugera
» à propos, et d'établir des gardes et autres gens né-
» cessaires aux portes des lieux où se feront lesdites
» représentations, faisant très expresses inhibitions et
» défenses à toutes personnes de quelque qualité et
» condition qu'elles soient, même les officiers de notre
» maison, d'y entrer sans payer, comme aussi de faire
» chanter aucune pièce entière en musique, soit en
» vers français ou autres langues étrangères, sans la
» permission par écrit dudit sieur Lully, à peine de
» 10,000 liv. d'amende et de confiscation des théâtres,
» machines, décorations, habits et autres choses, ap-
» plicable un tiers à nous, un tiers à l'hôpital général
» et l'autre tiers audit sieur Lully, lequel pourra aussi
» établir des écoles particulières de musique en notre
» bonne ville de Paris, et partout où il jugera néces-
» saire pour le bien et l'avantage de ladite académie

» royale, et d'autant que nous l'érigeons sur le pied de
» celles des académies d'Italie, où les gentilhommes
» chantent publiquement en musique sans déroger,
» nous voulons et nous plait que tous gentilhommes et
» demoiselles puissent chanter auxdites pièces et re-
» présentations de notre dite académie royale de musi-
» que, sans que pour ce *ils soyent censés déroger au-
» dit titre de noblesse, ni à leurs privilèges, charges,
» droits et indemnités*. Révoquons, cassons et annu-
» lons par ces présentes, toutes permissions et privi-
» lèges que nous pourrions avoir ci-devant donnés et
» accordés, même celui dudit sieur Perrin pour raison
» desdites pièces de théâtre, en musique, sous quel-
» ques noms, qualités, conditions et prétexte que ce
» puisse être, etc. Donné à Versailles au mois de mars
» l'an de grâce 1672, et de notre règne le 29e, signé
» Louis. » — En possession de ce privilège, Lulli
transféra son théâtre au jeu de paume du Bel-Air, rue
de Vaugirard, près du palais du Luxembourg. L'ouverture eut lieu le 15 novembre 1672 par la première
représentation *des Fêtes de l'Amour et de Bacchus*. La
salle du Palais-Royal étant restée inoccupée par suite
de la mort de Molière, Lulli vint y établir son théâtre.
De nombreux succès récompensèrent le zèle et les talents de Lulli qui mourut en 1687.

Avant de rappeler les autres changements survenus
dans cet établissement, nous allons donner une idée
de la position financière des artistes de l'Opéra au
commencement du XVIIIe siècle. Ce document régle-
mentaire porte la date du 11 janvier 1713; il est intitulé :

ÉTAT

*du nombre de personnes, tant hommes que femmes,
dont le roi veut et entend que l'Académie royale de
Musique soit toujours composée, sans qu'il puisse
être augmenté ni diminué.*

ACTEURS POUR LES ROLLES.

BASSES-TAILLES.

Premier acteur.	1,500 liv.
Second acteur.	1,200 liv.
Troisième acteur.	1,000 liv.

HAUTES-CONTRES.

Premier acteur.	1,500 liv.
Second acteur.	1,200 liv.
Troisième acteur.	1,000 liv.

ACTRICES POUR LES ROLLES.

Première actrice.	1,500 liv.
Deuxième actrice.	1,200 liv.

(Suit une proportion décroissante jusqu'à la sixième
actrice dont les appointements sont fixés à 700 liv.)

POUR LES CHOEURS.

Vingt-deux hommes à 400 livres et deux pages à
200 livres.

Douze femmes à 400 livres.

DANSEURS.

Deux premiers danseurs à 1,000 liv. chacun; dix autres à 800, 600 et 400 livres.

Deux premières danseuses à 900 livres chacune; huit autres à 500 et 400 livres.

ORQUESTRE.

Batteur de mesure (*chef d'orchestre*) à 1,000 livres. (Suit la nomenclature de quarante-six instrumentistes dont les appointements varient de 600 à 400 liv.)

Deux machinistes à 600 livres.

De cet état officiel il résulte que le personnel de l'Opéra s'élevait, en 1713, à *cent vingt-six artistes ou employés*, le tout coûtant chaque année *soixante-sept mille cinquante francs*.

Francine, gendre et successeur de Lulli, avait hérité de son privilége; mais, en 1712, ses créanciers s'en étant emparés, Guinet, syndic, administra ce théâtre jusqu'en 1724. L'Académie devait alors 300,000 liv. Le roi la fit gérer en son nom et appela Destouches à la direction. Un nouveau changement eut lieu en 1730; le privilége fut accordé à un nommé Gruer, qui en fut dépossédé l'année suivante. Son successeur, Lecomte, éprouva le même sort pour avoir refusé une double gratification à la demoiselle Mariette, danseuse singulièrement protégée par le prince de Carignan. Lecomte fut mis à la retraite par le ministre de la maison du roi, le 1er avril 1733. Louis-Armand-Eugène de Thuret, ancien capitaine au régiment de Picardie, le remplaça; onze ans après il obtint sa retraite avec une pension viagère de 10,000 livres. Son successeur, François Berger, ancien receveur-général des finances, géra trois ans et greva l'Académie de Musique d'une dette de 450,000 livres.

Tout annonçait la ruine de l'Académie royale de musique; dans cette extrémité, le gouvernement ne vit point d'autre parti à prendre que d'en confier l'administration à la prévôté des marchands. Un arrêt du conseil, à la date du 26 août 1749, en remit la direction à ces magistrats, sous la seule condition d'en rendre compte au ministre de la maison du roi. Ce mode d'administration dura jusqu'au mois d'avril 1757.

L'Académie fut alors affermée pour trente années à Francœur et Rebel. Le 6 avril 1763, un terrible incendie dévora la salle de l'Opéra et, le 24 janvier suivant, les acteurs prirent possession du théâtre des Machines qui faisait partie du palais des Tuileries. Aucun changement n'eut lieu jusqu'en 1769. Le 3 juillet de cette année fut rendu un nouveau règlement dont il est utile de reproduire les principales dispositions :

« Les sujets composant l'Académie royale de musique seront et demeureront fixés, savoir : pour les hommes, de 16 basses-tailles, 8 tailles, 8 hautes-contres ; pour les femmes, de 8 premières-dessus, 8 secondes-dessus et 4 surnuméraires. Les ballets, de 82 personnes toutes dansantes, tant hommes que femmes, savoir : pour les hommes, de 10 danseurs seuls, et en double 24 figurants, 6 surnuméraires ; et pour les femmes, de 6 danseuses seules, et en double 24 figurantes et 12 surnuméraires. L'orchestre de 76 musiciens, savoir : 2 maîtres de musique, 2 clavecinistes, 4 contrebasses, 12 violoncelles, 24 violons, 4 violons surnuméraires, 6 flûtes et hautbois, 6 bassons, 4 altos, 4 cors-de-chasse, 2 clarinettes, 2 trompettes, 2 cimbales, 1 tambour et 1 musette. »

Des lettres-patentes du 11 février 1764 avaient ordonné la reconstruction du théâtre du Palais-Royal, dont l'inauguration eut lieu le 26 janvier 1770, par la reprise de *Zoroastre*, opéra de Rameau.

Au commencement de l'année 1776, le bureau de la ville obtint d'être débarrassé de l'administration de l'Opéra, et le roi nomma bientôt une commission qui commença sa gestion à la nouvelle année théâtrale. Le Breton fut nommé directeur-général, et le corps de la ville resta propriétaire du privilége. Cette gestion ne dura pas longtemps; un arrêt du conseil d'état du roi à la date du 18 octobre 1777, accorda la concession de l'entreprise pour douze années, au sieur de Vismes, à partir du 1er avril 1778, avec tous les droits conférés autrefois au bureau de la ville. De Vismes quitta l'administration de l'Opéra au commencement de l'année 1780, et par arrêt du conseil d'état du roi, du 17 mars, le privilége que possédait le corps municipal dut cesser à compter du 1er avril, et les dettes de l'établissement contractées jusqu'à cette époque furent mises à la charge de la ville. Le Breton reprit la direction et mourut le 14 mai suivant; il eut pour successeurs Dauvergne et le musicien Gossec. A cette époque, le prix des places du parterre fut porté de 40 à 48 sols, le caissier assujetti à un cautionnement, et la régie confiée à un comité nommé par le roi.

Ce théâtre commençait alors à jeter un vif éclat. Voltaire en fit ainsi l'éloge :

« Il faut se rendre à ce palais magique,
» Où les beaux vers, la danse, la musique,
» L'art de charmer les yeux par les couleurs,
» L'art plus heureux de séduire les cœurs,
» De cent plaisirs font un plaisir unique. »

C'était le temps où brillaient Vestris, Gardel, Dauberval, mademoiselle Guimard et Sophie Arnould. Malgré les talents de ces artistes, l'administration se trouvait obérée, et dans les années 1778 et 1779, la dépense avait dépassé la recette de 700,000 livres.

Le 8 juin 1781, un embrâsement subit détruisit en quelques heures la salle de l'Opéra. — « Une corde de » l'avant-scène, dit Mercier, s'alluma dans un lam» pion, mit le feu à la toile, la toile embrâsa les déco» rations, et les décorations portèrent l'incendie dans » le pourtour des loges. Tout le théâtre fut consumé... » Des débats parmi les administrateurs avaient fait » négliger les précautions les plus indispensables. » Quatorze personnes ont été réduites en charbon. »

En soixante-quinze jours une salle provisoire était

— MUS —

construite sur le boulevart Saint-Martin, sous la direction de Lenoir, architecte. Elle fut ouverte au public le 27 octobre de la même année, par une représentation gratuite, en réjouissance de la naissance du dauphin ; on y joua pour la première fois *Adèle de Ponthieu*, opéra en trois actes, paroles de Saint-Marc, musique de Piccini. Après le spectacle, on donna un bal, et les quadrilles furent exécutés par les dames de la halle, les forts et les charbonniers.

La révolution n'épargna pas l'Académie de Musique. Son nom lui fut enlevé, puis remplacé par celui d'*Opéra*. Presque toutes les anciennes actrices quittèrent le théâtre. Quelques unes tâchèrent de faire oublier leur ancienne intimité avec la noblesse, en allant vivre obscures et isolées dans un coin de la province, loin de leurs anciens amis de cour que l'ouragan révolutionnaire avait dispersés. Sophie Arnould avait fait l'acquisition du couvent de Saint-François, à Luzarches, et, malgré cette preuve de civisme, la célèbre danseuse avait été dénoncée comme suspecte. Les membres du comité de surveillance de l'endroit envahirent sa retraite pour procéder à une visite domiciliaire. Sophie Arnould les reçut en souriant : « Mes » amis, leur dit-elle, je suis bonne citoyenne, j'ai fait » partie de l'Opéra pendant quinze années, et je con- » nais par cœur les *droits de l'homme*. »

En 1794, l'Opéra quitta le boulevart, et fut installé dans le théâtre que la demoiselle Montansier avait fait construire dans la rue de Richelieu, en face de la Bibliothèque Royale. L'inauguration eut lieu par une pièce mêlée de chants et de danses, intitulée : *la Réunion du 10 août*. Ce fut à cette représentation qu'on vit pour la première fois le parterre garni de banquettes.

Un décret du 8 novembre 1807 détermina le règlement de l'Opéra qui prit le titre d'*Académie impériale de Musique*. L'établissement fut administré pour le compte du gouvernement. Le directeur était nommé par l'Empereur, sur la présentation de son premier chambellan.

La musique et la danse trônèrent dans la rue de Richelieu pendant vingt-quatre années. Après la mort du duc de Berri, assassiné le 13 février 1820, par Louvel, au moment où le prince, quittant le théâtre, reconduisait la duchesse à sa voiture, la salle fut immédiatement fermée, puis démolie. On s'occupa d'en reconstruire une autre sur l'emplacement de l'hôtel de Choiseul. Commencés au mois d'août, les travaux furent terminés en août 1821, sous la direction de M. Debret, architecte.

— NAP —

Ce théâtre est sans contredit le premier de l'Europe, tant par la splendeur du spectacle que par la réunion des grands talents qui concourent à son exécution. Depuis 1830, l'Opéra est conduit par un directeur auquel on accorde une subvention. Ce directeur gère à ses risques et périls, et fournit un cautionnement de 300,000 fr. Les actes de son administration sont soumis au contrôle d'une commission nommée par le roi, et qui ressort du ministère de l'intérieur.

L'Opéra contient 1,950 personnes ; le prix des places en 1844 est fixé ainsi qu'il suit : 1res loges de face et d'avant-scène, et baignoires d'avant-scène, 9 fr.; orchestre, balcon des 1res, 2mes de face et d'avant-scène, galeries des 1res, amphithéâtre des 1res, 7 fr. 50 c.; 1res loges de côté, baignoires de côté, 6 fr.; 2mes loges de côté, 3mes loges de face, 5 fr.; 3mes loges de côté et d'avant-scène, 4mes loges de face, 3 fr. 50 c.; parterre, 4 fr.; 4mes loges de côté, 5mes loges de face, amphithéâtre des 4mes, 2 fr. 50 c.

MYRON (RUE FRANÇOIS-).

Commence à la rue de Lobau, n°s 4 et 6 ; finit aux rues du Pourtour-Saint-Gervais, n° 1, et Jacques-de-Brosse, n° 13. Le dernier impair est 17 ; le dernier pair, 14. Sa longueur est de 67 m. — 9e arrondissement, quartier de l'Hôtel-de-Ville.

C'était autrefois la rue du *Monceau-Saint-Gervais*, en raison de sa direction vers l'église Saint-Gervais, bâtie sur une petite éminence qu'on appelait anciennement *Monceau*. Ce monceau (*moncellum*) était un fief qualifié, dont il est fait mention sous Louis-le-Jeune, en 1141. Au XIIIe siècle, c'était la rue *entre Saint-Gervais et Saint-Jean*. On l'appela ensuite rue du *Cimetière* (elle était alors confondue avec celle du Pourtour). En vertu d'un arrêt du conseil d'État du 31 mars 1674, la rue du Monceau fut élargie. — Une décision ministérielle du 13 thermidor an V, signée François de Neufchâteau, fixa la moindre largeur de cette voie publique à 10 m. Conformément à une ordonnance royale du 4 mars 1836, cette largeur est portée à 26 m. — « Paris, le 22 décembre 1838. — Monsieur le préfet, sa majesté a approuvé, ainsi que vous l'aviez proposé, que la rue du Monceau-Saint-Gervais portât le nom de *François-Myron*, célèbre prévôt des marchands sous Henri IV, etc. » (Extrait d'une lettre du ministre de l'intérieur). — Conformément à un arrêté préfectoral du 7 septembre 1843, une enquête a été ouverte sur le projet d'élargissement immédiat de cette rue. — Éclairage au gaz (comp° Parisienne).

Mai et Juin 1844.

N.

NAPOLÉON (QUAI).

Commence à la rue Bossuet et au pont de la Cité ; finit à la rue du Haut-Moulin, n° 10, et au pont Notre-Dame. Le dernier numéro est 33. Sa longueur est de 428 m. — 9e arrondissement, quartier de la Cité.

« 22 avril 1769. — Il sera ouvert un *nouveau quai*

— NAV —

» *appelé le quai des Ursins*, depuis la descente du pont
» Notre-Dame, du côté de Saint-Denis de la Chartre,
» jusqu'au pont de pierre dont la construction a été
» ordonnée. La rue Saint-Pierre-aux-Bœufs sera
» alignée, élargie et prolongée depuis le parvis No-
» tre-Dame jusqu'à son débouché sur le dit quai. »
(Extrait des lettres-patentes). — Ces améliorations ne furent point alors exécutées.

« Saint-Cloud, le 29 vendémiaire an XII. — Le
» gouvernement de la république, sur le rapport du
» ministre de l'intérieur, arrête : Il sera sans délai
» procédé aux travaux nécessaires pour l'ouverture
» d'un quai, entre le pont Notre-Dame et celui de la
» Cité, sur la rive gauche de la Seine, etc. Les dites
» maisons et celles nationales, situées sur le terrain
» destiné au nouveau quai, seront démolies, et les maté-
» riaux en provenant vendus pour acquitter les frais de
» démolition, et le surplus être employé aux dépenses
» de l'ouverture de ce quai ; néanmoins les pierres et
» moellons seront réservés pour les constructions et ré-
» parations du quai. Signé Bonaparte. » (Extrait de l'arrêté). — Le 4 ventôse an XII, le ministre de l'inté-
rieur Chaptal approuva, pour ce quai, un alignement qu'on modifia le 10 prairial suivant. Sa largeur fut alors fixée à 14 m. 50 c.; dès cette époque le quai devait prendre la dénomination de *quai Napoléon*. Cette voie publique fut immédiatement commencée, et l'on abattit les maisons des rues Basse-des-Ursins et d'Enfer, qui régnaient le long de la rivière. Les travaux suspendus quelque temps furent continués en vertu d'un décret du 11 mars 1808. En 1816, ce quai reçut le nom de *quai de la Cité*. Au mois de janvier 1834, il a repris la dénomination de *quai Napoléon* (*Moniteur* du 26 janvier). Une ordonnance royale du 4 mars 1834 a définitivement fixé la moindre largeur de cette voie publique à 14 m. Les propriétés riveraines sont alignées, à l'exception de celle qui forme l'encoignure de la rue Bossuet. — Égout entre les rues d'Arcole et Saint-Landry. — Conduite d'eau depuis la rue de la Colombe jusqu'à la borne-fontaine.

NAVARIN (RUE DE).

Commence à la rue des Martyrs, nos 43 et 45; finit à la rue Bréda, nos 16 et 18. Le dernier impair est 31; le dernier pair, 18. Sa longueur est de 194 m. — 2e arrondissement, quartier de la Chaussée-d'Antin.

Une ordonnance royale du 7 octobre 1830, porte : « Article 1er. Le sieur Ménard est autorisé à ouvrir sur les terrains à lui appartenant, faubourg Montmar-
tre, deux rues, l'une de 11 m. 69 c. de largeur, et l'autre de 12 m., etc. — Art. 2e. Cette autorisation est accordée à la charge par l'impétrant, 1º d'abandonner gratuitement à la ville la propriété du sol des deux rues ; 2º de supporter les frais du premier pavage et éclairage, et d'établir de chaque côté desdites rues, des trottoirs en pierre dure; 3º et de pourvoir à l'écoulement souterrain ou à ciel ouvert des eaux pluviales

— NEC —

et ménagères, etc. » — Le sieur Ménard n'ouvrit qu'une seule rue, celle de 11 m. 69 c. de largeur. Le nom assigné à cette voie publique rappelle le glorieux combat naval où les escadres française, anglaise et russe remportèrent une victoire signalée sur la flotte Turco-Égyptienne. Le vice-amiral, comte Henri de Rigny, commandait pour la France.

NAZARETH (IMPASSE DE).

Située dans la rue de Jérusalem. Pas de numéro. Sa longueur est de 50 m. — 11e arrondissement, quartier du Palais-de-Justice.

C'était autrefois la rue de *Galilée*. Au XVIe siècle, on commença à l'appeler rue de *Nazareth*. Cette rue devait ces dénominations aux pèlerins qui venaient y loger avant leur départ pour Galilée, Nazareth et Jérusalem. Cette voie publique, réduite à l'état d'impasse en 1843, sera supprimée pour faciliter l'agrandisse-
ment du Palais-de-Justice.

NECKER (HOPITAL).

Situé dans la rue de Sèvres, en face du nº 112. — 10e arrondissement, quartier Saint-Thomas-d'Aquin.

Il a été formé sur l'emplacement du couvent des religieuses bénédictines de Notre-Dame-de-Liesse. Éta-
blies en 1631 à Réthel, dans le diocèse de Reims, ces religieuses furent obligées, pour éviter les malheurs de la guerre, de se réfugier à Paris, en 1636. Elles s'installèrent dans la rue du Vieux-Colombier. Le roi approuva cette communauté dont le but principal était l'éduca-
tion des jeunes filles. La comtesse de Soissons et la duchesse de Longueville se déclarèrent protectrices de cet établissement. En 1645, les religieuses prirent pos-
session d'une propriété connue sous le nom de jardin d'Olivet, et située dans la rue de Sèvres. En 1663, elles firent construire une chapelle. Ce couvent était presque désert lorsqu'il fut supprimé en 1778 ; à cette époque, madame Necker, femme du contrôleur général, conçut et exécuta le projet de fonder sur cet emplacement un hospice qui reçut le nom d'*hospice de Saint-Sulpice*. Pendant la révolution cet établissement fut appelé *hospice de l'Ouest*. Enfin on lui donna le nom de sa fondatrice. En 1802 et 1803, de grandes améliorations furent introduites dans cette maison qui contient 133 lits ; savoir : 14 pour les blessés ; 12 pour les bles-
sées ; 12 pour les convalescents ; 15 pour les convales-
centes ; 36 pour les malades ordinaires (hommes) ; 44 pour les femmes. Il est desservi par les sœurs de charité. En 1835, la mortalité a été de 1 sur 8/50. Idem, la dépense de 87,293 fr. 59 c.

En 1842, la mortalité a été de 1 sur 9/15. Idem la dépense de 202,991 fr. 56 c.

NECKER (RUE).

Commence à la rue Dormesson, nos 2 et 4; finit à la rue Jarente, nos 3 et 5. Le dernier impair est 11; le dernier pair, 10. Sa longueur est de 46 m. — 8e arrondissement, quartier du Marais.

Autorisée par lettres-patentes du 15 février 1783, cette rue fut ouverte en 1784, sur l'emplacement du prieuré royal de la couture sainte Catherine (voyez *marché Sainte-Catherine*). Elle reçut la dénomination de rue *Necker*, en l'honneur du célèbre Necker, alors contrôleur général des finances. Cette voie publique fut exécutée sur une largeur de 5 m. 70 c., qui a été maintenue par une décision ministérielle du 22 juillet 1823. Les constructions riveraines sont alignées. — Éclairage au gaz (compe Parisienne).

Jacques Necker naquit à Genève en 1732, et mourut dans la même ville le 9 avril 1804.

NEMOURS (RUE DE).

Commence à la rue de Ménilmontant, nos 33 bis et 35; finit à la rue d'Angoulême, no 40. Le dernier impair est 11; le dernier pair, 12. Sa longueur est de 171 m. — 6e arrondissement, quartier du Temple.

Une ordonnance royale du 27 juin 1838, porte : « Article 1er. Le sieur Vimont (Charles Réné), propriétaire à Paris, est autorisé à ouvrir sur ses terrains une rue de dix mètres de large, pour communiquer de la rue d'Angoulême prolongée à la rue de Ménilmontant, etc. — Art. 2e. L'autorisation résultant pour le sieur Vimont de l'article précédent, ne lui est accordée qu'à la charge par lui, ses successeurs ou ses ayantcause, 1° de céder gratuitement à la ville de Paris le sol de la nouvelle voie publique ; 2° de supporter les frais de premier établissement de pavage, de l'éclairage et des trottoirs, y compris les frais de relevé du pavé ; 3° de donner au nivellement de la rue une pente d'un centimètre au moins par mètre, d'exécuter les frais de pavage en chaussée bombée et ceux des trottoirs, suivant les plans et sous la surveillance des ingénieurs de la ville de Paris ; 4° *de ne pas donner plus de seize mètres de hauteur aux maisons qui borderont la nouvelle rue,* etc... » — Cette rue fut immédiatement ouverte, et reçut, en vertu d'une décision ministérielle du 3 octobre 1838, signée Montalivet, le nom de *Nemours*, en l'honneur de Louis-Charles-Raphaël, duc de Nemours, né à Paris, le 25 octobre 1814.

NEVERS (IMPASSE DE).

Faisant suite à la rue du même nom. Sa longueur est de 14 m. — 10e arrondissement, quartier de la Monnaie.

Elle doit son nom à la rue de Nevers en face de laquelle elle est située. — Une décision ministérielle à la date du 2 messidor an VIII, signée L. Bonaparte, a fixé à 8 m. la largeur de cette impasse qui est aujourd'hui fermée. Les constructions du côté gauche sont soumises à un retranchement de 1 m. 50 c.; celles du côté opposé devront reculer de 3 m. 20 c.

NEVERS (RUE DE).

Commence au quai de Conti, nos 3 et 5; finit à la rue d'Anjou, no 10, et à l'impasse de Nevers. Le dernier impair est 21; le dernier pair, 20. Sa longueur est de 149 m. — 10e arrondissement, quartier de la Monnaie.

Ce n'était encore au XIIIe siècle qu'une ruelle, qui servait de passage aux eaux et immondices de la maison religieuse des frères Sachets et du jardin du collège Saint-Denis. Dans un acte de 1571, elle est simplement nommée *ruelle par laquelle on entre et sort du quai et jardin de l'hôtel Saint-Denis*. On la fermait alors à ses deux extrémités, circonstance qui la fit désigner plus tard sous le nom de rue des *Deux-Portes*. Un procès verbal de 1636 lui donne la dénomination de rue de Nevers, parce qu'elle longeait l'hôtel de Nesle, appelé alors de Nevers. — Une décision ministérielle du 2 messidor an VIII, signée L. Bonaparte, a fixé la largeur de cette voie publique à 8 m. Les propriétés nos 13, 15 et 15 bis, ne sont pas soumises à retranchement ; les autres constructions de ce côté devront reculer de 1 m. 30 c. à 1 m. 50 c.; les propriétés du côté des numéros pairs sont assujetties à un retranchement de 3 m. 50 c. environ. — Conduite d'eau entre la rue d'Anjou et la borne-fontaine.

NEWTON (RUE).

Commence à la rue du Chemin-de-Versailles; finit au chemin de ronde de la barrière de l'Étoile. Pas de numéro. Sa longueur est de 196 m. — 1er arrondissement, quartier des Champs-Élysées.

Elle a été ouverte sur les terrains de MM. Dumoustier, Laurent et Grassal, en vertu d'une ordonnance royale du 18 mars 1836. Sa largeur est de 12 m. Les constructions riveraines ne doivent pas excéder 12 m. de hauteur. (Voyez rue des *Bassins*.)

Isaac Newton, créateur de la philosophie naturelle, l'un des plus grands génies que l'Angleterre ait produits, naquit le 25 décembre 1642, à Wolstrop, dans la province de Lincoln, et mourut le 20 mars 1727.

NICAISE (RUE SAINT-).

Commence à la rue de Rivoli, no 2; finit à la rue Saint-Honoré, nos 259 et 261. Le dernier impair est 7; le dernier pair, 8. Sa longueur est de 45 m. — 1er arrondissement, quartier des Tuileries.

Alignée sur l'emplacement de l'enceinte de Paris, construite sous les rois Charles V et Charles VI, cette rue doit son nom à l'ancienne chapelle *Saint-Nicaise*, dont la fondation remonte au VIIe siècle, selon quelques écrivains, et seulement à l'année 1108, selon d'autres savants. Cette chapelle fut érigée en paroisse à la fin du XIIe siècle ; elle servait aux aveugles infirmes, et communiquait à l'ancien hôpital des Quinze-Vingts. — Une partie de la rue Saint-Nicaise a été démolie pour la construction de la galerie septentrionale du Louvre. Elle aboutissait autrefois à l'ancienne galerie. Nous racontons ici l'évènement qui accéléra la suppression de cette partie de rue.

Le 24 décembre 1800, à huit heures et quelques minutes du soir, le premier consul sortait des Tuileries pour aller à l'Opéra, assister à un *oratorio d'Haydn*. Les grenadiers à cheval, qui précédaient la voiture, trouvèrent l'entrée de la rue Saint-Nicaise obstruée d'un côté par une charrette, et de l'autre par une voiture de place, qu'un des grenadiers fit aussitôt avancer. Alors la voiture du premier consul franchit rapidement cet étroit passage, et continua sa route. A peine avait-elle atteint la rue de la Loi (aujourd'hui de Richelieu), qu'une détonnation terrible se fit entendre; c'était l'explosion d'un tonneau de poudre et de mitraille, posé sur la fatale charrette. Des fragments de cheminées, de fenêtres, des éclats de vitres pleuvent aux alentours; quarante-six maisons ébranlées deviennent inhabitables; huit personnes sont tuées, et vingt-huit, blessées. La voiture du premier consul penche sur ses roues, les glaces sont brisées; il se réveille en sursaut, en disant à Lannes et à Bessières : « Nous sommes minés !... » Ceux-ci veulent arrêter à toute force, mais Bonaparte ordonne de passer outre, et arrive à l'Opéra. Le premier consul fut sauvé par la dextérité de son cocher César, à qui cette circonstance valut une sorte de célébrité. Les républicains furent d'abord accusés d'avoir tramé ce complot; mais on découvrit bientôt que les royalistes étaient les vrais coupables. Saint-Réjant et Carbon, principaux acteurs dans ce drame, expièrent leur crime sur l'échafaud. Cependant le premier consul s'obstina à craindre les républicains plus que les chouans. « La chouannerie » et l'émigration, disait Bonaparte, sont des maladies de » peau; le terrorisme est une maladie de l'intérieur. » — Une décision ministérielle en date du 3 germinal an X, signée Chaptal, et une ordonnance royale du 4 octobre 1826, ont fixé la moindre largeur de la rue Saint-Nicaise à 10 m. Propriété n° 1, retranch. réduit 2 m.; 3, ret. réduit 2 m. 40 c.; 5, alignée; 7, ret. réduit 3 m. 70 c.; les maisons du côté des numéros pairs ne sont pas soumises à retranchement. — Éclairage au gaz (comp° Anglaise).

NICOLAS (CHAPELLE SAINT-).

Située dans la rue du Faubourg-du-Roule, entre les n°s 57 et 59. — 1er arrondissement, quartier des Champs-Élysées.

Ce charmant édifice a été construit en 1780, par l'architecte Girardin, aux frais de Nicolas Beaujon, receveur général des finances de la généralité de Rouen. Ce petit monument est un chef-d'œuvre de goût; son portail est remarquable par sa simplicité et l'heureuse harmonie de ses parties. La nef est ornée de deux rangs de colonnes doriques, isolées, formant galeries élevées sur le sol; sur le mur du fond de ces galeries règne un stylobate au-dessus duquel sont diverses statues de saints dans des niches. La voûte est ornée de caissons, la lumière descend dans la nef par une lanterne carrée; à l'extrémité de cette nef est une rotonde entourée de colonnes corinthiennes, isolées, et qui reçoit le jour d'en haut; cette manière d'éclairer les monuments est très favorable aux effets de l'architecture. Cette chapelle, dédiée par le fondateur à saint Nicolas, son patron, fut cédée en 1785, par M. Beaujon, aux administrateurs de l'hospice qu'il faisait construire dans le faubourg du Roule. On voit encore dans cette chapelle le tombeau de Beaujon. Ce dernier refuge d'un ami de l'humanité fut indignement profané en 1793. Des terroristes employèrent le marbre tumulaire à construire des fosses d'aisance, le jour même où ils brûlèrent le portrait de ce financier. Le buste de Beaujon, sculpté, dit-on, par Pigalle, a été reconnu dernièrement chez un brocanteur qui l'a cédé, moyennant 500 francs, à l'administration des hospices.

NICOLAS (IMPASSE SAINT-).

Située dans la rue Royale, n° 13 et 15. Le seul numéro est 2. Sa longueur est de 14 m. — 6e arrondissement, quartier Saint-Martin-des-Champs.

Elle a été formée, vers 1780, sur une partie de l'emplacement du prieuré de Saint-Martin-des-Champs (voyez place de l'*ancien marché Saint-Martin*). — Une décision ministérielle en date du 3 décembre 1814, signée l'abbé de Montesquiou, fixa la largeur de cette voie publique à 6 m. En vertu d'une ordonnance royale du 14 janvier 1829, l'impasse Saint-Nicolas sera confondue dans la rue Henri Ier, lors de la démolition de la maison portant sur la rue Royale le n° 13. Les constructions du côté droit de cette impasse seront maintenues sur leurs vestiges actuels.

NICOLAS (RUE DU CIMETIÈRE-SAINT-).

Commence à la rue Transnonnain, n°s 23 et 25; finit à la rue Saint-Martin, n°s 160 et 162. Le dernier impair est 23; le dernier pair, 30. Sa longueur est de 132 m. — Les numéros impairs sont du 7e arrondissement, quartier Sainte-Avoie; les pairs du 6e arrondissement, quartier Saint-Martin-des-Champs.

La cour de Saint-Martin-des-Champs servit d'abord de cimetière à la paroisse Saint-Nicolas; mais ce terrain se trouvant, dès le commencement du XIIIe siècle, trop étroit pour servir de sépulture aux paroissiens, dont le nombre s'augmentait alors considérablement, les religieux de Saint-Martin donnèrent à l'église Saint-Nicolas un clos environné de murs pour en faire un nouveau cimetière. Le curé et les paroissiens s'engagèrent de leur côté à faire à leurs frais une rue pour y conduire. En 1220, l'évêque de Paris vint bénir le cimetière, et la rue qu'on ouvrit en prit la dénomination, qu'elle conserve encore aujourd'hui. — Une décision ministérielle du 12 fructidor an V, signée François de Neufchâteau, fixa la largeur de cette voie publique à 7 m. Cette largeur est portée à 10 m. en vertu d'une ordonnance royale du 14 janvier 1829. Les maisons n°s 1, 3, 5, 7, ne sont pas soumises à reculement; 9 et 11, retranch. réduit 70 c.; 13, ret. réduit 1 m.; 15, ret. réduit 1 m. 20 c.; 17, ret. réduit 1 m. 45 c.; 19 et 21, ret. réduit 1 m. 90 c.; 23, ret. 2 m. 10 c. à 2 m.

— NIC —

38 c. La maison n° 26 est alignée ; les autres constructions de ce côté devront reculer de 3 m. à 3 m. 30 c. — Portion d'égout du côté de la rue Saint-Martin. — Conduite d'eau dans toute l'étendue. — Éclairage au gaz (comp^e Lacarrière).

NICOLAS (RUE NEUVE-SAINT-).

Commence à la rue Sanson, n° 1; finit à la rue du Faubourg-Saint-Martin, n°s 76 et 78. Le dernier impair est 19; le dernier pair, 40. Sa longueur est de 535 m. — 5e arrondissement, quartier de la Porte-Saint-Martin.

Le plan de Verniquet l'indique sous cette dénomination, qu'elle doit à une enseigne. C'était, à cette époque, une ruelle étroite et tortueuse. — Une décision ministérielle du 25 messidor an X, signée Chaptal, fixa la largeur de cette voie publique à 10 m. En vertu d'une ordonnance royale du 6 mars 1828, cette dimension a été portée à 13 m. Une autre ordonnance du 21 novembre 1837, porte : — « Article 1er. Est déclarée d'utilité publique, l'exécution immédiate de l'alignement du côté droit, numéros pairs, de la rue Neuve-Saint-Nicolas-Saint-Martin, tel qu'il a été arrêté par l'ordonnance royale du 6 mars 1828. En conséquence, la ville de Paris est autorisée à acquérir à l'amiable, au prix qui sera fixé par une expertise contradictoire, et s'il y a lieu, par l'application de la loi du 7 juillet 1833, les bâtiments et terrains qui excèdent l'alignement ci-dessus mentionné, etc. » — Cette importante amélioration a été complètement réalisée en 1841. — La propriété n° 3, celle à l'encoignure gauche de la rue Lancry, la maison n° 19, et celle à l'angle de la rue du Faubourg-Saint-Martin sont alignées ; les autres constructions de ce côté devront reculer de 3 m. 30 à 3 m. 90 c. Les propriétés du côté des numéros pairs sont alignées, à l'exception du petit bâtiment situé à l'encoignure droite de la rue Lancry. — L'égout de ceinture passe sous cette rue. — Conduite d'eau. — Éclairage au gaz : entre les rues Sanson et Lancry (comp^e Lacarrière) ; pour le surplus (comp^e de Belleville).

NICOLAS-CHAUSSÉE-D'ANTIN (RUE SAINT-).

Commence à la rue de la Chaussée-d'Antin, n°s 35 et 37; finit à la rue de l'Arcade, n°s 26 et 28. Le dernier impair est 79; le dernier pair, 76. Sa longueur est de 580 m. — 1er arrondissement, quartier de la Place-Vendôme.

Elle a été formée, vers 1784, sur une partie du grand égout. Par cette raison, on la nomma d'abord rue de l'*Égout*, ensuite rue de l'*Égout-Saint-Nicolas*; enfin, rue *Saint-Nicolas* seulement. — « Séance du 19 sep-
» tembre 1793. — Le corps municipal arrête que la
» rue Saint-Nicolas, section du Mont-Blanc, demeure
» fixée à 23 pieds, dans sa plus petite largeur. » (Registre 41, page 6,896.) — Une décision ministérielle du 6 fructidor an XIII, signée Champagny, a porté cette dimension à 7 m. 79 c. Les maisons riveraines

— NIC —

sont alignées, à l'exception de celles n°s 52, 56, 58 et 72. En vertu d'une ordonnance royale du 3 septembre 1843, l'exécution de l'alignement au droit de ces immeubles a été déclarée d'utilité publique. — Suivant un projet publié conformément à un arrêté préfectoral du 30 mars 1844, la largeur de la rue Saint-Nicolas serait portée à 11 m., et on prendrait tout le retranchement sur le côté des numéros impairs. — L'égout de ceinture passe sous cette rue. — Conduite d'eau. — Éclairage au gaz (comp^e Anglaise).

NICOLAS-DES-CHAMPS (CLOÎTRE SAINT-).

Situé dans la rue au Maire, entre les n°s 48 et 50. Le dernier impair est 3; le seul pair, 2. Sa longueur est de 23 m. — 6e arrondissement, quartier Saint-Martin-des-Champs.

Il doit son nom à l'église Saint-Nicolas-des-Champs, qui a une de ses entrées dans ce cloître. — Une décision ministérielle du 23 frimaire an VIII, signée Laplace, a fixé la largeur de cette voie publique à 18 m. Les constructions du côté des numéros impairs sont soumises à un retranchement réduit de 1 m.; celles du côté opposé sont alignées.

NICOLAS-DES-CHAMPS (ÉGLISE SAINT-).

Située dans la rue Saint-Martin, entre les n°s 200 et 202. — 6e arrondissement, quartier Saint-Martin-des-Champs.

C'était, dans l'origine, une chapelle sous le titre de *Saint-Nicolas*. Elle fut d'abord destinée aux domestiques du prieuré royal de Saint-Martin, et servit ensuite aux habitants qui vinrent s'établir dans ses environs. Elle est, pour la première fois, mentionnée en 1119, dans une bulle de Callixte II. Érigée en paroisse en 1176, elle fut rebâtie en 1420, et agrandie en 1575, au moyen d'un terrain que la fabrique acheta des religieux de Saint-Martin, et sur lequel on construisit la suite de la nef, le chœur et les chapelles du chevet.

Aujourd'hui, ce monument qui se trouve étouffé par des constructions particulières, présente deux frontispices d'un style si différent, que, sans les inscriptions qu'on lit sur leurs pierres, il serait difficile de croire que tous deux servent d'entrée au même édifice. Le portail le plus ancien se développe sur la rue Saint-Martin ; l'autre frontispice, vers le midi, est situé dans la rue au Maire. Sa construction date de 1576, sous Henri III. L'architecture en est gracieuse et régulière.

Cet édifice a beaucoup souffert des injures du temps et des révolutions. Les architectes successivement chargés de sa restauration semblent tous avoir pris à tâche de le défigurer.

Parmi les tableaux qui ornent ce monument, on remarque l'*Assomption de la Vierge*, de Simon Vouët. L'architecte Boulan a construit la chapelle de la communion.

Guillaume Budé, philologue distingué, l'un des hommes les plus savants de son temps, mort en 1540,

— NIC —

a été inhumé dans cette église. *Budé* avait ordonné par son testament « *qu'on le portât en terre, de nuit et sans semonce, à une torche ou deux seulement*. Mellin de Saint-Gelais composa pour le défunt l'épitaphe suivante :

« Qui est le corps que si grand monde suit ?
— Las ! c'est BUDÉ au cercueil estendu.
Que ne font donc les cloches plus grand bruit ?
Son bruit sans cloche est assez respandu.
Que n'a-t-on plus en torches despendu,
Suivant la mode accoutumée et saincte ?
— Afin qu'il soit par l'obscur entendu
Que des François la lumière est esteincte. »

Dans cette église furent enterrés *Henri* et *Adrien de Valois*, célèbres historiographes, le premier en 1676, le second en 1682. La fameuse *mademoiselle de Scudéry*, morte en 1701, à l'âge de 94 ans, y fut également inhumée.

Sur les registres de la paroisse Saint-Nicolas-des-Champs, on lit ce qui suit : « Le samedi 15 janvier » 1763, a été baptisé François-Joseph Talma, né le » même jour, fils de Michel-Joseph Talma, et de dame » Mignolet son épouse, demeurant rue des Méné- » triers. »

NICOLAS-DU-CHARDONNET (ÉGLISE SAINT-).

Située dans la rue des Bernardins, à l'angle de la rue Saint-Victor. — 12e arrondissement, quartier du Jardin-du-Roi.

Cette église, première succursale de la paroisse Saint-Étienne-du-Mont, a pris son nom du fief du *Chardonnet*, sur lequel on la construisit. Guillaume d'Auvergne ayant obtenu de l'abbaye Saint-Victor cinq quartiers de terre, y fit bâtir, en 1230, une chapelle qui fut érigée en paroisse en 1243. En 1656, on entreprit sa reconstruction ; les travaux bientôt suspendus ne furent repris qu'en 1705 ; ils ont été achevés en 1709. Cette église, supprimée en 1792, devint propriété nationale et fut vendue le 3 vendémiaire an VIII. L'acquéreur ayant manqué à ses engagements, la vente fut résiliée, et cet édifice conservé a été remis, le 23 fructidor an X, à la disposition de l'archevêque de Paris. Le 16 février 1818, on transporta dans cette église le corps du poète Santeuil, mort à Dijon en 1697. Il avait suivi le duc de Bourbon dans son gouvernement de Bourgogne. Étant à table, le duc, pour s'amuser, versa furtivement dans le verre du poète une forte dose de tabac d'Espagne. Santeuil, sans se douter de cette gentillesse de prince, avala le vin et le tabac, et fut attaqué d'une violente colique dont on ne put le guérir.

NICOLAS-DU-CHARDONNET (RUE SAINT-).

Commence à la rue Saint-Victor, nos 143 et 145 ; finit à la rue Traversine, nos 1 et 3. Le dernier impair est 17 ; le dernier pair, 16. Sa longueur est de 85 m. — 12e arrondissement, quartier du Jardin-du-Roi.

Elle doit son nom à l'église vis-à-vis de laquelle cette

— NIC —

rue est située. Guillot l'appelle rue *Saint-Nicolas-du-Chardonnay* et du *Chardonneret*. Dans un cartulaire de Sainte-Geneviève de 1250, elle est simplement appelée *vicus Sancti Nicolaï propè puteum*. Ce nom de Chardonnet provient du territoire couvert anciennement de chardons, et c'est par erreur que plusieurs savants écrivent Chardonneret. — Une décision ministérielle du 8 nivôse an IX, signée Chaptal, a fixé la largeur de cette voie publique à 7 m. Les maisons nos 1, 3 et 7 ne sont pas soumises à retranchement.

NICOLAS - DU - CHARDONNET (SÉMINAIRE SAINT-).

Situé rue Saint-Victor, no 102. — 12e arrondissement, quartier du Jardin-du-Roi.

Ce n'était, dans le principe, qu'une société composée de dix ecclésiastiques. L'un d'eux, Adrien Bourdoise, pour diriger l'instruction des jeunes gens qui se destinaient au sacerdoce, établit ces prêtres au collège du Mans, puis successivement aux collèges du cardinal Lemoine et de Montaigu ; enfin, en 1620, dans une maison voisine de l'église Saint-Nicolas-du-Chardonnet. Les bâtiments se trouvant trop petits, ces prêtres songèrent à les quitter en 1624, pour aller habiter le collège des Bons-Enfants, situé dans la même rue. Georges Froger, curé de Saint-Nicolas-du-Chardonnet, ayant eu à se louer de ces religieux, résolut de se les attacher. Par ses conseils, ils revinrent loger près de son église, dans les bâtiments qu'ils avaient occupés autrefois. Georges Froger leur donna les moyens d'acheter quelques propriétés voisines. Le 20 avril 1644, l'archevêque de Paris érigea cet établissement en séminaire. En 1730, on y construisit un grand corps de logis où étaient reçus, comme pensionnaires, les étudiants qui embrassaient l'état ecclésiastique. Ce séminaire fut supprimé en 1792, et vendu le 14 prairial an III (2 juin 1795). Il a été rétabli depuis 1815.

NICOLAS FAUBOURG-SAINT-ANTOINE (RUE SAINT-).

Commence à la rue de Charenton, nos 69 et 71 ; finit à la rue du Faubourg-Saint-Antoine, nos 86 et 88. Le dernier impair est 25 ; le dernier pair, 26. Sa longueur est de 172 m. — 8e arrondissement, quartier des Quinze-Vingts.

Dès 1676, elle est indiquée sous cette dénomination, qu'elle doit à une enseigne. — Une décision ministérielle du 16 ventôse an XII, signée Chaptal, a fixé la largeur de cette voie publique à 8 m. Les maisons nos 3, 6 et 16 ne sont pas soumises à retranchement ; toutes les autres constructions devront reculer de 25 c. à 60 c. — Éclairage au gaz (compe Parisienne).

NICOLET (RUE).

Commence au quai d'Orsay, nos 51 et 53 ; finit à la rue de l'Université, nos 140 et 142. Le dernier impair

— NOI —

est 7; le dernier pair, 10. Sa longueur est de 121 m. — 10e arrondissement, quartier des Invalides.

Le plan de Verniquet l'indique sous le nom de rue *Saint-Nicolas*. La dénomination actuelle n'est sans doute qu'une altération. — Une décision ministérielle du 29 nivôse an VIII, signée L. Bonaparte, a fixé la largeur de cette voie publique à 7 m. Sur le côté des numéros impairs, la propriété à l'angle de la rue de l'Université est alignée; sur le côté opposé, il y a deux maisons alignées qui ne portent pas de numéro. — Conduite d'eau entre la rue de l'Université et la borne-fontaine.

NOIR (PASSAGE).

Commence à la rue Neuve-des-Bons-Enfants, n° 9; finit à la rue de Valois-Palais-Royal. — 2e arrondissement, quartier du Palais-Royal.

Ce passage, qui est propriété particulière, a été construit en 1782. Il doit sans doute sa dénomination à l'obscurité qui y règne.

NONNAINS-D'HYÈRES (RUE DES).

Commence au quai des Ormes, n°s 24 et 26; finit aux rues de Jouy, n° 1, et des Prêtres-Saint-Paul, n°s 23. Le dernier impair est 37; le dernier pair, 26. Sa longueur est de 139 m. — 9e arrondissement: les numéros impairs sont du quartier de l'Hôtel-de-Ville; les pairs du quartier de l'Arsenal.

En 1182, Ève, abbesse d'Hyères, acheta en cet endroit une maison dite de la *Pie*, à Richard Villain, moyennant 25 livres et 50 sous de cens annuel. Cette rue prit alors le nom de ces religieuses. Elle fut élargie en vertu d'un arrêt du conseil du 16 décembre 1684. — Une décision ministérielle du 13 thermidor an VI, signée François de Neufchâteau, fixa la largeur de cette voie publique à 10 m. Cette largeur a été portée à 12 m., en vertu d'une ordonnance royale du 6 mai 1827. Propriétés de 1 à 19, retranch. 2 m. 20 c. à 2 m. 70 c.; 21, alignée; de 23 à 35, ret. 2 m. 10 c. à 2 m. 32 c.; 37, ret. 1 m. 40 c.; — de 2 à 20, ret. 1 m. 70 c. à 2 m.; 22, ret. réduit 1 m. 60 c.; 24 et 26, ret. 2 m. à 2 m. 20 c. — Conduite d'eau. — Éclairage au gaz (compe Parisienne).

NORD (RUE DU).

Commence à la rue des Magasins; finit à la rue de l'Abattoir. Le dernier impair est 15 bis; le dernier pair, 8. Sa longueur est de 393 m. — 3e arrondissement, quartier du Faubourg-Poissonnière.

Elle a été ouverte, en 1827, sur les terrains appartenant à MM. André et Cottier. L'ordonnance royale qui a autorisé ce percement est à la date du 31 janvier 1827. (Voir rue de l'*Abattoir*.) — Sa largeur est fixée ainsi qu'il suit, savoir: depuis la rue des Magasins jusqu'à celle de La Fayette, à 12 m., et pour le surplus à 13 m. Cette voie publique porta, dans l'origine, le nom de rue de la *Barrière-Poissonnière*, parce

— NOR —

qu'elle se dirige vers cette barrière. En 1833, elle a reçu le nom de rue du *Nord*. Cette rue, qui est bordée de chaque côté par un rang d'arbres, se prolonge comme impasse dans la rue de l'Abattoir, sur une longueur de 193 m. — Les constructions riveraines sont alignées. — Égout entre les rues du Delta-La Fayette et du Chevet-de-l'Église.

NORMALE (ÉCOLE).

Située dans la rue Saint-Jacques, n°s 115. — 12e arrondissement, quartier Saint-Jacques.

Cet établissement occupe aujourd'hui les bâtiments de l'ancien collége du Plessis-Sorbonne, dont nous allons rappeler l'origine. Il doit son nom à Geoffroi du Plessis, notaire apostolique et secrétaire de Philippe-le-Long. Il le fonda, en 1317, pour quarante étudiants, pris dans les diocèses de Tours, Saint-Malo, Sens, Évreux et Rouen, et donna pour cet établissement des revenus et une maison située dans la rue Saint-Jacques. Il prit d'abord le nom de *collége de Saint-Martin-du-Mont*, en raison d'un oratoire, dédié à ce saint, qui se trouvait en cet endroit. On l'appela ensuite *collége du Plessis*, du nom de son fondateur. Ce pieux personnage créa également le collége de Marmoutiers, à côté de celui de Saint-Martin, et la chapelle qu'on bâtit alors servit aux deux établissements. Geoffroi s'étant fait religieux de l'abbaye de Saint-Martin-de-Tours, soumit les deux colléges qu'il avait fondés à l'abbé, son supérieur. La modicité des revenus du collége du Plessis diminua successivement le nombre de ses boursiers; il ne parvint à se soutenir que par la réputation de ses professeurs. Ses bâtiments tombaient en ruine au commencement du XVIIe siècle, et l'établissement manquait de ressources pour les reconstruire. Des circonstances imprévues changèrent cette position malheureuse. Le cardinal de Richelieu avait eu besoin de l'emplacement du collége de Calvi pour la construction de l'église Sorbonne. Son éminence ordonna, dans son testament, qu'il serait bâti, pour le remplacer, un autre collége entre les rues Sorbonne, des Noyers et des Maçons. Les dépenses excessives que devait entraîner l'exécution de ce projet, amenèrent des modifications. Les héritiers du cardinal résolurent d'unir un collége à la maison de Sorbonne. On choisit celui du Plessis. L'arrangement devint facile; Amador de Vignerod, neveu de Richelieu, possédait alors l'abbaye de Marmoutiers. Depuis cette époque l'établissement, fondé par le secrétaire de Philippe-le-Long, porta la dénomination de *collége du Plessis-Sorbonne*, et soutint jusqu'à la fin sa bonne renommée. Supprimé en 1790, il devint propriété nationale. En 1820, les Facultés de théologie, des lettres et des sciences furent établies dans ce collége, qui servit ensuite de succursale à l'École de Droit. Il est enfin occupé aujourd'hui par l'École Normale. Cet établissement fut fondé en vertu de la loi du 9 brumaire an III (30 novembre

1795), dans l'amphithéâtre du Jardin-des-Plantes. Le but que la Convention Nationale se proposait d'atteindre, en créant cette école, était de former des professeurs. L'École Normale fut organisée par des représentants du peuple, et en vertu de leur arrêté du 2 nivôse suivant. Les savants Lagrange, Laplace, Monge, Haüy, Daubenton, Berthollet, Thouin, Volney, Sicard, Garat, Bernardin de Saint-Pierre, La Harpe, etc., y professaient et enseignaient. Leurs leçons n'étaient point écrites. Ils improvisaient. Des sténographes recueillaient leurs discours qu'ils faisaient imprimer et publier. Cette institution, qui eut des commencements si brillants, fut supprimée après une existence de plusieurs mois. Une nouvelle École Normale fut créée par décret impérial du 17 mai 1808. Cet établissement était situé dans la rue des Postes, n° 26. Réorganisé depuis, il a été transféré, comme nous l'avons dit, dans les bâtiments du collége du Plessis.

En vertu de la loi du 24 mars 1841, un crédit de 1,978,000 fr. a été ouvert au ministre des travaux publics, pour être appliqué aux dépenses que devait nécessiter la construction d'un édifice destiné à l'École Normale.

On a fait choix d'un terrain situé dans la rue d'Ulm; des bâtiments ont été élevés avec une grande célérité, et bientôt ils seront occupés par l'École Normale.

NORMANDIE (RUE DE).

Commence aux rues Vieille-du-Temple, n° 147, et de Périgueux; finit à la rue Charlot, n°s 18 et 20. Le dernier impair est 9; le dernier pair, 10. Sa longueur est de 218 m. — 6e arrondissement, quartier du Temple.

La partie de cette voie publique, située entre les rues Charlot et de Périgueux, fut ouverte en vertu d'un arrêt du conseil du 7 août 1696. Elle a été prolongée jusqu'à la rue Vieille-du-Temple, suivant un second arrêt du 21 février 1701. — Une décision ministérielle du 19 germinal an VIII, signée L. Bonaparte, avait fixé la largeur de cette voie publique à 7 m. En vertu d'une ordonnance royale du 31 mars 1835, sa largeur est portée à 10 m. Elle tire son nom d'une de nos anciennes provinces de France. — Propriété n° 1, redress.; 3, alignée; 5, retranch. 40 c.: 5 bis, alignée; les deux maisons n° 5, situées entre la rue de Périgueux et le n° 7, ret. 2 m. à 2 m. 30 c.; 7, et encoignure gauche de la rue de Saintonge, alignées; surplus de ce côté, ret. 1 m. 70 c. à 1 m. 90 c. Maisons du côté des numéros pairs, ret. 1 m. 20 c. à 1 m. 50 c. — Portion d'égout. — Éclairage au gaz (comp^e Lacarrière).

NOTRE-DAME (ÉGLISE MÉTROPOLITAINE).

Située entre le quai de l'Archevêché, la rue du Cloître et le Parvis Notre-Dame. — 9e arrondissement, quartier de la Cité.

Un voile mystérieux, des traditions incomplètes, entourent le berceau de Notre-Dame. Il n'est pas croyable que cette église ait été placée, dans le principe, sous l'invocation de Notre-Dame. On sait que le culte de la Sainte-Vierge n'a été ni promptement répandu, ni généralement adopté dans les premiers temps. On ne trouve aucune trace des fêtes célébrées en son honneur, avant le concile d'Éphèse, tenu en 431. Plusieurs actes des années 690, 700, 829 et 861 nous apprennent que la cathédrale de Paris a d'abord porté le nom de *Saint-Étienne*, premier martyr. La cathédrale était sans doute composée de deux édifices, dont l'un était la basilique de Notre-Dame, et l'autre celle de Saint-Vincent. Cet état de choses existait dans le VIe siècle. Grégoire de Tours, en parlant de l'incendie qui consuma toutes les maisons de l'île de Paris, vers l'année 586, dit *que les seules églises furent exceptées*. Ces églises, dans la Cité, ne peuvent être que celles qui formaient depuis peu la cathédrale. Saint-Étienne avait été le premier de ces édifices; ensuite, d'après l'usage où l'on était de bâtir de petites églises autour des basiliques, il est à présumer qu'on en avait élevé une à côté sous l'invocation de la Vierge. Ce monument, devenu insuffisant par suite de l'accroissement de la population, on l'aura rebâti et agrandi sous le règne de Childebert Ier; alors sans doute la nouvelle basilique est devenue la cathédrale, par une autre coutume de cette époque, de donner aux églises neuves un vocable différent du premier patron. Paris, devenu le siège de la monarchie, la cathédrale se trouva encore trop petite. Il fallut songer à sa reconstruction. Vers 1163, Maurice de Sully, que ses vertus et son intelligence avaient élevé à l'épiscopat, entreprit cette reconstruction. Le pape Alexandre III, réfugié en France, posa la première pierre, et, en 1182, le grand autel fut consacré par Henri, légat apostolique. En 1185, la construction de l'église était assez avancée pour qu'il fût possible d'y célébrer l'office divin. Héraclius, patriarche de Jérusalem, qui vint à Paris prêcher la Croisade, célébra, le 17 janvier, la messe dans cette église, en présence de Maurice de Sully et de son clergé. Les travaux de Notre-Dame avaient été entrepris sur une si grande échelle, qu'il fut impossible de les terminer en même temps. En 1257, Jean de Chelles, maître-maçon, commença le portail méridional. En 1312, le portail septentrional fut bâti avec une partie des biens enlevés aux Templiers. Les chapelles du chœur et la délicieuse porte du cloître furent ensuite construites; enfin, en 1447, Charles VII donna des sommes considérables pour l'achèvement de Notre-Dame. La cathédrale, une fois terminée, parut si belle à nos pères, et produisit sur eux tant d'effet, qu'ils regardaient ce monument comme le plus majestueux de la chrétienté. — Aux XIIIe, XIVe et XVe siècles, on était dans l'usage de jeter du haut des voûtes de Notre-Dame, des pigeons, des fleurs, des étoupes sous la forme de langues de feu, et des pâtisseries appelées *oblayes* (oublies). A l'instant où l'on entonnait l'hymne *Veni Creator*, un pigeon blanc s'échappait du haut des voûtes, pour figurer la descente du Saint-Esprit. Le peuple se plaisait à ces spectacles, qui flattaient son imagination par des images vives et frappantes. On pensait autrefois que l'église Notre-Dame, voisine de la rivière, avait été construite sur pilotis. En 1756, on reconnut que les fondations reposaient sur un gravier ferme; ces fondations étaient formées de quatre assises de pierre de taille excessivement dure, faisant retraite les unes sur les autres. Dessous étaient mêlés de gros moellons, du mortier, de la chaux et du sable, formant un corps continu et sans vide, plus solide que la pierre. Sur une plaque scellée dans le mur, à côté de la porte d'entrée, on lisait autrefois l'inscription suivante :

« Si tu veux savoir comme est ample
» De Notre-Dame le grand temple,
» Il y a dans œuvre pour le seur
» Dix-et-sept toises de hauteur;
» Sur la largeur de vingt-quatre
» Et soixante-cinq sans rabattre
» A de long; aux tours haut montées
» Trente-quatre sont bien comptées;
» Le tout fondé sans pilotis
» Aussi vray que je te le dis. »

Majestueusement assise, l'église Notre-Dame a longtemps bravé les siècles et les hommes, qui n'ont pu que noircir ses murailles et dégrader ses sculptures. Autrefois il fallait monter treize marches pour arriver à cette aïeule de nos églises. Le degré, le temps l'a fait disparaitre, en élevant d'un progrès irrésistible et lent le sol de la Cité; mais, tout en faisant dévorer une à une, par cette marée montante du pavé de Paris, les marches qui ajoutaient à la hauteur majestueuse de l'édifice, le temps a rendu à l'Église plus peut-être qu'il ne lui a ôté, car c'est lui qui a répandu sur ces pierres cette sombre couleur des siècles. Les grands monuments ne sont en pleine beauté qu'à l'instant où leur vieillesse commence. L'aspect de la façade est imposant et sévère; les trois portiques, de formes irrégulières, mais enrichis d'une foule de petites statues et d'ornements admirablement travaillés, ont été en partie mutilés pendant la révolution. Le portail du nord est remarquable par son zodiaque; au 12e signe, à la place de Cérès, a été exécutée la Vierge-Marie. Les ferrures des portes, ouvrages de Biscornet, parurent si extraordinaires, que le peuple voulut absolument reconnaître dans ce merveilleux travail la coopération du diable. Trois galeries se déploient sur la façade. La galerie des Rois, celle de la Vierge et celle des Colonnes. La galerie des Rois contenait vingt-huit statues hautes de 4 m. 50 c.; elles représentaient les rois de France, depuis Childebert jusqu'à Philippe-Auguste. La seconde galerie devait son nom à une statue de la Vierge. Entre la galerie des Rois et celle de la Vierge, se trouve une des trois grandes fenêtres ou roses formées de vitraux éclatants. Le péristyle de la troisième galerie est enrichi de trente-quatre colonnes, remarquables par leur hauteur et leur gracieuse légèreté. Une grande quantité d'arcs-boutants partent des bas-côtés de l'église et viennent aboutir à la voûte. Des gargouilles nombreuses et admirablement travaillées en forme d'animaux fantastiques, s'échappent de tous les côtés de l'édifice. L'intérieur de Notre-Dame a la forme d'une croix latine. La voûte est supportée par cent-vingt colonnes dans le style roman. Ces colonnes devaient être surmontées d'arcs à plein-cintre; mais la construction de l'édifice, souvent interrompue, il en résulta, suivant l'expression de M. Victor-Hugo : « que l'architecte achevait de dresser les premiers piliers de la nef, quand l'ogive, arrivant de la Croisade, vint se poser en conquérante sur les larges chapiteaux romans qui ne devaient porter que des pleins-cintres; maitresse dès lors, l'ogive a construit le reste de l'édifice » — Au-dessus des bas-côtés se déploie une fort belle galerie ornée de cent-huit colonnes d'une seule pièce. Cette galerie s'arrête à la croisée. On y monte par trois escaliers : deux qui sont à l'entrée de la nef, et l'autre à droite du chœur, du côté de la chapelle de la Vierge. A ces tribunes ou galeries on attachait, en temps de guerre, les drapeaux enlevés à l'ennemi. — En 1693, un *Te Deum* fut chanté dans Notre-Dame, en actions de grâces de la bataille de la Marsaille. Le prince de Conti entrant dans l'église, décorée des drapeaux de Fleurus, de Steinkerque et de Nerwinde, prit le maréchal de Luxembourg par la main, et dit en écartant la foule : « Place, messieurs, laissez passer le tapissier de Notre-» Dame. » — La première pierre du grand autel fut posée, en 1699, par le cardinal de Noailles, archevêque de Paris. A cette même époque, le chœur fut commencé sur les dessins d'Hardouin Mansart; il ne fut terminé qu'en 1714, par de Cotte. La sculpture qui embellit Notre-Dame est le plus magnifique travail que le moyen-âge ait produit. Chacune des figures qui décorent cette église est un chef-d'œuvre. Il est à regretter que Soufflot, en restaurant ces figures, en ait abymé plusieurs. Il faut monter 389 marches pour arriver au sommet des tours. La vue embrasse alors un des plus merveilleux panoramas. La charpente des voûtes, appelée *la forêt*, est entièrement construite en bois de chêne. Sa hardiesse et sa solidité sont admirables. Le bourdon, la plus grosse cloche de France, se trouve dans la tour méridionale. Cette énorme cloche fut fondue en 1685, et baptisée en présence de Louis XIV et de la reine. Sa voix puissante domine tous les bruits de la ville, et se répand en sons majestueux dans les campagnes environnantes.

L'église Notre-Dame ne fut pas épargnée pendant la révolution.

Séance du 2e jour du second mois de l'an II de la république Française une et indivisible (23 octobre 1793). — « Le conseil général, informé qu'au mépris » de la loi il existe encore dans plusieurs rues de » Paris des monuments du fanatisme et de la royauté; » considérant que tout acte extérieur d'un culte quel-» conque, est interdit par la loi; considérant qu'il est

» de son devoir de faire disparaître tous les monuments
» qui alimenteraient les préjugés religieux, et ceux qui
» rappellent la mémoire exécrable des rois, arrête :
» que dans huit jours les gothiques simulacres des rois
» de France, qui sont placés au portail de l'église, se-
» ront renversés et détruits, et que l'administration
» des travaux publics sera chargée sous sa responsa-
» bilité de lui rendre compte de l'exécution du présent
» arrêté, etc... Arrête de plus, que toutes les autres
» effigies religieuses qui existent dans les différents
» quartiers de Paris, seront enlevées ; que tous les mar-
» bres, bronzes, etc.... sur lesquels sont gravés les ar-
» rêts des parlements contre les victimes du despotisme
» et de de la férocité des prêtres, seront également
» anéantis. » (Reg. de la commune, t. 21, p. 13145).

Extrait des registres du Comité du salut public de la Convention Nationale du 23 floréal, l'an II de la république une et indivisible (12 mai 1794). — « Le
« Comité du salut public, arrête : qu'au frontispice des
» édifices ci-devant consacrés au culte, on substituera
» à l'inscription *Temple de la Raison*, ces mots de l'ar-
» ticle 1er du décret de la Convention nationale du
» 18 floréal : *Le peuple Français reconnaît l'Être su-
» prême et l'immortalité de l'âme.* Le Comité arrête
» pareillement que le rapport et le décret du 18 flo-
» réal seront lus publiquement les jours de décade,
» pendant un mois dans ces édifices, etc. Signé au re-
» gistre ; Robespierre, Billaud-Varennes, Couthon,
» Carnot, C.-A. Prieur, B. Barrère, Robert-Lindet
» et d'Herbois. »

L'empereur Napoléon fit restaurer l'église Notre-Dame pour la cérémonie de son sacre. Le nouveau grand autel a été construit en 1803. La grille qui sépare le chœur de la nef a été exécutée en 1809, sur les dessins de MM. Percier et Fontaine. C'est un travail du plus grand mérite.

Plusieurs chapelles entouraient la basilique de Notre-Dame ; celles de Saint-Étienne, de Saint-Jean-Baptiste surnommé le Rond, de Saint-Denis-du-Pas, ainsi nommée parce qu'elle était séparée de la cathédrale par un étroit sentier. Saint-Jean-le-Rond et Saint-Denis-du-Pas traversèrent presque toute notre histoire. Le premier de ces oratoires fut démoli en 1748, le second en 1813.

NOTRE-DAME (PARVIS).

Situé au-devant de l'église Notre-Dame, et circonscrit par les maisons des rues Saint-Christophe et du cloître Notre-Dame, et par les bâtiments de l'Hôtel-Dieu et de l'administration des hospices. — 9e arrondissement, quartier de la Cité.

Le nom de Parvis dérive sans doute du mot *Paradisus* (Paradis), expression autrefois en usage pour indiquer l'*aire* ou place qu'on voyait devant les basiliques. Dans une grande maison du Parvis Notre-Dame se tenaient les écoles publiques avant l'établissement des colléges et de l'université. L'évêque avait également sur cette place une échelle patibulaire. Ce fut au Parvis Notre-Dame, que Bérenger et Étienne, cardinaux et légats du pape Urbain V, firent dresser le 11 mars 1314, un échafaud sur lequel montèrent Jacques Molay, grand-maître des Templiers, le maître de Normandie et deux autres frères. Lecture faite des crimes qu'on imputait à leur ordre, l'on prononça la sentence qui condamnait les accusés à une prison perpétuelle. Sommé par le légat de confirmer les aveux qu'il avait faits à Poitiers, Jacques de Molay s'avança sur le bord de l'échafaud, et fit à haute voix une rétractation à laquelle adhéra le grand-maître de Normandie. Ils furent conduits le soir même à l'île aux Bureaux (aujourd'hui place Dauphine), et le bûcher consuma ces illustres victimes.

Le Parvis Notre-Dame a été successivement agrandi, principalement en 1748, époque de la suppression de la rue de la *Huchette en la Cité*, et de la démolition de l'église Saint-Christophe. — « 22 avril 1769. La place
» étant au-devant de l'église métropolitaine sera ache-
» vée et élargie du côté de l'Hôtel-Dieu, comme elle
» l'est du côté opposé ; en conséquence, la chapelle et
» les portions de bâtiments du dit Hôtel-Dieu, qui
» occupent l'emplacement à ce nécessaire, seront dé-
» molies, et sera construit un nouveau bâtiment dans
» une disposition symétrique avec l'hôpital des En-
» fants-Trouvés, pour donner en même temps à la rue
» Notre-Dame la largeur convenable. » (Extrait des lettres-patentes). — Cette amélioration ne fut pas alors exécutée. — Dans sa séance du primidi 21 brumaire an II, le conseil général de la commune arrêta que le Parvis Notre-Dame se nommerait désormais *Parvis de la Raison*. — Une décision ministérielle du 11 vendémiaire an XII, signée Chaptal, a déterminé l'alignement du Parvis Notre-Dame. — D'après les dispositions alors arrêtées, les bâtiments de l'Hôtel-Dieu auraient dû subir un retranchement plus considérable que celui qu'ils ont éprouvé quelques années après. Les constructions dépendant de l'administration des hospices sont alignées. — Conduite d'eau. — Éclairage au gaz (compe Parisienne).

NOTRE-DAME (PONT).

Situé entre les quais Le Peletier, de Gesvres, Napoléon et Desaix.

Avant 1313, on voyait à peu près en cet endroit un pont de bois qui servait de communication à des moulins construits sur la Seine. On le nommait anciennement *pont de la Planche-Mibray*. Il devait cette dénomination à une rue qui existe encore et qui commence à l'extrémité septentrionale du pont Notre-Dame. — Un historien du XIVe siècle, Réné Macé, moine de Vendôme, dans son poème manuscrit portant pour titre le *Bon Prince*, parle de l'entrée de l'empereur Charles IV à Paris, et donne au mot Mibray une étymologie qui paraît très vraisemblable :

« L'empereur vint par la Coutellerie
» Jusqu'au carfour nommé la Vannerie,

» Où fut jadis la Planche de Mibray,
» Tel nom portoit pour la vague et le bray
» Getté de Seine en une creuse tranche
» Entre ce pont que l'on passoit à planche,
» Et on l'ôtoit pour être en seureté. »

Pour faire comprendre ces vers, il est nécessaire de rappeler qu'à cette époque les eaux de la Seine, surtout pendant l'hiver, venaient battre les murailles des premières maisons de la rue de la Planche-Mibray; le fleuve en se retirant laissait, pendant l'été, sur cette partie de sa rive, une espèce de mare profonde remplie de boue, qui s'étendait jusqu'au carrefour formé par la jonction des rues de la Coutellerie et de la Vannerie. Le nom de Vannerie qui signifiait pêcherie, celui de Bray qui indiquait un marécage, une mare, coïncident avec l'explication donnée dans les vers que nous avons cités, pour prouver l'existence et l'étendue de ce vaste bourbier ou *creuse tranche*, comme dit le poète. Dans les temps de guerre civile, pour empêcher l'abord du pont, on retirait les planches placées sur cette mare. La syllabe *mi* qui sert à composer le mot *mibray*, signifie parmi, au milieu; ainsi la planche ou plutôt les Planches-Mibray consistaient en un plancher qu'on enlevait au besoin et qui s'étendait depuis le carrefour de la Vannerie jusqu'à l'entrée du pont. En 1413, ce pont fut bâti en bois. Plusieurs historiens pensent que sa construction date de 1412; mais nous croyons devoir plutôt nous en rapporter à l'auteur du *Journal de Paris*, sous le roi Charles VI, qui s'explique ainsi : « Ce dit jour (31 mai 1413), le pont de Planches-de-Mibray fut nommé le *pont Notre-Dame*,
» et on le nomma le roi de France Charles, et frappa de
» la trie sur le premier pieu, et le duc de Guyenne
» son fils, après et le duc de Berry et de Bourgogne,
» et le sire de la Trémoille ; et c'étoit de dix heures au
» matin. » — Les prévôt des marchands et échevins obtinrent au mois de juillet 1414, des lettres du roi qui les autorisèrent à faire exécuter ce pont. Il ne fut achevé qu'en 1421 ; il était chargé de soixante maisons, trente de chaque côté de la route. Ces habitations se faisaient remarquer par leur élévation et l'uniformité de leur construction.

Le 25 octobre 1499, le pont Notre-Dame s'entrouvrit et les maisons s'écroulèrent avec un fracas horrible. Ce malheur arriva par suite de la négligence des magistrats de la ville.

Le parlement manda bientôt à la barre le prévôt des marchands, les échevins, et les fit emprisonner. Par arrêt du 5 janvier 1500, il destitua Jacques Piédefer, prévôt des marchands, Antoine Malingre, Louis du Harlay, Pierre Turquant et Bernard Ripault, échevins, les déclara incapables d'exercer à l'avenir aucune fonction, et les condamna à de fortes amendes. Ils moururent tous en prison. — Le roi accorda, pour les frais de la reconstruction du pont, six deniers pour livre à prendre pendant six ans aux entrées de Paris sur tout le bétail à pied fourchu. En attendant son achèvement, un bac fut établi malgré les obstacles que suscita l'abbé de Saint-Germain-des-Prés. Jean Joconde, cordelier, qui avait déjà présidé à la construction du Petit-Pont, fut chargé de diriger les travaux de celui-ci qui fut achevé en 1512 et bâti en pierre. Sur une des arches était gravé ce distique en l'honneur du savant architecte:

Jocundus geminos posuit tibi Sequana pontes,
Nunc tu jure potes dicere pontificem.

Soixante-dix maisons furent d'abord construites de l'un et de l'autre côtés de la route de ce pont. Dans la suite, lorsqu'on eut établi des quais à son extrémité, on abattit les propriétés qui s'opposaient à la circulation de ces quais, de sorte qu'il ne resta plus que soixante-et-une maisons, trente d'un côté et trente-et-une de l'autre. — Ce fut sur le pont Notre-Dame que l'infanterie ecclésiastique de la ligue fut passée en revue par le légat le 3 juin 1590. Capucins, moines, cordeliers, jacobins, carmes, feuillants, etc., tous la robe retroussée, le capuchon bas, le casque en tête, la cuirasse sur le dos, l'épée au côté et le mousquet sur l'épaule, marchaient quatre à quatre; le révérend évêque de Senlis à leur tête avec un espontón; les curés de Saint-Jacques-de-la-Boucherie et de Saint-Côme faisaient les fonctions de sergents-majors. Quelques uns de ces miliciens d'un nouveau genre, sans penser que leurs fusils étaient chargés à balle, voulurent saluer le légat, et tuèrent à côté de lui un de ses aumôniers. Son éminence épouvantée, s'écria : « Mes amis, le soleil de juin est trop chaud, il m'incommode; » puis il leur donna sa bénédiction et s'en alla. — Le pont Notre-Dame, réparé à diverses époques, notamment en 1659, est le plus ancien des ponts qui existent à Paris. — « 22 avril 1769. — Art. 14e. Les
» maisons construites sur le pont Notre-Dame seront
» démolies et supprimées, et lors de cette suppression,
» il sera pratiqué des parapets et trottoirs de largeur
» convenable, des deux côtés. » (Extrait des lettres-patentes). — Cette amélioration ne fut exécutée qu'en 1786. On adoucit la montée, la route beaucoup plus vaste, fut bordée ensuite de larges trottoirs. Ce pont est composé de six arches en plein cintre de 9 m. 50 c. à 17 m. 30 c. d'ouverture; les piles ont 3 m. 90 c. d'épaisseur. La plinthe qui couronne le pont est soutenue par des modillons, et quoique la pierre de Paris ne soit pas généralement bonne, il faut qu'elle ait été bien choisie dans cette occasion, car on y remarque très peu de dégradations. La largeur d'une tête à l'autre est de 23 m. 60 c. En 1793, on l'appelait le *pont de la Raison*. Sur ce pont on voit la pompe dite de Notre-Dame, bâtie en 1670 et reconstruite en 1708.

NOTRE-DAME (RUE DU CLOITRE).

Commence à la rue Chanoinesse, n° 1; finit au Parvis Notre-Dame et à la rue d'Arcole, n° 19. Pas de numéro impair; ce côté est bordé par la cathédrale; le dernier pair, 30. Sa longueur est de 188 m. — 9e arrondissement, quartier de la Cité.

Cette rue a été formée sur la plus grande partie de

— NOT —

l'ancien cloître Notre-Dame, dont elle a retenu le nom. — Une décision ministérielle du 4e jour complémentaire de l'an XI, signée Chaptal, a fixé la moindre largeur de cette voie publique à 14 m. 50 c. Propriété n° 2, pas de retranch.; n° 4, doit avancer sur ses vestiges actuels; 6, ret. 50 c. à 1 m. 20 c.; 8, ret. 1 m. 20 c. à 2 m. 20 c.; 10, 12, 14 et 16 avanceront sur leur vestiges actuels; 18 et 20, ret. réduit 1 m.; 22 et 24, ret. réduit 4 m. 50 c.; 26 et 28, ret. réduit 2 m. 80 c.; 30, alignée. — Conduite d'eau entre les rues Massillon et d'Arcole.

L'*église Saint-Jean-le-Rond* était située dans le cloître Notre-Dame; nous en traçons ici l'origine. Les fonts baptismaux de l'église de Paris étaient anciennement à Saint-Germain-le-Vieux, qui portait alors la dénomination de Saint-Jean-Baptiste; dans la suite ils furent transférés près de la cathédrale, dans une chapelle bâtie pour cet usage. Cette chapelle, abattue en même temps que les anciennes églises de Notre-Dame et de Saint-Étienne, fut rebâtie au pied de la tour septentrionale de la nouvelle basilique. Le style d'architecture de Saint-Jean-le-Rond paraissait dater du XIIIe siècle; le portail était beaucoup plus nouveau. Lebœuf remarque qu'autrefois dans cette église, et peut-être même à l'entrée de la cathédrale, se terminaient juridiquement certaines affaires ecclésiastiques. C'était un reste de coutume qui rappelle ce qui se pratiquait plus anciennement aux portiques des grandes églises. Le cartulaire de Saint-Magloire renferme un acte qui finit par ces mots: *Fait dans l'église de Paris auprès des cuves*. On lit aussi dans l'ouvrage intitulé: *Recherches sur la Chirurgie*, que les médecins s'assemblaient autrefois à la cuve Notre-Dame. Saint-Jean-le-Rond servait dans les anciens temps de paroisse aux laïques qui habitaient le cloître Notre-Dame. On démolit cette église en 1748; les fonts baptismaux, les fondations et le service divin furent transférés à Saint-Denis-du-Pas, qui depuis cette époque s'appela Saint-Denis et Saint-Jean-Baptiste. Le savant Ménage, Henri Boileau, avocat général, et le théologien Jean-Baptiste Duhamel, furent inhumés dans l'église Saint-Jean-le-Rond.

NOTRE-DAME (RUE NEUVE-).

Commence au Parvis Notre-Dame; finit à la rue de la Cité. Pas de numéro impair; un seul numéro pair qui est 2. Sa longueur est de 76 m. — 9e arrondissement, quartier de la Cité.

Maurice de Sully, évêque de Paris, fit bâtir cette rue en 1163, pour servir de communication directe à l'église Notre-Dame. Cette voie publique ne porta d'abord que le nom de *rue Neuve*. On commença à la désigner au XIIIe siècle sous la dénomination de rue *Neuve-Notre-Dame*.

« Séance du primidi, 21 brumaire an II. — La section de la Cité annonce que le théâtre qui portait le nom de *Palais-Variété*, a déclaré vouloir se nommer *théâtre de la Cité*; elle ajoute qu'elle désirerait que le Pont, le Parvis et la Rue ci-devant Notre-Dame, s'appelassent *Pont, Parvis et Rue de la Raison*. Une discussion s'élève à ce sujet: plusieurs membres demandent l'ordre du jour; le conseil général adopte l'ordre du jour sur la première proposition, et, sur la motion d'un membre et la demande de la section, le conseil général arrête que la section de la Cité, le Parvis, le pont Notre-Dame, la rue Notre-Dame se nommeront désormais, *Section, Parvis, Pont et rue de la Raison*. » (Registre de la commune, tom. 22, pag. 13303). — Une décision ministérielle à la date du 13 brumaire an VII, signée François de Neufchâteau, fixa la moindre largeur de cette voie publique à 16 m. Le 22 mai 1837, une ordonnance royale déclara d'utilité publique, l'exécution immédiate de l'alignement du côté gauche de cette rue. Cette disposition a été aussitôt effectuée. Les constructions riveraines ne sont pas soumises à retranchement. — Conduite d'eau entre la rue de la Cité et la borne-fontaine. — Éclairage au gaz (compe Parisienne).

L'*église Sainte-Geneviève-des-Ardents* était située dans cette rue. Nous en traçons ici l'origine. Plusieurs maladies cruelles ravagèrent la France au XIIe siècle. Vers 1130, le mal des ardents ou le feu sacré décima surtout la population parisienne; les symptômes en étaient effrayants, les progrès rapides et les suites mortelles. Une soif brûlante dévorait les malades, leurs yeux étaient enflammés et tachés de sang, la poitrine oppressée et les entrailles déchirées. Les secours de l'art devinrent impuissants; on implora l'assistance divine. La châsse de sainte Geneviève fut descendue de l'autel et portée en procession à la cathédrale. La nef et le Parvis étaient remplis de malades qui, en passant sous ces saintes reliques, furent guéris à l'instant, à la réserve de trois incrédules, dont l'exception servit encore à rehausser la gloire de cette sainte patronne de Paris. Innocent II, qui vint dans cette ville en 1131, ordonna en commémoration de ce miracle, qu'on célébrerait une fête le 26 novembre de chaque année, sous le titre d'*Excellence de la Bienheureuse Vierge-Marie*. Ce nom fut changé plus tard par la dévotion des fidèles, en celui de *Fête du Miracle des Ardents*. Vers 1202, l'église située précisément en face de la cathédrale quitta son nom de Notre-Dame-la-Petite, pour prendre celui de *Sainte-Geneviève-des-Ardents*. Tel est le récit d'un grand nombre d'écrivains sur la dénomination de cette église. Son origine est plus obscure; on sait seulement que ce fut d'abord une chapelle appartenant à l'abbaye de Sainte-Geneviève. Les religieux la cédèrent, en 1202, à Eudes de Sully, évêque de Paris; ce fut probablement alors qu'on l'érigea en paroisse. Le portail fut magnifiquement reconstruit en 1402. On voyait au milieu la statue de sainte Geneviève; à droite était saint Jean-Baptiste, à gauche saint Jacques-le-Majeur. En 1747, Sainte-Geneviève-des-Ardents fut abattue, et, sur son emplacement, on éleva un bâtiment destiné à agrandir l'hôpital des

Enfants-Trouvés. Ce bâtiment a été remplacé par un hôtel occupé par les bureaux de l'administration des hôpitaux et hospices civils de Paris.

NOTRE-DAME (RUE VIEILLE-).

Commence à la rue d'Orléans-Saint-Marcel, n°s 17 et 19; finit à la rue Censier. Le dernier impair est 3; le dernier pair, 12. Sa longueur est de 77 m. — 12e arrondissement, quartier Saint-Marcel.

Elle était autrefois confondue avec la rue de la Clef. Sa dénomination lui vient de l'ancien hôpital *Notre-Dame de la Miséricorde*, dit les *Cent-Filles*, situé dans la rue Censier (*voyez* cet article). — Une décision ministérielle du 7 fructidor an X, signée Chaptal, fixa la largeur de cette voie publique à 7 m. En vertu d'une ordonnance royale du 24 avril 1837, cette largeur a été portée à 10 m. Les constructions du côté des numéros impairs sont soumises à un retranchement qui varie de 2 m. 20 c. à 2 m. 50 c.; celles du côté opposé devront reculer de 1 m. 60 c. à 2 m. — Conduite d'eau.

NOTRE-DAME-DE-BONNE-NOUVELLE (ÉGLISE).

Située dans les rues Beauregard et Notre-Dame-de-Bonne-Nouvelle. — 5e arrondissement, quartier Bonne-Nouvelle.

Cette église est bâtie dans un quartier qui était autrefois nommé la *Ville-Neuve*. Vers le milieu du XVIe siècle, la population se portait en foule de ce côté. La paroisse Saint-Laurent ne pouvant contenir tous les fidèles, les habitants de la Ville-Neuve obtinrent de l'évêque la permission de construire une chapelle, à la condition de ne donner à l'édifice que 26 m. de longueur sur 8 de largeur. Le 20 août 1551, les marguilliers de Saint-Laurent posèrent, à l'endroit appelé *Montagne du Moulin*, les quatre premières pierres de cette chapelle qui fut dédiée sous l'invocation de *Saint-Louis* et de *Sainte-Barbe*. Pendant la guerre de la ligue, vers 1593, on rasa tout ce quartier pour élever des fortifications, et la chapelle fut également enveloppée dans la destruction. Henri IV étant monté sur le trône, la tranquillité se rétablit et les habitants construisirent de nouvelles maisons. En 1624, la chapelle fut relevée sous l'invocation de *Notre-Dame-de-Bonne-Nouvelle*, qu'elle reçut en mémoire de l'annonciation de la Vierge. Une sentence de l'archevêque de Paris l'érigea en cure le 22 juillet 1673. Supprimée en 1790, cette église devint propriété nationale, fut vendue le 21 floréal an V, et démolie peu de temps après. La ville de Paris racheta plus tard l'emplacement qu'elle occupait, et de 1823 à 1828, une nouvelle église fut construite sous la direction de M. Godde, architecte. Le portail d'ordre dorique est décoré de pilastres et de deux colonnes; l'intérieur est divisé en trois nefs non voûtées, mais séparées par des colonnes ioniques. L'église Notre-Dame-de-Bonne-Nouvelle est la seconde succursale de la paroisse Saint-Eustache.

NOTRE-DAME-DE-BONNE-NOUVELLE (RUE).

Commence à la rue Beauregard, n°s 19 et 21; finit au boulevart Bonne-Nouvelle, n°s 21 et 25. Le dernier impair est 11; le dernier pair, 8. Sa longueur est de 91 m. — 5e arrondissement, quartier Bonne-Nouvelle.

Cette rue était construite en 1630, ainsi qu'une grande partie des voies publiques du quartier dit la *Ville-Neuve*. — Une décision ministérielle du 3 vendémiaire an X, signée Chaptal, fixa la largeur de cette voie publique à 8 m. En vertu d'une ordonnance royale du 21 juin 1826, cette largeur est portée à 10 m. Les propriétés du côté des numéros impairs sont soumises à un retranchement qui varie de 2 m. 10 c. à 2 m. 40 c. Sur le côté opposé l'église est alignée; les autres constructions devront reculer de 60 c. — Conduite d'eau. — Éclairage au gaz (compe Française).

Cette voie publique débouche sur le boulevart par un escalier de plusieurs marches.

NOTRE-DAME-DE-GRACE (RUE).

Commence à la rue de la Madeleine, n°s 53 et 55; finit à la rue d'Anjou, n°s 42 et 44. Le dernier impair est 11; le dernier pair, 6. Sa longueur est de 81 m. — 1er arrondissement, quartier du Roule.

Cette rue a été ouverte sur les terrains appartenant à M. de Montessuy. La plus grande partie de ces terrains provenait du prieuré des religieuses Bénédictines de la Ville-l'Évêque. Ce percement, autorisé par une délibération du corps municipal en date du 16 février 1792, fut exécuté peu de temps après sur une largeur de 30 pieds. — Une décision ministérielle à la date du 17 juillet 1808, signée Cretet, maintint cette largeur. Cette voie publique resta sans dénomination jusqu'en 1820. Le 9 mai de la même année, elle reçut, par décision du ministre, le nom de rue *Notre-Dame-de-Grâce*, qui rappelle l'emplacement sur lequel elle a été ouverte. Le prieuré des religieuses bénédictines de la Ville-l'Évêque était connu originairement sous le titre de *Prieuré de Notre-Dame-de-Grâce*. Enfin une ordonnance royale du 25 novembre 1836 a maintenu la largeur primitive. Les propriétés riveraines sont alignées. — Conduite d'eau entre la rue d'Anjou et la borne-fontaine. — Éclairage au gaz (compe Anglaise).

NOTRE-DAME-DE-LORETTE (ÉGLISE).

Située rue Ollivier, à l'extrémité de la rue Laffitte. — 2e arrondissement, quartier de la Chaussée-d'Antin.

Une ordonnance royale du 3 janvier 1822 prescrivit la construction de cette église. En 1823, un concours fut ouvert entre dix architectes. Le projet qui obtint la préférence fut celui dont l'épigraphe avait reproduit ces deux vers :

« Que de l'or le plus pur son autel soit paré,
» Et que du sein des monts le marbre soit tiré. »

L'auteur de ce projet, M. Hippolyte Lebas, fut chargé de l'exécution de ce monument. M. Dommey eut l'inspection des travaux. Le 25 août 1823, le préfet, accompagné du corps municipal, vint poser la première pierre de l'édifice qui fut terminé en 1836, et consacré le 15 décembre de la même année par l'archevêque de Paris, sous le vocable de *Notre-Dame-de-Lorette*. Cette église, qui a coûté 2,050,000 fr., a dans sa plus grande longueur 68 m. 90 c., sa plus grande largeur est de 31 m. 85 c., et sa hauteur, prise de la coupole, a 18 m. 20 c.

Par sa construction, par ses ornements, cet édifice rappelle les églises de l'Italie. C'est la même coquetterie, la même parure mondaine; on y cherche en vain la grandeur sévère qui inspire le recueillement. Point d'arceaux élancés, point d'ogives gracieuses de souplesse, point de clochetons dentelés, de vitraux aux dessins naïfs; mais des dorures partout, des statues et des tableaux comme dans un musée.

Il semble que l'architecte ait voulut abaisser la religion à tous les caprices de la mode, en construisant cette église, élégante, fleurie, drapée comme le boudoir des petites maîtresses et des actrices qui viennent y prier des lèvres. Dans les compositions qui ornent les autels de palissandre, les saints ont l'air efféminé des dandys de la Chaussée-d'Antin, et les saintes lancent des regards provocateurs qui excitent une volupté toute terrestre. On y chante des cantiques, mais sur des airs de *la Favorite* ou de *la Sirène*. Le suisse a jeté aux orties son classique habit rouge et son large baudrier pour endosser l'uniforme du général Jacqueminot.

En regardant cet édifice tout couvert d'oripeaux, l'impuissance de notre époque se révèle, on sent qu'elle n'a plus la foi qui a remué les pierres de nos vieilles basiliques, et que l'art architectonique doit se borner à construire aujourd'hui des *bourses*, des magasins, des manufactures, des salles de concert, des cafés et des guinguettes.

NOTRE-DAME-DE-LORETTE (RUE).

Commence aux rues Saint-Lazare, n° 2, et des Martyrs, n° 1; finit à la rue Pigalle. Le dernier impair est 47; le dernier pair, 60. Sa longueur est de 471 m. — 2º arrondissement, quartier de la Chaussée-d'Antin.

Une ordonnance royale du 21 avril 1824 autorisa la compagnie Dosne, Loignon, Censier et Constantin, à ouvrir plusieurs rues, entr'autres une de 13 m. de largeur qui aboutirait d'un côté à la rue de La Rochefoucauld, et se dirigerait vers la rue du Faubourg-Montmartre, à la jonction de celle-ci avec les rues Saint-Lazare et des Martyrs (voyez place *Saint-Georges*). Ce percement fut immédiatement exécuté, mais ne déboucha point dans la rue Saint-Lazare, attendu que la compagnie n'était pas propriétaire des terrains donnant sur cette rue. Il dut s'arrêter à 75 m. environ de distance de cette voie publique. Le 24 janvier 1834, une ordonnance royale déclara d'utilité publique l'exécution de ce débouché, et approuva le traité fait entre la ville de Paris et le sieur Pène. Au commencement de l'année 1835, la rue dont il s'agit était livrée dans toute son étendue à la circulation; elle porta d'abord le nom de rue du *Faubourg-Montmartre-Prolongée*, puis celui de *Monsieur Vatry*, propriétaire d'une maison située à l'angle de la place Saint-Georges. Enfin une décision ministérielle du 10 avril 1835, signée Thiers, lui a définitivement assigné la dénomination de rue *Notre-Dame-de-Lorette*. Cette voie publique débouche près du chevet de l'église ainsi appelée. — Les propriétés riveraines sont alignées. — Égout entre les rues Saint-Lazare et Breda. — Conduite d'eau depuis la rue Saint-Lazare jusqu'à la rue La Bruyère. — Éclairage au gaz (compᵉ Anglaise).

NOTRE-DAME-DE-NAZARETH (RUE).

Commence à la rue du Temple, nᵒˢ 123 et 125; finit à la rue du Pont-aux-Biches, n° 4, et à l'impasse de ce nom. Le dernier impair est 31; le dernier pair, 38. Sa longueur est de 262 m. — 6ᵉ arrondissement, quartier Saint-Martin-des-Champs.

Jusqu'en 1630 elle porta le nom de rue *Neuve-Saint-Martin* dont elle fait le prolongement. A cette époque, les pères de Nazareth ayant établi leur couvent dans la rue du Temple, elle prit la dénomination de rue *Notre-Dame-de-Nazareth*. — Une décision ministérielle du 4 floréal an VIII, signée L. Bonaparte, et une ordonnance royale du 14 janvier 1829, ont fixé la largeur de cette voie publique à 11 m. 50 c. La maison n° 1 devra reculer de 40 c. Les autres propriétés sont alignées sauf redressement dans plusieurs parties. — Conduite d'eau depuis la rue du Temple jusqu'aux deux bornes-fontaines. — Éclairage au gaz (compᵉ Lacarrière).

NOTRE-DAME-DE-RECOUVRANCE (RUE).

Commence à la rue Beauregard, nᵒˢ 1 et 3; finit au boulevart Bonne-Nouvelle, n° 37. Le dernier impair est 23; le dernier pair, 20. Sa longueur est de 135 m. — 5ᵉ arrondissement, quartier Bonne-Nouvelle.

Elle a été bâtie en 1630. On la nomma d'abord *Petite-Rue-Poissonnière* en raison de sa proximité de la rue ainsi désignée. Sa dénomination actuelle lui vient de l'église Bonne-Nouvelle dont elle fait partie, et qu'on a appelée quelque temps Notre-Dame-de-Recouvrance. — Une décision ministérielle du 3 vendémiaire an X, signée Chaptal, fixa la largeur de cette voie publique à 7 m. En vertu d'une ordonnance royale du 21 juin 1826, cette dimension est portée à 8 m. Les maisons nᵒˢ 21 et 23 sont alignées. Le surplus de ce côté devra reculer de 2 m. 30 c. Les maisons nᵒˢ 2 et 16 sont alignées; le surplus des numéros pairs est soumis à un retranchement de 1 m. 50 c. — Conduite d'eau entre le boulevart et la rue de la Lune. — Éclairage au gaz (compᵉ Française).

NOTRE-DAME-DES-CHAMPS (RUE).

Commence à la rue de Vaugirard, nᵒˢ 61 et 63; finit au carrefour de l'Observatoire, n° 32. Le dernier impair est 59; le dernier pair, 54. Sa longueur est de 960 m. — 11ᵉ arrondissement, quartier du Luxembourg.

Aux XIVᵉ et XVᵉ siècles c'était le chemin *Herbu*,

puis la rue du Barcq ou Barc. On lui donna le nom qu'elle porte aujourd'hui parce qu'elle se dirigeait sur l'antique prieuré de Notre-Dame-des-Champs, occupé depuis par les carmélites. — Une décision ministérielle du 28 floréal an IX, signée Chaptal, a fixé la moindre largeur de cette voie publique à 11 m. 70 c. Les propriétés riveraines sont alignées, à l'exception de celles nos 35, 49, 51, 28, du bâtiment situé entre les nos 34 et 36, et de la maison entre les nos 36 et 38. — Conduite d'eau entre les rues de Vaugirard et Stanislas.

NOTRE-DAME-DES-VICTOIRES, DITE DES PETITS-PÈRES (ÉGLISE).

Située sur la place des Petits-Pères, à l'encoignure de la rue Notre-Dame-des-Victoires. — 3e arrondissement, quartier du Mail.

En parlant du couvent des Petits-Augustins à l'article de l'École des Beaux-Arts, nous avons dit que Marguerite de Valois, première femme du roi Henri IV, avait établi en 1607, dans l'enclos de son palais, vingt augustins déchaussés. Quelque temps après, cette princesse les renvoya sous les plus légers prétextes, et les remplaça par des augustins de la réforme de Bourges. Les religieux expulsés se retirèrent dans leur couvent de Villars-Benoît, en Dauphiné. Au mois de juillet 1619, ils revinrent à Paris et obtinrent, le 19 juin suivant, de M. de Gondi, la permission de bâtir un couvent de leur réforme. D'abord ils s'établirent hors de la porte Montmartre, près de la chapelle Saint-Joseph (aujourd'hui marché du même nom); mais s'y trouvant peu commodément, ils achetèrent, en 1628, un grand terrain dans un endroit appelé les *Burelles*, près du Mail. Le 9 décembre 1629, le roi posa la première pierre de leur église, et voulut qu'elle portât le titre de *Notre-Dame-des-Victoires* C'était une marque de la reconnaissance de Louis XIII envers la Sainte-Vierge qui, disait-il, l'avait aidé à triompher des Protestants. Cette église devint bientôt trop petite pour la population de ce quartier, qui s'augmentait chaque jour; on commença vers 1656 à en bâtir une nouvelle qui fut bénite le 20 décembre de l'année suivante. On ne put l'achever faute d'argent, et les travaux n'en furent repris qu'en 1737 et terminés en 1740. Pierre Lemuet, Libéral Bruant et Gabriel Leduc travaillèrent successivement à cet édifice, dont le portail fut élevé sur les dessins de Cartaud. L'église Notre-Dame-des-Victoires est bâtie avec assez de goût. Le portail est composé des ordres ionique et corinthien; ce dernier se trouve au-dessus de l'avant-corps que couronnent les extrémités du premier ordre. L'église n'a point de bas-côtés, mais la nef est accompagnée de six chapelles. Dans la croisée de droite, on distingue celle de *Notre-Dame-de-Savone*, toute revêtue de marbre de Languedoc et décorée d'après les dessins de Claude Perrault. — Quant au nom de *Petits-Pères* qui servait à distinguer ces religieux, nous n'avons rien trouvé d'authentique sur son étymologie. Plusieurs historiens pensent que ce nom leur fut donné en raison de la petitesse, de la pauvreté de leur premier établissement. D'autres racontent que le roi Henri IV, ayant aperçu dans son antichambre les pères Mathieu de Sainte-Françoise et François Anet qui étaient fort petits, demanda à plusieurs seigneurs ce que désiraient ces *petits pères*, et que dès lors on continua à les désigner ainsi. Supprimé en 1790, ce couvent devint propriété nationale. L'église servit quelque temps de local à la bourse de Paris. Rouverte le 9 novembre 1809, elle devint la première succursale de la paroisse Saint-Eustache. Une grande partie des bâtiments fut affectée à la mairie du 3e arrondissement, ainsi qu'à une caserne d'infanterie dont l'entrée est dans la rue Notre-Dame-des-Victoires.

Suivant un projet adopté par l'administration, on doit reconstruire les bâtiments de la mairie ainsi que ceux de la caserne qui serait affectée à deux compagnies de la garde municipale.

D'après une enquête faite en vertu d'un arrêté préfectoral du 13 juin 1844, on ouvrirait sur l'emplacement des terrains des Petits-Pères et de la propriété des messageries royales: 1° une rue de 12 m. de largeur pour communiquer du passage des Petits-Pères à la rue des Filles-Saint-Thomas; 2° une rue de 10 m. de largeur, en prolongement de la rue Saint-Pierre jusqu'au percement qui vient d'être indiqué. L'exécution de ce projet doit être déclarée d'utilité publique.

NOTRE-DAME-DES-VICTOIRES (RUE).

Commence à la place des Petits-Pères, n° 9; finit à la rue Montmartre, nos 149 et 153. Le dernier impair est 25; le dernier pair, 50. Sa longueur est de 441 m. Les numéros impairs de 1 à 15 bis, et les numéros pairs sont du 3e arrondissement, quartier du Mail; le surplus dépend du 2e arrondissement, quartier Feydeau.

Au commencement du XVIIe siècle, c'était le chemin *Herbu*. Il fut converti en rue conformément à un arrêt du conseil du 23 novembre 1633, registré au parlement le 5 juillet suivant. Le côté droit de cette voie publique était presqu'entièrement construit en 1636. Elle doit sa dénomination actuelle à l'église des Petits-Pères, consacrée sous le vocable de *Notre-Dame-des-Victoires*. — Une décision ministérielle du 3 vendémiaire an X, signée Chaptal, fixa la moindre largeur de cette voie publique à 9 m. Cette moindre largeur est portée à 10 m., en vertu d'une ordonnance royale du 23 juillet 1828. Dès le 16 juin 1824, une ordonnance royale relative aux abords de la Bourse avait approuvé la disposition suivante: « Prolonger en ligne droite la rue Notre-Dame-» des-Victoires, sur une largeur de 12 m., jusqu'à sa » rencontre avec la rue Montmartre. » L'exécution de ce projet fut déclarée d'utilité publique par une autre ordonnance du 17 janvier 1830. Ce prolongement a été commencé en 1837 et terminé en 1841. — Toutes les constructions du côté des numéros impairs, et les maisons nos 28, 30, 32, 34, 36, 40, 42, 48 et 50 sont alignées. Les maisons bordant le retour d'équerre sur la

— NOU —

rue Montmartre ne sont pas soumises à reculement. — Égout entre les rues Joquelet et Montmartre. — Éclairage au gaz (comp⁰ Anglaise).

NOUVELLE (boulevart bonne-).

Commence aux rues Saint-Denis, n° 391, et du Faubourg-Saint-Denis, n° 1; finit aux rues Poissonnière, n° 46, et du Faubourg-Poissonnière, n° 2. Le dernier impair est 37; le dernier pair, 42. Sa longueur est de 347 m. Les numéros impairs sont du 5ᵉ arrondissement, quartier Bonne-Nouvelle; les numéros pairs dépendent du 3ᵉ arrondissement, quartier du Faubourg-Poissonnière.

Ce boulevart a été formé en vertu des lettres-patentes du mois de juillet 1676. Il doit sa dénomination à sa proximité de l'église Notre-Dame-de-Bonne-Nouvelle. — Une ordonnance royale du 15 mai 1832, porte : « Article 1ᵉʳ. — Les dispositions indiquées sur les plans ci-annexés pour l'abaissement transversal du boulevart Bonne-Nouvelle, le nouvel alignement de ce boulevart au moyen de la suppression de la rue Basse-Porte-Saint-Denis et de l'impasse des Babillards, le prolongement de la rue Hauteville jusqu'au boulevart, et l'élargissement des impasses des Filles-Dieu et de Saint-Laurent, sont approuvées. L'exécution du d. plan est déclarée d'utilité publique. — Art. 2. Le préfet, au nom de la ville de Paris, est autorisé : 1° à traiter à cet effet avec les sieurs Labbé et Bègue, aux conditions stipulées dans l'acte passé entre ces propriétaires et le préfet de la Seine, le 31 décembre 1831 ; 2° à concéder, conformément au traité et aux conditions énoncées dans les engagements souscrits par les propriétaires riverains de la rue Basse-Porte-Saint-Denis, le sol de cette rue et du talus du boulevart, situé au droit de leurs propriétés, dans la proportion de l'étendue de leurs façades jusqu'à l'alignement du boulevart; 3° à concéder également aux propriétaires de l'impasse des Babillards, le sol de cette impasse et de la partie de la rue Basse-Porte-Saint-Denis et du talus du boulevart qui se trouve au

— OBS —

droit de cette impasse, etc. » — Conformément à cette ordonnance, la rue Basse-Porte-Saint-Denis fut supprimée, et l'on procéda immédiatement à l'abaissement du sol du boulevart. En 1842 et 1843, l'administration a fait exécuter de grands travaux de nivellement, pavage, trottoirs, égouts, escaliers, etc., qui ont occasionné une dépense de 220,000 francs. Les indemnités accordées aux propriétaires et locataires se sont élevées à 270,000 fr. — Les constructions du côté des numéros impairs sont alignées, à l'exception de celles qui portent les nᵒˢ 5 bis, 7, 9 et 37, dont le retranchement sera de 40 c. au plus. Les maisons de 10 à 38 inclus sont à l'alignement. — Portions d'égout et de conduite d'eau. — Éclairage au gaz (compᵉ Française).

NOYERS (rue des).

Commence à la rue de la Montagne-Sainte-Geneviève et à la place Maubert, n° 46; finit à la rue Saint-Jacques, nᵒˢ 45 et 51. Le dernier impair est 51; le dernier pair, 56. Sa longueur est de 258 m. — 12ᵉ arrondissement, quartier Saint-Jacques.

Cette rue a été bâtie, vers 1215, sur l'emplacement d'une allée de noyers, qui séparait le clos Bruneau de celui de Garlande. En 1348, cette voie publique se nommait rue *Saint-Yves*, en raison de la chapelle Saint-Yves, située au coin de la rue Saint-Jacques. La rue des Noyers a été élargie en vertu d'un arrêt du conseil du 7 décembre 1680. — Une décision ministérielle du 13 fructidor an VIII, signée L. Bonaparte, fixa la largeur de cette voie publique à 9 m. En vertu d'une ordonnance royale du 23 septembre 1825, sa moindre largeur est portée à 10 m. Les constructions nᵒˢ 21, 23, 49, 51; 52, 54 et 56 sont alignées; celles nᵒˢ 47 et 46 ne devront subir qu'un léger redressement. — Égout entre la rue des Anglais et la place Maubert. — Conduite d'eau dans toute l'étendue. — Éclairage au gaz (compᵉ Parisienne).

Juin 1844.

O.

OBLIN (rue).

Commence à la rue de Viarme, nᵒˢ 22 et 37; finit à la rue Coquillière, nᵒˢ 1 et 3. Le dernier impair est 11; le dernier pair, 10. Sa longueur est de 46 m. — 4ᵉ arrondissement, quartier de la Banque.

Deux contrats, l'un du 11 octobre 1635, l'autre du 26 octobre 1636, la désignent sous le nom de rue *Bouchée*, ou *cul-de-sac de la rue de l'Hôtel-de-Soissons*. On la trouve aussi dénommée *cul-de-sac de Carignan*. En avril 1765, elle fut prolongée sur l'emplacement de l'hôtel de Soissons, dont les prévôt des marchands et échevins avaient fait l'acquisition en vertu des lettres-patentes du mois d'août 1755. (Voyez *halle au Blé*.) Elle reçut alors le nom de rue *Oblin*, parce que Fran-

çois-Bernard *Oblin* et Charles *Oblin*, intéressés dans les affaires du roi, s'étaient rendus acquéreurs de plusieurs terrains provenant de l'hôtel de Soissons, sur lesquels ils firent construire des bâtiments. La largeur de cette voie publique, fixée alors à 24 pieds, a été maintenue par une décision ministérielle du 9 germinal an XIII, signée Champagny. Propriétés de 1 à 5, redressement; de 7 à 11, retranch. 75 c.; 2, 4, alignées; surplus, ret. 1 m. 20 c. à 1 m. 60 c. — Égout. — Éclairage au gaz (compᵉ Anglaise).

OBSERVANCE (rue de l').

Commence à la place de l'École-de-Médecine, n° 3; finit à la rue Monsieur-le-Prince, nᵒˢ 21 et 23. Le seul impair est 1; le dernier pair, 8. Sa longueur est de

— OBS —

51 m. — 11e arrondissement, quartier de l'École-de-Médecine.

« 19 août 1672. — Arrêt du conseil. — Le roy estant
» en son conseil, s'estant faict représenter le plan ar-
» resté entre les prévost des marchands et eschevins
» de sa bonne ville de Paris, et le sieur président de
» Mesmes, scindicq apostolique et protecteur général
» des Cordeliers de France, et en particulier, du grand
» couvent de la d. ville, pour la construction d'une
» place de 9 thoises de large, au-devant du grand por-
» tail de leur église, sur 18 thoises de long, et *d'une
» rue de 6 thoises de large, qui traversera la d. place*
» jusques à la rue des Fossés, vis-à-vis l'hostel de
» Condé, etc... » Sa majesté estant en son conseil a or-
» donné et ordonne que le d. plan sera exécuté selon
» sa forme et teneur, etc... » — La rue qui nous occupe
fut ouverte peu de temps après sur une largeur de
11 m. 80 c., et la dénomination qu'elle reçut alors rappelle la maison religieuse des Cordeliers, dite *le grand
couvent de l'Observance*. Un arrêté de la Commune, du
25 juillet 1793, donna à cette voie publique le nom de
place de l'Ami-du-Peuple. En l'an IV, elle fut appelée
place de l'École-de-Santé, et quelque temps après, elle
reprit sa dénomination primitive.—Une décision ministérielle du 23 frimaire an IX, signée Chaptal, a maintenu
la largeur de 11 m. 80 c. Les constructions riveraines
ne sont pas soumises à retranchement. — Égout.

OBSERVATOIRE (L').

Situé à l'extrémité de l'avenue du même nom. — 12e arrondissement, quartier de l'Observatoire.

Lorsqu'il plaît à Dieu de donner à un souverain la
puissance et le génie, il dépose abondamment autour
du prince les germes de tous les genres de supériorité,
et lui transmet le pouvoir de leur fécondation. Aucune
époque de notre histoire n'est comparable au siècle de
Louis XIV. Nous avons analysé un à un, dans le cours
de cet ouvrage, tous les établissements créés sous ce
règne, pour favoriser le développement des sciences et
des arts. On sentit également, à cette époque, la nécessité de construire un *Observatoire* pour l'astronomie. Le
ministre Colbert chargea Claude Perrault de fournir
les dessins de cet édifice qui, commencé en 1667, fut
terminé en 1672. Jean-Dominique *Cassini*, célèbre astronome que Colbert avait mandé d'Italie pour diriger les travaux, ne put arriver à Paris qu'au moment
où les constructions de cet édifice étaient presqu'achevées. Cassini trouva les dispositions peu convenables
aux observations astronomiques, et demanda plusieurs
changements. Les modifications réclamées par Cassini
ne furent pas du goût de Claude Perrault, qui persista
dans ses idées. L'édifice terminé, Cassini fut obligé de
faire construire sur la terrasse supérieure une petite
tourelle qui servit longtemps aux observations.

L'Observatoire a la forme d'un rectangle dont les
quatre façades correspondent aux points cardinaux du
monde. Aux deux angles de la façade méridionale sont

— OBS —

deux tours ou pavillons octogones. Une troisième tour
carrée occupe le milieu de la façade du nord où se
trouve l'entrée. La ligne de sa face méridionale se confond avec la latitude de Paris. La méridienne est tracée dans la grande salle du second étage. Elle divise
cet édifice en deux parties, et, se prolongeant au sud
et au nord, s'étend d'un côté jusqu'à Collioure, et de
l'autre jusqu'à Dunkerque. Ces deux lignes, qui se coupent au centre de la façade, ont servi de bases aux
nombreux triangles d'après lesquels on a levé la carte
générale de France, appelée *Carte de Cassini* ou de
l'Observatoire. Les planchers et les escaliers sont voûtés. La hauteur de la plate-forme, au-dessus du pavé,
est de 27 m. Malgré tout le luxe extérieur de cet édifice, il ne s'y trouvait pas un seul endroit convenable
où l'on pût faire, avec exactitude, une série d'observations. Cet état de dénûment a cessé, l'intérieur de
l'Observatoire est devenu habitable. Sur la plate-forme
ont été construits des cabinets qui servent aux observations et à conserver les instruments. Au second
étage se trouve la grande salle qui contient des globes,
des instruments de physique, et la statue en marbre
du célèbre Cassini, mort en 1712. La ligne méridienne
est tracée sur le pavé de cette salle. Sur le comble de
l'édifice, recouvert d'épaisses dalles en pierre, a été
élevé, vers 1810, un bâtiment carré flanqué de deux
tourelles. Dans une de ces tourelles, on a établi une
lunette achromatique, dont le pivot est incliné comme
l'axe de la terre. Cette lunette sert à observer et à décrire la marche des comètes. Un aéromètre sert à constater la puissance des vents, sur un cadran placé sous
la voûte de la salle du nord. Une cave de jauge indique
la mesure d'eau pluviale dans un temps déterminé. Le
bâtiment contigu, construit à l'est de l'édifice principal, est sans contredit le plus utile; on y fait presque
toutes les observations astronomiques et météorologi-
ques. On y voit, entre autres instruments, la lunette
méridienne de Gambey et le cercle mural de Frontin.
La construction de ce bâtiment date de 1834. L'Observatoire possède une bibliothèque précieuse en livres
d'astronomie. Pendant les années 1811 et 1813, on a
démoli les constructions et les clôtures qui masquaient
une partie de l'édifice. L'Observatoire et le palais du
Luxembourg correspondent aujourd'hui par une magnifique avenue, qui donne à cette partie de la capitale
un caractère grandiose. — Le bureau des longitudes
tient ses séances dans le bâtiment de l'Observatoire,
qui est ouvert au public tous les jours non fériés, de
neuf à quatre heures.

OBSERVATOIRE (AVENUE DE L').

Commence au boulevart du Mont-Parnasse; finit à la
grille de l'Observatoire. Pas de numéro. Sa longueur est
de 272 m.—12e arrondissement, quartier de l'Observatoire.

Une loi du 27 germinal an VI, relative à l'emploi
des terrains formant l'enclos des ci-devant Chartreux,
et que nous avons citée à la rue de l'*Est*, porte :

« Art. 2ᵉ. L'avenue du palais Directorial, du côté du jardin, sera prolongée jusqu'à la place de l'Observatoire, et passera à travers les boulevarts dits du Mont-Parnasse. — Art. 3ᵉ. En deçà des boulevarts il sera établi une place triangulaire. »

« Au camp impérial de Tilsit, le 20 juin 1807. — Napoléon, etc... Nous avons décrété et décrétons ce qui suit : Article 1ᵉʳ. La place ordonnée par l'art. 3 de la loi du 27 germinal an VI, relative aux embellissements des abords du palais du Luxembourg, maintenant celui du Sénat, ne s'étendra pas au-delà du boulevart, à partir de la grille de la Pépinière. — Art. 2ᵉ. La forme et l'étendue de cette place seront déterminées par notre ministre de l'intérieur, de la manière qui sera jugée la plus convenable à la réunion des diverses rues qui doivent y aboutir. (*Voyez* l'article suivant.) — Art. 3ᵉ. Il sera établi *une avenue* à côtés parallèles, qui se prolongera depuis la place indiquée en l'art. 1ᵉʳ jusqu'à la place circulaire qui doit être formée au pourtour de l'Observatoire impérial. Signé Napoléon. » — Une décision ministérielle du 4 octobre 1817, et une ordonnance royale du 9 décembre 1838, ont fixé à 40 m. la moindre largeur de l'avenue de l'Observatoire. Les constructions riveraines sont alignées, à l'exception de celles situées sur le côté droit, entre la rue Cassini et l'Observatoire. — En 1844, l'administration a fait exécuter dans cette avenue des travaux de pavage, bordures de trottoirs, plantations, sablage des contr'allées, etc., qui ont occasionné une dépense de 46,000 fr.

OBSERVATOIRE (CARREFOUR DE L').

Situé au débouché des rues de l'Est, de l'Ouest et Notre-Dame-des-Champs. Pas de numéro impair; les numéros pairs sont 32, 34 et 36. — 11ᵉ arrondissement, quartier du Luxembourg.

Ce carrefour a été formé en vertu d'une loi du 27 germinal an VI, et d'un décret du 20 juin 1807. (*Voyez* l'article précédent.) — Une décision ministérielle en date du 4 octobre 1817, fixa la moindre largeur de cette voie publique à 95 m. — En vertu d'une autre décision du 17 août 1824, signée Corbière, elle a reçu le nom de *carrefour de l'Observatoire*. Une ordonnance royale du 9 décembre 1838 a maintenu la largeur de 95 m. Les constructions riveraines sont alignées, à l'exception de la propriété située sur le côté droit, entre la rue Notre-Dame-des-Champs et le boulevart du Mont-Parnasse, qui devra reculer de 24 m.

Le carrefour de l'Observatoire rappelle de tristes souvenirs.

Le 7 décembre 1815, par un temps froid et sombre, un groupe de soldats, au milieu duquel on apercevait une voiture, traversait la grande avenue du Luxembourg. Arrivé au carrefour de l'Observatoire, devant le mur sur lequel on voit écrit aujourd'hui : *Jardin de la Grande-Chartreuse*, le groupe s'élargit, le fiacre s'arrêta! Un capitaine de gendarmerie courut à la portière, abattit lui-même le marche-pied, et prévint la personne qui était dans la voiture qu'on était arrivé!... En ce moment, les cris *le voilà! le voilà!* se firent entendre. Il y eut un moment de trouble parmi les spectateurs. — « Retirez-vous, dirent alors quelques officiers, c'est à la plaine de Grenelle que l'exécution doit avoir lieu. — Serrez vos rangs, et empêchez qu'on approche, cria un officier-général aux soldats. » La personne descendit alors de la voiture! C'était Michel Ney, prince de la Moskowa! L'expression du visage du maréchal était d'un calme admirable. Il regarda autour de lui, et apercevant le peloton qui devait faire feu : « Ah! dit-il, *c'est là!...* » Au même moment, on entendit le galop précipité d'un cheval. « C'est sa grâce! crièrent les uns; c'est » sursis, dirent les autres. » C'était l'ordre expédié du château de hâter l'exécution!... Alors le maréchal fit ses adieux au vénérable ecclésiastique, M. de Pierre, curé de Saint-Sulpice, qui l'avait accompagné. Le guerrier lui donna une boîte d'or en le priant de la remettre à la maréchale, puis il tira de sa poche une poignée d'argent pour être distribué aux pauvres de la paroisse Saint-Sulpice; alors s'avançant d'un pas assuré, Michel Ney se plaça devant le peloton. Le commandant vint, un mouchoir à la main, pour lui bander les yeux. Le guerrier le repoussa doucement : « Ignorez-vous, monsieur, que depuis vingt-cinq ans j'ai l'habitude de regarder la mort en face! » Il posa la main droite sur son cœur, et de la gauche, élevant son chapeau au-dessus de sa tête, il reprit d'une voix calme et solennelle : « Je proteste devant Dieu et devant les hommes contre le jugement qui me condamne; j'en appelle à la patrie et à la postérité!... Vive la France! » Il continuait : lorsque la voix de l'officier-général couvrit la sienne par ce brusque commandement adressé aux soldats : « Apprêtez armes!.. » — « Camarades, reprit alors le maréchal d'une voix plus éclatante, faites votre devoir et tirez-là!... là! ajouta-t-il, en montrant son cœur! — Joue!... Feu!... » dit le même officier-général, et le maréchal Ney tomba!... Vive le roi! vive le roi! hurlèrent les officiers en brandissant leurs épées; comme si le roi avait besoin du sang d'un maréchal de France pour vivre! Aucune voix du peuple ne répondit au moins à ces acclamations sacrilèges! Dès que le petit nuage de fumée fut éparpillé dans l'air, on vit les traces de ce noble sang, qui glissait sur le mur devant lequel s'était adossé le maréchal. Alors une femme, une sœur de l'hospice de la Maternité, qui priait, solitaire, depuis l'arrivée du maréchal, perça le triple rang de soldats pour recueillir quelques traces de ce sang. Cette femme était la sœur Sainte-Thérèse, dont le frère, qui servait en 1814 dans le corps d'armée du maréchal, avait été tué sous ses yeux. Le cadavre du prince de la Moskowa resta vingt minutes, gisant au pied de ce mur. Des hommes de peine, attachés à l'hospice de la Maternité, vinrent l'envelopper dans une couverture, et le transportèrent sur un brancard, dans une salle basse de leur hospice. Agenouillée devant les restes du héros, la sœur Thérèse pria Dieu toute la nuit ; et le lendemain, la famille du maréchal les fit pieusement inhumer au cimetière du Père-Lachaise.

ODÉON (CARREFOUR DE L').

Commence aux rues de l'École-de-Médecine, n° 43, et des Boucheries, n° 1 ; finit aux rues Monsieur-le-Prince, n° 1, et des Quatre-Vents, n° 2. Le dernier impair est 15 ; le dernier pair, 16. Sa longueur est de 55 m. — 11e arrondissement : les numéros impairs sont du quartier de l'École-de-Médecine ; les numéros pairs, du quartier du Luxembourg.

Il faisait autrefois partie de la rue de Condé, ainsi que l'indique le plan de Jaillot. Le plan de Verniquet ne lui donne pas de dénomination. En 1801, il a reçu le nom de *carrefour de l'Odéon*. — Une décision ministérielle du 4 nivôse an IX, signée Chaptal, fixa la moindre largeur de cette voie publique à 18 m. En vertu d'une ordonnance royale du 21 juillet 1843, cette moindre largeur est portée à 22 m. Propriétés nos 1, 3, 5, retranch. 9 m. 40 c. ; de 7 à 15, ret. 4 m. 70 c. ; de 2 à 8, ret. 3 m. 40 c. à 4 m. ; 10 et 12, ret. réduit 2 m. 80 c. ; 14, ret. 3 m. 50 c. ; 16, ret. 3 m. 10 c. — Égout. — Conduite d'eau. — Éclairage au gaz (compe Parisienne).

ODÉON (PLACE DE L').

Située devant le Théâtre. Le dernier impair est 5 ; le dernier pair, 6. — 11e arrondissement, quartier de l'École-de-Médecine.

Cette place a été construite sur l'emplacement de l'hôtel de Condé, en vertu des lettres-patentes du 10 août 1779, registrées au parlement le 7 septembre suivant. Sa forme est demi-circulaire. Elle a 37 m. 40 c. de rayon. Cette dimension a été maintenue par une décision ministérielle en date du 4 nivôse an IX, signée Chaptal, et par une ordonnance royale du 12 mai 1841. Sa dénomination primitive fut celle de *place du Théâtre-Français*. (Voyez *théâtre de l'Odéon*.) — Égout. — Conduite d'eau. — Éclairage au gaz (compe Parisienne).

ODÉON (RUE DE L').

Commence aux rues Monsieur-le-Prince, n° 2, et de Condé, n° 1 ; finit à la place de l'Odéon, nos 1 et 2. Le dernier impair est 35 ; le dernier pair, 38. (Les numéros continuent ceux du carrefour de l'Odéon.) Sa longueur est de 176 m. — 11e arrondissement, quartier de l'École-de-Médecine.

L'ouverture de cette rue, sur l'emplacement de l'hôtel de Condé, fut autorisée par lettres-patentes du 10 août 1779, registrées au parlement le 7 septembre suivant, et sa largeur fixée à 40 pieds. Elle ne fut exécutée que sur une largeur de 12 m. 90 c. — Cette dimension a été maintenue par une décision ministérielle du 4 nivôse an IX, signée Chaptal, et par une ordonnance royale du 12 mai 1841. Elle porta d'abord le nom de rue du *Théâtre-Français* (voyez *théâtre de l'Odéon*). Les constructions riveraines sont alignées. — Éclairage au gaz (compe Parisienne).

Fabre-d'Églantine et *Camille Desmoulins* demeuraient tous deux dans une maison de cette rue, à l'angle de la place. Ils furent condamnés à mort par le tribunal révolutionnaire, le 16 germinal an II (5 avril 1794). On les accusait d'avoir conspiré pour le rétablissement de la royauté.

ODÉON (THÉÂTRE ROYAL DE L').

Situé sur la place de ce nom. — 11e arrondissement, quartier de l'École-de-Médecine.

Des lettres-patentes données à Compiègne, le 30 juillet 1773, et registrées au parlement le 19 août suivant, contiennent l'exposé ci-après : « Louis, etc... L'hôtel
» dans lequel nos comédiens français donnaient leurs
» représentations, était devenu dans un tel état de
» caducité, qu'il n'était plus possible de les y continuer. Pour ne point laisser interrompre un spec» tacle devenu célèbre par les acteurs, encore plus
» par les drames qu'ils représentent, et dont le but
» est de contribuer autant à la correction des mœurs
» et à la conservation des lettres, qu'à l'amusement de
» nos sujets, nous avons bien voulu permettre aux
» comédiens français l'usage de notre théâtre du pa» lais des Tuileries ; mais nous reconnûmes dès lors
» l'impossibilité d'y laisser subsister un spectacle pu» blic, s'il nous plaisait de séjourner dans la capitale
» de notre royaume ; d'ailleurs, l'étendue et la dispo» sition primitive de ce théâtre, pour un autre genre
» de spectacle, ont fait connaître qu'il était incommode
» aux acteurs de la comédie, par la nécessité de forcer
» continuellement leur voix pour se faire entendre,
» inconvénient qui, en rendant la déclamation péni» ble et désavantageuse, préjudicie également à la
» santé des acteurs et à la satisfaction des specta» teurs, etc... » — Ces considérations déterminèrent le roi à faire construire une nouvelle salle, et l'emplacement de l'hôtel de Condé fut choisi comme le plus convenable à cette destination. Sa majesté ordonna qu'une nouvelle salle de la comédie française serait établie sur les terrains de l'hôtel de Condé, au moyen de l'acquisition faite en son nom, et que de nouvelles rues seraient ouvertes pour faciliter la circulation aux abords de ce théâtre. Moreau, maître-général des bâtiments de la ville, fut chargé de l'exécution de ce projet qui consistait, entr'autres dispositions, à édifier la nouvelle salle à l'endroit où viennent aboutir aujourd'hui, dans le carrefour de l'Odéon, les rues de Condé et Monsieur-le-Prince. Le 1er novembre suivant, l'hôtel de Condé fut vendu au roi moyennant la somme de 3,000,000 livres. Les travaux, commencés à cette époque, furent exécutés avec lenteur. Ils étaient très peu avancés en 1779, lorsque Louis XVI, par lettres-patentes du 10 août, crut devoir les arrêter : « parce
» qu'en même temps, dit sa majesté, qu'il nous aurait

— ODÉ —

» paru plus convenable qu'un monument de ce genre,
» et dont la propriété devait nous demeurer, fut exé-
» cuté sous les ordres du directeur-général de nos
» bâtiments, arts et manufactures, nous aurions jugé
» devoir adopter différents changements, tant relatifs
» à la construction, décoration et embellissement de
» cette salle, qu'à sa situation. Nous aurions pensé
» aussi qu'au lieu de faire construire cette salle dans
» le bas de l'hôtel de Condé, il était plus convenable
» de la placer dans la partie la plus voisine du Luxem-
» bourg, afin que plus rapprochée du palais que nous
» avons donné à notre très cher et amé frère, Mon-
» sieur, pour son habitation et celle de notre très chère
» et amée sœur, Madame, elle soit un nouvel agrément
» pour leur habitation, *en même temps que pour nos
» sujets qui, avant d'entrer ou en sortant du spectacle
» de la Comédie-Française, auront à proximité une
» promenade dans les jardins du Luxembourg;* mais,
» pour que cet établissement ne soit pas dans les cir-
» constances actuelles, à charge à nos finances, nous
» avons cru devoir écouter les propositions qui nous
» ont été faites de la part du sieur Pierre-Charles Machet
» de Velye, de faire faire à ses frais la construction
» de la d. salle et hôtel de la Comédie Française, sous
» les ordres du sieur comte d'Angiviller, directeur et
» ordonnateur de nos bâtiments, et sous la conduite
» et d'après les plans et devis des sieurs de Wailly et
» Peyre (Marie-Joseph), et par nous approuvés, et de
» faire tous les frais nécessaires à ce sujet, etc... » —
Ces lettres-patentes qui ordonnèrent, en conséquence,
la construction de la salle et l'ouverture de plusieurs
rues, aux frais dudit sieur Machet de Velye, officier
du point d'honneur, furent registrées au parlement le
7 septembre suivant. Les devis des travaux à exécuter
fixaient la dépense à 1,600,000 fr. MM. de Wailly et
Peyre dirigèrent les constructions avec activité. En
1782, la salle, entièrement achevée, fut ouverte sous le
titre de *Théâtre Français.* En 1790, on le nomma
Théâtre de la Nation. Les voies publiques formées
aux abords de cet édifice sur l'emplacement de l'hôtel
de Condé, sont celles ci-après désignées : rues *Corneille,* de *Crébillon, Molière,* de l'*Odéon, Racine* (partie
comprise entre la rue Monsieur-le-Prince et la place),
Regnard, de *Voltaire* et *place de l'Odéon.*

En 1797, le théâtre prit la dénomination d'*Odéon.*
Le 18 fructidor an V (4 septembre 1797), le conseil
des Cinq-Cents, par ordre du Directoire Exécutif, se
réunit dans cette salle et y rendit un décret de déportation contre Carnot, Barthélemy et cinquante-trois
députés. — Le 18 mars 1799, un violent incendie dévora
ce théâtre. Les comédiens français s'installèrent au
Palais-Royal où ils sont encore. En 1807, l'Odéon fut
reconstruit, et reçut le titre de *théâtre de l'Impératrice,* qu'il quitta, en 1814, pour prendre celui de
Second Théâtre Français. Incendié de nouveau, le
20 mars 1818, il fut restauré sous la direction de
MM. Chalgrin et Baraguei, et rouvert le 1er octobre

— OLI —

suivant. Il occupe une superficie de 2,000 m. environ.
On y joua la tragédie, la comédie et le drame; plus
tard, on y ajouta l'opéra; celui de *Robin-des-Bois* obtint un brillant succès. Cependant ce théâtre éprouva
des revers. Les acteurs du Théâtre-Français et ceux
de l'Opéra-Comique vinrent alternativement y donner
des représentations. Les artistes italiens, après l'incendie de leur salle, se réfugièrent à l'Odéon. Enfin,
le jeudi 28 octobre 1841, les acteurs du Second-
Théâtre-Français se sont définitivement installés dans
cette salle qui contient 1,650 personnes. — Prix des
places en 1844 : Avant-scène des 1res et des baignoires,
5 fr.; balcon, 4 fr.; 1res loges fermées et avant-scène
des 2mes, 3 fr. 50 c.; 1res loges découvertes, 3 fr.; 2mes
loges fermées et avant-scène des 3mes, 2 fr. 50 c.; stalles d'orchestre, baignoires et 2mes loges découvertes,
2 fr.; 3mes loges découvertes, 1 fr. 50 c.; 3mes loges
fermées et parterre, 1 fr. 25 c.; loges du cintre, 1 fr.

OGNIARD (RUE).

Commence à la rue Saint-Martin, nos 35 et 37; finit
à la rue des Cinq-Diamants, nos 22 et 24. Le dernier impair est 5; le dernier pair, 8. Sa longueur est de 50 m.
— 6e arrondissement, quartier des Lombards.

En 1260, c'était la rue *Amauri-de-Roissi.* En 1493,
on la nommait *Hoignard.* Sa dénomination actuelle
n'est qu'une altération. — Une décision ministérielle
du 18 vendémiaire an VI, signée Letourneux, fixa la
largeur de cette voie publique à 6 m. Cette largeur a
été portée à 13 m. en vertu d'une ordonnance royale
du 19 juillet 1840. La rue Ogniard n'a encore aujour-
d'hui que 2 m. 50 c. de largeur. Les constructions riveraines sont soumises à un fort retranchement. —
Conduite d'eau depuis la rue des Cinq-Diamants jusqu'à la borne-fontaine. — Éclairage au gaz (compe
Française).

OISEAUX (RUE DES).

Commence au marché des Enfants-Rouges, nos 5 et 7;
finit à la rue de Beauce, nos 8 et 10. Pas de numéro impair; le dernier pair est 4. Sa longueur est de 32 m. —
7e arrondissement, quartier du Mont-de-Piété.

Ouverte en 1626, elle doit son nom à une enseigne.
La Caille et Valleyre l'indiquent sous le nom de *Petite
rue Charlot.* — Une décision ministérielle du 26 thermidor an VIII, signée L. Bonaparte, fixa la largeur
de cette voie publique à 6 m. Cette largeur a été portée
à 10 m. en vertu d'une ordonnance royale du 31 mars
1835. Les constructions riveraines sont soumises à un
retranchement de 3 m. 40 c.

OLIVET (RUE D').

Commence à la rue des Brodeurs, nos 12 et 14; finit
à la rue Traverse, nos 5 et 7. Un seul impair qui est 1;
le dernier pair, 4. Sa longueur est de 69 m. — 10e arrondissement, quartier Saint-Thomas-d'Aquin.

Elle a été percée, vers 1646, sur le territoire dit
d'*Olivet,* dont elle a retenu le nom. Plusieurs plans

— OLL —

l'indiquent sous la dénomination de *Petite rue Traverse*. — Une décision ministérielle à la date du 2 thermidor an X, signée Chaptal, a fixé la largeur de cette voie publique à 6 m. Les constructions riveraines sont soumises à un retranchement qui varie de 1 m. 50 c. à 1 m. 80 c. La rue d'Olivet est fermée à ses deux extrémités.

OLLIVIER (RUE).

Commence à la rue du Faubourg-Montmartre, nos 63 et 65; finit à la rue Saint-Georges, nos 32 et 34. Le dernier impair est 11; le dernier pair, 10. Sa longueur est de 221 m. — 2e arrondissement, quartier de la Chaussée-d'Antin.

Cette rue a été ouverte en vertu d'une ordonnance royale du 21 juillet 1824, relative aux abords de l'église Notre-Dame-de-Lorette. Elle a 10 m. de largeur. Le nom qu'elle porte lui a été donné en vertu d'une décision ministérielle du 31 décembre 1825, signée Corbière. C'est celui de *M. Ollivier*, qui fut membre du conseil-général du département de la Seine, du conseil supérieur du commerce et de la Chambre des Députés. — Les constructions riveraines sont alignées. — Égout. — Conduite d'eau. — Éclairage au gaz (compe Anglaise).

OPÉRA (PASSAGES DE L').

Commencent au boulevart des Italiens, n° 2, et à la rue Grange-Batelière; finissent aux rues Le Peletier, n° 8, et Pinon. — 2e arrondissement, quartier de la Chaussée-d'Antin.

Le passage qui communique de la rue Le Peletier à la rue Pinon a été formé lors de la construction du théâtre. Les deux autres passages, connus sous les noms de *galeries de l'Horloge* et du *Baromètre*, ont été ouverts sur la propriété de M. le vicomte Morel de Vindé, pair de France. Les ordonnances royales d'autorisation portent les dates des 31 juillet 1822, et 16 avril 1823. La largeur de chacune de ces galeries est de 3 m. 74 c.

OPÉRA (THÉATRE DE L'), *voyez* ACADÉMIE ROYALE DE MUSIQUE.

OPÉRA-COMIQUE (THÉATRE DE L').

Situé place des Italiens. — 2e arrondissement, quartier Feydeau.

« Versailles, le 31 mars 1780. — Louis, etc... La
» nécessité des spectacles dans les grandes villes de
» notre royaume, et principalement dans notre bonne
» ville de Paris, est un objet qui a de tous temps attiré
» l'attention des rois nos prédécesseurs, parce qu'ils
» ont regardé le théâtre comme l'occupation la plus
» tranquille pour les gens oisifs et le délassement le
» plus honnête pour les personnes occupées; c'est
» dans cette vue qu'indépendamment de ses comé-
» diens ordinaires, le feu roi notre très honoré sei-
» gneur et aycul, avait permis, en 1716, l'établissement
» d'une troupe de comédiens Italiens; mais malgré
» les talents et le zèle des acteurs qui la composaient,

— OPÉ —

» ils n'eurent qu'une faible réussite, et ce spectacle ne
» s'est jamais soutenu que par des moyens étrangers,
» et toujours insuffisans jusqu'au moment où, en 1762,
» on y a réuni l'*Opéra-Comique*. Si depuis cette épo-
» que, ce théâtre a été fréquenté toutes les fois qu'on
» y donnait des opéras bouffons et autres pièces de
» chant, d'un autre côté le public montrait si peu
» d'empressement pour voir les comédies en langue
» Italienne, que quand on les représentait, le produit
» de la recette ne suffisait pas même pour payer la
» moitié des frais journaliers; d'ailleurs comme les
» tentatives réitérées qu'on a faites pour faire venir à
» grands frais des acteurs d'Italie, n'ont produit au-
» cun effet, et qu'il ne reste plus aucun espoir de rem-
» placer les bons acteurs morts et ceux que leurs longs
» services mettent dans le cas de se retirer, nous nous
» sommes vus forcés de supprimer entièrement le genre
» italien, et nous avons pourvu au traitement des ac-
» teurs et actrices qui le représentaient en leur accor-
» dant des pensions de retraite et des gratifications
» convenables; mais désirant conserver dans notre
» bonne ville de Paris un spectacle qui puisse contri-
» buer à l'amusement du public, nous avons établi
» une nouvelle troupe qui, sous le titre ancien de *Co-
» médiens Italiens*, représentera des comédies fran-
» çaises, des opéras bouffons, pièces de chant, soit à
» vaudevilles, soit à ariettes et parodies, et en consé-
» quence nous avons permis aux administrateurs de
» notre Académie de Musique de faire à la dite nou-
» velle troupe un bail pour trente années de privilège
» de l'Opéra-Comique; nous nous sommes déterminés
» à cet arrangement d'autant plus volontiers que, par
» le compte que nous nous sommes fait rendre de l'état
» de ce spectacle depuis 1762, nous avons remarqué
» que le genre des pièces de chant y avait fait des pro-
» grès aussi rapides qu'étonnans. La musique française
» qui jadis était l'objet du mépris ou de l'indifférence
» des étrangers, est répandue aujourd'hui dans toute
» l'Europe, puisqu'on exécute les opéras bouffons et
» français dans toutes les Cours du nord et même en
» Italie, où les plus grands musiciens de Rome et de
» Naples applaudissent aux talens de nos compositeurs
» français. Ce sont les ouvrages de ce genre qui ont
» formé le goût en France, qui ont accoutumé les
» oreilles à une musique plus savante et plus expressive,
» et qui ont enfin préparé la révolution arrivée sur le
» théâtre même de notre Académie de Musique, où
» l'on voit applaudir aujourd'hui des chefs-d'œuvres
» dont on n'aurait ni connu ni goûté le mérite si on
» les y avait joués vingt ans plus tôt; on ne peut donc
» pas douter que cette révolution ne soit le fruit des
» opéras bouffons composés pour la Comédie Italienne,
» et des efforts continuels des acteurs qui les ont exé-
» cutés; parce que consultant sans cesse le goût du
» public et cherchant à le perfectionner comme à le sa-
» tisfaire, ils sont parvenus à rendre leur spectacle in-
» finiment agréable à la nation et même aux étrangers;

» dans ce genre, on doit les attendre des mêmes
» compositeurs et des mêmes acteurs qui, encouragés
» par de premiers succès, mettront leur gloire et leur
» intérêt à porter cet art aussi loin qu'il peut aller;
» d'après cela nous avons pensé que nous ne pouvions
» mieux témoigner à ces même acteurs la satisfaction
» que nous avons de leur service qu'en leur donnant
» une consistance solide et légale à l'instar de celle
» de nos comédiens français ordinaires; par là nous
» contribuerons à augmenter le goût et les progrès
» de la musique, à entretenir l'émulation parmi les
» auteurs et les gens de lettres, et à assurer par la
» même voie non seulement l'état et les fonds des ac-
» teurs et actrices, mais aussi les pensions de retraite;
» mais en accordant ces faveurs à nos comédiens ita-
» liens, nous sommes bien éloignés de vouloir donner
» la moindre atteinte aux privilèges que nos augustes
» prédécesseurs ont daigné accorder à nos comédiens
» ordinaires, et singulièrement aux droits de pouvoir
» seuls représenter des tragédies; nous espérons même
» que ces deux théâtres, loin de se nuire, pourront se
» prêter un mutuel secours et qu'ils ne disputeront
» entre eux que d'efforts et de zèle pour mériter de
» plus en plus nos bontés et contribuer à l'amusement
» du public. A ces causes et autres, nous avons dit,
» déclaré et ordonné, disons, déclarons et ordonnons
» ce qui suit : Article 1er. Nous avons créé et établi,
» créons et établissons une troupe de comédiens qui
» demeureront attachés à notre service sous le titre de
» nos *Comédiens Italiens* ordinaires, avec faculté de se
» qualifier nos *pensionnaires*. — Art. 2e. Permettons
» à nos d. comédiens italiens, à compter du 3 avril de
» la présente année, de représenter à Paris, sur le
» théâtre de l'hôtel de Bourgogne, sis rue Française,
» ou sur tel autre théâtre qui sera par nous construit
» par la suite, toutes les comédies françaises, pièces
» de chant, soit à ariettes, soit à vaudevilles, compo-
» sant le fonds de la comédie italienne et de l'opéra
» comique, ainsi que toutes les pièces du même genre
» qui pourraient leur être présentées par la suite. —
» Art. 3e. Et désirant maintenir et augmenter la gloire
» du Théâtre Français, que nous regardons comme le
» premier spectacle de la capitale et le théâtre de la
» Nation, proprement dit, nous avons interdit et inter-
» disons expressément à nos d. comédiens italiens la
» faculté de jouer aucunes tragédies, maintenons et
» gardons nos d. comédiens français dans le droit et
» privilège de jouer seuls ces pièces de théâtre, etc...
» — Art. 11e. Voulons et entendons que les d. comé-
» diens italiens soient tenus de représenter chaque
» jour sans que, sous aucun prétexte, ils puissent s'en
» dispenser. — Art. 12e. Et renouvellant en tant que
» de besoin les dispositions de la déclaration donnée
» par Louis XIII, notre honoré seigneur et trisaïeul,
» en faveur des comédiens, le 16 avril 1641, nous enjoi-
» gnons très expressément à nos d. comédiens italiens,
» de régler tellement les représentations théâtrales,

» que la religion, les bonnes mœurs et l'honnêteté
» publique n'en puissent souffrir la moindre atteinte,
» et, en ce faisant, nous voulons et entendons que l'exer-
» cice de leur profession ne puisse leur être imputé à
» blâme, ni préjudicier à leur réputation dans le com-
» merce public, etc. » — On songea bientôt à faire
construire une nouvelle salle.

« Marly, le 14e octobre 1780. — Louis, etc... Or-
» donnons ce qui suit : Article 1er. Nous agréons
» et approuvons le plan de la nouvelle salle que les
» sieurs Reboul de Villeneuve et compagnie se pro-
» posent de construire pour y placer le spectacle dit
» de la *Comédie Italienne*; en conséquence leur per-
» mettons de faire faire la d. construction sur l'empla-
» cement désigné au dit plan, faisant partie des terrains
» dépendants de l'hôtel de Choiseul, duquel emplace-
» ment désigné pour la d. salle de comédie, ainsi que de
» celui de la *place* qui sera au-devant de la d. salle, et
» des rues dites de *Marivaux*, *Favart* et de *Grétry*, qui
» seront ouvertes sur le d. terrain, les d. sieur et dame
» de Choiseul entendent faire l'abandon en faveur du
» d. établissement. — Art. 2e. La d. salle sera cons-
» truite aux frais du d. sieur Reboul de Villeneuve,
» lequel sera tenu de se conformer en tout pour l'élé-
» vation de l'édifice et de ses accessoires aux plans,
» coupes et élévations qui seront donnés par le sieur
» Heurtier, notre architecte, après toutefois que les
» dits plans auront été par nous approuvés. Sera éga-
» lement tenu le d. sieur Reboul de Villeneuve, de
» rendre la d. salle achevée pour ce qui le concerne
» dans l'espace de deux ans, à compter du 1er avril
» 1781, etc. » — La construction de cette salle fut termi-
minée en 1783, et l'inauguration eut lieu le 28 avril de
la même année. Les acteurs de la Comédie Italienne,
ou plutôt de l'Opéra-Comique y jouèrent jusqu'en
1797, époque à laquelle ils s'installèrent dans la salle
Feydeau. De nombreux succès dus au talent des compositeurs et des chanteurs rendirent ce spectacle l'un des
plus florissants de la capitale. La salle Feydeau, construite avec peu de solidité, sur un emplacement étouffé
par des constructions particulières, faisait naître des
craintes qui déterminèrent à choisir une autre localité.
— Une ordonnance royale du 8 octobre 1826 prescrivit
la construction d'une nouvelle salle vis-à-vis de la rue
Ventadour. Les travaux ayant été terminés, les acteurs
de l'Opéra-Comique abandonnèrent la salle Feydeau.
La fortune ne les suivit pas dans le nouveau théâtre
qui fut fermé en 1832 (voyez théâtre des *Italiens*). Au
mois de septembre de la même année les artistes de
l'Opéra-Comique vinrent s'installer dans la salle de
la place de la Bourse (voyez théâtre du *Vaudeville*),
qu'ils quittèrent en 1840. A cette époque ils inaugu-
rèrent la salle de la place des Italiens, où ils paraissent
être fixés d'une manière définitive. — Cette ancienne
salle avait été, comme nous l'avons dit plus haut, abandonnée en 1797 par les acteurs de l'Opéra-Comique.
Des troupes nomades y donnèrent alternativement des

— OPP —

représentations. Elle était occupée au mois de janvier 1838, par les chanteurs italiens, lorsqu'un effroyable incendie la détruisit presqu'entièrement.

« Loi du 7 août 1839. — Article 1er. Le ministre de l'intérieur est autorisé à mettre en adjudication, avec publicité et concurrence, la reconstruction de la salle Favart *pour y établir l'Opéra-Comique,* sous les conditions et clauses du cahier des charges, annexé à la présente loi. Le rabais portera sur la durée de la jouissance à concéder à l'adjudicataire. — Art. 2º. A l'expiration du terme fixé par l'adjudicataire, la salle reconstruite et ses dépendances feront retour à l'État, etc. » — Au mois de septembre suivant, M. Charpentier, architecte, commença les travaux de reconstruction. Cette salle contient 1500 places, dont les prix sont ainsi fixés en 1844. Loges de la galerie avec salon, 1res loges de face avec salon, avant-scène de la galerie et des loges de la galerie, 7 fr. 50 c.; fauteuils et stalles de balcon, loges de la galerie sans salon, 1res loges de face sans salon, 6 fr.; fauteuils de la galerie, fauteuils d'orchestre, stalles de baignoires, avant-scène des 1res loges, baignoires de face et de côté, 5 fr.; 1res loges de côté, avant-scène des loges de la 2me galerie, 4 fr.; 2me galerie, 3 fr.; parterre, loges de la 2me galerie de face, avant-scène des 3mes loges, 2 fr. 50 c.; loges de la 2me galerie de côté, 3mes loges, 2 fr.; amphithéâtre, 1 fr.

OPPORTUNE (IMPASSE SAINTE-).

Située dans la rue Grange-aux-Belles, entre les nos 13 et 15. Le dernier impair est 7; le dernier pair, 10. Sa longueur est de 93 m. — 5e arrondissement, quartier de la Porte-Saint-Martin.

Formée vers 1820, sur les terrains appartenant à M. Huet, cette impasse n'est pas reconnue voie publique. Sa largeur varie de 4 m. à 8 m.

OPPORTUNE (PLACE SAINTE-).

Située entre les rues de la Tabletterie, Courtalon, Sainte-Opportune et des Fourreurs. Le dernier impair est 3; le dernier pair, 8. — 4e arrondissement, quartier des Marchés.

Cette place était encore désignée, en 1790, sous le nom de *cloître Sainte-Opportune,* qu'elle devait à l'église Sainte-Opportune dont nous parlerons à l'article suivant. — Une décision ministérielle du 21 prairial an X, signée Chaptal, a déterminé l'alignement de cette voie publique. En 1837, elle a été considérablement élargie. Les propriétés nos 1, 3, 2 et 4, sont alignées. — Égout. — Éclairage au gaz (compe Anglaise).

OPPORTUNE (RUE SAINTE-).

Commence à la place Sainte-Opportune, nos 3 et 8; finit à la rue de la Ferronnerie. Le dernier impair est 9; le dernier pair, 6. Sa longueur est de 45 m. — 4e arrondissement, quartier des Marchés.

Une ordonnance royale du 30 mai 1836, porte:

— OPP —

« Article 1er. Le projet d'ouverture d'une rue à Paris, pour communiquer de la rue de la Ferronnerie à la rue des Fourreurs, dans l'axe de la fontaine des Innocents, est approuvé. Les alignements de cette rue, dont la largeur est fixée à 12 m., sont arrêtés suivant le tracé des lignes rouges sur le plan ci-annexé. L'exécution du d. projet est déclarée d'utilité publique, etc... — Art. 3e. Le préfet de la Seine, agissant au nom de la ville de Paris, est autorisé à acquérir, soit de gré à gré, soit par voie d'expropriation pour cause d'utilité publique, les immeubles ou portions d'immeubles dont l'occupation sera nécessaire pour effectuer le percement de la rue nouvelle. » — Cette rue fut immédiatement exécutée et reçut le nom de rue *Sainte-Opportune,* parce qu'elle passe devant l'emplacement de l'ancienne église, dont nous parlerons ci-après. La maison nº 2 est seule soumise à retranchement. — Égout. — Conduite d'eau dans une partie. — Éclairage au gaz (compe Anglaise).

L'église royale et paroissiale Sainte-Opportune avait sa principale entrée dans la rue de l'Aiguillerie, à l'endroit où se trouve aujourd'hui la propriété portant le nº 2, sur la rue Sainte-Opportune. L'origine de cette église a fait naître de grands débats parmi les historiens de Paris. Nous ne rapporterons pas ici toutes ces discussions. Ce qui paraît certain, c'est que la chapelle Sainte-Opportune, comme celles Saint-Leufroy et Saint-Magloire, fut fondée ou reconstruite lorsque la tranquillité se rétablit après le départ des Normands. Hildebrant, évêque de Séez, pour préserver de la fureur de ces barbares la châsse qui renfermait le corps de sainte Opportune, fille du comte d'Hiême, et morte abbesse d'Almenêche, se réfugia avec son clergé à Moussi-le-Neuf, puis à Paris dans la Cité. Il laissa une partie des reliques de sainte Opportune à l'évêque de Paris, qui les déposa dans une chapelle du faubourg septentrional de la ville. Cet oratoire, d'abord appelé *Notre-Dame-des-Bois,* parce qu'il était situé à l'entrée d'une forêt, prit alors le nom de *Sainte-Opportune.* Dotée par nos rois, cette chapelle fut reconstruite dans des proportions plus étendues, devint paroissiale à la fin du XIIe siècle, et reçut un chapitre ou collège de Chanoines. Vers l'an 1154, le chœur fut rebâti; quelque temps après on en prescrivit la démolition. L'église Sainte-Opportune, telle qu'on la voyait encore en 1790, ne datait que du XIIIe siècle. La tour était remarquable par les ornements qui la décoraient. On y avait sculpté des fleurs de lis, des festons, des cornes d'abondance, des trophées, qui indiquaient qu'elle avait été construite par la munificence des rois. En 1311, Guillaume d'Aurillac, évêque de Paris, établit à Sainte-Opportune deux marguilliers laïques, auxquels il donna l'administration de la fabrique. Cette église possédait plusieurs reliques qui attiraient un grand concours de fidèles. On y admirait un candélabre à dix branches, d'un fort beau travail : c'était un présent de l'empereur Charles-Quint, qui visita l'église Sainte-Opportune pendant son séjour à Paris. Cette église, supprimée en 1790, devint propriété nationale, et fut vendue le 24 novembre 1792. Démolie quelque temps après, on a construit sur son emplacement la maison n° 8, place Sainte-Opportune, celle n° 2, rue Sainte-Opportune, et les bâtiments qui bordent le côté droit de la rue Courtalon.

ORANGERIE (RUE DE L').

Commence à la rue d'Orléans, n°s 27 et 29; finit à la rue Censier, n°s 4 bis et 6. Pas de numéro. Sa longueur est de 47 m. — 12e arrondissement, quartier Saint-Marcel.

Cette voie publique doit sa dénomination aux Orangers du jardin du Luxembourg, qui furent longtemps déposés dans une propriété de cette rue. — Une décision ministérielle à la date du 28 pluviôse an IX, signée Chaptal, a fixé sa largeur à 7 m. La maison située sur le côté droit à l'encoignure de la rue Censier est alignée; les autres constructions riveraines sont soumises à un retranchement qui n'excède pas 50 c.

ORATOIRE (PLACE DE L').

Commence à la place du Louvre et à la rue d'Angiviller; finit à la rue de la Bibliothèque. Pas de numéro impair; ce côté est bordé par le Louvre; le dernier pair est 6. Sa longueur est de 201 m. — 4e arrondissement, côté gauche, quartier du Louvre; côté droit, quartier Saint-Honoré.

« Louis, etc... Ayant ordonné la confection du Lou-
» vre, et voulant en faciliter les abords par une place
» depuis le péristyle jusqu'au portail de Saint-Ger-
» main-l'Auxerrois, dans une étendue parallèle au d.
» péristyle, à prendre depuis le quai jusqu'à la distance
» de 10 toises au-delà du pavillon du côté des prêtres
» de l'Oratoire, *isoler la face du côté des prêtres de*
» *l'Oratoire*, dans la longueur depuis la rencontre de
» celle dite ci-dessus, passant devant le portail de
» Saint-Germain-l'Auxerrois jusqu'à l'angle de la rue
» Froidmanteau, etc. Et attendant que nous fassions
» procéder à la visite, prisée et estimation de toutes
» les maisons qui se trouveront comprises dans la d.
» étendue pour en faire l'acquisition en deniers ou par
» échange avec les propriétaires, soit particuliers, soit
» gens de main-morte, et voulant prévenir les dépenses
» et empêcher qu'il n'y soit construit aucuns nou-
» veaux bâtiments, et que les maisons qui tombe-
» raient en ruine soient réédifiées, etc.; faisons inhi-
» bitions et défenses à toutes personnes de faire cons-
» truire de nouveaux bâtiments dans toute l'étendue
» du terrain, depuis le péristyle du Louvre jusqu'au
» portail de Saint-Germain-l'Auxerrois dans la lon-
» gueur depuis le quai, jusqu'à la rencontre de l'ali-
» gnement en retour d'équerre formant une rue pa-
» rallèle à la façade du côté des prêtres de l'Oratoire,
» distante de 10 toises du pavillon de l'angle, etc...
» Donné à Versailles, le 26e jour de décembre, l'an de
» grâce 1758, et de notre règne le 44e. Signé Louis. »

— La place ne fut formée qu'entre les rues de l'Oratoire et du Coq. En 1793, on l'appela *place de la Liberté*. — Une décision ministérielle du 17 brumaire an XI, signée Chaptal, fixa l'alignement de cette voie publique nommée alors *place latérale du Palais des Sciences et des Arts*.

« Au palais des Tuileries, le 26 février 1806. —
» Napoléon, etc... Nous avons décrété et décrétons ce
» qui suit : Article 1er. L'alignement arrêté par les
» plans généraux des embellissements de Paris, vis-à-
» vis la façade du Louvre, sera exécuté vis-à-vis l'hôtel
» d'Angivilliers, en abattant les cours et jardins, sans
» toucher à l'hôtel, etc... Signé Napoléon. » — Ce décret fut exécuté. Dans le courant de la même année, la voie publique dont nous nous occupons reçut la dénomination de *place de Marengo*. En 1814, on l'appela *place de l'Oratoire*. Vers cette époque, elle fut prolongée jusqu'à la rue de la Bibliothèque. Les constructions riveraines sont alignées. — Égout dans une partie. — Conduite d'eau dans toute l'étendue. — Éclairage au gaz (comp^e Anglaise).

ORATOIRE (TEMPLE DE L').

Situé dans la rue Saint-Honoré, n° 157. — 4e arrondissement, quartier Saint-Honoré.

Témoin des abus qui s'étaient introduits dans le clergé de France, M. de Bérulle résolut d'y porter remède. Il pensa que le moyen le plus efficace serait de former de jeunes ecclésiastiques instruits, qui, sous la direction des évêques, rempliraient dignement les fonctions du sacerdoce et enseigneraient la parole de Dieu, dans les collèges et dans les séminaires. Les membres de cette congrégation ne devaient être astreints à aucun vœu. Henri de Gondi, évêque de Paris, approuva cet utile projet. Le 11 novembre 1611, M. de Bérulle, accompagné de cinq prêtres aussi vertueux que savants, s'installa au faubourg Saint-Jacques, dans l'hôtel du Petit-Bourbon, où fut construit plus tard le Val-de-Grâce. Marie de Médicis protégea cette institution qui fut autorisée par le pape, le 10 mai 1613, sous le titre de *Congrégation de l'Oratoire de Notre-Seigneur Jésus-Christ*. M. de Bérulle ayant fait de nombreux prosélytes, résolut de transférer cette Congrégation dans l'intérieur de la ville. En 1616, il acheta de la duchesse de Guise, l'hôtel du Bouchage, bâti par le duc de Joyeuse, et qui avait appartenu à Gabrielle d'Estrées. D'autres acquisitions augmentèrent cet emplacement. La première pierre de l'église des Oratoriens fut posée le 22 septembre 1621. Les travaux successivement dirigés par trois architectes, Métezeau, Jacques le Mercier et Caquier, furent terminés en 1630. Le portail, élevé en 1745, dut être reconstruit en 1774. Tous les ans, le jour de la fête de saint Louis, l'Académie des Sciences et celle des Inscriptions et belles-lettres faisaient célébrer, dans cette église, une grand'messe en musique, suivie du panégyrique du saint roi. — La congrégation des Oratoriens a produit un grand nombre d'hommes célèbres, parmi lesquels nous devons

— ORA —

citer : Dumarsais, le président Hénault, Mallebranche, Mascaron et Massillon. L'avocat-général Talon a dit de cette institution : « C'est un corps où tout le monde » obéit et où personne ne commande. » Les Oratoriens furent supprimés en 1792 ; leur église servit pendant la révolution aux assemblées du district et de la section du quartier. — Une décision consulaire du 12 frimaire an XI, ordonna l'établissement à Paris d'une *église consistoriale*, et de deux églises de secours. Par la même décision, l'édifice de Saint-Louis-du-Louvre fut affecté au Consistoire, et ceux de Pentemont et Sainte-Marie-Saint-Antoine, aux deux églises de secours. — Plus tard, en 1811, les travaux de déblaiement de la place du Carrousel ayant nécessité la démolition de l'église Saint-Louis, une décision impériale du 3 février de la même année a désigné l'*église de l'Oratoire*, pour recevoir le consistoire protestant, mais provisoirement seulement, en attendant qu'il ait été pris un parti sur le temple qui leur sera accordé. — Les bâtiments du couvent ont été successivement occupés par la conservation générale des hypothèques, le conseil impérial des prises maritimes, et par plusieurs sociétés littéraires. On y a établi depuis les bureaux de la caisse d'amortissement et de la caisse des dépôts et consignations.

ORATOIRE DES CHAMPS-ÉLYSÉES (RUE DE L').

Commence à l'avenue des Champs-Élysées, nos 110 et 112 ; finit à la rue du Faubourg-du-Roule, nos 45 et 47. Le dernier impair est 67 ; le dernier pair, 68. Sa longueur est de 425 m. — 1er arrondissement, quartier des Champs-Élysées.

Elle a été tracée vers 1787. On ne commença à élever des constructions dans cette voie publique, que vers 1812. Cette rue bordant un terrain qui appartenait aux pères de l'Oratoire, fut d'abord nommée rue *Neuve-de-l'Oratoire*. Depuis 1806, on l'appelle simplement rue de l'*Oratoire*. — Une décision ministérielle du 6 nivôse an XII, signée Chaptal, a fixé sa largeur à 10 m. 55 c. Les constructions riveraines ne sont pas soumises à retranchement. — Conduite d'eau depuis l'avenue jusqu'à la borne-fontaine.

ORATOIRE-DU-LOUVRE (RUE DE L').

Commence à la place de l'Oratoire, no 2 ; finit à la rue Saint-Honoré, nos 155 et 157. Le dernier impair est 5 ; le dernier pair, 12. Sa longueur est de 90 m. — 4e arrondissement, quartier Saint-Honoré.

Au XIIIe siècle, c'était la rue d'*Osteriche*. Le poète Guillot en parle ainsi :

« Droitement parmi *Osteriche*,
» Ving en la rue Saint-Honoré.

Cette rue se prolongeait alors jusqu'à la rivière. En 1630, elle est indiquée sous le nom de rue du *Louvre*.

— ORF —

Peu de temps après elle fut appelée *cul-de-sac de l'Oratoire*. Elle devait cette dénomination aux prêtres de l'Oratoire, qui y avaient établi leur couvent. Lors de la formation de la place de l'Oratoire, elle fut convertie en rue. Une ordonnance royale, en date du 23 juillet 1828, a fixé la largeur de cette voie publique à 10 m. 20 c. Les constructions du côté des numéros impairs ne sont assujetties qu'à un faible redressement ; celles du côté opposé devront reculer de 3 m. 20 c. à 6 m. — Égout. — Conduite d'eau depuis la place jusqu'à la borne-fontaine. — Éclairage au gaz (compe Anglaise).

ORFÈVRES (QUAI DES).

Commence au pont Saint-Michel et à la rue de la Barillerie, no 32 ; finit au Pont-Neuf, et à la place du Pont-Neuf, no 15. Le dernier numéro est 76. Sa longueur est de 366 m. — 11e arrondissement, quartier du Palais-de-Justice.

C'était encore au milieu du XVIe siècle un terrain en pente qui régnait le long de la rivière. Il aboutissait aux murs qui entouraient le Palais-de-Justice et son jardin. Le quai ne fut commencé qu'en 1580. Sauval nous apprend qu'en 1603 deux maçons entreprirent les travaux de ce quai pour 54 livres la toise. Il fut achevé en 1643. Son nom lui vient de la grande quantité d'*orfèvres* qui y construisirent des boutiques. — De la rue de la Barillerie à celle de Jérusalem, on voyait encore à la fin du XVIIIe siècle une rue qui, construite en 1623, prit d'abord le nom de rue *Neuve*, puis celui de *Saint-Louis*, enfin en 1793, le nom de rue *Révolutionnaire*. Des lettres-patentes à la date du 22 avril 1769 avaient ordonné ce qui suit : « Art. 21o. Les maisons qui sont rue Saint-Louis, du côté de la rivière jusqu'au quai des Orfèvres, seront démolies et supprimées, et lors de cette suppression, le quai des Orfèvres sera prolongé jusqu'au pont Saint-Michel, et garni de parapets et trottoirs. » — Ces dispositions ne furent point alors exécutées. — « Au camp de Tilsit, le 7 juillet 1807. — Napoléon, etc... Nous avons décrété et décrétons : Article 1er. Les maisons domaniales et autres qui couvrent le pont Saint-Michel, celles qui obstruent les abords du petit cours de la Seine, sur les rues *Saint-Louis*, du Hurepoix et de la Huchette, ainsi qu'en retour sur le Marché-Neuf, seront démolies. — Art. 2e. Les démolitions commenceront par les maisons qui couvrent le pont Saint-Michel, le 1er septembre prochain, et pour les autres maisons désignées dans l'article ci-dessus, le 1er janvier 1808. Signé Napoléon.» — Une décision ministérielle du 31 août 1819, a fixé la moindre largeur du quai des Orfèvres à 13 m. 50 c. Les maisons nos 2, de 6 à 24, et de 30 à la fin, sont alignées. — Égout entre les rues de Jérusalem et Harlay. — Conduite d'eau depuis le Pont-Neuf jusqu'à la borne-fontaine. — Éclairage au gaz (compe Française).

Les propriétés de 20 à 30, et une partie de celle no 32, devront être démolies pour faciliter l'agrandissement du Palais-de-Justice.

ORFÈVRES (RUE DES).

Commence à la rue Saint-Germain-l'Auxerrois, n°s 42 et 44; finit à la rue Jean-Lantier, n°s 1 et 3. Le dernier impair est 15; le dernier pair, 6. Sa longueur est de 66 m. — 4e arrondissement, quartier du Louvre.

Au XIIe siècle, elle se nommait rue aux *Moines de Joienval*, dont on fit par corruption *Jenvau*. L'hôtel et l'abbaye de ces religieux étaient alors situés dans cette rue. Guillot l'appelle rue à *Moignes de Jenvau*. Peu de temps après, et jusqu'au XVe siècle, on la désigna sous le nom de rue des *Deux-Portes*, parce qu'elle était fermée par une porte à chaque extrémité. Un procès-verbal de 1636 la nomme rue de la *Chapelle-aux-Orfèvres*, en raison de la chapelle Saint-Éloi ou des Orfèvres que ces marchands y avaient fait bâtir. — Une décision ministérielle à la date du 12 fructidor an V, signée François de Neufchâteau, avait fixé la largeur de cette voie publique à 6 m. Cette largeur a été portée à 10 m. en vertu d'une ordonnance royale du 29 avril 1839. Constructions du côté des numéros impairs, retranch. 2 m. 40 c. à 3 m. 30 c.; maisons du côté opposé, ret. 2 m. 90 c. à 3 m. 60 c. — Éclairage au gaz (compe Anglaise).

Les Orfèvres formaient un des six premiers corps des marchands de Paris. Leur communauté date de 1330, sous Philippe-de-Valois. Leurs statuts sont de 1343. Les orfèvres achetèrent, en 1399, de Roger de la Poterne, un de leurs confrères, et de Jeanne sa femme, une maison située dans la rue des Deux-Portes (aujourd'hui des Orfèvres). Cette propriété, connue sous le nom d'*hôtel des Trois-Degrés*, fut considérablement agrandie. Ils firent construire une vaste salle dans laquelle ils disposèrent un assez grand nombre de lits. Une petite chapelle fut également bâtie dans le fond. Cet hôpital était destiné à recevoir les pauvres orfèvres âgés ou infirmes; leurs veuves pouvaient même y être admises. Le 12 novembre 1403, Pierre d'Orgemont, évêque de Paris, permit d'y faire célébrer l'office divin. Sous le règne de Henri II, les bâtiments de cet hôpital menaçant ruine, on prit la résolution de les reconstruire, ainsi que la chapelle. La communauté se trouvait alors propriétaire de huit maisons dans cette rue ou dans ses environs et ses revenus étaient considérables; un hôpital plus vaste, une chapelle plus commode, prirent la place des vieilles masures. En 1566, les nouvelles constructions furent achevées. La chapelle fut bâtie sur les dessins de Philibert de Lorme. On y voyait aussi quelques figures très estimées dues au ciseau de Germain Pilon. Cet hôpital fut supprimé en 1790, et devint propriété nationale. Une partie de ses bâtiments et la chapelle furent vendues le 11 brumaire an VI.

La chapelle est représentée aujourd'hui par la maison portant, sur la rue des Orfèvres, les n°s 4 et 6. Ce qui restait de l'ancien hôpital servit quelque temps de *Grenier à sel*, puis fut vendu comme propriété de l'État, le 6 janvier 1818.

ORILLON (RUE DE L').

Commence à la rue Saint-Maur-Popincourt, n°s 98 et 100; finit aux chemins de ronde des barrières Ramponeau et des Trois-Couronnes. Le dernier impair est 19; le dernier pair, 20. Sa longueur est de 328 m. — 6e arrondissement, quartier du Temple.

Ce n'était anciennement qu'un chemin qui fut tracé à la fin du XVIIe siècle. Cette rue doit son nom à une propriété appelée l'*Orillon*, que l'on voit tracée sur le plan de Roussel, gravé en 1730. Verniquet la nomme rue de *Riom*, parce qu'elle conduisait à la barrière de Riom, aujourd'hui Ramponeau. Sa première dénomination a prévalu. — Une décision ministérielle du 28 vendémiaire an XI, signée Chaptal, et une ordonnance royale du 16 août 1836, ont fixé la largeur de cette voie publique à 9 m. 74 c. Les propriétés ci-après ne sont pas soumises à retranchement : de 9 à la fin; maison à l'encoignure de la rue Saint-Maur; 4, 4 bis, 6, 6 bis, et de 8 bis à 18 inclusivement. — Conduite d'eau depuis la rue Saint-Maur jusqu'à la borne-fontaine.

ORLÉANS (CITÉ D').

Située sur le boulevart Saint-Denis, n° 18. Le dernier impair est 7; le dernier pair, 8. — 5e arrondissement, quartier du Faubourg-Saint-Denis.

Elle a été bâtie, en 1827, par M. Marais.

ORLÉANS (QUAI D').

Commence au pont de la Tournelle et à la rue des Deux-Ponts, n° 1; finit au pont de la Cité et à la rue Saint-Louis, n° 76. Le dernier numéro est 32. Sa longueur est de 295 m — 9e arrondissement, quartier de l'Ile-Saint-Louis.

Construit de 1614 à 1646, il porta jusqu'en 1792 le nom d'*Orléans*; à cette époque on lui donna celui d'*Égalité*. — Une décision ministérielle à la date du 24 frimaire an XIII, signée Champagny, fixa la moindre largeur de ce quai à 12 m. En 1806, il reprit sa première dénomination. — Une décision ministérielle du 9 mai 1818, et une ordonnance royale du 9 décembre 1838, ont réduit la moindre largeur de ce quai à 7 m. 60 c. Les maisons n°s 6, 8, 10, 12, 14, 16 bis et 18, sont soumises à un faible retranchement. Les autres propriétés sont alignées. — Conduite d'eau entre les rues Guillaume et des Deux-Ponts.

ORLÉANS-AU-MARAIS (RUE D').

Commence à la rue des Quatre-Fils, n°s 12 et 14; finit aux rues d'Anjou, n° 1, et de Poitou, n° 33. Le dernier impair est 17; le dernier pair, 12. Sa longueur est de 177 m. — 7e arrondissement, quartier du Mont-de-Piété.

Cette rue, qui porte le nom d'une de nos anciennes provinces de France, a été bâtie en 1626 sur la culture du Temple. — Une décision ministérielle du 14 thermidor an VIII, signée L. Bonaparte, fixa la largeur de cette voie publique à 8 m. Cette largeur a été portée à 10 m. en

— ORL —

vertu d'une ordonnance royale du 6 février 1828. La maison n° 1 est alignée. Les autres propriétés de ce côté devront reculer de 1 m. 15 c. à 1 m. 50 c. Le mur de clôture de l'église Saint-François-d'Assise est aligné. Les autres constructions de ce côté sont soumises à un retranchement de 1 m. à 1 m. 20 c. — Conduite d'eau depuis la rue d'Anjou jusqu'à la borne-fontaine. — Éclairage au gaz (comp^e Lacarrière).

ORLÉANS-SAINT-HONORÉ (RUE D').

Commence à la rue Saint-Honoré, n°s 116 et 118; finit à la rue des Deux-Écus, n°s 23 et 25. Le dernier impair est 21; le dernier pair, 16. Sa longueur est de 79 m. — 4e arrondissement, quartier de la Banque.

Cette voie publique, construite en partie à la fin du XIIIe siècle, portait le nom de rue de *Nesle*, parce qu'elle longeait l'hôtel que Jean II, seigneur de Nesle, avait fait bâtir près de Saint-Eustache. En 1328, cette voie publique se nommait rue de *Bohême*; l'hôtel de Nesle appartenait alors à Jean de Luxembourg, roi de Bohême, qui resta fidèle à la France, et mourut pour elle à la bataille de Crécy. Le trépas glorieux de ce héros est si noblement raconté par M. de Châteaubriand, que nous croyons devoir reproduire ici la magnifique page qu'il a consacrée à la louange de l'intrépide vieillard.

« Le roi de Bohême étoit à l'arrière-garde avec le duc de Savoie. On lui rend compte des évènements (l'avant-garde et le corps de bataille venoient d'être presque entièrement détruits). *Et où est monseigneur Charles, mon fils?* dit-il. On lui répondit qu'il combattoit vaillamment, en criant : *Je suis le roi de Bohême!* qu'il avoit déjà reçu trois blessures.

» Le vieux roi, transporté de paternité et de courage, presse le duc de Savoie de marcher au secours de leurs amis ; le duc part sans s'arrière-garde. On n'alloit pas assez vite au gré du monarque aveugle, qui disoit à ses chevaliers : « *Compagnons, nous sommes nés en une* » *même terre, sous un même soleil, élevés et nourris à* » *même destinée, aussi vous proteste de ne vous laisser* » *aujourd'hui tant que la vie me durera.* » Quand on fut prêt à joindre l'ennemi, il dit à sa suite : « *Sei-* » *gneurs, vous êtes mes amis, je vous requiers que vous* » *me meniez si avant que je puisse férir un coup d'é-* » *pée.* » Les chevaliers répondirent que volontiers ils le feroient. Et adonc, afin qu'ils ne le perdissent dans la presse, ils lièrent son cheval aux freins de leurs chevaux, et mirent le roi tout devant pour mieux accomplir son désir, et ainsi s'en allèrent ensemble sur leurs ennemis.

» Le roi de Bohême, conduit par ses chevaliers, pénétra jusqu'au prince de Galles. Ces deux héros, dont l'un commençoit et dont l'autre finissoit sa carrière, essayèrent plusieurs passades de lance pour illustrer à jamais leurs premiers et leurs derniers coups. La foule sépara ces deux champions si différents d'âge et d'avenir, si ressemblants de noblesse, de générosité et de

— ORL —

vaillance. *Le roi de Bohême alla si avant qu'il férit un coup de son épée, voire plus de quatre, et recombattit moult vigoureusement, et aussi firent ceux de sa compagnie, et sy avant s'y boutirent contre les Anglois, que tous y demeurèrent et furent le lendemain trouvés sur la place autour de leur seigneur, et tous leurs chevaux liés ensemble*, vrai miracle de fidélité et d'honneur. Les muses qui sortoient alors du long sommeil de la barbarie, s'empressèrent à leur réveil d'immortaliser le vieux roi aveugle. Pétrarque le chanta, et le jeune Édouard prit sa devise qui devint celle des princes de Galles ; c'étoit trois plumes d'autruche avec ces mots tudesques écrits à l'entour : *in riech, je sers.* Il n'appartenoit qu'à la France d'avoir de pareils serviteurs. »

A la mort du roi de Bohême et de son fils Charles, la propriété de l'hôtel de Bohême revint à la couronne et fut donnée plus tard par Charles VI à Louis de France, duc d'Orléans ; alors la voie publique dont nous rappelons l'origine prit le nom de rue d'*Orléans*. Dans plusieurs titres du XVIe siècle, on la trouve quelquefois indiquée sous la dénomination de rue des *Filles-Pénitentes*, parce que ces religieuses occupaient en 1499 l'hôtel d'Orléans. Jusqu'en 1572, la rue d'Orléans commençait à la rue Saint-Honoré et se terminait à la rue Coquillière, en face de l'église Saint-Eustache. A cette époque, Catherine de Médicis s'étant rendue propriétaire du couvent des Filles-Pénitentes, fit de nombreuses acquisitions pour agrandir cet emplacement sur lequel elle voulait bâtir un palais. En 1577, elle supprima presqu'en entier la partie de la rue d'Orléans comprise entre celles des Deux-Écus et Coquillière, et ne laissa subsister du côté de cette dernière qu'une impasse qui, en 1763, est devenue la rue Oblin (*voir cet article*). — Une décision ministérielle du 17 frimaire an XI, signée Chaptal, a fixé la largeur de la rue d'Orléans à 8 m. Les maisons de 3 à 17 inclus sont alignées. Les autres constructions ne devront subir qu'un faible retranchement. — Éclairage au gaz (comp^e Anglaise).

ORLÉANS-SAINT-MARCEL (RUE D').

Commence à la rue du Jardin-du-Roi, n° 27 ; finit à la rue Mouffetard, n°s 127 et 129. Le dernier impair est 45 ; le dernier pair, 44. Sa longueur est de 477 m. — 12e arrondissement, quartier Saint-Marcel.

Cette rue, percée au commencement du XIIIe siècle, reçut d'abord les noms de rue des *Bouliers*, aux Bouliers, puis de *Richebourg*. Cette dernière dénomination lui venait d'un bourg d'une rare beauté, qu'elle traversait alors. Elle changea ce nom pour celui d'Orléans lorsque Louis de France, duc d'Orléans, fils du roi Charles V, vint prendre possession d'une maison de plaisance qui lui avait été donnée par Isabeau de Bavière, sa belle-sœur, en échange de la propriété dite le *Val-de-la-Reine*. — Une décision ministérielle à la date du 8 nivôse an IX, signée Chaptal, a fixé la moindre largeur de cette voie publique à 7 m. Les propriétés

— ORM —

nos 1, 1 bis, 3, 11, partie du n° 27, 29, 31, 33, 35, partie du n° 37, 41, 43; une partie des dépendances de la Pitié, 18 et 42, ne sont pas soumises à retranchement. — Conduite d'eau dans une grande partie.

La *Communauté des Filles-de-la-Croix* était située dans cette rue au n° 11. Elle fut fondée en 1656 sur une partie du *petit séjour d'Orléans*. Ces religieuses s'occupaient de l'instruction des jeunes personnes de leur sexe. Supprimée en 1790, cette maison devint propriété nationale, et fut vendue le 28 thermidor an V.

ORME (RUE DE L').

Commence à la rue de Sully, n° 14; finit à la rue Saint-Antoine, nos 232 et 234. Le dernier impair est 9; le dernier pair, 14. Sa longueur est de 460 m. — 9e arrondissement, quartier de l'Arsenal.

1re PARTIE *comprise entre la rue de Sully et la cour du Salpêtre.* C'était dans le principe une avenue plantée d'*ormes*, qui servait de communication au petit arsenal: on l'avait nommée *chaussée de l'Arsenal*. Le côté droit de cette avenue longeait le jardin de l'Arsenal; celui des Célestins limitait le côté opposé. Jusqu'en 1841, le sol de cette partie de rue appartint au domaine de l'État qui l'a cédé à la ville de Paris. En vertu d'une ordonnance royale du 21 septembre de la même année, cette partie de rue est devenue voie publique, et sa largeur est fixée à 12 m.

2e PARTIE *comprise entre la cour du Salpêtre et la rue Saint-Antoine.* — L'emplacement traversé par cette rue était composé d'une cour dite *des Ormes*, et d'un passage appelé *des Fontaines de la Bastille*. — Une ordonnance royale du 25 février 1829 porte: — « Article 1er. Il sera ouvert sur le terrain appartenant à l'État, cour des Ormes, à l'Arsenal, dans la ville de Paris, une nouvelle rue, conformément au plan ci-annexé, et sous les conditions relatées dans la délibération du conseil municipal du 27 juin 1828, etc... » — La largeur de cette partie de rue est de 12 m. — Un arrêté préfectoral en date du 19 juin 1837, a prescrit la régularisation du numérotage.

Les constructions riveraines de la rue de l'Orme sont alignées, à l'exception des bâtiments situés sur le côté droit et dépendant de l'administration des salpêtres, dont le retranchement sera de 3 m. — Conduite d'eau entre la fontaine-marchande et les deux bornes-fontaines.

ORMEAUX (AVENUE DES).

Commence à la place du Trône, finit à la rue de Montreuil, nos 88 et 88 bis. Le dernier impair est 5; le dernier pair, 6 bis. Sa longueur est de 152 m. — 8e arrondissement, quartier du Faubourg-Saint-Antoine.

Elle a été formée vers 1780 et doit sa dénomination à la nature des arbres dont elle est bordée. — Une décision ministérielle du 23 ventôse an X, signée Chaptal, a fixé la largeur de cette voie publique à 37 m. — Les constructions riveraines ne sont pas soumises à retranchement, à l'exception du bâtiment situé sur le côté des numéros pairs, à l'angle de la rue de Montreuil, qui devra reculer de 1 m. à 4 m. 50 c.

ORMEAUX (RUE DES).

Commence à la place du Trône, finit à la rue de Montreuil, nos 78 et 80. Le dernier impair est 5; le dernier pair, 4. Sa longueur est de 134 m. — 8e arrondissement, quartier du Faubourg-Saint-Antoine.

Elle est indiquée sur le plan de Jaillot, mais sans dénomination. Verniquet la désigne sous le nom de *ruelle des Ormeaux* (voir l'article précédent). — Une décision ministérielle en date du 26 juin 1809, signée Cretet, et une ordonnance royale du 6 mai 1827, ont fixé la largeur de cette rue à 8 m. — Les constructions du côté des numéros impairs, depuis la place du Trône jusque vis-à-vis de la rue du chemin de Lagny, devront reculer de 40 c. environ. Le surplus est soumis à un retranchement qui varie de 2 m. à 2 m. 30 c.; les constructions du côté opposé devront reculer de 1 m. 20 c. à 2 m.

ORMES (QUAI DES).

Commence au quai Saint-Paul et à la rue de l'Étoile, n° 1, finit à la rue Geoffroy-l'Asnier, n° 2, et au quai de la Grève. Le dernier numéro est 78. Sa longueur est de 265 m. — 9e arrondissement, de 2 à 24, quartier de l'Arsenal; le surplus dépend du quartier de l'Hôtel-de-Ville.

Sous le règne du roi Jean, un grand nombre d'habitations avaient été construites près de la Seine, à partir de l'hôtel de Sens (renfermé depuis dans le palais de Charles V) jusqu'à la rue Geoffroy-l'Asnier. Cet emplacement se nommait alors *quai* ou *port des Barrés*. Charles V voulant embellir le chemin qui conduisait à son hôtel de Saint-Paul, le fit planter d'arbres. Cet embellissement fit changer la dénomination de ce quai, qu'on nomma, à partir de cette époque, *quai des Ormetaux*, puis *des Ormes*. En 1430, la première partie de ce quai avait pris le nom *des Célestins*; la seconde, depuis la rue Saint-Paul jusqu'à celle de l'Étoile, fut nommée *quai Saint-Paul*; la troisième, dont nous nous occupons ici, conserva sa dénomination primitive jusqu'au XVIe siècle, alors on la désigna sous le nom de *Mofils* et *Monfils*, par corruption du nom de la rue de l'Arche-Beaufils, maintenant de l'Étoile. En 1551, dit Sauval, la ville fit refaire le quai de l'Arche-Beaufils jusqu'à la rue Geoffroy-l'Asnier; le tout revint à plus de 5,525 livres. Les prévôt des marchands et échevins demandèrent, en 1586, que ce quai servît au déblacage des bateaux. La place aux Veaux y fut transférée en 1646; elle y resta jusqu'en 1774. La partie du quai des Ormes, comprise entre les rues de l'Étoile et des Nonnains-d'Hyères, a été élargie en vertu des lettres-patentes du 22 avril 1769. — Une décision ministérielle du 5 vendémiaire an IX, signée L. Bonaparte, et une ordonnance royale du 12 juillet 1837, ont fixé la

— ORM —

moindre largeur de ce quai à 22 m. — De 1838 à 1842, l'administration a fait exécuter les travaux de raccordement du quai des Ormes avec celui de la Grève. On a établi aussi un nouveau bas-port. Cette opération importante a nécessité une dépense de 423,042 fr.

Les maisons de 2 à 24 inclusivement, de 30 à 44 inclusivement et de 62 à la fin, ne sont pas soumises à retranch. N°s 26, 28, 46, 48, 50, 52, 54, redress.; de 56 à 60, rct. 30 c. à 40 c.; — Portion d'égout du côté de la rue Geoffroy-l'Asnier. — Conduite d'eau du côté du Pont-Marie. — Éclairage au gaz (comp^e Parisienne).

ORMESSON (RUE D'), *voyez* DORMESSON.

ORPHELINS (HOSPICE DES).

Situé dans la rue du Faubourg-Saint-Antoine, n°s 124 et 126. — 8e arrondissement, quartier des Quinze-Vingts.

C'était autrefois l'hôpital des Enfants-Trouvés (*voir* cet article). — L'édifice fut construit en 1669, et la première pierre de son église posée en 1676. On ne reçoit dans cet établissement que des orphelins de deux à douze ans. En 1835, il est entré dans cet hospice 612 enfants, dont 345 garçons et 267 filles. Ce nombre s'est élevé à 963 en 1842.

ORSAY (QUAI D').

Commence à la rue du Bac, n° 2, et au Pont-Royal; finit au chemin de ronde de la Barrière de Grenelle. Le dernier numéro est 109. Sa longueur est de 3,423 m. — 10e arrondissement: de 1 à 25, quartier du Faubourg-Saint-Germain; le surplus dépend du quartier des Invalides.

C'était, au XVIe siècle, le *quai de la Grenouillère*. Un arrêt du conseil d'état du roi, daté de Fontainebleau, le 18 octobre 1704, porte, entre autres dispositions, ce qui suit : « Et Sa Majesté voulant que le quai
» de la Grenouillère qui fait un très désagréable objet
» à l'aspect du Louvre et des Thuilleries, soit continué
» de ligne droite de 10 toises de largeur en toute son
» estendue, depuis le Pont-Royal et l'encoignure de
» la rue du Bacq jusqu'à la rencontre du rempart, qui
» sera planté d'arbres et revêtu de pierres de taille
» dans toute cette estendue, avec un trottoir de 9 pieds
» de largeur, le long du parapet, pour le passage des
» gens de pied avec des rampes en glacis descendant au
» bord de la rivière, ce qui sera non seulement un orne-
» ment, mais encore sera d'une grande utilité pour les
» rues de Poitiers et de Belle-Chasse et de celle qui doit
» estre formée près les Filles-de-Saint-Joseph, pour
» leurs issues sur le d. quai, et pour les abreuvoirs et
» l'enlèvement des marchandises déchargées sur le
» port, de même qu'il a été observé au quay Mala-
» quais, de l'autre costé du Pont-Royal, entre les rues
» des Saints-Pères et des Petits-Augustins, et Sa Ma-
» jesté s'estant fait représenter le plan de ce dessein
» que les prevost des marchands et eschevins en ont
» fait dresser par le maître des œuvres de la d. ville,
» et voulant qu'il soit suivy et exécuté, etc... » Les

— ORS —

travaux furent commencés immédiatement, mais avec lenteur. — Un autre arrêt du conseil, en date du 23 août 1707, contient un dispositif ainsi conçu : « Sa
» Majesté étant en son conseil a ordonné et ordonne
» que le nouveau plan fait par ses ordres, des ouvrages
» à faire pour la perfection du quartier Saint-Germain-
» des-Prés, attaché à la minute du présent arrêt, sera
» exécuté; et en conséquence, que conformément à l'ar-
» rêt du 18 octobre 1704, il sera construit *un nouveau*
» *quai en face de celui des Tuileries*, de ligne droite,
» de 10 toises de largeur, depuis le Pont-Royal, à
» l'encoignure de la rue du Bacq, en descendant, sur
» la longueur de 400 toises, ou environ, lequel sera
» nommé le *quai d'Orsay*, et sera revêtu, dans toute
» son étendue, de pierres de taille, avec un trottoir de
» 8 pieds de largeur le long du parapet pour le passage
» des gens de pied, et des rampes en glacis descendant
» au bord de la rivière pour les abreuvoirs et l'enlève-
» ment des marchandises déchargées sur le port, ainsi
» qu'il a été observé au quai Malaquais, etc... Et à cet
» effet ordonne Sa Majesté, que les maisons qui sont
» actuellement sur le dit quai et se trouveront anticiper
» sur les 10 toises de largeur qu'il doit avoir, seront
» retranchées jusqu'à la distance de ces 10 toises, et
» que les maisons qui seront ci-après construites sur
» le dit quai seront bâties suivant les alignements qui
» seront donnés par le maître-général des bâtiments
» de la ville, etc. » La première pierre fut posée le 6 juin 1705. La dénomination affectée à ce quai avait pour but d'honorer Charles Boucher, *seigneur d'Orsay*, conseiller au parlement, alors prévôt des marchands. Nommé à cette importante fonction le 16 août 1700, Boucher d'Orsay la remplit jusqu'au 16 août 1708. — Les travaux de construction s'effectuèrent bien lentement, car nous lisons dans les lettres-patentes du 22 avril 1769 : — Article 24e. Le quai d'Orsay qui a
» été ordonné dès l'année 1704 et qui est commencé à
» la descente du Pont-Royal, sera continué sous la
» même dénomination jusqu'à la rue de Bourgogne, et
» celui qui sera prolongé jusqu'à la barrière des Inva-
» lides, sera appelé le *quai de Condé*, et il y sera
» construit des murs ou établi des ports, suivant que
» le besoin du commerce et la commodité des citoyens
» pourront l'exiger. » Ces lettres-patentes n'eurent pas beaucoup plus d'effet que les deux arrêts précités.

« Actes du gouvernement. — Arrêté du 13 messidor an X. Les Consuls de la république arrêtent : — Article 1er. Le quai d'Orsay, situé à Paris, sur la rive gauche de la Seine, entre le pont National et celui de la Révolution, sera incessamment construit.—Art. 2e. Le ministre de l'intérieur posera la première pierre de ce quai le 24 de ce mois (13 juillet, vieux style), etc. Le premier consul, signé : Bonaparte. »

« Cologne, le 29 fructidor an XII. — Napoléon, empereur des Français, etc. Sur le rapport du ministre de l'intérieur, nous avons décrété et décrétons ce qui suit: — Article 1er. L'alignement des maisons qui bordent le *quai Bonaparte*, situé à Paris, entre le pont des Tuileries et le pont de la Concorde, est fixé sur une ligne droite parallèle au mur du quai, actuellement en construction. — Art. 2º. La largeur du quai entre les maisons et le parapet, sera uniformément de 20 m. 13 c. Signé Napoléon. » — Cette largeur a été maintenue par une décision ministérielle du 19 février 1820.

« Au palais des Tuileries, le 11 mars 1808, Napoléon, etc., nous avons décrété et décrétons ce qui suit : — Article 1er. Il sera construit *un quai* depuis le pont de la Concorde jusqu'à celui de l'École-Militaire. Les travaux commenceront cette campagne et seront dirigés de manière à ce que ce quai soit achevé en six ans. Signé Napoléon » (Extrait).

« Au palais des Tuileries, le 10 février 1812, Napo-
» léon, etc., nous avons décrété et décrétons ce qui
» suit : — Article 1er. Il sera établi le long du nouveau
» quai, entre les ponts de la Concorde et d'*Iéna*, du
» côté des Invalides, un cours planté d'arbres. —
» Art. 2. La largeur de ce cours, y compris celle du
» quai, *sera de 55 mètres*, mesurés entre le parement
» intérieur du parapet et la face des maisons à cons-
» truire, conformément au plan général annexé au
» présent décret. Signé Napoléon, etc. » (Extrait). —
Cette seconde partie reçut alors le nom de *quai des Invalides*. Peu de temps après, elle prit, ainsi que la partie qui se termine à la barrière, le nom de *quai d'Orsay*.

Les constructions ci-après ne sont pas soumises à retranchement : la caserne, le Palais du Conseil-d'État, la Chambre des Députés, nos 41, 43, 55, celles qui s'étendent de la rue de la Boucherie à celle de la Vierge, mur de clôture du dépôt des marbres, nº 109, et mur de clôture entre la rue Kléber et le chemin de ronde. Les propriétés de 45 à 53 inclus, devront avancer sur leurs vestiges actuels. — Portions d'égout et de conduite d'eau. — Eclairage au gaz depuis la rue du Bac jusqu'à celle d'Iéna (compe Française).

On voyait autrefois en face de l'École-Militaire une île de 2,700 m. de superficie, qui s'appelait, en 1494, l'*Ile Maquerelle*. Le massacre de la Saint-Barthélemy lui donna une triste célébrité. Nous lisons dans un compte de l'Hôtel-de-Ville. « Des charettes chargées
» de corps morts, de damoisels, femmes, filles, hommes
» et enfants, furent menées et déchargées à la rivière.
» Ces cadavres s'arrêtèrent, partie à la petite île du
» Louvre, partie à celle Maquerelle, ce qui mit dans
» la nécessité de lés tirer de l'eau et de les enterrer,
» pour éviter l'infection. » — Extrait du même compte :
« Aux fossoyeurs des Saints-Innocents, 20 livres à
» eux ordonnées par les prévôt des marchands et éche-
» vins, par leur mandement du 13 septembre 1572,
» pour avoir enterré depuis huit jours onze cents corps
» morts, èz-environs de Saint-Cloud, Auteuil et Chail-
» liau (Chaillot). — Nota. Il y a un pareil mandement
» du 9 septembre, pour 15 livres, données à compte
» aux mêmes fossoyeurs. » — En 1780, cette île, connue alors sous le nom d'*île des Cygnes*, fut réunie à l'emplacement sur lequel fut batie la seconde partie du quai d'Orsay.

Sur ce quai, près de la rivière, fut guillotiné le vertueux *Bailly*. La proclamation de la loi martiale et la fusillade qui en fut la suite, servirent de thème à l'accusation. Il fut condamné à être exécuté au Champ-de-Mars, pour purifier par son sang la place où son prétendu crime avait été commis. Le 11 novembre 1793, le temps était froid et pluvieux; Bailly est conduit à pied, escorté par une populace assez lâche pour insulter un vieillard qui l'avait nourrie !... Pendant le long trajet de la Conciergerie au Champ-de-Mars, on lui agite sous le visage un drapeau rouge. Arrivé au pied de l'échafaud, il croit enfin toucher au terme de ses souffrances; mais un de ces forcenés, irrité de son sang-froid, s'écrie : « Le Champ de la Fédération ne doit pas être souillé d'un sang aussi impur. » Soudain la guillotine est démontée, on court l'élever sur le bord de la rivière, sur un tas d'ordures, et vis-à-vis du quartier de Chaillot, où Bailly avait passé la partie la plus heureuse de sa vie, à composer ses ouvrages. Cette opération devait durer quelques heures. Pour utiliser le temps à leur manière, ces brigands lui font parcourir plusieurs fois le Champ-de-Mars. On lui ôte son chapeau, on lui attache les mains derrière le dos; les uns lui jettent des ordures, lui crachent au nez, les autres lui donnent des coups de bâton, lorsque la lassitude le force à se reposer un instant. Accablé, ainsi torturé, il tombe ! On le relève. La pluie, le froid, la vieillesse lui causent un tremblement involontaire. — « Tu trembles, lui dit un soldat, en riant. — Mon ami, je tremble de froid, répond l'auguste vieillard. » On lui brûle alors le drapeau rouge sous le nez, et le bourreau, le seul homme parmi ces tigres, se hâte de mettre fin à ses souffrances.

ORTIES (RUE DES).

Commence à la rue d'Argenteuil, nos 28 et 30; finit à la rue Sainte-Anne, nos 19 et 21. Le dernier impair est 13; le dernier pair, 10. Sa longueur est de 28 m. — 2e arrondissement, quartier du Palais-Royal.

Le censier de l'archevêché de 1623 nous fait voir que cette rue était presqu'entièrement construite à cette époque. Des *orties* qui croissaient dans cette voie publique, avant qu'elle ne fût pavée, lui ont sans doute fait donner leur nom. — Une décision ministérielle du 18 fructidor an IX, signée Chaptal, fixa la largeur de cette rue à 8 m. Cette dimension est portée à 9 m., en vertu d'une ordonnance royale du 4 octobre 1826. Propriété nº 1, alignée; 3, retranchement réduit, 1 m. 10 c.; de 5 à la fin, ret. 70 à 80 c.; 2, ret. réduit 1 m. 30 c.; 4, ret réduit 1 m. 80 c.; de 6 à la fin, ret. 60 c. — Conduite d'eau. — Éclairage au gaz (compe Anglaise).

OSEILLE (RUE DE L').

Commence à la rue Saint-Louis, nos 81 et 83; finit à la rue Vieille-du-Temple, nos 136 et 138. Le dernier impair

— OUE —

est 11; le dernier pair, 10. Sa longueur est de 58 m. — 8ᵉ arrondissement, quartier du Marais.

Ouverte en 1626, cette rue doit son nom aux jardins potagers sur lesquels elle a été bâtie. — Une décision ministérielle du 19 germinal an VIII, signée L. Bonaparte, avait fixé la largeur de cette voie publique à 10 m. Cette largeur a été portée à 12 m. en vertu d'une ordonnance royale du 31 mars 1835. Les maisons nᵒˢ 1, 3, 5, 7 et 9 sont alignées; celle nᵒ 11 devra reculer de 30 c. seulement. Les constructions du côté opposé sont soumises à un retranchement qui varie de 2 m. 20 c. à 2 m. 50 c. — Conduite d'eau. — Éclairage au gaz (compᵉ Lacarrière).

OUEST (RUE DE L').

Commence à la rue de Vaugirard, nᵒˢ 45 et 47; finit au carrefour de l'Observatoire. Le dernier impair est 13; ce côté est, en grande partie, bordé par le jardin du Luxembourg; le dernier pair est 62. Sa longueur est de 894 m. — 11ᵉ arrondissement, quartier du Luxembourg.

Une loi du 27 germinal an VI, relative à l'emploi des terrains de l'enclos des ci-devant chartreux, prescrivit l'ouverture de cette rue (voyez l'article de la rue de l'*Est*). En 1803, elle n'aboutissait point encore à la rue de Vaugirard, et s'arrêtait à la rue Madame. Peu de temps après, ce débouché fut effectué au moyen de l'acquisition de plusieurs propriétés particulières. La dénomination de rue de l'*Ouest* lui fut donnée en raison de sa situation par rapport au jardin du Luxembourg. Cette voie publique a été exécutée sur une largeur de 14 m. — Une décision ministérielle du 3 décembre 1817 a maintenu cette dimension. Les propriétés riveraines sont alignées. — Bassin d'égout entre les rues de Vaugirard et Madame. — Conduite d'eau depuis la rue Madame jusqu'à la rue Vavin. — Éclairage au gaz (compᵉ Française).

OURS (RUE AUX).

Commence à la rue Saint-Martin, nᵒˢ 135 et 137; finit à la rue Saint-Denis, nᵒˢ 202 et 204. Le dernier impair est 55; le dernier pair, 60. Sa longueur est de 177 m. — 6ᵉ arrondissement: les numéros impairs sont du quartier des Lombards; et les numéros pairs du quartier de la Porte-Saint-Denis.

Cette rue, construite au XIIIᵉ siècle, portait le nom de rue *aux Oues*. Les rôtisseurs qui l'habitaient étaient connus dans tout Paris par l'excellence de leurs oues (oies). Sauval, au milieu de ses savantes discussions historiques, nous rapporte complaisamment un ancien proverbe qu'on répétait lorsqu'il s'agissait de railler un gourmand : « *Vous avez le nez tourné à la friandise, comme Saint-Jacques-l'Hôpital.* » Effectivement, le portail de cette église était en face de la rue *aux Oues*, qu'on a nommée, par corruption, rue *aux Ours*. — Une décision ministérielle du 28 brumaire an VI, signée Letourneux, avait fixé la largeur de cette voie publique à 10 m. Cette largeur a été portée à 11 m. en vertu d'une ordonnance royale du 21 juin 1826.

— OUR —

Propriété nᵒ 1, retranch. 20 c.; 3, ret. 40 c.; 5, ret. 50 c. à 60 c.; 7, alignée; 9 et 11, ret. 72 c. à 1 m.; de 13 à 17, ret. 1 m. à 1 m. 50 c.; de 19 à 37, ret. 2 m. à 3 m.; de 39 à 43, ret. 1 m. 30 à 2 m.; 45, ret. 1 m. 30 c.; 47, ret. 1 m.; 49, ret. 80 c.; de 51 à 55, ret. 50 c. au plus. De 2 à 8, ret. 3 m. 30 c. à 3 m. 90 c.; de 10 à 18, ret. 2 m. 50 c. à 3 m. 30 c.; de 20 à 24, ret. 1 m. 90 c. à 2 m. 50 c.; de 26 à 34, ret. 1 m. 40 c. à 1 m. 90 c.; 36, 38, ret. 1 m. 50 c.; 40, 42, ret. 1 m. 70 c. à 2 m. 10 c.; de 44 à 48, ret. 2 m. 10 c. à 2 m. 70 c.; de 50 à 54, ret. 2 m. 70 c. à 3 m. 40 c.; de 56 à la fin, ret. 3 m. 40 c. à 4 m. 20 c. — Portion d'égout du côté de la rue Saint-Denis. — Conduite d'eau dans toute l'étendue. — Éclairage au gaz (compᵉ Française).

Au milieu de cette voie publique, à l'angle de la rue Salle-au-Comte, on voyait autrefois une statue de la Vierge, enfermée dans une grille de fer, et connue vulgairement sous le nom de *Notre-Dame de la Carole*. Quelques historiens ont rappelé le sacrilège commis sur cette figure, par un soldat suisse, le 3 juillet 1418. Ce malheureux sortant d'un cabaret où il avait laissé son argent et sa raison, frappa cette figure de plusieurs coups de sabre; le sang jaillit aussitôt de la statue! Ce soldat fut arrêté, puis conduit devant le chancelier de Marle. On lui fit son procès, il fut condamné au dernier supplice. Toutes ces circonstances étaient représentées dans un tableau qu'on voyait à Saint-Martin-des-Champs dans la chapelle de la Vierge, derrière le chœur.

L'histoire a fait justice de ce prétendu sacrilège : 1ᵒ le journal de Charles VI, la vie de ce prince, par Jean Juvénal des Ursins, la continuation de celle de Le Laboureur, par Jean Lefèvre, ne parlent point de ce fait; 2ᵒ le coupable n'a pu être traduit devant le chancelier de Marle, attendu que ce magistrat, victime de la faction de Bourgogne, avait été massacré le 12 juin précédent. Néanmoins, le 3 juillet de chaque année, on voyait un grand concours de peuple dans cette rue; le soir on y allumait un grand feu d'artifice et l'on brûlait ensuite une figure d'osier revêtue de l'habit du soldat suisse. Cette nation réclama contre un usage injurieux pour elle; sa réclamation était d'autant plus juste, qu'à l'époque du prétendu sacrilège les soldats suisses ne faisaient point encore partie de l'armée Française. Louis XV fit cesser ces justes plaintes. — « On ôta, dit Mercier, l'habit suisse qu'on remplaça » par une mauvaise souquenille. Ne dirait-on pas qu'on » ajoute foi à ce miracle, d'après ce bûcher qui se re- » nouvelle chaque année? Tout le monde rit en voyant » passer ce colosse d'osier qu'un homme porte sur ses » épaules, et auquel il fait faire des révérences et des » courbettes devant toutes les vierges de plâtre qu'il » rencontre. Le tambour l'annonce; et dès qu'on met » le nez à la fenêtre, ce colosse se trouve de niveau à » l'œil des curieux. Il a de grandes manchettes, une » longue perruque à bourse, un poignard de bois teint » en rouge dans sa dextre, et les soubresauts qu'on

— PAG —   — PAI —

» imprime au mannequin, sont tout-à-fait plaisants, si
» l'on considère que c'est un sacrilège qu'on fait

» danser ainsi. » La révolution supprima cette cérémonie burlesque.

Juin 1844.

P.

PAGEVIN (rue).

Commence aux rues Coq-Héron, n° 11, et de la Jussienne, n° 1; finit à la rue des Vieux-Augustins, n°s 26 et 28. Le dernier impair est 7; le dernier pair, 24. Sa longueur est de 77 m. — 3e arrondissement, quartier du Mail.

Cette rue existait dès 1293: on ne la connaissait alors que sous la dénomination de ruelle. Plus tard on la nomma rue *Breneuse*, vieux mot qui désignait une ruelle étroite et malpropre. Elle doit son nom actuel à *Jean Pagevin*, huissier du parlement. — Une décision ministérielle du 20 fructidor an XI, signée Chaptal, a fixé la largeur de cette voie publique à 9 m. Les constructions du côté des numéros impairs sont soumises à un retranchement qui n'excède pas 80 c.; celles du côté opposé devront reculer de 2 m. à 3 m. — Égout. — Conduite d'eau. — Éclairage au gaz (comp^e Française).

PAILLASSONS (barrière des).

Située à l'extrémité de l'avenue de Ségur.

Cette barrière, qui tire sa dénomination de son ancien voisinage d'une fabrique de *paillassons*, consiste en un bâtiment à deux façades, à deux arcades et colonnes. Cette barrière est aujourd'hui fermée. (Voyez l'article *Barrières*).

PAILLASSONS (chemin de ronde de la barrière des).

Commence à la barrière des Paillassons; finit à la barrière de l'École-Militaire et à l'avenue de Lowendal. Pas de numéro. Sa longueur est de 337 m. — 10e arrondissement, quartier des Invalides.

(Voir l'article *Chemins de ronde*).

PAILLASSONS (rue des).

Commence à la rue Bellart; finit au chemin de ronde de la barrière de Sèvres. Le dernier impair est 11; le dernier pair, 10. Sa longueur est de 165 m. — 10e arrondissement, quartier des Invalides.

Elle est indiquée sur le plan de Verniquet, mais sans dénomination. Le nom qu'elle porte aujourd'hui lui vient de sa proximité de la barrière des Paillassons. Il n'existe pas d'alignement arrêté pour cette voie publique, dont la largeur actuelle varie de 4 à 6 m.

PAIN-MOLLET (rue Jean).

Commence aux rues de la Tixéranderie, n° 1, et de la Coutellerie, n° 2; finit à la rue des Arcis, n°s 28 et 30. Le dernier impair est 33; le dernier pair, 26. Sa longueur est de 122 m. — 7e arrondissement, quartier des Arcis.

Sauval prétend qu'elle s'est nommée rue du *Croc*. Elle était connue dès 1261, sous la dénomination de *Jean-Pain-Mollet*, qu'elle devait à un bourgeois de Paris, qui y demeurait alors. — Une décision ministérielle à la date du 15 floréal an V, signée Benezech, fixa la moindre largeur de cette voie publique à 6 m. Cette moindre largeur a été portée à 10 m., en vertu d'une ordonnance royale du 21 mars 1832. Encoignure de la rue de la Coutellerie, alignée; 5, retranch. 2 m. 35 c. à 2 m. 95 c.; 7, alignée; de 9 à 13, ret. 2 m. 30 c. à 2 m. 74 c.; de 15 à 19, ret. 1 m. 70 c. à 2 m. 30 c.; 21, ret. 1 m. 30 c.; encoignure droite de la rue de la Tacherie, ret. 90 c.; de 27 à la fin, ret. 2 m. 30 c. à 3 m. 80 c.; de 2 à 6, ret. 2 m. 80 c. à 3 m. 20 c.; 8 et 10, ret. 2 m. à 2 m. 90 c.; de 12 à 18, ret. 2 m. 30 c. à 2 m. 60 c.; 20, ret. réduit 1 m. 70 c.; de 22 à la fin, ret. 2 m. 30 c. à 2 m. 70 c. — Éclairage au gaz (comp^e Lacarrière).

PAIRS (palais des), *voyez* **LUXEMBOURG.**

PAIX (rue de la).

Commence à la rue Neuve-des-Capucines, n° 2, et à la rue Neuve-des-Petits-Champs, n° 84; finit au boulevart des Capucines, n°s 13 et 15. Le dernier impair est 21; le dernier pair, 30. Sa longueur est de 280 m. — 1er arrondissement, quartier de la place Vendôme.

Cette rue ayant été ouverte sur l'emplacement du couvent des *Capucines*, nous nous occuperons d'abord de cette communauté religieuse. Louise de Lorraine, veuve de Henri III, légua, par son testament du 28 janvier 1601, une somme de 60,000 livres pour la fondation d'un couvent de religieuses Capucines. Marie de Luxembourg, duchesse de Mercœur, fut chargée d'accomplir ce pieux dessein. A cet effet, elle acheta dans la rue Saint-Honoré l'hôtel du Perron qu'elle fit démolir. Sur cet emplacement, la première pierre du couvent fut posée le 29 juin 1604, au nom de madame Élisabeth, fille aînée du roi. Pendant les travaux de construction, la duchesse de Mercœur fut obligée de se retirer à l'endroit dit la Roquette, avec douze religieuses qui embrassèrent la règle des Capucines. Le 9 août 1606, elles prirent possession de leur couvent de la rue Saint-Honoré. La règle de cette communauté était d'une rigueur excessive; les religieuses marchaient toujours nu-pieds, ne mangeaient jamais de viande, etc.; aux processions publiques, elles portaient une couronne d'épines sur la tête. — Cependant, Louis XIV avait

— PAI —

conçu le projet de former une place sur les terrains de l'hôtel de Vendôme. Pour donner à cette voie publique un débouché dans la rue Saint-Honoré, il fallait démolir le couvent des Capucines. Louis XIV résolut de dédommager amplement ces religieuses en leur faisant construire un nouveau monastère, *en point de vue et dans l'axe de la place*. Les bâtiments, élevés sur les dessins de François d'Orbay, architecte, furent terminés en 1688, et les religieuses s'y installèrent le 26 juillet de la même année. Le 27 août 1689, leur église fut dédiée sous le titre de Saint-Louis. La suppression de cette communauté eut lieu en 1790. Les bâtiments, devenus propriétés nationales, furent affectés à la fabrication des assignats. Les jardins, qui étaient d'une grande étendue, servirent de promenade publique, et l'on y établit successivement un théâtre, un cirque et un panorama. — Un décret rendu au palais des Tuileries le 19 février 1806, porte ce qui suit : « § 4. L'ancien terrain des Capucines et ses bâtiments seront divisés en 32 lots, conformément au plan général n° 1, et il sera procédé, le plus tôt possible, à l'adjudication de ces lots, dans la forme usitée pour la vente des biens nationaux, excepté cependant du 8° et de la portion du 9° indiqués au plan particulier n° 2, occupés par les bureaux du timbre, lesquels continueront de rester à la disposition de l'administration générale de l'enregistrement et des domaines. En conséquence, l'adjudicataire du 7° lot ne pourra élever aucun bâtiment au-delà de ceux qui sont déjà construits, etc. 6° Les fonds provenant de la vente des terrains et bâtiments des Capucines seront versés, jusqu'à concurrence de 2,000,000, au trésor général de la couronne, en remboursement de ses avances pour le paiement des travaux relatifs à l'achèvement du Louvre, en exécution de notre décret du 11 germinal an XIII. »

Le plan joint au décret indiquait le percement de deux rues, l'une dans l'axe de la place Vendôme, et devant aboutir au boulevart, l'autre en prolongement de la rue Neuve-Saint-Augustin, depuis celle Louis-le-Grand jusqu'au boulevart. — Par une décision ministérielle en date du 30 juin 1806, signée Champagny, la largeur de la première de ces deux nouvelles voies publiques fut fixée à 22 m. 40 c.; la largeur de la deuxième, à 10 m. (voyez rue *Neuve-Saint-Augustin*). En transmettant cette décision, le ministre fit observer au préfet que la rue à ouvrir dans l'axe de la place Vendôme devait prendre le nom de rue *Napoléon*. Les terrains des Capucines furent vendus les 10, 17 mai, 25 octobre 1806 ; 11 avril, 6, 20 juin, 26 septembre 1807 ; 30 janvier, 11 mars, 6 mai, 3 juin, 26 août, 23 septembre, 25 octobre, 2 décembre 1808 ; 14 avril et 14 juillet 1809. Ils contenaient une superficie de 23,849 m. 98 c., non compris les portions nécessaires à la formation des deux rues. Dès 1807, on commença à bâtir dans la rue Napoléon. Cette dénomination lui fut enlevée en 1814; alors on lui substitua celle de rue *de la Paix*. Une ordonnance royale du 4 octobre 1826 a maintenu la

— PAL —

largeur fixée par le plan de 1806. Les propriétés riveraines sont alignées. — Égout. — Conduite d'eau. — Éclairage au gaz (comp° Anglaise).

PALAIS-ROYAL (LE).

Entrée principale rue Saint-Honoré, n° 204. — 2° arrondissement.

Cet édifice, qui compte un peu plus de deux siècles, a vu s'accomplir dans son enceinte des faits nombreux et importants. Là, se sont heurtées toutes les prodigalités et toutes les misères. L'histoire de ce palais, qui tour à tour abrita le génie, la débauche, la piété, le talent, est pleine de contrastes piquants et bizarres.

Sur l'emplacement des hôtels d'Armagnac et de Rambouillet, le cardinal de Richelieu fit bâtir, en 1629, par son architecte Jacques Lemercier, un hôtel qui porta son nom. L'habitation du ministre se trouvait entièrement renfermée dans l'enceinte de Paris, construite sous Charles V; mais Richelieu, dont la fortune et la puissance s'affermissaient de jour en jour, se sentit bientôt à l'étroit dans cette simple demeure de gentilhomme. Le mur d'enceinte fut abattu, le fossé comblé, et grâce à de nouvelles acquisitions, l'hôtel de Richelieu devint, en 1636, le *Palais-Cardinal*.

D'après un relevé dressé aux archives du Palais-Royal, les acquisitions faites par Richelieu pour bâtir son palais s'élevèrent à 666,618 livres. Il faut ajouter à cette somme 150,000 liv., prix de l'hôtel de Sillery, dont le cardinal fit également l'acquisition afin d'établir une habitation devant son palais ; cette place ne fut terminée que sous la régence d'Anne d'Autriche.

La principale entrée du Palais-Cardinal était sur la rue Saint-Honoré. Dans l'aile droite avait été construit un théâtre qui pouvait contenir environ trois mille spectateurs. Indépendamment de cette salle, le cardinal avait fait décorer un salon où l'on jouait les pièces que les comédiens représentaient ordinairement sur le théâtre du Marais-du-Temple. Ce fut dans ce salon, devant un parterre choisi et peuplé de flatteurs, que le ministre, qui ambitionnait toutes les gloires, faisait représenter son *Europe* et sa *Mirame*.

L'aile gauche du Palais-Cardinal était occupée par une galerie dont la voûte avait été décorée par Philippe de Champagne. Des tableaux, des statues ornaient cette galerie peinte en mosaïque sur un fond d'or, et çà et là étaient dessinées des branches de lauriers et de chêne, qui, enlacées les unes dans les autres, renfermaient les chiffres du cardinal.

Dans l'aile gauche de la seconde cour était la *Galerie des Hommes Illustres;* que la chambre du ministre séparait de l'autre galerie. Richelieu, en choisissant les personnages qui devaient faire partie de ce musée, n'avait pas dédaigné de conserver une place à sa grande illustration.

Voici les noms des personnages dont les portraits servaient à l'ornement de ce séjour : Suger, abbé de Saint-Denis; — Simon, comte de Montfort ; — Gaucher

— PAL —

de Châtillon ; — Bertrand Du Guesclin ; — Olivier de Clisson ; — Boucicaut ; — Dunois ; — Jeanne-d'Arc ; — Georges d'Amboise ; — Louis de la Trémouille ; — Gaston de Foix ; — Bayard ; — Charles de Cossé, duc de Brissac ; — Anne de Montmorency ; — François de Lorraine, duc de Guise ; — le cardinal Charles de Lorraine ; — Blaise de Montluc ; — Armand de Gontaut-Biron ; — Lesdiguières ; — Henri IV ; — Marie de Médicis ; — Louis XIII ; — Anne d'Autriche ; — Gaston duc d'Orléans ; — le *cardinal de Richelieu*. — Ces tableaux peints par Champagne, Vouet, Juste d'Egmont et Paerson, étaient séparés par des bustes en marbre. Des distiques latins composés par *Bourdon*, le *Santeuil* de l'époque, accompagnaient les devises faites en l'honneur des *Hommes Illustres*, par *Guisse*, interprète royal ; en un mot, tout ce que l'opulence et les arts pouvaient alors fournir de ressources, fut prodigué par le cardinal pour la décoration de son Palais, et le public, étonné de tant de magnificence, répétait ces vers du grand Corneille :

> « Non, l'univers entier ne peut rien voir d'égal
> » Aux superbes dehors du Palais-Cardinal ;
> » Toute une ville entière, avec pompe bâtie,
> » Semble d'un vieux fossé par miracle sortie,
> » Et nous fait présumer, à ses superbes toits,
> » Que tous ses habitants sont des dieux ou des rois. »

Mais les richesses de Richelieu devaient exciter autant d'envieux intéressés à la perte du cardinal, que la haute fonction qu'il remplissait avait fait d'ennemis au premier ministre ; aussi le rusé prélat crut ne pouvoir mieux faire que de céder au roi Louis XIII la propriété de son palais, ainsi que plusieurs meubles et bijoux d'un grand prix. Le 6 juin 1636, il en fit une donation entre-vifs à ce monarque, qui expédia à Claude Bouthillier, surintendant des finances, un pouvoir pour accepter ladite donation ; ce pouvoir est conçu en ces termes : « Sa majesté ayant très
» agréable la très humble supplication qui lui a été
» faite par M. le cardinal de Richelieu, d'accepter la
» donation de la propriété de l'hôtel de Richelieu, au
» profit de sa majesté et de ses successeurs rois de
» France, sans pouvoir être aliéné de la couronne
» pour quelque cause et occasion que ce soit, ensem-
» ble la chapelle de diamants, son grand buffet d'ar-
» gent ciselé et son grand diamant, à la réserve de
» l'usufruit de ces choses, la vie durant du sieur car-
» dinal, et à la réserve de la capitainerie et concier-
» gerie du dit hôtel pour ses successeurs ducs de Riche-
» lieu, même la propriété des rentes de bail d'héritages
» constituées sur les places et maisons qui seront
» construites au-dehors et autour du jardin du dit
» hôtel. Sa dite majesté a commandé au sieur Bou-
» thillier, conseiller en son conseil d'état et surinten-
» dant de ses finances, d'accepter au nom de sa dite
» majesté, la donation aux dites clauses et conditions ;
» d'en passer tous les actes nécessaires : même de faire

— PAL —

» insinuer, si besoin est, la dite donation ; promet sa
» dite majesté d'avoir pour agréable tout ce que par
» le dit sieur Bouthillier sera fait en conséquence de la
» présente instruction. — Fait à Fontainebleau, le
» 1er jour de juin 1639. Signé Louis ; et plus bas
» Sublet. »

Le cardinal de Richelieu, après avoir rappelé et confirmé cette donation dans son testament fait à Narbonne, au mois de mai de l'année 1642, mourut tranquille dans son palais le 4 décembre suivant ; et Louis XIII, dont l'existence semblait obéir à la destinée de son ministre, s'éteignit lentement au milieu de sa cour le 14 mai 1643, en murmurant ces paroles qui peignent la lassitude et le dégoût : « *Fi de l'exis-*
» *tence, qu'on ne m'en parle plus !...* »

Anne d'Autriche, devenue régente, abandonne le Louvre, pour venir, le 7 octobre 1643, avec ses deux fils, occuper le Palais-Cardinal, qu'on décora bientôt du nom de *Palais-Royal*.

Le jeune Louis XIV habita la chambre du cardinal. Son appartement, peu étendu, était situé entre la Galerie des Hommes Illustres, qui occupait l'aile de la seconde cour, et la galerie qui régnait le long de l'aile de l'avant-cour où *Champagne* avait reproduit les principales actions de la vie du grand ministre.

L'appartement d'Anne d'Autriche était plus vaste et plus élégant ; la régente fit construire une salle de bain, un oratoire et une galerie. La salle de bain était ornée de fleurs, de chiffres, etc., dessinés sur un fond d'or. *Louis* avait peint les fleurs et *Belin* les paysages. L'oratoire était orné de tableaux où Champagne, Vouet, Bourdon, Stella, Labire, Corneille, Dorigny et Paerson avaient retracé *la vie et les attributs de la Vierge*.

La galerie était placée à l'endroit le plus retiré ; Vouet l'avait couronnée d'un plafond doré ; le parquet était une marqueterie travaillée par *Macé*. Ce fut dans cette galerie, où le grand conseil tenait ses séances, que la régente fit arrêter les princes de Condé, de Conti et le duc de Longueville.

Le jardin contenait alors un mail, un manège et deux bassins, dont le plus grand, appelé le *rond d'eau*, était ombragé d'un petit bois.

Mais il fallut bientôt ajouter au palais un appartement pour le duc d'Anjou, depuis duc d'Orléans, frère du roi. Pour le construire, on détruisit, à l'aile gauche du palais, dans la cour qui donne sur la place, la vaste galerie que Champagne avait consacrée à la gloire du cardinal.

Nous ne retracerons pas ici toutes les scènes de la Fronde. Les événements qui se rattachent à cette guerre civile ont pu naître dans ce palais, mais c'est toujours ailleurs qu'ils se sont terminés par la victoire ou par la défaite.

Ce fut le 21 octobre 1652 que Louis XIV revint de Saint-Germain à Paris. Le même jour il abandonna la résidence de Saint-Germain pour aller habiter le

— PAL —

Louvre. On assigna le Palais-Royal à Henriette Marie, reine d'Angleterre, qui l'occupa jusqu'en 1661.

A cette époque, *Monsieur*, frère de Louis XIV, vint habiter ce palais, mais ce ne fut qu'après le mariage de son fils, le duc de Chartres, avec Marie-Françoise de Bourbon, fille légitimée de Louis XIV, qu'il en devint propriétaire.

Février 1692. — *Lettres-patentes du roy, portant don par sa majesté, à* Monsieur, *son frère unique, et à ses enfants mâles, du Palais-Royal, par augmentation d'apanage.*

« L'affection singulière que nous avons pour notre
» cher et très aimé frère unique *Philippe, fils de
» France,* duc d'Orléans, de Chartres, de Valois et de
» Nemours, nous portant à lui en donner des mar-
» ques continuelles, nous avons résolu de lui accorder
» et délaisser, sous le titre et nature d'apanage, la
» *maison et hôtel du Palais-Cardinal* et ses dépen-
» dances, situés en notre bonne ville de Paris, rue
» Saint-Honoré, donnés au feu roy notre très honoré
» seigneur et père, par feu notre cousin le cardinal
» duc de Richelieu, afin que notre dit frère et sa pos-
» térité masculine puissent y avoir un logement qui
» réponde à la grandeur de leur naissance, etc... Si-
» gné Louis; et sur le repli : par le roy, Phélypeaux,
» visa. — Signé Boucherat, et scellé du grand sceau
» de cire verte, en lacs de soie rouge et verte. »

« *Registrées, ouï le procureur-général du roy, pour
» jouir par Monsieur, ses enfants mâles et descendants
» de lui en loyal mariage, de leur effet et contenu, et
» être exécutées selon leur forme et teneur, suivant
» l'arrêt de ce jour. — A Paris, en parlement, le treize
» mars mil six cent quatre vingt-treize. Signé du
» Tillet.*

- Quelque temps après le mariage de *Monsieur* avec Henriette-Anne d'Angleterre, le Palais-Royal fut agrandi. Les augmentations peuvent être facilement reconnues, en comparant le plan de 1648 avec celui de 1679. Louis XIV avait acheté divers terrains sur la rue de Richelieu, ainsi que l'hôtel de Brion, et ce fut sur leur emplacement que Jules Hardouin *Mansart* éleva la galerie décorée par Coypel, et représentant, en quatorze tableaux, les principaux épisodes de l'*Énéide*.

Le frère de Louis XIV étant mort en 1701, le duc de Chartres, son fils, prit le titre de *duc d'Orléans*. Le Palais-Royal changea bientôt de physionomie. Philippe, nommé régent le 2 septembre 1715, s'entoura d'hommes et de femmes qui flattaient son penchant à la débauche. Les ducs, les comtes, qu'il appelait *ses roués,* et dont plusieurs méritaient de figurer sur la roue; les duchesses, les actrices, les danseuses, les dames d'honneur, etc., tous à l'envi participaient à ses débordements, et se faisaient gloire de remplir auprès du nouveau sultan un emploi diffamé, même dans les lieux de prostitution.

— PAL —

Le duc d'Orléans, doué dans sa jeunesse d'une figure agréable, d'un caractère doux et affable, d'une grande bravoure, promettait un prince distingué; mais il fut bientôt corrompu par l'abbé Dubois, son sous-précepteur, qui parvint aux dignités d'archevêque de Cambrai, de cardinal du Saint-Siège, de premier ministre de France et de membre de l'Académie Française. L'élévation de cet homme odieux n'inspira pourtant que des plaisanteries. Le couplet suivant courut dans tout Paris :

« Je ne trouve pas étonnant
» Que l'on fasse un ministre,
» Et même un prélat important,
» D'un maq......, d'un cuistre;
» Rien ne me surprend en cela :
» Ne sait-on pas bien comme
» De son cheval Caligula
» Fit un consul à Rome? »

Peu de temps après que le pape eut nommé Dubois archevêque de Cambrai, en remplacement de Fénélon, une prostituée, nommée *la Fillon,* qui avait ses entrées libres au Palais-Royal, vint demander une grâce au régent : « Que veux-tu; » lui dit le prince?
— « *L'abbaye de Montmartre,* » répondit-elle. A ces mots, Philippe et Dubois haussent les épaules. « *Pour-
» quoi ris-tu de ma demande,* dit-elle à l'abbé, *tu es
» bien archevêque, toi maq......* » — Philippe convint qu'elle avait raison.

Dubois sacrifiait ouvertement les intérêts de sa patrie. Pour cette trahison, il recevait de l'Angleterre près d'un million chaque année. Le régent en avait connaissance et se contentait d'appeler son ministre *coquin et scélérat.*

Le cardinal présidait aux débauches de son maître. En 1722, on célébra au palais des orgies nommées *Fêtes d'Adam.* Le duc de Richelieu qui y assistait, en parle ainsi :

« Là, se trouvoient des femmes publiques, conduites
» de nuit les yeux bandés, pour qu'elles ignorassent le
» nom du lieu où elles étoient. Le régent, ses femmes
» et ses roués qui ne vouloient pas être connus, se
» couvroient de masques; et je dois dire à ce sujet
» qu'on dit un jour en face de ce prince, *qu'il n'y
» avoit que le régent et le cardinal Dubois capables
» d'imaginer de pareils divertissements.* »

« D'autres fois, on choisissoit les plus beaux jeunes gens de l'un et de l'autre sexes qui dansoient à l'Opéra, pour répéter des ballets que le ton aisé de la société, pendant la régence, avoit rendus si lascifs, et que ces gens exécutoient dans cet état primitif, où étoient les hommes avant qu'ils connussent les voiles et les vêtements. Ces orgies, que le régent, Dubois et ses *roués* appeloient *fêtes d'Adam,* ne furent répétées qu'une douzaine de fois, car le prince parut s'en dégoûter. »

De nouveaux scandales succédèrent bientôt; l'invention des nouvelles scènes appartenait à la dame

Tencin, maîtresse du cardinal Dubois, et de beaucoup d'autres. Son éminence en arrêtait l'exécution. Un jour le cardinal proposa au régent une nouvelle orgie sous le nom de *fête des Flagellants*. Le prince répondit : « *Je le veux bien, à condition que tu seras de la partie et que nous t'écorcherons.* ». Toute la cour des roués se flagella dans une nuit profonde!....

Dubois pria bientôt madame de Tencin de composer la chronique scandaleuse du genre humain. Cette noble dame se mit à la recherche des plaisirs des Grecs et des Romains, et raconta ce que les empereurs et les plus fameuses courtisanes avaient imaginé ou pratiqué de piquant et de voluptueux ; en un mot, l'infamie de cet intérieur était poussée si loin, que la comtesse de Sabran, maîtresse du régent, disait un soir en plein souper, devant le duc d'Orléans lui-même : « *Que Dieu après avoir créé l'homme, prit un reste de boue dont il forma l'âme des laquais et des princes.* »

Ne nous arrêtons pas plus longtemps à de telles turpitudes, et revenons aux constructions du Palais-Royal.

Le régent porta dans les embellissements intérieurs du Palais-Royal la passion qu'il avait pour les arts. Il confia à son architecte Oppenort, la construction d'un salon qui servait d'entrée à la vaste galerie élevée par Mansart. Ces bâtiments, qui s'étendaient jusqu'à la rue de Richelieu, ont été détruits lors de la construction du théâtre Français.

Louis, fils de Philippe duc d'Orléans, régent, fit planter sur un dessin nouveau le jardin du Palais-Royal, sauf la grande allée du cardinal qu'il conserva. On y voyait deux belles pelouses, bordées d'ormes en boules, qui entouraient un grand bassin placé dans une demi-lune ornée de treillages et de statues en stuc, la plupart de la main de Laremberg. Au-dessus de cette demi-lune régnait un quinconce de tilleuls, se rattachant à la grande allée qui formait un berceau délicieux et impénétrable au soleil.

La salle de l'Opéra qui occupait l'aile droite du palais, fut incendiée en 1763 ; Louis-Philippe duc d'Orléans, en exigea la reconstruction aux frais de la ville. La direction des travaux fut confiée par le prévôt des marchands à l'architecte Moreau. Le prince, de son côté, fit bâtir par Contant d'Ivry, les parties du corps principal de l'édifice qui avaient été endommagées, ainsi que les vestibules, le grand escalier et presque tous les appartements. La rivalité qui régnait entre les deux artistes fut très nuisible à l'harmonie de l'édifice. Devenu propriétaire du Palais-Royal, le duc de Chartres, fils du précédent, forma le projet d'agrandir sa demeure. Il s'adressa bientôt à sa majesté qui s'empressa de lui accorder l'autorisation d'élever de nouvelles constructions.

13 août 1784. — *Lettres-patentes qui permettent à M. le duc de Chartres d'accenser les terrains et bâtiments du Palais-Royal, parallèles aux rues des Bons-Enfants, Neuve-des-Petits-Champs et de Richelieu.*

« Louis, par la grâce de Dieu, etc... A nos amez et
» féaux conseillers les gens tenant notre cour de par-
» lement et chambre des comptes à Paris, salut. Notre
» très cher et bien amé cousin, Louis-Philippe-Joseph
» d'Orléans, duc de Chartres, prince de notre sang,
» nous aurait représenté qu'aux droits de notre très
» cher et bien amé cousin Louis-Philippe duc d'Or-
» léans son père, premier prince de notre sang, il
» possède à titre d'apanage le Palais-Royal et le jardin
» qui en fait partie ; qu'il a pensé que ce jardin serait
» plus agréable et plus commode s'il était environné,
» le long des trois côtés parallèles aux rues des Bons-
» Enfants, Neuve-des-Petits-Champs et de Ri-
» chelieu, de galeries couvertes pratiquées dans des
» maisons uniformes ornées de pilastres et autres
» décorations d'architecture, analogues à la façade
» qu'il a commencé d'élever sur le même jardin, pa-
» rallèlement à la rue Saint-Honoré, pour perfection-
» ner, agrandir et améliorer le dit palais, suivant les
» plans géométriques et d'élévation de Louis, archi-
» tecte, qu'il nous aurait représentés ; qu'il l'aurait
» déjà exécuté en grande partie au moyen des avances
» qu'il s'est procurées ; que le seul moyen d'achever
» ce projet serait de pouvoir se rembourser de ces
» avances en accensant le sol des dites maisons sur les
» trois côtés ci-dessus et celui des passages nécessaires
» à leur service, à raison de vingt sols par chaque
» toise, de redevance annuelle dans la directe du d.
» apanage, etc. A ces causes, etc... nous avons par
» ces présentes signées de notre main, permis et per-
» mettons à notre dit cousin le duc de Chartres d'ac-
» censer les d. terrains et bâtiments parallèles aux
» trois rues des Bons-Enfants, Neuve-des-Petits-
» Champs et de Richelieu, comme aussi le sol des
» passages nécessaires au service d'icelles, contenant
» le tout 3,500 toises, etc... Donné à Versailles le 13^e
» jour du mois d'août, l'an de grâce 1784, et de notre
» règne le 11e. Signé Louis. » (Archives du royaume).

Trois grandes galeries destinées à former un superbe bazar, s'élevaient autour du jardin du Palais-Royal. Une opposition très vive se manifesta lorsque la cognée abattit les beaux marronniers plantés par le cardinal de Richelieu. Parmi les opposants on comptait bien, il est vrai, un grand nombre de désœuvrés qui étaient scandalisés que le prince les empêchât d'aller faire plus longtemps la sieste sous ces ombrages, ou de discuter gravement les grands intérêts de l'État. Cette opposition, on la rencontre partout ; il y a toujours des frelons pour nuire aux abeilles ; mais parmi les opposants il y avait des hommes calmes et froids qui disaient au pouvoir : — « Sur dix rues que vous ouvrez, il y en
» a neuf sur la rive droite. Tous les établissements
» publics qui ont une influence sur l'industrie, sur
» le commerce, c'est la rive droite qui les possède. A

» la rive droite les spectacles, les bazars, la bourse,
» le palais des rois, tout ce qui attire les mar-
» chands, les courtisans et les riches; à la rive gau-
» che les hôpitaux, les couvents, l'Université, tout
» ce qui étouffe l'industrie et le commerce. La rive
» gauche avait un établissement, un seul établisse-
» ment, la foire Saint-Germain-des-Prés ; ce bazar,
» dans ses jours de splendeur, attirait trente mille
» étrangers à Paris, et maintenait une espèce d'équi-
» libre commercial entre les deux parties de la capi-
» tale, que sépare le fleuve ; faute de protection, par
» l'incurie de nos administrateurs, il est détruit main-
» tenant. Cette industrie, cette activité que vous ré-
» pandez à profusion sur une partie de la capitale,
» déjà si généreusement dotée, c'est l'activité de tous,
» c'est l'industrie de tous que vous prélevez injuste-
» ment. »

Ces plaintes, dont on apprécie maintenant toute la justesse, ne furent point écoutées; et les trois galeries s'élevèrent sous la direction de *Louis*, architecte avantageusement connu par la construction du magnifique théâtre de Bordeaux. Les nouveaux bâtiments n'étaient pas complètement achevés, lorsque la révolution, qui grondait sourdement, éclata tout-à-coup. Le jardin du Palais-Royal devint le rendez-vous des agitateurs les plus exaltés; là, se réunissaient des hommes ardents qui ne pouvaient supporter les formes imposées dans les districts. Des orateurs montaient sur des chaises, prenaient la parole, étaient sifflés ou portés en triomphe. Camille Desmoulins se faisait remarquer par la verve et l'originalité de son esprit. La Fayette avait de la peine à contenir ces rassemblements par des patrouilles continuelles, et déjà la garde nationale était accusée d'aristocratie. — « *Il n'y avait* » *pas*, disait Desmoulins, *de patrouille au Cérami-* » *que.* »

Dans la journée du 12 juillet 1789, ce jeune tribun exerça une grande influence sur la multitude en proposant de prendre les armes et d'arborer une nouvelle cocarde comme signe de ralliement. Camille nous raconte lui-même cette scène remarquable : « Il était deux heures
» et demie; je venais sonder le peuple. Ma colère était
» tournée en désespoir. Je ne voyais pas les groupes,
» quoique vivement émus et consternés, assez disposés
» au soulèvement. Trois jeunes gens me parurent agités
» d'un plus véhément courage ; ils se tenaient par la
» main : je vis qu'ils étaient venus au Palais-Royal dans
» le même dessein que moi; quelques citoyens passifs les
» suivaient : — « Messieurs, leur dis-je, voici un commen-
» cement d'attroupement civique, il faut qu'un de nous
» se dévoue et monte sur une table pour haranguer le
» peuple. » — « Montez y ! » — « J'y consens. Aus-
» sitôt je fus plutôt porté sur la table que je n'y mon-
» tai. A peine y étais-je, que je me vis entouré d'une
» foule immense. Voici ma courte harangue que je
» n'oublierai jamais :

» Citoyens, il n'y a pas un moment à perdre. J'arrive
» de Versailles ; M. Necker est renvoyé : ce renvoi
» est le tocsin d'une Saint-Barthélemy de patriotes :
» ce soir tous les bataillons suisses et allemands sor-
» tiront du Champ-de-Mars pour nous égorger; il ne
» nous reste qu'une ressource, c'est de courir aux
» armes et de prendre des cocardes pour nous recon-
» naître.

» J'avais les larmes aux yeux, et je parlais avec une
» action que je ne pourrais ni retrouver ni peindre.
» Ma motion fut reçue avec des applaudissements in-
» finis. Je continuai : Quelle couleur voulez-vous ? —
» Quelqu'un s'écria : « Choisissez. » — « Voulez-vous
» le vert, couleur de l'espérance, ou le bleu Cincinna-
» tus, couleur de la liberté d'Amérique et de la démo-
» cratie ! — Des voix s'élevèrent : « Le vert, couleur
» de l'espérance ! » — Alors je m'écriai : « Amis! le
» signal est donné. Voici les espions et les satellites de
» la police qui me regardent en face. Je ne tomberai
» pas du moins vivant entre leurs mains. — Puis,
» tirant deux pistolets de ma poche, je dis : « Que
» tous les citoyens m'imitent ! » Je descendis étouffé
» d'embrassements; les uns me serraient contre leur
» cœur, d'autres me baignaient de leurs larmes : un
» citoyen de Toulouse, craignant pour mes jours, ne
» voulut jamais m'abandonner. Cependant, on m'avait
» apporté un ruban vert; j'en mis le premier à mon
» chapeau, et j'en distribuai à ceux qui m'environ-
» naient. Mais un préjugé populaire s'étant élevé
» contre la couleur verte, on lui substitua les trois
» couleurs qui furent alors proclamées comme les
» couleurs nationales. »

Le surlendemain de cette scène, la Bastille s'écroulait sous les coups du peuple.

Mais il nous faut rentrer dans le Palais-Royal pour enregistrer d'autres faits.

Le 9 janvier 1792, Louis-Philippe-Joseph d'Orléans, pressé par ses créanciers, signait un concordat par lequel il s'engageait à faire vendre à leur profit, ceux de ses biens dont l'aliénation serait jugée nécessaire pour effectuer le remboursement intégral de leurs créances.

Nous ne suivrons pas le prince au milieu du tourbillon dans lequel son ambition l'avait jeté. Il siégeait dans cette terrible Assemblée qui n'accordait ni trêve ni merci. La noblesse de son nom d'Orléans pouvant nuire au tribun qui allait juger son roi, Louis-Philippe-Joseph en demanda le changement.

« Séance du 15 septembre 1792. — Sur la demande
» de Louis-Philippe-Joseph, prince français ; le pro-
» cureur de la commune entendu ; le conseil-général
» arrête : 1° Louis-Philippe-Joseph et sa postérité
» porteront désormais pour nom de famille *Égalité*;
» 2° le jardin connu jusqu'à présent sous le nom de
» Palais-Royal s'appellera désormais *Jardin de la*
» *Révolution*; 3° Louis-Philippe-Joseph Égalité est
» autorisé à faire faire, soit sur les registres publics,
» soit dans les actes notariés, mention du présent

— PAL —

» arrêté; 4° le présent arrêté sera imprimé et affiché. »
(Extrait des registres de la Commune.)

Le 16 janvier 1793, la Convention s'était réunie pour décider du sort de Louis XVI. Il était sept heures et demie du soir. Chaque député, dont le nom sortait de l'urne, montait à la tribune et proclamait à haute voix son vote, que les spectateurs accueillaient avec des applaudissements ou des imprécations. A l'appel du nom de Louis-Philippe-Joseph Égalité, un profond silence règne aussitôt dans la salle. L'ancien duc d'Orléans se lève, traverse la salle, monte à la tribune et laisse tomber lentement ces deux mots : *la mort !*

Le 6 novembre suivant, une charrette conduisait un condamné au supplice. Arrivée devant la façade du Palais-Royal, la charrette s'arrêta et le patient promena ses regards sur l'édifice; quelques minutes après, la voiture continua sa route jusqu'à la place de la Révolution. L'échafaud venait d'être dressé; le duc d'Orléans y monta d'un pas ferme et reçut le coup mortel.

Le Palais-Royal fut alors réuni au domaine national, puis envahi par une race de Bohémiens qui coupèrent les murailles pour élargir les fenêtres ou pour percer des portes.

Napoléon donna le Palais-Royal au Tribunat pour en faire le lieu de ses séances. A cet effet, M. Beaumont construisit une salle qui plus tard servit de chapelle. Après la dissolution du Tribunat, le Palais-Royal fut réuni au domaine extraordinaire de la Couronne.

« En 1814, dit M. Vatout, qui a fait un travail remarquable sur *les Résidences Royales,* un auguste exilé revient dans sa patrie; il se présente seul et sans se faire connaître au Palais-Royal. Le suisse, qui portait encore la livrée impériale, ne voulait pas le laisser entrer; il insiste, il passe, il s'incline, il baise avec respect les marches du grand escalier.... C'était l'héritier des ducs d'Orléans qui rentrait dans le palais de ses pères ! »

Pendant les *Cent-Jours,* cette habitation fut occupée par le prince Lucien Bonaparte, qui ne changea rien aux dispositions que son prédécesseur avait prises.

Depuis le commencement de la révolution, le Palais-Royal était devenu le grand bazar parisien. Cet édifice, regardé comme le temple du goût et de la mode, attirait à lui tous les provinciaux qui venaient visiter la capitale. C'était un harem toujours peuplé, toujours ouvert.

Les Galeries de Bois, bordées de nombreuses boutiques de marchandes de modes, devenaient le lieu de prédilection des promeneurs du soir, qui s'entassaient dans cet espace étroit et malsain.

« Les Athéniens, dit Mercier, élevaient des temples
» à leurs phrynées; les nôtres trouvent le leur dans
» cette enceinte... Les agioteurs, faisant le pendant
» des jolies prostituées, vont trois fois par jour au
» Palais-Royal, et toutes ces bouches n'y parlent
» que d'argent et de prostitution politique. Tel joueur
» à la hausse et à la baisse peut dire, en parlant de la
» Bourse: Rome n'est plus dans Rome, elle est toute
» où je suis. La Banque se tient dans les cafés; c'est-à-

— PAL —

» dire, qu'il faut voir et étudier les visages subitement
» décomposés par la perte ou par le gain; celui-ci se
» désole, celui-là triomphe. Ce lieu est donc une jolie
» boîte de Pandore; elle est ciselée, travaillée, mais
» tout le monde sait ce que renfermait la boîte de cette
» statue animée par Vulcain. Tous les Sardanapales,
» tous les petits Lucullus logent au Palais-Royal, dans
» des appartements que le roi d'Assyrie et le consul
» romain eussent enviés.....

» Quoique tout augmente, triple et quatruple de
» prix dans ce lieu, il semble y régner une attraction
» qui attire l'argent de toutes les poches; surtout de
» celles des étrangers qui raffolent de cet assemblage
» de jouissances variées et qui sont sous la main; c'est
» que l'endroit privilégié est un point de réunion pour
» trouver dans le moment tout ce que votre situation
» exige dans tous les genres. Il dessèche aussi les
» autres quartiers de la ville, qui déjà figurent comme
» des provinces tristes et inhabitées. La cherté des
» locations, que fait monter l'avide concurrence, ruine
» les marchands. Les banqueroutes y sont fréquentes;
» on les compte par douzaines. C'est là que l'effronterie
» de ces boutiquiers est sans exemple dans le
» reste de la France; ils vous vendent intrépidement
» du cuivre pour de l'or, du stras pour du diamant;
» les étoffes ne sont que des imitations brillantes d'autres
» étoffes vraiment solides; il semble que le loyer
» excessif de leurs arcades les autorise à friponner
» sans le plus léger remords. Les yeux sont fascinés
» par toutes ces décorations extérieures qui trompent
» le curieux séduit, et qui ne s'aperçoit de la tromperie
» qu'on lui a faite que lorsqu'il n'est plus temps
» d'y remédier... Il est triste en marchant de voir un
» tas de jeunes débauchés, au teint pâle, à la mine
» suffisante, au maintien impertinent, et qui s'annoncent
» par le bruit des breloques de leurs deux montres,
» circuler dans ce labyrinthe de rubans, de
» gazes, de pompons, de fleurs, de robes, de masques,
» de boîtes de rouge, de paquets d'épingles longues de
» plus d'un demi pied; ils battent le camp des Tartares
» dans cette oisiveté profonde qui nourrit tous les
» vices, et l'arrogance qu'ils affectent ne peut dissimuler
» leur profonde nullité. On appelle *Camp des
» Tartares,* les deux galeries en bois qui, je l'espère,
» seront bientôt remplacées par une galerie magnifique
» qui complètera la beauté de l'édifice. »

Le vœu du spirituel écrivain a été exaucé; le duc d'Orléans arrêta un projet définitif pour l'achèvement du Palais-Royal. Près de trois millions ont été employés par lui au rachat d'un grand nombre de propriétés. Un million fut également payé, par suite de transaction, pour rentrer dans la propriété du Théâtre-Français qui a été restauré, ainsi que les autres parties de l'édifice. Toutes les dépenses peuvent être évaluées à onze millions de francs. Les principaux changements au projet de l'architecte Louis, sont la substitution d'une terrasse aux grands appartements qu'il voulait établir

— PAL —

au-dessus des galeries marchandes sur le devant du jardin, et la création de la cour de Nemours et de la belle galerie historique qui règne en cet endroit, au premier étage. En 1829, les travaux ont été achevés et les ignobles constructions en bois remplacées par cette galerie d'Orléans, monument de marbre et de cristal, dont il est impossible de ne pas louer la grandeur et la magnificence.

Au mois de juin 1830, Louis-Philippe, duc d'Orléans, donna dans son palais une fête à l'occasion de la présence du roi de Naples à Paris; Charles X y assistait. Des scènes de désordre eurent lieu dans le jardin, et une certaine agitation, signe précurseur de graves événements, régnait dans les esprits. « C'est une » fête magnifique et tout-à-fait napolitaine, dit M. de » Salvandy, *nous dansons sur un volcan.* » — Un mois après, la révolution éclatait. Le 26 juillet, des groupes nombreux se formèrent au Palais-Royal ; enfin, le 1er août, la commission municipale, présidée par le général La Fayette, vint offrir au duc d'Orléans le titre de lieutenant-général, qu'il échangea bientôt contre la couronne de France. Peu de temps après son élévation, le nouveau roi quittait le Palais-Royal pour aller habiter les Tuileries. — L'ancienne demeure des ducs d'Orléans est aujourd'hui méconnaissable. Elle peut montrer encore avec fierté ses constructions monumentales et ses vastes galeries, mais la vie, la gaîté ne sont plus là. C'était une libertine qui menait joyeuse vie, dont les regards attiraient les passants. On a voulu la convertir, la rendre honnête ; elle s'est laissée faire, mais hélas ! la pauvre repentie se sèche et meurt d'ennui. La richesse, le commerce, tous les plaisirs l'ont abandonnée pour aller sur les boulevarts briller et sourire plus à l'aise.

PALAIS-ROYAL (PLACE DU).

Située en face du Palais-Royal. Les numéros continuent ceux de la rue Saint-Honoré. — De 223 à 231, 4e arrondissement, quartier Saint-Honoré; de 233 à 243, 1er arrondissement, quartier des Tuileries.

La construction de cette place a été terminée en 1648, sur l'emplacement de l'hôtel de Sillery.

« *Lettres-patentes du 22 avril 1769.* — Louis, etc...
» La place du Palais-Royal sera élargie par la suppres-
» sion de plusieurs maisons du côté des Quinze-Vingts,
» et il sera formé un pan-coupé tant à cet angle qu'à
» celui de la rue Froidmanteau, sur la rue Saint-Ho-
» noré. Le château d'eau qui est devant le Palais-
» Royal sera aussi supprimé pour l'agrandissement de
» la dite place, au lieu duquel il sera simplement cons-
» truit une fontaine publique en face de la principale
» entrée du Palais-Royal, et le château d'eau sera rem-
» placé par un nouvel établissement qui remplisse cet
» objet, par les moyens que nous nous réservons d'em-
» ployer, etc. Signé Louis. » — De nouvelles lettres-patentes, rendues le 7 août suivant, furent registrées au parlement le 29 du même mois.

— PAL —

« Nous étant fait représenter en notre conseil notre
» arrêt du 6 de ce mois, par lequel nous avons fixé et
» déterminé *la décoration uniforme*, à laquelle les
» maisons de la place du Palais-Royal doivent être as-
» sujéties, et ordonné que toutes les lettres-patentes
» seront expédiées. A ces causes, de l'avis de notre
» conseil qui a vu le dit arrêt et les dessins par nous
» approuvés, annexés à la minute d'icelui, expédition
» en parchemin duquel arrêt et copies des dits dessins
» sont y attachés sous le contre-scel de notre chancel-
» lerie, et conformément au dit arrêt; nous avons or-
» donné et par ces présentes signées de notre main,
» ordonnons que les cottes et mesures qui sont mar-
» quées et figurées aux dits dessins soient exactement
» suivies, tant pour ce qui sera construit incessamment
» à l'encoignure de la rue Froidmanteau que pour les
» autres parties de la dite place. Voulons et ordonnons
» *que les façades de la dite place, soient exécutées en*
» *pierre et non en moëllons ou meulières, aux dépens*
» *des propriétaires, et que toutes les saillies, corps et*
» *décorations qui sont figurés aux dits dessins soient*
» *entièrement et exactement suivis;* ordonnons que les
» particuliers propriétaires des maisons ayant face sur
» la dite place, le long de la dite rue Froidmanteau et
» tous autres, soient obligés de s'y conformer quand
» leur reconstruction aura lieu. Voulons et ordonnons
» que les dits propriétaires, tant ceux qui se refuse-
» raient à l'exécution de ce qui est dit ci-dessus que
» ceux auxquels appartiendraient des maisons dont les
» prévôt des marchands et échevins nommeraient avoir
» besoin pour l'exécution entière et parfaite de l'agran-
» dissement de la dite place, soient obligés d'en con-
» sentir la vente à la demande qui leur en sera faite
» par les dits prévôt des marchands et échevins, et
» que les dites acquisitions ainsi que toutes reventes
» et échanges que les dits prévôt des marchands et
» échevins pourraient être dans le cas de faire, soient
» exemptés de tous droits d'amortissement, insinua-
» tion, centième denier et autres droits généralement
» quelconques à nous appartenant, sauf les droits des
» seigneurs particuliers, s'il y a lieu ; le tout ainsi et
» de la manière portée en nos lettres-patentes du
» 7 août 1769, concernant l'agrandissement de la dite
» place du Palais-Royal : lesquelles, au surplus, seront
» exécutées dans tout leur contenu, etc... Donné à
» Versailles, le 8 mai l'an de grâce 1770, et de notre
» règne le 55e. Signé Louis. » — Les constructions ordonnées par ces lettres-patentes furent terminées en 1776. Il n'existe pas d'alignement arrêté pour cette place. — Égout. — Conduite d'eau. — Éclairage au gaz (compe Anglaise).

PALAIS-ROYAL (THÉATRE DU).

Situé dans le Palais-Royal. — 2e arrondissement, quartier du Palais-Royal.

En 1784, un sieur de Beaujolais fit construire au Palais-Royal une salle de spectacle à laquelle il donna son nom. Ce théâtre fut d'abord occupé par de grandes marionnettes qui furent remplacées par des enfants. A ceux-ci succédèrent des acteurs véritables qui, sur la scène ne jouaient que la pantomime, tandis que leurs camarades placés dans les coulisses parlaient et chantaient pour eux. La singularité de ce spectacle eut un grand succès; mademoiselle Montansier vint s'installer en 1790 dans cette salle qui prit le nom de théâtre des *Variétés*. On y jouait alors l'opéra, la tragédie et la comédie; ce théâtre fut fermé en 1793; bientôt rouvert sous le titre de théâtre de la *Montagne*, il reprit, en 1795, celui de théâtre des *Variétés*. Brunet et Tiercelin y attiraient constamment la foule. Les comédiens français et ceux de l'Opéra-Comique en conçurent une telle jalousie qu'ils sollicitèrent et obtinrent un décret impérial qui obligeait les directeurs des Variétés à quitter, au 1er janvier 1807, la salle du Palais-Royal. Depuis ce jour jusqu'au 14 juin suivant où ils prirent possession de la salle du boulevart Montmartre (voyez théâtre des *Variétés*), les acteurs donnèrent des représentations sur le théâtre de la Cité. La salle Montansier fut successivement occupée par des danseurs de corde, des marionnettes et des chiens savants. Vers 1814, on y ouvrit un café. Dans cet établissement connu sous le nom de *café de la Paix*, on jouait de petits vaudevilles devant les consommateurs. MM. Dormeuil et Poirson obtinrent en 1831 le privilège d'un nouveau théâtre. L'architecte Guerchy reconstruisit l'ancienne salle Montansier, qui prit le nom de théâtre du *Palais-Royal*, et fut inaugurée le 6 juin 1831. Placé dans un quartier très riche, grâce aussi au talent de ses acteurs, ce théâtre n'a pas cessé de jouir de la faveur du public. La salle contient 930 places dont les prix sont ainsi fixés en 1844 : Stalles, loges de balcon et avant-scène, 5 fr.; loges de face et stalles d'orchestre, 4 fr.; 1res galeries et avant-scène des 2mes, 3 fr.; baignoires, 1res loges de côté, 2me balcon et 1res découvertes, 2 fr. 50 c.; 3mes loges, 2 fr.; 2mes loges, 1 fr. 50 c.; parterre, 1 fr. 25 c.

PALATINE (RUE).

Commence à la rue Garancière, n° 2; finit à la place Saint-Sulpice, n° 1. Le dernier impair est 7; pas de numéro pair; ce côté est bordé par l'église Saint-Sulpice. Sa longueur est de 101 m. — 11e arrondissement, quartier du Luxembourg.

Le premier cimetière de Saint-Sulpice était situé autrefois au chevet de cette église. En 1646, lorsque l'édifice que nous voyons aujourd'hui fut commencé, on prit l'emplacement de ce cimetière qu'on transféra au midi de l'église. Une partie de terrain fut alors ménagée de ce côté, pour former une rue qu'on désigna sous le nom de *Neuve-Saint-Sulpice*, puis sous celui de rue du *Cimetière*. Au commencement du XVIIIe siècle, cette voie publique prit la dénomination de rue *Palatine*, en l'honneur d'Anne de Bavière, *palatine du Rhin*, femme du prince de Condé, dont l'hôtel était situé dans les environs. — Une décision ministérielle du 7 fructidor an X, signée Chaptal, fixa la largeur de cette voie publique à 14 m. 61 c. En vertu d'une ordonnance royale du 3 avril 1843, cette largeur est portée à 16 m., à partir des arrière-corps de l'église. Propriétés n° 1, retranch. 2 m. 80 c.; 3 et 5, ret. 4 m. 80 c. à 6 m. 40 c.; 7, ret. 7 m. à 8 m. 50 c. — Égout. — Éclairage au gaz (compe Française).

PANIER-FLEURI (PASSAGE DU).

Commence à l'impasse des Bourdonnais, n° 5; finit à la rue Tirechape, n° 14. — 4e arrondissement, quartier Saint-Honoré.

L'emplacement de ce passage faisait anciennement partie d'une voirie qui se trouvait en dehors de la seconde enceinte de Paris. En 1423, c'était le *cul de sac de la Fosse aux Chiens*. Son nom actuel lui vient d'une enseigne.

PANORAMAS (PASSAGES DES).

De la rue Saint-Marc, nos 8 et 10, au boulevart Montmartre, n° 9, et de la rue Montmartre, n° 161, à la rue Vivienne, n° 38. — 2e arrondissement, quartier Feydeau.

Le principal passage qui communique de la rue Saint-Marc au boulevart, a été ouvert en 1800, sur l'emplacement du jardin de l'hôtel de Montmorency, appartenant alors à M. Thayer. Il doit son nom aux Panoramas qui y furent établis, et dont la suppression a eu lieu en 1831. Les autres passages ont été formés en 1834, et sont connus sous les noms de *Galeries de la Bourse, Feydeau, Saint-Marc, Montmartre* et des *Variétés*.

PANTHÉON (LE).

Situé sur la place de ce nom. — 12e arrondissement, quartier Saint-Jacques.

Nous avons rappelé à l'article du collége Henri IV, qui occupe une grande partie de l'emplacement de l'ancienne église Sainte-Geneviève, l'origine de l'abbaye célèbre qui portait également le nom de la douce et miraculeuse patronne de Paris. Les lettres-patentes qui suivent indiquent les motifs de la suppression des anciens bâtiments et les causes qui ont déterminé l'érection d'une seconde église dédiée à Sainte-Geneviève et dont le monument est transformé aujourd'hui en Panthéon Français.

« Louis, etc... Ayant été instruit par nos chers et
» bien amés les abbé, prieur et chanoines réguliers
» de notre abbaye de Sainte-Geneviève-du-Mont de
» Paris, que les bâtiments de leur église étaient dans
» un tel état de ruines, que la réédification en était
» devenue indispensable, et que les fidèles qui la fré-
» quentaient ne cessaient de former des vœux pour sa
» reconstruction; ce qui ne pouvait s'exécuter sans nos
» lettres-patentes dument vérifiées; les dits prieur,
» abbé, chanoines réguliers nous ayant en même
» temps représenté l'impossibilité où ils étaient, par la

» médiocrité de leurs revenus, de fournir à une dépense
» aussi considérable, nous avons cru devoir employer
» notre autorité pour la conservation d'une église pré-
» cieuse aux habitants de notre bonne ville de Paris,
» par la juste confiance qu'ils ont eue dans tous les
» temps en la patronne de cette capitale, en procu-
» rant aux dits abbé, prieur et chanoines réguliers les
» sommes nécessaires pour un objet si digne de notre
» piété; et ayant voulu examiner par nous-même les
» différents projets qui ont été présentés tant pour
» construire la d. église avec la majesté et la décence
» convenables, que pour en rendre l'accès plus facile
» qu'il n'a été jusqu'à présent, nous avons fait choix
» de celui qui a paru remplir plus parfaitement toutes
» ces vues; mais comme pour accomplir un dessein
» qui mérite autant notre protection, il est nécessaire
» de démolir plusieurs maisons appartenant aux dits
» abbé, prieur et chanoines réguliers, et d'acquérir
» des maisons appartenant à divers particuliers ou
» communautés, en indemnisant les propriétaires;
» qu'il est juste d'ailleurs de procurer aux dits abbé,
» prieur et chanoines réguliers les moyens de réparer,
» autant qu'il est possible, les sacrifices qu'ils font des
» bâtiments et emplacement qu'ils abandonnent pour
» la nouvelle construction de la dite église; nous avons
» cru convenable d'y pourvoir par notre autorité. A
» ces causes, à ce nous mouvant, de l'avis de notre
» conseil et de notre grâce spéciale, pleine puissance
» et autorité royale, nous avons statué et ordonné,
» statuons et ordonnons, voulons et nous plaît ce qui
» suit : — Article. 1er. Qu'il soit incessamment pro-
» cédé aux ouvrages nécessaires, tant pour la recons-
» truction de la nouvelle église de Sainte-Geneviève-
» du-Mont, que pour procurer tout ce qui pourra en
» faciliter les abords; le tout suivant le plan attaché
» sous le contre-scel des présentes. — Art. 2e. Que les
» maisons et bâtiments appartenant aux dits abbé,
» prieur et chanoines réguliers, étant sur le terrain sur
» lequel la dite église doit être reconstruite, soient
» démolis, après néanmoins que les dits maisons et
» bâtiments auront été prisés et estimés par un expert
» qui sera nommé par notre cour de parlement, etc...
» — Art. 6e. Ne pourront les ouvrages des bâtiments
» de la dite église être adjugés et faits que sur les devis
» dressés par le sieur *Soufflot*, architecte, par nous
» commis pour la conduite des dits travaux et consig-
» gés, et signés tant de lui que des dits abbé, prieur et
» chanoines réguliers, etc... — Art. 10e. Ne pourra la
» démolition de l'ancienne église être faite qu'après
» l'entière reconstruction de la dite nouvelle église et
» la translation de la châsse de Sainte-Geneviève, etc.
» Donné à Versailles au mois de mars, l'an de grâce
» 1757, et de notre règne le 42e. Signé Louis. » (Archives du royaume, section administrative, série E,
n° 3,443.)

L'emplacement que devait occuper l'édifice fut béni par l'abbé de Sainte-Geneviève, le 1er août 1758, mais le peu de solidité du terrain fit retarder la construction de l'église. On avait trouvé un grand nombre de puits, parmi lesquels on en compta sept ou huit qui avaient plus de 26 m. de profondeur. Ces puits comblés, les travaux marchèrent sans interruption, et l'église souterraine fut achevée en 1763. L'église supérieure était déjà élevée à une certaine hauteur, lorsque le roi Louis XV vint solennellement, le 6 septembre 1764, poser la première pierre du dôme. Le plan de ce monument présente une croix grecque. L'édifice a 100 m. de longueur, en y comprenant le péristyle; sa largeur est de 84 m. 70 c. Au centre s'élève un dôme de 20 m. 35 c. Les quatre nefs formant les branches de la croix viennent se réunir à un point central sur lequel le dôme est assis. Il est composé de trois coupoles concentriques, dont la troisième forme la calotte extérieure; et la première est percée à jour de manière à laisser, de l'intérieur de l'église, voir la seconde sur laquelle le célèbre Gros a peint l'apothéose de sainte Geneviève. La façade principale pour laquelle on a prodigué toutes les richesses de l'architecture, se compose d'un perron élevé sur onze marches et d'un porche en péristyle imité du Panthéon de Rome. Elle présente six colonnes de face et en a vingt-deux dans son ensemble, dont dix-huit sont isolées et les autres engagées. Toutes ces colonnes sont cannelées et d'ordre corinthien. Les feuilles d'acanthe des chapiteaux sont d'une délicatesse remarquable. Soufflot, bravant la routine, voulut donner dans cette composition, le premier exemple à Paris d'un portail formé d'un seul ordre et d'une hauteur qui indiquât celle du temple. Si l'on ne peut refuser des louanges au génie de l'architecte, la critique doit aussi faire ressortir quelques défauts. Soufflot, en voulant rappeler le portique du Panthéon à Rome, est tombé dans des erreurs qui ont altéré l'admirable proportion de l'édifice. On est d'abord choqué de la maigreur des entre-colonnements, et l'on s'aperçoit aussitôt que ces défauts n'existeraient pas si l'artiste eût placé deux colonnes de plus sous le fronton, au lieu de les reléguer en arrière-corps aux angles du péristyle; groupées dans ce petit espace, ces colonnes ont, en outre, l'inconvénient de produire des ressauts et des profils multipliés qui nuisent à la grandeur du monument. Néanmoins, lorsque les échafauds qui avaient masqué toutes les voûtes disparurent et permirent à l'édifice de se développer dans toute son imposante majesté, un cri général d'admiration retentit!

La joie fut de courte durée, des fractures multipliées sillonnèrent les quatre piliers du dôme et annoncèrent que le poids de cette masse suspendue sur de faibles soutiens, menaçait d'écraser tout l'édifice. Il fallut donc, et sans perdre un moment, renoncer à la jouissance que procurait ce beau spectacle d'architecture, et entourer d'échafauds, soutenir par des étais, un monument que l'on avait pu croire achevé après un travail de plus de trente années et une dépense excédant quinze millions. Heureusement l'accident fut jugé moins grave qu'on ne l'avait craint d'abord : les fondations furent trouvées bonnes. On s'assura qu'elles n'avaient point fléchi d'une manière sensible, que l'église souterraine dont le sol est à 5 m. 85 c. au-dessous de celui de la nef supérieure, était bâtie de manière à résister à la masse qu'elle supportait ; que le dôme et les trois coupoles offraient la même solidité ; en un mot la construction vicieuse des piliers intermédiaires au dôme et à l'église indiqua qu'il ne fallait pas rechercher ailleurs la cause du mal. La direction des travaux de réparations fut confiée à M. Rondelet, architecte, qui parvint à consolider l'édifice, sans en altérer la décoration primitive.

Décret relatif au lieu destiné à recevoir les cendres des grands hommes.

« Du 4 avril 1791. — L'Assemblée Nationale, après
» avoir ouï son arrêté de constitution, décrète ce qui
» suit : Article 1er. Le nouvel édifice de Sainte-Gene-
» viève sera destiné à recevoir les cendres des grands
» hommes à dater de l'époque de la liberté Française.
» — Art. 2e. Le corps législatif décidera seul à quels
» hommes ces honneurs seront décernés. — Art. 3e.
» Honoré-Riquetti Mirabeau est jugé digne de recevoir
» cet honneur. — Art. 4e. La législature ne pourra pas
» décerner cet honneur à un de ses membres venant à
» décéder : il ne pourra être décerné que par la légis-
» lature suivante. — Art. 5e. Les exceptions qui pour-
» ront avoir lieu pour quelques grands hommes morts
» avant la révolution, ne pourront être faites que par
» le corps législatif. — Art. 6e. Le directoire du dé-
» partement de Paris sera chargé de mettre prompte-
» ment l'édifice de Sainte-Geneviève en état de rem-
» plir sa nouvelle destination, et fera graver au-dessus
» du portique, ces mots : *Aux Grands Hommes la*
» *Patrie reconnaissante*. — Art. 7e. En attendant que
» le nouvel édifice de Sainte-Geneviève soit achevé, le
» corps de Riquetti Mirabeau sera déposé à côté de
» Descartes, dans le caveau de l'ancienne église de
» Sainte-Geneviève. » — Ce décret a été sanctionné le 10 du même mois. Voltaire et Jean-Jacques Rousseau obtinrent également les honneurs du Panthéon, les 11 juillet et 16 octobre de la même année.

M. Antoine Quatremère fut chargé de la direction des changements à opérer. Pour imprimer à l'édifice un nouveau caractère, il fallut modifier ou changer beaucoup, tant à l'intérieur qu'à l'extérieur du monument. Au lieu d'un fronton sur le tympan duquel on voyait une croix de *Coustou*, entourée de rayons divergents et d'anges qui priaient, le sculpteur *Moitte* représenta la *Patrie*, les bras étendus, et portant des couronnes de chêne qu'elle présentait à l'émulation des citoyens.

L'édifice avait à peine subi cette transformation, lorsque la Convention Nationale rendit le décret suivant :
« Séance du 5 frimaire an II (25 novembre 1793). —
» La Convention Nationale, après avoir entendu le
» rapport de son comité d'instruction publique, con-
» sidérant qu'il n'est point de grand homme sans
» vertu, décrète : Article 1er. *Le corps d'Honoré-*
» Gabriel-Riquetti Mirabeau sera retiré du Panthéon
» Français. — Art. 2e. Le même jour que le corps de
» Mirabeau sera retiré du Panthéon Français, celui
» de *Marat* y sera transféré. — Art. 3e. La Con-
» vention Nationale, le conseil exécutif provisoire,
» les autorités constituées de Paris et les sociétés
» populaires assisteront en corps à cette cérémonie.
— Mais cet édifice devait encore éprouver de nouveaux changements. Un décret du 20 février 1806 rendit le Panthéon au culte catholique ; l'inscription du portail et les figures allégoriques furent détruites à leur tour.

Sous la restauration, la seconde coupole de l'église fut décorée par *Gros*, qui représenta, comme nous l'avons dit, l'*apothéose de sainte Geneviève*. Cette composition est la plus vaste et la plus belle, dit-on, des peintures à fresque de France et même d'Italie. Cet immense ouvrage se divise en quatre grands tableaux. Le premier représente la fondation de la monarchie, par Clovis ; le second le triomphe de Charlemagne ; le troisième le règne de saint Louis ; et le quatrième la *Restauration* que personnifie le roi Louis XVIII ; cette figure est portée sur un nuage entre deux anges qui répandent des fleurs. Au-dessus de Clovis, de Charlemagne, saint Louis et Louis XVIII, plane le génie de la France.

Le 20 février 1829, un juste hommage a été rendu à l'illustre architecte de Sainte-Geneviève ; les restes de Jacques-Germain Soufflot, décédé le 29 août 1780, à l'âge de 67 ans, ont été transférés dans la chapelle basse de cette magnifique église, qui redevint dix-sept mois après le Panthéon Français.

« Ordonnance royale du 26 août 1830. — Louis-
» Philippe, roi des Français, etc... Vu les lois des 4 et
» 10 avril 1791. Vu le décret du 20 février 1806, et l'or-
» donnance du 12 décembre 1821. Notre conseil d'état
» entendu. Considérant qu'il est de la justice nationale
» et de l'honneur de la France que les grands hommes
» qui ont bien mérité de la Patrie en contribuant à
» son honneur ou à sa gloire, reçoivent après leur
» mort un témoignage éclatant de l'estime et de la
» reconnaissance publique. Considérant que pour at-
» teindre ce but, les lois qui avaient affecté le Pan-
» théon à une semblable destination, doivent être re-
» mises en vigueur. Nous avons ordonné et ordonnons
» ce qui suit : Article 1er. Le Panthéon sera rendu à
» sa destination primitive et légale ; l'inscription : *Aux*
» *Grands Hommes la Patrie reconnaissante*, sera réta-
» blie sur le fronton. Les restes des grands hommes
» qui auront bien mérité de la Patrie y seront dé-
» posés. — Art. 2e. Il sera pris des mesures pour dé-
» terminer à quelles conditions et dans quelles formes
» ce témoignage de la reconnaissance nationale sera
» décerné au nom de la Patrie, etc. — Art. 3e. Le

» décret du 20 février 1806 et l'ordonnance du 12 dé-
» cembre 1821 sont rapportés. Paris, le 26 août 1830.
» Signé Louis-Philippe. »

Quelque temps après, M. David fut chargé de sculpter de nouveau le fronton; Gérard orna les pendentifs du dôme de peintures dont le magnifique ouvrage de Gros ne dépare pas le mérite. Sur le fronton, le célèbre sculpteur a représenté la *Patrie*, le front ceint d'un diadème étoilé, distribuant des couronnes à ceux qui l'ont noblement servie par leur courage ou leurs talents. Aux pieds de la déesse sont d'un côté, la *Liberté*, et de l'autre l'*Histoire*, qui écrit sur ses tablettes les noms de Hoche, de Bonaparte, de Kléber, tandis que Mirabeau, La Fayette et plusieurs autres reçoivent des couronnes des mains de la Liberté. A droite, l'artiste a placé des groupes de militaires; et l'on remarque Napoléon qui s'élance le premier pour saisir la palme; là, on aperçoit aussi, représentée par un grenadier épuisé de fatigue, mais toujours résolu, la trente-deuxième demi-brigade si célèbre dans nos annales républicaines; à côté, se trouve le tambour Jean Ritielle, qui battait la charge au plus épais de la mitraille, lors du passage du pont d'Arcole. A gauche sont rangés les représentants des sciences et des arts; dans le premier groupe figurent Malesherbes, Mirabeau, Monge, Fénélon; dans le second, Manuel, Carnot, Berthollet et Laplace; le peintre David, Cuvier et La Fayette composent le troisième; puis Voltaire et Jean-Jacques Rousseau auprès d'un autel ombragé de palmes; près de l'auteur d'Emile, un jeune homme mourant dépose sur l'autel de la Patrie le *Traité de la vie et de la mort*; c'est Bichat. A l'extrême droite du fronton sont placés des jeunes gens en costume militaire, qui se livrent à l'étude; entre eux et le vieux grenadier de la trente-deuxième demi-brigade, on aperçoit un élève blessé mortellement; un des jeunes gens le regarde et semble dire que lui aussi saura mourir pour sa patrie.

Dans la partie souterraine de l'édifice étaient déposés les restes de ceux qu'on jugeait dignes des honneurs du Panthéon. Cette crypte est à 6 m. au-dessous du sol de la nef supérieure. Après avoir traversé une voûte très spacieuse, on arrive, en montant quelques marches, jusque sous le porche; là, dans une ouverture où le jour ne pénètre jamais, on trouve une statue de Voltaire, ouvrage très estimé de *Houdon*. A droite et à gauche du passage sont rangés des caveaux qui recèlent les cercueils de quelques hommes célèbres, et d'un grand nombre de hauts dignitaires de l'empire, parmi lesquels on distingue ceux du maréchal Lannes, de Bougainville et de Lagrange. Sur le cercueil de Voltaire ont été gravés ces mots : *Poète, historien, philosophe, il agrandit l'esprit humain et lui apprit qu'il devait être libre. Il défendit Calas, Sirven, de la Barre et Montbailly; combattit les athées et les fanatiques; il inspira la tolérance; il réclama les droits de l'homme contre la servitude de la féodalité.*

Sur le cercueil de Rousseau est écrit : *Ici repose l'homme de la nature et de la vérité.*

Autour de ce beau monument on a placé une grille magnifique ornée de deux vastes trépieds en bronze qui servent aux illuminations lors des fêtes publiques. A l'intérieur de l'édifice ont été fixées contre les parois de la nef des tables de marbre noir, sur lesquelles sont gravés en lettres d'or, les noms des citoyens morts dans les journées de juillet 1830.

Il était question depuis longtemps d'améliorer les abords du Panthéon; l'administration municipale, de concert avec le gouvernement, vient d'arrêter un projet qui recevra sous peu son exécution.

L'État doit prendre à sa charge : 1° la cession gratuite à la voie publique de tous les terrains nécessaires à l'achèvement des abords du Panthéon, moins ceux du prolongement de la rue Soufflot; 2° l'acquisition des terrains à retrancher à cet effet des propriétés particulières; 3° les travaux de nivellement et du pavage de la place du Panthéon; 4° l'obligation de construire sur la partie non retranchable du bâtiment de l'ancien collège de Montaigu, un nouvel édifice destiné à la bibliothèque de Sainte-Geneviève; 5° la cession gratuite à la ville de Paris du local actuel de cette bibliothèque pour être réuni au collège Henri IV, et enfin la cession gratuite à la ville de Paris des terrains domaniaux situés à l'angle de la rue Clotaire et de la place du Panthéon.

Les opérations à la charge de la ville seront : 1° l'acquisition de la maison rue des Fossés-Saint-Jacques, n° 13, pour la réunir aux terrains bordant la rue Clotaire et la place du Panthéon, et y construire la mairie du 12ᵉ arrondissement; 2° la construction du bâtiment de la mairie, avec façade symétrique à celle de l'École-de-Droit; 3° le prolongement de la rue Soufflot jusqu'au jardin du Luxembourg, qui devra être exécuté dans le délai de quatre années à partir de la promulgation de la loi.

PANTHÉON (PLACE DU).

Située entre les rues Clotilde, Soufflot et des Sept-Voies. Le dernier impair est 7; le dernier pair, 8. — 12ᵉ arrondissement, quartier Saint-Jacques.

Cette place a été commencée vers 1770, lors de la construction des bâtiments des écoles de droit. — Une décision ministérielle du 13 juin 1807, signée Champagny, a déterminé, ainsi qu'il suit, la forme et la dimension de cette voie publique : « L'alignement au-devant du portique du monument (côté ouest) est fixé par les délinéations circulaires et rectilignes qui indiquent sur le plan la limite des édifices symétriques qui doivent les border, et dont l'un (les Écoles de Droit) est déjà exécuté. Les côtés latéraux de la place sont déterminés par deux lignes parallèles au grand axe du monument, et à 34 m. de distance du nu des arrières-corps. Le fond de la place est formé par les bâtiments du collège Henri IV. »

— PAN —

« Au palais des Tuileries, le 24 février 1811. — Napoléon, etc... Nous avons décrété et décrétons ce qui suit : *Le palais du grand-maître de l'Université* sera construit devant le Panthéon et achèvera la place du côté opposé aux bâtiments de l'École de Droit, etc... » — Ce décret n'a pas été exécuté. On doit construire sur cet emplacement la mairie du 12ᵉ arrondissement. (*Voyez* l'article qui précède.) — Les propriétés riveraines sont alignées, à l'exception de celles qui dépendent aujourd'hui de la rue Saint-Étienne-des-Grès, et dont le retranchement sera prochainement opéré.

PANTHÉON (THÉATRE DU).

Situé place du Cloître-Saint-Benoît. — 11ᵉ arrondissement, quartier de la Sorbonne.

Ce théâtre a été établi dans le bâtiment de l'église Saint-Benoît. C'était, dans l'origine, un oratoire élevé en l'honneur de saint Bacque et de saint Serge, martyrisés en Syrie. Plusieurs savants ont pensé que cette chapelle existait au VIIᵉ siècle. Le premier monument qui la mentionne comme église est une charte de l'année 1050, par laquelle le roi Henri Iᵉʳ donne au chapitre de Notre-Dame plusieurs églises situées dans le faubourg de Paris; entr'autres celles de Saint-Étienne, de Saint-Severin et de Saint-Bacque; « lesquelles, » ajoute cet acte, étoient depuis longtemps (*antiquitùs*) » au pouvoir de ses prédécesseurs et au sien. » — Dans le XIIᵉ siècle, on la trouve désignée sous le nom de *Saint-Benoît,* ainsi que l'aumônerie voisine qui y fut réunie vers 1155. Cette dénomination a fait croire à tort à quelques historiens, que l'église avait été desservie autrefois par des religieux de Saint-Benoît. L'abbé Lebœuf a très bien démontré que le nom de Benoît n'était autre que celui de Dieu, *Benedictus Deus*, en vieux français *Benoist Dieu*, saint Benedict, saint Benoist; dans les anciens livres d'église, on lit : la Benoîte-Trinité, pour la Sainte-Trinité, etc... A partir du XIIIᵉ siècle, on accrédita cette fausse opinion qui fit regarder l'église de Saint-Benoît comme une ancienne abbaye de religieux de son ordre, et lui fit donner pour patron le fameux abbé du Mont-Cassin. On ignore l'époque où la chapelle Saint-Benoît, devenue collégiale après la donation de Henri Iᵉʳ, joignit à ce titre celui de paroisse. Le savant Jaillot a écrit que ce ne pouvait être que postérieurement à 1185, année de la mort de Luce III, puisque Étienne de Tournay fait mention, dans une de ses lettres au pape, d'un chapelain de Saint-Benoît, *capellanus Sancti-Benedicti*, dénomination qui indiquait toujours à cette époque un curé, comme celle de presbytère, *capicerius*. On ne sait pourquoi cette église avait son chevet tourné du côté de l'Occident. Cette contravention à l'usage général lui fit donner le nom de *Saint-Benoît-le-Bétourné,* c'est-à-dire, mal tourné. Dans la pièce des *Moustiers de Paris* on lit :

« Saint Bénéois le Bestornez
» Aidiez à toz mal atornez. »

— PAO —

Au XIVᵉ siècle, cette inconvenance disparut. On transporta du côté de l'Orient, l'autel placé à l'Occident de l'église; ce changement lui fit donner le nom de *bien tournée. Ecclesia Sancti-Benedicti bene versi.* On résolut de rebâtir cette église vers 1517. La nef et les bas-côtés furent achevés. Au XVIIᵉ siècle, on reconstruisit le sanctuaire sur les dessins de Claude Perrault. Cette église et son cimetière contenaient les cendres et les monuments sépulcraux de Jean Dorat, poète, de René Chopin, de Jean Domat, célèbres jurisconsultes. Claude Perrault, savant architecte, Michel Baron, comédien excellent, et l'abbé Pucelle, célèbre par son opposition au parti de la cour, après la mort de Louis XIV, y furent également inhumés. Supprimée en 1790, cette église devint propriété nationale et fut vendue le 28 nivôse an V. On y établit plus tard un dépôt de farines. Enfin, en 1832, on la transforma en salle de spectacle où l'on représente des drames et comédies-vaudevilles. Ce théâtre tire son nom de son voisinage du Panthéon.

PANTIN (BARRIÈRE DE).

Située à l'extrémité de la rue du Chemin-de-Pantin.

Cette barrière, qu'on traverse pour aller au village de Pantin, consiste en un pavillon triangulaire avec trois péristyles et un dôme. (Voir l'article *Barrières.*)

PANTIN (CHEMIN DE RONDE DE LA BARRIÈRE DE).

Commence à la rue du Chemin-de-Pantin et à la barrière de ce nom; finit à la rue du Faubourg-Saint-Martin et à la barrière de la Villette. Pas de numéro. Sa longueur est de 133 m. — 5ᵉ arrondissement, quartier de la Porte-Saint-Martin.

(Voir l'article *Chemins de ronde.*)

PANTIN (RUE DU CHEMIN-DE-).

Commence à la rue du Faubourg-Saint-Martin, nᵒˢ 242 et 244; finit au chemin de ronde de la barrière de Pantin et au quai de Valmy, nᵒ 205. Le dernier impair est 25; le dernier pair, 26. Sa longueur est de 293 m. — 5ᵉ arrondissement, quartier de la Porte-Saint-Martin.

Le plan de Verniquet l'indique sous le nom de *Route de Meaux.* Son nom actuel lui a été donné parce qu'elle se dirige vers le village de Pantin. — Une décision ministérielle en date du 18 mars 1822, a maintenu cette voie publique suivant sa largeur actuelle qui est de 19 m. 50 c. — Conduite d'eau.

PAON (IMPASSE DU).

Située dans la rue du Paon, entre les nᵒˢ 1 et 3. Le dernier impair est 7 bis; le seul pair, 2. Sa longueur est de 94 m. — 11ᵉ arrondissement, quartier de l'École-de-Médecine.

C'était autrefois une ruelle qui se prolongeait jusqu'à la rue Hautefeuille, sous les noms de *l'hôtel de Reims* et de *l'archevêque de Reims.* La principale entrée de cet hôtel était dans cette ruelle. Son nom actuel lui vient de la rue du Paon. — Une décision

— PAO —

ministérielle à la date du 18 octobre 1808, signée Cretet, a fixé la moindre largeur de cette impasse à 7 m. Les constructions du côté gauche sont soumises à un retranchement qui varie de 50 c. à 3 m.; sur le côté droit les dépendances de l'École de Médecine sont alignées; le surplus est soumis à un retranchement qui n'excède pas 2 m. 40 c.

PAON-BLANC (RUE DU).

Commence au quai des Ormes, nos 48 et 50; finit à la rue de l'Hôtel-de-Ville, nos 39 et 41. Pas de numéro. Sa longueur est de 19 m. 50 c. — 9e arrondissement, quartier de l'Hôtel-de-Ville.

Corrozet l'indique sous le nom de *Descente à la rivière*. Elle doit sa dénomination actuelle à une enseigne du *Paon blanc*. — Une décision ministérielle du 13 thermidor an VI, signée François de Neufchâteau, a fixé à 6 m. la largeur de cette voie publique. Les constructions riveraines sont soumises à un retranchement de 2 m. 30 c.

PAON-SAINT-ANDRÉ (RUE DU).

Commence à la rue du Jardinet, nos 7 et 9; finit à la rue de l'École-de-Médecine, nos 20 et 22. Le dernier impair est 9; le dernier pair, 8. Sa longueur est de 76 m. — 11e arrondissement, quartier de l'École-de-Médecine.

Ce nom qu'elle portait dès 1246, lui vient d'une enseigne. Sauval fait erreur en lui donnant la dénomination de rue de l'*Archevêque de Reims*, qui ne convient qu'à l'ancienne ruelle du Paon. — Une décision ministérielle à la date du 23 frimaire an IX, signée Chaptal, avait fixé la largeur de cette voie publique à 7 m. Cette largeur a été portée à 10 m. en vertu d'une ordonnance royale du 22 août 1840. Maison n° 1, retranch. réduit 50 c.; 3, ret. réduit 1 m. 70 c.; 5, ret. réduit 2 m. 20 c.; de 7 à la fin, ret. 2 m. 35 c. à 3 m. 30 c.; de 2 à 6, ret. 2 m. 10 c. à 3 m. 30 c.; 8, ret. réduit 1 m. 70 c. — Conduite d'eau entre la rue du Jardinet et l'impasse du Paon.

PAON-SAINT-VICTOR (RUE DU).

Commence à la rue Saint-Victor, nos 123 et 125; finit à la rue Traversine, nos 15 et 17. Le dernier impair est 19; le dernier pair, 12. Sa longueur est de 86 m. — 12e arrondissement, quartier du Jardin-du-Roi.

Au commencement du XIIIe siècle, elle était connue sous le nom d'*Alexandre Langlais*. Cette dénomination fut conservée jusqu'au XVIe siècle. En 1540, elle était déjà appelée rue du *Paon*. — Une décision ministérielle à la date du 28 pluviôse an IX, signée Chaptal, a fixé la largeur de cette voie publique à 6 m. La maison n° 9 est alignée. Les autres constructions de ce côté devront reculer de 40 c. à 80 c. Propriétés du côté des numéros pairs, retranch. 50 c. à 90 c.

PAPILLON (RUE).

Commence aux rues Bleue, n° 2, et du Faubourg-Poissonnière, n° 45; finit à la rue Montholon, nos 7 et 9. Le

— PAR —

dernier impair est 9; le dernier pair, 18. Sa longueur est de 106 m. — 2e arrondissement, quartier du Faubourg-Montmartre.

Elle a été ouverte en juin 1781, sur les terrains appartenant à MM. Lenoir et compe. Les lettres-patentes qui autorisent et dénomment ce percement, sont à la date du 2 septembre 1780. Elles fixent sa largeur à 30 pieds (9 m. 74 c.). — Une décision ministérielle du 21 prairial an X, signée Chaptal, et une ordonnance royale du 23 août 1833, ont maintenu cette dimension (voyez rue *Montholon*). Les propriétés riveraines sont alignées. — Éclairage au gaz (compe Anglaise).

M. Papillon de la Ferté, commissaire des menus-plaisirs du roi, naquit en 1727, et périt sur l'échafaud le 7 juillet 1794.

PARADIS-AU-MARAIS (RUE DE).

Commence à la rue Vieille-du-Temple, nos 69 et 71; finit à la rue du Chaume, nos 10 et 12. Le dernier impair est 13; le dernier pair, 18. Sa longueur est de 200 m. — 7e arrondissement, quartier du Mont-de-Piété.

C'était encore en 1250 un chemin que l'enceinte de Philippe-Auguste avait enfermé dans la ville. Dès l'année 1291, on l'appelait rue de *Paradis* ou des *Jardins*; elle devait cette première dénomination, qui a prévalu, à une enseigne représentant *le Paradis*. — Une décision ministérielle du 23 ventôse an X, signée Chaptal, fixa la moindre largeur de cette voie publique à 9 m. Cette moindre largeur a été portée à 10 m. en vertu d'une ordonnance royale du 27 septembre 1826. Les bâtiments du Mont-de-Piété et les maisons nos 13 et 4 sont alignés. — Bassin d'égout. — Conduite d'eau entre les rues Vieille-du-Temple et des Guillemites. — Éclairage au gaz (compe Lacarrière).

Conformément à un projet publié en vertu d'un arrêté préfectoral du 22 avril 1843, la largeur de la rue de Paradis serait portée à 13 m.

PARADIS-POISSONNIÈRE (RUE DE).

Commence à la rue du Faubourg-Saint-Denis, nos 103 et 105; finit à la rue du Faubourg-Poissonnière, nos 60 et 64. Le dernier impair est 51; le dernier pair, 62. Sa longueur est de 537 m. — 3e arrondissement, quartier du Faubourg-Poissonnière.

Elle est indiquée sur le plan de Boisseau, en 1643, sous le nom de rue *Saint-Lazare*. Ce n'était encore, en 1775, qu'une ruelle qui longeait le clos Saint-Lazare, dont elle tirait son premier nom. La rue qui la prolonge se nommait, à la fin du XVIIIe siècle, rue d'*Enfer*; on donna, par opposition, à la ruelle Saint-Lazare, le nom de *Paradis*. — Une décision ministérielle à la date du 28 vendémiaire an X, signée Chaptal, a fixé la largeur de cette voie publique à 10 m. On a procédé à la régularisation du numérotage de cette rue, en vertu d'un arrêté préfectoral du 17 avril 1835. Maison à l'encoignure de la rue du Faubourg-Saint-Denis, et propriété n° 1, alignées; 3, retranch. 1 m. 50 c.; de 5 à 17, alignées; 19, redressement; de 21 à la fin, alignées.

— PAR —

Maison à l'encoignure de la rue du Faubourg-Saint-Denis, et propriété n° 2, ret. 2 m. 15 c. à 2 m. 60 c.; de 4 à 26, alignées; partie du n° 28, alignée; surplus, ret. réduit 40 c.; 30 et 32, alignées; 34, redressement; 36, ret. 50 c.; 38, ret. 1 m. 05 c.; 40, alignée; 42, 44, ret. 1 m. 10 c.; de 46 à 52, alignées; 54, ret. 1 m. 20 c.; de 56 à la fin, alignées. — Conduite d'eau entre les rues du Faubourg-Saint-Denis et d'Hauteville. — Éclairage au gaz (comp° Française).

PARCHEMINERIE (RUE DE LA).

Commence à la rue Saint-Jacques, n°s 24 et 26; finit à la rue de la Harpe, n°s 25 et 27. Le dernier impair est 35; le dernier pair, 32. Sa longueur est de 132 m. — 11° arrondissement, quartier de la Sorbonne.

En 1273, suivant le cartulaire de Sorbonne, on la nommait rue des *Ecrivains*. Guillot l'appelle rue *as Escrivains*. Elle prit, en 1287, la dénomination de rue de la *Parcheminerie*. — Une décision ministérielle à la date du 14 thermidor an VIII, signée L. Bonaparte, fixa la largeur de cette voie publique à 6 m. Cette largeur a été portée à 10 m. en vertu d'une ordonnance royale du 22 août 1840. Maison à l'encoignure de la rue Saint-Jacques, retranch. réduit, 5 m. 70 c.; 1, ret. réduit 4 m.; 3, ret. réduit 2 m. 80 c.; de 5 à 9, ret. 1 m. 95 c. à 2 m. 20 c.; 11, ret. réduit 1 m. 65 c.; 13, 15, ret. 1 m. 10 c. à 1 m. 40 c.; 17, ret. réduit 90 c.; 19, 21, ret. réduit 50 c.; 23, doit être supprimée par l'alignement de la rue Boutebrie; de 25 à 31, redressement; 33, 35, ret. réduit 70 c.; 2, ret. réduit 3 m. 20 c.; de 4 à la fin, ret. 4 m. 60 c. à 6 m. 20 c. — Portion d'égout du côté de la rue de la Harpe. — Conduite d'eau entre la rue Saint-Jacques et la borne-fontaine.

PARC-ROYAL (RUE DU).

Commence à la rue Saint-Louis, n°s 27 et 29; finit à la rue des Trois-Pavillons. — Le dernier impair est 15; le dernier pair, 12. Sa longueur est de 173 m. — 8° arrondissement, quartier du Marais.

Elle a été ouverte en 1563 sur les ruines de l'hôtel Barbette, et faisait anciennement partie de la rue de Thorigny. Cette voie publique porta d'abord le nom du *Petit-Paradis*, en raison d'une enseigne; puis on la nomma des *Fusées*, parce que l'hôtel dit des Fusées y était situé. Elle prit ensuite la dénomination du *Parc-Royal*, parce qu'elle conduisait au parc de l'hôtel royal des Tournelles. En 1793, c'était la rue du *Parc-National*. — Une décision ministérielle à la date du 13 fructidor an VII, signée Quinette, fixa la moindre largeur de cette voie publique à 8 m. En 1806, elle reprit son nom de rue du Parc-Royal. En vertu d'une ordonnance royale du 12 juillet 1837, sa moindre largeur est portée à 12 m. Les constructions du côté des numéros impairs entre les rues Saint-Louis et Culture-Sainte-Catherine, sont alignées, sauf un léger redressement à l'encoignure de la rue Saint-Louis. Les autres propriétés de ce côté

— PAR —

devront reculer de 1 m. 70 c. à 2 m. 20 c. Celles du côté des numéros pairs sont soumises à un retranchement qui varie de 3 m. 40 c. à 4 m. 10 c. — Égout entre les rues Saint-Louis et Payenne. — Éclairage au gaz (comp° Lacarrière).

PARMENTIER (AVENUE).

Commence à la rue des Amandiers, n° 21; finit à la rue Saint-Ambroise, n° 12. Le dernier impair est 17, pas de numéro pair; ce côté est bordé par l'abattoir Popincourt. Sa longueur est de 213 m. — 8° arrondissement, quartier Popincourt.

Une décision ministérielle du 21 août 1818 a prescrit la formation de cette avenue, dont la largeur est fixée à 26 m. Les constructions riveraines ne sont pas soumises à retranchement. — Égout entre la rue des Amandiers et l'entrée de l'Abattoir. — Conduite d'eau depuis la rue des Amandiers jusqu'à la borne-fontaine.

Parmentier (Antoine-Augustin), célèbre agronome, auquel on doit la culture de la pomme de terre en France, naquit en 1737 à Montdidier. Il fut successivement apothicaire en chef aux Invalides, membre de l'Institut, président du Conseil de salubrité de Paris, inspecteur-général du service de santé des armées et administrateur des hospices. Parmentier mourut le 17 décembre 1813.

PAROLES (RUE DES MAUVAISES).

Commence à la rue des Lavandières-Sainte-Opportune, n°s 27 et 29; finit à la rue des Bourdonnais, n°s 6 et 8. Le dernier impair est 21; le dernier pair, 22. Sa longueur est de 122 m. — 4° arrondissement, quartier Saint-Honoré.

Au XII° siècle, elle portait le nom de *Mauvais-Conseil* ou de *Mauvaise-Parole*, *vicus Mali consilii sive Mali verbi*. En 1229, c'était la rue *Male-Parole* et depuis des *Mauvaises-Paroles*. Habitée sans doute dans le principe par des gens de la lie du peuple, cette rue tire son nom des jurons, des *mauvaises paroles* qu'on y entendait à chaque instant du jour. Des commerçants, attirés par le voisinage de la rue Saint-Denis, refoulèrent l'ancienne population dans le quartier des Arcis. — François Olivier, chancelier de France, Myron, lieutenant civil, ont demeuré dans la rue des Mauvaises-Paroles, ce qui faisait dire à Barclay, en parlant de ce dernier magistrat : *indignus qui inter mala verba habitet*. — Une décision ministérielle du 12 fructidor an V, signée François de Neufchâteau, fixa la moindre largeur de cette voie publique à 7 m. En vertu d'une ordonnance royale du 2 août 1843, cette largeur est portée à 10 m. Propriétés de 1 à 11, retranch. 1 m. 30 c. à 2 m. 10 c.; 13, ret. réduit 1 m. 70 c.; 15, ret. réduit 2 m. 60 c.; 17 et 19, ret. 2 m. à 2 m. 10 c.; partie du n° 21, ret. 2 m.; surplus, ret. 1 m.; de 2 à 16, ret. 1 m. 70 c. à 2 m. 60 c.; 18, ret. réduit 2 m. 10 c.; 20, ret. réduit 1 m. 80 c.; 22, ret. réduit 2 m. 40 c. —

— PAS —

Conduite d'eau entre les rues des Lavandières et des Déchargeurs Éclairage au gaz (comp⁰ Anglaise.)

PASCAL (RUE).

Commence à la rue Mouffetard, n⁰ˢ 154 et 168; finit à la rue du Champ-de-l'Alouette. Le dernier impair est 77; le dernier pair, 34. Sa longueur est de 708 m. — 12ᵉ arrondissement, quartier Saint-Marcel.

Cette rue ayant été ouverte sur une grande partie du *Couvent des Cordelières*, nous parlerons d'abord de cet établissement religieux. Il fut fondé par Marguerite de Provence, sœur de saint Louis qui, vers l'an 1284, donna sa maison aux Cordelières. Un titre du XVIᵉ siècle désigne ainsi cette communauté : *Abbaye du couvent des Cordelières de l'église de Sainte-Claire-de-Lourcine-lès-Saint-Marcel, près Paris*. Ces religieuses conservaient précieusement le manteau royal de saint Louis. Le 17 juillet 1590, les troupes de Henri IV qui s'étaient postées dans ce monastère, le pillèrent et le détruisirent en grande partie. Ce couvent, supprimé en 1790, devint propriété nationale et fut vendu le 24 vendémiaire an V, à la charge par l'acquéreur de livrer gratuitement le terrain nécessaire au percement de deux rues projetées.

Ces deux rues étaient indiquées sur un plan dressé par la commission des artistes, le 7 brumaire an IV, et leur largeur devait être de 14 m.

Le ministre de l'intérieur, par décision du 6 pluviôse an XIII, approuva un nouveau projet indiquant deux rues de 10 m. seulement de largeur, sous les noms de rues *Pascal* et *Julienne*.

Cette dernière fut seule ouverte. — En 1825, MM. Marcellot et Salleron, propriétaires du domaine des Cordelières et de vastes terrains contigus, présentèrent, conjointement avec M. Rougevin, architecte, le plan d'une nouvelle rue de 12 m. de largeur qui, remplaçant la rue Pascal, était destinée à communiquer de la rue Mouffetard à celle du Champ-de-l'Alouette. Ils s'obligèrent à payer les premiers frais de pavage, d'éclairage, de trottoirs en pierre dure, et à pourvoir à l'écoulement des eaux pluviales et ménagères; mais ils demandèrent que la ville de Paris contribuât, pour une somme de 75,000 fr., à l'acquisition de plusieurs propriétés dont l'emplacement était nécessaire pour déboucher la nouvelle rue.

Le conseil municipal, auquel cette proposition fut soumise, l'accueillit dans sa séance du 28 décembre 1825, mais à la condition, toutefois, que la rue aurait 13 m. de largeur, et que la construction des deux ponts à établir sur la Bièvre serait à la charge des pétitionnaires.

Enfin, le 6 mai 1827, intervint une ordonnance royale qui porte : « Art. 1ᵉʳ. Les sieurs Salleron, Marcellot frères et Rougevin sont autorisés à ouvrir sur leurs terrains, entre les rues Mouffetard, Censier, de Lourcine et du Champ-de-l'Alouette, une rue de 13 m. de largeur, qui, partant de la rue Mouffetard, vis-à-vis de la rue Censier, aboutira à celle du Champ-de-

— PAS —

l'Alouette; au moyen de quoi lesdits sieurs Salleron, Marcellot et Rougevin sont dispensés de fournir la rue dite Pascal, dont ils devaient livrer le terrain aux termes du contrat de vente domaniale de l'ancien couvent des Cordelières. — Art. 2ᵉ. L'ouverture de ladite rue est déclarée d'utilité publique. Il ne pourra, néanmoins, être procédé par voie d'alignement à l'égard des propriétés nécessaires à cette ouverture, lesquelles devront être acquises de gré à gré, ou, s'il y a lieu, conformément à l'art. 51 de la loi du 16 septembre 1807, et à la loi du 8 mars 1810, etc. »

Cette ordonnance fut immédiatement exécutée, et l'on conserva le nom de Pascal. Les constructions riveraines sont alignées. — Égout et conduite d'eau du côté de la rue Mouffetard. — Éclairage au gaz (comp⁰ Parisienne).

Blaise *Pascal*, le célèbre auteur des *Lettres provinciales*, naquit à Clermont (Auvergne), en 1623, et mourut à Paris en 1662.

Outre les rues Pascal et Julienne, on a ouvert en 1825, sur l'emplacement de ce couvent, la rue dite des *Cordelières*.

Dans une partie des bâtiments de cette communauté religieuse, des Anglais établirent plusieurs fabriques. En 1825, on y construisit une maison de refuge qui fut occupée, en 1832, par les orphelins du choléra, et qui a été remplacée, en 1836, par l'*Hôpital de Lourcine* (*voyez* cet article).

PAS-DE-LA-MULE (RUE DU).

Commence au boulevart de Beaumarchais, n⁰ˢ 25 bis et 27; finit à la place Royale, n⁰ˢ 22 et 24. Le dernier impair est 13; le dernier pair, 8. Sa longueur est de 116 m. — 8ᵉ arrondissement, quartier du Marais.

La première partie de cette rue, comprise entre la place et la rue des Tournelles, a été construite en 1604, en même temps que la place Royale. Le nom de *petite rue Royale* lui fut donné. Le document suivant a rapport à la deuxième partie, c'est-à-dire au prolongement jusqu'au boulevart. — « Arrêt du conseil, du 15 juillet
» 1673. — Veu par le roy estant en son conseil, l'arrest
» rendu en iceluy, le 7 juin 1670, par lequel sa majesté
» auroit ordonné aux prévost des marchands et esche-
» vins de sa bonne ville de Paris, de faire incessam-
» ment travailler au nouveau rampart planté d'arbres,
» depuis la porte Saint-Anthoine jusqu'à celle de Saint-
» Martin, au pied du quel rampart, en dedans de la
» ville, il devoit estre laissé une rue pavée de trois à
» quatre thoises de large, et le plan que les dits prevost
» des marchands et eschevins avoyent fait lever en
» exécution de la délibération prise par le conseil de
» la ville, sur la proposition qui en avoit esté faicte de
» donner *une communication des rues de Paradis,*
» *Francs-Bourgeois et place Royale au d. rampart, en*
» *ouvrant la rue des Tournelles, vis-à-vis le pavillon de*
» *la dite place Royale, qui donne issue en la dite rue, etc.*
» Sa majesté estant en son conseil, a ordonné et

— PAS —

» ordonne que le dit plan sera exécuté selon sa forme
» et teneur, etc. Signé d'Aligre, Colbert et Villeroy. »
— Aucune dénomination n'ayant été affectée par
l'administration à ce prolongement, le peuple voulut
y suppléer, en baptisant toute la rue à sa manière.
Son nom, à lui, c'était un conseil ; son nom sembla
dire aux pauvres piétons : « Si vous tenez à ne pas
vous casser le cou, imitez la patience, l'adresse et le *pas
de la mule* en gravissant cette pente escarpée et glissante. » — Une décision ministérielle à la date du 23
ventôse an X, signée Chaptal, fixa la largeur de cette
voie publique à 10 m. En vertu d'une ordonnance
royale du 8 juin 1834, cette rue a été maintenue suivant sa largeur actuelle, qui est de 9 m. 74 c. — Conduite d'eau entre la rue des Tournelles et la place Royale.
— Éclairage au gaz (comp^e Lacarrière).

PASSY (BARRIÈRE DE).

Située à l'extrémité du quai Billy.

Cette barrière, qui tire son nom du village de Passy,
se compose d'un bâtiment orné de douze colonnes, de
deux arcs et de quatre frontons. On y voit deux statues
colossales représentant la Bretagne et la Normandie.
Elle a porté d'abord le nom de *barrière des Bons-Hommes*, qu'elle devait aux religieux minimes, appelés
vulgairement Bons-Hommes. On la désigna aussi sous
le nom de *barrière de la Conférence*. (Voir l'article
Barrières.)

PASTOURELLE (RUE).

Commence aux rues du Grand-Chantier, n° 9, et des
Enfants-Rouges, n° 1 ; finit à la rue du Temple, n°s 46 et
48. Le dernier impair est 15 ; le dernier pair, 40. Sa longueur est de 135 m. — 7e arrondissement, quartier du
Mont-de-Piété.

Hors des murs de l'enceinte de Philippe-Auguste, en
1296, cette voie publique était alors complètement bâtie,
et portait le nom de rue *Croignet*, qu'elle devait au mesureur de blé du Temple, qui y demeurait. En 1303, c'était
la rue *Jéhan de Saint-Quentin*. Sa dénomination actuelle
lui vient de *Roger Pastourelle*, qui y possédait une maison en 1331. — Une décision ministérielle à la date du
13 fructidor an VII, signée Quinette, fixa la largeur de
cette voie publique à 10 m. Cette largeur a été portée à
12 m. en vertu d'une ordonnance royale du 16 mai 1833.
Maison n° 1, retranch. réduit 2 m. 50 c.; 3, ret. réduit
3 m. 20 c.; 5, ret. réduit 4 m. 20 c.; de 7 à 13, ret.
4 m. 50 c. à 5 m. 70 c.; 15, ret. réduit 4 m. De 2 à
10, ret. 1 m. 75 c. à 2 m. 30 c.; de 12 à 16, ret. 1 m.
20 c. à 1 m. 75 c.; 18, 20, ret. 80 c. à 1 m. 20 c.; 22,
ret. 40 c.; de 24 à 32, ret. 30 c. ; 34, ret. 40 c.; 36, ret.
réduit 80 c.; 38 et 40, ret. réduit, 2 m. 20 c. — Éclairage au gaz (comp^e Lacarrière).

PATRIARCHES (MARCHÉ DES).

Situé rue du Marché-des-Patriarches. — 12e arrondissement, quartier Saint-Marcel.

L'emplacement occupé par ce marché dépendait

— PAT —

autrefois de la maison dite *du Patriarche*, ainsi nommée
parce qu'elle avait appartenu à Bertrand de Chanac,
patriarche de Jérusalem, qui mourut en 1404. Simon
Cramault, cardinal et *patriarche* d'Alexandrie, possédait en 1422 cette vaste propriété qui était circonscrite
par les rues Mouffetard, de l'Épée-de-Bois, Gracieuse
et d'Orléans.

Vers le milieu du XVIIe siècle, la maison du patriarche servait de temple aux Calvinistes. Le 27 décembre 1561, ces religionnaires, au nombre de 2,000,
assistaient au prêche. Leur ministre, étourdi par le
son des cloches de l'église Saint-Médard, fait prier le
curé de cesser ce bruit. Les envoyés du ministre
sont assaillis et maltraités par les familiers de l'église ;
l'un d'eux est percé de plusieurs coups de hallebarde.
Ce meurtre est suivi d'un tintamarre épouvantable ; on
sonne le tocsin. Alors le prévôt des marchands qui se
trouvait dans le temple des Calvinistes, afin d'y maintenir l'ordre, envoie un de ses archers à Saint-Médard ;
mais les portes lui sont fermées, et les gens placés dans
le clocher font pleuvoir une grêle de pierres sur ceux
qui approchent de l'édifice. Le tumulte est à son comble,
on assiège l'église dont les portes sont brisées, et un
combat sanglant se livre dans le saint lieu qui est indignement profané. Les prêtres de Saint-Médard
n'ayant plus de pierres, arrachent de leurs niches les
statues des saints et les lancent contre leurs ennemis.

Pendant ce combat, Gabaston, chevalier du guet,
arrive pour faire cesser la lutte. Il entre à cheval dans
l'église, mais sa présence loin d'apaiser les combattants, les irrite davantage. Parmi ceux qui défendaient
l'église, cinquante au moins sont dangereusement blessés, et dix-sept faits prisonniers.

Les Calvinistes, enorgueillis de leur succès, firent une
espèce d'entrée triomphale dans Paris, et conduisirent
les vaincus en prison. Ils revinrent le lendemain, tous
armés dans leur temple. Après leur départ les catholiques se transportèrent dans la maison du patriarche,
brisèrent les bancs, la chaire du ministre, et mirent le
feu au temple, qui fut consumé ainsi que plusieurs
maisons voisines.

Dans la cour de la propriété du patriarche, on établit
vers la fin du XVIIIe siècle, un marché aux légumes.

Une ordonnance royale du 20 septembre 1828
porte : « Article 1er. Le sieur Baroilhet est autorisé à
ouvrir sur son terrain, deux rues de douze mètres de
largeur, l'une qui communiquera de la rue de l'Épée-de-Bois à celle d'Orléans-Saint-Marcel ; l'autre en retour d'équerre sur la précédente, comme il est indiqué
au plan ci-annexé qui est également approuvé en ce qui
concerne *l'agrandissement du marché des Patriarches*,
et l'alignement de ses abords, etc... — Art. 3e. Le sieur
Baroilhet sera tenu : 1° d'abandonner gratuitement à la
ville le terrain occupé par les deux rues qui seront ouvertes sur sa propriété ; 2° de supporter les frais de premier établissement du pavage et de l'éclairage des dites
rues ; 3° d'établir de chaque côté, au fur et à mesure

des constructions, des trottoirs en pierre dure, dont les dimensions seront déterminées par l'administration. » — Ces dispositions furent en partie modifiées par une autre ordonnance du 2 juin 1830, qui est ainsi conçue : « Notre bonne ville de Paris est autorisée à accepter les soumissions des 19 février et 9 avril 1830, par lesquelles une compagnie de capitalistes a proposé de se charger de tous les frais *d'agrandissement et de reconstruction du marché dit des Patriarches*, situé dans le quartier Saint-Marcel, et d'abandonner immédiatement à la ville la propriété des terrains et des constructions dudit marché, moyennant la concession à son profit, pendant quatre-vingts ans, du produit de la location des places, à raison de 30 c. par place. Il sera passé, en conséquence, un traité définitif entre notre bonne ville de Paris et ladite compagnie, sur les bases ci-dessus mentionnées et autres clauses et conditions exprimées tant dans les soumissions ci-dessus indiquées, que dans les délibérations du conseil municipal du 22 mai 1829, et du 12 mars 1830. » — D'après cette autorisation, le marché, immédiatement construit sous la direction de M. Chatillon, architecte, a été inauguré le 1er juin 1831. Il se compose d'un seul corps de bâtiment formant un carré long entièrement couvert et orné d'une fontaine; sa superficie est de 822 m. — Conformément aux dispositions arrêtées par les ordonnances royales précitées, trois rues de douze mètres de largeur ont été ouvertes : la première commence à la rue d'Orléans, et se termine à la rue de l'Épée-de-Bois ; la seconde borde trois façades du marché (*voyez les deux articles suivants*) ; enfin, la troisième qui comprend une partie de l'ancien passage des Patriarches, communique de la rue Mouffetard à la rue des Patriarches. En vertu d'une décision ministérielle du 21 juin 1844, cette dernière rue doit prendre le nom de la rue de l'*Arbalète*, à laquelle elle fait suite. La propriété située sur le côté gauche, à l'encoignure de la rue Mouffetard, sera supprimée pour l'exécution de l'alignement.

PATRIARCHES (RUE DES).

Commence à la rue d'Orléans, n° 40; finit à la rue de l'Épée-de-Bois, n° 5. Pas de numéro. Sa longueur est de 143 m. — 12e arrondissement, quartier Saint-Marcel.

Elle a été ouverte en 1830, sur l'emplacement de l'ancienne propriété dite du *Patriarche*, et en vertu des ordonnances royales des 20 septembre 1828 et 2 juin 1830 (*voyez* l'article précédent). Sa largeur est fixée à 12 m. Le nom qu'elle porte lui a été assigné par une décision ministérielle du 21 juin 1844. Les constructions de la partie comprise entre les rues d'Orléans et du Marché-des-Patriarches, sont soumises à un fort retranchement.

PATRIARCHES (RUE DU MARCHÉ-DES-).

Longeant trois façades du marché du même nom. Pas de numéro. Sa longueur est de 202 m. — 12e arrondissement, quartier Saint-Marcel.

L'ouverture de cette rue a été autorisée par les ordonnances royales des 20 septembre 1828 et 2 juin 1830. Sa largeur est fixée à 12 m. (voyez l'article du marché des *Patriarches*). Sa dénomination lui a été donnée conformément à une décision ministérielle du 21 juin 1844. Les constructions situées sur le côté droit en entrant par la rue des Patriarches, sont soumises à retranchement.

PAUL (QUAI SAINT-).

Commence au quai des Célestins et à la rue Saint-Paul, n° 1; finit au quai des Ormes et à la rue de l'Étoile, n° 2. Le dernier numéro est 16. Sa longueur est de 108 m. — 9e arrondissement, quartier de l'Arsenal.

Sous le règne du roi Jean, c'était le *quai* ou *Port des Barrés*. Sous Charles V, on le nommait *quai des Ormeteaux*, *quai des Ormes*. Vers 1430, la partie de ce quai qui commence à la rue Saint-Paul et finit à celle de l'Étoile, fut désignée sous le nom de *quai Saint-Paul*, en raison de l'église placée sous l'invocation de *saint Paul*, et qui fut détruite au commencement de notre siècle. Vers le milieu de ce quai l'on voyait anciennement une tournelle et une porte; cette dernière était appelée *porte Barbette* ou *Barbeel sur l'yaue*, et terminait à l'est de Paris l'enceinte élevée par Philippe-Auguste. — Une décision ministérielle du 5 vendémiaire an IX, signée L. Bonaparte, et une ordonnance royale du 4 août 1838, ont fixé la largeur du quai Saint-Paul à 22 m. Les constructions riveraines sont soumises à un retranchement qui varie de 7 m. à 11 m. 30 c. — Égout.

PAUL (RUE DES PRÊTRES-SAINT-).

Commence à la rue Saint-Paul, n°s 31 et 33; finit aux rues des Nonnains-d'Hyères, n° 26, et Fourcy, n° 2. Le dernier impair est 23; le dernier pair, 30. Sa longueur est de 236 m. — 9e arrondissement, quartier de l'Arsenal.

Dans la partie qui avoisinait le mur d'enceinte de Philippe-Auguste, cette voie publique était confondue avec la rue de Jouy, dont elle portait la dénomination. On l'appelait aussi rue de la *Fausse-Poterne-Saint-Paul*, parce qu'elle aboutissait à une fausse porte de la ville. Sa dénomination actuelle lui vient des prêtres de l'église Saint-Paul, qui habitèrent cette voie publique. — Une décision ministérielle du 8 prairial an VII, signée François de Neufchâteau, fixa la moindre largeur de cette rue à 7 m. En vertu d'une ordonnance royale du 6 mars 1828, cette largeur est portée à 10 m. Sur le côté des numéros pairs, une partie des dépendances du collège Charlemagne, et la maison qui forme l'encoignure de la rue Fourcy, ne sont pas soumises à retranchement. — Conduite d'eau.

PAUL (RUE NEUVE-SAINT-).

Commence à la rue du Petit-Musc, n°s 5 et 7; finit à la rue Saint-Paul, n°s 18 et 20. Le dernier impair est 25; le dernier pair 16. Sa longueur est de 188 m. — 9e arrondissement, quartier de l'Arsenal.

1re PARTIE *comprise entre les rues du Petit-Musc*

et Beautreillis. — Percée vers 1550, elle a porté le nom de rue des *Trois-Pistolets*, qu'elle devait à une enseigne.

2º PARTIE *commençant à la rue Beautreillis et se terminant à la rue Saint-Paul.* — Elle a été ouverte en 1552, sur l'emplacement de l'hôtel de Saint-Maur, depuis appelé l'hôtel des Écuries de la reine Isabeau de Bavière, femme de Charles VI. On la désigna sous le nom de rue *Neuve-Saint-Paul*, pour la distinguer de la rue Saint-Paul beaucoup plus ancienne. — Une décision ministérielle du 13 ventôse an VII, signée François de Neufchâteau, fixa la largeur de ces deux voies publiques à 9 m. Cette largeur a été portée à 10 m., en vertu d'une ordonnance royale du 4 août 1838. En 1841, ces deux parties ont été réunies sous la seule et même dénomination de rue *Neuve-Saint-Paul*. Par suite de cette réunion, il a été procédé à la régularisation du numérotage. — Les constructions du côté des numéros impairs devront reculer de 1 m. à 1 m. 80 c.; celles du côté opposé sont soumises à un retranchement qui varie de 60 c. à 1 m. 20 c. — Conduite d'eau.

PAUL (RUE SAINT-).

Commence aux quais Saint-Paul, nº 2, et des Célestins, nº 30; finit à la rue Saint-Antoine, nᵒˢ 140 et 142. Le dernier impair est 57; le dernier pair, 46. Sa longueur est de 281 m. — 9ᵉ arrondissement, quartier de l'Arsenal.

Cette rue doit son nom à l'église Saint-Paul, qu'on y voyait encore avant la révolution. — Une décision ministérielle du 8 prairial an VII, signée François de Neufchâteau, avait fixé la moindre largeur de cette voie publique à 12 m. Une ordonnance royale du 10 mars 1836 a porté sa largeur à 13 m. Les maisons nᵒˢ 20, 22, 24 et 26 sont alignées; celles nᵒˢ 1 et 3 ne devront subir qu'un léger redressement. — Égout. — Conduite d'eau. — Éclairage au gaz (compᵉ Parisienne).

Les propriétés particulières portant les nᵒˢ 30, 32 et 34 occupent aujourd'hui une partie de l'emplacement de l'ancienne église Saint-Paul. Ce n'était d'abord qu'une simple chapelle sous le titre de *Saint-Paul*. Saint Éloi la fit bâtir vers l'an 633, au milieu d'un emplacement destiné à servir de sépulture aux religieuses du monastère qu'il avait fondé dans la Cité. En raison de sa situation hors des murs de la ville, elle prit le nom de *chapelle de Saint-Paul-des-Champs*. Cet oratoire fut plusieurs fois détruit par les Normands. Une bulle d'Innocent II, de l'année 1136, fait mention pour la première fois de l'église Saint-Paul, qu'elle qualifie d'*Ecclesia Sancti-Pauli extra civitatem*. Le quartier au centre duquel s'élevait cette église s'augmenta considérablement sous Charles V. Le prince habitait l'hôtel Saint-Paul; les courtisans vinrent alors se loger près de la demeure royale et y attirèrent une foule de marchands et d'ouvriers.

L'ancienne église Saint-Paul, devenue trop petite, fut rebâtie par les libéralités de Charles V. La dédicace eut lieu en 1431, par Jacques du Chastellier, évêque de Paris. On y admirait les peintures des vitraux de la nef faites par Désaugives. Parmi les tombeaux élevés dans cet édifice, on remarquait celui de François Rabelais, mort le 9 avril 1553. Trois mignons de la cour de Henri III, Quélus, Maugiron, tués en duel le 27 avril 1578, et Saint-Mégrin, assassiné par ordre du duc de Guise, le 21 juillet de la même année, avaient été inhumés près du grand autel. Le roi leur fit construire de magnifiques tombeaux, et l'on grava au pied de leurs statues, extrêmement ressemblantes, et qu'on devait au ciseau de Germain Pillon, plusieurs épitaphes très louangeuses. Nous transcrivons celle qui fut placée sur la tombe de Maugiron. Le poëte y fait intervenir les divinités du paganisme :

« La déesse Cyprine avoit conçu des cieux,
En ce siècle dernier, un enfant dont la vue
De flammes et d'éclairs étoit si bien pourvue
Qu'Amour, son fils aîné, en devint envieux.
Chagrin contre son frère et jaloux de ses yeux,
Le gauche lui creva, mais sa main fut déçue;
Car l'autre qui étoit d'une lumière aiguë,
Blessoit plus que devant les hommes et les dieux,
Il vient en soupirant s'en complaindre à sa mère :
Sa mère s'en moqua; lui, tout plein de colère,
La Parque supplia de lui donner confort.
La Parque, comme Amour, en devint amoureuse,
Aussi Maugiron gît sous cette tombe ombreuse,
Et vaincu par l'Amour et vaincu par la Mort. »

Lorsqu'on apprit à Paris la mort des Guise, assassinés à Blois le 27 décembre 1588, par ordre de Henri III, le peuple, que les prédications des moines avaient rendu furieux, courut à Saint-Paul et détruisit les tombeaux de Quélus, Maugiron et Saint-Mégrin, disant : « *qu'il n'appartenoit pas à ces méchants, morts en reniant Dieu, sangsues du peuple et mignons du tyran, d'avoir si braves monuments et si superbes en l'église de Dieu, et que leurs corps n'étoient pas dignes d'autre parement que d'un gibet.* »

L'homme au masque de fer fut également enterré à Saint-Paul, le 20 novembre 1703, à quatre heures après midi, sous le nom de *Marchiali*. Son enterrement coûta 40 livres.

Au mois de juin 1790, on déposa dans le cimetière de cette église les ossements de quatre individus trouvés enchaînés dans les cachots de la Bastille, et on leur éleva un monument sur lequel fut gravée cette inscription : « Sous les pierres mêmes des cachots où
» elles gémissaient vivantes, reposent en paix quatre
» victimes du despotisme; leurs os découverts et re-
» cueillis par leurs frères libres, ne se lèveront plus
» qu'au jour des justices pour confondre leurs ty-
» rans. » — L'église Saint-Paul fut supprimée en 1790.

« Séance du primidi, 21 brumaire an II. — Les

— PAU —

» comités révolutionnaires de la section de l'Arsenal,
» des Droits de l'Homme et de l'Indivisibilité, vien-
» nent annoncer au conseil qu'ils se proposent de con-
» duire à la Convention tous les ornements et l'ar-
» genterie de l'église Saint-Paul, ainsi que l'arche.
» Nous porterons aussi, dit l'orateur, les clefs de
» Saint-Pierre; le paradis est ouvert, nous pouvons
» tous y entrer. Le conseil applaudit à cette opéra-
» tion philosophique et en arrête mention au procès-
» verbal. » (Registre de la Commune, tome 22, page 13,304.) — Devenue propriété nationale, l'église Saint-Paul fut vendue le 6 nivôse an V, et démolie deux années après. Le culte a été transféré dans l'ancienne église des Jésuites.

A côté de l'église Saint-Paul, on voyait un vieux bâtiment appelé la *Grange-Saint-Éloi*, qui servait de prison publique. Lors des débats sanglants des Bourguignons et des Armagnacs, cette prison, comme toutes celles de Paris à cette époque, fut le théâtre des plus horribles assassinats. Le 12 juin 1418, les égor- geurs, qui s'étaient organisés en confrérie à Saint- Eustache sous le nom de *confrérie de Saint-André*, assaillirent la prison de Saint-Éloi et massacrèrent les prisonniers. Un seul, Philippe de Vilette, abbé de Saint-Denis, parvint à se soustraire à leur fureur. Il se revêtit de ses habits sacerdotaux, se mit à genoux devant l'autel, tenant en ses mains une hostie consa- crée. Les assassins s'arrêtèrent et n'osèrent le frapper; il fut sauvé. — Cette prison, depuis destinée aux femmes, a été supprimée au commencement de la ré- volution. Ses bâtiments, devenus propriétés nationales, ont été vendus le 25 vendémiaire an V (voir l'article du *passage Saint-Pierre*).

PAUQUET-DE-VILLEJUST (RUE).

Commence à la rue de Chaillot, nos 77 et 79; finit au chemin de ronde de la barrière de l'Étoile. Le der- nier impair est 15; le dernier pair, 8. Sa longueur est de 396 m. — 1er arrondissement, quartier des Champs- Élysées.

Cette rue, dont la largeur est de 12 m., a été ou- verte en vertu d'une ordonnance royale du 18 mars 1836, sur les terrains appartenant à MM. Dumoustier, Laurent et Grassal (voyez rue des *Bassins*.) — La hauteur des constructions en bordure ne doit pas excéder 12 m. — La maison située sur le côté droit, à l'encoignure de la rue de Chaillot, est seule soumise à retranchement.

M. Pauquet de Villejust, avocat et chevalier de la Légion d'Honneur, qui avait coopéré à l'ouverture de la rue dont il s'agit, est mort à Paris en 1839.

PAVÉ (RUE DU HAUT-).

Commence au quai de Montebello, nos 21 et 23; finit aux rues des Grands-Degrés, no 24, et de la Bûcherie, no 2. Le dernier impair est 5; pas de numéro pair. Sa

— PAV —

longueur est de 28 m. — 12e arrondissement, quartier Saint-Jacques.

Elle s'appelait, dans l'origine, rue d'*Amboise*, en raison de sa proximité de l'impasse d'Amboise. Sa dénomination actuelle lui vient de sa pente escarpée. — Une décision ministérielle du 29 thermidor an XI, signée Chaptal, fixa la largeur de cette voie publique à 10 m. Par une autre décision du 5 octobre 1818, sa moindre largeur est portée à 10 m. 50 c., et sa plus grande à 20 m. La maison située sur le côté droit, à l'encoignure du quai, est seule soumise à retranche- ment. — Égout.

PAVÉE-AU-MARAIS (RUE).

Commence à la rue Saint-Antoine, nos 77 et 81; finit aux rues des Francs-Bourgeois, no 1, et Neuve-Sainte- Catherine, no 25. Le dernier impair est 17; le dernier pair, 24. Sa longueur est de 245 m. — 7e arrondissement, quartier du Marché-Saint-Jean.

Cette voie publique, dans la partie qui s'étend de la rue du Roi-de-Sicile à celles des Francs-Bourgeois et Neuve-Sainte-Catherine, touchait aux murailles de l'enceinte de Philippe-Auguste. Bâtie en 1235, on l'appelait alors rue du *Petit-Marivaux*. C'était en 1406 la rue du *Petit-Marais*. On la nomma rue *Pavée* au milieu du XVe siècle. — Une décision ministérielle du 23 brumaire an VIII, signée Quinette, fixa la moin- dre largeur de cette voie publique à 8 m. Cette moin- dre largeur a été portée à 10 m. en vertu d'une ordon- nance royale du 14 octobre 1838. Cette même ordon- nance a autorisé le prolongement de la rue Pavée jus- qu'à la rue Saint-Antoine, d'après une largeur de 10 m. Ce percement a été immédiatement exécuté au moyen de l'acquisition d'une maison particulière, mais il n'atteint pas encore la largeur de 10 m. La maison portant, sur la rue Saint-Antoine, le no 77, devra recu- ler de 2 m. 20 c. à 3 m. — Les constructions nos 1, par- tie du no 3, 13, 17 et 2 sont alignées. — Égout du côté de la rue Neuve-Sainte-Catherine. — Conduite d'eau entre cette rue et la borne-fontaine. — Éclairage au gaz (compe Lacarrière).

PAVÉE-SAINT-ANDRÉ (RUE).

Commence au quai des Grands-Augustins, nos 33 et 35; finit à la rue Saint-André-des-Arts, nos 46 et 48. Le dernier impair est 19; le dernier pair, 20. Sa longueur est de 146 m. — 11e arrondissement, quartier de l'École- de-Médecine.

Dès le XIIIe siècle, elle était connue sous cette dé- nomination. Au XVIe siècle, on l'appelait rue *Pavée- d'Andouilles*. — Une décision ministérielle du 4 flo- réal an VIII, signée L. Bonaparte, a fixé la largeur de cette voie publique à 7 m. Les maisons nos 14 et 16 ne sont assujetties qu'à un léger redressement. — Con- duite d'eau entre la rue Saint-André-des-Arts et la borne-fontaine.

— PAV —

PAVÉE–SAINT–SAUVEUR (RUE).

Commence aux rues du Petit-Lion, n° 23, et des Deux-Portes, n° 1; finit à la rue Montorgueil, n°s 58 et 60. Le dernier impair est 19; le dernier pair, 26. Sa longueur est de 115 m. — 5e arrondissement, quartier Montorgueil.

Un rôle de taxe de 1313 constate que cette rue était alors bordée de constructions. — Une décision ministérielle du 25 ventôse an VIII, signée Champagny, avait fixé la largeur de cette voie publique à 10 m. En vertu d'une ordonnance royale du 21 juin 1826, cette largeur a été portée à 11 m. — Propriétés du côté des numéros impairs, retranch. 3 m. 80 c. à 4 m. 40 c.; de 2 à 6, redress.; 8, ret. réduit 30 c.; 10, ret. réduit 45 c.; 12, 14, alignées; 16, ret. réduit 50 c.; 18, ret. réduit 30 c.; 20, redr.; 22, alignée; 24, ret. réduit 45 c.; 26, ret. réduit 70 c. — Égout entre les rues Françoise et Montorgueil. — Éclairage au gaz (compe Française).

PAVILLONS (PASSAGE DES).

Commence à la rue de Beaujolais-Palais-Royal, n° 4, finit à la rue Neuve-des-Petits-Champs, n° 5. — 2e arrondissement, quartier du Palais-Royal.

Ce passage appartenait à M. le comte Dervilliers, qui l'avait fait bâtir vers l'année 1820. Il tire son nom des deux pavillons qui font face à la rue de Beaujolais. La disposition de ce passage a été changée il y a douze ans, pour faciliter son débouché dans la rue Neuve-des-Petits-Champs, en face de la galerie Colbert.

PAVILLONS (RUE DES TROIS-).

Commence à la rue des Francs-Bourgeois, n°s 6 et 8; finit aux rues du Parc-Royal, n° 15, et de la Perle. Le dernier impair est 11; le dernier pair, 18. Sa longueur est de 167 m. — 8e arrondissement, quartier du Marais.

Ce n'était anciennement qu'un chemin qui traversait le terrain de Sainte-Catherine. En 1545, on l'appelait rue de la *Culture-Sainte-Catherine*; elle se prolongeait alors depuis la rue des Francs-Bourgeois jusqu'à la rue des Juifs, sous le nom de rue des *Valets*. Cette partie a été supprimée en 1604. Au milieu du XVIe siècle, on lui avait donné le nom de rue de *Diane*, en l'honneur de Diane de Poitiers, duchesse de Valentinois, maîtresse du roi Henri II. Saint-Foix, d'après Brantôme, trace ainsi le portrait de la duchesse de Valentinois : « Elle avait les cheveux extrêmement noirs et bouclés, la peau très blanche; les dents, la jambe et les mains admirables, la taille haute et la démarche noble. Elle ne fut jamais malade. Dans le plus grand froid, elle se lavait le visage avec de l'eau de puits, et n'usait jamais d'aucune pommade. Elle s'éveillait tous les matins à six heures, montait à cheval, faisait une ou deux lieues, et venait se mettre dans son lit où elle lisait jusqu'à midi. Elle répondit un jour à Henri II, qui voulait reconnaître une fille qu'il avait eue d'elle : « J'étais de
» naissance à avoir des enfants légitimes de vous; j'ai été
» votre maîtresse parce que je vous aimais, je ne souf-

— PAY —

» frirai pas qu'un arrêt me déclare votre concubine. »
— Les courtisans qui avaient été longtemps dans l'adoration devant elle, lui tournèrent le dos, suivant l'usage, dès que Henri II fut à l'extrémité, et Catherine de Médicis lui envoya l'ordre de rendre les pierreries de la couronne et de se retirer dans un de ses châteaux. — « Le roi est-il mort, » demanda-t-elle à celui qui était chargé de cette commission? « Non,
» madame, répondit-il, mais il ne passera pas la jour-
» née. — Eh bien! répliqua-t-elle, je n'ai pas encore
» de maître, et je veux que mes ennemis sachent que
» je ne les crains pas. Si j'ai le malheur de survivre
» longtemps au roi, mon cœur sera trop occupé de sa
» douleur pour que je puisse être sensible aux cha-
» grins et aux dégoûts qu'on voudra me donner. » — La duchesse de Valentinois mourut le 20 avril 1566, âgée de 66 ans 3 mois et 27 jours. Elle avait ordonné par son testament qu'on exposât son corps dans l'église des Filles-Pénitentes. » — Le peuple oublia la belle duchesse, et la rue de Diane fut bientôt désignée sous le nom des *Trois-Pavillons*, en raison d'une maison située à l'angle de cette rue et de celle des Francs-Bourgeois, et qui se faisait remarquer par ses trois pavillons. — Une décision ministérielle du 13 fructidor an VII, signée Quinette, avait fixé à 8 m. la largeur de cette voie publique. Cette largeur a été portée à 10 m. en vertu d'une ordonnance royale du 12 juillet 1837. Maison n° 1, alignée; propriété à la suite, retranchement 60 c.; n° 3, alignée; les autres constructions de ce côté, ret. 72 c. à 90 c. Propriétés du côté des numéros pairs, ret. 2 m. 10 c. — Conduite d'eau entre la rue des Francs-Bourgeois et les deux bornes-fontaines. — Éclairage au gaz (compe Lacarrière).

PAXENT (RUE SAINT-).

Commence à la rue Bailly, n°s 1 et 2; finit à la rue Royale, n°s 1 et 3. Le dernier impair est 5; le dernier pair, 6. Sa longueur est de 32 m. — 6e arrondissement, quartier Saint-Martin-des-Champs.

Elle a été formée, vers 1780, sur les terrains dépendant du prieuré de Saint-Martin-des-Champs. Cette voie publique porte le nom de *Saint-Paxent*, dont la châsse était déposée dans l'église de ce prieuré (voyez *place de l'ancien marché Saint-Martin*). — Une décision ministérielle du 3 décembre 1814, signée l'abbé de Montesquiou, et une ordonnance royale du 14 janvier 1829, ont fixé la largeur de cette rue à 6 m. Les maisons du côté des numéros pairs sont à l'alignement; celles du côté opposé devront reculer de 40 c. à 50 c. — Éclairage au gaz (compe Lacarrière).

PAYENNE (RUE).

Commence aux rues des Francs-Bourgeois, n° 2, et Neuve-Sainte-Catherine, n° 22; finit à la rue du Parc-Royal, n°s 11 et 13. Le dernier impair est 13; le dernier pair, 18. Sa longueur est de 171 m. — 8e arrondissement, quartier du Marais.

De Chuyes la nomme rue *Payelle*; le *Tableau des*

— PEC —

rues de Paris, par Valleyre, rue *Parelle*, et dans le procès-verbal de 1636, rue *Païenne*. Nous croyons que sa dénomination lui vient d'un nommé *Payelle*, qui y fit construire une des premières maisons. — Une décision ministérielle du 23 brumaire an VIII, signée Quinette, fixa la largeur de cette voie publique à 8 m. En vertu d'une ordonnance royale du 14 octobre 1838, cette dimension a été portée à 10 m. Les maisons nos 7 et 13 sont alignées; les autres constructions de ce côté sont soumises à un retranchement qui varie de 20 c. à 40 c. Les constructions du côté opposé devront reculer de 1 m. 60 c. à 1 m. 70 c. — Conduite d'eau entre la rue des Francs-Bourgeois et la borne-fontaine. — Éclairage au gaz (compe Lacarrière).

PECQUAY (PASSAGE).

Commence à la rue des Blancs-Manteaux, nos 38 et 40; finit à la rue de Rambuteau, nos 5 et 7. Le dernier impair est 13; le dernier pair, 10. Sa longueur est de 85 m. — 7e arrondissement, quartier du Mont-de-Piété.

En 1300, c'était la rue *Pérenelle-de-Saint-Pol*. Son nom de Pecquay n'est qu'une altération de celui de Jean de la Haie, dit *Picquet*, qui y possédait une maison. Elle a aussi porté le nom de *Novion* et celui de *cul-de-sac des Blancs-Manteaux*. — Une décision ministérielle en date du 10 mai 1813, signée Montalivet, fixa la largeur de l'impasse à 7 m. Les constructions riveraines sont assujetties à un retranchement de 1 m. 30 c. La partie du passage qui s'étend de l'extrémité de l'impasse à la rue de Rambuteau, est une propriété particulière et n'a pas été alignée. — Conduite d'eau depuis la rue des Blancs-Manteaux jusqu'à la borne-fontaine.

PEINTRES (IMPASSE DES).

Située dans la rue Saint-Denis, entre les nos 216 et 218. Le dernier impair est 5; le dernier pair, 6. Sa longueur est de 45 m. — 6e arrondissement, quartier de la Porte-Saint-Denis.

On la désignait au commencement du XIVe siècle sous le nom de *ruelle de l'Arbalète*, qu'elle devait à une propriété ainsi appelée. Les enfants de Gilles le *peintre* possédaient cette maison en 1303. En 1365, c'était la *ruelle sans Chef*, dite des *Étuves*, puis de l'*Ane-Rayé*. Avant 1806, on la nommait de la *Porte-aux-Peintres*, parce qu'elle est située près de l'endroit où l'on voyait l'ancienne porte de l'enceinte de Philippe-Auguste. Bâtie vers l'année 1200, cette porte fut démolie en 1535. — Une décision ministérielle du 24 octobre 1807, signée Cretet, fixa la largeur de cette impasse à 7 m. En vertu d'une ordonnance royale du 21 juin 1826, cette largeur a été portée à 10 m. Les constructions du côté des numéros impairs devront reculer de 5 m. 50 c. à 6 m. 50 c.; celles du côté opposé sont soumises à un retranchement qui n'excède pas 2 m. 55 c.

PÉLAGIE (PRISON DE SAINTE-).

Située dans la rue de la Clef, no 14, au coin de la rue du Puits-l'Hermite. — 12e arrondissement, quartier du Jardin-du-Roi.

C'était autrefois une communauté religieuse fondée en 1665, par madame Beauharnais de Miramion. On y renfermait les filles et femmes débauchées. Celles dont la conduite devenait meilleure y obtenaient un asile séparé. Les bâtiments habités par les premières portaient le nom de *Refuge*; les autres étaient connus sous le titre de *Sainte-Pélagie*. On sait que sainte Pélagie fut comédienne à Antioche et devint, au Ve siècle, illustre par sa pénitence. Cette maison religieuse fut supprimée vers 1790. Quelque temps après, les bâtiments furent transformés en une prison. On y voyait encore, il y a quelques années, dans l'aile à droite, au deuxième étage, la chambre dans laquelle fut enfermée, pendant la révolution, madame de Beauharnais, depuis impératrice des Français.

C'est aussi dans cette même partie des bâtiments que le poète Béranger a subi la détention à laquelle il avait été condamné, sous la Restauration, à l'occasion de ses immortelles chansons.

Les condamnés politiques y furent longtemps confondus avec tous les autres prisonniers; mais en vertu d'une ordonnance de police du mois de mars 1828, on leur a depuis affecté un quartier séparé. Les débiteurs contraints par corps ont été aussi détenus dans cette maison jusqu'en 1835, époque à laquelle ils ont été transférés dans la prison spéciale qui a été construite pour eux rue de Clichy.

PELÉE (IMPASSE).

Située dans la petite rue Saint-Pierre, entre les nos 22 et 26. Le dernier impair est 15; le dernier pair, 16. Sa longueur est de 172 m. — 8e arrondissement, quartier Popincourt.

On l'appelait en 1750, *ruelle Pelée*. Elle devait probablement cette dénomination à un propriétaire riverain. Il n'existe point d'alignement arrêté pour cette impasse, dont la largeur actuelle est de 2 m. 50 c. à 4 m.

PÉLERINS-SAINT-JACQUES (RUE DES).

Commence à la rue Saint-Jacques-l'Hôpital, nos 7 et 9; finit à la rue Mondétour, nos 30 et 32. Le dernier impair est 7; le dernier pair, 6. Sa longueur est de 34 m. — 5e arrondissement, quartier Montorgueil.

Le conseil des bâtiments civils, dans sa séance du 9 décembre 1813, proposa l'ouverture de cette rue sur les terrains provenant du cloître Saint-Jacques-l'Hôpital. La largeur en fut fixée à 7 m. Le 23 du même mois, ce conseil fut d'avis d'assigner à ce percement le nom de rue des *Pélerins-Saint-Jacques*. — Par une décision ministérielle en date du 15 octobre 1814, signée l'abbé de Montesquiou, ces diverses propositions ayant été approuvées, la rue fut immédiatement ouverte. La largeur de 7 m. a été maintenue par une ordonnance royale du 29 avril 1839. Les propriétés riveraines sont alignées. — Éclairage au gaz (compe Française).

La dénomination assignée à cette rue rappelle

— PÉL —

l'hôpital qui avait été fondé pour recevoir les *pèlerins* à leur retour de Saint-Jacques de Compostelle. (Voyez rue *Saint-Jacques-l'Hôpital*).

PÉLICAN (RUE DU).

Commence à la rue de Grenelle-Saint-Honoré, n°s 13 et 15; finit à la rue Croix-des-Petits-Champs, n°s 10 et 12. Le dernier impair est 9; le dernier pair, 12. Sa longueur est de 62 m. — 4e arrondissement, quartier de la Banque.

Hors des murs de l'enceinte de Paris sous Philippe-Auguste, cette rue était entièrement construite en 1305. Elle commença vers 1313 à servir de repaire aux filles publiques; on lui donna alors une dénomination trop indécemment en rapport avec les malheureuses qui en faisaient leur séjour pour être rappelée ici : il suffit de savoir qu'on a fait de ce nom celui de rue *Pélican*. Vers la fin du XVIIIe siècle, on l'appela rue *Purgée*, lorsqu'on en chassa les filles publiques, ensuite rue de la *Barrière-des-Sergents*, en raison de sa proximité de cette barrière. Depuis 1806, elle a repris la dénomination de rue du *Pélican*. — Une décision ministérielle du 13 fructidor an VIII, signée L. Bonaparte, fixa la largeur de cette voie publique à 7 m. Cette largeur a été portée à 10 m., en vertu d'une ordonnance royale du 22 novembre 1832. Depuis 1813, cette rue a été considérablement élargie. Maison n° 1, retranch. 4 m. 70; 3, 5, alignées; 5 bis, 7, ret. 4 m. 80 c. à 5 m.; 9, alignée; 2, 4, ret. 1 m. 58 c. à 1 m. 80 c.; de 6 à 12 inclus, alignées. — Conduite d'eau. — Éclairage au gaz (comp° Anglaise).

PELLETERIE (RUE DE LA).

Commence à la rue de la Cité, n° 2; finit à la rue de la Barillerie, n° 1. Le dernier impair est 23. Pas de numéro pair; ce côté est bordé par le Marché-aux-Fleurs. Sa longueur est de 145 m. — 9e arrondissement, quartier de la Cité.

Cette rue bordait autrefois la rivière. Les Juifs l'habitaient au XIIe siècle. Après leur expulsion, dix-huit propriétés qui leur appartenaient furent cédées, en 1183, par Philippe-Auguste, moyennant 73 livres de cens, aux pelletiers, qui vinrent y exercer leur industrie le long de la rivière. Cette voie publique prit à cette occasion le nom de la *Pelleterie*.

« *Edit du roi*, de septembre 1786. — Il sera pro-
» cédé à la démolition des maisons de la rue de la Pel-
» leterie, sur le bord de la rivière, à la place desquelles
» maisons il sera édifié un nouveau quai avec un pa-
» rapet d'alignement à celui du quai de l'Horloge, etc.»
 « Au palais des Tuileries, 18 avril 1811. — Napo-
» léon, etc... Nous avons décrété et décrétons ce qui
» suit : Article 1er. Notre décret du 10 février 1808,
» qui prescrit aux propriétaires de terrains et bâti-
» ments bordant le Marché-aux-Fleurs de notre bonne
» ville de Paris, de construire leurs façades sur des
» formes régulières et dont les plans auront été approu-
» vés par notre ministre de l'intérieur, est rapporté. —

— PER —

» Art. 2e. Les propriétaires des terrains et bâtiments
» énoncés en l'article 1er, ne seront tenus que de se
» conformer aux lois et règlements généraux de la
» grande et petite voiries, mais les dispositions du
» titre 2e de notre décret du 11 février dernier, sur les
» propriétés qui recevront une plus-value par des dé-
» molitions ou des constructions voisines, leur seront
» appliquées, etc. Signé Napoléon. » — Une décision ministérielle du 13 brumaire an X, signée Chaptal, a déterminé l'alignement de la rue de la Pelleterie. Les maisons de cette voie publique ne sont pas soumises à retranchement. — Éclairage au gaz (comp° Parisienne).

PELLETIER (QUAI), *voyez* LE PELETIER (QUAI).

PÉPINIÈRE (RUE DE LA).

Commence aux rues de l'Arcade, n° 35, et du Rocher, n° 1; finit aux rues du Faubourg-Saint-Honoré, n° 136, et du Faubourg-du-Roule, n° 2. Le dernier impair est 105; le dernier pair, 86. Sa longueur est de 1,023 m. — 1er arrondissement, quartier du Roule.

Elle a été percée vers 1782, sur les terrains faisant partie de la *pépinière* du roi. La partie comprise entre les rues du Faubourg-du-Roule et de Courcelles, a porté le nom de rue *Neuve-Saint-Charles*. — Une décision ministérielle en date du 12 fructidor an V, signée François de Neufchâteau, a fixé la moindre largeur de cette voie publique à 10 m. Les propriétés ci-après sont alignées : de 1 à 17 inclus, de 21 à 85 inclus, 93, 95, 97, partie de 99, et de 101 à la fin ; de 8 à 14 inclus, de 24 à 36 inclus, 42, 44, et de 48 à 78 inclus. Égout et conduite d'eau dans plusieurs parties. — Éclairage au gaz (comp° Anglaise).

Au n° 22 est une caserne d'infanterie; elle a été occupée primitivement par les gardes françaises.

PERCÉE-SAINT-ANDRÉ (RUE).

Commence à la rue de la Harpe, n°s 20 et 22; finit à la rue Hautefeuille, n°s 3 et 5. Le dernier impair est 11; le dernier pair, 16. Sa longueur est de 104 m. — 11e arrondissement, quartier de l'École-de-Médecine.

Le cartulaire de Saint-Germain la désigne, en 1262, sous le nom de *Vicus Perforatus*. Dans plusieurs actes du siècle suivant, elle est appelée rue *Percée* dite des *Deux-Portes*. Cette dernière dénomination lui était commune avec la rue du Cimetière-Saint-André-des-Arts, dont elle forme le prolongement. — Une décision ministérielle du 23 prairial an VII, signée François de Neufchâteau, fixa la largeur de la rue Percée à 6 m. En vertu d'une ordonnance royale du 22 août 1840, cette largeur est portée à 10 m. Propriété n° 1, retranch. réduit 3 m. 50 c.; de 3 à 9, ret. 4 m. 30 c. à 6 m. 40 c.; 11, ret. 3 m. 20 c.; 13, ret. réduit 3 m. 50 c.; 2, ret. réduit 4 m. 10 c.; 4, ret. réduit 2 m. 50 c.; 6, ret. réduit 1 m. 30 c.; de 8 à 12, ret. réduit 80 c.; 14, ret. réduit 1 m. 50 c.; 16, ret. réduit 3 m. 50 c. — Conduite d'eau entre la rue de la Harpe et la borne-fontaine.

— PER —

PERCÉE-SAINT-ANTOINE (RUE).

Commence à la rue des Prêtres-Saint-Paul, nos 24 et 26; finit à la rue Saint-Antoine, nos 90 et 92. Le dernier impair est 5; le dernier pair, 12. Sa longueur est de 104 m. — 9e arrondissement, quartier de l'Arsenal.

Le poète Guillot l'appelle rue *Perciè*. Dans le rôle de 1313, c'est la rue *Perciée*. — Une décision ministérielle du 13 ventôse an VII, signée François de Neufchâteau, fixa la largeur de cette voie publique à 6 m. En vertu d'une ordonnance royale du 16 novembre 1836, cette largeur est portée à 10 m. La largeur actuelle de la rue Percée varie de 2 m. 50 c. à 3 m. Les constructions du côté des numéros impairs devront reculer de 3 m. 40 c. à 4 m. 40 c.; celles du côté opposé sont soumises à un retranchement qui varie de 2 m. 30 c. à 4 m. — Conduite d'eau depuis la rue des Prêtres jusqu'à la borne-fontaine.

PERCHE (RUE DU).

Commence à la rue Vieille-du-Temple, nos 111 et 113; finit à la rue d'Orléans, no 6. Le dernier impair est 11; le dernier pair, 18. Sa longueur est de 105 m. — 7e arrondissement, quartier du Mont-de-Piété.

Formée en 1626, cette rue porte le nom d'une de nos anciennes provinces de France. — Une décision ministérielle du 23 frimaire an VIII, signée Laplace, a fixé la largeur de cette voie publique à 9 m. Les propriétés de 1 à 11 devront reculer de 1 m. 20 c. à 1 m. 50 c.; les dépendances de l'église ne sont pas soumises à retranchement; les maisons du côté opposé sont alignées sauf redressement. — Égout du côté de la rue Vieille-du-Temple. — Conduite d'eau depuis la rue d'Orléans jusqu'à la borne-fontaine. — Éclairage au gaz (compe Lacarrière).

PERDUE (RUE).

Commence à la rue des Grands-Degrés, nos 7 et 9; finit à la place Maubert, nos 27 et 29. Le dernier impair est 21; le dernier pair, 22. Sa longueur est de 138 m. — 12e arrondissement, quartier Saint-Jacques.

Le poète Guillot et le rôle de 1313 l'indiquent sous cette dénomination qui n'a pas changé depuis. Cette rue forme retour d'équerre. — Une décision ministérielle du 3 pluviôse an IX, signée Chaptal, a fixé la largeur de cette voie publique à 7 m. Les maisons nos 5, 7, 9, 11, 13 et 12, sont alignées. — Conduite d'eau depuis la place Maubert jusqu'à la borne-fontaine.

PÈRES (PASSAGE DES PETITS-).

Commence aux rues Neuve-des-Petits-Champs, no 2, et des Petits-Pères, no 3; finit à la place des Petits-Pères. Le dernier impair est 9; le dernier pair, 8. Sa longueur est de 68 m. — 3e arrondissement, quartier du Mail.

Des lettres-patentes du 13 décembre 1777, registrées au parlement le 19 juin 1779, autorisèrent Mathias Pasquier, maître maçon, entrepreneur de bâtiments, à ouvrir sur l'emplacement de l'Hôtel de la Ferrière,

— PÈR —

dont il avait fait l'acquisition, *un cul-de-sac de 22 pieds de large du côté de la rue Neuve-des-Petits-Champs, et de 12 pieds à son extrémité du côté de la cour du couvent des Religieux-Augustins-Réformés, dits Petits-Pères.* Ces lettres-patentes qui approuvèrent le traité passé entre le sieur Pasquier et les Religieux-Augustins, reçurent leur exécution au mois d'août 1779, et on donna au nouveau percement le nom de *passage des Petits-Pères*, qu'il conserve encore aujourd'hui. — Une décision ministérielle du 3 fructidor an IX, signée Chaptal, a fixé la largeur de ce passage à 7 m. dans toute son étendue. Les constructions riveraines sont alignées, sauf les deux encoignures de la place qui devront reculer chacune de 1 m. 50 c. — Conduite d'eau. — Éclairage au gaz (compe Anglaise).

PÈRES (PLACE DES PETITS-).

Située au-devant de l'église Notre-Dame-des-Victoires dite des Petits-Pères. — 3e arrondissement, quartier du Mail.

C'était autrefois la cour du couvent des Religieux-Augustins dits Petits-Pères. Elle a été élargie en 1765. Il n'existe pas d'alignement arrêté pour cette place. — Conduite d'eau. — Éclairage au gaz (compe Anglaise).

PÈRES (RUE DES PETITS-).

Commence au passage des Petits-Pères, no 2, et à la rue de la Feuillade, no 8; finit à la place des Petits-Pères et à la rue Vide-Gousset, no 1. Le dernier impair est 3; le dernier pair, 18. Sa longueur est de 82 m. — 3e arrondissement, quartier du Mail.

Longtemps on l'a confondue avec la rue Vide-Gousset. Elle doit son nom aux Religieux-Augustins dits *Petits-Pères*. — Une décision ministérielle du 3 fructidor an IX, signée Chaptal, et une ordonnance royale du 23 juillet 1828, ont fixé la largeur de cette voie publique à 10 m. Les constructions du côté des numéros impairs devront reculer de 1 m. 50 c. à 2 m. 30 c.; celles de 2 à 6 sont soumises à un retranchement de 20 c. à 80 c.; le surplus de ce côté est aligné. — Égout. — Conduite d'eau. — Éclairage au gaz (compe Anglaise).

PÈRES (RUE DES SAINTS-).

Commence aux quais Malaquais, no 23, et de Voltaire, no 1; finit à la rue de Grenelle, nos 10 et 12. Le dernier impair est 81; le dernier pair, 68. Sa longueur est de 660 m. — 10e arrondissement, les numéros impairs sont du quartier de la Monnaie; les numéros pairs du quartier du Faubourg-Saint-Germain.

Son véritable nom est rue *Saint-Pierre*, en raison de la chapelle Saint-Pierre qui y était située. Ce nom fut changé en celui de *Saint-Père*, puis des *Saints-Pères*. On voit dans les titres de Saint-Germain-des-Prés, qu'elle portait ainsi que la rue Saint-Dominique et par la même raison, le nom de *Chemin*, puis de rue des *Vaches*. Dans plusieurs autres titres de la même abbaye, elle est indiquée, avant le milieu du XVIe siècle, sous les noms de rue de la *Maladrerie*, de

— PÉR —

l'*Hôpital-de-la-Charité*, de l'*Hôtel-Dieu appelé la Charité*. Ce nom ne venait pas de l'hôpital de la Charité que nous voyons dans la rue Jacob; il n'était pas construit à cette époque. Elle le devait à un Hôtel-Dieu qu'on avait commencé de bâtir au bord de la rivière, presque vis-à-vis de la rue dont nous nous occupons. Cet établissement est indiqué sur le plan de Saint-Victor, publié par d'Heuland. Le procès-verbal de 1636 désigne cette rue sous la dénomination de rue des *Jacobins-Réformés allant de la Charité au Pré-aux-Clercs*. On la voit sous le nom de *Saint-Père* dès 1643, sur le plan de Boisseau. En 1652, le plan de Gomboust lui donne déjà celui des *Saints-Pères*. — La moindre largeur de cette voie publique avait été fixée à 8 m. par une décision ministérielle du 18 pluviôse an IX, signée Chaptal. Une ordonnance royale en date du 29 janvier 1831 a déterminé ainsi qu'il suit, la largeur de la rue des Saints-Pères. Depuis le quai jusqu'aux rues Jacob et de l'Université, à 10 m.; depuis ces rues jusqu'à la rue Saint-Guillaume, à 13 m. 50 c.; depuis la rue Saint-Guillaume jusqu'à la grande rue Taranne, à 12 m. 50 c.; et enfin depuis cette dernière jusqu'à celle de Grenelle, à 10 m. Propriétés n°ˢ 1, 1 bis, 1 ter, 3, alignées; de 5 à 11, doivent avancer sur leurs vestiges actuels; de 13 à 25, redress.; 27, retranch. 30 c.; de 29 à 41, ret. 3 m. 90 c. à 4 m. 15 c.; 43, ret. réduit 3 m. 20 c.; 45, ret. réduit 1 m. 40 c.; de 49 à 53, redress.; de 57 à 65, ret. réduit 1 m. 10 c. à 1 m. 50 c.; de 67 à 79, ret. 1 m. 50 c. à 2 m. 10 c.; 81, ret. réduit 70 c.; 2, 4, redress.; de 6 à 12, ret. 20 c. à 35 c.; 14, alignée; de 16 à 20, redress.; de 22 à 26, alignées; maison à l'encoignure droite de la rue Saint-Guillaume, ret. réduit 1 m. 30 c.; de 30 à 42, ret. 4 m. 50 c. à 4 m. 90 c.; 44, ret. réduit 3 m. 70 c.; 46, ret. réduit 2 m. 40 c.; 48, 50, ret. 1 m. 10 c. à 1 m. 50 c.; de 52 à 56, ret. 1 m. 70 c. à 1 m. 90 c.; mur de clôture n° 58, aligné; de 60 à la fin, ret. 1 m. 30 c. à 1 m. 70 c. — Égout entre le quai et la grande rue Taranne. — Conduite d'eau dans la plus grande partie. — Éclairage au gaz (comp° Française).

PÉRIER (RUE CASIMIR-).

Commence à la rue Las-Cases et à la place de Bellechasse; finit à la rue de Grenelle, n°ˢ 128 et 128 bis. Le dernier impair est 23; le dernier pair, 6. Sa longueur est de 166 m. — 10° arrondissement, quartier du Faubourg-Saint-Germain.

Elle a été ouverte en 1828 sur les dépendances des couvents de Bellechasse et des Carmélites, dont la vente avait été effectuée par le domaine de l'État dans le courant du mois de juin de la même année (voyez rues de *Bellechasse* et de *Martignac*). Cette voie publique a 13 m. de largeur. Elle a été dénommée en vertu d'une décision royale en date du 15 avril 1839. — Égout. — Conduite d'eau.

Casimir Périer naquit à Grenoble, le 12 septembre 1777; il fut président du conseil des ministres depuis 1831 jusqu'à sa mort arrivée le 16 mai 1832.

— PER —

PÉRIGNON (RUE).

Commence à l'avenue de Breteuil; finit à la rue Bellart. Pas de numéro. Sa longueur est de 158 m. — 10° arrondissement, quartier des Invalides.

Ouverte en 1820, cette rue porte le nom de *M. Pérignon*, alors membre du conseil municipal de la ville de Paris. (Voyez rue *Barthélemy*.)

PÉRIGUEUX (RUE DE).

Commence à la rue de Bretagne, n°ˢ 8 et 10; finit aux rues Boucherat, n° 7, et de Normandie, n° 5 bis. Le dernier impair est 13; le dernier pair, 4. Sa longueur est de 67 m. — 6° arrondissement, quartier du Temple.

Cette rue, alignée en 1626, s'arrêtait alors à celle de Normandie. En 1697, il fut ordonné qu'elle serait prolongée jusqu'à la rue Boucherat et qu'elle porterait dans cette partie le nom de rue *Le Tourneur*. Jean-Baptiste Le Tourneur, conseiller de ville, était échevin en 1695, sous la prévôté de Claude Bosc. On ne se conforma pas à cette disposition, et dans toute son étendue, cette voie publique prit bientôt le nom de *Périgueux*, ancienne capitale du Périgord. — Une décision ministérielle du 19 germinal an VIII, signée L. Bonaparte, fixa la largeur de cette voie publique à 8 m. En vertu d'une ordonnance royale du 31 mars 1835, cette largeur a été portée à 10 m. Propriétés de 1 à 5, alignées; de 7 à la fin, redressement; 2, ret. 1 m. 90 c. à 2 m. 60 c.; 2 bis et 4, alignées. — Égout du côté de la rue de Normandie. — Éclairage au gaz (comp° Lacarrière).

PERLE (RUE DE LA).

Commence à la rue de Thorigny, n° 1; finit à la rue Vieille-du-Temple, n°ˢ 92 et 94. Le dernier impair est 9; le dernier pair, 28. Sa longueur est de 128 m. — 8° arrondissement, quartier du Marais.

Ouverte en 1656, on la nommait rue de *Thorigny* (*voir* l'article de cette voie publique). — « Le nom qu'elle porte aujourd'hui, dit Sauval, vient d'un *tripot quarré* qui a passé longtemps pour le mieux entendu de Paris. » — Une décision ministérielle du 23 frimaire an VIII, signée Laplace, fixa la moindre largeur de cette voie publique à 10 m. En vertu d'une ordonnance royale du 12 juillet 1837, sa largeur a été portée à 12 m. Propriété n° 1, retranch. 4 m.; 3, ret. réduit 3 m. 50 c.; 5, ret. réduit 2 m. 80 c.; de 7 à la fin, ret. 1 m. 60 c. à 2 m. 30 c.; 2, redress.; 4, 6, ret. réduit 30 c.; 8, ret. réduit 50 c.; de 10 à 14, ret. 60 c. à 1 m. 10 c.; de 16 à 20, ret. 1 m. 10 c. à 1 m. 65 c.; 22, 24, ret. 1 m. 65 c. à 2 m. 30 c.; 26, 28, ret. 2 m. 30 c. à 2 m. 90 c. — Conduite d'eau entre la rue de Thorigny et les deux bornes-fontaines. — Éclairage au gaz (comp° Lacarrière).

PERPIGNAN (RUE DE).

Commence à la rue des Marmousets, n°ˢ 19 et 21; finit à la rue des Trois-Canettes, n° 4. Le dernier impair est 11;

— PER —

le dernier pair, 12. Sa longueur est de 57 m. — 9e arrondissement, quartier de la Cité.

Cette voie publique, qui existait au commencement du XIIIe siècle, portait le nom de rue *Charauri*. Sa dénomination actuelle lui vient du jeu de paume de Perpignan. — Une décision ministérielle du 13 ventôse an VII, signée François de Neufchâteau, a fixé la largeur de cette voie publique à 6 m. Les maisons situées aux quatre encoignures de la rue de Constantine sont alignées. — Conduite d'eau du côté de la rue des Marmousets.

PERRÉE (RUE).

Commence à la rue Caffarelli et à la place de la Rotonde-du-Temple; finit à la rue du Temple, no 80. Pas de numéro. Sa longueur est de 179 m. — 6e arrondissement, quartier du Temple.

Elle a été ouverte, en 1809, sur une partie de l'enclos du Temple (voyez l'article de la *halle au Vieux-Linge*). — Une décision ministérielle du 9 septembre 1809, signée Fouché, fixa la largeur de cette voie publique à 9 m. En vertu d'une ordonnance royale du 16 mai 1833, cette dimension est portée à 13 m. Cet élargissement devra s'effectuer aux dépens du Marché. Les constructions du côté gauche sont alignées. — Éclairage au gaz (compe Lacarrière).

Perrée (Jean-Baptiste-Emmanuel), l'un de nos plus intrépides marins, naquit à Saint-Valery-sur-Somme, le 17 décembre 1761. Dès l'âge de douze ans, il entra dans la marine marchande. En 1793, il passa à bord d'un vaisseau de la république, avec le grade de lieutenant, et parvint, dans une seule croisière, à s'emparer de soixante-trois bâtiments ennemis. Perrée fut nommé capitaine en 1794, chef d'une division navale en mai 1798, et Bonaparte lui donna un sabre d'honneur en récompense de sa noble conduite à Chébreiss.

Promu contre-amiral à la fin de l'année 1799, il reçut peu de temps après l'ordre de s'embarquer à Toulon, pour prendre le commandement d'une division destinée à ravitailler Malte. Perrée arbora son pavillon sur le vaisseau le *Généreux*, et sortit du port le 10 février 1800, avec une frégate, deux corvettes et une flûte. Retardé par les vents contraires, il n'arriva que le 18 à la hauteur de Malte. Perrée avait l'espoir d'entrer le même jour dans le port, lorsqu'on signala une escadre anglaise forte de quatre vaisseaux et de plusieurs frégates. Le contre-amiral français ordonna à l'instant aux bâtiments de sa division de virer de bord en prenant chasse. Resté seul, l'intrépide marin s'apprête à soutenir l'honneur de son pavillon, attaque le vaisseau le *Foudroyant*, que montait Nelson; mais aussitôt les trois autres vaisseaux anglais viennent soutenir leur amiral. Perrée reçoit une blessure à l'œil gauche, reste sur son banc de quart et continue le combat. Une heure après, un boulet lui brise la jambe droite, il tombe!... Le vaisseau français démâté, privé de la plus grande partie de ses défenseurs, est contraint de se rendre. — L'officier

— PÉT —

anglais qui vint prendre possession du *Généreux*, chercha quelque temps l'héroïque commandant Perrée. On le trouva enfin enseveli sous les cadavres de ses matelots. Ses restes furent inhumés par l'ennemi, dans l'église de Sainte-Lucie-de-Syracuse, le 21 février 1800.

PERRIN-GASSELIN (RUE).

Commence à la rue Saint-Denis, nos 23 et 25; finit à la place du Chevalier-du-Guet, no 1, et à la rue de la Vieille-Harengerie, no 2. Le dernier impair est 7; le dernier pair, 12. Sa longueur est de 47 m. — 4e arrondissement: les numéros impairs sont du quartier du Louvre; les pairs du quartier des Marchés.

Cette rue doit son nom au territoire dit de *Perrin-Gasselin*, sur lequel elle a été bâtie. Jaillot cite un contrat de vente du mois d'avril 1254, et un échange fait au mois d'avril 1269, qui indiquent deux maisons sises au Perrin-Gasselin. — Une décision ministérielle du 12 fructidor an V, signée François de Neufchâteau, fixa la largeur de cette voie publique à 6 m. Cette largeur a été portée à 10 m. en vertu d'une ordonnance royale du 9 décembre 1838. Maison no 1, retranch. réduit 50 c.; 3, ret. réduit 30 c.; 5 et 7, redress.; 9, ret. réduit 1 m.; de 2 à 10, ret. 6 m. 10 c. à 7 m. 70 c.; 12, ret. réduit 5 m. 30 c. — Conduite d'eau. — Éclairage au gaz (compe Anglaise).

PERRON (RUE DU).

Commence à la rue de Beaujolais, nos 8 et 10; finit à la rue Neuve-des-Petits-Champs, nos 9 et 11. Pas de numéro. Sa longueur est de 14 m. 50 c. — 2e arrondissement, quartier du Palais-Royal.

Ouverte en 1784, comme la rue de Beaujolais, elle ne porta point de dénomination jusqu'en 1836. A cette époque, on lui a donné le nom de rue du *Perron*, parce qu'elle communique avec le Palais-Royal au moyen d'un *perron* de plusieurs marches. — Une ordonnance royale du 19 novembre 1843 a fixé la largeur de cette voie publique à 13 m. 50 c. Les propriétés riveraines devront reculer de 2 m. — Égout. — Conduite d'eau. — Éclairage au gaz (compe Anglaise).

PÉTERSBOURG (RUE DE SAINT-).

Commence à la place d'Europe; finit à la rue de Hambourg. Pas de numéro. Sa longueur est de 125 m. — 1er arrondissement, quartier du Roule.

Elle a été tracée, en 1826, sur les terrains appartenant à MM. Hagerman et Mignon. Sa largeur est fixée à 15 m. L'ordonnance royale d'autorisation est à la date du 2 février 1826. (Voyez rue d'*Amsterdam*.) — Cette voie publique porte le nom de la nouvelle capitale de la Russie. Elle doit se prolonger comme impasse, à partir de la rue de Hambourg, dans une longueur de 185 m.

PÉTRELLE (RUE).

Commence à la rue du Faubourg-Poissonnière, nos 101 et 103; finit à la rue Rochechouart, nos 44 et 46. Le

— PHE —

dernier impair est 13; le dernier pair, 12. Sa longueur est de 239 m. — 2e arrondissement, quartier du Faubourg-Montmartre.

C'était à la fin du siècle dernier un chemin que le plan de Verniquet indique sous le nom de rue *Prétrelle*, dont on a fait Pétrelle. Elle devait cette dénomination à un propriétaire. — Dans sa séance du 29 nivôse an V, l'administration centrale du département de la Seine, considérant que cette rue était sans utilité pour le commerce et la circulation, en prescrivit la clôture. — Trois décisions ministérielles en date des 6 décembre 1808, 10 août 1811 et 28 mai 1812, fixèrent la largeur de cette rue à 10 m. Une ordonnance royale du 15 novembre 1826 porte ce qui suit : — « Article 1er. Les alignements de la rue Pétrelle à Paris sont arrêtés conformément aux lignes noires tracées sur le plan ci-joint, et d'après lesquelles la largeur de cette rue est fixée à 10 m. — Art. 2°. Le préfet de la Seine est autorisé à accepter, au nom de la ville, l'offre faite par les propriétaires riverains d'abandonner gratuitement à la voie publique le terrain de ladite rue, ainsi que le pavé dans son état actuel. — Art. 3°. La ville demeure chargée de pourvoir à la moitié du nouveau pavage à exécuter; l'autre moitié des frais de ce pavage sera supportée par le sieur Armand Laismé, suivant l'offre qu'il en a faite, etc. » — Une autre ordonnance royale du 23 août 1833 a arrêté en principe le prolongement de cette voie publique jusqu'à la rue Turgot, d'après une largeur de 10 m. Ce prolongement n'est pas encore exécuté. — Les propriétés de 1 à 7, et toutes celles du côté des numéros pairs sont alignées. Les constructions de 9 à 13 inclus, devront reculer de 3 m. 40 c.

PHELIPEAUX (RUE).

Commence à la rue du Temple, nos 77 et 79; finit à la rue Frépillon, nos 26 et 19. Le dernier impair est 37; le dernier pair, 44. Sa longueur est de 182 m. — 6e arrondissement, quartier Saint-Martin-des-Champs.

Cette rue était en partie construite dès 1360. Son premier nom fut rue *Frépaut*, qu'elle tenait d'un propriétaire qui l'habitait. Sa dénomination actuelle n'est qu'une altération. — Une décision ministérielle du 4 floréal an VIII, signée L. Bonaparte, a fixé la moindre largeur de cette voie publique à 9 m. Les maisons nos 2, 4 et 6 sont alignées; celle n° 44 n'est assujettie qu'à un léger redressement. — Égout. — Conduite d'eau. — Éclairage au gaz (compe Lacarrière).

PHILIBERT (COUR OU PASSAGE).

De la rue de l'Orillon, n° 15, à la rue du Faubourg-du-Temple, n° 104. Le dernier impair est 21; le dernier pair, 24. — 6e arrondissement, quartier du Temple.

Elle a été bâtie en 1829, par M. Philibert.

PHILIPPE-BONNE-NOUVELLE (RUE SAINT-).

Commence à la rue de Bourbon-Villeneuve, nos 33 et 35; finit à la rue de Cléry, nos 70 et 72. Le seul impair

— PHI —

est 1 ; le dernier pair, 4. Sa longueur est de 36 m. — 5e arrondissement, quartier Bonne-Nouvelle.

La construction de cette rue, qui doit son nom à une enseigne, a été commencée en 1718. Elle fut exécutée sur une largeur de 9 m. 74 c., dimension qui a été maintenue par une décision ministérielle en date du 23 brumaire an VIII, signée Quinette, et par une ordonnance royale du 21 juin 1826. — Éclairage au gaz (compe Française).

PHILIPPE-DU-ROULE (ÉGLISE SAINT-).

Située dans la rue du Faubourg-du-Roule. — 1er arrondissement, quartier du Roule.

Sur une partie de l'emplacement occupé aujourd'hui par l'église Saint-Philippe-du-Roule, on voyait encore, en 1699, une petite chapelle qui avait servi à un ancien hôpital établi pour les lépreux. L'époque de la fondation et le nom du fondateur de cet hôpital sont restés inconnus ; mais cet établissement ayant également pour objet de procurer une retraite et des secours aux ouvriers monnayeurs de Paris, on est porté à croire, avec quelque raison, qu'il fut fondé par les chefs et directeurs des monnaies. La permission, pour la construction de la chapelle, est du mois d'avril 1217. On peut donc fixer la fondation de cet hôpital au commencement du XIIIe siècle; la religion s'empressait alors de joindre ses consolations spirituelles aux secours que la charité offrait aux malades. Cet établissement subsistait encore vers la fin du XVIe siècle, mais la maladie pour laquelle il avait été fondé diminuant d'intensité, les bâtiments inhabités tombèrent en ruine. — Vers l'année 1699, sur la demande des habitants, le territoire du Roule, réuni à celui de la Ville-l'Évêque, fut érigé en faubourg. La chapelle devint une paroisse sous l'invocation de *Saint-Jacques* et de *Saint-Philippe*. La population augmentant chaque jour, elle devint bientôt trop petite, et l'on dut songer à construire à sa place une église dans des proportions plus grandes. Un arrêt du conseil d'état du 12 mai 1769, et des lettres-patentes expédiées le même jour, prescrivirent aux sieurs de Boullogne, conseiller du roi, intendant des finances, et de Sartine, également conseiller et lieutenant-général de police, de faire l'acquisition des terrains et maisons sis au Roule, pour former l'emplacement nécessaire à la construction de la nouvelle église paroissiale de Saint-Jacques et Saint-Philippe-du-Roule. L'architecte Chalgrin dirigea les travaux qui furent terminés en 1784. Cet édifice a la forme des anciennes basiliques chrétiennes. Le portail, élevé sur un perron de sept marches, se compose de quatre colonnes doriques couronnées d'un fronton triangulaire dans le tympan duquel Duvet a sculpté la *Religion* et ses attributs. Sous le portail est un porche qui établit communication avec la nef et les bas-côtés dont elle est séparée par six colonnes ioniques. Le maître-autel isolé, est placé dans une niche au fond du sanctuaire. De chaque côté du chœur est une chapelle, l'une sous

— PHI —

l'invocation de la Vierge, l'autre sous celle de Saint-Philippe. Au-dessus de l'ordre intérieur, règne dans toute la longueur de l'église une voûte ornée de caissons et éclairée à chaque extrémité par de grands vitraux. Cette voûte a été construite en sapin, d'après le procédé de Philibert Delorme. Depuis 1802, l'église Saint-Philippe-du-Roule est la deuxième succursale de la paroisse de la Madeleine.

On exécute en ce moment des travaux d'agrandissement qui consistent dans la construction de la chapelle de la Vierge, au chevet de l'église. La dépense de cette opération est évaluée à 173,111 fr. 44 c.

PHILIPPE-SAINT-MARTIN (RUE SAINT-).

Commence à la rue Bailly, nos 8 et 10; finit à la rue Royale, nos 9 et 11. Le dernier impair est 3; le dernier pair, 4. Sa longueur est de 28 m. — 6e arrondissement, quartier Saint-Martin-des-Champs.

Construite vers 1780 sur les terrains dépendant du prieuré de Saint-Martin-des-Champs, on lui a donné le nom qu'elle porte, parce que saint Philippe était particulièrement honoré dans cette abbaye. (Voyez *place de l'ancien marché Saint-Martin*.) — Une décision ministérielle du 3 décembre 1814, signée l'abbé de Montesquiou, et une ordonnance royale du 14 janvier 1829, ont fixé à 6 m. la largeur de la rue Saint-Philippe. Les constructions riveraines sont soumises à un retranchement de 90 c. — Éclairage au gaz (compe Lacarrière).

PICPUS (BARRIÈRE DE).

Située à l'extrémité de la rue de ce nom.

Cette barrière est décorée d'un bâtiment avec quatre péristyles et attique. (Voir l'article *Barrières*.)

PICPUS (CHEMIN DE RONDE DE LA BARRIÈRE DE).

Commence aux rue et barrière de Picpus; finit aux avenue et barrière de Saint-Mandé. Le dernier numéro est 15. Sa longueur est de 584 m. — 8e arrondissement, quartier des Quinze-Vingts.

(Voir l'article *Chemins de ronde*).

PICPUS (RUE DE).

Commence à la rue du Faubourg-Saint-Antoine, n° 280; finit aux chemins de ronde des barrières de Picpus et de Reuilly. Le dernier impair est 51; le dernier pair, 78. Sa longueur est de 1,109 m. — 8e arrondissement, quartier des Quinze-Vingts.

Vers 1575, c'était un chemin qui traversait le territoire de *Pique-Puce*, dont on a fait, par corruption, Picpus. Plusieurs savants ont donné au nom du village de Pique-Puce une étymologie que nous citons sans garantir son authenticité. Un mal épidémique se manifesta dans les environs de Paris, vers le milieu du XVIe siècle. On voyait sur les bras des enfants et des femmes, de petites tumeurs rouges qui présentaient les caractères de plusieurs piqûres faites par un insecte qui s'attaquait de préférence aux mains

— PIC —

douces et blanches des jeunes dames. On rapporte qu'un frère du couvent de Franconville, près de Beaumont, diocèse de Beauvais, avait été envoyé, vers cette époque, par ses supérieurs, à l'effet de chercher un emplacement convenable pour établir une seconde maison de leur ordre près de la capitale. On ajoute que le frère était jeune, d'une figure très agréable, et qu'il avait même quelques connaissances médicales. Un jour il se présenta chez une jeune abbesse qui souffrait de l'épidémie, appliqua sur le bras malade quelques gouttes d'une liqueur parfumée; le lendemain la guérison était complète. On cria au miracle; le nouveau docteur devint à la mode, se fixa dans ce village, qui prit le nom de *Pique-Puce*, puis fit venir, quelques années après, plusieurs religieux qui formèrent bientôt un nouvel établissement.

La fondation de plusieurs communautés religieuses amena la population de ce côté, et le grand chemin qui traversait ce village fut nommé rue de *Picpus*. Cette voie publique a été renfermée dans la capitale lors de la construction de l'enceinte par les fermiers généraux. — Une décision ministérielle du 28 floréal an IX, signée Chaptal, a fixé la largeur de la rue de Picpus à 12 m. Les propriétés 1, 5, 9, 11, 13, 21, 29; 8, 12, 14 et 20, ne sont pas soumises à retranchement.

Aux nos 15, 17 et 19 était située la communauté a *Chanoinesses de l'ordre de Saint-Augustin*, connue sous le titre de *Notre-Dame-de-la-Victoire-de-Lépante*. Ces chanoinesses furent établies à Paris par Jean-François de Gondi, archevêque, et M. Tubeuf, surintendant des finances de la reine. Ce dernier fit venir six religieuses du couvent de Saint-Étienne de Reims, et les plaça dans la maison qu'il avait achetée à Picpus. Le roi confirma cet établissement au mois de décembre 1647. Ces chanoinesses portaient le titre de Notre-Dame-de-la-Victoire, parce qu'elles avaient ajouté à leur institut l'obligation particulière de célébrer, le 7 octobre de chaque année, la victoire gagnée en 1572 par Don Juan d'Autriche, sur les Turcs, dans le golfe de Lépante. Supprimé en 1790, ce couvent devint propriété nationale. Les bâtiments et dépendances, qui contenaient en superficie 14,627 m., furent vendus le 8 messidor an IV.

Le cimetière de cette maison a été concédé sous l'Empire à plusieurs nobles familles; là dorment les Montmorency, les Noailles; là repose le général La Fayette.

La rue de Picpus rappelle d'autres souvenirs. La maison qui porte le n° 36 fut habitée quelque temps par la comtesse d'Esparda, *Eugénie de la Bouchardie*, que l'amour et les vers de Marie-Joseph Chénier ont rendue célèbre.

Au n° 37 était l'entrée du *couvent des Pénitents réformés du tiers-ordre de Saint-François*, vulgairement appelés les *Picpus*. Leur établissement avait été fondé par saint François d'Assise, en faveur des personnes des deux sexes qui, sans s'assujettir à prononcer des vœux, voulaient vivre dans la retraite. Le père Vincent Mussart réforma cette congrégation, qui devint bientôt le chef-lieu de l'ordre. Jeanne de Saulx, veuve de Réné de Rochechouart, comte de Mortemart, donna aux pénitentes une petite chapelle qui portait le nom de *Notre-Dame-de-Grâce*; cette donation fut approuvée par l'évèque, le 27 février 1601. Cet oratoire fut remplacé par une église, dont le roi Louis XIII posa la première pierre le 13 mars 1611. La maison des Pénitents fut regardée alors comme un établissement de fondation royale. Les ambassadeurs des puissances catholiques logeaient au couvent de Picpus; on leur préparait un appartement où ils recevaient les princes du sang et les hauts dignitaires de l'État. Un prince de la maison de Lorraine, ou un maréchal de France, venait les chercher pour les conduire, dans un des carrosses du roi, à leur hôtel, situé dans la rue de Tournon. Supprimée vers 1790, la maison de Picpus devint propriété nationale. Les bâtiments et terrains, qui contenaient en superficie 8,510 m., furent vendus le 8 thermidor an IV.

Dans la rue de Picpus, on remarque un joli pavillon construit en rocailles; dans des niches de coquillages on aperçoit plusieurs portraits de moines. Cet ermitage a été habité par Millevoye. De nos jours, un des locataires de cet oasis fut le spirituel Théaulon, qui aurait été un grand poète s'il se fût donné la peine de le devenir. L'ermitage de Picpus a servi également de berceau au *Petit Chaperon rouge*. Le sensible Boïeldieu vint y composer ces chants gracieux, qui ont le privilège de ne vieillir jamais.

PIERRE (IMPASSE SAINT-).

Située dans la rue Neuve-Saint-Pierre, entre les nos 4 et 6. Pas de numéro. Sa longueur est de 29 m. — 8e arrondissement, quartier du Marais.

Cette impasse, tracée sur le plan de Verniquet, tire son nom de la rue Neuve-Saint-Pierre. Sa largeur est de 5 m. Suivant une délibération du conseil municipal du 6 janvier 1832, cette impasse doit être maintenue dans son état actuel.

PIERRE (PASSAGE SAINT-).

Commence à la rue Saint-Antoine, n° 164; finit à la rue Saint-Paul, n° 36. Le dernier impair est 13; le dernier pair, 6. — 9e arrondissement, quartier de l'Arsenal.

Son emplacement formait, avant 1790, deux passages distincts. Le premier, celui qui prend naissance à la rue Saint-Antoine, conduisait au cimetière de la paroisse Saint-Paul, et se nommait *passage Saint-Pierre*; le second, qui longeait au nord l'église Saint-Paul, aboutissait également au cimetière et s'appelait *passage Saint-Paul*. L'église Saint-Paul, supprimée vers 1792, devint propriété nationale. Le cimetière, le presbytère, l'emplacement de la prison Saint-Éloi et plusieurs autres propriétés bordant les deux passages furent aliénés par le domaine de l'État. Les actes de vente des 28 fructidor an IV, 25 vendémiaire, 27 messidor an V, et 18 thermidor an VIII, prescrivirent aux acquéreurs soit l'obligation de fournir sans indemnité le terrain nécessaire au percement de deux rues projetées, soit de ne recevoir en dédommagement que le prix de la partie du terrain qui devait servir aux nouvelles voies publiques. Le plan de ces deux rues fut approuvé le 28 juin 1818, par le ministre de l'intérieur, qui fixa leur largeur à 8 m. La première rue devait commencer à la rue Saint-Antoine, au n° 164, se prolonger sur l'emplacement du cimetière jusqu'à la rue Neuve-Saint-Paul, et recevoir le nom de rue *Rabelais*. La deuxième voie publique partant de la rue Saint-Paul, suivait la ligne tracée par le passage, devait aboutir à la nouvelle rue mentionnée plus haut, et se nommer rue *Mansart*. — On sait que dans l'église et le cimetière Saint-Paul, se trouvaient les sépultures du joyeux curé de Meudon et de l'illustre Jules-Hardouin Mansart, l'un de nos architectes les plus célèbres. Le temps avait détruit la tombe de l'auteur de *Pantagruel*, de François Rabelais; mais on montrait encore avant la révolution l'arbre au pied duquel il avait été inhumé. — Les rues Mansart et Rabelais n'ont point été formées; les deux passages qui se réunissent sous une voûte ne sont plus connus aujourd'hui que sous la dénomination de *Saint-Pierre*.

PIERRE (PETITE RUE SAINT-).

Commence à la rue du Chemin-Vert, nos 5 et 7; finit à la rue Amelot, nos 46 et 48. Le dernier impair est 23; le dernier pair, 30 bis. Sa longueur est de 275 m. — 8e arrondissement, quartier Popincourt.

On l'appelait autrefois rue *Saint-Sabin*. Elle tire son nom actuel de la rue Saint-Pierre, près de laquelle elle est située. — Une décision ministérielle du 3 prairial an IX, signée Chaptal, a fixé la largeur de cette voie publique à 10 m. Les constructions du côté des numéros impairs, à l'exception d'un mur de clôture situé près de la rue du Chemin-Vert, ne sont pas soumises à retranchement; les maisons nos 2, 2 bis, 2 ter, 10, 16, 18, 28, 30 et 30 bis, sont alignées. — Portion d'égout du côté de la rue Saint-Pierre. — Conduite d'eau depuis la rue du Chemin-Vert jusqu'à la borne-fontaine.

PIERRE (RUE BASSE SAINT-).

Commence au quai Billy, nos 32 et 32 bis; finit à la rue de Chaillot, nos 24 et 26. Le dernier impair est 21; le dernier pair, 18 bis. Sa longueur est de 369 m. — 1er arrondissement, quartier des Champs-Élysées.

La partie comprise entre le quai et la rue Gasté s'appelait autrefois rue des *Égouts*, rue *Basse-de-Chaillot*. — Une décision ministérielle du mois de fructidor an XII, signée Portalis, fixa la moindre largeur de cette voie publique à 14 m. L'autre partie qui aboutit à la rue de Chaillot, portait le nom de rue *Saint-Pierre*, en raison de sa proximité de l'église ainsi appelée. — Une décision ministérielle du 15 vendémiaire an IX, signée L. Bonaparte, a fixé la moindre largeur de cette voie publique à 7 m. Depuis 1806, ces deux parties ont été réunies sous la seule et même dénomination de rue *Basse-Saint-Pierre*. Les constructions ci-après ne sont pas soumises à retranchement : partie de la propriété n° 5, 21 ; 12, 14 bis, 16, et partie du n° 18. — Portion d'égout du côté du quai.

PIERRE (RUE NEUVE-SAINT-).

Commence à la rue Neuve-Saint-Gilles, n°ˢ 18 et 20; finit à la rue des Douze-Portes, n°ˢ 1 et 2. Le dernier impair est 3; le dernier pair, 10. Sa longueur est de 82 m. — 8ᵉ arrondissement, quartier du Marais.

Elle fut ouverte en 1640, sur une partie de l'emplacement de l'hôtel des Tournelles. On la désigna d'abord sous le nom de rue *Neuve*, puis sous celui de rue *Neuve-Saint-Pierre*. Elle se prolongeait jusqu'à la rue Saint-Claude et même au-delà. En 1655, c'était la rue *Neuve-des-Minimes*. Le roi, par lettres-patentes de cette même année, permit à MM. de Turenne et de Guénégaud de supprimer cette rue vis-à-vis de leurs maisons, et de comprendre cette partie dans leurs jardins. La concession fut registrée au parlement le 26 août 1656. La rue ainsi diminuée reprit son ancienne dénomination de *Saint-Pierre*, qu'elle tenait d'une statue de ce saint placée à l'une de ses extrémités. — Une décision ministérielle du 13 fructidor an VII, signée Quinette, avait fixé la largeur de cette voie publique à 9 m. Cette largeur a été portée à 10 m., en vertu d'une ordonnance royale du 8 juin 1834. Propriété n° 1, ret. réduit 1 m. 70 c.; 3, ret. réduit 2 m. 50 c.; 2, ret. réduit 1 m. 80 c.; 4, ret. réduit 50 c.; 6, alignée; partie du n° 8, alignée; surplus, ret. réduit 60 c.; 10, ret. réduit 1 m. 50 c. — Éclairage au gaz (compᵉ Lacarrière).

PIERRE-A-POISSON (RUE).

Commence à la place du Châtelet, n° 1, et à la rue Saint-Denis, n° 1; finit à la rue de la Saunerie, n°ˢ 2 et 4. Pas de numéro impair; ce côté est bordé par le bâtiment de la chambre des notaires; le dernier pair, 16. Sa longueur est de 61 m. — 4ᵉ arrondissement, quartier du Louvre.

Cette rue, qui existait à la fin du XIIᵉ siècle, a pris son nom des pierres sur lesquelles on étalait le poisson. Il paraît que ce marché existait en 1182. A cette époque, Philippe-Auguste permit aux bouchers de la grande boucherie de faire le commerce du poisson d'eau douce. En 1300, Guillot nomme cette voie publique *rue O Poisson*. On la désigna ensuite sous le nom de *Petite-Saunerie*, en raison de la maison de la marchandise de sel, qu'on voyait aussi à côté du grand Châtelet. Au XVIIᵉ siècle, quelques plans l'indiquent sous les dénominations de rue de la *Larderie*, et de la *Poulaillerie*, qu'elle devait à son voisinage du quai de la Mégisserie, dont une partie était occupée par un marché à la volaille. — Une décision ministérielle du 29 août 1807, signée Cretet, et une ordonnance royale du 29 avril 1839, ont fixé la largeur de cette voie publique à 6 m. Les constructions du côté gauche sont alignées ; celles n°ˢ 2 et 8 ne sont assujetties qu'à un faible redressement. — Conduite d'eau depuis la place jusqu'à la borne-fontaine. — Éclairage au gaz (compᵉ Anglaise).

PIERRE-ASSIS (RUE).

Commence à la rue Mouffetard, n°ˢ 242 et 244; finit aux rues Saint-Hippolyte, n° 1, et des Trois-Couronnes, n° 7. Le dernier impair est 5; le seul pair, 2. Sa longueur est de 61 m. — 12ᵉ arrondissement, quartier Saint-Marcel.

Elle doit vraisemblablement sa dénomination à une enseigne représentant saint Pierre assis. — Une décision ministérielle du 8 ventôse an IX, signée Chaptal, a fixé la largeur de cette voie publique à 8 m. Les propriétés riveraines sont soumises à un fort retranchement. — Conduite d'eau depuis la rue Saint-Hippolyte jusqu'à la borne-fontaine.

PIERRE-AU-LARD (RUE).

Commence à la rue Neuve-Saint-Merri, n°ˢ 12 et 14 ; finit à la rue du Poirier, n°ˢ 4 et 6. Le dernier impair est 13; le dernier pair, 12. Sa longueur est de 122 m. — 7ᵉ arrondissement, quartier Sainte-Avoie.

Cette rue, qui forme retour d'équerre, portait originairement deux dénominations. La partie prenant naissance à la rue Neuve-Saint-Merri était ainsi désignée en 1273 : *Vicus Aufridi de Gressibus*. Au siècle suivant, elle est appelée rue *Espaulart*. L'autre partie débouchant dans la rue du Poirier était nommée *Vicus Petri Oilard*. En 1500 elles furent réunies sous la seule et même dénomination de rue *Pierre Aulard*. — Une décision ministérielle du 28 prairial an IX, signée Chaptal, fixa la largeur de cette voie publique à 6 m. Par un arrêté en date du 5 avril 1817, le préfet de police a prescrit la fermeture de cette rue. En vertu d'une ordonnance royale du 26 juin 1837, sa largeur est portée à 10 m. Les constructions situées sur le côté droit en entrant par la rue Neuve-Saint-Merri, jusqu'au retour d'équerre, sont alignées sauf redressement; les autres propriétés sont soumises à un retranchement considérable. — Conduite d'eau depuis la rue du Poirier jusqu'à la borne-fontaine. — Éclairage au gaz (compᵉ Lacarrière).

PIERRE-DE-CHAILLOT (ÉGLISE SAINT-).

Située dans la rue de Chaillot, entre les n°ˢ 48 et 52. — 1ᵉʳ arrondissement, quartier des Champs-Élysées.

Nous avons parlé de l'ancien village de Chaillot à l'article concernant la grande voie publique qui le traverse et qui en a retenu la dénomination. L'église de ce village était depuis l'année 1097 sous la dépendance du prieuré de Saint-Martin-des-Champs, comme on le voit dans une bulle d'Urbain II. A l'époque où

— PIE —

Louis XIV érigea le village de Chaillot en faubourg de Paris, on fit des réparations à cette église. Le sanctuaire fut rebâti. Vers 1740 on reconstruisit la nef et le portail. Cette église devint propriété nationale en 1790 et fut vendue le 8 fructidor an IV. La ville de Paris racheta cet édifice le 24 septembre 1821, moyennant la somme principale de 38,000 francs et une rente perpétuelle sur l'État de 530 francs au nom et au profit de la fabrique de Chaillot pour l'acquittement des services religieux dont l'immeuble se trouve grevé. Cette église est aujourd'hui la 3e succursale de la paroisse de la Madeleine.

PIERRE-DES-ARCIS (RUE SAINT-).

Commence à la rue Gervais-Laurent, n° 11 ; finit à la rue du Marché-aux-Fleurs, n°s 3 et 5. Pas de numéro. Sa longueur est de 24 m. — 9e arrondissement, quartier de la Cité.

C'était autrefois un passage qui longeait l'église Saint-Pierre-des-Arcis dont nous avons parlé à l'article de la rue du Marché-aux-Fleurs. En vertu d'une décision ministérielle du 9 juillet 1816, cette rue, dont la largeur varie de 1 m. à 2 m., a été fermée à ses deux extrémités. — Il n'existe pas d'alignement pour la rue Saint-Pierre-des-Arcis.

PIERRE-GROS-CAILLOU (ÉGLISE SAINT-).

Située dans la rue Saint-Dominique, entre les n°s 190 et 192. — 10e arrondissement, quartier des Invalides.

« Louis, etc. Les curé et marguilliers de l'église et
» paroisse de Saint-Sulpice de Paris et les habitans du
» lieu appelé le Gros-Caillou en la ville de Paris, nous
» ont fait représenter, que le quartier du Gros-Caillou
» étant considérablement éloigné de la dite église de
» Saint-Sulpice, les paroissiens qui l'habitent ne se
» trouvent pas en état de remplir comme ils le sou-
» haiteraient les devoirs de la religion dans leur pa-
» roisse aux jours de fêtes et dimanches ; ce même éloi-
» gnement étant aussi lors pénible aux ecclésiastiques
» préposés pour l'administration des sacremens et pou-
» vant donner lieu à des inconvéniens fâcheux, etc.,
» nous avons permis et permettons par ces présentes
» signées de notre main, aux exposans de faire cons-
» truire sur le terrain acquis par le contrat du 1er août
» 1735, une chapelle de la grandeur et de l'élévation
» convenables pour la célébration de la messe, etc.
» Permettons en outre pendant l'espace de trois années
» seulement, les questes que les dits exposans jugeront
» nécessaires pour parvenir à la construction entière et
» parfaite de la d. chapelle et à ses autres besoins, à
» la charge qu'il en sera rendu compte aux dits curé
» et marguilliers. Au moyen de l'établissement de la d.
» chapelle, les habitans du Gros-Caillou pourront se
» dispenser de faire leur communion pascale et de
» rendre le pain béni en l'église de la paroisse de Saint-
» Sulpice, etc. Donné à Versailles, au mois de février
» 1737, et de notre règne le 22e. Signé Louis. » (Bureau de la Ville, reg. H., n° 1858, f° 112).

— PIE —

Ces lettres-patentes ont été registrées en parlement le 27 mars suivant. La première pierre de cette chapelle fut posée le 19 mars 1738, et la première messe célébrée le 13 août suivant. Par décret du 17 août 1776, rendu sur la demande des habitants du Gros-Caillou, dont le nombre s'élevait alors à 11 ou 12,000, l'archevêque autorisa l'érection de cette chapelle en cure. Des lettres-patentes du mois de janvier 1777 confirmèrent ce décret, et dans le courant de la même année l'église fut agrandie sous la direction de Chalgrin, architecte. Supprimée vers 1792, l'église Saint-Pierre au Gros-Caillou devint propriété nationale et fut vendue le 7 fructidor an VI, puis démolie peu de temps après. Une ordonnance royale du 10 avril 1822 autorisa le préfet de la Seine à faire l'acquisition, au nom de la ville de Paris, de l'emplacement occupé par l'ancien édifice, afin de faire construire sur ce terrain une église dont le plan avait été approuvé par le conseil des bâtimens civils, et la dépense fixée à 354,541 fr. 90 c. L'acquisition eut lieu le 15 mai de la même année, et les travaux, dirigés par M. Godde, architecte, furent terminés en 1823. L'église Saint-Pierre au Gros-Caillou est aujourd'hui succursale de la paroisse Saint-Sulpice.

PIERRE-LEVÉE (RUE).

Commence à la rue des Trois-Bornes, n°s 3 et 5 ; finit à la rue Fontaine-au-Roi, n°s 10 et 12. Le dernier impair est 19 ; le dernier pair, 14. Sa longueur est de 267 m. — 6e arrondissement, quartier du Temple.

Elle a été tracée, en 1782, sur des terrains en marais. Sa largeur fut fixée à 30 pieds (9 m. 74 c.). En creusant le sol de cette voie publique, on trouva une pierre d'une forte dimension que plusieurs savans présumèrent avoir fait partie d'un autel druidique. Ce monument de nos ancêtres consistait en un groupe de plusieurs pierres, dont l'une plus large, était élevée sur deux autres qui lui servaient de soutiens, et qui formaient dans leur ensemble un oratoire rustique. Cette voie publique, dans laquelle on ne voyait que de rares et chétives constructions, devint bientôt un réceptacle d'ordures et servit de refuge aux malfaiteurs. Une ordonnance de police en prescrivit la fermeture en 1810. Au mois d'août 1825, huit propriétaires riverains demandèrent la réouverture de cette rue, offrant de livrer gratuitement le terrain nécessaire à son élargissement, de l'éclairer et de la paver à leurs frais. Deux propriétaires seulement s'opposèrent à l'abandon gratuit de leur terrain. Le conseil municipal, dans sa séance du 12 juillet 1826, fut d'avis d'autoriser la réouverture à condition que tous les riverains feraient le pavage et l'éclairage à leurs frais, et livreraient sans indemnité le terrain nécessaire à cet élargissement. L'opposition des deux propriétaires dont nous avons parlé amena le conseil municipal à modifier sa délibération. Dans sa séance du 27 juillet 1827, il s'exprime ainsi. « Il y a lieu d'autoriser l'ou-

» verture de la rue Pierre-Levée, à la charge par les
» huit propriétaires riverains et signataires, de faire
» solidairement entre eux les premiers frais de ter-
» rasse, pavage et éclairage de la rue, et sans aucune
» répétition et dans toute l'étendue de la rue. » — Une ordonnance royale du 26 décembre 1830 approuva cette délibération, et fixa la largeur de la rue Pierre-Levée à 12 m. Les maisons nos 5, 13, 15, 17, 19, 4, et la propriété située sur le côté des numéros pairs, à l'angle de la rue Fontaine-au-Roi, sont alignées. Les autres constructions devront reculer de 1 m. environ. — Conduite d'eau depuis la rue Fontaine-au-Roi jusqu'à la borne-fontaine.

PIERRE-MONTMARTRE (RUE SAINT-).

Commence à la rue Montmartre, nos 99 et 101; finit à la rue Notre-Dame-des-Victoires, nos 20 et 22. Le dernier impair est 19; le dernier pair, 16. Sa longueur est de 158 m. — 3e arrondissement, quartier du Mail.

Ouverte sur le clos Gautier ou des Masures et le petit Chemin-Herbu, cette rue était complètement bâtie en 1601. Un censier de l'archevêché la nomme, en 1603, rue *Pénécher*, en raison d'un riche particulier nommé Pierre Pénécher, qui y demeurait. En 1666, elle prit d'une enseigne représentant saint Pierre, le nom qu'elle porte encore aujourd'hui. — Une décision ministérielle du 3 vendémiaire an X, signée Chaptal, fixa la largeur de cette voie publique à 7 m. Cette largeur a été portée à 10 m., en vertu d'une ordonnance royale du 4 mai 1826. La maison no 5 bis est alignée; les autres constructions de ce côté devront reculer de 3 m. à 3 m. 50 c. La maison no 6 est assujettie à un retranchement de 1 m. 40 c.; celle no 8 est alignée; le surplus de ce côté est soumis à un retranchement de 3 m. 20 c. — Conduite d'eau depuis la rue Montmartre jusqu'à la borne-fontaine. — Éclairage au gaz (compe Anglaise).

PIERRE-POPINCOURT (RUE SAINT-).

Commence à la rue Saint-Sébastien, no 1; finit à la rue de Ménilmontant, no 2. Pas de numéro impair; ce côté est bordé par le mur de soutènement du boulevart; le dernier pair est 24. Sa longueur est de 201 m. — 8e arrondissement, quartier Popincourt.

C'était une partie de l'ancien chemin qui régnait le long du fossé, nommé *chemin de la Contrescarpe*. On lui donna, vers 1770, le nom qu'elle porte encore aujourd'hui, en raison d'une statue de saint Pierre, placée à l'une de ses extrémités. Cette voie publique a été élargie en 1780, et portée à 11 m. 69 c. Cette largeur a été maintenue par une décision ministérielle du 25 messidor an X, signée Chaptal. Toutes les constructions riveraines sont alignées. — Conduite d'eau depuis la rue Saint-Sébastien jusqu'aux deux bornes-fontaines. — Éclairage au gaz (compe Lacarrière).

PIGALLE (RUE).

Commence à la rue Blanche, nos 12 et 14; finit à la place de la barrière Montmartre. Le dernier impair est 35; le dernier pair; 36. Sa longueur est de 583 m. — 2e arrondissement, quartier de la Chaussée-d'Antin.

Le plan de Jaillot (1772) l'indique sous la dénomination de rue *Royale*. C'était plutôt à cette époque un chemin conduisant à Montmartre.

» *Administration centrale*. — Séance du 18 nivôse
» an VIII. — L'administration centrale du département
» de la Seine, vu la lettre par laquelle l'administra-
» tion municipale du 2e arrondissement demande que
» la dénomination de la rue ci-devant Royale, divi-
» sion du Mont-Blanc, soit supprimée, et qu'il lui en
» soit substitué une autre conforme aux principes de la
» Révolution; considérant qu'il convient de ne laisser
» aucune trace d'un régime proscrit à jamais, et qu'il
» importe de retracer aux yeux des citoyens les épo-
» ques où se sont opérées les révolutions tendant à la
» prospérité publique, le commissaire du gouverne-
» ment entendu; arrête que la rue Royale, division du
» Mont-Blanc, portera le nom de rue du Champ-du-
» Repos. (Registre 40, page 64.) » — Il paraît que cet arrêté ne fut point exécuté, car nous lisons dans le même registre, page 74, séance du 22 du même mois de nivôse an VIII : « L'administration centrale du département de la Seine arrête que la rue Royale, division du Mont-Blanc, portera le nom de rue de l'an VIII. » — Dans le courant de l'an XI, cette voie publique prit la dénomination de rue Pigalle. — Une décision ministérielle du 12 prairial an XI, signée Chaptal, et une ordonnance royale du 1er juillet 1834, ont fixé la moindre largeur de cette voie publique à 10 m. Le numérotage de cette rue est très irrégulier. Les constructions ci-après sont alignées : propriété entre les nos 1 et 3, 15, 17, 17 bis, encoignure droite de la rue Boursault, 19, 21, 21 bis, 23; mur de clôture à l'angle de la place; 4, 6, de 16 à 24, 20, 22, encoignure gauche de la rue Notre-Dame-de-Lorette, de 32 à 36 (ces derniers numéros continuent ceux de la rue La Rochefoucauld), et de 30 à la fin. — Conduite d'eau entre les rues Blanche et Boursault. — Éclairage au gaz (compe Anglaise).

Pigalle (Jean-Baptiste), célèbre sculpteur, naquit à Paris en 1714. A l'âge de dix ans, il entra chez le *Lorrain*, et montra si peu de dispositions que son maître l'engagea bientôt à renoncer à la sculpture. Le jeune Pigalle persista et poursuivit avec ardeur le cours de ses études. A vingt ans, il entra dans l'atelier de *Lemoine*, et voulut peu de temps après concourir pour le grand prix de sculpture, mais il échoua complètement. Loin de se désespérer de cet échec, l'artiste courageux prit la résolution de partir à pied pour Rome. Coustou fils, qu'il y trouva, s'empressa de partager avec lui ses faibles ressources, et Pigalle put rester dans cette ville pendant trois années à étudier les chefs-d'œuvre de l'antiquité. A son retour il alla présenter à son maître une statue de Minerve, et reçut cet encouragement flatteur : « *Mon ami, je voudrais l'avoir*
» *faite.* » Cependant Pigalle eut longtemps à lutter

— PIL —

contre l'intrigue et fut réduit à travailler en sous-ordre; mais ayant été chargé de faire une statue de la vierge pour l'église des Invalides, le comte d'Argenson, alors ministre, fut si charmé de la perfection de cette œuvre, qu'il chargea Pigalle de faire la statue de Louis XV. Les autres travaux remarquables du grand sculpteur sont : une statue de *Vénus*, le *mausolée du maréchal de Saxe*, celui du *comte d'Harcourt*, et une jolie *figure de jeune fille qui se tire une épine du pied*. Pigalle, reçu membre de l'Académie, fut nommé recteur en 1777, et mourut le 20 août 1785.

PILIERS AUX POTIERS D'ÉTAIN (RUE DES).

Commence à la rue de la Cossonnerie, n° 40; finit à la rue de Rambuteau. Pas de numéro impair; ce côté est bordé par les halles au beurre et au poisson; le dernier pair est 30. Sa longueur est de 88 m. — 4e arrondissement, quartier des Marchés.

Elle fut d'abord indiquée sous le nom général de rue des *Piliers-des-Halles*, des *Petits-Piliers*. Elle prit le nom qu'elle porte encore aujourd'hui des potiers d'étain qui vinrent s'y établir. Les inscriptions l'appellent à tort *place du Carreau-de-la-Halle*. La moindre largeur de cette voie publique est de 5 m. 60 c. Il n'existe point d'alignement pour la rue des Piliers aux Potiers d'Étain. — Conduite d'eau. — Éclairage au gaz (comp^e Française).

Les derniers statuts donnés en 1613 à la communauté des potiers d'étain, les qualifient de maîtres potiers d'étain et tailleurs d'armes sur étain, ce qui leur conférait le droit de graver, d'armorier tous les ouvrages d'étain qu'ils fabriquaient. Chaque maître était tenu d'avoir deux poinçons pour marquer son travail; l'un contenait la première lettre du nom de baptême et celui de famille en entier; l'autre, les deux premières lettres de chaque nom qui devaient être empreintes sur des tables d'essai que gardait le procureur du roi, et sur celles de la communauté, pour y avoir recours en cas de fraude. Il leur était défendu d'enjoliver leurs produits avec de l'or ou de l'argent, à moins que ces travaux ne fussent destinés à parer les églises. L'apprentissage était de six ans, et le compagnonnage de trois ans. Le brevet coûtait 36 livres, et la maîtrise 500 avec chef-d'œuvre.

PINON (RUE).

Commence à la rue Grange-Batelière, n°s 3 et 5; finit à la rue Laffitte, n°s 28 et 30; pas de numéro impair. Ce côté est bordé en partie par les dépendances de l'Académie royale de Musique; le dernier pair, 22 bis. Sa longueur est de 201 m. — 2e arrondissement, quartier de la Chaussée-d'Antin.

Nous avons cité à l'article de la rue Grange-Batelière un arrêt du conseil du 18 octobre 1704, qui ordonnait l'ouverture d'*une rue de 3 toises de largeur le long du mur de la Grange-Batelière, jusqu'à la rencontre du chemin du Marais*. Ce percement n'ayant pas été complètement exécuté, forma une impasse qu'on

— PIR —

désigna sous le nom de *cul-de-sac de la Grange-Batelière*. Dès l'année 1781, le sieur Thévenin, entrepreneur de bâtiments, conçut le projet de prolonger cette impasse sur ses terrains, et de donner à la nouvelle rue le nom de *rue Neuve de Bourbon*.

— » Louis, etc., ordonnons, voulons et nous plaît
» ce qui suit : — Article 1er. Le cul-de-sac de la
» Grange-Batelière, ouvert seulement du côté de la rue
» de ce nom, sera prolongé et ouvert jusque dans la
» rue d'Artois, en prenant sur l'emplacement apparte-
» nant au sieur Thévenin, dans la longueur de douze
» toises, l'espace nécessaire pour l'ouverture du dit
» cul-de-sac. — » Art. 2e. Voulons que cette nouvelle
» rue, qui sera nommée rue *Pinon*, soit et demeure,
» quant à présent, de la largeur de vingt-quatre pieds
» dans une portion et de dix-huit pieds dans l'autre, le
» tout conformément au plan figuré de l'état actuel des
» lieux, et attaché sous le contre-scel des présentes; la-
» quelle largeur sera portée à trente pieds, successi-
» vement au fur et à mesure des reconstructions des
» maisons, bâtiments et murs situés sur la dite nou-
» velle rue, etc. — Donné à Versailles, le 2e jour de
» janvier 1784, et de notre règne le 10e. Signé, Louis. »
Ces lettres-patentes, registrées au parlement le 27 février suivant, reçurent leur exécution au mois de décembre de la même année. M. Pinon était alors président au parlement. — Une décision ministérielle du 7 fructidor an X, signée Chaptal, a fixé la largeur de la rue Pinon à 9 m. 74 c.. — Les constructions riveraines sont alignées, à l'exception de celles qui dépendent de l'Académie royale de Musique. — Egout entre les rues Grange-Batelière et Le Peletier. — Éclairage au gaz (comp^e Anglaise.)

PIROUETTE (RUE).

Commence aux rues de la Tonnellerie, n° 109, et de Rambuteau; finit à la rue Mondétour, n°s 17 et 19. Le dernier impair est 15; le dernier pair, 10. Sa longueur est de 32 m. — Les numéros impairs sont du 5e arrondissement, quartier Montorgueil; les numéros pairs du 4e arrondissement, quartier des Marchés.

Adam, archidiacre de Paris, puis évêque de Thérouenne de 1213 à 1229, avait hérité en 1179, de Gautier son frère, d'un fief dit de Thérouenne, situé dans le territoire de Champeaux. Ce fief donnait droit de justice et de censive. Il en vendit ou céda une partie à Philippe-Auguste, pour compléter l'emplacement nécessaire aux nouvelles halles de Paris. Ce qui restait de ce domaine fut vendu le 2 juin 1330, par Adam de Mesmer, l'un des descendants de l'évêque, à Pierre des Essarts, moyennant 1,025 livres. Ce dernier en fit la déclaration au profit du roi, le 17 du même mois. Néanmoins, on avait commencé à bâtir cette rue avant l'époque de cette vente, ainsi que le prouve un acte de 1250, qui indique une maison sise en la rue Thérouenne, près Saint-Magloire (registres capitulaires de Notre-Dame). Un arrêt de 1501 la nomme rue

— PIT —

Pirouette-en-Thérouenne. — Par décision ministérielle du 13 vendémiaire an X, signée Chaptal, la largeur de cette voie publique a été fixée à 10 m. Les propriétés n°s 2 et 4 sont alignées. — Conduite d'eau. — Éclairage au gaz (comp^e Française).

PITIÉ (HOPITAL NOTRE-DAME-DE-).

Situé dans la rue Copeau, n° 1. — 12e arrondissement, quartier du Jardin-du-Roi.

Les pauvres et les mendiants, dont le nombre était considérable au commencement du XVIIe siècle, troublaient la tranquillité publique. Louis XIII donna, vers 1612, l'ordre de les renfermer; les magistrats, pour exécuter cette mesure, achetèrent successivement une grande maison appelée le Jeu-de-Paume de la Trinité et plusieurs propriétés voisines. On construisit des bâtiments réguliers et conformes à leur destination. Cet établissement qui était affecté aux vieillards pauvres, reçut le nom d'*Hôpital de la Pitié*, parce que la chapelle était sous l'invocation de Notre-Dame-de-Pitié. En 1657, l'Hôpital-Général dit la Salpêtrière ayant été ouvert à tous les mendiants, la maison de Pitié en devint une dépendance. On y plaça les enfants des mendiants et les orphelins. Les filles auxquelles on apprenait à lire, à écrire et à tricoter, occupaient une partie de la maison. Les garçons, qui recevaient une éducation analogue à leur sexe, habitaient une cour appelée *Petite-Pitié*. Enfin on y enferma des enfants trouvés, des orphelins auxquels on faisait apprendre divers métiers. On fabriquait des draps pour les vêtements des hôpitaux, et même pour les troupes. Pendant la révolution, les orphelins furent nommés *Élèves de la Patrie*. En 1809, on les transféra dans la rue du Faubourg-Saint-Antoine; dès lors la Pitié devint une annexe de l'Hôtel-Dieu. Le nombre des lits fut fixé provisoirement à 200. Aujourd'hui cet hôpital contient 600 lits placés dans 23 salles. En 1835, la mortalité a été de 1 sur 11; en 1843, de 1 sur 26/03. En 1835, la dépense s'est élevée à 264,803 fr. 55 c. En 1843, à 379,960 fr. 40 c.

PLACIDE (RUE SAINT-).

Commence à la rue de Sèvres, n°s 57 et 59; finit à la rue du Cherche-Midi, n°s 54 et 56. Le dernier impair est 29; le dernier pair, 24. Sa longueur est de 149 m. — 10e arrondissement, quartier Saint-Thomas-d'Aquin.

Cette rue fut ouverte en 1644, par les soins de Pierre Le Jay, épicier, en vertu d'un bail passé entre ce bourgeois et l'abbé de Saint-Germain-des-Prés. Elle reçut le nom de *Saint-Placide*, célèbre disciple de saint Benoît. — Une décision ministérielle du 18 messidor an IX, signée Chaptal, a fixé sa largeur à 9 m. Les constructions du côté des numéros impairs sont alignées, celles du côté opposé devront reculer de 50 c. au plus. — Conduite d'eau.

PLAISANCE (AVENUE DE).

Commence à l'avenue de Munich; finit aux rues de Messine et de la Bienfaisance. Pas de numéro. Sa longueur est de 116 m. — 1er arrondissement, quartier du Roule.

Formée lors de la construction de l'abattoir du Roule, cette avenue qui prolonge la rue de Plaisance, a été dénommée en vertu d'une décision ministérielle du 21 juin 1844. Sa largeur est de 22 m.; elle n'est pas encore classée parmi les voies publiques. (Voyez *Abattoir du Roule* et *l'article* suivant.)

PLAISANCE (RUE DE).

Commence aux rues de Messine et de la Bienfaisance; finit à la rue de Lisbonne. Pas de numéro. Sa longueur est de 114 m. — 1er arrondissement, quartier du Roule.

Elle a été tracée sur les terrains de MM. Hagerman et Mignon, en vertu d'une ordonnance royale du 2 février 1826. Sa largeur est fixée à 12 m. Cette rue doit être prolongée jusqu'à celle de Valois. La dénomination assignée à cette voie publique est celle de la principale ville du duché de Plaisance. (Voyez rue d'*Amsterdam*).

PLANCHE (RUE DE LA).

Commence à la rue de la Chaise, n°s 14 et 16; finit à la rue du Bac, n°s 77 et 79. Le dernier impair est 27; le dernier pair, 26. Sa longueur est de 249 m. — 10e arrondissement, quartier Saint-Thomas-d'Aquin.

Au commencement du XVIIe siècle, la rue de Varenne s'étendait jusqu'à la rue de la Chaise. En 1607, Raphaël de la *Planche*, trésorier général des bâtiments du roi, établit au coin de ces deux rues une manufacture de tapisseries de haute lisse en or, argent et soie. Vers l'année 1640, la partie de la rue de Varenne comprise entre les rues de la Chaise et du Bac, prit la dénomination de rue de la *Planche*. — Une décision ministérielle à la date du 2 thermidor an V, signée Benezech, fixa la largeur de cette voie publique à 9 m. Cette largeur a été portée à 10 m. 30 c., en vertu d'une ordonnance royale du 7 mars 1827. Toutes les constructions du côté des numéros impairs, et les maisons n° 20 bis, 20 ter, et celle qui suit la propriété n° 24, sont alignées; le surplus devra reculer de 1 m. 30 c. à 1 m. 50 c. — Éclairage au gaz (comp^e Française).

PLANCHE-MIBRAY (RUE DE LA).

Commence aux quais de Gesvres, n° 2, et Le Peletier, n° 44; finit aux rues Saint-Jacques-la-Boucherie, n° 1, et de la Vannerie, n° 49. Le dernier impair est 21; le dernier pair, 18. Sa longueur est de 71 m. — 7e arrondissement, quartier des Arcis.

En 1300, c'était le carrefour de *Mibray*; en 1313, les *Planches-de-Mibray*. Elle ne formait à cette époque qu'une ruelle qui conduisait à la rivière. Lors de la construction du pont Notre-Dame, cette ruelle fut élargie (consulter cet *article* pour l'étymologie du nom de cette rue). Le *Voyer de Paris* demeurait autrefois dans la rue de la Planche-Mibray. — Une décision ministérielle à la date du 28 messidor an V, signée Benezech, fixa la largeur de cette voie publique

— PLA —

à 12 m. Cette largeur est portée à 14 m., en vertu d'une ordonnance royale du 22 mai 1837. Propriétés de 1 à 7, retranch. 2 m. 70 c. à 3 m. 30 c.; encoignure droite de la rue de la Vieille-Place-aux-Veaux, alignée; 13, 15, ret. 3 m. à 3 m. 40 c.; de 17 à la fin, ret. 2 m. 40 c. à 3 m.; de 2 à 6, ret. 2 m. 80 c. à 3 m. 40 c.; de 10 à la fin, ret. 1 m. 90 c. — Conduite d'eau. — Éclairage au gaz (compe Française).

PLANCHETTE (IMPASSE DE LA).

Située dans la rue Saint-Martin, entre les nos 254 et 256. Le dernier numéro est 3. Sa longueur est de 28 m. — 6e arrondissement, quartier Saint-Martin-des-Champs.

Vers 1410, on avait projeté d'ouvrir une rue qui, partant de la rue Saint-Martin, irait aboutir à celle du Temple. Dans un compte de 1423, cité par Sauval, on voit que ce projet avait reçu un commencement d'exécution, et que la petite partie déjà ouverte se nommait la *Planchette*, en raison d'une planche ou petit pont qui avait été construit en cet endroit pour faciliter le passage sur l'égout. Il fut question de continuer cette voie, lors du percement de la rue de Meslay; mais cette dernière présentant moins de difficultés dans l'exécution, l'ancien projet fut définitivement abandonné. La largeur actuelle de cette impasse est de 6 m.: dimension qui a été maintenue par une décision ministérielle du 22 mai 1821.

PLANCHETTE (RUE DE LA).

Commence à la rue des Terres-Fortes; finit à la rue de Charenton, nos 14 et 16. Le dernier impair est 17; le dernier pair, 16. Sa longueur est de 370 m. — 8e arrondissement, quartier des Quinze-Vingts.

Elle a été ouverte en 1650, sur un emplacement servant de chantier de bois flotté. — Une décision ministérielle du 3 thermidor an IX, signée Chaptal, fixa la largeur de cette voie publique à 10 m. Lors de l'exécution de l'alignement de la rue de la Contrescarpe, vers la rue des Terres-Fortes, une partie de la rue de la Planchette dut être supprimée. — En 1826, les sieurs Soyer, Bureau et Lebobe conçurent le projet de remplacer cette partie supprimée, par un nouveau percement. Une ordonnance royale du 29 mai 1827 porte ce qui suit : « Article 1er. Les sieurs Soyer, Bureau et Lebobe sont autorisés à ouvrir sur leurs terrains situés à Paris, entre la rue des Terres-Fortes et le quai du canal Saint-Martin (la rue de la Contrescarpe), une nouvelle rue de treize mètres de largeur, terminée du côté du canal par une place de trente mètres de profondeur sur vingt de largeur; le tout conformément au plan ci-joint. — Art. 2e. Cette autorisation est accordée, à la charge par les impétrants, 1° de supporter les frais de premier établissement du pavage et de l'éclairage de la nouvelle rue et de la place, ainsi que ceux des travaux nécessaires à l'écoulement des eaux pluviales et souterraines; 2° d'établir de chaque côté des trottoirs en pierre dure dont les dimensions seront déterminées par

— PLA —

l'administration; 3° enfin de se conformer aux lois et règlements sur la voirie de Paris. » — Cette ordonnance fut immédiatement exécutée. — Une autre ordonnance royale du 1er juin 1828 a fixé à 13 m. la largeur de la partie conservée de l'ancienne rue de la Planchette. Les constructions riveraines de cette partie ne sont pas numérotées; elles devront subir un retranchement de 4 m. 50 c. à 5 m. 10 c. environ. — Conduite d'eau du côté de la rue de la Contrescarpe.

PLANCHETTE (RUELLE DE LA).

Commence au chemin de ronde de la barrière de Bercy; finit à la rue de Charenton. Pas de numéro. Sa longueur est de 65 m. — 8e arrondissement, quartier des Quinze-Vingts.

C'était anciennement un chemin ou ruelle qui conduisait dans les champs. Lors de la construction du mur d'enceinte, une partie de cette ruelle fut renfermée dans Paris et reçut la dénomination de *ruelle de la Planchette*, parce que la rue de Charenton portait en cet endroit le nom de rue de la *Planchette*. — Une délibération du conseil municipal, en date du 23 juillet 1841, est ainsi conçue : « Il n'y a pas lieu de régler l'alignement de la ruelle dite de la Planchette. M. le préfet est invité à prendre les mesures nécessaires pour en ordonner la suppression, et à s'entendre avec les propriétaires riverains pour leur en céder la propriété. »

PLANTES (JARDIN-DES-).

Limité par la place Valhubert, les rues de Buffon, du Jardin-du-Roi, le quai Saint-Bernard et la rue Cuvier. — 12e arrondissement.

Vers l'extrémité sud-est de la grande Cité, se trouve le plus utile établissement, la plus jolie miniature de l'univers. Dans le Jardin-des-Plantes, l'homme éprouve les émotions les plus douces; c'est un arbre, des fleurs qui rappellent les lieux où l'on naquit. On se souvient de ce jeune sauvage auquel on faisait voir toutes les merveilles de la capitale. On lui montra le palais des Tuileries, le Louvre, l'église Notre-Dame, l'hôtel des Invalides, l'Opéra; devant tant de merveilles, le jeune homme restait froid et insouciant. Il allait mourir de chagrin, lorsqu'un jour on le conduisit au Jardin-des-Plantes. Tout-à-coup son visage s'anime, s'éclaire, il s'écrie : « Arbre de mon pays!... » des larmes s'échappent de ses yeux, il caresse, il embrasse cet arbre... il est sauvé!...

Henri IV avait fondé, en 1598, le Jardin-des-Plantes de la Faculté de Montpellier. En 1626, Hérouard, premier médecin de Louis XIII, obtint des lettres-patentes ordonnant la création d'un établissement de ce genre à Paris. Les dispositions contenues dans cet acte ne sont pas clairement définies; on y lit seulement : « Que ce jardin sera construit en l'un des faubourgs de » la ville de Paris ou autres lieux proches d'icelle, de » telle grandeur qu'il sera jugé propre, convenable et » nécessaire. » Hérouard fut enlevé à la science, et l'exécution de ce projet ajournée. Elle fut reprise peu de temps après par Bouvard, premier médecin, et Guy de la Brosse, médecin ordinaire du roi. En 1633, Sa Majesté accorda aux pressantes sollicitations de Guy de la Brosse, de nouvelles lettres pour l'organisation définitive de l'établissement. Le docteur fit en conséquence l'acquisition du terrain de la Butte des Copeaux ou Coupeaux, qui contenait environ quatorze arpents. Cette butte, qui avait servi de voirie aux bouchers, appartenait dans l'origine à l'abbaye Sainte-Geneviève. Elle fut ensuite la propriété de plusieurs particuliers. Dominé aujourd'hui par un joli labyrinthe, ce monticule avait été insensiblement formé par l'amas des gravois et immondices qu'on y avait transportés depuis longtemps. L'acquisition de ces terrains fut entièrement terminée en 1636, et bientôt s'éleva le plus bel établissement scientifique de l'Europe. Le terrain, peu étendu, était encore trop vaste pour les plantes qu'on avait à y mettre; mais peu à peu les plantes ont poussé, le jardin s'est développé, une petite serre a été bâtie. Gaston d'Orléans, qui aimait les plantes et les fleurs, envoya au jardin nouveau-né quelques frais échantillons de son parterre de Blois. Guy de la Brosse résolut de faire du Jardin-des-Plantes une école d'application où les nombreux élèves de la capitale viendraient puiser une instruction complète. Des salles convenables pour des cours de botanique, de chimie, d'astronomie et d'histoire naturelle, furent bientôt construites. Le 20 décembre 1639, l'archevêque permit d'y bâtir une chapelle avec tous les privilèges dont jouissaient les fondations royales. En 1640, le nouvel établissement fut ouvert et reçut le nom de *Jardin Royal des herbes médicinales*. Le catalogue publié par Guy de la Brosse en 1641, porte à 2360 le nombre des plantes que renfermait alors ce jardin. Tel était cet établissement, lorsque le grand Colbert fut nommé ministre. Son génie embrassa bientôt tout l'avenir des quatorze arpents du Jardin-des-Plantes. Fagon, premier médecin de Louis XIV, fit acheter au nom du roi les peintures que Gaston, duc d'Orléans, avait fait exécuter par Robert, d'après les plantes de son jardin de Blois. Une chaire d'anatomie fut créée en même temps pour le savant Joseph Duvernay. Fagon, devenu vieux et infirme, sut attirer à Paris le célèbre Joseph Pitton de Tournefort, Provençal. En 1683, Fagon se démit en faveur de son protégé, qui n'avait que vingt-sept ans, de sa place de professeur de botanique au Jardin-des-Plantes. Cet établissement prit, par les soins de Tournefort, un accroissement rapide; ses cours et ses herborisations dans les environs de Paris attirèrent une prodigieuse quantité d'étudiants français et étrangers : ses éléments de botanique, publiés en 1694, ont fait époque dans cette science. En 1698, il donna au public son *Histoire des plantes des environs de Paris*; et d'après la demande de ce célèbre botaniste, on construisit, en 1708, deux serres chaudes au Jardin-des-Plantes. Tournefort mourut à Paris le 28 novembre de cette année, en léguant au roi, par son testament, son précieux cabinet d'histoire naturelle et son magnifique herbier. De Jussieu poursuivait dignement la tâche commencée par ses prédécesseurs ; à vingt-huit ans, Antoine de Jussieu était professeur au Jardin-du-Roi ; il avait parcouru l'Espagne, le Portugal, ramassant toutes les plantes avec une curiosité pleine de dévotion. Enfin, en 1739, le roi véritable de cet établissement, le génie qui l'agrandit, qui le sauva, apparut sur la scène du monde : à vingt-six ans Buffon était nommé membre de l'Académie des Sciences. Il se sentit appelé à devenir l'historiographe de la nature. Buffon passa dix années à recueillir les matériaux, à s'exercer dans l'art d'écrire : au bout de ce temps, dit Condorcet, le premier volume de l'*Histoire naturelle* vint étonner l'Europe. Lorsque Buffon prit possession du Jardin-des-Plantes, cet établissement était triste à voir ; deux salles basses contenaient quelques curiosités et deux ou trois squelettes vermoulus, des herbiers en désordre. Le jardin était planté au hasard ; pas une allée, pas un arbre qui fût à sa place. Un savant, Daubenton, vint en aide à Buffon. A l'exemple d'Antoine de Jussieu, qui envoyait à ses frais ses élèves les plus zélés pour chercher des plantes et des graines, Daubenton recueillit des livres, des échantillons de tous genres. A côté de cette famille des Jussieu, les bienfaiteurs du genre humain, il faut placer Jean-André Thouin et son fils. A chaque saison nouvelle, le jardin était en progrès ; on jetait à bas les vieilles maisons, on en construisait de nouvelles, et bientôt on fut à bout de toute terre cultivée.

Le jardin, circonscrit à cette époque par la pépinière actuelle du côté du levant, par les serres au nord, et par les galeries à l'ouest, était trop étroit pour l'extension que venait de prendre l'École de Botanique, pour laquelle Buffon avait obtenu une somme de 36,000 livres. Cet établissement fut augmenté des terrains qui le séparaient de la Seine, de ceux qui provenaient de l'abbaye Saint-Victor et de quelques chantiers situés sur le quai. Une voie publique, qui porte aujourd'hui le nom de *Buffon*, fut pratiquée au sud et détermina de ce côté les limites du jardin. — Le Cabinet d'Histoire Naturelle s'enrichissait en même temps que le jardin. Ce Cabinet fut bientôt le centre où aboutirent les merveilleux et inestimables fragments dont se compose l'histoire naturelle. L'Académie des Sciences y envoya, la première, son cabinet d'anatomie. Les missionnaires de la Chine donnèrent à Buffon tous les échantillons recueillis dans ce vaste empire. Le roi de Pologne se montrait jaloux d'offrir au Jardin du Roi les plus beaux minéraux. Catherine II, impératrice de Russie, fit don au Cabinet d'Histoire Naturelle des plus beaux animaux du nord et des plus rares fragments de zoologie ; enfin, pendant la guerre d'Amérique, on vit des corsaires renvoyer à Buffon des caisses à son adresse et retenir celles du roi d'Espagne. Louis XV avait érigé la terre de Buffon en comté. D'Angiviller, surintendant des bâtiments sous

Louis XVI, fit élever à Buffon, du vivant du célèbre naturaliste, une statue à l'entrée du cabinet du roi, avec cette inscription :

Majestati naturæ par ingenium !

Mais, hélas! la reconnaissance publique ne s'étendit pas au-delà de l'existence de cet homme illustre. Pendant la Terreur, un jeune colonel de cavalerie fut arrêté; il était noble, il dut mourir. On le conduisit au supplice. En montant sur l'échafaud, le patient s'écria : « *Je suis le fils de Buffon!* » — « Bah!... » reprit une femme, une tricoteuse qui n'avait pas compris ce nom, « *la république n'a pas besoin de* » BOUFFONS!... » et la tête tomba!...

A Buffon avait succédé le marquis de la Billarderie, qui émigra dès le commencement de la révolution, et le Jardin-des-Plantes, dépendant de la maison du roi, devint domaine national sous l'Assemblée Constituante; enfin, un décret de la Convention, du 10 juin 1793, constitua et organisa cet établissement sous le nom de *Muséum d'Histoire Naturelle.* Il comptait douze chaires : Minéralogie, Chimie générale, Art chimique, Botanique dans le Muséum, Botanique dans la campagne, Cultures, deux Cours de Zoologie, Anatomie humaine, Anatomie des animaux, Géologie et Iconographie naturelle. Par le même décret, on instituait au Muséum une bibliothèque qu'on devait former avec tous les livres recueillis dans les établissements religieux que la nation avait supprimés. Les professeurs s'appelaient Daubenton, Brongniart, Desfontaines, de Jussieu, Portal, Mertrud, Lamarck, Faujas de Saint-Fond, Geoffroy, Vanspaendonck, A. Thouin. Ajoutez à cette riche nomenclature les noms de Lacépède, ancien collaborateur de Buffon, les deux Maréchal et les frères Redouté.

Au commencement de la révolution, Bernardin de Saint-Pierre avait été nommé intendant du Jardin-des-Plantes. Le roi Louis XVI, en confiant ce poste à l'auteur de *Paul et Virginie,* lui dit avec cette bienveillance ordinaire aux Bourbons : « J'ai lu vos ouvrages, » ils sont d'un honnête homme, et j'ai cru nommer en » vous un digne successeur de Buffon. » — Bernardin de Saint-Pierre voulut ajouter au Jardin-des-Plantes la ménagerie de Versailles. Un jour, par cette même route où tout un peuple en fureur était venu chercher le roi, la reine, le dauphin et madame Élisabeth, on vit passer, traînés dans une voiture à quatre chevaux, mollement couchés dans leur niche, le couagga, le bubale, le rhinocéros et le lion. — Le savant Chaptal, devenu ministre, s'occupa avec une véritable sollicitude du Jardin-des-Plantes. Il fit acheter la superbe ménagerie de Pembrocke, agrandir l'École de Botanique et terminer les galeries supérieures du Cabinet. Chaptal ordonna, en outre, l'acquisition des chantiers voisins pour augmenter les parcs de la ménagerie, et fit construire la galerie de Botanique. — Sous Napoléon, le Jardin-des-Plantes grandit comme grandissait la France impériale. Pendant l'invasion, on arracha au château des Tuileries un empereur; au Musée du Louvre, on enleva ses chefs-d'œuvre les plus précieux; à nos bibliothèques, nos manuscrits les plus rares ; à la colonne de bronze, l'homme qui était dessus; à la France, ses provinces entières; un seul établissement, le Jardin-des-Plantes, fut respecté. — Enfin Cuvier parut; après avoir complété et fixé l'anatomie comparée; il créa une science, celle des fossiles. Alors de nouvelles constructions devinrent indispensables. Le Cabinet d'Anatomie fut agrandi, puis ouvert pour la première fois au public; la grande galerie devint le bâtiment principal, et l'on construisit au centre de la ménagerie la rotonde pour les grands herbivores. — Le Jardin-des-Plantes se compose de trois parties : le jardin bas, la colline ou jardin élevé, et la vallée suisse ou ménagerie. La colline est dessinée en labyrinthe ; on y admire le cèdre du Liban, planté en 1734, par le célèbre Bernard de Jussieu. Un peu plus haut, dans une allée à gauche, on aperçoit une colonne élevée à la mémoire de Daubenton. Le sommet de cette colline est couronné par un kiosque d'où l'on découvre une partie de la capitale. Son sommet s'élève au-dessus des basses eaux de la Seine de 35 m. 45 c. Les collections de Géologie et de Minéralogie, la Galerie de Botanique ont été transférées dans les nouveaux bâtiments qui règnent le long de la rue de Buffon; en un mot, le Jardin-des-Plantes et le Muséum sont considérés, à juste titre, comme les plus beaux établissements de l'Europe.

PLAT-D'ÉTAIN (RUE DU).

Commence à la rue des Lavandières, nos 33 et 35; finit à la rue des Déchargeurs, nos 4 et 6. Le dernier impair est 7; le dernier pair, 8. Sa longueur est de 57 m. — 4e arrondissement, quartier Saint-Honoré.

Elle était complètement bordée de constructions à la fin du XIIIe siècle. On la nommait rue *Raoul Lavenier.* Sa dénomination actuelle lui vient d'une enseigne de l'hôtel du *Plat-d'Étain.* En 1489, cet hôtel appartenait à Simon et Étienne de Lille (Censive de l'Évêché). — Une décision ministérielle du 12 fructidor an V, signée François de Neufchâteau, fixa la largeur de cette voie publique à 6 m. Cette largeur a été portée à 10 m. en vertu d'une ordonnance royale du 9 décembre 1838. Les constructions du côté des numéros impairs devront reculer de 3 m. 30 c. à 4 m. 40 c. De 2 à 6, retranch. 2 m. 15 c. à 2 m. 50 c.; 8, ret. 1 m. 80 c.; encoignure de la rue des Déchargeurs, ret. réduit 3 m. — Conduite d'eau depuis la rue des Lavandières jusqu'aux deux bornes-fontaines. — Éclairage au gaz (compe Anglaise).

PLATRE-AU-MARAIS (RUE DU).

Commence à la rue de l'Homme-Armé, nos 1 et 3; finit à la rue Sainte-Avoie, nos 10 et 12. Le dernier impair

— PLA —

est 15 ; le dernier pair, 20. Sa longueur est de 145 m. — 7e arrondissement, quartier du Mont-de-Piété.

Bordée de constructions dès l'année 1220, on l'appelait en 1240 rue *Jéhan-Saint-Pol*. En 1280, c'était la rue au *Plâtre*, depuis *Plâtrière* et du *Plâtre*. — Une décision ministérielle du 23 frimaire an VIII, signée Laplace, fixa la largeur de cette voie publique à 6 m. Cette largeur a été portée à 10 m., en vertu d'une ordonnance royale du 12 juillet 1837. Propriétés de 1 à 5, ret. 3 m.; 7, ret. réduit 4 m.; de 9 à la fin, ret. 3 m. à 3 m. 60 c.; de 2 à 10, ret. 2 m. 30 c. à 2 m. 60 c.; 12, ret. réduit 2 m. 60 c.; de 14 à la fin, ret. 3 m. à 3 m. 60 c. — Conduite d'eau depuis la rue de l'Homme-Armé jusqu'à la borne-fontaine. — Éclairage au gaz (compe Lacarrière).

PLATRE-SAINT-JACQUES (RUE DU).

Commence à la rue des Anglais, nos 8 et 10; finit à la rue Saint-Jacques, nos 33 et 35. Le dernier impair est 29; le dernier pair, 28. Sa longueur est de 137 m. — 12e arrondissement, quartier Saint-Jacques.

Elle doit son nom à une plâtrière qu'on y avait ouverte, et aux plâtriers qui l'habitaient au commencement du XIIIe siècle. De 1247 à 1254, c'était la rue des *Plâtriers*. En 1300, rue *Plâtrière* ; enfin rue du *Plâtre* au XVe siècle et depuis. — Une décision ministérielle à la date du 8 brumaire an X, signée Chaptal, a fixé la largeur de cette voie publique à 7 m. Les propriétés nos 2, 20, 22 et 24 sont alignées. — Conduite d'eau depuis la rue Saint-Jacques jusqu'à la borne-fontaine.

Le *collège de Cornouailles* était situé dans cette rue, au n° 20. Il fut fondé en 1317 par Nicolas ou Nicolaï Galeran, Breton, pour cinq pauvres écoliers de Cornouailles. Les cinq boursiers furent d'abord établis vers l'an 1321, rue Saint-Jacques, dans la maison de Geoffroy du Plessis, notaire du pape. L'évêque de Paris approuva cet établissement par lettres du 19 mai 1323. En 1380, Jean de Guistri, maître ès-arts et en médecine, né dans le diocèse de Cornouailles, voulant favoriser la fondation qu'on avait faite pour ses compatriotes, acheta une maison rue du Plâtre pour les y loger. En exécution des lettres-patentes du 21 novembre 1763, cet établissement fut réuni au collège Louis-le-Grand. Les bâtiments ont été vendus par le domaine de l'État le 5 avril 1806.

PLUMET (IMPASSE).

Située entre la petite rue Mademoiselle et la rue des Brodeurs. Pas de numéro. Sa longueur est de 21 m. — 10e arrondissement, quartier Saint-Thomas-d'Aquin.

Elle tire son nom de la rue Plumet, dont elle forme le prolongement. — Une décision ministérielle du 10 frimaire an XI, signée Chaptal, a fixé la largeur de cette impasse à 10 m. Sa largeur actuelle est de 9 m. 80 c. — Égout.

— POI —

PLUMET (RUE).

Commence à la rue des Brodeurs, n° 4, et à la petite rue Mademoiselle, n° 10; finit au boulevart des Invalides, nos 25 et 27. Le dernier impair est 35; le dernier pair, 18. Sa longueur est de 325 m. — 10e arrondissement, quartier Saint-Thomas-d'Aquin.

C'était anciennement le *chemin de Blomet*. Un plan, levé par Jean Beausire le 27 mai 1720, l'indique sous la dénomination de rue *Plumel*. On a écrit depuis rue *Plumet*. — Une décision ministérielle à la date du 10 frimaire an XI, signée Chaptal, a fixé la largeur de cette voie publique à 10 m. Les propriétés de 1 à 9, 2, 4 bis, 10 et 12, sont alignées; celles nos 11, 13, 33, 35, 4, 8 et 14 ne devront subir qu'un léger redressement. — Égout.

PLUMET (RUE NEUVE-).

Commence au boulevart des Invalides, nos 20 et 22; finit à l'avenue de Breteuil. Le dernier impair est 5; le dernier pair, 12. Sa longueur est de 202 m. — 10e arrondissement, quartier des Invalides.

Cette rue, qui prolonge celle Plumet, a été ouverte en vertu d'un arrêt du conseil du 30 juin 1790, sur les terrains appartenant au sieur Brongniart, architecte du roi. Suivant le plan annexé à cet arrêt, la rue Neuve-Plumet, dont la largeur était fixée à 6 toises, devait aboutir à l'avenue de Saxe. — Une décision ministérielle du 10 frimaire an XI, signée Chaptal, réduisit la largeur de cette voie publique à 10 m. En vertu d'une ordonnance royale du 26 février 1844, cette largeur est portée à 13 m. Presque toutes les propriétés riveraines sont alignées. (Voyez rue des *Acacias*.)

PLUMETS (RUELLE DES).

Commence au quai de la Grève, nos 60 et 62; finit à la rue de l'Hôtel-de-Ville, nos 129 et 131. Pas de numéro. Sa longueur est de 18 m. — 9e arrondissement, quartier de l'Hôtel-de-Ville.

C'était, dans l'origine, la *ruelle du Petit-Port-Saint-Gervais*. Elle est formée par les gros murs des maisons voisines. Sa dénomination actuelle lui vient d'une enseigne. — Une décision ministérielle à la date du 13 thermidor an VI, signée François de Neufchâteau, fixa la largeur de cette voie publique à 6 m. — Dans sa séance du 26 mai 1837, le conseil municipal a été d'avis de supprimer cette ruelle comme voie publique, sauf à en aliéner le sol au profit des propriétaires riverains. Sa largeur actuelle est de 1 m. 60 c. — Cette ruelle est fermée à ses deux extrémités.

POIRÉES (RUE DES).

Commence à la rue Neuve-des-Poirées et à la place du collège Louis-le-Grand; finit à la rue de Cluny et à la place Sorbonne. Pas de numéro. Sa longueur est de 56 m. — 11e arrondissement, quartier de la Sorbonne.

Autrefois, la rue des Poirées commençait à la rue Saint-Jacques, et se terminait par un retour d'équerre à la rue des Cordiers. Son premier nom fut rue

— POI —

Thomas. On l'appela ensuite rue *Guillaume-d'Argenteuil*. Dès 1264 et 1271, elle est ainsi désignée : *Vicus ad Poretas, vicus Porctarum*. Plus tard, la partie du retour d'équerre débouchant dans la rue Saint-Jacques, prit le nom de rue des *Poirées*, l'autre partie celui de rue *Neuve-des-Poirées*. — Une décision ministérielle en date du 18 octobre 1808, signée Cretet, fixa la largeur de la rue des Poirées à 7 m. En vertu d'une ordonnance royale du 29 décembre 1824, cette dimension fut portée à 10 m. L'ordonnance prescrivit aussi le prolongement de cette voie publique jusqu'à la place Sorbonne. Ce percement, fixé également à 10 m., fut immédiatement exécuté. — En 1839, on reconnut la nécessité de faciliter la circulation aux abords du collège Louis-le-Grand. Les maisons situées sur le côté gauche de la rue des Poirées, entre les rues Saint-Jacques et Neuve-des-Poirées, furent acquises et démolies immédiatement. Leur emplacement ayant laissé un espace vide d'une assez grande étendue, cette partie de l'ancienne rue des Poirées a reçu le nom de *place du Collége-Louis-le-Grand* (*voyez* cet article). — La rue des Poirées est réduite aujourd'hui à la partie ouverte, conformément à l'ordonnance de 1824. La maison située sur le côté gauche, à l'encoignure de la rue de Cluny, est seule soumise à retranchement.

POIRÉES (RUE DU MARCHÉ-AUX-).

Commence aux rues de la Grande-Friperie, n° 2, et au Fers, n° 50; finit à la rue de la Tonnellerie. Le dernier impair est 27; le dernier pair, 24. Sa longueur est de 164 m. — 4° arrondissement, quartier des Marchés.

Elle tire son nom du marché qui y était situé. La partie qui s'étend de la rue de la Cossonnerie à celle de la Tonnellerie, s'appelait autrefois rue de la *Fromagerie*, en raison du genre de commerce qui s'y faisait. Il n'existe pas d'alignement arrêté pour la rue du Marché-aux-Poirées dont la moindre largeur est de 9 m. 80 c. — Égout. — Conduite d'eau entre les rues aux Fers et de la Cossonnerie. — Éclairage au gaz (comp° Française).

POIRÉES (RUE NEUVE-DES-).

Commence à la place du collége Louis-le-Grand et à la rue des Poirées; finit à la rue des Cordiers, n°s 8 et 10. Pas de numéro. Sa longueur est de 34 m. — 11° arrondissement, quartier de la Sorbonne.

(Voyez l'article de la rue des *Poirées*). — Une décision ministérielle en date du 18 octobre 1808, signée Cretet, a fixé la largeur de cette voie publique à 7 m. Les constructions riveraines sont soumises à un retranchement de 2 m. — Une ordonnance royale du 9 août 1826 porte ce qui suit : « Il sera ouvert dans notre
» bonne ville de Paris, 1° .....; 2° une rue de 10 m.
» de largeur, parallèle à la rue Saint-Jacques, et qui
» conduira de la rue Soufflot prolongée à la rue des
» Jacobins (rue des Grès). » — Commencé en 1827, ce percement qui se trouve dans la direction de la rue

— POI —

des Poirées en a reçu la dénomination. Il n'est encore qu'à l'état d'impasse.

POIRIER (RUE DU).

Commence à la rue Neuve-Saint-Merri, n°s 34 et 36; finit aux rues Maubuée, n° 1, et Simon-le-Franc, n° 35. Le dernier impair est 19; le dernier pair, 16. Sa longueur est de 78 m. — 7° arrondissement, quartier Sainte-Avoie.

Elle était entièrement construite à la fin du XIII° siècle. Dans un acte de 1302, on la nomme rue de la *Petite-Bouclerie*. Depuis, appelée de la *Baudroierie*, elle prit, en 1560, d'une enseigne le nom du *Poirier*. — Une décision ministérielle à la date du 13 vendémiaire an X, signée Chaptal, fixa la largeur de cette voie publique à 6 m. Cette largeur a été portée à 10 m. en vertu d'une ordonnance royale du 22 mai 1837. Propriétés de 1 à 9, retranch. 4 m. 60 c. à 5 m.; 11, ret. réduit 4 m. 10 c.; 13, ret. réduit 3 m. 30 c.; 15, ret. réduit 2 m. 70 c.; de 17 à la fin, ret. 2 m. 10 c. à 2 m. 60 c. Maisons entre les rues Neuve-Saint-Merri et Pierre-au-Lard, ret. 2 m. 20 c. à 3 m. 20 c.; 6, ret. réduit 2 m. 70 c.; 8, ret. réduit 3 m. 30 c.; 10, ret. réduit 3 m. 80 c.; 12, ret. réduit 4 m. 20 c.; de 14 à la fin, ret. 4 m. 40 c. à 5 m. 20 c. — Conduite d'eau entre les rues Pierre-au-Lard et Maubuée. — Éclairage au gaz (comp° Lacarrière).

POISSONNERIE (IMPASSE DE LA).

Située dans la rue Jarente, entre les n°s 2 et 4. Pas de numéro. Sa longueur est de 16 m. — 8° arrondissement, quartier du Marais.

Formée en vertu des lettres-patentes du 15 février 1783, sur l'emplacement du prieuré royal de la couture Sainte-Catherine, cette impasse reçut le nom de la *Poissonnerie*, parce qu'on y établit la poissonnerie du marché Sainte-Catherine. Elle fut exécutée sur une largeur de 5 m. 70 c. Cette dimension a été maintenue par une décision ministérielle du 22 juillet 1823. (Voyez l'article du marché *Sainte-Catherine*.)

POISSONNIÈRE (BARRIÈRE).

Située à l'extrémité de la rue du Faubourg-Poissonnière.

Sur le plan de Verniquet, cette barrière est placée entre les rues du Faubourg-Poissonnière et Rochechouart. A l'extrémité de la première de ces voies publiques, on voyait seulement une porte indiquée sous le nom de *PorteSainte-Anne*. Le bâtiment, qui décore aujourd'hui cette barrière, a été construit il y a quelques années, et n'offre rien de remarquable. (Voyez l'article *Barrières*.)

POISSONNIÈRE (BOULEVART).

Commence aux rues Poissonnière, n° 37, et du Faubourg-Poissonnière, n° 1; finit aux rues Montmartre, n° 182, et du Faubourg-Montmartre, n° 2. Le dernier impair est 31; le dernier pair, 32. Sa longueur est de 351 m.

— POI —

— Les numéros impairs sont du 3e arrondissement, quartier Montmartre; les numéros pairs dépendent du 2e arrondissement, quartier du Faubourg-Montmartre.

Des lettres-patentes du mois de juillet 1676, ordonnèrent la formation de ce boulevart, qui doit sa dénomination à la rue Poissonnière, où il prend naissance. La largeur de la chaussée est de 19 m. Une ordonnance royale du 4 mai 1826 a déterminé pour cette voie publique un alignement qui fixe la ligne des constructions à 2 m. de distance du centre des arbres des contr'allées. Les constructions ci-après sont alignées : partie du n° 1, 3, 5, partie du n° 7, 9, partie du n° 23, 27; 2, 4, 8, 10, 12, et de 14 à 28; le surplus n'est assujetti qu'à un faible retranchement. — Conduite d'eau. — Éclairage au gaz (comp^{es} Française et Anglaise).

POISSONNIÈRE (CHEMIN DE RONDE DE LA BARRIÈRE).

Commence à la rue du Faubourg-Poissonnière et à la barrière Poissonnière; finit aux rue et barrière Rochechouart. Pas de numéro. Sa longueur est de 188 m. — 2e arrondissement, quartier du Faubourg-Montmartre.

(Voir l'article *Chemins de ronde*.)

POISSONNIÈRE (RUE).

Commence à la rue de Cléry, n°s 29 et 31; finit aux boulevarts Poissonnière, n° 1, et Bonne-Nouvelle, n° 37. Le dernier impair est 37; le dernier pair, 46. Sa longueur est de 226 m. — Les numéros impairs sont du 3e arrondissement, quartier Montmartre; les numéros pairs, du 5e arrondissement, quartier Bonne-Nouvelle.

Ce n'était encore en 1290, qu'un chemin nommé le *Vallée-aux-Voleurs*. Ce terrain faisait partie du clos aux halliers, autrement dit les masures Saint-Magloire. Ce fut ensuite le chemin ou la rue des *Poissonniers*, parce que les marchands de marée la suivaient pour porter leurs poissons aux halles. Cette rue était hors de l'enceinte de Paris achevée en 1383. Elle ne fut entièrement bordée de constructions qu'en 1633. — Une décision ministérielle du 3 ventôse an X, signée Chaptal, fixa la moindre largeur de cette voie publique à 10 m. Cette moindre largeur a été portée à 12 m., en vertu d'une ordonnance royale du 22 août 1840. Propriétés de 1 à 5, retranch. 3 m. à 3 m. 70 c.; de 7 à 31, ret. 4 m. à 4 m. 30 c.; 33, ret. 1 m. 80 c.; 35, ret. réduit 1 m. 20 c.; 37, alignée; 2, 4, et partie du n° 6, redress.; surplus du n° 6, alignée; de 8 à 30, alignées; de 32 à 38, redress.; de 40 à 44, ret. 20 c. à 32 c.; 46, alignée. — Égout entre la rue de la Lune et le boulevart. — Conduite d'eau dans toute l'étendue. — Éclairage au gaz (comp^e Française).

POISSONNIÈRE (RUE DU FAUBOURG-).

Commence aux boulevarts Poissonnière, n° 2, et Bonne-Nouvelle, n° 42; finit aux chemins de ronde des barrières Poissonnière et Saint-Denis. Le dernier impair est 115; le dernier pair, 140. Sa longueur est de 1408 m. — Les numéros impairs sont du 2e arrondissement, quartier du Faubourg-Montmartre; les numéros pairs du 3e arrondissement, quartier du Faubourg-Poissonnière.

Ce territoire comptait un grand nombre d'habitations au commencement du XVIIe siècle. Il fut érigé en faubourg en 1648, et l'on donna vers cette époque à la grande rue qui le traversait le nom de *chaussée de la Nouvelle-France* (c'était la dénomination affectée à une partie de ce territoire). Cette voie publique prit vers 1660 la dénomination de *Sainte-Anne*, en raison d'une chapelle qu'on y avait construite sous l'invocation de sainte Anne. Elle se nomme enfin rue du *Faubourg-Poissonnière*, parce qu'elle prolonge la rue Poissonnière au-delà du boulevart. — Une décision ministérielle du 18 messidor an IX, signée Chaptal, a fixé la moindre largeur de cette voie publique à 11 m. Les propriétés ci-après ne sont pas soumises à retranchement : encoignure du boulevart, de 11 à 75 inclus; de 91 à la fin; de 2 à 26, 36, 40; de 46 à 50 inclus, 54, 56; de 62 à 88 inclus, partie du n° 90, de 92 à 106 inclus; de 110 à 138 inclus. — Égout depuis le boulevart jusqu'à la rue Chabrol. — Conduite d'eau entre le boulevart et la rue de l'Abattoir. — Éclairage au gaz (comp^e Française).

Au commencement du XVIIIe siècle, on voyait encore sur le rempart, à côté du faubourg, *la porte Sainte-Anne*, dont la construction datait de 1645. Elle fut démolie vers 1715.

Au coin de la rue Bergère est situé le *Conservatoire de Musique*. Sur la proposition du baron de Breteuil, cet établissement fut créé par arrêt du conseil du 3 janvier 1784, sous le nom d'*École royale de chant et de déclamation*. Ouverte le 1er avril de la même année, sous la direction de *Gossec*, elle était destinée à fournir des sujets à l'Opéra. On y enseignait le chant, la musique instrumentale, l'harmonie, la composition musicale et la danse. En 1786, sur le rapport du duc de Duras, une école de déclamation pour le Théâtre-Français fut annexée à cet établissement.

Les artistes les plus célèbres de l'époque, Molé, Fleury, Dugazon, en ont été les premiers professeurs. Talma y forma son génie aux leçons de ces grands maîtres. L'année 1789 vit tomber cette école naissante. Heureusement un amateur éclairé des arts, M. Sarrette, en réunit les débris et leur donna une nouvelle vie. Quarante-cinq musiciens des gardes françaises se joignirent à lui et formèrent le noyau de la musique de la garde civique; quelque temps après le corps municipal porta à soixante-dix-huit le nombre des exécutants, et créa, en 1792, une école gratuite de musique, qui, placée d'abord dans la rue Saint-Pierre-Montmartre, fut ensuite transférée dans la rue Saint-Joseph. Au mois de novembre 1793, le nom d'*Institut national de musique* fut donné à cet établissement, qui l'échangea deux ans après contre celui de *Conservatoire de musique*.

Définitivement constitué par l'empereur, le Conservatoire fut placé dans l'ancien hôtel des Menus-Plaisirs.

— POI —

Depuis sa création, il compte cinq directeurs : *Gossec, Sarrette, Perne, Cherubini* et *Auber*.

Au n° 51 était située la chapelle *Sainte-Anne*. Elle fut construite pour la commodité des habitants de ce quartier, qui se trouvaient trop éloignés de l'abbaye de Montmartre. En vertu d'une permission de l'abbesse du 19 mars 1655, Roland de Buci, confiseur, qui avait une maison dans cette rue, en fit don pour cet usage. Il fit construire la chapelle et le logement du chapelain, et les céda, par contrat du 25 octobre 1656, à l'abbaye de Montmartre. Cette chapelle fut bénite le 27 juillet 1657, et le 19 août suivant, l'archevêque permit d'y célébrer l'office divin, sous la condition expresse de reconnaître le curé de Montmartre pour pasteur. Supprimée en 1790, la chapelle Sainte-Anne devint propriété nationale et fut vendue le 27 germinal an III.

Au n° 76 est située la caserne de la *Nouvelle-France*. D'intéressants souvenirs se rattachent à cette propriété; nous voulons parler de deux hommes dont les noms ont retenti glorieusement dans nos grandes guerres de la république.

L'un, né à Versailles le 24 février 1768, soldat aux gardes françaises à dix-sept ans, général en chef de l'armée de la Moselle à vingt-cinq ans, pacificateur de la Vendée à vingt-sept, mourut à vingt-neuf ans général en chef de l'armée de Sambre-et-Meuse.

L'autre, de quatre ans moins jeune, fut soldat en 1780, sergent en 1789, prince de Ponte-Corvo et maréchal d'empire en 1804, prince héréditaire de Suède et de Norwège en 1810, puis roi, et mourut à quatre-vingts ans..... Hoche et Bernadotte ont été sergents à la *Nouvelle-France*. La chambre qu'occupait ce dernier sert aujourd'hui de cantine aux sous-officiers.

POISSY (RUE DE).

Commence au quai de la Tournelle, n°s 33 et 35; finit à la rue Saint-Victor, n°s 76 et 78. Le dernier impair est 27; le dernier pair, 10. Sa longueur est de 294 m. — 12° arrondissement, quartier du Jardin-du-Roi.

Cette voie publique, dans la partie faisant face à la halle aux Veaux, a été ouverte en vertu des lettres-patentes du mois d'août 1772, qui avaient prescrit la construction de cette halle sur l'emplacement du jardin des Bernardins. Vers 1774, on ouvrit une issue ou passage débouchant sur le quai. — Une décision ministérielle du 29 thermidor an XI, signée Chaptal, fixa la largeur de cette voie publique à 12 m., et prescrivit son prolongement jusqu'à la rue Saint-Victor, sur une dimension de 10 m. seulement. Ce prolongement fut effectué dans la partie qui traversait l'emplacement du ci-devant collège des Bernardins, devenu propriété nationale en 1790. Elle reçut en 1806, la dénomination de rue de *Poissy*, parce que les meilleurs veaux qu'on vend dans cette halle, proviennent de Poissy. En 1810, elle ne débouchait pas encore dans la rue Saint-Victor. Par décret rendu au palais de Laken, le 16 mai de la même année,

— POI —

Napoléon autorisa le préfet de la Seine à faire l'acquisition de deux propriétés particulières dont l'emplacement devait servir à l'ouverture complète de la rue de Poissy. Cette amélioration ne tarda pas à être exécutée. — Une décision ministérielle du 12 juin 1818 a maintenu les largeurs déterminées par le plan du 29 thermidor an XI. (Voir pour l'historique du collége des Bernardins, l'article de la rue de *Pontoise*.) — La propriété n° 2 est soumise à un retranchement de 10 m. 50 c. environ; celle qui est située sur le côté des numéros impairs, à l'encoignure de la rue Saint-Victor, devra reculer de 1 m. environ. Toutes les autres constructions ne sont pas assujetties à retranchement; la propriété n° 1 devra même avancer sur ses vestiges actuels. — Conduite d'eau.

POITEVINS (RUE DES).

Commence à la rue Hautefeuille, n°s 6 et 8; finit à la rue du Battoir, n°s 12 et 16. Le dernier impair est 11; le dernier pair, 14. Sa longueur est de 108 m. — 11° arrondissement, quartier de l'École-de-Médecine.

En 1253, on l'appelait rue *Gui-le-Queux*, ensuite rue *Guy-le-Queux* dite des *Poitevins*. Des titres de l'année 1356 l'indiquent sous la dénomination de rue *Guiard-aux-Poitevins*. En 1425, c'était la rue des *Poitevins*. Cette voie publique, dans la partie qui débouche sur la rue du Battoir, se nommait au XV° siècle rue du *Pet*; en 1560, rue du *Petit-Pet*, et en 1636, du *Gros-Pet*. — Une décision ministérielle du 23 prairial an VII, signée François de Neufchâteau, a fixé la largeur de cette voie publique à 6 m. Propriétés de 1 à 11, retranch. 80 c. à 1 m.; 13, en partie alignée; de 2 à 12, ret. 40 c. à 80 c.; 14, ret. réduit 2 m. 60 c.

POITIERS (RUE DE).

Commence au quai d'Orsay; finit à la rue de l'Université, n°s 62 et 68. Le dernier impair est 5; le dernier pair, 10. Sa longueur est de 203 m. — 10° arrondissement, quartier du Faubourg-Saint-Germain.

Cette rue, percée vers 1680, reçut d'un propriétaire riverain le nom de *Potier*. Sa dénomination actuelle n'est qu'une altération. — Une décision ministérielle en date du 8 nivôse an IX, signée Chaptal, fixa la largeur de cette voie publique à 9 m. En vertu d'une ordonnance royale du 7 mars 1827, cette dimension a été portée à 12 m. Les constructions du côté des numéros impairs et celles qui sont situées sur le côté opposé, entre le quai d'Orsay et la rue de Lille, ne sont pas soumises à retranchement; le surplus devra reculer de 3 m. 30 c. — Égout. — Conduite d'eau. — Éclairage au gaz (comp° Française).

POITOU (RUE DE).

Commence à la rue Vieille-du-Temple, n°s 133 et 135; finit aux rues d'Orléans, n° 12, et de Berri, n° 2. Le dernier impair est 33; le dernier pair, 38. Sa longueur est de 159 m. — 7° arrondissement, quartier du Mont-de-Piété.

Cette rue, bâtie en 1626 sur la culture du Temple,

— POL —

porte le nom d'une de nos anciennes provinces de France. — Une décision ministérielle à la date du 19 germinal an VIII, signée L. Bonaparte, fixa la largeur de cette voie publique à 10 m. En vertu d'une ordonnance royale du 31 mars 1835, cette dimension a été portée à 12 m. Propriété n° 1, retranch. 40 c.; 3 et 5, rct. 30 c.; de 7 à 29, redress.; 31, 33, alignées. De 2 à 36, ret. 2 m. 20 c. à 2 m. 40 c.; 38, ret. 1 m. 90 c. — Conduite d'eau entre les rues Vieille-du-Temple et de la Marche. — Éclairage au gaz (comp° Lacarrière).

POLICE (PRÉFECTURE DE).

Située rue de Jérusalem, n° 7. — 11e arrondissement, quartier du Palais-de-Justice.

§ Ier. — *De l'hôtel de la Préfecture.*

Les bâtiments de la Préfecture de Police devant être compris dans le périmètre du *Palais-de-Justice,* nous devons d'abord, pour éviter des redites, renvoyer le lecteur à l'article *Justice* (*Palais-de-*), où il trouvera des documents applicables à la Préfecture de Police sous le rapport des constructions.

Au moment où nous écrivons, quelques bureaux seulement sont transférés dans les anciens bâtiments de la cour des Comptes dont il a été question au même article, et l'on s'occupe activement d'y préparer les appartements du préfet de police; mais presque tout le service administratif se trouvant encore dans l'hôtel de la Préfecture, dont la plus grande partie sera d'ailleurs conservée dans le nouveau plan d'agrandissement du palais, nous ne parlerons ici que de l'hôtel de la rue de Jérusalem.

Lorsqu'en 1298, sous le règne de Philippe-le-Bel, Enguerrand de Marigny eut reconstruit en grande partie le palais de la Cité, servant alors de résidence royale, les jardins qui en dépendaient se trouvaient bornés à l'est par le logis du roi, parallèle à la rue de la Barillerie (et dans les restes duquel siègent aujourd'hui la cour d'assises et la chambre des appels de police correctionnelle), et à l'ouest par un bras de la Seine qui a disparu sous les constructions de la rue Harlay. Sur ces terrains on voit aujourd'hui la *Préfecture de Police,* le *Dépôt près la Préfecture,* l'*Hôtel Lamoignon,* et les bâtiments qui entourent la cour Harlay.

La construction de l'hôtel des premiers présidents du parlement de Paris, aujourd'hui Préfecture de Police, fut commencée en 1607, par Achille de Harlay, sur l'emplacement des jardins de l'hôtel du Bailliage, qui lui avait été concédé par lettres-patentes du 28 mai de la même année. Cette construction fut achevée en 1611, par Nicolas de Verdun, son successeur immédiat à la présidence. Le chiffre (W) est encore visible aux tympans des croisées de la façade est de la cour de l'hôtel, qui est ornée en partie de médaillons renfermant les portraits de divers connétables, maréchaux et premiers présidents qui figurent là comme *justiciers.*

L'*Hôtel Lamoignon* attenant à la Préfecture et situé sur le quai de l'Horloge, est affecté au logement du colonel de la garde municipale.

Quant au *Dépôt près la Préfecture,* c'est une prison provisoire, de construction toute récente, composée de deux petits corps de bâtiments de même dimension, qui se rencontrent en angle droit et dans laquelle les détenus des deux sexes ne séjournent guère qu'un ou deux jours, en attendant qu'ils soient mis à la disposition de l'autorité judiciaire ou rendus à la liberté, selon le résultat d'une première enquête faite par un commissaire interrogateur.

§ II. — *Historique de la Police.*

Longtemps l'exercice de la police a été confondu dans les mêmes mains que celui de la justice civile et criminelle; et les seigneurs-justiciers de tous étages, sénéchaux, baillifs, prévôts, vidames, etc., étaient en même temps chargés de rendre la justice et de diriger la police. Aucun acte ne nous indique que la police ait été séparée des fonctions judiciaires avant l'année 1666. Jusqu'alors la police de Paris avait été exercée, ensemble ou séparément, soit par le *prévôt de Paris,* soit par le *lieutenant civil* ou le *lieutenant criminel* du Châtelet. Ce fut l'édit du mois de décembre 1666 qui créa un troisième lieutenant de la prévôté exclusivement chargé de cet objet sous le simple titre de *lieutenant de police;* et depuis la police a toujours formé une attribution distincte, si ce n'est pendant la révolution, que les juges de paix furent chargés des fonctions de police judiciaire exercées aujourd'hui par les commissaires de police et les maires.

Par lettres-patentes du 29 mars 1667, Gabriel *Nicolas,* seigneur de La Reinie, fut nommé à l'office de lieutenant de police nouvellement créé, c'est à ce magistrat qu'on doit l'établissement des lanternes. Avant cette époque, dans des circonstances particulières, on ordonnait à chaque propriétaire de maison, de placer, après neuf heures du soir, sur la fenêtre du 1er étage, une lanterne garnie d'une chandelle allumée, *pour être préservé des attaques des mauvais garçons.*

Par édit du mois de mars 1774, le roi créa un nouveau Châtelet et un second lieutenant de police; mais des conflits fâcheux firent bientôt sentir la nécessité de réunir dans une seule main la police de la capitale, et en vertu d'une ordonnance du 18 du mois suivant, La Reinie commença la liste des *lieutenants-généraux de police.*

Les fonctions de ces magistrats de police sont réglées par les édits de décembre 1666, mars 1667, 1674, 1699, 1700, 1707, déclarations des 23 mars 1728, 18 juillet 1729, 25 août 1737, et 16 mars 1755. Ils étaient conseillers-juges au Châtelet de Paris, et rendaient en cette qualité, des sentences dont certaines en dernier ressort, et les autres susceptibles d'appel au parlement. Les bureaux ne comptèrent longtemps que 42 employés, y compris ceux du bureau des nourrices; 48 inspecteurs de police, revêtus du titre de conseillers du roi, étaient répartis dans les divers quartiers de Paris, où ils veillaient à l'exécution des ordonnances. Les commissaires enquêteurs-examinateurs, apposeurs de scellés, assermentés près le Châtelet de Paris, étaient aussi placés, à certains égards, sous l'autorité des lieutenants-généraux de police, et 60 *observateurs* étaient chargés d'un service analogue à celui des inspecteurs actuels.

Il est bon de noter ici, qu'à cette époque la police était aussi exercée concurremment par les gens du roi (membres du parquet), avec l'aide des officiers et exempts de la maréchaussée.

Après la prise de la Bastille, les lieutenants-généraux de police furent supprimés et leurs fonctions confiées à la municipalité de Paris, qui les fit exercer par une *commission de police* chargée de donner des instructions aux commissaires du quartier.

A la suite de ce changement, le bureau central dirigé par trois administrateurs, maîtres chacun dans leur partie, fut chargé de la police administrative, et les 48 juges de paix de Paris, de la police judiciaire.

En 1796, le Directoire sentit la nécessité de fortifier l'action de la police du département de la Seine; et, dans un message adressé au conseil des Cinq-Cents, il proposait de distraire des attributions du ministère de l'intérieur, pour en faire un ministère spécial, certaines attributions de police désignées, et de limiter au seul département de la Seine l'action de ce nouveau ministère. Le rapporteur de la commission motivait ainsi son opinion : laisser la police générale du restant de la république au ministère de l'intérieur, c'est établir entre ces deux ministères une surveillance réciproque, utile, et balancer de grands pouvoirs dont l'exercice divisé ne peut jamais être dangereux; mais on objecta que la police de Paris ne pourrait produire d'importants résultats qu'autant que son pouvoir s'étendrait sur les départements; que, divisée entre deux ministres, elle se ferait mal, et que les relations qu'ils seraient obligés d'entretenir, leur feraient employer à délibérer le temps pendant lequel il serait nécessaire d'agir. Ces motifs prévalurent, et la loi du 12 nivôse an IV (2 janvier 1796), qui créait un *ministère de la police générale*, obtint la presqu'unanimité dans les deux conseils.

Du 8 mars 1800, date la création de la *Préfecture de police*. Le premier préfet fut M. Dubois, depuis comte de l'empire. Les fonctions des préfets et le ressort de la Préfecture ont subi diverses variations depuis cette époque, et l'on doit principalement, à cet égard, se reporter aux arrêtés du 12 messidor an VIII (1er juillet 1800), 3 brumaire an IX (25 octobre 1802), décision du ministre de la police du 25 fructidor an IX (12 septembre 1801), arrêté du 1er messidor an X (20 juin 1802), et décret du 21 messidor an XII (10 juillet 1804.)

Le 15 septembre 1802, le ministère de la police générale fut supprimé, et toutes ses attributions passèrent au département du *grand-juge, ministre de la justice*; mais moins de deux ans après (décret du 10 juillet 1804), il fut rétabli, et l'empire divisé en quatre arrondissements de police, à la tête de chacun desquels fut placé un conseiller-d'état, travaillant directement avec le ministre et chargé de la correspondance, de la suite et de l'instruction des affaires relatives à l'arrondissement qui lui était spécialement assigné.

La Préfecture de police, dont le ressort était alors le même qu'aujourd'hui, forma dans cette organisation le 4e arrondissement de police de l'empire, et conserva à sa tête le préfet Dubois. Le 1er arrondissement échut à M. Réal, le 2e à M. Miot, et le 3e à M. Pelet (de la Lozère). Le 2e arrondissement, supprimé le 21 février 1806, fut réuni aux 1er et 3e, et les arrondissements restants ayant été supprimés le 4 avril 1814, les attributions des *chargés d'arrondissements* furent exercées directement par le ministre de la police générale, alors comte Anglès, qui ne resta en fonctions que quarante-deux jours (du 3 avril au 15 mai 1814).

Une ordonnance du roi du 16 mai 1814 supprima à la fois le ministère de la police générale et la préfecture de police, en confia les pouvoirs à un *directeur général, ayant rang de ministre*, et décida que, jusqu'à ce qu'il en fût autrement ordonné, les préfets et sous-préfets des départements exerceraient les fonctions de *directeurs de police*, et seraient, à cet égard seulement, sous les ordres du directeur général de la police du royaume.

Au retour de l'Empereur, le 21 mars 1815, la direction générale de la police du royaume fut supprimée, et le ministère de la police rétabli en faveur du duc d'Otrante.

La Préfecture de police, supprimée du 8 avril 1814 au 12 mars 1815, qu'elle fut provisoirement occupée pendant huit jours par M. de Bourienne, fut aussi rétablie définitivement le 21 mars 1815, au profit de M. Réal, et s'est maintenue depuis sans interruption, malgré les changements survenus dans l'organisation générale de la police.

Le 28 mars 1815, l'empereur rétablit les *lieutenants-généraux de police*, fixa leur nombre à sept et leurs appointements à 15,000 francs. La France fut alors divisée en sept arrondissements de police, et chaque lieutenant de police exerçait dans son arrondissement sous l'autorité du ministre de la police générale. Un décret du 4 mai 1815 créa un huitième lieutenant de police qui fut chargé de dix départements, pris parmi ceux qui composaient les 5e, 6e et 7e arrondissements. Enfin les décrets des 19 et 25 mai de la même année créèrent deux lieutenants extraordinaires de police pour les villes de Perpignan et de Chambéry.

— POL —

Les lieutenants furent abolis au retour de Louis XVIII, et n'ont jamais été rétablis.

Le ministère de la police générale fut définitivement supprimé le 29 décembre 1818, et ses attributions réunies au ministère de l'intérieur. Le 21 février 1820, une ordonnance du roi établit, en faveur du baron Mounier, une *direction générale de l'administration départementale et de la police;* mais le titulaire de cette direction générale (qu'il ne faut pas confondre avec celle qui avait été créée par l'ordonnance de 1814) était laissé sous les ordres du ministre de l'intérieur. Cette direction générale ayant elle-même été supprimée le 9 janvier 1822, la police générale n'a plus formé depuis qu'une simple division du ministère de l'intérieur, dont le chef porte encore aujourd'hui le titre de directeur de la police générale du royaume.

§ III. — *Organisation actuelle.*

Un avis du conseil d'État du 29 mai 1839 a décidé que la loi du 18 juillet 1837 n'avait pas abrogé l'arrêté du 3 brumaire an IX; les attributions du préfet de police s'étendent donc toujours, aux termes de cet arrêté consulaire, au département de la Seine entier, aux communes de Sèvres, Saint-Cloud et Meudon, du département de Seine-et-Oise, et au marché de Poissy appartenant aussi à ce département.

Les bureaux de la Préfecture de Police sont si nombreux, tant d'intérêts divers s'y rattachent, qu'il nous a paru nécessaire, malgré leur longueur, d'entrer dans des détails et de dépasser en cette circonstance les limites que nous avions dû nous tracer dans le principe.

La Préfecture de Police comprend dans son organisation, outre le préfet, le secrétaire général et le secrétaire particulier du préfet :

1° Un bureau nommé le *Cabinet du Préfet*, chargé de la suite des affaires urgentes et réservées, de l'ouverture des dépêches et de leur distribution aux divisions, bureaux et services qu'elles concernent; des affaires politiques et des subsides aux réfugiés.

2° Un secrétariat-général composé de deux bureaux : le 1er bureau a (1re section) : le classement des règlements de police, les affaires sans département fixe, les marchés passés par l'administration, le contrôle du matériel, les délimitations de quartiers ; (2e section) : le personnel de la Préfecture ; (3e section) : la bibliothèque, les archives, le dépôt des objets saisis ou trouvés, et la statistique dans le but de rechercher les moyens d'améliorer le service.

Le 2e bureau a les théâtres, fêtes, réunions et sociétés de secours, la librairie, les saltimbanques, le personnel de la garde municipale et des pompiers, les certificats d'enrôlés, la fraude, les marchandises prohibées, etc.

3° 1re division composée de 5 bureaux, dirigée par un seul chef de division, les fonctions de chef de division adjoint ayant été supprimées depuis quelques années.

Le 1er bureau a (1re section) : la recherche des crimes et délits et la transmission des procès-verbaux et renseignements à la justice ; (2e section) : la surveillance des condamnés libérés, le recueil des condamnations et les extraits à en fournir à la justice sur les prévenus; (3e section) : les disparitions, les laminoirs, les coalitions, les armes prohibées, les jeux clandestins, les suicides et accidents, la surveillance des relations qu'entretiennent les détenus avec le dehors.

Le 2e bureau a (1re section) : l'interrogatoire des individus arrêtés, les propositions des mesures administratives ou le renvoi au procureur du roi, les questions d'individualité ; (2e section) : les filles publiques, leur enregistrement, leur surveillance et la proposition des peines administratives, les maisons de tolérance, la recherche et la poursuite de la prostitution clandestine et des délits d'outrage aux mœurs, soit par attentat sur les personnes, soit par livres ou gravures obscènes.

Le 3e bureau a (1re section) : la sûreté des prisons, les permis de communiquer avec les détenus, les transfèrements ; (2e section) : le matériel des prisons et le contrôle du service des vivres et de l'entretien.

Le 4e bureau (1re section) : passeports, permis de séjour, cartes de sûreté, ports-d'armes ; (2e section) : livrets d'ouvriers, commissionnaires, domestiques, permissions de brocanteurs et de chiffonniers; (3e section) : maisons garnies et recherches y relatives.

Le 5e bureau : les aliénés, les orphelins, les maisons de santé, les nourrices.

4° 2e division composée de 4 bureaux, et dirigée par un chef de division :

1er bureau (1re section) : surveillance de l'approvisionnement des halles et marchés, les boulangers, la taxe du pain, la saisie des comestibles corrompus, surveillance de la Bourse ; (2e section) : poids et mesures, navigation, la Morgue, les approvisionnements de combustibles, les ouvriers des ports, les boissons falsifiées.

2e bureau : permissions de petite voirie, les fosses d'aisances, la réparation du pavé recevant les conduites existant sous la voie publique, les carrières, les chemins de fer et la conservation des monuments publics.

3e bureau (1re section) : les fontaines et porteurs d'eau, les messageries, voitures de places, de remise, bourgeoises, les charrettes, cochers, postillons, charretiers, les ponts à bascule et la police du roulage ; (2e section) : le nettoiement, l'éclairage, l'arrosement, les ramonages et les incendies.

4e bureau : établissements insalubres ou dangereux, animaux attaqués de maladies contagieuses, les ustensiles de cuivre, les médecins, officiers de santé, sages-femmes, pharmaciens, herboristes, remèdes secrets, eaux minérales, épidémies, vaccine, statistique des décès, inhumations et exhumations, cimetières, travaux du conseil de salubrité, permissions pour les tirs, poudres et salpêtres.

5° Bureau de comptabilité (1re section) : comptabilité communale; (2e section) : comptabilité départementale ; (3e section) : comptabilité des travaux industriels et des masses de réserve des détenus de la Seine.

6° Caisse : recettes et dépenses.

Le total des employés des bureaux intérieurs, non compris les 2 chefs de division et le secrétaire général, est de 249, dont le traitement s'élève à 560,000 fr. environ, sur lesquels il est remboursé à la Ville 32,000 fr., montant du traitement des employés chargés d'attributions départementales, tant au 3e bureau de la 1re division qu'à la comptabilité.

Les services extérieurs sont nombreux et ne peuvent trouver place dans un article consacré à l'hôtel de la Préfecture de Police; nous ne parlerons donc ici, que pour ordre, des 49 commissaires de police répartis dans les 48 quartiers de Paris; des 18 commissaires de police de la banlieue; des commissaires de police spéciaux chargés, l'un de la Bourse, l'autre du Château ; 2 des délégations judiciaires ; 3 des chemins de fer; 1 du ministère public près le tribunal de police municipale; du contrôle général de la halle aux grains et de la boulangerie, qui emploie 5 personnes; de l'inspection générale des halles et marchés, qui emploie 35 personnes; des employés de la vente en gros de la volaille, gibier, poissons, huîtres, beurre et œufs, au nombre de 132, compris les crieurs et les forts; de l'inspection des abattoirs (6 personnes); de l'inspection générale de la navigation, qui comprend 29 personnes; de l'inspection des bois et charbons, qui occupe 47 personnes; de l'inspection des poids et mesures, qui compte 1 vérificateur en chef, 1 adjoint au vérificateur en chef, 6 commissaires de police, 6 vérificateurs, 8 vérificateurs adjoints et 6 hommes de peine; de la dégustation des boissons, qui compte 1 dégustateur en chef et 8 dégustateurs; de la direction du nettoiement, de l'arrosement et de l'éclairage, qui compte, outre le directeur et l'inspecteur général, 6 employés et 73 inspecteurs et sous-inspecteurs de la salubrité, des vidanges et des égouts; des architectes et inspecteurs de la petite voirie (17 personnes); de la fourrière (6 personnes); de la surveillance des places de fiacres et cabriolets, qui compte 4 contrôleurs ambulants et 85 surveillants de place; 1 inspecteur et deux ingénieurs des mines, chargés d'inspecter les établissements insalubres; du greffier et des 2 garçons de service de la Morgue; des 12 médecins du dispensaire, et des 2 autres qui dirigent le service des boîtes de secours qu'un homme est chargé d'entretenir.

Il nous reste à donner ici quelques détails sur l'organisation de la police municipale, en faisant remarquer que depuis nombre d'années les repris de justice ne sont point admis à en faire partie, et que par conséquent les individus qui ne font que donner des renseignements ne sont point compris dans les chiffres suivants, que nous extrayons avec les traitements fixes, du budget présenté au conseil général pour l'année 1842 :

1 chef de police municipale, commissaire de police............................	10,000 f.
1 sous-chef......................	5,500
8 commis aux écritures.............	15,300
1 commissaire de police chargé de la surveillance des résidences royales...	3,000
25 officiers de paix.................	81,300
4 inspecteurs principaux............	7,700
32 brigadiers......................	49,700
3 sous-brigadiers..................	4,800
283 sergents de ville.................	339,600
180 inspecteurs.....................	215,200
5 inspecteurs sédentaires pour les divers bureaux du service........	6,000
543	738,100

LISTE CHRONOLOGIQUE
des Magistrats qui ont été à la tête de la police depuis sa séparation des fonctions judiciaires.

LIEUTENANTS-GÉNÉRAUX DE POLICE :

MM.

1° 29 mars 1667. — *Gabriel* NICOLAS, seigneur de LA REINIE.

2° 29 janvier 1697. — *Marc-René* LE VOYER DE PAULMY, marquis d'ARGENSON.

3° 28 janvier 1718. — *Louis-Charles* de MACHAULT, seigneur d'ARNOUVILLE.

4° 26 janvier 1720. — *Marc-Pierre* LE VOYER DE PAULMY, comte d'ARGENSON.

5° 18 février 1721. — *Gabriel* TACHEREAU ou TESCHEREAU, seigneur de BAUDRY et de LINIÈRES.

6° 26 avril 1722. — Le comte d'ARGENSON, susnommé.

7° 28 janvier 1724. — *Nicolas-Jean-Baptiste* RAVOT, seigneur d'OMBREVAL.

8° 28 août 1725. — *René* HERAULT, seigneur de FONTAINE-L'ABBÉ et de VAUCRESSON.

9° 21 décembre 1739. — *Claude Henry* FEYDEAU DE MARVILLE, seigneur de DAMPIERRE et de GIEN.

10° 27 mai 1747. — *Nicolas-René* BERRYER DE RAVENOVILLE.

11° 29 octobre 1757. — *Henry-Léonard-Jean-Baptiste* BERTIN DE BELLISLE, comte de BOURDEILLES, seigneur de BRANTÔME, premier baron de PÉRIGORD.

12° 21 novembre 1759. — *Antoine-Raymond-Jean-Guilbert-Gabriel* de SARTINE, comte d'ALBY.

13° 24 août 1774. — *Jean-Charles-Pierre* LENOIR.

14° 14 mai 1775. — *Joseph-François-Ildephonse-Rémond* ALBERT.

15° 19 juin 1776. — LENOIR, susnommé.

16° 11 août 1785. — *Louis* THIROUX DE CROSNE, jusqu'au 16 juillet 1789 que la charge fut abolie.

— POL —

MINISTRES DE LA POLICE :
MM.
1° 2 janvier 1796. Camus.
2° 4 janvier 1796. Merlin de Douai.
3° 3 avril 1796. Cochon.
4° 6 juillet 1797. Lenoir-Laroche.
5° 26 juillet 1797. Sotin de la Coindière.
6° 12 février 1798. Dondeau.
7° 16 mai 1798. Lecarlier.
8° 29 octobre 1798. Duval.
9° 22 juin 1799. Bourguignon-Dumolard.
10° 20 juillet 1799. Fouché, depuis duc d'Otrante.
11° 10 juillet 1804. Id. (rétablissement).
12° 3 juin 1810. Savary, duc de Rovigo.
13° 3 avril 1814. Comte Anglès.
14° 21 mars 1815. Fouché (pour la 3e fois).
15° 23 juin 1815. Pelet de la Lozère.
16° 25 septembre 1815. Duc Decazes, jusqu'au 29 décembre 1818, époque de la suppression du ministère de la police générale.

DIRECTEURS GÉNÉRAUX :
MM.
18 mai 1814. Beugnot.
3 décembre 1814. Dandré.
21 février 1820. Mounier.
20 décembre 1821. Franchet, jusqu'au 6 janvier 1828, époque de la suppression.

CHARGÉS D'ARRONDISSEMENTS :
(depuis le 10 juillet 1804.)
MM.
Dubois, jusqu'au 14 octobre 1810.
Miot, jusqu'au 21 février 1806.
Pelet de la Lozère, jusqu'au 8 avril 1814.
Réal, jusqu'au 8 avril 1814.

PRÉFETS DE POLICE :
MM.
1° 8 mars 1800. Dubois.
2° 14 octobre 1810. Baron Pasquier.
3° 12 mars 1815. De Bourienne.
4° 21 mars 1815. Réal.
5° 2 juillet 1815. Courtin.
6° 10 juillet 1815. Decazes.
7° 25 septembre 1815. Anglès.
8° 20 décembre 1821. Delavau.
9° 6 janvier 1828. Debelleyme.
10° 13 août 1829. Mangin.
11° 30 juillet 1830. Bavoux.
12° 1er août 1830. Girod de l'Ain.
13° 7 novembre 1830. Treillhard.
14° 26 décembre 1830. Baude.
15° 21 février 1831. Vivien.
16° 17 septembre 1831. Saulnier.
17° 15 octobre 1831. Gisquet (par intérim).
18° 26 novembre 1831. Id. (définitivement).
19° 10 septembre 1836. G. Delessert (préfet actuel).

POLIVEAU (RUE DE).

Commence au quai d'Austerlitz; finit aux rues des Fossés-Saint-Marcel, n° 1, et du Jardin-du-Roi, n° 2. Le dernier impair est 31; le dernier pair, 26. Sa longueur est de 492 m. — 12e arrondissement, quartier Saint-Marcel.

L'emplacement sur lequel cette rue a été ouverte était voisin d'un territoire nommé anciennement *Locus cinerum* (le lieu des cendres), et dès 1243, cette voie publique s'appelait rue de la *Cendrée*. Dans le siècle suivant, elle est nommée rue de la *Cendrée* ou du *Pont-Livaut*. Cette dernière dénomination, altérée depuis, lui vient d'un petit pont jeté sur la rivière de Bièvre, et qui avait été vraisemblablement construit par un nommé Livaut. Dans un censier de Sainte-Geneviève, de 1646, elle est appelée rue des *Carrières* ou de la *Cendrée*. En 1700, on la nommait rue des *Saussaies*, en raison des saules qui bordaient le chemin qu'elle traversait. A la fin du XVIIIe siècle, cette voie publique était appelée indifféremment rue des *Saussaies* et de *Poliveau*. — Une décision ministérielle du 2 messidor an VIII, signée L. Bonaparte, a fixé à 10 m. la largeur de la partie de cette voie publique comprise entre le boulevard de l'Hôpital et les rues des Fossés-Saint-Marcel et du Jardin-du-Roi. En vertu d'une autre décision ministérielle du 9 septembre 1819, cette partie doit prendre le nom de rue du *Fer-à-Moulin*. Il serait indispensable, comme on le verra ci-après, que cette décision fût exécutée. Les constructions n°s 1, 3, 5, 7, 9, 2 et 10 sont alignées. — Conduite d'eau.

La largeur de l'autre partie de la rue de Poliveau, qui commençait au quai et se terminait au boulevart, a été fixée à 12 m. 80 c. par décision ministérielle du 28 juin 1819. En 1836, on a supprimé de cette partie l'emplacement compris entre la rue Neuve-de-la-Gare et le boulevart. Ce terrain est occupé aujourd'hui par les dépendances du chemin de fer de Paris à Orléans. Les constructions qui bordent le surplus de la rue de Poliveau ne sont pas soumises à retranchement.

POLYTECHNIQUE (ÉCOLE).

Entrée principale rue Descartes. — 12e arrondissement, quartier du Jardin-du-Roi.

1re PARTIE. — *Collège de Navarre.*

L'École Polytechnique occupant aujourd'hui les anciens bâtiments du collège de Navarre, nous parlerons d'abord de cet ancien établissement. La reine Jeanne de Navarre, épouse de Philippe-le-Bel, ordonna, par son testament du 23 mars 1304, la fondation de ce collège, auquel cette princesse destina son hôtel de Navarre et un revenu de 2,000 livres pour l'entretien des écoliers. L'évêque de Meaux et l'abbé de Saint-Denis, exécuteurs testamentaires, ayant jugé qu'il était plus avantageux de vendre l'hôtel de Navarre, pour procurer au nouveau collège un emplacement plus commode, achetèrent plusieurs maisons et jardins situés sur la montagne Sainte-Geneviève. Ce collège fut dévasté par les troupes bourguignonnes, au mois de juin 1418. Charles VII en ordonna le rétablissement, et Louis XI, en 1464, lui accorda de nouveaux priviléges. Le collège de Navarre était, sous le rapport de l'enseignement, le plus complet de tous les établissements de l'Université. On y suivait, dès le principe, des cours de théologie, de philosophie et d'humanités. Il y avait une société de docteurs comme à la Sorbonne. En 1491, Charles VIII vint au collège de Navarre et assista aux *Actes de Vespérie* de Louis Pinel et de Jean Charron. Le roi et la cour occupaient le jubé; la Faculté, les prélats se trouvaient dans la nef. Le duc d'Anjou, depuis Henri III, le prince de Béarn, qui devint Henri IV, et le duc de Guise, fils du Balafré, furent pensionnaires au collège de Navarre. Jusqu'en 1604, le confesseur du roi était supérieur-né de cet établissement; mais à partir de cette année, ce titre passa au grand aumônier de France. Louis XIII réunit à ce collège ceux de Boncourt et de Tournay; et le cardinal de Richelieu, qui avait fait ses études au collège de Navarre, y fonda une chaire de controverse. Louis XIV y créa, en 1660, des chaires de théologie morale et de cas de conscience. Une chaire de physique expérimentale y fut aussi établie par Louis XV; en un mot, cet établissement jouissait d'une si belle réputation, que l'historien Mézerai l'appelait avec raison: *l'école de la noblesse française, l'honneur de l'Université*. Nicolas Oresme, précepteur de Charles V, le cardinal d'Ailly, le célèbre Ramus et Bossuet avaient fait leurs études au collège de Navarre. Sur le portail, on voyait les statues de Jeanne de Navarre et du roi Philippe-le-Bel, son mari. La chapelle, commencée en 1309, avait été dédiée, en 1373, sous le titre de *Saint-Louis*. Le collège de Navarre fut supprimé en 1790 et devint propriété de l'État.

« Au palais de Saint-Cloud, le 9 germinal an XIII.
» — Napoléon, etc...; décrète: Article 1er. L'École
» Polytechnique sera transférée au collège de Na-
» varre. — Art. 2e. La calcographie des frères Pyra-
» nési sera transférée à la Sorbonne. — Art. 3e. Au
» plus tard, au 1er vendémiaire an XIV, l'École Po-
» lytechnique sera établie dans ledit local du collège
» de Navarre. Signé Napoléon. »

2e PARTIE. — *École centrale des travaux publics.* — *École Polytechnique.*

Réunir dans la capitale de la France, au centre de toutes les sciences, sous les plus habiles professeurs, l'élite des jeunes gens dont le goût se prononce en faveur des différents corps du génie civil et militaire; telle fut la pensée-mère qui amena la fondation de l'École Polytechnique. Cette création, toute moderne, empreinte d'un caractère grandiose, ne pouvait avoir lieu qu'au moment où la France, brisant toutes les barrières provinciales, travaillait à constituer son unité administrative. Celui qui le premier paraît avoir conçu l'idée de cette grande institution est Prieur de la Côte-d'Or. Il communiqua son projet à son ami et ancien camarade Carnot, officier du génie comme lui, membre comme lui du Comité du Salut Public. Selon M. de Fourcy, auteur d'une histoire de l'École Polytechnique, publiée en 1828, l'idée de cet établissement serait d'abord venue à Lamblardie, directeur de l'École des Ponts-et-Chaussées; celui-ci en aurait parlé à Monge, et ce dernier à Prieur. Cette opinion ne nous paraît pas vraisemblable. A peine le Comité du Salut Public eût-il adopté ce projet que Lamblardie et Monge s'effacent et ne reparaissent qu'à l'instant où commence la mise à exécution. On voit au contraire, dès le principe, Prieur et Carnot méditer, combiner cette belle création, dont ils étudient les détails comme savants, et dont ils mettent, comme membres du Comité, la pensée fondamentale en harmonie avec celles qui présidaient alors au gouvernement de la France.

Un article du décret de la Convention du 11 mars 1794, portant établissement d'une commission des travaux publics, est ainsi conçu:

« Cette commission s'occupera de l'établissement
» d'une école centrale des travaux publics et du mode
» d'examen et de concours auxquels seront assujettis
» ceux qui voudront être employés à la direction de
» ces travaux. »

L'ouverture de l'école des travaux publics eut lieu en vertu d'un second décret du 7 vendémiaire an III, stipulant les conditions requises pour être admis dans l'établissement qui prit quelque temps après le nom d'*École Polytechnique*.

Un concours fut ouvert dans les principales villes de France, et l'on admit trois cent soixante élèves qui fournirent les preuves de leur instruction dans un examen sur l'arithmétique, les éléments d'algèbre et la géométrie. On fixa le mode d'enseignement qui a toujours eu deux branches principales: les sciences mathématiques et les sciences physiques.

La loi du 25 frimaire an VIII apporta quelques modifications aux premiers règlements; nous rappelons ses principales dispositions:

« Article 2. Le nombre des élèves de l'École Poly-
» technique est fixé à trois cents. — Art. 3. Tous les
» ans, le premier jour complémentaire, il sera ouvert
» un examen pour l'admission des élèves. Il devra être
» terminé le 30 vendémiaire. Cet examen se fera par
» les examinateurs nommés par le ministre de l'inté-
» rieur, lesquels se rendront à cet effet dans les prin-
» cipales communes de la république. — Art. 4. Ne

— POL —

» pourront se présenter à l'examen d'admission que les
» Français âgés de 16 à 20 ans, etc... — Art. 7. Les
» examens d'admission seront publics, etc... — Art. 18.
» Les élèves seront partagés en deux divisions : la pre-
» mière, composée des élèves nouvellement admis ; la
» deuxième, des élèves anciens. — Art. 29 et dernier.
» Toutes les dispositions de lois contraires à la présente
» sont rapportées. »

Les fondateurs de l'école, redoutant les dangers que la capitale présente à une jeunesse toujours livrée à elle-même, avaient cru paralyser ces inconvénients en confiant les élèves à des amis de leur famille ou à des maîtres de pension ; mais l'expérience vint bientôt attester toute l'insuffisance de ces mesures. Au commencement de l'empire, alors que tout était soumis à un régime essentiellement militaire, un décret du 16 août 1804 ordonna de caserner les élèves, et détermina une nouvelle organisation de l'École Polytechnique. La pension de chaque élève fut fixée à 800 fr.

L'année suivante on fit quelques changements au plan d'instruction. Les principaux consistaient dans la création d'une chaire de grammaire et de belles-lettres ; la réunion du cours des mines à celui des travaux et constructions civiles ; l'addition d'un cours sur les éléments des machines à celui de géométrie descriptive ; l'addition d'un cours de topographie à celui d'art militaire.

Telle fut l'organisation de cet établissement depuis son origine jusqu'à la fin du gouvernement impérial, qui porta le nombre des élèves jusqu'à trois cent quatre-vingt-dix. Ce régime a subi un nouveau changement par suite de l'ordonnance du 4 septembre 1816. Le prix du cours entier est de 3,000 fr., et le nombre des élèves réduit à deux cent cinquante. L'école est placée sous la surveillance d'un conseil de perfectionnement et d'un conseil d'inspection. On y a établi en outre deux autres conseils, l'un d'instruction, et l'autre d'administration.

Depuis 1830, l'École Polytechnique a été retirée des attributions du ministère de l'intérieur pour être placée dans celles du ministère de la guerre.

L'établissement a été agrandi, il y a quelques années, d'un nouveau bâtiment qui se compose de deux pavillons avec une façade en arrière-corps dont l'architecture ne manque pas de grâce et d'élégance. On vient de construire également, du côté de la rue Descartes, un beau pavillon orné de sculpture, destiné à des logements d'employés, etc... Ce pavillon sert d'entrée principale aux élèves. Enfin une ordonnance royale du 12 janvier 1844 a autorisé le ministre de la guerre à faire l'acquisition de trois maisons sises rue de la Montagne-Sainte-Geneviève, nos 59, 61 et 63, pour établir la circonscription régulière de l'École Polytechnique.

POMPE (IMPASSE DE LA).

Située dans la rue de Bondy, entre les nos 80 et 82. Le dernier impair est 13 bis ; le dernier pair, 22. Sa longueur est de 124 m. — 5e arrondissement, quartier de la Porte-Saint-Martin.

Cette impasse, qui ne figure point sur le plan de Verniquet, doit son nom à une pompe publique qu'on y voyait autrefois. — Une décision ministérielle du 14 avril 1821 a fixé la largeur de cette impasse à 8 m. Les constructions du côté des numéros impairs, sont alignées, à l'exception de celles nos 3, 9 et 13 bis, qui devront reculer de 50 c. à 1 m. 20 c. La maison n° 6 n'est assujettie qu'à un léger redressement ; les autres constructions de ce côté sont soumises à un retranchement qui varie de 1 m. 50 c. à 2 m. 20 c.

POMPE A FEU (PASSAGE DE LA).

Commence au quai Billy, n° 4 ; finit à la rue de Chaillot, nos 26 et 30. — 1er arrondissement, quartier des Champs-Élysées.

Formé vers la fin du siècle dernier, ce passage tire son nom de sa proximité de la pompe à feu, dont nous avons parlé à l'article du quai Billy.

PONCEAU (PASSAGE DU).

Commence à la rue du Ponceau, n° 32 ; finit à la rue Saint-Denis, n° 358. — 6e arrondissement, quartier de la Porte-Saint-Denis.

Bâti en 1826, ce passage tire son nom de la rue du Ponceau.

PONCEAU (RUE DU).

Commence à la rue Saint-Martin, nos 287 et 289 ; finit à la rue Saint-Denis, nos 352 et 354. Le dernier impair est 51 ; le dernier pair, 52. Sa longueur est de 339 m. — 6e arrondissement, quartier de la Porte-Saint-Denis.

Les registres capitulaires de Notre-Dame indiquent, en 1413, le *Ponceau Saint-Denis emprès les Nonnains* (les *Filles-Dieu*). L'égout sur lequel ce petit pont avait été jeté fut couvert en 1605, et la même année François Myron, prévôt des marchands, y fit tracer une rue dont il paya les frais de ses propres deniers. — Une décision ministérielle du 28 vendémiaire an XI, signée Chaptal, et une ordonnance royale du 21 juin 1826, ont fixé la moindre largeur de cette voie publique à 11 m. Les maisons nos 21, 29, 31, 41, 43, 45, 47 et 49 ; 14, 22, 24, 26, 28, 30, et celle qui forme l'encoignure de la rue Saint-Denis, ne sont pas soumises à retranchement. — Égout. — Conduite d'eau. — Éclairage au gaz (compe Française).

PONTHIEU (RUE DE).

Commence à l'avenue Matignon ; finit à la rue Neuve-de-Berri, nos 2 et 4. Le dernier impair est 91 ; le dernier pair, 90. Sa longueur est de 604 m. — 1er arrondissement, quartier des Champs-Élysées.

Partie comprise entre les rues Neuve-de-Berri et d'Angoulême. — Autorisée par lettres-patentes du 4 avril 1778, que nous avons citées à l'article de la rue Neuve-de-Berri, elle a été ouverte dans le courant de la même année sur les terrains dépendant de la pépinière et appartenant au comte d'Artois.

Partie comprise entre les rues d'Angoulême et du Colisée. — « Louis, etc... Permettons aux sieurs Lefaivre et consorts de faire à leurs frais, sur le terrain » qui leur appartient entre la rue d'Angoulême et la » rue du Colisée, l'ouverture par prolongation de la » rue de Ponthieu, à partir de la d. rue d'Angoulême, » pour déboucher dans la d. rue du Colisée, laquelle » prolongation sera de ligne droite et aura trente pieds » de large, etc... Donné à Versailles le 7ᵉ jour du » mois de novembre, l'an de grâce 1778, et de notre » règne le 5ᵉ. Signé Louis. »

Partie comprise entre la rue du Colisée et l'avenue Matignon. — Elle a été percée quelques années après la deuxième partie sur les dépendances du Colisée. — Une décision ministérielle du 6 nivôse an XII, signée Chaptal, a maintenu la largeur primitive de la rue de Ponthieu. Toutes les constructions riveraines sont alignées. — Conduite d'eau entre les rues du Colisée et d'Angoulême. — Éclairage au gaz (compᵉ de l'Ouest).

PONT (PETIT).

Situé entre la rue de la Cité, les quais de Montebello et Saint-Michel.

Sous la domination romaine, un pont existait en cet endroit. On le nommait *Petit-Pont*, pour le distinguer du Grand-Pont (aujourd'hui le pont au Change). En 1185, il fut rebâti en pierre, par la libéralité de Maurice de Sully, évêque de Paris. Emporté par une inondation en 1196, on le rétablit en 1206. Il éprouva le même sort en 1280, 1296, 1325, 1376 et 1393. En 1395 on le reconstruisit avec l'argent de plusieurs juifs qu'on avait condamnés à l'amende. Le roi Charles VI en posa la première pierre au mois de juin. Il ne fut achevé qu'en 1406, à la Saint-Martin. Cet édifice ne dura qu'un an et fut emporté par les eaux pour la septième fois. La cour et la ville se cotisèrent alors pour le faire rétablir ; il fut terminé le 10 septembre 1409. Après ce nouveau rétablissement, Sauval se tait sur la durée de ce pont. Le père Dubreuil et une inscription qu'il rapporte, font connaître qu'en 1552 les maisons qui étaient sur cet édifice furent rebâties de la même symétrie. Les grands débordements du fleuve pendant les années 1649, 1651 et 1658, le ruinèrent presque entièrement. L'inscription qui devait perpétuer le souvenir de ce dernier sinistre marquait que l'édifice avait été réparé à grands frais, sous la prévôté de M. de Sève, en 1656. L'année 1718 lui fut plus funeste encore. Le pont et toutes les maisons qui le couvraient furent détruits par un incendie. Voici quelle en fut la cause : à sept heures un quart du soir, on vit descendre deux grands bateaux enflammés et chargés de foin. On coupa imprudemment les cordes au-dessous du pont de la Tournelle ; les deux brûlots, libres alors, se suivirent de près et s'arrêtèrent sous une arche du Petit-Pont ; malgré la promptitude des secours, le feu se manifesta aussitôt dans la maison d'un marchand de tableaux, près du petit Châtelet ; l'incendie augmentant d'intensité, le pont et les maisons s'écroulèrent dans les flots. On n'a jamais pu connaître au juste la cause de ce sinistre. Quelques auteurs l'attribuent à l'imprudence d'un fumeur qui laissa tomber de sa pipe une étincelle qui embrasa tout-à-coup les deux bateaux. D'autres historiens, et en plus grand nombre, croient que cet accident arriva par la crédulité d'une mère dont l'enfant s'était noyé au-dessous du pont de la Tournelle ; la malheureuse pria, supplia Dieu de lui rendre son fils ; dans l'exaltation de son amour maternel, elle eut recours à un pain de saint Nicolas de Tolentin, et plaça au milieu de ce pain un cierge allumé, qu'elle abandonna dans une sébille de bois au cours du fleuve ; la pauvre mère espérait que l'écuelle de bois s'arrêterait à l'endroit où le corps de son fils avait disparu. Cette sébille fut portée vers un bateau de foin auquel le cierge allumé mit bientôt le feu. Pour remédier à ce funeste accident, le parlement, par son arrêt du 3 mai 1718, ordonna que les contraintes par corps ne pourraient être exercées pendant six mois contre ceux qui avaient souffert dudit incendie, qu'il serait fait dans toutes les paroisses de la ville et des faubourgs de Paris une quête générale pour subvenir aux premiers besoins de ceux qui avaient été ruinés. Cette quête produisit 111,898 livres 9 sous 9 deniers ; la distribution en fut réglée par un arrêt du parlement, à la date du 20 août 1718. La reconstruction du Petit-Pont fut ordonnée par arrêt du 5 septembre suivant. On le rebâtit en pierre, mais sans maisons dessus. Cet édifice est composé de trois arches à plein ceintre, de 6 m. 40 c. à 9 m. 70 c. d'ouverture. Il n'offre rien de remarquable.

PONT (PLACE DU PETIT-).

Située à l'extrémité du Petit-Pont. Pas de numéro impair ; ce côté est bordé par les bâtiments de l'Hôtel-Dieu. Le dernier pair est 6. — Côté gauche, 12ᵉ arrondissement, quartier Saint-Jacques ; côté droit, 11ᵉ arrondissement, quartier de la Sorbonne.

Cette voie publique occupant aujourd'hui une partie de l'emplacement du petit Châtelet, nous allons d'abord tracer l'historique de cet ancien édifice. Ce lugubre monument devait être aussi ancien que le grand Châtelet. Au milieu de l'obscurité qui enveloppe l'origine de ces deux édifices, un fait se révèle appuyé par des documents authentiques. Il est certain que les deux ponts qui seuls servaient d'entrées à Paris, dans les premiers temps, étaient terminés chacun par une forteresse. Le petit Châtelet défendait de temps immémorial l'abord du Petit-Pont, comme le grand Châtelet protégeait le Grand-Pont, nommé depuis le *Pont-aux-Changeurs*, le *Pont-au-Change*. Sous le règne de saint Louis, on percevait au passage du petit Châtelet, les péages et droits d'entrée. Un tarif cité par Saint-Foix porte : que le marchand qui apportera un singe pour le vendre, payera quatre deniers ; que si le singe appartient

à un joculateur, cet homme en le faisant jouer et danser devant le péager, sera quitte du péage tant du dit singe que de tout ce qu'il aura apporté pour son usage; de là vient le proverbe essentiellement parisien : *payer en monnaie de singe*. Un autre article porte : « Que les jongleurs seront aussi quittes de tout péage, en chantant un couplet de chanson devant le péager. » — Voici le texte de cette ordonnance tirée des établissements des *Métiers de Paris*, par Étienne Boislève, prévôt de cette ville : « Li singes au marchant doit quatre deniers,
» se il pour vendre le porte, et se li singes est au joueur,
» jouer en doit devant le paagier, et par son jeu doit
» être quite de toute la chose qu'il achète à son usage,
» et aussitôt li jongleur sont quite por un ver de chan-
» son. » — Le 20 décembre 1296, un débordement extraordinaire de la Seine, entraîna les deux ponts, les maisons bâties dessus, et abîma les moulins qui se trouvaient sur le fleuve. On allait en bateau dans les rues de la Cité. Le petit Châtelet fut entraîné par la rapidité des eaux. Cette forteresse qui, probablement dans l'origine, n'avait été bâtie qu'en bois, fut reconstruite en pierre, en 1369, par le prévôt de Paris, Hugues Aubriot. Par lettres du 24 décembre 1398, Charles VI ordonna que les prisons de cette forteresse seraient annexées à celles du grand Châtelet, qui étaient insuffisantes et trop pleines. On fit examiner les prisons du petit Châtelet qui n'avaient jamais servi, on les trouva sûres et bien aérées, à l'exception de trois cachots où les prisonniers privés d'air ne pouvaient vivre longtemps. Le même roi destina, en 1402, cette forteresse au prévôt de Paris. La geôle fut conservée. — Lors du massacre de 1418, les Bourguignons la forcèrent pour égorger les malheureux prisonniers. Cette forteresse d'un style grossier, interceptait l'air, attristait tout le voisinage. Le passage affecté au public n'offrait qu'une voie étroite et dangereuse.

Lettres-patentes du 22 avril 1769. — « Article 19. Le
» petit Châtelet sera démoli et supprimé, tant pour dé-
» boucher de ce côté l'entrée du quai Bignon, que pour
» donner à la voie publique qui conduit au Petit-Pont
» la largeur nécessaire ; et pour tenir lieu de ce bâti-
» ment formant actuellement une des prisons de cette
» ville, il sera fait une augmentation aux bâtiments du
» grand Châtelet jusqu'à la rue de la Sonnerie ; le tout
» suivant ce qui sera réglé entre les commissaires et les
» prévôt et échevins. » (Extrait.)

Cette utile amélioration ne fut opérée qu'en 1782. Mercier, dans son tableau de Paris (édition de 1783), s'exprime ainsi sur la démolition du petit Châtelet : « J'ai passé sur ses débris, mais quel aspect ! Les voûtes entr'ouvertes des cachots souterrains qui recevaient l'air pour la première fois depuis tant d'années, semblaient révéler aux yeux effrayés des passants les victimes englouties dans leurs ténèbres ; un frémissement involontaire vous saisissait en plongeant la vue dans ces antres profonds, et l'on se disait : est-ce donc dans un pareil gouffre, au fond de la terre, dans un trou à mettre les morts qu'on a logé des hommes vivants ? Ces cachots vont servir désormais aux maisons qu'on va bâtir sur leurs fondements. Mais les murs y doivent être encore imprégnés des soupirs du désespoir. Qui osera placer là son tonneau de vin ? Qui pourra le boire sans se rappeler les malheureux qui ont gémi entre ces murailles, dans les tourments du corps et les angoisses de l'âme, plus terribles encore ? Puissent les dernières traces de la barbarie s'effacer ainsi sous la main vigilante d'un gouvernement sage ! » — On agrandit sur une partie de l'emplacement du petit Châtelet les bâtiments de l'Hôtel-Dieu, et l'on forma également, sur la plus grande portion du terrain qu'elle occupait, la place du Petit-Pont. — Une décision ministérielle du 5 vendémiaire an IX, signée L. Bonaparte, fixa la largeur de cette voie publique à 30 m. En vertu d'une ordonnance royale du 22 mai 1837, sa moindre largeur devait être portée à 32 m. Cependant les nouveaux bâtiments de l'Hôtel-Dieu ont été construits d'après un alignement qui ne donne à la place du Petit-Pont qu'une moindre largeur de 22 m. Les propriétés du côté des numéros pairs sont alignées. — Égout. — Conduite d'eau. — Éclairage au gaz (comp^e Parisienne).

PONT (RUE DU PETIT-).

Commence aux rues de la Bûcherie, n° 43, et de la Huchette ; finit aux rues Galande, n° 58, et Saint-Séverin, n° 2. Le dernier impair est 29 ; le dernier pair, 26. Sa longueur est de 62 m. — Les numéros impairs sont du 12e arrondissement, quartier Saint-Jacques ; les pairs du 11e arrondissement, quartier de la Sorbonne.

Dans tous les actes des XIIe et XIIIe siècles, elle est appelée *Vicus Parvi Pontis*. Un arrêt du conseil du roi, en date du 20 décembre 1687, prescrivit l'élargissement de cette rue. Cette amélioration ne tarda pas à être exécutée. — Une décision ministérielle, à la date du 5 vendémiaire an IX, signée L. Bonaparte, a fixé la largeur de cette voie publique à 10 m. Propriétés de 11 à 21, retranch. 60 c. à 1 m. ; de 23 à la fin, ret. 1 m. à 1 m. 60 c. ; de 10 à 16, ret. 60 c. à 95 c. ; de 18 à 24, ret. 95 à 1 m. 50 c. ; 26, ret. 2 m. — Égout. — Conduite d'eau. — Éclairage au gaz (comp^e Parisienne).

PONT-NEUF.

Situé entre les quais de la Mégisserie, de l'École et ceux des Grands-Augustins et de Conti.

Le samedi 31 mai 1578, après avoir vu passer le superbe convoi de ses deux mignons, Quélus et Maugiron, tués en duel, le roi Henri III, accompagné de sa mère, Catherine de Médicis, de Louise de Lorraine-Vaudemont, son épouse, et des principaux magistrats de la ville, vint solennellement poser la première pierre du Pont-Neuf. La physionomie du monarque, empreinte d'un profond chagrin, fit dire à des rieurs qui l'observaient que le nouvel édifice serait nommé *Pont des Pleurs*. Jacques Androuet du Cerceau, qui en fut le premier architecte, reçut cinquante écus pour ses honoraires.

Les troubles de la ligue arrêtèrent les travaux, qui ne furent repris qu'en 1602, sous Henri IV. Le 20 juin 1603, le roi voulut y passer, malgré les dangers qui pouvaient en résulter. Le journal de Henri IV rapporte ainsi ce fait : « Le vendredi (20 juin 1603), le roi passa du quai des Augustins au Louvre par-dessus le Pont-Neuf, qui n'étoit pas encore trop assuré, et où il y avoit peu de personnes qui s'y hasardèrent ; quelques-uns, pour en faire l'essai, s'étoient rompus le cou et tombés dans la rivière, ce que l'on remontra à sa majesté, qui fit réponse (à ce que l'on dit) qu'il n'y avoit pas un de tous ceux-là qui fut roi comme lui. » Ce pont fut achevé en 1607, par Charles Marchand.

Toutes les classes de la population semblaient se donner rendez-vous sur le Pont-Neuf, qui devint bientôt la communication la plus fréquentée et offrit la promenade la plus variée de Paris. A toute heure du jour une foule active, remuante, sans cesse renouvelée et toujours bruyante, encombrait les trottoirs. A côté des petits marchands qui se tenaient sur le Pont-Neuf, s'élevait le théâtre de *Mondor* et de *Tabarin*. On y voyait aussi le spectacle d'un nommé *Désidério Descombes,* qui affectait, pour se donner une réputation de savant, de ne prononcer que des mots techniques français ou latins, que le public n'entendait pas plus que lui-même. A côté de ce charlatan, se trouvait maître Gonin ; sa dextérité sans exemple, qui ravissait les Parisiens, a immortalisé son nom, sous lequel on désigne encore quelquefois les fourbes habiles. Le peuple qualifia souvent le cardinal de Richelieu de *maître Gonin*. Près de ce pont, à l'endroit où se trouve l'entrée de l'abreuvoir, en face de la rue Guénégaud, Brioché avait établi son spectacle de marionnettes. Le poète Berthaud qui a fait un ouvrage en vers burlesques sur la ville de Paris, s'exprime ainsi en parlant du Pont-Neuf :

» Rendez-vous des charlatans,
» Des filous, des passe-volans
» Pont-Neuf, ordinaire théâtre
» Des vendeurs d'onguent et d'emplâtre,
» Séjour des arracheurs de dents,
» Des fripiers, libraires, pédans ;
» Des chanteurs de chansons nouvelles,
» D'entremetteurs de demoiselles,
» De coupe-bourses, d'argotiers,
» De maîtres de sales métiers,
» D'opérateurs et de chimiques,
» Et de médecins purgitiques,
» De fins joueurs de gobelets,
» De ceux qui rendent des poulets. »

La physionomie du Pont-Neuf changea peu sous Louis XIV et sous la régence du duc d'Orléans. Plusieurs gravures qui nous restent de ces époques font assez bien connaître quels étaient les personnages qui le fréquentaient. Nous avons choisi une estampe que nous essayons de calquer.

On voit à droite un arracheur de dents, entouré de compères qui ont l'air d'approuver les paroles et les gestes du dentiste orateur. Le malheureux patient qui tient sa mâchoire dans ses deux mains, nous rappelle la chétive existence et le triste destin d'un pauvre poète qui, exténué de faim et sans ressource, allait sur le Pont-Neuf proposer à un charlatan de se laisser arracher deux dents moyennant dix sous, avec promesse de déclarer hautement aux assistants qu'il ne ressentait aucune douleur. Plus loin, on aperçoit deux individus qui suivent un honnête flâneur ; ils attendent le moment favorable pour le débarrasser de son argent. On nommait ces industriels des coupe-bourses, parce qu'ils coupaient avec adresse et légèreté les cordons des bourses que les hommes et les femmes portaient à leur ceinture. A gauche, on voit, au milieu d'un groupe de badauds, un homme qui pérore. Son costume et sa tournure annoncent un militaire gascon ; c'est un racoleur. Il paraît dire aux quatre paysans qui le dévorent des yeux : Mes amis ! la soupe, l'entrée, le rôti, voilà l'ordinaire du régiment ; mais je ne vous trompe pas, le pâté et le vin d'Arbois, voilà l'extraordinaire ! A côté de ce groupe modèle, on voit des jeunes gens qui se heurtent en riant, en chantant : ce sont des étudiants ou clercs. L'un d'eux achète des comestibles pour toute la bande joyeuse ; le marchand semble chercher du papier pour envelopper sa marchandise ; l'un d'eux prend son livre, en détache quelques feuillets sur lesquels on lit : *Virgilius Maro,* et les présente gravement à l'honnête étalagiste. A l'extrémité orientale du pont, deux duellistes se battent à outrance ; le guet arrive l'arquebuse au poing, et les met d'accord en les arrêtant l'un et l'autre. Une nuée de mendiants, parés de leurs infirmités d'emprunt, et venus de la cour des Miracles, se cramponnent aux portières des carrosses qui semblent se diriger rapidement vers le Louvre. A la seconde arche, du côté de l'École, on aperçoit la pompe dite *la Samaritaine.* Construite vers 1607, sous Henri IV, par Jean Lintlaer, Flamand, elle fut réparée en 1712 et 1715. On fit à cette occasion plusieurs couplets, parmi lesquels nous choisissons le suivant :

» Arrêtez-vous ici, passants,
» Regardez attentivement,
» Vous verrez la Samaritaine
» Assise au bord d'une fontaine :
» Vous n'en savez pas la raison ?
» C'est pour laver son cotillon. »

Cette pompe fut reconstruite en 1772 et abattue en 1813. Elle était ainsi appelée, parce qu'on y voyait le Christ assis près du bassin d'une fontaine, demandant à boire à la Samaritaine. Cette pompe servait à alimenter les bassins et fontaines des palais et jardin des Tuileries. — En 1614, on plaça sur ce pont, à la pointe de l'île, la statue équestre de Henri IV. Pendant les troubles qui, en 1788, agitèrent la cour et les parlements, la tête du Béarnais fut couronnée de fleurs et de rubans. Sa statue, renversée en 1792, fut, en 1814, rétablie provisoirement en plâtre. Celle que nous voyons aujourd'hui a

— PON —

été fondue le 3 octobre 1817, dans les ateliers de Lemot, au faubourg du Roule. Louis XVIII posa, le 23 octobre suivant, la première pierre du piédestal, dans l'intérieur duquel on plaça un magnifique exemplaire de la *Henriade*. Cette statue a coûté 537,860 francs.

En 1786, par suite de la fermeture de la foire Saint-Germain, cette grande faute administrative qui centralisa l'industrie sur la rive droite, le Pont-Neuf, qui faisait pour ainsi dire le complément de cette foire, perdit une partie de sa vogue ; sa physionomie piquante s'assombrit tout-à-coup et ne put reprendre son ancienne gaîté. Le Pont-Neuf, comme édifice, est encore aujourd'hui un des plus beaux ponts de l'Europe. Sa longueur totale est de 229 m. 41 c. ; sa largeur entre les têtes est de 23 m. 10 c. La partie méridionale est composée de quatre arches et a, d'une culée à l'autre, 80 m. 49 c. ; la partie septentrionale, plus longue, a 148 m. 92 c. Toutes les arches sont en plein cintre ; leur diamètre moyen dans la partie méridionale du pont, est de 12 m. 48 c.; dans la partie septentrionale, de 17 m. 34 c. Ce pont est orné, sur les deux faces, d'une corniche très saillante dans toute sa longueur ; cette corniche est supportée par des consoles en forme de masques, de satyres, de sylvains : quelques-uns de ces ouvrages sont attribués à Germain Pillon. En 1775, on fit de grandes réparations au Pont-Neuf, pour abaisser et rétrécir les demi-lunes qui, s'élevant à l'aplomb des piles, laissaient un emplacement vague, ordinairement rempli d'immondices. On y construisit également vingt loges ou boutiques sur les dessins de Soufflot. Dans les années 1820 et 1821, la pente de ce pont fut adoucie. En 1836, 37 et 38, l'administration a fait exécuter des travaux de restauration des pieds-droits de sept arches. Cette opération a coûté 568,853 fr. 20 c.

PONT-NEUF (PASSAGE DU).

Commence à la rue Mazarine, n° 44; finit à la rue de Seine, n° 43. — 10ᵉ arrondissement, quartier de la Monnaie.

Il a été bâti de 1823 à 1824. Il tire son nom de sa proximité du Pont-Neuf.

PONT-NEUF (PLACE DU).

Située entre les quais de l'Horloge et des Orfèvres. Deux numéros qui sont 13 et 15. — 11ᵉ arrondissement, quartier du Palais-de-Justice.

Elle a été formée à la même époque que la place Dauphine (*voyez* cet article). — Les constructions riveraines sont assujetties à une décoration symétrique. Il n'existe pas d'alignement arrêté pour cette place. — Conduite d'eau. — Éclairage au gaz (comp.ᵉ Française).

PONTOISE (RUE DE).

Commence au quai de la Tournelle, n° 47; finit à la rue Saint-Victor, n°ˢ 92 et 94. Le dernier impair est 15; le dernier pair, 28. Sa longueur est de 270 m. — 12ᵉ arrondissement, quartier du Jardin-du-Roi.

Cette rue, dans la partie faisant face à la halle aux Veaux, et qui s'étend jusqu'au quai, a été ouverte, en 1773, sur l'emplacement du jardin des Bernardins, en vertu des lettres-patentes du mois d'août 1772, relatives à la construction de cette halle et de ses abords. — Une décision ministérielle du 29 thermidor an XI, signée Chaptal, fixa la largeur de cette voie publique à 12 m., et prescrivit son prolongement jusqu'à la rue Saint-Victor, sur les terrains dépendant du ci-devant collège des Bernardins, dont nous tracerons l'historique à la fin du présent article. Ce prolongement, dont la largeur était fixée à 10 m., fut immédiatement exécuté. Vers 1806, cette rue prit, en raison de sa proximité de la halle aux Veaux, le nom de rue de *Pontoise*. On sait que cette ville fournit à la consommation de la capitale les veaux les plus estimés. — Une décision ministérielle du 12 juin 1818 a maintenu les dimensions déterminées par le plan de l'an XI. La maison n° 1 est soumise à un retranchement de 5 m. 40 c. Sur le côté des numéros pairs, la propriété située à l'encoignure gauche de la rue du Cloître-des-Bernardins devra reculer de 2 m. 80 c. Toutes les autres constructions sont alignées. — Égout entre le quai et la rue du Cloître-des-Bernardins. — Conduite d'eau depuis la rue Saint-Victor jusqu'aux deux bornes-fontaines.

Collége des Bernardins. — Les religieux de l'ordre de Clairvaux, appelés *Bernardins*, du nom de leur fondateur saint Bernard, étaient sans cesse exposés au mépris des frères Prêcheurs, des frères Mineurs et des Légistes séculiers *qui, faisant profession de science, voulaient faire passer les anciens ordres pour inutiles, parce qu'ils ne se piquaient pas, comme eux, de disputer, ni d'enseigner, ni de prendre des dégrés dans l'Université*. — Étienne Lexington, Anglais de naissance et abbé de Clairvaux, résolut de mettre un terme à cette humiliation. Il conçut le projet d'établir un collége où ses religieux pourraient faire les études nécessaires pour prendre des dégrés dans l'Université. Le pape Innocent IV approuva complètement ce projet. En conséquence, l'abbé de Clairvaux acheta de l'abbé de Saint-Victor plusieurs terrains situés dans le clos du Chardonnet, et le collége fut fondé en 1244. Afin de jeter un certain éclat sur cette maison, l'abbé de Clairvaux pria Alphonse de France, frère de saint Louis, d'en accepter le titre de protecteur. Alphonse accueillit favorablement cette demande et abandonna une rente de 104 livres parisis qui devait être employée à l'entretien de vingt religieux profès. Le collége des Bernardins fut gouverné par un supérieur qui reçut le titre de *Prieur*, ensuite celui de *Proviseur*. En 1320, l'abbé et les religieux de Clairvaux cédèrent ce collége à l'ordre de Cîteaux. Au mois de février 1321, le roi approuva cette cession. Le pape Benoît XII, qui avait été religieux de l'ordre de Cîteaux, fit commencer l'église, dont la première pierre fut posée le 24 mai 1338. Il n'eut pas la satisfaction de la voir terminée. Le cardinal Curti entreprit de faire achever

— PON —

cette église, mais il ne fut pas plus heureux que le Saint-Père; et cet édifice, d'une architecture remarquable, resta toujours imparfait. En 1790, le collège des Bernardins devint propriété nationale. L'église, qui contenait en superficie 1,070 m. 97 c., fut vendue le 4 messidor an V. Les autres bâtiments restèrent propriétés de l'État jusqu'en l'an XII.

Un arrêté du gouvernement du 22 nivôse de cette année, porte entr'autres dispositions ce qui suit : « Article 1er. Les bâtiments des Bernardins, près la place aux Veaux, seront concédés à la Ville de Paris, en la personne du préfet de la Seine, par le ministre des finances, moyennant une rente dont la quotité sera de 5 p. 0/0 du prix de l'estimation des bâtiments faite contradictoirement par les experts nommés par le préfet de la Seine et le directeur des Domaines. »

La rente annuelle a été fixée à la somme de 6,000 fr. La ville est entrée en jouissance le 1er vendémiaire an XIII.

La rente de 6,000 francs, formant le prix principal de la présente vente, a été comprise dans les domaines nationaux attribués par la loi du 19 septembre 1807, à l'Hôtel-Dieu et à l'Hôpital-Général de Paris en remplacement de leurs biens aliénés. La ville a constamment servi cette rente aux hospices civils jusqu'en 1836, époque à laquelle le remboursement a été effectué au principal de 120,000 francs. — Le réfectoire a servi de dépôt d'huiles et de magasin à la ville. Le dortoir a été occupé par les archives de la préfecture de la Seine. Ces bâtiments, situés du côté de la rue de Poissy, seront prochainement affectés à une caserne de sapeurs-pompiers. Les travaux d'appropriation s'exécutent en ce moment sous la direction de M. Hittorf, architecte. — D'après une délibération du conseil municipal, on va construire en façade sur la rue de Pontoise, des bâtiments destinés à une école communale. Les travaux sont confiés à M. Durand, architecte.

PONT-ROYAL.

Situé entre les quais des Tuileries, d'Orsay et de Voltaire.

On ne communiquait, jusqu'en 1632, du faubourg Saint-Germain au Louvre et aux Tuileries que par un bac qui avait d'abord donné son nom à un chemin, ensuite à une rue appelée du *Bac*. A cette époque, le sieur Barbier, contrôleur-général des bois de l'Ile de France, qui possédait un clos à l'ouest de ce chemin, construisit sur la rivière un pont de bois : ce pont fut appelé *pont Barbier*, du nom de son entrepreneur; *pont Sainte-Anne*, en l'honneur d'Anne d'Autriche, et des *Tuileries*, parce qu'il aboutissait au palais et au jardin de ce nom; un peu plus tard on le nomma *pont Rouge*, parce qu'il fut peint de cette couleur. Ce pont, qui se composait de dix arches, fut souvent endommagé. Il exista cependant jusqu'au 20 février 1684; à cette époque, il fut entièrement emporté par les eaux. Les fondations de celui qui existe aujourd'hui furent

— PON —

jetées le 25 octobre de l'année suivante. Louvois venait alors de succéder à Colbert, dans la charge de surintendant des bâtiments. Les dessins ont été donnés par Jules Hardouin Mansart, et la construction suivie par Gabriel. La fondation de la première pile, du côté des Tuileries, ayant présenté des difficultés à cause de la mauvaise qualité du terrain, on appela de Maëstricht, le frère *François Romain,* moine de l'ordre de Saint-Dominique, qui y employa, pour la première fois, la machine à draguer. « Il prépara, dit un historien contemporain, par ce moyen le terrain sur lequel la pile devait être élevée, fit échouer un grand bateau marnois rempli de matériaux, et l'entoura de pieux battus sous l'eau et d'une jetée de pierre. On forma ensuite une espèce de caisse ou crèche contenant des assises de pierre, cramponées, attenantes à ces parois, et après qu'elle eut été immergée et consolidée par de longs pieux de garde, on remplit le vide que laissaient entre eux les parements avec des moellons et du mortier de Pouzzolane, que l'on employa pour la première fois à Paris. Cette fondation fut chargée d'un poids beaucoup plus considérable que celui qu'elle devait soutenir après la construction du pont, et comme au bout de six mois d'épreuve, il ne se manifesta qu'un tassement de 27 millimètres, qui fut attribué à la retraite des mortiers, on éleva sans crainte la pile et les deux arches collatérales. C'est dans cette pile qu'on a déposé les inscriptions et les médailles. » — Ce pont fut nommé *Pont-Royal,* parce que le roi en fit les frais qui s'élevèrent à la somme de 742,171 livres 11 sous. En 1792, on lui donna le nom de *pont National*; en 1804, celui de *pont des Tuileries*; depuis 1815, on l'appelle indistinctement *Pont-Royal* et des *Tuileries*. Il se compose de cinq arches à plein-cintre, dont le diamètre moyen est de 22 m. Sa largeur entre les têtes est de 17 m., et sa longueur totale entre les deux culées est de 128 m. En 1839, 40, 43 et 44, l'administration a fait exécuter des travaux de restauration, de rejointement des voûtes et piles en ciment romain, etc., qui ont occasionné une dépense de 173,456 fr.

PONTS (RUE DES DEUX-).

Commence aux quais d'Orléans, n° 2, et de Béthune, n° 28; finit aux quais de Bourbon, n° 1, et d'Anjou, n° 37. Le dernier impair est 37; le dernier pair, 40. Sa longueur est de 157 m. — 9e arrondissement, quartier de l'Ile-Saint-Louis.

Cette rue est ainsi nommée en raison de sa situation entre les *deux ponts* Marie et de la Tournelle. Sa construction fut commencée vers 1614. — Deux décisions ministérielles, la première du 24 frimaire an XIII, signée Champagny; la seconde du 9 mai 1818, fixèrent la largeur de cette voie publique à 12 m. Cette largeur est portée à 15 m. en vertu d'une ordonnance royale du 4 août 1838. Les constructions riveraines sont soumises à un retranchement de 3 m. 80 c. — Conduite d'eau. — Éclairage au gaz (compe Parisienne).

POPINCOURT (ABATTOIR).

Situé dans l'avenue Parmentier. — 8ᵉ arrondissement, quartier Popincourt.

Cet établissement, appelé aussi *Abattoir de Ménilmontant*, occupe tout l'îlot circonscrit par les rues Saint-Maur, des Amandiers, Saint-Ambroise et l'avenue Parmentier. Sur cette avenue est la façade principale de cet établissement, dont la superficie est d'environ 43,500 m. Une grille de plus de 30 m. de longueur, aux extrémités de laquelle sont deux pavillons de chacun 16 m. 40 c. sur 10 m., contenant les bureaux de l'administration et les logements des agents, donne entrée à une cour de 96 m. de largeur et 140 m. de longueur ; cette cour est placée au centre et contient dans le fond deux parcs aux bœufs, de chacun 46 m. sur 12 m., entourés de plantations. Sur les côtés sont quatre échaudoirs composés chacun de deux bâtiments de 46 m. 20 c. de largeur sur 10 m. 80 c., séparés par une cour de 9 m. 40 c. de largeur. Ces bâtiments sont entourés de huit autres bâtiments, dont six de 51 m. sur 10 m., et deux de 46 m. 20 c. sur 10 m., à usage des bouveries et bergeries. A l'extrémité de l'abattoir sont deux fondoirs de chacun 26 m. sur 19 m., deux magasins de 51 m. sur 10 m., des remises, une machine à vapeur placée dans l'axe de l'établissement et des réservoirs. Tous ces bâtiments sont réguliers, construits en pierres de taille et meulière, et leur disposition est parfaitement symétrique. (Voir l'article *Abattoirs*.)

POPINCOURT (MARCHÉ).

Situé dans la rue de Ménilmontant. — 8ᵉ arrondissement, quartier Popincourt.

Une ordonnance royale du 9 septembre 1829 porte ce qui suit : « Article 1ᵉʳ. Il sera établi un nouveau
» marché de comestibles dans notre bonne ville de
» Paris, sur l'emplacement de l'ancienne voirie de
» Ménilmontant et aux frais du sieur Testart, soumis-
» sionnaire. Notre bonne ville de Paris est autorisée
» à accepter la soumission en date du 12 juillet 1829,
» par laquelle le d. sieur Testart s'oblige à construire
» à ses frais, un marché sur le dit emplacement,
» moyennant la concession à son profit, pendant
» soixante-dix ans, des droits de place et d'étalage dans
» le dit marché, tels qu'ils sont fixés dans le tarif
» adopté par la Ville, le tout conformément aux clau-
» ses et conditions exprimées dans la d. soumission,
» et acceptées par les délibérations du conseil muni-
» cipal des 31 octobre 1828 et 26 juin 1829. » — Le sieur Testart s'était engagé aussi à céder à la ville de Paris le sol de trois rues à ouvrir pour faciliter l'accès du marché. Cet entrepreneur exécuta ses engagements, et fit construire le marché sous la direction de M. Molinos, architecte. Cet établissement a été inauguré le 31 mai 1831, en vertu d'une ordonnance de police du 21 du même mois. Le marché Popincourt occupe une superficie de 1,000 m.

Les percements exécutés aux abords du marché, sont : 1° une rue de 10 m. de largeur, qui borde trois côtés de cet établissement. Cette voie publique a reçu le nom de rue du *Marché-Popincourt*; 2° une rue de 12 m. de largeur, qui commence à la rue Popincourt et finit à celle du Marché; 3° et une rue de 15 m. de largeur, tracée dans l'axe du marché. Elle communique de la rue de Ménilmontant à celle qui a 12 m. de largeur. Ces deux dernières voies publiques ne sont pas encore dénommées.

POPINCOURT (RUE).

Commence à la rue de la Roquette, n° 69 ; finit à la rue de Ménilmontant, nᵒˢ 32 et 34. Le dernier impair est 87 ; le dernier pair 108. Sa longueur est de 960 m. — 8ᵉ arrondissement, quartier Popincourt.

Ce fut par abréviation qu'on l'appela longtemps rue *Pincourt*. Elle doit son nom à Jean de *Popincourt*, premier président du parlement de Paris, sous Charles VI, qui y avait une maison de plaisance. Quelques paysans vinrent successivement y construire plusieurs chaumières, dont le nombre s'augmentant chaque jour, finit par former un hameau, qui, sous le règne de Louis XIII, fut compris dans le faubourg Saint-Antoine. — Une décision ministérielle du 13 germinal an X, signée Chaptal, et une ordonnance royale à la date du 6 mai 1827, ont fixé la moindre largeur de cette voie publique à 10 m. Les propriétés ci-après ne sont pas soumises à retranchement : 1, 1 bis, 1 ter, 3, 5, 9, 9 bis, 11, 13, 15, 21, 33, 41, 49, 51, 53, 55, 59, partie de 61. Les deux bâtiments situés entre les nᵒˢ 67 et 69, partie de 71 ; 73, 75, 77, partie de 81, 83, 85, 87 ; 4, 10, 12, 14, 18, 24, 26, 38, 40, 42, 44, 46, 54, 56, 58, 60, 62, 64, 66, partie de 68, partie de 74, 76, 78, 98, 100, 102 et 104. — Portion d'égout. — Conduite d'eau dans la plus grande partie.

POPINCOURT (RUE DU MARCHÉ-).

Bordant trois côtés de cet établissement. Pas de numéro. Sa longueur est de 136 m. — 8ᵉ arrondissement, quartier Popincourt.

Ouverte en 1829 sur les terrains appartenant au sieur Testart, cette rue a 10 m. de largeur. Elle a été dénommée en vertu d'une décision ministérielle du 21 juin 1844. (Voyez l'article du *marché Popincourt*.)

POPINCOURT (RUE NEUVE-).

Commence à la rue de Ménilmontant, nᵒˢ 46 et 48 ; finit à un passage conduisant à la rue Popincourt, entre les nᵒˢ 82 et 84. Le dernier impair est 17 ; le dernier pair 12. — 8ᵉ arrondissement, quartier Popincourt.

Elle a été ouverte sans autorisation, en 1826, sur les terrains appartenant à M. le duc de Choiseul et à madame Hamelin. — Un arrêté préfectoral du 7 décembre 1840, a prescrit la fermeture de cette rue, qui n'est pas reconnue voie publique. — Conduite d'eau depuis la rue de Ménilmontant jusqu'aux deux bornes-fontaines.

— POR —

PORTEFOIN (rue).

Commence aux rues des Enfants-Rouges, n° 13, et Molay, n° 1; finit à la rue du Temple, n°s 68 et 70. Le dernier impair est 19; le dernier pair 14. Sa longueur est de 142 m. — 7e arrondissement, quartier du Mont-de-Piété.

Dès 1282, elle était désignée sous le nom de Poulin ou Richard du Poulin, en raison d'un propriétaire qui y fit construire plusieurs maisons. Jean Portefin ayant fait bâtir plus tard un hôtel dans cette rue, on lui donna son nom, que le peuple changea pour celui de Portefoin. Quelques plans la désignent sous les dénominations des *Enfants-Rouges*, des *Bons-Enfants*, en raison de l'hôpital qui y était situé et dont nous avons parlé à l'article de la rue Molay. — Une décision ministérielle du 23 brumaire an VIII, signée Quinette, fixa la largeur de cette voie publique à 8 m. Cette largeur a été portée à 10 m., en vertu d'une ordonnance royale du 16 mai 1833. Propriété n° 1, retranchement réduit, 2 m.; 3, ret. réduit, 1 m. 40 c.; 5, ret. réduit, 1 m. 10 c.; 7, ret. réduit, 90 c.; 9, ret. réduit, 60 c.; 11, redressement; 13 doit avancer sur ses vestiges; 15, alignée; 17, redres.; 19, ret. réduit, 1 m. 30 c.; 2, red.; 4, ret. réduit, 30 c.; 6, ret. réduit, 55 c.; 8, ret. réduit, 1 m.; 10, ret. réduit, 2 m.; 12, ret. réduit, 2 m. 80 c.; 14, ret. réduit, 1 m. 30 c. — Éclairage au gaz (compe Lacarrière).

PORTES (rue des douze-).

Commence à la rue Saint-Pierre, n°s 3 et 10; finit à la rue Saint-Louis, n°s 34 et 36. Le dernier impair est 9; le dernier pair 8. Sa longueur est de 75 m. — 8e arrondissement, quartier du Marais.

On la trouve désignée sous le nom de *Saint-Nicolas*, en raison de *Nicolas* Le Jay, premier président au parlement de Paris, de 1640 à 1656, qui y possédait plusieurs maisons. Sa dénomination actuelle lui vient de douze portes de maisons qu'on voyait dans cette rue. — Une décision ministérielle du 13 fructidor an VII, signée Quinette, fixa la largeur de cette voie publique à 8 m. Cette dimension a été portée à 10 m., en vertu d'une ordonnance royale du 8 juin 1834. Propriétés du côté des numéros impairs, retranch. 1 m. 20 c. à 1 m. 70 c. Propriétés du côté opposé, retranch. 60 c. à 1 m. 10 c. — Conduite d'eau depuis la rue Saint-Louis jusqu'à la borne-fontaine. — Éclairage au gaz (compe Lacarrière).

Crébillon, poète tragique, a demeuré dans cette rue.

PORTES (rue des trois-).

Commence à la place Maubert, n°s 12 et 14; finit à la rue de l'Hôtel-Colbert, n°s 13 et 15. Le dernier impair est 15; le dernier pair 18. Sa longueur est de 78 m. — 12e arrondissement, quartier Saint-Jacques.

Cette rue fut tracée en 1202 sur le clos Mauvoisin, qui faisait partie de la seigneurie de Garlande. En 1380, on la trouve désignée sous le nom de ruelle *Augustin*, dite des *Trois-Portes*. Jaillot prétend qu'elle avait pris cette dénomination parce qu'elle ne possédait que trois maisons et trois portes. — Une décision ministérielle du 3 pluviôse an IX, signée Chaptal, a fixé la largeur de cette voie publique à 6 m. Les maisons n°s 5, 15; 2, 4, 6, 8, 10 et 12, sont alignées. — Conduite d'eau depuis la rue de l'Hôtel-Colbert jusqu'à la borne-fontaine.

PORTES-SAINT-ANDRÉ (rue des deux-).

Commence à la rue de la Harpe, n°s 50 et 52; finit à la rue Hautefeuille, n°s 11 et 13. Le dernier impair est 9; le dernier pair 8. Sa longueur est de 100 m. — 11e arrondissement, quartier de l'École-de-Médecine.

Dès 1450, on la nommait rue des *Deux-Portes*, parce qu'elle était fermée à ses deux extrémités. — Une décision ministérielle du 23 prairial an VII, signée François de Neufchâteau, fixa la largeur de cette voie publique à 7 m. En vertu d'une ordonnance royale du 22 août 1840, cette largeur est portée à 10 m. Maison n° 1, retranch. réduit, 2 m. 80 c.; 3, ret. réduit, 3 m. 90 c.; 5, ret. réduit, 4 m. 90 c.; 7, ret., 5 m.; 9, ret. réduit, 4 m.; 2, ret. réduit, 4 m. 30 c.; 4, ret. réduit, 3 m. 10 c.; 6, ret. réduit, 2 m. 10 c.; 8, ret. 1 m. 90 c.; maison à l'encoignure de la rue de la Harpe, ret. réduit, 3 m. 30 c. — Conduite d'eau depuis la rue de la Harpe jusqu'à la borne-fontaine.

PORTES-SAINT-JEAN (rue des deux-).

Commence à la rue de la Tixéranderie, n°s 35 et 37; finit à la rue de la Verrerie, n°s 29 et 33. Le dernier impair est 9, le dernier pair 6. Sa longueur est de 85 m. — 7e arrondissement, quartier du Marché-Saint-Jean.

Cette rue doit son nom aux portes qui la fermaient autrefois à ses extrémités, et non aux portes d'une ancienne enceinte, comme l'ont prétendu plusieurs écrivains modernes. En 1281, elle se nommait rue *Entre-Deux-Portes*. En 1300, rue *Galiace* ou des *Deux-Portes*. Elle débouche dans la rue de la Tixéranderie, sous l'arcade d'une maison. — Une décision ministérielle du 28 brumaire an VI, signée Letourneux, a fixé la largeur de cette voie publique à 6 m. Les constructions du côté des numéros impairs devront reculer de 1 m. 70 c. au plus. La maison située sur le côté opposé, à l'encoignure de la rue de la Tixéranderie, est soumise à un retranchement réduit de 3 m.; celles n°s 2, 4 et 6, sont assujetties à un ret. de 70 c. à 1 m. — Conduite d'eau depuis la rue de la Verrerie jusqu'à la borne-fontaine. — Éclairage au gaz (compe Lacarrière).

PORTES-SAINT-SAUVEUR (rue des deux-).

Commence aux rues Pavée, n° 2, et du Petit-Lion n° 28; finit à la rue Thévenot, n°s 11 et 13. Le dernier impair est 31; le dernier pair 36. Sa longueur est de 234 m. — 5e arrondissement, quartier Montorgueil.

Un bail de l'année 1241 indique que cette voie publique était alors construite. Elle s'arrêtait à cette époque à la rue Saint-Sauveur, et était fermée par une porte à chaque extrémité. Vers la fin du XVIIe siècle, elle fut prolongée jusqu'à la rue Thévenot. La partie située entre la rue Pavée et celle du Renard se nommait

— POR —

anciennement *Grate-C..*; en 1427, on lui donna la dénomination de rue des *Deux-Petites-Portes*. — Une décision ministérielle du 19 pluviôse an VIII, signée L. Bonaparte, fixa la largeur de cette voie publique à 7 m. Cette largeur a été portée à 10 m., en vertu d'une ordonnance royale du 21 juin 1826. Propriétés de 1 à 5, retranch. 4 m. 70 c. à 5 m. 20 c.; 7, ret., 2 m. 80 c.; 9, ret. 5 m. 30 c.; 11, alignée; de 13 à 25, ret., 4 m. 10 c. à 4 m. 70 c.; de 27 à la fin, ret. 4 m. 70 c. à 5 m. 50 c.; 2, ret. réduit 50 c.; 4, 6, ret. 80 c. à 1 m. 10 c.; 8, alignée; 10, ret. 90 c.; 12, ret., 50 c.; de 14 à 22, alignées; 24, ret. réduit 1 m. 20 c.; 26, ret. 1 m.; 28, ret. 85 c.; 30, ret. 70 c.; 32, ret. 45 c.; 34, ret. 25 c.; 36, redress.— Conduite d'eau. — Éclairage au gaz (comp^e Française).

PORT-MAHON (RUE DE).

Commence à la rue Neuve-Saint-Augustin, n° 28; finit aux rues Louis-le-Grand, n° 24, et d'Hanovre, n° 21. Le dernier impair est 11; le dernier pair 16. Sa longueur est de 126 m. — 2e arrondissement, quartier Feydeau.

Cette rue a été ouverte en 1795, sur l'emplacement de *l'Hôtel de Richelieu*, appartenant alors au citoyen Chéradame. Un arrêté de la commission des travaux publics du 7 vendémiaire an III, autorisa ce percement, dont la largeur fut fixée à 30 pieds. Une ordonnance royale du 16 avril 1831, a maintenu cette largeur. Les constructions riveraines sont alignées. — Égout entre les rues d'Antin et Louis-le-Grand. — Éclairage au gaz (comp^e Anglaise).

Le nom de Port-Mahon, assigné à cette voie publique, rappelle la prise de Port-Mahon, en 1756, par le *duc de Richelieu*. (Voyez rue d'*Hanovre*.)

POSTES (ADMINISTRATION DES)

Située dans la rue Jean-Jacques-Rousseau, n° 7. — 3e arrondissement, quartier Saint-Eustache.

§ Ier. — *De l'Hôtel des Postes*.

L'hôtel aujourd'hui occupé par l'administration des Postes n'était, vers la fin du XVe siècle, qu'une grande maison ayant pour enseigne *l'Image Saint-Jacques*. Elle appartenait alors à Jacques Rebours, procureur de la ville. Jean-Louis Nogaret de la Valette, duc d'Épernon, l'acheta et la fit rebâtir. Elle fut vendue par Bernard de Nogaret, son fils, à Barthélemy d'Hervart, contrôleur général des finances, qui la reconstruisit presque en entier et n'épargna rien pour en faire une habitation magnifique. Cet hôtel passa ensuite à M. Fleuriau d'Armenonville, secrétaire d'état et garde des sceaux. Il appartenait au comte de Morville, ministre et secrétaire d'état aux affaires étrangères, lorsque le roi en ordonna l'acquisition en 1757, à l'effet d'y placer le bureau des Postes.

§ II. — *Historique des Postes*.

On ne trouve aucune trace de l'institution des Postes durant les siècles de barbarie qui suivent la chute de l'empire romain. C'est à Charlemagne qu'appartient, en France, l'honneur de s'être occupé le premier de leur organisation. Cette haute et merveilleuse intelligence devina les services qu'elles pouvaient rendre en rattachant à un centre commun les diverses provinces de son vaste empire. Il répara les voies militaires dont les Romains avaient sillonné la Gaule, et institua peu de temps après des courriers qui s'appelèrent *veredarii* ou *cursores*.

De Charlemagne à Louis XI on ne put se procurer de nouvelles des provinces que par l'entremise des messagers, que l'Université avait seule le droit d'envoyer dans les principales villes du royaume. L'esprit vif et pénétrant de Louis XI devina bientôt tout le parti qu'on devait tirer de cette institution. Le 19 juin 1464, parut un édit dans lequel sa majesté expose :
« Qu'ayant mis en délibération avec les seigneurs du
» conseil, qu'il est moult nécessaire et important à ses
» affaires et à son état de sçavoir diligemment nou-
» velles de tous côtez, et y faire quand bon lui sem-
» blera, sçavoir des sciennes, d'instituer et d'establir
» en toutes les villes, bourgs, bourgades et lieux que
» besoin sera jugé plus commodes, un nombre de che-
» vaux courants de traite en traite, par le moyen des-
» quels ses commandements puissent être promptement
» exécutez, et qu'il puisse avoir nouvelles de ses voi-
» sins quand il voudra, etc...... Ma volonté et plaisir
» est que dès à présent et d'ores en avant, il soit mis
» et establi spécialement sur les grands chemins de
» mon dit royaume, personnes stables, et qui feront
» serment de bien et loyalement servir le roy, pour
» tenir et entretenir quatre ou cinq chevaux de légère
» taille, bien enharnachez, et propres à courir le galop
» durant le chemin de leur traite, lequel nombre on
» pourra augmenter, s'il en est besoin. »

Le caractère sombre et défiant de Louis XI se révèle dans cet édit dont l'article 10e est ainsi conçu : « Après
» avoir vu et visité par le dit commis les paquets des
» dits courriers, et connu qu'il n'y ait rien de contraire
» au service du roy, les cachètera d'un cachet qu'il aura
» du dit grand-maître des coureurs et puis les rendra
» au dit courrier avec passeport, que sa majesté veut
» être en la forme qui en suit : *Maîtres tenants les che-
» vaux courants du roy, depuis tel lieu jusqu'à tel
» autre..... montez et laissez passer ce présent courrier
» nommé tel, qui s'en va en tel lieu, avec sa guide et
» malle en laquelle sont...... le nombre de tant de pa-
» quets de lettres cachetées du cachet de notre grand-
» maître des coureurs de France, lesquelles lettres ont
» été par moy vues et n'y ai rien trouvé qui préjudicie
» au roy notre sire; au moyen de quoy ne lui donnez
» aucun empeschement, ne portant autres choses que....
» telle somme pour faire son voyage*; il sera signé du
» dit commis et non d'autres personnes. »

Le prix de la *traite* durant quatre lieues, en y comprenant celui du guide, est fixé par le même édit à la somme de dix sols. De grandes améliorations furent successivement introduites dans le service des Postes Charles VIII mit la France en correspondance réglée avec plusieurs états voisins, notamment avec l'Italie.

— POS —

Henri III, en 1576, donna des itinéraires réguliers à toutes les villes ayant parlement; enfin Henri IV, pour faciliter les communications et rendre les voyages plus fréquents, créa en 1597 un établissement destiné à fournir aux voyageurs des chevaux de louage de traite en traite, sur les grands chemins. Les considérants de l'édit du roi méritent d'être rappelés. « Comme les commer» ces accoutumez cessent et sont discontinuez en beau» coup d'endroicts, et ne peuvent nos dicts subjects » vaquer librement à leurs affaires, sinon en prenant » la poste, qui leur vient en grande cherté et excessive » dépense ; à quoy désirant pourvoir, et donner à nos » dits subjects les moyens de voyager et commodé» ment continuer le labourage, avons ordonné et or» donnons que par toutes les villes, bourgs et bourga» des de nostre royaume, seront establis des mais» tres particuliers pour chacune traite et journée; » déclarant néanmoins n'avoir entendu préjudicier » aux privilèges et immunités des postes. »

Bientôt on réunit en une seule les deux institutions des relais et des postes. Sous Louis XIII, il fut ordonné que les courriers partiraient de Paris pour les principales villes du royaume deux fois par semaine, et qu'ils feraient nuit et jour une poste par heure. Louis XIV exempta les maîtres coureurs, de la taille pour 60 arpents de terre, de la milice pour l'aîné de leurs enfants et le premier de leurs postillons, du logement des gens de guerre, de la contribution pour les frais de guet, gardes et autres impositions.

A Louis-le-Grand appartient encore l'honneur d'avoir créé la Poste-aux-Lettres, ou Petite-Poste. Voici le titre relatif à cette fondation.

« Louis, par la grâce de Dieu, etc... Considérant que » la grande estendue de notre ville de Paris, et la mul» titude des personnes qui la composent, causent beau» coup de longueur et de retardement au nombre infini » des affaires qui s'y traitent et qui s'y négocient, nous » avons reconnu qu'il étoit nécessaire d'apporter quel» que ordre particulier, afin d'en avoir une plus prompte » et diligente expédition, et après avoir examiné plu» sieurs propositions qui nous ont été faites sur ce sujet, » nous n'en avons point trouvé de plus innocente pour les » particuliers, ni de plus advantageuse pour le public, » que l'établissement de plusieurs commis dans notre » d. ville de Paris, lesquels étant divisés par quartiers, » auront la charge et le soing de partir tous les matins, » et de prendre chacun dans un bon nombre de boistes, » qui seront mises en différents endroits des d. quar» tiers pour la commodité de tout le monde, les billets, » lettres et mémoires que l'on est obligé d'écrire à » tous moments et à toutes rencontres, et de là les por» ter dans une boutique ou bureau qui sera dans la » cour du pallais, pour y être distribuez par ordre de » quartier, et rendus par les d. commis sur le champ, » diligemment et fidèlement à leurs adresses, d'où re» tournant, rapporter au pallais sur le midy et à trois » heures, et même plus souvent, s'il est nécessaire, les

— POS —

» billets, lettres et mémoires qui auront été mis dans » les d. boistes pendant le dit temps, etc..., etc...
» Considérant aussi que ceux qui sont à Paris ont » plus d'affaires avec les personnes qui sont dans la » d. ville, qu'avec ceux qui sont dans les provinces, » dont on a bien souvent plus facilement des nouvelles » et des responses que de ceux qui sont dans les quar» tiers esloignés, et qu'il est bien à propos d'establir, » pour la facilité du commerce et pour la commodité du » public, une correspondance si nécessaire à tout le » monde, et particulièrement aux marchands qui ne » peuvent quitter leur boutique, à l'artisan qui n'a rien » de si cher que le temps et son travail qui le nourrit, et » à l'officier qui de quelque condition qu'il soit, devant » l'assiduité à son exercice, ne le peut abandonner.

« A ces causes, etc.... Voulons et nous plait qu'il » soit establi dans notre bonne ville et fauxbourgs de » Paris, tel nombre de boistes, de commis et de bu» reaux qu'il sera nécessaire, et dans les lieux qui se» ront jugés être plus à propos, afin que ceux qui » voudront se servir de cette voye en puissent user. » N'entendant y contraindre personne, voulant aussi » que le salaire des d. commis soient modicque et mo» déré, et qu'il ne soit que d'un sol marqué, quelque » grosseur que puisse avoir le billet, lettre ou mé» moire, etc.... Nous avons donné à nos chers et bien » amez les sieurs de *Nogent* et de *Villahier*, maistres » des requêtes, en considération des bons et agréables » services qu'ils nous ont rendus et rendent tous les » jours, la permission et faculté de faire le dit établis» sement dans notre ville et fauxbourgs de Paris et » autres villes de notre royaume, où ils verront qu'il sera » nécessaire, à l'exclusion de toutes autres personnes, » *pendant le temps et espace de quarante années,* durant » les quelles nous voulons et entendons que les d. sieurs » de Nogent et de Villahier jouissent seuls de la dite » faculté, de tous les profits et émoluments qui en » pourront venir. Données à Paris au mois de mai de » l'an 1653, et de notre règne le 11e. Signé Louis. »

Cette institution ne réussit pas d'abord; aussi Pélisson en parle-t-il comme d'une apparition qui devait bientôt s'évanouir. On trouve dans une annotation écrite de sa main, en marge d'une lettre que mademoiselle de Scudéry lui avait envoyée par l'entremise de la *boîte des billets,* cette curieuse indication : « M. de Villahier » avoit obtenu un privilège ou don du roi, pour pou» voir seul establir ces boistes, et avoit ensuite establi » un bureau au pallais, où l'on vendoit pour un sol » pièce certains billets imprimés et marqués d'une » marque qui lui estoit particulière. Ces billets ne » contenoient autre chose sinon : *Port payé ce jour » de..... l'an mil six cent cinquante-trois* ou *cinquante» quatre.* Pour s'en servir, il falloit remplir le blanc de » la date du jour et du mois au quel vous escriviez et » après cela vous n'aviez qu'à entortiller le billet au» tour de celui que vous escriviez à votre ami, et les » faire jeter ensuite dans la boiste. »

— POS —

Le secret des lettres ne tarda pas à être violé. Le ministre Louvois, le premier, se rendit coupable de cette insigne perfidie. Sous le règne de Louis XV, on décachetait avec soin toutes les lettres dont les adresses faisaient soupçonner la relation d'intrigues galantes ou politiques. On en faisait des extraits, et après avoir recacheté les billets, on les envoyait à leur adresse. L'intendant des postes venait tous les dimanches offrir à sa majesté le relevé des infidélités hebdomadaires. » Le docteur *Quesnay*, dit madame de Hausset, » dans son journal, s'est mis devant moi plusieurs fois » en fureur sur cet infâme ministère, comme il l'appe- » loit. Je ne dinerois pas plus volontiers, disoit-il, avec » l'intendant des postes qu'avec le bourreau. »

Le ministre Louvois fit rembourser les offices des maîtres courriers et réunit en une seule administration les divers départements qui percevaient les ports de lettres. Ce fut un nommé Lazare Patin, qui en devint fermier-général en 1663, par un bail de onze années que l'on prolongea jusqu'en 1683. L'Assemblée Constituante, par un décret de 1790, supprima les privilèges des maîtres de poste et les remplaça par une indemnité annuelle de 30 livres par cheval, laquelle indemnité ne pouvait être inférieure à la somme de 250 livres, ni dépasser celle de 450, quelle que fût l'importance des relais.

Le service des postes reçut de nombreuses améliorations en 1792. On remplaça d'abord les anciens véhicules lourds, dangereux et incommodes par des voitures suspendues, à deux roues et à trois chevaux; quarante lignes furent desservies par autant de malles dont l'entretien était à la charge du gouvernement; quatorze partaient de Paris, les vingt-six autres faisaient le service des départements. Pour indemniser les maîtres de poste de la perte de leurs anciens privilèges, on leur accorda 30 sous par cheval et par poste, au lieu de 25 qu'ils avaient auparavant. On reconnut bientôt l'insuffisance de cette rétribution, et Napoléon, pour rendre meilleure la position des maîtres de poste, frappa en 1805 tout entrepreneur de voitures publiques d'une contribution de 25 c. par poste et par cheval.

D'un tableau comparatif de la marche des malles-postes, pendant les années 1814, 1820, 1836 et 1842, il résulte que 22 malles-postes de 1re et de 2e sections, chargées concurremment avec 1500 services par entreprise des dépêches en France, parcourent une distance de 992 postes 1/2. Ce trajet, qui exigeait 1,178 heures en 1814, et 799 en 1829, n'en réclame plus que 610 aujourd'hui; ce qui produit une accélération de 189 heures, qui équivaut à près de moitié, relativement au parcours de 1814.

Nous terminons cet article par quelques tableaux de statistique qui feront connaître toute l'importance de l'administration des Postes.

En 1663, le 1er bail des Postes produisit 1,200,000 fr.
— 1683, le 2e — — 1,800,000
— 1695, le 4e — — 2,820,000
En 1713, le 8e bail des Postes produisit 3,800,000
— 1764, le 18e — — 7,113,000
— 1778, le 24e et dernier. — 12,000,000

Produits généraux des Postes pendant les années 1821, 1830 et suivantes, jusqu'en 1842 inclusivement.

EXERCICES.	RECETTES.	EXERCICES.	RECETTES.
1821	23,892,698 fr.	1836	37,405,510 fr.
1830	33,727,649	1837	40,382,368
1831	33,340,319	1838	42,242,870
1832	34,164,604	1839	44,131,234
1833	35,361,599	1840	46,105,736
1834	36,171,362	1841	48,042,439
1835	37,036,468	1842	48,897,226

Articles d'argent déposés dans les bureaux de poste pendant les années 1821, 1830, 1834 et suivantes, jusqu'en 1842 inclusivement.

EXERCICES.	ARTICLES D'ARGENT VERSÉS dans les bureaux de poste.		ARTICLES D'ARGENT PAYÉS dans les bureaux de poste.	
	Nombre des dépôts.	Montant des dépôts.	Nombre d'articles d'argent.	Sommes payées.
		fr. c.		fr. c.
1821.	317,642	9,099,296 79	316,842	9,092,642 12
1830.	495,468	13,185,942 »	493,873	13,170,882 92
1834.	764,417	16,412,924 07	764,906	16,426,712 99
1835.	726,553	15,795,336 27	725,305	15,769,263 15
1836.	698,378	15,436,797 76	696,340	15,409,496 04
1837.	742,365	16,157,871 79	725,594	16,120,281 06
1838.	792,036	16,938,923 41	778,474	16,895,744 36
1839.	831,164	17,598,026 56	822,880	17,534,140 28
1840.	960,175	19,570,120 92	940,002	19,337,283 10
1841.	1,143,603	22,076,252 26	1,136,902	22,006,686 82
1842.	1,105,959	21,907,641 38	1,107,512	21,953,710 63

Nombre des journaux et imprimés transportés par la poste pendant les années 1821, 1830, 1834 et suivantes, jusqu'en 1842 inclusivement.

EXERCICES	EXPÉDIÉS de Paris.	ORIGINAIRES des départements.	NÉS et distrib. dans l'arrond. rural de chaque bureau.	TOTAL.	MOYENNE par jour.
1821	23,209,773	4,618,061	»	27,827,834	76,240
1830	32,334,280	7,422,540	190,050	39,946,875	109,443
1834	37,644,000	11,157,000	485,000	49,286,000	136,905
1835	38,778,675	10,093,250	433,750	49,305,675	136,960
1836	37,871,190	7,844,490	534,350	46,250,030	126,712
1837	40,535,247	9,298,048	643,000	50,376,295	138,017
1838	38,260,110	9,269,090	681,950	48,211,150	132,086
1839	39,176,647	10,176,653	842,641	50,195,941	137,523
1840	41,149,912	10,979,084	835,296	52,964,292	144,711
1841	43,676,012	12,212,892	933,914	56,822,818	155,679
1842	44,554,448	13,066,477	1,124,800	58,745,725	160,947

POSTES (RUE DES).

Commence aux rues de la Vieille-Estrapade, et des Fossés-Saint-Jacques, n° 34; finit à la rue de l'Arbalète, n°s 2 et 4. Le dernier impair est 47; le dernier pair, 54. Sa longueur est de 578 m. — 12e arrondissement, quartier de l'Observatoire.

« Dans tous les titres de Sainte-Geneviève (dit » Jaillot), l'endroit où cette rue est située est nommé » le *clos des Poteries*, le *clos des Métairies*; il était » planté de vignes qui avaient été baillées à la charge » de payer le tiers-pot en vendange, de redevance sei- » gneuriale. » — Dès le XVIe siècle le nom primitif de cette rue était altéré. Nous lisons dans le terrier du roi de 1640 : *rue des Poteries et maintenant des Postes*. — Une décision ministérielle du 28 pluviôse an IX, signée Chaptal, fixa la moindre largeur de cette voie publique à 7 m. En vertu d'une ordonnance royale du 23 janvier 1844, cette moindre largeur est portée à 12 m. Propriétés de 1 à 5, retranch. réduit 50 c.; 7, ret. réduit 4 m. 20 c.; 9, ret. réduit 4 m. 90 c; 11, ret. réduit 4 m.; encoignure droite de la rue des Irlandais, et propriété n° 13, ret. réduit 3 m.; de 15 à 33, ret. 4 m. 10 c. à 5 m.; 37, ret. réduit 1 m. 60 c.; 37 bis, ret. réduit 1 m. 30 c.; 39, ret. réduit 70 c.; 41, ret. réduit 50 c.; 43, ret. réduit 2 m. 30 c.; 45, ret. réduit 3 m. 80 c.; 47, ret. 5 m.; encoignure de la rue de l'Arbalète, ret. réduit 3 m. 30 c.; de 2 à 6, ret. 4 m. 30 c. à 5 m. 60 c.; de 8 à 12, ret. 2 m.; 14, ret. réduit 3 m.; 16, ret. réduit 4 m. 20 c.; 18, ret. réduit 5 m. 30 c.; 20, ret. réduit 4 m.; de 22 à 26 bis, ret. 1 m. 80 c. à 2 m. 30 c.; 28, ret. réduit 90 c.; 30, 32, ret. réduit 30 c.; partie du n° 34, ret. réduit 1 m. 10 c., surplus, aligné ; 36, ret. réduit 70 c.; 38, ret. réduit 3 m. 50 c.; 40, ret. réduit 5 m. 50 c.; 42, 44, ret. réduit 5 m.; 46, ret. réduit 3 m. 40 c.; 48, ret. réduit 2 m. 50 c.; 50, ret. réduit 2 m.; 52, ret. 1 m. 40 c.; 54, ret. 1 m.; encoignure de la rue de l'Arbalète, ret. 30 c.

Au n° 20, était située la communauté des *Eudistes*, ou de *Jésus et de Marie*. — Jean Eudes, prêtre oratorien, frère aîné de l'historien Mézerai, établit à Caen, vers 1643, une congrégation de prêtres destinés à diriger des missionnaires et à faire des missions. La double utilité de leur institut engagea quelques personnes pieuses à les attirer à Paris. M. de Harlay approuva le 28 mars 1671 la donation qui leur fut faite d'une partie de maison près de l'église Saint-Josse, au service de laquelle ils s'attachèrent; l'un d'eux devint même curé de cette paroisse. La propriété que ces religieux occupaient ayant été vendue, ils achetèrent, pour en faire un hospice, une maison située dans la rue des Postes, qu'ils vinrent habiter en 1727. Un décret de l'archevêque de Paris, de 1773, les y maintint sous le titre de *Communauté et de Séminaire*, pour les jeunes gens de leur congrégation. Cette maison religieuse qui contenait en superficie 3,958 m. 40 c., fut supprimée en 1792. Devenue propriété nationale, elle fut vendue le 15 ventôse an VI.

Tableau du nombre des lettres soumises à la taxe, qui ont circulé dans le service des postes pendant les années 1821, 1830, 1834 et suivantes, jusqu'en 1842 inclus.

EXERCICES.	LETTRES TAXÉES OU AFFRANCHIES				LETTRES TOMBÉES EN REBUT.			RESTE EN LETTRES REMISES AUX DESTINATAIRES.		
	SERVICE ORDINAIRE.		SERVICE RURAL. Lettres dont la circulat. est restreinte dans l'arrond. rural de chaque bur.	TOTAL.	MOYENNE par jour.	Service ordinaire.	Service rural.	TOTAL.	Service ordinaire.	Service rural.	TOTAL.
	A Paris.	Dans les départements.									
1821.	12,858,120	32,524,031	»	45,382,151	124,334	889,000	»	889,000	44,493,151	»	44,493,151
1830.	16,953,087	45,050,224	1,813,949	63,817,260	174,841	1,509,303	90,697	1,600,000	60,494,008	1,723,252	62,217,260
1834.	17,230,053	49,398,466	4,198,000	70,826,519	196,740	1,662,158	210,000	1,872,158	64,966,361	3,988,000	68,954,361
1835.	18,403,174	52,238,991	4,377,750	75,019,918	205,534	1,722,833	222,350	1,945,183	68,919,335	4,145,400	73,074,735
1836.	19,223,915	54,673,416	5,073,230	78,970,561	216,359	1,815,763	253,660	2,069,423	72,081,568	4,759,570	76,901,138
1837.	20,131,732	56,741,506	6,471,720	83,348,008	228,350	1,996,103	277,840	2,273,943	74,880,185	6,193,880	81,074,065
1838.	20,148,328	59,415,422	8,061,820	87,625,570	240,070	2,187,535	242,064	2,429,599	77,376,215	7,819,756	85,195,971
1839.	21,955,350	61,271,911	8,425,010	91,652,271	278,500	2,382,548	243,974	2,626,517	80,844,713	8,181,036	89,025,749
1840.	22,002,418	63,115,956	8,628,200	93,746,574	256,840	2,398,299	257,840	2,656,139	82,720,075	8,370,360	91,090,435
1841.	25,113,302	62,213,274	8,082,313	96,008,859	263,033	2,582,907	263,864	2,846,771	84,743,669	8,418,449	93,162,118
1842.	26,425,908	63,990,851	8,805,404	99,282,163	272,006	2,607,672	267,500	2,875,172	87,809,087	8,597,904	96,406,991

Nombre des bureaux de poste et de distribution depuis 1820.

ANNÉES.	NOMBRE		TOTAL.
	des bureaux DE POSTE.	des bureaux DE DISTRIBUTION.	
1820.	1,289	486	1,775
1825.	1,338	497	1,835
1830.	1,395	580	1,975
1835.	1,443	651	2,094
1840.	1,631	664	2,295
1843.	2,091	685	2,776

— POS —

Le *Séminaire Anglais* était situé au n° 22. Au mois de février 1684, Louis XIV accorda des lettres-patentes portant permission d'établir une communauté d'ecclésiastiques séculiers Anglais. L'archevêque y donna son consentement le 12 septembre 1685, et sur l'avis des prévôt des marchands et échevins, et du lieutenant de police des 31 janvier et 14 septembre de l'année suivante, ces lettres-patentes furent registrées au parlement le 9 juin 1687. Cette maison fut supprimée en 1790.

« *Extrait des registres des délibérations du gouvernement de la république.* — Le 3 messidor an XI de la république... Le gouvernement de la république, sur le rapport du ministre de l'intérieur, arrête : Article 1er. Les collèges anglais établis en France, sont réunis aux collèges *Irlandais et Écossais*, dont la réunion a été ordonnée par arrêté du 24 vendémiaire dernier. — Art. 2e. Ces établissements sont définitivement renvoyés dans la propriété de tous les biens invendus, composant leur dotation, et de ceux des dits biens qui ont été aliénés, mais dont les acquéreurs ont encouru la déchéance absolue, faute par eux d'avoir rempli les conditions de leurs contrats, etc.... Le premier consul, signé Napoléon. »

Aux nos 24 et 26, était situé le *séminaire du Saint-Esprit et de l'Immaculée Conception*. François Poullart des Places, prêtre du diocèse de Rennes, fut le fondateur de cette maison qu'il destina aux jeunes gens que le manque de fortune empêchait de suivre la carrière ecclésiastique. La charité et l'humilité formèrent les bases de cet établissement qui fut créé en 1703, dans la rue Neuve-Sainte-Geneviève. M. Poullart voulut qu'on ne reçût dans cette maison que des jeunes gens capables d'étudier en philosophie ou en théologie ; ces études terminées, les jeunes ecclésiastiques devaient rester encore deux années dans cet établissement pour se former aux fonctions du sacerdoce. Il exigea en outre qu'ils ne prissent aucun degré ; qu'ils renonçassent à l'espoir des dignités ecclésiastiques, pour se borner à servir dans les pauvres paroisses, dans les hôpitaux, dans les postes déserts pour lesquels les évêques ne trouvaient point de sujets ; enfin il voulut qu'on les rendît capables de prêcher la parole de Dieu dans l'intérieur du royaume et dans nos colonies. Cet établissement fut jugé si utile qu'il trouva bientôt de puissants protecteurs. Le clergé, assemblé en 1723, lui assigna une pension, il en obtint une autre du roi en 1726, avec des titres de confirmation. Charles le Baigue, prêtre habitué de Saint-Médard, par son testament du 17 septembre 1723, ayant légué 40,000 livres à ces ecclésiastiques, ils achetèrent des sieurs et dames Gaillard, par contrat du 4 juin 1731, une maison dans la rue des Postes. Ce séminaire qui occupait une superficie de 2,524 m. fut supprimé en 1792. Devenu propriété nationale, il fut vendu le 4 floréal an V.

La maison des *Filles de Saint-Michel* ou de *Notre-Dame de la Charité*, était située dans cette rue, aux

— POT —

nos 38 et 40. Cette communauté avait été fondée en 1641 à Caen, par le père Eudes, prêtre oratorien, dont nous avons parlé au commencement de cet article, à l'occasion des Eudistes. Cette maison servait d'asile aux femmes qui cherchaient dans la retraite à expier les fautes que le libertinage leur avait fait commettre. Le cardinal de Noailles comprenant toute l'utilité d'un pareil établissement dans une grande ville comme Paris, s'associa une personne pieuse, mademoiselle le Petit de Verno de Chasserais, et voulut établir en 1724 plusieurs religieuses dans une maison de la rue des Postes. La chapelle fut bénite sous l'invocation de Saint-Michel, dénomination qui resta à la communauté. Les filles pénitentes qui se présentaient dans cette maison ou qu'on y recevait par ordres supérieurs, étaient logées dans des bâtiments séparés de ceux qu'habitaient les religieuses et pensionnaires qui y étaient élevées. Cette communauté contenait en superficie 3,525 m. Supprimée en 1790, elle devint propriété nationale. Les bâtiments et dépendances furent vendus le 2 germinal an IX. Les religieuses qui survécurent aux orages de la révolution, se réfugièrent dans la maison n° 193 de la rue Saint-Jacques.

POT-DE-FER SAINT-MARCEL (RUE DU).

Commence à la rue Mouffetard, nos 62 et 66 ; finit à la rue des Postes, nos 19 et 21. Le dernier impair est 15 ; le dernier pair, 22. Sa longueur est de 170 m. — 12e arrondissement, quartier de l'Observatoire.

Ce n'était qu'une ruelle en 1550. On la nommait *ruelle des Prêtres* en 1554. Dès 1558 on la trouve désignée sous la dénomination de rue du *Pot-de-Fer*. Des actes de 1603 la mentionnent ainsi : rue du *Bon-Puits*, à présent du *Pot-de-Fer*. — En vertu d'une ordonnance royale du 19 juillet 1839, la largeur de cette voie publique est fixée à 10 m. Propriétés de 1 à 11, retranchement 2 m. 60 c. à 3 m. 30 c. ; 13, ret. réduit 2 m. 40 c. ; surplus de ce côté, ret. 1 m. 60 c. à 2 m. 50 c. ; 2, alignée ; 4, ret. 70 c. ; de 6 à 12, ret. 1 m. à 1 m. 40 c. ; de 14 à 18, ret. 1 m. 40 c. à 2 m. ; 20, 22, ret. 2 m. à 2 m. 40 c. ; 24, ret. 2 m. 10 c. ; encoignure de la rue des Postes, alignée.

POT-DE-FER-SAINT-SULPICE (RUE DU).

Commence à la rue du Vieux-Colombier, nos 1 et 3 ; finit à la rue de Vaugirard, nos 56 et 58. Pas de numéro impair ; ce côté est bordé par le séminaire ; le dernier pair est 22. Sa longueur est de 278 m. — 11e arrondissement, quartier du Luxembourg.

Elle existait dès la fin du XVe siècle, sous le nom de *ruelle tendant de la rue du Colombier à Vignerei*, et longeait le clos Férou. On l'appela successivement rue du *Verger*, des *Jardins-Saint-Sulpice*, des *Jésuites*. Sa dénomination actuelle lui vient d'une enseigne. — Une décision ministérielle du 26 thermidor an VIII, signée L. Bonaparte, fixa la moindre largeur de cette voie publique à 9 m. En vertu d'une ordonnance du 23 janvier

— POT —

1838, cette dimension est portée à 10 m. pour la partie comprise entre la place Saint-Sulpice, la rue de Mézières et celle de Vaugirard. Propriétés de 2 à 10, retranch. 2 m. 30 c.; 12, alignée; 14, doit avancer sur ses vestiges; de 16 à la fin, alignées. — Égout entre les rues du Vieux-Colombier et Honoré-Chevalier. — Éclairage au gaz (comp° Française).

Conformément à un traité passé entre l'État et la ville de Paris le 17 juin 1843, l'élargissement de la rue du Pot-de-Fer doit être prochainement exécuté au droit des dépendances du séminaire.

POTERIE-DES-ARCIS (RUE DE LA).

Commence à la rue de la Tixéranderie, n°s 3 et 5; finit à la rue de la Verrerie, n°s 75 et 77. Le dernier impair est 13; le dernier pair, 26. Sa longueur est de 96 m. — 7° arrondissement, quartier des Arcis.

Sauval prétend qu'elle doit sa dénomination à Guillaume et Guy-Potier, qui y possédaient l'un et l'autre une maison au XIII° siècle. Jaillot a rectifié cette erreur en trouvant dans les archives de Saint-Martin-des-Champs un acte de donation faite en 1272, et dans lequel cette voie publique est nommée rue de la Poterie. — Une décision ministérielle du 8 prairial an VII, signée François de Neufchâteau, fixa la largeur de cette rue à 7 m. En vertu d'une ordonnance royale du 16 mai 1833, sa moindre largeur a été portée à 10 m. Propriété n° 1, retranch. réduit 2 m. 80 c.; 3, ret. réduit 2 m. 10 c.; 5, ret. réduit 1 m. 80 c.; 7, ret. réduit 2 m. 40 c.; 9, ret. réduit 2 m. 60 c.; 11, 13, ret. 2 m. à 2 m. 40 c.; de 2 à 8, ret. 2 m. à 2 m. 40 c.; de 10 à 14, ret. 2 m. 40 c. à 3 m.; 16, ret. 2 m. 20 c.; 18, 20, ret. 2 m. 70 c. à 3 m. 20 c.; de 22 à la fin, ret. 1 m. 80 c. à 2 m. 20 c. — Éclairage au gaz (comp° Lacarrière).

POTERIE-DES-HALLES (RUE DE LA).

Commence à la rue de la Lingerie, n° 15; finit à la rue de la Tonnellerie, n°s 10 et 12. Le dernier impair est 29; pas de numéro pair; ce côté est bordé par les bâtiments de la halle aux Draps. Sa longueur est de 123 m. — 4° arrondissement, quartier des Marchés.

On voyait en cet endroit deux jeux de paume, vers la fin du règne de François Ier. Henri II les vendit en 1553, à divers particuliers, sous la condition d'y faire construire une rue qui fut achevée en 1556. On lui donna d'abord le nom de rue des *Deux-Jeux-de-Paume*, qui rappelait l'emplacement sur lequel on l'avait ouverte. Plus tard, elle prit le nom de la *Poterie*, en raison des potiers qui vinrent s'y établir. — Une décision ministérielle du 24 juin 1817, et une ordonnance royale du 9 décembre 1838, ont fixé la largeur de cette voie publique à 9 m. Les propriétés de 1 à 7 devront reculer de 30 c.; les autres constructions de ce côté, ne sont assujetties qu'à un léger redressement. Celles du côté opposé sont alignées. — Conduite d'eau entre la rue de la Lingerie et la borne-fontaine. — Éclairage au gaz (comp° Française).

— POU —

POTIER (PASSAGE).

Commence à la rue de Montpensier, n° 19; finit à la rue de Richelieu, n° 26. — 2° arrondissement, quartier du Palais-Royal.

C'était autrefois le *passage Beauvilliers*, en raison du restaurateur qui y demeurait. Son nom actuel lui vient d'un propriétaire.

POULES (RUE DES).

Commence à la rue de la Vieille-Estrapade, n°s 7 et 9; finit à la rue du Puits-qui-Parle, n° 4. Le dernier impair est 3; le dernier pair, 14. Sa longueur est de 125 m. — 12° arrondissement, quartier de l'Observatoire.

A la fin du XVI° siècle, on la nommait rue du *Châtaignier*. En 1605, c'était la rue des *Poules*. Dans un contrat de 1635, elle est indiquée sous la dénomination de rue du *Mûrier*, dite des *Poules*. — Une décision ministérielle du 2 thermidor an X, signée Chaptal, fixa la largeur de cette voie publique à 7 m. En vertu d'une ordonnance royale du 9 janvier 1828, cette largeur est portée à 10 m. Propriétés du côté des numéros impairs : retranch. 1 m. 20 c. à 2 m. 20 c.; propriété n° 2, ret. réduit 2 m.; 4, alignée; 6, 8, ret. 1 m. 50 c. à 1 m. 80 c.; 10, ret. 1 m. 80 c. à 2 m. 20 c.; 12, 14, ret. 2 m. 20 c. à 3 m. 30 c.

POULIES (RUE DES).

Commence à la place du Louvre, n° 26, et à la rue d'Angiviller, n° 2; finit à la rue Saint-Honoré, n°s 133 et 135. Le dernier impair est 17; le dernier pair, 18. Sa longueur est de 84 m. — 4° arrondissement, quartier Saint-Honoré.

Un contrat de vente de 1205 l'indique déjà sous le nom de rue des *Poulies*. Sauval prétend qu'elle doit son nom aux poulies de l'hôtel d'Alençon, et que ces poulies étaient un jeu ou exercice qui était encore en usage en 1343. Jaillot croit que cette dénomination lui vient d'Edmond de Poulie, qui possédait dans cette rue une grande maison et un jardin qu'il vendit à Alphonse, comte de Poitiers et frère de saint Louis. — Une décision ministérielle du 17 frimaire an XI, signée Chaptal, a fixé la largeur de cette voie publique à 10 m. Propriétés du côté des numéros impairs : retranchement 2 m. 60 c. à 3 m. 70 c. Maisons n°s 2 et 4, alignées; les autres constructions de ce côté, ret. 1 m. 60 c. à 2 m. 40 c. — Conduite d'eau entre le n° 2 et la rue Baillet. — Éclairage au gaz (comp° Anglaise).

POULLETIER (RUE).

Commence au quai de Béthune, n°s 10 et 12; finit au quai d'Anjou, n°s 17 et 19. Le dernier impair est 7; le dernier pair, 14. Sa longueur est de 156 m. — 9° arrondissement, quartier de l'Ile-Saint-Louis.

Construite vers 1614, cette rue doit sa dénomination au sieur Poulletier, commissaire des guerres et l'un des associés de Marie. — Une décision ministérielle à la date du 24 frimaire an XIII, signée Champagny, fixa la largeur de cette voie publique à 8 m. Cette dimension fut réduite à 7 m. par une autre décision ministérielle du 9 mai 1818. Enfin, une ordonnance royale du 9 décembre 1838 a maintenu cette rue dans son état actuel. Sa moindre largeur est de 6 m. 80 c. — Conduite d'eau entre la rue Saint-Louis et la borne-fontaine.

POUPÉE (RUE).

Commence à la rue de la Harpe, n°ˢ 14 et 16; finit à la rue Hautefeuille, n° 1, et à la place Saint-André-des-Arts, n° 7. Le dernier impair est 13; le dernier pair, 20. Sa longueur est de 108 m. — 11ᵉ arrondissement, quartier de l'École-de-Médecine.

Elle a été percée au XIIᵉ siècle sur le clos de Laas. Les titres de Saint-Germain-des-Prés la désignent sous le nom de rue *Popée*. Le poète Guillot l'appelle rue *Poupée*. — Une décision ministérielle à la date du 23 prairial an VII, signée François de Neufchâteau, fixa la largeur de cette voie publique à 6 m. En vertu d'une ordonnance royale du 22 août 1840, cette dimension est portée à 10 m. Propriété n° 1, retranchement 3 m. 60 c.; 3, ret. 1 m. 50 c.; 5, ret. 3 m. 30 c. à 3 m. 60 c.; 7, 9, ret. 2 m. 40 c. à 3 m. 20 c.; 11, 13, ret. 1 m. 70 c. à 2 m. 40 c. Propriétés du côté opposé : ret. 3 m. 60 c. à 4 m. — Conduite d'eau entre la rue de la Harpe et la borne-fontaine.

POURTOUR-SAINT-GERVAIS (RUE DU).

Commence aux rues François-Myron, n° 17, et Jacques-de-Brosse; finit à la place Baudoyer, n°ˢ 1 et 2. Le dernier impair est 15; le dernier pair, 8. Sa longueur est de 76 m. — 9ᵉ arrondissement, quartier de l'Hôtel-de-Ville.

En 1300, c'était la rue du *Cimetière*. L'enclos du cimetière Saint-Gervais s'étendait alors jusqu'à la place Baudoyer; ce ne fut qu'en 1473 qu'on prit une partie de ce cimetière sur lequel on bâtit quatorze maisons. Le libraire Gilles Corrozet la nomme rue du *Cimetière*. Elle fut élargie de 2 m. en 1583. On l'a nommée rue du *Pourtour*, parce qu'elle entoure la face ainsi qu'un des côtés de l'église Saint-Gervais. — Une décision ministérielle du 13 thermidor an VI, signée François de Neufchâteau, fixa la moindre largeur de cette voie publique à 10 m. En vertu d'une ordonnance royale du 4 mars 1836, cette dimension est portée à 18 m. Les constructions du côté des numéros impairs devront reculer de 6 m. 80 c. à 10 m. 40 c.; celles du côté opposé sont alignées. — Conduite d'eau. — Éclairage au gaz (compᵉ Parisienne).

A la naissance de cette rue, à l'endroit où finit celle François-Myron (autrefois du Monceau-Saint-Gervais), on voit une petite place qui était encore rétrécie en 1797, par un arbre planté depuis longtemps, souvent renouvelé, et qu'on appelait l'*Orme Saint-Gervais*. Dans son ouvrage sur les *Rues de Paris*, le poète Guillot en parle ainsi :

« Puis de la rue du Cimetière
» Saint-Gervais et l'Ourmetiau » (le petit Orme).

C'était autrefois un usage général de planter un orme devant la grande porte des églises. Après la messe on se réunissait à l'ombre de cet arbre. Les juges y rendaient la justice et l'on y acquittait les rentes. Dans un compte de 1443, il est fait mention de quelques vignes et morceaux de terre appartenant au duc de Guyenne ; en raison de son hôtel situé près de la Bastille, les fermiers étaient obligés d'en payer la rente à l'orme Saint-Gervais à Paris, le jour de Saint-Remi et à la Saint-Martin d'hiver.

PRÊCHEURS (RUE DES).

Commence à la rue Saint-Denis, n°ˢ 131 et 133; finit à la rue des Piliers-aux-Potiers-d'Étain, n°ˢ 20 et 22. Le dernier impair est 37; le dernier pair, 38. Sa longueur est de 140 m. — 4ᵉ arrondissement, quartier des Marchés.

Des lettres de Maurice de Sully, évêque de Paris, à l'année 1184, attestent que Jean de Mosterolo avait cédé à l'abbaye de Saint-Magloire les droits qu'il exerçait *in terra Morinensi*, et 9 sols sur la maison de *Robert-le-Prêcheur* (*predicatoris*). De ces documents, il paraît résulter que cette rue a été bâtie sur une partie de l'emplacement du petit fief de Thérouenne, et que sa construction était commencée à cette époque. Dans un amortissement de juin 1252, elle est indiquée sous le nom de rue des *Prêcheurs* (*in vico Predicatorum*). — Une décision ministérielle du 28 vendémiaire an XI, signée Chaptal, et une ordonnance royale du 29 avril 1839, ont fixé la largeur de cette voie publique à 10 m. Maison n° 1, retranch. 3 m. 30 c.; 3, (pas de n° 5), 7, 9, alignées; de 11 à 25, ret. 2 m. 60 c. à 3 m.; 27, retranch. réduit 2 m. 40 c.; 29, ret. réduit 2 m. 15 c.; 31, ret. réduit 1 m. 90 c.; 33, ret. réduit 1 m. 50 c.; 35, ret. réduit 1 m. 10 c.; 37, ret. réduit 60 c.; de 2 à 18, ret. 2 m. 90 c. à 3 m. 60 c.; 20, alignée; de 22 à 30, ret. 2 m. 50 c. à 3 m.; 32, ret. 3 m. 60 c.; 34, ret. réduit 4 m.; 36, ret. réduit 4 m. 40 c.; 38, ret. réduit 5 m. 10 c. — Conduite d'eau depuis la rue des Piliers jusqu'à la borne-fontaine. — Éclairage au gaz (compᵉ Française).

PRIEURÉ (RUE DU GRAND-).

Commence à la rue de Ménilmontant, n°ˢ 17 et 19; finit à la rue Delatour, n° 18. Le dernier impair est 25; le dernier pair, 18. Sa longueur est de 316 m. — 6ᵉ arrondissement, quartier du Temple.

Autorisée et dénommée par lettres-patentes du 13 octobre 1781, régistrées au parlement le 26 février suivant, cette rue a été ouverte en 1783, sur les terrains des marais du Temple, appartenant au *grand prieuré de France*. La largeur fixée pour cette voie publique était de 5 toises (9 m. 74 c.) — Une décision ministérielle du 28 fructidor an X, signée Chaptal, a porté sa largeur à 10 m. (Voyez rue d'*Angoulême-du-Temple*.) — Les constructions riveraines sont alignées, à l'exception de celles n° 15 et 17, situées entre les rues d'Angoulême et Delatour, qui devront reculer de 1 m. 80 c. — Conduite d'eau dans une grande partie.

PRINCESSE (RUE).

Commence à la rue du Four, n°s 23 et 25; finit à la rue Guisarde, n°s 6 et 8. Le dernier impair est, 17; le dernier pair, 20. Sa longueur est de 93 m. — 11e arrondissement, quartier du Luxembourg.

Cette rue, ouverte en 1630 sur une partie de l'emplacement de l'hôtel de Roussillon, était presqu'entièrement bordée de constructions en 1646. De 1793 à 1806, on la nomma rue de la *Justice*. — Une décision ministérielle du 15 vendémiaire an IX, signée L. Bonaparte, fixa la largeur de cette voie publique à 7 m. En vertu d'une ordonnance royale du 12 mai 1841, cette dimension est portée à 10 m. Propriétés du côté des numéros impairs, retranch. 2 m. à 2 m. 40 c.; propriétés du côté opposé, ret. 1 m. 70 c. à 2 m. 70 c. — Conduite d'eau entre la rue Guisarde et la borne-fontaine. — Éclairage au gaz (comp° Française).

PROUVAIRES (GALERIE DES).

De la rue de la Tonnellerie, n° 55, à la rue des Prouvaires, n° 34. — 3e arrondissement, quartier Saint-Eustache.

Formée en 1844, sur la propriété de M. Morin, cette galerie doit son nom à la rue des Prouvaires.

PROUVAIRES (MARCHÉ DES).

Circonscrit par les rues des Prouvaires, des Deux-Écus et du Four. — 3e arrondissement, quartier Saint-Eustache.

« Au palais de Rambouillet, le 19 mai 1811. — Napoléon, etc..... Article 1er. Le projet de l'emplacement destiné à la grande halle de Paris est approuvé pour être exécuté conformément au plan ci-joint. — Art. 2e. L'îlot des maisons situées entre les rues du Four et des Prouvaires, faisant partie du projet ci-dessus approuvé, et comprenant les maisons rue des Prouvaires, depuis le n° 21 jusqu'au n° 43; rue des Deux-Écus, depuis le n° 2 jusqu'au n° 10, et rue du Four, depuis le n° 20 jusqu'au n° 44, sera acquis dans la présente année par la ville de Paris. »

Cette seconde partie du décret a seule été exécutée. Le marché des Prouvaires, également nommé *halle à la Viande*, a été formé en vertu d'une ordonnance royale du 27 novembre 1816. Son inauguration a eu lieu en avril 1818, conformément à une ordonnance de police du 2 du même mois. L'établissement actuel, qui n'est que provisoire, se compose de plusieurs hangards en bois. Sa superficie est de 5,616 m.

PROUVAIRES (PASSAGE DES).

Commence à la rue de la Tonnellerie, n°s 39 et 43; finit à la rue des Prouvaires, n°s 22 et 26. Pas de numéro. Sa longueur est de 54 m. — 3e arrondissement, quartier Saint-Eustache.

Une ordonnance royale du 27 novembre 1816 porte: « Article 2e. Le passage de communication entre le » carreau de la rue des Prouvaires et celui de la halle » à la Viande, sera établi dans l'axe du grand plan » des marchés du centre et opéré par la démolition de » deux maisons situées l'une rue des Prouvaires, n° 24, » et l'autre rue des Piliers-de-la-Tonnellerie, n° 41. A » cet effet, les deux maisons seront acquises dans les » formes prescrites, relativement aux acquisitions pour » cause d'utilité publique. » — Ces deux maisons ayant été démolies en 1817, le passage fut immédiatement ouvert. Sa largeur varie de 3 m. 60 c. à 5 m. 20 c. — Conduite d'eau. — Éclairage au gaz (comp° Anglaise).

PROUVAIRES (RUE DES).

Commence à la rue Saint-Honoré, n°s 52 et 54; finit à la rue Traînée, n°s 13 et 15. Le dernier impair est 45; le dernier pair, 40. Sa longueur est de 224 m. — 3e arrondissement, quartier Saint-Eustache.

Le véritable nom de cette rue est celui des *Provoires*. Ce mot, dans l'ancien langage, signifiait prêtres. En effet, dès le XIIIe siècle, les prêtres de Saint-Eustache y demeuraient. On lit dans une chronique du XIVe siècle *que li provoires chantèrent leurs litanies par la ville, et gittèrent eau bénite par les hosteux*. — Une décision ministérielle à la date du 9 germinal an XIII, signée Champagny, fixa la largeur de la rue des Prouvaires à 11 m. En 1816, les propriétés de 21 à 43 ont été démolies pour faciliter l'établissement du marché des Prouvaires. En vertu d'une ordonnance royale du 15 janvier 1844, sa largeur est portée à 13 m. Propriété n° 1, retranch. réduit 2 m. 40 c.; 3, ret. réduit 1 m. 90 c.; 5, ret. 1 m. 70 c.; maison n°s 7 et 9, alignées; 11, ret. réduit 1 m. 20 c.; de 13 à 19, ret. 70 c. à 1 m. 10 c.; 45, ret. réduit 1 m. 20 c.; 2, ret. réduit 3 m. 70 c.; 4, ret. réduit 4 m. 40 c.; 6, 8, ret. réduit 4 m. 60 c.; 10, 12, ret. 5 m. 10 c. à 5 m. 40 c.; 14, 16, ret. 3 m. 90 c.; 18, ret. réduit 5 m. 70 c.; de 20 à 30, ret. 4 m. 80 c. à 5 m. 50 c.; 32, ret. 3 m. 60 c.; de 34 à 38, ret. 5 m. 30 c. à 5 m. 50 c.; 40, ret. 2 m. 50 c. — Conduite d'eau. — Éclairage au gaz (comp° Anglaise).

Sous Louis XI, cette rue était une des plus belles de la capitale. En 1476, Alphonse V, roi de Portugal, vint à Paris solliciter des secours contre Ferdinand, fils du roi d'Aragon, qui lui avait enlevé la Castille. Louis XI, qui avait de grands embarras à surmonter et qui désirait conserver l'amitié de Ferdinand sans toutefois compromettre l'alliance d'Alphonse V, commença par ordonner qu'on rendît dans tout son royaume les plus grands honneurs à son hôte. Dès qu'il fut arrivé à Paris, il lui procura tous les agréments possibles, le logea rue des Prouvaires, chez un nommé *Laurent Herbelot*, riche épicier, qui possédait une demeure vraiment royale. Flatté de cette réception, le roi de Portugal laissa passer

— PRO —

quelques jours sans parler au roi de France du motif de son voyage. Enfin, après avoir observé très exactement toutes les convenances, Alphonse se rendit à la Bastille, séjour ordinaire de Louis XI, lorsqu'il daignait venir à Paris. « Mon frère de Portugal, dit le roi de France, dès qu'il l'aperçut, nous vous prions de nous faire l'honneur d'aller avec nous au Palais, nous entendrons plaider une cause qui promet d'être intéressante. » Charmé de cette nouvelle politesse, le Portugais ne put décemment causer d'une autre affaire. Le lendemain il revint à la Bastille : à peine ouvrait-il la bouche, que Louis XI lui annonça qu'il avait promis en son nom à l'évêque, d'assister à la réception d'un docteur en théologie; et pour le contraindre à rester dans sa demeure, il continua sur le même ton, en l'accablant de protestations d'amitié : « Nous avons ordonné pour le 1er décembre une procession de l'Université, qui doit avoir l'honneur de passer sous vos fenêtres. » Alphonse V reçut quelques jours après plusieurs messages qui l'engageaient à retourner en Portugal. Il quitta la France sans avoir pu obtenir le secours qu'il demandait, mais trop pénétré cependant de l'accueil cordial que lui avait fait Louis XI, pour penser à devenir son ennemi.

PROVENÇAUX (IMPASSE DES).

Située dans la rue de l'Arbre-Sec, nos 14 et 16. Sa longueur est de 43 m. — 4e arrondissement, quartier du Louvre.

On l'appelait anciennement rue *Arnould de Charonne*, du nom d'un particulier qui y demeurait en 1293. Depuis, par altération, c'était la rue Raoul de Charonne et Arnould le Charron. Le nom qu'elle porte aujourd'hui lui vient d'une enseigne qui subsistait encore en 1772. — Une décision ministérielle du 16 floréal an X, signée Chaptal, a fixé la largeur de cette impasse à 7 m. Les constructions du côté gauche sont soumises à un retranchement qui varie de 90 c. à 1 m. 80 c.; celles du côté opposé devront reculer de 1 m. 70 à 3 m.

PROVENCE (RUE DE).

Commence à la rue du Faubourg-Montmartre, n° 37; finit à la rue de la Chaussée-d'Antin, nos 54 et 56. Le dernier impair est 69; le dernier pair 64. Sa longueur est de 689 m. — 2e arrondissement, quartier de la Chaussée-d'Antin.

Elle a été ouverte en 1771, aux frais du sieur Jean-Joseph de Laborde, sur le terrain du grand égout. Les lettres-patentes d'autorisation sont à la date du 15 décembre 1770 (voyez rue *Laffitte*). La largeur de cette voie publique fut fixée à 30 pieds, dimension qui a été maintenue par deux décisions ministérielles des 20 mars 1813 et 21 mai 1823. Les propriétés riveraines sont alignées. — L'égout de ceinture passe sous cette rue. — Conduite d'eau entre les rues Chauchat et Taitbout. — Éclairage au gaz (compe Anglaise).

La dénomination assignée à cette voie publique rappelle Louis-Stanislas-Xavier, *comte de Provence*, né à

— PUI —

Versailles le 17 novembre 1755, qui régna sous le nom de *Louis XVIII*, et mourut le 16 septembre 1824.

PUITS (IMPASSE DU BON-).

Située dans la rue Traversine, entre les nos 34 et 36. Sa longueur est de 23 m. — 12e arrondissement, quartier du Jardin-du-Roi.

D'un arrêt de 1639, relatif aux colléges de Boncourt et de Tournay, il résulte que la rue du Bon-Puits s'étendait jusqu'à la rue Clopin. Le censier de Sainte-Geneviève en fait mention, sous le nom de rue de *Bonne-Fortune*. Vers 1680, cette rue fut fermée et devint une impasse qui prit le nom du *Bon-Puits*. — Une ordonnance royale, à la date du 6 mai 1827, a fixé la largeur de cette impasse à 9 m. Les constructions du côté gauche sont soumises à un retranchement qui n'excède pas 2 m.; celles du côté droit devront reculer de 3 m. 10 c. au plus.

PUITS (RUE DU).

Commence à la rue Sainte-Croix-de-la-Bretonnerie, nos 16 et 18; finit à la rue des Blancs-Manteaux, nos 5 et 7. Le dernier impair est 7; le dernier pair, 16. Sa longueur est de 94 m. — 7e arrondissement, quartier du Mont-de-Piété.

Elle doit son nom à un puits public qu'on y avait établi en 1267. En 1540, quelques titres la désignent sous le nom de rue de *Fortune*. — Une décision ministérielle du 13 ventôse an VII, signée François de Neufchâteau, fixa la largeur de cette voie publique à 7 m. Cette largeur a été portée à 10 m., en vertu d'une ordonnance royale du 28 octobre 1838. Propriété à l'encoignure de la rue Sainte-Croix, partie redress., surplus retranch. 60 c.; 1, ret. réduit 90 c.; 3, ret. réduit, 1 m. 50 c.; 5, ret. réduit, 3 m.; 7, ret. réduit, 4 m.; 2, ret. réduit, 4 m. 50 c.; 4, 6, 8, ret., 4 m. à 4 m. 30 c.; 10, ret. réduit, 3 m. 50 c.; 12, ret. réduit, 2 m. 40 c.; 14, ret. réduit, 1 m. 50 c.; 16, ret. réduit, 1 m. — Conduite d'eau entre la rue Sainte-Croix et la borne fontaine. — Éclairage au gaz (compe Lacarrière).

PUITS (RUE DU BON-).

Commence à la rue Saint-Victor, nos 107 et 109; finit à la rue Traversine, nos 19 et 21. Le dernier impair est 19; le dernier pair, 20. Sa longueur est de 82 m. — 12e arrondissement, quartier du Jardin-du-Roi.

On a commencé à bâtir des maisons dans cette rue vers l'année 1230. En 1245, elle était déjà habitée. En 1250 on la nommait rue du *Bon-Puits*, en raison d'un puits public qu'on y avait construit. — Une décision ministérielle du 28 pluviôse an IX, signée Chaptal, fixa la largeur de cette rue à 7 m. Cette largeur a été portée à 9 m. en vertu d'une ordonnance royale du 6 mai 1827. Maison à l'encoignure de la rue Saint-Victor, retranch. réduit, 1 m. 60 c.; 1, ret. réduit, 2 m. 40 c.; de 3 à 17, ret., 2 m. à 2 m. 50 c.; 19, alignée; 2, ret. réduit, 1 m. 90 c.; 4, ret. réduit, 1 m.

— PUI —

20 c. ; de 6 à 14, ret. 90 à 1 m. ; 16, alignée sauf redress., surplus ret., 1 m. 10 c. — Conduite d'eau.

PUITS DE L'ERMITE (RUE DU)

Commence à la rue du Battoir, nos 1 et 2; finit à la rue Gracieuse, nos 12 et 14. Le dernier impair est 13; le dernier pair, 14. Sa longueur est de 155 m. — 12e arrondissement : les numéros impairs sont du quartier Saint-Marcel; les numéros pairs du quartier du Jardin-du-Roi.

Son premier nom est celui de rue *Françoise*, parce qu'elle avait été ouverte sous le règne de François Ier, sur le champ d'Albiac. En 1603 c'était la rue *Françoise près le Puits-de-l'Ermite, aboutissant au carrefour dudit puits*. Elle prit peu de temps après la dénomination de rue du Puits-de-l'Ermite qu'elle doit à ce puits, ainsi qu'au tanneur Adam-l'Ermite qui y demeurait alors. Au XVIe siècle, elle se prolongeait jusqu'à la rue du Jardin-du-Roi, mais au milieu du XVIIe siècle on en supprima ce débouché afin d'agrandir les bâtiments de la Pitié. Dans la partie qui prend naissance à la rue du Battoir, la rue du Puits-de-l'Ermite forme une petite place à laquelle on donna le nom de *Sainte-Pélagie*. — Une décision ministérielle du 28 ventôse an IX, signée Chaptal, fixa la largeur de la rue du Puits-de-l'Ermite à 7 m., et celle de la place à 21 m. 50 c. En vertu d'une ordonnance royale du 27 janvier 1837, la largeur de la rue a été portée à 10 m., et celle de la place à 24 m. 50 c. Maison située sur le côté des numéros impairs à l'encoignure droite de la rue de la Fontaine, alignée; les autres constructions de ce côté, retranch. 3 m. à 3 m. 30 c.; propriété n° 2 et dépendances de la prison de Sainte-Pélagie, pas de ret., surplus ret. 1 m. 20 c. — Conduite d'eau entre les rues du Battoir et de la Clef.

PUITS-QUI-PARLE (RUE DU).

Commence à la rue Neuve-Sainte-Geneviève, nos 8 et 10; finit à la rue des Postes, nos 13 et 15. Le seul impair est 1; le dernier pair, 4. Sa longueur est de 110 m. — 12e arrondissement, quartier de l'Observatoire.

Ce n'était qu'un chemin au milieu du XIVe siècle. En 1588, le censier de Sainte-Geneviève lui donne le nom de rue du *Puits-qui-Parle*, en raison d'un puits qui faisait écho. On voit encore ce puits à l'encoignure gauche de la rue des Poules. — Une décision ministérielle du 28 pluviôse an IX, signée Chaptal, a fixé la largeur de la rue du Puits-qui-Parle à 6 m. La maison située sur le côté droit à l'encoignure de la rue Neuve-Sainte-Geneviève est alignée. Les autres constructions riveraines sont soumises à un retranchement qui n'excède pas 80 c.

PUTEAUX (PASSAGE).

Commence à la rue de l'Arcade, n° 33; finit à la rue

— PYR —

de la Madeleine, n° 70. — 1er arrondissement, quartier du Roule.

Ce passage doit son nom au propriétaire qui l'a fait construire en 1839.

PUTIGNEUX (IMPASSE).

Située dans la rue Geoffroy-l'Asnier, entre les nos 13 et 15. Le dernier impair est 5; le dernier pair, 4. Sa longueur est de 62 m. — 9e arrondissement, quartier de l'Hôtel-de-Ville.

C'était en 1300 la rue *Ermeline-Boiliaue*; elle se prolongeait alors jusqu'à la rue des Barres. Fermée vers le XVe siècle, du côté de cette dernière voie publique, elle commença alors à être habitée par des femmes de mauvaise vie qui lui firent donner le nom de *cul-de-sac Putigneux*. Il servait d'entrée à un jeu de paume vers l'année 1640. — Une décision ministérielle du 9 mai 1807, signée Champagny, a fixé la largeur de cette impasse à 7 m. Les constructions riveraines sont soumises à un retranchement qui varie de 1 m. 80 c. à 2 m. 70 c.

PYRAMIDES (RUE DES).

Commence à la place de Rivoli, nos 3 et 4; finit à la rue Saint-Honoré, nos 295 et 297. Le dernier impair est 7; le dernier pair, 8. Sa longueur est de 62 m. — 1er arrondissement, quartier des Tuileries.

Sur une partie de l'emplacement occupé aujourd'hui par cette voie publique, un passage est tracé sur le plan de Roussel en 1730. — « Paris, le 17 vendémiaire
» an X de la république; les consuls de la république
» arrêtent : — Article 3e. Les bâtiments du pavillon de
» Médicis, les écuries dites de *Monseigneur* et les mai-
» sons des pages, seront vendus pour être détruits. Il
» sera formé une place en face l'entrée du jardin et une
» rue qui aboutira à celle Saint-Honoré. Les terrains
» environnant cette place et bordant la rue seront ven-
» dus, avec charge de bâtir sur les plans et façades
» donnés par l'architecte du gouvernement. Le pre-
» mier consul, signé Bonaparte. » (Extrait.) (Voir également l'arrêté des consuls du 1er floréal an X, que nous rapportons à l'article de la rue de *Rivoli*). La voie qui devait aboutir à la rue Saint-Honoré fut tracée presque immédiatement, et reçut le nom des *Pyramides*, en mémoire de la célèbre bataille gagnée en Égypte, le 21 juillet 1798, par les Français, commandés par Bonaparte. Dans les premières années de la restauration, on y construisit des bâtiments qu'on affecta au service de la garde royale. Les maisons de la rue des Pyramides ont été achevées à la fin de l'année 1830. La largeur de cette voie publique est de 12 m. — Conduite d'eau entre la rue Saint-Honoré et les deux bornes-fontaines. — Éclairage au gaz (comp^e Anglaise).

Juillet 1844.

Q.

QUINCAMPOIX (RUE).

Commence à la rue Aubry-le-Boucher, nos 16 et 18, finit à la rue aux Ours, nos 17 et 19. Le dernier impair est 93 ; le dernier pair, 80. Sa longueur est de 324 m. — 6e arrondissement, quartier des Lombards.

Des actes de 1210 lui donnent cette dénomination. Le vieux Guillot de Provins, qui écrivait en 1300, l'appelle *Quinquenpoit*. Selon Sauval et Lebœuf, ce nom lui vient d'un seigneur de Quinquenpoit, qui en avait fait construire la première maison. — Une décision ministérielle du 21 prairial an X, signée Chaptal, avait fixé la largeur de cette voie publique à 7 m. Cette largeur a été portée à 10 m., en vertu d'une ordonnance royale du 16 mai 1836. Propriétés de 1 à 21, retranch. 2 m. 10 c. à 2 m. 70 c.; de 23 à 39, ret. 3 m.; encoignure droite de la rue de Rambuteau, alignée; de 49 à 59, ret. 2 m. 80 c. à 3 m.; 61, ret. 2 m. 70 c.; de 63 à 73, ret. 2 m. 10 c. à 2 m. 50 c.; de 75 à 83, ret. 2 m. à 2 m. 40 c.; 85, ret. réduit, 2 m. 70 c.; 87, ret. réduit 3 m. 10 c.; 89, ret. réduit, 3 m. 50 c.; 91, ret. réduit, 3 m. 80 c.; 93, ret. réduit 4 m. 30 c.; 2, ret. 3 m. 10 c.; 4, ret. réduit, 2 m. 60 c.; de 6 à 26, ret. 1 m. 80 c. à 2 m. 30 c.; 28, alignée; de 30 à 34, ret. 1 m. 40 c. à 1 m. 60 c.; 36, alignée; encoignure gauche de la rue de Rambuteau et maison no 46, alignées ; 50, ret. 1 m. 50 c.; 52, ret. 60 c.; 54, 56, ret., 1 m. 40 c.; 58, 60, alignées; de 62 à 70, ret., 1 m. 93 à 2 m. 60 c.; 72, 74, ret., 1 m. 60 c.; 76, ret. réduit, 1 m. 90 c.; 78, ret. réduit 1 m.; 80, ret. réduit 30 c. — Conduite d'eau depuis la rue Aubry-le-Boucher jusqu'à la borne-fontaine. — Éclairage au gaz (compe Française).

La rue Quincampoix est célèbre par le jeu effroyable que toute la France vint y jouer. Louis XIV en mourant avait laissé l'État grevé d'une dette de deux milliards soixante-deux millions. Pour faire regorger les traitants, le régent établit d'abord une chambre ardente. Cet expédient ne fut qu'un insuffisant palliatif. Un Écossais, Law, fils d'un orfèvre ou usurier d'Édimbourg, vint alors proposer l'établissement d'une banque générale, où chacun pourrait porter son argent, et recevoir en échange des billets payables à vue. Cette banque offrait pour hypothèque le commerce du Mississipi, du Sénégal et des Indes-Orientales. Par édits des 8 et 10 mai 1716, elle fut établie rue Vivienne, dans une partie de l'ancien palais Mazarin. Mais bientôt la rue Quincampoix fut le centre de cet agiotage. Le 4 décembre 1718, le régent érigea cet établissement en banque royale, et Law en fut nommé directeur. Le 27 du même mois, un arrêt du conseil défendit de faire en argent aucun paiement au-dessus de 600 livres. Cet arrêt prohibitif amena des contraventions qui mirent dans toute sa nudité la partie la plus vile du cœur humain, la soif de l'or ! La voix de la nature, la voix de l'équité, furent étouffées; il y eut des confiscations ; les dénonciateurs furent excités, encouragés, récompensés. On vit des valets trahir leurs maîtres, qui dans leur sagesse cherchaient à conserver l'argent qu'ils possédaient. Le frère fut vendu par le frère et le père par le fils. Des noms respectables disparurent, des noms flétris prirent leur place et brillèrent. Un personnage grotesque barbotta au milieu de cette fange. C'était un pauvre diable que le caprice de la nature avait favorisé d'une protubérance sur le dos. Son industrie consistait à louer sa bosse aux agioteurs, qui, au milieu de cette foule, s'en servaient comme d'un pupitre. Si la banque avait duré longtemps, la bosse eût été sans doute à la mode. En 1719, cet établissement commençait déjà à tomber en discrédit. Des marchands anglais et hollandais se procurèrent alors à bas prix des sommes considérables en billets; ils se firent rembourser par la banque et emportèrent hors du royaume plusieurs centaines de millions en numéraire.

Le mécontentement éclata bientôt. Pour calmer les esprits, le régent destitua Law de ses fonctions de contrôleur-général. Ces billets de la banque étaient, comme nous l'avons dit, hypothéqués sur des établissements à créer dans le Mississipi. Pour les peupler on commença par faire arrêter tous les mauvais sujets et les filles publiques détenus dans les prisons. La mesure aurait été bonne si l'on se fût borné à faire disparaître cette écume, mais on abusa bientôt de cette épuration. On s'empara d'une assez grande quantité d'honnêtes artisans. Des femmes, dans l'espoir de vivre sans crainte avec leurs amants, payèrent des archers pour envoyer promener leurs maris au Mississipi. Des fils, pour jouir plus vite des biens de leurs pères, usèrent du même moyen; enfin, le peuple indigné se révolta, battit, tua quelques archers, et le ministre intimidé fit cesser cette odieuse persécution. Un édit du 21 mai 1720 ordonna la réduction graduelle de mois en mois des billets et des actions de la compagnie des Indes. Cette mesure fut révoquée vingt-quatre heures après, mais elle avait déjà porté un coup mortel à la banque. Law se vit dépouillé de sa dernière place de directeur.

Le régent garda l'Écossais dans son palais pendant tout le mois de décembre de cette année. Law avait peur. Dans sa pauvreté il s'était battu à toutes les armes en forme de partie de plaisir ; lorsqu'il fut riche il devint poltron au-delà de toute idée, parce que, disait-il, « je ressemble à la poule aux œufs d'or, qui morte ne vaudrait pas davantage qu'une poule ordinaire. » Il parvint à gagner secrètement une de ses terres. Les princes enrichis par son système eurent alors la pudeur de favoriser sa fuite. Law se retira à Venise où il termina son existence maudite par tant de malheureuses familles. Ce mouvement prodigieux qui avait donné à toute la nation les convulsions du délire, aurait pu être utile à l'État, s'il eût été plus modéré.

La machine, quoique brisée par un rouage trop rapide, portait l'empreinte d'un génie neuf et hardi. Le régent, qui n'était pas sans talent, pleura sur ses débris. On a fait monter à six milliards la masse de cette richesse idéale. Si ce fut le comble de la folie de croire à cette fortune prodigieuse, ce serait une sottise encore plus grande de ne pas apprécier tout le jeu que cette opération, bien montée, sagement conduite, eût pu facilement imprimer au commerce et à l'industrie de la nation.

QUINZE-VINGTS (ÉGLISE DES).

Située dans la rue de Charenton, n° 38. — 8° arrondissement, quartier des Quinze-Vingts.

C'était autrefois la chapelle des mousquetaires noirs. Elle avait été achevée en 1701. Cette église, que la ville tient à location, n'offre rien de remarquable; elle est aujourd'hui la seconde succursale de la paroisse Sainte-Marguerite.

QUINZE-VINGTS (HOSPICE ROYAL DES).

Situé dans la rue de Charenton, n° 38. — 8° arrondissement.

Chaque époque historique compte au moins un homme qui la représente.

« Saint Louis, dit M. de Châteaubriand, est l'homme modèle du moyen-âge; c'est un législateur, un héros et un saint. Le temps où il a vécu rehausse encore sa gloire par le contraste de la naïveté et de la simplicité de ce temps. Soit que Louis combatte sur le pont de Taillebourg ou à la Massoure; soit que dans une bibliothèque il rende compte de la matière d'un livre à ceux qui le viennent demander; soit qu'il donne des audiences publiques ou juge des différends aux *plaids de la Porte*, ou sous le chêne de Vincennes, *sans huissiers ou gardes*; soit qu'il résiste aux entreprises des papes; soit que des princes étrangers le choisissent pour arbitre; soit qu'il meure sur les ruines de Carthage, on ne sait lequel le plus admirer, du chevalier, du clerc, du patriarche, du roi et de l'homme. Marc-Aurèle a montré la puissance unie à la philosophie, Louis IX la puissance unie à la sainteté: l'avantage reste au chrétien. »

Parmi les grands établissements créés par le saint roi, l'*hospice des Quinze-Vingts* figure au premier rang. Mais si tous les historiens se sont trouvés d'accord pour faire honneur de cette pieuse fondation à Louis IX, deux opinions différentes ont été avancées sur la destination première de cet asile.

« Avant le XIII° siècle, dit Jaillot, dont l'avis est partagé par plusieurs autres écrivains, les pauvres aveugles de la ville de Paris s'étaient réunis dans le but de former une société ou congrégation, dont les membres devaient vivre en commun des ressources que leur procurait la charité des fidèles. Mais souvent ces infortunés manquaient de secours lorsque l'âge et les infirmités ne leur permettaient plus de les aller chercher au loin. »

Saint Louis, le premier, établit un hôpital destiné à recevoir ces aveugles qui devaient être *au nombre de trois cents*, nourris et entretenus aux frais de la couronne; c'est ce nombre de 300 qui leur a fait donner le nom de *Quinze-Vingts*.

Rutebœuf, poète contemporain, espèce de singe qui parodiait tout ce qui était grand et noble, rappelle ainsi cette fondation:

» Li roix a mis en un repaire,
» Mes je ne sais pas pourquoi faire,
» Trois cents aveugles tote à rote.
» Parmi Paris en va trois paires,
» Tote jor ne finent de braire.
» As trois cents qui ne voient gote
» Li uns sache, li autre bote,
» Se se donnent mainte secosse,
» Qu'il n'y a nul qui lor éclaire:
» Si feux y prend, ce n'est pas dote,
» L'ordre sera bruslée tote,
» Saura li roix plus à refère. »

Voici la traduction de ces vers: Le roi a mis dans une retraite, mais je ne sais pourquoi faire, trois cents aveugles qui parcourent Paris par troupes de six, et ne cessent de braire toute la journée. De tous ces gens qui ne voient goutte, les uns tâtonnent, les autres buttent, chacun reçoit mainte contusion, car personne ne les conduit. Si jamais le feu prend à leur maison, il n'y a pas de doute que l'ordre entier ne soit brûlé; si bien que pour le roi ce serait tout à refaire.

D'autres écrivains ont avancé que saint Louis avait fondé cet établissement pour donner asile à trois cents chevaliers auxquels les Sarrazins avaient fait crever les yeux. Les lettres-patentes données au mois de mai 1546 par François Ier, semblent confirmer cette opinion. On lit dans ces lettres portant règlement de l'hospice des Quinze-Vingts:

« François, par la grâce de Dieu, roy de France, à
» tous présents et advenir salut et dilection… Comme
» de tout temps et ancienneté, pour la nourriture, hos-
» pitalité et entretennement, des povres mallades im-
» puissans de gaigner leurs vies, affluans en nostre
» royaulme, paiis, terres et seigneuries, aiient esté
» par nous et noz prédécesseurs roys, fondez plu-
» sieurs lieux pitoiables, Maison-Dieu et hospitaulz,
» ez quels lieux ils sont reçus nourris et alimentez,
» selon les facultez du revenu, ordonnance et statutz
» d'iceulx, entre les quels lieux pitoiables auroit esté,
» par feu nostre progéniteur le roy saint Loys, fondez
» en nostre bonne ville et cité de Paris, *la maison et
» hospital des 15/20 de Paris, en mémoire et récorda-
» tion de trois cents chevaliers qui en son temps et
» règne eurent les yeulz crevés pour soustenir la foy
» catholique*, etc… »

Telles sont les deux opinions soutenues par les écrivains qui ont fait de l'histoire de Paris une étude spéciale. Quoi qu'il en soit, il paraît certain que la fondation de l'hôpital des Quinze-Vingts eut lieu vers l'année 1254. On choisit un terrain appelé *Champourri*, et situé dans la censive de l'évêque, à l'endroit où nous voyons aujourd'hui les rues Rohan, de Beaujolais, etc... Les bâtiments élevés sous la direction du célèbre architecte Eudes de Montreuil furent achevés vers 1260. Dès son origine cet établissement obtint de généreux témoignages de la charité publique. Saint Louis lui fit don d'une rente de quinze livres parisis, et vers la même époque la chapelle des Quinze-Vingts fut placée sous l'invocation de saint Remi.

La congrégation des aveugles dépendait de l'église de Saint-Germain-l'Auxerrois; mais en vertu d'un traité conclu au mois de juin 1282, les Quinze-Vingts abandonnèrent à cette église 10 livres 10 sols de rente qui leur avaient été assignées par Guillaume Barbier, dit Pied-de-Fer. Le chapitre de Saint-Germain-l'Auxerrois leur céda en échange la dîme du territoire de leur congrégation, avec le droit d'avoir un cimetière et d'élever à la hauteur de deux toises au-dessus du toit de leur chapelle, deux cloches du poids de deux cents livres chacune. — Au XIVe siècle, le nombre des malheureux privés de la vue était si considérable à Paris, que Philippe-le-Bel ordonna, en 1309, que les membres de la maison fondée par saint Louis, porteraient à l'avenir une fleur de lys sur leurs habits pour être distingués des autres congrégations d'aveugles. — En 1412, le pape Jean XXIII exempta l'hôpital des Quinze-Vingts de la juridiction de l'évêque de Paris, pour le soumettre à celle du grand aumônier de France. — Au commencement du XVIe siècle, de graves désordres s'étaient introduits dans presque toutes les communautés religieuses, et la maison des Quinze-Vingts n'avait point été épargnée par cette contagion. François de Moulins, grand aumônier, voulut donner en 1521 de nouveaux règlements à la maison des aveugles, mais la sévérité excessive des statuts qu'il proposa le 29 juillet de cette année, les fit rejeter par tous les membres de la congrégation. Geoffroy de Pompadour, successeur de François de Moulins, rédigea d'autres ordonnances qui furent enfin registrées au parlement le 6 septembre de la même année. Ces règlements subsistèrent jusqu'en 1546. Au mois de mai de cette année, François Ier les modifia et les rendit plus rigoureux. On exigea bientôt des aveugles le serment de se soumettre aux statuts de la congrégation. Ce serment, dont la forme fut arrêtée en 1547, était ainsi conçu : « 1° Vous jurés et
» promettés sur la part que vous prétendés en paradis
» et sur les sains évangiles, que vous touchés présente-
» ment, de répondre vérité et d'observer et garder
» ponctuellement pendant toute votre vie les choses à
» quoy vous vous allés obliger. — 2° Vous jurés et
» promettés de vivre le reste de vos jours dans la
» religion catholique, aphostolique et romaine. —
» 3° Vous jurés suivant et conformément aux statuts
» de l'hospital de vous confesser toutes les bonnes festes
» de l'année et spécialement à Noël, le premier diman-
» che de Carême, Pasques, Penthecoste, Assomption
» de Nostre-Dame et la Toussaint, et de recevoir le
» précieux corps de Nostre Seigneur aux quatre bonnes
» festes annuelles et à l'Assomption de Nostre-Dame.
» 4° Item. Vous promettés de dire par chacun jour de
» l'année le matin et soir cinq fois *pater* et cinq fois *ave*
» pour le roy, et pour toute la maison royale, pour
» monseigneur le grand ausmonier, messieurs les gou-
» verneurs et pour tous les bienfaiteurs de cet hospi-
» tal. — 5° Item. Vous promettés d'assister bien dé-
» vottement aux grandes messes et prières qui se chan-
» tent et disent tous les dimanches et festes de l'année
» en l'église de céans, pourveu que vous n'ayés cause
» légitime qui vous en empesche. — 6° Item. Vous
» promettés d'assister dévottement et modestement aux
» services qui se diront dans les églises et monastères
» de cette ville et fauxbourgs de Paris, pour les bien-
» faiteurs de cet hospital, et aux processions tant royales
» qu'autres, quand vous y serés appellés. — 7° Item.
» Vous promettés d'obéir, de porter honneur et res-
» pect à monseigneur le grand ausmonier, messieurs
» les gouverneurs et grands vicaires, maître, ministre
» et jurés. — 8° Item. Vous promettés de garder
» exactement les secrets de l'hospital ny les revéler à
» père ny mère, parens et amis, ny à quelque per-
» sonne que ce soit. — 9° Item. Vous promettés
» d'apporter céans tous et chacun vos biens de quel-
» que nature qu'ils soient, soit meuble ou immeuble
» et déclarer où vos biens sont scitués sans en rien
» retenir et de ne rien transporter hors de l'hospital
» sans le congé des gouverneurs, maître, ministre ou
» de leur commandant. — 10° Item. Vous promettés
» de ne vendre ny transporter hors de l'hospital ny à
» quelque personne que ce soit, s'il n'est frère ou sœur
» de céans, la part et portion du bled, pain ou sel qui
» vous sera donné par le ministre ou par son ordre. —
» 11° Item. Vous promettés que si vous apercevés le
» domage de l'hospital au dessus de 12 deniers parisis,
» vous en avertirés incontinent les gouverneurs, maitre
» ministre ou jurés. — 12° Item. Vous promettés de
» ne coucher hors de l'hospital pour longtemps qu'une
» nuict sans congé, et à votre retour vous vous présen-
» terés aux maitre, ministre ou jurés, sitost dans l'hos-
» pital, comme aussi de ne retirer ou coucher aucuns
» estrangers sans le congé de maitre, ministre ou jurés.
» — 13° Finalement vous promettés d'observer et gar-
» der inviolablement les statuts, ordonnances, règle-
» mens de cet hospital, sous les peines y portées et à
» cest effet de vous les faire souvent lire pour les rete-
» nir et pratiquer. »

Articles pour les Frères voyans.

« Item. Vous promettés de mener et ramener chari-
» tablement les frères aveugles allans en questes aux
» églises, monastères de ceste ville et fauxbourgs de
» Paris, et par tout ailleurs, et les ayder et conforter
» du mieux que vous pourrés lorsqu'ils auront besoin
» de votre ayde et que vous en serés requis. — Item.
» Vous promettés que si pour les affaires de la maison

» on vous envoye hors de la ville et des fauxbourgs de
» Paris, que vous irés et que vous exécuterés ponctuel-
» lement les ordres qui vous ont esté donnés par l'hos-
» pital auquel vous rendrés compte sitot et inconti-
» nent vostre retour. »

Le bâtiment de l'ancien hôpital des Quinze-Vingts, ouvrage d'Eudes de Montreuil, était assez remarquable. Cependant l'abbé Lebœuf semble douter que l'édifice qu'on voyait de son temps remontât au règne de saint Louis. Selon cet écrivain, la partie la plus ancienne ne datait que du XVe siècle, et cinq chapelles construites pour agrandir l'église avaient été bénites en 1530; le reste de l'édifice lui paraissait encore plus moderne, à l'exception, ajoute le même historien, de trois statues placées dans des niches du portail au nord de l'église et provenant du bâtiment antérieur. « L'une de ces statues, dit Hurtaut, repré-
» sentait saint Louis; elle était mal exécutée, à la
» vérité, mais, si l'on en croit les antiquaires, très
» ressemblante. Plusieurs degrés qu'il fallait descen-
» dre pour entrer dans cette église font voir que le
» terrain s'est fort haussé depuis quelques siècles. » — Aucun changement important n'eut lieu dans cet ancien établissement jusqu'en 1779. A cette époque, des lettres-patentes, relatives au déplacement de l'hôpital, furent données à Versailles. Ces lettres sont du mois de septembre et contiennent ce qui suit : « Article 1er.
» L'hôpital royal des Quinze-Vingts sera et demeurera
» transféré, comme nous le transférons par ces pré-
» sentes, pour avoir lieu le plus tôt que faire se pourra
» dans l'hôtel anciennement occupé par nos mous-
» quetaires de la deuxième compagnie, situé à Paris,
» rue de Charenton, etc... — Article 4e. Au moyen de
» la translation du dit hôpital, autorisons notre cou-
» sin le cardinal de Rohan à vendre, en vertu des pré-
» sentes, tous les terrains et bâtiments généralement
» quelconques formant l'enclos actuel du dit hôpi-
» tal, etc... — Art. 8e. Voulons que des premiers de-
» niers qui proviendront de l'emplacement actuel et
» dépendances du dit hôpital, il soit versé en notre
» trésor royal, la somme de cinq millions de livres, de
» laquelle somme il sera passé contrat de constitution
» d'une rente annuelle et perpétuelle de 250,000 livres
» au profit du d. hôpital, à titre de remplacement et
» augmentation et de dotation, payable entre les
» mains de son trésorier, de trois mois en trois
» mois, etc... — Art. 9e. Le surplus de la dite vente
» sera employé au paiement des 450,000 livres, prix
» de l'acquisition de l'hôtel des Mousquetaires, etc...
» — Art. 10e. Seront tenus les acquéreurs de l'enclos
» actuel des Quinze-Vingts d'ouvrir les rues et pas-
» sages, tels qu'ils sont désignés dans le plan par nous
» vu, arrêté et annexé sous le contr'scel des présen-
» tes, etc... » — Conformément à ces lettres-patentes, la vente fut effectuée. On démolit les bâtiments des Quinze-Vingts ainsi que leur église, et sur leur emplacement on ouvrit, en 1781, les rues de *Beaujolais*,

de *Chartres*, de *Montpensier*, des *Quinze-Vingts*, *Rohan* et de *Valois*. (*Voyez* ces articles.) — Après quelques changements nécessités par la nouvelle destination, les Quinze-Vingts furent installés dans l'hôtel des Mousquetaires, construit en vertu des lettres-patentes du 7 juillet 1699.

Quelque temps après, des modifications importantes furent introduites dans le régime intérieur de cet établissement, et l'on fixa le nombre des pauvres aveugles à huit cents. Un arrêt du parlement du 14 mars 1783 ordonna qu'on réserverait dans cet hôpital vingt places pour les pauvres de la province, atteints de maladies d'yeux. La même faveur était accordée aux pauvres de Paris.

Sous la république, l'ancienne organisation de cet établissement fut changée. Un décret de la Convention Nationale du 31 janvier 1793 porte ce qui suit : « La Convention Nationale décrète que le département de Paris fera apposer dans le jour les scellés sur les papiers relatifs à l'administration et au chapitre des Quinze-Vingts. Ordonne que le département de Paris fera également apposer les scellés sur la caisse de l'administration des Quinze-Vingts; qu'ils feront lever à l'instant en présence des parties intéressées, et que l'état vérifié, les fonds qui s'y trouveront seront déposés à la trésorerie nationale. Charge le département de Paris de pourvoir jusqu'au décret définitif à tous les besoins de l'établissement des Quinze-Vingts, et décrète qu'à cet effet la trésorerie nationale tiendra à sa disposition la somme de 20,000 livres. »

Parmi les documents qui nous restent à reproduire, celui qui va suivre n'est pas le moins curieux :

« *Séance du sextidi, 26 brumaire, l'an II de la république française une et indivisible.* — L'administration des Quinze-Vingts apporte tous les objets de charlatanisme des prêtres, entr'autres la fameuse chemise de saint Louis qui se trouve n'être qu'une chemise de femme.

» Le conseil-général arrête que cette chemise sera brûlée dans le sein du conseil, ce qui a été exécuté sur-le-champ, et quant aux autres objets d'or et d'argent, le conseil arrête qu'ils seront envoyés à la Monnaie.

» Mention civique de la conduite de l'administration des Quinze-Vingts : insertion aux affiches de la commune.

» Et sur la proposition d'un membre, le conseil arrête que la maison des Quinze-Vingts s'appellera *Maison des Aveugles.* » (Registre de la Commune, tome II, page 13,345.)

Sous la restauration, le grand aumônier de France fut de nouveau chargé de la direction de cet établissement.

Une ordonnance royale du 31 août 1830 porte que l'hospice des Quinze-Vingts sera régi sous l'autorité du ministre du commerce et des travaux publics, par un conseil d'administration composé de cinq membres.

Le règlement aujourd'hui en vigueur a été adopté par ce ministre, le 31 décembre 1833. L'article 16 est ainsi conçu : « Toutes les fois qu'il n'aura pas été élevé de réclamations pour défaut d'indigence ou de cécité, chacun des aveugles admis recevra, à titre de rétribution alimentaire et journalière, le traitement de membre interne de l'hospice s'élevant à 1 fr. 30 c. par jour, ou 474 fr. 50 c. par an, et composé comme il suit, savoir :

1° 1 fr. 2 c. 3/4 par jour en argent, faisant	375 »
2° En pain, 20 onces par jour, calculé à raison de 15 cent. la livre, faisant par année	68 50
3° Un habillement complet, donné tous les deux ans et calculé à raison de 8 cent. 1/2 par jour, faisant par année.	31 »
Somme totale. . . .	474 50
Les maris et femmes voyants des aveugles reçoivent 30 cent. par jour en argent, ou par année. .	109 50
Chaque enfant au-dessous de 14 ans reçoit 15 cent. par jour, ou par année.	54 75
Ce qui revient par année :	
Pour un aveugle célibataire, à.	474 50
Pour un aveugle marié sans enfants, à. .	584 »
Pour un aveugle marié avec un enfant, à.	638 75
Pour un aveugle marié avec deux enfants, à.	693 50

Et ainsi de suite en ajoutant 54 fr. 75 c. pour chaque enfant.

Indépendamment des secours accordés aux membres de l'hospice, 700 pensions ont été successivement créées en faveur d'aveugles externes, savoir : 100 pensions de 200 fr.; 250, de 150 fr., et 350, de 100 fr. Les choix se font parmi les aveugles de tous les départements.

QUINZE-VINGTS (PASSAGE DES).

Commence à la rue Saint-Louis, n° 6; finit à la rue Saint-Honoré, n° 265. — 1er arrondissement, quartier des Tuileries.

Ce passage tire son nom de l'hôpital des Quinze-Vingts, qu'on voyait encore en cet endroit en 1779.

QUINZE-VINGTS (RUE DES).

Commence à la rue de Valois, n°s 3 et 5; finit à la rue Rohan, n°s 20 et 22. Le dernier impair est 3; le seul pair, 2. Sa longueur est de 24 m. — 1er arrondissement, quartier des Tuileries.

Elle a été ouverte, en 1780, sur l'emplacement de l'hôpital royal des Quinze-Vingts. Sa largeur fut alors fixée à 6 m. 20 c. — Une décision ministérielle du 3 messidor an IX, signée Chaptal, a porté cette largeur à 7 m. (Voyez rue de *Beaujolais-Saint-Honoré*.) — Les constructions du côté des numéros impairs devront reculer de 80 c. environ; celles du côté opposé sont alignées. — Conduite d'eau. — Éclairage au gaz (comp^e Anglaise).

Juillet 1844.

R.

RACINE (RUE).

Commence aux rues de la Harpe, n° 82, et de l'École-de-Médecine, n° 1; finit à la place de l'Odéon, n°s 3 et 5. Le dernier impair est 25; le dernier pair, 32. Sa longueur est de 242 m. — 11e arrondissement, quartier de l'École-de-Médecine.

1re PARTIE *comprise entre la place de l'Odéon et la rue Monsieur-le-Prince.* — Elle a été ouverte sur l'emplacement de l'hôtel de Condé, en vertu des lettres-patentes du 10 août 1779, registrées au parlement le 7 septembre suivant. (Voyez *théâtre de l'Odéon*.) — Elle fut exécutée sur une largeur de 10 m., qui a été maintenue par une décision ministérielle du 4 nivôse an IX, signée Chaptal, et par une ordonnance royale du 12 mai 1841.

2e PARTIE *comprise entre les rues Monsieur-le-Prince et de la Harpe.* — Une ordonnance royale du 3 janvier 1822 porte : « Article 1er. La rue Racine sera prolongée sur une même largeur, jusqu'à la rue de la Harpe, conformément au plan ci-joint. » — L'article 1er d'une loi du 26 avril 1832 est ainsi conçu :

« La ville de Paris est autorisée à disposer pour le *prolongement de la rue Racine,* dans les proportions fixées par l'ordonnance royale du 3 janvier 1822, de la partie à ce nécessaire, des terrains affectés à la Faculté de Médecine, par la loi du 14 frimaire an III (4 décembre 1794). »

Ce percement a été exécuté en 1835. Les terrains qu'il a traversés provenaient du couvent des Cordeliers et de l'église Saint-Côme. (Voir pour l'historique de ces établissements religieux, les articles de la place et de la rue de l'*École-de-Médecine*.)

Le numérotage de la rue Racine a été régularisé en vertu d'un arrêté préfectoral du 17 janvier 1837. — Les maisons riveraines sont alignées, à l'exception de celle n° 17, qui devra reculer de 1 m. 10 c. à 2 m. 55 c. — Portion d'égout du côté de la rue de la Harpe. — Conduite d'eau depuis la place jusqu'au réservoir. — Éclairage au gaz (comp^e Parisienne.)

Jean *Racine,* le plus grand de nos poètes dramatiques après Corneille, naquit à la Ferté-Milon, le 21 décembre 1639, et mourut le 22 avril 1699.

— RAD —

Au n° 11, on remarque le *Réservoir des eaux de l'Ourcq*.

Lorsque l'on a construit l'aqueduc de ceinture sur le front nord de Paris, en le soutenant au niveau du bassin de la Villette, on a eu pour but d'y embrancher au droit des rues principales, des conduites d'un grand diamètre et qui après avoir, par leurs ramifications, alimenté la rive droite, traversent la Seine par les ponts pour porter les eaux dans tous les quartiers de la rive gauche où la pression naturelle peut les faire monter.

Mais on conçoit que dans un aussi long parcours, ces conduites, en raison de tous les écoulements qu'elles desservent, doivent être épuisées à leur extrémité. Afin d'y ranimer leur service, on a imaginé d'y établir des réservoirs qui sont remplis pendant la nuit et vidés pendant le jour. Le réservoir de la rue Saint-Victor est le premier qui ait été construit.

Par délibération du 26 février 1836, le conseil municipal a voté l'établissement d'un second réservoir sur les terrains appartenant à la ville, et situés dans la rue Racine prolongée. Ce projet a été approuvé par le ministre de l'intérieur le 9 mai suivant, et les travaux ont été terminés en 1839. La construction de ce réservoir offre le premier exemple de l'emploi exclusif du béton hydraulique : les couronnements des murs seulement sont en pierre. Occupant une partie des anciens fossés de l'enceinte de Philippe-Auguste, il a été nécessaire d'en appuyer les fondations sur des terrains solides qui sont recouverts d'environ 10 m. par des remblais provenant du comblement de ces fossés. Les fondations consistent dans cent piliers, soutenant cinq rangs de voûtes longitudinales, et dix-neuf rangs de voûtes transversales au-dessus desquelles sont les bassins de 4 m. de profondeur. Le réservoir occupe un espace de 1,690 m. superficiels et se compose de trois bassins qui contiennent environ 6,000 m. cubes d'eau. La dépense occasionnée par cette utile opération s'est élevée à 211,906 fr. 15 c.

RADZIVILL (passage).

Commence à la rue Neuve-des-Bons-Enfants, n° 37; finit à la rue de Valois-Palais-Royal, n° 48. — 2ᵉ arrondissement, quartier du Palais-Royal.

Son nom lui vient du prince polonais Radzivill, propriétaire de l'hôtel, maintenant appelé hôtel de Hollande.

RAMBOUILLET (rue de).

Commence à la rue de Bercy, n° 61; finit à la rue de Charenton, n° 140 bis. Pas de numéro impair; ce côté est bordé par des haies; le dernier pair est 20. Sa longueur est de 544 m. — 8ᵉ arrondissement, quartier des Quinze-Vingts.

Cette rue a pris son nom d'un sieur de *Rambouillet* qui, en 1676, y fit construire une maison magnifique et planter un jardin dont la beauté servit de modèle. Dans cette propriété dite le Jardin de Neuilly ou les Quatre Pavillons, étaient reçus les ambassadeurs des

— RAM —

puissances étrangères non catholiques. Ils partaient de cet endroit le jour de leur entrée solennelle dans Paris. Cette riche habitation fut acquise, en 1720, par une personne qui, préférant l'utile à l'agréable, ne laissa subsister que le logement du jardinier, changea les bocages en vergers et les parterres en marais potagers. — Une décision ministérielle du 16 ventôse an XII, signée Chaptal, et une ordonnance royale du 1ᵉʳ juin 1828, ont fixé la moindre largeur de cette voie publique à 12 m. Les constructions riveraines sont alignées, à l'exception d'un bâtiment dépendant de la propriété n° 4.

RAMBUTEAU (rue de).

Commence à la rue du Chaume, n°ˢ 15 et 19; finit maintenant aux rues des Piliers-aux-Potiers-d'Étain, n° 30, et Pirouette, n° 2, et doit se terminer à la place de la Pointe-Saint-Eustache. Le dernier impair est 75; le dernier pair, 70. Sa longueur est de 747 m. — De 1 à 17 et de 2 à 12, 7ᵉ arrondissement, quartier du Mont-de-Piété; de 19 à 61 et de 14 à 54, 7ᵉ arrondissement, quartier Sainte-Avoie; de 63 à 75 et de 56 à 70, 6ᵉ arrondissement, quartier des Lombards. La partie comprise entre les rues Saint-Denis et des Piliers n'est pas encore numérotée. Le côté gauche et le côté droit, entre les rues de Mondétour et Pirouette, dépendent du 4ᵉ arrondissement, quartier des Marchés; le surplus du côté droit est du 5ᵉ arrondissement, quartier Montorgueil.

§ Iᵉʳ. — *Historique de la rue.*

Au nombre des projets proposés par la Commission des Artistes, instituée sous la république, on remarque le percement d'une rue de 10 m. de largeur qui, prolongeant la rue de Paradis au Marais, et *formant un coude* à sa jonction avec la rue Beaubourg, devait aboutir à la place de la Pointe-Saint-Eustache.

A l'administration actuelle appartient l'honneur d'avoir exécuté ce percement, qui est sans contredit le plus utile de tous ceux dont la réalisation a été effectuée depuis un demi-siècle.

Une ordonnance royale du 5 mars 1838 porte ce qui suit : « Louis-Philippe, etc... Nous avons ordonné et ordonnons ce qui suit : Article 1ᵉʳ. L'administration municipale de la ville de Paris est autorisée à ouvrir une rue de grande communication dans cette ville, à partir de la rue de Paradis-au-Marais jusqu'à la place de la Pointe-Saint-Eustache. Les alignements de cette rue, dont la largeur est fixée à 13 m., sont arrêtés suivant le tracé des lignes rouges sur le plan ci-annexé. L'exécution des d. alignements est déclarée d'utilité publique. — Art. 2ᵉ. Le préfet du département de la Seine, agissant au nom de la ville de Paris, est autorisé à acquérir, soit de gré à gré, soit par voie d'expropriation, conformément à la loi du 7 juillet 1833, les immeubles ou portions d'immeubles dont l'occupation serait nécessaire pour effectuer le percement de la nouvelle rue. » — On a commencé immédiatement l'ouverture de cette rue, qui sera prochainement terminée

— RAM —

au moyen de l'expropriation des immeubles situés dans la rue de la Tonnellerie, depuis le n° 105 jusqu'à la place de la Pointe-Saint-Eustache. — Conduite d'eau dans la plus grande partie. — Éclairage au gaz : entre les rues du Chaume et Saint-Martin (comp^e Lacarrière) ; surplus (comp^e Française).

Les habitants des quartiers traversés par cette voie publique voulant donner à M. le comte de Rambuteau un témoignage de leur reconnaissance, ont demandé à l'administration supérieure l'autorisation d'inscrire aux angles de cette rue, le nom du magistrat auquel la ville de Paris devait déjà de nombreuses améliorations. Cette autorisation a été accordée par décision royale du 2 novembre 1839.

M. Claude-Philibert *Barthelot*, comte de RAMBUTEAU, conseiller d'état, pair de France, est préfet de la Seine depuis le 22 juin 1833.

Sur la façade d'une maison de cette nouvelle voie publique, au n° 49, a été placé un buste de Jacques Cœur avec cette inscription :

A Jacques Cœur;
Probité, prudence, désintéressement.

Cet homme, l'égal des princes, l'*argentier* de Charles VII, le soutien de la France, l'ennemi des Anglais, était fils d'un obscur marchand de la cité de Bourges. L'or du riche banquier fut aussi puissant que le fer des plus vaillants capitaines, et sans l'appui de Jacques Cœur, peut-être que Charles VII n'eût jamais reconquis son royaume.

§ II. — *Établissement religieux et voies publiques renfermés dans la rue de Rambuteau.*

Couvent Sainte-Avoie. — Dans un acte passé devant l'official de Paris, le samedi avant Noël de l'année 1288, il est dit : que Jean Sequence, chefcier ou capitarius de Saint-Merri avait acheté avec la veuve Constance, une maison rue du Temple (c'était alors le nom de la rue Sainte-Avoie), dans le but d'y fonder une communauté de pauvres femmes âgées au moins de 50 ans. Le même acte porte qu'ils donnèrent cette propriété avec les appartenances et dépendances, sous la condition de reconnaître pour supérieur et administrateur le chefcier de Saint-Merri. Sans appartenir à un ordre religieux, ces femmes vivaient en communauté, soumises à des statuts et règlements particuliers. Elles suivirent en 1662 la règle des religieuses Ursulines. Ce couvent, supprimé en 1790, devint propriété nationale et fut vendu le 4 thermidor an V, à la charge par l'acquéreur de livrer le terrain nécessaire au percement d'une rue projetée. Cette clause a reçu son exécution et facilité le percement d'une partie de la rue dont nous nous occupons.

Dans le parcours de la rue de Rambuteau a été comprise la rue des *Ménétriers*. Cette voie publique, construite dès le commencement du XIIIe siècle, portait le nom de rue aux *Jongleurs;* au XVe siècle, c'était la

— RAM —

rue des *Ménétriers*. — Une décision ministérielle du 2 messidor an VIII, signée L. Bonaparte, avait fixé la largeur de cette voie publique à 8 m. Cette largeur fut portée à 10 m. en vertu d'une ordonnance royale du 20 mars 1828. En 1840, la rue des Ménétriers a été élargie et confondue dans la rue de Rambuteau.

La rue de la *Chanverrerie*, à laquelle nous avons consacré un article spécial, a été aussi confondue en 1844, dans la rue de Rambuteau.

RAMEAU (RUE).

Commence à la rue de Richelieu, n° 71, et à la rue Lulli, n° 1; finit à la rue Sainte-Anne, n°s 56 et 58. Le dernier impair est 13; le dernier pair, 8. La longueur du côté gauche est de 111 m.; celle du côté droit, de 48 m. — 2e arrondissement, quartier Feydeau.

En vertu d'un arrêté du corps municipal en date du 19 avril 1792, approuvé par le Directoire du département le 12 mai suivant, le sieur Cottin fut autorisé à ouvrir sur ses terrains deux rues, l'une de 30 pieds de largeur et parallèle à celle de Louvois, l'autre de 24 pieds de largeur et en prolongement de la rue de Chabanois. Voici les motifs qui déterminèrent l'administration à autoriser ces deux percements : « Considérant qu'il résultera des constructions qui seront » élevées sur ces deux rues, une augmentation consi» dérable sur les produits des impositions foncière et » mobilière, et sur celui des sols additionnels; que » l'accroissement des dépenses auxquelles ces deux » rues donneront lieu pour l'entretien du pavé et de » l'illumination, ainsi que le nétoiement, sera infini» ment modique; que d'ailleurs la nouvelle salle de » spectacle que la demoiselle Montansier fait cons» truire sur une portion des terrains dont il s'agit, » exige un isolement de toute autre habitation pour » prévenir les suites funestes d'un incendie; enfin que » le concours du monde et la circulation des voitures » qu'occasionneront et cette nouvelle salle et celle déjà » ouverte au public, dans la rue de Louvois, nécessi» tent des issues multipliées, etc. » — Ces percements furent immédiatement exécutés. Celui dont il est ici question fut ouvert sur une largeur de 9 m. 70 c., et reçut le nom de rue *Rameau*. — Une ordonnance royale du 16 avril 1831 a maintenu la largeur primitive de cette voie publique. Les propriétés riveraines sont alignées. — Éclairage au gaz (comp^e Anglaise).

Jean-Philippe *Rameau*, célèbre compositeur de musique, naquit à Dijon, le 25 septembre 1683, et mourut le 12 septembre 1764.

RAMPONEAU (BARRIÈRE).

Située à l'extrémité de la rue de l'Orillon.

Cette barrière, qui n'est décorée d'aucun monument d'architecture, doit son nom au voisinage d'une fameuse guinguette que tenait en 1760 un nommé Ramponeau. Ce cabaretier-comédien jouait des scènes si naïves, si plaisantes, que sa taverne devint bientôt le rendez-vous des Parisiens. Son succès fut si grand que toutes les modes devinrent à la Ramponeau. — Cette barrière porta ensuite le nom de *Riom*, puis celui de l'*Orillon*. Sa première dénomination a prévalu. (Voyez l'article *Barrières*.)

RAMPONEAU (CHEMIN DE RONDE DE LA BARRIÈRE).

Commence à la rue de l'Orillon et à la barrière Ramponeau; finit à la rue du Faubourg-du-Temple et à la barrière de Belleville. Pas de numéro. Sa longueur est de 160 m. — 6e arrondissement, quartier du Temple.

(Voir l'article *Chemins de ronde*.)

RAPÉE (BARRIÈRE DE LA).

Située à l'extrémité du quai du même nom.

Cette barrière, qui doit son nom à M. de la Rapée, commissaire-général des troupes, est décorée d'un petit bâtiment. L'administration fait exécuter en ce moment des travaux qui consistent dans la construction de deux pavillons d'octroi et dans l'élargissement des abords de cette barrière. (Voyez l'article *Barrières*.)

RAPÉE (CHEMIN DE RONDE DE LA BARRIÈRE DE LA).

Commence aux quai et barrière de la Rapée, finit aux rue et barrière de Bercy. Pas de numéro. Sa longueur est de 269 m. — 8e arrondissement, quartier des Quinze-Vingts.

(Voir l'article *Chemins de ronde*.)

RAPÉE (QUAI DE LA).

Commence à la rue de la Contrescarpe et au pont d'Austerlitz; finit au chemin de ronde de la barrière de la Rapée. Le dernier numéro est 83. Sa longueur est de 1,054 m. — 8e arrondissement, quartier des Quinze-Vingts.

C'était autrefois un chemin qui longeait la Seine. Cette voie publique doit son nom à M. de la Rapée, commissaire-général des troupes, qui y fit construire une des premières maisons. — « Au palais des Tuileries » le 14 février 1806. — Napoléon, etc... Nous avons » décrété et décrétons ce qui suit :.... Art. 5e. L'ali- » gnement du quai de la Rapée, en amont du pont, » depuis l'angle de la place projetée jusqu'à la rue des » Chantiers, est fixé par une ligne prolongée sur la » façade de la maison du sieur Poncet, no 11. Cette » portion du quai sera pavée. Il sera construit provi- » soirement un pont de bois sur l'égout du grand » chantier, etc... Signé Napoléon. » — Une décision ministérielle du 18 messidor an IX, signée Chaptal, et une ordonnance royale du 6 mai 1827, ont déterminé les alignements de ce quai. Les constructions de 1 à 21 inclus, de 25 à 55 inclus, et celles no 73 ne sont pas soumises à retranchement. — Égout depuis la rue Traversière jusqu'à la barrière. — Conduite d'eau dans la plus grande partie.

RATS (BARRIÈRE DES).

Située à l'extrémité de la rue du même nom.

Cette barrière, qui est fermée, se compose d'un bâtiment à deux péristyles de quatre colonnes chacun. (Voir l'article *Barrières*.)

RATS (CHEMIN DE RONDE DE LA BARRIÈRE DES).

Commence aux rue et barrière des Rats; finit à la rue de la Roquette et à la barrière d'Aunay. Pas de numéro. Sa longueur est de 168 m. — 8e arrondissement, quartier Popincourt.

(Voir l'article *Chemins de ronde*.)

RATS (RUE DES).

Commence à la rue de la Folie-Regnault; finit aux chemins de ronde des barrières des Rats et de Fontarabie. Pas de numéro. Sa longueur est de 129 m. — 8e arrondissement, quartier Popincourt.

Ce n'était qu'un chemin en 1710. Son premier nom fut rue de l'*Air* ou de *Lair*. Depuis 1731, on l'appelle rue des *Rats*. — Une ordonnance royale du 6 mai 1827 a fixé la largeur de cette voie publique à 10 m. Les constructions du côté gauche sont soumises à un retranchement qui varie de 3 m. 70 c. à 4 m. 30 c.; celles du côté opposé sont alignées, sauf redressement. Cette rue n'est ni pavée ni éclairée.

RÉALE (RUE DE LA).

Commence à la rue de la Tonnellerie, nos 93 et 95; finit à la rue de la Grande-Truanderie, nos 49 et 51. Le dernier impair est 7; le dernier pair, 6. Sa longueur est de 61 m. — 5e arrondissement, quartier Montorgueil.

Elle était comprise, en 1175, dans le petit fief de Thérouenne. Adam, archidiacre de Paris, puis évêque de Thérouenne, céda, en 1181, à Philippe-Auguste, une partie de ce territoire pour faciliter la construction des halles. Le terrain que s'était réservé l'évêque, et dont cette rue faisait partie, se couvrit promptement d'habitations. Ce n'est pourtant qu'à partir de l'année 1210, qu'on peut fixer l'entière construction de cette rue, qui prit plus tard le nom de *Jehan Bigues*, échevin de la ville de Paris en 1280. Guillot, vers 1300, la nomme par altération la *petite ruélète Jehan Bingne*. On écrivait au XVe siècle *Jean Vingne*, *Vuigne* et des *Vignes*. Vers 1620, elle est indiquée sous les noms de la *Réale* ou *Jean-Gilles*, qu'elle tenait sans doute de deux propriétaires qui l'avaient successivement habitée. — Une décision ministérielle du 19 novembre 1817, fixa la largeur de cette voie publique à 7 m. Cette largeur a été portée à 10 m. en vertu d'une ordonnance royale du 19 juillet 1840. Les constructions du côté des numéros impairs sont soumises à un retranchement qui varie de 4 m. 40 c. à 4 m. 80 c. Les deux maisons situées entre les nos 2 et 6 sont alignées; le surplus devra reculer de 3 m. 40 c. à 3 m. 90 c. — Conduite d'eau entre la rue de la Tonnellerie et la borne-fontaine. — Éclairage au gaz (compe Française).

RÉCOLLETS (RUE DES).

Commence à la rue Grange-aux-Belles, nos 31 et 33; finit à la rue du Faubourg-Saint-Martin, nos 148 et 150. Le dernier impair est 27; le dernier pair, 28. Sa longueur est de 432 m. — 5e arrondissement, quartier de la Porte-Saint-Martin.

Ce n'était autrefois qu'une ruelle qui longeait le couvent des religieux *Récollets*. (Voir l'article de l'*hospice des Incurables-hommes*.) — On ne comptait, en 1734, que cinq maisons dans cette ruelle. — Une décision ministérielle du 16 floréal an X, signée Chaptal, a fixé la moindre largeur de cette voie publique à 10 m. Les propriétés ci-après ne sont pas soumises à retranchement : de 1 à 15, 27, maison entre les nos 2 et 4, et de 10 à la fin. — Conduite d'eau.

REGARD (RUE DU).

Commence à la rue du Cherche-Midi, nos 39 et 39 bis; finit à la rue de Vaugirard, nos 86 et 88. Le dernier impair est 19; le dernier pair, 30. Sa longueur est de 273 m. — Les numéros impairs sont du 11e arrondissement, quartier du Luxembourg; les pairs, du 10e arrondissement, quartier Saint-Thomas-d'Aquin.

Cette rue a été ouverte en 1680, sur une partie de l'enclos du couvent des Carmes. Elle doit son nom au regard d'une fontaine qui était située en face. — Une décision ministérielle du 18 floréal an IX, signée Chaptal, a fixé la largeur de cette voie publique à 10 m. Les propriétés du côté des numéros impairs, et celle n° 2, sont alignées. Les constructions n° 14, partie du n° 16 et 24 devront reculer de 30 c. à 60 c. Le surplus est soumis à un retranchement de 1 m. 30 c. à 1 m. 50 c.

REGNARD (RUE).

Commence à la place de l'Odéon, nos 4 et 6; finit à la rue de Condé, nos 17 et 17 bis. Pas de numéro impair; le seul pair est 2. Sa longueur est de 16 m. — 11e arrondissement, quartier de l'École-de-Médecine.

Autorisée par lettres-patentes du 10 août 1779, registrées au parlement le 7 septembre suivant, cette rue a été ouverte sur l'emplacement de l'hôtel de Condé. (Voyez *théâtre de l'Odéon*.) — Exécutée sur une largeur de 9 m. 90 c., cette dimension a été maintenue par une décision ministérielle du 4 nivôse an IX, signée Chaptal, et par une ordonnance royale du 12 mai 1841. Les propriétés riveraines sont alignées. — Égout. — Éclairage au gaz (compe Parisienne).

Jean-François *Regnard*, le plus célèbre de nos poètes comiques après Molière, naquit à Paris le 3 février 1655, et mourut le 4 septembre 1709. Plusieurs de ses pièces, et notamment le *Joueur* et le *Légataire universel*, sont restées au répertoire.

REGNAULT (RUE DE LA FOLIE-).

Commence à la rue de la Muette, nos 22 et 24; finit à la rue des Amandiers, n° 38. Le dernier impair est 11; le dernier pair, 18. Sa longueur est de 725 m. — 8e arrondissement, quartier Popincourt.

Il est fait mention de cette rue dès l'année 1540.

Une jolie maison de campagne, une *folie* appartenant à un nommé *Regnault* l'épicier, lui a fait donner cette dénomination. En vertu d'une ordonnance royale du 6 mai 1827, la largeur de cette voie publique qui forme équerre est fixée à 13 m. Sur le côté gauche, le mur de clôture situé derrière le dépôt des condamnés et la barrière en planches à l'encoignure de la rue de la Roquette, sont alignés; les autres propriétés devront reculer de 5 m. environ; presque toutes les constructions du côté des numéros pairs sont à l'alignement; le surplus est soumis à un retranchement qui n'excède pas 90 c. La partie de cette rue comprise entre les rues de la Muette et de la Roquette, n'est ni pavée ni éclairée.

REGRATTIER (RUE LE).

Commence au quai d'Orléans, nos 14 et 18; finit à la rue Saint-Louis, nos 55 et 57. Le dernier impair est 19; le dernier pair, 22. Sa longueur est de 94 m. — 9e arrondissement, quartier de l'Ile-Saint-Louis.

La construction de cette rue fut commencée en 1614. Elle doit son nom à François le *Regrattier*, trésorier des Cent-Suisses, et associé du sieur Marie, entrepreneur des travaux de l'île Notre-Dame. Cette rue s'étendait dans l'origine, sous cette dénomination, jusqu'au quai de Bourbon (voyez rue de la *Femme-sans-Tête*). — Une décision ministérielle du 24 frimaire an XIII, signée Champagny, fixa la largeur de la rue Le Regrattier à 8 m. Cette largeur fut réduite à 7 m. par une autre décision ministérielle du 9 mai 1818. Enfin une ordonnance royale du 9 décembre 1838 a maintenu cette rue dans son état actuel. Sa moindre largeur est de 6 m. 80 c. — Conduite d'eau depuis la rue Saint-Louis jusqu'à la borne-fontaine.

REIMS (RUE DE).

Commence à la rue des Sept-Voies, nos 18 et 20; finit à la rue des Cholets. Le dernier impair est 7; le dernier pair, 8. Sa longueur est de 110 m. — 12e arrondissement, quartier Saint-Jacques.

Quelques constructions bordaient cette voie publique à la fin du XIIe siècle. Au commencement du XIIIe, elle portait le nom de rue au *Duc-de-Bourgogne*, parce que les ducs de Bourgogne y possédaient un hôtel. Sa dénomination actuelle lui vient du collège de *Reims*, fondé en 1409. Nous en parlerons à l'article de la rue des *Sept-Voies*; la principale entrée de ce collège se trouvait dans cette voie publique. — Une décision ministérielle du 18 thermidor an IX, signée Chaptal, a fixé la largeur de la rue de Reims à 7 m. Les constructions situées sur le côté des numéros impairs, à l'encoignure de la rue des Sept-Voies, la propriété n° 4, et les deux encoignures de la rue Chartière, ne sont pas soumises à retranchement; les autres constructions devront reculer de 1 m. 40 c. au plus.

REINE-BLANCHE (RUE DE LA).

Commence à la rue des Fossés-Saint-Marcel, nos 18 bis et 20; finit à la rue Mouffetard, nos 269 et 271. Le dernier

— REI —

impair est 3 ; le dernier pair, 6 bis. Sa longueur est de 244 m. — 12ᵉ arrondissement, quartier Saint-Marcel.

Cette rue a été ouverte à la fin de l'année 1393, sur une partie de l'emplacement de l'ancien hôtel de la Reine-Blanche, « qui fut démoli, dit Sauval, comme complice de l'embrasement de quelques courtisans qui y dansèrent avec Charles VI, ce fameux ballet des Faunes, si connu. » Voici de quelle manière les principaux historiens nous racontent cet évènement : Isabeau de Bavière, pour fêter les noces d'une dame allemande à laquelle elle était sincèrement attachée, résolut de donner un bal le 29 janvier 1393, dans l'ancien hôtel de la Reine-Blanche, au village de Saint-Marcel. A cette occasion elle invita les principaux seigneurs de la cour. Parmi les personnes qui partageaient les plaisirs de Charles VI, se trouvait un jeune débauché nommé Huguet de Guisay. Pour faire sa cour au roi il inventa une nouvelle mascarade. Le costume que devaient porter le roi, de Guisay et quatre autres seigneurs, était composé, selon quelques historiens, d'une toile gommée qui prenait exactement la forme du corps ; cette toile fut encore enduite de poix, sur laquelle on colla de la filasse. Il est d'autres écrivains dignes de foi, qui prétendent que la nudité fut encore plus complète, et que les acteurs se contentèrent de leur vêtement naturel sur lequel ils appliquèrent, il est vrai, quelques morceaux de filasse. Ainsi équipés et le visage couvert d'un masque, le roi de France, Guisay, Nantouillet, le comte de Joigny, le bâtard de Foix et Aimeri de Poitiers, tous attachés par des chaines, entrèrent en dansant dans la salle du bal. Cette apparition grotesque souleva l'hilarité générale. Le duc d'Orléans, excité par de fréquentes libations, et cherchant à reconnaître les acteurs de cette comédie, prit un flambeau qu'en trébuchant il approcha d'un masque ; soudain le costume s'enflamme ! Le malheureux patient veut fuir, sa chaine le retient et le feu se communique aux cinq autres ! La salle est embrasée. La reine effrayée tombe évanouie !... Le roi allait être étouffé sans la duchesse de Berri, qui, conservant toute sa présence d'esprit, enveloppe le prince dans sa robe, et parvient à éteindre le feu qui le dévorait. Nantouillet débarrassé de sa chaine, court et se plonge dans une cuve pleine d'eau. Le jeune comte de Joigny expire dans les douleurs les plus cruelles. Le bâtard de Foix et Aimeri de Poitiers périrent le surlendemain. Les tortures de Guisay durèrent encore trois jours. Cet homme aussi cruel que débauché avait l'habitude de frapper, de torturer ses domestiques. Lorsque la souffrance arrachait quelques plaintes au patient, sa colère s'en augmentait encore, il le faisait périr sous les coups, en s'écriant : aboye chien ! Le peuple qui a bonne mémoire, répéta en jetant de la boue au cadavre de Guisay : « Te voilà mort infâme, aboye donc à ton tour ! chien ! » Le bruit de ce malheureux évènement jeta l'alarme dans tout Paris. Pour l'apaiser, le roi fut obligé de se montrer à plus de cinq cents bourgeois accourus au village de Saint-Marcel. Dès le lendemain les ducs de Berri, de Bourgogne et d'Orléans allèrent en procession, nu-pieds, de la porte Montmartre à l'église Notre-Dame, où le roi vint à cheval et entendit avec eux une messe solennelle en action de grâces de sa conservation. Charles VI ordonna sur le champ la démolition de l'hôtel de la Reine-Blanche, et sur son emplacement fut construite, comme nous l'avons dit plus haut, une rue qui rappelle encore aujourd'hui cette habitation royale. — Une décision ministérielle à la date du 23 frimaire an VIII, signée Laplace, a fixé à 7 m. la largeur de la rue de la Reine-Blanche. Le bâtiment situé en face du n° 6 est aligné. Les propriétés nᵒˢ 2 et 4 ne sont soumises qu'à un faible retranchement. — Conduite d'eau dans une partie.

REINE DE HONGRIE (PASSAGE DE LA).

Commence à la rue Montorgueil, n° 19 ; finit à la rue Montmartre, n° 16. — 3ᵉ arrondissement, quartier Saint-Eustache.

Ce passage qui doit son nom à une enseigne, fut nommé de 1792 à 1805, passage de l'*Égalité*.

REINIE (RUE DE LA).

Commence à la rue des Cinq-Diamants, nᵒˢ 21 et 23 ; finit à la rue Saint-Denis, nᵒˢ 82 et 84. Le dernier impair est 29 ; le dernier pair, 38. Sa longueur est de 120 m. — 6ᵉ arrondissement, quartier des Lombards.

En 1250, on l'appelait rue *Troussevache*. Dans un cartulaire de saint Magloire, au mois de mai 1257, il est fait mention d'un nommé Eudes Troussevache. — Une décision ministérielle du 18 vendémiaire an VI, signée Letourneux, fixa la largeur de cette voie publique à 6 m. — « Paris, le 27 juin 1822. — Au préfet de la » Seine... Monsieur le préfet, j'ai l'honneur de vous » informer que d'après la proposition contenue dans » votre lettre du 31 mai, j'ai décidé que la rue Trous- » sevache portera le nom de la *Reinie*. Le ministre, » secrétaire d'état de l'intérieur, signé Corbière. » — En vertu d'une ordonnance royale du 19 juillet 1840, la largeur de cette voie publique a été portée à 13 m. Propriétés de 1 à 5, retranch. 1 m. 40 c. à 1 m. 90 c. ; de 7 à 13, ret. 1 m. à 1 m. 40 c. ; de 15 à 25, redress. ; 27, ret. réduit 35 c. ; 29, ret. réduit 80 c. ; propriétés du côté des numéros pairs, ret. 7 m. 40 c. à 9 m. 60 c. — Conduite d'eau entre la rue des Trois-Maures et la borne-fontaine. — Éclairage au gaz (compᵉ Française).

Gabriel NICOLAS, *seigneur de la Reinie*, né à Limoges, président au présidial de Bordeaux, puis maitre des requêtes, fut le premier lieutenant-général de police de la ville de Paris. Nous devons à ce magistrat les principaux règlements de police dont plusieurs s'exécutent encore dans la capitale. L'augmentation du guet, l'établissement des lanternes attestèrent son zèle infatigable. Louis XIV, pour le récompenser de ses services, le fit conseiller d'état en 1680. La Reinie mourut le 14 juin 1709, à l'âge de 85 ans, universellement regretté pour sa vigilance, son intégrité, son

— REM —

amour pour le bon ordre, ses soins de la sûreté publique, et surtout pour son équité et son désintéressement.

REMPART (RUE BASSE-DU-).

Commence à la rue de la Chaussée-d'Antin, n° 1, et au boulevart des Capucines; finit à la place de la Madeleine, n° 12. Pas de numéro impair; ce côté est formé en grande partie par le mur de soutènement du boulevart; le dernier pair est 78. Sa longueur est de 666 m. — 1er arrondissement, quartier de la Place-Vendôme.

En 1635, sous le règne de Louis XIII, on éleva un rempart depuis la porte Saint-Honoré jusqu'à la rue Saint-Denis. Le chemin qui bordait une partie de ce rempart fut nommé d'abord rue *Chevilli*, en raison d'un hôtel ainsi appelé. Plus tard c'était la rue *Basse-du-Rempart* ou du *Chemin-du-Rempart*. Un arrêt du conseil du 7 août 1714, ordonna qu'on n'élèverait des constructions qu'à trente toises de distance de ce rempart. On voulait alors réserver ce terrain pour le passage des voitures et empêcher que les cours ou boulevarts ne fussent dégradés. En 1720, ces mêmes défenses furent renouvelées. Un arrêt du 4 décembre de la même année prescrivit la suppression de ce chemin du rempart, depuis la Ville-l'Évêque jusqu'à la chaussée de Gaillon. De puissantes oppositions firent abandonner ce projet dont nous devons regretter aujourd'hui l'inexécution. En 1775, de jolies constructions commencèrent à s'élever dans la rue Basse-du-Rempart. — Une décision ministérielle à la date du 6 pluviôse an XI, signée Chaptal, a fixé la largeur de cette voie publique à 7 m. 50 c. à partir du mur de soutènement du boulevart. Les maisons ci-après ne sont pas soumises à retranchement : n°s 10, 16, 24, 34, 40, de 48 à 54 inclus, et de 64 à la fin. — Égout et conduite d'eau dans une partie. — Éclairage au gaz (comp° Anglaise).

REMPART (RUE DU).

Commence à la rue Saint-Honoré, n°s 228 et 230; finit à la rue de Richelieu, n°s 3 et 7. Le dernier impair est 11; le dernier pair, 6. Sa longueur est de 43 m. — 2e arrondissement, quartier du Palais-Royal.

Cette voie publique fut construite sur l'emplacement d'une partie du *rempart* achevé en 1383, et dont elle prit le nom. En 1636, elle s'appelait rue *Champin*; en 1652, on lui rendit la dénomination du *Rempart* qu'elle n'a plus quittée. — Une décision ministérielle du 3 frimaire an X, signée Chaptal, fixa la moindre largeur de la rue du Rempart à 7 m. Cette moindre largeur est portée à 10 m., en vertu d'une ordonnance royale du 4 octobre 1826. Maison n° 1, retranch. réduit 4 m. 80 c.; de 3 à 11 inclus, ret. 3 m. à 3 m. 30 c.; maison portant le n° 7 sur la rue de Richelieu, ret. 6 m. 70 c.; n° 2, ret. réduit 5 m. 60 c.; 4 et 6, alignées. — Conduite d'eau depuis la rue Saint-Honoré jusqu'à la borne-fontaine. — Éclairage au gaz (comp° Anglaise).

— REN —

RENARD (PASSAGE DU).

Commence à la rue Saint-Denis, n° 257; finit à la rue du Renard, n° 4. — 5e arrondissement, quartier Montorgueil.

Il a été formé en 1815, sur l'emplacement d'un ancien roulage.

RENARD-SAINT-MERRI (RUE DU).

Commence à la rue de la Verrerie, n°s 60 et 62; finit à la rue Neuve-Saint-Merri, n°s 15 et 21. Le dernier impair est 11; le dernier pair, 6. Sa longueur est de 126 m. — 7e arrondissement, quartier Sainte-Avoie.

C'était anciennement la cour Robert. Jaillot prétend avoir trouvé dans les archives de Saint-Merri à l'année 1185, des lettres du chapitre Notre-Dame, dans lesquelles on lui donne cette dénomination. Sur un plan manuscrit de 1512, elle est écrite *cour Robert*, autrement dite *du Renard*. Corrozet l'appelle *rue du Renard-qui-Prêche*. Ce nom, diminué aujourd'hui, lui vient d'une enseigne. — Une décision ministérielle du 13 ventôse an VII, signée François de Neufchâteau, fixa à 7 m. la largeur de cette voie publique. En vertu d'une ordonnance royale du 6 mai 1836, sa moindre largeur a été portée à 10 m. Elle a été considérablement élargie de 1837 à 1843. Toutes les constructions du côté des numéros impairs sont alignées; celles du côté opposé devront reculer de 2 m. 60 c. à 4 m. — Conduite d'eau depuis la rue de la Verrerie jusqu'à la borne-fontaine. — Éclairage au gaz (comp° Lacarrière).

RENARD-SAINT-SAUVEUR (RUE DU).

Commence à la rue Saint-Denis, n°s 255 et 257; finit à la rue des Deux-Portes, n°s 12 et 14. Le dernier impair est 11; le dernier pair, 12. Sa longueur est de 113 m. — 5e arrondissement, quartier Montorgueil.

Un rôle de taxe de 1313 mentionne cette rue pour la première fois sous le nom de *Perciée* ou *Percée*. Dans le censier de l'évêché de 1382, on voit que Robert *Renard* avait sa maison au coin de cette rue, *devant la Trinité*. — Une décision ministérielle du 13 brumaire an VIII, signée L. Bonaparte, et une ordonnance royale à la date du 21 juin 1826, ont fixé la largeur de cette voie publique à 10 m. Maison n° 1, retranch. réduit 2 m. 40 c.; 3, ret. réduit 3 m. 40 c.; 5, ret. réduit 4 m. 20 c.; 7, 9, ret. 4 m. 50 c. à 5 m. 40 c.; 11, alignée; encoignure de la rue Saint-Denis, ret. réduit 1 m. 30 c.; 2, 4, 6, alignées; de 8 à 12, redressement. — Conduite d'eau depuis la rue des Deux-Portes jusqu'aux deux bornes-fontaines. — Éclairage au gaz (comp° Française).

RENAUD-LE-FÈVRE (RUE).

Commence à la rue de la Tixéranderie, n° 85, et à la place Baudoyer, n° 3; finit à la place du Marché-Saint-Jean, n°s 1 et 2. Le dernier impair est 7; le dernier pair, 6. Sa longueur est de 26 m. — 7e arrondissement, quartier du Marché-Saint-Jean.

En 1522, c'était une ruelle qu'on désignait ainsi :

— REP —

ruelle *par où l'on va au Cimetière Saint-Jean*. Elle doit son nom actuel à un propriétaire appelé Renaud-le-Fèvre, ou le fabricant. Elle a été élargie de 2 m. en 1602. — Une décision ministérielle du 13 ventôse an VII, signée François de Neufchâteau, fixa la largeur de cette voie publique à 10 m. Cette largeur a été portée à 12 m., en vertu d'une ordonnance royale du 12 juillet 1837. Maison n° 1, retranch. réduit 3 m. 10 c.; 3, ret. réduit 2 m. 70 c.; 5, ret. réduit 2 m. 40 c.; 7, ret. réduit 2 m. 10 c.; 2, ret. réduit 2 m. 10 c.; 4, ret. réduit 2 m. 70 c.; 6, ret. réduit 3 m. 20 c. — Égout. — Éclairage au gaz (comp⁰ Lacarrière).

REPOSOIR (RUE DU PETIT-).

Commence à la rue des Vieux-Augustins, n°s 31 et 33; finit à la place des Victoires, n° 6, et à la rue des Fossés-Montmartre, n° 2. Le dernier impair est 9; le dernier pair, 6. Sa longueur est de 66 m. — 3ᵉ arrondissement, quartier du Mail.

On ne la connaissait dans le principe que sous le nom de rue *Breneuse,* c'est-à-dire *Malpropre*. Elle se prolongeait autrefois jusqu'à la rue du Mail, et la rue Vide-Gousset en faisait partie avant la construction de la place des Victoires. Dans une sentence du Châtelet, à la date du 12 juillet 1582, la rue Breneuse porte déjà la dénomination du *Petit-Reposoir,* parce que le jour de la Fête-Dieu on y élevait un reposoir. — Une décision ministérielle du 20 fructidor an XI, signée Chaptal, a fixé la largeur de cette voie publique à 9 m. Les constructions du côté des numéros impairs sont soumises à un retranchement qui varie de 1 m. à 1 m. 30 c.; celles du côté opposé devront reculer de 2 m. à 2 m. 50 c. — Éclairage au gaz (comp⁰ Française).

RÉSERVOIRS (IMPASSE DES).

Située dans la rue de Chaillot, n° 31 bis. Pas de numéro. — 1ᵉʳ arrondissement, quartier des Champs-Élysées.

Cette impasse, qui n'est point indiquée sur le plan de Verniquet, tire son nom de sa proximité des réservoirs de la pompe à feu. Il n'existe pas d'alignement arrêté pour cette impasse, qui n'est pas reconnue voie publique.

REUILLY (BARRIÈRE DE).

Située à l'extrémité de la rue du même nom.

Cette barrière, qui est décorée d'une jolie rotonde, tire son nom de l'ancien château de Reuilly, qui était vraisemblablement situé à l'endroit où la rue de Reuilly est coupée aujourd'hui par la petite rue du même nom. Cet ancien palais, dont il est encore fait mention sous le roi Jean, avait lui-même remplacé une maison de plaisance habitée par plusieurs de nos rois de la première race. C'est dans ce Versailles des Mérovingiens, probablement plus modeste que celui de Louis XIV, que Dagobert Iᵉʳ épousa Gomatrude, qu'il répudia ensuite pour contracter un nouveau mariage avec Nanthilde. — (Voir l'article *Barrières*.)

— REU —

REUILLY (CHEMIN DE RONDE DE LA BARRIÈRE DE).

Commence à la barrière de Reuilly et à la rue des Moulins; finit aux rue et barrière de Picpus. Pas de numéro. Sa longueur est de 298 m. — 8ᵉ arrondissement, quartier des Quinze-Vingts.

Voir l'article *Chemins de ronde*.

REUILLY (IMPASSE DE).

Située dans la petite rue de Reuilly, entre les n°s 13 et 15. Une seule série de numéros, dont le dernier est 11. Sa longueur est de 79 m. — 8ᵉ arrondissement, quartier des Quinze-Vingts.

Le plan de Verniquet la désigne sous le nom de *cul-de-sac Siguéri*. — Une décision ministérielle du 21 prairial an X, signée Chaptal, a fixé la largeur de cette voie publique à 10 m. Toutes les constructions sont alignées, à l'exception d'une faible partie de mur de clôture du côté gauche, qui devra reculer de 50 c. — Cette impasse n'est point pavée.

REUILLY (PETITE RUE DE).

Commence à la rue de Reuilly, n°s 30 et 32; finit à la rue de Charenton, n°s 117 et 119. Le dernier impair est 21; le dernier pair, 24. Sa longueur est de 337 m. — 8ᵉ arrondissement, quartier des Quinze-Vingts.

On l'appelait anciennement rue du *Bas-Reuilly*. (*Voyez* l'article suivant.) — Une décision ministérielle du 21 prairial an X, signée Chaptal, a fixé la largeur de cette voie publique à 10 m. Propriété n° 1, alignée; 3, retranch. 1 m. à 2 m.; 5, 7, devront avancer sur leurs vestiges actuels, de 9 m. 50 c. à 15 m.; 9, 11, devront avancer sur leurs vestiges actuels, de 1 m. 34 c. à 3 m. 50 c.; 13, alignée; 15, devra avancer sur ses vestiges actuels, de 40 c.; de 17 à la fin, alignées; 2, alignée; 4 et 6, redressement; 8, alignée; de 10 à 18 inclus, ret. qui n'excède pas 1 m. 20 c.; 20, redressement; de 22 à la fin, alignées. — Conduite d'eau depuis la rue de Reuilly jusqu'aux deux bornes-fontaines.

Au n° 12 était situé le *couvent des Filles-de-la-Trinité,* nommées *Mathurines*. En 1613, ces religieuses, qui se livraient à l'éducation des jeunes filles, s'établirent dans la rue du Faubourg-Saint-Antoine. Cinq ans après, elles s'installèrent dans la petite rue de Reuilly. Cette communauté a été supprimée en 1790.

REUILLY (RUE DE).

Commence à la rue du Faubourg-Saint-Antoine, n°s 222 et 224; finit aux chemins de ronde des barrières de Charenton et de Reuilly. Le dernier impair est 119; le dernier pair, 86. Sa longueur est de 1369 m. — 8ᵉ arrondissement, quartier des Quinze-Vingts.

Elle doit sa dénomination à l'antique palais de Reuilly (*Romiliacum*), où Dagobert, en 629, répudia sa femme Gomatrude. Ce palais était encore, en 1359, la propriété de nos rois, car nous voyons qu'à cette époque le roi Jean promit à Humbert, patriarche d'Alexandrie, de lui en faire la cession. — Une décision ministérielle du 11 ventôse an XI, signée Chaptal, a fixé la moindre largeur de la rue de Reuilly à 16 m. 50 c. Les constructions ci-après ne sont pas soumises à retranchement : de 1 à 11 inclusivement ; maison entre les nos 17 et 19 ; partie du n° 39 ; de 41 à 53, 59 ; de 77 à 97 inclusivement ; de 103 à la fin ; de 2 à 12 inclusivement, et de 24 à la fin. — Portion d'égout du côté de la rue du Faubourg-Saint-Antoine. — Conduite d'eau entre cette rue et celle Mont-Gallet.

Au n° 24 est une caserne d'infanterie qui a remplacé l'ancienne manufacture des glaces établie en 1634, sous le ministère de Colbert.

RÉUNION (PASSAGE DE LA).

Commence à la rue du Maure ; finit à la rue Saint-Martin, n° 104. — 7e arrondissement, quartier Sainte-Avoie.

Il a été formé vers 1790, et porte le nom de l'ancienne division de la Réunion, dont il faisait partie.

RIBOUTTÉ (RUE).

Commence à la rue Bleue, nos 12 et 14 ; finit à la rue Montholon, nos 9 et 11 bis. Le dernier impair est 9 ; le seul pair, 2. Sa longueur est de 61 m. — 2e arrondissement, quartier du Faubourg-Montmartre.

Autorisée et dénommée par lettres-patentes du 2 septembre 1780, cette rue a été ouverte en juin 1781, sur les terrains appartenant à MM. Lenoir, architecte, et compe. (Voyez rue *Montholon*.) — La largeur assignée à ce percement était de 30 pieds. M. Riboutté, qui lui a donné son nom, était intéressé dans les affaires de la compe Lenoir. — En vertu d'une décision ministérielle du 21 prairial an X, signée Chaptal, et d'une ordonnance royale du 23 août 1833, la largeur primitive de cette voie publique a été maintenue. Les propriétés riveraines sont alignées. — Éclairage au gaz (compe Anglaise).

RICHELIEU (PLACE DE).

Située dans la rue du même nom, entre celles Rameau, Lulli et de Louvois. Les constructions riveraines de la place dépendent de ces trois voies publiques. — 2e arrondissement, quartier Feydeau.

Cette place a été formée vers 1839, sur l'emplacement d'un édifice expiatoire destiné à rappeler le souvenir de l'assassinat du duc de Berri. La place de Richelieu est ornée d'une plantation de deux rangs d'arbres et d'une jolie fontaine dont les dessins ont été fournis par M. Visconti, architecte. — Égoût. — Conduite d'eau. — Éclairage au gaz (compe Anglaise).

RICHELIEU (RUE DE).

Commence à la rue Saint-Honoré, nos 218 et 220 ; finit aux boulevarts des Italiens, n° 1, et Montmartre, n° 28. Le dernier impair est 115 ; le dernier pair, 112. Sa longueur est de 1004 m. — 2e arrondissement : les nos de 1 à 55 et de 2 à 56 sont du quartier du Palais-Royal ; les autres nos dépendent du quartier Feydeau.

La partie de cette voie publique, située entre les rues Saint-Honoré et Feydeau, fut bâtie, en 1629, sur l'emplacement du mur d'enceinte construit sous Charles V. On lui donna d'abord le nom de *rue Royale*, puis celui de Richelieu, parce que le cardinal l'avait fait ouvrir pour servir de communication à son palais. A côté de la rue Feydeau s'élevait la porte Sainte-Anne qui fut démolie en 1701. Le roi ordonna, par son arrêt du conseil du 18 octobre 1704, que la rue de Richelieu serait prolongée jusqu'au rempart. Cette voie publique reçut, le 30 octobre 1793, le nom de *rue de la Loi*. — Une décision ministérielle du 18 pluviôse an X, signée Chaptal, fixa la largeur de cette voie publique à 10 m. Vers 1806, on lui rendit le nom de Richelieu. Une ordonnance royale du 8 mars 1839 a porté la moindre largeur de cette rue à 12 m. — Propriété n° 1, retranch. 1 m. 80 c. ; 3, alignée ; de 7 à 27, ret. 2 m. à 2 m. 20 c. ; 29, 31, alignées ; de 35 à 39, ret. 1 m. 85 à 2 m. 05 c. ; 45 bis, alignée ; du second n° 45 à 55, ret. 1 m. 80 c. à 2 m. 10 c. ; de 57 à 69, ret. 2 m. 40 c. ; partie du n° 71, ret. 2 m. 50 c. ; surplus, ret. 2 m. ; de 77 à 89, ret. 2 m. 30 c. à 2 m. 50 c. ; encoignure gauche de la rue Ménars, alignée ; 91, ret. réduit 1 m. 60 c. ; 93, ret. réduit 1 m. ; de 95 à la fin, ret. qui n'excède pas 50 c. ; de 2 à 26, redress. ; 28, 28 bis, alignées ; de 30 à 56, redress. ; de 58 à la fin, alignées. — Égout. — Conduite d'eau dans la plus grande partie. — Éclairage au gaz (compe Anglaise).

Le cardinal de Richelieu n'est pas la seule illustration que rappelle à notre souvenir cette belle voie publique. Molière, le grand Poquelin, rendit le dernier soupir dans une chambre modeste du deuxième étage de la maison qui porte aujourd'hui le n° 34.

A l'angle du boulevart des Italiens, demeurait un autre poète qui possédait la verve étincelante de Molière. Regnard, l'auteur du *Joueur*, nous fait ainsi connaître son habitation :

« Au bout de cette rue où ce grand cardinal,
» Ce prêtre conquérant, ce prélat amiral,
» Laissa pour monument une triste fontaine
» Qui fait dire au passant que cet homme, en sa haine,
» Qui du trône ébranlé soutint tout le fardeau,
» Sut répandre le sang plus largement que l'eau,
» S'élève une maison modeste et retirée
» Dont le chagrin surtout ne connaît pas l'entrée
» . . . .
» Mes voisins ont appris l'histoire de ma vie
» Dont mon valet souvent les désennuie.
» . . . .
» Demande-leur encore où loge en ce marais
» Un magistrat qu'on voit rarement au palais,
» Qui, revenant chez lui, lorsque chacun sommeille,
» Du bruit de ses chevaux bien souvent les réveille.
» Chez qui l'on voit entrer pour orner ses celliers,
» Force quartauts de vin et point de créanciers ;
» Si tu veux, cher ami, leur parler de la sorte,
» Aucun ne manquera de te montrer ma porte. »

Regnard avait acheté vers 1683 une charge de trésorier de France au bureau des finances. Il avait aussi

— RIC —

l'intendance des chasses de Dourdan. Regnard, dans sa maison de Paris citée pour sa table et sa cave, comptait parmi ses hôtes, outre l'élite des littérateurs, le prince de Conti et le grand Condé.

RICHELIEU (RUE NEUVE-DE-).

>Commence à la place Sorbonne, n° 5, et à la rue des Maçons, n° 30 ; finit à la rue de la Harpe, n°s 113 et 115. Le dernier impair est 7 ; le dernier pair, 10. Sa longueur est de 39 m. — 11e arrondissement, quartier de la Sorbonne.

Pour améliorer les abords de l'église Sorbonne, on projeta dès 1637 de former une place en face de ce monument, et de percer une rue dont l'ouverture en procurerait la vue du côté de la rue de la Harpe. On acheta en conséquence du collége de Cluny quelques maisons qui furent abattues, plus 233 m. de terrain dépendant du collège du Trésorier, et l'on aligna en 1639 la rue qu'on avait projetée. Il est dit dans une requête du principal et des boursiers du collège du Trésorier, que, par contrat du 11 mai 1639, ces derniers se sont obligés de construire des maisons des deux côtés de la rue nouvelle. Cette voie publique, ouverte sur une largeur de 11 m. 30 c., reçut la dénomination de Richelieu, en l'honneur du cardinal de Richelieu qui fit reconstruire à cette époque les bâtiments et l'église Sorbonne. Cette rue a été quelquefois désignée sous les noms des Trésoriers et Sorbonne. En 1793, elle prit le nom de *Chalier,* fougueux révolutionnaire, décapité à Lyon. — Une décision ministérielle du 8 nivôse an XIII, signée Champagny, a maintenu sa largeur primitive. On lui rendit, en 1806, son premier nom. Les propriétés riveraines sont alignées. — Éclairage au gaz (compe Parisienne).

Le *collège du Trésorier* était situé dans cette rue, au n° 8. Il fut fondé en 1268 par Guillaume de Saône, *trésorier* de l'église de Rouen, en faveur de 24 boursiers, savoir 12 étudiants en théologie et 12 dans les arts. Ce collège ne comptait plus que quatre boursiers, lorsqu'il fut réuni à l'Université, en exécution des lettres-patentes du 21 novembre 1763. Les bâtiments qui contenaient en superficie 704 m. devinrent propriétés nationales et furent vendus par le domaine de l'État, le 18 octobre 1806.

RICHEPANCE (RUE).

>Commence à la rue Saint-Honoré, n°s 404 et 408 ; finit à la rue Duphot, n°s 21 et 23. Le dernier impair est 9 ; le dernier pair, 10. Sa longueur est de 113 m. — 1er arrondissement, quartier de la Place-Vendôme.

Elle a été percée en 1807 sur une partie de l'emplacement du couvent des religieuses de la Conception. (Voyez l'article de la rue *Duphot.*) Sa largeur est fixée à 12 m. 50 c., en vertu d'une ordonnance royale du 24 août 1833. Les constructions riveraines sont alignées, à l'exception de celles qui sont situées aux encoignures de la rue Saint-Honoré. L'encoignure du côté des numéros impairs, retranch. de 40 c. à 2 m. 20 c.;

— RIC —

l'autre encoignure devra reculer de 1 m. 10 c. à 3 m. 05 c. — Éclairage au gaz (compe Anglaise).

Le général *Richepance* naquit en 1770, et mourut à la Guadeloupe en 1802.

RICHER (RUE).

>Commence à la rue du Faubourg-Poissonnière, n°s 23 et 25; finit aux rues du Faubourg-Montmartre et Cadet, n° 2. Le dernier impair est 33; le dernier pair, 46. Sa longueur est de 388 m. — 2e arrondissement, quartier du faubourg Montmartre.

C'était autrefois la *ruelle de l'Égout.* — « Louis, etc. » Nous ordonnons ce qui suit : Art. 1er. La ruelle dite » de l'Égout, dans la partie située entre la rue du Faubourg-Poissonnière et celle du Faubourg-Montmartre » dont la largeur est de 8 pieds, sera élargie et portée » à la largeur de 36 pieds. Voulons que ladite rue soit » appelée rue Richer, etc. — Art. 4e. Les propriétaires » des terrains et marais situés au nord de ladite rue » Richer, seront indemnisés chacun en droit soi, des » quantités de toises qu'ils seront obligés de céder et » délaisser pour la voie publique, suivant l'estimation » qui en sera convenue de gré à gré entre les prévôt » des marchands et échevins de notre bonne ville de » Paris, et chacun des propriétaires, si mieux n'aiment » suivant l'évaluation qui en sera faite par le maître » général des bâtiments, et par l'arbitre choisi par chacun desdits propriétaires, et, en cas de diversité d'avis, par le tiers-arbitre dont ils conviendront ou qui » sera nommé d'office par la grand'chambre de notre » parlement, sur la requête de notre procureur général. » — Art. 5e. Les propriétaires des établissements et » maisons situés au midi de ladite rue Richer, se trouvant par l'alignement donné, exempts de souffrir aucun retranchement sur leurs propriétés, lesquelles » accroîtront de valeur à raison de la formation de la » rue Richer, seront tenus de contribuer pour moitié » de l'indemnité qui sera due aux propriétaires des » terrains situés au nord de la d. rue, etc. Donné à Versailles le 9e jour de mars, l'an de grâce 1782 et de » notre règne le 8e. Signé Louis. » — Ces lettres-patentes reçurent un commencement d'exécution ; cependant, en 1784, on reconnut que la disposition du tracé fixé par les lettres-patentes ci-dessus, présentait plusieurs inconvénients et qu'on pouvait réduire à 30 pieds la largeur de cette rue. En conséquence, des lettres-patentes à la date du 27 février de cette année fixèrent à 30 pieds la largeur de la rue Richer, et adoptèrent un alignement qui avait l'avantage de faire correspondre d'une manière satisfaisante les débouchés de cette rue avec ceux des rues des Petites-Écuries et de Provence. Ces nouveaux alignements furent tracés définitivement le 29 avril 1785. — Une décision ministérielle du 15 thermidor an XI, signée Chaptal, et une ordonnance royale à la date du 23 août 1833, ont maintenu la largeur de 30 pieds. Les propriétés riveraines sont alignées. — L'égout de ceinture passe sous cette rue. — Conduite d'eau. — Éclairage au gaz (comp^e Anglaise).

Jean-Charles *Richer*, écuyer, avocat en parlement, conseiller du roi, expéditionnaire de cour de Rome et des légations, fut quartinier et échevin de la ville de Paris, depuis 1780 jusqu'en 1782.

RIVERIN (CITÉ).

Située dans la rue de Bondy, n° 70. — 5e arrondissement, quartier de la Porte-Saint-Martin.

Elle a été construite en 1829 par M. Riverin, mécanicien.

RIVOLI (PLACE DE).

Située dans la rue du même nom, entre les n°s 16 et 18. Le dernier impair est 3; le dernier pair, 4. — 1er arrondissement, quartier des Tuileries.

« Paris, le 17 vendémiaire an X de la république. » — Les Consuls de la république arrêtent : Les bâti» ments du pavillon de Médicis, les écuries dites de » Monseigneur et les maisons des pages seront vendus » pour être détruits. Il sera formé une *Place* en face » l'entrée du jardin. Les terrains environnant cette » place seront vendus à la charge par les acquéreurs » de construire sur les plans et façades donnés par » l'architecte du gouvernement. Le premier consul, » signé Bonaparte. » (Extrait). — La largeur de cette place est de 42 m. — Éclairage au gaz (comp^e Anglaise).

Le nom de *Rivoli* assigné à cette voie publique, consacre le souvenir de la bataille gagnée par les Français sur les Autrichiens, le 14 janvier 1797.

RIVOLI (RUE DE).

Commence à la rue Rohan; finit à la rue de Saint-Florentin, n° 2. Pas de numéro impair; ce côté est bordé par le palais et le jardin des Tuileries; le dernier pair est 58. Sa longueur est de 950 m. — 1er arrondissement, quartier des Tuileries.

Cette voie publique a été ouverte sur l'emplacement de l'ancienne cour des écuries du roi, sur la cour du manège et sur une partie des couvents des Feuillants, des Capucins et de l'Assomption. Nous avons parlé de cette dernière communauté religieuse à l'article de l'église de l'Assomption. L'origine du couvent des Capucins a été rappelée à la rue du Mont-Thabor. Nous n'avons plus à nous occuper ici que du couvent des *Feuillants*. C'était une congrégation particulière de religieux réformés de l'ordre de Citeaux, qui tirait son nom de l'abbaye des Feuillants en Languedoc, diocèse de Rieux. Jean de la Barrière, abbé des Feuillants, auteur de cette réforme, s'était acquis une si haute réputation d'éloquence et de sainteté, que le roi Henri III voulut l'avoir auprès de lui. Ce prédicateur refusa d'abord de rester à Paris. Enfin, en 1587, il accéda au désir du roi, et le 9 juillet cet abbé fit une entrée solennelle dans la capitale, à la tête de 62 religieux chantant l'office. Henri III les reçut à Vincennes. Le couvent qu'on leur destinait n'étant point encore achevé, ils habitèrent deux mois le prieuré de l'ordre de Grandmont, au bois de Vincennes. La règle des Feuillants était d'une rigueur excessive. Les premiers de ces religieux marchaient nu-pieds et la tête découverte; ils mangeaient à genoux du pain le plus grossier ou quelques herbes cuites ou crues et buvaient de l'eau dans des crânes humains. En une semaine il mourut quatorze de ces Feuillants, et leur règle fut adoucie. Cette nouvelle congrégation fut approuvée par le pape Sixte V, et érigée en titre par une bulle du 3 novembre 1587, sous le nom de *Congrégation de Notre-Dame des Feuillants*. Henri IV posa en 1601 la première pierre de l'église, qui fut achevée en 1608. Le portail du monastère fut construit en 1673. Cette communauté religieuse, supprimée en 1790, devint propriété nationale et servit aux séances du club dit des Feuillants.

« Paris, le 17 vendémiaire an X de la république. » — Les Consuls de la république arrêtent :..... Art. 4e. Il sera percé une rue dans toute la longueur du passage du Manège jusqu'à celle Saint-Florentin. Les bâtiments qui se trouvent dans son alignement seront vendus avec charge aux acquéreurs de bâtir sur les plans et façades donnés par l'architecte du gouvernement. Le premier consul, signé Bonaparte. »

« Paris, le 1er floréal, l'an X de la république. — Les Consuls de la république arrêtent : Article 1er. Les terrains appartenant à la république, situés dans le cul-de-sac du Manège, longeant la terrasse des Feuillants, tous les terrains occupés par les Feuillants, les Capucins et l'Assomption, seront mis en vente. — Art. 2e. Le plan annexé au présent arrêté sera suivi et exécuté dans toutes ses parties et servira de base pour dresser le cahier des charges, etc.... — Art. 7e. Tous les fonds provenant des ventes ordonnées par le présent arrêté seront versés dans la caisse du trésorier du gouvernement, à la charge de pourvoir à toutes les dépenses que nécessiteront ces travaux. Le ministre des finances et le gouverneur du palais sont chargés de l'exécution du présent arrêté. Le premier consul, signé Bonaparte. » — En vertu de cet arrêté, un plan fut dressé le 2 frimaire an XI, par MM. Percier et Fontaine, architectes du palais, et les couvents des Feuillants, des Capucins et de l'Assomption furent mis en vente. La largeur de la rue de Rivoli fut fixée à 20 m. 85 c. Les conditions ci-après furent insérées dans chaque contrat d'aliénation : « Article 1er. De bâtir les façades en pierre d'après les plans et dessins des architectes du palais, approuvés par le gouvernement. — Art. 2e. De daller en pierre dure le sol de la galerie. — Art. 3e. De paver la rue dans la largeur vis-à-vis chaque division de terrain, conformément aux règlements établis à ce sujet. — Art. 4e. Les maisons ou boutiques qui seront construites sur ce lot ne pourront être occupées par des artisans et ouvriers travaillant du marteau. — Art. 5e. Elles ne pourront non plus être occupées par des bouchers, charcutiers, pâtissiers, boulangers, ni autres

— RIV —

artisans dont l'état nécessite l'usage d'un four. — Art. 6e. Il ne sera mis aucune peinture, écriteau ou enseigne indicative de la profession de celui qui occupera sur les façades ou portiques des arcades qui décoreront le devant des maisons sur la dite rue projetée. »
— « Paris, le 30 pluviôse an XII. — Au nom du peuple français, Bonaparte, premier consul, proclame loi de la république le décret suivant, rendu par le Corps Législatif, le 30 pluviôse an XII, conformément à la proposition faite par le gouvernement, le 23 dudit mois, communiquée au Tribunal le même jour.
» *Décret.* — Article 1er. Le gouvernement est autorisé à concéder aux propriétaires limitrophes, les portions de terrains qui resteront disponibles après le percement de la rue parallèle à celle de Saint-Florentin et qui longe les derrières de l'hôtel de l'Infantado, ainsi que les portions qui s'étendent depuis le palais du troisième consul, jusqu'à la rue de la Convention, ensemble les terrains qui se trouvent contigus et dans l'alignement de la propriété du citoyen Boivin. — Art. 2e. Le prix de ces concessions sera fixé d'après une estimation rigoureuse, et le montant en sera acquitté en trois paiements égaux, savoir : le premier, dans le mois de la vente, et les deux autres de trois mois en trois mois. — Art. 3e. Les acquéreurs seront tenus d'élever à leurs frais, dans le délai de deux années, à compter du jour de la vente, les constructions désignées aux plans arrêtés par le gouvernement, sous peine de déchéance, avec perte des termes payés, ou de payer les constructions des façades que le gouvernement serait autorisé à faire. — Art. 4e. Les ventes faites et celles à effectuer des domaines nationaux situés entre la rue Saint-Florentin, la rue Neuve, la rue Saint-Honoré et la rue de l'Échelle, qui avaient été réservés par la loi du 3 nivôse an VIII, soit par enchères, soit par estimation, sont pareillement approuvées et autorisées, pour le produit en être employé jusqu'à due concurrence aux constructions et embellissements dont les plans ont été ou seront approuvés par le gouvernement, etc. »

L'aliénation des domaines nationaux provenant des trois communautés religieuses dont nous avons parlé s'opérait difficilement, le décret suivant fut promulgué pour en faciliter la vente.

— « Au palais des Tuileries, le 11 janvier 1811. Napoléon, etc. Nous avons décrété et décrétons ce qui suit : — « Article 1er. Tous les propriétaires de terrains, rue et place de Rivoli et rue Castiglione qui y construiront des maisons, seront exempts pendant *trente ans*, à raison desdites maisons, cours, jardins, appartenances et dépendances, de la contribution foncière et de celle des portes et fenêtres. Les trente ans commenceront à courir du jour de la publication du présent décret. — Art. 2e. Les dispositions de l'article précédent sont applicables aux propriétaires des maisons anciennement construites, ayant, soit leurs façades, soit leurs jardins ou dépendances sur les rues et place désignées en l'article 1er, à la charge par eux de construire

— ROC —

sur la rue de Rivoli, selon le plan arrêté, en arcades extérieures. » Les constructions furent alors commencées. — Égout. — Conduite d'eau. — Éclairage au gaz (compe Anglaise).

ROBERT (RUE JEAN-).

Commence à la rue Transnonnain, nos 35 et 37; finit à la rue Saint-Martin, nos 178 et 180. Le dernier impair est 27; le dernier pair, 28. Sa longueur est de 128 m. — 6e arrondissement, quartier Saint-Martin-des-Champs.

Bordée de constructions dès l'année 1248, cette rue faisait partie de celle des Gravilliers, dont elle portait aussi la dénomination. Au commencement du XVIIIe siècle, elle prit d'un riche propriétaire qui l'habitait, le nom de *Jean-Robert.* — Une décision ministérielle du 23 frimaire an VIII, signée Laplace, fixa la largeur de cette voie publique à 10 m. Cette largeur a été portée à 12 m., en vertu d'une ordonnance royale du 16 mai 1833. Propriétés du côté des numéros impairs, retranch. 2 m. 90 c. à 3 m. 70 c.; propriétés du côté opposé, ret. 2 m. 40 c. à 3 m. 20 c. — Éclairage au gaz (compe Lacarrière).

ROCH (ÉGLISE SAINT-).

Située dans la rue Saint-Honoré, entre les nos 296 et 298. — 2e arrondissement, quartier du Palais-Royal.

L'emplacement sur lequel cette église fut bâtie était anciennement occupé par une grande maison qu'on appelait l'hôtel Gaillon. A côté de cette propriété s'élevait une chapelle sous l'invocation de *Sainte-Suzanne,* et près de ce petit monument, à l'endroit où furent construits depuis le portail et les marches de l'église, une autre chapelle avait été bâtie dès l'année 1521, par Jean Dinocheau, marchand de bétail, et Jeanne de Laval, sa femme. Cette chapelle était connue sous le titre des *Cinq-Plaies.* La population de ce quartier compris dans la circonscription de Saint-Germain-l'Auxerrois, devint si considérable que les habitants formèrent le dessein de faire construire une église succursale de cette paroisse. Etienne Dinocheau, fourrier ordinaire du roi, et neveu du fondateur, en rendit l'exécution facile; il eut la générosité de renoncer aux droits qu'il avait sur cette chapelle, et de céder le 13 décembre 1577, un grand jardin et une place qui en dépendaient. Le 15 octobre suivant les habitants achetèrent encore la chapelle de Gaillon, dite de Sainte-Suzanne, avec ses dépendances. Sur ces divers terrains fut construite la nouvelle église d'après des dimensions bien moins grandes que celles qu'on a données au monument qui existe à présent. Les historiens de Paris ne sont pas d'accord sur l'année de la construction de cette première église. Un fait certain, c'est que la permission de l'official pour l'érection de cette succursale est du 15 août 1578. On la consacra sous l'invocation de *Saint-Roch,* en raison d'un hôpital ainsi dénommé dont Jacques Moyon, espagnol, avait commencé la construction sur une partie

— ROC —

de l'emplacement de l'église actuelle. Cet hôpital, destiné aux malades affligés des écrouelles, fut transféré au faubourg Saint-Jacques. L'église Saint-Roch resta longtemps sous la dépendance de Saint-Germain-l'Auxerrois; et suivant l'usage observé dans la hiérarchie ecclésiastique, le curé de cette paroisse en nommait le desservant. Cette dépendance cessa en 1633; à cette époque Saint-Roch fut érigée en église paroissiale, par François de Gondi, alors archevêque de Paris. La population s'augmentant de jour en jour, l'église devint bientôt trop petite. Les marguilliers achetèrent la totalité du terrain qui dépendait de l'ancien hôtel Gaillon, et la nouvelle église fut commencée au mois de mars 1653, sur les dessins de Jacques Lemercier, architecte. Louis XIV posa la première pierre du nouvel édifice dont le portail a été construit en 1736, sur les dessins de Robert de Cotte, premier architecte du roi, et continué par Jules Robert de Cotte.

Les dalles de Saint-Roch couvraient, avant 1789, les cercueils de plusieurs personnages illustres. Là reposait Maupertuis, qui de capitaine de dragons devint astronome, et mourut pieusement entre deux capucins.

A côté de la tombe de Maupertuis, on voyait celle du célèbre Lenôtre, qui dessina sous les yeux de Louis XIV les jardins des Tuileries et de Versailles, le parterre du Tibre à Fontainebleau, et l'admirable terrasse de Saint-Germain-en-Laye. En 1675, Louis-le-Grand, pour reconnaître le mérite de Lenôtre, lui accorda des lettres de noblesse et voulut lui donner des armes. « Sire, dit l'artiste habile, j'ai mes armes, et j'y tiens : » trois limaçons couronnés d'une pomme de chou; » permettez-moi d'y joindre une bêche, car je dois à » cet instrument toutes les bontés dont votre majesté » m'accable. »

En face de Lenôtre avaient été inhumés les restes de Mignard. L'élève du Primatice avait eu l'honneur de faire neuf fois le portrait de Louis XIV. A la dixième toile, le roi lui dit : « Mignard, vous me trouvez vieilli? » — « Sire, répliqua le peintre courtisan, je vois quel- » ques lauriers de plus sur le front de votre majesté. » Une semaine après, les portes de l'académie s'ouvraient à deux battants, et Mignard était reçu le même jour membre, professeur, recteur, directeur et chancelier.

Le 10 août 1821, par les soins du duc d'Orléans (Louis-Philippe), et de M. Legrand, fut placée dans l'église Saint-Roch, au-dessus d'un des bénitiers de la grande nef, à gauche en entrant, une table de marbre avec une inscription indiquant la date de la naissance et le jour de la mort du grand Corneille. Nous transcrivons ici l'acte mortuaire du prince de la tragédie : « L'an 1684, le 2 octobre, M. Pierre Corneille, écuyer, » ci-devant avocat-général à la table de marbre de » Rouen, âgé d'environ 78 ans, décédé hier, rue d'Ar- » genteuil, en cette paroisse, a été inhumé en l'église, » en présence de M. Thomas Corneille sieur de l'Isle, » demeurant rue Clos-Georgeau, en cette paroisse, et

— ROC —

» de M. Michel Bêcheur, prêtre de cette église, y de- » meurant proche. Signé Corneille et Bêcheur. »

ROCH (PASSAGE SAINT-).

Commence à la rue Saint-Honoré, n° 296; finit à la rue d'Argenteuil, n° 41. — 2e arrondissement, quartier du Palais-Royal.

On a commencé à construire ce passage en 1741, après l'achèvement du portail de l'église Saint-Roch.

ROCH (RUE NEUVE-SAINT-).

Commence à la rue Saint-Honoré, nos 298 et 300; finit à la rue Neuve-des-Petits-Champs, nos 67 et 69. Le dernier impair est 51; le dernier pair, 36. Sa longueur est de 303 m. — 2e arrondissement, quartier du Palais-Royal.

En 1490, on voyait déjà quelques constructions dans cette rue. En 1495, on l'appelait *Michaut-Riégnaut*, et *Michaut Regnaut* en 1521. Vers 1578, c'était la *rue* ou *ruelle Gaillon*, en raison de l'ancien hôtel Gaillon, dont une partie de l'emplacement est occupée par l'église Saint-Roch. Cette voie publique prit plus tard le nom de *Saint-Roch*, parce que la principale entrée de l'ancienne église se trouvait dans cette rue. La qualification de *Neuve* a été ajoutée pour la distinguer de l'autre rue du même nom dont il sera parlé à l'article suivant. Un arrêt du conseil du 11 août 1674 avait ordonné l'élargissement de cette rue. Le sieur Gervais Vermillère, chargé de l'exécution, ayant négligé de remplir les volontés de sa majesté, le roi ordonna aux prévôt des marchands et échevins de s'occuper sans délai de cette amélioration. Le nouvel arrêt du conseil rendu à cet effet porte la date du 7 janvier 1677. — Une décision ministérielle du 18 fructidor an IX, signée Chaptal, fixa la largeur de cette voie publique à 10 m. En vertu d'une ordonnance royale du 4 octobre 1826, cette largeur est portée à 11 m., pour la partie comprise entre les rues Saint-Honoré et d'Argenteuil, et à 12 m. pour le surplus. Propriété n° 1, retranch. réduit 4 m. 40 c.; 3, ret. réduit 3 m. 80 c.; 5, ret. réduit 3 m. 40 c.; 7, ret. réduit 2 m. 60 c.; 9, ret. 2 m.; 11, ret. réduit 1 m. 70 c.; 13, alignée; de 15 à 35, ret. 1 m. 20 c.; 37, ret. réduit 1 m. 60 c.; de 39 à 43, ret. 1 m. 80 c. à 2 m. 20 c.; 45, ret. réduit 2 m.; de 47 à 51, ret. 1 m. 20 c. à 1 m. 80 c.; 2, pas de ret.; 4, ret. 50 c.; 8, ret. réduit 85 c.; de 10 à 16, ret. 1 m. 10 c.; 18 et partie du n° 20, devront avancer sur leurs vestiges actuels ; surplus du n° 20, redress.; de 22 à 30 et partie du n° 32, devront avancer sur leurs vestiges, surplus du n° 32, ret. 2 m. 20 c.; 34, ret. réduit 1 m. 70 c.; 36, ret. 1 m. 60 c. — Conduite d'eau entre les rues des Orties et Neuve-des-Petits-Champs. — Éclairage au gaz (compe Anglaise).

ROCH (RUE SAINT-).

Commence à la rue Poissonnière, nos 5 et 7; finit aux rues du Gros-Chenet, n° 10, et du Sentier, n° 2. Le

— ROC —

dernier impair est 15; le dernier pair, 18. Sa longueur est de 136 m. — 3e arrondissement, quartier Montmartre.

Ouverte au commencement du XVIIe siècle, cette rue doit son nom à une statue de saint Roch. — Une décision ministérielle du 3 vendémiaire an X, signée Chaptal, fixa la largeur de cette voie publique à 6 m. En vertu d'une ordonnance royale du 4 mai 1826, cette largeur est portée à 10 m. Maison n° 1, retranch. 2 m.; 3, 5, et les deux encoignures de la rue de Mulhouse, alignées; surplus de ce côté, ret. 2 m. à 2 m. 20 c.; 2, ret. 2 m. 60 c.; 2 bis, ret. 1 m. 65 c.; de 4 à 18, ret. 2 m. 70 c.; encoignure de la rue du Sentier, alignée. — Éclairage au gaz (compe Française).

ROCHECHOUART (BARRIÈRE).

Située à l'extrémité de la rue de ce nom.

Les bâtiments qui décorent cette barrière ont été construits en 1826. (Voyez l'article *Barrières*.)

ROCHECHOUART (CHEMIN DE RONDE DE LA BARRIÈRE).

Commence aux rue et barrière Rochechouart; finit aux rue et barrière des Martyrs. Pas de numéro. Sa longueur est de 550 m. — 2e arrondissement, quartier du Faubourg-Montmartre.

(Voyez l'article *Chemins de ronde*.)

ROCHECHOUART (RUE).

Commence aux rues Coquenard, n° 2, et Montholon, n° 32; finit au chemin de ronde des barrières Rochechouart et Poissonnière. Le dernier impair est 71; le dernier pair, 70. Sa longueur est de 765 m. — 2e arrondissement, quartier du Faubourg-Montmartre.

Au commencement du XVIIIe siècle, c'était un chemin sans dénomination. Le plan publié par l'abbé de la Grive, en 1756, lui donne le nom de rue *Rochechouart*, qu'elle doit sans doute à Marguerite de Rochechouart de Montpipeau, abbesse de Montmartre, morte en 1727. — Une décision ministérielle du 21 prairial an X, signée Chaptal, a fixé la moindre largeur de cette voie publique à 11 m. Les propriétés ci-après ne sont pas soumises à retranchement : de 19 à 43, 47, 47 bis, et de 59 à la fin; de 2 à 14, 20, 34, et de 38 à la fin. Celles nos 15, 17, 45 et 30 ne sont assujetties qu'à un léger redressement. — Égout. — Conduite d'eau entre les rues Coquenard et Turgot. — Éclairage au gaz (compe Anglaise).

ROCHEFOUCAULD (RUE DE LA).

Commence à la rue Saint-Lazare, nos 50 et 54; finit à la rue Pigalle, nos 22 et 24. Le dernier impair est 29; le dernier pair, 36. Sa longueur est de 446 m. — 2e arrondissement, quartier de la Chaussée-d'Antin.

Tracée au commencement du XVIIe siècle, elle est désignée en 1739, sur le plan de Turgot, sous le nom de *ruelle de la Tour-des-Dames*. En 1790, elle prit la dénomination de rue de *La Rochefoucauld*. — Deux

— ROH —

décisions ministérielles : la première, du 12 prairial an XI, signée Chaptal; la deuxième, du 23 février 1808, signée Cretet, fixèrent la moindre largeur de cette voie publique à 8 m. En vertu d'une ordonnance royale du 1er juillet 1834, cette moindre largeur est portée à 10 m. Les propriétés de 1 à 25 inclus; encoignure gauche de la rue Notre-Dame-de-Lorette, 29; 16, 18, et de 22 à 36, sont à l'alignement; les autres propriétés devront, en général, subir un fort retranchement.

François-Alexandre-Frédéric, duc de *La Rochefoucauld-Liancourt*, naquit le 11 janvier 1747, et mourut le 27 mai 1827. On doit à cet homme de bien l'introduction de la vaccine en France.

ROCHER (RUE DU).

Commence aux rues de la Pépinière, n° 2, et Saint-Lazare, n° 148; finit à la barrière de Monceau et au chemin de ronde de la barrière de Clichy. Le dernier impair est 37; le dernier pair, 66. Sa longueur est de 840 m. — 1er arrondissement, quartier du Roule.

C'était un chemin en 1734. Le plan de Verniquet désigne cette voie publique sous le nom de rue du *Rocher*, dans la partie comprise entre les rues Saint-Lazare et de la Bienfaisance. Dans le surplus, elle est indiquée sous la dénomination de rue d'*Errancis*. — Une décision ministérielle du 29 décembre 1816, a fixé la moindre largeur de cette voie publique à 10 m. En vertu d'une ordonnance royale du 2 février 1826, que nous avons citée à l'article de la rue d'Amsterdam, les sieurs Hagerman et Mignon ont été tenus de livrer gratuitement le terrain nécessaire à l'élargissement à 12 m. de la partie de la rue du Rocher qui s'étend de la rue de la Bienfaisance à la barrière de Monceau; le tout aux conditions stipulées dans cette ordonnance. — Les constructions riveraines sont alignées, à l'exception de celles qui sont situées sur le côté des numéros impairs, à l'encoignure gauche de la rue de la Bienfaisance et des bâtiments voisins de la barrière. — Conduite d'eau depuis la rue de la Bienfaisance jusqu'aux deux bornes-fontaines. — Éclairage au gaz (compe Anglaise).

RODIER (CITÉ).

Commence à la rue de la Tour-d'Auvergne, n° 24; finit à l'avenue Trudaine, n° 3. Le dernier impair est 3; le dernier pair, 8. — 2e arrondissement, quartier du Faubourg-Montmartre.

Cette cité, qui fait le prolongement de la rue Neuve-Coquenard, a été formée en 1833. Elle doit son nom à un propriétaire riverain.

ROHAN (RUE).

Commence aux rues de Rivoli et de Chartres, n° 7; finit à la rue Saint-Honoré, nos 253 et 255. Le dernier impair est 29; le dernier pair, 32. La longueur du côté gauche est de 136 m.; celle du côté droit, de 37 m. — 1er arrondissement, quartier des Tuileries.

Ouverte sur l'emplacement de l'ancien hôpital des

— ROI —

Quinze-Vingts, en vertu des lettres-patentes du 16 décembre 1779, registrées au parlement le 31 du même mois, cette rue fut exécutée sur une largeur de 7 m. 80 c. (Voir l'article de la rue de *Beaujolais-Saint-Honoré.*) — Elle doit sa dénomination à Louis-René-Édouard de *Rohan-Guéménée*, alors cardinal, grand-aumônier de France, et en cette dernière qualité supérieur immédiat de l'hôpital royal des Quinze-Vingts. Le cardinal de Rohan, qui figura dans l'affaire du collier de la reine, était né le 23 septembre 1733, et mourut à Ettenheim le 17 février 1802. — Sous le règne de Louis XIII, les princes de Rohan avaient adopté cette devise :

« Roi ne puis,
» Duc ne daigne,
» Rohan je suis. »

Par arrêté de l'administration centrale du département de la Seine, en date du 12 thermidor an VI, cette voie publique prit le nom de *Marceau*, en mémoire de François-Séverin Desgraviers de Marceau, né à Chartres en 1769. Ce général se distingua en Vendée, fut blessé mortellement dans les défilés d'Altenkirchen, et expira le 21 septembre 1796, à l'âge de 27 ans. — Une décision ministérielle du 3 messidor an IX, signée Chaptal, porta à 10 m. la largeur de cette voie publique dont une partie du côté gauche fut démolie pour la formation de la place du Carrousel et du prolongement de la rue de Rivoli. En vertu d'un arrêté préfectoral du 27 avril 1814, elle reprit sa première dénomination. Les constructions du côté des numéros impairs devront reculer de 1 m. 70 c. à 2 m.; de 2 à 10, retranch. 1 m. 30 c.; 12, ret. réduit 1 m.; 14, ret. réduit 70 c.; 16, 18, ret. réduit 40 c.; de 20 à 24, redress.; de 26 à la fin, ret. 50 c. à 1 m. — Égout et conduite d'eau entre les rues de Rivoli et Saint-Honoré. — Éclairage au gaz (comp° Anglaise).

ROI (RUE DU JARDIN-DU-).

Commence aux rues du Fer-à-Moulin et de Poliveau, n° 26; finit aux rues Cuvier, n° 37, et Copeau. Le dernier impair est 27; le dernier pair, 16. Sa longueur est de 450 m. — 12° arrondissement : les numéros impairs et les pairs de 2 à 16 sont du quartier Saint-Marcel ; le surplus de ce côté est du quartier du Jardin-du-Roi.

Les papiers terriers de Sainte-Geneviève la nomment, en 1603, rue des *Coipeaux*, parce qu'elle traversait le territoire dit *Coipeaux*, depuis des *Coupeaux*, et en dernier lieu *Copeau*. Sa dénomination actuelle lui a été donnée en 1636, époque de la formation du Jardin-du-Roi. — Une décision ministérielle du 20 fructidor an XI, signée Chaptal, et une ordonnance royale du 24 avril 1837, ont fixé la moindre largeur de cette voie publique à 12 m. Les constructions ci-après ne sont pas soumises à retranchement : de 1 à 9 inclus; 19, 21, les bâtiments de la Pitié à l'encoignure de la rue d'Orléans, et les dépendances du Jardin-des-Plantes. — Égout entre la rue de Buffon et la Bièvre. — Conduite d'eau dans toute l'étendue.

ROI-DE-SICILE (RUE DU).

Commence à la rue des Ballets, n°⁸ 3 et 8; finit à la rue Vieille-du-Temple, n°⁸ 16 et 20. Le dernier impair est 47; le dernier pair, 60. Sa longueur est de 329 m. — 7° arrondissement, quartier du Marché-Saint-Jean.

Charles, comte d'Anjou, frère de saint Louis, fut couronné à Rome, en 1266, roi de Naples et de Sicile. Son hôtel situé à Paris, près de la rue Saint-Antoine, fut appelé *palais de Sicile*. Quelque temps après, on donna le même nom à la rue dans laquelle il était situé. Le palais de Sicile (aujourd'hui prison de la Force) porta successivement les noms des seigneurs qui l'habitèrent. Malgré ces changements, la rue conserva son ancienne dénomination, mais souvent abrégée ou altérée. Guillot l'indique ainsi dans le *Dit des rues de Paris*, vers l'année 1300 :

« En la rue du Temple alai
» Isnélement sans nul délai,
» En la rue au Roi-de-Sézille. »

Pendant la révolution, elle porta le nom de rue des *Droits-de-l'Homme.* — Une décision ministérielle du 23 prairial an VII, signée François de Neufchâteau, fixa la largeur de la rue du Roi-de-Sicile à 8 m. Cette largeur a été portée à 12 m., en vertu d'une ordonnance royale du 15 octobre 1830. Propriétés de 1 à 5, retranch. 3 m. 10 c. à 4 m.; 7, ret. réduit 4 m. 80 c.; encoignure gauche de la rue Pavée, ret. 5 m. 90 c.; de 13 à 35, ret. 5 m. à 6 m.; de 37 à 43, ret. 4 m. 80 c. à 5 m. 40 c.; maison à l'encoignure droite de la rue Cloche-Perce, 45 bis et 47, alignées; 2, 4, ret. 3 m. 20 c. à 4 m. 90 c.; terrain entre les n°⁸ 4 et 12, aligné; 12, ret. réduit 1 m. 60 c.; 14, ret. réduit 60 c.; 16, alignée; 18, ret. réduit 70 c.; 20, 22, alignées; 24, ret. 1 m.; 26, ret. 40 c.; 26 bis, alignée; de 28 à 36, ret. 78 c. à 1 m. 30 c.; de 40 à 52, alignées; 54, 56, ret. 1 m. 03 c. à 1 m. 32 c.; 58, 60, alignées. — Conduite d'eau dans une partie. — Éclairage au gaz (comp° Parisienne).

ROI-DORÉ (RUE DU).

Commence à la rue Saint-Louis-au-Marais, n°⁸ 59 et 61; finit à la rue Saint-Gervais, n°⁸ 4 et 8. Le dernier impair est 9; le dernier pair, 10. Sa longueur est de 59 m. — 8° arrondissement, quartier du Marais.

Elle a été ouverte en 1620. On la nomma d'abord rue *Saint-François* et *Françoise*, ensuite rue du *Roi-Doré*, en raison d'un buste *doré* de Louis XIII placé à l'une de ses extrémités. — Une décision ministérielle du 8 ventôse an IX, signée Chaptal, fixa la largeur de cette voie publique à 8 m. Cette largeur a été portée à 10 m., en vertu d'une ordonnance royale du 16 mai 1833. Les constructions du côté des numéros pairs sont alignées; celles du côté opposé devront subir un retranchement de 2 m. 50 c. — Éclairage au gaz (comp° Lacarrière).

ROLLIN (COLLÉGE).

Situé rue des Postes, n° 34. — 12e arrondissement, quartier de l'Observatoire.

Il occupe l'emplacement de la *communauté dite de la Présentation Notre-Dame* ou *des Bénédictines-Mitigées*.

La dame Marie Courtin, veuve du sieur Billard de Carrouge, voulant favoriser sa nièce, religieuse du couvent des Bénédictines-Mitigées d'Arcisse, résolut de fonder à Paris une maison du même ordre dont cette parente serait prieure perpétuelle. Elle proposa en conséquence à plusieurs religieuses de se joindre à cette nièce, nommée Catherine Bachelier, à laquelle la dame Courtin fit en raison de cette réunion, une donation entrevifs de 900 livres de rente. Le contrat fut passé en 1649, et Jean-François de Gondi, archevêque de Paris, permit à ces religieuses de s'établir dans une maison qu'elles avaient louée dans la rue des Postes, sous la condition qu'après la mort de sœur Bachelier, leur prieure serait triennale. La division s'étant mise entr'elles, l'archevêque fut obligé d'intervenir et de permettre à la sœur Bachelier de s'établir dans un autre endroit. Elle se plaça dans la rue d'Orléans-Saint-Marcel, avec une compagne qu'elle avait amenée d'Arcisse. Grâce aux libéralités de madame de Carrouge qui avait bien voulu élever jusqu'à la somme de 2,000 livres la rente qu'elle avait accordée, sa nièce se vit en état de demander la confirmation de son établissement; ce qui lui fut accordé par lettres-patentes de 1656. Cette communauté s'augmenta rapidement, le local qu'elle occupait se trouvant trop étroit, elle acheta, en 1671, une maison et un jardin dans la rue des Postes. Cette propriété fut cédée par M. Olivier, greffier civil et criminel de la cour des aides, moyennant une rente de 615 fr., et sous la condition qu'on recevrait dans la communauté une jeune fille pour être religieuse de chœur, laquelle ne paierait que 200 livres de rente; il s'en réserva la nomination sa vie durant, et après lui à ses enfants seulement.

Supprimée en 1790, cette communauté religieuse dont l'emplacement contenait une superficie de 7710 mètres, devint propriété nationale et fut vendue le 11 messidor an V. Une institution de jeunes gens s'y établit bientôt sous la direction de M. Parmentier. Acquise ensuite par une association d'anciens élèves de la communauté de Sainte-Barbe, à la tête de laquelle étaient MM. Nicolle frères, cet établissement devint collége de plein exercice en 1821, sous le nom de *collége Sainte-Barbe*. En 1826, la ville de Paris, déjà propriétaire des bâtiments, acheta le droit d'exploitation, et à partir de ce moment cet établissement fut administré par un comité composé de six membres choisis par le conseil municipal dans son sein. A la révolution de juillet, pour éviter toute confusion avec une autre institution également célèbre, le nom de *collége Rollin* fut substitué à celui de collége Sainte-Barbe. Il compte 400 pensionnaires et ne reçoit pas d'externes. On reconstruit en ce moment une grande partie des bâtiments de ce collége.

Charles *Rollin*, historien et recteur de l'Université de Paris, où il naquit le 30 janvier 1661, était fils d'un coutelier, et fut reçu maître dans la même profession dès son enfance. Un bénédictin des Blancs-Manteaux, dont il servait la messe, ayant reconnu dans ce jeune homme d'heureuses dispositions, lui fit donner une bourse pour faire ses études au collége du Plessis. Successivement professeur d'humanités, de rhétorique et d'éloquence, Rollin mourut en 1741.

ROLLIN-PREND-GAGE (IMPASSE).

Située dans la rue des Lavandières-Sainte-Opportune, entre les n°s 37 et 39. Le dernier impair est 5; le dernier pair 4. Sa longueur est de 30 m. — 4e arrondissement, quartier Saint-Honoré.

Elle existait déjà en 1280. Guillot, vers l'année 1300, la nomme rue *Baudoin-Prengaie*. Le registre du parlement de l'an 1311 l'appelle *Rollin-Prend-Gaige*. Les censiers de l'évêché lui donnent encore ce nom en 1581. Elle aboutissait à cette époque à la rue des Déchargeurs. Peu de temps après elle fut fermée de ce côté. Elle doit sa dénomination à un usurier ou prêteur sur gages qui l'habitait au commencement du XIVe siècle. Par décision du 24 juin 1826, le ministre de l'intérieur a prescrit la fermeture de cette impasse. Il n'existe pas d'alignement arrêté pour l'impasse Rollin-Prend-Gage, dont la largeur n'est que de 2 m. 40 c.

ROMAIN (RUE SAINT-).

Commence à la rue de Sèvres, n°s 109 et 111; finit à la rue du Cherche-Midi, n°s 102 et 104. Le dernier impair est 17; le dernier pair, 8. Sa longueur est de 164 m. — 10e arrondissement, quartier Saint-Thomas-d'Aquin.

Cette rue, ouverte au commencement du XVIIe siècle, doit son nom à *Romain* Rodayer, prieur de l'abbaye de Saint-Germain-des-Prés; depuis, par altération, on l'appelle *Saint-Romain*. — Une décision ministérielle du 3 pluviôse an IX, signée Chaptal, a fixé la largeur de la rue Saint-Romain à 10 m. Les propriétés du côté des numéros impairs, celle n° 4 et les deux murs de clôture contigus à ce numéro, sont alignés; le surplus devra reculer de 2 m. à 2 m. 40 c. — Égout. — Conduite d'eau.

ROME (IMPASSE DE).

Située entre la rue Frépillon, n° 2, et la rue au Maire, n° 1. Le dernier numéro est 3. Sa longueur est de 18 m. — 6e arrondissement, quartier Saint-Martin-des-Champs.

La rue au Maire se prolongeait autrefois jusqu'à celle du Temple, et depuis cette rue jusqu'à celle Frépillon, on la nommait au XIVe siècle rue des Cordiers. Cette partie fut plus tard convertie en une impasse, et prit d'une enseigne le nom du *Puits-de-Rome*. Depuis 1806, on dit simplement *impasse de Rome*. Une ordonnance royale du 16 mai 1833 a fixé la largeur de cette voie publique à 10 m. Sa largeur actuelle n'est que

— ROM —

de 1 m. 70 c. environ. Les constructions du côté gauche sont soumises à un retranchement de 6 m. environ; celles du côté droit devront reculer de 2 m. 60 c. environ.

ROME (PASSAGE ET COUR DE).

Commencent à la rue des Vertus, n° 7; finissent à la rue des Gravilliers, n° 28, et à l'impasse de Rome, n° 1 bis. — 6e arrondissement, quartier Saint-Martin-des-Champs.

Ils ont été formés au commencement de ce siècle, et doivent leur nom à l'impasse de Rome.

ROME (RUE DE).

Commence à la rue de Stockolm; finit à la place d'Europe. Pas de numéro. Sa longueur est de 115 m. — 1er arrondissement, quartier du Roule.

Cette rue a été ouverte sur les terrains appartenant à MM. Jonas Hagerman et Sylvain Mignon, en vertu de l'ordonnance royale du 2 février 1826. Elle a 15 m. de largeur. Sa dénomination est celle de la capitale des états de l'Église. (Voyez rue d'*Amsterdam*.)

ROQUEPINE (RUE DE).

Commence à la rue d'Astorg, nos 19 et 21; finit à la rue de la Ville-l'Évêque, nos 48 et 50. Le dernier impair est 9; le dernier pair, 14. Sa longueur est de 111 m. — 1er arrondissement, quartier du Roule.

Autorisée par lettres-patentes du 4 mars 1774, registrées au parlement le 6 septembre 1775, cette voie publique fut ouverte en mai 1776, sur les terrains appartenant en partie à Louis d'Astorg d'Aubarède, marquis de *Roquepine*, lieutenant-général des armées du roi. La largeur de cette rue fut fixée à 30 pieds. D'autres lettres-patentes à la date du 24 juillet 1778, ordonnèrent que cette rue serait prolongée jusqu'à celle d'Anjou. Ce projet ne fut point exécuté (voyez rue d'*Astorg*). La largeur primitive de la rue de Roquepine a été portée à 10 m., en vertu d'une décision ministérielle du 1er messidor an XII, signée Chaptal, et à 12 m. par une ordonnance royale du 27 septembre 1836. Les propriétés du côté des numéros impairs et celles nos 12 et 14 sont alignées; le surplus devra reculer de 1 m. 90 c. à 2 m. 40 c. — Éclairage au gaz (compe Anglaise).

ROQUETTE (RUE DE LA).

Commence à la place de la Bastille, n° 9, et à la rue du Faubourg-Saint-Antoine, n° 1; finit au chemin de ronde de la barrière d'Aunay. Deux séries de numéros: le dernier impair jusqu'à la rue de la Folie-Regnault est 113; le dernier pair, 112 bis. Depuis cette rue jusqu'au chemin de ronde, le dernier impair est 21; le dernier pair, 14. Sa longueur est de 1,520 m. — 8e arrondissement: de 1 à 15 et de 2 à 32, quartier du Faubourg-Saint-Antoine; le surplus dépend du quartier Popincourt.

1re PARTIE *comprise entre la place de la Bastille et la rue des Murs-de-la-Roquette*. — Elle a été ouverte sur le territoire de la *Roquette*. Roquette est une plante

— ROQ —

crucifère à fleurs jaunes qui croit abondamment dans les lieux incultes. — Une décision ministérielle du 3 prairial an IX, signée Chaptal, fixa la moindre largeur de cette voie publique à 10 m.

2° PARTIE *comprise entre la rue des Murs-de-la-Roquette et celle de la Folie-Regnault*. — Une décision ministérielle du 12 décembre 1818 prescrivit la formation de cette rue sur l'emplacement du couvent des religieuses hospitalières de la Roquette. La largeur de ce percement fut fixée à 10 m.

3° PARTIE *comprise entre la rue de la Folie-Regnault et le chemin de ronde*. — Son emplacement était occupé en partie par la rue *Saint-André*, mais cette voie publique dut changer de direction pour se rattacher au prolongement dont il est parlé au paragraphe précédent.

Une ordonnance royale du 6 mai 1827 a fixé, ainsi qu'il suit, l'alignement de la partie de la rue de la Roquette qui s'étend de la rue Louis-Philippe au chemin de ronde, savoir: depuis la rue Louis-Philippe jusqu'à celle des Murs-de-la-Roquette, à 13 m., moindre largeur; depuis cette dernière jusqu'aux rues Saint-Maur et de la Muette, à 10 m.; à partir de ces dernières jusqu'à la rue de la Folie-Regnault, à 30 m., et depuis cette rue jusqu'au chemin de ronde, à 10 m. Pour le surplus de la rue de la Roquette, c'est la décision ministérielle de l'an IX qui est encore en vigueur. Suivant cette décision et l'ordonnance précitée, les propriétés ci-après ne sont pas soumises à retranchement: de 1 à 13 inclus; partie du n° 17, 19; de 41 à 55 inclus; 67, 67 bis, 67 ter; de 83 à 111, et de la rue de la Folie-Regnault au chemin de ronde; de 2 à 30 inclus; de 46 à 50 inclus; partie de 52; de 54 à 58 inclus; 78 bis; de 82 à 88 bis, 90, et de 92 au chemin de ronde. — Égout et conduite d'eau depuis la place de la Bastille jusqu'aux deux prisons. — Éclairage au gaz: entre la place et la rue Daval (compe Parisienne); surplus (compe de Belleville).

La propriété n° 51 a été longtemps habitée par Michel-Jean *Sédaine*, l'un des créateurs de l'Opéra-Comique. Ses pièces font encore la richesse de ce théâtre. Il suffira de citer *Richard-Cœur-de-Lion* et le *Déserteur*. Sédaine a donné aux Français deux charmantes comédies qui sont restées au répertoire: le *Philosophe sans le savoir* et la *Gageure imprévue*.

Couvent des Hospitalières de la Roquette. — Les Hospitalières-de-la-Charité-Notre-Dame, aidées par la duchesse de Mercœur, achetèrent, le 30 janvier 1636, une autre maison située dans le territoire de Popincourt, et connue sous le nom de la *Rochette* ou la *Roquette*. Ces religieuses y établirent un nouvel hôpital avec une chapelle dédiée à saint Joseph. Les lettres-patentes confirmant cette fondation, sont du mois d'octobre 1639. Les deux maisons de la place Royale et de la Roquette ne formaient qu'un seul établissement; mais en 1690, les religieuses de la Roquette, dont le nombre s'élevait à quatre-vingts, obtinrent de l'archevêque

— ROQ —

de Paris un décret qui ordonna leur séparation. Les religieuses de la Roquette étaient désignées sous le nom d'*Hospitalières-Saint-Joseph*, pour les distinguer des Hospitalières-de-la-Charité-Notre-Dame. Cet hôpital contenait avant la révolution dix-neuf lits destinés aux femmes vieilles et infirmes. Supprimé vers 1790, il devint plus tard propriété des hospices et fut aliéné en huit lots les 16 septembre 1817 et 8 avril 1823. Sur son emplacement ont été prolongées les rues de la Roquette et Saint-Maur.

ROQUETTE (RUE DES MURS-DE-LA-).

Commence à la rue de la Roquette, n° 110; finit à la rue de la Muette, n° 31. Pas de numéro. Sa longueur est de 326 m. — 8° arrondissement, quartier Popincourt.

Le côté gauche de cette rue était bordé *par les murs* du couvent des religieuses hospitalières de la Roquette. Elle est ainsi indiquée sur les plans de Jaillot et de Verniquet. — Une ordonnance royale du 6 mai 1827 a fixé la largeur de cette voie publique à 10 m. Les constructions du côté gauche devront reculer de 4 m. à 4 m. 40 c. ; celles du côté opposé sont à l'alignement.

La rue des Murs-de-la-Roquette, qui forme équerre, est fermée à ses deux extrémités ; elle n'est ni pavée ni éclairée.

ROSIERS (RUE DES).

Commence à la rue des Juifs, n° 21, et à l'impasse Coquerelle; finit à la rue Vieille-du-Temple, n°s 50 et 52. Le dernier impair est 35 ; le dernier pair, 48. Sa longueur est de 171 m. — 7° arrondissement, quartier du Marché-Saint-Jean.

Cette rue, presqu'entièrement bâtie en 1230, portait en 1233 le nom de rue des *Rosiers*; elle faisait un retour d'équerre et aboutissait à la rue du Roi-de-Sicile. Cette dernière partie forme aujourd'hui la rue des Juifs. — Une décision ministérielle du 13 ventôse an VII, signée François de Neufchâteau, fixa la largeur de cette voie publique à 8 m. En vertu d'une ordonnance royale du 15 octobre 1830, sa moindre largeur est portée à 11 m. Maison à l'encoignure de la rue des Juifs, retranch. réduit 3 m. 90 c. ; 3, ret. réduit 3 m. 40 c.; 5, ret. réduit 2 m. 70 c.; 7, 9, ret. réduit 1 m. 60 c. ; 11, ret. réduit 50 c.; 13, ret. réduit 1 m. 20 c.; 15, ret. réduit 2 m.; 17, ret. réduit 5 m.; 19, ret. réduit 4 m.; 21, ret. réduit 3 m. 40 c.; 23, ret. réduit 2 m. 90 c.; 25, ret. réduit 2 m. 10 c.; 27, redress.; 29, 31, alignées; 33, ret. 50 c.; 35, ret. 30 c.; 2, ret. réduit 60 c. ; 4, ret. réduit 1 m. 10 c.; 6, 8, ret. 1 m. 30 c. à 2 m.; 10, ret. réduit 2 m. 40 c.; 14, ret. réduit 3 m. 30 c.; 18, ret. réduit 4 m.; 20, ret. réduit 3 m. 90 c.; 24, ret. réduit 2 m. 80 c.; 26, ret. réduit 80 c.; de 28 à 32, redress.; 34, ret. réduit 60 c.; 36, ret. réduit 1 m. 50 c.; 38, ret. réduit 2 m. 30 c.; 42, ret. réduit 4 m. 70 c.; 44, ret. réduit 5 m. 80 c.; 46, 48, ret. 6 m. 70 c. à 7 m, 90 c, — Éclairage au gaz (comp° Lacarrière).

— ROU —

ROUEN (IMPASSE DE LA COUR DE).

Située entre les rues du Jardinet, n° 13, et de l'Éperon, n° 10. Sa longueur est de 71 m. — 11° arrondissement, quartier de l'École-de-Médecine.

Elle tire sa dénomination de sa proximité de l'hôtel de l'archevêque de *Rouen*. Henri II avait fait construire dans cette cour plusieurs grands bâtiments pour sa maîtresse Diane de Poitiers, duchesse de Valentinois. — Une décision ministérielle du 28 prairial an IX, signée Chaptal, a fixé à 7 m. la moindre largeur de cette impasse.

ROUGEMONT (RUE).

Commence au boulevart Poissonnière, n°s 14 et 22; finit à la rue Bergère, n°s 7 ter et 11. Pas encore de numéro. Sa longueur est de 114 m. — 2° arrondissement, quartier du Faubourg-Montmartre.

En 1843, on admirait encore sur le boulevart Poissonnière un magnifique jardin qui précédait un hôtel dont l'entrée était dans la rue Bergère. Cette belle propriété appartenait, en 1765, à M. Lenormant de Mézière, qui avait fait construire les bâtiments vers 1754. Cet immeuble fut possédé successivement par MM. Marquet de Peyre, fermier-général, de Boulainvilliers et de Cavanac. En 1807, M. Rougemont de Lowenberg en fit l'acquisition. Après la mort de ce dernier, ses héritiers conçurent le projet d'ouvrir une rue sur l'emplacement de cette propriété.

Une ordonnance royale du 31 janvier 1844, porte : « Article 1er. Les héritiers Rougemont de Lowenberg sont autorisés à ouvrir sur des terrains qui leur appartiennent une rue de 13 m. de largeur, etc… La présente autorisation leur est accordée à la charge par eux de céder gratuitement à la Ville le sol de la voie nouvelle et de se conformer, en outre, à toutes les conditions énoncées tant dans la délibération du conseil municipal, en date du 23 avril 1843, que dans l'avis du conseil des bâtiments civils en date du 31 juillet de la même année, etc. »

Les principales conditions imposées par le conseil municipal aux héritiers Rougemont, sont celles ci-après : « de faire établir à leurs frais le premier pavage de la d. rue en chaussée bombée et en pavés durs d'échantillon ; de supporter les frais de relevé à bout de ce pavage, ceux d'établissement des bornes-fontaines nécessaires au lavage des ruisseaux, même dans le cas où le sommet des pentes exigerait qu'elles fussent posées dans les rues voisines; de supporter pareillement les frais d'établissement, depuis la conduite la plus voisine, des tuyaux nécessaires à l'alimentation de ces bornes-fontaines et à la distribution des eaux dans toute la longueur de la rue ; de faire établir les embranchements et les bouches d'égout indispensables pour l'absorption des eaux de la nouvelle rue; les d. travaux de pavage, de bornes-fontaines, de tuyaux et d'égouts devront être exécutés sous la direction des

— ROU —

ingénieurs, conformément aux plans et dans les dimensions qui seront arrêtées par l'administration ; de supporter les frais d'établissement et de pose du matériel pour l'éclairage au gaz ; de faire de chaque côté de la nouvelle rue des trottoirs en granit avec ruisseaux refouillés dans les bordures, suivant le plan qui en sera arrêté par l'administration ; d'assurer à toujours, par les soins d'un cantonnier, le balayage de la chaussée, des trottoirs et des ruisseaux aux frais des propriétaires riverains et conformément aux prescriptions de la police. »

Les autres conditions se rattachent au mode des constructions à établir dans la nouvelle rue.

Ce percement, immédiatement exécuté, a reçu, en vertu d'une décision ministérielle du 21 juin 1844, le nom de rue *Rougemont*.

M. Rougemont de Lowenberg, Neufchâtellois, banquier à Paris pendant plus de 50 ans, est mort le 5 août 1839.

ROULE (ABATTOIR DU).

Circonscrit par les avenues de Munich, de Plaisance, les rues de la Bienfaisance et de Miroménil. — 1er arrondissement, quartier du Roule.

Cet abattoir, qui a été construit sous la direction de M. Petit-Radel, architecte, et dont la première pierre a été posée le 10 avril 1810, occupe une superficie de 23,000 m. Dans l'ouvrage que nous avons cité à l'article *Abattoirs*, M. Bruyère s'exprime ainsi sur cet établissement : « L'abattoir du Roule, placé sur un terrain en pente, a exigé une forte coupure dont les déblais ont servi à niveler le sol, et à former une esplanade en avant de l'entrée. On y parvient par une belle avenue, et des plantations faites au pourtour l'isoleront des habitations dont il pourra être environné par la suite. Des voûtes adossées à la montagne soutiennent les terres, servent de remises et d'écuries, et offrent dans leurs parties supérieures une terrasse spacieuse plantée d'arbres. Ces avantages particuliers lui donnent un aspect plus agréable qu'on ne l'attendait d'un édifice de cette espèce. » (Voir l'article *Abattoirs*.)

ROULE (BARRIÈRE DU).

Située à l'extrémité de la rue du Faubourg-du-Roule.

Cette barrière consiste en un bâtiment décoré de quatre avant-corps, avec couronnement et dôme. Elle renferme dans Paris, depuis 1780, l'ancien village du Roule, dont elle a pris le nom et qui avait été érigé en faubourg, en vertu des lettres-patentes du 12 février 1722. Ce village était, selon l'opinion d'un grand nombre de savants, le *Crioilum* dont il est parlé dans la vie de saint Éloi. Des actes du XIIIe siècle nomment ce hameau *Rolus*, *Rotulus*, dont on a fait *Rolle*, et en dernier lieu *Roule*. (Voir l'article *Barrières*.)

ROULE (CHEMIN DE RONDE DE LA BARRIÈRE DU).

Commence à la rue du Faubourg-du-Roule et à la barrière du Roule ; finit à l'avenue des Champs-Élysées

— ROU —

et à la barrière de l'Étoile. Pas de numéro. Sa longueur est de 488 m. — 1er arrondissement, quartier des Champs-Élysées.

La partie circulaire de ce chemin est indiquée sur le plan de Verniquet. Le surplus n'était point ouvert en 1789. On n'a commencé à y bâtir qu'en 1837. (Voir l'article *Chemins de ronde*.)

ROULE (RUE DU).

Commence aux rues des Fossés-Saint-Germain-l'Auxerrois, n° 4, et Béthisy, n° 20 ; finit à la rue Saint-Honoré, n°s 77 et 79. Le dernier impair est 23 ; le dernier pair, 22. Sa longueur est de 116 m. — 4e arrondissement, quartier Saint-Honoré.

Arrêt du conseil-d'état du roi. — « Sur ce qui auroit
» été représenté au roi en son conseil par les prévôt
» des marchands et échevins de sa bonne ville de Pa-
» ris, que quelques entrepreneurs de maisons à Paris
» ayant fait l'acquisition de l'hôtel du sieur Président
» des Maisons, rue Béthisy, où étoit ci-devant la
» douane, y désireroient *faire ouverture d'une nou-*
» *velle rue en face de la rue des Prouvaires, rue Saint-*
» *Honoré, qui conduiroit à travers de la rue de la*
» *Monnaie au bout du Pont-Neuf*, et par ce moyen
» donneroit une très grande et facile communication du
» quartier Saint-Eustache au faubourg Saint-Germain,
» ce qui ne seroit pas seulement une belle décoration
» pour la ville, mais une très grande commodité pour le
» public, etc. Le roi étant en son conseil a ordonné et
» ordonne que la dite nouvelle rue soit ouverte suivant
» le plan (qui fixait la largeur à 5 toises), etc... Fait
» au conseil-d'état du roi le dernier janvier 1689. » —
Ce percement si utile ne tarda pas être exécuté. On lui donna le nom de rue du *Roule*, en raison de l'ancien fief du Roule. Le chef-lieu de ce fief était situé à l'encoignure des rues du Roule et des Fossés-Saint-Germain-l'Auxerrois. — Une décision ministérielle du 20 mai 1817 fixa la largeur de la rue du Roule à 11 m. En vertu d'une ordonnance royale du 15 janvier 1844, cette largeur est portée à 13 m. Propriétés du côté des numéros impairs, retranch. 1 m. 90 c. à 2 m. 30 c. ; propriétés du côté opposé, ret. 1 m. 10 c. à 1 m. 60 c. — Conduite d'eau. — Éclairage au gaz (compe Anglaise).

ROULE (RUE DU FAUBOURG-DU-).

Commence aux rues d'Angoulême, n° 33, et de la Pépinière, n° 86 ; finit aux chemins de ronde des barrières du Roule et de Courcelles. Le dernier impair est 87 ; le dernier pair, 112. Sa longueur est de 1,050 m. — 1er arrondissement : les numéros impairs, quartier des Champs-Élysées ; les numéros pairs, quartier du Roule.

Des actes du XIIIe siècle indiquent un village nommé *Rolus*, *Rotulus*, dont on a fait par corruption *Rolle*, et ensuite *Roule*. Par lettres-patentes du 12 février 1722, il fut érigé en faubourg de Paris. En vertu d'une déclaration du 10 février 1765, le roi permit

— ROU —

d'établir des constructions dans la rue du Faubourg-du-Roule, depuis la rue de la Pépinière jusqu'à celle de Chaillot. — Deux décisions ministérielles, l'une du 28 messidor an V, signée Benezech, l'autre du 4 mars 1822, ont fixé la moindre largeur de la rue du Faubourg-du-Roule à 13 m. Les maisons ci-après ne sont pas soumises à retranchement : de 1 à 21 inclus ; de 31 à 37 inclus ; de 47 à 55 inclus ; partie de 57, 59 ; 63, 65, partie de 69 ; de 73 à 77 inclus ; de 83 à la fin ; 20, 22 ; de 26 à 36 inclus ; 46, 48, 48 bis ; 52, 54 ; 76 ; de 86 à la fin. — Portion d'égout du côté de la rue d'Angoulême. — Conduite d'eau depuis cette rue jusqu'aux deux bornes-fontaines situées près de l'avenue Sainte-Marie. — Éclairage au gaz (comp^e Anglaise).

ROUSSEAU (RUE JEAN-JACQUES-).

Commence à la rue Coquillière, n°s 16 et 18 ; finit à la rue Montmartre, n°s 25 et 27. Le dernier impair est 23 ; le dernier pair, 32. Sa longueur est de 197 m. — 3e arrondissement, quartier Saint-Eustache.

Cette rue, habitée dès 1283, s'appelait rue *Maverse où il y a une Plâtrière* ; ensuite rue *Plâtrière* seulement. Elle devait ce nom à une plâtrière qu'on y avait établie au commencement du XIIIe siècle. Le corps municipal, dans sa séance du 4 mai 1791, arrêta que cette voie publique prendrait le nom de rue *Jean-Jacques-Rousseau*, en mémoire de l'immortel auteur d'*Émile*, qui habita un petit appartement au 4e étage de la maison n° 2. — Une décision ministérielle du 25 ventôse an XIII, signée Champagny, fixa la largeur de cette voie publique à 10 m. Dans le courant de l'année 1816, un arrêté avait été pris par l'administration pour rendre à cette rue son nom primitif de Plâtrière, mais cet arrêté fut presqu'immédiatement rapporté. — En vertu d'une ordonnance royale du 23 juillet 1828, la largeur de la rue Jean-Jacques-Rousseau a été portée à 11 m. Maisons de 1 à 5, retranchement 2 m. à 2 m. 90 c. ; dépendances des Postes, ret. 70 c. à 2 m. ; de 11 à 21, ret. 60 c. à 80 c. ; 23, ret. réduit 1 m. ; 2, ret. 1 m. 50 c. ; 4, ret. 90 c. ; 4 bis, alignée ; de 6 à 10, ret. 1 m. 60 c. à 2 m. ; 12, 14, ret. 2 m. à 2 m. 30 c. ; 16, ret. 1 m. ; 18, 20, ret. 2 m. 50 c. à 2 m. 90 c. ; de 22 à la fin, ret. 2 m. 90 c. à 3 m. 40 c. — Conduite d'eau depuis la rue Coquillière jusqu'aux deux bornes-fontaines. — Éclairage au gaz (comp^{es} Française et Anglaise).

Jean-Jacques *Rousseau* naquit à Genève le 28 juin 1712, et mourut à Ermenonville le 3 juillet 1778.

Au n° 20 était située la *communauté de Sainte-Agnès*. Léonard de Lamet, curé de Saint-Eustache, avait conçu l'idée d'un établissement dont le but était de procurer aux jeunes filles pauvres de ce quartier un moyen honnête d'existence, en leur apprenant gratuitement la couture, la broderie et la tapisserie. Plusieurs dames pieuses lui donnèrent les moyens de mettre ce projet à exécution. Cette maison ne fut d'abord composée que de trois sœurs ; mais en 1681,

— ROY —

trois années après sa fondation, on y comptait déjà quinze sœurs-maîtresses qui donnaient des leçons à plus de deux cents jeunes filles. Le roi Louis XIV, convaincu des avantages que la classe indigente devait retirer d'un établissement si utile, le confirma par lettres-patentes du mois de mars 1682, registrées le 28 août 1683. La même année, l'illustre Colbert leur fit don de 500 livres de rente. La communauté de Sainte-Agnès fut supprimée en 1790 ; les bâtiments devinrent propriétés nationales et furent vendus le 23 ventôse an III.

ROUSSELET-CHAMPS-ÉLYSÉES (RUE).

Commence à l'avenue Matignon, n° 15, et à la rue Matignon, n° 1 ; finit à la rue Montaigne, n°s 22 et 24. Pas de numéro. Sa longueur est de 118 m. — 1er arrondissement, quartier des Champs-Élysées.

En 1769, on la trouve indiquée sous le nom de *ruelle Rousselet*; elle s'étendait alors jusqu'au chemin remplacé depuis par la rue du Colisée. Il n'existe pas d'alignement arrêté pour la rue Rousselet, dont la largeur actuelle est de 9 m. 80 c.

ROUSSELET-SAINT-GERMAIN (RUE).

Commence à la rue Plumet, n°s 17 et 19 ; finit à la rue de Sèvres, n°s 88 et 90. Le dernier impair est 37 ; le dernier pair, 20. Sa longueur est de 274 m. — 10e arrondissement, quartier Saint-Thomas-d'Aquin.

En 1672, c'était un chemin appelé *chemin des Vachers, aux Vaches*. En 1721, elle reçut d'un propriétaire le nom de rue *Rousselet*. — Une décision ministérielle du 3 prairial an IX, signée Chaptal, a fixé la largeur de cette voie publique à 8 m. Les maisons du côté des numéros impairs et celles n°s 8, 10, 12 et 14 ne sont pas soumises à retranchement. Le surplus devra reculer de 1 m. 10 c. à 1 m. 40 c.

ROYALE (PLACE).

Commence à la rue Royale, n°s 11 bis et 18 ; finit à la rue de la Chaussée-des-Minimes, n°s 1 et 2. Le dernier impair est 25 ; le dernier pair, 28. — 8e arrondissement, quartier du Marais.

§ Ier. — *Palais des Tournelles.* — *Marché aux Chevaux.* — *Faits historiques.*

La place Royale occupe une partie du terrain sur lequel s'élevait l'ancien palais des Tournelles. Cette demeure royale, dont nous allons rappeler l'origine, était située en face de l'hôtel Saint-Paul, et renfermait l'emplacement aujourd'hui limité par les rues des Tournelles, Neuve-Saint-Gilles, Saint-Louis, du Val-Sainte-Catherine et Saint-Antoine.

Le palais des Tournelles n'était au commencement du XIVe siècle qu'un simple hôtel que Pierre d'Orgemont, seigneur de Chantilly, chancelier de France et de Dauphiné, fit rebâtir vers 1390. Pierre d'Orgemont, évêque de Paris et fils du précédent, vendit le 16 mai 1402 cette habitation au duc de Berri, frère de

Charles V, moyennant 14,000 écus d'or. Cet hôtel appartint ensuite au roi Charles VI, et dans les registres capitulaires de Notre-Dame il est qualifié, en 1417, de *Maison royale des Tournelles*.

Charles VI, pendant sa démence, et le duc de Bedfort, régent de France pour le roi d'Angleterre, ont habité l'hôtel des Tournelles.

Bedfort comptait si bien sur la puissance anglaise, qu'il voulut faire réparer et agrandir pour son usage particulier la demeure des rois de France. A cet effet, il acheta aux religieux de Sainte-Catherine, moyennant la somme de deux cents livres, douze arpents de terre qui faisaient partie de leur culture. Mais bientôt, grâce au courage d'une jeune paysanne, Charles VII ramena sa bannière triomphante dans le palais des Tournelles.

Cette habitation était aussi riche et aussi vaste que l'hôtel Saint-Paul. Elle renfermait plusieurs corps de bâtiments avec chapelles. On y comptait douze galeries, deux parcs, sept jardins, et la distribution des appartements était semblable à celle des autres maisons royales.

On y remarquait *la chambre du conseil* dont les ornements étaient de la plus grande magnificence ; la *galerie des Courges*, ainsi nommée des courges vertes peintes sur les murailles. Cette galerie avait été élevée par l'ordre du duc de Bedfort, en 1432. Sur le comble couvert de tuiles, étaient dessinées les armes du régent et ses devises environnées de six bannières avec ses armoiries.

Le 23 août 1451 eut lieu, au palais des Tournelles, la représentation de la *danse macabre* devant le duc Charles d'Orléans. Guillemin Girost et ses compagnons, qui exécutèrent cette danse, reçurent une gratification de 4 livres 2 sols 6 deniers tournois.

Une partie de l'hôtel des Tournelles portait le nom de *logis du Roi*. La porte d'entrée était décorée d'un écusson aux armes de France, peint par Jean de Boulogne. — Louis XI y fit construire une galerie qui traversait la rue Saint-Antoine et aboutissait à l'hôtel de Madame d'Étampes.

Louis XII mourut au palais des Tournelles, le 1er janvier 1515. « Lorsque les *clocheteurs des trépassés*, dit un historien contemporain, allèrent par les rues avec les clochettes, sonnant et criant : *le bon roy Loys, le père du peuple, est mort*, ce fut une désolation dans Paris, telle qu'on n'en avoit jamais vue au trépassement d'aucun roy. »

François Ier vint rarement habiter ce manoir qu'il dédaignait, pour s'occuper de Fontainebleau et du Louvre. Son successeur Henri II y ramena les plaisirs, et le palais des Tournelles jeta son plus vif et son dernier éclat.

Chaque jour le roi se plaisait à inventer des fêtes, des tournois, des joûtes d'amour en l'honneur des dames. — A l'un de ces tournois où la cour était présente, au plus bel instant de la joie générale, sous les yeux et sous l'admiration de la belle duchesse de Valentinois, dont il portait les couleurs, le roi Henri voulut joûter avec le comte de Montgommeri, capitaine de la garde écossaise. Le choc fut si violent, qu'un des éclats de la lance du comte atteignit le visage du roi, après avoir brisé la visière de son casque. Henri fut porté sans connaissance à l'hôtel des Tournelles, où il expira le 15 juillet 1559. — A dater de cette mort, ce palais devint comme un lieu de malédiction. Mille terreurs superstitieuses assiégeaient les habitants de ce triste manoir qui fut bientôt abandonné.

Lettres-patentes pour la vente des places de l'hôtel des Tournelles et d'Angoulême.

28 janvier 1563. — « Charles, par la grâce de Dieu,
» Roy de France, à tous ceux qui ces présentes lettres
» verront, salut. — Nous avons été bien et dûment
» avertis et informez qu'en notre ville de Paris, il y a
» plusieurs places et maisons étant de notre vray et an-
» cien domaine qui de présent sont rendues inutiles et
» ruineuses dont ne tirent aucun profit et bien petit
» de commodité, et néantmoins seroient fort propres
» et utiles et convenables à bâtir et édifier plusieurs
» beaux logis et demeures fort nécessaires, pour y re-
» tirer bon nombre de peuple qui afflue de jour en
» jour et vient habiter en notre dite ville dont la plus
» part sont contraints faire maisons et bâtiments hors
» le tour et enclos d'icelle, pour n'y pouvoir plus
» trouver place à bâtir, et même notre *hôtel des Tour-*
» *nelles et d'Angoulesme* assis rue Saint-Antoine, les-
» quels, comme il est évident, tombent chacun jour
» partie après l'autre, et est impossible de les pouvoir
» réparer ni mettre en sûr état pour y habiter, sans
» y employer une si grande somme de deniers qu'il
» nous est à présent du tout impossible d'y faire four-
» nir, ayant égard à l'état de nos finances et à nos ur-
» gentes affaires ainsi pressez que chacun sait. Par
» quoy, pour éviter la totalle ruine des dits hôtels et la
» perte des matériaux des bâtiments qui y restent à pré-
» sent debout, est requis et nécessaire faire bailler et
» distribuer nos dits hôtels des Tournelles et d'Angou-
» lesmes, ainsi qu'ils se poursuivent et comportent
» avec les appartenances et dépendances par places et
» portions divisées et séparées à cens et perpétuité
» portant lods et ventes, saisines et amendes, et
» moyennant aussi quelques sommes de deniers pour
» une fois de sort principal et achat qui s'en fera dont
» nous en reviendroit de gros deniers des quels nous
» nous pourrions prévaloir et ayder en nos dites af-
» faires mêmement à édifier et construire notre châ-
» teau du Louvre et autres bâtiments que nous voulons
» être construits en notre dite ville de Paris, èsquels
» nous avons délibéré loger et non plus aux d. Tour-
» nelles, etc. — Pour ces causes et autres bonnes et
» justes considérations à ce nous mouvant, avons par
» l'avis de notre Reyne, notre très honnorée dame et
» mère, des princes de notre sang et autres seigneurs
» de notre privé conseil, dit, etc... que notre d. hôtel

» des Tournelles, ainsi qu'il se poursuit et comporte,
» appartenances et dépendances d'iceluy, soient et de-
» meurent disjoints et désunis hors de notre domaine
» et vendus et alliénez à perpétuité, et à cette fin adju-
» gez aux plus offrants et derniers enchérisseurs, etc.
» — Donné à Saint-Maur-des-Fossés, ce vingt-hui-
» tième jour de janvier, l'an de grâce 1563 et de notre
» règne le quatrième, signé Charles. » — (Archives
du royaume, section domaniale, série 9, n° 1,234.)

Ces lettres-patentes furent exécutées. Sur une partie de l'emplacement du parc des Tournelles on établit un Marché aux Chevaux, qui devint sous le règne de Henri III le théâtre d'un duel fameux. — La reine de Navarre, sœur du roi, qui partageait la haine de la reine-mère contre les Mignons dont l'*outrecuidance* était désordonnée, excita, dit-on, à dessein, une querelle qui s'éleva dans la cour du Louvre, entre Quélus, favori du roi, et Balzac d'Entragues, attaché au duc de Guise. Le 27 avril 1578, à cinq heures du matin, Quélus, accompagné de Maugiron et Livarot, attendait son adversaire au coin du Marché aux Chevaux. D'Entragues arriva bientôt suivi de Riberac et de Scomberg. Ils croisent le fer! « Maugiron et Scomberg, qui n'a-
» vaient que dix-huit ans, furent tués roides, dit
» Saint-Foix. Riberac mourut le lendemain. Livarot,
» d'un coup sur la tête, resta six semaines au lit. D'En-
» tragues ne fut que légèrement blessé. Quélus, de
» dix-neuf coups qu'il avait reçus, languit trente-trois
» jours et mourut entre les bras du roi, le 29 mai, à
» l'hôtel de Boissy, dans une chambre qu'on peut dire
» avoir été sanctifiée depuis, servant à présent de
» chœur aux filles de la Visitation Sainte-Marie. » — Henri III fit faire de magnifiques funérailles en l'honneur de ses favoris, leur éleva des tombeaux de marbre dans l'église Saint-Paul, que l'Estoile appela *le sérail des Mignons.*

§ II. — *Place Royale.*

Parmi les rois jaloux d'embellir la capitale, Henri IV doit être mis au premier rang. Le document suivant atteste également toute la sollicitude du prince pour le commerce et les manufactures.

Lettres-patentes confirmant les contrats faits à divers des terrains de la Place Royale.

Juillet 1605. — « Henry, par la grâce de Dieu, roy
» de France et de Navarre, à tous présents et advenir,
» salut. Ayant délibéré pour la commodité et l'orne-
» ment de nostre bonne ville de Paris, d'y faire une
» grande place bastye des quatre costez, la quelle puisse
» estre propre pour ayder à establir les manufactures
» des draps de soye et loger les ouvriers que nous
» voullons attirer en ce royaume, le plus qu'il se
» pourra et par mesme moyen puisse servir de prou-
» menoir aux habitans de nostre ville, les quelz sont
» fort pressez en leurs maisons à cause de la multitude
» du peuple qui y afflue de tous costez, comme aussy
» aux jours de resjouissances lorsqu'il se faict de gran-
» des assemblées et à plusieurs autres occasions qui se
» rencontrent aux quelles telles places sont du tout
» nécessaires, nous avons résolu en nostre conseil au
» quel estoient plusieurs princes, officiers de nostre
» couronne et aultres de nostre dict conseil, de desti-
» ner à cest effect le lieu à présent appelé le *Marché-
» aux-Chevaulz,* anciennement le parc des Tournelles,
» et que nous voullons estre doresnavant nommé la
» *Place Royalle,* et par leur advis avons faict marquer
» une grande place vis-à-vis du logis qui a esté basty
» depuis peu par les entrepreneurs des manufactures,
» contenant soixante-douze thoises en carré, et avons
» baillé les places qui se sont trouvées nous appartenir
» autour du dict carré et celles pour les quelles nous
» avons récompensé les particuliers à ceulz qui se sont
» présentez pour y bastir selon nostre desseing, et pour
» cest effect leur avons délaissé les dictes places comme
» il est porté par les contractz attachez soubz nostre
» contrescel, à la charge de païer par an pour chacune
» des dictes places en la recepte de nostre domaine de
» Paris, ung escu d'or sol, et en oultre de *bastir sur la
» face des dictes places chacun ung pavillon ayant la
» muraille de devant de pierre de taille et de brique,
» ouverte en arcades et des galleryes en dessoubs avec
» des boutiques pour la commodité des marchandises
» selon le plan et les ellévations qui en ont été figurées,
» tellement que les trois costez qui sont à faire pour le
» tour de la dicte place devant le dict logis des manu-
» factures soient tous bastiz d'une mesme cimettrie pour
» la décoration de nostre dicte ville,* pour le plus grand
» ornement de la quelle nous avons désir faict les mar-
» chez pour faire bastir ung pavillon à noz despens à
» l'entrée de la dicte place sur la rue que nous faisons
» percer pour y entrer par la rue Sainct-Anthoine. A
» ces causes avons par nostre présent édict perpétuel et
» irrévocable, dict, statué et ordonné, disons, statuons
» et ordonnons, voulons et nous plaist que les dictes pla-
» ces par nous vendues, ceddées, etc.... soient et de-
» meurent à perpétuité aux personnes y dénommées
» pour eulz, leurs hoirs et ayant cause, à la charge
» d'en païer par chacun an le dict escu d'or de cens,
» portant lods, vente, saisine, quand le cas y escherra,
» selon les us et coutumes de nostre dicte bonne ville,
» prévosté et vicomté de Paris, et oultre à la charge
» d'y faire les bastiments contenuz aux dictz contractz
» par les quelz nous leur avons transporté comme nous
» faisons par nostre présent édict, tous les droicts de
» propriettez des dictes places, et sans que les dicts
» pavillons estans sur la face de la dicte place Royalle
» puissent estre divisés et séparés entre cohéritiers ny
» aultres, voullant que pour la conservation des cham-
» bres respondantes sur la dicte place, les quelles pour-
» roient estre gastées par les partages et séparations,
» les dicts cohéritiers ou aultres en jouissent par indi-
» vis ou s'en donnent récompense. — Donné à Paris au
» mois de juillet, l'an de grâce mil six cent cinq, et de

» nostre règne le seiziesme; signé Henry. Signé sur le
» reply, par le roy : de Neufville, à costé visa et scellées
» sur lacz de soye rouge et verd en cire verte du grand
» scel. Enregistré, ouy le procureur général du roy à
» Paris en parlement, le cinquiesme jour d'aoust, l'an
» mil six cent cinq. Signé Voisin. » (Archives du
royaume, section judiciaire. Ordonnances de Henry IV.
3e volume, XX, fo 284).

La joie du Parisien fut bien vive, lorsqu'il vit s'élever pour remplacer des maisons tristes et malsaines, de superbes habitations, au milieu desquelles on lui avait réservé un espace ouvert à la promenade, au repos, aux doux loisirs. C'était la première fois que la royauté s'occupait avec tant de sollicitude du public.

Sous la régence de Marie de Médicis, en 1612, la place Royale fut le théâtre d'une fête donnée en réjouissance du traité de paix avec l'Espagne. — « La reine, dit M. Bazin, avait commandé au duc de Guise, au duc de Nevers et au comte de Bassompierre, d'être les tenants d'un divertissement en forme de carrousel ou tournoi; mais seulement pour courir la *quintaine* et la *bague*, sans combat d'homme à homme, dont la lice serait dans la place Royale depuis peu bâtie par Henri IV, s'en rapportant, disait-elle, à ces trois seigneurs pour surpasser tout ce que pourraient faire à Madrid les Espagnols. » Le prince de Joinville et le comte de la Châtaigneraie se joignirent aux tenants et arrêtèrent le programme du spectacle. On les appelait *Chevaliers de la Gloire*. Chargés de la garde du *Temple de la Félicité*, ils étaient prêts à combattre contre tous ceux qui tenteraient d'y pénétrer. Leur défi était signé: *Alcindor, Léontide, Alphée, Lysandre, Argant* ; le lieu indiqué, *à la place Royale de l'abrégé du monde*. Tous les grands seigneurs jeunes, alertes, se disposèrent à se ruiner pour paraître galamment à cette joyeuse solennité. On bâtit sur cette place le palais allégorique. Autour du camp gardé par des soldats, s'élevaient des échafauds dont la hauteur atteignait un premier étage. A côté de l'enceinte quatre estrades avaient été réservées pour le roi et ses sœurs, pour la reine-mère et pour les juges du camp, qui étaient le connétable et quatre maréchaux de France. Les toits des maisons étaient couverts de spectateurs. La foule entassée, se pressait tellement derrière les gardes, qu'il fallut plusieurs heures pour permettre à tous ceux qui remplissaient des rôles, de pénétrer dans l'espace réservé au tournoi. L'équipage des tenants était composé de cinq cents hommes, archers, hérauts, trompettes, estafiers, etc., plus, deux cents chevaux précédant un chariot d'armes, un rocher roulant chargé de musique et un char triomphal dans lequel étaient assises plusieurs divinités qui récitaient des pièces de poésie. Alors s'avancèrent les *Chevaliers du Soleil*, conduits par le prince de Conti sous le nom d'*Aristée*; puis les *Chevaliers du Lys*, suivant le duc de Vendôme; les deux *Amadis*, représentés par le comte d'Ayen et le baron d'Uxelles; le *Percée Français*, sous les traits de Henri de Montmorency, fils du connétable; le duc de Retz à la tête des *Chevaliers de la Fidélité*; le duc de Longueville s'annonçant *Chevalier du Phénix*; les *quatre Vents*, réduits à trois par suite de la mort du sieur de Baligny, tué en duel ; ensuite sous le nom et l'habit des *Nymphes de Diane*, apparurent quatre jeunes seigneurs qui furent depuis maréchaux de France; le marquis de Rosny; deux *Chevaliers de l'Univers*; et enfin neuf illustres *Romains*. Tous ces acteurs, parmi lesquels figuraient les descendants des plus belles familles de France, portaient des costumes éblouissants de dorures et de diamants. Chaque groupe, à son entrée, faisait le tour de l'enceinte, puis se rangeait de côté, et chaque assaillant choisissait un des tenants pour courir après lui la *quintaine* et disputer le prix. On porte à quatre-vingt mille le nombre des spectateurs réunis dans la place Royale et dans ses abords. Deux mille personnes figuraient dans les diverses troupes et plus de mille chevaux caracolaient dans l'enceinte. On vit passer plus de vingt grandes machines sans compter les géants, les éléphants, les rhinocéros et un monstre marin. Quarante-sept assaillants, chevaliers de toute espèce, *Vents*, *Nymphes* et *Romains*, s'étaient mesurés avec les cinq tenants à qui briserait avec plus d'adresse une lance sur le poteau placé au bout de la lice. Des prix évalués à 400 pistoles avaient été remportés par les vainqueurs de chaque course. Le lendemain soir, un grand feu d'artifice éclaira le palais de la Fidélité. Le troisième jour fut destiné à la course de la bague. Après trois épreuves, cinq chevaliers se trouvèrent égaux, et la partie fut remise à une autre occasion. Le soir, comme on l'avait fait la veille, la cavalcade avec son bruyant attirail, parcourut la ville à la lueur de mille flambeaux qui mirent le feu à deux maisons. Ainsi finit la fête.

Sous le ministère de Richelieu, la place Royale reçut un nouvel embellissement. Le 27 novembre 1639, le cardinal fit poser solennellement au milieu de cette place la statue équestre de Louis XIII. Cette statue était en bronze, et sur le piédestal en marbre blanc on lisait cette inscription :

« A la glorieuse et immortelle mémoire du très
» grand et très invincible Louis-le-Juste, treizième du
» nom, roi de France et de Navarre, Armand, cardi-
» nal et duc de Richelieu, son premier ministre dans
» tous ses illustres et généreux desseins, comblé d'hon-
» neurs et de bienfaits par un si bon maitre, lui a fait
» élever cette statue en témoignage de son zèle, de
» son obéissance et de sa fidélité. 1639. »

Cette statue était remarquable. Le cheval, ouvrage du célèbre Daniel Ricciarelli, disciple de Michel Ange, passait pour une œuvre merveilleusement belle.

La place Royale devint bientôt le rendez-vous de la noblesse et des plus jolies courtisanes. Là, demeurait la belle Marion-Delorme, et tout à côté se trouvait l'hôtel de Ninon de l'Enclos.

Arrêt du conseil (18 avril 1682.) — « Le roy ayant

» esté informé par les prévost des marchands et esche-
» vins de sa bonne ville de Paris, que les propriétaires
» des maisons de la *place Royalle*, auroient proposé entre
» eux de faire un fonds pour faire entourer la dicte
» place d'une grille de fer avec des ornements au lieu
» des barrières de bois dont elle est présentement envi-
» ronnée, en contribuant à ceste effect certaine somme
» pour chacun pavillon de la dicte place, et qu'ils au-
» roient ensuitte requis les dits prévost des marchands
» et eschevins de prendre la conduitte du d. ou-
» vrage, etc... Sa Majesté estant en son conseil, a per-
» mis et permet aux dits prévost des marchands et es-
» chevins, d'ordonner de la conduitte des dits ouvrages
» proposez pour l'embellissement de la dicte place
» Royale, etc., signé Boucherat, Colbert. » (Arch. du
royaume, section administrative, registre E, n° 1,812.)

On voyait sur cette grille, à deux de ses entrées, le portrait en médaillon de Louis XIV. Cette grille coûta 35,000 livres.

Arrêt du conseil (25 avril 1783.) — « Sur ce qui a
» été représenté au roy étant en son conseil par le pré-
» vôt des marchands et échevins de la ville de Paris,
» Sa Majesté a ordonné et ordonne qu'il sera planté
» une allée de deux rangs d'arbres dans l'intérieur des
» grilles de la place Royale, laquelle aura 18 pieds de
» largeur, laissant aux quatre entrées principales un
» intervalle de 12 toises pour découvrir la statue éques-
» tre de Louis XIII qui est au milieu. Fait au conseil
» d'état du roi, Sa Majesté y étant, tenu à Versailles le
» 25 avril 1783, signé Amelot. » (Arch. du royaume, section domaniale, série 9, n° 1,232.)

Mais l'ouragan révolutionnaire avait dispersé les nobles propriétaires des riches hôtels situés autour de cette place dont on allait bientôt effacer le nom.

Séance du 19 août 1792. — Huguenin, président.
« Il est arrêté que la section dite ci-devant de la place
» Royale, sera nommée à l'avenir *section des Fédérés*,
» et que la place et la rue ci-devant royales seront
» nommées *place et rue des Fédérés*. » (Extrait des registres de la commune, tome 9, page 280.)

La place Royale avait encore à subir plusieurs métamorphoses patronymiques.

Convention nationale. — Séance du jeudi 4 juillet 1793. — « Les citoyens de la section de la place des
» *Fédérés*, au nombre de 866, ont entendu pendant
» deux jours la lecture de la déclaration des droits de
» l'homme et de l'acte constitutionnel, et les ont sanc-
» tionnés par appel nominal et à l'unanimité.
» Un citoyen de cette section demande à ce qu'elle soit
» autorisée à changer son nom de place des *Fédérés* en
» celui de l'*Indivisibilité*. (On applaudit.) Cette propo-
» sition est décrétée. » (Moniteur du 6 juillet 1793.)

« Paris, le 26 fructidor an VIII de la république française une et indivisible. — Le ministre de l'intérieur au citoyen Frochot, préfet de la Seine.

» L'arrêté des consuls du 17 ventôse dernier porte : Article 1er, citoyen préfet, que le nom du département qui aura payé au 20 germinal la plus forte partie de ses contributions, sera donné à la principale place de Paris.

» Les consuls se sont fait rendre compte de l'état des contributions à cette époque ; il en résulte que les trois départements les plus avancés sont ceux de l'Arriège, du Jura et des Vosges ; mais que ce dernier l'emporte, parce qu'il ne devait rien sur l'arriéré, qu'il avait payé plus de moitié sur la contribution foncière, et qu'enfin en six mois il a payé 13/20es d'une année de contributions.

» Je vous invite en conséquence à donner le nom de *place des Vosges* à la place connue ci-devant sous le nom de place Royale, la seule dont le nom puisse être changé. Vous voudrez bien donner de la publicité à cette décision, et veiller à ce que l'inscription soit placée pour le 1er vendémiaire. Je vous salue, etc... Signé Lucien Bonaparte.»

En vertu d'un arrêté préfectoral du 27 avril 1814, la place Royale a repris sa première dénomination. — Une ordonnance royale du 14 février 1816 prescrivit le rétablissement de la statue équestre et en marbre de Louis XIII. — De nombreux embellissements exécutés depuis ont fait de la place Royale l'une des plus jolies promenades de Paris. — Égout. — Conduite d'eau. — Éclairage au gaz (compe Lacarrière).

ROYALE-DES-TUILERIES (RUE).

Commence à la place de la Concorde, nos 2 et 4 ; finit à la place de la Madeleine, nos 1 et 2. Le dernier impair est 27 ; le dernier pair, 24. Sa longueur est de 282 m. — 1er arrondissement : de 1 à 17, quartier des Champs-Élysées ; de 2 à 12, quartier des Tuileries ; le surplus dépend du quartier de la Place-Vendôme.

Cette rue a remplacé le cours ou rempart qui s'étendait jusqu'au jardin des Tuileries. Elle a été exécutée en vertu des lettres-patentes du 21 juin 1757, registrées en parlement le 6 juillet suivant. Le roi ordonna « que les façades des constructions à élever dans la nouvelle rue seraient établies d'après une architecture uniforme. » A ces lettres-patentes était annexé un plan qui assignait à cette voie publique le nom de rue *Royale*. Les alignements furent tracés conformément à un arrêt du conseil du 14 novembre 1757. Des lettres-patentes du 30 octobre 1758 maintinrent les conditions relatives à la symétrie des façades, mais ces dispositions ne furent point exécutées en ce qui concernait la partie comprise entre les rues Saint-Honoré et du Faubourg-Saint-Honoré et la place de la Madeleine. La dénomination affectée à cette rue et qui avait pour but de rendre hommage à sa majesté Louis XV, fut confirmée par un arrêt du conseil du 11 mars 1768. Vers 1792, elle prit le nom de rue de la *Révolution*; en 1795, celui de la *Concorde*. Enfin, en vertu d'un arrêté préfectoral du 27 avril 1814, son premier nom lui a été rendu. Une ordonnance royale du 2 juin 1824 fixa la largeur de cette voie publique à 43 m., depuis les rues Saint-Honoré et du Faubourg-Saint-Honoré jusqu'à la place de la Madeleine. Le 2 septembre 1826, une autre

— ROY —

ordonnance royale déclara d'utilité publique l'exécution immédiate de cet alignement qui a été réalisé de 1834 à 1838. Enfin, une ordonnance royale du 24 août 1833 a maintenu dans son état actuel la partie construite conformément aux lettres-patentes du 21 juin 1757. La moindre largeur de cette partie est de 22 m. 80 c., et sa plus grande de 29 m. — Les propriétés riveraines de la rue Royale ne sont pas soumises à retranchement. — Égout entre la rue Saint-Honoré et la place de la Madeleine. — Conduite d'eau depuis la place de la Concorde jusqu'aux deux bornes-fontaines. — Éclairage au gaz (comp^e Anglaise).

ROYALE-SAINT-ANTOINE (RUE).

Commence à la rue Saint-Antoine, n°s 171 et 173; finit à la place Royale, n°s 1 et 2 bis. Le dernier impair est 11 bis; le dernier pair, 18. Sa longueur est de 112 m. — 8e arrondissement, quartier du Marais.

Dans les lettres-patentes de juillet 1605, relatives à la construction de la place Royale, Henri IV s'exprime ainsi : « Pour le plus grand ornement de la d. place nous avons désir faict les marchez pour faire bastir ung pavillon à noz despens, à l'entrée de la dicte place *sur la rue que nous faisons percer pour y entrer par la rue Sainct-Anthoine.* » — Cette voie publique reçut en 1792, la dénomination de rue des *Vosges*. Un arrêté préfectoral du 14 avril 1814, lui a rendu son premier nom. Il n'existe pas d'alignement arrêté pour la rue Royale dont la largeur actuelle varie de 11 m. 80 c. à 14 m. 40 c. — Conduite d'eau depuis la place jusqu'à la borne-fontaine. — Éclairage au gaz (comp^e Parisienne).

ROYALE-SAINT-MARTIN (RUE).

Commence à la place de l'Ancien-Marché-Saint-Martin, n°s 15 et 18; finit à la rue Saint-Martin, n°s 202 et 208. Le dernier impair est 31; le dernier pair, 32. Sa longueur est de 192 m. — 6e arrondissement, quartier Saint-Martin-des-Champs.

Cette voie publique dans la partie voisine de la rue Saint-Martin, est formée par l'ancienne *cour du prieuré de Saint-Martin-des-Champs.* Le surplus a été ouvert en 1765, sur une partie des terrains dépendant de ce prieuré. Elle a reçu la dénomination de rue *Royale*, en l'honneur du roi Louis XV, qui ordonna l'achèvement de cette rue et la construction du marché Saint-Martin (voyez place de l'*Ancien-Marché-Saint-Martin*). — Une décision ministérielle du 3 décembre 1814, signée l'abbé de Montesquiou, et une ordonnance royale du 29 décembre 1824, ont fixé la moindre largeur de cette voie publique à 10 m. Maison n° 1, retranch. 2 m. 40 c.; de 3 à 15, ret. 90 c. à 1 m. 10 c.; 17, alignée; 19, 21, ret. 75 c.; partie du n° 23, ret. 90 c., surplus aligné; de 25 à la fin, alignées; 2, ret. 1 m. 90 c.; de 4 à 24, ret. 90 c. à 1 m. 10 c.; de 26 à 32, alignées; maison portant sur la rue Saint-Martin le n° 208, ret. 4 m. 50 c. — Conduite d'eau. — Éclairage au gaz (comp^e Lacarrière).

RUELLES (RUE DES ÉTROITES-), *voyez* (PETITE RUE D'AUSTERLITZ).

RUMFORD (RUE DE).

Commence à la rue Lavoisier; finit à la rue de la Pépinière, n°s 37 et 37 bis. Le dernier impair est 19; le dernier pair, 20. Sa longueur est de 138 m. — 1er arrondissement, quartier du Roule.

Cette rue, ouverte en 1838 sur les terrains appartenant à M. Léon de Chazelles, ne fut autorisée qu'en vertu d'une ordonnance royale du 22 janvier 1840. Sa largeur est fixée à 15 m. Par décision royale en date du 29 avril, même année, elle a reçu la dénomination de rue de *Rumford* (voyez l'article de la rue *Lavoisier*). Les propriétés riveraines sont alignées. — Conduite d'eau. — Éclairage au gaz (comp^e Anglaise).

Benjamin Tompson, *comte de Rumford*, célèbre physicien, né dans l'état de New-Hampshire, vint en 1804 à Paris, où il épousa la veuve de Lavoisier. Rumford mourut le 21 août 1814.

Août 1844.

S.

SABOT (RUE DU).

Commence à la petite rue Taranne, n°s 11 et 13; finit à la rue du Four-Saint-Germain, n°s 68 et 70. Le dernier impair est 7; le dernier pair, 10. Sa longueur est de 74 m. — 10e arrondissement, quartier de la Monnaie.

Dès le XVe siècle, on voyait en cet endroit un clos appelé le *Clos Copieuse*, et depuis de l'*Ermitage*. Ce nom de Copieuse venait d'un propriétaire. Dans le terrier de l'abbaye de Saint-Germain-des-Prés, de 1523, on lit : *Maison rue du Four faisant le coin de la rue Copieuse* où PEND LE SABOT. — Une décision ministérielle du 14 thermidor an VIII, signée L. Bonaparte, fixa la largeur de cette voie publique à 6 m. Cette largeur a été portée à 10 m., en vertu d'une ordonnance royale du 29 avril 1839. Maison n° 1, retranch. réduit 1 m. 50 c.; 3, ret. réduit 2 m. 50 c.; 5 et 7, alignées; 2, ret. réduit 3 m. 60 c.; 4, ret. réduit 3 m. 50 c.; 6, ret. réduit 2 m. 90 c.; 8, ret. 2 m.; 10, ret. réduit 1 m. 80 c. — Conduite d'eau. — Éclairage au gaz (comp^e Française).

SAINT (RUE DU DEMI-).

Commence à la rue Chilpéric, n°s 16 et 18; finit à la rue des Fossés-Saint-Germain-l'Auxerrois, n°s 39 et 41.

Pas de numéro. Sa longueur est de 41 m. — 4ᵉ arrondissement, quartier du Louvre.

En 1271, c'était la rue du *Tronc de Bernard* (*Vicus qui dicitur Truncus Bernardi*). En 1300 et 1313, on l'appelait par corruption *Trou-Bernard*. A la fin du XVᵉ siècle elle prit le nom de rue du *Demi-Saint*, en raison d'une statue de saint à demi-mutilée, qu'on avait placée à son entrée pour interdire le passage aux chevaux. Cette rue ou plutôt cette ruelle est depuis 1832 fermée par une grille à ses deux extrémités. Il n'existe pas d'alignement arrêté pour cette rue dont la largeur actuelle varie de 1 m. à 1 m. 40 c.

SAINTE-CROIX (RUE).

Commence à la rue Saint-Nicolas, nᵒˢ 42 et 44; finit à la rue Saint-Lazare, nᵒˢ 105 et 107. Le dernier impair est 17; le dernier pair 22. Sa longueur est de 167 m. — 1ᵉʳ arrondissement, quartier de la Place-Vendôme.

Cette rue, autorisée et dénommée par lettres-patentes du 9 juin 1780, a été ouverte sur les terrains appartenant à M. de *Sainte-Croix*. La largeur assignée à ce percement fut fixée à 5 toises (voyez rue *Joubert*). — Une décision ministérielle du 22 prairial an V, signée Benezech, a porté la moindre largeur de cette voie publique à 10 m. Les propriétés riveraines sont soumises à un léger redressement. — Égout. — Conduite d'eau. — Éclairage au gaz (compᵉ Anglaise).

SAINTE-MARTHE (RUE).

Commence au passage Saint-Benoît; finit à la rue Childebert, nᵒˢ 10 et 13. Le dernier impair est 9; le dernier pair, 4. Sa longueur est de 38 m. — 10ᵉ arrondissement, quartier de la Monnaie.

Le cardinal de Bissy, abbé de Saint-Germain-des-Prés, la fit ouvrir en 1715, dans l'enclos de l'abbaye. — Une décision ministérielle du 21 août 1817, et une ordonnance royale du 29 avril 1839, ont fixé la largeur de cette voie publique à 9 m. 74 c. Les constructions riveraines sont alignées, à l'exception de celle nᵒ 2, qui devra reculer de 70 c.

Denis de *Sainte-Marthe*, général des Bénédictins de la congrégation de Saint-Maur, naquit à Paris en 1650, et mourut en 1725. Ses principaux ouvrages sont l'*Histoire de Grégoire-le-Grand* et la *Vie de Cassiodore*.

SAINTONGE (RUE DE).

Commence à la rue de Bretagne, nᵒˢ 16 et 18; finit au boulevart du Temple, nᵒˢ 19 et 21. Le dernier impair est 31; le dernier pair, 44. Sa longueur est de 277 m. — 6ᵉ arrondissement, quartier du Temple.

Ouverte en 1626 sur la culture du Temple, elle tire son nom d'une de nos anciennes provinces de France. — Une décision ministérielle du 19 germinal an VIII, signée L. Bonaparte, fixa la largeur de cette voie publique à 8 m. Cette largeur a été portée à 10 m., en vertu d'une ordonnance royale du 31 mars 1835. Maisons de 1 à 15, retranch. 1 m. 30 c. à 1 m. 50 c.; 17, 19, ret. 90 c. à 1 m. 20 c.; 19 bis, alignée; 21, ret. 80 c.; 23, alignée; 25, ret. 80 c.; 27, alignée; 29, 31, ret. 80 c. à 1 m. 30 c.; de 2 à 24, ret. 90 c. à 1 m. 5 c.; 26, alignée; de 30 à 34, ret. 1 m. à 1 m. 30 c; 36, ret. réduit 1 m. 15 c.; de 38 à la fin, ret. 65 c. à 1 m. 5 c. — Éclairage au gaz (compᵉ Lacarrière).

SAINT-SABIN (IMPASSE DE).

Située dans la rue du même nom, entre les nᵒˢ 10 et 14. Pas de numéro impair; le dernier pair, 14. Sa longueur est de 297 m. — 8ᵉ arrondissement, quartier Popincourt.

Cette impasse est tracée sur le plan de Verniquet, mais sans dénomination. La rue de Saint-Sabin dans laquelle elle est située lui a donné son nom. — Une décision ministérielle signée Quinette, rendue d'après un rapport du conseil des bâtiments civils, en date du 23 floréal an VII, fixa la largeur de cette impasse à 8 m. Cette dimension est portée à 10 m., en vertu d'une ordonnance royale du 6 mai 1827. Une partie du côté gauche et presque toutes les constructions du côté opposé sont à l'alignement. Cette impasse qui n'est pas éclairée, a été prolongée sans autorisation en 1844, jusqu'à la rue Popincourt, entre les nᵒˢ 9 et 11.

SAINT-SABIN (RUE DE).

Commence aux rues Daval, nᵒ 25, et de la Roquette, nᵒ 17; finit à la rue du Chemin-Vert, nᵒˢ 2 et 4. Le dernier impair est 7; le dernier pair, 22. Sa longueur est de 382 m. — 8ᵉ arrondissement, quartier Popincourt.

C'était anciennement le *chemin de la Contrescarpe*. Des lettres-patentes du mois de mai 1777 portent ce qui suit : « Art. 8ᵉ. La partie du chemin de la Contres-
» carpe, en l'étendue cottée 4 sur le plan, sera formée
» et alignée suivant les contours qui y sont désignés,
» en supprimant les coudes les plus défectueux. La
» dite rue aura 30 pieds de largeur ; elle sera nommée
» rue de *Saint-Sabin*, et débouchera rue de la Ro-
» quette, le long du jardin de l'Arquebuse. » — Une décision ministérielle du 3 prairial an IX, signée Chaptal, et une ordonnance royale du 6 mai 1827, ont fixé la largeur de la rue de Saint-Sabin à 10 m. Cette voie publique est coupée par le canal Saint-Martin. La propriété située après le nᵒ 3, celle nᵒ 7, et toutes les constructions du côté des numéros pairs sont alignées. — Conduite d'eau depuis la rue Daval jusqu'aux deux bornes-fontaines. — Éclairage au gaz entre la rue du Chemin-Vert et le quai de Valmy (compᵉ Lacarrière).

Charles-Pierre Angelesme de *Saint-Sabin*, écuyer, avocat au parlement, fut échevin de la ville de Paris depuis 1775 jusqu'à 1777.

SALEMBRIÈRE (IMPASSE).

Située dans la rue Saint-Séverin, entre les nᵒˢ 4 et 6. Pas de numéro. Sa longueur est de 41 m. 50 c. — 11ᵉ arrondissement, quartier de la Sorbonne.

Cette impasse portait anciennement le nom de *Saille en bien*. (*Saliens in bonum*.) On la trouve ainsi

— SAL —

indiquée dans un acte du cartulaire de Sorbonne, de l'année 1239, et dans plusieurs titres postérieurs. — Une décision ministérielle du 4 octobre 1817 a fixé la largeur de cette impasse à 6 m. Les constructions du côté gauche devront reculer de 2 m. 20 c. à 3 m. Celles du côté opposé sont soumises à un retranchement qui varie de 1 m. 30 c. à 2 m. 80 c. Cette impasse est fermée par une grille.

SALLE-AU-COMTE (RUE).

Commence à la rue Saint-Magloire, n° 3 bis; finit à la rue aux Ours, n°s 37 et 39. Le dernier impair est 15; le dernier pair, 20. Sa longueur est de 112 m. — 6e arrondissement, quartier des Lombards.

Ce n'était au commencement du XIVe siècle qu'une impasse aboutissant à une des portes de l'abbaye Saint-Magloire. Le cartulaire de cette église l'énonce, en 1312, « place ou voie qui n'a point de chief, qui » vient de la rue où l'on cuit les hoës (oies), devant la » maison du comte de Dampmartin. » — Le long de cette impasse, depuis la rue aux Oues (nommée par altération aux Ours) jusqu'aux jardins de Saint-Magloire, se trouvait un hôtel qui appartenait à la fin du XIIIe siècle, au comte de Dammartin. Cette propriété passa depuis au chancelier de Marle qui fit bâtir la fontaine qui porte son nom. A peu près à cette même époque, c'est-à-dire au commencement du XVe siècle, cette impasse fut convertie en rue, et nommée rue *au Comte de Dammartin*, puis rue de la *Salle du Comte* et enfin *Salle au Comte*.

Le chancelier de Marle habitait en 1413 l'hôtel dont nous venons de parler. A cette époque, le chef de la justice, le chancelier, n'était pas regardé comme un simple ministre du roi, c'était alors le premier magistrat de la nation. Cette magistrature était élective, ainsi que le prouve le fait suivant. — Le roi Charles VI avait assemblé dans la chambre du conseil, pour l'élection d'un chancelier, le dauphin, les ducs de Berri, de Bourgogne, de Bavière et de Bar, plusieurs barons, des chevaliers et membres du parlement qui jurèrent sur l'Evangile et sur la vraie croix, de nommer celui qu'ils jugeraient le plus digne d'exercer cette importante magistrature. Arnaud de Corbie eut 18 voix ; Simon de Nanterre, président au parlement, 20; Henri de Marle, premier président, 44. La voix du roi n'était comptée que pour une. Henri de Marle fut élu le 9 août 1413. — Lors des troubles qui s'élevèrent, en 1418, entre les deux maisons de Bourgogne et d'Orléans, le chancelier prit parti pour le duc d'Orléans. Le duc de Bourgogne s'étant rendu maître de Paris, Henri de Marle fut arrêté, enfermé à la grande tour du palais, puis massacré avec son fils, le 12 juin 1418, par les partisans du duc de Bourgogne qui avaient brisé les portes de sa prison. La rue Salle-au-Comte ne rappelle plus d'autres souvenirs historiques. — Une décision ministérielle du 15 floréal an V, signée Benezech, fixa la largeur de cette voie publique à 8 m. En vertu d'une ordonnance

— SAN —

royale du 19 juillet 1840, la moindre largeur de cette voie publique est portée à 10 m. — Maisons n°s 1 et 3, retranch. 5 m. à 6 m. 20 c.; 5, ret. 1 m. 50 c. environ; 7, ret. 25 c.; 9, ret. réduit 30 c.; 11, pas de ret.; 13, ret. réduit 30 c.; 15 ret. 1 m.; 4, ret. réduit 2 m. 10 c.; 6, 8 ret. de 3 m. à 5 m. 50 c.; surplus, ret. 5 m. 10 c. à 7 m. 10 c. — Conduite d'eau depuis la rue aux Ours jusqu'aux deux bornes-fontaines. — Eclairage au gaz (compe Française.)

La rue Salle-au-Comte a été prolongée en 1843, sur l'emplacement de l'ancienne impasse Saint-Magloire, jusqu'à la rue de Rambuteau. Ce prolongement n'est point encore dénommé.

SALPÊTRIÈRE (HOPITAL DE LA), voyez VIEILLESSE-FEMMES (HOSPICE DE LA).

SANDRIÉ (IMPASSE).

Située dans le passage de ce nom. — 1er arrondissement, quartier de la Place-Vendôme.

Elle n'est pas reconnue voie publique et doit son nom à M. Sandrié, propriétaire, qui la fit construire.

SANDRIÉ (PASSAGE).

Commence à la rue Basse-du-Rempart, n° 38 ; finit à la rue Neuve-des-Mathurins, n° 29. — 1er arrondissement, quartier de la Place-Vendôme.

Ce passage a été formé en 1775. (*Voyez* l'article précédent.) — Éclairage au gaz (compe Anglaise).

SANSON (RUE).

Commence à la rue de Bondy, n°s 12 et 14; finit à la rue des Marais, n° 5. Le dernier impair est 9 ; le seul pair, 2. Sa longueur est de 93 m. — 5e arrondissement, quartier de la Porte-Saint-Martin.

« A la Muette, le 25 octobre 1782. — Louis, etc. A
» nos amés et féaux conseillers les gens tenant notre
» cour de parlement à Paris, salut. — La dame douai-
» rière de Fourcy, les sieurs Gilbert, de Caumartin, de
» la Porte, de Gaucourt, Sanson et autres particuliers
» habitants ou propriétaires de terrains en marais, si-
» tués au faubourg du Temple, nous ont fait exposer
» qu'il serait utile d'établir de nouvelles communica-
» cations du rempart à l'hôpital Saint-Louis et hauteur
» du faubourg du Temple, auxquels points on ne par-
» vient de ce côté que par la rue de Carême-Prenant,
» tellement étroite, que deux voitures ne peuvent s'y
» croiser, et qu'il serait convenable d'élargir ; que le
» débouché de la rue Saint-Nicolas dans la rue de Bondy,
» favoriserait l'ouverture de nouvelles rues pour les-
» quelles les exposants destineraient volontiers la por-
» tion nécessaire de leurs terrains et marais ; que l'une
» de ces rues serait établie et se poursuivrait jusques à
» la rue des Marais et au-delà, se diviserait ensuite en
» deux branches, dont l'une conduirait à la porte de
» l'hôpital Saint-Louis et l'autre au carrefour des rues
» du Faubourg-du-Temple et de la Fontaine-au-Roi,

— SAN —

» conformément à ce qui est figuré sur le plan qu'ils en
» ont fait dresser, et que ces nouveaux débouchés, en
» procurant des facilités pour la rentrée du peuple dans
» l'intérieur de la ville, après les promenades extérieu-
» res auxquelles il se livre les fêtes et dimanches, et en
» rendant la circulation moins tumultueuse, opéreraient
» en même temps le bien public et l'avantage des pro-
» priétaires, etc. Voulons et nous plaît ce qui suit : —
» Article 1er. Il sera établi une nouvelle rue à prendre
» du débouché de la rue Saint-Nicolas, sur la rue de
» Bondy, se dirigeant parallèlement à celle du Fau-
» bourg du Temple, à travers les jardins du sieur San-
» son jusques à la rue des Marais et au-delà, dans les
» emplacements appartenant aux sieurs Gilbert, de Cau-
» martin et consorts pour le fond, et à la dame prési-
» dente de Fourcy pour l'usufruit, jusqu'à 40 toises ou
» environ de distance de la rue de Carême-Prenant,
» auquel lieu ladite nouvelle rue se divisera en deux
» branches : l'une vers l'hôpital Saint-Louis, et l'autre
» vers le carrefour des rues du Faubourg-du-Temple
» et de la Fontaine-au-Roi, la première desquelles
» rues, depuis le rempart jusqu'à la rue des Marais,
» sera nommée rue *Sanson*, le surplus au-delà et jus-
» qu'au lieu et carrefour où elle se divisera en deux
» branches, sera nommée rue *Saint-Ange*; la branche
» du côté de l'hôpital Saint-Louis, rue *de Gaucourt*, et
» celle du carrefour de la Fontaine-au-Roi, rue *Gilbert*,
» lesquelles rues seront droites et alignées et leurs côtés
» parallèles. La largeur des dites rues sera fixée à
» 30 pieds, etc. — Art. 2e. La partie de surface en plus
» grande largeur au-delà de l'alignement de la d. rue
» Sanson, qui se trouve à son entrée du côté de la rue de
» Bondy, restera vague, pour faciliter le tournant des
» voitures à l'entrée de ladite rue et pour conserver à
» l'usage du public et des particuliers voisins les avan-
» tages du d. élargissement, etc. » (Extrait des lettres-
patentes.) — Ces lettres-patentes, registrées au parlement
le 5 septembre suivant, donnèrent lieu à un procès-
verbal d'alignement, dressé par le bureau de la Ville,
le 25 juin 1784. Toutefois, la rue Sanson fut seule ouverte. Environnée de marais, elle dut présenter des
dangers sous le rapport de la circulation. L'administration, dans l'intérêt de la sûreté publique, la fit barrer à
ses deux extrémités. — Une ordonnance royale du 17 octobre 1826 fixa à 20 m. la moindre largeur de la partie
de la rue Sanson qui forme évasement depuis la rue de
Bondy jusqu'à la rue Neuve-Saint-Nicolas, et maintint
pour le surplus la largeur de 30 pieds. En 1841, lorsque
l'administration voulut reprendre possession de cette
rue, les riverains contestèrent les droits de la ville.

Ces difficultés donnèrent lieu à une transaction qui
fut confirmée par l'ordonnance suivante :

« Louis-Philippe, etc. — Vu la demande formée par
le préfet de la Seine, à l'effet, 1° de rapporter l'ordonnance royale du 17 octobre 1826, qui a fixé les alignements de la rue Sanson et d'arrêter les nouveaux
alignements de cette voie publique, de manière à en

— SAR —

porter la largeur à 12 m., etc. Nous avons ordonné et
ordonnons ce qui suit : — Article 1er. Les alignements de
la rue Sanson, dans la ville de Paris, sont arrêtés conformément au tracé des lignes noires, sur le plan ci-
annexé et au procès-verbal des points de repère inscrit sur led. plan. — Art. 2e. La ville de Paris est autorisée à traiter avec les sieurs Sanson de Sansal, Claret
de Fleurieu et Lucy, pour l'ouverture, l'élargissement
et la propriété du sol de la rue Sanson, suivant le plan
arrêté, le tout aux clauses et conditions exprimées dans
la délibération du conseil municipal du 22 juillet 1842,
et consenties par lesdits propriétaires, etc. Donné au
palais de Neuilly, le 2 août 1843. Signé, Louis-Philippe. » Cette ordonnance a été exécutée en partie, et les
constructions situées sur le côté droit, depuis la rue de
Bondy jusque vis-à-vis de la rue Neuve-Saint-Nicolas,
sont seules soumises à retranchement. — Égout entre
les rues Neuve-Saint-Nicolas et des Marais. — Conduite
d'eau dans toute l'étendue. — Éclairage au gaz (comp°
Lacarrière).

Philippe-Robert *Sanson*, maître de la chambre aux
deniers, est mort à Paris, le 1er mai 1807.

SANTÉ (barrière de la).

Située boulevart Saint-Jacques.

Cette barrière, qui est sans décoration d'architecture, a pris son nom de la rue de la Santé. (Voir l'article *Barrières*.)

SANTÉ (rue de la).

Commence aux rues des Bourguignons et du Champ-des-
Capucins, n° 33 ; finit au boulevart Saint-Jacques, n° 4.
Le dernier impair est 17; le dernier pair, 12. Sa longueur
est de 678 m. — 12e arrondissement. La partie du côté
des numéros impairs, comprise entre la rue de Lourcine
et le boulevart Saint-Jacques, est du quartier Saint-Marcel; le surplus dépend du quartier de l'Observatoire.

Elle a été ainsi appelée parce qu'elle conduisait à la
maison de santé (ci-devant hôpital fondé par Anne
d'Autriche). Cette voie publique se nommait originairement le *chemin de Gentilly*. — Une décision ministérielle en date du 6 pluviôse an XI, signée Chaptal,
fixa la moindre largeur de la rue de la Santé à 10 m.
Cette largeur est portée à 12 m. en vertu d'une ordonnance royale du 9 décembre 1838. Sur le côté gauche,
le mur de clôture à l'angle du boulevart est aligné ;
sur le côté opposé, le mur de clôture, à l'encoignure
gauche de la rue Méchain, et la propriété située entre
la rue Biron et le boulevart, sont à l'alignement.

SARRAZIN (rue pierre-).

Commence à la rue de la Harpe, n°s 72 et 74; finit à la
rue Hautefeuille, n°s 21 et 23. Le dernier impair est 15;
le dernier pair, 14. Sa longueur est de 97 m. — 11e arrondissement, quartier de l'École-de-Médecine.

Elle doit son nom à un bourgeois appelé Pierre Sarrazin, qui possédait au XIIIe siècle plusieurs maisons

en cet endroit. Dans un compte de 1511, elle est appelée rue *Jean-Sarrasin*, mais depuis on l'a toujours indiquée sous le nom de rue *Pierre-Sarrazin*. — Une décision ministérielle du 23 prairial an VII, signée François de Neufchâteau, fixa la largeur de cette voie publique à 6 m. Cette largeur a été portée à 10 m. en vertu d'une ordonnance royale du 22 août 1840. Les maisons nos 3 et 15 sont soumises à un faible redressement. Les autres constructions de ce côté sont alignées. Les propriétés du côté des numéros pairs devront reculer de 5 m. à 5 m. 40 c. — Conduite d'eau depuis la rue de la Harpe jusqu'à la borne-fontaine.

SARTINE (RUE).

Commence à la rue de Viarme, nos 27 et 29; finit à la rue Coquillière, nos 15 et 17. Le dernier impair est 5; le dernier pair, 8. Sa longueur est de 36 m. — 4e arrondissement, quartier de la Banque.

Cette rue, ouverte en avril 1765, sur l'emplacement de l'hôtel de Soissons, avait été autorisée par lettres-patentes du 25 novembre 1762, registrées au parlement le 22 décembre suivant. Sa largeur fut fixée à 24 pieds, dimension qui a été maintenue par une décision ministérielle du 9 germinal an XIII, signée Champagny. (Voir l'article de la *Halle au Blé*.) Les constructions riveraines qui sont assujetties à une décoration symétrique sont alignées. — Éclairage au gaz (compe Anglaise).

Antoine-Raymond-Jean-Guilbert-Gabriel de *Sartine*, comte d'Alby, naquit à Barcelone, en 1729, d'une famille française. Il était conseiller au Châtelet en 1752, lieutenant-criminel en 1755, maître des requêtes en 1759. La grande capacité de ce magistrat le fit nommer lieutenant-général de police le 21 novembre de la même année. Il exerça cette importante fonction jusqu'au 24 août 1774. Dans ce poste difficile, Sartine sut se concilier l'estime et l'affection des Parisiens. Il améliora le service de la police et se montra excellent administrateur. Appelé au ministère de la marine au mois de septembre, il eut à conduire la guerre d'Amérique. Des discussions avec Necker le forcèrent d'abandonner le ministère en 1780. Au commencement de la révolution, Sartine quitta la France et se réfugia à Tarragone, où il mourut le 7 septembre 1801.

SAUCÈDE (PASSAGE).

Commence à la rue Bourg-l'Abbé, n° 13; finit à la rue Saint-Denis, nos 224 et 226. — 6e arrondissement, quartier de la Porte-Saint-Denis.

Il a été bâti en 1825, par M. *Saucède*, sur l'emplacement de l'ancien passage de la Croix-Blanche.

SAULNIER (PASSAGE).

Commence à la rue Richer, n° 24; finit à la rue Bleue, n° 25. Le dernier impair est 23; le dernier pair, 16. — 2e arrondissement, quartier du Faubourg-Montmartre.

Ce passage, qui n'est point couvert, a été construit en 1787 par Rigoulot *Saulnier*. — Éclairage au gaz (compe Anglaise).

SAUMON (PASSAGE DU).

Commence à la rue Montorgueil, entre les nos 65 et 71; finit à la rue Montmartre, n° 80. — 3e arrondissement, quartier Montmartre.

Ce passage, qui est indiqué sur le plan de Jaillot (1773), a été reconstruit entièrement de 1825 à 1830, par M. Rohault de Fleury, architecte. Il doit son nom à une enseigne.

SAUNERIE (RUE DE LA).

Commence au quai de la Mégisserie, nos 2 et 4; finit à la rue Saint-Germain-l'Auxerrois, nos 11 et 13. Le dernier impair est 11; le dernier pair, 10. Sa longueur est de 56 m. — 4e arrondissement, quartier du Louvre.

En 1256, on la désignait sous le nom de *Saulnerie*. Le poëte Guillot, qui écrivait en 1300, en parle ainsi :

« La rue de la Saunerie
» Trouvai, et la Mesgueiscerie. »

Elle devait cette dénomination à la maison de la marchandise de sel qu'on voyait près de cette rue, à côté du grand Châtelet. Cette maison, nommée depuis le *Grenier à sel*, ne fut transférée dans la rue Saint-Germain-l'Auxerrois qu'en 1698. — Une décision ministérielle du 11 octobre 1806, signée Champagny, fixa la moindre largeur de la rue de la Saunerie à 7 m. Cette moindre largeur est portée à 12 m. 70 c., en vertu d'une ordonnance royale du 9 décembre 1838. Maison n° 1, retranch. 8 m. 40 c.; 3, alignée; 5, ret. réduit 1 m. 80 c.; 7, alignée; 9, ret. réduit 70 c.; 11, redressement; 2, 4, alignées; 6, ret. réduit 40 c.; 8, ret. 7 m. 60 c. à 8 m. 30 c.; 10, ret. 8 m. 30 c. à 9 m. 10 c. — Portion d'égout du côté du quai. — Éclairage au gaz (compe Anglaise).

SAUSSAIES (RUE DES).

Commence à la place Beauveau et à la rue du Faubourg-Saint-Honoré, nos 84 et 86; finit aux rues de Surène, n° 41, et de la Ville-l'Évêque, n° 27. Le dernier impair est 15; le dernier pair, 18. Sa longueur est de 146 m. — 1er arrondissement, quartier du Roule.

C'était, dans l'origine, un chemin qu'on désigna au commencement du XVIIe siècle sous le nom des *Carrières*. Plus tard, on le nomma de la *Couldraie*, des *Saussaies*, en raison des coudriers, des *saules* qu'on voyait près de son emplacement. On ne construisit des maisons dans cette rue qu'au milieu du XVIIIe siècle. — Une décision ministérielle du 20 fructidor an XI, signée Chaptal, fixa la moindre largeur de cette voie publique à 9 m. En vertu d'une ordonnance royale du 21 novembre 1837, cette moindre largeur est portée à 10 m. — Propriétés de 1 à 13, retranch. 60 c. à 80 c.; 15, ret réduit 1 m. 05 c.; propriété à l'encoignure de la rue de la Ville-l'Évêque, ret. réduit 1 m. 30 c.; de 2 à 10, alignées; 12, ret. réduit 5 m. 80 c.;

— SAU —

14, ret. réduit 2 m. 80 c.; 16, ret. réduit 30 c.; 18, alignée. — Égout. — Conduite d'eau entre la rue de Surène et les deux bornes-fontaines. — Éclairage au gaz (comp⁰ Anglaise).

SAUVEUR (RUE NEUVE-SAINT-).

Commence à la rue de Damiette, nᵒˢ 1 et 3; finit à la rue des Petits-Carreaux, nᵒˢ 36 et 38. Le dernier impair est 9; le dernier pair, 12. Sa longueur est de 72 m. — 5ᵉ arrondissement, quartier Bonne-Nouvelle.

En 1590, c'était la rue de la *Corderie*, en raison des cordiers qui l'habitaient alors. Elle prit ensuite d'un propriétaire qui y demeurait le nom de *Pierre Boyer*. En 1603, c'était la rue des *Corderies aliàs la cour des Miracles*. En 1622, on l'appelait rue *Neuve-Saint-Sauveur, anciennement dite Boyer*. On lui donna cette qualification de *neuve*, en raison de sa proximité de la rue Saint-Sauveur, et parce qu'on avait le projet d'ouvrir alors une nouvelle voie qui devait traverser la rue de Bourbon-Villeneuve, pour aboutir à la rue Saint-Sauveur. Ce projet ayant été abandonné, on donna à l'ancienne rue Boyer le nom de *Neuve-Saint-Sauveur* qui avait été destiné à la rue projetée. — Une décision ministérielle du 3 ventôse an X, signée Chaptal, a fixé la largeur de cette voie publique à 7 m. Les constructions du côté des numéros impairs ne sont assujetties qu'à un faible redressement; celles du côté opposé devront reculer de 1 m. 10 c. à 1 m. 30 c. — Portion d'égout du côté de la rue des Petits-Carreaux.

SAUVEUR (RUE SAINT-).

Commence à la rue Saint-Denis, nᵒˢ 275 et 277; finit aux rues Montorgueil, nᵒ 112, et des Petits-Carreaux, nᵒ 2. Le dernier impair est 63; le dernier pair, 38. Sa longueur est de 250 m. — 5ᵉ arrondissement, quartier Montorgueil.

Elle existait dès 1285. Son nom lui vient de l'église Saint-Sauveur qu'on voyait autrefois dans la rue Saint-Denis. Cette église occupait l'emplacement sur lequel on a construit la maison qui porte aujourd'hui le nᵒ 277. — Une décision ministérielle du 19 pluviôse an VIII, signée L. Bonaparte, fixa la largeur de cette voie publique à 8 m. En vertu d'une ordonnance royale du 21 juin 1826, cette largeur a été portée à 10 m. Maisons nᵒˢ 1, 3, retranch. 2 m. 70 c. à 3 m.; de 5 à 11, ret. 2 m. à 2 m. 20 c.; 13, ret. 3 m. 10 c.; 15, 17, ret. 2 m. 80 c. à 3 m.; de 19 à 23, ret. 2 m. 50 c. à 2 m. 80 c.; de 25 à la fin, ret. 2 m. à 2 m. 30 c.; 2, 4, alignées; de 6 à 24, ret. 2 m. 40 c. à 3 m.; second nᵒ 24, ret. 1 m. 50 c.; de 28 à la fin, ret. 2 m. 50 c. — Conduite d'eau entre les rues des Deux-Portes et les deux bornes-fontaines. — Éclairage au gaz (comp⁰ Française).

SAVOIE (RUE DE).

Commence à la rue Pavée, nᵒˢ 6 et 8; finit à la rue des Grands-Augustins, nᵒˢ 13 et 15. Le dernier impair

— SAX —

est 19; le dernier pair, 24. Sa longueur est de 104 m. — 11ᵉ arrondissement, quartier de l'École-de-Médecine.

L'hôtel d'Hercule, ainsi nommé parce qu'on y avait peint les travaux de ce demi-dieu, fut d'abord occupé par le comte de Sancerre et par Jean le Visle. Jean de la Driesche, président en la chambre des comptes, l'ayant acquis, le fit rebâtir, et peu de temps après; le vendit à Louis Hallevin, seigneur de Piennes, chambellan du roi. Charles VII l'acheta, moyennant 10,000 livres, par contrat passé le 25 juin 1493. Sous le règne de Louis XII, cet hôtel était occupé par Guillaume de Poitiers, seigneur de Clérieu. Le chancelier Duprat l'habita ensuite. En 1573, il appartenait à Antoine Duprat, petit-fils du chancelier et seigneur de Nantouillet. Cette habitation était alors très vaste et s'étendait jusqu'à la seconde maison, en deçà de la rue Pavée, et en profondeur, jusqu'aux jardins de l'abbé de Saint-Denis. — Sur une partie de l'emplacement de l'hôtel d'Hercule, l'hôtel de *Savoie* ou de Nemours fut construit. En 1671, cette dernière propriété fut abattue, et sur son emplacement on construisit la rue de Savoie, sur une largeur de 7 m. 90 c.; dimension qui a été maintenue par une décision ministérielle du 8 nivôse an IX, signée Chaptal. Les propriétés riveraines sont alignées.

SAVONNERIE (RUE DE LA).

Commence à la rue Saint-Jacques-la-Boucherie, nᵒˢ 34 et 36; finit aux rues de la Heaumerie, nᵒ 1, et des Écrivains, nᵒ 7. Le dernier impair est 21; le dernier pair, 20. Sa longueur est de 73 m. — 6ᵉ arrondissement, quartier des Lombards.

Entièrement construite en 1260, elle porta dès l'année 1300 le nom de la *Savonnerie*. — Une décision ministérielle du 18 vendémiaire an VI, signée Letourneux, fixa la largeur de cette voie publique à 6 m. Cette largeur a été portée à 10 m. en vertu d'une ordonnance royale du 9 décembre 1838. Maisons nᵒˢ 1, 3, retranch. 4 m. 50 c. à 5 m. 50 c.; 5, 7, ret. 3 m. 60 c. à 4 m. 50 c.; 9, ret. réduit 3 m. 40 c.; 11, ret. réduit 2 m. 90 c.; 13, ret. réduit 2 m. 20 c.; 15, ret. réduit 1 m. 70 c.; maisons nᵒˢ 17, 19 et 21 seront supprimées entièrement pour l'exécution d'un pan coupé à l'angle des rues de la Heaumerie et d'Avignon; maison à l'encoignure de la rue Saint-Jacques-la-Boucherie, ret. 1 m. 60 c.; 2, 4, ret. 1 m. 30 c. à 2 m. 20 c.; 6, 8, ret. 2 m. 20 c. à 2 m. 70 c.; 10, 12, ret. 2 m. 70 c. à 3 m. 80 c.; de 14 à la fin, ret. 3 m. 80 c. à 4 m. 20 c. — Conduite d'eau depuis la rue Saint-Jacques-la-Boucherie jusqu'à la borne-fontaine. — Éclairage au gaz (comp⁰ Française).

SAXE (AVENUE DE).

Commence à la place de Fontenoi, nᵒˢ 3 bis et 5; finit à la rue de Sèvres, nᵒˢ 114 et 116. Le dernier impair est 19; le dernier pair, 28. Sa longueur est de 684 m. — 10ᵉ arrondissement, quartier des Invalides.

Formée vers 1780, cette avenue a été cédée à la ville

— SAX —

de Paris en vertu d'une loi du 19 mars 1838. (Voyez *avenue de La Bourdonnaye*.) — Sa largeur varie de 37 m. à 39 m. 50 c. — Conduite d'eau.

Maurice, comte de *Saxe*, fils naturel de Frédéric-Auguste Ier, électeur de Saxe, roi de Pologne, et de la comtesse de Kœnigsmarck, Suédoise, naquit à Dresde le 19 octobre 1696, et mourut en 1750. Successivement lieutenant-général, maréchal de France, et commandant-général des Pays-Bas, Maurice s'illustra à Malplaquet, à Tournay, à Ostende, à Fontenoi, etc... Ce guerrier, dont le nom avait retenti dans toute l'Europe, comparait en mourant sa vie à un rêve : « M. de » Sénac, disait-il à son médecin, j'ai fait un beau » songe. » — Maurice avait été élevé et mourut dans la religion luthérienne. « Il est bien fâcheux, disait-» on à la cour, qu'on ne puisse réciter un *de Profun-» dis* pour un homme qui a fait chanter tant de *Te » Deum*. »

SAXE (IMPASSE DE).

Située dans l'avenue du même nom, n° 11. Le dernier numéro est 11. Sa longueur est de 72 m. — 10e arrondissement, quartier des Invalides.

Cette impasse, qui n'est pas reconnue voie publique, a été construite au commencement de ce siècle. Sa largeur moyenne est de 4 m. 60 c.

SCIPION (PLACE).

Située entre les rues Scipion et du Fer-à-Moulin. — Pas de numéro. — 12e arrondissement, quartier Saint-Marcel.

Elle a été formée sur l'emplacement de deux terrains acquis par l'Hôpital-Général les 5 septembre 1764 et 18 septembre 1781. Vers 1835, cette place a été plantée d'arbres. Le sol appartient aux hospices civils de Paris. (*Voir* pour l'étymologie l'article suivant.)

SCIPION (RUE).

Commence à la place Scipion et à la rue du Fer-à-Moulin; finit à la rue des Francs-Bourgeois, nos 6 et 8. Le dernier impair est 13; le dernier pair, 10. Sa longueur est de 174 m. — 12e arrondissement, quartier Saint-Marcel.

Cette voie publique, en partie construite dès 1540, portait le nom de rue de la *Barre*, en raison d'une barrière qu'on avait établie du côté de la rue des Francs-Bourgeois. — Une décision ministérielle du 8 ventôse an IX, signée Chaptal, fixa la largeur de cette voie publique à 8 m. — Le nom qu'elle porte depuis 1806 lui vient de l'hôtel que *Scipion* Sardini, gentilhomme italien, y fit construire sous le règne de Henri III. Dès 1622, l'hôtel Scipion était converti en hôpital. — En vertu de l'édit du roi du 27 avril 1656, cet établissement fit partie des propriétés affectées à l'Hôpital-Général. Aujourd'hui les bâtiments sont occupés par la *Boulangerie des hôpitaux et hospices civils de Paris*. — Conformément à une ordonnance royale

— SÉG —

du 24 avril 1837, la largeur de la rue Scipion est portée à 10 m. Propriétés de 1 à 9 inclus, retranch. 90 c. à 1 m. 70 c.; 11, ret. réduit 2 m. 80 c.; 13, ret. réduit 3 m. 80 c.; 2, ret. réduit 1 m. 50 c.; 4, ret. réduit 2 m. 30 c.; 6, ret. réduit 3 m. 90 c.; 8, ret. 1 m. 30 c.; 10, ret. réduit 2 m. 50 c.

SÉBASTIEN (IMPASSE SAINT-).

Située dans la rue du même nom, entre les nos 28 et 30. Une seule série de numéros dont le dernier est 26. Sa longueur est de 121 m. — 8e arrondissement, quartier Popincourt.

« Bureau de la ville, 18 juin 1779. — Sur la de-» mande à nous faite par les différents propriétaires » des maisons formant un cul-de-sac *nouvellement » construit* dans la rue Neuve-Saint-Sébastien, qu'il » nous plût dénommer le dit cul-de-sac ou permettre » qu'il porte le nom de cul-de-sac Saint-Sébastien. — » Nous ouï, et ce consentant le procureur du roi et de » la ville, nous avons dénommé le dit cul-de-sac, *cul-» de-sac Saint-Sébastien*. En conséquence, permet-» tons aux dits propriétaires de l'inscrire ainsi à son » entrée et autres endroits qu'ils aviseront. Signé Caumartin, Chauchat et Jollivet. » — Une décision ministérielle du 7 fructidor an X, signée Chaptal, fixa la largeur de cette voie publique à 7 m. Cette largeur est portée à 9 m. en vertu d'une ordonnance royale du 28 juin 1826. — L'impasse Saint-Sébastien forme équerre. — Propriétés entre la rue Saint-Sébastien et le n° 2, retranch. 3 m. 30 c.; de 2 à 10, alignées; de 14 à 20 et partie du n° 22, ret. 3 m. 60 c.; surplus du n° 22, 24 et 26, alignées.

SÉBASTIEN (RUE SAINT-).

Commence aux rues Saint-Pierre-Popincourt, n° 2, et Amelot, n° 68; finit à la rue Popincourt, nos 65 et 67. Le dernier impair est 29; le dernier pair, 56. Sa longueur est de 455 m. — 8e arrondissement, quartier Popincourt.

Formée vers le milieu du XVIIe siècle, elle porta jusqu'en 1718 le nom de rue *Saint-Étienne*. A cette époque, on la désigna sous la dénomination de rue *Neuve-Saint-Sébastien*. On dit simplement aujourd'hui rue *Saint-Sébastien*. Elle doit ce nom à une enseigne. — Une décision ministérielle du 3 pluviôse an IX, signée Chaptal, a fixé la largeur de cette voie publique à 10 m. Les propriétés n° 5 bis, partie des nos 11, 19, 21, 23, 25, 29; 16, 18, 18 bis, 20, 30, 32, de 38 à 46 et 54, sont alignées; le surplus devra reculer de 25 c. à 70 c. — Portion d'égout du côté du quai de Jemmapes. — Conduite d'eau dans toute l'étendue. — Éclairage au gaz : entre la rue Saint-Pierre et le quai de Valmy (compe Lacarrière); surplus (compe de Belleville).

SÉGUR (AVENUE DE).

Commence à la place Vauban; finit à l'avenue de Saxe. Le dernier impair est 45; le dernier pair, 18. Sa lon-

— SEI —

gueur est de 452 m. — 10ᵉ arrondissement, quartier des Invalides.

Cette avenue, qui n'est pas reconnue voie publique, a été formée vers 1780. (Voyez *avenue de La Bourdonnaye*.) — Sa largeur actuelle varie de 38 m. à 41 m.

Philippe-Henri, marquis de *Ségur*, maréchal de France, né le 20 janvier 1724, appartenait à une famille illustre dans les armes. A la bataille de Raucoux, en 1746, le jeune de Ségur fut blessé d'un coup de feu à la poitrine. Colonel au combat de Laufeld (1747), une balle lui traversa le bras; malgré sa blessure, il voulut rester à la tête de son régiment et l'on fut obligé, après la bataille, de lui faire l'amputation. A Varburg, de Ségur était lieutenant-général et sauvait un corps d'armée. Près de Minden, il fit au milieu de l'ennemi une retraite honorable, et ramena dix mille hommes que l'on croyait entièrement perdus. A Closter-Camp sa bravoure fut admirable : il reçut deux coups de baïonnette à la gorge et trois coups de sabre sur la tête. Nommé maréchal de France et ministre de la guerre en 1751, le marquis de Ségur mourut à Paris le 8 octobre 1801.

SEINE (PRÉFECTURE DE LA), *voyez* HOTEL-DE-VILLE.

SEINE (RUE DE).

Commence au quai Malaquais, nᵒ 1; finit aux rues du Petit-Lion, nᵒ 18, et du Petit-Bourbon, nᵒ 2. Le dernier impair est 101; le dernier pair, 72. Sa longueur est de 678 m. — De 1 à 83 et de 2 à 60, 10ᵉ arrondissement, quartier de la Monnaie; le surplus dépend du 11ᵉ arrondissement, quartier du Luxembourg.

Partie comprise entre le quai Malaquais et la rue de Buci. — Ce n'était anciennement qu'un chemin nommé *chemin du Pré-aux-Clercs, de la porte de Buci à la Seine, de la porte de Buci au Pré-aux-Clercs*. Vers 1510, on la nomma rue de *Seine*. Cette voie publique ne fut pavée qu'en 1545. Sauval nous apprend qu'elle porta le nom de *Dauphine*, en raison de l'hôtel Dauphin qui avait été habité par Louis de Bourbon, dauphin d'Auvergne. — Une décision ministérielle du 23 germinal an IX, signée Chaptal, fixa la largeur de cette rue à 12 m.

Partie comprise entre la rue de Buci et celles du Petit-Lion et du Petit-Bourbon. — Dès l'année 1662, on avait conçu le projet de prolonger la rue de Seine jusqu'à la rue de Tournon. Un avis du bureau de la Ville du 16 juillet de cette année nous en fournit la preuve. Dans les lettres-patentes du 22 avril 1769, il est dit : « Nous nous réservons d'ordonner par la
» suite une communication de la *rue de Seine avec*
» *la rue de Tournon*, qui se trouvent l'une et l'autre
» dans la même direction vers notre palais dit Luxem-
» bourg. » — Cette amélioration reçut un commencement d'exécution sous le consulat.

« *Extrait des registres des délibérations des Consuls*

— SEN —

de la république. — Saint-Cloud, le 17 vendémiaire an XI. — Les Consuls de la république, sur le rapport du ministre de l'intérieur, arrêtent ce qui suit : Article 1ᵉʳ. Les maisons qui existent sur l'alignement du prolongement de la rue de Tournon à la rue de Seine, et qui ont été condamnées par mesure de voirie, ainsi que les bâtiments qui se trouvent compris dans le plan adopté pour la formation d'une place demi-circulaire, en avant du portail de l'église paroissiale de Saint-Sulpice, seront achetés et démolis dans le cours de six mois, etc... — Art. 2ᵉ. A cet effet, la commune de Paris fournira annuellement, sur le produit de l'octroi, jusqu'à concurrence de 100,000 fr., etc. Le premier consul, signé Bonaparte. » — Ce prolongement ne fut point alors exécuté.

« Au palais des Tuileries, le 24 février 1811. — Napoléon, etc... Nous avons décrété et décrétons... Article 31ᵉ. Le prolongement de la rue de Tournon et la formation de la place Saint-Sulpice seront achevés dans le cours de 1811. » — Ce percement fut terminé à la fin de cette année, mais seulement jusqu'à la rue des Boucheries. L'année suivante il atteignit la rue de Buci, et fut confondu avec la rue de Seine dont il prit la dénomination. — Une décision ministérielle du 28 février 1818 a fixé la moindre largeur de cette partie de rue à 12 m.

Propriété nᵒ 1, alignée; 3, retranchement réduit 40 c.; de 5 à 11, ret. 60 c. à 70 c.; 13, alignée; de 15 à 31, ret. 40 c. à 57 c.; de 33 à 39, ret. 28 c. à 40 c.; 41, alignée; 43, 45, redress.; 47, alignée; 49, 51, ret. 20 c. à 43 c.; 53, alignée; de 55 à 59, redress.; de 61 à 95, alignées; 97, ret. réduit 1 m. 20 c.; 99, ret. réduit 2 m.; 101, ret. réduit 2 m. 80 c.; 2, ret. réduit 4 m. 30 c.; 4, ret. réduit 3 m. 70 c.; 6, ret. réduit 2 m. 30 c.; 8, ret. réduit 1 m. 80 c.; de 10 à 14 bis, alignées; de 16 à 36, ret. 3 m. 20 c. à 3 m. 80 c.; de 38 à 44, seront supprimées pour la formation d'une place sur ce point; 46, alignée; de 48 à 52, ret. 3 m. 33 c. à 3 m. 60 c.; de 54 à la fin, alignées. — Égout dans toute l'étendue. — Conduite d'eau : 1ᵒ entre le quai et la rue Mazarine; 2ᵒ depuis la rue des Boucheries jusqu'à celle du Petit-Lion. — Éclairage au gaz (compᵉ Française).

Dans la 2ᵉ partie de la rue de Seine ont été confondues : 1ᵒ la rue du *Brave,* qui communiquait de la rue des Quatre-Vents à celle du Petit-Lion. Son étymologie est inconnue; 2ᵒ l'impasse des *Quatre-Vents* qui avait son entrée dans la rue du même nom. Elle aboutissait à la foire Saint-Germain.

SENTIER (RUE DU).

Commence aux rues des Jeûneurs, nᵒ 2, et Saint-Roch, nᵒ 18; finit au boulevart Poissonnière, nᵒˢ 7 et 9. Le dernier impair est 21; le dernier pair, 26. Sa longueur est de 177 m. — 3ᵉ arrondissement, quartier Montmartre.

Elle a remplacé dès le XVIIᵉ siècle un *sentier* qui conduisait au rempart. Quelques plans la désignent

— SER —

sous le nom de rue du *Chantier*; d'autres ne la distinguent point de la rue du Gros-Chenet, dont elle forme le prolongement. — Une décision ministérielle du 8 prairial an VII, signée François de Neufchâteau, fixa la moindre largeur de cette voie publique à 8 m. En vertu d'une ordonnance royale du 4 mai 1826, cette largeur est portée à 10 m. Propriétés n°s.1, 3, retranch. 40 c. environ; pas de nos 5 et 7; partie du n° 9, alignée; surplus du n° 9 et maison n° 11, ret. 35 c. à 50 c.; 13, ret. réduit 40 c.; de 15 à la fin, alignées, sauf redress.; 2, alignée, pas de n° 4; de 6 à la fin, ret. 1 m. 50 c. à 2 m. — Éclairage au gaz (compᵉ Française).

SERPENTE (RUE).

Commence à la rue de la Harpe, nos 38 et 40; finit à la rue Hautefeuille, nos 7 et 9. Le dernier impair est 13; le dernier pair, 16. Sa longueur est de 98 m. — 11ᵉ arrondissement, quartier de l'École-de-Médecine.

Cette voie publique, ouverte en 1179, prit le nom de rue *Serpente*, en raison des sinuosités qu'elle décrivait. Un acte du mois de juin 1263 l'appelle *Vicus Tortuosus qui est ab oppositis Palatii Termarum*. Le poète Guillot écrivait en 1300, rue de la *Serpent*. — Une décision ministérielle du 26 prairial an VII, signée François de Neufchâteau, a fixé la largeur de cette voie publique à 7 m. Les deux maisons situées après le n° 13, sont à l'alignement. — Conduite d'eau depuis la rue de la Harpe jusqu'à la borne-fontaine.

Le *collège de Tours* était situé dans cette rue au n° 7. Il fut fondé en 1330, par Etienne de Bourgueil, archevêque de Tours, en faveur d'un principal et de six boursiers. Il a été réuni à l'Université en 1763. Les bâtiments qui contenaient en superficie 200 m. 74 c., devinrent propriétés nationales en 1790, et furent vendus le 21 août 1793.

SERVANDONI (RUE).

Commence à la rue Palatine, n° 5; finit à la rue de Vaugirard, nos 42 et 44. Le dernier impair est 33; le dernier pair, 32. Sa longueur est de 170 m. — 11ᵉ arrondissement, quartier du Luxembourg.

La partie comprise entre la rue Palatine et celle du Canivet s'appelait au XVIIᵉ siècle rue du *Pied-de-Biche*; le surplus portait le nom de rue du *Fer-à-Cheval*. Vers 1710, ces deux parties étaient confondues sous la seule et même dénomination de rue du *Fossoyeur*, parce que le fossoyeur de la paroisse Saint-Sulpice y demeurait — Une décision ministérielle du 7 fructidor an X, signée Chaptal, fixa la largeur de cette voie publique à 8 m. En 1806, elle reçut le nom de rue *Servandoni*. Une ordonnance royale du 3 septembre 1843 a porté sa moindre largeur à 10 m. Propriétés nos 1 et 3, alignées; 5, retranch. réduit 1 m. 80 c.; 7, ret. réduit 90 c.; 11, ret. réduit 2 m.; de 13 à 19, ret. réduit 2 m. 30 c.; 21, ret. réduit 3 m. 20 c,; 23, ret. 3 m. 40 c.; 25, ret. réduit 3 m.; 27, ret. réduit 2 m. 60 c.; 29, ret. réduit 2 m. 10 c.; 31, ret. réduit 1 m. 50 c.; 33, ret.

— SEV —

réduit 1 m.; 4, 6, ret. 2 m. 10 c. à 2 m. 50 c.; 8, ret. réduit 1 m. 90 c.; 10, ret. réduit 1 m. 50 c.; 12, ret. 1 m. 20 c.; de 14 à 22, ret. 2 m. 20 c. à 2 m. 70 c.; de 24 à 28, ret. 1 m. 90 c. à 2 m. 20 c.; 30, ret. réduit 2 m. 40 c.; 32, ret. réduit 2 m. 80 c. — Conduite d'eau. — Éclairage au gaz (compᵉ Française).

Jean-Jérôme *Servandoni*, peintre et architecte, naquit à Florence en 1695. Étant venu se fixer en France, il fut reçu membre de l'académie. En 1732, Servandoni l'emporta sur tous ses rivaux pour l'exécution du portail Saint-Sulpice qui avait été mis au concours. Quelque temps après il fut nommé *peintre décorateur* du roi. Servandoni mourut à Paris, le 19 janvier 1766.

SÉVERIN (ÉGLISE SAINT-).

Située dans la rue du même nom. — 11ᵉ arrondissement, quartier de la Sorbonne.

Un voile mystérieux entoure le berceau de cet édifice. Quelques écrivains prétendent qu'il occupe la place d'une chapelle dédiée sous le nom de *Saint-Clément*; d'autres savants font honneur de sa fondation à saint Séverin, abbé d'Agaune, que Clovis fit venir à Paris, dans l'espoir d'obtenir par l'intercession de ce pieux personnage la guérison d'une fièvre, qui le consumait depuis deux années. Ne pouvant mentionner ici toutes les discussions que l'ancienneté de cette église a soulevées, nous nous bornerons à rappeler l'opinion de Jaillot, qui nous paraît très vraisemblable : « Sous le règne de Childebert, dit cet écrivain consciencieux, il y avait à Paris un saint solitaire, nommé » Séverin, qui s'était retiré dans un endroit, près de » la porte méridionale. Sa sainteté fut reconnue dès » son vivant; elle détermina même Saint-Cloud à se » mettre sous sa discipline et à recevoir de lui l'habit » monastique. Il est probable que la vénération que » ses vertus avaient inspirée aux Parisiens les engagea à bâtir sous son nom un oratoire au lieu même » qu'il avait habité, ou à donner son nom à celui qui » pouvait y avoir été dès lors érigé. » — Une charte du roi Henri Iᵉʳ, qui l'appelle *Saint-Séverin le solitaire*, semble confirmer l'opinion de Jaillot. Cette église, ainsi que les principaux édifices de la capitale, éprouva, dans le IXᵉ siècle, toute la fureur des Normands. Avant cette époque, on avait levé le corps de saint Séverin, pour le transporter à la cathédrale qui conserva ces précieuses reliques. Cependant l'église dédiée au pieux solitaire ne fut pas complétement dévastée par les barbares, car nous la trouvons énoncée dans la charte du roi Henri Iᵉʳ, parmi les édifices que ce monarque abandonne à l'église de Paris. Saint-Séverin fut rebâti, sans doute, après la mort du prêtre Girauld qui en avait la jouissance pendant sa vie. La population de ce quartier s'étant rapidement augmentée, l'église fut érigée en cure, et le titre d'archiprêtre conféré à celui qui la desservait. Ce titre attribuait au pasteur qui en était honoré, une sorte de prééminence sur toutes les cures de ce district. Le document le plus ancien qui mentionne la cure de Saint-Séverin, est une sentence arbitrale rendue en 1210; cette sentence fixe la juridiction spirituelle de l'abbaye de Saint-Germain-des-Prés et l'étendue de la paroisse Saint-Séverin. Cette église a été rebâtie à différentes époques. Dès l'an 1347, le pape Clément VI avait accordé des indulgences pour faciliter sa reconstruction. Elle fut agrandie en 1489, et le 12 mai de cette année, on posa la première pierre de l'aile droite et des chapelles qui sont derrière le sanctuaire. — Saint-Séverin se révèle aux yeux de l'observateur par sa tour dont la flèche et les huit clochetons chargés de dentelures dominent les maisons d'alentour. C'est du haut de cette tour que la cloche sonnait autrefois le *couvre-feu* pour le quartier de l'Université. Le portail de cette église était presque sans ornements. Sur la pierre on lisait deux inscriptions gravées en caractères gothiques ou scolastiques; la première était ainsi conçue :

» Bonnes gens qui par cy passez,
» Priez Dieu pour les trespassez!...»

Des lions de pierre avaient été sculptés de chaque côté du portail; ils remplaçaient sans doute d'autres lions de pierre qui soutenaient autrefois le siège où l'archiprêtre venait s'asseoir pour rendre la justice. Nous avons lu plusieurs sentences portant cette formule : *Datum inter Leones*. Les portes de l'église, étaient autrefois chargées de fers à cheval; ils attestaient une des pratiques pieuses de nos aïeux. « Quand un chrétien, dit Charles Nodier, se disposait à partir pour un voyage » lointain, il venait invoquer le noble chevalier saint » Martin, dans sa chapelle particulière, faisait rougir » la clef de la chapelle au feu des thuriféraires, en » marquait les flancs de sa haquenée, et clouait le fer à » cheval votif à la porte du saint édifice. » — L'intérieur de Saint-Séverin doit exciter la curiosité des artistes. Il présente un ensemble régulier, surtout remarquable par la belle ordonnance de l'abside éclairée par un double rang de croisées. Les chapiteaux des colonnes, les nervures des voûtes à leurs points de jonction et d'arrêt, sont surchargés de culs-de-lampe et de sculptures de toutes espèces. Ces ornements admirables par leur grâce ou leur originalité, se composent de plusieurs sujets dont l'entrain et la vivacité sont inimitables. Les colonnes de la galerie inférieure du chœur, qui semblent appartenir au XVe siècle, se recommandent par le fini et la légèreté de leur exécution. Aux bas-côtés de la nef, plusieurs colonnes au lieu de chapiteaux, sont surmontées de figures de religieux couchés et réunis par la tête; ils tiennent des banderoles. D'autres personnages grotesques ou comiques sont sculptés sur les arêtes des nervures dans les voûtes. Des vitraux d'un magnifique travail décorent l'abside. Le chœur subit d'importants changements en 1683 : le maître-autel dont on voit les restes maintenant, a coûté 24,400 livres, et a été exécuté par le fameux sculpteur Baptiste Tubi, d'après les dessins de Charles Lebrun. — Saint-Séverin est une des premières églises de Paris qui ait possédé des orgues. Un nécrologe manuscrit nous offre le passage suivant : « L'an » 1358, le lundi après l'Ascension, maistre Regnault » de Douy, eschollier en théologie à Paris, et gouver- » neur des grandes eschollcs de la parouesse de Saint- » Severin, donna à l'église unes bonnes orgues et bien » ordenées. » — Le magnifique buffet que nous voyons aujourd'hui, date de 1747. — On lisait autrefois une inscription singulière, sous la porte du passage qui communiquait à la rue de la Parcheminerie, près du cimetière Saint-Séverin; la voici :

« Passant, penses-tu passer par ce passage,
» Où pensant j'ai passé;
» Si tu n'y penses pas, passant, tu n'es pas sage,
» Car en n'y pensant pas, tu te verras passé. »

Deux autres vers étaient gravés sur la porte même du cimetière. Ils avaient été composés par le fameux imprimeur Vitré, alors marguillier de Saint-Séverin :

« Tous ces morts ont vécu; toi qui vis, tu mourras!
» L'instant fatal approche, et tu n'y penses pas! »

Une sorte de célébrité était attachée à ce cimetière. Au mois de janvier 1474, les médecins et chirurgiens de Paris représentèrent à Louis XI : « que plusieurs » personnes de considération étaient travaillées par » la pierre, colique, passion et mal de côté; qu'il se- » rait très utile d'examiner l'endroit où s'engendraient » ces maladies, qu'on ne pouvait mieux s'éclairer » qu'en opérant sur un homme vivant, et qu'ainsi ils » demandaient qu'on leur livrât un franc-archer, qui » venait d'être condamné à être pendu pour vol, et » qui avait été souvent fort molesté des dits maux. » Louis XI accéda à leur demande, et la première » opération de la pierre se fit publiquement dans le » cimetière de Saint-Séverin. Après qu'on eut examiné » et travaillé, ajoute la chronique, on remit les en- » trailles de dans le corps du dit franc-archer, qui fut » recousu, et par l'ordonnance du roi, très bien pansé, » et tellement qu'en quinze jours il fut guéri et eut » rémission de ses crimes sans dépens, et il lui fut » donné de l'argent. » — Nous ne devons pas omettre, en parlant de Saint-Séverin, une particularité touchante. Lorsque les nouvelles accouchées venaient entendre à cette église leur messe de relevailles, on leur posait sur les épaules un manteau fourré pour les préserver du froid.

L'église Saint-Séverin ne fut pas épargnée pendant la révolution.

7 pluviôse an II (26 janvier 1794). — « Sur la de- » mande de la régie des poudres et salpêtres, le dé- » partement charge le citoyen Dupont son commissaire, » de se transporter sur le champ *à la ci-devant église » Saint-Séverin*, à l'effet de vérifier les objets qui » existent dans cette église, et qui gênent les opéra- » tions que la régie des poudres doit y faire pour

— SÉV —

» l'exploitation du salpêtre, livrer sur le champ au mi-
» nistre de la guerre, tous les effets qui y sont conte-
» nus; les faire transporter dans le bâtiment national
» le plus voisin, à l'exception de l'orgue qui sera con-
» servé, et mettra la dite église à la disposition de la
» régie des poudres, l'autorisant à faire à cet effet
» toutes levées et réappositions de scellés nécessaires.
» Signé Houzeau, Damesme, Lachevardière, Momoro,
» Dupin et Luilier, agent national. » — Depuis 1802, l'église Saint-Séverin est la seconde succursale de la paroisse Saint-Sulpice. — Lors de la formation de la rue d'Arcole, sur l'emplacement des rues Saint-Pierre-aux-Bœufs et du chevet Saint-Landry, la petite église Saint-Pierre-aux-Bœufs dut être abattue. On eut l'heureuse idée d'appliquer, de greffer son joli portail sur l'église Saint-Séverin, qui est aujourd'hui l'un des monuments les plus curieux de Paris. — Depuis 1841, on a exécuté, sous la direction de MM. Lassus et Gréterin, architectes, des travaux de réparations à la façade occidentale de cet édifice. La dépense s'est élevée à 77,000 fr.

SÉVERIN (RUE DES PRÊTRES-SAINT-).

Commence à la rue Saint-Séverin, n° 7; finit à la rue de la Parcheminerie, n°s 16 et 20. Pas de numéro impair; le dernier pair est 16. Sa longueur est de 79 m. — 11e arrondissement, quartier de la Sorbonne.

C'était en 1244, *la ruelle devant ou près Saint-Séverin*. En 1260 et 1264, les titres de Sorbonne la nomment *Vicus strictus Sancti-Severini*, les actes du même temps *ruelle ou ruellette Saint-Séverin*. En 1489, on l'appelait *ruelle de l'Archi-Prêtre*. Le curé de Saint-Séverin, archiprêtre-né de l'église de Paris, y demeurait alors. Vers 1508, on disait simplement, *ruelle au Prêtre*; enfin elle fut désignée sous la dénomination de rue des *Prêtres-Saint-Séverin*, parce que les prêtres qui desservaient cette église vinrent l'habiter. — Deux décisions ministérielles des 8 nivôse an IX, et 15 messidor an XII, signées Chaptal, fixèrent la moindre largeur de cette voie publique à 6 m. Cette moindre largeur a été portée à 10 m., en vertu d'une ordonnance royale du 27 septembre 1837. Depuis cette époque elle a été considérablement élargie. L'église et les maisons n°s 4, 14 et 16, sont à l'alignement. — Au milieu de cette rue on a établi un escalier qui empêche la circulation des voitures.

SÉVERIN (RUE SAINT-).

Commence aux rues Saint-Jacques, n° 2, et du Petit-Pont, n° 24; finit aux rues de la Harpe, n° 1, et de la Vieille-Bouclerie, n° 23. Le dernier impair est 17; le dernier pair, 30. Sa longueur est de 117 m. — 11e arrondissement, quartier de la Sorbonne.

Cette rue dont la construction remonte à une haute antiquité, doit son nom à l'église Saint-Séverin. Cette voie publique a été élargie en vertu d'un arrêt du conseil du 7 janvier 1678. — Une décision ministérielle du 8 nivôse an IX, signée Chaptal, et une ordonnance

— SÉV —

royale du 3 mars 1825, ont fixé la largeur de cette rue à 10 m. Propriété n° 3, alignée; 7, retranch. réduit 1 m. 60 c.; 9, ret. réduit 2 m. 30 c.; 11, ret. réduit 2 m. 90 c.; 13, ret. réduit 2 m. 50 c.; 15, ret. réduit 90 c.; 17, ret. réduit 2 m. 60 c.; 2, ret. 3 m. 10 c. à 3 m. 60 c.; 4, ret. 3 m. 20 c. à 3 m. 50 c.; 6, ret. 3 m. 60 c.; 8, ret. réduit 4 m. 20 c.; 10, ret. réduit 4 m. 80 c.; 12, ret. réduit 5 m. 20 c.; 14, ret. réduit 4 m. 80 c.; 16, ret. 3 m. 30 c.; 18, ret. réduit 3 m. 40 c.; 20, ret. 2 m. 80 c.; 22, ret. réduit 1 m. 10 c.; 24, ret. réduit 1 m. 40 c.; 26, 28, ret. réduit 3 m.; 30, ret. réduit 4 m. 50 c. — Conduite d'eau. — Éclairage au gaz (comp° Parisienne).

SÈVRES (BARRIÈRE DE).

Située à l'extrémité de la rue de ce nom.

Cette barrière se compose d'un bâtiment orné sur ses quatre faces de porches formés chacun de trois arcades sur colonnes accouplées. Ce bâtiment est terminé par un petit étage en attique éclairé par des mezzanines. (Voir l'article *Barrières*.)

SÈVRES (CHEMIN DE RONDE DE LA BARRIÈRE DE).

Commence aux rue et barrière de Sèvres; finit à la barrière des Paillassons. Pas de numéro. Sa longueur est de 463 m. — 10e arrondissement, quartier des Invalides.

(Voir l'article *Chemins de ronde*.)

SÈVRES (RUE DE).

Commence aux rues du Cherche-Midi, n° 2, et de Grenelle, n° 1; finit aux chemins de ronde des barrières de Sèvres et de Vaugirard. Le dernier impair est 171; le dernier pair, 132. Sa longueur est de 1,571 m. — 10e arrondissement. Tous les impairs et les pairs de 2 à 104 sont du quartier Saint-Thomas-d'Aquin, le surplus dépend du quartier des Invalides.

On la trouve désignée, au XIIIe siècle, dans des titres de l'abbaye Saint-Germain-des-Prés, sous le nom de la *Maladrerie*, parce que l'hôpital ainsi appelé y était situé. En 1641, on la nommait rue de l'*Hôpital-des-Petites-Maisons*. Elle doit sa dénomination actuelle au village de Sèvres, auquel elle conduit. — Deux décisions ministérielles des 23 frimaire an IX et 15 messidor an XII, signées Chaptal, ont fixé la moindre largeur de cette voie publique à 10 m. Les propriétés ci-après ne sont pas soumises à retranchement : n°s 11, 13; de 23 à 45, de 49 à 85, chapelle Saint-Vincent-de-Paul, partie du n° 95, 97, 99, de 109 à 145; hôpital des Enfants-Malades, et de l'hôpital Necker à la fin; 14, dépendances de l'Abbaye-aux-Bois, partie de l'hospice des Ménages; de 28 à 50, de 54 à 76, 80, 84; de 92 à 104, dépendances des Jeunes-Aveugles, et de 116 à 126. — Égout : 1° entre la Petite-rue-du-Bac et la rue Saint-Maur; 2° entre les rues des Brodeurs et Rousselet. — Conduite d'eau dans presque toute son étendue. — Éclairage au gaz (comp° Française).

A l'angle de la rue du Cherche-Midi était situé le *cou-*

vent des *Prémontrés réformés*. L'ordre des Prémontrés, fondé par saint Norbert, au XIIe siècle, avait à peu près perdu la bonne réputation que son ancienne discipline lui avait acquise, lorsque le père Daniel Picart, abbé de Sainte-Marie-aux-Bois, en Lorraine, conçut le dessein d'y introduire la réforme. Aidé par Gervais Lairuel, abbé de Saint-Paul-de-Verdun, il fit de nouveaux statuts, auxquels les papes donnèrent leur approbation. Alors une nouvelle congrégation se forma sous le titre de la *Réforme de Saint-Norbert*. Quoique confirmée par lettres-patentes de 1621, elle ne possédait point encore en 1660 d'établissement à Paris. Le chapitre général tenu cette même année à Saint-Paul-de-Verdun, résolut de créer une maison dont tous les couvents de l'ordre partageraient la dépense. Le père Paul Ferrier fut choisi pour faciliter l'exécution de ce projet. La reine Anne d'Autriche lui accorda sa protection, et ses libéralités permirent aux Prémontrés d'acheter en 1661, dans la rue de Sèvres, un grand terrain et une maison qu'on appelait les *Tuileries*. Ils obtinrent, en 1662, le consentement de l'abbé de Saint-Germain, et de nouvelles lettres-patentes, dans lesquelles le roi se déclare leur fondateur, et les qualifie de *chanoines réguliers de la Réforme de l'étroite observance de l'ordre de Prémontré*. La première pierre de l'église fut posée le 13 octobre 1662, par la reine-mère. Cet édifice devint bientôt trop petit, et fut rebâti en 1719, sur les dessins de Simonet, architecte. Supprimée en 1790, cette maison religieuse devint propriété nationale, et fut vendue le 1er prairial an V.

Au n° 27 est la maison dite de l'*Association des dames de Saint-Thomas-de-Villeneuve*. Cette communauté fut fondée en 1659, par le père Ange Proust, augustin réformé de la province de Bourges et prieur du couvent de Lamballe. Cette fondation avait pour but de desservir les hôpitaux. L'utilité d'un tel établissement fut bientôt constatée. Louis XIV, auquel on en rendit compte, le confirma par lettres-patentes données en 1661. Cette bienfaisante institution répandit bientôt son heureuse influence dans toute la Bretagne. Paris possédait déjà plusieurs maisons de ce genre ; mais la misère, qui tend toujours à s'accroître dans les grandes villes, fit penser que les Filles-de-Saint-Thomas-de-Villeneuve pouvaient donner d'utiles secours aux malades. Le 16 août 1700, Jeanne de Sauvageot, dame *de Villeneuve*, acheta de Jacques-Joseph Guille une maison et un jardin situés dans la rue de Sèvres, et en passa déclaration au profit des *Filles-de-Saint-Thomas*. Cette communauté fut confirmée de nouveau par lettres-patentes du mois de juin 1726, et on lui permit alors d'acquérir jusqu'à 20,000 livres de rente. Ces religieuses étaient hospitalières et suivaient la règle de Saint-Augustin. Après la mort du père Ange, elles choisirent pour supérieur-général le curé de Saint-Sulpice. En 1793 on voulut assimiler leur maison à une communauté religieuse et s'emparer des biens qu'elle possédait. Quelques voix reconnaissantes protestèrent et obtinrent la conservation de cet établissement, uniquement consacré à l'éducation des pauvres et au soulagement des malades. Les pieuses dames de Saint-Thomas poursuivent encore aujourd'hui leur œuvre de charité.

SIMON-LE-FRANC (rue).

Commence à la rue Sainte-Avoie, n°s 25 et 27 ; finit aux rues du Poirier, n° 16, et Beaubourg, n° 2. Le dernier impair est 35 ; le dernier pair, 22. Sa longueur est de 147 m. — 7e arrondissement, quartier Sainte-Avoie.

Cette rue est très ancienne. Sauval parle d'un Simon Franque mort avant 1211. Ce qu'il y a de certain, dit Jaillot, c'est que suivant le cartulaire de saint Maur et saint Éloi, il y avait une rue de ce nom en 1237. Dès 1350, on disait rue *Simon-le-Franc*. — Une décision ministérielle du 13 vendémiaire an X, signée Chaptal, fixa la largeur de cette voie publique à 8 m. En vertu d'une ordonnance royale du 16 mai 1833, la moindre largeur a été portée à 10 m. Propriété n° 1, ret. réduit 30 c. ; 3, 5, ret. réduit 1 m. ; 7, 9, ret. réduit 1 m. 70 c. ; 11, ret. réduit 2 m. 20 c. ; de 13 à 17, ret. 2 m. 40 c. à 2 m. 80 c. ; de 19 à la fin, ret. 2 m. 60 c. à 3 m. ; 2, ret. réduit 4 m. 50 c. ; 4, ret. réduit 4 m. ; 6, 8, ret. réduit 3 m. ; 10, 12, ret. 2 m. 20 c. ; 14, alignée ; de 16 à 20, ret. 1 m. 58 c. à 2 m. 20 c. ; 22, ret. réduit 1 m. 70 c. — Éclairage au gaz (compe Lacarrière).

SINGES (rue des).

Commence à la rue Sainte-Croix-de-la-Bretonnerie, n°s 10 et 12 ; finit à la rue des Blancs-Manteaux, n°s 1 et 3. Le dernier impair est 5 ; le dernier pair, 12. Sa longueur est de 90 m. — 7e arrondissement, quartier du Mont-de-Piété.

Cette voie publique, entièrement bordée de constructions en 1250, portait, en 1269, le nom de rue *Pierre-d'Estampes*. En 1300, Guillot l'appelle rue à *Singes* ; elle tenait ce nom d'une propriété dite la *Maison aux Singes*.—Une décision ministérielle du 4 floréal an VIII, signée L. Bonaparte, fixa la largeur de cette voie publique à 6 m. Cette largeur a été portée à 10 m. en vertu d'une ordonnance royale du 12 juillet 1837. Propriétés du côté des numéros impairs, retranchement 2 m. 50 c. à 3 m. 40 c. ; propriétés du côté opposé, retranch. 2 m. à 2 m. 60 c. — Conduite d'eau depuis la rue Sainte-Croix-de-la-Bretonnerie jusqu'à la borne-fontaine. — Éclairage au gaz (compe Lacarrière).

SOEURS (impasse des).

Située dans la rue des Francs-Bourgeois-Saint-Marcel, entre les n°s 4 et 6. Pas de numéro. Sa longueur est de 19 m. 50 c. — 12e arrondissement, quartier Saint-Marcel.

Cette impasse, qui est indiquée sur le plan de Verniquet, doit son nom aux *sœurs de charité* qui vinrent s'y établir. Elle n'est pas reconnue voie publique. Sa largeur actuelle varie de 2 m. 10 c. à 3 m. 10 c.

— SOE —

SOEURS-FAUBOURG-MONTMARTRE (COUR DES DEUX-).

De la rue du Faubourg-Montmartre, n° 44, à la rue Coquenard, n° 7. Le dernier impair est 3; le dernier pair, 16. — 2e arrondissement, quartier du Faubourg-Montmartre.

Formée à la fin du siècle dernier, on la nomma successivement *impasse des Chiens* et *Coypel*. Elle doit sa dénomination actuelle aux *deux sœurs* Deveau.

SOEURS-FAUBOURG-SAINT-ANTOINE (COUR DES DEUX-).

Située dans la rue de Charonne, n° 24. — 8e arrondissement, quartier du Faubourg-Saint-Antoine.

Cette cour fut bâtie en 1793. En 1800, les *sœurs* Lapille en firent l'acquisition et lui donnèrent le nom de *cour des Deux-Sœurs*.

SOLEIL-D'OR (PASSAGE DU).

Commence à la rue de la Pépinière, n° 10; finit à la rue Delaborde, n° 1. — 1er arrondissement, quartier du Roule.

Ce passage, commencé en 1838, a été terminé en 1839. Il a pris sa dénomination d'un *soleil doré* placé à chaque porte.

SOLY (RUE).

Commence à la rue de la Jussienne, n°s 5 et 7; finit à la rue des Vieux-Augustins, n°s 32 et 34. Le dernier impair est 17; le dernier pair, 18. Sa longueur est de 78 m. — 3e arrondissement, quartier du Mail.

Cette rue, ouverte en 1548, doit son nom à sire Antoine *Soly*, échevin en 1549, sous la prévôté de maître Claude Guyot. — Une décision ministérielle du 20 fructidor an XI, signée Chaptal, fixa la largeur de cette voie publique à 6 m. Cette largeur a été portée à 8 m. en vertu d'une ordonnance royale du 23 juillet 1828. Propriétés du côté des numéros impairs, retranch. 1 m. 60 c. à 2 m.; de 2 à 12, ret. 3 m. à 3 m. 60 c.; 14, 16, ret. 3 m. 50 c. — Conduite d'eau depuis la rue de la Jussienne jusqu'à la borne-fontaine. — Éclairage au gaz (compe Française).

SORBONNE (ÉGLISE).

Située sur la place du même nom. — 11e arrondissement.

La Sorbonne qui joua un si grand rôle dans notre histoire, ne devait être, dans l'esprit de son fondateur, qu'un modeste asile offert aux écoliers dont la pauvreté était reconnue. — Robert dit de *Sorbon*, parce qu'il était né à Sorbon, village près de Rhétel, fut le fondateur de ce collège, auquel il donna son nom. Cette fondation eut lieu au mois de février 1250. On lit dans la vie de saint Louis, par le confesseur de la reine Marguerite : « *Le Benoict roy fit acheter mesons qui sont en deux rues assises à Paris, devant le palés des Thermes, esquelles il fit faire mesons bonnes et grandes,*

— SOR —

pour ce que écoliers étudiants à Paris demorassent là à toujours. » — La fondation de ce collège fut confirmée par lettres du Saint-Siége, données par Alexandre IV, en 1259. Le but du fondateur avait été de rétablir au sein de l'Université l'ancienne école du Parvis, et de rendre à cette institution théologique toute l'illustration qui l'entourait au temps d'Abailard. L'Université, qui jalousait l'influence monacale, laissa aux membres de la Sorbonne autant de liberté et d'indépendance que leur profession pouvait en comporter. Les sorbonistes étaient divisés en sociétaires, *sodales*, et en simples hôtes, *hospites*. Le premier titre appartenait aux licenciés : plus tard il fut réservé aux docteurs. Le nombre des professeurs de la Sorbonne s'est élevé jusqu'à sept. Celui des auditeurs n'est pas connu, on sait seulement qu'il y en avait des quatre nations. Cette maison portait le nom de *Congrégation des pauvres maîtres de la Sorbonne*. Les sorbonistes conservèrent cette humble dénomination, jusqu'au moment où ils cessèrent de former un corps. La première dignité de cette congrégation était celle de proviseur. Son autorité était réglée par la communauté. Le prieur était le second dignitaire. Chargé de la police de la maison, il présidait les assemblées. Les bacheliers concouraient à son élection. Le soin de conserver les règles de l'institution était confié à quatre docteurs choisis parmi les plus âgés, on les appelait *seniores*. Les procureurs, *procuratores*, s'occupaient de la dépense et de la recette de la maison dont ils rendaient compte aux *seniores*. Il y avait en outre un bibliothécaire et des professeurs. Parmi ces derniers, on distinguait les *lecteurs* qui se chargeaient d'expliquer les textes d'enseignement; les *conférenciers* qui présidaient aux discussions entre les clercs; enfin les *docteurs* qui enseignaient en chaire la science théologique. — Cette bonne administration et l'excellence des études furent les causes de l'influence de la Sorbonne. Souvent elle dominait le peuple, les rois et les papes. Malheureusement sa puissance ne tourna pas toujours au profit de la France. Des noms flétrissants furent même donnés plusieurs fois à la Sorbonne; ainsi, sous le règne de Charles VI, on l'appelait *Sorbonne bourguignonne*. — En 1407, les ducs d'Orléans et de Bourgogne se disputaient le gouvernement de la France. Jean-sans-Peur se débarrassa de son antagoniste, en le faisant assassiner. Un docteur de la Sorbonne, *Jean Petit*, osa se charger de l'apologie de ce crime. Une assemblée fut convoquée à cet effet, le 8 mars 1408, à l'hôtel Saint-Paul. Le roi, le dauphin, les princes du sang et les notables y assistèrent. L'assassin Jean-sans-Peur comparut, appuyé sur le bras du docteur Jean Petit. Le sorboniste raconta en chaire, et divisa l'éloge de l'assassinat en douze parties. Après avoir lâchement outragé la mémoire du duc d'Orléans, il soutint que la mort du tyran était une action vertueuse, plus méritoire dans un chevalier que dans un écuyer, et beaucoup plus admirable encore dans un prince que dans un chevalier.

— SOR —

Pas une voix ne s'éleva pour repousser l'affreuse doctrine de ce fanatique, et l'assemblée se sépara frappée de stupeur! — Ce fut encore la Sorbonne qui pressa le plus vivement la mise en jugement de l'héroïque Jeanne d'Arc. En 1430, le duc de Bedfort adjugea la vierge de Vaucouleurs au docteur Jean Cauchon, sorboniste, qui la fit périr dans les flammes.

Les bâtiments et la chapelle Sorbonne tombaient en ruine, lorsque le cardinal de Richelieu se chargea de les faire reconstruire sur un plan beaucoup plus riche et plus vaste. Les bâtiments du collège furent commencés en 1629, et la chapelle en 1635. Le portail de l'église est de deux ordres, le premier, corinthien avec des colonnes engagées, et le second, composite, mais formé seulement par des pilastres qui répondent aux colonnes. Le portail, du côté de la cour, n'a qu'un seul ordre de dix colonnes isolées, élevé sur un perron d'environ dix marches, et couronné d'un fronton à l'imitation des anciens. Le dôme est accompagné comme celui du Val-de-Grâce, de quatre campaniles et de statues. La coupole, peinte par Philippe de Champagne, est très bien conservée. Au milieu de la nef, on admire le tombeau en marbre du cardinal de Richelieu. C'est un des plus beaux ouvrages de Girardon. Le corps du ministre avait été déposé dans un caveau, au-dessous du mausolée. Le czar Pierre-le-Grand avait une si haute idée du génie de Richelieu, qu'à la vue de son tombeau il s'écria, transporté d'enthousiasme : « Oh grand homme! si tu vivais, je te donnerais la moitié de mon empire pour apprendre de toi à gouverner l'autre. » — Pendant la révolution on voulut établir, dans l'église Sorbonne, un amphithéâtre pour les séances de l'école normale. Ce projet resta sans exécution. Le bâtiment fut endommagé, puis abandonné. Cette église, après avoir été restaurée, a été rendue au culte le 10 juillet 1825. Choron, fondateur et chef de l'institution de musique religieuse, y conduisait ses élèves tous les dimanches. Depuis 1831, époque de la mort de Choron, les chants ont cessé. On dit cependant une messe, tous les jours, à huit heures du matin, dans l'église Sorbonne. — Les bâtiments de l'ancien collège servent aujourd'hui aux facultés de théologie, des lettres et des sciences de l'académie.

SORBONNE (PLACE).

Commence aux rues de Cluny, n° 2, et Sorbonne n° 16; finit aux rues Neuve-de-Richelieu, n° 1, et des Maçons. Le dernier impair est 5; le dernier pair, 4. Sa longueur est de 44 m. — 11e arrondissement, quartier de la Sorbonne.

Elle a été construite en 1639. En 1793, on lui donna le nom de *Chalier*, fougueux révolutionnaire décapité à Lyon. — Une décision ministérielle du 8 nivôse an XIII, signée Champagny, a fixé la largeur de cette voie publique à 35 m. 50 c. Les propriétés riveraines sont alignées, à l'exception de celle n° 5 qui devra subir un faible retranchement.

Au n° 3 se trouvait une des entrées du *collége de

— SOU —

Cluny*. Il fut fondé en 1269 par Yvès de Vergy, abbé de Cluny, pour les religieux de son ordre. La chapelle était d'une belle architecture. Ce collège, qui occupait l'espace circonscrit par le passage des Jacobins (aujourd'hui rue des Grès), les rues de Cluny, de la Harpe et la place Sorbonne, a été supprimé en 1790. Devenu propriété nationale, il fut aliéné le 24 fructidor an V. La chapelle servit longtemps d'atelier au peintre David. C'est là que furent exécutées les belles pages du sacre de Napoléon, de la distribution des aigles, et du Léonidas. Elle a été démolie en 1834.

SORBONNE (RUE).

Commence à la rue des Mathurins, n°s 5 et 9; finit à la place Sorbonne, n° 2. Le dernier impair est 9; le dernier pair, 16. Sa longueur est de 193 m. — 11e arrondissement, quartier de la Sorbonne.

Presqu'entièrement construite vers 1250, on la nommait alors rue des *Portes* ou des *Deux-Portes*. En l'année 1300, le poëte Guillot l'appelle rue aux *Hoirs-de-Sabonnes*; depuis, c'est la rue *Sorbonne*, en raison de sa proximité de la maison de Sorbonne. — Séance du jeudi soir (18 octobre 1792). « Vu la demande du pro-
» cureur de la commune, tendant à ce que la rue de
» Sorbonne qui rappelle un corps aussi astucieux que
» dangereux, ennemi de la philosophie et de l'humani-
» té, un corps enfin qui ne voulait voir que des doc-
» teurs là où l'on ne doit voir que des hommes, que
» cette rue porte désormais le nom de Catinat, nom
» d'un fameux guerrier, honnête homme né dans cette
» rue; le conseil général arrête que cette rue portera
» désormais le nom de rue *de Catinat*; qu'en consé-
» quence le présent arrêté sera envoyé au procureur
» de la commune pour qu'il en suive l'exécution. »
(Extrait des registres de la commune, tome 2, p. 171).
— Une décision ministérielle en date du 23 prairial an VII, signée François de Neufchâteau, a fixé la largeur de cette voie publique à 8 m. En 1802, elle a repris la dénomination de rue *Sorbonne*. — Le mur de clôture situé sur le côté des numéros impairs, à l'encoignure de la rue des Mathurins, une partie des dépendances de la Sorbonne et la propriété n° 14, sont à l'alignement.

SOUFFLOT (RUE).

Commence à la place du Panthéon; finit à la rue Saint-Jacques, n° 149. Le dernier impair est 3; le dernier pair, 10. Sa longueur est de 83 m. — 12e arrondissement, quartier Saint-Jacques.

Le plan annexé aux lettres-patentes de 1757, relatives à la construction de l'église Sainte-Geneviève et à la formation de ses abords, ne fait pas mention de cette rue. Cependant elle a été exécutée quelques années après sur l'emplacement d'une partie du collège de Lisieux. (Voir pour l'historique de ce collège l'article de la rue *Jean-de-Beauvais*.) Jaillot indique cette voie publique, mais sans dénomination. Le plan de Verni-

— SOU —

.quet la désigne sous le nom de rue du *Panthéon-Français*. Le 24 frimaire an XIII, le ministre de l'intérieur Champagny approuva le prolongement de cette voie publique jusqu'au jardin du Luxembourg. La largeur de ce percement était fixée à 12 m. En 1807, la rue qui fait l'objet du présent article portait le nom de rue Soufflot. — Conformément à une décision ministérielle du 13 juin de la même année, la largeur de cette voie publique est déterminée ainsi qu'il suit, savoir : à 37 m. 56 c. à son entrée par la place, et à 31 m. du côté de la rue Saint-Jacques. Les propriétés nos 1, 3, 2, 2 bis et 10 ne sont pas soumises à retranchement. Une ordonnance royale du 9 août 1826 porte : « Article 1er. Il sera ouvert dans notre bonne ville de Paris : 1° une rue de 14 m. de largeur en prolongement de la rue Soufflot, dans l'axe de l'église Sainte-Geneviève, depuis la rue Saint-Jacques jusqu'au jardin du Luxembourg. La portion de ladite rue, comprise entre la rue d'Enfer et le Luxembourg, sera plantée d'arbres et fermée la nuit par une grille, etc. » — En vertu d'une loi du 2 juillet 1844, relative à l'amélioration des abords du Panthéon, le prolongement de la rue Soufflot doit être exécuté en quatre années, à partir de la promulgation de cette loi.

Jacques-Germain *Soufflot*, célèbre architecte, naquit à Irancy, près d'Auxerre, en 1714. Dès son enfance il manifesta un penchant si prononcé pour l'architecture, que son père, qui s'était d'abord opposé à sa vocation, le laissa bientôt libre de la suivre. Il lui donna les meilleurs maîtres, et l'envoya en Italie pour étudier les œuvres des grands artistes. — Après trois années de laborieuses études à Rome, Soufflot envoya à Lyon son esquisse pour le dôme de l'église des Chartreux. Ce projet avait été reconnu tellement supérieur à tous les autres, qu'il fut adopté par acclamations. La ville de Lyon chargea bientôt l'artiste, dont elle avait apprécié le mérite, de construire l'*Hôtel du Change*, la *Salle de Spectacle* et l'*Hôtel-Dieu*. Soufflot mit le sceau à sa réputation en élevant la basilique de Sainte-Geneviève, connue aujourd'hui sous le nom de *Panthéon*. Nommé intendant des bâtiments du roi, Soufflot mourut le 29 août 1781.

SOURDIÈRE (RUE DE LA).

Commence à la rue Saint-Honoré, nos 306 et 308; finit à la rue de la Corderie, nos 1 et 3. Le dernier impair est 33; le dernier pair, 38. Sa longueur est de 256 m. — 2e arrondissement, quartier du Palais-Royal.

Ce n'était au commencement du XVIIe siècle qu'une allée qui longeait le jardin de M. de la Faye, sieur *de la Sourdière*. En 1663, elle fut convertie en rue. — Une décision ministérielle du 15 floréal an V, signée Benezech, fixa la largeur de cette voie publique à 6 m. Cette largeur a été portée à 9 m. en vertu d'une ordonnance royale du 4 octobre 1826. Propriétés de 1 à 9, retranch. 2 m. 80 c. à 3 m. 20. c; de 11 à 15, ret. 2 m. 30 c, à 2 m, 80 c. ; de 17 à la fin, ret. 1 m, 80 c. à 2 m.

— SOU —

30 c. ; de 2 à 8, redress. ; de 10 à la fin, alignées. — Éclairage au gaz (compe Anglaise).

La Fontaine a quelque temps habité la rue de la Sourdière. Aucun renseignement positif n'est venu jusqu'à présent signaler à l'hommage de ses concitoyens la demeure du grand fabuliste.

SOURDIS (IMPASSE).

Située dans la rue des Fossés-Saint-Germain-l'Auxerrois, entre les nos 29 et 31. Pas de numéro. Sa longueur est de 11 m. — 4e arrondissement, quartier du Louvre.

C'était au XIIe siècle la rue *Chardeporc*. Elle aboutissait alors à la rue de l'Arbre-Sec. Elle forma deux impasses lors de la reconstruction du cloître Saint-Germain-l'Auxerrois. La première est connue aujourd'hui sous le nom d'impasse *Courbaton* (voir cet article). La seconde est l'impasse Sourdis. Elle tire son nom de l'hôtel ainsi appelé, qui appartenait, à la fin du XVIe siècle, à la marquise de Sourdis, tante de Gabrielle d'Estrées. On sait que la maîtresse de Henri IV mourut le 9 avril 1599, dans sa maison dite du *Doyenné*. Cet hôtel, situé devant le portail de l'église Saint-Germain-l'Auxerrois, communiquait à l'hôtel Sourdis par une porte qui ouvrait sur le cloître. — Il n'existe pas d'alignement arrêté pour l'impasse Sourdis dont la largeur actuelle est de 6 m. 80 c.

SOURDIS (RUELLE).

Commence à la rue d'Orléans, nos 3 et 5; finit à la rue d'Anjou, nos 19 et 21. Pas de numéro. Sa longueur est de 213 m. — 7e arrondissement, quartier du Mont-de-Piété.

Cette ruelle, construite vers 1631, doit son nom à l'hôtel de Sourdis qui avait appartenu au cardinal de Retz, à ce prélat qui portait, pendant la guerre civile de la Fronde, un poignard en guise de bréviaire. Cette propriété, située dans la rue d'Orléans, n° 9, appartenait avant la révolution à la maison de Cambis. Les bâtiments ont été entièrement reconstruits en 1840. Ils sont occupés aujourd'hui par les vastes ateliers de M. Denière, fondeur en bronze. — La ruelle Sourdis, qui forme équerre, est fermée à ses deux extrémités. Il n'existe pas d'alignement arrêté pour cette ruelle dont la largeur actuelle est de 3 m.

SOURDS-MUETS (INSTITUTION DES).

Située dans la rue Saint-Jacques, n° 254. — 12e arrondissement, quartier de l'Observatoire.

1re PARTIE. — *Hôpital Saint-Jacques-du-Haut-Pas.* — *Religieux de Saint-Magloire et Séminaire Saint-Magloire.*

Les bâtiments de l'institution des Sourds-Muets, ayant été construits sur la plus grande partie de l'emplacement occupé autrefois par le séminaire Saint-Magloire, nous parlerons d'abord de cet ancien établissement. C'était dans l'origine un hôpital connu sous le nom de *Saint-Jacques-du-Haut-Pas*. Il fut fondé par des religieux qui lui donnèrent leur nom. Cet ordre parait être le même que celui de ces moines nommés *Pontifices* ou faiseurs de ponts. Ce ne fut d'abord qu'une société qui prit naissance en Italie, au milieu du XIIe siècle, et dont tous les membres s'étaient voués à l'occupation pénible de faciliter aux pèlerins le passage des rivières, en faisant eux-mêmes des bacs et des ponts pour cet usage. « Aussi, dit le P. Hélyot dont nous rappelons ici l'opinion, ces religieux portaient-ils, comme marque distinctive, un marteau brodé sur la manche gauche de leur habit. » Cet institut qui trouva de nombreux protecteurs, forma dans la suite une espèce de congrégation religieuse dont le chef-lieu fut le grand hôpital de Saint-Jacques-du-Haut-Pas, situé dans le diocèse de Lucques, en Italie. Ces religieux avaient sans doute pris leur nom d'un endroit appelé Haut-Pas ou Maupas, situé sur la rivière d'Arno, où fut créé le premier établissement de leur ordre. Jaillot pense qu'ils vinrent se fixer à Paris à la fin du XIIe siècle. Ces hospitaliers ne pouvant rendre au pays qu'ils venaient d'adopter tous les services auxquels ils s'étaient obligés par leur institut, cherchèrent d'autres moyens d'être utiles. Ils élevèrent un hôpital où ils reçurent les pèlerins des deux sexes et leur prodiguèrent tous les secours de l'humanité et de la religion. Malgré la suppression de cet ordre par Pie II, en 1459, et la réunion de ses revenus à celui de Notre-Dame-de-Bethléem, la considération dont il jouissait en France engagea les hauts dignitaires ecclésiastiques à demander leur conservation. Antoine Canu, qui en était commandeur en 1519, avait fait reconstruire l'hôpital et une partie de la chapelle. Au mois de juillet de cette année, elle fut dédiée sous l'invocation de *Saint-Raphaël-Archange* et de *Saint-Jacques-le-Majeur*. Les habitants des faubourgs Saint-Jacques et Saint-Michel se trouvant trop éloignés des églises Saint-Médard, Saint-Hippolyte et Saint-Benoît, leurs paroisses, désiraient depuis longtemps l'érection de la chapelle Saint-Jacques-du-Haut-Pas en succursale. L'official accéda à leur demande en 1566. L'hôpital se trouvait alors, à ce qu'il paraît, dans le domaine du roi; on voit qu'en 1554 il fut destiné à recevoir les soldats blessés. Vers 1561, le roi en faisait acquitter les dettes. L'ordre de Saint-Jacques-du-Haut-Pas allait s'éteindre en France, lorsque Catherine de Médicis, en 1572, fit transférer à Saint-Jacques-du-Haut-Pas les religieux de Saint-Magloire. Cette translation qui ne s'opéra que difficilement, et contre le gré de ces moines, fit naître de nombreuses contestations, et amena un tel relâchement des principes constitutifs de cet ordre, que Pierre de Gondi, évêque de Paris et abbé de ce monastère, se crut obligé de recourir à l'autorité du parlement qui, par son arrêt du 13 février 1586, ordonna que cette abbaye serait réformée, et nomma deux commissaires à cet effet. La réforme eut d'abord quelque succès, mais le nombre des religieux diminua successivement, et à un tel point, que Henri de Gondi, cardinal de Retz, résolut d'y établir un séminaire, ainsi qu'il en avait déjà manifesté l'intention. Il obtint au mois de juillet 1618 des lettres-patentes qui autorisèrent la fondation de cet établissement. Le cardinal confia aux pères de l'Oratoire la direction du nouveau séminaire. On a vu sortir de cette école pendant près de deux siècles, des sujets les plus distingués ; plusieurs ont su obtenir et mériter les plus hautes dignités ecclésiastiques. Par une transaction passée le 7 mars 1620, les oratoriens convinrent de laisser les religieux de Saint-Magloire habiter leur ancienne maison, et d'accorder à chacun d'eux une pension de 414 livres, ainsi que la prébende de l'église Notre-Dame qu'on avait affectée à leur mense. Le dernier de ces religieux y mourut en 1669. Les bâtiments de l'ancien hôpital de Saint-Jacques-du-Haut-Pas avaient été en partie reconstruits par les oratoriens. L'église n'avait rien de remarquable. Le séminaire de Saint-Magloire, supprimé en 1790, devint propriété nationale. Une faible portion de ses bâtiments fut vendue les 2e jour complémentaire de l'an IV, et 24 germinal an VI. La presque totalité de cet établissement demeura dans les mains de l'État, qui affecta ces constructions aux Sourds-Muets.

2e PARTIE. — *Institution des Sourds-Muets.*

Quelques essais avaient été tentés en Europe pour l'instruction de ces pauvres créatures. Pierre-Ponce et Jean Bonnet, en Espagne; Wallis et Burnet, en Angleterre ; Emmanuel Ramirez de Cortone; Pierre de Castro de Mantoue; Conrad Amman, en Hollande; Van Helmont, en Allemagne; Pereire et Ernaud, en France, avaient instruit quelques sourds-muets isolément; mais les travaux de ces premiers maîtres s'étaient arrêtés au bienfait d'une éducation individuelle, et n'avaient obtenu aucun de ces résultats que l'humanité proclame grands et utiles. En 1774, un homme sans protection, un prêtre sans bénéfice, s'efforçait de pénétrer dans l'âme du sourd-muet, de renverser la barrière que la privation d'un sens avait élevée entre lui et le reste des hommes. Il voulait créer à ces enfants une société où chacun pût apporter sa part d'intelligence à la ruche commune. Lui seul avait deviné toutes les ressources que le langage mimique pouvait offrir dans l'éducation des sourds-muets; il s'empara de ce langage, l'étendit, le perfectionna, le construisit sur le modèle de nos langues conventionnelles, et le fit bientôt servir au développement intellectuel de ses élèves et à l'interprétation des mots. Une circonstance heureuse pour l'humanité révéla l'existence de l'abbé de l'Épée et de son intéressante école. Pendant son séjour à Paris, l'empereur Joseph II voulut assister aux leçons du vénérable ecclésiastique. Frappé d'admiration, il lui offrit une riche abbaye dans ses états. « Je suis déjà vieux, répondit de l'Épée, si votre majesté veut du bien aux sourds-muets, ce n'est pas sur ma tête déjà courbée vers la tombe qu'il faut le placer, c'est sur l'œuvre même. » L'empereur saisit la pensée de cet homme de bien, lui envoya l'abbé Storck qui, après avoir recueilli ses leçons, retourna en Allemagne fonder l'institution des Sourds-Muets de Vienne. Joseph II sut aussi faire partager ses sentiments d'admiration à la reine Marie-Antoinette, sa sœur, qui voulut voir l'abbé de l'Épée. Bientôt la foule se porta au modeste établissement des Sourds-Muets, et un arrêt du conseil du 21 novembre 1778 ordonna que cette école serait établie dans le couvent des Célestins. La constance de l'abbé de l'Épée devait supporter de nouvelles épreuves. Ce ne fut que sept ans après que le gouvernement s'occupa réellement de l'exécution de ce projet. En 1780, l'ambassadeur de Russie venait s'incliner devant l'abbé de l'Épée, le féliciter de la part de Catherine II, et lui offrir de riches présents. « Monsieur l'ambassadeur, répondit le pauvre prêtre, dites à sa majesté que je ne lui demande pour toute faveur que de m'envoyer un sourd-muet que j'instruirai. » — L'école de l'abbé de l'Épée fut transférée dans les bâtiments des Célestins en 1785. Alors cet établissement fut doté d'une gratification annuelle de 3,400 livres. L'abbé de l'Épée mourut à l'âge de 77 ans, en 1789, le 23 décembre, jour anniversaire de la naissance de Montyon. L'oraison funèbre de l'instituteur des Sourds-Muets fut prononcée le 23 février 1790, par l'abbé Fauchet, prédicateur ordinaire du roi, en présence d'une députation de l'assemblée nationale. L'école des Sourds-Muets à laquelle on affecta bientôt une dotation de 12,700 francs, fut transférée dans une partie des bâtiments du séminaire Saint-Magloire.

Loi du 26 ventôse an XI. — « Les bâtiments situés rue du Faubourg-Saint-Jacques, attenant le ci-devant *séminaire Saint-Magloire*, affecté à l'établissement des Sourds-Muets; savoir : ceux sous les n°s 346 (114), occupés par un corps-de-garde et le citoyen Adam; et ceux sous les n°s 348 (112) et 349 (113), habités par le citoyen Lepetit, marchand de charbon, sont et demeurent abandonnés à cet établissement pour les démolir et agrandir la porte d'entrée, à la charge par le dit établissement de supporter les indemnités auxquelles les locataires qui occupent les dits bâtiments pourraient avoir droit.... » — Les nouveaux bâtiments de l'école des Sourds-Muets ont été construits en 1823, sur les plans de M. Peyre, architecte.

SPIRE (RUE SAINT-).

Commence à la rue des Filles-Dieu, n°s 18 et 20; finit à la rue Sainte-Foy, n°s 6 et 8. Le dernier impair est 5; le dernier pair, 8. Sa longueur est de 46 m. — 5e arrondissement, quartier Bonne-Nouvelle.

Les plans de la Grive et de Robert de Vaugondy, publiés, le premier en 1753, le second en 1760, ne donnent à cette rue aucune dénomination. Elle existait pourtant un siècle avant leur publication. En 1765, c'était la rue du *Cimetière*, en raison du cimetière Saint-Sauveur qui y était situé. Elle prit plus tard, d'une enseigne, le nom de *Saint-Spire*, qui n'est qu'une altération de saint Exupère, premier évêque de Bayeux, au IVe siècle. — Une décision ministérielle, signée Laplace, et rendue sur le rapport du conseil des bâtiments civils du 28 brumaire an VI, fixa la largeur de cette voie publique à 6 m. En vertu d'une ordonnance royale du 21 juin 1826, cette largeur a été portée à 8 m. Propriétés du côté des numéros impairs, alignées; propriétés du côté opposé, retranch. 2 m. 80 c. — Éclairage au gaz (compe Française).

STANISLAS (COLLÉGE).

Situé dans la rue Notre-Dame-des-Champs, n° 34. — 11e arrondissement, quartier du Luxembourg.

Ce n'était autrefois qu'un établissement particulier, sous la direction de M. Liautard. En 1822, il fut érigé en collège. Le 13 février de la même année, Louis XVIII désirant montrer tout l'intérêt qu'il portait à cet établissement, voulut bien permettre qu'on lui donnât un de ses noms. Ce collège, dirigé par des ecclésiastiques, occupe les bâtiments de l'hôtel Terray. — La ville de Paris a fait l'acquisition du collège Stanislas en vertu d'une ordonnance royale du 15 juin 1825.

STANISLAS (RUE).

Commence à la rue Notre-Dame-des-Champs, n°s 24 et 24 bis; finit au boulevart du Mont-Parnasse, n° 47. Le dernier impair est 11; le dernier pair, 18. Sa longueur est de 245 m. — 11e arrondissement, quartier du Luxembourg.

Une ordonnance royale du 1er mars 1826 porte ce qui suit : « Article 1er. Le sieur Terray est autorisé à ouvrir sur son terrain une rue de 12 m. de largeur, pour communiquer de la rue Notre-Dame-des-Champs jusqu'au boulevart Mont-Parnasse, à Paris. — Art. 2e. Cette autorisation est accordée à la charge par l'impétrant : 1° de border la nouvelle rue de trottoirs en pierre dure d'une largeur qui sera déterminée par l'administration; 2° de supporter les frais du premier établissement du pavage et de l'éclairage; 3° de supporter également les dépenses des travaux à faire pour l'écoulement souterrain ou à ciel ouvert des eaux pluviales et ménagères; 4° de se soumettre aux lois et règlements sur la voirie de Paris, etc. » La rue fut immédiatement ouverte, mais sans dénomination. — Une décision ministérielle du 24 décembre 1834, signée Thiers, a donné à cette voie publique le nom de rue *Stanislas*, en raison de sa proximité du collège ainsi appelé.

STOCKOLM (RUE DE).

Commence aux rues d'Amsterdam et de Londres; finit aux rues de Vienne et du Rocher. Pas encore de numéro. Sa longueur est de 377 m. — 1er arrondissement, quartier du Roule.

Une ordonnance royale du 24 juin 1831, porte ce qui suit : « Article 1er. M. Hagerman, madame veuve et les héritiers Mignon sont autorisés à ouvrir sur les terrains

— STU —

dont ils sont propriétaires dans le nouveau quartier de Tivoli, à Paris, une rue de 12 m. de largeur, conformément au plan ci-annexé ; ladite rue communiquant du carrefour de Tivoli à la rencontre des rues de Vienne, du Rocher et de la Bienfaisance ; — Art. 2°. L'autorisation accordée aux impétrants pour l'ouverture de cette rue leur est donnée à la charge par eux d'exécuter toutes les conditions stipulées dans la délibération du conseil municipal de Paris du 20 octobre 1830, etc. » — Cette délibération impose aux impétrants les conditions suivantes : 1° de livrer gratuitement le terrain nécessaire à la formation de la rue ; 2° de faire établir à leurs frais des trottoirs de 1 m. 72 c. de largeur ; 3° de supporter les premiers frais d'établissement de pavage et d'éclairage de ladite rue ; 4° de pourvoir, si la chose est reconnue possible par l'administration, au moyen d'aqueduc ou d'égout, à l'écoulement des eaux pluviales et ménagères ; 5° de diriger par des chaîneaux et des conduits les eaux pluviales sur la rue. » —Cette voie publique fut immédiatement ouverte, et reçut le nom de rue de *Stockolm*, en raison de sa situation dans le quartier d'Europe. Stockolm est la capitale de la Suède. — Conduite d'eau depuis la rue d'Amsterdam jusqu'à la borne-fontaine.

STUART (RUE MARIE-).

Commence à la rue des Deux-Portes, n°s 5 et 7 ; finit à la rue Montorgueil, n°s 70 et 72. Le dernier impair est 23 ; le dernier pair, 26. Sa longueur est de 114 m.— 5° arrondissement, quartier Montorgueil.

Des titres de 1390 prouvent que cette rue était alors complètement bâtie. Des filles publiques qui l'habitaient, lui firent donner le nom de rue *Tire-V*... Dès 1419, cette dénomination obscène était changée, et la rue s'appelait *Tire-Boudin*. Au sujet du changement de son ancien nom en celui de Tire-Boudin, Saint-Foix raconte sans examen l'anecdote suivante : « Marie-Stuart, femme de François II, passant dans cette rue, en demanda le nom ; il n'était pas honnête à prononcer, on en changea la dernière syllabe, et ce changement a subsisté. » Celui qui a fourni ce petit conte à cet écrivain a manqué d'exactitude. Marie-Stuart, reine d'Écosse, fut mariée à François II en 1558 ; dès 1419, le censier de l'évêché indique cette rue sous le nom de Tire-Boudin ; elle porte la même dénomination dans le compte des confiscations pour les Anglais, en 1420 et 1421. — Une décision ministérielle du 28 brumaire an VI, signée Letourneux, fixa la largeur de cette voie publique à 7 m.

« Paris, le 25 juillet 1809. — Le ministre de l'intérieur par intérim, comte de l'empire, à M. le préfet de la Seine. Vous m'avez prévenu de la demande que forment les habitants de la rue Tire-Boudin, d'être autorisés à changer le nom de cette rue : j'accède très volontiers à leur demande ; mais il me semble que le nom de la rue du *Grand-Cerf*, qu'ils proposent de substituer à l'ancien, a quelque chose d'ignoble : ce nom de

— SUL —

Grand-Cerf rappelle plutôt l'enseigne d'une auberge que le nom d'une rue. Je pense qu'il est plus convenable de lui donner le nom de la princesse à qui la rue Tire-Boudin dut son premier changement. Le nom de *Marie-Stuart* rappellera une anecdote citée dans tous les itinéraires de Paris. Ce changement devra s'effectuer, comme il est d'usage, aux frais des propriétaires des maisons qui bordent la rue. Signé, Fouché. » — Une ordonnance royale du 21 juin 1826 a fixé la largeur de la rue Marie-Stuart à 10 m. Maison n° 1, retranch. 1 m. 55 c. ; 3, 5, alignées ; 7, ret. réduit 90 c. ; 9, ret. réduit 80 c. ; 11, alignée ; 13, redress. ; 15, alignée ; 17, ret. 40 c. ; 19, ret. réduit 90 c. ; 21, ret. réduit 1 m. 30 c. ; 23, ret. réduit 1 m. 70 c. ; 2, ret. 2 m. ; de 4 à 10, ret. 2 m. 80 c. à 3 m. 30 c. ; 12, 14, ret. 3 m. 30 c. à 3 m. 80 c. ; 16, 18, ret. 3 m. 80 à 4 m. ; 20, ret. réduit 3 m. 70 c. ; 22, ret. réduit 3 m. 10 c. ; 24, ret. réduit 2 m. 70 c. ; 26, ret. réduit 2 m. 40 c. — Éclairage au gaz (comp° Française).

SUFFREN (AVENUE

Commence au quai d'Orsay, n° 73 ; finit à l'avenue Lowendal, n° 4. Pas de numéro impair ; ce côté est bordé par le Champ-de-Mars ; le dernier pair est 16. Sa longueur est de 1,200 m. — 10° arrondissement, quartier des Invalides.

Formée vers 1770, cette avenue a été cédée à la ville de Paris, en vertu d'une loi du 19 mars 1838. (Voyez *avenue de La Bourdonnaye*.) — Sa largeur varie de 38 m. à 56 m. — Conduite d'eau entre la rue Duplex et l'avenue Lowendal.

Pierre-André de Suffren, vice-amiral, bailli de l'ordre de Malte, naquit au château de Saint-Cannat, en Provence, le 13 juillet 1726, et mourut à Paris le 8 décembre 1788. Pour rendre hommage à la valeur de Suffren, les états de Provence avaient fait frapper une médaille à son effigie avec cette inscription qui résume ses glorieux exploits :

« LE CAP PROTÉGÉ, TRINQUEMALE PRIS,
» GONDELOUR DÉLIVRÉ, L'INDE DÉFENDUE,
» SIX COMBATS GLORIEUX.
» LES ÉTATS DE PROVENCE
» ONT DÉCERNÉ CETTE MÉDAILLE
» L'AN MDCCLXXXIV. »

SULLY (RUE DE).

Commence à la rue de l'Orme ; finit au boulevart Morland et à la rue du Petit-Musc. Le dernier impair est 17 ; le dernier pair, 10. Sa longueur est de 248 m. — 9° arrondissement, quartier de l'Arsenal.

Dès la fin du XVIII° siècle, il était question de percer des rues dans l'enclos de l'Arsenal ; le document suivant nous en fournit la preuve :

« Louis, etc... Il sera incessamment et sans délai,
» à la diligence du procureur du roi et de la ville de
» Paris, fait un état des terrains, bâtiments et loge-
» ments qui sont renfermés dans l'enclos de l'Arsenal,

» et de tous les terrains et bâtiments, et celui des fos-
» sés qui le bordent seront divisés par plusieurs rues
» de largeur suffisante, formées dans la direction la
» plus utile et la plus convenable, conformément aux
» plans qui nous seront présentés et qui seront par
» nous agréés, etc. Donné à Versailles au mois d'avril,
» l'an de grâce 1788, et de notre règne le 14e. »
(Extrait de l'édit portant suppression de l'Arsenal de
Paris, de son gouvernement et de sa juridiction.) —
Ce projet n'eut point alors de suite. Le ministre de
l'intérieur, Champagny, approuva, le 20 juin 1807, le
projet d'une place à l'extrémité des quais Morland et
des Célestins et le percement d'*une rue de 12 m. de
largeur qui, partant de cette place, devait aboutir au
boulevart Bourdon.*

« Au palais de Bayonne, le 16 juin 1808. — Napoléon, etc... Article 1er. Le préfet du département de la
Seine est autorisé à traiter au nom de notre bonne
ville de Paris, avec le sieur Carpentier, dans les formes prescrites par la loi du 16 septembre 1807, de
l'acquisition d'une maison dont il est propriétaire à
l'Arsenal, et dont la démolition devient nécessaire
pour la formation de la *nouvelle rue de Sully*, etc... »
— L'emplacement occupé par cette rue faisait anciennement partie de la cour du grand Arsenal. — Une ordonnance royale du 21 septembre 1841 a maintenu la
largeur de 12 m., en modifiant toutefois les dispositions de l'alignement ministériel. Les constructions
riveraines ne sont pas soumises à retranchement. Le
numérotage de cette voie publique est irrégulier.

Maximilien de Béthune, duc de *Sully*, l'un des ministres dont la mémoire est restée chère à la France,
naquit à Rosny le 15 décembre 1560, et mourut à Vil-
lebon le 21 décembre 1641.

SULPICE (ÉGLISE SAINT-).

Située sur la place du même nom. — 11e arrondissement, quartier du Luxembourg.

L'époque de la fondation de Saint-Sulpice a donné
lieu à de nombreuses discussions. Quelques écrivains
en font remonter l'origine au commencement de la
seconde race; d'autres l'ont mise au rang des paroisses les plus modernes de Paris. Nous avons déjà constaté, dans le cours de cet ouvrage, l'ancienne habitude
de bâtir des chapelles ou oratoires près des basiliques.
Ainsi la chapelle Saint-Symphorien était située au
midi et près de l'église Saint-Vincent, depuis Saint-
Germain-des-Prés. Une semblable chapelle, sous
le nom de *Saint-Pierre*, existait au nord de cette basilique. Cet oratoire étant devenu trop petit pour la
population qui s'augmentait chaque jour, on construisit une autre chapelle sous le vocable de *Saint-Sulpice*.
Le premier acte qui la mentionne comme paroisse, est
une sentence arbitrale du mois de janvier 1210. Au
XVIe siècle, le faubourg Saint-Germain avait pris un
tel développement, que Saint-Sulpice ne pouvait suffire au nombre toujours croissant de ses paroissiens.

Une nef fut ajoutée, sous le règne de François Ier, et
six chapelles latérales en 1614. Ces additions ne donnèrent point encore à cette église les dimensions nécessaires. En 1643, il fut arrêté dans une assemblée de
marguilliers qu'un nouvel édifice serait construit. Le
20 janvier 1646, Anne d'Autriche, régente du royaume,
en posa la première pierre. La construction de cette
église fut commencée sur les dessins de Christophe
Gamart, qui fut bientôt remplacé par Louis Leveau.
Ce dernier étant mort en 1670, la direction des travaux fut confiée à Daniel Gittard. Il acheva la chapelle
de la Vierge, d'après le plan de son prédécesseur,
construisit le chœur, les bas-côtés qui l'environnent,
les deux croisées et le portail de gauche. Mais les dettes
considérables contractées par la fabrique forcèrent, en
1678, d'interrompre tout à coup les travaux. En 1683, le
curé et les marguilliers présentèrent au roi une requête
pour demander des secours et la permission de réunir les
paroissiens, pour aviser aux moyens de payer les dettes
et d'achever les bâtiments de leur église. Les travaux
ne purent être repris qu'en 1718, par les soins du curé
de cette paroisse, M. Languet de Gergy, qui déploya
dans cette grande entreprise un zèle et une activité
remarquables. Il ne possédait qu'une somme de 300 livres qu'il affecta à l'achat de quelques pierres, puis il
annonça pompeusement la continuation des travaux.
Son exemple, ses exhortations firent le reste. Il parvint
à émouvoir ses nombreux et riches paroissiens. La
piété de quelques uns, peut-être la vanité de plusieurs
autres, surtout l'exemple si contagieux sur les hommes, lui ouvrirent toutes les bourses. Le roi ajouta,
en 1721, le bénéfice d'une loterie. Ce monument fut
d'abord continué sous la conduite de Gille-Marie Op-
penord, directeur-général des bâtiments et jardins du
duc d'Orléans. Cet architecte avait mis en usage ces
ornements capricieux dont la profusion caractérise
presque tous les ouvrages exécutés sous le règne de
Louis XV. Les travaux de Saint-Sulpice se trouvèrent
heureusement trop avancés pour qu'il en surchargeât
davantage cet édifice.

Le portail, élevé sur les dessins de Servandoni, était
presque terminé en 1745. Le 30 juin de cette année,
l'église fut consacrée et dédiée sous l'invocation de
la *Sainte-Vierge*, de *Saint-Pierre* et de *Saint-Sulpice*.

La beauté du portail, son caractère noble et imposant, l'harmonie qui règne dans toutes ses parties,
attestent le goût et le génie de l'architecte. La longueur de ce portail est de 118 m. Il se compose de deux
ordres, le dorique et l'ionique.

Aux deux extrémités, sont deux corps de bâtiments
carrés qui servent de base à deux tours ou campanilles
qui ont 70 m. d'élévation, c'est-à-dire 3 m. de plus
que les tours de l'église Notre-Dame.

Il paraît que Servandoni échoua dans la composition
des tours. Elles étaient moins hautes qu'elles ne le
sont aujourd'hui, et n'avaient qu'une ordonnance. Le

— SUL —

curé et les marguilliers décidèrent qu'il fallait les reconstruire. Leur exécution fut confiée à un architecte médiocre, nommé Maclaurin, qui les éleva sur une double ordonnance ; la première était octogone et reposait sur un plan quadrangulaire, la seconde était de forme circulaire. Celle qui est située à l'angle méridional est de cet architecte.

En 1777, Chalgrin fut chargé de la reconstruction de ces deux tours, mais celle du nord a seule été rebâtie. Elle est composée de deux ordonnances : l'une sur un plan quadrangulaire et l'autre plus élevée sur un plan circulaire, quoique reposant sur un socle carré. Cette disposition est plus en harmonie avec l'architecture de la façade.

Entre les deux tours, Servandoni avait placé un fronton ; mais la foudre l'ayant dégradé en 1770, on le remplaça par une balustrade. Suivant l'opinion de plusieurs critiques, ces deux tours nuisent par leur aspect et leur isolement à l'effet général de l'édifice, et ressemblent assez aux jambages d'un meuble renversé.

A l'aplomb des tours sont deux chapelles : l'une est un baptistaire, et l'autre le sanctuaire du viatique. Elles sont ornées de statues allégoriques, sculptées par Boisot et Mouchi.

L'intérieur de Saint-Sulpice est d'un grand et noble effet. La longueur de l'édifice, depuis la première marche de la façade principale jusqu'à l'extrémité de la chapelle de la Vierge, est de 140 mètres. Sa hauteur, depuis le pavé jusqu'à la voûte, a 33 mètres. Les portes latérales offrent des niches extérieures où sont placées des statues de saints qui ont 3 mètres environ de proportion ; elles sont dues au ciseau de François Dumont.

Le chœur, entièrement construit sur les dessins de Gittard, est entouré de sept arcades dont les pieds-droits sont ornés de pilastres corinthiens ; cette ordonnance est aussi celle de la nef. En 1732 on posa solennellement la première pierre de l'autel principal.

La chapelle de la Vierge est remarquable entre toutes les autres par l'exécution de la statue et des groupes qui l'accompagnent, par son magnifique dôme et la manière ingénieuse dont il est éclairé.

A droite, dans la chapelle de *Saint-Maurice*, sont des peintures à fresque exécutées par MM. Vinchon et de George.

On remarque également les bénitiers de cette église qui sont formés de deux coquilles dont la république de Venise fit présent à François Ier. On cite encore la chaire placée en 1789, comme une merveille de hardiesse et d'élégance, la tribune du buffet d'orgues qui est soutenue par des colonnes d'ordre composite. Ces orgues ont été fabriquées par Cliquot, célèbre facteur.

La ligne méridienne, établie au milieu de la croisée, est tracée sur le pavé avec les signes du zodiaque. A son extrémité septentrionale, elle se prolonge et s'élève sur un obélisque de 8 mètres de hauteur. Cette ligne méridienne fut établie en 1723, par Henri de Sully, pour fixer d'une manière certaine l'équinoxe du printemps et le dimanche de Pâques.

Cette église renfermait plusieurs monuments sépulcraux, parmi lesquels nous citons ceux de Barthélemy d'*Herbelot*, savant orientaliste, et de Jean *Jouvenet*, peintre.

En 1793, l'église Saint-Sulpice reçut le nom de *Temple de la Victoire*. Sous le Directoire Exécutif, les théophilanthropes y tinrent leurs séances, sous la présidence de La Réveillère-Lepaux, leur grand pontife : Le 15 brumaire an VIII (9 novembre 1799), on donna dans cet édifice un banquet au général Bonaparte ; enfin, en 1802, l'église Saint-Sulpice fut érigée en paroisse du 11e arrondissement. Elle a pour succursales Saint-Germain-des-Prés et Saint-Séverin.

SULPICE (PLACE SAINT-).

Située entre les rues Férou, du Pot-de-Fer, du Vieux-Colombier et du Petit-Bourbon. Le dernier impair est 3 ; le dernier pair, 12. — 11e arrondissement, quartier du Luxembourg.

Cette place a été formée sur une partie du terrain occupé par l'ancien séminaire Saint-Sulpice, dont nous allons rappeler l'origine. Jean-Jacques Ollier, abbé de Pébrac, avait établi, en 1641, un séminaire à Vaugirard. Nommé curé de Saint-Sulpice l'année suivante, il emmena avec lui ses associés, les logea dans son presbytère, et plaça dans une maison de la rue Guisarde quelques autres ecclésiastiques qui désiraient entrer dans cet établissement. Leurs exercices eurent lieu en commun ; mais le nombre des prosélytes devint si considérable, que le fondateur résolut d'en faire deux communautés distinctes. Au mois de mai 1645, il acheta une maison et un jardin situés dans la rue du Vieux-Colombier. Ce fut sur leur terrain que, du consentement de l'abbé de Saint-Germain-des-Prés, on construisit les bâtiments nécessaires à ces deux communautés. Le premier de ces établissements fut autorisé cette même année par lettres-patentes, enregistrées au grand conseil le 6 septembre 1646, à la chambre des comptes le 30 décembre suivant, et au parlement le 2 décembre 1650. La chapelle fut bénite le 18 novembre de cette dernière année : elle était remarquable par les belles peintures dont Lebrun l'avait décorée. — Le petit séminaire était situé dans la rue Férou. Il porta dans le principe le nom de *Saint-Joseph*, et fut fondé en 1686, dans une maison de cette rue, que la construction du portail Saint-Sulpice força de démolir. On transféra le 10 juin de l'année suivante, cet établissement dans une autre propriété, achetée par le séminaire, dans le haut de la rue Férou. On avait réuni, en 1694, à ce petit séminaire, une autre communauté, connue sous le nom de *Sainte-Aure*. Les sulpiciens furent supprimés en 1792, et les bâtiments de leur communauté devinrent propriétés nationales.

Projets qui se rattachent à la formation et à l'alignement de la place Saint-Sulpice.

1º D'après un plan dressé par Servandoni, la largeur de cette place était fixée à 120 m. sur 208 m. de longueur, et les constructions à élever devaient avoir des façades symétriques. On a seulement construit, d'après cette disposition, les bâtiments situés à l'encoignure de la rue des Canettes. La première pierre en fut posée le 2 octobre 1754. 2º Un plan adopté par le ministre de l'intérieur, L. Bonaparte, le 26 thermidor an VIII, indiquait de nouvelles dispositions qui consistaient à réduire les dimensions de la place et à terminer le côté opposé à l'église par une portion circulaire. — Un arrêté des consuls du 16 vendémiaire an XI prescrivit l'exécution de ce plan dans le délai de six années. « Au palais de Saint-Cloud, le 25 juin 1806. — Napoléon, etc... Nous avons décrété et décrétons ce qui suit : Article 1ᵉʳ. L'arrêté du gouvernement, du 16 vendémiaire an XI, portant adoption d'un plan y annexé pour la formation d'une place demi-circulaire en avant de l'église paroissiale de Saint-Sulpice de la ville de Paris, est rapporté. — Art. 2ᵉ. Il sera substitué au plan indiqué par l'article ci-dessus un nouveau plan donnant à la place une forme rectangulaire d'une exécution moins coûteuse, mais pourtant symétrique, et susceptible de s'allier avec les embellissements de l'art, etc. Signé, Napoléon. » Un plan fut approuvé par le ministre de l'intérieur Champagny, le 19 octobre 1806, en conformité de ce décret. 4º Un plan fut encore adopté par le ministre de l'intérieur, le 19 juillet 1808, qui maintint la forme rectangulaire, mais qui assigna une plus grande dimension à la place. 5º Une décision ministérielle du 20 décembre 1810 prescrivit les dispositions suivantes : 1º *La place Saint-Sulpice sera portée jusqu'à la rue du Pot-de-Fer, et cette rue sera redressée et rendue parallèle au portail, par mesure de grande voirie, c'est-à-dire au fur et à mesure de la reconstruction des maisons ; 2º le système de décoration de la maison curiale construite au nord-est de cette place sera répété au sud-est, et la commune de Paris fera construire la nouvelle façade, sauf à revendre ensuite à son profit ces mêmes constructions avec le terrain ; 3º le surplus des bâtiments à construire au pourtour de la place Saint-Sulpice sera décoré à la volonté des propriétaires.* — 6º Un décret du 24 février 1811 ordonna l'achèvement de cette place dans le courant de la même année. Les dispositions arrêtées en 1810 ont été confirmées par une décision ministérielle du 9 mai 1812. — Les constructions de 2 à 12 et celles qui dépendent du séminaire ne sont pas soumises à retranchement. — En 1838, la place Saint-Sulpice a été nivelée et plantée d'arbres. On construit en ce moment une fontaine monumentale d'après les dessins de M. Visconti, architecte. — Égout. — Éclairage au gaz (compᵉ Française).

SULPICE (SÉMINAIRE SAINT-).

Situé sur la place du même nom. — 11ᵉ arrondissement, quartier du Luxembourg.

Nous avons dit à l'article précédent que les Sulpiciens furent supprimés en 1792. Rétablis en 1802, ils occupèrent la maison située à l'angle des rues de Vaugirard et du Pot-de-Fer, propriété qui appartenait autrefois aux Filles-de-l'Instruction-Chrétienne ou de la Très-Sainte-Vierge. « — Louis, etc... Nous avons ordonné et ordonnons ce qui suit : Article 1ᵉʳ. Il est fait abandon *au séminaire diocésain de Paris*, pour l'agrandissement de ce séminaire, du terrain libre ayant appartenu au séminaire de Saint-Sulpice, y formant un triangle qui se prolonge le long de la place Saint-Sulpice, de la rue Férou à celle du Pot-de-Fer ; ledit terrain placé entre les murs de clôture de l'ancien Petit Séminaire et les limites de la place Saint-Sulpice, etc. Donné au château des Tuileries, le 11 avril de l'an de grâce 1816, et de notre règne le 21ᵉ. Signé, Louis. » En 1820, on a commencé à construire, sur les dessins de M. Godde, architecte, un nouveau séminaire qui a été terminé dans ces dernières années par l'établissement d'une grille en fer qui entoure la façade principale de l'édifice. L'état a acquis en 1835 trois maisons situées dans l'impasse Férou, portant les nᵒˢ 3, 5 et 7, pour servir d'emplacement à la construction d'une chapelle affectée au séminaire.

SURÈNE (RUE DE).

Commence à la place et à la rue de la Madeleine ; finit aux rues des Saussaies, nº 18, et de la Ville-l'Évêque, nº 25. Le dernier impair est 41 ; le dernier pair, 30. Sa longueur est de 350 m. — 1ᵉʳ arrondissement : les propriétés nᵒˢ 7, 9 et 11, sont du quartier de la Place-Vendôme ; toutes les autres propriétés dépendent du quartier du Roule.

Elle a été alignée à la fin du siècle dernier, sur un chemin qui conduisait à *Surène*. — Une décision ministérielle du 23 germinal an IX, signée Chaptal, et une ordonnance royale du 27 septembre 1836, ont fixé la largeur de cette voie publique à 10 m. Le numérotage de cette rue est irrégulier. Les propriétés nᵒˢ 7 et 9 devront être supprimées en grande partie pour l'exécution de l'alignement du boulevart de Malesherbes. La propriété située entre les nᵒˢ 13 et 21, la maison faisant l'encoignure droite de la rue d'Anjou, celle à la suite, les propriétés nᵒˢ 27, 29, 33, 35, 37, 37 bis, 41, la maison située sur le côté droit à l'encoignure de la rue de la Madeleine, et celles nᵒˢ 18 et 22, sont à l'alignement. — Égout entre la place et la rue d'Anjou. — Conduite d'eau entre cette rue et celle des Saussaies. — Éclairage au gaz (compᵉ Anglaise).

Août 1844.

T.

TABLETTERIE (RUE DE LA).

Commence à la rue Saint-Denis, nos 47 et 51; finit à la rue des Lavandières, n° 32, et à la place Sainte-Opportune, n° 2. Le dernier impair est 17; le dernier pair, 8. Sa longueur est de 56 m. — 4e arrondissement, quartier des Marchés.

Guillot, vers 1300, l'appelle rue de la *Tabletterie*. Dans un censier de l'évêché de 1495, elle est indiquée sous la dénomination de la *Tabletterie aliàs de la Cordouannerie ou Sainte-Opportune*. — Une décision ministérielle du 12 fructidor an V, signée François de Neufchâteau, fixa la largeur de cette voie publique à 8 m. Cette largeur a été portée à 10 m., en vertu d'une ordonnance royale du 30 mai 1836. La même ordonnance a autorisé le préfet de la Seine à acquérir, soit de gré à gré, soit par voie d'expropriation pour cause d'utilité publique, les bâtiments situés sur le côté droit de la rue de la Tabletterie. Cette amélioration a été terminée en 1838. Maison n° 1, retranch. réduit 3 m. 50 c.; 3, ret. réduit 2 m. 40 c.; 5, 7, ret. 1 m. 90 c. à 2 m. 15 c.; 9, ret. réduit 2 m. 30 c.; 11, ret. réduit 2 m. 90 c.; de 13 à la fin, ret. 3 m. à 3 m. 50 c.; propriété à l'encoignure de la rue Saint-Denis, doit avancer d'un côté et reculer de l'autre; de 4 à la fin, alignées. — Égout entre la place et la rue des Lavandières. — Éclairage au gaz (compe Anglaise).

TACHERIE (RUE DE LA).

Commence à la rue de la Coutellerie, nos 22 et 24; finit à la rue Jean-Pain-Mollet, nos 21 et 23. Le dernier impair est 15; le dernier pair, 14. Sa longueur est de 77 m. — 7e arrondissement, quartier des Arcis.

Dans les lettres de l'official de Paris, en 1261, elle est appelée *la Juiverie-Saint-Bon*. Il y avait alors dans cette rue une synagogue que Philippe-le-Bel, après l'expulsion des Juifs, donna en 1307 à un de ses valets nommé *Pruvin*. Dès l'année 1300, elle avait pris la dénomination de la *Tacherie*. — Une décision ministérielle du 15 floréal an V, signée Benezech, fixa la moindre largeur de cette voie publique à 6 m. Cette moindre largeur a été portée à 10 m., en vertu d'une ordonnance royale du 22 mai 1837. Propriétés du côté des numéros impairs, retranch. 4 m. à 7 m. 80 c.; 2, ret. réduit 40 c.; 4, ret. réduit 30 c.; 6, ret. réduit 60 c.; de 8 à la fin, alignées. — Conduite d'eau entre la rue Jean-Pain-Mollet et la borne-fontaine. — Éclairage au gaz (compe Lacarrière).

TAILLE-PAIN (RUE).

Commence à la rue du Cloître-Saint-Merri, nos 16 et 18; finit à la rue Brisemiche, nos 3 et 5. Le dernier impair est 5; le dernier pair, 4. Sa longueur est de 74 m. — 7e arrondissement, quartier Sainte-Avoie.

On l'a souvent confondue avec la rue Brisemiche, ainsi que nous l'avons dit à l'article de cette voie publique. Sur un plan manuscrit de 1512, elle est nommée *Baillehoë*. On lui donna ensuite le nom de *Taille-Pain*, parce qu'on y faisait la distribution des pains de Chapitre qu'on avait l'habitude de donner aux chanoines de la collégiale de Saint-Merri. — Une décision ministérielle du 13 vendémiaire an X, signée Chaptal, fixa la largeur de cette voie publique à 6 m. Cette largeur a été portée à 8 m., en vertu d'une ordonnance royale du 6 mai 1836. La rue Taille-Pain qui forme équerre, est aujourd'hui fermée à ses deux extrémités. Propriétés du côté des numéros impairs, retranch. 2 m. 40 c. à 2 m. 80 c., à l'exception d'un bâtiment de 10 m. de face situé près de la rue Brisemiche, et qui est aligné; propriétés du côté des numéros pairs, ret. 2 m. 50 c. à 3 m. 40 c.

TAITBOUT (RUE).

Commence au boulevart des Italiens, nos 14 et 16; finit à la rue de Provence, nos 47 et 49. Le dernier impair est 33; le dernier pair, 42. Sa longueur est de 318 m. — 2e arrondissement, quartier de la Chaussée-d'Antin.

« Louis, etc... Par arrêt cejourd'hui rendu en notre
» conseil d'état, nous y étant sur la requête de notre
» cher et bien amé Jacques-Louis-Guillaume Bouret
» de Vezelay, trésorier général de l'artillerie et du gé-
» nie, etc., nous avons conformément à icelui par ces
» présentes signées de notre main, dit et ordonné, di-
» sons et ordonnons ce qui suit : Article 1er. Il sera
» ouvert aux frais du sieur Bouret de Vezelay, une rue
» de 30 pieds de largeur, dans le terrain par lui acquis
» à titre d'emphytéose, des religieux Mathurins, au
» quartier du Faubourg-Montmartre, la quelle about-
» ira d'un bout sur le rempart de la ville en face de
» la rue de Grammont, à travers un terrain dont le dit
» sieur Bouret de Vezelay est propriétaire, et par
» l'autre bout dans la rue de Provence, *formant un*
» *coude dans le milieu* ou environ de sa longueur, et
» au surplus alignée droite et les deux côtés parallèles.
» — Art. 2e. Voulons que la dite rue soit nommée rue
» *Taitbout*. — Donné à Compiègne le 13e jour d'août
» 1773, et de notre règne le 58e. Signé Louis. »

L'exécution de ces lettres-patentes rencontra une assez vive résistance de la part des trésoriers de France, en ce qui concernait le coude à former au milieu de la nouvelle rue. Ces lettres furent néanmoins registrées au parlement le 25 février 1775, et la rue Taitbout fut tracée et ouverte le 4 octobre de la même année, conformément aux dispositions arrêtées par le roi. Mais les trésoriers de France obligèrent M. Bouret de Vezelay à former une autre branche de rue qui, partant du coude de la rue Taitbout, devait aboutir au rempart. M. Bouret de Vezelay se soumit à cette condition, mais n'étant point propriétaire de tous les terrains que devait traverser le percement, il ne put établir qu'une impasse qui prit le nom d'*impasse Taitbout*, et qui plus tard, au moyen de son prolongement jusqu'au boulevart des Italiens, est devenue la rue du *Helder* (*voyez* cet article). — Une décision ministérielle du 10 prairial an XII, signée Chaptal, et une ordonnance royale du 16 avril 1831, ont maintenu la largeur primitive de la rue Taitbout. — M. Taitbout était greffier du bureau de la Ville en 1775. — Les constructions riveraines sont alignées, à l'exception d'une partie de la propriété n° 1, qui devra reculer de 60 c. à 1 m. — Égout entre les rues du Helder et de Provence. — Éclairage au gaz (comp^e Anglaise).

TANNERIE (RUE DE LA).

Commence à la place de l'Hôtel-de-Ville, n°s 7 et 7 bis; finit à la rue de la Planche-Mibray, n°s 8 et 10. Le dernier impair est 47; le dernier pair, 42. Sa longueur est de 156 m. — 7e arrondissement, quartier des Arcis.

Dès l'année 1300, elle portait le nom de rue de la *Tannerie*, qu'elle tenait des tanneurs qui étaient venus l'habiter, en raison de sa proximité de la rivière. En 1348, selon Sauval, elle s'appelait *ruelle de la Planche-aux-Teinturiers*. Elle prit, dans la suite, le nom de l'*Écorcherie*, en raison des bouchers qui l'occupaient. Sa première désignation a prévalu. — « Arrêt du
» conseil, 24 février 1673. — Le roy s'estant fait re-
» présenter en son conseil l'arrest rendu en iceluy le
» 28 octobre dernier, par lequel sa majesté auroit or-
» donné l'exécution de l'édit du 2 décembre 1577, et
» de l'arrest de la cour de parlement du 6e may 1623,
» rendu en conséquence pour la translation des tan-
» neurs et tinturiers de la rue de la Tannerye, où ils
» sont à présent estably, en un autre lieu commode
» èz-environs de la d. ville, et qu'à cest effect, assem-
» blée seroit faicte en l'Hostel de la d. ville des con-
» seillers, quartiniers, et de tel nombre de notables
» bourgeois que les dits prevost des marchands et esche-
» vins jugeroient à prospos de mander pour adviser
» aux moyens de pourvoeir à la salubrité de la dite
» ville, et du lieu le plus proche èz-environs d'icelle
» où l'on pourroit placer les tanneurs, tinturiers et
» mégissiers, pour le procès-verbal faict et rapporté
» être par sa majesté ordonné ce qu'il appartiendroit;
» et veu le procès-verbal de la d. assemblée du 7 fé-
» vrier 1673, en laquelle les d. tanneurs et tinturiers
» qui sont logés dans la dite rue de la Tannerye, et
» ceux qui sont dans les autres quartiers de Paris sur
» le bord de la rivierre, seront tenus de se retirer
» dans un an du jour du présent arrest dans le quar-
» tier Saint-Marcel et Chalyot, aux maisons estant sur
» le bord de la rivierre, ou autres lieux qui seront par
» eux indiqués qui ne se trouveront point incommoder
» au publicq, nonobstant la quelle translation, les d.
» tanneurs et tinturiers qui se retireront de la dite rue
» de la Tannerye et autres du dedans de Paris conser-
» veront tous leurs priviléges et exemptions de leurs
» mestiers, et en qualité de bourgeois de Paris, dont

» ils jouissent, à l'effect de quoy leur seront tous
» arrêts et lettres expédiés. Enjoingnant sa majesté à
» tous ses officiers de les maintenir et garder en la
» jouissance des d. priviléges, et de favoriser en toutes
» choses la ditte translation, et aux dits prevost des
» marchands et eschevins de tenir la main à l'exécu-
» tion du présent arrest qui sera exécuté nonobstant
» oppositions ou appellations quelconques et sans pré-
» judice d'icelles, dont si aucunes interviennent, sa
» majesté s'est réservé et à son conseil la connais-
» sance, icelle interdite à toutes ses autres cours et
» juges. Signé d'Aligre et Colbert. » (Archives du royaume, section administrative, série E, n° 1,770.)

Une décision ministérielle du 19 germinal an VIII, signée L. Bonaparte, fixa la moindre largeur de cette voie publique à 8 m. Cette moindre largeur a été portée à 10 m. en vertu d'une ordonnance royale du 22 mai 1837. Propriétés de 1 à 7, retranch. 3 m. 40 c. à 4 m. 30 c.; de 9 à 17, ret. 2 m. 40 c. à 3 m. 30 c.; de 19 à 27, ret. 1 m. 70 c. à 2 m. 40 c.; de 29 à 35, seront supprimées presqu'entièrement, tant par l'alignement de la rue de la Tannerie que par celui de la rue des Teinturiers; de 37 à la fin, ret. 4 m. 20 c. à 5 m. 30 c.; de 2 à 18, alignées; 20, ret. réduit 40 c.; 22, ret. réduit 1 m. 10 c.; 24, ret. réduit 1 m. 80 c.; 26, ret. réduit 1 m. 70 c.; 28, pas de retranch.; 30, redress.; 32, ret. réduit 80 c.; de 34 à 40, ret. 1 m. 10 c. à 1 m. 90 c.; 42, alignée. — Éclairage au gaz (comp^e Française).

TANNERIE (RUE DE LA VIEILLE-).

Commence aux rues de la Tuerie et de la Vieille-Lanterne; finit à la rue de la Vieille-Place-aux-Veaux, n°s 10 et 12. Le seul impair est 1; le dernier pair, 4. Sa longueur est de 20 m. — 7e arrondissement, quartier des Arcis.

Cette rue existait dès le XIIe siècle. Des tanneurs qui vinrent l'habiter lui firent également donner le nom de la *Tannerie*. Sauval dit qu'elle s'est appelée rue des *Crénaux*. — Deux décisions ministérielles : l'une du 11 octobre 1806, signée Champagny ; l'autre du 21 juin 1817, ont fixé la largeur de cette voie publique à 6 m. Les constructions du côté gauche sont alignées; celles du côté opposé devront reculer de 1 m. 80 c. à 2 m.

TARANNE (GRANDE RUE).

Commence à la rue Saint-Benoît, n°s 36 et 38; finit à la rue des Saints-Pères, n°s 53 et 57. Le dernier impair est 27; le dernier pair, 20. Sa longueur est de 172 m. — 10e arrondissement, quartier de la Monnaie.

Ouverte au milieu du XIVe siècle, elle était appelée indifféremment rue aux *Vaches*, rue de la *Courtille*, rue *Forestier*. En 1418, elle prit le nom de rue de *Terrennes*, en l'honneur de Simon de Terrennes, échevin en 1417, sous la prévôté de sire Guillaume Kiriasse. La dénomination actuelle de cette voie pu-

— TAR —

blique n'est qu'une altération. — Une décision ministérielle du 2 thermidor an X, signée Chaptal, fixa la moindre largeur de cette rue à 9 m. 50 c. En vertu d'une ordonnance royale du 29 avril 1839, cette moindre largeur est portée à 12 m., et sa plus grande largeur à 23 m. Les maisons nos 1, 3, 5 et 7 sont seules soumises à retranchement, savoir : celle n° 1, de 2 m. 50 c. à 3 m. 20 c.; n° 3, de 1 m. 80 c. à 2 m. 50 c.; n° 5, de 1 m. 30 c. à 1 m. 80 c.; n° 7, de 1 m. environ. — Portion d'égout du côté de la rue des Saints-Pères. — Conduite d'eau. — Éclairage au gaz (compe Française).

TARANNE (PETITE RUE).

Commence à la rue de l'Égout, nos 6 et 8; finit à la rue du Dragon, nos 15 et 17. Le dernier impair est 15; le dernier pair, 16. Sa longueur est de 119 m. — 10e arrondissement, quartier de la Monnaie.

Elle a été formée à la même époque que la grande rue du même nom. — Une décision ministérielle du 2 messidor an VIII, signée L. Bonaparte, a fixé la largeur de cette voie publique à 6 m. Les constructions riveraines sont soumises à un retranchement qui varie de 80 c. à 1 m. 30 c. — Conduite d'eau entre les rues du Sabot et du Dragon. — Éclairage au gaz (compe Française).

TEINTURIERS (RUE DES).

Commence à la rivière; finit à la rue de la Vannerie, nos 31 et 35. Pas de numéro. Sa longueur est de 58 m. — 7e arrondissement, quartier des Arcis.

Elle était presqu'entièrement bordée de constructions sous le règne de Louis-le-Jeune. Tous les actes ne l'ont d'abord désignée que comme une ruelle allant de la Tannerie en la Vannerie. L'extrémité de cette rue s'est appelée de l'*Archet*, puis du *Naret* et des *Trois-Bouteilles*. Elle doit son nom actuel aux teinturiers qui vinrent l'habiter, en raison de sa proximité de la rivière. Un arrêt du conseil du 24 février 1673 ordonna aux teinturiers de quitter cette voie publique pour aller s'établir dans les quartiers Saint-Marcel et de Chaillot. — Une décision ministérielle du 17 brumaire an XII, signée Chaptal, fixa la largeur de cette voie publique à 7 m. En vertu d'une ordonnance royale du 26 juin 1837, cette largeur a été portée à 10 m. Cette rue n'a encore aujourd'hui dans une partie de son étendue qu'une largeur de 1 m. 20 c., et n'est point éclairée. Sur le côté droit, la maison faisant l'encoignure de la rue de la Vannerie est alignée; les autres propriétés devront généralement subir un retranchement considérable. La partie de la rue des Teinturiers qui communique à la rivière est fermée par une grille.

TEMPLE (BOULEVART DU).

Commence aux rues des Filles-du-Calvaire, n° 29, et des Fossés-du-Temple, n° 1; finit aux rues du Temple,

— TEM —

n° 108 bis, et du Faubourg-du-Temple, n° 2. Le dernier impair est 49; le dernier pair, 92. Sa longueur est de 527 m. — 6e arrondissement, quartier du Temple.

La formation de ce boulevart a été ordonnée par un arrêt du conseil du 7 juin 1656. Situé près de l'enclos du Temple, ce boulevart en a retenu la dénomination. La largeur de la chaussée est de 20 m. Les constructions qui bordent le côté gauche de cette voie publique sont établies à 2 m. de distance du centre des arbres de la contr'allée et ne devront subir aucun retranchement. Celles qui longent le côté opposé ont été élevées d'après un alignement en plusieurs lignes qui donnent à ce boulevart une largeur irrégulière. Les maisons nos 30, 32, 86, 88 et 92, sont seules soumises à retranchement. Une ordonnance royale du 17 août 1825 a consacré les dispositions qui précèdent. — Bassin d'égout. — Conduite d'eau entre la rue de Saintonge et le passage Vendôme. — Éclairage au gaz (compe Lacarrière).

Le boulevart du Temple rappelle de tristes souvenirs. Le 28 juillet 1835, le roi, entouré de ses fils, de ses maréchaux et de plusieurs ministres, passait la revue de la garde nationale. Le cortège arrivait devant le jardin Turc; tout-à-coup le bruit d'une décharge se fait entendre. Un maréchal de France tombe mort, des officiers supérieurs, des femmes, des enfants sont frappés. Un hasard providentiel sauva le roi. La maison où *Fieschi* avait placé ses batteries meurtrières a été reconstruite en 1842; elle porte aujourd'hui le n° 50.

TEMPLE (CHAPELLE DU).

Située dans la rue du même nom, n° 80. — 6e arrondissement, quartier du Temple.

Ce petit monument sert d'oratoire *aux religieuses Bénédictines de l'adoration perpétuelle du Saint-Sacrement*. Leur couvent a été fondé en 1814 par mademoiselle de Condé, dans l'ancien hôtel du grand prieur qui avait été restauré en 1812, pour loger le ministre des cultes. La chapelle a été construite en 1823, sa façade présente un portique formé de deux colonnes d'ordre ionique qui supportent un fronton triangulaire. On a mis sur la plinthe ces deux mots latins : *Venite adoremus*. L'ordre ionique règne également dans l'intérieur de cette chapelle. L'autel est décoré d'une *sainte famille*, d'un *saint Louis* et d'une *sainte Clotilde*, par Lafond. — La chapelle du Temple est le seul édifice qui nous rappelle l'ordre des Templiers dont nous allons retracer l'origine.

Fondé à Jérusalem, l'ordre des Templiers ne se composait que de six religieux et du grand-maître, lorsqu'ils quittèrent la Palestine pour venir faire des prosélytes en Europe. Ils se présentèrent en 1128, au concile de Troyes. Le pape Honoré II les accueillit avec une bienveillance extrême et confirma la fondation de l'ordre. Les chevaliers du Temple firent d'immenses progrès, et ne tardèrent pas à établir à Paris le siège de la puissance qu'ils exercèrent jusqu'à l'époque de leur suppression.

L'enclos du Temple était au XIIIe siècle d'une étendue si considérable qu'il renfermait tout l'espace compris entre le faubourg du Temple et la rue de la Verrerie, et occupait une partie du marais qu'on nommait aussi la *Culture du Temple.*

C'était au Temple que Philippe-Auguste et Philippe-le-Hardi déposaient leurs trésors. Les bâtiments habités par les chevaliers étaient aussi magnifiques que les résidences royales. Pendant le séjour qu'il fit à Paris en 1254, le roi d'Angleterre, Henri III, choisit le Temple pour sa demeure, de préférence à celle que saint Louis lui avait offerte dans son palais de la Cité.

Après l'extinction de l'ordre, en 1313, le manoir du Temple fut abandonné aux chevaliers de saint Jean de Jérusalem qui héritèrent de tous les biens des Templiers.

Le Temple devint ainsi le séjour des grands prieurs de l'ordre de Malte.

Philippe de Vendôme qui s'était distingué au siège de Candie, à la prise de Namur et dans le Piémont, fut en sa qualité de prince du sang et de chevalier de Malte, nommé grand prieur. La régence commençait alors, et Vendôme voulut surpasser dans son prieuré la licence de l'époque. Les soupers du Temple devinrent fameux et surpassèrent ceux du Palais-Royal, par le choix et l'esprit des convives. La Fare y brillait de tout l'éclat de sa gaîté; Chaulieu qui habitait dans l'enceinte du Temple une jolie maison, était le convive habituel du prieur; le spirituel poète, presque octogénaire, y chantait encore l'amour et le vin. Mademoiselle de Launay venait y apporter ses réparties piquantes et un cœur sensible. Jean-Baptiste Rousseau fut admis à ces soupers, mais la manière dont il en parle fait croire qu'on ne le jugea pas digne d'une initiation complète, ou bien que l'ironie seule lui a dicté ce passage de son épitre à Chaulieu :

« Par tes vertus, par ton exemple,
» Ce que j'ai de vertu fut très bien cimenté,
» Cher abbé, dans la pureté
» Des innocents soupers du Temple. »

La pureté des soupers du grand prieur et de Chaulieu est une figure de rhétorique, dont Philippe de Vendôme a dû beaucoup rire. — A Philippe de Vendôme succéda le prince de Conti qui, en 1770, ouvrit la porte du Temple à Jean-Jacques Rousseau. Le philosophe de Genève, pauvre, poursuivi par des ennemis, obsédé par des fantômes que créait son imagination, vint cacher sous ces murs féodaux la célébrité qui suivait l'auteur d'Emile. Le prince eut l'insigne honneur de protéger l'écrivain.

Le Temple a été le dernier lieu d'asile ouvert aux criminels, aux prévenus politiques et aux débiteurs. Ce droit a subsisté jusqu'au commencement de la révolution. C'était pour le grand prieur la source d'un revenu très considérable, car tous les bâtiments de l'enclos étaient loués plus cher que les plus beaux hôtels de Paris. Les gardes du commerce, les agents d'affaires, les huissiers se mettaient continuellement aux aguets devant la porte. Le dimanche seulement on pouvait sortir de l'enceinte sans crainte d'être arrêté.

Ce fut dans le donjon du Temple que l'infortuné Louis XVI et sa famille furent conduits, le 14 août 1792, à une heure du matin, trois jours après que l'Assemblée nationale eût prononcé la déchéance du roi. Pendant que les augustes prisonniers gémissaient au Temple, l'orage éclatait au dehors. Un jour, une troupe de furieux, parmi lesquels on distinguait un homme portant au bout d'une pique la tête d'une femme, pénétra dans les jardins du Temple, en criant à la reine : « *C'est la tête de la Lamballe que nous voulons te montrer.* »

Louis XVI, dès le commencement de son procès, fut entièrement séparé des siens. Il fallut un décret de la Convention pour qu'il lui fût permis de faire à sa femme, à sa sœur et à ses enfants, un éternel adieu. Louis XVI sortit du Temple le 21 janvier 1793 pour monter sur l'échafaud. Quelques efforts désespérés furent tentés par des hommes généreux pour enlever les prisonniers du Temple; mais les obstacles furent plus grands que le dévouement. On ne pouvait sauver que la reine; mais elle refusa d'abandonner sa famille. Bientôt on lui enleva son fils, et le 16 octobre Marie Antoinette sortit du Temple pour aller au supplice.

Le 9 mai 1794, la sœur du roi, Madame Elisabeth, quitta le Temple pour aller à la Conciergerie. Fouquier la traduisit au tribunal révolutionnaire, avec vingt-quatre autres personnes accusées de contre-révolution. Tous les accusés furent condamnés à mort. Quand le sang des vingt-quatre fut épuisé, le bourreau s'empara rudement de Madame Elisabeth. Le fichu qui couvrait le sein de la jeune femme tomba : « Au nom de votre mère, monsieur, couvrez-moi ! » dit-elle avec émotion. Le bourreau obéit à sa voix ; alors la sainte de la révolution sourit, et mourut.

Ainsi de la famille royale il ne restait plus au donjon que deux jeunes enfants depuis longtemps séparés l'un de l'autre. Louis XVII avait été plus étroitement renfermé depuis les tentatives qui avaient été faites pour le sauver. Il fut enlevé à sa mère, puis livré à l'ignoble cordonnier Simon. Depuis ce moment l'existence du pauvre enfant ne fut plus qu'une lente agonie que la mort termina le 8 juin 1795. Sa sœur, la duchesse d'Angoulême, fut la seule qui sortit de cette prison funeste, après avoir été témoin pendant trois ans des souffrances de toute sa famille. Au mois de décembre 1795, elle quitta le Temple et fut échangée contre quatre commissaires de la Convention, prisonniers des Prussiens.

La tour du Temple fut habitée par d'autres personnages célèbres. — Sir William Sidney Smith, amiral anglais, fait prisonnier le 20 avril 1796, fut amené à Paris, puis enfermé au Temple, d'où ses amis l'enlevèrent le 10 mai 1798. — Toussaint Louverture, chef de l'insurrection de Saint-Domingue, entra au Temple le

7 août 1800. Il en sortit quelque temps après et fut conduit au fort de Joux, où il mourut en 1803.

Le général Pichegru, mis au Temple le 4 septembre 1797, fut le lendemain condamné à la déportation et partit immédiatement pour la Guyane. Arrêté une seconde fois à Paris, il fut de nouveau conduit au Temple; il s'y étrangla avec sa cravate le 6 avril suivant. — Wright, capitaine de la marine anglaise, accusé d'avoir débarqué en 1803 et 1804 des Vendéens sur les côtes de France, fut arrêté et emprisonné au Temple, à la même époque que Pichegru. L'officier anglais se coupa la gorge avec un rasoir le 27 octobre 1805.

Moreau, Lajollais, Cadoudal, le marquis de Rivière, les frères Polignac, ont été également enfermés dans la tour du Temple, qui fut démolie vers 1811.

L'ordre de Malte avait été supprimé en 1790, et la vaste propriété du Temple qui lui appartenait fut séquestrée par la nation. Sur l'emplacement de cet immense terrain, on construisit en 1809 la *halle au Vieux-Linge*, la *place de la Rotonde-du-Temple*, les rues *Caffarelli*, *Dupetit-Thouars*, *Dupuis*, *Perrée* et de la *Petite-Corderie*.

TEMPLE (PLACE DE LA ROTONDE-DU-).

Commence à la rue de Beaujolais, nos 20 et 23; finit à la rue de la Petite-Corderie, n° 4. Sa longueur est de 106 m. — 6e arrondissement, quartier du Temple.

Elle a été construite en 1809, sur une partie de l'enclos du Temple (voir l'article de la *halle au Vieux-Linge*). — Une décision ministérielle du 9 septembre 1809, signée Fouché, et une ordonnance royale du 31 mars 1835, ont déterminé pour cette place des alignements qui lui donnent la forme d'un carré long. Presque toutes les constructions sont alignées. — Conduite d'eau. — Éclairage au gaz (comp° Lacarrière).

TEMPLE (ROTONDE DU).

Située dans la place de ce nom. — 6e arrondissement, quartier du Temple.

Elle a été construite en 1781, par Pérard de Montreuil, sur une partie de l'enclos du Temple. Devenue propriété nationale, elle a été vendue par le domaine de l'État, le 21 frimaire an VI. Sa superficie est de 1,070 m.

TEMPLE (RUE DES FOSSÉS-DU-).

Commence à la rue de Ménilmontant, n° 1, et au boulevart du Temple; finit à la rue du Faubourg-du-Temple, nos 2 et 4. Le dernier impair est 77; le dernier pair, 74. Sa longueur est de 631 m. — 6e arrondissement, quartier du Temple.

Cette rue est ainsi dénommée parce qu'elle a été ouverte sur les *fossés* du Temple qui bordaient le rempart. Depuis une vingtaine d'années seulement cette voie publique est bordée de constructions importantes. — Une décision ministérielle du 25 messidor an X, signée Chaptal, a fixé la moindre largeur de cette rue à 10 m.

Les constructions riveraines sont alignées, à l'exception de celles ci-après : dépendances du théâtre des Folies-Dramatiques, nos 75, 77, encoignure de la rue du Faubourg-du-Temple, partie du n° 6, 72 et 74. — Égout et conduite d'eau entre la rue Crussol et le théâtre de la Gaîté. — Éclairage au gaz (comp° Lacarrière).

TEMPLE (RUE DU).

Commence aux rues Michel-le-Comte, n° 2, et des Vieilles-Haudriettes, n° 14; finit aux boulevarts Saint-Martin, n° 1, et du Temple, n° 49. Le dernier impair est 139; le dernier pair, 108 bis. Sa longueur est de 812 m. — De 1 à 27, 7e arrondissement, quartier Sainte-Avoie; de 29 à la fin, 6e arrondissement, quartier Saint-Martin-des-Champs; de 2 à 78, 7e arrondissement, quartier du Mont-de-Piété; de 78 bis à la fin, quartier du Temple.

Elle doit son nom à la maison des Templiers qui existait déjà à la fin du XIIe siècle, et à laquelle elle conduisait. Dès 1235, on l'appelait rue de la *Milice-du-Temple*. En 1252, c'était la rue de la *Chevalerie-du-Temple*. — Une décision ministérielle du 15 floréal an V, signée Benezech, fixa la moindre largeur de cette voie publique à 10 m. Cette moindre largeur a été portée à 12 m., en vertu d'une ordonnance royale du 28 juin 1826. Propriétés de 1 à 17, retranch. 2 m. 50 c. à 2 m. 80 c.; 19, alignée; de 21 à 27, ret. 2 m. 40 c. à 2 m. 70 c.; 29, alignée; du second n° 29 à 33, ret. 2 m. 30 c. à 2 m. 90 c.; 35, ret. réduit 2 m. 10 c.; 37, ret. réduit 1 m. 50 c.; de 39 à 45, ret. 90 c. à 1 m. 60 c.; de 47 à 61, ret. 1 m. 20 c. à 1 m. 60 c.; 63, alignée; de 65 à 69, ret. 1 m. 50 c. à 1 m. 70 c.; 71, ret. 1 m. 80 c.; 73, ret. réduit 2 m. 70 c.; 75, 77, ret. 2 m. 70 c. à 3 m. 40 c.; de 79 à la fin, alignées; de 2 à 10, ret. 2 m. 40 c. à 3 m.; 12, ret. réduit 2 m.; de 14 à 18, ret. 1 m. 80 c. à 2 m. 10 c.; 20, 22, alignées; de 24 à 34, ret. 1 m. 90 c. à 2 m.; 36, ret. réduit 1 m. 50 c.; 38, ret. réduit 60 c.; 40, ret. réduit 1 m. 10 c.; de 42 à 46, ret. 1 m. 20 c. à 2 m.; de 48, ret. réduit 2 m. 30 c.; 50, ret. réduit 2 m.; 52, ret. réduit 1 m. 70 c.; 54, ret. réduit 1 m. 20 c.; 56, ret. réduit 1 m. 10 c.; de 58 à 62, ret. 1 m. 30 c. à 2 m. 10 c.; 64, alignée; 66, 68, ret. 1 m. 90 c. à 2 m. 30 c.; de 70 à 78, ret. 1 m. à 1 m. 80 c.; de 78 bis à la fin, pas de ret. — Égout. — Conduite d'eau. — Éclairage au gaz (comp° Lacarrière).

Le couvent des Pères de Nazareth ou *Religieux-Pénitents du tiers ordre de Saint-François* était situé dans cette rue, au n° 117. Dès l'année 1613, ces religieux s'étaient procuré un établissement dans le voisinage des filles de Sainte-Elisabeth, dont ils avaient la direction. Leur existence légale ne date néanmoins que du 2 février 1642. Le chancelier Séguier reçut alors le titre de fondateur de cette communauté. Ces pères avaient pris possession, en 1630, de la maison que venaient de quitter les filles de Sainte-Elisabeth, pour en occuper une nouvelle. Ils firent construire une église qui fut achevée en 1632, par la générosité d'une personne inconnue qui leur fit parvenir une somme de 5,000 livres. Supprimé en 1790, ce couvent devint propriété nationale et fut vendu le 21 nivôse an VII.

TEMPLE (RUE DU FAUBOURG-DU-).

Commence au boulevart du Temple, n° 92, et à la rue de Bondy, n° 2; finit aux chemins de ronde des barrières de Belleville et Ramponeau. Le dernier impair est 137; le dernier pair, 132. Sa longueur est de 1010 m. — Les numéros impairs sont du 5e arrondissement, quartier de la Porte-Saint-Martin ; les numéros pairs, du 6e arrondissement, quartier du Temple.

Des actes qui proviennent des archives de Saint-Merri prouvent que le territoire sur lequel cette rue a été bâtie s'appelait au XIIe siècle le *clos de Malevart*. En 1175, ce territoire fut donné à titre d'échange au chapitre de Saint-Merri. On n'y voyait que de rares constructions au commencement du règne de Charles IX, et ce n'était à cette époque qu'un simple chemin. Ce ne fut que sous les règnes de Henri IV et de Louis XIII qu'il se couvrit d'habitations, et forma un des faubourgs de Paris. On donna à la principale rue qui le traversait le nom de la voie publique qu'elle prolonge. — Une décision ministérielle du 3 germinal an IX, signée Chaptal, a fixé la moindre largeur de la rue du Faubourg-du-Temple à 12 m. Les propriétés ci-après ne sont pas soumises à retranchement : de 15 à 27, mur de clôture n° 29, 31, 33, 35, 39, 41; de 45 à 75, 85, 87, 95; de 127 à la fin ; 16, 30, 32, premier n° 40 bis; de 40 ter à 48, 56, 58; de 70 à 88, 94, 106, 112 et 130. Celles n°s 13, 37, 43, de 77 à 83, et de 107 à 125, ne devront subir qu'un léger redressement. — Égout dans plusieurs parties. — Conduite d'eau entre le boulevard et la rue Saint-Maur. — Éclairage au gaz : entre le boulevart et le quai de Valmy (comp.e Lacarrière) ; le surplus (comp.e de Belleville).

TEMPLE (RUE VIEILLE-DU-).

Commence à la rue Saint-Antoine, n°s 15 et 17; finit aux rues de Normandie, n° 1, et Saint-Louis, n° 89. Le dernier impair est 147; le dernier pair, 144. Sa longueur est de 940 m. — De 1 à 35 et de 2 à 66, 7e arrondissement, quartier du Marché-Saint-Jean; de 37 à 145, même arrondissement, quartier du Mont-de-Piété ; de 68 à la fin, 8e arrondissement, quartier du Marais; n° 147, 6e arrondissement, quartier du Temple.

Cette rue était en partie construite en 1250. Vers l'an 1300, le poète Guillot la nomme rue du *Temple*. On la trouve successivement appelée rue de la *Couture*, *Culture* et *Clôture-du-Temple*. Quelques plans l'ont désignée aussi sous les noms de rue de l'*Égout*, en raison de l'égout qui y passait ; de *porte Barbette*, *Poterne-Barbette*, *Barbette* et *Vieille-Barbette*, parce qu'elle aboutissait à l'hôtel et à la porte Barbette qu'on voyait près de la rue de Paradis. — Une décision ministérielle du 19 germinal an VIII, signée L. Bonaparte, fixa la moindre largeur de la rue Vieille-du-Temple à 10 m. En vertu d'une ordonnance royale du 23 juin 1830, sa moindre largeur est portée à 14 m. Maison n° 1, retranch. réduit 5 m.; 3, ret. réduit 4 m. 30 c.; 5, ret. réduit 3 m. 30 c.; 7, ret. réduit 2 m. 60 c.; 9, 11, ret. 1 m. 90 c. à 2 m. 30 c. ; 13, ret. réduit 2 m. 80 c.; 15, ret. réduit 3 m. 60 c.; de 19 à 45, ret. 4 m. à 4 m. 80 c.; 47, 49, ret. 4 m. 50 c. à 5 m. 50 c.; 51 et 53, ret. 5 m. 50 c. à 10 m. 60 c.; 55, 57, ret. 5 m. 60 c. à 10 m.; 59, ret. réduit 5 m.; de 61 à 65, ret. 3 m. 40 c. à 4 m. 30 c.; 67, 69, ret 2 m. 70 c. à 3 m. 40 c.; 71, 73, ret. 2 m. 70 c. à 2 m. 90 c.; de 75 à 85, ret. 2 m. 90 c. à 3 m. 90 c.; bâtiments de l'Imprimerie royale, ret. réduit 1 m. 70 c.; de 93 à 99, ret. 40 c. à 80 c.; 101, alignée; de 103 à 107, redress.; 109 et 111, alignées; de 113 à 123, ret. 30 c. à 60 c.; 125 et 127, alignées; de 129 à 139, ret. 45 c. à 60 c.; 141, ret. 40 c.; 143, 145, redress.; 147, alignée ; 2, ret. réduit 2 m. 40 c.; 4, ret. réduit 4 m. 20 c.; de 6 à 14, ret. 4 m. 05 c. à 5 m.; 16, 20, alignées; 22, ret. 2 m. 45 c.; 26, ret. réduit 2 m. 10 c. ; 30, 32, ret. 1 m. 70 c. à 1 m. 90 c.; 34, 36 et 38, alignées ; de 40 à 50, ret. 1 m. 68 c. à 2 m. 40 c.; 52, ret. réduit 1 m. 40 c.; 54, ret. réduit 70 c.; 56, ret. réduit 60 c.; 64, 66, 68, ret. 5 m. 30 c.; 70, ret. réduit 5 m.; de 72 à 78, ret. 3 m. 90 c. à 4 m. 80 c.; 80, 82, ret. 3 m. 20 c. à 3 m. 90 c.; de 84 à 100, ret. 3 m. 80 c. à 4 m. 80 c.; 102, ret. réduit 4 m.; 104, 106, ret. 2 m. 40 c. à 3 m. 10 c.; de 108 à 120, ret. 1 m. 60 c. à 2 m.; de 122 à 126, ret. 1 m. 20 c. à 1 m. 60 c.; de 128 à 136, ret. 90 c. à 1 m. 20 c.; de 138 à la fin, ret. 40 c. à 80 c. — Égout: 1° entre les rues Saint-Antoine et des Quatre-Fils ; 2° entre les rues du Perche et Saint-Louis. — Conduite d'eau dans plusieurs parties. — Éclairage au gaz (comp.e Lacarrière).

Au coin de cette rue et de celle des Blancs-Manteaux, devant la maison qui remplace l'ancien hôtel de Rieux, le 23 novembre 1407, vers huit heures du soir, le duc d'Orléans fut assassiné par Raoul d'Ocquetonville, gentilhomme Normand, suivi de dix-huit hommes armés. Jean-sans-Peur, duc de Bourgogne, qui avait commandé ce meurtre, et qu'on accuse d'avoir porté le dernier coup à la victime, fut lui-même massacré le 10 septembre 1419, sur le pont de Montereau.

TERRES-FORTES (RUE DES).

Commence à la rue de la Contrescarpe ; finit à la rue Moreau, n° 13. Le dernier impair est 15; pas encore de numéro pair. Sa longueur est de 296 m. — Les numéros impairs sont du 9e arrondissement, quartier de l'Arsenal ; le côté opposé dépend du 8e arrondissement, quartier des Quinze-Vingts.

C'était autrefois le *chemin des Marais*. Sa dénomination actuelle lui vient de la nature des *terres* sur lesquelles elle a été formée. — Une décision ministérielle du 16 ventôse an XII, signée Chaptal, fixa la moindre largeur de cette voie publique à 9 m. Cette largeur est portée à 15 m. en vertu d'une ordonnance royale du 1er juin 1828. Propriétés de 1 à 7, alignées;

— TÊT —

surplus aligné, sauf redressement. Sur le côté opposé, le bâtiment à l'encoignure de la rue Moreau devra reculer de 3 m. à 4 m. 45 c.; les autres propriétés sont alignées, sauf redressement.

TÊTE (IMPASSE DE LA GROSSE-).

Située dans la rue Saint-Spire, entre les nos 2 et 4. Le dernier numéro est 8. Sa longueur est de 76 m. — 5e arrondissement, quartier Bonne-Nouvelle.

Ce nom, qu'elle porte depuis 1341, lui vient d'une enseigne de la *Grosse-Tête*. — Une décision ministérielle du 1er décembre 1808, signée Cretet, avait fixé à 6 m. la largeur de cette impasse. Elle a été portée à 8 m. en vertu d'une ordonnance royale du 21 juin 1826. Les constructions du côté gauche devront reculer de 5 m. à 5 m. 50 c.; celles du côté opposé sont soumises à un retranchement qui n'excède pas 70 c.

THÉRÈSE (RUE).

Commence à la rue Sainte-Anne, nos 35 et 37; finit à la rue Ventadour, nos 1 et 3. Le dernier impair est 11; le dernier pair, 8. Sa longueur est de 43 m. — 2e arrondissement, quartier du Palais-Royal.

Cette rue a été ouverte en 1667, sur une largeur de 9 m. 74 c., lorsqu'on aplanit la butte des Moulins. Le nom qu'elle porte lui fut donné en l'honneur de Marie *Thérèse*, épouse de Louis XIV. Cette rue ne fut pourtant dénommée qu'après la mort de la reine. Jusqu'en 1692, elle était confondue avec la rue du Hasard. — Une décision ministérielle du 3 frimaire an X, signée Chaptal, et une ordonnance royale du 4 octobre 1826, ont maintenu la largeur primitive. Les propriétés riveraines sont alignées. — Conduite d'eau entre les rues Sainte-Anne et des Moulins. — Éclairage au gaz (compe Anglaise).

THÉVENOT (RUE).

Commence à la rue Saint-Denis, nos 295 et 297; finit à la rue des Petits-Carreaux, nos 20 et 22. Le dernier impair est 25; le dernier pair, 30. Sa longueur est de 275 m. — 5e arrondissement : les numéros impairs sont du quartier Montorgueil; les numéros pairs, du quartier Bonne-Nouvelle.

C'était, en 1372, une impasse située dans la rue des Petits-Carreaux. Des titres de cette époque la désignent sous le nom de *cul-de-sac des Cordiers*, de la *Corderie*, qu'elle devait sans doute à des cordiers qui l'habitaient. En 1676, la partie de cette impasse qui formait une ligne droite fut prolongée jusqu'à la rue Saint-Denis. La seconde partie, qui obliquait à gauche de la rue des Petits-Carreaux, existe encore aujourd'hui sous le nom d'*impasse de l'Étoile*. La nouvelle rue prit le nom de *Thévenot* en raison d'André Thévenot, ancien contrôleur des rentes de l'Hôtel-de-Ville, qui y fit bâtir plusieurs maisons. Un des ancêtres du contrôleur, Jean Thévenot, fut échevin de la ville de Paris en 1608, sous la prévôté de maître Jean Sanguin. — Une décision ministérielle du 19 pluviôse

— THI —

an VIII, signée L. Bonaparte, fixa la largeur de cette voie publique à 8 m. Cette largeur a été portée à 10 m. en vertu d'une ordonnance royale du 21 juin 1826. Propriétés de 1 à 15 bis, retranch. 1 m. 60 c. à 2 m. 25 c.; second n° 15 bis, aligné; de 17 à la fin, ret. 1 m. 80 c. à 2 m. 40 c.; de 2 à 26, ret. 2 m. 30 c. à 2 m. 60 c.; 28, ret. réduit 1 m. 60 c.; 30, ret. 2 m. 30 c. — Portions d'égout du côté des rues Saint-Denis et des Petits-Carreaux. — Conduite d'eau entre la rue Saint-Denis et l'impasse de l'Étoile. — Éclairage au gaz (compe Française).

THIBAULT-AUX-DEZ (RUE).

Commence à la rue Saint-Germain-l'Auxerrois, nos 74 et 76; finit aux rues Boucher, n° 16, et Bertin-Poirée, n° 15. Le dernier impair est 21; le dernier pair, 20. Sa longueur est de 120 m. — 4e arrondissement, quartier du Louvre.

Elle était complètement bâtie en 1230. Selon l'abbé Lebœuf, cette voie publique tire sa dénomination de Thibault-Odet, trésorier d'Auxerre en 1242, qui possédait à cette époque plusieurs maisons dans cette rue; cependant plusieurs titres du XIIIe siècle l'appellent rue *Thibault-aux-Dez*, sans doute parce qu'un nommé Thibault y tenait une taverne où l'on jouait aux dés. — Par décision ministérielle du 12 fructidor an V, signée François de Neufchâteau, la moindre largeur de cette voie publique fut fixée à 6 m. En vertu d'une ordonnance royale du 29 avril 1839, cette moindre largeur a été portée à 10 m. Maison n° 1, retranch. 1 m.; de 3 à 9, et partie du n° 11, alignées; surplus du n° 11, ret. réduit 1 m.; 15, ret. réduit 1 m. 10 c.; 17, ret. 1 m. 60 c.; 19, ret. réduit 2 m. 90 c.; 21, ret. réduit 3 m. 70 c.; de 2 à 6, ret. 5 m.; 8, ret. réduit 5 m. 30 c.; 10, ret. réduit 5 m. 10 c.; 12, ret. réduit 3 m. 50 c.; 14, ret. réduit 3 m. 80 c.; 16, ret. réduit 2 m. 70 c.; 18, ret. réduit 90 c.; 20, ret. réduit 40 c. — Égout. — Éclairage au gaz (compe Anglaise).

THIERRÉ (PASSAGE).

Commence à la rue de Charonne, n° 23; finit à la rue de la Roquette, n° 44 bis. Le dernier impair est 25; le dernier pair, 24. — 8e arrondissement, quartier Popincourt.

Il forme le prolongement du passage Sainte-Marie. Une issue existait depuis 1750 sur la rue de la Roquette. En 1837, M. *Thierré* fit l'acquisition de plusieurs maisons, changea la disposition de l'entrée qui est située dans la rue de la Roquette, et donna son nom à ce passage.

THIROUX (RUE).

Commence à la rue Neuve-des-Mathurins, nos 60 et 62; finit à la rue Saint-Nicolas, nos 45 et 47. Le dernier impair est 13; le dernier pair, 14. Sa longueur est de 123 m. — 1er arrondissement, quartier de la Place-Vendôme.

Un arrêt du conseil d'état du roi, à la date du 12 septembre 1772, autorisa le percement de cette rue. Des lettres-patentes du 14 octobre de la même année portent ce qui suit : « Il sera ouvert aux frais du sieur

» Sandrier des Fossés, entrepreneur de nos bâtiments,
» une rue de 30 pieds de large, dans le terrain de
» 90 toises de face qu'il a acquis des Mathurins, sur la
» rue Neuve de ce nom, la quelle nouvelle rue portera
» le nom qui lui sera donné par les prévôt des mar-
» chands et échevins de notre bonne ville de Paris que
» nous commettons à cet effet, etc... » — Ces lettres-
patentes furent registrées au parlement le 23 août
1773, et reçurent leur exécution au mois de décembre
de la même année. — Une décision ministérielle du
22 prairial an V, signée Benezech, a fixé la largeur de
cette voie publique à 10 m. Les propriétés riveraines
sont soumises à un léger redressement. — Portion
d'égout du côté de la rue Saint-Nicolas. — Conduite
d'eau entre la rue Neuve-des-Mathurins et la borne-
fontaine. — Éclairage au gaz (comp^e Anglaise).

Louis-Lazare *Thiroux* d'Arconville fut président
de la première chambre des enquêtes depuis 1748 jusqu'en 1771.

THOMAS (RUE DES FILLES-SAINT-).

Commence à la rue Notre-Dame-des-Victoires, n° 15;
finit à la rue de Richelieu, n°s 66 et 68. Le dernier impair est 23; le dernier pair, 20. Sa longueur est de 238 m.
— De 1 à 13, 3e arrondissement, quartier du Mail; de 15
à la fin, et tous les numéros pairs, 2e arrondissement,
quartier Feydeau.

Percée vers 1650 sur un terrain dont une partie
appartenait aux *Religieux-Augustins*, et l'autre aux
Filles-Saint-Thomas, cette rue prit d'abord le nom de
Saint-Augustin, en raison de sa situation le long du
mur de clôture des Religieux-Augustins, dits Petits-
Pères. La dénomination qu'elle porte aujourd'hui lui
vient du couvent des Filles-Saint-Thomas, dont nous
avons parlé à l'article du palais de la Bourse. — Une
décision ministérielle du 21 prairial an X, signée
Chaptal, fixa la moindre largeur de cette voie publique
à 8 m. En vertu d'une ordonnance royale du 4 mai
1826, cette moindre largeur est portée à 10 m. Propriétés de 1 à 11, alignées; 13, retranch. 1 m.; de 15
à la fin, ret. 1 m. 30 c. à 1 m. 50 c.; encoignure de la
place, alignée; 12, rct. réduit 30 c.; 14, 16, alignées;
18, ret. réduit 40 c.; 20, redress. — Égout entre les
rues Vivienne et de Richelieu, — Conduite d'eau entre
les rues Notre-Dame-des-Victoires et Vivienne. —
Éclairage au gaz (comp^e Anglaise).

En vertu d'une décision ministérielle du 21 juin
1844, la partie de cette voie publique comprise entre
les rues Notre-Dame-des-Victoires et Vivienne doit
prendre le nom de *place de la Bourse*.

THOMAS-D'AQUIN (ÉGLISE SAINT-).

Située sur la place de ce nom. — 10e arrondissement,
quartier du Faubourg-Saint-Germain.

Le général des Dominicains, Nicolas Rodolphi, vint
à Paris au commencement du XVIIe siècle, dans le
dessein de réformer les couvents de cet ordre. Il obtint
l'autorisation de fonder une troisième maison de Jacobins sous le titre de *Jacobins de l'ordre de Saint-
Dominique en France*. Le parlement, effrayé de l'accroissement des maisons religieuses à Paris, chercha
à s'opposer au nouvel établissement, mais la volonté
toute puissante du cardinal de Richelieu eut bientôt
renversé cet obstacle, et le roi, par lettres-patentes du
mois de juillet 1632, confirma cette fondation. Quatre
Jacobins, tirés du couvent de la rue Saint-Honoré,
vinrent habiter une petite maison du faubourg Saint-
Germain. En 1682, ils augmentèrent leur modeste
habitation d'un nouveau bâtiment du côté de la rue
de l'Université. En 1740, plusieurs autres corps de
logis avaient été élevés. L'église des Jacobins réformés, bâtie en 1682, est l'ouvrage de Pierre Bullet, l'un
des meilleurs artistes de cette époque. Le couvent,
supprimé en 1790, devint propriété nationale. Les
bâtiments sont occupés par le Musée d'artillerie. En
1793, l'église prit le nom de *temple de la Paix*. Vers
1802, elle a été érigée en paroisse sous le vocable de
Saint-Thomas-d'Aquin.

THOMAS-D'AQUIN (PLACE SAINT-).

Située devant l'église de ce nom. Un seul impair qui
est 3; un seul pair, 6. — 10e arrondissement, quartier
du Faubourg-Saint-Germain.

Formée en 1683, elle porta d'abord le nom de *place
des Jacobins*. Sa dénomination actuelle lui vient de
l'église Saint-Thomas-d'Aquin, dont nous avons parlé
à l'article précédent. — En vertu d'une décision ministérielle du 13 thermidor an XII, signée Chaptal,
cette place devait prendre la forme d'un carré. Cet
alignement n'a pas été exécuté. Une ordonnance royale
du 29 avril 1839 a maintenu les constructions dans
leur état actuel. — Éclairage au gaz (comp^e Française).

THOMAS-D'AQUIN (RUE SAINT-).

Commence à la place de ce nom; finit à la rue Saint-
Dominique, n°s 38 et 40. Un seul impair qui est 1; pas
de numéro pair. Sa longueur est de 35 m. — 10e arrondissement, quartier du Faubourg-Saint-Germain.

Elle portait avant la révolution la dénomination de
passage des Jacobins. Depuis 1802, on la nomme rue
Saint-Thomas-d'Aquin, en raison de sa proximité de
l'église ainsi appelée. — Une décision ministérielle du
13 thermidor an XII, signée Chaptal, et une ordonnance
royale du 29 avril 1839, ont fixé la largeur de cette
voie publique à 12 m. Le côté gauche est aligné. Les
constructions du côté opposé devront reculer de 2 m.
60 c. à 3 m. 20 c. — Éclairage au gaz (comp^e Française).

THOMAS-D'ENFER (RUE SAINT-).

Commence à la rue Saint-Hyacinthe, n°s 26 et 28;
finit à la rue d'Enfer, n°s 7 et 9. Le dernier impair est 15;
le dernier pair, 18. Sa longueur est de 151 m. — 11e arrondissement, quartier de la Sorbonne.

Cette rue a été construite de 1550 à 1585, sur un

clos de vignes appartenant aux Dominicains dits Jacobins. Son nom rappelle l'un des saints en grande vénération en France. — Une décision ministérielle du 13 vendémiaire an VIII, signée Quinette, fixa la largeur de cette voie publique à 6 m. Cette dimension est portée à 10 m. en vertu d'une ordonnance royale du 20 octobre 1831. Maison n° 1, retranch. 80 c.; 1 bis, alignée; 3, 5, ret. 30 c. à 60 c.; de 7 à 11, redress.; 13, 15, ret. réduit 70 c.; encoignure de la rue d'Enfer, alignée; 12, alignée; les autres constructions de ce côté, ret. 3 m. 20 c. à 3 m. 60 c.

THOMAS-DU-LOUVRE (RUE SAINT-).

Commence à la rue du Carrousel, n°s 6 et 8; finit à la rue de Chartres, et à la place du Palais-Royal, n° 233. Le dernier impair est 19; le dernier pair, 42. Sa longueur est de 152 m. — 1er arrondissement, quartier des Tuileries.

Cette rue, construite vers 1230, tire son nom de l'église Saint-Thomas, appelée depuis *église Saint-Louis*, qu'on voyait encore au commencement de notre siècle, près de la galerie du Louvre. Cette voie publique, qu'on nomma aussi rue des *Chanoines*, a été en partie démolie pour faciliter le projet de réunion des palais du Louvre et des Tuileries. La rue Saint-Thomas-du-Louvre devant être supprimée entièrement pour l'exécution complète de ce projet, il n'existe point d'alignement arrêté pour cette voie publique, dont la largeur actuelle est de 6 m. environ. — Conduite d'eau. — Éclairage au gaz (compe Anglaise).

Église Saint-Thomas-du-Louvre. — Le meurtre de l'archevêque de Cantorbéry excita l'indignation de l'Europe chrétienne. Lorsqu'il fut canonisé, saint Thomas devint dans notre pays l'un des martyrs les plus vénérés. Cette ferveur des fidèles était encore alimentée par l'orgueil national qui animait le peuple français contre le roi d'Angleterre. On vit à la fin du XIIe siècle plusieurs églises s'élever sous l'invocation de saint Thomas. Robert, comte de Dreux, quatrième fils du roi Louis-le-Gros et frère de Louis VII, fut le fondateur de Saint-Thomas-du-Louvre, qu'il érigea en collégiale en y créant quatre canonicats. Ce prince étant mort en 1188, Robert, son fils, confirma ces fondations et les fit approuver par Philippe-Auguste, dont les lettres-patentes sont de l'année 1192. Ces titres, ainsi que plusieurs autres, nous apprennent qu'à cette époque les principaux revenus de cette collégiale consistaient dans les dîmes de Torcy, de Cailly et de Brie-Comte-Robert. Elle jouissait également d'une rente de cent sols parisis, et possédait une vigne et un arpent de terre. On voit aussi dans ces actes, que Robert de Dreux avait donné des maisons en y affectant des revenus pour loger et nourrir de pauvres étudiants. L'église collégiale de Saint-Nicolas-du-Louvre remplaça depuis cet hôpital. Jean, duc de Bretagne, comte de Montfort et de Richemond, donna le 2 février 1428, au chapitre de Saint-Thomas, son hôtel de la Petite-Bretagne, situé derrière l'église, dans la rue de Matignon. En 1733, l'église qui était construite depuis plus de six cents ans tombait en ruine. Le roi, sur la demande du cardinal Fleury, accorda pour sa reconstruction 50,000 écus assignés sur la ferme des poudres, et payables en neuf années. Dès que le premier paiement eut été effectué, on se mit à l'œuvre. L'office divin fut célébré dans le bas de l'église, et l'on éleva une charpente qui sépara les prêtres de la partie qu'on était forcé d'abandonner. On jeta les fondements du nouvel édifice du côté des rues Saint-Thomas et du Doyenné. Le 15 septembre 1739, sur les onze heures du matin, au moment où l'on s'assemblait pour tenir le chapitre, le clocher voisin de la salle capitulaire tomba avec fracas, écrasa la voûte et ensevelit six chanoines sous ses ruines. Il fallut après ce tragique évènement pourvoir à l'érection d'un nouveau chapitre. Les chanoines de Saint-Thomas et ceux de Saint-Nicolas ne formaient, dans l'origine, qu'un même chapitre. Ils furent réunis une seconde fois par un décret du 10 mars 1740. La nouvelle église prit le nom de *Saint-Louis-du-Louvre*. Les plans en avaient été dressés par un orfèvre nommé Thomas Germain. En 1744, la veille de la fête de saint Louis, elle fut solennellement dédiée à saint Louis, roi de France. En 1749, un troisième chapitre, celui de Saint-Maur-des-Fossés, fut joint aux deux premiers. Après avoir servi pendant la révolution au culte protestant, Saint-Louis-du-Louvre fut démoli. Le terrain qu'elle occupait doit être compris dans la place du Carrousel.

Église Saint-Nicolas-du-Louvre. — Robert de Dreux, en fondant l'église Saint-Thomas, avait également établi un hôpital et un collège. Le pape Innocent III y fit entrer, en 1209, quelques pauvres écoliers. Les donations des comtes de Dreux amenèrent bientôt une contestation entre le proviseur et les écoliers d'une part et les chanoines de l'autre. Les biens avaient été jusqu'alors communs entre eux, et l'église Saint-Thomas servait aux uns et aux autres. En 1212, un partage fut fait entre les chanoines et l'hôpital, et l'on convint que la rue Saint-Thomas servirait de limite. Le proviseur et les écoliers désirèrent, en outre, avoir une église particulière. Des lettres leur furent accordées en 1217, par le pape, dans lesquelles le souverain pontife les qualifie de *Recteur* et de *Frères-de-l'Hôpital de Saint-Thomas-du-Louvre*. Il leur donna, en outre, le droit d'avoir une chapelle et un cimetière. Cette chapelle, dédiée à saint Nicolas, fut bâtie entre l'église Saint-Thomas et le palais du Louvre. Après cette contestation qui divisa ces deux établissements, la nouvelle maison prit le nom d'*Hôpital des pauvres écoliers de Saint-Nicolas-du-Louvre*. A la fin du XIIIe siècle, cette maison fut composée d'un maître ou proviseur, d'un chapelain et de quinze boursiers. On y ajouta un second chapelain, puis en 1350 trois nouveaux boursiers furent adjoints aux anciens. Le 25 juillet 1541,

— THO —

Jean du Bellay, évêque de Paris, supprima proviseur et boursiers, et érigea ce collège en un chapitre composé d'un prévôt et de quinze chanoines qui furent réunis en 1740 à ceux de Saint-Louis-du-Louvre. L'église Saint-Nicolas, dès lors totalement abandonnée, fut démolie avant la révolution.

Hôtel de Rambouillet. — Il ne faut pas confondre cet hôtel de Rambouillet avec celui qui fut vendu en 1624, moyennant 30,000 écus, au cardinal de Richelieu qui le fit abattre, puis élever sur son emplacement les constructions du Palais-Royal. Le second hôtel de Rambouillet, situé dans la rue Saint-Thomas-du-Louvre, près de l'hôtel de Longueville, s'étendait jusqu'au jardin de l'hôpital des Quinze-Vingts. Cette propriété, qui avait été connue successivement sous les noms d'hôtel d'O, de *Noirmoutiers*, de *Pisani*, prit celui de Rambouillet lorsque Charles d'Angennes, marquis de Rambouillet, qui avait épousé mademoiselle de Vivonne, fille du marquis de Pisani, vint s'y établir après la mort de son beau-père. Cet hôtel fut presqu'entièrement rebâti par le marquis de Rambouillet. L'esprit, les grâces, les connaissances variées de Catherine de Vivonne, son goût pour les sciences et les lettres attirèrent dans son hôtel, nommé depuis le *Parnasse Français*, les meilleurs poètes et la fleur de la noblesse de l'époque. La société de l'hôtel de Rambouillet ne fut pas exempte des défauts qui déparent presque toujours ces sortes de réunions ; elle donna dans le pédantisme et dans une affectation de langage un peu ridicule ; néanmoins, cette brillante compagnie sut réveiller en France le goût des lettres, et montra le chemin aux hommes célèbres qui illustrèrent le plus beau siècle de notre histoire. L'hôtel de Rambouillet passa ensuite dans la maison de Sainte-Maur-Montauzier par le mariage de Charles de Sainte-Maur, duc de Montauzier, avec la célèbre Julie d'Angennes, fille de la marquise. Il fut ensuite possédé par les ducs d'Uzès, dont l'un avait épousé la fille unique et seule héritière du duc de Montauzier et de Julie d'Angennes. Sur une partie de l'emplacement qu'occupait cet hôtel, ont été élevés les bâtiments du Vauxhall d'hiver. Cette salle de danse avait été construite en 1784 pour remplacer celle de la foire Saint-Germain. On en fit depuis le Vaudeville qui a été incendié.

THORIGNY (RUE DE).

Commence à la rue de la Perle, n° 2 ; finit aux rues des Coutures-Saint-Gervais, n° 1, et Sainte-Anastase, n° 11. Le dernier impair est 7 ; le dernier pair, 14. Sa longueur est de 86 m. — 8ᵉ arrondissement, quartier du Marais.

Pour achever l'entreprise commencée sous Henri IV, en 1603, il ne restait plus à bâtir sur le marais du Temple, en 1656, qu'une place de 2,000 m. environ de superficie dans la culture Saint-Gervais. Cette même année, les religieuses hospitalières de Sainte-Anastase, ayant acheté l'hôtel d'O pour s'y loger, vendirent, après en avoir obtenu l'agrément du roi, l'ancienne place à

— TIR —

Aubert de Fontenay, intéressé dans les gabelles. Sur ce terrain ont été formées deux rues qui prirent, au commencement du XVIIIᵉ siècle, les noms de Thorigny et de la Perle. — Une décision ministérielle du 23 frimaire an VIII, signée Laplace, fixa la moindre largeur de la rue de Thorigny à 7 m. En vertu d'une ordonnance royale du 16 mai 1833, sa largeur a été portée à 10 m. Maison n° 1, retranch. 2 m. 10 c. à 2 m. 50 c. ; 3, alignée ; 5, ret. réduit 1 m. 20 c. ; 7, ret. réduit 80 c. ; 4, ret. réduit 2 m. 70 c. ; 6, 8, ret. 3 m. à 4 m. ; 10, 12, ret. 4 m. à 4 m. 50 c. ; 14, ret. réduit 3 m. 50 c. — Conduite d'eau. — Éclairage au gaz (compᵉ Lacarrière).

Messire Jean-Baptiste-Claude Lambert de *Thorigny* fut président de la 1ʳᵉ chambre des requêtes du parlement de 1713 à 1727.

TIQUETONNE (RUE).

Commence à la rue Montorgueil, n°ˢ 41 et 43 ; finit à la rue Montmartre, n°ˢ 44 et 46. Le dernier impair est 27 ; le dernier pair, 24. Sa longueur est de 118 m. — 3ᵉ arrondissement, quartier Saint-Eustache.

Complètement bâtie en 1320, cette rue s'appelait en 1372 rue *Denys-le-Coffrier*. Le nom de Tiquetonne lui vient par altération, de Rogier de Quiquetonne, riche boulanger qui y demeurait en 1339. — Une décision ministérielle du 25 ventôse an XIII, signée Champagny, fixa la moindre largeur de cette voie publique à 10 m. Cette largeur a été portée à 11 m., en vertu d'une ordonnance royale du 23 juillet 1828. Propriétés de 1 à 5, retranch. 3 m. 40 c. à 4 m. ; de 7 à la fin, ret. 4 m. à 4 m. 60 c. ; de 2 à 6, ret. 90 c. à 1 m. 60 c. ; 8, 10, alignées ; 12, 14, ret. 40 c. 16, 18, alignées ; 20, redress. ; 22, ret. réduit 40 c. ; 24, ret. réduit 60 c. — Conduite d'eau. — Éclairage au gaz (compᵉ Française).

TIRECHAPE (RUE).

Commence à la rue Béthisy, n°ˢ 12 et 14 ; finit à la rue Saint-Honoré, n°ˢ 59 et 61. Le dernier impair est 27 ; le dernier pair, 28. Sa longueur est de 127 m. — 4ᵉ arrondissement, quartier Saint-Honoré.

Cette rue était bordée de constructions en 1233. Il est vraisemblable qu'elle doit son nom à l'importunité des Fripiers qui occupaient les petites boutiques de cette rue, et aux Juifs de la même profession qui tiraient les passants par leurs *chapes* (espèce de robes), pour les forcer à venir acheter chez eux. — Une décision ministérielle du 12 fructidor an V, signée François de Neufchâteau, fixa la largeur de cette voie publique à 7 m. Cette largeur a été portée à 12 m., en vertu d'une ordonnance royale du 19 juillet 1840. Propriétés de 1 à 15, retranch. 3 m. à 3 m. 40 c. ; 17, 19, 21, alignées ; 23, ret. réduit 3 m. 20 c. ; 25, ret. réduit 2 m. 60 c. ; 27, ret. réduit 1 m. 40 c. ; de 2 à 6, ret. 5 m. 50 c. à 6 m. ; 8, 10, alignées ; de 12 à 20, ret. 5 m. 10 c. à 5 m. 70 c. ; 22, ret. réduit 5 m. 80 c. ; 24, ret. réduit

— TIR —

6 m. 50 c.; 26, 28, ret. 6 m. 80 c. à 9 m. 30 c. — Conduite d'eau entre la rue Béthisy et la borne-fontaine. — Éclairage au gaz (comp° Anglaise).

TIRON (RUE).

Commence à la rue Saint-Antoine, n°s 47 et 51; finit à la rue du Roi-de-Sicile, n°s 35 et 37. Le dernier impair est 7; le dernier pair, 8. Sa longueur est de 77 m. — 7e arrondissement, quartier du Marché-Saint-Jean.

Elle était bordée de constructions en 1250. Dès 1270, elle portait le nom de rue *Tiron*, qu'elle tenait d'une maison appartenant à l'abbé de Tiron. Cette propriété renfermait une prison qui figura dans l'histoire du massacre du 12 juin 1418. Plus de soixante Armagnacs y furent égorgés par les Bourguignons. A la tête des assassins se trouvaient les bouchers Goys, Saint-Yon et Caboche, dont les familles étaient renommées dans les annales de la Boucherie de Paris. — Une décision ministérielle du 8 prairial an VII, signée François de Neufchâteau, fixa la largeur de cette voie publique à 7 m. Cette largeur a été portée à 10 m., en vertu d'une ordonnance royale du 16 août 1836. Propriété n° 1, retranch. réduit 3 m. 50 c.; 3, ret. réduit 2 m. 20 c.; 5, ret. réduit 2 m.; 7, ret. réduit 4 m.; 2, redress.; 4, ret. réduit 3 m. 20 c.; 6, alignée; 8, ret. réduit 3 m.; encoignure de la rue du Roi-de-Sicile, ret. réduit 1 m. 70 c. — Conduite d'eau. — Éclairage au gaz (comp° Parisienne).

TISON (RUE JEAN-).

Commence à la rue des Fossés-Saint-Germain-l'Auxerrois, n°s 38 et 40; finit à la rue Bailleul, n°s 11 et 13. Le dernier impair est 19; le dernier pair, 12. Sa longueur est de 110 m. — 4e arrondissement, quartier Saint-Honoré.

Cette rue doit son nom à un des membres de la famille Tison, déjà connue à la fin du XIIe siècle; Guillot appelle cette voie publique *Jehan-Tison*. — Une décision ministérielle du 23 ventôse an IX, signée Chaptal, a fixé la largeur de cette rue à 6 m. Les maisons n°s 7, 9, 17 et 19, sont alignées; celles n°s 11, 13 et 15, ne sont assujetties qu'à un léger redressement. Éclairage au gaz (comp° Anglaise).

TIVOLI (PASSAGE DE).

Commence à la rue Saint-Lazare, n° 110; finit à la rue de Londres, n° 37. Le dernier impair est 27; le dernier pair, 26. — 1er arrondissement, quartier du Roule.

Ce passage, bâti vers 1826 par plusieurs entrepreneurs, porta d'abord le nom de *passage de Navarin*. Lors de la faillite des constructeurs, cette dénomination fut remplacée par celle de *passage Mandrin*. En 1828, les nouveaux acquéreurs lui donnèrent le nom de *Tivoli*, en raison de sa proximité de cet établissement public.

TIVOLI (RUE DE).

Commence à la rue de Clichy, n°s 21 et 23; finit aux rues de Londres, n° 38, et d'Amsterdam, n° 2. Le dernier impair est 27; le dernier pair, 26. Sa longueur est de 211 m. — 1er arrondissement, quartier du Roule.

Cette rue a été percée en 1826 sur les terrains appartenant à MM. Jonas Hagerman et Sylvain Mignon. L'ordonnance royale qui autorisa l'ouverture de cette rue est à la date du 2 février 1826. Cette voie publique a 12 m. de largeur. Sa proximité du jardin de Tivoli lui a fait donner le nom qu'elle porte. (Voyez rue d'*Amsterdam*). — Conduite d'eau. — Éclairage au gaz (comp° Anglaise).

TIXÉRANDERIE (RUE DE LA).

Commence aux rues Jean-Pain-Mollet, n° 2, et Jean-de-l'Épine, n° 22; finit aux rues Renaud-le-Fèvre, n° 1, et du Pourtour. Le dernier impair est 85; le dernier pair, 92. Sa longueur est de 352 m. — De 1 à 29 et de 2 à 22, 7e arrondissement, quartier des Areis; de 31 à la fin, 7e arrondissement, quartier du Marché-Saint-Jean; surplus, 9e arrondissement, quartier de l'Hôtel-de-Ville.

Cette rue était entièrement bâtie sous le règne de Louis-le-Jeune. De la rue Jean-Pain-Mollet à celle du Mouton, c'était la rue de la *Vieille-Oreille*; le reste de cette voie publique, ainsi que l'indique un contrat de décembre 1263, inséré dans le Trésor des Chartres, se nommait rue de la *Tixéranderie*. Elle devait cette dénomination à des tisserands qui étaient venus l'habiter. Un arrêt du conseil, à la date du 25 février 1674, ordonna l'élargissement d'une partie de cette rue. — Une décision ministérielle du 13 thermidor an VI, signée François de Neufchâteau, fixa la moindre largeur de la rue de la Tixéranderie à 8 m. Cette moindre largeur a été portée à 12 m., en vertu d'une ordonnance royale du 26 décembre 1830. Les propriétés n°s 7, l'encoignure gauche de la rue des Coquilles, 25, 47, et l'encoignure gauche de la rue de Lobau, sont alignées; celles n°s 9, 11, 21, 23 et 27, ne devront subir qu'un léger redressement. — Égout entre les rues des Coquilles et du Mouton. — Conduite d'eau dans toute l'étendue. — Éclairage au gaz (comp° Lacarrière).

Au deuxième étage d'une propriété qui a été démolie pour l'agrandissement de l'Hôtel-de-Ville, on voyait encore en 1837 deux petites chambres qui ont reçu quelquefois la visite du grand Turenne, de madame de Sévigné, et qui sans bruit se sont ouvertes plus souvent à Villarceaux, au peintre Mignard et à Ninon de l'Enclos. C'était l'appartement du poète *Scarron*.

TONNELLERIE (RUE DE LA).

Commence à la rue Saint-Honoré, n°s 34 et 36; finit aux rues Pirouette, n° 1, et des Piliers-aux-Potiers-d'Étain. Le dernier impair est 109; le dernier pair, 44. Sa longueur est de 313 m. — De 1 à 79, 3e arrondissement, quartier Saint-Eustache; de 81 à la fin, 5e arrondissement, quartier Montorgueil; les numéros pairs sont du 4e arrondissement, quartier des Marchés.

C'était au XIIe siècle un chemin où l'on voyait çà et là de chétives habitations occupées par des Juifs. La rue était formée en 1202. Elle portait alors le nom de la

— TON —

Tonnellerie, en raison des marchands de futailles, de tonneaux, qui vinrent s'y établir. En 1547, c'était la rue des *Toilières*, des marchandes de toiles. Plusieurs titres du XVIIe siècle la désignent sous le nom de rue des *Grands-Pilliers-des-Halles*. Sa dénomination primitive a prévalu. — « Le 13 brumaire an VIII, par les » soins du citoyen Lenoir, conservateur du musée Fran- » çais, il a été placé au-dessus de la troisième boutique » à gauche, sous les piliers des halles, en entrant par » la rue Saint-Honoré, un marbre blanc avec cette ins- » cription :

C'est dans cette maison
qu'est né
en 1620,
Jean-Baptiste Poquelin de Molière.

(*Extrait du* Moniteur *du 8 pluviôse an VIII.*)

Cette inscription a été replacée sur la maison n° 5, reconstruite en 1830. — Une décision ministérielle du 25 messidor an X, signée Chaptal, a fixé la largeur de cette voie publique à 10 m., dans la partie comprise entre la rue Saint-Honoré et la place de la Pointe-Sainte-Eustache. — « *Ordonnance de police concernant les passages sous les piliers des halles*, du 18 février 1811, approuvée par le ministre de l'intérieur le 2 mars suivant. — Article 1er. A partir de la rue Saint-Honoré jusqu'à la pointe Saint-Eustache, il sera laissé entre l'alignement des piliers de la Tonnellerie et celui de la façade du rez-de-chaussée des maisons construites sur ces piliers, un espace de trois mètres de largeur pour l'usage du public. — Art. 2e. Cet espace sera mesuré à compter du nu du mur de face du rez-de-chaussée, etc... — Art. 5e. Il est défendu, soit aux propriétaires et locataires des maisons et boutiques situées sous les piliers et sous leurs galeries, soit aux propriétaires, locataires, tenanciers et usagers des places situées entre les piliers, d'anticiper, sous quelque prétexte que ce soit, sur les espaces réservés au passage public, et d'obstruer ce passage de quelque manière que ce soit, sous les peines portées aux lois et règlements en cette partie. » — Les maisons de 1 à 9; de 12 à 18 et 24, sont alignées; celles de 81 à 105 seront prochainement expropriées afin de compléter le percement de la rue de Rambuteau (*voyez* cet article). — Égout entre la rue Saint-Honoré et le passage des Prouvaires. — Conduite d'eau entre la place de la Pointe-Saint-Eustache et la rue Pirouette. — Éclairage au gaz : depuis la rue Saint-Honoré jusqu'à la place de la Pointe-Saint-Eustache (compe Anglaise); surplus (compe Française).

TOUR (RUE DE LA), *voyez* DELATOUR (RUE).

TOURAINE-AU-MARAIS (RUE DE).

Commence à la rue du Perche, nos 8 et 10; finit à la rue de Poitou, nos 15 et 17. Le dernier impair est 11; le dernier pair 10. Sa longueur est de 107 m. — 7e arrondissement, quartier du Mont-de-Piété.

Formée sur la culture du Temple vers 1626, elle

— TOU —

reçut le nom d'une de nos anciennes provinces de France. — Une décision ministérielle du 19 germinal an VIII, signée L. Bonaparte, fixa la largeur de cette voie publique à 8 m. Cette largeur a été portée à 10 m., en vertu d'une ordonnance royale du 31 mars 1835. Les constructions riveraines sont soumises à un retranchement qui varie de 1 m. 20 c. à 1 m. 40 c. — Conduite d'eau entre la rue de Poitou et la borne-fontaine. — Éclairage au gaz (compe Lacarrière).

TOURAINE-SAINT-GERMAIN (RUE DE).

Commence à la rue de l'École-de-Médecine, nos 23 et 25; finit à la rue Monsieur-le-Prince, nos 7 et 9. Le dernier impair est 11; le dernier pair, 10. Sa longueur est de 58 m. — 11e arrondissement, quartier de l'École-de-Médecine.

Elle fut ouverte à la fin du XVIIe siècle, sur le même alignement que la rue du Paon. On lui donna le nom de *Touraine*, en raison de l'hôtel de Tours situé dans la rue du Paon. — Une décision ministérielle du 23 frimaire an IX, signée Chaptal, a fixé la largeur de cette voie publique à 8 m. 50 c. Toutes les constructions riveraines sont alignées, à l'exception de celle située sur le côté des numéros impairs à l'encoignure de la rue de l'École-de-Médecine. Cette propriété devra reculer de 80 c. environ.

TOUR-D'AUVERGNE (RUE DE LA).

Commence à la rue Rochechouart, nos 47 bis et 49; finit à la rue des Martyrs, nos 58 et 60. Le dernier impair est 43; le dernier pair, 42. Sa longueur est de 380 m. — 2e arrondissement, quartier du Faubourg-Montmartre.

Ce n'était qu'un chemin avant 1762. Le plan de Verniquet est le premier qui l'indique sous le nom de la *Tour-d'Auvergne*. Elle dut cette dénomination à sa proximité de l'hôtel ainsi appelé. — Une décision ministérielle du 28 vendémiaire an X, signée Chaptal, et une ordonnance royale du 16 novembre 1834, ont fixé la largeur de cette voie publique à 9 m. On a procédé à la régularisation du numérotage de cette rue en vertu d'un arrêté préfectoral du 7 janvier 1840. Propriétés de 1 à 7, alignées; 9, 11, retranch. 1 m. 40 c.; 13, 15, alignées; encoignure gauche de la rue Neuve-Coquenard, ret. réduit 80 c.; 21, 23, alignées; 25, ret. 60 c.; 27, ret. 50 c.; 29, ret. 40 c.; 31, redress.; 33, alignée; de 35 à 39, redress.; 41, et partie de 43, alignées, surplus ret. 30 c.; de 2 à 14, alignées; de 16 à 24, redress.; second n° 24, aligné; 26, ret. 80 c.; 30, 32, alignées; de 34 à 38, ret. 1 m. 20 c.; de 40 à la fin, alignées.

TOUR-DES-DAMES (RUE DE LA).

Commence à la rue de la Rochefoucauld; finit à la rue Blanche, nos 12 et 14. Le dernier impair est 15; le dernier pair, 14. Sa longueur est de 161 m. — 2e arrondissement, quartier de la Chaussée-d'Antin.

Dès 1494, il est question d'un *moulin aux Dames*, situé en cet endroit. Sur le plan fait par les ordres de

— TOU —

Turgot, une *tour* est figurée sur cet emplacement. — Une décision ministérielle du 26 brumaire an XI, signée Chaptal, fixa la largeur de cette voie publique à 8 m. Ce n'est que depuis 1820 que cette rue s'est couverte d'habitations. Une ordonnance royale du 1er juillet 1834 a porté sa largeur à 10 m. Les constructions du côté des numéros impairs sont alignées, sauf un mur de clôture dépendant du n° 13; les propriétés du côté opposé devront reculer de 2 m. 20 c. — Conduite d'eau.

TOURNELLE (PONT DE LA).

Situé entre le quai de la Tournelle et ceux de Béthune et d'Orléans.

Un acte de 1371, rapporté par Sauval, indique vers cet endroit de l'île un pont qui était désigné sous le nom de *pont de Fust de l'Ile-Notre-Dame*. Il est dit : « que le pont de Fust d'entre l'île Notre-Dame et Saint-Bernard fut planchié en septembre 1370; qu'en 1369, on y avait fait une tournelle carrée qui fut étoupée l'année suivante. » — D'après les engagements pris par le sieur Marie, en 1614, le pont de la Tournelle fut établi sur la ligne du pont Marie. Emporté par les glaces en 1637, il fut rebâti en bois. En 1648, il était en fort mauvais état; en 1651, une grande partie fut détruite par les eaux de la Seine ; ensuite on le reconstruisit en pierre. Divers arrêts ou ordonnances prouvent qu'il n'était point encore terminé en 1654. Il le fut en 1656, comme l'indique une inscription placée sous une de ses arches. Ce pont, bordé de trottoirs, se compose de six arches à plein cintre ; sa longueur entre les culées est de 116 m. 58 c., sa largeur entre les têtes, de 14 m. 75 c.

TOURNELLE (QUAI DE LA).

Commence à la rue des Fossés-Saint-Bernard, n° 2; finit à la rue de Bièvre, n° 1. Deux séries de numéros dont les derniers sont 53 et 11. Sa longueur est de 440 m. — 12e arrondissement, quartier du Jardin-du-Roi.

1re PARTIE comprise entre la rue des Fossés-Saint-Bernard et celle de Pontoise. — Corrozet l'indique sous le nom de rue et *port Saint-Bernard*, qu'elle portait dès 1380.

« *Bureau de la Ville*, 23 juin 1554. — Et le d. jour
» nous sommes party destrement et sommes allez jus-
» ques au port Saint-Gervais, où avons changez
» de robbes et sommes mis en batteaux pour flotter,
» accompagnez des archers et trompettes, où sommes
» allez au port des Bernardins pour l'assiette de la pre-
» mière pierre, ordonnez par le roy estre faicte au d.
» port, où estant descendus aux fondemens faicts et
» préparés pour la d. assiette, le maistre des œuvres
» de la ville a présenté à nous, prevost des marchands,
» un tablier de cuir blanc qu'il lui a sainct, et baillé
» une truelle avecque du mortier de chaulx et sable
» pour asseoir la d. première pierre, et après avoir
» faict le seigne de la croix sur la première pierre et

— TOU —

» dict ces mots : au nom du Père, du Fils et du benoist
» Sainct-Esprit; ce faict, sommes retirez ayant avecque
» la d. truelle mis et apposé des truellées de mortier
» au long de la d. première pierre, le d. maistre
» des œuvres a commencé à massonner. » (Registre H, n° 1782, folio 340.)

Le 12 août 1650, il fut ordonné que ce quai serait pavé sur une largeur de 10 toises. En 1738, il fut dégagé et agrandi au moyen de la démolition de plusieurs maisons. Vers 1750, il prit le nom de quai de la *Tournelle*. Le plan de Jaillot ne lui donne aucune dénomination.

2e PARTIE comprise entre la rue de Pontoise et celle de Bièvre. — Le plan de Verniquet l'indique sous le nom de *quai des Miramiones*, en raison du couvent dont nous donnerons ci-après l'historique. Jusqu'en 1835, on l'appela rue de la *Tournelle*. Conformément à un arrêté préfectoral du 3 septembre même année, cette voie publique a reçu le nom de *quai de la Tournelle*. — Une décision ministérielle du 29 thermidor an XI, signée Chaptal, a fixé l'alignement des deux parties du quai de la Tournelle. La propriété n° 13 est alignée ; celles nos 9 et 53 ne devront subir qu'un léger redressement. — Égout entre les rues des Fossés-Saint-Bernard et de Pontoise. — Conduite d'eau dans la plus grande partie. — Éclairage au gaz (compe Parisienne).

La *Tournelle*, qui subsistait encore à la fin du siècle dernier, joignait la porte de l'enceinte de Philippe-Auguste. Elle défendait le passage de la rivière au moyen d'une chaîne qui correspondait à une autre tour élevée dans l'île Notre-Dame (Saint-Louis). Sous le règne de Henri II, la Tournelle tombait en ruine. Ce monarque ordonna, en 1554, qu'elle fut reconstruite. En 1632, Vincent-de-Paul, dont la charité était inépuisable, obtint du roi l'autorisation d'enfermer dans cet édifice les condamnés aux galères qui attendaient dans les cachots malsains de la Conciergerie leur translation aux bagnes. La Tournelle servit de prison jusqu'en 1790.

La *porte Saint-Bernard*, la première de l'enceinte méridionale de Philippe-Auguste, était adossée à la Tournelle dont nous venons de parler. Reconstruite en 1606, elle a été démolie vers 1787.

Couvent des Miramiones. — En 1636, mademoiselle Blosset fonda une petite communauté séculière dont le principal but était de soulager et d'instruire les pauvres. Les membres de cette association prirent le titre de *Filles de Sainte-Geneviève*, et s'établirent dans la rue des Fossés-Saint-Victor, à l'angle de celle des Boulangers. Vers la même époque, madame veuve Beauharnais de Miramion forma une institution toute semblable. L'union de ces deux communautés fut conclue le 14 août 1665, et confirmée par lettres-patentes du mois de mai 1674. En 1691, les Filles de Sainte-Geneviève, qui portèrent plus généralement le nom de Miramiones, s'installèrent dans la rue de la Tournelle. Cette communauté a été supprimée en 1790. Les bâtiments situés au n° 53 sont occupés aujourd'hui par la pharmacie centrale des hôpitaux et hospices civils.

TOURNELLES (RUE DES).

Commence à la rue Saint-Antoine, n°s 205 et 209; finit au boulevart de Beaumarchais, n°s 57 et 59. Le dernier impair est 53 ; le dernier pair, 84. Sa longueur est de 548 m. — 8e arrondissement, quartier du Marais.

1re PARTIE *comprise entre les rues Saint-Antoine et Neuve-Saint-Gilles*. — Cette voie publique portait en 1546 le nom de *Jean Beausire*; quelques années après elle changea cette dénomination pour prendre celle des Tournelles, parce qu'elle longeait le palais des Tournelles. — Une décision ministérielle du 3 thermidor an IX, signée Chaptal, et une ordonnance royale du 8 juin 1834, ont fixé la moindre largeur de cette partie de rue à 10 m.

2e PARTIE *comprise entre la rue Neuve-Saint-Gilles et le boulevart*. — Ouverte en 1637, on la nomma *petite rue Neuve-Saint-Gilles*, elle dut cette dénomination à la rue Neuve-Saint-Gilles (*voyez* cet article). — Une décision ministérielle du 3 thermidor an IX, signée Chaptal, fixa la largeur de cette rue à 9 m. Cette largeur a été portée à 10 m., en vertu d'une ordonnance royale du 8 juin 1834. Conformément à un arrêté préfectoral du 15 juillet 1839, cette voie publique a reçu le nom de rue des *Tournelles*. Ce même arrêté a prescrit la régularisation du numérotage de cette partie de rue.

Les propriétés n°s 13, 17, 25, 31, encoignure droite de la rue Neuve-Saint-Gilles, 45 bis, 47, 49, 53, encoignure du boulevart ; 2, maison entre les n°s 14 et 16, 56 et depuis le n° 82 jusqu'au boulevart, sont alignées. Les constructions ci-après ne doivent subir qu'un léger redressement; 19, 21, 23, mur de clôture de la caserne des Minimes; 4, 6, 8, 10, 70, 72, 74, 76 et 78. — Égout entre les rues du Pas-de-la-Mule et Neuve-Saint-Gilles. — Conduite d'eau depuis la rue du Pas-de-la-Mule jusqu'aux deux bornes-fontaines. — Éclairage au gaz (compe Lacarrière).

Le souvenir voluptueux d'un boudoir a rendu la rue des Tournelles plus célèbre que la tradition royale d'un palais. La belle *Ninon de Lenclos*, qui fut l'Aspasie de son époque, a longtemps habité une maison de cette rue. Elle y mourut le 17 octobre 1705, à l'âge de quatre-vingt-onze ans.

TOURNON (RUE DE).

Commence aux rues du Petit-Lion, n° 17 et du Petit-Bourbon, n° 1 ; finit à la rue de Vaugirard, n° 22 bis et 24. Le dernier impair est 35; le dernier pair, 20. Sa longueur est de 233 m. — 11e arrondissement, quartier du Luxembourg.

C'était anciennement la *ruelle Saint-Sulpice*, puis la *ruelle du Champ-de-la-Foire*. Elle fut convertie en rue en 1541. On lui donna à cette époque le nom de rue de *Tournon*. La construction de cette voie publique n'était pas achevée en 1580, ainsi que nous en trouvons la preuve dans quelques titres de l'abbaye Saint-Germain-des-Prés. Ces actes contiennent plusieurs ventes de terrains, à la charge par les acquéreurs d'élever des constructions pour border la rue de Tournon. — Un arrêté des consuls du 17 vendémiaire an XI ordonna le prolongement de cette voie publique jusqu'à la rue de Buci. (Voyez rue de *Seine*.) — Une décision ministérielle du 3 nivôse an X, signée Chaptal, a fixé la moindre largeur de la rue de Tournon à 13 m. 50 c., et sa plus grande à 26 m. 70 c. Une partie de la propriété n° 11 et toutes les constructions du côté des numéros pairs sont alignées. — Égout. — Éclairage au gaz (compe Française).

François de *Tournon*, né en 1489, fut l'un des principaux conseillers de François Ier. Successivement archevêque d'Embrun, d'Auch, de Bourges et de Lyon, cardinal en 1530, ambassadeur en Italie, en Espagne et en Angleterre, il mourut en 1562.

Au n° 10 était un hôtel qui avait appartenu à l'infortuné maréchal d'Ancre. Louis XIII y demeura quelque temps. Les bâtiments furent ensuite affectés au logement des ambassadeurs. Cette propriété passa ensuite au duc de Nivernais. Devenue propriété nationale en 1790, cette maison fut vendue le 10 août 1819 par le domaine de l'État à la ville de Paris, moyennant 250,100 fr. C'est aujourd'hui une caserne affectée à la garde municipale.

TOURVILLE (AVENUE DE).

Commence à l'avenue de la Motte-Picquet, n° 19; finit au boulevart des Invalides, n° 2. Le dernier impair est 7; le dernier pair, 6. Sa longueur est de 601 m. — 10e arrondissement, quartier des Invalides.

La partie qui longe l'hôtel royal des Invalides fut tracée vers 1680; le surplus n'a été formé qu'en 1780. Cette avenue appartient à la ville de Paris, en vertu d'une loi du 19 mars 1838 (voyez avenue de la *Bourdonnaye*). Sa moindre largeur est de 35 m.

Anne-Hilarion-Cotentin de *Tourville* naquit au château de Tourville, diocèse de Coutances, en 1642. Il fut nommé chef d'escadre en 1677, et vice-amiral en 1690. Promu maréchal de France le 27 mars 1693, il mourut à Paris, le 28 mai 1701.

TOUSTAIN (RUE).

Commence à la rue de Seine, n°s 68 et 70; finit à la rue Félibien, n°s 1 et 3. Le seul impair est 1; le seul pair, 2. Sa longueur est de 16 m. — 11e arrondissement, quartier du Luxembourg.

Cette rue a été ouverte en 1817, sur l'emplacement de l'ancienne foire Saint-Germain-des-Prés, en vertu d'une décision ministérielle du 12 novembre de la même année, qui a fixé sa largeur à 13 m. 50 c. Cette largeur a été maintenue par une ordonnance royale du 12 mai 1841. Les constructions riveraines sont alignées. — Égout.

Charles-François *Toustain*, bénédictin de la congré-

— TRA —

gation de Saint-Maur, dont on a voulu honorer le savoir en donnant son nom à cette voie publique, naquit en 1700, dans le diocèse de Séez. Il s'occupa surtout d'un ouvrage intitulé : *la Nouvelle Diplomatique*. Toustain mourut en 1754.

TRACY (RUE DE).

Commence à la rue du Ponceau, n°s 20 et 22; finit à la rue Saint-Denis, n°s 370 et 372. Le dernier impair est 13; le dernier pair, 14. Sa longueur est de 120 m. — 6e arrondissement, quartier de la Porte-Saint-Denis.

« Louis, etc... Voulons et nous plait ce qui suit : Il » sera ouvert une nouvelle rue à travers l'hôtel de » Saint-Chaumont, et d'une maison étant au fond du » jardin du d. hôtel, sur la rue du Ponceau, pour » communiquer de la d. rue à celle de Saint-Denis, » aux dépens du sieur comte de Tracy au quel les d. » hôtel et maison appartiennent. La d. rue sera nom- » mée rue de *Tracy*, et sa largeur sera fixée à 24 pieds » seulement. Donné à Versailles le 8e jour du mois de » novembre de l'an de grâce 1782, et de notre règne » le 9e. Signé Louis. » — Ces lettres-patentes regis- trées au parlement le 16 février 1784, reçurent immé- diatement leur exécution. — Une décision ministérielle du 17 prairial an VI, signée Letourneux, maintint la largeur fixée par les lettres-patentes. Cette largeur a été portée à 10 m., en vertu d'une ordonnance royale du 21 juin 1826. Propriétés du côté des numéros im- pairs, alignées; de 2 à 14, retranch. 3 m. 50 c.; encoi- gnure de la rue Saint-Denis, ret. 70 c. — Conduite d'eau entre la rue du Ponceau et la borne-fontaine. — Éclairage au gaz (compe Française).

Antoine-Louis-Claude *Destutt*, comte de *Tracy*, suc- cessivement député aux États-Généraux, sénateur, pair de France, membre de l'Académie, etc., naquit à Paris le 20 juillet 1754, et mourut dans cette ville le 10 mars 1836.

TRAINÉE (RUE).

Commence à la place de la Pointe-Sainte-Eustache, n° 15, et à la rue Montmartre, n° 1; finit aux rues du Four, n° 44, et du Jour. Le dernier impair est 17; pas de numéro pair; ce côté est bordé par l'église Saint- Eustache. Sa longueur est de 126 m. — 3e arrondisse- ment, quartier Saint-Eustache.

En 1300, c'était la *ruelle au Curé*, et dans le rôle de 1313, on lit la *ruelle au Curé de Saint-Huystace*. En 1476, on la nommait rue de la *Barillerie*. Les cen- siers de 1489 et 1530 l'indiquent ainsi : *rue devant le petit Huis-Saint-Eustache*. Un titre du 2 mars 1574 la désigne pour la première fois sous la dénomination de *Trainée*. « Serait-ce, dit Jaillot, sa figure longue et » étroite qui lui aurait fait donner ce nom? » — Il n'existe pas d'alignement arrêté pour cette voie publi- que dont la largeur actuelle varie de 6 m. à 10 m. — Conduite d'eau. — Éclairage au gaz (compe An- glaise).

— TRA —

TRANSNONNAIN (RUE).

Commence aux rues Grenier-Saint-Lazare, n° 2, et Michel-le-Comte, n° 36; finit à la rue au Maire, n°s 31 et 33. Le dernier impair est 49; le dernier pair, 42. Sa longueur est de 238 m. — De 1 à 23 et de 2 à 16, 7e arron- dissement, quartier Sainte-Avoie; surplus, 6e arrondis- sement, quartier Saint-Martin-des-Champs.

Cette rue fut ouverte une des premières hors de l'enceinte de Philippe-Auguste. Son plus ancien nom est rue de *Châlons*, en raison de l'hôtel des évêques de Châlons, sur l'emplacement duquel on a bâti de- puis le couvent des Carmélites, au coin de cette rue et de celle Chapon. La rue de Châlons, longtemps habi- tée par des filles publiques, prit le nom de *Trousse- Nonnain*, *Trace-Put...*, *Tasse-Nonnain*, enfin de *Transnonnain*.—Une décision ministérielle du 18 ven- démiaire an VI, signée Letourneux, fixa la moindre largeur de cette rue à 8 m. En vertu d'une ordon- nance royale du 14 janvier 1829, cette moindre largeur a été portée à 12 m. Propriétés de 1 à 5, re- tranch. 3 m. 20 c.; 7, alignée; de 9 à 15, ret. 3 m. 10 c. à 3 m. 30 c.; 17, redress.; de 19 à 35, ret. 2 m. 20 c. à 3 m.; de 37 à 45, ret. 2 m. à 2 m. 50 c.; 47, 49, ret. 2 m. 50 c. à 3 m. 20 c.; de 2 à 10, ret. 2 m. 40 c. à 3 m.; 12, ret. 1 m. 60 c.; 14, ret. 2 m. 50 c.; 16, alignée; encoignure droite de la rue Chapon, ret. 2 m. 55 c.; de 18 à 26, ret. 2 m. 90 c. à 3 m. 30 c.; de 26 à la fin, ret. 3 m. 50 c. à 3 m. 90 c. — Égout entre les rues Michel-le-Comte et des Gravilliers. — Con- duite d'eau dans toute l'étendue. — Éclairage au gaz (compe Lacarrière).

La propriété n° 12 rappelle un triste évènement. Les 13 et 14 avril 1834, une émeute ensanglanta Paris. Cette maison passa à tort ou à raison pour servir de retraite aux insurgés. Les soldats la forcèrent, et tuèrent à coup de baïonnettes tout ce qui s'y trouvait, sans distinction d'âge ni de sexe.

TRAVAUX PUBLICS (MINISTÈRE DES).

Situé dans la rue Saint-Dominique-Saint-Germain, n° 58. — 10e arrondissement, quartier du Faubourg- Saint-Germain.

Les bureaux de ce ministère ont été établis dans les bâtiments de l'*hôtel Molé*, en vertu d'une ordonnance royale du 10 septembre 1839. Les principales attribu- tions de ce ministère sont ainsi classées : routes, ponts, police du roulage, navigation et ports, usines, dessèchements des marais, chemins de fer, mines, bâtiments civils et monuments publics.

TRAVERSE (RUE).

Commence à la rue Plumet, n°s 9 et 11; finit à la rue de Sèvres, n°s 80 et 82. Le dernier impair est 21; le dernier pair, 24. Sa longueur est de 264 m. — 10e ar- rondissement, quartier Saint-Thomas-d'Aquin.

Sur le second plan de Bullet elle est appelée de *Tra- verse* ou de la *Plume*. — Une décision ministérielle du

— TRA —

2 thermidor an X, signée Chaptal, a fixé la largeur de cette voie publique à 8 m. Les propriétés n° 5, 11, 13, 21 et 22 bis sont alignées. Les autres constructions devront reculer de 1 m. 10 c. environ.

TRAVERSIÈRE (RUE).

Commence au quai de la Rapée, n°s 13 et 15; finit à la rue du Faubourg-Saint-Antoine, n°s 108 et 110. Le dernier impair est 49; le dernier pair, 70. Sa longueur est de 883 m. — 8e arrondissement, quartier des Quinze-Vingts.

Elle est ainsi appelée parce qu'elle *traverse* du quai de la Rapée à la rue du Faubourg-Saint-Antoine. La partie comprise entre le quai et la rue de Bercy porta, jusqu'en 1806, la dénomination de rue des *Chantiers*. — Une décision ministérielle du 3 nivôse an X, signée Chaptal, fixa la moindre largeur de cette voie publique à 8 m. En vertu d'une ordonnance royale du 1er juin 1828, cette moindre largeur est portée à 11 m. Propriétés de 1 à 7, retranch. 40 c. à 1 m. 10 c.; 7 bis, 9, 9 bis, 9 ter, alignées; 11, 13, ret. 1 m. 40 c. à 2 m. 50 c.; 15, 15 bis et 15 ter, alignées; trois maisons à l'encoignure gauche de la rue de Charenton, ret. 2 m. 80 c.; 17, 19, alignées; de 21 à la fin, ret. 2 m. 80 c. à 3 m. 10 c.; 2, alignée; de 4 à 8, ret. 60 c. à 1 m. 30 c.; de 10 à 18, alignées; 18 bis, redress.; 20, 22, alignées; 24, 26, ret. 50 c. à 70 c.; de 26 bis à 52, alignées; de 54 à 58, redress.; 60, alignée; de 62 à 68, redress.; 70, alignée. — Égout. — Conduite d'eau entre la rue du Faubourg-Saint-Antoine et les deux bornes-fontaines.

TRAVERSINE (RUE).

Commence à la rue de la Montagne-Sainte-Geneviève, n°s 41 et 43; finit à la rue d'Arras, n° 8. Le dernier impair est 29; le dernier pair, 46. Sa longueur est de 244 m. — 12e arrondissement, quartier du Jardin-du-Roi.

Cette rue était presqu'entièrement bâtie vers l'année 1280. Le poète Guillot en parle ainsi en 1300 :

« Et puis la rue Traversainne,
» Qui siet en haut bien loin de Sainne. »

Elle fut ensuite nommée *Traversière*, puis *Traversine*. — Une décision ministérielle du 8 nivôse an IX, signée Chaptal, a fixé la largeur de cette voie publique à 7 m. Les propriétés n°s 3, 19, 21, 27, 29, 8, 10, le mur de clôture entre les n°s 12 et 20, la maison n° 38 et l'encoignure de la rue d'Arras, ne sont pas soumis à retranchement. — Conduite d'eau.

TREILLE (IMPASSE DE LA).

Située dans la rue Chilpéric, entre les n°s 12 et 14. Pas de numéro. Sa longueur est de 32 m. — 4e arrondissement, quartier du Louvre.

Au XVe siècle c'était la rue de la *Treille*. On la désigna ensuite sous le nom de *ruelle du Puits-du-Chapitre*. Elle fut convertie en impasse en 1697. Il n'existe pas d'alignement arrêté pour cette voie publique.

— TRI —

TREILLE (PASSAGE DE LA).

Commence à la rue des Boucheries, n° 49; finit à la rue Clément, n° 4. — 11e arrondissement, quartier du Luxembourg.

Ce passage fut vendu en 1489, à l'abbaye Saint-Germain-des-Prés. Dans plusieurs titres et sur plusieurs plans il est appelé *porte Gueffière* ou plutôt *Greffière*, en raison du greffier de l'abbaye, qui y demeurait. Ce passage a pris sa dernière dénomination d'une belle treille qui lui servit longtemps d'ornement.

TRÉVISE (CITÉ DE).

Commence à la rue Richer, n°s 8 et 10; finit à la rue Bleue, n° 5. Le dernier impair est 7; le dernier pair, 24. — 2e arrondissement, quartier du Faubourg-Montmartre.

Ouverte en 1840, par MM. Lebaudy, Panier et Mérintier, elle doit son nom à sa proximité de la rue de Trévise. — Éclairage au gaz (compe Anglaise).

TRÉVISE (RUE DE).

Commence à la rue Richer, n°s 18 et 22; finit à la rue Bleue, n°s 21 et 23. Le dernier impair est 21; le dernier pair, 12. Sa longueur est de 204 m. — 2e arrondissement, quartier du Faubourg-Montmartre.

Une ordonnance royale du 14 décembre 1836 porte ce qui suit : « Article 1er. Les sieurs Borniche et Crapez sont autorisés à ouvrir une nouvelle rue sur les terrains dont ils sont propriétaires, entre la rue Bleue et la rue Richer à Paris. Les alignements de cette rue dont la largeur est fixée à 11 mètres, sont arrêtés suivant le tracé des lignes noires sur le plan ci-annexé. — Art. 2e. L'autorisation résultant pour les sieurs Borniche et Crapez de l'article qui précède, ne leur est accordée qu'à la charge par eux ou leurs ayant-cause, de se conformer en tous points aux clauses et conditions exprimées dans les délibérations du conseil municipal de la ville de Paris, des 8 avril et 17 juin 1836. » — La délibération du conseil municipal du 17 juin 1836 porte entr'autres conditions : *que les maisons à construire ne devront pas avoir plus de seize mètres cinquante centimètres de hauteur.* — Cette rue fut immédiatement percée. Les propriétés riveraines sont alignées. — Conduite d'eau. — Éclairage au gaz (compe Anglaise).

Édouard-Adolphe-Casimir-Joseph *Mortier*, duc de TRÉVISE, né à Buvay (Nord), en 1768, créé maréchal d'empire le 8 avril 1804, périt le 28 juillet 1835, victime de la machine infernale de *Fieschi*.

TRINITÉ (PASSAGES DE LA).

Commencent à la rue Greneta, n° 38; finissent à la rue Saint-Denis, n°s 268 et 280. — 6e arrondissement, quartier de la Porte-Saint-Denis.

Ces passages servaient d'entrées à l'*hôpital de la Trinité*, dont nous rappelons ici l'origine. Presque tous les historiens ont fixé la fondation de cette maison à l'année

— TRI —

1202. Son existence est néanmoins antérieure à cette époque. Le cartulaire de Saint-Germain-l'Auxerrois renferme des lettres d'Eudes de Sully, évêque de Paris, dans lesquelles ce prélat déclare que, d'après son consentement, on avait bâti une chapelle dans la maison hospitalière de la Croix-de-la-Reine. Ces lettres qui sont à l'année 1202, et qui furent données pour terminer une contestation élevée entre cet hôpital et le chapitre de Saint-Germain, prouvent évidemment que la fondation de cet établissement était antérieure à cette contestation. Cette maison portait la dénomination d'*hôpital de la Croix-de-la-Reine*, en raison d'une croix ainsi appelée qu'on voyait au coin des rues Greneta et Saint-Denis. Jusqu'en 1210, cet hôpital fut administré par un chapelain. Des lettres de Pierre de Nemours, évêque de Paris, nous apprennent que Guillaume Escuacol et Jean Paàlée, son frère utérin, offrirent à Thomas, abbé d'Hermières, la direction de cette maison, à condition qu'il y mettrait au moins trois religieux de son ordre qui seraient chargés de donner l'hospitalité à des pèlerins, mais seulement à ceux qui traversaient Paris. Des actes de 1280 désignent cet établissement sous le nom de la *Trinité-aux-Asniers*. Vers la fin du XIVᵉ siècle, ces religieux louèrent la plus grande salle de cet hôpital à des comédiens nommés les *Confrères de la Passion*. Le parlement ordonna le 14 janvier 1536, que les deux salles de la Trinité, dont la haute servait aux représentations des *farces et jeux*, seraient appliquées à l'hébergement de ceux qui étaient infectés de maladies vénériennes et contagieuses. Cet arrêt ne fut point exécuté. Ces malades furent placés à l'hôpital Saint-Eustache, en vertu d'un autre arrêt du 3 mars de la même année. Enfin, un troisième arrêt de janvier 1545, ordonna *que les enfants mâles des pauvres, étant au-dessous de l'âge de sept ans, seroient ségrégés d'avec leurs pères et mères et mis à un départ pour y être nourris, logés et enseignés en la religion chrétienne*. On choisit pour cet établissement l'hôpital de la Trinité. Les administrateurs de cette maison étaient le curé de la paroisse Saint-Eustache et quatre bourgeois notables de la ville. Cet établissement était composé de trente-six filles et de cent garçons orphelins de père ou de mère. Les garçons donnaient en entrant 400 livres, les filles, 50. Cet argent leur était remis à leur sortie de la maison. Le frère et la sœur ne pouvaient être reçus que successivement. On leur apprenait à lire, à écrire, puis on leur donnait le métier pour lequel ils se sentaient le plus de dispositions. Grâce au zèle des administrateurs de cette maison, l'enclos devint bientôt un lieu privilégié. A la fin du XVIIIᵉ siècle, des rues furent ouvertes et se peuplèrent d'ouvriers de diverses professions. Les artisans qui s'y établissaient gagnaient la maîtrise. Cette qualité leur était accordée, à la charge par eux de montrer leur état aux enfants qui devenaient fils de maîtres. Les jeunes pensionnaires étaient connus sous le nom d'*Enfants-Bleus*, en raison

— TRI —

de la couleur de leurs vêtements. Cet utile établissement fut supprimé au commencement de la révolution. L'église de la Trinité, dont le portail était l'ouvrage de François Dorbay, fut vendue le 20 novembre 1812, moyennant 63,600 francs, par l'administration des hospices. Elle a été abattue en 1817. Les propriétés formant cet enclos ont été aliénées par la même administration.

TRIOMPHES (AVENUE DES).

Commence à la place du Trône, nº 5; finit au chemin de ronde de la barrière de Vincennes. Le dernier impair est 13; le dernier pair, 6. Sa longueur est de 157 m. — 8ᵉ arrondissement, quartier du Faubourg-Saint-Antoine.

Formée à la fin du XVIIᵉ siècle, cette avenue est ainsi appelée parce qu'elle conduit à la place du Trône où l'on avait élevé un *arc de triomphe* en l'honneur de Louis XIV. — Une décision ministérielle du 23 pluviôse an X, signée Chaptal, a fixé la largeur de cette avenue à 39 m. Les propriétés nᵒˢ 1 et 3 devront reculer de 70 c. à 1 m. 70 c.; le surplus de ce côté est aligné. Sur le côté des numéros pairs, la propriété formant l'encoignure de la place est soumise à un retranchement considérable; un bâtiment de 8 m. 50 c. de longueur, près du chemin de ronde, devra reculer de 1 m. 20 c.; le surplus est aligné.

TRIPERET (RUE).

Commence à la rue de la Clé, nᵒˢ 21 et 23; finit à la rue Gracieuse, nᵒˢ 14 et 16. Le dernier impair est 5; dernier pair, 4. Sa longueur est de 87 m. — 12ᵉ arrondissement, quartier du Jardin-du-Roi.

C'était un chemin à la fin du XVIᵉ siècle. Un propriétaire, nommé *Jehan Triperet*, possédait, en 1540, trois arpents de terre précisément à l'endroit sur lequel cette rue a été bâtie. Il est souvent question de la famille Triperet dans nos annales parisiennes. Hilaire *Triperet*, avocat au parlement, conseiller du roi et de la ville, fut échevin en 1747, sous la prévôté de messire Louis-Basile de Bernage. — Une décision ministérielle du 28 ventôse an IX, signée Chaptal, fixa la largeur de cette voie publique à 6 m. Cette largeur a été portée à 10 m. en vertu d'une ordonnance royale du 7 janvier 1831. Les constructions riveraines sont soumises à un retranchement qui varie de 3 m. à 3 m. 30 c.

TRIPERIE (RUE DE LA).

Commence à la rue Saint-Jean; finit à la rue Malar. Pas de numéro. Sa longueur est de 75 m. — 10ᵉ arrondissement, quartier des Invalides.

Tracée sur le plan de Jaillot, mais sans dénomination, cette rue doit son nom actuel à sa proximité d'une *triperie*. Elle s'étendait, il y a quelques années, jusqu'au quai d'Orsay. Une grande partie de cette communication a été supprimée pour l'établissement de l'*Entrepôt* du Gros-Caillou, affecté aujourd'hui au service militaire. Il n'existe point d'alignement arrêté pour cette rue, qui n'est même pas éclairée. — Conduite d'eau.

TROGNON (rue).

Commence à la rue d'Avignon, nos 7 et 9; finit à la rue de la Heaumerie, nos 5 et 7. Pas de numéro. Sa longueur est de 22 m. — 6e arrondissement, quartier des Lombards.

Elle se nommait autrefois rue *Jean-le-Cointe* et cour *Pierre-là-Pie*. En 1399, c'était la rue *Jean-Fraillon*. Son nom actuel n'est probablement qu'une altération. — Une décision ministérielle du 28 brumaire an VI, signée Letourneux, fixa la largeur de cette voie publique à 6 m. En vertu d'une ordonnance royale du 19 juillet 1840, cette largeur a été portée à 7 m. Les constructions du côté gauche, en entrant par la rue d'Avignon, sont alignées; celles du côté opposé devront reculer de 4 m. 60 c. à 5 m. 20 c. — Conduite d'eau depuis la rue d'Avignon jusqu'à la borne-fontaine. — Éclairage au gaz (compe Française).

TRONCHET (rue).

Commence à la place de la Madeleine, nos 23 et 28; finit à la rue Neuve-des-Mathurins, nos 67 et 69. Le dernier impair est 31; le dernier pair, 30. Sa longueur est de 267 m. — 1er arrondissement, quartier de la Place-Vendôme.

Un décret impérial daté de Saint-Cloud, le 10 septembre 1808, porte: « Article 3e. Il sera ouvert au fond de la place de la Madeleine jusqu'à la rue Neuve-des-Mathurins, et dans le prolongement de l'axe du Temple de la Gloire (église de la Madeleine), *une rue égale en largeur à la rue de la Concorde* (rue Royale). Signé Napoléon. » — Ce projet qui n'eut point alors de suite fut repris en 1824, et approuvé par une ordonnance royale du 2 juin de cette année, qui décida que cette voie publique serait appelée rue *Tronchet*. Les terrains qu'elle occupe provenaient de la maison conventuelle de *Notre-Dame-de-Grâce* dite de la *Ville-l'Évêque*. La largeur de cette rue est de 28 m. 60 c. Les propriétés riveraines sont alignées. — Égout. — Conduite d'eau. — Éclairage au gaz (compe Anglaise).

François-Denis *Tronchet*, né à Paris en 1726, devint avocat au parlement de cette ville. Il fut l'un des défenseurs de l'infortuné Louis XVI. Député au conseil des anciens, en 1800, nommé après le 18 brumaire premier président de la Cour de cassation, il fut chargé de coopérer à la rédaction du Code civil. Tronchet mourut le 10 mars 1806.

TRONE (place du).

Commence à la rue du Faubourg-Saint-Antoine; finit à l'avenue des Triomphes. Le dernier impair est 5; le dernier pair, 18. — 8e arrondissement: les numéros impairs sont du quartier du Faubourg-Saint-Antoine; les numéros pairs, du quartier des Quinze-Vingts.

Cette place doit son nom à un *trône* élevé aux frais de la ville de Paris, et sur lequel Louis XIV et Marie-Thérèse d'Autriche se placèrent le 26 août 1660, pour recevoir l'hommage et le serment de fidélité de leurs sujets. Sur cette même place, on résolut plus tard de construire un arc de triomphe qui devait surpasser en grandeur et en magnificence tous ceux des anciens. La première pierre en fut posée le 6 août 1670. Il fut élevé jusqu'à la hauteur des piédestaux des colonnes. Pour faire juger de l'effet de cette construction, on imagina de l'achever en plâtre. Louis XIV ayant pris peu d'intérêt à ce monument, les magistrats imitèrent l'indifférence du monarque. Après la mort du roi, le régent ordonna son entière destruction. Il fut démoli en 1716. Le dessin de cet arc de triomphe dû au talent du fameux architecte Perrault, était de la plus grande beauté. Ce monument avait coûté 513,735 livres. — La place qui est de forme circulaire, est ornée d'une belle plantation d'arbres. En 1793, on donna à cette voie publique le nom de *place du Trône-Renversé*. — Une décision ministérielle du 14 vendémiaire an V, signée Benezech, a déterminé l'alignement de cette place par une parallèle au centre de la dernière rangée d'arbres, et à 8 m. de distance. Les constructions n° 3, et partie n° 3 bis, sont seules soumises à retranchement.

TROU-A-SABLE (rue du).

Commence à la rue des Quatre-Chemins; finit à la rue de Reuilly et au chemin de ronde de la barrière de Picpus. Pas de numéro. Sa longueur est de 343 m. — 8e arrondissement, quartier des Quinze-Vingts.

Le plan de Verniquet l'indique comme un chemin sans dénomination. Son nom actuel lui vient d'un *trou* qui avait été pratiqué dans cette rue pour en extraire du *sable*. Plusieurs plans modernes l'appellent, par erreur, rue des *Trois-Sabres*. — De 1830 à 1834, la rue du Trou-à-Sable a été considérablement élargie et les propriétés riveraines sont presque toutes établies sur un alignement qui assigne à cette voie publique une moindre largeur de 13 m.

TROUVÉE (rue).

Commence à la rue de Charenton, nos 95 et 97; finit à la rue Cotte, n° 1, et à la place du Marché-Beauveau, n° 5. Le dernier impair est 9; le dernier pair, 6. Sa longueur est de 118 m. — 8e arrondissement, quartier des Quinze-Vingts.

Autorisée par lettres-patentes du 17 février 1777, registrées au parlement le 24 août de la même année, cette rue fut ouverte en décembre 1778, sur les dépendances de l'abbaye Saint-Antoine-des-Champs, et sa largeur fixée à 30 pieds. Elle a été exécutée d'après cette dimension qui a été maintenue par une décision ministérielle du 17 brumaire an XII, signée Chaptal,

— TRU —

et par une ordonnance royale du 30 juillet 1844. Les propriétés riveraines sont alignées. — Conduite d'eau.

La dénomination de rue *Trouvée* assignée à cette voie publique, lui vient probablement du voisinage de l'hospice des Enfants-Trouvés. (Voyez *marché Beauveau*.)

TRUANDERIE (RUE DE LA GRANDE-).

Commence à la rue Saint-Denis, n°s 163 et 165; finit à la rue Montorgueil, n°s 18 et 20. Le dernier impair est 61; le dernier pair, 62. Sa longueur est de 243 m. — 5e arrondissement, quartier Montorgueil.

Cette rue était construite en 1250. Son emplacement faisait anciennement partie du petit fief de Thérouenne, dont la moitié environ fut cédée à Philippe-Auguste par Adam, archidiacre de Paris, puis évêque de Thérouenne. L'emplacement qui n'était pas nécessaire à la construction des halles resta à l'évêque et fut bientôt envahi par des marchands de toutes espèces qui firent construire à peu près en même temps, des voies publiques aux abords de ces marchés. Sauval pense que le nom de Truanderie dérive de *truand* et *truander*, qui signifiaient dans notre vieux langage, gueux, gueuser, mendier. Robert Cenal nomme la rue de la Grande-Truanderie *Via Mendicatrix major*, et la rue de la Petite-Truanderie *Via Mendicatrix minor*. Jaillot, qui a combattu l'opinion de ces deux écrivains, croit que le nom de Truanderie a pris racine des vieux mots *tru*, *truage*, qui signifient tribut, impôt, subside; en effet, dans le carrefour qu'on désignait sous le nom de *place Ariane*, se trouvait un bureau où l'on percevait les droits sur les marchandises qui entraient de ce côté dans Paris. — Une décision ministérielle du 28 prairial an IX, signée Chaptal, a fixé la moindre largeur de la rue de la Grande-Truanderie à 8 m. Les maisons n°s 51, 16, l'encoignure gauche de la rue Saint-Jacques-l'Hôpital, et les propriétés n°s 56, 58 et 62 sont alignées; les constructions de 8 à 14 inclus ne devront subir qu'un léger redressement. — Conduite d'eau entre les rues Saint-Denis et Saint-Jacques-l'Hôpital. — Éclairage au gaz (comp° Française).

TRUANDERIE (RUE DE LA PETITE-).

Commence à la rue de Mondétour, n°s 16 et 18; finit à la rue de la Grande-Truanderie, n°s 13 et 15. Le dernier impair est 13; le dernier pair, 16. Sa longueur est de 52 m. — 5e arrondissement, quartier Montorgueil.

Construite à la même époque que la rue qui précède, elle a porté les noms de rue du *Puits-d'Amour* et de l'*Ariane*. — Une décision ministérielle du 28 prairial an IX, signée Chaptal, a fixé la moindre largeur de cette voie publique à 10 m. 50 c. Propriétés du côté des numéros impairs, retranch. qui n'excède pas 70 c.; constructions du côté opposé, ret. 6 m. à 6 m. 40 c. — Conduite d'eau. — Éclairage au gaz (comp° Française).

— TRU —

A la pointe du triangle que forment les rues de la Petite et de la Grande-Truanderie existait un puits célèbre dans les traditions du peuple parisien, et qu'on appelait le *Puits-d'Amour*. — Une jeune fille nommée Agnès Hellébic, dont le père tenait un rang à la cour de Philippe-Auguste, s'y était précipitée dans un accès de désespoir causé par l'infidélité de son amant. Trois cents ans après cette tragique aventure, un jeune homme que la froideur de sa maîtresse exaspérait, y chercha aussi la mort, mais sans parvenir à se la donner; il tomba si heureusement qu'il ne se fit aucun mal; par un bonheur plus grand encore, cette démonstration toucha le cœur de la cruelle, qui le réconcilia promptement avec la vie en lui promettant sa main. L'amant, par reconnaissance, fit reconstruire le puits où l'on pouvait lire encore du temps de Sauval :

« L'amour m'a refait,
» En 1525, tout à fait. »

Le Puits-d'Amour était devenu une espèce d'autel où les amants allaient jurer de s'aimer toute la vie.

TRUDAINE (AVENUE).

Commence à la rue Rochechouart, n° 71; finit à la rue des Martyrs, n° 64. Le dernier impair est 7; le dernier pair, 4; ce côté est presqu'entièrement bordé par l'abattoir Montmartre. Sa longueur est de 454 m. — 2e arrondissement, quartier du Faubourg-Montmartre.

Une décision ministérielle du 29 mai 1821 approuva la formation de cette avenue qui fut tracée quelque temps après. Une ordonnance royale du 23 août 1833 fixa définitivement la largeur de cette voie publique à 29 m. 75 c. Les constructions riveraines sont alignées. — Éclairage au gaz (comp° Anglaise).

Charles *Trudaine*, conseiller d'état, fut élu prévôt des marchands le 16 août 1716. Il exerça cette importante magistrature jusqu'au 16 août 1720.

TRUDON (RUE).

Commence à la rue Boudreau, n°s 1 et 2; finit à la rue Neuve-des-Mathurins, n°s 43 et 45. Le dernier impair est 3; le dernier pair, 8. Sa longueur est de 77 m. — 1er arrondissement, quartier de la Place-Vendôme.

Cette rue a été ouverte en avril 1780, sur les terrains appartenant à MM. Charles-Marin Delahaye, fermier-général, et André Aubert, architecte. Les lettres-patentes qui autorisent et dénomment ce percement sont à la date du 3 juillet 1779, et fixent à 30 pieds la largeur de la rue nouvelle (voyez rue *Boudreau*). — Une décision ministérielle du 26 brumaire an VI, signée Letourneux, a maintenu la largeur de 30 pieds. Les propriétés riveraines sont alignées. — Conduite d'eau. — Éclairage au gaz (comp° Anglaise).

Jacques-François *Trudon*, écuyer, fut échevin de la ville de Paris de 1774 à 1776, sous la prévôté de Jean-Baptiste-François Delamichodière.

TUERIE (RUE DE LA).

Commence aux rues Saint-Jérôme et de la Vieille-Tannerie; finit à la place du Châtelet, nos 2 et 4. Pas de numéro. Sa longueur est de 26 m. — 7e arrondissement, quartier des Arcis.

Au XIIIe siècle, c'était l'*Escorcherie*. En 1512, on l'appelait rue des *Lessives*. Elle doit son nom actuel à une *tuerie*, qui existait dans cette rue près de la *grande boucherie*. — Une décision ministérielle du 11 octobre 1806, signée Champagny, fixa la largeur de cette voie publique à 6 m. Peu de temps après, elle fut alignée sur cette largeur qui a été maintenue par une ordonnance royale du 9 décembre 1838. Les propriétés riveraines sont alignées.

TUILERIES (PALAIS ET JARDIN DES).

Limités par la place du Carrousel, la rue de Rivoli, la place de la Concorde et le quai des Tuileries. — 1er arrondissement.

1re PARTIE. — *Origine du palais.* — *Constructions.*

Plusieurs documents anciens nous prouvent que la tuile qu'on employait à Paris se fabriqua d'abord au bourg Saint-Germain-des-Prés, dans l'emplacement qui a longtemps conservé le nom de rue des *Vieilles-Tuileries*. (Cette voie publique est confondue aujourd'hui avec celle du Cherche-Midi.) On éleva dans la suite, de l'autre côté de la Seine, plusieurs fabriques de tuiles sur un terrain appelé au XIVe siècle la *Sablonnière*. En 1372, on comptait en cet endroit trois tuileries. Près de ces fabriques, et à côté des Quinze-Vingts, Pierre des Essarts et sa femme occupaient en 1342, une maison nommée l'*hôtel des Tuileries*, qu'ils cédèrent à cet hôpital avec un grand terrain qui dépendait de leur propriété. En 1416, Charles VI ordonna que toutes les tueries ou escorcheries seraient transportées hors des murs de la ville, « *près ou environ des tuileries Sainct-Honoré, qui sont sur la dite rivière de Seine, outre les fossés du château du Louvre.* » (Ordonnances du Louvre, tome 10, page 374.) — Nicolas Neuville de Villeroy, secrétaire des finances et audiencier de France, possédait en cet endroit, au commencement du XVIe siècle, une grande habitation avec cours et jardin clos de murs. Louise de Savoie, mère de François Ier, se trouvant incommodée du séjour de son palais des Tournelles, environné d'eaux stagnantes, résolut de changer d'air. Elle jeta les yeux sur la maison de M. de Neuville, qu'elle vint habiter. La santé de Louise de Savoie ne tarda pas à se rétablir. Cette heureuse circonstance engagea François Ier à faire l'acquisition de cet hôtel. Le propriétaire reçut en dédommagement la terre de Chanteloup, près de Montlhéry. Le contrat d'échange porte la date du 12 février 1518. Louise de Savoie s'ennuya bientôt dans sa nouvelle habitation. Cette princesse en fit don à Jean Tiercelin, maître d'hôtel du dauphin, et à Julie du Trot son épouse. Les lettres qui constatent cette donation ont été enregistrées à la chambre des comptes le 23 septembre 1527.

Henri II, blessé dans un tournoi par le comte de Montgommeri, mourut à l'hôtel des Tournelles, le 15 juillet 1559. A dater de cette mort, ce palais devint comme un lieu de malédiction, et fut abandonné par Catherine de Médicis. Charles IX, par lettres-patentes du 28 janvier 1563, en ordonna la démolition.

Vers cette époque, la veuve de Henri II fit l'acquisition de la *maison des Tuileries*, de plusieurs propriétés voisines et d'un grand terrain qui appartenait à l'hôpital des Quinze-Vingts. Les jardins furent environnés d'un mur à l'extrémité duquel on fit commencer les fortifications, du côté de la rivière, par un bastion dont le roi posa la première pierre, le 11 juillet 1566. La reine-mère avait chargé Philibert Delorme de la construction de son nouveau palais. Catherine ne se contentait pas de protéger et d'encourager les arts, souvent encore elle traçait elle-même les plans des bâtiments et surveillait leur exécution. Dans la dédicace que Philibert Delorme fit à la reine-mère de son traité d'architecture, on lit ce qui suit : « Madame, je voy de jour en jour
» l'accroissement du grandissime plaisir que votre ma-
» jesté prend à l'architecture, et comme de plus en
» plus votre bon esprit s'y manifeste et reluit, quand
» vous-même prenez la peine de portraire et esqui-
» cher les bastiments qu'il vous plait commander estre
» faits, sans y omettre les mesures des longueurs et
» largeurs, avec le département des logis qui vérita-
» blement ne sont vulgaires et petits, ains fort excel-
» lents et plus que admirables ; comme entre plusieurs
» est celuy du palays que vous faictes bâtir de neuf
» en Paris, près la porte neufve, et le Louvre maison
» du roy, le quel palays je conduis de votre grâce,
» suivant les dispositions, mesures et commandements
» qu'il vous plait m'en faire, etc... »

La demeure que Catherine de Médicis fit élever consistait en un bâtiment avec un pavillon au centre et deux aux extrémités ; ces constructions étaient composées d'un rez-de-chaussée et d'un premier étage. Le pavillon du milieu dans lequel fut pratiqué le grand escalier, était couvert d'une coupole. Par sa forme, ses dimensions et les détails de son architecture, cette coupole était beaucoup plus en harmonie avec les corps de bâtiments adjacents que la toiture actuelle. L'ensemble de la façade du côté du jardin, telle qu'elle fut exécutée par Philibert Delorme, se composait du pavillon central, de deux portiques couverts de terrasses et surmontés d'un étage en mansardes, et se terminait par deux corps de bâtiments percés de trois fenêtres à chaque étage et décorés de deux ordres d'architecture.

Tel était le château des Tuileries dont Catherine de Médicis fit son habitation ordinaire. Le roi occupait le Louvre. A cette époque, un astrologue prédit à la reine-mère qu'elle mourrait près de Saint-Germain. On la vit aussitôt déserter tous les endroits et toutes les églises qui portaient ce nom. Elle n'alla plus à Saint-

Germain-en-Laye; son palais des Tuileries, se trouvant sur la paroisse Saint-Germain-l'Auxerrois, elle le quitta, et en fit bâtir un autre près de l'église Saint-Eustache. « Lorsqu'on apprit, dit Saint-Foix, que c'était
» Laurent de Saint-Germain qui l'avait assistée à ses
» derniers moments, les gens infatués de l'astrologie,
» prétendirent que la prédiction s'était accomplie. »

Les troubles qui agitèrent la France sous le règne de Henri III ne permirent pas de continuer les constructions des Tuileries. Henri IV, devenu paisible possesseur d'un trône qu'on lui avait disputé si longtemps, crut sa gloire intéressée à faire terminer un monument qui avait déjà coûté des sommes considérables. On construisit d'abord, de chaque côté des bâtiments achevés par Delorme, et sur le même alignement, deux autres corps de logis avec deux grands pavillons, et l'on commença vers l'année 1600, la superbe galerie qui joint les Tuileries au Louvre du côté de la rivière.

Les deux nouveaux corps de logis et les deux grands pavillons ne furent achevés que sous le règne de Louis XIII, sur les dessins de l'architecte du Cerceau, qui changea la décoration primitive. On lui attribue également la construction des deux corps de bâtiment, d'ordonnance corinthienne ou composite qui font suite aux deux pavillons du milieu, ainsi que les deux grands pavillons d'angle qui terminent chaque côté de cette longue ligne de façade.

Cette réunion de bâtiments de styles si différents, devait produire ces défauts d'ensemble et de proportions qui choquent encore aujourd'hui les regards. Ainsi le pavillon du milieu qui prêtait de l'élégance à la façade du palais de Catherine de Médicis, paraît écrasé par le développement actuel des constructions. L'œuvre entière du premier architecte des Tuileries se trouve rapetissée par les grands pavillons des extrémités, sous lesquels s'affaissent également les deux pavillons intermédiaires, et plus encore les deux premiers corps de bâtiment ou galeries.

Cette irrégularité était encore plus apparente sous le règne de Louis XIV. En regardant ce palais, on pouvait y compter alors cinq espèces de dispositions et de décorations et cinq sortes de combles, sans presque aucun rapport extérieur, soit dans la distribution, soit dans le style, ou dans la conception.

Louis XIV choqué de ces disparates, voulut les dissimuler en mettant de l'accord entre ces cinq parties. Levau, architecte du roi, fut chargé de cette restauration. On lui adjoignit Dorbay, comme constructeur. Levau supprima d'abord l'escalier bâti par Philibert Delorme; cet escalier, chef-d'œuvre de construction, occupait l'emplacement du vestibule actuel. Ensuite il changea la forme et la disposition du pavillon du milieu, qui, dans le principe, était, comme nous l'avons dit, surmonté d'une coupole. Il ne conserva de l'ancienne décoration que le premier ordre à tambour de marbre; deux ordonnances : la première corinthienne, la seconde composite, surmontées d'un fronton et d'un attique, remplacèrent une partie de la décoration qui provenait de l'architecte Delorme, et une espèce de toit quadrangulaire prit la place de la coupole. Les architectes respectèrent les deux galeries collatérales du pavillon du milieu avec les terrasses qui les surmontaient; mais ils jugèrent convenable de changer la devanture du corps de bâtiment qui s'élève en retraite des terrasses. Aux mansardes et aux cartels, qui s'y suivaient alternativement, ils substituèrent le rang de croisées et de trumeaux ornés de gaines qui subsiste encore aujourd'hui avec un attique.

Les pavillons de chaque côté de ces deux galeries, qui sont à deux ordres de colonnes, ont été conservés en leur entier; ces pavillons, dont les dessins sont attribués à Bullant, n'ont eu à subir d'autre changement que celui de l'attique actuel substitué aux mansardes. Leur décoration resta aussi la même, à l'exception pourtant de la sculpture qui orne le fût des colonnes. Les deux pavillons d'angle qui terminent la façade furent également respectés. La hauteur de leur premier étage est plus élevée que la façade; la différence, qui est de 1 m. 50 c. environ, donne lieu de penser que, lorsqu'ils furent construits, on avait déjà le projet de réunir, du côté du sud, les deux palais du Louvre et des Tuileries par une galerie couverte. C'est probablement à cette différence des deux niveaux qu'il faut attribuer ces croisées montant à travers l'architrave et la frise, jusque sous la corniche, et qui produisent un effet si désagréable.

Les architectes chargés de restaurer un palais dont ils étaient forcés de respecter les constructions premières, ont eu à exécuter un travail ingrat, qu'on ne saurait juger avec sévérité. Cependant il faut le dire, la partie du milieu a seule été heureusement remaniée; il y règne un accord de lignes assez bien entendu, et la variété des masses, des retraites et des saillies qu'on y découvre, semble y être moins l'effet d'un raccommodement fait après coup, que celui d'une combinaison originale.

2ᵉ Partie. — *Jardin des Tuileries.*

Le plus beau jardin public d'Athènes se nommait les *Tuileries* ou le *Céramique*. Moins grand dans l'origine qu'il ne l'est aujourd'hui, le jardin des Tuileries était séparé du château par une rue qui régnait le long de la façade, et aboutissait à peu près à l'endroit où se trouve aujourd'hui la porte d'entrée, du côté du Pont-Royal. Dans ce jardin, on voyait un *étang*, un *bois*, une *volière*, une *orangerie*, un *écho*, un *petit théâtre* et un *labyrinthe*. La *volière*, située vers le milieu du quai des Tuileries, était composée de plusieurs bâtiments. L'écho se trouvait à l'extrémité de la grande allée. La muraille qui l'entourait avait près de 4 m. de hauteur. Elle était masquée par des palissades. A peu de distance de cet écho, du côté de la porte Saint-Honoré, se trouvait l'*orangerie*, et tout auprès s'élevait une espèce de ménagerie. Dans le bastion qui touchait à la porte de la Conférence, on avait conservé un grand

— TUI —

terrain qui servait de garenne, et à l'extrémité de ce terrain, entre la porte et la volière se trouvait un chenil, que Louis XIII donna le 20 avril 1630 au valet de chambre Renard, à condition de défricher le terrain qui l'entourait, et d'y planter des fleurs précieuses par leur rareté. Renard, en homme adroit, tira parti de son privilège. Indépendamment des fleurs dont il orna son jardin, il réunit dans un joli pavillon qu'il fit bâtir, des meubles d'un excellent goût, et des tapisseries d'une grande richesse. Son caractère obligeant et spirituel lui attira plus tard la bienveillance du cardinal Mazarin, qui venait quelquefois lui faire des acquisitions et se reposer dans ce jardin, des fatigues du ministère. L'isolement du jardin Renard, ses divers agréments en firent un lieu de délices. Il devint le rendez-vous des jeunes seigneurs et des plus jolies dames de la cour. Il y avait aussi au milieu de ce parterre, des bâtiments qui servaient à loger les artistes que le roi honorait de sa protection. Leur plus grande illustration fut d'avoir abrité Nicolas Poussin. On trouve dans une des lettres de ce peintre célèbre le passage suivant. Poussin annonce à un de ses protecteurs, son arrivée à Paris, et ajoute : « Je fus conduit le soir, par ordre
» du roi, dans l'appartement qui m'avoit été destiné;
» c'est un petit palais, car il faut l'appeler ainsi. Il est
» situé au milieu du jardin des Tuileries. Il est com-
» posé de neuf pièces en trois étages, sans les apparte-
» ments d'en bas, qui sont séparés. Ils consistent en
» une cuisine, la loge du portier, une écurie, une serre
» pour l'hiver et plusieurs autres petits endroits où
» l'on peut placer mille choses nécessaires. Il y a en
» outre un beau et grand jardin rempli d'arbres à
» fruits, avec une quantité de fleurs, d'herbes et de lé-
» gumes; trois petites fontaines, un puits, une belle
» cour dans laquelle il y a d'autres arbres fruitiers.
» J'ai des points de vue de tous côtés, et je crois que
» c'est un paradis pendant l'été.... En entrant dans ce
» lieu, je trouvai le premier étage rangé et meublé no-
» blement, avec toutes les provisions dont on a besoin,
» même jusqu'à du bois et un tonneau de bon vin vieux
» de deux ans; j'ai été fort bien traité pendant trois
» jours, avec mes amis aux dépens du roi. » — Tel était encore le jardin des Tuileries à la mort du cardinal Mazarin. — Colbert, qui savait deviner toutes les grandes passions de Louis XIV, avait senti que ce jardin ne complétait pas assez dignement le séjour d'un grand roi. On abattit aussitôt le logement de mademoiselle de Guise, la volière et les bâtiments qui s'étendaient du côté de la rivière jusqu'à la barrière de la Conférence. Le jardin Renard fut compris dans le nouvel enclos, et sur cet emplacement Lenôtre exerça son génie créateur. — « C'est un chef-d'œuvre de bon goût, d'adresse et de génie, disent MM. Percier et Fontaine; l'artiste, en disposant ce jardin, a su cacher avec beaucoup d'art, la limite des clôtures. » — Considérant ensuite la vaste étendue de la façade, Lenôtre sentit également qu'une ligne aussi longue de bâtiments avait

— TUI —

besoin d'une esplanade qui lui fût proportionnée, et qui en développât complètement toutes les parties. Il eut l'heureuse idée de ne commencer le couvert de ce jardin qu'à 226 m. de la façade. — Tout le sol de la partie découverte fut orné de parterres à compartiments entremêlés de massifs de gazon, dont les dessins nobles et élégants ont été conservés religieusement jusqu'à nos jours. Ces parterres ont été dessinés de manière qu'on a pu y placer trois bassins circulaires qui offrent une agréable variété. Ces trois bassins forment un triangle terminé par le plus grand d'entr'eux, qui se trouve ainsi au milieu de la grande avenue. En face des parterres, et dans l'alignement du grand avant-corps de bâtiments, est plantée une belle allée de marronniers de l'Inde, de 272 m. de longueur. Admirable du côté des Tuileries, ce bois offre peut-être un coup-d'œil plus ravissant encore en entrant par la place de la Concorde. Le jardin se complète heureusement par une partie découverte, entourée par le fer à cheval que forment les terrasses, et au milieu duquel est placé un vaste bassin d'où s'échappe une gerbe d'eau qui domine les arbres les plus élevés. A l'extrémité du fer à cheval qui termine le jardin, on voyait avant la révolution, un pont tournant d'un dessin ingénieux qui servait de communication à la place Louis XV. Ce pont avait été construit en 1716, par un religieux Augustin, nommé Nicolas Bourgeois. A ces perfections que l'empereur Napoléon appréciait hautement, d'autres ont été ajoutées par ses ordres. La terrasse des Feuillants, que les dépendances de l'ancien manège, des couvents des Feuillants, des Capucins et de l'Assomption bordaient dans presque toute sa longueur, a été entièrement dégagée par suite de l'ouverture de la rue de Rivoli. Cette terrasse des Feuillants, cet heureux complément du jardin des Tuileries, présente, de la grille qui est en face de la rue de Castiglione, une riche perspective. La place Vendôme, sa colonne de bronze, l'homme qui est dessus, la belle rue de la Paix, et les boulevarts; toutes ces richesses heureusement groupées font naître de grandes et profondes émotions. Mais du haut de la terrasse qui borde le côté oriental de la place de la Concorde, quel superbe coup-d'œil ! Cette large voie publique avec ses fontaines, ses candélabres étincelants de dorure; puis ces deux palais jumeaux; à gauche la Chambre des Députés; devant soi, la belle avenue des Champs-Élysées; puis l'Arc-de-Triomphe si rayonnant de gloire. Devant cet imposant panorama, on peut dire avec orgueil : l'art et la nature n'iront jamais plus loin !...

3° PARTIE. — *Faits historiques.*

Si l'on considère le palais des Tuileries dégagé de son brillant entourage, les évènements dont il fut le théâtre ont imprimé sur ses pierres une teinte lugubre qui attriste profondément l'écrivain qui n'a pour ainsi dire que des malheurs à rappeler. Ce fut au palais des Tuileries, quatre jours avant le

— TUI —

massacre de la Saint-Barthélemi, que la reine Catherine de Médicis donna une fête dont nous empruntons les détails aux mémoires de l'état de France, sous Charles IX : — « Premièrement, en la dite salle, à
» main droite, il y avoit le Paradis, l'entrée du quel
» était défendue par trois chevaliers armés de toutes
» pièces, qui étoient Charles IX et ses frères. A main
» gauche, étoit l'Enfer dans le quel il y avoit un grand
» nombre de diables et de petits diablotaux, faisant in-
» finies singeries et tintammares, avec une grande roue
» tournante dans le dit enfer, toute environnée de clo-
» chettes. Le Paradis et l'Enfer étoient séparés par une
» rivière qui étoit entre deux, sur la quelle il y avoit
» une barque conduite par Caron, nautonier d'Enfer.
» A l'un des bouts de la salle, et derrière le Paradis,
» étoient les Champs-Élysées, à sçavoir, un jardin
» embelli de verdure et de toutes sortes de fleurs ; et
» le ciel empirée, qui étoit une grande roue avec les
» douze signes du zodiaque, les sept planettes, et une
» infinité de petites étoiles faites à jour, rendant une
» grande lueur et clarté par le moyen des lampes et
» flambeaux qui étoient artistement accomodés par
» derrière. Cette roue étoit dans un continuel mouve-
» ment, faisant aussi tourner ce jardin dans le quel
» étoient douze nimphes fort richement parées. Dans
» la salle se présentèrent plusieurs troupes de cheva-
» liers errans (c'étoient des seigneurs de la religion
» qu'on avoit choisis exprès). Ils étoient armés de
» toutes pièces, vêtus de diverses livrées, et conduits
» par leurs princes (le roi de Navarre et le prince de
» Condé), tous les quels tâchant de gagner ce Paradis,
» pour ensuite aller quérir ces nimphes au jardin, en
» étoient empêchés par les trois chevaliers qui en
» avoient la garde ; les quels, l'un après l'autre, se
» présentoient à la lice, et ayant rompu la pique contre
» les dits assaillants, et donné le coup de coutelas, les
» renvoyoient vers l'Enfer où ils étoient traînés par des
» diables et diablotaux. Cette forme de combat dura
» jusqu'à ce que les chevaliers errans eussent été com-
» battus et traînés un à un dans l'Enfer, le quel fut en-
» suite clos et fermé. A l'instant descendirent du ciel
» Mercure et Cupidon portés sur un coq. Ce Mercure
» étoit cet Etienne le Roi, chantre tant renommé, le quel
» étant à terre, se vint présenter aux trois chevaliers,
» et après un chant mélodieux, leur fit une harangue,
» et remonta ensuite au ciel sur son coq, toujours chan-
» tant. Alors les trois chevaliers se levèrent de leurs
» sièges, traversèrent le Paradis, allèrent aux Champs-
» Élysées quérir les douze nimphes, et les amenèrent
» au milieu de la salle où elles se mirent à danser un
» ballet fort diversifié et qui dura une grosse heure. Le
» ballet achevé, les chevaliers qui étoient dans l'Enfer
» furent délivrés et se mirent à combattre en foule et à
» rompre des piques. Ce combat fini, on mit le feu à des
» traînées de poudre qui étoient autour d'une fontaine
» dressée presqu'au milieu de la salle, d'où s'éleva un
» bruit et une fumée qui fit retirer chacun. Tel fut le

— TUI —

» divertissement de ce jour, d'où l'on peut conjecturer
» qu'elles étoient, parmi telles feintes, les pensées du
» roi et du conseil secret. »

Jusqu'à l'époque de la révolution, le château des Tuileries ne fut le théâtre d'aucun événement important. Louis XIV avait abandonné cette habitation pour aller résider à Saint-Germain, puis à Versailles. Ses successeurs l'imitèrent. On donnait des fêtes publiques dans le jardin des Tuileries. L'une d'elles fut attristée le 1er février 1783 par un malheur. Les physiciens *Charles* et *Robert* voulurent y faire une expérience aérostatique ; mais le second périt victime de son audace.

Louis XVI habitait Versailles, lorsque le peuple ameuté alla l'y chercher. Le roi vint occuper les Tuileries le 6 octobre 1789. — Au mois de février 1790, le jardin fut le théâtre d'une émeute dont le départ des tantes du roi servit de prétexte. — Au mois d'avril suivant, un autre rassemblement s'y forma pour empêcher Louis XVI d'aller à Saint-Cloud. — Le 20 juin 1792, le peuple envahit les Tuileries, sous prétexte de présenter lui-même des pétitions au roi ; cette désastreuse journée servit de prélude à la sanglante révolution du 10 août. Cette fois, la populace pénétra dans le palais, le fer et le feu à la main. Les défenseurs du roi furent impitoyablement égorgés, tout fut pillé, saccagé. Quelques membres du département voyant le désordre qui régnait dans le château, conseillèrent au roi de se retirer au sein de l'Assemblée. Louis XVI s'y rendit avec sa famille ; quelques heures après son arrivée, fut rendu ce décret célèbre : « *Louis XVI est provisoire-*
» *ment suspendu de la royauté ; un plan d'éducation*
» *est ordonné pour le prince royal. Une Convention est*
» *convoquée.* »

Sous la république, les Tuileries prirent le nom de *Palais-National*. Sur l'emplacement occupé par le théâtre, connu sous le nom de *Salle des Machines*, on construisit la salle de la Convention. On y entrait par un perron qui donnait sur la terrasse des Feuillants. Dans cette salle fut prononcée, le 20 janvier 1793, la sentence de la Convention qui condamnait à mort l'infortuné Louis XVI.

La fameuse fête de l'*Être-Suprême* eut lieu dans le jardin des Tuileries, le 9 juin 1794. Nous en rappelons les principales circonstances.

Conquérante aux Alpes, aux Pyrénées, menaçante dans les Pays-Bas, d'une grandeur héroïque sur mer, la république voulait se laver aux yeux de l'Europe du reproche d'impiété. Après avoir administré, égorgé, détruit avec un ensemble effrayant, elle cherchait à recomposer la société en l'appuyant sur deux grandes vérités, la morale et Dieu. La Convention avait fixé au 20 prairial an II, la fête de l'Être-Suprême. Robespierre avait été nommé président. Le soleil s'était levé dans toute sa splendeur, et son éclat semblait favoriser cette fête. On se rassemble à chaque section pour se rendre au jardin des Tuileries. Robespierre paraît à la tête

de la Convention. Le nouveau pontife tient à la main, comme tous les représentants, un bouquet de fleurs, de fruits et d'épis de blés. Son visage ordinairement impassible est rayonnant de joie. Arrivés sur un vaste amphithéâtre dressé devant le château et adossé au pavillon du milieu, les membres de la Convention prennent place. Alors Robespierre adresse au peuple ce premier discours : « Français républicains, il est
» enfin arrivé le jour fortuné que le peuple Français
» consacre à l'Être-Suprême. Jamais le monde qu'il a
» créé, ne lui offrit un spectacle aussi digne de ses re-
» gards. Il a vu régner sur la terre la tyrannie, le crime
» et l'imposture; il voit dans ce moment une nation en-
» tière aux prises avec tous les oppresseurs du genre
» humain, suspendre le cours de ses travaux héroïques
» pour élever sa pensée et ses vœux vers le grand Être
» qui lui donne la mission de les entreprendre et le
» courage de les imiter. » — Une symphonie succède à ces paroles. Robespierre descend de l'amphithéâtre, et s'avance, une torche enflammée dans la main, vers le bassin du milieu. En cet endroit s'élevait un groupe de figures représentant l'Athéisme, la Discorde et l'Egoïsme. Robespierre y met le feu. Du milieu des cendres apparaît la statue de la Sagesse, mais on remarque que la déesse a été noircie par les flammes. La musique et les applaudissements de la foule accompagnent Robespierre à la tribune, où il prononce un nouveau discours qui se termine ainsi : « Français! vous
» combattez des rois, vous êtes donc dignes d'honorer
» la Divinité. Être des êtres, auteur de la nature, l'es-
» clave abruti, le vil suppôt du despotisme, l'aristo-
» crate perfide et cruel t'outrage en t'invoquant. Mais
» les défenseurs de la liberté peuvent s'abandonner
» avec confiance dans ton sein paternel. Être des êtres,
» nous n'avons point à t'adresser d'injustes prières, tu
» connais les créatures sorties de tes mains, leurs be-
» soins n'échappent pas plus à tes regards que leurs
» plus secrètes pensées! La haine de la mauvaise foi
» et de la tyrannie brûle dans nos cœurs avec l'amour
» de la justice et de la Patrie; notre sang coule pour
» la cause de l'humanité; voilà notre prière, voilà nos
» sacrifices, voilà le culte que nous t'offrons! » — Le cortège s'ébranle ensuite, on se met en marche pour se rendre au Champ-de-Mars. Robespierre affecte de devancer ses collègues. Quelques uns indignés, se rapprochent de sa personne, et lui prodiguent les sarcasmes les plus amers. L'un lui dit, en faisant allusion à la statue de la Sagesse, qui avait paru enfumée, *que sa Sagesse est obscurcie*; l'autre fait entendre les noms de *Tyran*, de *César*, et s'écrie : *qu'il est encore des Brutus!* ... Bourdon de l'Oise lui dit ces mots : « *La Roche Tarpéïenne est près du Capitole!* » — « Robespierre, dit Lecointre, *j'aime la fête, mais toi je te déteste!* » — Le cortège est arrivé au Champ-de-Mars. Au milieu de cette vaste enceinte, s'élève une immense montagne. Au sommet on voit un arbre. La Convention vient s'asseoir sous ses rameaux. Des groupes d'enfants, de vieillards, et de femmes, entourent cette montagne. On chante un hymne composé par le représentant Chénier. Puis une symphonie se fait entendre; enfin, à un signal donné, les adolescents tirent leurs épées et jurent dans les mains des vieillards, de défendre la patrie et de mourir pour elle. Les mères élèvent leurs enfants dans leurs bras, tous les assistants tendent leurs mains vers le ciel, et rendent hommage à l'Être-Suprême. Les roulements des tambours, les décharges d'artillerie, annoncent la fin de la cérémonie, et les spectateurs reprennent en bon ordre le chemin de leurs sections.

Le Conseil des Anciens remplaça la Convention aux Tuileries, tandis que celui des Cinq-Cents alla s'installer dans la *Salle du Manège*, jusqu'à l'époque du 18 fructidor, où le gouvernement l'appela près de lui au Luxembourg.

Napoléon, consul et empereur, habita les Tuileries. La famille des Bourbons y demeura également pendant la restauration. — Le 29 juillet 1830, vers midi, le peuple attaqua les Tuileries. Après un combat qui dura une heure et demie, les troupes royales battirent en retraite par la place de la Concorde et se dirigèrent vers Rambouillet. — Depuis 1831, la famille régnante occupe le palais des Tuileries.

TUILERIES (QUAI DES).

Commence au guichet du Musée et au quai du Louvre; finit aux pont et place de la Concorde. Pas de numéro. Sa longueur est de 1,280 m. — 1er arrondissement, quartier des Tuileries.

Jusqu'en 1730, c'était un chemin étroit qui séparait les fossés des Tuileries de la rivière. A cette époque, on démolit la porte de la Conférence, ainsi nommée parce qu'elle avait été construite dans le temps des fameuses conférences qui amenèrent la paix des Pyrénées. Cette porte, située à l'extrémité du jardin des Tuileries, gênait la circulation. Par lettres-patentes du 8 octobre 1731, le roi ordonna la formation d'un nouveau chemin de largeur convenable, ce qui fut exécuté. — « 26 février 1806. — Napoléon, etc. Nous avons décrété et décrétons ce qui suit : Il sera construit un mur de quai dans le prolongement du port Saint-Nicolas. Les murs du quai, vis-à-vis du Louvre, seront réparés et élevés. » — La largeur du quai des Tuileries varie de 20 m. à 29 m. — Portion d'égout et de conduite d'eau. — Éclairage au gaz (comp^e Anglaise).

TURGOT (RUE).

Commence à la rue Rochechouart, n°s 57 et 59; finit à l'avenue Trudaine. Le dernier impair est 21; le dernier pair, 12. Sa longueur est de 231 m. — 2e arrondissement, quartier du Faubourg-Montmartre.

Une décision ministérielle du 29 mai 1821 approuva l'ouverture de cette rue; mais il ne fut point alors

— TUR —

donné suite à ce projet. Par une ordonnance royale du 23 août 1833, ce percement fut définitivement arrêté sur une largeur de 13 m. En 1836, cette rue n'était point encore livrée à la circulation, attendu qu'il fallait acquérir plusieurs propriétés particulières. Ces acquisitions ayant été faites, elle fut entièrement exécutée à la fin de cette même année. Les propriétés riveraines sont alignées. — Éclairage au gaz (compⁿ Anglaise).

Michel-Étienne *Turgot*, chevalier, marquis de Sous-

— UNI —

mons, seigneur de Saint-Germain-sur-Eaulne, Vatierville, etc., naquit à Paris le 9 juin 1690. Il était président en la deuxième chambre du palais, lorsqu'il fut nommé prévôt des marchands le 14 juillet 1729. Dans cette honorable fonction qu'il remplit jusqu'au 16 août 1740, Turgot déploya une rare capacité et un zèle remarquable. La ville de Paris lui doit de notables améliorations. Nommé conseiller d'état, puis président du grand conseil en 1741, Turgot mourut dans la retraite le 1ᵉʳ février 1751.

Août 1844.

U.

ULM (rue d').

Commence à la place du Panthéon; finit à la rue des Ursulines, nᵒˢ 1 et 2. Le dernier impair est 11; le dernier pair, 20. Sa longueur est de 369 m. — 12ᵉ arrondissement: de la place du Panthéon à la rue de la Vieille-Estrapade, quartier Saint-Jacques; le surplus est du quartier de l'Observatoire.

Dès le 30 frimaire an XIV, le ministre de l'intérieur Champagny approuva le percement de cette rue sur une largeur de 12 m., depuis la place du Panthéon jusqu'au Champ-des-Capucins.

« Au quartier impérial de Varsovie, le 6 janvier
» 1807. — Napoléon, etc. Nous avons décrété et dé-
» crétons ce qui suit: Article 1ᵉʳ. La rue à ouvrir en
» prolongement du petit axe de la nouvelle église de
» Sainte-Geneviève jusqu'au Champ-des-Capucins,
» sera établie conformément au plan annexé au pré-
» sent décret, et portera le nom de rue d'*Ulm*. — Ar-
» ticle 2ᵉ. La somme de 192,000 francs, à laquelle ont
» été évalués par aperçu les terrains et bâtiments à
» acquérir pour l'entière formation de cette rue, sera
» acquittée par la ville de Paris, et comprise par moi-
» tié dans le budget de cette ville pour les années
» 1807 et 1808. — Art. 3ᵉ. Les acquisitions énoncées
» en l'art. 2ᵉ se feront à dire d'expert en la forme or-
» dinaire, etc. Signé Napoléon. »

Ce décret n'a pas encore reçu son entière exécution; la rue d'Ulm s'arrête à la rue des Ursulines. Pour la faire aboutir au Champ-des-Capucins, il faut traverser des terrains provenant du couvent des Feuillantines et des dépendances du Val-de-Grâce. Les propriétés riveraines sont alignées. Les terrains traversés par la rue d'Ulm, telle qu'elle existe aujourd'hui, proviennent en grande partie, des couvents de la Visitation-Sainte-Marie et des Ursulines.

Par devant Mᵉ Guillaume jeune, notaire à Paris, a été passé le 28 messidor an VI, entre le ministre des finances et le sieur Guyot, propriétaire de l'hôtel de Castries, un contrat d'échange des terrains restant de l'ancien couvent des Feuillantines, contre le dit hôtel de Castries.

Dans cet acte, ratifié le 5 thermidor an VI, l'obligation de livrer sans indemnité le terrain nécessaire au prolongement de la rue d'Ulm, a été imposée au sieur Guyot ou à ses ayants-cause.

La dénomination assignée à cette voie publique, rappelle la célèbre capitulation d'*Ulm* (17 octobre 1805).

UNIVERSITÉ (rue de l').

Commence à la rue des Saints-Pères, nᵒˢ 20 et 22; finit à l'avenue de La Bourdonnaye. Le dernier impair est 217; le dernier pair, 174 bis. Sa longueur est de 2,417 m. — 10ᵉ arrondissement: de 1 à 81 et de 2 à 114, quartier du Faubourg-Saint-Germain; le surplus dépend du quartier des Invalides.

Jusqu'en 1838, la rue de l'Université était composée de deux parties distinctes: la première, comprise entre les rues des Saints-Pères et d'Austerlitz, portait simplement le nom de rue de l'*Université*; la deuxième partie allant de la rue d'Iéna à l'avenue de La Bourdonnaye, s'appelait rue de l'*Université-au-Gros-Caillou*, et avait un numérotage particulier. — Un arrêté préfectoral du 31 août de la même année a prescrit la réunion de ces deux parties sous la seule et même dénomination de rue de l'*Université*. D'après cette disposition, une seule série de numéros a été adoptée pour cette voie publique, dont nous traçons l'origine, en la divisant en deux parties.

1ʳᵉ Partie *comprise entre les rues des Saints-Pères et d'Austerlitz.* — Plusieurs plans lui donnent indifféremment les noms de rue de l'*Université* et de *Sorbonne*. Jaillot pense que cette double dénomination lui avait été assignée par le peuple, qui confondait assez ordinairement la Sorbonne avec l'Université. En 1529, ce n'était encore qu'un chemin nommé le *chemin des Treilles*, parce qu'il conduisait à l'île des Treilles, dite depuis île Maquerelle ou des Cygnes. L'Université ayant aliéné le Pré-aux-Clercs en 1639, on commença des constructions sur ce chemin, qui prit alors le nom de rue de l'*Université*. En 1650, la moitié seulement était bâtie. — Une décision ministérielle du 15 flo-

— URS —

réal an V, signée Benezech, et une ordonnance royale du 7 mars 1827, ont fixé la moindre largeur de cette partie de rue à 10 m. 50 c. Toutes les constructions riveraines sont alignées. — Égout entre les rues de Beaune et de Poitiers. — Conduite d'eau dans presque toute l'étendue. — Éclairage au gaz (comp^e Française).

2e Partie *comprise entre la rue d'Iéna et l'avenue de La Bourdonnaye.* — « Séance du 15 juillet 1793. — Sur le rapport des administrateurs du département des travaux publics, concernant l'alignement à donner au prolongement de la rue de l'Université, depuis l'Esplanade des Invalides jusqu'au champ de la Fédération. Le corps municipal, après avoir vu le plan présenté par les dits administrateurs, et avoir entendu le procureur de la commune, arrête que le côté gauche de la rue de l'Université sera prolongé en ligne droite jusqu'à la distance de 179 toises 2 pieds, de l'angle droit de la rue Saint-Jean où il formera un coude, et se dirigera également sur une ligne droite jusqu'à l'angle extérieur du mur du fossé qui borde le champ de la Fédération, et que le côté droit du d. prolongement de rue suivra la même direction, à 36 pieds du côté opposé carrément et parallèlement; autorise en conséquence les administrateurs des travaux publics à donner des alignements conformément à cette direction. Signé Pache et Coulombeau. » (Registre du corps municipal, tome 40, page 6670.) — Une décision ministérielle du 8 brumaire an X, signée Chaptal, a fixé à 12 m. la largeur de cette partie, depuis l'Esplanade jusqu'à la rue de la Vierge. Pour le surplus, cette même largeur a été adoptée par le ministre de l'intérieur Champagny, le 10 avril 1806. Enfin, une décision ministérielle du 18 mars 1820, a maintenu cette largeur de 12 m. Les constructions riveraines sont alignées, à l'exception de la propriété n° 131, qui devra subir un faible retranchement. — Conduite d'eau entre les rues Nicolet et Saint-Jean. — Éclairage au gaz (comp^e Française).

URSINS (rue basse-des-).

Commence à la rue du Chantre, n° 1, et au quai Napoléon; finit à la rue d'Arcole, n°s 1 et 3. Le dernier impair est 21; le dernier pair, 12. Sa longueur est de 140 m. — 9e arrondissement, quartier de la Cité.

On lit dans un arrêt du 13 mars 1321, que cette rue faisait partie du port Saint-Landry, dont la dénomination lui était également affectée. Au XVIe siècle, c'était la rue *Basse-du-Port-Saint-Landry*. On l'a nommée aussi rue d'*Enfer* (*via Inferior*). Son nom actuel lui vient de sa proximité de l'hôtel des Ursins. — Une décision ministérielle à la date du 26 prairial an XI, signée Chaptal, a fixé la largeur de cette voie publique à 6 m. Lors de la formation du quai Napoléon, la partie de cette rue comprise entre celle d'Arcole et Glatigny a été supprimée. Les propriétés n°s 7, 21, et celles du côté opposé, à l'exception de la maison portant sur

— URS —

le quai le n° 11, ne sont pas soumises à retranchement. — Conduite d'eau entre la rue de la Colombe et la borne-fontaine.

La rue Basse-des-Ursins nous rappelle une de nos plus grandes célébrités; la maison qui porte aujourd'hui le n° 9 a été habitée par Racine.

URSINS (rue du milieu-des-).

Commence au quai Napoléon, n°s 25 et 27; finit à la rue Haute-des-Ursins, n°s 4 et 6. Le dernier impair est 7; le dernier pair, 4. Sa longueur est de 37 m. — 9e arrondissement, quartier de la Cité.

L'hôtel des Ursins, dont l'entrée principale se trouvait dans la rue Haute-des-Ursins, tombait en ruine au milieu du XVIe siècle. Il fut abattu en 1553, et l'on ouvrit l'année suivante, au milieu de son emplacement, une rue à laquelle on donna le nom de rue du *Milieu-des-Ursins.* — Une décision ministérielle du 26 prairial an XI, signée Chaptal, a fixé la largeur de cette voie publique à 6 m. Les maisons du côté des numéros impairs sont soumises à un faible redressement; celles du côté opposé sont alignées.

URSINS (rue haute-des-).

Commence à la rue Saint-Landry, n°s 6 et 8; finit à la rue Glatigny, n°s 3 et 5. Le dernier impair est 7; le dernier pair, 8. Sa longueur est de 38 m. — 9e arrondissement, quartier de la Cité.

C'est sans aucun doute la voie publique que Guillot appelle en 1300, la rue de l'*Ymage*. Les registres du chapitre, dans un accord du 8 juin 1639; la désignent sous le nom de rue du *Petit-Ymage-Saincte-Katherine*. Elle doit sa dénomination actuelle à Jean-Juvénal des Ursins, qui remplit avec honneur, en 1389, la double fonction de prévôt de Paris et de prévôt des marchands. — Une décision ministérielle du 26 prairial an XI, signée Chaptal, a fixé la largeur de cette voie publique à 6 m. Propriété n° 1, redress.; 3 et 5, alignées; 7, retranch. réduit 30 c.; 2, 6 et 8, alignées; 4, redress.

URSULINES (rue des).

Commence à la rue d'Ulm, n°s 11 et 20; finit à la rue Saint-Jacques, n°s 243 et 245. Le dernier impair est 11 bis; le dernier pair, 10. Sa longueur est de 207 m. — 12e arrondissement, quartier de l'Observatoire.

La plus grande partie de cette voie publique a été ouverte sur l'emplacement du couvent des religieuses Ursulines; le surplus dépendait de l'impasse des Ursulines, qui occupait une étendue de 70 m. de longueur, et servait d'entrée aux bâtiments de cette communauté. — Une décision ministérielle du 30 frimaire an XIV, signée Champagny, avait fixé la largeur de cette rue à 10 m. Cette largeur a été maintenue par une autre décision ministérielle du 17 novembre 1818.

La communauté des religieuses Ursulines fut fondée par Madeleine Luillier, veuve du sieur de Sainte-Beuve, et fille de Jean Luillier, président de la chambre des comptes, qui contribua si puissamment à l'entrée de Henri IV à Paris. Madeleine Luillier attira d'Aix en Provence, deux religieuses Ursulines qui, en 1608, vinrent à Paris et furent logées à l'hôtel de Saint-André, faubourg Saint-Jacques. Elles s'occupaient, suivant leur institut, de l'instruction des jeunes filles. Ces Ursulines étaient encore séculières, lorsque leur fondatrice leur assura 2,000 livres de rente, à condition qu'elles prononceraient des vœux et garderaient la clôture. Cette dame obtint le 13 juin 1611, une bulle du pape qui confirma cette fondation. Elle fit alors l'acquisition de l'hôtel de Saint-André, le convertit en couvent, et fit venir des religieuses de Reims pour former les nouvelles Ursulines aux exercices monastiques. Le 22 juin 1620, Anne d'Autriche posa solennellement la première pierre de leur église, qui fut achevée en 1627. Cette communauté, supprimée en 1790, devint propriété nationale et fut vendue en sept lots le 11 ventôse an VI. Les portions de terrains qu'on avait exclues de la vente, servirent à former une partie de la rue d'Ulm et le prolongement de l'impasse des Ursulines.

Août 1844.

V.

VAL-DE-GRACE (HÔPITAL MILITAIRE DU).

Situé dans la rue Saint-Jacques, entre les nos 275 et 279. — 12e arrondissement, quartier de l'Observatoire.

Vers le Xe siècle, un monastère dont les religieuses étaient soumises à la réforme de saint Benoît, avait été fondé au Val-Profond, près Bièvre-le-Châtel, à trois lieues de Paris. Anne de Bretagne, femme de Louis XII, ayant pris cet établissement sous sa protection, changea son nom en celui de *Val-de-Grâce de Notre-Dame-de-la-Crèche*.

Au commencement du XVIIe siècle, les religieuses résolurent de transférer leur abbaye dans la capitale. A cet effet, elles achetèrent, le 7 mai 1621, la propriété dite l'hôtel du Petit-Bourbon. La reine Anne d'Autriche remboursa le prix d'acquisition, et se déclara fondatrice du nouveau monastère. Les religieuses furent installées le 20 septembre 1621, dans cette maison qui fut bénite sous le titre de *Val-de-Grâce de Notre-Dame-de-la-Crèche*. Anne d'Autriche fit construire quelques bâtiments, et posa la première pierre du cloître le 3 juillet 1624. Cette reine avait fait vœu, si Dieu lui donnait un fils, de bâtir un temple magnifique. Après vingt-deux ans de stérilité, elle mit au jour un prince qui régna plus tard sous le nom de Louis XIV. Anne d'Autriche résolut alors de remplir l'engagement qu'elle avait contracté, en faisant reconstruire avec une somptuosité digne de sa reconnaissance, l'église et le couvent du Val-de-Grâce. Le 1er avril 1645, le jeune roi et sa mère posèrent la première pierre de l'église. Les travaux, suspendus pendant les troubles de la Minorité, furent repris en 1655; les bâtiments claustraux ont été terminés en 1662; ceux de l'église, en 1665.

Ce vaste édifice est l'un des plus réguliers de la capitale. François Mansart fournit les dessins du monastère et de l'église, mais il ne conduisit ce dernier bâtiment qu'à la hauteur du rez-de-chaussée; alors une intrigue de cour l'obligea d'abandonner la direction des travaux, qui fut confiée à Jacques Lemercier, puis à Pierre Lemuet, auquel on associa Gabriel Leduc. Mansart se vengea de cette injustice d'une manière aussi fine qu'ingénieuse; il engagea le secrétaire d'état, Henri Duplessis de Guénégaud, à faire bâtir dans son château de Fresnes une chapelle, où il reproduisit en petit le magnifique projet qu'il avait conçu pour le Val-de-Grâce.

Le monument fondé par Anne d'Autriche, se compose de plusieurs corps de logis, de jardins et de l'église. On entre dans une vaste cour, limitée par le grand portail au milieu, et par deux ailes de bâtiments que termine de chaque côté un pavillon carré. Sur seize marches s'élève le grand portail de l'église; son avant-corps forme un portique soutenu de huit colonnes corinthiennes. Un second ordre décoré de colonnes composites, s'unit au premier par de grands enroulements. Il est terminé, comme le premier ordre, par un fronton orné d'un bas-relief. L'intérieur de l'église est décoré de pilastres d'ordre corinthien à cannelures. Le dôme est, après ceux du Panthéon et des Invalides, le plus élevé de tous les édifices de Paris. Il a été peint à l'intérieur par Mignard. Cette vaste composition, exécutée à fresque, et qui représente le séjour des bienheureux, ne coûta que treize mois de travail à son auteur. — Anne d'Autriche avait accordé au monastère du Val-de-Grâce plusieurs privilèges importants, entr'autres ceux de porter les armoiries de France, et de recevoir les cœurs des princes et princesses de la famille royale. Ce couvent possédait aussi la singulière prérogative de réclamer la première chaussure de chaque fils ou fille des princes du sang. Cette communauté fut supprimée en 1790. Les bâtiments ont été convertis en magasin central des hôpitaux militaires. Nous lisons dans le registre 6, page 76, Administration centrale. — « Décret du 7 ventôse an XII, qui consacre les bâtiments du Val-de-Grâce à un hospice pour les enfants de la patrie et les couches des femmes indigentes. » — Sous l'empire, ils furent affectés à un hôpital militaire destiné à recevoir les malades de la garnison du département de la Seine.

— VAL —

Cet établissement peut contenir 1,500 lits. Les vastes jardins du monastère ont été abandonnés aux convalescents. Par sa position élevée et éloignée du centre de Paris, cet hôpital est l'un des plus salubres de la capitale. — L'église du Val-de-Grâce avait été transformée en magasin d'habillements et d'effets pour les hôpitaux militaires. En 1818 et 1819, on y fit des réparations considérables. Le 16 avril 1826, elle a été rendue au culte.

VAL-DE-GRACE (RUE DU).

Commence à la rue Saint-Jacques, nos 300 et 304; finit à la rue de l'Est, nos 29 et 31. Le dernier impair est 15; le dernier pair, 6. Sa longueur est de 236 m. — 12e arrondissement, quartier de l'Observatoire.

Cette voie publique a été ouverte en grande partie sur l'emplacement du *couvent des Carmélites*, dont nous allons rappeler ici l'origine.

Sous la domination romaine, on voyait sur la hauteur où commencent aujourd'hui les rues du Faubourg-Saint-Jacques et d'Enfer, un vaste terrain nommé le *Champ des Sépultures*. Sous la seconde race, une église, qui prit le titre de *Notre-Dame-des-Champs* ou des *Vignes*, fut bâtie en cet endroit. Plusieurs historiens ont pensé qu'elle remplaça un oratoire dédié à saint Michel. Quelques constructions furent bientôt établies autour de la nouvelle église. A la fin du XIe siècle, des seigneurs laïques étaient propriétaires de cet enclos, qu'ils donnèrent en 1084, au monastère de Marmoutiers. Plusieurs religieux de cette communauté vinrent prendre possession de l'église Notre-Dame-des-Champs, qui fut alors érigée en prieuré. Au commencement du XIVe siècle, la fondation du collège de Marmoutiers réduisit le nombre de ces religieux, dont la congrégation occupa cependant le prieuré de Notre-Dame-des-Champs jusqu'en 1604. Catherine d'Orléans, duchesse de Longueville, ayant résolu de fonder un couvent de Carmélites, sollicita et obtint du cardinal de Joyeuse, la propriété du vaste enclos de Notre-Dame-des-Champs. Cette pieuse princesse, après en avoir fait disposer les bâtiments, introduisit le 17 octobre 1604, six religieuses qui lui avaient été envoyées par le général des Carmes d'Espagne. — En 1676, cette maison reçut une pénitente d'un nom illustre : Louise-Françoise de La Beaume-Leblanc, duchesse de La Vallière, vint expier par les austérités les plus dures, la faute d'avoir aimé Louis XIV. Elle changea son titre brillant contre le nom de *sœur Louise de la Miséricorde*. L'altière Montespan, autre victime de l'inconstance du grand roi, vint aussi se réfugier aux Carmélites. La sœur Louise ne cessa de prodiguer à sa rivale, les soins les plus touchants. — L'église des Carmélites était richement ornée. On y voyait plusieurs tableaux des grands maîtres. Cette communauté fut supprimée en 1790. Les bâtiments et terrains qui contenaient une superficie de 17,548 m. 22 c., devinrent propriétés nationales et furent vendus le 8 thermidor an V,

— VAL —

à la charge par l'acquéreur de fournir le terrain nécessaire au percement de plusieurs rues, entr'autres d'une voie publique destinée à communiquer de la rue d'Enfer à la rue Saint-Jacques.

Le percement, décrit plus au long dans l'acte de vente, fut commencé quelques années après. — Par une décision du 18 brumaire an XIV, le ministre Champagny fixa la largeur de la rue nouvelle à 10 m. Cependant elle ne débouchait pas encore en 1811 dans la rue Saint-Jacques, attendu que les dépendances du couvent des Carmélites ne s'étendaient pas jusqu'à cette voie publique; il fallait traverser une propriété particulière. Par un décret daté de Saint-Cloud, le 14 août 1811, Napoléon ordonna que la maison appartenant aux héritiers Langlois serait acquise pour cause d'utilité publique. Le décret reçut son exécution, la propriété fut démolie. Cependant cet emplacement ne donne pas à la rue du Val-de-Grâce la largeur fixée par le ministre. — La partie de la rue du Val-de-Grâce, comprise entre les rues de l'Est et d'Enfer, a été percée sur des terrains dépendant des Chartreux. Elle est exécutée sur une largeur de 10 m. — Les constructions riveraines de la rue du Val-de-Grâce sont alignées, à l'exception de celles qui sont situées sur le côté droit, à l'encoignure de la rue Saint-Jacques; ces constructions devront reculer de 2 m. à 3 m. — Égout entre les rues Saint-Jacques et d'Enfer.

VALENCE (RUE).

Commence à la rue Mouffetard, no 182; finit à la rue Pascal, nos 17 et 21. Le dernier impair est 11; pas de numéro pair. Sa longueur est de 121 m. — 12e arrondissement, quartier Saint-Marcel.

Une ordonnance royale du 15 janvier 1844 porte ce qui suit : « Article 1er. Les alignements du *passage Valence*, pour le convertir en une rue de 12 m. de largeur, sont arrêtés tels qu'ils sont tracés en lignes noires sur le plan ci-annexé. — Art. 2e. Est déclaré d'utilité publique, l'élargissement de l'ancien passage Valence sur les immeubles riverains du côté droit. » — Cette ordonnance recevra très prochainement son exécution. — Le passage avait été formé sur les terrains appartenant à MM. Marcellot et Salleron.

VALÈRE (ÉGLISE SAINTE-).

Située dans la rue de Bourgogne, no 8 bis. — 10e arrondissement, quartier des Invalides.

En 1704, une communauté de Filles-Pénitentes acheta un vaste terrain dans la rue de Grenelle-Saint-Germain, à l'angle de l'Esplanade des Invalides, et y fit construire des bâtiments, et une chapelle qui fut placée sous l'invocation de *Sainte-Valère*.

« *Bureau de la ville.* — 26 août 1718. — Veu l'ar-
» rest de la chambre du 8 août 1718, par lequel avant
» de procéder à l'enregistrement des lettres-patentes
» obtenues par la supérieure des *Filles-Pénitentes* de
» la communauté de Sainte-Valère, établie en cette

— VAL —

» ville dans la rue de Grenelle, quartier de Saint-
» Germain-des-Prez, données à Paris au mois de sep-
» tembre 1717, la chambre ordonne qu'il sera informé
» par M. Hennin, conseiller-maître, de la commodité
» ou incommodité du d. établissement, etc... Veu les
» dites lettres-patentes par lesquelles sa majesté a
» agréé, confirmé et autorisé l'établissement des d.
» impétrantes en cette ville pour y vivre, par elles et
» celles qui leur succèderont selon les mêmes règles et
» discipline que par le passé, sous l'autorité, juridic-
» tion et entière dépendance du sieur cardinal de
» Noailles et de ses successeurs archevesques de Paris
» ou de leurs grands vicaires, etc... Notre avis est sous
» le bon plaisir de la chambre, que l'établissement des
» Filles-Pénitentes de la communauté de Sainte-Valère
» étant d'une grande utilité, à cause que cette com-
» munauté est une retraite volontaire aux filles que la
» grâce a retirées du désordre pour y vivre dans la
» piété, sans être à charge au public ny à l'État, les
» d. lettres-patentes peuvent être enregistrées, etc...
» Signé Trudaine, Rosnel et Ballin. »

Cette communauté religieuse, supprimée en 1790, devint propriété nationale. Les bâtiments furent vendus les 3 et 28 floréal an III. La chapelle devint, en 1802, la troisième succursale de Saint-Thomas-d'Aquin. Elle fut démolie en 1837. A cette époque, le culte de Sainte-Valère a été transféré dans une propriété particulière de la rue de Bourgogne. Les constructions n'offrent rien de remarquable.

VALHUBERT (PLACE).

Située entre les quais d'Austerlitz et Saint-Bernard. Pas de numéro. — 12e arrondissement, quartiers Saint-Marcel et du Jardin-du-Roi.

« Au palais des Tuileries, le 14 février 1806. — Napoléon, etc... Il sera formé une place terminée en arc de cercle, d'un rayon de 99 m., à partir du parement extérieur de la culée, entre le pont et le Jardin des Plantes. La clôture actuelle du Jardin et les deux pavillons seront rétablis sur la ligne de cette place. Cette place sera nommée place du général Valhubert, en mémoire du général de ce nom, tué à Austerlitz. Signé Napoléon. » — Ce décret fut immédiatement exécuté. — Bassin d'égout. — Conduite d'eau. — Éclairage au gaz (compe Parisienne).

VALMY (QUAI DE).

Commence au boulevart de Beaumarchais et à la place de la Bastille ; finit à la rue du Chemin-de-Pantin et à la barrière de Pantin. Le dernier impair est 205 ; pas de numéro pair ; ce côté est bordé par le canal Saint-Martin. Sa longueur est de 3,171 m. — De 1 à 7, 8e arrondissement, quartier du Faubourg-Saint-Antoine; de 9 à 59, 8e arrondissement, quartier Popincourt; de 61 à 107, 6e arrondissement, quartier du Temple; de 109 à la fin, 5e arrondissement, quartier de la Porte-Saint-Martin.

Formé lors de la construction du canal Saint-Martin, il reçut, en 1824, la dénomination de quai Louis XVIII, qu'il quitta en 1830, pour prendre celle de quai de Valmy, en mémoire de la célèbre journée du 20 septembre 1792, où Dumouriez battit les Prussiens commandés par le duc de Brunswick. — L'alignement de ce quai est déterminé ainsi qu'il suit : Depuis la place de la Bastille jusqu'à la rue de la Butte-Chaumont, par une parallèle à l'axe du canal et à 30 m. de distance; depuis la rue de la Butte-Chaumont jusqu'à la fin, la distance à observer entre les constructions et l'axe doit varier de 51 m. 85 c. à 52 m. 14 c. Les propriétés ci-après ne sont pas soumises à retranchement : de 1 à 55 inclus, de 63 à 67 inclus, de 71 à la fin. (Voyez canal Saint-Martin.) — Égout et conduite d'eau dans une grande partie. — Éclairage au gaz depuis le boulevart de Beaumarchais jusqu'à la rue du Faubourg-du-Temple (compe Lacarrière).

VALOIS-DU-ROULE (RUE DE).

Commence aux rues de Chartres, n° 2, et de Courcelles, n° 58; finit à la rue du Rocher, n° 37. Le dernier impair est 15 : le parc de Monceau longe une grande partie de ce côté; le dernier pair, 40. Sa longueur est de 822 m. — 1er arrondissement, quartier du Roule.

Formée vers 1776, elle doit son nom au duc de Valois, fils du duc d'Orléans, né en 1773. Un arrêté pris par l'administration centrale du département de la Seine, à la date du 12 thermidor an VI, porte ce qui suit : « La rue de Valois sise à Monceau, prendra le nom de rue Cisalpine. » — Cette dénomination, avait pour but de rappeler la fondation de la république cisalpine. — Une décision ministérielle du 11 ventôse an XI, signée Chaptal, fixa la largeur de la rue Cisalpine à 10 m. En vertu d'un arrêté préfectoral du 27 avril 1814, cette voie publique a repris sa première dénomination. Les constructions riveraines ne sont pas soumises à retranchement, à l'exception de celles qui sont situées sur le côté des numéros impairs près de la rue du Rocher, et des propriétés nos 26 et 28. — Égout depuis la rue du Rocher jusqu'à celle de Miroménil. — Conduite d'eau : 1° entre ces deux rues; 2° entre celles de Messine et de Courcelles.

VALOIS-PALAIS-ROYAL (RUE DE).

Commence à la rue Saint-Honoré et à la place du Palais-Royal ; finit à la rue de Beaujolais, nos 1 et 2. Le dernier impair est 43; le dernier pair, 48. Sa longueur est de 377 m. — 2e arrondissement, quartier du Palais-Royal.

Elle a été ouverte en 1784, sur une partie de l'emplacement du jardin du Palais-Royal. Elle fut exécutée sur une moindre largeur de 8 m. 50 c., et reçut le nom de passage de Valois, en l'honneur du duc de Valois, fils du duc d'Orléans. Par un arrêté en date du 2 thermidor an VI, le conseil général du département de la Seine décida qu'elle prendrait la dénomination de rue du Lycée. Cet établissement, connu aujourd'hui sous le nom d'Athénée, est situé au n° 2. En vertu d'un

— VAL —

arrêté préfectoral du 27 avril 1814, la rue qui nous occupe, reprit son premier nom. Une ordonnance royale du 22 août 1840, a maintenu la moindre largeur de 8 m. 50 c. Les propriétés riveraines sont alignées. — Égout. — Conduite d'eau. — Éclairage au gaz (comp° Anglaise).

VALOIS-SAINT-HONORÉ (RUE DE).

Commence à la rue de Montpensier, nos 1 et 2; finit à la rue Saint-Honoré, nos 247 et 249. Le dernier impair est 9; le dernier pair, 10. Sa longueur est de 80 m. — 1er arrondissement, quartier des Tuileries.

Cette rue a été ouverte sur l'emplacement de l'hôpital royal des Quinze-Vingts, en vertu des lettres-patentes du 16 décembre 1779, registrées au parlement le 31 du même mois. Elle reçut le nom de Valois (voyez l'article précédent). Sa largeur fut fixée à 7 m. Par arrêté de l'administration centrale du département de la Seine, en date du 12 thermidor an VI, elle prit la dénomination de rue Batave, en mémoire de la fondation de la république Batave (la Hollande). — Une décision ministérielle du 3 messidor an IX, signée Chaptal, a maintenu la largeur primitive. En 1814, elle a repris le nom de rue de Valois (voyez rue de *Beaujolais-Saint-Honoré*). — Conduite d'eau entre les rues des Quinze-Vingts et de Montpensier. — Éclairage au gaz (compe Anglaise).

VAL SAINTE-CATHERINE (RUE DU).

Commence à la rue Saint-Antoine, nos 127 et 129; finit aux rues Neuve-Sainte-Catherine, n° 1, et de l'Écharpe, n° 1. Le dernier impair est 23; le dernier pair, 18. Sa longueur est de 217 m. — 8e arrondissement, quartier du Marais.

Des titres de 1505 constatent l'existence de cette voie publique sous le nom de rue de l'*Égout-Sainte-Catherine*. Les comtes d'Angoulême y possédaient alors un hôtel. François Ier étant parvenu à la couronne, le réunit au palais des Tournelles.

« Louis, etc. Sur ce qui nous a été représenté par les
» prévôt des marchands et échevins de notre bonne ville
» de Paris, que la rue Saint-Louis, l'une des plus belles
» de la capitale, manque de communication directe dans
» la rue Saint-Antoine, parce que le canal voûté qui passe
» dessous, a son embouchure dans la rue de l'*Égout*,
» et que le ponceau qui subsiste dans cette même rue
» occupe une grande partie de sa largeur dont le surplus
» est garni de marches, en telle sorte que les chevaux
» ne peuvent y passer et que les gens de pied risquent
» de tomber et de se blesser, ce qui est fréquemment
» arrivé... Que la dite rue de l'Égout dont la largeur
» n'est que de quinze à seize pieds au plus, est destinée
» à former suite et communication à la rue Saint-Louis
» qui a 46 pieds, etc... A ces causes, etc... Article 1er.
» La d. rue de l'Égout-Saint-Paul sera élargie de 8 pieds
» dans toute son étendue, de manière qu'elle ait par la
» suite 24 pieds de large, etc... Signé Louis. » (Extrait

— VAN —

des lettres-patentes du 14 mai 1777). — Cette amélioration fut exécutée peu de temps après. — Une décision ministérielle du 3 ventôse an X, signée Chaptal, fixa la largeur de cette rue à 10 m. En vertu d'une ordonnance royale du 10 mars 1836, cette dimension a été portée à 13 m. Conformément à une décision ministérielle du 17 août 1839, cette voie publique a pris le nom de rue du *Val-Sainte-Catherine,* qui rappelle l'ancien établissement religieux dont nous avons parlé à l'article du *marché Sainte-Catherine.* — Propriété n° 1, retranch. 2 m. 60 c. à 2 m. 85 c.; 3, alignée; du second n° 3 à 15, alignées; 17, ret. réduit 80 c.; 19, ret. réduit 40 c.; 21, 23, alignées; constructions depuis la rue Saint-Antoine jusqu'au n° 2, ret. réduit 5 m. 20 c.; 2, ret. 3 m.; de 4 à la fin, ret. 4 m. à 5 m. 10 c. — Égout. — Conduite d'eau entre la rue Jarente et la borne-fontaine. — Éclairage au gaz (compe Parisienne).

VANNEAU (RUE).

Commence à la rue de Varenne, nos 25 et 27; finit à la rue de Babylone, nos 20 et 22. Le dernier impair est 33; le dernier pair, 38. Sa longueur est de 358 m. — 10e arrondissement, quartier Saint-Thomas-d'Aquin.

En 1826, M. Rougevin, architecte, était propriétaire des hôtels de Montebello et de Chimay. Il conçut le projet d'ouvrir sur leur emplacement, une rue de 12 m. de largeur. Une ordonnance royale du 19 juin 1826 porte ce qui suit : « Article 1er. Le sieur Rougevin est autorisé à ouvrir sur les terrains qui lui appartiennent entre les rues de Varenne et de Babylone, à Paris, une nouvelle rue de douze mètres de largeur conformément au plan n° 2, ci-joint. — Art. 2e. Cette autorisation est accordée à la charge par l'impétrant : 1° de fournir sans indemnité le terrain nécessaire à la nouvelle rue ; 2° de supporter les frais du premier établissement de pavage et d'éclairage ; 3° d'établir de chaque côté de la rue des trottoirs en pierre dure dont les dimensions seront déterminées par l'administration, etc. » — Ce percement fut immédiatement exécuté et reçut la dénomination de rue *Mademoiselle,* en raison de sa proximité de l'hôtel de Mademoiselle Louise-Eugénie, princesse *Adélaïde* d'Orléans. Cette propriété, située rue de Varenne, n° 23, avait appartenu à M. de Matignon et au prince de Monaco. — En vertu d'une décision ministérielle du 6 octobre 1830, cette voie publique a pris le nom de rue *Vanneau,* en mémoire du jeune élève de l'école Polytechnique, tué le 29 juillet précédent, en commandant l'attaque de la caserne de Babylone occupée par les Suisses. Les propriétés riveraines sont alignées. — Égout. — Conduite d'eau.

VANNERIE (RUE DE LA).

Commence à la place de l'Hôtel-de-Ville, n° 17, et à la rue Jean-de-l'Épine, n° 1 ; finit aux rues de la Planche-Mibray, n° 18, et des Arcis, n° 2. Le dernier impair est 49; le dernier pair, 50. Sa longueur est de 146 m. — 7e arrondissement, quartier des Arcis.

Cette rue était complètement bâtie vers 1150. Dans

— VAN —

un acte de transaction passé entre un nommé Saint-Germain et le prieur de Saint-Éloi (novembre 1162), elle est appelée *Vanneria*. Elle porte le même nom dans l'accord de Philippe-le-Hardi, avec le chapitre Saint-Merri, en 1273. Guillot et le rôle de taxe de 1313, l'appellent la *Vannerie*. — Une décision ministérielle du 21 mai 1817, avait fixé la largeur de cette voie publique à 12 m. En vertu d'une ordonnance royale du 26 juin 1837, la largeur de 12 m. a été maintenue pour la partie comprise entre la place de l'Hôtel-de-Ville et la rue de la Coutellerie; mais le surplus a été porté à 18 m. 50 c. de largeur. Propriétés de 1 à 5, retranch. 70 c. à 1 m.; 7, 9, ret. réduit 50 c.; de 11 à 15, ret. 30 c.; 17, 19, alignées; 21, ret. 30 c.; 23, ret. réduit 50 c.; 25, ret. réduit 80 c.; 27, 29, ret. 1 m. à 1 m. 30 c.; 31, redress.; 35, doit être supprimée pour l'exécution de l'alignement de la rue des Teinturiers; 37, ret. réduit 2 m. 20 c.; 39, ret. réduit 1 m.; de 41 à la fin, ret. 7 m. à 8 m. 70 c.; de 4 à 24, ret. 6 m. à 7 m. 20 c.; de 26 à 32, ret. 4 m. 70 c. à 5 m. 80 c.; 34, 36 et 38, seront supprimées pour la formation d'un grand pan coupé à l'encoignure de la rue de la Coutellerie; 40, ret. réduit 2 m. 20 c.; 42, ret. réduit 1 m. 80 c.; 44, ret. réduit 2 m. 30 c.; de 46 à la fin, ret. 2 m. 60 c. à 3 m. — Conduite d'eau entre la rue de la Planche-Mibray et la borne-fontaine. — Éclairage au gaz (comp⁹ Française).

VANNES (RUE).

Commence aux rues des Deux-Écus, n° 12, et du Four, n° 19; finit à la rue de Viarme, n°⁸ 6 et 8. Le dernier impair est 5; le dernier pair, 8. Sa longueur est de 35 m. — 4ᵉ arrondissement, quartier de la Banque.

Elle a été ouverte en avril 1765, sur l'emplacement de l'hôtel de Soissons, en vertu des lettres-patentes du 25 novembre 1762, registrées au parlement le 22 décembre suivant. — La largeur de cette voie publique fut fixée à 24 pieds. Cette largeur a été maintenue par une décision ministérielle du 9 germinal an XIII, signée Champagny. Sa dénomination rappelle *M. de Vannes*, avocat et procureur du roi et de la ville en 1765 (voyez *halle au Blé*). Les propriétés riveraines qui sont assujetties à une décoration symétrique sont alignées. — Égout. — Conduite d'eau. — Éclairage au gaz (comp⁹ Anglaise).

VARENNE (RUE DE).

Commence à la rue du Bac, n°⁸ 88 et 90; finit au boulevart des Invalides, n° 9. Le dernier impair est 43; le dernier pair, 46. Sa longueur est de 663 m. — 10ᵉ arrondissement: tous les numéros impairs, et les pairs de 2 à 32, sont du quartier Saint-Thomas-d'Aquin; de 34 à la fin, quartier des Invalides.

Cette rue a été ouverte au commencement du XVIIᵉ siècle. Un plan de 1651 l'appelle rue de la *Varenne*. Elle tire probablement son nom d'une garenne (par corruption Varenne), qui se trouvait en cet

— VAU —

endroit avant que l'on construisît cette partie du Faubourg-Saint-Germain. — Une décision ministérielle du 2 thermidor an V, signée Benezech, fixa la moindre largeur de cette voie publique à 9 m. En vertu d'une ordonnance royale du 7 mars 1827, cette largeur est portée à 10 m. 30 c. Propriétés de 1 à 21, alignées; 23, redress.; 25, retranch. 40 c.; 27, alignée; de 29 à 33, ret. 70 c. à 90 c.; les deux encoignures de la rue Barbet-de-Jouy, alignées; propriété à la suite, ret. réduit 60 c.; de 37 à la fin, alignées (le numérotage du côté des numéros pairs est irrégulier); de 2 à 10, alignées; seconds n°⁸, 4, 6, ret. 1 m. 20 c. à 1 m. 40 c.; partie du n° 8, ret. 1 m. 50 c., surplus aligné; de 10 à 20, ret. 1 m. 30 c. à 1 m. 50 c.; encoignure gauche de la rue Hillerin-Bertin, alignée; 22, ret. réduit 90 c.; 24, ret. 70 c.; 26, 28, ret. 40 c. à 70 c.; 30, ret. 30 c.; 32, redress.; de 34 à la fin, alignées. — Portion d'égout du côté du boulevart des Invalides. — Conduite d'eau depuis la rue Hillerin-Bertin jusqu'au boulevart. — Éclairage au gaz (comp⁹ Française).

VARENNE HALLE-AU-BLÉ (RUE DE), *voyez* DE VARENNE.

VARIÉTÉS (THÉATRE DES).

Situé boulevart Montmartre, n° 5. — 2ᵉ arrondissement, quartier Feydeau.

Cette salle, l'une des plus commodes et des plus jolies de la capitale, a été construite en 1807, sur les dessins de Célerier, architecte. L'inauguration eut lieu le 25 juin de la même année. Brunet et Tiercelin furent les directeurs de cette entreprise qui, fort goûtée du public, n'a point cessé d'être brillante. On y joue des vaudevilles et des comédies. Potier, Vernet et Odry ont contribué puissamment à la fortune de ce théâtre (voyez théâtre du *Palais-Royal*). — Prix des places en 1844: Avant-scène des 1ʳᵉˢ, de galerie et du rez-de-chaussée, 6 fr.; stalles d'orchestre, de balcon et loges de galerie, 5 fr.; orchestre, 1ʳᵉ galerie, loges de face du 2ᵐᵉ rang, 4 fr.; loges de côté du 2ᵐᵉ rang, 2 fr. 50 c.; stalles de pourtour, 2 fr. 50 c.; parterre et 2ᵐᵉ galerie, 2 fr.; loges du 3ᵐᵉ rang, 1 fr. 50 c.; 1ᵉʳ amphithéâtre, 1 fr.; 2ᵐᵉ amphithéâtre, 50 c.

VAUBAN (PLACE DE).

Située dans l'avenue de Tourville, derrière l'hôtel royal des Invalides. Le dernier numéro est 3. — 10ᵉ arrondissement, quartier des Invalides.

Elle a été tracée vers 1780. Sa forme est demi-circulaire. Cette place, dans la partie traversée par l'avenue de Tourville, et dans la largeur de cette avenue seulement, a été cédée à la ville de Paris, en vertu d'une loi du 19 mars 1838. (Voyez avenue de la *Bourdonnaye*).

Sébastien Le Prestre, seigneur de *Vauban*, né en 1633, à Saint-Léger en Bourgogne, embrassa la carrière des armes à l'âge de 17 ans. Ses talents et son

— VAU —

génie extraordinaire pour les fortifications, le firent remarquer au siége de Sainte-Ménéhould. Vauban avait servi jusqu'alors sous le prince de Condé, qui commandait les armées espagnoles. Fait prisonnier dans un combat, le cardinal Mazarin sut l'attirer au service du roi de France. Promu maréchal en 1703, Vauban mourut le 13 mars 1707. Cet habile ingénieur a fortifié 300 places anciennes, construit 33 forteresses, s'est trouvé à 140 actions, et a dirigé 53 siéges.

VAUCANSON (PASSAGE).

Commence à la rue de Charonne, nos 47 et 49; finit à la rue de la Roquette, entre les nos 72 et 76. Pas de numéro. — 8e arrondissement, quartier Popincourt.

En 1627, c'était une ruelle qui avait été formée sur des terrains provenant des religieuses de l'abbaye Saint-Antoine, et dépendant du terroir de *Basfroi*, au lieu dit *l'eau qui dort*.

En 1789, c'était l'*impasse de la Roquette*. — Une décision ministérielle du 1er avril 1808, signée Cretet, fixa la largeur de cette impasse à 7 m. Les 7 janvier, 10 mars et 7 avril 1840, le domaine de l'État vendit l'hôtel *Vaucanson*, et réserva sur les dépendances de cette propriété un passage de 8 m. de largeur en prolongement de l'impasse de la Roquette avec laquelle ce passage forme aujourd'hui une seule et même communication.

L'hôtel Vaucanson, bâti au milieu du XVIIe siècle, par le sieur Nourry, appartenait en 1711 à M. Gaspard de Colnis, comte de *Mortagne*. Le 29 octobre 1746, madame la comtesse de Montboissier céda la jouissance à vie de cette propriété, à Jacques *Vaucanson*. Il prit alors le nom du célèbre mécanicien. Par acte du 18 mai 1784, le roi fit l'acquisition de cet hôtel qui devint propriété nationale en 1790.

VAUCANSON (RUE).

Commence aux rues Conté et de Breteuil, no 11; finit à la rue du Vertbois, nos 17 et 21. Le dernier impair est 3; le dernier pair, 4. Sa longueur est de 152 m. — 6e arrondissement, quartier Saint-Martin-des-Champs.

Ce percement, autorisé par une décision ministérielle du 9 octobre 1816, fut effectué en 1817, sur une largeur de 10 m. Il reçut la dénomination de rue *Vaucanson*, en vertu d'une autorisation du ministre de l'intérieur en date du 27 septembre 1817. Une ordonnance royale du 14 janvier 1829, a maintenu la largeur de 10 m. En vertu de cette même ordonnance, la rue Vaucanson doit être prolongée jusqu'à la rue Royale, sur une largeur de 12 m. (voyez marché *Saint-Martin*). Les propriétés riveraines sont alignées. — Conduite d'eau. — Éclairage au gaz (compe Lacarrière).

Jacques de Vaucanson, célèbre mécanicien, naquit à Grenoble, le 24 février 1709 et mourut le 21 novembre 1783, dans l'hôtel de la rue de Charonne qui portait son nom.

— VAU —

VAUDEVILLE (THÉATRE DU).

Situé sur la place de la Bourse. — 2e arrondissement, quartier Feydeau.

En 1791, deux auteurs estimés, MM. Piis et Barré, qui avaient enrichi le répertoire de la comédie italienne, s'associèrent un auteur nommé Rozières, pour la fondation d'un spectacle ayant pour titre : *théâtre du Vaudeville*. Ils obtinrent de la municipalité l'autorisation nécessaire et choisirent l'emplacement occupé par le Wauxhall d'hiver, situé dans la rue de Chartres-Saint-Honoré. En moins de deux mois, M. Lenoir, architecte, y construisit une salle dont l'inauguration eut lieu le 12 janvier 1792. Le talent des auteurs et des artistes qui ont été dirigés pendant plusieurs années par Désaugiers, valut bientôt à ce spectacle la faveur du public. Il était en pleine voie de prospérité, lorsqu'un incendie, qui éclata dans la nuit du 16 au 17 juillet 1838, détruisit entièrement la salle de la rue de Chartres. Les acteurs trouvèrent d'abord un refuge dans les différents théâtres de la capitale; puis s'installèrent provisoirement le 16 janvier 1839, au Gymnase-Musical (boulevart Bonne-Nouvelle), qu'ils quittèrent pour venir occuper, le 16 mai 1840, le théâtre situé sur la place de la Bourse. Cette dernière salle, construite par M. Debret, architecte, avait été inaugurée le 1er mars 1827, sous le titre de *théâtre des Nouveautés*. L'entreprise ne fut pas heureuse, et dura cinq années seulement. Fermée le 15 février 1832, la salle fut occupée au mois de septembre suivant par les acteurs de l'Opéra-Comique, dont les représentations eurent lieu jusqu'en 1840. — Prix des places en 1844 : Avant-scène du rez-de-chaussée et de la galerie, 6 fr.; stalles d'orchestre, de balcon, loges de la galerie et avant-scène des 1res loges, 5 fr.; loges fermées du rez-de-chaussée de face, 5 fr.; 1res loges et avant-scène des 2mes, 4 fr. 50 c.; stalles de la galerie et baignoires de côté, 4 fr.; 2mes loges, 3 fr. 50 c.; balcon, 3 fr.; 2me balcon, 2 fr.; parterre, 2 fr.; 2me galerie, 1 fr.

VAUGIRARD (BARRIÈRE DE).

Située à l'extrémité de la rue de ce nom.

Cette barrière qui consiste en deux bâtiments carrés, doit son nom au village de Vaugirard. Ce hameau fut appelé jusqu'au milieu du XIIIe siècle, *Valboitron* ou *Vauboitron*, et prit à cette époque la dénomination de *Vaugirard*, qui signifie vallée de Girard, en raison de *Girard* de Moret, abbé de Saint-Germain-des-Prés, qui y fit bâtir une maison pour les religieux convalescents de son abbaye. (Voyez l'article *Barrières*.)

VAUGIRARD (CHEMIN DE RONDE DE LA BARRIÈRE DE).

Commence aux rue et barrière de Vaugirard; finit aux rue et barrière de Sèvres. Pas de numéro. Sa longueur est de 262 m. — 10e arrondissement, quartier Saint-Thomas-d'Aquin.

(Voyez l'article *Chemins de ronde*.)

— VAU —

VAUGIRARD (RUE DE).

Commence aux rues des Francs-Bourgeois, n° 2, et Monsieur-le-Prince, n° 36; finit aux chemins de ronde des barrières des Fourneaux et de Vaugirard. Le dernier impair est 139; le dernier pair, 158. Sa longueur est de 2,143 m. — Les numéros impairs, et les pairs, de 24 à 86, 11° arrondissement, quartier du Luxembourg; de 2 à 22, même arrondissement, quartier de l'École-de-Médecine; de 88 à la fin, 10° arrondissement, quartier Saint-Thomas-d'Aquin.

Ce n'était qu'un chemin au commencement du XVI° siècle. Vers 1550, on commençait à y bâtir et à lui donner le nom de rue de Vaugirard qu'elle tirait du village où elle aboutissait. La moindre largeur de la partie de cette voie publique, comprise entre la rue Monsieur-le-Prince et le boulevart, fut fixée à 12 m. par une décision ministérielle du 3 nivôse an X, signée Chaptal. En vertu d'une ordonnance royale du 24 août 1836, cette moindre largeur est réduite à 11 m. 50 c. Conformément à un arrêté préfectoral du 20 décembre 1839, on a procédé à la régularisation de plusieurs numéros des maisons situées dans cette partie de rue.

La largeur de la deuxième partie comprise entre le boulevart et la barrière a été fixée à 15 m. par une décision ministérielle du 3 germinal an IX, signée Chaptal. Jusqu'en 1834, un numérotage particulier avait été donné à cette partie de rue. En vertu d'un arrêté préfectoral du 12 août de cette année, les numéros ont dû continuer la série de la première partie.

Les constructions ci-après ne sont pas soumises à retranchement: dépendances du Luxembourg depuis le n° 17 jusqu'à l'hôtel du grand-chancelier, propriétés de 31 à 41 bis, de 45 à 59 bis, 75, de 83 à 89, 93, de 95 à 103, 107, partie du n° 111, 121, mur de clôture en face de l'impasse de l'Enfant-Jésus, partie du n° 131, 135, 137, 139; partie du n° 4, de 6 à 16, 20, 22, propriété entre les n°s 36 et 42, 62, encoignure gauche de la rue Madame, 86, propriété entre les n°s 98 et 100, second n° 100, de 102 à 130, 136, et de 150 à 156. — Les maisons de 1 à 7, 43, 61, second n° 89 et 91, ne devront subir qu'un léger redressement. — Égout dans une grande partie. — Conduite d'eau depuis la rue Molière jusqu'aux deux bornes-fontaines situées au-delà de la rue des Fourneaux. — Éclairage au gaz (comp° Française).

En vertu d'une loi du 2 juillet 1844, la rue de Vaugirard doit être élargie dans la partie comprise entre l'hôtel de M. le Chancelier et la grille d'entrée du jardin du Luxembourg, au-delà de la rue du Pot-de-Fer. Comme conséquence de cet élargissement, l'alignement de la rue de Vaugirard, depuis la rue de Tournon jusqu'à celle du Pot-de-Fer, subira d'importantes modifications. Le projet sera prochainement approuvé par ordonnance royale.

Sur la maison n° 11 de la rue de Vaugirard, on lit l'inscription suivante: « *Henri-Louis Lekain* est mort dans cette maison, le 8 février 1778. »

Au n° 23 était situé le *couvent des religieuses du Calvaire*. Le fameux père Joseph, capucin, qui avait institué une congrégation de bénédictines sous l'invocation de Notre-Dame du Calvaire, cherchait depuis longtemps à établir à Paris un couvent de cet ordre. La reine Marie de Médicis favorisa cette fondation, et donna aux filles du Calvaire une maison dans l'enceinte même du palais qu'elle venait de faire bâtir (le Luxembourg). Se trouvant trop à l'étroit, ces religieuses achetèrent, en 1622, une maison dans la rue de Vaugirard, où elles s'installèrent quelque temps après. Leur église fut élevée aux frais de la reine. Supprimé en 1790, ce couvent devint propriété nationale. Une faible partie de cet immeuble fut vendue les 2 décembre 1790 et 28 juillet 1791. L'église qui subsiste encore servit de magasin. Les autres bâtiments, après avoir été longtemps affectés à une caserne, furent, en 1834, changés en prison pour les accusés politiques renvoyés devant la Cour des Pairs. En 1836, on a percé sur une partie du cloître, une nouvelle entrée au jardin du Luxembourg. Toutes ces constructions seront prochainement démolies pour faciliter l'élargissement de la rue de Vaugirard.

Au n° 70, on voyait le *couvent des Carmes*. La réforme que sainte Thérèse avait introduite dans l'ordre des Carmes, en 1568, s'était répandue d'Espagne en Italie. Le pape Paul V, connaissant la piété de ces religieux, engagea Henri IV à les recevoir à Paris. Les pères Denis et de Vaillac étaient porteurs d'un bref daté du 20 avril 1610. La nouvelle de l'assassinat du roi qu'ils apprirent en chemin ne les arrêta point, et ils arrivèrent à Paris au mois de juin. Des lettres-patentes leur furent accordées en mars 1611, et le 22 mai de la même année les Carmes déchaussés prirent possession d'une maison sise rue de Vaugirard, qui leur fut donnée par Nicolas Vivian, maître-d'hôtel du roi. Cette propriété devint bientôt trop petite, il fallut la reconstruire. Marie de Médicis posa, le 20 juillet 1613, la première pierre de la nouvelle église qui ne fut achevée qu'en 1620. Les Carmes, par des acquisitions successives, formèrent de vastes jardins qu'ils cultivaient avec le plus grand soin. Ils possédaient également autour de leur cloître un grand emplacement sur lequel ils avaient fait bâtir, vers le milieu du siècle dernier, plusieurs beaux hôtels qui donnaient dans les rues du Regard et Cassette. Ces propriétés, dont ils tiraient de bons revenus, avaient rendu leur couvent l'un des plus riches de l'ordre. « Il faut leur rendre justice, dit plaisamment Saint-Foix, les richesses ne les enorgueillissent pas; ils continuent toujours d'envoyer des frères quêteurs dans les maisons. » — Ce couvent, supprimé en 1790, devint propriété nationale. Ce fut là que commencèrent les massacres du 2 septembre 1792. — Les bâtiments qui composaient l'ancienne maison religieuse furent vendus par l'État, le 21 thermidor an V. Le couvent des Carmes a été racheté en partie vers 1808, par une société de dames pieuses. Depuis 1820, il est habité par des religieuses Carmélites, sous la direction de madame de Soyecourt.

— VAV —

VAVIN (RUE).

Commence à la rue de l'Ouest, n°s 24 et 26; finit à la rue Notre-Dame-des-Champs, n°s 27 bis et 31. Le dernier impair est 13; le dernier pair, 10. Sa longueur est de 148 m. — 11e arrondissement, quartier du Luxembourg.

Une ordonnance royale du 8 décembre 1831 porte ce qui suit : « Article 1er. Le sieur *Vavin,* propriétaire à Paris, est autorisé à convertir en une rue de dix mètres de largeur, le *passage* à lui appartenant qui conduit de la rue Notre-Dame-des-Champs à la rue de l'Ouest. L'ouverture de cette nouvelle rue n'est autorisée qu'à la charge par le sieur Vavin, ou ses représentants, de remplir toutes les conditions stipulées dans la délibération du conseil municipal de Paris, du 8 septembre 1831. » — Cette délibération impose les conditions suivantes : « 1° de donner à cette voie publique une largeur de 10 m. et de faire les deux côtés parallèles et en ligne droite ; 2° *de ne pas élever les constructions au-delà de quinze mètres, y compris attique et mansarde, sauf les corps de logis simples ou doubles des encoignures communes avec les rues de l'Ouest et Notre-Dame-des-Champs, qui pourront être élevés à 18 m.;* 3° de faire les premiers frais de pavage et éclairage de la nouvelle rue; 4° de pourvoir à l'écoulement souterrain ou à ciel ouvert des eaux pluviales et ménagères; 5° et enfin de livrer gratuitement le terrain nécessaire à la formation de la d. rue. Il est en outre entendu, que dans le cas où les propriétaires voudraient établir des trottoirs, il ne leur serait alloué aucune prime par l'administration. » — Les propriétés riveraines sont alignées.

VEAUX (HALLE AUX).

Située entre la place aux Veaux et les rues de Poissy et de Pontoise. — 12e arrondissement, quartier du Jardin-du-Roi.

Avant l'année 1646, le marché aux Veaux était établi sur un emplacement situé à l'encoignure des rues de la Planche-Mibray et de la Vieille-Place-aux-Veaux. Par arrêt du 8 février 1646, il fut transféré sur le quai des Ormes. — *Lettres-patentes, août* 1772. — « Louis, etc...
» L'établissement et le maintien du bon ordre pour le
» service de la police et du public dans les halles et
» marchés de notre bonne ville de Paris, méritent d'au-
» tant plus d'attention de notre part que c'est un des
» moyens d'y procurer l'abondance et l'égalité dans le
» prix des denrées. C'est dans cette vue que nous avons
» réglé la situation de ces marchés et l'ordre qui y
» serait observé ; mais le marché aux Veaux est un de
» ceux auxquels il n'a pas encore été pourvu, et nous
» avons reconnu qu'il est d'autant plus essentiel de lui
» procurer un autre emplacement que celui où il se
» tient actuellement est trop étroit, que le passage très
» intéressant pour le service des ports est intercepté
» par la quantité de voitures qui y apportent les Veaux,
» ce qui occasionne des accidents fréquents ; que ce

— VEA —

» marché exigeant un emplacement à proximité de la
» rivière et du centre de Paris, il n'y en a pas de va-
» cant qui puisse y convenir davantage que le *clos des*
» *Bernardins,* et étant informé que ce terrain vient d'être
» vendu aux sieurs Regnaudet de Ronzières, Damien,
» architecte, Lenoir le Romain, architecte, et Benoît de
» Sainte-Paule, par acte passé devant Paulmier et son
» confrère, notaires à Paris, le 30 mai dernier, en con-
» séquence de la délibération prise par les officiers et
» religieux composant le collège de Saint-Bernard,
» dûment assemblés le 11 du d. mois de mai, sous le bon
» plaisir du sieur abbé général de l'ordre de Citeaux,
» aux offres faites par les d. sieurs de Ronzières, Da-
» mien, Lenoir et de Sainte-Paule, d'en employer par-
» tie à construire des bâtiments, ce qui nous donne-
» rait une augmentation de revenu et ferait rentrer dans
» le commerce un bien possédé par des gens de main-
» morte, et d'établir sur le surplus de ce terrain le
» marché aux Veaux, de former des issues pour y par-
» venir, d'y construire une halle couverte, où les
» veaux seraient à l'abri des injures du temps et où ils
» pourraient être mis en liberté dans les comparti-
» ments amovibles ; enfin d'y construire des étables pour
» y retirer ceux des bestiaux qui resteraient d'un mar-
» ché à l'autre ; mais comme les dépenses que les d.
» acquéreurs seraient obligés de faire pour cet établis-
» sement leur deviendraient à charge et seraient en
» pure perte pour eux, si le marché était déplacé par
» la suite, nous avons jugé convenable d'autoriser la
» vente qui leur a été faite du d. enclos, d'y fixer ir-
» révocablement le marché aux Veaux, de les auto-
» riser à y faire les constructions qui seront nécessaires,
» et de leur procurer un produit proportionné à la dé-
» pense en les chargeant de tout le service qui a rap-
» port à ce marché. Considérant d'ailleurs que ce ser-
» vice sera beaucoup mieux fait, et qu'il sera beaucoup
» plus aisé d'y veiller que lorsqu'il se faisait par une
» multitude de gagne-deniers, qui journellement exi-
» geaient des marchands forains des droits arbitraires,
» ce qui n'aura plus lieu, les droits de place étant réu-
» nis en un seul droit. A ces causes et autres à ce nous
» mouvans, de l'avis de notre conseil qui a vu l'acte de
» vente et le plan du dit clos, ensemble celui de la halle
» qui doit y être construite, le tout y attaché sous le
» contr'scel de notre chancellerie, etc... Nous avons
» agréé, approuvé et autorisé la vente qui a été faite
» de l'enclos des Bernardins aux sieurs Regnaudet de
» Ronzières, Damien, Lenoir et Benoît de Sainte-Paule,
» par acte passé devant Paulmier et son confrère, no-
» taires à Paris, le 30 mai dernier. Ordonnons qu'à
» l'avenir le *marché aux Veaux* sera tenu dans le d.
» enclos des Bernardins, sur lequel *il sera percé des*
» *issues et disposé des rues* suivant l'alignement qui
» sera donné à cet effet, etc... Ordonnons en outre
» qu'il sera construit sur le d. terrain *une halle cou-*
» *verte* et des étables dans le lieu jugé suffisamment
» grand et convenable à cet effet par le dit lieutenant

» de police; que le service qui a rapport à ce marché
» sera fait par les d. sieurs de Ronzières, Damien,
» Lenoir et de Sainte-Paule, ou gens par eux préposés
» exclusivement à tous autres, moyennant le prix qui
» sera fixé par le d. sieur lieutenant de police pour leur
» servir de dédommagement, loyer et salaire pour
» l'emplacement et construction du d. marché, etc...
» Données à Compiègne au mois d'août, l'an de grâce
» 1772, et de notre règne le 57e. Signé Louis. »
(Extrait des lettres-patentes). — « Registrées ce con-
» sentant le procureur général du roi, pour jouir par
» les impétrans de leur effet et contenu, et être exécu-
» tées selon leur forme et teneur, etc. Autorise les im-
» pétrans à percevoir un droit de douze sols pour cha-
» cun veau qui sera amené au d. marché, et ce pour
» tous les objets détaillés dans l'avis du lieutenant-gé-
» néral de police, et cinq sols pour le logement et nour-
» riture de chacun des veaux qui restera d'un jour de
» marché à l'autre; le tout sans préjudice du droit de
» juridiction appartenant aux prévôt des marchands et
» échevins de la ville de Paris, en ce qui peut être de
» leur connaissance et compétence, sur la rivière et
» ports de cette ville, suivant l'arrêt de ce jour. A Paris,
» en parlement, le 30 juin 1773. Signé Vandive. »

Par acte passé devant maîtres Mony et son collègue, notaires à Paris, le 18 juillet 1773, les sieurs Lenoir, de Sainte-Paule, etc., cédèrent leur privilège au sieur de Cintry. Les travaux de construction de la halle furent entrepris immédiatement sous la direction de l'architecte Lenoir dit le Romain. Cet artiste les termina promptement, et la halle fut ouverte le 28 mars 1774. En 1784, un sieur Happey était possesseur du privilège de la halle. Louis XVI voulant retirer ce privilège des mains d'un particulier, ordonna par lettres-patentes du 17 décembre de la même année, qu'il serait réuni à son domaine et exploité à son profit. Le sieur Happey fut indemnisé de la perte de son privilège. — En vertu du décret impérial du 26 mars 1806, la ville perçoit les droits de place dans la halle aux Veaux qui sert aussi à la vente des vieilles ferrailles. — Les bâtiments occupent une superficie de 2,300 m.

VEAUX (PLACE DE LA HALLE-AUX-).

Commence à la rue de Poissy; finit à la rue de Pontoise. Pas de numéro impair; le dernier pair est 4 bis. Sa longueur est de 64 m. — 12e arrondissement, quartier du Jardin-du-Roi.

On appelle ainsi les deux communications qui longent les grands côtés de la halle aux Veaux. Elles ont été formées en 1774. — Une décision ministérielle du 29 thermidor an XI, signée Chaptal, a fixé leur largeur à 12 m. Les propriétés riveraines sont alignées.

VEAUX (RUE DE LA VIEILLE-PLACE-AUX-).

Commence à la rue de la Joaillerie et à la place du Châtelet, n° 6; finit à la rue de la Planche-Mibray, n°s 7 et 9. Le dernier impair est 19; le dernier pair 28. Sa longueur est de 109 m. — 7e arrondissement, quartier des Arcis.

Elle doit son nom à l'ancienne halle aux Veaux. Au XIVe siècle, c'était la place aux Sainctyons. Elle devait cette dénomination à une riche famille de bouchers. Au XVe siècle, c'était la rue aux Veaux, de la Tannerie, de la place aux Veaux. On a ajouté à sa dernière dénomination l'épithète de Vieille, lorsqu'on a transféré le marché sur le quai des Ormes, en vertu d'un arrêt du 8 février 1646. La rue de la Vieille-Place-aux-Veaux aboutissait autrefois, par un retour d'équerre, dans la rue Saint-Jacques-la-Boucherie. Ce débouché a été supprimé lors de la formation de la place du Châtelet. — Une décision ministérielle du 11 octobre 1806, signée Champagny, a fixé la moindre largeur de cette voie publique à 6 m. Cette rue est numérotée à contre-sens. La propriété à l'encoignure de la rue de la Joaillerie, les maisons n°s 13, 15, 17, 19, 6, celle qui forme l'encoignure droite de la rue de la Vieille-Tannerie, et celles n°s 18 bis et 20, sont alignées. — Conduite d'eau depuis la place du Châtelet jusqu'à la borne-fontaine.

VELLEFAUX (RUE CLAUDE-).

Commence à la rue de la Chopinette; finit à la rue Grange-aux-Belles, n° 54. Le dernier impair est 15; le dernier pair, 18. Sa longueur est de 253 m. — 5e arrondissement, quartier de la Porte-Saint-Martin.

Ouverte sur les terrains appartenant à MM. Davaux, Bart, Callou et Loyre, en vertu d'une ordonnance royale du 8 juin 1825, cette rue porte le nom de Claude Vellefaux, juré du roi Henri IV, ès-œuvres de maçonnerie, voyer de Saint-Germain-des-Prés, qui suivit la construction de l'hôpital Saint-Louis, dont les dessins ont été fournis par Claude Chastillon. — La largeur de cette voie publique est de 12 m. Les constructions riveraines sont alignées (voyez rue Chastillon).

VENDOME (PASSAGE).

Commence à la rue Vendôme, n°s 6 et 6 bis; finit au boulevart du Temple, n° 39. — 6e arrondissement, quartier du Temple.

Ce passage a été construit en 1825, sur les terrains appartenant à M. le général Dariule, et provenant de l'ancien établissement des Filles-du-Sauveur. Cette communauté fut fondée à Paris, en 1701, par M. Raveau, prêtre de Saint-Jean-en-Grève, pour les filles repentantes. En 1704, elles s'installèrent dans la rue Vendôme, et firent construire une chapelle sous le vocable du Sauveur. Autorisée par lettres-patentes du mois d'août 1727, cette communauté, qui contenait en superficie 943 m. 31 c., fut supprimée en 1790, et vendue par le domaine de l'État le 16 brumaire an IV.

VENDOME (PLACE).

Commence à la rue Saint-Honoré, n°s 354 et 356; finit aux rues Neuve-des-Capucines, n° 1, et Neuve-des-Petits-Champs, n° 103. Le dernier impair est 25; le dernier pair, 26. Les numéros impairs sont du 1er arrondisse-

— VEN —

ment, quartier de la place Vendôme; les numéros pairs dépendent du 2e arrondissement, quartier du Palais-Royal.

Arrêt du conseil, 2 mai 1686. — « Le roy ayant esté
» informé de la facilité qu'il y auroit de faire une belle
» et grande place en la ville de Paris, dans l'espace
» qu'occupe l'hostel de Vandosme, laquelle place se-
» roit d'un grand ornement à la d. ville, et d'une grande
» commodité pour la communication des rues qui en
» sont voisines avec la rue Saint-Honnoré; sa majesté
» auroit donné ses ordres au sieur marquis de Louvois,
» conseiller en ses conseils, secrétaire d'estat et des
» commandemens de sa majesté, et surintendant-gé-
» néral de ses bâtiments, arts et manufactures du
» royaume, d'acquérir en son nom le d. hostel de Van-
» dosme, et de faire ensuitte construire dans le fond
» d'ycelui un couvent pour les religieuses Capucines,
» aprez la construction duquel celuy où elles sont pré-
» sentement logées, et qui est voisin du d. hostel de
» Vandosme, pust estre abattu, et la place qu'occupe
» présentement le d. couvent estre employée, tant à
» l'augmentation de celle qu'elle veut bien donner pour
» l'embellissement et décoration de la d. ville de Paris,
» que pour la construction des maisons qui environne-
» ront la d. place; et sa majesté ayant considéré que si
» ceux qui achepteront des places aux environs de la
» d. grande place, pour y construire des maisons, es-
» toient obligez d'édiffier le mur d'architecture et les
» fassades qui doibvent faire l'ornement de la d. place,
» suivant et conformément aux dessins et devis qu'elle
» en a faict dresser, cela les constitueroit en une des-
» pense considérable, ou si l'on laissoit la liberté de les
» faire construire à leur fantaisie, ils le feroyent bastir
» peu solidement, et mesme inégallement par les différens
» goust et sentimens des propriétaires qui acqueye-
» roient les d. places; sa majesté, pour remédier à ces
» inconvéniens, auroit résolu d'en supporter la des-
» pense, et pour cette fin auroit donné ordre au surin-
» tendant-général de ses bastimens de prendre soin de
» faire construire de ses deniers le d. mur d'architec-
» ture avec la solidité et les ornemens requis à un ou-
» vrage qui doit estre aussy considérable que celuy là;
» et sa majesté ayant aussi considéré qu'il pourroit
» rester quelque scrupule aux particuliers qui acqueye-
» reroient les places provenantes du d. hostel de Van-
» dosme et du d. couvent des Capucines, qui ne fe-
» royent point partye de l'espace de la d. grande place,
» ny de celle des rues qui y aboutiront, non plus que
» de celle où sera construit le d. nouveau couvent des
» Capucines, que la possession des d. places ne leur se-
» roit pas asseurée pour toujours à eux et à leurs hoirs,
» et qu'aussy ceux qui auroient acquis des places sur
» le fonds où est présentement basty le d. couvent des
» religieuses Capucines, craindroyent un jour d'en
» estre recherchez et inquiettez pour raison du huic-
» tième denier; sa majesté voulant lever tout subjet
» de doubte et de difficultez à cest esgard, et mettre
» ceux qui achepteroient les d. places hors d'estat de

— VEN —

» rien appréhender à l'advenir pour la seureté de leur
» acquisition, veust mesme que toutes les d. places n'ont
» point esté et ne peuvent jamais estre censées faire
» partye du domaine de sa majesté, n'y ayant pu estre
» unies, attendu le peu de temps que l'acquisition en
» a esté faicte au nom de sa majesté, et que d'ailleurs
» le décret que l'on poursuit n'en a pas encore esté
» expédié. Sa majesté, estant en son conseil, a déclaré
» et déclare que son intention n'est pas que les héri-
» tages susdits, faisant partye de la place où estoit cy
» devant le d. hostel de Vandosme, et de celle où est à
» présent le d. couvent des Capucines, lesquels seront
» vendus aux particuliers qui voudront les acquérir,
» puissent estre jamais censez et réputtez de son do-
» maine, n'y qu'à l'occasion de l'acquisition qui en a
» esté faite en son nom, par le surintendant et ordon-
» nateur général de ses bastimens, l'on puisse préten-
» dre qu'ils y doibvent retourner ny y estre jamais
» réunis, etc. Veult sa majesté qu'en vertu des mesmes
» contrats, arrests du conseil et susdittes quittances,
» ils deviennent propriétaires incommutables de la
» partye du mur de face, sur la place qui leur aura
» esté vendue, et qu'ils en jouissent eux, leurs hoirs
» et ayans cause, tout ainsy que si elles avoient esté
» basties par leurs soins et de leurs deniers, *à la charge*
» *touttesfois de bien et duement entretenir le d. mur de*
» *face, de la manière dont il sera construict, sans y*
» *rien changer ni adjouter qui en puisse altérer la cy-*
» *métrie, ni estre veu de la d. grande place, etc.* »
(Extrait de l'arrêt du conseil du 2 mai 1686. Archives du royaume, section administrative, série E, n° 1834.)

« *Lettres-patentes*, 7 avril 1699. — Louis, etc....
» Notre ville de Paris augmentant tous les jours par
» le nombre de ses habitans et de ses édifices, nous
» avions, pour son embéllissement, et pour faciliter
» la communication des rues Neuves-Saint-Honnoré
» et des Petits-Champs, et autres adjacentes, résolu
» de faire une *belle grande place* au quartier de la rue
» Saint-Honnoré, et, pour l'exécution de ce dessein,
» nous avions donné nos ordres pour acquérir en nostre
» nom l'hostel de Vandosme avec ses appartenances et
» dépendances, places et autres ès-environs, dont le
» contrat a été passé le 4 juillet 1685, nous avions,
» par arrest de notre conseil du 2 mai 1686, déclaré
» nos intentions sur la destination de cette acquisition,
» et parce que cette place ne pouvait se former régu-
» lièrement sur l'emplacement de cet hôtel, nous avions
» résolu de nous servir, pour ce dessein, de l'empla-
» cement du couvent des religieuses Capucines, dites
» de la Passion, lors établies vers la rue Saint-Honnoré,
» et de transférer ce couvent sur les derrières de cet hô-
» tel, où nous l'avons depuis fait construire et para-
» chever à nos despens, au moyen de quoi elles nous
» ont, par acte capitulaire du 19 avril 1698, fait l'aban-
» don et délaissement de l'emplacement de leur ancien
» couvent et dépendances. Nous avons en mesme temps
» fait commencer la construction des murs de face qui

— VEN —

» doivent former la d. place, suivant le plan que nous
» en avons arrêté ; mais depuis nous avons trouvé que
» ces murs de face, quoyque convenables, par leur élé-
» vation et leur architecture, à la grandeur de la place,
» estoient incommodes et impraticables pour les par-
» ticuliers qui auroient voulu y faire construire des
» maisons, ce qui jusqu'à présent a empêché la perfec-
» tion de cet ouvrage, et nous auroit déterminé à
» prendre d'autres mesures et à former un nouveau
» dessin, dont néanmoins nous aurions résolu de sur-
» seoir à l'exécution. Sur quoi les prevost des mar-
» chands et eschevins désirant nous donner des mar-
» ques de leur zèle pour l'exécution de nos projets, et
» procurer aux habitants du d. quartier et des rues
» Neuves-Saint-Honoré et des Petits-Champs, et au-
» tres adjacentes, la commodité qu'ils recevront de
» cette place, nous auroient offert et proposé de se
» charger de la construction de cette dite place, rue
» Saint-Honoré, suivant le d. nouveau plan, *d'acquérir*
» *l'emplacement nécessaire pour la construction de la d.*
» *place*, si nous voulions bien *délaisser et abandonner*
» *aux d. prevost des marchands et eschevins*, l'emplace-
» ment restant du d. hôtel de Vandosme et de l'ancien
» couvent des Capucines, places et ès-environs, avec les
» édifices qui ont été commencez sur le d. emplace-
» ment pour former la d. place en l'état qu'elle est. A
» ces causes, après avoir fait examiner en nostre con-
» seil le contrat de vente à nous fait du d. hôtel de Van-
» dosme et dépendances, et l'arrest de notre conseil du
» 2 mai 1686, et lettres-patentes sur iceluy, le plan de
» la place commencée au quartier des rues Neuves-
» Saint-Honoré et des Petits-Champs, le plan levé par
» nos ordres de la nouvelle place, ensemble les offres
» et propositions des d. prevost des marchands et es-
» chevins, et, désirant les traitter favorablement, nous
» avons par ces présentes, et de l'avis de notre conseil,
» dit, déclaré et ordonné, disons, déclarons et ordon-
» nons, voulons et nous plait qu'il soit incessamment
» passé contrat de délaissement à perpétuité aux d.
» prevost des marchands et eschevins, de la totalité
» du fonds et de la superficie de l'emplacement restant
» de l'hostel de Vandosme et de l'ancien couvent des
» Capucines, appartenances et dépendances, places et
» ès environs d'iceux, le tout marqué sur le d. plan,
» avec les bastiments et édifices qui ont esté construits
» pour former la place en l'état qu'elle est, suivant
» l'ancien dessin ; pour, par les d. prevost des mar-
» chands et eschevins, en faire et disposer comme ils
» aviseront ; voulons, attendu l'objet de destination,
» qu'ils soyent exempts de tous droits généralement
» quelconques ; voulons et ordonnons que les d. pre-
» vost des marchands et eschevins soyent tenus, sui-
» vant leurs offres, de faire construire incessamment,
» sur les emplacements par nous à eux délaissez, et
» dont il sera passé contrat, les édifices nécessaires
» pour former la nouvelle place que nous avons résolu,
» avec les *rues d'entrée et issue*, le tout suivant le plan

— VEN —

» et élévation levés par nos ordres ; à l'effet de quoy
» les dits prevost des marchands et eschevins feront
» démolir, tant en fondation que superficie, les bâti-
» ments que nous aurions commencés de faire cons-
» truire pour, les matériaux et démolitions en prove-
» nant, être employés à la confection du nouveau des-
» sin. Voulons aussi que les d. prevost des marchands
» et eschevins soient tenus de faire le premier pavé de
» la d. rue et des places environnantes. Voulons que
» les deniers qui proviendront des ventes et aliéna-
» tions ou délaissemens qui pourront être faits, soient
» employés au perfectionnement de la nouvelle place,
» aux ornemens et décorations d'icelle et dépendances.
» Voulons et ordonnons qu'il soit par le sieur *Man-*
» *sart*, à présent surintendant de nos bastimens, ou
» telles personnes qu'il avisera sous ses ordres, tenu
» la main à ce que les édifices qui doivent composer la
» façade de la dite nouvelle place, soient construits so-
» lidement, et en conformité des plans par nous arrê-
» tez, etc. Données à Versailles, le 7º jour d'avril, l'an
» de grâce 1699, et de notre règne le 56º. Signé
» Louis. » (Extrait des lettres-patentes, archives du
royaume, bureau de la ville, registre H, nº 1837, fº 234.)

Ces lettres-patentes ayant été registrées en parlement
le 29 du même mois, les travaux de construction furent
alors repris avec vigueur sous la direction de Jules
Hardouin *Mansart*. Le 16 août de la même année, la
statue de Louis XIV fut inaugurée en grande cérémonie au milieu de cette place. Cette statue, fondue d'un
seul jet, en 1692, par Balthasar Keller, d'après Girardon, était d'une dimension colossale. Le grand roi, représenté à cheval, vêtu à l'antique, avait la tête couverte
d'une immense perruque. Plusieurs écrivains de cette
époque affirment que vingt hommes, assis sur deux
rangs autour d'une table, auraient pu se tenir à l'aise
dans le ventre du cheval. — La place, alors nommée *place
des Conquêtes*, n'était pas encore terminée. Deux arrêts du conseil, des 5 juin 1700 et 3 mai 1701, prescrivirent son achèvement. Ces arrêts reçurent peu de
temps après leur exécution. Cette large voie publique
forme un octogone ayant quatre grandes faces et quatre
petites. Son architecture est parfaitement régulière
et présente une décoration d'ordre corinthien. Entre
chaque face s'avance un corps de logis surmonté d'un
fronton dans le tympan duquel sont sculptées les armes
de France au milieu d'ornements divers. La symétrie
des bâtiments bordant les deux entrées de cette place
est altérée depuis une trentaine d'années par la construction de plusieurs boutiques ; l'administration actuelle s'imposera sans doute le devoir de faire respecter cette magnifique architecture.

De 1764 à 1771, la foire Saint-Ovide avait lieu sur
la place Vendôme. Le corps de ce saint avait été donné
dès 1665 aux religieuses Capucines. La foire Saint-
Ovide, transférée en 1771 sur la place Louis XV, fut
supprimée vers 1784.

Le 16 août 1792, la statue équestre de Louis XIV

— VEN —

fut détruite, et la place reçut le nom de *place des Piques*. Néanmoins, l'habitude lui conserva, même alors, la dénomination de place Vendôme qu'elle a reprise officiellement à l'avènement de Napoléon. — La bataille d'Austerlitz venait de terminer cette merveilleuse campagne de deux mois, qui fut comptée à tous les militaires pour deux années de service. L'empereur voulut récompenser dignement la grande armée en érigeant, avec le bronze de 1,200 canons enlevés aux Autrichiens et aux Russes, une colonne qui serait dédiée à la gloire de nos soldats. Ce monument fut commencé le 25 août 1806, et terminé le 5 août 1810, sous la direction de M. Denon et de MM. Lepère et Gondoin, architectes. La hauteur totale de la colonne est de 44 m. Depuis sa base, construite sur l'emplacement du piédestal de la statue de Louis XIV, elle est bâtie en pierres de taille, recouvertes de plaques de bronze séparées par un cordon sur lequel on a inscrit l'action représentée dans le tableau au-dessus. Sur les quatre façades du piédestal sont reproduites des armes de guerre et des costumes militaires. Ces ornements sont soutenus à chaque angle par un aigle en bronze pesant 250 kilogrammes. Le tour de la colonne représente les brillants faits d'armes de la campagne de 1805, depuis le départ du camp de Boulogne jusqu'à la bataille d'Austerlitz. Dans l'intérieur du monument on a pratiqué un escalier à vis dont l'entrée est placée à l'une des faces du piédestal, vis-à-vis du jardin des Tuileries. Cet escalier en spirale conduit à une galerie. Sur la colonne était placée la statue de Napoléon, exécutée par Chaudet, membre de l'Institut. L'empereur portait le sceptre et le diadème. En 1814, les Russes voulurent renverser ce monument; malgré leurs efforts, le bronze de la colonne resta immobile, et la statue de l'empereur fut seule abattue. Fondue quelque temps après, elle servit à la statue de Henri IV, rétablie sur le terre-plein du Pont-Neuf.

Le poids total des bronzes de la colonne de la place Vendôme, d'après les renseignements fournis par M. Lepère, est de 251,367 kilogrammes.

La fonte, exécutée par MM. Launay et Gonon, a coûté.	164,837 f.
Frais de pesée	450
Ciselure par M. Raymond	267,219
Frais de modèles, savoir :	
A M. Chaudet, pour la statue	13,000
A trente-trois autres statuaires, pour les bas-reliefs	199,000
A M. Gelée, pour la sculpture d'ornements	39,115
Dessins de composition générale des bas-reliefs, par M. Bergeret	11,400
Les travaux de construction, maçonnerie, serrurerie, charpenterie, plomberie, etc., se sont élevés à	601,979
A reporter.	1,297,000 f.

— VEN —

Report.	1,297,000 f.
Les architectes ont reçu pour honoraires.	50,000
Si l'on ajoute à cette somme la valeur effective du bronze, 251,367 kilogrammes, à raison de 2 f. 50 c. par kilo	628,417
Le total est de.	1,975,417 f.

Quelque temps après la révolution de Juillet, le nouveau gouvernement voulut rendre à la colonne la statue de son fondateur. Une ordonnance royale du 8 avril 1831 en prescrivit le rétablissement. Le 29 juillet 1833, elle fut replacée sur ce monument. L'empereur est représenté avec les insignes militaires si connus du peuple et de l'armée. Cette statue, exécutée par M. Émile Seurre, a occasionné une dépense de 60,000 francs, compris fourniture de bronze, frais de pose, etc. Le nouveau soubassement de la colonne est en granit de Corse. Il a été placé en 1835, et a coûté 76,000 francs.

Égout. — Conduite d'eau. — Éclairage au gaz (comp° Anglaise).

VENDOME (RUE).

Commence à la rue Charlot, n°s 43 et 45; finit à la rue du Temple, n°s 106 et 108. Le dernier impair est 27; le dernier pair, 16. Sa longueur est de 285 m. — 6e arrondissement, quartier du Temple.

Un arrêt du conseil du 23 novembre 1694, ordonna l'ouverture de cette rue, suivant une direction qui a été modifiée par un autre arrêt du 22 décembre 1696. Ce percement, dont la largeur était fixée à 6 toises, fut immédiatement exécuté sur des terrains provenant du *prieuré du Temple*. — Une décision ministérielle du 23 brumaire an VIII, signée Quinette, et une ordonnance royale du 16 mai 1833, ont maintenu la largeur primitive. Les propriétés riveraines sont alignées. — Conduite d'eau. — Éclairage au gaz (comp° Lacarrière).

Philippe de *Vendôme*, grand-prieur de France, né en 1655, se signala d'abord sous le duc de Beaufort, lors de l'expédition de Candie. En 1672, il suivit Louis XIV à la conquête de la Hollande. Nommé lieutenant-général en 1693, il eut en 1695 le commandement de la Provence. Dans la *guerre de la Succession*, Vendôme fut envoyé en Italie où il prit plusieurs places sur les Impériaux. Il se démit du grand-prieuré en 1719, et mourut à Paris le 24 janvier 1727.

VENISE (IMPASSE DE).

Située dans la rue Quincampoix, entre les n°s 21 et 23. Le dernier impair est 3; le dernier pair, 4 bis. Sa longueur est de 42 m. — 6e arrondissement, quartier des Lombards.

De 1200 à 1250, c'était la rue de *Bierre*. En 1315, la rue de *Bière par devers Saint-Josse*. En 1350, la rue de *Bierne*, de *Bièvre* et de *Bièrre-sans-Chef*. En 1600, on l'appelait rue *Verte*. En 1616, 1650, rue de *Bièvre dite cul-de-sac de la rue Quincampoix*. En 1750, *cul-de-sac de Venise*, en raison de sa proximité de la rue

— VEN —

de ce nom. De 1793 à 1806, on lui donna la dénomination de *cul-de-sac Batave*, parce que la maison, depuis cour Batave, en était voisine. En 1806, elle prit le nom d'*impasse de Venise*. — Une décision ministérielle du 21 prairial an X, signée Chaptal, fixa la largeur de cette impasse à 7 m. Une autre décision ministérielle du 30 novembre 1822, signée Corbière, porte que l'impasse de Venise sera transformée en une rue de 10 m. de largeur, au moyen de son prolongement jusqu'à la rue Saint-Denis. Ces dispositions ont été sanctionnées par une ordonnance royale du 29 avril 1839, qui n'a point encore reçu son exécution. — Propriété n° 1, retranch. 5 m. 50 c. à 6 m. 20 c.; 3, alignée; encoignure du passage, ret. 5 m. 80 c.; encoignure de la rue Quincampoix, ret. 1 m. 50 c.; 2, 4 et 4 bis, alignées. — Conduite d'eau. — Éclairage au gaz (comp° Française).

VENISE (PASSAGE DE).

Commence à l'impasse de Venise; finit à la cour Batave. Pas de numéro. — 6° arrondissement, quartier des Lombards.

Il a été construit à la fin du XVIII° siècle, sur une partie du jardin des Filles de Saint-Magloire. (*Voir* pour l'étymologie, l'article suivant.)

VENISE (RUE DE).

Commence à la rue Saint-Martin, n°s 73 et 75; finit à la rue Quincampoix, n°s 26 et 28. Le dernier impair est 5; le dernier pair, 6. Sa longueur est de 52 m. — 6° arrondissement, quartier des Lombards.

Guillot l'appelle rue *Sendebours-la-Tréfillière*. Des plans de 1300 et 1313 la désignent sous le nom de *Hendebourc-la-Trefélière*. Cependant ce n'est pas sa dénomination véritable. Nous devons plutôt nous en rapporter aux titres de Saint-Merri qui la nomment, depuis 1250, rue *Érembourg* ou *Hérambourg-la-Trefélière*. Elle a gardé ce nom jusqu'au XIV° siècle; à cette époque, elle prit celui de rue *Bertaut-qui-Dort*, en raison d'un particulier qui y possédait une maison. Au XVI° siècle, une enseigne de l'*Écu-de-Venise*, lui fit donner la dénomination qu'elle porte encore aujourd'hui. — Une décision ministérielle du 21 prairial an X, signée Chaptal, fixa la largeur de cette voie publique à 7 m. Une autre décision ministérielle du 30 novembre 1822, signée Corbière, et une ordonnance royale du 29 avril 1839, ont porté cette largeur à 10 m. Propriétés du côté des numéros impairs, retranch. 5 m. 20 c. à 5 m. 80 c.; n° 2, ret. 2 m. 30 c.; 4, 6, alignées. — Conduite d'eau. — Éclairage au gaz (comp° Française).

La rue de Venise fut, sous la régence du duc d'Orléans, le théâtre d'un assassinat. Antoine-Joseph, comte de Horne, capitaine réformé, Laurent de Mille, aussi capitaine réformé, prétendu chevalier, et un nommé de l'Estang, résolurent d'assassiner un riche agioteur, pour se saisir de son portefeuille. A cet effet,

— VEN —

ils se rendirent rue Quincampoix, et, sous le prétexte de lui négocier pour cent mille francs d'actions, ils le conduisirent dans la rue de Venise et le poignardèrent. La victime, en se débattant, cria au secours; un garçon de cabaret entendit le bruit, ouvrit la porte: voyant un homme baigné dans son sang, il eut la présence d'esprit de fermer d'abord cette porte à deux tours, et de crier ensuite au meurtre. Les assassins cherchèrent à fuir. De l'Estang, qui faisait le guet dans l'escalier, se sauva aux premiers cris, courut à l'hôtel de la rue de Tournon, où il demeurait, prit ses effets les plus précieux et parvint à s'échapper. De Mille traversa en courant toute la foule de la rue Quincampoix, mais, vivement poursuivi, il fut arrêté aux halles. Le comte de Horne chercha à se laisser glisser de la fenêtre dans la rue. On s'en saisit également. Le comte et son complice furent roués vifs en place de Grève.

VENTADOUR (RUE).

Commence à la rue Thérèse, n°s 11 et 8; finit à la rue Neuve-des-Petits-Champs, n°s 57 et 59. Le dernier impair est 11; le dernier pair, 8. Sa longueur est de 79 m. — 2° arrondissement, quartier du Palais-Royal.

Ouverte en 1640, sur une largeur de 7 m. 79 c., cette voie publique a porté successivement les noms de rue *Saint-Victor* et de rue de *Lionne*. Sa dénomination actuelle lui vient de *madame de Ventadour*, gouvernante du roi Louis XV. — Une décision ministérielle du 3 frimaire an X, signée Chaptal, maintint la largeur primitive. Cette largeur est portée à 9 m. 74 c., en vertu d'une ordonnance royale du 4 octobre 1826. Les propriétés du côté des numéros impairs sont alignées; celles du côté opposé devront reculer de 1 m. 95 c. — Éclairage au gaz (comp° Anglaise).

VENTS (IMPASSE DES QUATRE-).

Située dans la rue de Seine, entre les n°s 91 et 93. Pas de numéro. Sa longueur est de 11 m. — 11° arrondissement, quartier du Luxembourg.

C'est la partie qui reste de l'ancienne impasse des Quatre-Vents, supprimée presqu'entièrement lors du prolongement de la rue de *Seine*. Il n'existe pas d'alignement arrêté pour cette impasse, dont la largeur actuelle est de 6 m.

VENTS (RUE DES QUATRE-).

Commence à la rue de Condé, n° 2, et au carrefour de l'Odéon, n° 16; finit à la rue de Seine, n°s 95 et 97. Le dernier impair est 19; le dernier pair, 22. Sa longueur est de 92 m. — 11° arrondissement, quartier du Luxembourg.

Anciennement ce n'était qu'une ruelle descendant à la foire Saint-Germain. Au commencement du XV° siècle, elle prit le nom de rue *Combault*, parce que Pierre Combault, chanoine de Romorantin, y demeurait. Sa dénomination actuelle lui vient d'une enseigne. — Une décision ministérielle du 6 fructidor

— VER —

an XIII, signée Champagny, et une ordonnance royale du 12 mai 1841, ont fixé la moindre largeur de cette voie publique à 10 m. Propriétés n°° 1, 3, 5, alignées; 7, retranch. 35 c.; 9, ret. 30 c.; 11, 13, redress.; de 15 à la fin, alignées; de 2 à 8, ret. 1 m. 20 c. à 1 m. 70 c.; 10, ret. 30 c.; 12, ret. 1 m.; 14, alignée; 16, 18, ret. 60 c. à 90 c.; 20, doit être supprimée par l'alignement de la rue du Cœur-Volant; partie du n° 22, ret. 50 c.; surplus, aligné. — Égout. — Conduite d'eau. — Éclairage au gaz (comp° Parisienne).

VERDELET (RUE).

Commence à la rue Jean-Jacques-Rousseau, n° 11; finit aux rues Coq-Héron et de la Jussienne, n° 2. Pas de numéro impair; ce côté est bordé par les bâtiments de l'Administration des Postes; le dernier pair est 10. Sa longueur est de 77 m. — 3e arrondissement, quartier Saint-Eustache.

En 1295, ce n'était qu'une ruelle étroite et puante hors des murs de l'enceinte de Philippe-Auguste. Elle se nommait alors rue *Merderet*. En 1311, on la trouve sous le nom de *Breneuse*, c'est-à-dire rue malpropre. Plus tard, par altération, elle fut appelée rue *Verderet*, puis *Verdelet*. — Une décision ministérielle du 20 fructidor an XI, signée Chaptal, a fixé la largeur de cette voie publique à 9 m. Les maisons n°° 6 et 8 ne sont pas soumises à retranchement. — Conduite d'eau depuis la rue de la Jussienne jusqu'à la borne-fontaine. — Éclairage au gaz (comp° Française).

VERDERET (RUE).

Commence à la rue de la Grande-Truanderie, n°° 42 et 44; finit à la rue Mauconseil, n°° 17 et 19. Le dernier impair est 17; le dernier pair, 12. Sa longueur est de 89 m. — 5e arrondissement, quartier Montorgueil.

Des actes de 1290, 1330, 1352 et 1406, l'indiquent sous les noms de *Merderiau*, *Merderai*, *Merderel* et *Merderet*. Cette rue étroite et sale, était un véritable dépôt d'immondices. Au XVIIe siècle, c'était la rue *Verdelet*. Depuis 1806, on la nomme rue *Verderet*. — Une décision ministérielle du 28 pluviôse an IX, signée Chaptal, fixa la largeur de cette voie publique à 7 m. Cette largeur est portée à 10 m., en vertu d'une ordonnance royale du 9 décembre 1838. Propriétés du côté des numéros impairs, retranch. 5 m. à 5 m. 30 c.; 10 et 12, alignées; surplus, ret. 1 m. 90 c. — Conduite d'eau depuis la rue Mauconseil jusqu'aux deux bornes-fontaines. — Éclairage au gaz (comp° Française).

VERNEUIL (RUE DE).

Commence à la rue des Saints-Pères, n°° 10 et 12; finit à la rue de Poitiers, n° 5. Le dernier impair est 51; le dernier pair, 58. Sa longueur est de 486 m. — 10e arrondissement, quartier du Faubourg-Saint-Germain.

Ouverte en 1640, sur le grand Pré-aux-Clercs, elle dut son nom à Henri de Bourbon, *duc de Verneuil*, abbé de Saint-Germain-des-Prés, fils de Henri IV et de la marquise de Verneuil. Ce percement fut exécuté sur une largeur de 23 pieds. — Une décision ministérielle du 2 thermidor an V, signée Benezech, fixa la largeur de cette voie publique à 8 m. Cette largeur a été portée à 10 m. en vertu d'une ordonnance royale du 7 mars 1827. Les constructions du côté des numéros impairs devront reculer de 2 m. 60 c. environ; les numéros de 4 à 12 et de 44 à 54, redress.; le surplus est aligné. — Conduite d'eau entre les rues Sainte-Marie et de Poitiers. — Éclairage au gaz (comp° Française).

VÉRO-DODAT (PASSAGE).

Commence à la rue de Grenelle, n° 29; finit aux rues Croix-des-Petits-Champs, n° 12, et du Bouloi, n° 2. — 4e arrondissement, quartier de la Banque.

Ce passage, formé en 1826, porte le nom des propriétaires qui l'ont fait construire.

VERRERIE (RUE DE LA).

Commence à la place du Marché-Saint-Jean, n° 39, et à la rue Bourtibourg, n° 1; finit aux rues des Arcis, n° 64, et Saint-Martin, n° 2. Le dernier impair est 101; le dernier pair, 78. Sa longueur est de 452 m. — 7e arrondissement: de 1 à 41, et de 2 à 42, quartier du Marché-Saint-Jean; de 43 à la fin, quartier des Arcis; de 44 à la fin, quartier Sainte-Avoie.

Elle tire son nom d'une *verrerie* qui existait en 1185 dans cette rue. La partie de cette voie publique qui avoisine Saint-Merri portait, en 1380, le nom de cette église. Deux arrêts du conseil des 20 novembre 1671 et 20 février 1672, ordonnèrent l'élargissement de cette voie publique; « Sa majesté (portent ces arrêts) désirant procurer la décoration de sa bonne ville de Paris, et la commodité pour le passage dans les rues d'icelle, principalement en celle de la *Verrie*, qui est le *passage ordinaire pour aller de son chasteau du Louvre en celuy de Vincennes, et le chemin par lequel se font les entrées des ambassadeurs des princes étrangers.* » — Une décision ministérielle du 18 vendémiaire an VI, signée Letourneux, fixa la moindre largeur de cette voie publique à 10 m. En vertu d'une ordonnance royale du 16 mai 1833, cette moindre largeur a été portée à 12 m. Propriété n° 1, alignée; 3, retranch. réduit 1 m.; 5, redress.; 7, ret. réduit 90 c.; 9, ret. réduit 2 m.; 11, 13, ret. 2 m. 80 c. à 3 m. 80 c.; 15, alignée; 19, ret. réduit 2 m. 50 c.; de 21 à 29, ret. 3 m. 20 c. à 3 m. 50 c.; 33, ret. 2 m. 20 c.; de 35 à 49, ret. 2 m. 40 c. à 2 m. 70 c.; 51, ret. 2 m.; 53, 55, ret. 3 m. 30 c.; 61, 63, ret. 1 m. 50 c. à 2 m. 10 c.; 65, ret. réduit 2 m. 10 c.; 67, ret. réduit 3 m. 10 c.; de 69 à 73, ret. 3 m. 15 c; 75, ret. 2 m. 60 c.; de 77 à 83, ret. 2 m. 20 c. à 2 m. 80 c.; 85, ret. réduit 3 m.; 87, ret. réduit 4 m.; 89, ret. réduit 5 m. 30 c.; 91, ret. réduit 5 m. 70 c.; de 93 à la fin, ret. 5 m. 90 c. à 6 m. 60 c.; 2, ret. réduit 3 m. 50 c.; de 4 à 8, ret. 4 m. 90 c. à 5 m. 50 c.; 10, ret.

— VÉR —

réduit 4 m. 30 c.; 12, ret. réduit 4 m.; 14, ret. réduit 2 m. 70 c.; de 16 à 26, ret. 1 m. 50 c. à 2 m. 40 c.; de 28 à 38, ret. 1 m. 40 c. à 2 m. 50 c.; 40, alignée; 42, ret. 2 m. 25 c.; 46 et 48, alignées; de 50 à 56, ret. 2 m. 80 c.; 58, alignée; 60, ret. 1 m. 70 c.; 62, 64, 66, alignées; 68, ret. 2 m. 80 c.; 70 et 72, ret. 2 m. à 2 m. 60 c.; 74, ret. réduit 1 m.; partie du n° 76; ret. 70 c.; surplus, aligné. — Conduite d'eau. — Éclairage au gaz (comp° Lacarrière).

VERSAILLES (IMPASSE DE).

Située dans la rue Traversine, entre les nos 42 et 44. Le seul impair est 1; le seul pair, 2. Sa longueur est de 21 m. 50 c. — 12° arrondissement, quartier du Jardin-du-Roi.

Il est fait mention de cette impasse vers le XVI° siècle, sous le nom de *cul-de-sac de la rue Traversine*. Elle doit le nom qu'elle porte aujourd'hui à sa situation en face de la rue de *Versailles*. — Une ordonnance royale du 9 janvier 1828, a fixé la largeur de cette impasse à 9 m. Les constructions riveraines devront reculer de 70 c.

VERSAILLES (RUE DE).

Commence à la rue Saint-Victor, nos 97 et 99; finit à la rue Traversine, nos 23 et 25. Le dernier impair est 19; le dernier pair, 18. Sa longueur est de 80 m. — 12° arrondissement, quartier du Jardin-du-Roi.

Cette rue, qui existait dès le XII° siècle, devait son nom à un propriétaire nommé *Pierre de Versailles*. Le poète Guillot en parle ainsi :

« Jusqu'à la rue Saint-Victor
» Ne trouvai ne porc, ne butor,
» Mes femmes qui autre conseille:
» Puis truis la rue de Verseille. »

Cette dénomination de *Verseille*, au lieu de *Versailles*, n'a été employée par le poète que pour satisfaire aux exigences de la rime. — Une décision ministérielle du 3 pluviôse an IX, signée Chaptal, fixa la largeur de cette voie publique à 7 m. Cette largeur a été portée à 9 m., en vertu d'une ordonnance royale du 9 janvier 1828. Propriétés de 1 à 9, retranch. 2 m. 40 c. à 3 m.; 11, alignée; de 15 à la fin, ret. 2 m. 20 c. à 2 m. 65 c.; encoignure de la rue Saint-Victor, ret. réduit 1 m. 10 c.; 2, ret. réduit 40 c.; partie du n° 4, alignée; surplus, redress.; 8, redress.; 10, ret. réduit 30 c.; 12, ret. réduit 50 c.; 14, ret. réduit 80 c.; 16, 18, ret. 90 c. à 1 m. 20 c.

VERSAILLES (RUE DU CHEMIN-DE-).

Commence à la rue des Vignes, nos 9 et 11; finit au chemin de ronde de la barrière de Neuilly. Le dernier impair est 17; le dernier pair, 12. Sa longueur est de 601 m. — 1er arrondissement, quartier des Champs-Élysées.

Sur un plan levé en 1732, par Jubert de Basseville, elle est indiquée sous le nom de *chemin de Versailles*.

— VER —

Elle dépendait alors de la terre et seigneurie de Chaillot. Sa direction vers la route de Versailles lui a fait donner sans doute cette dénomination. — Une ordonnance royale du 6 avril 1832 a fixé la largeur de cette voie publique à 13 m. Les propriétés nos 5, 9, les deux encoignures de la rue Pauquet-de-Villejust, 15, 17, les constructions situées sur le côté droit, depuis la rue des Vignes et dans une étendue de 77 m., et la propriété n° 12, sont alignées.

VERTBOIS (RUE DU).

Commence aux rues de la Croix et du Pont-aux-Biches, n° 1; finit à la rue Saint-Martin, nos 240 et 242. Le dernier impair est 47; le dernier pair, 40. Sa longueur est de 251 m. — 6° arrondissement, quartier Saint-Martin-des-Champs.

On ne la distinguait point anciennement de la rue Neuve-Saint-Laurent, dont elle fait la continuation. Dans le censier de Saint-Martin on lit, à l'année 1546: rue *Neuve-Saint-Laurent dite du Vertbois*. Elle doit sans doute ce dernier nom aux arbres qui environnaient l'enclos du prieuré Saint-Martin-des-Champs, sur une partie duquel cette voie publique a été ouverte. — Une décision ministérielle en date du 19 germinal an VIII, signée L. Bonaparte, fixa la largeur de cette rue à 8 m. En vertu d'une ordonnance royale du 14 janvier 1829, cette dimension a été portée à 10 m. Propriété n° 1, retranch. 1 m. 80 c.; 3, alignée; 5 et encoignure droite de la rue Montgolfier, ret. 1 m. 80 c.; propriété à la suite, redress.; 13, 15, ret. 2 m.; 17, ret. 1 m. 50 c.; de 21 à 37, ret. 2 m.; 39, alignée; 41, 43, ret. 1 m. 30 c. à 1 m. 90 c.; 45, 47, ret. réduit 80 c.; de 2 à 8, ret. 1 m. 60 c. à 1 m. 90 c.; 8 bis, 10, alignées; 12, 14, ret. 1 m. 60 c.; 16, alignée; de 18 à 34, ret. 1 m. 60 c. à 1 m. 90 c.; 36, ret. réduit 2 m. 70 c.; 38, ret. réduit 3 m. 40 c.; 40, ret. réduit 4 m. 10 c. — Conduite d'eau entre les rues Vaucanson et Saint-Martin. — Éclairage au gaz (comp° Lacarrière).

VERTE (GRANDE RUE).

Commence à la rue de la Ville-l'Évêque, nos 43 et 45; finit à la rue du Faubourg-Saint-Honoré, nos 118 et 120. Le dernier impair est 35; le dernier pair, 38. Sa longueur est de 374 m. — 1er arrondissement, quartier du Roule.

En 1690, c'était le *chemin des Marais*. En 1734, on n'y voyait point encore de constructions. En 1750, on la nommait rue du *Chemin-Vert*. En 1775, c'était la rue *Verte*. Le nom de *Grande rue Verte*, qu'elle tire de son ancienne situation, lui a été donné aussi pour la distinguer de la petite rue dont nous parlerons à l'article suivant. — Une décision ministérielle du 1er messidor an XII, signée Chaptal, fixa la largeur de cette voie publique à 10 m. Un arrêté préfectoral du 26 juillet 1834 a prescrit la régularisation du numérotage de la Grande rue Verte. En vertu d'une ordonnance royale du 27 septembre 1836, sa largeur est portée à 12 m. Propriété n° 1, redress.; 5, retranch. 50 c.; de

— VER —

7 à 19, alignées; 21, ret. réduit 3 m. 55 c.; 23, ret. 2 m. 10 c.; 25, alignée; 27, ret. 2 m. 10 c.; de 29 à la fin, ret. 2 m. 50 c. à 3 m. 50 c.; de 2 à 14, ret. 1 m. 60 c.; 16, ret. réduit 90 c.; 18, ret. réduit 30 c.; 22, alignée; 24, ret. réduit 35 c.; 26, ret. réduit 40 c.; 28, ret. réduit 60 c.; 30, alignée; 32, ret. réduit 1 m. 20 c.; 34, ret. réduit 1 m. 40 c.; 36, ret. réduit 1 m. 80 c.; 38, alignée. — Portion d'égout du côté de la rue de la Ville-l'Évèque. — Conduite d'eau entre la rue de Miromenil et la Petite rue Verte. — Éclairage au gaz (comp^e Anglaise).

VERTE (PETITE RUE).

Commence à la rue du Faubourg-Saint-Honoré, n°s 108 et 110; finit à la Grande rue Verte, n°s 27 et 29. Le dernier impair est 9; le dernier pair, 14. Sa longueur est de 94 m. — 1er arrondissement, quartier du Roule.

Elle a été ouverte en 1784, sur une largeur de 7 m. 79 c. (Voir pour l'étymologie, l'article précédent.) — Une décision ministérielle du 1er messidor an XII, signée Chaptal, maintint cette largeur qui a été portée à 10 m., en vertu d'une ordonnance royale du 27 septembre 1836. Les constructions du côté des numéros impairs devront reculer de 2 m. 40 c.; celles du côté opposé sont à l'alignement. — Éclairage au gaz (comp^e Anglaise).

VERTUS (BARRIÈRE DES).

Située à l'extrémité de la rue de Château-Landon.

Cette barrière, qui tire son nom du village d'Aubervilliers ou Notre-Dame des *Vertus*, est ornée d'un bâtiment avec deux péristyles et un fronton. (Voyez l'article *Barrières*.)

VERTUS (CHEMIN DE RONDE DE LA BARRIÈRE DES).

Commence à la rue de Château-Landon et à la barrière des Vertus; finit à la rue du Faubourg-Saint-Denis et à la barrière Saint-Denis. Pas de numéro. Sa longueur est de 388 m. — 5e arrondissement, quartier du Faubourg-Saint-Denis.

(Voyez l'article *Chemins de ronde*.)

VERTUS (RUE DES).

Commence à la rue des Gravilliers, n°s 16 et 18; finit à la rue Phelipeaux, n°s 21 et 23. Le dernier impair est 29; le dernier pair, 36. Sa longueur est de 171 m. — 6e arrondissement, quartier Saint-Martin-des-Champs.

Jaillot la trouve indiquée pour la première fois, en 1546, dans un papier-censier de Saint-Martin-des-Champs. Son nom des *Vertus* pourrait bien venir de son ancienne situation hors des murs de l'enceinte de Philippe-Auguste, et de sa direction vers Aubervilliers, nommé à cette époque plus fréquemment Notre-Dame des *Vertus*. — Une décision ministérielle du 19 germinal an VIII, signée L. Bonaparte, fixa la largeur de cette voie publique à 6 m. Cette largeur a été portée

— VIA —

à 10 m., en vertu d'une ordonnance royale du 14 janvier 1829. Propriété à l'encoignure de la rue des Gravilliers, retranch. réduit 3 m. 50 c.; de 1 à 15, ret. 3 m. 20 c. à 4 m.; 17, ret. 2 m. 20 c.; surplus, ret. 3 m. à 3 m. 40 c.; 2, ret. réduit 2 m. 20 c.; de 4 à 8, ret. 2 m. 10 c. à 2 m. 60 c.; de 10 à 22, ret. 2 m. 60 c. à 3 m.; 24, ret. 2 m. c.; de 26 à la fin, ret. 3 m. à 3 m. 40 c. — Conduite d'eau entre la rue Phelipeaux et la borne-fontaine. — Éclairage au gaz (comp^e Lacarrière).

VEUVES (ALLÉE DES).

Commence aux rues Bizet, n° 2, et Jean-Goujon, n° 20; finit au rond-point des Champs-Élysées, n°s 3 et 5. Le dernier impair est 103; le dernier pair, 66. Sa longueur est de 631 m. — 1er arrondissement, quartier des Champs-Élysées.

Cette allée a été plantée en 1770. Autrefois peu fréquentée, elle offrait une promenade paisible aux *veuves* qui demeuraient dans les environs. On ne voyait aucune construction importante dans cette allée en 1790. Les terrains bornés à l'ouest par le chemin longeant le grand égout (emplacement représenté aujourd'hui par la rue Marbeuf), à l'est par le côté gauche de l'allée des Veuves, au nord par le rond-point des Champs-Élysées, et au midi par le quai Billy, appartenaient, avant la révolution, aux Dames de la Visitation Sainte-Marie. Leur couvent, supprimé en 1790, devint propriété nationale. Tout l'emplacement dont nous avons indiqué les limites, et qu'on appelait *marais des Gourdes*, fut vendu par l'État les 17 et 19 juillet, 4, 8, 22, 24, 27 août et 1er septembre 1792. — La largeur de l'allée des Veuves varie de 38 m. à 39 m. — Une décision ministérielle du 14 vendémiaire an XI, signée Chaptal, a déterminé l'alignement de cette voie publique. Les propriétés riveraines ne sont pas soumises à retranchement. — Égout entre les rues Jean-Goujon et Bayard. — Conduite d'eau depuis cette rue jusqu'au rond-point des Champs-Élysées. — Éclairage au gaz (comp^e de l'Ouest).

VIARME (RUE DE).

Commence à la rue Devarenne, n°s 1 et 2; finit à la rue Oblin, n°s 1 et 2. Le dernier impair est 37; le dernier pair, 22. Sa longueur est de 245 m. — 4e arrondissement, quartier de la Banque.

Autorisée par lettres-patentes du 25 novembre 1762, registrées en parlement le 22 décembre suivant, cette rue, qui est circulaire, a été ouverte en avril 1765, sur l'emplacement de l'hôtel de Soissons. (Voyez *halle au Blé*.) — Sa largeur fut fixée à 39 pieds. Cette largeur a été maintenue par une décision ministérielle du 9 germinal an XIII, signée Champagny. Les propriétés riveraines qui sont assujetties à une décoration symétrique sont alignées. — Conduite d'eau dans la plus grande partie. — Éclairage au gaz (comp^e Anglaise).

Messire Jean-Baptiste-Élie Camus de *Pontcarré*, chevalier, seigneur de VIARME, Sengy, Belloy et autres

— VIC —

lieux, conseiller d'état, fut élu prévôt des marchands de la ville de Paris le 16 août 1758. Il cessa d'occuper cette importante fonction le 16 août 1764.

VICTOIRE (RUE DE LA).

Commence à la rue du Faubourg-Montmartre, n°s 51 et 53; finit à la rue de la Chaussée-d'Antin, n°s 62 et 64. Le dernier impair est 47; le dernier pair, 64. Sa longueur est de 630 m. — 2° arrondissement, quartier de la Chaussée-d'Antin.

Vers 1680, c'était la *ruellette aux marais des Porcherons*. En 1734, la *ruelle des Postes*. Plus tard, elle prit le nom de rue *Chantereine*.

« Séance du 8 nivôse an VI. — L'administration centrale du Département considérant qu'il est de son devoir de faire disparaître tous les signes de royauté qui peuvent encore se trouver dans son arrondissement. Voulant aussi consacrer le triomphe des armées françaises par un de ces monuments qui rappèlent la simplicité des mœurs antiques. Ouï le commissaire du Pouvoir Exécutif, arrête que la rue Chantereine prendra le nom de rue de la *Victoire*. » (Registre 18, page 86.) — Une décision ministérielle en date du 3 ventôse an X, signée Chaptal, fixa la largeur de cette voie publique à 8 m. En 1816, elle reprit le nom de rue *Chantereine*.

« Paris, le 25 novembre 1833. — Monsieur le préfet. J'ai pris connaissance de la lettre du 21 octobre dernier, par laquelle vous proposez de rendre à la rue Chantereine le nom de rue de la *Victoire*, qu'elle reçut de l'autorité municipale, à l'époque où Napoléon, général en chef de l'armée d'Italie, vint habiter l'hôtel qu'il possédait dans cette rue, lorsqu'il apporta au Directoire le traité de Campo-Formio. Cette dénomination, qu'elle a conservée jusqu'en 1816, était un hommage rendu à la mémoire d'un grand homme, et je ne puis qu'applaudir à la proposition que vous avez faite de la rétablir. Recevez, etc... Le ministre du commerce et des travaux publics; signé A. Thiers. » — Les constructions riveraines sont alignées, à l'exception de la maison n° 39, et de la propriété située sur le côté des numéros pairs, à l'encoignure de la rue de la Chaussée-d'Antin. — Portion d'égout. — Conduite d'eau dans plusieurs parties. — Éclairage au gaz (comp° Anglaise).

L'hôtel que possédait autrefois le général *Bonaparte* se trouve aujourd'hui compris dans le magnifique établissement connu sous le nom de *Néothermes*, et portant le n° 48.

VICTOIRES (PLACE DES).

Située à l'extrémité de la rue Croix-des-Petits-Champs. Le dernier impair est 9; le dernier pair, 12. — Les n°s 1, 2 et 4, sont du 4° arrondissement, quartier de la Banque; le surplus dépend du 3° arrondissement, quartier du Mail.

La place des Victoires n'a pas eu l'honneur de connaî-

— VIC —

tre, comme sa sœur aînée, la place Royale, les beaux cavaliers, les grandes dames du siècle de Louis XIII.

Elle n'a point, comme la place de la Concorde, cette courtisane de tous les régimes, de candélabres étincelants de dorures, de fontaines aux panaches élégants; des palais, des jardins, un fleuve, pour limites. Mais aussi on lui a épargné, peut-être en faveur de sa glorieuse dénomination, les horribles spectacles de la Terreur.

On ne peut lui reprocher, comme à la place du Châtelet, d'avoir prêté ses dalles pour la vente du mobilier de l'artisan, ni d'avoir été, comme la place de Grève, la très humble servante du bourreau.

La place des Victoires est fille d'un noble gentilhomme, et son histoire rappelle de glorieux souvenirs. François, vicomte d'Aubusson, duc de la Feuillade, pair et maréchal de France, plein d'enthousiasme pour le génie de Louis XIV, voulut laisser à la postérité un monument durable de sa reconnaissance et de son admiration pour le grand roi. Il fit d'abord sculpter la figure en marbre de Louis XIV qu'il se proposa de placer dans un endroit très apparent. En 1684, le duc de la Feuillade acheta l'hôtel de la Ferté Sénectère qu'il fit entièrement démolir pour construire sur son terrain une place publique. Le prévôt des marchands voulant participer à cette œuvre de gratitude, en demanda l'autorisation à sa majesté.

Arrêt du Conseil. — « Le roi ayant consenti qu'il
» soit fait une place dans la maison du duc de la Feuil-
» lade, qui sera appelée *place des Victoires*, pour y
» mettre la figure de sa majesté, que ledit sieur duc de
» la Feuillade a pris soin de faire faire à ses propres
» frais et dépens, et que les prevost des marchands et
» échevins de sa bonne ville de Paris qui ont désiré
» fournir ladite place, donnent audit sieur de la Feuil-
» lade partie des maisons qu'ils ont acquis et es-
» changé, de ce qu'il convient prendre de celle dudit
» sieur duc de la Feuillade pour former ladite place
» des Victoires. Sa majesté estant en son conseil, a
» permis et permet auxdits prevost des marchands
» et échevins de Paris, de contracter avec ledit sieur
» duc de la Feuillade pour l'eschange à faire de la par-
» tie de sa maison et jardin qui sera par lui aban-
» donnée pour former ladite place des Victoires, contre
» les places et maisons que les prevost des marchands
» et échevins luy fourniront pour son indemnité; et
» pour l'exécution du contrat qui sera passé entre eux,
» toutes lettres nécessaires seront expédiées. Fait au
» conseil d'état du roy, sa majesté y étant, tenu à Ver-
» sailles le dix-neuviesme jour de décembre mil six
» cent quatre-vingt cinq. Signé : Colbert. » (Archives du royaume, section administrative, série Q, 1170.)

Un architecte, nommé Predot, fut chargé de la construction des hôtels qui devaient entourer la place.

Les bâtiments n'étaient point encore achevés, lorsque le 18 mars 1686, le duc de la Feuillade fit célébrer l'inauguration de la statue de Louis XIV.

— VIC —

Le roi, couronné par la Victoire, était revêtu des ornements de son sacre. Le monarque foulait aux pieds un cerbère, symbole de la *triple alliance*; derrière la statue du roi s'élevait, sur un globe, une Victoire ailée posant une couronne de lauriers sur la tête de Louis XIV. Ce groupe, entièrement doré, avait été exécuté par Martin-Van-Den-Bogaer, connu sous le nom de Desjardins.

Aux quatre angles du piédestal on voyait quatre figures colossales d'esclaves enchaînés, dans l'attitude de l'humiliation, de la douleur ou de l'indignation. Ces figures, en bronze, étaient remarquables par la vérité de leur expression.

Quatre fanaux éclairaient, pendant la nuit, le groupe de Louis XIV. Dans l'acte de donation et substitution consenti par le duc de la Feuillade, il est parlé plusieurs fois de ces fanaux qui étaient d'une grande dimension.

Chacun d'eux se composait d'un soubassement orné de trois colonnes doriques en marbre, entre lesquelles étaient suspendus, par des guirlandes en feuilles de chêne et de laurier, plusieurs médaillons de bronze décorés d'inscriptions et de bas-reliefs.

Le duc de la Feuillade paya cher son dévouement et son enthousiasme pour son roi. Presque tous les écrivains qui se sont occupés de ce gentilhomme lui ont prodigué les épithètes les plus injurieuses. Du vivant même du noble duc, un mauvais plaisant afficha sur le piédestal du monument ce distique gascon :

La Feuillade, sandis, jé crois qué tu mé bernes,
Dé placer lé soleil entré quatré lanternes.

L'auteur faisait ici allusion au soleil que Louis XIV avait pris pour emblème.

Le duc de Saint-Simon, ce beau phraseur, si glorieux de sa noblesse, poursuivit également le duc de la Feuillade de ses sarcasmes. « Si Louis XIV eût laissé faire, M. de la Feuillade aurait adoré son roi comme un dieu! » dit le caustique chroniqueur qui n'avait jamais adoré que sa personne.

A l'entendre, ne dirait-on pas que le duc de la Feuillade n'avait jamais quitté l'œil-de-bœuf. Il est bon de rappeler ici l'histoire de ce courtisan, qui comptait parmi ses aïeux Ebon d'Aubusson, l'ami de Pépin-le-Bref, père de Charlemagne, et Pierre d'Aubusson, grand-maître de l'ordre de Jérusalem, qui vécut en héros et mourut comme un saint. — A seize ans, notre courtisan débute dans la carrière militaire, à la bataille de Rhétel, où il reçoit trois blessures. Un an après, à l'attaque des lignes d'Arras, il entre le premier dans les retranchements des Espagnols, commandés par le grand Condé. Six mois plus tard, il est blessé d'un coup de sabre à la tête et fait prisonnier au siège de Landrécies. La Feuillade ne s'arrête pas en si beau chemin ; à la bataille de Saint-Gothard, il commande les Français en l'absence de Coligny. On le retrouve ensuite aux sièges de Bergues, de Furnes et de Cour-

— VIC —

trai. La paix est signée. Il peut prendre du repos, mais il a résolu de se montrer courtisan toute sa vie. Il part avec trois cents soldats levés à ses frais, pour aller secourir Candie ; puis de retour en France, il fait la campagne de Hollande, suit le roi en Franche-Comté, prend Salins, emporte, l'épée à la main, le fort Saint-Etienne, l'ancienne citadelle de Besançon, et entre encore le premier dans Dôle, dont la prise complète les conquêtes de Louis XIV.

Arrêtons-nous à la moitié de la gloire de la Feuillade et demandons à Dieu qu'il nous fasse la grâce de nous envoyer souvent de pareils courtisans.

Nous sommes arrivés à l'époque de la décadence du monument élevé par le duc de la Feuillade ; en 1790, la municipalité parisienne fit enlever les quatre esclaves de bronze qu'on déposa d'abord dans la cour du Louvre. Ils décorent aujourd'hui la façade de l'hôtel royal des Invalides.

La place des Victoires éprouva le contre-coup de la chute de la royauté.

Séance du 12 août 1792. — « Le Conseil général de
» la commune arrête, le substitut du procureur de la
» commune entendu : que la place des Victoires se nom-
» mera désormais la *place de la Victoire Nationale*, et
» qu'il y sera érigé une pyramide sur laquelle seront
» gravés les noms des généreux citoyens morts pour la
» liberté dans la journée du 10 août, etc... »

Au commencement de septembre, la statue du grand roi fut abattue.

La pyramide en bois substituée au monument du duc de la Feuillade ne dura pas longtemps ; Bonaparte en fit cadeau à un corps-de-garde ; les soldats se chauffèrent tranquillement avec les débris du monument républicain.

« Arrêté du 9 vendémiaire an XI. — Les consuls de
» la république, sur le rapport du ministre de l'inté-
» rieur, arrêtent ce qui suit : Article 1er. Une statue
» colossale sera érigée sur la *place des Victoires*, à la
» mémoire du général Desaix, mort à la bataille de
» Marengo. Art. 2e. Sur le piédestal seront placés des
» bas-reliefs relatifs à la conquête de la Haute-Égypte
» et à la bataille d'Héliopolis, gagnée par ce général.
» Art. 3e. L'exécution de cette statue sera confiée au
» citoyen Dejoux, sculpteur, etc... »

Le général républicain, représenté dans un appareil trop simple, souleva les réclamations des pères de famille, qui n'osaient traverser la place avec leurs femmes et leurs filles. Pour faire taire les scrupules de la foule, on couvrit le monument d'une charpente. En 1815, la statue de Desaix fut déportée dans ce musée qui depuis trente ans était devenu le Botany-Bay de la gloire.

Une ordonnance royale du 14 février 1816 prescrivit le rétablissement de la statue de Louis XIV sur la place des Victoires.

Cette statue équestre a été exécutée en bronze par M. Bosio ; le piédestal, en marbre blanc, est de M. Alavoine, architecte.

— VIC —

L'ensemble de ce monument a occasionné une dépense de 535,000 fr.

VICTOR (PLACE SAINT-).

Située rue Saint-Victor, derrière la halle aux Vins. Pas encore de numéro. — 12e arrondissement, quartier du Jardin-du-Roi.

Elle a été formée en 1838, sur les terrains provenant de l'ancienne abbaye Saint-Victor et vendus par la ville de Paris. L'alignement de cette place avait été déterminé par une ordonnance royale du 22 juin 1837. — Cette voie publique, dénommée en vertu d'une décision ministérielle du 21 juin 1844, est ornée d'une plantation d'arbres. Les propriétés sont alignées. — Conduite d'eau.

VICTOR (RUE DES FOSSÉS-SAINT-).

Commence à la rue Saint-Victor, nos 77 et 79; finit aux rues Mouffetard, n° 1, et Descartes, n° 53. Le dernier impair est 41; le dernier pair, 38. Sa longueur est de 375 m. — 12e arrondissement, quartier du Jardin-du-Roi.

Cette rue a été ouverte sur l'emplacement des fossés qui entouraient les murs de clôture de Philippe-Auguste. Au fond des cours des maisons portant les nos 18, 20, 26 et 28, on distingue encore quelques vestiges de ces murs bâtis de 1190 à 1212. — Au XVIIe siècle, de la rue Clopin à celle Fourcy, elle portait le nom de rue des *Prêtres-de-la-Doctrine-Chrétienne*. En 1793, la rue des Fossés-Saint-Victor prit le nom de rue *Loustalot*, qui rappelait l'auteur des *Révolutions de Paris*, ouvrage publié par Prudhomme. — Une décision ministérielle du 2 thermidor an X, signée Chaptal, a fixé la largeur de cette voie publique à 12 m. Les propriétés n°s 11, 35, 39, 41; de 2 à 18, partie du n° 22, et de 24 à 32 ne sont pas soumises à retranchement. — Égout entre les rues Saint-Victor et Clovis. — Éclairage au gaz (compe Parisienne).

Au n° 23 était la principale entrée du couvent des *Religieuses - Anglaises*. Ces chanoinesses réformées de l'ordre de Saint-Augustin, vinrent en France en 1633. Elles obtinrent, au mois de mars de cette année, des lettres-patentes registrées le 31 août 1635, par lesquelles le roi leur permettait de s'établir à Paris ou dans les faubourgs. Elles se rendirent d'abord au faubourg Saint-Antoine, ensuite sur les fossés Saint-Victor. Marie Tresdurai, leur abbesse, obtint de nouvelles lettres-patentes au mois de mars 1655, qui les autorisaient à recevoir des religieuses françaises. Les bâtiments de ce monastère avaient appartenu à Jean-Antoine Baïf, poète et musicien célèbre au XVIe siècle. Le roi Charles IX, passionné pour la musique, assistait une fois par semaine aux représentations de Baïf, qui avait été autorisé à donner à son spectacle le nom d'*Académie de Musique*. — Le couvent des Anglaises qui contenait 12,978 m. 60 c. de superficie, fut supprimé en 1790. Les bâtiments ont été vendus en trois lots le 17 vendémiaire an VIII. Ces religieuses ayant racheté, vers 1815, une partie de leur ancien couvent, l'occupent encore aujourd'hui.

Aux nos 25 et 27 était situé le *collége des Écossais*. David, évêque de Murray, en Écosse, avait placé, en 1323, quatre boursiers écossais au collége du cardinal Lemoine. Jean, évêque de Murray, par acte du 8 juillet 1633, lui succéda dans ses droits à cette pieuse fondation. Il retira ces boursiers du collége du cardinal Lemoine, et les plaça dans une maison rue des Amandiers, qui fut aussi érigée en collége. Dans la suite, par l'effet du schisme d'Angleterre, on vit arriver en France un grand nombre de jeunes Écossais. Touché de leur situation, Jacques de Bethown, archevêque de Glascow et ambassadeur d'Écosse en France, forma une communauté de prêtres écossais. Il sut intéresser en leur faveur la reine Marie Stuart. Cette princesse ne cessa de les protéger, même pendant sa longue captivité, et leur fit un legs considérable. Jacques de Bethown y ajouta le don de tous ses biens. Le 29 août 1639, l'archevêque de Paris réunit cette communauté au collége de la rue des Amandiers. En 1662, Robert Barclay qui en était principal, acheta un emplacement sur les fossés Saint-Victor et y fit bâtir une maison qui a réuni la double destination de séminaire et de collége. Dans la chapelle de ce séminaire, on voyait une urne en bronze doré qui contenait la cervelle de Jacques II, roi d'Angleterre. C'était un monument de l'attachement et de la reconnaissance du duc de Perth. Ce collége, et celui des Irlandais, furent supprimés en 1792. Par arrêtés des 19 fructidor an IX, 24 vendémiaire et 3 messidor an XI, et 24 floréal an XIII, ils ont été établis dans la maison n° 3 de la rue des Irlandais, et placés sous la surveillance de l'Université, par décision du gouvernement du 11 décembre 1808.

Le spirituel auteur des *Essais Historiques sur Paris*, Saint-Foix, demeura dans une maison de la rue des Fossés-Saint-Victor, située en face du collége des Écossais.

Au n° 37 on voyait le couvent des *Prêtres de la Doctrine Chrétienne*. César de Bus avait institué, dès 1562, cette congrégation. Pusieurs établissements de cette règle existaient déjà dans les provinces, lorsque Jean-François de Gondy, archevêque de Paris, reçut en 1628, dans cette capitale, quelques religieux de cet ordre. Antoine Vigier, supérieur de la communauté, ayant, le 16 décembre 1627, acheté de Julien Joly, une maison spacieuse appelée l'*hôtel de Verberie*, y fit construire le bâtiment qu'on nommait la *maison de Saint-Charles*. Cette congrégation, qui était anciennement unie à celle des Somasques en Italie, avait pour objet de former des séminaires pour l'instruction des jeunes gens qui se destinaient au sacerdoce. L'église était dédiée à Charles Borromée. Cette maison, qui contenait en superficie 11,143 m., fut supprimée le 5 avril 1792. Devenue propriété nationale, elle a été vendue le 19 messidor an IV.

VICTOR (RUE SAINT-).

Commence aux rues Cuvier et Copeau, n° 2 ; finit aux rues de la Montagne-Sainte-Geneviève, n° 1, et de Bièvre. Le dernier impair est 169 ; le dernier pair, 132. Sa longueur est de 821 m. — 12e arrondissement, quartier du Jardin-du-Roi.

Elle doit son nom à la célèbre *Abbaye Saint-Victor*, fondée vers la fin du XIe siècle. Jusqu'en 1760, cette voie publique ne s'étendait sous ce nom que jusqu'aux rues des Fossés-Saint-Victor et Saint-Bernard ; le surplus de la rue, jusqu'à celles Copeau et de Seine (aujourd'hui rue Cuvier), était désigné sous la dénomination de rue du *Faubourg-Saint-Victor*. On nommait aussi quelquefois cette partie rue du *Jardin-du-Roi*, parce qu'elle en fait la prolongation. Elle fut élargie en vertu de deux arrêts du conseil des 22 avril 1679 et 4 novembre 1684. Vers 1760, cette voie publique fut appelée rue Saint-Victor dans toute son étendue. — Une décision ministérielle du 26 juin 1809, signée Cretet, avait fixé sa moindre largeur à 9 m. Cette moindre largeur a été portée à 13 m. en vertu d'une ordonnance royale du 6 juillet 1831. — Conformément au plan joint à l'ordonnance du 22 juin 1837, relative à la vente des terrains Saint-Victor, la largeur de cette rue a été fixée à 23 m. depuis la rue Cuvier jusqu'à la place Saint-Victor.

Les propriétés ci-après ne sont pas soumises à retranchement : n° 13, bâtiment n° 19, de 21 à 31, de 39 à 45, 55, de 79 à 85, 119 ; de 2 à 24 (construites sur l'emplacement des terrains provenant de l'ancienne abbaye Saint-Victor), et encoignure gauche de la rue de Pontoise. — Égout depuis la rue des Boulangers jusqu'à la rue de la Montagne-Sainte-Geneviève. — Conduite d'eau dans toute l'étendue. — Éclairage au gaz entre les rues des Fossés-Saint-Victor et Saint-Bernard et celles de la Montagne-Sainte-Geneviève et de Bièvre (compe Parisienne).

La *Porte Saint-Victor* était située dans l'espace compris entre les nos 68 et 70, 83 et 85 ; elle avait été construite vers l'année 1200 pour faire partie des murs de clôture de Philippe-Auguste. Rebâtie en 1570, elle fut abattue en 1684.

VIDE-GOUSSET (RUE).

Commence à la place des Victoires, n° 12, et à la rue des Fossés-Montmartre, n° 1 ; finit aux rues des Petits-Pères, n° 18, et du Mail, n° 2. Le seul impair est 1 ; le dernier pair, 4. Sa longueur est de 28 m. — 3e arrondissement, quartier du Mail.

Avant la construction de la place des Victoires, elle faisait partie de la rue du Petit-Reposoir. Cette voie publique doit sa dénomination de Vide-Gousset aux *vols* qui s'y commettaient autrefois. Au mois de mars 1770, à l'époque où la France se plaignait des exactions de l'abbé Terray, un plaisant substitua au nom de Vide-Gousset celui de rue *Terray*. — Une décision ministérielle du 9 fructidor an XI, signée Chaptal, a fixé la largeur de cette rue à 10 m. Les constructions du côté gauche sont alignées. Celles du côté des numéros pairs devront reculer de 2 m. — Égout. — Conduite d'eau. — Éclairage au gaz (compe Anglaise).

VIEILLESSE-FEMMES (HOSPICE DE LA).

Situé place de l'Hôpital. — 12e arrondissement, quartier Saint-Marcel.

Le magnifique établissement que nous voyons aujourd'hui est l'imitation d'un hospice créé par la bienfaisance particulière. Un bourgeois de Paris, qui appréciait dignement la constante charité de Vincent de Paul, vint trouver le saint homme, et lui remit une forte somme, en le priant d'en faire tel usage qui lui conviendrait. Ce généreux citoyen désira que son nom fût ignoré. Avec cette somme, Vincent de Paul fonda, rue du Faubourg-Saint-Martin, un établissement composé de quarante pauvres, tant hommes que femmes, qu'il appela *hospice du nom de Jésus*.

A l'aspect du bien-être des quarante vieillards renfermés dans cette maison, la pensée d'ouvrir un asile à tous les malheureux qui parcouraient les rues de Paris, vint à l'esprit de plusieurs magistrats.

L'accroissement de la capitale sous le règne de Louis XIII, les troubles qui survinrent pendant la *minorité* de Louis XIV, multiplièrent le nombre des mendiants. Tous nos historiens le font monter à quarante mille. Les meilleurs esprits étaient d'accord sur la nécessité d'apporter un prompt remède à un pareil état de choses, mais ils étaient presque tous convaincus de l'impossibilité de l'exécution. Il faut convenir, en effet, qu'il n'était pas facile de dissiper une foule de vagabonds qui, ne connaissant de loi que leur cupidité, ne demandaient qu'avec arrogance, et se portaient souvent aux plus grands excès pour se maintenir dans leur indépendance. Un magistrat, supérieur encore à sa haute dignité par ses lumières, par ses vertus, Pomponne de Bellièvre, premier président du parlement, se proposa d'enlever cette écume. Il communiqua ses vues au roi, et bientôt fut promulgué l'édit qui est, à notre avis, l'un des plus beaux titres de Louis XIV à la reconnaissance de la nation.

« 27 avril 1656. Louis, etc. Les roys nos prédéces-
» seurs ont fait, depuis le dernier siècle, plusieurs or-
» donnances de police sur le fait des pauvres en notre
» bonne ville de Paris, et travaillé par leur zèle, au-
» tant que par leur autorité, pour empescher la men-
» dicité et l'oisiveté, comme les sources de tous leurs
» désordres, et bien que nos compagnies souveraines
» ayent appuyé par leurs soins l'exécution de ces or-
» donnances, elles se sont trouvées néanmoins, par
» la suite des temps, infructueuses et sans effet, soit
» par le manquement des fonds nécessaires à la sub-
» sistance d'un si grand dessein, soit par le dé-
» faut d'une direction bien établie et convenable
» à la qualité de l'œuvre, de sorte que dans les
» derniers temps et sous le règne du déffunt roy, le

» mal s'étant accru par la licence publique, et par le
» dérèglement des mœurs, l'on reconnut que le prin-
» cipal déffaut de l'exécution de cette police provenoit
» de ce que les mendiants avoient la liberté de vaguer
» partout, et que les soulagements qui étoient procurez
» n'empeschoient pas la mendicité secrette, et ne fai-
» soient point cesser leur oisiveté; sur ce fondement
» fut projetté et exécutté le louable dessein de les ren-
» fermer dans la *Maison de la Pitié* et lieux qui en dé-
» pendent, et lettres-patentes, accordées pour cet effet
» en 1612, registrées, suivant lesquelles les pauvres
» furent renfermez, et la direction commise à de bons
» et notables bourgeois qui successivement, les uns
» après les autres, ont apporté toute leur industrie et
» bonne conduitte pour faire réussir ce dessein, et
» toutesfois, quelques efforts qu'ils ayent pu faire, il
» n'a eu son effet que pendant cinq ou six années, et
» encore très imparfaitement, tant pour le déffaut d'em-
» ploy des pauvres dans les œuvres publiques et manu-
» factures, que parce que les directeurs n'étoient point
» appuyez des pouvoirs et de l'autorité nécessaire à la
» grandeur de l'entreprise, ou que par la suite des dé-
» sordres et malheur des guerres, le nombre des pau-
» vres soit augmenté au-delà de la créance commune
» et ordinaire, et que le mal se soit rendu plus grand
» que le remède, de sorte que le libertinage des men-
» diants est venu jusqu'à l'excès par un malheureux
» abandon à toutes sortes de crimes qui attirent la ma-
» lédiction de Dieu sur les États quand ils sont impu-
» nis; l'expérience ayant fait connaitre, aux personnes
» qui se sont occupées dans ces charitables emplois,
» que plusieurs entr'eux, de l'un et de l'autre sexe,
» habitent ensemble sans mariage, beaucoup de leurs
» enfants sont *sans baptême*, et ils vivent presque tous
» dans l'ignorance de la religion, le mépris des sacre-
» ments et dans l'habitude continuelle de toutes sortes
» de vices; c'est pourquoi, comme nous sommes rede-
» vables à la miséricorde divine de tant de grâces, et
» d'une visible protection qu'elle a fait paraître sur
» notre conduite à l'avènement, et dans l'heureux
» cours de notre règne par le succès de nos armes et le
» bonheur de nos victoires, nous croyons être plus
» obligez de luy en témoigner nos reconnaissances par
» une royalle et chrétienne application aux choses qui
» regardent son honneur, et son service; considérant
» ces pauvres mendiants comme membres vivants de
» Jésus-Christ, et non pas comme membres inutiles
» de l'État, et agissant en la conduitte d'un si grand
» œuvre, non par ordre de police, mais par le seul
» motif de la charité. A ces causes après avoir fait
» examiner toutes les anciennes ordonnances et rè-
» glements sur le fait des pauvres, par grands et no-
» tables personnages et autres intelligents et expéri-
» mentez en ces matières, ensemble les expédients plus
» convenables dans la misère des temps pour travailler
» à ce dessein, et de faire réussir avec succès à la
» gloire de Dieu, et au bien public, de notre certaine

» science, pleine puissance et autorité royalle, vou-
» lons et ordonnons que les pauvres mendiants valides
» de l'un et de l'autre sexe soient enfermez pour être
» employez aux ouvrages, travaux ou manufactures
» selon leur pouvoir, et ainsi qu'il est plus amplement
» contenu au règlement signé de notre main que nous
» voulons être exécutté selon sa forme et teneur : pour
» réussir avec succès à l'établissement d'un si grand
» dessein, avons nommé d'autres et plus grand nom-
» bre de personnages les plus notables et expérimen-
» tez et pour enfermer les pauvres qui seront de la
» qualité d'être renfermés suivant le règlement, nous
» avons donné, et donnons par ces présentes la maison
» et hôpital, tant de la *Grande et Petite Pitié*, que du
» *Refuge*, scis au faubourg Saint-Victor, la maison et
» hôpital de *Scipion*, et la maison de *la Savonnerie*,
» avec tous les lieux, places, jardins, maisons et bâti-
» ments qui en dépendent, ensemble maisons et em-
» placements de *Bicestre*, circonstances et dépendances
» que nous avons ci-dessus donnez pour la retraite des
» *enfants trouvez*, en attendant que les pauvres fussent
» renfermez, à quoy les lieux, et bastiments de Bis-
» cestre ont esté par nous affectez, révoquant en tant
» que de besoin seroit, tous autres brevets et conces-
» sions qui pourroient en avoir été obtenus en faveur
» des pauvres soldats estropiez, ou par quelqu'autres
» causes, ou prétextes que ce soit.
« Voulons que les lieux servant à enfermer les pau-
» vres soient nommez *l'Hôpital Général des pauvres*;
» que l'inscription en soit mise avec l'écusson de nos
» armes sur le portail de la maison de *la Pitié* et
» membres qui en dépendent, entendons être conser-
» vateur, et protecteur dudit Hôpital Général, et des
» lieux qui en dépendent, comme étant de notre fon-
» dation royalle, et néanmoins qu'ils ne dépendent en
» façon quelconque de notre grand aumônier, ni d'au-
» cuns de nos officiers, mais qu'ils soient totalement
» exempts de la supériorité, visite, et juridiction des
» officiers de la générale réformation et autres auxquels
» nous en interdisons toute connaissance et juridiction
» en quelque manière que ce puisse être, nous avons
» en ce faisant éteint, et supprimé, éteignons et sup-
» primons par ces présentes la direction et administra-
» tion des directeurs de la maison et hôpital de *la
» Pitié*, scis au faubourg Saint-Victor et lieux qui en
» dépendent, des soins et intégrité desquels nous
» sommes satisfaits, faisons expresses inhibitions et
» défenses à toutes personnes de tous sexe, lieux, âge,
» qualité, naissance, et état qu'elles puissent être, va-
» lides ou non valides, curables ou incurables, de
» mendier dans la ville et faubourgs de Paris, ny dans
» les églises, ny aux portes d'icelles de quelque ma-
» nière ou quelque cause et prétexte que ce soit, à
» peine du fouet contre les contrevenants pour la pre-
» mière fois, et pour la deuxième, des galères, les
» hommes et garçons; et du bannissement contre les
» femmes et les filles. Pourront les directeurs avoir

» dans notre dite ville et fauxbourgs telles maisons, et lieux que bon leur semblera pour la garde des pauvres jusqu'à ce qu'il en ait été par eux ordonné pour les admettre en l'Hôpital-Général, ou pour les conduire en d'autres lieux, faisons expresses inhibitions et défenses à toutes personnes quelles qu'elles soient, de donner manuellement aux mandians dans les lieux cy-dessus, nonobstant tous motifs, ou autres prétextes que ce soit, à peine de quatre livres Parisis d'amende applicable au profit de l'Hôpital-Général. Donné à Paris, le 27° jour d'avril 1656, signé : Louis. »

« *Réglement*, 27 *avril* 1656. — Article 1ᵉʳ. Deffenses sont faites à toutes personnes généralement quelconques de mandier dans la ville et fauxbourgs de Paris sous les peines de droit. — Art. 2ᵉ. Les pauvres mandians mariez ne seront admis dans l'hospital général, mais s'ils ne peuvent gagner leur vie, leur sera donné du fonds de l'hospital, l'aumosne nécessaire pour leur subsistance, avec deffenses aux d. mariez de mandier sous peine du fouet, et à la charge que ceux qui recevront l'aumosne du d. hospital seront tenus de s'employer et appliquer aux choses qui concerneront le service au profit d'iceluy, quand ils le trouveront plus expédient pour le bien du d. hospital. — Art. 3ᵉ. Ne seront reçus au d. hospital les pauvres mandians affligez de lèpres ou de maladie contagieuse ou mal vénérien, mais seront renvoyez à ceux qui en doivent avoir le soin, de sorte qu'ils ne puissent mandier. — Art. 4ᵉ. Tous les pauvres mandiants, valides ou non, de l'un et l'autre sexe, de quelque âge qu'ils soient, qui se trouveront dans la ville et fauxbourgs de Paris lors de l'établissement du d. hospital général, qui ne pourront gagner leur vie, seront enfermez dans le d. hospital pour estre employez aux œuvres publiques et service du d. hospital. — Art. 5ᵉ. Les femmes mandiantes abandonnées de leurs maris seront reçues dans le d. hospital. — Art. 6ᵉ. Les mandiants aveugles et incurables seront aussi reçus au d. hospital jusqu'à ce qu'il y ait place pour les admettre aux hospitaux des Quinze-Vingts et des Incurables. — Art. 7ᵉ. Sera donné aux passants l'aumosne de passade, sauf leur retraite aux hospitaux Saint-Gervais et Sainte-Catherine, durant le temps porté par les fondations et sans pouvoir mandier. — Art. 8ᵉ. Ceux qui sont affligez du mal des escrouelles pourront demeurer en cette ville et fauxbourgs, auparavant les festes solennelles, auxquelles le roi a coutume de les toucher, avec deffenses de mandier pendant ce tems, à peine d'estre chassez, et seront tenus de sortir trois jours après la cérémonie, sur les mêmes peines ; leur sera cependant donné l'aumosne du fonds du d. hospital, s'il est jugé qu'ils en aient besoin. — Art. 9ᵉ. Les pauvres ne sortiront de l'hospital et lieux en dépendant que par l'ordre des directeurs. — Art. 10ᵉ. Les lieux du d. hospital et de tous les membres qui en dépendent, seront distinguez en places séparées, selon la diversité des sexes, des sains et des infirmes, du travail et service. — Art. 11ᵉ. Seront les heures du lever et du coucher, des prières, du travail et des repas des pauvres enfermez, assignez par les directeurs, sans qu'il y puisse estre contrevenu par les d. pauvres. — Art. 12ᵉ. Pour tenir les pauvres chacun en leur devoir, pourront les directeurs choisir les personnes qu'ils jugeront plus capables d'avoir le soin et direction en chacune salle ou dortoir, en qualité de maîtres selon le sexe et âge de ceux qui seront ès d. salles ou dortoirs auxquels il est enjoint d'obéir, et y apporteront les directeurs telle autre conduite qu'ils jugeront convenable pour le bien du d. hospital et des pauvres. — Art. 13ᵉ. Pour exciter les pauvres renfermez de travailler aux manufactures avec plus d'assiduité et d'affection, ceux qui auront atteint l'âge de 16 ans auront le tiers du profit de leur travail, sans qu'il leur soit rien diminué, et à l'égard des deux autres tiers, ils appartiendront à l'hospital. — Art. 14ᵉ. Les lits, couvertures, nourriture et habits, ne seront point donnez par faveur et recommandation, ni ostez par aversion ni haine, mais seront distribuez à tous les pauvres indistinctement à proportion de leur âge, sexe, besoins, employ, ou infirmitez, si ce n'est par ordre des directeurs pour motif de récompense ou de correction. — Art. 15ᵉ. Pourront les directeurs faire recueillir le reste des tables des particuliers et communautez de la ville et fauxbourgs pour aider à la nourriture et subsistance des pauvres. — Art. 16ᵉ. Pourront les enfants et autres pauvres du d. hospital aller aux enterremens, lorsqu'ils y seront mandez, en tel nombre qu'on advisera. — Art. 17ᵉ. Seront tenus les prestres qui desserviront au dict hospital, y conduire les enfans et sera le droit de rétribution pour assistance reçu par le receveur de l'hospital. — Art. 18ᵉ. Seront les d. enfans et pauvres du d. hospital, appellés les enfans et pauvres du d. hospital général et vestus de robes grises, avec bonnets gris, et auront chacun sur leurs robes une marque générale, avec un chiffre particulier. — Art. 19ᵉ. Pourront les directeurs ordonner tous les chastimens et peines publiques ou particulières contre les pauvres en cas de contravention, même en cas de désobéissance, insolences ou autres scandales, les chasser mesme, avec deffenses de mandier et en cas de récidive de telles autres peines qu'il sera avisé. — Art. 20ᵉ. Les pauvres du d. hospital lorsqu'ils seront malades de maladie formée, seront envoyez à l'Hostel-Dieu pour y estre traitez, et après leur convalescence ramenez au d. hospital, et sera fait mention sur le registre de leur sortie et rentrée. — Art. 21ᵉ. Il y aura au d. hospital général, un lieu particulier d'infirmerie, pour les indispositions communes des pauvres, et un autre pour les officiers et domestiques malades du d. hospital. — Art. 22ᵉ.

» Les directeurs s'assembleront au moins deux fois la
» semaine pour délibérer et résoudre pour le bien gé-
» néral du d. hospital, et seront outre ce tenus de veil-
» ler incessamment à ce que les pauvres et les biens du
» d. hospital soient toujours entretenus et administrez
» avec assiduité et économie. — Art. 23°. Il sera tenu
» un registre des délibérations de chaque séance, si-
» gné et paraphé par celui qui présidera, et par trois des
» plus anciens présens, sans qu'il en puisse estre donné
» copie ou extraits, que par ordre de la compagnie. —
» Art. 24°. Pourront les directeurs choisir un receveur
» et un greffier du d. hospital, soit bourgeois ou à ga-
» ges, destituables à volonté. — Art. 25°. Pour la plus
» grande facilité de la direction, soulagement et bien
» des pauvres, les employs et commissions seront par-
» tagez et distribuez à chacun selon leurs talents dont
» ils tâcheront de s'acquitter avec zèle pour en rendre
» compte à chaque séance... Donné à Paris le 27 avril
» 1656. Signé, Louis. »

L'édit du roi fut enregistré au parlement le 1er septembre suivant. Le cardinal Mazarin donna 1,000 livres, et par son testament, une somme de 60,000 livres. Le président de Bellièvre fit présent à l'Hôpital-Général de 20,000 écus par contrat sur la ville.

Les établissements indiqués dans l'édit du roi n'étant pas suffisants pour loger le grand nombre de malheureux qui affluaient dans la capitale, Libéral Bruant, architecte, fut chargé d'élever de vastes constructions sur l'emplacement de la maison de la Salpétrière, que le roi avait destinée aux pauvres. De tous les immenses bâtiments de cet hôpital, l'église, dédiée à saint Louis, est sans contredit le plus remarquable. Cet édifice, couvert d'un dôme, consiste en un plan circulaire de 30 m. de diamètre. L'intérieur est percé de huit arcades qui communiquent à quatre nefs et à quatre chapelles dédiées à *la Vierge*, au *bon Pasteur*, à *saint Vincent de Paul* et à *sainte Geneviève*. Ces nefs et ces chapelles, disposées en rayons, aboutissent au centre de l'église, où s'élève l'autel principal. La disposition est si heureuse, que, du milieu du dôme, l'œil embrasse à la fois tout l'édifice sous huit côtés différents.

En sortant de l'église, à droite et à gauche, se développe un bâtiment d'une grande étendue. Deux voûtes ou passages conduisent dans les différentes divisions de la Salpêtrière ; mais les constructions élevées à diverses époques ne présentent point à l'œil un plan régulier. La façade seule de l'établissement est d'une architecture uniforme.

« Le 16 mai 1657, dit un historien contemporain, les magistrats firent publier aux prônes de toutes les paroisses de Paris, que l'Hôpital-Général seroit ouvert pour tous les pauvres qui voudroient entrer de leur propre volonté, et défense fut faite à cri public à tous les mendiants de demander l'aumône dans Paris. La messe du Saint-Esprit fut chantée le 13 dans l'église de la Pitié, et le lendemain les pauvres furent enfermés. »

Notre-Dame-de-Pitié, Saint-Louis-de-la-Salpêtrière, Saint-Jean-de-Bicêtre et Sainte-Marthe-de-Scipion, reçurent environ cinq mille pauvres, et quelque temps après leur nombre s'éleva jusqu'à dix mille, en y comprenant les Enfants-Trouvés.

Dans la Salpêtrière furent enfermées, outre les enfants au-dessous de quatre ans, les femmes caduques, aveugles, estropiées, paralytiques, écrouellées, insensées, etc.

Lors de la fondation de l'Hôpital-Général, un recteur et vingt-deux prêtres y étaient attachés. Cette direction du spirituel avait été offerte aux missionnaires de Saint-Lazare ; mais ils la refusèrent par l'organe de saint Vincent-de-Paul, leur supérieur général. En l'absence de l'archevêque de Paris, ses grands-vicaires nommèrent pour recteur Louis Abelly, qui devint plus tard évêque de Rhodez. Sa majesté désigna, de son côté, pour la gestion de l'établissement, vingt-six personnes, avec le titre de directeurs perpétuels, et pour chefs de la direction, le premier président du parlement et le procureur-général. Par une déclaration expresse du roi, en date du 29 avril 1673, l'archevêque de Paris fut adjoint comme *chef*; et en 1690, le premier président de la chambre des comptes, celui de la cour des aides, le lieutenant-général de police et le prévôt des marchands furent aussi nommés *chefs*. Indépendamment de ces magistrats, on créa un receveur et un secrétaire.

Avant 1789, cet hospice contenait des femmes indigentes et des détenues à titre de correction ou de sûreté ; des femmes et des filles enceintes, des nourrices avec leurs nourrissons, des enfants mâles depuis l'âge de sept à huit mois jusqu'à celui de quatre à cinq ans, des vieillards, des folles furieuses, des imbécilles, des épileptiques, des aveugles, des paralytiques, des teigneuses, des estropiées, des incurables de toute espèce, des enfants scrofuleux, etc.

Les documents suivants, que nous devons à l'obligeance de M. Censier, directeur actuel, compléteront l'article que nous avons consacré à l'hôpital de la Salpêtrière, connu aujourd'hui sous le nom d'*hospice de la Vieillesse (femmes)*.

Destination de l'établissement.

L'hospice de la Vieillesse (femmes) est destiné à recevoir :

1° Sous le titre de *reposantes*, les surveillantes, sous-surveillantes et filles de service admises à la retraite après trente ans de service et à soixante ans d'âge ;

2° Les indigentes valides âgées de soixante-dix ans au moins, ou bien atteintes d'infirmités incurables ;

3° Les aliénées et les épileptiques.

L'établissement se partage en cinq divisions et quinze sections.

— VIE —

Nombre des lits.

Le nombre des lits d'administrées (non compris ceux du personnel) est de 4,969, savoir :

Reposantes, environ.	150 lits.
Indigentes valides.	3,018
Indigentes malades.	293
	3,461
Aliénées et épileptiques.	1,508
Total général.	4,969 lits.

Les services généraux comprennent :

> La cuisine ;
> Le magasin aux vivres ;
> La sommellerie ;
> Le magasin aux métaux ;
> La pharmacie ;
> La lingerie ;
> L'habillement ;
> Le service des écuries ;
> La buanderie ;
> Le chantier ;
> Le parloir ;
> Un atelier de couture destiné à procurer de l'ouvrage aux administrées ;
> La cantine.

Il existe dans l'intérieur de l'établissement un marché pour l'usage des administrées.

Personnel.

Il se compose de 489 personnes, savoir :

Bureaux.	1 directeur. 1 économe. 10 employés des bureaux. 1 garçon de bureau. 1 commissionnaire.	14
Culte.	4 aumôniers. 1 sacristain. 1 organiste.	6
Service médical.	8 médecins. 1 chirurgien. 1 pharmacien en chef. 8 élèves internes en médecine. 1 élève interne en chirurgie. 7 élèves internes en pharmacie. 9 élèves externes.	35
Services généraux et services des salles.	20 surveillantes. 45 sous-surveillantes. 3 surveillants. 4 sous-surveillants. 3 portiers. 1 cuisinier. 27 hommes de service. 301 filles de service, y compris la ventouseuse.	404
Travaux.	1 piqueur. 17 ouvriers.	18

A reporter...... 477

— VIE —

	Report......	477
Atelier de couture.	1 surveillante. 3 sous-surveillantes. 1 caissier. 3 femmes de service. 1 commissionnaire.	9
Cantine.	1 distributeur. 1 aide.	2
Chant.	1 maître de chant pour les aliénées.	1
	Total général......	489

Bâtiments.

L'hospice se compose de quarante-cinq grands corps de bâtiments occupant une superficie de 29,162 m. L'église, l'une des plus vastes de Paris, est formée d'un chœur et de huit nefs dont la disposition a eu pour but le classement de la population.

Voici quelques autres renseignements propres à donner une idée de l'importance de cet établissement, que Tenon appelait *une ville d'hospices*.

La superficie générale des cours, jardins et bâtiments est d'environ 30 hectares.

Longueur linéaire des murs d'enceinte, environ.	2,047 m.
Superficie de la couverture.	63,130 m.
Superficie du pavé.	30,500 m.
Nombre des croisées.	4,682

Parmi les anciennes constructions, on remarque le bâtiment *Mazarin* et le bâtiment *Lassay*, au centre desquels se trouve l'église, et qui forment la façade principale de l'hospice. Parmi les constructions nouvelles on distingue les deux sections affectées aux aliénées en traitement. L'une de ces deux sections, appelée *Rambuteau*, a vue sur des champs cultivés qui sont situés dans l'enceinte de l'hospice.

Dépense.

La dépense générale de l'établissement, pour l'année 1843, a été de 1,853,406 fr. 59 c., savoir :

Dépense ordinaire.	1,779,277. 08
Dépense extraordinaire.	74,129. 51
Total.	1,853,406. 59

La consommation des principales denrées a été, savoir :

Pour le pain blanc, de.	399,733 kil.
Pour le pain moyen, de.	652,108
Total.	1,051,841 kil.
Pour le vin, de.	381,420 litr.
Pour la viande, de.	359,506 kil.

Le nombre des journées s'est élevé, savoir :

Pour les administrées, à.	1,774,948
Pour les employés, nourris et non nourris, à.	150,353
Total.	1,925,301

La dépense moyenne de chaque administrée, non compris les dépenses extraordinaires, a été par journée, de 99 cent. 77 dix-millièmes, et pour l'année, de 364 fr. 16 c.

VIENNE (RUE DE).

Commence aux rues du Rocher, et de Stockolm; finit à la place d'Europe. Le dernier impair est 21; pas encore de numéro pair. Sa longueur est de 201 m. — 1er arrondissement, quartier du Roule.

Cette rue a été ouverte en 1826, sur les terrains appartenant à MM. Jonas Hagerman et Sylvain Mignon. — L'ordonnance royale autorisant l'ouverture de cette rue est à la date du 2 février 1826. On n'a commencé à y bâtir qu'en 1832. Le nom qu'elle porte est celui de la capitale de l'Autriche. Sa largeur est de 15 m. (Voyez rue d'*Amsterdam*.)

VIERGE (RUE DE LA).

Commence au quai d'Orsay; finit à la rue Saint-Dominique, nos 210 et 212. Le dernier impair est 27; le dernier pair, 8. Sa longueur est de 402 m. — 10e arrondissement, quartier des Invalides.

1re PARTIE *comprise entre la rue de l'Université et la rue Saint-Dominique.* — Ouverte au milieu du XVIIIe siècle, elle doit son nom à une statue de la *Vierge*. — Une décision ministérielle du 18 pluviôse an X, signée Chaptal, a fixé la largeur de cette voie publique à 10 m. Les propriétés nos 1 bis, 3, 5, 7, 21; 2, 4 et second no 4 sont alignées. Le surplus est soumis à un retranchement de 1 m. 20 c. — Conduite d'eau.

2e PARTIE *comprise entre le quai d'Orsay et la rue de l'Université.* — Elle a été ouverte en 1833, sur les terrains dépendant de l'île des Cygnes et appartenant à la ville de Paris. Cette partie qui a 15 m. de largeur n'est point pavée.

VIGAN (PASSAGE DU).

Commence à la rue des Vieux-Augustins, no 63; finit à la rue des Fossés-Montmartre, no 14. — 3e arrondissement, quartier du Mail.

Ce passage, qui existe depuis 1815, doit son nom à l'hôtel du Vigan.

VIGNES (IMPASSE DES).

Située dans la rue des Postes, no 26 bis. Le dernier impair est 3 bis; le seul pair, 2. Sa longueur est de 131 m. — 12e arrondissement, quartier de l'Observatoire.

C'était anciennement la rue des *Vignes*, en raison d'un clos de vignes sur lequel on l'avait ouverte. Cette voie publique traversait la rue des Postes et s'étendait jusqu'à la rue Neuve-Sainte-Geneviève. En cet endroit se trouvait un cimetière destiné aux pestiférés. La situation de la rue des Vignes, dans un lieu écarté, lui fit donner le nom de *coupe-gorge*. — Les dames de la Providence, dont nous avons parlé à l'article de la rue des *Postes*, obtinrent en 1691 des lettres-patentes qui les autorisèrent à supprimer une partie des deux voies publiques, appelées rues des *Marionnettes* et des *Vignes*. Par un contrat passé le 2 juillet 1694, ce terrain leur fut accordé. Des lettres-patentes du 26 mars 1695 confirmèrent cette concession pour quatre-vingt-dix-neuf années. La communauté des dames de la Providence ayant été supprimée en 1790, les bâtiments et terrains qui en dépendaient furent vendus par le domaine de l'État le 1er prairial an V. On comprit dans cette aliénation le sol de la partie de la rue des Vignes qui avait été concédée temporairement en 1694. — Il n'existe pas d'alignement pour l'impasse des Vignes, dont la largeur actuelle varie de 3 m. 50 c. à 9 m.

Au no 3 était située la maison des *orphelines du saint Enfant-Jésus et de la Mère de pureté*. Cet établissement fut fondé vers l'année 1700. Les orphelines firent l'acquisition, en 1711, d'une maison voisine de leur communauté, à l'effet de construire des classes, un réfectoire et une chapelle. Cet établissement fut confirmé par lettres-patentes de 1717. Plusieurs personnes charitables y fondèrent des places qui restèrent à la nomination de leurs familles. Outre les filles que la charité faisait entrer dans cette maison, on en recevait d'autres moyennant une pension modique. Il suffisait, pour avoir droit d'admission dans cet établissement, qu'une fille fût privée de son père ou de sa mère. Reçues à l'âge de sept ans, les orphelines pouvaient y demeurer jusqu'à leur vingtième année. Cette communauté, confiée à des femmes pieuses, formait une société purement séculière. En 1754, on leur substitua des filles de la communauté de saint Thomas de Villeneuve. Cette maison est occupée maintenant par une communauté de dames de Charité.

Dans la même impasse, et presqu'en face de la maison des orphelines, était une pension pour les femmes ou filles tombées en démence, à laquelle on avait donné le titre de communauté de *Saint-Siméon-Salus*. On voyait une petite chapelle construite en 1696 sous l'invocation de ce saint, qui cacha, par excès d'humilité, de grandes vertus sous les apparences de la folie. On ignore l'époque précise de l'extinction de cet utile établissement qui existait encore en 1782.

VIGNES-A-CHAILLOT (RUE DES).

Commence à la rue de Chaillot, nos 105 ter et 107; finit au chemin de ronde de la barrière de l'Étoile. Le dernier impair est 23; le dernier pair, 8. Sa longueur est de 450 m. — 1er arrondissement, quartier des Champs-Élysées.

Sur un plan levé par Jean Beausire, le 6 avril 1729, elle est appelée *ruelle* ou *chemin des Vignes*. Elle aboutissait alors au chemin de Versailles et se prolongeait depuis la rue de Chaillot jusqu'au grand égout, sous le nom de *ruelle aux Foulteurs*. — Dans la plus grande partie de son étendue, la rue des Vignes longe les terrains dits le *Promenoir de Chaillot*, formé en vertu d'un arrêt du conseil du 21 août 1777. — Les propriétés riveraines de la rue des Vignes sont presque toutes établies d'après un alignement qui assigne à cette communication une largeur de 12 m. La rue des Vignes n'est point pavée.

VIGNES DE L'HOPITAL (RUE DES).

Commence à la rue du Banquier, nos 17 et 19; finit au boulevart de l'Hôpital, nos 46 bis et 48. Le dernier impair est 3; le dernier pair, 10. Sa longueur est de 211 m. — 12e arrondissement, quartier Saint-Marcel.

A la fin du XVIIIe siècle c'était un chemin bordé de *vignes*. — Une décision ministérielle du 28 prairial an IX, signée Chaptal, et une ordonnance royale du 24 avril 1837, ont fixé la largeur de cette voie publique à 10 m. — La maison située sur le côté des numéros impairs à l'encoignure du boulevart et les deux bâtiments situés entre les nos 8 et 10, sont alignés. Cette rue n'est point pavée.

VILLARS (AVENUE DE).

Commence à la place de Vauban, nos 1 et 3; finit au boulevart des Invalides et à la rue d'Estrées, no 2. Le seul impair est 1; le seul pair, 2. Sa longueur est de 153 m. — 10e arrondissement, quartier des Invalides.

Cette avenue, qui n'est point reconnue voie publique, a été formée vers 1780. (Voyez *avenue de la Bourdonnaye*.) Sa largeur est de 38 m. 50 c. Elle n'est point pavée.

Louis Hector, duc de *Villars*, pair et maréchal de France, naquit à Moulins, en 1653. A l'âge de 19 ans, sa brillante valeur lui avait concilié l'estime et l'amitié de Turenne et du grand Condé. Le courage et le sangfroid qu'il déploya à la bataille de Senef, lui valurent un régiment de cavalerie. En 1690, Villars fut nommé maréchal de camp, et lieutenant-général en 1692. Vers 1702, il reçut le commandement d'un corps chargé d'opérer en Bavière. Le grand capitaine s'annonça par la victoire d'Huningue, et les soldats émerveillés de la bravoure de leur général, le proclamèrent maréchal de France sur le champ de bataille. Le 11 septembre 1709, Villars combattit à Malplaquet, où la France perdit du sang, non de la gloire. Mais nous avons hâte d'arriver à la journée de *Denain*. La monarchie de Louis XIV s'écroulait sous les efforts de cette puissante coalition souvent rompue, et toujours plus redoutable. Dans ces terribles moments, le grand roi eut recours au génie de Villars. Le général français, hors d'état de se mesurer en plaine avec les alliés, simule une attaque contre les lignes que le prince Eugène occupait à Landrécies, traverse l'Escaut, se jette dans les marais et se présente à l'improviste devant le camp retranché de Denain qu'il surprend et enlève à la baïonnette. Le prince Eugène, averti trop tard, se présente à son tour pour traverser l'Escaut, nos soldats le repoussent, lui tuent ses meilleures troupes et le forcent à la retraite. Cette victoire sauva la France. — Le maréchal de Villars mourut à Turin, le 17 juin 1734.

VILLAS (HOSPICE).

Situé dans la rue du Regard, no 17. — 11e arrondissement, quartier du Luxembourg.

Par testament, en date du 16 octobre 1832, M. de *Villas* légua toute sa fortune à l'administration des Hospices civils de Paris, à la condition expresse d'établir dans sa maison, rue du Regard, no 17, un hospice pour des vieillards des deux sexes, atteints d'infirmités incurables et inscrits sur le contrôle des pauvres. Le 25 juillet 1835, 15 hommes et 15 femmes (24 catholiques et 6 protestants), réunissant les conditions imposées par le fondateur, ont été admis dans cet hospice.

VILLEDO (RUE).

Commence à la rue de Richelieu, nos 45 et 47; finit à la rue Sainte-Anne, nos 32 et 34. Le dernier impair est 15; le dernier pair, 12. Sa longueur est de 113 m. — 2e arrondissement, quartier du Palais-Royal.

Cette rue, tracée en 1639, prit, en 1655, le nom de Villedo, en l'honneur de Michel *Villedo*, maître des œuvres de maçonnerie des bâtiments du roi en 1654. Une décision ministérielle du 3 frimaire an X, signée Chaptal, fixa la largeur de cette voie publique à 7 m. En vertu d'une ordonnance royale du 4 octobre 1826, cette largeur est portée à 10 m. Propriété no 1, alignée; 3, retranch. 90 c.; 5, 7, 9, alignées (de 11 à la fin, ret. 80 c. à 94 c.; 2, ret. 3 m. 80 c.; 4, 6, alignées; surplus, ret. 3 m. 80 c. — Conduite d'eau depuis la rue Sainte-Anne jusqu'à la borne-fontaine. — Éclairage au gaz (compe Anglaise).

VILLEJUIF (ABATTOIR DE).

Situé sur le boulevart de l'Hôpital. — 12e arrondissement, quartier Saint-Marcel.

Cet abattoir, dont la superficie est de 27,200 m., occupe un espace rectangulaire de 200 m. sur 136. Il a été construit sous la direction de M. Leloir, architecte. La première pierre avait été posée le 10 avril 1810. (Voyez l'article *Abattoirs*.)

VILLEJUIF (RUE DE).

Commence à la rue de l'Hôpital-Général; finit à la rue de la Barrière-des-Gobelins. Le dernier impair est 5; pas de numéro pair, ce côté est bordé par l'abattoir de Villejuif. Sa longueur est de 200 m. — 12e arrondissement, quartier Saint-Marcel.

Elle a été ouverte en 1820, sur une partie de l'emplacement du village d'Austerlitz. (Voyez *Grande Rue d'Austerlitz*.) Deux décisions ministérielles des 7 octobre 1816 et 18 octobre 1822, ont fixé la largeur de cette voie publique à 20 m. Elle doit son nom à l'abattoir de Villejuif. Les propriétés sont alignées. Cette rue, qui est bordée d'une plantation d'arbres, n'est point encore pavée.

VILLE L'ÉVÊQUE, (RUE DE LA).

Commence à la rue de la Madeleine, nos 31 et 33; finit à la rue de la Pépinière, nos 53 et 53 bis. Le dernier impair est 53; le dernier pair, 58. Sa longueur est de 598 m. — 1er arrondissement, quartier du Roule.

1re PARTIE *comprise entre la rue de la Madeleine et*

— VIL —

celles de Roquepine et Verte. — Le territoire dit de la *Ville-l'Évêque* est déjà mentionné dans plusieurs titres du XIII⁰ siècle. Les évêques de Paris possédaient en cet endroit un séjour, une maison de plaisance. La voie publique dont nous nous occupons étant située sur ce territoire, en a retenu la dénomination. Une décision ministérielle du 23 germinal an IX, signée Chaptal, fixa la moindre largeur de cette rue à 10 m.

2ᵐᵉ PARTIE *comprise entre les rues de Roquepine et Verte et celle de la Pépinière*. — Ouverte en vertu d'une décision ministérielle du 12 septembre 1807, signée Cretet, sa largeur fut fixée à 10 m. Elle prit le nom de la rue de la Ville-l'Évêque dont elle forme le prolongement.

Une ordonnance royale du 22 mai 1837 a porté la moindre largeur de la première partie à 12 m. et maintenu la largeur de 10 m. pour la deuxième partie.

Les propriétés ci-après ne sont pas soumises à retranchement : 9, propriété entre les nᵒˢ 17 et 19, de 29 à la fin ; sur le côté droit, la propriété à l'encoignure de la rue de la Madeleine et les trois qui suivent : de 12 à 24 inclusivement, 38, 40, 42, 44, 48 et de 50 à la fin.— Égout : 1° entre les rues de la Madeleine et d'Anjou ; 2° entre les rues d'Astorg et des Saussaies ; 3° entre les rues de Roquepine et de la Ville-l'Évêque. — Conduite d'eau depuis la rue de la Madeleine jusqu'à celle d'Anjou. — Éclairage au gaz (compᵉ Anglaise).

VILLETTE (BARRIÈRE DE LA).

Située à l'extrémité de la rue du Faubourg-Saint-Martin.

Administration centrale. Séance du 24 thermidor an VI. « Le commissaire du Directoire Exécutif entendu, arrête : à l'avenir, la barrière sise dans le 5ᵉ arrondissement du canton de Paris, et connue jusqu'à ce jour sous le nom de *barrière de Senlis,* sera désormais nommée *barrière de La Villette.* » (Registre 26, p. 20.)

Cette barrière est remarquable par la richesse de sa construction, qui conviendrait mieux à un temple qu'à un bureau de perception des droits d'entrée. Elle se trouve sur la ligne d'axe du bassin de la Villette. L'observateur, qui se place à l'extrémité de ce bassin, a devant lui les yeux un charmant panorama heureusement complété par le monument de La Villette. (Voir l'article *Barrières.*)

VILLETTE (CHEMIN DE RONDE DE LA BARRIÈRE DE LA).

Commence à la rue du Faubourg-Saint-Martin et à la barrière de La Villette; finit à la rue de Château-Landon, n° 24, et à la barrière des Vertus. Pas de numéro. Sa longueur est de 288 m. — 5ᵉ arrondissement, quartier du Faubourg-Saint-Denis.

Voir l'article *Chemins de ronde.*

— VIN —

VILLIOT (RUE).

Commence au quai de la Rapée, n° 57 et 59 ; finit à la rue de Bercy, nᵒˢ 52 et 54. Le dernier impair est 13 ; le dernier pair 10. Sa longueur est de 236 m. — 8ᵉ arrondissement, quartier des Quinze-Vingts.

Jaillot ne la distingue point de la rue de Rambouillet dont elle forme le prolongement. Le plan de Verniquet l'indique sous le nom de rue de la *Rapée.* — Une décision ministérielle du 16 ventôse an XII, signée Chaptal, fixa la moindre largeur de cette voie publique à 12 m. En 1806, elle reçut d'un propriétaire riverain le nom de rue *Villiot.* En vertu d'une ordonnance royale du 1ᵉʳ juin 1828, sa moindre largeur a été portée à 12 m. 40 c. Les propriétés riveraines ne sont pas soumises à retranchement. — Égout. — Conduite d'eau.

VINAIGRIERS (RUE DES).

Commence au quai de Valmy, n° 117 ; finit à la rue du Faubourg Saint-Martin, nᵒˢ 114 et 116. Le dernier impair est 43 ; le dernier pair, 44. Sa longueur est de 526 m. — 5ᵉ arrondissement, quartier de la Porte-Saint-Martin.

En 1654, on la trouve désignée sous le nom de *ruelle de l'Héritier.* En 1780, elle portait la dénomination de rue des *Vinaigriers,* en raison du champ dit des *Vinaigriers* auquel elle servait de limite. — Deux désicions ministérielles, l'une du 16 floréal an X, signée Chaptal, l'autre du 2 avril 1811, signée Montalivet, ont fixé la largeur de cette voie publique à 10 m. En 1813, ce n'était encore qu'une ruelle étroite et tortueuse. A cette époque on commença à y élever des bâtiments, et aujourd'hui elle est entièrement bordée de constructions qui ne sont pas soumises à retranchement. — Conduite d'eau depuis la rue du Faubourg-Saint-Martin jusqu'à la borne-fontaine. — Éclairage au gaz (compᵉ de Belleville).

VINCENNES (BARRIÈRE DE).

Située à l'extrémité de la place du Trône.

Construite en 1788, sur les dessins de Ledoux, elle porta d'abord le nom de *barrière du Trône.* (Voyez place du *Trône.*) Sa dénomination actuelle lui vient du château de Vincennes, qui a aussi donné son nom à l'ancien village de la *Pissotte.* Dès l'année 1270, il y avait une maison royale à Vincennes. — Il est impossible de traverser cette barrière, pour aller à ce village, sans penser au roi saint Louis. « Mainte fois, dit Joinville,
» ai vu que le bon saint, après qu'il avait ouï messe
» en été, s'il se allait esbattre au bois de Vincennes, et
» se seoit au pied d'un chêne, et nous faisait asseoir
» tout emprès lui, et tous ceux qui avaient affaire à
» lui venaient à lui parler, sans que aucun huissier
» ne autre leur donnaast empeschement. » — La barrière de Vincennes consiste en deux bâtiments carrés. On entre dans chaque bâtiment par un porche dont l'arc est soutenu par des pilastres. Les façades sont

— VIN —

terminées par une corniche avec consoles, quatre frontons et un couronnement circulaire ; près de ce propylée s'élèvent deux colonnes élégantes et majestueuses qui seront prochainement terminées. Conformément à une délibération du conseil municipal du 3 décembre 1841, on doit poser sur ces colonnes les statues en bronze de *saint Louis* et de *Philippe-Auguste*. (Voyez l'article *Barrières*.)

VINCENNES (CHEMIN DE RONDE DE LA BARRIÈRE DE).

Commence à la place du Trône et à la barrière de Vincennes ; finit aux rue et barrière de Montreuil. Pas de numéro. Sa longueur est de 341 m. — 8e arrondissement, quartier du Faubourg-Saint-Antoine.

Une ordonnance royale du 30 juillet 1844 a fixé la moindre largeur de cette voie publique à 11 m. 69 c. Les propriétés sont alignées, à l'exception de celles qui sont situées à l'encoignure de la place du Trône. (Voyez l'article *Chemins de ronde*.)

VINCENT-DE-PAUL (ÉGLISE SAINT-).

Située rue Montholon, n° 8. — 2e arrondissement, quartier du Faubourg-Montmartre.

Cette église, succursale de la paroisse Saint-Laurent, a été bâtie en 1802. Elle doit être remplacée par un édifice situé place de La Fayette, et dont la construction avait été prescrite par ordonnance royale du 31 mars 1825.

La nouvelle église qui borde la place de La Fayette a été construite sur les dessins de M. Hittorf et feu Lepère, architectes. Elle sera prochainement livrée au culte.

VINCENT-DE-PAUL (RUE SAINT-).

Commence à la place Saint-Thomas-d'Aquin, n° 6 ; finit à la rue du Bac, n°s 35 et 37. Un seul impair ; qui est 1 ; pas de numéro pair. Sa longueur est de 50 m. — 10e arrondissement, quartier du faubourg Saint-Germain.

Elle formait encore en 1789, avec la rue Saint-Thomas-d'Aquin, un passage qui faisait partie du couvent des Jacobins réformés. Lors de la suppression de cette maison religieuse, ce passage fut converti en rue. — Une décision ministérielle du 13 thermidor an XII, signée Chaptal, et une ordonnance royale du 29 avril 1839, ont fixé la largeur de cette voie publique à 10 m. La maison n° 1 est à l'alignement, le surplus de ce côté devra reculer de 3 m. 20 c. Les constructions du côté opposé sont soumises à un retranchement de 1 m. 10 c. — Éclairage au gaz (compe Française).

Vincent de Paul, fondateur de l'établissement des Lazaristes, des filles de Charité, des Enfants-Trouvés, naquit le 24 avril 1576, à Poy, près de Dax (département des Landes), et mourut à Paris le 27 septembre 1660. On donnait à ce père des pauvres le surnom d'*Intendant de la Providence*.

VINS (HALLE AUX).

Circonscrite par le quai Saint-Bernard, les rues Cuvier, Jussieu, Saint-Victor et des Fossés-Saint-Bernard. — 12e arrondissement, quartier du Jardin-du-Roi.

1re PARTIE. — *Abbaye Saint-Victor.*

Sur le vaste emplacement occupé par la halle aux vins, on ne voyait au XIe siècle que de rares et chétives constructions. Au milieu se trouvait une petite chapelle qui dépendait vraisemblablement d'une communauté religieuse. En 1108, Guillaume de Champeaux, archidiacre de Paris, se retira dans cette maison, et jeta les fondements de l'École célèbre qui donna tant de sujets distingués à l'Église. Cet archidiacre, ce chef de l'école de l'évêché de Paris, était fils d'un pauvre laboureur de Champeaux en Brie. Guillaume enseigna bientôt, avec le plus grand succès, la rhétorique, la dialectique et la théologie. Parmi ses disciples on remarquait Pierre Abailard. Le génie hardi de ce jeune clerc avait déjà épuisé toute la science. Ne trouvant plus d'athlète digne de lui parmi les étudiants, il combattit son bienfaiteur. Dans ces brillants assauts de science, dans ces thèses publiques, l'éloquence toute poétique d'Abailard triompha !... L'éclat de la réputation du maître fut terni. Honteux de sa défaite, Guillaume de Champeaux alla chercher l'obscurité et le repos dans l'église Saint-Victor, où il prit l'habit de chanoine régulier. De l'entrée de Guillaume à Saint-Victor date la gloire de cette maison. En 1113, Louis-le-Gros se déclara fondateur de cette abbaye. Guillaume de Champeaux, qui avait refusé le titre d'abbé de Saint-Victor, ne put résister aux sollicitations d'Hildebert, évêque du Mans, qui le pressa de reprendre ses fonctions de maître public à Saint-Victor. Abailard le poursuivit de nouveau, l'attaqua sur plusieurs questions, le força de s'avouer vaincu et de se rétracter. Enfin Guillaume se retira, il accepta l'évêché de Châlons-sur-Marne, et fit succéder aux talents du professeur, le zèle et l'humilité d'un apôtre. La faveur dont jouissait l'abbaye Saint-Victor attira bientôt tous les écoliers sur la rive gauche de la Seine. Cette célébrité fut une des causes qui contribuèrent à l'établissement du siège de l'Université de Paris sur la montagne voisine de Saint-Victor. La vie exemplaire des chanoines, le mérite supérieur de plusieurs d'entre eux, tels que Hugues de Champeaux, Hugues de Saint-Victor, appelé le nouveau Saint-Augustin, de Richard de Saint-Victor et de beaucoup d'autres, unirent l'abbaye Saint-Victor à celle de Clairvaux. Saint Bernard entretint ces relations fraternelles par ses lettres et même par ses visites. Saint Thomas de Cantorbéry eut aussi une grande affection pour la maison de Saint-Victor qu'il habita lors qu'il vint à Paris. Les chanoines conservaient précieusement le calice qui avait servi au pieux archevêque. L'abbaye Saint-Victor était étroitement liée à la cathédrale,

— VIN —

dont elle a pratiqué, jusqu'à la révolution, les rites et les usages religieux. Cette union était si intime que les évêques de Paris avaient, au XIII⁰ siècle, un appartement à Saint-Victor. Quelques actes de cette époque se terminent par cette phrase : *Fait à Saint-Victor, dans la cour de l'Évêque.*

Cette affection des évêques de Paris pour l'abbaye de Saint-Victor, explique comment plusieurs d'entre eux ont préféré être inhumés dans l'église de cette communauté que dans la cathédrale. Les évêques qui furent enterrés à Saint-Victor, sont : Étienne de Senlis, mort en 1142 ; Maurice de Sully, mort en 1196 ; Guillaume d'Auvergne, en 1248 ; Renaud de Corbeil, en 1268 ; Guillaume de Beaufet, mort en 1319, et Guillaume de Chanac, mort en 1348. L'église Saint-Victor, réparée en 1443 par les soins de Jean de la Masse, trentième abbé, et par les libéralités de Charles VII, fut presqu'entièrement rebâtie sous le règne de François Iᵉʳ. On ne conserva des anciennes constructions que le portail, le clocher et la crypte souterraine. Michel Boudet, évêque de Langres, Jean Bordier, abbé de Saint-Victor, posèrent, le 18 décembre 1517, les premières pierres de la nef et du chœur. Le bâtiment de l'église était si avancé en 1538, que Jacques, évêque de Calcédoine, vint au mois de juillet de cette année y bénir quatre autels. Le portail qui datait des XII⁰ et XIII⁰ siècles fut abattu et reconstruit sur de nouveaux dessins en 1760. C'est en cet état que l'église de Saint-Victor est arrivée jusqu'à la révolution. Le cloître, aussi ancien que le premier portail de l'église, était percé, à l'intérieur, de petites arcades supportées par des groupes de colonnettes d'un aspect délicieux. — La bibliothèque passait pour une des plus curieuses de Paris. Elle contenait plus de vingt mille manuscrits, parmi lesquels on distinguait une belle Bible du IX⁰ siècle et un Tite-Live du XII⁰ siècle. On y voyait aussi un *Coran* dont un ambassadeur turc reconnut l'authenticité dans le siècle dernier, en le baisant et en écrivant un certificat sur le premier feuillet. — Peyresc affirme avoir vu, à Saint-Victor, un recueil manuscrit renfermant tous les détails du procès de Jeanne d'Arc. Ce travail avait été exécuté par ordre de l'abbé de Saint-Victor, qui vivait du temps de cette héroïne. L'abbaye Saint-Victor fut supprimée en 1790. Nous indiquerons, à la fin de cet article, l'emploi qu'on a fait des vastes terrains qui dépendaient de cette communauté célèbre.

2ᵉ Partie. — *Ancienne Halle aux Vins.*

« *Bureau de la ville.* — 12 mai 1664. (Ordonnance.)
» — Veu nostre procès-verbal des 17 et 18 avril dernier contenant la réquisition du sieur de Charamande et consorts intéressez en l'établissement d'une
» halle aux vins pour les marchands forains ; la descente par nous faite sur deux chantiers acquis par
» les susnommés hors la porte Saint-Bernard pour y
» construire la dite halle, le plan à nous présenté, en-

— VIN —

» semble le rapport, en conséquence de la permission
» accordée par sa majesté aux dits sieur de Charamande et consorts de faire bastir quelques halles aux
» endroits les plus commodes de ladite ville pour retirer à couvert les vins des marchands forains ayant
» à cet effect acquis deux chantiers hors la porte Saint-Bernard, des abbé, prieur et religieux du couvent
» de Saint-Victor et de la dame de La Fayette, etc. —
» Avons ordonné que les bastiments et autres ouvrages à faire en ladite halle aux vins, seront construits en la manière et ainsi qu'il est porté audit
» rapport. »

Cette première halle aux vins était située à l'angle du quai Saint-Bernard et de la rue des Fossés du même nom.

3ᵉ Partie. — *Communauté des Marchands de vins.*

De graves abus paralysaient anciennement le commerce des vins. Henri III y porta remède par un édit du mois de mars 1577 qui fixa l'établissement des marchands de vins. Les statuts dressés par cette communauté furent enregistrés au Parlement, le 6 août 1588. Ils ont été confirmés par Henri IV, Louis XIII et Louis XIV. Les gardes et maîtres jouissaient des mêmes droits et privilèges acquis aux six corps marchands. Ils obtinrent pour armoiries, en 1629, *un navire d'argent à bannière de France, flottant avec six petites nefs autour, et une grappe de raisin en chef sur un champ d'azur.* Le droit de réception avait été fixé en 1776 à 600 livres. Le brevet d'apprentissage coûtait 12 livres.

4ᵉ Partie. — *Nouvelle halle aux vins.*

« Au palais de Saint-Cloud, le 30 mars 1808. — Napoléon, etc. Article 1ᵉʳ. Il sera formé dans notre bonne ville de Paris *un marché et un entrepôt francs* pour les vins et eaux-de-vie, dans les terrains situés sur le quai Saint-Bernard. — Art. 2⁰. Les vins et eaux-de-vie conduits à l'entrepôt conserveront la facilité d'être réexportés hors de la ville sans acquitter l'octroi. — Art. 3⁰. Cette exportation ne pourra avoir lieu que par la rivière, ou par les deux barrières de Bercy et de la Gare. Dans ce cas les transports devront suivre les quais et sortir en deux heures. — Art. 4⁰. Les vins destinés à l'approvisionnement de Paris n'acquitteront les droits d'octroi qu'au moment de la sortie de l'entrepôt. — Art. 5⁰. L'entrepôt sera disposé pour placer tant à couvert qu'à découvert jusqu'à 150,000 pièces de vin. — Art. 6⁰. Notre ministre de l'intérieur nous soumettra d'ici au 1ᵉʳ juin l'aperçu des dépenses que pourraient exiger l'achat des terrains, et les devis des constructions à faire, et etc... Signé : Napoléon. »

« Au palais des Tuileries, le 24 février 1811. — Napoléon, etc. Article 32⁰. Conformément à notre décret du 30 mars 1808, l'entrepôt des vins sera construit dans les terrains situés sur le quai Saint-Bernard, entre les rues de Seine et des Fossés-Saint-Bernard. —

— VIN —

Art. 33e. Notre ministre de l'intérieur nous soumettra d'ici au 1er mai le devis et le plan des constructions à faire, leur estimation et celle des terrains à acheter. — Art. 34e. Les constructions qui doivent clore l'entrepôt seront achevées en 1812, les deux tiers de l'établissement seront formés en 1814 et le tiers restant en 1816. — Art. 35e. Les dispositions de notre décret du 30 mars 1808 seront maintenues. Signé : Napoléon. »

« Trianon, le 14 juillet 1811. — Napoléon, etc.... Article 1er. Les dispositions générales du projet de halle aux vins, indiquées dans le plan annexé au présent décret, sont approuvées. — Art. 2e. Les plans détaillés et devis estimatifs seront terminés avant le 1er août de la présente année. — Art. 3e. La première pierre de cet édifice sera posée le 15 août. Signé : Napoléon. »

Les rues Saint-Victor, Cuvier, le quai Saint-Bernard et la rue des Fossés du même nom, servent de limites à l'Entrepôt des Vins. Cet espace contient les emplacements de l'ancienne halle aux vins, de l'abbaye Saint-Victor, d'une partie de la terre d'Alez et de plusieurs maisons particulières. Ce bel établissement occupe une superficie de 134,000 m. Une ville du quatrième ordre et ses faubourgs seraient aisément placés dans l'enceinte de cet entrepôt. « Cet établissement (dit M. Gauché, auquel nous en devons la construction) est précédé d'une vaste place avec allées d'arbres le long du quai et dans les rues transversales. Il est divisé en cinq grandes masses de constructions, par les rues de Bordeaux, de Bourgogne, de Champagne, de Languedoc et de Touraine, ainsi appelées du nom des principaux vignobles de France. Deux de ces masses sont au centre, sous les noms de Magasins de l'Yonne et de la Marne. Les trois autres divisions ont quatre-vingt-neuf celliers, plus deux passages en galerie, conduisant à une plus grande galerie qui donne entrée à quarante-neuf caves. Les masses de constructions au-dessus des celliers sont moins grandes, parce qu'elles laissent autour d'elles une terrasse. Ces constructions sont également au nombre de cinq, dont deux sont sur les côtés (magasins de la Loire et de la Seine), les trois autres dans le fond, environnant le bâtiment destiné aux eaux-de-vie. Ce bâtiment est divisé en quarante magasins, séparés par une galerie, etc. Derrière les magasins des eaux-de-vie s'élèvent aussi deux bâtiments flanqués de pavillons avec bureaux, pour la grille de sortie sur la rue Saint-Victor. Un de ces bâtiments est destiné au mesurage des esprits, par le moyen des cylindres exactement jaugés, et dont les quantités sont reconnues sur une échelle placée près d'un tube de verre dans lequel le liquide se met au niveau de celui renfermé dans le cylindre. Cet appareil sert à mesurer en une seule fois les pièces contenant même jusqu'à six cents litres. Un deuxième bâtiment semblable est destiné à l'opération du mouillage ou de la réduction des eaux-de-vie, au degré convenu par les ventes. A gauche du magasin de la Loire et le long de la rue de Seine (aujourd'hui rue Cuvier), pour cacher l'irrégularité du terrain, on a construit vingt-et-un petits celliers d'inégale grandeur. L'excédant des terrains formant l'angle des rues Cuvier et Saint-Victor a été utilisé par la construction d'un grand magasin public, pour renfermer les eaux-de-vie, etc. D'après les plans présentés pour la disposition des marchandises, l'Entrepôt a été considéré comme pouvant contenir deux cent-huit mille pièces de vins, etc. Les magasins des eaux-de-vie en renferment plus de dix-sept mille. » — La halle aux Vins a coûté près de 20 millions à la ville de Paris. — Les terrains provenant de l'ancienne abbaye Saint-Victor et qui ne servirent pas à la formation de la halle aux Vins, furent vendus par la ville de Paris, les 15 mai et 30 octobre 1838. L'administration avait eu le soin de ménager sur cet emplacement le terrain nécessaire à la formation de deux rues, d'une place, et à l'élargissement d'une partie des rues Saint-Victor et Cuvier. Ces dispositions, immédiatement exécutées, ont répandu un peu d'aisance dans ce quartier trop longtemps oublié. Les deux percements ont reçu les noms de *Guy de la Brosse* et *Jussieu* (*voir* ces articles). C'est une heureuse idée, inspirée à l'administration municipale par le voisinage du Jardin des Plantes. La place a pris la dénomination de *place Saint-Victor*.

VIOLET (PASSAGE).

Commence à la rue d'Hauteville, n° 29 ; finit à la rue du Faubourg-Poissonnière, n° 36. Le dernier impair est 9 ; le dernier pair, 10. — 3e arrondissement, quartier du Faubourg-Poissonnière.

Commencé en mai 1820, ce passage ne fut achevé qu'en 1824. Il doit son nom à M. Violet, entrepreneur.

VISAGES (IMPASSE DES TROIS-).

Située dans la rue Thibault-aux-Dés, entre les nos 16 et 18. Pas de numéro. Sa longueur est de 18 m. — 4e arrondissement, quartier du Louvre.

En 1300 c'était la rue *Jean-l'Éveiller* ; en 1313, la rue *Jean-l'Esgullier*. Ce nom subit quelques altérations. Dans un titre de 1492, elle est indiquée sous le nom de *rue au Goulier*, dite du *Renard*. Enfin elle prit la dénomination de rue des *Trois-Visages*, en raison de trois têtes sculptées à l'une de ses extrémités. C'était encore une rue en 1782. Depuis cette époque, les propriétaires ayant construit sur la partie qui débouchait dans la rue Bertin-Poirée, la rue des Trois-Visages a été transformée en une impasse dont la largeur est de 2 m. Elle est aujourd'hui fermée et n'est pas éclairée.

VIVIENNE (PASSAGE).

Commence à la rue Neuve-des-Petits-Champs, n° 4 bis ; finit à la rue Vivienne. — 3e arrondissement, quartier du Mail.

Construit en 1823, par M. Marchoux, il a porté

d'abord le nom de ce propriétaire. Depuis 1825, on l'appelle *passage Vivienne*.

VIVIENNE (RUE).

Commence à la rue Neuve-des-Petits-Champs, n°s 6 et 8; finit au boulevart Montmartre, n°s 9 et 11. Le dernier impair est 57; le dernier pair, 48. Sa longueur est de 612 m. — Les numéros impairs et les pairs de 26 à la fin, 2e arrondissement, quartier Feydeau; de 2 à 24, 3e arrondissement, quartier du Mail.

1re PARTIE *comprise entre les rues Neuve-des-Petits-Champs et des Filles-Saint-Thomas.* — Tous les plans qui représentent Paris au XVIe siècle, l'indiquent sous le nom de *Vivien*, qu'elle doit à une riche famille qui fit construire les premières maisons de cette rue. En 1554, René Vivien était seigneur du fief de la Grange-Batelière. Au milieu du XVIIe siècle, la rue Vivien aboutissait à celle Feydeau. Cette partie qui commençait à la rue des Filles-Saint-Thomas, fut supprimée pour l'agrandissement de la communauté religieuse dont nous avons parlé à l'article de la *Bourse*. — En vertu d'une décision ministérielle du 3 ventôse an X, signée Chaptal, la largeur de la rue Vivienne a été fixée à 10 m. Les constructions riveraines sont soumises à un léger redressement.

2e PARTIE *comprise entre les rues des Filles-Saint-Thomas et Feydeau.* — Elle a été formée presqu'entièrement sur les terrains du couvent des Filles-Saint-Thomas. — Une décision ministérielle du 15 février 1809, signée Cretet, et une ordonnance royale du 16 juin 1824, ont déterminé l'alignement de cette partie. Les propriétés riveraines sont alignées.

3e PARTIE *depuis la rue Feydeau jusqu'au boulevart.* — Une décision ministérielle du 15 février 1809, signée Cretet, prescrivit le prolongement de la rue Vivienne sur une largeur de 10 m. Ce projet ne fut point alors exécuté. Repris en 1824, il donna lieu à une ordonnance royale du 16 juin qui porta la largeur de ce prolongement à 12 m. Une autre ordonnance du 17 janvier 1830, porte ce qui suit : « Le préfet du département de la Seine est autorisé à accepter, aux conditions stipulées dans la délibération du conseil municipal du 13 novembre 1829, l'offre faite par le sieur Achille Pène, propriétaire, de se charger moyennant la somme de un million, d'exécuter le prolongement de la rue Vivienne, depuis la rue Feydeau jusqu'au boulevart Montmartre, etc. » — Cette dernière ordonnance a reçu immédiatement son exécution. Les propriétés riveraines sont alignées. — Égout entre les rues des Filles-Saint-Thomas et Saint-Marc. — Conduite d'eau. — Éclairage au gaz (compe Anglaise).

VOIES (RUE DES SEPT-).

Commence aux rues des Carmes, n° 29, et Saint-Hilaire, n° 1; finit au carré Sainte-Geneviève, n° 12, et à la place du Panthéon, n° 2. Le dernier impair est 35; le dernier pair, 18. Sa longueur est de 173 m. — 12e arrondissement, quartier Saint-Jacques.

Cette rue était en partie construite à la fin du XIe siècle. Au commencement du XIIe, elle portait le nom des *Sept-Voies*, en raison de sept rues, ou plutôt de sept chemins qui aboutissaient à cette voie publique. Le poète Guillot l'appelle rue de *Savoie*; cette altération semble avoir été commise pour satisfaire aux exigences de la rime; car jamais les comtes de Savoie n'ont eu leur hôtel dans cette rue. — Une décision ministérielle du 13 juin 1807, signée Champagny, a fixé la largeur de cette voie publique à 12 m. Maison n° 5, retranch. réduit 2 m.; 7, ret. réduit 80 c.; 9, alignée; 11 et 15, ret. 65 c.; 17, recule d'un côté, avance de l'autre; de 19 à 25, doivent avancer sur leurs vestiges actuels; les propriétés n° 27, ret. réduit 70 c.; 29 et 31, ret. réduit 1 m. 50 c.; 33 et 35 devront être supprimées ; 2, alignée; de 4 à 18, ret. 6 m. à 7 m. 80 c.; de la rue de Reims à la fin, alignées. — Éclairage au gaz (compe Parisienne).

Au n° 9 était situé le *collége de la Merci*. Nicolas Barrière, bachelier en théologie et procureur-général de la *Merci* ou de *Notre-Dame de la Rédemption des Captifs*, acheta d'Alain d'Albret, comte de Dreux, une place et des maisons voisines de l'église Saint-Hilaire. Il fit construire vers 1515, en cet endroit, un collége et une chapelle. En 1750, ce collége servit d'hospice aux religieux de l'ordre. Supprimé au commencement de la révolution, il devint propriété nationale et fut vendu le 23 septembre 1793.

Au n° 18 était la principale entrée du *collége de Reims*. Guy de Roye, achevêque de Reims, en ordonna la fondation, par son codicille de l'an 1399. Il voulut qu'on y mît de préférence les élèves nés dans les terres affectées à la mense archiépiscopale de Reims et dans le territoire de Roye, ou dans celui de Murel. En 1763 ce collége fut réuni à l'Université. Supprimé en 1790, il devint propriété nationale. Les bâtiments vendus les 8 messidor an IV, 2 mai et 8 août 1807, ont été réunis au collége Sainte-Barbe.

A l'angle de la place du Panthéon était situé le *collége de Montaigu*. Il fut fondé en 1314, par Ayccelin de Montaigu, archevêque de Rouen, et agrandi en 1388, par Pierre de Montaigu, évêque de Laon, et neveu du fondateur. Ce collége, supprimé en 1790, devint propriété nationale. Ses bâtiments furent affectés à une prison militaire.

Une ordonnance royale du 22 juin 1842 porte : « Que la bibliothèque Sainte-Geneviève sera provisoirement transférée dans la partie des bâtiments de l'ancienne prison de Montaigu, faisant face à la place du Panthéon. » — Dans la loi du 2 juillet 1844, relative à la régularisation des abords du Panthéon, il est dit : « Que l'État prend l'obligation de construire sur la partie non retranchable de l'ancien collége de Montaigu, un nouvel édifice destiné à la bibliothèque Sainte-Geneviève. » Une somme de 775,000 fr. doit être affectée à cet édifice. On démolit en ce moment les anciennes constructions du collége de Montaigu.

Au n° 27 était situé le *collége Fortet*. Pierre Fortet

— VOI —

d'Aurillac, chanoine de l'église de Paris, ordonna, par testament du 12 août 1391, la fondation d'un collège en faveur de huit écoliers; savoir : quatre d'Aurillac, ou du diocèse de Saint-Flour, et quatre de Paris. En 1397, il fut établi dans la rue des Sept-Voies. Dans le collège Fortet furent tenues les premières assemblées de la Ligue. Supprimé en 1790, cet établissement devint propriété nationale et fut vendu le 12 juillet 1806.

Dans la rue des Sept-Voies était la rue *Jean-Hubert*. Cette voie publique aboutissait à la rue des Cholets, n° 1. La rue Jean-Hubert, construite en 1280, portait le nom de rue du *Moine*. En 1416, c'était la rue *Maître-Jeharre*, et depuis rue des *Chiens*. En 1806, elle prit la dénomination de *Jean-Hubert*, en mémoire du fondateur du collège Sainte-Barbe, dont les dépendances bordaient le côté droit de cette rue. — Une décision ministérielle du 6 fructidor an XIII, signée Champagny, avait fixé la largeur de cette voie publique à 7 m. La rue Jean-Hubert a été supprimée en février 1844, et le sol de cette rue est réuni en partie à l'emplacement sur lequel on doit construire la bibliothèque Sainte-Geneviève.

VOIRIE (IMPASSE DE LA).

Située entre la place Delaborde et la petite rue de la Voirie. Le dernier impair est 7; le dernier pair, 22. Sa longueur est de 35 m. — 1er arrondissement, quartier du Roule.

Formée vers 1788, elle doit cette dénomination à sa proximité de la *voirie* des Grésillons. — Une décision ministérielle du 12 juillet 1816, a fixé la largeur de cette impasse à 10 m. La maison située sur le côté gauche à l'encoignure de la place Delaborde, est seule soumise à retranchement.

VOIRIE (PETITE RUE DE LA).

Commence à l'impasse de la Voirie et à la place Delaborde; finit à la rue de la Bienfaisance. Le dernier impair est 3; pas de numéro pair. Sa longueur est de 45 m. — 1er arrondissement, quartier du Roule.

Les plaques posées aux encoignures de cette voie publique la désignent sous le nom de rue *Maison-Neuve*; mais nous n'avons trouvé aucune décision qui autorisât ce changement. Ouverte en 1788, la petite rue de la Voirie fut ainsi dénommée en raison de sa proximité de la *voirie* dite des Grésillons. — Une décision ministérielle du 12 juillet 1816 a fixé la largeur de cette rue à 10 m. La maison n° 3, et celle qui est située sur le côté droit à l'encoignure de la rue de la Bienfaisance, sont seules soumises à retranchement. — Conduite d'eau.

VOLAILLE ET AU GIBIER (MARCHÉ A LA).

Situé sur le quai des Grands-Augustins. — 11e arrondissement, quartier de l'École-de-Médecine.

1re PARTIE. — *Couvent des Grands-Augustins.*

Nous avons dit à l'article de la rue des *Vieux-Augustins*, que les religieux de ce nom, protégés par

— VOL —

saint Louis, s'établirent d'abord au-delà de la Porte-Saint-Eustache, dans un lieu environné de bois, où se trouvait une chapelle dédiée à sainte Marie-l'Égyptienne. Mécontents de leur habitation, ces moines la quittèrent, et vinrent demeurer dans le clos du Chardonnet, sur l'emplacement occupé depuis par le collège du cardinal Lemoine. En 1293, ils traitèrent avec les Sachets de l'acquisition de leur couvent, situé sur le territoire de Laas et près de la Seine. La communauté des Grands-Augustins devenant plus considérable, ces religieux démolirent les anciens bâtiments que les Sachets avaient occupés, et firent élever des constructions plus vastes et plus commodes. Sous le règne de Charles V l'église fut rebâtie. Une de ses chapelles renfermait le tombeau de Philippe de Comines, historien qui enregistra trop minutieusement les défauts de Louis XI, sans mettre en parallèle les grands services que ce roi rendit à la France. Dès 1579, les membres de l'ordre du Saint-Esprit tenaient leurs assemblées dans le couvent des Grands-Augustins. Plusieurs salles étaient ornées des portraits et des armoiries des chevaliers de cet ordre. La maison des Augustins, supprimée en 1790, devint propriété nationale, et fut vendue les 13 ventôse an V et 1er brumaire an VI.

2e PARTIE. — *Marché à la volaille.*

L'article 5 d'un décret impérial du 25 septembre 1807 prescrivit la construction d'un marché pour la vente en gros et en détail de la volaille et du gibier, sur une partie de l'emplacement de l'ancien couvent des Grands-Augustins. « Au palais impérial des Tuileries, le 10 février 1812. — Napoléon, etc.... Nous avons décrété et décrétons ce qui suit : Article 1er. La halle à la volaille sera isolée et terminée du côté de la rue du Pont-de-Lodi, conformément au projet joint au présent décret. — Art. 2e. Les propriétés comprises dans l'espace lavé en jaune et désigné par les lettres A, B, C, D, E, F, G, H, I, J, K, sur le plan, seront acquises aux frais de la Ville, pour cause d'utilité publique, etc. Signé, Napoléon. » La première pierre de ce marché avait été posée le 17 septembre 1809, sur l'emplacement de l'église et d'une partie du cloître du couvent des Grands-Augustins. Il consiste en trois nefs; celle sur le quai est destinée à la vente en détail, et les deux autres à la vente en gros. Il existe en outre des bâtiments contigus donnant sur la rue des Grands-Augustins, et qui contiennent des bureaux, une caisse et un logement pour le commissaire, l'inspecteur général des halles et marchés. L'exécution a eu lieu pendant les années 1809, 1810, 1811 et 1812, sous la direction de M. Happe, architecte. Afin de donner aux deux nefs de la vente en gros la même longueur qu'à celle du marché en détail, l'administration municipale fit l'acquisition d'une partie de l'ancienne salle du chapitre du couvent, et les travaux d'agrandissement, commencés en 1813, sous les ordres de M. Happe, furent terminés en 1814, par M. Lahure, architecte. Dans le but de donner à cet établissement un débouché dans la rue du Pont-de-Lodi, la ville de Paris acheta plusieurs propriétés provenant du couvent des Grands-Augustins. Elle en conserva une partie pour des écoles élémentaires; le surplus fut démoli, et sur cet emplacement on éleva, d'après les projets de M. Lahure, des constructions qui consistent en deux passages avec grilles pour la sortie des voitures venant approvisionner le marché, en un abattoir et en une quarantaine de serres à l'usage des marchands en détail, etc. L'aspect de ce marché a de la grandeur; il contient aujourd'hui tout ce qui est nécessaire au service d'un établissement de ce genre.

VOLTAIRE (QUAI DE).

Commence à la rue des Saints-Pères, n° 2, et au quai Malaquais; finit à la rue du Bac, n° 1, et au Pont-Royal. Le dernier numéro est 25. Sa longueur est de 308 m. — 10e arrondissement, quartier du Faubourg-Saint-Germain.

Il était anciennement confondu avec le quai Malaquais, dont il portait le nom. En 1642, on l'appela *quai des Théatins,* en raison des religieux ainsi nommés, qui étaient venus s'y établir. Il a été construit en 1669, tel que nous le voyons aujourd'hui. — « Séance » du 4 mai 1791. — Le procureur de la commune » entendu, le corps municipal arrête : Le quai connu » jusqu'ici sous le nom des Théatins, portera à l'ave- » nir celui de *Voltaire.* » (Extrait des registres du corps municipal, tome 31, page 3,732.) — On sait que ce fut dans l'hôtel qui porte aujourd'hui le n° 23, que le plus grand écrivain du XVIIIe siècle a passé les derniers mois de sa vie. C'est là que ce prodigieux génie tomba de l'ivresse du triomphe dans les angoisses de l'agonie! C'est là que Voltaire est mort le 30 mai 1778. — Une décision ministérielle du 13 février 1810, signée Montalivet, et une ordonnance royale du 29 avril 1839, ont fixé la moindre largeur de ce quai à 21 m. Les propriétés riveraines ne sont pas soumises à retranchement. — Conduite d'eau entre les rues de Beaune et du Bac. — Éclairage au gaz (compe Française).

Au n° 15 était située l'entrée du *couvent des Théatins.* Cet ordre fut institué en Italie, vers 1524, par Gaëtan, gentilhomme de Vicence, et Jean-Pierre Caraffe, archevêque de *Théate* (aujourd'hui Chieti). Ces religieux portaient le titre de *Clercs Réguliers.* Le cardinal Mazarin les fit venir à Paris, et leur acheta, en 1642, une maison située sur le quai Malaquais; mais ce ne fut qu'en 1648 qu'ils obtinrent l'autorisation nécessaire. Le 7 août de la même année, le prieur de l'abbaye Saint-Germain-des-Prés bénit leur chapelle, et le roi plaça lui-même la croix sur le portail de leur maison qui, d'après ses ordres, fut appelée *Sainte-Anne-la-Royale.* Les lettres-patentes confirmant cet établissement ne furent registrées au parlement que le 29 mai 1653. Lors de la disgrâce du cardinal-ministre, les théatins n'oublièrent point leur bienfaiteur, et voulurent le suivre lorsqu'il abandonna Paris. Mazarin redevenu tout puissant, se souvint de cette marque d'attachement, et leur légua 300,000 livres pour faire construire un nouvel édifice à la place de leur chapelle devenue trop petite. Les théatins en confièrent l'exécution au père Camille Guarini, qu'ils avaient fait venir exprès d'Italie; non seulement cet architecte construisit un monument d'un mauvais goût, mais il voulut lui donner des proportions tellement gigantesques qu'il fallut bientôt, faute d'argent, suspendre les travaux. Ce ne fut qu'en 1714 qu'on pût continuer les bâtiments au moyen d'une loterie que le roi accorda. Le portail sur le quai fut érigé en 1747, par les libéralités du Dauphin, père de Louis XVI. Les dessins en avaient été donnés par Desmaisons, architecte; c'était un ouvrage médiocre. Le cœur du cardinal de Richelieu fut déposé dans cette église. — Il était défendu aux théatins de quêter par la ville; ils vivaient de charités qu'on leur faisait, mais les personnes puissantes, instruites de la rigueur de leur règle, les soutenaient par de grandes libéralités. Ce couvent, le seul de cet ordre en France, fut supprimé en 1790. Devenus propriétés nationales, les bâtiments furent vendus le 19 frimaire an VI. Vers 1800, l'église fut transformée en salle de spectacle dans laquelle on ne donna pourtant que des bals et des fêtes. En octobre 1815, on y établit un café, appelé café des *Muses.* Les bâtiments ont été enfin démolis et reconstruits en 1822. Les maisons nos 15, 17, 19, 21 et 21 bis, occupent l'emplacement de cette ancienne communauté religieuse.

VOLTAIRE (RUE DE).

Commence à la rue Monsieur-le-Prince, nos 10 et 12; finit à la place de l'Odéon, nos 1 et 3. Le dernier impair est 5; le dernier pair, 14. Sa longueur est de 99 m. — 11e arrondissement, quartier de l'École-de-Médecine.

Cette rue, ouverte sur l'emplacement de l'hôtel de Condé, a été autorisée par lettres-patentes du 10 août 1779, registrées au parlement le 7 septembre suivant (voyez *théâtre de l'Odéon*). Elle fut exécutée sur une largeur de 30 pieds, qui a été maintenue par une décision ministérielle du 4 nivôse an IX, signée Chaptal, et par une ordonnance royale du 12 mai 1841. Les propriétés riveraines sont alignées. — Éclairage au gaz (compe Parisienne).

François-Marie Arouet de *Voltaire* naquit à Châtenay, le 20 février 1694, et mourut à Paris, le 30 mai 1778.

1er *Septembre* 1844.

W.

WASHINGTON (PASSAGE).

Commence à la rue de la Bibliothèque, n° 13; finit à la rue du Chantre, n° 18. — 4e arrondissement, quartier Saint-Honoré.

C'était autrefois le *passage du Tourniquet*, en raison d'un tourniquet qu'on y avait placé pour empêcher la circulation des voitures. Il prit en 1810 le nom de Washington que portait déjà un hôtel situé dans la rue du Chantre.

Georges *Washington*, fondateur de la liberté américaine, naquit le 22 février 1732, à Bridge's Creek en Virginie, dans le comté de Westmoreland, et mourut le 14 décembre 1798.

WAUXHALL (CITÉ DU).

Commence à la rue Neuve-Saint-Nicolas, n°s 8 et 10; finit à la rue des Marais, n° 7. Le dernier impair est 7; le dernier pair, 8. — 5e arrondissement, quartier de la Porte-Saint-Martin.

Elle a été construite en 1841, sur l'emplacement du *Wauxhall-d'Été*. — Éclairage au gaz (comp^e Lacarrière).

1er *Septembre* 1844.

Z.

ZACHARIE (RUE).

Commence à la rue de la Huchette, n°s 21 et 23; finit à la rue Saint-Séverin, n°s 22 et 24. Le dernier impair est 15; le dernier pair, 20. Sa longueur est de 67 m. — 11e arrondissement, quartier de la Sorbonne.

Cette rue, l'une des plus anciennes de Paris, tire son nom de la maison dite de *Sacalie*. Depuis 1219, cette dénomination a été souvent altérée. On a écrit *Sac-Alie*, *Sac-Calie*, *Sac-à-lit*, etc. Dès 1636, on la trouve désignée sous le nom de *Zacharie*. — Une décision ministérielle du 15 vendémiaire an IX, signée L. Bonaparte, fixa la largeur de cette voie publique à 7 m. Cette largeur a été portée à 10 m. en vertu d'une ordonnance royale du 22 août 1840. Propriété n° 1, retranch. réduit 3 m.; 3, ret. 2 m. 90 c.; de 5 à 9, ret. 2 m. 10 c. à 2 m. 50 c.; 11, ret. réduit 2 m. 80 c.; 13, 15, alignées; encoignure de la rue Saint-Séverin, ret. 3 m. 80 c.; 2, ret. 1 m.; de 4 à 14, ret. 3 m. 30 c. à 4 m.; 16, alignée; 18, 20, ret. 2 m. 70 c. à 3 m. 20 c. — Conduite d'eau depuis la rue Saint-Séverin jusqu'à la borne-fontaine.

1er *Septembre* 1844.

Notre Dictionnaire devait se terminer à la rue Zacharie; mais pour rendre notre travail plus complet et plus facile à consulter, nous avons cru devoir y joindre: 1° un *Supplément*; 2° une *Nomenclature* des anciennes communautés religieuses et des collèges; 3° une *Table* contenant tous les changements de noms de rues ou d'édifices publics; 4° un *État* des voies supprimées.

Le *Supplément* renferme non seulement toutes les ordonnances royales rendues dans l'intervalle de notre publication, soit pour alignements, soit pour percements, mais encore les noms donnés à des rues nouvelles qui n'avaient point encore de dénominations, et les changements de noms affectés à des voies publiques anciennes. Ce dernier article se rattache à un travail d'ensemble, préparé par l'administration municipale, et qui vient de recevoir la sanction de l'autorité supérieure. Nous offrirons donc à nos souscripteurs la situation exacte et complète de nos voies publiques jusqu'au 1er septembre 1844.

La *Nomenclature* des établissements religieux renvoie le lecteur à l'article de la rue ou du monument qui rappelle l'histoire de chaque couvent, sa suppression et la date de sa vente.

La *Table*, consacrée aux changements des noms d'édifices ou de voies publiques, depuis 1790 jusqu'au 1er septembre 1844, sert à indiquer la coïncidence des anciennes dénominations avec les noms nouvellement donnés.

Enfin l'*État* des voies publiques supprimées, a pour but de faire connaître l'emploi des terrains distraits du domaine communal.

SUPPLÉMENT.

ACACIAS (petite rue des).

Ordonnance royale du 26 février 1844, qui fixe la largeur de cette voie publique à 17 m. 50 c.

AIR (avenue du bel-).

Ordonnance royale du 30 juillet 1844, qui maintient la largeur de 39 m.

ALBERT (rue maître-).

Ordonnance royale du 5 août 1844, qui donne ce nom à la rue *Perdue*. (*Voyez* cet article.)

Maître *Albert*, surnommé le *Grand*, en raison de l'étendue de ses connaissances, naquit à Lawingen, en Souabe, vers 1205. Il entra, en 1221, chez les Dominicains et devint Provincial. Albert obtint de grands succès en professant à Fribourg, à Cologne et à Paris. On rapporte qu'il excita un véritable enthousiasme dans cette dernière ville. Aucune salle ne pouvant contenir le nombre infini de ses auditeurs, Albert fut obligé de donner ses leçons en plein air, sur une place publique voisine de la rue qui porte aujourd'hui son nom. Le pape Alexandre VI, en récompense de ses services, appela maître Albert à l'évêché de Ratisbonne. Mais bientôt dégoûté du monde, l'illustre professeur se retira dans une cellule, et mourut à Cologne en 1280.

ALIGRE (rue d').

Ordonnance royale du 30 juillet 1844, qui maintient cette rue dans son état actuel.

ALOUETTE (rue du champ-de-l').

Ordonnance royale du 20 mai 1844, qui fixe la largeur de cette rue à 13 m. Cette ordonnance porte : « Article 2. Est déclarée d'utilité publique l'exécution immédiate de la partie des alignements qui change la direction de la rue. En conséquence, le préfet de la Seine, agissant au nom de la ville de Paris, est autorisé à acquérir, soit à l'amiable, soit, s'il y a lieu, par voie d'expropriation, de la dame Camille Lepêcheur et de la dame Sannegon, les terrains dévolus à la voie publique d'après lesdits alignements, etc. »

ANJOU-DAUPHINE (rue d').

Ordonnance royale du 11 août 1844, qui fixe la largeur de cette voie publique à 10 m.

ARBALÈTE (rue de l').

Décision ministérielle du 21 juin 1844, qui donne ce nom à l'ancien passage des Patriarches. (Voyez *marché des Patriarches*.)

ARCHE-MARION (rue de l').

Ordonnance royale du 4 mars 1844, qui fixe la largeur de cette voie publique à 10 m.

ARSENAL (place de l').

Située entre les rues de la Cerisaie et de l'Orme. — 9e arrondissement, quartier de l'Arsenal.

Une décision ministérielle du 21 juin 1844, donne ce nom à l'ancienne cour du Salpêtre, qui dépendait de l'enclos de l'Arsenal.

BASSOMPIERRE (rue).

Commence au boulevart Bourdon; finit à la rue de l'Orme. Pas encore de numéro. Sa longueur est de 36 m. — 9e arrondissement, quartier de l'Arsenal.

Une ordonnance royale du 21 septembre 1841, que nous avons indiquée à l'article : *Greniers de réserve*, approuva l'ouverture de cinq rues sur les terrains appartenant au domaine de l'État, et provenant de l'ancien enclos de l'Arsenal. En vertu d'une autre ordonnance royale du 5 août 1844, ces percements ont reçu les dénominations de *Bassompierre, Brissac, Crillon, Mornay* et *Schomberg*.

La rue Schomberg n'est pas encore tracée; les quatre autres ont été ouvertes en 1843. La rue Bassompierre a 10 m. de largeur.

François de *Bassompierre*, colonel général des Suisses, maréchal de France en 1622, naquit le 12 avril 1579. Il se distingua dans les guerres contre la Savoie et l'Espagne, et mourut le 12 octobre 1646. Bassompierre a laissé des *mémoires* fort utiles à consulter.

BATTOIR-SAINT-ANDRÉ (rue du).

Ordonnance royale du 11 août 1844, qui fixe la largeur de cette voie publique à 10 m.

BEAUNE (rue de).

Ordonnance royale du 15 janvier 1844, qui fixe la largeur de cette voie publique à 10 m.

BECCARIA (rue de).

Doit commencer à la rue des Charbonniers-Saint-Antoine et finir à la rue Traversière, n° 48. Sa longueur sera de 245 m. — 8e arrondissement, quartier des Quinze-Vingts.

A l'article de la prison de la *Force*, nous avons cité une ordonnance royale du 17 décembre 1840, qui, autorisant la construction d'une maison d'arrêt, en remplacement de cette prison, a prescrit l'ouverture de trois rues de 12 m. de largeur aux abords du nouvel édifice. Ces trois rues, qui sont à peine tracées, doivent recevoir en vertu d'une ordonnance royale du 5 août 1844, les noms de *Beccaria, Legraverend* et *Treilhard*, célèbres criminalistes.

César *Bonezana*, marquis de *Beccaria*, né à Milan, en 1735, fit paraître en 1764, son *Traité des délits et des peines*. Cet ouvrage fut traduit dans toutes les langues. Beccaria mourut d'apoplexie en 1793.

SUPPLÉMENT.

BEAUVEAU (PLACE DU MARCHÉ).

Ordonnance royale du 30 juillet 1844, qui maintient les dispositions fixées par la décision ministérielle.

BEAUVEAU (RUE).

Ordonnance royale du 30 juillet 1844, qui conserve cette rue dans son état actuel.

BELZUNCE (RUE).

Ordonnance royale du 5 août 1844, qui assigne ce nom à la rue du *Chevet-de-l'Église* (*Voyez* cet article).

Henri-François Xavier de *Belzunce* de Castel-Moron, né en 1671, au château de la Force, en Périgord, devint, en 1709, évêque de Marseille et se signala par un dévouement devenu célèbre lors de la peste qui ravagea cette ville en 1720 et 1721. Belzunce mourut en 1755.

BENOIT-SAINT-GERMAIN (RUE SAINT-).

Ordonnance royale du 30 avril 1844, qui détermine l'alignement de la partie de cette voie publique formant une petite place.

BEURRIÈRE (RUE).

Ordonnance royale du 20 juin 1844, qui fixe la largeur de cette rue à 7 m.

BOSSUET (RUE).

Commence à la place de La Fayette; finit à la rue Belzunce. Pas de numéro. Sa longueur est de 117 m. — 3e arrondissement, quartier du Faubourg-Poissonnière.

Une ordonnance royale du 31 janvier 1827, porte: «Art. 4. Il sera réservé autour de l'église Saint-Vincent-de-Paul, sur le terrain acquis par la Ville, en vertu de l'ordonnance royale du 31 mars 1825, un espace libre, formant rues de pourtour.» Suivant le plan annexé à cette ordonnance, les deux rues à ouvrir devaient avoir 14 m. de largeur. En vertu d'une autre ordonnance du 2 février 1839, cette largeur est fixée à 19 m. 23 c. Conformément à une troisième ordonnance du 5 août 1844, ces deux voies publiques prendront les noms de *Bossuet* et *Fénélon*. (Il existe déjà une rue Bossuet dans le quartier de la Cité.)

BOUCHERIE (PASSAGE DE LA PETITE-).

En vertu d'une ordonnance royale du 30 avril 1844, les maisons du côté gauche devront être démolies, et ce passage sera réuni alors à la rue de l'Échaudé Saint-Germain.

BOULE-ROUGE (RUE DE LA).

Une ordonnance royale du 11 août 1844 autorise MM. de Massa et Leroux à continuer sur leurs terrains, et jusqu'au prolongement de la rue de Trévise, la partie de la rue de la Boule-Rouge qui prend naissance à la rue du Faubourg-Montmartre. La largeur de ce percement est fixée à 10 m. et les bâtiments en bordure ne devront pas excéder *quinze mètres de hauteur*.

BOULOGNE (RUE DE).

Doit commencer à la rue Blanche, n° 49, et finir à la rue de Clichy, n° 74. Sa longueur sera de 274 m. — 2e arrondissement quartier de la Chaussée-d'Antin.

Une ordonnance royale du 21 juin 1841 autorisa MM. de Ségur et Greffulhe, à ouvrir sur l'emplacement de l'ancien jardin de Tivoli, une place et cinq rues de chacune 12 m. de largeur. Cette autorisation fut accordée à la charge par les propriétaires de se conformer aux clauses et conditions exprimées dans la délibération du conseil municipal du 20 novembre 1840, et en outre d'établir sous les trottoirs un caniveau pour l'écoulement des eaux pluviales et ménagères. La délibération du conseil municipal imposait aux impétrants l'obligation de livrer gratuitement les terrains nécessaires à ces divers percements; de supporter, conformément aux prescriptions de l'administration, les premiers frais de nivellement, ceux de pavage en chaussée bombée en pavés durs d'échantillon, avec sous-pavage sous les ruisseaux, ceux d'établissement de bornes-fontaines, des égouts, du matériel pour l'éclairage au gaz, et des trottoirs en granit.

Par la même délibération, le conseil fut d'avis d'assigner à quatre de ces rues les noms de *Boulogne*, de *Bruxelles*, de *Calais*, de *Vintimille*, et de donner aussi à la place, la dénomination de *Vintimille*. La sixième voie publique n'a pas reçu de nom. (Elle commence à la rue Blanche et finit au chemin de ronde de la barrière Blanche).

MM. de Ségur et Greffulhe ne profitèrent point de cette autorisation, et vendirent leurs terrains à MM. Tirouflet et compagnie, qui, au mois de juin 1844, ont fait tracer les percements ci-dessus indiqués, et se conforment aux conditions résultant de l'ordonnance royale précitée.

La rue de Boulogne, dont la largeur est fixée à 12 m., doit comprendre dans son parcours l'impasse *Rougevin*, formée en 1829. Cette impasse porte le nom de M. Auguste Rougevin, architecte, l'un des propriétaires riverains.

BOURDONNAYE (AVENUE DE LA).

Ordonnance royale du 9 août 1844, qui détermine l'aliment de cette voie publique.

BOURDONNAYE (RUE DE LA).

Ordonnance royale du 30 avril 1844, qui maintient la largeur de 12 m.

BRETEUIL (AVENUE DE).

Ordonnance royale du 9 août 1844, qui détermine l'alignement de la partie comprise entre la place de Breteuil et la rue de Sèvres.

BRETEUIL (PLACE DE).

Ordonnance royale du 9 août 1844, qui fixe l'alignement de cette voie publique.

BRISSAC (RUE DE).

Commence au boulevart Morland; finit à la rue Crillon. Pas de numéro. Sa longueur est de 42 m. — 9e arrondissement, quartier de l'Arsenal.

Ouverte en 1843, sur les terrains appartenant au domaine de l'État, et provenant de l'ancien enclos de l'*Arsenal*, cette rue a été dénommée en vertu d'une ordonnance royale du 5 août 1844. La largeur de cette voie publique est fixée à 10 m., par une ordonnance royale du 21 septembre 1841. (Voyez rue *Bassompierre*.)

Charles de Cossé, duc de *Brissac*, pair et maréchal de France, remit Paris, dont il était gouverneur, au roi Henri IV, le 22 mars 1594. Brissac mourut en 1621.

SUPPLÉMENT.

BRONGNIART (RUE).

Commence à la rue Montmartre, nos 141 et 143; finit à la rue Notre-Dame-des-Victoires, nos 46 et 50. Sa longueur est de 49 m. — 3e arrondissement, quartier du Mail.

Une ordonnance royale du 5 août 1844 a donné ce nom à l'ancien retour d'équerre de la rue Notre-Dame-des-Victoires, en raison de sa proximité du palais de la Bourse.

Alexandre-Théodore *Brongniart*, naquit à Paris en 1739. Ses parents lui firent embrasser la profession de médecin, mais le jeune Brongniart avait tant de goût pour les beaux-arts, qu'il abandonna la médecine pour étudier l'architecture. Il commença la construction du palais de la Bourse en 1808, mais il n'eut pas la satisfaction de terminer cet important édifice. Brongniart mourut à Paris, le 7 juin 1813.

BRUXELLES (RUE DE).

Une délibération du conseil municipal du 20 novembre 1840, assigna ce nom à une des cinq rues projetées par MM. de Ségur et Greffulhe, sur l'emplacement de l'ancien jardin de Tivoli. Cette rue, qui doit prolonger celle de Bruxelles, ouverte sur les terrains de MM. Hagerman et Mignon, a été exécutée en partie au mois de juin 1844, par MM. Tirouflet et compagnie. Elle commence à la rue de Clichy et doit finir à la place de la barrière Blanche. Sa largeur est fixée à 12 m. (Voyez rue de *Boulogne*.)

BUFFON (RUE DE).

Ordonnance royale du 15 janvier 1844, qui déclare d'utilité publique l'élargissement de cette rue, à son débouché dans la rue du Jardin-du-Roi. Cette amélioration sera prochainement exécutée.

BUTTES (RUE DES).

Ordonnance royale du 30 juillet 1844, qui fixe la largeur de cette voie publique à 12 m.

CALAIS (RUE DE).

Commence à la rue Blanche, no 53; finit aux rue et place de Vintimille. Pas encore de numéro. Sa longueur est de 456 m. — 2e arrondissement, quartier de la Chaussée-d'Antin.

Tracée au mois de juin 1844, cette rue, dont la largeur est fixée à 12 m., a été ouverte sur les terrains appartenant à MM. Tirouflet et compagnie, et provenant de l'ancien jardin de Tivoli. (Voyez rue de *Boulogne*.)

CARDINALE (RUE).

Une ordonnance royale du 30 avril 1844, fixe la largeur de cette rue à 8 m.

CHAISE (RUE DE LA).

Ordonnance royale du 30 avril 1844, qui fixe la moindre largeur de cette voie publique à 10 m.

CHAMPAGNY (RUE DE).

Commence à la rue Casimir-Périer, no 2; finit à la rue de Martignac, no 1. Pas encore de numéro. Sa longueur est de 39 m. — 10e arrondissement, quartier du Faubourg-Saint-Germain.

Cette rue, tracée en 1828, sur les terrains provenant du couvent des religieuses de Bellechasse (voyez rue de *Bellechasse*), a été dénommée en vertu d'une ordonnance royale du 5 août 1844. Sa largeur est fixée à 20 m. Les propriétés riveraines sont alignées. — Éclairage au gaz (compe Française).

Jean-Baptiste *Nompère* de CHAMPAGNY, duc de *Cadore*, né à Roanne en 1756, était major de vaisseau lorsque la révolution éclata. Il fut nommé en 1789, député aux États-Généraux; successivement ambassadeur à Vienne, en 1801, ministre de l'intérieur en 1804, il accepta le portefeuille des affaires étrangères après la paix de Tilsitt. Appelé au Sénat en 1813, Champagny fut créé pair de France en 1814, et mourut le 3 juillet 1834.

CHANALEILLES (RUE DE).

Commence à la rue Vanneau, no 16; finit à la rue Barbet-de-Jouy, no 9. Pas encore de numéro. Sa longueur est de 117 m. — 10e arrondissement, quartier Saint-Thomas-d'Aquin.

Une ordonnance royale du 25 juin 1844 porte : « Article 1er. Le sieur Barbet de Jouy est autorisé à ouvrir sur son terrain une rue de 11 m. de largeur destinée à communiquer de la rue Vanneau à celle qui porte son nom, à la charge par lui de céder gratuitement à la ville le sol de la rue nouvelle et de se conformer aux diverses conditions énoncées dans la délibération du conseil municipal en date 5 juillet 1843. — Art. 2e. Ladite nouvelle rue portera le nom de rue *Chanaleilles*, etc. » — La délibération du conseil municipal impose au sieur Barbet de Jouy les obligations suivantes: « de concéder gratuitement à la ville de Paris le terrain nécessaire à l'exécution de la rue; de *n'élever les maisons en bordure qu'à une hauteur de seize mètres cinquante centimètres*; de faire établir le premier pavage de la rue en chaussée bombée et en pavé dur d'échantillon; de supporter les frais de relevé à bout de ce pavage, ceux d'établissement de bornes-fontaines; de faire établir des branchements et bouches d'égout pour l'absorption des eaux de la nouvelle rue; de supporter les frais d'établissement et de pose du matériel pour l'éclairage au gaz; de faire établir de chaque côté des trottoirs en granit avec ruisseaux refoulés dans les bordures; d'assurer à toujours par les soins d'un cantonnier le balayage de la chaussée, des trottoirs et des ruisseaux aux frais des propriétaires riverains et conformément aux prescriptions de la police. » Les autres clauses s'appliquent au mode des constructions à établir dans la nouvelle rue. — Les propriétés riveraines sont alignées.

M. Sosthènes, comte de *Chanaleilles*, est capitaine au 8e régiment de hussards.

CHANDELIERS (RUE DES TROIS-).

Ordonnance royale du 11 août 1844, qui fixe la largeur de cette voie publique à 10 m.

CHARENTON (CHEMIN DE RONDE DE LA BARRIÈRE DE).

Ordonnance royale du 30 juillet 1844, qui maintient la largeur de 11 m. 69 c.

CHARLEMAGNE (RUE).

Ordonnance royale du 5 août 1844, qui assigne ce nom à la rue des Prêtres-Saint-Paul. (*Voyez* cet article.)

CHEMIN-VICINAL (RUELLE DU).

Ordonnance royale du 30 juillet 1844, qui fixe la largeur de cette voie publique à 12 m.

SUPPLÉMENT.

CHERUBINI (RUE).

Commence à la rue de Chabanois, n° 11; finit à la rue Sainte-Anne, n°s 60 et 62. Sa longueur est de 49 m. — 2e arrondissement, quartier Feydeau.

Une ordonnance royale du 5 août 1844, a donné ce nom à une partie de la rue de Chabanois (*voyez* cet article), en raison de sa proximité de l'emplacement de l'ancien Opéra et des rues Lulli et Rameau.

Cherubini (Marie-Louis-Joseph-Zénobi-Salvador) naquit à Florence, le 8 octobre 1760. A l'âge de 13 ans, il fit exécuter une messe et un intermède, qui révélèrent un talent de premier ordre. Le jeune compositeur fut loin de se laisser étourdir par un succès aussi heureux. Il alla bientôt à Bologne où résidait le célèbre *Sarti*, et, redevenant écolier, il étudia pendant quatre ans sous cet illustre maître. Ce travail opiniâtre lui donna cette science profonde du contre-point, et surtout cette pureté de style qui était le caractère distinctif de son admirable talent. Parmi les compositions les plus remarquables de Cherubini, on cite: *Médée*, l'*Hôtellerie Portugaise*, les *Deux Journées*, sa belle *Messe* à trois voix, et son grand *Requiem*. Nommé directeur du Conservatoire en 1822, Cherubini mourut le 15 mars 1842.

CHILDEBERT (RUE).

Ordonnance royale du 30 avril 1844, qui maintient cette rue dans son état actuel.

CHRISTINE (RUE).

Ordonnance royale du 11 août 1844, qui fixe la largeur de cette voie publique à 10 m.

CISEAUX (RUE DES).

Ordonnance royale du 30 avril 1844, qui fixe la largeur de cette rue à 10 m.

COLIGNY (RUE DE).

Doit commencer au quai Henri IV et finir au boulevart Morland. Sa longueur sera de 88 m. — 9e arrondissement, quartier de l'Arsenal.

Cette rue, qui doit être ouverte sur les terrains de l'île Louviers (*voyez* cet article), aura 12 m. de largeur. Elle a été dénommée en vertu d'une ordonnance royale du 5 août 1844.

Gaspard de *Coligny*, amiral de France, né le 15 février 1517, à Châtillon-sur-Loing, se signala sous François Ier, à la bataille de Cerisolles. Henri II le fit colonel-général de l'infanterie française, puis amiral en 1552. Après la mort du roi, Coligny se mit à la tête des Calvinistes. Il fut la première victime de la *Saint-Barthélemy*. Charles IX fit pendre son cadavre au gibet de Montfaucon.

COMÉDIE (RUE DE L'ANCIENNE-).

Ordonnance royale du 11 août 1844, qui fixe sa moindre largeur à 14 m.

CONTRESCARPE-SAINT-ANDRÉ (RUE DE LA).

Ordonnance royale du 11 août 1844, qui fixe la largeur de cette voie publique à 10 m.

CONTRESCARPE-SAINT-ANTOINE (RUE DE LA).

Ordonnance royale du 9 août 1844, qui approuve l'alignement de cette rue, et prescrit l'exécution immédiate de cet alignement pour cause d'utilité publique.

SUPPLÉMENT.

COTTE (RUE).

Ordonnance royale du 30 juillet 1844, qui maintient la décision ministérielle.

COURTALON (RUE).

Ordonnance royale du 4 mars 1844, qui fixe la largeur de cette voie publique à 10 m.

CRILLON (RUE DE).

Commence au boulevart Morland ; finit à la rue de l'Orme. Pas encore de numéro. Sa longueur est de 252 m. — 9e arrondissement, quartier de l'Arsenal.

Elle a été ouverte en 1843, sur les terrains provenant de l'ancien enclos de l'Arsenal. Sa largeur est fixée à 12 m. par une ordonnance royale du 21 septembre 1841. Cette voie publique a reçu le nom de Crillon en vertu d'une autre ordonnance royale du 5 août 1844. (Voyez rue *Bassompierre*.)

Louis de Berthon de *Crillon*, l'un des plus grands capitaines de son siècle, naquit en 1541, à Murs, en Provence, et mourut le 2 décembre 1615. — A l'âge de 14 ans, il se trouva au siége de Calais, et contribua par sa valeur à la prise de cette ville. Crillon se signala ensuite contre les Calvinistes, aux journées de Jarnac, de Dreux, de Moncontour, en 1562, 1568 et 1569. — A la bataille de Lépante, en 1571, il déploya une bravoure si chevaleresque qu'on le choisit pour porter la nouvelle de la victoire au pape et au roi de France. Crillon servit sous Henri IV, qu'il aida puissamment à conquérir le trône.

DELAMBRE (RUE).

Ordonnance royale du 5 août 1844, qui donne ce nom à la rue de *Montyon* (voyez cet article).

Jean-Baptiste-Joseph *Delambre*, savant astronome, membre de l'Académie des Sciences, naquit le 19 septembre 1749, à Amiens, et mourut à Paris le 19 août 1822. Parmi les ouvrages de Delambre, on distingue son *Traité d'Astronomie*.

DELAMICHODIÈRE (RUE).

Ordonnance royale du 9 août 1844, qui fixe la largeur de cette voie publique à 12 m.

DOUANE (RUE DE LA).

Commence à la rue des Marais-du-Temple, n°s 18 et 20; finit au quai de Valmy, n° 111. Le dernier impair est 3 ; le côté est, en grande partie, bordé par les bâtiments de la Douane; le dernier pair, 26. Sa longueur est de 186 m. — 5e arrondissement, quartier de la Porte-Saint-Martin.

Une ordonnance royale du 20 février 1825, relative aux abords du canal Saint-Martin, prescrivit l'ouverture de cette rue sur une largeur de 12 m. Elle est exécutée d'après cette dimension depuis la rue des Marais jusqu'à celle de l'Entrepôt; dans le surplus elle a 15 m. de largeur. Cette voie publique qui fait suite à la rue Sanson, a porté le nom de rue *Neuve-Sanson*. En vertu d'une décision ministérielle du 21 juin 1844, elle a reçu le nom de rue de la *Douane*. — Les propriétés riveraines sont alignées. — Éclairage au gaz (compe de Belleville).

ÉCHAUDÉ-SAINT-GERMAIN (RUE DE L').

Ordonnance royale du 30 avril 1844, qui fixe la moindre largeur de cette voie publique à 12 m. (Voyez rue *Cardinale*.)

SUPPLÉMENT.

ÉCRIVAINS (RUE DES).

Ordonnance royale du 27 août 1844, qui fixe sa largeur à 12 m.

ENTREPOT (RUE DE L').

Décision ministérielle du 21 juin 1844, qui assigne ce nom à la rue *Lacasse* (*voyez* cet article).

ÉPERON (RUE DE L').

Ordonnance royale du 11 août 1844, qui fixe la largeur de cette voie publique à 10 m.

FÉNÉLON (RUE).

Commence à la rue du Gazomètre et à la place de La Fayette; finit à la rue Belzunce. Pas encore de numéro. Sa longueur est de 117 m. — 3ᵉ arrondissement, quartier du Faubourg-Poissonnière.

Ouverte en 1827, conformément à une ordonnance royale du 31 janvier de la même année, cette rue, qui longe un des côtés de l'église Saint-Vincent-de-Paul, fut fixée à 14 m. de largeur. En vertu d'une ordonnance du 2 février 1839, cette largeur a été portée à 19 m. 23 c. Elle a été dénommée par une ordonnance royale du 5 août 1844. (Voyez rue *Bossuet*.)

François de Salignac de La Motte *Fénélon*, archevêque de Cambrai, auteur des *Aventures de Télémaque*, naquit au château de Fénélon, en Quercy, le 6 août 1651, et mourut le 7 janvier 1715.

FIACRE (IMPASSE SAINT-).

Une ordonnance royale du 18 juin 1844 porte : « Article 1ᵉʳ. L'impasse Saint-Fiacre est et demeure supprimée. »

FONTENOI (PLACE DE).

Ordonnance royale du 9 août 1844, qui détermine l'alignement de cette voie publique.

FULTON (RUE).

Commence au quai d'Austerlitz, nᵒˢ 3 et 5; finit à la rue Neuve-de-la-Gare. Pas encore de numéro. Sa longueur est de 148 m. — 12ᵉ arrondissement, quartier Saint-Marcel.

Cette rue, dont la largeur est de 12 m., a été ouverte sur les terrains appartenant à l'administration des hospices et à MM. Godde, Magu et Hély d'Oissel. L'ordonnance royale d'autorisation porte la date du 14 janvier 1829. (Voyez rue *Neuve-de-la-Gare*.) Cette voie publique a été dénommée en vertu d'une ordonnance royale du 5 août 1844.

Fulton (Robert), célèbre mécanicien américain, naquit vers 1767, dans le comté de Lancastre (état de Pensylvanie), et mourut le 24 février 1815. Il perfectionna les bâtiments à vapeur dont l'invention appartient à un Français, Jouffroy d'Abbans.

GIT-LE-COEUR (RUE).

Ordonnance royale du 11 août 1844, qui fixe la largeur de cette voie publique à 10 m.

GUILLAUME (RUE SAINT-).

Ordonnance royale du 30 avril 1844, qui fixe sa moindre largeur à 10 m.

HAUTEFEUILLE (RUE).

Ordonnance royale du 11 août 1844, qui fixe sa moindre largeur à 10 m.

HENRI IV (QUAI).

Commence au boulevart Morland; finit au quai des Célestins. Pas encore de propriétés particulières. Sa longueur est de 536 m. — 9ᵉ arrondissement, quartier de l'Arsenal.

Ce quai, dont la largeur est fixée à 20 m., a été construit en 1843, sur les terrains provenant de l'île Louviers. Il a été dénommé en vertu d'une ordonnance royale du 5 août 1844.

Henri IV naquit à Pau, le 13 décembre 1553, et fut assassiné le 14 mai 1610. L'Europe lui décerna le surnom de *Grand*; l'armée l'appelait *le roi des braves*, et le peuple *le bon Henri*.

JACQUARD (RUE).

Commence aux rues Ternaux et du Marché-Popincourt; finit à la rue de Ménilmontant, nᵒˢ 46 et 46 bis. Pas encore de numéro. Sa longueur est de 28 m. — 8ᵉ arrondissement, quartier Popincourt.

A l'article du marché *Popincourt*, nous avons parlé de trois rues formées aux abords de cet établissement. L'une d'elles avait pris le nom de rue du marché Popincourt. Les deux autres voies publiques viennent de recevoir, conformément à une ordonnance royale du 5 août 1844, les dénominations de *Jacquard* et *Ternaux*, en raison de leur situation dans un quartier industriel. — La largeur de la rue Jacquard est de 15 m. Les propriétés riveraines sont alignées.

Joseph-Marie *Jacquard*, inventeur du métier à tisser qui porte son nom, naquit à Lyon le 7 juillet 1752, et mourut à Oullins, près de cette ville, le 5 août 1834.

JOUFFROY (RUE).

Commence au quai d'Austerlitz, nᵒ 21; finit à la rue Neuve-de-la-Gare. Pas encore de numéro. Sa longueur est de 94 m. — 12ᵉ arrondissement, quartier Saint-Marcel.

Une ordonnance royale du 5 août 1844 a donné ce nom à une partie de la rue de *Poliveau*. (*Voyez* cet article.)

Jouffroy d'Abbans (Claude-François-Dorothée, marquis de), l'un des hommes qui ont possédé au plus haut degré le génie de la mécanique, le véritable inventeur des *pyroscaphes*, bateaux à vapeur, naquit vers 1751, et mourut à Paris en 1832.

JUGES-CONSULS (RUE DES).

Commence à la rue de la Verrerie, nᵒˢ 68 et 70; finit à la rue du Cloître-Saint-Merri, nᵒ 5. Sa longueur est de 37 m. — 7ᵉ arrondissement, quartier Sainte-Avoie.

Une décision ministérielle du 21 juin 1844 a donné ce nom à la partie de la rue du Cloître-Saint-Merri (*voyez* cet article) où était située autrefois la maison des *Juges-Consuls*.

LEGRAVEREND (RUE).

Doit commencer au boulevart Mazas et finir à la rue de Beccaria. Sa longueur sera de 94 m. — 8ᵉ arrondissement, quartier des Quinze-Vingts.

Cette rue, qui n'est pas encore tracée, longera un des côtés de la nouvelle prison de la Force. Sa largeur a été fixée à 12 m. par une ordonnance royale du 17 décembre 1840. Elle a été dénommée en vertu d'une autre ordonnance royale du 5 août 1844. (*Voyez* rue de *Beccaria*.)

Legraverend (Jean-Marie-Emmanuel), profond jurisconnsuite, naquit à Rennes en 1776, et mourut le 23 décembre 1827. Il a laissé sur le droit criminel, qui durant toute sa vie avait été l'objet spécial de ses études, plusieurs ouvrages estimés parmi lesquels on distingue son *Traité de législation criminelle en France.*

LENOIR-SAINT-ANTOINE (RUE).

Ordonnance royale du 30 juillet 1844, qui maintient cette rue dans son état actuel.

LODI (RUE DU PONT-DE-).

Ordonnance royale du 11 août 1844, qui maintient cette rue dans son état actuel.

LOWENDAL (AVENUE DE).

Ordonnance royale du 9 août 1844, qui détermine l'alignement de cette voie publique.

MANDÉ (CHEMIN DE RONDE DE LA BARRIÈRE DE SAINT-).

Ordonnance royale du 30 juillet 1844, qui maintient la largeur de 11 m. 69 c.

MANTEAUX (RUE DU MARCHÉ-DES-BLANCS-).

Décision ministérielle du 21 juin 1844, qui assigne ce nom aux deux communications longeant les façades latérales du marché. (*Voyez* cet article.)

MARSEILLE (RUE DE).

Commence à la rue de l'Entrepôt; finit à la rue des Vinaigriers, n° 4, et au quai de Valmy. Un seul impair qui est 1; pas de numéro pair; ce côté est bordé par les bâtiments de l'Entrepôt. Sa longueur est de 148 m. — 5e arrondissement, quartier de la Porte-Saint-Martin.

Une ordonnance royale du 20 février 1825, relative aux abords du canal Saint-Martin, a prescrit l'ouverture de cette rue et fixé sa largeur à 12 m. Cependant elle a été exécutée sur une largeur de 15 m. Cette voie publique a porté pendant quelque temps le nom de rue du *Hâvre*. En vertu d'une décision ministérielle du 21 juin 1844, elle a reçu la dénomination de rue de *Marseille*. Les constructions riveraines sont alignées.

MICHEL (QUAI SAINT-).

Ordonnance royale du 11 août 1844, qui maintient ce quai dans son état actuel.

MONT-GALLET (RUE).

Ordonnance royale du 30 juillet 1844, qui fixe la largeur de cette voie publique à 13 m.

MORNAY (RUE).

Commence aux rues de Sully et de l'Orme; finit à la rue de Crillon. Pas encore de numéro. Sa longueur est de 86 m. — 9e arrondissement, quartier de l'Arsenal.

Ouverte en 1843, sur les terrains provenant de l'ancien enclos de l'Arsenal, cette rue a été dénommée en vertu d'une ordonnance royale du 5 août 1844. (Voyez rue *Bassompierre*.) Sa largeur est de 20 m.

Philippe de *Mornay*, seigneur du Plessis-Marly, surnommé *le pape des protestants*, naquit à Babi, dans le Vexin français, en 1549. Sa vertu lui conférait le droit d'avertir Henri IV de ses faiblesses. — Sur le champ de bataille de Coutras, au moment où l'action allait s'engager, il représente au roi de Navarre qu'il a porté le trouble dans une honnête famille par une liaison criminelle; qu'il doit à son armée la réparation publique de ce scandale, et à Dieu, devant lequel il va peut-être paraître, l'humble aveu de sa faute. Henri se confesse au ministre Chaudieu, et dit aux seigneurs de sa cour qui l'en veulent détourner : « On ne peut trop s'humilier devant Dieu. » Il tombe ensuite à genoux avec ses soldats protestants; le pasteur prononce la prière. Joyeuse, à la tête de l'armée catholique, les voit et s'écrie : « Le roi de » Navarre a peur ! — Ne le prenez pas là, répond Lavar- » din; ils ne prient jamais sans qu'ils soient résolus de ». vaincre ou de mourir. » — Joyeuse perdit la bataille et la vie. — Sous Louis XIII, Mornay resta fidèle à sa religion et mourut le 11 octobre 1623.

MOTTE-PICQUET (AVENUE DE LA).

Ordonnance royale du 9 août 1844, qui détermine l'alignement de cette voie publique.

MUNICH (AVENUE DE).

Commence à la rue de Miroménil, n° 49; finit à l'avenue de Plaisance. Pas de numéro. Sa longueur est de 212 m. — 1er arrondissement, quartier du Roule.

Cette avenue, formée lors de la construction de l'abattoir du Roule, a été dénommée en vertu d'une décision ministérielle du 21 juin 1844. Elle n'est pas encore classée parmi les voies publiques de Paris. Sa largeur est de 33 m. 50 c.

Munich est la capitale du royaume de Bavière.

NICOLAS-SAINT-ANTOINE (RUE SAINT-).

Ordonnance royale du 30 juillet 1844, qui fixe sa largeur à 10 m.

OBSERVANCE (RUE DE L').

Ordonnance royale du 11 août 1844, qui maintient la décision ministérielle.

ORMEAUX (AVENUE DES).

Ordonnance royale du 30 juillet 1844, qui maintient la décision ministérielle.

PAPIN (RUE).

Doit commencer au quai d'Austerlitz et finir à la rue Neuve-de-la-Gare. Sa longueur sera de 112 m. — 12e arrondissement, quartier Saint-Marcel.

L'ouverture de cette rue, sur les terrains appartenant à MM. Godde, Magu, Hély d'Oissel et à l'administration des hospices, a été autorisée par une ordonnance royale du 14 janvier 1829. (Voyez rue *Neuve-de-la-Gare*.) Sa largeur est fixée à 13 m. Elle a été dénommée en vertu d'une ordonnance royale du 5 août 1844.

Denis *Papin*, l'un des inventeurs des machines à vapeur, naquit à Blois vers le milieu du XVIIe siècle, et mourut en 1710. Salomon de Caus avait imaginé d'employer la vapeur d'eau dans une machine hydraulique. Denis Papin a combiné le premier, dans une machine à vapeur et à piston, la précipitation de cette vapeur par le froid.

PAVÉE-SAINT-ANDRÉ (RUE).

Ordonnance royale du 11 août 1844, qui fixe sa largeur à 10 m.

SUPPLÉMENT.

PERCHE (RUE DU).

Ordonnance royale du 9 août 1844, qui fixe sa largeur à 10 m.

PERCIER (AVENUE).

Commence à la rue de la Pépinière, n° 58; finit à l'avenue de Munich. Pas de numéro. Sa longueur est de 146 m. — 1er arrondissement, quartier du Roule.

Formée lors de la construction de l'abattoir du Roule, cette avenue n'est pas encore classée parmi les voies publiques de Paris. Sa largeur est de 24 m. 80 c. Elle a été dénommée en vertu d'une ordonnance royale du 5 août 1844.

Charles *Percier*, architecte, membre de l'Institut, né à Paris le 22 août 1764, obtint à 22 ans le premier prix d'architecture. Voici les titres des principaux ouvrages publiés par Percier, qui eut pour collaborateur M. Fontaine : 1° *Palais, maisons et autres édifices modernes, dessinés à Rome* (1798); 2° *choix des plus célèbres maisons de plaisance de Rome* (1809); 3° *recueil de décorations intérieures* (1812); 4° *arc de triomphe des Tuileries, érigé en 1806*; 5° *résidences de souverains* (1833). Percier mourut le 5 septembre 1838. En 1840, une médaille a été frappée en l'honneur de cet artiste éminent. Elle porte au revers : *A Charles Percier, membre de l'Institut, ses élèves, ses amis et les admirateurs de son grand talent et de son noble caractère.*

PICPUS (CHEMIN DE RONDE DE LA BARRIÈRE DE).

Ordonnance royale du 30 juillet 1844, qui maintient la largeur de 11 m. 69 c.

POITEVINS (RUE DES).

Ordonnance royale du 11 août 1844, qui fixe sa largeur à 10 m.

PORT-ROYAL (RUE DE).

Décision ministérielle du 21 juin 1844, qui donne ce nom à la rue de la *Bourbe*. (*Voyez* cet article.)

REUILLY (CHEMIN DE RONDE DE LA BARRIÈRE DE).

Ordonnance royale du 30 juillet 1844, qui maintient la largeur de 11 m. 69 c.

SAVOIE (RUE DE).

Ordonnance royale du 11 août 1844, qui fixe sa largeur à 10 m.

SAXE (AVENUE DE).

Ordonnance royale du 9 août 1844, qui détermine l'alignement de cette voie publique.

SCHOMBERG (RUE DE).

Doit commencer au boulevart Morland et finir aux rues de Sully et Mornay. Sa longueur sera de 22 m. — 9e arrondissement, quartier de l'Arsenal.

Cette rue, dont la largeur est fixée à 12 m., a été dénommée en vertu d'une ordonnance royale du 5 août 1844. (*Voyez* rue *Bassompierre*.)

Ménard de *Schomberg*, général des Allemands à la solde du roi de Navarre, depuis Henri IV, l'un des plus grands capitaines de son siècle, naquit en 1527. Schomberg se distingua dans tous les combats que livra Henri IV pour conquérir son trône. Quelques jours avant la bataille d'Ivry, Schomberg réclama au roi le paiement de ses troupes : « *Jamais homme de cœur*, s'écria le roi, *n'a demandé d'argent la veille d'une bataille.* » Ce mot trop vif revint à la mémoire de Henri IV au moment du combat, et, s'approchant du général, il lui dit : « *Monsieur de Schomberg, je vous ai offensé; cette journée peut être la dernière de ma vie, je ne veux point emporter l'honneur d'un brave; veuillez me pardonner et embrassez-moi.* » — « *Sire*, répartit Schomberg, *votre majesté m'a blessé l'autre jour, aujourd'hui elle me tue.* » Quelques heures après la bataille on trouva le général enseveli sous les corps de ses soldats, et l'on rapporta au roi que *M. de Schomberg avait reçu douze blessures toutes mortelles.* — Plusieurs capitaines de la même famille ont noblement servi la France, et se sont fait tuer pour elle.

SERPENTE (RUE).

Ordonnance royale du 11 août 1844, qui fixe sa largeur à 10 m.

SUFFREN (AVENUE).

Ordonnance royale du 9 août 1844, qui détermine l'alignement de cette voie publique.

SUGER (RUE).

Ordonnance royale du 5 août 1844, qui donne ce nom à la rue du *Cimetière-Saint-André-des-Arts*. (*Voyez* cet article.)

Suger, né en 1082, fut nommé abbé de Saint-Denis en 1122. Ministre de Louis VI et de son successeur, Suger sut ménager le trésor royal avec tant d'économie que, sans charger le peuple, il trouva moyen d'enrichir la royauté en l'aidant à sortir de tutelle. L'abbé Suger mourut à Saint-Denis en 1152.

TERNAUX (RUE).

Commence à la rue Popincourt, n°s 102 et 104; finit aux rues Jacquard et du Marché-Popincourt. Le dernier impair est 13; le dernier pair, 6. Sa longueur est de 86 m. — 8e arrondissement, quartier Popincourt.

Cette rue dont la largeur est de 12 m. a été ouverte en 1829, sur les terrains appartenant au sieur Testart. (*Voyez marché Popincourt.*) Elle a été dénommée en vertu d'une ordonnance royale du 5 août 1844. (*Voyez* rue *Jacquard.*)

Guillaume-Louis *Ternaux*, né à Sédan le 8 octobre 1763, fut tour à tour manufacturier, négociant, inventeur, mécanicien, magistrat, administrateur, député, chef d'associations de bienfaisance et d'entreprises utiles. Dans des circonstances très difficiles, il donna des preuves éclatantes du patriotisme le plus éclairé. Grand citoyen, ami sincère et ardent de tout ce qui était honorable pour son pays, il en défendit les intérêts à la tribune nationale avec toute l'éloquence de l'homme de bien, en même temps qu'il l'enrichit par les immenses produits de ses fabriques, par l'introduction et l'amélioration des chèvres de Cachemire. Ternaux mourut le 1er avril 1833.

TOURAINE-SAINT-GERMAIN (RUE DE).

Ordonnance royale du 11 août 1844, qui maintient la décision ministérielle.

TOURVILLE (AVENUE DE).

Ordonnance royale du 9 août 1844, qui détermine l'alignement de cette voie publique.

TREILHARD (RUE).

Doit commencer au boulevart Mazas et finir à la rue Traversière, n° 10. Sa longueur sera de 107 m. — 8e arrondissement, quartier des Quinze-Vingts.

Cette rue, qui n'est pas encore tracée, longera un des côtés de la nouvelle prison de la Force. Sa largeur est fixée à 12 m. par une ordonnance royale du 17 décembre 1840. Elle a été dénommée en vertu d'une autre ordonnance royale du 5 août 1844. (Voyez rue de *Beccaria*.)

Jean-Baptiste, comte *Treilhard*, né à Brives-la-Gaillarde, le 2 janvier 1742, exerça la profession d'avocat à Paris. Député aux États-Généraux, il y obtint une grande influence. Les patriotes, frappés de son talent oratoire, cherchèrent à se le concilier. Aussi Treilhard, député à la Convention, vota la mort de Louis XVI. Appelé, en 1798, à remplir les fonctions de *directeur*, il se retira l'année suivante avec Merlin et Laréveillière-Lepaux. Dans le conseil d'État, il concourut à la rédaction des lois sur l'ordre judiciaire et administratif, et mourut ministre d'état le 1er décembre 1810.

TRÉVISE (RUE DE).

Une ordonnance royale du 11 août 1844, autorise MM. de Massa et Leroux à ouvrir sur leurs terrains : 1° une rue de 10 m. de largeur, en prolongement de la partie de la rue de la Boule-Rouge, qui prend naissance à la rue du Faubourg-Montmartre; 2° *une rue de 12 m. de largeur, en prolongement de la rue de Trévise, depuis la rue Richer jusqu'à la rue Bergère*. Cette autorisation est accordée à la charge, par le propriétaire, de ne donner que 15 *mètres de hauteur* aux bâtiments en bordure sur les nouvelles rues, et de se conformer aux clauses et conditions énoncées dans la délibération du conseil municipal du 26 mai 1843.

VINTIMILLE (PLACE DE).

Située entre les rues de Calais et Vintimille. Pas encore de numéro. — 2e arrondissement, quartier de la Chaussée-d'Antin.

Elle a été tracée au mois de juin 1844, sur les terrains appartenant à MM. Tirouflet et compagnie. (Voyez rue de *Boulogne*.) Sa largeur est de 56 m. 40 c.

Madame la comtesse Philippe de Ségur, née de *Vintimille* du Luc, est veuve en premières noces de M. le comte de Greffulhe.

VINTIMILLE (RUE DE).

Commence à la rue de Clichy, n° 74; finit à la place de Vintimille et à la rue de Calais. Pas encore de numéro. Sa longueur est de 154 m. — 2e arrondissement, quartier de la Chaussée-d'Antin.

Cette rue a été tracée au mois de juin 1844, sur les terrains appartenant à MM. Tirouflet et compagnie. Sa largeur est de 12 mètres. (*Voyez* l'article précédent et la rue de *Boulogne*.)

WATT (RUE).

Ordonnance royale du 5 août 1844, qui donne ce nom à la rue de *Bellièvre*. (*Voyez* cet article.)

James Watt, le *Christophe Colomb* de la mécanique, naquit à Greenock, en Écosse, le 19 juin 1736, et mourut le 25 août 1819.

1er Septembre 1844.

NOMENCLATURE

DES

ÉGLISES, COLLÉGES ET ÉTABLISSEMENTS RELIGIEUX SUPPRIMÉS.

AGNAN (chapelle Saint-), *voyez* Chanoinesse (rue).
AGNÈS (communauté de Sainte-), *v.* Rousseau (rue Jean-Jacques).
ANASTASE OU DE SAINT-GERVAIS (communauté des Hospitalières-Sainte-), *v.* Manteaux (marché des Blancs-).
ANDRÉ-DES-ARTS (église Saint-), *v.* André-des-Arts (place Saint-).
ANGLAIS (couvent des Bénédictins-), *v.* Jacques (rue Saint-).
ANGLAIS (séminaire), *v.* Postes (rue des).
ANGLAISES (couvent des Bénédictines-), *v.* Anglaises (rue des).
ANGLAISES (couvent des Filles-), *v.* Charenton (rue de).
ANGLAISES (couvent des Religieuses-), *v.* Victor (rue des Fossés-Saint-).
ANNE (chapelle Sainte-), *v.* Poissonnière (rue du Faubourg).
ANNONCIADES-CÉLESTES (couvent des), *v.* Catherine (rue Culture-Sainte-).
ANNONCIADES-DU-SAINT-ESPRIT (couvent des), *v.* Ambroise (église Saint-).
ANTOINE (Hospitaliers de Saint-), *v.* Antoine (passage du Petit-Saint-).
ANTOINE-DES-CHAMPS (abbaye Saint-), *v.* Antoine (hôpital Saint-).
ARRAS (collége d'), *v.* Arras (rue d').
ASSOMPTION (religieuses de l'), *v.* Assomption (église de l').
AUGUSTINS (couvent des Grands-), *v.* Volaille et au Gibier (marché à la).
AUGUSTINS (couvent des Petits-), *v.* Arts (école des Beaux-).
AUGUSTINS DITS PETITS-PÈRES (couvent des), *v.* Notre-Dame-des-Victoires (église).
AURE (communauté de Sainte-), *v.* Geneviève (rue Neuve-Sainte-).
AUTUN (collége d'), *v.* André-des-Arts (rue Saint-).
AVE-MARIA (monastère de l'), *v.* Ave-Maria (caserne de l').
AVOIE (couvent Sainte-), *v.* Rambuteau (rue de).

BARNABITES (couvent des), *v.* Barnabites (passage des).
BARTHÉLEMY (église royale Saint-), *v.* Flore (passage de).
BAYEUX (collége de), *v.* Harpe (rue de la).
BELLECHASSE (couvent des religieuses de), *v.* Bellechasse (rue de).
BENOIT (église Saint-), *v.* Panthéon (théâtre du).
BERNARDINS (collége des), *v.* Pontoise (rue de).
BILLETTES (couvent des Carmes-), *v.* Billettes (temple des).
BLAISE ET SAINT-LOUIS (chapelle Saint-), *v.* Julien-le-Pauvre (église Saint-).
BOIS (Abbaye-aux-), *v.* Bois (église de l'Abbaye-aux-).

BOISSI (collége de), *v.* André-des-Arts (rue du Cimetière-Saint-).
BON (chapelle Saint-), *v.* Bon (rue Saint-).
BONCOURT (collége de), *v.* Descartes (rue).
BOURGOGNE (collége de), *v.* Médecine (École-de-).

CALVAIRE (couvent des Filles-du-), *v.* Ménilmontant (rue Neuve-de-).
CALVAIRE (couvent des Religieuses-du-), *v.* Vaugirard (rue de).
CAMBRAY (collége de), *v.* France (collége de).
CAPUCINES (couvent des), *v.* Paix (rue de la).
CAPUCINS (couvent des), *v.* François-d'Assise (église Saint-).
CAPUCINS (couvent des), *v.* Louis-d'Antin (église Saint-).
CAPUCINS (couvent des), *v.* Midi (hôpital du).
CAPUCINS (couvent des), *v.* Mont-Thabor (rue du).
CARMÉLITES (couvent des), *v.* Chapon (rue).
CARMÉLITES (couvent des), *v.* Martignac (rue de).
CARMÉLITES (couvent des), *v.* Val-de-Grâce (rue du).
CARMES (couvent des), *v.* Carmes (marché des).
CARMES-DÉCHAUSSÉS (couvent des), *v.* Vaugirard (rue de).
CATHERINE (hôpital Sainte-), *v.* Denis (rue Saint-).
CATHOLIQUES (communauté des Nouvelles-), *v.* Anne-Saint-Honoré (rue Sainte-).
CÉLESTINS (couvent des), *v.* Célestins (caserne des).
CHARITÉ (communauté des Filles-de-la-), *v.* Fidélité (rue de la).
CHARTREUX (couvent des), *v.* Est (rue de l').
CHAUMONT (couvent des Filles-de-Saint-), *v.* Chaumont (passage Saint-).
CHERCHE-MIDI (prieuré du), *v.* Cherche-Midi (rue du).
CHOLETS (collége des), *v.* Cholets (rue des).
CHRISTOPHE (église Saint-), *v.* Christophe (rue Saint-).
CLUNY (collége de), *v.* Sorbonne (place).
CLUNY (hôtel des Religieux-de-), *v.* Musées.
COME ET SAINT-DAMIEN (église Saint-), *v.* Médecine (rue de l'École-de-).
CONCEPTION (couvent de la), *v.* Duphot (rue).
CONCEPTION (monastère royal de l'Immaculée-), *v.* Bac (rue du).
CONVALESCENTS (hospice des), *v.* Bac (rue du).
CONVERTIS (couvent des Nouveaux-), *v.* Cuvier (rue).
CORDELIÈRES (couvent des), *v.* Pascal (rue).
CORDELIERS (couvent des), *v.* Médecine (place de l'École-de-).
CORNOUAILLES (collége de), *v.* Plâtre-Saint-Jacques (rue du).
CROIX (communauté des Filles-de-la-), *v.* Orléans-Saint-Marcel (rue d').

NOMENCLATURE.

Croix (couvent des Filles-de-la-), v. Barres (rue des).
Croix (couvent des Filles-de-la-), v. Charonne (rue de).
Croix (couvent des Filles-de-la-), v. Guéménée (impasse).
Croix (église Sainte-), v. Croix-en-la-Cité (rue Sainte-).
Croix-de-la-Bretonnerie (chanoines de Sainte-), v. Croix-de-la-Bretonnerie (passage Sainte-).

Dace (collége de), v. Carmes (rue des).
Dainville (collége de), v. Médecine (rue de l'École-de-).
Denis-de-la-Chartre (église et prieuré Saint-), v. Cité (rue de la).
Denis-du-Pas (église Saint-), v. Notre-Dame (église).
Doctrine-Chrétienne (couvent des prêtres de la), v. Victor (rue des Fossés-Saint-).
Doctrine-Chrétienne (prêtres de la), v. Molay (rue).
Dormans-Beauvais (collége de), v. Beauvais (rue Jean-de-).

Écossais (collége des), v. Victor (rue des Fossés-Saint-).
Elisabeth (couvent de Sainte-), v. Elisabeth (église Sainte-).
Enfant-Jésus (communauté des Filles-de-l'), v. Enfants-Malades (hôpital des).
Enfants (collége des Bons-), v. Enfants (rue des Bons-).
Enfants-Rouges (hôpital des), v. Molay (rue).
Esprit (hôpital du Saint-), v. Hôtel-de-Ville.
Esprit (séminaire du Saint-), v. Postes (rue des).
Etienne-des-Grés (église Saint-), v. Etienne-des-Grés (rue Saint-).
Eudistes (communauté des), v. Postes (rue des).

Feuillantines (couvent des), v. Feuillantines (impasse des).
Feuillants (couvent des), v. Enfer (rue d').
Feuillants (couvent des), v. Rivoli (rue de).
Filles-Dieu (couvent des), v. Caire (rue du)
Firmin (séminaire Saint-), v. Aveugles (institution des Jeunes-).
Fortet (collége), v. Voies (rue des Sept-).

Geneviève (abbaye royale Sainte-), v. Henri IV (collége royal).
Geneviève-des-Ardents (église Sainte-), v. Notre-Dame (rue Neuve-).
Germain-des-Prés (abbaye Saint-), v. Germain-des-Prés (église Saint-).
Germain-le-Vieux (église Saint-), v. Marché-Neuf (rue du).
Gervais (collége de maître), v. Foin-Saint-Jacques (caserne de la rue du).
Grassins (collége des), v. Amandiers-Sainte-Geneviève (rue des).
Guillemites (monastère des), v. Manteaux (église des Blancs).

Harcourt (collége d'), v. Louis (collége royal Saint-).
Haudriettes (chapelle et hôpital des), v. Hôtel-de-Ville.
Hilaire (église Saint-), v. Hilaire (rue Saint-).
Hippolyte (église Saint-), v. Hippolyte (rue Saint-).
Honoré (église Saint-), v. Honoré (cloître Saint-).
Hospitalières (couvent des Religieuses-), v. Hospitalières (impasse des).
Hubant ou de l'Ave-Maria (collége de), v. Geneviève (rue de la Montagne-Sainte-).

Innocents (église des Saints-), v. Innocents (marché des).
Irlandais (collége des), v. Irlandais (rue des).

NOMENCLATURE.

Jacobins (couvent des), v. Grés (rue des).
Jacobins (couvent des), v. Honoré (marché Saint-).
Jacobins (couvent des), v. Thomas-d'Aquin (église Saint-).
Jacques-la-Boucherie (église Saint-), v. Jacques-la-Boucherie (marché Saint-).
Jacques-l'Hopital (église Saint-), v. Jacques-l'Hôpital (rue Saint-).
Jean (chapelle Saint-), v. Montmartre (rue du Faubourg-).
Jean-en-Grève (église Saint-), v. Hôtel-de-Ville.
Jean-le-Rond (église Saint-), v. Notre-Dame (rue du Cloître-).
Jésuites (noviciat des), v. Madame (rue).
Joseph (chapelle Saint-), v. Joseph (marché Saint-).
Joseph (couvent des Filles de Saint-), v. Dominique-Saint-Germain (rue Saint-).
Josse (église Saint-), v. Aubry-le-Boucher (rue).
Julien-des-Ménétriers (église Saint-), v. Martin (rue Saint-).
Justice (collége de), v. Louis (collége royal Saint-).

Landry (église Saint-), v. Landry (rue Saint-).
Laon (collége de), v. Geneviève (rue de la Montagne-Sainte-).
Latran (église et prieuré Saint-Jean-de-), v. Latran (enclos et passage Saint-Jean-de-).
Lazare (hôpital Saint-), v. Lazare (maison Saint-).
Lemoine (collége du Cardinal-), v. Lemoine (rue du Cardinal-).
Lisieux (collége de), v. Beauvais (rue Jean-de-).
Lombards (collége des), v. Carmes (rue des).
Luc (chapelle Saint-), v. Moulin-en-la-Cité (rue du Haut-).

Madeleine (ancienne église de la), v. Madeleine (rue de la).
Madeleine (couvent des Filles-de-la-), v. Madelonettes (prison des).
Madeleine-de-Trainel (religieuses de la), v. Charonne (rue de).
Madeleine-en-la-Cité (église de la), v. Constantine (rue de).
Magloire (couvent Saint-), v. Magloire (rue Saint-).
Magloire (séminaire Saint-), v. Sourds-Muets (Institution des).
Malte (prieuré de), v. Temple (chapelle du).
Mans (collége du), v. Enfer (rue d').
Marcel (église Saint-), v. Collégiale (place de la).
Marche (collége de la), v. Geneviève (rue de la Montagne-Sainte-).
Marguerite (couvent des Filles-Sainte-), v. Bernard (rue Saint-).
Marie (maison religieuse de la Visitation-Sainte-), v. Batailles (rue des).
Marie (couvent de la Visitation-Sainte-), v. Jacques (rue Saint-).
Marie (couvent des Filles de la Visitation-Sainte-), v. Marie (temple Sainte-).
Marie (maison conventuelle de la Visitation-Sainte-), v. Marie-Saint-Germain (passage Sainte-).
Marie-l'Égyptienne (église Sainte-), v. Jussienne (rue de la).
Marine (église Sainte-), v. Marine (impasse Sainte-).
Marthe (communauté des Filles de Sainte-), v. Muette (rue de la).
Martial (église Saint-), v. Éloi (rue Saint-).

NOMENCLATURE.

Martin (église Saint-), *v.* Collégiale (place de la).
Martin-des-Champs (prieuré Saint-), *v.* Arts-et-Métiers (Conservatoire des).
Mathurins (couvent des), *v.* Mathurins-Saint-Jacques (rue des).
Mazarin (collége), *v.* Institut de France.
Merci (collége de la), *v.* Voies (rue des Sept-).
Merci (couvent de la), *v.* Chaume (rue du).
Michel (communauté des Filles-de-Saint-), *v.* Postes (rue des).
Mignon (collége), *v.* Mignon (rue).
Minimes (couvent des), *v.* Minimes (caserne des).
Miramiones (couvent des), *v.* Tournelle (quai de la).
Miséricorde (couvent de la), *v.* Colombier (rue du Vieux-).
Miséricorde-de-Jésus (couvent de la), *v.* Mouffetard (caserne).
Miséricorde dit des Cent-Filles (couvent de la), *v.* Censier (rue).
Missions-Étrangères (séminaire des), *v.* Missions-Étrangères (église des).
Montaigu (collége de), *v.* Voies (rue des Sept-).

Narbonne (collége de), *v.* Harpe (rue de la).
Navarre (collége de), *v.* Polytechnique (École-).
Nazareth (couvent des Pères-de-), *v.* Temple (rue du).
Nicolas-du-Louvre (église Saint-), *v.* Thomas-du-Louvre (rue Saint-).
Notre-Dame (Filles de la Congrégation-), *v.* Étienne-du-Mont (rue Neuve-Saint-).
Notre-Dame-de-Bon-Secours (prieuré de), *v.* Charonne (rue de).
Notre-Dame-de-Grace dit de la Ville-l'Évêque (prieuré de), *v.* Madeleine (place de la).
Notre-Dame-de-la-Paix (abbaye), *v.* Chaillot (rue de).
Notre-Dame-de-la-Victoire-de-Lepante (couvent de), *v.* Picpus (rue de).
Notre-Dame-de-Liesse (couvent de), *v.* Necker (hôpital).
Notre-Dame-de-Lorette (chapelle), *v.* Coquenard (rue).

Opportune (église Sainte-), *v.* Opportune (rue Sainte-).
Oratoire (congrégation de l'), *v.* Oratoire (temple de l').
Orfèvres (hôpital des), *v.* Orfèvres (rue des).
Orphelines (maison des), *v.* Vignes (impasse des).
Orphelins-de-Saint-Sulpice (les), *v.* Colombier (caserne de la rue du Vieux-).

Pasteur (maison du Bon-), *v.* Cherche-Midi (rue du).
Paul (église Saint-), *v.* Paul (rue Saint-).
Pélagie (communauté de Sainte-), *v.* Pélagie (prison de Sainte-).
Pentemont (abbaye de), *v.* Bellechasse (rue de).
Picardie (collége de), *v.* Fouarre (rue du).
Picpus (couvent de), *v.* Picpus (rue de).
Pierre (chapelle Saint-), *v.* Antoine (place de l'Hôpital-Saint-).
Pierre-aux-Boeufs (église Saint-), *v.* Arcole (rue d').
Pierre-des-Arcis (église Saint-), *v.* Fleurs (rue du Marché-aux-).
Pierre et Saint-Louis (séminaire Saint-), *v.* Enfer (rue d').

Plessis-Sorbonne (collége du), *v.* Normale (école).
Port-Royal (abbaye de), *v.* Accouchement (hospice de l').
Prémontrés (collége et prieuré des), *v.* Hautefeuille (rue).
Prémontrés-Réformés (couvent des), *v.* Sèvres (rue de).
Présentation-Notre-Dame (couvent de la), *v.* Rollin (collége).
Presles (collége de), *v.* Carmes (rue des).
Providence (couvent de la), *v.* Arbalète (rue de l').

Récollets (couvent des), *v.* Incurables-Hommes (hospice des).
Reims (collége de), *v.* Voies (rue des Sept-).
Roquette (couvent des Hospitalières-de-la-), *v.* Roquette (rue de la).

Sachettes (couvent des), *v.* André-des-Arts (rue du Cimetière-Saint-).
Sacrement (couvent des Filles-du-Saint-), *v.* Cassette (rue).
Sacrement (Bénédictines du Saint-), *v.* Denis-du-Saint-Sacrement (église Saint-).
Sang (couvent du Précieux-), *v.* Madame (rue).
Sauveur (église Saint-), *v.* Denis (rue Saint-).
Sauveur (communauté des Filles-du-), *v.* Vendôme (passage).
Séez (collége de), *v.* Harpe (rue de la).
Sépulcre (église et confrérie du Saint-), *v.* Batave (cour).
Siméon Salus (maison de Saint-), *v.* Vignes (impasse des).
Sorbonne (collége), *v.* Sorbonne (église).
Symphorien (chapelle Saint-), *v.* Cholets (rue des).

Théatins (couvent des), *v.* Voltaire (quai de).
Thomas-d'Aquin (couvent des Filles-Saint-), *v.* Bourse et Tribunal de commerce.
Thomas-de-Villeneuve (association des Dames-de-Saint-). *v.* Sèvres (rue de).
Thomas-du-Louvre (église Saint-), *v.* Thomas-du-Louvre (rue Saint-).
Tournay (collége de), *v.* Descartes (rue).
Tours (collége de), *v.* Serpente (rue).
Tréguier (collége de), *v.* France (collége de).
Trente-Trois (séminaire des-), *v.* Geneviève (rue de la Montagne-Sainte-).
Trésorier (collége du), *v.* Richelieu (rue Neuve-de-).
Trinité (couvent des Filles-de-la-), *v.* Reuilly (Petite rue de).
Trinité (hôpital de la), *v.* Trinité (passages de la).

Union-Chrétienne (communauté de la Petite-), *v.* Lune (rue de la).
Ursulines (couvent des), *v.* Ursulines (rue des).

Val-de-Grace (abbaye du), *v.* Val-de-Grâce (hôpital militaire du).
Val-des-Écoliers (couvent Sainte-Catherine-du-), *v.* Catherine (marché Sainte-).
Victor (abbaye Saint-), *v.* Vins (halle aux).

Yves (chapelle Saint-), *v.* Jacques (rue Saint-).

TABLE

INDIQUANT

LES CHANGEMENTS DE NOMS D'ÉDIFICES ET DE VOIES PUBLIQUES

DEPUIS 1790 JUSQU'AU 1ᵉʳ SEPTEMBRE 1844.

ABBAYE (rue de l'), *voyez* Bourbon-le-Château (rue de).
ABOUKIR (rue d'), v. Bourbon-Villeneuve (rue de).
ALENÇON (quai d'), v. Bourbon (quai de).
ALPES (rue des), v. Beaujolais-au-Marais (rue de).
AMI-DU-PEUPLE (place de l'), v. Observance (rue de l').
ANDRÉ (barrière Saint-), v. Aupay (barrière d').
ANDRÉ (rue Saint-), v. Roquette (rue de la).
ANDRÉ-DES-ARTS (rue du Cimetière-Saint-), v. Suger (rue); *supplément*.
ANGES rue des Deux-), v. Cassini (rue).
AN VIII (rue de l'), v. Pigalle (rue).
ANTOINE (boulevart Saint-), v. Beaumarchais (boulevart de).
ANTOINE (théâtre de la porte Saint-), v. Beaumarchais (théâtre de).
ARCOLE (rue d'), v. Beaujolais-Palais-Royal (rue de).
ARTOIS (passage d'), v. Laffitte (passage).
ARTOIS (rue comtesse d'), v. Montorgueil (rue).
ARTOIS (rue d'), v. Laffitte (rue).
ATHÈNES (rue de la Nouvelle-), v. Frochot (rue).
AUSTERLITZ (place d'), v. Musée (place du).
AVEUGLES (maison des), v. Quinze-Vingts (hospice royal des).
AVEUGLES (rue des), v. Bourbon (rue du Petit-).

BABYLONE (rue Neuve-de-), v. Estrées (rue d').
BATAVE (rue), v. Valois-Saint-Honoré (rue de).
BELLIÈVRE (rue de), v. Watt (rue); *supplément*.
BLANCHE-DE-CASTILLE (rue), v. Louis-en-l'Ile (rue Saint-).
BLANCHISSEUSES (ruelle des), v. Bizet (rue).
BONAPARTE (lycée), v. Bourbon (collége royal de).
BONAPARTE (quai), v. Orsay (quai d').
BONAPARTE (rue), v. Germain-des-Prés (rue Saint-).
BONCONSEIL (rue), v. Mauconseil (rue).
BONNET-ROUGE (carrefour du), v. Croix-Rouge (carrefour de la).
BORDEAUX (rue du Duc-de-), v. Juillet (rue du 29).
BORDET (rue), v. Descartes (rue).
BORNE (rue de la Haute-), v. Ménilmontant (rue de).
BOUCHERIES-SAINT-HONORÉ (rue des), v. Jeannisson (rue).
BOUFFLERS (avenue), v. Lowendal (avenue de).
BOURBE (rue de la), v. Port-Royal (rue de); *supplément*.
BOURBON (palais de), v. Députés (palais des).
BOURBON (rue de), v. Lille (rue de).
BOURBON (rue du Petit-), v. Louvre (place du).
BOUT DU-MONDE (rue du), v. Cadran (rue du).

BOYAUDERIE (barrière de la), v. Butte-Chaumont (barrière de la).
BOYAUDERIE (rue de la), v. Butte-Chaumont (rue de la).
BRACK (rue), v. Frochot (rue).
BRAVE (rue du), v. Seine (rue de).
BREDA (rue), v. Frochot (rue).
BRODEURS (partie de la rue des), v. Mademoiselle (Petite rue).
BRUTUS (impasse), v. Coquenard (rue Neuve-).
BUCHERIE (quai de la), v. Montebello (quai de).

CAGNARD (ruelle du), v. Michel (place du Pont-Saint-).
CAILLOU (rue du Gros-), v. Chevaux (rue du Marché-aux-).
CAPUCINS (ruelle des), v. Méchain (rue).
CAPUCINS (rue Neuve-des-), v. Joubert (rue).
CARÊME-PRENANT (rue), v. Bichat (rue).
CATINAT (quai), v. Archevêché (quai de l').
CATINAT (rue), v. Sorbonne (rue).
CERUTTI (rue), v. Laffitte (rue).
CHABANOIS (partie de la rue de), v. Cherubini (rue); *supplément*.
CHAILLOT (quai de), v. Billy (quai).
CHAILLOT (rue Basse-de-), v. Pierre (rue Basse-Saint-).
CHALIER (place), v. Sorbonne (place).
CHALIER (rue), v. Richelieu (rue Neuve-de-).
CHAMON (rue), v. Chaumière (rue de la Grande-).
CHAMP-DU-REPOS (rue du), v. Pigalle (rue).
CHAMP-FLEURI (rue du), v. Bibliothèque (rue de la).
CHANTEREINE (rue), v. Victoire (rue de la).
CHANTIER (rue du Grand-), v. Enfants-Rouges (rue des).
CHANTIERS (rue des), v. Traversière (rue).
CHANVERRERIE (rue de la), v. Rambuteau (rue de).
CHARLES (rue Neuve-Saint-), v. Pépinière (rue de la).
CHARLES X (passage du Bon-), v. Angoulême (rue Neuve-d').
CHARLES X (place), v. La Fayette (place de).
CHARLES X (quai), v. Jemmapes (quai de).
CHARLES X (rue), v. La Fayette (rue de).
CHARONNE (barrière de), v. Fontarabie (barrière de).
CHARTE (rue de la), v. Angoulême-Saint-Honoré (rue d').
CHAUMIÈRE (rue de la), v. Bourbon-le-Château (rue de).
CHEVAL-VERT (rue du), v. Irlandais (rue des).
CHEVAUX (rue de la Poste-aux-), v. Germain-des-Prés (rue Saint-).

TABLE.

CINQ-CENTS (place du Conseil-des-), v. Bourbon (place du Palais-de-).
CINQ-CENTS (rue du Conseil-des-), v. Bourgogne (rue de).
CISALPINE (rue), v. Valois-du-Roule (rue de).
CITÉ (quai de la), v. Napoléon (quai).
CITOYENNES (rue des), v. Madame (rue).
CLAUDE (impasse Saint-), v. Lacuée (rue).
COLOMBIER (rue du), v. Jacob (rue).
COMMERCE (temple du), v. Merri (église Saint-).
CONCORDE (rue de la), v. Royale-des-Tuileries (rue).
CONDÉ (quai de), v. Orsay (quai d').
CONFÉRENCE (barrière de la), v. Passy (barrière de).
CONFÉRENCE (quai de la), v. Billy (quai)
CONVENTION (rue de la), v. Dauphin (rue du).
CORDELIERS (rue des), v. Médecine (rue de l'École-de-).
CORPS-LÉGISLATIF (place du Palais-du-), v. Bourbon (place du Palais-de-).
COYPEL (impasse). v. Sœurs-Faubourg-Montmartre (cour des Deux-).
CROIX-BLANCHE (passage de la). v. Saucède (passage).

DAGUESSEAU (passage), v. Berryer (cité).
DEGRÉS (rue des Petits-), v. Colbert (rue de l'Hôtel-).
DELABORDE (rue), v. Chabrol (rue).
DENIS (rue du Chemin-), v. Maur-Popincourt (rue Saint-).
DROITS-DE-L'HOMME (place des), v. Jean (place du Marché-Saint-).
DROITS-DE-L'HOMME (rue des), v. Roi-de-Sicile (rue du).
DUBOIS (rue), v. Butte-Chaumont (rue de la).
DURNSTEIN (rue de), v. Échaudé-Saint-Germain (rue de l').

ÉGALITÉ (collége), v. Louis-le-Grand (collége royal).
ÉGALITÉ (passage de l'), v. Reine-de-Hongrie (passage de la).
ÉGALITÉ (quai de l'), v. Orléans (quai d').
ÉGALITÉ (rue de l'), v. Condé (rue de).
ÉGALITÉ (rue Neuve-), v. Bourbon-Villeneuve (rue de).
ÉGLISE (rue du chevet de l'), v. Belzunce (rue); *supplément*.
ÉGOUTS (rue des), v. Pierre (rue Basse-Saint-).
ÉGOUT-SAINTE-CATHERINE (rue de l'), v. Val-Sainte-Catherine (rue de).
EMPEREUR (impasse de l'), v. Mauconseil (impasse).
ENFANT-JÉSUS (maison de l'), v. Enfants-Malades (hôpital des).
ENFER (rue d'), v. Bleue (rue).
ÉTATS-RÉUNIS (cour des), v. Bretagne (cour de).

FÉDÉRÉS (place des), v. Royale (place).
FIDÉLITÉ (impasse de la), v. Fidélité (rue Neuve de la).
FONTAINEBLEAU (barrière de), v. Italie (barrière d').
FONTAINE-NATIONALE (rue), v. Fontaine-au-Roi (rue).
FONTAINES-DE-LA-BASTILLE (passage des), Orme (rue de l').
FOSSE-AUX-CHIENS (impasse de la), v. Bourdonnais (impasse des).
FOSSOYEUR (rue du), v. Servandoni (rue).
FRANCIADE (rue), v. Denis (rue du Faubourg-Saint-).
FRATERNITÉ (place de la), v. Carrousel (place du).
FRATERNITÉ (rue de la), v. Louis-en-l'Ile (rue Saint-).
FRÉJUS (rue de), v. Monsieur (rue).
FROID-MANTEAU (rue), v. Musée (rue du).
FUSEAUX (rue des), v. Bertin-Poirée (place).

GARDE-MEUBLE (le), v. Marine (ministère de la).
GENEVIÈVE (église Sainte-), v. Panthéon,

TABLE.

GENTILLY (rue du chemin allant à), v. Gentilly-Saint-Marcel (rue de).
GÉRARD-BEAUQUET (rue), v. Beautreillis (rue).
GERMAIN-DES-PRÉS (rue des Fossés-Saint-), v. Comédie (rue de l'Ancienne-).
GILLES (Petite rue Neuve-Saint-), v. Tournelles (rue des).
GLOIRE (temple de la), v. Madeleine (église de la).
GOURDES (rue des), v. Marbeuf (rue).
GRAMMONT (passage), v. Berlin (rue de).
GRENELLE (place de), v. Dupleix (place).
GRÉSILLONS (rue des), v. Delaborde (rue).
GRÈVE (place de), v. Hôtel-de-Ville (place de l').
GRILLE (impasse de la), v. Godot-de-Mauroy (rue).
GUICHET (impasse du), v. Échaudé-Saint-Germain (rue de l').
GUNTZBOURG (rue de), v. Cardinale (rue).

HAVRE (rue du), v. Marseille (rue de); *supplément*.
HÉBERT (ruelle), v. Geneviève (ruelle Sainte-).
HELVÉTIUS (rue), v. Anne-Saint-Honoré (rue Sainte-).
HÉRIVAULT (ruelle d'), v. Magdebourg (rue de).
HOCHE (rue), v. Beaujolais-Saint-Honoré (rue de).
HOMMES (barrière des Bons-), v. Passy (barrière de).
HOMMES (quai des Bons-), v. Billy (quai).
HÔPITAL (quai de l'), v. Austerlitz (quai d').
HUREPOIX (rue du), v. Augustins (quai des Grands-).
HYMEN ET DE LA FIDÉLITÉ (temple de l'), v. Laurent (église Saint-).

IÉNA (place d'), v. Louvre (place du).
IMPÉRATRICE (théâtre de l'), v. Odéon (théâtre de l').
IMPÉRIAL (lycée), v. Louis-le-Grand (collége royal).
IMPÉRIALE (rue), v. Carrousel (rue du).
INDIVISIBILITÉ (place de l'), v. Royale (place).
INVALIDES (pont des), v. Iéna (pont d').
INVALIDES (quai des), v. Orsay (quai d').

JACOBINS (marché des), v. Honoré (marché Saint-).
JACOBINS (passage des), v. Grés (rue des).
JACOBINS (passage des), v. Thomas-d'Aquin (rue Saint-).
JACOBINS (passage des), v. Vincent-de-Paul (rue Saint-).
JEAN-DE-SAINT-DENIS (rue), v. Lescot (rue Pierre-).
JÉSUITES (église des), v. Louis et Saint-Paul (église Saint-).
JEUNESSE (temple de la), v. Gervais (église Saint-).
JUDAS (rue), v. Bruneau (rue du Clos-).
JUIVERIE (rue de la), v. Cité (rue de la).
JULIEN-LE-PAUVRE (rue Saint-), v. Julien (rue Saint-).
JUSTICE (rue de la), v. Princesse (rue).

LACASSE (rue), v. Entrepôt (rue de l'); *supplément*.
LA FAYETTE (passage de), v. Angoulême (rue Neuve d').
LA FAYETTE (rue de), v. Contrat-Social (rue du).
LANDRY (rue du Chevet-Saint-), v. Arcole (rue d').
LANTERNE (rue de la). v. Cité (rue de la).
LAPPE (rue), v. Louis-Philippe (rue).
LAVRILLIÈRE (Petite rue de), v. Banque (rue de la).
LAZARE (impasse Saint-), v. La Fayette (rue de).
LEVRETTE (rue de la), v. Lobau (rue de).
LIBERTÉ (place de la), v. Oratoire (place de l').
LIBERTÉ (quai de la), v. Béthune (quai de).
LIBERTÉ (rue de la), v. Monsieur-le-Prince (rue).
LIBERTÉ ET DE L'ÉGALITÉ (temple de la), v. Marguerite (église Sainte-).

TABLE.

Loi (rue de la), v. Richelieu (rue de).
Long-Pont (rue de), v. Brosse (rue Jacques-de-).
Louis (impasse Saint-), v. Alibert (rue).
Louis (rue de l'hôpital Saint-), v. Grange-aux-Belles (rue).
Louis (rue Saint-), v. Métiers (rue des).
Louis (rue Saint), v. Orfèvres (quai des).
Louis XV (place), v. Concorde (place de la)
Louis XVI (pont), v. Concorde (pont de la).
Louis XVIII (quai), v. Valmy (quai de).
Louis-Philippe Ier (rue), v. Alger (rue d').
Loustalot (rue), v. Victor (rue des Fossés-Saint-).
Lycée (rue du), v. Valois-Palais-Royal (rue de).

Mably (rue de), v. Enghien (rue d').
Madeleine (passage de la), v. Constantine (rue de).
Madame (théâtre de), v. Gymnase-Dramatique (théâtre du).
Mademoiselle (rue), v. Vanneau (rue).
Magloire (impasse Saint-), v. Salle-au-Comte (rue).
Mai (rue du 31), v. Bourbon (rue du Petit-).
Maillet (rue), v. Cassini (rue).
Maison-Commune, v. Hôtel-de-Ville.
Maison-de-l'Humanité, v. Hôtel-Dieu.
Maison-Neuve (rue), v. Astorg (rue d').
Malte (rue de), v. Chartres-Saint-Honoré (rue de).
Manège (passage du), v. Rivoli (rue de).
Mantoue (rue de), v. Chartres-du-Roule (rue de).
Maquignonne (rue), v. Essai (rue de l').
Marat (rue), v. Médecine (rue de l'École-de-).
Marceau (rue de), v. Rohan (rue).
Marchoux (passage), v. Vivienne (passage).
Marengo (barrière de), v. Charenton (barrière de).
Marengo (place de), v. Oratoire (place de l').
Marguerite (Petite rue Sainte-), v. Erfurth (rue d').
Marie (ruelle Sainte-), v. Batailles (rue des).
Marmite (passage de la), v. Commerce-Saint-Martin-des-Champs (cour du).
Martin (Petite rue Saint-), v. Lombard (rue Pierre-).
Maternité (hospice de la), v. Accouchement (hospice de l').
Mazarin (collége), v. Institut de France.
Ménétriers (rue des), v. Rambuteau (rue de).
Merri (partie de la rue du cloître Saint-), v. Juges-Consuls (rue des) ; *supplément*.
Messageries (passage des), v. Hauteville (rue d').
Michel-Lepelletier (rue), v. Michel-le-Comte (rue).
Milan (rue de), v. Croix-du-Roule (rue de la).
Ministres (barrière des), v. Grenelle (barrière de).
Mirabeau (rue de), v. Antin (rue de la Chaussée d').
Miracles (cour des), v. Bourgogne (cour de).
Miramiones (quai des), v. Tournelle (quai de la).
Monceau-Saint-Gervais (rue du), v. Myron (rue François).
Monnaie (quai de la), v. Conti (quai de).
Montagne (rue de la), v. Geneviève (rue de la Montagne-Sainte-).
Montagne (théâtre de la), v. Palais-Royal (théâtre du).
Montansier (théâtre), v. Palais-Royal (théâtre du).
Montante (ruelle), v. Gasté (rue).
Mont-Blanc (rue du), v. Antin (rue de la Chaussée d').
Montmartre (barrière), v. Martyrs (barrière des).
Montmorin (avenue), v. Acacias (Petite rue des).
Montyon (rue de), v. Delambre (rue); *supplément*.
Mortellerie (rue de la), v. Hôtel-de-Ville (rue de l').
Morts (rue des), v. Martin (rue des Écluses-Saint-).

TABLE.

Muette (rue de la), v. Fer-à-Moulin (rue du).
Muséum (quai du), v. Louvre (quai du).

Napoléon (rue), v. Paix (rue de la).
Nation (théâtre de la), v. Odéon (théâtre de l').
National (palais), v. Tuileries (palais des).
Navarin (passage de), v. Tivoli (passage de).
Neuilly (barrière de), v. Étoile (barrière de l').
Nicolas (rue Saint-), v. Nicolet (rue).
Noir (rue du), v. Gracieuse (rue).
Nord (hospice du), v. Louis (hôpital Saint-).
Notre-Dame-de-Lorette (rue), v. Coquenard (rue).
Notre-Dame-des-Champs (impasse), v. Fleurus (rue de).
Notre-Dame-des-Victoires (partie de la rue), v. Brongniart (rue); *supplément*.

Observance (rue de l'), v. Bienfaisance (rue de la).
Orillon (barrière de l'), v. Ramponeau (barrière).
Ouest (hospice de l'), v. Necker (hôpital).

Paix (café de la), v. Palais-Royal (théâtre du).
Paix (temple de la), v. Thomas-d'Aquin (église Saint-).
Palais-Égalité, v. Palais-Royal.
Palu (rue du marché), v. Cité (rue de la).
Panthéon-Français (rue du), v. Soufflot (rue).
Parc-National (rue du), v. Parc-Royal (rue du).
Paul (rue des Prêtres-Saint-), v. Charlemagne (rue); *supplément*.
Perdue (rue), v. Albert (rue Maître-); *supplément*.
Périne (ruelle Sainte-), v. Geneviève (ruelle Sainte-).
Pernelle (rue), v. Lobau (rue de).
Pet-au-Diable (rue du), v. Lobau (rue de).
Pierre (rue Saint-), v. Laiterie (rue de la).
Pierre-aux-Boeufs (rue Saint-), v. Arcole (rue d').
Pincourt (rue du Bas-), v. Maur-Popincourt (rue Saint-).
Piqués (place des), v. Vendôme (place).
Pistolets (rue des Trois-), v. Paul (rue Neuve Saint-).
Platrière (rue), v. Rousseau (rue Jean-Jacques-).
Pochet (rue), v. Brodeurs (rue des).
Poissonnière (rue de la Barrière-), v. Nord (rue du).
Poitiers (rue Neuve-de-), v. Écuries-d'Artois (rue des).
Poliveau (partie de la rue de), v. Jouffroy (rue); *supplément*.
Pont-National, v. Pont-Royal.
Pont-Rouge, v. Cité (pont de la).
Port-Libre (maison de), v. Accouchement (hospice de l').
Prytanée (le), v. Louis-le-Grand (collége royal).
Purgée (rue), v. Pélican (rue du).

Quatremère (rue), v. Anjou-Saint-Honoré (rue d').
Quenouilles (rue des), v. Bertin-Poirée (place).
Quiberon (rue de), v. Montpensier-Palais-Royal (rue de).

Raison (parvis de la), v. Notre-Dame (parvis).
Raison (pont de la), v. Notre-Dame (pont).
Raison (rue de la), v. Notre-Dame (rue Neuve-).
Raison (temple de la), v. Notre-Dame (église).
Rapée (rue de la), v. Villiot (rue).
Rats (rue des), v. Colbert (rue de l'hôtel).
Regnault (barrière Folie-), v. Aunay (barrière d').
République (quai de la), v. Bourbon (quai de).
Réunion (rue de la), v. Montmorency (rue de).
Révolution (maison de la), v. Députés (palais des).

RÉVOLUTION (place de la), *v*. Concorde (place de la).
RÉVOLUTION (pont de la), *v*. Concorde (pont de la).
RÉVOLUTION (rue de la), *v*. Royale-des-Tuileries (rue).
RÉVOLUTIONNAIRE (rue), *v*. Orfèvres (quai des).
RIOM (barrière de), *v*. Ramponeau (barrière).
ROI (pont du Jardin-du-), *v*. Austerlitz (pont d').
ROQUETTE (impasse de la), *v*. Vaucanson (passage).
ROUGEVIN (impasse), *v*. Boulogne (rue de); *supplément*.
ROULE (hôpital du), *v*. Beaujon (hôpital).
ROULETTE (rue de la), *v*. Ménilmontant (rue de).
ROYALE (rue), *v*. Moulins-Saint-Roch (rue des).
ROYALE (rue), *v*. Pigalle (rue).

SALM (hôtel de), *v*. Légion-d'Honneur (palais de la).
SALPÊTRE (cour du), *v*. Arsenal (place de l'); *supplément*.
SANHÉDRIN (rue du), *v*. Lobau (rue de).
SANS-CULOTTES (rue des), *v*. Guisarde (rue).
SANSON (rue Neuve-), *v*. Douane (rue de la); *supplément*.
SANTÉ (place de l'École-de-), *v*. Observance (rue de l').
SANTÉ (rue de l'École-de-), *v*. Médecine (rue de l'École-de-).
SAQUI (théâtre de Madame-), *v*. Délassements-Comiques (théâtre des).
SEINE-SAINT-VICTOR (rue de), *v*. Cuvier (rue).
SENLIS (barrière de), *v*. Villette (barrière de la).
SÉPULCRE (rue du), *v*. Dragon (rue du).
SERGENTS (rue de la barrière des), *v*. Pélican (rue du).
SIFFLET (impasse), *v*. Briare (impasse).
SOUBISE (hôtel), *v*. Archives-du-Royaume.
SULPICE (hospice de Saint-), *v*. Necker (hôpital).

TAITBOUT (impasse), *v*. Helder (rue du).
THERMIDOR (marché du 9), *v*. Honoré (marché Saint-).

THÉATINS (quai des), *v*. Voltaire (quai de).
THÉATRE-FRANÇAIS (place du), *v*. Odéon (place de l').
THÉATRE-FRANÇAIS (rue du), *v*. Odéon (rue de l').
THIONVILLE (place de), *v*. Dauphine (place).
THIONVILLE (rue de), *v*. Dauphine (rue).
TIRE-BOUDIN (rue), *v*. Stuart (rue Marie-).
TOURNIQUET (passage du), *v*. Washington (passage).
TOURNIQUET-SAINT-JEAN (rue du), *v*. Lobau (rue de).
TRAVAUX-PUBLICS (École centrale des), *v*. Polytechnique (école).
TRAVERSIÈRE-SAINT-HONORÉ (rue), *v*. Fontaine-Molière (rue de la).
TROCADÉRO (rue du), *v*. Dauphin (rue du).
TRÔNE (barrière du), *v*. Vincennes (barrière de).
TROUSSE-VACHE (rue), *v*. Reinie (rue de La).
TUILERIES (rue des Vieilles-), *v*. Cherche-Midi (rue du).
TURENNE (rue de), *v*. Louis (rue Saint-).

UNION (quai de l'), *v*. Anjou (quai d').
UNION (rue de l'), *v*. Angoulême-Saint-Honoré (rue d').
UNITÉ (hospice de l'), *v*. Charité (hôpital de la).

VATRY (rue), *v*. Notre-Dame-de-Lorette (rue).
VAUGIRARD (rue du Petit-), *v*. Cherche-Midi (rue du).
VEUVES (partie de l'allée des), *v*. Matignon (avenue).
VICTOIRE (temple de la), *v*. Sulpice (église Saint-).
VICTOIRE-NATIONALE (place de la), *v*. Victoires (place des).
VILLENEUVE (rue), *v*. Bourbon-Villeneuve (rue de).
VOSGES (place des), *v*. Royale (place).
VOSGES (rue des), *v*. Royale-Saint-Antoine (rue).

WERTINGEN (rue de), *v*. Furstenberg (rue).

ÉTAT

DES VOIES PUBLIQUES SUPPRIMÉES

DEPUIS 1790 JUSQU'AU 1er SEPTEMBRE 1844.

ABREUVOIR (rue de l'), commençait à la Seine et finissait à la rue Bourdaloue. Cette rue tenait son nom d'un *abreuvoir*. Le terrain qu'elle occupait a servi, en 1812, à la formation d'une partie du quai de l'Archevêché, ainsi qu'à l'agrandissement de l'ancien jardin de l'Archevêché, transformé aujourd'hui en promenade publique.

ANGES (rue des Deux-), *voyez* Jacob (rue).

AUMONT (impasse d'), *v.* Hôtel-de-Ville (rue de l').

BABILLARDS (impasse des), *v.* Nouvelle (boulevart Bonne-).

BEAUHARNAIS (rue de), *v.* Ambroise (église Saint-).

BIZET (impasse), avait son entrée dans la rue Saint-Lazare. Cette impasse, qui devait son nom à un propriétaire riverain, a été supprimée en 1841, et comprise dans les constructions de l'embarcadère du chemin de fer de Saint-Germain.

BOURDALOUE (rue), commençait au cloître Notre-Dame et finissait au quai de l'Archevêché. Cette rue, ouverte à la fin du XVIIIe siècle, portait le nom du célèbre *Bourdaloue*, jésuite, né à Bourges en 1633, et mort en 1704. Elle a été supprimée en 1812 pour faciliter l'agrandissement du jardin de l'archevêché, transformé aujourd'hui en promenade publique.

CARÊME-PRENANT (rue), commençait à la rue du Faubourg-du-Temple, n° 33, et se terminait aux rues Grange-aux-Belles et de l'Hôpital-Saint-Louis. Cette voie publique devait son nom au territoire dit de *Carême-Prenant*. Elle a été presqu'entièrement supprimée lors de la construction du canal Saint-Martin. La partie qui s'étend de l'avenue de l'Hôpital-Saint-Louis à la rue Grange-aux-Belles, a pris en 1840 la dénomination de rue *Bichat*. (*Voyez* cet article.)

CARROUSEL (rue du), commençait à la place du même nom et se terminait à la rue de l'Échelle. Cette voie publique a été supprimée vers 1805. Son emplacement a servi à élargir la place du Carrousel.

CHARBONNIERS (impasse des), avait son entrée dans la rue du même nom, n° 13. Elle a été comprise en 1842 dans l'emplacement de la prison de la Nouvelle-Force.

DENIS (rue Basse-Porte-Saint-), *v.* Nouvelle (boulevart Bonne-).

ÉVÊCHÉ (rue de l'), commençait au parvis Notre-Dame et se terminait au Pont-au-Double. Dès 1282, c'était la rue du *Port-l'Évêque*, ou des *Bateaux*. Au commencement de notre siècle, elle portait le nom de l'*Évêché*. Cette voie publique a été complètement supprimée en 1831, lors de la démolition du palais de l'Archevêché.

FIACRE (impasse Saint-), *v.* cet article au *supplément*.

FLORENCE (rue de), *v.* Amsterdam (rue d').

FRÈRES (impasse des Trois-), avait son entrée dans la rue Traversière, entre les n°s 14 et 16. Elle a été comprise en 1842 dans l'emplacement de la prison de la Nouvelle-Force.

FRILEUSE (ruelle), commençait au quai de la Grève et finissait à la rue de l'Hôtel-de-Ville. Cette voie publique très ancienne avait porté les noms de la *Pétaudière* et de *Château-Frileux*. Supprimée en vertu d'une ordonnance royale du 14 juin 1841, son emplacement a été concédé à un propriétaire riverain.

GARNISONS (rue des Vieilles-), *v.* Hôtel-de-Ville.

GÊNES (rue de), *v.* Amsterdam (rue d').

HAUDRIETTES (rue des), *v.* Hôtel-de-Ville.

HUBERT (rue Jean-), *v.* Voies (rue des Sept-).

JÉRUSALEM (impasse de), avait son entrée dans la rue Saint-Christophe, n° 5. Cette impasse qui était très ancienne fut supprimée en 1838. Le terrain qu'elle occupait a été compris, vers cette époque, dans les nouvelles constructions de l'administration générale des hôpitaux et hospices civils de Paris.

LAURENT (impasse Saint-), *v.* Mazagran (rue de).

LEUFROY (rue Saint-), *v.* Châtelet (place du).

MARTROI (rue du), *v.* Hôtel-de-Ville.

MATIGNON (impasse), avait son entrée dans la rue des Orties-du-Louvre. Cette impasse devait son nom à Jacques de *Matignon*, qui y possédait un hôtel en 1499. Elle a été supprimée vers 1808.

ÉTAT.

NAPLES (rue de), *v.* Amsterdam (rue d').

ORLÉANS (rue Neuve-d'), *v.* Martin (boulevart Saint-).

ORTIES-DU-LOUVRE (rue des), commençait à la rue Saint-Thomas et finissait à la place du Carrousel. Cette rue qui longeait la galerie méridionale du Louvre devait son nom aux *orties* qui croissaient dans le voisinage. Elle a porté aussi la dénomination de rue *Saint-Nicolas-du-Louvre*,

ÉTAT.

en raison de l'église ainsi appelée. Les maisons du côté droit ont été démolies vers 1808.

PIED-DE-BOEUF (rue du), *v.* Châtelet (place du).

TRIPERIE (rue de la), *v.* Châtelet (place du).
TROP-VA-QUI-DURE (rue), *v.* Châtelet (place du).
TURIN (rue de), *v.* Amsterdam (rue d').

FIN.

DICTIONNAIRE

HISTORIQUE ET ADMINISTRATIF

DES RUES DE PARIS ET DE SES MONUMENTS

PAR LAZARE FRÈRES.

SUPPLÉMENT

Du 1er septembre 1844 au 1er avril 1849.

ABBÉ-DE-L'ÉPÉE (RUE DE L').

Ordonnance royale du 4 novembre 1846, qui donne ce nom à la rue *des Deux-Eglises*, bordée d'un côté par l'Institution des Sourds-Muets.

Une ordonnance du 15 juin 1845 avait fixé la largeur de cette voie publique à 8 m.

L'*abbé de l'Epée*, né à Versailles le 25 novembre 1712, mort à Paris le 23 décembre 1789, s'est rendu célèbre par ses travaux en faveur des sourds-muets de naissance.

ABBEVILLE (RUE D').

Décision ministérielle du 26 mai 1847, qui donne ce nom à la rue du *Gazomètre*.

AFFAIRES ÉTRANGÈRES (MINISTÈRE DES).

Loi du 15 juillet 1845, qui ordonne la construction de ce ministère sur le quai d'Orsay.

ALBERT (RUE MAÎTRE-).

Ordonnance royale du 2 novembre 1847, qui fixe la largeur de cette rue à 8 m.

AMANDIERS (CHEMIN DE RONDE DE LA BARRIÈRE DES).

Ordonnance royale du 12 août 1846. 11 m. 69 c. de largeur.

AMANDIERS-SAINTE-GENEVIÈVE (RUE DES).

Ordonnance royale du 5 juin 1846. Largeur, 10 m.

AMBOISE (RUE D').

Ordonnance royale du 27 octobre 1847, qui maintient sur leurs vestiges actuels les constructions riveraines de cette voie publique. 8 m. moindre largeur.

ANGLAIS (RUE DES).

Ordonnance royale du 5 juin 1846. Largeur, 10 m.

ANGLAISES (RUE DES).

Ordonnance royale du 10 février 1847, qui fixe sa largeur à 10 m.

ANGOULÊME (RUE NEUVE-D').

En vertu d'un arrêté du président du conseil des ministres, signé E. Cavaignac, en date du 12 juillet 1848, cette rue a été classée au nombre des voies publiques de la capitale, et sa largeur fixée à 10 m. Elle doit prendre le nom de rue *Gambey*.

ANNE-EN-LA-CITÉ (RUE SAINTE-).

Un arrêté du 26 mars 1848, signé Ledru-Rollin, ministre de l'intérieur, et membre du gouvernement provisoire, a fixé sa largeur à 8 m.

ANNE-SAINT-HONORÉ (PASSAGE SAINTE-).

Commence à la rue Sainte-Anne, n° 59, finit au passage Choiseul. 2e arrondissement, quartier Feydeau.

Il a été ouvert en 1829 par le sieur Marigues. Une ordonnance du préfet de police, signée G. Delessert, en date du 11 février 1848, l'admet, sous certaines conditions, comme passage public.

ANTIN (ALLÉE D').

Ordonnance royale du 5 avril 1846, qui maintient les propriétés particulières sur leurs vestiges actuels.

ANTIN (RUE DE LA CHAUSSÉE-D').

Ordonnance royale du 27 octobre 1847, qui maintient la moindre largeur de cette voie publique à 13 m. 64 c.

SUPPLÉMENT.

ARBALÈTE (RUE DE L').

Ordonnance royale du 11 décembre 1845, qui fixe la largeur de cette voie publique à 12 m.

ARCHEVÊCHÉ (QUAI DE L').

Ordonnance royale du 30 mai 1847. 20 m. moindre largeur.

ARRAS (RUE D').

Ordonnance royale du 5 juin 1846. Largeur, 10 m.

ARSENAL (PLACE DE L').

Ordonnance royale du 5 août 1846, qui maintient les constructions riveraines de cette voie publique.

ARTS (PASSAGE DES BEAUX-).

Il a été classé au nombre des passages publics de Paris, en vertu d'une ordonnance du préfet de police, en date du 17 février 1848, signée G. Delessert.

ARTS (PONT DES). Voyez *Austerlitz* (pont d').

ASSAS (RUE D').

Ordonnance royale du 20 mars 1846. Largeur, 12 m.

ASTORG (RUE D').

Partie comprise entre les rues de la Pépinière et Delaborde.—Ordonnance royale du 30 décembre 1846. Largeur, 10 m.

AUGUSTIN (RUE NEUVE-SAINT-).

Partie comprise entre le carrefour Gaillon et le boulevard des Capucines.—Ordonnance royale du 26 décembre 1847, qui maintient à 9 m. 75 c. la moindre largeur de cette partie.

AUGUSTINS (QUAI DES GRANDS-).

Ordonnance royale du 21 octobre 1846. 9 m. 40 c. moindre largeur.

AUMALE (RUE D').

Commence à la rue Saint-Georges, nos 45 et 47; finit à la rue de la Rochefoucauld, no 26. Le dernier impair est 27, le dernier pair 28. Sa longueur est de 220 mètres. 2e arrondissement, quartier de la Chaussée-d'Antin.

Une ordonnance royale du 14 septembre 1846 a autorisé l'ouverture de cette rue sur les terrains appartenant aux sieurs Estienne, Cheuvreux et de Pazzis.

La largeur de cette nouvelle voie est de 12 m. Les conditions imposées aux propriétaires sont énumérées dans une délibération du conseil municipal du 23 janvier 1846. Le nom assigné à la rue dont il s'agit est celui de l'un des fils de l'ex-roi Louis-Philippe.

En vertu de l'ordonnance précitée, les sieurs Estienne, Cheuvreux et de Pazzis sont tenus de fournir, sur leurs terrains, l'emplacement nécessaire au prolongement de la rue des Trois-Frères.

Cette condition est exécutée, et le prolongement forme aujourd'hui une impasse.

SUPPLÉMENT.

AUNAY (CHEMIN DE RONDE DE LA BARRIÈRE D').

Ordonnance royale du 12 août 1846. Largeur, 11 m. 69 c.

AUSTERLITZ (GRANDE RUE D').

Ordonnance royale du 11 juin 1847. Largeur, 10 m.

AUSTERLITZ (PETITE RUE D').

Ordonnance royale du 11 juin 1847. Largeur, 10 m.

AUSTERLITZ (PONT D').

Par une délibération en date du 2 février 1849, la commission municipale a donné son approbation à un traité passé entre M. Berger, préfet de la Seine, d'une part, et MM. de Crouzat-Cretet, Vauvilliers et Sauvaire-Barthélemy de l'autre. La Ville, tout en réservant les répétitions qu'elle peut avoir à exercer contre l'État, propriétaire des ponts de Paris, et auquel doivent faire retour ces ponts de péage, s'est engagée à payer à la Compagnie des *Trois-Ponts* autant d'annuités de 268,380 fr. qu'il reste d'années de péage à courir, depuis le 24 janvier 1848 jusqu'au 3 juin 1897.

Les bases sur lesquelles a été calculé le chiffre de l'indemnité annuelle sont celles-ci :

Le revenu brut des trois ponts par an, terme moyen des dix années de 1838 à 1847 inclusivement, a été de.. 346,795 fr.

Sur lesquels il convient de déduire pour frais généraux d'entretien................. 49,740

Reste pour produit net................... 297,055 dont on a retranché un dixième pour les éventualités..................................... 29,705

Le produit net se trouve ainsi abaissé à... 267,350 fr.

AVEUGLES (INSTITUTION DES JEUNES).

Transférée de la rue Saint-Victor au boulevard des Invalides, no 32.

AVOIE (RUE SAINTE-).

Une ordonnance royale du 17 septembre 1847 a modifié l'alignement approuvé en 1826, mais seulement pour la partie comprise entre les rues Sainte-Croix de la Bretonnerie et de Rambuteau.

Cette ordonnance déclare d'utilité publique l'exécution immédiate du nouvel alignement au droit des maisons nos 4 à 38 inclusivement, et autorise la ville de Paris à acquérir, à l'amiable ou par voie d'expropriation, les immeubles ou portions d'immeubles nécessaires à l'élargissement. Cette importante amélioration sera réalisée dans le courant de la présente année 1849.

BABYLONE (RUE DE).

Ordonnance royale du 12 décembre 1845. Largeur 10 m.

BAC (PETITE RUE DU).

Ordonnance royale du 11 janvier 1845. Largeur 10 m.

BAGNEUX (RUE DE).

Ordonnance royale du 11 janvier 1845. Largeur 10 m.

SUPPLÉMENT.

BANQUE (RUE DE LA).

Commence aux rues Neuve des Petits-Champs, n° 2, et des Petits-Pères, n° 1, finit à la place de la Bourse. — Pas encore de numéros définitifs. Sa longueur est de 288 mètres. 3ᵉ arrondissement, quartier du Mail.

Une ordonnance royale du 8 décembre 1844 a autorisé l'ouverture, sur les terrains domaniaux dits des Petits-Pères et sur ceux appartenant aux Messageries royales, de deux rues pour communiquer l'une du passage des Petits-Pères à la place de la Bourse, l'autre de la rue précédente à celle Notre-Dame-des-Victoires, vis-à-vis de la rue Saint-Pierre-Montmartre.

La première de ces nouvelles voies, dont la largeur est de 12 m., a pris le nom de rue de la *Banque*, la deuxième a reçu la dénomination de rue *Paul-Lelong*.

Un arrêté préfectoral du 30 mars 1847 a étendu le nom de rue de la Banque à la partie du *passage des Petits-Pères* qui forme le prolongement de cette rue.

BARILLERIE (RUE DE LA).

Arrêté du 26 mars 1848, signé Ledru-Rollin, ministre de l'intérieur et membre du gouvernement provisoire. 11 m. 60 c. moindre largeur.

BAROUILLÈRE (RUE DE LA).

Ordonnance royale du 11 janvier 1845. Largeur, 10 m.

BARTHÉLEMY (RUE).

Ordonnance royale du 11 décembre 1845. Largeur, 10 m.

BASSINS (CHEMIN DE RONDE DE LA BARRIÈRE DES).

Ordonnance royale du 12 août 1846. 11 m. 69 c. de largeur.

BATTOIR-SAINT-VICTOR (RUE DU).

Ordonnance royale du 12 août 1846. Largeur, 10 m.

BAYARD-GRENELLE (RUE DE).

Ordonnance royale du 7 septembre 1845. Largeur, 10 m.

BEAUMARCHAIS (BOULEVARD DE).

Une ordonnance royale du 9 février 1846 a autorisé la suppression des contre-allées des boulevards de *Beaumarchais* et *des Filles-du-Calvaire*, et approuvé des alignements pour cette partie des boulevards et pour les rues transversales existantes ou à former. La ville de Paris a été autorisée, en conséquence, à aliéner, avec publicité et concurrence, les terrains provenant des contre-allées supprimées. Cette ordonnance a reçu son exécution.

BEAUVAIS (RUE SAINT-JEAN-DE-).

Ordonnance royale du 5 juin 1846. Largeur, 10 m.

BELLART (RUE).

Ordonnance royale du 11 décembre 1845. Largeur, 10 m.

BELLEVILLE (CHEMIN DE RONDE DE LA BARRIÈRE DE).

Un arrêté du 4 décembre 1848, rendu par le président du conseil des ministres, chargé du pouvoir exécutif, signé E. Cavaignac, fixe sa largeur à 11 m. 69 c.

BELLIÈVRE (RUE DE).

Ordonnance royale du 11 juin 1847. Largeur, 10 m.

BENOIT (PLACE DU CLOÎTRE-SAINT-).

Ordonnance royale du 2 novembre 1847. Largeur, 15 m. 80 c.

BENOIT (RUE DU CLOÎTRE-SAINT-).

Ordonnance royale du 2 novembre 1847. Largeur, 10 m.

BÉRANGER (IMPASSE).

Située dans la rue de Vaugirard, entre les numéros 99 et 101. 11ᵉ arrondissement, quartier du Luxembourg.

Formée sur des terrains appartenant autrefois à l'administration des hospices, et vendus en novembre 1812.

BERCY (CHEMIN DE RONDE DE LA BARRIÈRE DE).

Ordonnance royale du 31 mars 1847. Largeur, 11 m. 69 c.

BERCY-AU-MARAIS (RUE DE).

Une ordonnance royale du 18 juin 1845 a déclaré d'utilité publique la suppression immédiate de l'îlot de maisons situé entre les rues de Bercy et de la Croix-Blanche, conformément aux dispositions de l'ordonnance du 12 juillet 1837. Cette amélioration a été réalisée en 1848.

BERNARD (QUAI SAINT-).

Ordonnance royale du 12 août 1846. Largeur, 24 m.

BERNARD (RUE DES FOSSÉS SAINT-).

Ordonnance royale du 29 octobre 1845, qui fixe la largeur de cette voie publique à 13 m.

BERNARDINS (RUE DES).

Ordonnance royale du 13 février 1845. 12 mètres moindre largeur.

BERRI (RUE NEUVE DE).

Ordonnance royale du 31 août 1846. 12 m. moindre largeur.

BERTIN-POIRÉE (PLACE).

Ordonnance royale du 30 juillet 1845. Largeur, 13 m. 80 c.

BERTIN-POIRÉE (RUE).

Une ordonnance royale du 13 février 1845 porte : « Article 1ᵉʳ. Est déclarée d'utilité publique l'exécution immédiate au droit des maisons portant les nᵒˢ 4, 6, 18 et 20 des alignements arrêtés par notre ordonnance du 2 juin 1841. En conséquence le préfet de la Seine est autorisé 1° à accepter la subvention de 29,583 fr. 32 c. offerte tant par les propriétaires que par plusieurs locataires de la rue Bertin-Poirée et par un propriétaire de la rue des Deux-Boules. »—Cette ordonnance a reçu son exécution.

SUPPLÉMENT.

BERTRAND (RUE).

Ordonnance royale du 17 septembre 1847, qui donne ce nom à la rue des *Acacias*, en mémoire du brave général dont les restes mortels sont aujourd'hui réunis aux cendres de l'empereur, dans l'Hôtel des Invalides.

BICHES-SAINT-MARTIN (RUE DU PONT AUX).

Ordonnance royale du 7 septembre 1845. Largeur, 10 m.

BIENFAISANCE (RUE DE LA).

Ordonnance royale du 30 décembre 1846. Largeur, 12 m.

BIÈVRE (RUE DE).

Ordonnance royale du 2 novembre 1847. 12 m. moindre largeur.

BILLETTES (RUE DES).

Ordonnance royale du 31 mars 1847. 10 m. de largeur.

BLANCHE (CHEMIN DE RONDE DE LA BARRIÈRE).

Ordonnance royale du 28 juin 1846. Largeur, 11 m. 69 c. pour le complément du chemin de ronde près de la rue de Clichy. Le mur d'enceinte devra être reconstruit sur ce point afin de donner au chemin de ronde la largeur fixée par l'ordonnance.

BLANCHE (RUE).

Un arrêté du ministre de l'intérieur, signé Ledru-Rollin, à la date du 5 mai 1848, prescrit la formation de deux pans coupés de 9 m. aux encoignures des rues Chaptal et de Boulogne.

BONAPARTE (LYCÉE).

Arrêté du ministre provisoire de l'instruction publique, en date du 28 février 1848, qui donne ce nom au collège de Bourbon.

BONDY (RUE DE).

Ordonnance royale du 31 mars 1847. 12 m. de largeur.

BOUCHERIE-DES-INVALIDES (RUE DE LA).

Ordonnance royale du 8 février 1848. Largeur, 11 m. 69 c.

BOUCLERIE (RUE DE LA VIEILLE).

Une ordonnance royale du 14 février 1847 a modifié les alignements approuvés pour cette rue, le 22 août 1840, et a déclaré d'utilité publique l'exécution immédiate du nouveau tracé, mais sur le côté des numéros pairs seulement. Cette amélioration s'effectuera lorsque l'élargissement de la rue de la Harpe aura été complété.

BOUDREAU (RUE).

Ordonnance royale du 21 février 1848, qui maintient sur leurs vestiges les constructions riveraines de cette voie publique. Largeur, 9 m. 74 c.

BOULANGERS (RUE DES).

Ordonnance royale du 13 septembre 1846. 10 m. moindre largeur.

SUPPLÉMENT.

BOULE-ROUGE (RUE DE LA).

Par suite du changement de nom de la partie de la rue de la Boule-Rouge, prenant naissance à la rue du faubourg Montmartre, la voie publique dont il s'agit commence aujourd'hui à la rue de Montyon, nos 2 et 6, finit aux rues Geoffroy-Marie, n° 16, et Richer, n° 27; le dernier impair est 9, le dernier pair est 12. Sa longueur est de 92 mètres.

BOUQUET-DE-LONGCHAMP (RUE DU).

Un arrêté du 17 août 1848, rendu par le Président du conseil des ministres, chargé du pouvoir exécutif, signé E. Cavaignac, fixe la largeur de cette rue à 10 m.

BOURBON-SAINT-SULPICE (RUE DU PETIT).

Ordonnance royale du 9 novembre 1845 qui fixe la moindre largeur de cette voie publique à 10 m.

BOURGEOIS-AU-MARAIS (RUE DES FRANCS-).

Un arrêté du 17 janvier 1849, signé par le Président de la République, L.-N. Bonaparte, porte la largeur de cette voie publique à 13 m.

BOUTAREL (PASSAGE).

Commence au quai d'Orléans, nos 24 et 30, finit à la rue Saint-Louis, nos 69 et 71, le dernier impair est 7, le dernier pair 12. Sa longueur est de 59 mètres. 9e arrondissement. Quartier de l'Île Saint-Louis.

Ouvert en 1846 sur les terrains appartenant aux sieurs Boutarel, Horson et Leblanc, il a été autorisé par une ordonnance de police du 21 juin 1847. Sa largeur est de 8 m.

BRETAGNE (RUE NEUVE DE).

Arrêté du 26 mars 1848, signé Ledru-Rollin, qui fixe sa largeur à 10 m.

BRODEURS (RUE DES).

Ordonnance royale du 12 décembre 1845. Largeur, 12 m.

BROSSE (RUE JACQUES DE).

Ordonnance royale du 25 novembre 1844 portant : « Article 1er. Est déclarée d'utilité publique l'exécution immédiate au droit 1° des maisons nos 2, 6, 10, 12, 3, 5, 7, 9, 11, 13, 15 et 17 rue François Myron; 2° des maisons 11 et 13 rue Jacques-de-Brosse; 3° des maisons 1, 3 et 5 rue du Pourtour-Saint-Gervais, des alignements arrêtés pour ces voies publiques par nos ordonnances des 4 mars 1836 et 19 mars 1838. » Ces améliorations ont été réalisées.

BRUANT (RUE).

Ordonnance royale du 11 juin 1847. Largeur, 10 m.

BUISSON-SAINT-LOUIS (RUE DU).

Arrêté du 4 décembre 1848, rendu par le Président du conseil des ministres, chargé du pouvoir exécutif, signé E. Cavaignac, qui fixe à 13 m. la largeur de cette rue.

BUTTE-CHAUMONT (CHEMIN DE RONDE DE LA BARRIÈRE DE LA).

Ordonnance royale du 12 août 1846. 11 m. 69 c. de largeur.

CADET (RUE).

Ordonnance royale du 8 juin 1845. 10 m. moindre largeur.

CALANDRE (RUE DE LA).
Ordonnance royale du 8 septembre 1847. 10 m. moindre largeur.

CALVAIRE (BOULEVARD DES FILLES-DU-).
Voir pour la suppression des contre-allées l'article du boulevard de *Beaumarchais*.

CAMBRAY (PLACE).
Ordonnance royale du 31 décembre 1845. Moindre largeur, 11 m. 70 c.

CARGAISONS (RUE DES).
Ordonnance royale du 30 mai 1847. 10 m. de largeur.

CARMES (RUE BASSE-DES-).
Ordonnance royale du 6 juin 1847. 11 m. 50 c. de largeur.

CARMES (RUE DES).
Ordonnance royale du 5 juin 1846. Largeur, 12 m.

CARON (RUE).
Ordonnance royale du 5 avril 1846. Largeur, 7 m. 80 c.

CARREAUX (RUE DES PETITS-).
Ordonnance royale du 23 juin 1845. 12 m. moindre largeur.

CATHERINE (PLACE DU MARCHÉ SAINTE-).
Ordonnance royale du 5 avril 1846. Largeur, 29 m. 20 c.

CATHERINE (RUE NEUVE-SAINTE-).
Arrêté du 17 janvier 1849, signé par le Président de la République L.-N. Bonaparte, qui fixe la largeur de cette rue à 13 m.

CATHERINE-D'ENFER (RUE SAINTE-).
Ordonnance royale du 10 février 1847. Largeur, 10 m.

CATINAT (RUE).
Ordonnance royale du 11 juin 1847, qui donne ce nom à la rue *de la Banque*, communiquant de la rue de Lavrillière à la place des Victoires.
Nicolas *Catinat*, l'un des grands capitaines qui ont illustré le siècle de Louis XIV, naquit en 1637 et mourut en 1712.

CERISAIE (RUE DE LA).
Ordonnance royale du 5 avril 1846. 10 m. moindre largeur.

CHAILLOT (RUE DE).
Ordonnance royale du 11 décembre 1845, qui fixe la moindre largeur de cette voie publique à 11 m.

CHAMP (RUE DU PETIT-).
Ordonnance royale du 21 octobre 1846. Largeur, 13 m.

CHAMPAGNY (RUE).
Ordonnance royale du 11 janvier 1845. Largeur, 20 m.

CHAMPS-ÉLYSÉES (AVENUE DES).
Ordonnance royale du 5 avril 1846. 70 m. de largeur entre le rond-point et la rue de l'Oratoire. 84 m. de largeur en moyenne pour le surplus.

CHAMPS-ÉLYSÉES (ROND-POINT DES).
Ordonnance royale du 5 avril 1846. 85 m. de rayon.

CHAMPS-ÉLYSÉES (RUE DES).
Ordonnance royale du 5 avril 1846, qui maintient cette voie publique dans son état actuel. Sa moindre largeur est de 9 m., sa plus grande de 13 m.

CHANDELLES (RUE DES TROIS-).
Ordonnance royale du 18 mars 1846. Largeur, 10 m.

CHANOINESSE (RUE).
Ordonnance royale du 8 septembre 1847. 10 m. moindre largeur.

CHANTRES (RUE DES).
Ordonnance royale du 8 septembre 1847. Largeur, 10 m.

CHAPELLE (RUE DE LA SAINTE-).
Ordonnance royale du 23 août 1846, qui réduit à 11 m. 40 c. la largeur de cette voie publique.

CHARBONNIERS-SAINT-MARCEL (RUE DES).
Ordonnance royale du 11 décembre 1845, qui fixe la largeur de cette voie publique à 12 m.

CHARLEMAGNE (LYCÉE).
Arrêté du ministre provisoire de l'instruction publique, du 28 février 1848, qui donne ce nom au *collège* Charlemagne.

CHARTRES-DU-ROULE (RUE DE).
Ordonnance royale du 31 août 1846. Moindre largeur, 10 m.

CHAUCHAT (RUE).
Ordonnance royale du 27 octobre 1847. 12 m. de largeur pour la partie comprise entre les rues Pinon et de Provence; 9 m. 75 c. pour le surplus.

CHAUDRON (RUE).
Ordonnance royale du 5 juin 1846. Largeur, 12 m.

CHAUSSON (PASSAGE).
Il a été admis au nombre des passages publics, en vertu de deux ordonnances du préfet de police, en date des 22 novembre 1847 et 9 mai 1848.

CHEMINS (RUE DES QUATRE-).
Ordonnance royale du 18 mars 1846. Largeur, 13 m.

CHERCHE-MIDI (RUE DU).
Ordonnance royale du 4 juin 1845. 11 m. 20 c. moindre largeur.

CHEVERT (PETITE RUE).
Ordonnance royale du 12 décembre 1845. Largeur, 10 m.

SUPPLÉMENT.

CHEVERT (RUE).

Ordonnance royale du 12 décembre 1845. Largeur, 10 m.

CHEVREUSE (RUE DE).

Ordonnance royale du 31 décembre 1845. Largeur, 10 m.

CHOISEUL (PASSAGE).

Ordonnance de police du 11 février 1848, qui autorise les propriétaires à maintenir cette voie de communication comme passage public.

CHOLETS (RUE DES).

Une ordonnance royale du 5 septembre 1845 a prescrit la suppression de cette voie publique, dont le sol a été cédé au collège Louis le Grand et à la Société de Sainte-Barbe.

CHOPINETTE (CHEMIN DE RONDE DE LA BARRIÈRE DE LA).

Arrêté du 4 décembre 1848, rendu par le Président du conseil des ministres, chargé du pouvoir exécutif, signé E. Cavaignac, qui fixe la largeur de cette voie publique à 11 m. 69 c.

CHOPINETTE (RUE DE LA).

Arrêté du 4 décembre 1848, rendu par le Président du conseil des ministres, chargé du pouvoir exécutif, signé E. Cavaignac. 13 m. de largeur.

CHOUX (RUE DU PONT-AUX-).

Ordonnance royale du 4 juin 1845. Largeur, 12 m.

CHRISTOPHE (RUE SAINT-).

Ordonnance royale du 30 mai 1847. 10 m. moindre largeur.

CITÉ (PARTIE DE LA RUE DE LA),

Entre les rues Neuve-Notre-Dame, du Marché Neuf et le Petit-Pont.

Ordonnance royale du 8 septembre 1847. 15 m. 50 c. de largeur.

CLOPIN (IMPASSE).

Située entre les rues Clopin et d'Arras.

Ordonnance royale du 27 octobre 1845, qui supprime cette impasse, et autorise la Ville à céder le sol à l'État pour le réunir à l'École Polytechnique.

CLOTAIRE (RUE).

Ordonnance royale du 6 juin 1847. 10 m. de largeur.

CLOTILDE (ÉGLISE SAINTE-).

Située place de Bellechasse. — 10e arrondissement, quartier du faubourg Saint-Germain.

Par acte administratif du 25 juillet 1846, l'État a fait cession à la ville de Paris de l'emplacement destiné à l'érection de cette église.

M. Gau est l'architecte de cette église, dont la construction a été commencée en 1847.

La dépense totale est évaluée à trois millions.

CLOTILDE (RUE).

Ordonnance royale du 6 juin 1847. Largeur, 12 m.

SUPPLÉMENT.

CLOVIS (RUE).

Ordonnance royale du 5 juin 1846. Largeur, 12 m.

CLUNY (RUE DE).

Ordonnance royale du 13 septembre 1846, qui fixe à 10 m. la largeur de la partie comprise entre la place Sorbonne et la rue des Grés.

En 1847, l'administration municipale a fait exécuter le prolongement de ladite rue de Cluny jusqu'à la nouvelle rue Soufflot.

COCHIN (RUE).

Une ordonnance royale du 4 novembre 1846 donne au prolongement de la rue des Bourguignons, depuis la rue de Lourcine jusqu'à la rue Pascal, le nom de rue *Cochin* en mémoire de l'ancien conseiller municipal du 12e arrondissement.

COLBERT (RUE DE L'HOTEL-).

Ordonnance royale du 5 juin 1846. Largeur, 10 m.

COLIGNY (RUE DE).

Ordonnance royale du 30 juin 1847, qui autorise l'ouverture de cette rue sur les terrains de l'ancienne île Louviers.

COMBAT (CHEMIN DE RONDE DE LA BARRIÈRE DU).

Ordonnancée royale du 12 août 1846. 11 m. 69 c. de largeur.

COMÈTE (RUE DE LA).

Ordonnance royale du 8 février 1848. Largeur, 10 m.

CONFÉRENCE (QUAI DE LA).

Ordonnance royale du 5 avril 1846. 74 m. moindre largeur.

CONTRESCARPE-SAINT-MARCEL (RUE DE LA).

Ordonnance royale du 13 septembre 1846. 11 m. moindre largeur.

COQUERELLE (IMPASSE).

Arrêté du ministre de l'intérieur Ledru-Rollin, en date du 26 mars 1848, qui approuve le prolongement de cette impasse, sur une largeur de 11 m., jusqu'à la rue Pavée. Cette ordonnance sera prochainement exécutée.

COQUILLIÈRE (RUE).

Une ordonnance royale du 7 décembre 1847 a déterminé les alignements de la partie comprise entre la place Saint-Eustache et le carrefour des rues de Grenelle et Jean-Jacques Rousseau. Elle a déclaré aussi d'utilité publique l'exécution immédiate des alignements au droit des maisons nos 2, 4, 6, 8, 10, 14 et 16. Cette amélioration sera prochainement effectuée.

CORDIERS (RUE DES).

Ordonnance royale du 13 septembre 1846. Largeur, 10 m.

CORNEILLE (LYCÉE).

Arrêté du ministre provisoire de l'instruction publique, en date du 28 février 1848, qui donne ce nom au collège *Henri IV*.

CORROIERIE (RUE DE LA).
Ordonnance royale du 15 juin 1846. Largeur, 8 m.

COSSONNERIE (RUE DE LA).
Décret du gouvernement provisoire de la République, du 5 mai 1848, signé Ledru-Rollin, ministre de l'intérieur. 12 m. de largeur.

COURCELLES (CHEMIN DE RONDE DE LA BARRIÈRE DE).
Ordonnance royale du 31 août 1846. Largeur, 11 m. 69 c.

COURCELLES (RUE DE).
Ordonnance royale du 30 décembre 1846. 10 m. moindre largeur.

CROIX (RUE DE LA).
Ordonnance royale du 7 septembre 1845. Largeur, 10 m.

CROIX-BLANCHE (RUE DE LA). Voyez rue de Bercy, au Marais.

CROIX-BOISSIÈRE (RUE DE LA).
Arrêté du 17 août 1848, rendu par le Président du conseil des ministres, chargé du pouvoir exécutif, signé E. Cavaignac, qui assigne à cette rue 12 m. de largeur.

CROIX-DU-ROULE (RUE DE LA).
Ordonnance royale du 31 août 1846. Largeur, 12 m.

CROIX-ROUGE (CARREFOUR DE LA).
Ordonnance royale du 30 juillet 1845. Largeur, 23 m. 40 c.

CROULEBARBE (RUE).
Ordonnance royale du 21 octobre 1846. 10 m. moindre largeur.

CRUSSOL (RUE DE).
Une ordonnance royale du 26 décembre 1844 a fixé la largeur de la rue de Crussol à 9 m. 75 c.
Une autre ordonnance du 31 mars 1846 a déclaré d'utilité publique l'exécution du prolongement de cette rue jusqu'au boulevard du Temple. Ce prolongement a été effectué en 1848.

CUVIER (RUE).
Ordonnance royale du 3 mars 1847. 10 m. de largeur pour la partie comprise entre le quai et la rue de Jussieu; 12 m. pour le surplus.

DAVAL (RUE).
Arrêté du 2 octobre 1848, rendu par le Président du conseil des ministres chargé du pouvoir exécutif, signé E. Cavaignac, qui conserve à cette rue sa largeur de 9 m. 70 c.

DEGRÉS (RUE DES GRANDS-).
En vertu d'un arrêté préfectoral du 17 janvier 1849, la partie de cette voie publique comprise entre les rues de Bièvre et Maître-Albert a été réunie au quai de la Tourelle.

DELABORDE (PLACE).
Ordonnance royale du 30 décembre 1846 qui détermine les alignements de cette voie publique.

DELABORDE (RUE).
Ordonnance royale du 31 août 1846. Largeur 12 m.

DELAMBRE (RUE).
Une ordonnance royale du 2 novembre 1845 autorise définitivement l'ouverture de cette rue sur les terrains appartenant aux hospices de Paris, à la charge par l'administration de ces hospices de se conformer aux conditions imposées par la délibération du conseil municipal de Paris, en date du 30 novembre 1838. La largeur de la rue est fixée à 13 m.

DELATOUR (RUE).
Ordonnance royale du 26 décembre 1844. 9 m. 75 c. de largeur.

DENAIN (RUE DE).
Décision ministérielle du 26 mai 1847 qui donne ce nom à la rue de la Barrière-Saint-Denis, située aux abords du chemin de fer du *Nord*.

DENIS (CHEMIN DE RONDE DE LA BARRIÈRE SAINT-).
Ordonnance royale du 12 août 1846. 11 m. 69 c. de largeur.

DERVILLIERS (RUE).
Ordonnance royale du 21 octobre 1846. Largeur 10 m.

DESAIX (QUAI).
Ordonnance royale du 30 mai 1847. 14 m. de largeur.

DESAIX (RUE).
Ordonnance royale du 7 septembre 1845. Largeur 12 m.

DESCARTES (LYCÉE).
Arrêté du ministre provisoire de l'instruction publique, en date du 28 février 1848, qui donne ce nom au collége Louis-le-Grand.

DORMESSON (RUE).
Ordonnance royale du 5 avril 1846. Largeur 7 m. 80 c.

DOUAI (RUE DE).
Décision ministérielle du 5 octobre 1846 qui donne ce nom à la rue de l'*Aqueduc* et à son prolongement jusqu'au chemin de ronde.

DROUOT (RUE).
Commence aux boulevards Montmartre et des Italiens, finit à la rue de Provence, nos 9 et 13. Pas encore de nos définitifs. Sa longueur est de 216 m. 2e arrondissement, quartier de la Chaussée-d'Antin.

Une ordonnance royale du 15 octobre 1847 porte ce qui suit : « Article 1er. Le préfet de la Seine est autorisé à désigner sous le nom de rue *Drouot*, en l'honneur de l'ancien lieutenant général de ce nom, la voie publique comprenant la partie de la rue de la *Grange-Batelière* qui s'étend du boulevard à la rue Pinon, et le prolongement qui sera ouvert sur la même direction jusqu'à la rue de Provence. »
Le prolongement dont il s'agit, autorisé par une ordonnance royale du 30 décembre 1846 sur les terrains de

SUPPLÉMENT.

l'ancien hôtel de la Grange-Batelière, appartenant à la ville de Paris, n'est pas encore livré à la circulation.— Sa largeur est fixée à 11 m. 69 c.

DUCOLOMBIER (RUE).

Ordonnance royale du 5 avril 1846. Largeur 7 m. 80 c.

DUGUAY-TROUIN (RUE).

Ordonnance royale du 12 février 1846. Largeur 9 m. 74 c.

DUGUESCLIN (RUE).

Ordonnance royale du 7 septembre 1845. Largeur 10 m.

DULAC (PASSAGE).

Commence à la rue de Vaugirard, n°s 181 et 183, finit à la rue des Fourneaux, n°s 10 et 12. 11e arrondissement, quartier du Luxembourg.

La formation de ce passage a été autorisée sur les terrains du sieur Dulac par une ordonnance du préfet de police en date du 20 octobre 1847. La largeur de cette voie de communication est de 11 m.

DUNKERQUE (RUE DE).

Décision ministérielle du 26 mai 1847 qui donne ce nom à la rue de l'*Abattoir*.

DUPERRÉ (RUE).

Commence à la place de la Barrière-Montmartre, n° 1, finit à la rue Fontaine, n°s 24 et 26 ; le dernier impair est 11, le dernier pair 10. Sa longueur est de 213 mètres. 2e arrondissement, quartier de la Chaussée-d'Antin.

Ouverte sans autorisation, en 1843, sur les terrains appartenant aux sieurs Victor Lemaire et Jaloureau, elle a été classée au nombre des voies publiques de Paris, en vertu d'un arrêté du 30 octobre 1848, rendu par le Président du conseil des ministres, E. Cavaignac, chargé du pouvoir exécutif.

Ce classement n'est autorisé que sous certaines clauses et conditions imposées aux propriétaires riverains et énumérées dans une délibération du Conseil municipal du 17 décembre 1847. Cette nouvelle voie, dont la largeur est de 12 m., a porté le nom de rue Victor Lemaire.

Un arrêté du 16 mars 1849, signé par le Président de la République, L.-N. Bonaparte, décide que cette communication prendra la dénomination de rue Duperré.

Victor Guy, baron Duperré, amiral, grand officier de la légion d'honneur, né à la Rochelle, le 20 février 1775, est mort à Paris en 1847.

DUPLEIX (PLACE).

Ordonnance royale du 11 décembre 1845. Largeur 74 m.

DUPLEIX (RUE).

Ordonnance royale du 11 décembre 1845. Largeurs : 18 m. pour la partie comprise entre l'avenue Suffren et la place Dupleix, et 12 m. pour le surplus.

DUROC (RUE).

Ordonnance royale du 17 septembre 1847 qui donne ce nom à la petite rue des Acacias.

Michel Duroc, duc de Frioul, grand maréchal du palais, naquit à Pont-à-Mousson en 1772. Il périt frappé d'un boulet de canon à Wurtchen, en Allemagne, le 23 mai 1813. Ses cendres reposent à côté de celles de l'Empereur et du général Bertrand dans l'hôtel des Invalides.

ÉCHARPE (RUE DE L').

Arrêté du 17 janvier 1849, signé par le Président de la République, L.-N. Bonaparte, qui assigne à cette rue 13 m. de largeur. Suivant cet alignement, une des arcades de la place des Vosges, formant l'angle de la rue de l'Écharpe, doit être retranchée. Cet arrêté dispose que l'arcade dont il s'agit ne sera assujettie au retranchement qu'au moment où le propriétaire voudra en modifier l'architecture en totalité ou dans l'une de ses parties. Jusque-là cette arcade sera exempte des servitudes de voirie.

ÉCOSSE (RUE D').

Ordonnance royale du 5 juin 1846. Largeur, 8 m.

ÉCURIES-D'ARTOIS (RUE DES).

Prolongement de cette rue entre les rues de l'Oratoire et du Faubourg Saint-Honoré.

Ouvert en 1845. — Une ordonnance du préfet de police, du 31 mai 1847, l'admet comme passage public.

ÉGLISE (RUE DE L').

Partie comprise entre les rues Saint-Dominique et de Grenelle.

Ordonnance royale du 8 février 1848. 13 m. de largeur.

ENFER (BOULEVARD D').

Ordonnance royale du 12 février 1846. 38 m. 40 c. moindre largeur.

ENFER (CHEMIN DE RONDE DU POSTE D'OBSERVATION DE LA BARRIÈRE D').

Ordonnance royale du 14 février 1847. 11 m. 69 c. de largeur.

ENFER (RUE D').

Ordonnance royale du 18 mars 1846. 12 m. moindre largeur.

ENTREPÔT (PASSAGE DE L').

Commence à la rue des Marais, n°s 26 et 28, finit à la rue de l'Entrepôt, n°s 9 et 11. 5e arrondissement, quartier de la Porte-Saint-Martin.

Formé en 1844, sous le nom de passage de la *Douane*, il a été autorisé par une ordonnance de police du 27 mai 1848, signée Trouvé-Chauvel. Sa largeur est de 6 m.

EST (RUE DE L').

Une ordonnance du 15 juin 1845 conserve à cette voie publique sa largeur actuelle, qui est de 14 m.

ESTRAPADE (RUE DE LA VIEILLE-).

Ordonnance royale du 31 décembre 1845. Moindre largeur, 11 m. 40 c.

ESTRÉES (RUE D').

Ordonnance royale du 12 décembre 1845. Largeur, 10 m.

SUPPLÉMENT.

ÉTIENNE-DES-GRÉS (RUE SAINT-).
Ordonnance royale du 5 juin 1846. 10 m. moindre largeur.

ÉTIENNE-DU-MONT (RUE DES PRÊTRES-SAINT-).
Ordonnance royale du 5 juin 1846. Largeur, 10 m.

ÉTIENNE-DU-MONT (RUE NEUVE-SAINT-).
Ordonnance royale du 3 mars 1847. Largeur 10 m.

ÉTOILE (CHEMIN DE RONDE DE LA BARRIÈRE DE L').
Arrêté du 17 août 1848, rendu par le Président du conseil des ministres, chargé du pouvoir exécutif, signé E. Cavaignac, qui fixe sa largeur à 11 m. 69 c.

ÉTUVES-SAINT-MARTIN (RUE DES VIEILLES-).
Ordonnance royale du 15 juin 1846. Largeur, 8 m.

EUROPE (PLACE D').
Une délibération du conseil municipal, du 30 mai 1845, porte : — Art. 1er. Il y a lieu, par la ville de Paris, de confirmer sa renonciation du 12 juillet 1826 à la faculté que lui conférait l'ordonnance royale du 2 février même année, de se faire concéder le terrain nécessaire à l'établissement d'un jardin au milieu de la place d'Europe. — Art. 2. Ce jardin sera établi par les héritiers Hagerman et Mignon, à la charge par eux d'en maintenir la destination à perpétuité, etc. — Art. 3. Les frais de plantation de deux rangées d'arbres au pourtour extérieur du jardin seront supportés par la ville de Paris, et toutes les autres dépenses resteront à la charge des héritiers Hagerman et Mignon, qui devront, en outre, entretenir à toujours, et en bon état, ledit jardin, ainsi que le mur d'appui et la grille en fer qui doivent l'entourer, etc.

EUSTACHE (PLACE DE LA POINTE SAINT-).
Décret du gouvernement provisoire de la République, du 5 mai 1848, signé Ledru-Rollin, ministre de l'intérieur, qui maintient les constructions du côté droit sur leurs vestiges actuels. Les maisons du côté gauche de cette place ont été démolies en 1848, après expropriation, pour l'agrandissement des halles.

FAVART (RUE).
Ordonnance royale du 27 octobre 1847. Largeur, 9 m. 75 c.

FERS (RUE AUX).
Décret du gouvernement provisoire de la République, du 5 mai 1848, signé Ledru-Rollin, ministre de l'intérieur, qui assigne à cette rue une largeur de 13 m.

FLEURS-SAINT-SULPICE (MARCHÉ AUX).
Une ordonnance de police, du 18 avril 1845, a fixé l'ouverture de ce marché au 1er mai suivant. Il se tient les lundis et jeudis.

FLEURS (RUE DU MARCHÉ-AUX-).
Ordonnance royale du 30 mai 1847, qui maintient à 10 m. la largeur de cette voie publique.

SUPPLÉMENT.

FONTAINES (RUE DES).
Ordonnance royale du 7 septembre 1845. Largeur, 10 m.

FONTARABIE (CHEMIN DE RONDE DE LA BARRIÈRE DE).
Ordonnance royale du 12 août 1846. 11 m. 69 c. de largeur.

FORCE (PRISON DE LA).
Un arrêté du 26 mars 1848, signé Ledru-Rollin, membre du gouvernement provisoire et ministre de l'intérieur, a autorisé le département de la Seine :
1° A ouvrir, sur l'ancienne prison de la Force, deux rues : l'une, de 12 m. de largeur, allant de la rue du Roi-de-Sicile à la rue Pavée; l'autre, de 11 m. de largeur, devant communiquer de la rue nouvelle à la rue Pavée, en face de l'impasse Coquerelle prolongée...
... 4° A fournir à la ville de Paris un concours de 74,604 fr., pour subvenir aux frais de prolongement de la rue du Roi-de-Sicile et de l'impasse Coquerelle, qu'elle prend à sa charge...
... 7° A vendre en 13 lots, et sur la mise à prix de 370,389 fr. 25 c., les terrains qui resteront disponibles après les opérations de voirie ci-dessus mentionnées.
Cette ordonnance sera exécutée prochainement.

FOUARRE (RUE DU).
Ordonnance royale du 5 juin 1846. Largeur, 12 m.

FOUR-SAINT-HONORÉ (RUE DU).
Partie comprise entre les rues Saint-Honoré et des Deux-Ecus.
Décret du gouvernement provisoire de la République, du 5 mai 1848, signé Ledru-Rollin, ministre de l'intérieur, 12 m. de largeur.

FOUR-SAINT-JACQUES (RUE DU).
Ordonnance royale du 5 juin 1846. Largeur, 8 m.

FOURCY-SAINTE-GENEVIÈVE (RUE DE).
Ordonnance royale du 5 juin 1846. Largeur, 11 m.

FOURNEAUX (CHEMIN DE RONDE DE LA BARRIÈRE DES).
Ordonnance royale du 14 février 1847. 11 m. 69 c. moindre largeur.

FOURNEAUX (RUE DES).
Ordonnance royale du 14 février 1847. 12 m. moindre largeur.

FRÉPILLON (RUE).
Ordonnance royale du 10 février 1847, qui modifie le plan d'alignement approuvé par ordonnance du 16 mai 1833, pour les deux angles saillants que cette voie publique forme à la rencontre des rues Phelipeaux et du Marché-Saint-Martin.

FRÈRES (PROLONGEMENT DE LA RUE DES TROIS-).
Voir l'article de la rue d'Aumale.

SUPPLÉMENT.

GALANDE (RUE).

Ordonnance royale du 31 décembre 1845. Moindre largeur, 12 m.

GARE (CHEMIN DE RONDE DE LA BARRIÈRE DE LA).

Ordonnance royale du 11 juin 1847. 11 m. 69 c. moindre largeur.

GENEVIÈVE (CARRÉ SAINTE-).

Ordonnance royale du 5 juin 1846, qui détermine les alignements de cette voie publique.

GENEVIÈVE (RUE DE LA MONTAGNE-SAINTE-).

Ordonnance royale du 13 septembre 1846. 12 m. moindre largeur.

GENEVIÈVE-A-CHAILLOT (RUE SAINTE-).

Arrêté du 17 août 1848, rendu par le Président du conseil des ministres, chargé du pouvoir exécutif, signé E. Cavaignac, qui assigne à cette voie publique une largeur de 10 m.

GEORGES (RUE SAINT-).

Arrêté préfectoral du 17 août 1846, qui réunit à cette voie publique la rue Neuve-Saint-Georges.

GERMAIN-DES-PRÉS (RUE SAINT-).

Arrêté préfectoral du 1er août 1847, qui donne ce nom à la rue à ouvrir entre les places Saint-Germain-des-Prés et Saint-Sulpice.
Une partie seulement de cette nouvelle voie est exécutée; elle communique de la rue du Four à la place Saint-Sulpice.

GERVAIS (RUE DES HOSPITALIÈRES-SAINT-).

Ordonnance royale du 30 juillet 1845. Largeur, 10 m.

GILLES (RUE SAINT-).

Arrêté préfectoral du 3 août 1846, qui supprime la qualification de *Neuve*, que portait la voie publique dont il s'agit.

GLACIÈRE (RUE DE LA).

Ordonnance royale du 21 octobre 1846. Largeur, 12 m.

GOBELINS (BOULEVARD DES).

Ordonnance royale du 21 octobre 1846. 38 m. moindre largeur.

GOBELINS (RUE DE LA BARRIÈRE-DES-).

Ordonnance royale du 11 juin 1847. Largeur, 20 m.

GOBELINS (RUE DES).

Ordonnance royale du 31 août 1846. 10 m. pour la partie comprise entre les rues Mouffetard et des Marmousets; 8 m. pour l'autre partie aboutissant à la Bièvre.

GRACIEUSE (RUE).

Ordonnance royale du 3 mars 1847. 12 m. moindre largeur.

GRAFFART (PASSAGE).

Commence au quai de Valmy, n° 195, finit à la rue du Chemin-de-Pantin, n° 14. 5e arrondissement, quartier de la Porte-Saint-Martin.
Formé, il y a quelques années, sur la propriété de MM. Graffart et compagnie, ce passage a été autorisé par ordonnance du préfet de police du 14 mai 1845.
Sa largeur varie de 3 m. 20 c. à 3 m. 50 c.

GRANGE-AUX-BELLES (RUE).

Ordonnance royale du 31 mars 1847. 10 m. moindre largeur.

GRANGE-BATELIÈRE (RUE DE LA).

Conformément à une décision ministérielle du 21 octobre 1847, la rue de la Grange-Batelière devra commencer désormais à la rue du Faubourg-Montmartre et finir à la rue Drouot. (Voir les rues *Drouot* et *Pinon*.)

GRÉGOIRE DE TOURS (RUE).

Ordonnance royale du 4 novembre 1846, qui donne ce nom à la rue des *Mauvais-Garçons-Saint-Germain*.
Saint Grégoire de Tours, évêque de cette ville, naquit en 539; ses talents lui donnèrent une grande influence sur son siècle. Il mourut en 593. On a de lui une *Historia Francorum*. C'est l'*Histoire ecclésiastique et profane* depuis l'époque de l'établissement des Francs dans les Gaules.

GRENELLE (CHEMIN DE RONDE DE LA BARRIÈRE DE).

Ordonnance royale du 12 août 1846. 11 m. 69 c. de largeur.

GRENELLE-SAINT-GERMAIN (RUE DE).

Partie comprise entre l'Esplanade des Invalides et l'avenue de la Bourdonnaye.
Ordonnance royale du 8 février 1848, 12 m. moindre largeur.

GRÉS (RUE DES).

Ordonnance royale du 13 septembre 1846. Largeur, 10 m.

GRÉTRY (RUE).

Ordonnance royale du 27 octobre 1847, qui maintient à 8 m. 77 c. la largeur actuelle de cette voie publique.

GRIBEAUVAL (RUE DE).

Ordonnance royale du 27 mai 1847, qui donne ce nom à la rue Saint-Vincent-de-Paul, débouchant en face du Musée d'artillerie.
Jean-Baptiste *Vaquette de Gribeauval*, lieutenant-général, né à Amiens le 4 décembre 1715, est mort le 9 mai 1789. Il n'y a pas une branche relative à l'artillerie, tant de siège que de campagne, que Gribeauval n'ait créée ou réformée.

GRIL (RUE DU).

Ordonnance royale du 12 août 1846. Largeur 10 m.

GUILLEMIN (RUE NEUVE-).

Arrêté du Président de la République, du 17 janvier 1849, signé L.-N. Bonaparte, qui assigne à cette voie publique 10 m. de largeur.

SUPPLÉMENT.

HALLES (LES).

« Louis-Philippe, etc.
» Vu les délibérations du conseil municipal de la ville
» de Paris, en date des 18 avril et 11 juillet 1845.
» Vu l'enquête à laquelle il a été procédé les 18, 19 et
» 20 juin 1845, etc.
» Art. 1er.
» Sont déclarés d'utilité publique les travaux d'*agran-
» dissement des halles centrales* de la ville de Paris, sui-
» vant le plan qui a servi de base à l'enquête visée
» ci-dessus.
» En conséquence, ladite Ville est autorisée à acquérir,
» soit à l'amiable, d'après une expertise contradictoire,
» soit, s'il y a lieu, par l'application des dispositions de
» la loi du 3 mai 1841, les immeubles compris dans le
» périmètre des susdits travaux.
» Art. 2.
» Notre ministre, etc.
» Au palais des Tuileries, le 17 janvier 1847.
» Signé Louis-Philippe.
» Par le roi :
» Le Ministre secrétaire d'État au dépar-
» tement de l'intérieur,
» Signé T. Duchâtel. »

D'après les projets, voici quelles seraient les superficies des nouvelles halles et de leurs dépendances :

Abris	14,791 m.
Trottoirs et dallages plantés	10,300
Voies de service et de circulation	19,275
Marché des Innocents et rues qui l'entourent	8,424
Total général	52,790

Une partie des propriétés renfermées dans le périmètre des halles a été démolie en 1848. Les travaux de construction des abris sont confiés à MM. Victor Baltard et Callet, architectes.

HANOVRE (RUE DE).

Ordonnance royale du 27 octobre 1847, qui maintient la largeur actuelle de cette voie publique (7 m. 80 c.).

HARLAY-EN-LA-CITÉ (RUE).

Un arrêté du 26 mars 1848, signé Ledru-Rollin, ministre de l'intérieur, maintient la largeur actuelle de cette voie publique (8 m. 75 c.).

HARPE (RUE DE LA).

Partie comprise entre les rues Saint-Severin et Mâcon, et les rues des Mathurins et Pierre-Sarrazin.

Ordonnance royale du 14 février 1847, qui modifie les alignements approuvés par l'ordonnance du 25 novembre 1846, et déclare d'utilité publique l'exécution immédiate du nouveau tracé.

Cette importante amélioration sera effectuée dans le courant de 1849, pour la partie qui s'étend de la rue Pierre-Sarrazin à la rue Serpente.

Le surplus s'exécutera dans les années suivantes.

HAVRE (PASSAGE DU).

Commence à la rue Sainte-Croix, nos 7 et 9, finit à la rue Saint-Lazare, nos 119 et 121. 1er arrondissement, quartier de la place Vendôme.

Formé en 1845, sur les terrains appartenant aux sieurs Fouquet, Selles, Doux et Durand-Billion, il a été autorisé par une ordonnance de police du 7 septembre 1846. Ce passage, dont la largeur est de 3 m. 50 c., tire son nom de sa proximité de la rue du Hâvre.

HENRI-QUATRE (QUAI).

Une ordonnance royale du 30 juin 1847 fixe la largeur de ce quai à 20 m. Il n'est pas encore bordé de constructions particulières.

HILAIRE (RUE SAINT-).

Ordonnance royale du 5 juin 1846. 12 m. moindre largeur.

HISTORIQUE (THÉÂTRE-).

Situé boulevard du Temple, n° 88.—6e arrondissement, quartier du Temple.

Ce théâtre a été construit en 1846 sur les terrains de l'ancien *hôtel Foulon*, et d'après les dessins de M. de Dreux, architecte.

Il a pris le nom de Théâtre-Historique en vertu d'une décision ministérielle du 23 décembre 1846.

L'ouverture a eu lieu le 20 février 1847.

HOLZBACHER (CITÉ).

Commence à la rue des Trois-Bornes, n° 17, finit à la rue Fontaine-au-Roi, n° 36. 6e arrondissement, quartier du Temple.

Autorisé par une ordonnance de police du 21 mars 1845, ce passage a été ouvert dans le courant de la même année sur les terrains appartenant au sieur Holzbacher. Sa largeur est de 5 m. 85 c.

HONORÉ (RUE DU FAUBOURG-SAINT-).

Décision ministérielle du 10 décembre 1847, qui donne le nom de rue du Faubourg-Saint-Honoré à la rue du *Faubourg-du-Roule*. Une ordonnance royale du 6 avril 1846 avait fixé la moindre largeur de cette voie publique à 13 m. 80 c.

HOPITAL-GÉNÉRAL (RUE DE L').

Ordonnance royale du 11 juin 1847. 20 m. de largeur.

HORLOGE (QUAI DE L').

Arrêté du ministre de l'intérieur, du 26 mars 1848, signé Ledru-Rollin, qui maintient ce quai dans son état actuel.

HUCHETTE (RUE DE LA).

Ordonnance royale du 12 août 1846. 10 m. de largeur.

HYACINTHE-SAINT-MICHEL (RUE SAINT-).

Ordonnance royale du 13 septembre 1846. 12 m. moindre largeur.

IÉNA (RUE D').

Ordonnance royale du 8 février 1848. Largeur, 12 m.

INNOCENTS (RUE DU CHARNIER-DES-).

Décret du gouvernement provisoire de la République, du 5 mai 1848, signé Ledru-Rollin, ministre de l'intérieur, qui donne à cette voie publique 10 m. de largeur.

SUPPLÉMENT.

INVALIDES (BOULEVARD DES).

Ordonnance royale du 12 décembre 1845. Largeur, 39 m.

INVALIDES (HÔTEL NATIONAL DES).

Loi du 13 avril 1845 portant que les restes mortels des deux grands maréchaux du palais, *Bertrand* et *Duroc*, seront placés dans l'église des Invalides, à droite et à gauche du passage qui communique de la nef au dôme réservé au tombeau de l'empereur Napoléon.

IRLANDAIS (RUE DES).

Ordonnance royale du 15 juillet 1845. Largeur, 10 m.

ISLY (PASSAGE DE L').

Ordonnance de police du 4 novembre 1844, qui autorise l'ancien *Passage Philibert* sous le nom de passage de l'Isly, et qui impose aux propriétaires riverains diverses clauses et conditions.

ISLY (RUE DE L').

Commence à la rue du Havre, n° 7 et 9; finit à la rue de l'Arcade, nos 62 et 64. Le dernier impair est 17; le dernier pair 14. Sa longueur est de 144 m. — 1er arrondissement, quartier de la place Vendôme.

Elle a été ouverte sur les terrains appartenant au sieur Pellegrini. Sa largeur est de 12 m. L'ordonnance d'autorisation est à la date du 14 janvier 1846, et impose à l'impétrant les diverses clauses et conditions énumérées dans une délibération du conseil municipal du 23 mai 1845. Par cette délibération, le conseil avait émis le vœu que la voie nouvelle prit le nom de l'Isly.

Cette dénomination a été donnée en l'honneur du *maréchal Bugeaud, duc de l'Isly*.

ITALIENS (PLACE DES).

Ordonnance royale du 27 octobre 1847, qui maintient sur leurs vestiges actuels les constructions riveraines de cette place.

IVRY (CHEMIN DE RONDE DE LA BARRIÈRE D').

Ordonnance royale du 11 juin 1847. Largeur 11 m. 69 c.

IVRY (PLACE DE LA BARRIÈRE D').

Ordonnance royale du 11 juin 1847. 32 m. 30 c. de rayon.

JACINTHE (RUE).

Ordonnance royale du 31 décembre 1845. Largeur, 10 m.

JACQUES (RUE DES FOSSÉS SAINT-).

Ordonnance royale du 5 juin 1846. 13 m. moindre largeur.

JARDINS-SAINT-PAUL (RUE DES).

Ordonnance royale du 3 mars 1847, qui déclare d'utilité publique l'exécution du prolongement de cette rue jusqu'au quai Saint-Paul.

JARENTE (RUE).

Ordonnance royale du 5 avril 1846. Largeur, 10 m.

SUPPLÉMENT.

JEAN (RUE SAINT-).

Partie comprise entre les rues de l'Université et Saint-Dominique.

Ordonnance royale du 8 février 1848. Largeur, 11 m. 62 c.

JEAN-BAPTISTE (RUE SAINT-).

Ordonnance royale du 30 décembre 1846. Largeur 10 m.

JEUNEURS (RUE DES).

Décision ministérielle du 5 octobre 1846, qui donne le nom de cette voie publique à la rue *Saint-Roch-Poissonnière*.

JOINVILLE (RUE DE).

Commence à l'avenue Gabriel; finit à la rue du Faubourg-Saint-Honoré, nos 61 et 63. Le dernier impair est 23; le dernier pair 20. Sa longueur est de 241. — 1er arrondissement, quartier des Champs-Elysées.

Elle a été ouverte sur les terrains de M. le duc de Galliera, en vertu d'une ordonnance royale du 4 mai 1847, qui impose à ce propriétaire les clauses et conditions énumérées dans une délibération du conseil municipal du 12 août 1846. La largeur de cette nouvelle voie est de 12 m. Son nom est celui de l'un des fils de l'ex-roi Louis-Philippe. Depuis février 1848, elle est désignée sous la dénomination de rue du Cirque.

JOUFFROY (PASSAGE).

Commence au boulevard Montmartre, nos 10 et 12; finit à la rue de la Grange-Batelière, nos 24 et 28. — 2e arrondissement, quartier de la Chaussée-d'Antin.

Autorisé par une ordonnance de police, du 17 février 1847, il a été formé en 1845 sur les terrains appartenant à une société dite du *Passage-Jouffroy*, et représentée par les sieurs Lefébure et Verdeau. Ce passage, qui est coudé, a 4 m. de largeur.

JOUFFROY (RUE).

Ordonnance royale du 11 juin 1847. Largeur, 12 m. 80 c.

JULIENNE (RUE).

Ordonnance royale du 21 octobre 1846. Largeur, 10 m.

JUSTICE (PLACE DU PALAIS DE).

Arrêté du 26 mars 1848, signé Ledru-Rollin, ministre de l'intérieur, qui maintient cette place dans son état actuel.

KLÉBER (RUE).

Ordonnance royale du 7 septembre 1845. Largeur, 12 m.

LAFFITTE (RUE).

Partie comprise entre le boulevard et la rue de Provence.

Ordonnance royale du 27 octobre 1847. Largeur, 9 m. 75 c.

LAGNY (RUE DU CHEMIN DE).

Ordonnance royale du 8 septembre 1847. Largeur, 10 m.

LAMARTINE (RUE).

Arrêté du 16 mars 1848, pris par le membre du gouvernement provisoire, ministre de l'intérieur (Ledru-Rollin), qui donne ce nom à la rue *Coquenard*. Les propriétaires riverains avaient pris l'initiative à cet égard dès le 28 février précédent.

LANCRY (RUE).

Ordonnance royale du 31 mars 1847. Largeur, 10 m.

LANTERNE (RUE DE LA VIEILLE-).

Ordonnance royale du 8 novembre 1844. Largeur, 6 m.

LAS-CASES (RUE).

Ordonnance royale du 11 janvier 1845. Largeur, 13 m.

LATRAN (RUE SAINT-JEAN DE).

Ordonnance royale du 5 juin 1846. Largeur, 12 m.

LAVANDIÈRES-PLACE-MAUBERT (RUE DES).

Ordonnance royale du 5 juin 1846. Largeur, 10 m.

LELONG (RUE PAUL).

Commence à la rue Notre-Dame-des-Victoires, nos 7 et 9, finit à la rue de la Banque : le dernier impair est 5, un seul pair qui est 2. Sa longueur est de 41 mètres. 3e arrondissement, quartier du Mail.

Cette rue a été percée, en vertu d'une ordonnance royale du 8 décembre 1844, sur les terrains appartenant à l'État et aux Messageries royales. (Voir la rue de la Banque.) Sa largeur est de 10 m.

« Louis-Philippe, etc. Nous avons ordonné et ordonnons ce qui suit : Est approuvée la délibération en date du 26 mars de la présente année, dans laquelle le conseil municipal de la ville de Paris, voulant honorer la mémoire de *Paul Lelong*, architecte de l'administration de l'enregistrement et des domaines, a donné à la nouvelle voie de communication ouverte entre la rue Notre-Dame-des-Victoires et la rue de la Banque, le nom de rue *Paul Lelong*. Au palais des Tuileries, le 3 mai 1847. Signé Louis-Philippe. »

LEMOINE (RUE DU CARDINAL).

Commence au quai de la Tournelle, nos 17 et 19, finit à une rue non encore dénommée et qui communique entre les rues de Poissy et des Fossés-Saint-Bernard. Pas de nos. Sa longueur est de 86 m. 12e arrondissement, quartier du Jardin du Roi.

Cette rue, dont l'ouverture avait été prescrite par une ordonnance royale du 7 juillet 1824, devait aboutir à la rue Saint-Victor. Une seconde ordonnance, à la date du 2 novembre 1845, a prescrit l'exécution du percement pour la partie qui existe aujourd'hui.

LINGERIE (RUE DE LA).

Décret du gouvernement provisoire de la République du 5 mai 1848, signé Ledru-Rollin, ministre de l'intérieur. —14 m. moindre largeur.

LONGCHAMP (CHEMIN DE RONDE DE LA BARRIÈRE DE).

Ordonnance royale du 12 août 1846. Largeur, 11 m. 69 c.

LONGCHAMP (RUE DE).

Un arrêté du 17 août 1848, rendu par le Président du conseil des ministres chargé du pouvoir exécutif, signé E. Cavaignac, a fixé la moindre largeur de cette rue à 11 m. 70 c.

LOUIS (AVENUE DE L'HÔPITAL SAINT-).

Ordonnance royale du 24 octobre 1846. 20 m. de largeur.

LOUVIERS (RUE DE L'ÎLE).

Commence au quai Henri IV, finit au boulevard Morland. Sa longueur est de 320 m. 9e arrondissement, quartier de l'Arsenal.

Cette rue, tracée sur les terrains de l'*Ile Louviers*, n'est pas encore bordée de constructions. Une ordonnance royale, du 30 juin 1847, a autorisé l'ouverture de cette communication, dont la largeur est de 13 m.

LULLI (RUE).

Ordonnance royale du 12 février 1846, qui maintient sur leurs vestiges les constructions de cette rue.

LUXEMBOURG (RUE DE).

Arrêté préfectoral du 3 août 1846, qui supprime la qualification de *Neuve*, que portait cette voie publique.

LYON (RUE DE).

Doit commencer au boulevard de la Contrescarpe et finir au boulevard Mazas, en face de l'embarcadère du chemin de fer de Lyon. Sa longueur sera de 706 m. — 8e arrondissement, quartier des Quinze-Vingts.

Une ordonnance royale du 27 novembre 1847 a autorisé et déclaré d'utilité publique l'ouverture de cette rue, dont la largeur est fixée à 20 m. pour la partie qui s'étendra du boulevard de la Contrescarpe à la rue Traversière, et à 30 m. pour l'autre partie jusqu'au boulevard Mazas.

Cette ordonnance recevra son exécution dans le courant de la présente année 1849.

LYONNAIS (RUE DES).

Ordonnance royale du 15 juin 1845. Largeur, 10 m.

MAÇONS (RUE DES).

Ordonnance royale du 30 décembre 1846. 8 m. de largeur.

MADEMOISELLE (PETITE RUE).

Ordonnance royale du 12 décembre 1845. Largeur, 12 m.

MAINE (AVENUE DU).

Ordonnance royale du 12 février 1846. Largeur, 31 m.

MAINE (CHEMIN DE RONDE DE LA BARRIÈRE DU).

Ordonnance royale du 14 février 1847. Largeur, 11 m. 69 c.

MALAR (RUE).

Partie comprise entre le quai d'Orsay et la rue de l'Université.

Ordonnance royale du 8 février 1848. 15 m. de largeur.

SUPPLÉMENT.

MALESHERBES (RUE DE).

Commence à la place Delaborde; finit à la rue de Valois. Pas encore de nos. Sa longueur est de 500 m. — 1er arrondissement, quartier du Roule.

1re *Partie comprise entre les rues de la Bienfaisance, et de Valois.*

Une ordonnance royale du 3 mars 1847 a autorisé les héritiers des sieurs Hagerman et Mignon à ouvrir cette rue, conformément aux clauses et conditions énumérées dans une délibération du conseil municipal du 23 mai 1845. La largeur de la nouvelle voie est de 15 m.

2me *Partie entre la place Delaborde, et la rue de la Bienfaisance.*

Un arrêté rendu à la date du 30 octobre 1848, par le Président du conseil des ministres, chargé du pouvoir exécutif (E. Cavaignac), autorise le sieur Théophile Mignon à prolonger la rue de Malesherbes jusqu'à la place Delaborde, à la charge par ce propriétaire d'abandonner gratuitement à la Ville le sol de la rue, et aux autres clauses et conditions exprimées dans l'acte sous seings-privés du 23 août 1848, passé entre lui et le préfet de la Seine.

MALTE (RUE DE).

Ordonnance royale du 26 décembre 1844. Largeur, 10 m.

MANDAR (RUE).

Ordonnance royale du 12 août 1846, qui maintient cette rue dans son état actuel.

MANDÉ (AVENUE DE SAINT-).

Ordonnance royale du 8 septembre 1847. 39 m. de largeur.

MANTEAUX (RUE DES BLANCS-).

Ordonnance royale du 30 juillet 1845. Largeur, 10 m.

MANTEAUX (RUE DU MARCHÉ-DES-BLANCS-).

Ordonnance royale du 30 juillet 1845. Largeur, 7 m.

MARAIS-DU-TEMPLE (RUE DES).

Arrêté du 4 décembre 1848, rendu par le Président du conseil des ministres, chargé du pouvoir exécutif, signé E. Cavaignac, qui assigne à cette rue une moindre largeur de 9 m. 74 c.

MARC (RUE SAINT-).

Arrêté préfectoral du 22 décembre 1847, qui réunit à cette voie publique la rue Neuve-Saint-Marc.

MARCHÉ-NEUF (RUE DU).

Ordonnance royale du 30 mai 1847. 18 m. moindre largeur.

MARIE (CHEMIN DE RONDE DE LA BARRIÈRE SAINTE-).

Ordonnance royale du 12 août 1846. Largeur, 11 m. 69 c.

MARIGNY (AVENUE DE).

Ordonnance royale du 12 août 1846. 32 m. de largeur.

SUPPLÉMENT,

MARIVAUX-DES-ITALIENS (RUE DE).

Ordonnance royale du 27 octobre 1847, qui maintient la largeur actuelle de cette voie publique (9 m. 75 c.).

MARTEL (RUE).

Ordonnance royale du 14 avril 1847. Largeur, 9 m. 74 c.

MARTIGNAC (RUE DE).

Ordonnance royale du 11 janvier 1845. Largeur, 13 m.

MARTIN (BOULEVARD SAINT-).

Arrêté du 4 décembre 1848, rendu par le Président du conseil des ministres, chargé du pouvoir exécutif, signé E. Cavaignac, qui fixe à 33 m. la moindre largeur de ce boulevard.

MARTIN (PLACE DE LA PORTE-SAINT-).

Ordonnance royale du 31 mars 1847, qui détermine les alignements de cette place.

MARTIN (RUE DES FOSSÉS-SAINT-).

Ordonnance royale du 5 juin 1846. Largeur, 13 m.

MASSILLON (RUE).

Ordonnance royale du 8 septembre 1847. 10 m. moindre largeur.

MATHURINS-SAINT-JACQUES (RUE DES).

Une ordonnance royale du 18 juin 1845 a fixé la largeur de cette rue à 12 m., et déclaré d'utilité publique l'exécution des alignements arrêtés.

Cet élargissement si utile sera prochainement commencé.

MATIGNON (AVENUE).

Ordonnance royale du 5 avril 1846. Moindre largeur, 40 m. 60 c.

MATIGNON (RUE).

Ordonnance royale du 5 avril 1846. Largeur, 10 m.

MAUBERT (PLACE).

Ordonnance royale du 13 septembre 1846. 14 m. 30 c. moindre largeur.

MAUR-SAINT-GERMAIN (RUE SAINT-).

Ordonnance royale du 11 août 1845. Largeur, 10 m.

MAZARINE (RUE).

Ordonnance royale du 25 novembre 1844. 10 m. moindre largeur.

MAZAS (RUE).

Une ordonnance royale du 29 octobre 1845 porte :
« Article 1er. L'ordonnance royale du 15 octobre 1814 qui
» a mis à la charge de la ville l'ouverture du *boulevard*
» *Mazas* destinée à mettre en communication la place Mazas et celle de la barrière du Trône, est et demeure rapportée dans toutes ses dispositions. Le boulevard Mazas
» sera remplacé par *une rue de quinze mètres de largeur*
» dont le côté droit doit être celui du boulevard, et le côté
» gauche une ligne parallèle à quinze mètres de distance.

SUPPLÉMENT.

» L'ouverture de cette rue nouvelle sera à la charge de la ville de Paris... L'exécution des alignements est déclarée d'utilité publique. »

Cette ordonnance a été exécutée pour une partie de la communication, et elle a été modifiée par une autre ordonnance du 27 novembre 1847 qui a porté la largeur de la rue à 31 m. 80 c. dans l'étendue comprise entre le quai de la Rapée et le carrefour des rues Legraverend et des Charbonniers.

MÉDARD (RUE NEUVE-SAINT-).

Ordonnance royale du 12 août 1846. Largeur, 10 m.

MÉDECINE (RUE DE L'ÉCOLE-DE-).

Décision ministérielle du 5 octobre 1846, qui donne le nom de cette voie publique à la rue des *Boucheries*.

MÉNILMONTANT (RUE DE).

Ordonnance royale du 23 août 1846. 12 m. 80 c. moindre largeur.

MÉNILMONTANT (RUE NEUVE DE).

Un arrêté du ministre de l'intérieur, Ledru-Rollin, membre du gouvernement provisoire de la République, en date du 26 mars 1848, fixe la moindre largeur de cette rue à 9 m. 70 c.

MÉRICOURT (RUE DE LA FOLIE-).

Ordonnance royale du 26 décembre 1844. Largeur, 10 m.

MICHEL (PLACE SAINT-).

Ordonnance royale du 5 avril 1847, qui détermine les alignements de cette place.

MICHEL (RUE SAINT-).

Ordonnance royale du 31 août 1846. Largeur, 10 m.

MILITAIRE (CHEMIN DE RONDE DE LA BARRIÈRE DE L'ÉCOLE-).

Ordonnance royale du 12 août 1846. 11 m. 69 c. de largeur.

MINIMES (RUE LA CHAUSSÉE-DES-).

Un arrêté du ministre de l'intérieur, Ledru-Rollin, en date du 26 mars 1848, assigne à cette voie publique une largeur de 13 m. 40 c.

MOGADOR (RUE DE).

Commence à la rue Neuve-des-Mathurins, n°s 26 et 28 ; finit à la rue Saint-Nicolas, n°s 15 et 17. Le dernier impair est 17 ; le dernier pair, 20. Sa longueur est de 152 m. — 1er arrondissement, quartier de la place Vendôme.

Cette rue, dont la largeur est de 12 m., a été ouverte sur les terrains appartenant au sieur Dufaud, entrepreneur. L'ordonnance d'autorisation est à la date du 11 décembre 1845 ; elle impose à l'impétrant les clauses et conditions énumérées dans la délibération du conseil municipal du 31 octobre 1844. Une décision ministérielle du 23 décembre 1845 a donné à cette rue le nom de Mogador pour rappeler le glorieux et récent fait d'armes de notre marine sur les côtes de l'Afrique.

MOLAY (RUE).

Le prolongement de cette voie publique jusqu'à la rue Perrée a été exécuté en juin 1848, sur les dépendances du couvent du Temple.

MONCEAU (RUE DE).

Ordonnance royale du 31 août 1846. Largeur, 10 m.

MONDÉTOUR (RUE DE).

Ordonnance royale du 23 juin 1845. Largeur, 10 m.

MONGE (LYCÉE).

Arrêté du ministre provisoire de l'instruction publique, en date du 28 février 1848, qui donne ce nom au collège *Saint-Louis*.

MONSIEUR (RUE).

Ordonnance royale du 12 décembre 1845, qui maintient la largeur actuelle de cette voie publique (9 m. 75 c.).

MONTAIGNE (RUE DE).

Ordonnance royale du 23 juin 1846, qui conserve l'état actuel de cette voie publique, dont la moindre largeur est de 10 m. 60 c.

MONTESQUIEU (RUE DE).

Ordonnance royale du 26 décembre 1844, qui maintient sur leurs vestiges les constructions riveraines. Largeur, 9 m. 74 c.

MONTMARTRE (RUE).

Ordonnance royale du 25 mars 1845, qui fixe à 15 m. la moindre largeur de cette rue, et déclare d'utilité publique l'exécution des alignements arrêtés, mais sur une certaine étendue seulement du côté des numéros pairs.

Conformément aux délibérations prises par le conseil municipal, dans ses séances des 20 août et 29 novembre 1844, cette importante opération a été divisée en six parties pour être exécutée d'année en année.

1re Partie, depuis la pointe Saint-Eustache jusqu'au mur séparatif des maisons n°s 26 et 28.

2e Partie, de ce mur à la rue Tiquetonne.

3e Partie, de cette rue à la jambe étrière entre les maisons n°s 60 et 62.

4e Partie, de cette jambe étrière à la rue Mandar.

5e Partie, de cette rue à la ligne séparant les maisons n°s 84 et 86.

6e Partie, de cette dernière maison à la rue Neuve-Saint-Eustache.

Les deux premières parties sont aujourd'hui exécutées.

MONTORGUEIL (RUE).

Ordonnance royale du 23 juin 1845. 12 m. moindre largeur.

MONT-PARNASSE (BOULEVARD DU).

Ordonnance royale du 12 février 1846. Largeur, 39 m. environ.

MONT-PARNASSE (CHEMIN DE RONDE DE LA BARRIÈRE DU).

Ordonnance royale du 14 février 1847. Largeur, 11 m. 69 c.

SUPPLÉMENT.

MONT-PARNASSE (RUE DU).

Ordonnance royale du 14 février 1847.

1re Partie, entre la rue Notre-Dame-des-Champs et le boulevard, 9 m. 50 c. moindre largeur.

2e Partie, entre le boulevard et la barrière, 12 m.

MONTPENSIER PALAIS-NATIONAL (RUE DE).

Ordonnance royale du 29 août 1845. Moindre largeur, 8 m. 5 c.

MONTREUIL (CHEMIN DE RONDE DE LA BARRIÈRE DE).

Ordonnance royale du 12 août 1846. Largeur, 11 m. 69 c.

MONTYON (RUE DE).

Commence à la rue de Trévise, nos 7 et 9; finit aux rues du Faubourg-Montmartre, no 18, et Geoffroy-Marie, no 2. Le dernier impair est 19; le dernier pair 18. Sa longueur est de 125 m. — 2e arrondissement, quartier du Faubourg-Montmartre.

Une ordonnance royale du 11 août 1844 avait autorisé MM. de Massa et Leroux à continuer sur leurs terrains, et jusqu'au prolongement de la rue de Trévise, la partie de la rue de la Boule-Rouge prenant naissance à la rue du Faubourg-Montmartre. La largeur de ce prolongement a été fixée à 10 m. Conformément à l'ordonnance précitée, les bâtiments à construire sur le prolongement dont il s'agit ne devaient pas excéder 15 m. de hauteur; mais en vertu d'une autre ordonnance du 3 octobre 1845, ces bâtiments peuvent atteindre la hauteur légale dans les rues de 10 m. de largeur, c'est-à-dire 17 m. 55 c.

La communication formée par la partie de la rue de la Boule-Rouge, ci-dessus désignée, et par son prolongement, a pris récemment, et en vertu d'une délibération du conseil municipal du 26 mai 1843, le nom de rue de *Montyon*.

Antoine-Jean-Baptiste-Robert *Auget*, baron de Montyon, naquit à Paris le 23 décembre 1733, et mourut le 29 décembre 1820. Son testament porte à *trois millions huit cent mille francs* ses donations aux hospices, et à *un million deux cent soixante-quinze mille francs* celles qui doivent servir à tous les prix qu'il avait fondés.

MORLAND (BOULEVARD).

Une ordonnance royale du 30 juin 1847, porte : — Art. 1er. Les alignements du boulevard Morland sont arrêtés ainsi qu'ils sont tracés sur le plan ci-joint, et suivant le procès-verbal de points de repère inscrit sur ledit plan. La largeur de cette voie publique est fixée à 20 m., sauf toutefois devant la façade de la Bibliothèque de l'Arsenal, où elle sera réduite à 18 m. par la distraction au profit de l'État d'une zône de terrain dépendant de la voie publique, et qui sera réunie au bâtiment de la Bibliothèque, afin qu'on puisse la clore au moyen d'une grille.

MOSCOU (RUE DE).

Commence aux rues de Berlin, no 20, et d'Amsterdam, no 55; finit aux rues de Hambourg et de Saint-Pétersbourg. Le dernier impair est 7, le dernier pair 20. Sa longueur est de 172 m. — 1er arrondissement, quartier du Roule.

Une ordonnance royale du 11 juin 1847 a autorisé cette rue, dont la largeur est de 12 m., et a imposé aux sieurs Mallet frères et aux héritiers Mignon l'exécution de diverses clauses et conditions énumérées dans une délibération du conseil municipal, du 5 décembre 1845.

SUPPLÉMENT.

La rue de Moscou se prolonge jusqu'au chemin de ronde, mais cette deuxième partie, qui est tracée seulement, n'est pas autorisée par la Ville.

MOULIN DU TEMPLE (RUE DU HAUT).

Ordonnance royale du 26 décembre 1844. Largeur, 10 m.

MOULINS BARRIÈRE DE REUILLY (RUE DES DEUX-).

Ordonnance royale du 8 septembre 1847. 12 m. de largeur.

MOULINS-SAINT-MARCEL (RUE DES DEUX-).

Ordonnance royale du 12 août 1846. 13 m. de largeur.

MYRON (RUE FRANÇOIS-).

Ordonnance royale du 25 novembre 1844, qui déclare d'utilité publique l'élargissement de cette rue. (Voir rue Jacques-de-*Brosse*.)

NAPLES (RUE DE).

Commence à la place d'Europe; finit au chemin de ronde de la barrière de Clichy. Pas de nos. Sa longueur est de 310 m. — 1er arrondissement, quartier du Roule.

Cette rue a été ouverte, en 1845, sur les terrains appartenant aux héritiers Hagerman et Mignon, et n'est pas encore autorisée par l'administration. Sa largeur est de 12 m. Elle longe la tranchée du chemin de fer de Saint-Germain.

NECKER (RUE).

Une ordonnance royale du 5 avril 1846, conserve à cette voie publique sa largeur actuelle, qui est de 5 m. 80 c.

NICOLAS-DU-CHARDONNET (RUE SAINT-).

Ordonnance royale du 5 juin 1846. Largeur, 12 m.

NICOLET (RUE).

Arrêté du ministre de l'intérieur Ledru-Rollin, membre du gouvernement provisoire de la République, du 26 mars 1848, qui assigne à cette rue 10 m. de largeur.

NORMALE (ÉCOLE).

Le 1er avril 1847 a eu lieu la translation de l'école de la rue Saint-Jacques dans le nouvel hôtel construit rue d'Ulm, en vertu de la loi du 24 mars 1841, qui a ouvert à cet effet un crédit de 1,978,000 fr.

NOTRE-DAME (PARVIS).

Ordonnance royale du 30 mai 1847, qui détermine les alignements de cette voie publique.

NOTRE-DAME (RUE DU CLOÎTRE-).

Un arrêté préfectoral, du 26 mars 1846, réunit à cette rue celle *Bossuet*.

Une ordonnance royale du 30 mai 1847 fixe à 19 m. la moindre largeur de toute la communication.

SUPPLÉMENT.

NOTRE-DAME-DES-CHAMPS (RUE).

Ordonnance royale du 12 février 1846. Moindre largeur, 11 m. 70 c.

ODIOT (CITÉ).

Située entre la rue Neuve-de-Berri et celle de l'Oratoire. — 1er arrondissement, quartier des Champs-Élysées.

Cette cité, formée en 1847 sur les terrains de M. Odiot, et autorisée par une ordonnance de police du 12 janvier 1848, se compose : 1° d'une vaste cour parallèle aux rues Neuve-de-Berri et de l'Oratoire; 2° de deux passages couverts, mettant cette cour en communication avec la rue de l'Oratoire. Ces deux passages ont chacun 4 m. de largeur et 25 m. de longueur; 3° d'un passage découvert entre la cour et la rue Neuve-de-Berri, en face de la rue de Ponthieu.

OLIVET (RUE D').

Ordonnance royale du 12 décembre 1845. Largeur, 10 m.

ORANGERIE (RUE DE L').

Ordonnance royale du 12 août 1846. 10 m. de largeur.

ORATOIRE DES CHAMPS-ÉLYSÉES (RUE DE L').

Ordonnance royale du 23 juin 1846. 10 m. 70 c. moindre largeur.

ORFÈVRES (QUAI DES).

Arrêté du 26 mars 1848, signé Ledru-Rollin, ministre de l'intérieur et membre du gouvernement provisoire, qui assigne à cette voie publique une moindre largeur de 13 m. 50 c.

ORLÉANS-SAINT-MARCEL (RUE D').

Ordonnance royale du 3 mars 1847. 12 m. moindre largeur.

OUEST (RUE DE L').

Une ordonnance royale du 12 février 1846, qui conserve à cette voie publique sa largeur actuelle, qui est de 14 m.

PAGEVIN (RUE).

Ordonnance royale du 18 janvier 1848. Largeur, 12 m.

PAILLASSONS (CHEMIN DE RONDE DE LA BARRIÈRE DES).

Ordonnance royale du 12 août 1846. Largeur, 11 m. 69 c.

PAILLASSONS (RUE DES).

Ordonnance royale du 11 décembre 1845. Largeur, 10 m.

PANTIN (RUE DU CHEMIN DE).

Ordonnance royale du 5 juin 1846, qui conserve à cette voie publique ses dimensions actuelles (19 m. 50 c. moindre largeur).

SUPPLÉMENT.

PAON-SAINT-VICTOR (RUE DU).

Ordonnance royale du 5 juin 1846. Largeur, 10 m.

PARADIS AU MARAIS (RUE DE).

Un arrêté du 17 janvier 1849, signé par le Président de la République, L.-N. Bonaparte, porte la largeur de cette rue à 13 m.

PARME (RUE DE).

Commence à la rue de Clichy, nos 61 et 63; finit à la rue d'Amsterdam, nos 78 et 80. Le dernier impair est 11; le dernier pair 6. Sa longueur est de 91 m. — 1er arrondissement, quartier du Roule.

Un arrêté signé à la date du 21 janvier 1849, par le Président de la République, L.-N. Bonaparte, a classé la rue Neuve-de-Clichy au nombre des voies publiques de Paris, à la charge par les propriétaires riverains de céder gratuitement à la Ville le sol de la rue, et d'exécuter les travaux de pavage, d'éclairage et de trottoirs, conformément aux prescriptions ordinaires de l'administration. La largeur de cette rue est de 12 m.

Une décision ministérielle du 7 mars 1849, signée Léon Faucher, donne à la nouvelle voie, située dans le quartier dit d'*Europe*, le nom de rue de *Parme*.

PAS-DE-LA-MULE (RUE DU).

Arrêté du 17 janvier 1849, signé par le Président de la République, L.-N. Bonaparte, qui porte la largeur de cette voie publique à 13 m., en prenant tout le retranchement sur le côté des numéros pairs.

PAUL (QUAI SAINT-).

Une ordonnance royale du 3 mars 1847 a déclaré d'utilité publique l'élargissement de ce quai d'après les alignements arrêtés par l'ordonnance du 4 août 1838.

Cette opération, qui aura pour résultat de compléter la ligne des quais de la rive droite, sera exécutée dans le courant de la présente année 1849.

PELLETERIE (RUE DE LA).

Ordonnance royale du 30 mai 1847, qui maintient les constructions de cette rue sur leurs vestiges actuels.

PÉPINIÈRE (RUE DE LA).

Ordonnance royale du 9 février 1848, qui porte à 12 m. la moindre largeur de cette voie publique.

PÈRES (PASSAGE DES PETITS-).

Conformément à l'arrêté préfectoral du 30 mars 1847, qui donne le nom de rue de la Banque à la partie du passage formant le prolongement de cette rue, le passage commence aujourd'hui à la place des Petits-Pères, et finit à la rue de la Banque.

PÉRIER (RUE CASIMIR).

Ordonnance royale du 11 janvier 1845, qui maintient sur leurs vestiges actuels les constructions riveraines. (Largeur, 13 mètres.)

PÉRIGNON (RUE).

Ordonnance royale du 11 décembre 1845. Largeur, 10 m.

SUPPLÉMENT.

PEUPLE (PALAIS DU).

« Le gouvernement provisoire considérant qu'il con-
» vient à la République d'entreprendre et d'achever les
» grands travaux de la paix; que le concours du peuple
» et son dévouement donnent au gouvernement provi-
» soire la force d'accomplir ce que la monarchie n'a pas
» pu faire; qu'il importe de concentrer dans un seul et
» vaste palais tous les produits de la pensée, qui sont
» comme les splendeurs d'un grand peuple, décrète :
» 1° Le palais du Louvre sera achevé; 2° il prendra le
» nom de Palais du Peuple; 3° le Palais sera destiné à
» l'exposition de peinture, à l'exposition des produits de
» l'industrie, à la Bibliothèque nationale; 4° le peuple des
» travailleurs est appelé tout entier à concourir aux tra-
» vaux de l'achèvement du Louvre; 5° la rue de Rivoli
» sera continuée d'après le même plan; 6° une commis-
» sion sera nommée par le ministre des finances, par le
» ministre des travaux publics et par le maire de Paris,
» pour régler tous les moyens d'exécution; 7° le maire de
» Paris, le ministre des finances et le ministre des tra-
» vaux publics sont chargés de l'exécution du présent dé-
» cret.
» Fait en conseil, le 24 mars 1848. »

« Le gouvernement provisoire, vu le décret ordonnant
» l'achèvement du Louvre; sur la proposition du maire et
» du ministre des travaux publics, arrête : 1° Les travaux
» relatifs à la construction du Palais du Peuple sont dé-
» clarés travaux d'utilité publique; 2° l'expropriation se
» fera sans délai, l'indemnité devant être réglée par une
» commission permanente; 3° les propriétés désignées
» pour l'expropriation seront expropriées en vertu d'un
» décret spécial rendu sur la proposition du maire et du
» ministre des travaux publics; 4° le maire de Paris et le
» ministre des travaux publics sont chargés de l'exécution
» du présent arrêté.
» Fait en conseil de gouvernement, le 24 mars 1848. »

PHÉLIPEAUX (RUE).

Ordonnance royale du 10 février 1847. 12 m. moindre largeur.

PICPUS (RUE DE).

Ordonnance royale du 11 décembre 1845, qui fixe la moindre largeur de cette voie publique à 13 m.

PIERRE (PETITE RUE SAINT-).

Arrêté du 2 octobre 1848, rendu par le Président du conseil des ministres, chargé du pouvoir exécutif, signé E. Cavaignac, qui assigne à cette rue 10 m. de largeur.

PIERRE (RUE SAINT-).

Arrêté du 2 octobre 1848, rendu par le Président du conseil des ministres, chargé du pouvoir exécutif, signé E. Cavaignac, qui maintient sur leurs vestiges les constructions riveraines de cette voie publique (11 m. 70 c. moindre largeur).

PINON (RUE).

Décision ministérielle, du 21 octobre 1847, qui étend ce nom à la partie coudée de la rue de la Grange-Batelière.

PIROUETTE (RUE).

Décret du gouvernement provisoire de la République,

du 5 mai 1848, signé Ledru-Rollin, ministre de l'intérieur, qui assigne à cette voie publique 10 m. de largeur.

PLACIDE (RUE SAINT-).

Ordonnance royale du 14 février 1847. Largeur, 12 m.

PLATRE-SAINT-JACQUES (RUE DU).

Ordonnance royale du 5 juin 1846. Largeur, 10 m.

PLUMET (RUE).

Ordonnance royale du 12 décembre 1845. Largeur, 9 m. 75 c.

POISSONNERIE (IMPASSE DE LA).

Ordonnance royale du 5 avril 1846, qui maintient la largeur actuelle de cette impasse (5 m. 80 c.)

POISSONNIÈRE (CHEMIN DE RONDE DE LA BARRIÈRE).

Ordonnance royale du 12 août 1846. Largeur, 11 m. 69 c.

POISSONNIÈRE (PLACE DE LA BARRIÈRE).

Ordonnance royale du 20 juin 1845, qui assigne à cette place une forme demi-circulaire. (32 mètres de rayon.)

POISSONNIÈRE (RUE DU FAUBOURG-).

Ordonnance royale du 20 juin 1845. 11 m. moindre largeur.

POISSY (RUE DE).

Ordonnance royale du 31 décembre 1845. Largeur, 12 m. pour la partie comprise entre le quai et la place aux Veaux; 10 m. pour le surplus, depuis la place jusqu'à la rue Saint-Victor.

POLYTECHNIQUE (RUE DE L'ÉCOLE-).

Commence à la rue de la Montagne-Sainte-Geneviève, n°s 52 et 54; finit à la rue des Sept-Voies, n° 1, et à l'impasse des Bœufs. Le dernier impair est 9 ; le dernier pair 48. Sa longueur est de 115 m. — 12° arrondissement, quartier Saint-Jacques.

Une ordonnance du 8 novembre 1844 a déclaré d'utilité publique l'ouverture de cette rue à travers l'ancien collége des Grassins, les maisons n°s 3, 5 et 7 de la rue des Sept-Voies, et 70, 72, 74 et 76 de la rue de la Montagne-Sainte Geneviève. En vertu de cette ordonnance, M. Mayet a été subrogé aux droits de la ville de Paris, à l'effet de poursuivre l'acquisition amiable, ou par voie d'expropriation, des immeubles nécessaires au percement. Une subvention de 225,000 fr. a été accordée à M. Mayet, conformément à la délibération du conseil municipal du 21 décembre 1842.

D'après l'ordonnance précitée, les maisons riveraines de la rue nouvelle qui débouche en face de l'entrée principale de l'École-Polytechnique, ne devront pas dépasser la hauteur réduite de *seize mètres cinquante centimètres*.

POMPE (IMPASSE DE LA).

Arrêté du 8 août 1848, rendu par le Président du conseil des ministres, chargé du pouvoir exécutif, signé E. Cavaignac, qui fixe à 10 m. la largeur de cette impasse.

PONTHIEU (RUE DE).

Ordonnance royale du 30 mai 1847, qui maintient la largeur actuelle de cette voie publique. (9 m. 75 c.)

PONT-NEUF (PLACE DU).

Arrêté du 26 mars 1848, signé Ledru-Rollin, ministre de l'intérieur et membre du gouvernement provisoire, qui maintient cette place dans son état actuel.

PONTOISE (RUE DE).

Ordonnance royale du 13 septembre 1846. 10 m. moindre largeur.

PORTES (RUE DES TROIS-).

Ordonnance royale du 5 juin 1846. Largeur, 8 m.

PORTES-SAINT-JEAN (RUE DES DEUX-).

Ordonnance royale du 13 février 1845. Largeur, 10 m.

PORT-ROYAL (RUE DE).

Ordonnance royale du 4 juin 1845. Largeur, 12 m.

POURTOUR-SAINT-GERVAIS (RUE DU).

Ordonnance royale du 25 novembre 1844 qui prescrit l'élargissement d'une partie de cette voie publique. (Voir l'article de la rue Jacques de *Brosse*.)

PRIEURÉ (RUE DU GRAND-).

Ordonnance royale du 26 décembre 1844. 10 m. de largeur.

PUITS-QUI-PARLE (RUE DU).

Ordonnance royale du 15 juin 1845. 10 m. moindre largeur.

PUTIGNEUX (IMPASSE).

Une ordonnance royale du 26 janvier 1843 a autorisé la suppression d'une partie de cette impasse.

PYRAMIDES (RUE DES).

Une ordonnance royale du 12 février 1846 porte : « Les alignements de la rue des Pyramides qui se trouvent
» figurés sur un deuxième plan ci-annexé, sont confirmés
» tels qu'ils ont été fixés par l'arrêté des consuls en date
» du 17 vendémiaire an X, et demeurent exécutoires en
» ce qui touche le mode des *constructions riveraines* sui-
» vant les clauses et conditions stipulées dans les contrats
» de vente des terrains domaniaux qui ont servi à l'ouver-
» ture de ladite rue. »

QUENTIN (RUE DE SAINT-).

Commence à la rue Chabrol, nos 10 et 12 ; finit à la place de Roubaix, nos 27 et 29. Pas de nos impairs ; le dernier pair est 32. Sa longueur est de 555 m. — 5e arrondissement, quartier du Faubourg-Poissonnière.

1re Partie comprise entre les rues Chabrol et de La Fayette.

Cette partie est formée par la rue des *Magasins*, ouverte en 1827 sur une largeur de 12 m., et qui a reçu le nom de Saint-Quentin, en vertu d'une décision ministérielle du 26 mai 1847.

2me Partie entre la rue de La Fayette et la place de Roubaix.

Ouverte en 1845 par la compagnie du chemin de fer du Nord, elle a été dénommée en vertu de la décision précitée. Sa largeur est de 15 m.

RAPÉE (CHEMIN DE RONDE DE LA BARRIÈRE DE LA).

Ordonnance royale du 12 août 1846. Largeur, 11 m. 69 c.

RATS (CHEMIN DE RONDE DE LA BARRIÈRE DES).

Ordonnance royale du 31 mars 1847. 11 m. 69 c. de largeur.

RÉCOLLETS (RUE DES).

Ordonnance royale du 31 mars 1847. Largeur, 12 m.

RÉFORME (PONT DE LA).

Ce nom a été donné depuis février 1848 au pont Louis-Philippe.

REGARD (RUE DU).

Ordonnance royale du 14 février 1847. Largeur, 12 m.

REIMS (RUE DE).

Une ordonnance royale du 5 septembre 1845 a autorisé la suppression de la partie de cette voie publique comprise entre les rues Chartière et des Cholets. Le sol a été cédé à l'institution de Sainte-Barbe et au collège Louis-le-Grand.

RENARD (PASSAGE DU).

Ordonnance du préfet de police, signée Trouvé-Chauvel, en date du 27 mai 1848, qui autorise le sieur Grandemange à maintenir comme passage public cette voie de communication, et ce sous certaines clauses et conditions.

REPOSOIR (RUE DU PETIT-).

Ordonnance royale du 18 janvier 1848. Largeur, 12 m.

REUILLY (GRANDE RUE DE).

Ordonnance royale du 8 septembre 1847. 15 m. 80 c. moindre largeur.

REUILLY (PETITE RUE DE).

Ordonnance royale du 8 septembre 1847. 12 m. moindre largeur.

RICHELIEU (RUE NEUVE DE).

Ordonnance royale du 13 septembre 1846, qui maintient cette voie publique dans son état actuel. Largeur, 11 m. 30 c. environ.

RIVOLI (RUE DE).

Un décret du gouvernement provisoire, en date du 24 mars 1848, qui prescrit l'achèvement du Louvre, a décidé que la rue de Rivoli serait prolongée jusqu'à la place de l'Oratoire.

« Le gouvernement provisoire de la République, sur
» le rapport de l'un de ses membres, maire de Paris, dé-
» crète : Article 1er. Le projet de prolongation de la rue
» de Rivoli, *depuis la place de l'Oratoire jusqu'à la rue*

SUPPLÉMENT.

» *Saint-Antoine, est approuvé*. — Art. 2. Son exécution
» est déclarée d'utilité publique. — Art. 3. La ville de Pa-
» ris est autorisée à acquérir EN TOTALITÉ toutes les pro-
» priétés qui seront atteintes par le percement, et à reven-
» dre les portions qui resteront en dehors des alignements
» en les lotissant pour la construction de maisons d'habi-
» tations bien aérées. — Art. 4. Les expropriations seront
» poursuivies dans les formes tracées par la loi du 3
» mai 1841. — Art. 5. La ville de Paris est autorisée à
» émettre en cinq ans jusqu'à concurrence de 9,000,000
» d'obligations municipales, remboursables par annuités,
» pour le payement des indemnités relatives à l'ouverture
» de la nouvelle rue. — Art. 6. Les maisons nouvelles de
» cette rue seront pendant sept ans affranchies des con-
» tributions foncière et mobilier, à partir de la date du pré-
» sent décret. — Art. 7. Le membre du gouvernement
» provisoire, maire de Paris, est chargé de l'exécution du
» présent décret. Fait à Paris en conseil du gouvernement,
» le 3 mai 1848. »

Ces décrets n'ont encore reçu aucun commencement d'exécution.

ROCHECHOUART (CHEMIN DE RONDE DE LA BARRIÈRE).

Ordonnance royale du 12 août 1846. 11 m. 69 c. de largeur.

ROCHER (RUE DU).

Arrêté du 8 août 1848, rendu par le Président du conseil des ministres chargé du pouvoir exécutif, signé E. Cavaignac, qui assigne 12 m. de largeur à la partie de cette rue comprise d'un côté entre la rue de la Pépinière et la ligne de séparation entre les maisons n°ˢ   , et de l'autre côté entre les rues Saint-Lazare et de Stockholm.

Le surplus de la rue du Rocher jusqu'à la barrière avait été fixé à 12 m. de largeur par une ordonnance du 2 février 1826.

ROCROY (RUE DE).

Décision ministérielle du 26 mai 1847, qui donne ce nom à la rue des *Jardins-Poissonnière*.

ROI-DE-SICILE (RUE DU).

Arrêté du ministre de l'intérieur, Ledru-Rollin, membre du gouvernement provisoire de la République, du 26 mars 1848, qui approuve, et déclare d'utilité publique, le prolongement de cette rue depuis la rue des Ballets jusqu'à la rue Culture-Sainte-Catherine sur une largeur de 12 m.

ROMAIN (RUE SAINT-).

Ordonnance royale du 14 février 1847. 10 m. de largeur.

ROUBAIX (PLACE DE).

Située au-devant de l'embarcadère du chemin de fer du Nord. Les numéros continuent la série de la rue du Nord. — 3ᵉ arrondissement, quartier du Faubourg-Poissonnière.

Formée en 1845 par la compagnie du chemin de fer du Nord, cette place, qui est quadrangulaire, a été dénommée en vertu d'une décision ministérielle du 26 mai 1847.

ROULE (CHEMIN DE RONDE DE LA BARRIÈRE DU).

Ordonnance royale du 23 juin 1846. 11 m. 69 c. moindre largeur.

ROUSSELET-CHAMPS-ÉLYSÉES (RUE).

Ordonnance royale du 5 avril 1846. 10 m. de largeur.

ROUSSELET-SAINT-GERMAIN (RUE).

Ordonnance royale du 12 décembre 1845. Largeur, 10 m.

ROYER-COLLARD (RUE).

Ordonnance royale du 18 juin 1846, qui donne ce nom à la rue *Saint-Dominique-d'Enfer*. Une ordonnance du 18 mars précédent avait assigné à cette voie publique une largeur de 10 m.

Pierre-Paul *Royer-Collard* naquit en 1763 à Sompuis, près Vitry-le-François. Successivement avocat au barreau de Paris, secrétaire de la *Commune* jusqu'au 10 août 1792, journaliste, membre du conseil des Cinq-Cents, doyen de la Faculté des lettres de Paris, professeur d'histoire et de philosophie à l'École Normale, directeur de l'imprimerie, conseiller d'État, président du conseil de l'Université, membre de la Chambre des Députés, président de cette chambre, et membre de l'Académie Française, Royer-Collard mourut le 2 septembre 1845. Il passa les dernières années de sa vie dans une maison de la rue d'Enfer, vis-à-vis de la rue qui porte aujourd'hui le nom de ce savant philosophe et grand citoyen.

SAINTE-CROIX (RUE DE).

Ordonnance royale du 27 octobre 1847, qui maintient les constructions riveraines de cette voie publique. 9 m. 74 c. moindre largeur.

SAINT-SABIN (PROLONGEMENT DE L'IMPASSE DE).

Un arrêté rendu à la date du 4 décembre 1848 par le Président du conseil des ministres, chargé du pouvoir exécutif, porte : « Article 1ᵉʳ. La rue de 10 m. de largeur, que
» divers propriétaires de Paris ont ouverte et entièrement
» exécutée sur leurs terrains *en prolongement direct de*
» *l'impasse de Saint-Sabin* jusqu'à la rue Popincourt, est
» admise et classée au nombre des voies publiques de cette
» ville, à la charge par les propriétaires de céder gratuite-
» ment à la ville le sol de la voie nouvelle, ainsi que les
» terrains nécessaires à la formation de deux pans coupés
» de 3 m. aux encoignures de la rue Popincourt. »

SALLE-AU-COMTE (RUE).

Arrêté préfectoral du 17 août 1846, qui réunit à cette rue l'ancienne *impasse Saint-Magloire*, prolongée jusqu'à la rue de Rambuteau.

SCHOMBERG (RUE).

Un arrêté pris à la date du 2 août 1848 par le Président du conseil des ministres, chargé du pouvoir exécutif, E. Cavaignac, déclare d'utilité publique le percement immédiat de cette rue, conformément aux alignements arrêtés par l'ordonnance du 22 septembre 1841.

Cet arrêté recevra son exécution dans le courant de la présente année 1849.

SÉBASTIEN (RUE SAINT-).

Ordonnance royale du 20 octobre 1847. 10 m. de largeur.

SEINE (RUE DE).
Ordonnance royale du 25 novembre 1844. 12 m. moindre largeur.

SÈVRES (CHEMIN DE RONDE DE LA BARRIÈRE DE).
Ordonnance royale du 14 février 1847. 11 m. 69 c. de largeur.

SÈVRES (RUE DE).
Ordonnance royale du 14 février 1847. 13 m. moindre largeur.

SOLEIL-D'OR (PASSAGE DU).
Une ordonnance de police du 24 janvier 1848 autorise le sieur Calixmas à maintenir comme passage public cette voie de communication, dont la largeur est de 3 m. 50 c.

SORBONNE (PLACE).
Ordonnance royale du 13 septembre 1846. 35 m. environ de largeur.

SORBONNE (RUE).
Ordonnance royale du 23 juin 1845. Largeur, 10 m.

SOUFFLOT (PROLONGEMENT DE LA RUE).
Une ordonnance royale du 13 mars 1845 a déclaré d'utilité publique l'exécution des alignements arrêtés par ordonnance du 9 août 1826, pour le prolongement de la rue Soufflot depuis la rue Saint-Jacques jusqu'au jardin du Luxembourg. Ce prolongement a été effectué en 1847 jusqu'à la rue d'Enfer seulement.

SULPICE (PLACE SAINT-).
Une ordonnance royale du 20 octobre 1847 détermine les alignements de cette voie publique.

TANNERIE (RUE DE LA VIEILLE-).
Ordonnance royale du 8 novembre 1844. Largeur, 6 m.

TARANNE (PETITE RUE).
Ordonnance royale du 2 mai 1847. 12 m. de largeur pour la partie comprise entre les rues du Dragon et du Sabot; 10 m. pour le surplus.

TEMPLE (CHAPELLE DU).
Décret du gouvernement provisoire du 24 mars 1848, qui révoque l'affectation donnée au Temple. L'État rentre en possession des bâtiments et de ses dépendances.

TEMPLE (RUE DU FAUBOURG-DU-).
Partie comprise entre les rues de Bondy et des Marais d'un côté, le boulevard du Temple et la rue des Fossés-du-Temple de l'autre côté.

Décision du ministre de l'intérieur, du 26 mars 1848, signée Ledru-Rollin, membre du gouvernement provisoire, qui fixe à 20 m. la largeur de cette partie de la voie publique.

2e Partie depuis les rues des Marais et des Fossés-du-Temple jusqu'à la barrière.

Arrêté du 17 janvier 1849, signé par le Président de la République, L.-N. Bonaparte, du 17 janvier 1849, qui fixe à 13 m. la moindre largeur de cette partie.

TIMBRE NATIONAL.
Situé rue de la Banque.
La première pierre a été posée le 21 avril 1846.

TISON (RUE JEAN-).
Arrêté du Président du conseil des ministres, chargé du pouvoir exécutif, signé E. Cavaignac, en date du 8 août 1848, qui fixe la largeur de cette rue à 10 m.

TONNELLERIE (RUE DE LA).
Partie comprise entre les rues Saint-Honoré et du Contrat-Social.
Décret du gouvernement provisoire de la République, du 5 mai 1848, signé Ledru-Rollin, ministre de l'intérieur, qui assigne à cette rue une moindre largeur de 12 m.

TOURNELLE (QUAI DE LA).
Arrêté préfectoral du 17 février 1849, signé Berger, disposant que, par suite de la démolition des maisons situées sur le côté droit de la rue des *Grands-Degrés*, dans la partie comprise entre le pont de l'Archevêché et le quai de Montebello, cet endroit de la voie publique dépend aujourd'hui du quai de la Tournelle; qu'il y a lieu, en conséquence, de modifier l'indication du nom de la rue des Grands-Degrés pour la partie qui s'étend de la rue de Bièvre à la rue Maître-Albert, en donnant *à cette partie la dénomination du quai de la Tournelle*.

TOURNON (RUE DE).
Arrêté du Président de la République, du 17 janvier 1849, signé L.-N. Bonaparte, qui fixe à 13 m. 50 c. la moindre largeur de cette voie publique.

TRAVERSE (RUE).
Ordonnance royale du 12 décembre 1845. Largeur, 10 m.

TREILHARD (RUE). —
En vertu de l'ordonnance royale du 27 novembre 1847, qui a autorisé l'ouverture de la rue de Lyon, la rue Treilhard devra être supprimée.

TRÉVISE (RUE DE).
Partie comprise entre les rues Bergère et Richer.
Ordonnance royale du 3 octobre 1845, qui autorise MM. Leroux et de Massa à élever les constructions riveraines à 17 m. 55 c. Cette hauteur avait été fixée primitivement à 15 m.

TRIOMPHES (AVENUE DES).
Ordonnance royale du 8 septembre 1847. Largeur, 38 m.

TRIPERIE (RUE DE LA).
Ordonnance royale du 8 février 1848. 10 m. de largeur.

TRONE (AVENUE DU).
Communiquant de la place du Trône à la barrière de Vincennes.
Ordonnance royale du 8 septembre 1847, qui détermine l'alignement de cette voie publique.

SUPPLÉMENT.

TRÔNE (PLACE DU).

Ordonnance royale du 8 septembre 1847 qui arrête les alignements de cette place.

TROU A SABLE (RUE DU).

Ordonnance royale du 18 mars 1846. Moindre largeur, 13 m.

TRUANDERIE (RUE DE LA GRANDE-).

Décret du gouvernement provisoire de la République, du 5 mai 1848, signé Ledru-Rollin, ministre de l'intérieur. — 1re Partie depuis la rue Saint-Denis jusqu'à celle de la Petite-Truanderie, 12 m. de largeur. — 2e Partie, 10 m.

TRUANDERIE (RUE DE LA PETITE-).

Décret du gouvernement provisoire de la République, du 5 mai 1848, signé Ledru-Rollin, ministre de l'intérieur, 10 m. de largeur.

TRUDON (RUE).

Ordonnance royale du 21 février 1848, qui maintient sur leurs vestiges actuels les constructions riveraines de cette voie publique. Largeur, 9 m. 74 c.

TURIN (RUE DE).

Commence à la rue de Berlin, n° 32 ; finit au carrefour des rues de Saint-Pétersbourg, de Hambourg et de Moscou. Pas encore de numéros. Sa longueur est de 110 m. — 1er arrondissement, quartier du Roule.

Une ordonnance royale du 31 mars 1847 a autorisé l'ouverture de cette rue sur les terrains appartenant aux héritiers Hagerman et Mignon, à la charge par eux de se conformer aux clauses et conditions énumérées dans la délibération du conseil municipal, du 21 novembre 1845. Cette nouvelle voie, située dans le quartier dit d'*Europe*, a 13 m. de largeur.

UNIVERSITÉ (RUE DE L').

Partie comprise entre la rue d'Iéna et l'avenue de La Bourdonnaye.

Ordonnance royale du 8 février 1848. 11 m. 65 c. moindre largeur.

UNIVERSITÉ (RUE NEUVE DE L').

Commence à la rue de l'Université, nos 9 et 11 ; finit à la rue Saint-Guillaume, nos 12 et 18. Le dernier impair est 11 ; le dernier pair 18. Sa longueur est de 135 m. — 10e arrondissement, quartier du Faubourg-Saint-Germain.

Ouverte sans autorisation en 1844, elle a été autorisée comme passage public, en vertu d'une ordonnance de police du 17 février 1847. Sa largeur est de 12 m., sauf dans la partie voisine de la rue Saint-Guillaume, où il existe une saillie formée par la propriété Dauchez.

URSULINES (RUE DES).

Ordonnance royale du 15 juin 1845. Largeur, 10 m.

SUPPLÉMENT.

VAL-DE-GRACE (RUE DU).

Ordonnance royale du 18 mars 1846. Largeur, 10 m.

VALENCIENNES (PLACE DE).

Décision ministérielle, du 11 avril 1845, qui donne ce nom au carrefour où viennent aboutir les rues de Valenciennes, de La Fayette, du Nord et de Denain.

VALENCIENNES (RUE DE).

Décision ministérielle, du 11 avril 1845, qui donne ce nom à la rue du Delta-la-Fayette, attendu qu'il rappelle une des principales villes du Nord, vers laquelle se dirige le chemin de fer partant du faubourg Poissonnière.

VALHUBERT (PLACE).

Ordonnance royale, du 11 juin 1847. Rayon, 100 m.

VALOIS-DU-ROULE (RUE DE).

Ordonnance royale du 30 décembre 1846. Largeur, 10 m. entre les rues de Chartres, de Courcelles et de Messine ; 13 m. pour le surplus.

VAUGIRARD (CHEMIN DE RONDE DE LA BARRIÈRE DE).

Ordonnance royale, du 14 février 1847. Largeur, 11 m. 69 c.

VAUGIRARD (RUE DE).

Ordonnance royale, du 29 octobre 1845, qui modifie celle du 24 août 1836, pour la partie comprise entre les rues de Tournon et du Pot-de-Fer. — Autre ordonnance royale, du 14 février 1847, qui fixe à 15 m. la moindre largeur de la partie comprise entre le boulevard du Mont-Parnasse et la barrière.

VEAUX (PLACE DE LA HALLE AUX).

Ordonnance royale du 5 juin 1846. 12 m. de largeur pour chaque côté, entre les maisons et la halle. Les constructions riveraines sont alignées.

VEAUX (RUE DE LA VIEILLE PLACE AUX).

Ordonnance royale du 8 novembre 1844. Largeur, 6 m.

VERDEAU (PASSAGE).

Commence à la rue de la Grange-Batelière, nos 19 et 21 ; finit à la rue du Faubourg-Montmartre, nos 31 bis et 33. — 2e arrondissement, quartier de la Chaussée-d'Antin.

Formé en 1845 sur les terrains appartenant à une société dite du *Passage-Jouffroy*, il a été autorisé par une ordonnance de police du 17 février 1847. Sa largeur est de 4 m.

VERDELET (RUE).

Ordonnance royale du 18 janvier 1848. Largeur, 12 m.

VERTE (GRANDE RUE).

Ordonnance royale du 4 novembre 1846, qui donne à cette voie publique le nom de rue de Penthièvre.

Louis-Jean-Marie *Bourbon*, duc de *Penthièvre*, grand-amiral de France, né à Rambouillet, le 16 novembre

SUPPLÉMENT.

1725, était fils du comte de Toulouse et petit-fils de Louis XIV. Il mourut, à Vernon, le 4 mars 1793, par suite des chagrins que lui firent éprouver les malheurs de la famille royale et la fin tragique de sa belle-fille, la princesse de Lamballe.

VERTUS (CHEMIN DE RONDE DE LA BARRIÈRE DES).

Ordonnance royale du 12 août 1846. Largeur, 11 m. 69˝ c.

VICTOIRE (RUE DE LA).

1re Partie comprise entre les rues du Faubourg-Montmartre et de la Chaussée-d'Antin.
Ordonnance royale du 18 janvier 1845 qui porte sa largeur à 12 m. Les constructions riveraines de chaque côté sont soumises à un retranchement de 2 m.

2e Partie depuis la rue de la Chaussée-d'Antin jusqu'à la rue Joubert.

Une ordonnance royale du 8 septembre 1847 a autorisé les sieurs Dufaud, de Raigecourt et Noël à ouvrir sur leurs terrains cette rue, dont la largeur est de 12 m. L'autorisation a été accordée à la charge par ces propriétaires de se conformer aux clauses et conditions énoncées dans les délibérations du conseil municipal des 12 août 1846 et 11 juin 1847.

VICTOR (RUE DES FOSSÉS-SAINT-).

Ordonnance royale du 2 novembre 1847. Moindre largeur, 11 m.

VIDE-GOUSSET (RUE).

Ordonnance royale du 30 juin 1845. Largeur, 12 m.

VIERGE (RUE DE LA).

Ordonnance royale du 8 février 1848.
1re Partie entre le quai et la rue de l'Université. Largeur, 15 m.
2e Partie jusqu'à la rue Saint-Dominique, 10 m.

VIGNES A CHAILLOT (RUE DES).

Partie comprise entre la rue de Chaillot et la rue du Chemin de Versailles.
Arrêté du 17 août 1848, rendu par le Président du conseil des ministres, chargé du pouvoir exécutif, signé E. Cavaignac. 12 m. de largeur.

VILLEJUIF (RUE DE).

Ordonnance royale du 11 juin 1847. 20 m. de largeur.

VILLETTE (CHEMIN DE RONDE DE LA BARRIÈRE DE LA).

Ordonnance royale du 12 août 1846. Largeur, 11 m. 69 c.

VINAIGRIERS (RUE DES).

Ordonnance royale du 31 mars 1847. 10 m. moindre largeur.

VINCENT DE PAUL (CITÉ SAINT-).

Une ordonnance de police du 19 septembre 1847 a autorisé le sieur Leduc-Housset, rue du Faubourg-Poissonnière, n° 98 (106 nouveau), à ouvrir sur sa propriété, sous le nom de cité Saint-Vincent-de-Paul, un passage public allant de la rue du Faubourg-Poissonnière, n° 98 (106 nouveau), à la rue du Gazomètre (aujourd'hui rue d'Abbeville).
Cette ordonnance recevra prochainement son exécution.

VINCENT DE PAUL (RUE SAINT-).

Ordonnance royale du 28 mai 1847 qui donne ce nom au prolongement de la rue d'Hauteville, à partir de la rue de Belzunce.

VINDÉ (CITÉ DE).

Boulevard de la Madeleine, n° 17. — 1er arrondissement, quartier de la place Vendôme.
Construite en novembre 1844 sur les terrains appartenant à M. Morel de Vindé.

VOIES (RUE DES SEPT-).

Ordonnance royale du 5 juin 1846. Largeur, 12 m.

VOSGES (PLACE DES).

Arrêté du 14 mars 1848, signé par le membre du gouvernement provisoire, Marrast, maire de Paris, qui rend ce nom à la place Royale.
Arrêté du ministre de l'intérieur, Ledru-Rollin, membre du gouvernement provisoire, du 26 mars 1848, qui maintient cette place dans son état actuel. Cette ordonnance contient la disposition suivante :
« Sont et demeurent confirmées, en ce qui touche la
» décoration symétrique des bâtiments de la place, les
» conditions imposées aux propriétaires riverains par les
» lettres patentes de juillet 1605. »

VOSGES (RUE DES).

Arrêté du membre du gouvernement provisoire de la République, ministre de l'intérieur, Ledru-Rollin, du 26 mars 1848, 11 m. 80 c. moindre largeur.

WAUXHALL (CITÉ DU).

Ordonnance de police du 16 décembre 1847, qui l'admet comme passage public, à la charge par les propriétaires de se conformer à certaines clauses et conditions.

NOMENCLATURE

des Changements officiels de Noms d'Établissements et de Voies publiques.

ABATTOIR (rue de l'), *voyez* Dunkerque (rue de).
ACACIAS (petite rue des), *v.* Duroc (rue).
ACACIAS (rue des), *v.* Bertrand (rue).
AQUEDUC (rue de l'), *v.* Douai (rue de).
BANQUE (rue de la), *v.* Catinat (rue).
BOSSUET-EN-LA-CITÉ (rue), *v.* Notre-Dame (rue du Cloître-).
BOUCHERIES (rue des), *v.* Médecine (rue de l'École-de-).
BOULE-ROUGE (Partie) (rue de la), *v.* Montyon (rue de).
BOURBON (Collége royal de), *v.* Bonaparte (lycée).
BOURGUIGNONS (prolongement de la rue des), *v.* Cochin (rue).
CLICHY (rue Neuve-de-), *v.* Parme (rue de).
COQUENARD (rue), *v.* Lamartine (rue).
DELTA-LA-FAYETTE (rue du), *v.* Valenciennes (rue de).
DENIS (rue de la Barrière-Saint-), *v.* Denain (rue de).
DOMINIQUE-D'ENFER (rue Saint-), *v.* Royer-Collard (rue).
ÉGLISES (rue des Deux-), *v.* Abbé-de-l'Épée (rue de l').
GARÇONS-SAINT-GERMAIN (rue des Mauvais-), *v.* Grégoire-de-Tours (rue).
GAZOMÈTRE (rue du), *v.* Abbeville (rue d').
GEORGES (rue Neuve-Saint-), *v.* Georges (rue Saint-).
GILLES (rue Neuve-Saint-), *v.* Gilles (rue Saint-).

GRANGE-BATELIÈRE (Parties) (rue de la), *v.* Drouot-et-Pinon (rues).
HENRY IV (collége royal), *v.* Corneille (lycée).
JARDINS-POISSONNIÈRE (rue des), *v.* Rocroy (rue de).
LEMAIRE (rue Victor-), *v.* Duperré (rue).
LOUIS (collége royal Saint-), *v.* Monge (lycée).
LOUIS-LE-GRAND (collége royal), *v.* Descartes (lycée).
LOUIS-PHILIPPE (pont), *v.* Réforme (pont de la).
LOUVRE (palais du), *v.* Peuple (palais du).
LUXEMBOURG (rue Neuve-de-), *v.* Luxembourg (rue de).
MAGASINS (Partie) (rue des), *v.* Quentin (rue de Saint-).
MAGLOIRE (impasse Saint-), *v.* Salle-au-Comte (rue).
MARC (rue Neuve-Saint-), *v.* Marc (rue Saint-).
PÈRES (Partie) (passage des Petits-), *v.* Banque (rue de la).
PHILIBERT (passage), *v.* Isly (passage de l').
ROCH-POISSONNIÈRE (rue Saint-), *v.* Jeûneurs (rue des).
ROULE (rue du Faubourg-du-), *v.* Honoré (rue du Faubourg-Saint-).
ROYALE (place), *v.* Vosges (place des).
ROYALE (rue), *v.* Vosges (rue des).
VERTE (grande rue), *v.* Penthièvre (rue de).
VINCENT-DE-PAUL (faubourg Saint-Germain) (rue Saint-), *v.* Gribeauval (rue de).

NOMENCLATURE

des changements survenus depuis février 1848 et non autorisés.

1ᵉʳ ARRONDISSEMENT.

Noms anciens.	Noms nouveaux.
RUE D'ANGOULÊME	RUE DE L'UNION.
— DE BEAUJOLAIS	— HOCHE.
— NEUVE-DE-BERRI	— DE LA FRATERNITÉ.
— DU DAUPHIN	— DE LA CONVENTION.
— DES ECURIES-D'ARTOIS	— DE LA RÉFORME.
— DE JOINVILLE	— DU CIRQUE.
— DE PENTHIÈVRE	GRANDE RUE VERTE.
— ROYALE	RUE DE LA CONCORDE.
— DE VALOIS-DU-ROULE	— CISALPINE.
— DU CHEMIN DE VERSAILLES	— DU BANQUET.

2ᵉ ARRONDISSEMENT.

Noms anciens.	Noms nouveaux.
RUE DE MONTPENSIER-PALAIS-ROYAL.	RUE MASSÉNA.
— DE VALOIS-PALAIS-ROYAL..	— DU 24 FÉVRIER.

5ᵉ ARRONDISSEMENT.

Noms anciens.	Noms nouveaux.
RUE DE BOURBON-VILLENEUVE.	RUE D'ABOUKIR.

8ᵉ ARRONDISSEMENT.

Noms anciens.	Noms nouveaux.
RUE LOUIS-PHILIPPE	RUE LAPPE.

9ᵉ ARRONDISSEMENT.

Noms anciens.	Noms nouveaux.
RUE DU PONT-LOUIS-PHILIPPE.	RUE DU PONT-DE-LA-RÉFORME.

11ᵉ ARRONDISSEMENT.

Noms anciens.	Noms nouveaux.
PASSAGE LAURETTE	PASSAGE CARNOT.

12ᵉ ARRONDISSEMENT.

Noms anciens.	Noms nouveaux.
RUE DU JARDIN-DU-ROI.	RUE GEOFFROY-ST-HILAIRE.

Paris. — Imprimerie Dondey-Dupré, rue Saint-Louis, au Marais, 46.

www.ingramcontent.com/pod-product-compliance
Lightning Source LLC
Chambersburg PA
CBHW071705300426
44115CB00010B/1314